Rudolstadt
SCHW. ... Gotha
Neustädter
Kreis
Neustadt
Gräz Zwickau
SCHW. Schleiz
warzbg. Saalfeld
REUSS
Erzgebirgischer Kreis
Tetschen
Nollendorf
Schön... Aussig
Hartenstein
Teplitz
Sandau
Plauen
Vogtlands
Johann-
Georgenstadt
Brüx
Lobositz
Leitmeritz
Theresienst...
Jungbunzlau
singen KO. SA. Lobenstein
eining Bth.
A. Sonneberg
oburg Cronach
Lichtenfels
Culmbach
BAIREUTH
FSM.
Kupferbg.
Kreis
Plauen
Ölsnitz
Kreis
Graslitz
Asch
Karlsbad
Eger
Elbogen
Kaaden
Saaz
Schlan
Laun
Melnik
Kladno
Brandeis
Nimburg
Jaromierz
Jos
König
Luditz
Rakonitz
PRAG
Kolin
Elbe
Pard

M.
Baireuth
BERG Neustadt
OBER-
Tirschenreut
Mies
Sterustein
Pilsen
Berann
Beraun
KGR. BÖHMEN
Kuttenberg
Chotusitz
Czaslau
Chrua
Goltsch Jenikau

Pf. Vilseck
Rotenbg. Bg.
Nürnberg
Sulzbach
Fsm.
Amberg
Leuchtenbg.
PFALZ
Bischofteinitz
Taus
Kladrau
Przibram
Pisek
Tabor
Kamenitz
Iglau
Deutsch Brod
Polna
Trebitsch
M. G.

H. Pyrbaum
Schwandorf
zu
Neuburg
Cham
Regen
Klattau
Wodnian
Moldauthein
Neuhaus
Moldau

BM. EICHSTADT
Altmühl
REGENSBG.
Regensburg
Eggmühl
Straubing
Deggendorf
BM. PASSAU
Krumau
Budweis
Suchdol
Wittingau
Waidhofen

Eichstädt
Niederbaiern
Donau
Rosenberg
Gmünd
Horn
Zwettl
Retz

Neuburg
Geisenfeld
Ingolstadt
KURFÜRSTM.
Vilshofen
Passau
Ortenbg.
Neuburg
Hals
Freistadt
ERZHZM. ÖSTERR
Mautern
z. Pass. s.

sburg Pfaffenhofen
Landshut
Moosburg
Schärding
Linz
Grein
Melk
St. Pölten

iedberg
BM. Freising
Mühldorf
z. Sg.
Inn
Simbach
Inn-
Braunau
Ried
Wels
Enns
Ybbs
UNTER DER E

mphenburg
Hohenlinden
München
Fr. Gft.
Haag
viertel
OB DER ENNS
Steyr
Waidhofen
z. Fr

dsberg
BAIERN
Wasserbg.
Gmunden
Weyr

Weilhm.
Oberbaiern
Rosenheim
Traunstein
Salzburg
Windischgarsten
Mariazell
HZM.
Mürzzuschla

Tölz
H. Hohenwaldeck
Reichenhall
Hallein
Ischl
Admont
Eisenerz

Benediktbeuren
Tegernsee
PROPSTEI
Berchtesgaden
Werfen
Rottenmann
Mautern
Leoben
Bruck

wangau
Kufstein
ERZBM.
Sg.
Gröbming
STEIERMARK

Ortenfels
z. Fr.
Rattenberg
Inn
Kitzbühel
Zell
Mittersill
Salzach
Radstadt
Judenburg
Grätz
Fü

harnitz
Hall
Zell
Gastein
Mur

nsbruck
ST. GFT.
SALZBURG
Sg. Friesach
Wolfsbg.
Sg. Landsbg.

TIROL
Sterzing
Windisch-Matrei
Lienz
Gurk
St. Veit
St. Andr...
Leibnitz
Fu

Brunecke
z. Br.
Antholz
z. Br.
Anras
HZM.
St. Veit

ALTE KLÖSTER – NEUE HERREN

ALTE KLÖSTER NEUE HERREN

DIE SÄKULARISATION IM
DEUTSCHEN SÜDWESTEN 1803

*Große Landesausstellung Baden-Württemberg 2003 in Bad Schussenried
vom 12. April bis 5. Oktober 2003*

BEGLEITBÜCHER
BAND 1: Ausstellungskatalog
BAND 2.1 und 2.2: Aufsätze

Herausgegeben von
VOLKER HIMMELEIN *und*
HANS ULRICH RUDOLF
unter Mitwirkung von
PETER BLICKLE,
KONSTANTIN MAIER,
FRANZ QUARTHAL *und*
RUDOLF SCHLÖGL

*Im Auftrag der Gesellschaft Oberschwaben e.V.
und des Württembergischen Landesmuseums Stuttgart*

*Gefördert durch die
Stiftung Oberschwaben*

ALTE KLÖSTER NEUE HERREN

DIE SÄKULARISATION IM
DEUTSCHEN SÜDWESTEN 1803

AUFSÄTZE
Erster Teil

Vorgeschichte und Verlauf der Säkularisation

Herausgegeben von
HANS ULRICH RUDOLF
unter redaktioneller Mitarbeit von
MARKUS BLATT

JAN THORBECKE VERLAG 2003

Bibliografische Information Der Deutschen Bibliothek
Die Deutsche Bibliothek verzeichnet diese Publikation in der
Deutschen Nationalbibliografie; detaillierte bibliografische Daten
sind im Internet über http://dnb.ddb.de abrufbar.

© 2003 by Jan Thorbecke Verlag GmbH, Ostfildern
www.thorbecke.de · info@thorbecke.de

Dieses Buch ist aus alterungsbeständigem Papier nach
DIN-ISO 9706 hergestellt.

Satz: Schwabenverlag mediagmbh, Ostfildern
Druck: Süddeutsche Verlagsgesellschaft, Ulm
Printed in Germany
ISBN 3-7995-0212-2 (Pappband)
ISBN 3-7995-0213-0 (Leinenband)

Grußwort

Kunst und Kultur sind wichtig für das Zugehörigkeitsgefühl der Menschen zu ihrem Land und zu ihrer Heimat. Diesem Anspruch tragen besonders die Großen Landesausstellungen Rechnung. Sie arbeiten seit der Staufer-Ausstellung 1977 herausragende landesgeschichtliche Ereignisse für ein breites Publikum auf. Die Großen Landesausstellungen bilden damit einen wichtigen Schwerpunkt der Kulturpolitik unseres Landes.

Im Jahre 2003 jährt sich die Säkularisation zum 200. Mal. Sie markiert einen für den deutschen Südwesten wichtigen Umbruch. Bis heute bedeutsame Auswirkungen gingen von der Säkularisation unter anderem auf unsere Bildungslandschaft aus.

Ich freue mich deshalb, dass das Württembergische Landesmuseum mit seiner Ausstellung »Alte Klöster – Neue Herren« die Tradition der Großen Landesausstellungen fortsetzt und dieses wichtige Thema im Neuen Kloster in Bad Schussenried präsentiert.

Für die Realisierung dieses umfangreichen Gesamtprojekts haben sich zwei Partner zusammengeschlossen: das Württembergische Landesmuseum, das für die Planung, Organisation und Durchführung der Ausstellung zuständig ist, und die Gesellschaft Oberschwaben für Geschichte und Kultur e. V., die die Erforschung und Dokumentation des vielschichtigen Themenkomplexes leistet.

Die Gesellschaft Oberschwaben hat als außerordentlich kompetenter Partner das Württembergische Landesmuseum bei der Durchführung der diesjährigen Großen Landesausstellung »Alte Klöster – Neue Herren« unterstützt. Sie übernimmt dabei den wichtigen Part der wissenschaftlichen Begleitung und trägt darüber hinaus über die Stiftung Oberschwaben sämtliche Kosten für die Erstellung und Drucklegung der Begleitbücher zur Ausstellung. Dafür danke ich der Gesellschaft Oberschwaben und der Stiftung Oberschwaben sehr.

Das Ergebnis der mehrjährigen Planung und Forschung kann sich sehen lassen. Es liegt jetzt in Form eines außerordentlich umfangreichen, thematisch breit gefächerten Aufsatzbandes vor. Den 99 Autoren der 108 Beiträge, die im Wesentlichen ehrenamtlich gearbeitet haben, danke ich sehr für ihr außerordentliches Engagement. Besonderer Dank gilt dem neu gegründeten Institut für Regionalforschung an der Pädagogischen Hochschule Weingarten unter Leitung von Herrn Prof. Dr. Hans Ulrich Rudolf, der im Auftrag der Gesellschaft Oberschwaben das umfangreiche Gesamtwerk redigiert und herausgegeben hat. Den Besucherinnen und Besuchern der Ausstellung in Bad Schussenried sowie den Leserinnen und Lesern der außerordentlich interessanten Beiträge wünsche ich viele neue Eindrücke über unser Land und viel Vergnügen beim Schauen und Lesen.

Prof. Dr. Peter Frankenberg
Minister für Wissenschaft, Forschung
und Kunst des Landes Baden-Württemberg

Einleitung des Herausgebers

Habent sua fata libelli!
Die 1996 gegründete *Gesellschaft Oberschwaben für Geschichte und Kultur e.V.* hatte den 200. Jahrestag des sog. Reichsdeputationshauptschlusses schon früh ins Auge gefasst. Die große Säkularisation und die Mediatisierung der Reichsstädte in den Jahren 1802/03, die für die politische Neustrukturierung, den gesellschaftlichen Wandel und die kulturelle Umprägung des oberschwäbischen Raumes von so grundsätzlicher Bedeutung waren, sollten in umfassender Weise wissenschaftlich und publizistisch gewürdigt werden. Nachdem Ministerpräsident Teufel versprochen hatte, die Große Landesausstellung 2003 in Oberschwaben selbst zu veranstalten, bot die *Gesellschaft* an, sich an der Erstellung der Ausstellungskonzeption sowie an der wissenschaftlichen Aufarbeitung des Themas zu beteiligen und versammelte, um die Möglichkeiten der Mitarbeit auszuloten, 1999 zweimal potentielle Mitarbeiter. Das Projekt fand dabei großes Interesse, und es ergab sich Konsens darin, dass Ausstellung und Publikationen sich nicht auf die Säkularisation beschränken, sondern die gesamte Umbruchszeit zwischen 1802 und 1810 mit ihren staatlichen, gesellschaftlichen, kirchlichen und kulturellen Ebenen und Auswirkungen berücksichtigen sollte.
Im Gedankenaustausch zwischen der *Gesellschaft* und dem Württembergischen Landesmuseums erwies sich jedoch eine so weit gespannte Konzeption als finanziell und organisatorisch schwer realisierbar. Beide Institutionen vereinbarten daher im April 2000 eine *arbeitsteilige Kooperation*: Das Landesmuseum übernahm die Planung und Durchführung einer Ausstellung zur Säkularisation, die *Gesellschaft* die Her-

ausgabe eines im o. g. Sinne thematisch umfassenden wissenschaftlichen Aufsatzbandes. Erleichtert wurde diese Funktionsteilung durch die Anfang 2000 auf Initiative des Ravensburger Landrats Dr. Guntram Blaser zur »Erforschung der Geschichte und Kultur Oberschwabens« gegründete *Stiftung Oberschwaben*, die Ausstellungskatalog und Aufsatzband finanzieren wollte.
Zur Vorbereitung des wissenschaftlichen Begleitbandes berief die *Gesellschaft* die Professoren Dr. Peter Blickle/Bern, Dr. Volker Himmelein/WLM, Dr. Konstantin Maier/Eichstätt, Dr. Franz Quarthal/Stuttgart, Dr. Hans Ulrich Rudolf/Weingarten und Dr. Rudolf Schlögl/Konstanz in ein **Expertenteam**, das die *konzeptionelle und thematische Planung* bis Ende 2001 weitgehend abschloss.
Die Beiträge sollten inhaltlich-thematisch zwar die Ausstellung »Alte Klöster – Neue Herren. Die Säkularisation im deutschen Südwesten 1803« eng umrahmen, sie zugleich aber in den Kontext der staatlichen, gesellschaftlichen, kirchlichen und kulturellen Veränderungen im Gefolge von Säkularisation und Mediatisierung (1802–1810) einordnen. Damit war die Mediatisierung der Reichsstädte (1803), der Reichsritter, Reichsgrafen und kleineren Fürsten mit dem Ende des Heiligen Römischen Reiches (1806) sowie die Säkularisation des Evangelischen Kirchenguts in Württemberg ebenso zu thematisieren wie übergreifende Fragestellungen.
Räumlich-thematisch war nicht nur Oberschwaben zu berücksichtigen, sondern – entsprechend dem Anspruch einer »Großen Landesausstellung« – alle von Säkularisation und Mediatisierung geprägten Land-

schaften des Bundeslandes sowie – entsprechend dem von der *Gesellschaft* vertretenen weiten Landschaftsbegriff »Oberschwaben«, auch Bayerisch-Schwaben.

Bei der *Verwirklichung* des anspruchsvollen Vorhabens mussten konzeptionelle Abstriche hingenommen werden: Von den bis Ende 2001 rund 120 Autoren sagten im Laufe des Jahres 2002 mehr als 20 wieder ab. Infolge Zeitknappheit – Termin der Manuskriptabgabe war der 17. März 2002 – gelang es nur selten, die entstandenen Lücken zu schließen. Hinzu kam, dass Themen auch von den Autoren modifiziert, eingegrenzt oder ausgeweitet, wurden. Herausgeber und Autoren glauben trotzdem, ein interessantes und preiswertes Werk vorzulegen.

Die *Redaktionsarbeit* an den letztendlich 108 Beiträgen von 99 Autoren erfolgte an dem derzeit vom Herausgeber geleiteten *Institut für Regionalforschung* der Pädagogischen Hochschule Weingarten. Sie hatte
– die eingegangenen Manuskripte im Interesse des Lesers weitestgehend zu normieren, insbesondere also Abkürzungen, Archiv-, Bibliotheks-, Buch- und Zeitschriftensiglen sowie Zitierweisen zu vereinheitlichen. Dazu zählt auch die konsequente Anwendung der neuen Rechtschreiberegeln.
– im Interesse größtmöglicher Anschaulichkeit für eine adäquate Illustration zu sorgen.
– zur besseren Lesbarkeit und Übersichtlichkeit auf griffige Beitragstitel und Zwischentitel zu achten.
– auch individuellen formalen und sprachlichen Gewohnheiten der Autoren Raum zu lassen.
Der schleppende Eingang der Manuskripte – das erste kam Ende 2001, das letzte Ende Oktober 2002 – und der knappe Zeitplan erforderten eine unkonventionelle und nicht unproblematische redaktionelle Bearbeitung: Nie lagen alle Beiträge gleichzeitig und im gleichen Bearbeitungszustand vor. Die Manuskripte mussten vielmehr nach Eingang möglichst rasch zum Satz fertiggemacht werden, damit die Abgabeverzögerungen nicht gegen Ende einen gewaltigen Arbeits-

überhang und die Verschiebung der Fertigstellung bewirkten. Somit waren rasche pragmatische Entscheidungen gefordert. Ruhiges Abwägen von Alternativen war unter diesen Umständen kaum möglich.

Das *Register* musste in kürzester Zeit erstellt werden. Der Umbruch wurde am 20. Dezember abgeschlossen, die Drucklegung begann am 7. Januar 2003. Mancher Fehler, manche Lücke oder Ungenauigkeit seien dadurch erklärt und entschuldigt.

Dem Herausgeber ist es ein Anliegen, abschließend vielfältig Dank zu sagen
– dem Expertenteam für die konzeptionelle Vorbereitung,
– den Autoren für ihre engagierte Mitarbeit,
– den Archiven, Bibliotheken, Bildagenturen, Museen, v. a. dem WLM, sowie Klöstern, Pfarreien und Privatpersonen in ganz Europa für die geduldige Unterstützung bei der Beschaffung der Bildvorlagen,
– der Pädagogischen Hochschule Weingarten für die Überlassung des Instituts für Regionalforschung als idealen institutionellen Rahmen,
– dem Arbeitsamt Ravensburg und dem Wissenschaftsministerium für die personelle Ausstattung des Instituts über AB-Maßnahmen.
– der Stiftung Oberschwaben für die Finanzierung,
– dem Verlag Thorbecke, stellvertretend Herrn Laakmann, für die angenehme Zusammenarbeit.

Zu danken habe ich schließlich meinen Mitarbeitern im Institut für Regionalforschung, Herrn Markus Blatt M.A. und Frau Gertrud Grundtner, für ihren unermüdlichen Einsatz. Ohne das Engagement Herrn Blatts, v. a. bei der Kontaktierung der Autoren, der Bildbeschaffung und der Institutsverwaltung, wäre die termingemäße Fertigstellung dieses Werks nicht gelungen.

Weingarten, den 6. Januar 2003
Hans Ulrich Rudolf

Inhalt

Erster Teilband

Teil I

**Aufgeklärte Kirchenkritik, absolutistische Machtpolitik und das Reich
Zur Vorgeschichte der Säkularisation von 1803**

Kirche, Kloster und Staat vor der Säkularisation

Architektur, Musik und Kunst

Theologie und Wissenschaft, Frömmigkeit und Bildung

Teil II

Hochstifte, Reichsabteien und Ritterorden als Entschädigungsmasse Die Liquidation der Reichskirche 1802/03 (bis 1809)

Historische und politische Voraussetzungen

Die Bistümer und Hochstifte 1802/03

Die Reichsstifte 1802/03

Zweiter Teilband

Teil IV
Das Ende des Heiligen Römischen Reichs 1802–1806
Die Mediatisierung der Reichsstädte sowie des Reichsadels und der Fürsten

Die Reichsstädte 1802/03

Reichsritter, Reichsgrafen und Fürsten 1805/06

Teil V
Kontinuität und Wandel
Zu Auswirkungen von Säkularisation und Mediatisierung

Frömmigkeit, Konfession und Kirche

Klosterbewohner und -gebäude

Gesellschaft und Staat

XIV

Abkürzungen

Allgemeine Abkürzungen

a.a.O. = am angegebenen Ort
Abs. = Absatz
AG = Arbeitsgemeinschaft
allg. = allgemein
Anm. = Anmerkung
Art. = Artikel
Aufl. = Auflage
Aug. = Augustana (betr. Augsburg)
ausf. = ausführlich
Bd., Bde. = Band, Bände
bearb. von = bearbeitet von
Bearb. = Bearbeiter
Beil. = Beilage
Berücks. = Berücksichtigung
bes. = besonders
betr. = betrifft, betreffend
Bf. = Bischof
Bll. = Blätter
Br. = Bruder (*Laienbruder*)
Bü = Büschel (Aktenbündel)
bzw. = beziehungsweise
ca. = circa
Can = Canon (Abschnitt im Kirchenrecht)
Cod. = Codex (*Handschrift*)
d.h. = das heißt
DA = Diözesan-Archiv
Ders. = Derselbe (Autor)
Dies. = Dieselbe (Autorin)
Diss. = Dissertation
DM = Deutsche Mark
Ebd. = Ebenda
Ebf. = Erzbischof
ehem. = ehemalige
eig. = eigentlich
einz. = einzelne, -r, -s
etc. = et cetera (d.h. *und so weiter*)
ev., evang. = evangelisch
f., ff. = folgende (Ez., Mz.) Seite(n)
Fasc., Fasz. = Faszikel (*Bündel*)
fl. = Gulden
FN = Fußnote
fol. = Folio (Blattnummer bei Hss.)
Frh. = Freiherr
Fschr. = Festschrift
Fsm. = Fürstentum
gedr. = gedruckt
gen. = genannt
Gf, Gft. = Graf, Grafschaft
GG = Grundgesetz
Ghz., Ghzm. = Großherzog, -tum
H. = Heft
h. = Heller
HB = ehem. Kgl. Hofbibliothek Stuttgart
Hft. = Herrschaft
Hg., Hgg. = Herausgeber (Ez. u. Mz.)
hs. = handschriftlich
Hz., Hzm. = Herzog, -tum
Hst. = Hansestadt
i.A. = im Allgemeinen

i.E. = im Einzelnen
i.K. = im Kirchendienst
i.W. = im Wesentlichen
insbes. = insbesondere
Jb. = Jahrbuch
Jh(s). = Jahrhundert(s)
K., k. = Königlich
KA = Kreisarchiv
Kap. = Kapitel
k.k. = königlich-kaiserlich
kath., kathol. = katholisch
Kf. = Kurfürst
Kfsm. = Kurfürstentum
Kgr. = Königreich
kgl. = königlich
Kl. = Klafter (Holz-, Raummaß)
Kl. = Kloster
kr. = Kreuzer
Kr. = Kreis
ksl. = kaiserlich
Ksr. = Kaiserreich
KV = Köchel-Verzeichnis
l = Liter
L = Livre (frz. *Pfund*)
Lfg. = Lieferung
Lgf., Lgft. = Landgraf, -schaft
Lit., lit. = Literatur, literarisch
Lkrs. = Landkreis
Ltd. = Leitend
Lw. = Leinwand
Masch.= Maschinenschriftlich
Markgf., Mgf., Mgft. = Markgraf, Markgrafschaft
med. = medicinae
Mio. = Million, -en
Mitt. = Mitteilung, -en
Ms., Mskr., MS = Manuskript
ND = Nachdruck, Neudruck
NF, N.F. = Neue Folge
N.N. = *Nomen Nominandum*
NÖ, nö = Niederösterreich, -isch
Nr., Nrn. = Nummer(n)
OA = Oberamt
OE = Organisationsedikt
OFM = Ordinis Fratrum Minorum (d.h. *vom Franziskanerorden*)
OP = Ordinis Praedicatorum (d.h. *vom Prediger/Dominikanerorden*)
OSB = Ordinis Sancti Benedicti (d.h. *vom Benediktinerorden*)
OSPE = Ordinis Sancti Paulini Eremitae (d.h. *vom Paulinerorden*)
p. = pagina (*Seite*)
P. = Pater
PfA = Pfarrarchiv
phil. = philosophisch
prot. = protestantisch
Prov. = Provinz, -ial
qkm = Quadratkilometer
qm = Quadratmeter
QM = Quadratmeile
QQ = Quellen

r = recte (*Vorderseite*)
RD = Reichsdeputation
RDH = Reichsdeputationshauptschluss
Rep. = Repertorium (*Findbuch*)
Rfrh. = Reichsfreiherr
Rgft. = Reichsgrafschaft
RKG = Reichskammergericht
RM = Reichsmark
RPr, RPE = Ratsprotokoll, -e
Rst. = Reichsstadt
s. = siehe
s.a. = siehe auch
Sal. = Salemitanus (*von Kloster Salem*)
Sd = Sonderdruck
S.D. = Seine Durchlaucht
SJ = Societatis Jesu (d.h. *von der Gesellschaft Jesu, vom Jesuitenorden*)
Sp. = Spalte
spez. = speziell
St. = Sankt
StD = Studiendirektor
süddt. = süddeutsch
T, Tl.,-e = Teil, -e
u. = und
u.a. = unter anderem
usw. = und so weiter
v = verso (*Rückseite*)
v. = von (nur bei Adelstiteln)
v.a. = vor allem
Verf. = Verfasser
Veröff. = Veröffentlichung, -en
vgl. = vergleiche
viell. = vielleicht
v.ö. = vorderösterreichisch
vol., Vol. = volume, Volumen (d.h. *Band*)
wiss. = wissenschaftlich
Württ. = Württemberg, württembergisch
z.B. = zum Beispiel
zit. = zitiert
Zs. = Zeitschrift
zw. = zwischen

Zeitschriften, Handbücher, Lexika

AB = Analecta Bollandiana
ABLBS, ABLG = Augsburger Beiträge zur Landesgeschichte Bayerisch Schwabens
ADB = Allgemeine Deutsche Biographie
ADH = Annales de démographie historique
AFA = Alemannia Franciscana Antiqua
AfD = Archiv für Diplomatik
AKG = Archiv für Kulturgeschichte
APK = Archiv für Pastoralkonferenzen in den Landkapiteln des Bistums Konstanz
ARG = Archiv für Reformationsgeschichte
ArchHPont = Archivum historiae pontificiae
BC = BC. Heimatkundliche Blätter für den Kreis Biberach, m. SD *Zeit und Heimat*. Beil. der Schwäb. Zeitung

Beitr.w.Apoth.G. = Beiträge zur württembergischen Apothekengeschichte
Bll.zur pfälz.KiG = Blätter zur pfälzischen Kirchengeschichte
BllfdtLG = Blätter für deutsche Landesgeschichte
BllWKG, BWKG = Blätter für Württembergische Kirchengeschichte
CIC = Corpus Iuris Canonici (d.h. Sammlung d. Kirchenrechts)
CistC = Cistercienser-Chronik
DA = Deutsches Archiv für Erforschung des Mittelalters
DA Schwaben, DAS = Diözesanarchiv für Schwaben
Ellw.Jb. = Ellwanger Jahrbuch
FDA = Freiburger Diözesanarchiv
Forsch. zur dt. Gesch. = Forschungen zur deutschen Geschichte
GG = Geschichte und Gesellschaft
GM = Geistliche Monatsschrift vornehmlich des Bistums Konstanz
GWU = Geschichte in Wissenschaft und Unterricht
HAB Teil Schwaben = Historischer Atlas von Bayern, Teil Schwaben
Hdb.d.bad.-württ.Gesch. = Handbuch der baden-württembergischen Geschichte
HDWW = Handbuch der Wirtschaftswissenschaften
HessJBLG = Hessisches Jahrbuch für Landesgeschichte
HH = Hohenzollerische Heimat
HJb = Historisches Jahrbuch
HLS = Historisches Lexikon der Schweiz (elektron. Ausg.)
HZ = Historische Zeitschrift
IO = Im Oberland. Kultur-Geschichte-Natur. Beiträge aus Oberschwaben und dem Allgäu, hg. vom Landkreis Ravensburg
JAVBG = Jb. des Vereins für Augsburger Bistumsgeschichte
Jb = Jahrbuch
JbABG = Jahrbuch für Augsburger Bistumsgeschichte
JBVD = Jahrbuch des Historischen Vereins für Dillingen
JbVK = Jahrbuch für Volkskunde
JFFL = Jahrbuch für fränkische Landesforschung
LexMA = Lexikon des Mittelalters
LThK = Lexikon für Theologie und Kirche
MIÖG = Mitteilungen der Instituts für Österreichische Geschichtsforschung
MittHVDonauwörth = Mitteilungen des Historischen Vereins Donauwörth
MittHVNeu-Ulm = Mitteilungen des Historischen Vereins Neu-Ulm
NDB = Neue Deutsche Biographie
Nds.JB, NiedersJbLG = Niedersächsisches Jahrbuch für Landesgeschichte
RBl = Regierungsblatt Baden
REC = Regesta Episcoporum Constantiensium
RGBl = Reichsgesetzblatt
Reg.BlW = Regierungsblatt für (das Königreich) Württemberg
RGG = Religion in Geschichte und Gegenwart
RHbl = Rottweiler Heimatblätter
RHE = Revue d'histoire ecclésiastique
RH = Revue Historique
RHMC = Revue d'histoire moderne et contemporaine

RhVjbll. = Rheinische Vierteljahresblätter
RMpTh = Rottenburger Monatsschrift für praktische Theologie
RN = Revue numismatique
RhVjbll = Rheinische Vierteljahresblätter
RISM = Répertoire International de sources musicales
Rottenburger J(b)KG, RJKG = Rottenburger Jahrbuch für Kirchengeschichte
SchwH = Schwäbische Heimat
StMittOSB = Studien und Mitteilungen des Benediktinerordens
StRegBlB = Staatliches Regierungsblatt des Großherzogtums Baden
SVG Bodensee = Schriften des Vereins zur Geschichte des Bodensees und seiner Umgebung
SZ = Schwäbische Zeitung
SZG = Schweizerische Zeitschrift für Geschichte
ThQ(u) = Tübinger Theologische Quartalschrift
TRE = Theologische Realenzyklopädie
UuO = Ulm und Oberschwaben
Verh.HVNiederbayern = Verhandlungen des Historischen Vereins für Niederbayern
WFr = Württembergisch Franken
WGQ = Württembergische Geschichtsquellen
VSWG = Vierteljahresschrift für Sozial- und Wirtschaftsgeschichte
VfZ = Vierteljahreshefte für Zeitgeschichte
VuF = Vorträge und Forschungen
WJbb = Württembergische Jahrbücher für Statistik und Landeskunde
WUB = Württembergisches Urkundenbuch
Württ. Jbb. = Württembergische Jahrbücher für vaterländische Geschichte, Geographie, Statistik und Topographie
Württ.Vjh.(f.)Lg. = Württembergische Vierteljahreshefte für Landesgeschichte
WürzDiözGbll. = Würzburger Diözesangeschichtsblätter
ZAA = Zeitschrift für Agrargeschichte und Agrarsoziologie
ZBLG = Zeitschrift für bayerische Landesgeschichte
ZGO = Zeitschrift für die Geschichte des Oberrheins
ZfG = Zeitschrift für Geschichtswissenschaft
ZfSchweizKG, ZSKG= Zeitschrift für Schweizerische Kirchengeschichte
ZHF = Zeitschrift für Historische Forschung
ZHG = Zeitschrift für Hohenzollerische Geschichte
ZHVS, ZsHVSchwaben = Zeitschrift des Historischen Vereins für Schwaben
ZKG, ZKiG = Zeitschrift für Kirchengeschichte
ZNR = Zeitschrift für neuere Rechtsgeschichte
ZRG GA = Zeitschrift der Savigny-Stiftung für Rechtsgeschichte, Germanistische Abteilung
ZRG KA = Zeitschrift der Savigny-Stiftung für Rechtsgeschichte, Kanonistische Abteilung
ZRG RA = Zeitschrift der Savigny-Stiftung für Rechtsgeschichte, Romanistische Abteilung
ZsHVSchwaben = Zeitschrift des Historischen Vereins für Schwaben
ZWLG = Zeitschrift für Württembergische Landesgeschichte

Archive

AHW HKA Altshausen	Archiv des Hauses Württemberg, Hofkammerarchiv
AMSJ	Archivum Monacense Societatis Jesu, München
DA (+ Name)	Diözesanarchiv (der Diözese N.N.)
DAR	Diözesanarchiv Rottenburg
EAF	Erzbischöfliches Archiv Freiburg
FAS	Fürstliches Archiv Sigmaringen (Depositum im SAS)
FÖAH	Fürstlich Öttingen-Wallerstein'sches Archiv Harburg
FFAD	Fürstlich Fürstenbergisches Archiv Donaueschingen
FuggerADillingen	Fugger-Archiv Dillingen
FZA Regensburg	Fürstl. Thurn- und Taxis'sches Zentralarchiv Regensburg
GFWW	Gesamtarchiv der Fürsten von Waldburg-Wolfegg
GLAK	Generallandesarchiv Karlsruhe
HHStA	Haus-, Hof- und Staatsarchiv, Wien
HSA München	Bayerisches Hauptstaatsarchiv München
HSAS	Hauptstaatsarchiv Stuttgart
HZAN	Hohenlohisches Zentralarchiv Neuenstein
KA	Kreisarchiv
KABC	Kreisarchiv Biberach
KARV	Kreisarchiv Ravensburg
KlAGZ	Klosterarchiv Gutenzell
LKAS	Landeskirchliches Archiv Stuttgart
MBA	Markgräflich Badisches Archiv, Salem
NZAZ	Fürstlich Waldburg-Zeil'sches Gesamtarchiv, Abteilung Zeil, Neuere Abteilung (ab 1806)
PfA, PfarrA	Pfarrarchiv
PfAGZ	Pfarrarchiv Gutenzell
SA	Staatsarchiv
SA Augsburg	Staatsarchiv Augsburg
SAL	Staatsarchiv Ludwigsburg
SAS	Staatsarchiv Sigmaringen
SAWt	Staatsarchiv Wertheim
StA	Stadtarchiv
StAK	Stadtarchiv Konstanz
StA Ravensburg	Stadtarchiv Ravensburg
UA	Universitätsarchiv
UB	Universitätsbibliothek
VLA	Vorarlbergisches Landesarchiv, Bregenz
WLB Stuttgart, WLB(S)	Württembergische Landesbibliothek Stuttgart
WWG	Waldburg Wolfegg'sches Gesamtarchiv
WZG AZ	Waldburg Zeil'sches Gesamtarchiv, Abt. Zeil
ZAWu	Waldburg-Zeil'sches Gesamtarchiv, Abt. Wurzach
ZSAP	Zentrales Staatsarchiv Prag

XVI

I

Aufgeklärte Kirchenkritik, absolutistische Machtpolitik und das Reich

Zur Vorgeschichte der Säkularisation von 1803

Reichskirche und Reich in der Frühen Neuzeit

von Franz Brendle und Anton Schindling

Grundlagen der Reichskirche im Mittelalter

Die weltliche Herrschaft von kirchlichen Amtsträgern in Deutschland, vor allem Erzbischöfen und Bischöfen, wurzelte im ottonisch-salischen Reichskirchensystem des 10. und 11. Jhs.[1] Seit Otto dem Großen hatten die deutschen Könige die Repräsentanten der Kirche systematisch mit weltlichen Herrschaftsrechten belehnt, um sich so eine treue Klientel im Reich zu sichern. Am Ende der Stauferzeit garantierte Kaiser Friedrich II. den geistlichen Fürsten in einem besonderen Reichsgesetz, der *confoederatio cum principibus ecclesiasticis (Vertrag mit den geistlichen Fürsten)* von 1220, ihre weltliche Machtstellung als Fürsten und ihren Besitz. In der Goldenen Bulle Kaiser Karls IV. von 1356 wurden die drei rheinischen Erzbischöfe von Mainz, Köln und Trier, die von Anfang an zu den deutschen Königswählern gezählt hatten, in ihrer verfassungsrechtlichen Position als geistliche Mitglieder des Kurfürstenkollegiums bestätigt. Mit den Erzstühlen von Mainz und Köln war das Recht der Salbung und Krönung des deutschen Königs verbunden, je nachdem ob diese in Aachen, das heißt in der Kölner Kirchenprovinz, oder an einem Ort in der Mainzer Kirchenprovinz stattfand. Die Krönungen in Frankfurt am Main seit 1562 wurden regelmäßig von dem zuständigen Mainzer Erzbischof und Kurfürsten durchgeführt, der auch die Wahl leitete, welche bereits seit dem 12. Jh. in Frankfurt in der Bartholomäuskirche abgehalten wurde.

Nachdem die Bischöfe vor dem Investiturstreit von den Königen eingesetzt worden waren, führten die Durchsetzung der Kirchenreform Papst Gregors VII. und das Wormser Konkordat von 1122 dazu, dass die deutschen Bischöfe ihr Amt durch die Wahl des Domkapitels erhielten. Dem König blieb die Investitur der Gewählten mit den weltlichen Lehen, beim Papst musste die Bestätigung der Wahl eingeholt werden. Die Domkapitel waren Korporationen von Klerikern an den Domkirchen, wobei sich im Laufe des Mittelalters zunehmend eine sozial exklusive Rekrutierung der Mitglieder aus dem Adel durchsetzte. Im Übergang vom 15. zum 16. Jh. schlossen sich die Domkapitel durch Statuten sozial immer mehr ab und behielten ihre Stellen sogar Mitgliedern bestimmter Adelsgruppen vor. Während es bis dahin auch nichtadeligen Sozialaufsteigern aus dem städtischen Bürgertum möglich war, über das Studium an Universitäten Pfründen an Domkapiteln zu erlangen, wurde dies nun fast überall ausgeschlossen.

In diesem reichs- und kirchenrechtlichen Rahmen gelang es den meisten Erzbischöfen und Bischöfen wie auch manchen Äbten und Pröpsten, im Laufe des 14. und 15. Jhs. Territorien auszubilden, die durchaus der gleichzeitigen Territorialbildung von weltlichen Herrschaftsträgern entsprachen.[2] Die Konkurrenz zwischen geistlicher und weltlicher Territorialpolitik führte jedoch in den Regionen des Heiligen Römischen Reiches zu sehr unterschiedlichen Ergebnissen. In Burgund und den Niederlanden, an der Ostseeküste, in Brandenburg und Sachsen, in Österreich und Böhmen setzten sich die weltlichen Fürsten durch und reduzierten die Bischöfe auf sehr kleine reichsunmittelbare Territorien oder mediatisierten sie sogar innerhalb des entstehenden Landesstaates. Demgegenüber konnten in den Kernlanden des Reichs, am

Rhein, in Westfalen und Niedersachsen, in Schwaben und Franken und teilweise in Bayern, die Erzbischöfe und Bischöfe geistliche Staaten z. T. von erheblichem Umfang ausbilden. Diese reichsunmittelbaren Territorien werden als Fürstbistümer oder Hochstifte bezeichnet. Die Hochstifte umfassten meistens nur einen Teil der jeweiligen Diözese, also des Gebietes geistlicher Zuständigkeit des Erzbischofs oder Bischofs. Andererseits reichten Hochstifte gelegentlich auch in die Diözesen von Nachbarbischöfen hinein.

Germania Sacra – das stiftische Deutschland

Nach Flächenausdehnung, Bevölkerungszahl und Wirtschaftskraft waren die Hochstifte verschieden strukturiert.[3] Die sechs deutschen Erzbischöfe von Mainz, Köln, Trier, Bremen, Magdeburg und Salzburg regierten relativ große und durch ihre verkehrsgeographische Position und Wirtschaftskraft wichtige Territorien. Während die rheinischen Erzbischöfe und der Bremer auf ertragreiche Flusszölle zurückgreifen konnten, standen Salzburg und Magdeburg wirtschaftlich lukrative Salzquellen zur Verfügung. Der burgundische Erzbischof von Besançon konnte demgegenüber kein Territorium ausbilden. Unter den um 1500 ca. vierzig bischöflichen Hochstiften waren diejenigen von Münster, Lüttich, Würzburg und Bamberg die größten, während so großflächige Diözesen wie Konstanz, Regensburg und Passau nur kleine Territorien ausbilden konnten. Mehrfach waren die Bischofsstädte kein Teil des Hochstifts, sondern hatten sich als freie Reichsstädte von der bischöflichen Stadtherrschaft befreit, z. B. Köln, Lübeck, Worms, Speyer, Straßburg, Augsburg, Regensburg und Konstanz. In Nord- und Mitteldeutschland sowie in Schlesien waren vergleichbare Städte wie Bremen, Magdeburg, Hildesheim, Erfurt und Breslau autonome Städte unter einer nur noch sehr schwachen erzbischöflichen bzw. bischöflichen Landesherrschaft. Bremen stieg im 17. Jh. sogar zur freien Reichsstadt auf. Entsprechend diesen Herrschaftsverhältnissen residierten die geistlichen Fürsten vielfach außerhalb ihrer Kathedralstädte, so der Magdeburger Erzbischof in Halle, der Kölner in Bonn, der Breslauer Bischof in Neisse, der Lübecker in Eutin, der Speyrer in Bruchsal, der Straß-

burger in Zabern, der Augsburger in Dillingen und der Konstanzer in Meersburg.[4] Auch geistliche Fürsten, welche die Herrschaft über ihre Domstadt behaupteten, residierten gelegentlich bevorzugt außerhalb derselben, so die Erzbischöfe von Mainz und Trier in Aschaffenburg und Koblenz, und der mährische Erzbischof von Olmütz in Kremsier. Die Residenzschlösser geistlicher Fürsten waren gelegentlich nach Heiligen benannt, so die Martinsburg in Mainz, die Johannesburg in Aschaffenburg, die Marienburg in Würzburg oder die Willibaldsburg in Eichstätt.

Ähnliche Fürstbistümer wie im Heiligen Römischen Reich gab es nach dem Niedergang und Ende des Deutschordensstaates unter der Krone Polen in Westpreußen und im Baltikum, nämlich die Territorien des Erzbischofs von Riga und des Bischofs von Ermland. Die Residenz des ermländischen Bischofs war Braunsberg, das Domkapitel hatte seinen Sitz in Frauenburg. In den anderen Reichen und Ländern Europas waren die Amtsträger der Kirche zumindest bis zur Reformation in die Ständeverfassung fest eingebunden; sie hatten hohe staatliche Ämter inne und verfügten über großen grundherrschaftlichen Besitz. Territoriale Landesherrschaft wie im Heiligen Römischen Reich übten sie jedoch nicht aus. Nur das Oberhaupt der abendländischen Christenheit, der Papst, regierte einen eigenen, unabhängigen Kirchenstaat.

Große Klöster des Benediktinerordens, so Fulda, Corvey, Kempten und St. Gallen, konnten eine eigene territoriale Landesherrschaft ausbilden. Dies gelang auch den Chorherrenstiften Ellwangen und Berchtesgaden als Fürstpropsteien. Andere Männerklöster der alten Orden sowie einige Frauenklöster und -stifte konnten immerhin ihre Reichsunmittelbarkeit durchsetzen und organisierten sich im 16. Jh. in den beiden Reichskollegien der Rheinischen und Schwäbischen Prälaten.[5] Diese Prälatenkollegien konnten auf dem deutschen Reichstag, der sich um 1500 im Rahmen der maximilianeischen Reichsreform als Institution ausbildete, sogenannte Kuriatstimmen ausüben, das heißt jede der beiden Korporationen hatte je eine Stimme. Dagegen waren die Erzbischöfe, Bischöfe, Äbte und Pröpste, die eine eigene Landesherrschaft geltend machen konnten, jeweils mit Sitz und Stimme auf der geistlichen Bank im Kurfürsten- und Fürstenrat des Reichstags vertreten. Dabei bezogen sich deren sog.

Virilstimmen jeweils auf ein Territorium. Der Mainzer Erzbischof war als Reichserzkanzler auch Inhaber des Reichstagsdirektoriums, Leiter der Reichstagskanzlei und des Kurfürstenrats. Im Fürstenrat nahm der Erzbischof von Salzburg zusammen mit dem Erzherzog von Österreich das Direktorium wahr.

Die beiden Ritterorden, der Johanniterorden und der Deutsche Orden, waren ebenfalls mit Virilstimmen der Ordensmeister im Fürstenrat des Reichstags vertreten. Der Besitz beider Orden im Reich war in Balleien und Kommenden gegliedert, die in ihrer Mehrzahl einen reichsunmittelbaren Status hatten. Der Deutsche Orden stand mit seinem Ordensstaat in Preußen und im Baltikum bis zur Reformation in einer losen Verbindung zum Reich. Nach der Säkularisation des Hochmeisterstaates in Preußen durch den letzten Hochmeister Albrecht v. Brandenburg 1526 blieb der Deutschmeister mit Sitz in Mergentheim das Oberhaupt des Deutschen Ordens im Reich und beanspruchte die Administration des Hochmeistertums. Seit der Regierung des Hoch- und Deutschmeisters Maximilian v. Österreich im späteren 16. Jh. war der Deutsche Orden eng mit dem Haus Habsburg verbunden. Auf Maximilian folgten noch mehrere Erzherzöge als Meister des Ordens.[6] Der Meister des Johanniterordens im Reich saß in der reichsunmittelbaren Herrschaft Heitersheim im Breisgau und unterstand seinerseits dem Großmeister des Ordens auf Malta.[7]

Herausforderung der Reformation

Die Reformation entzog mit der Ablehnung des besonderen Priestertums, des hierarchischen Bischofsamtes und des Klosterlebens dem kirchlichen Amt der geistlichen Fürsten seine theologische Legitimation. Als weltliche Herrschaften, so wie das Herzogtum Preußen Albrechts v. Brandenburg, konnte sich Luther jedoch auch die bisherigen Hochstifte der Reichskirche vorstellen. Die geistlichen Fürstentümer in Mittel- und Norddeutschland, mit der Ausnahme von Hildesheim, gingen denn auch im Laufe des 16. Jhs. zur Reformation über. Die Domkapitel wurden mehrheitlich evangelisch und wählten Fürsterzbischöfe und Fürstbischöfe, die sich teils verdeckt, teils offen zum Protestantismus bekannten.

Am Rhein, in Westfalen und in Süddeutschland behielten zunächst traditionalistische und abwehrende Kräfte die Oberhand und hemmten in den geistlichen Fürstentümern die Ausbreitung der Reformation.[8] In Kurköln scheiterte 1543/44 der Reformationsversuch des zunächst reformkatholischen Erzbischofs Hermann v. Wied am Widerstand von altkirchlichen Kräften im Domkapitel und im Klerus sowie durch das Eingreifen Kaiser Karls V. Einige geistliche Fürstentümer wie Eichstätt und Passau wurden von der evangelischen Bewegung nur am Rande erfasst. In Augsburg und Ellwangen setzte der Fürstbischof und Fürstpropst Kardinal Otto Truchsess v. Waldburg sehr früh ein attraktives katholisches Erneuerungsprogramm der Reformation entgegen. Dann setzten sich im späteren 16. Jh. auch in anderen Domkapiteln und Hochstiften die Gedanken der Katholischen Reform und Gegenreformation durch, sodass die geistlichen Fürstentümer von Münster und Osnabrück im Nordwesten bis Salzburg, Brixen und Trient im Südosten als »Pfaffengasse« eine Basis für die Selbstbehauptung und das Wiederaufleben des Katholizismus in der Frühen Neuzeit bildeten. Dabei unterstützten die weltlichen katholischen Dynastien der Habsburger, Wittelsbacher und Lothringer dieses Verbleiben der geistlichen Fürstentümer bei der katholischen Kirche mit allen Kräften. Eine spektakuläre Wende markierte der Kölner Krieg von 1583, als sich der katholische Kandidat Herzog Ernst v. Bayern gegen den zum Protestantismus übergetretenen Erzbischof Gebhard Truchsess v. Waldburg mit Waffengewalt und der politischen Unterstützung durch das Domkapitel, die Reichsstadt Köln und den Kaiser durchsetzte. In der Folge wurden bis 1761 nur bayerische Prinzen zu Erzbischöfen und Kurfürsten von Köln gewählt. Der Sieg des Katholizismus in Köln zog auch die konfessionelle Entscheidung zugunsten der Alten Kirche in den westfälischen Bistümern Münster, Paderborn und Osnabrück nach sich.

Die protestantischen Fürsten zogen in ihren Territorien von Anfang an landsässiges geistliches Gut ein, indem sie dieses entweder zum Vorteil der fürstlichen Domäne oder des Adels bzw. zur Sanierung der fürstlichen Finanzen säkularisierten oder im Sinne der neuen evangelischen Landeskirche einer neuen Zweckbestimmung für Schule, Universität und Wohlfahrts-

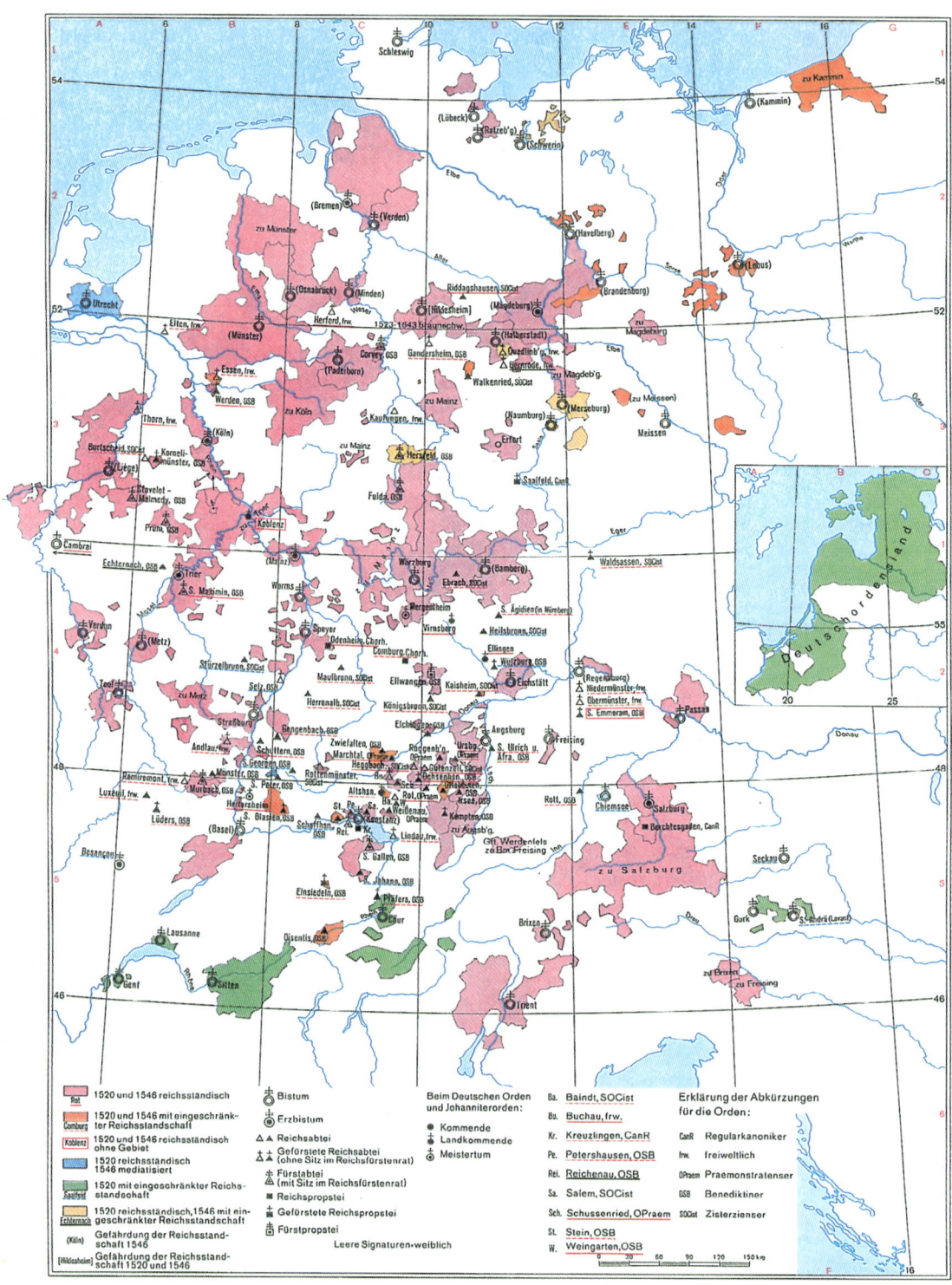

Die geistlichen Staaten im Zeitalter der Reformation

Aus: Hubert Jedin, Atlas zur Kirchengeschichte, Verlag Herder, Freiburg 3. Aufl. 1988.

wesen zuführten. Für Martin Luther war die Verwendung von Klostergut zu schulischen und sonstigen frommen Zwecken *(ad pias causas)* eine Wiederherstellung des ursprünglichen Stiftungsgedankens. Bei reichsunmittelbaren Hochstiften und Klöstern stand das Reichsrecht einer solchen Säkularisation entgegen. Bis zum Westfälischen Frieden des Jahres 1648 bestanden deshalb in Mittel- und Norddeutschland evangelische geistliche Fürstentümer und Stifte fort, welche freilich in der Regel von benachbarten weltlichen Dynastien dominiert wurden, die dort Versorgungsmöglichkeiten für nachgeborene Söhne suchten. Freilich waren auch die katholischen weltlichen Fürsten für die Selbständigkeit der Bischofsherrschaften im Reich nicht ungefährlich. Kaiser Karl V. persönlich hatte 1529 das Hochstift Utrecht für seinen burgundisch-niederländischen Staat säkularisiert. Im Zusammenhang mit den Täuferunruhen in Münster 1534/35 argwöhnten zahlreiche deutsche Reichsstände, dass der Kaiser eine Intervention nutzen würde, um auch das westfälische Hochstift unter seine weltliche Herrschaft zu bringen; nicht zuletzt deshalb kam es zu einer politisch-militärischen Gemeinschaftsaktion katholischer und protestantischer Reichsfürsten gegen die Täufer.

Der Augsburger Religionsfriede von 1555 stellte den Konfessionsstand aller geistlichen Fürstentümer unter den sog. *»Geistlichen Vorbehalt«,* der freilich von den evangelischen Reichsständen nicht anerkannt wurde. Danach konnte ein geistlicher Fürst zwar für sich persönlich vom Katholizismus zum Protestantismus übertreten, er musste jedoch dann auf sein Amt verzichten und die Wahl eines katholischen Nachfolgers durch das Domkapitel zulassen. In Mittel- und Norddeutschland wurde diese Bestimmung unter dem Druck der weltlichen Dynastien Kursachsens, Kurbrandenburgs, Pommerns, Mecklenburgs, Braunschweig-Lüneburgs, Schleswig-Holstein-Gottorfs und Dänemarks unterlaufen, indem sie Angehörige ihres Hauses zu Erzbischöfen und Bischöfen wählen ließen. Die katholischen bayerischen Wittelsbacher betrieben unter altkirchlichem Vorzeichen eine analoge Bistumspolitik, etwa in dem vom Münchener Herzog als »seine Pfarr« bezeichneten Hochstift Freising, aber dann auch im Nordwesten des Reiches. Es entwickelte sich hieraus die »Fünfkirchenherrschaft« der Köl-

ner Erzbischöfe aus dem Hause Bayern, die regelmäßig auch in Hildesheim sowie in wechselnden Konstellationen in Münster, Paderborn, Lüttich und Osnabrück zu Fürstbischöfen gewählt wurden. Der letzte von ihnen, Kurfürst Clemens August, war nicht nur *Monsieur de cinq églises,* sondern auch Hochmeister des Deutschen Ordens.[9]

Katholische Reform und Gegenreformation

Für die konfessionelle Situation in den geistlichen Fürstentümern war auch die »Declaratio Ferdinandea« bedeutsam, die König Ferdinand I. den protestantischen Ständen im Zusammenhang mit dem Ausgburger Religionsfrieden gewährte, die von den Katholiken jedoch nicht anerkannt wurde. Danach konnten Adel und landsässige Städte in den Hochstiften frei über ihre Konfession entscheiden. Diese Bestimmung kam eigentlich der Ausbreitung der Reformation zugute, wie sich vor allem in Westfalen, Niedersachsen, Fulda und auf dem Eichsfeld zeigte. Seit den 1570er Jahren begann jedoch eine Gegenbewegung, in deren Verlauf eine größere Zahl geistlicher Fürsten die Rekatholisierung in ihren Territorien in Angriff nahm und durchsetzte. Dabei gingen der Erzbischof und Kurfürst von Mainz auf dem Eichsfeld sowie der energische Fürstbischof Julius Echter v. Mespelbrunn in Würzburg voran.[10] Würzburg unter Julius Echter wurde zu einem Modellterritorium der Katholischen Reform und Gegenreformation im Rahmen der Reichskirche. Die Wiederbegründung der Würzburger Universität im Jahre 1582 und die Einrichtung des großzügigen Juliusspitals setzten dafür eindrückliche Maßstäbe. Das Trienter Konzil inspirierte die Reformen in den geistlichen Territorien zugunsten eines erneuerten Katholizismus, obgleich es gerade auch hier eigenständige »untridentinische« Ansätze gab, die sich aus eigenen lokalen und diözesanen Traditionen speisten.[11] Der Prozess der Anpassung der deutschen Erzdiözesen und Diözesen an die vom römischen Reformpapsttum vorgegebenen Normen sollte erst nach dem Ende der Reichskirche im 19. Jh. seinen Abschluss finden.

Bis zu den Anfangsjahren des Dreißigjährigen Krieges und dem späteren Normaljahr des Westfälischen Frie-

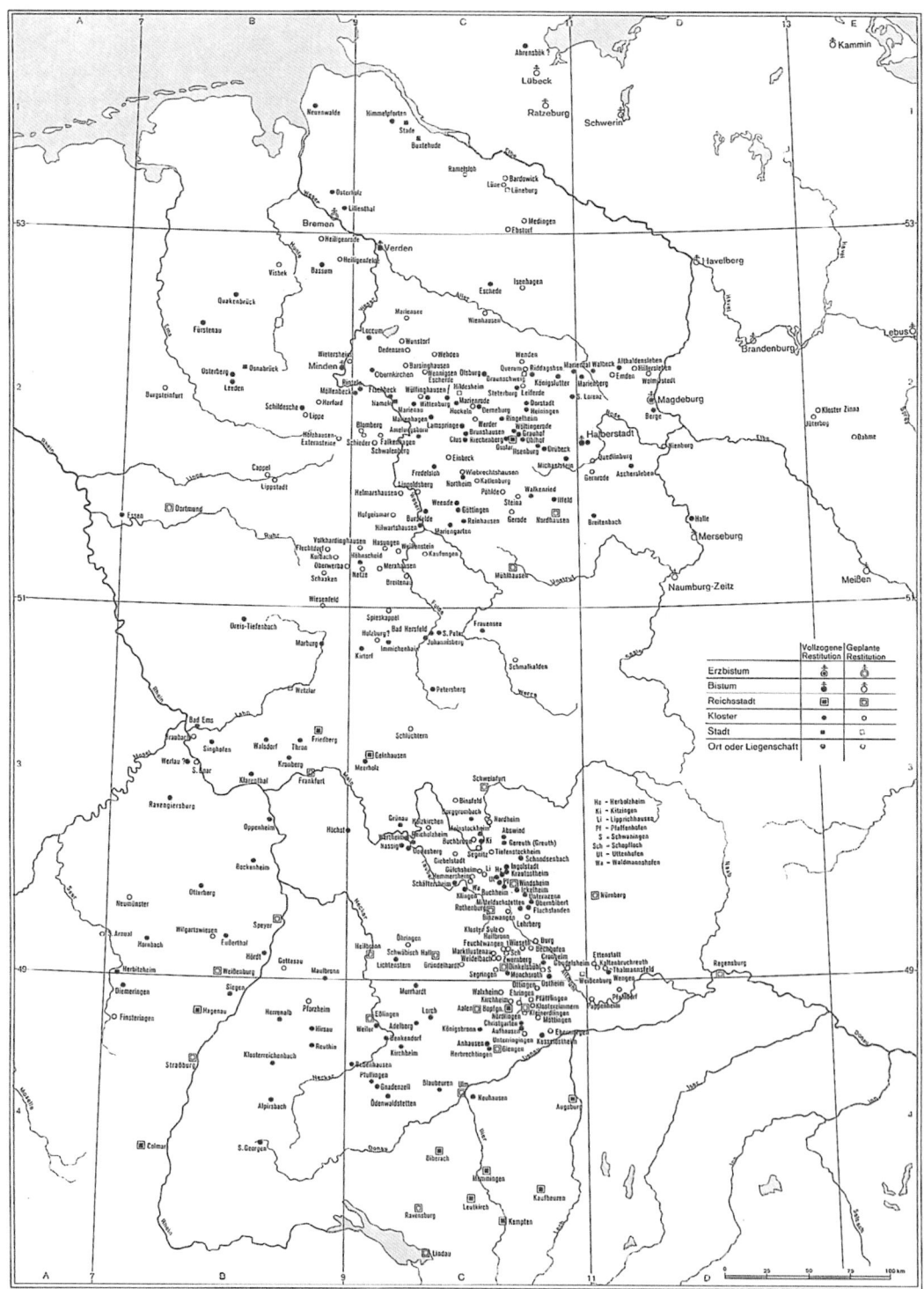

Auswirkungen des Restitutionsedikts 1629
Hubert Jedin, Atlas für Kirchengeschichte, Verlag Herder, Freiburg 3. Aufl. 1988.

dens 1624 hatte sich der Katholizismus in fast allen geistlichen Fürstentümern des Südens und Westens wieder gefestigt. Grenzen wurden in Fulda, Hildesheim, Osnabrück, Corvey und dem kurmainzischen Erfurt sichtbar, wo Teile des Adels und das städtische Bürgertum protestantisch blieben. Das Maximalprogramm der Gegenreformation im Reich drückte sich in dem Restitutionsedikt Kaiser Ferdinands II. von 1629 aus, das jedoch trotz der daran anschließenden Rekatholisierungsversuche von geistlichen Fürsten und Prälaten in Gebieten, die seit dem 16. Jh. für die Alte Kirche verloren waren, scheiterte.[12] Die gegenreformatorisch tätigen Fürstbischöfe bedienten sich vielfach der Hilfe des Jesuitenordens und gründeten Kollegien und Hochschulen. Nach dem Muster der fürstbischöflich-augsburgischen Jesuitenuniversität in Dillingen bildete sich ein eigener Typus von Hochstiftsuniversitäten mit zwei Fakultäten, einer philosophischen und einer theologischen, zur Ausbildung des Nachwuchses an Welt- und Ordenspriestern aus. Zu entsprechenden Universitätsneugründungen von Dauer kam es in Molsheim, Olmütz, Paderborn und Bamberg, zu Versuchen in Münster und Osnabrück.[13] An den Volluniversitäten in Mainz, Trier und Würzburg wurden die philosophische und theologische Fakultät den Jesuiten anvertraut. Die Zusammenarbeit zwischen reformorientierten Fürstbischöfen und dem Jesuitenorden kam auch in dem römischen Elitekolleg der Jesuiten für die Heranbildung eines Klerikernachwuchses aus den Ländern des Heiligen Römischen Reiches zum Ausdruck, dem 1552 eingerichteten »Collegium Germanicum«.[14] In Salzburg gründete Fürsterzbischof Paris Graf Lodron allerdings zusammen mit den Benediktinern bayerischer, schwäbischer und österreichischer Abteien eine Universität zur Beförderung der Katholischen Reform.[15] Nach einem Höhepunkt des Einflusses der Jesuiten am Beginn des 17. Jhs. zeigte sich gerade in den geistlichen Fürstentümern gegenüber diesem Eliteorden der Gegenreformation eine gewisse Distanz, wenn etwa in den nordwestdeutschen Fürstbistümern auch die Franziskaner als Schulorden gefördert wurden oder wenn in Würzburg und Mainz Johann Philipp v. Schönborn, einer der Wegbereiter des Westfälischen Friedens, die Weltpriesterkongregation der Bartholomäer unterstützte.[16]

Als Folge der Katholischen Reform und Gegenreformation blühte nach dem Dreissigjährigen Krieg gerade in den katholischen geistlichen Fürstentümern der Reichskirche, in den Städten und auf dem Land, die Volksfrömmigkeit mit zahlreichen lokalen Kulten, Wallfahrten, Volksmissionen durch die Jesuiten und andere Orden, marianischen Kongregationen und Bruderschaften auf.[17] Rund um die geistlichen Residenzen entwickelte sich eine Sakraltopographie mit Wallfahrtskirchen, Kreuzwegen, Kapellen und Bildstöcken, bei deren Entstehung mancherorts bedeutende Künstler des Barock, wie etwa Johann Balthasar Neumann im Dienste der Schönborn am Rhein und Main, mitwirkten. Im Auftrag der Schwäbischen Prälaten sowie für die Abteien in der Schweiz arbeiteten vor allem die Meister der Vorarlberger Bauschule aus dem Bregenzer Wald. Künstler wie Neumann und die Vorarlberger traten vielfach an die Stelle von Italienern, die im 17. Jh. das geistliche Barock nördlich der Alpen geprägt hatten.[18] Zum Gesamtbild der von dem erneuerten Katholizismus geformten geistlichen Staaten gehört auch die Pflege der Musik, die in der Geigenbauertradition im freisingischen Mittenwald ebenso zum Ausdruck kommt wie in der reichen Musikkultur der oberschwäbischen Prälatenklöster.

Reichskirche und Adel

Politisch und kirchenpolitisch besonders bedeutsam war das Wahlrecht der deutschen Domkapitel bei den Erzbischofs- und Bischofswahlen sowie der Stiftskapitel bei Propst- und Abtswahlen. Das Recht der freien Wahl wurde von den Dom- und Stiftsherren gegenüber Papst, Kaiser und benachbarten weltlichen Territorialfürsten verteidigt.[19] Dies entsprach natürlich auch den Interessen der Adelsfamilien, die ihre nachgeborenen Söhne in den Kapiteln versorgten. Die Reichskirche war sozialgeschichtlich eng verbunden mit dem Adel, der in fast allen Reichsbistümern das Besetzungsrecht auf die Domherrenstellen und Bischofsstühle innehatte. Neben den Domkapitelspfründen, für die Ahnenproben von bis zu sechzehn adeligen Vorfahren vorgeschrieben waren, gab es nur wenige Doktorenpfründen für nichtadelige Kleriker in einigen Domkapiteln.[20] Nicht die persönliche Eignung sondern der Versorgungsaspekt bestimmte die Rekrutierung der adeligen Domherren, aus deren Kreis die Fürstbischöfe gewählt wurden. Die Bestimmungen des Konzils von Trient, die Priester- und Bischofsweihe vorschrieben, ließen sich nur allmählich durchsetzen. Erst im 18. Jh. waren Domherren und Bischöfe in der Regel geweihte Priester und hatten einige Zeit an der Universität studiert.

In der »Pfaffengasse« an Rhein und Main wurden die Pfründen in den Domstiften – mit den Ausnahmen von Köln und Straßburg, wo der Reichsgrafenstand die Domkapitel beherrschte – von Angehörigen der Reichsritterschaft besetzt. Die Ritterkantone übten ihren personellen Einfluss auf die benachbarten Hochstifte aus und waren vor allem bestrebt, nicht-reichsritterschaftliche Kandidaten, etwa aus dem erbländischen Adel Österreichs oder dem landsässigen Adel Westfalens, fernzuhalten. In den reichsritterschaftlichen Familien der drei Ritterkreise in Schwaben, Franken und am Rhein war eine besondere reichspatriotische und adelige Gesinnung lebendig. Sich als »Zierde der deutschen Nation« zu verstehen, war für den reichsunmittelbaren ritterschaftlichen Adel durchaus selbstverständlich, wobei Dienst am Kaisertum und in der Reichskirche die Koordinaten des Selbstbewusstseins boten.[21]

Dies artikulierte sich auch in der geistlichen Adelskorporation des Deutschen Ordens, welcher als des »armen deutschen Adels Spital« der Versorgung von Söhnen insbesondere der Reichsritterschaft diente. Die Deutschherren mit ihren zahlreichen Kommenden zwischen Südtirol und den Niederlanden repräsentierten eine spezifische Verknüpfung von Reichskirche und deutscher Nation, übrigens gerade auch darin, dass der Deutsche Orden neben der katholischen Mehrheit seiner Mitglieder ebenfalls Minderheiten von lutherischen und sogar calvinistischen Ordensrittern umfasste.[22] Eine derartige Trikonfessionalität war nur unter dem Dach der deutschen Reichsverfassung und der Reichskirche nach dem Westfälischen Frieden möglich und markierte zugleich den Abstand der deutschen Verhältnisse gegenüber den Vorgaben der strengen Gegenreformation. Auch der Johanniterorden als Teil der adeligen »Germania Sacra« hatte eine evangelische Minderheit von Ordensrittern in der Ballei Brandenburg.[23]

Bei der Wahl eines geistlichen Fürsten legten die Domherren diesem eine Wahlkapitulation mit oftmals harten Bedingungen vor, um die Herrschaftsrechte des Kapitels zu festigen oder gar zu erweitern.[24] Die Domkapitel verstanden sich insofern durchaus als Mitregenten des Landesherrn. Zugleich bildeten sie jedoch in einer ganzen Reihe von geistlichen Staaten die erste Kurie der Landstände oder stellten sogar eine Art funktionales Äquivalent für die nicht vorhandene Ständevertretung dar. Wahlkapitulationen spielten eine besondere Rolle, wenn ein reichsfürstlicher Kandidat von einem reichsritterschaftlichen Kapitel gewählt werden sollte, oder wenn ein Kandidat, der bereits einen anderen Bischofsstuhl innehatte, weitere Dignitäten anstrebte. Solche Personalunionen von Bistümern waren eigentlich vom Trienter Konzil verboten worden, ebenso wie die Päpste am Ende des 17. Jhs. die Errichtung von Wahlkapitulationen untersagten. Beide Verbote wurden jedoch in den deutschen Hochstiften nicht beachtet.[25]

Für die Kumulation von Bischofsstühlen erteilten die Päpste meistens Dispens, wenn diese mit der notwendigen Stärkung der deutschen Kirche zur Verteidigung gegen den Protestantismus oder einer guten Zahlungsmoral gegenüber der Kurie plausibel gemacht wurde. Wahlen fanden in den Kapiteln nicht nur nach dem Tod von Erzbischöfen, Bischöfen, Äbten und Pröpsten statt. Es gab auch die Funktion des Koadjutors mit dem Recht der Nachfolge, wofür der regierende geistliche Fürst oder eine interessierte weltliche Dynastie einen genehmen Kandidaten vorschlagen konnten, um Machtpositionen bei der Besetzung des geistlichen Fürstenamtes durchzusetzen.[26] Die drohenden Wechselfälle bei Neuwahlen konnten so umgangen werden. Auch für Protektionspolitik gegenüber Nepoten bot die Koadjutorie breiten Raum. Indes handelte es sich doch um echte Wahlen, die vom politischen Kräftespiel zwischen Domherrenfraktionen, Interessen benachbarter Adelsgruppierungen und Dynastien, dem kaiserlichen Einfluss und der Stellungnahme des Papstes bestimmt waren. Insgesamt aber waren die Nachfolgen in der Reichskirche durch ein höheres Maß an Kontinuität, zumindest innerhalb dynastischer Klientelverbände und adeliger Personengruppen, gekennzeichnet, als die Papstwahlen durch das Kardinalskollegium in Rom.

Der Immerwährende Regensburger Reichstag
»Eigentlicher Abriß der Reichstags Solennitet, so den ... Sept. diß 1640 Jahrs in Regenspurg bey eröfnung & propositio angestelt und gehalten worden.« Die geistlichen Fürsten sitzen rechts vom Kaiser (in der Mitte unterm Baldachin), die weltlichen zu seiner Linken. Dem Kaiser gegenüber stehen die Bänke der Reichsstädte.

Reichskirche und deutsche Nation

Die nach dem Westfälischen Frieden verbleibende katholische Reichskirche mit ihren geistlichen Fürstentümern war nicht nur fest in die Verfassung des Alten Reiches einbezogen, sondern auch Trägerin eines spezifisch konturierten kirchlichen Nationalbewusstseins, das mit einigen Einschränkungen als »deutsch-katholisch« bezeichnet werden kann, wenn dieser Begriff nicht im enggeführten Sinne des 19. Jhs. verstanden wird. In den katholischen Wahlstaaten der Reichskirche wurde nicht nur die katholische Konfessionalität gegenüber dem Protestantismus betont, sondern auch Wert auf eine gewisse Selbständigkeit gegenüber dem Papsttum in Rom gelegt, wenngleich dies in Theorie und Praxis nicht so weit ging wie im

11

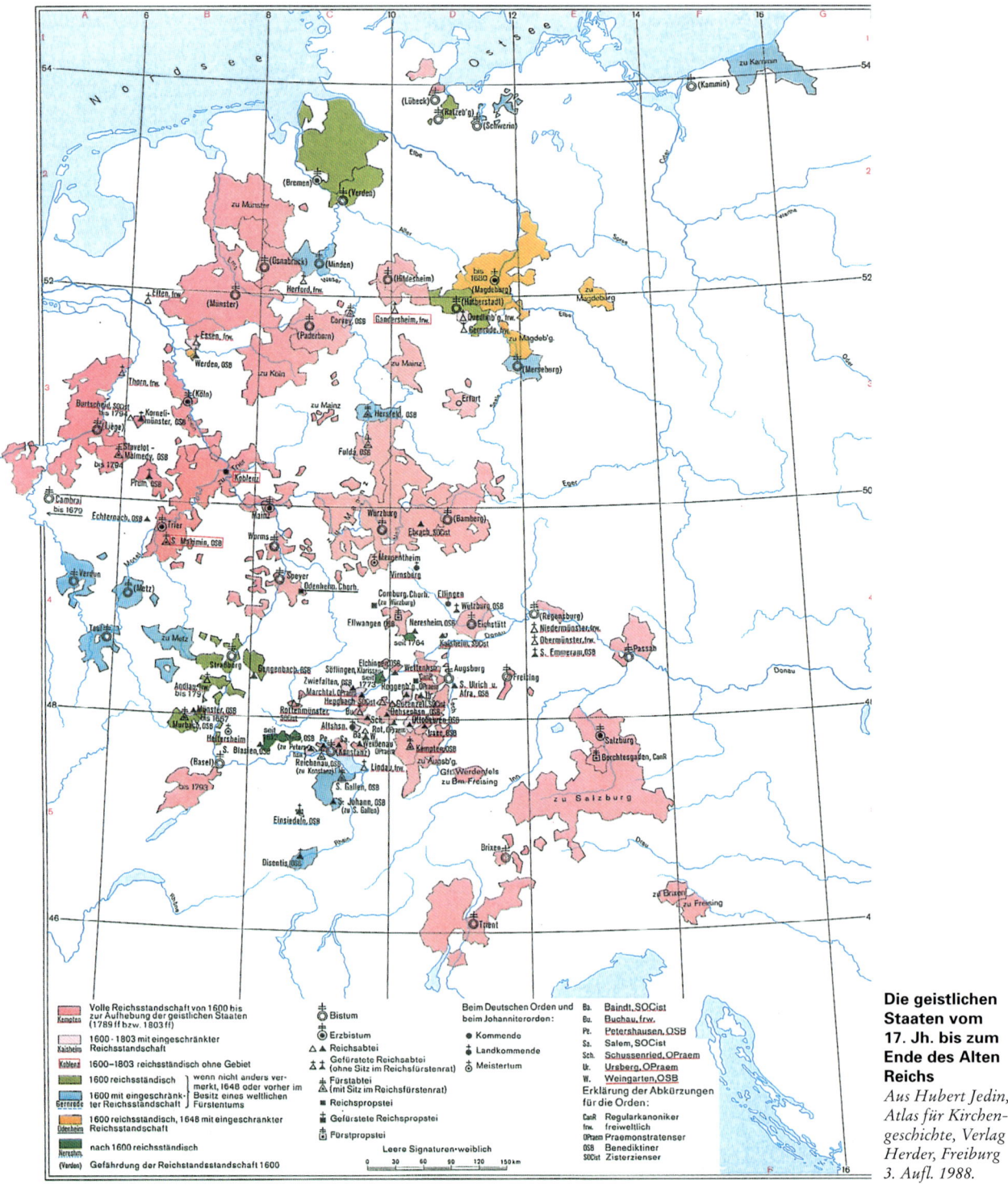

Die geistlichen Staaten vom 17. Jh. bis zum Ende des Alten Reichs

Aus Hubert Jedin, Atlas für Kirchengeschichte, Verlag Herder, Freiburg 3. Aufl. 1988.

staatskirchlichen Gallikanismus der französischen Kirche. Jedenfalls war die *Germania Sacra*, das reichskirchliche Deutschland, ein Raum mit besonderen Traditionen im Zusammenspiel religiöser und nationaler Erinnerungen und Orientierungsmuster.

Die *Germania Sacra* hatte nicht-katholische und nicht-deutsche Ränder, welche die Komplexität des politischen Systems der Reichskirche und des Alten Reiches zeigten. Es gab in Norddeutschland auch evangelische Glieder der Reichskirche, nämlich das Fürstbistum Lübeck und die reichsunmittelbaren adeligen Damenstifte Gandersheim, Herford und Quedlinburg, die nach den Säkularisationen des Westfälischen Friedens noch bis zum RDH von 1803 überlebten.[27] Das Fürstbistum Osnabrück wurde durch den Westfälischen Frieden zu einem paritätischen geistlichen Fürstentum mit der »alternativen Sukzession« von katholischen und evangelisch-lutherischen Fürstbischöfen, wobei die letzteren aus der Hannoveraner Linie des Hauses Braunschweig-Lüneburg stammen mussten.[28] Im Falle von Osnabrück handelte es sich nur um eine Teilsäkularisation, wohingegen die Erzstifte Magdeburg und Bremen, die Fürstbistümer Halberstadt, Minden, Kammin, Verden, Ratzeburg und Schwerin sowie die Fürstabtei Hersfeld 1648 vollständig säkularisiert und in weltliche Herzogtümer bzw. Fürstentümer umgewandelt wurden. Die Nutznießer waren Schweden, Kurbrandenburg, Mecklenburg und Hessen-Kassel, somit protestantische Territorien, die bereits vorher vielfach einen bestimmenden Einfluss auf die formal noch existierenden geistlichen Staaten ausgeübt hatten.

In der Reichsromania oder auf deren Grenze lagen im Westen das Fürstbistum Lüttich und im Süden die Fürstbistümer Basel, Chur und Trient.[29] Das Fürstbistum Straßburg und die Fürstabtei Murbach waren ungeachtet gleichzeitig fortwirkender Verbindungen zum rechtsrheinischen Reich seit der Ära Ludwigs XIV., wie das gesamte Elsass, in das Königreich Frankreich integriert.[30] Die maßgeblichen Kriterien für die Zugehörigkeit von Erzbistümern, Bistümern, Propsteien, Abteien, Stiften und Prälaturen zur Reichskirche waren deren Reichsunmittelbarkeit und die Reichsstandschaft auf dem Reichstag. Einzelne unzweifelhafte Glieder der Reichskirche waren jedoch faktisch stark in die sie umgebenden weltlichen Territorien integriert, so die Bistümer Trient und Brixen in das Land Tirol und das Bistum Freising in Bayern.[31] Demgegenüber bildeten den starken Kernbereich der Reichskirche, auch im Sinne eines eigenständigen politischen Selbstbewusstseins, die Erzstifte und Hochstifte in Westfalen, an Rhein und Main, Donau und Salzach.

Die Rechtsgrundlage für die Reichskirche war neben der dargestellten weltlichen Verfassungsordnung des Heiligen Römischen Reiches das Wiener Konkordat von 1448.[32] Das Konkordat war zwischen Papst Nikolaus V. und Kaiser Friedrich III. für die *natio Germanica* bzw. die *natio Alamanica* abgeschlossen worden und blieb de jure bis zum Ende des Alten Reiches in Kraft, wenngleich von reichsrechtlicher Seite der Augsburger Religionsfrieden von 1555 und der Westfälische Frieden von 1648 ganz erhebliche Einschränkungen durch die Säkularisationen brachten.[33]

Die *Gravamina* [Beschwerden] *der deutschen Nation wider den römischen Hof* artikulierten seit dem 15. Jh. eine Abwehrhaltung der deutschen Kirche gegenüber den Eingriffen, Jurisdiktionsansprüchen und Abgabenforderungen der Päpste.[34] Derartige Beschwerden wurden ausdrücklich als ein Anliegen der *teutschen Nation* bezeichnet und als solches auf Reichstagen und Synoden verhandelt. Martin Luther kannte diese Gravamina der deutschen Kirche und bezog sie in seiner reformatorischen Streitschrift »An den christlichen Adel deutscher Nation von des christlichen Standes Besserung« ein.[35] Sowohl bei Martin Luther als auch in den Gravamina, die unabhängig von der Luthersache gerade auf dem Wormser Reichstag von 1521 einen Beratungsgegenstand bildeten, wurde die deutsche Nation eng mit Wohl und Wehe der deutschen Reichskirche und ihrer Stellung gegenüber Rom verknüpft. Rom und das Papsttum wurden dabei im »Welschland« situiert und damit auch in einen ethnischen Gegensatz zu »Teutschland« gebracht, so in Luthers Adelsschrift von 1520.

Reichskirche und Rom

Im 18. Jh. lebten die Gravamina der deutschen Nation in der katholischen Reichskirche wieder neu auf und flossen in den »Febronianismus« ein, der einem Unabhängigkeitsstreben der deutschen Kirche unter Führung der vier Erzbischöfe von Mainz, Köln, Trier und Salzburg das Wort redete. Der gelehrte Trierer Weihbischof Johann Nikolaus v. Hontheim gab unter dem Pseudonym Justinus Febronius 1763 in seiner spektakulären Schrift *De statu ecclesiae et de legitima potestate Romani Pontificis* die Stichworte für eine Stärkung der Metropolitangewalt der Erzbischöfe gegen Rom und für eine Kirchenunion mit den Protestanten.[36] Irenische Tendenzen gegenüber den Protestanten, mit denen die nachbarschaftliche Zusammenarbeit aus pragmatischen Zwängen und auf der Grundlage des Westfälischen Friedens als maßgebendem Reichsgrundgesetz notwendig war, verliehen der reichskirchlichen Distanz gegenüber der Kurie vielfach eine besondere deutsche Konnotation. Solche Tendenzen fanden sich seit dem Kurfürsten Johann Philipp v. Schönborn gerade in Mainz, dem vornehmsten Erzbischofssitz der Reichskirche, und bei Vertretern der Bischofsdynastie der Schönborn, so dem Mainzer Kurfürsten und Bamberger Fürstbischof Lothar Franz v. Schönborn und dem Reichsvizekanzler und Fürstbischof von Bamberg und Würzburg Friedrich Karl v. Schönborn.[37] Von Kurmainz aus wurde nach dem Westfälischen Frieden mehrfach versucht, die mindermächtigen mittleren und kleineren Reichsstände in den vier Vorderen Reichskreisen Kurrhein, Oberrhein, Schwaben und Franken bündisch zu organisieren – im Ersten Rheinbund von 1658 und in den Kreisassoziationen.[38] Diese Bündnisversuche trugen neben den anhaltenden Konflikten zwischen dem habsburgischen Kaiser und Frankreich unübersehbar eine auf das reichische Deutschland konzentrierte reichspatriotische und nationale Note, die zwar nicht spezifisch reichskirchlich war, aber doch in den Stiften an Rhein und Main eine Heimstatt hatte.

Im Gefolge dieser Politik wurden im 18. Jh. von mehreren geistlichen Reichsfürsten auch gelehrte Bestrebungen an Universitäten und in Klöstern gefördert, welche die alte Eigenständigkeit und die Rechte der deutschen Kirche im Mittelalter aus den Quellen nachzuweisen versuchten.[39] Die deutschen Katholiken hatten durchaus auch in Rom berechtigten Anlass, sich gegenüber den Angehörigen der romanischen Länder benachteiligt zu fühlen, die nicht nur in der irdischen Kirche, sondern auch im Himmel die Mehrzahl der

Plätze besetzten. Es ist bezeichnend, dass die Päpste im 17. und 18. Jh. nur zwei Persönlichkeiten aus dem Reich zu Heiligen der Kirche und zur Ehre der Altäre erhoben, nämlich den Prager Märtyrer Johann von Nepomuk und den Kapuzinerpater Fidelis von Sigmaringen.[40] Neben diesen beiden »deutschen« Heiligen dominierten Heiligsprechungen von Italienern, Spaniern und Franzosen.[41]

In zahlreichen Institutionen, Ämtern, Titeln und Symbolisierungen war die Verbindung von katholischer Reichskirche und Heiligem Römischem Reich deutscher Nation gegenwärtig. Der Mainzer Erzbischof war der erste der Kurfürsten und *Erzkanzler für Deutschland (Archicancellarius per Germaniam)*, so wie der Kölner Erzbischof und Kurfürst Erzkanzler für Italien und der Trierer Erzkanzler für Burgund waren.[42] In mehreren Reichskreisen waren Erzbischöfe oder Bischöfe kreisausschreibende Fürsten, so der Mainzer im Kurrheinischen Reichskreis, der Magdeburger im Niedersächsischen, der Salzburger im Bayerischen, der Bamberger im Fränkischen, der Konstanzer im Schwäbischen, der Wormser im Oberrheinischen und der Münsterer im Niederrheinisch-Westfälischen.[43] In Salzburg legten die Erzbischöfe Wert auf ihren Titel eines *Primas Germaniae*,[44] worin sich auch eine Rivalität zu den Erzbischöfen am Rhein ausdrückte, die ihrerseits eine Gründung ihrer Bischofssitze bereits durch Schüler des Apostels Petrus und eine entsprechend direkte apostolische Sukzession behaupteten. Das hohe Alter und die ungebrochene Tradition der deutschen Kirche konnten sowohl gegen die Protestanten als auch gegen den Papst als ein Argument der Abgrenzung und der Legitimierung ins Feld geführt werden. Dafür waren die altchristlichen Märtyrergräber und Reliquien insbesondere in Köln und Trier, aber auch in Mainz und Augsburg sinnfällige Belege.[45]

Für die auf die Antike folgende Epoche boten dann Bonifatius und Karl der Große, der Heilige Kaiser Heinrich II. sowie als Heilige verehrte Bischöfe der ottonisch-salischen Reichskirche wie Ulrich von Augsburg, Konrad von Konstanz, Wolfgang von Regensburg, Bernward und Gotthard von Hildesheim sowie Benno von Meißen Symbolfiguren für die Symbiose von deutschem Reich und katholischer Reichskirche. Der Übergang zahlreicher Territorien und Städte zur

Reformation hatte an dieser Verknüpfung für die Wahrnehmung in den katholischen Reichsteilen nichts geändert. Hierfür kann die Übertragung der Gebeine des heiligen Bischofs Benno von Meißen nach München 1576/80 durch die Herzöge Albrecht V. und Wilhelm V. v. Bayern ein Beispiel in der Form einer symbolischen Handlung und Memorialstiftung bieten. Die öffentliche Verehrung der Reliquien Bennos in der Münchner Frauenkirche war gleichzeitig eine gesamtdeutsche wie eine polarisierend-antiprotestantische Manifestation der Gegenreformation.[46]

Anfänge der Aufklärung im reichskirchlichen Deutschland

Sowohl die führenden katholischen Dynastien der Habsburger und der bayerischen Wittelsbacher als auch die Erzbischöfe und Bischöfe der Reichskirche, die teilweise ebenfalls Wittelsbacher, Habsburger oder deren Parteigänger waren, setzten auf die konfessionellen Kräfte aus Italien und Spanien, sodass in der protestantischen Polemik zumindest seit der Aufklärung der Topos vom »undeutschen Katholiken« gebräuchlich werden konnte.[47] Im Bildungswesen war es der Jesuitenorden, der die katholische Internationalität prononciert zum Maßstab erhob.[48]

Immerhin gab es bei der durchaus vorhandenen innerkatholischen Opposition gegen die Jesuiten manche Kräfte mit einheimischen Wurzeln. Hier ist vor allem die bereits erwähnte Benediktiner-Universität in Salzburg zu nennen.[49] Im 18. Jh. wurden Salzburg ebenso wie die erzbischöflichen und bischöflichen Residenzen an Rhein, Main, Mosel und Donau zu Zentren der katholischen Aufklärung im Reich. Die katholische Aufklärung verringerte die Abgrenzungsmauern, die das Zeitalter der Konfessionalisierung gegenüber dem protestantischen Deutschland errichtet hatte, sodass es jetzt in Bildung und Wissenschaft wieder zu einer Annäherung der konfessionell getrennten Bildungslandschaften im Reich kommen konnte: Während die Jesuiten im katholischen Bildungswesen das Monopol der lateinischen Sprache aufrecht erhalten hatten, begünstigte die katholische Aufklärung nach protestantischem Muster den Übergang zur deutschen Sprache in Unterricht und Literatur.[50] Das Vorbild der protes-

tantischen Reformuniversität in Halle an der Saale wirkte vor allem auf die juristischen Fakultäten katholischer Universitäten. An der Universität Würzburg kam es unter den Schönborn-Bischöfen zur Ausbildung eines wissenschaftlichen Interesses an der Geschichte der Reichskirche innerhalb der Reichsverfassung. Der Würzburger Kanonist Johann Kaspar Barthel, ein guter Kenner auch des gallikanischen Staatskirchenrechts, übte über seinen Schüler Neller einen starken Einfluss auf Hontheim/Febronius aus. Gerade von Würzburg aus wurde die Reform der katholischen Universitäten in Bayern und Österreich angestoßen.[51] Das 18. Jh. brachte in einigen Fürstbistümern der Reichskirche Manifestationen des Traditionsbewusstseins mit Jahrtausendfeiern, die sich auf die Bistumsgründungen des 8. Jhs. durch iroschottische und angelsächsische Missionare, durch Bonifatius und Karl den Großen bezogen. Freising, Eichstätt und Würzburg sind hier besonders zu nennen.[52] Die Zugehörigkeit des einzelnen Bistums zu der deutschen Reichsgeschichte wurde dabei deutlich. Allerdings spielte Bonifatius noch nicht die nationale Rolle eines »Apostels der Deutschen«, die ihm das 19. Jhs. zuwies, wenn auch seine Gründung Fulda im Jahre 1752 durch den Papst zum Fürstbistum erhoben wurde.[53]

In der gelehrten Geschichtsschreibung über Bistümer und Klöster, die in der Barockzeit und der Aufklärung blühte, spielte die Einbindung der einzelnen Kirchen in die allgemeine Reichsgeschichte eine wichtige Rolle.[54] Die in den Archiven der geistlichen Institutionen überlieferten Kaiser- und Königsurkunden wurden studiert. Wenn der aufgeklärte Fürstabt Martin Gerbert in der Benediktinerabtei Sankt Blasien im Schwarzwald eine neue Gruft für die hierher überführten ältesten Habsburger erbauen ließ, so hatte diese symbolische Baumaßnahme neben der dynastischen österreichischen Loyalitätsbekundung auch den Aspekt eines Bekenntnisses zur älteren deutschen Geschichte, die als verpflichtend für die Gegenwart angesehen wurde. Martin Gerbert, der nicht nur österreichischer Untertan und Mitglied des breisgauischen Landtags, sondern auch ein reichsunmittelbarer Herrschaftsträger war, betrieb in Sankt Blasien das Projekt einer »Germania Sacra« als historisch-topographische Gesamtdarstellung der deutschen Kirchengeschichte.[55]

Reichskirche und Haus Österreich

Die Ära des barocken Reiches vor und nach 1700 war unter den Kaisern Leopold I., Joseph I. und Karl VI. von einer nochmaligen Dominanz des Hauses Österreich in Deutschland geprägt. Die meisten Fürstentümer der katholischen Reichskirche gehörten in dieser Phase fest zur Klientel der Habsburger im Reich. Mit Fürstbischöfen aus den Häusern Pfalz-Neuburg und Lothringen besetzten enge Verwandte der Kaiser Hochstifte von Breslau bis Trier.[56] Vor allem die Schwäger Kaiser Leopolds I., die Pfalzgrafen Ludwig Anton und Franz Ludwig v. Neuburg, waren in der Reichskirchenpolitik überaus erfolgreich – beide auch als Hochmeister des Deutschen Ordens.[57] Eine analoge Stellvertreterrolle für nicht vorhandene habsburgische Kandidaten nahmen die Lothringerherzöge Joseph Clemens und Karl Alexander ein; ersterer Erzbischof in Trier, letzterer als Hochmeister des Deutschen Ordens. Das Aussterben des Hauses Habsburg im Mannesstamm kam so anderen katholischen Dynastien zugute. Auch die Fürstbischöfe aus reichsritterschaftlichen Familien, insbesondere die Angehörigen der »Bischofsdynastie« der Schönborn, waren loyale Parteigänger des Wiener Hofes. Die erfolgreiche Reichskirchenpolitik des Kaisers in der Barockzeit wurde möglich, weil Leopold I. und seine Nachfolger sehr bewusst die rechtlichen Möglichkeiten des Reichsoberhauptes ausschöpften und zu der Mehrzahl der Wahlen in der Reichskirche kaiserliche Wahlkommissare schickten, welche die Entscheidung der Domkapitel in seinem Sinne zu beeinflussen suchten.[58] Nur gegenüber den geistlichen Fürsten aus dem Haus der bayerischen Wittelsbacher, insbesondere in der »geistlichen Sekundogenitur« Köln, gab es gelegentliche Schwierigkeiten für die kaiserliche Politik, so im Spanischen Erbfolgekrieg, als der Kölner Kurfürst Joseph Clemens v. Bayern zusammen mit seinem kurfürstlichen Bruder Max Emanuel der Reichsacht verfiel und an den Hof Ludwigs XIV. flüchtete.[59] Diese Vorrangstellung der Habsburger im Reich endete jedoch mit dem Tode Kaiser Karls VI. im Jahre 1740. Die Schlesischen Kriege führten zum Aufstieg Preußens zur zweiten deutschen Großmacht und zur Ausbildung des österreichisch-preußischen Dualismus im Reich. Es war mehr oder weniger selbstverständlich, dass fast alle geistlichen Fürstentümer ihren Platz an der Seite Maria Theresias und des Hauses Habsburg nahmen. Dennoch wirkte sich der Sog des neuen Dualismus und die Position Friedrichs des Großen als faktischer »Gegenkaiser« nach dem Siebenjährigen Krieg zunehmend auch auf die geistlichen Residenzen aus. Dies zeigte sich insbesondere, als Friedrich 1785 in Opposition zur Reichspolitik Kaiser Josephs II. den deutschen Fürstenbund gründete. Diesem schloss sich als prominentes Mitglied der Kurfürst und Erzbischof von Mainz Friedrich Karl Joseph Frh. v. Erthal an. Bei anderen Fürstbischöfen gab es Sympathien.

Dabei spielte neben der reichspolitischen Problematik von Josephs Tauschplan Bayern gegen Belgien eine Rolle, dass der Kaiser bei der Durchführung seiner Diözesanregulierung und der Gründung neuer Bistümer in den österreichischen Erblanden keine Rücksicht auf die Rechte der Reichsbischöfe und die seit Jahrhunderten festliegenden Diözesangrenzen nahm. Mit seiner staatskirchlichen Politik des »Josephinismus« stieß Kaiser Joseph II. so auch zahlreiche natürliche Verbündete des Hauses Österreich vor den Kopf.[60] Andererseits war es der Wiener Politik kurz zuvor gelungen, mit dem jüngsten Sohn Maria Theresias, Maximilian Franz, einen Erzherzog im Nordwesten des Reiches als Kurfürst und Erzbischof von Köln und Fürstbischof von Münster zu etablieren und damit die Dominanz der bayerischen Wittelsbacher, die länger als eineinhalb Jahrhunderte gewährt hatte, abzulösen. Auch der Kurfürst von Trier, Clemens Wenzeslaus v. Sachsen, war als Sohn einer Habsburgerin dem Wiener Hof verbunden. Am kurtrierischen Hof in Koblenz sammelten sich seit 1790 Emigranten aus Frankreich, welche die österreichische Interventionspolitik gegen die Französische Revolution unterstützten. So blieb also die Reichskirche trotz mancher Irritationen auch in der Schlussphase des Alten Reiches eine Stütze für das österreichische Kaisertum.

Höhepunkt der Aufklärung und des Febronianismus

In der Phase zwischen dem Siebenjährigen Krieg und dem Ausbruch des Krieges gegen die Französische

Revolution 1792 wurden die geistlichen Staaten mehr oder weniger intensiv von der Reformpolitik der Aufklärung geprägt. Obwohl die Verfassung der geistlichen Wahlstaaten nicht als absolutistisch zu bezeichnen ist, kann diese Reformära doch in einem weiteren Sinne dem aufgeklärten Absolutismus zugeordnet werden, der sich modellhaft vor allem im Preußen Friedrichs des Großen und in Österreich unter Maria Theresia und Joseph II. ausbildete. Österreich wurde das Modell für die geistlichen Fürstentümer der Reichskirche, ungeachtet der Konflikte, die es schließlich unter Joseph II. wegen dessen schroffer Staatskirchenpolitik gab. Freilich sind auch eigenständige Impulse der katholischen Aufklärung in den geistlichen Residenzen neben der Wirkung des österreichischen Vorbildes wirksam geworden. Mustergültige Vertreter aufgeklärter Reformpolitik verkörperten in Bamberg und Würzburg die beiden Fürstbischöfe Adam Friedrich v. Seinsheim, ein Schönborn-Neffe, und Franz Ludwig Frh. v. Erthal, der jüngere Bruder des Mainzer Erzbischofs.[61]

Die Reformen der geistlichen Fürsten erstreckten sich auf die Förderung der Infrastruktur für Wirtschaft und Handel, auf Bildung und Wissenschaft und das Fürsorgewesen. Spezifische Anliegen der katholischen Aufklärung kamen besonders in den beiden letzteren Bereichen zum Ausdruck. Die Universitäten in Würzburg, Mainz und Salzburg wurden durch Reformen zu Zentren des aufgeklärten Denkens im katholischen Reich. In Bonn wurde sogar eine neue Universität gegründet, die sich dieses Anliegen auf die Fahne schrieb. Mit dem späteren Straßburger Jakobiner Eulogius Schneider wirkte hier ein besonders markanter Vertreter des neuen Geistes, der damals noch die Kutte des Franziskanerordens trug. Als Papst Clemens XIV. 1773 den Jesuitenorden auflöste, wurde dies von den geistlichen Fürsten in Gehorsam gegenüber dem Papst mitvollzogen, allerdings in moderaten Formen. Einzelne Jesuiten wurden als Weltpriester auf ihren Lehrstühlen an den Universitäten belassen, andererseits die Aufhebung des Ordens mit seiner bisherigen Quasi-Monopolstellung in Bildung und Wissenschaft dafür genutzt, jetzt verstärkt Reformen im Geist der Aufklärung anzugehen.

Die bedeutendste Leistung der katholischen Aufklärung im Reich war die Reform des Volksschulwesens, die der schlesische Abt von Sagan, Johann Ignaz v. Felbiger, im Auftrag der Kaiserin Maria Theresia in den österreichischen Erbländern seit 1774 durchführte.[62] Sie gab Muster und Anregung für entsprechende Reformen in fast allen Fürstbistümern der Reichskirche. Ein eigenständiges Profil bildete die Reform des Volksschulwesens im Fürstbistum Münster aus, wo Franz v. Fürstenberg und Bernard Overberg Akzente setzten.[63] Wie die elementaren Schulreformen konnten auch die Reformen im Armenwesen sich ohne weiteres neben entsprechenden Initiativen in protestantischen Territorien behaupten. Die »schwarze Legende« von einer notorischen Rückständigkeit der »Krummstablande« ist gerade mit Blick auf diese intensive Reformtätigkeit unangebracht. Dennoch fand bereits im 18. Jh. unter den Aufklärern eine entsprechende Diskussion statt, deren kritische Beiträge im darauffolgenden Jahrhundert die zurückblickende Geschichtsschreibung einseitig bestimmten. Hier ist auf die Preisfrage des Fuldaer Domherrn Sigmund v. Bibra zu verweisen, der zu Abhandlungen über Gegenwart und Zukunft der geistlichen Staaten im Reich aufrief. Die eingesandten Schriften sahen die Situation der geistlichen Fürstentümer zum größeren Teil kritisch angesichts der Konkurrenz mit den politisch stärkeren weltlichen Territorien.[64]

Es ist unübersehbar, dass die Säkularisationsfurcht in den geistlichen Staaten seit der Mitte des 18. Jhs. umging und sich immer mehr verstärkte. Dazu trug die Politik der weltlichen Fürsten, und zwar keineswegs nur die der Protestanten, maßgeblich bei. Während des Österreichischen Erbfolgekrieges hatte der bayerische Kaiser Karl VII. mit der Säkularisation geistlicher Fürstentümer geliebäugelt, um sich eine Hausmacht zu verschaffen. Im Siebenjährigen Krieg planten das durch Personalunion mit Kurhannover verbundene England und Preußen ganz unverhohlen die Säkularisation der Fürstbistümer in Nordwestdeutschland. Die josephinische Staatskirchenpolitik in Österreich ließ schließlich auch ein Gefühl der Bedrohung bei den geistlichen Fürsten der Reichskirche wachsen. Die Existenz der geistlichen Fürstentümer, die ihre entscheidende Stütze am überlieferten Reichssystem hatten, wurde nun auch vom Kaiser in Frage gestellt. Die Säkularisation des Kirchengutes durch die französischen Revolutionäre im Jahre 1790 bestätigte diese Befürchtungen. In ihrem letzten Jahrzehnt lebte die Reichskirche unter dem Damoklesschwert ihres bevorstehenden Endes.

Eine Gegenbewegung stellten jedoch die nationalkirchlichen Bestrebungen dar. Der Febronianismus in den rheinischen Erzbistümern erreichte jetzt seinen Höhepunkt, als sich die Emser Punktation von 1786 gegen die päpstliche Politik und das Staatskirchentum der weltlichen Territorien, insbesondere Bayerns und Österreichs, richtete.[65] Unmittelbarer Anlass für die Bewegung der rheinischen Erzbischöfe, zu der Salzburg hinzutrat, war die geplante Errichtung einer päpstlichen Nuntiatur in München, die mit ihren besonderen Vollmachten die Zuständigkeiten der Reichsbischöfe untergraben hätte. Das Zusammenspiel des Papstes mit den weltlichen Fürsten, insbesondere den bayerischen Wittelsbachern, hatte in der deutschen Kirchengeschichte seit dem 15. Jh. Tradition und weckte bei den geistlichen Fürsten die historisch begründete Befürchtung, zur Seite geschoben zu werden. Dass in Rom die deutsche Reichskirche mit ihrer verfassungsmäßigen Machtstellung und ihren latent nationalkirchlichen Selbständigkeitsbestrebungen nur begrenzte Sympathie genoss, war auch an den bischöflichen Residenzen bekannt. Der Febronianismus als ein Programm zur Stärkung der erzbischöflichen Amtsgewalt ist dabei vom Episkopalismus zu unterscheiden, der allgemein die Stellung der Bischöfe gegenüber dem Universalprimat des Papstes betonte.[66] Aus diesem Grunde fanden sich die Fürstbischöfe auch nicht zu einer offenen Unterstützung der in der Emser Punktation zum Ausdruck kommenden erzbischöflichen Interessen bereit.

Ende der Reichskirche

Die febronianischen Gedanken waren an die verfassungsmäßige Stellung der Reichskirche im Heiligen Römischen Reich und an den Adel als dominierende Schicht in der Reichskirche gebunden. Die Säkularisation durch den RDH von 1803 setzte diesen Bestrebungen ein Ende, indem sie die politische und soziale Basis beseitigte.[67] In der Politik des Fürstprimas des Rheinbundes, Karl Theodor v. Dalberg, ragte immerhin ein Stück nationalkirchlicher Tradition der alten Reichskirche noch in die napoleonische Umbruchszeit und die Neuordnungsphase des Wiener Kongresses hinein.[68] Dalberg war seinerzeit im Zeichen des Fürstenbundes zum Koadjutor des Kurfürsten von Mainz gewählt worden. Als kurmainzischer Statthalter in Erfurt führte er eine vorbildliche aufgeklärte Reformpolitik durch. Sein Streben nach 1806, ein deutsches Konkordat zu erreichen, und sein Traum von der Würde eines deutschen Primas gehörten in die Gedankenwelt der untergegangenen Reichskirche und wurden entsprechend vom päpstlichen Universalismus und dem einzelstaatlichen Partikularismus in die Zange genommen.

Am Ende der alten Reichskirche war Karl Theodor v. Dalberg eine Art tragischer Held ihrer nationalpolitischen und nationalkirchlichen Potentiale. Dalbergs Konstanzer Weggefährte und Helfer, Ignaz Heinrich v. Wessenberg, führte diese nationalkirchlichen Anliegen der katholischen Aufklärung noch weit in das 19. Jh. hinein fort und hinterließ in Südwestdeutschland und der Schweiz deutliche Spuren.[69] Dies blieb jedoch eine Minderheitenströmung. Nach den Höhepunkten von Katholischer Aufklärung und Febronianismus in den 1780er Jahren folgten sehr schnell der tiefe Fall und der Untergang der alten Reichskirche. Die weltliche Herrschaft der katholischen Kirche in Deutschland war damit nach mehr als 800 Jahren an ihr Ende gelangt. Für einige der bislang unter dem Krummstab lebenden Gebiete hatte dies Folgen mit Katastrophencharakter, während die Kirche sich durch Besinnung auf ihre geistlichen Aufgaben nach einiger Zeit von dem schweren Schlag erholte.

[1] *Peter Moraw/Volker Press,* Fürstentümer, Geistliche, in: TRE 11 (1983), 711–719.
[2] *Anton Schindling/Walter Ziegler* (Hg.), Die Territorien des Reichs im Zeitalter der Reformation und Konfessionalisierung. Land und Konfession 1500–1650. 7 Bde. Münster 1.–3. Aufl. 1989–1997; *Volker Press,* Adel im Alten Reich. Gesammelte Vorträge und Aufsätze, hg. von *Franz Brendle/Anton Schindling.* Tübingen 1998; *Ders.,* Das Alte Reich. Ausgewählte Aufsätze, hg. von *Johannes Kunisch.* Berlin 2. Aufl.

2000; *Georg Schmidt*, Geschichte des Alten Reiches. Staat und Nation in der Frühen Neuzeit 1495–1806. München 1999; *Anton Schindling*, Reichskirche und Deutsche Nation in der Frühen Neuzeit, in: *Heinz-Gerhard Haupt/Dieter Langewiesche* (Hg.), Nation und Religion in der deutschen Geschichte. Frankfurt a. M. 2001, 68–83.

³ *Adolf Layer* u. a., Geistliche Herrschaftsbereiche, in: *Max Spindler/Andreas Kraus* (Hg.), Handbuch der bayerischen Geschichte. Bd. 3/2: Geschichte Schwabens bis zum Ausgang des 18. Jhs. 3. Aufl. München 2001, 287–346; *Franz Petri/Georg Droege* (Hg.), Rheinische Geschichte in drei Bänden, Bd. 2: Neuzeit. Düsseldorf 1976; *Alwin Hanschmidt*, Das 18. Jh., in: *Wilhelm Kohl* (Hg.), Westfälische Geschichte in drei Textbänden und einem Bild- und Dokumentationsband. Bd. 1: Von den Anfängen bis zum Ende des alten Reiches. Düsseldorf 1983, 605–685; *Wilhelm Kohl*, Das Zeitalter der Glaubenskämpfe (1517–1618), in: Ebd. 469–535; *Manfred Wolf*, Das 17. Jh., in: Ebd. 537–604; *Anton Ph. Brück*, Serta Moguntina. Beiträge zur mittelrheinischen Kirchengeschichte. Mainz 1989; *Günter Christ*, Studien zur Reichskirche der Frühzeit. Festgabe zum Sechzigsten. Stuttgart 1989; *Meinrad Schaab/Hansmartin Schwarzmaier* (Hg.), Handbuch der baden-württembergischen Geschichte. Bd. 2: Die Territorien im Alten Reich. Stuttgart 1995, 439–645; *Walter Brandmüller*, Die katholische Kirche zwischen Tridentinum und Säkularisation. Das Zusammenleben der Konfessionen, in: *Max Spindler/Andreas Kraus* (Hg.), Handbuch der bayerischen Geschichte. Bd. 3/1: Geschichte Frankens bis zum Ausgang des 18. Jhs. München 3. Aufl. 1997, 845–877; *Rudolf Endres*, Staat und Gesellschaft. Zweiter Teil: 1500–1800, in: Ebd. 702–782, hier 707–715; *Rudolf Reinhardt*, Reich – Kirche – Politik. Ausgewählte Beiträge zur Geschichte der Germania Sacra in der Frühen Neuzeit. Ostfildern 1998.

⁴ *Volker Press*, Das Hochstift Speyer im Reich des späten Mittelalters und der frühen Neuzeit. Portrait eines geistlichen Staates, in: *Ders./Eugen Reinhard/Hansmartin Schwarzmaier* (Hg.), Barock am Oberrhein. Karlsruhe 1985, 251–290; *Ders.*, Bischof und Stadt in der Neuzeit, in: *Bernhard Kirchgässner/Wolfram Baer* (Hg.), Stadt und Bischof. Sigmaringen 1988, 137–160.

⁵ *Rudolf Reinhardt*, Restauration, Visitation, Inspiration. Die Reformbestrebungen in der Benediktinerabtei Weingarten 1567 bis 1627. Stuttgart 1960; *Armgard von Reden-Dohna*, Die schwäbischen Reichsprälaten und der Kaiser. Das Beispiel der Laienpfründen, in: *Hermann Weber* (Hg.), Politische Ordnungen und soziale Kräfte im Alten Reich. Wiesbaden 1980, 155–167; *Dies.*, Reichsstandschaft und Klosterherrschaft. Die schwäbischen Reichsprälaten im Zeitalter des Barock. Wiesbaden 1982; *Dies.*, Weingarten und die schwäbischen Reichsklöster, in: *Schindling/Ziegler*, Territorien. Bd. 5 (wie Anm. 2), 232–254; *Thomas Hölz*, Krummstab und Schwert: die Liga und die geistlichen Reichsstände Schwabens 1609–1635. Tübingen 1997.

⁶ *Bernhard Demel*, Der Deutsche Orden zwischen Bauernkrieg (1525) und Napoleon, in: *Udo Arnold* (Hg.), Von Akkon bis Wien. Studien zur Deutschordensgeschichte vom 13. bis zum 20. Jh. Fschr. Marian Tumler. Marburg 1980, 177–207; *Heinz Noflatscher*, Glaube, Reich und Dynastie. Maximilian der Deutschmeister (1558–1618). Marburg 1987; *Gerhard Bott/Udo Arnold* (Hg.), 800 Jahre Deutscher Orden. Ausstellungskatalog. Gütersloh/München 1990; *Volker Press,* »Des deutschen Adels Spital«. Der Deutsche Orden zwischen Kaiser und Reich, in: *Heinz Noflatscher* (Hg.), Der Deutsche Orden in Tirol. Die Ballei an der Etsch und im Gebirge. Bozen/Marburg 1991, 1–42; *Marian Tumler*, Der Deutsche Orden. Von seinem Ursprung bis zur Gegenwart. Bad Münstereifel 5. Aufl. 1992; *Dieter J. Weiß*, Deutscher Orden, in: *Schindling/Ziegler* (Hg.), Territorien. Bd. 6 (wie Anm. 2), 224–248.

⁷ *Walter Gerd Rödel*, Das Großpriorat Deutschland des Johanniter-Ordens im Übergang vom Mittelalter zur Reformation anhand der Generalvisitationsberichte von 1494/95 und 1540/41. Köln 2. Aufl. 1972.

⁸ *Anton Schindling*, Reichskirche und Reformation. Zu Glaubensspaltung und Konfessionalisierung in den geistlichen Fürstentümern des Reiches, in: *Johannes Kunisch* (Hg.), Neue Studien zur frühneuzeitlichen Reichsgeschichte. Berlin 1987, 81–112; *Eike Wolgast*, Hochstift und Reformation. Studien zur Geschichte der Reichskirche zwischen 1517 und 1648. Stuttgart 1995.

⁹ Clemens August. Fürstbischof, Jagdherr, Mäzen. Katalog zu einer kulturhistorischen Ausstellung aus Anlaß des 250-jährigen Jubiläums von Schloß Clemenswerth. Bramsche 1987.

¹⁰ *Walter Ziegler*, Würzburg, in: *Schindling/Ziegler*, Territorien. Bd. 4 (wie Anm. 2), 98–126; *Peter Kolb/Ernst-Günter Krenig* (Hg.), Unterfränkische Geschichte. Bd. 3: Vom Beginn des konfessionellen Zeitalters bis zum Ende des Dreißigjährigen Krieges. Würzburg 1995; *Manfred Rudersdorf*, Konfessionalisierung und Reichskirche – Der Würzburger Universitätsgründer Julius Echter von Mespelbrunn als Typus eines geistlichen Fürsten im Reich (1545–1617), in: *Peter Herde/Anton Schindling* (Hg.), Universität Würzburg und Wissenschaft in der Neuzeit. Beiträge zur Bildungsgeschichte. Gewidmet *Peter Baumgart* anläßlich seines 65. Geburtstages. Würzburg 1998, 37–61; *Peter Baumgart*, Konfessionalisierung und frühmoderne Staatlichkeit in Franken. Das Beispiel des Fürstbischofs Julius Echter, in: Würzburger Diözesangeschichtsblätter 62/62 (2001), 575–589.

¹¹ *Georg Schreiber* (Hg.), Das Weltkonzil von Trient: sein Werden und Wirken. 2 Bde. Freiburg i. Br. 1951; *Hansgeorg Molitor*, Die untridentinische Reform. Anfänge katholischer Erneuerung in der Reichskirche, in: *Walter Brandmüller* u.a. (Hg.), Ecclesia militans. Studien zur Konzilien- und Reformationsgeschichte. Remigius Bäumer zum 70. Geburtstag gewidmet. Bd. 1. Paderborn 1988, 399–431; *Klaus Ganzer*, Kirche auf dem Weg durch die Zeit. Institutionelles Werden und theologisches Ringen. Ausgewählte Aufsätze und Vorträge, hg. von *Heribert Smolinsky/Johannes Meier*. Münster 1997.

¹² *Wolfgang Seibrich*, Gegenreformation als Restauration. Die restaurativen Bemühungen der alten Orden im deutschen Reich von 1580 bis 1648. Münster 1991; *Christian Schulz*, Strafgericht Gottes oder menschliches Versagen? Die Tagebücher des Benediktinerabtes Georg Gaisser als Quelle für die Kriegserfahrung von Ordensleuten im Dreissigjährigen Krieg, in: *Matthias Asche/Anton Schindling* (Hg.), Das Strafgericht Gottes. Kriegserfahrungen und Religion im Heiligen Römischen Reich Deutscher Nation im Zeitalter des Dreissigjährigen Krieges. Münster 2 Aufl. 2002, 219–290.

¹³ *Karl Hengst*, Jesuiten an Universitäten und Jesuitenuniversitäten. Zur Geschichte der Universitäten in der Oberdeutschen und Rheinischen Provinz der Gesellschaft Jesu im Zeitalter der konfessionellen Auseinandersetzung. Paderborn 1981; *Anton Schindling*, Die katholische Bildungsreform zwischen Humanismus und Barock. Dillingen, Dole, Freiburg, Molsheim und Salzburg: Die Vorlande und die benachbarten Universitäten, in: *Hans Maier/Volker Press* (Hg.), Vorderösterreich in der frühen Neuzeit. Sigmaringen 1989, 137–176.

¹⁴ *Andreas Steinhuber*, Geschichte des Kollegium Germanikum Hungarikum in Rom. 2 Bde. Freiburg i. Br. 2. Aufl. 1906; *Peter Schmidt*, Das Collegium Germanicum in Rom und die Germaniker. Zur Funktion eines römischen Ausländerseminars (1552–1914). Tübingen 1984.

¹⁵ *Heinz Dopsch/Hans Spatzenegger* (Hg.), Geschichte Salzburgs. Stadt und Land. Bd. 2,1. Salzburg 1988.

¹⁶ *Friedhelm Jürgensmeier*, Johann Philipp von Schönborn und die römische Kurie. Ein Beitrag zur Kirchengeschichte des 17. Jhs. Mainz 1977.

¹⁷ *Hansgeorg Molitor/Heribert Smolinsky* (Hg.), Volksfrömmigkeit in der Frühen Neuzeit. Münster 1994.

¹⁸ *Wolfgang Braunfels*, Die Kunst im Heiligen Römischen Reich Deutscher Nation. Bd. 2: Die geistlichen Fürstentümer. München 1980; *Reinhold Baumstark* (Hg.), Rom in Bayern. Kunst und Spiritualität

der ersten Jesuiten. Ausstellungskatalog. München 1997; *Peter C. Hartmann*, Kulturgeschichte des Heiligen Römischen Reiches, 1648–1806: Verfassung, Religion und Kultur. Wien 2001.

[19] *Günter Christ*, Praesentia regis. Kaiserliche Diplomatie und Reichskirchenpolitik vornehmlich am Beispiel der Entwicklung des Zeremoniells für die kaiserlichen Wahlgesandten in Würzburg und Bamberg. Wiesbaden 1975; *Hans Joachim Berbig*, Das kaiserliche Hochstift Bamberg und das Heilige Römische Reich vom Westfälischen Frieden bis zur Säkularisation. 2 Bde. Wiesbaden 1976; *Reinhard R. Heinisch*, Die bischöflichen Wahlkapitulationen im Erzstift Salzburg 1514–1688. Wien 1977; *Franz Brendle*, Die Wahlkapitulationen der Ellwanger Fürstpröpste, in: Ellwanger Jb. 33, 1989/90, 76–120; *Konstantin Maier*, Das Domkapitel von Konstanz und seine Wahlkapitulationen. Ein Beitrag zur Geschichte von Hochstift und Diözese in der Neuzeit. Stuttgart 1990.

[20] *Sophie Mathilde Gräfin zu Dohna*, Die ständischen Verhältnisse am Domkapitel von Trier vom 16. bis zum 18. Jh. Trier 1960; *Friedrich Keinemann*, Das Domkapitel zu Münster im 18. Jh. Verfassung, persönliche Zusammensetzung, Parteiverhältnisse. Münster 1967; *Eduard Mildner*, Das Ellwanger Stiftskapitel in seiner persönlichen Zusammensetzung. Tübingen 1969; *Peter Hersche*, Die deutschen Domkapitel im 17. und 18. Jh. 3 Bde. Bern 1984; *Hugo A. Braun*, Das Domkapitel zu Eichstätt. Von der Reformationszeit bis zur Säkularisation (1535–1806). Verfassung und Personalgeschichte. Stuttgart 1991.

[21] *Volker Press*, Ellwangen, Fürststift im Reich des späten Mittelalters und der frühen Neuzeit, in: Ellwanger Jahrbuch 30, 1983/84, 7–30; *Ders.*, Adel im Alten Reich (wie Anm. 2); *Anton Schindling*, Das dritte fränkische Fürstbistum – Eichstätt im Reich der Frühen Neuzeit. Zentrum der Reichsritterschaft an der Altmühl und Ziel bayerischer Machtinteressen, in: Würzburger Diözesangeschichtsblätter 62/63 (2001), 557–573; *Christoph Bauer*, Reichsritterschaft in Franken, in: *Schindling/Ziegler* (Hg.), Territorien. Bd. 4 (wie Anm. 2), 182–213.

[22] *Bernhard Demel*, Von der katholischen zur trikonfessionellen Ordensprovinz. Entwicklungslinien in der Personalstruktur der hessischen Deutschordensballei in den Jahren 1526–1680/81, in: *Udo Arnold/Heinz Liebing* (Hg.), Elisabeth, der Deutsche Orden und ihre Kirche. Festschrift zur 700-jährigen Wiederkehr der Weihe der Elisabethkirche Marburg 1983. Marburg 1983, 186–281.

[23] *Ernst Opgenoorth*, Die Ballei Brandenburg des Johanniterordens im Zeitalter der Reformation und Gegenreformation. Würzburg 1963.

[24] *Manfred Stimming*, Die Wahlkapitulationen der Erzbischöfe und Kurfürsten von Mainz (1233–1788). Göttingen 1909; *Ludwig Bruggaier*, Die Wahlkapitulationen der Bischöfe und Reichsfürsten von Eichstätt 1259–1790. Freiburg i. Br. 1915; *Michael Kissener*, Ständemacht und Kirchenreform. Bischöfliche Wahlkapitulationen im Nordwesten des Alten Reiches 1265–1803. Paderborn u. a. 1993.

[25] *Rudolf Reinhardt*, Die Kumulation von Kirchenämtern in der deutschen Kirche der frühen Neuzeit, in: *Ders.*, Reich – Kirche – Politik (wie Anm. 3), 204–222.

[26] *Ders.*, Kontinuität und Diskontinuität. Zum Problem der Koadjutorie mit dem Recht der Nachfolge in der neuzeitlichen Germania Sacra, in: Ebd., 119–151.

[27] *Antjekathrin Graßmann*, Lübeck, Freie Reichsstadt und Hochstift, Wendische Hansestädte Hamburg, Wismar, Rostock, Stralsund, in: *Schindling/Ziegler* (Hg.), Territorien (wie Anm. 2). Bd. 6: Nachträge. Münster 1996, 114–128.

[28] *Anton Schindling*, Westfälischer Frieden und Altes Reich. Zur reichspolitischen Stellung Osnabrücks in der Frühen Neuzeit, in: Osnabrücker Mitteilungen 90 (1985), 97–120; *Ders.*, Reformation, Gegenreformation und Katholische Reform im Osnabrücker Land und im

Emsland. Zum Problem der Konfessionalisierung in Nordwestdeutschland, in: Ebd. 94 (1989), 35–60; *Christian Hoffmann*, Ritterschaftlicher Adel im geistlichen Fürstentum. Die Familie von Bar und das Hochstift Osnabrück. Landständewesen, Kirche und Fürstenhof als Komponenten der adeligen Lebenswelt im Zeitalter der Reformation und Konfessionalisierung 1500–1651. Osnabrück 1996; *Wolfgang Seegrün*, In Münster und Nürnberg. Die Verteilung der Konfessionen im Fürstentum Osnabrück 1648/50, in: BlldtG. 134 (1998), 59–94.

[29] *Manfred Weitlauff*, Kardinal Johann Theodor von Bayern (1703–1763). Fürstbischof von Regensburg, Freising und Lüttich. Ein Bischofsleben im Schatten der kurbayerischen Reichskirchenpolitik. Regensburg 1970; *Bernhard Steinhauf*, Giovanni Ludovico Madruzzo (1532–1600). Katholische Reformation zwischen Kaiser und Papst: Das Konzept zur praktischen Gestaltung der Kirche der Neuzeit im Anschluß an das Konzil von Trient. Münster 1993.

[30] *Louis Châtellier*, Tradition chrétienne et renouveau catholique dans le cadre de l'ancien diocèse de Strasbourg (1650–1770). Paris 1981; *Francis Rapp*, Straßburg. Hochstift und Freie Reichsstadt, in: *Schindling/Ziegler* (Hg), Territorien (wie Anm. 2). Bd. 5: Der Südwesten. Münster 1993, 114–128.

[31] *Benno Hubensteiner*, Die geistliche Stadt. Welt und Leben des Johann Franz Eckher von Kapfing und Liechteneck, Fürstbischofs von Freising. München 1954; *Georg Schwaiger*, Das Bistum Freising in der Neuzeit. München 1989; *Heinz Noflatscher*, Tirol, Brixen, Trient, in: *Schindling/Ziegler* (Hg.), Territorien (wie Anm. 2). Bd. 1: Der Südosten. Münster 2. Aufl. 1992, 86–101.

[32] Das Konkordat ist ediert in: *Karl Zeumer* (Hg.), Quellensammlung zur Geschichte der Deutschen Reichsverfassung in Mittelalter und Neuzeit. Bd. 1: Von Otto II. bis Friedrich III. Tübingen 1913, 266–268; *Heribert Raab*, Die Concordata nationis Germanicae in der kanonistischen Diskussion des 17. bis 19. Jhs. Ein Beitrag zur Geschichte der episkopalistischen Theorie in Deutschland. Wiesbaden 1956.

[33] *Anton Schindling*, Der Westfälische Frieden und die deutsche Konfessionsfrage, in: *Manfred Spieker* (Hg.), Friedenssicherung. Bd. 3: Historische, politikwissenschaftliche und militärische Perspektiven. Münster 1989, 19–36; *Ders.*, Andersgläubige Nachbarn. Mehrkonfessionalität und Parität in Territorien und Städten des Reichs, in: *Klaus Bußmann/Heinz Schilling* (Hg.), 1648. Krieg und Frieden in Europa. Bd. 1: Politik, Religion, Recht und Gesellschaft. Ausstellungskatalog. Münster 1998, 465–473; *Christoph Bauer*, Melchior Zobel von Giebelstadt. Fürstbischof von Würzburg (1544–1558). Diözese und Hochstift Würzburg in der Krise. Münster 1998.

[34] *Bruno Gebhardt*, Die gravamina der Deutschen Nation gegen den römischen Hof. Ein Beitrag zur Vorgeschichte der Reformation. Breslau 2. Aufl. 1895; Edition: *Adolf Wrede* (Hg.), Deutsche Reichstagsakten unter Kaiser Karl V. Bd. 2. Gotha 1896, 661–718.

[35] *Martin Luther*, An den christlichen Adel deutscher Nation von des christlichen Standes Besserung. 1520, in: *Ders.*, Werke. Kritische Gesamtausgabe. Bd. 6. Weimar 1888, 381–469.

[36] *Leo Just*, Hontheim. Ein Gedenkblatt zum 250. Geburtstag, in: Archiv für mittelrheinische Kirchengeschichte 4 (1952), 204–216; *Ders.* (Hg.), Der Widerruf des Febronius in der Korrespondenz des Abbé Franz Heinrich Beck mit dem Wiener Nuntius Giuseppe Garampi. Wiesbaden 1960; *Heribert Raab*, Damian Friedrich Dumeiz und Kardinal Oddi. Zur Entdeckung des Febronius und zur Aufklärung im Erzstift Mainz und in der Reichsstadt Frankfurt, in: Archiv für mittelrheinische Kirchengeschichte 10 (1958), 217–240; *Ders.*, Georg Christoph Neller und Febronius, in: Ebd. 11 (1959), 185–206; *Rudolf Reinhardt*, Die katholische Kirche, in: *Raymund Kottje/Bernd Moeller* (Hg.), Ökumenische Kirchengeschichte. Bd. 3: Neuzeit. Mainz 1974, 10–47, hier 13–28; *Wolfgang Seibrich*, Hontheim, Johann Nikolaus, in:

Erwin Gatz (Hg.), Die Bischöfe des Heiligen Römischen Reiches 1648 bis 1803. Ein biographisches Lexikon. Berlin 1990, 192–195.

[37] *Jürgensmeier*, Johann Philipp von Schönborn (wie Anm. 16); *Ders.*, Politische Ziele und kirchliche Erneuerungsbestrebungen der Bischöfe aus dem Hause Schönborn im 17. und 18. Jh., in: Die Grafen von Schönborn. Kirchenfürsten, Sammler, Mäzene. Ausstellungskatalog. Nürnberg 1989, 11–23; *Alfred Schröcker*, Ein Schönborn im Reich. Studien zur Reichspolitik des Fürstbischofs Lothar Franz von Schönborn (1655–1729). Wiesbaden 1978; *Ders.*, Die Patronage des Lothar Franz von Schönborn (1655–1729). Sozialgeschichtliche Studie zum Beziehungsnetz in der Germania Sacra. Wiesbaden 1981; *Hans Peterse*, Irenik und Toleranz im 16. und 17. Jh., in: *Bußmann/Schilling* (Hg.), 1648 (wie Anm. 33), 265–271.

[38] *Karl Otmar Freiherr von Aretin* (Hg.), Der Kurfürst von Mainz und die Kreisassoziationen 1648–1746. Zur verfassungsmäßigen Stellung der Reichskreise nach dem Westfälischen Frieden. Wiesbaden 1975; *Anton Schindling*, Der erste Rheinbund und das Reich, in: *Volker Press* (Hg.), Alternativen zur Reichsverfassung in der Frühen Neuzeit? München 1995, 123–129; *Volker Press*, Kurmainz und die Reichsritterschaft, in: *Ders.*, Adel im Alten Reich (wie Anm. 2), 265–279.

[39] *Max Braubach*, Die erste Bonner Hochschule. Maxische Akademie und kurfürstliche Universität 1774/77 bis 1798. Bonn 1966; *Helmut Mathy*, Die Universität Mainz 1477–1977. Mainz 1977; *Eckhart Pick*, Mainzer Reichsstaatsrecht. Inhalt und Methode. Ein Beitrag zum ius publicum an der Universität Mainz im 18. Jh. Wiesbaden 1977; *Hermann Weber* (Hg.), Tradition und Gegenwart. Studien und Quellen zur Geschichte der Universität Mainz mit besonderer Berücksichtigung der philosophischen Fakultät. Bd. 1: Aus der Zeit der kurfürstlichen Universität. Wiesbaden 1977; *Peter Baumgart* (Hg.), Michael Ignaz Schmidt (1736–1794) in seiner Zeit. Der aufgeklärte Theologe, Bildungsreformer und »Historiker der Deutschen« aus Franken in neuer Sicht. Beiträge zu einem Symposion vom 27. bis 29. Oktober 1994 in Würzburg. Neustadt a. d. A. 1996.

[40] *Johannes Neuhardt* (Hg.), 250 Jahre hl. Johannes von Nepomuk. Ausstellungskatalog. Salzburg 1979; *Matthias Ilg*, Der Kult des Kapuzinermärtyrers Fidelis von Sigmaringen als Ausdruck katholischer Kriegserfahrungen im Dreissigjährigen Krieg, in: *Asche/Schindling* (Hg.), Das Strafgericht Gottes (wie Anm. 12), 291–439.

[41] *Peter Burke*, Wie wird man ein Heiliger der Gegenreformation?, in: *Ders.*, Städtische Kultur in Italien zwischen Hochrenaissance und Barock. Eine historische Anthropologie. Berlin 1986, 54–66; *Otto H. Becker* (Hg.), St. Fidelis von Sigmaringen. Leben, Wirken, Verehrung. Sigmaringen 1996; *Peter Burschel*, Der Himmel und die Disziplin. Die nachtridentinische Heiligengesellschaft und ihre Lebensmodelle in modernisierungstheoretischer Perspektive, in: *Hartmut Lehmann/Anne-Charlott Trepp* (Hg.), Im Zeichen der Krise. Religiosität im Europa des 17. Jhs. Göttingen 1999, 575–595.

[42] *Heinz Duchhardt*, Philipp Karl von Eltz. Kurfürst von Mainz, Erzkanzler des Reiches (1732–1743). Studien zur kurmainzischen Reichs- und Innenpolitik. Mainz 1969; *Ferdinand W. Sender*, Georg Friedrich Greiffenclau von Vollrads 1573–1629. Ein Prälat aus der mittelrheinischen Reichsritterschaft. Aufstieg und Regierungsantritt in Mainz. Mainz 1977; *Rolf Decot*, Religionsfrieden und Kirchenreform. Der Mainzer Kurfürst und Erzbischof Sebastian von Heusenstamm 1545–1555. Wiesbaden 1980; *Friedhelm Jürgensmeier* (Hg.), Erzbischof Albrecht von Brandenburg (1490–1545). Ein Kirchen- und Reichsfürst der Frühen Neuzeit. Frankfurt a. M. 1991; *Peter C. Hartmann* (Hg.), Der Mainzer Kurfürst als Reichserzkanzler. Funktionen, Aktivitäten, Ansprüche und Bedeutung des zweiten Mannes im alten Reich. Stuttgart 1997; *Ders.* (Hg.), Kurmainz, das Reichserzkanzleramt und das Reich am Ende des Mittelalters und im 16. und 17. Jh. Stuttgart 1998.

[43] *Peter C. Hartmann*, Regionen in der Frühen Neuzeit. Reichskreise im deutschen Raum, Provinzen in Frankreich, Regionen unter polnischer Oberhoheit. Ein Vergleich ihrer Strukturen, Funktionen und ihrer Bedeutung. Berlin 1994; *Winfried Dotzauer*, Die deutschen Reichskreise (1383–1806). Geschichte und Aktenedition. Stuttgart 1998.

[44] *Dopsch/Spatzenegger*, Geschichte Salzburgs (wie Anm. 15); *Thomas Willich*, Der Rangstreit zwischen den Erzbischöfen von Magdeburg und Salzburg sowie den Erzherzogen von Österreich, in: Mitt. der Gesellschaft für Salzburger Landeskunde 134 (1994), 7–166.

[45] *Friedhelm Jürgensmeier*, Kurmainz, in: *Schindling/Ziegler* (Hg.), Territorien (wie Anm. 2). Bd. 4: Mittleres Deutschland. Münster 1992, 60–97; *Hansgeorg Molitor*, Kurtrier, in: Ebd. Bd. 5 (wie Anm. 2), 50–71; *Franz Bosbach*, Köln. Erzstift und Freie Reichsstadt, in: Ebd. Bd. 3 (wie Anm. 2), 58–84; *Arnold Angenendt*, Heilige und Reliquien. Die Geschichte ihres Kultes vom frühen Christentum bis zur Gegenwart. München 2. Aufl. 1997.

[46] *Karin Berg*, Der ehemalige »Bennobogen« der Münchner Frauenkirche, in: *Hubert Glaser* (Hg.), Um Glauben und Reich. Kurfürst Maximilian I. Beiträge zur Bayerischen Geschichte und Kunst 1573–1657. Ausstellungskatalog. München 1980, 312–317.

[47] *Max Spindler*, Der Ruf des barocken Bayern, in: *Ders.*, Erbe und Verpflichtung. Aufsätze und Vorträge zur bayerischen Geschichte. München 1966, 55–77; *Horst Möller*, Aufklärung in Preußen. Der Verleger, Publizist und Geschichtsschreiber Friedrich Nicolai. Berlin 1974, 99–120; *Günter Hess*, Deutsche Nationalliteratur und oberdeutsche Provinz. Zu Geschichte und Grenzen eines Vorurteils, in: Jahrbuch für Volkskunde N.F. 8 (1985), 7–30.

[48] *Bernhard Duhr*, Geschichte der Jesuiten in den Ländern deutscher Zunge. 4 Bde. Freiburg i. Br. 1907–1928; *Anton Schindling*, Schulen und Universitäten im 16. und 17. Jh. Zehn Thesen zu Bildungsexpansion, Laienbildung und Konfessionalisierung nach der Reformation, in: *Walter Brandmüller* u.a. (Hg.), Ecclesia militans (wie Anm. 11), 561–570; *Harald Dickerhof*, Die katholische Gelehrtenschule des konfessionellen Zeitalters im Heiligen Römischen Reich, in: *Wolfgang Reinhard/Heinz Schilling* (Hg.), Die katholische Konfessionalisierung. Wissenschaftliches Symposion der Gesellschaft zur Herausgabe des Corpus Catholicorum und des Vereins für Reformationsgeschichte 1993. Münster 1995, 348–370; *Arno Seifert*, Das höhere Schulwesen. Universitäten und Gymnasien, in: *Notker Hammerstein* (Hg.), Handbuch der deutschen Bildungsgeschichte. Bd. 1: 15. bis 17. Jh. Von der Renaissance und der Reformation bis zum Ende der Glaubenskämpfe. München 1996, 197–374, hier 312–332.

[49] *Ludwig Hammermayer*, Die Aufklärung in Salzburg (ca. 1715–1803), in: *Dopsch/Spatzenegger* (Hg.), Salzburg (wie Anm. 15), 375–452.

[50] *Hermann Weber* (Hg.), Aufklärung in Mainz. Wiesbaden 1984; *Harm Klueting* (Hg.), Katholische Aufklärung – Aufklärung im katholischen Deutschland. Hamburg 1993; *Anton Schindling*, Bildung und Wissenschaft in der Frühen Neuzeit 1650–1800. München 2. Aufl. 1999.

[51] *Notker Hammerstein*, Aufklärung und katholisches Reich. Untersuchungen zur Universitätsreform und Politik katholischer Territorien des Heiligen Römischen Reiches deutscher Nation im 18. Jh. Berlin 1977; *Anton Schindling*, Die Julius-Universität im Zeitalter der Aufklärung, in: *Peter Baumgart* (Hg.), Vierhundert Jahre Universität Würzburg. Eine Festschrift. Neustadt a. d. A. 1982, 77–127; *Ders.*, Die Julius-Universität im Zeichen der Aufklärung. Jurisprudenz, Medizin, Philosophie, in: *Peter Baumgart* (Hg.), Michael Ignaz Schmidt (wie Anm. 39), 3–24.

[52] *Hubensteiner*, Die geistliche Stadt (wie Anm. 31).

[53] *Berthold Jäger*, Das geistliche Fürstentum Fulda in der Frühen Neuzeit: Landesherrschaft, Landstände und fürstliche Verwaltung. Ein Beitrag zur Verfassungs- und Verwaltungsgeschichte kleiner Territo-

rien des Alten Reiches. Marburg 1986; *Walter Heinemeyer/Berthold Jäger* (Hg.), Fulda in seiner Geschichte. Landschaft, Reichsabtei, Stadt. Marburg 1995.

[54] *Franz X. von Wegele*, Geschichte der deutschen Historiographie seit dem Auftreten des Humanismus. München/Leipzig 1885, 465–974; *Andreas Kraus*, Die historische Forschung an der Churbayerischen Akademie der Wissenschaften 1759–1806. München 1959; *Ders.*, Bayerische Geschichtswissenschaft in drei Jahrhunderten. Gesammelte Aufsätze. München 1979; *Jan und Meta Niederkorn-Bruck*, Hochbarocke Geschichtsschreibung im Stift Melk, in: 900 Jahre Benediktiner in Melk. Ausstellungskatalog. Melk 1989, 399–403.

[55] *Georg Pfeilschifter*, Die St. Blasianische Germania Sacra. Ein Beitrag zur Historiographie des 18. Jhs. Kempten 1921; *Josef Peter Ortner*, Marquard Herrgott (1694–1762). Sein Leben und Wirken als Historiker und Diplomat. Wien 1972; *Hugo Ott* (Hg.), Zum Gedenken an Fürstabt Martin II. (Gerbert) von St. Blasien. † 13. Mai 1793. Freiburg i. Br. 1994; *Johannes Gut*, Memorialorte der Habsburger im Südwesten des Alten Reiches. Politische Hintergründe und Aspekte, in: Vorderösterreich. Nur die Schwanzfeder des Kaiseradlers? Die Habsburger im deutschen Südwesten. Ausstellungskatalog. Ulm 1999, 95–113, hier 106–110.

[56] *Volker Press*, Fürstentum und Fürstenhaus Pfalz-Neuburg. Die dritte wittelsbachische Kraft, in: *Konrad Ackermann/Georg Girisch* (Hg.), Leben für die Heimat. Fschr. für Gustl Lang. Weiden 1989, 255–278; *Hubert Wolf*, Die Reichskirchenpolitik des Hauses Lothringen (1680–1715). Eine Habsburger Sekundogenitur im Reich? Stuttgart 1994; *Rudolf Reinhardt*, Zur Reichskirchenpolitik der Pfalz-Neuburger Dynastie, in: *Ders.*, Reich – Kirche – Politik (wie Anm. 3), 74–84.

[57] *Maria Lehner*, Ludwig Anton von Pfalz-Neuburg (1660–1694). Ordensoberhaupt – General – Bischof. Marburg 1994.

[58] *Volker Press*, Die kaiserliche Stellung im Reich zwischen 1648 und 1740, in: *Ders.*, Das Alte Reich (wie Anm. 2), 189–222.

[59] *Manfred Weitlauff*, Die Reichskirchenpolitik des Hauses Bayern unter Kurfürst Max Emanuel (1679–1726). Vom Regierungsantritt Max Emanuels bis zum Beginn des Spanischen Erbfolgekrieges (1679–1701). St. Ottilien 1985.

[60] *Anton Schindling*, Aspekte des »Josephinismus« – Aufklärung und frühjosephinische Reformen in Österreich. Ein Essay zu dem klassischen Werk Eduard Winters, in: *Erich Donnert* (Hg.), Europa in der Frühen Neuzeit. Fschr. für Günter Mühlpfordt. Bd. 3: Aufbruch zur Moderne. Weimar 1997, 683–690.

[61] *Peter Kolb/Ernst-Günter Krenig* (Hg.), Unterfränkische Geschichte. Bd. 4: Vom Ende des Dreißigjährigen Krieges bis zur Eingliederung in das Königreich Bayern. Würzburg 1998.

[62] *Helmut Engelbrecht*, Johann Ignaz Felbiger und die Vereinheitlichung des Primarschulwesens in Österreich. Wien 2. Aufl. 1981; *Ders.*, Geschichte des österreichischen Bildungswesens. Bd. 3. Wien 1984; *Peter Baumgart*, Johann Ignaz von Felbiger (1724–1788), in: Jb. der Schles. Friedrich-Wilhelms-Universität zu Breslau 31 (1990), 121–140.

[63] *Alwin Hanschmidt*, Franz von Fürstenberg als Staatsmann. Die Politik des münsterschen Ministers 1762–1780. München 1969; *Ders.*, Elementarschulverhältnisse im Niederstift Münster im 18. Jh. Die Schulvisitationsprotokolle Bernard Overbergs für die Ämter Meppen, Cloppenburg und Vechta 1783/84. Münster 2000.

[64] *Peter Wende*, Die geistlichen Staaten und ihre Auflösung im Urteil der zeitgenössischen Publizistik. Lübeck/Hamburg 1966; *Peter

Baumgart*, Säkularisierungspläne König Friedrichs II. von Preußen, in: *Joachim Köhler* (Hg.), Säkularisationen in Ostmitteleuropa. Köln/Wien 1984, 59–69; *Peter Hersche*, Intendierte Rückständigkeit. Zur Charakteristik des geistlichen Staates im Alten Reich, in: *Georg Schmidt* (Hg.), Stände und Gesellschaft im Alten Reich. Stuttgart 1989, 133–149; *Manfred Rudersdorf*, Justus Möser, Kurfürst Max Franz von Köln und das Simultaneum zu Schledehausen. Der Osnabrücker Religionsvergleich von 1786, in: *Klaus J. Bade* u. a. (Hg.), Schelenburg – Kirchspiel – Landgemeinde. 900 Jahre Schledehausen. Bissendorf 1990, 107–136; *Ders.*, »Das Glück der Bettler«. Justus Möser und die Welt der Armen. Mentalität und soziale Frage im Fürstbistum Osnabrück zwischen Aufklärung und Säkularisation. Münster 1995; *Kurt Andermann*, Die geistlichen Staaten am Ende des Alten Reiches, in: HZ 271 (2000), 593–619.

[65] *Matthias Höhler* (Hg.), Des kurtrierischen Geistlichen Rats Heinrich Aloys Arnoldi Tagbuch über die zu Ems gehaltene Zusammenkunft der vier Erzbischöflichen deutschen Herrn Deputierten. Die Beschwerde der deutschen Nation gegen den Römischen Stuhl und sonstige geistliche Gerechtsame betreffend. 1786. Mainz 1915; *Aretin*, Heiliges Römisches Reich (wie Anm. 66), 372–427.

[66] *Karl Otmar Freiherr von Aretin*, Heiliges Römisches Reich 1776–1806. Reichsverfassung und Staatssouveränität. Bd. 1: Darstellung. Wiesbaden 1967, 34–51; *Heribert Raab*, Der reichskirchliche Episkopalismus von der Mitte des 17. bis zum Ende des 18. Jhs, in: *Hubert Jedin* (Hg.), Handbuch der Kirchengeschichte. Bd. 5: Die Kirche im Zeitalter des Absolutismus und der Aufklärung. Freiburg i. Br. 1970, 477–507.

[67] *Rudolf Morsey*, Wirtschaftliche und soziale Auswirkungen der Säkularisation in Deutschland, in: *Rudolf Vierhaus/Manfred Botzenhart* (Hg.), Dauer und Wandel der Geschichte. Aspekte europäischer Vergangenheit. Festgabe für Kurt von Raumer zum 15. Dezember 1965. Münster 1966, 361–383; *Klaus Dieter Hömig*, Der Reichsdeputationshauptschluß vom 25. Februar 1803 und seine Bedeutung für Staat und Kirche. Unter besonderer Berücksichtigung württembergischer Verhältnisse. Tübingen 1969; *Winfried Müller*, Die Säkularisation von 1803, in: *Walter Brandmüller* (Hg.), Handbuch der bayerischen Kirchengeschichte. Bd. 3: Vom Reichsdeputationshauptschluß bis zum Zweiten Vatikanischen Konzil. St. Ottilien 1991, 1–84.

[68] *Theodor Joseph Scherg*, Das Schulwesen unter Karl Theodor von Dalberg besonders im Fürstentum Aschaffenburg 1803–1813 und im Großherzogtum Frankfurt 1810–1813. 2 Bde. München 1939; *Günter Christ*, Karl Theodor von Dalberg, in: *Ders.*, Studien (wie Anm. 3), 210–233; *Karl Hausberger* (Hg.), Carl von Dalberg. Der letzte geistliche Reichsfürst. Regensburg 1995; *Georg Schmidt*, Der napoleonische Rheinbund – ein erneuertes Altes Reich?, in: *Press* (Hg.), Alternativen (wie Anm. 38), 227–246; *Rudolf Reinhardt*, Fürstprimas Karl Theodor von Dalberg (1744–1817) im Lichte der Neueren Forschung, in: *Ders.*, Reich – Kirche – Politik (wie Anm. 3).

[69] *Karl-Heinz Braun*, Wessenberg, Ignaz Heinrich von (1774–1860), in: *Erwin Gatz* (Hg.), Die Bischöfe der deutschsprachigen Länder 1785/1803 bis 1945. Ein biograph. Lexikon. Berlin 1983, 808–812; *Wolfgang Müller*, Wessenberg und Vorderösterreich, in: *Maier/Press* (Hg.), Vorderösterreich (wie Anm. 13), 199–207; *Andreas Holzem*, Kirchenreform und Sektenstiftung. Deutschkatholiken, Reformkatholiken und Ultramontane am Oberrhein (1844–1866). Paderborn 1994.

Die Reichsprälaten in Schwaben am Ende des Alten Reiches

von Armgard von Reden-Dohna

Die Zerschlagung der Reichskirche durch die Säkularisation von 1802/03 setzte einen – freilich so nicht erwarteten – Schlusspunkt unter eine Entwicklung, die den Reichsprälaten in Schwaben[1] bereits seit Jahrzehnten als bedrohlich erschienen war. Mit seinen Säkularisationsprojekten hatte namentlich König Friedrich II. von Preußen dem im Grunde alten Thema neuen Vorschub geleistet und damit auch die Häupter der bedeutenden süddeutschen Reichsklöster aufgeschreckt. Die dann tatsächlich vollzogene Aufhebung von Klöstern, durch Kaiser Joseph II. in seinen Erblanden wie auch durch den Kurfürsten von Mainz, traf die Reichsprälaten in starkem Maße. Einmal grundsätzlich, weil katholische Mächte Klostergut, das doch für die Ewigkeit gestiftet worden war, als Verfügungsmasse zur Aufbesserung ihrer Staatsfinanzen benutzten. Vor allem aber, weil die Reichsprälaten über Jahrhunderte eben bei diesen Mächten, beim Reichsoberhaupt wie beim Kurerzkanzler, immer wieder Schutz gesucht und auch gefunden hatten. Das gilt für einzelne von ihnen wie für das Schwäbische Reichsprälaten-Kollegium.

Status in der Verfassung

Diese Korporation diente der Ausübung ihres gemeinsamen Votums auf dem Reichstag, wo sie ihren Sitz neben den Rheinischen Reichsprälaten, einer weit verstreuten und nur lose organisierten Gruppierung, auf der Prälatenbank einnahmen – im Fürstenrat, wo sonst? Es wäre aber irrig, daraus einen Fürstenrang abzuleiten, wie es in der Literatur immer wieder geschieht. Kam ein solcher, verbunden mit einem eigenen Stimmrecht, doch nur wenigen zu, dem Abt von Kempten etwa und dem Propst von Ellwangen. Der besondere Status der Schwäbischen Reichsprälaten entsprach dem der Schwäbischen Reichsgrafen, die ja ebenfalls korporativ verfasst waren und nur eine Kollektivstimme ausübten. Im späten 18. Jh. erfreuten sich innerhalb der Reichskirche höchstens noch die adligen Dom- und Stiftskapitel der Patronage von Fürsten. Dagegen waren die Reichsprälaten in Schwaben, die wie ihre Kapitel bzw. Konvente durchweg bürgerlichen und bäuerlichen Familien entstammten, also außerhalb der Adelskirche standen, den politischen Ereignissen der Jahrhundertwende ohne Fürsprecher preisgegeben. Dass die großen Territorialfürsten zunehmend das Reich für ihre Interessen instrumentalisierten und der Kaiser längst der Politik Österreichs den Vorrang einräumte, musste die kleinen Reichsstände und unter diesen vor allem die Prälaten in Schwaben zutiefst beunruhigen. Dies gilt auch angesichts der öffentlich geführten, zum Teil ja aus dem katholischen Lager kommenden Aufklärungsdebatte mit ihrer oft beißenden Polemik – Mönchskritik und Klostersatire.[2] Es verwundert daher nicht, wenn manche prälatischen Korrespondenzen und Selbstzeugnisse des späten 18. Jhs. depressive Züge erkennen lassen. Klösterlicher Grundbesitz umfasste allein im später württembergischen Oberschwaben etwa ein Drittel der Fläche (1.730 qkm) und ein Viertel der Bevölkerung (56.500).[3] Man wird diese Zahlen – bei vorsichtiger Schätzung – annähernd verdoppeln können, schließt man die Reichsprälatenklöster mit ein, welche später an Baden[4] sowie an Bayern[5] gefallen sind.

Insgesamt handelte es sich um einen gewichtigen Herrschaftskomplex. Folglich stellten diese Klöster mit ihrer Finanz- und Wirtschaftskraft in der Region einen starken Machtfaktor dar. Als geistliche Herrschaftszentren ließen sie die ihnen zugehörigen Menschen aufgehoben sein: in einer überkommenen agrarischen Welt mit einem reich entwickelten Frömmigkeits-Kult, mit einem differenzierten Schulwesen und notfalls mit einem sozialen Netz, wie es die weltlichen Nachbarterritorien in der Regel nicht boten. Darüber hinaus strahlten die residenzhaften Klosteranlagen der Barockzeit mit ihren pittoresken Kirchtürmen nicht nur architektonisch über ihr eigenes Umfeld hinaus. Die Reichskirche mit ihrer geistlich-weltlichen Doppelnatur hatte hier, zwischen Bodensee und Schwäbischer Alb, über Jahrhunderte eine besondere Ausprägung erfahren. Eben hier war das Alte Reich daher in hohem Maße verletzbar.

Um 1800 hatte das Schwäbische Reichsprälaten-Kollegium 23 Mitglieder: die Äbte der Zisterzienserklöster Salmansweiler (Salem) und Kaisheim mit den Äbtissinnen von Heggbach, Gutenzell, Rottenmünster und Baindt; die Äbte der Benediktinerklöster Weingarten, Ochsenhausen, Elchingen, Irsee, Petershausen, Zwiefalten, Gengenbach, Neresheim und Isny; die Äbte der Prämonstratenserstifter Ursberg, Roggenburg, Rot, Weißenau, Schussenried und Marchtal; den Propst des Augustiner-Chorherrenstifts Wettenhausen und die Äbtissin des Klarissenklosters Söflingen bei Ulm. Niemals gehörten die Reichsprälaten von Ottobeuren, Buxheim und St. Ulrich und Afra in Augsburg zum Kollegium, die allerdings zu bestimmten Gelegenheiten in die Kasse des Schwäbischen Kreises steuerten; nicht reichsständisch war die Abtei St. Blasien im Schwarzwald, während der Abt als Inhaber der Hft. Bonndorf die Mitgliedschaft im Schwäbischen Reichsgrafen-Kollegium besaß.

Attraktivität des Kollegiums

Einige der oben Genannten hatten wenige Jahrzehnte zuvor die Reichsstandschaft überhaupt erst erlangt. Das schloss ihre Mitgliedschaft auf dem Schwäbischen Kreistag und nicht zuletzt im Reichsprälaten-Kollegium mit ein. Sie gaben jeweils die altüberkom-

menen Bindungen, die ihnen zur Bedrohung geworden waren, auf. Mochte in der großen Politik der Dualismus zwischen Österreich und Preußen die Reichsinstitutionen zunehmend lähmen, so galt für diese Prälaten das Reich noch immer als attraktiv – dem Urteil einiger heutiger Historiker zum Trotz, die, wie seinerzeit manche Aufklärer, einseitig dessen Bruchfälligkeit konstatieren. Der Herzog von Württemberg entließ in die Reichsstandschaft das Kloster Zwiefalten (1750) [6], der Graf von Oettingen-Wallerstein Neresheim (1764) [7], der Graf von Waldburg Isny (1781) [8] und die Reichsstadt Ulm Söflingen (1775). [9] Den Ausschlag gab der Finanzbedarf der Schirmvögte – vom größten Territorialfürsten Schwabens bis hin zu den beiden Grafenhäusern und der führenden Reichsstadt. Der Erlös sollte aus ihrer Sicht lukrativ sein, und eben hier lag der Handlungsspielraum der Klöster, sich aus der nicht mehr erträglichen territorialen Einbindung zu befreien. Sie entschädigten ihren Vogt mit einem namhaften Kapitalbetrag und traten ihm in der Regel auch erhebliche grundherrliche Rechte ab. Um den Preis verminderter Einkünfte vermochten sie ihre Herrschaft zu arrondieren und zu stabilisieren, indem sie ihre bis dahin unvollkommenen Rechte – Hochgericht, Niedergericht und Steuerbarkeit – ausbauten und möglichst zur Deckung brachten. Speziell der Prälat von Neresheim führte den schwäbischen Ständen vor, wie er die gewonnene Autonomie auf begrenztem Gebiet für eine einzigartige Modernisierung der Klosterherrschaft im Geiste der Aufklärung zu nutzen verstand. Die Reichsstandschaft brachte neben der gewonnenen Effizienz der Herrschaft noch weitere Vorteile. Im allgemeinen entlastete sie die Untertanen, weil vogteiliche und andere Abgaben und Leistungen nun entfielen. Bei Streitigkeiten führte der Instanzenzug nicht mehr zum Hofgericht des Schirmvogtes, sondern bis zum Reichskammergericht bzw. zum Reichshofrat. Nachdem diese den jeweiligen Ablösungsvertrag überprüft und damit den Eintritt in die Reichsstandschaft für unbedenklich erklärt hatten, konnten die neuen Reichsprälaten sich auch in Zukunft auf die Unterstützung der beiden Reichsorgane in besonderem Maße verlassen. Die formelle Aufnahme als Reichsstand fand auf dem Kreistag in Ulm im Plenum statt, einem Gesandtenkongress, nachdem die Kandidaten jeweils einen bestimmten Sitz auf der

Kaisersaal in Salem (1708–1714)
Ein architektorisches und künstlerisches Bekenntnis zu Kaiser und Reich sind die Kaisersäle vieler Reichsabteien. In Salem ist der Saal speziell den Kaisern aus dem Hause Habsburg gewidmet, die sich als Vollfiguren zwischen Fenstern und an den Stirnseiten befinden. Ihnen gegenüber treten die Halbbüsten der römischen Päpste deutlich zurück.
Schloss Salem.

Prälatenbank eingenommen hatten. Außerdem erteilten die Reichsprälaten dem neuen Mitglied eigens in ihrem Kollegium Sitz und Stimme, auf einem Kollegialtag, den sie in eigener Person besuchten. Für viele von ihnen spielte die höchstpersönliche Wahrnehmung ihrer Rechte und die Pflege der personellen Beziehungen, auch über die Ordensgrenzen hinaus, eine große Rolle.

Der Prälat von Kaisheim war zuletzt Mitglied des Bayerischen Reichskreises gewesen, bevor er zum Schwäbischen Kreis wechselte (1756).[10] Ein interessanter Alleingänger, der Abt von Gengenbach, sicherte sich schließlich ebenfalls die Zugehörigkeit zum Prälatenkollegium (1751).[11] Es wird deutlich, wie attraktiv der

Schwäbische Kreis auch in der Spätzeit noch war und wie wichtig es für die großen Abteien wurde, sich der korporativen Solidarität zu vergewissern. Das Neumitglied traf eine nach Ordenszugehörigkeit und Rollenverständnis hoch differenzierte Gruppierung an, geprägt durch eine seit dem 16. Jh. ausgebildete Rangordnung. Diese stand bei jedem Neuzugang wieder zur Debatte, weil die Sitzordnung etwa der Höhe des Matrikularbeitrags zu entsprechen hatte, von den Alteingesessenen aber niemand gern seine Position aufgab. So wurde die Aufnahme von Kaisheim, das in der Reichsmatrikel eine Spitzenstellung einnahm, zu einer Belastungsprobe für das kollegiale Gefüge. Ungeahnte Schwierigkeiten stellten sich ein, als auf dem Kreistag in Ulm 1775 bei der Aufnahme von Söflingen sich der Gesandte der Grafschaft Hohenems um Sitz und Stimme auf der Prälatenbank bewarb; geschickt hatte er einen prälatischen Dissens im Verfahren für diesen Vorstoß genutzt. Als Inhaber der Grafschaft Hohenems hatte 1765 erstmals das Haus Österreich die Mitgliedschaft auf dem Kreistag erworben – eine schwere Belastung für diesen bestfunktionierenden Reichskreis, weil Wien nun Einblick in die Interna der Reichsstände Schwabens gewann. Die österreichische Bewerbung um Sitz und Stimme bei den Prälaten ist kennzeichnend für einen neuen politischen Stil der Großmacht im Umgang mit ihnen: Das Streben nach dem Platz auf einer Bank, die dem geistlichen Stand vorbehalten war, wozu die weltliche Herrschaft gar nicht legitimierte, war doch wohl eine bewusste Irritation der Betroffenen. Eben dass den reichsständischen Prälaten als geistlichen Herrschaftsträgern eine Distinktion und damit ein Vor-Rang zukam, negierte der Repräsentant Österreichs, im Grafenkollegium ein Hinterbänkler, respektlos. Ihm nachzugeben, hätte dem Erzhaus sozusagen das Schlupfloch zu einem Votum eröffnet, das der erst im Anschluss an die Prälatenbank abstimmenden Grafenbank zuvorkommen würde. Um dieses zu verhindern, schlossen die prälatischen Gesandten eilig ihre Reihen.[12] Es gab noch weitere Gesuche um den Beitritt zum Kollegium, die aber erfolglos blieben.[13]

Die Beitrittswelle brachte dem Kollegium der Reichsprälaten verstärktes Ansehen und Gewicht. Sie zeigt eindringlich, wie sehr noch am Ende des Reiches die Dinge in Bewegung waren. Kleinteilige, ineinander verschränkte Herrschaften waren nur im Konsens zu regieren und zu modernisieren, dies war mühsam und setzte Einvernehmen und ständige Kommunikation voraus. Wo diese fehlten, bot die Reichsverfassung eine Fülle von Möglichkeiten des Ausgleichs, auch Wege zur Entflechtung, die dann sogar eine Modernisierung der Herrschaft eröffnete. Die Teilhabe am altüberkommenen zeremoniösen Umgang der Stände, wie er das Heilige Römische Reich kennzeichnete, und die Perspektive zu innovativen Veränderungen waren zwei Seiten derselben Medaille. Diese Chance haben die schwäbischen Reichsklöster genutzt, sie übernahmen hier und da sogar eine Vorreiterrolle. Dies war möglich, weil sie – im Unterschied zu den Fürsten und Grafen – einen kostspieligen Aufwand für Hofhaltung, Bürokratie und

Militär nicht hatten, also wirtschaftlicher arbeiteten und das notwendige Kapital mobilisieren konnten.[14] Der Schwäbische Kreis als Institution funktionierte in erstaunlichem Maße, weil die Vielzahl der mindermächtigen Stände von alters her ein vitales Interesse an dieser Solidarität hatte. Es war ein bewährtes System kollektiver Sicherheit, das von der Kommunikation über die ständischen und konfessionellen Grenzen hinweg lebte und von größeren Territorialfürsten lange ungestört blieb, bis nach dem Siebenjährigen Krieg die Großmacht Österreich nicht zuletzt auch als Mitglied der Kreisstände deren Selbstverständnis auszuhöhlen drohte. Gewiss, der Mikrokosmos Schwaben war in starkem Maße mit sich selbst beschäftigt – er band die lokalen Kräfte, setzte aber auch kommunikative Energien frei wie sonst wohl nirgends in deutschen Landen. Gerade hier verfügten die Stände über eine Vielfalt von weitreichenden Verbindungen, sei es ins Reich hinein oder sei es an den Kaiserlichen Hof nach Wien. Solange der Kreis funktionierte, fing er unter der Regie der Direktoren, Württemberg und Konstanz, sogar die divergierenden Optionen und Verhaltensweisen innerhalb der Prälatenschaft auf. Diese war politisch doch bei weitem weniger konform, als die auf uns gekommenen, so einheitlich wirkenden barocken Bauanlagen es vermuten lassen. Das Zusammenspiel der Prälaten zeigt sich am klarsten im Kollegium selbst.

Rückzug aus der Öffentlickeit

Die Neumitglieder mochten bei Abstimmungen schon mal das Zünglein an der Waage sein, aber eine tragende Funktion haben sie sämtlich bis zum Ende des Reiches nicht mehr gewinnen können. Die Arbeit des Kollegiums beruhte auf dem Herkommen, eine schriftliche Satzung gab es nicht. Die Regie führte der Direktor, der in ständiger Korrespondenz mit dem Gesandten am Reichstag stand, in Rundschreiben die Meinung der Mitglieder einholte und gegebenenfalls einen Kollegialtag einberief. Ihm war ein Kondirektor beigegeben, der mit den Prälaten östlich der Iller, den *Transillerianern*, kommunizierte. Bereits vor dem Siebenjährigen Krieg war der Informationsstrom deutlich angestiegen, das setzte sich dann in Verbindung mit ganz unterschiedlichen Anforderungen, die in schneller Folge an die Prälaten gestellt wurden, fort. Obwohl das Kollegium von der Politik zunehmend beansprucht wurde, hat sich dies auf die Einberufung von Kollegialtagen, welche die Prälaten persönlich besuchten, nicht ausgewirkt. Vielmehr hielten sie an ihrem Usus von etwa drei Treffen pro Jahrzehnt fest. Sie hatten stets in einer der oberschwäbischen Städte getagt, zuletzt regelmäßig in der Reichsstadt Biberach. Dort wurden sie vom Rat der Stadt förmlich begrüßt, hielten im Rathaus ihre Sitzung, fanden Logis bei Patrizierfamilien oder im Wirtshaus *Krone*, wo sie auch gemeinsam ein besseres Nachtessen einnahmen. Doch schon vor dem Siebenjährigen Krieg ist ein Wandel zu erkennen. Sie vermieden es nun, in aller Selbstverständlichkeit als Gruppe öffentlich in Erscheinung zu treten, was als ein Zeichen ihrer Verunsicherung in einem veränderten gesellschaftlichen Klima zu deuten ist. Waren die Ideen der Aufklärung, welche das altüberkommene Herrschaftszeremoniell im allgemeinen und die Herrschaftsausübung der Geistlichkeit im besonderen in Frage stellte, in die Stadt Christoph Martin Wielands doch bereits eingezogen. Besorgt um die Diskretion ihrer Treffen, zogen sich die Reichsprälaten aus der Öffentlichkeit zurück und tagten hinter Klostermauern, abwechselnd in Ochsenhausen, Schussenried, Marchtal und Weingarten. Die weltliche Seite ihrer Herrschaft, die sie mit ihrem geistlichen Amt in einer Balance zu halten und nach außen mühelos zur Geltung zu bringen geübt waren, hatte eine Einbuße erlitten – die Abtswappen, hinterlegt mit Abtsstab und Schwert, künden als Herrschaftszeichen noch heute von dieser uralten, für das Reich typischen Balance. Offiziell berief der Direktor Kollegialtage ein, wenn Wahlen anstanden, neue Mitglieder aufzunehmen waren oder, nur einmal, Zahlungen in die Kollegialkasse neu verabredet werden mussten. In den Rezessen hielten sie zuletzt nur noch dieses Minimum der technischen Erledigung fest.[15] Die politischen Fragen, welche die Prälaten zunehmend bewegten, wurden auf Kollegialtagen informell und nur mündlich behandelt.

Verflochtenheit mit Vorderösterreich

In der Geschichte des Schwäbischen Reichsprälaten-Kollegiums endete 1768 eine Ära. Der Tod von Abt Dominikus von Ochsenhausen, der fast dreißig Jahre das Amt des Direktors innegehabt hatte, beschloss die Tradition des regelmäßigen Wechsels zwischen den beiden großen Gruppen im Kollegium, den ursprünglich fünf Benediktiner- und sechs Praemonstratenser-Klöstern, in der Führungsposition – den *Schwarzen* bzw. *Weißen*. Die Direktoren rekrutierten sich bis dahin aus den sogenannten *Anstößern* der Landvogtei Schwaben; das heißt das Kraftzentrum lag hier, im Kernbereich von Oberschwaben. Absprachen mit den *Transillerianern* bei der Besetzung des Kondirektoramtes hatten immer wieder für einen Ausgleich der Interessen gesorgt. Die *Reichs-Landvogtei Schwaben* mit dem daran hängenden Schutz über die Reichsklöster sowie das *Kaiserliche Landgericht Schwaben* lagen seit dem ausgehenden Mittelalter in der Hand Österreichs. Mit einem Bündel hoher Rechte dienten sie dem Erzhaus in der Neuzeit als Instrument, hier die Landeshoheit durchzusetzen, wo namentlich die Klöster ihre stattliche Grundherrschaft bereits erfolgreich ausbauten.[16] Seit Maximilian I. war es eine schwierige Nachbarschaft, weil zugleich ja der Kaiser als oberster Vogt der Kirche traditionell die Reichsabteien schützte und ihnen Privilegien erteilte, die ihre Herrschaft stärkten.[17] Manche der *Anstößer* der Landvogtei wie Marchtal, Schussenried und Ochsenhausen hatten schon früh mit Erfolg ihre weitreichende Grundherrschaft mit Niedergericht und Hochgericht abgesichert, die sie dem Reich verdankten. Andere wie Weingarten, Rot und Weißenau hatten einen problematischen Stand; sie konnten hohe Rechte nur von Österreich erwerben, und zwar als befristete Pfandschaft.[18] Der starke Finanzbedarf des Hauses Österreich eröffnete ihnen in der Mitte des 18. Jhs. nochmals die Möglichkeit, unter Einsatz beträchtlicher Geldmittel ihre Herrschaft zu arrondieren. Salem, Rot und Schussenried profitierten davon und nicht zuletzt Weingarten, das 1740 die hohe Obrigkeit über seine Untertanen in der Landvogtei erwarb.[19] Sie mussten ihre Errungenschaften teilweise als Lehen von Vorderösterreich empfangen, d. h. ihre Abhängigkeit erfuhr eine neue Qualität. Immerhin war ein Status quo in der Herrschaftsarrondierung erreicht. Die herrschaftlichen Sphären blieben gleichwohl ineinander verwoben, weil Vorderösterreich an bestimmten hohen Rechten festhielt wie Forsthoheit und Geleit und weil die Bauern mit Diensten und Ab-

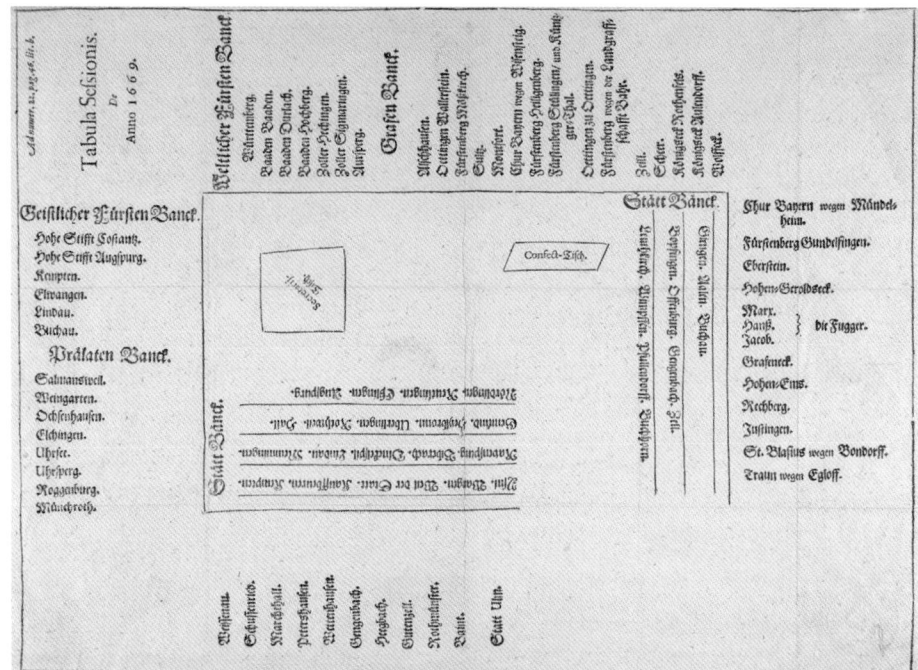

Sitzordnung des Schwäbischen Kreistags
Im Schwäbischen Kreis waren neben den weltlichen Herrschaften und den Reichsstädten auch die Hochstifte (Konstanz, Augsburg) und Reichsabteien vertreten. Bei ihren Tagungen nahmen sie unter dem Doppelvorsitz des Bischofs von Konstanz und des Herzogs von Württemberg eine feste Sitzordnung ein.
Druckblatt, 1669.
StA Ulm.

gaben oft mehreren Herrschaften verpflichtet waren. Diese Verwobenheit hat sich natürlich auch auf das Verhältnis der Reichsgotteshäuser zu ihren Untertanen ausgewirkt. Gerade weil die Reichsprälaten im konkurrierenden Umgang mit den Bauern erfahren waren – der »Bauernkrieg« des frühen 16. Jhs. blieb ihnen bis zum Ende des Reiches als eine traumatische Erinnerung gegenwärtig –, mussten sie sich auch um akzeptable Rahmenbedingungen bemühen. Die wiederkehrenden Vereinbarungen mit *Landschaft* oder *Ausschuß* und insbesondere die Huldigungen, welche die Untertanen auch untereinander verbanden, haben stabilisierend gewirkt.[20] Die weiterhin zwischen Schwäbisch-Österreich und den Reichsabteien verschachtelten herrschaftlichen Rechte hemmten die Anstrengungen, »moderne staatliche Organisationsformen hervorzubringen« (D. Willoweit) auf beiden Seiten.[21] Die Reichs-Landvogtei Schwaben, die Markgrafschaft Burgau und andere Landschaften waren eben keine geschlossenen Territorien; allein die Regierung setzte sich über das Manko hinweg – neuerdings aus Anlass der Reformtätigkeit unter Maria Theresia im Geiste des modernen Staates. Das alte Argument

des Abts von Weingarten, dem sich der Schwäbische Kreis bei den langen Auseinandersetzungen mit dem Erzhaus angeschlossen hatte, Österreich besitze die Reichslandvogtei Schwaben nur als Pfand und verstoße gegen das Reichsrecht, wenn es Landeshoheit davon ableite, konnte juristisch nicht entkräftet werden. Am Wiener Hof war es ein einzigartiges Reizthema! Den Rechtsstandpunkt verkündete erneut das 1755 veröffentlichte, auf Urkunden und juristische Abhandlungen gestützte Werk von Johann Reinhold Wegelin zur Geschichte der Landvogtei.[22] Es war für die Zeitgenossen kein Geheimnis, dass hinter dieser faktengesättigten Publikation, die der traditionellen Politik Österreichs in Schwaben wenig schmeichelte, der Abt von Weingarten gestanden hatte. Seit den Zeiten eines Gerwig Blarer kam dem Prälaten dieser Abtei die Rolle eines Spiritus Rector im Reichsprälaten-Kollegium zu.[23] Dabei haben die wiederholt langen Amtszeiten im Direktorium die unbestrittene Führungsrolle auch nach außen deutlich werden lassen. Die von hier aus sorgfältig gepflegte Solidarität im Kollegium hatte ein Hauptmotiv, die Abwehr der österreichischen Territorialisierung in Schwaben.

28

Das Reichsprälatenkollegium
*Ein Rezess des Reichsprälaten-
kollegiums zu Schussenried im
Jahre 1768. Die Unterschriften
belegen (hier auf der offiziellen
Abschrift der Salemer Kanzlei)
die Anwesenheit und das Mitwirken auch der Äbtissinnen.
KA Biberach.*

Aus Anlass einer Reihe von harten Anforderungen,
die der Kaiserliche Hof 1766 an die Prälaten stellte,
sandte der Weingartener Abt 1767 in seinen *Reflexio-
nes* einen Appell an den Abt von Ochsenhausen als
derzeitigem Direktor: Er forderte eine noch engere

Absprache der einzelnen Mitglieder mit dem Direktorium und untereinander; ein gemeinsamer Beschluss
sollte dieses allen zur Pflicht machen, damit sie in
Zukunft weniger angreifbar seien. Auch ein gemeinsamer Fonds müsse eingerichtet werden, um den

29

Hauptbetroffenen zu helfen – die zur Zeit noch nicht Betroffenen könnten nicht damit rechnen, dass es sie nicht auch noch erwische; man müsse eventuell den Prozessweg einschlagen. Denn aus welcher anderen Ursache hätten sich die Prälaten in Schwaben kollegial zusammengeschlossen und regelmäßige Kosten für die Geschäftsführung aufgewendet, wenn nicht zur Erhaltung der reichsständischen Freiheit. Sie werde neuerdings aber von verschiedenen Seiten in ihrer Grundfeste systematisch untergraben, so dass das Kollegium diese seine Freiheit *mit einer allerdings despotischen Servitut zu vertauschen gezwungen werde*.[24] Der Appell fasste die langfristigen Erfahrungen der Reichsabtei Weingarten und des in ihrem Sinne geführten Kollegiums zusammen und entwarf die notwendigen Maßnahmen, um die Probleme anzugehen.

Der Siebenjährige Krieg als Wende

Eine solche Konzeption war nach dem Siebenjährigen Krieg nicht mehr tragfähig. Seitdem die österreichische Regierung unter Maria Theresia ihre Herrschaft in Schwaben energisch intensivierte, der Kaiserliche Minister, also der Gesandte beim Schwäbischen Kreis mit ständigem Sitz in Ulm[25], auch die Interessen Österreichs verfolgte, suchte die prälatische Mehrheit eine andere Orientierung. Sie nutzte die notwendig gewordene Neuwahl des Direktors für eine Wende. Wahlen geschickt vorzubereiten bzw. sich an veränderte Mehrheiten anzupassen: solche Techniken verstanden die Ordensgeistlichen aus Erfahrung in ihren Konventen und Kapiteln nur zu gut. Das Kollegium wählte 1768 in Schussenried den traditionell engen Parteigänger Österreichs und zugleich Vornehmsten aus den eigenen Reihen, Abt Anselm II. von Salem, zum Direktor.[26] Er selbst hatte dieses Ziel mit großem Ehrgeiz verfolgt, indem er Wahlversprechen arrangiert und, um sicher zu gehen, sogar in Cîteaux den Dispens für die persönliche Mitwirkung der vier Reichsäbtissinnen eingeholt hatte, die gewöhnlich ja in ihrer Klausur verharrten – eine Einmaligkeit in der Geschichte des Kollegiums! Seit 1748 bekleidete der ebenso befähigte wie diensteifrige Anselm das Amt eines Wirklichen Kaiserlichen Geheimen Rats beider Majestäten; so bot er sich dem in Ulm residierenden Kaiserlichen

Minister als Partner gegenüber den schwäbischen Ständen geradezu an. Die Mehrheit der Prälaten war ihm lange mit großem Misstrauen begegnet, doch auf Grund aktueller Bedrohung brauchte man ihn nun. Für ihn und seine Wähler wurde jedenfalls seine zehnjährige Amtszeit eine Periode starker Beanspruchung, und zwar zeitgleich durch das Reichsoberhaupt wie durch Österreich. Im Jahr 1765 zum Kaiser gewählt, war Joseph II. ein Mitregent der Erblande, wobei seine Mutter, Maria Theresia, stark dominierte und, als dritter Pol, der erfahrene Staatsmann Fürst Kaunitz die immer wieder auseinander driftenden Zielvorstellungen auch in Bezug auf Schwaben zu moderieren versuchte.[27] Die Signale, die aus Wien kamen, waren uneinheitlich und widersprüchlich, was die Amtszeit des Prälaten von Salem zusätzlich erschwerte.

Überforderung der Kräfte

Die Prälatenschaft war fest entschlossen, den jungen »tatendurstigen« Kaiser Joseph II. bei der von ihm 1766 anberaumten, lange schon erhofften Visitation des Reichskammergerichts zu unterstützen.[28] Die Hochschätzung dieses berühmten Gerichts namentlich durch die kleinen Reichsstände teilten die Prälaten in starkem Maße, weil ihnen ja bei ihren Auseinandersetzungen mit schwäbisch-österreichischen Stellen immer wieder das Recht auf Appellation an dieses Reichsgericht bestritten worden war.[29] Dass sie ohne Zögern ihrem Delegierten die Vollmacht für sämtliche, turnusmäßig eingeteilte Arbeitsgruppen gaben, ist erstaunlich. Dies kann nur als ein Indikator für ihre gefährdete Lage gedeutet werden. Denn sie hätten sich aus praktischen Gründen mit den Rheinischen Reichsprälaten die Aufgabe teilen können. Diese Möglichkeit schlossen sie aber aus. Als der österreichische Gesandte am Reichstag, Egidius Freiherr v. Borié, sie angriff, indem er ihnen ihr Recht auf Teilnahme an Reichsdeputationen öffentlich bestritt, versteiften sie sich natürlich noch mehr auf ihren Anspruch. Bei Kaiser Joseph II. konnten sie die Bestätigung dieses herkömmlichen Rechts erwirken. Sich zu entziehen wie die Schwäbischen Reichsgrafen, die sich nur eine kurze Phase der Mitarbeit zumuteten, um dann ihrem Bankgenossen Hohenems, nämlich Öster-

Abt Anselm II. von Salem (*1713, 1746–1778)
Der 1746 gewählte 38. Abt Salems, Bauherr der Birnau (im Hintergrund sichtbar), war als k.k. wirklicher Geheimer Rat (die Ernennungsdekrete in seiner linken Hand) Sachwalter kaiserlicher und vorderösterreichischer Interessen, zuletzt auch Direktor des Schwäbischen Prälatenkollegiums. Öl auf Lw., Gottfried Bernhard Göz, 1749.
Privatbesitz.

reich, alles Weitere zu überlassen, hätte ihnen völlig ferngelegen.[30] Natürlich spielten die hohen Kosten eine Rolle. In diesem Punkt hatten die schwäbischen Äbte bei weitem den längeren Atem. Eben wegen ihrer Finanzkraft waren sie ja schon von alters her zur Reichssteuer um ein Vielfaches höher veranschlagt als die Grafen – auch dies ein Indiz für ihre große Schutzbedürftigkeit gegenüber dem Reich. Anders als die Grafen mussten sie nun um ihren reichsständischen Status fürchten. Dabei verfügten sie nicht wie diese über die nötigen Verbindungen zu einflussreichen Kreisen am Kaiserlichen Hof, um für sie einzutreten. Anfangs standen die Prälaten noch geschlossen hinter ihrem Delegierten in Wetzlar, dem Salemer Kanzler Dr. jur. Christian v. Mayer. Man hatte ihn schon vorher in seiner kompetenten, sachlichen, ausgleichenden Art schätzen gelernt, und dies hatte auch die Direktorwahl positiv beeinflusst. Aber die Dauer seiner fernen Tätigkeit von fast zehn Jahren trug die Last: Die auf Grund der politischen Großwetterlage von Kurhannover und Preußen in Wetzlar geübte Taktik des Hinhaltens führte zur Auszehrung der reichsprälatischen Kassen. Der Delegierte sah sich im Stich gelassen und wandte sich schließlich an den Kaiser, der dem Abt von Salem einen allerhöchsten Verweis erteilte. Dessen Verhältnis zu seinem Kanzler kühlte sich ab. Die von Mayer übermittelte Nachricht, man denke in Wetzlar darüber nach, zur finanziellen Absicherung des Reichskammergerichts einige Klöster zu säkularisieren, wirkte alarmierend: Es reiften also klosterfeindliche Ideen nicht nur in den aufgeklärten Bildungskreisen, sondern sie nahmen in der Reichsdeputation schon ganz konkrete Formen an. Eine solche Botschaft bestärkte die schwäbischen Prälaten natürlich darin, ihren Delegierten vor Ort zu belassen. Die deutliche Überforderung der Kräfte zeigte sich auch zu Hause, in der Salemer Kanzlei. Der nur vorläufig beauftragte Oberamtmann jedenfalls, der dann auf Dauer den Lückenbüßer spielte, brachte für die Aufgaben, die an ihn gestellt waren, nicht die notwendigen Fähigkeiten mit, was auch nicht dadurch ausgeglichen werden konnte, dass er der Bruder Abt Anselms war. Oberamtmann Johann Melchior Schwab verursachte auf dem Kreistag in Ulm so manche Peinlichkeit, die sein herrscherlicher *infulierter* Bruder ausräumen musste.

Don gratuit und Laienpfründen

Zur Überforderung trug bei, dass Kaiser Joseph II. nach seinem Regierungsantritt von den Reichsprälaten 1766 ein *donum gratuitum* [freiwillige Abgabe] erbat. Zeitgleich ließ die österreichische Regierung eine schon lange vorbereitete, durchschlagende »Steuerreform« in Schwäbisch-Österreich anrollen, die auch viele Reichsprälaten erfasste. Aus deren Sicht handelte es sich um Verletzung der kirchlichen Immunität und um eklatanten Rechtsbruch. Der Ton machte die Musik. Die Prälaten wurden einzeln mit der Verfügung konfrontiert, und es wurde ihnen untersagt, daraus eine Sache des Kollegiums zu machen. Schon hatten sich einige von ihnen einschüchtern lassen, weil man sie mit der Ungnade der Königin-Kaiserinmutter bedrohte – ein bewährtes Mittel der maria-theresianischen Politik – was den anderen den Widerstand natürlich sehr erschwerte.

Die Gewohnheit, dem Kaiser zum Regierungsantritt mit einem Geldgeschenk aufzuwarten, war bei den Reichsprälaten noch ziemlich neu.[31] Sie zeigten sich gegenüber Joseph II. *willfährig*, knüpften aber die Bedingung daran, von der österreichischen Steuer verschont zu werden, was sich als illusorisch erwies. Zwangsläufig wurde der Salemer Abt als Kaiserlich-Königlicher Geheimer Rat zur Schlüsselfigur. An ihn waren hohe Erwartungen gestellt – seitens des Wiener Hofs, der auf die rasche Erfüllung seiner doppelten Forderung drang, sowie seitens der eingeschüchterten Prälaten, die mit Nachdruck von Anselm verlangten, für Abhilfe zu sorgen. Da er beiden nicht gerecht werden konnte, gewinnt seine Direktorzeit einen tragischen Zug. Mit starkem Ehrgeiz hatte er sich unter einen enormen Leistungsdruck gestellt, was die innere Ordnung seines Klosters, die Modernisierung der Wirtschaft (er begründete erstmals eine Sparkasse), die Führung des Kollegiums und zugleich die doppelte Verpflichtung gegenüber dem Wiener Hof angeht. Auch bei der künstlerischen Ausgestaltung der ihm anvertrauten sakralen Bauwerke zeigte er Größe: Vom Gesamtkunstwerk der Wallfahrtskirche Birnau im Stil des Rokoko bis zu der stattlichen Serie der frühklassizistischen, formstrengen Altäre aus Alabaster in der Klosterkirche. Sicher gehörte Anselm zu den bedeutendsten Persönlichkeiten der Reichspräten in Schwaben, auch wenn es ihm an sympathischen Zügen mangelte, weil er den Bogen überspannte. So entging er nur knapp einem von seinen Mönchen eingeleiteten Absetzungsverfahren und verlor das Vertrauen der ihm unterstellten Reichsäbtissinnen. Das neue Regime, von dem das Kollegium sich so viel versprochen hatte, zeigte schnell eine deutliche Schwäche: Da jeder Prälat auf dem Kreistag über eine Virilstimme verfügte, legte der Abt von Salem hier Wert auf seine Unabhängigkeit und neigte dazu, etwaige Absprachen mit den anderen auf die seltenen Kollegialtage zu verschieben, per Rundschreiben oder, um seinen ganzen Einfluss geltend zu machen, einzeln auszuhandeln. Die Tendenz war klar: die führenden prälatischen Beamten, die ihrerseits miteinander kommunizierten und von denen stets einige im Reichsrecht versiert waren, als Gruppe von den Beratungen auszuschließen. Diese schon früher aufgefallene, demonstrativ praktizierte Eigenständigkeit gefährdete jetzt im Amt des Direktors die prälatischen Interessen. Der Abt von Salem war nicht teamfähig und daher nur begrenzt führungswillig.

Infolgedessen blieben die Mitglieder des Kollegiums bis zuletzt auf Distanz. So vertraute ihm niemand von ihnen seinen Beitrag zum donum gratuitum für den Kaiser an, aus Sorge, er würde sich auf ihre Kosten damit brüsten. Vielmehr schoben sie dem Kondirektor, dem Abt des Prämonstratenserstifts Roggenburg, der dann 1778 auch Anselms Nachfolger wurde, die Ausübung von Direktoraufgaben zu – einem *Transillerianer* also. Dies war wieder ein Novum in ihrer Geschichte. Es diente eher der inneren Befriedung und hat einen starken Akzent nach außen nicht mehr zu setzen vermocht. So gelang es dem Prälaten Georg auch nicht, die Mitglieder des Kollegiums zu einem gemeinsamen Kurs gegenüber Joseph II. zu gewinnen, als dieser das Institut der Kaiserlichen Laienpfründen fiskalistisch zu einer steuerähnlichen Dauerbelastung der Prälaten umwandelte.[32] Die Tendenz des Wiener Hofes, jeden möglichen Rechtstitel zu aktivieren, um namhafte Geldsummen aus den schwäbischen Reichsklöstern in die Staatskassen zu lenken, wirkte zermürbend. Im Falle der Laienpfründen erkannten die Prälaten ihre Verpflichtung gegenüber dem Reichsoberhaupt an, wehrten sich aber gegen unangemessen hohe Forderungen. Bestand zeitweise eine nützliche persönliche Verbindung zwischen den Klöstern und bestimmten Bediensteten des Kaiserlichen Hofes, so wurde sie nun unter Joseph II., der Kleinkinder als Pfründner anwies, in provokativer Weise ad absurdum geführt.

Gewaltsame Besteuerung durch Österreich

Hier ist nicht der Ort, auf die Reformen zur Modernisierung Vorderösterreichs unter Maria Theresia des Näheren einzugehen. Gegenüber der Herrschaft der Reichsprälaten in Schwaben jedenfalls erwies sie sich als eine harte Attacke.[33] Nach dem Ende des Siebenjährigen Krieges ergingen die Forderungen an sie, als seien sie Landstände, ja geradezu Kammergut. Die Großmacht Österreich ging mit diesen kleinen schwäbischen Reichsständen, die über manche Gegensätze hinweg stets ihre zuverlässige Klientel gewesen waren, wenig zimperlich um. Hier lag aus der Sicht der Wiener Politik ein doppeltes Problem vor. Zum einen blockierten die Reichsprälaten als Inhaber weltlicher Herrschaft den Ausbau von Vorderösterreich zum Territorialstaat, zum anderen galten nach der Lehre der Kameralistik die Klöster als Hemmschuh für den wirtschaftlichen Ablauf: weil geistlicher Besitz nicht veräußerbar war (»Tote Hand«) und erlöstes, reinvestiertes Kapital ohne effektiven Nutzen für den Staat blieb. Da im Falle der Reichsprälaten beide Gründe zusammen kamen, ging man von Wien aus mit Rigorosität gegen sie vor.

Es war ein auf Dauer angelegtes Steuerpaket. Die *Dominikalsteuer* belastete die Lehen, das bis dahin steuerfrei gebliebene Herrenland, und zwar auch der Kirchen, sowie das Kapitalvermögen in Form einer kombinierten Grund- und Einkommensteuer; das *Erbschaftssteuer-Aequivalent* zog geistliche Institutionen wie Prälaturen, Klöster, Bruderschaften, Pfründen und sogar Kirchenfabriken rückwirkend bis 1759 heran – vorübergehend selbst zur Empörung des sonst so dienstfertigen Fürstbischofs von Konstanz. Kardinal Franziskus Konrad Kasimir v. Rodt protestierte gegenüber Maria Theresia, dass ihre Forderungen auf das Ende *aller geistlichen Immunität* hinausliefen und verwies auf den Schutz des Reichsrechts in Gestalt des Passauer Vertrags, des Augsburger Religionsfriedens und des Westfälischen Friedens![34] Die aus österreichischer Sicht Pflichtigen – neben den betroffenen Reichsprälaten das Hochstift Konstanz und andere Stände des Schwäbischen Kreises sowie viele Reichsritter – wurden angewiesen, detaillierte Daten zur Steuererklärung zu erheben, beispielsweise auch Auskünfte über ihr Kapitalvermögen in sogenannte *Fassionen* [Aufstellung der Einnahmen und Ausgaben] einzutragen. Die meisten Prälaten befolgten diese als ungehörig, ja als Rechtsbruch empfundene Anordnung nicht, wobei sie auf einen vernünftigen Ausgang der Verhandlungen bauten, die der Schwäbische Kreis mit dem Wiener Hof aufgenommen hatte. Dass die vorderösterreichischen Beamten jedoch schon vorweg offensiv vorgingen und seit 1766 nach und nach die verlangte Steuer bei den Reichsprälaten gegen ihren Willen gewaltsam eintrieben, hinterließ Spuren tiefer Verletzung.[35] Auch nachdem der Kreis 1774 die österreichischen Forderungen mit einer halben Million fl. abgeglichen hatte, blieben die Reichsklöster mit ihrem Besitz im Bereich der Landvogtei Schwaben und anderer vorderösterreichischer Lande weiterhin steuerpflichtig. Die größte Belastung erlitten Weingarten und Weißenau, aber auch Marchtal, Schussenried, Ochsenhausen, Rot und Salem sowie die Äbtissinnen von Heggbach, Gutenzell und Baindt. Im Unterschied zu den Benediktinern hatten die Prämonstratenser seit Gründung ihres Ordens Pfarrkirchen mit der Pfarrseelsorge übernommen. So verletzte die jährlich wiederkehrende gewaltsame Besteuerung der Pfarren mit ihren Pfründen, Kirchenfabriken und Bruderschaften ihr Selbstverständnis in besonderem Maße.

Als Steuerzweck führten die österreichischen Behörden im Geiste des aufgeklärten Staates an, alle Untertanen müssten gleichmäßig belastet werden. Gegenüber den schwäbischen Reichsständen machte Maria Theresia außerdem den Schutz durch österreichische Truppen während des Siebenjährigen Krieges geltend, wobei der Kreis den Spieß umdrehte und argumentierte, die Kreistruppen hätten ja auch die österreichischen Vorlande geschützt. Allen musste noch in Erinnerung sein, dass nicht nur die Prälaten während des Krieges mehr Römermonate aufgebracht hatten als auf dem Reichstag beschlossen, dass einige von ihnen den österreichischen Truppen zusätzliche Rekruten zugeführt und dass sie sämtlich dem Kaiser für die Dauer des Krieges noch einen Zehnten auf ihre Ein-

künfte gewährt hatten. Dabei war ihnen ausdrücklich zugesichert worden, der Kaiser werde die Geistlichkeit in ihren *Privilegien, Freiheiten, Immunitäten und Rechten* schützen! Alle diese Leistungen wurden nicht zuletzt erbracht, weil Franz I. und Maria Theresia es verstanden hatten, die konfessionelle Spaltung im Krieg propagandistisch zu instrumentalisieren, wie König Friedrich II. von Preußen es vorgemacht hatte.[36] Von einem Flurschaden wie in Sachsen war Schwaben im Krieg zwar verschont geblieben, aber die Erfahrung der enormen finanziellen Belastung hatte eine psychologische Wirkung gehabt, die dem nicht unähnlich war. Nach all den Opfern erschienen die sofort anschließenden Ansuchen hart und die gewaltsame Eintreibung rechtswidrig.

Die vorgezogene Mediatisierung

Den eigentlichen Grund für die den Rechtsbruch riskierende Steuer haben hohe Stellen in Wien ausdrücklich benannt, nämlich um mit dem Geld aus Kirchengut die leere Staatskasse aufzufüllen. Kirchengut als Verfügungsmasse zur Aufbesserung der Staatsfinanzen – die kommenden Ereignisse, denen diese große Ausstellung gewidmet ist, warfen schon seit den 1760er Jahren ihre Schatten voraus, bevor man überhaupt an eine Französische Revolution oder gar an einen Napoleon dachte. Nicht nur in den aufgeklärten Köpfen, von denen es in Wien wie in Schwaben viele gab, war der Damm schon gebrochen, sondern auch in der Wirklichkeit reichsprälatischer Herrschaft. Der gewaltsame Griff in das Stiftungsvermögen der Reichsabteien kann als eine schleichende Mediatisierung wie auch als ein Beginn der Säkularisation beurteilt werden. Der Berliner Aufklärer Friedrich Nicolai jedenfalls, der aus Anlass einer Reise durch Süddeutschland seine beißende Kritik am Klosterwesen als ein Medienereignis inszenierte, das mit allen Zerrbildern und Boshaftigkeiten die zeitgenössische Lesegesellschaft beschäftigte und die schwäbischen Ordensgeistlichen verletzte, trat damit erst zu Beginn der 1780er Jahre auf den Plan. Dass die Akteure der das Reichsrecht missachtenden Steuer-»Reform« ausgerechnet dort saßen, wo seit dem Mittelalter die Reichsprälaten aus dem königsnahen Schwaben ihren Schutz gesucht und gefunden hatten, am Kaiserlichen Hof, war für sie nur schwer verkraftbar. Joseph II., dem man die Aufhebung von Klöstern traditionell zur Last legt, wobei er ja die den Reichsklöstern entsprechenden großen Abteien wie Melk, St. Florian oder Heiligkreuz nicht antastete – sie bestehen bis heute! – korrigierte 1782 die Anweisung Maria Theresias, indem er immerhin die Kirchenfabriken der reichsprälatischen Klöster in Schwaben von der Besteuerung ausnahm.[37] Als Alleinherrscher unterschied er noch in dieser späten Zeit ganz genau zwischen seinen Kompetenzen eines Reichsoberhaupts und eines Herrn der Erblande, wie auch die Reichsprälaten über die Jahrhunderte ganz genau prüften, von welcher Seite sie aus Wien angesprochen wurden – darin hatte stets ihr vitales Interesse gelegen. Mit dem vernebelnden Begriff »Habsburg«, der neuerdings auch bei Landeshistorikern üblich wird (doch wohl als Übernahme aus der europäischen Staatengeschichte bzw. als Rückprojizierung der späteren K.u.K.-Monarchie) und der in den hier in Betracht kommenden Quellen nirgends erscheint, würden sie sich keineswegs begnügt haben; und wir Heutigen sollten es auch nicht tun. Wirklich verängstigt reagierten die Prälaten, wenn sie in den 1780er Jahren zu Verhandlungen, etwa über Veränderungen der Agrarstruktur in der Landvogtei, durch die vorderösterreichische Regierung in Freiburg bzw. das Oberamt Altdorf einberufen wurden: Dies nahmen sie als einen Akt der Degradierung zum Untertan wahr.

Der mit großer Tatkraft unternommene Versuch unter Maria Theresia und Joseph II., die österreichischen Erblande zu einem umfassenden, einheitlichen administrativen System umzugestalten, wurde bis auf wenige Ausnahmen in Binnensicht behandelt. Neuerdings wird diese Modernisierung als ein Vorgang von langer Dauer beurteilt, der schon unter Kaiser Karl VI. begann.[38] Die dem Rationalismus verpflichtete strukturelle Veränderung, die den Staat ausformen, effizient machen und den Untertanen verbesserte Bildungs- und Arbeitsbedingungen eröffnen sollte, hatte nicht zuletzt die Unterwerfung der Kirche zum Zwecke der Dienstbarkeit für den Staat zum Ziel. So entwickelte Joseph II. unter anderem das utopische Projekt einer Diözesanregulierung, die dazu führen sollte, die Bistumsgrenzen den Grenzen seiner jeweiligen Erblande anzupassen. Dass er auch die Diözese Konstanz ein-

plante, zielte nicht zuletzt auf den Ausbau von Vorderösterreich zu einem wirklichen Flächenstaat ab (bezüglich der Diözese Augsburg wollte bzw. musste er sich bis zur nächsten Vakanz gedulden). Die Mehrzahl der schwäbischen Reichsabteien, so doch die Konsequenz, hätten sich auf eine völlige Eingliederung in diesen Staat gefasst machen müssen, d. h. auf eine Herauslösung aus dem Reich. Dass der Abt von Salem um 1700 für seine Abtei eine solche Statusveränderung – freilich mit Fürstenrang – ernstlich angestrebt hatte, war in Wien nur zu gut bekannt. Auch Anselm II. spielte nach der Aufnahme des Abts von Zwiefalten ins Prälatenkollegium mit diesem Gedanken. So wirkten die Umstände, wie die hohen Wiener Stellen nach dem Siebenjährigen Krieg die Prälaten mit langfristigen finanziellen Forderungen konfrontierten, doch schon wie ein Probelauf einer völligen Neuordnung. Berücksichtigt man die wirtschaftliche Erschöpfung nach dem Krieg, den starken Bevölkerungsanstieg und die Missernten der 1770er Jahre, so erscheinen die *despotischen* Anforderungen des Wiener Hofes unter Verletzung des Reichsrechts und der geistlichen Immunität als der Test, es auf einen Kollaps reichsprälatischer Haushalte ankommen zu lassen. Die Prälaten verharrten in passivem Widerstand. Die Diözesanregulierung scheiterte an vielen, am Fürstbischof von Konstanz, am Fürstabt von St. Blasien und nicht zuletzt am Kurfürsten von Mainz, zugleich der Metropolit und traditionelle Protektor der schwäbischen Reichsprälaten. Indem dieser sich 1785 dem Fürstenbund anschloss, den König Friedrich II. von Preußen, Herzog Karl August von Weimar und andere ins Leben gerufen hatten, vermochte er Joseph II. bei seinem unrealistischen, die Reichskirche gefährdenden Tun auszubremsen. Die Reichsprälaten in Schwaben waren noch einmal davongekommen.

Prälatische Weltläufigkeit und Aufklärung

Die Prälaten blieben bis zuletzt der Welt des Alten Reiches verhaftet. Die Hinwendung zur Aufklärung als einer umfassenden, von der Vernunft durchdrungenen geistigen Bewegung war mit dem im Mittelalter entwickelten und durch das Konzil von Trient nochmals in aller Konsequenz formulierten Auftrag an die Klöster im Grunde nicht vereinbar. Sie verlangte von den Geistlichen sozusagen den Spagat. Nur wenige unter den schwäbischen Reichsprälaten brachten die dafür notwendige Statur und die geistige Spannkraft mit. Martin Gerbert, Abt des vorderösterreichischen Klosters St. Blasien, war sicher die überzeugendste Persönlichkeit. Auch ein Benedikt Maria Angehrn von Neresheim ist zu nennen, der so energisch in die Reichstandschaft drängte und zugleich ein entschiedener Aufklärer und Modernisierer seines kleinen Territoriums war.[39] Beide Prälaten genossen in ganz unterschiedlicher Weise ein großes Ansehen weit über ihre Region hinaus. Die Teilhabe der Konventualen der Prälatenklöster an den Ideen und wissenschaftlichen Projekten, die der Aufklärung zuzuordnen sind, war mannigfaltig, sie darf gerade bei der evident unterschiedlichen Akzentuierung in den jeweiligen Klöstern nicht unterschätzt werden.[40] Über die Wissenschaft und über die Publizistik, über reisende Forscher und Sammler von Münzen, Mineralien, Bibliotheken, geographischen Karten, die das Gastrecht in den Abteien genossen – ob Geistliche oder Laien – hielt auch eine gute Portion Weltläufigkeit Einzug in die Reichsgotteshäuser. Die Übergänge waren fließend. Schon immer waren sich die Reichsprälaten ihrer doppelten Verpflichtung bewusst gewesen und hatten sich nicht allein als Ordensgeistliche, sondern auch als Inhaber weltlicher Herrschaft verstanden. Als solche wollten sie ausdrücklich auch respektiert sein, wie die dramatische Auseinandersetzung mit den reformorientierten österreichischen Beamten zeigte. In den Korrespondenzen, Tagebüchern, Chroniken muss die Frage immer wieder offen bleiben, in wie fern die spezifisch prälatische Weltläufigkeit auch vom Geist der Aufklärung animiert sein konnte und woran dieses sich erkennen ließe. Wie ist es zu deuten, wenn in den schwierigen 1780er Jahren der Abt von Weißenau seinem Nachbarabt in Salem, dem Nachfolger Anselms, einem umgänglichen, hilfsbereiten Mann, eine Schnupftabaksdose aus dem Nachlass seines Vorgängers schenkte und in der seit Jakob Murers Zeit geführten Chronik (*Libri Praelatorum*) fest hielt, damit *eine besondere Ehre eingelegt* zu haben?[41] Gehörte eine Tabatière doch nicht zur traditionellen Ausstattung einer Prälatur, vielmehr zeugte sie davon,

dass selbst hier eine Mode angekommen war, die wir nicht zuletzt mit dem aufgeklärten Preußenkönig verbinden, der sie in vielfältiger künstlerischer Fertigung ebenfalls zu verschenken pflegte.

Aufklärung und Reichsverfassung

Tatsächlich aufklären wollte in dieser Spätzeit der Verfasser eines großen Werkes, Willebold Held, Kapitular des Prämonstratenserstifts Rot an der Rot, mit seinem *Reichsprälatischen Staatsrecht*.[42] Seine Überzeugung, dass es geradezu notwendig sei, die reichsprälatischen *Rechte und Vorzüge* der Allgemeinheit bekannt zu geben, stützte er mit einem interessanten Argument: Hätten das fränkische und das westfälische Grafen-Kollegium rechtzeitig die nötigen Informationen über sich verbreitet, dann wäre es gewiss nicht zur Blockade, d.h. zum Scheitern der Reichskammergerichts-Visitation, *eines so kostbaren Reichsgeschäftes,* gekommen. Öffentlichkeit als Gewähr für das Gelingen, Unkenntnis als Ursache für das Scheitern, für den Untergang – das war Helds Leitgedanke. Anhand seiner Publikation konnte sich die interessierte Lesegesellschaft gründlich informieren über die Geschichte und die tatsächliche Gestalt der reichsprälatischen Herrschaft der einzelnen Mitglieder sowie der Institution des Kollegiums. Die große Fülle der Fakten ist systematisch angeordnet, sie sollte auch dem praktischen Gebrauch dienen. Die Kenntnis der entscheidenden Quellen erhielt der Verfasser, wie er selbst dankbar betont, aus dem Archiv von Weingarten. Sein Fragenkatalog, den er darüber hinaus allen Kollegialmitgliedern zugesandt hatte, sei allerdings von einigen nicht beantwortet worden: *Sie wollen nicht einmal von dem, was sie öffentlich ausüben, die Welt etwas wissen lassen.* Aus seiner Sicht brauchten die vom Kollegium verabschiedeten Rezesse das Licht nicht zu scheuen, sie seien keine *götzendienstlichen Geheimnisse,* sondern weise Verordnungen, die [...] *sowohl auf den gemeinen, als der Reichsgotteshäuser besondern Nutzen abzielten. Was aber zur Ehre und zum Besten des Vaterlands, oder zur Erläuterung der vaterländischen Geschichte gereicht, ist jedem Deutschen willkommen und heilig.* Die Formulierung des Titels seines Werks rechtfertigt der Autor mit dem lapidaren Satz: *Das deutsche Reich ist ein Staat, wer kann es widersprechen? Ein jedes [...] unmittelbares Gebiet ist [...] auch ein Staat,* so seien die diesbezüglichen Regierungsrechte eben kein Privat- sondern *Staatsrecht.* In klarer Kenntnis seiner potentiellen Kritiker beruft er sich auf den Reichspublizisten Johann Jacob Moser als Autorität, der sich nicht gescheut habe, auch ein *Staatsrecht* des Frauenklosters Baindt zu schreiben.[43] Es handelte sich um die kleinste aller Zisterzienser-Reichsabteien, die nur über grundherrliche Einkünfte verfügte und daraus auch die Reichssteuern bestreiten musste – auf der herrschaftlichen Basis lediglich eines besseren Rittersitzes also. Aber nicht auf diese strukturellen leidigen Dinge kam es an, sondern allein auf *Deutschlands Verfassung.* Er ist seinem bedeutenden geistigen Mentor Johann Jacob Moser nicht nur im Aufbau der Darstellung, sondern auch in der sprachlichen Vermittlung der Materie in starkem Maße verpflichtet.[44] Mosers »Reichs-Staat« mit seinen patriotischen und nationalen Implikationen, wie er neuerdings die Historiker beschäftigt, findet hier in reichsprälatischer Version, angereichert mit einer Fülle von pragmatischen Einsichten und Erläuterungen zur Gegenwart des Verfassers, die volle Bestätigung.[45] Obwohl die meisten Reichsprälaten nicht über *Lande,* sondern nur über *Gebiete* regierten, so Held, seien es *landesherrliche* Rechte, weil auch andere Reichsstände solche Gerechtsame innehaben. *Uneingeschränkte Landesherrschaft* widerspreche dem Herkommen des Reiches: Selbst die Rechte des Kaisers seien eingeschränkt![46] Es wird deutlich, dass die Begriffe »Staat« und »Landesherrschaft«, wie der Jurist Willebold Held sie versteht und auf die Reichsprälaten anwendet, als wesentliche Bestandteile der Verfassung des Alten Reiches sich von den Begriffen moderner Historiker klar unterscheiden. Er verwendet sie, obwohl ihm bewusst ist, dass sie nur bedingt auf die prälatische Herrschaft passen; er begründet seine Entscheidung damit, dass es in der deutschen Sprache keine anderen angemessenen Bezeichnungen gebe.

In Oberschwaben, wo die alte, dem Herkommen verpflichtete Welt mit dem »von oben« energisch durchgesetzten, auf abstrakten Überlegungen basierenden modernen Staat in einer Weise kollidierte wie nirgends sonst im Reich, scheinen die Sonden der Erkenntnis genauer gesetzt, die in die Zukunft weisenden bedrohlichen Signale in stärkerem Maße wahrgenommen worden zu sein. Entsprechend sind Helds Ausführungen nicht mit der Geschichte der Reichsprälaten identisch, sondern als das gewichtige, oft notgedrungen einseitige Argument für den Fortbestand des Alten Reiches zu verstehen, in welchem die Reichsprälaten bis hin zur Äbtissin von Baindt ihren legitimen Platz einnahmen. Das Deutsche Reich, so Helds Vision, hatte sich im Interesse des gemeinen Wohls der Aufklärung zu öffnen: In diesem scheinbaren Widerspruch dürfte der Reiz seiner Veröffentlichung liegen. Als die Kapitulare von Rot den gescheiten Reichspublizisten aus ihren Reihen 1782 zu ihrem Abt wählten, bekundeten sie auch in der Öffentlichkeit, dass sie seine Sicht der Dinge teilten.

Letzte Konsequenz: die Aufhebung

Den Lauf der politischen Ereignisse vermochten die Reichsprälaten nicht mehr abzuwenden. Ihr Schicksal teilten sie zunächst mit den anderen Ständen des Schwäbischen Kreises.[47] Im Zuge der Koalitionskriege war eine gewaltige, von außen aufgezwungene Schuldenwelle auf sie zugerollt, aus welcher die Nachwelt meinte schließen zu können, sie hätten schlecht gewirtschaftet und seien reif für die Aufhebung gewesen. Sie waren ganz einfach die Verlierer der Geschichte wie das Alte Reich, für das der nächsten Generation angesichts der großen Umwälzung in Europa das Verständnis abhanden kam. Mit dem Siebenjährigen Krieg hatten die Prälaten die für sie bedrohlichen politischen Veränderungen wahrgenommen und mit ihren Mitteln darauf reagiert. Dass der Wiener Hof seine eigenen Territorialinteressen gegen die Prälaten ausspielte, indem er deren Status preisgab und dabei die reichen Ressourcen der klösterlichen Grundherrschaft gewaltsam abzuschöpfen trachtete, war schon der Anfang vom Ende. Die dann folgende Umwälzung führte nicht allein zur Abschaffung von weltlicher Herrschaft in geistlicher Hand, wie sie namhafte Aufklärer gefordert hatten, sondern zur gänzlichen Aufhebung und Enteignung der Reichsklöster und somit zur Auflösung ihrer Konvente bzw. Kapitel. Es gab keine Instanz, die etwa aus Respekt vor dem ursprünglichen

**Abt Romuald Weltin
(*1723, 1767–1805)**
*Der 26. und letzte Abt des
Reichsstifts Ochsenhausen war
lange Jahre Direktor des Schwäbischen Reichsprälatenkollegiums
und ein Förderer des Bibliotheks-
wesens in seinem Kloster.
Öl auf Lw., Stephan Bildstein,
um 1784.
Ochsenhausen, Neues Kloster.*

Stiftungszweck der Klöster deren Bestand in veränderter Form zu retten bereit oder in der Lage gewesen
wäre, beispielsweise einen gesonderten Fonds einzurichten. Erinnert sei an den seit der Reformation in
Kurhannover bestehenden Klosterfonds, dem auch
die großen Hildesheimer Klöster und Stiftskirchen,
welche seit 1803 von anderen Mächten säkularisiert
worden waren, eingegliedert wurden, um sie mit
ihrem Grundbesitz und Kulturgut vor fiskalischem

Zugriff zu schützen, was die Klosterkammer Hannover noch heute leistet.[48] Nicht eine moderate Lösung
wurde gesucht, wie sie als bloße Säkularisation der
Herrschaft denkbar war – als Mediatisierung also, wie
sie die Reichsgrafen schon bald erfuhren und die großen, noch erhaltenen österreichischen Klöster immer
schon gekannt hatten –, sondern das mit allen Konsequenzen rigoros durchgeführte Ende: die Aufhebung.

[1] Siehe *Hansmartin Schwarzmaier*, Prälatenklöster, in: *Meinrad Schaab/ Hansmartin Schwarzmaier* (Hgg.), Handbuch der Baden-Württembergischen Geschichte. Bd. 1, Teil 2. Stuttgart 2000, 546–609; *Adolf Layer/Wolfgang Wüst* u. a., Die Reichsstifte, in: *Andreas Kraus* (Hg.), Handbuch der Bayerischen Geschichte. Bd. 3, Teil 2. München 3. neu bearb. Aufl. 2001, 318–346; *Armgard von Reden-Dohna*, Reichsstandschaft und Klosterherrschaft. Die Schwäbischen Reichsprälaten im Zeitalter des Barock. Wiesbaden 1982; *Dies.*, Reichsklöster in Ostschwaben. Stand, Probleme und Aufgaben der Forschung, in: *Wilhelm Liebhart/Ulrich Faust* (Hgg.), Suevia Sacra. Pankraz Fried zum 70. Geb. Stuttgart 2001, 15–32; *Kurt Andermann*, Die geistlichen Staaten am Ende des Alten Reiches, in: HZ 271(2000), 593–619.

[2] So der Titel eines Beitrags in dem auch sonst aufschlußreichen, von *Harm Klueting* herausgegebenen Sammelband: Katholische Aufklärung – Aufklärung im Katholischen Deutschland. Hamburg 1993; siehe den Beitrag von *Franz Quarthal* (Antimonastische Pamphlete) in diesem Band.

[3] *Hans-Martin Maurer*, Die Ausbildung der Territorialgewalt oberschwäbischer Klöster vom 14. bis zum 17. Jh., in: BlldtLG 109 (1973), 151–195, 151. In diese Daten sind das (freiweltliche) Damenstift Buchau und landsässige Klöster mit einbezogen (ca. 1/5 der Werte), freilich nicht das außerhalb von Oberschwaben gelegene, heute zu Württemberg gehörige Neresheim.

[4] Es handelt sich um Salem, das finanzstärkste der Prälatenklöster, sowie die deutlich kleineren Abteien Petershausen und Gengenbach (alle zusammen ca. 10.000 Untertanen). Vgl. *Hermann Schmid*, Die Säkularisation der Klöster in Baden 1802–1822. Überlingen 1980.

[5] Siehe *Pankraz Fried*, Zur Ausbildung der reichsunmittelbaren Klosterstaatlichkeit in Ostschwaben, in: ZWLG 40 (1981) 418–435, 421. Berücksichtigt sind neben den Reichsprälaten-Kollegiums das (freiweltliche) Damenstift Lindau, die Fürstabtei Kempten sowie Ottobeuren, St. Ulrich und Afra zu Augsburg, Buxheim und das zur Reichsritterschaft gehörige Damenstift Edelstetten.

[6] Vgl. *Wilfried Setzler*, Zwiefalten, in: *Franz Quarthal* (Bearb.), Die Benediktinerklöster in Baden-Württemberg. Augsburg 1975, 680–709; *Franz Quarthal*, Kloster Zwiefalten zwischen Dreißigjährigem Krieg und Säkularisation, in: *Hermann Josef Pretsch* (Hg.), 900 Jahre Benediktinerabtei Zwiefalten. Ulm 2. Aufl. 1990, 401–430.

[7] Siehe *Armgard von Reden-Dohna*, Benediktinische Rationalität zwischen Vogtei und Reichsfreiheit. Neresheim unter Abt Benedikt Maria Angehrn, in: StMittOSB 110 (1999), 175–193.

[8] Siehe *Rudolf Reinhardt*, Isny, in: *Franz Quarthal* (Bearb.), Die Benediktinerklöster (wie Anm. 6), 320–330.

[9] Vgl. *Karl Suso Frank*, Das Klarissenkloster Söflingen. Ulm 1980.

[10] Vg. *Ferdinand Kramer*, in: Handbuch der Bayerischen Geschichte (wie Anm. 1), 328–330; die Geschichte von K. ist noch kaum erforscht.

[11] Siehe *Armgard von Reden-Dohna*, Kloster Gengenbach und das Reich, in: ZGO 133 (1985), 157–178, 175ff.

[12] SAL B 509 Urk. 1273, *Relation* über die Vorgänge am Kreistag.

[13] Bei Beuron kam es nicht mehr zu einer Entscheidung; das Gesuch von Schwarzach, das Gesuch auf Landeshoheit des Mgfn. von Baden-Baden vor dem RKG ausfocht, wurde bei noch laufendem Verfahren *abgeschlagen*; HSAS B 486 Rot Bü 1113 und B 362 Bd. 18, *Rappular-Register*: »Prälaten«; vgl. *Schwarzmaier*, Prälatenklöster (wie Anm. 1), 576.

[14] Siehe *Armgard von Reden-Dohna*, Problems of Small Estates of the Empire. The Example of the Swabian Imperial Prelates, in: The Journal of Modern History 58 Supplement (1986), 76–87; die an den Hochstiftern entwickelte These von *Peter Hersche*, Intendierte Rückständigkeit: Zur Charakteristik des geistlichen Staates im Alten Reich, in: *Georg Schmidt* (Hg.), Stände und Gesellschaft im Alten Reich.

Stuttgart 1989, 133–149, trifft auf die Schwäbischen Prälaten nicht zu, die eher »intendierte Effizienz« verkörperten.

[15] HSAS B 362.

[16] Vgl. *Hans Georg Hofacker*, Die schwäbischen Landvogteien im späten Mittelalter. Stuttgart 1978; *Ders.*, Die Landvogtei Schwaben, in: *Hans Maier/Volker Press* (Hgg.), Vorderösterreich in der frühen Neuzeit. Sigmaringen 1989, 57–74, der Licht in das Dickicht des so komplizierten Rechtsgebildes bringt und auch die widersprüchliche Wiener Politik bis zum Ende des Reiches herausarbeitet; *Joachim Fischer*, Das kaiserliche Landgericht Schwaben in der Neuzeit, in: ZWLG 43 (1984), 237–286; zum Problem der Instrumentalisierung durch Österreich s. *Peter Eitel*, Kloster Weißenau und die Landvogtei Schwaben, in: *Ders.* (Hg.), Weißenau in Geschichte und Gegenwart. Sigmaringen 1983, 89–198; zur komplizierten Herrschaftsstruktur vgl. *Georg Wieland*, Besitzgeschichte des Reichsstiftes Weißenau, in: Ebda., 107–218.

[17] Siehe *Armgard von Reden-Dohna*, Zwischen Vorlanden und Reich: die Schwäbischen Reichsprälaten, in: *Hans Maier/Volker Press* (Hgg.), Vorderösterreich (wie Anm. 16), 75–91.

[18] Vgl. *Maurer*, Die Ausbildung (wie Anm. 3).

[19] Zur wirtschaftl. Stabilität dieses Klosters siehe: *Peter Scherer*, Reichsstift und Gotteshaus Weingarten im 18. Jh. Stuttgart 1969, hier 47f., 72.

[20] Vgl. *André Holenstein*, Die Huldigung der Untertanen. Rechtskultur und Herrschaftsordnung 800–1800). Stuttgart 1991; *Peter Blickle*, Landschaften im Alten Reich. Die staatliche Funktion des gemeinen Mannes in Oberdeutschland. München 1973; die Thesen Blickles am Beispiel von Ochsenhausen und Zwiefalten stark relativierend: *Reinhard Tietzen*, »Landschaften« und Landschaftskassen in den Klosterherrschaften Ochsenhausen und Zwiefalten, in: ZWLG 52 (1993), 179–225, 201f., der bei Zwiefalten die *Ausschüsse* als Vertretung aller Untertanen herausarbeitet, die aber von der Abtsregierung eingesetzt und von sich aus nicht tätig wurden; der *Vertrag der ewigen Ersatzgelder* lag Tietzen im Wortlaut nicht vor, siehe: HSAS B 551 Zwiefalten Bü 70; *Wolfgang von Hippel*, Klosterherrschaft und Klosterwirtschaft in Oberschwaben am Ende des Alten Reiches, in: *Heinrich Richard Schmidt* (Hg.), Gemeinde, Reformation und Widerstand. Fschr. Peter Blickle. Tübingen 1998, 457–474.

[21] Vgl. *Erwin Riedenauer* (Hg.), Landeshoheit. Beiträge zur Entstehung, Ausformung und Typologie eines Verfassungselements des römisch-deutschen Reiches. München 1994; Rez. von *Dietmar Willoweit*, in: ZHF 27 (2000), 288 ff.

[22] *Johann Reinhard Wegelin*, Gründlich-Historischer Bericht von der Kayserlichen und Reichs-Landtvogtey in Schwaben wie auch dem Frey-Kayserlichen Landtgericht auf Leutkircher Haid und in der Pirs. 2 Bde. Lindau 1755.

[23] Vgl. *Ernst Böhme*, Das Kollegium der Schwäbischen Reichsprälaten im 16. und 17. Jh., in: Rottenburger JKG 6 (1987), 267–300.

[24] SAS Dep. 30 Marchtal 525 *Nothwendige Refexiones über die jetziger Zeiten so viele Postulata*, anonyme Abschrift, deren Herkunft aus Weingarten als gesichert gelten kann.

[25] *Volker Press*, Schwaben zwischen Bayern, Österreich und dem Reich 1486–1805, in: *Pankraz Fried* (Hg.), Probleme der Integration Ostschwabens in den bayer. Staat. Sigmaringen 1982, 17–78, 65ff.

[26] Siehe *Armgard von Reden-Dohna*, Die Zisterzienser im Schwäbischen Reichsprälaten-Kollegium, in: Rottenburger JKG 4 (1985), 51–58; vgl. *Reinhard Schneider* (Hg.), Salem. 850 Jahre Reichsabtei und Schloß. Konstanz 1984; vgl. auch die ansprechende kleine Studie mit guter Bildausstattung von *Erika Dillmann*, Anselm II., Glanz und Ende einer Epoche, hg. von den *Markgräfl. Bad. Museen*. Salem 1987.

[27] Vgl. *Volker Press*, Vorderösterreich in der habsburgischen Reichspolitik des späten Mittelalters und der frühen Neuzeit, in: *Hans Maier/Volker Press* (wie Anm. 16), 1–41; *Ders.*, Bayern am Scheide-

weg, in: *Pankraz Fried/ Walter Ziegler* (Hgg.), Fschr. Andreas Kraus. Kallmünz 1982, 277–307

[28] Z.B. GLAK 98 Salem 305, 1944; HSAS B 486 Rot Bü 1109, 1110; vgl. die sehr aufschlussreiche Darstellung bei *Karl Otmar von Aretin,* Das Alte Reich. Bd. 3. Stuttgart 1997, 135–159, der erstmals die entsprechenden Wiener Aktenbestände auswertet.

[29] Vgl. *Jürgen Weitzel,* Der Kampf um die Appellationen ans Reichskammergericht. Zur politischen Geschichte der Rechtsmittel in Deutschland. Köln 1976; zu diesem Problem im 17. Jh. siehe *Armgard von Reden-Dohna,* Prestige und Politik. Ein Konfliktfall zwischen Reichsverfassung und Territorialinteresse, in: *Ralph Melville/Claus Scharf* u. a. (Hgg.), Deutschland und Europa in der Neuzeit. 1. HlbBd. Stuttgart 1988, 159–276; *Sigrid Jahns,* Der Aufstieg in die juristische Funktionselite des Alten Reiches, in: *Winfried Schulze* (Hg.), Ständische Gesellschaft und soziale Mobilität. München 1988, 353–387.

[30] Vgl. *Johannes Arndt,* Das Niederrheinisch-Westfälische Reichsgrafenkollegium und seine Mitglieder (1653–1806). Mainz 1991, 133.

[31] *Reden-Dohna,* Zwischen Vorlanden und Reich (wie Anm. 17); SAS Dep. 30 Marchtal RKK 530; GLAK 98a Salem Kreis 241.

[32] Siehe *Armgard von Reden-Dohna,* Die Schwäbischen Reichsprälaten und der Kaiser – das Beispiel der Laienpfründen, in: *Hermann Weber* (Hg.), Politische Ordnungen und soziale Kräfte im Alten Reich. Wiesbaden 1980, 155–167, 162ff.

[33] *Franz Quarthal,* Landstände und landständisches Steuerwesen in Schwäbisch-Österreich. Stuttgart 1980, 363–385, der erstmals anhand der einschlägigen schwäb-österr. Aktenbestände diese schwierige Materie untersucht hat; die betroffenen Reichsstände erscheinen hier lediglich als Adressaten der Forderungen (376), die sich insgesamt zur Wehr setzten und durch eine hohe Geldzahlung das Problem los wurden. Es hätte den Rahmen dieser Dissertation mit ihrer großen zeitlichen Spanne vom Spätmittelalter bis zum Ende des Reiches wohl gesprengt, die Gegenprobe zu machen, um den Rechtsbruch zu ermessen; *Rudolf Reinhardt,* Die Beziehungen von Hochstift und Diözese Konstanz zu Habsburg-Österreich in der Neuzeit. Wiesbaden 1966, 177–182, 284f., zieht die Quellen des Hochstifts Konstanz wie auch der Wiener Reichsarchive heran und beobachtet, »wie die beiden langen Verhandlungen völlig aneinander vorbei redeten« (285); *Franz Quarthal/Georg Wieland,* Die Behördenorganisation Vorderösterreichs von 1753–1805. Bühl/Baden 1977.

[34] HSAS B 486 Rot Bü 876, 06.12.1766 Kardinal von Rodt an Maria Theresia.

[35] Z.B. HSAS B Rot 486 Bü 876; GLAK 98 Salem 472; SAS Dep. 30 Marchtal Repos.VI Lade I Fasz.1–8 Schubl. 136.

[36] Vgl. *Horst Carl,* »Die Aufklärung unseres Jahrhunderts ist ein bloßes Nordlicht…«, in: *Heinz-Gerhard Haupt/Dieter Langewiesche* (Hgg.), Nation und Religion in der deutschen Geschichte. Frankfurt/New York 2001, 105–141; siehe auch *Anton Schindling,* Aspekte des »Josephinismus«, in: *Erich Donnert* (Hg.), Europa in der Frühen Neuzeit. Weimar 1997, 683–690.

[37] *Reinhardt,* Die Beziehungen (wie Anm. 33), 180.

[38] *Elisabeth Kovács,* Katholische Aufklärung und Josephinismus. Neue Forschungen und Fragestellungen, in: *Harm Klueting* (Hg.) Aufklärung (wie Anm. 2), 246–259; *Anton Schindling,* Aspekte (wie Anm. 36), 683–690; auch zum Folgenden vorzüglich *Aretin,* Das alte Reich (wie Anm. 28), 226–235; *Reinhardt,* Die Beziehungen (wie Anm. 33), 188–199.

[39] *Reden-Dohna,* Benediktinische Rationalität (wie Anm. 7).

[40] Vgl. die Beiträge von *Otto Beck* und *Franz Quarthal* in diesem Band. Wichtig im Hinblick auf Diskurs und Publizistik ist die Untersuchung von *Konstantin Maier,* Die Diskussion um Kirche und Reform im Schwäbischen Reichsprälatenkollegium zur Zeit der Aufklärung. Wiesbaden 1978; die dort referierte Zirkular-Korrespondenz vermittelt ein gutes Stück Prälatenmentalität.

[41] HSAS B 523 Weißenau Hs 59.

[42] *Willebold Held,* Reichsprälatisches Staatsrecht. 2 Bde. Kempten 1782 u. 1785; die Zitate sind der *Vorrede* in Bd. 1 entnommen.

[43] *Johann Jakob Moser,* Staats-Recht der Abtey Baindt. Ebersdorf 1740; ursprünglich wollte Moser alle Reichsstände abhandeln, so verdankte die kleine Abtei ihre Beachtung wohl allein ihrem Platz im Alphabet.

[44] Vgl. *Reinhard Rürup,* Johann Jacob Moser. Pietismus und Reform. Wiesbaden 1965; *Mack Walker,* Johann Jakob Moser and the Holy Roman Empire of the German Nation. Chapel Hill 1981.

[45] Sehr anregend *Georg Schmidt,* Geschichte des Alten Reiches. Staat und Nation in der Frühen Neuzeit 1495–1806. München 1999.

[46] *Held,* Reichsprälatisches Staatsrecht (wie Anm. 42), Bd. 2, 20.

[47] Vgl. *Heinz-Günther Borck,* Der Schwäbische Reichskreis im Zeitalter der französischen Revolutionskriege (1792–1806). Stuttgart 1970.

[48] Siehe *Armgard von Reden-Dohna,* Die Säkularisation der Hildesheimer Feldklöster und der Anfang der Klosterkammer Hannover, in: NiedersJbLG 69 (1997), 281–299.

Südwestdeutschland als Klosterlandschaft

von Franz Quarthal

Klöster in Südwestdeutschland

Die Kulturlandschaft Südwestdeutschlands ist bis heute zu einem guten Teil geprägt von den Gebäuden der ehemaligen Klöster.[1] Die mächtigen, weitläufigen Anlagen von Salem, Weingarten, Ochsenhausen, Schussenried, Marchtal, Rot, Wiblingen, Zwiefalten, von St. Blasien, St. Trudpert und St. Peter, die Reste der Abteien von Schuttern, Ettenheimmünster und Schwarzach, die Bauten von Bronnbach, Schöntal, die Stifte von Komburg und Ellwangen, die ritterlichen Kommenden des Deutschen Ordens in Mergentheim, Altshausen und auf der Mainau, die bescheideneren der Johanniter in Heitersheim, Rottweil und Hemmendorf, die zahlreichen Ordenshäuser der Franziskaner, Dominikaner, Karmeliter, Kartäuser und Augustiner in den Städten, die Stiftskirchen in Radolfzell, Waldsee, Horb und Rottenburg, die Jesuitenkollegien mit ihren Kirchen in Mannheim, Freiburg, Rottweil, Konstanz, die vielen Frauenkonvente in Wald, Heiligkreuztal, Heggbach, Gutenzell, Baindt, Inzigkofen, Säckingen, Lichtenthal und Günterstal prägen bis heute das Landschaftsbild oder die Städtelandschaft Baden-Württembergs. Auch dort noch, wo die Reformation dem monastischen Leben schon im 16. Jh. ein Ende setzte, lassen die mittelalterlichen Klosteranlagen von Maulbronn, Lorch, Bebenhausen, Blaubeuren, Hirsau und Alpirsbach dank der sparsamen Verwendung der ehemaligen Abteien durch die Herzöge von Württemberg als Klosterschulen und Jagdschlösser für heutige Besucher auf Grund des im wesentlichen spätmittelalterlichen Baubestandes ein »authentischeres« Bild einer Klosteranlage entstehen als dies die Klöster des 18. Jhs. vermögen.

Gelehrte Reisende waren schon damals bemüht, die geistige Welt dieser südwestdeutschen Klöster zu erschließen. Der gelehrte St. Gallener Benediktiner Johann Nepomuk Hauntinger, der zu Ende des 18. Jhs. die oberschwäbische Klosterlandschaft bereiste, lobte sowohl den baulichen Zustand der Klöster als auch die Ausstattung der Bibliotheken, Naturalienkabinette, physikalischen Säle, mit denen die Klöster ihre Verankerung im Zeitgeist zu beweisen suchten. Der fürstlich hohenlohisch und waldenburg-schillingsfürstische Hof- und Bibliotheksrat Georg Wilhelm Zapf entwarf in seinen »Literarische Reisen« von 1780–1782 ein lebendiges Bild des geistigen Lebens der Klöster im südlichen Südwestdeutschland.[2] Etwa zur gleichen Zeit reiste Philipp Wilhelm Gercken durch Franken und Schwaben, um ebenfalls ein Bild des wissenschaftlichen Lebens der schwäbischen und fränkischen Abteien zu zeichnen.[3] Herzog Karl Eugen von Württemberg brach anläßlich seines Geburtstages im Jahre 1783 zusammen mit seiner Frau Franziska auf, um in einer hastigen Reise von Neresheim bis Oberschwaben den Zustand des geistigen Lebens sowie der Bauten der Württemberg umgebenden Klöster kennenzulernen.[4] Mit raschen Urteilen *(welcher alßdann in seinem Zimmer einige Physicalische Experimente vorzeigte, die ihm Ehre machten und die bey ihme alß einen noch jungen Mann viele Anlagen zeigten,* oder *ein ganz unbedeutender Mann* oder *nach Tisch wurde die Biblioteck gezaigt, welche unter die sehr mittelmäßigen gehört)*[5] war der württembergische Herzog rasch zur Hand, so daß die Tagebucheinträge zu seinen Klosterbesuchen teilweise mehr über ihn als über die oberschwäbischen Abteien aussagen. Der

Berliner Aufklärer und Verleger Philipp Nicolai besuchte auf seiner Reise durch Deutschland 1782 auch das Kloster St. Blasien im Schwarzwald. Er konnte nicht genug lobende Worte über die vorzügliche Verwaltung des Stiftsterritoriums, die glänzend ausgebauten Verkehrswege, die Fürsorge für die Untertanen, die Förderung des Schulunterrichts durch die Mönche, das hervorragend organisierte Studium der Klostergeistlichen, über den guten Zustand der Ökonomie St. Blasiens und endlich seinen bedeutenden Abt Martin Gerbert selbst finden. Nicolai pries die Fähigkeiten des Abtes als Landesherr, sein bescheidenes Wesen, seine freundlichen Umgangsformen, seine Erzählkunst und seine vielen geistigen Interessen.[6] *So nützlich thätig dieser edle Mann als Gelehrter war, so sehr war er es auch als Abt seines Stifts und Regent und Landesherr, und man muß erstaunen, daß er bey beständigen so weitläufigen gelehrten Arbeiten, welche allein einen Mann ganz zu erfordern scheinen möchten, dennoch auch diese große Pflichten mit solcher Thätigkeit und zugleich mit so großem Verstande und Wohlwollen erfüllte.*[7] Die Klöster in Südwestdeutschland beeindruckten durch einen lebendigen Wissenschaftsbetrieb. Nicht nur der Druck auf die Klöster, »nützlich« sein zu müssen, der durch die aufgeklärte Kritik entstand, sondern auch ordensimmanente Strömungen führten zu dieser Blüte der Wissenschaften in den einzelnen Abteien. Aufklärer unter den Mönchen hatten gefordert: *Geschäftvolle Wohnsitze thätiger Musen, – Schulen der Weisheit, und Wissenschaft, – Heimath der Tugend, und bewährte Bildungsorte guter Geistlichen, guter Christen, und Bürger, – dieß sollen unsere Klöster seyn, – sollen es bei immer wachsendem Bedürfnisse der Religion, und des Vaterlandes immermehr und mehr zu werden, sich bemühen, und der Blinde soll es sehen, daß es dem also sey.* Von der französischen Seite her hatte die französische Reformkongregation von St. Maur, die Mauriner, einen großen Einfluß auf den Wissenschaftsbetrieb der Benediktiner. Der berühmte französische Gelehrte und Mitglied der maurinischen Kongregation, Jean Mabillon, hatte zu Ende des 17. Jhs. Deutschland bereist und wichtige Impulse besonders in Regensburg gegeben; die Abtei St. Emmeram wurde so zu einem Ausstrahlungspunkt maurinischer Gelehrsamkeit in Deutschland. St. Blasien hatte zu Beginn des 18. Jhs.

eine Gruppe von Mönchen, darunter Marquard Herrgott, nach St. Germain des Prés gesandt, um sie im berühmtesten der Klöster der maurinischen Kongregation in die modernste Form der Geschichtswissenschaft einführen zu lassen.[8] Marquard Herrgott setzte sich nach seiner Rückkehr mit Erfolg für eine Modernisierung der Klosterstudien im Sinne der Mauriner ein.[9] Von St. Blasien aus verbreitete sich die neue Wissenschaftsmethode in weite Teile Deutschlands.

All diese Äußerungen kontrastieren mit einem anderen Bild der Klöster, das von Aufklärern des 18. Jhs. verbreitet wurde und das in ihnen nutzlose Institutionen, »Stätten des Lasters, Tempel der Unwissenheit, des Aberglaubens Werkstätten, Tummelplätze aller Leidenschaften« sahen. Der Stand der Mönche wurde als unnütz, die weltliche Herrschaft der Kirche als schädlich und unzeitgemäß, der Einfluß der Regularkleriker auf die Erziehung der Jugend als verderblich angesehen. Ihre unproduktive Lebensweise galt als Schädigung der Volkswirtschaft insgesamt. So fanden Forderungen nach einer Aufhebung der Klöster, nach ihrer Säkularisation, im Laufe des 18. Jhs. immer offenere Ohren. Mit dem Separatfrieden von Basel zwischen Preußen und Frankreich von 1795 wurde anerkannt, daß Frankreich die Territorien auf dem linken Rheinufer annektieren, seinem Staatsgebiet einverleiben und die dortigen Reichsstände enteignen dürfe. Eine Entschädigung für sie war rechts der Rheins vorgesehen. Die Säkularisation der Reichskirche war nach vielen theoretischen Erörterungen damit praktisch eingeleitet. Der kurze Zeit später folgende Separatfriede Württembergs mit Frankreich bestätigte die Bestimmungen von Basel. Im Frieden von Campo Formio von 1797 mußte auch Kaiser Franz II. sie anerkennen. Der tatsächliche Prozeß der Säkularisation zog sich noch eine ganze Reihe von Jahren hin. Der Rastatter Kongress, auf dem Einzelheiten der Entschädigung verhandelt werden sollten, mußte 1799 nach dem Ausbruch des Zweiten Koalitionskrieges unter dramatischen Umständen auseinandergehen. Mit dem Frieden von Lunéville wurde das Prinzip der Säkularisation erneut bestätigt, im französisch-russischen Vertrag von 1802 in Einzelheiten weitgehend in seiner Substanz festgelegt und durch den RDH von 1803 endgültig bestätigt. Bis 1806 folgte die Aufhebung der Klöster in Bayern und in den österreichischen Terri-

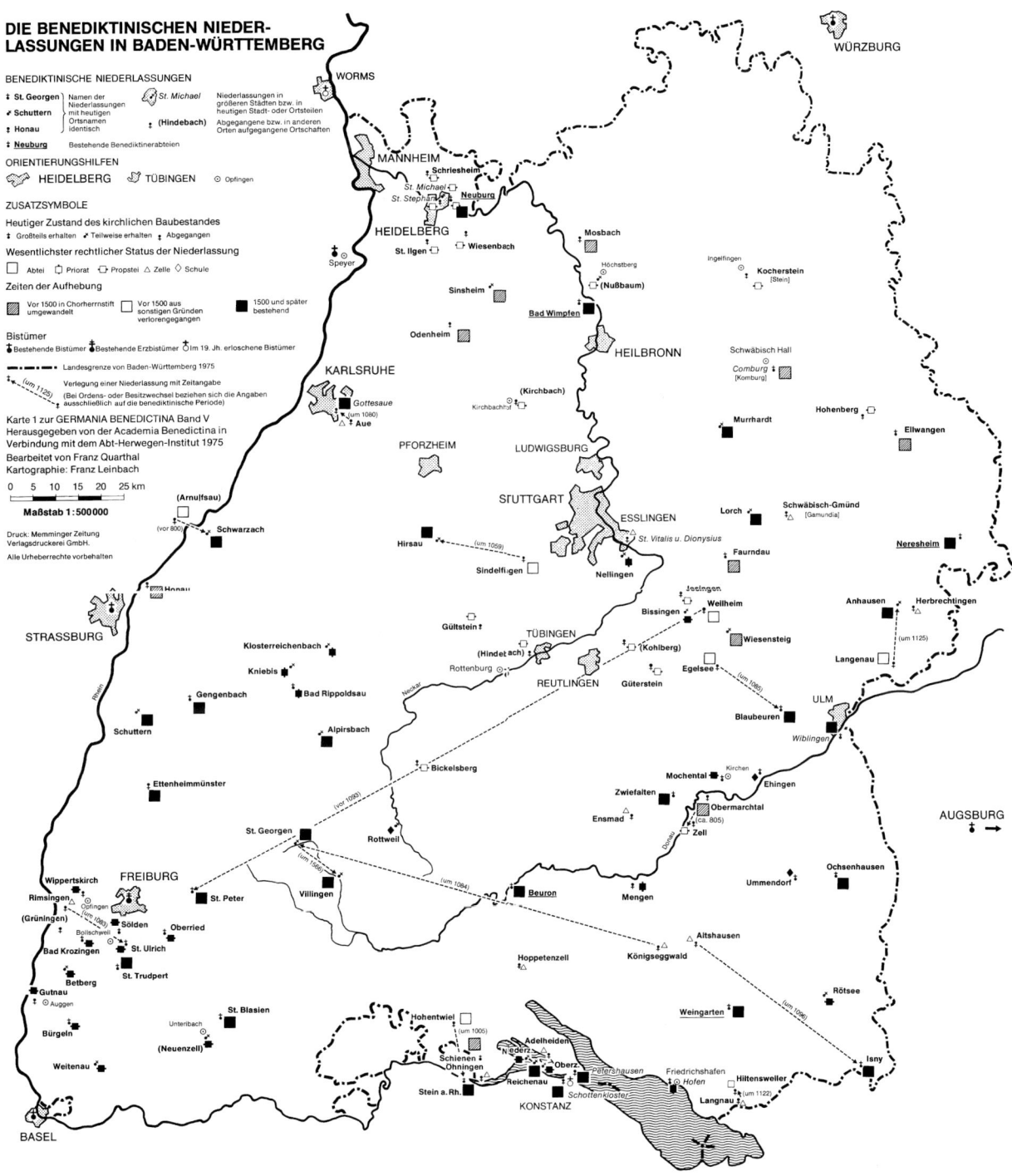

DIE BENEDIKTINISCHEN NIEDERLASSUNGEN IN BADEN-WÜRTTEMBERG

BENEDIKTISCHE NIEDERLASSUNGEN

‡ St. Georgen — Namen der Niederlassungen mit heutigem Ortsnamen identisch
⚓ Schuttern
⬟ Honau

‡ Neuburg — Bestehende Benediktinerabteien

St. Michael — Niederlassungen in größeren Städten bzw. in heutigen Stadt- oder Ortsteilen

(Hindebach) — Abgegangene bzw. in anderen Orten aufgegangene Ortschaften

ORIENTIERUNGSHILFEN

HEIDELBERG   TÜBINGEN   ⊙ Opfingen

ZUSATZSYMBOLE

Heutiger Zustand des kirchlichen Baubestandes
‡ Größteils erhalten ‡ Teilweise erhalten ‡ Abgegangen

Wesentlichster rechtlicher Status der Niederlassung
☐ Abtei ⬠ Priorat ⬡ Propstei △ Zelle ⬢ Schule

Zeiten der Aufhebung
Vor 1500 in Chorherrnstift umgewandelt
Vor 1500 aus sonstigen Gründen verlorengegangen
1500 und später bestehend

Bistümer
‡ Bestehende Bistümer ‡ Bestehende Erzbistümer ⊙ Im 19. Jh. erloschene Bistümer

Landesgrenze von Baden-Württemberg 1975

(um 1125) — Verlegung einer Niederlassung mit Zeitangabe
(Bei Ordens- oder Besitzwechsel beziehen sich die Angaben ausschließlich auf die benediktinische Periode)

Karte 1 zur GERMANIA BENEDICTINA Band V
Herausgegeben von der Academia Benedictina in Verbindung mit dem Abt-Herwegen-Institut 1975
Bearbeitet von Franz Quarthal
Kartographie: Franz Leinbach

0 5 10 15 20 25 km

Maßstab 1:500000

Druck: Memminger Zeitung Verlagsdruckerei GmbH.

Alle Urheberrechte vorbehalten

WÜRZBURG

WORMS

MANNHEIM
Schriesheim
St. Michael
St. Stephan
Neuburg
HEIDELBERG
St. Ilgen
Wiesenbach
Mosbach
Höchstberg
Ingelfingen
Kocherstein
[Stein]
(Nußbaum)
Speyer
Sinsheim
Bad Wimpfen
Odenheim
HEILBRONN
Schwäbisch Hall
Comburg
[Komburg]
KARLSRUHE
Gottesaue
Aue
PFORZHEIM
(Kirchbach)
Kirchbachhf
Hohenberg
Murrhardt
Ellwangen
LUDWIGSBURG
STUTTGART
ESSLINGEN
Lorch
Schwäbisch-Gmünd
[Gamundia]
(Arnulfsau)
(vor 800)
Schwarzach
Hirsau
(um 1059)
St. Vitalis u. Dionysius
Faurndau
Neresheim
Sindelfingen
Nellingen
Honau
Klosterreichenbach
Gültstein
TÜBINGEN
(Hindelbach)
Rottenburg
Jesingen
Bissingen
Weilheim
Wiesensteig
Anhausen
Herbrechtingen
Langenau
(um 1125)
STRASSBURG
Kniebis
(Kohlberg)
REUTLINGEN
Güterstein
Egelsee
(um 1065)
ULM
Gengenbach
Bad Rippoldsau
Blaubeuren
Schuttern
Alpirsbach
Wiblingen
Ettenheimmünster
Bickelsberg
Mochental
Kirchen
Ehingen
Zwiefalten
Ochsenhausen
(vor 1090)
Ensmad
Obermarchtal
(ca. 805)
Zell
AUGSBURG
St. Georgen
Rottweil
Ummendorf
(um 1568)
Villingen
(um 1084)
Beuron
Mengen
Wippertskirch
FREIBURG
Rimsingen
(um 1083)
Opfingen
(Grüningen)
Bollschweil
Sölden
Oberried
St. Peter
St. Ulrich
Altshausen
Hoppetenzell
Königseggwald
Rötsee
Bad Krozingen
St. Trudpert
Betberg
Gutnau
⊙ Auggen
St. Blasien
Unterbach
Weingarten
(um 1090)
Isny
Bürgeln
(Neuenzell)
Hohentwiel
(um 1005)
Adelheiden
Niederz.
Weatenau
Schienen
Ohningen
Oberz.
Petershausen
Friedrichshafen
⊙ Hofen
Hiltensweiler
(um 1122)
Stein a. Rh.
Reichenau
Schottenkloster
Langnau
KONSTANZ
BASEL

43

torien im Reich und der Reste der Reichskirche. 1809 wurden auch die verbliebenen Herrschaftsrechte des Deutschen Ordens im Reich beseitigt. Restitutionsversuche der Reichskirche, insbesondere der Reichsklöster, durch Kardinal Consalvi auf dem Wiener Kongress, blieben erfolglos.

Schon wenig später setzte eine Suche nach der verlorenen Klosterwelt ein. Die beginnende Romantik mit ihrer Verklärung des Mittelalters sah im Mönchtum einen wichtigen Bestandteil der eigenen Vergangenheit, dessen Untergang man beklagte und das man zu restituieren suchte. Die leerstehenden Klöster erweckten Bedauern. So war es letztendlich auch eine politische Klage, wenn Friedrich Cleß in seinem Bändchen »Vaterländische Reiselieder (zumeist von Oberschwaben und vom Bodensee)« die gutgemeinten Verse einrückte:

Weingarten
Was ist aus den Benediktinern geworden,
die einst diese prächtigen Hallen bewohnt?
Wo ist der Krummstab, der heilige Orden,
Die Äbte, die über den Vätern gethront?
Sie liegen bestattet in dunkler Gruft,
Um ihre Gebeine weht Moderduft,
Mit ihren Geistern sei Gottes Frieden,
Vergänglich ist alles, was athmet hienieden.[10]

Damit war der Weg zu einer Wiederbelebung monastischer Lebensformen geöffnet, die in Bayern schon nach 1830 durch die engagierte Förderung durch König Ludwig I. möglich war und die in Südwestdeutschland erst nach 1860 auf Grund der Förderung der Gebrüder Wolter durch die Fürstin Katharina von Zollern erfolgte. In den Diözesen Freiburg und Rottenburg entstanden bereits im 19. Jh. Kongregationen von Nonnen, die weitgehend sozial-karitativ tätig waren. Von den alten Prälatenorden entstanden nur die Benediktiner neu, die nach dem Ersten Weltkrieg Niederlassungen in Neuburg bei Heidelberg, Neresheim und Weingarten sowie nach 1945 in Bad Wimpfen gründeten.[11]

Klöster im frühen Mittelalter

Die südwestdeutsche Klosterlandschaft ist in mehreren Gründungsphasen entstanden. Keine einzige der südwestdeutschen Abteien kann die eigene Geschich-

te wie etwa St. Maurice im Wallis oder die Juraklöster bis in die Spätantike zurückführen. Die ältesten Gründungen liegen am Rande Schwabens und sind nur im Spiegel von Heiligenviten faßbar, so die Zelle des hl. Fridolin in Säckingen, die des hl. Gallus im Steinachtal oder die des hl. Landelin in Ettenheimmünster und mit sehr sagenhaften Zügen die des hl. Offo in Schuttern. Vom Elsaß aus erfolgte die Gründung des heute linksrheinisch gelegenen Klosters Honau. Sonst erfolgte während des 7. Jhs., als am Ostrand der Vogesen bereits die ersten Klöster entstanden, rechts des Rheines keine Gründung. Mit der Pirminsgründung auf der Reichenau im Jahre 724 wurde der Reigen der Klostergründungen im Raum des heutigen Baden-Württemberg eröffnet. Es folgten im Schwarzwald und in der Rheinebene Gengenbach, Ettenheimmünster, Schuttern und St. Trudpert und im Norden des Bundeslandes Mosbach. Der Förderung durch Abt Fulrad von St. Denis verdankten die Abteien St. Vitalis in Esslingen, Herbrechtingen und Hoppetenzell ihre Entstehung. Vom Süden her reichte der Einfluß der durch den hl. Otmar erneuerten Abtei St. Gallen, von Norden der der 764 gegründeten Reichsabtei Lorsch, die beide viele Stiftungen auf sich zogen. Mit Ellwangen entstand ebenfalls 764 eine der bedeutenden frühmittelalterlichen Abteien Südwestdeutschlands. Die Gründungen von Marchtal, Schienen, Faurndau und Wiesensteig blieben wie das erste Kloster in Hirsau eher unbedeutend. Einen besonderen Charakter hatten das 967/73 von der schwäbischen Herzogin Hadwig gestiftete Kloster auf dem Hohentwiel, das den Charakter einer »schola palatina« der schwäbischen Herzöge haben sollte. 1005 wurde es nach Stein am Rhein verlegt und wenig später dem Bistum Bamberg zu Lehen gegeben. Das bischöfliche Eigenkloster Petershausen, 983 etwa gleichzeitig wie das Kloster auf dem Hohentwiel entstanden, gehörte zu den sieben Konstanzer Kirchen, die die Stadt als ein zweites Rom spiegeln sollten.

Die Klosterreform des Hochmittelalters

Während des 11. und 12. Jhs. wurde die Klosterlandschaft Südwestdeutschlands tiefgreifend umgestaltet. Monastisches Reformstreben, das das Klosterwesen aus der laikalen Bevormundung zu befreien suchte, traf sich mit dem Herrschaftswillen des Adels, der sich mit den Mittelpunkten von Burg und Kloster eigene, vom Königtum unabhängige Machtbereiche aufzubauen suchte.[12] Hirsau und St. Blasien wurden Reformzentren im deutschen Südwesten. Die Leitbilder stammten für Hirsau von *Cluny*[13] und für St. Blasien vom oberitalienischen *Fruttuaria*. In rascher Folge schlossen sich die Klöster den Reformrichtungen an oder wurden als Reformklöster neu gegründet: Hirsau (1072), Klosterreichenbach (1082), St. Peter im Schwarzwald (vor 1193)[14], St. Georgen (1083), Petershausen (1085/86)[15], Blaubeuren (nach 1086), Komburg (zw. 1086/1088)[16], Weingarten (1056/1088), Zwiefalten (1089)[17], Ochsenhausen (1089)[18], Wiblingen[19], Isny (1096)[20], Alpirsbach (ca. 1095), Lorch (1102), Gottesaue (1103), Neresheim (ca. 1104), Langenau (nach 1113), Gengenbach (1117), Schuttern (vor 1123), Odenheim (1123), Anhausen (vor 1125), Ellwangen (nach 1136), Schwarzach (1144) und schließlich Rippoldsau (1179).

Die gewandelte Spiritualität fand ihren Niederschlag in einem veränderten Verhältnis zur weltlichen Macht, in einer neuen Sozialstruktur der Konvente, in einer reichen Liturgie und neuen Frömmigkeitsformen, in neuen Bauformen, in erneuerten Skriptorien und in einer im Dienste der Reform stehenden Chronistik.[21] In einer ganzen Reihe von Reformklöstern existierten Männer- und Frauenkonvente nebeneinander, bevor diese Doppelklöster als Ärgernis empfunden wurden und die Frauenkonvente entweder unterdrückt oder wie im Falle Mariabergs verlagert wurden.[22]

Im Gegensatz zu den Reformideen konnte sich der organisierte Reformverband von Cluny kaum auf den deutschen Südwesten auswirken. Lediglich das Priorat St. Ulrich im Schwarzwald schloß sich dem Verband von Cluny an.

Die von der burgundischen Abtei ausgehende Reformbewegung führte dazu, daß eine ganze Reihe von Adelsgeschlechtern ihre Herrschaften mit Klöstern als geistlich-geistigen Zentren ausbauten. So die Welfen in Weingarten, die Calwer nach einigem Zögern in Hirsau, die Grafen von Nellenburg in Schaffhausen, die Staufer in Lorch, die Zähringer in Weilheim bzw. St. Peter im Schwarzwald. Reformgesinnte Mönche waren Garanten für das Seelenheil ihrer Gönner; in reichem Maße flossen den Klöstern Stiftungen zu.[23]

Neue Orden und Reformen im Hoch- und Spätmittelalter

Reformgesinnung ist meist nicht auf Dauer zu bewahren. Neue Zeiten verlangen nach veränderten spirituellen Ausdrucksformen. Mit dem Beginn der Stauferzeit fanden zwei neue Orden, die Zisterzienser und die Prämonstratenser, Eingang in den südwestdeutschen Raum. Im Jahre 1098 begann Robert von *Molesme* mit einigen Gesinnungsgenossen in Cîteaux, einem unwirtlichen Flecken rund 20 km südlich von Dijon, ein strenges und asketisches Mönchsleben und legte damit die Basis für einen der größten und einflussreichsten Mönchsorden des Abendlandes.[24] Die Entstehung des Zisterzienserordens markierte einen gewaltigen Bruch im monastischen Leben des Mittelalters. Der Appell zur Rückkehr zu den einfachen Lebensformen, wie sie die Regel des hl. Benedikt vorschrieb, wurde als Kritik an Macht, Reichtum, politischem Einfluß, Weltverwobenheit, architektonischem Glanz und liturgischem Gepränge des mächtigsten Klosters seiner Zeit, nämlich Clunys und seines Klosterverbandes, empfunden.

Im südwestdeutschen Raum hat der *Zisterzienserorden* nachhaltige Spuren hinterlassen.[25] Seine Bauten in Salem, Kaisheim, Schöntal, in Herrenalb, Bronnbach, Maulbronn, Bebenhausen, weniger vollständig erhalten in Schönau bei Heidelberg und Königsbronn, die Frauenzisterzen in Lichtenthal, Rottenmünster, Heiligkreuztal, Wald, Heggbach, Baindt und Gutenzell prägen bis heute die südwestdeutsche Kulturlandschaft. Die rasche Abfolge in der Gründung benediktinischer Reformklöster Hirsauer oder sanktblasianischer Ausrichtung und prämonstratensischer oder zisterziensischer Ordensniederlassungen spricht für die intensive religiöse Prägung des späten 11. und 12. Jhs. in Südwestdeutschland. Die älteren Reformbewegungen sahen sich nicht zu Unrecht von der neuen zisterziensischen Bewegung angegriffen und bedroht. Die Suche nach dem persönlichen Heil öffnete gerade auch den Adel für neue Aspekte der Spiritualität, wie sie der Zisterzienserorden mit seinen Forderungen nach Einfachheit der Lebensweise, Askese und Strenge der Regelbefolgung anbot.[26] Die bei den Zisterziensern übliche Filiationslinie erlaubt es, das Zusammenwirken von persönlichem Engagement der Stifter mit dem Wirken des Ordens bei der Gründung dieser Klöster nachzuvollziehen. Innerhalb weniger Jahrzehnte entstanden zwischen 1138 und 1190 acht Zisterzen (Königsbronn folgte etwas später 1308 als neunte), von denen Salem, Maulbronn und Bebenhausen sicher die bedeutendsten waren.[27] Die meisten der südwestdeutschen Abteien, alle bayerischen und österreichischen Zisterzen, entstammen dem Primarkloster Morimond. Von Morimond wurde Bellevaux gegründet, von dort kamen im Jahre 1123 Mönche nach Lützel (lucis cella), das im Sundgau an der deutsch-französischen Sprachgrenze, heute genau südlich der Grenze zwischen Frankreich und der Schweiz gelegen ist. Lützel, das 23. Kloster des Ordens, sollte für die weitere Ausbreitung der Zisterzienser in Südwestdeutschland eine der wichtigsten Gründungen werden. In den ersten fünfzehn Jahren des Bestehens von Lützel wurden von ihm sechs neue Klöster gegründet. Eines in der heutigen Schweiz, zwei im Elsaß und zwei östlich des Rheins, nämlich Salem und Kaisheim. Als erstes Tochterkloster Lützels entstand im Jahre 1133 das Kloster Neuburg im Niederelsaß, am Rande des heiligen Forstes bei Hagenau. Unmittelbar nach der Gründung Neuburgs wurden Mönche von Lützel nach Salem, das nur wenige Kilometer vom Bodensee entfernt liegt, gesandt, um ein neues Kloster zu begründen. Fast gleichzeitig gründeten 1135 Mönche ebenfalls von Lützel aus das Kloster Kaisheim bei Donauwörth.[28] Von Salem aus erfolgte eine ganze Reihe von Gründungen. Unter seinem ersten Abt Frowin (1138–1165) wurde Raitenhaslach begründet, das um 1180 im Auftrag des Zisterzienserordens die Paternität über das von dem Lützeler Tochterkloster Frienisberg gegründete Tennenbach bei Freiburg übernahm. 1227 folgte Wettingen im Aargau und 1314 die Gründung von Königsbronn bei Heidenheim.[29] Das Kloster Neuburg im heiligen Forst seinerseits war das Mutterkloster des im Jahre 1147 gegründeten Maulbronn.[30] Fünf Jahre später, 1152, wurde, ebenfalls von Neuburg aus, Herrenalb besiedelt, eine Stiftung des vom Kreuzzug zurückgekehrten Grafen v. Eberstein, der das Kloster zur Grablege seines Hauses machte.[31] Von Maulbronn aus erfolgte im Jahre 1151 die Gründung des Tochterklosters Bronnbach im Taubertal. Wenige Jahre später wurde im Jagsttal ein zweites Kloster gegründet, das nach einer Verlegung und Umbe-

nennung in Schöntal 1157 von Kaiser Barbarossa bestätigt und dem Bischof von Würzburg übertragen wurde.[32]

Ein anderer Strang südwestdeutscher Zisterzen lief nicht über Morimond, sondern über Clairveaux. Von dort aus wurde das Kloster Eberbach im Rheingau besiedelt. Eberbach wiederum war das Mutterkloster von Schönau bei Heidelberg[33] und dieses wiederum die Mutter des 1191 begründeten Klosters Bebenhausen bei Tübingen.[34] Von dem Schweizer Kloster Frienisberg wurden – wohl auf Grund zähringischen Einflusses – 1158 Mönche zur Besiedelung der neuen Zisterze Tennenbach ausgesandt, die aber zwischen 1180 und 1190 dem Kloster Salem unterstellt wurde.[35] Eine späte und nur sehr kurzzeitige Gründung war die auf dem Güterstein bei Urach, eine Stiftung des Zisterzienserbischofs Konrad v. Urach von 1226, die aber erst nach seinem Tode 1254 vollzogen wurde. Bereits vier Jahre später wurde das Kloster wieder aufgehoben; der Versuch einer Neugründung, der im 14. Jh. von Bebenhausen unternommen wurde, blieb erfolglos. 1439 war es eine Propstei von Zwiefalten, die aber 1439 auf Drängen Württembergs dem Kartäuserorden überantwortet wurde.[36]

Die meisten der Zisterzienserklöster konnten nicht im siedlungsleeren Raum gegründet werden, sondern entstanden im Altsiedelland oder an dessen Rand; auch dort, wo heute die Lage des Klosters abgeschieden und einsam erscheint wie bei Bebenhausen, lag die Zisterze in Wirklichkeit an einer viel begangenen Straße, der *via Rheni*. Dies brachte zahlreiche Probleme mit. So mußte beispielsweise der Orden von frühester Zeit an Orts-, Zehnt- und Kirchenherrschaft ausüben, was gegen Buchstaben und Sinn der Ordensregel war. Härter war das sog. »Bauernlegen«, durch das freier Raum für die Anlage von Grangien im unmittelbaren Einzugsbereich der Klöster geschaffen werden sollte. Der Orden wirtschaftete auch in Südwestdeutschland. Salem, Bebenhausen und Maulbronn gehörten zu den wohlhabendsten Abteien im hiesigen Raum. Neben einer durch das Konverseninstitut erfolgreichen Landwirtschaft und einem Engagement im Bergbau durch Königsbronn und Tennenbach war es vor allem die erfolgreiche Teilnahme an der neuen Stadtwirtschaft, die dem Orden einen bedeutenden wirtschaftlichen Erfolg sicherte.[37]

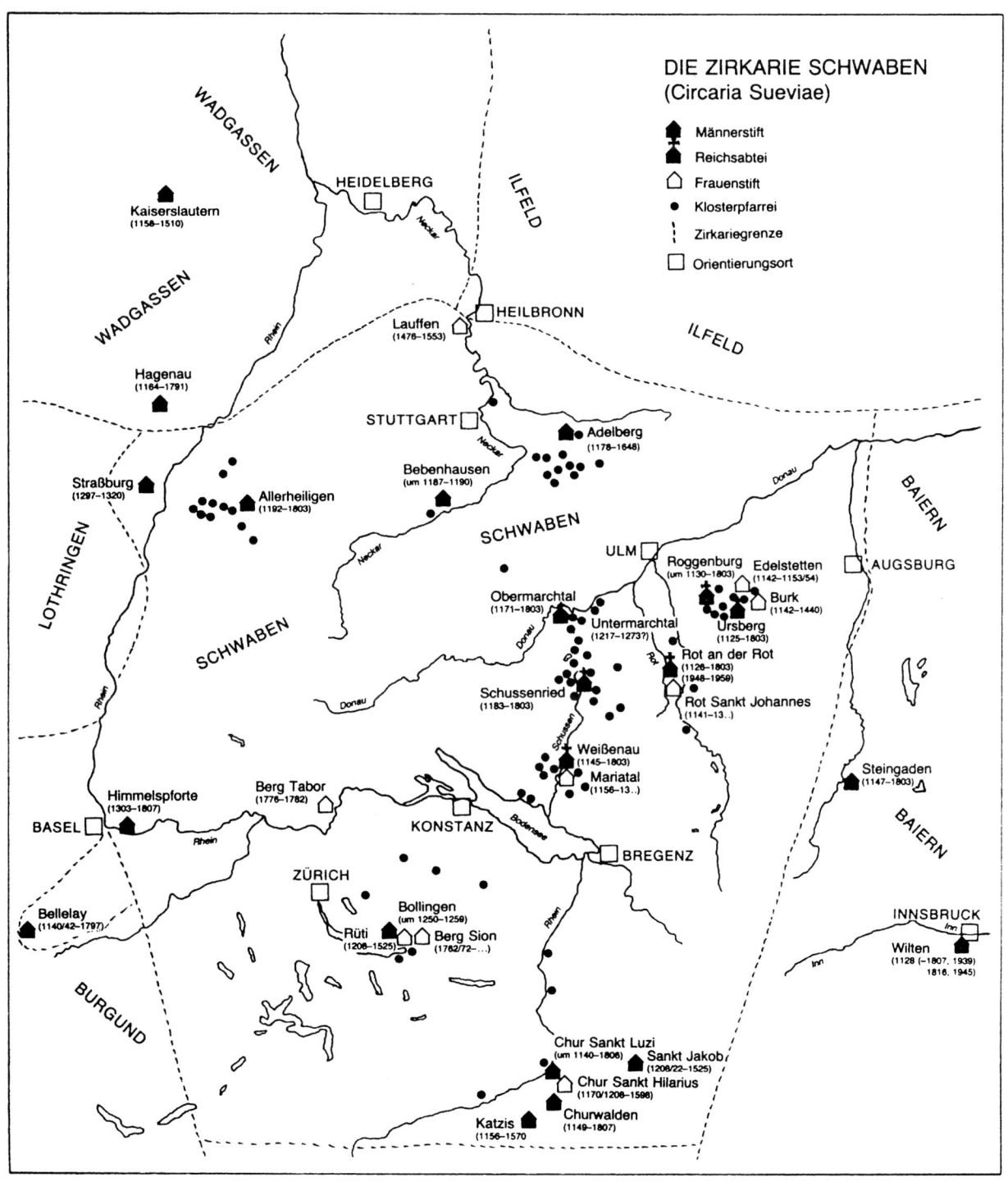

DIE ZIRKARIE SCHWABEN
(Circaria Sueviae)

- ⬟ Männerstift
- ⬠ Reichsabtei
- ⌂ Frauenstift
- ● Klosterpfarrei
- ‑ ‑ ‑ Zirkariegrenze
- ☐ Orientierungsort

WADGASSEN

WADGASSEN

HEIDELBERG

ILFELD

Kaiserslautern
(1156–1510)

ILFELD

HEILBRONN

Lauffen
(1476–1553)

Hagenau
(1164–1791)

STUTTGART

Adelberg
(1178–1648)

Straßburg
(1297–1320)

Bebenhausen
(um 1187–1190)

Allerheiligen
(1192–1803)

SCHWABEN

LOTHRINGEN

ULM

Roggenburg
(um 1130–1803)

Edelstetten
(1142–1153/54)

AUGSBURG

BAIERN

SCHWABEN

Obermarchtal
(1171–1803)

Burk
(1142–1440)

Untermarchtal
(1217–1273?)

Ursberg
(1125–1803)

Rot an der Rot
(1126–1803)
(1948–1959)

Schussenried
(1183–1803)

Rot Sankt Johannes
(1141–13..)

Weißenau
(1145–1803)

Himmelspforte
(1303–1807)

Berg Tabor
(1776–1782)

Mariatal
(1156–13..)

Steingaden
(1147–1803)

BASEL

KONSTANZ

BREGENZ

BAIERN

ZÜRICH

INNSBRUCK

Bellelay
(1140/42–1797)

Bollingen
(um 1250–1259)

Rüti
(1206–1525)

Berg Sion
(1762/72–...)

Wilten
(1128 (–1807, 1939)
1816, 1945)

BURGUND

Chur Sankt Luzi
(um 1140–1806)

Sankt Jakob
(1206/22–1525)

Chur Sankt Hilarius
(1170/1208–1598)

Katzis
(1156–1570)

Churwalden
(1149–1807)

Parallel zur Entstehung der Zisterzienserabteien wurden in Südwestdeutschland eine größere Zahl von Häusern des *Prämonstratenserordens* gegründet.[38] Auch deren Gründung war Ausdruck einer die ganze Gesellschaft durchdringenden Reformgesinnung in spätsalisch-frühstaufischer Zeit.[39] Der hl. Norbert, der Gründer des Ordens, war eine ähnlich charismatische Gestalt wie Bernhard von Clairveaux, der viele Menschen mit seiner Spiritualität in seinen Bann zog. 1120 ließ er sich mit Gesinnungsgenossen im Tal von Prémontré nieder und begann ein beschauliches Leben, wohl noch ohne die Absicht, einen Orden zu gründen. Sie nahmen die Augustinusregel an und beschlossen, nach den Gewohnheiten der Kluniazenser und Zisterzienser zu leben. Von ihnen wurden Gedanken der Reformbewegung der Kanoniker zu Ende des 12. Jhs. aufgenommen. Man nahm die Urkirche als Vorbild *(ecclesia primitiva)*, in der eine Gemeinschaft von Männern und Frauen leben sollte, die keinen Besitz hatten, denen alles gemein war und die alle im christlichen Ideal der »caritas« ein Herz und eine Seele sein sollten. Gespeist wurden diese Vorstellungen von der Idee einer »kommunistischen« *vita apostolica.* 1126 bestätigte Papst Honorius II. die Ordensregel der Norbertiner oder der »weißen Mönche«. Bis zum Tode Norberts von Xanten entstanden Prämonstratenserklöster in Rot an der Rot, in Ursberg und in Roggenburg, wobei die beiden ersteren ausdrücklich Doppelklöster waren.[40] Fünf Jahre nach der Amtsübernahme des ersten Roter Abtes stiftete ein Ministeriale der Ravensburger Welfen 1145 ein weiteres Prämonstratenserkloster, *Augia*, das spätere Weißenau.[41] Weitere Schenkungen an die Prämonstratenser ermöglichen 1183 mit Schussenried eine erneute Gründung, nachdem zuvor Niederlassungen des Ordens in Steingaden (1147) und in Marchtal (1171) zustande gekommen waren.[42] Das Kloster Adelberg im Schurwald kam 1178 hinzu, 1187 stifteten die Pfalzgrafen von Tübingen Bebenhausen zunächst als Prämonstratenserkloster, bevor es 1190 den Zisterziensern übergeben wurde.[43] Als letztes Männerkloster wurde 1192 Allerheiligen im Schwarzwald gestiftet. Mit den ihnen eigenen fünf Ordenszielen Chorgebet, Seelsorge, Buße, Eucharistie und Marienverehrung fügten sie der monastischen Spiritualität im südwestdeutschen Raum einen besonderen Akzent hinzu. In mehreren Werken

suchte im 18. Jh. der Abt von Roggenburg, Georg Lienhardt (1717–1783), diesen besonderen Geist norbertinischer Spiritualität faßbar zu machen.[44] Von den Zisterziensern übernahmen die Prämonstratenser die Institute von Generalabt und Generalkapitel sowie das Filiationssystem der Klöster. Zusätzlich wurde in der Mitte des 12. Jhs. anläßlich einer Neufassung der Statuten eine Gliederung des Ordens nach Zirkarien eingeführt, innerhalb derer *Circatores* die Klöster visitieren sollten. Die Einrichtung konnte erst um 1200 durchgesetzt werden. Die Schwäbische Zirkarie war aus der bayerischen hervorgegangen und wurde vom 15. bis zum 17. Jh. zusammen mit dieser verwaltet. Die Schwäbische Zirkarie, die auch Klöster in der heutigen Schweiz und im Elsaß einschloss, gehörte zu den blühendsten des Ordens.[45]

Während die bisher betrachteten religiösen Gemeinschaften im wesentlichen den Bedürfnissen einer agrarisch-ländlichen Gesellschaft unter der Dominanz adliger Gesellschaftsschichten entsprachen, forderte die sich ausbildende Stadtkultur seit der Mitte des 12. Jhs. auch in Südwestdeutschland neue Formen der Spiritualität und der geistlichen Betreuung. In den Bettelorden, den Dominikanern, den Franziskanern, den Karmelitern und den Augustinereremiten, entstanden nach 1200 religiöse Gemeinschaften, die auf die Anforderungen einer veränderten Gesellschaft antworteten.[46]

Der in Spanien geborene *Dominikus* hatte 1215 eine Predigergemeinschaft in Toulouse gegründet, für die er den *Ordo canonicus* für sich und seine Mitbrüder übernahm. Er entwarf eine konventualen Satzung auf der Grundlage der Ordnung von Prémontré, die seiner Predigertätigkeit angepaßt war. Die volle Bestätigung seiner Grüngung erlangte er durch Papst Honorius III. zwischen 1216 und 1219. Mit Unterstützung des Papstes schuf er einen zentralistischen Predigerorden, der geprägt war durch die Konvente in Paris und Bologna und deren Verbindungen zu den dortigen Universitäten. 1220 wurde das erste Generalkapitel in Bologna einberufen, auf dem man ein Jahr später eine Ordnung für die Provinzen schuf, die der Orden nunmehr einrichtete. Mit der Entsendung von Brüdern nach England, Skandinavien, Polen, Ungarn und in den Nahen Osten wurde die Ausbreitung des nunmehr konsolidierten Ordens erreicht. Während einer weiteren Predigtmission in päpstlichem Auftrag in Oberitalien starb Dominikus im August 1221, sechs Jahre nach Gründung des Ordens, den er in ausgefeilter organisatorischer Form und voll dynamischer Entwicklung hinterließ.[47] Große Städte wurden für Niederlassungen bevorzugt, da sie das gewünschte Publikum und materielle Ressourcen boten, zugleich intellektuelle Aktivitäten begünstigten und die Rekrutierung neuer Mitglieder sicherstellten. Bis 1277 entstanden etwa 404 Priorate, die bis 1303 auf 590 anwuchsen. Die Wurzel des Erfolges war die Predigt. Dafür gab es strikte Auflagen bei Auswahl und Bildung der Brüder. Das Ziel war es, geeignete und geprüfte Kandidaten, die die *Gnade der Predigt* beherrschten, zu gewinnen. Der zunächst auf die kirchliche Praxis zielende Predigtauftrag wurde so mit dem Studium von Philosophie und Theologie verschmolzen, woraus eine allmähliche Umorientierung erwuchs, die von Paris aus ihren Ursprung nahm. Handarbeit und Grundbesitz, die klassischen Quellen klösterlicher Subsistenzsicherung, schieden für den neuen Orden aus. Der Bettelorden war ein Produkt der arbeitsteiligen Gesellschaft, die sich im 13. Jh. voll zu entfalten begann.

Relativ rasch konnte der Orden sich in Südwestdeutschland ausbreiten. Die erste Niederlassung wurde bereits 1219 in Esslingen gegründet. Noch während des 13. Jhs. entstanden in den wichtigen städtischen Zentren weitere Ordenshäuser: Augsburg (1225), Freiburg und Basel (1235), Konstanz (1236), Zürich (1243), Würzburg (vor 1250), Rottweil (1267), Mergentheim (vor 1274), Schwäbisch Gmünd (vor 1284) und Ulm (um 1287).[48] Der Orden übte eine große Anziehungskraft auf Klerus und Adel aus. Kuno von Urach trat in Esslingen ein, die Witwe König Heinrichs, Margarete, nahm im Würzburger Kloster längere Zeit Wohnung. Der Zwiefalter Abt Friedrich resignierte 1239 und trat in Esslingen ein, wo er 1255 als Prior bezeugt ist. Abt Walter von St. Gallen resignierte 1244 und trat in das Konstanzer Dominikanerkloster ein. Mit den Bettelorden entstand in Südwestdeutschland eine neue Kirchenarchitektur: die Hallenkirche. Die Dominikanerkirche in Esslingen kann als Beispiel für Bettelordensgotik gelten. Sie ist die älteste völlig erhaltene gotische Kirche Südwestdeutschlands. Bei aller Schmucklosigkeit wirkt sie durch ihre Raumschönheit.[49]

Etwa gleichzeitig mit dem Dominikanerorden begann die Wirksamkeit der *Franziskaner* in Südwestdeutschland.[50] Nach der Anerkennung der neuen Lebensform des Franziskus von Assisi (1181/82–1226)[51] breitete sich der Orden auch in Deutschland aus. Hier gab es 1230 bereits zwei Ordensprovinzen, in der Mitte des Jhs. waren es drei Provinzen. Wie bei den Dominikanern ging die Ausbreitung des Ordens Hand in Hand mit der Urbanisierung Europas. Das Ende des Urbanisierungsprozesses bedeutete zugleich das Ende der großen Ausbreitungsphase des Ordens. Durch Klerikalisierung und Verschiebung der Ordenstätigkeit auf die Seelsorge waren die Franziskaner auf städtische Bevölkerung angewiesen. Besitzlosigkeit und Bettel verwiesen sie auf die Stadt.

Ihre Anfänge in Südwestdeutschland waren schwierig. 1219 kamen die ersten Franziskaner über die Alpen. Sie blieben erfolglos und wurden wegen ihrer Tracht und Sprache verspottet. Später wurden erneut neunzig Brüder unter der Leitung des Cäsarius von Speyer ausgesandt. Sie kamen nach Augsburg, doch wurde dort wohl vor 1243 kein Kloster gegründet. Ordenshäuser entstanden 1236 in Schwäbisch Hall, vor 1237 in Esslingen, 1259 in Reutlingen, 1246 in Freiburg, 1270 in Villingen, 1272 in Tübingen, zur gleichen Zeit in Heilbronn und Lindau.[52] Vom städtischen Bürgertum wurde der Orden gerne aufgenommen. Die neuen Ordenshäuser setzten mit ihrer Lage häufig an den Stadtmauern städtebauliche Akzente. Die Franziskanerkirchen waren beliebte Begräbnisplätze. Die Franziskaner profitierten von der Spendenbereitschaft der Bürger, die durch Ablaßbriefe gestärkt wurde. Esslingen war ab 1244 öfter der Tagungsort für Kapitelsitzungen der oberdeutschen Provinz, es wurde eines der wichtigsten Klöster für Südwestdeutschland. Der Orden gliederte sich in die Kustodien Franken, Bayern-Schwaben und Elsaß, wobei Bayern-Schwaben nach zahlreichen Neugründungen durch die Einrichtung einer Bodenseekustodie verkleinert werden mußte.

Der Orden der *Augustiner-Eremiten* entstand zwischen 1244 und 1256 in Italien durch die Vereinigung mehrerer Eremitengemeinschaften als dritter der vier großen Bettelorden. Kardinal Riccardo Ainbaldi und Papst Innozenz IV. vereinigten auf dem Gründungskapitel von 1244 die toskanischen Eremitenorden in den »Ordo Eremitarum Sancti Augustini«. Ein weiterer Zusammenschluß erfolgte bis 1256. Seine Mitglieder lebten nach der Augustinusregel mit den drei feierlichen Gelübden Gehorsam, Keuschheit und Armut. In der Organisation folgte man dem Vorbild der Dominikaner: Den Konventen (Häusern) stand ein Prior vor, sie waren in Provinzen zusammengeschlossen. Der Provinzial (prior Provincialis) wurde auf dem Provinzialkapitel alle vier Jahre gewählt. Alle sechs Jahre erfolgte die Wahl des Generalpriors für den gesamten Orden auf dem Generalkapitel. Zur deutschen Ordensprovinz gehörten zu Ende des 13. Jhs. in Südwestdeutschland Ordenshäuser in Tübingen, Oberdorf am Neckar, Speyer, Straßburg und Konstanz neben Marienthal bei Wesel, Mainz, Worms, Nürnberg, Regensburg, Erfurt, Münnerstadt und München.[53]

Der Karmeliterorden war der vierte der großen Bettelorden. Sein Name leitete sich ab vom Berge Karmel, einem Gebirgszug im Heiligen Land. Im 9. Jh. v. Chr. lebte dort der Prophet Elia mit einer Schülerschar. Er galt deswegen auch den Christen als heiliger Berg, an dem sich Eremiten niederließen. So lebte dort nach der Eroberung des Heiligen Landes durch die Kreuzfahrer eine größere Eremitenkolonie unter dem Ideal der Weltabkehr und einer Christusnachfolge in strengster Askese. Eine erste Regel (formula vitae) wurde durch den Patriarchen Albert von Jerusalem verfaßt und 1226 von Papst Honorius III. bestätigt: Mönche sollten unter der Leitung eines Priors in getrennten Zellen in Gehorsam, Keuschheit und Armut leben, unter Stillschweigen, Gebet und Fasten. Der Verbundenheit diente nur die tägliche Messe und das wöchentliche Schuldkapitel. Diese Ausrichtung blieb die Grundlage der Ordensspiritualität. Nach dem Fall des Heiligen Landes begann die Ausweitung nach Zypern, Sizilien, Südfrankreich und England. Dort entstand eine mehr weltzugewandte Richtung unter der Leitung von Simon Stock († 1265): Unter ihm erfolgte eine Anpassung an die abendländische Art der Bettelmönche. Diese Änderung der Lebensform wurde 1247 durch Papst Innozenz IV. bestätigt. Er reihte die Karmeliter unter die Bettelorden ein, gab ihnen die Möglichkeit zur Niederlassung in Städten und damit zur Seelsorge, sah gemeinsames Refektorium vor, milderte strenges Fleischverbot und Stillschweigen. Durch betonte Marienverehrung fanden die Karmeliter besonderen Anklang beim Volk. Gelegentlich wurde der Prophet Elia in Ermangelung einer anderen Gründergestalt als Gründer des damit »ältesten« Ordens propagiert. Auf dem zweiten Konzil von Lyon im Jahre 1274 entging der Orden knapp der von Franziskanern und Dominikanern geforderten Auflösung, 1286 erfolgte seine endgültige Bestätigung. Papst Johannes XXII. gewährte ihm 1326 die Privilegien der Franziskaner und Dominikaner.[54] Sie waren in Südwestdeutschland auf wenige Niederlassungen beschränkt. Wiederum war Esslingen die erste Stadt, die Angehörigen des Ordens 1281 Aufnahme gewährte. Fast gleichzeitig ließen sie sich in der neu gegründeten Stadt Rottenburg nieder.[55]

Zu den monastischen Lebensformen, die im Spätmittelalter in Südwestdeutschland Eingang fanden, zählten auch die Wilhelmiten, eine Eremitenkongregation, die vom hl. Wilhelm von Malval bei Siena gegründet wurde, und die nach der Benediktinerregel lebte. Rudolf von Habsburg schenkte ihnen 1282 im Hochschwarzwald, in Oberried, einen Platz für ein Kloster. Im gleichen Jahr überließ er ihnen in der kurz zuvor von ihm gegründeten Stadt Mengen einen Hofplatz zur Gründung eines Ordenhauses, das 1304 die Pfarrkirche samt Patronat erhielt.

Ebenfalls zu den Kongregationen, die im Spätmittelalter in Südwestdeutschland Eingang fanden, zählen die Pauliner, die ihre Entstehung dem von der Kurie betriebenen Zusammenschluss selbstständiger Eremitorien oder Eremitengemeinschaften verdankten.

Der Paulinerorden behielt seinen eremitisch-monastisch geprägten Charakter lange bei. Seinen Schwerpunkt hatte er in Ungarn und den benachbarten Regionen bis Polen, breitete sich aber bis in den Südwesten des deutschen Reiches aus. Sie hatten insgesamt 18 Niederlassungen im deutschen Reich, von denen sechs, alle im Bereich der Diözese Konstanz, die Reformation überdauerten. Darunter waren Tannheim bei Hüfingen, die 1358 dem Orden überlassene Einsiedelei Rohrhalden bei Rottenburg, das Benediktinerpriorat Langenau, die Niederlassung Grünwald im Dekanat Stühlingen und Bonndorf.[56]

Eine weitere Facette im Spektrum der monastischen Lebensformen Südwestdeutschlands fügten die Niederlassungen der geistlichen Ritterorden hinzu. Sie entstanden in Palästina seit der zweiten Hälfte des 11. Jhs.

aus der Bewegung der Mönchs- und Kanonikerreform und aus der Kreuzzugsbewegung in einer Verbindung von Mönch- und Rittertum. Ihre ursprüngliche Aufgabe sahen sie in der Begleitung der Pilger zu den heiligen Stätten, um ihnen Schutz gegen Überfälle zu gewährleisten. Später kamen Armen- und Krankenpflege für die Pilger hinzu. Eine weitere Aufgabe sahen sie in der Verteidigung der heiligen Stätten gegen Muslime und Heiden. Nach der Einrichtung christlicher Staaten im Heiligen Land übernahmen sie deren Verteidigung. Das Ideal des christlichen Ritters wurde von der Kreuzzugsbewegung wesentlich mitbestimmt. Ihre Ordensregeln entstanden in Anlehnung an Zisterzienser und regulierte Chorherren. Die Gelübde umfaßten neben Armut, Keuschheit und Gehorsam auch den Waffendienst. Die Orden waren in drei Gruppen gegliedert: Ritter für Pilgerschutz und Waffendienst, Ordenskapläne für geistliche Funktionen, dienende Brüder für Waffendienst und handwerkliche Arbeit. Bei *Johannitern* und *Templern* überwog im Ritterstand der französische, der burgundische, der normannische und der englische Adel; die deutschen Ritter sammelten sich im *Deutschorden*. Letzterer war aus einer Hospitalbruderschaft hervorgegangen, als Bürger aus Lübeck und Bremen auf dem dritten Kreuzzug während der Belagerung von Akkon 1189/90 ein Feldlazarett einrichteten. Zur Betreuung der Kranken und Verwundeten entstand eine Hospitalbruderschaft, die Papst Clemens III. 1191 in seinen Schutz nahm. Schon 1198 wurde diese Hospitalgemeinschaft in einen Ritterorden umgewandelt und 1199 von Papst Innozenz III. bestätigt.[57] Der Orden umfaßte acht »Zungen«, unter denen die Großpriorate, Balleien, Kommenden und Komtureien existierten.

Die Ritterorden erwarben großen Landbesitz im Vorderen Orient und bald auch in den europäischen Heimatländern. Der dortige Besitz war in Provinzen (Nationen, Zungen) gegliedert, deren Vorsteher Bailli genannt wurden. Die Provinzen (Balleien) waren gegliedert in Priorate mit einzelnen Kommenden oder Komtureien.

Nach dem endgültigen Verlust Palästinas mit dem Fall Akkons suchte der Deutscher Orden seine neue Aufgabe zunächst in Siebenbürgen (Königreich Ungarn), seit 1230 übernahm er den Kampf gegen die heidnischen Prussen im polnischen Masowien. Die im deut-

schen Reich gelegenen Gebiete wurden vom Deutschmeister verwaltet. Zu den frühesten Besitzungen im deutschen Reich zählte Öttingen östlich von Ellwangen. Das Deutsche Haus in Ulm befand sich seit 1217 im Besitz des Ordens. Innerhalb von Südwestdeutschland hatte er seinen Sitz in Horneck, später (nach 1526) in Mergentheim. Die großen Schenkungen dort erfolgten durch die Grafen von Hohenlohe um 1219. Die Kommende in Heilbronn wurde 1230 erstmals erwähnt, um 1250 Horneck bei Gundelsheim. Althausen war der Sitz einer Ballei (erwähnt 1268), auf der Mainau saß eine Komturei (1272).[58]

Der *Johanniterorden* war aus einem dem hl. Johannes dem Täufer gewidmeten Hospital in Jerusalem entstanden, das Kaufleute aus Amalfi um 1050 im Anschluß an ein Benediktinerkloster für Jerusalempilger wiedererrichtet hatten. Unter Meister Gerhard († um 1120) und Raimund du Puy (1120–1160) erhielt das Hospital eine neue Organisation. Es entstand ein religiöser Orden mit der Verpflichtung zur Pilgerbetreuung und Krankenpflege. Er hatte Niederlassungen und Hospitäler im Vorderen Orient und im Abendland, vor allem in Hafenstädten Frankreichs und Italiens sowie an Wallfahrtsorten. Gegen die Mitte des 12. Jhs. erfolgte die Ausbildung eines militärischen Zweiges, 1141 ist erstmals ein Adliger als Mitglied belegt. Die militärische Orientierung der Johanniter kam den Bedürfnissen des Königreichs Jerusalem entgegen. Ab 1136 erhielten die Johanniter strategisch wichtige Burgen an gefährdeten Stellen der Kreuzfahrerstaaten. Durch Rüstungsausgaben geriet der Orden nach 1160 in schwere Schulden. Generalkapitel wurden ab 1206 abgehalten; in den Statuten erscheinen die Johanniter als voll ausgebildeter Ritterorden. Das Hospitalwesen wurde deutlich an die zweite Stelle gerückt.

Nach dem Verlust Akkons von 1291 wurde der Hauptsitz des Ordens nach Cypern verlegt, 1309 gelang mit der Eroberung von Rhodos der weitere Erwerb eines wichtigen Stützpunkts. Die Johanniter übernahmen die Rolle einer wichtigen Macht im östlichen Mittelmeer. Mit der Eroberung Konstantinopels 1453 geriet auch der Orden in Bedrängnis. 1522 mußte Rhodos an die Türken abgegeben werden; dafür erhielten die Johanniter durch Kaiser Karl V. die Insel Malta als Vorort. Bis ins 18. Jh. war der Orden wesentlich mit der Türkenabwehr im Mittelmeer befaßt. Seine Souveränität wurde 1607 durch Kaiser Rudolf II. und 1620 durch Kaiser Ferdinand II. mit der Erhebung des Großmeisters in den Fürstenstand des Heiligen Römischen Reiches anerkannt.

Innerhalb des südwestdeutschen Raumes lagen die Kommenden ursprünglich im Gebiet der heutigen Schweiz, in Buchsee bei Bern, Hohenrain bei Luzern und Bibikon bei Zürich. Später wurde das Gebiet zwischen Schwarzwald, Alpen und Vogesen fast zu einem Zentrum des Ordens. Die oberdeutsche Ballei des Johanniterorden hatte ihren Mittelpunkt am Sitz des Großpriors in Heitersheim. Komturen befanden sich in Mergentheim (1209), Schwenningen (vor 1212), Überlingen und Villingen (1257), Hemmendorf (vor 1258), Dätzingen (vor 1263), Freiburg (1267), Rottweil (vor 1277), Rexingen (vor 1278), Rohrdorf bei Nagold (vor 1297) und Affaltrach (seit 1298 oder schon 1278 Filial von Schwäbisch Hall).[59] Die meisten Kommenden waren dürftig ausgestattet, so daß sie in der Neuzeit in der Regel nur als Pfründstelle genutzt, nicht aber wirklich besetzt waren.

Die Frauenklöster bis zum Ende des Spätmittelalters

Früh gegründete, karolingerzeitliche Frauenklöster gab es im deutschen Südwesten wenige; die bedeutendsten waren, abgesehen vom Elsaß und dem heutigen Schweizer Raum, Lindau, Buchau und Säckingen. Erst der religiöse Impetus der Reformbewegung des 11. Jhs. zwang die Kirche, adäquate Formen für die spirituellen Bedürfnisse der Frauen zu suchen. In vielen Fällen entstanden Doppelklöster, so in Zwiefalten (nach 1091), in Neresheim (1095) in Komburg (1108); gelegentlich wurden Priorate neben den Männerklöstern begründet, so in Schaffhausen (1045), Reichenbach (1082) und Alpirsbach (1096). Später, als man das enge Zusammenleben von Männer- und Frauenkonventen als unzuträglich empfand, wurden einige Frauenkonvente wegverlegt, so von Zwiefalten nach Mariaberg oder von St. Georgen nach Amtenhausen.[60] Die Wucht der religiösen Frauenbewegung des 12. und 13. Jhs. zwang die Orden, insbesondere die Franziskaner, die Dominikaner und die Zisterzienser, sich mit den Forderungen der Frauen nach geistlicher Betreu-

ung ihrer Kommunitäten auseinanderzusetzen. Obwohl die Zisterzienser anfänglich die Betreuung von Frauenklöstern ablehnten, waren sie und die anderen Orden gezwungen, sich den religiösen Forderungen der Frauen zu stellen. Auch haben neuere Forschungen gezeigt, daß es falsch ist, die Beschlüsse der zisterziensischen Generalkapitel im 13. Jh. im Sinne einer frauenfeindlichen Haltung zu interpretieren und diese gar auf das 12. Jh. zu projizieren. Die Kapitelbeschlüsse müssen immer im Zusammenhang mit den realen Entscheidungen des Ordens gesehen werden, Frauenkonvente aufzunehmen. Es ging jeweils darum, eine ausreichende finanzielle Dotierung zu sichern, um den Konventen ein Leben in einer dem Orden angemessenen Form der Spiritualität zu sichern. Die Aufnahme auf Grund willkürlicher Entscheidungen einzelner Äbte sollte verhindert, der Einfluß der Bischöfe zurückgedrängt werden. Dabei traf sich der Enthusiasmus der religiösen Frauenbewegung mit dem Willen einzelner Äbte, Ausbreitung und Wirkungsfeld ihres Ordens zu vergrößern. Bei einigen Zisterzienserinnenklöstern entwickelten sich eigene Filiationen, die meisten jedoch unterstanden der Paternität eines Abtes.[61] Mehrere Zisterzienserinnenklöster waren bei ihrer Gründung bzw. Bindung an den Orden durch das Wirken des Salemer Abtes Eberhard von Rohrdorf (1191–1240) bestimmt, so Rottenmünster, Heiligkreuztal, Baindt und Wald. Auch im Norden Südwestdeutschlands entstanden zwischen 1230 und 1250 eine Anzahl von Frauenzisterzen. Als Gründer und Förderer traten hier Adelsfamilien aus dem staufischen Reichsdienst auf, häufig im Zusammenwirken mit dem Würzburger Bischof. Im Jahre 1232 stifteten die Grafen von Hohenlohe das Kloster Frauental, 1242 eine Angehörige des Hauses der Schenken von Limburg das Kloster Lichtenstern. 1243/45 entstand Gnadental westlich von Schwäbisch Hall. Binnen weniger Jahre folgten Mariental bei Heilbronn-Böckingen, das 1246 nach Frauenzimmern verlegt wurde, und Seligental bei Osterburken. Das Benediktinerinnenkloster in Billigheim wurde 1248 in ein Zisterzienserinnenkloster umgewandelt. Belrein von Eselsberg stiftete Rechtenshofen, das Maulbronn unterstellt wurde. Güntersal bei Freiburg wurde dem Abt von Tennenbach zugeordnet, Wonnental bei Emmendingen 1246 ebenfalls Tennenbach unterstellt. Enge Beziehungen zum Hause der Markgrafen von Baden hatte Lichtenthal, das die Markgräfin Irmengard mit ihren Söhnen dem Andenken ihres Gatten Markgraf Hermann V. 1245 stiftete. Weitere Frauenzisterzen waren Marienau bei Breisach (1265) und Rheintal, das um 1260 vom Schwarzwald nach Müllheim verlegt wurde. Die Prämonstratenser nahmen wie andere religiöse Bewegungen ihrer Zeit zunächst Konversen und Frauen auf. Viele ihrer Klöster entstanden anfänglich als Doppelklöster bis zum Verbot durch das Generalkapitel im Jahre 1140.[62] Die Frauenstifte der Schwäbischen Zirkarie der Prämonstratenser waren relativ kurzlebig und gingen vor der Reformation unter (Edelstetten, Burk, Mariatal bei Weißenau, Billingen, St. Hilarius in Chur); Lauffen war von 1476 bis 1553 prämonstratensisch. Wesentlich zahlreicher waren im deutschen Südwesten die Frauenklöster der Dominikaner und der Franziskaner. Die ersten Frauenkonvente der Dominikaner entstanden am Rande des südwestdeutschen Raumes, zunächst in Straßburg das Markuskloster 1182, das Unterlindenkloster in Colmar 1232, im gleichen Jahr in Töß, dann in Klingental 1236 und schließlich 1241 in Kirchheim unter Teck. 1245 begannen förmliche Inkorporationen der Frauenklöster in den Orden durch den Papst. Die Nonnen sollten unter der Aufsicht und Leitung des Ordensgenerals und des zuständigen Provinzials stehen. Zwischen Mönchen und Nonnen sollte eine *Communicatio privilegiorum* gelten. Der Ordensmeister hatte die Pflicht, für Seelenheil und geistlichen Fortschritt der Nonnen Sorge zu tragen, den Frauen die Regel der Dominikaner zu gewähren, die Klöster zu visitieren, Besserungsmaßnahmen durchzuführen und Ämter zu besetzen. Die Wahl der Priorinnen blieb den Konventen vorbehalten. Einzelne Mönche mussten nicht dauernd im Kloster wohnen, doch mussten zuverlässige Kapläne gestellt werden. Für den Unterhalt dieser Kapläne durften die Frauenklöster Besitzungen und Einkünfte annehmen, was für Bettelordensklöster als Stein des Anstoßes galt. Inkorporationen von Frauenkonventen in den Orden begannen noch 1245: Straßburg, Adelhausen, Sirnau bei Esslingen, Ötenbach, Dissenhofen, Töß, Unterlinden, Weiler bei Esslingen, Kirchberg bei Sulz; 1246: Medingen, Schwäbisch Gmünd, Augsburg, Offenburg, Klingental bei Basel und Löwental bei Friedrichshafen. Die Provinz Teutonia zählte um 1300 neben 49 Männer-nicht weniger als 65 Frauenklöster, während alle übri-

gen 16 Ordensprovinzen zusammen nur 67 Frauenkonvente hatten. »Man darf also mit Fug und Recht von einer religiösen Frauenbewegung gerade in Oberdeutschland sprechen«.[63] Die Klöster der Dominikanerinnen bereicherten das Klosterleben Südwestdeutschlands durch ihren reichen Beitrag zur Mystik.[64]

Nicht ganz so großen Zulauf wie die Dominikanerinnen hatten die Franziskanerinnen, die sich zu Beginn am Leitbild der hl. Elisabeth orientierten. Seit etwa 1237 gab es Schwestern in Ulm, die einer abgemilderten Form der Regel der hl. Klara folgten; um 1258 wurde der Konvent nach einer Schenkung nach Söflingen verlegt. Um 1252 entstand ein Kloster in Pfullingen, weitere Schwestern kamen nach Konstanz (1250) und Esslingen. Das Kloster Paradies bei Konstanz schloss sich ebenfalls der Klarissenregel an, wurde dann aber in die Gegend von Schaffhausen verlegt (Altparadies). Seit 1267 gab es ein Klarissenkloster in Reutlingen, 1302 eines in Heilbronn. Um 1300 wurde ein Tertiarinnenhaus in Wittichen gegründet, in dem einige Schwestern nach der Klarissenregel lebten. Auch die Villinger Sammlung nahm vor 1280 die Klarissenregel an.

Gerade das religiöse Leben von Frauen widersetzte sich im Spätmittelalter den Versuchen, es in starre Regeln kirchlicher Ordnungen zu pressen. Neben den Ordenshäusern gab es sowohl in Städten wie auf dem Lande eine Vielzahl von Sammlungen und religiösen Gemeinschaften, die ihr Zusammenleben weitgehend selbständig organisierten. In den Lebensformen der Beginen, die von den Niederlanden aus sich auch im südwestdeutschen Raum ausbreiteten, hat man den Versuch von Frauen erkannt, nicht nur ihr religiöses, sondern auch ihr wirtschaftliches Leben selbstbestimmt zu gestalten.[65]

Das monastische Leben zu Ende des Spätmittelalters also hatte äußerst vielgestaltige, fassettenreiche Züge.[66] Der Krise der Adelskirche des Mittelalters, die besonders in St. Gallen, auf der Reichenau und in Kempten manifest wurde, standen zahlreiche Reformen gegenüber.[67] Von den benediktinischen Reformbewegungen griff die von Kastl nicht auf den südwestdeutschen Raum über. Die Bursfelder Reform erreichte nur einige Klöster, darunter Hirsau. Besonders intensiv waren die Bemühungen, im Rahmen des Ordenskapitels von Mainz-Bamberg das benediktinische Leben zu erneuern.[68] Die Reformation selbst ergriff nur einzelne Mönche. Die Konvente blieben in der Regel stabil, auch wenn wie etwa im Falle von Alpirsbach oder Bebenhausen sich ein guter Teil des Konvents der Reformation anschloss oder in Maulbronn es zu schwerwiegenden Teilungen kam. Auf Grund von landesherrlichen Rechten oder anderen Rechtstiteln gelang es Württemberg, der Kurpfalz, Baden-Durlach, den evangelischen Hohenlohe, 14 große Mannsabteien und eine beachtliche Zahl von städtischen Bettelordensklöstern und Niederlassungen von Nonnen aufzuheben. Das klösterliche Leben war auf reichsfreie Abteien und die Territorien der katholischen Fürsten beschränkt. Weite Teile Südwestdeutschlands schieden als Gebiete monastischen Lebens aus.[69]

Die Klöster in der Neuzeit

Im 17. und 18. Jh. überwand die katholische Kirche die Krise, die während der Reformationszeit manifest geworden war.[70] Nach dem Dreißigjährigen Krieg verwandelte sich Südwestdeutschland in eine Sakral- und Kunstlandschaft, die von Geschmack, Kunstverstand und wirtschaftlicher Potenz benediktinischer, zisterziensischer und prämonstratensischer Bauherrn Zeugnis ablegte.[71] Ordensverbände auf der einen und der Zusammenschluss in Kongregationen auf der anderen Seite boten die Gewähr für die Umsetzung tridentinischer Forderungen im monastischen Raum.[72] Das zu Ende des 16. Jhs. entstandene Reichsprälatenkollegium bildete den Rahmen, in dem standesbewusste Äbte und Pröpste ihren politischen Willen innerhalb des Reiches artikulierten.[73] Die barocken Klosteranlagen, die seit 1648 entstanden, waren nicht nur Indizien politischen Selbstbewusstseins, religiöser Erstarkung, lebendigen Kunstverständnisses und wirtschaftlicher Potenz dieser geistlichen Staaten, sie dokumentierten auch den Herrschaftsanspruch monastischer Kommunitäten.[74]
Reichspatriotismus und patriarchalische Herrschaftsausübung[75] waren jedoch nur die eine Seite des barocken Mönchtums.[76] Eine andere zeigte sich in ausgeprägten Interessen für Bücher und Bibliotheken[77], für Wissenschaft und Bildung.[78] Die Bibliotheken waren unabdingbare Grundlagen wissenschaftlichen Arbeitens. Im 18. Jh. erlebten Bildung und Wissenschaften

in zahlreichen Klöstern des deutschen Sprachraums einen bedeutenden Aufschwung, was auf mehrere Ursachen zurückgeführt werden kann: zum einen war es eine Frucht der inneren Erneuerung der Orden im Gefolge der tridentinischen Reformmaßnahmen und der darauf fußenden jesuitischen Inspiration[79], zum anderen trug die von den seit dem Tridentinum neu gebildeten Kongregationen, Ordensprovinzen und Ordensverbänden selbst getragene Reform nunmehr Früchte. Zum dritten strahlte der Impuls der französischen gelehrten Benediktinerkongregation von St. Maur im 18. Jh. auch auf den deutschen Sprachraum aus, nachdem bereits zu Ende des 17. Jhs. durch Jean Mabillon auf seinen Reisen durch Deutschland fruchtbare Kontakte geknüpft worden waren.[80] St. Emmeram in Regensburg war die erste Abtei, die sich den Einflüssen der Mauriner öffnete und damit selber weithin ausstrahlte. Die Schwarzwaldabtei St. Blasien sandte um 1720 Marquard Herrgott zusammen mit einer Gruppe weiterer Mönche zum Studium nach St. Germain des Prés, die sich die neue Wissenschaftsmethode aneigneten und nach St. Blasien brachten.[81] Auch die Schwarzwaldabtei entwickelte sich zu einem bedeutenden, weit ausstrahlenden Wissenschaftszentrum. Schließlich bewirkte die seit dem Beginn des 18. Jhs. deutlich vernehmbare aufklärerische außerkirchliche wie innerkirchliche Kritik an dem Mönchtum innerhalb zahlreicher monastischer Kommunitäten den Willen, zu beweisen, dass Mönche im Gegenteil nützliche und wertvolle Glieder der Gesellschaft seien, was man durch eine vorbildliche Organisation des Klosterstaates, besonderen Leistungen für die Untertanen, mustergültige Ordnung in Archiv und Bibliotheken, aber auch durch besondere Leistungen in Wissenschaft und Erziehung zu beweisen suchte.[82] An die Stelle des »labor manuum«, der in der Benediktusregel geforderten Handarbeit, sei in der Neuzeit die Beschäftigung mit der Wissenschaft getreten, formulierte Martin Gerbert, der bedeutende Gelehrte und Fürstabt der Abtei St. Blasien im Schwarzwald.

Die Blütezeit der Orden im 18. Jh.

Das 18. Jh. war also eine ausgesprochene Blütezeit der Klöster im südwestdeutschen Raum. Im allgemeinen

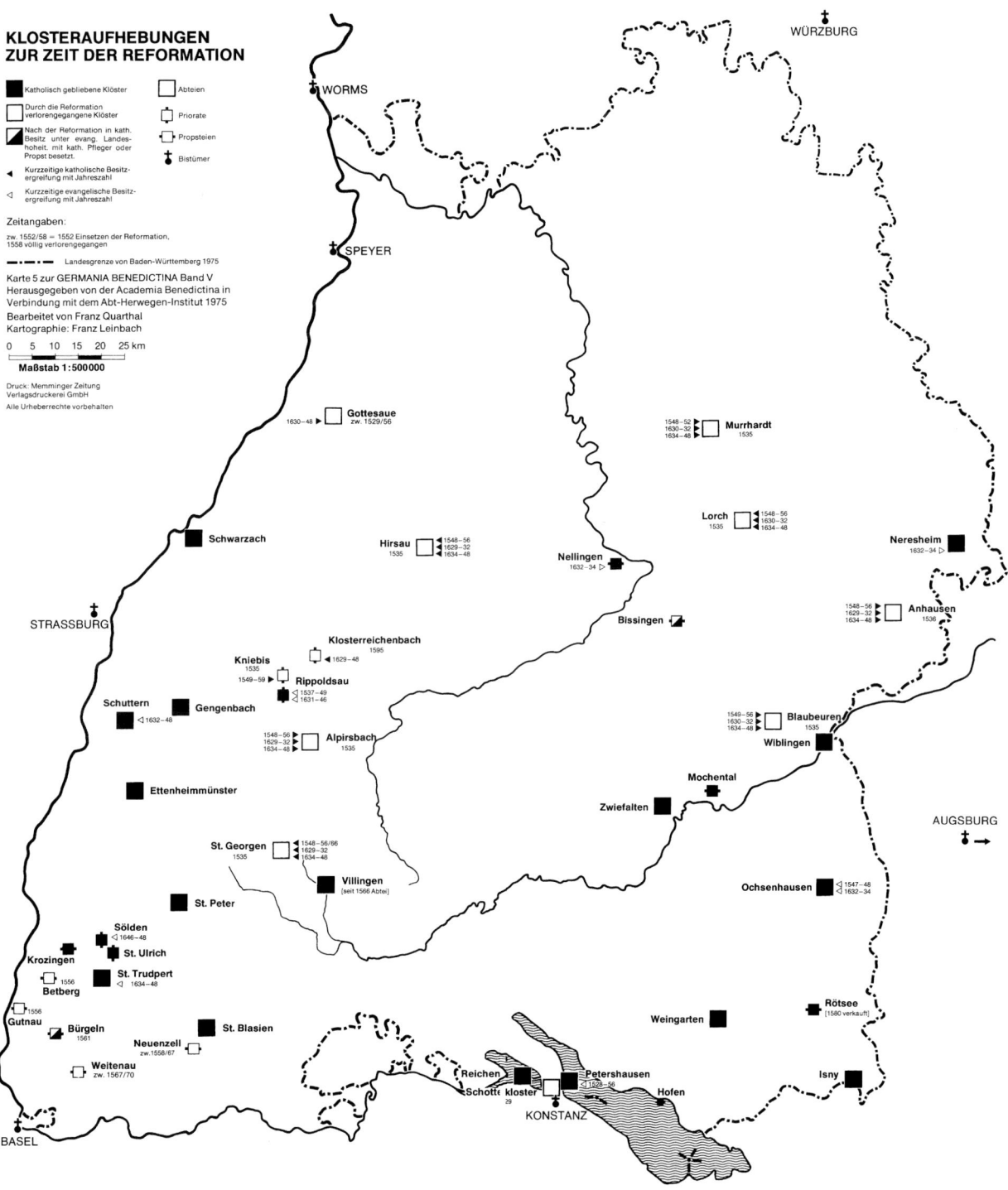

KLOSTERAUFHEBUNGEN ZUR ZEIT DER REFORMATION

■ Katholisch gebliebene Klöster

□ Durch die Reformation verlorengegangene Klöster

◪ Nach der Reformation in kath. Besitz unter evang. Landeshoheit, mit kath. Pfleger oder Propst besetzt.

◀ Kurzzeitige katholische Besitzergreifung mit Jahreszahl

◁ Kurzzeitige evangelische Besitzergreifung mit Jahreszahl

□ Abteien

♜ Priorate

♜ Propsteien

♁ Bistümer

Zeitangaben:
zw. 1552/58 = 1552 Einsetzen der Reformation, 1558 völlig verlorengegangen

━·━·━ Landesgrenze von Baden-Württemberg 1975

Karte 5 zur GERMANIA BENEDICTINA Band V
Herausgegeben von der Academia Benedictina in Verbindung mit dem Abt-Herwegen-Institut 1975
Bearbeitet von Franz Quarthal
Kartographie: Franz Leinbach

0 5 10 15 20 25 km

Maßstab 1 : 500000

Druck: Memminger Zeitung Verlagsdruckerei GmbH
Alle Urheberrechte vorbehalten

† WÜRZBURG

† WORMS

† SPEYER

1630–48 □ Gottesaue zw. 1529/56

1548–52 / 1630–32 / 1634–48 ▶ □ Murrhardt 1535

Lorch 1535 □ 1548–56 / 1630–32 / 1634–48 ◀

Neresheim 1632–34 ▷

† STRASSBURG

■ Schwarzach

Hirsau 1535 □ 1548–56 / 1629–32 / 1634–48 ◀

Nellingen 1632–34 ♜

Bissingen ◪

1548–56 / 1629–32 / 1634–48 ◀ □ Anhausen 1536

Klosterreichenbach 1595 ♜ ◁ 1629–48

Kniebis 1535 ♜ 1549–59 ▶

Rippoldsau ♜ ◁ 1537–49 / ◁ 1631–46

■ Schuttern ◁ 1632–48

■ Gengenbach

1548–56 / 1629–32 / 1634–48 ◀ ♜ Alpirsbach 1535

1549–56 / 1630–32 / 1634–48 ◀ □ Blaubeuren 1535

□ Wiblingen

■ Ettenheimmünster

Mochental ♜

Zwiefalten ■

AUGSBURG † →

St. Georgen 1535 □ 1548–56/66 / 1629–32 / 1634–48 ◀

Villingen [seit 1566 Abtei] ◪

Ochsenhausen ■ ◁ 1547–48 / ◁ 1632–34

■ St. Peter

Sölden ■ ◁ 1646–48
St. Ulrich ■

Krozingen ■

St. Trudpert ■ ◁ 1634–48

Betberg ♜ 1556

Gutnau ♜ 1556

Bürgeln ◪ 1561

Weitenau ♜ zw. 1567/70

Neuenzell ♜ zw.1558/67

St. Blasien ■

Rötsee ■ [1580 verkauft]

Weingarten ■

Isny ■

Reichen... ■
Schotten kloster ◪ 29
Petershausen ◪ ◁ 1528–56
Hofen ●

KONSTANZ

BASEL

55

wirtschaftlich auf einem guten Stand zeichneten sich viele der Abteien und Klöster durch eine besonderes spirituelles Leben aus. Wissenschaftlich hatten sie unterschiedliche Schwerpunkte in Theologie, Philosophie, Orientalistik, Geschichte, Mathematik und Naturwissenschaften. Mit ihren Naturalienkabinetten, Physikalischen Armarien, Sternwarten und Bibliotheken hatten zumindest die Prälatenklöster einen festen Platz im wissenschaftlichen Leben des 18. Jhs.[83] Mit ihren barocken Klosterbauten, aber auch mit den Neubauten von äbtlichen Sommerresidenzen, Prioraten und Propsteien, Pfarrkirchen, Pfarrhäusern, Wirtschaftsgebäuden, Volksschulen und Gymnasien setzten die Klöster unübersehbare Zeichen ihres Wohlstandes und paternalistischen Engagements für das geistige und wirtschaftliche Wohl ihrer Untertanen.[84] Die Äbte und Mönche in den Klöstern Südwestdeutschlands konnten sowohl in konservativem Verhalten wie in aufklärerischer Neuerung eine Rechtfertigung ihrer Existenz sehen. Die innerkirchliche wie die laikale Kritik der Aufklärung des 18. Jhs. verunsicherte Äbte wie Konvente trotz der Überzeugung, für Kirche wie für den Staat unentbehrlich zu sein. Nach 1750 brach diese Kritik mit Macht über den Mönchsstand herein.[85]

Klosterkritik und Säkularisation

Die Auseinandersetzung mit den Gedanken der Aufklärung gab zum einen fruchtbare Impulse, zum anderen aber führte sie in einer dezidierten Abwehrhaltung zu konservativer Verhärtung. Für viele schien sich in ihr eine Säkularisation der Klöster anzubahnen. Kennzeichnend für die allgemeine Stimmung mag ein Schreiben des Priors von St. Blasien Mauritius Ribbele sein, das die allgemeine Säkularisationsangst in den südwestdeutschen Konventen ausdrückt[86]: *Wir Mönche sind nun der Gegenstand allgemeinen Hasses, und das heutige klisierte* [etym. von »Klistier«] *Jahrhundert macht sich auf unsere Rechnung auf die elendeste Art lustig. Es ist genug, um das verächtlichste Geschöpf auf Gottes Erdboden zu heißen, ein Mönch zu sein.* Effektiv begann der Prozess der Säkularisation des Mönchtums mit der von Portugal und Spanien in den 60er-Jahren des 18. Jhs. ausgehenden Unterdrückung

des Jesuitenordens, die innerhalb des Deutschen Reiches (mit Ausnahme Preußens) und der österreichischen Erblande 1773 vollzogen wurde. Betroffen waren im südwestdeutschen Raum die Ordensniederlassungen in Mannheim, Heidelberg, Freiburg, Konstanz, Feldkirch, Rottenburg und in der Reichsstadt Rottweil, in Molsheim und Hagenau im Elsass und, für den südwestdeutschen Raum von großer Bedeutung, in Dillingen und Ingolstadt. Schrittweise war den Jesuiten der Einfluss auf die Schulen, die Universitäten dort die philosophischen Fakultäten und die theologischen Lehrstühle, die Weltpriesterausbildung, Bücherzensur und Hofbeichtämter entzogen worden.[87] Von vielen wurde die Aufhebung der Jesuiten als ein Signal zur allgemeinen Aufhebung der Orden verstanden. Diesem Vorspiel folgten die josephinischen Klosteraufhebungen nach 1780. Seit 1762 arbeitete die böhmisch-österreichische Hofkanzlei an Vorschlägen zur *Verminderung der Mönche*. Ab 1767 durften die Klöster nur noch Kandidaten als Ersatz für verstorbene oder unheilbar kranke Religiose aufnehmen. In Anlehnung an Venedig und Frankreich, die das Professalter auf 21 Jahre festgelegt hatten, setzte Maria Theresia auf Vorschlag des Staatskanzlers Kaunitz für ihre Länder das Professalter auf 24 Jahre herauf. Nonnenklöstern wurde die Aufnahme von Novizinnen gänzlich verboten. Diese Erhöhung des Professalters für Männerklöster traf jedoch nur die vorderösterreichischen Klöster Südwestdeutschlands, weswegen sich St. Blasien zusammen mit dem vorderösterreichischen Prälatenstand wegen der Konkurrenz zu auswärtigen Stiften sofort um eine Lockerung bemühte. Parallel zu Bayern hob Maria Theresia 1771 den Klosterkerker auf. Weitere Bestimmungen regelten die Mitgift und die Testierfähigkeit der Klosterkandidaten, die jährlichen Zuwendungen an einzelne Ordensmitglieder und die Stiftungen. Den Klöstern wurde jegliche Geldanlage in Immobilien untersagt, der finanzielle Verkehr mit ausländischen Konventen und Generalkurien abgeschnitten, den Ordensgeistlichen die Ausübung bürgerlicher Berufe verboten. Seit der Mitte der sechziger Jahre des 18. Jhs. duldete die österreichische Regierung keine Abtswahl mehr ohne Beisein eines Regierungskommissars. Für vorderösterreichische Klöster existentiell bedrohlich war die Bestimmung, dass als Kloster- oder Provinzobere keine Ausländer mehr bestellt werden durften. Von zentralistisch geleiteten Orden durften keine Beiträge mehr an Provinzkassen abgeführt werden. Das Gebot Kaiser Josephs II., dass österreichische Klöster in keiner Verbandsbeziehung mit »ausländischen« Klöstern mehr stehen dürften, hat gerade die vorderösterreichischen Abteien isoliert. Die josephinische Klosteraufhebung, der – je nach Zählung – etwa 28 Klöster in Vorderösterreich zum Opfer fielen, war als Vorstufe der Säkularisation eine rein österreichische Maßnahme. Auch in den nicht aufgehobenen vorderösterreichischen Klöstern erzeugte sie ein Klima von Angst und Unsicherheit und ließ die ihr zugrundeliegende Aufklärung als eine Bedrohung erscheinen.[88]

Als dritte Stufe einer möglichen Säkularisation mussten die Klosteraufhebungen in Frankreich, insbesondere im benachbarten Elsass, infolge der Französischen Revolution von 1789 erscheinen. Am 13. Februar 1790 erklärte die Constituante die religiösen Gelübde für aufgehoben und bestimmte zugleich alle Klöster zu Nationalgütern, die versteigert werden sollten. Am 30. November 1790 wurden alle Religiosen der Zivilkonstitution untergeordnet. Nur wenige Benediktiner leisteten den Eid. Die größte Teil floh in die Schweiz oder nach Deutschland. Ein kleiner Teil wirkte als Pfarrer im Untergrund. Mit einem Dekret vom 4. August 1792 wurden alle religiösen Einrichtungen geschlossen. Im Elsass waren alle Bettelorden, Chorherrn, aber auch die alten Prälatenorden der Zisterzienser und der Benediktiner von der Aufhebung betroffen. Dabei wurden so lebendige und in ihrer wissenschaftlichen Tätigkeit bedeutende Häuser wie Lützel im südlichen Elsass, Ebersmünster und Marmoutier, aber auch durch das System der Kommendataräbte wenig attraktive Abteien wie Neuburg im Heiligen Forst aufgehoben. Von der Aufhebung betroffen war mit Königsbrück, dessen Nonnen nach Lichtenthal flohen, ebenfalls ein recht blühendes Haus. Viele der südwestdeutschen Klöster nahmen geflüchtete Religiosen aus dem Elsass und aus Innerfrankreich auf.[89]

Mit dem preußisch-französischen Separatfrieden von Basel von 1795, dem Frieden von Campo Formio 1797, dem Rastatter Kongress von 1798/99 und dem Lunéviller Frieden von 1801 wurde die Säkularisation der Klöster eine immer deutlichere Realität, ohne dass sich eine wirkliche Gegenwehr, ein Aufbäumen in den Klöstern hätte feststellen lassen.[90] Im französisch-württembergischen Separatfrieden von 1796 wurde erstmals die Stoßrichtung der württembergischen Forderungen deutlich: Der württembergische Herzog ließ sich gegen das Einverständnis zur Abtretung des linken Rheinufers an Frankreich das Amt Oberkirch vom Bistum Straßburg, die Abtei Zwiefalten und die gefürstete Propstei Ellwangen zusichern. Den Entschädigungsobjekten wurden dann auf speziellen Wunsch des Herzogs noch die Abteien Marchtal, Neresheim und Rottenmünster sowie einiges andere hinzugefügt. Der Schacher der deutschen Fürsten auf dem Rastatter Kongreß um kleine und kleinste Entschädigungsmassen erregte schon unter den Zeitgenossen Abscheu: *Der Minister Robertjot hat sein ganzes Arbeitszimmer mit Landkarten von Deutschland behängt, auf welchen alles mit kleinen Zetteln numeriert ist, und jenen, die zu ihm kommen, sagt er, dieses Land, dieses Bistum, diese Abtei geben wir diesem, jene dem und dem, so daß schon alles ausgeteilt ist, besonders in Schwaben. Selbst über die Mediatklöster in Bayern sollen Bestimmungen im Plane sein. So weit haben es die deutschen Fürsten und Stände kommen lassen und so ist das Geschick der Völker, das ein vorhiniger französischer Pfarrer* [Talleyrand] *nunmehr ganz Deutschland nach seiner Willkür verteilen will.* Im Frieden von Lunéville von 1801 war eine Entschädigung der Reichsfürsten für ihre Verluste auf dem linken Rheinufer vorgesehen. Obwohl diese nur in geistlichem Gebiet bestehen konnte, ratifizierten auch die Reichsprälaten den Frieden, wobei sie für sich als wirksamste Maßnahme den Schutz durch den Kaiser erhofften. Die schwäbischen Reichsprälaten wollten immer noch nicht ernstlich an die Säkularisation sämtlicher geistlicher Besitztümer glauben, beriefen sich auf ihre treue Pflichterfüllung und zeigten sich überzeugt, daß sie sich dem Schutz durch Kaiser und dem Reich überlassen könnten.

In Verträgen mit Frankreich ließen sich die Fürsten von Württemberg und Baden trotz der Bildung der Reichsdeputation zur Regelung der Entschädigung separat zusichern. Die Reichsdeputation zur Regelung der Entschädigungsfrage wurde vom Kaiser im August 1802 zusammengerufen. Die wirkliche Aufteilung war dabei durch den französisch-russischen Vertrag aus dem gleichen Jahr bereits vorweggenommen. Württemberg, Baden und Bayern machten sich umgehend an die Besetzung der ihnen zugesicherten Klostergebiete. Der RDH bestätigte lediglich die zuvor getroffenen Vereinbarungen und wies die kleinen Reichsstände, in Südwestdeutschland zumeist westfälische und rheinische Adelsfamilien, in ihre neuen Besitzungen ein. Mit dem Preßburger Frieden von 1805 musste sich auch Österreich aus Südwestdeutschland zurückziehen. Die in den habsburgischen Territorien liegenden Klöster wurden nunmehr ebenfalls aufgelöst, und mit der Rheinbundakte fiel die Souveränität über die 1803 einzelnen Adelsfamilien zugeteilten Klöster den drei Mittelstaaten Bayern, Württemberg und Baden zu. Mit dem Untergang der Reichskirche und der Säkularisation der ehemaligen landsässigen Klöster, die – mit Ausnahme von Lichtenthal – bis spätestens 1806 und 1809 an Württemberg, Baden und Hohenzollern gefallen waren, erlosch das monastische Leben in Südwestdeutschland. Die Staaten der oberrheinischen Kirchenprovinz sahen – im Unterschied zu Bayern im Konkordat von 1817 – keine Neugründungen von Klöstern (*aliquod monasteria*) für Unterricht, Seelsorge und Krankenpflege vor. In Bayern war es König Ludwig I., der 1828, drei Jahre nach seinem Regierungsantritt, zunächst zwei Frauenklöster, Maria Stern (Franziskanerinnen) und St. Ursula (Dominikanerinnen), wiedererrichtete. 1830 konnte mit Metten das erste Benediktinerkloster wiedereröffnet werden, dem bald weitere Wiedergründungen folgten.[91] In Württemberg und Baden waren die Neugründungsversuche erheblich schwieriger und lange Zeit erfolglos.[92] Der in Baden dominierende Liberalismus war ein kompromissloser Gegner des Mönchtums. Da die Klosterfrage in den badischen Kulturkampf hineinspielte, war sie dort bis 1918 nicht zu lösen.[93]

Neubeginn des monastischen Lebens im 19. und 20. Jh.

Die Bemühungen um einen Neubeginn des monastischen Lebens in Südwestdeutschland nahmen dadurch eine Sonderentwicklung, dass die Fürstentümer Hohenzollern wegen persönlicher Beziehungen der hohenzollerischen Prinzessin Amalie Zephyrine zu Napoleon nicht mediatisiert wurden. 1850, infolge der Revolution von 1848, dankte Fürst Karl Anton ab und überließ seine Lande den norddeutschen Vettern, so dass Hohenzollern 1850 als süddeutsche Enklave zu Preußen kam und dort auf Grund preußischer Gesetze Klostergründungen möglich waren.

Im Jahre 1863, sechzig Jahre nach der Säkularisation des Augustinerchorherrenstiftes Beuron, das durch den Beschluß des Regensburger RDHes 1802 an das Haus Zollern gelangt war, wurde es von Benediktinern wiederbesiedelt. Es war die erste benediktinische Neugründung im außerbayerischen Deutschland nach der Säkularisation. Die Wiederbesiedlung erfolgte durch die beiden Brüder Rudolf und Ernst Wolter. Beide waren in die Abtei von St. Paul vor den Mauern Roms eingetreten. Die drohende Eroberung Roms durch das klosterfeindliche Risorgimento ließ bei ihnen den Gedanken reifen, zu einer Klosterneugründung in die deutsche Heimat zurückzukehren. Sie wollten das Mönchtum in einem romantisierenden Rückgriff auf seine ursprünglichen Formen erneuern.

Als treibende Kraft und finanziellen Rückhalt verheißend, stand Fürstin Katharina von Hohenzollern hinter diesem Plan, deren Bekanntschaft die beiden Brüder Wolter in Rom und auf einer gemeinsamen Pilgerfahrt ins Heilige Land gemacht hatten. Nach einem ersten Gründungsversuch in dem Dominikanerklösterchen in Materborn bei Kleve bezog die kleine Kommunität das leerstehende Kloster Beuron bei Sigmaringen. Den Erwerb der Klostergebäude und der Kirche durch die Dotierung einer Pfarrkuratie ermöglichte Fürstin Katharina aus ihrem Stiftungskapital.

Spirituell wurde die Gemeinschaft durch den Geist der Solesmer Kommunität in Frankreich geformt, insbesondere die strenge Form und die ausschließliche Verwendung der römischen Liturgie mit dem gregorianischen Choral. Damit hatte sich Beuron deutlich abgesetzt von der Praxis der noch bestehenden deutschsprachigen Abteien in Bayern, Österreich und der Schweiz. Es schloß auch durch seine Konstitutionen den Aufbau von Gymnasien als Haupttätigkeit aus. Hauptaufgabe Beurons war die Seelsorge, wie die sofortige Wiedereröffnung einer Wallfahrt beweist. Es beteiligte sich an Volksmissionen, wurde so im Land bekannt. Von Anfang an sorgte man für den Aufbau einer guten Bibliothek und legte den Grund für wissenschaftliche Studien.

Die Neugründung geriet allerdings in den Kulturkampf, in dessen Verlauf die Mönche 1875 Beuron verlassen und in ein zwölfjähriges Exil gehen mußten. Kaiser Franz Josef gestattete den vertriebenen Mönchen zunächst, die Niederlassung in dem fast leerstehenden Servitenkloster St. Karl Borromäus bei Volders nahe Hall in Tirol wiederzubesiedeln. Wenige Jahre später folgte man dem Ruf nach St. Emmaus in Prag. Ein Teil der Kommunität zog dann weiter nach Seckau bei Knittelfeld, das 1883 erworben werden konnte.

1887 endete das Exil, Maurus konnte als Haupt einer Kongregation von vier Abteien nach Beuron zurückkehren. Diese Kommunität wuchs rasch. Eine der wesentlichen Erwerbungen war 1892 Maria Laach, während die versuchte Gründung auf der Reichenau nicht zum Tragen kam.

Zwischen den beiden Weltkriegen erreichte Beuron unter Erzabt Raffael Walzer seinen personellen Höchststand mit fast 300 Klosterangehörigen. Es hatte in Württemberg an der Wiederbesiedlung der Klöster Neresheim und Weingarten teilgenommen. In Baden wurde 1926 das Stift Neuburg bei Heidelberg gegründet. Zahlreiche Missionsklöster konnten ebenfalls gegründet werden.[94]

In Württemberg fand der Tübinger Professor Johannes Möhler als erster zu einer positiven Bewertung des Mönchtums zurück.[95] Er gewann einzelne Mitstreiter, so den Ehinger Gymnasialprofessor Johann Georg Martin v. Dursch (1800–1881), der die »religiösen Orden als im Wesen des Katholizismus begründet« fand und sie als eine »segensreiche Frucht des kirchlichen Lebens« bezeichnet. Nach der Revolution von 1848 sahen die württembergischen Ultramontanen eine Möglichkeit, den Ordensleuten in Württemberg wieder Eingang zu verschaffen. Besonders lebhaft agitierte man 1851 in der Gegend von Ellwangen. Das Ziel war, auf dem Schönenberg bei Ellwangen Redemptoristen anzusiedeln. Da gleichzeitig in Württemberg Verhandlungen um ein neues Konkordat stattfanden, beschloß der katholische Kirchenrat, die Sache nicht weiter zu verfolgen. Auch der Versuch des resignierten Abtes von St. Bonifaz in München, Paulus Birger, in Württemberg eine Niederlassung zu gründen, zunächst auf dem Schönenberg bei Ellwangen, dann im Schlößchen Liebenau bei Tettnang in der Pfarrei Obereschach, traf weder beim Kirchenrat noch bei Bischof Lipp auf effektive Gegenliebe.

Lipp versuchte danach mehrfach, von der Regierung Genehmigungen zur Gründung von Orden zu erlangen (Redemptoristen, Kapuziner); in diesen Bemühungen aber scheiterte er. Auch sein Nachfolger Häfele hatte keinen Erfolg, den Beuroner Benediktinern eine Ansiedlung in Württemberg zu ermöglichen. Es gelang lediglich, weibliche Kongregationen, die sich in der Krankenpflege und im Schulwesen engagierten, wieder ansässig zu machen.[96] Erst nach dem Ende des Königreichs, im Jahre 1918, war zu erreichen, daß auf dem Schönenberg Redemptoristen und Franziskaner im Weggental bei Rottenburg und in Weingarten zugelassen wurden. Ein Benediktinerkonvent konnte erst 1921 mit Hilfe von Mönchen aus Beuron in Neresheim gegründet werden. Im Mai 1922 zogen dann die 1876 von Beuron aus gegründeten englischen Benediktiner der Abtei Erdington in Weingarten ein.

Heute gibt es im Gebiet des Bundeslandes Baden-Württemberg wieder nahezu 200 monastische Gemeinschaften, Männer- und Frauenklöster. Numerisch sind dadurch die Verluste durch die Säkularisation zu einem guten Teil wettgemacht. Es ist jedoch ein anderes Mönchtum, das ein kirchliches, spirituelles und gesellschaftliches Ansehen genießt und eine breite innerkirchliche Wirksamkeit entfaltet, das aber nicht mehr in der Herrschaftradition des Alten Reiches steht.

Der 1803/06 existenziell bedrohte monastische Gedanke ist wenige Jahrzehnte später wieder lebendig entstanden. Das kontemplative Leben, der Rückzug in den Eremos aber in den letzten Jahrzehnten eine Renaissance. »Kloster auf Zeit« ist eine gesuchte Lebensform gerade auch für führende Persönlichkeiten in Wirtschaft und Gesellschaft geworden. Die zweitausendjährige Geschichte des Mönchtums wird in der Regel nicht mehr als Last, sondern als Stärke empfunden. Die Idee des Mönchtums hat die Säkularisation überlebt.

[1] Zur allg. Übersicht vgl. *Hansmartin Schwarzmaier*, Reichsprälaten-klöster, in: *Meinrad Schaab/Hansmartin Schwarzmaier* (Hgg.), Handbuch der baden-württembergischen Geschichte. Bd. 2: Die Territorien im alten Reich. Stuttgart 1995, 546–609; *Alois Seiler*, Deutscher Ritterorden, in: Ebd., 636; *Walter G. Rödel*, Johanniterorden, in: Ebd., 637–646; *Kommission für geschichtliche Landeskunde in Baden-Württemberg* (Hg.), Historischer Atlas von Baden-Württemberg. Stuttgart 1972–1988, VIII. 2–4, VIII. 6. *Klaus Schreiner*, Benediktinisches Mönchtum in der Geschichte Südwestdeutschlands, in: *Franz Quarthal* (Hg.), Die Benediktinerklöster in Baden-Württemberg. St. Ottilien 2. Aufl. 1987, 23–114; *Kuratorium der Helvetia Sacra* (Hg.), Helvetia Sacra. Abteilung III: Die Orden mit der Benediktinerregel. Bd. 1: Frühe Klöster, die Benediktiner und Benediktinerinnen in der Schweiz. Tl. 1–3, Bern 1986; Bd. 3: Die Zisterzienser und Zisterzienserinnen, die reformierten Bernhardinerinnen, die Trappisten und Trappistinnen und die Wilhelmiten in der Schweiz. Tl. 1–2, Bern 1982; *Hermann Tüchle*, Kirchengeschichte Schwabens. Bd. 1–2. Stuttgart 1950–1954; *Ders.*, Von der Reformation bis zur Säkularisation. Geschichte der katholischen Kirche im Raum des späteren Bistums Rottenburg-Stuttgart. Ostfildern 1981.

[2] *Georg Wilhelm Zapf*, Fürstl. Hohenlohe und Waldenburg = Schillingsfürstischen Hofrathes literarische Reisen, durch einen Theil von Baiern, Franken, Schwaben und der Schweiz in den Jahren 1780, 1781 und 1782. In einigen Briefen an meine Freunde. Augsburg 1783.

[3] *Philipp Wilhelm Gercken*, Reisen durch Schwaben, Baiern, angränzende Schweiz, Franken, und die Rheinischen Provinzen in den Jahren 1779–1782, nebst Nachrichten von Bibliotheken, Handschriften, Röm. Althertümer, Polit. Verfassung, Landwirthschaft und Landesproducten, Sitten, Kleidertrachten m. K. 4 Tle. Tl. 1–3. Stendal 1783–1786. Tl. 4. Worms 1788.

[4] *Carl Eugen*, Herzog von Württemberg, Tagebücher seiner Rayßen nach Prag und Dresden, durch die Schweiz und deren Gebürgen, nach Nieder Sachßen und Dännemarck, durch die angesehendsten Clöster Schwabens, auf die Franckforter Messe, nach Mömpelgardt, den beiden Königreichen Frankreich und Engelland, nach Holland und manch anderen Orten in den Jahren 1783–1791. Tübingen 1968.

[5] Ebd., 201.

[6] *Im Umgange war er sehr jovialisch und munter, obgleich mit feinstem Sinne für Anstand und Schicklichkeit. Hoher Verstand und Wohlwollen offenbarte sich in seinen Gesprächen. Sein Betragen war äußerst verbindlich, ohne den Hofton, der zur Schau trägt etwas Verbindliches sagen zu wollen.* (Friedrich Nicolai, Beschreibung einer Reise durch Deutschland und die Schweiz im Jahre 1781. 12. Band. [= *Ders.* Gesammelte Werke, hg. von *Bernhard Fabian/Marie-Luise Spieckermann.* Bd. 20]. Hildesheim/Zürich/New York 1994 [ND Berlin/Stettin 1796], 48f., 64–74; *Horst Möller*, Aufklärung in Preußen. Der Verleger, Publizist und Geschichtsschreiber Friedrich Nicolai. Berlin 1974.

[7] *F. Nicolai*, Reise (wie Anm. 6), 72.

[8] *Martin Gerbert*, Historia Nigrae Silvae, ordinis sancti Benedicti coloniae. Bd. 1–3. St. Blasien 1788, hier Bd. 2, 533.

[9] *Johann Peter Ortner*, Marquard Herrgott (1694–1762). Sein Leben und Wirken als Historiker und Diplomat. Wien 1972; *Marquard Herrgott,* Vetus disciplina monastica, Seu Collectio Auctorum Ordinis S. Benedicti maximam partem Ineditorum, qui ante sexcentos fere annos per Italiam, Galliam atque Germaniam de Monastica disciplina tractarunt, Continet res non modo Monasticas, sed etiam Ecclesiasticas ad Historiam S*, Prodit nunc primum opera & studio ** Presbyteri & Monachi Benedicti e Congregatione S. Blasii in Silva nigra [i. e. Marquard Herrgott]. Parisiis [Paris] 1726.

[10] *Friedrich Cless*, Vaterländische Reiselieder zumeist von Oberschwaben und vom Bodensee. Stuttgart/Hall 1843, 26–28.

[11] *Rudolf Reinhardt*, Die Bemühungen um Wiederzulassung der Benediktiner in Württemberg während des 19. Jhs., in: *Franz Quarthal* (Hg.), Die Benediktinerklöster in Baden-Württemberg (= Germania Benedictina 5), Sankt Ottilien 1975, 734–744; *Virgil Fiala*, Die Bemühungen um Wiederzulassung der Benediktiner in Baden und Hohenzollern während des 19. Jhs., in: Ebd., 718–733.

[12] *Klaus Schreiner*, Benediktinisches Mönchtum (wie Anm. 1), 33–48.

[13] *Joachim Wollasch*, Cluny – »Licht der Welt« – Aufstieg und Niedergang der klösterlichen Gemeinschaft. München 1996; *Klaus Schreiner*, Hirsau und die Hirsauer Reform. Spiritualität, Lebensform und Sozialprofil einer benediktinischen Erneuerungsbewegung im 11. und 12. Jh., in: *Landesdenkmalamt Baden-Württemberg* (Hg.), Hirsau, St. Peter und Paul 1091–1991. Stuttgart 1991, Bd. 2, 59–84.

[14] *Hans-Otto Mühleisen* (Hg.), Das Vermächtnis der Abtei. 900 Jahre St. Peter auf dem Schwarzwald. Karlsruhe 1993.

[15] *H. G. Walther*, Gründungsgeschichte und Tradition im Kloster Petershausen vor Konstanz, in: SVG Bodensee 96 (1978), 31–67.

[16] *Rainer Jooß*, Kloster Komburg im Mittelalter. Studien zur Verfassungs-, Besitz- und Sozialgeschichte einer fränkischen Benediktinerabtei. Sigmaringen 2. überarb. und erw. Aufl. 1987.

[17] *Rolf Kuitan*, Die Benediktinerabtei Zwiefalten in der kirchlichen Welt des 12. Jhs. Ein Beitrag zur Untersuchung der Zwiefalter Memorialquellen. Bestandteil des Quellenwerkes Societas et fraternitatis. Masch. phil. Diss. Münster 1997.

[18] *Max Herold* (Hg.), Ochsenhausen. Von der Benediktinerabtei zur oberschwäbischen Landstadt. Weißenhorn 1994.

[19] *Ferdinand Kramer*, Klostergründung und Adelsopposition im Raum Ulm. Zu den Anfängen des ostschwäbischen Klosters Wiblingen (1093), in: *Pankraz Fried* (Hg.), Jb. für bayerisch-schwäbische Geschichte 1995. Sigmaringen 1996, 73–84.

[20] *Rudolf Reinhardt* (Hg.), Reichsabtei St. Georg in Isny 1096–1802. Beiträge zur Geschichte und Kunst des 900jährigen Benediktinerklosters. Weissenhorn 1996.

[21] *Klaus Schreiner*, Mönchsein in der Adelsgesellschaft des hohen und späten Mittelalters. Klösterliche Gemeinschaftsbildung zwischen spiritueller Selbstbehauptung und sozialer Anpassung. München 1989; *Ders.* Mönchtum zwischen asketischem Anspruch und gesellschaftlicher Wirklichkeit. Spiritualität, Sozialverhalten und Sozialverfassung schwäbischer Reformmönche im Spiegel ihrer Geschichtsschreibung, in: ZWLG 41 (1982), 250–307.

[22] *Kaspar Elm/Michel Parisse* (Hgg.), Doppelklöster und andere Formen der Symbiose männlicher und weiblicher Religiosen im Mittelalter. Berlin 1992; *Urban Küsters*, Formen und Modelle religiöser Frauengemeinschaften im Umkreis der Hirsauer Reform des 11. und 12. Jhs., in: *Landesdenkmalamt Baden-Württemberg* (Hg.), Hirsau (wie Anm. 13), 195–220.

[23] *Stephan Molitor* (Bearb.), Das Reichenbacher Schenkungsbuch. Stuttgart 1997.

[24] *A. Schneider u. a.* (Hg.), Die Cistercienser. Geschichte, Geist, Kultur, Köln 2. Aufl. 1977; Die Zisterzienser. Ordensleben zwischen Ideal und Wirklichkeit. Katalog der Ausstellung Aachen. Bonn 1980; *Kaspar Elm* (Hg.), Die Zisterzienser. Ordensleben zwischen Ideal und Wirklichkeit. Ergänzungsband. Köln 1982; Helvetia Sacra III/3, 1. und 2. Teil. Bern 1982 mit vorzügl. Einleitungen von *C. Sommer-Ramer* (Zisterzienser, 1. Tl., 27–86) und *Brigitte Degeler-Spengler* (Zisterzienserinnen, 2. Tl., 507–574); *Immo Eberl*, Die Zisterzienser. Geschichte eines europäischen Ordens. Stuttgart 1999; *Oliver H. Schmidt* (Hg.), Spiritualität und Herrschaft. Konferenzband zu »Zisterzienser – Multimedia – Museen« [Tagung »Zisterzienser – Multimedia – Museen«]. Berlin 1998; *Terryl N. Kinder*, Die Welt der Zisterzienser. Aus d. Engl. übers. von *Bernardin Schellenberger.* Würzburg 1997.

[25] *Peter Rückert/Dieter Planck* (Hgg.), Anfänge der Zisterzienser in Südwestdeutschland. Politik, Kunst und Liturgie im Umfeld des Klosters Maulbronn. Stuttgart 1999; *Hermann Tüchle*, Die Ausbreitung der Zisterzienser in Südwestdeutschland bis zur Säkularisation, in: Rottenburger JKG 4 (1985), 23–35; *Meinrad Schaab*, Der Besitz der südwestdeutschen Zisterzienserabteien um 1340/50, in: Historischer Atlas von Baden-Württemberg VIII, 4, mit weiterer Literatur; *Franz Quarthal*, Zisterzienserklöster in Südwestdeutschland, in: *Dieter R. Bauer* (Hg.), Unter Beobachtung der heiligen Regel. Zisterziensische Spiritualität und Kultur im baden-württembergischen Franken. Stuttgart 2002, 11–24.

[26] *Klaus Schreiner*, Spätmittelalterliches Zisterziensertum im deutschen Südwesten. Spiritualität, gesellschaftliche Rekrutierungsfelder, soziale Verhaltensmuster, in: *Peter Rückert/Dieter Planck* (Hgg.), Anfänge der Zisterzienser in Südwestdeutschland (wie Anm. 25), 43–78.

[27] *Meinrad Schaab*, Der Besitz der südwestdeutschen Zisterzienserabteien um 1340/50, in: Historischer Atlas von Baden-Württemberg VIII, 4 mit weiterer Literatur; *Werner Rösener*, Das Wirken der Zisterzienser im südwestdeutschen Raum im 12. Jh. in: *Rückert/Planck* (Hgg.), Anfänge der Zisterzienser in Südwestdeutschland (wie Anm. 25), 9–24; *Hermann Tüchle*, Die Ausbreitung der Zisterzienser (wie Anm. 25), 23–35.

[28] *Alberich Siwek* (Hg.), Die Zisterzienserabtei Salem. Der Orden, das Kloster, seine Äbte, hg. anläßlich der Gründung des Klosters vor 850 Jahren. Salem 1984; *Reinhard Schneider*, Die Geschichte Salems, in: *Ders.* (Hg.), Salem. 850 Jahre Reichsabtei und Schloß. Konstanz 1984, 11–154; *Gerhard Kaller*, Salem, in: Helvetia Sacra. Abt. III, 3: Die Orden mit der Benediktinerregel. Erster Teil, 341–375; *Werner Rösener*, Reichsabtei Salem. Verfassungs- und Wirtschaftsgeschichte des Zisterzienserklosters von der Gründung bis zur Mitte des 14. Jhs. Sigmaringen 1974; *Hans Dietrich Siebert*, Gründung und Anfänge der Reichsabtei Salem, in: FDA 62 (1934), 23–56.

[29] *Walter Scheerer/Roland Seimetz/Ulrich Kollwitz*, 700 Jahre Königsbronn 1287–1987. Königsbronn 1987.

[30] *Rückert/Planck* (Hgg.), Anfänge der Zisterzienser in Südwestdeutschland (wie Anm. 25).

[31] *Helmut Pflüger*, Schutzverhältnisse und Landesherrschaft der Reichsabtei Herrenalb von ihrer Gründung im Jahre 1149 bis zum Verlust ihrer Reichsunmittelbarkeit im Jahre 1497 (bzw. 1535). Stuttgart 1958; *Ders.*, Die Klostergrundherrschaft der Zisterzienserabtei Herrenalb, in: ZGO 146 (1998), 35–158; *Manfred Kohler*, Die Bauten und die Ausstattung des ehemaligen Zisterzienserklosters Herrenalb. Diss. Heidelberg 1994.

[32] *Maria Magdalena Rückert*, Die Anfänge der Klöster Schöntal und Bronnbach und ihr Verhältnis zur Mutterabtei Maulbronn, in: *Rückert/Planck* (Hgg.), Anfänge der Zisterzienser in Südwestdeutschland. (wie Anm. 25), 101–125; *Leonhard Scherg*, Die Abtei Bronnbach und der Zisterzienserorden. 1. Die Kapitel des Zisterzienserordens, in: Wertheimer Jb. 1998, 35–51; *Ders.*, Die Abtei Bronnbach und der Zisterzienserorden. 2. Filiation und »iura paternitatis«, in: Wertheimer Jb 1999, 11–36; *Dietlinde Schmitt-Vollmer*, Die Klosterkirche in Bronnbach: Memoria ohne Bestattung, [Mikrofiche-Ausg.] Diss. Stuttgart 1997. 5 Mikrofiches.

[33] *Meinrad Schaab*, Die Zisterzienserabtei Schönau im Odenwald. Heidelberg 2. unveränd. Aufl. 1990; *Dietrich Lutz*, Zur Baugeschichte von Kirche und Klausur des ehem. Zisterzienserklosters Schönau, Rhein-Neckar-Kreis, in: Archäologische Ausgrabungen in Baden-Württemberg 1992, 295–300; *Ders.*, Ergänzende Beobachtungen zur Geschichte des ehem. Zisterzienserklosters Schönau, Rhein-Neckar-Kreis, in: Ebd. 1988, 243–247.

[34] *Jürgen Sydow*, Die Bistümer der Kirchenprovinz Mainz. Das Bistum Konstanz 2. Die Zisterzienserabtei Bebenhausen (= Germania Sacra N.F. 16), Berlin-New York 1984; *Wilfried Setzler/Franz Quarthal* (Hgg.), Das Zisterzienserkloster Bebenhausen. Beiträge zur Archäologie, Geschichte und Architektur. Stuttgart 1995; Die Zisterzienser in Bebenhausen [Begleitbuch zur Ausstellung »ora & labora« im Kloster Bebenhausen, 18.07.–11.10.1998], hg. von *Ursula Schwitalla*, Tübingen 1998.

[35] *Paul Zinsmaier*, Zur Gründungsgeschichte von Tennenbach und Wonnental, in: ZGO 98 (1950), 470–474.

[36] *Roland Deigendesch*, Die Kartause Güterstein. Geschichte, geistiges Leben und personales Umfeld. Leinfelden-Echterdingen 2001.

[37] *Jürgen Sydow*, Zur »Stadtpolitik« der mittelalterlichen Zisterzienser. Beobachtungen und Bemerkungen, in: StMittOSB 106 (1995), 121–131; *Günther Friedrich*, Die Stadthöfe fränkischer Zisterzienserklöster, in: Mainfränk. Jb. für Geschichte und Kunst 39 (1987), 1–44.

[38] *Stefan Weinfurter*, Der Prämonstratenserorden im 12. Jh., in: *Max Müller/Rudolf Reinhardt/Wilfried Schöntag* (Hgg.), Marchtal. Prämonstratenserabtei. Fürstliches Schloß. Kirchliche Akademie. Festgabe zum 300jährigen Bestehen der Stiftskirche St. Peter und Paul (1692 bis 1992). Ulm 1992, 13–30; *Norbert Backmund*, Monasticon Premonstratense. Bd. 1–3. Straubing 1949–1956; *Otto Beck*, Die Schwäbische Zirkarie der Prämonstratenser, in: Bad Schussenried. Geschichte einer oberschwäbischen Klosterstadt. Sigmaringen 1983, 9–28; *Ders.*, Prämonstratenser in Oberschwaben, in: *Peter Eitel* (Hg.), Weißenau in Geschichte und Gegenwart. Fschr. 700-Jahrfeier der Übergabe der Heiligblutreliquie durch Rudolf von Habsburg an die Prämonstratenserabtei Weißenau. Sigmaringen 1983, 11–26.

[39] *Stefan Weinfurter* (Hg.), Reformidee und Reformpolitik im spätsalisch-frühstaufischen Reich. Mainz 1992.

[40] *Benedikt Stadelhofer*, Historia imperialis et exempti collegii Rothensis in Suevia. Tl. 1–2. Augsburg 1787; *Hermann Tüchle* (Hg.), 800 Jahre Rot an der Rot. Geschichte und Gestalt. Neue Beiträge zur Kirchen- und Kunstgeschichte der Prämonstratenser-Reichsabtei. Sigmaringen 1976; *W. Peters*, Die Gründung des Prämonstratenserstifts Ursberg, in: ZBLG 43 (1980), 575–587; *Franz Tuscher*, Das Reichsstift Roggenburg im 18. Jh.. Weißenhorn 1976.

[41] *Peter Eitel* (Hg.), Weissenau in Geschichte und Gegenwart (wie Anm. 38); *Helmut Binder* (Hg.), 850 Jahre Prämonstratenserabtei Weißenau 1145–1995. Sigmaringen 1995; *Ursula Riechert*, Oberschwäbische Reichsklöster im Beziehungsgeflecht mit Königtum Adel und Städten (12.–15. Jh.), dargest. am Beispiel von Weingarten, Weißenau und Baindt. Diss. FU Berlin. Frankfurt/M/Bern/New York 1986.

[42] *Hubert Kohler* (Hg.), Bad Schussenried. Geschichte einer oberschwäbischen Klosterstadt. Fschr. 800-Jahrfeier der Gründung des Prämonstratenserstiftes. Sigmaringen 1983; *Friedrich von Walter*, Kurze Geschichte von dem Prämonstratenserstifte Obermarchtal, in: Aus der Geschichte des Klosters Obermarchtal, hg. von *Geschichtsverein Raum Munderkingen*. Bad Buchau 1985 [ND d. Geschichte der Abtei aus der Feder des letzten Abtes von 1835].

[43] *K. O. Müller*, Urkundenregesten des Prämonstratenserklosters Adelberg (1178–1536). Stuttgart 1949; *Walter Ziegler*, Adelbergs Gründer, Volknand von Staufen, in: Hohenstaufen 10, Göppingen 1977.

[44] *Georg Lienhardt*, Exhortator Domesticus, 1754; *Ders.*, Ephemerides Hagiologica, 1764; *Ders.*, Spiritus Literarius Norbertinus, 1771.

[45] *Otto Beck*, Prämonstratenser in Oberschwaben (wie Anm. 38), 11–26; *Ulrich Georg Leinsle, O. Praem.*, Prämonstratenserkultur in Schwaben, hg. von *Landkreis Neu-Ulm*. Neu-Ulm 1991; Capitula Provincialia circariae Sueviae 1578–1688, pars I, ed. *E. Valvekens*; pars II ed. *V. v. Genechten* (Analecta Praemonstr. 1-VI), 1925–1950.

[46] *Gert Melville, Gert/Jörg Oberste* (Hg.), Die Bettelorden im Aufbau. Beiträge zu Insitutionalisierungsprozessen im mittelalterlichen Religiosentum. Münster/Hamburg/London 1999; *Kaspar Elm* (Hg.), Stel-

lung und Wirksamkeit der Bettelorden in der städtischen Gesellschaft. Berlin 1981.

[47] *Isnard W. Frank OP*, Die Grundlegung des intellektuellen Profils des Predigerordens in seinen Anfängen, in: Rottenburger JKG 17 (1998), 13–34; *Ders.*, Das mittelalterliche Dominikanerkloster als parochiales Kultzentrum, in: Ebd., 123–142.

[48] *Ludwig Baur*, Die Ausbreitung der Bettelorden in der Diözese Konstanz, in: FDA 28 (1900), 1–101; 29 (1901), 1–107; *Walter Petschan*, Spätmittelalterliche Klöster. Karte VIII, 6 im Historischen Atlas von Baden-Württemberg; *Angelus Walz*, Dominikaner und Dominikanerinnen in Süddeutschland 1225–1966. Freising 1967; *Thomas Berger*, Die Ausbreitung der Dominikaner in den Städten des südwestdeutschen Raumes, in: Rottenburger JKG 17 (1998), 143–162; *G. M. Löhr*, Der Dominikanerorden und seine Wirksamkeit im mittelrheinischen Raum, in: Archiv für mittelrheinische Kirchengeschichte 4 (1952), 120–156; Helvetia Sacra Abt. IV, Bd. 5: Die Dominikaner und Dominikanerinnen in der Schweiz, red. von *Petra Zimmer* unter Mitarbeit von *Brigitte Degeler-Spengler*. Bd. 1–2. Bern 1999; *Wolfgang Schenkluhn*, Kirchenarchitektur der Dominikaner, in: Ebd., 163–184; *Ders.*, Die Architektur der Bettelorden. Die Baukunst der Dominikaner und Fanziskaner in Europa. Darmstadt 2000; *Winfried Hecht*, Das Dominikanerkloster Rottweil (1266–1802). Rottweil 1991; *Ders.*, Ergänzungen zur Geschichte des Rottweiler Dominikanerklosters, in: Rottenburger JKG 17 (1998), 263f.

[49] *Dölf Wild*, Das Predigerkloster in Zürich. Ein Beitrag zur Architektur der Bettelorden im 13. Jh. Zürich 1999.

[50] *Florentin Nothegger O.F.M.*, Verbreitung und Organisation des Franziskanerordens. Karte im Großen Historischen Weltatlas, 2. Teil: Mittelalter, Karte 31 und Beiwort, 130–132; *Helmut Feld*, Religiöse Idee und Darstellung des heiligen Franziskus von Assisi, in: Rottenburger JKG 17 (1998), 271–288.

[51] 1209 Bestätigung der ersten Regel durch Papst Innozenz III., 1219 2. Regel (sog. nichtbullierte Regel). 1223 Bestätigung der endgültigen Regel, durch Papst Honorius III.

[52] AFA. Ehem. franziskanische Männer- und Frauenklöster im Bereich der Oberdeutschen oder Straßburger Franziskaner-Provinz mit Ausnahme von Bayern, hg. von d. Bayerischen Franziskaner-Provinz durch *J. Glatz*. Ulm 1 (1956)–12 (1964); *Hermann Tüchle*, Kirchengeschichte Schwabens. Bd. 1 (wie Anm. 1), 316–322; *Konrad Eubel*, Geschichte der oberdeutschen (Straßburger) Minoritenprovinz. Würzburg 1886.

[53] *N. Teeuwen/ u. a.*, Bibliographie historique de l'ordre de Saint Augustin 1945–1975, in: Augustiniana 26 (1976), 39–301; *E. Gindele*, Bibliographie zur Geschichte und Theologie des Augustiner-Eremitenordens bis zum Beginn der Reformation, in: Spätmittelalter und Reformation. Texte und Untersuchungen. Bd. 1. Berlin-New York 1977; *Adalbero Kunzelmann*, Die Geschichte der deutschen Augustiner-Eremiten. Bd. 6: Die bayerische Provinz zu Beginn der Neuzeit bis zur Säkularisation. Würzburg 1975.

[54] *J. Smet/U. Dobhan*, Die Karmeliter. Eine Geschichte der Brüder U. L. Frau vom Berge Karmel. Von den Anfängen bis zum Konzil von Trient. Freiburg/Basel/Wien 1981; *Max Heimbucher*, Die Orden und Kongregationen der katholischen Kirche. Bd. 1. Paderborn/Wien/München 3. Aufl. 1933 [ND 1980], 54–95; *H. J. Schmidt*, Karmeliter, Karmeliterinnen, in: LexMA 5 (1991), 998–1000.

[55] *Adalbert Baur*, Beiträge zur Kirchengeschichte der Stadt Rottenburg. Tl. 2: Die Klöster. in: Rottenburger JKG 3 (1984), 89–98.

[56] *Hermann Schmid*, Kurzlebige Pauliner-Klöster in Schwaben, Franken und am Oberrhein. Ein historisch-statistischer Versuch, in: ZWLG 45 (1986), 103–115; *Elmar L. Kuhn*, Die schwäbische Provinz des Paulinerordens in der frühen Neuzeit, in: *Kaspar Elm* (Hg.), Beiträge zur Geschichte des Paulinerordens. Berlin 2000, 209–280; *Sta-*

nislaw Swidzinski (Hg.), Beiträge zur Spiritualität des Paulinermönchtums. Friedrichshafen 1999.

[57] *R. Hiestand*, Ritterorden, in: LexMA 7 (1995), 878–879; *H. Boockmann*, Deutscher Orden, in: LexMA 3 (1986), 768–777; *J. Fleckenstein/ M. Hellmann* (Hgg.), Die geistlichen Ritterorden Europas. Sigmaringen 1980; 800 Jahre Deutscher Orden. Ausstellung des Germanischen Nationalmuseums Nürnberg in Zus.arb. mit der Internat. Historischen Kommission zur Erforschung des Deutschen Ordens, hg. von *G. Bott/U. Arnold*. Gütersloh/München 1990; *J. Riley-Smith*, Johanniter, in: LexMA 5 (1991), 613–616; *A. Wienand* (Hg.), Der Johanniter-Orden. Der Malteser-Orden. Köln 2. Aufl. 1977.

[58] *U. Arnold*, Kreuz und Schwert. Der deutsche Orden in Südwestdeutschland, in der Schweiz und im Elsaß. Mainau 1991; *Peter Conradin von Planta*, Adel, Deutscher Orden und Königtum im Elsaß des 13. Jhs. Frankfurt a. M. 1997.

[59] *Walter Gerd Rödel*, Das Großpriorat Deutschland des Johanniter-Ordens im Übergang vom Mittelalter zur Reformation anhand der Generalvisitationsberichte von 1494/95 und 1540/41. Köln 2. Aufl. 1972; *Winfried Hecht*, Die Johanniterkommende Rottweil. Rottweil 1971 (=Veröff des Stadtarchivs Rottweil ; 2).

[60] *Kaspar Elm/Michel Parisse* (Hgg.), Doppelklöster und andere Formen der Symbiose männlicher und weiblicher Religiosen im Mittelalter. Berlin 1992.

[61] *Maren Kuhn-Rehfus*, Zisterzienserinnen in Deutschland, in: Die Zisterzienser. Ordensleben zwischen Ideal und Wirklichkeit. Katalog der Ausstellung Aachen. Bonn 1980,125–148; *Brigitte Degler-Spengler*, Zisterzienserorden und Frauenklöster. Anmerkungen zur Forschungsproblematik, in: *Kaspar Elm* unter Mitarbeit von *Peter Joerißen* (Hg.), Die Zisterzienser. Ordensleben zwischen Ideal und Wirklichkeit. Ergänzungsbd. Köln 1982, 213–220; *Dies.*, Zahlreich wie die Sterne des Himmels«. Zisterzienser, Dominikaner und Franziskaner vor dem Problem der Inkorporation von Frauenklöstern, in: Rottenburger JKG 4 (1985), 37–50; *Dies.*, Die Zisterzienserinnen in der Schweiz [Allgemeine Einleitung], in: Helvetia Sacra III/3,2, 507–574. *F. Quarthal*, Zisterzienserklöster in Südwestdeutschland (wie Anm. 25), 15–17.

[62] *Ernst Tremp*, Chorfrauen im Schatten der Männer. Frühe Doppelklöster der Prämonstratenser in der Westschweiz – eine Spurensicherung, in: ZfschwKG 88 (1994), 79–109.

[63] *Hermann Tüchle*, Kirchengeschichte Schwabens. Bd. 1 (wie Anm. 25), 356. Zu den Augustinerinnen vgl. *Benvenut Stengele*, Die ehemaligen Augustiner-Nonnenklöster in der Diözese Constanz, in: FDA 20 (1889), 307–313.

[64] *Ders.*, Kirchengeschichte Schwabens. Bd. 2 (wie Anm. 25), 116–168; *Kurt Ruh*, Geschichte der abendländischen Mystik. Bd. 2: Frauenmystik und Franziskanische Mystik der Frühzeit. München 1993; Bd. 3: Die Mystik des deutschen Predigerordens und ihre Grundlegung durch die Hochscholastik. München 1996.

[65] Helvetia Sacra: Abt. IX, Band 2: Die Beginen und Begarden in der Schweiz, bearb. v. mehreren Autoren, red. von *Cécile Sommer-Ramer*. Basel/Frankfurt 1995; *Andreas Wilts*, Beginen im Bodenseeraum. Sigmaringen 1994.

[66] *Hermann Tüchle*, Süddeutsche Klöster vor 500 Jahren, ihr Stellung in Reich und Gesellschaft, in: BllfdtLG 109 (1973), 102–123.

[67] *Klaus Schreiner*, Benediktinische Klosterreform als zeitgebundene Auslegung der Regel, in: BWKG 86 (1986), 105–195; *Ders.*, Mönchsein in der Adelsgesellschaft des hohen und späten Mittelalters. Klösterliche Gemeinschaftsbildung zwischen Selbstbehauptung und sozialer Anpassung, in: HZ 248 (1989), 557–619.

[68] *Peter Maier*, Die Epoche der General- und Provinzialkapitel, in: *Ulrich Faust OSB/Franz Quarthal* (Hgg.), Reformverbände und Kon-

gregationen der Benediktiner im deutschen Sprachraum. St. Ottilien 1999, 195–224.

[69] *Franz Quarthal*, Die Reformation im Spiegel südwestdeutscher benediktinischer Geschichtsschreibung des 17. und 18. Jhs., in: BWKG 86 (1986), 320–355.

[70] *Walter Brandmüller* (Hg.), Handbuch der Bayerischen Kirchengeschichte. Bd. 2: Von der Glaubensspaltung bis zur Säkularisation. St. Ottilien 1993; *Hermann Tüchle*, Von der Reformation bis zur Säkularisation. Geschichte der katholischen Kirche im Raum des späteren Bistums Rottenburg-Stuttgart. Ostfildern 1981; *Wolfgang Seibrich*, Gegenreformation als Restauration. Die restaurativen Bemühungen der alten Orden im Deutschen Reich von 1580 bis 1648. Münster 1991.

[71] *Klaus Schreiner*, Mönchtum im Zeitalter des Barock – Der Beitrag der Klöster zur Kultur- und Zivilisation Südwestdeutschlands im 17. und 18. Jh., in: Barock in Baden-Württemberg. Vom Ende des Dreißigjährigen Krieges bis zur Französischen Revolution. Katalog der Ausstellung im Schloß Bruchsal 1981. Bd. 2: Aufsätze. Karlsruhe 1981, 243–264; *Rudolph Reinhardt*, Die kirchliche Barocklandschaft Oberschwabens, Voraussetzungen und Grundlagen, in: Rottenburger JKG 1 (1982) 33–46; *Bernd Roeck*, Konjunktur und Ende des süddeutschen »Klosterbarock«. Umrisse eines wirtschafts- und geistesgeschichtlichen Forschungsproblems, in: Europa im Umbruch (1750–1850), hg. v. *D. Albrecht* u. a., München 1995, 213–227; *Bernhard Schütz*, Die kirchliche Barockarchitektur in Bayern und Oberschwaben 1580–1780. München: 2000; *Johannes Brümmer*, Kunst und Herrschaftsanspruch. Abt Benedikt Knittel (1650–1732) und sein Wirken im Zisterzienserkloster Schöntal. Sigmaringen 1994.

[72] Zu den benediktinischen Reformkongregationen vgl. die Beiträge in *Ulrich Faust OSB/Franz Quarthal* (Bearb.), Reformverbände und Kongregationen der Benediktiner im deutschen Sprachraum. St. Ottilien 1999 (*Friedrich Hermann OSB*, Versuche zur Gründung einer allgemeinen deutschen Benediktinerkongregation [419–432]; *Lukas Schenker OSB*, Die Schweizer Benediktinerkongregation [433–476]; *Franz Quarthal*, Die oberschwäbische Benediktinerkongregation vom hl. Joseph [477–544]; *Walter Pötzl*, Die niederschwäbische Benediktinerkongregation vom Hl. Geist [653–674]; *Aegidius Kolb OSB*, Das Reichsstift Irsee in der niederschwäbischen Benediktinerkongregation 1699–1802, in: Das Reichsstift Irsee. Weißenhorn 1981, 76–93; *Walter Pötzl*, Neresheim in der niederschwäbischen Benediktinerkongregation, in: StMittOSB 86 (1975), 231–276; *Paulus Weißenberger*, Aus dem inneren Leben einiger Abteien der Ausgburger Benediktinerkongregation vom Hl. Geist im 16.–18 Jh., in: JVABG 13 (1979), 51- 85; *Norbert Backmund*, Monasticon Praemonstratense. Bd. 1. Berlin 2. Aufl. 1983, 41–43; Capitula Provincialia circariae Sueviae 1578–1688, pars I., ed. *E. Valvekens*; pars II. ed. *V. v. Genechten* (Analecta Praemonstr. 1-VI). 1925–1950; *Otto Beck*, Die Schwäbische Zirkarie der Prämonstratenser, in: Bad Schussenried. Geschichte einer oberschwäbischen Klosterstadt. Sigmaringen 1983, 9–28; *Ders.*, Prämonstratenser in Oberschwaben, in: *Eitel* (Hg.), Weißenau in Geschichte und Gegenwart (wie Anm. 38), 1983, 11–26; *Gabriel L. Lobendanz*, Die Entstehung der oberdeutschen Zisterzienserkongregation (1593–1625), in: Analecta Cisterciensia 37 (1981), 66–342

[73] *Konstantin Maier*, Die Diskussion um Kirche und Reform im schwäbischen Reichsprälatenkollegium zur Zeit der Aufklärung. Wiesbaden 1978; *Ders.*, Die schwäbische Landvogtei und die schwäbischen Reichsprälaten, in: Oberschwaben. Mitteilungen der Gesellschaft Oberschwaben 2, 2000/1, 16–33; *Armgard von Reden-Dohna*, Reichsstandschaft und Klosterherrschaft. Die schwäbischen Reichsprälaten im Zeitalter des Barock. Wiesbaden 1982; *Dies.*, Die Zisterzienser im schwäbischen Reichsprälatenkollegium, in: Rottenburger JKG 4 (1985), 50–58.

[74] *Konstantin Maier*, Zeitenwende. Die schwäbischen Benediktiner am Vorabend der Säkularisation (1802/03), in: Rottenburger JKG 19 (2000), 177–189; *Hartmut Zückert*, Die sozialen Grundlagen der Barockkultur in Süddeutschland. Stuttgart 1988.

[75] *Hans-Martin Maurer*, Die Ausbildung der Territorialgewalt oberschwäbischer Klöster, in: BllfdtLG 109 (1973) 125–138.

[76] *Rudolf Reinhardt*, Die Auswirkungen der nachtridentinischen Kirchenreform auf die wirtschaftliche Entwicklung der Klöster in Oberschwaben, in: BllfdtLg 109 (1973), 124–138.

[77] *Franz Quarthal*, Die Reformation im Spiegel südwestdeutscher benediktinischer Geschichtsschreibung (wie Anm. 69), 320–355; *Alois Schmid*, Die Rolle der bayerischen Klosterbibliotheken im wissenschaftlichen Leben des 17. und 18. Jhs., in: *Paul Raabe* (Hg.), Öffentliche und private Bibliotheken im 17. und 18. Jh. Bremen/Wolffenbüttel 1977, 143–186 (= Wolfenbütteler Forsch.; 2); *Johannes Duft*, Schweizer Klosterbibliotheken, in: Die Abtei St. Gallen. Bd. 3. Beiträge zum Barockzeitalter. Ausgew. Aufsätze in überarb. Fassung von *Johannes Duft*. Sigmaringen 1994, 15–29. Vgl. auch die Schilderungen süddeutscher Bibliotheken bei *Martin Gerbert*, Iter Alemannicum, accedit Italicum et Gallicum. St. Blasien (1. Aufl. 1765) 2. Aufl. 1773 (dt. Übersetzung: Des Hochwürdigsten Herrn Martin Gerberts […] Reisen durch Alemannien, Welschland und Frankreich, welche in den Jahren 1759, 1760, 1761 und 1762 angestellet worden […] aus dem Lateinischen ins Deutsche übersetzt von *J. L. K.* Ulm. Frankfurt/Leipzig 1767.

[78] *Konstantin Maier*, Der Beitrag der Benediktiner zu Wissenschaft und Bildung in Südwestdeutschland, in: *Hans Otto Mühleisen* (Hg.), Philipp Jakob Steyrer (1749–1795). Aus der Lebenswelt eines Schwarzwälder Benediktinerabtes zwischen Aufklärung und Säkularisation. Freiburg 1996, 33–55; *Ludwig Hammermayer*, Die Forschungszentren der deutschen Benediktiner und ihre Vorhaben, in: Historische Forschung im 18. Jh., hg. von *Karl Hammer/Jürgen Voss*. Bonn 1976, 122–191; *Andreas Kraus*, Wissenschaftliches Leben (1550–1800), Tl. 2: Die schwäbischen Klöster, in: Handbuch der bayerischen Geschichte. Bd. 3, 2. München 1979, 1157–1163.

[79] *Rudolf Reinhardt*, Restauration, Visitation, Inspiration. Die Reformbestrebungen in der Benediktinerabtei Weingarten von 1567 bis 1627. Stuttgart 1960; *P. Rummel*, Dillingen, ein geistiger Mittelpunkt klösterlicher Reform, in: JAVBG 15 (1981), 225–285; *Ders.*, Der Einfluß der Universität Dillingen auf die Klosterreform unter besonderer Berücksichtigung der Bistümer Augsburg und Konstanz, in: Die Universität Dillingen und ihre Nachfolger. Stationen und Aspekte einer Hochschule in Schwaben. Festschrift zum 150-jährigen Gründungsjubiläum, hg. von *Rolf Kiessling*. Dillingen 1999, 325–346.

[80] *Jean Mabillon*, Itineris Germanici descriptio, in: Vetera analecta. Nova editio. Parisiis 1723, 1–16; *Ders.* Traité des Études Monastiques, Divisé en Trois Parties […]. Paris 1691.

[81] *J. P. Ortner*, Marquard Herrgott (1694–1762). Sein Leben und Wirken als Historiker und Diplomat. Wien 1972.

[82] *Harm Klueting/ Norbert Hinske/Karl Hengst* (Hgg.), Katholische Aufklärung – Aufklärung im katholischen Deutschland. Hamburg 1993; *Konstantin Maier*, Auswirkungen der Aufklärung in den schwäbischen Klöstern, in: ZKG 86 (1975), 329–355; *Norbert Bayrle-Sick*, Katholische Aufklärung als staatsbürgerliche Erziehung. Leben und Werk des Volkserziehers Karl Aloys Nack OSB von Neresheim 1752–1828. Mit einer Reihenuntersuchung katechetischer Schriften 1668–1837. Phil. Diss. Augsburg 1994; *Franz Quarthal*, Zwiefalten zwischen Dreißigjährigem Krieg und Säkularisation. Monastisches Leben und Selbstverständnis im 6. und 7. Jh. der Abtei, in: *J. Pretsch* (Hg.), 900 Jahre Benediktinerabtei Zwiefalten. Ulm 1989, 401–430, hier 423–430; *Franz Quarthal*, Die vorderösterreichischen Klöster in

der Zeit des Josephinismus, in: *Achim Aurnhammer/Wilhelm Kühlmann* (Hgg.), Zwischen Josephinismus und Frühliberalismus. Literarisches Leben in Südbaden um 1800. Freiburg 2002, 49–98.
[83] *Franz Quarthal,* Wissenschaft und Bildung in den ostschwäbischen Reichsklöstern, in: *Wilhelm Liebhart/Ulrich Faust* (Hgg.), Suevia Sacra. Zur Geschichte der ostschwäbischen Reichsstifte im Spätmittelalter und in der Frühen Neuzeit. Pankraz Fried zum 70. Geburtstag. Sigmaringen 2001, 201–226.
[84] *Germain Barzin*, Paläste des Glaubens. Die Geschichte der Klöster vom 15. bis zum Ende des 18. Jhs. 2 Bde. München 1980; *Max Seidel*, Süddeutsches Barock. Stuttgart und Zürich 1980; *Bernhard Schütz*, Die kirchliche Barockarchitektur in Bayern und Oberschwaben 1580–1780. München 2000; *Norbert Lieb*, Vorarlberger Barockbaumeister. München 2. Aufl. 1977; *Ders.,* Johann Michael Fischer, Baumeister und Raumschöpfer im späten Barock Süddeutschlands. Regensburg 1982; *Laurentius Koch OSB*, Bau- und Raumgefüge barocker Klosteranlagen in Süddeutschland. Bemerkungen zu einer Problemstellung, in: Lech-Isar-Land 1996, 3–23; *Stefan Kummer*, Architektur und Dekoration des Zwiefalter Münsterraumes. Gesamtkunstwerk oder Ensemble, in: *Hermann Joseph Pretsch* (Hg.), 900 Jahre Benediktinerabtei Zwiefalten. Ulm 1989, 391–400; *Günter Kolb*, Barockbauten im Gebiet der Abtei Zwiefalten, in: Ebd., 311–390.
[85] *Irmingard Böhm*, Literarische Wegbereiter der Säkularisation, in: StMitt OSB 94 (1983), 518–537; *Hans Michael Körner*, Das Hochstift Würzburg. Die geistlichen Staates des Alten Reiches – Zerrbild und Wirklichkeit, in: Jahres- und Tagungsbericht der Görresgesellschaft 1992; *Uwe Scharfenecker*, Mönchtum und Ordenswesen im Spiegel der katholischen Publizistik Südwestdeutschlands vom Ende des 18. bis zur Mitte des 19. Jhs. Masch. Zul.arb. für die Theologische Hauptprüfung an der Katholisch-Theologischen Fakultät Tübingen 1988; *Peter Wende*, Die geistlichen Staaten und ihre Auflösung im Urteil des zeitgenössischen Publizistik. Lübeck 1966 (= Hist. Studien; 396); *Bonifaz Wöhrmüller* OSB, Literarische Sturmzeichen vor der Säkularisation, in: StMittOSB 45 (1927), 12–44; *H. Heyn/A. N. Gotendorf,* Bibliotheca Germanorum Erotica et Curiosa, Bd. 1–8, München 1912–1914; *Wolfgang Frühwald*, Mönch und Nonne in der Literatur des deutschen Romantik, in: Ausstellungskatalog Glanz und Ende der Klöster. Benediktbeuren/München 1991, 108–110; *Wolfgang Proß,* Mönch und Nonne in der europäischen Literatur des späten 18. und frühen 19. Jhs. Der Wandel ihres Bildes bei Denis Diderot, Matthew Lewis, Ernst Theodor Amadeus Hoffmann und Alessandro Manzoni, in: Rottenburger JKG 6 (1987), 31–42; *Olga Rietschel*, Der Mönch in der Dichtung des 18. Jhs. Phil. Diss. Leipzig 1934; *Heinz Strauss*, Der Klosterroman von Millers »Siegwart« bis zu seiner künstlerischen Höhe bei E. T. A. Hoffmann. München 1922; *Günther Theodor Wellmanns*, Studien zur deutschen Satire im Zeitalter der Aufklärung. Theorie, Stoffe, Form und Stil. Bonn 1969.
[86] *Georg Pfeilschifter*, Friedrich Nicolais Briefwechsel mit St. Blasien. München 1935, 33 (25.08.1784).
[87] *Bernhard Duhr S. J.,* Geschichte der Jesuiten in den Ländern deutscher Zunge. Bd. 1–4. Freiburg i. Br. (Bd. 4. München/Regensburg) 1907–1928; *Peter C. Hartmann,* Die Jesuiten. München 2001 (= Wissen der Beckschen Reihe ; 2171); *Karl Hengst*, Jesuiten an Universitäten und Jesuitenuniversitäten. Zur Geschichte der Universitäten in der Oberdeutschen und der Rheinischen Provinz der Gesellschaft Jesu im Zeitalter der konfessionellen Auseinandersetzungen. Paderborn 1981; *Theodor Kurrus*, Die Jesuiten an der Universität Freiburg i. Br. 1620–1773. 2 Bde. Freiburg 1963–1977.
[88] *Elisabeth Kovács* (Hg.), Katholische Kirche und Josephinismus. Wien 1979; *Eduard Winter*, Der Josephinismus. Geschichte des österreichischen Reformkatholizismus 1740–1848. Berlin 1962; *K. Vocelka*, Der »Josephinismus« in der Maria-Theresianischen Epoche. In: Österreich zur Zeit Kaiser Josephs II. Niederösterreichische Landesausstellung in Melk. Wien 1980, 148–152; *Hermann Franz*, Studien zur kirchlichen Reform Josephs II. mit besonderer Berücksichtigung des vorderösterreichischen Breisgaus. Freiburg 1908; *Fritz Geier*, Die Durchführung der kirchlichen Reformen Josephs II. im vorderösterreichischen Breisgau. Stuttgart 1905; *Rudolf Reinhardt*, Die Beziehungen von Hochstift und Diözese Konstanz zu Habsburg-Österreich in der Neuzeit. Zugleich ein Beitrag zur archivalischen Erforschung des Problems »Kirche und Staat«. Wiesbaden 1966; *Franz Quarthal*, Die vorderösterreichischen Klöster in der Zeit des Josephinismus (wie Anm. 82), 49–98.
[89] L'Alsace au coeur de l'Europe révolutionnaire. Éd. Fédération des Sociétés d'Histoire et d'Archéologie d'Alsace, à l'occasion du Bicentenaire de la Révolution Française (Revue d'Alsace 116 [1989–1990]); *Claude Muller*, Le destin du clergé séculier alsacien pendant la révolution. Bd. 5: Les Augustins dans la tourmente révolutionnaire. 1990; Bd. 6: Les Bénédictins dans la tourmente révolutionnaire, 1990; Bd. 7: Les Dominicains d'Alsace dans la tourmente révolutionnaire, 1991.
[90] *A. v. Vivenot*, Zur Geschichte des Rastadter Congresses. Urkundliche Beiträge zur Geschichte der deutschen Politik Oesterreichs während der Kriege gegen die Französische Revolution October 1797 – Juni 1799. Wien 1871; *H. Raab*, Geistige Ereignisse und historische Ereignisse im Vorfeld der Säkularisation, in: *A. Rauscher* (Hg.), Säkularisierung und Säkularisation vor 1800. Paderborn/u. a. 1976, 23ff.
[91] *Frumentius Renner*, Die benediktinische Restauration in Bayern seit 1830, in: Rottenburger JKG 6 (1987), 57–86.
[92] *Rudolf Reinhardt*, Die Bemühungen um Wiederzulassung der Benediktiner in Württemberg während des 19. Jhs., in: *Franz Quarthal*, Die Benediktinerklöster (wie Anm. 11), 734–744; *Virgil Fiala*, Die Bemühungen um Wiederzulassung der Benediktiner in Baden und Hohenzollern während des 19. Jhs., in: Ebd., 718–733; *Wolfgang Hug*, Die Klosterfrage im Großherzogtum Baden, in: Rottenburger JKG 6 (1987), 87–98; *Markus Talgner*, Die Bemühungen um Wiederzulassung und die Wiedererrichtung von Benediktinerabteien in den Diözesen Freiburg und Rottenburg, in: Ebd. 9 (1990), 119–134.
[93] *J. Becker*, Liberaler Staat und Kirche in der Ära von Reichsgründung und Kulturkampf. Geschichte und Strukturen ihres Verhältnisses in Baden 1860–1876. Mainz 1975; *J. Dorneich*, Der Kirchenkampf in Baden (1860–1876), in: FDA 94 (1974), 547–588.
[94] *Paulus Weißenberger*, Das benediktinische Mönchtum im 19. und 20. Jh. (1800–1950). Beuron 1953; *Virgil Fiala*, Ein Jh. Beuroner Geschichte, in: Beuron (1863–1963). Festschrift zum hundertjährigen Bestehen der Erzabtei St. Martin. Beuron 1963, 39–230; *Ders.,* Die besondere Ausprägung des benediktinischen Mönchtums in der Beuroner Kongregation, in: Revue bénédictine 83 (1973), 221–227; *Johanna Buschmann*, Beuroner Mönchtum. Studien zu Spiritualität, Verfassung und Lebensformen der Beuroner Benediktinerkongregation von 1863 bis 1914. Münster 1994; *St. K. Petzold*, Die Gründungs- und Entwicklungsgeschichte der Abtei Beuron im Spiegel ihrer Liturgie (1863–1908). Würzburg 1990; *St. Petzolt/B. Givens*, Die Beuroner Benediktinerkongregation, in: *Ulrich Faust/Franz Quarthal* (Hgg.), Die Reformverbände und Kongregationen (wie Anm. 72), 705–729.
[95] *Reinhold Rieger*, Begriff und Bewertung des Mönchtums bei Johann Adam Möhler (1796–1838), in: Rottenburger JKG 6 (1987), 9–30.
[96] *Relinde Meiwes*, Arbeiterinnen des Herrn. Katholische Frauenkongregationen im 19. Jh. Frankfurt a. M. 2000.

Staat und Kirche

Säkularisation und Säkularisierung von der Reformation bis 1803

von Harm Klueting

Einleitung

Am 17. Oktober 1797 schloss Frankreich in Campo Formio Frieden mit Kaiser *Franz II.* Damit endete für Österreich – Preußen hatte schon 1795 den Frieden von Basel geschlossen – der 1792 begonnene Krieg mit der Französischen Republik. Der Kaiser musste die Abtretung des linken Rheinufers von Basel bis Andernach an Frankreich zugestehen. Außerdem wurde vereinbart, dass der Herzog von Modena, der sein Land an die 1796 von Frankreich in Oberitalien etablierte »Cisalpinische Republik« verloren hatte, mit Freiburg und dem zu Österreich gehörenden Breisgau entschädigt werden sollte. Als Ersatz für den Breisgau räumte Frankreich dem Kaiser als Herrscher Österreichs u. a. das Erzstift Salzburg und damit die Säkularisation eines geistlichen Fürstentums ein.[1] In demselben Jahr 1797 veröffentlichte *Immanuel Kant* seine »Metaphysischen Anfangsgründe der Rechtslehre«. Darin schrieb er: *Die Kirche ist ein bloß auf Glauben errichtetes Institut, und, wenn die Täuschung aus dieser Meinung durch Volksaufklärung verschwunden ist, so fällt auch die darauf gegründete furchtbare Gewalt des Klerus weg, und der Staat bemächtigt sich mit vollem Rechte des angemaßten Eigentums der Kirche.*[2] Kant begründete hier das Recht des Staates, das Kirchengut zu verstaatlichen. Für ihn war die Kirche nur auf den Glauben gegründet. Wenn der Glaube durch Volksaufklärung verschwunden sei, so habe die Kirche kein Recht mehr an ihrem Eigentum. Das konnte sich auf das Eigentum an Grundstücken und Gebäuden und beweglichen Gütern beziehen, aber auch auf Herrschaftsrechte über Territorien wie das Erzstift Salz-

Immanuel Kant (1724–1804)
Porträt. Kupferstich, Johann Friedrich Bause nach Hans Veit Friedrich Schnorr von Carolsfeld, 1791.
Westfälisches Landesmuseum für Kunst und Kulturgeschichte, Porträtarchiv Diepenbroick, Münster.

burg. Wenn der Staat oder ein weltlicher Fürst das Kirchengut einzog, so handelte es sich im ersten Fall um einen Akt der *Vermögenssäkularisation*, im zweiten um einen solchen der *Herrschaftssäkularisation*.[3]

Der Königsberger Philosoph äußerte in der Sache nichts anderes als die in den Jahrzehnten nach 1760 und besonders seit 1780 verbreitete antimonastische Literatur.[4] Auch Weltgeistliche beteiligten sich an der gegen Mönchtum und Klöster gerichteten Broschürenflut und schrieben gegen die Bettelmönche, die ihnen in der Seelsorge Konkurrenz machten und so ihre Einkünfte schmälerten. Andere wandten sich gegen die grundbesitzenden Klöster, in denen sie einen »Hemmschuh« für notwendige Agrarreformen sahen. Sogar Klostergeistliche schrieben gegen das »Blend-

werk unserer klösterlichen Verfassung«.[5] Radikale Klosterkritik kam von dem ehemaligen Benediktiner *Peter Adolf Winkopp*.[6] Zu nennen sind Autoren wie *Joseph Milbiller*[7] oder Juristen wie *Joseph Valentin Eybel*[8] und *Joseph Johann Nepomuk Pehem*, aber auch Literaten wie *Johann Pezzl*,[9] der Privatbibliothekar des österreichischen Staatskanzlers *Wenzel Anton Fürst Kaunitz-Rietberg*.[10] Ein gutes Beispiel gibt *Franz Wilhelm v. Spiegel*[11], der bis 1786 Landdrost des kurkölnischen Herzogtums Westfalen gewesen war und seit 1786 als Finanzminister (Hofkammerpräsident) des Kurfürst-Erzbischofs von Köln amtierte. Schon 1781 hatte er eine antimonastische Broschüre veröffentlicht.[12] 1802 schrieb er: *Das, was bey fortschreitendem Verstande weder die Critik der reinen noch praktischen Vernunft aushält, zerfällt in sich. Das Mönchtum ist eine ägyptische Pflanze, welche dort, wo sie sich jetzt noch befindet, nicht mehr die Früchte trägt, welche ihre Anpflanzer von ihr erwarteten. Der Genius der Zeit hat sie auch ohnehin unbrauchbar gemacht.*[13] Die Polemik anderer galt nicht nur den Klöstern, sondern auch den geistlichen Fürstentümern[14] und damit der kirchlich-politischen Doppelrolle der Bischöfe als Haupt der geistlichen Hierarchie und Leiter von Diözesen sowie als Landesherren geistlicher Staaten mit weltlicher Regierungsgewalt. Die Aufhebung der Klöster und die Beseitigung der Bischofsstaaten konnte also um 1800 auch unter Katholiken mit Zustimmung rechnen.[15]

Franz Wilhelm von Spiegel zum Desenberg (1752–1815)
Domherr von Münster und Hildesheim, bis 1786 Landdrost des kurköln. Hzms. Westfalen, danach Hofkammerpräsident des Kf. von Köln. Autor antimonastischer Broschüren.
Kupferstich von C. Philippart/J. Weinreis.
Westfälisches Landesmuseum, Münster.

»Säkularisation« und »Säkularisierung«

Wahrscheinlich fiel das Wort »Säkularisation«[16] zum ersten Mal am 8. Mai 1646 auf dem Friedenskongress in Münster aus dem Munde des französischen Gesandten *Henri duc de Longueville*. Dieser soll geäußert haben, dass *einmal ex principiis der Catholischen Religion gewiß wäre, daß in ihren, der Catholischen, Mächten nicht stünde, wegen Geistlicher Güter einen solchen Vergleich zu treffen, daß dieselben der Catholischen Kirchen entzogen, und [...] secularisiret würden, es sey dann, daß der Pabst darin ausdrücklich consentirte.*[17] Diese Worte machen das Verständnis deutlich, das der Herzog v. Longueville mit »secularisatio« verband: Einziehung geistlicher Güter durch Fürsten oder Staaten und deren Verwendung zu weltlichen Zwecken. Älter ist der Begriff »Säkularisation« mit der Bedeutung der dauernden Entlassung regulierter Kleriker (Ordenspriester) in die Weltgeistlichkeit (»Säkularklerus«). Im »Codex Iuris Canonici« von 1917 (CIC 1917 Can 638) wird »Säkularisation« in diesem Sinne gebraucht.[18] Früher nahm man an, dass dieser ordensrechtliche Begriff der »Säkularisation« erst unter dem Einfluss der staats- und vermögensrechtlichen Säkularisationen nach 1789 aufgekommen sei[19] tatsächlich ist er in Frankreich schon im 16. Jh. belegt.[20] Von »Säkularisation« ist – mit Hermann Lübbe[21] u. a. – »Säkularisierung« zu unterscheiden. Beide Begriffe stehen für verschiedene, aber verwandte Erscheinungen. »Säkularisierung« meint Verweltlichung (Profanierung, Entsakralisierung, Dechristianisierung) und das, was der Soziologe *Max Weber* 1905 »Entzauberung der Welt«[22] nannte. Der Begriff »Säkularisierung« kam erst im 19. Jh. in der englischen Freidenkerbewegung (1846 »Secular Society«, »secularism«) auf und verbreitete sich als Bezeichnung und Programm kulturpolitischer Emanzipation (Antiklerikalismus, Trennung von Staat und Kirche). Doch hatte schon der Philosoph *Georg Wilhelm Friedrich Hegel* von *Verweltlichung* gesprochen, was der evangelische Theologe *Richard Rothe* als »Säkularisierung« wiedergab. Neuerdings werden Zweifel an der Kategorie der Säkularisierung geäußert und deren Ersetzung oder Ergänzung durch »Dechristianisierung« vorgeschlagen.[23] Dahinter steht die Einsicht, dass Säkularisierung vielfach durch Resakralisierung oder Rechristianisierung durchkreuzt wird, und die Erfahrung, dass Entkirchlichung nicht Entchristlichung und Entchristlichung nicht den Verlust jeglicher religiöser Wertorientierung bedeuten muss. Doch wird dieser Sicht von denen widersprochen, die darauf hinweisen, dass der Zulauf zu neuen religiösen Bewegungen und »Pseudoreligionen« nur einen Bruchteil des Ausmaßes der Entkirchlichung erreiche.[24]

Nicht den Begriff, aber die Sache Säkularisierung gab es schon lange vor dem 19. Jh. In gewisser Hinsicht war der christliche Glaube gegenüber dem antiken, altorientalischen oder germanischen Pantheismus »Entgötterung der Welt durch Gott«.[25] Das spätere Mittelalter kannte mit dem lateinischen Averroismus und mit dem Nominalismus, der den Gegensatz von Glauben und Vernunft betonte und Kirche und Staat als voneinander getrennte Gebilde unterschied, in Theologie und Philosophie säkularisierende Elemente. Das Welt- und Menschenbild der Renaissance und des Humanismus war Ausdruck einer säkular-anthropozentrischen Weltsicht, auch wenn heute das christliche Element in der Renaissance stärker als das antik-pagane und das bibelhumanistische im Humanismus deutlicher gesehen werden als noch vor einigen Jahrzehnten.[26] Die »Scientific Revolution«[27] der Entstehung der modernen Naturwissenschaft zwischen *Nikolaus Kopernikus*, *Galileo Galilei* und *Isaac Newton* und der »Prozeß der theoretischen Neugierde«[28] brachten die Legitimation der »curiositas« (Neugierde) und die Emanzipation der Naturerkenntnis von der Theologie.[29] War das die Hauptursache der Aufklärung[30], so war die Aufklärung Teil des Prozesses der Säkularisierung, den man mit Max Weber auch im Zusammenhang mit dem abendländischen Rationalisierungsprozess[31] sehen kann.

Säkularisationen der Reformationszeit und des Konfessionellen Zeitalters (16. Jh.–1648)

Auch die Sache, für die man 1646 die Bezeichnung »Säkularisation« fand, war zur Zeit des Westfälischen Friedens nicht mehr neu. Im 8. Jh. verwandte *Karl Martell* Kirchengut zugunsten der fränkischen Heeresreform. Das war Säkularisation[32], auch wenn die entfremdeten Kirchengüter auf dem Concilium Germanicum, wohl 743, restituiert werden sollten, wozu es aber nicht oder nur teilweise kam.[33] 1307 wurde im Frankreich *Philipps IV.* der Templerorden der Häresie bezichtigt und 1312 von Papst *Clemens V.* aufgehoben.[34] Seine Besitzungen fielen in Frankreich an die Krone, wurden also säkularisiert, während sie sonst zumeist auf den Johanniterorden übergingen.[35] Schon im 14. Jh. vertraten *John Wiclif*, *Pierre Dubois*, *Wilhelm von Ockham*, *Marsilius von Padua* und im 15. Jh. *Nikolaus Cusanus* Säkularisationsideen. In Deutschland forderte die *Reformatio Sigismundi* 1439 Säkularisationen zur Kirchen- und Reichsreform.[36]

Dennoch kam es erst in der Reformationszeit und im Konfessionellen Zeitalter zu weitreichenden Herrschafts- und Vermögenssäkularisationen. Dabei ist

Ehienach volget die Reformacion/So d aller durch-
leüchtigist groß mechtigist fürst vn̄ herr / herr Sigmūd
Römischer Keyser zu alle zeite merer des reychs zu Vn-
gern vn̄ Beheim. ⁊c. Künig/ In de nächste Cōcilien zu
Basel/ die heilig criftlich kirche in beständige ordnung
zu bringē fürgenom̄ hett/ darüb dan̄ dz vmelt cōciliū d
zeyt angesehē/ Vn̄ darzū Babst/Keyser all geiftlich vn̄
weltlich/Kürfürstē/fürstē Grafen/freye/herrē/Ritt
vn̄ Stett berüfft wurde ⁊c·wie die selb reformaciō vō
wort zu wortē eigēlicher hienach volget · Anfahen̄ de

L mechtiger got schöpffer hym-
els vnd des erdtreychs/gib krafft
vnd thū genad/gib weißheyt zu
volbringen nach der aller seligste
ordnung zu haben geiftlichs vnd
weltlichs ftandes in der dein hey-
liger name vn̄ got hey⁊ kennet werd/wan̄ dein zorn
ist offen̄ d ein vngenad hat vns begriffen/wir geen als
d ie schoff on eynen hyrten · O herre wir geen in dein
wayde on vrlaub·Gehorsamkeyt ist tod/gerechtikeyt
leydet not/nicht stett in seiner rechtē ordnung· Deulat
ab ordine totū quod mouetur/labitur exoritur viribus
doletur · Hirumb vnderzeücht vns got sein genad vnd
pillich wann wir übersehen seine gepot· wan̄ was er
gepoten hat das wirt leichtigklich gehalten on alle ge-
rechtikeyt· Aber eins sol man wissen dz es mit mer wol
geen mag man habe dan̄ ein rechte ordnung des geist

Reformatio Sigismundi
*Ausschnitt aus der Druckfassung der Reformation Kaiser Sigismunds,
die schon 1439 Säkularisationen forderte.*

zwischen Herrschaftssäkularisationen zu unterscheiden, die von weltlichen Fürsten zur Vergrößerung ihres Territoriums vorgenommen wurden, oder die ein
geistlicher Fürst zu seinen eigenen Gunsten durchführte oder beabsichtigte. Der erste Fall lag vor, als
Kaiser *Karl V.* 1528 das Hochstift Utrecht säkularisierte und seinem niederländischen Territorialbesitz
zuschlug, was Papst *Clemens VII.* 1529 bestätigte. Der
Utrechter Bischof, *Heinrich v. der Pfalz,* erhielt für
den Verzicht auf seine Landesherrschaft eine Pension.[37]
1533 gab es Bestrebungen des Kaisers, den Bischof von
Münster, *Franz v. Waldeck,* und den Erzbischof von
Bremen und Bischof von Verden, *Christoph von
Braunschweig-Wolfenbüttel,* gegen Pensionszahlun-
gen zur Übertragung ihrer Hoch- bzw. Erzstifte auf
Karl V. zu bewegen.[38] Der zweite Fall begegnet mit der

Säkularisation des Ordensstaates Preußen (Ostpreu-
ßen) durch den Hochmeister des Deutschen Ordens,
Albrecht v. Brandenburg-Ansbach, einen geistlichen
Fürsten, der die Reformation einführte, das Ordens-
land 1525 säkularisierte und in das weltliche Herzogtum Preußen unter ihm als Herzog umwandelte.[39]
Franz v. Waldeck[40], Bischof von Osnabrück, Münster
und Minden, führte 1543 im Hochstift Osnabrück und
in Teilen des Hochstifts Münster ein evangelisches
Kirchenwesen ein. Dabei spielte der Wunsch eine Rolle, öffentlich eine Ehe einzugehen und durch die Säkularisation seiner Hochstifte »seinen Nachkommen ein
erbliches Fürstentum zu schaffen«.[41] Der Ausgang des
Schmalkaldischen Kriegs machte solche Pläne zunichte.[42] Während der Reformationsversuch des Kölner
Erzbischofs *Hermann v. Wied* von 1542 anders zu bewerten ist[43], verfolgte auch der Kölner Erzbischof
Gebhard Truchseß v. Waldburg, zumindest nach eigenem Bekunden, keine Säkularisationsabsichten, als er
1582 eine Ehe schloss, seinen Übertritt ins evangelische
Lager vollzog und in seinen Territorien die Wahl der
Konfession freistellte.[44] Wo die Reformation in geist-
lichen Territorien Erfolg hatte, bildeten oft geistliche
Sekundogenituren (geistliche Nebenlinien regierender
Fürstenhäuser) Vorstufen der Säkularisation. Das betraf die schon im 15. Jh. faktisch zu »Landesbistümern«
gewordenen mittel- und ostdeutschen Bistümer Havelberg, Lebus, Brandenburg, Meißen, Merseburg und
Naumburg-Zeitz, von denen Naumburg-Zeitz 1564,
Merseburg 1565 und Meißen 1581 säkularisiert und
dem Kurfürstentum Sachsen angeschlossen wurden.
Dasselbe geschah 1571 mit Havelberg und 1598 mit
Brandenburg und mit Lebus an der Oder, deren Hoch-
stiftsgebiete Teil des Kurfürstentums Brandenburg
wurden.[45] Ähnlich wirkten Administrationen evangelischer Bistumsadministratoren fürstlichen Ranges in
den Erzstiften Magdeburg und Bremen und im Hochstift Verden.[46] Von den evangelisch gewordenen Hochstiften blieb nur Lübeck bis 1803 als evangelisches
geistliches Territorium bestehen.[47] Die zum Reich gehörenden Bistümer Metz, Toul und Verdun wurden
1552 von Frankreich annektiert, was der Westfälische
Frieden 1648 bestätigte.[48]
In protestantischen Territorien wurden zahlreiche
Klöster aufgehoben. Das eingezogene Kirchengut
fand oft für die Besoldung evangelischer Pfarrer und

für das Schulwesen, für Universitätsdotierung wie im Falle der 1527 gegründeten Universität Marburg und für Einrichtungen der Armen- und Krankenpflege Verwendung und blieb häufig als staatliches Sondervermögen erhalten, wurde also nicht, wie zumeist bei den Säkularisationen von 1803, dem allgemeinen Staatsfiskus bzw. der fürstlichen Hofkammer zugeschlagen. Aus solchen Sonderfonds entstanden die Hannoversche Klosterkammer[49], der Braunschweigische Vereinigte Kloster- und Studienfonds, die Heidelberger Administration[50] oder die Kirchenschaffnei Zweibrücken.[51] Auf die Klosteraufhebungspolitik des

16. Jhs.[52] gehen nicht nur die in Niedersachsen bis heute bestehenden evangelischen Damenstifte zurück, sondern auch die in aufgehobenen Klöstern eingerichteten hessischen Landhospitäler[53] Haina[54], Merxhausen und Gronau[55] und die evangelischen Klosterschulen in Württemberg, von denen Blaubeuren und Maulbronn in dieser Funktion noch heute bestehen. Beträchtliche Teile des Klostergutes wurden aber auch den fürstlichen Domänen einverleibt oder flossen in die Hof- und Landesverwaltung. Es hängt von der Größenordnung dieses für eindeutig weltliche Zwecke verwendeten Teils des Klostergutes und von

Gebhard II. Truchsess von Waldburg (*1547, 1577–1583, † 1601)
Sagte sich 1577 vom Papsttum los und propagierte die Gleichberechtigung der Konfessionen. Als er am 2.2.1583 die Stiftsdame Agnes von Mansfeld heiratete, wurde er seines Amtes enthoben und exkommuniziert. Nach der Niederlage im Kölner Krieg zog er sich als prot. Domherr nach Straßburg zurück.
Fürstlich Waldburg-Wolfegg'sche Kunstsammlungen Schloss Wolfegg.

69

der Beurteilung des *geistlichen* oder *weltlichen* Charakters von Schulwesen und Armenpflege in protestantischen Territorien des 16. Jhs. ab, ob die Einziehung des Klostergutes durch evangelische Fürsten als bloße Umwidmung[56] oder als Säkularisation zu beurteilen ist.[57]

Säkularisationen des Westfälischen Friedens 1648

Mit dem Westfälischen Frieden fielen die Hochstifte Halberstadt, Minden und Kammin und das Erzstift Magdeburg als weltliche Fürstentümer an den Kurfürsten von Brandenburg, was im Falle Magdeburgs aber erst 1680, nach dem Tod des letzten evangelischen Bistumsadministrators *August v. Sachsen*, realisiert wurde. Schweden erhielt als weltliche Herzogtümer das Erzstift Bremen und das Hochstift Verden. Die Hochstifte Schwerin und Ratzeburg kamen an den Herzog von Mecklenburg-Schwerin, die Abtei Hersfeld an Hessen-Kassel und die Abtei Walkenried an Braunschweig-Lüneburg. Das durch den Westfälischen Frieden eingeführte Alternat im Hochstift Osnabrück, mit dem auf dem Osnabrücker Bischofsstuhl von da an bis 1803 jeweils auf einen katholischen Bischof ein evangelischer Welfenprinz und auf diesen wieder ein katholischer Bischof folgte, kam einer halben Säkularisation gleich. Die Normaljahrsregelung schrieb die konfessionellen Verhältnisse mit dem Zustand vom 1. Januar 1624 fest. Damit konnten die protestantischen Fürsten eingezogenes Kirchengut behalten, soweit es 1624 in ihrem Besitz gewesen war. Die Normaljahrsregelung bestätigte so die im 16. Jh. erfolgten Herrschaftssäkularisationen, bedeutete aber auch eine Art Rechtsschutz vor künftigen Säkularisationen für diejenigen geistlichen Territorien, die am Stichtag 1624 in katholischem Besitz gewesen waren. Die Normaljahrsregelung stand den Herrschaftssäkularisationen des Westfälischen Friedens nicht entgegen, weil fast immer geltend gemacht werden konnte, dass die betreffenden Hochstifte 1624 in der Hand evangelischer Administratoren gewesen waren. Schwierigkeiten bereitete dabei nur Osnabrück.[58]
Die Hochstiftssäkularisationen von 1648 waren die ersten, die mit der Entschädigung für Gebietsverluste

begründet wurden. So erhielt der Kurfürst von Brandenburg die ihm zugesprochenen geistlichen Territorien als Entschädigung für den Verzicht auf Vorpommern zugunsten Schwedens. Damit führte der Westfälische Frieden den Gedanken der Entschädigung für Gebietsverluste durch Säkularisation in das »Ius Publicum Europeum« ein, der im Friedensvertrag von Lunéville vom 9. Februar 1801 wiederkehrte[59], was die Grundlage des Reichsdeputationshauptschlusses (RDH) von 1803 wurde.

Säkularisationsprojekte der zweiten Hälfte des 17. und des 18. Jahrhunderts

1666 schlug *Ernst v. Hessen-Rheinfels* die Säkularisation der Erzstifte Köln, Mainz und Trier zugunsten

Säkularisationspläne Friedrichs d. Gr.
Der Preußenkönig hatte vorgeschlagen, den wittelsbachischen Kaiser Karl VII. (*1697, 1742–45) als Gegengewicht zu Habsburg mit einer Hausmacht aus säkularisierten Bistümern auszustatten.
Jugendbildnis Friedrichs II. (*1712, 1740–1786). Öl auf Lw. WLM Stuttgart.

des Landgrafen v. Hessen-Kassel, des Kurfürsten v. Sachsen und des Herzogs v. Württemberg vor, um diese protestantischen Fürsten einer Wiedervereinigung mit der katholischen Kirche geneigt zu machen.[60] Reunionspläne, Konversionsabsichten und Säkularisationsprojekte standen hinter den Bestrebungen von Fürsten wie *Karl Ludwig von der Pfalz, Ernst August von Braunschweig-Lüneburg, Johann Friedrich von Braunschweig-Calenberg* und *Anton Ulrich von Braunschweig-Wolfenbüttel*.[61] Bald konnten protestantische Fürsten auch ohne Konversionsangebot Säkularisationspläne verfolgen, so Landgraf *Wilhelm VIII. v. Hessen-Kassel* 1744 bezogen auf das Hochstift Paderborn, die Reichsabteien Fulda und Corvey und die kurmainzischen Ämter in Hessen.[62] Im späteren 17. und 18. Jh. wurden die Hochstifte zur Dispositionsmasse der Fürstenhäuser. Das galt auch für katholische Fürsten, vor allem für die bayerischen Wittelsbacher[63], aber auch für die pfälzischen Wittelsbacher, das Haus Lothringen[64] und das Kurhaus Sachsen.[65] »Die im Dienst der großen fürstlichen Territorialpolitik bis hin zur Quasi-Erblichkeit der Bistümer ausgedehnten Koadjutorien[66] und Kumulationen sind das katholische Gegenstück zur den Säkularisierungen [so!] im protestantischen Bereich«.[67] 1742 dachte König *Friedrich II. von Preußen* daran, die Hausmacht des wittelsbachischen Kaisers *Karl VII.* durch Säkularisation der Hochstifte Eichstätt, Freising, Regensburg und Augsburg und des Erzstiftes Salzburg zu vergrößern.[68] Zu Beginn des Siebenjährigen Krieges wollte er, im Falle eines Kriegseintritts des Kölner Kurfürst-Erzbischofs *Clemens August v. Bayern* an der Seite Österreichs, die Hochstifte Osnabrück, Paderborn und womöglich auch Münster – überall war Clemens August Bischof – zugunsten des mit ihm verbündeten Kurfürsten von Hannover, der zugleich König von Großbritannien war, säkularisieren.[69]

Klosteraufhebungen der letzten drei Jahrzehnte vor 1803

Die Aufhebung des Jesuitenordens durch Papst *Clemens XIV.* 1773 führte zur Einziehung des Jesuitenvermögens durch die jeweiligen Staaten.[70] In den verschiedenen Ländern der österreichischen Monarchie[71]

wurden unter Kaiser *Joseph II.* zwischen 1782 und 1787 700 bis 800 Klöster aufgehoben. Die Erlöse aus dem Verkauf der Klosterbesitzungen flossen in einen staatlichen Religionsfonds, aus dem auch die Pensionen für die Exkonventualen gezahlt wurden.[72] Im Frankreich der Revolution[73] erklärte die »Assemblée nationale constituante« am 2. November 1789 das gesamte Kirchengut zum Besitz der Nation. Das galt auch für die Pfarrgüter, die in der österreichischen Monarchie ebenso von der Säkularisation ausgenommen waren wie in Deutschland unter dem RDH. Am 19. Dezember 1789 beschloss die Nationalversammlung den Verkauf der »Nationalgüter«, also des säkularisierten Kirchengutes. Aus dem Verkaufserlös sollten die Staatsschulden getilgt werden.[74] 1781 wurden in Mainz drei Klöster zugunsten des Mainzer Univer-

Kaiser Joseph II.
Die große Säkularisation des Sohnes der Maria Theresia in seinen österreichischen Erblanden erregte großes Aufsehen, da der Kaiser traditionell als Schutzherr der geistlichen Institutionen galt.

sitätsfonds aufgehoben[75], während in Münster 1774 das Überwasser-Stift säkularisiert und neben dem säkularisierten Jesuitengut zur Dotierung der 1780 gegründeten Universität verwendet wurde.[76] Unabhängig von der Zustimmung des Papstes handelte es sich dabei um Säkularisationen, die geistliche Fürsten mit der weltlich-landesherrlichen Seite ihrer »persona duplex« durchführten. Hingegen handelte es sich bei der Transformation von Reichsabteien in Bistümer wie 1752 in Fulda und 1792/94 in Corvey um Säkularisationen im Sinne des Ordensrechtes.[77] 1787 räumte *Pius VI.* dem Kurfürsten *Karl Theodor v. Bayern* die Besteuerung des Klerus auf zehn Jahre ein. 1798 gestattete er ihm, die bayerischen Klöster mit 15 Millionen fl. zu belasten oder ein Siebtel ihres Vermögens einzuziehen. Ein Drittel dieser Summe wurde den Klöstern noch unter Karl Theodor (gest. 1799) abgenommen.[78] Schon vorher hatte der künftige leitende Minister von Karl Theodors Nachfolger, *Maximilian Joseph v. Montgelas*, die Grundzüge der späteren bayerischen Säkularisationspolitik konzipiert, und zwar in Denkschriften von 1789 und 1796.[79]

Am 15. Juli 1801 schloss *Napoleon* mit Papst *Pius VII.* ein Konkordat. Zuvor hatte die Konsulatsverfassung von 1799 die Unwiderrufbarkeit der Nationalgüterverkäufe festgelegt. Nachdem der Papst in Art. 13 des Konkordats die Kirchengut- bzw. Nationalgüterverkäufe in Frankreich sanktioniert hatte[80], wurden in den seit dem Frieden von Lunéville zu Frankreich gehörenden vier linksrheinischen Departements um Aachen, Köln, Koblenz, Trier und Mainz am 9. Juni 1802 die Klöster und andere geistliche Institute aufgehoben und sämtliche Vermögenswerte dem französischen Staat übertragen. 1803 begannen die Verkäufe des auch hier zu Nationalgütern erklärten Klostergutes.[81] Anders als im Frankreich von 1789 waren in den vier linksrheinischen Departements, wie im rechtsrheinischen Geltungsbereich des RDHs, die Pfarrgüter von der Säkularisation ausgenommen.

Das »volle Recht« des Staates am »angemaßten Eigentum der Kirche«

Der RDH[82] bildete 1803 die Rechtsgrundlage für die Herrschaftssäkularisation der geistlichen Territorien

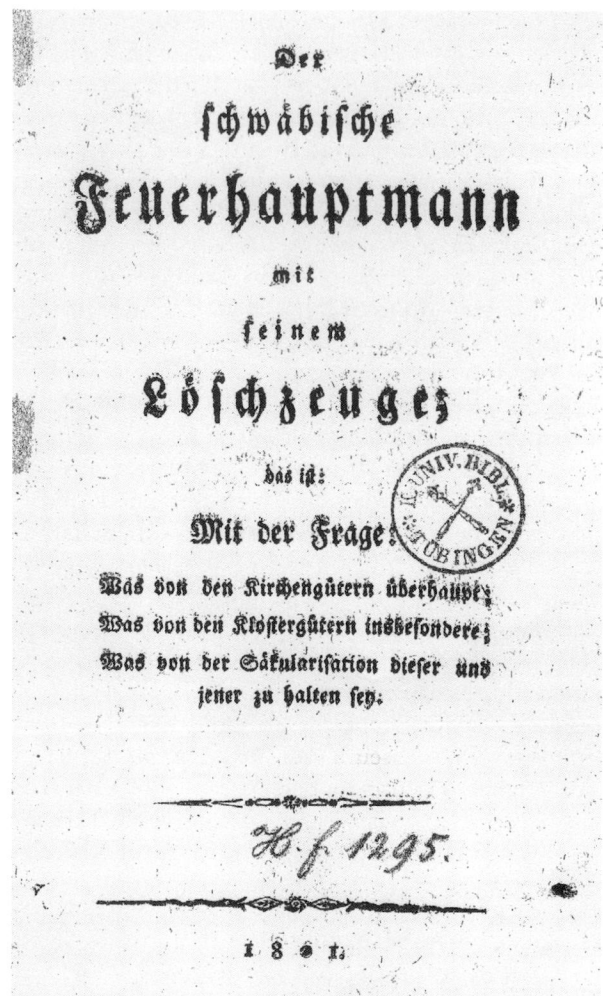

Populäre monastische Verteidigungsschrift
Die Schrift hebt die geschichtlichen Verdienste von Mönchtum und Reichskirche heraus. Der anonyme Autor, der »Schwäbische Feuerhauptmann«, versteht sich als Retter der in Brand (Säkularisationsbestrebungen!) stehenden monastischen und reichskirchlichen Welt. Druck 1801.
Universitätsbibliothek Tübingen.

und stellte zudem in Art. 35 allen Fürsten in ihren sämtlichen Gebieten die Klosteraufhebung und Vermögenssäkularisation frei.[83] Im 16. Jh. gab es keine zur Säkularisation berechtigende reichsrechtliche Regelung, sondern nur nachträgliche Sanktionierungen bereits erfolgter Kirchenguteinziehungen, und zwar zuerst durch den Reichsabschied von Speyer von 1544, der den protestantischen Fürsten die dauernde Überlassung des eingezogenen Kirchengutes zusprach. Daran knüpften der Passauer Vertrag von 1552 und der Augsburger Religionsfrieden von 1555 an.

Rechtlich und theologisch unterlag die Einziehung von Kirchengut im 16. Jh. auch auf protestantischer Seite schwere Bedenken. *Martin Luther* äußerte sich in der Vorrede zur *Leisniger Kastenordnung* von 1523[84], ferner in seinem Briefwechsel mit dem Kurfürsten von Sachsen von 1526[85], *Martin Bucer* in seiner Abhandlung *Von Kirchengütern* von 1540.[86] Der Grundgedanke, wie ihn 1527 der Marburger Jurist *Johannes Eisermann* formulierte[87], war, dass die geistlichen Güter als Almosen für die Armen gestiftet, aber von der Kirche des Papsttums zweckentfremdet worden seien. Die Fürsten sollten das Klostergut wieder den Armen zuwenden. Weiter ging *Philipp Melanchthon*. Er sah 1537 die Verwaltung des Klostergutes durch die Fürsten und dessen Verwendung für Schulwesen und Armenpflege vor, doch machte er den Fürsten ein Zugeständnis: *Ist nun etwas übrig, so mögen auch die Obrigkeiten selbst, als Patroni, dasselbige mit genießen.*[88] Noch weiter ging die seit dem 16. Jh. entwickelte protestantische Kirchenrechtslehre, die im 17. Jh. das Kirchenregiment der Fürsten als ein ihnen ursprünglich zustehendes Fürstenrecht verstand.

Dieser vor allem von *Theodor Reinkingk* vertretene *Territorialismus* war keine *protestantische* Kirchenrechtstheorie mehr, sondern eine »rein säkulare, staatskirchenrechtliche Lehre«[89], die sich auch katholischen Fürsten anbot. Das galt erst recht für den »rationalen Territorialismus« des 18. Jh. mit *Christian Thomasius* als Hauptvertreter[90], der bei Kaunitz und bei anderen Katholiken rezipiert wurde[91] und – gemäß dem Satz: *Quidquid est in territorio, etiam est de territorio*[92] *(Was im Territorium liegt, das gehört auch zum Territorium)* – geeignet war, den Fürsten »die volle Verfügungsgewalt über das Kirchengut«[93] zuzusprechen. Damit verband sich die Kirchenrechtstheorie des rationalen Territorialismus mit der Rechtslehre Kants und seiner Vorstellung vom »vollen Recht« des Staates am *angemaßten Eigentum der Kirche.*

Zwar gab der RDH das Recht zur Säkularisation. Aber war der RDH – modern gesprochen – verfassungsgemäß? Tatsächlich verstieß er gegen den Westfälischen Frieden. Darüber waren sich die Juristen der kurfürstlich mainzischen Kanzlei zu Regensburg klar, die vor der Ratifikation des RDHs am 24. März 1803 ein Reichsgutachten zu erstatten hatten. Doch stellten sie entschuldigend fest, der RDH sei *das einzige Mittel, den für das Wohl des gesamten deutschen Vaterlandes und die Erhaltung des Reichsverbandes selbst so nothwendigen Ruhestand zu bef*estigen.[94]

[1] *Rudolfine Freiin von Oer* (Hg.), Die Säkularisation 1803. Vorbereitung – Diskussion – Durchführung. Göttingen 1970, Nr. 4.
[2] *Immanuel Kant*, Die Metaphysik der Sitten in zwey Theilen. Tl. 1: Metaphysische Anfangsgründe der Rechtslehre. Königsberg 1797. Zit. nach *Wilhelm Weischedel* (Hg.), Immanuel Kant, Werke. Bd. 4. Wiesbaden 1956, 494.
[3] *Ernst Rudolf Huber*, Deutsche Verfassungsgeschichte seit 1789. Bd. 1. Stuttgart ND der 2. Aufl. 1975, 52.
[4] *Hans-Wolf Jäger*, Mönchskritik und Klostersatire in der deutschen Spätaufklärung, in: *Harm Klueting* (Hg.), Katholische Aufklärung – Aufklärung im katholischen Deutschland. Hamburg 1993, 192–207; *Irmingard Böhm*, Literarische Wegbereiter der Säkularisation, in: StMittOSB 94 (1983), 518–537; *Bonifaz Wöhrmüller*, Literarische Sturmzeichen vor der Säkularisation, in: StMittOSB NF 14 (1927), 12–44; allg. *Heribert Raab*, Geistige Entwicklungen und historische Ereignisse im Vorfeld der Säkularisation, in: *Anton Rauscher* (Hg.), Säkularisierung und Säkularisation vor 1800. Paderborn 1976, 9–41.
[5] So 1788 der Prämonstratenser *Friedrich Georg Pape*, s. *Harm Klueting*, Die Säkularisation im Herzogtum Westfalen 1802–1834. Vorbereitung, Vollzug und wirtschaftlich-soziale Auswirkungen der Klosteraufhebung. Köln/Wien 1980, 64f.

[6] *Fritz Valjavec*, Die Entstehung der politischen Strömungen in Deutschland 1770–1815. München 1951 (ND. Düsseldorf 1978), 113–118.
[7] *Dorette Hildebrand*, Das kulturelle Leben Bayerns im letzten Viertel des 18. Jhs. im Spiegel von drei bayerischen Zeitschriften. Der Zuschauer in Baiern, Annalen der Baierischen Litteratur, Oberdeutsche Allgemeine Litteraturzeitung. München 1971, 27–39.
[8] *Manfred Brandl*, Der Kanonist Joseph Valentin Eybel 1741–1805. Sein Beitrag zur Aufklärung in Österreich. Eine Studie in Ideologie. Steyr 1976.
[9] *Gustav Gugitz*, Johann Pezzl, in: Jb. der Grillparzer-Ges. 16 (1906), 164–217; *Hans Grassl*, Aufbruch zur Romantik. Bayerns Beitrag zur deutschen Geistesgeschichte 1765–1785. München 1968, 242–245.
[10] *Harm Klueting*, »Der Genius der Zeit hat sie unbrauchbar gemacht«. Zum Thema Katholische Aufklärung – Oder: Aufklärung und Katholizismus im Deutschland des 18. Jhs. Eine Einleitung, in: *Ders.* (Hg.), Katholische Aufklärung (wie Anm. 4), 1–35, hier 26–29.
[11] *Rudolfine Freiin von Oer*, Franz Wilhelm von Spiegel zum Desenberg und die Aufklärung in den Territorien des Kurfürsten von Köln, in: *Klueting* (Hg.), Katholische Aufklärung (wie Anm. 4), 47–68.
[12] [*Franz Wilhelm von Spiegel*,] Das Grab der Bettelmönche. [Ulm] 1781.

[13] *Harm Klueting*, Franz Wilhelm von Spiegel und sein Säkularisationsplan für die Klöster des Herzogtums Westfalen, in: Westfälische Zs. 131/132 (1981/82), 47–68, Zitat 53.

[14] *Peter Wende*, Die geistlichen Staaten und ihre Auflösung im Urteil der zeitgenössischen Publizistik. Lübeck/Hamburg 1966.

[15] *Hans Müller*, Säkularisation und Öffentlichkeit am Beispiel Westfalen. Münster 1971.

[16] *Hans-Otto Binder*, Art. Säkularisation, in: Theol. Realenzyklopädie 29 (1998), 597–602.

[17] *Johann Gottfried von Meiern*, Acta Pacis Westphalicae publica. Bd. 2. Hannover 1734, 636f.

[18] Der Codex Iuris Canonici von 1984 kennt ebenfalls den Säkularisationsindult (indultum saecularizationis), CIC Can 684 § 2.

[19] *Willibald Maria Plöchl*, Geschichte des Kirchenrechts. Bd. 3. Wien/München 1959, 542.

[20] *Hans-Wolfgang Strätz*, Wegweiser zur Säkularisation in der kanonistischen Literatur, in: *Rauscher* (Hg.), Säkularisierung (wie Anm. 4), 43–67; *Ders.*, Säkularisation, Säkularisierung II, in: Geschichtliche Grundbegriffe 5 (1984), 792–809.

[21] *Hermann Lübbe*, Säkularisierung. Geschichte eines ideenpolitischen Begriffs. Freiburg/München 2. Aufl. 1973.

[22] *Max Weber*, Die protestantische Ethik und der Geist des Kapitalismus [1905], in: *Ders.*, Gesammelte Aufsätze zur Religionssoziologie. Bd. 1. Tübingen 1988, 17–236, Zitat 114.

[23] *Hartmut Lehmann* (Hg.), Säkularisierung, Dechristianisierung, Rechristianisierung im neuzeitlichen Europa. Göttingen 1997; *Ders.*, Dechristianisierung, Säkularisierung und Rechristianisierung im neuzeitlichen Europa, in: *Ders.*, Religion und Religiosität in der Neuzeit. Historische Beiträge. Göttingen 1996, 278–285; *Ders.*, Protestantisches Christentum im Prozeß der Säkularisierung. Göttingen 2001.

[24] *Detlef Pollack*, Entzauberung oder Wiederverzauberung der Welt? Die Säkularisierungsthese auf dem Prüfstand, in: *Eckhart von Vietinghoff/Hans May* (Hg.), Zeitenwende – Wendezeiten. Hannover 1998, 125–150. Siehe zur Gesamtthematik auch *Heinz-Horst Schrey* (Hg.), Säkularisierung. Darmstadt 1981; *Luigi Lombardi Vallauri / Gerhard Dilcher* (Hg.), Christentum, Säkularisation und modernes Recht. 2 Bde. Milano/Baden Baden 1981.

[25] So der – in anderem Zusammenhang formulierte – Gedanke bei *Carl Friedrich von Weizsäcker*, Die Tragweite der Wissenschaft. Bd. 1. Stuttgart 6. Aufl. 1990 [zuerst 1964].

[26] *Paul Oskar Kristeller*, Humanismus und Renaissance. 2 Bde. München 1974–76. – Auf weitere Lit.-hinweise muss hier verzichtet werden.

[27] *Peter M. Harman*, The Scientific Revolution. London/New York 1983; *Alfred Rupert Hall*, The Revolution in Science, 1500–1750. London/New York 1983. – Die Fülle der Literatur zu diesem Thema kann hier nicht ausgebreitet werden.

[28] *Hans Blumenberg*, Die Legitimität der Neuzeit. Frankfurt am Main 2. Aufl. 1977, Tl. 3.

[29] Mit Literaturhinweisen – auch zur Physikotheologie des 17./18. Jhs. – *Harm Klueting*, Von der ›Göttlichen Ordnung‹ zur ›Entgötterung‹ der Welt durch Gott‹: fides und curiositas in der Begegnung von Glaube und Wissen in der Neuzeit, in: Schöpfungsglaube – von der Bioethik herausgefordert. Erlangen 2001, 69–117.

[30] Hier muss der Hinweis genügen auf *Werner Scheiders*, Die wahre Aufklärung. Zum Selbstverständnis der deutschen Aufklärung. Freiburg 1974; *Horst Möller*, Vernunft und Kritik. Deutsche Aufklärung im 17. und 18. Jh. Frankfurt am Main 1986; *Winfried Müller*, Die Aufklärung. München 2002.

[31] *Wolfgang Schluchter*, Die Entwicklung des okzidentalen Rationalismus. Eine Analyse von Max Webers Gesellschaftsgeschichte. Tübingen 1979.

[32] *Rudolf Schieffer*, Art. Karl Martell, in: LexMA 5 (1991), 954–956, hier 955, behauptet ohne Begründung, diese Maßnahmen würden »oft unzutreffend als ›Säkularisationen‹« bezeichnet.

[33] *Hans K. Schulze*, Vom Reich der Franken zum Land der Deutschen. Merowinger und Karolinger. Berlin 1987, 125.

[34] *Alain Demurger*, Art. Templerprozeß, in: LexMA 8 (1997), 537–539.

[35] *Alain Demurger*, Art. Templer, in: LexMA 8 (1997), 534–537, hier 537, nennt nur die Johanniter. S. jedoch noch immer *Robert Holtzmann*, Französische Verfassungsgeschichte von der Mitte des 9. Jhs. bis zum Ausbruch der Revolution. München/Berlin 1910, 258f.

[36] *Heinrich Koller*, Art. Reformatio Sigismundi, in: LexMA 7 (1995), 550f.; *Eike Wolgast*, Hochstift und Reformation. Studien zur Geschichte der Reichskirche zwischen 1517 und 1648. Stuttgart 1995, 57; *Lothar Graf zu Dohna*, Reformatio Sigismundi. Göttingen 1960.

[37] *Wolgast*, Hochstift (wie Anm. 36), 80–83; *Antoon E. M. Janssen/Peter J. A. Nissen*, Niederlande, Lüttich, in: *Anton Schindling/Walter Ziegler* (Hgg.), Die Territorien des Reichs im Zeitalter der Reformation und Konfessionalisierung. Land und Konfession 1500–1650. Bd. 3: Der Nordwesten. Münster 2. Aufl. 1995, 201–235, hier 206.

[38] *Alois Schröer*, Die Reformation in Westfalen. Der Glaubenskampf einer Landschaft. Bd. 2. Münster 1983, 147f.

[39] *Iselin Gundermann*, Herzogtum Preußen, in: *Schindling/Ziegler*, Territorien des Reichs (wie Anm. 37). Bd. 2: Der Nordosten. Münster 1990, 221–233, hier 223; *Wolgast*, Hochstift (wie Anm. 36), 83–91.

[40] *Hans-Joachim Behr*, Franz von Waldeck. Fürstbischof zu Münster und Osnabrück, Administrator zu Minden (1491–1553). Sein Leben in seiner Zeit. Tl. 1. Münster 1996; *Wolgast*, Hochstift (wie Anm. 36), 100–110.

[41] *Hans-Joachim Behr*, Franz von Waldeck, in: Westfälische Lebensbilder 14 (1987), 38–62, Zitat 48f.

[42] *Harm Klueting*, Geschichte Westfalens. Das Land zwischen Rhein und Weser vom 8. bis zum 20. Jh. Paderborn 1998, 122f.

[43] *Rainer Sommer*, Hermann von Wied. Tl. 1: 1477–1539. Köln 2000, 12 u. 14. Siehe auch *Wolgast*, Hochstift (wie Anm. 36), 91–99.

[44] *Harm Klueting*, Freistellung der Religion. Zwischen Reservatum Ecclesiasticum und Religionsfreiheit – Gebhard Truchseß von Waldburg (1547–1601), in: *Heiner Faulenbach* (Hg.), Standfester Glaube. Fschr. Johann Friedrich Gerhard Goeters. Köln 1991, 95–128; *Ders.*, Geschichte Westfalens (wie Anm. 42), 131f.

[45] *Wolgast*, Hochstift (wie Anm. 36), 218–227 u. 237–253.

[46] Ebd., 121–125 u. 130–132.

[47] Ebd., 118–120.

[48] *Louis Châtellier*, Lothringen, Metz, Toul, Verdun, in: *Schindling/Ziegler*, Territorien des Reichs (wie Anm. 37), Bd. 5: Der Südwesten. Münster 1993, 96–122.

[49] *Adolf Brenneke*, Vor- und nachreformatorische Klosterherrschaft und die Geschichte der Kirchenreformation im Fürstentum Calenberg-Göttingen. (= Gesch. des Hannoverschen Klosterfonds 1) 2 Halbbde. Hannover 1928–29; *Ders./Albert Brauch*, Die calenbergischen Klöster unter Wolfenbütteler Herrschaft 1584–1634. Göttingen 1956 (= Gesch. des Hannover'schen Klosterfonds 2); *Axel von Campenhausen*, Der Allgemeine Hannoversche Klosterfonds und die Klosterkammer Hannover. Hannover 1999.

[50] Zur Entstehungsgeschichte der Heidelberger Administration *Volker Press*, Calvinismus und Territorialstaat. Regierung und Zentralbehörden der Kurpfalz 1559–1619. Stuttgart 1970, 135–143.

[51] *Franz Sohn*, Geschichte der Kirchenschaffnei Zweibrücken und ihres Archivs, in: Bll. zur pfälzischen KiG 32 (1965), 187–207.

[52] *Harm Klueting*, Enteignung oder Umwidmung? Zum Problem der Säkularisation im 16. Jh., in: *Irene Crusius* (Hg.), Zur Säkularisation geistlicher Institutionen im 16. und im 18./19. Jh. Göttingen 1996,

57–83; *Martin Heckel*, Das Problem der »Säkularisation« in der Reformation, in: Ebd., 31–56; *Johannes Schilling*, Klöster und Mönche in der hessischen Reformation. Gütersloh 1997; *Hans Lehnert*, Kirchengut und Reformation. Eine kirchenrechtsgeschichtliche Studie. Erlangen 1935; *Helga-Maria Kühn*, Die Einziehung des geistlichen Gutes im albertinischen Sachsen 1539–1553. Köln/Graz 1966; *Kurt Körber*, Kirchengüterfrage und Schmalkaldischer Bund. Leipzig 1913.

[53] *Wilhelm Daniel Wolff*, Die Säkularisierung und Verwendung der Stifts- und Klostergüter in Hessen-Kassel unter Philipp dem Großmütigen und Wilhelm IV. Gotha 1913.

[54] *Eckhart G. Franz*, Landgraf und Kloster. Die Zisterzienser-Abtei Haina vor und während der Reformation, in: *Walter Heinemeyer/Tilman Pünder* (Hgg.), 450 Jahre Psychiatrie in Hessen. Marburg 1983, 21–34.

[55] *Schilling*, Klöster (wie Anm. 52); *Eckhart G. Franz*, Die hessischen Klöster und ihre Konvente in der Reformation, in: HessJBLG 19 (1969), 147–233; *Karl E. Demandt*, Die Hohen Landeshospitäler Hessens. Anfänge und Aufbau der Landesfürsorge für die Geistesgestörten und Körperbehinderten Hessens 1528–1591, in: *Heinemeyer/Pünder*, 450 Jahre Psychiatrie (wie Anm. 54), 35–133; *Ders.*, Die Anfänge der staatlichen Armen- und Elendenfürsorge in Hessen, in: HessJBLG 30 (1980), 176–235; *Walter Heinemeyer*, Armen- und Krankenfürsorge in der hessischen Reformation, in: *Ders./Pünder*, 450 Jahre Psychiatrie, 1–20; *Rüdiger Nolte*, Pietas und Pauperes. Klösterliche Armen-, Kranken- und Irrenpflege im 18. und frühen 19. Jh. Köln/Weimar/Wien 1996, 13–39.

[56] So *Heckel*, Problem (wie Anm. 52) u. *Schilling*, Klöster (wie Anm. 52).

[57] So *Klueting*, Enteignung (wie Anm. 52).

[58] *Harm Klueting*, Der Westfälische Frieden als Konfessionsfrieden im rheinisch-westfälischen Raum, in: NdsJB 71 (1999), 23–50, hier 40f.; *Wolgast*, Hochstift (wie Anm. 36), 338–345; *Fritz Dickmann*, Der Westfälische Frieden. Münster 7. Aufl. 1998, 316–321 u. 403f.

[59] *Karl Zeumer* (Bearb.), Quellensammlung zur Geschichte der deutschen Reichsverfassung in Mittelalter und Neuzeit. Tübingen 2. Aufl. 1913, Nr. 211, 508; *von Oer*, Säkularisation 1803 (wie Anm. 1), Nr. 8, 22.

[60] *Raab*, Geistige Entwicklungen (wie Anm. 4), 15–17;

[61] Ebd., 18–26; *Günter Christ*, Fürst, Dynastie, Territorium und Konfession. Beobachtungen zu Fürstenkonversionen des ausgehenden 17. und beginnenden 18. Jhs., in: Ders., Studien zur Reichsgeschichte der Frühneuzeit. Stuttgart 1989, 111–131.

[62] *Raab*, Geistige Entwicklungen (wie Anm. 4), 29f.

[63] *Manfred Weitlauff*, Die Reichskirchenpolitik des Hauses Bayern unter Kurfürst Max Emanuel (1679–1726). Vom Regierungsantritt Max Emanuels bis zum Beginn des Spanischen Erbfolgekrieges (1679–1701). St. Ottilien 1985. – Hinzuweisen ist auf die von 1583 bis 1761 ununterbrochene Reihe bayerischer Prinzen auf dem Kölner Erzbischofsstuhl, von denen mehrere zugleich auch Bischof von Münster waren.

[64] *Hubert Wolf*, Die Reichskirchenpolitik des Hauses Lothringen (1680–1715). Eine habsburgische Sekundogenitur im Reich? Stuttgart 1994.

[65] *Heribert Raab*, Clemens Wenzeslaus von Sachsen und seine Zeit (1739–1812). Bd. 1. Freiburg 1962. – Das Kurhaus Sachsen war seit August dem Starken katholisch.

[66] *Rudolf Reinhardt*, Kontinuität und Diskontinuität. Zum Problem der Koadjutorie mit dem Recht der Nachfolge in der neuzeitlichen Germania Sacra, in: *Johannes Kunisch* (Hg.), Der dynastische Fürstenstaat. Zur Bedeutung von Sukzessionsordnungen für die Entstehung des frühmodernen Staates. Berlin 1982, 115–155.

[67] *Raab*, Geistige Entwicklungen (wie Anm. 4), 14.

[68] *Leo Just*, Die römische Kurie und das Reich unter Kaiser Karl VII. (1740–45), in: HJb 52 (1932), 389–400; *Theodor Volbehr*, Der Ursprung der Säkularisationsprojekte in den Jahren 1742 und 1743, in: Forsch. zur dt. Gesch. 26 (1886, Ndr. 1968), 263–281; *Walther von Hofmann*, Das Säkularisationsprojekt von 1743, Kaiser Karl VII. und die römische Kurie, in: Riezler-Fschr. Gotha 1913, 213–259.

[69] *Peter Baumgart*, Säkularisationspläne König Friedrichs II. von Preußen. Zu einem kontroversen Thema der Preußenhistoriographie, in: *Joachim Köhler* (Hg.), Säkularisationen in Ostmitteleuropa. Zur Klärung des Verhältnisses von geistlicher und weltlicher Macht im Mittelalter, von Kirche und Staat in der Neuzeit. Köln/Wien 1984, 59–69; *Raab*, Geistige Entwicklungen (wie Anm. 4), 30–36.

[70] Dazu der Beitrag von *Rita Haub* in diesem Band.

[71] Für Vorderösterreich der Beitrag von *Ute Ströbele* in diesem Band.

[72] *Derek Beales*, Joseph II and the Monasteries of Austria and Hungary, in: *Aston Nigel* (Hg.), Religious Change in Europe 1650–1940. Essays for John McMnners. Oxford 1997, 161–184; *Elisabeth Kovács*, Joseph II. und die Aufhebung der kontemplativen Klöster in der österreichischen Monarchie, in: Analecta Cartusiana 110 (1984), 1–17; *Dies.*, Josephinische Klosteraufhebungen 1782–1789, in: Österreich zur Zeit Kaiser Josephs II. Mitregent Kaiserin Maria Theresias, Kaiser und Landesfürst. Wien 1980, 169–173; *Sieglinde Fuchs*, Die in Niederösterreich unter Joseph II. aufgehobenen Klöster im Hinblick auf ihre Verwendung. Phil. Diss. Wien 1967; *Gerhard Winner*, Die Klosteraufhebungen in Niederösterreich und Wien. Wien/München 1867; *Adam Wolf*, Die Aufhebung der Klöster in Innerösterreich 1782–1790. Ein Beitrag zur Geschichte Kaiser Joseph's II. Wien 1871. ND. Wien 1971.

[73] Der für das Bistum Straßburg mit seinem französischen (elsässischen) Diözesangebiet vorgesehene Beitrag von *Bernard Vogler* in diesem Band wurde leider kurzfristig zurückgezogen.

[74] *François Furet/Denis Richet*, Die Französische Revolution. München 1981, 166–171.

[75] *Ernst Jakobi*, Die Entstehung des Mainzer Universitätsfonds von 1781. Ein Beitrag zur Geschichte der alten Mainzer Universität. Wiesbaden 1959.

[76] *Edeltraud Klueting*, Art. Münster – St. Marien Überwasser, in: *Karl Hengst* (Hg.), Westfälisches Klosterbuch. Bd. 2. Münster 1994, 58–60, hier Punkt 1.3; *Rudolf Schulze*, Das adelige Frauen-(Kanonissen-)Stift der hl. Maria (1040–1773) und die Pfarre Liebfrauen-Überwasser zu Münster/Westfalen. Münster 2. Aufl. 1952, 272–278; *Eduard Hegel*, Geschichte der Katholisch-Theologischen Fakultät Münster 1773–1964. Tl. 1. Münster 1966, 20 u. 27–29; *Alfred Hartlieb von Wallthor*, Der Münstersche Studienfonds. Entstehung und Entwicklung des Vermögens der alten Universität Münster, in: *Heinz Dollinger* (Hg.), Die Universität Münster 1780–1980. Münster 1980, 29–35.

[77] *Georg Föllinger*, Von der Reichsabtei zum Fürstbistum. Die Säkularisation der exemten reichsunmittelbaren Benediktiner-Abtei Corvey und die Gründung des Bistums 1786–1794. Paderborn 1978.

[78] *Ludwig Hammermayer*, Das Ende des alten Bayern. Die Zeit des Kurfürsten Max III. Joseph (1745–1777) und des Kurfürsten Karl Theodor (1777–1799), in: *Max Spindler/Andreas Kraus* (Hgg.), Handbuch der bayerischen Geschichte. Bd. 2. München 2. Aufl. 1988, 1135–1283, darin § 168, 1275–1283; *Andreas Kraus*, Probleme der bayerischen Staatskirchenpolitik 1750–1800, in: *Klueting*, Katholische Aufklärung (wie Anm. 4), 119–141; *Cornelia Jahn*, Klosteraufhebungen und Klosterpolitik in Bayern unter Karl Theodor 1778–1784. München 1994; *Jutta Seitz*, Die landständische Verordnung in Bayern im Übergang von der altständischen Repräsentation zum modernen Staat. Göttingen 1999, 78–92, 188–209 u. 276–297.

[79] Dazu *Eberhard Weis*, Montgelas 1759–1799. Zwischen Revolution und Reform. München 1971, 113–133 u. 266–287.

[80] *K. Th. F. Bormann/Alexander von Daniels* (Hgg.), Handbuch der für die königlich-preußischen Rheinprovinzen verkündeten Gesetze,

Verordnungen und Regierungsbeschlüsse aus der Zeit der Fremdherrschaft. Bd. 4. Köln 1836, Nr. 166, 292–308 (294: Art. 13).
[81] *Wolfgang Schieder*, Die Säkularisationspolitik Napoleons in den vier rheinischen Departements, in: Crusius, Zur Säkularisation (wie Anm. 52), 84–101; *Michael Müller*, Säkularisation und Grundbesitz. Zur Sozialgeschichte des Saar-Mosel-Raumes 1794–1813. Boppard 1980; *Richard Büttner*, Die Säkularisation der Kölner geistlichen Institutionen. Wirtschaftliche und soziale Bedeutung und Auswirkungen. Köln 1971; *Barbara Schildt-Specker*, Klosterfrauen und Säkularisation. Prämonstratenserinnen im Rheinland. Essen 1996.
[82] *Zeumer*, Quellensammlung (wie Anm. 59), Nr. 212, 509–528 (Art. 35: 521); *von Oer*, Säkularisation 1803 (wie Anm. 1), Nr. 16, 54–78.
[83] *Klaus Dieter Hömig*, Der Reichsdeputationshauptschluß vom 25. Februar 1803 und seine Bedeutung für Staat und Kirche unter besonderer Berücksichtigung württembergischer Verhältnisse. Tübingen 1969; *Huber*, Deutsche Verfassungsgeschichte 1 (wie Anm. 3), 42–61; *Anton Scharnagl*, Zur Geschichte des Reichsdeputationshauptschlusses von 1803, in: HJb 70 (1951), 238–259.
[84] *Martin Luther*, Werke. Kritische Gesamtausgabe. Weimarer Ausgabe [WA] 12, 11–30. Dazu *Othmar Fries*, Luthers Schrift »Ordnung eines gemeinen Kastens« (1523), in: Schweizer Beitr. zur Allgemeinen Gesch. 11 (1953), 27–42.
[85] WA Briefwechsel 4, Nr. 1052, 134, vom 22.11.1526.
[86] *Martin Bucer*, Von Kirchengütern. Dazu *Martin Greschat*, Martin Bucer. Ein Reformator und seine Zeit. München 1990, 180f.
[87] [*Johannes Eisermann*] Was der Durchleuchtige, Hochgeborne Fürst und Herr, Herr Philips, Landgraf zu Hessen […] mit den Closterpersonen, Pfarrherrn und Abgöttischen Bildnussen […] aus Göttlicher Schrifft vorgenommen hat. Marburg 1527. ND, hg. von *Karl Gleiser*. Marburg 1904. Dazu *Körber*, Kirchengüterfrage (wie Anm. 52), 73f.; *Walter Sohm*, Territorium und Reformation in der hessischen Geschichte 1526–1555. Marburg 2. Aufl. 1957, 42ff. u. 82; *Brita Eckert*, Der Gedanke des gemeinen Nutzen in der lutherischen Staatslehre des

16. und 17. Jhs. Phil. Diss. Frankfurt am Main 1976; *Winfried Schulze*, Vom Gemeinnutz zum Eigennutz. Über den Normenwandel in der ständischen Gesellschaft der Frühen Neuzeit, in: HZ 243 (1986), 591–626, hier 598; *Schilling*, Klöster (wie Anm. 52), 210–219.
[88] *Philipp Melanchthon*, Iudicium Theologorum in Conventu Schmalcaldense de iusto usu bonorum Capitulorum et Monasteriorum, in: Corpus Reformatorum 4, 1040–1046, hier 1043
[89] *Martin Heckel*, Art. Territorialsystem, in: Evangelisches Staatslexikon 3. Aufl. Bd. 2 (1987), 3600–3603, Zitat 3601. Siehe auch *Harm Klueting*, Art. Kirche und Staat I 3: Reformation und frühe Neuzeit, in: RGG 4. Aufl. 4 (2001), 1041f.
[90] *Klaus Schlaich*, Der rationale Territorialismus. Die Kirche unter dem staatskirchenrechtlichen Absolutismus um die Wende vom 17. zum 18. Jh., in: *Ders.*, Gesammelte Aufsätze. Kirche und Staat von der Reformation bis zum Grundgesetz. Tübingen 1997, 204–266; *Christoph Link*, Herrschaftsordnung und bürgerliche Freiheit. Grenzen der Staatsgewalt in der älteren deutschen Staatslehre. Wien 1979, 292–321; *Ders.*, Souveränität – Toleranz – evangelische Freiheit. Staatsrechtliche und theologische Aspekte in der »territorialistischen« Begründung staatlicher Kirchenhoheit, in: ZRG KA 86 (2000), 414–432.
[91] *Harm Klueting*, »Quidquid est in territorio, etiam est de territorio«. Josephinisches Staatskirchentum als rationaler Territorialismus, in: Der Staat 37 (1998), 417–434; *Ders.*, Kaunitz, die Kirche und der Josephinismus. Protestantisches landesherrliches Kirchenregiment, rationaler Territorialismus und theresianisch-josephinisches Staatskirchentum, in: *Grete Klingenstein/Franz A. J. Szabo* (Hgg.), Staatskanzler Wenzel Anton von Kaunitz-Rietberg 1711–1794. Neue Perspektiven zu Politik und Kultur der europäischen Aufklärung. Graz 1996, 169–196.
[92] *Godehard Josef Ebers*, Grundriß des katholischen Kirchenrechts. Rechtsgeschichte und System. Wien 1950, Zitat 191.
[93] *Link*, Herrschaftsordnung (wie Anm. 90), 310.
[94] *Zeumer*, Quellensammlung (wie Anm. 59), 529.

Ich habe euch nie gekannt, weicht alle von mir …

Die päpstliche Aufhebung des Jesuitenordens 1773

von Rita Haub

Ignatius von Loyola (1491–1556) lebte in einer Zeit, in der die Kirche sich in einer inneren Auflösung befand. Er war überzeugt, dass die Reform der Kirche nur von innen her erfolgen kann, aus einer vertieften Frömmigkeit und Christusbegegnung. Die Idee seiner Ordensgründung war neu: Nicht Abkehr, sondern Hinwendung zur Welt, um sie für Gott zu gewinnen; die größere Ehre Gottes, für die er alle geeigneten Mittel einsetzte. Die *Gesellschaft Jesu (Societas Jesu)*, die 1534 als ein Bund von sieben Freunden begann, nahm einen raschen Aufstieg. Dank des starken Zulaufes begabter junger Männer in fast allen Ländern gelang es ihr, eine neue Missionsbewegung einzuleiten und ihre Mitglieder in verschiedenen Orten der Welt einzusetzen. Sie traten selbstbewusst auf, beschritten mit erstaunlicher Dynamik neue Wege, verstanden es, sich den verschiedensten Situationen anzupassen und die geeigneten Mittel zu gebrauchen. Als Ignatius starb, zählte der Orden bereits 1.000 Mitglieder und über 100 Niederlassungen.[1]

Schon die erste Schrift, die von protestantischer Seite von dem bedeutenden Theologen Martin Chemnitz 1562 gegen die Jesuiten erschien, machte die deutschen Fürsten darauf aufmerksam, dass *der Papst diese neue Sekte hauptsächlich zum Verderben der deutschen [protestantischen] Kirchen geschaffen habe.*[2] Und der Stuttgarter Prediger Lucas Osiander verteidigte in seiner 1569 zu Tübingen erschienenen Schrift *Warnung*

Vertreibung der Jesuiten aus Augsburg
Flugblatt, 1633.

Die Vertreibung der Jesuiten aus Spanien 1767
Druckgrafik, um 1767.
Archivum Monacense SJ, München.

vor der falschen Lehr und pharisäischen Gleisnerei der Jesuiten die protestantische Anschauung, die Gesellschaft Jesu sei vom Teufel gegründet worden. Dieses Vorurteil wurde der Orden nicht mehr los. Das Wort »jesuitisch« bekam somit von Beginn an einen negativen Beigeschmack. Es wurde mit »verschlagen«, »listig«, »intrigant« gleichgesetzt. Man schrieb den Jesuiten neben unglaublicher Habgier und Reichtum häufig Unzucht mit Frauen und Knaben, Erbschleicherei, Verschwörungen, zwielichte Machenschaften, Giftmischerei und Meuchelmorde zu. Und man beschuldigte den Orden, eine schlechte Moral zu praktizieren, nämlich dass schlechte Mittel wie Mord und Betrug durch eine gute Absicht gerechtfertigt würden.[3] Beweise dafür konnten aber nie erbracht werden.

Eine wichtige Rolle bei der negativen Beurteilung der Jesuiten spielten die *Monita secreta* des ehemaligen Jesuiten Hieronymus Zahorowski, die 1614 in Krakau im Druck erschienen. Sie waren angeblich die ge-

heimen Ordensstatuten für den internen Gebrauch, während die eigentlichen *Constitutiones* nur eine Alibifunktion nach außen hätten. Die wahren Ziele des Ordens seien demnach Erbschleicherei, Mitmischen in der Politik und Einfluss auf Herrscherhäuser.[4] Wie erfolgreich derlei Polemik war, zeigt sich daran, dass bereits 1605 Rufe nach der Ausweisung der Jesuiten aus Deutschland laut wurden.

Im Laufe des 18. Jhs. verdichtete sich der Antijesuitismus immer mehr, wurden die abgenutzten Vorwürfe gegen die Jesuiten wieder aufgenommen und vervielfacht. Alles, was die Jesuiten taten, wurde zum Schlechten ausgelegt und sie selbst zu Verbrechern gestempelt. Machtpolitische Auseinandersetzungen steigerten sich vor allem in Portugal und Spanien bis zur Vertreibung der Jesuiten. In Frankreich führte das Gedankengut der Aufklärung dazu, dass die Jesuiten als Staat im Staat bekämpft und schließlich verboten wurden. In den katholischen Ländern Mitteleuropas dauerte es etwas länger, bis die Kritik an den Jesuiten, vor allem an ihrem Bildungsmonopol und ihrem Schulwesen, immer heftiger wurde. Die Kulturentwicklung war schneller gewesen als der innere Fortschritt der Gesellschaft Jesu. Dem Papst erschien sie immer mehr als eine Last, denn wie früher als eine Hilfe. So gab Clemens XIV. dem Druck der katholischen Könige nach und bereitete im Jahr 1773 dem gut zwei Jahrhunderte dauernden Wirken der Jesuiten das Ende: Er hob den Orden am 21. Juli 1773 auf.

Die Aufhebung der Gesellschaft Jesu – bis heute ein paradoxes Ereignis in der Geschichte der kirchlichen Orden – erfolgte durch das Breve *Dominus ac Redemptor*. Sie wurde jedoch durch die Schließung der Ordenshäuser und die Vertreibung der Jesuiten aus Portugal (1759), Frankreich (1764), Spanien (1767), Parma und Neapel (1768), ebenso aus allen von jenen Ländern abhängigen Kolonien und Missionen vorbereitet und auf Grund dieses Tatbestandes durch diplomatischen Druck erzwungen.[5]

Vertreibung der Jesuiten aus Portugal

Die gesamte Macht Portugals lag in der Hand des königlichen Ministers Sebastião José de Carvalho e Mello, Marquez de Pombal.[6] Sein großer Traum war die Verwirklichung des Staatsabsolutismus. Er war ein Anhänger des Gallikanismus, wobei ihm vor allem das englische Modell mit dem König als Oberhaupt der Kirche imponierte. Für ihn waren die Jesuiten, die als Verteidiger des Papsttums galten, die größten Gegner der neuzeitlichen Staatsideen. Sie standen aber auch seinem eigenen Machtstreben im Wege.

Bald schon fand sich ein Grund, gegen den Orden vorzugehen, ausgelöst durch seine unglückliche Politik in Südamerika: Verlockt durch Berichte über ungeheure Reichtümer in den Jesuiten-Missionen in Paraguay, hatte Pombal 1750 mit Spanien einen Vertrag geschlossen, dass das Gebiet im heutigen brasilianischen Staat Rio Grande do Sul an Portugal abgetreten wurde, das seinerseits das ihm gehörige Land am La

Vertreibung der Jesuiten aus Portugal
Druckgrafik, um 1759.
Archivum Monacense SJ, München.

Plata – das heutige Uruguay – an Spanien übergab. Die in den Missionen ansässigen Indianer sollten auswandern, was bei diesen einen Aufstand hervorrief. – Die Jesuiten hatten im Süden Brasiliens den sog. »Jesuitenstaat« gegründet. Es handelte sich dabei um den Versuch, zusammen mit der Bekehrung der Indianer ein christliches Sozialsystem einzuführen und die Indianer so vor der Ausbeutung durch die Kolonialherren zu schützen. Die Bewohner lebten weitgehend von der Landwirtschaft, wobei der Boden und sein Ertrag Gemeingut waren.[7] Die Jesuiten prägten eigene Münzen und trieben Handel. Und gegen Übergriffe von außen unterhielten sie eine kleine Armee. Das alles war Grund genug, sie zu bezichtigen, dass nicht die Kolonisatoren, sondern sie die eigentlichen Sklavenhändler seien und durch ihr Tun das Unabhängigkeitsstreben der Ureinwohner nährten. Dazu kam, dass die Portugiesen auf dem eroberten Boden nicht den erhofften Reichtum vorfanden.

Um sich zu rächen, ließ Pombal von ihm verfasste oder bestellte antijesuitische Hetzpamphlete erscheinen und sie in Übersetzung auch in ganz Europa verbreiten, vor allem aber in Lissabon und Rom. In der Nacht zum 19. September 1757 konnte Pombal seinen ersten Sieg gegen den Orden verzeichnen: die Jesuiten wurden vom königlichen Hof verwiesen.

Am 4. September 1758 verbreitete sich das Gerücht, der König sei Opfer eines Attentats geworden. Tatsächlich war in der Nacht ein geheimnisvoller Anschlag auf den Wagen des königlichen Kämmerers Teixeira verübt worden, worin der Monarch von einem Liebesabenteuer zurück fuhr. Pombals offizielle Erklärung war zunächst, Don José sei im Dunkeln die Treppe hinunter gestürzt. Doch einen Monat später machte er den Marquis von Tavora für die Ausführung des angeblichen Attentats verantwortlich und ließ ihn mitsamt seiner Familie hinrichten. Und er benutzte den Hochverratsprozess, um die Jesuiten in die Sache zu verwickeln: sie sollten die Auftraggeber gewesen sein. Ergebnis: Bereits am 19. Januar 1759 wurden alle Güter des Ordens in Portugal und seinen Provinzen in Übersee beschlagnahmt.

Im September 1759 erfolgte der letzte Schlag: Die Jesuiten wurden aus Portugal und Übersee vertrieben mit der Androhung der Todesstrafe bei Rückkehr; ihr Eigentum wurde beschlagnahmt. Betroffen waren da-

von insgesamt etwa 1.700 Jesuiten, wobei 900 aus den überseeischen Provinzen kamen. Nahezu 250 angesehene Patres wurden in den Kerker von St. Julian gebracht; erst nach dem Tod des Königs, 1777, erhielten die 162 Überlebenden die Freiheit wieder.

Mit der Vertreibung der Jesuiten ging eine Lähmung des Erziehungs- und Missionsbemühens in Portugal, West- und Ostafrika, Brasilien, Indien und im Fernen Osten einher. Pombal konnte also mit seinem Werk zufrieden sein. Die Aufhebung der Gesellschaft Jesu 1773 feierte er mit Glockengeläute und Kanonenschüssen. Doch traf ihn bald die gerechte Strafe: Unter der Tochter Don Josés, die nach dem Tod ihres Vaters 1776 den Thron bestiegen hatte, fiel er in Ungnade, denn sie ließ den Prozess gegen die Familie Tavora von 1758, den Pombal als Vorwand zur Vertreibung des Ordens missbraucht hatte, wieder aufrollen. Pombal wurde für schuldig erklärt und zum Tod verurteilt; nur sein hohes Alter führte zu seiner Begnadigung.[8]

Vertreibung der Jesuiten aus Frankreich

In Frankreich stieß das Vorgehen Pombals zwar auf Missbilligung, seinen Anschuldigungen schenkte man aber bereitwillig Glauben, denn schon lange warteten die antijesuitischen Gruppen – das Parlament von Paris, Jansenisten, Aufklärer, Ungläubige – auf einen günstigen Augenblick zum Zuschlagen. Unterstützt wurden sie von Jeanne Antoinette Poisson, Marquise de Pompadour, der Maitresse des Königs, die den jesuitischen Beichtvätern nicht verzieh, dass sie gegen ihr Verhältnis zum König waren. Und es half Choiseul dazu, Minister des Königs und Günstling der Madame Pompadour. – Der König war den Jesuiten wohl gesinnt, aber schwach und willenlos, so dass sie mit keiner Solidarität rechnen konnten.

Die Gelegenheit zum Schlag gegen die Jesuiten lieferten diese selbst – Unglück und eigene Schuld beschleunigten die Katastrophe: Auf der westindischen Insel Martinique, einer französischen Kolonie, war seit 1742 Pater Antoine La Valette[9] tätig; 1746 wurde er Leiter der wirtschaftlichen Angelegenheiten und 1753 Missionsoberer und Apostolischer Präfekt. Durch sein kaufmännisches Geschick konnte er die wirtschaftliche Notlage der Mission wesentlich verbessern. Mit dem durch Kredite beschafften Geld legte er auf der Nachbarinsel Dominique Kaffee- und Zuckerplantagen an, deren Ertrag er nach Frankreich verkaufte und so seine Schulden tilgte. Bald wurde er wegen verbotenen Handels mit dem Ausland angeklagt, doch er konnte sich rechtfertigen.

Das Verhängnis begann mit dem Siebenjährigen Krieg zwischen Frankreich und England, als zwei Schiffe La Valettes mit Zucker und Kaffee im Wert von über 600.000 Livres von den Engländern gekapert wurden. Dazu kam, dass La Valettes Bankhaus der Brüder Lioncy et Gouffreys in Marseille Konkurs anmelden musste. Die Gläubiger verlangten nun von den Jesuiten die Zahlung der Schulden, aber auch noch weitere Gläubiger fanden sich ein, so dass sich die Gesamtsumme der Verbindlichkeiten bald auf viereinhalb Millionen belief. Statt sich mit La Valette solidarisch zu erklären und die Schulden zu begleichen, was den französischen Jesuiten möglich gewesen wäre, vertraten sie den Standpunkt, dass jede Niederlassung des Ordens wirtschaftlich selbstständig sei. Doch das Konsulargericht von Paris entschied 1760, dass die Jesuiten für alle Schulden La Valettes haftbar seien, da die Verwaltung des ganzen Ordens dem General unterstehe; und somit mussten auch die Verbindlichkeiten den General bzw. den ganzen Orden treffen. Die Gläubiger sollten bei Nichtbezahlung durch den Missionsverwalter die übrigen Güter des Ordens als Entschädigung erhalten. Und hier machten die Jesuiten den zweiten Fehler: Statt sich an den dem Orden als relativ wohlgesinnten Kronrat wegen einer Berufung zu wenden, wandte sich der Pariser Provinzial – trotz der Bedenken vieler anderer Jesuiten und ohne den General in Rom zu fragen – an die ihnen feindlich gesinnte Große Kammer des Pariser Parlaments, deren Spruch das größte Ansehen besaß, in der Überzeugung, dass sich Recht immer durchsetzen werde. Doch das Parlament bestätigte nicht nur das Urteil des Konsulargerichts von Marseille mit der Begründung, dass der Ordensgeneral als oberster Verwalter aller Ordensgüter und deren einziger Eigentümer mit dem ganzen Ordensvermögen haftbar sei, sondern verwandelte die Zivilsache in einen Kriminalprozess und zog als erstes die bisher geheim gehaltenen Ordenskonstitutionen zur Prüfung ein und erklärte am 28. Mai 1761 den gesamten Orden für haftbar.

Pater La Valette gab nun zu, dass er – ohne Wissen der Ordensoberen – gegen die Ordensgesetze und das Kirchenrecht verstoßen habe. Er musste nach Europa zurückkehren und erhielt seine Entlassung.

Das Parlament befasste sich eingehend mit den Ordenskonstitutionen und erklärte am 6. August 1762 in seinem Endurteil mit 98 von 112 Stimmen, die Gesellschaft Jesu stehe mit dem Naturrecht und den französischen Gesetzen im Widerspruch und sei unwiderruflich aus Frankreich ausgeschlossen. Als Begründung hieß es, die Lehre der Jesuiten enthalte die Irrtümer Calvins und Luthers, sei gotteslästerlich, zügellos, beleidigend für die Heilige Jungfrau und alle Heiligen, ermutige zu Mord, Wucher, Rache und Grausamkeit, bedrohe die Sicherheit der Herrscher und stehe im Gegensatz zu den Entscheidungen der Kirche, des göttlichen Willens und des Friedens.

Der König war von der Schuld der Jesuiten nicht restlos überzeugt, doch auf Drängen seines Ministers Choiseul und Madame Pompadours gab Ludwig XV. am 1. Dezember 1764 seine Zustimmung zur Auflösung des Jesuitenordens in Frankreich und seinen Missionen. 3.000 Jesuiten waren betroffen, 84 Kollegien und weitere 64 Niederlassungen wurden geschlossen.[10]

Vertreibung der Jesuiten in Spanien

Spanien folgte dem Beispiel Portugals und Frankreichs. Angeblich aus Gründen der Aufrechterhaltung der Ordnung ergingen Ende März 1767 königliche versiegelte Befehle an alle Statthalter, die erst am bestimmten Tag geöffnet werden durften. Jetzt lief alles mit äußerster Präzision ab: An ein und demselben Tag – 2./3. April – wurden die Häuser der Jesuiten geräumt und die Jesuiten festgenommen, zum Hafen gebracht und in den Kirchenstaat abgeschoben. Die echten Gründe wurden nicht genannt, Vermutungen bei Todesstrafe unterbunden. Um die vertriebenen Jesuiten ruhig zu stellen, wurde ihnen eine Pension bezahlt, die sie verlören, wenn sie im Ausland etwas über die Hintergründe veröffentlichten.

Drahtzieher dieser Blitzaktion war der neapolitanische Minister Tanucci, der einen großen Einfluss auf König Karl III. hatte, den vormaligen König von Neapel. War Tanucci einzelnen Jesuiten durchaus zugetan, so war für ihn der Gesamtorden eine Verkörperung des Bösen. Er brachte eine konzertierte Aktion der bourbonischen Mächte – Frankreich, Spanien, Neapel – zur endgültigen Vernichtung des Orden zustande. Hatte Pombal noch mit antijesuitischen Schriften die Menschen überschwemmt, so setzte Tanucci auf diplomatische Mittel. Zwar erwies sich Clemens XIII. als unnachgiebig, doch vielleicht war sein Nachfolger dem immer stärker werdenden vereinten Druck nicht länger gewachsen?[11]

Nach dieser Tat Karls III. war das Schicksal der Jesuiten in Parma und Neapel, die beide von Spanien abhingen, ebenfalls besiegelt.

Der neue Papst Clemens XIV.

Es ist nie zu einem echten Prozess gegen die Jesuiten gekommen. Sie wurden ohne Gerichtsurteile bestraft. Auch wurde das Institut als solches niemals der Kritik unterzogen. Ganz im Gegenteil: Zu den Bestätigungen der früheren Päpste kam das bereits während der Verfolgung verfasste Dokument Clemens XIII. hinzu, in dem dieser noch im Januar 1765 feierlich erklärt: *Auch wir bestätigen dieses Institut [...] und bekräftigen mit unserer apostolischen Autorität das, was unsere Vorgänger approbiert haben.* Und bei der Wahl von Lorenzo Ricci zum Ordensgeneral 1768 hatte derselbe Papst ihm die Weisung gegeben: *Schweigen, Ruhe, Gebet!*[12]

Im Januar 1769 beantragten die bourbonischen Höfe, die sich in der Jesuitenfrage einig waren und den Orden aus ihren Ländern vertrieben hatten, beim Papst offiziell die Aufhebung der Gesellschaft Jesu. Doch Clemens XIII. starb einen Monat später. Wer sollte sein Nachfolger werden? – Das Konklave war mit drei Monaten eines der längsten der neueren Kirchengeschichte. Am wichtigsten war, dass der kommende Papst sein Möglichstes tun sollte, um die Wünsche der katholischen Mächte zu befriedigen und die Gesellschaft Jesu aufzuheben. Die Kardinäle wandelten diesmal also das Entscheidungsmerkmal »genehm« oder »nicht genehm« ab in: geneigt zur Aufhebung oder nicht. So erhielt der Franziskaner-Kardinal Lorenzo Ganganelli am 18. Mai 1769 in den zwei Wahlgängen

Papst Clemens XIV. (1769–1774)

der 27 Kardinäle 5 Erst- und 13 Zweitstimmen, zusammen 18 Stimmen. Das war die Mehrheit und die Wahlen wurden noch in derselben Nacht abgeschlossen. Am folgenden Tag, dem 19. Mai 1769, dreieinhalb Monate nach dem Tod Clemens XIII., bestieg Clemens XIV. den päpstlichen Thron.[13]

Das päpstliche Aufhebungsbreve

Clemens XIV. strebte keineswegs von Anfang an die Aufhebung des Jesuitenordens an. Ganz im Gegenteil: Er versuchte mit einer vier Jahre dauernden Verzögerungstaktik die Lage zu retten. Er sagte, man müsse die

Angelegenheit mit erfahrenen Kirchenrechtlern diskutieren, das Institut und die Dokumente der Jesuiten einer genauen Prüfung unterziehen. Er schlug indirekte Maßnahmen vor, wie keine neuen Novizen zuzulassen oder den General abzusetzen. Auch behandelte er die Jesuiten sehr hart, da er meinte, die Feinde würden sich damit zufrieden geben. Doch der Kampf gegen den Druck der Botschafter Portugals, Spaniens und Frankreichs war vergeblich. Schließlich war er so eingeschüchtert, dass der neue Botschafter Spaniens, José Moñino, ein leichtes Spiel hatte und dem Papst den Befehl abrang, das Aufhebungsdekret auszufertigen.

Dieses Dokument ist einzigartig in der Geschichte, denn es ist ein persönliches Werk des Don José Moñino y Redondo. Er galt als klug und als Mann, der sich zu benehmen weiß; aber auch seine Härte und seine Überzeugung, die Gesellschaft Jesu müsse unbedingt aufgehoben werden, waren bekannt. Er trug zum Zustandekommen des Breve *Dominus ac Redemptor* wesentlich bei. Er selbst redigierte die 18 Hauptpunkte, die das Dokument enthalten musste, und legte sie dem Papst vor, wobei er von einem *Opus supererogatorium* sprach. Er selbst bereitete unaufgefordert einen spanischen Entwurf vor, den der Beauftragte des Papstes, Msgr. Francesco Saverio Zelada, Sekretär der Konzilskongregation, dann nur ins Lateinische übersetzte anstatt selbst – seinem päpstlichen Auftrag gemäß – einen Vorschlag zu erarbeiten. Auf Betreiben Moñinos ließ Clemens XIV. das Aktenstück zunächst dem spanischen König zur Prüfung übermitteln, damit dieser es dann den übrigen katholischen Souveränen mitteilen konnte. Die Reaktion all dieser Herrscherhäuser war positiv. Am 21. Juli 1773 setzte Papst Clemens XIV. seine Unterschrift unter das Aufhebungsbreve. – Den Namen Clemens hat kein Papst mehr angenommen.[14]

Aus dem Aufhebungsbreve geht klar hervor, dass die Aufhebung nicht als Strafe für eventuelle Vergehen der Gesellschaft Jesu erfolgte, sondern als Maßnahme zur Erhaltung des Friedens. Es wird die Gesellschaft Jesu aufgehoben, aber nicht das Institut verurteilt:

Durch die Gegenwart und Eingebung des göttlichen Geistes geleitet, auch von unserer Amtspflicht selbst angefacht, finden wir uns äußerst gedrungen, die sämtliche Christenheit mit Ruhe und Eintracht zu verbinden, sie gleichsam in unserm Busen zu erwärmen, zu stärken, und alles dasjenige, so weit es die Kräfte gestatten, ganz aus dem Weg zu schaffen, was dieselbe auch nur im geringsten benachtheiligen kann. Und da wir dann hiebey erkennen, daß die besagte Gesellschaft Jesu jene reichliche und ausgebreitete Früchte und Nutzbarkeiten, zu deren Erzeugung sie bestimmt, und von so vielen unserer Vorfahrer bestättiget war, nicht mehr hervorbringen mag; ja, daß die Wiederherstellung eines wahren dauerhaften Friedens in der Kirche, so lange diese Gesellschaft aufrecht bleibet,

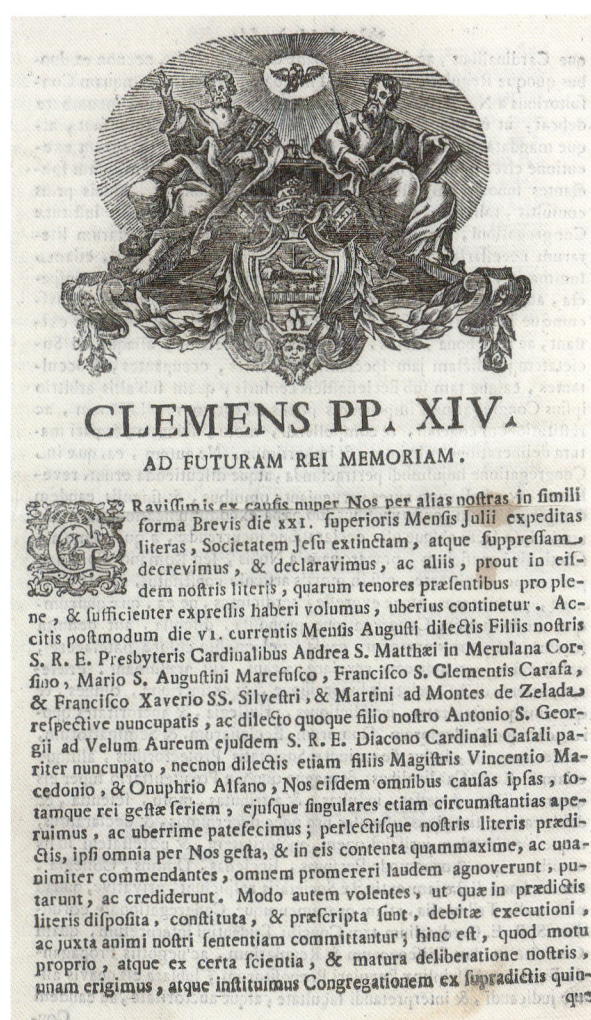

Päpstliches Breve »Dominus ac Redemptor«
Verordnet die Auflösung des Jesuitenordens.

kaum, oder wohl gar auf keine Art, möglich ist: so werden wir aus diesen, eben darum äußerst wichtigen Ursachen bewogen, und auch aus anderen, uns von den Vernunftgesetzen, und dem Begriffe der bestmöglichsten, uns obliegenden, Verwaltung der Kirche, an Handen gegebenen, tief in unserm Herzen verwahrt bleibenden Gründen, unwiderstehlich angetrieben; [...] und erlassen also mit reifem Bedachte, mit klarer Bewußtheit, und aus apostolischer Machtsvollkommenheit, den Anspruch der Aufhebung der besagten Gesellschaft, wie wir dann auch wirklich diese Gesellschaft abschaffen und vertilgen; – vereiteln und abrogiren alle und jede ihrer Ämter, Ministerien, und Verwaltungen, Häuser, Schulen, Kollegien, Hospitien; und was immer für Örter, in welchem Lande, Reiche und Gebiete sie sich auch befinden, oder auf was immer für eine Art sie ihr zugehören mögen; Wir abrogiren und zernichten auch ihre Satzungen, Gebräuche, Gewohnheiten, Dekrete und Constitutionen, wenn solche auch gleich durch einen Eyd, durch apostolische Bestättigung oder sonst auf irgend eine andere Weise bekräftiget sind. [...] Daher erklären wir auch den Generalvorsteher, die Provinziale, Visitatoren, und alle andere Obere der besagten Societät auf immer für kassiret, und aller, worinn immer bestehenden, Authorität gänzlich entsetzt.

Als konkrete Folge der Aufhebung sollten Novizen und Laienbrüder entlassen, kranke und alte Ordensmitglieder aber aus dem Vermögen der ehemaligen Kollegien unterhalten werden. Patres, die bisher Priester und Beichtväter waren, konnten einem anderen Orden beitreten oder sich als Weltgeistliche weiter der Seelsorge der Bevölkerung widmen.[15]

1774 wurde zur Aufhebung des Jesuitenordens eine päpstliche Gedenkmünze in Rom geprägt: Sie zeigt auf der Vorderseite ein Brustbild Papst Clemens XIV. im Profil, die Rechte zum Segen erhoben. Auf der Rückseite ist Christus dargestellt mit den Heiligen Petrus und Paulus, die drei Jesuiten forttreiben. *Numquam novi vos, discedite a me omnes – Ich habe euch nie gekannt, weicht alle von mir,* heißt es in der Inschrift. Eine Anspielung auf die Richterszene im 25. Kapitel des Matthäus-Evangeliums. Dazu der Anlass – *Gedenken an die Aufhebung der Gesellschaft Jesu (Exaugurationis Soc[ietatis] Iesv memor[iae])* – mit einem Hinweis auf Psalm 117,23: *So ist's durch den Herrn geschehn, ein Wunder in unseren Augen.* – Dass eine Gedenk-

münze aus diesem Anlass geprägt wurde, zeigt das große öffentliche Interesse an der Aufhebung des Jesuitenordens. Dieser war doch vor allem durch seine Schulen und Prediger im täglichen Leben der Menschen stets präsent gewesen.

Die Entwicklung in (Südwest-)Deutschland

Unter den großen Mächten hatte sich nur das Heilige Römische Reich und die Länder des den Kaiser stellenden Hauses Habsburg-Österreich nicht an der Verschwörung gegen die Gesellschaft Jesu beteiligt. In Deutschland war auch die Entwicklung durch die Verheerungen des Dreißigjährigen Krieges langsamer verlaufen als in Westeuropa. Doch gelangten auch hier bald die wirtschaftlichen, gesellschaftlichen und politischen Auffassungen und Ordnungen des Absolutismus zum Durchbruch. Das geschah dort am ehesten, wo sich der französische Einfluss geltend machte.

Die ersten Spuren einer ablehnenden Haltung gegenüber den Jesuiten forderten sie selbst heraus, indem sie in ihren Theaterstücken die Vergnügungen des Hofes und die neuen Moden verspotteten. Das widersprach gänzlich der Zeitströmung und bereitete dem betroffenen Kreis verständlicherweise wenig Freude. Heftige Kritik richtete sich jedoch gegen eine Domäne des Ordens, das Bildungswesen. Der Orden galt als wissenschaftlich rückständig, da das Unterrichtswesen immer noch auf der *Ratio studiorum* aus dem Jahr 1599 fußte.[16] Das Festhalten an der Diktiermethode und dem Auswendiglernen wurde als methodisch-pädagogische Schwäche angesehen, da das selbständige Denken dabei zu kurz käme. Neben dem Gymnasium waren vor allem die philosophischen Studien an der Universität betroffen, die ja auch angehende Juristen und Mediziner durchlaufen mussten. Das jesuitische Schulsystem sei, da hauptsächlich auf die Ausbildung der eigenen Ordensmitglieder ausgerichtet, zu sehr mit der Theologie befasst; Naturwissenschaften und Geschichte kämen zu kurz. Zum anderen wurde – mit Recht – beklagt, dass der häufige Wechsel der Lehrer und Professoren dem Fortschritt der Wissenschaften schade. Und die deutschen Schulen strebten nun ebenfalls nach Gelehrsamkeit, so dass der Ruf nach Unterricht in der Muttersprache statt im gelehrsamen Latein

Leichenbegängnis des unterdrückten Jesuitenordens
Flugblatt, 1773.

immer lauter wurde. Des weiteren geriet die Offenheit der jesuitischen Schulen für alle Bevölkerungsschichten und der kostenfreie Schulbesuch für alle in die Kritik, denn die Aufklärer vertraten die Meinung, dass das Studium nur denen vorbehalten sein sollte, die sich dies auch finanziell leisten könnten.[17] – So wurde das jesuitische Schulsystem, das einst für den Aufschwung des Ordens gesorgt hatte und beispielhaft war, auch zu einem der Gründe für die Aufhebung.

Die Feindschaft gegen den Orden wurde immer stärker. In Bayern sammelten sich die Gegner um den kurfürstlichen Hofrat Johann Georg v. Lori,[18] der 1759 in München die *Bayerische Akademie der Wissenschaften* gründete mit dem ausdrücklichen Ziel, damit gegen die Gesellschaft Jesu zu wirken. Er war der erste Sekretär der Akademie und setzte durch, dass Jesuiten eben wegen ihrer Zugehörigkeit zum Jesuitenorden nicht aufgenommen werden können.[19] Mit Energie und Erfolg warb der ehemalige Jesuitenschüler und Professor an der Jesuitenuniversität Ingolstadt und nun leidenschaftliche Jesuitenhasser v. Lori für seine Idee. Und so wurde vier Jahre später, am 13. Oktober 1763, in engem Kontakt mit München in Mannheim die Kurpfälzische Akademie der Wissenschaften, die Theodoro-Palatina gegründet mit der Bestimmung, ausschließlich nur Laien und Weltpriester hineinzuwählen; Jesuiten waren als »Unpersonen« ausgeschlossen, da sie gegen den Geist der Aufklärung und die Reformierung ihres überkommenen Bildungsideals waren und somit einer vergangenen Welt angehörten. – Und wie verhielt sich der Landesherr, Kurfürst Karl Theodor in dieser Situation? Er hat keine klare Position bezogen. Er stand einerseits in freundschaftlichem Verhältnis mit Voltaire, andererseits war er stolz auf seinen Hofastronomen, den Jesuiten Christian Mayer. Und doch duldete er in der Gründungsurkunde der Theodoro-Palatina indirekt den Ausschluss Mayers; zur selben Zeit stiftete er die Wallfahrt zur Loretokapelle in Oggersheim, an deren Aufbau der Jesuitenpater Matthäus Vogel nachhaltig mitwirkte. Er holte 1764, als der Orden in Frankreich praktisch vernichtet war, aus Paris den Jesuitengelehrten François Joseph Terrasse Desbillons, der seine umfangreiche Bibliothek mitbrachte, die heute ein integraler Bestandteil der Mannheimer Universitätsbibliothek ist.[20]

Die am 21. Juli 1773 durch den Papst verfügte Aufhebung des Jesuitenordens wurde auch in Heidelberg zum Anlass genommen, um längst fällige »Reformen« in Schule und Universität vorzunehmen. Für alle den Jesuitenorden betreffenden Fragen wurde eine Spezialkommission gegründet. Noch bevor die Jesuitenkommunitäten in Mannheim und Heidelberg am 15. und 16. November aufgelöst wurden, stellte diese Spezialkommission am 19. Oktober 1773 bereits mehrere Forderungen für die Neuordnung der katholisch-theologischen Fakultät: Errichtung von Lehrstühlen für Exegese, Orientalische Sprachen und Kirchengeschichte. Nur so glaubte man sich dem Konkurrenzdruck der Universitäten gewachsen.[21]

In Mainz wurden am 6. September 1773 die Hauptplätze der Stadt und die Eingangsstraße zum Jesuitenkolleg von 500 Soldaten besetzt und die Kommunität durch den kurfürstlichen Kommissar aufgelöst. Die Jesuiten mussten ihr Ordenskleid ablegen und wurden in der Nacht in benachbarte Klöster verbracht. In Mannheim dagegen verweigerte Kurfürst Karl Theodor den Vollzug des Aufhebungsdekretes, da es ihm nicht amtlich zugestellt worden war. Nachdem dies geschehen war, verlangte der Kurfürst die freie Verfügung über die Jesuiten und deren Vermögen, was ihm schließlich vom Papst gestattet wurde. Eine von Bischof und Kurfürst eingesetzte Kommission vollzog dann, in Zusammenarbeit mit den Mannheimer Behörden, die Aufhebung des Ordens. Den Patres wurde teilweise gestattet, ihr Wirken an der Schule fortzusetzen oder als Weltpriester tätig zu sein. Die Jesuitenbrüder gingen wieder ihren erlernten Berufen nach. Die Scholastiker wurden in die Ausbildung freigegeben und erhielten zum Teil einen Unterhalt vom Kurfürsten. Das Vermögen fiel an die Staatskasse.[22]

Überleben der Gesellschaft Jesu

Lorenzo Ricci, der 18. und letzte Ordensgeneral der »alten« Gesellschaft Jesu war völlig überrascht, als er von der Kardinalskongregation das Aufhebungsbreve erhielt. Für ihn war es unverständlich, dass der Papst einen Orden aufhob, der ihm und der Kirche stets eine Stütze gewesen war; ebenso könnte der Papst doch nicht die von seinen Vorgängern bestätigten feierlichen

Privilegien der Jesuiten einfach umstoßen. Ricci wurde zunächst im englischen Kolleg unter Hausarrest gestellt, dann hielt man ihn in der Engelsburg gefangen. Ihm wurde der Prozess gemacht, und er musste sich mehrerer Verhöre unterziehen. Er beteuerte stets seine und die Unschuld der gesamten Gesellschaft Jesu. Niemals wurde ein Urteil gefällt. Ricci starb am 24. November 1775 71-jährig nach zwei Jahren Kerkerhaft.[23]

Abweichend von der üblichen Praxis erhielt das Aufhebungsbreve erst nach seiner amtlichen Publikation seine Gültigkeit durch die Bischöfe. Dies hatte eigentlich nur dem Zweck gedient, das jesuitische Vermögen vor dem staatlichen Zugriff zu bewahren und dem päpstlichen Stuhl sicher einverleiben zu können. Aber zugleich trug es ungewollt zum Überleben des Ordens bei, denn ein kirchenrechtlich einwandfreies Fortbestehen des Ordens war in Ländern gewährleistet, die das Breve nicht verlasen.

Friedrich II. von Preußen und Katharina II. von Russland veröffentlichten das päpstliche Aufhebungsbreve nicht, so dass in ihren Ländern der Orden vorerst erhalten blieb. Der Preußenkönig schätzte die Jesuiten als Lehrer seiner katholischen Untertanen und vertrat somit die Meinung: *Da ich schon so verschiedene Tiere in meinem Reich habe, finde ich ein Vergnügen daran, auch einige Füchse dieser Art zu besitzen. – Man unterhält im Zirkus für die Tierkämpfe Tiger und Löwen, warum sollte man nicht auch Jesuiten dulden?*

Wiederherstellung der Gesellschaft Jesu

Als Beichtväter und Berater an Fürstenhöfen, als Lehrer an Schulen und Universitäten hatten Jesuiten bis zur Aufhebung 1773 erfolgreich gewirkt. Vor allem im Bildungswesen war nun eine große Lücke entstanden, so dass bald wieder Ex-Jesuiten für den Schuldienst

herangezogen wurden. Das Bewusstsein, einen historischen Fehler begangen zu haben, wuchs ständig. Und so gehörte zu den Maßnahmen Papst Pius VII. als Neubegründer der kirchlichen Ordnung auch die Wiederherstellung der Gesellschaft Jesu. Sie geschah schrittweise, zunächst 1801 durch offene Anerkennung des erhalten gebliebenen Zweiges des Ordens in Weißrussland durch das Breve *Catholicae Fidei*. Dann wurde vorsichtig der Orden in Italien wieder hergestellt und ein Provinzial ernannt – José Pignatelli[24], der damals Novizenmeister in einem Noviziat war, das Pius VI. in aller Stille autorisiert hatte und das 1799 in Colorno eingerichtet worden war. Darauf folgte die Wiederinstallation in den beiden Sizilien. 1805 wurde von Ex-Jesuiten die Gründung der deutschen Provinz in der Schweiz eingeleitet, in Frankreich, Belgien und den Niederlanden neue Wurzen geschlagen …

Kurz nach der Rückkehr aus seinem Exil in Fontainebleau erklärte Papst Pius VII. mit der Bulle *Sollicitudo omnium ecclesiarum* die unbeschränkte Bestätigung der Gesellschaft Jesu in der alten Form und für die ganze Welt. Die Bulle wurde am 31. Juli, dem Fest des hl. Ignatius, veröffentlicht; rechtskräftig wurde sie dann acht Tage später, am 7. August 1814.[25]

Fazit

Die Aufhebung des Jesuitenordens ist ein gutes Beispiel dafür, wie auch das Papsttum dem Zeitgeist zu Diensten sein konnte. Die Gesellschaft Jesu hatte sich eigens dem Papstgehorsam verschrieben; dieser Papstgehorsam sollte sogar vor dem Ordensgehorsam die erste Stelle einnehmen.[26] Und gerade der Papst hat den Orden geopfert – um des lieben Friedens willen und nutzlos. Denn dieses Nachgeben hat die grundlegenden Konflikte zwischen Papsttum und Staat nicht gelöst, wie die Zukunft zeigen sollte.

---

[1] Zu den Anfängen des Jesuitenordens vgl. *André Ravier*, Ignatius von Loyola gründet die Gesellschaft Jesu. Würzburg 1982; *John W. O'Malley*, Die ersten Jesuiten. Würzburg 1995. Zu »Jesuiten« vgl. *Stefan Kiechle/Clemens Maaß* (Hgg.), Der Jesuitenorden heute. Mainz 2000. (Topos plus Taschenbuch 328); *Rita Haub*, Jesuiten. Pädagogik

– Wissenschaft – Menschenrechte. Zum Profil der Gesellschaft Jesu. Bonn 2000 (KNA-Sonderausgabe); *Peter C. Hartmann*, Die Jesuiten. München 2001 (Wissen in der Beck'schen Reihe 2171).

[2] *Theologiae Iesuitarum praecipua capita* […] *per Martinum Kemnicium.* Lipsiae [Leipzig] 1563, Widmungsepistel an den Kurfürsten Joa-

chim von Brandenburg: *Interest enim Principum Germaniae recte nosse qualis sit nova illa secta quam Romanus pontifex principaliter in perniciem Ecclesiarum Germaniae creavit.*

[3] Viele Beispiele finden sich in *Bernhard Duhr*, Jesuiten-Fabeln. Ein Beitrag zur Kulturgeschichte. Freiburg i. Br. 1904.

[4] Zahorowski war 1613 aus der Gesellschaft Jesu entlassen worden und scheint sich mit dieser Schmähschrift gerächt zu haben. Zu den *Monita secreta* vgl. *Duhr*, Jesuitenfabeln (wie Anm. 3), 84–112.

[5] Zur Aufhebung der Gesellschaft Jesu vgl. *Ludwig Koch*, Jesuiten-Lexikon. Die Gesellschaft Jesu einst und jetzt. Paderborn 1934 (ND. Löwen/Heverlee 1962), 120–129; *Ludwig Pastor*, Geschichte der Päpste im Zeitalter des fürstlichen Absolutismus von der Wahl Benedikts XIV. bis zum Tode Pius' VI. (1740–1799): Klemens XIV. (1769–1774) Freiburg i. Br. 1932. (Geschichte der Päpste seit dem Ausgang des Mittelalters 16); *Winfried Müller*, Die Aufhebung des Jesuitenordens in Bayern. Vorgeschichte, Durchführung, Administrative Bewältigung, in: ZBLG 48 (1985), 285–352.

[6] Zu Pombal vgl. *Bernhard Duhr*, Pombal, sein Charakter und seine Politik. Freiburg i. Br. 1891; *Koch*, Jesuiten-Lexikon (wie Anm. 5), 1449–1452.

[7] Vgl. dazu *Peter Claus Hartmann*, Der Jesuitenstaat in Südamerika 1609–1768. Eine christliche Alternative zu Kolonialismus und Marxismus. Weißenhorn 1994.

[8] Zu Portugal und den Jesuiten vgl. *Francisco Rodriguez*, Historia de la Companhia de Jesuitas na Assistencia de Portugal. 2 Bde. Porto 1931; *Johannes Baptist Hafkemeyer/Christian Gottlieb von Murr*, Geschichte der Jesuiten in Portugal unter der Staatsverwaltung des Marquis von Pombal. Porto Alegre 1909; *Koch*, Jesuiten-Lexikon (wie Anm. 5), 1456–1459.

[9] Zu Antoine de La Valette vgl. *Koch*, Jesuiten-Lexikon (wie Anm. 5), 1078–1082.

[10] Zu Frankreich und den Jesuiten vgl. *Henri Fouqueray*, Histoire de la Compagnie de Jésus en France des origines à la suppression 1528–1762. 5 Bde. Paris 1910–1925; *Koch*, Jesuiten-Lexikon (wie Anm. 5), 573–584.

[11] Zu Spanien und den Jesuiten vgl. *Koch*, Jesuiten-Lexikon (wie Anm. 5), 1664–1675.

[12] Zu Clemens XIII. vgl. *Koch*, Jesuiten-Lexikon (wie Anm. 5), 991–993 (mit weiterführender Lit.).

[13] Zu Clemens XIV. vgl. *Koch*, Jesuiten-Lexikon (wie Anm. 5), 993–996 (mit weiterführender Lit.).

[14] Zum Werden des Breve *Domine ac Redemptor* vgl. den Vortrag von Antonio de Aldama SJ, Anfang Juni 1973 in Rom zum 200. Jahrtag der Aufhebung der Gesellschaft Jesu gehalten; auszugsweise veröffentlicht in dem Beitrag *Félix Sánchez Vallejo*, Die Aufhebung der Gesell-

schaft Jesu vor 200 Jahren, in: Jesuiten. Jb. der Gesellschaft Jesu 1973–1974. Rom 1973, 18–26; hier 23f.

[15] Zeitdruck der latein. Veröffentlichung des Aufhebungsbreve, Rom 13.08.1773: München, Archivum Monacense SJ (AMSJ), C IV 183/1–3; Zeitdruck lateinisch-deutsch. Rom 13.08.1773: HSA München, Jesuitica 1040. Zum Breve vgl. *J.K.F. Knaake*, Das Breve Papst Clemens XIV. betr. die Aufhebung des Jesuiten-Ordens. Leipzig 1903.

[16] Zur Studienordnung der Gesellschaft Jesu vgl. *Rita Haub*, Jesuitisch geprägter Schulalltag – Die Bayerische Schulordnung (1569) und die *Ratio studiorum* (1599), in: *Rüdiger Funiok/Harald Schöndorf* (Hgg.), Ignatius von Loyola und die Pädagogik der Jesuiten. Ein Modell für Schule und Persönlichkeitsbildung. Donauwörth 2000, 130–159.

[17] Zur Aufhebung der Gesellschaft Jesu in Deutschland bzw. der Oberdeutschen Ordensprovinz vgl. die schmale Vorstudie von *Bernhard Duhr*, Ungedruckte Briefe und Relationen über die Aufhebung der Gesellschaft Jesu in Deutschland, in: HJb 6 (1885), 413–437.

[18] Zu Lori vgl. NDB 15, 180–183.

[19] Zur Vorgeschichte der Aufhebung, soweit es den dezidiert vorgetragenen Antijesuitismus im Umkreis der Bayerischen Akademie der Wissenschaften betrifft, vgl. *Wilhelm Kratz*, Aus den Frühtagen der Bayerischen Akademie der Wissenschaften. Zur Vorgeschichte der Aufhebung des Jesuitenordens, in: Archivum Historicum S. I. 7 (1938), 181–218; *Ludwig Hammermayer*, Geschichte der Bayerischen Akademie der Wissenschaften 1759–1807, Bd. 1: Gründungs- und Frühgeschichte. München 1983 (Von Gründungs- und Frühgeschichte der Bayerischen Akademie der Wissenschaften. Kallmünz 1959).

[20] Zu den Jesuiten in Mannheim unter der Regierung Karl Theodors vgl. *Karl Weich*, Mannheim – Das neue Jerusalem. Die Jesuiten in Mannheim 1720–1773. Mannheim 1997, 125–210 (hier auch detaillierte Informationen zu den genannten Personen und Ereignissen).

[21] Vgl. *Dominik Burkard*, »Oase in einer aufklärungssüchtigen Zeit«? Die katholisch-theologische Fakultät der Universität Heidelberg zwischen verspäteter Gegenreformation, Aufklärung und Kirchenreform. Sigmaringen 1995 (Contubernium. Tübinger Beiträge zur Universitäts- und Wissenschaftsgeschichte; 42), 64–76.

[22] Vgl. *Weich*, Mannheim (wie Anm. 20), 206–209.

[23] Zu Lorenzo Ricci vgl. *Koch*, Jesuiten-Lexikon (wie Anm. 5), 1535–1538 (mit weiterführender Lit.).

[24] José Pignatelli SJ, der erste Organisator der »neuen« Gesellschaft Jesu zählt heute zu den Heiligen des Ordens. – Zu ihm vgl. *Koch*, Jesuiten-Lexikon (wie Anm. 5), 1426f.

[25] Zu Pius VII. vgl. *Koch*, Jesuiten-Lexikon (wie Anm. 5), 1432f.

[26] Zum Papstgelübde vgl. *Burkhart Schneider*, in: Archivum Historicum S. I. 25 (1936).

Gebietsarrondierung durch Annexion geistlicher Territorien …

Säkularisation als Teil badischer Staatsraison zwischen 1796 und 1806

von Hans-Otto Mühleisen

Wenn historische Vorgänge zu eindeutigen Ergebnissen führen, liest sich die Geschichte aus der Sicht der Gewinner anders als aus der der Verlierer.[1] Für die Säkularisation ist das Tagebuch des Schwarzwälder Benediktinerabtes Ignaz Speckle[2] auch durch die emotionale Färbung seiner Darstellung ein einmaliges Dokument, um Hoffnung und Verzweiflung im Kontext des Untergangs zumindest der Klöster zu begreifen, die um ihr Überleben gekämpft hatten. Dass andere, wie z. B. das benachbarte St. Märgen, die Aufhebung *munter und zufrieden* annehmen konnten,[3] macht die Notwendigkeit der Differenzierung nochmals unter den Verlierern deutlich. Vergleichbares gilt für die Seite der Gewinner, auf der als Erster das neue badische Großherzogtum mit der Arrondierung seines Territoriums – und gleichzeitig der Auffüllung seines Ärars durch Klostergut – in den Blick kommt. Bedenkt man jedoch den dafür zu zahlenden Preis, das Wissen, dass man nichts aus eigener Kraft geschafft hatte, die Herabstufung zum Vasallen Napoleons und – durch die Mitgliedschaft im Rheinbund – die Mitverantwortung für das Ende des Alten Reiches[4], sowie schließlich – gegen den Widerstand seiner Mutter und bestehende Heiratspläne mit Bayern – die Verheiratung von Erbprinz Karl Ludwig mit Stephanie de Beauharnais, deren Nichtstandesgemäßheit mit der Adoption durch Napoleon kaum kaschiert wurde, so wurden hier Weichen in Richtung neuer politischer Ordnungen gestellt, denen letztlich auch die Herrschaft des badischen Fürstenhauses zum Opfer fiel. Ähnlich differenziert wird man auch die Situation des anderen großen Gewinners, Frankreich, sehen müssen. Zwar erreichte es 1805 nach Austerlitz und dem Preßburger Frieden die seit 1796 aktenkundig angestrebte räumliche Distanzierung Österreichs vom Rhein.[5] Es konnte nach den Erfahrungen der vorangegangenen 15 Jahre jedoch kein Zweifel sein, dass für Baden die Zugehörigkeit zu dem *cordon sanitaire* eher einer momentanen Macht- und Interessenlage entsprach, als dass es eine seiner Tradition und wohl auch langfristigen Perspektive gemäße Konstellation gewesen wäre. Schließlich mussten und konnten sich auch die anderen an dem großen Länderschacher des frühen 19. Jh. im deutschen Süden beteiligten Staaten, Österreich, Württemberg und Bayern, mit Kompromissen zufrieden geben. Bestand doch für sie, sollte sich das Kriegsglück wieder wenden, die Hoffnung auf spätere erneute Korrekturen. Nur die aufgehobenen Institutionen hatten keine Chance mehr, sich an zukünftigen Machtspielen zu beteiligen.

Vorboten der Säkularisation

Im Folgenden wird die Säkularisation in Baden als Teil eines politischen Prozesses zwischen 1796 und 1806 begriffen, in dem sich die führenden Staatsmänner[6], insbesondere Frh. v. Reitzenstein, die internationale Konstellation im Sinne ihres Zieles, der Etablierung Badens als europäischer Mittelmacht, zu Nutze machten. Zugute kam ihnen dabei, dass die Aufhebung geistlicher Herrschaften schon während des 18. Jhs. auch unter dem erzkatholischen Haus Österreich kein Tabu mehr gewesen war. Unter den Klöstern in Vorderösterreich, die später dann an Baden fielen, hatte sich schon bald nach dem Amtsantritt Maria

89

Theresias und verstärkt in der Zeit Joseph II. ein Gefühl der existenziellen Bedrohung breit gemacht, das durch die verschiedenen Verbote von Orden oder die Aufhebung einzelner Klöster immer wieder neue Nahrung erhielt. Nur die Aufhebung aller Stifte hatte man sich zumindest unter Habsburger Herrschaft nicht vorstellen können. So reagierten die Abteien im Verlauf des 18. Jh. eher in der Weise, dass man die Bedeutung des jeweils eigenen Hauses im Sinne der von Wien signalisierten, der Aufklärung entsprechenden Kriterien heraus stellte.[7] Erst mit den Erfahrungen der Französischen Revolution und der Gefahr, dass deren Umgang mit den Klöstern im Zuge der Kriegsereignisse auch rechtsrheinisch zur Anwendung kommen könne, stellte sich aus ihrer Sicht eine veränderte Bedrohungslage dar. Für die politische Strategie Badens hieß dies, dass unter französischer Ägide ein ähnliches Handeln möglich sein müsse.

Waren die Klosteraufhebungen in Österreich im Laufe des 18. Jh. mehr Ausdruck eines neuen Verständnisses von Staat und Religion gewesen, wurden sie mit den Revolutionskriegen Funktion der internationalen Beziehungen und bald selbstverständlicher Teil materieller Manövriermasse. Als Baden bald nach dem preußisch-französischen Separatfrieden von Basel und dem kurz danach wieder ausbrechenden Krieg seine Interessen gegenüber Frankreich durch eigene Verhandlungen zu sichern suchte, war die Säkularisation *aller in Baden gelegenen Stiftungen und Klöster, die mit Jurisdiktion ausgestattet seien*, die Hauptforderung gegenüber Frankreich als Entschädigung für den Verlust der linksrheinischen Gebiete.[8] Auch die Sondervereinbarungen anderer Länder wie Württemberg und Bayern mit Frankreich und der Friede von Campo Formio 1797 ließen die Forderung Frankreichs nach Säkularisation der Klöster zu einem immer selbstverständlicheren Weg der Entschädigung werden. Mit der Zusage des Kaisers in den geheimen Artikeln des Vertrags, sich für die Abtretung der linksrheinischen Gebiete an Frankreich einsetzen zu wollen, akzeptierte auch dieser das Entschädigungsverfahren durch Säkularisation und stellte damit, wie durch den Basler Separatfrieden begonnen, die Weichen weiter in Richtung Ende des Alten Reiches.

Erst recht wurde durch die Erklärung der französischen Gesandtschaft auf dem Rastatter Kongress über die Entschädigung der linksrheinischen Verluste durch geistliche Güter und Herrschaften im Reichsgebiet die diesbezügliche Habgier der Fürsten befördert, *das Signal zur Plünderung gegeben*. Zwar blieb der Kongress selbst erfolglos, aber die Säkularisation war als staatliches Handeln nun so etabliert, dass es bei zukünftigen Verhandlungen bis hin zum Reichsdeputationshauptschluss (RDH) von 1803 als legitimes Substitutionsprinzip nicht mehr ernstlich in Frage gestellt wurde. Im Frieden von Lunéville 1801 wurde die Abtretung des linken Rheinufers an Frankreich und die Entschädigung der betroffenen weltlichen Fürsten durch das Reich, also durch die dort befindlichen geistlichen und teilweise städtischen Güter vereinbart. »In der Ferne taucht schon die Idee des Rheinbundes auf.«[9] Baden profitierte von Napoleons Plänen einer neuen internationalen Ordnung und erhielt als erste Gebietserweiterung die Pfalz. Noch ehe und während die Reichsdeputation in Regensburg an der Erstellung eines Entschädigungsplanes arbeitete, hatten sich vorab einzelne Staaten, darunter Baden, von Frankreich bereits Entschädigungen zusichern lassen und die entsprechenden Territorien besetzt, die ihre Verluste oft um ein Vielfaches überstiegen. Die diesbezüglichen Intentionen Bayerns, Badens und Württembergs deckten sich mit dem Interesse Frankreichs, durch die Stärkung der Mittelstaaten eine dritte, von ihm abhängige Kraft in Deutschland zu schaffen. Unterstützung gab es dabei vom russischen Zaren, der den mit ihm verwandten süddeutschen Dynastien auf diese Weise eine gute Ausstattung zukommen lassen konnte.

Mit der Erhebung des zweiten Entschädigungsplanes zum Hauptschluss am 25. Februar und dessen Ratifikation durch den Kaiser am 28. April 1803 war die Auflösung der meisten geistlichen Herrschaften und fast aller Klöster auf badischem Territorium durch ein Reichsgrundgesetz besiegelt. Aus völkerrechtlichen Friedensverhandlungen war somit deutsches Staatsrecht entstanden, das wesentliche Grundlagen das Alten Reiches beseitigte. Nur einige Abteien wie St. Peter, St. Blasien, St. Märgen, Schuttern, Tennenbach und eine Reihe anderer Klöster kamen noch einmal davon, da der vorderösterreichische Breisgau – noch – nicht an Baden gefallen war. Als dies drei Jahre später durch den Frieden von Preßburg erfolgte und durch die Rheinbundakte bestätigt wurde, leitete der

Großherzog sein Recht auf die dann rasch durchgeführten Klosteraufhebungen – trotz der Problematik der Gewährleistung konfessionellen Besitzstandes mit dem Stichtag 25. Februar 1803 – aus § 35 RDH her, der den Landesherren das Recht zur Aufhebung aller Klöster gab und ihnen deren Vermögen zur *freien und vollen Disposition* stellte.[10]

Säkularisationsvorhaben seit 1796

Der Separatfrieden von 1796 war Ausgangspunkt einer badischen Säkularisationspolitik, die sich einerseits den allgemeinen Trend zur Einziehung kirchlichen Eigentums und andererseits die internationalen Beziehungen als Mittel einer staatlichen Politik zu Nutze machte, deren Ziele die Vergrößerung und Arrondierung des badischen Staatsgebietes waren. Zehn Jahre später gehörte Baden zu den Mittelstaaten, die, wenn auch von Napoleons Gnaden, nicht zuletzt aufgrund der Verfügung über vormals kirchliche Güter für über 100 Jahre die Politik im süddeutschen Raum bestimmen sollten. Die Grundlinien der Säkularisationspolitik Mgf. Karl Friedrichs, an denen sich in den folgenden Jahren nichts geändert hat, finden sich in den geheimen Instruktionen für die Friedensverhandlungen an Frh. v. Reitzenstein vom Juli 1796: *Gebietsarrondierungen durch Annexion geistlicher Territorien, Vereinheitlichung des Staates durch Ausschaltung klösterlicher Privilegien und Jurisdiktionsbezirke, Bereicherung des landesherrlichen Ärars durch Güter, Rechte und Gefälle stiftischer Klöster,[...], Schonung der Schulklöster, die weiter im Sinne nützlicher und billiger Staatsanstalten tätig zu sein hatten.*[11] Im geheimen Teil des Friedens, der die Entschädigungen Badens betraf, für die sich Frankreich beim endgültigen Frieden einsetzen wollte, wurden ihm vozugsweise geistliche Besitzungen zugesichert, darunter die Abtei Reichenau, die Propstei Öhningen und die rechtsrheinischen Gebiete des Bistums Speyer.[12]

Auf dem Rastatter Kongress suchte Baden seit 1797 sein Interesse an der Ausweitung und Festigung seines Staatsgebildes mit Hilfe Frankreichs, als dessen »Handlanger«[13] es bald galt, durch Wegnahme geistlicher Güter zu realisieren, während ihm die Übernahme von Gebieten weltlicher Herren zu konflikt-

trächtig erschien. Die geistlichen Herren hatten angesichts ihrer machtpolitischen Situation auf diesem »Jahrmarkt«, wie ein österreichischer Minister den Kongress bezeichnete, keine Chance auf Respektierung ihres Bestands. Was sich im 18. Jh. bereits gezeigt hatte, dass diese Gruppe angesichts der Bedrohung ihrer alten Rechte zu egoistischen Reaktionsweisen neigte, verschärfte sich angesichts der existenziellen Infragestellung nochmals: *Als aber alles dieses nichts verfangen wollte, fielen sie unter sich selbst voneinander ab; die Bischöfe fanden sich geneigt, gleichwohl die Güter der Klöster preiszugeben.*[14]

Noch war der vorderösterreichische Breisgau samt seinen Klöstern nicht an Baden gegeben worden. Zwar gehörte er im Frieden von Campo Formio bereits zur Entschädigungsmasse, wurde zunächst jedoch nicht

Karl Friedrich von Baden (*1728, 1746–1811)
Markgraf, ab 1803 Kurfürst und ab 1806 schließlich Großherzog von Baden.
Radierung von 1802.

für Baden, sondern für den Herzog Hercules v. Modena als Ausgleich für den Verlust italienischer Besitzungen verwendet. Da ihm die Einkünfte des Breisgaus jedoch zu gering erschienen, trat er die Herrschaft nicht an und erwog sogar, »den Breisgau an den Markgrafen von Baden für 6 Mio. fl zu verkaufen«.[15] Für die ständische Ordnung im Breisgau, also auch für die Position der Klöster änderte sich damit faktisch nichts. Komplizierter wurde die Lage, als die Reichsdeputation in Regensburg im Herbst 1802 die Klöster im Breisgau dem Malteser-Orden als Entschädigung zusprach. Als der Ordensmeister Frh. v. Baldenstein zu Heitersheim im November 1802 die provisorische Besitznahme der Klöster verfügte, wies am gleichen Tag die vorderösterreichische Regierung die Klostervorsteher an, sich den Maltesern zu widersetzen und sich allenfalls französischem Militär zu beugen, falls dieses vom Ritterorden eingesetzt werden sollte. Die im Dezember 1802 zwischen Frankreich und Österreich abgeschlossene Konvention besagte, dass der Herzog v. Modena den Breisgau als unteilbares Ganzes zuzüglich der Ortenau erhalten sollte. Erst auf massiven Druck von Kaiser Franz erklärte sich der Herzog nun zur Annahme des Breisgaus als Entschädigung bereit. Sein Schwiegersohn, Erzherzog Ferdinand, ließ im Februar 1803 an den Klöstern ein Patent über die Zugehörigkeit zur modenesischen Landeshoheit anschlagen, ohne dass dies einen Eingriff in deren Rechte bedeutete. Als die Malteser in Paris um Hilfe zur Durchsetzung ihrer Ansprüche nachsuchten, verwies man sie nach Wien, was insofern wenig aussichtsreich war, als der Erzherzog selbst im Herbst 1803 die Erbfolge des Herzogs v. Modena antrat, so dass der Breisgau jetzt wieder habsburgisch war. Bis 1806 blieb die Rechtsfrage, die sog. *Malteser-Frage*, ungeklärt, faktisch änderte sich durch die machtpolitischen Gegebenheiten für die Klöster bis zu diesem Zeitpunkt jedoch nichts, so dass sie die Säkularisation zunächst nur als Ereignis in den anderen Ländern kennen lernten. Für Österreich war der Besitz der Vorlande ohne Rücksicht auf die Gefühle ihrer Untertanen offenkundig zunehmend mehr eine politisch-taktische Frage als eine der traditionellen Rechte und Verbindungen. 1804 gab es in Wien Überlegungen, den Breisgau und die Ortenau wie als Puffer an Baden abzugeben, sofern Modena in Italien entschädigt werden könne.[16]

Was ihnen bevorstehen würde, wenn der vorderösterreichische Breisgau an Baden fiele, konnten die Klöster an Badens Umgang mit den Konventen auf seinem Territorium erahnen. Hatte Baden zwar während des Rastatter Kongresses nicht unbedingt zu den Befürwortern einer Totalsäkularisation gehört, sondern eine solche nur, wenn notwendig, befürwortet, so hatte es mit dem RDH die rechtliche Handhabe für eine umfassende, also durch keine Zweckbindung beschränkte Disposition über das Ordensvermögen erhalten. Während die sieben Reichsstädte, die mit dem RDH an Baden fielen, keinen großen materiellen Nutzen brachten, versprachen die angefallenen Teile der Hochstifte Speyer, Straßburg und Basel, das Bistum Konstanz und die acht Abteien (Salem, Petershausen, Gengenbach, Ettenheimmünster, Allerheiligen, Schwarzach, Frauenalb, Lichtental) Einkünfte von insgesamt etwa 675.000 fl., dem zunächst Ausgaben für Pensionen in Höhe von lediglich 250.000 fl. entgegenstanden, die sich jedoch auf natürliche Weise bald reduzieren würden. Weiter fielen an Baden 74 Klöster, über die der Großherzog verfügen konnte.[17] Wenn man etwa denselben Betrag zur Erreichung so günstiger »Entschädigungen« (die neuen Landesteile übertrafen die Gebietsverluste um das 7,5fache) zunächst nochmals als Bestechungsgelder hatte investieren müssen, so amortisierte sich diese Summe bereits mit den Einkünften im ersten Jahr.

Nach einer provisorischen Besitznahme der neuen Landesteile Ende 1802 führte im Frühjahr 1803 die staatliche Neuorganisation des Gesamtlandes Baden schnell zum Ende der alten Klöster. Unter den 13 *Organisationsedikten* (künftig: OE) regelte das IV. OE[18] Aufhebung und Fortbestand der Ordenshäuser, wobei die faktische Entwicklung letztlich mit wenigen Ausnahmen in kurzer Zeit zur Aufhebung der Klöster führte. Dieses blieb die rechtliche Grundlage der gesamten badischen Säkularisationspolitik, also auch für die die jetzt nochmals davongekommenen Abteien betreffenden Vorgänge in den Jahren 1805/1806. Wenn in diesem OE der Abtei Lichtental und dem Collegiatstift Baden das – wenn auch eingeschränkte – Fortbestehen unter ausdrücklichem Verweis auf ihre Funktion als Grablege des badischen Hauses zugesichert wurde, versteht man zunächst die Hoffnung und 1806 die umso größere Bitterkeit in der Abtei St.

Peter, die sich ja zurecht als das zähringisch-badische Stammkloster verstand, wenn nun dieser Erhaltungsgrund nicht auch für die älteste badische Grablege gelten sollte. Insgesamt muss das IV. OE, das eingangs erklärt, dass den Klöstern ihre Jurisdiktion sowie die Verwaltung ihrer Güter, Patronatsrechte und Gefälle (Steuereinnahmen) abgenommen seien, den selbstbewussten Prälaten eine tiefe Demütigung gewesen sein. Das Recht auf Armenfürsorge wurde ihnen ebenso entzogen wie der Freiraum der Kirche (Kirchenasyl). Ihre Festtagsornate waren aus badischer Sicht nur noch höchst überflüssige Zeichen ihres prunkhaften Auftretens. Die wenigen Institute, die aus Nützlichkeitserwägungen erhalten bleiben sollten, standen von nun an unter dem Vorbehalt des permanenten Nachweises ihrer Existenzberechtigung unter dem Vorzeichen des neuen, von der Aufklärung und protestantischem Denken geprägten Staatskirchenverständnisses. Für die Konvente Lichtental und Gengenbach galt, dass sie, gutes Betragen und Gemeinnützigkeit vorausgesetzt, erst wenn sich ihre Zahl auf zwölf reduziert hätte, beim Landesherrn wieder um die Genehmigung zur Aufnahme von Novizen einkommen könnten. Die verbleibenden Kommunitäten wurden der Aufsicht der staatlichen Kirchen-Kommission unterstellt, mit der Abwicklung der Klöster jeweils einzelne Beamte mit einer gesonderten Kommission beauftragt.

Die Folgen des Friedens von Preßburg

Im III. Koalitionskrieg (1805/1806) waren die drei süddeutschen Staaten nach anfänglichem Zögern unter Zusicherung weiterer Gebietszuteilungen von Beginn an auf französischer Seite in die Kriegsereignisse einbezogen. Seit 1804 war es zwischen dem badischen Fürstenhaus und Napoleon beschlossene Sache, dass bei nächster Gelegenheit der gesamte Breisgau an Baden fallen sollte.[19] Nach dem Sieg Napoleons in der Dreikaiserschlacht bei Austerlitz am 2. Dezember 1805 setzten sich in Wien trotz der harten französischen Konditionen die Befürworter eines Friedensvertrags durch: In dem am 26. Dezember in Preßburg unterzeichneten Frieden musste Habsburg alle Gebiete westlich des Arlbergs an die süddeutschen Staaten abgeben.[20] Zudem hatte es der Verleihung der Kö-

nigswürde an Bayern und Württemberg zuzustimmen. Baden musste sich mit dem Titel eines Großherzogs, ergänzt um den Zusatz *Königliche Hoheit*, begnügen. Die passendste Erklärung hierfür ist, dass Reitzenstein angesichts der geringen Größe des Staates die Königswürde für Baden hintertrieben habe.[21] Bereits in den Tagen zuvor hatte Frankreich mit den einzelnen Staaten vertragliche Abmachungen über die Verteilung der österreichischen Beute getroffen. Dies war ebenso Teil der Vorbereitung einer neuen Staatenkonstellation wie die ehelichen Verbindungen der Familie Napoleons mit den Fürstenhäusern in Bayern und Baden. Dass sich die Gründung des Rheinbundes als neuem französischem Verteidigungsbündnis, das das Alte Reich auch staatrechtlich beendete, dann bis zum Juli 1806 hinzog, hing nicht nur mit den französischen Vorstellungen über das Ausmaß der Abhängigkeit seiner Mitglieder von Frankreich, sondern auch mit den Streitigkeiten der Staaten untereinander über die neuen Grenzen zusammen.[22]

Baden erhielt zu den durch den RDH zugesprochenen Gebieten jetzt den gesamten Breisgau, die Ortenau und die Stadt Konstanz hinzu. Wenn auch nicht alle Träume von einem noch größeren Baden in Erfüllung gingen – Württemberg und Bayern waren geschickter gewesen[23] –, so wurde doch das lange verfolgte Ziel eines durchgehenden Staatsgebietes vom Main bis an den Bodensee erreicht.[24] Ganz im Sinne einer zehn Jahre zurückliegenden Äußerung Karl Friedrichs hatte man die vorderösterreichischen Gebiete erst übernommen, als sie gänzlich der Verfügung Frankreichs unterstellt waren.[25] In Frankreich hatte es seit Mitte der 90er Jahre Pläne gegeben, die rechtsrheinischen vorderösterreichischen Gebiete an Baden zu übertragen. Als den Politiker mit der größten Verantwortung für die Neugestaltung des Badischen Staates, der über den gesamten hier betrachteten Zeitraum dessen Ausdehnung um den Preis weitgehender Abhängigkeit von Napoleon betrieben hatte, wird man Frh. Sigismund v. Reitzenstein bezeichnen müssen.[26] Erst seine Intervention bei Talleyrand nach Abschluss des Vertrags mit Baden am 12. Dezember 1805 eröffnete die Aussicht, dass nun auch die letzten im Breisgau noch bestehenden Stifte dem badischen Staat zur Ausbeutung zur Verfügung standen. Das Wort von den bigotten und unwissenden Prälaten zeigt seine Einschätzung der alten Abteien, die ihm als Erster Stand ein Hemmschuh der Umsetzung seiner Staatsauffassung und daher allein unter materiellen Gesichtspunkten von Interesse waren: *eine solche dem öffentlichen Wohle feindselige Verfassung zuerst aufheben.* Mit dem Preßburger Frieden vom 26. Dezember musste auch Österreich den Anfall des Breisgaus an Baden anerkennen.[27]

Schwierigkeiten entstanden mit Württemberg wegen des Grenzverlaufs im Südschwarzwald.[28] Der Vertrag mit Württemberg, später Teil des Preßburger Vertrags, sprach diesem einen Teil des Breisgaus bis hin zum Mohlbach zu, ein Gewässerlauf, den es mit dieser Bezeichnung auf aktuellen Karten jedoch nicht gab. Württemberg interpretierte den Namen als Möhlin, was ihm fast den ganzen Breisgau eingebracht hätte. Nachdem sich Baden bei der Besitznahme 1803 zunächst zurückgehalten hatte, wollte es angesichts der drohenden Probleme nun das Terrain nicht erneut den Württembergern überlassen. Nachdem auf Antrag Reitzensteins gleich Anfang Januar 1806 eine Besitznahmekommission mit militärischer Unterstützung auf den Weg geschickt worden war, musste man diese jedoch bei Emmendingen wieder anhalten, da Napoleon die Inbesitznahme des Landes durch einen französischen Kommissär vornehmen lassen wollte. Dieser sollte zuvor die noch ausstehenden Kriegskontributionen aus den vorderösterreichischen Landen einziehen. Da die noch im Land stehenden französischen Truppen der Anweisung Napoleons Nachdruck verliehen und das von ihm abhängige Baden die Inbesitznahme unterbrach, nutzten die Württemberger die Situation aus und besetzten ihrerseits große Teile des Breisgaus. Baden blieb nur übrig, die Besitznahmekommission umzubenennen und sie mit der Nomenklatur *zur Wahrung der badischen Interessen*[29] nach Freiburg zu schicken. Ihr gehörten an Frh. v. Drais-Sauerbronn (als erster Kommissar), Hofratsdirektor Stößer sowie der Geheime Referendar Maler und Hofratsassessor Oehlenheinz. In der Instruktion an die Kommission vom 4. Januar war neben der Auflösung der Stände die Aufhebung der Klöster bereits klar definiert. Die erste Amtshandlung von Drais nach seiner Ankunft in Freiburg war, dass er am 16. Januar den Klöstern in einer schon im Ton diskriminierenden Kundmachung jeglichen Verkauf von Dingen verbot,

der *nicht durch die ordentliche Verwaltung bedingt sei.*[30] Rückwirkend wurden alle Veräußerungen seit dem 1. Januar für ungültig erklärt. Man wollte verhindern, dass die Konvente auf diese Weise Vermögenswerte wenigstens in Geldform retteten. Aufgrund der Erfahrungen von 1803 schickte man gleichzeitig den Karlsruher Galeriedirektor Becker zur Erstellung von Kunstwerkverzeichnissen durch alle Klöster. Je nach Standpunkt wurde diese Inventarisierung auch mit einem »kulturpolitischen Lob« versehen, da sie der Verschleuderung der Kunstschätze vorgebeugt habe.[31] Realisiert konnten die Maßnahmen zunächst jedoch nicht werden, da, wie erwähnt, Württemberg die Zeit genutzt und seinerseits nicht nur die ihm zugesprochenen Enklaven, sondern auch die Abteien St. Blasien, St. Peter und St. Märgen in Besitz genommen hatte. In der direkten Konfrontation mit Württemberg war Drais bei der jeweiligen Inbesitznahme unterlegen, so dass erst das Eingreifen Frankreichs durch Ernennung eines Bevollmächtigten bei der Grenzabsteckung im Breisgau die Situation für Baden verbesserte. Am 18. Februar begann der württembergische Rückzug aus den umstrittenen Gebieten, so dass nun der Weg frei war für die badische Inbesitznahme. Bis zuletzt hatte Württemberg jedoch gehofft, wenigstens die Abteien St. Peter und St. Märgen behalten zu können. Für die Zeitgenossen überraschend lehnten die französischen Offiziere nach der für Baden günstigen Grenzziehung die ihnen offerierten Geschenke ab. Am 15. April wurde der Breisgau durch General Monard offiziell an Baden übergeben.

Die Klosteraufhebungen

Die Frage der Klosteraufhebung war freilich zuvor schon entschieden. Bei der Besprechung Reitzensteins am 20. Dezember in Wien hatte Talleyrand ihm auf entsprechende Fragen erklärt, dass die Verleihung der Souveränität gerade den Sinn gehabt habe, *den Staaten die Möglichkeit der Aufhebung der Landstände zu geben.* Reitzenstein selbst hatte die Überzeugung, dass die Aufhebung der *verotteten* Breisgauer Landstände notwendig sei: *Hier würde man im Prälatenstand den bösen Geist eines bigotten, ohnwissenden, herrschsüchtigen und eigennützigen Cleri* [...] *zu*

Klöster in Südwestdeutschland
Ausschnitt aus der Karte Germania Benedictina, 1732.

bekämpfen haben. Da man auch bei der Bevölkerung keine Unruhe im Falle der Aufhebung der Landstände erwartete, konnte Drais am 30. Januar, also noch vor der offiziellen Übernahme Badens, die Klöster für aufgehoben, *dadurch die bisherige Verfassung beseitigt, das Recht der Landesrepräsentation und der ordentlichen Versammlung als corpus erloschen erklären.*[32] Er berief sich bei dieser *mit niederschlagendem Schmerz* aufgenommenen Erklärung ausdrücklich sowohl auf die badische Souveränität als auch auf die Garantie Napoleons.[33] Um das große Interesse Badens an der Säkularisation richtig verstehen zu können, ist deren doppelter Effekt zu beachten: Mit der Aufhebung der einzelnen Klöster und des damit verbundenen materiellen Gewinnes wurden zugleich Institutionen beseitigt, die Träger uralter Verfassungsorgane

waren. Denn, war der erste Stand nicht mehr existent, ließ sich dies so deuten, dass damit die gesamte Standesorganisation hinfällig war. Damit war, ohne dass ein weiterer Eingriff in bestehendes Verfassungsrecht notwendig geworden wäre, der Weg für eine neue, zentral gesteuerte Staatskonstruktion freigemacht. Proteste der Stände und Interventionen der Prälaten in Karlsruhe, Wien und Paris gegen die doppelte Aufhebung, der Klöster und der Verfassung, mussten angesichts des erklärten Staatswillens wirkungslos bleiben. Auch der Versuch des Johanniterordens, sein auf § 26 RDH[34] beruhendes Recht an den Breisgauer Klöstern geltend zu machen, scheiterte trotz bayerischer Unterstützung an den realen Machtverhältnissen: »Am 18. März verfügte Napoleon, dass die Breisgauer Klöster und Stifter bei Baden bleiben sollten«.

Mit der Errichtung des Rheinbundes erhielt Baden dann auch Heitersheim, d.h. die zuvor säkularisationsberechtigte Institution Malteserorden wurde nun selbst Opfer dieser Maßnahme.[35] Die Verwirrung in den ersten Wochen des Jahres 1806 konnte kaum größer sein: Während die badische Kommission gegen württembergische Inbesitznahmen zunächst wenig ausrichtete, ließ sie mit österreichischer Hilfe die von den Maltesern angeschlagenen Eigentumspatente wieder abnehmen, da die Bayern nicht militärisch gegen das verbündete Baden vorgehen wollten.

Nachdem die staatsrechtlichen Fragen seit März geklärt waren, begann die badische Kommission in den Klöstern mit der Bestandsaufnahme der verschiedenen Vermögenswerte. Am 10. Oktober verfügte Drais, dass St. Blasien und St. Peter nicht als völlig aufgehoben gelten, sondern als Kommunität fortbestehen sollten. Der Vorschlag, dass St. Peter Filiale St. Blasiens werden sollte, macht das Unverständnis gegenüber der Klosterwelt und die Unernsthaftigkeit der Vorschläge zum modifizierten Fortbestand der beiden Abteien deutlich. Angesichts der späteren Unterstellung unter den Ortspfarrer und den Landdekan zeigte sich, dass ein wirklicher Wille zum Erhalt auch nur einzelner Klöster nie vorhanden war. St. Blasien wählte 1807 den von Österreich offerierten Weg, in die Habsburger Stammlande zu übersiedeln. Zuvor hatten in Freiburg am 15. April die feierliche Übergabe des Breisgaus an Baden und am 30. Juni die Huldigung an Großherzog Karl Friedrich stattgefunden, der angesichts der Rückkehr in Zähringisches Stammland nun wieder diesen – von alters her »leeren« – Herzogtitel führte. Dass die württembergische Kommission neben einigen anderen den Ämtern St. Peter und St. Märgen die Teilnahme an der Huldigung verbot, blieb eine folgenlose Marginalie des Kampfes um die beiden Abteien. Die Augustinerchorherrenabtei St. Märgen wurde am 29. August 1806 aufgehoben. Dass dies das Fest des Ordensgründers Augustinus war, mag Zufall gewesen sein. Offensichtlich war in diesem Kloster die Bestürzung über das Ende des Klosterlebens gering.[36] Nachdem in St. Peter und in seinen Filialen im Mai/Juni mehrfach die Vermögenswerte erhoben worden waren, erklärte die Klosterkommission am 20. November 1806 die Auflösung dieser Abtei und setzte das Ende der Klosterökono-

mie auf den Weihnachtstag fest. Mit dem Ende des Jahres erlosch das klösterliche Leben, nach außen am sichtbarsten mit der Einstellung des gemeinsamen Chorgebets. Abt Speckle und einige seiner Mitbrüder blieben noch bis 1813, als die Gebäude ein österreichisches Militärlazarett aufnehmen sollten, in dem Kloster, das ihnen nicht mehr gehörte.

Dimensionen der Säkularisation

Die Säkularisation als regionaler politischer Prozess in Baden endete mit der Aufhebung bzw. Übersiedlung der Abteien im ehemals vorderösterreichischen Breisgau 1806. Die Klöster hatten den Vorgang beobachtet, offensichtlich aber nur teilweise gefürchtet. Obwohl sie selbst ein Teil davon waren, konnten sie ihn jedoch nicht oder nur verzögernd in ihrem Sinne beeinflussen. Abgesehen von den Erfahrungen, die man mit den Eingriffen unter Joseph II. gemacht hatte, wird man den Säkularisationsprozess im engeren Sinn mit dem badisch-französischen Sonderfrieden 1796 beginnen lassen, als diesbezüglichen Wünschen, von badischer Seite geäußert, von französischer entsprochen wurde. Die oben zitierte Instruktion Karl Friedrichs im Juli 1796 an Reitzenstein enthielt die Grundlagen der gesamten Säkularisationspolitik: »*Gebietsarrondierungen durch Annexion geistlicher Territorien*, [...]«. Die Idee der Schonung von Schulklöstern *im Sinne nützlicher und billiger Staatsanstalten* sollte nicht lange Bestand haben.[37] Mit dem Frieden von Campo Formio von 1797 wurde durch die Übergabe des Breisgaus an den Herzog v. Modena zum ersten Mal klar, dass auch die bis dahin in Vorderösterreich sich einigermaßen sicher fühlenden Klöster Verfügungsmasse geworden waren. Mit dem Rastatter Kongress und dem Frieden von Lunéville 1801 rückte das protestantische Baden bedrohlich näher, ohne dass man sich von Österreich noch wirklichen Schutz versprechen durfte.[38] Der RDH, der generell als das entscheidende Säkularisationsdokument gilt, gab Baden zum erstenmal volles Dispositionsrecht über das Gut derjenigen (oben genannten) Klöster, die ihm mit der – weit überproportionalen – Entschädigungsmasse zufielen. Ein Teil davon gehörte seit 1796 zu den badischen Forderungen. Dasselbe galt für die Abteien, die schon unter badischer Landeshoheit gestanden hatten, Schwarzach und Frauenalb. Für die noch nicht Baden zugeschlagenen Klöster im vormaligen Vorderösterreich führte der RDH zu der kuriosen Situation, dass dessen Regelung nach § 26, die Übergabe des Breisgaus an die Heitersheimer Malteser, nie wirklich vollzogen wurde. Stattdessen blieb der Breisgau modenesisch und wurde mit dem Erbanfall an den Erzherzog wieder habsburgisch. Da auch dieser sein Land nie betrat, sondern nur als Geldquelle zu nutzen suchte, ist der für den Breisgau zwischen 1797 und 1805 öfters verwendete Begriff vom herrenlosen Land durchaus zutreffend.

Sigismund Frh. von Reitzenstein (1766–1847)
Einer der bedeutendsten badischen Staatsmänner (Leitender Minister) im Zeitalter von Säkularisation und Mediatisierung. Pastellgemälde, Jakob Roux, (Heidelberg, ca. 1805). Original verschollen.

Die reale Macht lag neben der österreichischen Verwaltung und den fortbestehenden Ständen samt ihrem Konsess im wesentlichen bei der nie aufgehörten französischen Militärbesatzung. So viel Freiheiten dies den Klöster auch lassen mochte, sah man doch zumindest seit 1803 das die Existenz der Klöster vernichtende Handeln Badens und wusste zugleich um dessen Aspirationen auch auf den vorderösterreichischen Breisgau. Dass sie dabei weder vom Konstanzer Ordinariat noch von der römischen Kurie mit Hilfe rechnen konnten, war den Äbten im Breisgau angesichts der klosterfeindlichen Haltung Wessenbergs und des diplomatischen Verhaltens des Papstes, der bei der Kaiserkrönung Napoleons die tolerante Haltung des badischen Kurfürsten als vorbildlich bezeichnete, klar. 1805 kam mit Württemberg ein weiterer Landesherr ins Spiel, der seinen Rechtsanspruch auf die Klöster, abgesehen von einigen Räubereien, jedoch ebenso wenig wie die Malteser wirklich durchsetzen konnte. Letztlich erhielt außerhalb aller rechtlichen Regeln, allenfalls abgesichert durch eine günstige Auslegung des Preßburger Friedens[39], die neue Mittelmacht Baden den Zuschlag, den sie bis zum Ende der Napoleonischen Ära mit der Vasallen ähnlichen Abhängigkeit von Frankreich[40] erkauft hatte: Die Übernahme des Breisgaus durch Baden am 15. April 1806 erfolgte wenige Tage nach der nur unter Druck zustande gekommenen Vermählung des badischen Erbprinzen mit Stephanie de Beauharnais, der dafür eigens von Napoleon adoptierten Nichte der französischen Kaiserin. Es ist nicht übertrieben, den endgültigen Übergang des Breisgaus an Baden unter Zurückweisung Württemberger Ansprüche aus dem Preßburger Frieden als gerne gegebene und noch lieber erhaltene Mitgift dieser ausschließlich politischen Heirat zu bezeichnen. Für die ehemals vorderösterreichischen Klöster war damit sicher, dass das Schicksal, das sie drei Jahre zuvor bei den benachbarten Abteien hatten mit ansehen müssen, nun auch das ihre werden würde. Nachdem mit der Rheinbundakte auch der Malteserorden an Baden kam, war auch der letzte juristische, politisch freilich nie wirklich wirksame Vorbehalt gegen die Aufhebung der Klöster entfallen. Die Vorgänge selbst, der Entzug der Jurisdiktion, die Aufhebung der Verwaltungsbefugnisse, der Verlust der verschiedenen Einnahmen, letztlich Enteignung und Vertreibung, liefen 1803 und 1806 nach dem gleichen Muster ab. Obwohl demnach die Klöster des vorderösterreichischen Breisgaus wussten, was ihnen bevorstand, hatten sie dennoch keine Chance, diesen politischen Prozess in einer Weise zu beeinflussen, dass nicht auch sie als dessen Ergebnis für die zerrütteten badischen Finanzen hätten mit ihrer Existenz bezahlen mussten. Wenn die gegenüber Baden eher apologetische Literatur betont, wie schonend und einfühlsam die Besitznahme des vorderösterreichischen Breis-

gaus erfolgt sei[41], mag dies für die in ihrer Existenz gefährdeten Institutionen wenig tröstlich gewesen sein. Das Kalkül der badischen Staatsraison, Etablierung und Arrondierung Badens als einer anerkannten Mittelmacht mittels der Säkularisation, war mit Hilfe Napoleons aufgegangen und sollte auch nach dessen endgültiger Niederlage nicht mehr in Frage gestellt werden: »Der neue Staat Baden war überhaupt nur auf dieser Grundlage [der Säkularisation, d. V.] möglich.«[42]

[1] Zum vorl. Thema vgl. man etwa die entspr. Abschnitte über die Übel der Säkularisation bei *Hermann Lauer*, Geschichte der katholischen Kirche im Großherzogtum Baden. Freiburg 1908, mit *Franz Schnabel*, Sigismund von Reitzenstein. Heidelberg 1927, wo die Säkularisation als staatspolitische Meisterleistung gewürdigt wird.
[2] Vgl. *Stephan Braun*, Memoiren des letzten Abtes von St. Peter. Freiburg 1870; *Hermann Schmid*, Die Säkularisation der Klöster in Baden 1802–1811. Teil 1, in: FDA 98 (1978), 173–352, Anm. 405, 312, behauptet, leider ohne Nachweis, dass Speckles Tagebucheintragungen »in manchen Einzelheiten nicht mit den Akten übereinstimmen«. (Teil 2, in: FDA 99 (1979), 173–375).
[3] Zum Vergleich der beiden Abteien vgl. *Hans-Otto Mühleisen*, St. Peter/St. Märgen. Zum spannungsvollen Verhältnis zweier Schwarzwaldklöster, hg. von der Volksbank. Freiburg 2000, hier bes. 19–22.
[4] Noch 1795 hatte Karl Friedrich an den Römischen Kaiser geschrieben, man werde sich *von dem heilsamen Reichsverbande* nie freiwillig trennen. (s. *Rolf Gustav Haebler*, Ein Staat wird aufgebaut. Badische Geschichte 1789–1818. Baden-Baden 1948, 15)
[5] Ebd., 17.
[6] Vgl. zum Atmosphärischen badischer Politik *Willy Andreas*, Badische Politik unter Karl Friedrich, in: ZGO 1911, 415–442.
[7] Eine Übersicht bei *Schmid*, Säkularisation (wie Anm. 2), Teil 1, 179–185.
[8] *Wolfgang Windelband*, Der Anfall des Breisgaus an Baden. Tübingen 1908, 5.
[9] *Haebler* (wie Anm. 4), 26.
[10] Einen Überblick über die von Baden säkularisierten geistl. Institutionen gibt *Karl Stiefel*, Baden 1648–1952. Bd. 1, Teil 2: Der Reichsdeputationshauptschluß von 1803. Karlsruhe 1977.
[11] *Schmid*, Säkularisation (wie Anm. 2), Teil 1, 187.
[12] *Friedrich Weech*, Badische Geschichte. Karlsruhe 1890, 452.
[13] Vgl. *Windelband*, Anfall (wie Anm. 8), 18.
[14] So der preuß. Gesandtschaftssekretär beim Kongreß, *K. H. Ritter von Lang*, Memoiren. Bd. 1. Braunschweig 1842, 334, zit. nach *Schmid*, Säkularisation (wie Anm. 2), Teil 1, 189.
[15] *Peter P. Albert*, Der Übergang Freiburgs und des Breisgaus an Baden 1806, in: ZGGF 1906, 161–188, 164.
[16] *Windelband*, Anfall (wie Anm. 8), 58.
[17] Vgl. *Karl Stiefel*, Baden 1648–1952. Bd. 1, Teil 2. Karlsruhe 1977.
[18] Abgedruckt bei *Schmid*, Säkularisation (wie Anm. 2), Teil 2, 330–340.
[19] *Alfred Graf von Kageneck*, Das Ende der vorderösterreichischen Herrschaft im Breisgau. Freiburg 1981, 140.
[20] Der Erzherzog wurde von seiner Depossedierung erst unterrichtet, nachdem sie vom Kaiser bereits in eigenem Namen vorgenommen worden war. Vgl. Ebd., 143/144.

[21] *Schnabel*, Reitzenstein (wie Anm. 1), 80, zitiert den Spott über die Königsambitionen Karl Friedrichs: dieses »*Königreich mit zwei Flügeln, [...] dessen Hauptstadt nur eine einzige, aus Hütten gebildete Straße hat [...] und mit all diesem der traurige Ehrgeiz nach einem Titel, der uns dem Gespött von ganz Europa aussetzen wird.*«
[22] Vgl. *Theodor Bitterauf*, Die Gründung des Rheinbundes und der Untergang des alten Reiches. München 1905.
[23] Vgl. *Windelband*, Anfall (wie Anm. 8), 68–71.
[24] Vgl. *Schnabel*, Reitzenstein (wie Anm. 1), 68/69.
[25] *Windelband*, Anfall (wie Anm. 8), 6.
[26] *Schnabel*, Reitzenstein (wie Anm. 1), 113/114.
[27] Eine Zus.stellg. der erworbenen Gebiete bei *Albert*, Übergang (wie Anm. 15), 169.
[28] Vgl. Politische Correspondenz *Karl Friedrichs von Baden* 1783–1806, bearb. von *K. Obser*. Bd. 5. Heidelberg 1901, 448–452.
[29] *Windelband*, Anfall (wie Anm. 8), 78.
[30] Die Kundmachung ist abgedruckt bei *Schmid*, Säkularisation (wie Anm. 2), Teil 1, 276/277.
[31] *Haebler*, Ein Staat (wie Anm. 4), 56. Wenigstens um der histor. Korrektheit willen sei angemerkt, dass südtt. Fürstenhäuser dann am Ende des 20. und Beginn des 21. Jhs. das säkularisierte Klostergut dem Kunstmarkt zugeführt haben.
[32] *Windelband*, Anfall (wie Anm. 8), 91–94.
[33] *Albert*, Übergang (wie Anm. 15), 174/175.
[34] Abgedruckt bei *Schmid*, Säkularisation (wie Anm. 2), Teil 2, 346.
[35] Ebd., 97.
[36] *Mühleisen*, Verhältnis (wie Anm. 3), 19.
[37] *Schmid*, Säkularisation (wie Anm. 2), Teil 1, 187; hierzu auch *Stiefel*, Baden (wie Anm. 10).
[38] Zum vergebl. Bemühen, die Abtretung des Breisgaus zu verhindern und von Wien eindeutigere Schutzzusagen zu erhalten vgl. *Franz Quarthal/Georg Wieland*, Die Behördenorganisation Vorderösterreichs von 1753 bis 1805. Bühl 1977, 149.
[39] Die Erwerbungen durch den Preßburger Frieden 1805 umfassten neben dem größten und letzten noch verfügbaren Teil des Breisgaus die Ortenau, die Deutschordenskommende Mainau, die Herrschaften Blumenfeld und Hagnau sowie die Stadt Konstanz.
[40] Die Verhaftung des Bourbonenherzogs d'Enghien im März 1804 durch franz. Militär auf bad. Territorium wirft ein Schlaglicht auf die reale polit. Situation.
[41] *Weech*, Geschichte (wie Anm. 12), 472.
[42] *Haebler*, Ein Staat (wie Anm. 4), 32.

Eine große Remedur?

Die Klosteraufhebungen Kaiser Josephs II. in den österreichischen Vorlanden

von Ute Ströbele

In den österreichischen Vorlanden kam es bereits zwanzig Jahre vor der Säkularisation von 1803/1806 zu Klosteraufhebungen unter Kaiser Joseph II. Diese werden gemeinhin nicht als »Säkularisation« bezeichnet, da das klösterliche Vermögen in einen eigenen, für kirchliche und karitative Zwecke vorgesehenen *Religionsfonds* floss. Nichtsdestoweniger waren die Konsequenzen für die Ordensangehörigen dieselben: Sie mussten *in die Welt* oder in eines der neuen *Institute* gehen, die klösterliche Ökonomie wurde aufgehoben und die Immobilien verkauft oder einer anderen Nutzung zugeführt. Vor allem die Zahl der Frauenklöster wurde drastisch reduziert: von den knapp fünfzig bestehenden Konventen wurde fast die Hälfte aufgelöst.[1]

Die Klosterlandschaft erfuhr also bereits vor der eigentlichen Säkularisation eine tiefgreifende Veränderung, zumal mit den josephinischen Aufhebungen eine das monastische Leben stark beeinträchtigende Kirchenpolitik einherging. Sie war Teil einer unter Maria Theresia initiierten und unter Joseph II. intensivierten Umgestaltung des österreichischen Feudalstaates zu einem zentralistisch organisierten Staatswesen. Die Reformen tangierten alle gesellschaftlichen und politischen Bereiche, insbesondere aber die Kirche. Als staatsübergreifende und weitgehend eigenständige Institution stellte sie ein Hindernis auf dem Weg zum absolutistischen Einheitsstaat dar, das es durch wirtschaftliche und institutionelle Integration zu überwinden galt.[2] Gerade im Zeitalter der Aufklärung gerieten die Klöster als stark in mittelalterlichen Traditionen verhaftete Institutionen ins Kreuzfeuer der öffentlichen Kritik. Ihre auf das Jenseits ausgerichtete, kontemplative Lebenswelt kollidierte mit den mehr auf das Diesseits, auf den weltlichen Nutzen fokussierenden aufklärerisch-utilitaristischen Vorstellungen Josephs II. und seiner Beamten.[3]

Diese, heute auch unter dem Terminus »Josephinismus« firmierende, theresianisch-josephinische Reformbewegung wird von der historischen Forschung in ihrer Komplexität unterschiedlichst untersucht und interpretiert; u. a. stellt sich die Frage nach der Wirkungsweise und Beteiligung der unteren administrativen Ebenen bei der inneren Staatenbildung und sozialen Modernisierung im aufgeklärten Absolutismus.[4] Die vorderösterreichischen Klosteraufhebungen bilden hierbei nur einen mikrohistorischen Ausschnitt und werden im Folgenden kurz dargestellt. Dennoch lässt sich auch hier die Rolle der behördlichen Instanzen am Aufhebungsprozess exemplifizieren und durch die Frage nach den Handlungsspielräumen der Betroffenen ergänzen. Die für Vorderösterreich spezifische Konzentration auf die Frauenklöster ermöglicht außerdem die Skizzierung der für die weiblichen Ordensangehörigen charakteristischen Implikationen des Aufhebungsvorgangs.

Die Klosterpolitik vor 1782

Bereits unter Maria Theresia wurde von staatlicher Seite Handlungsbedarf bezüglich des Ordenswesens festgestellt und eine *große Remedur* angekündigt.[5] Die Voraussetzung hierfür bildete die Schaffung einer soliden Datenbasis, d. h. die Klöster mussten Rechenschaft über ihren Personenstand und ihr Vermögen ablegen. Letzteres stand im Zentrum des staatlichen Interesses, und eine Vielzahl der als *in Publico-Ecclesiasticis* bezeichneten Verordnungen betraf die wirtschaftliche Seite der Klöster. Deren Gütertransfer sollte durch die Verschärfung der sog. *Amortisationsgesetze* eingeschränkt und kein Eigentum mehr zur *toten Hand* erworben werden. Im weiteren Verlauf erfolgte eine Beschränkung des Almosensammelns der Bettelorden, die Besteuerung des Klosterbesitzes und die Festsetzung der klösterlichen Mitgift. Als schwerwiegende Eingriffe in die Klosterrechte erwiesen sich die Heraufsetzung des Professalters auf 24 Jahre, das Aufnahmeverbot für Novizinnen und die Festlegung eines *numerus fixus*. Die Klöster waren teilweise *ausländischen* Ordensoberen unterstellt, und die vorderösterreichischen Gebiete gehörten zu fünf verschiedenen Bistümern. Dieser einem modernen Staatswesen widerstrebenden kirchlichen Heterogenität versuchte man durch die Trennung des *Ordensnexus* und die Schaffung neuer, sich an territorial-staatlichen Grenzen orientierenden Provinzen und Bistümern entgegenzuwirken.[6]

Die Verordnungen waren integraler Bestandteil des angestrebten staatskirchlichen Systems. Hierzu gehörte ferner die Abschaffung der klerikalen Sonderstellung, die Zentralisierung der theologischen Ausbildung sowie das Bemühen, die Seelsorge durch die Neueinrichtung von Pfarreien zu verbessern und barocke Frömmigkeitsformen z. B. durch die Aufhebung der Bruderschaften zurückzudrängen.[7] Die Gesetze ermöglichten den weltlichen Stellen Einblick in die Klosterinterna und wurden zum Anlass genommen, massiv in die klösterlichen Rechte einzugreifen und teilweise auch deren Existenz in Frage zu stellen. Auslöser waren hier z. T. von *unbekannter Hand* verfasste Beschwerdebriefe über die *verfallene Zucht* in den Mendikantenklöster oder wie im Fall der Freiburger *Kartäuseraffäre* das Ansuchen eines Teils des Konvents um obrigkeitliche Hilfe in einem intern schwelenden Konflikt. Die sich hieraus entwickelnden Auseinandersetzungen diskreditierten das Freiburger Kloster schwer und führten zu weltlichen Eingriffen in die Klosterverfassung bzw. provozierten 1776 eine von staatlicher Seite verfügte Aufhebung. Nur aufgrund massiver bischöflicher und päpstlicher Fürsprache wurde dieser Beschluss vorerst nicht umgesetzt.[8]

Fast zu einem vorderösterreichischen Politikum wurde der Fall einer schwangeren Nonne im Rottenburger Terziarinnenkloster der Oberen Klause und die daraus resultierende Zusammenlegung der Horber Einrichtung mit dem Rottenburger Konvent. An diesem Fallbeispiel lässt sich nicht nur eine maßgebliche Beteiligung der unteren Verwaltungsebene in Sachen Klosterpolitik feststellen, sondern im »casus Rottenburg« kam dem zuständigen hohenbergischen Oberamt durchaus eine Initiativfunkion zu.[9] Die Terziarinnen zogen die weltliche Aufmerksamkeit in besonderem Maße auf sich, weil der Horber Konvent 1769, aufgrund seines *gänzlich ruinösen* Gebäudes, um einen kaiserlichen Sammlungsbrief bat und in Rottenburg Klagen über die Schwangerschaft der Klosterfrau Maria Anna Beck laut wurden. Zu einem Zeitpunkt, als die Klöster generell von allen Seiten kritisch beäugt und die weltliche Obrigkeit jeden Anlass für eine Intervention nutzte, lösten diese beiden Vorfälle eine folgenschwere Untersuchungslawine aus, die letztendlich zur Zusammenlegung der beiden Ordenshäuser führte. Die Initiative ging hierbei nicht von Wien, sondern von der unteren Verwaltungsebene aus. Dort wird 1770/71 der zuständige hohenbergische Landvogt erneut mit dem Horber Wunsch nach einem Neubau und gleichzeitig mit den Beschwerden über die Schwangerschaft der Rottenburger Nonne konfrontiert. Das zeitliche Zusammentreffen dieser beiden Ereignisse scheint das Oberamt bewogen zu haben, den übergeordneten Behörden die Zusammenlegung vorzuschlagen: *Es kommt darauf an, welche Bestimmung allenfalls der allerhöchste Ort* [Wien] *mit diesem wenig Rücksicht verdienenden Nonnenkloster vorhaben dürfte. Ob selbes abgehen zu lassen oder etwa dahin das ebenfalls zerfallene Kloster zu Horb unterzustoßen gefälliger wäre.*[10] In einer Hofresolution vom 19. Oktober 1771 wurde dann auch prompt die Vereinigung des Horber Klosters mit einer anderen Einrichtung angeordnet; Deren Realisierung nahm allerdings neun Jahre in Anspruch. Neun Jahre, in denen sich reger Protest formierte und die Klosterfrauen sich gegen die aus ihrer Sicht *gewalttätigen* obrigkeitlichen Versuche der Einflussnahme zur Wehr setzten.[11]

Das zuständige Oberamt demonstrierte im Zuge dieser Auseinandersetzungen eine äußerst klosterkriti-

Tiroler Reformatenprovinz
Die Karte zeigt u.a. einige der 1782 aufgehobenen Frauenklöster: Rottenburg, Krockental/Ehingen, Munderkingen, Warthausen, Säckingen, Waldsee und Freiburg. Handzeichnung von 1768.
Archiv der Tiroler Franziskanerprovinz Schwaz/Tirol.

sche Haltung, insbesondere gegenüber den als Hort des Aberglaubens geltenden Bettelorden – eine Einstellung, die sich auch in dem Zitat eines zeitgenössischen vorderösterreichischen Beamten widerspiegelt: *Die Mönchsdespotie zur Zeit meiner Kanzleiverwaltung war noch auffallend, besonders bei den Bettelorden, welche keinem Bischofe und ohnehin keiner weltlichen Macht gehorchen wollten, sondern sich, sonderheitlich die Mönche des St. Franzes a Assis, die sich […] fähiger als alle anderen Geistlichen mit Krägelchen und Kapuze hielten […] gegen Verhexung und Unwesen, aus Besessenen Teufel auszutreiben*

pp., welchen tollen Volksglauben sie meisterlich zu unterhalten wissen.[12]

So sehr die beiden unteren Verwaltungsinstanzen in Horb und Rottenburg auf eine staatliche Einflussnahme drängten, als es um die projektierte Aufhebung des Horber Klosters ging, bildeten sich eindeutige lokale Solidaritäten. Das Horber Obervogteiamt, der Magistrat wie auch die Bürger der Stadt unterstützten die Nonnen in ihrem Bemühen um den Klostererhalt. Die Ordensschwestern selbst entwickelten eine Doppelstrategie, indem sie versuchten, potenzielle Angriffsflächen durch die Konsolidierung ihrer Finanzen und

Gliederschmerzen und Entkräftung
Gutachten des Horber Stadtphysikus über die Gesundheit der arbeitsunfähigen ehemaligen Klosterfrau Michelina Häberlin, die um die Erhöhung ihrer Pension bittet, 1801.
HSA Stuttgart.

durch die Distanzierung von ihrem Neubauprojekt zu reduzieren und gleichzeitig offensiv gegen die Aufhebungspläne vorzugehen. Sie schalteten den aus Horb stammenden Abt von St. Blasien, Martin Gerbert, und einen Agenten als Vermittler ein – allerdings mit mäßigem Erfolg, denn obwohl der Agent *den Klosterfrauen nach Hofarth nit wenig schmeichelte und /ihnen/ vieles versprach, so erlangten sie […] bishero kein Worth zur Antworth.*[13]

Obervogteiamt, Magistrat und Bürger verfassten Bittschriften, in denen sie die durch eine Klosterverlegung drohenden ökonomischen und sozialen Nachteile für die Stadt in den Vordergrund stellten: *Keine Fabrique, kein Militäre, kurz gar keine Quelle ist allhier vorhanden, welche dem Bürger und Handwerksmann seine Nahrung erleichtern könnte. Es würde demnach die hiesige Stadt unendlich vieles verlieren, wenn die Übersezung* [Umsetzung] *der erwähnten Klosterfrauen vor sich gehen sollte.*[14] Neben den wirtschaftlichen Gesichtspunkten wurde auch auf die karitative Arbeit der Klosterfrauen hingewiesen. Die Nonnen spendeten nicht nur für den Bettelkarren, sondern versorgten Arme und Kranke und kümmerten sich bevorzugt um die *Kindbetterinnen.* Zur nachhaltigen Unterstützung der städtischen Petitionen wurde von den Bürgern der Stadt eine Liste mit 185 Unterschriften von Horber Haushaltsvorständen beigelegt.[15]

Die lokalen »Pro-Kloster-Aktionen« wurden aber vom Oberamt in Rottenburg desavouiert. Als maßgebliche Zwischeninstanz hielt der Landvogt vehement an dem von ihm initiierten Zusammenlegungsprozess fest und bemühte sich, diesen durch einen stetigen negativen Informationsfluss über die klösterliche Situation in Rottenburg und Horb zu forcieren.[16] Dennoch reagierte die Regierung in Freiburg verhalten auf das oberamtliche Insistieren und wurde in Sachen Aufhebung nicht aktiv. Vielmehr betrachtete man die Aktivitäten zur Sanierung der Klosterfinanzen mit Wohlwollen und unterstützte diese durch die Genehmigung von Kapitalaufnahmen. Erst als sich im Rottenburger Kloster erneut ein disziplinarischer Vorfall ereignete und daraufhin die Transferierung 1778 erneut angeordnet wurde, begann Freiburg mit der konkreten Umsetzung.[17] Deren Realisierung sollte jedoch noch einmal zwei Jahre in Anspruch nehmen, denn die von weltlicher Seite aus gewünschte Mitwir-

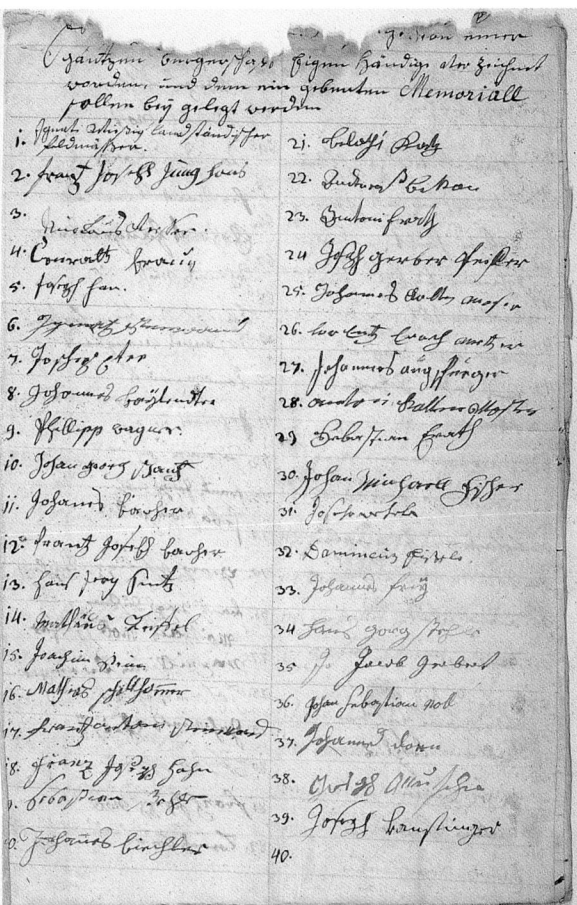

Protest gegen Klosterauflösung
Unterschriftenliste von 185 Horber Bürgern, die sich für den Erhalt des Horber Klosters einsetzten.
HSA Stuttgart.

kung des Bischofs von Konstanz am Zusammenlegungsprozess führte zu weiteren Verzögerungen. Obwohl der Bischof rein kirchenrechtlich keine Jurisdiktion über die beiden exempten Klöster besaß, wurde er von der weltlichen Seite als zentraler Ansprechpartner betrachtet. Bischof Maximilian Christoph v. Rodt sollte nicht nur die für die Aufhebung notwendige kirchliche Hilfestellung geben, sondern auch die Jurisdiktion über das »neuvereinigte« Kloster erhalten.[18] Durch seine Einbindung in den Vorgang konnte der Bischof allerdings Einspruchsmöglichkeiten wahrnehmen und durch geschicktes Taktieren – auch aus Furcht vor einem Präzedenzfall – die *Zusammensto-*

Offizielle Darstellung der Klosteraufhebung 1782
Der Ausschnitt zeigt eine Prozession von Klosterfrauen, gefolgt von mit Kirchenschätzen und Klosterwein beladenen Wagen.
Kupferstich, ca. 1783 (Ausschnitt).
Historisches Museum der Stadt Wien.

ßung immer wieder hinauszögern. Erst als die weltliche Seite signalisierte, die Zusammenlegung gegebenenfalls auch ohne bischöfliche Hilfe zu realisieren, ließ sich der Konstanzer Bischof *überzeugend belehren* und stimmte zu: *Wir sind sofort willig und bereit zu der vorhabenden Vereinigung von bischöfl. Ordinariats wegen mitzuwürcken, sofort es dahin einleiten und zu helfen […] unter sorgfältiger Vermeidung alles öffentlichen Aufsehens bei dem Publico.*[19]
Eine bischöfliche Mithilfe bei der Transferierung wurde allerdings erst auf massiven Druck hin geleistet. Erst die Furcht, dass die *weltliche Obrigkeit allein fürtfahren werde* und er vom Prozess der Auflösung ganz ausgeschlossen bliebe, ließen den Bischof schließlich kapitulieren und kooperieren.[20]
Die Transferierung des Horber Klosters wurde am 11. Juli 1780 sozusagen paritätisch von einem landesfürstlichen und einem bischöflichen Kommissär durchgeführt. Größten Wert wurde bei der Aufhe-

bungszeremonie auf die Mitwirkung des bischöflichen Kommissärs gelegt. Trotz des geistlichen Beistandes kam es aber am Tag des Abtransportes zu dem von beiden Seiten befürchteten öffentlichen Aufsehen. Die Nonnen brachen in Tränen aus und der zuständige Horber Guardian protestierte vehement gegen den Vorgang – vergeblich! Die Ordensfrauen wurden nach Rottenburg transferiert, die Realitäten des Klosters teilweise verkauft und der Erlös mit dem Vermögen der Oberen Klause vereinigt.[21] Die Obrigkeit nahm die Zusammenlegung zum Anlass, die Verfassung des vereinigten Klosters grundlegend zu ändern. Die Temporalia wurden einem landesherrlichen Beamten, die Spiritualia dem Konstanzer Bischof unterstellt. Von den Schwestern wurde die Abhaltung von Schulunterricht verlangt, dadurch sollten sie sich die *ewige Aufrechterhaltung ihres Klosterhauses* sichern! Ewig?! Zwei Jahre später wurde das Kloster der Oberen Klause im Zuge des Dekrets vom 12. Januar 1782 zusammen mit weiteren 23 vorderösterreichischen Klöstern aufgehoben.[22]

Das Fallbeispiel zeigt, dass es bereits vor 1782 zu massiven staatlichen Eingriffen in einzelne Klosterexistenzen kam. Die Initiative hierzu ging nicht von Wien, sondern von der oberamtlichen Verwaltungsebene aus. Dabei wurden durchaus kirchenpolitische Rücksichten an den Tag gelegt und Handlungsspielräume für die Beteiligten eröffnet – immerhin konnte die Transferierung neun Jahre hinausgezögert werden. 1782 hatten sich die Vorzeichen grundlegend geändert. Nun wurde die Aufhebung einer großen Zahl vorderösterreichischer Klöster von oben dekretiert und die Räumung der Ordenshäuser binnen eines halben Jahres konsequent durchgeführt.

Das Ende der Franziskanerinnenklöster

Der Prozess der Klosterreduktion begann in den habsburgischen Ländern unter Maria Theresia, als in der Lombardei eine größere Anzahl Klöster mit päpstlicher Genehmigung aufgehoben wurden und als Papst Klemens XIV. 1773 mit der Aufhebung des Jesuitenordens ein Signal für die Säkularisationen des 18. Jhs. setzte. »Damals lernten die landesfürstlichen Behörden in Österreich, wie Säkularisationen vorzunehmen waren.«[23] Die Schließung der Jesuitenkollegien bildete sozusagen den Modellversuch für die späteren Klosteraufhebungen mit dem Unterschied, dass nun der Papst weder informiert noch seine Zustimmung eingeholt worden war. Man stützte sich hier auf ein »modernes« Staatskirchenrecht, dass dem Landesfürsten als *Defensor et advocatus ecclesiae* weitgehende Rechte über die Kirche zusprach. Auch eine eiligst anberaumte Wienreise von Papst Pius VI. konnte dies nicht verhindern.[24]

Das Klosteraufhebungspatent vom 12. Januar 1782 verfügte, *dass von nun an alle Ordenshäuser, Klöster, Hospitien, oder wie diese geistlichen Versammlungshäuser sonst Namen haben mögen, vom männlichen Geschlecht der Karthäuser, Kamaldulenserorden und die Eremiten oder sog. Waldbrüder, dann vom weiblichen Geschlecht die Karmeliterinnen, Klarissinnen, Kapuzinerinnen und Franziskanerinnen aufgehoben werden.*[25]

In den Vorlanden waren von diesem Dekret 21 Klöster (mit Vorarlberg 24 Klöster) betroffen, darunter nur ein Männerkloster, nämlich die bereits erwähnte, von Krisen geschüttelte Kartause in Freiburg. Bei den 20 Frauenklöstern handelte es sich um die Klarissenklöster in Villingen und Freiburg, die armen Schulschwestern in Ehingen und um 17 Frauenklöster des regulierten Dritten Ordens der Franziskaner in Altdorf, Gorheim, Günzburg, Krockental bei Ehingen a. D., Laiz, Moosheim, Munderkingen, Reute, Riedlingen, Rottenburg, Säckingen, Sipplingen, Saulgau, Unlingen, Velden, Waldsee und Warthausen. Während in den anderen Ländern der Habsburgmonarchie in der Mehrzahl Männerklöster aufgehoben wurden, waren in den Vorlanden die Frauenklöster am stärksten betroffen.[26]

Die Auflösungsmodalitäten wurden im Dekret vom Januar 1782 weitestgehend festgelegt und den jeweiligen Oberämtern zur Ausführung übertragen. Eine Beteiligung der kirchlichen Seite wie bei der Transferierung des Horber Klosters war hier zunächst nicht mehr vorgesehen bzw. beschränkte sich auf die bischöfliche Aufforderung zur Öffnung der Klausur.[27] Danach mussten sich die Klosterfrauen im Refektorium versammeln, wo ihnen der Aufhebungsbefehl vorgelesen wurde. Für die meisten kam dies wohl völlig unerwartet, denn der für das Villinger Klarissenkloster verantwortliche Kommissar bemerkte lapidar, dass er nach dieser Verkündigung eine Pause machten musste, *welche den bestürzten Klosterfrauen zu ihrer Erhollung allerdings notwendig war.*[28] Oberste Priorität beim Vollzug besaß die Sicherung der materiellen Grundlagen. Die Verwaltung der Temporalien wurde einem weltlichen Beauftragten übergeben, und jeder Rechtsanspruch, jedes Grundstück, ja jedes noch so geringste Kännlein wurde in einem sorgfältig angefertigten Inventar erfasst und dem Zugriff der Klosterfrauen entzogen. Diese mussten mit dem ihnen ausbezahlten Kostgeld die täglichen Nahrungsmittel sozusagen aus ihren vormals eigenen Vorräten zurückkaufen. Die Verordnungen ließen den zuständigen Beamten nur wenig Spielraum. Die Abgabe einer noch so geringen Menge an Naturalien oder die Überlassung von Gegenständen an die ehemaligen Besitzerinnen mussten sie dokumentieren, und selbst um private Gegenstände, wie den obligatorischen silbernen Löffel, wurde gerungen.[29] Trotz der rigorosen Vorga-

Das Frauenkloster Moosheim bei Saulgau
Kol. Zeichnung von Frater Joseph Klein, 1782.
GLA Karlsruhe.

ben scheinen einige Kommissäre durchaus ein gewisses Mitgefühl an den Tag gelegt zu haben, wie ihnen eine Klostervorsteherin bescheinigt: *daß uns in unserer betrübten Lage von dem Comissionspersonal in allem mit Bescheidenheit, Liebe und Freundschaft begegnet auch andurch unser betrübtes Schicksal nach Möglichkeit erleichtert worden seyn.*[30]

Das Schicksal der Klosterfrauen war in der Tat *betrübt*, denn während ihre männlichen Schicksalsgenossen immerhin die Perspektive besaßen, bei einer angemessenen Dotierung in den Weltpriesterstand überzuwechseln und im Krankheitsfall im Kloster zu bleiben, mussten die Nonnen ihre Häuser binnen fünf

Monaten räumen. Sie hatten die Wahl, in andere Ordenshäuser und sog. *Institute* überzusiedeln oder mit einer Pension ausgestattet *in die Welt* zu gehen.[31] Entsprechend war die Reaktion der weiblichen Konvente. Die Mehrzahl legte Widerspruch ein und setzte sich aktiv für ein Weiterbestehen ein. Von einer »Klostermüdigkeit« oder einem passiven Hinnehmen der Anordnung, wie sie vereinzelt in der älteren Literatur konstatiert wird, kann zumindest für die hier untersuchten Frauenklöster nicht ausgegangen werden.[32]

Da als Begründung für die Aufhebung der Klöster deren *Beschaulichkeit* angeführt wurde, versuchten sich die Klosterfrauen der staatlichen Anforderung nach

Nützlichkeit anzupassen.[33] Die Konvente in Krockental, Reute, Saulgau, Laiz, Velden, Günzburg und auch die Freiburger Klarissen boten als Beitrag zum Gemeinwohl die Übernahme von Schulunterricht oder Krankenpflege an und forderten in ihrem Existenzkampf auch die Unterstützung kirchlicher und weltlicher Stellen ein. So baten die Klosterfrauen von Reute den Abt von St. Blasien und den Landvogt Hermann Friedrich Graf v. Königsegg, ihrem *wehmütigen Flehen* und ihrer achten (!) Vorstellung bei Hofe durch Bittschriften Nachdruck zu verleihen.[34]

Die Freiburger Klarissen engagierten einen eigenen Anwalt und betonten die Standortvorteile ihres Klosters als zukünftiges Krankenhaus, ebenso die Günzburger Nonnen, deren Angebot die örtliche Krankenpflege zu übernehmen, sowohl vom dortigen Oberamt, von der Bevölkerung wie auch von der Diözese Augsburg befürwortet wurden. Als die diesbezüglichen Offerten rigorose Ablehnung erfuhren, weil die Schwestern als Lehrerinnen für nicht kompetent und als Krankenpflegerinnen für zu alt und zu arm angesehen wurden, entwickelten einige Konvente zusammen mit dem jeweiligen städtischen Magistrat und einzelnen Kommissaren Alternativmodelle, um wenigstens ein Bleiberecht durchzusetzen.[35] Die Stadt Saulgau machte das Angebot, die mit einem Schwefelbrunnen ausgestatteten Klosterräumlichkeiten zu kaufen und an die Schwestern zu vermieten. Diese sollten dort als weltliche Kostgängerinnen logieren und einen *Kurbetrieb mit* betreiben.[36] Obwohl sich die Ordensfrauen zu fast allen Konditionen bereit erklärten, wie etwa zur Erbringung von Dienstleistungen oder zur Annahme neuer Ordensregeln, um sich ein Aufenthaltsrecht zu sichern, scheiterte jedweder Versuch am Veto der Wiener Behörden.[37] Nur zwei Konventen gelang eine Weiterexistenz, wenn auch unter anderen Vorzeichen. Die Auflösung der Ehinger Schulschwestern wurde rückgängig gemacht aufgrund der juristischen Argumentation des Aufhebungskommissars, sie seien streng genommen keine Franziskanerinnen und fielen deshalb auch nicht unter das Gesetz.[38]

In Villingen gelang es dem Magistrat, in einer konzertierten Aktion mit den dortigen Dominikanerinnen das Klarissenkloster zu erhalten. Ausschlaggebend war hier wohl, dass die Dominikanerinnen für ihren Schulunterricht ein größeres Gebäude benötigten und

der Magistrat die Vereinigung beider Konvente unter dem Dach der Klarissen favorisierte. Die Bedingung hierfür war allerdings die Übernahme der Regel der Ursulinen. Zum Ziel dieses »modernen« katholischen Lehrordens gehörte die Erziehung von Mädchen zu christlichen Ehefrauen und Müttern – ein Anspruch, der sich mit den Forderungen eines modernen Staatswesens durchaus deckte und es dem neuen Ursulinenkloster ermöglichte, sowohl die württembergische wie auch die badische Säkularisation zu überstehen und bis heute weiterzuexistieren.[39]

Die Räumung der restlichen Klöster wurde konsequent und termingerecht abgewickelt. Mitte des Jahres 1782 hatten alle Klosterfrauen ihre Häuser verlassen, und erste Versteigerungen des Besitzes wurden anberaumt und unter öffentlicher Beteiligung durchgeführt. Allerdings nahm die vollständige Liquidation mehrere Jahre in Anspruch. Die ehemaligen Klosterökonomien bestanden rudimentär weiter und wurden von weltlichen Administratoren verwaltet. Der Verkauf der Gefälle und Zehntrechte stellte sich als ebenso problematisch heraus wie die Abwicklung der von den Klöstern betriebenen Darlehensgeschäfte. Trotz mehrmaliger Annoncierung in Zeitungen gelang z. B. der Verkauf der Rottenburger Klostergefälle erst 1789.[40] Einzelne Klostergebäude erwiesen sich aufgrund fehlender finanzkräftiger Interessenten als schwer verkäuflich und erzielten nicht den erhofften Schätzwert. Als potentielle Käufer traten vorderösterreichische Beamte, Fabrikanten und Handelsmänner, aber auch Adlige aus der näheren Umgebung auf, wie z. B. die Grafen v. Stadion und das fürstliche Haus Hohenzollern-Sigmaringen. Die Pretiosen, kirchlichen Geräte und Paramente wurden im Freiburger *Münsterdepositorium* zentralisiert und sowohl an bedürftige oder neugegründete Pfarreien abgegeben wie auch in öffentlichen Versteigerungen an Privatpersonen verkauft. So stattete eine Adlige ihre Schlosskapelle mit Gegenständen aus den Klöstern Moosheim, Altdorf und Waldsee aus.[41] 1788 überließ der Religionsfonds gegen einen entsprechenden Betrag alle noch verbliebenen Gegenstände aus den österreichischen Klosterauflösungen mit Ausnahme der Niederlande und der Lombardei der Wiener Geschäftsfrau Katharina Dobruska.[42]

Die Auflösung dieser Frauenklöster erbrachte aber nicht den erhofften Gewinn. Von den zwanzig liquidierten Einrichtungen – so eine Klage der zuständigen Beamten – hätten nur zwei den Aufwand für die Pensionszahlungen aus ihren Vermögensgewinnen erwirtschaften können, bei allen anderen müsse man auf das Stammvermögen zurückgreifen.[43] Kein Wunder, dass der Religionsfonds sehr schnell in eine finanzielle Schieflage geriet und bei der zweiten Aufhebungsphase in den gesamtösterreichischen Ländern verstärkt ökonomische Aspekte im Vordergrund standen. Für Vorderösterreich setzte sich außerdem die Erkenntnis durch, dass aufgrund der territorialen Streulage einiges an Klosterbesitz im *Ausland* lag und die jeweiligen Territorialherren, wie z. B. die Fürstenberger, keineswegs gewillt waren, diesen ohne weiteres an Österreich auszuliefern. Diese Erfahrung prägte die weitere Aufhebungspolitik in Vorderösterreich wohl entscheidend und spielte bei den noch projektierten Auflösungen eine Rolle.[44]

War die 1782 initiierte Aufhebungswelle vom finanziellen Gesichtspunkt her wenig durchdacht, so erwies sie sich auch von der ideologischen Stoßrichtung her, zumindest was die Vorlande anbelangte, als partieller Fehlschlag. Gerichtet war sie gegen die kontemplativ lebenden Ordensfrauen, getroffen wurden jedoch mehrheitlich Klöster, deren ökonomische Ausstattung ein rein beschauliches Leben nur bedingt erlaubte. Die meisten Konvente waren auf die Mitarbeit ihrer Chorschwestern in der Landwirtschaft und auch auf deren Nebenverdienste, z. B. in der Wachsproduktion, angewiesen. Durch ihre langjährigen Aktivitäten im Wohlfahrtswesen, aber auch vereinzelt im Schul- und Krankenpflegebereich, erfüllten einige dieser Ordenshäuser in weitaus stärkerem Maße die staatliche Forderung nach *Nützlichkeit* als manches Stiftskloster.[45]

Die neue »Lebensart«

Die 1782 erfolgte Aufhebung betraf in Vorderösterreich 315 Klosterfrauen. Die überwiegende Mehrzahl, nämlich 202, entschied sich für ein Leben »in der Welt«, 38 für ein anderes Kloster und 75 für den Eintritt in eines der *K.K. österreichischen Institute*.[46] Meist wählten die einzelnen Konvente geschlossen eine bestimmte *Lebensart*, d.h. entweder entschieden sich alle Mitglie-

der für ein weltliches Leben oder wie die Unlinger und Gorheimer Nonnen für ein Institut. Diese waren im Grunde nichts anderes als »Absterbeklöster«, in welchen die ehemaligen Nonnen nach einer vorgegebenen Hausordnung unter der Leitung eines weltpriesterlichen Direktors ihren Lebensabend verbrachten. In den Vorlanden wurden Unlingen und Gorheim hierfür bestimmt. Unlingen bestand bis zum Weggang der letzten Klosterfrau 1830; Gorheim wurde nach seiner Übernahme durch das Fürstentum Hohenzollern-Sigmaringen in ein Waffendepot umgewandelt, und seine Insassinnen wurden nach Inzigkofen umgesiedelt.[47]

Für den Eintritt in andere Klöster entschieden sich die wenigsten Nonnen. Offensichtlich wurde dieser Schritt als besonders unattraktiv empfunden, weil damit ein Ordenswechsel verbunden war und weil die verunsicherten Frauen kein Vertrauen mehr in den Fortbestand jedweder Klosterexistenz besaßen. Wenn ein Klostereintritt favorisiert wurde, so fiel die Wahl in erster Linie auf die von der Obrigkeit wohlgelittenen »modernen« Lehrorden der Elisabethinnen und Ursulinen, schien hier doch wenigstens eine gewisse Kontinuität garantiert.[48]

Die überwiegende Mehrzahl der Klosterinsassinnen beschloss, mit einer Pensionszahlung von 200 fl. jährlich »in die Welt« zu gehen. Die Koppelung der Auszahlung an gewisse Auflagen – wie z. B. den Aufenthalt in den österreichischen Ländern – bedeutete zusätzliche soziale Härten für die Betroffenen. Den vielen sich in vorderösterreichischen Klöstern befindlichen Ausländerinnen wurde die Rückkehr zu ihren Familien verwehrt oder durch erhebliche finanzielle Einbußen erschwert. Die Versuche einzelner Konvente, durch die gemeinsame Anmietung eines Hauses als Gemeinschaft weiterzuleben, wurden durch die Vorschrift, sich *einzelweis in Kost und Logis* zu begeben, verhindert.[49] Für zusätzliche Verwirrung unter den Frauen sorgte die von den weltlichen Behörden als Voraussetzung für den Pensionsanspruch verlangte Dispensation von den Gelübden. Die Weigerung des Konstanzer Bischofs, diese zu gewähren, führte zu Konflikten auf Kosten der unter der unsicheren Situation leidenden weiblichen Ordensangehörigen. Entgegen allen Aufforderung beharrte der Konstanzer Bischof auf seinem Entschluss und gestand den Nonnen »nur« die Entlassung in die Welt unter Beibehaltung ihrer Armuts-, Keuschheits- und Gehorsamsgelübde zu. Bedeutete die Schließung der Klöster für viele ein gewaltsames Ende der einmal gewählten Lebensform, so wurde hierdurch auch der Aufbau einer neuen Existenz erschwert.[50] Heirat als alternative Lebensperspektive für die jüngeren Klosterfrauen wurde nicht nur durch die Bindung an das Gelübde, sondern auch durch den Verlust des Pensionsanspruchs im Falle einer Verehelichung erschwert. Unter den über 300 Nonnen ist daher der Fall der Johanna Fuchs aus Rottenburg die große Ausnahme. Für die Realisierung ihrer Heiratspläne strengte sie

einen separaten Prozess zur Dispensation von ihren Gelübden an und kämpfte um eine finanzielle Entschädigung für den Verlust ihrer ins Kloster eingebrachten Mitgift.[51]

Die Mehrheit der in die Welt tretenden Klosterfrauen behielt ihre Gelübde bei, *um in Stille ihre übrigen Lebenstag zu verbringen*. Sie entschieden sich zwar für ein Leben außerhalb der Klostermauern, aber nichtsdestoweniger für ein klösterliches Leben, indem sie zu ihren Familien zurückkehrten oder sich meist bei aus dem kirchlichen Umfeld stammenden Bekannten in *weltliche Kost* begaben.[52] Als Standort wurde hier

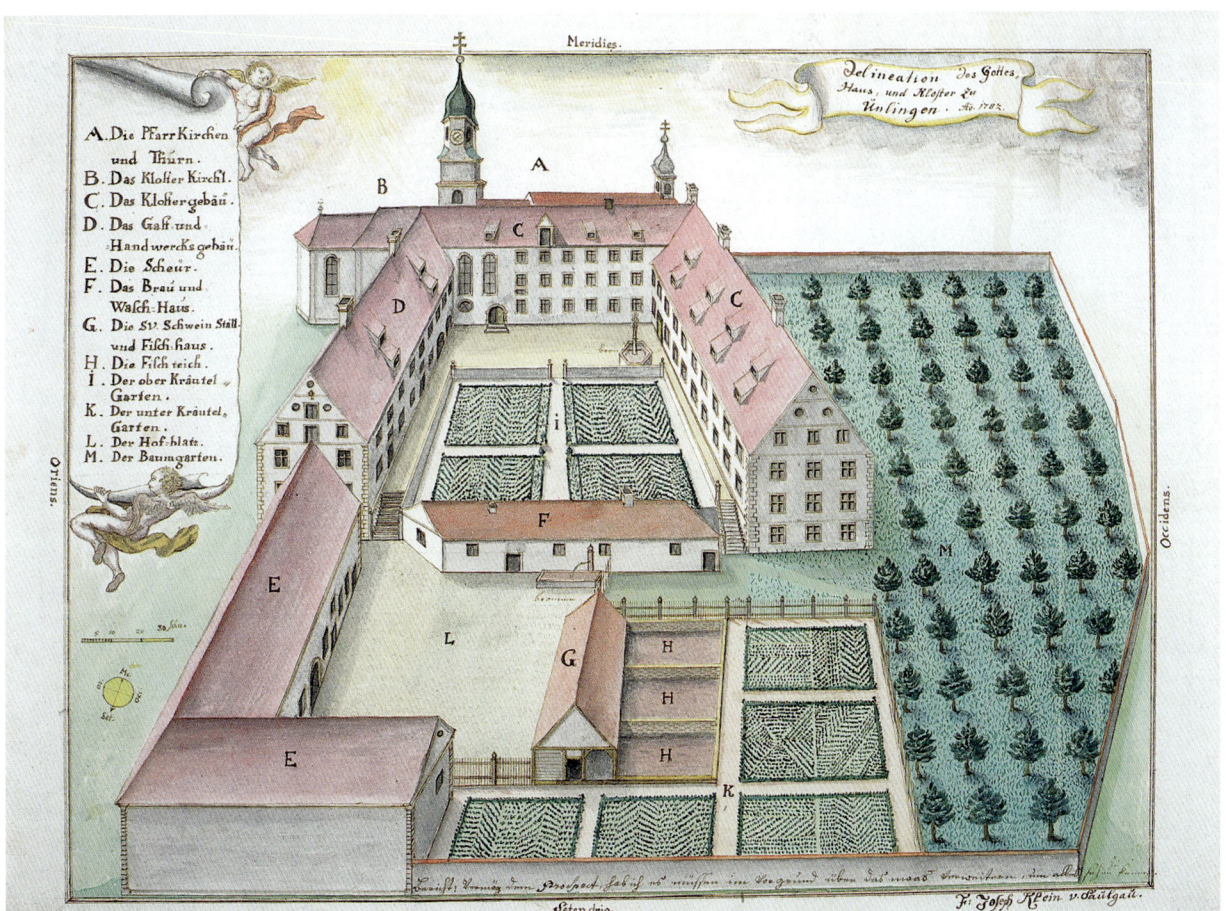

Unlingen
Ansicht des Frauenklosters mit (Pfarr-)Kirche, Konventsbau und Klostergarten.
Unlingen diente nach 1782 als »K.K. österr. Institut« zur Aufnahme ehemaliger Klosterfrauen.
Kol. Zeichnung, Joseph Klein, 1788.
GLA Karlsruhe.

häufig der Herkunfts- oder der Klosterort bzw. dessen nähere Umgebung gewählt. Auffällig ist auch der Trend, sich zu zweit oder zu dritt bei Bekannten einzumieten oder als eine Art »Wohngemeinschaft« einen eigenen Haushalt zu führen.[53] Hier lässt sich durchaus ein Bedürfnis nach Gemeinschaft, sei es aus Freundschaft oder aber aus Solidarität und ökonomischer Notwendigkeit heraus, feststellen. So setzte eine Ex-Klosterfrau aus Waldsee drei ihrer früheren Mitschwestern als Erbinnen ein, weil *sie mich zu sich in ihre Wohnung aufgenommen und mir bei meinen kränklichen Umständen die aufrichtige Liebe, Hilfe, und Verpflegung wiederfahren lassen.*[54]

Gerade im Alter und bei Krankheit reichten die 200 fl. Pension offensichtlich nicht mehr zur Bestreitung des Lebensunterhaltes aus, zumal Ende des 18. Jhs. Teuerungen und Massenarmut das Leben der Menschen bestimmten. Die ehemaligen Ordensfrauen gerieten so an den Rand des Subsistenzminimums, vor allem wenn im Alter Nebenerwerbseinkommen weg- und Krankheitskosten anfielen. Gerade in den 90er Jahren häuften sich Anfragen um Pensionserhöhungen aufgrund der erwähnten Teuerungen und unerschwinglicher Arzt- und Pflegekosten. Die Bittschriften wurden nach Vorlage ärztlicher Atteste trotz der miserablen Finanzsituation des Religionsfonds ohne weiteres genehmigt. Offensichtlich war man sich auf Seiten der Behörden der sozialen Notlage der ehemalige Klosterfrauen sehr wohl bewusst.

Die Aufhebungspolitik nach 1782

Das Dekret vom 12. Januar 1782 sollte in der Tat nur den Auftakt für weitere Aufhebungsaktionen bilden. Die hierzu von den Oberämtern eingereichten Vorschläge lassen ganz im Gegensatz zu den bereits erwähnten Solidaritätsbekundungen für einzelne Franziskanerinnenklöster durchaus auch eine mit den josephinischen Ideen konforme, klosterkritische Haltung erkennen. In Gutachten plädieren einzelne Beamte für eine konsequente Aufhebungpolitik, um die freiwerdenden Mittel für das Schulwesen, aber auch zur Förderung von Manufakturen und Arbeitshäusern einzusetzen. Während Wien bereits die zweckgebundene Verwendung der Klostergüter im Religions-

fonds beschloss, spekulierte man auf der unteren Verwaltungsebene über wirtschaftliche »Subventionen« aus Klostermitteln, um mit den für fortschrittlicher erachteten protestantischen Territorien gleichzuziehen. Der für das Oberamt Nellenburg zuständige Oberamtsrat z. B. war der Meinung, dass *zur Belebung der Industrie in Manufakturs und Culturs Sachen […], vorzüglich […] in Flachs-und Hanf, Seyden und Tabac auch Klee Cultur,* Prämien für die Untertanen notwendig und für das Gemeinwohl der Bau von Arbeits- und Waisenhäusern unumgänglich seien, um so *auch [die] Gleichstellung derselben gegen die benachbarten protestantischen Lande* zu erreichen.[55]

Die Verfechter einer Aufhebung führten als Argument die Nutzlosigkeit der Frauenklöster an, die aufgrund ihrer Ordenszugehörigkeit, wie z. B. die Zisterzienserinnen zu Wald und zu Heiligkreuztal, in weitaus höherem Maße dem kontemplativen Leben verhaftet waren als die bereits aufgehobenen Franziskanerinnen. Im Gegensatz zu letzteren würde sich bei den noch bestehenden, gut ausgestatteten Frauenklöstern die Auflösung auch finanziell rechnen.

Die Befürworter der Klöster argumentierten sehr schlagkräftig mit dem Hinweis auf die ausländischen Besitzungen vieler Klöster, z. B. Löwental, Urspring, Olsberg, die im Fall einer Auflösung von den jeweiligen Territorialherren beansprucht würden. In Bezug auf die als Stifte bezeichneten Klöster Wald, Heiligkreuztal, Urspring, Olsberg, Günterstal und Wonnental wurde mit deren Landstandschaft und engen Bindung an den vorderösterreichischen Adel argumentiert. Gerade die breisgauischen Stände, aber auch die Vertreter der Freiburger Regierung setzten sich für den Erhalt der Abteien als Versorgungsanstalten für verarmte adlige Töchter ein. Bei den anderen Klöstern wurde auf deren Nützlichkeit hingewiesen, namentlich die Ursulinen und die Dominikanerinnen auf dem Graben, in Zoffingen, Oberndorf und Horb würden sich im Schulwesen engagieren.[56]

Die Regierung in Freiburg schloss sich der »promonastischen« Argumentation teilweise an. Sie empfahl ausdrücklich die Belassung der obigen Stifte und eines großen Teils der Klöster. Obwohl von 25 Einrichtungen 16 das Kriterium der Nützlichkeit nicht erfüllten; wurden nur Habsthal, Kirchberg und Adelhausen als entbehrlich erachtet und zur Aufhebung vorgeschlagen.[57] Erstaunlich ist die Reaktion der Wiener Behörden bzw. Josephs II.: In einer handschriftlichen Randnotiz stoppte der Kaiser vorerst jede weitere Auflösung von Frauenklöstern in den Vorlanden mit dem Hinweis: *Da schon 23 Klöster aufgehoben werden und die meisten Nonnen ad alios ordines [in andere Orden] übergehen müssen, so möchte ich wissen, wie dieses weiters in einem kleinen Lande wie Vorderösterreich möglich sein könnte, wenn wieder 25 Klöster aufgehoben würden. Es ist daher mit Gedanken der Aufhebung völlig zu suspendieren.*[58]

Während es in den anderen österreichischen Ländern 1783 zu einer zweiten großen Aufhebungswelle kam, geriet diese in den Vorlanden ins Stocken. Das Problem der Pensionszahlungen und der häufig in ausländischen Territorien liegende Klosterbesitz scheinen ein Umdenken bewirkt zu haben. Statt rigorosen Auflösungen favorisierte man nun kostenneutrale Lösungen, nämlich die Zusammenlegung von Klöstern und die Umwandlung der Stiftsklöster in sogenannte *freiweltliche adlige Damenstifte*. Letzteres gelang aber nur für Olsberg und das fürstliche Stift Säckingen. Für die Abteien Wald, Urspring, Heiligkreuztal, Günterstal und Wonnental musste Wien den Ständen eine Bestandsgarantie zusichern, d.h. eine Umwandlung durfte nur mit Zustimmung der Abteien vorgenommen werden. Dies scheiterte am Widerstand der Stifte, die 1791 in einem Kapitelbeschluss auf ihrer alten Verfassung bestanden.[59]

Zwangsvereinigt wurden vier Dominikanerinnenklöster: 1785 die Konstanzer Klöster Zoffingen und St. Peter; 1786 die Freiburger Klosterfrauen auf dem Graben zusammen mit denen von Adelhausen. Bei letzteren spielte die prekäre finanzielle Situation des Ordenshauses auf dem Graben ein Rolle. Es sollte durch die Zusammenlegung mit Adelhausen saniert und somit der Bestand der Mädchenschule gesichert werden.[60] Ebenfalls im Jahr 1786 erfolgte die Auflösung der Augustinerinnen auf dem Grünwald mit der Begründung, sie hätten nicht genügend Subsistenzmittel. Die Versorgung der Klosterfrauen wurde nicht dem ohnehin als überlastet geltenden Religionsfonds, sondern den vorderösterreichischen Frauenabteien aufgebürdet.[61]

Damit war die Aufhebung der Frauenklöster im Grunde abgeschlossen. Die 1789 erfolgte Säkularisie-

rung der mit Zoffingen vereinigten Klosterfrauen von St. Peter geschah auf deren ureigenstes Betreiben, ebenso die Schließung des Dominikanerinnenklosters Hirrlingen bei Rottenburg. Die Bitte des Hirrlinger Konvents um Auflösung wegen »Uneinigkeit« wurde von staatlicher Seite sogar abgelehnt, da dem Religionsfonds keine Pensionszahlungen mehr angelastet werden sollten. Erst als die Klosterfrauen insistierten und sich mit einer ausschließlich aus der Verzinsung ihres Vermögens resultierenden niedrigeren Summe zufrieden gaben, »durfte« sich der Konvent auflösen.[62]

Etwas anders stellte sich die Situation bei den vorderösterreichischen Männerklöstern dar. Sie wurden erst im Zuge des Pfarreinrichtungsgeschäftes konkreter in die Aufhebungsüberlegungen miteinbezogen. Als wesentlicher Indikator bei ihrer Beurteilung galt ihre Bedeutung für die Seelsorge: ob *die in dem Lande befindlichen Stifter und Klöster in Absicht auf die Seelsorge auch fürohin nothwendig und nutzlich oder aber enthbehrlich und damit entweder beyzubehalten oder aufzuheben und mit anderen Klöstern ihres Ordens zu vereinigen seyn durften.*[63]

Aufgrund dieses Kriteriums wurden von den 49 für die Vorlande registrierten Männerklöstern knapp die Hälfte, nämlich 21, für entbehrlich erachtet. Darunter befanden sich überwiegend Einrichtungen des Kapuzinerordens, der Augustiner, der Pauliner und der Dominikaner zu Freiburg und Konstanz sowie das Chorherrenstift zu Waldsee. Die großen Stifte und Klöster wie St. Blasien, St. Peter, St. Trudpert, St. Georgen, Schuttern und Tennenbach wurden alle als *beyzubehaltend*, weil nützlich für die Seelsorge, eingestuft.[64] Die Aufhebung der Männerklöster sollte 1786 zunächst geheim gehalten werden, bis man sich mit den anderen Territorialherren über die Frage der in ihrem Gebiet liegenden Klostervermögen geeinigt hatte.[65] Ob diese Frage nicht zur Zufriedenheit geklärt werden konnte oder ob andere Gründe virulent wurden, war bisher nicht zu klären. Die großangelegte Aktion wurde jedenfalls nicht durchgeführt. Nur ca. acht Männerklöster, darunter auch die Günzburger Piaristen, wurden in den folgenden Jahren unter ganz unterschiedlichen Prämissen geschlossen; der Aspekt der Seelsorge oder der Finanzen scheint hierbei eine untergeordnete Rolle gespielt zu haben. So fielen die Paulinerklöster in Rohrhalden bei Kiebingen (Rottenburg) und Langnau (Tettnang) einem für den gesamten Paulinerorden geltenden Aufhebungsdekret von 1786 zum Opfer, weil *die klösterliche Zucht bei dem Paulinerorden […] ganz in den Verfall geraten sei.*[66] Bei den Franziskanern zu Horb und Villingen kamen gewisse, wohl auch aus den josephinischen Verordnungen resultierende Selbstauflösungsmomente zum Tragen. In Horb beantragte der zuständige Provinzial selbst wegen akuten Mangels an Patres die 1788 durchgeführte Schließung des Konventes. Als Ursache gab er die staatlich angeordnete Veränderung der Provinzstruktur an. In Villingen war es der Magistrat, der um 1791 um die Aufhebung des Klosters bat, um darin eine Kaserne einzurichten. Die Pater wurden in Privatwohnungen untergebracht, und 1797 erfolgte die endgültige Aufhebung.[67] Ähnlich verhielt es sich mit den Freiburger Dominikanern, die ihr Kloster 1792 ebenfalls für militärische Zwecke räumen mussten. Ihr stark geschrumpfter Konvent wurde 1794 auf eigenen Wunsch aufgelöst.[68]

Den finanziell wohl lukrativsten Gewinn brachte die Aufhebung des Chorherrenstifts in Waldsee. Auch hier scheinen die Chorherren selbst bzw. die zerrütteten inneren Zustände maßgeblicher Auslöser gewesen zu sein.[69] Mögen in Waldsee interne Faktoren dominiert haben, bei den Bettelordensklöstern wirkten sich nun die veränderten Rahmenbedingungen gravierend aus und ließen sie zum »Experimentier-, und Exerzierfeld« auch für lokale kirchen- und wirtschaftspolitische Vorstellungen werden, wie das Beispiel Konstanz zeigt. Hier betrachtete der Magistrat die Klöster als Dispositionsmasse im Immoblienschacher um Manufakturansiedlungen. Viel wurde geplant, wie z. B. die Aufhebung der Kapuziner und Dominikaner, aber nur wenig realisiert. Zwar kam es zu Gebäuderochaden und Vermögenstransferierungen unter den Klöstern, die Konvente selbst blieben, wenn auch unter erschwerten Bedingungen, bestehen.[70]

Für die Klosteraufhebungen in den Vorlanden lassen sich somit zwei Phasen unterscheiden. Von der ersten Aufhebungswelle, die sich gegen die kontemplativen Orden richtete, waren primär nur die Frauenklöster und hier die Franziskanerinnen betroffen. Trotz der Proteste und Widerstände wurde dieser Vorgang rigoros durchgeführt, und er war quantitativ gesehen auch am einschneidendsten. Die 1783 einsetzende und

parallel zur großen Pfarrregulierung verlaufende Aufhebung von 700–800 Klöstern in den österreichischen Ländern wirkte sich in den Vorlanden nur noch bedingt aus. Zwar wurden umfangreiche Aufhebungen geplant, aber nur wenige durchgesetzt. Bei den Frauenklöstern scheint die Frage der Versorgungskosten, der Verlust der ausländischen Besitzungen und ein den Ständen zugesicherter Bestandsschutz für die adligen Stifte ausschlaggebend gewesen zu sein. Bei den Männerklöstern lässt sich bisher nur schwer eine stringente, sich an ökonomischen oder seelsorgerischen Motiven orientierende Aufhebungspolitik festmachen. Vielmehr wurden hier, abgesehen von den Paulinern, Einzelfallentscheidungen getroffen, die maßgeblich von örtlichen Faktoren abhingen und noch weiterer Untersuchung bedürfen.[71]

Die ökonomischen Folgen der josephinischen Aufhebungen in den Vorlanden können im Vergleich mit der Säkularisation von 1803/06 als gering eingestuft werden, waren doch, abgesehen von der Auflösung des reichen Chorherrenstifts Waldsee, überwiegend arme weibliche Bettelordensklöster betroffen. Entscheidend dürfte die psychologische Wirkung auf die noch bestehenden Klöster gewesen sein. Die bis dato von den Orden nur als bedrohlich empfundene Situation erhielt nun einen realen Hintergrund und trug zu einer großen Verunsicherung bei, die sich auch in den Abtsbriefen jener Zeit äußerte: *Die neue Zeitung von abermaliger Aufhebung einiger Klöster in den Vorlanden erschreckte mich nicht wenig; denn es hat schier das Ansehen, es werde bei uns gehen wie vor Zeiten in Engelland, wo man mit der Aufhebung der Mendicanten den Anfang und mit den Abteien das Ende gemacht hat.*[72]

Die Klöster gerieten unter einen permanenten Rechtfertigungs- und Legitimationsdruck. Die Männerklöster, allen voran die Benediktiner, versuchten ihre Klöster als Bildungs- und Wissenschaftseinrichtungen zu profilieren – man denke nur an den Abt von St. Blasien, Martin II. Gerbert, und seine historischen Forschungen. Die Frauenklöster waren bemüht, ihre Funktion im karitativen und schulischen Bereich zu unterstreichen.[73] Weitaus gravierender auf die noch bestehenden Klöster wirkten sich die mit den Aufhebungen parallel laufenden josephinischen Verordnungen aus, die die Existenzgrundlage der religiösen

Einrichtungen gegen Ende des 18. Jhs. maßgeblich einschränkten. Sie wurden als Repressionen empfunden und später als schleichende Aufhebung, ja als regelrechte »Vernichtungskampagne« interpretiert. Es sind daher diese Verordnungen und ihre Auswirkungen, die das Leben der Klöster vor ihrer Säkularisation 1803/06 in großem Ausmaße prägten und die es noch genauer zu erforschen gilt.[74]

[1] Der Aufsatz beruht auf einer bei Prof. Dr. Franz Quarthal/Stuttgart laufenden Dissertation. Neuere Publikationen zur Geschichte Vorderösterreichs: *Franz Quarthal/Gerhard Faix* (Hg.), Die Habsburger im deutschen Südwesten. Neue Forschungen zur Geschichte Vorderösterreichs. Stuttgart 2000; hierin insbes. *Peter Steuer*, Der Informationsgehalt der vorderösterreichischen Archivalien – ein Zwischenbericht, 41–59; *Hans Maier/Volker Press* (Hg.), Vorderösterreich in der frühen Neuzeit. Sigmaringen 1989; *Vorderösterreich – nur die Schwanzfeder des Kaiseradlers?* Die Habsburger im Südwesten, hg. vom *Württembergischen Landesmuseum Stuttgart*. Ulm 1999.

[2] Zur Problematik des Begriffs Josephinismus s. *Anton Schindling*, Theresianismus, Josephinismus, katholische Aufklärung, in: Würzburger Diözesangeschichtsblätter 50 (1988), 215–224; *Helmut Reinalter* (Hg.), Der Josephinismus. Bedeutung, Einflüsse und Wirkungen. Frankfurt a. M. 1993; *Harm Klueting*, Kaunitz, die Kirche und der Josephinismus. Protestantisches landesherrliches Kirchenregiment, rationaler Territorialismus und theresianisch-josephinisches Staatskirchentum, in: *Grete Klingenstein/Franz A. J. Szabo* (Hgg.), Staatskanzler Wenzel Anton von Kaunitz-Rietberg 1711–1794. Neue Perspektiven zur Politik und Kultur der europäischen Aufklärung. Graz 1996, 169–196. Hier auch weiterführende Literatur zu diesem Thema.

[3] *Konstantin Maier*, Auswirkungen der Aufklärung in den schwäbischen Klöstern, in: ZKG 86 (1975), 329–355.

[4] *Franz A.J. Szabo*, Innere Staatenbildung und soziale Modernisierung. Überschreitung von Grenzen, in: Jb. der Österr. Gesellschaft zur Erforschung des 18. Jhs. 13 (1999), 251–261.

[5] *Gerhard Winner*, Die Klosteraufhebungen in Niederösterreich und Wien. Wien 1967, 49.

[6] Allg. Untersuchungen zur josephin. Kirchenpolitik in Vorderösterreich berücksichtigen meist den Breisgau: *Hermann Franz*, Studien zur kirchlichen Reform Josephs II. mit bes. Berücksichtigung des vorderösterreichischen Breisgaus. Freiburg 1908, 10; *Fritz Geier*, Die Durchführung der kirchlichen Reformen Josephs II. im vorderösterreichischen Breisgau. Stuttgart 1905; *Eberhard Gothein*, Der Breisgau unter Maria Theresia und Joseph II. Heidelberg 1907. Einen neueren kurzen Überblick bieten *Rudolf Reinhardt*, Zur Kirchenreform in Österreich unter Maria Theresia, in: ZKiG 77 (1966), 105–119; *Joachim Köhler*, Habsburgische Kirchenpolitik (wie Anm. 1), 224–235.

[7] Ebd.; vgl. auch *Bernhard Theil*, Bruderschaften in Vorderösterreich. Zur Mentalität und Frömmigkeit barocker Bruderschaften, in: Rottenburger JKG 20 (2001), 195–210.

[8] *K. Suso Frank*, Das Ende der Freiburger Kartause, in: FDA 100 (3. F., Bd. 32), 1980, 378–401.

[9] *Franz Kern*, Tagebuch des Abtes Michael Fritz in St. Märgen, in: FDA 89 (1969), 277.

[10] HSAS B 38 I Bü 1144.

[11] Zur Zusammenlegung der beiden Klöster siehe auch *Joachim Köhler*, Die josephinische Kirchenpolitik und die Folgen für Horb, in: *K. Mattmüller* (Hg.), 600 Jahre Stiftskirche Heilig Kreuz 1387–1987. Rottenburg 1989, 86- 99; *N .N. Döser*, Die Frauenklöster in Horb, in: Schwäbisches Archiv 3 (1910), 33–36; Den in der älteren Literatur als

Grund für die Zusammenlegung genannten »sittlichen Verfall« gilt es zu verifizieren bzw. zu interpretieren.

[12] *Hellmut Waller* (Bearb.), In Vorderösterreichs Amt und Würden. Die Selbstbiographie des Johann Baptist Martin von Arand 1743–1821. Stuttgart 1999, 74f.

[13] DAR A I 2c Bü 146; zum gesamten Vorgang s. auch Bü 145.

[14] HSAS B 38 I Bü 1145.

[15] Ebd.

[16] HSAS B 38 I Bü 1144, 1145. Zur Funktion der Oberämter s. *Gernot Peter Obersteiner*, Die theresianisch-josephinische Verwaltungsreformen in Vorder -und Innerösterreich. Ein Überblick, in: *Franz Quarthal*, Die Habsburger (wie Anm. 1), 421f.; *Franz Quarthal/Georg Wieland/Birgit Dürr*, Die Behördenorganisation Vorderösterreichs von 1753–1805. Bühl/Baden 1977.

[17] HSAS B 38 I Bü 1145, 1144.

[18] DAR A I 2c Bü 142, 146.

[19] DAR A I 2c Bü 146.

[20] Auch in der Freiburger »Kartäuseraffäre« versuchten der Bischof von Konstanz bzw. seine geistl Räte die Aufhebung zu verhindern. S. *Suso Frank*, Das Ende der Freiburger Kartause (wie Anm. 8), 385. Zum Verhältnis Habsburg-Konstanz siehe *Rudolf Reinhardt*, Die Beziehungen von Hochstift und Diözese Konstanz zu Habsburg-Österreich in der Neuzeit. Wiesbaden 1966, 187ff.; *Franz Xaver Bischof*, Das Ende des Bistums Konstanz. Hochstift und Bistum Konstanz im Spannungsfeld von Säkularisation und Suppression (1802/03–1821/27). Stuttgart/Berlin/Köln 1989, 80, 87ff.

[21] DAR A I 2c 146.

[22] DAR A I 2c 146. Vgl. HSAS B 38a Bü 309.

[23] *Kovács, Elisabeth*, Joseph II. und die Aufhebung der kontemplativen Klöster in der österreichischen Monarchie, in: Mauerbach und die Kartäuser. Salzburg 1984 (Analecta Cartusiana ; 110). Vgl. auch *Elisabeth Kovács*, Josephinische Klosteraufhebungen 1782–1789, in: Österreich zur Zeit Kaiser Josephs II. Melk/Wien 1980, 169–173; *Winner*, Die Klosteraufhebungen in Niederösterreich (wie Anm. 5). Zur Aufhebung der Jesuiten in den Vorlanden s. *Franz*, Studien (wie Anm. 6), 10ff.

[24] *Kovács*, Aufhebung der kontemplativen Klöster (wie Anm. 23), 5; *Georgine Holzknecht*, Ursprung und Herkunft der Reformideen Kaiser Josephs II. auf kirchlichem Gebiete. Innsbruck 1914, 77.

[25] *Franz*, Studien (wie Anm. 6), 320.

[26] Die Ermittlung der Anzahl der Klosteraufhebungen ist problematisch, da sich die Vorlande durch das verwaltungsmäßige Ausscheiden von Voralberg 1782 sozusagen gebietsmäßig veränderten. Mit Vorarlberg sind insgesamt 24 Klöster vom Aufhebungsdekret betroffen. EAF A 4 Nr. 22 und GLAK 79 P 10 Bü 435. Vgl. *Franz*, Studien (wie Anm. 6), 137, und *Harm Klueting* (Hg.), Der Josephinismus. Ausgewählte Quellen zur Geschichte der theresianisch-josephinischen Reformen. Darmstadt 1995, 282 ff.

[27] *Franz*, Studien (wie Anm. 6), 137, 320.

[28] Österr. Staatsarchiv AVA, Stiftungsbuchhaltung Nr. 360.

[29] GLAK 79 P 10 Bü 433, 434, 435.

[30] Österr. Staatsarchiv AVA, Stiftungsbuchhaltung Nr. 361.

[31] *Franz*, Studien (wie Anm. 6), 320ff.; GLAK 79 P 10 Bü 435.

[32] *Franz*, Studien (wie Anm. 6), 123ff.

[33] GLAK 79 P 10 Bü 434, 431a.

[34] GLAK 79 P 10 Bü 434; *Wolfgang Müller (Bearb.)*, Briefe und Akten des Fürstabtes Martin II. Gerbert von St. Blasien 1764–1793. Karlsruhe 1957, 31, 41.

[35] GLAK 79 P 10 Bü 433, 434.

[36] GLAK 79 P 10 Bü 433.

[37] GLAK 79 P 10 Bü 434,

[38] Österr. Staatsarchiv AVA, Alter Kultus Nr. 823.

[39] GLAK 79 P 10 Bü 433, 434; *Edith Boewe-Koob*, Das Kloster Sankt Clara am Bickentor zu Villingen, in: Villingen und Schwenningen. Geschichte und Kultur, hg. von der *Stadt Villingen-Schwenningen*. Villingen-Schwenningen 1999, 171–194; *Wolfgang Hug*, 300 Jahre Ursulinen, in: FDA 116 (3. F. Bd. 48), 1996, 123.

[40] HSAS B 38a Bü 326; GLAK 51 Bü 572,573, 449; Österr. Staatsarchiv AVA, Alter Kultus Nr. 823.

[41] GLAK 79 P 10 Bü 440–444.

[42] GLAK 79 P 10 Bü 444.

[43] HSAS B 38 I Bü 693.

[44] GLAK 79 P 10 Bü 433; *Hermann Schmid*, Die Säkularisation der Klöster in Baden. Überlingen 1980; *Franz*, Studien (wie Anm. 6), 237, 244.

[45] GLAK 79 P 10 Bü 434, 431a. Siehe auch Aufsätze zu den einzelnen Klöster in: AFA, hg. von der *Bayer. Franziskaner-Provinz*. 18 Bde. Ulm 1956–73; *Holzknecht*, Ursprung und Herkunft (wie Anm. 24), 77.

[46] EAF A 4 Nr. 22.

[47] GLAK 51 Bü 310; Österr. Staatsarchiv AVA, Alter Kultus Nr. 818; *Th. Selig*, Der Marktflecken Unlingen. Eine Heimatgeschichte. (ND) Bad Schussenried o.J., 160–188; AFA XIV (1970), 74–108

[48] EAF A 4 Nr. 22.

[49] GLAK 79 P 10 Bü 431b.

[50] GLAK 79 P 10 Bü 431b, 433, 434.

[51] HSAS B 38 I Bü 1693.

[52] GLAK 79 P 10 Bü 433.

[53] GLAK B 51 Bü 381a, 434.

[54] GLAK 79 P 10 Bü 480.

[55] GLAK 79 P 10 Bü 431a.

[56] Ebd. Über diesbezügliche Auseinandersetzung mit anderen Territorialherren s. GLAK Abt 79 P 10 Bü 434, 433. Vgl. auch *Hermann Schmid*, Das Freiburger Dominikanerinnen-Kloster Adelhausen zur Zeit Josephs II. (1780–1790), in: FDA 104 (3.F. Bd. 36), 1984, 187; *Maren Kuhn-Refus*, Frauenklöster in Hohenzollern, DAF 113 (3. F. Bd. 45), 1993.

[57] GLAK 79 P 10 Bü 431a.

[58] Österr. Staatsarchiv AVA, Alter Kultus Nr. 818.

[59] Ebd.; GLAK 79 P 10 Bü 430; *Schmid*, Die Säkularisation in Baden (wie Anm. 44), 12, 158; *Ernst Dreher*, Das Kloster Günterstal, in: Zs. des Breisgau Geschichtsvereins »Schau-ins-Land« 108 (1989), 169ff.

[60] *Martina Amrhein OP/Agnes Blanck OP*, Die Dominikanerinnenklöster Zoffingen in Konstanz und St. Katharina in Wil zur Zeit der Aufklärung, in: Rottenburger JKG 17 (1998), 208; *Schmid*, Adelhausen (wie Anm. 56), 191; *Ders.*, Die Säkularisation der Klöster in Konstanz und Umgebung 1782–1832, in: SVG Bodensee 96 (1978), 90.

[61] Österr. Staatsarchiv AVA, Alter Kultus Nr. 823; GLAK 79 P 10 Bü 436; *Schmid*, Adelhausen (wie Anm. 56), 19.

[62] Österr. Staatsarchiv AVA, Alter Kultus Nr. 823. Das ebenfalls aufgehobene Kloster Oggelsbeuren stellt einen Sonderfall dar, da es hier zu Auseinandersetzungen zw Österreich und dem Stift Buchau um die Zuständigkeiten kam. Das Kloster wurde erst später in gegenseitigem Einvernehmen aufgehoben und das Vermögen geteilt. GLAK 79 P 10 Bü 425. Oggelsbeuren, in: AFA 2 (1958).

[63] GLAK 79 P 10 Bü 427, 426.

[64] GLAK 79 P 10 Bü 427.

[65] Österr. Staatsarchiv AVA, Alter Kultus Nr. 818.

[66] *Elmar L. Kuhn*, Die Schwäbische Provinz des Paulinerordens in der frühen Neuzeit, in: *Kaspar Elm* (Hg.), Beiträge zur Geschichte des Paulinerordens. Berlin 2000, 273ff.

[67] Das Horber Franziskanerkloster, in: AFA IX (1963), 205ff.; *Paul Revellio*, Das Franziskanerkloster zu Villingen, hg. von der *Stadt Villingen*. Villingen 1954, 27.

[68] *Schmid*, Die Säkularisation in Baden (wie Anm. 44), 133.

[69] *Michael Barczyk/Paul Schurer*, Kirche und Stift St. Peter zu Waldsee. Bad Waldsee 1979, 64ff.

[70] *Schmid*, Die Säkularisation der Klöster in Konstanz und Umgebung (wie Anm. 60), 69ff.

[71] Zur Gesamtzahl der Klöster und den unterschiedlichen Phasen in den österr. Ländern siehe *Kovács*, Joseph II. (wie Anm. 23), 7; *Holzknecht*, Ursprung und Herkunft (wie Anm. 24), 11.

[72] *Müller* (Bearb.), Briefe und Akten (wie Anm. 34), 73.

[73] GLAK 79 P 10 Bü 431a; *Hans Otto Mühleisen*, Der politisch-literarische Kampf um die südwestdeutschen Klöster in der Zeit der französischen Revolution, in: *Hans-Otto Mühleisen* (Hg.), Die Französische Revolution und der deutsche Südwesten. München/Zürich 1989, 203ff., 209.

[74] *Schmid*, Adelhausen (wie Anm. 56), 177.

Josephinische Säkularisationen im Fürstentum Hohenzollern-Sigmaringen

Die Klöster Gorheim und Laiz

von Andreas Zekorn

Die Aufhebung der Franziskaner-Terziarinnenklöster Gorheim und Laiz erfolgte im Rahmen der Kirchenreformpolitik Kaiser Josephs II., bei der unter anderem die kontemplativen und nicht mit Seelsorge oder Unterricht befassten Klöster säkularisiert wurden. Diese Aufhebung der beiden Klöster im Fürstentum Hohenzollern-Sigmaringen zählt demnach zu den frühen Säkularisationen[1], wie sie mit dem Klosteraufhebungsdekret vom 12. Januar 1782 in Österreich begannen.[2] Das Besondere im Fall Hohenzollern-Sigmaringens besteht nun darin, dass sie in einer Herrschaft erfolgten, die von Österreich zu Lehen ging, bei welcher aber der Lehensinhaber die österreichische Landeshoheit offen oder geheim bestritt. Die Klosteraufhebungen in Sigmaringen reihen sich damit zugleich in die Maßnahmen zur verstärkten Durchsetzung der österreichischen Territorialsuperiorität in Hohenzollern-Sigmaringen ein, und damit in die allgemeinen Maßnahmen zur Reform des Staatswesens und zur Zentralisierung und Intensivierung der habsburgischen Herrschaft unter Maria Theresia und Joseph II.[3]

Die Grafschaft Sigmaringen

Graf Karl von Zollern war 1535 durch Kaiser Karl V. mit den Grafschaften Sigmaringen und Veringen belehnt worden. Nach 1588 wurde wegen eines Reichskammergerichtsurteils, das die Steuer der Grafschaft Sigmaringen dem Reich bzw. Schwäbischen Kreis zusprach, die Lehens- und in der Folge auch die Landeshoheit über die Grafschaft Sigmaringen strittig.

Die Grafen und ab 1623 Fürsten von Hohenzollern-Sigmaringen versuchten, sich dieses Urteil zunutze zu machen und waren bestrebt, das österreichische Lehensband abzustreifen oder zumindest möglichst unbehelligt von Habsburg zu regieren. Beides gelang nicht. Die Zollern mussten sich ab 1607 immer wieder nicht nur mit der Grafschaft Veringen, sondern auch mit der Grafschaft Sigmaringen belehnen lassen. Ein Urteil des Innsbrucker Lehenhofes sprach 1714 Österreich die Landeshoheit zu. Zudem mussten sich die Fürsten bereits im 17. Jh. häufig österreichische Einmischungen in »innere« Angelegenheiten gefallen lassen. Trotz der offiziellen Anerkenntnisse der österreichischen Lehens- und Landeshoheit und der österreichischen Interventionen gaben die Fürsten nie den Anspruch oder die Illusion auf, selbst die Landeshoheit auszuüben. Auf der Grundlage der Besteuerung durch den Schwäbischen Kreis und als Kreisstand suchten und fanden sie Rückhalt beim Kreis und waren bestrebt, die Reichsunmittelbarkeit für ihre Grafschaft zu erreichen. Zudem musste Habsburg auch gewisse Rücksichten auf die Zollern, die zu seiner Klientel zählten, und den Schwäbischen Kreis nehmen, so dass Österreich seine Ansprüche nie ganz rigoros durchsetzen konnte.[4]

Unter Maria Theresia begann Österreich im Rahmen der theresianischen Reformen die Landeshoheit in Sigmaringen energischer wahrzunehmen und bezog es in die Reformmaßnahmen.[5] Die *Chotek'sche Restabilisierungsresolution* vom 14. November 1750 dehnte die sachliche und räumliche Zuständigkeit der bisherigen österreichischen Oberämter in den Vorlanden aus, so dass ihre Bereiche nun – über die historischen Grenzen hinaus – lückenlos aneinander schlossen. Auch die österreichischen Lehens- oder Pfandherrschaften waren davon betroffen. Für die Grafschaften Sigmaringen und Veringen war das Oberamt der Landgrafschaft Nellenburg in Stockach zuständig.[6] Damit war – zunächst eher theoretisch – eine Grundlage für die engere Einbindung Hohenzollern-Sigmaringens in die österreichische Staatsverwaltung geschaffen.

1752 nach der Bildung bzw. 1759 nach der Zusammenfassung von *Regierung und Kammer* in Freiburg als Verwaltungsorgane für Vorderösterreich konnten die österreichischen Interessen noch effektiver wahrgenommen werden. Die auch für Sigmaringen zuständige Regierung begann hier ab 1764 die österreichischen Verordnungen zu erlassen, was der Fürst als Eingriff in seine Rechte empfand. Die Freiburger Regierung machte ihm jedoch deutlich, wem die Landeshoheit zustand, in deren Besitz sich Fürst Joseph Friedrich 1766 immer noch wähnte. In der Folgezeit behandelte ihn die Regierung nahezu als landsässigen Adligen, wie es ein österreichischer Beamter selbst formulierte. Der Fürst versuchte zwar, die österreichischen Anordnungen zum Teil zu hintertreiben, doch die Regierungsorgane wussten sich zu behaupten, indem sie etwa mit Lehensentzug drohten.[7]

Joseph II., dem der Staat als oberster Zweck galt, welchem sich Sonderinteressen der einzelnen Fürsten unterordnen mussten, ging noch weiter als Maria Theresia und ergriff Maßnahmen zur Durchsetzung eines »streng zentralistischen Einheitsstaates«, zur Vereinheitlichung und Verschmelzung der verschiedenen Erbländer.[8] Diese Bestrebungen erfassten auch das Herrschaftsgebiet der Fürsten von Hohenzollern-Sigmaringen, das, wie jedes andere Gebiet Vorderösterreichs, in die josephinischen Reformen einbezogen wurde. Die zuständigen österreichischen Verwaltungsbehörden, u. a. die Freiburger Regierung und das Oberamt Stockach, setzten die österreichischen Gesetze und Verordnungen durch, welche auch die innere Verwaltung der beiden Grafschaften Sigmaringen und Veringen betrafen.[9] Bei der Einführung der österreichischen Volksschule im Zeitraum von 1777 bis 1785 demonstrierte Habsburg beispielsweise deutlich seine Landeshoheit.[10] Die Sigmaringer Regierung blieb damals weitgehend von der Schulreform ausgeschlossen, und die lehenbaren Gebiete erfuhren hier

die gleiche Behandlung wie österreichisches Kammergut. Dem Fürsten blieben nur vergebliche Proteste und die Obstruktion. Ähnlich wurde Fürst Karl Friedrich ab 1783 bei der Pfarregulierung, die auf eine bessere seelsorgerische Betreuung der Bevölkerung abzielte, als mediater Herrscher behandelt.[11] Im Rahmen der josephinischen Städtepolitik erfolgten auch Eingriffe in die Sigmaringer Stadtverfassung.[12] Schließlich sind die österreichischen Interventionen bei den Sigmaringer Landschaften zu nennen.[13] Einen wesentlichen Bestandteil der josephinischen Reformen in Hohenzollern-Sigmaringen und einen der markantesten Akte, die österreichische Landeshoheit zu demonstrieren, bildete 1782 die Säkularisation der Klöster Gorheim und Laiz.

Die Klöster Gorheim und Laiz

Der erste schriftliche Beleg für eine Klause – ursprünglich wohl eine Beginenklause – bei der Michaelskapelle in *Gorheim*, nahe der Stadt Sigmaringen, datiert aus dem Jahre 1347. Damals lebten dort zwei Klausnerinnen, die ein Kloster zu erbauen begannen.[14] Sie nahmen die Regel des Dritten Ordens des heiligen Franziskus an. Der Konvent des Franziskaner-Terziarinnenklosters war später bürgerlich geprägt; anfänglich kamen zahlreiche Schwestern aus der Stadt Sigmaringen. 1699 hatte das Kloster 12 Chorfrauen und fünf Laienschwestern, 1769 waren es 16 Chorfrauen und drei Laienschwestern.

Mit der Stiftung einer Kaplanei auf den Heiligkreuzaltar im Jahre 1394 hatte die Kapelle einen eigenen Kaplan erhalten, der für die Seelsorge der Schwestern zuständig war. Infolge des Dreißigjährigen Krieges verarmte das Kloster derart, dass ab 1647 kein Kaplan mehr ernannt werden konnte. 1671 bekamen die Schwestern allerdings einen Beichtvater. Das Klostergebäude erlitt im Dreißigjährigen Krieg Zerstörungen. 1683 wurde deshalb unterhalb des alten Gebäudes ein neues Kloster errichtet und die Kirche 1688 geweiht; 1724 kam ein Gästeflügel hinzu.

Kirchlich gehörte Gorheim zur Pfarrei Laiz, ab 1765 zur Pfarrei Sigmaringen. Die Vogtei hatte der Inhaber der Grafschaft Sigmaringen inne. Anfänglich erhielt das Kloster Schenkungen vom Kirchherrn von Laiz,

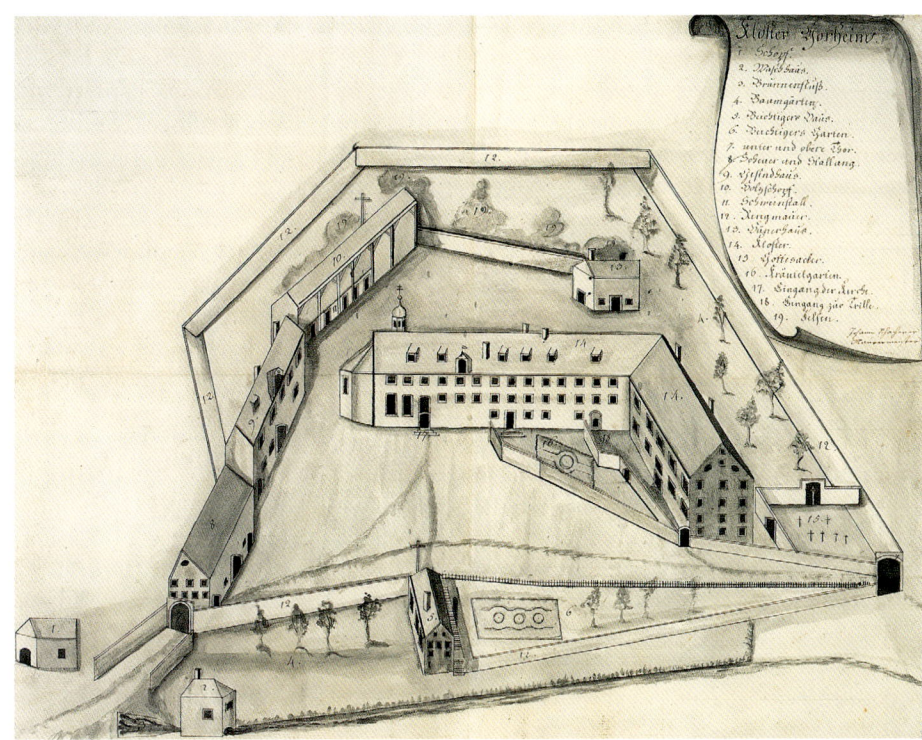

Kloster Gorheim
Wie bei vielen kleineren Klöstern der Bettelorden wurde auch in Gorheim nicht das traditionelle klösterliche Bauschema mit den Klostergebäuden um einen Kreuzgang beachtet.
Zeichnung, Johann Sebastian Schacherer, 1782/83.
SA Sigmaringen.

Konrad v. Reischach, und von Angehörigen der Klausnerinnen. Im Laufe der Zeit kam ein bescheidener Grundbesitz zusammen, zu dem mehrere Erblehenhöfe gehörten; abgesehen von grundherrlichen besaß das Kloster keine obrigkeitlichen Rechte.[15]

In dem nahe der Stadt Sigmaringen gelegenen Dorf *Laiz*, das ebenfalls ein österreichisch-lehenbarer Ort war, gab es ein weiteres Franziskaner-Terziarinnenkloster.[16] In diesem Dorf lag die ursprüngliche Pfarrkirche der Stadt Sigmaringen. Im Jahre 1308 soll ein Graf v. Montfort dort neben der Kirche eine Klause gegründet haben. Erstmals schriftlich belegt ist diese Klause jedoch erst 1356. Wie die Gorheimer Schwestern nahmen die dortigen Klausnerinnen die Regel des Dritten Ordens des heiligen Franziskus an. Im 16. Jh. befanden sich auch Nonnen aus dem niederen Adel im Konvent, im 18. Jh. kamen sie aus bürgerlichen und bäuerlichen Schichten. 1687 umfasste der Konvent 17 Nonnen und eine Novizin, bei seiner Aufhebung waren es 13 Chor- und 2 Laienschwestern. Das Kloster unterstand, wie Gorheim, der Leitung der Franziskaner der Straßburger Provinz.

Die Laizer Terziarinnen besaßen keine eigene Klosterkirche, sondern nutzten die Laizer Pfarrkirche. 1525/27 ließ der damalige Inhaber der Grafschaft Sigmaringen, Graf Felix v. Werdenberg, das Kloster nach einem Brand neu erbauen; zudem stattete er es mit Besitz aus. 1665 wurde das Klostergebäude wiederum neu hergestellt.

Das Kloster stand wohl ebenfalls, wie Gorheim, von Anfang an unter der Vogtei des Inhabers der Grafschaft Sigmaringen. Es verfügte über einen dem Kloster Gorheim vergleichbaren Grundbesitz war aber insgesamt etwas vermögender.[17] Zu erwähnen ist noch, dass seit 1586 eine Wallfahrt zu einem Gnadenbild der Schmerzhaften Muttergottes in Laiz führte.

Die Säkularisation

Bereits 1756 war die zollerische Kirchenhoheit eingeschränkt worden. Zumindest de jure galt das Dekret vom 31. Dezember 1756, womit die Kirchenhoheit Habsburgs auf österreichische Pfandschaften und Lehen ausgedehnt wurde, auch für den lehenbaren Teil des Herrschaftsgebiets der Fürsten von Hohenzollern-Sigmaringen. Die österreichischen Gesetze in kirchlichen Dingen hatten damit für diese Gebiete Geltung. Zudem unterstanden Pfarreien, Klöster und Bruderschaften der durch die Oberämter ausgeübten Aufsicht. Dadurch war der Weg frei für österreichische Maßnahmen auf kirchlichem Gebiet.

Einem Bericht der v.ö. Regierung nach Wien zufolge wurde die *Landeshoheit* über die Klöster Laiz und Gorheim zwar *seit anno 1767 revindiciert,* doch beide Klöster steuerten nach wie vor zu Reich und Kreis.[18] Ferner zeigte die Meisterin des Konvents zu Gorheim dem Fürsten noch 1771 die Aufnahme von zwei Kandidatinnen in das Kloster an[19], und das fürstliche Rentamt vereinnahmte im Zeitraum von 1782/83 immer noch Schirmhafer und -geld von diesem Kloster.[20]

Bereits 1781, also kurz vor den Säkularisationen, hatte Österreich mit der Erstellung *geistlicher Fassionen,* d. h. Übersichten über Vermögen und Einkünfte der Pfarreien, Kaplaneien, Spitäler und Bruderschaften, begonnen, seine Rechtsansprüche auf kirchlichem Gebiet umzusetzen. Als die fürstliche Regierung gegen derartige Erhebungen in der Grafschaft Sigmaringen protestierte, beauftragte das Nellenburgische Oberamt Stockach kurzerhand die Regierung wie eine nachgeordnete Behörde, die kaiserliche Verordnung zur Erstellung geistlicher Fassionen zu vollziehen. Nach Obstruktionsversuchen übersandte die Sigmaringer Regierung schließlich im Dezember 1782 die verlangten Übersichten an die vorderösterreichische Regierung in Freiburg unter dem Vorbehalt, dass dies den *hiesigen zu Lehen tragenden Befugnissen unpräjudizierlich* sein solle. Allerdings führte Sigmaringen den Auftrag nicht einwandfrei durch, so dass das Oberamt Stockach im März 1783 sarkastisch und genervt an die fürstliche Regierung schrieb: *Für die kaiserl. königl. Kreysämter ist es eine wahre Plage, wenn sie mit untergebenen Behörden bestellet sind, welche die wiederholten Schreiben nicht einmal verstehen* [...].[21] Dieser Vorgang charakterisiert das Verhältnis zwischen fürstlicher Regierung und österreichischen Behörden zur Zeit der Säkularisation.

Ein wesentlicher Schritt beim tatsächlichen Übergang der iura circa sacra an Habsburg wurde mit der Aufhebung der Klöster Gorheim und Laiz getan.[22] Obwohl der Fürst von Hohenzollern-Sigmaringen offiziell nur die Lehenbarkeit seiner Gebiete und der darin liegenden Klöster anerkannte, die landeshoheitlichen Rechte aber für sich reserviert sehen wollte, säkularisierte Habsburg, gestützt auf das *ius circa sacra et politica,* das mit der Landeshoheit über die Grafschaften Sigmaringen und Veringen vorbehalten war, die genannten Klöster.[23] Die überlegene habsburgische Verwaltung setzte sich gegenüber dem mindermächtigen Fürsten rigoros durch. Gorheim und Laiz zählten zu den Klöstern, die bereits bei der ersten Klosteraufhebungswelle säkularisiert wurden.[24]

Die Durchführung der Säkularisation

Am 12. Januar 1782 erließ Kaiser Joseph II. sein Klosteraufhebungs-Dekret, worin unter anderem die Klöster der Franziskanerinnen inbegriffen waren.[25] Davon, dass auch die Klöster Gorheim und Laiz betroffen waren, erfuhr man in Sigmaringen Anfang Februar aus privaten Kanälen. Der hohenzollerische Hofrat Karl v. Schüz unterrichtete Fürst Karl Friedrich am 2. Februar darüber, dass der Sigmaringer Stadtpfarrer Karl Philipp Schwab in *Privatschreiben* mitgeteilt erhalten hatte, dass die beiden Klöster aufgehoben werden sollten. Recht präzise wurde bereits der Modus der Aufhebungen beschrieben. Schüz empfahl, dass bei der Aufhebung ein fürstlicher Abgeordneter im Namen des *Reichs- und Lehensherrn* anwesend sein sollte. Es wäre nichts Gutes zu erhoffen, wenn ein österreichischer Abgeordneter kraft der behaupteten Territorialhoheit anwesend wäre. Österreich sollte nicht zu weiteren Eingriffen in die fürstlichen Gerechtsame verleitet werden.[26] Auch die Klosterfrauen waren durch ihre Gewährsleute früh über das Schicksal, das sie erwartete, unterrichtet. Am 5. Februar bat die Meisterin des Gorheimer Konvents den Fürsten flehentlich darum, ihnen eine Heimstätte zuzuweisen.[27] Von offizieller österreichischer Seite wurde der Fürst offenbar überhaupt nicht unterrichtet[28]; er galt wohl als quantité négligeable. Um so mehr sorgte man sich in Sigmaringen um die fürstlichen Rechte. Hofrat v. Schüz warnte wiederholt vor dem Schaden, der entstehen könne, wenn man dem Erzhaus *zu viel durch die Finger sähe.* Zumindest im Konzept wurde auch ein

Schreiben abgefasst, mit welchem man beim Schwäbischen Kreis um Rückhalt nachsuchen wollte unter Hinweis auf drohende Steuerverluste für den Kreis durch die Klosteraufhebungen.[29]

Alle Überlegungen erwiesen sich jedoch als vergeblich: Am 14. Februar trafen der österreichische Kommissar, der Stockacher Oberamtsrat und Landschreiber Sebastian Biermann, und sein Adjunkt, der Landgerichtsprokurator Franz Xaver Rahn, in Sigmaringen ein und begaben sich unmittelbar zum Stadtpfarrer, um mit ihm das Nötige zu besprechen. Noch am selben Tag begannen sie beim Kloster Gorheim mit der Aufhebung. Nur heimlich konnte der Pfarrer, dem die Amtleute immer an der Seite blieben, durch seinen Vikar den fürstlichen Hofrat v. Schüz über das Vorgehen der Kommissare informieren. Bezeichnenderweise berichtete der Vikar: *man rede weder vom Fürsten noch von der fürstlichen Regierung.*[30]

Amtmann Biermann leitete die Klosteraufhebung Gorheims gemäß dem Aufhebungsdekret ein, wie es auch in anderen Fällen üblich war und an anderer Stelle beschrieben wird[31], weshalb sich hier eine detailliertere Darstellung erübrigt: Nach der Ankündigung der Aufhebung durch den Pfarrer verlas der Kommissar das kaiserliche Gesetz, die Oberin musste den Publikationsakt unterzeichnen. Eidlich musste versichert werden, dass alle Klostergüter übergeben und nichts unterschlagen würde.

Im Kloster Gorheim befanden sich 18 Schwestern. Die Meisterin war 77 Jahre alt, die älteste Nonne zählte 96 Jahre und die jüngste 30 Jahre; viele Schwestern stammten aus Bayern und der Salzburger Gegend, keine aus hohenzollerischen Gebieten. Fünf Monate durften die Nonnen noch im Kloster verbleiben, dann sollten sie sich entscheiden, wo sie künftig ihr Leben verbringen wollten: in einem Kloster oder *in der Welt*. Mit Ausnahme einer Schwester gaben alle an, ihre restlichen Lebenstage entweder in Gorheim oder einem anderen Kloster zu verbringen. Die Nonnen erhielten vorläufig ein gewisses Fixum an Geld für ihren Lebensunterhalt.[32]

Kommissar Biermann begann mit Hilfe des Buchhaltungsbeamten mit der Inventarisierung. Als Barschaft konnten lediglich 38 fl. 39 kr. festgestellt werden.[33] Das gesamte Vermögen des Klosters, inklusive der Gebäude, Kirchenparamente, Mobilien und des Viehs,

Fürst Karl Friedrich von Hohenzollern-Sigmaringen (1724–1785)
Ölgemälde, unsigniert.
Fürstl. Hohenzollerische Sammlungen, Sigmaringen.

belief sich – nach Abzug von Schulden in Höhe von 3.850 fl. – auf 53.671 fl. Die jährlichen Einnahmen wurden auf 1.797 fl. geschätzt, die Ausgaben auf 1.939 fl. Die Mehrausgaben rührten vor allem von den Besoldungen für die zahlreichen Bediensteten und der Viehhaltung her. Ein Kapital von 5.135 fl. war bei Institutionen und Privatpersonen angelegt.[34]

Missfallen erregte sofort, dass zwei Nonnen entgegen den österreichischen Patenten von 1770/71 mit 21 und 22 Jahren noch zu den Ordengelübden zugelassen worden waren. Wegen Missachtung der österreichischen Gesetze musste sich die fürstliche Regierung verantworten. Die Freiburger Regierung berichtete diesen Vorfall nach Wien. Die Hofratskanzlei entschied, dass die Gelübde ungültig wären und die Nonnen nur ihr Vermögen zurück erhielten, ansonsten aber keine Pensionsansprüche hätten.[35]

Nach der Aufhebung Gorheims fuhr Biermann gemeinsam mit seinem Beigeordneten am 1. März mit dem Kloster Laiz fort. Auch hier wurde der klösterliche Besitz beschlagnahmt und in den folgenden Tagen genauestens inventarisiert. Im Kloster befanden sich 13 Schwestern, zwei Laienschwestern und eine Novizin; viele von ihnen stammten aus Bayern, keine aus den hohenzollerischen Fürstentümern. Die älteste Nonne war 77 Jahre alt, die jüngste 30. Alles, was die Schwestern nicht zum täglichen Gebrauch benötigten, wurde versiegelt. Den Nonnen trug man auf, sich innerhalb von zwei Monaten zu entscheiden, ob sie in ein anderes Kloster bzw. *Institut* oder in die Welt gehen wollten. Drei Schwestern entschieden sich später für das *Institut Gorheim*, eine wollte ins Kloster Margrethausen, die übrigen beabsichtigten in die Welt zu gehen.[36] Zur Versorgung erhielten sie zunächst das übliche Kostgeld bzw. Naturalien.

Mit den Aufhebungsgeschäften waren Biermann und Rahn bis zum 10. März beschäftigt. Dem Rentamt konnten kirchliche *Praetiosa* im Wert von 720 fl., Kirchenkapitalien in Höhe von 267 fl. und 16.215 fl. an gegen Zins verliehenen Klosterkapitalien abgeliefert werden. Das Gesamtvermögen stellte sich etwas besser als in Gorheim dar, es betrug 56.653 fl., nach Abzug von 784 fl. Schulden.[37] Die jährlichen Einnahmen des Klosters wurden auf 1.993 fl. veranschlagt, die Ausgaben auf 940 fl., so dass sich ein jährlicher Überschuss von 1.053 fl. ergab.[38] Als von geringer Bedeu-

tung schätzte der Aufhebungskommissar die Schriften und Bücher des Klosters ein. Die Schriften bestanden hauptsächlich in Schenkungs- und Erwerbsurkunden, die Bücher in *alten und heutigen Tages nicht mehr ueblichen [...] Schartecken*.[39] Die Bibliothek des Klosters Gorheim hingegen überstellte man der Universität Freiburg.[40] Am 13. August 1782 war das Kloster Laiz definitiv aufgehoben.

Bei den Säkularisationen war die Sigmaringer Regierung praktisch ausgeschlossen. Sie beteiligte sich zunächst nur an der Einschätzung der Gorheimer Klostergüter, die Ende Februar erfolgte. Wegen des weiteren Vorgehens berieten sich, wie das häufig geschah, die Sigmaringer Regierungsbeamten mit dem Hechinger Hofrat Daniel Marianus Frank.[41] Dieser meinte in einer realistischen Einschätzung der Lage, dass von den beiden Klöstern kaum etwas für das fürstliche Haus zu erhalten sei; deshalb sollte man sich direkt an den Wiener Hof wenden und dahingehend den Antrag stellen, dass die Güter zum Nutzen der Grafschaft Sigmaringen und deren Einwohner verwendet würden, etwa für ein Spital, Armenhaus oder etwas ähnliches, und die Verwaltung der fürstlichen Regierung übertragen werde.[42] Dieser Meinung schloss sich der Sigmaringer Kanzleidirektor Mayersburg an.[43] In einem möglicherweise nur projektierten Schreiben an den Kaiser wurde unter anderem darauf hingewiesen, dass die beiden Klöster der Gerichtsbarkeit des Fürsten unterstünden, an Reich und Kreis steuerten sowie dem Fürsten das *ius advocatium* [Vogteirecht] zukäme, wofür er Schirmgeld erhielte. Der Kaiser werde aus Gerechtigkeitsliebe nicht dem Vorgehen des Oberamts Stockach zustimmen, das ohne Vorankündigung einen Kommissar absandte, der obrigkeitliche Verfügungen vornahm, die dem Fürsten als Lehensinhaber zustünden. Man bat darum, dass ihm der Einzug der Klostergüter überlassen werde und diese Güter den Stiftungen der Grafschaft zugute kämen.[44] Angesichts der österreichischen Säkularisationspolitik im Allgemeinen und der Politik gegenüber Hohenzollern im Besonderen waren solche Überlegungen oder gar Demarchen beim Kaiser müßig. Der hohenzollerische Korrespondent schrieb im Juli aus Wien an Mayersburg, dass die Sache nicht günstig stünde. Der Grundsatz sei, dass der Erlös aus den Klöstern der österreichischen Kammer zukommen solle, die nach dem

Pensionsplan vieles zuschießen müsse.[45] Auch Klagen über das Verhalten des Aufhebungskommissars, der bei der Aufhebung hinsichtlich der Klöster ganz *animos* gesprochen und *lästerliche Ausdrücke* gegen den Fürsten gebraucht haben sollte[46], fruchteten wohl nichts. Sie verdeutlichen aber, wie sich die österreichischen Behörden und ihre Beamten gegenüber dem Sigmaringer Fürsten verhielten und über ihn dachten. Die fürstliche Regierung wurde im wesentlichen nur noch beim Einzug der von den Klöstern als verzinsbare Kredite verliehenen Kapitalien eingespannt. Nach der Kündigung der Kredite – darauf wird nochmals zurückzukommen sein – mussten die Darlehensnehmer die Gelder bei der fürstlichen Regierung hinterlegen, die sie dann nach Stockach weiterleitete.[47] Die Regierung fungierte auch hier, praktisch als eine dem Oberamt nachgeordnete Behörde.

Kommissar Biermann versteigerte Ende April die Mobilien, das vorhandene Vieh und die entbehrlichen Naturalvorräte der beiden Klöster[48]; die Güter des Klosters Laiz wurden vorerst an den österreichischen *Afterzoller* in Laiz, Schwab, verpachtet.[49]

Als Verwalter der beiden aufgehobenen Klöster wurde der bereits im Februar 1782 vorgeschlagene Schultheiß von Bingen, Michael Engel, ein äußerst reicher Mann, eingesetzt, der dieses Amt bis 1784 ausüben sollte. Auch bei dieser Besetzung war der Fürst wiederum nicht beteiligt; die Vereidigung Engels erfolgte durch die vorderösterreichische Regierung.[50]

Weil sich für das Klostergebäude in Gorheim keine Interessenten fanden, es aber zu schade sei, das ansehnliche Gebäude abzureißen, schlug Biermann der Freiburger Regierung vor, es als Wohnung für die alten und kranken Nonnen zu nutzen.[51] Im Klosteraufhebungsdekret von Januar 1782 war die Einrichtung derartiger Klöster für *Professen der Frauenorden, welche nicht in einen anderen Orden übertreten,* vorgesehen; von der *Landesstelle und dem Ordinariat* sollte ihnen jedoch eine *Lebensordnung und ein geistlicher Vorgesetzter* bestimmt werden. Die Institute sollten nur so lange bestehen wie die Exnonnen lebten.[52] Der Vorschlag Biermanns fand bei den vorgesetzten Stellen Zustimmung, und in der Folgezeit wurde in Gorheim ein *Institut* für die Gorheimer und andere ehemalige Klosterfrauen eingerichtet.[53] Ende Oktober 1782 befanden sich 34 Frauen, davon vermutlich drei Laienschwestern, in

Gorheim, vor allem ältere und kränkliche Personen.[54] Neben elf Schwestern aus Gorheim selbst kamen andere aus folgenden säkularisierten vorderösterreichischen Klöstern: zwei aus Laiz, sechs aus Moosheim (bei Saulgau), drei von Welden (Lkr. Augsburg), und jeweils eine aus Riedlingen und Warthausen (Lkr. Biberach). Für die übrigen Nonnen waren die Herkunftsklöster nicht zu ermitteln.[55] Als Direktor des Instituts setzte man auf Empfehlung des Bischofs von Konstanz den Weltpriester Joseph Lenzinger ein,[56] der neben seiner Funktion als Aufseher und Beichtvater die Messen für die Stifter und Wohltäter des Klosters lesen musste.[57] Zur Versorgung der Exnonnen standen zwei Mägde und ein Hausknecht zur Verfügung.[58] Zudem wurden ihnen die notwendigen Möbelstücke, die Hausgerätschaften und die sakrale Einrichtung der Kirche überlassen.[59] Die Pensionen der vormaligen Nonnen, die Besoldung des Direktors und des Administrators sowie des Personals übernahm der am 28. Februar 1782 eingerichtete Religionsfonds.[60]

Am 7. Januar 1783 wurde das Kloster Laiz öffentlich zur Versteigerung ausgeschrieben: das Kloster- und die Wirtschaftsgebäude, 48¼ Jauchert Ackerfeld, 11¼ Mannsmad Wiesen, 92 Jauchert Wälder sowie ein Baum- und Krautgarten. In Sipplingen kamen 18¾ Hofstätten Reben, einige Fruchtgefälle sowie fünf Schupf- und zwei Erblehenhöfe des Klosters in Laiz, Heudorf bei Meßkirch, Sigmaringendorf, Harthausen und Menningen zum Verkauf.[61] Am 25. und 26. Februar fand die Versteigerung der Liegenschaften des Klosters Laiz im Haus des österreichischen *Afterzollers* Schwab in Laiz statt.

Für das Klostergebäude fand sich außer dem Sigmaringer Fürsten kein anderer Interessent. Als Gründe dafür wurden unter anderem angegeben, dass das Kloster schlecht gebaut, seine Unterhaltung teuer und es kaum als Fabrik zu nutzen sei. Ferner wäre die Sigmaringer Gegend arm und rau und mit zu harten Steuern beladen. Den einheimischen Untertanen fehle es an Mitteln. Erst am zweiten Versteigerungstag einigte sich Biermann mit den fürstlichen Deputierten auf die Summe von 11.500 fl. für das Klostergebäude und die Besitzungen des Klosters an Äckern, Wiesen und Wäldern um Sigmaringen. Die Inhaber der Schupf- und Erblehenhöfe waren zwar fast alle anwesend, konnten aber aufgrund ihrer Armut die Höfe nicht erwerben,

Laiz b. Sigmaringen vom Flugzeug aus

Franziskanerinnenkloster Laiz
Ansicht des Dorfes Laiz mit dem ehem. Franziskanerinnenkloster.
Postkarte, ca. 1930er Jahre.

so dass schließlich die fürstlichen Deputierten als alleinige Bieter den Zuschlag erhielten.[62] Die Gemeinde Sipplingen erwarb die Reben sowie die dortigen Geld- und Zinsgefälle im Wert von 979 fl. 35 kr.[63] Die Versteigerung brachte einen Erlös von 23.227 fl., wovon der Fürst allein 17.798 fl. aufbrachte.[64] Insgesamt nahm der Religionsfonds rund 45.000 fl. durch die Aufhebung des Klosters Laiz ein. Die Zinsen reichten allerdings nicht, um die Pensionen der Exnonnen zu bezahlen.[65]
Der Fürst von Hohenzollern-Sigmaringen seinerseits veräußerte bereits im September 1783 einen Teil des Neuerwerbs an den Laizer Schultheißen Johann Philipp Schwab, nämlich das Klostergebäude mit Äckern, Wiesen und Gärten für 4.060 fl.[66]
Im Oktober 1783 fuhr das Stockacher Oberamt mit der Versteigerung der Gorheimer Klostergüter fort, die der fürstlichen Regierung als finanzstärkstem, potentiellem Käufer immerhin angekündigt wurde. Zur Versteigerung kamen Gesinde- und Ökonomiegebäude um das Kloster, 63,5 Jauchert Äcker, 13 3/3 Mannsmad Wiesen und 99 Jauchert Waldungen, sodann drei

Schupf- und vier Erblehenhöfe in Herbertingen, Günzkofen, Bingen, Harthausen, Egelfingen, Nesselwangen und schließlich einige Natural- und Geldzinsen.[67]
Der geschätzte Gesamtwert der Klostergüter betrug 47.177 fl., davon entfielen auf das Klostergebäude, die Kirche, das Beichtvaterhaus und andere Gebäude, die vorläufig nicht zur Versteigerung anstanden 25.900 fl., da sie den Schwestern überlassen wurden. Der Güterverkauf erbrachte schließlich 22.282 fl., also 1.005 fl. mehr als der Anschlag. Bei der Versteigerung am 9. Oktober boten nun die fürstliche Regierung und die anderen Vertreter der Herrschaften, in denen zur Versteigerung kommende Güter lagen, aber auch die Stadt Sigmaringen und Privatpersonen, wie die Inhaber von Erblehenhöfen oder der Laizer Gastwirt Philipp Schwab mit seinem Sohn Joseph Anton. Dabei wurde die fürstliche Regierung nicht anders behandelt als die übrigen Interessenten. Die meisten Güter, Wälder, Wiesen und Ackerland, die um Sigmaringen lagen, sowie die Erblehenhöfe in Benzingen und

Harthausen im Wert von 13.267 fl. konnte die fürstliche Regierung als kapitalkräftigster Bieter ersteigern; den Erblehenhof in Bingen erwarb dessen Inhaber; die Höfe und Güter, die außerhalb des Sigmaringer Herrschaftsbereichs lagen, ersteigerten die dortigen Herrschaftsinhaber.[68] Mit Resolution vom 17. Februar 1784 wurde der Verkauf schließlich genehmigt.[69] Der Gesamterlös durch die Aufhebung der beiden Klöster dürfte etwa 70.000 fl. betragen haben.

Das Institut Gorheim

Nach dem Verkauf der Güter wurde die bisherige Verwaltung der Klöster durch Michael Engel aufgehoben. Allein Direktor Lenzinger blieb den früheren Klosterfrauen erhalten. Neben seiner Funktion als Geistlicher und Beichtvater oblag ihm nun, zusammen mit den Schwestern, die Aufsicht über den baulichen Zustand der Gebäude. Zudem wurden ihm die Pensionsgelder angewiesen, so dass er auch als Rechnungsführer amtierte.[70] Abzurechnen hatte er direkt mit dem Religionsfonds bzw. dem Kameralamt in Freiburg wegen der jährlichen Ausgaben.[71] Kurz nach der Säkularisation, im Herbst 1782, waren im Institut Gorheim 34 Exnonnen und Laienschwestern untergebracht. In der Folgezeit sank die Zahl der Schwestern infolge der Sterbefälle, obwohl noch gelegentlich neue Schwestern aufgenommen wurden. 1795 befanden sich noch 19 ehemalige Konventualinnen in Gorheim, zehn Jahre später, 1805, nur noch zehn.[72] Bei dem Tod einer Oberin schlug der Institutsdirektor eine neue Oberin vor, die durch die Freiburger Regierung bestätigt werden musste.[73] Das Zusammenleben der Schwestern in Gorheim gestaltete sich nicht immer ganz friedlich und spannungsfrei. So bat Direktor Lenzinger bereits im März 1783 um eine Erhöhung seines jährlichen Gehalts von 400 fl. auf 600 fl., indem er zu bedenken gab, *was es koste, einen Weiberdirector abzugeben und 34 derselben in einer beständigen und wahrhaft schwesterlichen Harmonie zu erhalten!* Die Freiburger Regierung lehnte dieses Gesuch jedoch rundweg ab.[74] 1791 klagte Lenzinger darüber, dass eine Exnonne *mit jeder Stunde ihren Eigensinn (verdoppele) und mittels eines unerträglich widerwärtigen Humors die liebenswür-*

dige Zufriedenheit der anderen störe. Er bat deshalb um Verabschiedung der Frau. Freiburg befürwortete dieses Gesuch falls sich die Nonne nicht bessere.[75] Das Stockacher Oberamt hatte sich nach 1783, neben den Abrechnungen, vor allem mit Pensionsfragen zu beschäftigen. Die ehemaligen Klosterfrauen, die in Gorheim wohnten, erhielten 150 fl. im Jahr, diejenigen welche in die Welt gingen 200 fl.[76] Die Pensionen der Exnonnen waren nicht reichlich bemessen, reichten aber für gewöhnlich wohl gerade zum Lebensunterhalt aus. Erst in Notlagen erwiesen sie sich als unzulänglich. Dies gilt zunächst für persönliche Notfälle, wie etwa Krankheiten.[77] Häufig gab es Bitten der Schwestern um Pensionserhöhungen, etwa bei erhöhtem Arzneimittelbedarf infolge von Krankheiten, die der Freiburger Regierung und Kammer zur Entscheidung vorgelegt wurden. Um 1790 lag die Höhe der jährlichen Pensionskosten bei 2.900 fl.[78] In eine besondere Notlage brachten die Napoleonischen Kriege die Schwestern. 1795 wurden deshalb Pensionserhöhungen um insgesamt 333 fl. bewilligt. Damals befanden sich noch 19 Nonnen im Kloster. Um ihren Lebensunterhalt aufzubessern, begannen sie 1791 sogar mit dem Ausschank von Bier. Dies zog sofort Klagen der Sigmaringer Wirte bei der fürstlichen Regierung nach sich, die den Bierausschank mehrfach verbot.[79] Doch es kam weitaus schlimmer. Im Juli 1800 klagte Lenzinger, dass die Nonnen beim letzten Truppendurchmarsch alle Lebensmittel und Habseligkeiten eingebüßt hätten und ein großer Teil der Kirchensachen entwendet worden wäre; zudem sei das Gebäude beschädigt worden.[80] Nochmals mussten die ehemaligen Klosterschwestern eine Wende in ihrem Leben erfahren, als das Fürstentum Hohenzollern-Sigmaringen aus der österreichischen Lehens- und Landeshoheit schied. Bereits seit Juli 1805 waren keine Pensionszahlungen mehr für die zehn Ordensfrauen in Gorheim eingegangen. Doch die Freiburger Regierung war im Januar 1806 nunmehr der falsche Adressat für irgendwelche Forderungen.[81] Durch den Frieden von Pressburg fielen unter anderem das Gorheimer Klostergebäude und das noch vorhandene Inventar an Hohenzollern-Sigmaringen. Die fürstliche Regierung in Sigmaringen übernahm dafür aber nun auch die österreichischen Pensionsverpflichtungen, die zunächst aus der fürstlichen Kammer beglichen wurden.[82] Der österreichische Religions- und Studienfonds wurde am 25. November 1806 in einem in Günzburg abgeschlossenen Vertrag zwischen Österreich, Württemberg und Baden aufgeteilt. Er enthielt 2.071.372 fl. 47 kr. Im württembergischen Anteil in Höhe von 1.139.809 fl. 43 kr. waren auch die Gelder für Hohenzollern-Sigmaringen inbegriffen, mit der Maßgabe, dass Württemberg sich mit Hohenzollern vergleiche und einen Teil davon abgebe.[83] Nach längerem Mahnen von Seiten Hohenzollerns wurde am 18. Dezember 1808 zwischen Württemberg und Hohenzollern-Sigmaringen ein Vertrag abgeschlossen, wonach Hohenzollern-Sigmaringen insgesamt 44.376 fl. erhalten sollte. Die Aufteilung erfolgte nach den Einwohnerzahlen der beiden Staaten.[84] Tatsächlich abgeliefert wurden 1812 jedoch nur 22.754 fl.; zudem erhielt Sigmaringen das Klostergebäude.[85]

Hinsichtlich der Pensionszahlungen folgte aus den genannten Verträgen, dass Sigmaringen die Pensionen für ehemalige Nonnen aus den Klöstern Gorheim und Laiz übernehmen sollte, Württemberg und Bayern hingegen für diejenigen Nonnen, die aus aufgehobenen, ehemals österreichischen Klöstern stammten, die nun in diesen beiden Staaten lagen. Vier Nonnen aus Laiz und Gorheim hatten sich nun in Württemberg bzw. Bayern niedergelassen. Andere Nonnen, die in Hohenzollern-Sigmaringen blieben, kamen aus nunmehr württembergischem Gebiet. Wegen der Regulierung der Zahlungen gab es langwierige Differenzen zwischen Württemberg, Bayern und Hohenzollern zu Lasten der ehemaligen Nonnen, die ihre Pensionen nicht oder nur unvollständig ausbezahlt erhielten.[86]

Die verbliebenen zehn Bewohnerinnen des Sammlungshauses Gorheim und ihr Beichtvater wurden nach 1806 ganz unterschiedlich versorgt. Der Fürst ernannte Lenzinger 1807 zum Hofkaplan.[87] Die Exnonnen durften zunächst in Gorheim weiter wohnen. Doch im Jahre 1807 wurde in Gorheim ein Waffendepot eingerichtet. Die Schwestern verbrachte man wenig später zum Teil wohl ins Kloster Habsthal, fünf Nonnen war das alte Gasthaus des Klosters Inzigkofen als Aufenthaltsort angewiesen, wo sie eine eigene Haushaltung führten. Die letzte überlebende Nonne wurde nach Habsthal versetzt, wo sie im Alter von 72 Jahren am 1. Februar 1816 verstarb.[88] Die letzte Ex-

konventualin des Klosters Laiz, die sich in Ochsenhausen niedergelassen hatte, verstarb 1833 im Alter von circa 90 Jahren.[89]

Wirtschaftliche und soziale Folgen

Die Säkularisationen der Klöster Gorheim und Laiz hatten keine gravierenden Folgen für die regionale Kultur, da die Schwestern kaum in der Öffentlichkeit wirkten; allein die Laizer Schwestern trugen zur musikalischen Ausgestaltung der Gottesdienste bei.[90] Auch waren die beiden Klöster keine sehr bedeutenden Wirtschaftsfaktoren in Hohenzollern-Sigmaringen, da sie vor allem Selbstversorgung betrieben bzw. von Lehensgefällen lebten.[91] Dennoch beschäftigten sie unter anderem Handwerker bei Bauaufträgen, erwarben von örtlichen Künstlern *Malereien* oder gaben Geld für Fuhrlöhne und Nahrungsmittel aus. Aufträge flossen also an die lokale Bevölkerung, und 1782, bei der Säkularisation, befürchtete der Fürst, dass *vielen durch die Aufhebung […] das Brod und die Nahrung entgienge.*[92] Nachdem Österreich jedoch das Institut Gorheim einrichtete, wurden weiterhin Dienstleistungen von Handwerkern und Fuhrleuten in Anspruch genommen und Nahrungsmittel vor Ort erworben.[93] Andererseits entfielen die Klöster als Arbeitgeber für Bedienstete. Die Mehrzahl der Klosterbediensteten – über zwölf Personen – wurde durch die Säkularisationen frei gesetzt und nur drei für das Institut in Gorheim übernommen.[94] Abgesehen davon entfielen die Klöster auch als Versorgungsinstitute zur Unterbringung unverheirateter Töchter.

Für die örtliche Bevölkerung und für örtliche Institutionen war die wohl gravierendste Folge, dass die Klöster nicht nur als Kreditgeber wegfielen, sondern dass die Kredite durch die österreichischen Behörden auf kaiserlichen Befehl hin kurzfristig, auf den 4. Juni 1782, gekündigt wurden und neue Kreditgeber gewonnen werden mussten. Kreditnehmer der Klöster waren meist Städte und Gemeinden sowie Privatpersonen aus den Grafschaften Sigmaringen und Veringen aber auch der Fürst selbst. Bis Ende 1782 war bereits ein Großteil der Kredite zurückbezahlt. Etliche Kreditnehmer kamen durch die Kündigungen in Schwierigkeiten, wie etwa der Inhaber eines klosterlichen Lehenhofes, der die Zwangsversteigerung über sich ergehen lassen musste, oder die Gemeinde Sigmaringendorf, die mit Mühe neue Geldgeber fand. Hart traf es auch die Sigmaringer Landschaftskasse, die bei verschiedenen aufgehobenen Klöstern 12.560 fl. aufgenommen hatte; hinzu kamen 1.256 fl. rückständige Zinszahlungen.[95]

In Bezug auf die Erträge für das habsburgische Staatswesen durch die Säkularisationen wird in der Literatur das Fazit gezogen, dass der österreichische Religionsfonds zunächst »Gewinner« der Klosteraufhebungen gewesen sei, doch die Erlöse später kaum hinlänglich waren, dass von ihren Zinsen die Pensionen bezahlt werden konnten, so dass der erhoffte wirtschaftliche Erfolg ausblieb und der Religionsfonds »auf den Hund kam«.[96] Hier eine einfache Bilanz zu erstellen, welchen Gewinn der Religionsfonds aus den Sigmaringer Aufhebungen per saldo, also u. a. nach Abzug der Pensionen und Baulasten, zog, erscheint wenig sinnvoll, schon deshalb nicht weil die dazu erforderliche, sehr komplexe Berechnung anhand der Quellen kaum möglich ist. Ein direkter Rückfluss von Geldern nach Hohenzollern-Sigmaringen über den Religionsfonds scheint, außerhalb der Pensionszahlungen, dagegen nicht stattgefunden zu haben, denn durch die Pfarregulierung wurden im Fürstentum keine neuen Pfarreien gebildet.[97]

Der Fürst von Hohenzollern-Sigmaringen konnte infolge der Säkularisation sein liegendes Vermögen vergrößern, allerdings musste er das Klostergut ersteigern. Erst 1806 erzielte er weitere Gewinne durch den Anfall des Gorheimer Klostergebäudes und später durch die Aufteilung des Studien- und Religionsfonds; allerdings wurden die Gelder wohl für die Pensionszahlungen aufgebraucht. Nach dem Fürsten traten der reiche Laizer Schultheiß Schwab und dessen Sohn sowie die Inhaber derjenigen Herrschaftsgebiete, worin die klösterlichen Besitzungen lagen, als wesentliche Käufer von Klostergütern in Erscheinung. Eine weitere kapitalkräftige Käuferschicht, die an Erwerbungen interessiert war, existierte in Hohenzollern-Sigmaringen nicht. Lediglich ein Lehenbauer konnte seinen Hof erwerben; den anderen mangelte es an Geld, und sie wechselten nur ihren Lehensherrn.[98] Insgesamt wurden die Gorheimer und Laizer Klostergüter zu einem guten Teil zersplittert.

Einen die Wirtschaft fördernden Effekt hatten die Säkularisationen in Hohenzollern-Sigmaringen kaum. Der Verkauf des Klostergebäudes Laiz gab keinen Anstoß für eine Gewerbeniederlassung oder gar Fabrikgründung. Es fand sich kein vermögender Interessent, der das Gebäude entsprechend verwendet hätte. Die Gründe dafür lagen – so Gastwirt Schwab – an der Armut der Gegend und seiner Bewohner, der hohen Steuerbelastung und den vielen Landesschulden.[99] Hinzu kam wohl die schlechte Infrastruktur, d. h. die schlechte Verkehrsanbindung.[101] In Hohenzollern-Sigmaringen selbst fehlte eine vermögende Käuferschicht, und eine potentielle, kapitalkräftige Käufergruppe war vom Immobilienerwerb ausgeschlossen: die Juden.[101] So gab die Freisetzung eines Klostergebäudes, wie sich nach 1803 auch anderswo im deutschen Südwesten beobachten lässt, keinen Anschub zu einer Industrialisierung.[103]

Zusammenfassung

Die von seiner Mutter Maria Theresia begonnene Politik der verstärkten Wahrnehmung österreichischer Rechte gegenüber Hohenzollern-Sigmaringen wurde unter Joseph II. intensiviert fortgesetzt. Es ist typisch, dass sich Joseph über die Interessen des zur habsburgischen Klientel zählenden Fürsten von Hohenzollern-Sigmaringen hinwegsetzte[103] und die österreichischen Gesetze und Verordnungen auch auf Hohenzollern rigoros anwenden ließ, wie sich gerade bei den Säkularisationen zeigte. Die Klosteraufhebungen waren auch ein Akt der Durchsetzung der Landeshoheit, wobei der Fürst praktisch wie ein landsässiger Herrscher behandelt wurde. Er war von den Säkularisationen ausgeschlossen und konnte nur als Mitbieter bei der Versteigerung von Klostergütern in Erscheinung treten. Als kapitalkräftigster Bieter vermochte er einen Großteil der klösterlichen Besitzungen an sich zu ziehen. Erst 1806, nachdem Hohenzollern-Sigmaringen souverän geworden war, trat der Fürst in die Fußstapfen Österreichs, das bedeutete er bekam einerseits den verbliebenen Vermögensbesitz und einen Teil aus dem aufgelösten Religionsfonds, andererseits musste er nun für die Pensionen der verbliebenen Nonnen aufkommen.

[1] Zum Begriff und als Überblick: *Arno Baruzzi*, Zum Begriff und Problem der »Säkularisierung«, in: *Anton Rauscher* (Hg.), Säkularisierung und Säkularisation vor 1800. Paderborn 1976, 121–134; *Harm Klueting*, Die Säkularisation, in: *Jürgen Ziechmann* (Hg.), Panorama der fridericianischen Zeit. Friedrich der Große und seine Epoche. Ein Handbuch. Bremen 1985, 441–445. – Für Anregungen danke ich meinem Kollegen Dr. Wolfgang Schaffer, Köln.

[2] Vorweg sei auf folgende Bibliographien und Quellensammlungen zu Josephinismus und den josephinischen Säkularisationen hingewiesen: *Harm Klueting* (Hg.), Der Josephinismus. Ausgewählte Quellen zur Geschichte der theresianisch-josephinischen Reformen. Darmstadt 1995 (bes. XIX–XLIII); Österreich im Europa der Aufklärung. Kontinuität und Zäsur in Europa zur Zeit Maria Theresias und Josephs II. 2 Bände. Wien 1985, bes. Bibliographie, 1023ff. (Kirche); *Ferdinand Maaß*, Der Josephinismus. Quellen zu seiner Geschichte in Österreich 1760–1850. 5 Bde. Wien 1951–1961.

[3] Für Hohenzollern: *Fritz Kallenberg*, Die hohenzollerischen Fürstentümer am Ausgang des Alten Reiches. Ein Beitrag zur politischen und sozialen Formation des deutschen Südwestens. Masch. Diss. Tübingen 1961, 304; für Vorderösterreich: *Franz Quarthal/Georg Wieland*, Die Behördenorganisation Vorderösterreichs von 1753 bis 1805. Bühl 1977, 45–89; *Franz Quarthal*, Vorderösterreich, in: Handbuch der baden-württembergischen Geschichte. Bd. 1, 2. Stuttgart 2000, 587–780, hier: 736–764; *Hermann Franz*, Studien zur kirchlichen Reform Josephs II. mit bes. Berücksichtigung des vorderösterreichischen Breisgaus. Freiburg i.Br. 1908. Im Überblick: *Klueting*, Einleitung, in: *Ders.*, Josephinismus (wie Anm. 2), 6ff.; *Karl Otmar Freiherr von Aretin*, Der Josephinismus und das Problem des katholischen aufgeklärten Absolutismus, in: Österreich im Europa der Aufklärung (wie Anm. 2), 509–524, 515ff., 519ff.; *Helmut Reinalter*, Aufgeklärter Absolutismus und Josephinismus, in: *Ders.* (Hg.), Der Josephinismus: Bedeutung, Einflüsse und Wirkungen. Frankfurt a. M. u. a. 1993, 11–21; *Erich Zöllner*, Bemerkungen zum Problem der Beziehungen zwischen Aufklärung und Josephinismus, in: *Ders.*, Probleme und Aufgaben der österreichischen Geschichtsforschung. Ausgewählte Aufsätze. Wien 1984, 348–364; *Volker Press*, Kaiser Joseph II. – Reformer oder Despot?, in: *Günther Vogler* (Hg.), Europäische Herrscher. Ihre Rolle bei der Gestaltung von Politik und Gesellschaft vom 16. bis zum 18. Jh. Weimar 1988, 275–299, 277ff., 287ff. Allgemein: *Elisabeth Kovács*, Katholische Aufklärung und Josephinismus. München 1979; *Helmut Reinalter*, Reformkatholizismus oder Staatskirchentum? Zur Bewertung des Josephinismus in der neueren Literatur, in: Römische Historische Mitteilungen 18 (1976), 283–307; *Anton Schindling*, Theresianismus, Josephinismus, katholische Aufklärung. Zur Problematik und Begriffsgeschichte einer Reform, in: Würzburger Diözesangeschichtsblätter 50 (1988), 215–224; *Erich Zöllner* (Hg.), Österreich im Zeitalter des aufgeklärten Absolutismus. Wien 1983; *Heribert Raab*, Geistige Entwicklungen und historische Ereignisse im Vorfeld der Säkularisation, in: Rauscher (Hg.), Säkularisation (wie Anm. 1), 9–41; *Rudolf Vierhaus*, Säkularisation als Problem der neueren Geschichte, in: *Irene Crusius* (Hg.), Zur Säkularisation geistlicher Institutionen im 16. und im 18./19. Jh. Göttingen 1996 (Studien zur Germania Sacra; 19), 13–30.

[4] *Kallenberg*, Fürstentümer (wie Anm. 3), 302; *Andreas Zekorn*, Zwischen Habsburg und Hohenzollern. Verfassungs- und Sozialgeschichte der Stadt Sigmaringen im 17. und 18. Jh. Sigmaringen 1996, bes. 364ff., 457ff., 485ff.

[5] Für Hohenzollern: *Kallenberg* (wie Anm. 3), 304; für Vorderösterreich: *Quarthal/Wieland*, Behördenorganisation (wie Anm. 3) 49ff., 76ff.; *Quarthal*, Vorderösterreich (wie Anm. 3), 743f.

[6] *Quarthal /Wieland*, Behördenorganisation (wie Anm. 3), 51 und Karte 5; *Quarthal*, Vorderösterreich (wie Anm. 3), 743f.

[7] *Kallenberg*, Fürstentümer (wie Anm. 3), 304, 308, 319, 332, 343; *Maren Kuhn-Rehfus*, Das Zisterzienserinnenkloster Wald. Berlin/New York 1992, 257ff.

[8] *Reinalter*, Josephinismus (wie Anm. 3), 11f.; *Quarthal/Wieland*, Behördenorganisation Vorderösterreichs (wie Anm. 3), 126ff.

[9] *Kallenberg*, Fürstentümer (wie Anm. 3), 323; SAS Ho 80, T 2, C, I, 1, Nr. 18 (Pak. 149).

[10] Die Maßnahme war noch unter Maria Theresia begonnen worden.

[11] *Johannes Pfister*, Volksschule und Pfarrorganisation in Hohenzollern-Sigmaringen unter dem Einfluß Vorderösterreichs im Zeichen katholischer Aufklärung und absolutistischer Reformpolitik (1750–1806). Tübingen 2000 (Wiss. Arbeit für die Zulassung zum Ersten Staatsexamen für das höhere Lehramt an Gymnasien, maschinenschr.), 43ff., 49ff., 58, 78ff., 132ff.

[12] *Kallenberg*, Fürstentümer (wie Anm. 3), 331ff., 336ff., 355ff. Allgemein: *Quarthal/Wieland*, Behördenorganisation (wie Anm. 3), 112ff.; *Karl Gutkas*, Österreichs Städte zwischen Türkenkriegen und staatlichem Absolutismus, in: *Volker Press* (Hg.), Städtewesen und Merkantilismus in Mitteleuropa. Köln/Wien 1983, 82–110.

[13] 1768 wurde das Amt Wald von der »Mediatlandschaft« getrennt. Später versuchte Österreich rigoros bei der Sanierung der überschuldeten Sigmaringer Landschaften durchzugreifen. SAS Ho 177, Akten Nr. 65. Vgl. auch: *Andreas Zekorn*, Konsens und Dissens: Kooperation und Konflikte innerhalb und zwischen den Landschaften des Fürstentums Hohenzollern, in: *Peter Blickle* (Hg.), Landschaften und Landstände in Oberschwaben. Bäuerliche und bürgerliche Repräsentation im Rahmen des frühen europäischen Parlamentarismus. Tübingen 2000, 179–205, 198f.; *Kallenberg*, Fürstentümer (wie Anm. 3), 325ff.

[14] Zum Kloster Gorheim vgl. im folgenden: *Max Heinrichsperger*, Gorheim, Terziarinnen, in: Alemania Franciscana Antiqua 14 (1970), 74–110, bes. 76ff., 101; *Friedrich Eisele*, Geschichte der katholischen Stadtpfarrei Sigmaringen, in: Mitt. des Vereins für Gesch. Hohenz. 58 (1924), 1–71 u. 59 (1925), 1–194, Gorheim: 59 (1925), 2–23; *Maren Kuhn-Rehfus*, Gorheim, in: *Dies.* (Hg.), Sigmaringen. Sigmaringendorf 1989, 189–192; Die Chronik des ehem. Frauenklosters Gorheim, veröff. von *Gustav Hebeisen*, in: Mitt. des Vereins f. Gesch. Hohenz. 61 (1930), 5–63.

[15] Zum Besitz vgl. unten Anm. 68.

[16] Zum Kloster Laiz: *Max Heinrichsperger*, Laiz/Sigmaringen Terziarinnen, in: Alemania Franciscana Antiqua 14 (1970), 111–123; *Eisele*, Stadtpfarrei (wie Anm. 14), Laiz: 59 (1925), 23–35; *Kuhn-Rehfus*, Laiz, in: *Dies.* (Hg.), Sigmaringen (wie Anm. 14), 215f.

[17] Zum Besitz wie Anm. 62.

[18] SAS Dep. 39, DS 1, R 78, Nr. 175 (Bericht vom 02.04.1782).

[19] SAS Dep. 39, DS 1, R 124, Nr. 2 (15.09.1771). Per Hofdekret vom 17.10.1770 war das Professalter mit 24 Jahren festgesetzt worden (*Gerhard Winner*, Die Klosteraufhebungen in Niederösterreich und Wien. Wien/ München 1967, 55).

[20] SAS Dep. 39, DS 1, R 78, Nr. 174 (Rechnungen 1782–1784).

[21] SAS Ho 80, T 1, A, Nr. 43: Schreiben vom 04.11., 08.11., 01.12.1781, 09.12.1782, 03.03.1783.

[22] *Hansjörg Krezdorn*, Das Kirchenpatronat über katholische Pfarreien in Hohenzollern. Geschichte und Rechtsentwicklung, in: Hohenz. Jahreshefte 16 (1955), 5–109, 24f.; *Pfister*, Volksschule (wie Anm. 11), 32. Die Maßnahmen der josephinischen Kirchenpolitik im Überblick: *Klueting*, Einleitung, (wie Anm. 3), 11f.; *Adam Wolf*, Die Aufhebung der Klöster in Innerösterreich 1782–1790. Ein Beitrag zur Geschichte Kaiser Josephs II. Wien 1871 (ND 1971), 2ff.; *Elisabeth Kovács*, Josephinische Klosteraufhebungen 1782–1789, in: Österreich zur Zeit Kaiser Josephs II. Mitregent Kaiserin Maria Theresias, Kaiser und Landesfürst, Niederösterreichische Landesausstellung Stift Melk 1980. Wien 1980, 169–173.

[23] *Kallenberg*, Fürstentümer (wie Anm. 3), 304, 333, 410; allgemein zu den Grundlagen der josephinischen Eingriffe: *Fritz Valjavec*, Der Josephinismus. Zur geistigen Entwicklung Österreichs im 18. und 19. Jh. München 2. Aufl. 1945, 45ff.; *Elisabeth Kovács*, Burgundisches und theresianisch-josephinisches Staatskirchensystem, in: *Reinalter* (Hg.), Der Josephinismus (wie Anm. 3), 39–62, 46 (zum »ius reformandi« und zur »advocatie« als rechtliche Grundlagen für Eingriffe der Fürsten »in Einrichtungen der christlichen Religion«).

[24] Weitere Aufhebungen von Klöstern, erfolgten ab dem 23.05.1783 und durch die Gesetze vom 18.06.1785 und 04.01.1786 (*Wolf*, Aufhebung, wie Anm. 22, 110ff.; *Kovács*, Josephinische Klosteraufhebungen, wie Anm. 22, 171). Klöster in Hohenzollern-Sigmaringen waren davon nicht mehr betroffen.

[25] *Klueting*, Josephinismus (wie Anm. 2), 280–282; *Elisabeth Kovács*, Joseph II. und die Aufhebung der kontemplativen Klöster in der österreichischen Monarchie, in: Mauerbach und die Kartäuser. Salzburg 1984, 1–17, 7ff.; *Dies.*, Josephinische Klosteraufhebungen (wie Anm. 22), 171, zum Vorgang detailliert: *Wolf*, Aufhebung (wie Anm. 22), 14, 16ff., 26ff.; *Winner*, Klosteraufhebungen (wie Anm. 19), 86ff., 149ff.

[26] SAS Dep. 39, DS 1, R 78, Nr. 171 (Schreiben vom 03.02. u. 09.02.1782).

[27] SAS Dep. 39, DS 1, R 78, Nr. 171 (Schreiben vom 05.02.1782).

[28] SAS Dep. 39, DS 1, R 78, Nr. 171 (Schreiben des Fürsten vom 11.03.1782 an Kaiser: Klage, dass das Oberamt Stockach ohne Vorankündigung einen Aufhebungskommissar entsandte).

[29] SAS Dep. 39, DS 1, R 78, Nr. 171 (Konzeptschreiben undatiert und öfter). Das Nachsuchen um Rückhalt beim Schwäbischen Kreis gegenüber Habsburg entsprach einer seit langem geübten Taktik der Grafen und Fürsten von Hohenzollern-Sigmaringen.

[30] SAS Dep. 39, DS 1, R 78, Nr. 171 (Schreiben vom 16.02.1782).

[31] Z. B.: *Wolf*, Aufhebung (wie Anm. 22), 26ff., 55ff.; *Winner*, Klosteraufhebungen (wie Anm. 19), 82ff., 87ff.; *Kovács*, Joseph II. (wie Anm. 25), 7ff.

[32] SAS Dep. 39, DS 1, R 78, Nr. 175 (14.02. u. 30.03.1782; Übersicht vom 28.02.1782). – Zu den Klosteraufhebungen Gorheim und Laiz auch kurz: *Theodor Dreher* (Hg.), Die Geißenhof'sche Chronik des Klosters Inzigkofen, in: Freiburger Kath. Kirchenblatt 38 (1894) Nr. 26–52, 39 (1895) Nr. 1–28, hier: Nr. 45 (07.11.1894); *Johann Nepomuk Wetzel*, Geschichte der katholischen Kirche in Schwaben-Hohenzollern. 2 Teile. Bühl 1928, 1931, hier: II. Teil, 314f., 321ff.; allgemein: *Wolf*, Aufhebung (wie Anm. 22), 32; *Winner*, Klosteraufhebungen (wie Anm. 19), 82ff., 96ff.

[33] SAS Dep. 39, DS 1, R 78, Nr. 175: Schreiben Biermanns vom 14.02.1782 und Übersicht vom 28.02.1782.

[34] SAS Dep. 39, DS 1, R 78, Nr. 175 (30.03.1782).

[35] SAS Dep. 39, DS 1, R 78, Nr. 528 (Schreiben vom März 1782); SAS Dep. 39, DS 1, R 78, Nr. 175: Schreiben vom 19.04./05.05.1782. Per Hofdekret vom 17.10.1770 war das Professalter auf 24 Jahre festgesetzt worden (*Winner*, Klosteraufhebungen, wie Anm. 19, 55), d. h. in Österreich wurde ab diesem Zeitpunkt niemand zur Ablegung der Gelübde vor dem vierundzwanzigsten Jahr zugelassen (*Wolf*, Aufhebung >wie Anm. 22<, 5).

[36] SAS Dep. 39, DS 1, R 78, Nr. 536 (13.08.1782). Die Meisterin und eine Nonne nahmen Wohnung beim Vikar in Laiz, zwei Nonnen nahmen Wohnung beim Nachprediger in Sigmaringen (SAS Dep. 39, DS 1, R 78, Nr. 528; 09.11.1782). Im März 1783 bewarben sich zwei Exnonnen, die sich zunächst in Mengen niedergelassen hatten, um eine Aufnahme in Gorheim, nachdem dort zwei Schwestern verstorben waren: SAS Dep. 39, DS 1, R 78, Nr. 536 (14.03.1783).

[37] SAS Dep. 39, DS 1, R 78, Nr. 536 (Protokoll vom 01.–14.03.1783; Schreiben vom 02.03.1783; 26.03., 06.04.1782); Nr. 537 (Personalstand). Zu Einzug, Verkauf, Abführung und Verwendung des Klos-

terguts: *Wolf*, Aufhebung (wie Anm. 22), 41ff.; *Winner*, Klosteraufhebungen (wie Anm. 19), 91 u. öfter.

[38] SAS Dep. 39, DS 1, R 78, Nr. 536 (07.06.1782).

[39] SAS Dep. 39, DS 1, R 78, Nr. 536 (26.03.1782).

[40] SAS Dep. 39, DS 1, R 78, Nr. 175 (14.05.1782; 05.03.,07.03., 11.03. 1783; Bücherliste vom 31.01.1783). Zur Abgabe der Bücher an Universitätsbibliotheken: *Winner*, Klosteraufhebungen (wie Anm. 19), 93ff.; *Wolf*, Aufhebung (wie Anm. 22), 41f.

[41] Zu Frank: *Kallenberg*, Fürstentümer (wie Anm. 3), 125ff.

[42] SAS Dep. 39, DS 1, R 78, Nr. 171 (25.02.1782).

[43] SAS Dep. 39, DS 1, R 78, Nr. 171 (07.03.1782). Zu Judas Thaddäus von Mayersburg: *Kallenberg*, Fürstentümer (wie Anm. 3), 130ff.

[44] SAS Dep. 39, DS 1, R 78, Nr. 171: Konzeptschreiben der fürstl. Regierung an den Kaiser, 11.03.1782; hier auch zur Beteiligung bei der Einschätzung der Güter.

[45] SAS Dep. 39, DS 1, R 78, Nr. 175 (01.07.1782).

[46] SAS Dep. 39, DS 1, R 78, Nr. 171 (Undatierte Kopie eines Schreibens, vermutlich an die v.ö. Regierung gerichtet).

[47] SAS Dep. 39, DS 1, R 78, Nr. 171 (Übersicht über die Rückzahlung der verliehenen Kapitalien).

[48] SAS Dep. 39, DS 1, R 78, Nr. 536 (Schreiben Biermanns an die v. ö. Regierung, 26.04.1782; 30.04.1782). In einem Handschreiben vom 11.03.1782 entschied sich Joseph II. für einen raschen, gewinnbringenden Verkauf der Klostergüter, u. a. durch Versteigerung. Im August folgte die Durchführungsverordnung (*Winner*, Klosteraufhebungen >wie Anm. 19<, 89ff., 153f.).

[49] SAS Dep. 39, DS 1, R 78, Nr. 175 (10.09.1782). – Johann Philipp Schwab, Schultheiß zu Laiz (SAS Dep. 39, DS 1, R 78, Nr. 528; 27.09. 1783), österreichischer (After-)Zoller (Ebd. 25.02.1783) und sein Sohn Joseph Anton zählten zu den reichsten Männern im Ort, wie gerade die Aufkäufe von Gütern des Klosters Laiz darlegen. Ein Sohn war Stadtpfarrer in Sigmaringen.

[50] SAS Dep. 39, DS 1, R 78, Nr. 176 (15.05.1782; 31.12.1789), Nr. 536 (26.03.1782).

[51] SAS Dep. 39, DS 1, R 78, Nr. 175 (02.06.1782).

[52] *Wolf*, Aufhebung (wie Anm. 22), 30, 40f. (auch zu den späteren Vorschriften für die Institute).

[53] SAS Dep. 39, DS 1, R 78, Nr. 175 (10.09.1782).

[54] SAS Dep. 39, DS 1, R 78, Nr. 175 (21.09., 25.10.1782).

[55] SAS Dep. 39, DS 1, R 78, Nr. 173 (Rechnungen 1783 – 1787); SAS Dep. 39, NVA 24 290 (1805).

[56] SAS Dep. 39, DS 1, R 78, Nr. 175 (29.10.1782).

[57] SAS Dep. 39, DS 1, R 78, Nr. 168 (30.05.1807).

[58] SAS Dep. 39, DS 1, R 78, Nr. 175 (29.07.1783).

[59] SAS Dep. 39, DS 1, R 78, Nr. 175 (24.12.1783).

[60] SAS Dep. 39, DS 1, R 78, Nr. 175 (24.03., 29.07., 25.09.1783). – Zur Einrichtung des Religionsfonds: *Wolf*, Aufhebung (wie Anm. 22), 43f.; *Kovács*, Josephinische Klosteraufhebungen (wie Anm. 22), 171; *Franz*, Studien zur kirchlichen Reform (wie Anm. 3), 237ff.

[61] SAS Dep. 39, DS 1, R 78, Nr. 171 (07.01.1783).

[62] SAS Dep. 39, DS 1, R 78, Nr. 536 (24.02.1783); Nr. 528 (24.02.1783). – Zur Versteigerung kam folgender Besitz des Klosters Laiz: Fruchtgülten vom Spitalamt Überlingen wegen eines Hofes zu Waldsteig (an Überlingen für 2.424 fl.); Geld- und Naturalgefälle (40 kr. und zwei Hühner) von einem Hof in Sigmaringendorf (für 24 fl. an den Fürsten); 1 Schupflehenhof zu Laiz (an den Fürsten für 1.150 fl.); 1 Schupflehenhof zu Sigmaringendorf (an den Fürsten für 1.500 fl.); 1 Schupflehenhof in Sigmaringendorf (an den Fürsten für 1.100 fl.); 1 Schupflehenhof in Sigmaringendorf (an den Fürsten für 1.260 fl.); 1 Erblehenhof in Harthausen (an den Fürsten für 950 fl.); 2 Erblehengüter in Harthausen (für 314 fl. an den Fürsten, der die Summe für die Inhaber erlegt); 1 Erblehenhof in Menningen, fürstl. fürstenbergische

Herrschaft (für 1.300 fl. an den Amtsbürgermeister von Überlingen, Baron v. Lenz); 1 Schupflehenhof in Heudorf bei Meßkirch (für 750 fl. an den Amtsbürgermeister von Überlingen, Baron v. Lenz).

[63] SAS Dep. 39, DS 1, R 78, Nr. 536 (18.02.1783).

[64] SAS Dep. 39, DS 1, R 78, Nr. 528 (26.06.1783).

[65] *Eisele*, Stadtpfarrei (wie Anm. 14), 34f.

[66] SAS Dep. 39, DS 1, R 78, Nr. 528 (27.09.1783; 10.03.1785).

[67] SAS Dep. 39, DS 1, R 78, Nr. 528 (Ankündigung der Versteigerung vom 01.09.1783). – Versteigerung von Besitz des Klosters Gorheim: Wirtschaftsgebäude (Anschlag: 990 fl.); 47¼ J. eigentümliche Äcker (3.670 fl.), 16 Jauchert gestiftete Äcker (1.315 fl.), 99 J. Waldungen (Zimmerhalde) (2.970 fl.), 13¾ Mannsmahd Wiesen (1.720 fl.), 2 Gärten (1.060 fl.): zusammen für 12.420 fl. an den Fürsten v. Hohenzollern-Sigmaringen; 1 Erblehenhof in Benzingen (an den Fürsten für 756 fl.), 1 Erblehenhof in Bingen (an den Inhaber für 590 fl. 50 kr.), 1 Erblehenhof in Egelfingen (895 fl. 50 kr. an Frh. v. Stauffenberg), 1 Erblehenhof in Egelfingen (890 fl. 25 kr. an Frh. v. Stauffenberg), *Verenagut* (Schupflehenhof) in Günzkofen (für 1.962 fl. 30 kr. an die gräfl. Scheerische Herrschaft), *Susanna Gut* (Schupflehenhof) in Herbertingen (für 2.856 fl. 15 kr. an die gräfl. Scheerische Herrschaft). (SAS Dep. 39, DS 1, R 78, Nr. 177; 08.10.1783); 19.12.1783: 1 Schupflehenhof in Nesselwangen (an das Überlinger Spital für 1.240 fl.) (SAS Dep. 39, DS 1, R 78, Nr. 175: 19.12.1783; SAS Dep. 39, DS 1, R 78, Nr. 177: 20.04.1784).

[68] SAS Dep. 39, DS 1, R 78, Nr. 177 u. Nr. 528: Versteigerungsprotokoll und Übersichten, 09.10.1783; eingerechnet ist auch der Schupflehenhof in Nesselwang, der erst am 19.12.1783 für 1.240 fl. an das Überlinger Spital verkauft wurde (SAS Dep. 39, DS 1, R 78, Nr. 175: 19.12.1783; SAS Dep. 39, DS 1, R 78, Nr. 177: 20.4.1784).

[69] SAS Dep. 39, DS 1, R 78, Nr. 177 (11.03.1784); Nr. 178 (20.04.1784).

[70] SAS Dep. 39, DS 1, R 78, Nr. 177 (11.03.; 07.06. u. 24.08.1784) u. Nr. 173, 179 (Abrechnungen).

[71] SAS Dep. 39, DS 1, R 78, Nr. 179 (15.07.1790; 23.11.1795; Abrechnungen 1791–1800).

[72] SAS Dep. 39, DS 1, R 78, Nr. 173 (Rechnungen 1783–1787); Nr. 179 (02.06.1794: Aufnahme einer Exnonne von Laiz; 22.12.1795: 19 Nonnen); SAS Dep. 39, NVA 24 290 (1805).

[73] SAS Dep. 39, DS 1, R 78, Nr. 179 (15.07.1790; 23.11.1795; Abrechnungen 1791–1800).

[74] SAS Dep. 39, DS 1, R 78, Nr. 175 (24.03., 04.04.1783).

[75] SAS Dep. 39, DS 1, R 78, Nr. 179 (03.10.1791).

[76] SAS Dep. 39, DS 1, R 78, Nr. 175 (z. B. 30.03.1782; 29.07.1782; 15.09.1783); auch Nr. 176, 177. Zur Festlegung der Pensionen im Klosteraufhebungsdekret: *Wolf*, Aufhebung (wie Anm. 22), 30.

[77] SAS Dep. 39, DS 1, R 78, Nr. 177 (12.–18.12.1784 u. öfter) u. Nr. 176.

[78] SAS Dep. 39, DS 1, R 78, Nr. 177.

[79] SAS Dep. 39, DS 1, R 124, Nr. 2 (31.05.1791; 19.04.1800; 16.05.1801).

[80] SAS Dep. 39, DS 1, R 78, Nr. 179 (19.07.1800).

[81] SAS Dep. 39, DS 1, R 78, Nr. 179 (13.01.1806). Den Religionsfonds verwaltete noch 1805 die erzherzogliche Regierung in Freiburg, vgl.: *Franz*, Studien zur kirchlichen Reform (wie Anm. 3), 311ff.

[82] SAS Ho 80 a, B.V.b.Nr. 59 (Pak. 146): 10.08.1807.

[83] SAS Ho 80 a, B.V.b.Nr. 59 (Pak. 146).

[84] SAS Ho 80 a, B.V.b.Nr. 59 (Pak. 146), Ho 80 Urkunden 28.12.1808.

[85] Inwiefern die Darstellung bei *Eisele*, Stadtpfarrei (wie Anm. 14), 18f. stimmig ist, wonach 1825 schon 20.519 fl. für Pensionen aufgebracht und 1828 durch die Hofkammer 2.584 fl. mehr aufgewendet wurde als sie erhalten hatte, müsste noch überprüft werden. Möglicherweise hing dieses Defizit auch mit Pensionszahlungen wegen der 1803/06 säkularisierten Klöstern zusammen.

[86] SAS Dep. 39, NVA 24 290 (1805; 08.02.1810); NVA 24 293.

[87] SAS Dep. 39, DS 1, R 78, Nr. 168 (21.05.1807).

[88] SAS Dep. 39, NVA 24 290 (1809; 02.01.1811: zur Unterbringung von drei Exnonnen aus Moosheim und Warthausen); *Eisele*, Stadtpfarrei (wie

Anm. 14), 19; *Dreher* (Hg.), Geißenhof'sche Chronik (wie Anm. 32), Nr. 45 (07.11.1894).

[89] SAS Dep. 39, NVA 24 293.

[90] SAS Dep. 39, DS 1, R 78, Nr. 536 (26.03.1782). Allgemein: *Heribert Raab*, Auswirkungen der Säkularisation auf Bildungswesen, Geistesleben und Kunst im katholischen Deutschland, in: *Albrecht Langner* (Hg.), Säkularisierung und Säkularisation im 19. Jh. Münster 1978, 63–96.

[91] Vgl. z. B. die zur Versteigerung ausgeschriebenen Güter des Klosters Gorheim (SAS Dep. 39, DS 1, R 78, Nr. 528) und den Bericht über die Klosteraufhebung Gorheim zur *übermäßigen* Viehhaltung und der Beschäftigung der Bediensteten, u. a. im Ackerbau (SAS Dep. 39, DS 1, R 78, Nr. 175, 30.03.1782). Zu den Verhältnissen in Laiz: SAS Dep. 39, DS 1, R 78, Nr. 536 (Ertrag und Ausgabe 06.04.1782).

[92] SAS Dep. 39, DS 1, R 78, Nr. 171 (11.03.1782). Vgl. auch Geld- und Naturalrechnungen Gorheims (SAS Dep. 39, DS 1, R 78, Nr. 173 u. Nr. 174) und die Berechnungen zum Kloster Laiz über die Ausgaben für Dienstleistungen (SAS Dep. 39, DS 1, R 78, Nr. 536).

[93] SAS Dep. 39, DS 1, R 78, Nr. 173 (Rechnungen 1782–1787).

[94] Für Gorheim wurden zwei Mägde und ein Hausknecht als ausreichend angesehen (SAS Dep. 39, DS 1, R 78, Nr. 175, 29.07.1783). Das Kloster Laiz hatte sieben Personen im Kloster und fünf Dienstboten auf einem Hof beschäftigt (SAS Dep. 39, DS 1, R 78, Nr. 536: Ertragsberechnung und Ausgabenzusammenstellung 06.04.1782). Für Gorheim konnten keine Zahlen ermittelt werden, nur die Tatsache, dass hier ebenfalls Dienstboten beschäftigt waren (SAS Dep. 39, DS 1, R 78, Nr. 175, 30.03.1782). Allgemein: *Harm Klueting*, Die sozio-ökonomischen Folgen der Säkularisation des 19. Jhs. im rechtsrheinischen Deutschland, in: *Crusius* (Hg.), Säkularisation (wie Anm. 3), 102–120, 116ff.; *Rudolf Morsey*, Wirtschaftliche und soziale Auswirkungen der Säkularisation in Deutschland, in: *Rudolf Vierhaus / Manfred Botzenhart* (Hg.), Dauer und Wandel in der Geschichte. Aspekte europäischer Vergangenheit. Festgabe für Kurt von Raumer. Münster 1966, 361–383; *Dietmar Stutzer*, Klöster als Arbeitgeber um 1800. Die bayerischen Klöster als Unternehmenseinheiten und Sozialsysteme zur Zeit der Säkularisation. Göttingen 1996.

[95] SAS Dep. 39, DS 1, R 78, Nr. 171 (Übersicht über die Rückzahlung der verliehenen Kapitalien); SAS Dep. 39, DS 1, R 78, Nr. 177 (24.08.1784), Nr. 174 (Rechnungen 1782 – 1788) u. Nr. 179 (Abrechnungen 1791 – 1800); Nr. 528 (06.09.1782: Sigmaringendorf). Vgl. allgemein: *Rudolfine Freiin von Oer*, Säkularisation und Kreditwesen – Beobachtungen in westfälischen Archiven, in: *Crusius* (Hg.), Säkularisation (wie Anm. 3), 121–129; *Franz*, Studien zur kirchlichen Reform (wie Anm. 3), 242f.

[96] *Kovács*, Joseph II. (wie Anm. 25), 8f. Zum Religionsfonds und dessen Entwicklung: *Franz*, Studien zur kirchlichen Reform (wie Anm. 3), 243f., 258ff., 291ff., 300.

[97] *Pfister*, Volksschule (wie Anm. 11), 78ff., 82f.

[98] Bei den Säkularisationen in Bayern, 1803, ergab sich die Tendenz, dass Adlige, vermögende Bürgerliche aber auch ehemalige Klosterbedienstete und Angehörige der ländlichen Unterschicht zu den Haupterwerbergruppen der Klostergüter gehörten. Zu den Erwerbern von Klostergütern 1803: *Dietmar Stutzer*, Die Säkularisation 1803. Der Sturm auf Bayerns Kirchen und Klöster. Rosenheim 1978; *Klueting*, Sozio-ökonomische Folgen (wie Anm. 94), 111ff.

[99] SAS Dep. 39, DS 1, R 78, Nr. 528 (24.02.1783).

[100] Vgl. *Theo Hornberger*, Die hohenzollerischen Städte. Eine stadttopographische Untersuchung, in: Hohenz. Jahreshefte 3 (1936), 265–331, Hohenz. Jahreshefte 4 (1937), 113 – 167.

[101] SAS Dep. 39, DS 2, R 78, Nr. 171 (07.01.1783).

[102] Vgl. *Klueting*, Sozio-ökonomische Folgen (wie Anm. 94), 118ff.

[103] Allgemein: *Press*, Joseph II. (wie Anm. 3), 292f.

Vorboten der Säkularisation in ostschwäbischen Stifts- und Klosterstaaten

Sicherung, Flucht und Ausverkauf der Werte vor der Säkularisation – Schwabens Klöster und Hochstifte im Vergleich

von Wolfgang Wüst

Die Säkularisation der Jahre 1802 und 1803, – rechtlich gestützt auf das territoriale Ausgleichsversprechen des Friedens von Lunéville 1801 und den RDH[1] vom 25. Februar 1803 – zog nicht überraschend ins Land. Weltliche Fürsten hatten sich mit Säkularisationsplänen seit dem späteren Mittelalter vertraut gemacht, planvoll ausgeführt, zogen sie nach der Reformation auch in den evangelischen Territorien und Reichsstädten Süddeutschlands eine grundlegende Revision der historischen Landkarte nach sich. Dies war bereits ein Vorgeschmack auf die kommende Napoleonische *Flurbereinigung* in Bayern und der Pfalz während der Jahre 1802–1816. In Franken, wo die neue Lehre sich als Typus der Fürsten-, Rats- und Gemeindereformation noch erfolgreicher als in Schwaben etablieren konnte, säkularisierte man bis zu Beginn des 17. Jhs. fast die Hälfte aller Benediktinerabteien. Einige Klöster, wie **Weissenohe** und **Michelfeld**, wurden zuerst aufgelöst, dann aber in den 1660er Jahren restituiert. Noch dramatischer war der Einbruch bei den Zisterzienserinnen gewesen, wo mit der einzigen Ausnahme von **Himmelspforten** zwischen 1525 und 1592 alle der über zwanzig Klöster aufgelöst wurden. Betroffen waren davon auch Frauenzisterzen, die in katholisch gebliebenen Gebieten lagen.[2] Auch in der Aufklärung spielte man erneut mit dem Schreckgespenst der Vermögens- und Herrschaftssäkularisation gänzlich unverhohlen.[3] Dabei bediente man sich, bewusst historisierend, zahlreicher Klischees und Kritikpunkte vergangener kirchenkritischer Zeitläufe.[4] Die inquisitorische Memoria griff – ähnlich wie dies die Abteien selbst anlässlich ihrer Jubeloktaven zur jeweiligen Gründungswiederkehr als

Millenniumsfeiern oder Zentenarien mit tagelangem Glockengeläut und Kanonendonner verkündet hatten[5] – auch auf Seiten der Kirchengegner und ohne den klärenden Blick in die Klosterarchive weit zurück. Für Bayern hatte der wittelsbachische Kaiser Karl VII. bereits 1742/43 die Aufhebung geistlicher Fürstentümer angeregt, und das im Kurfürstentum enklavierte Hochstift Freising war landeshoheitlich abwertend in bayerischen Quellen seit jeher als *unsere Pfarr* bezeichnet worden. Dort gelang zwar nicht die Einverleibung des reichsunmittelbaren Bischofslandes, doch gab es eine starke Einflussnahme auf die Besetzung des Freisinger Bischofsstuhls mit nachgeborenen Prinzen aus dem Hause Wittelsbach. Auf das Domkapitel hatte man immer wieder politischen und finanziellen Druck ausgeübt, eine wittelsbachische Sekundogenitur zu etablieren. Doch verschloss man sich beispielsweise 1695 diesen teils massiv vorgetragenen Pressionen, und wählte mit Domdekan Johann Franz Eckher v. Kapfing (1695/96–1727) wieder einen präsenzwilligen und zugleich kunstsinnigen Kandidaten aus den eigenen Reihen, der die Wittelsbacher Bischofsreihe durchbrach.[6] Dort, wo sich wie in Bayern der Fürstenstaat machiavellistisch inszenieren konnte, nahm man seit der ersten Hälfte des 18. Jhs. ausgedehnte staatskirchliche Reformen vor. 1779 erfolgte die Neuordnung des Geistlichen Rats[7] mit einem erweiterten *recursus ad principem*, und andere Edikte brachten das *placitum regis* für alle kirchlichen Angelegenheiten verstärkt in Erinnerung. Maßnahmen gegen überflüssige Feiertage, gegen die von einer breiten Volksfrömmigkeit getragenen Kreuzwegandachten, Passions- und Fronleichnamsprozessionen

129

sowie gegen das Wetterläuten folgten ebenso, wie die Kirchengesangsverordnung von 1782, die deutsche Choräle einführte. Auch die schwäbischen Prälaturen spürten die veränderte bayerische Politik. Seit 1788 wollte die Regierung von Pfalz-Neuburg die nach St. Ulrich und Afra in Augsburg steuernde Klosterpropstei Unterliezheim als eine in der Pfalz liegende Hofmark annektieren. 1798 musste der Abt seine Landstandschaft in Pfalz-Neuburg schließlich aufgeben. 1713 hatte der bayerische Kurfürst gegenüber der Augsburger Reichsabtei ein Kaufverbot für Hofmarken erlassen, seit 1776/77 wurden alle Revenüen aus dem Land gesperrt und die Zehnterträge stark belastet. Noch im Ende Oktober 1802 wollte Abt Gregor

Clemens Wenzeslaus von Sachsen (1768–1802, † 1812)
Der letzte Augsburger Fürstbischof, Trierer Kurfürst und Ellwangener Fürstpropst. Im Hintergrund seine hochstiftischen Ämter, die bis zu den Alpen reichen.
Stadt- und Staatsbibliothek Augsburg, Graphiksammlung.

II. Scheffler (1795–1802), der dann im Januar 1806 im aufgehobenen Kloster verstarb, sein Kloster trotz hoher Verschuldung durch die Preisgabe der Reichsunmittelbarkeit retten. Er bat den bayerischen Kurfürsten, *seine fortwährende klösterliche Existenz zu belassen und solches in das Verhältnis der vaterländischen Mediatklöster huldvollst einzureihen, wodurch die sämtlichen Güter und Gebäude des Stifts concentrirt erhalten, die gegen 400.000 fl. betragnen Schulden leichter abgeführt* werden könnten.[8] Schließlich wurden im März 1803 Vermögen, Schulden und die Realien der Abtei im Verhältnis von 2/11 bzw. 9/11 zugunsten Augsburgs und Kurbayerns verteilt.[9]

Landgewinn, geistige Erneuerung und Entschädigung für die durch Kriegsschulden und Plünderungen krisenhaft erschütterten Staats-, Fürsten- und Landschaftskassen, forderte man in den Geheimen Konferenzen und Kollegien landauf landab – im übrigen auch quer durch alle Konfessionen. Über die Kontakte zu den politischen Gremien in den sehr häufig zusammengerufenen Kreistagen[10] der Reichskreise und am Immerwährenden Reichstag zu Regensburg kannte man selbstverständlich auch in den Reichsabteien und in den Hoch- und Domstiften den aktuellen Stand der Diskussion. Die drohende Säkularisation war auch Thema in der Korrespondenz zwischen dem kurtrierischen Reichstagsdelegierten Frh. v. Lincker zu Regensburg und dem hochstiftischen Staats und Konferenzminister Frh. Ferdinand v. Duminique in Augsburg im Februar 1797: *Auf diese immer mehr sich entschleiernde Gefahr hätten S.r. Kais. Königl. Majestät alle Reichsstände, besonders die geistliche wiederholt aufmerksam gemacht, und diese zu überzeugen sich bemühet, daß ihre Existenz in Gefahr schwebe, daß Secularisations Entwürfe in geheim geschmiedet würden, und daß allen Ansehen nach es daraus angesehen seye, die geistliche Reichs Lande zu irgend einer Entschädigung zu verwenden, und denselben Aufopferung als die Haupt Basis der Friedens Bedingnisse durch die vereinte französische und die von Preußen abhängige protestantische Macht dem wehrlos gemachten, und getrennten Teutschen Reiche wider seinen Willen aufzudringen.*[11] Auch das Domkapitel war involviert, denn der Fürstbischof setzte vor allem während seiner Abwesenheit auf die Mitregierung des Augsburger Kapitels und eine gemeinsame Antwort auf die drohende Staatsauflösung. Der Augsburger Fürstbischof Clemens Wenzeslaus v. Sachsen (1768–1802/1812) berichtete wenige Tage nach den betrüblichen Nachrichten aus Regensburg 1797 von Dresden aus an das heimische Kapitel: *Zur weitern geheimen Aufklärung wollen wir denenselben und euch nicht verheelen, daß wir ein Kontingent unter ein von dem dermaligen h. Feldmarschall des Schwäbischen Kreises abhangendes Commando zu stellen weder thunlich noch räthlich machten. Und nur bedauern, daß einige unserer geistlichen hohen Mitstände die uns drohende Gefahr nicht einsehen, oder wenigstens nicht wie für die Erhaltung des ganzen und die Existenz ihrer Hochstifter besorgt zu seyn scheinen. Wir ersuchen dieselben und euch, hierüber das nothwendige Stillschweigen zu beobachten, und verbleiben userm würdigen Domkapitel mit Gnaden und allem Guten stätshin wohl beigethan und gewogen.*[12] Die Beziehungen zu Kaiser und Reich noch enger zu gestalten, schien für viele in der Reichskirche der einzige Ausweg, obwohl der Josephinismus in den österreichischen Erblanden selbst zwischen 1782 und 1787 bereits zur Auflösung von ca. 800 Klöstern geführt hatte.[13] Der Konstanzer Bischof und Ausschreibende Direktor des Schwäbischen Reichskreises jedenfalls sah darin ein Heilmittel, das er auch den Nachbarbistümern und den Reichsprälaten ans Herz legte. *Das einzige Rettungsmittel scheinet in dem constitutionellen Weeg eines näheren Anschlußes an Kaiserl. Majestät als das Reichsoberhaupt, unter engster Verbindung wohldenkender Stände, unter sich zu liegen, und es ist sehr zu wünschen, daß eine solche Verbindung und Einverständnuß unter höchster kaiserlicher Auctoritaet und Leitung in Bälde bewirket werden möge.*[14] Und das Konstanzer Domkapitel präzisierte dies noch, in dem auch der Zweite Mann im Alten Reich – mit dem Mainzer Kurfürsten immerhin ein geistlicher Fürst – ins Visier der schwäbischen Interessen geriet.[15] Er sollte die Außenpolitik der Klöster und Hochstifte im Auftrag des Reichsoberhaupts koordinieren. *Jezt wenn jemal ist demnach der Zeitpunkt eingetretten, wo Einigkeit und Energie allein noch retten können. Nur eine gegenseitige enge Verbindung der katholischen Höfe unter sich, und eine vertrauensvolle thätige Anschließung an das Reichsoberhaupt kann die gefährlichen Plane des Corpus Evangelicorum zernichten, und dies wird das Seyn oder Nichtseyn der teutschen Erz und Hochstifter entscheiden. […] Zum Vereinigungspunkt dieses katholischen Gegenbundtes deucht uns niemand natürlicher berufen zu seyn, als S.E. durch ihren reichspatriotischen Eifer berühmte Churfürstl. Gnaden zu Mainz, dieser Fürst wäre dann der Ring durch welchen die ganze Kette dieses Bündnisses sich an das Reichsoberhaupt anschlöße. Und endlich, so eng die einzelnen Glieder dieses Fürstenbundtes ineinander greifen, so eng hätten sich die Domkapitel an ihre Fürsten zu halten.*[16] Andererseits wundert man sich über die konstruktiv geführten bilateralen Beziehungen zwischen weltlichen und geistlichen Nachbarstaaten bis kurz vor die Säkularisationsmonate. Sie waren deutlich auf den Fortbestand geistlicher Staaten gerichtet, und zum Teil lösten sich langanhaltende Territorialkonflikte noch kurz vor der Säkularisation auf. Schlüsselverträge zur Beilegung existenzbedrohender Grenzstreitigkeiten und ungeklärter Landeshoheitsfragen wurden unvermindert noch in der zweiten Hälfte des 18. Jhs. abgeschlossen. Freilich partizipierten daran nicht alle Klöster, weil Abteien zum Teil finanziell überfordert waren, weil Konvente sich aus dem aktuellen kulturellen und politischen Geschehen absentierten oder weil Mönche eine Art innere Emigration suchten, in der die Kirchenkritik des 18. Jhs. ungehört blieb. So scheint auch für Bayerisch-Schwaben eine der Leitfragen des Würzburger Kirchenhistorikers Wolfgang Weiß richtig gestellt zu sein. An fränkischen Beispielen sah er die Klöster in ihrer Endzeit mit der fatalen Alternative konfrontiert. Monastisch-kirchliches Leben durchlebte man entweder als einen kulturell geprägten *äußerlichen* Höhepunkt, vielleicht auch als einen *barocken Aufbruch* zu kirchlicher Erneuerung[17] oder man zog sich in einer Art *innerer* Säkularisation aus der Weltlichkeit zurück.[18] Auch einige der schwäbischen Klöster und das Augsburger Hochstift trafen Vorkehrungen, soweit sie in herrschaftlicher Gemengelage zu Bayern, zu Württemberg oder zu anderen säkularisationswilligen gräflichen oder gefürsteten Herrenhäusern wie den verzweigten Fuggerlilien, deren Herrschaftslinie **Fugger-Babenhausen** 1803 durch Kaiser Franz II. in den Fürstenrang erhoben wurde, oder zu den drei oettingischen Häusern, deren lutherische Linie **Oettingen-Oettingen** –

sie erlosch allerdings 1731 – im Jahr 1674 und deren katholische Linien **Oettingen-Spielberg** 1734 und **Oettingen-Wallerstein** 1774 nacheinander in den Fürstenrang aufstiegen. So schlossen auch Clemens Wenzeslaus als letzter Augsburger Fürstbischof und der pfalzbayerische Kurfürst Karl Theodor (1777–1799) am 26. September 1785 einen detaillierten Grundlagenvertrag für die künftig zweifelsfrei zu definierende gemeinsame Grenze zwischen den Pflegen Hohenschwangau und Füssen, dem bayerischen Pfleggericht Schongau und den stiftischen Ämtern Oberdorf, Buchloe und Leeder, zwischen Landsberg mit Türkheim und den Pflegen Buchloe mit Schwabmünchen und schließlich zwischen Mindelheim und dem bischöflichen Pfaffenhausen. Die gegnerischen Reichsstände des Jahres 1802 urkundeten sich damals noch den Weg frei. Das Ergebnis sollte zu harmonischer und *gütlicher Ausgleichung* führen, *der schon seit unfürdenklicher Zeit zwischen dem Herzogthum Bajern und unserm Hochstift Augsburg bestehenden nachbarlichen Irrungen zur Erzielung der wechselseitig gehegten Fried liebenden Gesinnungen unter der Regierung weiland Herrn Maximilian Josephs Kurfürsten in Baiern Lieb-den bereits angetretten worden; inzwischen aber durch* [...] *hierauf erschienenen dringenden Regierungs Angelegenheiten einigen Jahre über unterbrochen verblieben ist.*[19] Und man scheute keine Kosten und Mühen, dies auch für die »Ewigkeit« zu zementieren. Die Grenzziehung erforderte neben den rechtlichen Implikationen eben auch einen hohen logistischen und organisatorischen Aufwand. Die gemeinsame Landesgrenze war mit 28 Hauptmarksteinen aus wetterfestem Marmor und über 150 dazwischen gesetzten *Laufsteinen* aus bei Füssen gebrochenem wetterfestem *grauem* Stein zu markieren, soweit sie nicht durch Wasserläufe und andere topographische Besonderheiten eindeutig fixiert werden konnte. Auch die Größe der Steine harmonisierte man; für die Hauptsteine betrug sie 6 Schuh in der Höhe und 14 Zoll in der Breite. Zwischensteine durften dagegen nur 4 Schuh hoch und 12 Zoll breit sein. Die Hauptgrenzsteine trugen neben der Jahreszahl die Wappen der beiden Vertragspartner und die territorialen Initialen *P.F.B.* (Pfalzbaiern) bzw. *H.A.* (Hochstift Augsburg).[20] Auch die Klöster partizipierten an relativ späten vertraglichen Regelungen zur Sicherung ihrer Landes- und Amtsgrenzen und ihrer

Landeshoheit mit Anrainerstaaten, die zu Beginn des 19. Jhs. zu den Säkularisationsgewinnern zählen werden. So brachte für die **Benediktinerabtei Neresheim** ein Vertrag im Jahr 1764[21] die endgültige Lösung aus der Vogtei und Steuerhoheit der Grafschaft Oettingen, die ihrerseits im RDH mit den Benediktinerklöstern Hl. Kreuz Donauwörth und St. Mang Füssen[22] und den landsässigen Gebieten der Zisterzienserinnen von Kirchheim am Ries, der Benediktiner von Mönchsdeggingen und der Birgitten/Minoriten von Maihingen entschädigt wurde. Neresheim wurde danach noch für kurze Zeit Reichsabtei, ja die Abtei wurde entlassen aus jeglichem *sive ex advocatia sive ex superioritate territoriali sive quocumque alio jure aut titulo herrühren-den nexu*, und sie bekam einen eigenen *geschlossenen, freyen und immediaten, sofort von Oettingen-Wallerstein gänzlich independenten Landes-District.*[23] Freilich wurde bald auch dort säkularisiert, und zwar 1806 durch das Haus Thurn und Taxis. Und nicht nur etablierte Orden wie die Benediktiner sicherten ihre Stellung im Reichsverband und in der Region bis kurz vor dem Ende ihrer Staatlichkeit. Mendikanten- und Bettelorden »investierten« ebenfalls in ihre Zukunft zu einer Zeit, als die Diskussion um den Wert oder Unwert geistlicher Staaten längst in vollem Gange war.[24] Prozesse um die Anerkennung von Reichsunmittelbarkeit und Reichsstandschaft führte man bis zuletzt. Die dabei mit staunenswerter Hartnäckigkeit beschrittenen direkten Wege zum Reichsverband – sie führten in der Regel zunächst vor das Reichskammergericht und den Reichshofrat – konnten dabei nur mit hohem finanziellen Einsatz geebnet werden. Doch sie boten eine trügerische Sicherheit vor den Säkularisationsabsichten größerer Territorien, auch wenn sie keineswegs sofort auch machtpolitischen Gewinn brachten. Noch 1768 und 1775 hatte sich so das vor den Toren Ulms liegende Kloster der **Söflinger Klarissen** den Zugang zum Reichstag erstritten, freilich um einen horrenden Preis. Der Rat der Reichsstadt Ulm, der seit 1357 die Vogtei über die Abtei als Reichslehen innehatte, musste mit Gebietsabtretungen und Privilegienverlust aus zehn Ortschaften und der Summe von 51.245 fl. entschädigt werden. Hinzu kamen Prozesskosten, die man nur mit Anleihen des herzoglichen Hofrats in Stuttgart und des Landkomturs des Deutschen Ordens zu Ellingen aufbringen konnte.[25] Berücksichtigt man, dass die frisch gekürte Reichsabtei den Bettelorden zuzurechnen war und nur über einen schmalen Besitzstreifen von insgesamt zwei Quadratmeilen mit ca. 4.000 Untertanen verfügte, verdeutlicht sich die klösterliche »Opfergabe« vor der Säkularisation. 1802 fiel dann diese Reichsabtei ebenso wie der Vertragspartner von 1768 zunächst an Bayern; 1810 kam sie zum Königreich Württemberg. Auch andernorts gelang der Zugang zum Kreistag erst kurz vor der Säkularisation. Die Äbte von St. Georg zu **Isny** mussten gegen die territorialen Rivalen, die Erbtruchsessen und Grafen von Waldburg seit 1693 wiederholt vor die höchsten Reichsgerichte ziehen, bis endlich am 4. Oktober 1781 das Haus Waldburg in den Verzicht auf die seit 1306 ausgeübte Klostervogtei einwilligte.[26] Die Äbte von St. Georg konnten danach noch für einige Jahre unter den »rheinischen« Prälaten im Reichsfürstenrat zu Regensburg – die schwäbische Bank war bereits überfüllt – Platz nehmen; die Äbtissinnen votierten dagegen unter den »schwäbischen« Prälaten.[27] Auch hier verhinderte die gewonnene Reichsstandschaft natürlich die Säkularisation keineswegs. 1803 fielen die Klöster zusammen mit der Reichsstadt Isny an die Grafen v. Quadt-Wickrath, die 1806 schließlich durch Württemberg mediatisiert wurden.[28]

Auch in altbayerischen Klöstern gärte es vor der Säkularisation. Dort sind wir über die Regierungsmotive und engen politischen Spielräume seitens der Äbte und Pröpste dank der von Winfried Müller herausgegebenen *Briefe* aus den Klöstern für den Zeitraum 1794 bis 1803 (1812) weit besser unterrichtet als in Schwaben oder Franken. Gerade dort ist der Blick in die Klosterkanzleien auch besonders interessant, konnte man doch aus dem Umgang des Kurfürsten und seiner Regierungen mit dem Prälatenstand vielleicht exemplarische Lehren ziehen für das, was in den neuen bayerischen Provinzen erst noch kommen sollte. Manche wie Abt Dominikus Weinberger aus **Attel** – ein kluger Ökonom – gaben sich kämpferisch. In seiner Korrespondenz mit Abt Rupert Kornmann (1757–1817) im Kloster **Prüfening** bat er im Februar 1799 um Solidarisierung gegen die bedrohlichen kurfürstlichen Klosterkontributionspläne. *Am 6ten dieß Monats* [d. h. Februar] *werde ich in cinere et cilicio* [in Sack und Asche] *zu Mittage in München eintrefen, in dem Weichenstephenschen Klosterhause absteigen, und*

eu[er] hochw. Hochwohlg[eboren] ungesäumt besuchen. Wir werden uns dann mit vereinten Kräften bemühen, das erfreuliche Geschäft, welches indeß der Teufel in Gnaden hollen wolle, in seine ordentliche und natürliche Wege einzuführen. Ob es der Mühe lohne, fragt sich, denn daß wir allem Verbande ungeachtet bezahlen müssen, ist von Freunden und Feinden vorlängst entschieden. [...] *Die Nachwelt solls aber lesen und vernehmen, daß wir unser Schicksal, so viel nur möglich, zu erleichtern gesuchet haben, und nur der Gewalt gewichen sind. In der Krise, in der wir schweben, läßt sich wahrlich nichts anders hoffen und erwarten, als der Zwang zu geben. Die Wolke, die über unsern Häuptern steht, ist zu dicht, als daß sie das Licht der besten Schriften durchbrechen könnte. Indolente Gleichgiltigkeit gegen jedes Schicksal der Geistlichkeit, gegen Religion und Religionsdiener macht alle Vorstellungen unwirksam.*[29] Andere zeigten sich grundsätzlich pessimistischer, zumal wenn ein Abt wie im Falle **Thierhauptens** krank darniederlag. P. Karl Auracher übersandte im Juni 1798 anstelle seines erkrankten Abts Michael Schmid (1733–1801) an den Kanzler der bayerischen *Landschaft*, Maximilian v. Mayrhofen (1757–1819), ein Geschenk (*douceur*). Die Übergabe sollte allerdings standeskonform durch den Abt von Andechs erfolgen. Dort koordinierte man offenbar dieses Mal für die bayerische Benediktinerkongregation das Anliegen auch mit der Hoffnung, eine Minderung der horrenden Steuerlasten zu erreichen. Auracher nutzte die Gelegenheit, dem befreundeten P. Placidus Scharl (1731–1814) in **Andechs** auch allgemeine Überlegungen mitzuteilen. *So gesund sich übrigens mein gnädiges Oberhaupt schon bey 20 Jahren befindt, so liess doch eine schwere fast durch 3 Jahre anhaltende Krankheit Überbleibseln nach sich, das hochdesselben Unfähigkeit zum Schreiben nach vielen angewendeten Mitteln annoch nicht gehoben ist. Demnach macht mir Hochselber heute den Auftrag, beygelegtes Douceur für Tit. H. Landschafts Kanzler an euer Hochw[ohlgeboren] nebst höflichster Seiner Empfehlung* [...] *abzuschicken.* [...] *Allgemeine Uebel, die alle Klöster bedrücken, sind auch unser trauriges Schicksal. Gott allein kann [dies ändern], und es scheint, er will nicht helfen. Da schreit man immer: die Zeiten werden schlimmer. Nicht doch! Die Zeiten bleiben immer, die Menschen werden schlimmer.*[30]

Die Amtsbuchführung als Indiz für den Klostersturm?

Rechnungsbücher und die zahlreichen Varianten der sog. *Kontrakten*- oder *Briefprotokolle* – dort finden sich u. a. die Verträge zu Kauf-, Erb-, Ehe-, Steuer- und Besitzübergabeangelegenheiten als *Verbriefungen* – sind als aussagekräftige Quellen zur Kulturgeschichte einer Endzeit bisher nur vereinzelt für die Forschung nutzbar gemacht worden.[31] Damit entging auch die Chance, sie gleichzeitig als Nachweis zur Vorbereitung und Durchführung der Klostersäkularisation auszuwerten. Am intensivsten arbeiteten bisher mit diesen reichlich überlieferten Protokollserien noch Archivare[32] mit behördengeschichtlichen Fragestellungen und Genealogen.[33] Dies überrascht, bieten sie doch als serielle Überlieferung einen wichtigen allgemeinen Schlüssel zur Erschließung der Sachkultur[34] und alltäglichen Lebenswelten gerade in Umbruchszeiten wie der Reformation[35], dem Dreißigjährigen Krieg oder der Säkularisation. Herrschaft, Schrift und Gedächtnis der Klosterkultur lassen sich mit dem

Blick in Rechnungen sicherlich konkretisieren. Doch geschah dies bisher vorzugsweise für das Klosterleben im Mittelalter. Auch die zahlreichen Baumaßnahmen[36] der Prälaturen lassen sich mit Rechnungsbelegen bis in die Tage der Zivilbesitznahme durch die neuen Herren verfolgen. Auch daraus ließen sich Schlussfolgerungen ziehen, ob die Kirchenkritik der Aufklärung gegen Ende des 18. Jhs. zu einem messbaren Rückgang klösterlicher Bautätigkeiten führte.

Da die inhaltliche Analyse hinsichtlich der Vorboten der Säkularisation also über die klösterlichen oder stiftischen Amtsbücher im einzelnen noch zu erbringen ist, beschränken wir uns im folgenden auf eine äußere Kennzeichnung. Wie führte man die Bücher zurzeit der Zivilbesitznahmen? Gab es eine Kontinuität oder begann die neue Verwaltung mit jeweils neuen Protokollen? Kann man von den Laufzeiten einzelner Bände auf eine Umsetzung drohender Säkularisationszeichen in den Kanzleien schließen? Wir wählen Beispiele aus Augsburger Klöstern. Betrachtet man die Briefprotokolle, so scheinen die Uhren 1802/03 einfach gleichmäßig weitergetickt zu haben.

Augsburger Bischofsresidenz
Kupferstich, um 1700.
Städtische Kunstsammlungen.
Augsburg, Graphik.

Im Falle des zum Augsburger Augustiner Chorherrenstift Heilig Kreuz gerichtsbaren Dorfes Margertshausen[37] scheint die Amtsbuchführung in bayerischer Zeit kontinuierlich fortgeführt worden zu sein. So findet sich, thematisch richtig plaziert, genau vor den Einträgen vom Januar 1793, in denen Hinterlassenschaften der Witwe Elisabetha Fend geregelt wurden, auf bläulichem Papier ein erst später eingebundener Bogen. Er trägt bereits bayerische Kanzleisiegel zu drei Kreuzern. Dort bestätigte das Landgericht Zusmarshausen am 24. März 1805 für die Gemeinde Margertshausen: *Daß Kaspar Fend von Margertshausen sein besitzendes Söldgut [...] lt. Prot[okoll]. vom 21. ten Jan. 1793 et 5. Decbr. 1795 um eine Summe von 1.150 fl. an sich gebracht, und dermal darauf 637 fl. inclusive 75 fl. Ziehler, schuldig seyn, wird ihm zu Aufnahme eines Capitals von drey hundert Gulden mit dem Bemerken attestiert, daß hiemit keine [...] Schuld contrahiert, sondern eine gleiche Summa von obigen Passiven abgelößt werde. Dinkelscherben am 24. ten Marty 1805.*[38] Neben anderen Einträgen aus dem letzten Jahrzehnt des 18. Jhs. finden sich außerdem im ursprünglich halbseitig beschriebenen Protokollbuch jede Menge späterer Präzisierungen aus bayerischer Zeit. Sie setzte man linksspaltig hinzu, ohne Einträge aus der Zeit vor der Säkularisation zu beeinträchtigen. Zum alten Eintrag vom März 1802, wo ein Dominikus Mozet *sein zu dieseitigen Stift und Kloster gericht-, grund-, steuer-, vogtbar, und bottmäßiges Gandenhäusel samt dem darzu getheilten Erdäpfelstrangen* seiner Stieftochter Kreszenzin Störkin vererbt, sind beispielsweise Zahlungsnachweise seitens der Erben in bayerischer Zeit bis zum Jahr 1818 hinzugesetzt worden.[39] In den Kauf-, Tausch, Übergabe- und Heiratsprotokollen des Stiftsweilers Monburg[40] finden sich Indizien der Kontinuität sogar auf der Einbandbeschriftung: *Kauf-, Verkauf und andere Brief Protocollen vom vormahls Kloster Heiligen Kreuzen, nunmehro Churpfalzbaierischen Weiler Monburg von anno 1790 biß 1804.*[41] Ansonsten verzeichnete man dort sowohl unter klösterlicher als auch unter bayerischer Verwaltung vor allem Kaufverträge mit jüdischen Händlern aus Kriegshaber.

Wiesen die Amtsbücher sicher oftmals aus praktischen und nicht zuletzt auch aus finanziellen Gründen – man schrieb einfach in den manchmal erst wenige Monate oder sogar Wochen vor der Säkularisation begonnenen Kladden weiter – ein hohes Maß an Kontinuität seitens der Kanzleiführung auf, so überrascht andererseits das Hand-in-Hand-Schreiben um die Jahre 1802 und 1803 doch. An manchen Stellen irritiert es den Leser fast. Am 7. Januar 1803 stellte das Kloster Fultenbach gegen die Hinterlegung der Nachsteuer eine Abzugsbewilligung für einen ihrer Untertanen aus, der nach Hegnenbach zog. Damit zog er, anachronistisch genug, von einem säkularisierten Klosterland in den nächsten Stiftsstaat. Das Abzugszeugnis signierte zudem bereits seitens Heilig Kreuz zu Augsburg ein bayerischer Interimsverwalter für den aufnehmenden Amtsort. *Daß den nach Hegenbach überziehende Joseph Saule von Lüftenberg [im Kloster Fultenbach] nach Abzug der Kindsgelder seiner Angabe nach ein der Nachsteuer unterworfenes Vermögen von ungefähr 325 fl., wenn ja keine weitere Schuld- und geein[i]g[t]er Verkauff herauskommen sollte – hinaus ziehen dürfte – übrigens derselbe wegen einem schweren Verbrechen beym Amte einmal abgewandelt worden seye; wirdet demselben auf sein Ansuchen bescheinet. Kloster Fultenbach den 7. ten Jänner 1803.*[42] Der Schriftduktus und auch die eingeschliffenen Formulierungen setzten sich ebenso fort wie man weiter auf die bewährten Kanzleidiener setzte. Lediglich die Zusätze ›ehemals ...‹ oder ›vormals ...‹ indizierten den Umbruch. In diesem Stil protokollierte man am 26. März 1803 einen Gutsverkauf zu Hegnenbach: *Verkaufet heut dato Mathias Stümpfle, dieseitiger Unterthan und Bauer zu Hegenbach, mit Einwilligung seiner Ehewürthin, seines besseren Nutzen und Frommen wegen, sein zu gedachten Hegenbach besitzendes durch Übernahm an sich gebrachtes – ehemals zum Kloster Heil. Kreüz in Augsburg, nunmehro zu Kurbaiern gericht- grund- vogt- steüerbar und bottmäßiges Kauf- und Erbrechtiges – dann mit 10 vom hundert handlohnbares Hofgut [...] um die Summe von 4.325 fl.*[43]

Schließlich geben auch die Jahre selbst Aufschluss über den Umgang mit der Krise und die Zuversicht in der Krise. Die Laufzeiten der Amtsbücher und Rechnungen, sofern sie einem mehrjährigen Rhythmus folgten, sind im Kontext der Säkularisation interpretierbar. Die Amts- und Kontraktenprotokolle des Vogtamts Biburg, wo man nach St. Moritz zu Augsburg steuerte, waren in Fünf-und Zehn-Jahresschritten angelegt: 1766–1770, 1770–1775 oder 1770–1780 usw.[44] Im Jahr 1800 plante man wieder für fünf oder gar zehn Jahre, stellte dann aber 1804 die Einträge ein.[45] Im Pflegamt Huisheim, einem Landamt des Klosters Kais(ers)heim, verbriefte man ebenfalls in einem längerfristigen Zyklus, der mindestens fünf, meistens zehn, in Ausnahmefällen bis zu 25 Jahre betrug.[46] Dennoch legte man noch 1801 einen neuen Band an, wohl nicht voraussehend, dass man bereits 1803 den letzten Eintrag tätigen würde.[47] Blickt man in die Amtsbücher, so scheint man vom Übergang in eine neue Verwaltung doch überrascht worden zu sein. Jedenfalls lässt sich keine Vernachlässigung der täglichen Kanzleitätigkeit in den Wochen und Tagen vor der Säkularisation erkennen. Es war dann auch meist die alte Garde der erfahrenen Kloster- und Stiftspfleger gewesen, die zu Elchingen und andernorts im Winter 1802/03 gehalten waren, alle bayerischen Besitznahmepatente an *öffentlichen Orten* [zu] *affigiren, das stiftische Wappen mit Bescheidenheit abnehmen, und dessen statt das kurfürstlich bayerische setzen zu lassen.* Zugleich verfügte man, dass *obige Patente in den Kirchen, auf den Kanzeln, und bey versammelten Gemeinden durch den Gerichts- oder Amtsdiener publicirt und erkläret werden solte.*[48]

Schatzsicherung und Archivflüchtung

Die Kommissäre der Rechtsnachfolger der Kloster- und Stiftsländer bilanzierten in den Jahren 1802/03 sorgfältig, doch unter enormem Zeitdruck. Vieles musste auch an die Patres und ehemaligen Klosterbeamte delegiert werden, über deren Loyalität man sich nach so kurzer Zeit keineswegs sicher sein konnte. Dies traf insbesondere für die Visitation der Landämter und der nur mit erheblichem Zeitaufwand zu bilanzierenden Archive und Bibliotheken zu. So berichtete der bayerische Kommissär Franz Sales v. Schilcher (1766–1843) [49] während der Aufhebung des Benediktinerklosters **Elchingen** im Dezember 1802: *Die Kloster Elchingische Pfleeg Stoffenried, welche durch einen eigenen Beamten besorgt wird und beträchtliche Gült und Zehend Gefälle zu verrechnen hat, ist von dem Kloster Elchingen über 5 Stund entfernt. Da ich die*

Untersuchung und Inventirung der dortigen Gefälle der weiten Entlegenheit wegen nicht selbst vornehmen konnte, so substituirte ich den Elchingischen Kanzler Weininger zu diesem Geschäft und trug demselben auf unverzüglich nach Stoffenried abzugehen, daselbst das auf den Speichern vorräthige Getreid zu stürzen, den heurigen Zehend fand, und was davon schon gedroschen zu erheben, auch das in den Waldungen vorräthige gehauene, und daselbst noch befindliche Holz aufzuzeichnen, und die darüber verlassenen Jnventarien in möglichster Bälde anhero zu befördern.[50] Misstrauen war auch mit Blick auf die Vollständigkeit der Sammlungen in den weitläufigen Klostergebäuden während der Inventarisation am Platz, doch konnten dafür letztlich nur die Gelehrten aus den Klöstern und Stiften garantieren. Voraussetzung war, dass Bestandsrepertorien und Bücherkataloge schon systematisch vor der Säkularisation geführt wurden.[51] In Elchingen fiel diese Rolle dem Archivar P. Augustin Nägele und dem Bibliothekar P. Coelestin Baader zu. *Nach vorgenommener Obsignirung der Kassen wurde der Pater Archivar Augustin Nägele vorgeruffen; von ihm wurde die Vorweisung des Archivs verlangt, und ich begab mich mit ihm in Begleitung des Kanzlers in dasjenige Zimmer, allwo das Archiv aufbewahrt wird. Nachdem solches in Augenschein genommen, wurde obigem Pater der Vorhalt gemacht, auf seine priesterliche Würde getreulich anzugeben, ob hierin alle Documente und Archival Pappiere würklich vorhanden seyen, und nichts ausser diesem Zimmer und in anderen Händen sich befinde; da derselbe versicherte, das alles in das Archiv gehörige darinn würklich vorhanden seye, so wurde das Zimmer verschlossen und die Thüre versiegelt.*[52] Anschließend observierte man die Klosterbibliothek, die als Folge intensiver wissenschaftlicher Arbeit im Konvent vor und während der Aufklärungszeit als besonders wertvoll galt.[53] *Von da begab ich mich in die Bibliothec jmmer in Begleitung des Kanzlers, wo von dem Pater Bibliothecar Coelestin Baader eine Specification der in den Händen des Kloster Geistlichen befindlichen Bücher, zu deren Verfassung er schon zuvor den Auftrag erhielt, übergeben worden. Dieses Verzeichnis wurde bey den Catalogen hinterlegt, sodann die Bibliothec verschlossen, und die Thüre gleichfalls unter Siegel genommen.*[54] Lücken in den Beständen konnten viele Erklärungen haben. Im hochstiftischen

Archiv zu Freising war es beispielsweise der ausgedehnten Sammlungstätigkeit des historisch hoch interessierten Domherrn Joseph Heckenstaller zuzuschreiben, dass nicht alle Freisinger Bestände nach München transloziert wurden. Ihm war es als Einzigem vergönnt, zwischen der Säkularisation und der Neuerrichtung des Domkapitels 1821 vor Ort die geistlich-wissenschaftliche Tradition fortzuführen.[55] Seine Monographie über den Freisinger Dom, die *Dissertatio*[56] *historica de antiquitate, et aliis quibusdam memorabilibus cathedralis ecclesiae Frisingensis* von 1824, war letztlich Beleg für die Nutzbarmachung seines unendlichen Quellenmaterials. Andernorts plünderten durchziehende Söldner die zur Säkularisation anstehenden Sammlungen. So musste der Bibliothekar im Kloster Irsee gegenüber der Ulmer Landesdirektion darüber Auskunft geben. Im Dezember 1802 schrieb man, um *von den vorgeschlagenen beyden Konventualen Maurus Schleicher und Pater Maria Feichtmaier eine kathegorische Erklärung abzufodern, wie viel Zeit die Vollendung des mangelhaften Katalogs sowohl als des Armarium und Naturalienkabinets zu Irsee erfodern werde und welche Bücher der französische General Le Courbe sich zugeeignet habe.*[57] Die Fehlliste, die der Irseer Bibliothekar P. Maurus Schlaicher anschließend am 20. Dezember 1803 übermittelte, enthielt eine Reihe wertvoller Bücher[58], Zimelien und Handschriften[59], deren Vollständigkeit sich wahrscheinlich nie mehr rekonstruieren lassen wird. Im Gegensatz zur landläufigen Meinung, genährt durch die Urteile einzelner Reiseliteraten, dass die klösterlichen Sammlungen inklusive der Bibliotheks- und Archivschätze einem weitgehend unkontrollierten Schicksal nach der Säkularisation ausgesetzt waren, stehen aber die akribisch geführten Protokolle. Sie waren dann besonders genau geführt worden, wenn wie im Fall von St. Mang zu Füssen als Folge der Gemengelage mit dem Augsburger Hochstift gleich zwei Landesherren säkularisierten: der Fürst v. Oettingen-Wallerstein und der bayerische Kurfürst. Probleme hatten sich durch die vor 1802 ungeklärten landeshoheitlichen Verhältnisse[60] und durch die doppelt vorgenommene Zivilbesitznahme ergeben. Deshalb waren, wie im Januar 1803, immer wieder Akten zur Klärung von territorialen Detailfragen angefordert worden. *Bei gestriger geschehener Eroefnung, daß von*

Augsburger Residenz
Die von Johann Georg Bergmüller (1688–1762) freskierte Prunktreppe. Die ehem. bischöfliche Stadtresidenz beherbergt heute die Regierung Schwabens.
Augsburg.

den kommunizirten Akten der benöthigte Gebrauch gemacht, und solche wieder in das Archiv reponiret werden könten, hingegen nach der Akten Fascicul zwischen dem im Jahr 1785 geschehenen Cameral Tausch des hiesigen Klosters mit jenem zu Steingaden erforderlichen finde, wurden vermög schon allegirter Beilag n° 2 erstere in das Archiv unter ehvorige Reposituren hinterlegt. Und letzere Akten Fascikel sodann beihändigt, anheute aber auch dieser von der Wallersteinschen Commission zurukgegeben. Hierauf das gemeinschaftl. Siegel an das Stifts Archiv gelegt und urkundl. dessen gegenwärtiges Protokoll in duplo ausgefertiget, und ein Exemplar hievon jeden abgeordneten Kommissar zugestellt.[61] Akribischer hätte man darüber kaum Buch führen können.

Ausverkauf und Versteigerungen

Die Zeitumstände und das in Folge der Vermögenssäkularisation entstandene Überangebot an Kulturgut und Pretiosen auch hochrangiger Qualität am *freien Markt* führten zu einem Ausverkauf klösterlich-stiftischer Schatzkammern. Eine unwiderrufliche Zerstörung geistlicher Hofhaltung, barocker Lebensfreude und monastisch-repräsentativen Lebenstils

ging einher. Am 2. Oktober 1812 schrieb nach einer am Vortag in der Augsburger Residenz durchgeführten Auktion aus der bischöflichen Wagenremise und den kurfürstlichen Stallungen Fürst Anselm Maria Fugger-Babenhausen an seinen Bruder: *Gestern habe ich den prächtigen Gala-Wagen des Kurfürsten [Clemens Wenzeslaus], der 1789 gebaut worden und 9.000 fl. gekostet hat, um die unglaublich geringe Summe von 450 fl. eingesteigert. Ich habe diese Wohlfeilheit lediglich meiner Industrie zu verdanken, vermittelst welcher ich die gefährlichen Mitsteigerer entfernt habe.*[62] Nach Babenhausen kam auch der seines Goldes und seiner Juwelen entkleidete Kurhut, während ein Augsburger Kürschner den Hermelin von Clemens

Vermögensbewertungen
Die Säkularisation führte zu umfangreichen und komplexen Vermögensbewertungen. Hier: Reichsstädtische Bilanzen zu den anfallenden Stifts- und Klosterhäusern.
StA Augsburg.

Wenzeslaus zu *polnischen Mützen* verarbeitete.[63] In wenigen Tagen sah man dann – so ein Chronist – mit diesen Kopfpelzen *eine Menge französischer Militärs damit herumgehen, worüber so manche spöttische Bemerkung gemacht worden ist.* Weit unter Wert wechselten auch Teile der fürstbischöflichen Bibliothek ihren Besitzer. Die Bücher wurden bei der Versteigerung zuletzt aufgerufen und gingen *für den äusserst geringen Preiß von fl. 2.400* an den Augsburger Buchhändler Christoph Kranzfelder, *ob sie gleich den Besitzer desselben gegen fl. 25.000 gekostet haben* mögen. Joseph Georg Franz v. Paula Ahorner[64] beschrieb in seinen Lebenserinnerungen die Situation vor Ort während der säkularisationsbedingten Versteigerungen. Er war Zeitzeuge und Kenner der hochstiftischen Verhältnisse zugleich. Clemens Wenzeslaus hatte ihn 1803 zum fürstbischöflichen Leibarzt bestellt, nachdem er bereits seit 1793 in Diensten des Augsburger Hofes gestanden hatte. Nach dem Tode des letzten Augsburger Fürstbischofs 1812 berichtete er: *Bald nach der Eröfnung dieses ewig merkwürdigen Testamentes wurde zur öffentlichen Versteigerung der in Hindelang und Oberdorf vorfindlichen Mobiliarschaft geschritten. Hier wurde der Anfang mit den Pferden und Wägen gemacht: dann kam die Reihe ans Holz[65] und die vorfindlichen Weine, welche zu ungeheuern Preisen verkauft worden sind. Endlich an die im hiesigen Schlosse vorfindlichen Mobilien, wo nichts vergessen wurde. Nicht einmal der Kurhut und Kurmantel wurde zurückbehalten: nachdem er aller Goldborten beraubt worden, wurde er von den geldgierigen Erben so gleichgültig den Juden zum Verkauf ausgebothen, wie die vielen, von einer Maria Theresia selbst prachtvoll gestikten Kirchenparamente, welche größtentheils auch dieser Nation zu theil geworden sind. Nur der Kurhut wurde vom Fürsten von Babenhausen gekauft und wird nun von ihm in seiner Sammlung von Seltenheiten als ein trauriges Ueberbleibsel des letzten Kurfürsten mit Achtung aufbewahrt. Baron Thünefeld, dieser mit so vielen Wohlthaten von dem Kurfürsten überhäufte junge, war leichtsinnig genug, bey öffentlicher Versteigerung werend der Kurhut ausgerufen wurde, sich denselben aufzusetzen und damit Spott zu treiben. Aber lauter Unwille und allgemeine Verachtung sogar von Juden war der Lohn, den er dafür erhielt!* Der Zeitzeuge Ahorner berich-

Fürstbischöflich Augsburger Lakai
Die Fürstbischöfe verfügten bis zuletzt über einen ansehnlichen Hofstaat von in der Barockzeit über 100 Personen.
Landesarchiv Koblenz.

tete weiter über profane Geschmacklosigkeiten, die für den Ausverkauf kirchlicher Brauchtumstradition und sakraler Schätze während der Säkularisationsjahre zwar typisch waren, die aber selbst von nicht katholischen Kreisen kritisiert wurden. *Ein besonderes Ärgerniß verursachte unter Juden und Christen, Protestanten und Katholiken die Feilbietung des silbernen Crucifixes und des schönen Traghimmels, unter welchem allezeit das Allerheiligste von dem Kurfürsten werend der Frohnleichnams Prozession getragen worden ist, obwohl ich glaube, daß wichtigere Gegenstände, als dieser war, die Aufmerksamkeit des Publikums hätten an sich ziehen können. Aber gerade dieser zog mehr dieselbe an sich, weil er so viele Jahre hindurch zur Verherrlichung der Feyerlichkeit gebraucht worden ist. Der protestantische Banquier und Finanzrath* [Johann Lorenz v.] *Schätzler*[66] *machte den Erben öffentlich Vorwürfe über den Verkauf dieses Gegenstandes und erbot sich, denselben zu kaufen und der Domkirche zum Geschenk zu machen, damit sie doch ein Andenken ihres letzten Bischofes aufweisen könnte. Dieser Antrag eines Protestanten wirkte so vortheilhaft auf die geringern Erben, daß sie von der Exekutorschaft verlangten, man möchte sowohl das silberne Crucifix als den Traghimmel alsogleich der Domkirche zurückgeben.*[67]

Die Bilanzierung des Verlustes seitens der geistlichen Staaten und des Zugewinns durch die Rechtsnachfolger wurde für die Säkularisation wiederholt untersucht. Volker Dotterweich verwies zuletzt für die ostschwäbischen Klöster auf die Fehlerquellen derartiger Bilanzierungen.[68] Die Quellen sind zu disparat, und die Schätzwerte der älteren Literatur sind zu fiktiv als dass sie exakte Berechnungen zuließen. Dietmar Stutzer bilanzierte dennoch, allerdings ohne Berücksichtigung der Bibliotheks- und Archivbestände sowie der Kunstgegenstände, für die bayerischen Klöster alle vom Staat 1803 übernommenen Sachwerte auf 21,9 Millionen fl., und den kapitalisierten Wert der Grundrenten und Abgaben hatte er auf 13,4 Millionen fl. geschätzt.[69] Auch diese Zahlen scheinen zu niedrig angesetzt, schenkt man der zeitgenössischen Vermögensschätzung nur eines einzigen der bayerischen Fürstbischöfe Glauben, dessen (privater) Nachlass noch im Todesjahr 1812 von Clemens Wenzeslaus auf zwei Millionen fl. hochgerechnet wurde. Diese Berechnung ist vor dem Hintergrund des Einschnitts der Säkularisationsjahre erstaunlich hoch gegriffen.[70] Sieht man die Säkularisation als einen längeren Vorgang und weniger als das punktuelle Ergebnis der Jahre 1802/03 führen alle diese Zahlen in die Irre. Jahrzehnte vor der Säkularisation setzte bereits kriegs- oder krisenbedingt ein Ausverkauf *geistlicher* Schätze ein, den wir über Versteigerungslisten, Inventare, Auktionskataloge und Nachlässe nur mühsam rekonstruieren können. Es fehlte in diesen frühen Jahren der Kassensturz, den die neuen Verwaltungen Württembergs, Bayerns und der anderen gemäß dem Vertrag von Lunéville zu entschädigenden Fürsten zu Beginn des 19. Jhs. angeordnet hatten. Vieles musste auch unter dem enormen Steuerdruck der Kriegsjahre Ende des 18. Jhs. verkauft werden. Mit diesem »Vor-

verkauf« wollen wir uns anhand bischöflicher Quellen beschäftigen, zumal er zeigt, dass hier auch für die Klöster und Stifte noch Grundlagenforschung zu leisten ist. Hier sind wir ebenfalls erst durch die Bilanzen der Jahre 1802/03 unterrichtet, welche Schätze für immer verloren gingen. Aus Irsee transportierte man z. B., wie auch aus anderen Konventen, auf Weisung des Ulmer Landkommissariats 1803 willkürlich große Mengen Kirchensilber ab, um sie in den staatlichen Schmelzwerken zu Silberbarren zu »mediatisieren«. Am 20. Mai 1803 wurde *in der Kloster Kirchen Silber Kammer der einzige noch versiegelte Kasten, da* H[err] *von Predel Landrichter v. Türkheim die übrigen unterm 3 Jänner d. J. entsiegelt hat, in Beyseyn der a latere* [es waren dies der Abt, Landrichter, Großkeller und Oberamtmann] *bemerkten nach besichtigten unverletzten Siegeln reseriert, und der im Kasten befindlich gwesene Kelch heraus und unter die nach Ulm abzuschickenden Silbergeräthe genommen. Der dabey gewesene Kreutzparticel aber den Religiosen zum ferneren Gebrauche in der Kirche überlassen.*[71] Doch wurde sicher vor 1802 auch aus den Klöstern Kirchensilber zur Schuldentilgung verkauft. Einzelbelege, wie sie in der Chronik der letzten Äbtissin von Oberschönenfeld zu finden sind, bestätigen dies. Irmengard II. Stichaner (1774–1803) jedenfalls trennte sich noch während ihrer Amtszeit von Teilen der klostereigenen Schatzkammer im Wert von weit mehr als 5.000 fl.[72]

Die Sammlungstätigkeit an den hochstiftischen Residenzen war stärker als die in den Klöstern von Diskontinuitäten geprägt. Zum Teil war sie eine Folge des dynastielosen geistlichen Staates gewesen, zum Teil erreichte sie aber während der Personalunionen[73] im Bischofsamt und durch die krisenbedingte Zusammenlegung von Residenzen- und Schlösserausstattung nach 1768 erst ihren Höhepunkt. Um überhaupt bilanzieren zu können, musste zunächst »privater« und hochstiftischer Besitz getrennt werden. Deshalb legte man jeweils zwei Inventarserien fest, von denen 1768 das *Inventarium über die auf Ableben deß hochwürdigsten Fürsten und Herrn Herrn Josephi Bischoffen zu Augsburg etc. P.M. vor gefundene pretiosa, meubles so anders*[74] zur Grundlage späterer Auktions- und Versteigerungslisten wurde. 1771 präsentierte das Augsburger Auktionshaus von Johann Huggele am

Fronhof ein solches *Verzeichniß verschiedener Juwellen, Prätiosen, Malereyen von den berühmtesten Meistern, Silber, auch sonstigen Effecten aller Gattung, welche in einer offenen Versteigerung an den Meistbietenden um baare Bezahlung in Augsburg verkauft und [...] fortgesetzet werden solle.*[75] Der Umfang der zum Ausverkauf freigegebenen Pretiosen und Galanterien-Sammlung war beachtlich und zog ein überregionales Publikum zu den einzelnen Auktionen, das aufgefordert wurde, *entweders selbst sich hier einzufinden, oder durch hiesige Commissionairs seine Bestellung machen zu können.* Die angebotene Juwelensammlung[76] erbrachte einen Aufrufswert von insgesamt fast 50.000 fl., worunter sich exquisite Einzelstücke befanden.

Synopse

Klöster und Stifte standen sicher seit alters her in einem Kommunikations- und Informationsnetz, dessen systematische Erforschung sowohl für die Städte als auch für die ländliche Region im übrigen noch aussteht. Ein Blick auf die historische Landkarte[77] zeigt, dass die Ordensniederlassungen bereits im Spätmittelalter in der Fläche so plaziert waren, dass die nächste Abtei oder Propstei innerhalb eines Tages erreicht werden konnte. Vor diesem Hintergrund überrascht das Verhalten der Klöster in den Krisenjahren vor der Säkularisation, wenn im Gegensatz zu den Hochstiften die Sicherungs- und Abwehrmaßnahmen gegen die drohende »Katastrophe« sehr verhalten ausfielen. Sicher war die Verpflichtung zur *stabilitas loci* mancher Orden, wie sie die Benediktiner pflegten, und sicher war das über Jahrhunderte gewachsene Eingebundensein in eine regionale Kulturlandschaft den in Krisenzeiten kurzfristig angesetzten Evakuierungen und Verlagerungsplänen hinderlich. Doch waren Klöster und Konvente ebenso wie die Bistümer und Domkapitel gerade vor der Säkularisation auf Flexibilität, Mobilität, Solidarität und Kooperation angewiesen. Dies galt für die Reichsabteien im Schwäbischen Reichskreis ebenso wie für die landsässigen Ordensniederlassungen in den fränkischen Bistümern oder die zahlreichen mediaten Klöster im Kurfürstentum Bayern, die allenfalls im rechtlichen Status von Hof-

Das Hochstift
Ausblick auf die hochstiftischen Gebäude und Ländereien.
Im Vordergrund der Augsburger Dombezirk.
Stadt- und Staatsbibliothek Augsburg, Graphiksammlung.

marken standen. Die Hoffnung auf das gemeinsame Handeln etwa gegen die Steuerrepressalien und die anstehende Säkularisierung seit dem Ende des 18. Jhs. geht exemplarisch aus der Korrespondenz zwischen den Klöstern **Dießen** und **Prüfening** hervor. Der Dießener Propst Ferdinand Gräßl (1751–1829) bat deshalb 1799 den in München weilenden Abt Rupert Kornmann dringlich um seinen Besuch. *Stette Hoffnung oder Euer Hochwürden in hiesigem Stifte zu sehen und veneriren zu können – oder per expressum Neuigkeiten zu erfahren, hat mich bisher noch immer getäuscht. Der kürzeste Weeg wäre freilich, wenn sich Euer Hochwürden entschließen könnten, mich und meinen Herrn Nachbarn [in Polling oder Wessobrunn] durch einen Besuch zu beehren, es kömmt auf*

141

eine einzige Nacht an, und da wird der Himmel doch auch nicht gleich einfallen. [...] Also nur Freytag den 25ten früh bis 10- oder 11 Uhr ein kleines Papierchen in das Dießnerische Pfleghaus [zu München] *(mit cito-cito-) hiengeschickt – so wird am Sontag ein 2sitziges Gefährt in München seyn. Dann Montag darauf heißt es heraus – und Dienstag darauf wieder hinein. Ich und alle meine Nachbarn erwarten eine günstige und bejahende Rückantwort.*[78] Vergleicht man die von langer Hand geplanten Aktionen im Hochstift Augsburg und Kurfürstentum Trier mit denen der Klöster und Stifte vor der Säkularisation, so gewinnt man den Eindruck, dass sich die Abteien und Propsteien, trotz vorhandener logistischer Möglichkeiten innerhalb der jeweiligen Ordensprovinzen, Kongregationen oder auch nur innerhalb der regionalen Nachbarschaft, dem unausweichlichen Schicksal weit mehr fügten als dies für Hoch- und Domstifte zutraf. Es waren Einzelaktionen[79] wie die Flucht des Irseer Abts Honorius Grieninger (1784–1802) vor den Drangsalen des Kriegs von Mai 1800 bis Januar 1801 nach Tirol oder der Rückzug gelehrter Mönche in die Universitäten und weniger wirklich koordinierte klosterübergreifende Aktionen gewesen, die die damalige Situation der Orden kennzeichneten. War dies der Täuschung zuzuschreiben, dass man sich über intensive Schul-, Bildungs-[80] und Seelsorgetätigkeit würde retten können? Suchten andere blindwütig, je nach geistigem Standort, ihr Heil in katholischer Restauration oder in bildungseuphorischer Aufklärungsbegeisterung, ohne die weltlichen Folgen zu kalkulieren? War die fehlende Vorsorge der falschen Zuversicht zugrundegelegt, dass die mediaten Klöster zwar steuerlich »bluten« müssten, aber nicht vermögensrechtlich aufgelöst würden? Oder war es die im Gegensatz zu den territorialpolitisch bedeutenderen Hochstiftern gewonnene Einsicht und Bescheidenheit, ohnehin als staatliche Winzlinge den europäischen Kirchensturm und die napoleonische Weltpolitik nicht abwenden zu können?

[1] *Klaus Dieter Hömig*, Der Reichsdeputationshauptschluß vom 25. Februar 1803 und seine Bedeutung für Staat und Kirche: unter besonderer Berücksichtigung württembergischer Verhältnisse. Tübingen 1969 (Juristische Studien; 14); *Heribert Raab*, Geistige Entwicklungen und historische Ereignisse im Vorfeld der Säkularisation, in: *Anton Rauscher* (Hg.), Säkularisierung und Säkularisation vor 1800. München 1976, 9–41.

[2] *Wolfgang Weiß*, Höhepunkt oder innere Säkularisation? Die fränkischen Klöster im Zeitalter von Barock und Aufklärung, in: WürzDiözGbll 60 (1998), 333–352, hier: 333f., 351f.; *Angela Treiber*, Die Frauenklöster in Franken, in: *Wolfgang Brückner/Jürgen Lenssen* (Hg.), Zisterzienser in Franken. Das Bistum Würzburg und seine Zisterzen. Würzburg 1994, 99–130 (Kirche, Kunst und Kultur in Franken; 2); *Elisabeth Schraut*, Zisterzienserinnen in Franken, Aspekte des Lebens der Nonnen, in: Ebd., 29–36.

[3] *Heribert Raab*, Geistige Entwicklung und historische Ereignisse im Vorfeld der Säkularisation, in: *Anton Rauscher* (Hg.), Säkularisierung und Säkularisation vor 1800. München 1976, 9–41 (Beiträge zur Katholizismusforschung / Reihe B: Abhandlungen).

[4] So kursierten im 18. Jh. in Bibliotheken zahlreiche Nachdrucke älterer Kontroversschriften wie die *Copey einer Rede/ Welche ein Abt des Reychs an seine Mönchen gethan/ da er sie / auß dem Closter sich in die Flucht zu begeben / vermahnet: geschehen im Jahr Christi 1632*, [S. l.].

[5] Für das mainfränk. Münsterschwarzach: *Wolfgang Wüst*, Herrschaft, Nachbarschaft und Ökonomie in Münsterschwarzach. Reformen in einem fränkischen Klosterland 815–1802, in: WürzburgDiözGbll 65 (2002) im Druck. Für Schwaben u. a.: *Stefan W. Römmelt*, Die Tausendjahrfeier der Fürstabtei Kempten im Jahre 1777 – repräsentative Memoria als Instrument historischer Legitimation, in: Jb. des

Vereins für Augsburger Bistumsgeschichte 33 (1999), 265–316; *Franz Quarthal*, Kloster Zwiefalten zwischen Dreißigjährigem Krieg und Säkularisation. Monastisches Leben und Selbstverständnis im 6. und 7. Saeculum der Abtei, in: *Hermann Josef Pretsch* (Hg.), 900 Jahre Benediktinerabtei Zwiefalten. Ulm 1989, 401–430, hier: 405.

[6] *Manfred Weitlauff*, Der Informativprozeß Johann Franz Eckhers von Kapfing und Liechteneck anläßlich seiner Wahl zum Fürstbischof, in: *Albert Portmann Tinguely* (Hg.), Kirche, Staat und katholische Wissenschaft in der Neuzeit. Fschr. Heribert Raab. Paderborn 1988, 85–143; *Ders.*, Der Kardinal von Bayern. Ein Kapitel bayerischer Reichskirchenpolitik im 18. Jh., in: Sammelblatt des HV Freising 29 (1979), 63–99; *Benno Hubensteiner*, Die geistliche Stadt. Welt und Leben des Johann Franz Eckher von Kapfing und Liechteneck, Fürstbischof von Freising. München 1954.

[7] *Richard Bauer*, Der kurfürstliche Geistliche Rat und die bayerische Kirchenpolitik 1768–1802. München 1971 (Miscellanea Bavarica Monacensia; 32).

[8] SA Augsburg, Kloster St. Ulrich und Afra, Akt 409; *Wilhelm Liebhart*, Die Reichsabtei Sankt Ulrich und Afra zu Augsburg (1006–1803). Studien zur Klostergeschichte mit bes. Berücks. von Besitz und Herrschaft. München 1982, 283 (HAB, Teil Schwaben; II/2). Spez. zur Säkularisation *Barnabas Schroeder*, Die Aufhebung des Benediktiner-Reichsstiftes St. Ulrich und Afra in Augsburg 1802–1806. München 1929.

[9] StA Augsburg, Kirchen und Klöster, St. Ulrich und Afra, 10/3; *Wilhelm Liebhart*, Die Säkularisation in Augsburg 1802–1807, in: *Rainer A. Müller* (Hg.), Aufbruch ins Industriezeitalter. Aufsätze zur Wirtschafts- und Sozialgeschichte Bayerns 1750–1850. Bd. 2. München 1985, 134–152.

[10] Vgl. hier demnächst: *Nicola Schümann*. Der fränkische Kreiskonvent im Winter 1790/91. Ein Verfassungsorgan des Alten Reiches an der Schwelle zur Moderne, in: JFFL 62 (2002) im Druck.

[11] SA Augsburg, Hochstift Augsburg, MüB, Lit. 290, Bericht vom 12.02.1797.

[12] Ebd., Bericht vom 18.02.1797.

[13] *Heribert Raab*, Geistige Entwicklung und historische Ereignisse (wie Anm. 3), 9–41; *Andreas Schneider*, Der Klostersturm in Oesterreich unter Joseph II. Zur Characteristik des Josephinismus. Frankfurt a. M. 1869 (Katholischer Broschüren-Verein; 5, 8); *Elisabeth Kovács* (Hg.), Katholische Aufklärung und Josephinismus, München 1979; *Hermann Franz*, Studien zur kirchlichen Reform Josephs II.: mit bes. Berücks. des vorderösterreichischen Breisgaus. Freiburg i.Br. 1908. Vgl. zum Bezugssystem Altes Reich und geistliche Staaten jetzt auch: *Bettina Braun*, Die geistlichen Fürsten im Rahmen der Reichsverfassung 1648–1803 – zum Stand der Forschung, in: *Wolfgang Wüst* (Hg.), Geistliche Staaten in der Region im Rahmen der Reichsverfassung: Kultur-Verfassung-Wirtschaft-Gesellschaft. Ansätze zu einer neuen Bewertung. Tübingen 2003 (Oberschwaben – Geschichte und Kultur; 8)

[14] SA Augsburg, Hochstift Augsburg, MüB, Lit. 290. Warnung des Konstanzer Bischofs an Clemens Wenzeslaus aus Meersburg vom 22.02.1797.

[15] *Peter Claus Hartmann* (Hg.), Der Mainzer Kurfürst als Reichserzkanzler. Funktionen, Aktivitäten, Ansprüche und Bedeutung des Zweiten Mannes im Alten Reich. Stuttgart 1997 (Geschichtliche Landeskunde; 45).

[16] Ebd., Ergänzender Vorschlag des Konstanzer Domkapitels vom 17.03.1797.

[17] Vgl. als Fallstudie jetzt: *Walter Ansbacher*, Das Bistum Augsburg in barockem Aufbruch. Kirchliche Erneuerung unter Fürstbischof Johann Christoph von Freyberg (1665–1690). Augsburg 2001 (Jb. des Vereins für Augsburger Bistumsgeschichte; Sonderreihe 6).

[18] *Wolfgang Weiß*, Die Säkularisation des Hochstifts Würzburg und ihre Folgen für das kirchliche Selbstverständnis, in: WürzDiözGbll 58 (1996), 201–218; *Ders.*, Höhepunkt oder innere Säkularisation? (wie Anm. 2), 333–352.

[19] SA Augsburg, Hochstift Augsburg, NA, Akten 211.

[20] *Wolfgang Wüst*, Kurbayern und seine westlichen Nachbarn. Reichsstadt und Hochstift Augsburg im Spiegel der diplomatischen Korrespondenz, in: ZBLG 55 (1992), 255–278, 273f.

[21] FÖAH, Urkunden I 3912, ksl. Konfirmation mit dem eig. Vertrag als Insert.

[22] SA Augsburg, Kloster St. Mang Füssen, Akt 123. Zivilbesitznahme des Klosters, Verhältnisse mit Oettingen-Wallerstein, insbes. der Weiler Attenhofen, 1802/03.

[23] Die genaue Grenzführung sollte nach einem eigenen Beritt festgesetzt werden. Vgl. *Dieter Kudorfer*, Die Grafschaft Oettingen. München 1985, 106f. (HAB, Teil Schwaben; II/3).

[24] *Peter Hersche*, Intendierte Rückständigkeit: Zur Charakteristik des Geistlichen Staates im Alten Reich, in: *Georg Schmidt* (Hg.), Stände und Gesellschaft, 133–149; *Peter Wende*, Die geistlichen Staaten und ihre Auflösung im Urteil der zeitgenössischen Publizistik. Lübeck/Hamburg 1966 (Historische Studien; 396); *Wolfgang Wüst*, Geistlicher Staat und Altes Reich: Frühneuzeitliche Herrschaftsformen, Administration und Hofhaltung im Augsburger Fürstbistum. München 2001, hier: 1–26 (Studien zur Bayerischen Verfassungs- und Sozialgeschichte; XIX/1 u. XIX/2).

[25] *Karl Suso Frank*, Das Klarissenkloster Söflingen. Ein Beitrag zur franziskanischen Ordensgeschichte Süddeutschlands und zur Ulmer Kirchengeschichte. Ulm 1980, 120–124 (Forschungen zur Geschichte der Stadt Ulm; 20).

[26] *Alexander Brunotte/ Raimund J. Weber*, Akten des Reichskammergerichts im Hauptstaatsarchiv Stuttgart E-G. Stuttgart 1995, 286f. (Veröff. der staatl. Archivverwaltung BadenWürttemberg 46/2).

[27] Vgl. zur Integration dieser Klöster im erweiterten Württemberg: *Matthias Erzberger*, Die Säkularisation in Württemberg von 1802 bis 1810. Ihr Verlauf und ihre Nachwirkungen. Stuttgart 1902. ND: Aalen 1974.

[28] *Karl Friedrich Eisele*, Stadt- und Stiftsgebiet Isny in den Jahren 1803–1810, in: UuO 38 (1967), 185–221.

[29] *Winfried Müller* (Hg.), Im Vorfeld der Säkularisation. Briefe aus bayerischen Klöstern 1794–1803 (1812). Köln u. a. 1989, Nr. 156 (Archiv für Kulturgeschichte; Beih. 30).

[30] Ebd., Nr. 93.

[31] *Katharina Schaal*, Das Deutschordenshaus Marburg in der Reformationszeit. Der Säkularisationsprozeß und die Inventare von 1543. Marburg 1996 (Untersuchungen und Materialien zur Verfassungs- und Landesgeschichte; 15); *Benno Notter*, Die Rechnungsbücher Q 1 des Klosters Sankt Clara in Kleinbasel. Ein Beitrag zur wirtschaftlichen Bedeutung der Säkularisation. Phil. Lizentiatsarbeit Universität Basel 1975; *Gerald Höller*, Das Rechnungswesen der Stiftsherrschaft Klosterneuburg. Zur Funktion des grundherrlichen Rentamtes im 18. und 19. Jh., in: Jb. des Stiftes Klosterneuburg 24 (N. F. 15), 1994, 149–270.

[32] *Reinhard Heydenreuter*, Gerichts- und Amtsprotokolle in Altbayern. Zur Entwicklung des gerichts- und grundherrlichen Amtsbuchwesens, in: Mitt. für die Archivpflege in Bayern 25/26 (1979/80), 11–46.

[33] *Josef Heigl/Franz Ziegler*, Register zum Verhörs- und Briefprotokoll des Klostergerichts Pielenhofen 1589–1603. Regensburg [ca. 1998] (Gesellschaft für Familienforschung in der Oberpfalz: Familiengeschichtliche Hefte; 14); *Heinrich Siebenhörl*, Familienforschung in Waldmünchen. 2. Teil: Vom Briefprotokoll zum Notariatswesen, in: Waldmünchner Heimatbote 33 (1999), 81–85.

[34] *Gerhard Jaritz*, Die Reiner Rechnungsbücher (1399–1477) als Quelle zur klösterlichen Sachkultur des Spätmittelalters, in: Die Funktion der schriftlichen Quelle in der Sachkulturforschung, 1976, 145–249 (Veröff. des Instituts für mittelalterliche Realienkunde Österreichs; 1); *Ders.*, Zur Sachkultur österreichischer Klöster des Spätmittelalters, in: Klösterliche Sachkultur des Spätmittelalters 1980, 147–168 (Veröff. des Instituts für mittelalterliche Realienkunde Österreichs; 3).

[35] *Manfred Hamann*, Alltag im Kloster Rheinhausen am Vorabend der Reformation, in: Jb. für niedersächs. Kirchengeschichte 88 (1990), 75–94. Auswertung von Rechnungen der Jahre 1508–1518; *Wolfgang Wüst*, Alltag an einem süddeutschen Fürstenhof. Augsburger und Dillinger Hofleben im Spiegel der Rechnungsbücher, in: ZHVS 85 (1992), 101–132.

[36] *Claudia Wiegand*, *Außgeben an Geldt den Handtwerckesleutten*. Nachrichten zu Baumaßnahmen des Klosters Bronnbach aus den Klosterrechnungen (1715–1802), in: Wertheimer Jb. 2000 (2001), 69–139.

[37] Gemeinde Gessertshausen.

[38] SA Augsburg, Kloster Hl. Kreuz Augsburg, Lit. 32, 77f., Kauf-, Tausch-, Übergabe- und Heiratsprotokolle des Orts Margertshausen 1789–1804.

[39] Ebd., 334f.

[40] Gemeinde Affaltern.

[41] SA Augsburg, Kloster Hl. Kreuz Augsburg, Lit. 33. Kauf-, Tausch-, Übergabe- und Heiratsprotokolle des Hl. Kreuz zugehörigen Weilers Monburg, 1790–1804. Die Einträge erfolgten in der Kanzlei in Gersthofen bei Augsburg.

[42] Ebd., Lit. 29, vor S. 232. Kauf-, Tausch-, Übergabe- und Heiratsprotokolle des dem Kloster Hl. Kreuz zugehörigen Orts Hegnenbach, 1787–1804.

[43] Ebd., Lit. 29, S. 245ff.

[44] SA Augsburg, Kloster St. Moritz zu Augsburg, Lit.113, 114.

[45] Ebd., Lit. 116.

[46] SA Augsburg, Kloster Kaisheim, Lit. 514–523. Brief- und Kontraktenprotokolle des Pflegamts Huisheim: Lit. 514: 1708–1747/Lit. 515: 1749–1758/Lit. 516: 1758–1763/Lit. 517: 1765–1770/Lit. 518: 1773–1779/Lit. 519: 1778–1803/Lit. 521: 1780–1799/Lit. 522: 1790–1800.

[47] SA Augsburg, Kloster Kaisheim, Lit. 523: 1801–1804.

[48] SA Augsburg, Kloster Elchingen, Akt 259, fol. 11 v.

[49] *Walter Schärl*, Die Zusammensetzung der bayerischen Beamtenschaft von 1806 bis 1918. München 1955, 176 (Münchener Historische Studien, Abt. Bayerische Geschichte; 1).

[50] SA Augsburg, Kloster Elchingen, Akt 259, fol. 68v, 69r.

[51] *Albert Kunkel*, Ein interessanter Fund im Monheimer Stadtarchiv zur Geschichte der Säkularisation des Reichsstifts Kaisheim. Zwei Schreiben des kurfürstlichen Landrichters Johann Adam Graf v. Reisach aus dem Jahr 1804, die Klosterbibliothek betreffend, in: MittHV-Donauwörth 1992, 100–108.

[52] SA Augsburg, Kloster Elchingen, Akt 259, fol. 16.

[53] *Ferdinand Kramer*, Wissenschaft und Streben nach »Wahrer Aufklärung«. Ein Beitrag zur Aufklärung im ostschwäbischen Benediktinerkloster Elchingen, in: ZBLG 54 (1991), 269–286.

[54] SA Augsburg, Kloster Elchingen, Akt 259, fol. 17.

[55] Zur Auflösung des Freisinger Domkapitels: *Norbert Keil*, Das Ende der geistlichen Regierung in Freising. Fürstbischof Joseph Konrad von Schroffenberg (1790–1803) und die Säkularisation des Hochstifts Freising. München 1987, 258f. (Studien zur altbayerischen Kirchengeschichte; 8).

[56] [*Joseph v. Heckenstaller*], Dissertatio […]: una cum serie Episcoporum, Praepositorum et Decanorum Frisingensium; anno 1824, quo jubilaea saeculi undecimi, existentiae illius memoria celebrabatur. München (Lindauer) 1824.

[57] SA Augsburg, Kloster Irsee, Akt 98, Bibliothek und Armarium des Reichsstifts, 1803–1806.

[58] An Büchern fehlten: *1. eine lateinische Bibel / 2. eine deutsche Bibel/ beede Alterthümer / 3. Biblen in Kupfer von Weigel, Kyssel [Kupferstecher Küsel] et alii / 4. S. Augustini liber de consensu Evangelistarum, fol. impress. Lauingen 1473 / 5. libri confessiorum, sine loco et anno / 6. Terentij libri comediarum [Komödien von Terenz], 1478 / 7. idem opus, sed sine loco et anno / 8. Ovidij libri Heroidum [Heroides], 1496 / 9. Juniani Meij de proprietatibus etc. 1477.*

[59] An Manuskripten fehlten: *1.Evangelium S. Mathaei ex saeculo X^{mo}/ 2. Epistolae canonicae Petri, Joanis et Juae, codex ad initium, saec. X^{mi} / 3. S. Augustini liber de decem chordis ex saeculo IX^{mo} / 4. Opusculum theologicum ex saeculo VIII / 5. liber constitutionum novellarum ex saeculo XI / 6. Bedae Venerabilis tractatus de Templo Salomonis ex saeculo X / 7. Alcoran in lingua originalj Arabica egregie scriptus codex.*

[60] Vgl. *Wolfgang Wüst*, Die »impetrantischen« Hausklöster zwischen bischöflicher Suprematie und stiftischer Reichsstandschaft, in: *Wilhelm Liebhart/ Ulrich Faust* (Hgg.), Suevia Sacra. Zur Geschichte der ostschwäbischen Reichsstifte im Spätmittelalter und in der Frühen Neuzeit. Sigmaringen 2001, 155–169 (ABLG 8 – Fschr. Pankraz Fried).

[61] SA Augsburg, Kloster St. Mang Füssen, Akt 123, Schreiben des *fürstl. oettingen-wallersteinischen Kommissärs, dirigirenden Herrn geheimen und obervormundschaftl AssistenzRaths Belli de Pino* vom 25.01.1803.

[62] FuggerA Dillingen 1.2.22.8; *Hans Wolfgang Kuhn*, Die Rettung und Veräußerung der Residenzeinrichtung 1794/1803/1812. Das Testament des letzten Trierer Kurfürsten und die Folgen, in: 200 Jahre Residenz Koblenz. Katalog zur Ausstellung im Schloß zu Koblenz. Koblenz 1986, 93–100, 98.

[63] StA Augsburg, Historischer Verein von Schwaben, H 361, *Ahorners Schicksale am kurfürstlichen Trier'schen Hofe in Augsburg*; SA Augsburg, Hochstift Augsburg, NA, Akt 2566.

[64] *Bernhard Hagel/Wolfgang Wüst*, Joseph Georg Franz von Paula Ahorner ein Nachfahre einer aus Tirol zugewanderten Familie, in: Schwaben/Tirol (Ausstellungskatalog). Rosenheim 1989, 208–210.

[65] Folgender Text als Randbemerkung. StA Augsburg, Historischer Verein von Schwaben, H 361.

[66] *Wolfgang Zorn*, Johann Lorenz und Ferdinand Benedikt von Schaezler (1762–1826 und 1795–1856), in: *Götz Frh. v. Pölnitz* (Hg.), Lebensbilder aus dem Bayerischen Schwaben. Bd. 3. München 1954, 369–388.

[67] StA Augsburg, Historischer Verein von Schwaben, H 361.

[68] *Volker Dotterweich*, Herrschafts- und Vermögenssäkularisation in Bayerisch-Schwaben. Politische, soziale und wirtschaftliche Aspekte, in: ABLBS 2 (Probleme der Integration Ostschwabens in den bayerischen Staat. Bayern und Wittelsbach in Ostschwaben). Sigmaringen 1982, 114–153, hier: 124–126.

[69] *Dieter Stutzer*, Die Säkularisation 1803. Der Sturm auf Bayerns Kirchen und Klöster. Rosenheim 2. Aufl. 1978, 307 (Rosenheimer Raritäten); *Ders.*, Weingüter bayerischer Prälatenklöster in Südtirol. Rosenheim 1980 (Rosenheimer Raritäten); *Ders.*, Ein Kloster bittet um seine Aufhebung: die Benediktiner von St. Veit bei Mühldorf anno 1802. München 1984 (Bayern – Land und Leute 127).

[70] *Nikolaus Vogt*, Das Testament des letzten Kurfürsten von Trier, in: Rhein. Archiv für Geschichte und Literatur 9 (1812), 82–84; *Hans Wolfgang Kuhn*, Die Liquidation der kurtrierischen Hofhaltung in Augsburg 1812/13. Das Testament des Trierer Kurfürsten Klemens Wenzeslaus von Sachsen, in: RhVjbll. 41 (1977), 249–283; *Wolfgang Wüst*, Das Testament des Augsburger Fürstbischofs und Trierer Kurfürsten Clemens Wenzeslaus von Sachsen von 1808, in: Augsburger Bll. 10/4 (1984), 130–142.

[71] SA Augsburg, Kloster Irsee, Akt 86, Übersendung des Kirchensilbers u. a. Pretiosen des Reichsstifts, 1803.

[72] KlosterA Oberschönenfeld, Chronik der Äbtissin Irmengardis Stichaner, 1; *Werner Schiedermair*, Zur Geschichte der historischen beweglichen Ausstattung von Kloster Oberschönenfeld, in: *Ders.* (Hg), Kloster Oberschönenfeld. Donauwörth 1995, 116–124, hier: 121.

[73] Vgl. demnächst: *Wolfgang Wüst*, Personalunionen zwischen Stiftsstaaten. Administrative Chance oder Regierungschaos?, in: *Ders.* (Hg.), Geistliche Staaten (wie Anm. 13), im Druck.

[74] SA Augsburg, Hochstift Augsburg, MüB, Lit. 514.

[75] Archiv des Bistums Augsburg, BO, Akt 900.

[76] Vgl. auch *Wolfgang Wüst*, Alltag an einem süddeutschen Fürstenhof (wie Anm. 35), 101132.

[77] *Pankraz Fried/Bernhard Hagel*, Spätmittelalterliche Klöster in Schwaben 1300–1500, in: *Hans Frei/Pankraz Fried/Franz Schaffer* (Hgg.), Historischer Atlas von Bayerisch-Schwaben. Augsburg 2. Auflage, 2. Lfg. 1985, Karte VIII/14.

[78] *Winfried Müller* (Hg.), Im Vorfeld der Säkularisation (wie Anm. 29), Nr. 151, Schreiben vom 23.01.1799.

[79] *Walter Pötzl*, Der Irseer Konvent und seine Äbte in der Neuzeit (1501–1802), in: *Hans Frei* (Hg.), Das Reichsstift Irsee. Vom Benediktinerkloster zum Bildungszentrum. Beiträge zu Geschichte, Kunst und Kultur. Weißenhorn 1981, 17–75, hier: 61 (Beiträge zur Landeskunde von Schwaben).

[80] Für die Beziehungen zur Universität Dillingen *Peter Rummel*, Der Einfluß der Universität Dillingen auf die Klosterreform unter besonderer Berücksichtigung der Bistümer Augsburg und Konstanz, in: *Rolf Kießling* (Hg.), Die Universität Dillingen und ihre Nachfolger. Dillingen/D. 1999, 325–346 (JHVD 100); *Ders.*, Beziehungen der ostschwäbischen Reichsstifte zur Universität Dillingen, in: *Wilhelm Liebhart/ Ulrich Faust* (Hgg.), Suevia sacra Stuttgart 2001, 187–199 (ABLBS 8).

Das Andersartige des Barock

Bauwerke und Repräsentation im 17./18. Jh.

von Hartmut Zückert

Mit der Säkularisation übernahm die katholische Welt die Stoßrichtung der Reformation, die weltliche Herrschaft der Kirche aufzuheben. Was nun aber tun mit den Monumenten der vergangenen Epoche, mit den Schlössern geistlicher Fürsten, den Klöstern und Klosterkirchen? Man konnte sie als Steinbruch für nützliche Bauten verwenden, man konnte – das Nützlichste überhaupt – Fabriken in ihnen einrichten, Schulen, später psychiatrische Krankenhäuser und Ämter. Aber eigentlich waren sie überflüssig, die Klosterkirchen als Pfarrkirchen meist viel zu groß.

Andere Kunstauffassung

Der Kunstgeschmack war inzwischen ein ganz anderer und war in Ablehnung des barocken Schwulstes umgeschlagen. Der Wandel in der Kunstauffassung datiert seit dem Erscheinen von J. J. Winckelmanns »Gedanken über die Nachahmung der griechischen Werke« 1755, die die Barockkunst zu einer falschen Kunst erklärte und das neue Schönheitsideal der ›edlen Einfalt und stillen Größe‹ aufstellte.[1] Gefordert wurde (so Friedrich Nicolai) *reine Architektur ohne Verkröpfung, ohne Schnirkel, ohne alle Vergoldung und andere überhäufte oder komplicirte Zierrathen, wodurch sonst fast alle, auch die schönsten, katholischen Kirchen verunstaltet werden.*[2]
Die Barockkunst war dem bürgerlichen Zeitalter fremd, den Heutigen sind die bürgerlichen Kunstepochen Renaissance und Klassik adäquat, das adlig-höfische Barock – so gerne wir bereit sind diese Kunst zu bewundern – nur schwer zugänglich. Bürgerlich geprägte Kunststile wollen das Gleichmaß ruhiger Beharrung und das schöne Gleichgewicht von Haltung und Form[3], der Barock liebte das Verspielte, die Illusion; mit der Illusion auch das Undurchschaubare, Wunderbare. Beeindrucken und unterhalten wollte man »in der Welt des Barock, in der das schöne Scheinen zum Prinzip der Kunst und zum Gebot der Gesellschaft erhoben war«.[4] ›Mehr Schein als Sein‹ lautet dagegen das Verdikt des Bürgers.

Andere Religionsauffassung

Das Religionsverständnis des Katholizismus hatte sich unter dem Eindruck der Aufklärung geändert, veränderte den Gottesdienst und stellte andere Forderungen an den Kirchenbau. *In einem Gotteshause müsse nichts seyn, was zerstreue, was die Andacht störe,* äußerte Abt Martin Gebert gegenüber Nicolai, der die klassizistische Klosterkirche St. Blasiens 1781 bewunderte. Der Stuttgarter Hofprediger Benedikt Maria Werkmeister kritisierte 1789: *Denn der äußerliche Pomp so vieler angehäuften und mit der wahren Gottesverehrung im Widerspruch stehenden Gebräuche und Ceremonien kann wohl nicht als ein schickliches Erbauungs-, sondern muß vielmehr als Zerstreuungs- und Belustigungsmittel angesehen werden.* Die Versinnlichung der Glaubensereignisse im Sinne eines ›theatrum sacrum‹ im Barock wich der Andacht und dem Predigt hören.[5]
Das konfessionelle Zeitalter war vorüber, die Propaganda der Gegenreformation obsolet. Die barocke Kunst war ihr ein Mittel gewesen das Volk zur katho-

Hl. Christophorus
Altarfigur.
Holz, neuere Fassung, Joseph
Anton Feuchtmayer, 1750.
Städtische Sammlungen,
Überlingen.

lischen Kirche zurückzuholen. Im jesuitischen Programm der Versinnlichung der göttlichen Geschichte konnte die Darstellung der Ereignisse des Kirchenjahres nicht dramatisch und farbenreich genug sein. Zur Propaganda für den Glauben (*de propaganda fide*) diente alles, was das Volk zum Schauen lockte, wozu die Himmelfahrten, Verklärungen, Wundertaten den Stoff lieferten. Die Wirksamkeit der Sakramente, Bräuche und Tröstungen war nicht so sehr Gegenstand des Nachdenkens als immer neuer Bewunderung.[6]

Andere Gesellschaftsauffassung

Auf dem Höhepunkt ihrer prachtvollen Selbstdarstellung im Barock geriet die Kirche in die Defensive. Als das Kloster St. Blasien 1768 abbrannte, fürchtete Abt Gerbert, dass ein prächtiger Neubau dem Kloster nur *Haß und Neid* einbringen werde. Es sei zu erwarten, *daß in allen Ländern nach und nach die Clöster und Religiosen nicht nur sehr bedrucket, sondern insolang nicht außgesetzet werden dürfte, biß selbe, wo nicht ganz eliminieret, jedoch in Ansehung ihrer Einkünften, und auch des numeri Personarum auf die erste Fundation zurückgesetzet seyn werden.* Er holte sich Rat in Rom, wo man ihm zwar zum Wiederaufbau, gleichzeitig aber zu größtmöglicher Zurückhaltung riet. Dennoch wurde der monumentale Plan d'Ixnards beschlossen; denn wenn die aufgeklärten Herrscher *fürstlichen Personen die kostbarsten Palais zubereiten, und denen Kriegsknechten die ansehnlichste casernes erbauen, so werden vermuthlich die Geistliche nicht zu verargen seyn, wenn sie eben nach heutigem Geschmack dem Großen Gott nach Maßgab ihrer Mitlen einen anständigen Tempel und dessen Dienern standmäßige und zu dero Amtsbefolgungen erforderliche Wohnung aufrichten.*[7]
Die Propagandisten des tridentinischen Glaubens, die Jesuiten, wurden 1759–68 aus Portugal, Frankreich, Spanien und Italien ausgewiesen, 1773 war der Papst gezwungen den Orden aufzuheben. In St. Blasien hatte man die Zeichen der Zeit zwar erkannt, dennoch beharrte man darauf, dass der Kirche die gleiche Repräsentation und ihren ›Dienern‹ die gleiche ›standesgemäße‹ Unterbringung zustehe wie den weltlichen Herren.

Lautenengel
Holz m. originaler Fassung, Joseph Anton Feuchtmayer, um 1720. Badisches Landesmuseum Karlsruhe.

Höfische und kirchliche Repräsentation

Das Barock war eine höfische Kunst, und der höfische Geschmack verband sich mit der sakralen Kunst. Bei weltlichen und kirchlichen Aufträgen brauchte die Kunst nicht viel Unterschied zu machen. Das wird

Altarfigur der Jungfrau Maria
Lindenholz, m. älterer Goldfassung, Joseph Anton Feuchtmayer,
um 1730.
Staatliche Museen zu Berlin, Slg. Preußischer Kulturbesitz.

beispielhaft an dem höfisch eleganten Charakter der kirchlichen Kunst Joseph Anton Feuchtmayers erkennbar.[8] Wahrscheinlich für die Klosterkirche von Salem waren die beiden Altarfiguren der Maria und des Lautenengels geschaffen, an denen Hagerkeit, überlängte Glieder und der eigenwillig extravagante Faltenwurf der Kleider auffallen. Die Maria besticht durch ihren sinnlichen Charme, durch das Raffinement in der Wiedergabe weiblicher Reize mit dem Durchschimmern des Körpers durch das Gewand, besonders über den deutlich markierten Knien und Brüsten, durch die modische Haltung, die weltliche Eleganz mit den Rougeauflagen auf den Wangen.

Höfische Heiterkeit hielt Einzug in den Kirchenraum. In der Kapelle des Neuen Schlosses des Konstanzer Bischofs in Meersburg haben sich allenthalben – so Wilhelm Boeck – »mutwillige Engelkinder, zu geflügelten Phantasiewesen umgedichtete Cherubim, von der Andacht ablenkende, engelmäßig getarnte Mädchenbüsten und wie Schmetterlinge aufgesetzte Rocaillen angesiedelt und erfüllen die Atmosphäre mit sprühender Lebendigkeit.« Bei den ›Stationen‹ in der Wallfahrtskirche Birnau wird die ergreifende Wahrheit der Passionsgeschichte durch die Anmut und Verspieltheit der begleitenden Putten gemildert. Religiöser Ernst und profane Heiterkeit liegen dicht beieinander; man ist oft erstaunt im kirchlichen Bereich einen Anflug von Frivolität zu finden.

Mit dem Auftrag, die Klosterkirche von St. Peter auf dem Schwarzwald anstelle der üblichen Apostelfiguren mit den Statuen der Zähringer Stifter zu schmücken, hat Feuchtmayer Kostümfiguren wie vom Theater geschaffen mit übertrieben heftigen Bewegungen und karikaturistisch gestalteten Physiognomien. Berthold I., der den Herzoghut erwarb, ist ein Urweltriese mit nackten Waden und einem ungeheuren Schwert, Berthold II. könnte den Don Quixote darstellen und Berthold III. ist ein Märchenherzog mit modischen Barockschuhen – der Gründer der Stadt Freiburg. Das ist die Atmosphäre des Rokokohofes, wo nichts zu ernsthaft und damit langweilig, alles unterhaltsam zu sein hatte.

Wie in der Plastik so gab es auch in der Architektur keinen Unterschied zwischen weltlichen und geistlichen Bauten. Die Fürstbischöfe bauten sich weltliche Paläste, etwa die grandiose Residenz in Bruchsal

(Bistum Speyer), die sich in nichts von den Palästen weltlicher Fürsten, etwa Rastatt (Markgrafschaft Baden-Baden) unterschieden. Kardinal Damian Hugo v. Schönborn ließ zur Erbauung des Schlosses in Bruchsal 1726 eine Medaille fertigen, die die Prägung *BRUCHSALIA. DAMIANO-BURGUM* (=*Bruchsal, die Damiansburg*) hatte. Medaillen galten in dieser Zeit als das vornehmste Mittel den Ruhm des einzigartigen großen Fürsten zu verbreiten und zu verewigen. Dessen bediente sich auch der weniger hoch gestellte Fürstabt Franz II. Schächtelein aus Anlass eines Klosterneubaus in St. Blasien 1740 (der 1768 abbrennen sollte); die Medaille trägt sein Porträt auf der Vorderseite und mit der Aufschrift *OPERIBVS AMPLITATIS RESTITVIT* (=*Er hat es erweitert und wiederhergestellt*) die Ansicht des Klostergebäudes auf der Rückseite.[9]

Mit der Säkularisation hatte nicht nur das Nebeneinander weltlicher und geistlicher Herrschaften im staatlichen Flickenteppich des Südwestens ein Ende, sondern auch ein manchmal Jahrhunderte langer Streit um die Landeshoheit, der sich im Zeitalter absolutistischer Hypertrophie zugespitzt hatte. In den Festpredigten zur 700-Jahr-Feier des Klosters Zwiefalten 1789 war allgemeiner Tenor, dass das Kloster mit der Erlangung der Reichsunmittelbarkeit 1752 *in eine Freiheitsluft der Kinder Gottes übersezt* worden sei, *dergleichen es seit Anfang der Stiftung niemals genossen hatte.* Lediglich der Vertreter des Reichsstifts Neresheim äußerte in Vorahnung des Kommenden Sorge: *Eben izt leben wir in den bedenklichsten Zeiten, in Zeiten, dass Klöster und Stifte mehr als jemals für ihre Erhaltung zu sorgen haben* […] *Gegenstände des Hohnes und der Verachtung sind sie schon – noch ein Schritt, so ist der Umsturz, die Vertilgung da!* Die Errettung aus den *Trübsalen und Gefahren* württembergischer Untertänigkeit hatte die Ablösung der Vogtei durch territoriale Abtretungen und die Zahlung von 170.000 fl. an den sich stets in Geldnöten befindenden Barockherzog Karl Eugen gebracht.[10]

Kaiser Joseph II. wollte 1781 die Exekution eines RKG-Mandats im Landeshoheitsstreit Badens mit Kloster Schwarzach wegen der Vertreibung des Abtes an sich ziehen, nachdem Württemberg sich geweigert hatte, militärisch gegen Baden vorzugehen. Das hätte einen Präzedenzfall geschaffen für die Vollstreckung

reichskammergerichtlicher Urteile durch den Kaiser und war faktisch einer der letzten Versuche Habsburgs, im Südwesten des Reiches eine Machtstellung zu gewinnen. Joseph nahm schließlich doch von dem Vorhaben Abstand: Schwarzach musste die Machtverhältnisse akzeptieren und 1791 die badische Landeshoheit anerkennen.[11] Dies nach einem genau 70 Jahre dauernden Streit, der sich an den Ambitionen eines Barockabtes entzündet hatte. Baden hatte die Kastenvogtei sowie Schutz und Schirm über Schwarzach inne gehabt; nach der *Bäurischen Empörung* von 1525 hatte der Markgraf alle Schwarzacher Hintersassen *in Landeshuldigungspflichten* nehmen lassen.[12] Abt Bernhard Steinmetz wollte sich mit der mediaten Stellung des Klosters nicht abfinden, beanspruchte die Reichsunmittelbarkeit und strebte nach einem, einer solchen

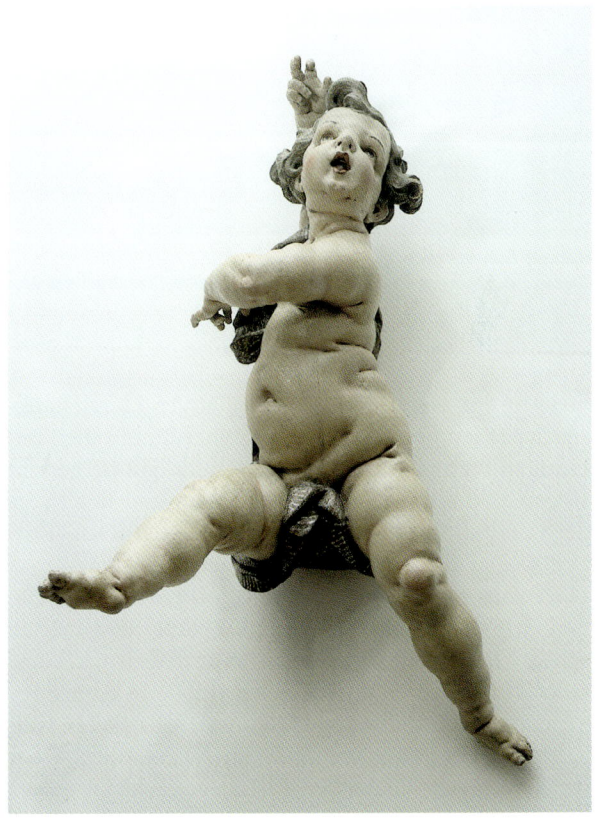

Altarfigur
Holz, farbig gefasst, Joseph Anton Feuchtmayer, um 1748. Ehem. St. Martin, Nenzingen. Rosgartenmuseum Konstanz.

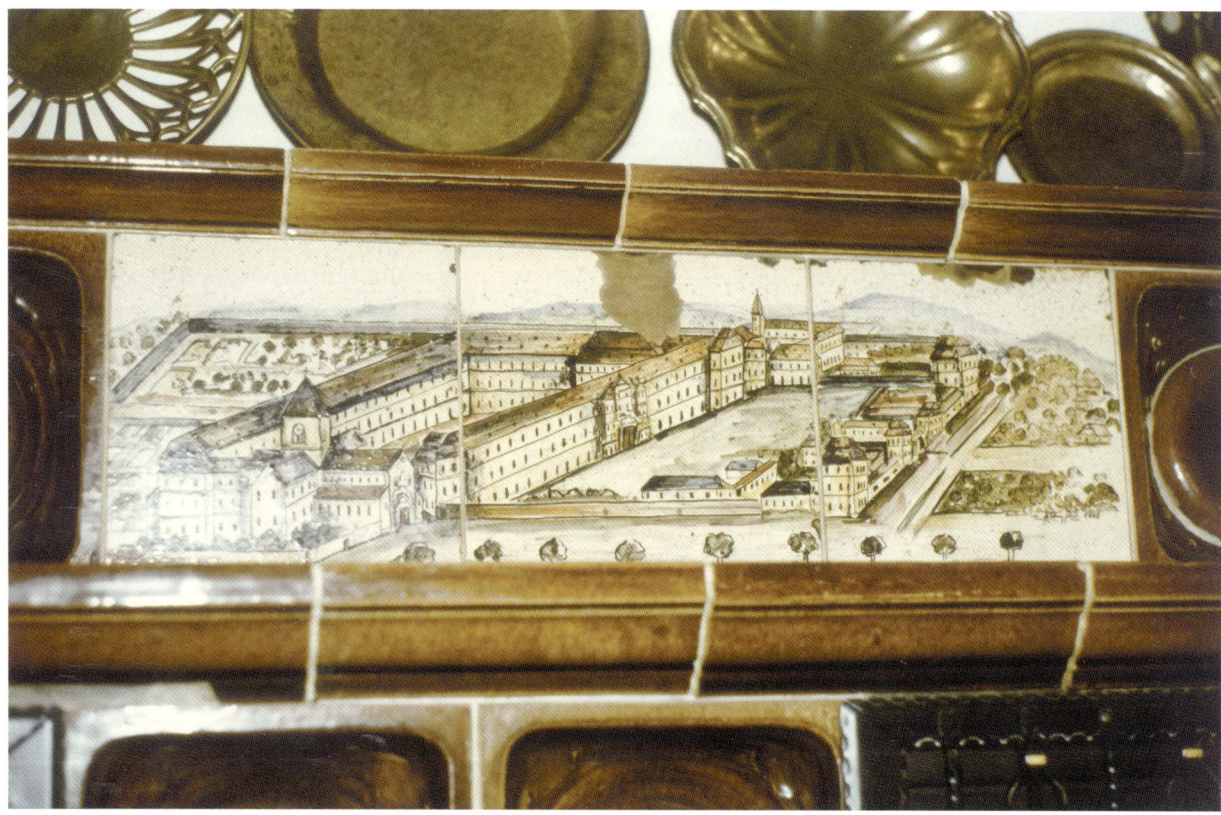

Kloster Schwarzach
Barockanlage, deren Gebäude 1829–42 und 1846–48 weitgehend abgebrochen worden sind.
Ofenkachel, Gasthof »Zum Schwanen«, Schwarzach.

Stellung entsprechenden repräsentativen Herrschaftssitz. 1721 kam es zum Prozess seiner Untertanen mit Unterstützung Badens vor dem Reichskammergericht wegen zahlreicher Lastenerhöhungen und der Frage der Landeshoheit, 1724 zu einem zweiten RKG-Prozess wegen der Baufronen zum neuen Kloster.[13]
Die reichsunmittelbare Stellung sollte durch die Benennung des in jede neu gebaute Prälatur eingefügten großen Festsaals als *Kaisersaal* zum Ausdruck kommen. In Salem erhielt der Kaisersaal ab 1708 seine sinngebende Ausgestaltung mit 16 überlebensgroßen Kaiserstatuen und 16 Papstbüsten an den Wänden. Über den vier Portalen befanden sich allegorische Gruppen, die Kaisertum und Papsttum, Krieg und Frieden personifizierten. Auf diese Weise demonstrierte Salem – das keine Bestätigung seiner Abtwahl durch den Bi-

schof von Konstanz benötigte, sondern direkt in Rom darum ersuchen durfte –, dass es außer Kaiser und Papst keinen Herrscher über sich habe.[14]

Der Wirkungsmechanismus der Repräsentation

Das Barockschloss war der vollkommene Ausdruck der absolutistischen Herrschaft. Der Schlossbau war dem barocken Fürsten ein Mittel zur Selbstdarstellung, zur Bestätigung seiner Würde, zur Mehrung seines Ruhmes. Noch der Renaissancepalast hatte in der blockartigen Zusammenfassung der Baumasse seine Herkunft von der fortifikatorischen Bestimmung der mittelalterlichen Burg erkennen lassen. Die Zentralisierung der militärischen Macht im Absolutismus und die Verwandlung des kriegerischen Feudaladels in einen dekorativen Hofadel veränderte den Zweck des Schlossbaus und damit auch dessen Form.[15]

Das Barockschloss öffnete sich, zeigte eine breite Schauseite, die die Kulisse für höfische Festlichkeit bot. Eine (beim Versailles-Typ) Folge von hintereinander liegenden Höfen bildend, zur Mitte sich verengend, machte es das Zentrum der Macht erkennbar und schuf durch die Vorhöfe, in die eine abnehmende Zahl von Personen vorgelassen wurde, die Distanz. Also wurde durch die bauliche Anlage das Machtzentrum sichtbarer und zugleich der Abstand deutlich gemacht. Diese Offenheit und, vom Eindruck der baulichen Anlage her, größere Zugänglichkeit machte die zeremonielle Distanzierung notwendig, klare Verhaltensregeln, wer sich wie weit nähern durfte, mit den entsprechenden Respekterweisungen. Die Macht präsentierte sich nicht unvermittelt wie bei der Wehrburg, sondern vermittelt durch den Konnex von baulicher Anordnung und Verhaltensmaßregeln.

Das Geviert der Klosterbauwerke dagegen, mit ihren hoch aufragenden Mauern, ihrer nach außen abgeschlossenen Gestalt, blieb der alten, Respekt einflößenden Architektur verhaftet. Die Forderung der Klausur machte das Festhalten an diesem Baustil notwendig. Die Schauseite der geistlichen Herrschaft bildeten die Kloster- und Wallfahrtskirchen.

Die Klosteranlagen nahmen immer stärker schlossartige Ausmaße an. Ein großer Brand 1697 machte den Neubau des Salemer Klosters notwendig. Aber was dann entstand, ist bemerkenswert. Keine zwei Monate nach dem Brand schloss der Abt einen Vertrag mit Baumeister Franz Beer. Bis 1706 wurde ein drei- bis viergeschossiger Klosterbau errichtet, der 350.000 fl. gekostet haben soll; insgesamt wurden in diesen Jahren für Bauten 450.000 fl. ausgegeben (und das bei einem Schuldenstand von 180.000 fl. in 1691).[16] Das neue Bauwerk war gegenüber den nach 1615 errichteten Klosterbauten um das 1¼-fache nach Süden und um das 2½-fache nach Osten vergrößert. Durch die Höhe der Klostergebäude bildete die gotische Kirche nur noch einen von zwei nördlichen Seitenflügeln. Trotz ihres gotischen Dachreiters verfügte sie für den Herankommenden nicht mehr über die optische Dominanz als Zentralpunkt einer geistlichen Anlage und besaß kaum noch Gewicht innerhalb des gesamten Baukomplexes.[17]

Beim barocken Klosterbau traten Kapitelsaal und Refektorium an baulicher Bedeutung zurück gegenüber dem, im Akkord mit Beer so genannten *Hoffgepäw* mit Abtwohnung, Empfangs- und Gästeräumen, Festsaal, Bibliothek und Gartenanlagen. Im Prälaturbau, in Salem höher steigend als die übrigen Firste, lag der Festsaal, in dem die Äbte Gäste empfingen, die sie mit Festessen, Musikaufführungen und Jagdgesellschaften unterhielten. Selten speiste Anselm II., wenn er in Salem weilte und sich nicht gerade auf Reisen befand, ohne Gäste. Allmählich hatte sich ihre Zahl so vergrößert, dass die Prälatentafel nicht mehr ausreichte und mancher Gast im sog. *Offizierszimmer* beköstigt wurde. Solcher Aufwand war üblich, auch wenn es mit den Klosterfinanzen nicht zum Besten stand. Diente doch die Würdigung der Gäste und die Selbstdarstellung eigener Würden der Wahrung und Stärkung der politischen und damit der wirtschaftlichen und geistlichen Position des Klosters.[18]

Pater Nepomuk Hauntinger beschrieb 1784 das Kaisheimer Kloster: *Das Gebäude überhaupt ist jenem von Salem ziemlich gleich und auch eben so weitläufig. Die Gastzimmer, der große Saal, die Stiegenhäuser sind außerordentlich prächtig, mit schönen weitläufigen Gärten, in welchen auch eine Art von Reitbahn angebracht ist. Die Wohnung des Herrn Reichsprälaten ist mit allen Gattungen der kostbarsten Meubles, von etwa 7–9 Repetiruhren, Glockenspielen, Porzellan-Figuren, Servicen und andern seltenen Geräthen ausgeschmückt und überhäuft, eine Nachlassenschaft des verstorbenen Vorfahrs, welcher sehr auf viel Pracht hielt.* Der Prälat entführte Hauntinger in die zwei Stunden entfernte *Sommercampagna*; der *Lustort* Leitheim auf einer Anhöhe über der Donau *gleicht einem Palaste*, von Gärten, Weinbergen usw. umgeben.[19]

Vor der Kulisse des Barockschlosses zelebrierte sich die fürstliche Macht im höfischen Fest. Das Fest war im Kern ein Zeremoniell, das jedem seinen Platz anwies, wobei dem höher Gestellten, dem Nachbarn die Reverenz erwiesen werden musste. Fürst, Adel und hoher Klerus feierten sich als Stand, sie feierten sich in ihrer Selbstdarstellung, gefielen sich selbst mehr denn je in ihrer durch den Absolutismus gesicherten Macht. Große Höfe boten das ganze Jahr über Festlichkeiten, bei kleinen Höfen reiste die Gesellschaft von einem zum andern. Kleine Höfe, die mithalten mussten, waren leicht überfordert. Beim Abt von St. Peter konnte man sich wie am *Tische eines Edelmannes* fühlen, doch dem Mönch J. N. Maichelbeck schien die Kost im Kloster sehr ungereimt: *denn zu Zeiten mußte mann sich vast außhungern, zu anderen Zeiten vast todfreßen und sauffen, denn an allen Prälatenfesten wurde zuviel aufgetragen.*[20]

Der Grund, warum dem heutigen Betrachter die Welt der Höfe und die höfische Gesellschaft so fern ist, liegt in der großen Bedeutung der Repräsentation; sie wird erklärlich aus dem ursprünglichen Verständnis von *Repraesentatio*, die noch nicht Vertretung, sondern Verkörperung, reale und symbolische von etwas meinte. Die symbolische Darstellung forderte die Anerkennung dieser Stellung; im Zeremoniell unterwarfen sich die Beteiligten dieser Forderung.[21]

Das Hofleben uferte immer mehr aus, die Festlichkeiten wurden permanent, in der Hofgesellschaft machte sich Langeweile breit. Das festliche Zeremoniell schlug in Unterhaltsamkeit um, als gewohnt musste es seine disziplinierende Funktion nicht mehr erfüllen, wurde zum bloßen Spiel. Der sich heroisch gebende Barock wandelte sich zum gezierten Rokoko, der Adel kokettierte mit seinen Perücken, Schleifen, Parfüms, Moden, er verweiblichte ganz erstaunlich. Das zeremonielle Gepränge, die Renommier-, die Verschwendungssucht der höfischen Kultur hoben sie ab vom anschließenden rationalistischen Zeitalter, das so gar kein Verständnis für die verzopfte Gesellschaft haben sollte. Wenn es alte Zöpfe abschneiden wollte, so war dies gegen eine bereits erstarrte Barockkultur gewendet, deren ehemalige Dynamik der Umgestaltung sozialer Konfigurationen (Norbert Elias) nicht mehr erkennbar war, deren Rokokoverspieltheit nur noch als Tändelei aufgefasst wurde. Es präsentierte sich eine müßige, überflüssige Klasse.

Einheit und Differenz in der Kultur

Die höfische Konfiguration hatte im Kern die Bindung des Adels und des Klerus an den Hof beinhaltet. Die höfische Kultur war denn auch ständisch streng nach unten abgegrenzt. Nichtsdestoweniger bedurfte sie der gesellschaftlichen Resonanz. Sie hatte das neue Regime gegenüber den anderen Ständen zu demonstrieren, denen klar zu machen war, wem man zu die-

nen, wohin das Geld zu fließen hatte.[22] Hierin lag auch der populäre Sinn der barocken Repräsentation, der monumentalen Bauwerke, grandiosen Festlichkeiten und aufwändigen Reiseveranstaltungen.

Das barocke Bauwerk sollte beeindrucken, das war sein Zweck. Aber nicht in einer appellierenden Form, sondern in einer konstatierenden: Die Größe und Pracht des Palastes machte die Vorbeigehenden zu kleinen Leuten, wies ihnen ihre Position zu.

Den Untertanen blieb das Schloss selbstverständlich versperrt. Der Zugang war streng geregelt, die Einlasspraktiken rigoros, auch wenn sich an einigen Höfen an Audienztagen die Schlosstore für Petenten öffneten. Die Bittsteller, die bisweilen in großer Zahl erschienen, wurden meist am Einlass oder in dort benachbarten Räumen abgefertigt.[23]

Bei wohlkalkulierten Auftritten des Herrschers durften die Untertanen deren ostentative Hulderweise genießen, nun nicht im, sondern vor dem Schloss, aus dem der Schlossherr auf den Balkon heraustrat. Wollte der Herr seine hohe Stellung demonstrieren, musste er das Publikum heranholen. Indem er sich hoch über die Menge stellte, vergrößerte er wieder die Distanz. Der Herrscher, der sich dem Volk zeigte, gab sich populär und blieb unerreichbar zugleich, indem er sich hinter zeremoniellem Gewölk verbarg.[24]

Beim höfischen Fest wurde das gemeine Volk in das Repräsentationsspiel einbezogen, spielte seine ihm zugewiesene Rolle. In den Aufzügen erschienen Trupps von fröhlichen Landleuten in farbiger Tracht, fleißige Handwerker in schlichter Arbeitskleidung. Bei höfischen *Wirtschaften* oder *Bauernhochzeiten*, bei denen der Adel das Fest in ländlicher Tracht beging, waren zahlreiche Statisten aus den umliegenden Bauerndörfern beteiligt.[25] Der abgespielten höfischen Rituale müde, war der vornehmen Gesellschaft danach, die Welt einmal von unten zu betrachten, und nahm damit im Spiel vorweg, »was am Ende schreckliche Wirklichkeit werden sollte«.[26]

Um draußen im Lande zu repräsentieren, war die Austeilung von Münzen und Medaillen mit dem Porträt des Herrschers zwecks Auszeichnung und Belohnung von Untertanen gang und gäbe, wie auch die Aufstellung von Statuen kürzlich verstorbener Potentaten. Es ist interessant, dass Julius Bernhard v. Rohr in seiner *Ceremoniell-Wissenschaft der großen Herren* von 1729 als Bestandteil des Einweihungszeremoniells solcher Statuen vorsieht, der Herold habe *allenthalben und zu jedermans Kundschafft öffentlich auszuruffen und anzudeuten, daß sie dieselbe, bey Vermeidung ernstlicher Bestraffung und schweren Ungnade, von jederman heilig, unverletzt, und in Ehren gehalten wissen wollten.*[27] Der Herrscher wollte, ob durch das Bauwerk, ob im Zeremoniell, nicht etwa überzeugen, überreden, nicht werben um die Anerkennung seiner Machtstellung, sondern er forderte die Anerkennung durch verbindliche Statuszuweisungen ein, denen im Verhalten Rechnung zu tragen war. Dem Herrn war der schuldige Respekt zu erweisen. Wer dagegen verstieß, verlor die Gunst des Herrschers. Denn die Herrschaftsbeziehung war auf Gunst und Gnade aufgebaut; Gnade wollte der Herr vor Recht ergehen lassen.

Daher ist die Erwägung, die Untertanen wären durch die barocke Pracht beeindruckt gewesen und hätten dadurch der absolutistischen Macht beigestimmt, inadäquat. Dem Beeindrucken wollen entsprach die gleichzeitige herrscherliche Distanzierung. Diese Distanz ließ einen Freiraum je nach den Umständen für eine innerliche und möglicherweise äußerliche Distanzierung auf der Seite der Untertanen.

Herrscherliche Distanzierung und klare Statuszuweisung enthielten eine soziale Spannung, die nur durch den Gunsterweis gemildert und erträglich gemacht werden konnte, etwa auch durch die Zulassung zum Hoffest und den Vergnüglichkeiten dabei. Daher gab sich der absolute Herr patriarchalisch und postulierte das Gemeinwohl als Richtschnur des Regierens; was aber gut für die Gemeinschaft war, entschied er und nicht die Gemeinschaft. Würde die Statuszuweisung nicht angenommen, würde nicht Gnade erwartet, sondern Gerechtigkeit gefordert werden, wäre die Herrschaftsdefinition gefährdet gewesen.

Die Barockkultur war eine höfische Kultur und zugleich die prägende Kultur ihrer Zeit, indem sie in unterschiedlichem Maße Bürger und Bauern in ihren Bann zog. Die Bürger der Residenzstädte ergriff sie mit Haut und Haar. Wie sich das Radialsystem des Karlsruher Schloßparks in die Stadtanlage fortsetzte, so waren sie – in ihrer wirtschaftlichen Abhängigkeit vom Hof (Hofschneider, Hofbäcker, Hofapotheker, etc.) – den höfischen Lakaien zugeordnet, und die Dienerei wurde ihnen zur zweiten Natur. Aufträge von

Hofe waren dennoch nicht unbedingt eine Wohltat, denn für den Aristokraten stand gemeinhin die ordinäre Begleichung von Handwerkerschulden an letzter Stelle. M. Stürmer: »Wer sich die barocke Kunst als ein schwelgerisches Versöhnungsfest der Hohen mit den Niedrigen vorstellt, als versöhnende Synthese im Namen der Kunst, der wird in den Handwerksakten des 18. Jhs. viel Anlaß zu einer dem Erdboden und den menschlichen Dingen näheren Betrachtung finden.«[28] Die Bürger der protestantischen Gewerbe- und Handelsstädte waren kaum mehr als äußerlich vom Barock affiziert. Sie setzten vor die Gewölbe ihrer spätgotischen Rat- und Patriziatshäuser barocke Fassaden, dahinter blieb alles, wie es immer gewesen war; erst recht traf dies auf die Kultur der Handwerksbürger zu.[29] Die höfischen Festivitäten wurden unter Teilnahme des Volkes, nicht vom Volk, in Szene gesetzt. »Es gibt darum kein ›barockes Volk‹, wie es eine ›barocke Gesellschaft‹ gibt, und eine Darstellung des Volkslebens im Barock würde sich von einer solchen für das Mittelalter oder die Renaissance nicht wesentlich unterscheiden.«[30] Anziehungspunkte barocken Volkslebens waren die Wallfahrtskirchen und die Klosterkirchen als Wallfahrtsstätten. Die katholische Kirche trieb Propaganda für den Glauben, aber ebenfalls nicht in einem um Einverständnis werbenden Sinne; die Kirche stellte das Programm auf, das gespielt wurde.

In der Kirche wurde der Eintretende zum Hochaltar hingezogen mit dem bildlich offenen Himmel darüber. Der Gläubige war aufgerufen zum Kult der Götter im Kuppelhimmel; der Raum gestaltete das Gegenüber von Kultzentrum und Anbetern, die hierarchische Kirchlichkeit. Die überladene Pracht voller Ornamente, Figuren und Gemälde macht einen überwältigenden Eindruck, und dies – beeindrucken, überwältigen – wollte der Barock. Das war die Absicht der Kirche ebenso wie des absolutistischen Herrschers; erheischt wurden Ansehen, Verehrung, Ehrfurcht. Die menschlichen Züge des Heilands und der Jungfrau verschwanden hinter ihrer Stellung als Herrscher des Himmels.[31] Im Klosterhof von Ochsenhausen errichtete man 1717 nach habsburgischem Vorbild eine Mariensäule, die Maria als siegreiche Schlachtenhelferin in den Türkenkriegen, als triumphierende Mutter Gottes, als gekrönte Himmelskaiserin dar-

HI. Georg
*Holz, farbig gefasst, Joseph
Anton Feuchtmayer, 1750/60.
Pfarrkirche Sipplingen.*

stellte.[32] So sah sie sich selbst: als triumphierende Kirche.

Doch ist es gerade der Kirchenbau, in dem die Volkstümlichkeit des süddeutschen Barock zum Ausdruck kommt. Die Gestaltung des Kirchenraums trug der Gemeinde und ihrer Andacht oder Feststimmung Rechnung. Die Ausstattung mit buntem Geschehen und wunderbaren Ereignissen spiegelte Sehfreude und Erlebnishunger.[33] Viele Kirchenfiguren waren in Motiv und Gestaltung volkstümlich, etwa J. A. Feuchtmayers

Honigschlecker in Birnau, sein hl. Christophorus oder der hl. Georg in der Pfarrkirche von Sipplingen. Im Frauenkloster Habstal in Hohenzollern sind Flachreliefszenen zu sehen von Männern und Knaben in Zeittracht, die essen, kegeln, Karten spielen oder ›Schinken klopfen‹.[34]

Kloster- und Wallfahrtskirchen waren Mittelpunkte von Wallfahrten und Prozessionen, Festgottesdiensten und Barockspielen, hier sammelte sich das Volk. In Süddeutschland – wie in Italien – gab es ein Volk im öffentlichen Sinne, »ein Volk, das aus sich herausgeht, ein Volk des gemeinsamen Lebens, der Rat- und Gasthäuser, mehr Bürger als Untertanen, ein Volk der gemeinsamen Feste, die vom kirchlichen Fest gekrönt und geweiht werden.«[35] Die kommunale Kultur überwog die obrigkeitliche. Der barocke Kirchenbau beugte sich diesem Geist, war nicht so sehr Stätte eines strengen Kults, vielmehr Ausdruck des gemeinsamen Lebens und festlicher Zusammenkünfte.

Das mag ein Hinweis darauf sein, dass man nicht unbesehen von einer Deckungsgleichheit der kirchlichen Glaubenspropaganda mit der Volksfrömmigkeit ausgehen sollte. Frömmigkeit wird als Einheit von Sittlichkeit und Religion definiert. Nach Kant bedarf das sittliche Geschehen der Religion um sittlich zu bleiben. Volksfrömmigkeit bedarf der liturgisch-sakramentalen und spirituellen Steuerung seitens der Kirche, diese fungiert als Hilfe zu gelingender Sittlichkeit.[36]

Die Patres von Schussenried gingen über die Felder um sie mit ihrem wundertätigen, mit einer Reliquie des hl. Magnus versehenen Stab gegen Mäuse und anderes Ungeziefer zu segnen. Die beim Weingartener Heilig-Blut-Ritt in der Öschprozession mitgeführte Blutreliquie war ein segenstiftendes Heiltum für Menschen, aber auch für Pferde und Vieh. Die Bauern vergruben in ihren Äckern sog. *Blutpfennige* (mit der Reliquie berührte Münzen), damit der eingesäte Samen vor *allem Hochgewitter* geschützt werde.[37]

Gelegentlich gab es theologische Einwände gegen den Volksglauben. Zum Wallfahrtsort Steinbach bei Kloster Rot an der Rot, an dessen Einweihung 20–30.000 Pilger teilnahmen, waren sie durch eine holzgeschnitzte schmerzhafte Mutter Gottes angezogen worden, die ihr Gesicht verfärbt, die Augen bewegt und Tränen vergossen hatte. Der Bischof von Konstanz erkannte das Wunder zwar an; es sei aber nicht so zu verstehen, als ob dem Bild eine geheime Kraft innewohne. Vielmehr seien die in Steinbach gewirkten Wunder das Werk Gottes, der auf die Fürsprache Mariens hin wunderbar helfe.[38]

Vor barocke Kirchenpracht ging dem gemeinen Volk die Authentizität des Heiligtums. Streitereien mit der Reichsstadt Überlingen, auf deren Territorium die dem Stift Salem inkorporierte Wallfahrtskirche Birnau lag, bewogen Salem den notwendigen Neubau der Kirche auf Klostergebiet zu realisieren. Das Gnadenbild wurde vorübergehend ins Kloster überführt. Es entstand die prachtvolle, nicht allein seelsorgerischen Erfordernissen genügende, sondern auch vom Gestaltungswillen des klösterlichen Bauherrn geprägte Wallfahrtskirche Neu-Birnau, die 150.000 fl. kostete. Die Verlegung dieser ältesten schwäbischen Marienwallfahrtsstätte stieß im Volk auf Kritik, so dass man dem Gerücht, das in die neue Kirche zurückgeführte Gnadenbild sei nicht mehr das alte, dadurch zu begegnen suchte, dass in einer, vor der Konsekration der Kirche in Gegenwart einer Reihe von Zeugen vorgenommenen, sehr genauen Untersuchung die Echtheit des Heiligtums festgestellt wurde.[39]

Andere Freiheitsauffassung

Die bürgerliche Aufklärung forderte die doppelte Freiheit, die der Person und die des Eigentums. Das Vernunftzeitalter wollte die rationelle Landwirtschaft und die schien ihr nur möglich, wenn die Produzenten ›die Hände frei‹ hatten. Unfreie Fronarbeit mit ihrer niedrigen Produktivität war ihr ein Graus; die Leibeigenschaft setzte sie mit der altrömischen Sklaverei gleich. Die herrschaftliche Abschöpfung der Erträge der Wirtschaft in einem Maß, das eine erweiterte Reproduktion nicht zuließ, war ihr Verhinderung ökonomischen Fortschritts, die Abschöpfung des Mehrprodukts zu bloß konsumtiven Zwecken schlichtweg Verschwendung. Die Abhängigkeit der Bauern von ihren Herrschaften war ja keineswegs eine rein ökonomische, sondern eine untertänige Stellung. Strukturelle, ökonomische Gewalt sollte auch der bürgerlichen Gesellschaft inhärent sein. Doch wollte sie staatliche von personaler Gewalt scheiden und verwarf letztere als inakzeptabel, da der Freiheit zuwiderlaufend.

Eine völlig andere Welt war die des Barock. Die imposanten Klosteranlagen unterstrichen den Herrencharakter des Mönchtums. Architektur und Kunst, die die hierarchische Ordnung des Himmels abbildeten, machten augenfällig, was Sebastian Sailer in Obermarchtal predigte: Gott hätte *die Welt in eine sichtbare Herrschung gesetzt*, indem er Menschen bestellte, *welchen Er das Ansehen mit der Gewalt gab, anderen zu gebieten und die Einhelligkeit zu erhalten.* Christentum vertrage sich nicht mit Aufwiegelung, Halsstarrigkeit und Empörung.[40] Doch die direkte Gewalt- und Machtausübung rief Gegengewalt in ähnlich direkter Form hervor, den bäuerlichen Widerstand.

Der zwei Jahrhunderte und mehr zurückliegende Bauernkrieg saß den Herren in den Knochen. In der Vorhalle der Klosterkirche Zwiefalten hat das 1760 ausgeführte, mittlere Deckengemälde den marianischen Schutz vor Gewalttätigkeiten, denen das Gotteshaus in seiner Geschichte ausgesetzt gewesen war, zum Thema. In der rechten unteren Ecke findet sich ein Durcheinander von Büchern, Karst, Hacke und Dreschflegel. Dies kann als Anspielung auf 1525 verstanden werden, woran der Festprediger bei der 700-Jahr-Feier der Klostergründung 1789 erinnerte: *Der Baur roch mit begieriger Nase der Freiheit entgegen […]. Schnell überfielen sie das Kloster, Archiv, Urkunden, Briefe, und Bücher hatten ihre Wuth vor andern zu erfahren. Wie Rasende raffen sie selbe hervor, zerrissen, und hineingeschmissen, toben sie auf solchen umher.*[41] Ein Menetekel war den Barockherren der lange zurückliegende Freiheitskampf des gemeinen Mannes, den sie nicht aus ihrer Erinnerung streichen konnten, vor dem sie bis zum Ende ihrer Herrschaftszeit immer wieder warnen mussten.

Sie hätten ihn vielleicht vergessen können, wenn die Bauern sie nicht gelegentlich daran erinnert hätten. Als der Abt von Schwarzach 1724 zum Neubau des Klosters ungemessene Fronen von seinen leibeigenen Untertanen forderte, holten diese aus ihrer Bürgerlade den Ortenauer Vertrag von 1525 hervor, der die Fronpflicht auf vier Tage im Jahr begrenzte. Das in der Berufung auf diesen Vertrag verborgene *heimliche Feuer*, das der Abt entdeckte, loderte auf, als die Schwarzacher die Bauern der hanau-lichtenbergischen Nachbardörfer agitierten, ebenfalls nicht mehr als vier Tage zu fronen, woraufhin diese, ihre Grava-

mina beim Grafen einreichten und mit Verweigerungen begannen.[42] Gleichfalls beriefen sich die stiftkemptischen Untertanen in ihrer Klage gegen die mit dem Klosterbau verbundenen Belastungen auf den als Bauernkriegsfolge geschlossenen Memminger Vertrag von 1526, dessen Gültigkeit von einer kaiserlichen Kommission bestätigt wurde.[43]

Andere Wirtschaftsauffassung

Die Grandiosität der Baupläne stand häufig in keinem Verhältnis zu den finanziellen Möglichkeiten der beherrschten Kleinstaaten. Der Konstanzer Fürstbischof Johann Franz Schenk v. Stauffenberg ließ 1710–12 den Neuen Bau in Meersburg errichten. Die aufwändige Hofhaltung überforderte die jährlichen Einnahmen des Hochstifts von 32.000 fl., so dass die Ausgestaltung des Neuen Baus zum Schloss unterblieb; es wurden die Regierungsbehörden und die Reitstallungen darin untergebracht, der Bischof residierte weiter im Alten Schloss. Stattdessen ließ er neben dem Neuen Bau 1730–34 das Priesterseminar bauen, dessen Kosten von 100.000 fl. durch Beiträge des Diözesanklerus aufgebracht wurden. Sein Nachfolger, Kardinal Damian Hugo Graf v. Schönborn, ließ im Schloss nach Plänen Balthasar Neumanns ein Treppenhaus bauen ließ. Die schlecht fundamentierte Treppe musste wieder abgerissen werden, so dass Schönborn resignierend notierte: *Es ist haldt heutiges Tags fast alles betrügerisch in der Weldt.*[44]

Das Hochstift Konstanz war seit Beginn des 17. Jhs. stark verschuldet. 1706 hatte sich der Schuldenstand auf 180.000 fl. belaufen, und besserte sich in der Bauzeit nicht. Seit fast einem halben Jahrhundert stand der Neue Bau größtenteils unvollendet, als er 1759–62 endlich zu Ende geführt und danach ausgestattet wurde. 77.000 fl. wurden bis zum Ende der Regierungszeit Franz Conradts v. Rodt 1775 noch einmal für das Bauwesen aufgewendet, die Schulden wuchsen auf 241.340 fl. an. Das Neue Schloss in Meersburg ist, verglichen mit anderen bischöflichen Residenzen (Würzburg, Bamberg, Aschaffenburg) eine bescheidene Anlage. Denn obwohl der Konstanzer Bistumssprengel zu den größten in Deutschland zählte, war die weltliche Macht des Hochstifts recht gering. Sartori meinte 1788 spöttisch: *Der Staat des Hochstifts Konstanz ist mehr imaginär als Realität. [...] Der Fürstbischof muß sich, wie der Großmeister von Maltha, mit seiner schönen Aussicht auf die weite See und seiner hierauf behaupteten Souveränität begnügen.*[45]

Baufinanzierung und neue Finanzstaatlichkeit

Derartiges rief Kritik in manchem Konvent hervor, der sich durch das eigenmächtige Gebaren seines Abts zurückgesetzt sah. Anfang des 18. Jhs. wurde in Salem beklagt, man habe zu viele Beamte und zu viele Jagdhunde, immer zu viele Gäste; an seinem Namenstag lade der Abt bis zu hundert Personen ein, dabei werde zu üppig gegessen und getrunken. 1761 stellte der Konvent ein Visitationsbegehren gegen Abt Anselm II., in dem er seine Reisen im Auftrag Maria Theresias nach Ungarn und für den Zisterzienserorden nach Frankreich als unnötig, zu kostspielig und unerlaubt bezeichnete und das Verschleudern der Klostergüter in Bauwerken und anderen *überflüssigen* Ausgaben rügte. Nur der Intervention der Kaiserin hatte es der von den Ordensvisitatoren abgesetzte Abt zu verdanken, dass er von einer päpstlichen Visitation wieder eingesetzt wurde.[46]

Dem Wirtschaftsdenken des Barock war der Begriff der Rentabilität unbekannt. Der Ruf einer höfischen Oper beruhte nicht auf der Höhe ihrer Einnahmen, sondern auf der ihrer Ausgaben.[47] Ein Budget als Gesamtübersicht und Voranschlag findet sich in den Archiven selten, auch wegen der Praxis der ausgabenorientierten Finanzwirtschaft: der Fürst setzte den Bedarf fest, der Finanzminister hatte das nötige Geld zu besorgen.[48]

Der Hintergrund dieses Finanzgebarens war ein Bruch mit der bisherigen Form der Staatsfinanzierung. Herkömmlich hatte der Herrscher – nach dem Grundsatz ›Der König soll von seinem Eigen leben‹ – von Domänen, Kammergut und Regalien die Kosten für Hof und Hofstaat aufgebracht. Dem hatte die Ökonomik der Hausväterliteratur entsprochen, die ihn ermahnte, sein Eigengut in gutem Stand zu halten, vernünftig zu wirtschaften und die Untertanen nicht auszubeuten. Diesem Denken folgte die Kritik der konventualen Oppositionen, die von der Sorge um den Bestand des Klosterguts als Grundlage der mo-

nastischen Existenz umgetrieben war. Die neue Wirtschaftstheorie der Kameralistik war auf das ganze Territorium bezogen. Herkömmlich waren Steuern und Kontributionen nur außerordentliche Einkünfte für außerordentliche Zwecke, vor allem Krieg, für deren Erhebung die Zustimmung der Stände erforderlich war. Das galt nun nicht mehr. Es wurde der Schritt vom Domänenstaat zum Steuerstaat getan.[49]

So markiert häufig der Barockbau oder der höfische Aufwand allgemein die neue Stufe der Finanzstaatlichkeit. Nicht zuletzt in der Finanzierung des Repräsentationsaufwandes wurde die Trennung von Eigengut und Land, von Hofkasse und Staatskasse durchbrochen. Hof und Staat wurden eins; der Fürst unterschied nicht mehr zwischen seinen und den Staatszwecken. Alle Ressourcen sollten zu seiner Verfügung stehen. Der staatliche Dualismus Fürst – Stände sollte aufgehoben sein, der Landesherr in unmittelbarer Beziehung zu allen Landesuntertanen stehen, von denen die Abgaben direkt erhoben wurden. Der höfische Aufwand brachte diesen neuen Machtanspruch zum Ausdruck.

Der Kritik entsprachen die Rechtfertigungen und vielleicht auch die Denkmuster der Bauherren. Der Weingartener Abt Placidus Renz wurde 1745 zur Resignation gezwungen, weil der Schuldenstand des Klosters auf mehr als 300.000 fl. gestiegen war; damals war mit Unterbrechungen 30 Jahre lang an Kloster und Kirche gebaut worden. Dennoch verkündete das Kloster in seinen Annalen den Bau ohne Schulden *(sine ullo debito contractu)* errichtet zu haben.[50] Sieht man die Herrschaftsetats im Südwesten durch, findet man überall Kreditgeschäfte, beides: Aufnahme und Vergabe von Krediten, auch während der Bauzeit, auch zunehmende Verschuldung in dieser Zeit, die aber anderen Zwecken zugeordnet war.[51] Die Baukosten waren nach dem Selbstverständnis der Bauherren aus den regulären Einkünften der Herrschaft aufzubringen.

Ausgabenorientierte Finanzwirtschaft

Graf Ludwig zu Hohenlohe-Langenburg ließ 1754–62 sein Residenzschloss Langenburg neu bauen. Den Baukosten von 21.540 fl. standen 20.590 fl. Schuldenaufnahme und 1.500 fl. Beitrag der Untertanen aus der

Kontributionskasse gegenüber. Außerdem waren 2.884 Fronfuhren für die Zu- und Abfuhr von Material veranschlagt. Interessant ist nun, dass der Graf die Schulden peu à peu bei seinen eigenen Untertanen in Beträgen zwischen 50 fl. und 1.200 fl. aufnahm. Zu den Schulden bei Bauende 1762 von 26.581 fl. kamen 5.000 fl. für die Hochzeit und Aussteuer seiner ältesten Tochter und 3.000 fl. für die prunkvolle Beerdigung des Grafen hinzu, so dass mit den aufgelaufenen Zinsen 1767 Schulden von 49.157 fl. anstanden, mehr als das Dreifache der jährlichen Gesamteinkünfte.[52]

Die Verschuldung brachte manche Barockherrschaften in Bedrängnis. Als in Weißenau 1724 die Wahl eines neuen Abtes anstand, entschied sich der Konvent für den erst 26-jährigen Antonius Unold, dessen Vater die waldburgische Papiermühle in Wolfegg betrieb. Denn Weißenau stöhnte unter der Schuldenlast, die infolge des Klosterneubaus entstanden war. Der Rückhalt des neuen Abts am Waldburger Grafenhaus bewirkte das Stillhalten der Gläubiger und eine erfolgreiche Umschuldung.[53]

Graf Anton III. v. Montfort-Tettnang ließ neben dem erst 1667 gebauten sog. Alten Schloss 1712–20 eine vierflügelige Schlossanlage errichten, die bedeutendste Adelsresidenz Oberschwabens. Er resignierte 1724, als die Verschuldung immer katastrophaler wurde.[54] 1753 brannte das Neue Schloss völlig aus. 1755 sprang Österreich mit einem Darlehen von 500.000 fl. ein. Der Wiederaufbau des Schlosses, die Ausstattung und die großzügige Hofhaltung trieben den Schuldenstand auf eine Höhe von über einer Million Gulden. 1769 gab Österreich noch einmal ein Darlehen von 100.000 fl. 1770 aber mussten die Arbeiten am Schloss eingestellt werden; das zweite Obergeschoss blieb unausgebaut. 1780 gingen die Reichsgrafschaft und die Herrschaften Tettnang, Argen und Schomburg an Österreich über. Beim Konkurs des gräflichen Vermögens büßte die Untertanenlandschaft 100.000 fl. Forderungen ein[55]; es hatten, wie es 1790 hieß, *die Landschaft und Private das Unglück mit verflochten zu werden, welcher so beträchtliche Verlust das schon erschöpfte Ländchen sehr entkräftet und den einzelnen Landmann und Bürger sehr arm zurückließ.*[56] Die Grafen hatten es verstanden, ihr Geld – wie Baron Münchhausen sich ausdrückte – *auf die adeligste Art von der Welt zu verjunkieren.*[57]

Das Bedürfnis nach äußerem Glanz und imponierender Pracht sowie die Nonchalance in finanziellen Dingen erscheinen als das Gegenteil rationaler Wirtschaftsgesinnung. Die feudale Herrenschicht stand der bürgerlich-geschäftlichen Sachlichkeit mit ablehnender Geringschätzung gegenüber und empfand sie als schmutzigen Geiz. Die Ausstattung mit Dingen, die nicht ›Nutzen‹ versprachen, sondern unnütz im Sinne von ›schön‹ waren, entsprang dem ständischen Prestigebedürfnis, das ein Machtinstrument zur Behauptung der Herrenstellung war.[58]

Exorbitante Verschuldung war nichts anderes als die Einführung einer permanenten Steuer durch die Hintertür. Denn nach Bauende oder, wenn wegen verschwenderischer Hofhaltung der Bankrott drohte, mussten die Stände, sprich: die Untertanen, die Schulden über Jahre und Jahrzehnte abtragen.

Bevor er sich in Schulden stürzte, versuchte der Barockherr zuerst seinen Etat auf ein Niveau zu bringen, das die Realisierung des Bauprojektes möglich machen sollte. Ein probater Weg war die Abwälzung von Reichs- und Kreisabgaben auf die Untertanen. 1743 bat die Salemer Landschaft, die Vertretung der Klosteruntertanen, die Juristenfakultät in Freiburg im Breisgau um ein Gutachten über verwickelte Steuerfragen. Eine Frage lautete: *Können Herrschaften, die keine souveränen Monarchen, sondern lediglich freie Reichsstände sind, zum Nachteil der Untertanen belastende Neuerungen einführen, da die Untertanen durch diese Auflagen zur Bezahlung der Reichs- und Kreisabgaben unfähig werden?*[59] Die Untertanen waren von den Kriegsabgaben des 17. Jhs. her, die die Herrschaft auf die Landschaft abgewälzt hatte, und durch die aufgelaufene Zinslast 1722 mit 520.000 fl. verschuldet. Den Untertanen Lasten aufzubürden, die die Abtei selbst zu tragen verpflichtet gewesen wäre, war auch in der Klosterverwaltung umstritten.[60]

Ein anderer Weg war die Einführung einer Schlossbausteuer. So wurde etwa das pfälzische Oberamt Bretten 1721 bis auf weiteres zur Zahlung eines jährlichen Betrages von 2.286 fl. als Schlossbaugeld für den Bau des Mannheimer Schlosses verpflichtet.[61] Der kritische Beobachter v. Loen nennt in seinen *Freyen Gedanken vom Hof* die neuen Lasten, die der Bauer infolge der höfischen Anforderungen zu tragen hatte: *Der Bauer wird wie das stumme Vieh in aller Unwis-*

senheit erzogen; er wird unaufhörlich mit Frondiensten, Boten-Laufen, Treib-Jagen, Schanzen-Graben, und dergleichen geängstiget. Des Nachts liegt er im Felde, und wird schier zu einem Wild, um das Wild zu scheuen, daß es nicht die Saat plündere. Was dem Wild-Zahn entrissen wird, nimmt hernach ein rauher Beamter auf Abtrag der noch rückständigen Schloß- und Steuer-Gelder weg.[62]

Derartige Lasten waren, da die Belastung der Untertanen auf Rechtstiteln beruhte, schriftlichen oder gewohnheitsrechtlichen, schwer zu rechtfertigen und nur sehr allgemein mit der Landeshoheit zu begründen. Aber der Absolutismus war in seinem Kern gerade dies[63]: nachdem die Bauern von der Umwandlung der grund- und leibherrlichen Abgaben in Geldbeträge den Vorteil, die Feudalherren aber den Nachteil gehabt hatten, schöpfte die absolutistische Herrschaft diese Gewinne wieder ab. Nach der Zusammenfassung vielgestaltiger Herrschaftsgründe unter der Landesherrschaft sollte Herrschaft absolutistisch in einem Glanz erstrahlen, wie sie noch nie gestrahlt hatte.

Baufronverpflichtung

Schließlich wurden die Untertanen zu Fronarbeiten beim Schloss- oder Klosterbau herangezogen. Jahrelang schafften die Schwarzwaldflößer das Holz für den Schlossbau in Ludwigsburg unentgeltlich herbei, jahrelang fronten die Bauern von der Alb für die Laune Herzogs Karl Eugen von Württemberg, aus dem alten Jagdschloss Grafeneck einen Lust- und Amüsierbau zu machen, in dem u. a. 600 italienische Opernsänger und Tänzer Platz hatten.[64] Die Baufron war eine den Zeitgenossen allgemein bekannte Tatsache. Ein Besucher am Hof Karl Eugens im Jahr 1760 berichtete: *Da die Subsidien Frankreichs für seinen großen Aufwand nicht ausreichten, bürdete er seinen Untertanen Frondienste auf, gegen die sie schließlich, als nichts anderes mehr half, einige Jahre später beim Reichskammergericht in Wetzlar Einspruch erhoben; dieses zwang ihn, das System zu ändern.*[65] Er spielt auf den eben geschlossenen Landesvergleich an.

Für die Fronleistung war in den mit den Baumeistern geschlossenen Werkverträgen eine Leerstelle gelassen. So versprach Kloster Wald im Akkord von 1721 alles *Bauholz, Bretter, Latten, undt alles was unter dem*

Holz begriffen, so dann alle Stein auß der Ziegelhütten, undt Steinbrüchen, undt in Summa anderer alle Baumaterialia, wie die immer Namen haben mögen, ohne der Baumeister ohne einigen Entgelt undt Kosten auf den Hoff anhero zu führen.[66] Tatsächlich überstiegen in den Baujahren 1721–28 die Fuhrfronen das übliche Maß um das Drei- bis Vierfache. Überdies waren die Abgaben seit dem Ende des 17. Jhs. bei jeder Neuverleihung gesteigert worden. Trotzdem musste sich das Kloster für den Bau verschulden.[67]

Aber leisteten nicht die Bauern zu kirchlichen Bauwerken die Fronen gerne? Um dies zu beurteilen, ist es unabdingbar, zunächst nach dem unterschiedlichen Rechtsgrund der Fronleistung zu differenzieren. Einmal muss unterschieden werden zwischen Diensten zu herrschaftlichen Kloster- und Kirchenbauten und jenen zu Dorfkirchen. Der letztere Gemeindedienst, auch Gemeinfron genannt, als Arbeitsleistung für gemeindliche Einrichtungen, an denen alle partizipierten, war wesensverschieden von der Fron für die Herrschaft. »In Gemeinfron erfüllte Baulast bestärkt die Gemeinde zugleich in der Vorstellung, daß sie Herrin der Kirche sei«.[68] Das lässt sich für den Klosterkirchenbau selbstverständlich nicht sagen.

Sodann kamen bei den Fuhrfronen gelegentlich sog. *Ehrenfahrten* vor, so beim Weingartener Klosterbau. Diese Ehrenfahrten wurden von Bewohnern der österreichischen Landvogtei und der Reichsstadt Ravensburg erbracht, die dem Abt nicht fronpflichtig waren. Für die anderen, für die diese Pflicht bestand, erreichte die Baufron zur Zeit des Kirchbaus »große Ausmaße«. In den Jahren 1715–19 erforderte allein der Ziegeltransport 37.000 Fuhren, Fuhren für Hausteine, Kalkstein und Holz noch nicht gerechnet.[69]

Ehrenfahrten scheinen meist von denjenigen erbracht worden zu sein, die dem Bauherrn zwar nicht fronpflichtig, ihm aber in anderer Form verpflichtet waren, so dass er von ihnen einen Beitrag zum Neubau des Herrschaftssitzes erwarten konnte. Sie waren daher nicht unbedingt ganz freiwillig. 1682 einigte sich die Untertanenschaft der Herrschaft Scheer und von Teilen der Grafschaft Friedberg mit dem Grafen v. Waldburg neben einer Reihe anderer Punkte auf die Einführung gemessener Fronen gegen eine Zahlung von 20.000 fl.; die Stadt Scheer erhielt die Fronfreiheit zugestanden, hatte aber die *Pflicht zu Ehrenfahrten.*[70]

Die Bürger- und Maierschaften der Stadt Meersburg und der Dörfer, Weiler und Höfe in ihrem Zwing und Bann hatten mit sog. *Ehrtagen*, angeblich freiwilligen, jedenfalls unentgeltlichen Hand- und Spanndiensten, zu den Baumaßnahmen des Konstanzer Bischofs beizutragen. Adolf Kastner hält den Ausdruck lediglich für eine euphemistische Umschreibung von Frondiensten. Sie wurden 1650 bei der Wiedererrichtung des zerstörten Dachstuhls auf dem Residenzschloss verrichtet, 1715 bei der Ausbesserung des Ergertenweihers, beim Neuen Bau ebenso wie beim Bau des Priesterseminars 1732. Der Meersburger Rat erbat 1650 einen Revers, dass *es künftig zu keiner Schuldigkeit möchte ausgedeutet werden*, sprach 1715 ebenfalls die Hoffnung aus, *daß es zu keiner Consequenz Anlaß geben werde* und verband 1732 mit diesem Vorbehalt die Bitte, dass *jeder Persohn des Tags 1 Trunkh und Brot hiezu gereichet werde*.[71]

In verschiedenen Fällen erhoben die Bauern Widerspruch gegen die Baufron; und zwar ohne dass ein Unterschied zwischen weltlichen und geistlichen Herrschaften erkennbar wäre. Die Untertanen des Klosters Schwarzach klagten, wie erwähnt, vor dem Reichskammergericht. Gegen den Frhn. v. Enzberg beschwerten sich die Gemeinden Nendingen, Buchheim und Irndorf 1729 bei dessen Lehensherrn, dem Bischof von Konstanz, dass sie zum Abbruch und Wiederaufbau des Schlosses in Mühlheim mit Frondiensten herangezogen werden sollten. Das 1733 am Konstanzer Lehenhof publizierte Urteil fiel für die Gemeinden überwiegend positiv aus. Enzberg appellierte an den Reichshofrat in Wien, ohne Erfolg. Dennoch leistete er dem Urteil keine Folge, so dass eine kaiserliche Kommission die Exekution vornehmen musste.[72] Diese Hartleibigkeit der Enzbergischen Herrschaft hatte zur Folge, dass die Gemeinden fortgesetzt und mit Erfolg vor dem Reichshofrat wegen Baufronen zur Mühle oder zu einem Gartenhaus in Mühlheim klagten. 1764 wandte sich Ludwig August v. Enzberg an das Reichskammergericht in Wetzlar, da er Nendinger Untertanen befohlen hatte acht *Stumpfen* Holz zum Neubau seiner Schlossscheuer herbeizufahren, diese sich geweigert, er einige von ihnen in Arrest gesetzt und sie dagegen *einen Aufruhr* gemacht hatten.[73]

Die Untertanen des Fürststifts Kempten übergaben im August 1666 einer kaiserlichen Kommission eine Beschwerdeschrift wegen der Belastungen, die ihnen durch den Aufwand des Fürstabts mit dem Neubau der Residenz, der Stiftskirche, einem Inselschlösschen, von Beamtenhäusern und anderen Gebäuden entstanden waren. Zu den Bauten mussten die Untertanen ungemessene Hand- und Spanndienste leisten oder Frondienstgelder bezahlen. Sodann hatte der Fürstabt seinen Anteil an den Reichssteuern abgewälzt und hohe Anlagen zur Bezahlung der Kriegsschulden ausgeschrieben, ohne dass sich der Schuldenstand verringerte.[74]

Die Bauern hatten durch alte Leute von dem Memminger Vertrag von 1526 gehört, der sich in einer Truhe in der Reichsstadt Kempten befinden sollte. Auf ihr Ersuchen ließ die Kommission die Truhe herbeischaffen und öffnen. Mit diesem Vertrag in Händen gab der Untertanenanwalt bei der Juristenfakultät der Universität Ingolstadt ein Rechtsgutachten in Auftrag, das die Rechtmäßigkeit ihrer Beschwerden bescheinigte. Die Untertanen-Landschaft erklärte ihre Bereitschaft, zur Vollendung des Stiftsbaus in den nächsten zwei oder drei Jahren einen leidlichen außerordentlichen Beitrag zu leisten, die Kriegsschulden zu übernehmen, wenn die Tilgung in ihre eigene Verantwortung gegeben würde, und beharrte in puncto der Reichssteuern und der übrigen Lasten auf der Einhaltung des Memminger Vertrages.

In diesem Sinne fiel der Rezess aus, den der Kaiser im März 1667 in Kempten verkünden ließ. Er bestätigte den Memminger Vertrag und regelte die verschiedenen Punkte entsprechend. Die Fronen wurden – bis zu einer endgültigen Entscheidung des Reichshofrats – auf vier Fuhr- bzw. sechs Handfrontage im Jahr gegen Fronessen und -futter, alternativ ein Frongeld von zwölf bzw. sechs kr. pro Tag beschränkt, zusätzlich Brennholzfronen zu den herrschaftlichen Gebäuden sowie Wildbretfuhren. 1680 wurden alle gemessenen und ungemessenen Fronen durch eine Zahlung von 9.000 fl. jährlich abgelöst, die die Untertanen, wie es ausdrücklich hieß, selbst dann nicht leisten mussten, wenn das Stift abbrennen oder in Ruin geraten würde.[75]

Einen erträglichen Beitrag zum Bau des Herrschaftssitzes zu leisten waren die Untertanen bereit, wie sie von Anfang an beteuerten. Geldverschwendung auf ihre Kosten lehnten sie ab. Hierin traf sich die bäuerliche mit der zunehmenden bürgerlichen Kritik. Beide hatten eine ganz andere Lebensauffassung als eine Gesellschaft, die sich der Verschwendung der in schwerer Tagesarbeit geschaffenen Werte hingab, die dabei die Nacht zum Tage machte.

Erst nach Sonnenuntergang versammelte sich die höfische Gesellschaft im Theater, zu Illuminationen, Mitternachtssouper, danach Tanz bis zum Morgen. Der Bürger auf der Gasse, der mit scheelen Augen zu den erleuchteten Fenstern hinaufschaute, eiferte gegen die Üppigkeit und Ausschweifung. Wenn in der Morgendämmerung die Karossen von Hofe heimkehrten, begegneten sie in den Gassen den Bürgern, die sich an ihre Arbeit begaben. Als in der Verfallszeit der höfischen

Epoche, dem Rokoko, von der hochbarocken Selbstdarstellung der Grandeur nur immer mehr gesteigerter Genuss und immer unabdinglicherer Zeitvertreib übrig blieben, hatte diese Gesellschaftsformation ihr historisches Recht verwirkt.[76]

»Ein letztes Mal stellt der bacchantische Zug sich her. Je weiter die Stunde vorrückt, desto heißer und hastiger wirbelt der Reigen, desto greller flackern die Lichter, desto lauter lärmen die Gäste, als lauerte im Dunkel schon die eisige Hand des Todes. Aber wenn im strahlenden Fest jäh die Türen auffliegen, ist es nur der Bürger, der hereintritt und die Fackel löscht, weil vor den Fenstern ein fahler Morgen erwacht ist.«

[1] *Hajo Holborn*, Deutsche Geschichte in der Neuzeit. Bd. 1. Frankfurt am Main 1981, 518.

[2] *Georg Peter Karn*, St. Blasien, Sakralbaukunst und kirchliche Aufklärung, in: Barock in Baden-Württemberg. Vom Ende des Dreißigjährigen Krieges bis zur Französischen Revolution (Ausstellung Schloss Bruchsal 1981). Bd. 2. Karlsruhe 1981, 157–166, 160.

[3] *Richard Hamann*, Geschichte der Kunst von der altchristlichen Zeit bis zur Gegenwart. Neue durchges. Aufl. Berlin 1932, 508.

[4] *Richard Alewyn*, Probleme und Gestalten. Essays. Frankfurt am Main 1982, 20.

[5] *Karn*, St. Blasien (wie Anm. 2), 159.

[6] *Holborn*, Neuzeit (wie Anm. 1), 467; *Hamann*, Kunst (wie Anm. 3), 517.

[7] *Karn*, St. Blasien (wie Anm. 2), 157.

[8] Die ästhetischen Beschreibungen folgen *Wilhelm Boeck*, Joseph Anton Feuchtmayer. Tübingen 1948, 49–51, 79, 91f., 108f.; *Ders.*, Der Bildhauer, Altarbauer und Stukkator Joseph Anton Feuchtmayer. Friedrichshafen 1981, 6, 9, 12 (Zitat); 21, 23, 27.

[9] *Monika Bachmayer/Peter-Hugo Martin*, Höre Nachwelt! Zur Kulturgeschichte der Barockmedaille im deutschen Südwesten, in: Barock in Baden-Württemberg. Bd. 2 (wie Anm. 2), 253–265, 253f.; Ebd. Bd. 1, 489, 534f.

[10] *Ewald M. Vetter*, Kunst und Politik: Zum Programm der Deckengemälde in der Vorhalle des Benediktinerklosters Zwiefalten, in: Barock in Baden-Württemberg. Bd. 2 (wie Anm. 2), 58–72, 61f.

[11] *Raimund J. Weber*, Reichspolitik und reichsgerichtliche Exekution. Vom Markgrafenkrieg (1552–1554) bis zum Lütticher Fall (1789/90). Wetzlar 2000, 31–33.

[12] *Johann Jacob Moser*, Zusäze. Bd. 3. 2 (Neues teutsches Staatsrecht). Frankfurt/Leipzig 1782, ND Osnabrück 1968, 996 u. 999.

[13] *Hartmut Zückert*, Die sozialen Grundlagen der Barockkultur in Süddeutschland. Stuttgart/New York 1988, 8–63.

[14] *Reinhard Schneider*, Die Geschichte Salems, in: Ders. (Hg.), Salem. 850 Jahre Reichsabtei und Schloß. Konstanz 1984, 11–153, 63; *Boeck*, Feuchtmayer (wie Anm. 8), 68.

[15] *Richard Alewyn*, Das große Welttheater. Die Epoche der höfischen Feste. ND der 2., erweit. Aufl. München 1989, 51.

[16] *Marian Gloning*, Stephan I. Jung. Abt des Reichsstiftes Salem (1698–1725), in: FDA 33 (1905), 77–124, 92; *Hermann Baier*, Des Klosters Salem Bevölkerungsbewegung, Finanz-, Steuerwesen und Volkswirtschaft seit dem 15. Jh., in: Ebd. 62 (1934), 57–130, 127; *Her-

mann Ginter*, Beiträge zur Salemer Kunstgeschichte des Barock. Der Bau des Klosters und der Stephansfelder Kapelle durch Franz Beer, in: Ebd., 215–263, 227f., 232.

[17] *Albert Knoepfli*, Salems klösterliche Kunst, in: *Schneider*, Salem (wie Anm. 14), 192–294, 270–273; *Doris Ast*, Die Bauten des Stifts Salem im 17. und 18. Jh. Tradition und Neuerung in der Kunst einer Zisterzienserabtei. Phil. Diss. München 1977, 50, 56.

[18] *Ginter*, Beiträge (wie Anm. 16), 256ff.; *Schneider*, Geschichte (wie Anm. 14), 75; *Ast*, Salem (wie Anm. 17), 7, 54.

[19] *P. Johann Nepomuk Hauntinger*, Süddeutsche Klöster vor hundert Jahren. Reisetagebuch. Köln 1889, 74f.

[20] *Klaus Schreiner*, Mönchtum im Zeitalter des Barock – Der Beitrag der Klöster zur Kultur und Zivilisation Südwestdeutschlands im 17. und 18. Jh., in: Barock in Baden-Württemberg. Bd. 2 (wie Anm. 2), 343–363, 345. Zitat nach *Franz Quarthal*, Unterm Krummstab ist's gut leben. Prälaten, Mönche und Bauern im Zeitalter des Barock, in: *Peter Blickle* (Hg.), Politische Kultur in Oberschwaben. Tübingen 1993, 269–286, 277.

[21] *Wolfgang Reinhard*, Geschichte der Staatsgewalt. Eine vergleichende Verfassungsgeschichte Europas von den Anfängen bis zur Gegenwart. München 1999, 80, 96, 217; *Rainer A. Müller*, Der Fürstenhof in der frühen Neuzeit. München 1995, 88f.

[22] So der von Gerhard Sälter geäußerte Gedanke während der Diskussion der Essener Frühneuzeittagung 1999 zum Beitrag von *Hartmut Zückert*, Barockbau-Erfahrungen von Bauherren und Untertanen, in: *Paul Münch* (Hg.), »Erfahrung« als Kategorie der Frühneuzeitgeschichte. München 2001, 451–469.

[23] *Müller*, Fürstenhof (wie Anm. 21), 40, 72.

[24] *Karl-S. Kramer*, Grundriß einer rechtlichen Volkskunde. Göttingen 1974, 108.

[25] *Hermann Bausinger*, Volkskunde. Von der Altertumsforschung zur Kulturanalyse. Darmstadt 1987, 185f., 192.

[26] *Alewyn*, Welttheater (wie Anm. 15), 31.

[27] *Jörg Jochen Berns*, »Dies Bildnis ist bezaubernd schön«. Magie und Realistik höfischer Porträtkunst in der Frühen Neuzeit, in: *Jutta Held* (Hg.), Kultur zwischen Bürgertum und Volk. Berlin 1983, 44–65, 55.

[28] *Michael Stürmer*, Schreinerzunft und Hofhandwerk – Varianten der Handwerkskultur im 18. Jh., in: Barock in Baden-Württemberg. Bd. 2 (wie Anm. 2), 267–276, 271.

[29] *Gerd Wunder*, Die Gesellschaft der Barockzeit in der Reichsstadt Hall, in: Barock in Baden-Württemberg 2 (wie Anm. 2), 471–481, 479.

[30] *Alewyn*, Welttheater (wie Anm. 15), 28.

[31] *Hamann*, Kunst (wie Anm. 3), 530f., 659; *Holborn*, Neuzeit (wie Anm. 1), 466.

[32] *Schreiner*, Mönchtum (wie Anm. 20), 346.

[33] *Hamann*, Kunst (wie Anm. 3), 692, 697.

[34] *Boeck*, Feuchtmayer (wie Anm. 8), 190, 251f., 259; *Ders.*, Bildhauer (wie Anm. 8), 16.

[35] *Hamann*, Kunst (wie Anm. 3), 701.

[36] *Christoph Daxelmüller*, Volksfrömmigkeit, in: *Rolf W. Brednich* (Hg.), Grundriß der Volkskunde. Einführung in die Forschungsfelder der Europäischen Ethnologie. Berlin 1988, 329–351, 337, 340.

[37] *Schreiner*, Mönchtum (wie Anm. 20), 333, 351. Zur populären Glaubenspraxis z. B. im Katalog *Wolfgang Jahn u. a.* (Hg.), Bürgerfleiß und Fürstenglanz. Reichsstadt und Fürstabtei Kempten (Ausstellung Kempten 1998). Augsburg 1998, 199–230.

[38] Ebd., 218; *Schreiner*, Mönchtum (wie Anm. 20), 352f.

[39] *Herman Ginter*, Birnau am Bodensee. Augsburg 1928, 14; *Benvenut Stengele*, Linzgovia Sacra. Beiträge zur Geschichte der ehemaligen Klöster und Wallfahrtsorte des jetzigen Landkapitels Linzgau. Überlingen 1887, 175–182; *Ast*, Salem (wie Anm. 17), 8.

[40] *Schreiner*, Mönchtum (wie Anm. 20), 344.

[41] *Vetter*, Zwiefalten (wie Anm. 10), 58–62.

[42] *Andreas Würgler*, Unruhen und Öffentlichkeit. Städtische und ländliche Protestbewegungen im 18. Jh. Tübingen 1995, 92–99, 196; *Zückert*, Barockkultur (wie Anm. 13), 25, 27, 32.

[43] S. unten Anm. 74.

[44] *Eberhard Achtermann*, Das Hofleben. Ein Beitrag zur Geschichte des fürstbischöflichen Hofes in Meersburg, in: *Elmar L. Kuhn/Eva Moser/Rudolf Reinhardt/Petra Sachs* (Hg.), Die Bischöfe von Konstanz. Bd. 1. Friedrichshafen 1988, 209–226, 209; *Adolf Kastner*, Das neue Schloß in Meersburg. Mit Beiträgen zur Baugeschichte der Meersburger Oberstadt. in: SVG Bodensee 73 (1955), 29–97, 45, 53; *Joachim Hotz*, Balthasar Neumanns Anteil am Neuen Schloß in Meersburg, in: Jb. der Staatlichen Kunstsammlungen in Baden-Württemberg 1 (1964), 199–216, Anm. 206.

[45] *Ders.*, Das Neue Schloß in Meersburg in der zweiten Hälfte des 18. Jhs., in: Ebd. 2 (1965), 211–248, 211, 219, 224; *Rudolf Reinhardt*, Johann Franz Schenk von Stauffenberg, in: *Kuhn*, Bischöfe von Konstanz (wie Anm. 44). Bd. 1, 404–407, 404; *Ders.*, Die Bischöfe von Konstanz, in: Ebd., Bd. 2, 7–10, 9f.; *Marlene Fleischhauer*, Das geistliche Fürstentum Konstanz beim Übergang an Baden. Heidelberg 1934, 17, 63 (Zitat).

[46] *Baier*, Bevölkerungsbewegung (wie Anm. 16), 129; *Ast*, Salem (wie Anm. 17), 24; *Armgard von Reden-Dohna*, Zwischen Österreichischen Vorlanden und Reich: die Schwäbischen Reichsprälaten, in: *Hans Maier/Volker Press* (Hg.), Vorderösterreich in der frühen Neuzeit. Sigmaringen 1989, 75–91, 88.

[47] *Alewyn*, Probleme (wie Anm. 4), 18.

[48] *Reinhard*, Staatsgewalt (wie Anm. 21), 157.

[49] *Michael Stolleis*, Geschichte des öffentlichen Rechts in Deutschland. Bd. 1. München 1988, 341; *Hans Maier*, Die ältere deutsche Verwaltungslehre (Polizeiwissenschaft). Ein Beitrag zur Geschichte der politischen Wissenschaft in Deutschland. Neuwied 1966, 211; *Reinhard*, Staatsgewalt (wie Anm. 21), 157f., 310, 334.

[50] *Peter Scherer*, Reichsstift und Gotteshaus Weingarten im 18. Jh. Ein Beitrag zur Wirtschaftsgeschichte der südwestdeutschen Grundherrschaft. Stuttgart 1969, 2f., 47, 68, 70f.

[51] *Zückert*, Barockkultur (wie Anm. 13), 280f.

[52] *Gerhard Taddey*, Barockbau im Kleinterritorium. Planung, Durchführung, Finanzierung, in: Barock in Baden-Württemberg. Bd. 2 (wie Anm. 2), 149–155.

[53] *Armgard von Reden-Dohna*, Reichsstandschaft und Klosterherrschaft. Die schwäbischen Reichsprälaten im Zeitalter des Barock. Wiesbaden 1982, 32.

[54] *Klaus Merten*, Das Neue Schloß in Tettnang. München o. J., 6.

[55] Barockbauten in der Obhut des Landes, hg. vom *Finanzministerium Baden-Württemberg*. Karlsruhe 1981, 76; zur Schuldengeschichte *Eberhard Gönner*, Die Grafschaft Tettnang. In: *Friedrich Metz* (Hg.), Vorderösterreich. Eine geschichtliche Landeskunde. Freiburg 2. Aufl. 1967, 647–650. Zur Landschaft Tettnang vgl. 557–562.

[56] *Elmar L. Kuhn*, Himmelreich, Gesellschaft, Barock: inszeniert. Das Barockzeitalter am See, in: Barock. Kultur und Geschichte. Friedrichshafen 1982, 18–86, 37.

[57] *Gottfried August Bürger*, Wunderbare Reisen zu Wasser und zu Lande, Feldzüge und lustige Abenteuer des Freiherrn von Münchhausen, wie er dieselben bei der Flasche im Zirkel seiner Freunde selbst zu erzählen pflegt (1786). Frankfurt a. M. 1976, 14.

[58] *Max Weber*, Wirtschaft und Gesellschaft. Grundriss der verstehenden Soziologie. 5., rev. Aufl., besorgt von *Johannes Winkelmann*. Studienausgabe. Tübingen 1980, 651.

[59] *Clausdieter Schott*, Rat und Spruch der Juristenfakultät Freiburg i. Br. Freiburg 1965, 245, Nr. 263.

[60] *Baier*, Bevölkerungsbewegung (wie Anm. 16), 67, 71f., 75. Laut *Gloning*, Stephan (wie Anm. 16), 83, betrugen 1685 die Schulden der ganzen Herrschaft Salem 561.874 fl.

[61] Barock in Baden-Württemberg 1 (wie Anm. 2), 669.

[62] Zit. nach *Walter H. Bruford*, Die gesellschaftlichen Grundlagen der Goethezeit. 1975, 119.

[63] So *Perry Anderson*, Lineages of the Absolutist State; zit. nach *Heiner Haan*, Prosperität und Dreißigjähriger Krieg, in: GG 7 (1981), 91–118, 107.

[64] Vgl. *Angelika Bischoff-Luithlen*, Barock im altwürttembergischen Dorf?, in: Barock in Baden-Württemberg. Bd. 2 (wie Anm. 2), 417–425, 417f.

[65] *Giacomo Casanova* (Chevalier de Seingalt), Geschichte meines Lebens (erstmals nach der Urfassung ins Deutsche übersetzt von *Heinz v. Sauter*). Bd. 6. Berlin 1965, 78.

[66] *Carl Baur*, Der Klosterneubau in Wald zu Anfang des 18. Jhs., in: Hohenzollerische Jahreshefte 4 (1937), 175–194, 182.

[67] *Maren Rehfus*, Das Zisterzienserinnenkloster Wald. Grundherrschaft, Gerichtsherrschaft, Verwaltung. Sigmaringen 1971, 140, 184, 198–204.

[68] *Karl Siegfried Bader*, Dorfgenossenschaft und Dorfgemeinde. Studien zur Rechtsgeschichte des mittelalterlichen Dorfes. Bd. 2. Weimar 1962, 212.

[69] *Scherer*, Weingarten (wie Anm. 51), 27 und 69; Auszug aus dem Verzeichnis der Holz- und Ziegelfuhren von 1716 bei *Gebhard Spahr*, Die Basilika Weingarten. Ein Barockjuwel in Oberschwaben. Sigmaringen 1974, 185.

[70] *Martin Zürn*, »Ir aigen libertet«. Waldburg, Habsburg und der bäuerliche Widerstand an der oberen Donau 1590–1790. Tübingen 1998, 350, 352.

[71] *Kastner*, Meersburg (wie Anm. 44), 36 mit Anm. 19 u. 53f.

[72] *Zückert*, Barockkultur (wie Anm. 13), 74–78, 90–96, 109–115.

[73] *Johann Ulrich Freiherr von Cramer*, Wetzlarische Nebenstunden. Teil 7. Ulm 1768, 24–32.

[74] Paraphrase der Untertanenbeschwerden bei *Joh. Bapt. Haggenmüller*, Geschichte der Stadt und der gefürsteten Grafschaft Kempten. Bd. 2. Kempten 1847, 213–215; vgl. *Zückert*, Barockkultur (wie Anm. 13), 88, 107 f.

[75] *Haggenmüller*, Kempten (wie Anm. 75), 215–224, 232f.

[76] *Alewyn*, Welttheater (wie Anm. 15), 15–17, 38f.; das folgende Zitat Ebd., 17.

Kirchenarchitektur im Wandel

Von den Vorarlbergern zu Pierre Michel d'Ixnard

von Markus Würmseher

Es mag auf den ersten Blick als sehr weit gesteckter Rahmen erscheinen, die Betrachtung der präsäkularen Architektur mit den Vorarlberger Baumeistern einzuleiten – die ersten Einträge ihres Zunftbuches reichen bis 1651 zurück. Eine die Kulturlandschaft Süddeutschlands so eindringlich verändernde Situation wie die durch den Reichsdeputationshauptschluss bedingte erforderte eine zeitlich langfristige Vorbereitungsphase, deren Wurzeln teils bis zur Gegenreformation reichen. Ihre architektonische Reflexion, das sakrale Bauwesen, manifestierte sich im Gebiet des heutigen Baden-Württemberg in der starken Präsenz kirchlicher Architektur. Vor allem der Benediktinerorden[1] bediente sich dabei gern der Mitglieder der Auer Zunft. Der vorliegende Aufsatz wird eine Entwicklungslinie von richtungsweisenden Bauten des betrachteten geographischen Gebiets darlegen, um den Einfluss der Vorarlberger auf die europäische Barockarchitektur sowie den dokumentativen Charakter ihres Werks darzustellen. Parallel zu ihrer reifen Phase werden dann Tendenzen aufgezeigt werden, die die Einleitung des beginnenden Klassizismus beschreiben.

Die Entwicklung des barocken Kirchenbaues in Südwestdeutschland

Wer waren die Vorarlberger[2]?

Der Begriff bezeichnet untereinander verwandtschaftlich verbundene, bauberuflich tätige Familien, die aus einem eng begrenzten Gebiet um Au im Bregenzer Wald stammen. Ihr Aktionsgebiet umfasste dabei grö-ßere Teile der Schweiz, des Elsaß, Oberfrankens sowie das südliche Bayern, Schwaben und Baden.[3] Schwaben war, anders als Bayern, staatlich zersplittert; das begünstigte den interterritorialen Austausch und das Entstehen exterritorialer Hauptwerke. Mit Michael Beer (ca. 1605–1655) behauptete sich erstmals ein Auer Meister gegenüber den Graubündnern, die die Bauszene nach dem Dreißigjährigen Krieg kontrollierten. Das Gesamtwerk, dessen Eckdaten mit der Erbauung von St. Lorenz, Kempten (1651–53) und den Bauten Johann Michael Beers (1700–1767) sowie Peter Thumbs (1681–1766) umrissen ist, kann als Abfolge dreier Generationen eingeteilt werden. Mit dem am umfassendsten tätigen Franz Beer v. Blaichten (1660–1726) erreichte die Vorarlberger Architektur europäische Bedeutung. Seine Erhebung in den Adelsstand 1722 dokumentiert auch die nun mögliche soziale Nobilitierung der aus dem Handwerk stammenden Meister. Zwar experimentierten Hauptmeister wie Franz Beer und der Benediktinermönch Caspar Moosbrugger mit Zentralbauentwürfen an einem europäisch wirksamen Problem, das weitreichendste Verdienst der Vorarlberger bleibt jedoch die Weiterentwicklung des ursprünglich spätgotischen Wandpfeilersystems. Als bedeutsam erwies sich hier das Vorbild der oberdeutschen Jesuitenkirchen, deren süddeutscher Gründungsbau, St. Michael in München (1583–97), in der Studienkirche von Dillingen/Donau, und St. Ursen, Solothurn, ein im folgenden *Schema* genanntes Grundrisssystem intendierte: Auf das von Seitenkapellen begleitete und emporenflankierte Langhaus folgt ein queroblonges Vierungsjoch, das von im Außenbau nur wenig ausladenden Querhausarmen begleitet wird. Ostseits schließen eingezogene Chorpfeiler an, die in Emporenhöhe als Freipfeiler ausgeprägt sind. Die gängige Bezeichnung *Vorarlberger Münsterschema*[4] zitiert zwar einen Topos der Barockbauweise, ist aber ungenau und versperrt den Blick auf die Bandbreite im Oeuvre der Auer Werkleute, das sich nicht in der eindimensionalen Rissgestaltung erschöpft. Stets um Zurückhaltung auch in der Ausführung des Außenbaus bemüht, verloren sie zunehmend an Einfluss gegenüber den neu konkurrierenden bayerischen Meistern wie Dominikus Zimmermann und Johann Michael Fischer, die mit der Hinwendung zu Dynamisierung und Plastizität in der barocken Spätphase sicherer umgingen und bald bedeutende Aufträge für sich sichern konnten.

Das Schema wird auf dem Gebiet des heutigen Baden-Württemberg zum ersten Mal mit der Wallfahrtskirche auf dem *Schönenberg bei Ellwangen* (erbaut 1682–85, Innenraum bis 1695) angewendet. Den Entwurf lieferte Michael Thumb, die Ausführung oblag seinem Bruder Christian sowie (ab 1683) teilweise dem Jesuitenpater Heinrich Mayer.[5] Bereits früher hatte Thumb am Landshuter Jesuitenkolleg gearbeitet, von dem er – ähnlich wie Mayer von der Solothurner Jesuitenkirche – das St. Michael (München) verwandte Motiv der um eine Attika (niedriges Oberschoß) erhöhten Gewölbetonne hierher übertrug. Die Vorbildfunktion Solothurns nahm auch auf die Grundrissgestaltung Einfluss: Auf die nach dem Eingangsjoch folgenden drei Joche des Langhauses schließt sich ein

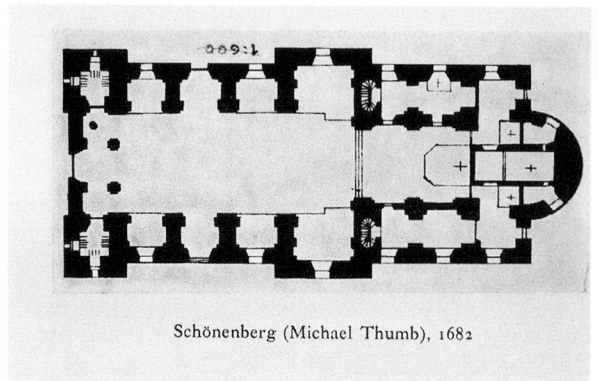

Schönenberg (Michael Thumb), 1682

Schönenberg/Ellwangen
Grundriss der Wallfahrtskirche.

viertes Joch an, das verbreitet und im Außenbau deutlich durch eigene Giebel erkennbar ist. Im Innern wird die Vierung wegen der langgezogenen Gewölbetonne nicht weiter betont, sie liegt aber in der Mitte des Baus, da der Chor, insgesamt drei Joche lang, in eine halbrunde Apsis einmündet. Thumb gelang es, die Länge des gesamten Raumes auf die im Chor integrierte Loretokapelle (vor die dann der 1711–13 entworfene Hochaltar trat) auszurichten: Die Arkaden der Seitenkapellen, deren Wandpfeilerstirnmauern durch flache Doppelpilaster (flacher Wandpfeiler) gegliedert werden, leiten den Blick des Hereintretenden zum eingezogenen Chorhaus; die Abseitenflächen bleiben weitgehend geschlossen, so dass das Hauptereignis auf der Ostseite bühnenbildartig vorbereitet wird. Dieselbe Bewegungslinie verläuft im Geschoss der Emporen, die um den ganzen Raum herum – auch an den Querhausarmen und im Chor – geführt werden. Die zweigeschossige Durchfensterung der Langhausseiten gewährt großzügigen Lichteinfall, so dass die begrenzenden Wandzungen als »Lichtreflektoren«[6] wirksam werden. So paradigmatisch die Behandlung der Innenarchitektur für das nachfolgende Werk der Vorarlberger Bauleute sein sollte, so sehr vertritt es bereits ihr Bemühen um eine zurückhaltende Gestaltung des Äußeren. Zwar wird der Bestimmung Schönenbergs als Wallfahrtkirche durch die zur Hangkante gerichtete Doppelturmfassade Genüge getan, die durch die Exposition der Lage sich bietenden Möglichkeiten erscheinen aber nicht voll ausgenützt: Das Gliederungssystem des Langhauses, in Kolossalordnung verwendete Pilaster, erfasste zunächst nur die Turmschäfte. Erst später, als Franz Beer hier Veränderungen vornahm, wurde es auch auf die Fassade übertragen.

Noch während die Bauarbeiten auf dem Schönenberg andauerten, erhielt Michael Thumb 1685 den Auftrag zum Bau der *Prämonstratenserklosterkirche St. Peter und Paul in Obermarchtal* (Weihe 1701).[7] Die im Grundriss erkennbare Verwandtschaft zu Schönenberg zeigt noch einmal eine Reinheit, wie sie in der Zukunft nie mehr erreicht wurde. Die Attikazone ist hier, vorbildlich für spätere Bauten, weggelassen. Der zum Durchschreiten angelegte Axialcharakter des Ellwanger Vorgängerraums ist durch orthogonal dazu gestellte Elemente in seiner Wirkung eingeschränkt:

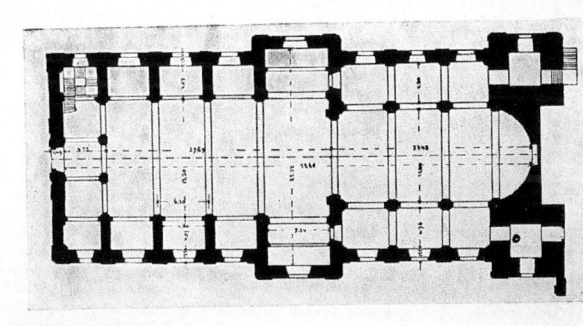

Obermarchtal (Michael Thumb), 1686

Obermarchtal
Grundriss der Klosterkirche.

Die Altäre der Seitennischen stehen an den Kapellen-flanken und nicht an den Langhauswänden. Die flä-chenhaft aufgebaute Innenraumgestaltung der frühen Phase ist zunehmender Körperhaftigkeit gewichen oder, wie Max Hauttmann sagt, sie ist zum »plastisch durchgekneteten Raum«[8] geworden. Die Trennung von Chor und Laienraum wird nicht nur durch ein Gitter verdeutlicht, sondern durch das Crescendo der Deckenstuckornamente von Johann Schmuzer aus Wessobrunn an der Decke in Richtung des Altarraums.

Baden-Württemberg ist ein Land vielfältiger Kultur-bereiche. Im Grenzbereich zu Franken wurden auch Einflüsse der dort vorherrschend tätigen Baumeister-familien aufgenommen. Der Bamberger Johann Leon-hard Dientzenhofer, entwerfender Meister der heute

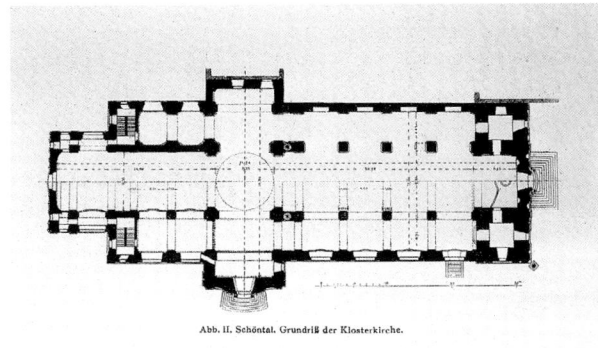

Abb. II. Schöntal. Grundriß der Klosterkirche.

Schöntal
Grundriss der Klosterkirche.

im Badischen gelegenen Wallfahrtskirche Walldürn, einer auf dem Basilikaltypus aufbauenden Wandpfei-lerkirche, plante für den Zisterzienserorden seit 1707 die Klosterkirche *Schöntal an der Jagst*.[9] Ihre Grund-steinlegung (1708) erfolgte erst nach Dientzenhofers Tod (1707). Von den verschiedenen danach tätigen Architekten veränderte allein Balthasar Neumann den Originalentwurf nachhaltig – vermutlich im Chor und beim Ersatz der steinernen Kuppel durch eine hölzerne (1717–27). In die Planungen Dientzenhofers floss als tragendes Element der Grundriss des noch auf dem romanischen Entwurf basierenden Vorgän-gerbaus mit ein, aus dem dann eine Freipfeilerkirche entwickelt wurde, ähnlich der kurz zuvor vom Vor-arlberger Joseph Greissing im nahen Großkomburg[10] seit 1706 projektierten Benediktinerkirche. Nach dem Langhaus wird der Bau, wie in der romanischen Basi-lika, von einem Querhaus durchtrennt. Die quadrati-sche Vierung orientiert sich eher noch am »Gebunde-nen System« als am Vorarlberger Schema. An den Chorflankenwänden zieht sich eine Empore hin, die ursprünglich vielleicht auch auf der platt schließenden Chorostwand die Seiten verband. Im Kontrast dazu fehlen die Emporen im Langhaus. Der Raum ist aus-gesprochen vertikal ausgeprägt. Der Blick wird über die Pfeiler, die mit Grotesken-Ornamenten im Régence-Stil (ca. 1715–23) und Kartuschen in aufgesetzten Fel-dern verziert sind, in die Gewölbezone herauf gezogen; dort erhält er die Ausrichtung nach Osten: über die querelliptischen Kuppeln des Mittelschiffs zur Vie-rung, die von Dientzenhofer mit laternenbekrönter Halbkuppel auf hohem Tambour (trommelförmiger Unterbau einer Kuppel) entworfen wurde. Schöntal ging somit eine Synthese ein zwischen dem längsdo-minanten und dem Zentralbau, ähnlich wie Weingar-ten oder Ehingen, jedoch mit starker Reminiszenz an den spätmittelalterlichen Freipfeilerraum. In der Aus-stattung schon ganz Ende des ersten Jahrhundertdrit-tels, zeugt die tektonische Struktur davon, dass selbst die stärker dynamisch orientierten Dientzenhofer sich vor dieselben Themen gestellt sahen wie die Vor-arlberger.

Die vom Stift Zwiefalten 1712–16 in Auftrag gegebe-ne *Konvikts- und Gymnasiumskirche zum Heiligsten Herzen Jesu in Ehingen/Donau* bereichert nicht nur

165

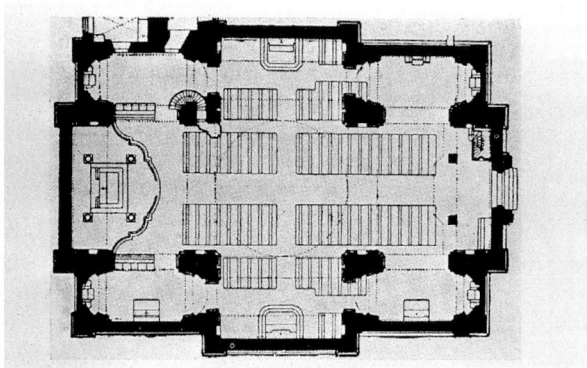

Ehingen
Grundriss der Konviktskirche.

das Entwurfsprogramm ihres Architekten Franz Beer[11] erheblich, sie steht als auf griechischem Kreuz errichteter Zentralbau weit außerhalb des in Südwestdeutschland dominierenden Longitudinalsystems (Längsbau), wie die später und in höherer qualitativer Rangstufe erbaute Wallfahrtskirche Steinhausen. Diese hier seltene Form erinnert an die Salzburger Kollegienkirche Johann Bernhard Fischers v. Erlach (erbaut 1696–1707), die für die mitteleuropäische Architektur beispielhaft wurde und auf Franz Beer in seinen Weingartener Planungen einwirkte. Während es dort aber Fassade und Kuppel waren, die den Bezauer Meister zur Tat anregten, ist im eher einfachen Aufriss Ehingens davon nur wenig Einfluss zu spüren: Beer setzte hier die Flachkuppel über dem Zentrum ein, wie in Weissenau. Die verkürzten Seitenarme schließen, jeweils unter einem Tonnengewölbe, daran an und bekräftigen die Zentralausrichtung.

Mit der *Benediktinerklosterkirche Weingarten*[12] (1715–24) erreicht die schwäbische Architektur ihre qualitativ höchste Stufe.[13] Das Schema wurde von Franz Beer nach seinen vorhergehenden Bauten nun wesentlich verändert, wovon die Tambourkuppel, einzigartig im schwäbischen Raum, nur augenfälligstes Merkmal ist. Abt Sebastian Hyller (1667–1730) verfolgte das Ziel, einen Kirchenbau zu errichten, der in seinen Ausmaßen alle anderen in Süddeutschland übertreffen sollte (und tatsächlich erreicht ihn nur die Ottobeurener Stiftskirche mit 117 m Länge). Der erhaltene Plan der Gesamtanlage blieb unausgeführt[14]: er

blieb, wie andere Großprojekte (Göttweig, Klosterneuburg oder Ochsenhausen) auch, nur Torso. Nachdem Beer den Bau 1716, nur Monate nach der Grundsteinlegung, verlassen hatte (1716), wurde er von dem 76-jährigen Christian Thumb ersetzt.[15] Später veränderte der Tessiner Donato Giuseppe Frisoni das noch unfertige Großprojekt; als verantwortlich für den Entwurf ist jedoch Beer anzusehen.[16] Das Schema wird hier zum ersten Mal in einen neuen Gesamtzusammenhang integriert: Das geschieht durch eine quer zur Hauptachse gerichtete Aufweitung des Raumes sowie durch eine Verknüpfung mit stark zentralisierenden Elementen. Die traditionelle Ausrichtung als Longitudinalbau wird nun dergestalt abgeändert, dass statt der Gewölbetonne über dem Langhaus eine Abfolge von Flachkuppeln, eingespannt zwischen Quergurte und den auxiliaren Tonnen der Seitenkapellen, zum Einsatz kommt. Die anschließende Tambourkuppel markiert nicht allein das Zentrum der Achse, sie verstärkt deutlich die bereits von den Kapellenfenstern eingeleitete und unterstützte Veränderung der Lichtführung. Die Brüstungen setzen hinter den Pfeilern an und bewegen sich in konkavem Zuschnitt gegen die Außenmauern zu. Die Pfeiler lösen sich so zunehmend von ihrer Einbindung in die Wandzungen und werden im Sinne des Freipfeilers an drei Seiten von Pilastern gerahmt. Derart vorbereitet interpretierten die Meister der Innengestaltung, der Wessobrunner Stukkator Franz Schmuzer und der Münchner Hofmaler Cosmas Damian Asam, den leicht wirkenden tektonischen Charakter in heiterer Weise, jedoch immer unter Wahrung der vorgegebenen Strukturen. Anders als in vorangegangenen Werken ist der Außenbau besonders expressiv angelegt. Einen Anstoß zur hier einzigartigen Kuppel[17], die hochbarocke römische Tradition reflektiert, mag das Vorbild Salzburgs, Sitz der Benediktineruniversität und um 1700 Erbauungsort mehrerer Kuppelkirchen, gegeben haben. Charakteristisch sind weiter die konvexen Ausbuchtungen[18] in Apsis und Querhaus, vor allem aber die fünfachsige, dreigeschossige und auf einer Anhöhe gelegene Westfassade aus Haustein. Deutlich wird an das Beispiel der Salzburger Kollegienkirche Fischer v. Erlachs erinnert; die Umsetzung in Weingarten ist jedoch nicht Epigone, sondern angesichts ihrer ausgewogenen Gestaltung sowie der maß-

Weingarten
Konvexe Westfassade der Kloster- und Wallfahrtskirche St. Martin und Oswald in Naturstein. Das Frontispiz wird gekrönt von einer feuer-vergoldeten Nachbildung des Heilig-Blut-Reliquiars.
Foto Stadt Weingarten.

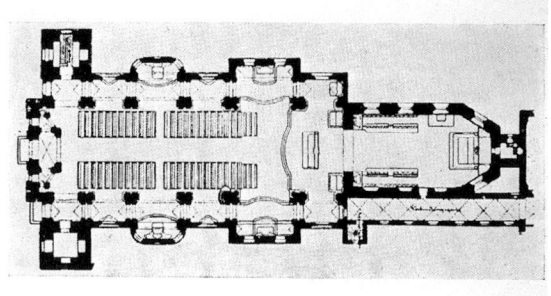

Weißenau (Franz Beer), 1717

Weissenau
Grundriss der Klosterkirche.

vollen Umsetzung im Gesamtprojekt eine Bereicherung im Oeuvre Beers, das sich hier als auf der Höhe der Zeit begriffen zeigt.

Nach der Erfahrung in Weingarten gelang Beer bereits 1717 mit der Planung von *St. Peter und Paul zu Weißenau*[19] (Weihe: 1724) im Auftrag der Prämonstratenser ein weiterer Höhepunkt. Das Langhaus gliedert sich in vier Joche, die in alternierender Abfolge zweier unterschiedlicher Jochtiefen verkettet sind. Kapellenartige Ausbuchtungen in der Achse des dritten Jochs bereiten auf die Vierung im fünften Joch vor, die durch eine eigene Flachkuppel deutlich hervorgehoben ist. Während die Abseiten in zeitlich früheren Bauten untereinander eher ohne Verbindung blieben, öffnete sie Beer nun durch breite Durchgänge auch im unteren Geschoss. Gleichzeitig setzte er die zwischen die Pfeiler eingespannten Emporen erstmals um eine ganze Pilasterbreite in Wandrichtung zurück, so dass eine Aufweitung des Raumes erreicht wird. Neu ist auch der Einsatz von Säulen anstelle des Innenelements an den Doppelpilastern der Vierungspfeiler. Höhepunkt dessen wäre der mit ellipsoid ausgeformten Außenmauern zwischen flach schließenden Nord- und Südwänden anschließende Chor gewesen; er wurde jedoch aus Kostengünden nicht ausgeführt. Stattdessen beließ man den langausgezogenen, im 5/8-Schluss endenden, von Martin Balbieri 1628–31 erbauten Chor.[20] Auch die von Joseph Hafner aus Türkheim 1743 an den Chorbogen aufgebrachte Freskierung kann nicht darüber hinwegtäuschen, dass der offenen

Lebendigkeit des Langhauses hier eine Zäsur gesetzt wurde; sie wirkt umso stärker, da der Chorbogen eine vergleichsweise kleine Öffnung hat. Mit der Realisierung des Chorprojektes hätte Beer noch einmal die Möglichkeit gehabt, einen Zentralbau gewinnbringend in ein Gesamtprojekt zu integrieren.[21] Das gilt v. a. im Hinblick auf die durchdachte Gliederung des Raumes und den Umgang mit dem Licht, die den Bau zum »vielleicht vollkommensten rein vorarlbergischen Großbau«[22] machen.

Die Errichtung der Klosterkirche *St. Peter im Schwarzwald*[23] (1724–27) durch den vielbeschäftigten Peter Thumb (1681–1763) gehört nicht zu den feinsten Entwürfen seines Hauptwerkes[24], sie dient jedoch als Exemplum seiner spezifischen Bauweise auf badischem Boden. Die im Südwesteck des Klosters angelegte Kirche ist ein straff ausgerichteter, mit einer Halbkreistonne überdeckter Richtungsbau. Die Längsbewegung, der die Tonne eigentlich entspricht, wird durch die orthogonal dazu aufgestellten Altäre in den Abseiten unterbrochen, wo sie paarweise gegenüber angeordnet sind. Die Deckenbilder Franz Joseph Spieglers halten auch hier die durch Quergurte erfolgte Teilung in Tonnensegmente ein, ebensowenig entfaltet etwa die Stuckierung ein bewegtes Eigenleben. Auf den nüchtern-sachlichen Eindruck im Innern bereitet die Außenarchitektur vor. Das ist umso bemerkenswerter, wenn man an Thumbs Tätigkeit in Birnau denkt: Der schmale, dreiachsige Mittelbau ist eingespannt zwischen die leicht hervortretenden Türme,

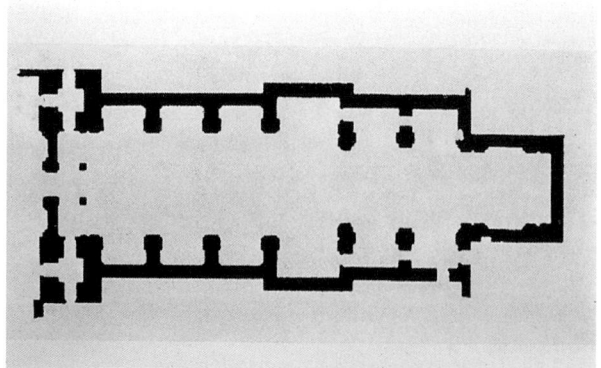

St. Peter auf dem Schwarzwald
Grundriss der Klosterkirche.

mit deren Geschossen er durch ein gemeinsames Gesims verbunden ist. In seinem für das Kloster weit später (1750) fertiggestellten, berühmt gewordenen Bibliotheksbau zeigt sich Thumb in völlig anderer, durch die Erfahrungen Birnaus gereifter Weise. In einem längsrechteckigen Raum wird die Grundfläche durch Nischen gegliedert. Darüber schneiden hoch ansetzende Stichkappen so weit in die sphärisch gebogene Gewölbedecke ein, dass sich diese – ihre tiefstgelegenen Punkte wachsen aus der Gebälkzone der die Nischen trennenden Pilaster empor – wie eine Haut über den Raum spannt. Eine konvex-konkav geformt Empore teilt den Buchbestand in zwei Geschosse. Ist die Bibliothek im zeitlichen Umfeld fast mit jener in Wiblingen zu vergleichen, kann der Bau der Klosterkirche weniger als Vorstufe denn als Beweis für die Fähigkeiten Thumbs zur Synthese tradierter mit eigenständig entwickelten Formen angesehen werden.

Die Bedeutung Peter Thumbs erreicht ihren Höhepunkt mit der am Ufer des Bodensees gelegenen *Wallfahrtskirche Birnau*[25] (1741–50). Zu dem Auftrag war es gekommen, weil das nahegelegene Kloster Salem für sein Gnadenbild, eine wundertätige thronende Maria mit Kind, ein neues Domizil suchte. 1746 konnte sich der Konstanzer Thumb gegen die Entwurfsvorschläge anderer Meister, darunter Joseph Anton Feuchtmayer, durchsetzen.[26] Norbert Lieb weist auf die enge Verbindung von Natur und Architektur, auf die Aufnahme von Elementen des Wassers in die gebaute Außen- und Innengestaltung inmitten sorgsam gewählter landschaftlicher Schönheit hin.[27] In vier Baugliedern steht die zur Seeseite gerichtete Schauwand vor der Kirche: Der parallel zum See gerichtete, dreigeschossige Wohntrakt wird von pavillonartigen Risaliten flankiert. Im Zentrum der elfachsigen Fassade steht der 51 m hohe Turm. Mit dem Mansarddach als oberem Abschluss zitiert die Front Elemente aus dem Bereich des dreiflügeligen Schlossbaus, der hier statt eines cour d'honneur (Ehrenhof) in die Fläche gerückt ist. Dahinter erstreckt sich das längsgerichtete Kirchenschiff: In der Achse des vierten Jochs drängen zwei kreissegmentförmige Kapellen nach außen. Die abgeschrägten Ecken vermitteln zum Quadrat des Chorraums, das durch eine kreisförmige Flachkuppel geschlossen ist. Der apsidiale Anbau des Sanktuariums

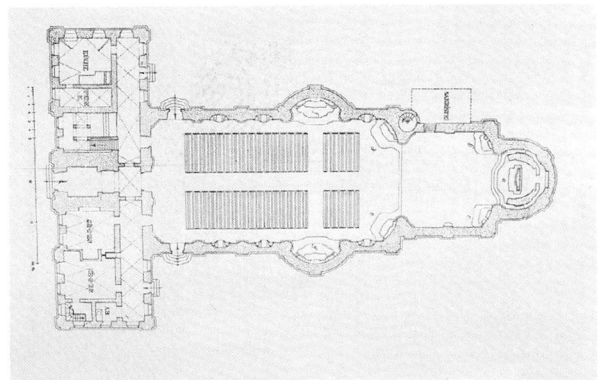

Birnau/Überlingen
Grundriss der Salemer Wallfahrtskirche.

ist eingezogen. Gestalterischer Mittelpunkt ist der durch die Innenarchitektur berühmt gewordene Laienraum. Die Architektur gestattet es, dass hier die Deckenfresken des Augsburgers Gottfried Bernhard Göz, wie auch die Stukkaturen und der Hauptaltar von Joseph Anton Feuchtmayer, frei entfaltet zur Geltung kommen können. Der einfache Saalraum unter flachem Spiegelgewölbe mit Stichkappen, durch eine Empore in zwei Geschosse geteilt, erinnert an die Klosterbibliotheken von Wiblingen, St. Gallen[28] und an St. Peter, mit dem Thumb zeitgleich beschäftigt war. Birnau ist das letzte Großprojekt Vorarlberger Prägung im heutigen Baden-Württemberg. Gründe dafür sind zum einen ein langsames Erschöpfen der die Entwicklung tragenden einheimischen Meister[29], zum andern die qualitativ reife Arbeit im Werk benachbart tätiger Architekten. Die Asams, Balthasar Neumann, Dominikus Zimmermann und Johann Michael Fischer, allesamt führende süddeutsche Baumeister, befanden sich um die Jahrhundertmitte auf dem Höhepunkt ihrer Leistungsfähigkeit und verfügten auch über die nötigen personellen Kräfte. Einflüsse aus Altbayern, aber auch aus Franken verflochten sich mit der Solidität des deutschen Südwestens und unterstützten so die dort interkulturell wirksame Baukultur.

Beim Bau der zum Prämonstratenser-Reichsstift Schussenried gehörenden Wallfahrtskirche *St. Peter und Paul in Steinhausen* (1723–33)[30] bediente man sich benachbarter Kräfte, in diesem Fall der des Dominikus Zimmermann, der hier sein frühestes Hauptwerk

Steinhausen
Ansicht der vom Prämonstratenserkloster Schussenried errichteten Wallfahrtskirche St. Peter und Paul zur Schmerzhaften Muttergottes von Südosten.

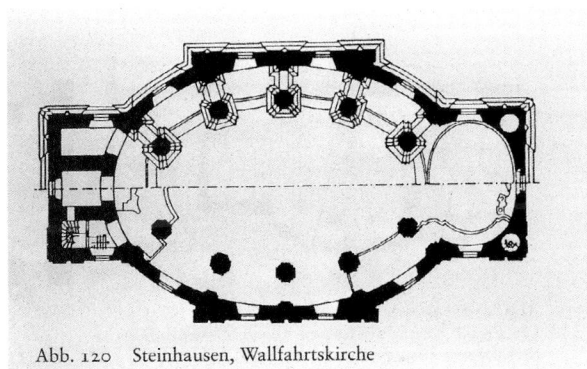

Abb. 120   Steinhausen, Wallfahrtskirche

Steinhausen
Grundriss der Schussenrieder Wallfahrtskirche.

schuf. Er wählte als Grundriss eine längsrechteckige Rotunde, an die sich westlich ein quadratischer, von zwei Anräumen begleiteter Vorraum und im Osten das Chorqueroval anschließen. Die Faszination Steinhausens entfaltet sich jedoch im Innern.[31] Den Langseiten der Ellipse sind beidseits der Längsachse je fünf Pfeiler, allseitig mit Pilastern vorgelegt, in einem lichten Abstand von 1,80 m eingestellt. Der Raum dahinter ist mit der Außenwand durch Bögen verbunden und adaptiert eine Komponente des Vorarlberger Schemas. Hier ist ein freier Durchgang angelegt, der die äußere Wand gleichsam als Schale um den Ovalkern legt. Die Tendenz, einen Freipfeilerkranz in einem Oval anzulegen, war bereits von Guarino Guarini im Vestibül des Palazzo Carignano (Turin 1680) angewandt worden. In linearer Aneinanderreihung zentraler Räume wurde bereits die Klosterkirche Weltenburg (1716–18) angelegt; während diese aber noch die stark kontrastisch aufgebaute, bühnenbildartige Lichtwirkung römischer Kirchen heranzieht, verfügt Steinhausen über einen Innenraum, der Fresken und Stukkaturen in helles Licht taucht. Trotz jüngerer Zweifel an der alleinigen Urheberschaft Zimmermanns gilt die Wallfahrtskirche als überzeugendes Gesamtkunstwerk.[32]

Beim nächsten bedeutenden Projekt, der *Münsterkirche Unserer Lieben Frauen in Zwiefalten*[33] (1739–65) griffen die Benediktiner auf einen Altbayern, den Münchener Johann Michael Fischer zurück. Der Hauptmeister des barocken Kirchenbaus ging hier sei-

nen größten Longitudinalbau an[34], wobei er teilweise auf unmittelbar zuvor angelegte Fundamente zurückgreifen musste. Es entstand eine einschiffige Saalkirche mit Abseiten, an die sich ostseits, getrennt von einer nahezu quadratischen, von kurzen Querhausarmen flankierten Vierung das Chorhaus anschließt. Eine erste Besonderheit ist die Behandlung der jeweils vier Seitenkapellen des Langhauses: Anders als im auf Orthogonalität (Rechtwinkligkeit) beruhenden Prinzip der Vorarlberger errichtete sie Fischer auf querelliptischem Grundriss.[35] Die über ihnen angelegten Emporen ragen bauchig in den Raum hinein. Die Schmalseiten der die Kapellen trennenden Wandzungen sind hier mit paarweise angeordneten Säulen aus Stuckmarmor besetzt. So steigern sie, als Element sublimer als der Rechteckpfeiler, ihre Bedeutung nach Osten zu in Richtung des Gnadenbildes, einer Via triumphalis[36] vergleichbar. Fischer steigerte den Blick zum Hochaltar durch die Gestaltung der Chorlängswände als gerade, weißgekalkte Mauern. Unterstützend dazu wirkt die Anordnung der stichkappenlosen Tonnengewölbe, aus deren Verlauf eine unbelichtete Flachkuppel im Vierungsbereich (nicht mehr eine Überhöhung wie in Weingarten) ausgeschieden ist. Fischer erwies sich hier als Architekt, der Innen- und Außengestalt meisterlich verband: Die wellenhaften Bewegungen der in den Raum schwingenden Emporen, deren Lebendigkeit durch den Kontrast zu den statuarisch wirkenden Säulen gut erlebbar gemacht ist, wird bereits in der konvex ausschwingenden Fassade vorbereitet.

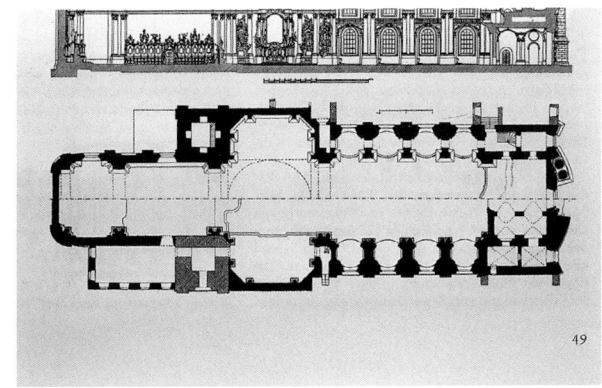

Zwiefalten
Grundriss der Klosterkirche.

171

Das Aufkommen des Klassizismus

Die Planung der *Benediktinerabteikirche in Neresheim*[37] (ab 1747) leitete Balthasar Neumann, der hier – neben Vierzehnheiligen – seinen zweiten großen erhaltenen Kirchenbau überhaupt schuf. Als er 1753 starb, war das Mauerwerk nur etwa zur Hälfte aufgerichtet, die weiteren Arbeiten zogen sich noch Jahrzehnte hin (Schlussweihe 1792). Abt und Konvent lehnten die Vorschläge ambitionierter Architekten[38] zur Weiterführung ab – eine Entscheidung, die der Einflussnahme des beginnenden Klassizismus Vorschub gewährte. Grundcharakter der Kirche ist ein Längsbau, an dessen Zentrum sich zwei kurze Kreuzarme anschließen. Das System des Grundrisses wird an die Deckenzone projiziert, wo zwei querelliptische Flachkuppeln das Langhaus schließen. Ausgerichtet ist der Entwurf auf das Zentrum, das aus einem Dreiklang aus der großen, längsovalen Vierungsrotunde und den seitlichen, ebenso ausgerichteten Flachkuppeln besteht. Die tragenden Pfeiler bestehen aus schräggestellten Doppelpfeilern und stehen in den Raum hinein gerückt. Die dahinterliegenden Gänge stellen den Charakter des Raumes als doppelschalig wirkende Saalkirche heraus. Das mehrfach profilierte und verkröpfte Gesims nimmt durch seine konkaven Kompartimente die in der Horizontalen vorgegebenen Schwingungen auf und transferiert sie in die senkrechte Wandgestaltung. Genau hier setzen die Baufehler der Nachfolger an[39]: Die Flachkuppeln gerieten hier zur geeigneten Trägerfläche für die qualitätvollen Fresken des Tirolers

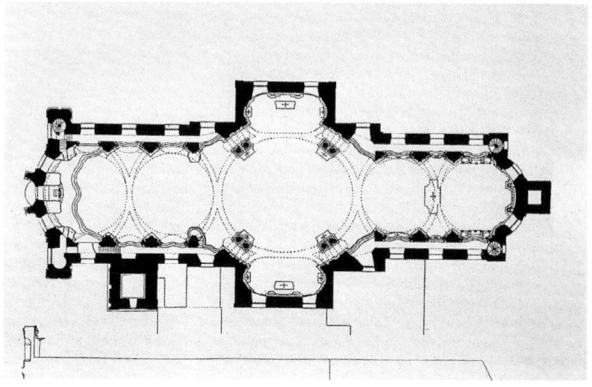

Neresheim
Grundriss der Klosterkirche.

Martin Knoller; sie kontrastieren mit dem einheitlichen Weiß an Wänden, Säulen und Pilastern unterhalb der Gesimszone. Deutlich treten bereits Elemente des sog. Zopfstils hervor, auch an der von Thomas Schaidhauf geschaffenen Altarplastik.

Ab etwa 1770 wurden barocke Stil- und Formelemente zunehmend von Einflüssen durchsetzt, die mit dem in die Literatur eingegangenen Terminus *Frühklassizismus* nur unzureichend bezeichnet werden.[40] Sie setzten den Mitteln des Barock keine Zäsur, sondern bedienten sich erst nach einer jahrzehntelangen Überleitungsphase des Vakuums, das nach dem selbständig eingeleiteten Ende in den feinen Formen der Rokokoarchitektur entstanden war.[41] Statt der Entwicklung neuer Raumschemata[42] versuchte man, Kirchenräume in rational klar erfassbarer Weise zu gestalten, was oft in einer Hinwendung zur längsrechteckigen Saalkirche Ausdruck fand. Eine treffende Bezeichnung daraus definierte die ganze Entstehungszeit als *Zopfstil*, sein Leitmotiv in den Sprachgebrauch übertragend. Derart motivierte Architektur war bereits im Frankreich Ludwigs XVI. verbreitet, und es gibt keinen Zweifel, dass die an der Blondel'schen Akademie ausgebildeten Architekten durch ihr Mitwirken im deutschen Profanbau maßgeblich auf den Sakralbereich miteinwirkten. In Südwestdeutschland war der 1723 in Nîmes geborene Pierre Michel d'Ixnard[43] bedeutendster Überträger französischen Geschmacks. Begünstigend wirkte sich dabei aus, dass die Hauptmeister süddeutscher Barockbaukunst das Jahr 1770 nicht erlebten: Johann Michael Fischer, Peter Thumb und Dominikus Zimmermann waren 1766 gestorben.

Die *Prämonstratenser-Klosterkirche von Rot*[44] (Weihe 1784) erlaubt es, in Aufriss und Ausstattung bereits deutliche Hinwendungen im Sinne eines zunehmenden Purismus zu erkennen. Eine stilistische Weiterentwicklung war deswegen nicht zu erwarten, weil sich der Konvent bei der Ausführung des Baus entschlossen hatte, ohne Architekten zu bauen.[45] Für den Planentwurf bediente man sich des Vorbildes von Irsee, eines also nahezu 80 Jahre alten Systems, das aber mit starken Einschränkungen verwirklicht wurde. Im Innern wird klar, dass nun nicht mehr die Hilfsmittel illusionistischer Raumerweiterung herangezogen wurden: Die Deckenfresken Januarius Zicks

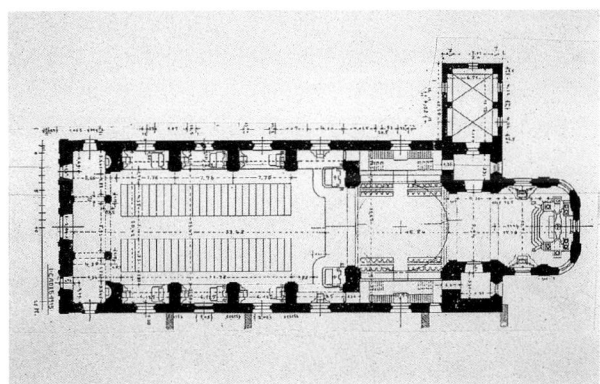

Rot an der Rot
Grundriss der Klosterkirche.

täuschen den Betrachter nicht mehr, wie kurz zuvor in Wiblingen, über die realen Verhältnisse. Ebenso favorisiert die Architektur des Langhauses mit rein horizontal eingespannten Emporen, akzentuierter Gesims- und Kämpferzone und dem dominierenden Weiß stark eine dem Wesen des Barock konträre Reizverminderung. Ambivalent sind auch die Stuckmarmoraltäre aufgebaut. In Farbigkeit und Auszier noch dem Theatrum sacrum der Jahrhundertmitte verpflichtet, weisen Festons und Urnen, überhaupt die ganze Reduzierung bewegter Formen, auf das Ende der festlich orientierten Ausschmückung hin.

Die für die Benediktiner ausgeführte *Klosterkirche zu Wiblingen*[46] ist zum Paradigma des Stilwandels für den beginnenden Klassizismus geworden. Sie enthält aber noch so viel barocken Charakter, dass sie gleichsam als finales Projekt dieser Epoche in Württemberg gelten muss. Hier begegnen sich der Entwurf des genialen Johann Michael Fischer in bereits veränderter Überarbeitung mit der avantgardistischen Ausführung des in der Architektur dilettierenden Januarius Zick. Der Meister starb jedoch vor der Grundsteinlegung (1766), worauf Johann Georg Specht aus Lindenberg im Allgäu mit der Ausführung beauftragt wurde. Der von ihm stark abgewandelte Entwurf überragt die Qualität seines sonstigen Schaffens erheblich[47], so dass die implizite Ähnlichkeit zu Lösungen Peter Thumbs in Birnau oder St. Gallen wohl eher auf persönliche Erfahrungen als auf eigene Invention hindeuten. Raumbeherrschend ist nun die an den Längs-

seiten kreissegmentförmig geschlossene Vierung (hier einst der Wallfahrtsaltar mit dem Kreuzpartikel), die – wie die ganze Kirche – hell durchfenstert ist. Die Wandzonen schaffen eine vertikal dominierte Auflösung, die aber nicht im Sinn einer Bewegung – ganz anders wie die Westfassade mit den schräg anschließenden Türmen – angelegt ist. Unterstützend wirkt hier die weiße Fassung der Architekturglieder, die mit der Goldfarbe an Kapitellen, Gebälk und an den Sockeln alternieren. Säulen sublimieren nicht mehr den Raumeindruck, sie stehen anderen Vertikalelementen stützend zur Seite. Noch mehr ist die Gewölbezone der Tradition der illusionistischen Tiefenerweiterung diametral entgegen gerichtet: Damit gleicht die Decke bereits den Plafonddecken der (profanen) Schlossarchitektur. Die Fresken J. Zicks wirken wie nach oben projizierte Wandgemälde. Die Ausstattung, die tektonische Strukturen klar erkennbar lässt, trägt diesen einem rationalen Ästhetizismus verpflichteten Gedanken weiter: Der plastische Schmuck ist vielfach zurückgenommen, gleichzeitig finden Urnen, Lambrequins (mit Quasten versehener Behang) und Festons (Girlanden) Eingang. Im ganzen dominiert hier statt des Ineinandergreifens verschiedener Kunstgattungen das tragende architektonische Konzept, das Longitudinal- und Zentralraum verbindet.

Die im Schwarzwald gelegene *Benediktinerabteikirche St. Blasien* (1772–83[48]) beendet die Zäsur des Spätbarock. Sie ist der erste kirchliche Großbau Süddeutschlands, der vorherrschend dem Klassizismus

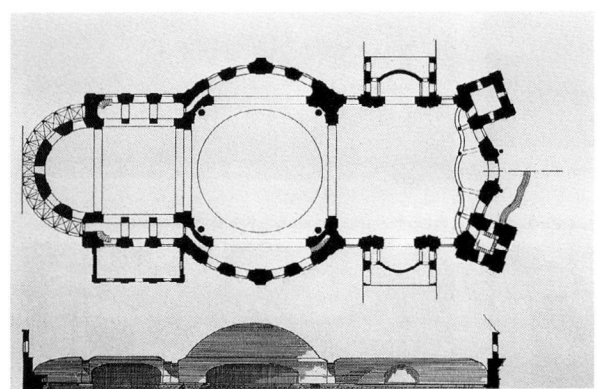

Wiblingen
Grundriss der Klosterkirche.

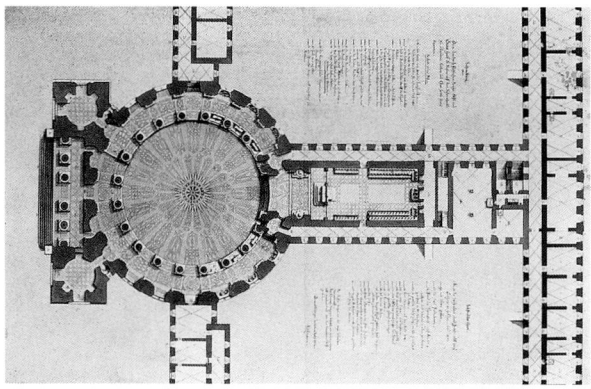

St. Blasien
Grundriss der Klosterkirche.

zuzuordnen ist. Der Entwurf Pierre Michel d'Ixnards verknüpft zur Nobilitierung des katholischen Sakralraums barocke Traditionen mit denen des antiken Rom (Sta. Maria Rotonda). Auch wenn unter der Regie Nicolas' de Pigages 1773–1779 Veränderungen durchgeführt wurden[49], erwies sich das ursprüngliche Konzept als tragend: Es übertrug die Vorliebe d'Ixnards zur Großräumlichkeit in den Innenraum. Das architektonische Bild St. Blasiens wird von der enormen Rotunde (Rundbau) bestimmt, die über Tambour und Attika mit halbkugelförmiger Kalotte geschlossen ist. Demgegenüber hat der lang ausgezogene, südlich anschließende Chor weniger Gewichtung. Das Motiv der Nordseite, eine quergelagerte, zwischen Pylonen (Pfeiler) eingespannte Säulenvorhalle, wird von Schinkel später an der Neuen Wache in Berlin verwendet. Charakteristisch für den frühklassizistischen Gründungsbau ist nicht allein der helle, formenreduzierte und orthogonale Innenaufbau. Ein

neuartiger Eklektizismus verursacht die Verkettung an sich unverknüpfbarer Großformen, die nun nicht mehr – wie im Barock – ineinanderfließen.

Noch vor dem Ende monastischer Baukultur erstarrt bereits der einstige Bewegungsdrang. Maßstäblichkeit und ausgeprägte Freude am Detail verlieren zunehmend an Bedeutung. Die zeitliche Koinzidenz zum bald folgenden Ende des alten Reiches legt den Schluss nahe zu fragen, ob denn der frühklassizistische Zopf ein die aktuellen Ereignisse repräsentierender Stil, gar etwa ein eigener Säkularisationsstil ist?[50] Die These wird unterstützt durch die Tatsache, dass die die Säkularisation vorbereitenden Entwicklungen, wie Aufklärung und Revolution, ebenso wie die von d'Ixnard und den Blondelschülern mitgestaltete Architektur des letzten Jahrhundertdrittels, französischen Ursprungs waren. Ein Blick auf das Umfeld verdeutlicht aber, dass es sich beim Frühklassizismus mitnichten um das architektonische Medium der Säkularisation handeln kann: Zum einen brachte das späte 18. Jh. in Frankreich mit der Revolutionsarchitektur eine eigene Tendenz hervor, zum andern ist die Zuwendung zum antikenbezogenen Formenschatz bildungspolitischer Natur. Sie wird maßgeblich auch in England vertreten[51] und trifft in Deutschland auf einen Nährboden, der von der philosophischen Literatur vorbereitet worden war. Erst nach einer Vorlaufzeit beginnt auch die Architektur, sich den neuen Einflüssen zu öffnen. Der Zopfstil ist dabei nicht mehr bildnerischer Ausdruck für die Säkularisation, die eine Wende geistig-politischer Art ist, wie es etwa die Frührenaissance für den Humanismus war. Für die qualitativ Betrachtung der Architektur ist das politische Umfeld ohne Belang: Es gilt, die differenzierte Stellung des Bauwerks in den Mittelpunkt zu stellen.

[1] Von 90 wichtigen Aufträgen waren sie mit 35 vertreten; es folgen Zisterzienserinnen mit 10, Franziskaner mit 9, Jesuiten mit 8 Vorhaben. Eine Auswertung bei *Norbert Lieb/Franz Dieth*, Die Vorarlberger Barockbaumeister. München/Zürich 1960, 25.

[2] Zur Literatur vgl. *Lieb/Dieth*, Barockbaumeister (wie Anm. 1); *Werner Oechslin* (Hg.), Die Vorarlberger Barockbaumeister. Ausstellungskatalog, Einsiedeln 1973 sind Standardwerke. Erstmals terminologisch herausgestellt wurden die Vorarlberger bei *Cornelius Gurlitt*, Geschichte des Barockstiles und des Rococo in Deutschland. Stuttgart 1889, 292–302, dann bei *Berthold Pfeiffer*, Die Vorarlberger Bau-

schule, in: WVjhLg N.F. 13. Stuttgart 1904, 11–65. Zu weiteren wichtigen Informationen vgl. *Max Hauttmann*, Geschichte der kirchlichen Baukunst in Bayern, Franken und Schwaben 1550–1780. München 1921; *Oscar Sandner*, Vorarlberger Bauschule – Die Entwicklung der kirchlichen Raumformen 1650–1780. Masch. Diss. Innsbruck 1950; *Wilhelm Boeck*, Die Frühzeit des kirchlichen Barocks in Schwaben, in: Aus der Welt des Barock. Stuttgart 1957, 145–167; *Oscar Sandner*, Barock am Bodensee/Architektur. Ausstellungskatalog. Bregenz 1962; *Gebhard Spahr*, Barock in Oberschwaben. Ausstellungskatalog. Weingarten 1963, des Weiteren alle Einzelmonographien sowie die amtlichen

Inventare in den Kunstdenkmälerbänden. In jüngerer Zeit wurde es in der Vorarlberger-Forschung ruhiger (eine seltene Einzelmonographie von *Ingo Gabor*, Der Vorarlberger Barockbaumeister Valerian Brenner. Augsburg 2000), die Internat. Bibliographie der Zeitschriftenlit. ab 1983 (IBZ) führt nur vereinzelt kürzere Aufsätze auf.

[3] Ein kunsttopographischer Abriss in: *Lieb/Dieth*, Barockbaumeister (wie Anm. 1), 139; T. V. Einzelne Meister wanderten bis nach Böhmen, nach Ungarn, nach Salzburg oder Würzburg. Kernbereich war jedoch die Bodenseegegend.

[4] Das geschieht seit *Pfeiffer*, Bauschule (wie Anm. 2), 4, bis hin zur jüngsten Zusammenfassung bei *Bernhard Schütz*, Die kirchliche Barockarchitektur in Bayern und Oberschwaben 1580–1780. München 2000, 31.

[5] Zur Literatur vgl. *Lieb/Dieth*, Barockbaumeister (wie Anm. 1), 32; *Oechslin*, Vorarlberger (wie Anm. 2), 92; 139; *Schütz*, Barockarchitektur (wie Anm. 4), 43; *Hauttmann*, Baukunst (wie Anm. 2), 135; *Eduard v. Paulus/Eugen Gradmann* (Hg.), Die Kunst- und Altertumsdenkmale (im folgenden: KDM) im Königreich Württemberg. Jagstkreis I. Eßlingen 1907, 137ff.; *Hugo Schnell*, Schönenberg. München/Zürich 4. Aufl. 1976 (Kleiner Kunstführer 139).

[6] Terminus aus *Oechslin*, Vorarlberger (wie Anm. 2), 92.

[7] *Hauttmann*, Baukunst (wie Anm. 2), 135f.; Max *Schefold*, Kloster Obermarchtal. Augsburg 1927; *Norbert Lieb*, Barockkirchen zwischen Donau und Alpen. München 1953, 16ff.; *Lieb/Dieth*, Barockbaumeister (wie Anm. 1), 33; KDM Württemberg. Donaukreis I. Oberamt Ehingen. Eßlingen 1914, 135ff.

[8] *Hauttmann*, Baukunst (wie Anm. 2), 136.

[9] *Ders.*, 149; 148; *Willy Fuchs-Röll*, Schöntal. Augsburg 1928; KDM Württemberg. Oberamt Künzelsau. Stuttgart 1962, 271ff.; *Josef Schweder*, Kloster Schöntal. Schöntal o. J.

[10] *Hauttmann*, Baukunst (wie Anm. 2), 149; *Oechslin*, Vorarlberger (wie Anm. 2), 89.

[11] Die Urheberschaft Beers ist eine Zuschreibung, vgl. *Lieb/Dieth*, Barockbaumeister (wie Anm. 1), 78. Auch *August Breucha*, Die Kollegiumskirche zu Ehingen. Ehingen a. d. Donau 1917, 12ff. führt stilistische Hinweise zu dieser Deutung an. Der Bezug zu Beer wird angenommen, weil dieser 1692–1706 bereits als *aedilis* mit verschiedenen Projekten des Klosters beauftragt gewesen ist.

[12] *Arthur Schlegel*, Die Benediktinerkirche von Weingarten. Weingarten 1924; KDM Württemberg. Donaukreis. Oberamt Ravensburg. Stuttgart/Berlin 1931, 156ff. *Lieb*, Barockkirchen (wie Anm. 7), 55–62; *Otto Beck/Ingeborg Buck*, Barockbasilika St. Martin und St. Oswald Weingarten. Lindenberg 1996.

[13] Bernhard Schütz spricht hier von »Weltrang«, vgl. *Ders.*, Barockarchitektur (wie Anm. 4), 45.

[14] Der Plan ist eine vermutlich 1741 angefertigte Kopie einer von Pater Beda Stattmüller 1723 ausgeführten Zeichnung (in der Abtei erhalten). Sie gibt einen Entwurf Frisonis von 1718 wieder. Vgl. *Oechslin*, Vorarlberger (wie Anm. 2), 182.

[15] Er wurde hier von dem aus Bregenz stammenden, im Kloster als Laienbruder tätigen Maurermeister Andreas Schreck unterstützt, vgl. *Schlegel*, Weingarten (wie Anm. 12), 9ff.

[16] *Oechslin*, Vorarlberger (wie Anm. 2), 177; *Schlegel*, Weingarten (wie Anm. 12), 17.

[17] Ausführung von Kuppel und Laterne zeugen jedoch von einem gewissen atektonischen Verständnis des Dekorateurs Frisoni: So setzen sich z. B. die Kraftlinien der Kalotte nicht in die Laterne fort, vgl. *Schlegel*, Weingarten (wie Anm. 12), 20ff.

[18] Runde oder halbrunde Formen sind im Repertoire der Vorarlberger eher selten. Besonders Caspar Moosbrugger experimentierte mit Alternativen zum rechteckigen Grundriss, etwa in seinem 1719 gefertigten Entwurf für die Einsiedler Querhausarme, vgl. *Linus Birchler*, Einsie-

deln und sein Architekt Bruder Caspar Moosbrugger. Augsburg 1924, 171. Zur Bedeutung Moosbruggers für Weingarten vgl. *Franz Dieth*, Andreas Moosbrugger, der entscheidende Architekt der Stiftskirche von Weingarten, in: Das Münster, 3. Jg. (1950), 1–20.

[19] *Richard Schmidt*, Kloster Weißenau. Augsburg 1929; KDM Württemberg. Donaukreis. Oberamt Ravensburg. Stuttgart/Berlin 1931, 77ff.

[20] Ein solcher Verlauf ist ein Sonderfall: In der Regel war es der Konvent, der die um Prestige bemühten Äbte zu bremsen versuchte.

[21] Das Interesse Beers an der Umsetzung des Ovalmotivs, womöglich als Folge der Kollegienkirche, zeigte sich auch im Chorprojekt für den Bau von Zwiefalten (der dann von J. M. Fischer übernommen wurde, s. u.). Anders als Caspar Moosbrugger, dessen Ovalgrundrisse rein zeichnerisch erhalten blieben, gelang Beer jedoch eine Umsetzung in der Weingartener Fassade. Zu Planungen um Ovalräume vgl. *Oechslin*, Vorarlberger (wie Anm. 2), 116ff.

[22] *Ders.*, 99.

[23] *Hermann Ginter*, Kloster St. Peter im Schwarzwald. Karlsruhe 1949; KDM Baden. Kreis Freiburg VI. Tübingen/Leipzig 1904, 327ff.; *Lieb/Dieth*, Barockbaumeister (wie Anm. 1), 118f.; *Hans-Martin Gubler*, Der Vorarlberger Barockbaumeister Peter Thumb. Sigmaringen 1972, 40f.; *Oechslin*, Vorarlberger (wie Anm. 2), 106f.

[24] Georg Dehio meint dazu, die Formen seines Außenbaues seien »ohne feineren Reiz«, vgl. *Ders.*, Handbuch der Deutschen Kunstdenkmäler. Bd. V. Südwestdeutschland. Berlin 1911, 351.

[25] Zum Verlauf der Baugeschichte vgl. *Ulrich Knapp*, Die Wallfahrtskirche Birnau. Planungs- und Baugeschichte. Friedrichshafen 1989, 87ff.; 37; allgemein *Wilhelm Boeck*, Birnau am Bodensee. München 1950; *Lieb*, Barockkirchen (wie Anm. 7), 131ff.; *Hugo Schnell*, Birnau am Bodensee. München 1972; *Oechslin*, Vorarlberger (wie Anm. 2), 251ff.

[26] Thumb schlug hier vermutlich ein an dem 1737 von ihm errichteten Benediktinerkloster St. Trudpert im Schwarzwald orientierten Entwurf vor; vgl. *Boeck*, Birnau (wie Anm. 25), 4. Abt Stephan II. lehnte den Vorschlag mit einem Hinweis auf das Armutsgelübde des Ordens ab, vgl. *Gubler*, Thumb (wie Anm. 23), 81.

[27] *Lieb*, Barockkirchen (wie Anm. 7), 138.

[28] Hinweis: Ebd., 137.

[29] Eine Einteilung der neun wichtigsten Meister, nach Sterbejahren geordnet – bei *Lieb/Dieth*, Barockbaumeister (wie Anm. 1), 62; *Oechslin*, Vorarlberger (wie Anm. 2), 260f. Die Tätigkeitsstatistik zeigt, dass bereits um 1740 nicht mehr ganz die Hälfte der Hochphase von um 1720 erreicht wird. Peter Thumb (der Hauptmeister der dritten Generation) stirbt 1766.

[30] *Hauttmann*, Baukunst (wie Anm. 2), 188f.; *Hans Koepf*, Steinhausen. Stuttgart 1954; *Lieb/Dieth*, Barockbaumeister (wie Anm. 1), 113ff.; *Elisabeth Binder-Etter*, Steinhausen bei Bad Schussenried/Oberschwaben. München/Zürich 1981.

[31] Das Vorbild wurde öfters als Rokokowerk bezeichnet; die dem Stil namengebende Rocailleform wurde in Deutschland jedoch erst ab ca. 1738, so nach der Innenstuckierung, eingeführt, vgl. *Binder-Etter*, Steinhausen (wie Anm. 30), 30.

[32] In der Zentralbibliothek Luzern wird das »Schussenrieder Planalbum« aufbewahrt, das – neben dem Originalriss – eine Anzahl Pläne von C. Moosbrugger enthält. Fol. 5 b ist ein von dessen Hand gefertigter dem Grundriss Steinhausens sehr ähnlicher Plan, von dem der Zimmermann vermutlich von Planungsbeginn an Kenntnis hatte. Vgl. dazu *Binder-Etter* (wie Anm. 30), 8; *Koepf*, Steinhausen (wie Anm. 30), 12; *Oechslin*, Vorarlberger (wie Anm. 2), 116.

[33] *Hauttmann*, Baukunst (wie Anm. 2), 179f.; *Lieb*, Barockkirchen (wie Anm. 7),
73ff.; *Richard Zürcher*, Zwiefalten. Die Kirche der ehemaligen Benediktinerabtei. Konstanz/Stuttgart 1967; *Ursula Koslowsky*, Münster

Zwiefalten. Passau 1990; *Karl Heinz Schömig*, Münster Zwiefalten. Regensburg 5. Aufl. 2000; *Schütz*, Barockbaukunst (wie Anm. 2), 48ff.

[34] Dabei war er vorwiegend ein Meister des Zentralbaus (s. a. St. Anna im Lehel, München).

[35] Ein Prinzip, das bereits 1727 in Osterhofen zur Verwendung kam.

[36] *Manfred Wundram*, Kleine Kunstgeschichte des Abendlandes. Stuttgart 2000, 250.

[37] *Paulus Weißenberger*, Baugeschichte der Abtei Neresheim. Stuttgart 1934; *Günter Neumann*, Neresheim. München 1947; *Bernhard Schütz*, Balthasar Neumann. Freiburg 1986, 176ff.; *Norbert Lieb*, 900 Jahre Neresheim 1095–1995. Regensburg 3. Aufl. 1995.

[38] Darunter der Sohn Neumanns, Ignaz, sowie Johann Michael Fischer aus Burglengenfeld.

[39] Die Rotunde ist nicht, wie durch die dortigen kolossalen Säulen angekündigt – von Langhaus- und Chorarm separiert, die Wölbung wurde (seit 1759) nur mehr in Holz ausgeführt – Neumann hatte sie noch als hochaufragende Steinkuppel wie in Münsterschwarzach geplant. Ein beliebtes Dehio-Zitat besagt dazu, der Gedanke Neumanns sei hier »in Knechtsgestalt in die Wirklichkeit getreten«. *Ders.*, Handbuch der Deutschen Kunstdenkmäler. Bd. II. Südwestdeutschland. Berlin 3. Aufl. 1925, 337.

[40] Das gilt besonders für den süddeutschen Sakralbau, vgl. *Ilse Hoffmann*, Der süddeutsche Kirchenbau am Ausgang des Barock. München 1938, 205; *Hans Wörner*, Architektur des Frühklassizismus in Süddeutschland. München/Zürich 1979, 11ff.

[41] Auf die erneute Hinwendung zur Antike, wie sie sich in Johann Joachim Winckelmanns epochalem Werk: Gedanken über die Nachahmung der griechischen Werke in der Mahlerey und Bildhauerkunst. Dresden/Leipzig 1754 oder in den Ausgrabungen Herculaneums (1738) und Pompejis (1748) manifestierten, mag dabei hingewiesen werden; der Bezug zum Umsetzen in den ländlichen Pfarrkirchen Schwabens ist aber, wie Wörner richtig bemerkt (*Ders.*, Architektur (wie Anm. 40), 11, in einer weit tiefergehenden Verkettung zu suchen.

[42] Einzelbeispiele wie die Dischinger Pfarrkirche haben eher mediatorischen Charakter; sie ist selbst eine Weiterleitung der hochbarocken Günzburger Frauenkirche, vgl. *Wörner*, Architektur (wie Anm. 40), 68f.; *Hoffmann*, Kirchenbau (wie Anm. 40), 89f.

[43] D'Ixnard, der in St. Blasien, Buchau und Hechingen tätig war, arbeitete vorwiegend für kleinere schwäbische Adelshäuser. Im Gegensatz zum akademisch gebildeten Nicolas de Pigage etwa ist seine Herkunft eher handwerklich orientierten Kreisen zuzuordnen, weswegen sein Aufstieg als Katalysator französischer Architektur in den 1770er Jahren eher verblüffen dürfte. Vgl. *Erich Franz*, Pierre Michel d'Ixnard 1723–1795. Leben und Werk. Weißenhorn 1985, bes. 18f.; 235ff.

[44] *Adolf Feulner*, Die Klosterkirche in Rot, Wien 1923; *Hofmann*, Kirchenbau (wie Anm. 40), 125ff.; KDM Württemberg, Donaukreis. Oberamt Leutkirch. Eßlingen 1924, 114ff.

[45] Den Baumeister des 1777 geweihten Chores, Johann Baptist Laub, wollte man nach dem Tod des Abtes 1782 nicht weiterbeschäftigen. Planend wurde daher der neue Abt Willibald Held (1782–89) unter Mitwirkung sachkundiger Brüder; vgl. *Feulner*, Rot (wie Anm. 44), 4.

[46] *Hauttmann*, Baukunst (wie Anm. 2), 216f.; *Adolf Feulner*, Kloster Wiblingen. Augsburg 1925; *Paulus Weißenberger*, Johann Michael Fischers Kirchenbaupläne für Wiblingen, in: Zs. für Kunstgeschichte 3 (1934), 249ff.; *Hoffmann*, Kirchenbau (wie Anm. 40), 102ff.; *Schütz*, Baukunst (wie Anm. 2), 147ff.; KDM Württemberg. Donaukreis II. Oberamt Laupheim, 158ff.

[47] *Norbert Lieb*, in: Thieme-Becker 31, 342f.; *Hoffmann*, Kirchenbau (wie Anm. 40), 117f.

[48] *Ludwig Schmieder*, Das Benediktinerkloster St. Blasien. Augsburg 1929; *Wörner*, Frühklassizismus (wie Anm. 40), 79ff.; *Erich Franz*, Pierre Michel d'Ixnard. Leben und Werk. Weißenhorn 1985, 235ff.

[49] Vorwiegend im Bereich der Kuppel. Sie wurde nun tiefer (mit halbrundem Querschnitt) und aus Holz, nicht mehr aus Stein wie von d'Ixnard vorgesehen, ausgeführt. Verloren (durch Brand 1874) sind heute die Stuckarbeiten Ludwig Bossis.

[50] Eine kurze Einführung in die Periode bei *Hoffmann*, Kirchenbau (wie Anm. 40), 195ff.; *Wörner*, Frühklassizismus (wie Anm. 40); *Adolf Max Vogt*, Einführung in das 19. Jh., in: Belser Stilgeschichte. Bd. 3 (Neuzeit). Stuttgart 1993, 11ff. *Harald Keller*, Die Verbreitung der französischen Geschmackskultur, in: Propyläen Kunstgeschichte. Die Kunst des 18. Jhs. Berlin 1990, 65ff.; *Ernst Gombrich*, Die Geschichte der Kunst. 16. Aufl. Frankfurt/Main 1996, 475ff.

[51] Etwa im Palladianismus und bei Architekten wie Robert Adam, John Nash und John Soane, die nun als Reisende antike Stätten besuchten.

Lump oder Bettler – wenn er nur Musik versteht …

Klösterliche Musikkultur um 1800 am Beispiel Oberschwabens

von Georg Günther

Sehr gut bestellte Figuralmusik

Als weitgehend autarke, staatsähnliche Territorien entwickelten v. a. die Fürst- und Reichsabteien nicht nur eigene wirtschaftliche Strukturen, sondern verfügten auch über ein vielfältiges kulturelles Leben. Neben den heute noch sichtbaren Zeugnissen (Malerei, Plastik oder Architektur) spielte dabei Musik eine äußerst wichtige Rolle. Damit ist aber weniger der gregorianische Gesang gemeint, an den man in diesem Zusammenhang vermutlich heute zuerst denkt; vielmehr wurden vor allem kirchenmusikalische Werke zeitgenössischer Komponisten aufgeführt. Mit Vertonungen der verschiedenartigsten liturgischen Texte schmückte man den täglichen Gottesdienst, und deshalb konnte z. B. 1790 *über die schwäbischen Reichsklöster in Hinsicht auf Musik* berichtet werden, dass *die Figuralmusik, welche in den meisten Klöstern oft statt findet, sehr gut bestellt* sei.[1]

Um das quasi-professionelle Niveau der Aufführungen zu gewährleisten, musste ein Postulant bereits entsprechende Vorkenntnisse mitbringen: *Daher wird noch immer bei Aufnahme der Novizen einige Rüksicht auf solche Subjekte genommen, die zur Musik tauglich sind.*[2] Das galt ebenso für Männer-, wie für Frauenklöster. Die Priorin des Klosters Heggbach musste z. B. 1711 gegenüber dem Vaterabt zwar einräumen, einer Bewerberin den Eintritt gestattet zu haben, obwohl *Dise Junkhfraw […] nichts als ihre Außfertigung* mitbrachte. Sie konnte ihre Entscheidung jedoch mit den musikalischen Qualitäten des Neuzugangs rechtfertigen und geriet darüber geradezu ins Schwärmen: *An der Kunst aber in Orgelschlagen und Singen ist sie per-*

fect, singt einen guetten Discgant, doch aber kein starkhe Stimb.[3] Im übrigen hatte das Musizieren – und hier besonders das Singen – durchaus angenehme Seiten; gerade für die betreffenden Konventualen sei nämlich *eine gute Kost nebst kräftigem Bier und Wein in Klöstern sehr nothwendig, denn sonst könnten die jüngere Patres, weil diese am meisten daran müssen, das viele und anhaltende Singen beim Mangel eines guten Tisches nicht wohl ausdauren.*[4]

Doch die große Bedeutung, die man in den Klöstern dem Musizieren einräumte, gab auch Anlass zu heftiger Kritik. 1737 beklagte der Salemer Pater Matthias Bisenberger (1698–1767) z. B. das soeben beschriebene Aufnahmeverfahren und führte zur Begründung an: *Und kommt in solche Klöster ein Kandidat, so lautet die erste Frage, ob er musikalisch sei. Seine übrige Erziehung und Bildung wird als Nebensache betrachtet. Ist er nun ein Musiker, und wäre er's unter Bänkelsängern und Gaunern geworden; hätte er seine ganze Gesundheit und Sittlichkeit dabei eingebüßt – er wird aufgenommen. Lump oder Bettler, heißt es leichtsinnig, wenn er nur Musik versteht, das Uebrige wird sich schon machen.* Wahrscheinlich eröffnete das Musizieren jedoch eine Möglichkeit, die klösterlichen Zwänge wenigstens bis zu einem gewissen Grad zu kompensieren. Bisenbergers weiterer Bericht scheint dies zu bestätigen: *Da gibt es Klostergeistliche, welche an nichts anderes denken, als an ihre Noten. Wo sie sich befinden, in der Zelle, im Chore, in der Schule, überall träumen sie nur ihrer Musik. Die geistlichen Uebungen, die wissenschaftlichen Studien, die klösterlichen Geschäfte gelten ihnen nichts gegen dieselbe – sie ist ihnen Alles in Allem.*[5]

Das Repertoire

Die Erforschung der klösterlichen Musikkultur ist aufgrund einer sehr eingeschränkten Quellenlage nur für einen eng begrenzten Zeitraum möglich. Zunächst fällt bei den erhaltenen Notenbeständen auf, dass sie fast ausschließlich aus den Jahren zwischen ca. 1770 und 1803 stammen und in ihnen auch nur Werke aus dieser Zeitspanne dokumentiert sind; davor werden die Zeugnisse äußerst spärlich, und vor ca. 1750 ist praktisch nichts mehr erhalten. Da in der Musik damals kaum ein Geschichtsbewusstsein existierte und immer nur »moderne« Kompositionen aufgeführt wurden, benötigte man die Noten mit den älteren, stilistisch gleichsam »überholten« Werken bald nicht mehr und konnte sie bedenkenlos wegwerfen oder zu »sinnvollen« Zwecken – wie z. B. dem Feueranzünden – verwenden.

Es handelt sich bei dem überlieferten Repertoire also um Musik, deren Entstehung ungefähr in die Zeit von Joseph Haydn (1732–1809) und Wolfgang Amadeus Mozart (1756–1791) fällt; diese sind übrigens auch mit einigen Werken vertreten. Vor allem findet man aber noch andere zeitgenössische Komponisten, die damals ebenso populär waren: Franz Xaver Brixi (1732–1771), Johann Michael Haydn (1737–1806), Johann Zach (1699–1773) usw.

Daneben spielen Komponisten eine große Rolle, deren Werke seinerzeit durch den Augsburger Lotter-Verlag vertrieben wurden; diese Firma besaß in der 2. Hälfte des 18. Jhs. – besonders im süddeutschen Raum – eine monopolartige Stellung für die Veröffentlichung von katholischer Kirchenmusik. Ein ziemlich primitiver Typendruck ermöglichte es, die Musikalien verhältnismäßig billig herzustellen und preisgünstig zu vertreiben; sie fehlen deshalb in keinem Klosterbestand. Von diesen Ausgaben kursierten darüberhinaus viele Abschriften, was zu ihrer weiteren Verbreitung außerdem beitrug. An erster Stelle ist hier der Augsburger Domkapellmeister Franz Bühler (1760–1823) zu nennen, der in allen klösterlichen Musikaliensammlungen – meist mit mehreren Werken – vertreten ist; recht beliebt waren z. B. auch noch der Ellwanger Musikdirektor Melchior Dreyer (1747–1824), Nonnosus Madlseder (1730–1797) aus dem Benediktinerkloster Andechs oder Eugen Pausch

(1758–1838), Musikdirektor des Zisterzienserklosters Walderbach (Oberfranken).[6]

Sind bereits diese Namen heute kaum mehr geläufig, so tauchen in den Klostermusikalien noch Werke anderer Komponisten auf, von denen wahrscheinlich selbst ein Spezialist für Kirchenmusik kaum jemals etwas gehört hat: Willebold Angeber (1771–1833), Nikolaus Betscher (1745–1811), Meingosus Gaelle (1752–1816), Aemilian Rosengart (1757–1810) u. v. a. m.[7] Dann handelt es sich um Komponisten, die in einem der Klöster lebten und lediglich für den Gottesdienst des eigenen Konvents arbeiteten: *Ein jedes Kloster schließet in*

Johann Melchior Dreyer
VI Missae breves op. 11, aus dem Benediktinerkloster Ochsenhausen.
Erste Seite der Orgelstimme mit Generalbassbezifferung.
Druck Augsburg: Lotter 1796.
Schwäbisches Landesmusikarchiv Tübingen.

seinen Mauren, wenn nicht mehrere, doch immer beinahe einen gewiß in sich, der in der Tonsezkunst sich hervortut, wusste man 1790 zu berichten.[8] Ihre Werke sind meistens nur in einem Klosterbestand überliefert, zu denen in seltenen Fällen noch eine Abschrift unter den Musikalien eines befreundeten Konventes hinzukommen kann.

Die Kirchenmusik wurde bis weit ins 19. Jh. noch stark von spätbarocken Traditionen bestimmt; dies gilt auch nahezu ausnahmslos für die Werke, die in den Klöstern komponiert und aufgeführt wurden. Ihr wesentliches Kennzeichen ist das Beibehalten des Generalbasses, welcher gegen Ende des 18. Jhs. in der weltlichen Musik eigentlich bereits »veraltet« war. Hinzu kommt eine verhältnismäßig einfache Harmonik mit homophonem, melodiebetontem Aufbau. Von einigen zaghaften Versuchen abgesehen, spielen polyphone Strukturen weder als ganze Sätze (wie beispielsweise in Fugen) noch abschnittsweise eine Rolle.[9]

Da es sich dabei um liturgische Gebrauchsmusik handelt, hatte sich der Komponist zuallererst an den Bedürfnissen des Gottesdienstes zu orientieren. Besonders gut kann man dies bei den meisten Vertonungen des Messordinariums nachvollziehen, bei denen man die Gesamtdauer des Gottesdienstes berücksichtigen musste. Eine Möglichkeit bestand darin, die textreichen Teile (*Gloria* und *Credo*) zu kürzen; ein anderer Ausweg, die Aufführungsdauer auf ein geeignetes Maß zu begrenzen, bildete die sog. *Polytextur*: Der Text bleibt hier unangetastet; verschiedene Abschnitte werden jedoch von den Vokalstimmen simultan vorgetragen, was natürlich jede Wortverständlichkeit völlig unmöglich macht.[10]

Auf der anderen Seite verwendete man zur Vereinfachung des kompositorischen Prozesses bei textidentischen oder strukturell ähnlichen Teilen in vielen Fällen die gleiche Musik einfach noch einmal: Besonders häufig ist dies bei den Wiederholungen des *Kyrie eleison* im ersten Satz oder des *Osanna* im *Sanctus* und *Benedictus* zu finden; aber auch für das ganze *Agnus Dei* konnte man z. B. die Musik des *Kyrie* wiederverwenden. Die Sänger waren dabei offenbar so textsicher, dass in den Noten an der betreffenden Stelle nur *Agnus Dei ut Kyrie* eingetragen ist und man meistens auf die Wiedergabe des neu zu singenden Textes in den Noten verzichten konnte.[11] Auch die anderen

Abt Nikolaus Betscher (1745–1811)
Letzter Abt des Prämonstratenserklosters Rot an der Rot und Komponist.
Rot a. d. Rot.

zyklischen Werke, Requiem und Vesper, weisen vergleichbare Kompositionsprinzipien auf.

Darüberhinaus schreckte man selbst in der Totenmesse nicht vor der Verwendung von »weltlichen«, musikdramatisch geprägten Formen zurück: Im Requiem Es-Dur op. 1 Nr. 8 von Lambert Kraus (1729–1790), Prior von St. Michael in Metten, besteht z. B. das Offertorium *Responde mihi* aus der operntypischen Verknüpfung von Rezitativ und Arie. Kleinere liturgische Werke, wie z. B. Offertorien oder Psalmvertonungen, sind außerdem oft nur solistisch besetzt und wurden dann häufig ganz offen als *Aria* bezeichnet.

Im Hinblick auf die Herkunft der Sammlungen müsste deren kirchenmusikalische Prägung eigentlich nicht extra hervorgehoben werden, wenn nicht außerdem in erstaunlichem Umfang noch »weltliche« Stücke – v. a. Sinfonien von Komponisten der 2. Hälfte des

Requiem Es-Dur
*von Lambert Kraus (1729–1790), op. 1 Nr. 8, aus dem Benediktiner-
kloster Ochsenhausen. Titelseite des Umschlags.
Zeitgenöss. Abschrift vom Druck (Augsburg: Rieger 1762).
Schwäbisches Landesmusikarchiv Tübingen.*

18. Jhs., darunter z. B. von Ignaz Pleyel (1757–1831)
oder Johann Baptist Vanhal (1739–1813) – vorhanden
wären. Zum einen hängt dies mit den repräsentativen
Pflichten der geistlichen Fürstentümer zusammen:
*Bei gewissen Feierlichkeiten oder Anwesenheit beson-
derer Gäste wird auch Tafel- und Kammermusik
gemacht, deren Exekution immer trefflich ist.*[12] Zum
anderen spielte man aber auch einzelne Sinfoniesätze
im Gottesdienst.[13]

Noch weniger dürfte man unter den Klostermusikalien Opernarien vermuten; aber auch solche Stücke
sind immer wieder zu finden. Ein Teil liegt noch in
seiner Originalgestalt vor, andere sind hingegen mit
einem liturgischen Text parodiert; manches der oft
virtuosen, ursprünglich v. a. der Selbstdarstellung des
Opernsängers dienenden Gesangsstücke erlebte so
als *Graduale* oder *Offertorium* eine Wiederaufer-
stehung. Dies ist übrigens schon seinerzeit heftig ange-

prangert worden: *Welch ein geschmakloses Unternehmen! Opernmusik in Kirchenmusik zu verunstalten.*[14]
Die Beliebtheit solcher zweckentfremdeten Musik lässt
sich mit der 1798 bei Lotter veröffentlichten Sammlung *XXVIII. Ariæ Selectissimæ Præclarorum Viro-
rum* höchst eindrucksvoll belegen, deren Titelseite
dem Käufer Werke von den damals renommiertesten
Opernkomponisten versprach: Neben Mozart werden u. a. Domenico Cimarosa (1749–1801), Antonio
Sacchini (1730–1786) und Antonio Salieri (1750–1825)
genannt. Zu Musik aus Cimarosas *Il matrimonio
secreto*, Mozarts *La clemenza di Tito* oder aus dem
komischen Singspiel *Betrug durch Aberglauben* von
Karl Ditters von Dittersdorf (1739–1799) konnten nun
im Gottesdienst Offertorien mit so unschuldigen Tex-

Eine umgewidmete Opernarie
*Das Notenblatt der Arie Lasciami il caro bene aus der Oper Armida
von Pasquale Anfossi (1727–1797) stammt aus dem Damenstift
Buchau. Unter dem originalen italienischen Text haben zwei ver-
schiedene Schreiber für den Gottesdienst nacheinander zwei liturgi-
sche Texte eingetragen: »Justus ut palma und Benedictus qui venit.«
Undatierte zeitgenöss. Abschrift aus der Reihe Journal d'ariettès,
Nr. 25. Paris: Bailleux 1780.
Schwäbisches Landesmusikarchiv Tübingen.*

ten wie *Veni creator spiritus* (Original: *Cara non dubitar*), *O Deus ego amo te* (Original: *Deo per questo istante*) oder *Vive palma* (Original: *Ach, ich kenne wohl die Liebe*) erklingen.[15]

Dokumente zweier besonders hybrider Spielarten werden außerdem im Schwäbischen Landesmusikarchiv aufbewahrt und zeigen eine recht zweifelhafte Vervollkommnung dieses Verfahrens. Im Bestand des Prämonstratenserklosters Rot an der Rot befindet sich eine anonym überlieferte Messe, deren Komposition seinerzeit offenbar Mozart unterschoben worden ist;[16] tatsächlich stammt sie von einem unbekannten Bearbeiter, der die Opera buffa *Così fan tutte* gleichsam als »Steinbruch« verwendet, verschiedene musikalische Teile herausgelöst und zur Vertonung des gesamten Ordinariums missbraucht hat. – Eine andere Variante jener Bearbeitungspraxis findet man im Notenbestand des Klosters Weingarten. Sowohl der dortige Chorregent Meingosus Gaelle als auch einige seiner komponierenden Mitbrüder parodierten gegen Ende des 18. Jhs. mehrfach sogar Sinfoniesätze mit lateinischen Texten und verliehen dieser Musik auf diese Weise – meist als Offertorium – geistliche Weihen.[17]

Das Begleitensemble besteht mindestens aus dem sog. *Kirchentrio:* zwei Violinen und Orgel; letztere bildet zusammen mit dem Violone (einer Vorform des Kontrabasses) den Generalbass; häufig kommt noch eine Bratschenstimme hinzu. Wenn außerdem Blasinstrumente zu besetzen sind (z. B. Flöten, Oboen, sehr selten die immer noch recht neuen Klarinetten, Hörner), so geschieht dies meistens paarweise; doch bestehen hier größte Freiheiten und besonders ein Klosterkomponist dürfte sich v. a. nach den örtlichen Gegebenheiten gerichtet haben. Bei festlichen Messen gehören zum Begleitorchester noch Trompeten und Pauken, vereinzelt können noch Fagotte hinzutreten. Posaunen fehlen hingegen in allen Klosterbeständen. Natürlich pflegte man auch in dieser Zeit immer noch die älteste überlieferte Musik des katholischen Ritus, den gregorianischen Choral. Allerdings wurde er nicht mehr in der traditionellen Weise a cappella vorgetragen, sondern mit Orgelbegleitung aufgeführt. In Anlehnung an die zeitgenössische Kirchenmusik notierte man ihn mit Generalbass und verfremdete den Charakter jener Melodien durch deren Einzwängung in ein dur-moll-tonales Korsett. Ein besonders ein-

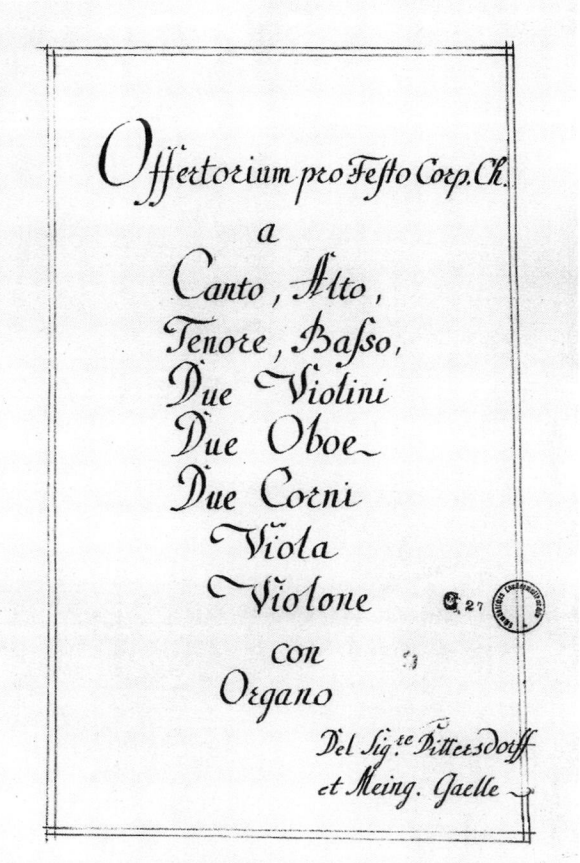

Offertorium von Meingosus Gaelle (1752–1816)
Das Offertorium Probet autem se ipsum ist eine Parodie des ersten Satzes einer Sinfonie von Karl Ditters von Dittersdorf (1739–1799) aus dem Benediktinerkloster Weingarten.
Umschlag des 1792 geschriebenen Stimmensatzes.
Schwäbisches Landesmusikarchiv Tübingen.

drucksvolles Beispiel für diese Praxis stellt ein Antiphonale dar, das Michael Haydn (1737–1806) im Auftrag des Klosters Rot an der Rot 1791/92 angefertigt hat.[18] Darüberhinaus sind noch solche Noten aus dem Bestand des ehemaligen Domikanerinnenklosters Siessen bei Saulgau erhalten.[19]

Bei der Erforschung von Quellenmaterial ist oft weniger erstaunlich, was man dabei vorfindet, als vielmehr das, was man hätte erwarten dürfen, dann aber bei den Recherchen vermisst. Angesichts der prächtigen Orgeln in den oberschwäbischen Klöstern müsste sich unter den Musikalien eigentlich ein reicher Bestand an entsprechender Literatur befinden. Indessen ist im

Für das Fest des hl. Andreas
Gregorianischer Choral mit Generalbassbegleitung aus dem Dominikanerinnenkloster Siessen. Erste Seite der 1771 gefertigten Handschrift (Proprium Sanctorum. In Festo S. Andreae). Auf der letzten Seite vermerkte die Schreiberin: »Bitte nach meinem Todt umb einen deprofundis. Nwürdige [unwürdige] Mittschwester. Maria Wallburga. Gärtnerin, 1771«.
Schwäbisches Landesmusikarchiv Tübingen.

Schwäbischen Landesmusikarchiv kein einziges auch noch so unbedeutendes Werk für Orgel solo erhalten.[20]

Die Musikalien

Der klösterliche Notenbestand wurde traditionell auf der Orgelempore aufbewahrt und entging deshalb im Unterschied zu den Bibliotheken nach der Säkularisation meistens der Plünderung durch die neuen Herren. Weil die Mönche ihren Konvent aber nun für gewöhnlich auch verlassen mussten, gab es in den überwiegend ländlichen Regionen keine Musiker mehr, die die anspruchsvollen Werke noch hätten aufführen können. Im »günstigsten« Fall wurde dieser Bestand einfach vergessen und allenfalls von der Witterung oder Ungeziefer bedroht. Bei weniger glücklichen Umständen erinnerte man sich an den wertlos gewordenen Altbesitz, weil der Platz nämlich anderweitig viel »besser« genützt oder das Papier zum begehrten Rohstoff werden konnte – dann waren die veralteten Musikalien ebenfalls von der Vernichtung bedroht. So wird z. B. berichtet, dass noch 1927 der *gesamte prachtvolle Notenbestand* eines nicht näher bezeichneten *ehemaligen berühmten Reichsstiftes in der Waschküche der Frau Kirchenmesner als Brennmaterial sein Ende* gefunden hatte.[21]
Bis auf wenige versprengte Reste, befindet sich das erhaltene musikalische Erbe der ehemaligen oberschwäbischen Klöster heute im Schwäbischen Lan-

desmusikarchiv (Tübingen), das Ernst Fritz Schmid, der damalige Direktor des Musikinstituts der Universität Tübingen[22], 1936 gegründet hatte. Sein Ziel war, die im Lande *an tausenden Stellen noch verstreuten Schätze historischer Musikalien und Musikinstrumente […] zu sammeln, pfleglich zu verwahren, zu inventarisieren und der Allgemeinheit auf alle geeignete Art zugänglich zu machen, […].*[23] Neben historischen Notenbeständen aus einigen evangelischen und katholischen Pfarrämtern der Region kamen so Musikalien aus den Klöstern [Bad] Buchau, Gutenzell, Isny, Ochsenhausen, Rot an der Rot, Siessen und Weingarten nach Tübingen; außerdem wird hier eine weitgehend vergleichbare Sammlung aus der Kirche St. Martin in Rottenburg aufbewahrt, in der sich noch Materialien aus der 1773 aufgelösten Jesuitenniederlassung befinden.[24]

Grundsätzlich fällt auf, dass es sich bei allen Musikalien – ob handschriftlich oder gedruckt – um Stimmenmaterial handelt. Partituren, die heute selbstverständliche Grundlage bei der Aufführungsvorbereitung von orchesterbegleiteten Werken sind, kann man nirgends finden. Zwar ist die Kompositionsniederschrift nur in der Form einer Partitur denkbar; wahrscheinlich wurde diese jedoch als reines Arbeitsinstrument bewertet, das man nach Abschluss des Werkes und der Fertigstellung des Stimmenmaterials wegwerfen konnte. Die Aufführungen sind dann von der Orgel aus geleitet worden, wofür dem Regens chori die Generalbassstimme ausreichte: Hier informierte er sich über Taktart, Tempo und den harmonischen Verlauf; die verhältnismäßig einfach strukturierten Kompositionen erforderten kaum weitere Hinweise, allenfalls wurden die notwendigen Stimmeneinsätze oder einige Stichnoten ergänzt.

Die Klosterbestände setzen sich überwiegend aus handschriftlichem Notenmaterial zusammen. Dies hat zwei Gründe: Einmal war es einfach billiger, eigene Konventualen ausgeliehene Musikalien kopieren zu lassen, als Geld für die Drucke auszugeben. Zum andern stammt ein Teil – wie bereits erwähnt – von Klosterkomponisten des eigenen Konvents, deren Werke (bis auf einen verschwindend kleinen Teil) ohnehin nie gedruckt worden sind.

Da es sich bei den Noten um Praktika handelt und aus ihnen also seinerzeit musiziert worden ist, kann man

ihrem Erscheinungsbild recht zuverlässige Informationen zur damaligen Aufführungspraxis entnehmen. Verblüffend eindrucksvoll wird die Vermutung bestätigt, dass in den Männerklöstern Sopran und Alt des vierstimmigen gemischten Chors von Kindern gesungen wurden: Das Notenmaterial der beiden hohen Register befindet sich in einem deutlich schlechteren Erhaltungszustand, als das der übrigen Sänger. Die entsprechenden Stimmen aus Frauenklöstern weisen hingegen keine unterschiedlichen Benutzungsspuren auf und vermitteln zudem den Eindruck, als seien die Nonnen generell sorgsamer mit ihren Musikalien umgegangen (zu den dortigen aufführungspraktischen Besonderheiten s. das anschließende Kapitel).

Anhand des erhaltenen Notenmaterials lässt sich zudem der Umfang der heute üblicherweise chorisch besetzten Stimmen ziemlich sicher eingrenzen: Weder für die Chorsänger, noch für die Streicher sind nämlich Duplierstimmen vorhanden. Die Vokalpartien dürften also maximal von drei Sängern, die der Streicher wahrscheinlich nur von bis zu zwei Musikern ausgeführt worden sein.[25]

Zur Aufführungspraxis in Frauenklöstern

Nicht nur im gesellschaftlichen Bereich unterlagen Frauen damals ganz fundamentalen Benachteiligungen; auch das Musizieren war mit geschlechtsspezifischen Einschränkungen verbunden. So durften beispielsweise Blasinstrumente von Frauen nicht erlernt werden, weil die unvermeidlich beim Ausüben auftretenden Gesichtsbewegungen für die weibliche Würde als unangemessen galten. Aufgrund der Spielhaltung hätte man darüberhinaus die Ausübung des Violoncellos durch eine Musikerin als geradezu unsittlich empfunden.[26] Für ein Nonnenkloster kam als weitere Schwierigkeit bei der konventionellen Kirchenmusik die Besetzung der tiefen Register des vierstimmigen gemischten Chors hinzu.

Im Schwäbischen Landesmusikarchiv bietet der umfangreiche Notenbestand aus dem Zisterzienserinnenkloster Gutenzell vielfältiges Quellenmaterial, das eine Lösung dieser Fragen – mindestens mit hoher Wahrscheinlichkeit – zulässt. Obwohl hier tatsächlich ein etwas größerer Prozentsatz an solistischer Vokal-

183

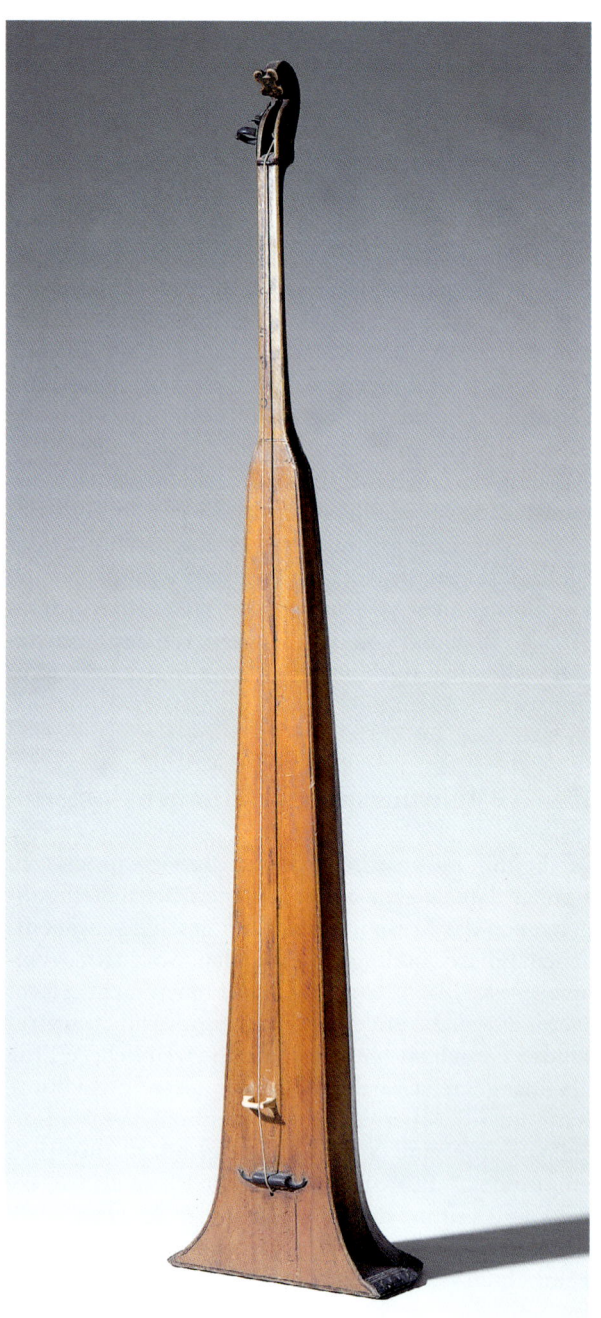

Trumscheit
*Klösterliche oder volkstümliche Bezeichnung für eine sog. Nonnen-
trompete, auch Tromba marina, Trompetengeige oder Mariengeige
genannt.*
Johannes Ott, Füssen 1732.
Germanisches Nationalmuseum Nürnberg.

musik für Sopran oder Alt vorliegt, als man dies bei
Musikalien aus Männerklöstern findet, unterscheidet
sich der Gesamtbestand von diesen dennoch erstaunlich wenig. Große Messen mit der üblichen vierstimmigen Vokalbesetzung sind aber wahrscheinlich nicht
so häufig aufgeführt worden, und Tenor und Bass
wurden offenbar dann von Mönchen aus den benachbarten Klöstern (Rot an der Rot bzw. Ochsenhausen)
übernommen.[27]

Die Blasinstrumente wurden vermutlich doch von
den Nonnen selbst gespielt. Nicht nur deren Besetzung auch bei kleinen Stücken, für die kein Tenor
oder Bass erforderlich waren, stützt diese Vermutung
– eine Anfahrt von Mönchen zum Mitmusizieren
hätte sich einfach nicht gelohnt. In seiner 1810 erstmals veröffentlichten Erzählung *Die heilige Cäcilie
oder Die Gewalt der Musik* bezeugte Heinrich von
Kleist außerdem: *In den Nonnenklöstern führen, auf
das Spiel jeder Art der Instrumente geübt, die Nonnen, wie bekannt, ihre Musiken selber auf; oft mit
einer Präzision, einem Verstand und einer Empfindung, die man in männlichen Orchestern (vielleicht
wegen der weiblichen Geschlechtsart dieser geheim-
nisvollen Kunst) vermißt.*[29] Ermöglicht wurde dies im
übrigen durch die sehr geräumige Empore, die vom
Kirchenschiff aus nicht eingesehen werden kann. Somit konnten die Nonnen auch »sanktionierte« Instrumente unbeobachtet spielen.

Bestätigt wird diese Vermutung durch ein Gutenzeller Inventarbuch, in dem sich unter den nachgewiese-
nen Instrumenten aus Klosterbesitz neben mehreren
Streichinstrumenten noch Pauken und sogar ein Ser-
pent befinden. Hier sind außerdem *6 Trompeten zum
Geigen* verzeichnet;[29] hinter dieser merkwürdigen Bezeichnung verbirgt sich ein gerade für Frauenklöster
ganz typisches Musikinstrument: Es handelt sich um
die sog. *Nonnentrompete*, die auch als *Tromba marina,
Trompetengeige, Marientrompete* oder *Trumscheit* bezeichnet wird. Dieses einsaitige Streichinstrument, das
eigentlich zunächst eine reine Bassfunktion hat, diente
bereits in der städtischen Musikkultur des Mittelalters
als Trompetenersatz, da es aus »finanziellen Gründen nicht immer möglich war, beim Musizieren [die
in Zünften organisierten und deshalb kostspieligen
Trompeter] heranzuziehen.« Man machte sich hierfür
einen besonderen akustischen Effekt zu Nutze: »Die

Nonnentrompete wurde in Flageoletttönen, also Obertönen, gespielt, so daß man darauf die gleichen Naturtöne hervorbringen konnte wie auf der Trompete. Der asymmetrische Steg erzeugte einen trompetenartigen, schnarrenden Ton.«[30]

Gründe für den nachhaltigen Untergang der klösterlichen Musikkultur

Die Säkularisation von 1803 beendete nicht nur die institutionelle Existenz der Klöster – gleichzeitig wurde eine Jahrhunderte alte Musikkultur abrupt unterbrochen; diese hatte aus konfessionellen, gesellschaftlichen und politischen Gründen im 19. und auch noch weit bis ins 20. Jh. hinein keine Chance, wiederentdeckt zu werden. Zunächst gab es – wie bereits erwähnt – in den ländlichen Gebieten nach der Vertreibung der Mönche keine Musiker mehr, die den technischen Anforderungen der Werke gewachsen gewesen waren. Darüberhinaus befinden sich in dieser Region keine größeren Städte, die sich als kulturelle Zentren um den musikalischen Nachlass der Konvente hätten kümmern können; hinzu kommt der konfessionelle Unterschied zwischen dem katholischen Oberschwaben und dem protestantisch geprägten politischen Zentrum Württembergs, wodurch auch von dort kein Interesse zu erwarten war. Auf kirchlicher Seite dominierte im 19. Jh. der Cäcilianismus den musikalischen Alltag; die als »verweltlicht« geltende Musik des Barock und der Klassik wurde von dieser Strömung strikt abgelehnt. Sehr deutliche Worte hatte Anton Friedrich Justus Thibaut (1772–1840) in seiner berühmten Schrift *Über Reinheit der Tonkunst* gefunden, die erstmals 1825 veröffentlicht worden ist;

hier griff er u. a. die Messvertonungen von Joseph Haydn und Wolfgang Amadeus Mozart heftig an und warf ihnen vor, *daß ihr herrschender Charakter üppig, weltlich, mit einem Worte, der Kirche im edlen Sinne ganz unwürdig ist, und daß kein Frommer in der Kirche daran in der Kirche Gefallen finden kann, wenn er ältere Meisterwerke im reinen Kirchenstyl kennt.*[31] Zwar gab es mit der Einrichtung von wissenschaftlich-historischen Notenreihen um 1900 ein Forum, das sich auch mit der klösterlichen Musikkultur des 18. Jhs. hätte befassen können. Die 1892 ins Leben gerufenen »Denkmäler deutscher Tonkunst« waren jedoch preussisch und damit protestantisch geprägt; bei den wenig später gegründeten »Denkmälern der Tonkunst in Bayern« hätten zwar keine konfessionellen Probleme bestanden, doch sie waren dafür nun in geographischer Hinsicht für die oberschwäbischen Klöster nicht zuständig.

Erst als in der 2. Hälfte des 20. Jhs. das Interesse an Barockmusik erwachte und durch die allmählich einsetzende historische Aufführungspraxis verstärkt wurde, entstand die Voraussetzung zur Wiederentdeckung der untergegangenen klösterlichen Musikkultur. Adäquate Aufführungen und Einspielungen der Werke lassen dennoch bis heute immer noch auf sich warten, und auch Musikalien fehlten bis vor kurzem fast gänzlich;[32] eine Möglichkeit für wissenschaftliche Veröffentlichungen bietet erst die seit 1994 eingerichtete Notenreihe »Denkmäler der Musik in Baden-Württemberg«, die sich auch allmählich den Klosterkomponisten öffnet.[33] Musik existiert aber nur dann wirklich, wenn sie erklingt; deshalb müssen dieser wissenschaftlichen Edition nun noch praktische Ausgaben folgen, damit die Werke wieder aufgeführt werden können.

---

[1] Etwas über die schwäbischen Reichsklöster, in Hinsicht auf Musik, in: Musikalische Korrespondenz der teutschen Filarmonischen Gesellschaft, Nr. 14 vom 06.10.1790, 105. Der zweigeteilte Beitrag ist zwar nur mit *K – t* gezeichnet, dürfte aber von dem Biberacher Komponisten Justin Heinrich Knecht (1752–1817) stammen, der mehrfach für diese Zeitschrift geschrieben hat.
[2] Ebd., Nr. 13 vom 30.09.1790, 103.
[3] Zitiert nach: *Otto Beck*, Die Reichsabtei Heggbach. Kloster, Konvent, Ordensleben. Ein Beitrag zur Geschichte der Zisterzienserinnen. Sigmaringen 1980, 312.

[4] Schwäbische Reichsklöster (wie Anm. 1), Nr. 13, 104.
[5] Beide Zitate nach: *Josef Bader*, Das badische Land und Volk. Freiburg 1853, Bd. 1, 77f. – Der vollständige lateinische Originaltext ist veröffentlicht in: Cistercienser-Chronik, 6 (1894), 49ff.
[6] Detaillierte Darstellung der Verlagsgeschichte und seiner Produktion: *Hans Rheinfurth*, Der Musikverlag Lotter in Augsburg (ca. 1719–1845). Tutzing 1977 (Musikbibliographische Arbeiten, Bd. 3).
[7] Einzelstudien liegen zu zwei der genannten Komponisten vor: *Georg Günther*, Untauglich zu königlich-erzherzoglichen Kriegsdiensten. Der Komponist Willebold Angeber (1771–1833) im Kloster Rot an

der Rot, in: Musik in Baden-Württemberg. Jahrbuch 1997, 31–44. *Ders.*, Ein zur Musik taugliches Subjekt. Der Komponist Aemilian Rosengart (1757–1811) aus dem Kloster Ochsenhausen (Oberschwaben), in: Kirchenmusikalisches Jahrbuch 1997, 125–158.

[8] Schwäbische Reichsklöster (wie Anm. 1), Nr. 14, Sp. 106.

[9] Eine der wenigen Anstrengungen, die außerdem kompositionstechnisch ziemlich misslungen ist, wird beschrieben in: *Georg Günther*, Eine »Hohe Messe« aus Oberschwaben. Die Messe in G-Dur des Weißenauer Klosterkomponisten Alois Wiest, in: *Helmut Binder* (Hg.), 850 Jahre Prämonstratenserabtei Weißenau 1145–1995. Sigmaringen 1995, 537.

[10] Die frühe Messe »rorate coeli desuper« Hob. XXII:3 von Joseph Haydn stellt ein bekanntes Beispiel für diese Art der Vertonung dar; obwohl hier weder im Gloria noch im Credo der Text gekürzt wurde, dauern beide Sätze lediglich ca. eine bzw. zwei Minuten.

[11] Diese Praxis ist anhand einer Auswahl von Messen dargestellt in: *Georg Günther*, Ad Chorum Rothensem. Zur Musikpflege in der ehemaligen Prämonstratenserreichsabtei Rot an der Rot gegen Ende des 18. Jhs., in: Analecta Praemonstratensia, tomus LXXV, 219f.

[12] Schwäbische Reichsklöster (wie Anm. 1), Nr. 14, 106.

[13] Vgl. hierzu: *Friedrich W. Riedel*, Joseph Haydns Sinfonien als liturgische Musik, in: *Karlheinz Schlager* (Hg.), Fschr. Friedrich Unverricht. Tutzing 1992 (Eichstätter Abhandlungen zur Musikwissenschaft, 9), 213–220.

[14] Etwas über Kirchenmusik, in: Musikalische Real=Zeitung, Nr. 23 vom 03.12.1788, Sp. 177 (anonym veröffentlichter Artikel).

[15] Vgl. hierzu *Nicole Schwindt-Gross*, Parodie um 1800. Zu den Quellen im deutschsprachigen Raum und ihrer Problematik im Zeitalter des künstlerischen Autonomie-Gedankens, in: Die Musikforschung, 41 (1988), 16–45 (bes. 43–45).

[16] Schwäbisches Landesmusikarchiv, Bestand Rot an der Rot (Signatur A 001). Auf der ersten Seite der Stimme für die zweite Flöte ist noch der Schriftzug *otzard* zu erkennen; es handelt sich dabei um die Überreste des durch Feuchtigkeitseinwirkung verderbten Komponistennachweises »Motzard«. Dieses Werk ist auch berücksichtigt in: KV[6] Anh. B zu KV 588.

[17] Schwäbisches Landesmusikarchiv, Bestand Weingarten, z.B. die Signaturen C 027 – Sinfoniesatz von Dittersdorf, jetzt Offertorium »Probet autem se ipsum«, oder C 059 – Sinfoniesatz von Leopold Kozeluch (1747–1818), jetzt Offertorium »Nobis summa trias«.

[18] Das Autograph befindet sich heute in der Österreichischen Nationalbibliothek Wien (Sig. ms. 18788), eine Abschrift in der Bayerischen Staatsbibliothek München (Mus. Ms. 3811); ein drittes Exemplar wird in der Diözesanbibliothek Rottenburg (Signatur F 400) aufbewahrt. Eine umfassende Studie hierzu s. *Manfred Hermann Schmid*, Das Antiphonarium von Michael Haydn (1792). Auftrag, Entstehung und Überlieferung, in: Mozart-Studien. Bd. 2. Tutzing 1993, 91–118.

[19] Schwäbisches Landesmusikarchiv (Tübingen), Signaturen V 11, V 12 und V 15 bis V 18.

[20] Bisher ist nur das sog. »Ochsenhausener Orgelbuch« von 1735 bekannt (Yale University, New Haven, Connecticut, Sign. Misc. Ms. 150); die darin enthaltenen Stücke sind allerdings verhältnismäßig anspruchslos und entsprechen in keiner Weise den großartigen Instrumenten mit ihren immensen klanglichen Möglichkeiten.

[21] *Ernst Fritz Schmid*, Das Schwäbische Landesmusikarchiv in Tübingen, Vortrag vom 11. 02. 1937 in Nürtingen, Typoskript, 7.

[22] Heute: Musikwissenschaftliches Institut der Universität Tübingen.

[23] *Schmid*, Vortrag (wie Anm. 21), 5. Eine ausführliche Darstellung zur Geschichte des Schwäbischen Landesmusikarchivs s. *Georg Günther*,

Musikalien des 18. und 19. Jhs. aus Kloster und Pfarrkirche Ochsenhausen. Katalog. Stuttgart 1995, IX–XI.

[24] Gesamtüberblick der Bestände des Schwäbischen Landesmusikarchivs: *Walter Gerstenberg*, Inventar. Tübingen 1963. Kataloge zu drei Einzelsammlungen: *Günther*, Musikalien (wie Anm. 23); *Ders.*, Musikalien des 18. Jahrhunderts aus den Klöstern Rot an der Rot und Isny, Stuttgart 1997.

[25] Die einzigen bisher vorliegenden Einspielungen mit Werken dieses ausgefallenen Repertoires im Rahmen der Tonträgerreihe »Musik in oberschwäbischen Klöstern« sind nicht nur in dieser Hinsicht bedauerlicherweise nahezu wertlos; was seit Jahrzehnten bei der Interpretation von Musik jener Epoche selbstverständlicher Standard ist, wird durch viel zu große Ensembles mit modernem Instrumentarium völlig negiert. Hinzu kommt eine kaum nachvollziehbare, oft groteske Züge annehmende Bearbeitungspraxis, die selbst vor elementaren Eingriffen in die Komposition nicht zurückschreckt. – Siehe hierzu die detaillierte Besprechung: *Martin Mezger*, Ewiges Frohlocken. Musik in oberschwäbischen Klöstern – Über eine untergegangene Kultur und eine Serie von CD-Einspielungen, in: Musik in Baden-Württemberg. Jb. 1996, 239–248.

[26] Vgl. hierzu die grundlegende Arbeit von *Freia Hoffmann*, Instrument und Körper. Die musizierende Frau in der bürgerlichen Kultur. Frankfurt/Main 1991.

[27] Eine detaillierte Studie über diesen Bestand s. *Georg Günther*, Ad Chorum Bonacellensem. Zur Musikpflege im Zisterzienserinnenkloster Gutenzell gegen Ende des 18. Jhs., in: Cistercienser Chronik 105 (1998), Heft 3, 453–477. Verschiedene Hinweise in den Musikalien aus Gutenzell belegen die Mitwirkung von Konventualen aus den Klöstern Ochsenhausen und Rot an der Rot.

[28] *Heinrich von Kleist*, Sämtliche Werke und Briefe in vier Bänden, Bd. 3, Erzählungen, Anektdoten, Gedichte, Schriften. Frankfurt am Main 1990, 289.

[29] Schwäbisches Landesmusikarchiv (Tübingen), Bestand Gutenzell (Signatur G 160).

[30] Beide Zitate: *John Henry van der Meer*, Musikinstrumente, München 1983 (Bibliothek des Germanischen Nationalmuseums Nürnberg zur deutschen Kunst- und Kulturgeschichte, N. F., Bd. 2), 107.

[31] A. Fr. J. *Thibaut*, Über Reinheit der Tonkunst. Heidelberg 3. Aufl. 1853, 59. – Mit den »älteren Meisterwerken« waren v. a. die dieses Zeit gerade wiederentdeckten Kompositionen von Giovanni Pierluigi Palestrina (um 1525–1594) gemeint.

[32] Erstaunlich ergebnislos blieb bis heute die Einrichtung der 1986 gegründeten »Verbindungsstelle für oberschwäbische Klostermusik« (Tübingen). Sie ist nicht nur für die oben genannten Einspielungen verantwortlich, sondern konnte – obwohl finanziell enorm gefördert und personell gut ausgestattet – das von ihr »betreute« Repertoire weder durch Veröffentlichungen wissenschaftlich aufarbeiten, noch auch nur eine einzige und im Musikalienhandel erhältliche Notenausgabe vorlegen. – Unabhängig hiervon sind als praktische Ausgaben drei Werke oberschwäbischer Klosterkomponisten von Erno Seifriz 1996 im Verlag Coppenrath herausgegeben worden (Notenreihe »Musik in oberschwäbischen Klöstern«, Bd. 1–3): *Meingosus Gaelle*, »Huc venite, piae mentes«. Chorus an Festtagen; *Ders.*, Salve Regina. Marienantiphon; *Aemilian Kayser*, Magnificat in D aus den *Vesperae de Beata Maria Virgine*.

[33] Als Bd. 5 dieser Reihe ist erschienen *Sixtus Bachmann*, Die doppelchörige Missa solennis in C. München 1997, und als Bd. 9 *Meingosus Gaelle*, Singspiel »Adam und Evas Erschaffung« nach »Schwäbische Schöpfung« von Sebastian Sailer. München 2001.

Herzrührende Schaubühne

Das oberschwäbische Theater und die Musik

von Berthold Büchele

Einleitung

Es gibt wohl kaum einen Bereich der oberschwäbischen Barockkultur, dem in der Vergangenheit so wenig Beachtung geschenkt wurde wie der Musik. Während die barocken Bauten Oberschwabens in den letzten Jahrzehnten mit viel Aufwand renoviert wurden und zahllose Bücher die Barockbaukunst dokumentieren, fiel die oberschwäbische Barockmusik, die einst ein wichtiger Pfeiler der barocken Gesamtkultur war, für rund 200 Jahre dem Vergessen anheim und wurde erst vor ca. 30 Jahren wiederentdeckt.

Die Gründe dafür sind in der Säkularisierung zu suchen[1], aber auch in der Einstellung der Musikwissenschaft. Beides lässt sich in besonderer Weise am klösterlichen Musiktheater Süddeutschlands und speziell Oberschwabens aufzeigen. Hier waren die Verluste durch die Säkularisation besonders hoch: Während die lateinische Kirchenmusik immerhin von manchen Kirchenchören weitergepflegt wurde, war dem klösterlichen Musiktheater durch die Auflösung der Klöster die Existenzgrundlage vollkommen entzogen. Die Musikalien waren auf einen Schlag überflüssig und wurden entsprechend gründlich beseitigt. Von insgesamt rund 1.400 Werken des klösterlichen Musiktheaters in Oberschwaben, die der Autor erfassen konnte, sind nur 35 Musikalien erhalten bzw. bisher aufgefunden worden. Zusätzlich defizitär wirkte sich die Musikwissenschaft aus, die sich von Anfang an kaum für oberschwäbische Musikgeschichte interessierte: Hier wurden Definitionen von Musikgattungen – wie z. B. Oratorium, Singspiel oder Melodram – aufgestellt, die allesamt die Unkenntnis der süd-deutsch-oberschwäbischen Verhältnisse verraten. Da die hier verbreitete besondere Art des klösterlichen Musiktheaters von keiner herkömmlichen musikwissenschaftlichen Definition erfasst wird und – wenn überhaupt – als bizarre, aus der Gegenreformation

P. Wilhelm Hanser (1738–1796)
Klosterkomponist aus dem Prämonstratenserkloster Schussenried.
Schussenried, Neues Kloster.

187

Theatersaal in Ottobeuren
*Nicht überall wurde das Klostertheater in architektonisch eigens
dafür erbauten Räumen dargeboten. Oft benutzte man einfach
vorhandene Räume, wie Bibliothekssälen, Tafelzimmern u. a.
Benediktinerabtei Ottobeuren.*

Das Jesuitentheater vor 1600

Der Jesuitenorden, gegründet 1534, sah von Anfang
die Erneuerung des katholischen Glaubens als seine
Hauptaufgabe. Mit allen zur Verfügung stehenden
Mitteln sollte – nicht zuletzt im Theater – der Triumph
der katholischen Kirche über die Reformation dargestellt werden. Prachtentfaltung, Sinnlichkeit und Faszination wurden nicht nur in der barocken Kirchenarchitektur Gestalt, sondern auch in der Liturgie.
Die katholische Liturgie – und auch hier waren die Jesuiten führend – entwickelte im Zeitalter der Gegenreformation entsprechende Inszenierungen, für welche
die Kirchenräume ideale »Kulissen« boten und bei denen alle Sinne angesprochen wurden. So lag es auch
nahe, dass die Jesuiten auf die Idee der mittelalterlichen Mysterienspiele sowie auf die szenische Umsetzung des Weihnachts-, Oster- und Pfingstgeschehens
zurückgriffen.

Um die Menschen möglichst frühzeitig auf den »richtigen« Weg zu bringen, konzentrierten sich die Jesuiten auf die Bildung der Kinder in den Schulen. So
gründete der Orden in vielen Städten *Kollegien* (Schulen), u. a. 1551 in Dillingen, 1556 in Ingolstadt, 1574 in
München, 1578 in Landsberg. Auch an den Universitäten in Ingolstadt und Dillingen waren sie seit 1549
bzw. 1563 führend tätig. Durch ihr Wirken an Schulen
und Universitäten avancierten die Jesuiten zu *dem*
Schulorden schlechthin.

Bald wurde das Theaterspiel zum wichtigen Bestandteil des Erziehungsplanes an den Jesuitenkollegien.
Die Sprache war immer lateinisch, der Inhalt religiös
und moralisierend. Im Theaterspiel sollten die Schüler lernen, sich durch ihr Auftreten, durch ihre Gesten
und ihr rhetorisches Können zu präsentieren und dabei die lateinische Sprache zu vervollkommnen. Malerei, Musik und Literatur vereinigten sich zum idealen
»Gesamtkunstwerk«. Überall, wo die Jesuiten Kollegien einrichteten, entfaltete sich sofort ein reges Theaterleben. Anlässe waren die Schulabschlussfeiern,
besondere Feste sowie Empfänge von weltlichen oder
geistlichen Würdenträgern.

Schon früh spielte man auch in den Jesuitenkongre-
gationen, die als besondere Gebetsvereinigungen gegründet wurden, Theater. Mitglieder dieser Kongregationen konnten Schüler, aber auch Bürger und

und dem »finster-asketischen Geist des Jesuitismus«[2]
geborene »Sonderform« betrachtet wurde, blieb sie
von einer vor allem auf die protestantische barocke
Kirchenmusik ausgerichteten Forschung so gut wie
unerforscht. In Wirklichkeit war es so, dass der Barockstil zu Anfang entscheidend vom Katholizismus
und der Gegenreformation geprägt war und deshalb
die Formen des katholischen klösterlichen Musiktheaters keinesfalls als »untypisch« abgetan werden können. Diese eigentümlichen Besonderheiten des oberschwäbischen Musiktheaters sollen hier in groben
Zügen skizziert werden. Da sie entscheidend von den
Jesuiten geprägt waren, soll zunächst die dortige Entwicklung zusammengefasst werden.

Handwerker sein, wodurch die Ideen der Jesuiten ins breite Volk hinein strahlten.

Während die Jesuiten der damals modernen Barockkunst und dem Theaterwesen gegenüber sehr aufgeschlossen waren, verhielt sich der Orden der Musik gegenüber anfangs ablehnend. Erst nach und nach wurde sein Verhältnis zur Musik positiver, nicht nur im Gottesdienst und in liturgischen Spielen, sondern auch und vor allem im Schul-Theater. In der Frühzeit des Jesuitentheaters bestand der Anteil an der Musik in den Chören, die, wie bei den Humanisten, die einzelnen Akte abschlossen und allgemeine Betrachtungen zum Ausdruck brachten. Der Text wurde schlicht homophon und nach dem Versmaß vertont, in Anlehnung an das antike Drama. Diese Art des Chores sollten wenig später die Opernkomponisten aufgreifen. Bald tauchten zur Belebung der Handlung auch Chöre innerhalb der Szenen und Einzelgesänge auf, so z. B. 1597 bei der Einweihung der Münchener Jesuitenkirche. Überhaupt wurden die Jesuiten in München nicht nur Wegbereiter der italienischen Barockarchitektur, sondern auch der italienischen Barockmusik in Süddeutschland.

Das Musiktheater der Jesuiten

Von großer Bedeutung für Oberschwaben waren die Gründungen der Jesuitenkollegien in Konstanz (1604), Mindelheim (1618) und Kaufbeuren (1623).[3] Im Unterschied zu den Mönchsklöstern hatten die Jesuitenkollegien eine viel höhere Schülerzahl, was sich für die Musiktheatertradition günstig auswirkte. Im zweiten Jahr des Bestehens besaß das Konstanzer Kolleg schon 500 Schüler, darunter viele Adlige, die dadurch zu Förderern und Gönnern der Jesuiten wurden; durchschnittlich zählte man im 17. Jh. 400 Schüler. Die Kollegien in Mindelheim und Kaufbeuren waren zwar kleiner, doch hatten auch sie mehr Schüler als die oberschwäbischen Klöster. In allen Kollegien gab es eine reiche Theaterkultur, bei der die Musik eine große Rolle spielte. Die Schüler wurden oft unter dem Gesichtspunkt der Musikbegabung ausgewählt. Für alle Kollegien gilt, dass die Jesuiten zwar die Klöster in ihrer Theaterkultur stark beeinflussten, selbst aber kaum Komponisten hervorbrachten, weshalb oft Mönche der

umliegenden Klöster die Musik zu den jesuitischen Schauspielen komponierten. In allen Jesuitenstädten waren auch die Kongregationen maßgeblich bei der Pflege der Musiktheatertradition beteiligt.

Die anderen Orden in Oberschwaben

Während in den Jesuitenkollegien schon vor und auch während des 30-jährigen Krieges jedes Jahr – und dies bis zur Auflösung des Ordens – Musiktheater gespielt wurde, war dies bei den alten Orden und Klöstern kaum der Fall. Diese waren durch ihren Grundbesitz und ihre Wirtschaftsstruktur in der Zeit dieses Krieges viel anfälliger, weshalb sie einen tiefen Einschnitt erleben mussten: Klöster und mit ihnen die Klosterschulen waren vielfach zerstört. Erst ab der Mitte bzw. dem Ende des 17. Jhs. begann nach dem Wiederaufbau in diesen Orden der Theaterbetrieb und wurden auch eigene Theatersäle gebaut. Der Höhepunkt bei den alten Orden lag im 18. Jh.: die musikalische Aufbauarbeit mit gezielter Auslese der Schüler und Konventualen nach musikalischen Gesichtspunkten führte erst jetzt zur eigentlichen Blüte, und auch jetzt erst war die musikalische Ausbildung so weit, dass in fast jedem Kloster ein eigener Konventuale die Musik komponieren konnte, dass anspruchsvolle Arien gesungen werden konnten und ein entsprechendes Orchester zur Verfügung stand.

Die Praemonstratenser waren am stärksten von den Jesuiten beeinflusst, und Dillingen war das bedeutendste Studienzentrum für die Prämonstratenser Oberschwabens. Das reichste praemonstratensische Musiktheaterleben blühte in Marchtal. Rund 500 erhaltene *Periochen* bzw. Theatertexte zeugen heute noch davon. Der dortige Chorherr Isfrid Kayser dürfte der fruchtbarste Musiktheaterkomponist Oberschwabens gewesen sein: für Wengen schrieb er 14, für sein eigenes Kloster vermutlich rund 40 Stücke. Auch in den anderen Klöstern, in Roggenburg, Rot, Ursberg und Weissenau, wurde Musiktheater gespielt.

Die Augustinerchorherren waren gleichermaßen von den Jesuiten geprägt. Entsprechend stark war ihre Liebe fürs Musiktheater. Sehr aktiv war das Wengenkloster in Ulm, wenige Zeugnisse gibt es dagegen von Wettenhausen, Wolfegg und Zeil.

Die *Benediktiner* standen seit Gründung des Jesuitenordens ebenfalls unter dessen Einfluss. Doch durch die Gründung einer eigenen Universität und eines Gymnasiums in Salzburg (1617/1622) fanden sie bald ihr eigenes Ausbildungszentrum. Das dortige Theaterleben gewann nun auch Einfluss auf die oberschwäbischen Klöster, vor allem auf Weingarten, Ochsenhausen und Ottobeuren. Auch Zwiefalten hatte eine lange Musiktheatertradition, die später von dem in Ehingen gegründeten Gymnasium fortgeführt wurde. Wenige Quellen gibt es zum Musiktheater der Klöster Kempten, Ochsenhausen, Petershausen, Isny, Wiblingen, Elchingen, Irsee und Füssen.

Die Zisterzienser besaßen in Oberschwaben nur ein Männerkloster, Salem. Dieses war zunächst ebenfalls stark auf die Jesuiten und deren Universität in Dillingen fixiert, was sich auch auf die Musiktheatertradition auswirkte. Später verblasste der jesuitische Einfluss allerdings. Auch in den Frauenklöstern Baindt und Oberschönenfeld sind Musiktheater-Aufführungen überliefert. Dasselbe gilt für die *Kreuzherren* in Memmingen.[4]

Gattungen des Kloster-Musiktheaters

Wie einleitend dargestellt wurde, sind die Begriffe *Schultheater, Oratorium, Singspiel* und *Melodram* in ihrem bisher verwendeten Sinn viel zu unscharf, um die Vielfalt des oberschwäbischen Musiktheaters zu erfassen. Diese wiederum hängt zusammen mit den Anlässen und Aufführungsorten, zu und an denen Musiktheater geboten wurde. Beide Aspekte, die verschiedenen Musikgattungen und deren jeweilige Aufführungsanlässe, sollen im Folgenden vorgestellt werden.

Von der Theater-Musik zum Musiktheater

Die frühesten Zeugnisse des barocken Musiktheaters in Oberschwaben sind im Jesuitenkolleg in Konstanz überliefert. Dabei ist hier zunächst die Rede vom eigentlichen Schul-Musiktheater, das meist am Schuljahresende aufgeführt wurde, im Unterschied zum *Drama Musicum (Musikdrama)* und zum szenischen Oratorium. Dabei kann die Grenze zwischen weltlichem und geistlichem Theater selten scharf gezogen

werden, denn das klösterliche Schultheater hatte ja letzten Endes fast immer eine geistlich-erzieherische Tendenz. Auch der Ort, wo solche Stücke aufgeführt wurden, ist von dieser schillernden Zweideutigkeit. Die Konstanzer Jesuiten z. B. führten ihr Schul-Musiktheater in der Aula auf, die Gottesdienstraum, Festsaal und Theaterraum in einem war, und selbst bei Theateraufführungen stand der Altar im Raum.[5]

Wegen der meist fehlenden Noten wurde und wird dieses Schul-Musiktheater fast ausschließlich unter dem Gesichtspunkt der Theater- bzw. der Literaturwissenschaft betrachtet. Entsprechend kommen meist nur die Kategorien »Klostertheater«, »Schuldrama« o. ä. in Anwendung. Dabei handelt es sich in den meisten Fällen um ein mehr oder weniger stark musikalisch geprägtes Musiktheater.

Schon 1605 wurde in Konstanz mit dem Theaterspiel begonnen. Der musikalische Anteil beschränkte sich noch wie im Jesuitentheater vom Ende des 16. Jhs. auf Chöre an den Aktschlüssen (sog. *Chori*), doch gab es auch schon Chöre innerhalb der Szenen, die in die dramatische Aktion eingebunden waren, sowie einzelne solistische Gesangseinlagen. Meist handelte es sich dabei um strophenförmige, homorhythmisch gesungene Lieder für 4 Knabenstimmen. Selbst Balletteinlagen gab es schon (1607) sowie eigenständige Instrumentaleinschübe. Nachdem die Oper um 1600 in Florenz ihren Siegeszug begonnen hatte, versuchten die Jesuiten einerseits, ihre Art des Theaters – auch in Konkurrenz zur Oper – weiterzuführen, andererseits konnten und wollten sie sich nicht den in der Oper entwickelten Neuerungen verschließen, denn sie erkannten den affektsteigernden Gehalt der Instrumentalmusik und des Gesangs. Durch die Mischung aus Theater und eingeschobenen opernhaften Elementen könnte man also – nach der bisher gültigen Definition – von einer Art Singspiel sprechen. Die Musik in Konstanz aus dieser Zeit ist – außer bei Justus (1609) – verschollen. Der Anteil der Musik dürfte pro Stück durchschnittlich etwa 10 % betragen haben.

Ab ca. 1650 tauchten im Konstanzer Jesuitentheater mehr und mehr singende allegorische Personen auf, die meist in die Chori, aber auch in den Prologen und Epilogen sowie innerhalb der Szenen die Gefühle oder Aussagen in allgemeiner Form singend – z. B. als Furcht, Tyrannis, Weltliebe und Gottesliebe – zusammenfassten.[6] 1655 wurde in der Perioche zu *Trinum perfectum* zum ersten Mal zwischen handelnden und singenden Personen unterschieden.[7] Die Zunahme des musikalischen Anteils war in Konstanz sicherlich bedingt durch den Kapellmeister J. M. Galley, der ab 1668 in Konstanz nachzuweisen ist und bis 1690 alle Musiken zu den dortigen Jesuitentheaterstücken komponierte. Hier zeigt sich die Ausnahmestellung von Konstanz – wie auch von Augsburg – als Bischofssitz, wo für die Leitung der Kirchenmusik bedeutende Musiker angestellt wurden, die wiederum als Komponisten von Musiktheater das Umfeld bedienen konnten. Den Gesangsstil dieser Zeit muss man sich eher im schlicht monodischen Stil der frühen Oper vorstellen, denn der Jesuit Balde kritisierte 1654 die gekünstelten Melodien *mit ihren weichen Seufzern und ihrem Gezirpe.*[8]

Diese Art der Mischung von Theater und Musik zeigt sich auch in den ältesten erhaltenen Musiktheaterstücken der oberschwäbischen Praemonstratenser- und Benediktinerklöster. In *Umbrae vitae* aus dem Kloster Marchtal (1657[9]) gibt es als Vor- und Zwischenspiele jeweils eine *Symphonia*, vor dem ersten Akt werden *Mutetta nova*, also Motetten eingeschoben, und innerhalb der Akte gibt es Wechsel zwischen Solo- und Chorgesang. Ähnlich verhält es sich beim Zwiefaltener Stück *Paupertas* (*Armut*) (1665[10]); hier treten in einer mit *Musica* überschriebenen Szene *Felicitas* (*Glückseligkeit*), *Tranquillitas* (*Ruhe*), *Somnus* (*Schlaf*) und *Fortuna* (*Glück*) auf. In diesem Stück kommen auch schon parallel handelnde Personen aus der antiken Mythologie vor, die ebenfalls singen (Mars, Pluto). Im Marchtaler *Agon* (1666) gibt es schon eine vollständig durchkomponierte Szene mit ständigem Wechsel von Symphoniae (im Sinne von Zwischenspielen), Solo- und Chorgesängen. Der Anteil der Musik dürfte mindestens 15 % ausgemacht haben.

In der zweiten Hälfte des 17. Jhs. entwickelten sich die Chori am Ende der gesprochenen Akte zu geschlossenen musikalischen Einheiten mit einer Parallelhandlung, wobei sich allmählich der Wandel von der Theatermusik zum Musiktheater vollzog. Die Parallelhandlung konnte der Mythologie, der Geschichte oder dem Alten Testament entstammen (sog. *Praefiguration*).[11] Diese Form hatte sich bis ca. 1700 endgültig herausgebildet und blieb im ganzen 18. Jh. in allen Klöstern üblich. Der Aufbau des gesamten Stückes gestaltete sich dann so:

Prolog mit singenden allegorischen Figuren
1. Akt des Theaters
Chorus I = 1. Opernakt
2. Akt des Theaters: Thema des 1. Aktes wird fortgeführt.
Chorus II = 2. Opernakt: Thema des Chorus I wird fortgeführt.
(Evtl.) 3. Akt des Theaters
Epilog mit den singenden allegorischen Figuren des Prologs.

Prolog, Epilog und Chori bestanden jeweils aus einer Reihe von Rezitativen, Arien und Chören (insgesamt ca. 5–10 »Nummern«), waren also jeweils selbstständige Opernakte. Zusätzlich konnten noch pantomimische oder getanzte Interkalarszenen oder volkstümliche Szenen im Dialekt eingeschoben sein. Ein gutes Beispiel bietet ein Stück, das 1772 in Rot zum Schuljahrsschluss unter dem Titel *Fortuna immerita* (*Unverdientes Glück*) aufgeführt wurde und zu dem Nikolaus Betscher die Musik schrieb. Der musikalische Prolog und die *Musica intercalaris* behandeln in allegorischer Form das Thema Ehe, die 3 Sprechakte die historische Geschichte der Heirat des Rodericus und zwei zusätzliche komische Zwischenspiele die Geschichte eines Kupplers und einer Braut. Zusätzlich gab es eine musikalische Pantomime mit Ballett (*saltus*), ebenfalls mit allegorischen Figuren.

Im 18. Jh. gab es allerdings meist nur noch 2 Sprechakte. Ab ca. 1770 waren die musikalischen Teile oft in deutscher Sprache gehalten. Nun hießen die Chori meistens *Singspiel* im Gegensatz zu den rein gesprochenen Akten. Der übliche musikhistorische Begriff »Singspiel« ist also nicht identisch mit dem oberschwäbischen Singspiel vom Ende des 18. Jhs., da es sich hier um reine musikalische Opernakte handelt. Zusätzliche Verwirrung bei bisherigen Gattungsdefinitionen entsteht dadurch, dass dieses *Singspiel*, wenn es einen geistlichen – z. B. biblischen – Inhalt besitzt, eigentlich ein Mittelding zwischen szenischem Oratorium und geistlicher Oper ist. Die Form des klösterlichen Schul-Musiktheaters stellte also eine Mischung aus eigenständigen Theater- und ebenso eigenständigen Musikteilen in der Art von Opernakten dar. Der Anteil der Musik am Ganzen betrug nun schon ca. 60–70%, und die Texte der gesungenen Teile wurden fast immer in den Periochen abgedruckt. Die reine Musikoper, *Drama musicum* genannt[12], bildete im Schultheater die absolute Ausnahme, nicht dagegen im Konventstheater (s. unten).

Die erhaltenen Kompositionen Schnizers zeigen, wie stark die oberschwäbischen Klosterkomponisten von der neapolitanischen Oper beeinflusst waren und sich in der Technik der Cembalo- und orchesterbegleiteten Rezitative, in der Strophen- und Da-capo-Arie, der Koloraturtechnik, den Ensemblesätzen, der Figurenlehre und der Orchesterbehandlung auskannten. Im Falle von P. Isfrid Kayser lässt sich, obwohl keine einzige Oper von ihm erhalten ist, in den gedruckten Kantaten leicht sein hohes Niveau in der Rezitativ- und Arien-Komposition nachweisen. Besonders auffällig ist die Übereinstimmung von raffinierten lateinischen Reimen und deren Abbildung in musikalischen Reimen.

Erst gegen Ende des 18. Jhs. wurde diese Mischform des Schul-Musiktheaters aufgegeben, als die Aufklärung und teilweise auch die Verbote des Schultheaters (s. Ehingen) sich bemerkbar machten.

Szenisches Oratorium oder geistliche Oper?

Die gängige Musikgeschichtsschreibung verwendet – wie schon angedeutet – nicht nur den Begriff Singspiel, sondern auch die Begriffe Oper und Oratorium in Unkenntnis der Verhältnisse im barocken Oberschwaben. Da die Oratorienforschung vorwiegend auf das protestantische Oratorium fixiert war, definierte sie das Oratorium als nicht-szenisch aufgeführte biblische Geschichte und stellte somit die Oratorien von Bach oder Händel als Idealtypus des barocken Oratoriums dar. Sie übersah dabei, dass das katholische Oratorium eine Art »urbarockes« Oratorium darstellt. Dieses Oratorium, das auch im süddeutschen und speziell oberschwäbischen Raum verbreitet war, wurde aber eben in der Regel szenisch aufgeführt und war – vom barocken »Gesamtkunstwerk« als Summe von Architektur, Malerei, Literatur, Theater, Kleidermode und Musik aus gesehen – viel ganzheitlicher. Die Oratorien von Händel oder Bach sind sicherlich unter fachspezifischen Gesichtspunkten Spitzenwerke, waren aber in Oberschwaben vollkommen unbekannt,

wären auch durch das Fehlen des Visuellen als »unvollkommen« angesehen worden.

Obwohl in Oberschwaben der Begriff Oratorium erst am Ende des 18. Jhs. verwendet wurde, gab es hier schon seit dem Mittelalter oratorienähnliche Gebilde in Form liturgischer Dramen oder Mysterienspiele. Späte Ausläufer dieser Tradition sind die Passionen des Weingartener Klosterkomponisten J. Reiner am Ende des 16. Jhs.

Die Anfänge des barocken Oratoriums als musikalische Gattung werden in den geistlichen Übungen des Filippo Neri in Rom gesehen. Der den Jesuiten nahestehende Neri hatte Priester- und Laienkongregationen gegründet und ganz im Sinne der Jesuiten im Oratorium (Betsaal) von S. Girolamo in Rom geistliche Übungen und Meditationen mit Musik abgehalten. Dadurch sollte die Kraft der Musik den Zielen der geistlichen Übungen dienstbar gemacht werden. Die musikalische Vorstellung tugendhafter Handlungen und abschreckender Beispiele sollte dazu beitragen, die Gläubigen zu bessern. Hier wird deutlich, dass das Oratorium dem Geist der katholischen Gegenreformation entwachsen ist.

Seit Erfindung der Oper um 1590 drangen deren Errungenschaften auch in die geistliche Musik ein. In der ersten geistlichen Oper *Rappresentazione di anima e di corpo von Cavallieri*, die 1600 aufgeführt wurde und auch bald im Druck erschien und sicher auch in Süddeutschland bekannt wurde, gelang diesem eine Synthese aus mittelalterlichem Mysterienspiel, Meditationen des ihm nahe stehenden F. Neri, und aus Errungenschaften der Oper mit ihrer idealen Verbindung von Musik und Theater. Das Werk hat drei vollständig komponierte Akte mit Sologesängen und Chören, wobei der Sologesang im modernen *Stile nuovo* (d. h. syllabisch deklamiert) und nur mit Generalbass begleitet ist.

Mit diesem Werk ist Cavallieri Pate geworden nicht – wie immer wieder behauptet wird – für das nicht-szenische, sondern für das szenische Oratorium und die ihr ähnliche geistliche Oper sowie für die stärkere Verwendung der Musik im Theater und in den Meditationen der Jesuiten. Werke in der Nachfolge der *Rappresentazione* und die Meditationen der Jesuiten waren in Oberschwaben also keine Ausnahmen, sondern die Regel.

In diese Tradition gehört denn auch ein Werk, welches um 1620 entstand und ganz unter dem Einfluss von Cavallieri zu sehen ist. Es dürfte das erste in Deutschland entstandene Werk dieser Art sein (also noch vor Schütz). Es stammt von Daniel Bollius (c. 1590 bis c. 1642), der an der Jesuitenuniversität in Dillingen und am Collegium Germanicum in Rom studiert hatte, Schüler des Augsburgers Erbach und des Konstanzers Bildstein war und bis 1618 als Hoforganist in Sigmaringen wirkte. Das Werk trägt den Titel *Representatio harmonica conceptionis et nativitatis S. Joannis Baptistae*, hat einen Prolog, 2 Akte zu je 3 Szenen und Epilog, Solosänger, Chor und Orchester und ist *in modo pathetico sive recitativo*, also im damals modernen monodischen Gesangsstil komponiert.[13] Titel und Stil verraten, dass sich Bollius an das Werk von Cavallieri anlehnt. Ebenfalls von ihm stammt ein Dialog für 2 Stimmen und Instrumente, der an die Dialoge der Italiener anknüpft. In Konstanz ist die Perioche zu einem Stück aus Würzburg aus dem Jahr 1617 erhalten, das vermutlich als ein solches szenisches Oratorium zu betrachten ist.

Von großer Bedeutung für das szenische Oratorium waren die *Drammata sacra* des Jesuiten Andreas Brunner, der zwischen 1637 und 1651 als Prediger in Innsbruck wirkte. Durch seine *Herzrührende Schaubühne*[14] von 1645 stellte er in deutscher Sprache – was damals ungewöhnlich war – das Leiden Jesu in der Innsbrucker Jesuitenkirche dar, wobei der Chor, ja sogar die ganze Kirche als Kulisse mit einbezogen wurde. Brunner beabsichtigte damit, seine Fastenpredigten szenisch umzusetzen und zu beleben und die abstrakte Sprache theatralisch und musikalisch zu überhöhen. Er sollte damit Vorbild für die Sailer'-schen Oratorien werden.

1643 komponierte der Jesuit Paullinus (geb. 1604) in München ein szenisches Oratorium *Philothea*, das ebenfalls an Cavallieri anzuknüpfen scheint. Es wurde in München mehrere Male aufgeführt, 1651 im Konstanzer Jesuitenkolleg sowie in 1671 in Mindelheim und ist deshalb ebenfalls von größter Bedeutung für die oberschwäbische Kirchenmusikgeschichte. Es behandelt, wie der Name der allegorischen Figur *Philothea* andeutet, die *Liebe zu Gott*. Paullinus schreibt ausdrücklich, man könne es in der Kirche oder im Theater szenisch oder nichtszenisch spielen. Als zu-

Philothea, d.h. die Gott teure Seele
Titelblatt zu Paullinus' Szenischem Oratorium Philothea aus dem Jahre 1669.

sätzliche Besonderheit wurden einzelne Stücke sogar für die gesonderte Aufführung als Graduale, Offertorium oder bei der Wandlung empfohlen. Das Stück umfasst 5 Akte; an jedem Aktende steht – wie beim Schultheater – ein Chorus; umrahmt wird es von Prolog und Epilog. Alle Texte werden in schlicht rezitierendem Ton gesungen; in wenigen Fällen verwendet Paullinus auch Melismatik und textausdeutende Figuren. Das Orchester, das alle Gesänge begleitet und auch einzelne Zwischenspiele bestreitet, ist so eingesetzt, dass die verschiedenen Bereiche mit verschiedenen Klangfarben versehen sind, ähnlich wie in Monteverdis Orfeo: Geigen für Christus und Engel, Violen für Mitleid und Liebe, Cornetti für die Welt, Theorben und Lauten für die fröhlichen Chöre der Töchter Sions, Posaunen für Christus als Richter. Indem die Konstanzer *Congregatio maior* dieses Werk aufführte, zeigt sich, dass die jesuitischen Kongregationen ein stärker geistlich ausgerichtetes Musiktheater förderten und damit bei der Weiterentwicklung des szenischen Oratoriums mitwirkten.

Weitere Aufführungen der Konstanzer Kongregationen, die im Zusammenhang mit dem szenischen Oratorium zu sehen sind, waren die Kartagsspiele mit Musik in den Jahren 1650 bis 1685. Solche Spiele hießen nun *drama musicum* (z. B. 1672), *drama rhythmis elegantur cantatum*[15], *Melodram* (im Sinne von ganz in »Melos« gesetztem geistlichem Drama) oder *Dialogo musico*, was auf die alte Dialogtradition hinweist (s. u.). Interessant ist in diesem Zusammenhang, dass

1676 die Konstanzer Congregatio maior das Oratorium *Jephte* von Carissimi (1604–74), der als Begründer des (nichtszenischen) katholischen Oratoriums gilt, szenisch aufführte.[16] Auch hier zeigt sich, dass das nichtszenische Oratorium in Oberschwaben als untypisch aufgefasst wurde. Ab 1650 fanden die Kartagsspiele teilweise vor dem Hl. Grab in der Kirche statt und zogen ein zahlreiches Publikum an, weil sie in deutscher Sprache gehalten waren. 1688 beweinten die vier Elemente in szenischer Darstellung den Tod Christi *musico elegantique planctu*.[17] Die Konstanzer Passionsdarstellung von 1708 hieß ausdrücklich *Melodrama*. Erhalten sind die Texte zu dem Stück *Amor Filium Prodigum seu Christi in peccatorem*, das 1709 in Konstanz am Gründonnerstag in der Kirche aufgeführt wurde. Das ganze Stück, in dem Christus, die

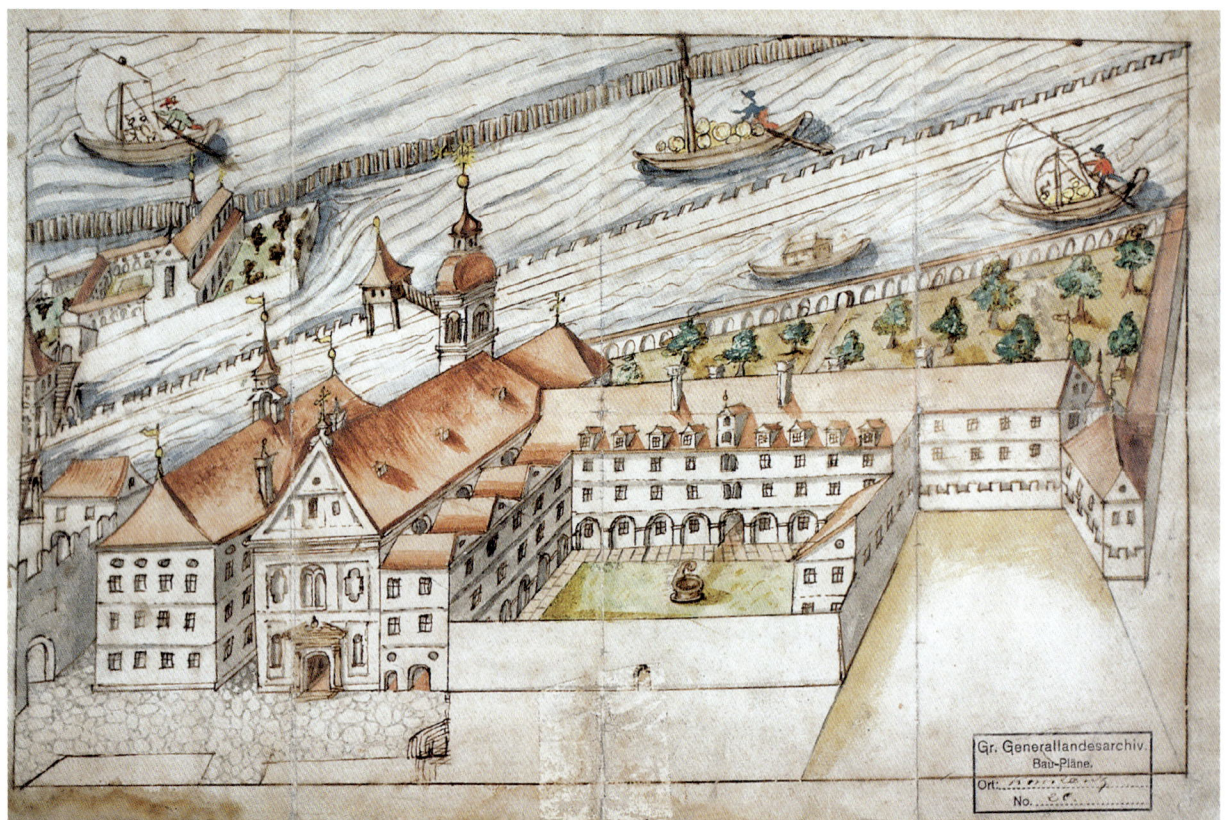

Jesuitenkolleg Konstanz
Das Konstanzer Kolleg gehörte zu den weitausstrahlenden jesuitischen Lehranstalten, in denen auch das Musiktheater gepflegt wurde.
Ansicht, Entwurfszeichnung, Stephan Huber, 1604 von 1604.
GLA Karlsruhe.

göttliche Liebe und andere allegorische Gestalten auftreten, besteht aus einer Folge von Rezitativen, Arien, Lamento und Chor und war zweifellos ein szenisches Oratorium.

Auch außerhalb der Jesuitenkollegien gab es szenische Oratorien- bzw. geistliche Opernaufführungen. So wurde z. B. 1653 in Weissenau eine geistliche Oper aufgeführt.[18] Aus dem Jahre 1656 ist im Kloster Marchtal das Stück *Maria a Corde* erhalten; fast das gesamte Stück besteht aus Musik.[19] 1692 komponierte der im Stift Kempten angestellte P. Thomas Eisenhuet für das Memminger Kreuzherrenkloster das Passionsstück *Contrapunctus in Passione*.[20]

Ab 1717 setzte der Münchener Jesuit Franz Lang durch die Veröffentlichung seiner *Meditationen* neue Akzente im Bereich des geistlichen Musiktheaters. Diese Meditationen sollten nach der Absicht des Autors *fromme Schauspiele mit Musik* sein, durch die die Wahrheiten tiefer ins Herz dringen als durch das Wort allein. Zuerst habe man mit einfachen, von Gesang begleiteten Dialogen begonnen, der übrige Apparat sei durch lebende Bilder und gemalte Embleme ersetzt worden. Allmählich aber sei es nötig gewesen, die Sänger und die Szenen zu vermehren. Daraus sei eine doppelte Art entstanden, die völlig gesungene und die nur von Gesängen unterbrochene Meditation.[21] Aufführungsort dieser Meditationen war das Oratorium der Münchener Kongregation. Allein schon der Name des Aufführungsortes zeigt die Nähe zum Ursprung der Oratorien-Dialoge des 16. Jhs. Im Folgenden soll zunächst nur die Rede sein von den rein musikalischen Meditationen (zur Mischform mehr s. u.), speziell bei der Meditation von Richter: Um 1740 komponierte der damals im Kloster Kempten angestellte F. X. Richter seine Passionsmeditation *Der Mensch vor Gottes Gericht,* die von den Jesuiten beeinflusst ist und in der Christus, ein Engel und die reuige Seele auftreten. Interessant ist, dass mancherorts die musikalischen Prologe der Meditationen aus dem Gesamtzusammenhang herausgenommen und getrennt als szenische Oratorien aufgeführt wurden (s. u. Isny).

Aus der Zeit um 1750 stammen das geistliche Spiel *David* und die *Passio sive Oratorium de Passione* des Weingartener Mönchs Christoph Vogel.[22] Hier taucht zum ersten Mal in Oberschwaben der Begriff Oratorium auf. Leider ist nur noch die Passion erhalten: Hier treten nur ein Evangelist, und die Tochter Zions sowie ein Chor auf, und das Werk behandelt nur die Todesszene Jesu. 1758 komponierte der Konstanzer Münsterkapellmeister J. A. Harz (1733–1813) ein Drama musicum mit dem Titel *Conversio S. Augustini*, in dem neben dem hl. Augustinus auch allegorische Personen singen. Harz erweist sich als dramatisch sehr begabter, mit harmonischen Kühnheiten aufwartender und von der neapolitanischen Oper beeinflusster Komponist.[23] Nicht umsonst wurde das Werk nach Konstanz auch noch in Regensburg, Augsburg, Eichstätt und Ingolstadt aufgeführt und mit Lob überhäuft.

Besonders interessant ist die Verbindung von Karfreitagsprozession und szenischem Oratorium. Solche Prozessionen sind an einigen Orten Oberschwabens überliefert, z. B. 1662 und 1663 in Konstanz, wo stumme Schaugruppen teils auf Wagen als Spielpodien, zwischen die Büßer eingeschoben, pantomimisch die Phasen der Leidensgeschichte versinnbildlichten.[24] Auch für Schussenried und Biberach sind solche Prozessionen bezeugt. Bis zu 100 Gruppen mit Darstellungen aus dem Alten und Neuen Testament, mit Sängern und Instrumentalisten, mit Geißlern und Kreuzschleppern waren aufgeboten. Am Ende der Prozession folgte dann vor oder in der Kirche ein szenisches Oratorium über das Leiden Christi (z. B. in Schussenried 1755). Besonders eng war der Zusammenhang dann, wenn in der Prozession wie im nachfolgenden musikalischen Spiel alt- und neutestamentliche Personen einander gegenübergestellt wurden.

Einen letzten Höhepunkt erreichte das szenische Oratorium in Oberschwaben mit der *Geistlichen Schaubühne des Leidens Jesu Christi* des Marchtaler Praemonstratensers Sebastian Sailer[25] mit dem Untertitel *In gesungenen Oratorien aufgeführt*. Das gigantische Opus besteht aus 9 Oratorien, die von 1760 an alljährlich am Karfreitag nach der Predigt in der Marchtaler Kirche auf der Hl. Grab-Bühne in deutscher Sprache aufgeführt wurden. Thematisiert werden u. a. die Szene am Ölberg, die Geißelung, Dornenkrönung, Kreuztragung und Kreuzigung. Mit den zahlreichen allegorischen Figuren und der Einbeziehung der Hl. Grabbühne im Altarraum stehen die Oratorien ganz in der Tradition der jesuitischen Kartagsspiele, u. a. von Brunner und Neumayr. Zahl-

Geistliche Schaubühne
Titelblatt von Johann Sebastian Sailers »Geistliche Schaubühne«.
Augsburg 1774.

nachtsgeschichte lud ja zur szenischen Aufbereitung ein. Leider ist aus dem oberschwäbischen Raum nur eine kleine dialogartige Krippenmusik aus dem Kloster Gutenzell erhalten, komponiert um 1770 vom Ottobeurener F. X. Schnizer. Besondere Anlässe für szenische Oratorien waren auch Konsekrationsspiele, z. B. 1751 das Melodrama *Arca in Sion*, das bei der Einweihung der Kirche in Birnau im Chorraum der Kirche aufgeführt wurde und das vier Stunden dauerte.[26] Auch bei Reliquientranslationen gab es solche szenischen Oratorien (Zwiefalten 1669). Letzte Zeugnisse der szenischen Oratorientradition in Oberschwaben bilden *Kain und Abel* sowie die *Geisselung* von E. Weinrauch.[27]

Parallel dazu wurde seit der Mitte des 18. Jhs. im Zug der Aufklärung und durch Verbote die theatralische Darstellung der Oratorien zurückgedrängt zugunsten des nicht-szenischen Oratoriums. Zeugnisse dafür befinden sich im Wolfegger Archiv: *Casus Petri* und *Mein Sohn legt* [...] von Brixi (1778) und ein Oratorium von L. Mozart, in Ottobeuren *Crux morientis* und *Judas Ischariot* von Brixi (um 1770). Im Memminger Kreuzherrenkloster liegen zwei Passionen von Bertoni und Novartini (um 1780). Der Ottobeurener P. Konrad Back nannte seine um 1801 aufgeführte *Leidensgeschichte Jesu* dann nur noch *Cantate*. Abschließend kann für Oberschwaben festgestellt werden, dass das Oratorium meist szenisch und der Übergang zur geistlichen Oper fließend war. Der Anteil der szenischen Effekte in den szenischen Oratorien dürfte allerdings geringer gewesen sein als in den eigentlichen Opernakten, die im Musiktheater die »Singspiele« mit geistlichem Inhalt darstellten.

Dialoge und Meditationen

Neben den rein musikalischen Meditationen und szenischen Oratorien pflegten die Jesuiten auch eine eigenartige Vermischung von Musiktheater und szenischem Oratorium. Auch hier waren es vor allem die jesuitischen Kongregationen, die diese Form pflegten. Es handelt sich dabei sozusagen um das religiöse Pendant des eher weltlichen Schultheaters.
Auch hierin knüpften die Jesuiten bei den Dialogen des F. Neri an. Diese stark religiös und meditativ geprägten Stücke wurden besonders in der Fastenzeit

reiche dramaturgische Anweisungen belegen die szenische Aufführung in der Kirche. Alle Oratorien bestehen aus Folgen von Rezitativen, Arien und Chören. Der Komponist ist leider unbekannt, aber es kommen nur die Marchtaler Komponisten I. Kayser, A. Pell oder M. Fischer in Frage.
Szenische Oratorien wurden auch an Weihnachten oder Fronleichnam aufgeführt. Gerade die Weih-

196

und in der Karwoche im verdunkelten Theaterraum oder in der Kirche aufgeführt und verzichteten auf große theatralische Effekte. Am Beginn der Entwicklung standen dramatisch ausgestaltete Dialoge: Auf eine kurze musikalische Einleitung folgte ein Dialog, der von Gesängen unterbrochen und auf der Bühne von lebenden Bildern (oft pantomimisch) und mit einfachen szenischen Zutaten begleitet wurde.[28] Die Konstanzer Jesuiten führten derartige Dialoge schon 1602 in der Kirche auf; 1603 kamen sie mit einem solchen Dialog sogar nach Ravensburg. Aus dieser Zeit stammt auch der Dialog *Custos sive Dialogus de Angelo tutelari.* [29] Das (im Text) noch erhaltene Stück hat 2 Akte, wobei an beiden Aktenden – wie auch im Schultheater – gesungene Chöre stehen.

Um die Mitte des 17. Jhs. war es der Jesuit Jacob Balde, der besondere Akzente in diesem geistlichen Musiktheater setzte. Sein *Jephtias*, 1637 in Ingolstadt uraufgeführt, enthielt viele Chöre.[30] Balde versuchte, durch eine einfach gehaltene Musik der weltlichen und opernhaften Musikmode entgegenzuwirken. Sicherlich hatte er auch Einfluss auf das geistliche Musiktheater in Konstanz. Dort wurde die Einsetzung des neuen Magistrats der Kongregationen zum willkommenen Anlass für solche Aufführungen.

Auch außerhalb der Jesuitenkollegien sind solche Mischformen aus geistlichem Theater und szenischem Oratorium bekannt, so z. B. in Zwiefalten das Stück *Fructus multiplex* aus dem Jahre 1697, in dem es einen musikalischen Chorus gibt.[31] Diese Form des stark religiösen und eher meditativen Musiktheaters erfuhr ab 1717 durch die Veröffentlichungen der Meditationen des Münchener Jesuiten Franz Lang eine neue Belebung. Seine Sammlung wurde Vorbild für viele andere Meditationen. Sie thematisierten in ganz barocker Manier u. a. das *Theatrum affectum humanorum* und waren Ersatz für die Fastenpredigten. Sie begannen meist mit einer Einleitungssymphonia. Dann folgte ein musikalischer Prolog, in dem durch Rezitative, Arien, Duette und Chöre die menschlichen Affekte dargestellt wurden, dann ein Sprechakt (*Punctum I*), ein musikalischer Chorus und ein weiterer Sprechakt (*Punctum II*). Der Aufbau ähnelt also dem jesuitischen Schul-Musiktheater, ist aber völlig geistlich ausgerichtet. Hier knüpft auch die Sammlung *Geistliche Schaubühne* des Münchener Jesuiten Franz

Neumayr an, die 1747 erschien. Der Einfluss dieser Münchener Meditationen auf das Konstanzer Kolleg ist durch verschiedene in Konstanz erhaltene Periochen beweisbar.[32]

Diese Form der Meditation wurde auch von den anderen Orden übernommen; dies belegen die Meditationen, die 1732 und 1742 in Ottobeuren von der dortigen Schüler-Marienkongregation[33] aufgeführt wurden; in dem Stück von 1742 heißt die Einleitung sogar *Opera* und besteht aus einer Folge von Arien, Oden, Arietten und Duetten. Andererseits komponierte z. B. der Marchtaler Praemonstratenser I. Kayser für das Dillinger Jesuitenkolleg eine solche Meditation.[34]

Mehrere Meditationsmusiken sind in Oberschwaben erhalten und zeigen eindrucksvoll die Mischung aus geistlichem Schauspiel, szenischem Oratorium und geistlicher Oper. Zwei anonyme Meditationen, die aus dem Augustinerchorherrenstift Wolfegg stammen, konnten vom Autor als Meditationen der Konstanzer Jesuitenkongregation aus dem Jahre 1742 identifiziert werden. Der Komponist ist entweder der Münsterorganist B. Tschudi oder Matthäus Hoggelmann. Letzterer hatte schon 1733 und 1736 Meditationen für die Ingolstädter Jesuiten komponiert und war seit 1739 Kaplan und Chordirektor am Tettnanger Hof. 1738, 1739 und 1744 komponierte er insgesamt 5 Meditationen für die Konstanzer Jesuitenkongregation, weshalb seine Autorschaft für die Stücke von 1742 am wahrscheinlichsten ist. Von Tettnang aus könnten seine Stücke dann nach Wolfegg gelangt sein. Der Aufbau der Stücke entspricht ganz dem oben beschriebenen Prinzip.

Eine andere Meditation im Notenbestand des Klosters Isny konnte der Autor erst kürzlich identifizieren. Hier ist nur der musikalische Prolog (mit Noten) ohne Nennung des Komponisten erhalten in der Abschrift eines Isnyer Mönches. Die gesamte Meditation stammt aus dem Münchener Jesuitenkolleg; der vollständige Text ist in Luzern erhalten. Der Komponist ist der Münchener Kammermusiker J.-G. Holzbogen, der für die Jesuiten in München auch andere Werke komponierte. Das Stück stammt aus einem Zyklus von 4 Fastenmeditationen mit dem Obertitel *Menschliche Affekte* und lehnt sich demnach ganz an die Meditationen von Lang an. Alle vier Stücke wurden in der Fastenzeit des Jahres 1760 in München uraufgeführt. Die erste Meditation behandelt den Gegensatz zwischen der Furcht vor den Menschen und der Gottesfurcht. Im musikalischen Prolog treten die Personen Timor als allegorische Figur des Pilatus, Ethica, Anthropus (der Mensch) und der Chor der Juden auf. Die Ethica zeigt dem menschlichen Betrachter der Gerichtsverhandlung vor Pilatus die Schwäche der Furcht auf. Im ersten Sprechakt (*Punctum1*) wird in 9 Szenen die alttestamentarische Geschichte des Tobias erzählt, der das Ideal der Gottesfurcht darstellt. Im darauf folgenden Chorus treten wieder Anthropus und Ethica sowie 4 Schatten und 4 Elemente auf und führen die Gedanken des Prologs fort, während der 2. Sprechakt (*Punctum 2*) die Geschichte des Tobias in 4 Szenen fortführt. Man sieht, dass hier ein ähnliches Prinzip der Parallelhandlung wie im Schul-Musiktheater vorherrscht. Neben den sehr virtuosen Arien sind vor allem die Accompagnato-Rezitative interessant, in denen leitmotivartige Einwürfe, Tremolo-Effekte, abrupte Tonart-, Tempo- und Stimmungswechsel auffallen, sowie die durchkomponierte Szene des Timor.[35] Wahrscheinlich wurde bei der Aufführung im Isnyer Kloster nur der musikalische Prolog als szenisches Oratorium aufgeführt.

Die Aufhebung des Jesuitenordens 1773 bereitete dieser Form des geistlichen Musiktheaters ein rasches Ende.

Drama musicum oder Oper

Neben den bisher beschriebenen Gattungen und ihren jeweiligen Anlässen und Aufführungsorten existierte seit dem Beginn des 18. Jhs. eine reine, eher weltliche Opernform, bei der alle Teile musikalische Komposition waren. Sie wurde fast ausschließlich bei Anlässen im Kloster-Konvent gepflegt, also im internen Rahmen des Klosters, z. B. an Neujahr, beim Namenstag, Geburtstag oder Jubiläum des Abtes oder Priors, bei Empfängen von hochrangigen Personen oder an Fastnacht. Meist stand dabei die zu ehrende Person im Vordergrund, und allegorisierende oder historische Personen wurden herangezogen, um den Ruhm des zu Ehrenden umso plastischer und zeitloser erscheinen zu lassen. Solche Stücke haben ihre Vorbilder in den *Ludi Caesarei* der Jesuiten, die diese

mit großem Pomp für den Kaiser in Wien und für andere hochgestellte Personen inszenierten.

Vorformen dieser Konventsspiele waren Mischungen aus Theater und Musik, so z. B. das Fastnachtsspiel *Caminofegus* von 1658 aus dem Kloster Marchtal.[36] Diese Mischform wurde auch weiterhin im 18. Jh. gepflegt, besonders an Fastnacht, doch schälte sich mehr und mehr die rein musikalische Form heraus.

Am Anfang des 18. Jhs. wurde meistens die Bezeichnung *Melodram, Drama musicum, Singspiel* oder am Ende des 18. Jhs. sogar *Operette* gewählt, wobei die Begriffe Singspiel (hier im Sinn von »ganz gesungenem Spiel« im Unterschied zur Mischform, weshalb manchmal von *Singreihe* die Rede ist), Operette (im Sinne von »kleine Oper«, z. B. Marchtal 1765) und Melodram wiederum nicht den in der Musikwissenschaft gebrauchten Begriffen entsprechen. Dort ist ein Melodram ein gesprochenes Stück mit instrumentaler Untermalung, hier dagegen handelt es sich um eine Oper im Sinne von »vollständig gesungenem Drama«. Meist handelte es sich allerdings nur um einen einzigen Opernakt mit einer oder mehreren Szenen, die aus Rezitativen und Arien und meist einem Schlusschor bestanden.

Die früheste Erwähnung eines solchen opernartigen Stückes in Oberschwaben fällt in das Jahr 1703: Stolz notiert der Chronist des Klosters Weingarten[37], dass das ganze Stück *ex tota musica* war. Auch aus den Klöstern Elchingen, Isny, Kempten, Konstanz, Marchtal, Oberschönenfeld, Ochsenhausen, Ottobeuren, Petershausen, Roggenburg, Rot, Salem, Schussenried, Ulm/Wengen, Weissenau, Wiblingen und Zwiefalten/Ehingen sind solche völlig auskomponierten Stücke bekannt. Teilweise wurde statt »Szene« auch der Begriff *Inductio* gewählt: Stücke wie *Viator deliberans* des Schussenrieder Komponisten W. Hanser[38] sind in 5–10 *Inductiones* unterteilt, die in der Art von Bilderbögen die Verdienste des zu Ehrenden aufgebaut waren. Jede *Inductio* besteht aus mehreren Rezitativen und Arien. Das 1766 anlässlich der 1000-Jahrfeier des Klosters Ottobeuren uraufgeführte und von Benedikt Kraus komponierte Stück nennt sich dann ausdrücklich *ganz neue sogenannte Oper*.[39]

Es ist also interessant, dass sich die Klöster im Schul-Musiktheater der reinen Oper verschlossen, während sie im Konvent diese moderne Musikgattung pflegten.

Meist wurden zu diesen Stücken, weil sie im kleinen Rahmen aufgeführt wurden, keine Periochen gedruckt; deshalb sind viele Stücke verschollen. In Weissenau z. B. sind sie nur deshalb überliefert, weil der Abt die Texte in sein Tagebuch übernahm. Ein berühmtes Beispiel dieser oberschwäbischen Operngattung ist *Adam und Evas Erschaffung*, die der Weingartener Mönch M. Gaelle nach dem Text von S. Sailer 1796 komponierte und die er *comische Oper* nennt. Hier deuten die gesprochenen Rezitative allerdings schon auf das Melodram im heutigen Sinn hin.[40]

Eines der letzten Stücke dieser Art wurde 1799 im Kloster Ochsenhausen aufgeführt: Es nennt sich Operette und trägt den Titel *Nehemias im neuen Bunde*. Anlass war das 50-jährige Priesterjubiläum des Abtes. Besungen wurden die *edelsten Thaten, die der würdige Regent vollbrachte [...]*. Der *unstudierte Unterthane* [*... könne*] *all das Rühmliche, so er von Nehemias ließt, in seinem ergrauten Landesvater und Priester [...] unmöglich verkennen*. Nur wenige Jahre danach sollte dann das letzte Stück zu Ehren des Fürsten Metternich, dem 1803 die Abtei zugefallen war, das Ende der klösterlichen Musiktheater-Herrlichkeit in Oberschwaben einläuten.[41]

Zusammenfassung

In diesem Aufsatz wurde versucht, das riesige Thema »Oberschwäbisches Klostertheater« unter dem Gesichtspunkt der Musik zu betrachten und zu strukturieren. Es zeigte sich, dass das »Theater« in Wirklichkeit eine Mischung aus Musik und Theater und in vielen Fällen sogar eine rein musikalische Angelegenheit war, dass die bisherigen Gattungsbegriffe der Musik nicht deckungsgleich sind mit den in Oberschwaben verwendeten Begriffen und dass bisher bei der Behandlung des oberschwäbischen Kloster-Musiktheaters noch zu wenig die ganz unterschiedlichen Ausformungen bei den verschiedenen Anlässen beachtet wurden. Es gab nämlich nicht nur das Musiktheater am Schuljahresende als Mischung aus Theater und Oper, aus geistlichem und weltlichem Inhalt, aufgeführt in der Aula, sondern auch das rein geistliche Musiktheater als Mischung aus szenischem Oratorium und Sprechtheater sowie das rein musikalische szenische Oratorium bzw. die geistliche Oper zu kirchlichen Anlässen und schließlich die reine, eher weltliche Opernform bei festlichen Anlässen im Konvent.

Legt man den zeitlichen Aufwand für die Vorbereitung eines solchen Musiktheaterstücks zu Grunde und bedenkt man die Vielzahl der Musiktheater-Aktivitäten, die in manchen Klöstern in einem einzigen Jahr anfielen, wird klar, dass das Kloster-Musiktheater wahrscheinlich den Hauptbereich der musikalischen Aktivitäten in den Klöstern ausmachte: Jedes einzelne Musiktheaterstück, das bis zu 4, ja sogar 6 Stunden dauern konnte, musste mindestens ein Jahr lang vorbereitet werden: Verfassung des Textes, Komposition, Kopieren, Auswendiglernen der Gesangspartien, Regie, Bühnenbauten, Orchester- und Gesangsproben, Drucklegung der Perioche usw. Daneben fallen die liturgischen Aufgaben der Klostermusiker wie nebensächliche Routine aus. Erst unter diesem Gesichtspunkt wird deutlich, welche Lücke die Säkularisation in die oberschwäbische Musikgeschichte gerissen hat, und wie in Vergessenheit geraten konnte, was als eigenständiger Weg in der Entwicklung der Musikgattungen Oratorium, Oper, Singspiel und Melodram durchaus größere Aufmerksamkeit und nähere Untersuchungen verdient hätte.

---

[1] *Berthold Büchele*, Musik im Kloster Isny, in: Reichsabtei St. Georg in Isny 1096–1802, hg. von *Rudolf Reinhardt*. Weissenhorn 1996, 213ff.

[2] *Arnold Schering*, Geschichte des Oratoriums. Leipzig 1911, 32

[3] Die historische Landschaft Oberschwaben lässt sich nicht in die politischen Grenzen zwängen, die seit der Napoleonischen Zeit existieren. Die alte Kulturlandschaft Oberschwaben reichte vom Bodenseeraum über das Allgäu bis Augsburg und war geprägt durch ein reiches Kulturleben der Klöster und der Adelsherrschaften.

[4] Klöster Oberschwabens, nachweisbare Werke und ihre Komponisten (in Klammer: Musik erhalten):

Kloster/Stift	Anzahl	nachweisbare Komponisten
Baindt	1	Wiest
Ehingen	19	
Elchingen	14	M. Fischer, M. Schneid
Füssen	9 (1)	M. Demler, M. Schnitzer
Irsee	4	M. Spies
Isny	5 (1)	J. G. Holzbogen

Kaufbeuren (Jesuiten)	81	M. Schweyer, A. Hueber
Kaufbeuren (Kirche)	30	M. Demler
Kempten	23 (1)	Bieling, F. X. Richter, Lacher
Konstanz	250 (5)	u. a. Galley, Tschudi, Harz
Marchtal	190	I. Kayser, M. Fischer, A. Pell
Memmingen	6 (3)	Eisenhuet
Mindelheim	117	
Oberschönenfeld	8 (3)	
Ochsenhausen	46	Praelisauer, Rosengart, Eberlin
Ottobeuren	109 (12)	u. a. Schnizer, Weiss, Clarer
Petershausen	4	Schindele
Roggenburg	4	Banhard
Rot	10	I. Kayser, Betscher
Salem	48	Tschudi, Lippert
Schussenried	37	Hanser, C. Kayser, D. Reiner
Ulm/Wengen	58	I. Kayser, Lederer, Methie
Ursberg	2	
Weingarten	237 (2)	Eberlin, C. Vogel, Gaelle
Weissenau	49	Neubauer, Wiest
Wettenhausen	1	
Wiblingen	13	Höld
Wolfegg	5 (5)	Hoggelmann (?), Brixi, Mozart
Zeil	1	
Zwiefalten	41 (2)	E. Weinrauch
Gesamt:	1422 (35)	

5 Man vergleiche die Barockkirchen, die ebenfalls eine Mischung aus Schaubar-Sinnlichem und Religiösem darstellen!

6 *Ingrid Seidenfaden*, Das Jesuitentheater in Konstanz. Stuttgart 1963, 89 u. 106, darin alle Jesuitenstücke.

7 Ebd., 107.

8 *Carl Haas*, Das Theater der Jesuiten in Ingolstadt. Emsdetten 1958, 55.

9 FZA Regensburg, Marchtaler Periochen Nr. 275.

10 Ebd., Nr. 312.

11 1661 in Konstanz *Christus in Josue praesignatus.*

12 z. B. in Konstanz als Herbstspiel 1744.

13 Staatsbibliothek Berlin, Depositum, nach *Günther Massenkeil*, Oratorium und Passion. Laaber 1998. Bd. I, 94ff.

14 *Jean M. Valentin*, Le théâtre des Jesuites. Bern 1978, 756.

15 *Seidenfaden* (wie Anm. 6), 109.

16 Ebd., 109, 121,126.

17 *K. Gröber*, Geschichte des Jesuitenkollegs in Konstanz. Konstanz 1904, 306ff.

18 *Ulrich Leinsle*, Weissenau im Rahmen der Praemonstratenserkultur Oberschwabens, in: Weißenau. 850 Jahre Prämonstratenserabtei 1145 bis 1995, hg. von *Helmut Binder.* Sigmaringen 1995, 25.

19 FZA Regensburg, Marchtaler Periochen Nr. 313.

20 StA Memmingen, Musikhandschriften des Kreuzherrenklosters.

21 Nach *Haas* (wie Anm. 8), 62.

22 Beide Werke besprochen bei *O. Weiss*, J. A. Harz und das oberschwäbische Singspiel. Tübingen 1927, 25ff., 40ff.

23 Ebd., 41.

24 *Seidenfaden* (wie Anm. 6), 123.

25 FZA Regensburg, Marchtaler Periochen Nr. 323 u. Reprint: *Sebastian Sailer,* Karfreitagsoratorien. Weißenhorn 1997; das Werk ist vielleicht auch beeinflusst durch die *Geistliche Schaubühne* des Münchner Jesuiten Neumayr und die *Geistliche Schaubühne* des Oratorien-Librettisten Metastasio, die 1753 von P. Obladen aus dem Wengenstift in Ulm ins Deutsche übersetzt wurde (frdl. Hinweis von U. Schmid, Neu-Ulm).

26 *Chr. Schmider*, Musikgeschichte der Birnau, in: Barockjuwel am Bodensee. Lindenberg 2000, 417ff.

27 Landesmusikarchiv Tübingen, F 2+3, besprochen in: *Th. Augenstein*, Musik in Baden-Württemberg, Jahrbuch 2000. Bd. 7 (Stuttgart 2000), 179ff.

28 *M. Wittwer*, Die Musikpflege im Jesuitenorden. Greifswald 1934, 117.

29 Suso-Bibliothek Konstanz, Bd. 51, 211ff. und *Gröber* (wie Anm. 17), 256.

30 *Valentin* (wie Anm. 14), 797.

31 FZA Regensburg, Marchtaler Periochen Nr. 289 (Zwiefalten 1697).

32 Suso-Bibliothek Konstanz.

33 *W. Klemm*, Benediktinisches Barocktheater in Südbayern, in: StMittOSB 54 (1936), 136 und 143.

34 *R. Münster*, Die Münchener Meditationen, in: Questiones in Musica. Fschr. Franz Krautwurst. Tutzing 1989, 420.

35 *Ludwig Wills*, Geschichte der Musik an den oberschwäbischen Klöstern. Stuttgart 1925, 58ff.

36 FZA Regensburg, Marchtaler Periochen Nr. 276.

37 WLB HB XII 23 b, fol. 15ff.

38 FZA Regensburg, Marchtaler Periochen Nr. 350.

39 *Klemm* (wie Anm. 33), 147.

40 Veröffentlicht in: Denkmäler der Musik in Baden-Württemberg. Bd. 9 (München 2001).

41 Die Tradition des klösterlichen Musiktheaters muss natürlich in einem größeren Zusammenhang gesehen werden und strahlte auch auf die umliegenden Städte und Dörfer ab. Diese Gesamtdarstellung des oberschwäbischen Musiktheaters wird in einer späteren Arbeit detailliert werden. Bisher wurden vom Autor noch folgende Orte und Titel erfasst: Babenhausen (24), Biberach/Stadt (230), Biberach/kath. (20), Burgau (1), Dillingen (50), Ellhofen (1), Falheim (1), Illertissen (2), Immenstadt (2), Ingolstadt (200), Kaufbeuren/Stadt (360), Konstanz/Stadt (15), Leutkirch (5), Memmingen/Stadt (20), Meßkirch (1), Riedlingen (1), Sigmaringen (3), Söflingen (1), Überlingen (3), Ulm/Stadt (18), Ursprung (1), Waldsee/Stadt (5), Weißenhorn (2).

Alles zur größeren Ehre Gottes ...

Das Theater der oberschwäbischen Barockklöster

von Manuela Oberst

Vorbemerkungen

Die Zeitspanne, die im folgenden Beitrag untersucht werden soll, erstreckt sich vom Ende des Dreißigjährigen Krieges 1648 bis zum Vorabend der Säkularisation von 1803. Während es zum Theater der Jesuiten im deutschen Sprachraum eine große Anzahl von Darstellungen und Einzeluntersuchungen gibt[1], ist die barocke Theaterkultur anderer Orden noch wenig erforscht, was nicht zuletzt damit zusammenhängt, dass durch die Säkularisation der Klöster viele Quellen zerstört wurden oder verstreut und bisher unbeachtet in diversen Archiven ruhen. Die *Kommission für Theatergeschichte Österreichs der Österreichischen Akademie der Wissenschaften* hat die Erforschung des Theaters verschiedener österreichischer Benediktinerklöster und -stifte gefördert.[2] Zum Klostertheater in Oberschwaben und Bayern sind einige Aufsätze erschienen, die spezielle Klöster behandeln.[3]

Der Marchtaler Bestand

Beim so genannten *Marchtaler Bestand* handelt es sich um eine Sammlung (neun gebundene Bände im Quart-Format) von knapp 300 Theaterstücken, etwa 70 Texten für musikalische Teile zu diesen Stücken und knapp 100 zusätzliche *Periochen*[4] (die Doppelungen jeweils nicht mitgezählt) aus dem Kloster Obermarchtal. Sie wird heute im Fürstlich Thurn und Taxis'schen Zentralarchiv (FZA) in Regensburg aufbewahrt.[5] Die Texte sind meist handschriftlich und in lateinischer Sprache abgefasst. Die gedruckten Periochen sind oft

zweisprachig, seltener nur lateinisch oder nur deutsch. Die Stücke stammen aus der Zeit zwischen 1657 und 1778. Sie sind nur zum Teil in Obermarchtal entstanden und aufgeführt worden, soweit Datum und Ort der Aufführung überhaupt verzeichnet sind. Der Bestand enthält eine ganze Reihe von Stücken aus anderen, vornehmlich oberschwäbischen Klöstern und Stiften wie Ochsenhausen, Schussenried, Weißenau, Zwiefalten und Wengen. Daneben finden sich Stücke von Gymnasien oder Lyceen wie dem der Benediktiner von Zwiefalten in Ehingen oder denjenigen der Jesuiten in Augsburg, Dillingen, Innsbruck und München. Dass sich auch die an solchen Schulen errichteten Kongregationen dem Theaterspiel gewidmet haben, zeigen Stücke aus Augsburg, Dillingen, Innsbruck, Konstanz und München. Sogar aus entfernten Städten wie Amberg sind Stücke nach Marchtal gelangt.[6] Eine Besonderheit in diesem Bestand stellen die überwiegend deutschsprachigen Periochen derjenigen Theaterstücke dar, die in der Fastenzeit bei den Franziskanern in Augsburg[7] oder in Biberach an der Riß von *verburgerten Agenten und Liebhabern Evangelischen Antheils dieser des Heil. Röm. Reichs Stadt Biberach*[8] in der Weihnachtszeit und im Frühjahr oder Herbst *von einer Buergerlichen Comoedianten Compagnie Catholischen Antheils dieser des Heil. Roem. Reichs Stadt Biberach, auf offentlicher Schau=Bühne aufgeführt*[9] wurden. Sie stehen mit dem Klostertheater insofern in Zusammenhang, als Patres aus den umliegenden Klöstern einige dieser Stücke verfasst oder die Musik dazu komponiert haben.[10] Aufgrund seiner großen Fülle unterschiedlichster Stücke bietet der Marchtaler Bestand eine enorme Bereicherung für die Erforschung des Klostertheaters im 17. und 18. Jh. und wird für die folgenden Ausführungen als Hauptquelle herangezogen.

Barocke Theaterkultur

Das Theater als Ausdrucksgestalt der barocken Geisteswelt und Lebensform

Die Erschütterungen der Reformationszeit und noch mehr die Nöte des Dreißigjährigen Krieges machten eines deutlich: Das diesseitsorientierte, anthropozentrische Weltbild der Renaissance ist am Ende. Der Mensch erwacht aus seinem Rausch und der Illusion, mit den neuentdeckten Mitteln der Wissenschaft das Dasein und seine Regeln bestimmen zu können. Schmerzlich erkennt er die Begrenztheit des Lebens und die Vergänglichkeit von Glück und Ruhm, erlebt er die *vanitas* aller irdischen Dinge. Der Optimismus der Renaissance muss angesichts der Flüchtigkeit des irdischen Daseins einer fruchtbaren Skepsis weichen, die den ehemals geschlossenen Mikrokosmos Mensch wieder in die Unendlichkeit Gottes hineinstellt, weil nur von daher die Frage nach dem Sinn des Lebens beantwortet werden kann. Die Umkehr zur barocken Weltsicht geht von Spanien aus, wo Calderón de la Barca (1600–1681) um 1633 für das barocke Verhältnis zwischen Gott, Welt und Mensch ein treffendes Sinnbild prägt.[11] Darin »bereitet Gott sich und seinem himmlischen Hofstaat ein Schauspiel: Die Bühne ist die Welt, die Schauspieler sind die Menschen. Das Stück, das gespielt wird, ist das Leben. Wenn es zu Ende ist, ruft der Tod die Spieler von der Bühne ab. Gott, der Spielmeister, aber hält Gericht. Diejenigen, die ihre Sache gut gemacht haben, lädt er zu einer himmlischen Festtafel«.[12] Die Vergänglichkeit des Lebens spiegelt sich im ständig wechselnden, dynamischen Spiel auf dem Theater[13], das aber »nicht nur vollständiges Abbild, sondern auch vollkommenes Sinnbild der Welt«[14] ist.

Versinnlichung und Sichtbarmachen der geistigen Welt sind Kennzeichen des Barockzeitalters. So tritt auf der Bühne der Text hinter optischen und akustischen Effekten zurück. Dekoration, Kulisse, Kostüm, Gebärde und Mimik werden dabei von Musik, Bal-

lett- und Tanzeinlagen unterstützt.[15] Nichts ist zu erhaben, grausam oder abstoßend, als dass es nicht vor Augen geführt würde, um das Verlangen nach Abwechslung und die barocke Schaulust zu befriedigen. Wenige Szenen, in denen nach klassischem Muster zwei bis fünf Personen auftreten, wechseln mit Großszenen aus »ornamental gegliederten und rhythmisch bewegten Massen«.[16] Weder Geld, Arbeit noch Zeit sind zu schade, um in einer einzigen Vorstellung innerhalb weniger Stunden durch Wasserkünste, Feuerwerke und Lichteffekte verpufft zu werden. Dafür reicht allerdings die horizontale Bühne der Renaissance nicht mehr aus. Mit der Ausdehnung in die Vertikale greift das Theater auf das Mittelalter zurück und übersteigert es. Heidnische Götter kreuzen im Luftverkehr mit Engeln und Allegorien des geistlichen Theaters. Träume schweben von oben herab, verklärte Heilige von unten hinauf, Verdammte nach unten in die Hölle und von dort her Geister herauf. Und so wird das barocke Theater seinem Anspruch gerecht, vollkommenes Abbild der Welt zu sein, der die transzendente Dimension der christlichen Welt wieder präsent ist.[17]

Doch das Theater dieser Epoche ist nicht nur das »sinnlichste Theater, das jemals existiert hat«, sondern auch »das geistigste, das die Erde gesehen hat«.[18] Hinter allem Sichtbaren, das ja so flüchtig ist, verbirgt sich ein allegorischer oder geistlicher Grund: »Das barocke Theater ist zwar nichts [...], aber darum scheint es doch auch nicht nur, sondern es bedeutet auch etwas, wenn auch freilich nicht unbedingt das, was es scheint.«[19] Der Mensch, eigentlich nur Bruchteil des theatralischen Gesamtkunstwerks, bleibt Mittelpunkt und Achse, um die das ganze Heilsgeschehen kreist. Alle Ästhetik dient einem einzigen Zweck, der Antwort auf die Frage nach dem ewigen Heil, nämlich der Erlösung des Menschen aus der vergänglichen Welt. Von daher rechtfertigen sich die Passivität des Helden, das Typische der Figuren, der Gebrauch der Allegorien und die übernatürlichen Eingriffe.[20] In der Spannung »zwischen Oben und Unten, Gut und Böse, Leben und Tod, Gott und Teufel [...] muß der Mensch den Weg des Glaubens und der Tugend einschlagen, um [...] Erlösung zu erlangen«[21], er soll »lernen, die Aufgaben, die ihm auf Erden gestellt sind, in Verantwortung vor Gott zu bewältigen«.[22]

Jesuitentheater
Barockes Szenenbild aus einem Jesuitendrama.
Kol. Kupferstich, 1685.
Benediktinerabtei St. Stephan, Augsburg.

Das Ordenstheater als Schul- und Klostertheater

Der erste Orden, der diese religiöse Botschaft als moralischen Appell mit theatralischen Mitteln an die Öffentlichkeit herantrug und mit seiner *Propaganda fidei* [wörtl. *Glaubensverbreitung*] sowie der Verherrlichung der triumphierenden Kirche die Gegenreformation wirksam unterstützte, war die Mitte des 16. Jhs. entstandene, offensiv missionarische Gemeinschaft der Jesuiten.[23] In ihren Schulen sollte der Nachwuchs zu freiem, rhetorisch geschicktem Sprechen (in lateinischer Sprache) und zu einem sicheren öffentlichen Auftreten erzogen werden, sollte er Personen und Situationen kennen lernen, die außerhalb der eigenen Erlebniswelt lagen.[24] Dazu bediente man sich

der schon während der Renaissance erkannten didaktischen und pädagogischen Wirksamkeit des Schultheaters, ging aber über deren hauptsächlich rationale Wissensvermittlung und Einführung in moralische Grundvorstellungen hinaus. So war es z. B. die Intention des Jesuiten Jacob Masen (1606–1681), durch die Erregung von Furcht und Schrecken (weniger durch Mitleid) die schlechten Affekte zu reinigen und zu einem tugendsamen Leben zu bekehren.[25] Welchen Erfolg die Jesuiten mit dem Theater an ihren Schulen hatten, zeigt 1610 der Tiroler Arzt Hippolyth Guarinonius: *Ist wol zu dieser Zeit in der gantzen weiten und breiten Welt kein Ergötzlichkeit über diese, in welcher mancher Gottloser, verkehrter, verführter Mensch allein durch ein solches Schawspiel, darin man entweder die Belohnung, so Gott den frommen, oder die erschröcklich Straff, so der Teuffel den Gottlosen geben wirdt, meistens für die Augen stellt, ehist bewegt und in ein bessers und Gottseligers Leben zu tretten entzündt wirdt welcher sonsten durch sein gantzes Leben durch keine Predigt noch andere Mittel hatte mögen erweicht werden.*[26] So sollen sich nach der Münchner Aufführung von Jacob Bidermanns SJ (1578–1639) *Cenodoxus* im Jahre 1609 vierzehn Adelige zu Ignatianischen Exerzitien zurückgezogen haben, und der Hauptdarsteller soll sogar in den Jesuitenorden eingetreten sein.[27]

Mit unterschiedlicher Intensität widmeten sich bald auch die anderen Orden[28] dem Theater, »wobei die Sorgfalt, mit der die Aufführungen der Jesuiten erarbeitet wurden, die literarische Qualität ihrer Stücke, die Farbigkeit ihrer Inszenierungen und die Pracht der Ausstattung nur schwer erreicht oder gar übertroffen werden konnten«.[29] Aber das Theater der Benediktiner und wohl auch das der Prämonstratenser und Zisterzienser hatte ja z. T. von anderen Zielen und Voraussetzungen auszugehen. Es ging ihnen nicht um Mission und Bekehrung, Polemik und aggressives Werben wie den Jesuiten, sondern um eine nach innen gerichtete, kulturelle Aufbauarbeit bei einem Publikum, dessen Glaube nicht erst geweckt werden musste. Man veranschaulichte die christliche Moral, aber im Licht der Gnade eines barmherzigen Gottes, den Milde und Verständnis für das Allzumenschliche charakterisieren, nicht unerbittliche Verdammung. Der *verlorene Sohn* hat die Möglichkeit, zum Guten zurückzukehren und vom Vater Gnade zu erlangen. Daher arbeitete das Benediktinertheater weniger mit einer alle Sinne der Zuschauer überwältigenden Inszenierungsform, sondern zeigte wesentlich stärker die tragischen, abgründigen, aber auch komischen Züge des menschlichen Lebens – bis hin zu oft urwüchsig-komischen Alltagsszenen in Mundart.[30]

Charakteristisch für das Theater der Prälatenorden ist, dass es nicht nur *Schultheater* war und als solches wie das Jesuitentheater seine didaktische und pädagogische Kraft entfalten, nach außen wirken und ein größeres Publikum (Konvent, Beamte und Honorationen, Lehrer, Schüler, Eltern, Angehörige sowie Freunde des Klosters) beeindrucken sollte. Es war vielmehr auch *Klostertheater*, d. h. es sollte als Kammertheater, spar-

samer in Ausstattung und Personenaufgebot, den Abt, seinen Konvent und seine Gäste erbauen, unterhalten und belustigen, sprich im Klosteralltag für Abwechslung sorgen.[31] Beides geschah hingebungsvoll, denn »das wäre kein rechtes Barockkloster gewesen, in dem nicht leidenschaftlich Theater gespielt worden wäre.«[32]

Anlässe und Gelegenheiten zum Theaterspiel

Die Anlässe und Gelegenheiten zum Theaterspiel der barocken Klöster ergeben sich aus den beiden Spielformen und lassen sich über die erhaltenen Titelblätter und anderen Quellen rekonstruieren. Den Höhepunkt des »Theaterjahres« bildete vom Ausgang des 17. Jhs. an über Jahrzehnte hinweg das Ende des Schuljahres, das meist in die ersten Septembertage fiel. Im Marchtaler Bestand sind viele Periochen und z. T. auch die zugehörigen handschriftlichen Stücke und musikalischen Teile von sog. Finalkomödien- bzw. Tragödien (*Tragoedia finalis*) oder Herbstspielen (*Ludi autumnales, Drama autumnalis* oder *Tragoedia autumnalis*) erhalten, die auf mehrstündige und relativ pompöse Aufführungen in lateinischer Sprache schließen lassen. Meist fanden zwei Vorstellungen statt, nach der letzten erhielten die besten Schüler ihre Preise für gute Leistungen.[33]

Neben diesem festen Termin boten sich eine Reihe von außerordentlichen Gelegenheiten. *Vota* (Wünsche) oder ein *Applausus Musicus* wurden dem Abt oder auch dem Prior zum Jahreswechsel in den ersten Januartagen abgesungen, um den Vorstehern des Konventes die besten Wünsche für das neue Jahr darzubieten.[34] Zum Namenstag oder Geburtstag des Abtes, zum Jahrestag seiner Wahl oder Weihe und wenn man hohe Gäste im Kloster zu Besuch hatte, führte man gerne ein kleines Singspiel auf. Dabei handelt es sich um relativ kurze Stücke (zwischen vier und elf Seiten) ebenfalls in lateinischer, wenige in deutscher bzw. schwäbischer Sprache. Sie enthalten gute Wünsche und dienten meist dem Lob des Geehrten, was spätestens im Schlusschor zum Ausdruck kommt. So endet das Singspiel von 1771 *Die Seufzer der gefesselten Sinnen, Ps 101. v. 21.*[35] zum Namenstag des Marchtaler Abtes Ignatius (1768–1772) wie folgt: *Der Mensch. Nun dann / Hochwuerdigster Praelat / Hoer meine zarte Druecke / Die ich mit treuer Brust, / Und mit verjuengter*

Lust / Zu Deiner Grossen Seele schicke, / Mit Vaters= Ohren an. // Und da ich (zwar gering) / An Deinem Namens=Fest auch meine Wuensche bring, / Hoer selbe guetig an, veracht den Diener nicht! / Obwohl dem treuen Wunsch der Woerter Schmuck gebricht! / – Ich kleide meine Red nach Art der Philosophen / Mit Grund und Wahrheit nur – und solchem Wunsch / steht schon (ich weiß) Dein Beyfall offen. // Hoch- wuerdigster Praelat! / Den GOtt bestimmet hat / Marchtall wuerdigst zu regieren, / Glueck und Wohl- stand einzufuehren / Behaupte Deine Wuerde / Zu Marchtalls Lob und Zierde / Durch lange Lebens=Zeit! // Alle im Chor. Leb unter GOttes Schutz / Vergnuegt dem Neid zu Trutz! / Bis einst nach vielen Jahren / Sich Lohn und Tugend paaren / In jenem heil'gem Zimmer, / Wo in enthuelltem Schimmer / Sich zeigt Vollkom- menheit. / A. z. G. E. G.

Auch zur Fasnacht und zu kirchlichen Festen und Feiern gab es eine Theateraufführung, wie etwa im Kloster Zwiefalten 1669 nach der Translation der Re- liquien der heiligen Exuperia oder 1685 anlässlich der Übernahme der Gebeine des hl. Vitalis.[36] Gern ließ man sich zu bestimmten Jubiläen des Klosters in die- ser Hinsicht etwas einfallen. So führt der Weißenauer Abt Antonius II. Unold (1773–1784) in seiner *Voll- ständige[n] Beschreibung der im löblichen Reichsstifte Weißenau 1783 durch eine ganze Novene vom 7ten bis 15ten Sept. begangenen Jubel=Feierlichkeit*[37] anschau- lich vor Augen, welche Vorbereitungen z. T. getroffen werden mussten, um standesgemäß mit einem Theater- stück aufwarten zu können: *Hohe und niedere Gäste, die wir unzweifentlich vorsehen mußten, durften mit Recht bey vorhabender Feyerlichkeit auf einen in etwas zerstreuend, abwechselnd, unschuldigen Unter- halt einen nicht gar höheren (?) Anspruch machen. Ich ließ dem zufolge durch hiesigen H. Kapitularen und Professoren der untern Schulen P. Petrus Feinstle in teutscher Sprache ein Sing=Spiel unter dem Titul: das Blut des Lammes, Ein Vorbild des wahren Blutes der Erlösung aufsetzen, und darauf das Geschick von un- gefähr den berühmten Ton=Künstler Franz Neubaur, einen Böhmisch=Preyssisch= oder sonstigen Avan- turier eben den nemlichen, welcher schon im Herbst 1781 auf unser Jubel=Fest eine schenne Messe, Te Deum, und Offertorium componiert hatte, mehrmalen auf ei- ner Reise von Schussenried directe per München zuge-*

führt, so ließ ich durch diesen in der That großen Künstler den Text schon im Jenner=Monath vorigen Jahres in Musik setzen, welches denn auch innerhalb 3 Wochen, oder vielmehr wenn die zur Arbeit verwen- dete Zeit angerechnet wird, innert 7 Tagen geschehen. 4 Kapitularen des R. Stifts Schussenried, welche auf mein begehren das abgeschriebene Sing=Spiel allhier geprüft, fanden es ohne Fehler und deutlich ausgear- beitet.

Um nun dieses Spiel anständiger produciren zu kön- nen, so fand [ich] letzten Sommer notwendig, das ge- wöhnliche Comoedien-Haus von innen bestmöglich zu repariren, eine geräumige Logie aufzustellen, ein ganz neues Theater verfertigen, und von den 2 Ge- brüder Andreas und Anton Brugger mahlen zu lassen, welches alles in Tempore noch zustand gebracht wor- den. Da mehrere unsrer Religiosen auf dem Theater

**Singspiel »Die Seufzer der gefesselten Sinnen«
(Psalm 101, v. 21)**
*Titelblatt einer Perioche zum Namenstag des Marchtaler Reichs-
prälaten Ignaz Stein (1768–1772).
Druck, Ulm 1771.
FZA Regensburg.*

als Acteure zu stehen hatten, so mußte nothwendig das sonst wohl besetzte Orchester geschwächt werden. Diesem Mangel ward gesteuert durch zwey zur Aushilf von Schussenried erbettene blasende Instrumentisten, von welchen die näheren sich sowohl bey den Proben, als wirklicher Produzierung umsonst gebrauchen lassen.[38] Mit 66 fl. 37 kr. lagen die Kosten für die Malerei am Theater verglichen mit den Ausgaben für den prächtigen neuen Kirchen-Ornat (über 1.000 fl.) noch relativ niedrig.[39] Die beiden Aushilfsmusiker aus Schussenried, H. H. Kapitularen P. Antonius Sailer, Moderator Studiorum, als Hautboist, und P. Marianus Aichart, als Fagottist trafen am 3. September ein und blieben bis zum 17. des Monats, so dass am Nach-

mittag des 5. Septembers *die Hauptprobe der Opern in Gegenwart vieler, auch angesehener geistlich und weltlichen Zusehern gehalten* werden konnte.[40] Die Aufführungen des Stückes dauerten jeweils von 14.00 bis 16.00 Uhr und fanden am 9., 11. und 15. September statt, wobei sich jedesmal mehr Zuschauer und zwar *utriusque sexus & omnis conditionis eingefunden*, so dass bei der letzten Aufführung *nur mit vielem Gewalt [...] die vornemmeren Gäste auf die Logie hinaufdringen* konnten. Zu sehen waren *Schöpfe und Kopf= Putze von allen Gattungen. Da nach vollendetem Singspiel der allhierstudierenden Jugend die Prämien ausgeteilet worden, so erstreckte sich die ganze Handlung bis gegen halb 5 Uhr.*[41] Hier fielen also Herbstspiel und Klosterjubiläum zusammen.

Ort und Kosten der Aufführung

Die wenigsten Klöster leisteten sich gleich zu Beginn ihrer theatralischen Tätigkeit einen eigenen Theatersaal, so dass man wie etwa in Zwiefalten in Seitenkapellen der Klosterkirche oder im Freien[42] spielen musste. In Ochsenhausen behalf man sich wohl mit einem Provisorium in der alten Aula, bis im Mai 1684 der damalige Abt Placidus Kobolt (1681–1689) für fast 1.800 fl. in Augsburg ein komplettes Theater mit silbernen Lampen und 20 kostbaren Kulissen erstand.[43] Auch für das Kloster Obermarchtal ist ein Theatersaal belegt, der sich im vorspringenden Mittelteil über dem Hauptportal des Südtraktes befand.[44] Die Ausgaben für die aufwendigen Kostüme und Spezialeffekte konnten beträchtlich sein, zahlreiche Personen und Berufsgruppen waren beschäftigt, wie etwa die *Specification aller Ausgaben* für die Salzburger Finalkomödie von 1753 zeigt, die zusammen rund 238 fl. ausmachten.[45] Oft war man auf auswärtige Musiker und Komponisten angewiesen, so zahlte das Kloster Ochsenhausen im Jahre 1758 dem Salzburger Kapellmeister Eberle 55 fl. für dessen *Opera*.[46]

Autoren, Komponisten und Darsteller

Es ist schwierig, etwas über die Verfasser der Texte, die Komponisten und Darsteller zu erfahren, da sie selten namentlich genannt sind. Öfter als der Name des Autors erscheint der des Komponisten. Meist war es der

Tragödie »Die Befreiung unseres Marchtaler Gründers Hugo«
Titelblatt einer Perioche, Abt Ignaz Stein (1768–1772) zum Ende des Schul- und Jubeljahres gewidmet.
Druck, Ulm 1771.
FZA Regensburg.

Lehrer der spielenden Klasse, der die Stücke schrieb.[47] Verfasser der großen Stücke zum Schuljahresende war vorwiegend der Lehrer der Rhetorik-Klasse, der letzten Klasse, die am Gymnasium zu absolvieren war.[48] Bei den Benediktinern konnte – im Gegensatz zu den Jesuiten – das Amt des *pater comicus* auch über mehrere Jahre hinweg vom selben Lehrer versehen werden.[49] An der Salzburger Benediktineruniversität z. B. wählte man den jeweiligen Professor der Rhetorik und der Poesie eigens aus den dramatisch Begabten und Theaterinteressierten aus, etwa den berühmten Dramatiker Simon Rettenbacher (1634–1706).[50] Der Autor suchte sich einen geeigneten Stoff, schrieb nach Rücksprache mit dem Abt ein Schauspiel und führte nicht selten auch Regie.[51] »Gespielt und gesungen wurden die Rollen wohl meist von den Schülern der Klosterschule, jedenfalls dann, wenn es sich um öffentliche Aufführungen handelte«[52], was sich im Ausdruck *à Studiosa Juventute* widerspiegelt. Bei den meisten Periochen (der Finalkomödien) ist ein Verzeichnis der Darsteller angefügt. Es ist eingeteilt in *Persona Agentes* [*Darsteller*] und *Persona Canentes* [*Sänger*], die nach Schulklassen geordnet sind. Die Hauptrollen kamen vornehmlich den Schülern der höheren Jahrgangsstufen zu (*Rhetores* und *Syntaxistae*), kleine Rollen wurden auch von Angehörigen der unteren Klassen übernommen (*Rudimentistae* und *Principistae*).[53] Daneben wurde manches Stück auch *à Devotissimo Conventu*, *à Devotissimis Filiis* oder *à Musis Domesticis, Marchtallensis, Sorethanis* usw. dargebracht.[54]

Die vorhandenen Stücke

Aufbau

Wie oben schon angedeutet wurde, finden sich Stücke von recht unterschiedlicher Länge. Die kürzeren Stücke bestehen meist aus einem Akt mit einem oder mehreren Aufzügen (*Inductio*). Anders verhält es sich bei den großen Aufführungen. Oft gerahmt von gesungenem Prolog und Epilog wechseln die einzelnen Szenen der drei- bis fünfaktigen, gesprochenen Haupthandlung ab mit einer opernhaften Parallelhandlung (*Chorus I* und *II* oder *Musica intercalaris*) und meist komischen Zwischenspielen (*Interludium, Interme-*

dium, Scena intermedia oder *intercalaris, Ludus intercalaris* oder *Episodion*), so dass man fast von »drei dramatischen Werken, dem lateinischen Schauspiel, der ebenfalls meist lateinischen Oper und dem deutschen Interludium«[55] sprechen könnte. Vereinzelt finden sich auch eingeschobene Lieder, Instrumentalmusik oder Tänze.[56] Wo und wie viele Zwischenteile in die Haupthandlung eingegliedert sind, variiert mit der Anzahl der Akte von Stück zu Stück. Prolog, Chöre und nicht selten auch der Epilog stehen häufig untereinander und zur Haupthandlung in einem engen gedanklichen Zusammenhang. Die meist allegorische Eingangsszene (*Prologus*) stellt das Thema des Stückes vor. Die parallel laufende Handlung der Chöre präfiguriert den im nächsten Akt folgenden Teil der Haupthandlung anhand von Allegorien oder mit einem Beispiel, das häufig dem Alten Testament oder der antiken Mythologie entnommen ist, seltener der Weltgeschichte.[57] Der Epilog, soweit vorhanden, verweist nochmals auf das Thema oder nimmt Bezug zum Anlass der Aufführung.[58] Der Text der Interludien ist häufig nicht überliefert. Meist handelte es sich wohl um komische Szenen, oft in deutscher Sprache oder Mundart, vielleicht auch um Pantomimen. Sie bildeten so eine Abwechslung zur ernsten Haupthandlung, zu der sie thematisch nicht immer in Bezug standen.[59] Dieser Kontrast ließ einerseits den Schrecken und die Gräuel der folgenden tragischen Szenen deutlicher hervortreten. Andererseits waren die Intermedien wohl auch »ein besonderes Zugeständnis an das Unterhaltungsbedürfnis und die Lachlust des Publikums«[60], das sich solange von der anspruchsvollen (lateinischen) Haupthandlung erholen konnte. In *Rodericus Gothorum Rex*[61], dem Marchtaler Herbstspiel von 1769, z. B. wird nach dem ersten und dem dritten Akt das zweiteilige Intermedium *Die Verwandlung. Des Spazier=Stockes in einem Dresch=Pflegel. Ein Lust=Spiel.* aufgeführt. Eine kurze Inhaltsangabe ist der Perioche angehängt und lässt auf derbe Späße schließen: Im ersten Akt (*Der Spazierstock in einem Tanz*) erwirbt Baculaureus zunächst einen Spazierstock, den er in drei folgenden Teilen verschiedenen Menschenaltern anpreist. Er will zeigen, 1. *Das der Spazier=Stock seye der Jugend zur Zierde. 2. Dem Mannlichen Alter zur Wuerde. 3. Dem Greis zu Erleuchterung der Buerde.* Die Personen führen jeweils tänzerisch vor, wie sie mit dem Stock umgehen, schließlich findet *ein alter Bär* [...] *Ihn zu seinem Polnischen Tantz untauglich, und schnellt selben entzwey zu Groestem Spott des Baculaureus.* Im zweiten Akt (*der Dresch=Pflegel in seinem Glanz*) erbittet Baculaureus vom Waldgott einen neuen Spazierstock, erhält aber einen Dreschflegel, an dem er 1. *Dessen Unart.* und 2. *Dessen Hoffart.* bemängelt, schließlich aber 3. *Seine Streiche, sehr hart* zu spüren bekommt. Er wird von Satyren verdroschen und *in einem Sack an einem starcken Pflegel=Stock aufgehangen.* In den 70er Jahren des 18. Jhs. werden die Zwischenspiele seltener. Anhand der Tragödie *Josephus Mascarenhas olim Dux de Averio*[62], die 1760 in Marchtal zum Ende des Schuljahres aufgeführt wurde, lassen sich die Zusammenhänge im Aufbau verdeutlichen: Das Stück dramatisiert das Schicksal von Joseph Mascarenhas, Herzog von Averio [Portugal], der 1758 eine Verschwörung gegen den König geplant hat und dafür mit dem Tod bestraft wurde.

Prolog
Durch Huelff Goettlicher Vorsichtigkeit, und Betrug des Glueckes, wird die Herrschsucht in Portugall von dem Thron auf das Rad gestuerzet.
1. Akt (8 Szenen)
Einige Adelige empören sich über den König und planen, ihn zu ermorden.
1. Chor: *Adonias empoeret sich wider seinen Bruder Salomon.* (1 Kön 1)
2. Akt (8 Szenen)
Die Verschwörer organisieren ihr Vorgehen und machen sich ans Werk.
Intermedium
In welchem der Averianische Garten angeleget, der Koenig geschossen, und Aveiro unter unterschiedlichen Anmuthungen vorgestellet wird.
3. Akt (9 Szenen)
Der Mordversuch misslingt, aber die Verschwörer geben nicht auf.
2. Chor: *Adonias' Streben nach Ämtern wird bestraft.* (1 Kön 2,13–25)
4. Akt (8 Szenen)
Das Ränkespiel geht weiter.
Intermedium
Art von Art, laesset sehr hart.
4. Akt (8 Szenen)

Die Verschwörer werden entlarvt und betraft.
Epilog
Portugall beweinet seinen Adel.

Inhalte, Stoffe und Motive

Es ist so gut wie unmöglich, alle einzelnen Theaterstücke bestimmten Stoff- und Motivbereichen zuzuordnen. Wie an obigen Beispielen schon deutlich geworden sein dürfte, kann ein Stück aus mehreren Bereichen schöpfen und diese vermischen. Dem barocken Theater sind zeitliche und örtliche Grenzen fremd; es »läßt reale Menschen neben allegorischen und mythologischen Personen auftreten, setzt Himmel und Hölle in Bewegung, um historische Vorgänge zu illustrieren, und greift nicht selten ganz entlegene Stoffe auf«.[63] Doch es ging nicht zuerst um die historisch genaue Wiedergabe von Inhalten oder um bloße Unterhaltung, sondern um die Vermittlung einer Botschaft. »Durch historische Daten wird zwar der Zeugniswert beglaubigt, der ›Sinn‹ dieser Zeugnisse ist jedoch *Beispiel* für Transzendentes. Die Vergangenheit hat also keinen Eigenwert, sondern wird behandelt um ihrer religiösen Aussage willen.«[64] Bei aller Problematik einer Typologie lassen sich als wichtigste Stoffgruppen nennen: 1. Bibel, 2. Kirchengeschichte, 3. Profangeschichte, 4. Mythen, Sagen und Legenden, 5. Allegorien und Parabeln. 6. Moralitäten.[65] Oft sind die Grenzen zwischen Historie und Sage, Kirchengeschichte und Legende fließend oder wird die Moral anhand eines historischen Beispiels verdeutlicht. Biblische Stoffe aus dem AT tauchen vorwiegend in den Chören auf. Besonders beliebt war David.[66] Aus der Kirchengeschichte wählte man vor allem Schicksale von Heiligen und Märtyrern, deren vorbildliches Handeln die Zuschauer und die Spieler gleichermaßen beeindrucken sollte.[67] Aus Marchtal hat sich z. B. aus den Jahren 1750 bis 1754 sowie aus dem Jahre 1757 ein Zyklus von Spielen über S. Edmund von Abingdon erhalten, die zum Namenstag des damaligen Abtes Edmund II. Dilger (1746–1768) aufgeführt wurden.[68] Profangeschichtliche Stoffe erstrecken sich von der Antike über das Mittelalter bis zur Zeitgeschichte. Julius Cäsar[69] wird genauso behandelt wie der historisch zweifelhafte Codrus, der letzte König von Athen[70], oder der im Jahr 1683 errungene Sieg gegen die Türken bei Wien[71]. Der Inhalt steht des Öfteren zum Anlass der Aufführung in direkter Beziehung. Zur 600-Jahr-Feier des Klosters Marchtal 1771 z. B. gab man ein Stück, das die Geschichte der Gründung des Klosters durch Pfalzgraf Hugo III. von Tübingen dramatisiert.[72]

Auch wenn manche Stoffe besonders beliebt waren und mehrmals behandelt wurden, so begegnen trotz gemeinsamer Grundhandlung direkte Wiederholungen so gut wie gar nicht, denn »im Barock frönte man dem Prinzip der Unwiederholbarkeit und verlangte stets Neues und Einmaliges«.[73] Nur wenn wenig Zeit war, selbst etwas zu schreiben, wenn ein Autor oder Komponist besonders berühmt oder wenn ein Stück besonders originell war, hat man vielleicht eine Ausnahme gemacht. So hat sich das Kloster Zwiefalten z. B. im Jahr 1760 aus Marchtal einen Neujahrswunsch für den Abt geholt, der dort einige Tage zuvor aufgeführt worden war.[74]

Schluss

Im Jahr 1778 bricht die Marchtaler Sammlung ab. Dagegen haben sich in der Stadtbibliothek Ulm noch Stücke aus den 90er Jahren des 18. Jhs. erhalten. Titel wie *Die gut erzogenen und zur Wissenschaft ermunterten Kinder. Ein Schauspiel in drei Aufzügen.* (Herbstspiel in Wengen von 1785) oder *Der blinde Vater. Ein mit Musik begleitetes bürgerliches Lustspiel.* (aufgeführt in Wengen im Februar 1794)[75] deuten darauf hin, dass die barocke Theatertradition allmählich vom Gedankengut der Aufklärung überformt wurde. Drastischer noch verdeutlicht das Romuald Weltin (1767 bis 1803), der letzte Abt von Ochsenhausen. Er ließ 1790 das »das altehrwürdige Theater« dem Geist der Zeit entsprechend in ein Schulhaus umbauen, denn nicht Possenspiel sollten die Schüler und Studenten lernen, sondern sich den nützlichen Wissenschaften zuwenden.[76]

So bereitete sich langsam vor, was 1803 durch den RDH radikale Wirklichkeit wurde: Das Ende des barocken Theaters, ja der blühenden Klosterkultur überhaupt, war besiegelt. Nur wenigen glücklichen Zufällen haben wir es zu verdanken, dass einige Quellen den räuberischen Ausverkauf der Säkularisation überstanden haben, die nun ein vergleichsweise spärliches Zeugnis geben können vom bunten Treiben des oberschwäbischen Klostertheaters.

[1] Als wichtige Beiträge seien genannt *Jean-Marie Valentin,* Les jésuites et le théâtre (1554–1680). Contribution à l'histoire culturelle du monde catholique dans le Saint-Empire romain germanique. Paris 2001, das eine überarbeitete und erg. Neuaufl. des folgenden Werkes ist: *Ders.,* Le théâtre des jésuites dans les pays de langue allemande (1554–1680). Salut des âmes et ordre des cités. 2 Bde. Bern / Frankfurt am Main / Las Vegas 1978. Wertvoll ist das mehrbändige Sammelwerk *Elida Maria Szarota,* Das Jesuitendrama im deutschen Sprachgebiet. Eine Periochen-Edition. 4 Bde. München 1979–1987. Für die Gegend des Bodensees vgl. *Ingrid Seidenfaden,* Das Jesuitentheater in Konstanz. Ein Beitrag zur Geschichte des Jesuitentheaters in Deutschland. Stuttgart 1963.
[2] *Heiner Boberski,* Das Theater der Benediktiner an der alten Universität Salzburg (1617–1778). Wien 1978; *Johann Haider,* Die Geschichte des Theaterwesens im Benediktinerstift Seitenstetten in Barock und Aufklärung. Wien 1973. Außerdem *Othmar Wonisch,* Die Theaterkultur des Stiftes St. Lambrecht. Graz 1957.
[3] Etwa die Veröffentlichungen von *Walter Frei,* Das Marchtaler Schul- und Klostertheater in der Barockzeit, Ulm 1994; *Ders,* Das Zwiefalter Schul- und Klostertheater in der Barockzeit. Neue Erkenntnisse zur Theaterpflege im Kloster Zwiefalten und an seinen Schulen im 17. und 18. Jh., in: *Hermann Josef Pretsch* (Hg.), 900 Jahre Benediktinerabtei Zwiefalten. Ulm 1989, 271–310; *Rudolf Reinhardt,* Zur Musik- und

Theaterpflege im Kloster Weingarten, in: ZWLG 19 (1960), 141–150; *Gebhard Spahr,* Theaterpflege im Kloster Weingarten 1697–1730: ein Beitrag zur oberschwäbischen Theatergeschichte, in: ZWLG 16 (1957), 319–330; *Gisela Zeissig,* Das Theater der Benediktiner in der Barockzeit: Das Beispiel Weingarten, in: Rottenburger JKG 9 (1990), 67–75. Zu erwähnen ist auch die Untersuchung über das benachbarte bayerische Kloster Ottobeuren: *Walter Klemm,* Benediktinisches Barocktheater in Südbayern, insbesondere des Reichsstiftes Ottobeuren, in: StMittOSB 54 (1936), 95–184 und 397–432 sowie Ebd. 55 (1937), 274–303. Sie ist nicht zuletzt deshalb interessant, weil sich die Seiten 101–122 ausführlich mit dem Theatersaal, seinen technischen Einrichtungen und den Kulissen befassen. Ergänzend zum bayerischen Klostertheater: *Ders.,* Benediktinisches Barocktheater im bayerischen Donautal, in: StMittOSB 58 (1941), 228–258, und Nachtrag, in: Ebd. 59 (1942), 151–158.
[4] So bezeichnet man die Programmhefte, die eine knappe Inhaltsangabe sowie eine kurze Beschreibung der einzelnen Szenen, den Text der musikalischen Teile und meist auch ein Darstellerverzeichnis beinhalten. Sie waren für die im Lateinischen wenig bewanderten Zuschauer eine große Hilfe, der Handlung zu folgen. *Heinz Kindermann,* Theatergeschichte Europas. Bd. III. Salzburg 2., verbesserte und erg. Aufl. 1967, 465.
[5] Sie finden sich unter den Signaturen Ma 1367 bis Ma 1375.

[6] FZA Ma 1369, 29–61.

[7] FZA Ma 1374, 67–82, Ma 1375, 633–648 und 675–684.

[8] FZA Ma 1374, 641–648.

[9] FZA Ma 1373, 89–100, 109–124, 167–198, 211–230, 303–314 und 315–335 sowie Ma 1375, 9–20, 141–175, 227–234, 323–334, 335–347, 379–387, 409–423, 479–490 und 841–841. Zum Theater in der freien Reichsstadt Biberach an der Riß vgl. den Aufsatz von *Kurt Diemer*, Zur Geschichte des Theaters in Biberach, in*: Bernhard Kirchgässner / Hans-Peter Becht* (Hg.), Stadt und Theater. Stuttgart 1999, 9–18 mit weiterer Literatur.

[10] In diesem Zusammenhang sind namentlich genannt P. Gregorius Bögele aus Ochsenhausen (FZA Ma 1373, 167–198), der berühmte Marchtaler Kanoniker P. Isfridus Kayser (FZA Ma 1375, 323–334), P. Hermannus Miller aus Marchtal und P. Wilhelmus Hanser aus Schussenried (FZA Ma 1373, 315–335) sowie P. Robert Praelisauer aus Ochsenhausen (FZA Ma 1373, 109–124).

[11] *Kindermann*, Theatergeschichte (wie Anm. 4), 14–17.

[12] *Richard Alewyn / Karl Sälzle*, Das große Welttheater. Die Epoche der höfischen Feste in Dokument und Deutung. Hamburg 1959, 48.

[13] *Kindermann*, Theatergeschichte (wie Anm. 4), 17 spricht sogar von einem »Verwandlungsdrang der barocken Bühnengestalter« und ebd., 18f. von »der dynamisierten Regiekunst«, die durch die variable Kulisse, die »genialste bühnenbildnerische Erfindung des Barocktheaters«, erst ermöglicht wurde.

[14] *Alewyn/Sälzle*, Das große Welttheater (wie Anm. 12), 57.

[15] Der beste Beweis dafür sind die italienische Oper oder die lateinischen Jesuitenspiele, die trotz der für viele Zuschauer unverständlichen Dialoge ein Publikum anzogen, zu dem Kaiser und Handwerker gehörten. *Heinz Kindermann*, Theatergeschichte (wie Anm. 4), 18 und 452f.

[16] *Alewyn/Sälzle*, Das große Welttheater (wie Anm. 12), 52.

[17] Noch Goethe (1749–1832) rekurriert auf die umfassende Dimension des barocken Theaters, wenn er schreibt: *So schreitet in dem engen Bretterhaus / Den ganzen Kreis der Schöpfung aus / Und wandelt mit bedächt'ger Schnelle / Vom Himmel durch die Welt zur Hölle. Johann Wolfgang Goethe*, Faust. Der Tragödie erster Teil. Stuttgart 1986, Verse 239–242.

[18] *Alewyn/Sälzle*, Das große Welttheater (wie Anm. 12), 51.

[19] Ebd., 55.

[20] Zum obigen Abschnitt Ebd., 50–57.

[21] *Frei*, Das Marchtaler Schul- und Klostertheater (wie Anm. 3), 7.

[22] *Zeissig*, Das Theater der Benediktiner (wie Anm. 3), 72.

[23] *Frei*, Das Zwiefalter Schul- und Klostertheater (wie Anm. 3), 272.

[24] *Willi Flemming*, Das Ordensdrama, Leipzig 1930, 6; *Frei*, Das Marchtaler Schul- und Klostertheater (wie Anm. 3), 10.

[25] *Kindermann*, Theatergeschichte (wie Anm. 4), 408 und 450f.

[26] Zitiert nach Ebd., 448.

[27] *Hans-Jürgen Schings*, Consolatio Tragoediae. Zur Theorie des barocken Trauerspiels, in: *Reinhold Grimm* (Hg.), Deutsche Dramentheorien I. Beiträge zu einer historischen Poetik des Dramas in Deutschland. Wiesbaden 3. verbesserte Aufl. 1980, 19–55, 22.

[28] Beispielsweise wurde bei den Benediktinern von Ochsenhausen schon 1620 das Drama *S. Machario* aufgeführt. *Konstantin Maier*, Bildung und Wissenschaft im Kloster Ochsenhausen, in: *Max Herold* (Hg.), Ochsenhausen. Von der Benediktinerabtei zur oberschwäbischen Landstadt. Weißenhorn 1994, 299–316, 305.

[29] *Frei*, Das Marchtaler Schul- und Klostertheater (wie Anm. 3), 10.

[30] *Kindermann*, Theatergeschichte (wie Anm. 4), 461f.

[31] *Frei*, Das Zwiefalter Schul- und Klostertheater (wie Anm. 3), 273 und *Ders.*, Das Marchtaler Schul- und Klostertheater (wie Anm. 3), 10.

[32] *Alewyn/Sälzle*, Das große Welttheater (wie Anm. 12), 49.

[33] *Maier*, Bildung und Wissenschaft (wie Anm. 28), 305.

[34] Z. B. FZA Ma 1370, 145–151.

[35] FZA Ma 1370, 913–926.

[36] *Frei*, Das Zwiefalter Schul- und Klostertheater (wie Anm. 3), 274.

[37] Weißenau blickte 1783 auf die 600-jährige Gründung von Schussenried, das 500. Jubiläum der Übergabe der Heiligblutreliquie und das 300-jährige Bestehen der Bruderschaft des Allerheiligsten Sakramentes in St. Jodok zu Ravensburg zurück. Vgl. *Gebhard Spahr*, Geschichte der Weißenauer Heiligblutreliquie, in: *Peter Eitel* (Hg.): Weißenau in Geschichte und Gegenwart. Fschr. zur 700-Jahrfeier der Übergabe der Heiligblutreliquie durch Rudolf von Habsburg an die Prämonstratenserabtei Weißenau. Sigmaringen 1983, 59–88, 77.

[38] Zitiert nach *Paul Beck*, Die Jubelfeier im Kloster Weißenau im Jahr 1783, in: SVG Bodensee 41 (1912), 111–128, 115.

[39] *Spahr*, Geschichte der Weißenauer Heiligblutreliquie (wie Anm. 37), 88, Anm. 26.

[40] *Beck*, Die Jubelfeier (wie Anm. 38), 117f.

[41] Ebd., 121 und 126.

[42] *Frei*, Das Zwiefalter Schul- und Klostertheater (wie Anm. 3), 275.

[43] *Maier*, Bildung und Wissenschaft (wie Anm. 28), 305.

[44] *Frei*, Das Marchtaler Schul- und Klostertheater (wie Anm. 3), 9.

[45] *Boberski*, Das Theater der Benediktiner (wie Anm. 2), 55.

[46] *Maier*, Bildung und Wissenschaft (wie Anm. 28), 306.

[47] *Boberski*, Das Theater der Benediktiner (wie Anm. 2), 159.

[48] *Flemming*, Ordensdrama (wie Anm. 24), 6.

[49] *Zeissig*, Das Theater der Benediktiner (wie Anm. 3), 70.

[50] *Kindermann*, Theatergeschichte (wie Anm. 4), 462f.

[51] *Frei*, Das Marchtaler Schul- und Klostertheater (wie Anm. 3), 10.

[52] *Frei*, Das Zwiefalter Schul- und Klostertheater (wie Anm. 3), 275.

[53] Vgl. etwa die Perioche aus dem Kloster Schussenried von 1755. FZA Ma 1375, 311–321.

[54] Zahlreiche Beispiele finden sich im Marchtaler Bestand.

[55] *Boberski*, Das Theater der Benediktiner (wie Anm. 2), 127.

[56] So wurden z. B. im Herbststück *Filius Redemptor Mundi Deus*, das 1749 in Weingarten aufgeführt wurde, nach dem ersten Akt ein *Saltus Aethiopum* und nach dem zweiten Akt ein *Saltus Theandrinorum* gezeigt. FZA 1375, 539–558.

[57] Zu den musikalischen Teilen vgl. *Boberski*, Das Theater der Benediktiner (wie Anm. 2), 146–159.

[58] Ebd., 147.

[59] Zur Entwicklung und Funktion der Intermedien vgl. *Boberski*, Das Theater der Benediktiner (wie Anm. 2), 133–145.

[60] *Frei*, Das Zwiefalter Schul- und Klostertheater (wie Anm. 3), 287.

[61] FZA Ma 1374, 511–525.

[62] FZA Ma 1374, 169–184.

[63] *Boberski*, Das Theater der Benediktiner (wie Anm. 2), 99.

[64] *Ivo Braak*, Gattungsgeschichte deutschsprachiger Dichtung in Stichworten, Teil Ia: Dramatik Antike bis Romantik. Würzburg 1975, 134.

[65] Nach *Zeissig*, Das Theater der Benediktiner (wie Anm. 3), 71; *Boberski*, Das Theater der Benediktiner (wie Anm. 2), 100.

[66] Z. B. FZA Ma 1374, 247–254 und 375–389.

[67] *Zeissig*, Das Theater der Benediktiner (wie Anm. 3), 71.

[68] FZA Ma 1370, 167–178, 187–198, 239–250, 257–267, 297–308 und 397–408.

[69] FZA Ma 1372, 1–37.

[70] FZA Ma 1374, 363–374. Zur Historizität von *Codrus: Boberski*, Das Theater der Benediktiner (wie Anm. 2), 102.

[71] FZA Ma 1374, 675–682.

[72] FZA Ma 1369, 665–749; Ma 1374, 543–549 (Perioche).

[73] *Frei*, Das Zwiefalter Schul- und Klostertheater (wie Anm. 3), 281, Anm. 21.

[74] *Frei*, Das Zwiefalter Schul- und Klostertheater (wie Anm. 3), 303f.

[75] Hinweis von Herrn Dr. Hans Radspieler, Ulm.

[76] *Maier*, Bildung und Wissenschaft (wie Anm. 28), 306.

Kleine Fehler – möglicherweise große Auswirkungen

Eine materialwissenschaftliche Untersuchung von Bauartikeln der Barockzeit aus der Klosterkirche Neresheim

von Dieter Pohl †

Dachstuhl und »Kuppelgewölbe«

Auf dem Ulrichsberg, der die kleine ostwürttembergische Stadt Neresheim überragt, liegt das Benediktinerkloster gleichen Namens. Die zugehörige Klosterkirche ist das letzte sakrale Bauwerk des berühmten Barockbaumeisters Balthasar Neumann (1687–1753), als dessen bekannteste Arbeit die fürstbischöfliche Residenz in Würzburg gilt. Die Kirche wurde zwischen 1750 (Grundsteinlegung) und 1752 (Weihe) gebaut. Sie besteht aus einem Längs- und einem Querschiff. Wo diese sich kreuzen, schuf Neumann ein sog. Vierungsoval, das er oben mit einer großen Kuppel abschloss. Im Längsschiff befinden sich vier, im Querschiff zwei weitere Kuppeln. Sämtliche sieben Kuppeln stützen sich nicht auf Grundmauern, Pfeiler oder Säulen ab, vielmehr hängte sie Balthasar Neumann am Dachstuhl auf. Zur damaligen Zeit war dies eine Aufsehen erregende architektonische Neuheit, die noch heute viel Beachtung findet. Solch kühne Konstruktionen machten u. a. die Verwendung solider Halte- und Verbindungselemente erforderlich. Mit einigen von ihnen befasst sich die vorliegende Untersuchung.

Methoden einer Materialuntersuchung

Metallische Werkstoffe sind aus Kristallen aufgebaut. Ihre Gebrauchseigenschaften, wie z. B. Härte, Bruchfestigkeit und Widerstand gegen plastische Verformung, hängen i. A. von der chemischen Zusammensetzung und der Anordnung der Kristalle, dem sog. *Gefüge*, ab. Deshalb umfasst eine Materialuntersuchung grundsätzlich eine chemische Analyse und eine Prüfung des Gefüges. Da die meisten Gebrauchsmetalle Legierungen – also aus mehreren Metallen oder auch aus Metallen und Nichtmetallen zusammengesetzt – sind, gibt die Analyse Auskunft darüber, welcher Werkstoff vorliegt. Die *Gefügeprüfung* erfolgt mit dem Mikroskop. Dafür muss ein Probestück präpariert werden. Dies geschieht durch Anschleifen einer ebenen Fläche, die zum Schluss noch poliert und geätzt wird, um das Gefüge sichtbar zu machen. Auf diese Weise kann man Spuren erkennen, die bei der Herstellung der Objekte entstanden sind.

Die Gefügeprüfung erfordert aber meist die Zerstörung des zu untersuchenden Stücks. Das mag – besonders wenn es um alte Gegenstände geht – ein Nachteil sein. Wenn nur ein einziges Teil erhalten ist, verbietet sich eine derartige Untersuchung ganz von selbst. Andererseits kann nur eine Gefügeprüfung Aufschluss darüber geben, welche Fertigungsverfahren bei der Herstellung des betreffenden Stücks angewendet worden sind. Sind mehrere gleiche Teile vorhanden, wird man sich eher dafür entscheiden, eines davon zu zerstören, um zielführend Informationen über die Technik unserer Vorfahren zu gewinnen. Im vorliegenden Fall fiel die Entscheidung leicht, denn von allen untersuchten Bauartikeln sind noch reichliche Mengen im Kloster vorhanden.

Die Untersuchungsgegenstände

Ausführlich untersucht wurden eine Schraube samt Mutter und Beilagscheibe (Abb. 5), das Bruchstück

211

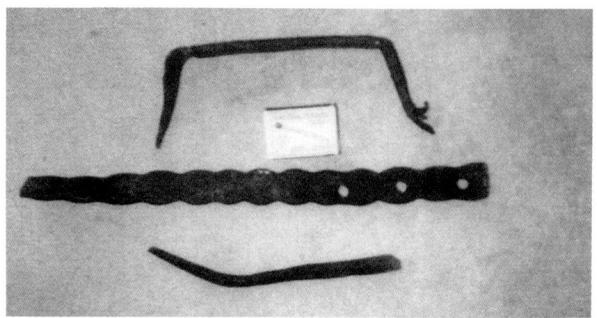

Abb. 1
Mehrere eiserne Untersuchungsobjekte
Bauklammer (oben), Bruchstück von Schlauder (Mitte) und Nagel
(V = 0,33 : 1).
(Foto: Dieter Pohl)

einer *Schlauder*, eine Bauklammer und ein großer Nagel (Abb. 1). Diese Gegenstände sind anlässlich umfangreicher Sanierungsarbeiten zwischen 1966 und 1975 aus der Dach- und Kuppelkonstruktion ausgebaut worden. Balthasar Neumann war 1753, kurz nach Baubeginn, gestorben. Der Dachstuhl der Kirche wurde zwischen 1759 und 1769 errichtet.[1] Die nachfolgenden Baumeister wagten es nicht, den Bau exakt nach seinen Plänen auszuführen. Sie bauten die Kuppeln flacher und auch nicht aus Mauerwerk, sondern aus Kostengründen aus Holz.

Die hölzernen Kuppelschalen sind sehr dünn und somit relativ leicht. Da sie jedoch über Hängepföst-

chen, Deckenbalken und Laschen starr mit dem Dachstuhl verbunden wurden[2], übertrugen sich Winddruck, Schneelast und wohl auch thermische Spannungen voll auf die Kuppeln und damit auch auf die dortigen Fresken. Der Summe dieser Lasten war der Dachstuhl auf Dauer nicht gewachsen. Er senkte sich, und es entstanden Risse. Bereits 1827/28 fiel eine große Reparatur an, in deren Verlauf die Kuppelschalen vom Dachstuhl gelöst und an eine separat eingezogene Holzkonstruktion gehängt wurden.[3] Bei der vorläufig letzten Sanierung (1966–1975) wurde im Wesentlichen diese Holz- durch eine Stahlkonstruktion ersetzt.

Die Gegenstände dieser Untersuchung können nur beim Neubau oder anlässlich der Reparatur 1827/28 eingebaut worden sein. Sie sind mithin 2003 mindestens 175, wenn nicht gar rund 235 Jahre alt. Nach Aufzeichnungen des Klosters wurden alle damals benötigten Eisenartikel von den Brenztalhütten bezogen.[4] Aus der einschlägigen Literatur[5] geht ebenfalls hervor, dass zwischen Kloster und Brenztalhütten, insbesondere der Hütte in Königsbronn, über lange Zeiträume hinweg regelmäßige Geschäftsbeziehungen bestanden haben.

Begriffe

Bevor die Ergebnisse dargestellt werden, müssen die Materialbegriffe definiert werden, denn manche haben

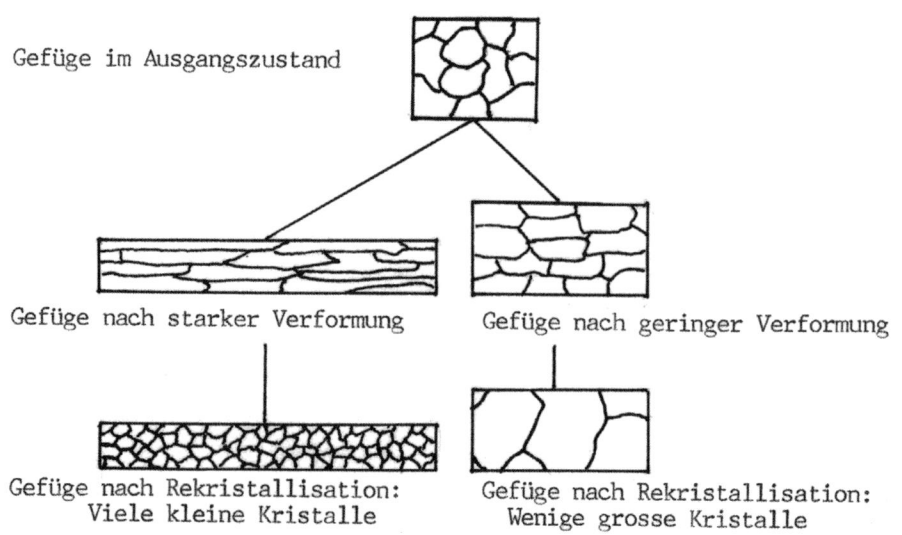

Abb. 2
Kaltverformung und Rekristallisation
Schematische Darstellung von Gefügeveränderungen.
(Foto: Dieter Pohl)

sich im Lauf der Zeit geändert. Heute kennen wir die Begriffe ›Eisen‹ und ›Stahl‹. Beides sind Legierungen aus Eisen und Kohlenstoff. ›Eisen‹ enthält mehr, ›Stahl‹ weniger als 1,8 % Kohlenstoff. In der damaligen Zeit kannte und verwendete man drei Begriffe, nämlich ›Roheisen‹, ›Schmiedeeisen‹ und ›Stahl‹. Als ›Roheisen‹ bezeichnet man eine Eisen-Kohlenstoff-Legierung mit mehr als 1,8 % Kohlenstoff, die damals im Hochofen aus Eisenerz und Holzkohle erzeugt wurde. ›Schmiedeeisen‹ war ein aus Roheisen durch *Frischen* (oxidativer Abbau von Kohlenstoff) im sog. *Frischherd* erzeugtes, nahezu kohlenstofffreies Eisen (Kohlenstoffgehalt deutlich unter 0,1 %). Formal ist es also ein Stahl. Unter diesem verstand man damals jedoch eine Eisen-Kohlenstoff-Legierung, die so viel Kohlenstoff enthielt, dass sie gehärtet werden konnte. Mit steigendem Kohlenstoffgehalt nimmt die Härtbarkeit zu, die Schmiedbarkeit dagegen ab. ›Schmiedeeisen‹ war somit eine gut schmiedbare aber so gut wie nicht härtbare Eisenlegierung, die sich deutlich vom Stahl unterschied.[6]

Wird Material kalt verformt, wie z. B. gebogen, macht sich dies durch eine entsprechende Streckung der Kristalle im Gefüge bemerkbar. Durch eine nachfolgende Glühung kann man aber das Gefüge wieder in den Zustand bringen, den es vor der Verformung hatte. Es tritt nämlich eine Kristall-Neubildung ein, die man *Rekristallisation* (Abb. 2) nennt. Dadurch erhält man wieder ein Gefüge aus lauter unverformten Kristallen. Die Kristallgröße nach der Rekristallisation ist jedoch abhängig vom Verformungsgrad, der vorher aufgebracht wurde. War dieser groß, entstehen kleine rekristallisierte Kristalle und umgekehrt. Man erkennt also ein Gefüge, das durch Rekristallisation entstanden ist, daran, dass in ihm unverformte Kristalle vorliegen. Den vorausgegangenen Verformungsgrad kann man anhand der Kristallgröße abschätzen. Die Rekristallisationstemperatur des Eisens liegt mit rund 450 °C weit unter seiner Schmiedetemperatur.

Von der Rekristallisation nicht betroffen sind die Schlackeneinschlüsse, die in älteren Werkstoffen wie Schmiedeeisen vielfach vorkommen. Schlackeneinschlüsse passen ihren Verlauf den Verformungsvorgängen an. Deshalb kann man mit ihrer Hilfe später Rückschlüsse auf die Formgebungsprozesse ziehen, die bei der Teileherstellung angewendet wurden.

Untersuchungsergebnisse

Die chemische Analyse ergab, dass alle untersuchten Bauartikel aus klassischem Schmiedeeisen bestehen.

Bauklammer und Nagel

Die Bauklammer (Abb. 1) wurde aus sog. *Zaineisen* (*Zain* bezeichnet die wellenartig gezahnte Form des Mittelstücks) geschmiedet. Die rechtwinkligen Biegungen und die Spitzen sind angeschmiedet. Eine der Spitzen ist mehrfach gespalten und ausgebogen. Auch der Nagel ist fertig geschmiedet worden. Spuren von Nacharbeit mit spanenden Werkzeugen sind an den Teilen nicht festzustellen.

Beide Teile enthalten jedoch Fehler, die teils in der Metallurgie der Werkstoffherstellung, teils in fehlerhafter Schmiedetechnik ihre Ursachen haben. Die Bilder 4a und b zeigen typische Erscheinungen. Wie oben schon angedeutet, enthielt das Material viele Schlackeneinschlüsse, die in allen folgenden Bildern als dunkle, immer in der Verformungsrichtung gestreckte Partikel zu erkennen sind. In Bild 4a ist eine Stelle aus dem aufgerissenen Bereich der Bauklammer zu sehen. Man erkennt einen Riss als breiten, schwarzen Pfad in der Bildmitte. Er läuft durch eine Ansammlung mehr oder weniger grober Schlacken, die letztlich auch rissauslösend gewesen sein dürften.

Bild 4b zeigt einen Schnitt durch die Nagelspitze. Wieder sieht man zahlreiche Schlackeneinschlüsse sowie links einen Schmiederiss und rechts eine nicht geschlossene Schmiedefaltung. Eine weitere, sehr kleine Faltung erscheint an der Nagelspitze.

Schlauder

Zur Untersuchung kam ein etwas über 300 mm langes Bruchstück einer Schlauder (gezaintes Halteband), das an einem Ende eine Bruchfläche aufweist. Außer den an Nagel und Bauklammer festgestellten Fehlern fanden sich hier gleich an mehreren Stellen zusätzlich sog. *Verbrennungen*. Eine charakteristische Stelle ist in Abb. 3 zu sehen. Diese Erscheinung entsteht, wenn das Stück vom Schmied längere Zeit auf zu hohe Temperatur erhitzt wird. Dann dringt nämlich (Luft-)Sauerstoff entlang der Kristallgrenzen in das Materialin-

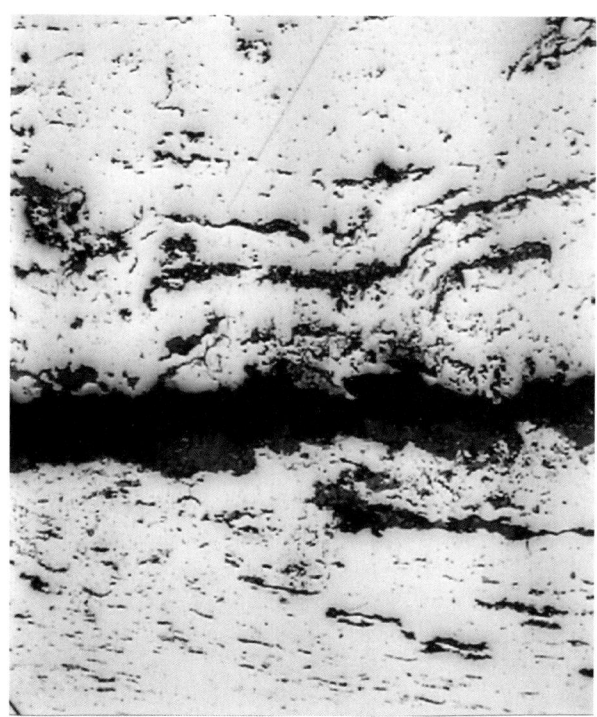 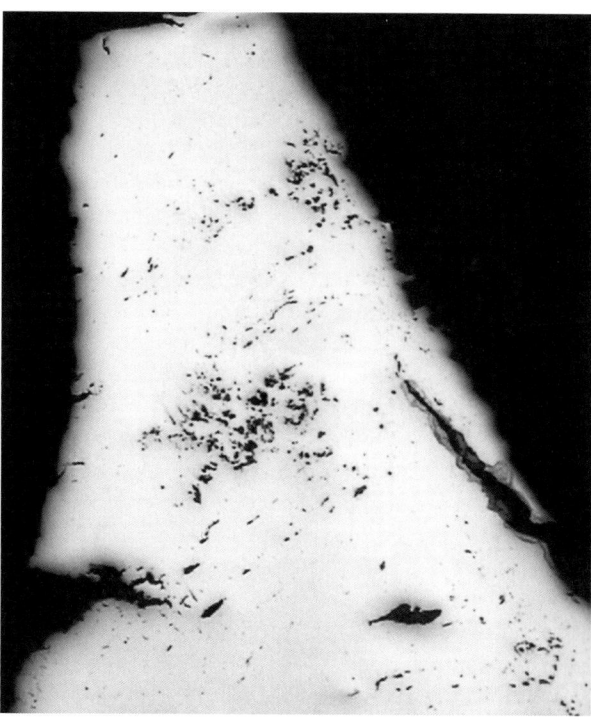

Abb. 4a und b
Fehlstellen in Bauklammer und Nagel
(a) Riss in einem Schlackenfeld in der Bauklammer, (b) Riss, Schmiedefalten und Schlacken in der Nagelspitze (beide Teilbilder je V = 50 : 1).
(Foto: Dieter Pohl)

Abb. 3
Schäden an der Schlauder
Verbrennung im Gefüge (V = 100 : 1).
(Foto: Dieter Pohl)

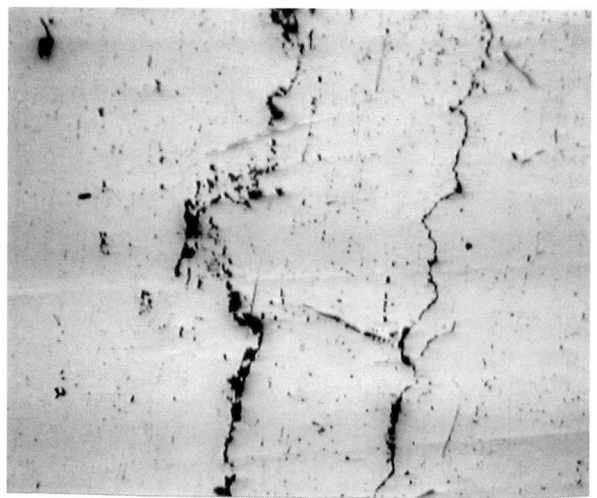

nere und bildet dunkel erscheinende, oft perlschnur-artig angeordnete Eisenoxide.

Die Bruchfläche der Schlauder wurde auf transpa-rente Lackabdrucke übertragen und diese mikrosko-pisch untersucht. Es wurde ein sog. *Mischbruch* fest-gestellt; darunter versteht man ein Bruchbild, das sowohl zähe als auch spröde Anteile enthält.[7] Fehler-freies Schmiedeeisen müsste sich eigentlich völlig zäh verhalten. Überhitzungen, besonders so ausgeprägte wie hier, haben stets Versprödung zur Folge. Dies ist aber bei tragenden Verbindungselementen ein schwer-wiegender Fehler. Der heutige Abt von Neresheim, der bei der Sanierung in den Siebziger Jahren als Prior die Funktion des Bauherrn wahrnahm, und der ver-antwortliche Architekt berichteten übereinstimmend, dass zahlreiche Schlaudem beim Aufbiegen spröd ›wie Glas‹ brachen. Auch ließ sich nicht ausschließen, dass einzelne Schlaudern bereits gebrochen waren bevor sie ausgebaut wurden.[8] Heute hätte man Schlaudern dieser schlechten Qualität unter keinen Umständen zur Lieferung freigegeben oder gar verbaut, denn sie gefährden die Stabilität des Kirchendachs und damit der Kuppeln und der Kuppelfresken.

Schraube und Mutter

Fertigungstechnisch sind die Schraube und die dazugehörige Mutter (Abb. 5) die interessantesten Stücke dieser Untersuchung. Die Schraube ist 556 mm lang und ihr Durchmesser beträgt rd. 32 mm. Schraubenkopf und Mutter sind vierkantig mit einer Seitenlänge von 84 mm (Schraubenkopf) und 65 mm (Mutter). Allein die Tatsache, dass es sich um eine Vierkantschraube und -mutter handelt, weist auf ihr hohes Alter hin. Soweit man weiß, wurden erst im frühen 19. Jh. die bis dahin ausschließlich üblichen Vierkant- durch Sechskantschrauben verdrängt.[9] Heute sind die Gewinde von Schrauben und Muttern genormt. Alle Gewinde sind sog. *Systemgewinde*, die in zwei Systemen, dem von Withworth (seit 1841) und dem metrischen (seit 1870) beschrieben werden. Erst mit der Einführung dieser Normierung wurden Schrauben

Abb. 5
Untersuchungsobjekt Schraubenensemble
Schraube, Mutter und Unterlegscheibe (V = 0,3 :1).
(Foto: Dieter Pohl)

und Muttern austauschbar. Vorher wurde für jede Schraube eine – nur dazu – passende Mutter angefertigt. Dabei weisen die Gewindedaten (Steigung, Flankenwinkel u. a.) keinerlei Ähnlichkeit mit einem Systemgewinde auf. Das Schraubenensemble muss also längst vor 1841 produziert worden sein.

Es stellt sich vor allem die Frage nach der Art der Herstellung des kurzen nur ca. 70 mm langen Gewindes in der Zeit des Spätbarocks. Eine eingehende Gefügeuntersuchung ergab, dass das Schraubengewinde zweifelsfrei durch Walzen in kaltem Zustand (sogen. Gewinderollen) angefertigt worden ist. Das Verfahren ist heute in der VDI-Richtlinie 3174 (›Rollen von Außengewinden durch Kaltformung‹) umfassend beschrieben. Danach geschieht die Formung des Gewindes durch Abrollen des zylindrischen Schraubenrohlings zwischen mindestens zwei unter Druck arbeitenden Profilwerkzeugen (im einfachsten Fall zwischen zwei Platten, in die das Gewindeprofil geradlinig eingeschnitten ist (Abb. 6). Diese Herstellungsweise hinterlässt unverwechselbare Merkmale: Die wichtigsten sind bestimmte Unstetigkeiten des Gefüges bis hin zu regelrechten Fehlstellen, die stets am Außendurchmesser des Gewindes zu finden sind (vgl. Abb. 7). Zu den Charakteristika gehört auch, dass der sogen. *Faserverlauf* nicht unterbrochen ist, d. h. dass die Orientierung der Schlackenzeilen dem Ge-

Abb. 6
Gewinderollen mit Flachwerkzeugen
a) Feststehende Gewinderollbacke, b) bewegliche Gewinderollbacke
(nach VDI-Richtlinie 3174).
(Foto: Dieter Pohl)

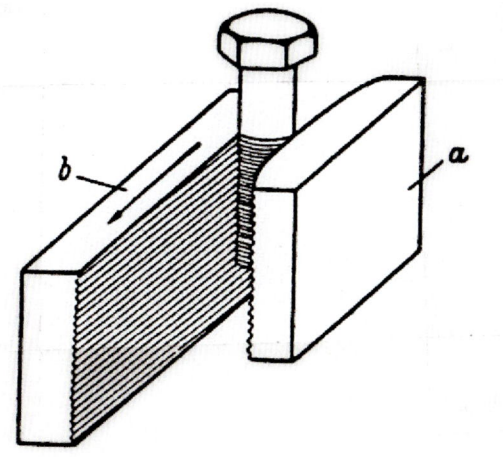

windeverlauf folgt. Hätte man das Gewinde mittels spangebender Formung hergestellt, wäre der Faserverlauf zerschnitten worden.

Sehr auffällig ist die Gefügeausbildung im Schraubengewinde. Es ist rekristallisiert und besteht an der Oberfläche durchweg aus sehr kleinen, im Kern des Materials aus recht großen Kristallen. Dies hat seine Ursache darin, dass die Kaltverformung am Rand sehr groß war; der Kern wurde so gut wie nicht verformt. Erstaunlich ist allerdings die Tatsache, dass überhaupt Rekristallisation festzustellen ist, denn die wissenschaftlichen Grundlagen dieses Vorgangs waren zur damaligen Zeit sicher nicht bekannt. Also wird man

dieses Gefüge auch nicht gezielt herbeigeführt haben. Mit an Sicherheit grenzender Wahrscheinlichkeit ist es bei der Mutternherstellung entstanden.

Das Gewindeprofil der Mutter ist das Negativ des Gewindeprofils der Schraube. Dies sieht man gut in Abb. 8, in dem beide Profile so angeordnet sind, wie sie in der Praxis ineinander greifen. Man erkennt ferner (z. B. an der typischen Schmiedefaltung im Gewindegrund), dass das Gewinde der Mutter warm, d.h. bei Schmiedetemperatur, geformt wurde. Höchstwahrscheinlich wurde so vorgegangen: Als Mutternrohling diente eine gelochte Vierkantscheibe. Der Rohling wurde erhitzt und in glühendem Zustand auf die

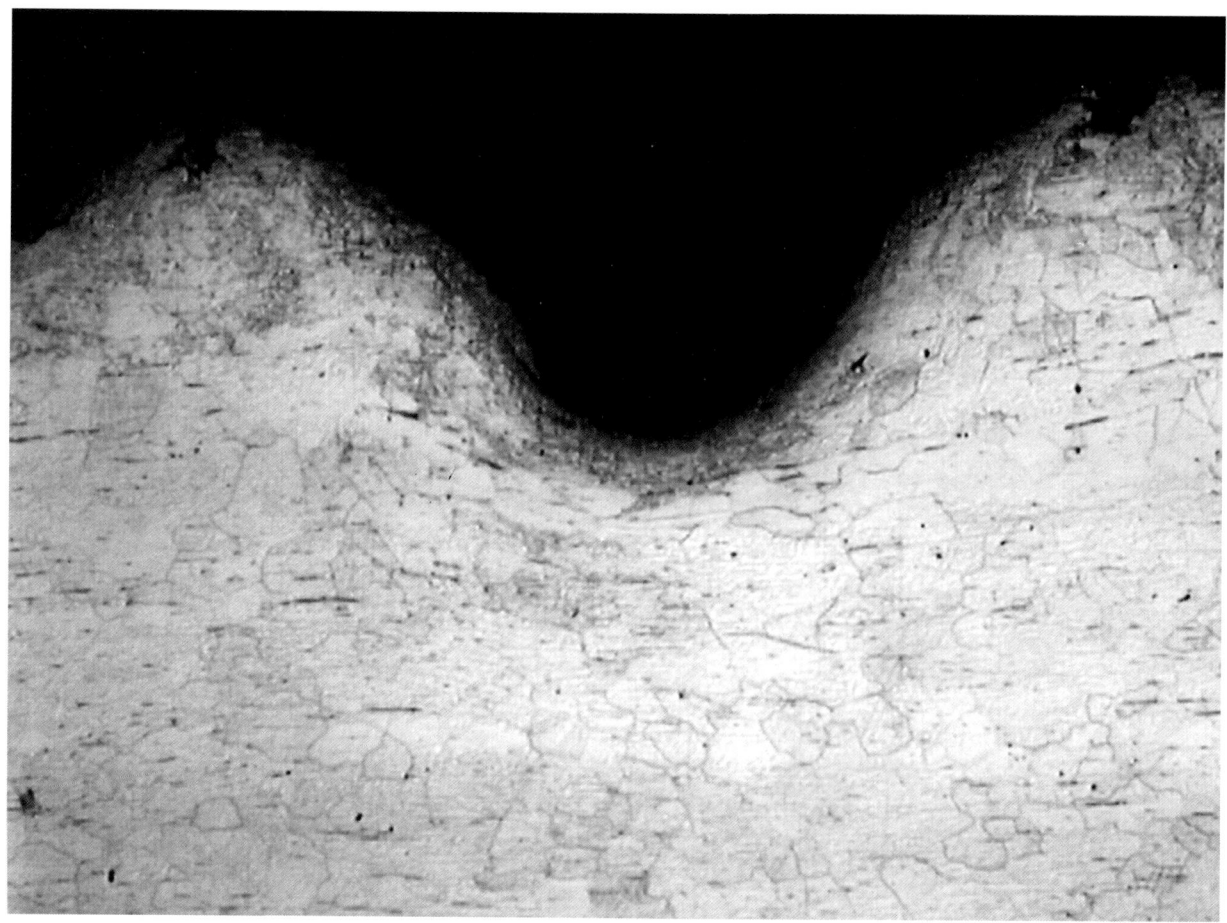

Abb. 7
Mängel an Schrauben
Längsschnitt durch das Schraubengewinde mit Fehlstellen am Außendurchmesser (V = 25 : 1).
(Foto: Dieter Pohl)

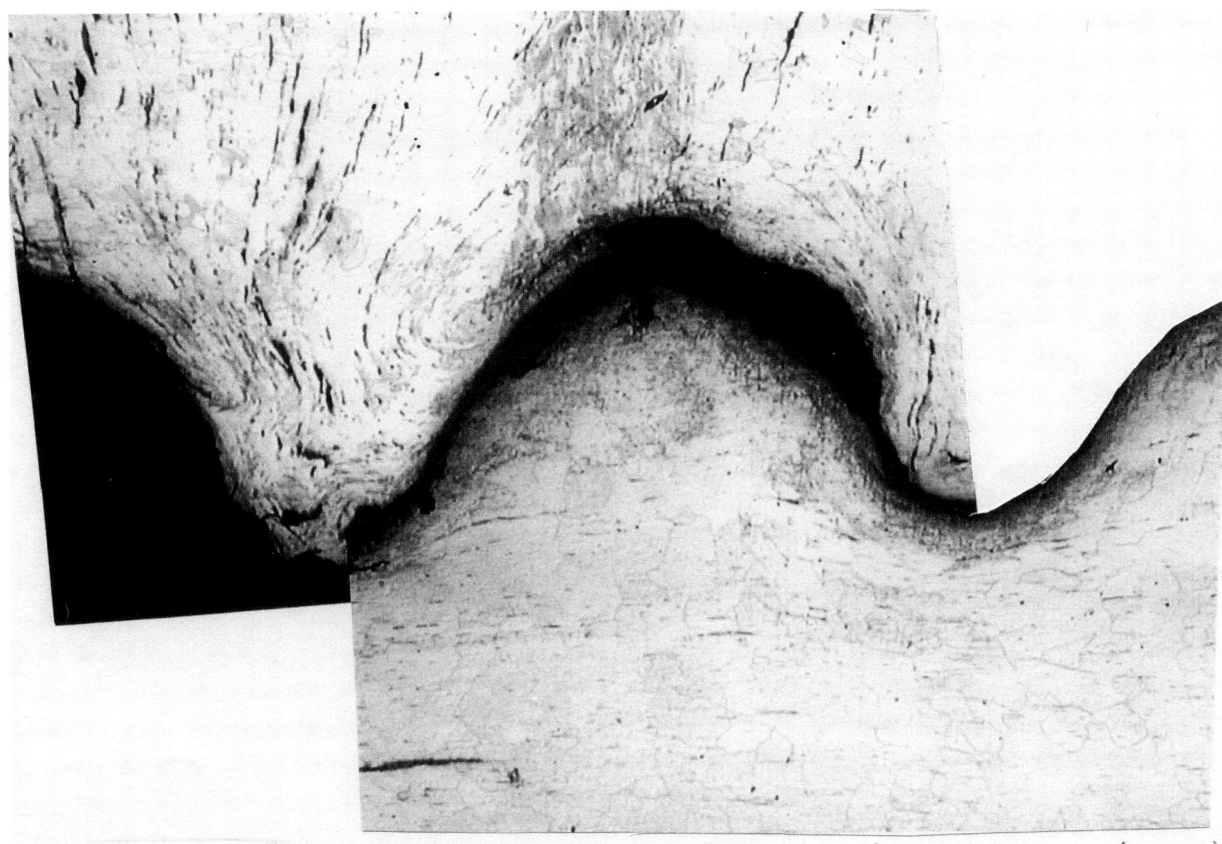

Abb. 8
Mutter und Schraube
Längsschnitt durch Gefüge von Mutter (oben) und Schraube (unten) in Eingriffstellung (V = 25 : 1).
(Foto: Dieter Pohl)

Schraube aufgedreht. Dabei wurde das Schraubengewinde so heiß, dass es rekristallisierte. Gleichzeitig formte es das Mutterngewinde. Die Spuren dieses Vorgangs sind anhand des Faserverlaufs im Gewindegrund der Mutter (Abb. 8) gut zu erkennen.

Außerdem bildeten sich infolge dieser Prozedur auf beiden Flachseiten der Mutter rund um die Bohrung deutlich sicht- und fühlbare Aufwölbungen. Ein – wahrscheinlich auf die Schraube aufgebrachtes – Schmiermittel war nötig, um das Verschweißen von Schraube und Mutter zu verhindern. In der Abbildung 8 ist auch zu sehen, dass bezüglich des Schlackenreinheitsgrads das Material für die Mutter viel schlechter war als das der Schrauben. Es handelt sich also sicher um Werkstoffe unterschiedlicher Herstellung.

Folgerungen

Die Untersuchungen haben eine Vielzahl von Hinweisen auf ein Teilgebiet der Technik im Spätbarock ergeben. Insbesondere war der Fehlerbefall der Stücke sehr aufschlussreich. Die einzelnen Fehler wie auch gewisse Fehlerkombinationen lassen erkennen, dass der Stand der Technik damals noch ausgesprochen rudimentär war. Beispielsweise fehlte jede Möglichkeit effizienter Temperaturkontrolle beim Schmieden, was zu Fehlern jeglicher Art (z. B. Verbrennungen) infolge von Überhitzung führte Die Suche nach äußerlichen Fehlern konnte nur visuell erfolgen, eine Kontrolle auf innere Fehler war überhaupt nicht möglich. Man muss wahrscheinlich davon ausgehen, dass der Zustand der Untersuchungsgegenstände den üblichen Qualitätsstandard zur damaligen Zeit widerspiegelt. Die Folgen für das Bauwerk sind differenziert zu sehen. Während – wie oben schon ausgeführt – die Sprödigkeit der Schlaudern gefährlich war, hatten die Fehler am Nagel (war dieser erst einmal solide eingetrieben) wohl keine nachhaltigen Folgen. Zur Bauklammer ist zu sagen, dass sie wohl – wie die beschädigte Seite nahelegt – nicht so gut gehalten hat, wie man es erwarten durfte. Daneben ist nicht auszuschließen, dass die Überdimensionierung einzelner oder aller Teile Schlimmeres verhindert hat.

Am Schraubenensemble fällt auf, dass nur die Schraube selbst aus einem Material von vergleichsweise sehr guter Schlackenreinheit bestand, während die Mutter aus dem damaligen Durchschnittsmaterial gefertigt war. Große Kaltverformungen – und um eine solche handelt es sich hier – können nur mit sauberem Material erfolgreich durchgeführt werden. Es hat den Anschein, als habe der Handwerker, der das Gewinde hergestellt hat, dies gewusst. Und er muss auch eine Bezugsquelle für ein Material, das die Bedingungen erfüllte, gekannt haben. In Material der Standardqualität hätte man das Gewinde nicht walzen können, da es ausgebröckelt wäre. Leider ist uns der Gewindehersteller ebenso wenig bekannt geworden wie der Hersteller dieses reinen Schmiedeeisens. Nur soviel lässt sich sagen: Beide müssen ihrer Zeit deutlich voraus gewesen sein, denn in der einschlägigen Literatur ist das Kaltwalzen von Gewinden erst ab ca. 1880 bekannt.[10] Dass diese Technik schon viel früher zur Anwendung kam, war bis jetzt unbekannt gewesen – vielleicht, weil bisher so wenig spektakuläre Objekte wie alte Schrauben nicht oder nicht gründlich genug untersucht worden sind.

In den Jahren 1965–1974 erfolgte eine präzise Gesamterfassung der Kirche in Plänen und Schnitten im Maßstab 1 : 25.[11] In einem Längsschnitt durch die Kirche zählt man nicht weniger als 139 der beschriebenen Großschrauben. Der Schraubenhersteller kann also kein ganz kleiner Betrieb gewesen sein. Vielleicht ist er in der Gegend von Wallerstein zu finden, denn dort war die Zimmerei beheimatet, die den Dachstuhl einst gebaut hatte[12], und nur dort konnte man wissen, wie lang die Schrauben und wie lang ihre Gewinde sein mussten. Hier eröffnet sich der Erforschung der regionalen Technikgeschichte noch ein weites Feld. In diesem Zusammenhang muss erwähnt werden, dass man zum Zeitpunkt der Dachstuhlreparatur 1827/28 (s. o.) offenbar schon Schrauben in grösseren Stückzahlen herstellen konnte. 1828/29 wurde nämlich in Salzburg ein Gebäude, das sog. Sattler-Panorama, errichtet, das transportabel war und von mehreren tausend Schrauben zusammengehalten wurde.

Zusammenfassung

Anhand einer eingehenden materialwissenschaftlichen Untersuchung einiger schmiedeeiserner Bauartikel aus der Dach- und Kuppelkonstruktion der Klosterkirche Neresheim, welche sämtlich aus den Jahren zwischen 1759 und 1769 sowie 1827 und 1828 stammen, konnte gezeigt werden, dass verschiedene Materialfehler auf unterschiedliche Ursachen zurückzuführen sind, die teilweise schwerwiegender Natur waren. Am Beispiel einer großen Schraube konnte wahrscheinlich gemacht werden, dass die Technik der Gewindeherstellung im Barock weiter fortgeschritten war als bisher bekannt.

[1] *Bernhard Schütz*, Abtei Neresheim. Lindenberg 1999.
[2] *Christian Norberg-Schulz*, Balthasar Neumann – Abteikirche Neresheim. Tübingen 1993, 28–29.
[3] *Schütz* (wie Anm. 1).
[4] Mitteilung von *Abt Norbert Stoffels* OSB.
[5] *Manfred Thier*, Die Geschichte der Schwäbischen Hüttenwerke 1365–1802. Aalen/Stuttgart 1965; *Wilhelm Heusel*, Königsbronn – das Kloster und die Eisenwerke. Königsbronn 1936.
[6] *Walter Conrad* (Hg.), Geschichte der Technik in Schlaglichtern. Mannheim/Leipzig/Zürich 1997.
[7] *Dieter Pohl*, Untersuchung metallischer Bruchflächen mit Lackabdruck und Lichtmikroskop, in: Mikrokosmos 90 (2001), 235–238.
[8] Mündliche Mitteilung von *Wolfgang Bauer*, freier Architekt.
[9] *Henry Petroski*, The Evolution of Useful Things. New York 1992.
[10] *Volker Benad-Wagenhoff*, Die Schraubenherstellung von der vorindustriellen Einzelfertigung zur Massenproduktion 1800–1960, in: Museum Würth – Schrauben und Gewinde. Sigmaringen 1992.
[11] *Norberg-Schulz* (wie Anm. 2).
[12] *Schütz* (wie Anm. 1).

Bildung und Wissenschaft in schwäbischen Klöstern bis zum Vorabend der Säkularisation

von Konstantin Maier

Einleitung

Als die große Säkularisation der Reichskirche (1802/1803) nach dem Frieden von Lunéville (9. Februar 1801) unwiderruflich war, unterbreitete der ehemalige Prämonstratenser der Reichsabtei Rot an der Rot, Wilhelm Mercy (1753–1825), einen Vorschlag, wie Schwaben trotz des bevorstehenden Untergangs der Klöster *zum größten Vortheile der Religion* entschädigt werden könnte.[1] Demnach sollten eine oder zwei schwäbische Reichsabteien als »Pflanzschulen« für die Ausbildung des schwäbischen Klerus zugleich als Reichs- und Kreisstände erhalten bleiben. *Es müßte zwar Ordnung, aber keine Möncherey in diesen Häusern herrschen. Der Prälat – ein Prälat ohne Infel und Stab, ein Prälat, der zugleich Professor wäre – müßte zwar vom Bischof ernannt, aber nicht von ihm willkührlich versetzt oder entlassen werden können. Er wäre Reichs- und Kreisstand, um der Wichtigkeit seines Amtes auch einen äußerlichen Glanz zu geben.*[2] Die Professoren sollten aus dem Welt- und Ordensklerus gleichermaßen berufen werden und zudem die Freiheit vom Diözesanbischof erhalten, *alles das lehren zu dürfen, was immer auf einer katholischen Universität vorgelesen wird.*[3] Es wäre auch von größtem Vorteil, wenn der schwäbische Klerus nach *gleichförmigen Prinzipien* in einer eigenen Studienanstalt erzogen werde.[4] Bei Mercy findet sich jedoch kein Hinweis auf die in Folge der Säkularisation untergangenen Klosterschulen, die gleichermaßen für das Kloster und die Untertanen von hoher kultureller und sozialer Bedeutung geprägt waren. So gesehen führte die Säkularisation der geistlichen Territorien zwangs-läufig zu einem erheblichen ›Kulturverlust‹.[5] Die Aufhebung, Umwidmung oder Degradierung der 18 katholischen Universitäten und das Ende dezentraler Bildungsinstitutionen in den Klöstern hatte nachhaltige Folgen in den katholischen Gebieten. Es zerbrach die Symbiose zwischen Ordensleben, kulturellem oder wissenschaftlichem Ehrgeiz, dem Schulwesen, der Pfarrseelsorge sowie der Pflege der noch vielfach in barocken Formen verhafteten Volksfrömmigkeit.[6] Dem regionalen und zum Teil sehr fortschrittlichen Bildungssystem folgte im Königreich Württemberg nach 1806 eine Vereinheitlichung und Zentralisierung der (katholischen) Bildungsinstitutionen von den Universitäten (1812 Gründung der katholischen Universität Ellwangen und deren Verlegung 1817 nach Tübingen)[7] bis zu den Schulen.[8] Das Verdikt von der Zerstörung katholischer Kultur großen Stils ist bis heute nicht verstummt; Zeitgenossen brachten sie mit den Verlusten der Reichskirche im Reformationszeitalter in Verbindung und verstanden die Säkularisation als zweite Reformation. Der letzte Abt von St. Peter auf dem Schwarzwald, Ignaz Speckle (1795–1806, † 1824), sah in der Enteignung seines Klosters die Wiederkehr der *Greuel der Reformation für Wirtemberg und Bayern.*[9] Auch der spätere Konstanzer Generalvikar Ignaz Heinrich v. Wessenberg (1802–1860) warnte 1801 vor den Folgen des Zusammenbruchs katholischer Bildungsinstitutionen. Der *unersättliche Finanzgeist* der ›Säkularisatoren‹ werde ihre Einkünfte und Kapitalien niemals verschonen. Die Verstaatlichung des Bildungswesens führe zu einer Säkularisierung des Schulwesens, in dem der Unterricht von seinen *religiösen Formen entkleidet* und ihm die *Rich-*

tung auf das göttliche Christentum ›genommen‹ werde.[10]

Für die Epoche von 1650 bis 1800 stellte der Tübinger Historiker Anton Schindling 1994 fest: »In dem territorial vielgestaltigen Alten Reich gab es kein einheitliches Bildungs- und Wissenschaftssystem, sondern neben vielen regionalen Differenzierungen die beiden konkurrierenden Bildungssysteme der katholischen und der protestantischen Tradition.«[11] Im Prozess der Aufklärung im katholischen Deutschland wird man mit Dieter Breuer einen Modernisierungsprozess, der von originär katholischen Impulsen getragen wurde, erkennen.[12] Viele Einzeluntersuchungen für schwäbische Klöster haben gezeigt, zu welchen wissenschaftlichen Leistungen begabte Konventualen unter der Patronage der Äbte in der Lage waren. Dieser Beitrag soll einen Überblick zur Entwicklung der Bildungsstrategien vom konfessionellen Zeitalter an bis hin zur beachtlichen Modernisierung im 18. Jh. bieten. Bildung, Wissenschaft, Künste und Musen waren eingebunden in das monastische bzw. kanonische Leben der Prälatenorden. Ohne Zukunft gerieten diese Leistungen im 19. Jh. bald in Vergessenheit.

Bildung und Wissenschaft in den Klöstern als konfessionelle Herausforderung

Das geistliche Amt bzw. der gesamte Mönchs- und Ordensstand wurde durch die reformatorischen Bewegungen im 16. Jh. in eine schwere Krise gestürzt. Diese Existenzbedrohung verlangte für die verbliebenen Klöster die Apologie des ›alten‹ Kirchen- und Klosterwesens. Der Versuch schwäbischer Benediktinerklöster, im Frühjahr 1542 in Legau-Ottobeuren eine Benediktinerakademie einzurichten, scheiterte bereits im Schmalkaldischen Krieg (1546/1547), als die Akademie nach ihrer Verlegung in das Kloster Elchingen im Oktober 1546 von einem Großbrand heimgesucht wurde.[13]

Selbstkritisch beklagten die Benediktiner, dass die *Fahrlässigkeit der Prälaten* zu einer *Ungelehrtheit des Mehrteils der Mönche* und in Folge davon zum *Mangel an Verteidigern der Kirche* geführt habe.[14] Das moderne, konfessionelle Bildungsprogramm der Jesuiten und die in den Kollegien vermittelte Spiritualität führ-

ten bei den Prälatenorden zur Restauration der Ordensdisziplin.[15] In Schwaben leistete die Jesuitenuniversität Dillingen einen enormen Beitrag zur Reform und Modernisierung der Klöster im konfessionellen Zeitalter, der sich in den Konventen in einem langwierigen Ablösungsprozess der älteren mit der jüngeren Generation bis in das 17. Jh. vollzog.[16] In der Benediktinerabtei Weingarten hatten sich die Jesuitenschüler endgültig unter Abt Georg Wegelin (1586–1627) durchgesetzt.[17] Abt Johannes Lang von Ochsenhausen (1613–1618) setzte als Benediktiner auf die moderne

Abt Georg Wegelin von Weingarten (1586–1627)
Der sog. Zweite Gründer Weingartens legte durch seine im jesuitischen Sinne durchgeführte Klosterreform die Grundlage für die innere und äußere barocke Blüte Weingartens. Sein Wahlspruch lautete: Wachet, denn ihr wißt nicht die Stunde (Vigilate …). Benediktinerabtei Weingarten.

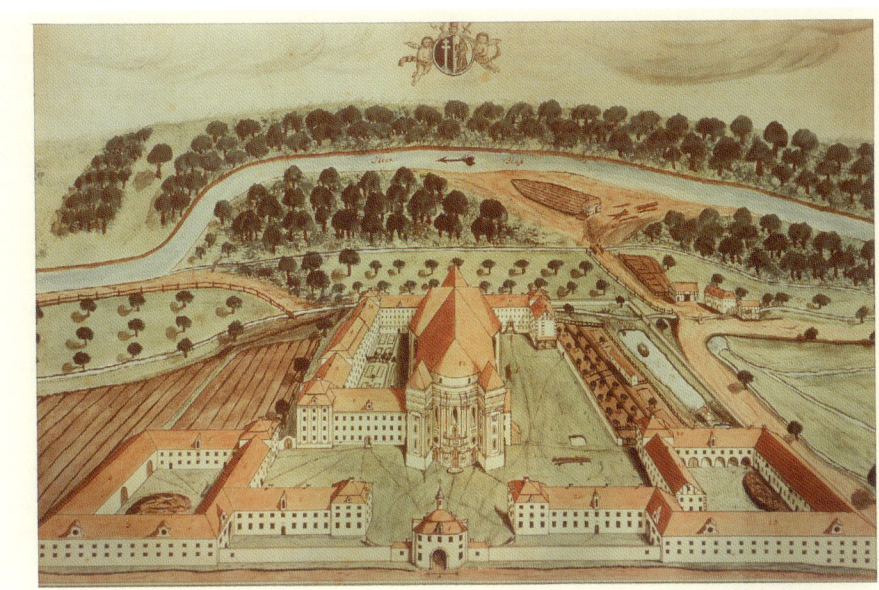

Wiblingen
Schon im 16. Jh. galten W. u. andere Klöster als »Akademien, Musensitze oder Pflanzstätten höherer Bildung« und blieben es bis zur Säkularisation. Planbild aus der Vogelschau. Lithographie nach e. Zeichnung des Wiblinger Kapitularen P. M. Braig, 18. Jh. Universitätsbibliothek Ulm, Archiv, Wiblingen.

Architektur und Funktionalität der Jesuitenkollegien und wagte den Bau eines neuen, großzügigen Konventgebäudes nach dem Vorbild des Landsberger Jesuitenkollegs. Modernität und das Leben nach der strengen Regelobservanz sollten in diesem Kloster eine Einheit bilden.[18] Die Vereinheitlichung der Disziplin unter den Klöstern sollte auch durch die Errichtung der schweizerischen (1602) und schwäbischen Benediktinerkongregation (1603) erreicht werden.[19] Mehrere Versuche der Kongregationen, gemeinsame überörtliche Studienhäuser (z. B. 1614 in Rorschach oder 1623 gemeinsames Konvikt in Freiburg i. Br.) zu errichten, waren fehlgeschlagen.[20] Immerhin hatte Abt Bartholomäus Ehinger von Ochsenhausen (1618–1632) es gewagt, auf Schloss Ummendorf 1623 ein philosophisch-theologisches Studium nach jesuitischem Vorbild einzurichten und für interessierte Klöster (bis in die Schweiz) zu öffnen. Die Schwedeneinfälle (1632) führten jedoch zur Auflösung der sog. *hohen Schul* und eine beabsichtigte Fortführung nach dem Westfälischen Frieden (1648) scheiterte Ende der fünfziger Jahre.[21] Als die Jesuiten nach dem kaiserlichen Restitutionsedikt (1629) versuchten, die einst von den Protestanten eingezogenen Klöster an sich zu bringen, reiste eine Gesandtschaft schwäbischer Benediktiner zur römischen Kurie, musste dort jedoch festellen,

dass in Rom die Blüte der klösterlichen Bildungsstätten völlig unbekannt war und im Zuge der Rückgabe bzw. Rekatholisierung größte Anstrengungen unternommen werden müssten, um auch in den protestantischen Gebieten Gymnasien und höhere Studien einzurichten. Spätestens nach dem Westfälischen Frieden hatten sich diese Besitz- und Bildungsstrategien jedoch längerfristig von selbst erledigt.[22]
Eine engere Bindung zum Jesuitenorden bewahrten sich Prämonstratenser und Zisterzienser. Die Universitäten Dillingen, Ingolstadt und Freiburg i. Br. galten als bevorzugte auswärtige Studienorte. Enge Beziehungen zur Universität Ingolstadt pflegte die Zisterzienser-Reichsabtei Kaisheim; sie unterhielt dort das Collegium Bernhardinum, das auch Scholaren anderer Klöster (z. B. Salem) offen stand, nachdem das entfernte Paris oder Heidelberg (St. Jakob) nicht mehr frequentiert wurde.[23] Mehrmals schickten die Prämonstratenser von Schussenried ihre Studenten an das Collegium Germanicum nach Rom; zudem unterhielten sie auch enge Beziehungen mit dem Kloster Strahov in Prag.[24] Nachdem der Plan für ein gemeinsames Studienhaus der schwäbischen Zirkarie in der vorderösterreichischen Stadt Munderkingen gescheitert war, blieb es bei der ›Jesuitenausbildung‹ an der Universität Dillingen.[25]

Kaisheim zur Zeit der Säkularisation
Das Zisterzienser-Reichsstift pflegte traditionell enge Beziehungen zum Jesuitenkolleg in Dillingen.
Kol. Federzeichnung.
StA Donauwörth, Graph. Sammlung.

Für das öffentliche Schulwesen waren die Jesuitenkollegien mit ihren Gymnasien und Lyzeen von größter Bedeutung. Zur oberdeutschen Ordensprovinz zählten die fünf Kollegien in Konstanz, Freiburg i. Br., Rottenburg, Ellwangen[26] und Rottweil; weitere Kollegien in Baden-Baden, Heidelberg, Mannheim, Bruchsal und Ettlingen waren der oberrheinischen Ordensprovinz zugeordnet.[27] Nachdem im Bistum Konstanz bis zum Ende des 16. Jhs. alle Pläne gescheitert waren, ein Diözesanseminar zu dotieren, konnte nach einem langen Streit mit Österreich endgültig im Jahre 1604 das Konstanzer Jesuitenkolleg eingerichtet werden.[28] Erst 1735 eröffnete Fürstbischof Johann Franz v. Stauffenberg (1704–1740) ein Priesterseminar als Ordinandenseminar (zum Empfang der Diakonen- und Priesterweihe).[29]

Zur Bedeutung der Benediktineruniversität Salzburg bis zum Ende des 18. Jhs.

An der Gründung der Salzburger Benediktineruniversität (1617/1622) waren auch die schwäbischen Äbte maßgeblich beteiligt, allen voran das Kloster Ottobeuren. Man setzte in Salzburg bis in die zweite Hälfte des 18. Jhs. auf den Thomismus und nahm von Anfang an das Studium der Geschichte in den Lehrplan

auf.[30] Nach dem Westfälischen Frieden (1648) war die Universität an der Salzach um so wichtiger, als es den schwäbischen Klöstern an einer gemeinsamen Studienanstalt mangelte. Die Übernahme des Rottweiler Gymnasiums und Lyzeums bis zum Jahre 1691 blieb nach dem Abzug der Jesuiten (1673) nur ein Intermezzo und ohne tiefere Wirkung in der oberschwäbischen Benediktinerkongregation.[31] Von viel größerer Bedeutung war das von Fürstbischof Johann Franz Xaver Eckher v. Kapfing (1695–1727) 1697 in Freising errichtete gemeinsame Studienhaus (als *Mons doctus* gefeiert), dessen Leitung der bayerischen und schwäbischen Benediktinerkongregation sowie einigen nicht konföderierten Abteien übertragen wurde; bis zu seiner Auflösung stand es als bedeutendes Zentrum benediktinischer Bildung in enger Verbindung mit der Universität Salzburg.[32]

Die Salzburger Universität strahlte im späten 17. und im 18. Jh. aus in die Klöster Bayerns, Österreichs, der Schweiz und Schwabens. Die Salzburger Studienplätze waren in den Konventen sehr begehrt, boten sie doch die einmalige Chance, Enge und Provinzialität des heimatlichen Klosters während der Studienzeit hinter sich zu lassen und nach ihrer Rückkehr in das Kloster – wenn möglich – Karriere zu machen. Die ›Salzburger‹ bildeten über Jahrzehnte die Elite der

Konvente und waren vielfach als Professoren, Bibliothekare oder Äbte die Protagonisten der barocken Klosterkultur.[33] Seit 1744 hatte sich in Salzburg selbst ein Kreis von Aufklärern zusammengefunden.[34] Bis zum Ende der Reichskirche lehrten an der Salzburger Universität regelmäßig schwäbische Professoren, z. B. die in Grönenbach geborenen Brüder Franz Schmier (1679–1728), ein herausragender Kanonist und Jurist, und Benedikt Schmier (1682–1744) aus dem Kloster Ottobeuren.[35] P. Anselm Rittler aus Weingarten lehrte vor seiner Wahl zum Abt (1784–1804) als Professor für Dogmatik in Salzburg (1769–1784); seine Werke fanden selbst im aufgeklärten Periodicum der *Mainzer Monatsschrift* Anerkennung.[36] Das Ringen um eine aufgeklärte Theologie ging auch in den letzten Jahrzehnten des 18. Jhs. nicht spurlos an der Salzburger Universität vorbei und führte zum Rückzug der schwäbischen und bayerischen Klöster. Die Reformpläne des Salzburger Erzbischofs Hieronymus Colloredo (1772–1803) und der unter fürstlicher Protektion stehenden schwäbischen Professoren Jakob Danzer von Isny (1743–1796) und Tiberius Sartori von Zwiefalten (1762–1825) sowie der publizistische Einfluss der von Lorenz Hübner herausgegebenen »Oberdeutschen Literaturzeitung« führten an der theologischen Fakultät zu einem Streit, der die Absetzung Jakob Danzers durch Erzbischof Colloredo (1792) zur Folge hatte.[37] Salzburg hatte nun endgültig seine große Bedeutung eingebüßt.

Klöster als Pflanzstätten der Bildung

Schon im 16. Jh. galten die Benediktinerklöster Weingarten, Wiblingen und Zwiefalten als *Akademien, Musensitze oder Pflanzstätten höherer Bildung* und blieben dies bis zur Säkularisation.[38] Die Hauptaufgabe der höheren Klosterschulen war die Rekrutierung des eigenen Nachwuchses. Darüber hinaus unterhielten die Klöster auch öffentliche Gymnasien, die – betrachtet man das dichte Netz der Prälatenklöster in Schwaben – für die Landschaft und oft weit darüber hinaus eine große Anziehungskraft ausübten. Der Einfluss der österreichischen Schulpolitik Maria Theresias (1745–1780) und von deren Sohn, Kaiser Joseph II. (1765/80–1790), verhalf auch den Klosterschulen zu einem letzten Modernisierungsschub.

Der Benediktinerorden unterhielt bis zur Säkularisation zum Teil große, öffentliche Gymnasien. Einige Beispiele seien genannt. *Zwiefalten* hatte 1686 das Gymnasium der vorderösterreichischen Stadt Ehingen übernommen und zu einem Lyzeum ausgebaut.[39] Die Zwiefaltener Professoren mussten sich jedoch in den 70er und 80er Jahren nach den neuen österreichischen Studien- und Lehrplänen richten. Nicht mehr spekulatives, sondern für den späteren Beruf nützliches Wissen sollte gelehrt werden. Besonderer Wert wurde auf den Unterricht der allgemeinen Geschichte als ›Lehrmeisterin des Lebens‹ gelegt; auf diese Weise sollten den Schülern die sittlichen und bürgerlichen Tugenden vermittelt werden.[40] Als das Kurfürstentum Württemberg als neuer Besitzer und Landesherr in Zwiefalten die Professoren aus Ehingen zurückgezogen hatte, wurde das Ehinger Lyzeum bis 1806 vom Kloster Wiblingen übernommen. In einem Bericht lobte der neue Rektor P. Gregor Ziegler 1804 den hohen Ausbildungsstand im Ehinger Gymnasium und kam zu dem Urteil, *dass man in unserem Vaterland kaum eine Schule nennen könnte, die bessere ›Kämpfer‹ in den literarischen Studien hervorgebracht hätte.*[41] Ziegler sah in dieser Übernahme wohl eine wichtige Aufgabe für die Zukunft und begann mit dem Aufbau einer Bibliothek sowie mit der Einführung einer neuen Studienordnung für das fünfklassige Gymnasium und Lyzeum nach österreichischem Vorbild. Man berief sich sogar auf den großen französischen Benediktinergelehrten Jean Mabillon (1632–1707) und gewichtete durch sein Unterrichtsprogramm die Philosophie weniger auf die spekulative als auf die praktische Wissenschaft, um *mit jedem Tag ersprießliche Entdeckungen und Experimente* zu machen.[42] Schwerpunkte im Unterricht bildeten deshalb die naturwissenschaftlich-praktischen Fächer: Mathematik, Mechanik, Physik, Zoologie, Botanik, Mineralogie, Bergwerkskunde, Astronomie und wissenschaftliche Erdkunde. Für das Lehrfach ›Allgemeine Geschichte‹ galt der Salzburger Professor Ulrich Peutinger aus dem Kloster Irsee (1751–1817) als Gewährsmann in der Darstellung, die *merkwürdigsten Umwälzungen auf der Welt im Zusammenhang kurz und faßlich* zu lehren.[43] Wichtige Bestandteile des Geschichtsunterrichts waren die Diplomatik und Numismatik als *zwei Hauptlichter der Geschichte.* Nach der Aufhebung Wiblingens (1806)

STIMULI
A. R. P.
JOANNIS MABILLONII
BENEDICTINI
AD EXCITANDOS, & ANIMANDOS
RELIGIOSOS,
UT SE SE STUDIIS APPLICENT,
EX EJUSDEM TRACTATU DE STUDIIS MONASTICIS
GALLICE CONSCRIPTO DESUMPTI
Ac
IDIOMATE ITALICO DONATI
Ab
ADMODUM REVERENDO, & EXIMIO
P. NICOLAO HIERONYMO CEPPI,
ROMANO, ORD. EREM. S. P. AUGUSTINI,
SS. THEOLOGIÆ MAGISTRO, ITALIÆ EXASSISTENTE,
AC SACRÆ CONGREGATIONIS INDICIS
CONSULTORE,
NUNC AUTEM
IN LINGUAM LATINAM TRANSLATI, ET QUIBUSDAM
ADDITIONIBUS LOCUPLETATI
A
P. M. Theophilo Frähamer,
Eundem Ordinem Erem. S. P. Auguftini Profeff.
AC
Provinciæ Bavaricæ Alumno.
RATISBONÆ M. D. C. C. LXIII.
Typis JOANNIS MICHAELIS ENGLERTH, Aulici & Epifcopalis Typographi.

Der große benediktinische Gelehrte Jean Mabillon (1632–1707)
Titelblatt eines Auszugs aus Mabillons Traktat de studiis monasticis, in dem er die Mönche zum eifrigen Studium der Wissenschaften ermuntert (ad excitandos et animandos religiosos, ut se se studiis applicent). Regensburg 1763. UB Eichstätt.

und der Eingliederung Ehingens in das Königreich Württemberg (1812) blieb der Stadt das humanistische Gymnasium im ehemaligen Franziskanerkloster. Die bisherigen Schulgebäude wurden verkauft und die Kollegienkirche als Scheune benützt.[44]

Im *Kloster Wiblingen* selbst standen die höheren Studien noch zu Beginn des 19. Jhs. in Blüte, für sie wurde sogar ein neuer Lehrplan entworfen. Zwischen 1801 und 1803 wurden in der Philosophie, zu der auch die Naturwissenschaften zählten, und in der Theologie regelmäßig Disputationen abgehalten.[45] In dem vorderösterreichischen Kloster hatte Abt Roman Fehr (1768–1797) erheblich unter den Klosterreformen Kaiser Josephs II. zu leiden: das Professalter war auf 24 Jahre angehoben, das Hausstudium faktisch aufgehoben und die Studenten zum Besuch der österreichischen Universitäten und Generalseminare verpflichtet worden. Das auswärtige Studium verursachte hohe

Kosten und hatte zur Folge, dass die jungen Religiosen *nicht selten der klösterlichen Disziplin entgegengesetzte Sitten* mit nach Hause brächten, *sich nicht mehr unter den Gehorsam und in die Hausordnung* fügten und in der Folge sogar aus dem Kloster austraten.[46] Unter Abt Fehr kam es – wie auch in anderen Klosterterritorien – zu einer grundlegenden Reform des Wiblinger Normalschulwesens, das unter die Aufsicht von Konventualen gestellt wurde.[47]

Auch *Ottobeuren* galt unter seinem letzten Abt Honorat Göhl (1767–1802) – so der Klosterchronist Maurus Feyerabend (1754–1818) – als eine ›Pflanzschule‹ für den Ordensnachwuchs; der herrschende Zeitgeist könne weder die Disziplin noch die Pflege der Wissenschaften verderben und am Stiftsgymnasium würden noch immer 200 Schüler unterrichtet.[48] Das Stiftsgymnasium der Fürstabtei Kempten, das *Ducale Lyceum Campidonense*, welches oberschwäbische Adelige unterrichtete, wurde 1752 von den Piaristen übernommen. Ein Jahr zuvor (1751) waren diese bereits nach Günzburg zur Leitung eines Internates für Adelige gerufen worden.[49]

Prämonstratenser und Zisterzienser unterhielten ebenfalls ein blühendes Schulwesen. Der letzte Reichsprälat des Zisterzienserklosters Salem, Robert Schlecht (1778–1802), baute 1790 mit einem Kostenaufwand von 90.000 fl. ein neues Klostergymnasium, an dem Schüler bis aus Freiburg i. Br. unterrichtet wurden.[50] Einen sehr guten Ruf genoss auch das Klostergymnasium der Prämonstratenser-Reichsabtei Schussenried unter dem letzten Abt Siard Frick (1733–1750). Zu den Schülern dieser Stiftsschule zählten u. a. der spätere Erzbischof von Freiburg, Hermann Vicari (1773–1868), und der Komponist Konradin Kreutzer (1780–1849).[51] Die philosophisch-theologischen Hausstudien in den Klöstern waren für einen großen Teil der zukünftigen Konventualen die einzige Möglichkeit, das wissenschaftliche Rüstzeug zu erlernen. Zum Bildungsprogramm gehörten die regelmäßigen (oder auch selteneren) feierlichen, öffentlichen Disputationen in Anwesenheit des Abtes und Konventes sowie von Vertretern benachbarter Klöster. Zu diesen Anlässen gab der Abt großformatige Thesenblätter zum Ruhme des Klosters in Auftrag. Abt Benedikt Denzel von Ochsenhausen (1737–1767) hatte dafür eine besondere Vorliebe. Im August 1739 hatten die Studenten der Philosophie und Theologie öffentlich ihr Wissen unter Beweis zu stellen. Zwei Thesenblätter ließ Abt Benedikt drucken: Die Philosophen erhielten im einen Christus im Kreis von Kindern und Johann Nepomuk als Emblem; im zweiten defendierten die Theologen unter dem Bild der Geburt Jesu.[52] Wenn auch im 18. Jh. die Heilssicherheit immer mehr in Frage gestellt wurde, waren Disputationen letztlich ein rhetorisches Ritual mit der Demonstration einer längst bekannten Wahrheit. Zu Studium und Repräsentation gehörten auch die Klostertheater und die Musikpflege, die an anderer Stelle behandelt werden.

Nur wenige weltliche Landesherren gewährten nach der Herrschaftsübernahme den Klostergymnasien eine kurze Frist. In Weingarten sollten die Konventualen unter der Regierung von Prinz Wilhelm V. von Oranien-Nassau (1748–1806) die lateinische Schule fortführen.[53] Ebenso hoffte Franz Georg Fürst v. Metternich (1756–1818) im Fürstentum Ochsenhausen, mit den Konventualen das bisherige Klostergymnasium mit bis zu 80 Schülern als moderne Ausbildungsstätte fortzuführen und erlaubte, dass das Armarium, die Sternwarte und die Bibliothek weiterhin von wissenschaftlich interessierten Besuchern benutzt werden konnten.[54] Auch in Neresheim wurde die bisherige Klosterschule als hochfürstlich Thurn- und Taxis'sches Lyceum Carolinum (Karolinum) mit den Konventualen als Professoren fortgeführt und das Ausbildungsprogramm 1805 in Druck gegeben.[55] Die Ausbildung im Karolinum sei darauf abgestimmt, *seine Zöglinge insgesammt – ohne Rücksicht auf die individuelle Bestimmung Einzelner zum Gelehrten, Schullehrer oder Gewerbstande – zu brauchbaren, weisen, glücklichen d. i. guten Menschen zu bilden.*[56] Man legte besonderen Wert auf eine ganzheitliche Erziehung in physischer, ästhetischer, intellektueller, moralischer und religiöser Hinsicht.[57] Zur feierlichen Eröffnung (1804) wurde sogar eine Kantate komponiert.[58] Mit der Mediatisierung der Fürsten und Reichsgrafen (Rheinbundakte [1806]) kam jedoch das Ende der noch bestehenden ›klösterlich-fürstlichen‹ Lyzeen. Der letzte Abt von Neresheim, Michael Dobler (1787–1802, † 1815), bot seinem Konvent unter dem Einfluss der Aufklärung auch nach der Säkularisation (wenn auch nur für kurze Zeit) eine Zukunftsperspektive.[59] Zudem hatten die Neresheimer Konventualen, v. a. Pater Karl Aloys

Nack (1751–1828), dem Königreich Württemberg ein vorbildliches Normalschulwesen geschaffen.[60]

Die Bibliothek als Sitz göttlicher Weisheit

Anlässlich der 600-Jahrfeier der Stiftung der Prämonstratenser-Reichsabtei Schussenried hielt der Chorherr Georg Vogler (1754–1820) im Jahre 1783 eine bemerkenswerte Predigt. Die Klöster müssten als Diener des Vaterlandes den ›Eulen‹ des Aberglaubens, der Unwissenheit und der Vorurteile ›leuchtende Fackeln‹ der Aufklärung vorantragen, um selbst dem ›Verderben‹ zu entgehen. Für dieses Vorhaben biete die Bibliothek in Schussenried den wissbegierigen Studenten für alle nur erdenkliche Wissenschaften beste Voraussetzungen, um als nützliche Diener in Kirche und Staat vor allem die Klosterkritiker eines Besseren zu belehren: *Lasset uns ihre Vorwürfe nicht dadurch beissender machen, dass wir ihnen unsre volle Büchersäle öffnen, aber leere Köpfe zeigen.*[61]

Spätestens in der zweiten Hälfte des 18. Jhs. waren die Klöster durch die massive antimonastische Kritik herausgefordert.[62] Sie müssten sich aus den alten Fesseln der Sklaverei des Mönchtums lösen oder sich von seiner ›abgeschmackten‹ und zweckwidrigen Verfassung befreien – so P. Thaddäus Rinderle von St. Peter auf dem Schwarzwald bei seiner Antrittsvorlesung zum Professor der Mathematik und der angewandten Wissenschaften an der Universität Freiburg i. Br. (1788).[63] Und dies, obwohl Abt Philipp Jakob Steyrer (1749–1795) – ähnlich wie die Fürstäbte von St. Blasien – einen Kreis von Gelehrten gefördert hatte.[64]

Unter das Verdikt der Rückständigkeit und Bildungsfeindlichkeit gerieten die Klosterbibliotheken bei den protestantischen Kritikern. So bezeichnete der bekannte protestantische Bibliotheksforscher und Erlanger Philosophie-Professor Friedrich Karl Gottlob Hirsching (1762–1800) die Klosterbibliotheken als Orte der Finsternis und Geheimniskrämerei, gefüllt mit dem Kram scholastischer, mystischer, aszetischer und vieler anderer *Scharteken*. Die gelehrten Rüstkammern des Geistes blieben verschlossen, seien eher dem Moder zugänglich als den Gelehrten und könnten so keinesfalls *für das Reich der Wissenschaften, ihrem Endzwecke gemäs, wohlthätig* werden.[65]

Die Klosterbibliotheken Schwabens, Bayerns sowie aus anderen Ländern (z. B. Schweiz und Österreich) vermittelten vor der Säkularisation ein anderes Bild.[66] In den repräsentativen Bibliothekssälen oder den Archiven wurde die klösterliche Wissenskultur (z. B. das Wachstum der Buchbestände und Handschriften) vom Mittelalter bis in das späte 18. Jh. tradiert. Gekauft und gesammelt wurde nach den Interessen der jeweiligen Klöster und deren begabten Konventualen. In ihrer Funktion als Studienbibliothek dominierte das philosophische und theologische Wissen in den Büchersälen, gefolgt von der Jurisprudenz und vor allem auch von der reichsrechtlichen Literatur, die für die Klöster und deren Auseinandersetzung um Besitz und rechtlichen Status von größter Bedeutung war. Im konfessionellen Zeitalter spielte das Studium der Ordensgeschichte sowie der Theologie und Spiritualität unter dem Einfluss der Jesuiten in den Benediktiner- und Prämonstratenserklöstern eine große Rolle. Danach folgten – in schwächeren Anteilen – die weltlichen Wissenschaften, die Naturwissenschaften und die Ökonomie.[67] Im Bibliothekskatalog der Prämonstratenser-Reichsabtei Rot an der Rot findet sich entsprechend der Ordenstradition ein beachtlicher Bestand mit Werken des Kirchenlehrers Augustinus, der Rezeption (z. B. zu Norbert von Xanten [um 1080–1134]) und der allgemeinen Ordensentwicklung bei den Prämonstratensern. Die kämpfende und triumphierende Kirche (»*ecclesia militans et triumphans*«) wurde auch zum Bibliotheks- bzw. Bildungsprogramm erhoben.[68] Bei den Benediktinern gehörten die Werke des französischen Mauriners Jean Mabillon, die Annalen des Benediktinerordens (»*Annales Ordinis S. Benedicti Occidentalium*«) oder die Traktate über die monastischen Studien (»*Tractatus de studis monasticis*«) wohl zum unverzichtbaren Bestand einer Bibliothek.[69] Anhand einzelner Untersuchungen von Klosterbibliotheken zeigt es sich erstaunlich, wie aufgeschlossen die Klöster bei dem Kauf von Büchern waren und sich von den Paradigmen wechselnder Aufklärung herausfordern ließen. So finden sich z. B. in Oberelchingen Werke von den Benediktinern Jean Mabillon, Augustin Calmet (1672–1757) oder Abt Martin Gerbert aus St. Blasien (1764–1793). Als unentbehrlich für die experimentellen Naturwissenschaften waren in Oberelchingen die Werke des Philosophen Christian Wolff

**Bibliothekssaal Ochsen-
hausen, 18. Jh.**
*Der unter Abt Romuald Weltin
(1783–93) fertiggestellte zweigeschossige Bibliothekssaal Ochsenhausens liegt im Nordflügel des
Konventbaus über dem Refektorium. Der Blick ist nach Osten
auf den Eingang gerichtet. Der
Stuck und die Standfiguren sind
von Thomas Schaidhauf, die beiden Deckenfresken »Allegorie auf
die Kirche« und »Paulus predigt
in Ephesus« (hinten) wurden von
Joseph Anton Huber zw. 1785
und 1787 geschaffen.*

(1679–1754); zudem war der Büchersaal gefüllt mit Werken staatsrechtlicher Literatur von Samuel Pufendorf (1632–1694), Johann Adam v. Ickstatt (1702–1776) u. a. sowie mit Werken von Vertretern des aufgeklärten Reformkatholizismus, z. B. Lodovico Antonio Muratori (1672–1750), Eusebius Amort aus dem Chorherrenstift Polling (1692–1775) und Anselm Desing aus der bayerischen Akademiebewegung (1699–1772).[70] Ein ähnlicher Befund lässt sich in den Klöstern Rot an der Rot und Ochsenhausen nachweisen, wobei in Ochsenhausen das Interesse an mathematischen und astronomischen Büchern durch den berühmten Erbauer der Sternwarte, P. Basilius Perger (1734–1807), erheblich gesteigert wurde.[71]

Die modernen Saalbibliotheken des 18. Jhs. sind wissenschaftliche und zugleich theologische Orte. Sie vermitteln in ihrer Transformation der Wissens- und Glaubensinhalte den Heilsplan Gottes von der Schöpfung bis hin zum Jüngsten Gericht. Die repräsentativen Programme der Ikonographie gipfeln in der göttlichen Weisheit und erlaubten unter dieser Vorgabe dem studierenden Ordensmann, sich den geistlichen und weltlichen Wissenschaften zu widmen. Das Bibliotheksprogramm war zugleich ein Lebens- bzw. Tugendprogramm, welches durch das geistlich-weltliche Wissen in der Kultur des jeweiligen Ordens angepasst vermittelt wurde.[72] Bei den Zisterziensern in Salem präsentierte sich das apokalyptische Lamm als Ziel allen Wissens ebenso wie im Bibliothekssaal bei den Benediktinern in Ottobeuren.[73] Die Prämonstratenser in Weißenau wählten den im Tempel lehrenden Jesus als wirkmächtiges Motiv und erhoben unter seiner Weisheit den Kampf der Prämonstratenser und Zisterzienser gegen die Irrlehrer zum Programm.[74] In dem 1744 fertiggestellten Deckengemälde im Bibliothekssaal in Wiblingen wurden die Künste und Wissenschaften auf das thronende Lamm Gottes ausgerichtet.[75] In St. Peter auf dem Schwarzwald sollte nach dem Plan des Abtes Philipp Jakob Steyrer, dem großen Förderer von Kunst und Wissenschaft, das gelehrte Wissen aus dem Licht der Trinität erschlossen werden.[76] Bei den Prämonstratensern in Schussenried wurde in dem 1755 unter Abt Magnus Kleber (1750–1756) fertiggestellten Bibliothekssaal die klösterliche Wissenschaft verbunden mit der göttlichen Weisheit und dem Jüngsten Gericht. Die Heilsgeschichte wurde ebenso zugeordnet wie auch die Gesellschafts- und Rechtsordnung und die antiken sowie christlichen Wissenschaften.[77] Wenige Jahre später (1757) ließ Fürstabt Coelestin Franz Gugger v. Staudach (1701–1767) in St. Gallen gleichzeitig mit dem *Infirmarium* (Krankenzimmer) eine neue Bibliothek errichten. Über der Supraporte verwies er mit schlichten griechischen Lettern auf die Funktion der Bibliothek: *Seelen-Sanatorium*. Der antike Geschichtsschreiber Diodor (um 80 bis um 29 v. Chr.), dessen Werke sich in griechischer Ausgabe in der Stiftsbibliothek befanden, verwies darauf, dass die Tempelbibliothek des altägyptischen Königs Osymandias diese Inschrift getragen habe.[78] Auch in der 1785 nach Plänen

des Neresheimer Architekten Thomas Schaidhauf (1735–1807) errichteten Ochsenhausener Klosterbibliothek erhielt das zentrale Deckenfresko des Augsburger Akademiedirektors Joseph Anton Huber († 1815) ein konservatives Programm. Die Kirche – dargestellt als unfehlbare Mittlerin der Wahrheit mit der Botschaft *sub uno solis radio totum* (das Ganze unter einem Sonnenstrahl) – vermittelt ein Bild der umfassenden göttlichen Wahrheit; dies wird in herausragender Weise dargestellt durch den Ordensvater Benedikt und die anderen großen Ordensstifter (Augustinus, Norbert von Xanten und Ignatius von Loyola).[79] Neben die gelehrte Bibliothek trat in Ochsenhausen (wie auch in anderen Klöstern) das *Armarium* als praktischer Experimentiersaal. Bemerkenswert ist in manchen Klöstern auch die Verbindung zwischen *Refektorium* und Bibliothek. So wurde in Wiblingen und Füssen die Bibliothek über dem Refektorium errichtet. In Füssen war es sogar möglich, dass bei bestimmten feierlichen Anlässen über ein zu öffnendes Oval der Blick des Konvents und der Konventualen in das Reich der Wissenschaften erhoben werden konnte.[80]

Im Zuge der Reform des Theologiestudiums in den habsburgischen Erbländern unter Maria Theresia und Kaiser Joseph II. bekamen die Bibelexegese, die Kirchengeschichte und die Pastoraltheologie gegenüber den systematischen Fächern einen hohen Stellenwert; dies führte zum vertieften Studium der orientalischen Sprachen und den damit notwendigen Büchereinkäufen. Zur Ausbildung der biblischen Sprachen wurden die Konventualen der schwäbischen Benediktinerklöster nach St. Blasien, welches unter Abt Martin Gerbert als überragendes Wissenschaftszentrum in der Erforschung der Geschichte der Reichskirche (Germania sacra) bekannt war, geschickt.[81] In Kempten geriet der ehemalige Hofkaplan Dominikus von Brentano (1740–1797) in die Kritik der Augsburger Exjesuiten wegen seiner wegweisenden Übersetzung des neuen Testamentes (1790–1794).[82]

Denkmäler der Ordensgeschichte – Zur Historiographie

Viele Klöster beschäftigten ihre eigenen Historiographen. Zu den großen benediktinischen Ordenshistoriographen zählte P. Magnoald Ziegelbauer, der 1730 aus dem Kloster Zwiefalten ausgetreten war. Bis zu seinem Tod am 13. Juni 1750 hatte er über Jahrzehnte mit größter Energie an einer monumentalen *Historia rei literariae Ordinis S. Benedicti* sowie an weiteren zahlreichen literaturgeschichtlichen Projekten u. a. in Wien und Prag gearbeitet und galt seit 1747 als treibende Kraft in seinem Amt als Sekretär der Olmützer Akademie. Nach seinem Tod übernahm P. Oliver Legipont (1698–1758) die Drucklegung der benediktinischen Literaturgeschichte (versehen mit eigenen Anmerkungen). 1754 erschien das Werk schließlich in vier Bänden.[83]

Die Leistungen der Archivare, Bibliothekare und Konventualen für die Historiographie dürfen nicht unterschätzt werden. Die Erforschung der Klostergeschichte, deren Werke nur zum Teil in Druck kamen, war für die Klöster ein Prestigeobjekt.[84] So gab der Weingartener Konventuale Gerhard Hess 1781 und 1784 in Augsburg und Kempten unter größten Schwierigkeiten mit seinem Augsburger Verleger und Gelehrten Georg Wilhelm Zapf (1747–1810) zwei bedeutende Quellenwerke zur Geschichte der Welfen und zur Frühgeschichte Weingartens in Druck.[85] Der Bibliothekar Johann Albert Bommer († 1785) galt als exzellenter Kenner der Weingartener Klosterbibliothek und deren Geschichte.[86] Auch bei den Prämonstratensern und Zisterziensern finden sich ähnliche herausragende Beispiele für die Geschichtsschreibung und Hauschronistik. So begann Abt Antonius Unold von Weißenau (1724–1765) die *Libri Praelatorum*, ein beachtliches Werk, das der Wahrung der Rechte nach außen und dem Erhalt der Klosterdisziplin nach innen dienen sollte. Bis zum Wirken des vorletzten Weißenauer Abtes Karl Ummendorfer (1784–1794) wurde dem Wunsch Unolds entsprochen und sein literarisches Werk fortgesetzt.[87] In Salem verfasste P. Matthias Bisenberger 1762 einen kurzen Abriss der Klostergeschichte.[88] P. Philipp Bayrhammer (1718–1761) veröffentlichte 1760 für Roggenburg die *Historia canoniae Roggenburgensis*.[89] Seinem Beispiel folgte 1787 P. Benedikt Stadelhofer aus Rot an der Rot (1742–1811) mit seiner dreibändigen *Historia imperialis et exempti Collegii Rothensis*. Mit Ehrgeiz wollte Stadelhofer sein Werk mit einer möglichst breiten Quellenbasis erstellen und die Quellen auf ihre Zuverlässigkeit histo-

risch-kritisch prüfen.[90] Der Roggenburger Abt Georg Lienhardt (1753–1783) hinterließ ein großes literarisches Oeuvre. Kritisch setzte er sich mit Eusebius Amort und Lodovico Antonio Muratori auseinander. Zwischen 1769 und 1771 befasste er sich im Auftrag der Schwäbischen Zirkarie mit der Geschichte des Prämonstratenserordens. Zu seinen bedeutendsten hagiographischen sowie bibliographischen Quellenwerken der prämonstratensischen Geschichtsschreibung gehört sein *Spiritus literarius Norbertinus* (1771).[91] In Wiblingen beschäftigte sich P. Martin Mack (1712–1776) in jungen Jahren (1751–1757) mit großem Interesse an einer *Scientia Sanctorum*.[92] Der Füssener P. Joseph Maria Helmschrott (1759–1836) war schließlich ein ausgezeichneter Kenner der mittelalterlichen Kloster- und Bibliotheksgeschichte, besonders der dort befindlichen Frühdrucke, deren Verzeichnis er 1790 in Druck gab.[93]

Nach der Säkularisation setzten Äbte und Konventualen sehr häufig beachtliche literarische Denkmäler für ihr Kloster als Erinnerung an die Vergangenheit. Der Elchinger Stiftsarchivar P. Benedikt Baader hinterließ in fünf Bänden die *Merkwürdigkeiten des Reichsstiftes Elchingen* für den Zeitraum von 1785 bis 1818 und zeigte damit, wie eng die Aufklärungs- und Säkularisationstendenzen in Elchingen verknüpft waren.[94] P. Maurus Feyerabend (1754–1818) setzte mit dem Jahrbuch des ehemaligen Reichsstiftes Ottobeuren[95] seinem Stift ein Denkmal, welches dauerhafter wäre als Erz.[96] P. Franz Dionys Reithofer von Kaisheim stellte sich ausdrücklich in die Tradition der Klosterchronisten, als er 1817 in einem *Denkmahl der Dankbarkeit* in einer kleinen Schrift die letzten 31 Jahre seines Klosters beschrieb.[97] Für das ehemalige Benediktinerkloster Ochsenhausen schrieb P. Georg Geisenhof (1780–1861) als Pfarrer von Unterkirchberg im Jahre 1829 eine *Kurze Geschichte des vormaligen Reichsstifts Ochsenhausen*.[98] Das Beschwerlichste an seiner Arbeit wäre gewesen, dass die württembergischen Beamten ihm nicht die nötige Zeit für das Quellenstudium gelassen hätten.[99] In der oberschwäbischen Ordenshistoriographie war die 1835 in Druck gegebene Klostergeschichte des letzten Abtes von Obermarchtal, Friedrich v. Walter (1802–1803, † 1841), von großer Bedeutung.[100] Walter war zu der Überzeugung gekommen, dass bei seinem Stift *viele arme*

Reisende Labung, viele Unglückliche und Dürftige Trost, Unterstützung und Hilfe gefunden hätten. Dieses Andenken gelte es gegen alle Klosterkritiker zu bewahren.[101] Ein Jahr zuvor hatte bereits P. Michael Braig von Wiblingen seine *Kurze Geschichte der ehemaligen vorderösterreichischen Benediktinerabtei in Schwaben* verfasst und diese dem Bischof von Linz, Gregor Thomas Ziegler (1770–1852), und dem Fürstbischof von Seckau, Roman Sebastian Zängerle (1824–1848), gewidmet. Braig hoffte, dass *auch die Nachwelt [...] noch mit Dankbarkeit das geleistete Gute dieses Stiftes erkennen [werde], und es mitleidsvoll beweinen, daß es, wie andere ohne alle Schonung durch das traurige Säkularisationssystem zernichtet worden sei.*[102]

Die Pflege nützlicher Wissenschaften

Die Säkularisierung der Wissenschaften im 18. Jh. blieb nicht ohne Folgen, vor allem im Hinblick auf die Benediktinerklöster und deren Konventualen. Der *über alle Massen gelehrte* Elchinger Benediktiner und Salzburger Professor Corbinian Thomas (1694–1767) publizierte zwischen 1727 und 1765 13 Werke, die sich u. a. mit der experimentalen Physik, der Mathematik, der Astrologie oder dem Naturrecht beschäftigten.[103] Im wissenschaftlichen Diskurs der Frühaufklärung nahm das kleine Kloster Irsee bei Kaufbeuren einen führenden Platz ein und übte großen Einfluss auf die schwäbischen Benediktinerklöster aus. Der Genius loci aus Irsee, P. Ulrich Weiß (1729–1763), der 1737 enttäuscht vom Studium an der Benediktineruniversität Salzburg zurückgekehrt war, übernahm bereits ein Jahr später eine Stelle als Professor des Hausstudiums, das er unverzüglich reformierte. Er führte das Fach Mathematik als Lehrfach ein und errichtete ein mathematisch-physikalisches Naturkabinett.[104] Als geschätzter Mathematiker lehrte Weiß auch ein Jahr Mathematik im Kloster Weingarten. 1744 folgte er dem Ruf des Salzburger Mathematikprofessors Anselm Desing (1699–1772) an die geplante Ritterakademie nach Prag zur Reform der Studien; der Krieg zwischen Preußen und Österreich zwang ihn jedoch 1745 wieder zur Rückkehr nach Irsee. In seinem philosophischen Hauptwerk *Liber de emenda-*

tione intellectus humani, in duas partes digestus etc., Kauffburani 1747 versuchte er, in der Auseinandersetzung mit der Philosophie Descartes' und Lockes über die Methode des Experimentierens zu wissenschaftlichen Erkenntnissen zu gelangen und so den Verstand zu verbessern. Mit diesem kontroversen Werk fand er nicht nur den Beifall des 1748 in Irsee weilenden gelehrten Kardinals Angelo Quirini (1727–1755), sondern Johann Friedrich Gottscheds (1700–1766), des Haupts der literarischen Bewegung, Abt Martin Gerberts aus St. Blasien (1764–1793) sowie des großen italienischen Gelehrten Lodovico Antonio Muratori (1672–1750), der dieses Buch als ein Licht für die Gelehrten im katholischen Deutschland feierte.[105] Für seine wissenschaftlichen Leistungen wurde Weiß 1759 gemeinsam mit seinen einstigen Schülern P. Eugen Dobler (1733–1796) und P. Candidus Werle (1736–1770), der als Professor der Mathematik in Salzburg gelehrt hatte, in die Bayerische Akademie der Wissenschaften aufgenommen.[106] Den begabten Schüler Eugen Dobler hatte es zwischen 1746 und 1762 unter dem Einfluss Desings an die Ritterakademie nach Kremsmünster gezogen. Dort dozierte er die Einführung in die Gesamt-Mathematik (*Matheos Encyclopaedium*) und war maßgeblich am Bau des Observatoriums (sog. Mathematischer Turm) beteiligt.[107] Regelmäßig waren die Irseer Benediktiner auch im Präsidium der Universität Salzburg und am Lyzeum in Freising, wo sie bis zur Säkularisation als Professoren die Fächer Logik, Physik und Syntax unterrichteten, vertreten.[108] Aufgrund dieser hohen wissenschaftlichen Leistungen übte das Kloster Irsee eine große Attraktivität auf begabte Studenten der benachbarten Klöster aus. Abt Benedikt Denzel von Ochsenhausen schickte 1757 P. Nicolaus Avancin und den späteren bekannten Salzburger Mathematikprofessor Dominikus Beck (1732–1791) zum Studium nach Irsee. Ihnen folgte im Februar 1769 der auch in den alten Sprachen bewanderte P. Basilius Perger, um sich *alldorten in studio mathematico et mechanica besser zu execolieren.*
Viele Äbte und Konventualen hatten den Ehrgeiz, sich im Zeitalter der Aufklärung mit Vorzeigeobjekten zu präsentieren. In Elchingen ließ man ein Astrolabium anfertigen, kaufte mechanische Instrumente, beschäftigte sich mit dem Bau von Sonnenuhren, mechanischen Orgeln und der Konstruktion eines Do-

P. Basilius Perger (1754–1807) von Ochsenhausen
*Der Bibliothekar, Astronom und Mathematiker weist auf das Kloster
mit dem von ihm konstruierten Observatorium.
Ölgemälde, zw. 1786 u. 1793, Todesdatum nachgetragen.
Ochsenhausen, Neues Kloster.*

naudampfschiffes. 1786 wurde das Armarium in neuen
Kästen und Gläsern untergebracht. Ebenso wurden
Experimente mit einem Heißluftballon ausgeführt,
wie P. Ulrich Schiegg (1752–1810), der Begründer der
deutschen Ballonfahrt, dies bereits in Ottobeuren er-
probt hatte.[109] Unter den nach der Säkularisation (1805)
aus Elchingen fortgeschafften Instrumenten befand
sich sogar eine ›Elektrisiermaschine‹.[110] Im Kloster Neresheim verpflichteten die Kapitulare des Konvents
ihren zukünftigen Abt Michael Dobler (vor der Abtswahl) dazu, jährlich 500 fl. in die Bibliothek und 200 fl.
in das mathematische Museum zu investieren.[111] Ein
Jahrzehnt vor der Säkularisation setzte Abt Romuald
Weltin von Ochsenhausen (1767–1802, † 1805) als Bauprälat und Förderer der Wissenschaften ein ›letztes‹
großes Zeichen. Nach dem Bau der neuen Bibliothek,
des Armariums und des Kapitelsaals sollte der Bau

einer Sternwarte im Südturm des Konvents den krö-
nenden Abschluss bilden. Für das Projekt mag das
langjährige Zusammenwirken von P. Dominikus Beck
als Salzburger Professor und dem Mechanikus P. Basilius Perger ein Glücksfall gewesen sein. Beck hatte
sich schon vor Jahren in Salzburg einen eisernen
Quadranten anfertigen lassen, den Perger im Herbst
1781 selbst gesehen hatte. Nach dem Tod Becks (1791)
wünschte P. Basilius die Rückgabe des wertvollen Ins-
trumentes nach Ochsenhausen.[112] Perger konnte 1793
sein großes Werk, welches dem am besten ausgerüsteten Observatorium Deutschlands, in Gotha in Sachsen, in nichts nachstehen solle, vollenden.[113]

Der Wandel im Kirchenverständnis

Die Aufhebung des Jesuitenordens durch Papst Clemens XIV. (1768–1774) im Jahre 1773 war für die katholische Kirche eine epochale Entscheidung. Mit dem
Vollzug der Aufhebung der Jesuitenniederlassungen
(v. a. des Kollegiums in Dillingen) durch den Trierer
Kurfürsten und Augsburger Bischof Clemens Wenzeslaus v. Sachsen (1768–1812) und seinem Statthalter,
Weihbischof Johann Nepomuk Ungelter (1731–1804),
war den Betroffenen klar, welcher Wandel sich vollzogen hatte. Alle Versuche, die Universität Dillingen
einem Orden bzw. der niederschwäbischen Benediktinerkongregation zu übertragen, scheiterten offenbar
an Ungelters Widerstand. Der Übergang sollte ausschließlich mit Professoren aus dem Weltklerus vollzogen werden und keinesfalls mit Ordensgeistlichen.
*Ich habe alle gebührende Verehrung für den Religions-
stand, wenn er in Schranken bleibt: Er soll zu Hause
beten, außerdem aber, ohne gerufen zu sein, sich in
nichts einmischen.*[114] Die Jesuiten hatten nun zwar ihre
Institutionen und ihre eigentliche Funktion verloren,
dennoch vermochten sie es, als ›Antiaufklärer‹ kirchenpolitisch bzw. literarisch ihren Einfluss zu sichern.
Im schwäbischen Raum konkurrierten die Exjesuiten
von St. Salvator in Augsburg mit ihrem Periodikum
*Kritik über gewisse Kritiker, Rezensenten und Bro-
schürenmacher* mit der aufgeklärten *Oberdeutsche*[n]
Allgemeine[n] *Literaturzeitung* von Lorenz Hübner
(1751–1807) in Salzburg.[115] In den schwäbischen Klöstern wurden auch die theologischen Werke des Pollin-

231

ger Chorherrn Eusebius Amort gelesen, auch wenn der Inhalt dieser Bücher nicht immer Beifall fand.[116] Abt Georg Lienhardt von Roggenburg löste jedoch einen vielbeachteten Streit in der gelehrten Publizistik aus, als er die Ansichten Amorts zur Frage der Tugend der rechten Gottesliebe in Frage stellte und dafür viel Lob von den Jesuiten in Dillingen und auch von den Benediktinern in Salzburg erntete.[117]

Abt Martin Gerbert von St. Blasien gehörte zu den herausragenden Autoritäten in der Theologie. Er und viele andere Theologen wandten sich von der scholastischen Deduktion ab und hin zur historischen Argumentation und der Theologie der Kirchenväter. Der autonomen Vernunft und der Freiheit der Lehre wussten sich der Neresheimer Benediktiner, spätere Hofprediger und württembergische Kirchenrat Benedikt Maria Werkmeister (1745–1823), und (um vieles radikaler) der Exfranziskaner und Jakobiner, Eulogius Schneider (1756–1794) verpflichtet.[118] Wegweisend setzte sich der Irseer Benediktiner Ulrich Peutinger in seinen dogmatischen Werken zu Religion, Offenbarung und Kirche mit der Philosophie Immanuel Kants und Johann Gottlob Fichtes auseinander, ohne dafür als Professor in Salzburg jedoch besondere Anerkennung gefunden zu haben.[119] Selbst bei den Prämonstratensern in Rot an der Rot befasste man sich mit dem Philosophen Fichte.[120]

Die neuralgischen Punkte der kirchlichen Diskussion um zukunftsträchtige Reformen betrafen die Ekklesiologie (die Lehre von der Kirche), die Diskussion um die Unfehlbarkeit der Kirche,[121] das Zölibat und seine mögliche Aufhebung, die Kirchenverfassung (Episkopalismus), Fragen der ökumenischen Theologie, das Verhältnis von Reichskirche und episkopalistischem Staat sowie die Reform der Liturgie und des Kirchengesangs mit der Einführung der deutschen Sprache. Besonders reformoffen zeigte sich das Hofpredigerkollegium des katholischen Herzogs Carl Eugen von Württemberg (1744–1793) in Stuttgart.[122] Am einflussreichsten war Benedikt Maria Werkmeister aus Neresheim mit seiner aufgeklärt fundamentalen Kirchenkritik. Er bezeichnete die Kirchengeschichte in vielen ›Geschehnissen‹ als ein Werk des verschlingenden Despotismus, der durch Papst Gregor VII. (1057–1085) begründet worden sei und bis zur Gegenwart fatale Folgen habe. Für ihn konnte es

keinen blinden Autoritätsglauben mehr geben; konsequenterweise sah Werkmeister nur die Möglichkeit, dass sich die Kirche als geistlich-weltliche Institution dem Staat unterwerfe. Dieser Überzeugung war er bis zu seinem Tod am 16. Juli 1823 treu geblieben.[123] P. Beda Mayr aus dem Kloster Heilig Kreuz in Donauwörth (1742–1794) geriet mit seiner ökumenischen Theologie in die Kritik. Der Augsburger Domprediger Aloys Merz (1744–1773) bestritt dem Gescholtenen in verletzender Weise seine Katholizität. In diesem Kampf bewahrte der aufgeklärte Ireniker seine unerschütterliche Zukunftsvision, als er schrieb: *Nur sage ich, daß die Vereinigung der Kirchen ein so wichtiges Gut sey, daß uns auch die fürchterlichsten Aussichten nicht hindern sollen, an ihr zu arbeiten, so lange auch nur in der Ferne die geringste Hoffnung sie erst nach tausend Jahren zu bewirken anscheinet.*[124]

Ein Teil der unzufriedenen schwäbischen Aufklärer fand in Stuttgart ein geeignetes Forum für ihre Ideen und Reformvorschläge. Zu diesem illustren Kreis gehörte neben Werkmeister und Schneider auch der spätere Dillinger Professor und Bischof von Regensburg, Johann Michael Sailer (1751–1832).[125] Aus der Zisterzienserabtei Kaisheim kam 1785 P. Ulrich Mayr, der bereits 1773 wegen seiner theologischen Dissertation von der Universität Ingolstadt in Rom angezeigt worden war. Auch er nützte die günstige Gelegenheit für seinen Austritt aus dem Orden und erhielt mit Hilfe des württembergischen Herzogs Carl Eugen das begehrte Säkularisierungsdekret aus Rom. Im gleichen Jahr folgte P. Firmin Bleibinhaus aus Salem, der jedoch 1795 aus Krankheitsgründen wieder in sein Kloster zurückkehrte. Der Roter Prämonstratenser Wilhelm Mercy kehrte der Reichsabtei 1787 den Rücken und verließ ein Jahr später den Orden. P. Jakob Bernhard aus dem Benediktinerkloster Ochsenhausen (1750–1789) hielt es nur für kurze Zeit an der Hofkapelle. Ferner folgten dem Ruf Carl Eugens zur Reform des niederen württembergischen Schulwesens nach Stuttgart noch der Franziskaner Gregor Frey aus Biberach, der Ursberger Prämonstratenser Josef Ludwig Albrecht und P. Beda Pracher aus Neresheim.[126] Mit einem ›modernen‹ Verständnis der Kirche kam zu der Kritik der Mönche unverweigerlich die existentielle Diskussion um den Zölibat der Geistlichen und seine im Sinne der Aufklärer notwendige Aufhebung.

Der Zölibat der Kloster- bzw. Weltgeistlichen stehe im Widerspruch zur aufgeklärten Gesellschaftsverfassung und der daraus resultierenden Vermehrung der Bevölkerung. Im Namen des aufgeklärten Fürstenstaates hoffte man auf die Aufhebung der kirchlichen Vorschrift unter Kaiser Joseph II.[127] In den letzten Jahrzehnten vor der Säkularisation kam es zu vermehrten Austritten aus dem Kloster, so z. B. durch die bereits erwähnten Mitglieder der Stuttgarter Hofkapelle. In der Regel erfolgte in Schwaben ein Wechsel vom Kloster- in den Stand des Weltgeistlichen. Radikale Kritik gegen den ›Mönchsstand‹ war selten, erfolgte jedoch z. B. bei Benedikt Maria Werkmeister und Franz Georg Uebelacker aus Petershausen, der mit einem Pamphlet gegen die Reichsprälaten zu Felde zog. Ihm hatte Jakob Danzer in besonderer Weise in einer Replik *Was sind die schwäbischen Prälaten?* geantwortet.[128]

Im Zeitalter des aufgeklärten Absolutismus galten die geistlichen Kurfürsten und rheinischen Metropoliten aus Mainz, Köln und Trier sowie der Erzbischof von Salzburg (Primas Germaniae) als Vorreiter der Kirchenreform mit dem Ziel, die Rechte der Erzbischöfe und Bischöfe in der ›Germania sacra‹ wiederherzustellen und selbstbewusst das Papsttum in seinen Rechten auf die Aufgabe der Wahrung der Einheit des Glaubens zu beschränken. Wichtige Argumente lieferte in dieser Diskussion die historische Quellenforschung im Bezug auf das Verhältnis von Reichskirche und römischer Kurie, das man restaurativ im Rückgriff auf konziliar-synodale Ideen und auf die Konkordate des 15. Jhs. (1439: Mainzer Akzeptation, 1447: Fürstenkonkordate, 1448: Wiener Konkordat) im Sinne der geistlichen Reichsfürsten neu zu ordnen suchte.[129] Ebenso hatten die Kanonisten, z. B. Johann Kaspar Barthel (1697–1771) oder Georg Christoph Neller (1709–1783) aus Würzburg, mit ihrem episkopalistischen Standpunkt den Weg bereitet.[130]

Großes Aufsehen erregte 1763 die unter dem Pseudonym *Febronius* erschienene Schrift *Über den Zustand der Kirche und die legitime Gewalt des Papstes* in der Reichskirche und in der römischen Kurie.[131] Das Werk kam bereits 1764 auf den Index, da man es in Rom als eminente Bedrohung empfand; der ›entlarvte‹ Verfasser, Weihbischof Johann Nikolaus v. Hontheim (1748–1790), musste seine Thesen widerrufen. Das gal-

likanisch-französische Kirchensystem sollte für die Febronianer ein restauratives Zukunftsmodell für die Freiheit der deutschen Reichskirche werden. Ein erster Versuch scheiterte 1769 auf dem Kongress der drei rheinischen Metropoliten in Koblenz, als diese sich im Streit des Kurfürsten von Trier, Clemens Wenzeslaus v. Sachsen, mit Rom um den Verzicht um eines der Bistümer Regensburg oder Freising vergeblich in den Koblenzer Gravamina an Kaiser Joseph II. wandten.[132]

Weihbischof Johann Nikolaus von Hontheim (1701–1790)
Sein zw. 1763 u. 1773, zuerst unter dem Pseudonym Febronius erschienenes Hauptwerk »De statu ecclesiae et de legitima potestate Romani pontificis« begründete im Hl. Römischen Reich die staatskirchliche Lehre des Febronianismus.
Kupferstich, Johann Friedrich Schleuen nach J. F. Rhenastein, 1757/1773.
Allg. Deutsche Bibliothek, Bd. 27, Berlin-Stettin 1775.

Die Errichtung der Münchener Nuntiatur (1784) durch Kurfürst Karl Theodor (1777–1799) führte zur letzten dramatischen kirchenpolitischen Auseinandersetzung der Reichskirche mit Rom im Münchener Nuntiaturstreit 1786 mit dem Emser Kongress als Höhepunkt. Die Vertreter der vier Metropoliten (Mainz, Köln, Trier, Salzburg) des Reiches versammelten sich in Bad Ems (Emser Kongress) und verständigten sich in zwei Punktationen auf eine Reform der Kirche, die durchaus den österreichischen Reformmaßnahmen entsprach. In dem als Emser Punktation bekannten Entwurf forderte man die Einschränkung der päpstlichen Rechte zugunsten der Metropoliten, die Aufhebung der Exemtionen und Quinquennalfakultäten, die Abschaffung der Nuntiaturen und das bischöfliche Plazet; zudem hoffte man auf die Einberufung eines Nationalkonzils innerhalb von zwei Jahren. Auch dieses Mal verweigerte Kaiser Joseph II. jedoch seine Unterstützung und forderte von den Metropoliten eine Versicherung für die Unterstützung der Suffraganbischöfe, die jedoch kein Interesse an der Stärkung der Rechte der Metropoliten hatten.[133] Papst Pius VI. (1775–1799) hatte in seiner harten ›Responsio‹ (Antwort) die Beschlüsse von Bad Ems auf das Schärfste zurückgewiesen. Nach der Französischen Revolution (1789) und Kaiser Josephs II. Tod (1790) verloren die Fragen der Kirchenreform im Sinne der Restauration der Rechte der Reichskirche letztlich ihre Bedeutung und scheiterten im 19. Jh.

In den schwäbischen Klöstern stieß das Werk Hontheims (›Febronius‹) auf erheblichen Widerspruch. Abt Georg Lienhardt von Roggenburg verteidigte in seinem Werk *Spiritus literarius Norbertinus* (1771) die Exemtionen der Orden gegen die radikalen Angriffe des Febronius auf die Kirchenverfassung.[134] Der Prälat des Wengenklosters in der Reichsstadt Ulm, Gregor Trautwein (†1785), beteiligte sich 1765 mit einer apologetischen Gegenschrift an der öffentlichen Diskussion.[135] P. Meinrad Widmann (1733–1794), ein Antiaufklärer aus dem Kloster Elchingen, sah in seinem Werk *Wer sind die Aufklärer?* durch die Febronianer *das Schifflein Petri* der stürmischen See der Menschenmeinungen preisgegeben.[136]

Eine noch größere Aufregung verursachte das Bekanntwerden der Emser Punktation im Schwäbischen Reichsprälatenkollegium, zumal darin folgenschwere

Anordnungen für die Orden enthalten waren (z. B. das Verbot der Exemtionen, die Beziehungen zu auswärtigen Ordensoberen, die Anhebung des Professalters [bei Männern 25 Jahre, bei Frauen 40 Jahre] und das Recht der Bischöfe, geistliche Stiftungen zum Besten der Religion und des Gemeinwohls einer anderen Bestimmung zuzuführen).[137] Die Schwäbischen Reichsprälaten wurden nicht von den kirchlichen Behörden in Augsburg und Konstanz über die Emser Vorschläge informiert, sondern vom kaiserlichen Minister am Schwäbischen Reichskreis, Franz Sigismund Adalbert Frh. v. Lehrbach (1765–1787). Sein Brief löste erhebliche Aktivitäten von Seiten des Ochsenhausener Direktors Romuald Weltin aus. Der Reichsprälat verlangte eine entschiedene Antwort, da sich die Angriffe auf die Klöster als eines der Hauptziele der Punktation erweisen könnten. Die Antworten der Äbte und Äbtissinnen fielen sehr unterschiedlich aus. Trotz aller Befürchtungen sollten die Reichsprälaten sich in ihren Reaktionen zurückhalten und sich nach dem Verhalten anderer Reichsstände richten. Besonders weitgehend war der Vorschlag der Äbtissin Maria Bernarda von Baindt (1768–1802), sich am Reichstag in Regensburg der Unterstützung des preußischen Gesandten zu vergewissern. Die Antwort des Direktoriums (Ochsenhausen/Salem) im Februar/März 1787 blieb sehr allgemein. Die Schwaben hofften auf den Kaiser als obersten Schutzherrn der Gotteshäuser und auf die in der Reichsverfassung gewährten Freiheiten.[138] Mit der Antwort an den kaiserlichen Minister Lehrbach war die Diskussion im Reichsprälatenkollegium wieder beendet.

Abt Willebold Held von Rot an der Rot (1782–1789) kommentierte als bekannter Jurist und Verfasser des *Reichsprälatischen Staatsrechts* (1782–1785) in einer anonymen Flugschrift[139] die Emser Vorschläge und wandte sich vor allem gegen die ordensfeindlichen Vorschriften. Held hoffte, dass es in Zukunft zu keiner Nationalsynode kommen werde.[140]

Die Säkularisation führte zumindest im Blick auf die Klöster zum Ende der Diskussion um die Reform der Reichskirche. In der Folge scheiterten alle Versuche des Fürstprimas Karl Theodor v. Dalberg (1744–1817), mit einem übergreifenden Reichskonkordat einen Weg in die Zukunft zu weisen. Weder an der Römischen Kurie noch in den Rheinbundstaaten (1806–1815) fanden seine Pläne die nötige staatliche wie kirchliche Unterstützung.[141] Die römische Kurie setzte zielsicher – so im bayerischen Konkordat von 1817[142] und im Jahre 1821 – mit der Errichtung der oberrheinischen Kirchenprovinz in der Zirkumskriptionsbulle (16. Juni 1821), dem Metropolitansitz in Freiburg i. Br. und als Landesbistum für das Großherzogtum Baden mit den vier Suffraganbistümern Rottenburg für das

Königreich Württemberg, Mainz für das Großherzogtum Hessen-Darmstadt, Fulda für das Kurfürstentum Hessen-Kassel und Limburg für das Fürstentum Nassau auf landeskirchliche Lösungen. Der Weg in das Staatskirchentum des 19. Jhs. im Königreich Württemberg war gewiesen.[143] Die große Säkularisation von 1802/1803 hatte ihre staatskirchliche Lösung gefunden.

[1] *Wilhelm Mercy*, Wie kann dem katholischen Schwaben das Kriegsungemach zum größten Vorteile für die Religion vergütet werden? Eine Frage, deren Beantwortung dem schwäbischen Kreise zur Beherzigung vorgelegt wird. [Ulm] 1801. Zu Mercy, dessen Biographie und literarischem Wirken s. *Dieter Narr*, Wilhelm Mercy. Ein Charakterkopf in der Epoche der Spätaufklärung. Eine Vorstudie, in: *Ders.*, Studien zur Spätaufklärung im deutschen Südwesten. Stuttgart 1979, 448–477.
[2] *Mercy*, Schwaben (wie Anm. 1), 13.
[3] Ebd., 14.
[4] Ebd., 10–16.
[5] *Konstantin Maier*, Das Ende der Reichskirche nach dem Frieden von Lunéville 1801, in: ZWLG 61 (2002), 273–284.
[6] *Heribert Raab*, Geistige Entwicklungen und historische Ereignisse im Vorfeld der Säkularisation, in: *Anton Rauscher*, Säkularisierung und Säkularisation vor 1800. München/Paderborn/Wien 1976, 9–42 (zu den Folgen der Säkularisation der Reichskirche im Überblick).
[7] *Rudolf Reinhardt*, Die Friedrichs-Universität Ellwangen (1812–1817). Vorgeschichte – Aufstieg – Ende, in: Ellw. Jb. 27 (1977/1978), 93–115; *Gisela Zeißig*, Zurück nach Ellwangen. Die Bemühungen um eine Rückverlegung von Bischofssitz, katholisch-theologischer Fakultät und Priesterseminar in der ersten Hälfte des 19. Jhs., in: Rottenburger JKG 3 (1984), 235–257.
[8] Zum Neresheimer Normalschulwesen s. *Norbert Bayrle-Sick*, Katholische Aufklärung als staatsbürgerliche Erziehung. Leben und Werk des Volkserziehers Karl Aloys Nack von Neresheim (1751–1828). Mit einer Reihenuntersuchung katechetischer Schriften (1668–1837). St. Ottilien 1995.
[9] *Ignaz Speckle*, Das Tagebuch von Ignaz Speckle, Abt von St. Peter im Schwarzwald, bearb. von Ursmar Engelmann, 3 Bde., Stuttgart 1965–1968, Bd. 2, 7.
[10] *Ignaz Heinrich von Wessenberg*, Die Folgen der Säkularisation. Germanien 1801, 25.
[11] *Anton Schindling*, Bildung und Wissenschaft in der Frühen Neuzeit (1650–1800). München 1994, 4.
[12] *Dieter Breuer* (Hg.), Die Aufklärung in den deutschsprachigen katholischen Ländern (1750–1800). Kulturelle Ausgleichsprozesse im Spiegel von Bibliotheken in Luzern, Eichstätt und Klosterneuburg. Paderborn/München/Wien/Zürich 2001, 10–13.
[13]. *Anton Nägele*, Das höhere Schulwesen in den sechs ehemaligen Benediktinerabteien Württembergs, in: Geschichte des humanistischen Schulwesens in Württemberg, hg. von der Württembergischen Komm. für LG, Zweiter Halbband: Geschichte des humanistischen Schulwesens in den landesherrlichen und geistlichen Gebieten. Stuttgart 1920, 748–964, 777–795. Für das Kloster Ochsenhausen s. *Konstantin Maier*, Bildung und Wissenschaft im Kloster Ochsenhausen, in: *Max Herold* (Hg.), Ochsenhausen von der Benediktinerabtei zur oberschwäbischen Landschaft. Weißenhorn 1994, 299–316, 299–300; *Joseph Rottenkolber*, Geschichte des hochfürstlichen Stiftes Kempten. München o. J., 91–92.
[14] *Naegele*, Schulwesen (wie Anm.13), 780.

[15] *Rainer A. Müller*, Zwischen Traditionalismus und Modernität. Das »Jesuitensystem« im deutschen Universitätswesen der Frühen Neuzeit, in: *Rudolf Schieffer* (Hg.), Beiträge der Sektion für Geschichte. Kirche und Bildung vom Mittelalter bis zur Gegenwart (Generalversammlung der Görres-Ges. in Eichstätt vom 23. bis 27.09.2000). München 2001, 25–41, bes. 34–36 (mit weit. Lit.); *Karl Hengst*, Jesuiten an Universitäten und Jesuitenuniversitäten. Zur Geschichte der Universitäten in der Oberdeutschen und Rheinischen Provinz der Gesellschaft Jesu im Zeitalter der konfessionellen Auseinandersetzung. Paderborn/Wien/München/Zürich 1981.
[16] *Peter Rummel*, Der Einfluss der Universität Dillingen auf die Klosterreform unter besonderer Berücksichtigung der Bistümer Augsburg und Konstanz, in: *Rolf Kießling* (Hg.), Die Universität Dillingen und ihre Nachfolger. Stationen und Aspekte einer Hochschule in Schwaben. Festschrift zum 450-jährigen Gründungsjubiläum, Im Auftrag des HV Dillingen und der Akademie der Lehrerfortbildung und Personalführung. Dillingen 1999, 325–346, 325–326; *Ders.*, P. Julius Priscianensis S.J. (1542–1607). Ein Beitrag zur Geschichte der katholischen Restauration der Klöster im Einflussbereich der ehemaligen Universität Dillingen. Augsburg 1968.
[17] *Rudolf Reinhardt*, Restauration, Visitation, Inspiration. Die Reformbestrebungen in der Benediktinerabtei Weingarten von 1567 bis 1627. Stuttgart 1960, 20–30.
[18] *Konstantin Maier*, Die Krise der Reformation und die Restauration der Ordensdisziplin im 16. und 17. Jh. im Kloster Ochsenhausen, in: *Herold*, Ochsenhausen (wie Anm. 13), 269–297, 279–285.
[19] *Franz Quarthal*, Die Oberschwäbische Benediktinerkongregation vom Hl. Joseph, in: *Ulrich Faust/Franz Quarthal* (Bearb.), Germania Benedictina, Bd. 1: Die Reformverbände und Kongregationen der Benediktiner im deutschen Sprachraum. St. Ottilien 1999, 477–542; *L. Schenker*, Die Schweizer Benediktinerkongregation, in: Germania Benedictina I: Die Reformverbände und Kongregationen der Benediktiner im deutschen Sprachraum, hg. von *Ulrich Faust/Franz Quarthal*, St. Ottilien 1999, 433–476, 435–436.
[20] *Quarthal*, Benediktinerkongregation (wie Anm. 19), 485–486 u. 501. S.a. *Rudolf Reinhardt*, Die Schweizer Benediktiner in der Neuzeit, in: Helvetia Sacra, Abteilung III: Die Orden mit Benediktinerregel, Bd. 1, Tl. 1. Bern 1986, 94–170, 127–129.
[21] *Maier*, Bildung (wie Anm. 13), 300–302. S.a. *Nägele*, Das höhere Schulwesen (wie Anm. 13), 796–816.
[22] *Quarthal*, Benediktinerkongregation (wie Anm. 19), 491–498. Zur Restitutionspolitik der alten Orden s. *Wolfgang Seibrich*, Gegenreformation als Restauration. Die restaurativen Bemühungen der alten Orden im Deutschen Reich von 1580–1648. Münster 1991.
[23] *Johann Lang/Otto Kuchenbauer*, 850 Jahre Klostergründung Kaisheim (1134–1984). Fschr. zur 850-Jahr-Feier des ehemaligen Zisterzienserklosters und Reichsstifts Kaisheim. Donauwörth 1984, 84. S.a. *Reinhold Schneider* (Hg.), Salem. 850 Jahre Reichsabtei und Schloss. Konstanz 1984, 78–85.
[24] *Paulus Weißenberger*, Das Prämonstratenserstift Schussenried in Württemberg und seine Beziehungen zum Collegium Germanicum in

Rom an der Wende des 17./18. Jhs., in: ThQuS 130 (1950), 79–109, 197–223, 450–473; *Ders.*, Kulturelle Beziehungen zwischen dem Prämonstratenserstift Schussenried und Prag im 17./18. Jh., in: Analecta Praemonstratensia 15 (1939), 181–197.

[25] *Peter Rummel*, Die Beziehungen der Abtei Marchtal und der anderen oberschwäbischen Prämonstratenserstifte zur Universität Dillingen, in: Marchtal. Prämonstratenserabtei, Fürstliches Schloss, Kirchliche Akademie, hg. von *Max Müller/Rudolf Reinhardt/Wilfried Schöntag*. Festgabe zum 300jährigen Bestehen der Stiftskirche St. Peter und Paul (1692 bis 1992). Ulm 1992, 179–203; *Ulrich G. Leinsle*, Weißenau im Rahmen der Prämonstratenserkultur Oberschwaben, in: 850 Jahre Prämonstratenserabtei Weißenau (1145–1995), hg. von *Helmut Binder*. Sigmaringen 1995, 9–36, 23.

[26] Zu den Jesuiten in Ellwangen und zum *Collegium Elvacense* (1729–1773) s. *Burkhart Schneider*, Die Jesuiten in Ellwangen, in: Ellwangen (764–1964). Beiträge und Untersuchungen zur Zwölfhundert-Jahrfeier, hg. im Auftrag der Stadt Ellwangen/Jagst von *Viktor Burr*. 2 Bde. Ellwangen 1964, Bd. 1, 245–315, bes. 291–315.

[27] Zu den Leistungen der Jesuiten im heutigen Baden-Württemberg s. *Ferdinand Strobel*, Die Jesuiten und die Barockkultur in Baden-Württemberg, in: Barock in Baden-Württemberg. Vom Ende des Dreißigjährigen Krieges bis zur Französischen Revolution, hg. vom *Badischen Landesmuseum Karlsruhe*. 2 Bde. Karlsruhe 1981, Bd. 2, 383–398.

[28] *Wolfgang Zimmermann*, Rekatholisierung, Konfessionalisierung und Ratsregiment. Sigmaringen 1994, 133–154.

[29] *Rudolf Reinhardt*, Das Bistum [Konstanz] in der Neuzeit, in: Helvetia Sacra, Abt. I, Bd. 2: Das Bistum Konstanz, das Erzbistum Mainz, das Bistum St. Gallen. Tl. 1. Basel/Frankfurt a. M. 1993, 122–152, 137–138.

[30] *Emmanuel J. Bauer*, Thomistische Metaphysik an der alten Benediktineruniversität Salzburg. Innsbruck/Wien 1996, 1–38 (geschichtl. Überblick), 706–714, bes. 707–708 (Statuten und Unterrichtspraxis des Studium commune der Benediktinerkongregation zwischen 1687 und 1769); *Gebhard Spahr*, Weingarten und die Benediktiner-Universität Salzburg, in: Weingarten (1056–1956). Fschr. zur 900-Jahr-Feier des Klosters. Weingarten 1956, 106–136.

[31] *Nägele*, Schulwesen (wie Anm. 13), 806–816.

[32] Studium commune s. unter Ordo Sancti Benedicti/Bayerische Kongregation. 300 Jahre Bayerische Benediktiner-Kongregation. Katalog der Ausstellung des Bayer. Hauptstaatsarchivs und der Dombibliothek Freising im Barocksaal der Dombibliothek (08.06. bis 15.09.1985), hg. von *Sigmund Benker/Martin Ruf/Joachim Wild*. München 1985, auch abgedr. in: StMittOSB 96 (1985), 7–64. Die Bayerische Benediktinerkongregation von 1684 bis 1803, in: Die Reformverbände und Kongregationen der Benediktiner im deutschen Sprachraum, bearb. von *Ulrich Faust/Franz Quarthal*. St. Ottilien 1999, 621–652, 628.

[33] Zu Ochsenhausen s. *Maier*, Bildung (wie Anm. 13), 308–314. Zu Weingarten s. *Spahr*, Weingarten (wie Anm. 30).

[34] *Breuer*, Aufklärung (wie Anm. 12), 20 (mit weiterführender Lit.).

[35] *Franz-Rasso Böck*, Wissenschaftliches Leben in den Benediktinerklöstern Ottobeuren, Irsee und Füssen im Zeitalter der Aufklärung, in: ZBLG 54 (1991), 253–267, 256–257. Zu Benedikt Schmier s. zusammenfassend *Georgios Fatouros/Schmier, Benediktus*, in: Biographisch-bibliographisches Kirchenlexikon IX (1995), 482–483. Zu Franz Schmier s. *Karl Schwarz*, Schmier, Franz, in: Ebd., 483–485.

[36] Nach *Konstantin Maier*, Die Diskussion um Kirche und Reform im Schwäbischen Reichsprälatenkollegium zur Zeit der Aufklärung. Wiesbaden 1978, 159 (Anm. 107 und 108); *Spahr*, Weingarten (wie Anm. 30), 126–132.

[37] *Richard W. Apfelauer*, Die Aufklärung an der Benediktineruniversität Salzburg unter dem Erzbischof Hieronymus Graf Colloredo 1772–1803, in: Jahrbuch der Universität Salzburg 1981–1983. Salzburg 1984, 70–86; *Konstantin Maier*, Der Einfluss der Aufklärung im Kloster Isny am Beispiel von Jakob (Joseph) Danzer und Augustin (Joseph Alexander) Rugel, in: Reichsabtei St. Georg in Isny 1096–1802. Beiträge zu Geschichte und

Kunst des 900jährigen Benediktinerklosters, hg. von *Rudolf Reinhardt*. Weissenhorn 1996, 223–259. S.a. *Irmtraud Betz-Wischnath/Hermann Josef Pretsch*, Das Ende von Reichsabtei und Kloster Zwiefalten. Berichte, Aufzeichnungen, Briefe und Dokumente. Ulm 2001.

[38] *Nägele*, Schulwesen (wie Anm. 13), 754–755.

[39] *Walter Frei* (Hg.), 300 Jahre Gymnasium Ehingen (Donau) (1686–1986). Das Gymnasium Ehingen vom Ende des 17. bis zum Beginn des 19. Jhs. Darstellung und Quellen. Fschr. des Gymnasiums Ehingen. Ehingen 1986; *Ders.*, Liebe zu den Wissenschaften und ununterbrochene Fürsorge für die studierende Jugend. Zur Schulgeschichte des Klosters Zwiefalten, in: *Hermann Josef Pretsch* (Hg.), 900 Jahre Benediktinerabtei Zwiefalten. Ulm 1989, 243–270. Zum Bau von Konvikt- und Kollegienkirche s. *Georg Wieland*, Benediktinerschule und Ikonographie ihrer Kollegienkirchen im Zeitalter des Barock. Zur Errichtung von Kolleg und Kollegienkirche der Abtei Zwiefalten in Ehingen/Donau. Karlsruhe 1981, 365–382.

[40] *Joseph Hehle*, Geschichte des Benediktinergymnasiums bzw. Lyzeums in Ehingen a. D. (1686–1812), in: Nägele, Schulwesen (wie Anm. 13), 674–747, 718–719.

[41] *Frei*, Ehingen (wie Anm. 39), 304.

[42] *Hehle*, Benediktinergymnasium (wie Anm. 40), 744–747 (Studienordnung von 1804), 745; *Bernd Breitenbruch*, Schule, Studium und Wissenschaft in der ehemaligen Benediktinerabtei Wiblingen, in: StMittOSB 106 (1995) 175–199, 185–187.

[43] *Hehle*, Benediktinergymnasium (wie Anm. 40), 746.

[44] *Frei*, Ehingen (wie Anm. 39), 310–312.

[45] *Breitenbruch*, Schule (wie Anm. 42), 189–192.

[46] *Michael Braig*, Kurze Geschichte der ehemaligen vorderösterreichischen Benediktiner-Abtey Wiblingen in Schwaben. ND der Originalausgabe (Isny 1834), hg. von *Wolfgang Schürle*. Weißenhorn 2001, 216–217; *Konstantin Maier*, Der Beitrag der Benediktiner zu Wissenschaft und Bildung in Südwestdeutschland, in: *Hans-Otto Mühleisen* (Hg.), Philipp Jakob Steyrer (1749–1795). Aus dem Lebenswelt eines Schwarzwälder Benediktinerabtes zwischen Aufklärung und Säkularisation, Tagungsberichte der Katholischen Akademie der Erzdiözese Freiburg. Freiburg 1996, 33–55, 44.

[47] *Breitenbruch*, Schule (wie Anm. 42), 186–187.

[48] *Hans Seeberger*, Das Volksschulwesen der Abtei Ottobeuren im 18. Jh. Ein Beitrag zur Geschichte des Schulwesens, in: StMittOSB 81 (1970) 22–144; *Böck*, Wissenschaftliches Leben (wie Anm. 35), 257.

[49] *Margit Bauer/Volker Dotterweich/Daniela Sibbe-Fischer*, Das Schulwesen von der Reformation bis zur Säkularisation, in: *Volker Dotterweich, u. a.* (Hg.), Geschichte der Stadt Kempten. Kempten 1989, 289–303, 299–301; *Norbert Backmund*, Die kleineren Orden in Bayern und ihre Klöster bis zur Säkularisation. Windberg 1974, 86–88.

[50] *Alberich Siwek* (Hg.), Die Zisterzienserabtei Salem, der Orden, das Kloster, seine Äbte, hg. anlässlich der Gründung des Klosters vor 850 Jahren. Sigmaringen 1984, 91–112, 106.

[51] *Hermann Tüchle*, Die Gemeinschaft der Weißen Mönche in Schussenried, in: *Hubert Kohler* (Hg.), Bad Schussenried. Geschichte einer oberschwäbischen Klosterstadt. Fschr. zur 800-Jahrfeier der Gründung des Prämonstratenserstifts. Sigmaringen 1983, 29–55, 54.

[52] *Sibylle Appuhn-Radtke:* Das Thesenblatt im Hochbarock. Studien zu einer graphischen Gestaltung am Beispiel der Werke Bartholomäus Kilians. Weißenhorn 1988; *Maier*, Bildung (wie Anm. 13), 304.

[53] *Nägele*, Schulwesen (wie Anm. 13), 897.

[54] Zentrales Staatsarchiv Prag (Státní ústřechní archiv v Praze) (ZSAP), Archivum Franciscum Georgium, F 2198/1, Empfehlungen Metternichs an Schott, 20.02.1803.

[55] *Peter Sonntag*, Nachrichten über das Hochfürstlich-Thurn und Taxische Lyceum Carolinum zu Neresheim. Für die Aeltern und Vormünder der jezigen und künftigen Zöglinge des Instituts. Buchau 1805.

[56] Ebd., 1.

[57] Ebd., 2–14.

[58] Cantate auf die feierliche Eröffnung des Hochfürstlichen Thurn und Taxischen Lycei Carolini zu Neresheim 1804. Nördlingen 1804.

[59] *Ludwig Reiss,* Der Reichsprälat Michael Dobler des ehemaligen Reichsstiftes Neresheim. 45. und letzter Abt (1730–1815). Kempten/München 1915.

[60] *Norbert Bayrle-Sick,* Katholische Aufklärung als staatsbürgerliche Erziehung. Leben und Werk des Volkserziehers Karl Aloys Nack von Neresheim (1751–1828). Mit einer Reihenuntersuchung katechetischer Schriften (1686–1837). St. Ottilien 1995.

[61] *Georg Vogler,* Die Feyer des Sechsten Jahrhunderts seit der Stiftung des unmittelbaren ReichsGotteshauses Schussenried, Prämonstratenser Ordens (Predigt bey dieser Gelegenheit), 1783, 35.

[62] *Bonifaz Wöhrmüller,* Literarische Sturmzeichen vor der Säkularisation, in: StMittOSB 45 (1927) 12–44.

[63] *Hans-Otto Mühleisen* (Hg.), Das Vermächtnis der Abtei. 900 Jahre St. Peter auf dem Schwarzwald. Karlsruhe 1993, 307.

[64] *Franz Kern,* Philipp Jakob Steyrer (1749–1795), Abt des Benediktinerklosters St. Peter im Schwarzwald. Studie zur Geschichte des vorderösterreichischen Benediktinertums. Freiburg 1959, 130–134.

[65] *Friedrich Karl Gottlob Hirsching,* Versuch einer Beschreibung sehenswürdiger Bibliotheken Teutschlands nach alphabetischer Ordnung. 4 Bde. Erlangen 1787–1791, ND Hildesheim/New York 1971, Bd. 2, Vorrede, III–IV.

[66] *Edgar Lehmann,* Die Bibliotheksräume der deutschen Klöster in der Zeit des Barock. 2 Bde. Berlin 1996.

[67] *Böck,* Wissenschaftliches Leben (wie Anm. 35).

[68] PfA Rot an der Rot, Bibliothekskatalog von 1796.

[69] HSAS B 481 L Bd. 154 (1701/1702), Unter Buchbinder: Kauf des Tractat Mabillons *de studiis monasticis.* – Ebd., Bd. 156 (1706/1707), Kauf des dritten Teils der Annalen des Benediktinerordens. – Auch im Roter Bibliothekskatalog finden sich die Annalen (PfA Rot an der Rot, Bibliothekskatalog). S.a. *Gall Heer,* Johannes Mabillon und die Schweizer Benediktiner. Ein Beitrag zur Geschichte der historischen Quellenforschung im 17. und 18. Jh. St. Gallen 1938.

[70] *Ferdinand Kramer,* Wissenschaft und Streben nach »wahrer Aufklärung«. Ein Beitrag zur Aufklärung im ostschwäbischen Benediktinerkloster Elchingen, in: ZBLG 54 (1991), 269–286, 281–282.

[71] *Georg Geisenhof,* Kurze Geschichte des vormaligen Reichsstifts Ochsenhausen in Schwaben. Ottobeuren 1829, 194–195; *Konstantin Maier,* Barocke Klosterkultur in Ochsenhausen: Bildung und Wissenschaft, in: Libri Sapientiae – Libri Vitae. Von nützlichen und erbaulichen Schriften. Schätze der ehemaligen Bibliothek der Benediktiner-Reichsabtei Ochsenhausen. Weißenhorn 1993, 34–47, 44–45; *Ders.,* Bildung (wie Anm. 13), 307; *Ders.,* Die Äbte des Klosters Ochsenhausen im 17. und 18. Jh., in: *Herold* (Hg.), Ochsenhausen (wie Anm. 13), 362–390, 388.

[72] *Gregor M. Lechner,* Geheimnisvolle Bibliothek. Die Ewige Weisheit als typisches Bibliotheksprogramm der Aufklärungszeit, in: *Mühleisen* (Hg.), Vermächtnis (wie Anm. 63), 127–148, 127–128. S.a. *Martin Mannewitz,* Origo progressus et fructus sapientiae. Das Bildungsprogramm des Stiftes Admont als »aufklärerisches« Bildungsprogramm, in: *Charsten-Peter Wancke* (Hg.), Ikonographie der Bibliotheken. Wiesbaden 1992, 271–307.

[73] *Lehmann,* Bibliotheksräume (wie Anm. 66), Bd. 1, 82; Bd. 2, 491–492, 511–512.

[74] Ebd., Bd. 1, 82; Bd. 2, 542–543.

[75] Ebd., Bd. 1, 256; Bd. 2, 546–547.

[76] Ebd., Bd. 1, 266–267; Bd. 2, 519.

[77] Ebd., Bd. 1, 256–259; Bd. 2, 526–527; *Johannes May,* Der Bad Schussenrieder Bibliothekssaal als Sehenswürdigkeit, in: *Kohler* (Hg.), Schussenried (wie Anm. 51), 129–140; *Ders.* (Bearb.), Die himmlische Bibliothek im Prämonstratenserkloster Schussenried. Tübingen 2000, 20–22.

[78] *Johannes Duft,* Die Stiftsbibliothek Sankt Gallen. Der Barocksaal und seine Putten. Sigmaringen 3. Aufl. 1982, 11–15.

[79] Zur Bedeutung der Ochsenhausener Klosterbibliothek in ihrer Geschichte s. *Herold* (Hg.), Libri Sapientiae (wie Anm. 71).

[80] *Rudibert Ettelt,* Geschichte der Stadt Füssen. Füssen 3. Aufl. 1978, 160–161.

[81] *Georg Pfeilschifter,* Die St. Blasianische Germania Sacra. Ein Beitrag zur Historiographie des 18. Jhs. Kempten 1921; *Martin Gerbert,* Korrespondenz des Fürstabtes Martin II. Gerbert von St. Blasien, bearb. von *Georg Pfeilschifter.* 2 Bde. Karlsruhe 1931–1934.

[82] *Reinhold Bohlen* (Hg.), Dominikus v. Brentano (1740–1797). Publizist, Aufklärungstheologe, Bibelübersetzer. Trier 1997.

[83] *Magnoald Ziegelbauer,* Historia rei literariae Ordinis S. Benedicti. In 4 ps. distributa/recensuit, auxit, iurisque publici fecit Oliverius Legipontius. Augustae Vindelicorum 1754; *Martin Ruf,* »Aller Studiorum Zweck muß seyn die Ehre Gottes« (E. W. v. Tschirnhaus). Benediktiner, Akademien und Akademieprojekte in Deutschland vom Barock bis zur Säkularisation, in: StMittOSB 110 (1999), 245–334, 258–262; *Ders.,* Ziegelbauer, Magnoald, in: Biographisch-bibliographisches Kirchenlexikon, Bd. XIV (1998), im Druck; *Georgios Fatouros,* Legipont, Oliver, in: Ebd., Bd. XVI (1999), Sp. 948–950.

[84] *Magda Fischer,* Geschichtsbewusstsein und Geschichtsschreibung im 18. Jh., in: *Binder* (Hg.), Weißenau (wie Anm. 25), 277–302, 288–289.

[85] *Gerhard Hess,* Prodomus Monumentorum Guelficorum seu Catalogus Abbatum Imperialis Monasterii Weingartensis etc. Augustae Vindelicorum 1781; *Ders.,* Monumentorum Guelficorum pars historica seu scriptores rerum ex vetustissimis codicibus membranaceis eruti, plerique hactenus inediti etc. Kempten 1784.

[86] *Thomas Stump,* Aus der Geschichte der Weingartner Klosterbibliothek, in: Weingarten (wie Anm. 30), 328–332, 330; *Norbert Kruse/Hans Ulrich Rudolf/Dietmar Schillig/Edgar Walter* (Hg.), Weingarten. Von den Anfängen bis zur Gegenwart. Biberach 1992, 130.

[87] *Fischer,* Geschichtsbewusstsein (wie Anm. 84), 283–288.

[88] Ebd., 289.

[89] *Philipp Bayrhammer,* Historia imperialis canoniae Roggenburgensis sacri, candidi, et exempti ordinis praemonstratensis in Suevia. Ex documentis vetustissimis et authenticis deducta, atque a primo fundationis suae anno qui fuit post Christum natum MCXXVI. usqua ad annum MDCCLIX. Ulm 1760; zu Philipp Bayrhammer s. *Franz Tuscher,* Das Reichsstift Roggenburg im 18. Jh. Weißenhorn 1976, 61–64.

[90] *Benedikt Stadelhofer,* Historia imperialis et exempti Collegii Rothensis in Suevia. Augusta Vindelicorum 1787.

[91] *Georg Lienhardt,* Spiritus literarius Norbertinus A Scabiosis Casimiri Oudini Calumniis Vindicatus: Seu Sylloge Viros Ex Ordine Praemonstratensi, Scriptis Et Doctrina Celebres, Nec non Eorundem Vitas, Res Gestas, Opera Et Scripta Tum Inedita Perspicue Exhibens. Animadversionibus Atque Dissertationibus Criticis Non Paucis Ad Historiae Notitiam Facientibus Illustrata. Augustae Vindelicorum 1771.

[92] *Breitenbruch,* Schule (wie Anm. 42), 196, Anm. 91 (Die Handschrift ist in der Diözesanbibliothek in Rottenburg erhalten.).

[93] *Ettelt,* Füssen (wie Anm. 80), 169.

[94] *Wolfgang Wüst,* Schwaben: § 27. Die Reichs- und Diözesankirche. Höhepunkt und Untergang, in: *Walter Brandmüller* (Hg.), Handbuch der Kirchengeschichte. Bd. 2: Von der Glaubensspaltung bis zur Säkularisation. St. Ottilien 1993, 357–389, 383.

[95] *Maurus Feyerabend,* Des ehemaligen Reichsstiftes Ottenbeuren Benediktiner-Ordens in Schwaben sämmtliche Jahrbücher. In Verbindung mit der allgemeinen Reichs- und der besondern Geschichte Schwabens diplomatisch, kritisch und chronologisch […] bearbeitet. 4 Bde. Ottenbeuren 1813–1816 (Bd. 5: Register, hg. von *Karl Schnieringer,* 1941).

[96] *Anna Breitsamer,* Aufhebung und Fortbestehen des Klosters, in: *Aegidius Kolb* (Hg.), Ottobeuren. Schicksal einer schwäbischen Reichsabtei. Kempten 2. Aufl. 1986, 202–215, 211; *Böck,* Wissenschaftliches Leben (wie Anm. 35), 257.

[97] *Franz Dionys Reithofer,* Die letzten 31 Jahre von Kaisersheim. Ein Denkmahl der Dankbarkeit dieser ehemaligen berühmten Cistercienser=Reichs=Abtey gesetzt von einem vieljährigen Mitglede derselben. München 1817.

[98] *Geisenhof,* Geschichte (wie Anm. 71).

[99] Ebd., Vorbericht, 4.

[100] *Friedrich von Walter,* Kurze Geschichte von dem Prämonstratenserstifte Obermarchtall. Von seinem Anfange 1171 bis zu seiner Auflösung 1802. Ehingen a. D. 1835.

[101] *Ders.,* Kurze Geschichte von dem Prämonstratenserstifte Obermarchtal, in: *Winfried Nuber* (Hg.), Aus der Geschichte des Klosters Obermarchtal. Bad Buchau 1985, 57–429, Vorwort.

[102] *Braig,* Geschichte (wie Anm. 46), 12.

[103] *Kramer,* Wissenschaft (wie Anm. 70), 273–276, bes. 273–274.

[104] *Konstantin Maier,* Die Briefe des P. Ulrich Peutinger vom Kloster Irsee an Georg Wilhelm Zapf in Augsburg, in: KulturGeschichteN. Fschr. Walter Pötzl, hg. von *Alexandra Kohlberger* im Auftrag des Heimatvereins für den Landkreis Augsburg e.V., 26. Jahresbericht 1997/1998/1999. 2 Bde. Augsburg 1999, Bd. 2, 547–565, 548.

[105] *Andreas Kraus,* Geistiges Leben im Reichsstift Irsee im Zeitalter der Aufklärung, in: *Hans Frei* (Hg.), Das Reichsstift Irsee. Vom Benediktinerkloster zum Bildungszentrum. Beiträge zu Geschichte, Kunst und Kultur. Weißenhorn 1981, 266–274, 267–269; *Böck,* Wissenschaftliches Leben (wie Anm. 35) (mit weiterführenden Literaturangaben), 259–263.

[106] *Walter Pötzl,* Der Irseer Konvent und seine Äbte in der Neuzeit (1501–1802), in: *Frei* (Hg.), Irsee (wie Anm. 105), 17–75, 50–52.

[107] *Aegidius Kolb,* Das Reichsstift Irsee in der Schwäbischen Benediktinerkongregation (1699–1802), in: Ebd., 76–93, 92; *Amand Kraml,* Anselm Desing und das Benediktinerstift Kremsmünster, in: *Manfred Knedlik/ Georg Schrott* (Hg.), Anselm Desing (1699–1772). Ein benediktinischer Universalgelehrter im Zeitalter der Aufklärung. Kallmünz 1999, 64–79, 70–79; *Ansgar Rabenalt,* Anselm Desing an H. Probst Franciscus in Polling mit Beschreibung und Plan des Observatoriums zu Kremsmünster worin die Geschichte desselben angegeben, in: StMittOSB 101 (1990), 103–120.

[108] *Kolb,* Irsee (wie Anm. 107), 91–92.

[109] *Böck,* Wissenschaftliches Leben (wie Anm. 35), 258–259 (Zusammenfassung); *Johannes Schaber,* Schiegg, Ulrich, in: Biographisch-Bibliographisches Kirchenlexikon XIV (1998), 1419–1425; s. a. *Barbara Ränsch-Trill,* Der Flug der Freiheit. Luftreisen im Zeitalter der französischen Revolution 1789, in: Zs. für Ästhetik und allgemeine Kunstwissenschaft 36 (1991), 18–34.

[110] *Kramer,* Wissenschaft (wie Anm. 70), 282.

[111] *Reiss,* Dobler (wie Anm. 59).

[112] Universitätsarchiv Salzburg U 70, Basilius Perger an Damaszen Kleinmayern, Ochsenhausen, 01.04.1791.

[113] *Geisenhof,* Geschichte (wie Anm. 71), 194–195.

[114] *Herbert Rösch,* Entwicklungsfaktoren im 17./18. Jh. und die Auseinandersetzung mit der Aufklärung, in: *Rolf Kießling* (Hg.), Die Universität Dillingen und ihre Nachfolger. Stationen und Aspekte einer Hochschule in Schwaben. Fschr. zum 450-jährigen Gründungsjubiläum, Im Auftrag des HV Dillingen und der Akademie der Lehrerfortbildung und Personalführung. Dillingen 1999, 79–128, 92–96, 95 (Zitat).

[115] *Winfried Miller,* Die Exjesuiten. Eine Funktionselite ohne Aufgabe?, in: *Schieffer* (Hg.), Sektion (wie Anm. 15), 43–52, 48.

[116] PfA Rot an der Rot, Bibliothekskatalog (hier finden sich neun Werke des Gelehrten).

[117] *Tuscher,* Roggenburg (wie Anm. 89), 44.

[118] *Philipp Schäfer,* Kirche und Vernunft. Die Kirche in der katholischen Theologie der Aufklärungszeit. München 1974, 8.

[119] *Böck,* Wissenschaftliches Leben (wie Anm. 35), 262–263; *Schäfer,* Kirche und Vernunft (wie Anm. 118), 233–235.

[120] HSAS B 486 Bü 1791 (Einige Vorlesungen über die Bestimmung des Gelehrten von Johann Gottlob Fichte. Jena/Leipzig 1794).

[121] *Franz Xaver Bantle,* Unfehlbarkeit der Kirche in Aufklärung und Romantik. Eine dogmengeschichtliche Untersuchung für die Zeit der Wende vom 18. zum 19. Jh. Freiburg/Basel/Wien 1976.

[122] *Johann Baptist Sägmüller,* Die kirchliche Aufklärung am Hofe des Herzogs Karl Eugen von Württemberg (1744–1793). Ein Beitrag zur Geschichte der kirchlichen Aufklärung. Freiburg i. Br. 1906.

[123] *Konstantin Maier,* Mönch ohne Zukunft – Flucht in die Welt. Benedikt Maria (Leonhard) Werkmeister (1745–1823), in: Fortschrittsglaube und Zukunftspessimismus, Hg. vom Haus der Geschichte Baden-Württemberg in Verbindung mit der Landeshauptstadt Stuttgart. Tübingen 2000, 10–24, 16, 19–24.

[124] *Gerhard J. Rauwolf,* P. Beda Mayr OSB (1742–1794). Versuch einer ökumenischen Annäherung, in: Jb. des Ver. für Augsburger Bistumsgeschichte e.V. 33 (1999), 317–356, 347–348.

[125] *Georg Schwaiger,* Johann Michael Sailer. Der bayerische Kirchenvater. München/Zürich 1982.

[126] *Sägmüller,* Aufklärung (wie Anm. 122), 109–156.

[127] *Paul Picard,* Zölibatsdiskussion im katholischen Deutschland der Aufklärungszeit. Auseinandersetzung mit der kanonischen Vorschrift im Namen der Vernunft und der Menschenrechte. Düsseldorf 1975, 101–106.

[128] *Johann Kleeraube (Pseudonym),* Der von seinem Ursprunge an bis auf diese Stunde in seiner Blöße dargestellte Mönch, oder Frag: Was sind die Prälaten? Sie scheinen, was Sie nicht sind, und sind, was Sie nicht scheinen. Pfaffenhausen 1784; *Maier,* Der Einfluss der Aufklärung im Kloster Isny (wie Anm. 37), 223–259, 226–229.

[129] *Heribert Raab,* Die Concordata Nationis Germanicae in der kanonistischen Diskussion des 17. bis 19. Jh. Ein Beitrag zur Geschichte der episkopalistischen Theorie in Deutschland. Wiesbaden 1956.

[130] *Ders.,* Johann Kaspar Barthels Stellung in der Diskussion um die Concordata Nationis Germanicae. Herbipolis Jubilans, in: Würzburger Diözesan-Gbll. 14–15 (1952–1953), 599–616; *Ders.,* Georg Christoph Neller und Febronius, in: Archiv für mittelrheinische KiG 11 (1959), 185–206 (mit reicher Literatur).

[131] *Johann Nikolaus von Hontheim,* Justini Febronii Jcti de Statu Ecclesiae et legitima Potestate Romani Pontificis Liber singularis ad reuniendos Dissidentes in Religione Christianos compositus. Bullioni apud Guillelmum Evrardum. Francofurti et Lipsiae 1763, 2. Aufl. 1765.

[132] *Erwin Gatz* (Hg.), Die Bischöfe des Heiligen Römischen Reiches (1648–1803). Ein biographisches Lexikon. Berlin 1990, 192–195.

[133] *Hubert Jedin* (Hg.), Handbuch der Kirchengeschichte. Bd. V: Die Kirche im Zeitalter des Absolutismus und der Aufklärung. Freiburg/Basel/Wien 1970, 503–507.

[134] *Konstantin Maier,* Diskussion (wie Anm. 36), 55–58.

[135] *Gregor Trautwein,* Vindicarum adversus Justini Febronii Icti de Abusu et Usurpatione summae Potestatis Pontificae Librum singularem Liber singularis. 2 Tle. Augustae Vindicorum 1765.

[136] *Meinrad Widmann,* Wer sind die Aufklärer? Beantwortet nach dem ganzen Alphabet. 2 Bde. o. O. 1786; *Maier,* Diskussion (wie Anm. 36), 72–75.

[137] *Maier,* Diskussion (wie Anm. 36), 28–31.

[138] Ebd., 31–50.

[139] *Willebold Held,* Beleuchtung der Bad-Emsischen Punktation. Memmingen 1787.

[140] *Maier,* Diskussion (wie Anm. 36), 78–83.

[141] *Karl Hausberger/Dieter Albrecht,* Carl von Dalberg. Der letzte geistliche Reichsfürst. Regensburg 1995; *Franz Xaver Bischof,* Die Konkordatspolitik des Kurerzkanzlers und Fürstprimas Karl Theodor von Dalberg und seines Konstanzer Generalvikars Ignaz Heinrich von Wessenberg in den Jahren 1803 bis 1815, in: ZKiG 108 (1997), 75–92.

[142] *Hans Ammerich,* Das Bayerische Konkordat (1817). Weißenhorn 2000.

[143] *Dominik Burkard,* Staatskirche – Papstkirche – Bischofskirche. Die »Frankfurter Konferenzen« und die Neuordnung der Kirche in Deutschland nach der Säkularisation. Rom/Freiburg/Wien 2000.

Fürstabt Martin Gerbert und die sog. *Gelehrtenakademie*

Zum Wissenschaftsbetrieb der Fürstabtei St. Blasien im 18. Jh.

von Rita Haub

Das ehemalige Benediktinerstift St. Blasien im Schwarzwald war berühmt für seine Klosterschule und seinen Wissenschaftsbetrieb, besonders während der Zeit, als Fürstabt Martin Gerbert (1764–1793) dem Kloster vorstand. Aber auch sonst sind aus der Klosterschule Männer hervorgegangen, welche entweder im Kloster oder an unterschiedlichen Posten des öffentlichen Lebens und in der Wissenschaft bedeutend gewirkt und oftmals den Grundstein für spätere Forschungen gelegt haben. Neben der wissenschaftlichen Arbeit waren die Mitglieder des Konvents aber auch als Lehrer aktiv, und darüber hinaus übernahmen sie noch in zahlreichen Pfarreien die Seelsorge. – Wissenschaft, Unterricht und Seelsorge prägten also das Tätigkeitsfeld von St. Blasien.[1]

Vor dem Hintergrund einer Zeit, die den Ordensgemeinschaften gegenüber feindlich eingestellt war und ihnen vorwarf, keine nützlichen Glieder der Gesellschaft zu sein, war es Martin Gerbert ein Anliegen, die Leistungen und große Bedeutung des Benediktinerordens und im speziellen des eigenen Klosters von St. Blasien unter Beweis zu stellen. So bezeichnete er in der Überschrift seiner *Historia Nigrae Silvae* (*Geschichte des Schwarzwalds*) den Schwarzwald als *Siedlungsgebiet des Benediktinerordens.*[2] Das gesamte wissenschaftliche Werk Gerberts diente auch dem Ziel, die Relevanz des eigenen Ordens für die Allgemeinheit sichtbar zu machen. Darüber hinaus ging er durch seine eigene wissenschaftliche Arbeit als Abt seinen Mönchen mit gutem Beispiel voran. So erlebte die Wissenschaft in St. Blasien unter der Amtsführung Martin Gerberts eine Blüte – das Kloster wurde bald als »Gelehrtenakademie« bezeichnet.

Martin Gerbert, Fürstabt von St. Blasien

Vom Mönch zum Fürstabt

Martin Gerbert[3] wurde am 11. August 1720 als Sohn des Kaufmanns Antonius Gerbert und seiner Ehefrau Anna Maria Riegger in Horb am Neckar geboren und auf den Namen Franziskus Dominikus Bernardus getauft.[4] Nach dem Besuch des Gymnasiums der Benediktiner von St. Blasien trat er dort 1736 in den Orden ein, legte bereits ein Jahr später die Gelübde ab und trug von da an den Namen Martin. Nach einem siebenjährigen Philosophie- und Theologiestudium wurde er 1744 zum Priester geweiht. Der damalige Fürstabt des Klosters, Meinrad Troger, erkannte die wissenschaftlichen Fähigkeiten Gerberts und bestimmte ihn zum einen zum hausinternen Lehrer für Philosophie und Theologie, und zum anderen betraute er ihn mit der Aufgabe des Bibliothekars. Und Gerbert wurde seinen Aufgaben mehr als gerecht, wie seine zahlreichen theologischen und vor allem liturgie- und musikhistorischen Studien zeigen. Dafür sammelte er auf vielen Forschungsreisen durch Deutschland, Frankreich und Italien in Klöstern und Bibliotheken Materialien, die er für seine späteren Publikationen auswertete. Als Abt Meinrad Troger 1764 starb, wählte der Konvent Martin Gerbert zu seinem Nachfolger. Die Konsequenz für Fürstabt Martin II., wie er sich nannte, war, dass er nunmehr neben seinen theologischen und wissenschaftlichen Tätigkeiten auch die zahlreichen Aufgaben als Vorsteher der Klostergemeinschaft und als Grund- und Landesherr zu erfüllen hatte.

St. Blasien
Ansicht der Klosteranlage aus der Höhe.
Kol. Kupferstich von Franz Xaver Kaiser/Peter Mayer zur Weihe der Kuppelkirche, Sept. 1783.
M. Gerbert, Historia Nigrae Silvae. St. Blasien 1783/1784, Bd. 1.

Der Bibliotheksforscher

Trotz vielfältiger Beanspruchung gelang es Gerbert, gleich nach seiner Abtwahl, einen ausführlichen Bericht seiner Forschungsreisen unter dem Titel *Iter alemannicum, accedit italicum et gallicum (Reise durch Deutschland, Italien und Gallien)*[5] zu veröffentlichen, in dem er den Handschriftenbestand der von ihm besuchten Bibliotheken ausführlich auflistete. Diese Publikation ist heute noch von großem Wert, sind doch darin auch Buch- und Handschriftenbestände verzeichnet, die durch die Säkularisation später verloren gingen. Dass die Bedeutung dieses Überblicks über die Bibliotheksbestände schon damals erkannt worden war, zeigt die Tatsache, dass dies das einzige

wissenschaftliche Werk Gerberts ist, das aus der damals vorherrschenden Gelehrtensprache Latein zwei Jahre später auch ins Deutsche übersetzt wurde, um einem möglichst großen Kreis von Interessenten zugänglich zu werden.[6]

Der Theologielehrer

Wichtig waren Gerbert vor allem zwei Gebiete, die Geschichte der Liturgie und die Geschichte der Musik. Aus seiner Frühzeit stammt das achtbändige Werk *Principia theologiae (Grundlagen der Theologie)*, ein Kompendium der gesamten Theologie.[7] Es war als Lehrbuch für Studenten, aber auch für interessierte

Des Hochwürdigsten Herrn,
Herrn Martin Gerberts,
nunmehro
des Heil. Röm. Reichs Fürsten und Abts des Reichs-Stifts
St. Blasien auf dem Schwarzwald ꝛc. ꝛc.

Reisen

durch
Alemannien, Welschland
und
Frankreich,

welche
in den Jahren 1759. 1760. 1761. und 1762.
angestellet worden,
von
dem hohen Herrn Verfasser selbsten
mit
vielen Zusätzen, besondern Anmerkungen und
schönen Kupfern zur Erläuterung derer
Alterthümern
vermehrt und verbessert,
und aus dem Lateinischen in das Deutsche übersetzt,
auch
mit zwey Registern der Orte und merkwürdigsten
Sachen versehen
von
J. L. K.

Ulm, Frankfurt und Leipzig, 1767.
Auf Kosten Johann Conrad Wohler, Buchhändler.

Reisen durch Alemannien, Welschland und Frankreich [...]
*Titelblatt der deutschen Erstausgabe von Abt Martin Gerberts
berühmtem, 1765 erstmals erschienenem latein. Reisebericht »Iter
alemannicum, accedit italicum et gallicum [...]«. St. Blasien 1765.*

Laien konzipiert, die tiefer in die Theologie eindringen wollten. Gerbert brachte sein ganzes theologisches Wissen ein und bezog gegen die vermeintlichen Irrtümer seiner Zeit klare Position. Auch wird seine theologische Meinung darin deutlich: Die Dreiteilung in *officium criticum* (Textinterpretation mit Hilfe der Textkritik, Philologie und Hermeneutik), *officium historicum* (Erforschung der auf die Texte bezogenen Geschichtsdaten) und *officium dogmaticum* (die mittels Logik durchzuführende Formulierung der Lehre und ihre Systematisierung) zeigt, dass für Gerbert das *officium dogmaticum* allein nicht genügt, sondern durch die historisch-kritische Methode ergänzt werden muss.[8] Die *Grundlagen* waren so einmalig, dass sie für 200 Jahre unangetastet ihre Gültigkeit behielten.

Der Musikhistoriker

Zwei grundlegende Werke des Fürstabts liegen zur Geschichte der Musik vor, eines davon ist *De cantu et musica sacra (Über Kirchengesang und -musik)*.[9] Gerbert hatte auf einer Forschungsreise nach Italien den a-capella-Gesang in der Sixtinischen Kapelle in Rom kennen- und schätzen gelernt. So schrieb er nach seiner Rückkehr 1762/63, nach Bearbeitung des umfangreichen Materials, eine Geschichte des Kirchengesangs, die er 1768 vollenden konnte. Zwar wurde das Manuskript im gleichen Jahr ein Opfer des verheerenden Klosterbrandes doch Gerbert gelang eine Rekonstruktion, die dann sechs Jahre später in der wieder aufgebauten Klosterdruckerei erschien. Das Werk dokumentiert die Entwicklung der Gregorianik und der Vokalpolyphonie mit besonderer Berücksichtigung der musikalischen Gestaltung von Messe und Offizium, Psalmodie und Hymnodie. Gerbert hoffte, durch sein Opus eine Erneuerung der Kirchenmusik aus dem Geist der vergangenen Epochen zu erreichen und sie von der stilistischen Entwicklung der zeitgenössischen weltlichen Musik abgrenzen zu können. Der Erfolg zeigte sich jedoch nicht sogleich, etwa in den Kirchenkompositionen seiner Zeitgenossen, wie etwa Mozart oder Haydn. Dagegen erlebte das frühe 19. Jh. eine Renaissance althergekommener Kompositionspraktiken, so z. B. besonders in der Wiederentdeckung Palestrinas (1525–1594).
Stellt seine Geschichte der Kirchenmusik einen unschätzbaren Quellenschatz dar, so ist ihr Inhalt doch weitgehend überholt. Anders verhält es sich dagegen mit dem zweiten großen musikhistorischen Werk Gerberts, den *Kirchenmusiktheoretikern (Scriptores ecclesiastici de musica sacra potissimum ex variis Italianae, Galliae et Germaniae codicibus manuscriptis collecti et nunc primum publica luce donati)*, das in drei Bänden 1784 in St. Blasien erschien. Darin ist die mittelalterliche Musiktheorie[10] aus der Feder von über

Fürstabt Martin II. Gerbert
Öl auf Lw., Peter Mayer, um 1776.
St. Blasien.

40 Musiktheoretikern des 6.–15. Jhs. enthalten. Während die ersten musiktheoretischen Äußerungen aus dem 6. Jh. eine Zusammenfassung der antiken Theorien sind, ist die *Musica disciplina* des Benediktiners Aurelianus Reomensis aus dem 9. Jh., die eine der frühesten Lehren von den Kirchentönen beinhaltet, das älteste Musiktraktat überhaupt.[11] Mit den *Scriptores ecclesiastici* liegt eine ausgezeichnete Quellensammlung vor, die – bis heute unübertroffen – noch immer eine Grundlage für wissenschaftliche Forschung bildet.

Der Historiker

Daneben ist auch der Historiker Martin Gerbert nicht zu vergessen. Er hat ein Thema bearbeitet, das weder vor ihm behandelt noch nach ihm jemals wieder aufgegriffen wurde – die *Geschichte des Schwarzwalds* (*Historia nigrae silvae*).[12] Mit Blick auf die vielen Benediktinerklöster in dieser Gegend begriff er den Schwarzwald als ein großes Wirkungsfeld des Ordens, von dem die Besiedelung des Raumes ausging, wie er anhand unzähliger Dokumente aufzeigt. Diese Fülle von Urkundentexten ist ein Standardwerk der Heimatgeschichte und für heutige Wissenschaftler, die sich mit Orten des Schwarzwalds beschäftigen, ein unentbehrliches Hilfsmittel.

Unvergessen verbunden ist Martin Gerberts Name mit einem Monumentalwerk der Geschichte, dem Unternehmen der *Germania Sacra* (*Kirchengeschichte Deutschlands*), das – nach dem Vorbild der französischen Benediktiner von St. Maur und ihrer *Gallia Christiana* (*Kirchengeschichte Galliens*)[13] sowie der *Italia Sacra* des Zisterziensers Francesco Ughelli[14] – eine gänzlich aus den Quellen geschöpfte Geschichte der Kirche Deutschlands werden sollte. Das Unternehmen war gut organisiert, von den Archivbesuchen bis zur Beschaffung der diversen Materialien; 1783 war der Grundplan erarbeitet, und sieben Jahre später konnte der erste Band erscheinen.[15] Das Unternehmen geriet mit dem Tod Gerberts 1793 und der Auflösung des Klosters 1806 ins Stocken, brach aber nicht ganz ab: bis 1862 erschienen insgesamt neun Bände. Danach trat eine Unterbrechung ein, bis der Plan Anfang des 20. Jhs. wieder aufgegriffen wurde.[16] Vor allem seit dem Ende des Zweiten Weltkriegs wurden die Arbeiten an der Germania sacra energisch vorangetrieben.

Gesamtwürdigung Gerberts

Als Ausdruck seines Willens, an Überkommenem festzuhalten, gelten die von Gerbert erarbeiteten musik- und liturgiegeschichtlichen Quellensammlungen, als unschätzbare zeitlos aktuelle Dokumentationen seine Geschichtswerke, als Beispiel für seine gleichzeitige Hinwendung zum Neuen lassen sich die von ihm vertretene theologische Methode oder aber der unter seiner Regierungszeit errichtete klassizistische Neubau der Kuppelkirche von St. Blasien anführen.[17] Vor allem aber war Martin Gerbert ein sehr vielseitiger Mann, und seine Leistungen auf den Gebieten der Theologie, Musikgeschichte und Geschichte haben auch für unsere heutige Zeit ihre Bedeutung nicht verloren. Anlässlich seines 200. Geburtstages schrieb P. Justinus Uttenweiler 1920: *Blicken wir zum Schlusse nochmals auf das hochbedeutsame Leben und Wirken dieses Kirchenfürsten, auf seine unsterblichen Verdienste um kirchliche und weltliche Wissenschaft, um die äußere und innere Blüte seiner Abtei, um ewiges Glück und zeitliche Wohlfahrt seiner Untertanen zurück, so fragen wir staunend nach dem Geheimnis solcher Erfolge. Da sind es vor allem wohl drei Dinge, die sich bei Fürstabt Martin in glücklicher Ergänzung zusammenfanden. Gerbert war vom Schöpfer mit reichen Geistesgaben ausgestattet, Gerbert besaß ein klares Auge, ein offenes Herz für die Erfordernisse seiner Zeit, Gerbert war endlich unter Anstrengung aller seiner Fähigkeiten bemüht, selber ganz zu sein, was er sein sollte und wollte und auch die Seinen zur vollen Hingabe an ihren Beruf zu erziehen. Er und seine Mönche sind ganze und echte Benediktiner gewesen, die vollen Ernst gemacht haben mit dem alten Ordenswahlspruch ›Bete und arbeite‹.*[18]

Weitere Talente der *Gelehrtenakademie*

Die rege wissenschaftliche Tätigkeit, die sich in der Abtei St. Blasien im 18. Jh. entwickelte und ihr den Ruf einer Gelehrtenakademie einbrachte,[19] brachte es mit sich, dass schon bald der Ruf nach einer eigenen

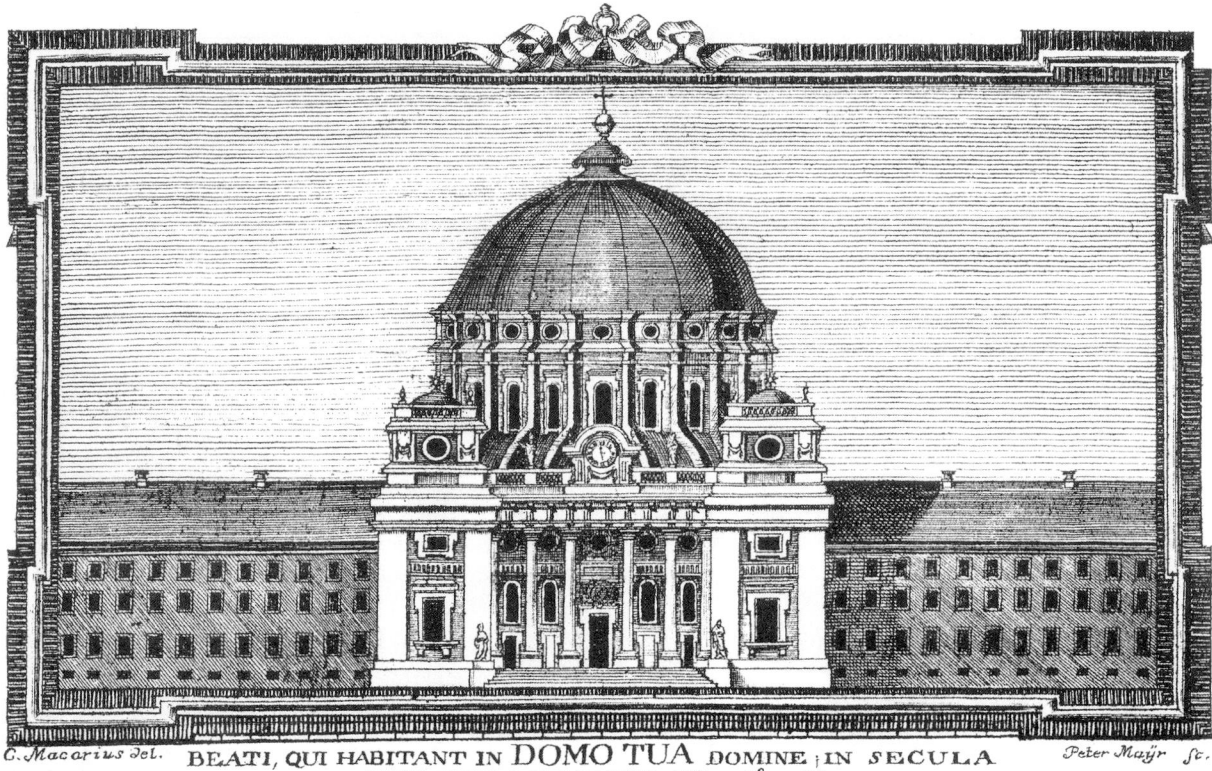

BEATI, QUI HABITANT IN DOMO TUA DOMINE ; IN SECULA SECULORUM LAUDABUNT TE. *Ps. 83.*

C. *Macarius del.*   Peter *Mayr Sc.*

St. Blasien
Nordfassade der Kuppelkirche.
Radierung von G. Macarius/Peter Mayer zur Weihe der Kuppelkirche, Sept. 1783.
Die latein. Unterschrift lautet: »Selig, die in Deinem Hause wohnen, o Herr, sie werden Dich in alle Ewigkeit preisen« (Ps. 83).
M. Gerbert, Historia Nigrae Silvae. St. Blasien 1783/1784, Bd. 1.

Druckerei laut wurde. Die hauseigene Druckerei sollte zur Unabhängigkeit von den Verlegern u. a. in Wien und Freiburg führen, wo die historischen, theologischen, philosophischen und sprachwissenschaftlichen Werke vorher gedruckt worden waren. Dazu kam noch der Vorteil, dass die Verwaltung der umfangreichen Grundherrschaft und die Regierungs- und Repräsentationsfunktionen der seit 1746 in den Reichsfürstenstand erhobenen Äbte eine Vielzahl an Erlassen, Mitteilungen etc. erforderten, wofür eine Hausdruckerei natürlich ideal war. 1754 war die Druckerei erworben, und als erstes Werk erschien drei Jahre später Martin Gerberts *Principia theologiae exegeticae (Grundlagen der exegetischen Theologie).*[20]

Das Titelkupfer wurde von Peter Mayer aus Freiburg gestochen, der für viele Werke verantwortlich zeichnet.[21] Mayer (1718–1800) war in seiner Kindheit Zeuge vieler Bauarbeiten in St. Blasien und hat durch seinen Vater, den Hofschlossermeister Johannes Mayer, sicherlich Kontakt mit den Mönchen und Handwerkern bekommen. In der Klosterschule konnte er sich neben Lesen und Schreiben auch künstlerisches Wissen aneignen. Dank seiner Fähigkeiten wurde ihm vom Kloster der Besuch der Kunstakademie und anschließend der Kupferstecherklasse in Wien ermöglicht. Und noch während der Ausbildung begann im Jahr 1747 die umfangreiche Tätigkeit für P. Marquard Herrgott von St. Blasien. Nach seiner Rückkehr nach

Freiburg i. Br. erhielt er den Status eines akademischen Bürgers und war in der Stadt als Maler und Kupferstecher tätig.

Gehörte Peter Mayer zu denen, die »außerhalb der Klostermauern« gefördert wurden, so gibt es eine nicht geringe Anzahl von Gelehrten, die aus der Benediktinerabtei St. Blasien hervorgegangen sind.[22] Einige seien im folgenden stellvertretend genannt:

Marquard Herrgott (1694–1762), Hofkaplan und Bibliothekar des Klosters St. Blasien, verfasste Werke über die Stammesgeschichte und die historischen Denkmäler des habsburgisch-österreichischen Hauses, wofür er von Kaiser Karl VI. († 1740) eine wertvolle Medaille erhielt und zum kaiserlichen Rat und Historiographen ernannt wurde.[23]

Rustenus Heer (1715–1769), Schüler und später guter Freund Marquard Herrgotts, wurde durch diesen mit den diplomatisch-historischen Studien vertraut und lernte wichtige Persönlichkeiten der Wissenschaft kennen. Seine Schrift gegen die Gelehrten des Klosters Muri löste eine heftige Diskussion aus. Er beschäftigte sich auch mit dem Landbau und wurde zum kaiserlich-königlichen Historiographen ernannt.[24]

Fintan Linder (gest. 1785) gab eine hebräische Grammatik in klar verständlicher Darstellung heraus. In dem beigegebenen kleinen Lexikon zog er Vergleiche mit der arabischen, syrischen und äthiopischen Sprache – für die damalige Zeit außergewöhnlich.[25]

Ambros Eichhorn (1758–1820) war Mitarbeiter der »Germania sacra« und zuständig für die Bearbeitung des Bistums Chur. Um seine Arbeit voranbringen zu können, war er von Abt Gerbert als Pfarrer nach Bernau geschickt worden. Unter Gerberts Nachfolger, Fürstabt Mauritius Ribbele (1793–1801), wurde er Bibliothekar und später Archivar des Klosters.[26]

Ein weiterer Mitarbeiter der »Germania Sacra« war *Georg Viktor Keller* (1760–1827), zuständig für die Geschichtsschreibung der Bistümer Verden, Eichstätt und Augsburg. 1804 wurde er Propst von Wislikofen, wo er die Bürgerrechte der Schweiz erwarb. Bald erreichte er die Entlassung aus der Klostergemeinschaft und die Versetzung in den Weltpriesterstand.[27]

Trudpert Neugart (1742–1825), mit dem Lehramt für orientalische Sprachen an der Universität Freiburg betraut, stieß ebenfalls zu den Mitarbeitern der »Germania Sacra«, nachdem ihn Abt Gerbert als Lehrer

der Theologie zurück nach St. Blasien berufen hatte. Ihm wurde die Geschichtsschreibung des Bistums Konstanz übertragen.[28]

Für die Geschichte Vorderösterreichs steht *Franz Kreuter (1736–1806)*, der 1790 eine *Geschichte der vorderösterreichischen Staaten* geschrieben hat.[29]

Aemilian Ussermann (1737–1798), Lehrer für Moraltheologie und hebräische Literatur an der Universität Salzburg, war nach seiner Rückkehr in St. Blasien Bibliothekar der Klosterbibliothek, deren mit dem Brand von 1768 vernichteten Bestände er wieder aufbaute.[30]

Stanislaus Wülberz (1695–1755) hat den Ruf eines »Vaters der sanktblasianischen Hausgeschichte«. Als Klosterarchivar war er darum bemüht, möglichst alle historische Fakten vollständig zusammen zutragen.[31]

Die Arbeiten Martin Gerberts und seiner Zeit- und Ordensgenossen sind zweifellos in vielen Bereichen der Wissenschaft heute überholt. Jedoch die damalige Hinwendung zu den Quellen war eine wichtige Entscheidung, die den Weg für viele heutige Forschungen gebahnt hat. Insbesondere Gerberts Werke sind in vielem erstaunlich aktuell geblieben und wirken noch weit über unsere Zeit hinaus fort.

Fazit

St. Blasien gelangte unter Fürstabt Martin II. Gerbert in der 2. Hälfte des 18. Jhs. als religiöses Zentrum, Gelehrtenakademie und Kulturträger zu einer Blüte von internationaler Bedeutung. Gerbert war auf drei Gebieten vorbildlich und erfolgreich: als Abt, Landesherr und Gelehrter. Seine eigene rege wissenschaftliche Tätigkeit dokumentiert, dass er die Ordensmaxime *ora et labora (Bete und Arbeite)* zeitgemäß auslegte und die Pflege der Wissenschaften – neben der alltäglichen Arbeit – ebenfalls zu den benediktinischen *Arbeiten* zählte. Er förderte Talente fast aller Wissenschaften aus den eigenen Reihen der Mönche, aber auch solche, die sich außerhalb der Klostermauern im Volk zeigten und dem Wohl des Klosters dienlich schienen. Diesem regen Wissenschaftsbetrieb der sog. *Gelehrtenakademie* St. Blasiens wurde mit der Aufhebung des Klosters am 10. Oktober 1806 ein jähes Ende bereitet.

[1] Zu St. Blasien vgl.: *Heinrich Heidegger/Hugo Ott* (Hgg.), St. Blasien. 200 Jahre Kloster- und Pfarrkirche. München/Zürich 1983 (die einz. Beiträge jeweils mit weiterführender Lit. u. Quellen). – Das tausendjährige St. Blasien. 200j. Domjubiläum, hg. von *Historische Ausstellung Kloster St. Blasien 1983 e.V.*. 2 Bde. Karlsruhe 2. erg. Aufl. 1984.

[2] *Historia nigrae silvae ordinis S. Benedicti coloniae*. 3 Bde. St. Blasien 1783/84. Deutsche Übersetzung des 1783 ersch. 1. Bds. der *Historia Nigrae Silvae ordinis S. Benedicti coloniae (Geschichte des Schwarzwaldes – Siedlungsgebiet des Ordens des heiligen Benedikt), zus.gest. u. bebildert von Martin Gerbert*, Abt des Klosters und der Kongregation St. Blasien in demselben Walde und Fürst des Heiligen Römischen Reiches. Aus dem latein. Originaltext übers. von *Adalbert Weh*. Freiburg i. Br. 1993.

[3] Zu Gerbert vgl. *Wolfgang Müller*, Martin Gerbert. Abt – Landesherr – Wissenschaftler, in: *Heidegger/Ott* (Hgg.), St. Blasien (wie Anm. 1), 127–145; Martin Gerbert (1720–1793). Fürstabt von St. Blasien (Ausstellungskatalog), hg. von der *Stadt Rastatt*. Rastatt 1989.

[4] Vgl. ausführlich *Martin Steim*, Die Herkunft und Familie des Fürstabts Martin Gerbert, in: *Heidegger/Ott* (Hgg.), St. Blasien (wie Anm. 1), 111–127.

[5] [*Martin Gerbert*], Iter alemannicum, accedit italicum et gallicum. Sequuntur Glossaria theotisca. St. Blasien 1765.

[6] *Reisen durch Alemannien, Welschland und Frankreich*, ins Dt. übers. von *J. L. Köhler*. Ulm/Frankfurt/Leipzig 1767.

[7] Die einz. Bände, jeweils in St. Blasien erschienen: *Principia theologiae exegeticae* (Bd. I, 1757), *dogmaticae* (II, 1758), *symbolicae* (III, 1758), *mysticae* (IV, 1758), *moralis* (V, 1758), *canonicae* (VI, 1758), *sacramentalis* (VII, 1759), *liturgicae* (VIII, 1759).

[8] Vgl. dazu *Alfons Deissler*, Fürstabt Martin Gerbert von St. Blasien und die theologische Methode. München 1940, hier: 78.

[9] *De cantu et musica sacra a prima ecclesiae aetate usque ad praesens tempus*. 2 Bde. St. Blasien 1774.

[10] *Scriptores ecclesiastici de musica sacra potissimum ex variis Italianae, Galliae et Germaniae codicibus manuscriptis collecti et nunc primum publica luce donati*. 3 Bde. St. Blasien 1784: Zu beachten ist, dass man damals unter »Musiktheorie« eine Zusammenfassung all dessen verstand, was über Musik geschrieben wurde. Heute dagegen ist es ein Oberbegriff für ein sehr weites Gebiet und umfasst Satzlehre, philosophische Schriften, Musikkritik etc.

[11] Abgedruckt in *Martin Gerbert*, De cantu et musica sacra (wie Anm. 9), I, 27ff.

[12] Vgl. Anm. 2.

[13] Gallia christiana. 3 Bde. Paris 1715–1726; später erschienen Bd. 4–13. Paris 1870–1876 und Bd. 14–16. Paris 1856–1865; vgl. Art. *Gallia christiana*, in: LThK 4, Sp. 497 [H. Jedin].

[14] Italia sacra. 9 Bände. Rom 1644–1662; vgl. Art. *Ughelli*, in: LThK 10, Sp. 447f. [L. Vazquez].

[15] Die Chronik Hermann des Lahmen (gest. 1054); die Ausgabe wurde von P. Ussermann besorgt: *Germania Sacra Prodromus seu Collectio Monumentorum res Alemannicas illustrantium. Chronicon Hermanni Contracti etc. Ex. Mss. Codd. Collegit et illustravit P. Aemilianus Ussermann*. St. Blasien 1790.

[16] Vgl. dazu *Georg Pfeilschiffer*, Die St. Blasianer Germania sacra. Kempten 1921. An einer *Germania sacra* in Form einz. Bistumsgeschichten hatte bereits der Jesuit und Kirchenhistoriker *Markus Hansiz* (1683–1766) gearbeitet; vgl. *Carlos Sommervogel*, Bibliothèque de la Compagnie de Jésus. 12 Bde. Brüssel/Paris/Toulouse 1890–1932, hier: IV, 74–77.

[17] Die größte Herausforderung zu Beginn der Amtszeit Gerberts war die Feuersbrunst, die am 23.07.1768 das Kloster samt dem Münster bis zu den Grundmauern zerstörte. Gerbert ließ alles wieder aufbauen, wobei ihm nur das Beste gut genug war. Für den neuen Dom engagierte er den franz. Baumeister Michel d`Ixnard, der die neue Kirche als 63 m hohen Kuppelbau dem römischen Pantheon nachempfand. Die Kirche wurde zur Mitte des neuen Klosters, das 1771 bezogen werden konnte; der Dom wurde 1783 geweiht.

[18] In: *Franz M. Hilger*, Martin Gerbert – Fürst und Abt von St. Blasien. Fschr. zur 250. Wiederkehr seines Geburtstages. Konstanz 1970, 58.

[19] Dazu als grundlegende Publikation *Joseph Bader*, Das ehemalige Kloster St. Blasien auf dem Schwarzwalde und seine Gelehrten-Academie, in: FDA 8 (1874), 103–253.

[20] Zur klostereigenen Druckerei vgl. *Gerhard Stamm*, Buchdruckerei, Verlag und Buchhandel, in: Das tausendjährige St. Blasien II (wie Anm. 1), 153–169.

[21] Zu Mayer vgl. *Rudolf Morath*, Einheimische Künstler St. Blasiens, in: *Heidegger/Ott* (Hgg.), St. Blasien (wie Anm. 1), 175–194; hier: 175–181; *Rudolf Morath*, Peter Mayer 1718–1800. Der Universität Freiburg i. Br. Bürger, Kupferstecher und Maler. Freiburg i.Br./München 1983 (Freiburger Beiträge zur Wissenschafts- und Universitätsgeschichte; 39).

[22] Vgl. dazu *Bader*, Gelehrten-Academie (wie Anm. 19); *Franz Hilger*, Die Gelehrten des Klosters St. Blasien, in: *Heidegger/Ott* (Hgg.), St. Blasien (wie Anm. 1), 159–174 (auf Bader fußend).

[23] Vgl. Ebd., 162f.

[24] Vgl. Ebd., 163f.

[25] Vgl. Ebd., 166.

[26] Vgl. Ebd., 161.

[27] Vgl. Ebd., 164f.

[28] Vgl. Ebd., 167f.

[29] Vgl. Ebd., 165f.

[30] Vgl. Ebd., 170f.

[31] Vgl. Ebd., 172.

Aufklärung – Wissenschaft – Klöster

Das naturwissenschaftliche Kabinett in der Reichsabtei Neresheim

von David Seyffer und Bjoern Schirmeier

Naturwissenschaftliches Interesse führte im 18. Jh. nicht nur an zahlreichen fürstlichen Residenzen, sondern auch in vielen Klöstern zu Gründung und Ausbau naturwissenschaftlicher Sammlungen. Die Aufklärungsbewegung, welche ihren Ursprung in Frankreich hatte, hinterließ ihre Spuren auch in der katholischen Kirche. Im Zuge dieser »katholischen Aufklärung« erlebte – ausgehend ebenfalls von Frankreich – auch der Orden der Benediktiner im 18. Jh. eine Erneuerung. Dabei wurde auch die Interpretation des benediktinischen Gebots des *labor manuum*, der Handarbeit, um die Beschäftigung mit den Wissenschaften erweitert.[1] Hatten Klöster und Orden im Mittelalter noch den wissenschaftlichen Betrieb fast alleine auf ihren Schultern getragen, so wurden sie in der frühen Neuzeit immer mehr durch die Konkurrenz weltlicher Wissenschaftler in den Hintergrund gedrängt. Um den im 18. Jh. vielfach erhobenen Vorwürfen die Klöster seien ein Hort der Untätigkeit und Nutzlosigkeit entgegenzuwirken, begann man in vielen Klöstern sich wiederum verstärkt mit den Wissenschaften zu beschäftigen. Die Bibliotheken wurden systematisch ausgebaut und in Gestalt repräsentativer Bibliothekssäle auch zu beeindruckenden architektonischen Zentren der Klöster. Hinzu traten naturwissenschaftliche Sammlungen aller Art, die vom Interesse an Naturphänomenen zeugten und zur Beschäftigung mit ihnen anregten. Auf dem Gebiet der Naturwissenschaften taten sich gerade einige schwäbische Klöster wie Elchingen, Irsee, Kempten, Neresheim, Ottobeuren und auch St. Ulrich und Afra in Augsburg hervor.

Hierher gehört auch die Einrichtung physikalische Kabinette in vielen Klöstern. Sie ermöglichten es, aktuel-
len naturwissenschaftlichen Fragen mit den neuesten Instrumenten der Zeit experimentell nachzugehen. Aber nicht nur Forschung, wie z. B. auf dem Gebiet der Elektrizität, wurde in den Klöstern betrieben. Die Kabinette dienten auch als Lehrmittelsammlung zur Demonstration in den klösterlichen Schulen und anderen Bildungseinrichtungen, die zu dieser Zeit ebenfalls eine Modernisierung erfuhren.

Neresheims Physikalisches Kabinett

Abt Michael Dobler von Neresheim (1787–1802) war gegenüber der Aufklärungstheologie und den Naturwissenschaften sehr aufgeschlossen. Er förderte mehr noch als seine Vorgänger die Einrichtung des Physikalischen Kabinetts, das bis heute noch fast vollständig erhalten ist.[2] Es wurde im 18. Jh. nach dem aktuellsten Stands der Wissenschaft und Technik ausgestattet. Neben zahlreichen geodätischen und astronomischen Versuchs- und Messinstrumenten finden sich darin eine Vakuumpumpe von Brander & Hoeschel aus Augsburg aus dem Jahr 1792, eine voltaische Säule, eine Kugel- und eine Scheibenelektrisiermaschine, 6 Leidener Flaschen (die älteste Form des elektrischen Kondensators), ein Elektroskop sowie Instrumente für Funkenschlagexperimente samt einem Elektrisiertisch.[3] Des Weiteren kommen hinzu eine Militariasammlung für die mathematische Disziplin der Ballistik und eine Münzabgusssammlung für den Unterricht der Numismatik, eine Holzbibliothek mit 141 Bänden von Candid Huber (1743–1813) aus Ebersberg sowie die fast vollständige Wandverkleidung eines Vogelka-

Abt Michael Dobler von Neresheim (1787–1802, † 1815)
Porträt des Abtes von Neresheim, der sich in besonderer Weise der Förderung des Naturwissenschaftlichen Kabinetts angenommen hatte.
Abtei Neresheim.

binetts. Technisches Know-how wurde mit Modellen verschiedener Typen von Mühlen sowie Brücken- und Dachreitermodellen vermittelt. Gerade die technische Ausbildung war für die Bevölkerung im ländlichen Raum durch praxisnahe Vermittlung eminent wichtig. Auch der auf dem Härtsfeld gelegenen Benediktinerabtei Neresheim war eine Klosterschule angegliedert, an der besonders Pater Karl Aloys Nack (1751–1837) als Lehrer wirkte. Durch ihn wurde die Neresheimer

Schule zum Vorbild für das im 19. Jh. im Königreich Württemberg etablierte Normalschulwesen.
Nach der Säkularisation der Reichsabtei fiel das Kloster an das Fürstliche Haus Thurn und Taxis in Regensburg, das bis 1806 auch die Landesherrschaft über das einstige Klosterterritorium ausübte. Während dieser Zeit ließ der neue Landesherr Fürst Karl Anselm v. Thurn und Taxis (1733–1805) die Klosterschule fortbestehen und begründete das Lyceum Ca-

rolinum zur Ausbildung der Landeskinder. Auch in dieser Zeit des Umbruchs blieben einige Mönche an der Schule tätig. Die Lehranstalt wurde jedoch bereits drei Jahre später mit der Mediatisierung des Hauses Thurn und Taxis durch Bayern und Württemberg im Jahre 1806 aufgehoben. Aus dieser Zeit der Thurn und Taxisschen Landesherrschaft stammt ein Tempietto, bei dem es sich um eine nach künstlerischen Gesichtspunkten gestaltete voltaische Säule handelt. Er trägt die Inschrift: *GRATIA ET MUNIFICENTIA CAROLI ANSELM I. PRINCIPIS. AC FUNDTORIS LYCEI CAROLINI IN NERESHEIM MDCCCV.*

Metire et experire!

Den vielen erhaltenen Instrumenten aus der Elektrizitätslehre nach zu urteilen, wurde gerade diese Disziplin in Neresheim wahrscheinlich mit großer Wissbegierde betrieben.[4] Die Elektrizitätslehre war im 18. Jh. eine relativ junge Wissenschaft und erfreute sich bei den Wissenschaftlern großer Beliebtheit aufgrund spektakulärer Effekte, die bei den Versuchen auftraten. Die Forscher des 18. Jhs. interessierte ganz besonders eine Theorie, welche das Wesen des elektrischen Fluidums erklären konnte. In der Antike und auch im

Elektrisches Messgerät
Standard-Messgerät zur Bestimmung der elektrischen Kraft nach John Canton, 18. Jh. Der seidene Faden und das Holunderkügelchen fehlen.
Abtei Neresheim.

Elektroskop, 18. Jh.
Abtei Neresheim.

Mittelalter gab es Beschreibungen elektrischer Phänomene. Doch setzte erst im 18. Jh. eine ausführliche wissenschaftliche Betrachtung dieser Effekte ein. Der englische Physiker Isaak Newton (1643–1727) sprach 1713 von einem *electrical spirit*, der möglicherweise eine Erklärung für die Gravitation liefern könnte. In Leipzig verwendete ungefähr zur gleichen Zeit Christian August Hausen (1693–1743) den Begriff *Spiritus Animalis*, während zehn Jahre später Edmond Halley (1656–1753) in England den Äther Newtons mit der Elektrizität gleichsetzte. Aber erst der französische Gelehrte Charles François de Cisternay Dufay (1698–1739) entwickelte in Anlehnung an das kartesische Wirkungsmodell die grundlegende Theorie von zwei verschiedenen elektrischen Fluida, die für das Wesen der Elektrizität verantwortlich seien sollen. Der amerikanische Universalgelehrte und Politiker Benjamin Franklin (1706–1790) richtete sein Interesse nicht nur auf die Ökonomie, Politik und Philosophie, sondern beschäftigte sich auch mit der Elektrizität. Franklin pflegte Kontakt mit führenden Elektrizitätsforschern, wie William Watson (1715–1787), John Canton (1712–1772) und Joseph Priestley (1733–1804). In den 40er Jahren des 18. Jh. beschrieb Franklin als erster elektrische Vorgänge in der Natur mit Hilfe nur eines elektrischen Fluidums. Dieses Fluidum lag – nach seiner Erkenntnis – in der Natur in drei statischen Zuständen vor: Überschuss, Mangel und Gleichgewichtszustand. Ähnlich dem Kreislauf des Geldes in der Wirtschaft und dem von William Harvey (1578–1657) entdeckten Blutkreislauf, sollte auch ein elektrisches Fluidum die elektrischen Phänomene in ähnlicher Weise erklären. Die Zwei-Fluida-Theorie hingegen bauten Abbé Jean Antoine Nollet (1700–1770) und dann der Schotte Robert Symmer (1707–1763) aus und verfeinerten die theoretischen Ansätze. Konnte Franklin die elektrischen Phänomene in einer Leidener Flasche ohne Probleme mit seiner Ein-Fluidum-Theorie belegen, konnte diese Theorie beispielsweise die beständig ausströmenden Ladungen bei dem von Alessandro Volta 1775 konstruierten *elettroforo perpetuo* (*beständiger Elektrizitätsträger* – Harzkuchen, der gerieben wird und über lange Zeit elektrische Ladungen liefert) nicht erklären. Die Frage nach dem Wesen der Elektrizität, ob Ein- oder Zwei-Fluida-Theorie, bewegte viele Forscher, doch wurde im 18. Jh.

keine allgemein gültige Antwort gefunden. Um 1780 entschieden sich die meisten Wissenschaftler für die Zwei-Fluida-Theorie. In der Neresheimer Sammlung befanden sich nicht weniger als drei Geräte, die einen Entladungsfunken hervorrufen konnten.

Die Funkenschlagexperimente hatten einen ernstzunehmenden, wissenschaftlichen Hintergrund. Forscher wie Franklin, Prokop Divisch (1698–1765) und

Georg W. Richmann (1711–1753), der bei einem Experiment mit der *Luftelektrizität* ums Leben kam, beschäftigten sich in der Mitte des 18. Jh. mit den Zusammenhängen von Elektrizität und Gewittern. Eifrig suchten sie nach der Möglichkeit eines Gewitter-Frühwarnsystems und von Blitzableitern. Das Verhalten der Funken im Experiment sollte klären, ob an einem Blitzableiter eine Kugel oder eine Spitze, wie es

Tempietto, Anf. 19. Jh.
Abtei Neresheim.

beispielsweise Franklin forderte, angebracht werden sollte. Ohne diese Frage eindeutig geklärt zu haben, begann man in den Metropolen Europas an vielen Gebäuden Blitzableiter zu installieren, so auch im Kloster Neresheim. Die Wirkung eines einschlagenden Blitzes demonstrierte im Kabinett das sog. *Neresheimer Blitzableiterhäuschen*. Schlug ein künstlich erzeugter Blitz ein, wurde ein Alarmsystem (bestehend aus Glöckchen und Modellkanone) ausgelöst.

Um ohne Entladungsfunken festzustellen, ob *elektrisches Fluidum* floss, benutzte man in Neresheim ein sog. *Goldblättchen Elektroskop*. Dieses Instrument zeigt an, ob eine elektrische Ladung fließt, kann aber den quantitativen Wert der Ladung nicht bestimmen. Die Goldblättchen des Elektroskop bewegen sich bei der Anbringung einer elektrischen Ladung. Auf diese Weise konnte ein forschender Benediktiner einerseits zeigen, dass Strom floss und andererseits den Zusammenhang zwischen Stromkreis und elektrischer Kraft demonstrieren. Ein Messgerät, welches zur quantitativen Messung der Ladung benutzt wurde, war das ab 1770 im Gebrauch befindliche *Henley'sche Elektrometer*. Ein Elektrometer dieser Art ist auf der Kugelelektrisiermaschine des Kabinetts angebracht. Erst ab ungefähr 1771 führen Experimente an Verstärkungsflaschen in Italien und England zur Unterscheidung von Ladungsmenge und Spannung. Ein einfaches, aber sehr effektives Nachweisgerät für die elektrische Kraft, das sich ebenfalls in der Neresheimer Sammlung befindet, entwickelte der englische Naturwissenschaftler John Canton um 1735: An einem Holzgestell wurde ein seidener Faden mit einem aufgehängten Holundermarkkügelchen befestigt. Näherte man einen geriebenen Glasstab dem Kügelchen, dann bewegte sich die-

ses. So konnte anschaulich die Stärke elektrischer Kraft gezeigt werden.

Das Phänomen der Anziehung zweier verschiedener Ladungen beschrieben schon antike Autoren (z. B. Plinius der Ä., 23–79 n.Chr.). Ende des 17. Jhs. beschäftigten sich Naturwissenschaftler – der Magdeburger Otto Guericke war einer der ersten, welche den Effekt der elektrischen Anziehung und Abstoßung beschrieben – systematisch mit den Effekten, die heute als elektrische Kraft bekannt sind. Der Versuchsaufbau Cantons ermutigte die Forscher zwischen 1730 und 1740, sich mit dem Phänomen der elektrischen Kraft zu beschäftigen. Dufay entwickelte mit einem ähnlichen Versuchsaufbau 1733/34 seine eigene, neue Theorie der Elektrizität. In seinem Grundgesetz der Elektrizität unterschied er zwischen Glaselektrizität und Harzelektrizität. Im Kloster Neresheim benutzte man hauptsächlich Holundermarkkügelchen, während wohlhabende Forscher wie Dufay Goldblättchen benutzten. Obwohl die theoretischen Erklärungen über die elektrische Kraft im Laufe der zweiten Hälfte des 18. Jh. ständig aktualisiert wurden und deshalb neue, kompliziertere Versuchsanordnungen von den Forschern benutzt wurden, konnte dieser Versuchsaufbau besonders einfach Phänomene der elektrischen Kraft im Unterricht darstellen.

Allein die verschiedenen Instrumente, welche sich im Kabinett in Neresheim zum Unterricht und zur Erforschung der Elektrizität befanden, verdeutlichen das rege Interesse an den Naturwissenschaften und das sich auf dem Stand der Zeit befindliche, wissenschaftliche Niveau der Reichabtei Neresheim am Vorabend der Säkularisation.

[1] *Franz Quarthal*, Wissenschaft und Bildung in den ostschwäbischen Klöstern, in: *Wilhelm Liebhart u. a.* (Hgg.): Suevia Sacra. Zur Geschichte der ostschwäbischen Reichsstifte im Spätmittelalter und in der Frühen Neuzeit. Stuttgart 2001.

[2] *Paulus Weißenberger OSB/Norbert Stoffels OSB,* 900 Jahre Abtei Neresheim – ein geschichtlicher Überblick, in: Pro Neresheim. Sonderausgabe 1995. Aalen 1995, 18–43.

[3] *John Heilbron,* Electricity in the 17th and 18th centuries. Berkeley 1979.

[4] S. auch *Jörg Meya/Otto Sibum*, Das fünfte Element. Hamburg 1987 und *Albert Kloss*, Von der Electricität zur Elektrizität. Stuttgart. 1987.

Das Krippele ist abgeschafft ...

Frömmigkeit am Vorabend der Säkularisation

von Otto Beck

Als der frühere Ochsenhausener Benediktinermönch Georg Meinrad Hefele (1807–1827), der seit dem 22. November 1807 die Georgsgemeinde leitete, 1808 einen Vorbericht zur Pfarrvisitation verfassen musste, schrieb er auf Fragen nach Volksfrömmigkeit zufrieden: *Das Krippele ist abgeschaft.* Statt des Heiligen Grabes werde vor dem Kreuzaltar ein Tisch mit einer schwarzen Rückwand, sechs Kerzen, dem Leichnam Christi und der Monstranz aufgestellt.

Liebgewordene kirchliche Bräuche, die seit Menschengedenken klein und groß erfreut hatten, wurden nun vorschriftsgemäß bekämpft und ausgerottet. Wollte Pfarrer Hefele seinen Amtspflichten nachkommen, musste er den obrigkeitlichen Erlassen genügen: *Die Zeremonie der Himmelfahrt stellte ich ab, freylich nicht ohne Ärger mehrerer Pfarrkinder [...]. Die Pfingsttaube hängt unschädlich an der Kirchenbühne.* [Den Blasiusegen und die Benediktion von Agathabrot] *ließ ich ganz eingehen.*

An der herkömmlichen Ochsenhausener Kindersegnung am 16. Juni in St. Veit hielt der vormalige Pfarrvikar hingegen bis zu seinem Tod unbeirrbar fest. Auch gegen die im Konstanzer Benediktionale von 1781 vorgesehenen Segensgebete über Osterspeisen und Kräuterbüschel hatte er nichts einzuwenden. Wünschten Pfarrangehörige jedoch Fürbittgebete über häusliche Dinge: *ich verwies sie [...] an Vieharzt und zu natürlichen Mitteln.*

Da von Hefele Abergläubisches *nicht geduldet* wurde, durften seine *Pfarrgenossen* am 21. April 1808 keine Scheiter mehr ins Osterfeuer legen: *Niemand wird es daher mehr wagen, solche zu bringen.* Auch bei der Palmweihe am vorausgehenden Sonntag waren von

ihm *keine Stäbe mehr geduldet* worden. 1813 gab er als Grund für sein Verbot Stangenpalmen mitzubringen an, *damit sie den Kindern während dem Gottesdienste nicht hinderlich seyn mögen.* Tatsächlich brachte er die mit Buchs, Äpfeln und Eiern geschmückten oberschwäbischen Palmen in seiner Gemeinde zum Verschwinden.

Auch sonst wurde viel Brauchtum abgeschafft: Feiertage, Christmette, Figuralmusik, Betstunden am Gründonnerstag und Karfreitag, Auferstehungsfeier, Bittgänge, Öschritt, Bruderschaften, Wallfahrten. Am 28. April 1822 bezeichnete Hefele es auf der Kanzel als *irrigen Wahn,* wenn jemand glaube, er könne in der eigenen Pfarrkirche nicht genauso erhört werden wie an so genannten Gnadenorten. Dass er mit solchen aufklärerischen Schlagworten Erfolg erntete, ist seinem 1824 verfassten Visitations-Vorbericht zu entnehmen: *Außer wenigen Einzelnen – praecipue generis feminei – giebt man sich hier mit Wallfahrten nicht mehr ab, weil sie in der eigenen Pfarrkirche erbaulichen Gottesdienst und Unterricht zu finden mit Recht behaupten.* Doch sein Nachfolger, Joseph Nikolaus Neuer (1827–1847), musste noch 1828–1838 und 1841–1846 immer wieder gegen die verbotenen Kirchenbräuche ankämpfen.[1]

Eine Zeit des Umbruchs

Ähnlich wie Ochsenhausen hatten die Sturmfluten der Säkularisation auch zahlreiche andere Klöster erreicht. 1803 waren ihr im heutigen Baden-Württemberg allein zwischen Odenwald und Bodensee

Katakombenheiliger
*Vollbekleidete Knochenreliquien (Heilige Leiber) von angeblich römischen Märtyrern
aus römischen Katakomben waren in der Barockzeit beliebt.
Spätbarocke Bildtafel, 18. Jh.
Slg. Otto Beck.*

mehr als zwei Dutzend Konvente von Benediktinern, Prämonstratensern, Stiftsherren, Kapuzinern, Klarissen, Zisterzienserinnen, Dominikanerinnen und Franziskanerinnen zum Opfer gefallen.[2] Von angeblichen Missständen, denen Visitationen früher da und dort begegnet sein mochten, konnte meist keine mehr Rede sein. Im Gegenteil: War es nicht, als hätte die Mystik eines Johannes Tauler (um 1300–1361) und Heinrich Seuse (1295–1366) in einer Art neuer »Devotio moderna« fröhliche Urständ erlebt und noch mehr Konvente erfasst? *Von Klosterdisziplin darf ich nichts reden,* schrieb der 28-jährige St. Gallener Benediktiner Johann Nepomuk Hauntinger 1784 nach seinem Besuch in Weingarten, *indem dieses Stift darin von jeher den Ruhm hat.*[3]

In den oberdeutschen Diözesen hatte sich bald nach dem Konzil von Trient (1545–1563) das *Missale Romanum* durchgesetzt. Römischer Einfluss zeigte sich auch in den überarbeiteten Bistumsritualien. Weltpriester beteten längst das um 1600 erneuerte Brevier, und die meisten Mönche und Nonnen benutzten das verbesserte ordenseigene Stundenbuch. Zu ihrem Alltag gehörte nicht nur die Teilnahme am Chorgebet, an

Studium und Arbeit, sondern auch an Angelus und Rosenkranz sowie dass sich viele in Bruderschaften einschreiben ließen, ihre Klosterpatrone verehrten, Hochfeste und Feiertage froh mitbegingen und auch das Volk begeisterten. Wallfahrtsorte wie Walldürn, Leutershausen, Bickesheim, Lautenbach, Pfullendorf sowie beide Steinhausen erfreuten sich eines großen Zulaufs. Beim Heilig-Blut-Jubiläum in Weingarten drängten sich die Wallfahrer noch 1794 mehr als 12 Stunden lang vor den Beichtstühlen, und es wurden 13.000 Kommunionen ausgeteilt.[4]

Früchte des Konzils von Trient

Die Pfarrer der in Südwestdeutschland aneinander grenzenden Diözesen Konstanz, Augsburg, Würzburg, Worms, Speyer und Straßburg gaben in ihrer Gemeindearbeit nach wie vor der überkommenen Barockfrömmigkeit als erlebter Religion den Vorzug. Die meisten von ihnen hatten sich in ihrer Bischofsstadt und teilweise auch in Rom, Basel, Freiburg, Rottweil, Tübingen, Heidelberg, Dillingen, Innsbruck oder Salzburg auf ihre Aufgaben vorbereitet. Die Grundkenntnisse waren vielen in Klosterschulen wie Weingarten, Ochsenhausen, Ehingen, Schussenried, Überlingen oder Villingen vermittelt worden.[5] In Dillingen ließen sich manche später auch vom charismatischen Reformgeist des Exjesuiten Johann Michael Sailer erfassen, der an der dortigen Universität seit Herbst 1784 Pastoraltheologie und Ethik lehrte.[6]

Nach dem Umbruch der Reformationszeit – hierzulande vor allem im Markgräfler Land, in der Markgrafschaft Baden, im Nordschwarzwald und von der Schwäbischen Alb bis Hohenlohe und zur Kurpfalz – hatte das Konzil von Trient allenthalben neue Kräfte geweckt. Neben den Ansätzen im späten 16. und frühen 17. Jh. zeitigten die tridentinischen Reformpläne nach dem 30-jährigen Krieg weithin den erwarteten Erfolg.[7] Diözesansynoden wie die von Konstanz (1567, 1609)[8], Würzburg (1649/1653)[9] und Augsburg (1548, 1567, 1610)[10] – zum Ulrichsbistum gehörten bis 1812 auch Orte wie Lorch, Schwäbisch Gmünd, Ellwangen, Aalen, Neresheim und Heidenheim – bildeten dazu den Auftakt.

Vielerorts wurden zwischen 1650 und 1790 im Sinn der »Siegreichen Frömmigkeit« Vorderösterreichs[11] mittelalterliche Kirchen und Kapellen weiter umgestaltet oder sogar neu emporgeführt und mit Altären, Gemälden und Skulpturen ausgestattet. Sie veranschaulichen, wen das damalige Kirchenvolk verehrte und zu wem es betete. Dazu gehörte auch das seit 1737 vielerorts aufgestellte sog. *Prager Jesuskind*. Was den Gläubigen in der Stadt und auf dem Land vor Augen geführt wurde, stärkte den Glauben, spendete Trost und half, den Alltag zu bewältigen.[12] Dabei blieb es bis ins ausgehende 18. Jh. hinein. Spätbarocke oder klassizistische Sakralbauten wie z. B. in Aalen, Bad Buchau, Bad Wurzach, Bad Säckingen, Baitenhausen, Ettenheim, Freiburg, Hechingen, Heidelberg, Konstanz und Mannheim, veranschaulichen, dass die »alte« Frömmigkeit noch lang nicht ausgestorben war. Auch die Gotteshäuser in Meßkirch, Neresheim, Oberdischingen, Otterswang, Rot a. d. Rot, St. Blasien, Ummendorf, Wiblingen und Zwiefalten sind unübersehbare Denkmäler damaliger Religiosität. Wären Auftraggeber und Künstler nicht so von ihrem Glauben überzeugt gewesen, hätte sich Derartiges kaum verwirklichen lassen.

Bei den evangelischen Christen waren im 18. Jh. die reformatorischen Bilderstürme längst vergessen. Auch ihre Pfarrer gaben barocke Altargemälde und Andachtsbilder in Auftrag.[13] Katholischerseits feierten überkommene und neue Bruderschaften fröhliche Urständ. In Prozessionen zogen die Pfarrangehörigen an Sonn- und Feiertagen durch ihre Kirche, ihr Dorf oder ihre Stadt. Bei Umritten erflehten die Bauern vom Frühjahr bis zum Herbst den Segen des Himmels ebenfalls bei Wallfahrten[14] zu benachbarten oder auch

Kloster Wald
Andachtsbild für die Wallfahrt zu den römischen Märtyrern
S. Dioscorus, S. Bonifacius und S. Candidus aus dem Kloster Wald.
Kupferstich, 18. Jh.
Slg. Otto Beck.

255

entfernteren Gnadenstätten. Und nicht zu vergessen: Wie in frühchristlicher Zeit und während des Mittelalters erfreuten sich Reliquien, oft auch in Gestalt sog. *Heiliger Leiber*, großer Beliebtheit.

Dass mit alledem auch Missbräuche verbunden sein konnten, wurde schon angedeutet. Aber neigt der Mensch nicht von Natur aus dazu, etwas falsch zu verstehen oder ins Gegenteil zu verkehren? Doch Bischöfe, Dekane, Pfarrer, Landesfürsten und Herrschaftsbeamte achteten darauf und stellten sie nach Möglichkeit ab. Der Speyrer Fürstbischof August Styrum (1770–1797) zum Beispiel prangerte in einem Hirtenbrief früh die Gleichgültigkeit vieler Seelsorger an und forderte eine neue Pastoral.[15] Welche Rolle in diesem Bemühen die Reformen von Maria Theresia (1740–1780), Joseph II. (1765–1790) und Leopold II. (1790–1792) spielten, soll später zur Sprache kommen. Ebenso Erlasse der südwestdeutschen Diözesen, die Althergebrachtes zu Recht auch in Frage stellten. Alles in allem übertraf die nachtridentinische *praxis pietatis* [Frömmigkeitspraxis] jedoch bis zum Vorabend der Säkularisation die mittelalterliche Frömmigkeit, die trotz Kirchen- und Klosterreformen zur Reformation geführt hatte.[16]

Das Kirchenjahr in der Reichsstadt Wangen

Das religiöse Leben in der Stadt

Die Frömmigkeit trug im Gebiet zwischen Hochrhein, Bodensee und Tauber am Vorabend der Säkularisation das Gepräge der jeweiligen Konfession. In protestantischen Gemeinden, die neben den Sonntagen vor allem Jahresfeste wie Weihnachten, Epiphanias, Karfreitag, Ostern Himmelfahrt, Pfingsten und Trinitatis begingen, spielten Bibel, Gesangbuch, Taufe, Abendmahl, Konfirmation, Trauung und Begräbnis die Hauptrolle. Mancherorts – voran im Herzogtum Württemberg, in Hohenlohe, der Kurpfalz und der Markgrafschaft Baden – gehörten neben Advent und Passionszeit auch noch alte Feiertage zum Jahreskreis: Lichtmess, Mariä Verkündigung, Sommerjohanni, Michaeli und Apostelfeste. Die »Liturgie« umfasste Schriftworte, Gebete, Kirchenlieder, eine Predigt sowie – an bestimmten Tagen – das

Abendmahl *unter beiderlei Gestalt*. Durch den Pietismus des 18. Jhs., der im Neuen Testament die wichtigste Quelle evangelischer Frömmigkeit sah, wurde das Glaubensleben des einzelnen Christen noch mehr *ins Werk gesetzt* und vertieft. So erfreuten sich damals in der protestantischen Reichsstadt Schwäbisch Hall erbauliche Gesangbücher, nach denen selbst zu Hause gebetet wurde, großer Beliebtheit.[17]

Das religiöse Leben stand am Vorabend der Säkularisation auch in den katholisch gebliebenen Reichsstädten in voller Blüte. Während Papst Benedikt XIV. (1740–1758) die allgemeinen Kirchenfeste 1761 in Vorderösterreich auf 17 beschränkt hatte, gab es in der Allgäustadt Wangen bis 1771 noch 43 Ganz- und 34 Halbfeiertage, von denen allerdings manche auf einen Sonntag fielen.[18] Damit waren ihre Bürger jedes Jahr an etwa 90 Tagen verpflichtet, die Messe mitzufeiern und keine knechtliche Arbeit zu verrichten. Gottesdienste wurden damals in St. Martin täglich und mitunter auch in einer Kapelle gefeiert. Dabei mussten zwischen Neujahr und Silvester zusätzlich noch die rund 130 gestifteten Jahrtage gehalten werden. Die einzelnen Namen nannte der Pfarrer jeweils nach der Sonntagspredigt. Er machte aber auch auf die Werktagsmessen aufmerksam und ließ – oft für Kranke – abschließend ein *Vaterunser* und *Ave Maria* beten. Sonntags um 12 Uhr war gewöhnlich Rosenkranz. Die Mitglieder der Sebastians-, Eulogius- und Rosenkranz-Bruderschaft trafen sich am ersten Monatssonntag meist um 14 Uhr in der Pfarrkirche zu Gebet und Prozession. Das Fronfasten am Quatembermittwoch, -freitag und -samstag nach Gaudete und Invocabit, in der Pfingst- und dritten Septemberwoche verpflichtete alle Gläubigen zur Buße.

Eine Neujahrsprozession um die Stadtmauer

Eine Woche vor Adventsbeginn lud der Prediger zum herkömmlichen *Rorate* ein. Es wurde an allen Sonn- und Festtagen der Vorweihnacht um 5.45 Uhr gefeiert. Der 6. Dezember stand um 7 Uhr im Zeichen des Nikolauspatroziniums in der Sattelkapelle. Am 8. Dezember feierte man in St. Martin das Hochfest der Immaculata. Der 18. Dezember brachte das Fest Mariä Erwartung und der 21. den feierlich begangenen Thomastag. Auf ihn mussten sich die Pfarrangehörigen – wie auf alle Hochfeste und die Feiertage Mariens und der Apostel, die jeweils eine Vigil und eine Oktav hatten – durch einen Fasttag vorbereiten. An Weihnachten begann in St. Martin um Mitternacht die Christmette, um 4 Uhr in der Spitalkirche die Hirtenmesse, um 5 Uhr in der Pfarrkirche das Zweite Offizium und um 8 Uhr das Hochamt. Am Stephanstag war um 6.30 Uhr in der Stadtkirche Hochamt mit Predigt. Tags darauf tranken die Mitfeiernden nach der Pfarrmesse die sog. *Johannisminne* (gesegneter Wein). Im Hinblick auf die Jahresschlussandacht am letzten Dezembersonntag um 14 Uhr vor dem ausgesetzten Allerheiligsten wurden die Gläubigen ermahnt, möglichst zahlreich zu erscheinen. An Silvester führte morgens um sechs ein Bittgang nach Herfatz zur Feier des Kapellenpatroziniums.

Erster Höhepunkt im Wangener Jahreslauf war um 8.30 Uhr die herkömmliche, fast vierstündige Neujahrsprozession um die Stadt, an der sich die ganze Bürgerschaft beteiligte. Danach wurde in der Stadtpfarrkirche die Monstranz ausgesetzt, und die Gläubigen beteten in vier Gruppen. Am 2. Januar ging es nach dem Frühgottesdienst in Prozession nach Pfärrich und Maria-Thann. Zwei Wochen nach Epiphanie stand das Fest des Namens Jesu im Kalender. An Sebastiani, wo zwei Messen mit einem Opfergang üblich waren, konnten die Mitglieder der gleichnamigen Bruderschaft einen Vollkommenen Ablass gewinnen. An Lichtmess war um 7.45 Uhr Kerzenweihe und um 14 Uhr Aussetzung des Allerheiligsten, Vesper und Lichterprozession. Am 3. Februar wurde der Blasiussegen erteilt. Am Agathatag, der aufgrund eines Gelübdes als Hochfest galt, betete man zur *Patrona contra ignem* um Schutz vor Feuersgefahr.

Der 11. Februar erinnerte an die Vermählung der Gottesmutter. Der 23. brachte Petri Stuhlfeier und der 25. das Matthiasfest. Am Aschermittwoch empfingen die Gläubigen um 9.30 Uhr die geweihte Asche. In der Fastenzeit, während der im Spitalkirchlein jeden Tag um 9.30 Uhr zwei Messen gelesen und dabei der Rosenkranz und die Litanei vom Gefangenen Jesus gebetet wurde, war an allen Sonn- und Festtagen um 14 Uhr eine Andacht. An den drei Quatembertagen gedachten die drei Bruderschaften bei Messfeiern ihrer verstorbenen Mitglieder. Der 18. März war dem Erzengel Gabriel geweiht, der darauf folgende Feiertag dem hl. Joseph und der 22. März St. Nikolaus von Flüe. Als Hochfest, an dem man alle Arbeit ruhen ließ, in Prozession durch die Pfarrkirche zog und zum Schluss den Sakramentalen Segen empfing, galt auch Maria Verkündigung.

Das seit 1727 gefeierte Siebenschmerzenfest leitete zum Palmsonntag über. Wie gewohnt, wurden Zweiggebinde gesegnet und durch die Kirche getragen, und es begann die Österliche Zeit. Von den 2.520 Katholiken gingen 1755 noch 2.120 zur Kommunion. Von Kardienstag bis Gründonnerstag betete man morgens um sechs die Karmette. Der Abendmahls-Gottesdienst begann um 8 Uhr und die Karfreitagsliturgie mit der Leidensgeschichte und *den übrigen Zeremonien* schon morgens um sieben. Um die gleiche Zeit folgte am Karsamstagmorgen die Weihe das Osterfeuers, der Osterkerze und des Taufwassers, und um 21 Uhr die beliebte Auferstehungsfeier samt Prozession und Segen. Zum Osterfest selbst gehörten ein morgendliches Hochamt und nachmittags um drei eine Vesper, die mit einer Prozession und dem Segen endete. Am 23. April gedachten die Wangener St. Georgs. Am darauf folgenden Fidelisfest eilten viele um acht Uhr in die Kapuzinerkirche.

Um Himmelfahrt und Pfingsten

Der erste Bittgang führte die Wangener am Markustag nach Deuchelried. Am 30. April lud der Pfarrer auf 16 Uhr zur Ersten Vesper in die Sattelkapelle. Sie war an einem 1. Mai, dem Fest der Apostel Philippus und Jakobus, geweiht worden. Am Vorabend von Kreuzerhöhung betete man die Vesper in der am 5. Mai 1596 konsekrierten Rochuskapelle. Drei Stunden später trugen die Kapuziner den Kreuzpartikel in Prozession zur Pfarrkirche, setzten ihn aus, segneten alle Anwesenden und kehrten dann wieder in ihr Kloster zurück. Ähnlich zogen Pfarrangehörige über die Sommermonate an einigen Freitagen um 6.30 Uhr *processionaliter* zur Spitalkirche oder zur Friedhofskapelle. Ende April oder Anfang Mai fing für die Jugendlichen sonntags um 14 Uhr die Christenlehre an.

Am 8. Mai war in Itzlings Kirchweih. Eine Fußprozession, bei der ein Priester mit dem spätgotischen Wangener Magnusstab die Fluren segnete, folgte am 14. Mai. Daran schlossen sich vor Christi Himmelfahrt die Bittgänge nach Wohmbrechts, Deuchelried und Niederwangen. Der Feiertag selbst wurde morgens um 5.45 Uhr mit einer Messfeier eröffnet, wonach eine große Reiterprozession den Magnusstab durch die Felder geleitete. Der Öschritt mit dem Pfarrer an der Spitze führte über Deuchelried, Durrenberg, Sigmanns, Maria-Thann und Wohmbrechts. Er endete bei der Spitalkapelle, wo sich um 8 Uhr ein Bittgottesdienst anschloss. Am Ende wurde das Allerheiligste ausgesetzt, und die Gläubigen beteten um eine gute Ernte. Das geschah während des ganzen Sommers jeweils am Donnerstag. Am Himmelfahrtsmittag folgten um 12 Uhr in St. Martin während der Non *die Zeremonien.* Am Sonntag danach ehrte die Martinsgemeinde ihren Katakombenheiligen Benedikt, der durch den aus Wangen gebürtigen Kapuzinerpater Maximilian Egg (1687–1548) vermittelt und am 23. Mai 1735 in den Rokokoschrein des rechten Nebenaltars übertragen worden war. Nach dem Hochamt wurde der Heilige Leib durch die Stadt getragen. Mit einem Vigilfasten bereiteten sich die Wangener auch auf Pfingsten vor. Am Samstagfrüh weihte der Pfarrer das Taufwasser. Nachmittags hallten durch die Spitalkapelle, deren Patrozinium eröffnet wurde, die Psalmen der Ersten Vesper. Am Festtag selbst beteten die Geistlichen um 6.30 Uhr in der Kirche ihr *Officium,* feierten um 8 Uhr das Hochamt und sangen um 12 Uhr die Non. Zwei Stunden später folgte die Pfingstvesper, die mit einer Prozession und dem Sakramentalen Segen endete. Am Pfingstmontag gedachte die Martinsgemeinde der Weihe ihres Gotteshauses. An den Quatembertagen wurde für die Verstorbenen der drei Bruderschaften gebetet.

Von Trinitatis bis Sankt Kathrein

Nach dem Dreifaltigkeitsfest und dem Nepomuktag ging es vollends auf Fronleichnam zu. Nach dem morgendlichen Hochamt geleitete Jung und Alt die Monstranz durch die Stadt zu vier Altären. Kleine Umgänge mit dem Allerheiligsten führten während der Oktav durch die Kirche. Weitere volksfromme Feiern waren mit Sommerjohanni, dem Tag der Wetterherren Johannes und Paulus, wo ein Hagelfeier-Bittgang nach Pfärrich führte, und mit Peter und Paul verbunden. Der Jahrtag für die geistlichen und weltlichen Mitglieder der Ulrichsbruderschaft stand am 4. Juli im Kalender. Zum Schutzengelfest am ersten Julisonntag pilgerten viele Wangener nach Wohmbrechts und nahmen an der dortigen Bruderschafts-Prozession teil. An Jakobi wieder fanden sich viele in der Wolfgangkapelle und an Portiunkula in der Kapuzinerkirche ein. Als weitere Hochfeste wurden Laurentii, Mariä Himmelfahrt mit der Kräutersegnung und der Rochustag, an dem es in Prozession zum Friedhof ging, begangen.

Auch zum Feiertag Mariä Geburt gehörte eine Prozession. An Kreuzerhöhung (14. September) führte ein Bittgang nach Maria-Thann, wo das Fest des Schwarzen Skapuliers gefeiert wurde. Dabei dankten die Gläubigen zugleich für die Gaben des Jahres und beteten um gutes Erntewetter. Der Herbst brachte den Matthäustag, mit dem ein Jahrmarkt verbunden war, sowie Michaeli und das Rosenkranzfest. Nicht zu vergessen das Galluspatrozinium am 16. Oktober, das Wolfgangsfest mit einer morgendlichen Prozession zur gleichnamigen Bergkapelle sowie Allerheiligen und Martini. Dieses Wangener Hochfest, das in einem Jahrmarkt ausklang, brachte den letzten Höhepunkt des Kirchenjahrs. Der Kathreinentag, die Feier des Konstanzer Diözesanpatrons Konrad und der Andreastag leiteten wieder zum Advent über.[19]

Die Tradition kirchlicher Reformen

Die Barockfrömmigkeit auf dem Prüfstand

Am 1. Januar 1804 verlegte Dekan Joseph Gebhard Weiß (1794–1825) die Wangener Neujahrs-Prozession um die Stadt, die er schon als kleiner Bub miterlebt und zwanzig Jahre lang selber ausgerichtet hatte, in die Pfarrkirche und fügte ihr ein *10-stündiges Gebet* an. Grund: *um die dabey gepflogene Andacht bestens zu ersezen und den Frömmigkeits-Eufer mehr zu erheben.*[20] Ob er dabei nur wiederholten Konstanzer Prozessionsverboten nachkam, ist ungeklärt. Jedenfalls war das Erlöschen dieses wohl Jahrhunderte alten Festbrauchs nur eine weitere Folge dessen, was sich schon während seiner Meersburger Seminarzeit angekündigt hatte.

Die Wurzeln der Barockfrömmigkeit, die bei der Säkularisation vollends verwelkte, lagen im Spätmittelalter. Schon damals hatte sich der christliche Glaube weiter entfaltet und Blüten gezeigt. Das Kirchenvolk in Mitteleuropa war »religiös hochgestimmt« und bereit, sein Leben zu vertiefen. Als fromm galt, wer rechtschaffen und tüchtig war, nach den Geboten lebte und die kirchlichen Vorschriften beachtete. Fromme, meinte Martin Luther (1483–1556), müssten gottesfürchtig, demütig, gerecht und treu sein. Deshalb sagten die Reformatoren allem, was nicht in der Bibel begründet und später dazugekommen war, den Kampf an. Ihres Erachtens lenkte das Rankenwerk vieler altkirchlicher Darstellungen und Gebräuche die Menschen vom Eigentlichen ab. Daraus erklärt sich die Rücksichtslosigkeit der Bilderstürmer, die von Lörrach und Isny bis Schwäbisch Hall und Sinsheim alles zerstörten, was den vermeintlichen *Gözen* diente. Vielerorts, wie z. B. 1531 in Ulm, Biberach und Konstanz, hatte dabei der Stadtrat die Hand mit im Spiel. In der Kurpfalz sorgten namentlich Adlige, voran Kurfürst Ottheinrich (1556–1559) sowie die Herren v. Landschad und v. Berlichingen, in ihren Herrschaftsgebieten für den Sieg des lutherischen oder calvinistischen Bekenntnisses.

Die Klöster und Pfarreien, die katholisch geblieben oder zum alten Glauben zurückgekehrt waren, erlebten nach dem Reformkonzil von Trient und dem 30-jährigen Krieg einen neuen Frühling. Was auf den Diözesansynoden von Konstanz, Augsburg, Würzburg, Worms, Speyer und Straßburg beschlossen worden war, kam nun zum Tragen. Das galt auch im Hinblick auf die Erlasse, die Bischof Jakob Fugger (1604–1626) und seine fast 200 Synodalen am 24. Oktober 1609 in Markdorf verabschiedet hatten und bei Dekanatsvisitationen durchsetzen wollten.[21] Als der reformeifrige Johann Franz Schenk v. Stauffenberg (1704–1740) im Jahr 1735 in Meersburg ein Priesterseminar eröffnete und 1737 Bischof von Augsburg wurde, war viel erreicht. Kardinal Damian Hugo v. Schönborn (1740–1743), seit 1719 Fürstbischof von Speyer und dann auch für Konstanz zuständig, setzte das Werk fort. Ebenso sein Würzburger Vetter Friedrich Karl v. Schönborn (1729–1746).

Der alte Glauben war einmal mehr erneuert und gestärkt. Feste und Feiern, an denen es etwas zu sehen

und zu hören gab, machten den Alltag erträglicher. Deshalb erfreuten sich in der Barockzeit die Krippen großer Beliebtheit. Durch Weihnachts-, Dreikönigs-, Passions-und Osterspiele – etwa in Freiburg, Villingen, Rottweil, Mariaberg, Marchtal und Schussenried – wurden die Zuschauer mit in das heilige Geschehen hineinversetzt. An den Straßen und im Ösch wurden Wegkreuze und Bildstöcke errichtet. Und bei Wallfahrten? Kamen die Gläubigen da nicht sogar dem Himmel ein Stück näher? Waren die Heiligen, deren Namen Tag für Tag im Kalender standen, nicht Menschen, die bereits das ewige Ziel erreicht hatten. Die Gläubigen indes waren zu ihm erst noch unterwegs. Lebten die Heiligen aber bei Gott, so konnten sie bei ihm auch hilfreiche Fürsprecher sein. Jedermann durfte sich dabei jene aussuchen, zu denen er ein besonderes Vertrauen hegte.

Kaiserliche Hofdekrete und Bistumsweisungen

Die Vielfalt von Frömmigkeitsarten am Vorabend der Säkularisation spiegelt sich besonders deutlich in obrigkeitlichen Erlassen wider, die im letzten Drittel des 18. Jhs. das entlegenste Dorf erreichten. Staatliche Behörden und kirchliche Ämter sprachen darin an, was bisher in der Stadt und auf dem Land als Ausdruck des Glaubens gegolten hatte. Immer mehr Theologen besannen sich auf die Frühzeit des Christentums und wollten das religiöse Leben auf das Ursprüngliche ausgerichtet wissen? Nach den neuen Erkenntnissen auf naturwissenschaftlichem, medizinischem, technischem und wirtschaftlichem Gebiet schien es dafür an der Zeit. Selbst beim Kirchbau ebbte der Überschwang des Rokokos ab. Die Zukunft sollte dem Vernünftigen und Einfachen gehören. Aber durfte man die Barockkultur vergangener Generationen in Bausch und Bogen verdammen?

Das Volk, das vom neuen Geist wenig merkte, hing nach wie vor am Alten und Gewohnten. In Kirchen und Kapellen war jeden Tag etwas anderes geboten – Ämter, Messen, Bruderschafts-Gottesdienste, Predigten, Rosenkranzandachten, Vespern, Betstunden, Schauspiele, Prozessionen und Wallfahrten. Dazu kamen Begräbnisse, Jahresgedenken, Patrozinien und Kirchweihen. Dass es da manchen Mitfeiernden an innerer Anteilnahme fehlte, war verständlich. *Die*

259

Feyertäge – erklärte der Konstanzer Diözesanbischof, Maximilian Christoph v. Rodt (1775–1800), kurz nach Ausbruch der Französischen Revolution seinen Bistumsangehörigen – *sind aus Tägen der Anbethung Gottes und Verehrung seiner Heiligen zu Tägen der Aergernuß und Beleidigung Gottes verunstaltet worden.* Ursprünglich habe es *sehr wenige Feyertäge* gegeben, doch seien sie *nach gar zu viel vermehret worden.* Nicht wenige Gläubige hätten sie kaum mehr beachtet *und den ganzen Tag mit Nichtsthun verbracht.*[22] Als das auch dem Staatswohl – nicht zuletzt in wirtschaftlicher Hinsicht – im Weg stand, griffen weltliche und geistliche Obrigkeiten ein. Leopold II. (1790–1792), der später seinem Bruder Joseph II. auf dem Thron folgte, hatte diesem geschrieben: *Die Religion wird es Dir verdanken, dass Du Europa aufgeklärt und die wahre Religion von dem Aberglauben und den Mißbräuchem gereinigt hast, die sich eingeschlichen hatten und von vielen beklagt wurden.*[23]

Kirchenfeste und Feiertage

Die Hauptschwierigkeiten bei einer Feiertagsreform machten die unterschiedlichen Kalender. Jede Diözese, Landeskirche, Pfarrei und Ordensgemeinschaft besaß einen eigenen. Denn neben Weihnachten, Neujahr, Dreikönig, Christi Himmelfahrt und Pfingsten, die von den Konfessionen gemeinsam begangen wurden, gab es hier wie dort auch besondere Tage. Der Karfreitag und das Reformationsfest der Protestanten fielen dabei weniger ins Gewicht. Martin Luther, Huldrych Zwingli (1484–1531) und die evangelischen Landesherren hatten im 16. Jh. dafür gesorgt, dass es bei wenigen Festen geblieben war. Bereits 1234 waren von Gregor IX. in seinen Dekretalien von etwa 100 Feiertagen 15 gestrichen worden. Aber zu dem seit 1267 nach und nach eingeführten Fronleichnam hatten sich bald auch andere Feste, wie Mariä Heimsuchung (1389) und Mariä Empfängnis (1486), hinzugesellt. Um 1500 gab es im Konstanzer Diözesangebiet, das bis Kenzingen, Prechtal, Baiersbronn, Sindelfingen, Ludwigsburg, Börtlingen, Weißenstein, Ulm und an die Iller reichte, neben den Sonntagen 44 Feiertage. In der Diözese Augsburg, zu der auch schwäbische Orte wie Stödtlen, Welzheim, Plüdershausen, Bartholomä, Lonsee und Hörvelsingen gehörten, waren es 45. Das

Schöntal
Andachtsbild zu Ehren der Patrone des Klosters, der Muttergottes sowie des hl. Joseph und des Apostels Andreas, die über der Klosteranlage schweben
Druckgraphik von 1686.
Slg. Otto Beck.

fränkische Würzburg bis in die Gegend um Buchen, Weinsberg, Schwäbisch Hall und Crailsheim beging 41 Kirchenfeste. Wormser Pfarreien wie Weinheim, Heidelberg und Schwaigern mussten 49 Feiertage halten. In Baden-Baden, Calw, Weil der Stadt, Markgröningen, Backnang und Sinsheim, die zu Speyer gehörten, umfasste der Kirchenkalender 41 Feste. Und die Ortenau, die Straßburg unterstand, feierte gleichviele.[24] Dazu kamen die zahlreichen Feiertage der Orden: Benediktiner 84, Zisterzienser 90, Kartäuser 62, Prämonstratenser 54, Dominikaner 96, Augustiner 70 und Franziskaner 54.[25] Beschwerden wie 1522 auf dem Nürnberger Reichstag fanden katholischerseits erst 1568 Gehör. Damals schränkte Pius V. (1566–1572) anlässlich einer Brevierreform die Heiligenoffizien auf 87 ein. Im Bistum Konstanz wurden 1609 sieben Hochfeste[26] und 28 weitere Feiertage[27] begangen. 1642 erklärte Urban VIII. (1623–1644) nur noch 34 Feiertage für geboten. Rund hundert Jahre danach waren in Spanien und Sizilien lediglich 17 Ganzfeiertage verpflichtend. Für Österreich galt seit 1753 ein Breve Clemens XIV. (1769–1774), das sich mit 35 Feiertagen begnügte. Daraufhin erließ Maria Theresia am 21. Januar 1754 ein Patent, das auch für Vorderösterreich galt. Aber waren es nicht immer noch zu viele?

So erwirkte die »Kaiserin« von Papst Clemens XIV. am 22. Juni 1771 ein weiteres Zugeständnis. Darin wurde *allen Christgläubigen in denen Jhro untergebenen Ländern die Erlaubniß ertheilt, an einigen Festtägen [...] nach angehörter Heyliger Meß alle knechtliche Arbeiten verrichten zu dürfen.*[28] Bis dahin hatte das um 1450 eingeführte und 1679 erneuerte Kirchengebot alle Gläubigen an allen Sonn- und Feiertagen zur Mitfeier der Messe verpflichtet. Nun aber sollten sie an einem solchen *Kirchenfeuertag*[29] nur den Frühgottesdienst besuchen und dann ihrem Tagwerk nachgehen. In den Pfarreien der Erblande wurde der *Apostolische Brief* mit der Arbeitserlaubnis am folgenden Allerheiligenfest verlesen.[30]

Die Kalender-Reform von 1772

Am 1. Januar 1772 trat in allen Orten des Bistums Konstanz, die zu Vorderösterreich gehörten, das neue Feiertagsgesetz in Kraft. Es betraf auch Orte wie Gernsbach, Schuttern, Breisach, Freiburg, Triberg, Säckingen, Villingen, Horb, Rottenburg, Schömberg, Heiligkreuztal, Riedlingen, Ehingen, Waldsee, Altdorf und Tettnang. Damit galten nun neben allen Sonntagen der Christtag, Neujahr, Epiphanie, die beiden Oster- und Pfingsttage, Christi Himmelfahrt und Fronleichnam *als gebottene Festtäge*. Den höchsten Rang hatten hierbei die sog. *Vierfeste* Weihnachten, Ostern, Pfingsten und Mariä Himmelfahrt. Die **vier** anderen Muttergottesfeste (2. Februar, 25. März, 15. August, 8. September, 8. Dezember), Peter und Paul, Stephanstag und Allerheiligen schlossen sich daran an. Am 29. Juni sollte fortan zugleich aller Apostel und am 26. Dezember auch aller Märtyrer

gedacht werden.[31] Dazu kam das örtliche Patrozinium und das jeweilige Kirchweihfest. Der 1479 eingeführte, 1675 zum habsburgischen und 1753 zum kurpfälzischen Nationalfeiertag erklärte und 1771 in Vorderösterreich wieder gestrichene *Josephstag* sollte durch ein Hofdekret vom 20. Februar 1772 am Dritten Sonntag nach Ostern nachbegangen werden.[32] In den nicht vorderösterreichischen Pfarreien des Bistums Konstanz und seiner Nachbardiözesen galt der 19. März aber nach wie vor als kirchlicher Feiertag.[33] Ursprüngliche Konstanzer Diözesanpatronin war die Mutter Gottes gewesen. Vom 10. Jh. hatte man den Heiligen Pelagius († um 284?) und zwischen 1155 und 1192 auch St. Konrad († 975) an ihre Seite gestellt. Von 1772 an feierte man den Pelagiustag (28. August) und das Weihefest des Konstanzer Münsters (9. September) nur noch in der Bischofsstadt.[34] Hingegen stand der 26. November bistumsweit als auch staatlich geschützter Feiertag in den Kalendern. Im Augsburgischen[35] wieder, wo die Bauernfeiertage 1774 gestrichen wurden, besaß auch der Ulrichstag einen hohen Rang. Ähnlich feierte Würzburg[36] St. Kilian, Worms[37] St. Peter, Speyer[38] die Mutter Gottes sowie den Papst Stephan I. und Straßburg[39] ebenfalls Unsere Liebe Frau. An *abgethanen Feyrtagen* hingegen wurde das bisherige Vigilfasten auf die Mittwoche und Freitage im Advent verlegt. Die vier der Buße gewidmeten Quatemberzeiten nach Aschermittwoch, Pfingsten, Kreuzerhöhung und vor Weihnachten blieben Gebot. Die Geistlichen indes waren verpflichtet, selbst an allen *abgewürdigten* Festen nicht nur ihr Stundengebet zu verrichten, sondern auch eine Messe zu feiern und – sofern sie Stiftsherren oder Ordensleute waren – *feyerlich gesungene Aemter zu halten.*[40]

Im außerösterreichischen Konstanzer Diözesangebiet wurde der neue Festkalender kaum übernommen. Vielleicht lag es auch daran, dass an abgewürdigten Feiertagen festliche Gottesdienste nicht streng genug untersagt worden waren. Nachdem Papst Clemens XIV. am 16. Mai 1772 die bisherigen Halbfeiertage auch in Baiern und Preußen aufgehoben hatte, sollte in Vorderösterreich Bischof Franz Konrad von Rodt dafür sorgen, dass alles, *was immer zu Pflanzung wahrer Andacht und Frömmigkeit dienlich und ersprießlich seyn mag, denen Augen der Rechtgläubigen vorgestellt werde.* Die Gläubigen hatten sich *mit wahrem Eifer zu heiligen, dem Dienst Gottes und Seelenheil durch würdige Empfangung deren Heiligen Sacramenten und in Ausübung anderer Christlicher Tugendwerken zu widmen.* Durch die weltliche Obrigkeit sollten *an solchen Tägen alle öffentliche Lustbarkeiten, Tänze, Schauspiele, Schlemmerey, Unmäßigkeit und andere leibliche Ergötzungen, welche das Volk von der Andacht, Zerknirschung des Herzens und Versammlung des Geistes abzuziehen und zu allerhand Ausgelassenheiten zu reitzen pflegen, abgestellt werden.*[41]

Es bleiben noch 17 gebottene Feyrtäge

Den Gläubigen fiel es auch nach dieser Kalenderreform schwer, sich an die Vorschriften zu halten. Vielerorts betrachteten sie Halb- oder Bauernfeiertage wie z. B. Sebastiani, Georgii, Sommerjohanni, Mariä Heimsuchung, Laurentii, Jakobi, Magnustag, Kreuzerhöhung und St. Kathrein, die nur in der Pfarrmesse liturgisch begangen wurden, als wirkliche Kirchenfeste. Von der Freiburger Bürgerschaft wurden trotz des Verbots die aufgehobenen Feste der Blutzeugen Sebastian und Agatha über den ganzen Tag hinweg gefeiert. Auch ein Teil der Kaufläden blieb in der Münsterstadt am 5. Februar und am 26. Dezember geschlossen. In einem Schreiben an den landständischen *Konsens* hieß es, das sei *um so mehr zu bedauern, als die anderen österreichischen Städte und Ortschaften sich nach dem Beispiel der Hauptstadt richteten und dieses zu ihrer Entschuldigung verwendeten.* In Villingen, Endingen und Kenzingen war es ähnlich, so dass den Stadträten sogar Strafen angedroht werden mussten. Am 5. Februar 1774 wies die Landesbehörde alle Ortsobrigkeiten an, jedes Haus *visitieren* zu lassen, *um so die nicht arbeitenden Unterthanen aufzuspüren und mit einer empfindlichen Geldstrafe ad cassam pauperum zu belegen.*[42]

Da von Diözesanseite feierliche Gottesdienste, zu denen zusammengeläutet wurde, geduldet blieben, forderte Bischof Maximilian Christoph v. Rodt 1776 und 1777 von Meersburg aus seine Geistlichen in Pastoralbriefen auf, ihre Aufgaben ernst zu nehmen, ihren Schäflein ein Vorbild zu sein und für das Seelenheil aller zu sorgen. Durch Predigt und Katechese müsse der Glaube vertieft werden, und die heiligen Myste-

rien seien *cum pietate*, also fromm, zu feiern. Andachten und Jahrtage, hieß es jedoch in einer *Ordinariats-Weisung* vom 16. Januar 1781, seien *an den abgesetzten Feyertägen* verboten. Daran, dass da *nichts gearbeitet, sondern vielmehr dem Müßiggang nachgehangen* werde, trage *die Geistlichkeit* eine Mitschuld. Sie wolle dem Volk beibringen, *dass man es [...] nicht zwingen könne, selbe Täge zu arbeiten.*[43] An *Sonn- und Festtägen* Vieh auszutreiben, wurde am 19. Juli 1783 von kaiserlicher und bischöflicher Seite jedoch erlaubt. Nur mussten die Hirten an jenen Tagen *abwechslungsweise* am *geistlichen Unterricht* teilnehmen.[44] Im selben Jahr forderte der Augsburger Fürstbischof Clemens Wenzeslaus (1768–1812) in einem Hirtenbrief, der durch den Dillinger Theologen Johann Michael Sailer verfasst worden war, in seinem Bistum ebenfalls umgehende Reformen.[45]

Am 24. Oktober 1786 ließ Joseph II. auf Vorschlag des St. Pöltener Bischofs Johann Heinrich v. Kerens (1725–1792) auch in Vorderösterreich alle örtlich gefeierten Kirchweihfeste auf den dritten Oktobersonntag verlegen.[46] Die Nachbardiözesen folgten diesem Beispiel. Seelsorger *auf dem Lande* hatten eine *unnachsichtlich harte Strafe* zu erwarten, wenn sie an *abgestellten Feyertägen* wie der örtlichen Kirchweih festliche Gottesdienste hielten.[47] An allen *abgeschafften Feiertagen*, hieß es, gelte die Werktagsordnung.[48] Wer Grundstücke besitze, solle sie am besten da durch seine *Dienstbothen öffentlich bearbeiten lassen.*[49] Das Recht, *Kirchenverordnungen zu ertheilen* – erklärte Bischof Maximilian Christoph v. Rodt 1788 in seinem Fastenhirtenbrief – *gründet sich auf das Wort Gottes und auf die Vernunft*[50] Ein Hofdekret verlangte am 17. März 1791, dass die Priester jeden Sonntag predigten.[51] Ignaz Heinrich v. Wessenberg[52], der am 2. März 1802 an der Schwelle zur Säkularisation Konstanzer Generalvikar wurde und sich um eine zeitgemäße Kirchenreform bemühte, ließ sich vom selben Geist leiten.[53] Früher, schrieb er bald nach seinem Amtsantritt, da habe es zu viele Feiertage gegeben. Sie seien abgeschafft worden, *um die Anlässe zum Müßiggang und zu Ausschweifungen [...] wegzuräumen.* Im Gebiet zwischen Rhein, Iller, Rems, Nagold und Elz genügten siebzehn.[54] Das Kirchenpatrozinium und das Fest des hl. Bernhard müssten am folgenden Sonntag begangen werden.

Glaubenszeugen und Schutzpatrone

Bei Reformen des Kirchenkalenders zeigte es sich immer wieder, dass das Volk vor allem auf bisherige Feiertage zu Ehren Heiliger nur ungern verzichtete. War es mit ihnen nicht seit Generationen vertraut? Keine Kirche und keine Kapelle, in der nicht viele der Himmlischen leibhaftig vor ihnen gestanden wären. Führten nicht die Deckenfresken von Weingarten, Steinhausen, Zwiefalten, Pfullendorf, Meßkirch und Merdingen ganze himmlische Heerscharen vor Augen? Tag für Tag und Monat für Monat rückten bei Festmessen, Bruderschaftsfeiern und Wallfahrten immer wieder andere in den Blick. Gerade weil seit der Reformation bei den protestantischen Christen diese *theuren Freunde Gottes,* wie sie in den Gesangbüchern genannt wurden, meist gar nichts mehr oder nur noch wenig galten, gebührte ihnen katholischerseits um so mehr Ehre. Manche, wie die Mutter Gottes, Johannes der Täufer, der Archidiakon Stephanus, die Apostel und eine Reihe von Märtyrern, waren schon in frühchristlicher Zeit besonders gewürdigt worden. So hatten das Konzil von Trient[55] und die folgenden Diözesansynoden den Heiligenkult ausdrücklich bestätigt, zugleich aber auch vor Missbräuchen gewarnt. Im Bistum Konstanz wurden die am 20. Oktober 1609 in Markdorf verabschiedeten Statuten noch 1761 unverändert nachgedruckt.[56]

Die Verehrung von Heiligen – hatten die Konzilsväter von Trient betont – gehe auf die frühchristliche Zeit zurück und sei von Kirchenvätern und Konzilien gutgeheißen worden. Die Himmlischen, von denen viele leuchtende Vorbilder seien, könnten um ihre Fürsprache angerufen werden. Durch *Christus, unseren einzigen Erlöser und Heiland,* trügen sie die Bitten der Hilfesuchenden vor Gott. Ihre heiligen Leiber, *die lebendige Glieder Christi und Tempel des Heiligen Geistes waren,* dürften *verehrt werden.* Das gelte auch für Bilder, obwohl ihnen selber keine Kraft innewohne. Vielmehr werde durch sie Christus angebetet und der Gläubige zur Nachfolge ermuntert.[57] Auch nachtridentinische Synodendekrete wie in Augsburg, Würzburg und Konstanz[58] wiesen darauf hin. Damit nicht genug, sandte Bischof Maximilian Christoph v. Rodt am 15. Oktober 1784 an seine Geistlichen ein Schreiben, in dem er zwar die Rolle der Heiligen hervorhob und ihre Fürsprache biblisch begründete, aber auch vor Aberglauben warnte. Manchmal, fügte er hinzu, würden Heiligentage leider mit größerem Pomp und mehr brennenden Kerzen gefeiert als Hauptfeste wie Weihnachten und Osten. Dadurch aber bestehe für manche die Gefahr, auf Schutzpatrone mehr zu vertrauen als auf Gott.[59] Als ausgesprochenen *Missbrauch* erklärte er 1789 in einem Hirtenbrief, dass *aus Holz oder Stein verfertigte Bilder noch mit besonderen Kleidern, Perücken, Halszierden, Ringen und anderen dergleichen so überflüßig als unschicklichen Putz-Werke gezieret* werden.[60]

In hohem Ansehen standen im ausgehenden 18. Jh. natürlich die Namens-, Kirchen- und Schutzpatrone. Wer Maria hieß, feierte am 12. September seinen Namenstag, und die Josephs wurden am 19. März beglückwünscht. Der Mutter Gottes begegnete man auf Schritt und Tritt. Das Volk sah sie nicht nur in den Gotteshäusern, sondern auch an Wegkreuzen, in Bildstöcken und auf Kupferstichen. Das *Gegrüßet seist Du, Maria* und der Rosenkranz, den viele bei sich trugen, gehörten zu den täglichen Gebeten. Jeden Tag rief man sie und andere Schutzheilige an – Agatha, Anna, Cäcilia, Crescenz, Renata, Antonius, Blasius, Caspar, Fidel, Johannes, Leonhard, Lorenz, Nepomuk, Sebastian, Urban und Wendelin.

Im Umkreis von Klöstern wurden Kinder gern auch Benedikt, Dominica, Elisabeth, Juliana, Clara, Magnus, Peter, Tiber oder Trudpert getauft. In manchen geistlichen Herrschaften wie Ochsenhausen, Weingarten[61] oder Schussenried trugen sogar die Lehengüter einen Heiligennamen – in Otterswang etwa Fides, Oswald, Victoria, in Reichenbach Sebastian, Valentin, Vinzenz, in Steinhausen Daniel und Hyazinthus.[62] Örtliche Kirchen-, Kloster und Kapellenpatrone wie Georg, Jacobus Kilian, Martin, Verena und Ulrich, die feiertäglich geehrt wurden, waren nicht weniger geschätzt. Zu den Lieblingen der Barockzeit gehörten auch Karl Borromäus (1610), Franz Xaver (1622), Aloisius (1726) und Johannes Nepomuk (1729). Nicht zu vergessen eine ganze Reihe Heiliger aus dem eigenen Land wie Adelindis, Irmgard, Fidelis, Fridolin, Elisabeth von Reute, Konrad und Landelin sowie Pirmin, Theopont, Trudpert, Willebold und Wolfgang.[63]

Reliquiare und Heilige Leiber

Dem schon genannten Konstanzer Hirtenbrief von 1784 war am 19. Mai ein kaiserliches Hofdekret vorausgegangen. Kurz zuvor hatte Joseph II. mit seinen Landesbischöfen, zu denen auch der Oberhirte der Konzilsstadt gehörte, den Reliquienkult erörtert. Dabei ging es um den Rang der Heiligen im göttlichen Heilsplan und um die Verehrung ihrer sterblichen Überreste.[64] Pietät gegenüber Toten, voran Märtyrern, war bereits in frühchristlicher Zeit selbstverständlich gewesen. Ihre Gräber hatten als untastbar gegolten. Am Todestag von Blutzeugen trafen sich die Gläubigen dort zur Eucharistiefeier. Später wurden darüber Basiliken erbaut oder die Gebeine erhoben und in ein anderes Gotteshaus übertragen. Erste Nachrichten darüber gibt es aus den Jahren 354 in Konstantinopel und 386 in Mailand, wo Bischof Ambrosius die aufgefundenen Gebeine der Märtyrer und späteren Breisacher Stadtpatrone Gervasius und Protasius nach San Ambrogio übertragen ließ. Bevorzugter Platz – seit dem Tod Martins von Tours († 397) auch für Bekennergebeine – war der Altar. Meist in einem Reliquienkästchen geborgen, wurden sie in die Mensaplatte eingefügt. Begreiflich, dass deshalb im Mittelalter jedes Kloster bestrebt war, Reliquien zu besitzen. Manche Abteien wie Alpirsbach, Blaubeuren, Reichenau, Salem, Sindelfingen, St. Peter, Weingarten, Weißenau, Wiblingen und Zwiefalten wurden durch Blut- oder Kreuzesreliquien an Jesus Christus erinnert.[65] Die sonstigen Reliquien stammten von Heiligen oder wurden ihnen zugeschrieben.

Die Reformatoren, die *mit der reinen Leer des heiligen Evangelij*[66] fromm sein wollten, lehnten neben Ablass und Heiligenkult auch das Reliquienwesen[67] ab. Allerdings hatte Martin Luther noch zwei Jahre nach seinem Wittenberger Thesenanschlag gesagt, man solle *die lieben Heiligen ehren und anruffen, da bey der lieben Heiligen Cörper und Greber Gott durch seiner Heiligen Namen Wunder thut.*[68] Aber 1529 schrieb er in seinem Großen Katechismus: *Ob wir gleich aller Heiligen Gebeine auff einem Hauffen hetten, so were uns doch nichts damit geholfen.*[69] Sie hingegen als Vorbilder zu betrachten, sei erlaubt. Huldrych Zwingli und Jean Calvin († 1564) lehnten auch das ab. In der Katholischen Kirche, die es für

Obermarchtal
Andachtsbild für den Märtyrer S. Tiberius mit einer Ansicht der Klosteranlage. Druckgraphik 18. Jh. Slg. Otto Beck.

pietätloser hielt, Bilder und Reliquien zu beseitigen, statt sie zu verehren, erlangten Reliquien nach 1578 neues Ansehen. Man glaubte, in den damals wiederentdeckten Katakomben Roms seien lauter Märtyrergebeine zum Vorschein gekommen. In Wirklichkeit waren die meisten Überreste von echten Blutzeugen den unterirdischen Begräbnisstätten schon im frühen Mittelalter entnommen worden.

Von 1610 bis 1786 bemühten sich Klöster, Adlige und Pfarreien auch zwischen Bodensee und Odenwald, solche *Blut-Zeugen Christi* zu bekommen. Konnten diese »Märtyrer« für die Gläubigen nicht als sichtbare Beweise dafür gelten, dass die Katholische Kirche die Heiligen zurecht verehrte? Wenn nur ein paar Knochen vorlagen, so wurden sie von Nonnen in einem ovalen, viereckigen oder pyramidenartigen Kästchen kunstvoll angeordnet und verziert. Manche Chorfrauen, wie z. B. die Benediktinerinnen in Amtenhausen und Urspring, die Dominikanerinnen von Ennetach oder die Zisterzienserinnen in Baindt und Rottenmünster, besaßen hierfür durch ihre Arbeit an Paramenten großes Geschick. Totenschädel wurden von ihnen mit Stoffen umhüllt und auf Kissen gebettet. Manche Auftraggeber ließen für Heilige Häupter durch Goldschmiede auch kostbare Büstenreliquiare anfertigen. Handelte es sich um Skelette, so konnte das Fehlende durch Holzteile oder Gipsabgüsse ergänzt werden. Dann wurden die Heiligen Leiber in Damast, Brokat, Samt und Seide gekleidet. Als Material dienten Silberborten, Goldfäden, Drahtspiralen, Metallplättchen, Glasaugen, Perlenzierrat und Edelsteine. Bildhauer gestalteten kunstvolle Glasschreine, die während des Advents und der Fastenzeit durch eine Bildtafel abgedeckt werden konnten.[70]

Bei der »Translation« in die Kirche wurde – wie 1736 beim Übertragen des Steinhausener Gnadenbilds[71] – alles aufgeboten, was zu einem barocken Triumphzug gehörte: Böllersalven, Glockengeläute, Triumphbögen, Vortragekreuz, Fahnen, Herold, Reiter, Musikanten, Bruderschaften, geistliche und weltliche Ehrengäste, lebendige Heiligengestalten, Festwagen und viel Volk.[72] In Baindt hielt der Jesuitenpater Marquard Dirrheim eine *Ehren-Predig*: *Dises ist der Tag, den der Herr gemacht; lasset uns daran frolocken und uns freuen* (Psalm 117,4).[73] Zuletzt wurden die neuen Patrone zur Ehre der Altäre erhoben. So bot sich den Kirchenbesuchern ein Anblick, der sie staunen und beten ließ. Jedes Jahr am *Heiligleiberfest* konnten sie die Rokokoschreine in einer Prozession durch oder um die Kirche begleiten. Wie die Schreine ausgesehen haben, zeigen neben Kupferstichen und Fahnen noch erhalten gebliebene Beispiele in Neresheim (1614), Ochsenhausen (1616, 1624, 1750), Obermarchtal (1626, 1700, 1732), Bad Schussenried (1651, 1689, 1725), Freiburg (1651, 1738) und Weißenau (1665), ebenso die Katakombenheiligen von Rot a. d. Rot (1700, 1767), Langenargen (1700), Wald (1701, 1721,

1756), Isny (1719), Rastatt (1720), Beuron (1732), Donaueschingen (1741), Kißlegg (1744), Waldburg (1750) und Triberg (1751).

Aus der zweiten Hälfte des 18. Jhs., als Translationen seltener wurden, sind hierzulande nur noch in Sölden (1762), Wurzach (1763), Reute (1767), Niederrotweil (1769) und Biberach an der Riss (1770) Heilige Leiber auf uns gekommen. In Schöntal ließ Zisterzienserabt Maurus Schreiner (1784–1802) die 1786 aufgestellten Katakombenreliquiuen noch vor der Säkularisation entfernen.[74] Konnte man diese Art von Frömmigkeit im Zeitalter der Vernunft überhaupt noch nachvollziehen? Stand nicht längst die Echtheit vieler Gebeine in Frage? Konnte ihr Anblick noch jemandem zuge-

Gutenzell
Andachtsbild der hl. Jungfrau und Märtyrerin Justina.
Handkol. Druckgraphik, 18. Jh.
Slg. Otto Beck.

mutet werden? In Kirchen aufgehobener Klöster deckte man deshalb die Skelette zu oder räumte sie weg. Die Magnus- und Gaudentius-Reliquien der säkularisierten Weingartener Prioratskirche Hofen wurden am 30. Oktober 1821 in die Pfarrkirche von Langenargen übertragen. Sonst sah man die Ortspatrone meist nur noch auf Verschlusstafeln, Fahnen und Kupferstichen abgebildet. Erst 150 Jahre später, als die Heiligen wiederentdeckt wurden, rückten auch Reliquien erneut in den Blick, und man trägt sie seitdem bei Prozessionen wieder mit – in Amtzell, Pfullendorf, St. Trudpert, Niederrotweil, Bad Säckingen, Radolfzell und auf der Reichenau.

Eine Bruderschaft in jeder Pfarrei

Die Tatsache, dass der *heilige Religions-Eifer*, wie es sieben Wochen nach Ausbruch der Französischen Revolution in einem Konstanzer Hirtenbrief[75] hieß, im späten 18. Jh. auch im deutschen Südwesten merklich nachließ, hatte viele Ursachen. Eine nicht unerhebliche Rolle spielten dabei politische Ereignisse. Revolutionswirren und Koalitionskriege beunruhigten selbst das hinterste Dorf. Was vielen aber noch mehr zu schaffen machte, war der neue Geist, der Althergebrachtes zunehmend infrage stellte. Denn kaum waren die alten Feiertage abgeschafft, da kamen von staatlicher und kirchlicher Seite neue Verbote. Nun wurden auch die Bruderschaften eingeschränkt.[76] Dabei hatten gerade sie mit ihren Festen, Monatssonntagen, Jahrtagen, Andachten, Altären, Bildern, Kerzen, Prozessionen, Fahnen, Schildern, Stäben und Medaillen das kirchliche Leben geprägt. Ein großer Teil der Pfarrangehörigen war wenigstens in einer davon eingeschriebenes Mitglied.

Pate gestanden hatten den Bruderschaften die mittelalterlichen Gebetsverbrüderungen. Ähnlich wie die 1251 im Bistum Würzburg bezeugte Marienbruderschaft, wurden im 15. Jh. neue Priester- und Laienbünde gegründet – zu Ehren des Altarsakraments, St. Michaels, Heiliger wie Maria, Johannes, Odilia, Sebastian, Urban und der Armen Seelen. Viele Bruderschaften erfüllten auch karitative Aufgaben, doch trat nach dem Konzil von Trient und den Diözesansynoden die Frömmigkeit, die nach Jesaja 11, 2–3 zu den Sieben Gaben der Heiligen Geistes zählt, in den

Maria Schray bei Pfullendorf
Andachtsbild der Bruderschaft zur unbefleckten Empfängnis Mariens. Die sternenumkränzte Gottesmutter, auf der Mondsichel und der von der Schlange umwundenen Erdkugel, schwebt über dem Gnadenort.
Druckgraphik, Klauber 1748.
Slg. Otto Beck.

Vordergrund. Im 17. Jh. bestand in den meisten Pfarreien eine Rosenkranzbruderschaft.[77]

Gegründet worden waren die Bruderschaften vor allem durch Geistliche, die das Gemeindeleben erneuern wollten. So stiftete am 13. Mai 1618 der Prediger Jakob Stehle (1618–1643) in Wangen, wo es seit 1515 eine *Confraternitas Sancti Udalrici* gab, *Unser Lieben Frawen ErzBruderschafft des Psalters oder Rosenkranz*. Allein im ersten Jahr ließen sich 179 Männer und 445 Frauen aufnehmen. Sie verpflichteten sich, wöchentlich das Glaubensbekenntnis und drei Rosenkränze zu beten, eifrig die Gottesdienste mitzufeiern, regelmäßig die Sakramente zu empfangen und die Kinder im Glauben zu unterweisen. Ihr Gebet sollte der Kirche, dem Frieden zwischen den Konfessionen und in der Welt sowie den Verstorbenen zugute kommen. Zu den ersten Mitgliedern zählten Weltgeistliche, Ordensleute, Patrizier, Handwerker und Adlige.[78] 1726 durch Pfarrer Cornelius Zech (1726–1741) erneuert, überdauerte die Wangener *Sodalitas Sanctissimi Rosarii* selbst die Säkularisation.[79] Allerdings war der 1622 von Hans Zürn d. J. (1585–1624) geschmückte Bruderschaftsaltar noch vor 1803 abgebrochen worden. Bischöflichen Erlassen zufolge mussten alle *überflüßigen Altäre nicht nur an den Seitenwänden, sondern auch an den Kirchensäulen* entfernt werden.[80] 1804 wurde auch die 1671 gegründete Weingartener Heilig-Blut-Bruderschaft aufgehoben.[81]

Da vielerorts zunächst alles beim Alten blieb, folgten in den 80er und 90er Jahren weitere staatliche und kirchliche *Verordnungen*. Bereits seit 1771 war es in Vorderösterreich den Bruderschaften verboten, neue Mitglieder aufzunehmen. 1773 hatte es geheißen, etwaige Missbräuche seien abzustellen. Von 1783 an durften keine *Bruderschaftszedel* mehr gedruckt und bei Prozessionen *keine Statuen* mehr mitgetragen werden. 1784 wurde das oft beträchtliche Bruderschaftsvermögen beschlagnahmt und 1785 je zur Hälfte der Armenfürsorge und dem Schulfonds zugewiesen. Diese *uralte Gewohnheit der Frömmigkeit*, die in den Herzen der Gläubigen tief verankert war und mit ihren *Feyerlichkeiten* Generationen in ihren Bann gezogen hatte, galt im Zeitalter der Aufklärung als überholt. Von 1791 an mussten die alten Bruderschaften mit der 1787 empfohlenen neuen Bruderschaft *der thätigen Nächstenliebe* vereinigt werden.[82]

Bittgänge, Wetterläuten, Heilige Gräber

Über obrigkeitliche Maßnamen, hieß es am 11. Mai 1782 in einem Hofdekret Josephs II., dürfe man *weder pro noch contra disputiren*. Dazu zählten nicht nur *abgestellte Feyertäge, aufgehobene Bruderschaften*, eingeschränkte Wallfahrten sowie die *Reinigung der Kirchen* von *übermäßigem Aufputz* und *unschicklichen Bildern*, sondern alles, was *wahre Andacht*

beeinträchtigte. So wurden 1783, selbst wenn sie auf Gelübde zurückgingen, nur noch zwei außerordentliche Bittgänge erlaubt. Sie mussten aber an einem allgemeinen Feiertag stattfinden und durften *nicht über eine Stunde* dauern. Örtliche *Oeschgänge, welche aber in Hinkunft nicht anderst als zu Fusse mit Hindanhaltung aller Reuterey* nach dem neuen Benediktionale zu erfolgen hätten, seien da mit inbegriffen. Infolgedessen hörten damals, abgesehen vom Heiligblutritt in Weingarten, alle Reiterprozessionen und Pferdebenediktionen nach und nach auf.[83] Statt ihrer, hieß es, könne nach der Sonntagsmesse in der Kirche ja *eine Bethstunde* gehalten werden. Auch das weit verbreitete *Wetterläuten* wurde mehrfach verboten. Statt *die Gewitterwolken zu zerstreuen*, zögen die *in Bewegung gesetzten Metalle* den Blitz an. Die am Heiligen Abend, an Silvester und am Vigiltag von Dreikönig vorgenommene *Ausräucherung der Häuser* hatte ebenfalls zu unterbleiben.[84]

Im Herbst 1784 mussten alle Kirchhöfe und Beinhäuser geschlossen und die Verstorbenen in einem *Leinensack* und einer wiederverwendbaren *Kondukttruhe* auf den Friedhof gebracht werden. Sobald die Beisetzungsfeier beendet war, klappte der Totengräber den Boden des Sarges mit einem Seilzug auf die Seite, nahm die Tumba wieder heraus, überwarf die Leiche mit Kalk und schaufelte das Grab zu. Das erregte jedoch auch in Vorderösterreich soviel Widerspruch, dass Joseph II. sein Dekret schon knapp fünf Monate später rückgängig machte.[85] Mit den meistem anderen Anordnungen der 80er Jahre hingegen hatte es jedoch sein Bewenden. Rorateämter im Advent mussten *aufhören*. Der Wettersegen hatte zu *unterbleiben*. Anstelle von Chor- und Figuralmessen erklang *Normalgesang*. Die Strafe für Kirchendiebstahl wurde 1788 *wenigst auf acht Jahre festgesetzt*.[86] Um 1790 traten in allen Diözesen neue *Andachtsordnungen* in Kraft. Die Zeit für Bruderschaftsstäbe, Wallfahrtsmedaillen, Weihnachtskrippen, Passionsspiele, Palmesel, Heilige Gräber, Himmelfahrts- und Pfingstzeremonien sollte endgültig vorbei sein.[87]

Dem Alten nachzutrauern und Gefühle zu zeigen, war nicht mehr erwünscht. Aber es dauerte noch Jahre, bis manches in Vergessenheit geriet. Daran änderten selbst die Zugeständnisse des nachsichtigeren Kaisers Leopold II. wenig. Immerhin wurde schon wenige Wochen nach seinem Regierungsantritt wegen *zerschiedene[r] Unzufriedenheiten* in der Diözese Konstanz wieder manches erlaubt: *nach Vorschrift unsers Bistums-Benediktionals* zu segnen und zu weihen und die Rosenkranz-Bruderschaft mit ihren Monatssonntagen und Prozessionen wieder einzuführen. Auch die Bruderschaft, *zu welcher das Pfarrvolk vorzügliches Vertrauen hat,* durfte erneuert werden. Zwei zusätzliche Bittgänge bis zu zwei Stunden Dauer wurden gestattet. Ebenso konnte bei Gewittern und am Vorabend von Sonn- und Feiertagen wieder geläutet werden. An kirchlich gebotenen Feiertagen wie den Festen des Täufers, der Apostel und des Kirchenpatrons war, obwohl staatlich nicht geschützt, wieder ein *feyerlicher Gottesdienst* erlaubt. Er musste jedoch früher als sonst angesetzt und durfte nicht eingeläutet werden. Auch Roratemessen und Weihnachtskrippen waren wieder erlaubt. Um die Andacht nicht zu stören, sollte an den vier Hauptfesten, bei Jahrtagen und an Bruderschaftsfesten der Opfergang allerdings erst nach der Kommunion des Priesters stattfinden.[88] Außerdem wurde während des Ersten Koalitionskriegs in den Messkanon ein Memento für Kaiser Franz II. (1792–1806) eingefügt[89] und das Volk zu Fasttagen und Betstunden und nach Siegen zu einer Dankandacht eingeladen.[90]

Die Säkularisation als Wendepunkt

Keine Frage, dass historische Ereignisse aus einem zeitlichen Abstand anders zu beurteilen sind als unmittelbar danach. Auf der einen Seite bedeutete den Gläubigen die Frömmigkeitskultur der Klöster, die Freude an den Kirchenfesten und die Verbundenheit mit den Heiligen viel. Warum sollte das, was bisher den Alltag erleichtert und das Leben verschönert hatte, auf einmal sinnlos sein? Deshalb konnten sich Klerus und Volk vom Überkommenen nur schwer trennen. Manches Volksfromme, das die Säkularisation überdauert hatte, wurde nach 1850 teilweise wiederbelebt. Nach dem Zweiten Weltkrieg ist das meiste davon jedoch entsakralisiert worden und einer zweiten Aufklärung zum Opfer gefallen. Ein ähnliches Schicksal ist der »erneuernden Kraft« des nachreformatorischen Protestantismus widerfahren. Selbst Pietisten, die anhand der

Bibel ihr Leben vertieft und viele Kirchengemeinden erneuert hatten, fanden bei aufgeklärten Theologen des späten 18. und 20. Jhs. nur noch wenig Verständnis. Anderseits wussten nicht nur Priester, dass ihr Kirchenjahr vom Rankenwerk zahlreicher Heiligenfeste und Verstorbenenjahrtage überwuchert war. Es gab zu viele Bittgänge, Prozessionen, Wallfahrten. Viele Gläubige suchten lieber auswärtige Kirchen und Kapellen auf, statt an Sonn- und Feiertagen die eigenen Gottesdienste mitzubegehen. Liegen Gnadenstätten – so fragten Aufgeklärte – dem Himmel denn näher als die heimatliche Pfarrkirche? Wieso sollte das Gebet dort besser erhört werden als daheim? Wahre Frömmigkeit und Gottvertrauen werde durch das Unkraut des Aberglaubens erstickt. Selbst Weihwasser und Kerzen könnten missbraucht werden.

Heute, 200 Jahre später, erscheint der Umbruch, der sich damals vollzogen hat, in einem anderen Licht. Damaligen Regenten wie den österreichischen Kaisern und den deutschen Fürsten, die sich häufig in kirchliche Angelegenheiten einmischten, ging es vor allem um ihre absolutistischen Machtansprüche. Rücksichtslos bekämpften sie dabei auch die überkommene Volksfrömmigkeit. Bischöfe und Pfarrer freilich wussten, dass das religiöse Leben immer erneuert werden muss. Jetzt lenkte Nebensächliches vom Wesentlichen ab. Aber ein Neuanfang war durch erste Liturgiereformen und die neupietistische Erweckungsbewegung bereits gemacht. Alles andere konnte erst nach und nach reifen. Es hätte jedoch kaum geerntet werden können, wäre der Boden dafür nicht schon damals bereitet worden.

Nachdem zwischen 1782 und 1810 im heutigen Baden-Württemberg mindestens 180 reichsfreie und landsässige Klöster und Stifte aufgehoben und Dutzende von Wallfahrtskirchen geschlossen oder gar abgebrochen worden waren, erschien gerade hier nun alles anders. Trotzdem kamen die Kirchen beider Konfessionen, die sich seit dem 16. Jh. auseinandergelebt hatten, 300 Jahre später auch in ihrem Frömmigkeitsverständnis einander näher. Also hat die Säkularisation – trotz aller bedauerlichen und unersetzlichen Verluste – im Nachhinein auch Erfreuliches bewirkt. Heute, sechs Generationen später, schätzen die Katholiken das Wort Gottes wieder höher ein, können sie die Kommunion auch unter beiden Gestalten empfangen, erklingen ökumenische Lieder. Protestanten übernehmen wieder Stola, Albe, Kreuzeszeichen, Weihnachtskrippe, Osternachtfeier und Auferstehungskerze. Die Konfessionen anerkennen, was hü-

ben und drüben in Jahrhunderten gewachsen ist, einander bereichert und vielleicht auch einander wieder näher bringen kann.

[1] Visitations-Vorberichte u. Verkündbücher: PfA Ochsenhausen; *Max Herold* (Hg), Ochsenhausen. Weißenhorn 1994, 758–774.

[2] *Matthias Erzberger,* Die Säkularisation in Württemberg von 1802 bis 1810. Stuttgart 1902 (ND Aalen 1974), 193–411; *Hermann Schmid,* Die Säkularisation in Baden 1802–1811. Überlingen 1980, 57–323; *August Willburger,* Die Säkularisation u. die Aufhebung der Prämonstratenserklöster in Württemberg, in: FDA 55 (1927), 270–261; *Roland Milisterfer,* in: Glanz u. Ende der alten Klöster. Didaktisches Begleitheft zur Säkularisations-Ausstellung in Benediktbeuern. München 1991, 3.

[3] *Johann Nepomuk Hauntinger,* Reise durch Schwaben u. Bayern im Jahre 1784. Weißenhorn 1984, 38.

[4] *Hermann Tüchle,* Barocke Geistigkeit in Weingarten, in: ZWLG 15 [1956], 247–252.

[5] Ebd. 243–244; *Rudolf Reinhardt,* Restauration, Visitation, Inspiration. Die Reformbewegungen in der Benediktinerabtei Weingarten von 1567–1627. Stuttgart 1960, 39–40; *Peter Rummel,* Dillingen ein geistiger Mittelpunkt klösterlicher Reform, in: JbABG 15 [1981], 255–285; *Ägidius Kolb,* Ottobeuren u. Salzburg, in: Ottobeuren. Festschrift. Augsburg 1964, 274–276; *Peter Rummel,* Die Anfänge des Dillinger Jesuitenkollegs, in: JbABG 25 (1991), 60–74. *Konstantin Maier,* Zeitenwende, in: Rottenburger JKG 19 (2000), 180–181.

[6] *Philipp Schäfer,* Johann Michael Sailer u. die Aufklärung, in: Rottenburger JbKG 1 (1982), 59–68; *Peter Rummel,* Der Dillinger Professor Johann Michael Sailer in der Auseinandersetzung zwischen »Traditionalisten« u. »Progressisten«, in: JbABG 16 (1982), 12–28; *Manfred Weitlauff,* Priesterbild u. Priesterausbildung bei Johann Michael Sailer, in: Rottenburger JKG 14 (1995), 65–89.

[7] *Jacobus Fugger/Franciscus Conradus de Rodt* (Hg.), Coustitutiones synodi dioecesanae Constantiensis. Konstanz 1761, 1–224; *Reinhardt,* Restauration (wie Anm. 5), 41; *Kolb,* Ottobeuren (wie Anm. 5), 278–303.

[8] *Fugger/Rodt:* Constitutiones (wie Anm. 7), 1–224; *Konstantin Maier,* Die Konstanzer Diözesansynoden, in: Rottenburger JKG 5 (1986), 61–70; *Ders.,* Nachtridentinische Diözesansynoden, Ebd. 85–89; *Ders.,* Die Diözesansynoden, in: *Elmar L. Kuhn* (Hg.), Die Bischöfe von Konstanz. Friedrichshafen 1988, 90–102.

[9] *Peter Thaddäus Lang,* Die Synoden in der alten Diözese Würzburg, in: Rottenburger JKG 5 (1986), 77–84.

[10] *Peter Rummel,* Die Augsburger Diözesansynoden, in: JbABG 20 (1986), 34–53.

[11] *Wolfgang Zimmermann,* Die »siegreiche« Frömmigkeit des Hauses Habsburg, in: Rottenburger JKG 19 (2000) 172–175; *Maier,* Zeitenwende (wie Anm. 5), 181–182.

[12] *Adalbert Nagel,* Das gnadenreiche Pragerkind, in: Kirchenblatt Weingarten 62 (1968), Nr. 2; *Wolfgang Brückner,* Die Neuorganisation von Frömmigkeit des Kirchenvolkes im nachtridentinischen Konfessionsstaat, in: JbVK 21 (1998), 7–8.

[13] *Martin Scharfe,* Evangelische Andachtsbilder. Stuttgart 1968, 15 ff.

[14] *Hans Dünninger,* Zur Geschichte der barocken Wallfahrt im deutschen Südwesten, in: Barock in Baden-Württemberg. Aufsatzband, 409–416; *Hermann Brommer* (Hg.), Wallfahrten im Erzbistum Frei-

burg. München-Zürich 1990; *Otto Beck,* Wallfahrten im Bistum Rottenburg-Stuttgart. Kehl 2003.

[15] Erwin *Keller,* Die Konstanzer Liturgiereform unter Ignaz Heinrich v. Wessenberg, in: FDA 85 (1965), 24.

[16] *Franz-Kuno Ingelfinger,* Die religiös-kirchlichen Verhältnisse im heutigen Württemberg am Vorabend der Reformation. Stuttgart 1939, 47–98, 123–181; *Sönke Lorenz,* Zwischen Spaltung u. Reform. Die spätmittelalterliche Kirche am Oberrhein, in: *Ders./Thomas Zotz,* Spätmittelalter am Oberrhein. Stuttgart 2001, 24–33; *Björn Christlieb,* Heilssuche, Andacht u. Politik: Formen stadtbürgerlicher Frömmigkeit, in: Ebd. 453–463.

[17] *Gerd Wunder,* Die Bürger von Hall. Sigmaringen 1980, 106.

[18] Verkündbuch I (1753–1761), 1–421; II (1761–1770) 1–468; III (1770–1779), 1–78: PfA St. Martin/Wangen.

[19] Ebd.

[20] Verkündbuch VII (1801–1808): Ebd. 211.

[21] *Karl Brehm,* Zur Geschichte d. Konstanzer Diözesansynoden, in: Schwäb. Archiv 30 (1912), 83–86.

[22] Hirtenbrief vom 02.09.1789.

[23] *Helmut Reinalter,* Aufklärung, Absolutismus, Reaktion. Wien 1974, 86–87.

[24] *Hermann Grotefend,* Zeitrechnung d. dt. Mittelalters u. d. Neuzeit. Hannover 1892–1898 (ND Aalen 1970), 4–7, 86–90, 172–180, 209–222.

[25] Ebd. 8–11, 14–23, 34–41, 48–51

[26] Weihnachten (25.12.), Beschneidung (01.01.), Epiphanie (06.06.), Ostersonntag, Christi Himmelfahrt, Pfingstsonntag u. Fronleichnam. *Fugger/Rodt,* Constitutiones (wie Anm. 7), 86.

[27] Ostermontag, Osterdienstag, Pfingstmontag, Pfingstdienstag, 4 Marienfeste (02.02, 25.03, 15.08., 06.09.), 10 Apostelfeste (21.12., 27.12, 24.02, 01.05., 29.06., 25.07., 24.08, 21.09, 28.10., 30.11.), Stephanstag (26.12.), Unschuldige Kinder (28.12.), St. Gregor (12.03.) Allerheiligen (01.11.), Martini (11.11.), Kathreinentag (25.11.), St. Konrad (26.11.), Schutzengelfest. Der Josefstag kam im Bistum Konstanz erst 1652 dazu, in der Diözese Augsburg sicher vor 1690. Der 08.12. war 1630 Feiertag geworden. Ebd. 86–87.

[28] *Breve Paternæ Caritati.*

[29] Kirchliche Feiertage waren bisher auch 01.05., 03.05., 09.06., 24.06., 02.07., 25.07., 12.08., 24.08., 06.09., 14.09., 25.11., 26.11., 30.11., 06.12., 21.12. Dazu kamen noch örtliche *Feyertäg;* vgl. Verkündbücher.

[30] Schreiben des Generalvikars Franz Joseph v. Deuring.

[31] Bischöflich-Constanzisches Patent Clemens XIV. für die K.K. Voröstreichische Lande in dem Bistum Constanz dispensirte Feyertag und auf das Advent versetzte Fasttäge. Konstanz 1771, 9–10.

[32] Sammlung Bischöflicher Hirtenbriefe und Verordnungen 1801–1808. Konstanz 1808, 26.

[33] Verkündbuch III (1770–79), 37, 89, 143, 248, 300, 402): PfA St. Martin/Wangen.

[34] *Fugger/Rodt,* Constitutiones (wie Anm. 7), 86.

[35] Domweihe: 28.09.

[36] Domweihe: 24.10.

[37] Domweihe: 02.05.

[38] Domweihe: 09.09.

[39] Münsterweihe: 29.08.

[40] *Patent* (wie Anm. 31), 10.

[41] Ebd. 11.

[42] *Franz Geier*, Die Durchführung der kirchlichen Reformen Josephs II. im vorderösterreichischen Breisgau. Stuttgart 1905 (ND Amsterdam 1963), 183.

[43] Erlass der General-Vikariat Amtskanzlei des Btms. Konstanz..

[44] Dekrete vom 03.06., 19.07., 18.08. u. 03.11.1783.

[45] *Georg Schwaiger/Paul Mai,* Johann Michael Sailer u. seine Zeit. Regensburg 1982, 209–227.

[46] Geistliche Sache 15514; Johannes Gründler (Hg.), Österreich zur Zeit Kaiser Josephs II. (Melker Ausstellungskatalog). Wien 4. Aufl. 1980, 544, 547. Dieses Datum gilt in Baden-Württemberg bis heute, doch feiern manche Pfarrgemeinden ihre Kirchweihe auch wieder am ursprünglichen Tag; s. Sammlung (wie Anm. 32), 168. Im Kanton Appenzell war es der Sonntag n. d. Mauritiusfest; s. Ebd. II, 116.

[47] 14.09.1786 u. 12.04.1787: *Ordinariats-Intimationes* der Konstanzer General-Vicariat-Amtskanzley. Intimationes des Generalvikariats.

[48] *Matthäus Butschle,* Weitnauer Verkündbuch I (hs.) 1769–1784, 30.

[49] Intimationes (wie Anm. 47) vom 03.04.1787.

[50] Meersburg, 07.01.1788.

[51] Geier, Breisgau (wie Anm. 42), 185.

[52] *Konrad Gröber,* Heinrich Ignaz v. Wessenberg, in: FDA 55 (1927) 362–509; *Keller* (wie Anm. 15), 9–20. *Karl-Heinz Braun,* Kirche u. Aufklärung – Ignaz Heinrich von Wessenberg (1774–1860). München/Zürich 1981, 28–59; *Wolfgang Müller,* Wessenberg u. Vorderösterreich, in: *Hans Maier/Volker Press* (Hg.), Vorderösterreich in der frühen Neuzeit. Sigmaringen 1989, 199–207; *Manfred Weitlauf,* Zwischen Katholischer Aufklärung u. kirchlicher Restauration, in: Rottenburger JKG 8 (1989), 112–132.

[53] *Keller* (wie Anm. 15), 185. Am 07.11.1802 folgte ein weiteres Hofdekret.

[54] Sammlung (wie Anm. 32), 162–168.

[55] Schluss-Sitzung v. 03./04.12.1563: »Von der Anrufung, Verehrung u. den Reliquien der Heiligen u. den heiligen Bildern«, in: Canones et Decreta Concilii Tridentini. Leipzig 1888, 173–176.

[56] *Fugger/Rodt,* Constitutiones (wie Anm. 7), 81–84.

[57] Canones (wie Anm. 32), 173–176.

[58] *Fugger/Rodt,* Constitutiones (wie Anm. 7), 81–84.

[59] *Inter alias Officii Nostri curas.*

[60] 03.09.1789: *Mit Wehemuthsvoller Beklemmung.*

[61] *Herold,* Ochsenhausen (wie Anm. 1), 503; zu Weingarten vgl. *Rolf Schaubode,* Hoftafeln. Zur Heilig-Blut- und Heiligenverehrung im Gebiet des ehemaligen Reichsstifts Weingarten, in: *Norbert Kruse/Hans Ulrich Rudolf* (Hgg.), 900 Jahre Heilig-Blut-Verehrung in Weingarten 1094–1994. Sigmaringen 1994, 685–698.

[62] *Hubert Kohler* (Hg.), Bad Schussenried. Sigmaringen 1983, 96–98.

[63] *Gottfried Korff,* Heiligenverehrung in der Gegenwart. Tübingen 1970, 44–45, 118; *Hermann Brommer,* Heiligenverehrung im Bistum Freiburg. Straßburg 1997; *Otto Beck,* Heilige u. Selige im Bistum Rottenburg-Stuttgart. Kehl 2002.

[64] *Andrea Polonyi,* »Aufklärung« im Bistum Konstanz vor Ignaz Heinrich von Wessenberg, in: Rottenburger JKG 10 (1991), 209.

[65] *Hermann Tüchle,* Dedicationes Constantienses. Freiburg i. Br. 1949, 83–84.

[66] Württembergische Große Kirchenordnung 1559. Stuttgart 1983, 11.

[67] *Brigitte Strahl,* Zur Reliquienverehrung. (Masch.) Weingarten 1971, 29–39; *Engelbert Kirschbau,* Reliquien, in: LCI. Bd. IIII. Freiburg 1981, 538–546; *Anton Legner* (Hg.), Reliquien-Verehrung u. Verklärung (Ausstellungskatalog). Köln 1989, 20; *Alfred Läpple,* Reliquien. Verehrung, Geschichte, Kunst. Augsburg 1990, 34; *Anton Legner,*

Reliquien in Kunst u. Kult zwischen Antike u. Aufklärung. Darmstadt 1995, 33; *Henk van Os* (Hg), Der Weg zum Himmel. Reliquienverehrung im Mittelalter (Ausstellungskatalog Amsterdam/ Utrecht). Regensburg 2001, 37.

[68] *Legner,* Reliquien-Verehrung u. Verklärung (wie Anm. 67), 61.

[69] *Legner,* Reliquien in Kunst u. Kult (wie Anm. 67), 329.

[70] Ebd. 302; *Saskia Durian-Ress* (Red.), »Gold, Perlen u. Edel-Gestein…«. Reliquienkult u. Klosterarbeiten im deutschen Südwesten (Ausstellungskatalog). Freiburg/München 1995, 10.

[71] *Triumphus Marianus.* Schussenried 1736.

[72] *Legner,* Reliquien-Verehrung (wie Anm. 67), 117–120, 180; *Leodegar Walter,* Ein Festtag für Kloster Baindt u. Umgebung, in: Cistercienser-Chronik 33 (1921), 50–54; *Otto Beck,* Die Reichsabtei Heggbach. Sigmaringen 1980, 482–483; *Hansjakob Ackermann,* Translationen heiliger Leiber als barockes Phänomen, in: JbVK 4 (1981) 101–111; *Andrea Polonyi,* Reliquientranslationen in oberschwäbischen Benediktinerklöstern als Ausdruck barocker Frömmigkeit, in: Rottenburger JKG 9 (1990), 77–84; *Durian-Ress* (wie Anm. 70), 12–19; *Adalbert Nagel,* Das Kirchenjahr im barocken Oberschwaben. Bergatreute 1995, 127–140.

[73] *Triumphierlicher Einzug.* Baindt 1743.

[74] *Herman Tüchle,* Von der Reformation bis zur Säkularisation. Stuttgart 1981, 274.

[75] Maximilian Christoph v. Rodt am 02.09.1789.

[76] *Ludwig Remling,* Bruderschaften als Forschungsgegenstsand, in: JbVK 3 (1980), 89–112; *Bernhard Theil,* Bruderschaften in Vorderösterreich, in: Rottenburger JKG 20 (2001), 195–210.

[77] *Theodor Selig,* Bruderschaften u. Bündnisse im Landkapitel (Wurzach) Waldsee, in: DAS 23 (1905), 1–13, 63–79, 138–142, 157–160; *Ders.,* Die Bruderschaften des Dekanats Riedlingen, in: Ebd. 27 (1909), 145–152; 28 (1910), 28–37, 63–64, 124–126, 159–160, 189–192; 29 (1911), 29–32, 108–112, 124–127, 148–155; 30 (1912), 97–112; *Josef Döser,* Geschichte der älteren Bruderschaften des heutigen Landkapitels Horb, in: Ebd. 26 (1908) 98–104, 123–128; *Johann Nepomuk Wetzel,* Geschichte der katholischen Kirche in Schwaben-Hohenzollern. Bühl 1928/1931, 145–149, 303–307; *Adalbert Nagel,* Die Bruderschaften, in: Kirchenblatt Weingarten 63 (1969) Nr. 29–38.

[78] *Liber Sodalitatis Sanctissimi Rosarij* I (1618–1724), 55–11, 26–31, 169–186: PfA St. Martin/Wangen.

[79] Bruderschaftsbücher II (1726–1749), III (1749–1818), IV (1927–1963): PfA St. Martin/Wangen.

[80] Konstanzer Dekrete z. B. v. **26.?** .1786 (Geistliche Sache 271), 14.09.1786, 01.03.1787.

[81] *Hans Ulrich Rudolf,* in: *Kruse/Rudolf* (Hgg.), 900 Jahre Heilig-Blut-Verehrung (wie Anm. 61), Bd. II, 791–804:

[82] Dekrete u. Erlasse vom 04.03.1783, 08.05.1783, 03.11.1783, 16.05.1786, 03.02.1787, 02.07.1787, 28.06.1790, 29.03.1791 u.a.m.

[83] *Otto Beck/Rupert Leser/Roland Rasemann,* Durch Feld u. Flur. Umritte u. Reiterprozessionen. Ulm 1994, 31–59.

[84] Dekrete u. Erlasse vom 26.11.1773, 07.06.1782, 01.06.1783, 15.10.1784, 21.12.1785, 14.02.1786, 14.07.1786, 14.09.1786, 13.09.1787, 09.03.1788 u.a.m.

[85] *Gründler* (wie Anm. 46), 546–547.

[86] Hofdekret vom 13.05.1788.

[87] Hirtenbriefe vom 28.06.1790 u. 29.03.1791; *Ordinariats-Intimation* vom 14.07.1786; Konstanzer Erlass vom 01.03.1787; Hofdekrete vom 02.03.1786, 19.04.1787 u. 13.09.1787.

[88] Hirtenbrief vom 29.07.1791.

[89] Generalvikar Ernst vom Bissingen am 03.01.1793 an den Klerus des Bistums Konstanz.

[90] Konstanzer Erlasse vom 17.03.1793, 11.06.1793, 16.03.1795, 11.06. 1795, 07.12.1796, 03.03.1797; Breve Pius' VI. vom 13.11.1795 u. 23.05.1799.

Diese heilige Geschichte entstellend und herabwürdigend …

Krippen in Aufklärung und Säkularisation

von Heike Krause

Johann Wolfgang v. Goethe notierte am 27. Mai 1787 in seiner *Italienischen Reise: Hier ist der Ort, noch einer andern entschiedenen Liebhaberei der Neapolitaner überhaupt zu gedenken. Es sind die Krippchen (presepe), die man zu Weihnachten in allen Kirchen sieht, eigentlich die Anbetung der Hirten, Engel und Könige vorstellend, mehr oder weniger vollständig, reich und kostbar zusammen gruppiert. […] Die Mutter Gottes, das Kind und die sämtlichen Umstehenden und Umschwebenden kostbar ausgeputzt.*[1] Bis in das späte 18. Jh. waren es in verschiedenen italienischen Landschaften die fürstlichen Höfe, die den Krippenbau einführten, förderten und zu Spitzenleistungen veranlassten. Im deutschsprachigen Raum kann man dagegen eine gegenläufige Entwicklung beobachten: Aufgeklärte Herrscher, allen voran Kaiser Joseph II., und Kirchenfürsten versuchten, eine jahrhundertealte katholische Tradition zu beenden.

Viel Krippen allhier in allen Kirchen

Die figürliche Darstellung des Jesuskindes und seiner Eltern im Stall sowie der Engel, Hirten und Könige regte seit dem Mittelalter die Phantasie und schöpferische Kraft der Menschen an. Im späten 15. Jh. entwickelte sich die »Krippe« zu der Form, die man heute kennt: freibewegliche Figuren in einer künstlichen Landschaft. Das Weihnachtsthema wurde zum Andachtsbild, zur Meditationshilfe für die Gläubigen. Im Kirchenraum diente die Krippe aber auch zur Veranschaulichung von Bibeltexten, denn das Gros der Bevölkerung besaß weder eine Bibel, noch konnte

es lesen. Wenn man heute an Krippen denkt, sind fast immer die Szenen der Hirten- und der Königsanbetung gemeint; doch war es in Kirchen und Klöstern üblich, während der Advents- und Weihnachtszeit einen Zyklus von Bildern zu zeigen. Auch sog. *Jahreskrippen*, deren Figuren nacheinander alle Ereignisse des Kirchenjahres darstellen konnten, waren nicht selten. Daneben gab es oft auch sog. Fasten- oder Passionskrippen mit den Geschehnissen aus der Leidenszeit Jesu.

In Süddeutschland begann der Bau realistischer Krippen erst gegen Ende des 16. Jhs. Mehr als ein Jahrhundert lang spielte sich der Krippenbau hier wie in anderen Ländern hauptsächlich in Klöstern, katholischen Kirchen und Herrscherhäusern ab. Die erhaltenen Beispiele aus dem 17. und frühen 18. Jh. sind besonders häufig in Jesuitenkirchen und -klöstern zu finden. Gerade dieser Orden hat die pädagogischen Möglichkeiten der Krippe ebenso erkannt und genützt wie diejenigen des religiösen Schauspiels. 1670 wurde zum Beispiel von den Jesuiten in Mindelheim eine Krippe angeschafft. Sie muss so großen Zulauf gehabt haben, dass ein Jahr später Beschwerden an den Rat der Stadt herangetragen wurden, wie im Ratsprotokoll vom 13. Januar 1671 zu lesen ist: *die Altern* [würden] *die Khinder so gar nit ziehen, als daß nemdlich newlich die Knaben eine solche Unzucht, Geschray und Lauffen bey den Kripplen in der Herren Jesuiter Kirchen gehabt, daß die Maydlen vor ihnen mit dem Singen nit fortkhommen köhnden, sondern der Sakristan dieselben mit der Peütschen aus der Kirchen schlagen müessen.*[2] Aber schon zwei Jahre später erhielt auch die Pfarrkirche eine Krippe mit bekleideten Figuren.

Weihnachtskrippe
Ankunft und Anbetung der drei Weisen.
Ehem. Gutenzeller Klosterkrippe, 18. Jh.
Kath. Kirchengemeinde Gutenzell.

Das 18. Jh. brachte den Krippen zusätzliche Genreszenen, die den knappen biblischen Bericht auszuschmücken begannen; damit wuchs auch die Volkstümlichkeit und allgemeine Beliebtheit der Krippen. Die Figuren – entweder aus Holz geschnitzt und farbig gefasst, in der Art beweglicher Puppen mit Kugelgelenken, oder aus einem Drahtkörper mit feinbossierten Wachsköpfchen, Hände und Füße aus Holz; beide Arten mit reich bestickten Textilien bekleidet – waren in Gesichtsausdruck und Kleidung Abbilder zeitgenössischer Menschen. Die Hirten, Musikanten und anderen Vertreter des Volkes trugen die geläufige Tracht, während die Könige und ihr Gefolge kostbar und phantasievoll ausstaffiert wurden. Die Krippenlandschaft war der Umgebung ihres Entstehungsortes nachempfunden. Die Schnitzer dieser Figuren sind nur selten namentlich bekannt, meist handelte es sich um Laienbrüder oder Nonnen in den Klöstern, wie zum Beispiel bei der noch erhaltenen Krippe des ehemaligen Zisterzienserinnenklosters Gutenzell bei Ochsenhausen.[3] In diesem Nonnenkloster wurden

vor allem Heiligenreliquien mit Seide, Goldspitzen und bunten Steinen gefasst und Paramente für den Altardienst angefertigt; das Verarbeiten glanzvoller Stoffe, das Sticken prunkvoller Ornamente und die geschickte Verwendung von Flitterwerk gehörte dort zum Alltag. Dass die Gewänder der Könige und ihres Gefolges besonders prachtvoll ausfielen, ist darum nicht verwunderlich.

Das 18. Jh. stellte den Höhepunkt innerhalb der Krippenkunst dar; weder vorher noch nachher war die Vorliebe für die Krippe so allgemein, wurde ein so großer Aufwand in der Ausstattung getrieben. Doch liefen die barocken Frömmigkeitsformen der Kirche gegen Ende des 18. Jhs. dem Zeitgeist zuwider: Die vernunftbetonten Ideen der Aufklärung sahen darin ›einfältige Kinderspiele‹. Innerkirchliche Reformer wurden in ihrem Kampf für den Rationalismus dabei von Teilen des aufgeklärten Staates unterstützt. Alles, was szenisch populistisch die Heilsgeschichte darstellte, wurde verboten. So kam es, dass bereits 1782 Kaiser Joseph II. das Aufstellen von Krippen in Kirchen verbot.[4] Da große Teile des deutschen Südwestens zu Vorderösterreich gehörten, galt dieses Dekret auch für diesen Bereich. Auch der Fürstbischof von Augsburg, Kurfürst Klemens Wenzeslaus, dessen Bistum der katholische Osten des heutigen Württemberg unterstand, unterstützte die Josephinischen Reformen.[5] Es ist somit anzunehmen, dass ein Großteil der Krippen in Kirchen und Klöstern des späteren Neuwürttemberg bereits Ende 18. Jhs. verschwunden war. Wie verbreitet Krippen und Krippenzyklen im 18. Jh. sowohl in Kirchen und Klöstern, als auch allmählich in reichen Bürgerhäusern waren, lässt sich aus den Notizen des Gmünder Chronisten Dominikus Debler herauslesen. In seiner zwischen 1780 und 1820 abgefassten *Chronica* heißt es u. a., *unter während dieser Adventszeit wurden in allen Kirchen und Klöstern ohne Ausnahme das Krippelein aufgemacht und täglich verändert. Als 1. die Geburt Christi im Stall, da die Hirten opferten. 2. Die Flucht Mariens in Ägypten. Herodes, da er die Kinder töten ließ und er dann in die Hölle kam. 3. Die Beschneidung Christi. 4. Die Hl. Drei Könige, da sie dem Jesulein opferten. 5. Da Jesus geprediget.[6] 6. Die Arbeit Josefs und Jesu, da Maria spann. 7. Die Hochzeit in Kana in Galiläa. Und diese Krippen wurden gar schön mit gekleideten Figuren und zerschiedenen Schauen, Veränderungen vorgestellt. Es war fast kein Haus, wo man nicht Hauskrippen fand.*[7] Und an anderer Stelle, *es waren auch fernd viel Krippen allhier in allen Kirchen gewesen, als 1. in der Pfarrkirchen[8], hinter dem Choraltar, 2. bei den Dominikanern, 3. bei den Augustinern, 4. bei den Franziskanern, 5. bei den Kapuzinern, 6. bei St. Ludwig, 7. bei St. Johann, 8. bei St. Veit, 9. im Spital, 10. bei St. Leonhard, 11. in Gotteszell, 12. auf dem Salvator. […] Es waren sicher im [in jedem, Hg.] 3ten Haus eine Hauskrippe, wo sich die Kinder unterhielten und von Müßiggang abgehalten, Böses zu tun, gewöhnt waren.*[9] Doch der Zeitgeist machte auch vor den Stadttoren Gmünds nicht Halt, wie Debler bedauernd feststellte: *Es waren überall Andachten, die Zeit hat man mit guter Meinung zugebracht, und bei der Finsternis – wie die Aufklärer es betitelten – noch viel besser als bei der großen Aufklärung, wo man die Zeit mit Verachtung seines Nächsten sich zu vertreiben sucht.*[10] Die Ideen der Aufklärung hatten die Krippen zumindest aus den Kirchen der Stadt verbannt, während

vermutlich die Zahl der Hauskrippen in der Folgezeit zunahm. Die Gläubigen wollten nicht auf die mittlerweile so vertrauten Darstellungen des Weihnachtsgeschehens verzichten und hatten einen Ausweg gefunden: Mehr und mehr wurden Krippen jetzt von Privatleuten in Auftrag gegeben und in Privathäusern, nicht mehr in Kirchen aufgestellt.[11]

Geistlose und zweckwidrige Ceremonien

Was mit der Aufklärung begann, setzte sich nach den geänderten Machtverhältnissen der Jahre 1802/03 fort; die Eingriffe in die religiösen Gewohnheiten der Bevölkerung waren rigoros. Nicht nur die verbliebenen Krippen verschwanden nun vollständig aus den öffentlichen Räumen, sondern auch andere ›moralische Lernhilfen‹ wie Ölberge und Heilige Gräber. Die Kurpfalzbayerische Landesdirektion Schwaben erließ am 8. Februar 1804 folgende Verordnung: *Gebräuche und Ceremonien, welche der Würde unserer heiligen Religion, und dem Geiste ihrer erhabenen Wahrheiten nicht entsprechen, entehren die Kirche, und geben den Feinden der Wahrheit neuen Stoff zu spotten, zu lästern, und das Christentum selbst verächtlich zu machen. Unter diese zweckwidrige Mißbräuche gehören vorzüglich […] f) die sogenannte Krippe am Weihnachtsfeste. Durch diese unanständigen Schauspiele, welche ihren Ursprung weder in dem Ritus der römischen Liturgie, noch in irgend einem allgemeinen Kirchengeseze finden, sondern vielmehr durch wiederholte Verordnungen der landesherrlichen und bischöflichen Behörden aus den Kirchen verbannt sind, wird die stille Andacht unterbrochen, die Theilnahme an dem öffentlichen Unterrichte und den christlichen Lehranstalten gestört und das Haus Gottes entweiht. Diese geistlose und zweckwidrige Ceremonien werden daher nachdrücklich verboten.*[12] Bereits ein Vierteljahr zuvor war im *Regierungsblatt für die Churpfalzbaierischen Fürstenthümer in Franken* ein ähnliches Verbot veröffentlicht worden. *Sinnliche Darstellungen gewisser Religionsbegebenheiten waren nur in einem solchen Zeitraume nützlich oder gar nothwendig, in welchem es an geschickten Religionsdienern fehlte, die Unterrichtsanstalten noch sehr selten und ganz mangelhaft waren, und das Volk noch auf einer so niedrigen Stufe der Cultur und Aufklärung stand, daß man leichter durch Versinnlichung der Gegenstände, als durch mündlichen Unterricht und Belehrung auf den Verstand wirken, und dem Gedächtnisse nachhelfen konnte. Zu diesen sinnlichen Darstellungen gehören die sogenannten Krippen, durch welche die Geschichte der Geburt und einiger anderer Begebenheiten aus dem Leben unsers Heilandes anschaulich gemacht werden wollten. Da die Einwohner der fränkischen Provinzen seit geraumer Zeit so weit in der religiösen Aufklärung fortgeschritten, und die Unterrichtsanstalten schon lange dahin gediehen sind, daß es solcher Vehikel zur religiösen Aufklärung und Belehrung nicht mehr bedarf; – da die Krippen meistens schon abgeschafft sind, und die nur noch in einigen Kirchen beybehaltenen lediglich kleinen Kindern zum Vergnügen dienen können; so werden die Beamten und Pfarrer angewiesen, die Aufstellung der Krippen in den Kirchen ihrer Amts- und Pfarreybezirke, wo sie bisher noch üblich war, künftig nicht mehr zu gestatten.*[13]

Aus den ›simplen Gläubigen‹ richtige Vernunftwesen herauszubilden, war das erklärte Ziel der ›aufgeklärten‹ Herrscher – auch im neugegründeten Kurfürstentum Württemberg. Und ›simple Gläubige‹ fanden sich in erster Linie im katholischen Neuwürttemberg, so die Meinung der ›aufgeklärten‹ evangelischen Altwürttemberger. *Das gemeine Volk – also der größte Teil der Bewohner – in Ellwangen und Gmünd ist noch weit von der Aufklärung entfernt*, stellte Philipp Ludwig Hermann Roeder in seiner 1804 erschienen *Geographie und Statistik Württembergs* fest. Diese seien noch in der *Finsternis* verhaftet, mit *Blindheit* und *Aberglauben* geschlagen. Aber das Programm für die Veränderung dieser Zustände war schon entworfen und in Gang gesetzt: Die Klöster waren aufgelöst. Damit – so Roeder – bestünde die begründete Hoffnung, dass aus den *unaufgeklärten* Katholiken noch gute *gewerbsame* Württemberger werden würden. *Das Volk wird alsdann, geleitet von treuen und gebildeten Lehrern, einsehen, daß das praktische Christentum nicht im Rosenkranz beten, im Messe laufen, Prozessionen und Wallfahrten bestehe, sondern in Ausübung der christlichen Religionspflichten.*[14] Doch von Einsicht konnte keine Rede sein; vielmehr regte sich Resignation, aber auch Wut bei der katholischen Bevölkerung über das selbstherrliche Auftreten der neuen

und evangelischen Machthaber; solidarisch mitfühlend beobachtete sie das Auflösen und Ausplündern der Klöster und Kirchen. Und man ahnte in Gmünd, dass der 26. November 1802, der Tag der Übernahme der Zivilverwaltung durch württembergische Beamte, erst der Anfang war.

Unmittelbar nach Eintreffen des Hofkommisärs Sattler in Gmünd leitete dieser die Säkularisation, die Enteignung der Klöster, ein. Die Prioren und Priorinnen der hiesigen klösterlichen Niederlassungen[15] wurden auf das Rathaus befohlen, und Sattler teilte ihnen die Aufhebung ihrer Klöster mit, wobei er sich auf die einschlägigen Bestimmungen des Reichdeputationshauptschlusses berufen konnte. Dabei kamen – laut *Instruction für die herzogl. Commissarios zur völligen CivilBesizErgreifung*[16] – folgende Punkte zum Tragen: Das Verbot, Novizen aufzunehmen, der Einzug der klösterlichen Einkünfte durch das Herzogtum, die Aufstellung einer Liste über die Bedürfnisse der Insassen, die listenmäßige Erfassung aller Ordensleute, die Aufhebung der Niederlassungen und die Pensionierung der Insassen. Die systematische Übernahme setzte sich nun in Gang, schrittweise und konsequent zugleich. Am 1. Dezember 1802 wurden die Vorräte in den Kellern und Speichern der Klöster durch Sattler in Beisein zweier Ratsmitglieder inspiziert. Auch die kirchlichen Schenkungen und Stiftungen wurden erfasst. Ein Beschlagnahmeprotokoll darüber wurde am 9. Dezember 1802 fertiggestellt und die Vollzugsmeldung nach Ellwangen geschickt. Am selben Tag erhielten die sechs Klöster das herzogliche Dekret der Inbesitznahme zugestellt; die Termine für die Räumung der einzelnen Objekte fielen sehr unterschiedlich aus. Das Dominikanerkloster musste bereits am 29. Dezember 1802 geräumt werden, am 20. Januar 1803 folgten das Dominikanerinnenkloster zu Gotteszell, am 10. Februar 1803 das Augustiner-Eremiten-Kloster und am 22. Februar 1803 das Franziskanerinnenkloster zu St. Ludwig.[17] Die Kapuziner und Franziskaner blieben zunächst unbehelligt. Die Auflösung des Kapuzinerkonvents und die Versorgung der Mönche wäre dem Staat mangels vorhandener Masse vermutlich zu teuer geworden, und die Franziskaner wurden der neugeschaffenen Schulpflege unterstellt und durften am Gymnasium in ihrem Kloster weiter unterrichten.[18]

Die Augen stehen voller Wasser ...

*Es wird noch ganz anders gehen, es werden noch grö-
ßere Veränderungsbefehle kommen, da wird man erst
dann sehen, etc, der Fürst ist sehr bös auf euch, ihr seid
ja schuldig, überschuldig, ihr seid sehr angeschwärzt.
– Ich kann und will nicht mehr, die Augen stehen voller Wasser, die Hand zittert. Gott, erbarme Dich über
ein Volk, das unbarmherzig zugrundegehen soll!*[19] –
schrieb der Gmünder Chronist Dominikus Debler
angesichts der umwälzenden Neuerungen, angesichts
der Zerstörung einer über Jahrhunderte gewachsenen
katholischen Kultur. Die erste Maßnahme der württembergischen Beamten bei der Schließung der klösterlichen Niederlassungen war die Sicherstellung der
Wertgegenstände. Nach Anfertigung von Inventarlis-
ten wurden kirchliches Gerät aus Gold und Silber
sowie wertvolle Paramente sofort konfisziert, abge-
wogen und dann nach Ludwigsburg abtransportiert –
ein bürokratischer Akt, der von Klosterangehörigen
und Bevölkerung gleichermaßen schmerzhaft empfunden wurde. *Den 28. Dez. [1802] erhielten sämtliche Klöster den Auftrag, ein spezifiziertes Verzeichnis
all ihrer in jeder Zell befindlichen Sachen einzurei-
chen. Den 29. gingen die Herren Kommissare in das
Dominikanerkloster, kündigten ihnen an, daß sie nun
vom Kloster abziehen müßten und einstweilen zu den
Franziskanern einziehen sollten; das Ciborium wurde
sogleich vom Tabernakel genommen und die Hl.
Hostien herausgenommen und in die Pfarrkirche*[20]
*getragen – man hat alles öffentlich getragen – aller
Kirchenornat auf die Greth durch 2 Zimmerleut hi-
neingetragen in die ehemalige Stättmeisterstuben, als
Kelch, Monstranzen, Teller, Meßbücher, Meßgewänder, Alben, nebst der Kirchenzierde, auch vom Kloster
Better, Leinwand, Küchengeschirr und andere im
Kloster befindliche Effekten, wurde alles versiegelt
und verschlossen. Die Patres weinten bitterlich, auch
die Bürgerschaft weinte mit ihnen, es war ein rühren-
der Auftritt. Den Augustinern soll es nächstens auch
so gehen.*[21] Die Aufhebung des Klosters traf die Patres dabei fast wie ein Blitz aus heiterem Himmel: *Herr
Kommissar [Sattler] kam in das Kloster zu den Dominikanern, kündigte ihnen an, daß er herzogl. Befehl-
habe, um 9 Uhr [morgens] das Kloster und die Kirche
zu sperren. Der Prior samt Patres ergaben sich dem*

*Willen seiner herzogl. Durchlaucht, stellten dem Herrn
Commissar vor, daß viele Leute ihre Andacht in der
Kirche und auf die tägliche ½10 Uhr Messe warten, er
solle ihm nur erlauben, die ½10 Uhr Messe noch lesen
zu dürfen; nicht gern bewilligte er solches. Es war wohl
eine traurige Messe, die mit Eile geschah.*[22] Die Schließung der anderen Klöster erfolgte in ähnlicher Art
und Weise; sämtliche Wertgegenstände wurden zunächst in der Grät[23] aufbewahrt und anschließend nach
Ludwigsburg abtransportiert, wo das Kirchensilber
eingeschmolzen wurde. Auch die vorerst nicht aufgehobenen Klöster sollten um ihre Wertgegenstände erleichtert werden; dazu erteilte Friedrich II. von Württemberg Sattler am 12. Januar 1803 die ausdrücklicher
Erlaubnis: *Da Wir auch von denjenigen Klöstern, welche Wir vor der Hand noch nicht aufgehoben haben,
namentlich von dem Franziskaner- und Kapuziner-
auch Dominikaner Nonnenkloster in Gmünd alles
dasjenige Gold, Silber und Pretiosen, welche bei den
Oekonomien vorhanden und nicht PrivatEigenthum
sind ohne Unterschied, sodann auch diejenigen Kostbarkeiten, welche zum Gottesdienst nicht unumgänglich und wesentlich erforderlich sind unter Unsere
höchsteigene Verwahrung gebracht wissen wollen.*[24]
Wurden die Kirchen nicht geschlossen, sondern in
ihnen weiterhin Gottesdienste gefeiert, so trat folgende Verordnung in Kraft [...], *daß denselben 1
Ciborium, 1 Monstranz und soviel Meßkelche gelaßen
werden sollen, als Altäre zum Meßlesen in der Kirche
vorhanden sind. Ferner wollen Wir denselben alle
Meßgewänder und kirchliche Kleidungen, welche
nicht Kostbarkeiten sind, belaßen haben, wobei sich
jedoch von selbst versteht, daß das Eigenthum auch
dieser sachen Uns bleibt, und ihnen nur der Gebrauch
derselben überlaßen wird. Eben so habt Ihr denselben
ihr eigenes Besteck und Löffel zum täglichen Gebrauch zu laßen.*[25]
Doch alle Dinge des täglichen Gebrauchs, die darüber
hinausgingen, ließ man konfiszieren, auch im Dominikanerinnenkloster Gotteszell, wie Dominikus Debler berichtet, *den 20. [Januar 1803] hat Hofkommissar
[Sattler] bei Gotteszell abgeholt 1 Dutzend Silbermes-
ser, Gabel und Löffel, ein paar Salzfässer, einen Vor-
leglöffel etc. [...] Den 27. März [1803] tractiert und
handelt Herr Hofrat Sieskind mit den Frauen in Gotteszell [...] Ihre Pferde sind gleich nach Stuttgart*

geschickt worden. Silber, Meßgewänder, Ornat sind schon voher abgegangen.[26] Am 2. Februar 1803 konnte Sattler nach Ludwigsburg melden, dass sich in sämtlichen Gmünder Klöstern keinerlei Kirchensilber mehr befinde, lediglich noch *1 Monstranz und 1 Ciborium und nur so viele Kelche als Altäre zum Meßlesen in jeder Kirche vorhanden.*[27]

Ein Krippen, die aber sehr schlecht

Die Erfassung der Gmünder Klosterbestände erfolgte akribisch genau; jedes Kopfkissen und jeder Kehrwisch wurden aufgelistet, ebenso das ›Gerümpel‹ auf Dachböden und in Kellern.[28] Auffallend jedoch ist, dass in keinem Inventar eine Krippe erwähnt wurde! Ähnliches bemerkt man, wenn man die erhaltenen Inventare anderer säkularisierter Kirchen und Klöster im Lande durchsieht.[29] War den Klosterangehörigen ihre Krippe so wert und teuer, dass sie sie vor den neuen Machthabern versteckt hielten oder befanden sich 1802/03 keine Krippen mehr in kirchlichem Besitz? Man muss wohl von letzterem ausgehen, denn im Gegensatz zu Krippen finden sich in den Inventaren sehr häufig »Christkinder« aus Holz oder Wachs in Glasschreinen.[30] Auch später erstellte Verzeichnisse spiegeln dieses Bild wider.[31] Vermutlich hatten die Aufklärung und frühere Verbote die Krippen schon längst aus den Kirchen verbannt. Dafür würde auch sprechen, dass in den erhaltenen Akten jener Zeit lediglich zwei (!) Hinweise auf Krippen überliefert sind. Einmal heißt es im *Auszug aus dem untern 1ten de 9. Juni 1810 über die Mobilien in dem hiesigen neu aufgehobenen Kapuziner-Kloster* [Biberach] *aufgenommenen Verzeichniß, enthaltend die Kirchen-Geräthschaften,* dass man dort *1 ganze Krippe besitze.*[32] Diese Krippe ist jedoch nicht mehr im Verzeichnis derjenigen Gerätschaften aufgeführt, die in der Kirche weiterhin verwendet werden durften. Wahrscheinlich fiel sie der *Verordnung an das ganze hochwürdige Capuciner-Konvent in Biberach* des Königlichen und Bischöflichen Dekanatsamtes Alberweiler vom 26. Mai 1810 zum Opfer: *Endlich wird zwar den geistlichen und Layen-Brüdern Ordnung ernstlich eingeschärft, aber keine solche, welche dumme und unsinnige Mönchs-Possen verewiget, sondern eine solche, welche*

das Evangelium, der Humanität und Nächstenliebe vorschreibe.[33]

Eine zweite Krippe muss sich in der Pfarrkirche zu Heuchlingen befunden haben, denn dort kann man im 1806 erstellten *Verzeichniß waß in der Pfarrkirch zu Heuchlingen vor KirchenSachen vorhanden ist als nemlich* […] *auch ein Krippen, die aber sehr schlecht lesen.*[34] In einem weiteren Inventar von 1813 wurde sie nicht mehr aufgelistet.[35]

Sollte es zu dieser Zeit noch Krippenbestände in Kirchen und Klöstern gegeben haben, kamen sie sicher in der Folgezeit mit den übrigen Mobilien ›unter den Hammer‹. In öffentlichen Versteigerungen wurden Gebäude, Ländereien und Einrichtungen an Meistbietende verkauft. Gotteszell traf es am 4. und 5. April 1803; *Bierbrauerei, Branntweinbrennerei und Bäckerei mit dem erforderlichen Geschirr, hinreichenden Wohnungen und wenn es die Liebhaber es wünschen sollten, mit Zugabe von Wiesen, Äckern, Scheuern und Stallungen, sodann einer Mahlmühle mit einem Gerbgang und 2 Mahlgängen und einer dabei befindlichen Sägmühl* […]*, schönes Melk- und Mastvieh, ein dreijähriges Fohlen, dann Heu, Öhmd und Stroh und Dungvorrat,* […] *die Fahrnis im Kloster, insbesondere Bettgewand, Leinwand, Spinnwerk, eine viersitzige Chaise, ein vollständiges Küferhandwerkszeug, Fuhr- und Bauerngeschirr und allerlei gemeiner Hausrat*[36] fanden neue Eigentümer. Zwischen dem 9. und 12. Mai 1803 wurden auf dieselbe Weise Dominikaner-, Augustiner- und Franziskanerinnenkloster in Gmünd ›geplündert‹, *Kästen, Tische, Zinn, Kupfer, Malereien etc. in summa alles ohne Ausnahme, Leinwand, Tischzeug, in der Sacristei, in der Kirche.*[37] Neben interessierten Einheimischen fanden sich auch *viele Juden und Fremde hier*[38] ein. Kulturgüter von unermesslichem Wert wurden verschleudert und in alle Winde zerstreut.

Außer den Privatleuten – *den Kronleuchter bei den Dominikanern hat ein Bürger erkauft pro 17 fl.*[39] oder *bei der Versteigerung bei den Dominikanern hat Herr Hauptmann von Storr die Muttergottes und Herz-Jesu erkauft*[40] – versuchten auch Pfarrer ihre bis jetzt vielleicht bescheiden ausgestattete Kirchen aufzuputzen. Das Gmünder Heilig-Kreuz-Münster erhielt so einige Kronleuchter und Messgewänder aus dem ehemaligen hiesigen Dominikanerkloster[41] sowie Heili-

276

genfiguren aus dem Augustinerkloster[42], während das Spital von den Dominikanern zwei Ölgemälde[43] übernahm. *Zwei schöne neue Beichtstühl von der DominicanerKirch zu Gmünd und 3 schöne Altär samt Chorbilder von der AugustinerKirchen zu Schwäbisch Gmünd* kamen auf diese Weise in die Pfarrkirche Hohenberg. Woher allerdings *1 Krippe und 1 Heil. Grab samt Zubehör* stammten, die der Hohenberger Pfarrer Joseph Baumann ebenfalls bei einer Versteigerung kaufte, bleibt unbekannt.[44]

Theaterähnliche Berge, kleine buntscheckige Figuren, allerlei Thiere

Während in Bayern das Krippenverbot 1825 aufgehoben und religiöses Brauchtum wiederbelebt wurde[45], verfolgte man in Württemberg einen anderen kirchenpolitischen Kurs. Bereits 1803 wurde alles, was an katholischen ›Brauchtümern‹ die Aufklärungszeit und den Josephinismus überdauert hatte, rigoros untersagt. Vermieden werden sollte nun alles, *was die Flamme der reinen Andacht ersticken, oder wodurch zu sinnlicher Zerstreuung und sittlicher Unordnung Anlaß geben würde.*[46] In Schwäbisch Gmünd waren die *alten hergebrachten Gewohnheiten und üblichen Ceremonien*[47] schon seit November 1802 verboten. Nicht nur die Prozessionen und Wallfahrten waren davon betroffen,[48] sondern auch das allmorgendliche Rosenkranzgebet in den Kirchen.[49] *Es wurde auch befohlen, alle Bildstöcke, sowohl auf dem Land als bei der Stadt hinwegzutun, wenn solche aber gelb und schwarz angestrichen, so könnten sie bleiben. Letzteres wird wohl ehder geschehen als ersteres,*[50] notierte der Chronist Debler. Auch das alljährliche Passionsspiel und die Palmsonntagsprozession fielen dem Reformeifer zum Opfer. Debler kommentierte dieses Verhalten: *So einfach und unbedeutend alles war, so war doch alles mit Andacht, Eifer und guter Meinung geschehen,*[51] und *daß aber sowohl die Palmprozession als das Passionsspiel viel mehr Gutes als Schlimmes bei sich führet, ist eine ebenso starke Wahrheit. Daß Gott dabei viel geehrt, der Mitbürger an seiner Nahrung vielen Nutzen, ist ebenso Wahrheit.*[52] Dass der Palmesel[53] diese Zeit ›überlebte‹, ist vermutlich allein der Tatsache zuzuschreiben, dass er aus Holz gefertigt

war und als ›nicht wertvoll‹ eingestuft wurde. Aus demselben Grund hat sich wohl auch eine Passionskrippe aus dem Kloster Gotteszell erhalten. Diese Krippe – eigentlich ein »Kalvarienberg« – entstand um 1720 und befand sich ursprünglich auf einem Seitenaltar der Klosterkirche. Ende des 18. Jhs. wurde sie wohl als nicht mehr zeitgemäß entrümpelt und verkauft. So gelangte sie in Privatbesitz und schließlich 1920 in die Julius-Erhard'sche-Altertümersammlung, die den Grundstock des Gmünder Museums bildet.[54] Trotz der Verbote scheinen die *sinnlichen Vorstellungen* in Kirchen teilweise fortgeführt worden zu sein. Am 19. April 1814 sah sich das Generalvikariat von Ellwangen genötigt, einen Erlass[55] zu formulieren, der sich gegen die Gebräuche an Himmelfahrt und Pfingsten richtete. Um die oft nüchternen Bibelworte zu ›versinnbildlichen‹, war es in manchen Kirchen üblich, eine Deckenöffnung im Chor in besonderer Art und Weise zu nutzen. An Himmelfahrt ließ man von dort eine Christusfigur an einem Seil ›auffahren‹ und an Pfingsten ein Heilig-Geist-Taube ›herabschweben‹.

Auch Krippen wurden in den ersten Jahrzehnten des Königreichs Württemberg zunehmend wieder in den Kirchen gezeigt. Am 27. November 1826 ging das Generalvikariat Rottenburg aber dagegen vor: *Es ist Uns zur Kenntniß gekommen, daß noch in einigen Pfarreien Unsers innländischen General-Vikariats-Sprengels, wo Nebenkapellen bestehen, in denselben von Privat-Personen sogenannte Weihnachts-Krippen errichtet werden, welche an Sonn- und Fest-Tagen zum häufigen Auslaufen, besonders der Pfarr-Jugend in solche fremde Pfarreien, und folglich zur Versäumniß des pfärrlichen Gottesdienstes Veranlassung geben, und auch in selben oft unwürdige Vorstellungen, die gegen die heilige Geschichte der hohen Geburt unsers göttlichen Erlösers, und die damit verbundenen übrigen lehrreichen Begebenheiten anstossen, und statt Erbauung zu bezwecken, und fromme Gefühle in den Herzen des christlichen Volkes zu erregen, nur diese heilige Geschichte entstellen, und herabwürdigen, sich einschleichen könnten, als Erbauung der theaterähnlichen Berge, Hineinstellen kleiner buntscheckiger Figuren, allerlei Thiere, etc. Obgleich Wir nun aus den mehrjährigen decanatamtlichen Pfarr-Visitations-Berichten überzeugt sind, daß bereits in den sämmtlichen Pfarr-Kirchen Unsers innländischen General-Vikari-*

Fastenkrippe
Die Bezeichnung Krippe war früher nicht ausschließlich auf die Darstellung des Weihnachtsgeschehens der Geburt Christi beschränkt. Darunter fiel auch der Kalvarienberg mit dem Leiden Christi aus dem Dominikanerinnenkloster Gotteszell in Schwäbisch Gmünd. Holz, farbig gefasst, um 1720. Museum und Galerie im Prediger, Schwäbisch Gmünd.

ats-Sprengels keine dergleichen Krippen mehr errichtet werden, die der bestehenden Verordnung entgegen die Andacht der Parochianen hemmen, oder genanntes Auslaufen der Pfarr-Jugend veranlassen könnten; so wie Wir überhaupt auch aus gedachten Pfarr-Visitations-Relationen die Versicherung erhalten haben, daß ebenso in keiner Pfarr-Kirche mehr die ehemals üblichen Vorstellungen einer sogenannten Pfingst-Taube- und Himmelfahrts-Aufzüge-Ceremonien oder sonst unwürdige oder theatralische Vorstellungen bei den heiligen Gräbern in den 2 letzten Tagen der heiligen Woche geduldet werden, [...] so sehen Wir Uns doch aufs Neue durch erhaltene Anzeigen von derlei noch bestehenden Weihnachts-Krippen in den Neben-Kapellen veranlaßt, im Einverständnisse mit der Staats-Behörde Unsere Pfarrgeistlichkeit auch auf diese Krippen aufmerksam zu machen. Indem Wir nun die früheren Verbote, daß weder in den Pfarr-Kirchen noch in den Neben-Kirchen oder Kapellen Krippen aufgestellt werden dürfen, erneuern; sind Wir jedoch keineswegs gemeint, jene Gemählde zu verdrängen, welche würdige und dem Geiste der Religion entsprechende Vorstellungen enthalten. Dieß wollen Wir besonders von der heiligen Geschichte Jesu unsers Herrn verstanden wissen, welche Wir auf würdige Weise dem Auge und Gemüthe der Gläubigen anschaulich gerne vorgestellt sehen, und daher gestatten wollen, daß in Pfarr-Kirchen (nicht aber in neben-Kirchen oder Kapellen) über die Weihnachtszeit ein schönes Gemählde über die Geburt Christi auf einen Altar aufgestellt werde. [...][56]

Das Verbot tat dem Brauch der Weihnachtskrippen keinen Abbruch. 1843 zum Beispiel ›entdeckte‹ das Kameralamt Donaukreis im aufgelösten Zisterzienserinnenkloster Heiligkreuztal (es wurde immer noch von einigen pensionierten Nonnen bewohnt) eine Krippe, nämlich die *Geburt Christi in vielen kleinen Wachsfiguren darstellend.* Während den Verhandlungen über den Verstoß gegen obrigkeitliche Ordnungen wiederholten *die Priorin und die übrigen Frauen [...] die bestimmte Versicherung, daß zur Zeit der Aufhebung des hiesigen Klosters und der Vereinigung mit dem damaligen Churhaus Würtemberg diese Gegenstände, die überhaupt keinen erheblichen Werth haben, nicht vorhanden gewesen sind, und später theils aus Mitteln des Convents angeschafft, oder für den bezeichnenden Zweck (Verzierung des Choraltars) von einzellnen Mitgliedern abgegeben worden sind.*[57]

Zwar ließen sich die Krippen nie vollständig aus den Kirchen verbannen, aber die immer wieder erneuerten Verbote ebneten der Krippe den Weg ins – zunächst nur katholische – Privathaus, wo sie seit der ersten Hälfte des 19. Jhs. ihren Siegeszug begann; seit Ende des 19. Jhs. findet man sie auch vereinzelt in evangelischen Häusern. Und heute ist sie allgegenwärtiges Weihnachtsrequisit wie Tannenbaum und Kerzen.

[1] *Johann Wolfgang von Goethe,* Italienische Reise, in: *Jochen Golz* (Hg.). Berlin 1987, 330.
[2] Zitiert nach *Albert Walzer,* Schwäbische Weihnachtskrippen aus der Barockzeit. Konstanz 1960, 73.
[3] *Walzer,* Weihnachtskrippen (wie Anm. 2), 67.
[4] *Erich Lidel,* Die Schwäbische Krippe. Weißenhorn 1978, 31.
[5] Ebd., 31.
[6] Gemeint ist vermutlich der 12-jährige Jesus im Tempel.
[7] StA Schwäbisch Gmünd: *Dominikus Debler,* Chronica – Beschreibung der heil. Röm. uralt gantz Katholischen Kaiserl. Königl. Freyen ReichsStadt Schwäb. Gmünd. (Handschrift) 12 Bände, 1780 bis 1818/20. Bd. 4, 155f.
[8] Hl. Kreuz-Münster in Gmünd.
[9] *Debler,* Chronica (wie Anm. 7), Bd. 5, 798f.
[10] Ebd., 799.
[11] *Nina Gockerell,* Krippen im Bayerischen Nationalmuseum. München 1994, 17.
[12] Zitiert nach *Lidel,* Krippe (wie Anm. 4), 32.
[13] Verordnung vom 04.11.1803 in: Regierungsblatt für die Churpfalzbaierischen Fürstenthümer in Franken. Würzburg 10.11.1803, 277.
[14] *Philipp Ludwig Hermann Roeder,* Geographie und Statistik Würtembergs. Teil 2. Ulm 1804, 37f. Die Schrift erschien anonym.
[15] Augustiner-Eremiten, Dominikaner, Franziskaner, Kapuziner, Franziskanerinnen und Dominikanerinnen.
[16] StA Schwäbisch Gmünd: Dokumente zur Besitzergreifung Gmünds durch Württemberg 1802ff. *Instruction für die herzog. Commissarios zur völligen CivilBesizErgreifung vom Nov. 1802.*
[17] *Kurt Seidel,* Schwäbisch Gmünd im 19. Jh., in: *Stadtarchiv Schwäbisch Gmünd (Hg.),* Geschichte der Stadt Schwäbisch Gmünd. Stuttgart 1984, 307–365, 308f.
[18] *Immo Eberl/Klaus Jürgen Herrmann/Roland Schurig/Ute Richter-Eberl,* »... schweigen, gehorchen und bezahlen!« Die staatliche Neuordnung im östlichen Württemberg 1802/1806. Stuttgart 2002, 63f.
[19] *Debler,* Chronica (wie Anm. 7), Bd. 6, 53f.
[20] Hl. Kreuz-Münster.
[21] *Debler,* Chronica (wie Anm. 7), Bd. 6, 44f.

[22] Ebd., 45.

[23] Die Grät war ein stauf. Gebäude, das um 1803 als städt. Magazin u.Verwaltungsgebäude benutzt wurde.

[24] SAL D 23 Bü 109: Dominikaner Gmünd. Schreiben Friedrichs II. von Württemberg an Hofkommissar Sattler vom 12.01.1803.

[25] SAL D 23 Bü 208: Kloster Schönthal. Schreiben Friedrich II. vom 25.01.1803 an Hofkommissar Bilfinger.

[26] *Debler*, Chronica (wie Anm. 7), Bd. 6, 51, 77.

[27] SAL D 23 Bü 100. Handakten Bernritter.

[28] SAL D 23 Bü 109. Inventare Gmünder Klöster vom Dez. 1802.

[29] SAL E 209-, D 85- und D 23-Bestände

[30] z. B. SAL D 5 II Bü 24: Landvogtei Ellwangen. Das Inventar der Stiftskirche Ellwangen vom 17.11.1804 erwähnt u. a. *1 ChristKindlein von Wachs in schwarzem Gehäuß, 1 dergl., 1 dto in einem schwarzen Kästlein mit 3 Gläßer.*

[31] z. B. SAL D 85 Bü 381: Kircheninventare 1806 bis 1816, D 85 Bü 382: Inventare 1816. *Christkinder* besaßen u. a. die Leonhardskapelle in Abtsgmünd, die Kirche in Beersbach, die Ellwanger Stiftskirche, die Wallfahrtskirche auf dem Schönenberg und viele weitere Kirchen und Kapellen im Bezirk Ellwangen.

[32] SAL E 209 Bü 59: Kapuzinerkloster Biberach.

[33] Ebd.

[34] SAL D 85 Bü 381: Kircheninventare 1806 bis 1816. Verzeichnis 1806.

[35] Ebd., Verzeichnis von 1813.

[36] *Debler*, Chronica (wie Anm. 7), Bd. 6, 80.

[37] Ebd., 94f.

[38] Ebd., 91.

[39] Ebd., 95.

[40] Ebd., 98.

[41] Ebd., 95.

[42] Ebd., 101. Erwähnt werden Maria Trost und der hl. Augustin.

[43] *Debler*, Chronica (wie Anm. 7), Bd. 6, 101. Hl. Dominikus und hl. Vinzenz.

[44] SAL D 85 Bü 381: Kircheninventare 1806 bis 1816. Inventare der Pfarrkirche Hohenberg vom 24.04.1813.

[45] *Hans-Günther Röhrig*, Fränkisches Krippenbuch. Bamberg 1981, 16.

[46] DA Freiburg; Akten der Diözese Konstanz, Faszikel Bittgänge. Erlass des Bischöflichen Ordinariats Konstanz vom 17.03.1803.

[47] *Debler*, Chronica (wie Anm. 7), Bd. 4, 153.

[48] Ebd., Bd. 6, 46.

[49] Ebd., 50.

[50] Ebd., 77.

[51] Ebd., Bd. 4, 153.

[52] Ebd., Bd. 5, 796.

[53] Der Palmesel aus der Zeit um 1500 befindet sich heute im Museum für Natur und Stadtkultur in Schwäbisch Gmünd.

[54] *Albert Walzer*, Schwäbische Passionskrippen des 18. Jhs., in: Neue Beiträge zur südwestdt. Landesgeschichte Bd. 21, 265 bis 289, 265.

[55] *Johann Jakob Lang*, Sammlung der württembergischen Kirchen-Geseze. Dritter Theil enthaltend die katholischen Kirchen-Gesetze […]. X. Band der Reyscher'schen Gesetzsammlung. Tübingen 1836, 459f.

[56] Ebd., 853f.

[57] SAL E 209 Bü 167 Frauenkloster Heiligkreuztal. Verhandlung des Kameralamtes Donaukreis vom 03.05.1843.

Geistliches Leben und klösterlicher Alltag

Das Augustinerchorfrauenstift Inzigkofen am Vorabend der Säkularisation

von Edwin Ernst Weber

Die Klöster der Barockzeit erscheinen in der Forschung bislang vorrangig als Territorialherren, als Inhaber von Feudalrechten und Grundbesitz, als grandiose Bauherren, als Förderer von Kunst und Bildung. Die religiös-spirituelle Seite des klösterlichen Daseins droht dabei allzu leicht aus dem Blick zu geraten zugunsten einer Fokussierung auf den Gesichtspunkt weltlicher Herrschaft und öffentlicher Nützlichkeit.[1] Als Folge des vorherrschenden Forschungsinteresses, aber auch der primär klösterliche Herrschaft und Besitz widerspiegelnden Quellenüberlieferung wissen wir vielfach nur wenig über die innere Verfassung, den Alltag und die Spiritualität[2] der im ausgehenden 18. und beginnenden 19. Jh. von der Säkularisation hinweggefegten »Gottshäuser«.

Dank seiner durchaus untypischen Quellenlage, die neben den »üblichen« Unterlagen zur Herrschafts-, Wirtschafts- und Baugeschichte[3] auch gehaltvolle Zeugnisse zum klösterlichen Alltag und Innenleben bietet, erlaubt das bei Sigmaringen gelegene Augustinerchorfrauenstift Inzigkofen exemplarische Einblicke in die Binnenverhältnisse, in Lebensweise und Frömmigkeitspraxis, aber auch die Konflikte einer oberschwäbischen Klostergemeinschaft in den Jahrzehnten vor der Säkularisation. Als besonders ergiebig erweisen sich dabei die 1525 begonnene und bis 1813 reichende vierbändige Klosterchronik und eine von Pfarrer Georg Geisenhof bis 1854 weitergeführte einbändige Kurzfassung, sodann die auf die Äbte des Augustinerchorherrenstifts Kreuzlingen zurückgehenden Visitationsakten, dazu zahlreiche Lebensbeschreibungen von Schwestern aus dem 17. und 18. Jh. und nicht zuletzt das umfangreiche und farbige Klageschreiben der Chorfrau Maria Monika Hafner von ca. 1756 über vermeintliche Missstände und Statutenverstöße im Inzigkofer Konvent.[4]

Die äußeren Grundlagen des Klosters

Inzigkofen, das in der Mitte des 14. Jhs. als Beginengemeinschaft entstanden ist und 1394 die Augustinerregel angenommen hat, zählt in der Frühen Neuzeit zu den nach Konventsgröße und Besitzausstattung bedeutenderen Frauenklöstern in Hohenzollern und Oberschwaben.[5] Durch zahlreiche Stiftungen, unter denen die Zuwendungen der Herren von Reischach im 14. und 15. Jh. herausragen, durch teilweise beträchtliche Mitgiften eintretender Frauen, die im 15. und 16. Jh. in wachsender Zahl dem Adel und dem Stadtpatriziat entstammen, vor allem aber durch das 1598 zugewiesene Vermögen des von den Grafen von Hohenzollern-Sigmaringen aufgehobenen Dominikanerinnenklosters Hedingen erlangt das Stift eine solide Besitzgrundlage. Im Unterschied zu den nahe gelegenen Zisterzienserinnenabteien Wald und Heiligkreuztal oder auch zum Dominikanerinnenkloster Habsthal gelingt Inzigkofen allerdings kein Aufbau einer eigenen Ortsherrschaft, vielmehr beschränkt sich die herrschaftliche Stellung auf eine 1626 schließlich 44 Höfe und 2.366 Jauchert umfassende Grundherrschaft, die sich über nicht weniger als 30 Orte und zwölf verschiedene Herrschaften verteilt, sowie auf einige Zehnt- und Patronatsrechte namentlich in Krauchenwies, Hausen am Andelsbach und im Klosterdorf Inzigkofen selbst.[6] Die jährlichen Einnahmen des Klosters an Grundzinsen, Zehnten, Kapitalzinsen, Holz und Wein werden bei dessen Aufhebung auf immerhin 11.000 fl. veranschlagt.[7]

Als weltlicher Vogt fungieren die jeweiligen Ortsherren: Zunächst die Herren v. Reischach, es folgen die Grafen v. Württemberg, die Grafen v. Werdenberg, Graf Friedrich v. Fürstenberg und schließlich von 1547 bis zur Säkularisation die Grafen und Fürsten v. Hohenzollern-Sigmaringen.[8] Das insgesamt gute Verhältnis zu den hohenzollerischen Vögten, das in der zweiten Hälfte des 16. Jhs. durch den Eintritt mehrerer Frauen des Adelsgeschlechtes in Inzigkofen zeitweise eine besondere Qualität besaß, wird immer wieder getrübt durch einen aus der Kastenvogtei abgeleiteten Kontrollanspruch über die Wirtschaftsführung des Klosters, die stets aufs Neue geforderte Teilnahme an der Wahl der Pröpstin sowie das Verlangen nach Betreten der Klausur.[9] Insgesamt vermag das Stift mit Unterstützung von Bischof und Visitator seine innerklösterliche Autonomie zu wahren, Einlass in die Klausur wird allenfalls im Schlepptau bischöflicher Besuche gewährt[10], gegen die ihm verweigerte Teilnahme an der Wahl der Pröpstin legt der Fürst im 18. Jh. ebenso regelmäßig wie folgenlos Protest ein – und gratuliert nahezu gleichzeitig der neuen Stifts-Vorsteherin zu ihrer Wahl.[11]

Klosterreformen und Klosterämter

Begleitet von Konflikten innerhalb des Frauenkonvents gewinnt das Augustinerinnenstift mehrfach in seiner langen Geschichte Anschluss an klösterliche Reformbewegungen. Auf die Einführung der Klausur und die Übernahme der Reformstatuten des bayerischen Augustinerchorfrauenstifts Pillenreuth im ersten Drittel des 15. Jhs. folgt offenbar eine Gegenbewegung innerhalb des Konvents, die auf *Ringerung und Milderung* einzelner Bestimmungen drängt und 1502 den Erlass moderaterer Vorschriften durch den damals als Visitator fungierenden Augustiner-Propst von Indersdorf herbeiführt. Eine erneute Klosterreform im Gefolge der katholischen Erneuerung scheitert mit ihrem Hauptanliegen einer strengen Klausurordnung Ende des 16. Jhs. noch am Widerstand der Chorfrauen, um sodann 1643 unter maßgeblichem Einfluss der

Konstanzer Jesuiten in die Aufstellung neuer, strenger Statuten einzumünden, die mit nur wenigen Änderungen bis zur Säkularisation Bestand behalten.[12] Die Statuten von 1643 führen eine vollständige Klausur mit Beseitigung der im 15. und 16. Jh. noch zugelassenen Ausnahmeregelungen ein.

Wie allenthalben in den kontemplativen Klostergemeinschaften wird auch in Inzigkofen der Tagesrhythmus durch die Abhaltung des Chorgebetes zu den sieben kanonischen Stunden gegliedert. Der klösterliche Tageslauf beginnt dabei mit der Mette bereits um 24 Uhr, die im 18. Jh. im Nonnenchor zwischen eineinhalb und zwei Stunden dauert – je nachdem, ob die Mette »nur« gebetet oder aber gesungen wird. Die anschließende zweite Etappe der Nachruhe endet um 6 Uhr morgens mit Betrachtung und Prim im Chor, an die sich wiederum das Kapitel, d.h. die Versammlung aller Schwestern im Kapitelsaal, mit geistlicher Lesung, Totengebet und öffentlichem Bekenntnis von vorgekommenen Verfehlungen nebst Buß-Festsetzung durch die Pröpstin anschließt.[13] Der Klostertag ist durch eine dichte Abfolge von Chorgebeten, Mahlzeiten und Arbeit mit nur wenigen »Recreations«-Pausen angefüllt und wird abends mit der Komplet und der anschließenden individuellen Gewissenserforschung bis gegen 19.30 Uhr beschlossen.

Der Konvent umfasst im 18. Jh. zumeist um die 40 Schwestern, die sich wiederum in die Mehrheit der eigentlichen Chorfrauen und eine kleinere Gruppe von Vor- oder Laienschwestern aufgliedern. 1755 beispielsweise werden 28 Chorfrauen und 13 Laienschwestern gezählt, 1776 liegt das Verhältnis bei 27 zu 14, und bei der Säkularisation hat der Sigmaringer Fürst Pensionszahlungen für 26 Chorfrauen und zwölf Laienschwestern zu übernehmen.[14] In einer deutlich ausgeprägten Zwei-Klassen-Gesellschaft bilden die als »Frauen« titulierten Chorschwestern den Konvent des Stiftes, bekleiden die verschiedenen Klosterämter und haben im Kapitel Anteil an der weitgehenden Selbstverwaltung des Gotteshauses.[15] Zugunsten der Hausarbeit reduzierte Chor- und Gebetsauflagen gelten für die zumeist ständisch und sozial minderen Verhältnissen entstammenden Laienschwestern, die gleichermaßen die drei Ordensgelübde von Armut, Keuschheit und Gehorsam wie auch die vollständige Klausur zu beachten haben.[16] Die

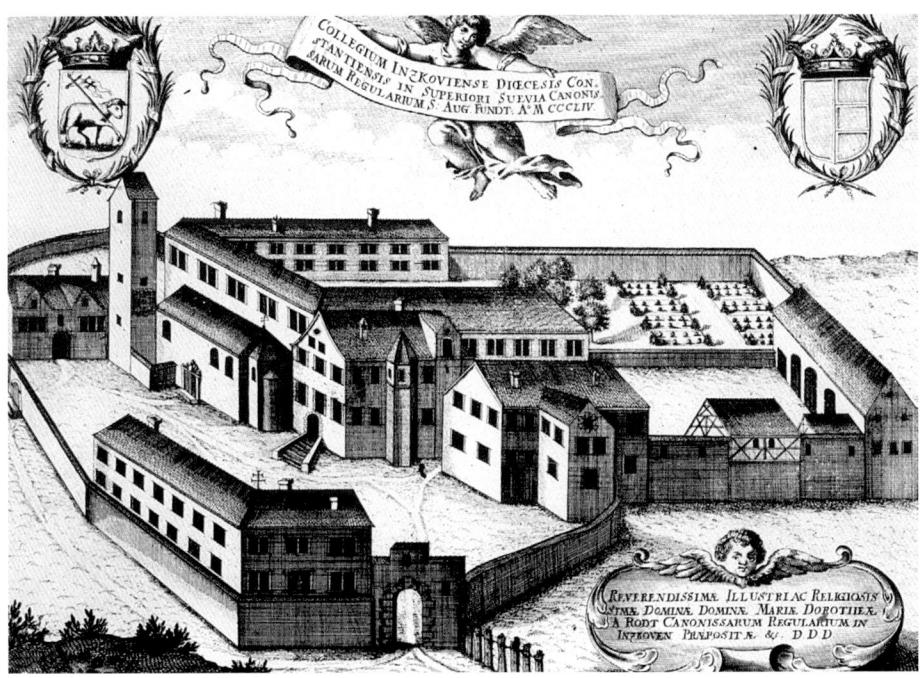

Inzigkofen
Ansicht der Klosteranlage.
Druckgrafik, um 1700.

bauliche Kapazitätsgrenze des Klosters scheint bei etwa 40 Schwestern zu liegen. Als während der Amtszeit der Pröpstin Anna Maria Schöpfer (1740–1765) die Schwesternzahl darüber hinaus ansteigt, herrscht drangvolle Enge in Chor und Reventer (Speisesaal), und drei Frauen und einer Novizin kann keine eigene Schlafzelle zur Verfügung gestellt werden.[17]
Im Unterschied etwa zu Frauenzisterzen der Nachbarschaft mit ihrem Adelsübergewicht ist Inzigkofen stets ein ständisch gemischter Konvent. Im 16. Jh. ist der Anteil adeliger Frauen, darunter nicht wenige aus führenden Grafengeschlechtern der Region, überproportional hoch, während im 18. Jh. das bürgerliche Element eindeutig vorherrscht.[18] Der räumliche Herkunftskreis der Inzigkofer Schwestern hat seinen Schwerpunkt im schwäbischen Bereich, reicht in nicht wenigen Fällen jedoch weit darüber hinaus bis nach Bayern, Tirol und in die Schweiz.[19] Ähnlich wie in Wald scheinen auch in Inzigkofen bei der Aufnahme von Novizinnen neben der persönlichen Eignung die ständische und soziale Herkunft, die einzubringende Aussteuer und schließlich noch besondere musikalische oder auch kunsthandwerkliche Talente Aufnahmekriterien gebildet zu haben.[20]

Der Stiftsgemeinschaft steht die in freier Wahl der Chorfrauen unter Leitung des Visitators auf Lebenszeit bestimmte Pröpstin vor. Nachdem die Visitatoren aus ihrem Recht auf Wahlbestätigung im 16. Jh. zwischenzeitlich die Befugnis zur eigenmächtigen Ein- und Absetzung der Pröpstinnen abgeleitet hatten[21], scheint im 18. Jh. wieder die freie Wahl durch den Konvent gewährleistet zu sein. Unterstützt von der Priorin als ihrer Stellvertreterin, der Schaffnerin und den gleichfalls gewählten zwei bis vier Ratsschwestern leitet die Pröpstin die Stiftsgemeinschaft in geistlichen wie in weltlichen Angelegenheiten.[22] Die klösterlichen Aufgaben sind ressortmäßig an einzelne Chorfrauen verteilt, wobei die Bandbreite der Klosterämter von den Führungspositionen der Priorin und Schaffnerin über die Portnerin (Besorgung der Pforte, Verkehr mit der Außenwelt, Austeilung von Almosen), die Kellermeisterin (Gehilfin der Schaffnerin mit Verantwortung für Vorräte und Tisch), die Kuchelmeisterin (Aufsicht und Leitung der Küche), die Novizenmeisterin, die Gewandmeisterin (Aufsicht über die Kleiderkammer), die Büchermeisterin (Verantwortung für die Klosterbibliothek), die Küsterin (Mesnerfunktion), die Lichtermeisterin und die

Chorregentin (Leitung des Gesangs im Chor) bis zur Gartenmeisterin, Milchmeisterin und Obstmeisterin reicht.[23] Eine besondere, über die Stiftsmauern hinaus reichende Bedeutung kommt zumindest im 18. Jh. der Klosterapotheke zu, deren Leiterin zugleich als Krankenwärterin fungiert. Ähnlich wie im benachbarten Kloster Wald ist offenkundig auch die Inzigkofer Apotheke exzellent ausgestattet und versorgt über den innerklösterlichen Bedarf hinaus auch externe *Weltleute* per Selbstabholung oder auch schriftliche Bestellung mit Medizin und anderen Heilmitteln – nicht selten gratis oder als Almosen. Bei der Chorfrau Maria Monika Hafner stößt das expansive Geschäftsgebaren der Klosterapothekerin Maria Rosalia Köberle auf heftige Kritik, verstoße der in der Apotheke betriebene Überfluss doch gegen die klösterliche Armut und herrsche dort angesichts der ständigen Geschäftigkeit niemals Feierabend noch Festtag. Auch werde durch das viele Geschwätz in der Apotheke und mit den als Kunden erscheinenden *Weltleuten* an Pforte und Redfenster das heilige Stillschweigen gebrochen, und die benachbarten Apotheker, die doch Weib und Kind ernähren müssten, fluchten über die klösterliche Konkurrenz.[24]

Beichtiger, Visitator und Bischof

Die klösterliche Frauengemeinschaft erfährt von drei Männern eine massive Einwirkung in ihre inneren Angelegenheiten – durch Beichtiger, Visitator und Bischof. Im Anschluss an die Stiftung zweier Altarpfründen in die Klosterkirche durch Michael v. Reischach 1467 hatte der päpstliche Legat in Deutschland den Inzigkofer Chorfrauen die freie Besetzung der beiden Kaplanstellen mit Priestern ihrer Wahl erlaubt. Auf den beiden Pfründstellen, deren erste der Beichtiger der Chorfrauen und die andere sein Helfer bekleidete, finden sich zunächst Ordensleute der Inzigkofen durch die Reformorientierung verbundenen Chorherrenstifte Langenzenn und Indersdorf, seit der zweiten Hälfte des 16. Jhs. überwiegend Weltgeistliche aus der Diözese Konstanz.[25] Der Einfluss zumal des Beichtigers auf die innerklösterliche »Gruppendynamik«, auf das geistige Leben und die Frömmigkeitspraxis des Stifts muss als ganz herausragend

erscheinen. Abhängig von der persönlichen Einstellung kann der Seelsorger sowohl zur Anfeuerung wie auch zur Eindämmung der leicht überschießenden »Hochleistungsfrömmigkeit« der Klosterfrauen beitragen.

Das Stift legt auch noch im 18. Jh. großen Wert auf sein altes Privileg der freien Beichtigerwahl. Die Hilfe des Bischofs bei der Findung und Auswahl eines neuen Seelsorgers 1765 nimmt der Konvent eher reserviert und in Sorge um seine *klösterliche Freiheit* an.[26] Noch empfindlicher reagiert man, als nach dem Tod von Beichtiger Johann Martin Lauffer im November 1788 die fürstliche Regierung zu Sigmaringen einen erst 28-jährigen Priester aus Sigmaringen mit Nachdruck als Nachfolger empfiehlt. Dies sei seit Gründung des Klosters noch nie geschehen, und die Pröpstin weist die Einmischung mit dem Hinweis zurück, dass diese *Affaire* ihr allein obliege.[27]

Während der 1765 dank bischöflicher Hilfe eingesetzte Johann Martin Lauffer 23 Jahre lang bis zu seinem Tod 1788 als Beichtiger tätig ist und mit hohen Ehren gleich einer Klosterfrau zu Grabe getragen wird[28], tun sich andere Geistliche mit der Klosterseelsorge offenkundig ungleich schwerer. Kaplan Köller ist 1789 in Inzigkofen *alles zu still und einsam [...], dan Er liebte die Zusamenkunften und Campanien*, und so lässt er sich schon bald nach Biberach versetzen.[29] Wohl vor dem Hintergrund der noch zu schildernden innerklösterlichen Konflikte um die Frömmigkeitspraxis erlebt das Stift in der Amtszeit von Pröpstin Anna Maria Schöpfer in der Mitte des 18. Jhs. geradezu einen Verschleiß an Beichtigern: Mit Valentin Heggele, Johann Chrisostomus Wolf und Joseph Anton Schleicher ziehen nacheinander drei Seelsorger in Inzigkofen auf und verlassen das Kloster bereits nach wenigen Jahren wieder.[30]

Einen nicht zu unterschätzenden Einfluss auf das Klosterleben übt sodann der Visitator aus, der ausweislich der dichten Korrespondenz im 17. und 18. Jh. über die Kontroll- und Prüfbesuche im Dreijahres-Rhythmus hinaus die Rolle eines beständigen Ratgebers und Aufsehers wahrnimmt.[31] *Hochwürden und Gnaden*, wie der Abt von Kreuzlingen in den überaus devoten Schreiben der Inzigkofer Pröpstinnen tituliert wird, wird über Novizenaufnahmen ebenso informiert und um Rat gefragt wie zu Konflikten mit dem

Beichtiger oder auch zu Zwistigkeiten mit dem Sigmaringer Schutzherrn.[32] Der Chorfrau Maria Monika Hafner dient der Visitator als selbstverständlicher Adressat für ihre massiven Klagen über vermeintliche Statutenverstöße im Kloster und das Versagen der damaligen Pröpstin.[33] Dass die Hoffnung auf ein Eingreifen der Kreuzlinger Äbte in die inneren Angelegenheiten des Inzigkofer Konvents durchaus realistisch war, zeigt sich an zahllosen Interventionen und Vorgaben im Untersuchungszeitraum.[34]

Nachdem das Visitatorenamt im 15. und 16. Jh. häufig gewechselt hatte, bleibt seit 1578 die Funktion beständig bei den Augustiner-Äbten von Kreuzlingen.[35] Während die Konstanzer Bischöfe auf die stets neue Bestellung eines neuerwählten Abtes als *delegatus episcopi*, d.h. als Visitator in ihrer Vertretung und Auftrag, größten Wert legen, beanspruchen die Kreuzlinger Prälaten eine Automatik bei der Übernahme der Funktion. Den Inzigkofer Pröpstinnen beschert dieser Konflikt zwischen Bischof und Prälat manche Verlegenheit, so etwa 1760, als nach der Wahl von Prosper Donnerer zum neuen Abt der Konstanzer Generalvikar Inzigkofen von einer direkten Anfrage in Kreuzlingen betreffend der Übernahme des Visitatorenamts abrät und die Pröpstin daraufhin den Bischof äußerst devot um Beauftragung des Abts oder aber eine andere Entscheidung ersucht.[36] 19 Jahre später, als man beim nächsten Abtswechsel in Kreuzlingen dem neuen Propst gratuliert und gleichzeitig beim Bischof den frisch gekürten Abt als Visitator erbittet, hat man in Kreuzlingen diese Anfrage *nit wohl genommen*, und der neue Visitator bringt seine Kritik bei seinem ersten Besuch in Inzigkofen auch noch mündlich vor.[37] Wie die erhaltenen Visitationsakten belegen, besteht die Visitation in praxi zu einem wesentlichen Teil in vielfach kritischen Äußerungen der einzelnen Frauen über Zu- und Missstände im Kloster und zumal über ihre Mitschwestern. Festzustellende Unregelmäßigkeiten und Statutenverstöße geht der Visitator unmittelbar durch den Erlass von verbindlichen Verordnungen an.[38]

Eine kaum minder starke Position im Innenleben Inzigkofens nimmt der Bischof von Konstanz ein, dessen Einfluss und Aufsicht zumindest im 17. und 18. Jh. ganz erheblich über die bloße Bestätigung des Ordensvisitators hinausreicht.[39] In einer regen Korrespondenz sowie über den – vielfach mit dem persönlichen bischöflichen Seelsorger identischen – Extraordinari-Beichtvater wird der Konstanzer Fürstbischof in allen nur denkbaren Anliegen des Klosters informiert und eingeschaltet. Gegenüber den Fürsten von Sigmaringen wie auch Österreich hat der Bischof die Rolle eines Schutzherrn inne, an den sich die Klosterfrauen in Bedrängnissen durch die weltliche Obrigkeit regelmäßig wenden.[40]

Eine besondere Beziehung zwischen dem Stift Inzigkofen und dem Fürstbischof von Konstanz scheint zeitweise überdies über bischöfliche Verwandte im Konvent zu bestehen. Als Bischof Franz Konrad v. Rodt 1762 die Klosterklausur besucht, gilt sein besonderes Interesse neben der neuen prächtigen Monstranz auch der Grabstätte zweier verstorbener Tanten, die in Inzigkofen als Chorfrauen gelebt hatten.[41] Neben dieser gewiss ehrenvollen »special relationship«, die auch auf den besonderen Rang und das Ansehen des Stiftes Inzigkofen verweist, ist zumindest für das 17. und 18. Jh. eine sehr weitgehende Einflussnahme des Visitators wie des Bischofs in die Interna des Klosters und eine vielfach geradezu ängstliche Bereitschaft von Pröpstin und Konvent zu konstatieren, den Wünschen von beiden Kirchenfürsten zu willfahren. Die so gern betonte klösterliche »Freiheit« der Inzigkofer Frauen erscheint unter diesen Umständen als sehr relativ und eingeschränkt.

Eine Art Hochleistungsfrömmigkeit

Dieses Einwirken von außen wird in der Mitte des 18. Jhs. durch massive Spannungen und Konflikte im Konvent zusätzlich begünstigt, die in der älteren Forschung mit ihrer Idealisierung des stets regeltreuen und tugendsamen Inzigkofer Klosterlebens entweder übersehen[42] oder aber als eine dank den Bemühungen von Visitator, Beichtiger und älteren Chorfrauen alsbald aufgefangene »gefährliche Verflachung und Lauheit besonders bei den jungen Schwestern« fehlgedeutet wurden.[43] Hintergrund und Auslöser der Krise ist indessen gerade keine »Verflachung«, sondern vielmehr eine vom damaligen Beichtiger Heggele und der Pröpstin Anna Maria Schöpfer veranlasste und vor allem von jüngeren Schwestern mitgetragene Steige-

Nonnenempore in der Klosterkirche Inzigkofen
Mittelfeld des Gitters an der Nonnenempore. Baumstamm mit Früchten und Blättern (unten), Kruzifixus am Weinstock und Apostelfiguren zu beiden Seiten.
Handarbeit der Chorfrauen aus Holzstäben, Draht, Papier und Leim, 1780/81.

rung der Frömmigkeitspraxis. Nachdem die Schwestern bereits 1577 auf Vermittlung des Jesuitenprovinzials Paul Hoffäus von Rom die Erlaubnis erhalten hatten, das Allerheiligste in der Monstranz auf dem Nonnenchor neun bis zehn Mal jährlich auszusetzen und bei Tag und Nacht verehren zu dürfen,[44] beten die Frauen in der Mitte des 18. Jhs. das ausgesetzte Altarsakrament an rund 120 Tagen im Jahr rund um die Uhr und im Schichtdienst an. In einem Schreiben an den Kreuzlinger Abt offenbart Pröpstin Anna Maria Schöpfer 1751 *die ewige Anbetung* des höchsten Gutes als ihr großes Ziel. Dies sei indessen bei dem derzeitigen Konvent nicht zu realisieren; bei zehn Frauen

mehr im Kloster wäre es jedoch nach Auffassung des Beichtigers möglich. Dafür müssten jedoch Kloster und Kirche vergrößert werden, was finanziell kaum möglich erscheine.[45]

Die Visitation von 1756 offenbart jedoch, dass die Tag- und Nacht-Anbetung des ausgesetzten Allerheiligsten an allen Festoktaven im Konvent sehr zwiespältig bewertet wurde. Priorin Maria Veronika Walz erbarmt sich ihrer Mitschwestern wegen der diesen bei der Anbetung zugemuteten Nachtstunden, und Chorfrau Maria Eleonora befindet, dass man keine weitere Obligation über das Maß hinaus annehmen sollte, das der Konvent ohne besonders Beschwernis wohl halten könne. Maria Dominica demgegenüber bittet bei der Visitation wie etliche andere Schwestern ausdrücklich darum, die Praxis der Anbetung des Allerheiligsten bei Tag und bei Nacht fortzusetzen.[46] Wohl als Reaktion auf die bei der Visitation sichtbar gewordene Überforderung und den Unmut zumindest eines Teils des Konvents kürzt der Bischof von Konstanz 1757 die Aussetzungszeiten, verbietet die von einigen Klosterfrauen praktizierte Anbetung des Altarsakramentes bei Tag und bei Nacht und wandelt die seit einigen Jahren übliche Aussetzung der Monstranz während der ganzen Oktav der Hochfeste in ein 40- und zehnstündiges Gebet um.[47]

Eine andere Form der Hochleistungsfrömmigkeit stellen die von der Schwestern in einer zeitweise geradezu exzessiven Art und Weise übernommenen freiwilligen Gebetsverpflichtungen dar. Maria Monika Hafner schildert in ihrem Bericht an den Kreuzlinger Visitator die in Inzigkofen in den 1750er Jahren bestehende Praxis: Wenn eine Schwester bade, solle sie der Badeschwester einen Rosenkranz beten, desgleichen beim Einnehmen von Arznei und beim Aderlassen. Zugunsten der Pröpstin seien gleich drei Rosenkränze fällig, weil sie das Aderlassen erlaube, ebenso für das Personal der Küche als Dank für das bei diesem Anlass gelegentlich gereichte bessere Essen. Wenn man einer Schwester die Haare schneide, koste es einen Rosenkranz, wenn man eine schröpfe, einen oder sogar drei. Beim Namenstag einer Schwester widmeten ihr die anderen jeweils eine heilige Kommunion und einen Psalter, im Fall der Pröpstin sogar drei Kommunionen und 15 Psalter. Die Zahl der Anlässe für »freiwillige« Gebets-Versprechen ist schier endlos und umfasst selbst die Ausleihe eines Gebetsstühleins, die Kleiderausgabe aus dem Gewandhaus, Verwandtenbesuch der Schwestern, die Feier des Nikolaustages und manches andere mehr.[48]

Das Urteil von Maria Monika Hafner über diese exzessiven Gebetsleistungen fällt wahrlich vernichtend aus: Diese vielen Gebete würden von den meisten Schwestern während ihrer Arbeit verrichtet, oft mit Geschwätz und ziemlich zerstreut. Nach ihrer festen Überzeugung wäre ein einziges andächtiges Vaterunser und Ave Maria Gott wohlgefälliger und fruchtbarer als all dieses. Sie bittet den Visitator um gnädige Erleichterung von diesen Gebetslasten.[49] Die Überforderung der Frauen durch freiwillige Gebetsleistungen ist offenbar ein längerfristiges Problem, denn in den 1770er Jahren ist erneut von Klagen die Rede, dass sich verschiedene Mitschwestern zu sehr damit belüden. Mit Zustimmung des Konvents verordnet daraufhin Pröpstin Maria Xaveria Braig 1776 eine Regulierung der Gebetsleistungen.[50]

Zu einer Überbelastung der Frauen führen sodann ein mitunter überbordender Chordienst und zumal dessen noch zu schildernde anspruchsvolle musikalische Gestaltung. An Weihnachten etwa, so klagt 1756 Maria Monika Hafner dem Visitator, dauere der nächtliche Gottesdienst dreieinhalb Stunden: Um 23.30 Uhr würden die Schwestern zur Mette geweckt, um Mitternacht beginne der Gesang und dauere bis nach dem Te Deum fünf Viertel Stunden. Das erste Hochamt von einer Stunde Dauer schließe sich an, sodann die dreiviertelstündige Laudes, so dass man erst gegen 3.45 Uhr wieder ins Bett komme. Kaum recht eingeschlafen werde man um 5.30 Uhr schon wieder geweckt, singe um 6 Uhr im Chor die Prim, worauf das zweite Hochamt mit Kommunion des ganzen Konvents folge. Es schließen sich an die Kapitelversammlung, die Terz, das dritte Hochamt und das weitere randvolle Festtagsprogramm. Am Abend des Hochfestes schlafe in der Komplet dann eine Schwester um die andere ein.[51]

Verletzung von Klausur und Schweigen

Während Maria Monika Hafner auf diese Weise eine durchaus nachvollziehbare und in den Visitations-

akten durch Aussagen anderer Schwestern vielfach bestätigte Kritik an Auswüchsen einer Hochleistungsfrömmigkeit übt, ist ihr Bericht mit anderen Vorwürfen zugleich das Dokument eines offenkundigen Generationenkonflikts im Kloster. Dabei beruft sie sich auf die Augustinerregel und vor allem die Klosterstatuten gegen vor allem von den jüngeren Chorfrauen praktizierte und von der Pröpstin geduldete Verhaltensweisen im Konvent. Ein wichtiger Kritikpunkt ist die Verletzung von Klausur und Schweigepflicht. So werde das durch die Statuten vorgeschriebene Schweigegebot für die Zeit von der abendlichen Komplet bis nach dem Kapitel am folgenden Morgen und sodann von der Terz bis nach der Non wie auch in Kirche, Chor, Kreuzgang, Kapitelstube, Reventer und Zellen in der Praxis vielfach nur wenig beachtet. Im Gänglein vor der Kirche, wo die Chorröcke der Chorfrauen hingen, hielten manche Schwestern *ein lauthen schwezmarkt* und ein Gelächter, was eine große Störung für die in der Kirche Betenden bedeute. Selbst während der Hl. Messe und dem Hochamt werde das Schweigen nicht genau beachtet.[52] Dass Maria Monika Hafner mit ihrer Kritik an der verbreiteten Missachtung des klösterlichen Schweigegebots nicht allein steht, offenbart sich bei der Visitation von 1756, als etwa auch Schwester Maria Catharina klagt, das *Silentium* werde schlecht gehalten, besonders nach Tisch.[53]

In noch härteren Worten geißelt Maria Monika Hafner empört die verbreiteten Verstöße gegen die 1643 eingeführte strenge Klausur und namentlich den Missbrauch des sog. *Redfensters* als der einzigen Verbindungsstelle zur Außenwelt und den *Weltleuten*. Manche Mitschwester ginge oft ans Redfenster – zum Kaplan, zum herbeigerufenen Schneider oder Herrendiener, zur Gastmeisterin, zu Mägden, zum Torwart, zur Baumeisterin, dem für das klösterliche Wirtshaus zuständigen *Mensch*, zu den hergebotenen Eltern oder Befreundeten. Oft müsse man *Schwätzerinnen* und sogar die Pröpstin selbst vom Redfenster zum Gotteslob in den Chor holen.[54]

Dass die Klausur in der zweiten Hälfte des 18. Jhs. nicht mehr gänzlich in ihrer statutenmäßigen Strenge beachtet wurde, offenbaren auch die von Pröpstin Maria Xaveria Braig 1776 erlassenen Verordnungen, wird dort doch den Schwestern streng untersagt, durch ein Fenster oder einen Laden mit äußeren Personen zu reden; statt dessen hat der Kontakt zur Außenwelt zur Gänze durch Redfenster und die dort angebrachte Winde für die Übergabe von Gegenständen zu erfolgen. Während der Betrachtung und dem Examen sollen, soweit möglich, Klosterpforte und Redfenster sogar gänzlich verschlossen bleiben und soll auch, mit Ausnahme von Unaufschiebbarem, den Schwestern nichts ausgerichtet werden.[55]

Extravaganz in der Kleidung

Höchst interessante, geradezu pikante Aufschlüsse eröffnet das Klageschreiben von Maria Monika Hafner zur klösterlichen Kleidung. Nach den Statuten von 1643 hatten die Chorfrauen über einer weißen Kutte als Habit einen sog. *Sorrock* aus grauem Leinen und am Kopf einen weißen Schleier und darüber einen

Erbsünde-Erlösung-Dreifaltigkeit
Altartafelbild aus dem Kloster Inzigkofen, mit dem Hl. Geist in Menschen- (Frauen-?)gestalt. Ölgemälde, Andreas Meinrad von Au, 1746. Landkreis Sigmaringen, Kunstsammlung.

schwarzen Weiel (*Weyhl*) zu tragen. Bei den Laienschwestern war der Sorrock schwarz und die Kopfbedeckung weiß.[56] Geradezu empörend und als eklatanter Verstoß gegen die klösterliche Armut erscheint Maria Monika Hafner die bei den jüngeren Schwestern eingerissene Übung, *Schnürmieder mit Fischbeiner* zu tragen. In früherer Zeit hätten alle Schwestern, auch die ehedem zahlreichen Gräfinnen und Baroninnen, einheitlich ein Gewand aus Barchent für den Sommer und ein solches aus Wolle im Winter getragen. Lediglich *Gestältlein* ohne Fischbein und Haften seien gestattet worden, keinesfalls aber Schnürmieder. Die *unabgetöteten* jüngeren Klosterfrauen, die noch der Eitelkeit ergeben waren und vermeinten, nicht schlank (*rahn*) genug zu sein, hätten indessen bereits die damalige Pröpstin Dorothea Karrer (Amtszeit 1713–1740) beredet, ihnen Schnürmieder zu erlauben. Dies sei angeblich förderlich für Gesundheit und Ehrbarkeit, da die Weibsbilder ihre großen Brüste einschnüren müssten, um jungfräulich vor die Weltleute am Redfenster treten zu können.[57]

Das Missfallen von Maria Monika Hafner findet weiterhin der angebliche Hang zumal der jüngeren Schwestern zu individueller Extravaganz. Wenn ein *Welsch* oder Krämer an die Klosterpforte komme, laufe eine nach der anderen zur Pröpstin und bitte um Erlaubnis, mit dem eingebrachten und von der Klostervorsteherin verwalteten Geld Bändel, Seidenzeug, *Taffet*, goldene oder silberne Spitzlein zu kaufen. Beim Geschirr leiste man sich Majolikaprodukte oder geschnittene Tischgläser, während sich die früheren Klosterfrauen mit einfachem, schlechtem Glas und irdenem Geschirr begnügt und sich allgemein bemüht hätten, untereinander gleichförmig zu sein.[58] Das in der älteren Forschung verbreitete Bild von der absoluten Askese, Kargheit und Einfachheit der klösterlichen Lebensführung in Inzigkofen[59] ist wohl zumindest partiell zu relativieren.

Vom Doktorholen und Aderlassen

Auch im Gesundheits- und Medizinalwesen herrschen in den Augen von Chorfrau Maria Monika Überfluss und individueller Eigensinn. In früheren Zeiten sei bei Erkrankung einer Schwester niemals nach dem Doktor geschickt worden, habe man doch gewusst, dass das *Doktorholen* eine kostspielige Sache sei. Den Doktor müsse man nämlich stets von den Dienstboten mit Kutsche und Pferden abholen und sodann wieder heimfahren lassen, während seines Aufenthalts im Kloster lasse er sich bei Tag und Nacht bezahlen. Nunmehr habe die eine Schwester Lust zum Doktor von Buchau und die zweite zu einem anderen. Wenn ein Arzt komme, verschreibe er ein Rezept, sein Kollege ein anderes, je nach Manier.[60]

Feste Bestandteile der Gesundheitspflege im Stift Inzigkofen sind im 18. Jh. die offenbar periodische Einnahme abführender (*purgierender* oder *laxierender*) Arznei, das Baden und schließlich das Aderlassen. Um die Abhaltung des Chordienstes zu gewährleisten, wurde den Schilderungen von Maria Monika Hafner zufolge sowohl bei der Arzneieinnahme des gesamten Konvents im Frühling und im Herbst wie auch beim Aderlassen die klösterliche Gemeinschaft in drei Gruppen eingeteilt, so dass immer jeweils zehn bis zwölf Chorfrauen und vier bis fünf Laienschwestern für die Stundengebete zur Verfügung standen. Entgegen der Regel, die eigentlich nur der Schwachheit halber das Baden erlaube, werde in Inzigkofen schon seit langem den Schwestern allmonatlich das Baden gestattet. Kritikwürdig erscheint Chorfrau Maria Monika die mit dem Baden vielfach einhergehende Geschwätzigkeit vieler Mitschwestern. Anschließend bekannten sie zwar im Kapitel ihren Verstoß gegen das klösterliche Stillschweigen, allein beim nächsten Bad verhielten sie sich wie zuvor.[61]

Geradezu als einen Gipfel des Lasters beschreibt die Kritikerin verschiedene Begleitumstände des Aderlassens, das in Inzigkofen im 18. Jh. im Frühjahr und im Herbst an jeweils drei Tagen pro Schwester praktiziert wird. Während des damit verbundenen viertägigen Aufenthalts im Krankenzimmer sind die Frauen offenbar jeweils mindestens zwei Nächte von der Mette befreit und erhalten von der Krankenwärterin etwas bessere Speisen und Trank als gewöhnlich. Maria Monika empört sich darüber, dass im Unterschied zu früher bei diesem Essen während des Aderlassens nunmehr keine Gleichheit mehr unter den Schwestern bestehe. Offenkundig um in den Genuss des an der Seite der Pröpstin gereichten Vorzugsessens zu gelangen, wollten die Schwestern beim allgemeinen

Aderlassen deren Abteilung zugewiesen werden und beriefen sich dabei sogar auf die Sternzeichen. Sei es früher Brauch gewesen, dass alle Aderlässerinnen vier Tage allmorgens gemeinsam eine Suppe aßen, so werde heute statt dessen *Cavé* samt einem Zuckerhütle genossen. Wenn die jetzige Pröpstin zur Ader gelassen werde, lasse sie kostbare und mancherlei neue Speisen auf den Tisch kommen. Darüber hinaus ließen die jungen Professen mit ihrem bei der Pröpstin aufbewahrten Geld Mandeln, Zucker, Eier, Stärkemehl und sogar Mandel- und Pistazientorten kaufen und herbeischaffen. Die Pröpstin gebe ihnen besten Wein und einen Löffel voll zart gestoßenem Coronari-Zucker in das Gläsle, andere verzehrten etwas an Geflügel in den geschnittenen Nudeln, im Herbst oder zur Nacht werde ein gebratenes halbes Täublein oder Hühnlein gereicht, und in der *Partie* der Pröpstin – nicht aber in den beiden anderen Abteilungen – gebe es im Frühling oder Herbst dann sogar noch gebratene Kapaunen.[62] Diese die Gleichheit unter den Schwestern verletzende Vorzugsbehandlung der Klostervorsteherin und ihrer Begleiterinnen bei der Aderlässe wird durch die erwähnte Verordnung von 1776 ausdrücklich verboten.[63]

Fasnachtsscherze im Kloster

Der hinter diese Kritikpunkten aufscheinende Generationenkonflikt im Kloster offenbart sich gänzlich ungeschminkt in den Schilderungen zum Fasnetsbrauchtum im Konvent. Besonders empörend empfindet die Kritikerin dabei den neuerdings eingerissenen närrischen Missbrauch des Kapitels, wo anstelle des üblichen öffentlichen Bekenntnisses von Fehlern und Vergehen im Klosteralltag an den Fasnachtstagen nunmehr von verschiedenen Schwestern erdichtete Fasnachtspossen vorgebracht würden. Die Pröpstin lasse alles zu, was jeder Schwester einfalle, wodurch man alle Jahre kecker und ausgelassener werde. Als man im Vorjahr schweigend und in Paaren vom Nachttisch in die Konventstube gegangen sei, habe Maria Dominica Schrayvogel plötzlich gegen sechs bis acht Schellen ertönen lassen, die sie zuvor mit Erlaubnis der Pröpstin durch die Knechte dem klösterlichen Rindvieh abziehen ließ. Dies habe bei den jungen Leuten im

Konvent ein lautes Geschrei und Gelächter ausgelöst. Weiterhin sei während des Mittagessens Schwester Maria Rosalia, die offenbar schwergewichtige, ess- und trinkfreudige Klosterapothekerin, in ein kleines Wägelchen gesetzt und unter vielem Lachen und Geschrei den Reventer auf- und abgefahren worden, bis das Gefährt endlich brach und die Frau ausgeworfen wurde. Einige Schwestern hätten sich an den Fasnachttagen sogar verkleidet. Es wurde gesungen, gesprungen und mit einem Besen der Takt geschlagen, und auch auf die Kanzel sei man gestiegen, und gegenseitig habe man sich das Essen in den Mund geschoben und andere *Bossen* mehr veranstaltet. Unter Schwätzen und Kurzweil seien verschiedene Schwestern bis zur mitternächtlichen Mette aufgeblieben, so dass sie morgens, als zu Betrachtung und Prim geweckt wurde, nicht aus dem Bett kamen. Früher sei es auch nie vorgekommen, dass man in der Fasnacht gleich morgens nach dem Aufstehen mit Singen, Geigen und Rätschen auf dem ganzen Dormitorium einen derart großen Tumult veranstaltete, *das man es in die Welt hinaus hörth*. Besonders empörend empfindet es die Kritikerin, dass die Pröpstin diese Auswüchse dulde und bei manchen Scherzen sogar noch mitlache.[64]

Während Maria Monika Hafner solchermaßen rigide und sinnenfeindlich auf der strengen und buchstabengetreuen Einhaltung von Regel und Statuten beharrt, lässt sie andererseits im Zusammenhang mit den Mahlzeiten eine recht ausgeprägte Genussfreudigkeit erkennen. Das ganze Jahr hindurch mit Ausnahme der Zeit der Aderlässe sowie am Namenstag der Pröpstin würden alle Speisen für den Konvent ohne Gewürze gekocht, lediglich Salz und Erbsenbrühe werde verwendet. Gab es unter der früheren Pröpstin gebratenes und gut gewürztes Fleisch, damit der Konvent Kraft und Stärke davon bekomme, so gebe es heutzutage die ganze Woche über gesalzenes Rindfleisch. Kaum besser mundet der Kritikerin der das ganze Jahr hindurch gereichte Wein von Sipplingen, der ziemlich sauer sei. Maria Monika Hafner protestiert gegen diese *Calmeisterey* und Kargheit bei der Ernährung der Klosterfrauen und verweist darauf, dass doch vermögliche Leute ins Kloster eingetreten und seit ihrer Aufnahme in Inzigkofen 1720 an die 30.000 fl. bares Geld an Mitgiften eingebracht worden seien. Auch hier rügt sie wieder die herrschende Ungleichheit, behalte sich die

Pröpstin doch für ihren Tisch besseren Wein und bessere Speisen vor.[65]

Einblicke in die Lesekultur

Reizvolle Einblicke gewährt die Klageschrift von 1756 in die Lesekultur des Chorfrauenstifts. Das Kloster war im Spätmittelalter ein Zentrum der schwäbischen Frauenmystik, woran bis heute eine kunstgeschichtlich bedeutsame und stilistisch vorbildgebende Christus-Johannes-Gruppe aus der Zeit um 1320 sowie die auf zahllose Bibliotheken zerstreuten Überreste der ehedem gehaltvollen Bibliothek mit einem regelrechten »who is who« der mystischen Literatur erinnern.[66] Nach der Rekonstruktion von *Werner Fechter* verteilte sich die von einer Büchermeisterin betreute Klosterbibliothek im 18. Jh. auf wenigstens 17 Bücherschränke und hatte ihren inhaltlichen Schwerpunkt vor allem in Heiligenbiographien und Schriften der Frömmigkeitsliteratur.[67]

Nach den Schilderungen von Maria Monika Hafner wird in Inzigkofen in der Mitte des 18. Jhs. die vorgeschriebene Tischlesung aus geistlichen und nützlichen Büchern vielfach durch die Auswahl zweifelhafter Schriften verletzt. So habe Maria Dominica Schrayvogel neben ihren sonstigen *Bossen* an den Fasnachtstagen auch aus dem Buch *Judas der Erzschelm* – von Abraham a Sancta Clara – vorgelesen, das mehr zu einem Possenreißer denn für Klosterfrauen tauge. Als schädlich empfindet die Kritikerin gleichermaßen die zum Essen im Reventer gelesene vierbändige *Kirchengeschichte der vier Erdteile* des Jesuitenpaters *C. Hazart*, die Schilderungen über das Tun und Lassen der wilden Völker und andere Ungereimtheiten enthalte. Gegenstände der Tischlektüre sind interessanterweise weiterhin eine Schrift über das Leben des Reformators Martin Luther und seiner *Kätterle*, worüber sich im Konvent großer *Gespaß* erhoben habe. Damit nicht genug würden von Zeit zu Zeit sogar die *Augsburgischen Predigten*, die von Lutheranern auf der Kanzel gehalten werden, den Klosterfrauen über Tisch vorgelesen. Schuld daran seien vor allem die Schwestern Dorothea, Rosa, Clara und Rosalia, die große Liebhaber der Kontroverspredigten seien. Nach der Überzeugung von Maria Monika Hafner gehören solche

Schriften in die Hand gelehrter Männer, nicht aber in die gottgeweihter Weibspersonen. Andererseits lachten und spöttelten verschiedene Schwestern, und hier zumal Maria Rosa, wenn man die Bücher des Mystikers Johannes Tauler oder des Kapuziners Martin von Cochem lese.[68]

Neben der Klosterbibliothek, aus der nur wenig ausgeliehen werde, hätten die meisten Schwestern eigene Bücher nach ihrem *Gust* auf der Zelle. Einige Beichtväter hätten dies bereits als schädlich getadelt und die Ansicht vertreten, dieser Sonderbesitz verstoße gegen das Armutsgebot und gebe auch keinen – geistlichen – Fortschritt, wenn man bald diese und bald jene Schrift lese. Auch der – vermutlich zu den periodischen Exerzitien ins Kloster kommende – Bußprediger habe schon gemahnt, kein Buch zu lesen, das nicht vom geistlichen Vater angeraten sei. Es genüge vollauf, die *Nachfolge Christi*, das Betrachtungsbuch, ein Lesebuch sowie das Leben der Heiligen auf der Zelle zu haben. Dann und wann lägen im Kloster sogar gedruckte Zeitungen herum, die sodann von einigen der Schwestern fleißig gelesen und ganz kräftig disputiert würden.[69]

Musikleben und Kunsthandwerk

Zwei besondere Kristallisationspunkte der innerklösterlichen Auseinandersetzungen im 18. Jh. sind sodann interessanterweise das hochstehende Musikleben und das Kunsthandwerk im Stift. Das Kloster Inzigkofen zeichnet sich in der Barockzeit durch eine anspruchsvolle Musikkultur aus, die zumal mit ihren schön gestalteten Gottesdiensten nach dem Zeugnis der *Suevia Ecclesiastica* zahlreich auch von Auswärtigen, Hohen und Niederen, besucht wurde.[70] In den Lebensbeschreibungen der zwischen 1699 und 1801 verstorbenen Schwestern werden die musikalischen Talente zahlreicher Frauen besonders hervorgehoben: So etwa von Maria Caritas Lang (1642–1699), *die eine ungemein schöne Discantstimme gehabt (hat)*, oder von Maria Augustina Morell (1654–1723), die perfekt im Singen und unterschiedlichen Instrumenten und überhaupt *unsere beste Musicantin gewesen, dergleichen wir vielleicht keine mehr bekomen (!) werden.* Maria Augustina Sütter (1704–1734) sodann hat ein schönes *Passetlein* gesungen und alle Geigeninstrumente und dazu noch Waldhorn und Trompete beherrscht.[71] Eine herausragende musikalische Begabung scheint auch die bereits erwähnte Maria Clara Wegscheider (1715–1758) gewesen zu sein, der in der Nekrologiensammlung ein großes Talent zur *Mußig* bescheinigt wird.[72] Eine für die Mitschwestern weniger angenehme Seite ihrer Musikbegabung offenbart der Visitationsbericht von 1756, wenn mehrere Frauen darüber Klage führen, dass sie von der Chorregentin und Orgelspielerin Maria Clara beim Chorgesang gemaßregelt und tyrannisiert würden.[73]

Dass die hochstehende klösterliche Musikkultur auch ihre problematischen, ja belastenden Seiten hatte, lässt sich dem Klageschreiben der Chorfrau Maria Monika Hafner entnehmen. Ihrer Schilderung zufolge sind die Frauen oft ganz matt und *kraftlos von dem Blasen der Trompeten, des Waldhorns, dem Streichen der Violinen, vom Orgelschlagen und Taktgeben* wie auch vom anstrengenden Singen und können vor Schwäche fast nicht mehr. Statt Andacht und erhobenem Gemüt in Gottesdienst und Chorgebet fänden sich deshalb Zerstreuung, Verdruss und Widerwillen. An verschiedenen Hochfesten, wenn man die Mette und Laudes singe, dauere es sieben Viertelstunden und am Tag des Ordensvaters Augustinus gar zweieinhalb Stunden, d.h. von Mitternacht bis 2.30 Uhr. Eine überbordende musikalische Gestaltung sei zumal dann angesagt, wenn fremde Gäste in der Kirche seien, so dass man den Eindruck erhalte, die Kreaturen würden dem Schöpfer vorgezogen. Nach den Gottesdiensten würde dann am Redfenster eitles Lob für die musikalischen Leistungen entgegengenommen.[74]

In analoger Weise finden sich auch zum klösterlichen Kunsthandwerk durchaus konträre Bewertungen. Von der kunsthandwerklichen Fertigkeit der Inzigkofer Schwestern zeugen bis heute kunstvoll bestickte Paramente im Kirchenschatz der Klosterkirche, anspruchsvoll gestaltete Weihnachtskrippen mit Figuren aus Wachs, Draht und mit variantenreichen Miniatur-Prachtgewändern, sodann Schreine und Pyramiden mit aufwendig gefassten und angeordneten Heiligenreliquien sowie, als unbestrittene Krönung, das grandiose Gitter der Nonnenempore.[75] Auch die kunsthandwerklichen Talente verschiedener Schwestern werden in den erhaltenen Lebensbeschreibungen gewürdigt, so etwa Maria Jacoba Maucher (1633–1707), die *den Convent mit ihrer guetten strickharbeith mit hauben und anderen versehen*, oder Maria Carolina Sonner (1636–1716), die, *ohne daß sie es gelehrnet, schöne arbeithen gemacht*. Maria Rosa Molitor (1664–1731), die bei der Musik und im Chor nicht viel leisten konnte, weil sie die Stimme verlor und großes Halsweh bekam, fand einen Ausgleich in ihren schönen Blumenarbeiten sowie offenbar auch in literarischen und dichterischen Leistungen, und auch Maria Ursula Gestirner, deren Gesangslaufbahn durch Schwerhörigkeit gestoppt wurde, verlegte sich auf das Kunsthandwerk und fertigte schöne Blumenarbeiten und sodann Stickereien mit Gold, Silber und Seide.[76]

Herausragende kunsthandwerkliche Talente besaßen schließlich im 18. Jh. auch Maria Clara Wegscheider und Maria Rosa v. Ponsar. Maria Clara (1715–1758), die jüngste Schwester des Riedlinger Barockmalers Joseph Ignaz Wegscheider[77], verstand sich neben ihren erwähnten musikalischen Fähigkeiten in besonderer Weise auf das Wachsbossieren und Blumenarbeiten. Mit dem Versprechen, als Gegenleistung hl. Messen zu lesen, wandten sich Maria Monika Hafner zufolge zahlreiche Pfarrer an sie und erbaten für ihre Kirchen und Kapellen vielfältige kunsthandwerkliche Leistungen, so etwa das Bemalen eines Kreuzes, die Bearbeitung von Reliquien (*Hayltumb*), die Fertigung von Weihnachtskrippen oder die Herstellung eines Fatschenkindes. Für diese Arbeiten verbrauche die Schwester viel Zeit, und was an Material erforderlich sei, müsse ihr die Schaffnerin von der *gemeindt*, also aus dem Klostervermögen, geben. Anderes werde einfach aus der Apotheke geholt. Wachsarbeiten sowie den Umgang mit Farben, Silber und Goldblättlein beherrsche Maria Clara Wegscheider selbst, Sticken, Blumenfertigen und anderes mehr dagegen könne sie nicht. Sie spanne dafür zahlreiche andere Schwestern ein und verspreche ihnen im Gegenzug Arbeiten aus Wachs. Dank ihres stetigen Drängens gebe es nur wenige Frauen im Kloster, die nicht für Maria Clara tätig seien. Sie sei das ganze Jahr über für sich selbst und die *Weltleüthe* unvermindert beschäftigt, *und ist auch niemahl Feÿerabent beÿ ihr*.[78]

Eines der sicherlich größten künstlerischen Talente in der gesamten Klostergeschichte war die aus Trochtelfingen stammende Chorfrau Maria Rosa v. Ponsar

(1723–1781). *Sie hatte ein sonderbahre Gnad zu allhand schönen Arbeithen, als da ist Wax busieren, schöne Blat von Seiden als auch Leinwath zu machen, daß man solche von den Nathierlichen nit wohl unterscheiden kunte, als auch Bilder mahlen*, weiß ihr Nachruf zu rühmen. Zu besonderem Dank ist ihr das Stift dem Nachruf zufolge aber vor allem anderen für das schöne Gitter verpflichtet, das sie als besondere Zierde der Klosterkirche für den Frauenchor sowie die Oratorienfenster geschaffen, womit sie dem Stift über 1.000 fl. erspart habe. Als dem Kloster nach dem Kirchenneubau von 1780 das eigentlich geplante eiserne Chorgitter zu teuer erschien, habe Maria Rosa v. Ponsar mit ihrem *sinreichen Verstand* die Fertigung eines Gitters aus Draht, Papier, Leim und Holzstäben entworfen und mit Unterstützung von einigen jungen Klosterfrauen sowie von zwei Geistlichen innerhalb eines Jahres vollendet.[79]

Auch diese überragende Künstlerin begegnet dem Vorwurf der *eigentümlichen Arbeit*. Bei der Visitation von 1756 klagt Schwester Maria Dorothea, dass Maria Rosa v. Ponsar Malarbeiten für Klosterfremde gegen Geld fertige.[80] In noch massiverer Form findet sich dieser Vorwurf im Klageschreiben von Maria Monika Hafner, die von wunderbaren Rosenbüschen mit gefassten Stöcklein berichtet, die Maria Rosa zum Verschenken hergestellt habe, obgleich doch Zeit und Material eigentlich dem Kloster zustünden. Ihrem Bruder, einem Priesterkandidaten, habe sie von ihr gefasste Spazierstöcke und dazu noch Süßwaren und *kräftige Sachen* ins Seminar geschickt, die sie von Mitschwestern für das Malen und die Fassarbeiten an den Altären in den Zellen sowie der Betstühle in der Kirche erhalten habe.[81]

Konträre Konzepte des Klosterlebens

Hinter diesen Kontroversen um die klösterliche Frömmigkeitspraxis, die Beachtung von Klausur und Armutsgebot, den Stellenwert der Musik und der *eigentümlichen Arbeit* sowie den Einzug einer gewissen Sinnlichkeit und geistigen Eigenständigkeit auf Seiten offenbar vor allem jüngerer Schwestern lassen sich deutliche Parteiungen innerhalb des Inzigkofer Konvents mit konträren Konzepten des klösterlichen Le-

bens und durchaus auch persönlich geprägten Gegnerschaften ausmachen. Da ist einerseits gewissermaßen die Partei der »Neuerer«, die eine Steigerung bestimmter Frömmigkeitsformen – die ewige Anbetung, freiwillige Gebetsverpflichtungen, die anspruchsvolle musikalische Gestaltung von Gottesdienst und Chorgebet, Gebetsverbrüderungen – mit größerer Freizügigkeit auf anderen Feldern des klösterlichen Lebens – Kontakte zur Außenwelt, Geselligkeit und Frohsinn sowie eine gewisse Individualisierung namentlich bei der Lektüre und im Kunsthandwerk – zu verbinden versucht. Neben der Pröpstin Anna Maria Schöpfer sind es zumal die der mittleren Generation angehörenden Chorfrauen Maria Dorothea Köberle, Maria Klara Wegscheider, Maria Rosa v. Ponsar, Maria Rosalia Köberle sowie möglicherweise Maria Angela Kimpl, die für diese Bestrebungen stehen.[82] Auf der Gegenseite lassen sich lediglich die Verfasserin des Klageschreibens an den Visitator, Maria Monika Hafner, sowie die seit 1754 amtierende Priorin Maria Veronika Walz eindeutig identifizieren. Sie stehen für eine rigide Bewahrung der überkommenen Ordnung sowohl gegenüber strengeren Frömmigkeitsformen als auch bestimmten Liberalisierungstendenzen innerhalb des Konvents.[83]

Eine wesentliche Schuld für die von ihr gebrandmarkten Statutenverstöße sowie eine die Frauen überfordernde Hochleistungsfrömmigkeit weist Maria Monika Hafner der damaligen Pröpstin Anna Maria Schöpfer und ihrem Versagen als Klostervorsteherin zu. Manche der Vorwürfe der Kritikerin finden in Aussagen anderer Schwestern bei der Visitation von 1756 ihre Bestätigung: Priorin Maria Veronika Walz beklagt sich dabei bitter, dass die Pröpstin um die Meinung ihrer Stellvertreterin nichts gebe. Umso mehr lasse sie sich von anderen vorschwätzen, sei leichtgläubig und höre bei vorgebrachten Beschuldigungen die Beklagten oft nicht an. Besonders ertrage die Pröpstin das freche Zureden der Schwestern Maria Clara und Maria Rosa, schlucke dieses und anderes in sich hinein, so dass sie öfters die *Gichter* bekomme. Nach dem Eindruck von Maria Martha Sedlmaÿr lässt sich die Pröpstin gar leicht *sinistre berichten*, weswegen verschiedene Klosterfrauen sich rühmten, sie könnten die Vorsteherin sechs Mal am Tag herumbringen, wenn sie nur wollten.[84]

Der *Eüfrige* [...] *Herr Beichtiger*[85] Valentin Heggele scheint über seine Wegversetzung von Inzigkofen 1755 hinaus mit seinen auf eine Steigerung bestimmter Frömmigkeitsformen abzielenden Vorstellungen im Konvent weiter präsent zu sein, ja, Haltung und Einstellung zu ihm sind offenbar ausschlaggebend für die Parteibildung innerhalb der klösterlichen Gemeinschaft. Die Priorin bezichtigt bei der Visitation von 1756 die Mitschwestern Maria Angela, Maria Dorothea, Maria Rosalia und Maria Clara, noch immer die Partei des ehemaligen Beichtigers Heggele zu unterhalten, und Schwester Maria Benedicta zufolge ist die eine oder andere Frau noch wegen des Heggele missvergnügt.[86] Für fortbestehende Spannungen im Konvent und gewisse Reibungen mit den nachfolgenden Beichtvätern sprechen die gleichfalls bei der Visitation von 1756 geschilderte, Maria Clara Wegscheider zur Last gelegte Anstiftung der Pröpstin gegen den Seelsorger, die 1760 dem Bischof hinterbrachte – von Pröpstin und Beichtiger indessen abgestrittene – Bildung von *gar schädlichen factiones* im Kloster, an denen der Beichtiger einen ziemlichen Anteil haben soll,[87] und nicht zuletzt der rasche Weggang der beiden auf Heggele folgenden Beichtväter Johann Christostomus Wolf sowie Joseph Anton Schleicher nach jeweils nur kurzer Zeit in Inzigkofen.[88] Symptomatisch für die herrschenden innerklösterlichen Zwistigkeiten ist der bei der Visitation von 1756 geäußerte Wunsch der Chorfrau Maria Barbara, wonach *undter denen Schwestern eine bessere Einverständnus und Liebe seÿn* [sollte].

Formen barocker Frömmigkeit

Die geschilderten Richtungskonflikte um die Praxis des geistlichen Lebens und klösterlichen Alltags in Inzigkofen sind freilich eingebettet in ein breites Spektrum einer offenkundig auch noch in der zweiten Hälfte des 18. Jhs. selbstverständlichen und im Konvent allgemein akzeptierten barocken Frömmigkeit. Von großer Bedeutung sind dabei bestimmte Formen einer persönlich geprägten Andacht, Gottes- und Heiligenverehrung wie die bereits erwähnte Anbetung des ausgesetzten Altarsakramentes, die Verehrung des göttlichen Herzens Jesu, die Betrachtung des

Leidens Jesu, die Verehrung des hl. Josef oder das Gebet für die armen Seelen.[89] Die konkreten Erscheinungsformen dieser Andachts- und Verehrungspraxis hängen dabei interessanterweise in hohem Maße vom individuellen religiösen Interesse der einzelnen Frauen ab.[90] Zu den bemerkenswerten Zeugnissen der in Inzigkofen praktizierten Frömmigkeit darf auch ein vom Sigmaringer Barockmaler Andreas Meinrad von Au 1746 geschaffenes Altartafelbild *Erbsünde, Erlösung, Dreifaltigkeit* mit einer ikonographisch durchaus ungewöhnlichen Darstellung des hl. Geistes in Menschen-, vielleicht sogar in Frauengestalt gezählt werden.[91] Erhaltene Zeugnisse der Verehrung des Leidens Christi sind der 1756 mit bischöflicher Erlaubnis im Langhaus angebrachte Kreuzweg sowie verschiedene Kunstwerke, die Augustinerinnen bei der Kreuzverehrung zeigen.[92]

Ein großes Anliegen ist den Inzigkofer Frauen die Erlangung von Ablässen zu bestimmten Festanlässen. Zur 300-Jahr-Feier der Annahme der Augustinerregel im Jahr 1694 beispielsweise kann der bischöfliche Beichtvater und Extraordinari-Beichtiger des Klosters P. Petrus Ehrenreich S.J. ein päpstliches Breve für einen vollkommenen Ablass zur Jubiläumsfeier erwirken.[93] Allein von Papst Benedikt XIV. (1740–1758) besitzen die Klosterfrauen in der Mitte des 18. Jhs. einen »Schatz« von fünf Ablassbullen.[94] Ein selbstverständlicher Bestandteil der barocken Frömmigkeit ist sodann auch im Kloster Inzigkofen die Verehrung von Heiligenreliquien. Ähnlich wie zahlreiche andere Klöster und Kirchen bemühen sich auch die Inzigkofer Augustinerinnen noch im 18. Jh. nach Kräften um den Erwerb von Reliquienschätzen, die sodann von den Schwestern kunstvoll gefasst und in Schreinen angeordnet werden. Ein bis heute erhaltenes Zeugnis dieses Reliquienkults sind die Gebeine des hl. Vitalis, die dem Kloster 1738 geschenkt und in den Folgejahren mit reichen Gold- und Silberstickereien gefasst und im Unterbau eines Altars auf der Nonnenempore ausgestellt wurden.[95]

Ungeachtet der Klagen von Maria Monika Hafner über vermeintliche Aufweichungen der klösterlichen Disziplin ist das Klosterleben in Inzigkofen auch noch am Vorabend der Säkularisation von einer großen Strenge und Askese im Alltag bestimmt. Neben Bußen, die die Pröpstin für im Kapitel bekannte Verfehlungen einzel-

ner Schwestern verhängt, gehört dazu auch die *Disziplin*, die zu verschiedenen Anlässen gemeinsam sowie,
mit Erlaubnis der Pröpstin oder des Beichtvaters, auch
privat oder geheim – vermutlich in Form von Geißeln
– in den Zellen vorgenommen wird.[96] Eine kollektive
Bußübung besteht im 18. Jh. in der Gewohnheit, wöchentlich dreimal beim Mittagessen gewisse freiwillige
Bußwerke nach eigenem Gefallen zu üben: Dabei wird
dann von einigen Schwestern die Suppe im Stehen, von
anderen sitzend oder kniend am Boden gegessen. Dem
Visitator erscheint diese Bußpraxis 1778 als wenig sinnvoll, da dies zu Lärm und zur Störung der Tischlesung
führe. Auf seine Anweisung hin sind diese »individua-
listischen« Bußpraktiken künftig zu unterlassen und
statt dessen an jedem Freitag nach dem Tischsegen vom
gesamten Konvent kniend fünf Vaterunser und Ave
Maria zu beten.[97]

Einen festen Platz in der religiösen Praxis auch kontemplativ ausgerichteter Klöster haben die Armen-
speisung und die Almosengabe an Bedürftige. Der
hohe Rang des Almosens im geistlichen Selbstverständnis der Inzigkofer Schwestern ist bis heute daran
ablesbar, dass im Aufsatz der beiden Seitenaltäre in
der Klosterkirche die Darstellung einer Augustinerin
bei der Kreuzverehrung der Ansicht einer Chorfrau
bei der Almosenverteilung gegenüber- und damit
gleichgestellt wird. Für die Ausgabe und Verteilung
der Almosen an Bedürftige ist die Portnerin zuständig. Welch enorme Bedeutung das klösterliche Almosen für die zahlreichen Armen und Bedürftigen
zumal in Notzeiten hatte, wird in den Jahrzehnten vor
der Säkularisation zumal in der Teuerungskrise von
1770/71 deutlich.[98] Die Inzigkofer Klosterchronik berichtet von einem Anstieg des Malterpreises bei Kernen in der Umgebung auf 37 fl. und von Menschen,
die sich in ihrer nackten Not von Eicheckern, klein
gehacktem Heu und Brennnesseln, vor allem aber von
Erdöpfeln ernähren. *Bey disem wahre allerorth ein
grosse Volichsmänge besonders der Armen sowohl
Haussessen als landlaiffigen Bettlern und haben off-
ters in einem Tag 400 Arme das Almosen bey unserem
Gotthaus gehollet und gesagt, sye bekommen schier
nirgendes kein Stücklein Brot mehr als bey unserem
Gotthaus.* Der schöne Vorrat des Stifts an Getreide
wurde dadurch gänzlich aufgebraucht, so dass man
gleich nach der Ernte dreschen musste.[99]

Augustiner-Chorfrau bei der Betrachtung des Leidens Christi
*Holzplastik, Kloster Inzigkofen, 18. Jh.
Privatbesitz, Inzigkofen.*

Im Unterschied zu verschiedenen anderen Frauenklöstern, die Schulunterricht für Mädchen erteilen,[100] können die Inzigkofer Augustinerinnen gegenüber den aufgeklärten Nachfragen in der zweiten Hälfte des 18. Jhs. keine weiteren Nachweise einer öffentlichen »Nützlichkeit« vorlegen. Die praktizierte Aufnahme junger Mädchen *der Lehr und Zucht halber* in das Kloster erfolgt primär zur eigenen Nachwuchs-Rekrutierung[101], die Förderung des Schulwesens im bäuerlichen Klosterdorf beschränkt sich auf von der fürstlichen Regierung veranlasste Geld- und Holzzuwendungen für den Ortsschulmeister[102], und auch die in den 1760er Jahren für 350 fl. in Reutlingen beschaffte leistungsfähige Feuerspritze dient vorrangig den Sicherheits-Bedürfnissen des Klosters und erst in zweiter Folge dem Brandschutz der Nachbarschaft.[103]

Der Untergang der klösterlichen Welt

Diese traditionelle klösterliche Welt mit ihrer kontemplativen und asketischen Frömmigkeit und Religiosität wird mit dem Vordringen der Aufklärung seit der Mitte des 18. Jhs. zunehmend als unnütz und nicht vernunftgemäß in Frage gestellt. In der Chronik des Klosters Inzigkofen spiegelt sich die von außen hereinbrechende Bedrohung seit den 1770er Jahren in hilflosen Bekundungen des Unverständnisses gegenüber den Ideen und Anliegen der neuen Zeit sowie in einer stetig zunehmenden Untergangsstimmung wider. Besonders irritierend ist dabei für die Inzigkofer Augustinerinnen, dass ausgerechnet das Erzhaus Österreich, die traditionelle Schutzmacht der Germania Sacra, nunmehr in besonders rücksichtsloser und eigennütziger Weise gegen Besitz und Rechte von Kirche und Klöstern vorgeht.

Den unfassbaren Untergang einer Welt bedeuten für die Inzigkofer Schwestern die österreichischen Klosteraufhebungen durch Kaiser Joseph II. 1781, an denen sie durch das Schicksal der benachbarten Franziskanerinnen-Klöster Laiz und Gorheim ganz unmittelbar Anteil nehmen. Nachdem bereits die Aufforderung des Kaisers, alle Klöster, Weltgeistlichen und Stiftungen in österreichischen Gebieten sollten eine genaue Aufstellung ihres Vermögens und ihrer Einkünfte anfertigen, für einige Unruhe gesorgt hatte, lösen die sich alsbald bestätigenden Gerüchte, der Kaiser wolle alle Klöster beiderlei Geschlechts in den Erblanden als *dem Staad mehrer schädlich als nuzlich* aufheben, der Klosterchronik zufolge allenthalben in der klösterlichen Welt wie auch bei *weltlichen gutten Christen und mitleydigen Herzen* einen *unbeschreiblichen Jammer und Lamentation* aus. Obgleich man sich sehr wohl bewusst ist, dass *wür nit österreichisch seynd*, bangt man in dieser Situation auch in Inzigkofen um den eigenen Fortbestand. Wie andere im Reich, d.h. in den nichtösterreichischen Reichsterritorien gelegene Klöster fürchtet man auch in Inzigkofen, dass sich die Reichsfürsten der österreichischen Maßnahme anschließen könnten – *massen wür just die jenige Zeiten hatten, wo die liebe Geistlichkeit ungemein gering geschäzt (!) und verachtet wurde.*[104]

Mit Fassungslosigkeit wird in der Inzigkofer Chronik der Ablauf der Klosteraufhebungen in Gorheim und Laiz geschildert mit der Aufnahme des gesamten Vermögens der Konvente durch Beamte des österreichischen Oberamts Stockach, der Durchsuchung und Versiegelung der Nonnenzellen und schließlich der Versteigerung der klösterlichen Ausstattungs- und Wertgegenstände.[105] Das weitere Schicksal der von den josephinischen Klosteraufhebungen betroffenen Frauen verbleibt den Inzigkofer Augustinerinnen auf Dauer vor Augen, indem rund 50 Schwestern aus zahlreichen aufgehobenen Konventen in ganz Schwaben zunächst in Gorheim in Gemeinschaft und unter Leitung eines *Directors* zusammenleben und schließlich in noch geringerer Anzahl im Gasthaus in Inzigkofen bis zu ihrem Tod *privatisieren*.[106]

Die Urheber dieser *Verfolgung* von Klöstern und Kirche, Joseph II. und seine Beamten, erscheinen der Inzigkofer Chronistin mit *Ketzergift* angefüllt. Als Gipfel der kirchenfeindlichen Maßnahmen und des moralischen Niedergangs wertet sie die kaiserliche Erlaubnis für die Juden, sich in österreichischen Orten frei niederzulassen und bürgerliche Güter zu erwerben. Als kaum geringere Bedrohung für die christliche Religion wird die Einführung der Glaubensfreiheit, der *Tolleranz*, in allen österreichischen Erblanden abqualifiziert. Die Schuld an diesen Zuständen wird den vielen »ungläubigen« Ministern am Wiener Hof zugeschrieben, *massen wür just die leydige Zeiten gehabt, wo die mehriste oder doch sehr vihl an denen Gelehrten geglaubt, was sÿe haben wollen.* Der Kommentar der Klosterchronik zum Tod von Joseph II. 1790 ist mehr als eindeutig: *Das Laid und Bedauren war nicht gar groß, dan under disem Kaÿser ware die Religion und Geistlichkeit gewaltig getrukht und herunder gesezt. Er liebte mehr ein Soldat als einen Priester, durch Einführung der Tolleranz und freÿ Press war alles in Unordnung und das ganze Römische Reich betrangt, der Anfang aber an allem ware die Aufhöbung der Clöster.*[107]

Mit der Inbesitznahme des Stifts durch den Sigmaringer Fürsten im Herbst 1802 und dem Tod der letzten Schwester am 28. Februar 1856 hört das klösterliche Leben dann auch in Inzigkofen für immer auf.[108]

[1] Vgl. zu dieser Kritik *Franz Quarthal*, Unterm Krummstab ist's gut leben. Prälaten, Mönche und Bauern im Zeitalter des Barock, in: *Peter Blickle* (Hg.), Politische Kultur in Oberschwaben. Tübingen 1993, 269–286, hier 273.

[2] Als Beispiel *Maren Kuhn-Rehfus*, Das Zisterzienserinnenkloster Wald. Berlin u.a. 1992, 344. Die einseitige Quellenlage ist dabei generell als Folge einer vor allem an weltl. Herrschaftsrechten, Besitz und Vermögen der Klöster interessierten Auslese aus den Klosterarchiven durch die säkularisierenden Herrschaften zu werten.

[3] Zum Überrest des ehem. Klosterarchivs s. SAS Dep. 39 DS 1 u. SAS Ho 80.

[4] Chronik des Klosters Inzigkofen, Bde. I–IV (Fürstl. Hohenzollernsche Hofbibliothek Sigmaringen HS 68), hier v.a. Bd. III, 1733–1800; *P. Georg Geissenhof*, Kurze Geschichte des Chorfrauen-Stifts St. Augustin Ordens zu St. Johann Baptist in Inzkofen (EAF Ha 534); Kloster Inzigkofen, Visitationen 1609–1756 (EAF A4/404); Lebensbeschreibungen von Inzigkofer Schwestern mit Todesjahren zw. 1699 und 1740 (Bibliothek der Erzabtei Beuron 8° MS 19) sowie 1742 und 1801 (ebd. 8° MS 21); (*M. Monika Hafner*), Bericht an den Visitator, Abt Johann B. Dannegger in Kreuzlingen, ca. 1756 (EAF Ha 536). Eine Zusammenfassung der 410 S. starken Handschrift gibt *Johann Adam Kraus*, Licht und Schatten im Kloster Inzigkofen 1756. Kulturgeschichtliches aus einem Frauenkonvent, in: Hohenzollerische Jahreshefte Bd. 23 (1963), 131–159. Ein Überblick über die wichtigsten Quellen zur Stiftsgeschichte findet sich bei *Werner Fechter*, Deutsche Handschriften des 15. und 16. Jhs. aus der Bibliothek des ehemaligen Augustinerchorfrauenstifts Inzigkofen. Sigmaringen 1997, 1f.

[5] Zur Klostergeschichte s. *Otto H. Becker* (Bearb.), Kloster Inzigkofen. Geschichte und Kultur eines Augustinerchorfrauenstifts (1354–1856). Ausstellung der Gemeinde Inzigkofen in den Räumen des ehemaligen Klosters Inzigkofen (Volkshochschulheim) vom 25.09.–03.10.1982. Ausstellungsverzeichnis. Inzigkofen 1982; *Friedrich Eisele*, Das Klosterleben der regulierten Augustiner-Chorfrauen in Inzigkofen, in: FDA N.F. 38 (1937), 125–155; *Andreas Wilts*, Beginen am Bodensee, Sigmaringen 1994, 347–351. Eine wiss. Gesamtdarstellung steht bislang noch aus.

[6] Zur Grundherrschaft des Klosters vgl. *Grete Schnitzer*, Der Grundbesitz des Klosters Inzigkofen im 17. und 18. Jh. Masch. Wiss. Zulassungsarbeit zur 2. Dienstprüfung für das Lehramt an Volksschulen. PH Weingarten 1968; *Werner Stroppel*, Der Grundbesitz des Klosters Inzigkofen vom 14. Jh. bis zum Anfang des 18. Jhs.. Masch. Wiss. Zulassungsarbeit zur 1. Staatsprüfung für das Lehramt an Gymnasien. Universität Tübingen 1970.

[7] *Eisele* (wie Anm. 5), 131.

[8] *Eisele* (wie Anm. 5), 129; *Fechter* (wie Anm. 4), 15.

[9] *Becker* (wie Anm. 5), 26; *Fechter* (wie Anm. 4), 16.

[10] Als Beispiel Klosterchronik (wie Anm. 4), Bd. 3, 222ff.

[11] Als Beispiele s. Ebd., 247ff.: Eintrag vom 18.10.1765, sowie 347: Eintrag vom Okt. 1776.

[12] *Becker* (wie 5), 6; *Eisele* (wie Anm. 5), 132f.; *Fechter* (wie Anm. 4), 8f., 15.

[13] *Kraus* (wie Anm. 4), 137; *Becker* (wie Anm. 5), 36; *Eisele* (wie Anm. 5), 134f.

[14] Klosterchronik (wie Anm. 4), Bd. 3, 174ff. (1755), 243 (1776); Rechnung für das dem fürstlichen Haus Hohenzollern-Sigmaringen zugeteilte Kloster Inzigkofen 1802/03 (SAS Dep. 39 DS 121 Bd. 1 Nr. 1). Die Größe des Walder Konvents ist mit 24 Nonnen und elf Laienschwestern 1757 und 21 Nonnen und neun Laienschwestern 1806 etwas geringer (*Kuhn-Rehfus* >wie Anm. 2<, 109).

[15] *Becker* (wie Anm. 5), 42; *Eisele* (wie Anm. 5), 147ff.

[16] *Kraus* (wie Anm. 4), 159.

[17] Ebd., 143, 155.

[18] *Becker* (wie Anm. 5), 42.

[19] *Ursmar Engelmann*, Der Konvent der Klosterfrauen von Inzigkofen im 17. u. 18. Jh., in: FDA 3.F. 10 (1948), 142–171, hier 169; *Eisele* (wie Anm. 5), 153.

[20] Vgl. hierzu die Lebensbeschreibungen von Inzigkofer Schwestern aus dem 18. Jh. (wie Anm. 4); zu Wald vgl. *Kuhn-Rehfus* (wie Anm. 2), 346.

[21] *Becker* (wie Anm. 5), 26.

[22] Vgl. *Eisele* (wie Anm. 5), 147.

[23] Inzigkofer Konvent nach der Ordnung vom 10.07.1753 (Visitationen 1609–1756, wie Anm. 4); *Eisele* (wie Anm. 5), 148f.; *Becker* (wie Anm. 5), 43.

[24] *Kraus* (wie Anm. 4), 144f.; zur Apotheke in Wald vgl. *Kuhn-Rehfus* (wie Anm. 2), 304.

[25] *Eisele* (wie Anm. 5), 128f.; *Fechter* (wie Anm. 4), 11, 15.

[26] Klosterchronik (wie Anm. 4), Bd. 3, 243ff.; Lebensbeschreibung der Pröpstin Anna Maria Schöpfer (Lebensbeschreibungen 1742–1801, wie Anm. 4).

[27] Klosterchronik (wie Anm. 4), Bd. 3, 435ff.

[28] Ebd., 425ff.

[29] Ebd., 443ff.

[30] Lebensbeschreibung der Pröpstin Anna Maria Schöpfer (Lebensbeschreibungen 1742–1801, wie Anm. 4); Klosterchronik (wie Anm. 4), Bd. 3, 174ff., 196, 243f.

[31] Schriftverkehr zw. der Leitung Kloster Inzigkofens und dem Abt von Kreuzlingen 1710–1751 (EAF A 4 Nr. 413).

[32] Als Beispiele Schreiben von Pröpstin Anna Maria Schöpfer an den Abt von Kreuzlingen vom 14.01.1749, 21.01.1751 (ebd.).

[33] Bericht an den Visitator, ca. 1756 (wie Anm. 4).

[34] Als Beispiele Klosterchronik (wie Anm. 4), Bd. 3, 356f., 359ff.

[35] *Eisele* (wie Anm. 5), 128; *Fechter* (wie Anm. 4), 14.

[36] Klosterchronik (wie Anm. 4), Bd. 3, 205ff.; Abschrift des Schreibens von Pröpstin, Priorin und Konvent des Klosters Inzigkofen an den Bischof von Konstanz o. D. (1760) (Die Visitationen des Klosters 1697–1760, SAS Dep. 39 DS 1, 78/362).

[37] Klosterchronik (wie Anm. 4), Bd. 3, 357ff.

[38] Als Beispiel für Verlauf und Inhalt einer Visitation Protokoll der Visitation vom 04.07.1756 (Visitationen 1609 – 1756, wie Anm. 4).

[39] *Eisele* (wie Anm. 5), 25.

[40] Als Beispiele Klosterchronik (wie Anm. 4), 287, 369ff.

[41] Ebd., 222ff.

[42] *Eisele* (wie Anm. 5), 152; *Johann Nepomuk Wetzel*, Geschichte der katholischen Kirche in Schwaben-Hohenzollern. I. Teil. Bühl/Baden 1928, 111.

[43] *Kraus* (wie Anm. 4), 131, im Vorwort; in gleichem Sinn *Schnitzer* (wie Anm. 6), 15.

[44] *Becker* (wie Anm. 5), 36; *Eisele* (wie Anm. 5), 137.

[45] Schreiben von Pröpstin Anna Maria Schöpfer an den Abt von Kreuzlingen vom 21.01.1751 (Korrespondenz zw. Inzigkofen und Kreuzlingen 1710–1751 >wie Anm. 31<).

[46] Visitation vom 04.07.1756 (Visitationen 1609–1756 >wie Anm. 4<).

[47] Lebensbeschreibung der Pröpstin Anna Maria Schöpfer (Lebensbeschreibungen 1742–1801 >wie Anm. 4<); *Eisele* (wie Anm. 5), 138.

[48] *Kraus* (wie Anm. 4), 135ff.

[49] Ebd., 135, 137.

[50] Klosterchronik (wie Anm. 4), Bd. 3, 349ff.

[51] *Kraus* (wie Anm. 4), 134.

[52] Bericht an den Visitator (wie Anm. 4), fol. 15r–18r; *Kraus* (wie Anm. 4), 132; allg. zum Stillschweigen im Kloster Inzigkofen *Eisele* (wie Anm. 5), 142.

[53] Visitation vom 04.07.1756 (Visitationen 1609–1756 >wie Anm. 4<).

[54] *Kraus* (wie Anm. 4), 132, 154–157.

[55] Klosterchronik (wie Anm. 4), Bd. 3, 351f.

[56] *Eisele* (wie Anm. 5), 149; zur Übernahme des Sorrocks vom Kloster Pillenreuth vgl. *Becker* (wie Anm. 5), 32.

[57] *Kraus*, 151f.

[58] Ebd., 141, 157.

[59] Als Beispiel *Eisele* (wie Anm. 5), 145.

[60] *Kraus* (wie Anm. 4), 144, 149; zur medizin. Versorgung Walds im 18. Jh. vgl. *Kuhn-Rehfus* (wie Anm. 2), 303f.

[61] *Kraus* (wie Anm. 4), 149f.

[62] Ebd., 134, 149f.

[63] Klosterchronik (wie Anm. 4), Bd. 3, 350.

[64] Bericht an den Visitator, ca. 1756 (wie Anm. 4), fol. 13vf., 29r–31v; *Kraus* (wie Anm. 4), 142f.

[65] Ebd., 138–142, 144.

[66] *Justin Lang*, Herzensanliegen. Die Mystik mittelalterlicher Christus-Johannes-Gruppen. Ostfildern 1994, 34ff.; *Fechter* (wie Anm. 4); populär zusammenfassend *Edwin Ernst Weber*, Das Kloster Inzigkofen als Hort der Mystik, in: HH 50 (2000), 51–53.

[67] *Fechter* (wie Anm. 105), 43–48, 176.

[68] *Kraus* (wie Anm. 4), 143, 152ff.

[69] Ebd.

[70] *Eisele* (wie Anm. 5), 136.

[71] Zit. nach *Engelmann* (wie Anm. 19), 144, 156f., 162f.

[72] Lebensbeschreibung der Chorfrau Maria Clara Wegscheider (Lebensbeschreibungen 1742–1801 >wie Anm. 4<).

[73] Visitation vom 04.07.1756 (Visitationen 1609–1756 >wie Anm. 4<).

[74] *Kraus* (wie Anm. 4), 133ff.

[75] Vgl. *Edwin Ernst Weber*, Krippenbau und Kunsthandwerk im Kloster Inzigkofen, in: HH 51 (2001), 2–7.

[76] Zit. nach *Engelmann* (wie Anm. 19), 146, 154, 161, 163.

[77] Freundl. Mitteilung von *Winfried Assfalg*/Riedlingen vom 03.09.2000.

[78] Bericht an den Visitator (wie Anm. 4), fol. 67v–70r; *Kraus* (wie Anm. 4), 146.

[79] Lebensbeschreibung der Chorfrau Maria Rosa von Ponsar (Lebensbeschreibungen 1742–1801 >wie Anm. 4<); Klosterchronik (wie Anm. 4), Bd. 3, 365; vgl. auch *Weber*, Krippenbau (wie Anm. 75).

[80] Visitation vom 04.07.1756 (Visitationen 1609–1756 >wie Anm. 4<).

[81] *Kraus* (wie Anm. 4), 146f.

[82] Visitation vom 04.07.1756 (Visitationen 1609–1756 >wie Anm. 4<).

[83] Vgl. die Aussagen der Priorin. Ebd.

[84] Ebd.

[85] So seine Charakterisierung im Schreiben von Pröpstin Anna Maria Schöpfer an den Abt von Kreuzlingen vom 14.01.1749 (wie Anm. 32).

[86] Visitation vom 04.07.1756 (Visitationen 1609–1756, >wie Anm. 4<).

[87] Klosterchronik (wie Anm. 4), Bd. 3, 174ff.

[88] Ebd., 196, 243f.

[89] *Eisele* (wie Anm. 5), 137 – 140.

[90] Als Beispiele Lebensbeschreibungen der Chorfrauen Maria Clara Wegscheider, Maria Dominica Schrayvogel, Maria Dorothea Köberle sowie der Pröpstin Anna Maria Schöpfer (Lebensbeschreibungen 1742–1801 >wie Anm. 4<).

[91] Kunstsammlung des Lks. Sigmaringen, Inv.-Nr. 293; vgl. *Eugen Buri*, Erbsünde, Erlösung, Dreifaltigkeit – Der Hl. Geist in Gestalt einer Frau. Ein augustinisches Andachtsbild, in: *Ders./Ingeborg Maria Buck* (Hgg.), Andreas Meinrad von Au 1712–1792. Katalog zur Ausstellung. Sigmaringen 1992, 141–144.

[92] Klosterchronik (wie Anm. 4), Bd. 3, 178f.; *Eisele* (wie Anm. 5), 139; *Max Beck*, Inzigkofen. Kurzchronik mit Bildern aus Inzigkofen, Vilsingen und Engelswies. Horb a.N. 1988, 74; vgl. außerdem das Rundgemälde an der Spitze des rechten Seitenaltars in der Klosterkirche Inzigkofen.

[93] *Geissenhof* (wie Anm. 4), § 29.

[94] Klosterchronik (wie Anm. 4), Bd. 3, 192ff.

[95] *Max Beck*, Ehemalige Klosterkirche Inzigkofen. Beuron 1991, 17. Zum Erwerb von Reliquien vor allem von angebl. röm. Katakombenheiligen durch das Kloster Wald im 18. Jh. vgl. *Kuhn-Rehfus* (wie Anm. 2), 327ff.

[96] *Eisele* (wie Anm. 5), 142.

[97] Klosterchronik (wie Anm. 4), Bd. 3, 356f.

[98] Allgemein zur Hungersnot und Teuerung von 1770/71 *Wilhelm Abel*, Massenarmut und Hungerkrisen im vorindustriellen Europa. Hamburg u.a. 1974, 199ff.

[99] Klosterchronik (wie Anm. 4), Bd. 3, 295ff.

[100] Als Beispiele die Frauenklöster in Pfullendorf, vgl. *Hermann Schmid*, Die Säkularisation der Klöster in Baden 1802–1811. Überlingen 1980, 84.

[101] *Kraus* (wie Anm. 4), 155; zu Kloster Wald vgl. *Kuhn-Rehfus* (wie Anm. 2), 345.

[102] Klosterchronik (wie Anm. 4), Bd. 3, 423f., Eintrag von 1782; Extract aus dem Fürstl. Hohenzollern-Sigmaring. Verhörprotokoll vom 31.10.1782 betr. Verbesserung des Schuldienstes (SAS Dep. 39 DS 1, 146/1).

[103] Klosterchronik (wie Anm. 4), Bd. 3, 217ff.

[104] Ebd., 369ff.

[105] Ebd.

[106] *Geissenhof* (wie Anm. 4), § 43.

[107] Klosterchronik (wie Anm. 4), Bd. 3, 392ff., 473.

[108] *Becker* (wie Anm. 5), 87f.

Besonders hat uns auch die tolerante Gesinnung gefallen …

Das Schulwesen im Reichsstift Neresheim unter dem Einfluss der Aufklärungsbewegung 1764–1806

von Norbert Bayrle-Sick

Neuere Forschungen zur katholischen Aufklärung[1] widerlegen das gängige Klischee einer angeblichen Rückständigkeit der geistlichen Staaten des Alten Reiches. Die im Geist der Aufklärung in der zweiten Hälfte des 18. Jhs. durchgeführten Reformen konnten sich durchaus mit den Entwicklungen in den großen Territorialstaaten messen. Erste Priorität hatte dabei die Reform der Schulbildung und des Unterrichtswesens. Interessierte sich die Geschichtswissenschaft bislang eher für die Institutionen des höheren Schulwesens, so konzentriert sich die historische Forschung neuerdings mehr und mehr auch auf die Verhältnisse im Elementarschulbereich. Gerade hier ging es den Reformern um eine weitreichende, alle Bevölkerungsschichten erfassende Erneuerung. Die Reform des Normalschulwesens etwa, wie sie der Abt von Sagan, Johann Ignaz Felbiger, zunächst in Preußen und dann in Österreich durchführte, wirkte sich auch auf andere Gebiete des Reiches aus, etwa auf das Niederstift Münster, dessen Elementarschulverhältnisse relativ gut erforscht sind. Für andere Gegenden gilt dies noch nicht in gleicher Weise. »Die Geschichte des Elementarschulwesens ist noch lange nicht geschrieben. Es wäre zu wünschen, wenn ähnliche Materialsammlungen und Analysen für weitere Territorien des Alten Reiches gemacht würden. Gerade für die Beurteilung der Wirkweise der Aufklärung in katholischen Territorien wäre das eine wichtige Hilfe.«[2]
Getreu der Devise, dass die Sozialgeschichte der deutschen Aufklärung »nur durch systematische Fortführung der regional- und lokalgeschichtlichen Untersuchungen vorangebracht werden kann«[3], widmet sich der folgende Beitrag dem Schulwesen im Reichsstift

Neresheim unter dem Einfluss der Aufklärungsbewegung. Es werden die Entwicklungslinien der »Neresheimer Erziehungsmethode«[4] von ihren Ursprüngen in Schlesien[5] über Österreich[6] bis in das Reichsstift Neresheim in groben Zügen nachgezeichnet, die Besonderheiten des Neresheimer Bildungsprogramms im Kontext des zu Ende gehenden »pädagogischen Jahrhunderts«[7] herausgearbeitet und ihre Bedeutung für die Gestaltung der beruflichen Bildung in der Folgezeit aufgezeigt.

Das Landschulwesen im Reichsstift Neresheim bis zur Säkularisation (1764–1802)

Um die Wende des 18. zum 19. Jh. vollzog sich die »Ökonomisierung« der grundlegenden Schulen bzw. des Elementarschulwesens. Es entwickelten sich die elementare Industrieschule und die landwirtschaftliche Dorfschule als Vorformen der späteren allgemeinen Volksschulen.

Die Anfänge des Elementarschulwesens

Nach langen Auseinandersetzungen mit dem Fürsten Karl von Oettingen-Wallerstein erlangte das Kloster Neresheim auf das hartnäckige Betreiben des Abtes Benedikt Maria v. Angehrn hin am 1. Oktober 1764 seine Reichsunmittelbarkeit. Durch einen Vergleich mit dem Fürsten wurde es zum freien Reichsstift Neresheim erhoben – mit Sitz und Stimme im schwäbischen Reichsprälatenkollegium.[8] Ab diesem Zeitpunkt kam es zu grundlegenden wirtschaftlichen, sozialen

Reichsstift Neresheim
Ansicht.
Pinselzeichnung, laviert, F. W. Doppelmayr, Sept. 1798.
Stadtmuseum Nördlingen.

und kulturellen Verbesserungen im Reichsstift Neresheim, wozu auch eine tiefgreifende Reform des Schulwesens zu rechnen ist. Wenngleich sich das Kloster Neresheim schon früh um die Pflege der deutschen Schulen kümmerte und unter Abt Amandus Fischer (1711–1730) im Jahre 1721 eine für spätere Zeiten maßgebliche Schulordnung erlassen wurde, so scheint das Schulwesen in der Region Neresheim[9] bis dato doch arg gelitten zu haben. *Vor dem Jahre 1764 war der Unterricht des Landvolks in der Reichsstift-Neresheimischen Gegend sehr mangelhaft. Das ganze Schulwesen wurde allein dem Volke, dem Schulmeister und Pfarrer überlassen. Ein jeder schickte seine Kinder zum Schulunterricht wann und wie er wollte; jeder Schulmeister lehrte, was und wie er gelehrt wor-*

den war, d. i. so schlecht, daß selbst in den ansehnlichsten Ortschaften die allerwenigsten das Gedruckte mit Anstand lesen konnten.[10]
Bereits vor der Säkularisation existierte im Reichsstift Neresheim neben der Lateinschule mit ziemlicher Sicherheit auch eine Kloster-Normalschule, wofür nicht nur die ökonomistisch-realistische Orientierung der Lehrer und der Schuleinrichtung spricht, sondern der aufklärerische Geist des Klosters überhaupt, der seit Mitte des 18. Jhs. unter den beiden letzten Reichsäbten Benedikt Maria Angehrn (1764–1787) und Michael Dobler (1787–1802) Einzug hielt, schließlich auch die unter diesen Äbten stattfindende wirtschaftliche Entwicklung des Stiftslandes und die Reform des Schulwesens.[11]

Das Naturalienkabinett

Unter den Lehrern sind besonders erwähnenswert der Physiker und Kantexperte Magnus Faus (1763–1810)[12], der neben seinem Lehrer Karl Nack (1751–1828), neben Beda Pracher (1750–1819) und Benedikt Maria Werkmeister (1745–1832) zu den wichtigsten Sympathisanten der Aufklärung im Kloster zählte, sowie Thassilo Molitor (1754–1797), dem in erster Linie die Einrichtung eines physikalischen Kabinetts im Kloster zuzuschreiben ist. Außer einer bedeutenden Bibliothek verfügte das Kloster nämlich über ein physikalisches und mathematisches Museum sowie umfangreiche Waffen-, Mineralien- und Münzsammlungen, worüber P. Johann Nepomuk Hauntinger 1784 in seinem Reisebericht folgendes notiert: *Wir gingen hernach in das sogenannte Armarium, welches man auch mit Recht Armamentarium nennen möchte, indem fast das meiste darin aufs Kriegswesen hinausläuft. Dieses Kriegsgezeuge ist einem Oberingenieur der Reichsstadt Ulm abgekauft worden. Es enthält vornehmlich alle Gattungen von Haubitzen, Doppelhacken, Kanonen, Mörsern, Bombenkesseln mit aller Zugehörde, dann alle Arten von Feldgeräten, Feldmühlen, Schmieden, Fourage- und Plunderwagen, Zelte usf. im kleinen; weiter alle Festungswerke der Stadt Ulm in Karten, auch ausgeschnitten in Holz; dann einige ausländische Seltenheiten, wie Muscheln, eine Sammlung Salzburger und Härtsfelder Marmor, physikalische, mathematische, elektrische, optische, geometrische und hydraulische Instrumente, auch einige Stücke vom Tierreiche in Weingeist aufbehalten, worunter ein sehr wohlerhaltener Embryo einer Hirschkuh recht merkwürdig ist.*[13]
Dieses Naturalienkabinett ermöglichte den Lehrern an der Normalschule einen anschaulichen Naturlehre-Unterricht. Für die Anschaffung physikalischer Instrumente wurden unter den beiden genannten Äbten 200 fl. jährlich ausgegeben, ein Indiz dafür, dass neben Sprachkunde, Geschichte, Philosophie und Theologie besonders auch die Naturwissenschaften im Kloster betrieben wurden.[14] Darüber hinaus richtete man im ganzen Gebiet des Reichsstifts Normalschulen ein, an denen entsprechend dem aufklärerischen Geist der Zeit den Schülern *nützliche Dinge* beigebracht werden sollten. In der Tradition der *Deutschen Schulen*

war dieser Schultyp als Vorläufer der Volksschulen auf die Bedürfnisse der in Handel und Gewerbe tätigen Bürger abgestimmt. Neben Lesen und Schreiben in deutscher Sprache sowie Rechnen, wurden den Schülern auch Kenntnisse der Maß-, Münz- und Gewichtsarten vermittelt. Im benediktinischen Traditionsraum Schwabens war man dabei sehr auf einen mittleren Weg bedacht, d. h. auf eine Verbindung von humanistischer und realistischer Bildung.[15]
»Die Abtei kümmerte sich aber, besonders unter der Regierung des hier sehr interessierten Abtes B. M. Angehrn, auch um die Schulen auf dem Land, zumal Neresheim seit 1764 reichsunmittelbares Reichsstift und sein Einflussbereich damit gewachsen war.«[16]
Als Landesherr zeichnete sich der Abt durch zahlreiche Maßnahmen im Sinne des aufgeklärten Absolutismus aus: die Hebung der Landwirtschaft, der Forstwirtschaft und der Heimindustrie, insbesondere aber durch die Förderung des Volksschulunterrichts.
Bereits im Jahre 1769 wurde in der Hochfürstlichen Oettingen-Wallersteinschen Stadt Neresheim eine später berühmte *Instruktion für den Schulmeister* erlassen. Sie erregte besonders im protestantischen Norden großes Aufsehen und wurde in der pädagogischen Presse der Zeit äußerst wohlwollend rezensiert, z. B. in der Allgemeinen Deutschen Bibliothek, deren Herausgeber sie als *ganz außerordentliche Erscheinung* preisen und ihr eine weite Verbreitung wünschen.[17] Gut zwanzig Jahre später lobt der Herausgeber dieser renommierten Zeitschrift, Friedrich Nicolai (1733–1811), die Schulordnung von 1790 ein weiteres Mal in den höchsten Tönen.

Das Normalschulwesen

In den 80er Jahren wurden die Neresheimer Landschulen in *Normalschulen* umgewandelt, ein in Schlesien entwickelter Schultyp, der über Österreich nach Süddeutschland kam. Für die Einrichtung des Normalschulwesens in Neresheim engagierte sich neben dem Abt Benedikt Maria Angehrn besonders der erfahrene Schulmann P. Beda Pracher. Auf Bitten des Abtes von St. Gallen, eines Vetters des Abtes von Neresheim, schickte dieser P. Beda im Jahr 1783 dorthin, um die neue Unterrichtsmethode in der Schweiz einzuführen.

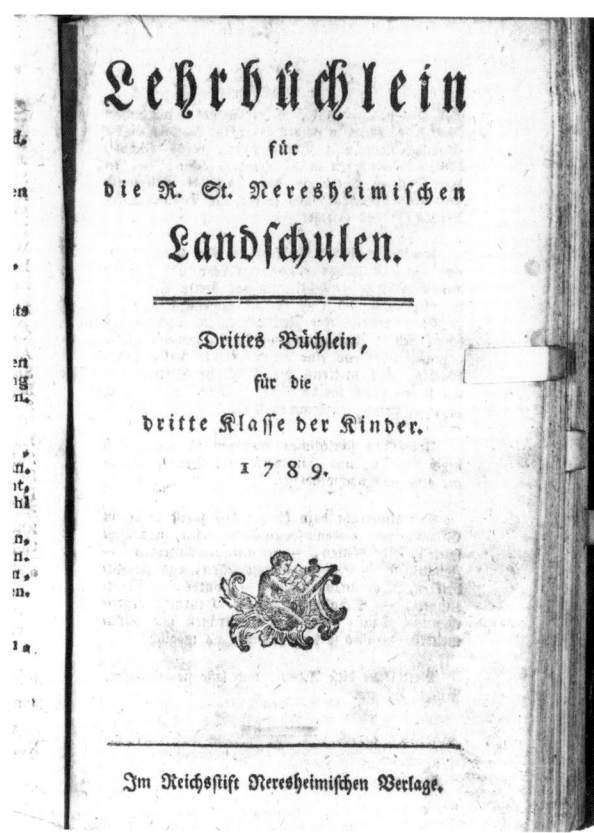

Schulwesen im Reichsstift Neresheim
Lehrbüchlein für die Neresheimer Landschulen von 1789.
Druck: Neresheim 1789.
UB Augsburg.

Nach seiner Rückkehr wurde P. Beda Direktor und Visitator der Neresheimer Landschulen und gab für diese 1783 die ersten beiden Lehrbüchlein heraus. Sie beinhalten den Unterricht in der Buchstabenkenntnis, im Buchstabieren, Lesen, Schreiben und Rechnen, sowie in den Anfangsgründen der Religion. Später wurde Pracher, vielleicht auf Vorschlag von Werkmeister, der seit Mai 1784 am herzoglichen Hof in Stuttgart als Hofprediger tätig war, von Herzog Karl Eugen angefordert, um die Reform der katholischen Schulen in Württemberg durchzuführen.[19]
Die Normalschule fand 1778 in Neresheim Eingang. Ab 1784 liegen die Prüfungsschriften der Neresheimer Normalschule im Archiv Wallerstein. Eine vom damaligen Schulinspektor P. Karl Nack am 8. Februar

1786 abgehaltene Prüfung veranlasste einen Bericht an den Fürsten Graf Ernst zu Oettingen, worin die Vorzüge der neuen Normalschulmethode überschwenglich gepriesen werden.[19]

Die Normalschulmethode
Dabei handelt es sich um eine Schul- und Unterrichtsmethode, die auf Johann Ignaz Felbiger, Abt des Augustinerchorherrenstiftes Sagan in Schlesien und berühmter Katechismusautor, zurückgeht und sich in raschem Siegeslauf von Schlesien über Österreich, Bayern, Württemberg bis in die katholische Schweiz hinein ausbreitete.
Ausgang und Mittelpunkt aller künftigen Schulverbesserung sollte die Normalschule werden. An ihr sollte der Lehrstoff etwas mehr als die unbedingt notwendigen Kenntnisse umfassen und vor allem nicht mechanisch auswendig gelernt, sondern vom Lehrer verständlich erklärt werden. Die Normalschule sollte Norm, d. h. Richtschnur aller deutschen Schulen einer Provinz hinsichtlich der Lehrart werden. Der Ausdruck »Normalschule« oder »Normalschulwesen« wurde auch im weiteren Sinne für alles gebraucht, was zum verbesserten deutschen Schulwesen gehörte. Die Einrichtung von Normal- oder Hauptschulen in der Stadt sollte auf das Landschulwesen ausstrahlen und den dortigen Schulen als Muster dienen. An den Normalschulen wollte man auch geistliche und weltliche Lehrer ausbilden. Der Unterricht erfolgte nach der Sagan'schen Methode, die vor allem in der Anwendung der Buchstabenmethode, einer Art Mnemotechnik (Gedächtnisschulung) sowie in der Einübung des richtigen Fragens (Katechisierkunst) bestand. Während des Unterrichts wurde der Lehrstoff in übersichtlichen Tabellen an die Tafel geschrieben, die so einen ausgeprägt systematischen Unterricht ermöglichten. Um die Schüler über das bloße Auswendiglernen von Formeln und Zeichen hinauszuführen, sollten sie durch das Katechisieren in den Stoff selbst eingeführt werden. Im Gegensatz zum herkömmlichen, wenig fruchtbaren Einzelunterricht, der die Gesamtheit der Schüler kaum weiterbrachte, wurden die Schüler der Normalschule in Klassen eingeteilt. Die zu einer Schulklasse gehörenden Schüler wurden gemeinsam unterrichtet und die übrigen gleichzeitig nützlich beschäftigt.[20] Dabei wurden Lehrern bis zu 100 Schüler zugemutet.[21]

Lehrmethode Felbiger
In einem Schulzimmer erklärt Johann Ignaz Felbiger seine »Lehrart« einem Lehrer.
Druckgrafik, 1782.

Träger der Volksaufklärung in Württemberg und nicht nur dort waren fast ausschließlich Geistliche und Dorfpfarrer, die als »Volkslehrer« meist gegen den hartnäckigen Widerstand der Landbevölkerung Neuerungen auf dem Gebiet der Elementarbildung und der Landwirtschaft voranbrachten.

Neue Unterrichtsgegenstände
Die Ausrichtung des württembergischen Schulwesens erfolgte nach den Grundsätzen der philanthropinistischen Pädagogik. Die Verbreitung neuer Bildungsideen wurde nicht zuletzt durch das in dieser Zeit aufblühende Zeitschriftenwesen erleichtert.
Die älteste Schulzeitschrift Deutschlands, das von Pfarrer Christoph Ferdinand Moser herausgegebene *Taschenbuch für deutsche Schulmeister*, das seit dem Jahre 1786 erschien und ab 1798 unter dem Titel *Der*

Landschullehrer fortgesetzt wurde, beinhaltete umfangreiches Material über neue Unterrichtsstoffe wie Gesundheitslehre, Wirtschafts- und Naturgeschichte, Erdkunde und Weltgeschichte. Die Bedeutsamkeit dieser Fächer lag in ihrer Vorbereitungsfunktion auf das alltagspraktische und berufliche Leben.[22]
Mit Hilfe der Normalschulmethode betrieben die Neresheimer Volksbildner über einen langen Zeitraum sehr erfolgreich die Alphabetisierung der Landbevölkerung. Die Lesefähigkeit auch der bildungsferneren Schichten muss aber als die notwendige Voraussetzung einer staatsbürgerlichen Erziehung betrachtet werden, die mit der Vermittlung bürgerlicher Verhaltensformen und ökonomischer Grundkenntnisse begann.
Veranlasst durch die reale Entwicklung der Wirtschaft selbst und inspiriert durch die Wirtschaftstheorien des Merkantilismus und Physiokratismus wurden im

303

Schulwesen in Vorderösterreich
*Allgemeine Österreichische Schulordnung für die Normal-, Haupt-
und Trivialschulen von 1774.*
Druck: Wien 1774.
Leopold-Sophien-Bibliothek, Überlingen.

17. und 18. Jh. auch wirtschaftlich bedeutsame Bildungsinhalte in den Stoff- und Aufgabenkreis der Schule aufgenommen. Diese zweifellos notwendige und wertvolle Bereicherung der Volksschule wurde aber mit dem Aufkommen des Neuhumanismus zu Beginn des 19. Jhs. wieder rückgängig gemacht. Letzterer eliminierte mit seiner Idee der reinen Menschenbildung und mit seiner Abwehrhaltung gegenüber jeglicher Nützlichkeitsmoral der Aufklärung sämtliche ökonomische Bildungsstoffe.[23]

Der Einfluss Österreichs
Zum Einflussbereich Österreichs, der kulturell und wirtschaftlich führenden Macht des süddeutschen Katholizismus im 18. Jh., gehörte auch Schwäbisch-Österreich mit seinen zahlreichen weltlichen und geistlichen Fürstentümern.
»Maria Theresia (1740–1780) und ihr ältester Sohn Joseph II. (1765–1790) sind die zwei Herrschergestalten, unter deren tatkräftigen Reformen das ökonomische, das soziale, das religiös-geistige und nicht zuletzt das pädagogische Gefüge des süddeutschen Katholizismus zu neuen Gestaltungen gelangte.«[24]
Dabei ist die österreichische Normalschule, die Schöpfung des Abtes Felbiger und Maria Theresias, wohl nirgends begeisterter begrüßt worden als im Reichsstift Neresheim.[25]
Die Verdienste Felbigers für das vorderösterreichische und damit auch für das katholische Schulwesen Württembergs liegen vor allem auf drei Gebieten: Erstens kümmerte er sich um eine bessere Ausbildung der Lehrer in den sogenannten Normalschulen, also Musterschulen mit stark ökonomischer Ausrichtung, die als Vorläufer der späteren Lehrerseminare anzusehen sind. Zweitens verfasste er die *Allgemeine Schulordnung für die deutschen Normal-, Haupt und Trivialschulen in sämtlichen K.K. Erbländern* vom Jahre 1774 und drittens gab er zahlreiche Schulschriften und Lehrbücher heraus, die eine weite Verbreitung fanden und über Jahrzehnte neu aufgelegt wurden.
»Nach Einführung der österreichischen Normalschulen ließ der Prälat [Benedikt Maria Angehrn] einen Normallehrer berufen, der die Landschulmeister und zwei Kapitularen des Klosters [wohl Nack und Pracher] damit bekannt machen musste und führte dann die Normalmethode […] ein, wobei Beda Pracher als Schuldirektor und Visitator seit 1782 die österreichische Methode vereinfachte und verbesserte.«[26]
Demnach haben die beiden Neresheimer Konventualen, Karl Nack ab 1781 und Beda Pracher ab 1782, das Neresheimer Landschulwesen beaufsichtigt.

Vorrangige Bildungsziele

Für Sägmüller, der der Aufklärung auf kirchlichem Boden durchaus kritisch gegenübersteht, muss die Verbesserung des katholischen Volksschulwesens durch den Einsatz Prachers als positives Beispiel für die Schulgeschichte unter dem Einfluss der Aufklärung gewertet werden, deren verdiente Anerkennung auf dem Gebiet des weltlichen Schulunterrichts nicht zu bestreiten sei.[27] Verfasser von diversen Schulschriften, Lehr- und Lesebüchern und Schulordnungen aller Art, waren beide Ordensmänner. So brachte Pracher etwa zusammen mit Werkmeister 1785 ein später weit verbreitetes *Lehrbuch für die katholischen Elementarschulen Württembergs* heraus.«[28]

Die Tagebuchaufzeichnungen des Klosterbibliothekars Karl Nack enthalten auch immer wieder interessante und aufschlussreiche Einträge über das Neresheimer Schulwesen. Am 19. November 1791 notiert der Schuldirektor Nack, dass am 10. und 12. November Schulvisitationen auf dem Land stattfanden, wobei auch die *Einführung und Beförderung der Arbeitsschulen* beantragt wurde. Wegen der großen Schülerzahl in Ebnat wurde dem dortigen Schullehrer ein *Mauermacher* als Schuldiener zur Seite gestellt.[29] Um 1800 war wohlgemerkt noch nicht einmal die Hälfte der Lehrerschaft als solche ausgebildet und rekrutierte sich häufig aus ehemaligen Handwerkern und Soldaten. Zudem waren viele Lehrer wegen ihres geringen Verdienstes auf eine nebenamtliche Beschäftigung als Mesmer oder Organist angewiesen.[30]

Neben das religiöse Bildungsziel des guten Christen tritt in der Aufklärungszeit das wirtschaftliche Ziel des nützlichen Bürgers. »Als politisches Bildungsziel betrachtete man sowohl aus der merkantilistischen wie auch aus philanthropischer Auffassung heraus den nützlichen Staatsbürger.«[31] Zur Bürgererziehung durch Verbesserung der bürgerlichen Wissenschaften gesellte sich das aufklärerische Bildungsziel des *vernünftigen Menschen*, das durch eine *Aufklärung der Nation*[32] erreicht werden sollte. Zur flächendeckenden Realisierung dieser Bildungsziele benötigte man geeignete Bildungseinrichtungen, d. h. Erziehungs- und Lehranstalten, und darüber hinaus auch Modellschulen mit Vorbild- und Ausstrahlungsfunktion. In Bayern spricht die *Churfürstliche Schulverordnung* von 1778 von Muster- oder Normalschulen, die in allen Städten neben den bereits existierenden Gymnasien errichtet werden sollten. An deren Vorbild sollte sich dann die Einrichtung der übrigen gemeinen Schulen in kleinen Städten und auf dem Lande orientieren.

Diese Musterschulen dienten vor allem auch einer zeitgemäßen Lehreraus- und Lehrerfortbildung. Eine Erhöhung der pädagogischen Wirksamkeit der Lehrer erhoffte man sich nicht nur von ihrer besseren Ausbildung, sondern auch von einer Verbesserung ihres gesellschaftlichen Ansehens, was sich nicht zuletzt in einer besseren Bezahlung niederschlug.

Das Schulwesen der Reichsabtei Neresheim kann ohne Übertreibung als vorbildlich für die damalige Zeit betrachtet werden. Deren Schulordnung von 1790 lobt der Berliner ›Aufklärungspapst‹ Friedrich Nicolai (1733–1811) immerhin mit folgenden bezeichnenden Worten: *Diese Schulordnung macht dem Reichsstift Neresheim wahre Ehre. Sie handelt überhaupt von dem Amte und den Eigenschaften eines Schulmannes, von den Lehrgegenständen. Diese sind: christliche Lehre, wohlanständige Lebensart und gute Sitten, deutsche Sprachlehre, Redekunst, Klugheits-, Gesundheits- und Haushaltungslehre. Besonders hat uns auch die tolerante Gesinnung gefallen, die in dieser Schulordnung gegen Andersdenkende herrscht.*[33]

Offensichtlich beeindruckte Nicolai besonders die Forderung nach religiöser Toleranz gegenüber Andersgläubigen, die vom Lehrer verlangt, *sich aller Lieblosigkeit, alles Schimpfens und Schmähens gegen Irr- und Ungläubige, z. B. gegen Lutheraner, Juden etc sorgfältigst zu enthalten.*[34]

Die oberste Prämisse einer wahren christlichen Duldung lautet demnach: *Man muß den Irrthum, die falsche Lehre verabscheuen, aber nie den Menschen, der ihr anhängt, verdammen, nie darum lieblos und grausam gegen ihn verfahren.*[35]

In diesem Zusammenhang sei auf die Bedeutung des Österreichischen Toleranzpatentes von 1781 hingewiesen.[36] Sein Ziel ist nicht eine Stärkung der Selbstständigkeit der einzelnen Konfessionen, sondern die Beseitigung der konfessionsbedingten Unterschiede im Verhältnis der Bürger zum Staat. Was innerhalb der Konfessionen nicht allgemeingültig ist, darf auf die staatliche Ordnung keine Auswirkungen haben. Da sich jedoch alle Konfessionen partiell mit der staatlicherseits geschützten und geförderten allgemeingültigen Moral identifizieren, können auch alle geduldet werden. Gemeinsam können und sollen sie an einer staatsbürgerlichen Erziehung des Volkes mitwirken. Somit besteht ein ambivalentes Verhältnis des Staates gegenüber jeder Konfession: Insofern es sich um vernunftmäßig nicht verallgemeinerbare Kirchenlehren handelt, darf die Konfession keine wesentliche Bedeutung für das Leben im Staat haben. Soweit es sich aber im Rahmen der Konfessionen um vernünftige und allgemeingültige Wahrheiten handelt, muss der Staat die Konfessionen als grundsätzlich gleichwertig behandeln.[37]

Charakteristisch für das staatskirchliche System in Österreich war die Einordnung des Schulwesens in die staatlich zentralisierte Verwaltung und die selbstverständliche Indienstnahme von Geistlichen auf allen Ebenen der Schulaufsicht.

Die Schulordnung Felbigers und sein pädagogisches Schrifttum haben über die Grenzen Österreichs hinaus das Schulwesen im gesamten katholischen Deutschland geprägt.

Für das Volksschulwesen in Österreich war die unter Maria Theresia 1774 erlassene, von Abt Felbiger (1724–1788) verfasste Schulordnung von zentraler Bedeutung. Dort wird in der Einleitung die *Erziehung als die wichtigste Grundlage der wahren Glückseligkeit der Nationen* bezeichnet. Dieses Ziel kann aber nur erreicht werden, *wenn [...] durch wohlgetroffene Erziehungs- und Lehranstalten die Finsterniß der Unwissenheit aufgekläret, und jedem der seinem Stande angemessene Unterricht verschaffet wird.*[38] Getreu dem Motto Maria Theresias – *das Schulwesen ist und bleibt allzeit ein politicum* – werden die im österreichischen Schulwesen tätigen Geistlichen der staatlichen Leitung und Aufsicht unterstellt.[39]

Ausgewählte Schulschriften

Zur Förderung des Schulwesens im Klosterstaat wurden in den Jahren 1770, 1782, 1785 und 1790 weitere Modellschulordnungen aus anderen Gegenden eingeführt, Inspektionen und Schulprüfungen durchgeführt, sowie neue Schulbücher angeschafft. Die Schulordnung von 1770 war die erste förmliche Schulordnung im Reichsstift Neresheim, gültig für alle dazugehörigen Pfarrgemeinden und Landschulen. Sie wurde in den 80er Jahren mehrmals erweitert und am 6. September 1785 unter dem Titel *Des Reichsstifts Neresheim Ordnung für die Schulen auf den Dorfschaften* in verbesserter Form eingeführt.

Gleichzeitig war das Reichsstift nun zuständig für die Oberaufsicht und Direktion der Landschulen, wozu auch regelmäßige Schulvisitationen gehörten. Dazu wurde vom Kloster eigens ein Kapitular bestimmt. Der erste im Amt des Neresheimer Landschulinspektors war der gebürtige Augsburger P. Simpert Lederer, der es von 1770 bis 1782 verwaltete. In dieser Zeit mauserte sich das Schulwesen bereits zu einer eigenen Abteilung (Departement) der Stiftsverwaltung.[40]

Die Schulordnung von 1790 – Kernstück der Reform
Im Jahre 1781 übernahm der bereits erwähnte 30-jährige Benediktinermönch und zeitweilige Prior der Abtei Neresheim, Karl Aloys Nack (1751–1828)[41], die verantwortungsvolle Aufgabe eines Landschuldirektors im Gebiet des Reichsstifts Neresheim. In dieser Eigenschaft verfasste der Benediktiner nicht nur zahlreiche Schulschriften, sondern auch eine über viele Jahre verbreitete Schulordnung. Der Einfluss Felbigers und der staatskirchlichen Schulauffassung Theresias zeigt sich in der Präambel zu dieser berühmten Neresheimer Schulordnung von 1790, die keinen Zweifel an der eminent politischen Bedeutung des Schulwesens lässt: *Die gute Erziehung der Jugend ist ohnstreitig einer der wichtigsten Gegenstände obrigkeitlicher Besorgnisse: Die hiesige Hochwürdig=gnädige Landesherrschaft kann also nicht umhin, für die Schulen ihrer angehörigen Ort= und Dorfschaften nachstehende Ordnung zu entwerfen, und sie jedem Schulmeister zur treuen Befolgung zustellen zu lassen.*[42]

Die Einleitung handelt zunächst von den Pflichten und Eigenschaften eines guten Schulmannes und unterstreicht die Wichtigkeit des Lehramtes. Zugleich wird darin das zentrale Erziehungsziel der Aufklärungszeit formuliert:

Das Amt des Schulmeisters ist ohne Zweifel eines der größten und wichtigsten in der Gemeinde. Da ihm eine zahlreiche Jugend zum Unterricht und zur Bildung des Verstandes sowohl als des Herzens anvertraut ist: Da er daraus für die Kirche Gottes, und den weltlichen Staat gute Christen, rechtschaffene Bürger, und wahrhaft nützliche Glieder der menschlichen Gesellschaft erziehen soll.[43]
Des weiteren wird unter Bezug auf Felbiger die Notwendigkeit der methodischen Kompetenz des Leh-

rers betont: *Damit sich die alten Schulmeister auf dem Lande selber bilden, und die ihnen nöthigen Kenntnisse und Geschicklichkeiten erwerben möchten, ist jedem der große Felbiger vom Reichsstifte aus angeschafft worden. – Dazu muß der mündliche Unterricht und das öftere Vorzeigen eines Schulvisitators, oder sonst geübten Schulmannes komen.*[44]

Nach dieser Einleitung behandelt der erste Teil des Hauptstücks die Lehrgegenstände mit folgenden Unterrichtsfächern: *Christliche Lehre, Wohlanständige Lebensart und gute Sitten, Deutsche Sprachlehre, Rechenkunst, Klugheits = Gesundheits = Haushaltungslehre u.s.w.*[45]

Der zweite Teil der Schulordnung wendet sich den Schülern zu und handelt von der Schulzeit, vom Schulort, von Schulvisitationen und Prüfungen.

Das dritte Hauptstück widmet sich schließlich der Sammlung einiger Vorschriften für den Schulmeister, sowie im Anhang noch einer *Privatinstruktion für die Schulmeister in dem Reichsstift Neresheimischen Gebiet. Verbesserungen im Normalschulunterrichte von 1790*[46], welche die neuen Unterrichtsprinzipien der Normalschulmethode unterstreicht. Demnach ist ein guter Unterricht praktisch, sinnlich und anschaulich. Beim Lesen ist die Hauptsache, dass die Kinder mit Verstand lesen lernen, und das Schreiben soll nach der Buchstaben- bzw. Buchstabiertabellenmethode gelernt werden.

Diese *Tabellen zur Buchstabierung der Silben*, welche im ebenfalls von Nack verfassten *Buchstabier = Büchlein zum Gebrauche der deutschen Schulen* von 1793 abgedruckt sind, sind Teil der von Felbiger zunächst in Schlesien und dann in Österreich eingeführten und bereits mehrfach erwähnten Normalschulmethode, die sich in den katholischen Ländern zur damaligen Zeit großer Beliebtheit erfreute. Mit Hilfe dieser Methode wurde die erfolgreiche Alphabetisierung der Landbevölkerung betrieben, welche als Voraussetzung für die Vermittlung bürgerlicher Tugenden und wirtschaftlicher Grundkenntnisse anzusehen ist. In § 9 der Schulordnung werden explizit solche Unterrichtsgegenstände erwähnt, die als Vorläufer heutiger Gemeinschaftskunde gelten können, nämlich Klugheits- und Gesundheitsregeln, Grundsätze des Wirtschaftens (*Haushaltungslehre*) sowie Natur- und Vaterlandsgeschichte.

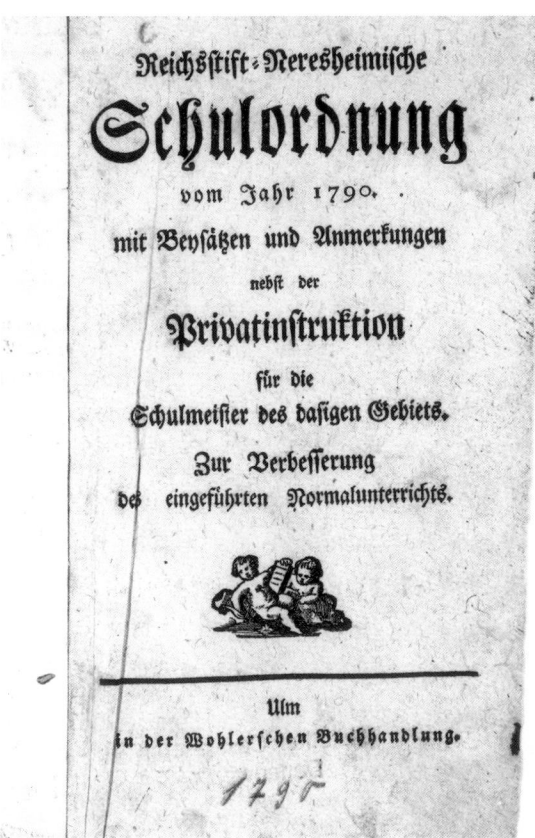

Schulwesen im Reichsstift Neresheim
Schulordnung für die Neresheimer Landschulen von 1790. Druck: Ulm 1790.

Wenngleich das schulische Engagement dieses leidenschaftlichen Volkserziehers[47] und vieler seiner Mitstreiter den antiklösterlichen Trend der Zeit am Vorabend der Säkularisation[48] langfristig nicht mehr umkehren konnte, so war es doch beispielgebend und zukunftsweisend für die weitere Entwicklung des Mittleren Schulwesens im katholischen Deutschland.[49]

Auch in den geistlichen Territorien dominierte in der zweiten Hälfte des 18. Jhs. das ökonomische Motiv bei der Neugestaltung des Schulwesens. Die anno 1095 auf dem Härtsfeld gegründete Benediktinerabtei Neresheim erlebte im 18. Jh. eine einzigartige Blüte auf wissenschaftlichem und wirtschaftlichem Gebiet, die sich auch in einer Verbesserung des Schulwesens niederschlug. Der wichtigste Mann neben dem Reichsabt Benedikt Maria Angehrn war der Philosophieprofessor und Novizenmeister Benedikt Maria Werkmeister.[50] Der Aufklärer Werkmeister führte seine Schüler in die Gedankenwelt von Descartes, Malebranche, Locke, Shaftesbury und Wolff ein. Getreu der Anordnung seines Abtes und dem Trend der Zeit gemäß versäumte er es nicht, den Praxisbezug zum theoretischen Studium herzustellen. In dem Bemühen, die Schüler in die Arbeitswelt einzuführen, bereicherte er seinen Unterricht mit »Betriebserkundungen«: *Ich führte sie deshalb öfters in die Werkstätten der gemeinen Handwerksleute, in die Mühlen, Brauhäuser und wo sonst ein schöner, zusammengesetzter Mechanismus zur Hervorbringung großer und gemeinnütziger Wirkungen zu sehen war.*[51] Die Werkmeisterschüler Beda Pracher und Karl Nack waren maßgeblich an der Reform des katholischen Schulwesens im Reichsstift Neresheim und im Herzogtum Württemberg beteiligt. Pracher verfasste wie erwähnt zusammen mit seinem Lehrer Werkmeister ein *Lehrbuch für die Herzoglich-Wirtembergischen Landschulen I.–III. Teil 1785*, das anschaulich-lebendig auf das bäuerliche Berufsleben vorbereitet und in seinen praktischen Unterrichtsanteilen weit über das in Rochows *Kinderfreund* Gebotene hinausreicht.[52]

Der andere Werkmeisterschüler, Nack, diente ein knappes Jahr am Hofe des Herzogs Karl Eugen als Hofprediger, wurde aber 1787 vom neu gewählten Abt Michael Dobler (1730–1815) ins Kloster zurückberufen und erneut mit der Direktion der Landschulen im Reichsstift Neresheim betraut. In dieser Funktion gab er mehrere Schulschriften heraus, wobei besonders die damals gut angenommene und wohlwollend rezensierte Neresheimer Schulordnung von 1790 hervorzuheben ist. Sie wurde nicht nur in dem von einem Protestanten herausgegebene *Taschenbuch für deutsche Schulmeister* vorgestellt, sondern fand auch über die Landesgrenzen hinaus Beachtung und hohes Lob, wie das Urteil des Berliner Verlegers und Wortführers der Aufklärer Friedrich Nicolai in der von ihm herausgegebenen *Allgemeinen Deutschen Bibliothek*[53] beweist.

Daneben ist erwähnenswert Karl Nacks *Lehrbüchlein für die Reichsstift Neresheimischen Landschulen* aus dem Revolutionsjahr 1789.

Vermittlung von Kulturtechniken
Dessen erster Teil handelt *Von schriftlichen Aufsätzen.* Neben dem ›*Buchstabier = Büchlein zum Gebrauche der deutschen Schulen*‹ (1793) und *dem* ›*Ersten Lehr- und Lesebüchlein für deutsche Schulen*‹ (1793) steht dieses weitverbreitete Lehrbüchlein als Beleg für die verdienstvolle Arbeit der Mönche auf kulturellem Gebiet. Es geht dabei in erster Linie um die Vermittlung von unverzichtbaren Kulturtechniken wie Lesen und Schreiben, um Orientierungshilfe für die Bauern in ihrem Alltag, um Erziehung zum korrekten Umgang mit der weltlichen Obrigkeit, ihrer Verwaltung und Bürokratie, sowie um die Vermittlung einer wirtschaftlichen Grundbildung.

So werden vor allem Beispiele zum Briefeschreiben geboten, wie Glückwunsch-, Bedauerungs-, Einladungs-, Bitt- und Nachrichtschreiben. Ein eigenes Kapitel widmet sich den verschiedenen Arten von Bittschriften, z. B. *An einen Fürsten, um Erlaubnis sich in seinem Lande als Bürger ansässig machen zu dürfen,* oder *An einen Prälaten, um Getreid und Geldvorschuß.*

Was den ökonomischen Bereich betrifft, so spielt die an Beispielen demonstrierte Abfassung von Anzeigen oder Berichten, Zeugnissen oder Abschieden, Empfangsscheinen und Frachtbriefen, Rechnungsstellungen, Konten und Quittungen, Schuldversicherungen u. ä. eine wichtige Rolle. Auch Heirat und Tod mussten schließlich durch Eheberedungen, Heiratskontrakte oder Vergleiche, Kauf- und Tauschkontrakte und Testamente geregelt werden, weshalb auch hierfür Beispiele gezeigt werden.

Der Schwerpunkt dieser Art von Volksaufklärung war offensichtlich pragmatischer Natur. Sie zielte auf eine Verbesserung des Alltagslebens der kleinen Leute, weniger auf theoretische Informationen über die Gesamtgesellschaft und die »große Politik«.

Alphabetisierung breiter Schichten
Das erwähnte *Lehrbüchlein* von 1789 erlebte 1793 unter dem Titel *Erstes Lehr- und Lesebüchlein für deutsche Schulen* eine Neuauflage, das neben *nützlichen Leseübungen* folgende Inhalte aufzuweisen hat:
Anfangsgründe der deutschen Sprachlehre, Schulgesetze, den kleinen Katechismus, eine christliche Sittenlehre, Kindergebete, eine kleine Sammlung von Gesundheitsregeln, sowie lehrreiche Kindergespräche

über einige der obigen Schulgegenstände und über die Höflichkeit. Auch hier wird die Notwendigkeit des Erklärens und Verstehens des Unterrichtsstoffes gegenüber einem bloß mechanischen Auswendiglernen betont. Als allgemeine Mittel zur Aufrechterhaltung der Gesundheit werden *Mäßigkeit, Reinlichkeit, Arbeitsamkeit* empfohlen; besondere Mittel beziehen sich auf richtige Ernährung, Bewegung und Kleidung. Im Anhang zum kleinen Katechismus findet sich auch ein Gespräch über den Leseunterricht, ein Beleg dafür, dass mittels katechetischer Schriften und Methoden zu dieser Zeit – in Ermangelung anderer geeigneter Lesebücher – die Alphabetisierung der breiten Bevölkerung betrieben wurde, bei der um 1800 noch eine Analphabetenquote von rund 30 Prozent vermutet werden kann.[54] Fazit des lehrhaften Kindergespräches: Auch die Kinder *gemeiner Leute* müssen *Druck und Schrift* lesen lernen, damit sie sich in der komplizierter werdenden Welt zurecht finden können. In der Aufforderung zu Dankbarkeit gegenüber der Landesherrschaft klingt die Forderung nach einer staatlich verordneten Schulpflicht an, wie sie 1802 in Bayern eingeführt wurde. Offensichtlich bereitete es den Landgeistlichen und ihren Hilfslehrern große Schwierigkeiten, die verständlichen Widerstände der Bauern gegen den Schulbesuch ihrer Kinder ohne staatliche Unterstützung zu überwinden. Um so größere Anerkennung verdient ihr erzieherisches Engagement und ihre Überzeugungsarbeit nach beiden Seiten: Dem skeptischen Landvolk sollte die Nützlichkeit des Lesens aufgezeigt werden, der Obrigkeit dessen politische Ungefährlichkeit.

Katechismen im Dienste der Volkserziehung

Nicht nur Schulschriften im engeren Sinne, sondern auch und gerade die Katechismen standen im Dienste elementarer Volksbildung. Wohl kaum eine andere literarische Gattung eignete sich hierfür besser als der nach dem Frage-Antwort-Schema aufgebaute Katechismus. In der Neresheimer Gegend benutzte man etwa seit 1790 Karl Nacks *Katholischen Katechismus oder ReligionsUnterricht für die grössere Schuljugend*, der bis etwa 1850 in Gebrauch war und traditionelle Inhalte des Canisius-Katechismus mit Forderungen der Aufklärungspädagogik verband.[55]

So brachten es die Benediktiner aus Neresheim mit ihren schulreformerischen Bemühungen zu einiger Berühmtheit weit über die Grenzen des Reichsstifts hinaus. Hinter allen Reformen bis hin zu einer Neugestaltung des Dorfschulwesens stand der Sieg der Aufklärungsphilosophie über die Scholastik. Selbstverständlich muss man hinter der Ökonomisierung des Unterrichts auch das starke wirtschaftliche Interesse des Reichsprälaten sehen, der durch eine Anhebung des Bildungsniveaus seiner Untertanen die Entwicklung seines Landes voranbringen wollte. Insbesondere unter der Ägide des letzten Reichsprälaten vor der Säkularisation, des Abtes Michael Dobler, kam es zu einer vorbildlichen ökonomischen Organisation des Klosters. Diese unübersehbaren Verdienste der Neresheimer Mönche waren sicher ausschlaggebend dafür, dass sie ihre reformerischen Anstrengungen auf dem Schulsektor auch nach der Säkularisation von 1802/03 fortsetzen konnten, wenngleich auch nur für eine Gnadenfrist von drei Jahren.

Das Lyceum Carolinum (1803–1806)

Im Zuge der Säkularisation fiel die Abtei Neresheim 1802 dem Hause Thurn und Taxis zu.[56] Zum neuen Herrn im alten Kloster wurde kraft des in Regensburg entworfenen Entschädigungsplanes ab 23. November 1802 der damals regierende Fürst Karl Anselm von Thurn und Taxis. Am darauffolgenden 22. Dezember ließ dieser durch seinen bevollmächtigten Kommissar, den Regierungs- und Hofgerichtspräsidenten Grafen v. Westerholt, vom Kloster Besitz ergreifen. Fürst Karl Anselm hob das Kloster zwar auf, gründete aber ein nach ihm benanntes *Erziehungs- und Lehrinstitut*, das *Lyceum Carolinum*, an welchem alle dazu geeigneten Mitglieder des Klosters als Professoren angestellt wurden. Feierlich eröffnet wurde die Lehranstalt am 1. November 1803, doch nach dem Tod des Fürsten am 18. November 1805 und der Mediatisierung Neresheims 1806 schon am 1. November 1806, also nach exakt dreijähriger Existenz, wieder aufgehoben.

Die Neresheimer Erziehungsmethode

Vom ›Unterrichts- und Erziehungsplan‹ des Lyceum Carolinum (1803), an dessen Abfassung Nack maßgeblich beteiligt war, heißt es in Johann Baptist Grasers »Archiv für Volkserziehung«: *Dieser Plan sollte […] dem Geiste der Zeit gemäß, nicht nur auf die Bildung der Gelehrten beschränkt seyn, sondern den Besuch dieser Lehr Anstalt auch denjenigen vorteilhaft machen, die sich einst einem Gewerbe oder einer Kunst widmen, und sich zu diesen Ständen vorbereiten wollten.* Die Neresheimer Erziehungsmethode implizierte die Verbindung von Allgemeinbildung und Berufserziehung; humanistisch-gelehrter Unterricht und ökonomisch-realistischer Unterricht nahmen im Neresheimer Lehrplan gleichen Rang ein. Die Sicht des ›Neresheimer Drei-Kurs-Systems‹ war koordinierend, also bei aller offensichtlichen Beeinflussung durch die Aufklärungspädagogik auf Ausgleich bedacht. Die unter den beiden letzten Äbten eingeleitete und vorangetriebene wirtschaftliche und gewerbliche Hebung des Stiftslandes ist vor allem auf eben diese Schulreform aus benediktinischem Geist zurückzuführen, welche wiederum stark von dem bayerischen Schulreformer und Benediktiner Heinrich Braun (1732–1792) inspiriert war.[57]

Bei Braun finden sich die Basedow'schen Gedanken einer rein menschlichen Bildung zum Weltbürger und eines am praktisch Verwertbaren orientierten Verstandes, ebenso die Forderung des Basedow-Anhängers Rochow nach zweckmäßigen Schulhäusern und kindgerechten Lehrbüchern, die von Comenius postulierte Pflege der Muttersprache, sowie der starke Einfluss Felbigers, der seinerseits beim Franckeschüler Hecker in Berlin das protestantische Schulwesen und seine Verordnungen genauestens studiert und von Hähn die Literalmethode übernommen hatte.[58]

An einen Realienunterricht mit einem selbständigen Fach »politische Bildung« oder an politische Bildung im Rahmen eines Realfachs wie Geschichte oder Erdkunde denkt Braun im Gegensatz zu Ickstatt nicht, dessen *Plan der Dorf- oder Landschulen* für die ersten vier Schülerjahrgänge eine »Pflichtenlehre« vorsieht, mit kurzgefassten Lehren gegen Gott, Regenten, Eltern, geistliche und weltliche Obrigkeiten, gegen das Gemeinwesen, den Nächsten und sich selbst.[59]

Für die weitere schulgeschichtliche Entwicklung bedeutsam wurde der Braunsche Lehrplan von 1770 und der im selben Jahr erschienene *Unterricht für Schullehrer, wie sie dem Churfürstl. gnädigsten Befehle gemäß in den deutschen Schulen lehren und was sie für Eigenschaften haben sollen.* Hier rezipiert Braun zwar zweifelsohne Felbigers Werk *Eigenschaften, Wissenschaften und Bezeigen rechtschaffener Schulleute etc.*, relativiert aber dessen Postulat einer unbedingten Gesetzestreue dahingehend, dass er auf die prinzipielle Unvollkommenheit und Beschränktheit der Menschen – auch der Regierenden – verweist.

Die Bildungsziele des Braun'schen Lehrplans, wie sie später auch in Neresheimer Schulschriften auftauchen, lassen sich in der gängigen Trias zusammenfassen, »dem Staate rechtschaffene Christen, gute Bürger und brauchbare Leute zu erziehen«.[60]

Trotz großer Widerstände, die den Schulreformen in Bayern, insbesondere von seiten der Landbevölkerung, entgegenschlugen, setzte Braun seine schulreformerischen Bemühungen fort. Im Jahre 1774 erschien mit den *Gedanken über Erziehung und den öffentlichen Unterricht* sein pädagogisches Hauptwerk. Darin entwickelt er seine auf dem katholischen Christentum basierenden Bildungsideen, in denen sich philanthropisch aufklärerische Gedanken wie Pflege des Verstandes, des Nützlichen, der Realien mit den neuhumanistischen Prämissen der Menschenbildung und der Muttersprache als vornehmstes Unterrichtsmittel verbanden.

Der Lehr- und Erziehungsplan

Konkret wurde nach dem Neresheimer Lehrplan der Unterricht für *drey Klassen von Zöglingen* erteilt:
1. für die, zu bürgerlichen Gewerben,
2. für solche, die zum Gelehrtenstande – zum eigentlichen Studieren – und
3. für die, zu Schullehrern bestimmt waren.

Die Zöglinge mussten das zehnte Jahr vollendet haben und wurden zur vollkommenen Verpflegung aufgenommen. Für Kost und Logis waren ca. 20 fl. pro Schuljahr zu bezahlen.

Für ihre physische, intellektuelle, moralische und religiöse Bildung bestehen solche Anstalten und Einrichtungen, die nach der reifesten Prüfung geeignet sind, junge Menschen auf jenen Grad der Kultur zu erhe-

ben, der bei der Erziehung als höchster Zweck angenommen wird.[61]

Der Unterricht selbst war für alle Schüler unentgeltlich, da der Fürst sowohl für den Unterhalt der Professoren als auch des Lyceums samt Bibliothek, Naturalien- und physischen Kabinetts sorgte.

Die Lehr- und Unterrichtsgegenstände wurden unterteilt in allgemeine und besondere. Die allgemeinen Gegenstände für alle drei Schülergruppen waren: Religions- und Sittenlehre, Biblische Geschichte, Naturgeschichte und Technologie, Naturlehre, Geographie, Allgemeine Weltgeschichte und besondere von Deutschland, Deutsche Sprache, Französische Sprache, Arithmetik, Zeichenkunst, Kalligraphie sowie Vokal- und Instrumentalmusik, je nach Talent.

Die besonderen Gegenstände, orientiert an den speziellen Ausbildungsbedürfnissen der jeweiligen Zielgruppe, lauteten: Für die gewerbliche Richtung: Landwirtschaft, Bürgerliche Baukunst, Forstwirtschaft, Praktische Rechnungs- und Rechnungsführungskunst, Praktische Geometrie und Mappierung. Den Unterricht im deutschen Stil und die Übung in schriftlichen Aufsätzen teilten sie mit den Schülern, die zum Gelehrtenstand bestimmt waren. Diese zweite Gruppe wurde unterrichtet in den Fächern: Latein und Griechisch, inklusive Altertumskunde und Mythologie, Poetik und Rhetorik, Ästhetik, Systematische und Historische Philosophie, Elementar-Mathematik, bestehend aus Algebra, Geometrie, Trigonometrie, der Lehre von den Kegelschnitten und den ersten Grundsätzen von dem Unendlichen, sowie Physik.

Die Schullehrer-Kandidaten als dritte Gruppe erhielten noch Unterricht in Erziehungslehre und Methodik, über ihre Amtspflichten sowie über die fürstlichen Schulgesetze und Verordnungen. Soweit zum umfangreichen Fächerkanon am Lyceum Carolinum.[62]

Gleichrangigkeit von Allgemein- und Berufsbildung

Betrachtet man den Erziehungsplan des Lyceum Carolinum näher, so fällt auf, welche Vertrautheit ihn mit den pädagogischen Intentionen der Aufklärung einerseits, und welche durchdachte Distanziertheit davon ihn andererseits auszeichnet.

Anlässlich der Eröffnung der Schule am 26. November 1804 formuliert Professor Peter Sonntag das Er-

ziehungsziel wie folgt: *Das Karolinum bestrebt sich, seine Zöglinge insgesamt […] zu brauchbaren, weisen und glücklichen d. i. guten Menschen zu bilden.*[63] Die Parallelität zum Leitmotiv der Neresheimer Schulordnung von 1790 ist deutlich, gilt es doch darin, *für die Kirche Gottes und den weltlichen Staat gute Christen, rechtschaffene Bürger und wahrhaft nützliche Glieder der menschlichen Gesellschaft* zu erziehen. Im Vergleich dazu lautete Brauns Erziehungsziel 1768: *Wir werden alsdann rechtschaffene Bürger und nützliche Gelehrte, wenn wir zuvor vernünftige Menschen und gute Christen geworden sind.*[64]

Charakteristisch für die benediktinisch geprägte Aufklärungspädagogik war die am Einheitsschulentwurf des Philanthropen Ernst Christian Trapp (1745–1818) orientierte Verbindung von Berufserziehung und Allgemeinbildung. Laut Keck ist diese Zuordnung für die Etablierung einer Mittleren Schule oder Realschule als gleichberechtigter Schultyp neben der traditionell vom Lateinunterricht geprägten höheren Schule von allergrößter Bedeutung. Wie konnte diese Synthese gelingen? In erster Linie durch das neu entwickelte Drei-Klassen-System, das Unterricht für drei Zielgruppen vorsieht, nämlich für Berufsschüler, zukünftige Studenten und Lehramtskandidaten. Den Verfassern des Schulplanes für das Karolinum ging es sowohl um die Erziehung zum guten Menschen überhaupt, als auch um die besondere berufliche Bildung zur Vorbereitung auf die verschiedenen Berufsarten. Im Neresheimer Schulplan bricht sich also mit der Frage nach der »Bildung zum Menschen überhaupt« das Prinzip der »formalen Bildung« Bahn, mit dessen Hilfe sich dann im weiteren Verlauf der Bildungsgeschichte die Gleichrangigkeit von realistischer und lateinischer Schule durchsetzen konnte. Die benediktinischen Schulplaner waren davon überzeugt, dass man den Menschen nicht nur für seine beruflichen Tätigkeiten ausbilden, sondern auch für sich persönlich bilden müsse. Indem sie allen Schulfächern bzw. Lehrstoffen die gleiche »formalbildende« Potenz zusprechen, »können sie den realistischen Unterricht *gleichrangig* neben die alten Sprachen stellen.«[65] Der realistische Schulunterricht soll also nicht mehr ausschließlich auf beruflich verwertbares Wissen hinauslaufen, sondern einen »allgemeinbildenden« Anspruch haben. So erreichen im Neresheimer Lehrplan realis-

tischer berufsgerichteter und humanistischer gelehrter Unterricht den gleichen Rang.[66]
Auch nach der Aufhebung des Lyceum Carolinum
wirkte die Neresheimer Schulreform fort in den Bemühungen um eine Reform des katholischen Schulwesens in Württemberg.

Wirkungsgeschichte

Zur Vereinheitlichung des katholischen Schulwesens
im neu errichteten Königreich Württemberg setzte
König Friedrich den Neresheimer Werkmeister ein,
der ja in Stuttgart aufgrund seiner Schul- und Predigertätigkeit kein Unbekannter mehr war. Nachdem
er sich einen gründlichen Überblick über das Schulwesen in den einzelnen Landesteilen verschafft hatte,
nahm er alle wertvollen und nützlichen Ansätze auf
und bündelte sie zu der neuen Schulordnung vom
10. September 1808, deren zeitgemäßes Leitmotiv
die *Gemeinnützigkeit* war. Die *Allgemeine Schulordnung in den katholischen Elementarschulen des Königreichs* besteht aus 11 Abschnitten, deren Quintessenz
hier in der gebotenen Kürze wiedergegeben werden
soll.

Die Schulordnung für die katholischen Elementar-
schulen des Königreichs Württemberg von 1808

Während der Erste Abschnitt allgemeine Bestimmungen über die Schulpflicht enthält, behandelt der zweite
in § 10 die Lehrgegenstände in den Elementarschulen,
wobei nach notwendigen und nützlichen Fächern
unterschieden wird. Wesentlich notwendig sind demnach an allen deutschen Schulen: *Lesen, Schön- und
Rechtschreiben, Verfertigung schriftlicher Aufsätze fürs
bürgerliche Leben, Religion und Sittenlehre, Singen,
Verbesserung der Aussprache und einiger Unterricht
in der deutschen Sprache, Rechnen.* Nützlich sind die
Fächer *Geschichte, Geographie, Naturlehre, Naturgeschichte, Landwirtschaft, Gesundheitslehre etc.,* von
denen *(außer den Stadtschulen) nur so viel gelehrt
[wird], als in Verbindung mit den ersteren Gegenständen in die Lehrstunden verflochten werden kann oder
überhaupt für die Landschulen auch nach Lokalrück-
sichten notwendig ist.*[67]

Die Bemerkungen über Religion und Sittenlehre sind
beachtenswert, da sie allen Schullehrern und Pfarrern
nahelegen, im Unterricht nur ja nichts *Anzügliches,
Beleidigendes oder wie immer gegen die christliche
Duldsamkeit Anstößiges* hinsichtlich andersgläubiger
Kinder einfließen zu lassen, *vielmehr sollen sie sich es
angelegen sein lassen, ihren untergebenen Schülern
Achtung und Liebe gegen alle Menschen ohne Unterschied der Konfession oder der Religion einzuflößen
und in diesen Stücken ihnen durch ein musterhaftes
Betragen selbst zum Beispiel zu werden.*[68]
Was die nützlichen Lehrgegenstände betrifft, so ist die
Hauptregel für Lehrer und Pfarrer, dass sie überall
und in erster Linie auf die *Gemeinnützigkeit* hinar-
beiten sollen.
Der dritte Abschnitt macht in sechs Paragraphen allgemeine Bemerkungen über die Unterrichtsmethode.
Dabei werden sechs Regeln für den Unterricht aufgestellt: *1. Alles, was man den Kindern zum Lesen oder
Schreiben giebt, soll ihnen deutlich und faßlich erklärt
werden; 2. der Lehrer soll bei jedem Unterricht mehrere
Zwecke zugleich zu erreichen suchen; 3. Kopfübungen
sowohl beim Lesen als Rechnen; 4. Versinnlichung des
Unterrichts; 5. der Schulbesuch soll den Kindern ange-
nehm gemacht werden – wie? jedoch ohne Spielerei;
6. eine zweckmäßige Einteilung der Lehrgegenstände
in die Lehrstunden und Lehrjahre – Lektions= und
Unterrichtsplan.*[69]
Auch in dieser Schulordnung ist mit der Forderung
nach Anschaulichkeit und Kindgemäßheit des Unterrichts der Einfluss Pestalozzis deutlich erkennbar. In
§ 11 wird denn auch explizit auf die Verwendung der
Pestalozzi'schen Rechentabelle hingewiesen, wobei
beim Kopfrechnen der Stoff *aus den sinnlichen Umge-
bungen der Kinder* zu nehmen ist.
Im vierten Abschnitt *Von den Schulversäumnissen*
werden Sanktionen wie Strafgeld bei unentschuldig-
ten Fehlzeiten angedroht. Im fünften Abschnitt ist
Von der inneren Schulverfassung die Rede, die Vorschriften zum Verhalten der Schüler in der Schule wie
Reinlichkeit, Höflichkeit etc. enthält. Sehr anschluss-
fähig an aktuelle Diskussionen sind auch die Bestimmungen des sechsten Abschnitts *Von der moralischen
Erziehung in den Elementarschulen.* Demnach kann
es in den öffentlichen Schulen nicht nur um reine Wissensvermittlung gehen, sondern auch um die *morali-*

sche Erziehung der Kinder und Jugendlichen, sprich um Wertevermittlung. Denn: *Der Schullehrer ist nicht nur Lehrer, sondern auch Erzieher.*[70]

Unter anderem wird die Notwendigkeit der Einschärfung der goldenen Regel des menschlichen Zusammenlebens betont: ›Was du nicht willst, das man dir tu, das füg auch keinem andern zu‹.

Der siebte Abschnitt geht auf die *Verbindung der Arbeitsschule mit den Lehrschulen* ein und betont die Priorität der Lehrschulen, die in ihrem Bestand nicht durch die Einführung von Arbeitsschulen gefährdet werden dürfen.

Der achte Abschnitt handelt von den öffentlichen Schulprüfungen, welche zweimal jährlich stattfinden sollen und an deren Ende den Absolventen ein schriftliches Zeugnis über ihr schulisches Verhalten und ihre schulischen Leistungen erteilt werden soll.

Im neunten Abschnitt wird eine Schulbüchersammlung vorgestellt, die in keiner Schulbibliothek fehlen sollte. Unter anderem werden aufgezählt: Das Neue Testament, die Biblische Geschichte von Schmid, der *Kinderfreund* von Rochow, Beckers *Not- und Hilfsbüchlein*, Overbergs *Anweisung zum zweckmäßigen Schulunterricht*, Webers *Ungrund des Hexen- und Gespensterglaubens* sowie die Abhandlung Weckerlins *über die Einrichtung der Schulen in Rücksicht auf die körperliche Gesundheit der Jugend.*[71]

Im zehnten Abschnitt geht es schließlich um das *Schulgeld und andere Emolumente des Schullehrers.* Einerseits werden dem Lehrer Nutzungsrechte an Allmenden und Naturalien verschiedener Art eingeräumt, andererseits soll er von jeglichen Gemeinschaftsdiensten und Belastungen befreit sein, um sein ehrenvolles und bedeutendes Amt in der rechten Weise wahrnehmen zu können.[72]

Der elfte und letzte Abschnitt dieser katholischen Schulordnung fordert schließlich die *Aufstellung von Schulkommissionen und Schulinspektoren*, wobei die unmittelbare Aufsicht in Dorfschulen einem ortsansässigen Beamten, dem Pfarrer und dem ersten Ortsvorsteher übertragen wird. Wohnt in einem Ort kein Beamter, so bilden der Pfarrer und zwei Ortsvorsteher eine eigene Schulkommission zur Überwachung ihrer Pfarr- und Filialschulen.[73]

Soweit zur Königlichen Verordnung über die Einführung einer allgemeinen Schulordnung in den ka-

tholischen Elementarschulen des Königreichs vom 10. September 1808. Vom ehemaligen Novizenmeister des Reichsstifts Neresheim, Benedikt Maria v. Werkmeister, nach der berühmten Neresheimer Schulordnung entworfen, hatte sie neben der Schulordnung für die evangelischen Landesteile von 1810 den größten Einfluss auf die Entwicklung des württembergischen Volksschulwesens.[74] Zumindest für Baden-Württemberg sollte somit die in der Säkularisationsforschung oft gehörte These, bei den deutschen Katholiken sei es als Folge der Säkularisation zu einem »katholischen Bildungsdefizit« und zur Ausprägung eines allgemeinen »Inferioritätsbewusstseins« gegenüber den aufgeklärten Protestanten gekommen, in ihrer Pauschalität etwas relativiert werden.[75] Selbstverständlich ändert dies nichts an der Tatsache, dass die Aufhebung der Klöster im Jahre 1803, respektive die »zweiten Säkularisation« des Reichsstifts Neresheim anno 1806, eine gewaltige Zäsur in der schulgeschichtlichen Entwicklung insofern darstellte, als zukunftsweisende pädagogische Neuansätze im Bereich der Lehrerbildung einerseits und der beruflichen Bildung einschließlich der Aufwertung naturwissenschaftlicher Fächer andererseits im Keim erstickt wurden.

Ausstrahlung im ganzen katholischen Deutschland

In Anbetracht der schulischen Bedeutung des Neresheimer Reformprogramms für den katholischen Kulturkreis Schwabens kann durchaus auch die These vertreten werden, dass sich in Folge des Verlustes zahlreicher katholischer Bildungsinstitutionen die stärker geisteswissenschaftlich orientierte protestantische Bildungstradition leichter ausbreiten konnte.[75] Die schulgeschichtliche Besonderheit der Neresheimer Erziehungsmethode bestand ja gerade darin, im Rahmen eines Drei-Kurs-Systems die beruflich-realistische Bildung gegenüber der gelehrt-humanistischen stark aufzuwerten – auch als Antwort auf die Erfordernisse der beginnenden Industrialisierung.

Im Unterschied jedoch zu allen philanthropisch geprägten Lehrplänen, die den realistischen Unterricht in einem Unterordnungsverhältnis zum Gymnasium betrachten, ist die Neresheimer Verbindung von mittlerer realistischer und gelehrter humanistischer Bildung koordinierend, auf Ausgleich bedacht. Woher kommt diese eigenständige Lehrplanentwicklung der Neresheimer Schulplaner? Entscheidende Impulse für die Neresheimer »Reformschule« kamen sicherlich aus Bayern, das unter dem Kurfürsten Maximilian V. eine umfassende Bildungsreform einläutete. Der neue bayerische Schulplan vom September 1804 als wichtiger Meilenstein dieser Reform stammte aus der Feder Joseph Wismayrs (1767–1858) und Kajetan Weillers (1761–1826), beides Benediktinerschüler an der Benediktineruniversität Salzburg. Hier dürfte der gemeinsame Ursprung beider Schulpläne zu suchen sein. Die Benediktineruniversität Salzburg kann zu dieser Zeit in der Tat als »die eigentliche Keimzelle des katholischen Oberdeutschland« betrachtet werden. »Als Wegbereiter der Aufklärungspädagogik hatte von hier aus der Benediktiner *Heinrich Braun* seine Schulreform begonnen.

Von hier aus wird die neue bayerische Schulreform eingeleitet. Auch das Konzept der Neresheimer – die Professoren des Lyceums Carolinum Benedikt Holland und Peter Sonntag übten hier in Salzburg ihre akademische Lehrtätigkeit aus – übernimmt die Pädagogik des benediktinischen Ausgleichs gegenüber der Aufklärungspädagogik.«[77]

Die reformerische Schulentwicklung in Neresheim war beispielhaft für den ober- als auch niederschwäbischen benediktinischen Kongregationsverband.

Resümee

In Neresheim bahnte sich in der 2. Hälfte des 18. Jhs. ein Übergang vom einseitigen Sprachunterricht zum mathematisch-naturwissenschaftlichen Unterricht an. Der benediktinische Grundsatz der *moderatio* verhinderte eine kritiklose Übernahme aufklärerischer Bildungsideen. Bei aller Offenheit gegenüber aufklärerischen Ideen schüttete man in Neresheim nicht das Kind mit dem Bade aus. Bei aller Einsicht in die Notwendigkeit einer standesgemäßen und berufsorientierten Ausbildung, trotz aller Wertschätzung auch der Naturwissenschaften, hielt man fest an der Erziehung zu Humanität und Menschlichkeit.

So resultierte aus der Vielfalt der gewonnenen Erkenntnisse eine für das bayerisch-schwäbische Trivialschulwesen typische christlich-humanistisch gemäßigte Aufklärung, der es um die Kombination von religiös-sittlicher und staatsbürgerlicher Bildung ging. Politisches Ziel ist der »aktive Bürger«, der seinen Mitbürgern und dem Staat nützlich werden kann. Der neuhumanistische Individualismus wird somit verworfen und das soziale Wesen des Menschen betont. Deshalb müssen auch die einfachsten Menschen Umgangsformen und Höflichkeitsregeln, Respekt und Toleranz gegenüber Andersdenkenden und Andersgläubigen erlernen und – ein wichtiges Motiv der Aufklärung – Vorurteile abbauen und überwinden lernen. Gerade diese Überlegungen machen aber auch deutlich, wie sehr die Wertvorstellungen, die das Leben im zusammenwachsenden Europa heute bestimmen, von der deutschen Aufklärung mit all ihren regionalen Facetten mitgeprägt worden sind. Sollen diese Werte gegen innere und äußere Angriffe erfolgreich verteidigt werden, ist eine Rückbesinnung auf ihre tragenden Grundideen unverzichtbar.

[1] Vgl. *Harm Klueting*, Katholische Aufklärung – Aufklärung im katholischen Deutschland. Hamburg 1993.
[2] *Joachim Schmiedl*, Rezension von *Alwin Hanschmidt* (Hg.), Elementarschulverhältnisse im Niederstift Münster im 18. Jh. Die Schulvisitationsprotokolle Bernard Overbergs für die Ämter Meppen, Cloppenburg und Vechta 1783/84. Münster 2000; in: PERFORM 2 (2001), Nr. 3 [01.05.2001]; URL: <http://www.sfn.uni-muenchen.de/rezensionen/rezp20010305.htm>
[3] *Franklin Kopitzsch*, Einleitung: Die Sozialgeschichte der deutschen Aufklärung als Forschungsaufgabe; in: *Ders.* (Hg.), Aufklärung, Absolutismus und Bürgertum in Deutschland. München 1976, 11–196; hier 95f.
[4] Vgl. hierzu Germania Benedictina. Bd. V. Die Benediktinerklöster in Baden-Württemberg, bearb. von *Franz Quarthal*. Ottobeuren/Augsburg 1975, 92.

[5] Hier muss besonders auf die maßgebliche Rolle des Abtes von Sagan, Johann Ignaz v. Felbiger (1724–1788), des »Vaters des katholischen Volksschulwesens«, hingewiesen werden; vgl. *Ulrich Krömer*, Johann Ignaz von Felbiger. Leben und Werk. Freiburg 1966.
[6] Aus der Fülle der Literatur zur theresianisch-josephinischen Schulreformpolitik seien erwähnt: *Elisabeth Kovács*, Katholische Aufklärung und Josephinismus. München 1979; *Dies.*, Katholische Aufklärung und Josephinismus. Neue Forschungen und Fragestellungen, in: *Harm Klueting* (Hg.), Katholische Aufklärung – Aufklärung im katholischen Deutschland. Hamburg 1993, 246–259; *Ernst Wangermann*, Aufklärung und staatsbürgerliche Erziehung. Gottfried van Swieten als Reformer des österreichischen Unterrichtswesens 1781–1791. München 1978.

[7] Vgl. *Ulrich Herrmann* (Hg.), Das pädagogische Jahrhundert. Volksaufklärung und Erziehung zur Armut im 18. Jh. in Deutschland. Weinheim/Basel 1981.

[8] Vgl. *[Karl Aloys Nack]*, Reichsstift Neresheim. Eine kurze Geschichte dieser Benediktinerabtei in Schwaben und Beschreibung ihrer im Jahre 1792 eingeweihten neuen Kirche, hg. bei Gelegenheit dieser Einweihung. Gedruckt, und im Verlage im Reichsstifte Neresheim durch *Bernard Kälin*, Faktor. 1792, 106; *Bernhard Kaißer*, Geschichte des Volksschulwesens in Württemberg. Bd. II. Stuttgart 1897, 174; *Konstantin Maier*, Die Diskussion um Kirche und Reform im schwäbischen Reichsprälatenkollegium zur Zeit der Aufklärung. Wiesbaden 1978.

[9] Das Klostergebiet von Neresheim umfasste im Jahre 1802 etwa 1,5 Quadratmeilen Land und circa 2.500 Einwohner. Es war also im Vergleich zu anderen Reichsabteien relativ klein und überschaubar. So betrug z. B. das Gebiet der Abtei Weingarten das Vierfache. Vgl. *Matthias Erzberger*, Die Säkularisation in Württemberg 1802–1810. Stuttgart 1902, 356. Im Jahre 1789 gehörten zum Reichsstift Neresheim die sechs Ortschaften Auernheim, Elchingen, Ebnat, Großkuchen, Kleinkuchen und Affalterwang. Vgl. *Kaißer*, Geschichte (wie Anm. 8), 185.

[10] *Kaißer*, Geschichte (wie Anm. 8), 176. Das Zitat stammt aus: *Geschichte und Einrichtung der gegenwärtigen Verfassung der Reichsstift-Neresheimischen teutschen Schulen im Stifte und auf dem Lande.*

[11] Vgl. *Rudolf W. Keck*, Geschichte der Mittleren Schule in Württemberg. Stuttgart 1968, 99f.

[12] P. Magnus Faus, geb. am 07.11.1763 in Dietrichshofen. Prof. der Philosophie und Theologie im Kloster Neresheim. Faus betrieb neben seinen Vorlesungen physikalische Studien und tat sich insbesondere auf dem Gebiete der Elektrizitätsforschung hervor. 1803–06 war wie sein Mitbruder Karl Nack Lehrer am Lyceum Carolinum. Er starb am 22.04.1810 als Pensionist im Kloster Neresheim. Vgl. *Pirmin Lindner*, Album Neresheimense, in: Schwaben 13, 11 (1895), 188.

[13] *Gebhard Spahr* (Hg.), Johann Nepomuk Hauntinger. Reise durch Schwaben und Bayern im Jahre 1784. Weißenhorn 1964, 124. Vgl. *Wilfried Krings*, Geographica in Sylva nigra. Erdkundliches Wissen im klösterlichen Raum unter besonderer Berücksichtigung der Benediktinerabtei St. Peter im Schwarzwald, in: *Hans-Otto Mühleisen* (Hg.), Philipp Jakob Steyrer (1749–1795). Aus der Lebenswelt eines Schwarzwälder Benediktinerabtes zwischen Aufklärung und Säkularisation. Freiburg 1996, 88–195, 109.

[14] Vgl. *Quarthal*, Germania Benedictina (wie Anm. 4), 90f. »Benedikts Nachfolger Abt Michael Dobler (1787–1802) förderte den Ausbau einer Naturaliensammlung, um Anschauungsmaterial für einen realistisch orientierten Schul- und Wissenschaftsbetrieb bereitzustellen.« Ebd., 91.

[15] Die Nördlinger *Allgemeine Bibliothek* bringt in einem Beitrag über die notwendige Schulreform in Reichsstädten die ausgewogene schwäbische Entwicklungslinie prägnant auf den Punkt: »In allen Ländern und Staaten macht der *bürgerliche Stand* die zahlreichste Klasse der Einwohner aus; die Klasse der Gelehrten ist überall nach Proportion der bürgerlichen Klasse *von geringerer Anzahl*. Reichsstädte, als kleinere Staaten, bedürfen daher auch die geringste Anzahl *von Gelehrten*. Will man also durch die Schulen für die Bedürfnisse des Staats besorgt seyn: so erreicht man den Endzweck nicht, wenn sie hauptsächlich zur Bildung des Gelehrten eingerichtet sind. Mit der Gelehrtenerziehung muss demnach die Erziehung des Bürgers verbunden seyn; [...] *Die Erziehung des guten Bürgers in Verbindung mit der Bildung des Gelehrten soll also das Eigenthümliche der Schulen in Reichsstädten ausmachen.* Allgemeine Bibliothek IV (1776), 310. Zit. nach *Keck*, Geschichte (wie Anm. 12), 116.

[16] *Augustinus Thiele*, Die soziale Struktur des Neresheimer Konventes im 18. Jh., in: StMittOSB 86 (1975), 157–189, 163.

[17] *So wie sie* [die Instruktion] *dem geläuterten Geschmacke und der von Vorurteilen gereinigten Einsicht ihres uns unbekannten Verfassers, ingleichen auch der ruhmvollen Sorgfalt und Weisheit einer katholischen Landesherrschaft große Ehre macht: so muß sie anderseits manchen evangelisch-lutherischen Ländern und Obrigkeiten zu einem beschimpfenden Vorwurfe der Trägheit oder Blindheit dienen, wenn sie sich bewußt sind, daß sie in so aufgeklärten Tagen viel weniger für die Bildung ihrer Bürger und Unterthanen gesorget haben. [...] Alles Pedantische ist verbannt aus dieser Schulordnung, und doch vermissen wir nichts, was wahre Frömmigkeit erwecken, den Verstand aufklären, künftigen guten Bürgern brauchbare Kenntnisse und einen geläuterten Geschmack verschaffen kann. Gellerts Fabeln und das Vorlesen aus andern gut geschriebenen Büchern in der Muttersprache, werden singulis auch aus ökonomischen Schriften empfohlen. Der Schulmeister wird auch ermahnt, den ihm anvertrauten Kindern Menschenfreundlichkeit und eine zärtliche Vaterlandsliebe einzuflößen [...]. Hat man nicht Ursache, so weise Verordnungen zu bewundern und sich über das Beispiel herzlich zu freuen, das aus einem Lande gegeben wird, das viele so stolz verachten? Man höre auf, Schwaben zu tadeln, das uns so vortreffliche Produkte des Verstandes und Geschmackes liefert.* Allgemeine Deutsche Bibliothek, XV. Band I (1769), 15; zit. nach *Kaißer*, Geschichte (wie Anm. 8), 214.

[18] *Thiele*, Die soziale Struktur (wie Anm. 17), 164.

[19] Vgl. Ebd., 215. *Der Pater Carl Nack, als dermaliger Pfarrverweser dahier, hat aber bey diesem jugendlichen Normal-Unterricht unstritig das mehrste beygetragen, [...]* (Ebd.)

[20] Vgl. *Spahr* (Hg.), Hauntinger (wie Anm. 14), 17.

[21] Vgl. *Krömer*, Felbiger (wie Anm. 5), 130, bei Anm. 57.

[22] Vgl. *Fritz Neukamm*, Wirtschaft und Schule in Württemberg von 1700–1836. Heidelberg 1956, 20.

[23] Vgl. Ebd., 9.

[24] Ebd., 49.

[25] Vgl. *Johann B. Sägmüller*, Die kirchliche Aufklärung am Hofe des Herzogs Karl Eugen von Württemberg (1744–1793). Ein Beitrag zur Geschichte der kirchlichen Aufklärung. Freiburg i.Br. 1906, 149.

[26] Ebd., 149f.

[27] Vgl. Ebd., 149.

[28] Ebd., 153.

[29] Vgl. Augsburger Stadtarchiv: Nachlass Neresheim I, fol. 170r/v.

[30] Vgl. *Wolfgang Grünberg*, Aufklärung durch den Katechismus? Zur Herausforderung der Kirche angesichts der Krise institutionalisierter Erziehung, in: *Trutz Rendtorff* (Hg.), Glaube und Toleranz. Das theologische Erbe der Aufklärung. Gütersloh 1982, 288–301, 290f.

[31] *Max Rieder*, Geschichte der politischen Bildung in den Volksschulen Bayerns von der Zeit der Braun'schen Reformen bis zur Restauration. München 1968, 54.

[32] Ebd.

[33] Allgemeine Deutsche Bibliothek. Bd. 120. Berlin/Stettin 1791; zit. nach *Neukamm*, Wirtschaft (wie Anm. 24) 64.

[34] *Karl Aloys Nack*, Reichsstift-Neresheimische Schulordnung vom Jahr 1790. Ulm 1790, 8.

[35] Ebd., 9.

[36] In Hofdekreten von 1781 und 1782 wurden die Geistlichen darauf hingewiesen, *daß sie allen Anlaß zu Zwistigkeiten in Glaubenssachen gänzlich vermeiden, und nach dem wahren Sinne der christlichen Toleranz auch gegen Irrende liebevoll, und mit aller Sanftmut sich benehmen, folglich sich aller unanständigen Ausdrücke oder Lästerungen der Religionsgegner enthalten, um so mehr aber durch deutlichen und ersprießlichen Unterricht, durch Überzeugung und gute Beispiele, wie es ohnehin die Pflicht eifriger Seelsorger fordert, die anvertrauten Pfarrgemeinden in der wahren allein seligmachenden Religion zu stärken, oder Irrende zurückzuführen sich bestreben sollen.* Zit. nach

Klaus Schreiner, Toleranz, in: *Otto Brunner/ Werner Conze/ Reinhart Koselleck* (Hgg.), Geschichtliche Grundbegriffe. Bd. 6. Stuttgart 1990, 445–605, 507.

[37] *Enno Fooken,* Die geistliche Schulaufsicht und ihre Kritiker im 18. Jh. Wiesbaden/Dotzheim 1967, 79.

[38] Zit. nach *Fooken,* Die geistliche Schulaufsicht (wie Anm. 39), 121

[39] Vgl. Ebd. 122.

[40] Vgl. *Kaißer,* Geschichte (wie Anm. 8), 177.

[41] Vgl. *Norbert Bayrle-Sick,* Katholische Aufklärung als staatsbürgerliche Erziehung. Leben und Werk des Volkserziehers Karl Aloys Nack OSB von Neresheim 1751–1828. Mit einer Reihenuntersuchung katechetischer Schriften 1668–1837. St.Ottilien 1995, 24–27.

[42] *Nack,* Schulordnung (wie Anm. 36), 3.

[43] Ebd., 4.

[44] Ebd., 5.

[45] Ebd., 6.

[46] Ebd., 52–61. Diese Instruktion wurde von den Hgg. des Magazins für Pädagogik als vorbildlich und äußerst ehrenvoll für eine katholische Landesherrschaft gelobt. Vgl. Magazin für Pädagogik 15 (1852), I, 15.

[47] Die Begriffe *Volkserzieher* bzw. *Volkslehrer* werden im zeitgenössischen Schrifttum synonym verwendet und bezeichnen etwa ab 1779 alle Gebildeten, darunter viele Geistliche, die sich um die Anhebung des Bildungsniveaus der einfachen Leute bemühten. Vgl. *Walter Götze,* Die Begründung der Volksbildung in der Aufklärungsbewegung. Langensalza 1932; zur Begriffsgeschichte siehe auch *Willibald Kammel,* Der Volkslehrer. Eine begriffsgeschichtliche Untersuchung. Zugleich ein Beitrag zur Geschichte der Pädagogik. Paderborn 1926.

[48] Vgl. *Hans-Otto Mühleisen,* Der politisch-literarische Kampf um die südwestdeutschen Klöster in der Zeit der Französischen Revolution, in: *Hans-Otto Mühleisen* (Hg.), Die Französische Revolution und der deutsche Südwesten. Freiburg/München/Zürich 1989, 203–263; *Konstantin Maier,* Auswirkungen der Aufklärung in den schwäbischen Klöstern, in: ZKiG 86 (1975), 329–355; *ders.,* Der Beitrag der Benediktiner zu Wissenschaft und Bildung in Südwestdeutschland, in: *Hans-Otto Mühleisen* (Hg.), Philipp Jakob Steyrer (1749–1795). Aus der Lebenswelt eines Schwarzwälder Benediktinerabtes zwischen Aufklärung und Säkularisation. Freiburg 1996, 33–55;

[49] Vgl. *Keck,* Geschichte (wie Anm. 12), 98–118.

[50] Vgl. *Norbert Bayrle-Sick,* Benedikt Maria v. Werkmeister: Von Fürsten- und Bürgerpflichten, 1812, in: *Hans-Otto Mühleisen/Theo Stammen/Michael Philipp* (Hgg.), Fürstenspiegel der Frühen Neuzeit. Bibliothek des deutschen Staatsdenkens. Bd. 6. Frankfurt/Main 1997, 735–757.

[51] Jahrschrift für Theologie und Kirchenrecht VI, 3 (1830), 402; zit. nach *Neukamm,* Wirtschaft (wie Anm. 24), 63.

[52] Vgl. *Neukamm,* Wirtschaft (wie Anm. 24), 63.

[53] Friedrich Nicolais Anmerkungen zur Neresheimer Schulordnung finden sich in: Allgemeine Deutsche Bibliothek. Bd. 120. 1. Stück. Berlin/Stettin 1791.

[54] Vgl. *Grünberg,* Aufklärung (wie Anm. 32), 290.

[55] Vgl. *Franz Weber,* Geschichte des Katechismus in der Diözese Rottenburg von der Aufklärung bis zur Gegenwart. Freiburg i.Br. 1939, 48.

[56] Der Neresheimer Prior, Klosterhistoriker und Landschuldirektor Karl Aloys Nack spricht in seinen Tagebuchaufzeichnungen von der *leidigen Saecularisationszeit* (Nachlass Neresheim I, Nr. 67b, fol 13).

[57] Vgl. *Keck,* Geschichte (wie Anm. 12), 100.

[58] Vgl. *Rieder* (wie Anm. 33), 17.

[59] Vgl. Ebd., 22.

[60] Ebd., 25.

[61] Schwäbische Chronik vom 05.01.1804, 7. Für den Hinweis danke ich Herrn Timo John.

[62] Vgl. *Anselm Lang,* Kurze Geschichte des ehemaligen Klosters und Reichsstifts Nereheim. Nördlingen 1839, 66–82, 70–73. Zum Lehrplan des Lyceum Carolinum vgl. Schwäbische Chronik (05.01.1804), 7; (06.01.1804), 9–10. *Norbert Bayrle-Sick,* Elementare Volksbildung in Neresheim und Augsburg zwischen Aufklärung und Romantik. Sozialgeschichtliche und politische Aspekte katechetischer Literatur, in: *Jochen Brüning/Friedrich Niewöhner* (Hgg.), Augsburg in der Frühen Neuzeit. Beiträge zu einem Forschungsprogramm. Colloquia Augustana. Bd. 1. Berlin 1995, 343–369, 353f. Wiederabdruck in: Jb. des Vereins für Augsburger Bistumsgeschichte 29 (1995), 48–75, 58f.

[63] Zit. nach *Keck,* Geschichte (wie Anm. 12), 101

[64] *Heinrich Braun,* Pädagogische Quellschriften, 73; zit. nach *Keck,* Geschichte (wie Anm. 12), 101, bei Anm. 16.

[65] *Keck,* Geschichte, 103.

[66] Ebd., 104.

[67] *Kaißer,* Geschichte (wie Anm. 8), 76.

[68] Ebd., 77.

[69] Zit. nach *Kaißer,* Geschichte (wie Anm. 8), 77.

[70] Ebd., 78.

[71] Vgl. Ebd., 81.

[72] Vgl. Ebd., 82.

[73] Vgl. Ebd., 83.

[74] Vgl. Ebd., 74.

[75] Vgl. *Erzberger,* Säkularisation (wie Anm. 10), 75. *Heribert Raab,* Auswirkungen der Säkularisation auf Bildungswesen, Geistesleben und Kunst im katholischen Deutschland, in: *Albrecht Langner* (Hg.), Säkularisation und Säkularisierung im 19. Jh. München/Paderborn/Wien 1978, 63–95, 63.

[76] Vgl. *Quarthal,* Germania Benedictina (wie Anm. 4), 94.

[77] *Keck,* Geschichte (wie Anm. 12), 105.

Klösterliche Dorfschulen – Kirche und Gesellschaft

Das Beispiel des Reichsstifts Zwiefalten

von Hermann Josef Pretsch

Die räumliche Herkunft der Konventualen

Keiner der letzten 50 Zwiefaltener Mönche, der 42 Priestermönche und 8 Laienbrüder[1], stammte aus einem der 27 Dörfer dieser Reichsabtei, die überwiegende Mehrheit vielmehr aus anderen Gemeinden zwischen Donau und Bodensee bzw. zwischen Schwarzwald und Iller – eine zunächst zweifellos überraschende Feststellung! Dass Zwiefalten keinen Einzelfall, keine Ausnahme bildet, zeigt ein Vergleich mit den Konventskatalogen anderer Reichsabteien um 1800. In der Tat lässt sich in den beiden zum Vergleich mit Zwiefalten herangezogenen Konventen von Wiblingen[2] und Irsee[3] jeweils nur ein Fall nachweisen, wo ein am Klosterort geborener Junge auch im betreffenden Kloster eintrat oder aufgenommen wurde, unter den Irseer Konventualen finden sich anderseits nicht wenige, die aus Ottobeuren oder aus Augsburg (mit dem Benediktinerkloster St. Ulrich und Afra) stammten, unter den Zwiefaltenern solche aus Ottobeuren, Ochsenhausen, Elchingen, Weingarten, Schussenried und Neresheim, aber eben keiner aus Zwiefalten selbst.[4] Dass zwei der letzten Zwiefaltener Mönche ausgerechnet von der Reichenau kamen, scheint seinen spezifischen Grund darin zu haben, dass dort in den Siebzigerjahren des 18. Jh. zwei Mönche aus Zwiefalten als *missionarii* tätig und bei der Inselbevölkerung in guter Erinnerung geblieben waren.

Es dürften – das Phänomen ist leider noch nicht ausreichend untersucht – mehrere Gründe dafür verantwortlich gewesen sein, daß oft ein Kloster fern vom Geburts- und Herkunftsort gewählt oder gefunden wurde: Ein religiöser Grund ist mit Sicherheit die Idee der *peregrinatio* [Pilgerschaft] gewesen: Wer Familie und Heimat verlässt, um in ein Kloster einzutreten, sucht im Sinne der Abrahamspilgerschaft und in der Tradition der frühchristlichen Eremiten Distanz und meidet die Nähe zu den herkömmlichen Lebensverhältnissen. Nicht selten sperrten sich wohl auch die Klöster selbst gegen Novizen aus dem eigenen Umfeld, um nicht örtlichen Familien- oder/und politischen Interessen im Kloster Einlass zu verschaffen. Das letztere ist z. B. in Weingarten zu beobachten, das kaum Konventualen aus dem angrenzenden Altdorf aufnahm, eventuell um auch auf diese Weise Distanz zu der den reichsunmittelbaren Status des Stifts immer wieder bedrohenden österreichischen Landvogtei, die in Altdorf ihren Sitz hatte, zu wahren.

Dass – um auf das Hauptbeispiel zurückzukommen – gerade Zwiefalten gewählt wurde, mag auch mit seinem guten Ruf zusammenhängen, ein Kloster zu sein, das auf Disziplin und Gelehrsamkeit großen Wert legte. Es unterhielt ja zwei *Collegien* (in Zwiefalten selbst und in Ehingen), dazu in Ehingen auch ein *Lyzeum* für Theologie und Philosophie.

Dorfschulen, Klosternachwuchs und …

Die Hälfte der auswärtigen Gemeinden, aus denen die Konventualen Zwiefaltens stammten, waren Dörfer im Herrschaftsbereich (anderer) oberschwäbischer Reichsabteien. Nur sechs der letzten 50 Zwiefaltener Mönche hatten keinen Bauern oder Handwerker zum Vater, sondern einen Beamten. Vier dieser Väter im Beamtenstand waren Akademiker, die ihren Kindern

Kloster Zwiefalten
Die spätmittelalterliche Klosteranlage vor der umfassenden Barockisierung.
Ölgemälde (Ausschnitt), 1659.
Privatbesitz Zwiefalten.

vermutlich den Besuch einer Dorfschule erspart und stattdessen für Lateinunterricht zu Hause gesorgt hatten. Die übrigen 46 Konventualen jedoch hatten in ihrer Kindheit und Jugend eine *Deutsche Schule* (Trivial-, Normal-, Dorf- oder Volksschule) besucht. Dort war ihre besondere Begabung erkannt und gefördert worden. Meist auf dem Dorf noch hatten sie vom Pfarrer – oft einem Konventualen des Klosters, dem die Pfarrei inkorporiert war – den ersten Lateinunterricht erhalten, um danach ein *Collegium* zu besuchen und Novize in Zwiefalten zu werden. Demnach muss es ein großes Interesse der Abteien an den Dorfschulen gegeben haben, die diese eine Erwartung erfüllten, die Entdeckung und Förderung von Begabungen – übrigens bei Mädchen ebenso; man denke an die Frauenklöster. Es stand dahinter aber nicht ausschließlich das Interesse an möglichen geistlichen Berufungen, die auf diesem Wege entdeckt oder geweckt

werden konnten. Man scheint auch den Zusammenhang von Wohlstand und Gesundheit einerseits und Bildung andererseits gesehen zu haben. Dass die Klöster sich eine wohlhabende und leistungsfähige Bevölkerung wünschten, nicht nur eine fromme und geduldige, darf man aus guten Gründen unterstellen, und zwar nicht erst im späten 18., sondern auch schon im frühen 17. Jh., wie den Visitationsprotokollen, einer neben den Schulordnungen wichtigen Quellengattung für die Geschichte des niederen Schulwesens, entnommen werden kann.

Die soziale Herkunft der Konventualen

Hat schon die geographische Herkunft der Konventualen meist nur in Einzelfällen Interesse gefunden, z. B. im Rahmen der Biographie eines Abtes oder Komponisten[5], dann in der Regel noch weniger die soziale, obwohl sozialgeschichtliche Fragen schon seit Jahrzehnten gestellt werden. Es fehlen für die Antworten allerdings häufig die Quellen. Im Fall Zwiefaltens liegen sie vor (z. B. auch für Irsee, nicht jedoch z. B. für Wiblingen). Wichtigster Indikator für die soziale Herkunft eines Konventualen ist der Beruf des Vaters. Er gibt Auskunft über die soziale Stellung der Familie und ihren Zugang zu Bildung und Beruf. Ziemlich unerheblich ist es, ob ein Novize vom Dorf oder aus einer Stadt kommt. Was bedeutet es schon, dass ein

Konventuale in Stuttgart geboren wurde, wenn er der Sohn eines Heiducken war? Auch Landstädte wie Ehingen, Munderkingen und Waldsee besaßen nur eine dünne Oberschicht aus akademisch gebildeten Juristen in Verwaltung und Justiz oder aus Medizinern und Kaufleuten. Ihre Bevölkerung bestand vielmehr größtenteils aus Stadtbauern und Kleinhandwerkern. Dass ein Wachszieher auf dem Dorf kaum eine Existenz finden konnte, sondern nur in der Stadt, versteht sich, sagt aber nichts über seine soziale Stellung. Ein engeres Verhältnis zur Bildung hatten allerdings Hand-

Territorium der Reichsabtei Zwiefalten, um 1800
Ausschnitt aus einer Karte des Schwäbischen Kreises.
StA Ulm.

werker in den wenigen katholischen Reichsstädten. So will es schon etwas bedeuten, dass ein Gmünder Silberschmied seinen Sohn, der das Collegium in Gmünd besucht hatte, nach Zwiefalten schickte.[6] Die eingangs erwähnten vier Akademikersöhne waren alle keine Stadtkinder, sondern Söhne von Oberamtsleuten in Klosterorten (Heiligkreuztal und Buchau) oder kleinen Adelsresidenzen (Leinstetten und Oberdischingen). Wenn ein Lehrer und Organist aus Sigmaringen seinen begabten Sohn nach Zwiefalten schickte, dann

kann von dörflicher Herkunft des Novizen nicht mehr die Rede sein, auch nicht mehr von einem Handwerkersohn, obwohl die Lehrer zu den Handwerkern zählten. Aus dem Sohn, der das Collegium Zwiefaltens besucht hatte, wurde dann – wohl zur Freude des Vaters – einer der herausragenden Musiker Zwiefaltens. Zusammenfassend dies: Elf Väter von Konventualen Zwiefaltens waren in der Landwirtschaft und im Gartenbau tätig, zwölf Wirte oder Metzger, Köche oder Bäcker und 13 Handwerker. Schließlich muss festge-

Ehinger Collegium
Gebäude des Zwiefaltener Collegiums in Ehingen, erbaut 1698–1706 von Franz Beer.
Das Kloster hatte 1686 die städtische Lateinschule übernommen und zum Gymnasium ausgebaut.
Ansicht von Norden, frühes 19. Jh.

stellt werden, dass auch unter den letzten 50 Konventualen – wie traditionell seit 300 Jahren – keiner adeliger Herkunft war. Alle Mönche und damit den ganzen Konvent prägte eine Lernfreude und Bildungsfreundlichkeit, so dass sie im Klosterstaat nicht nur eine Führungselite darstellten, sondern auch eine Bildungselite, der außer ihnen nur wenige Laien angehörten, nämlich der Oberamtmann, der Kanzleiverwalter und der Landschaftsarzt. Und ihre Bildung war keineswegs einseitig, wiewohl Zwiefalten seit Jahrzehnten eine besondere Aufgabe darin sah, die orientalischen Sprachen zu pflegen (Griechisch und Hebräisch mit Chaldäisch, wie man das Aramäische damals nannte). Jeder Konventuale sollte möglichst ein Musikinstrument spielen. Und darauf wurde in der Tat auch geachtet, wie die Liste der konfiszierten und nach Stuttgart geschafften Musikinstrumente belegt.[7] Dass die Naturwissenschaften in den meisten oberschwäbischen Abteien des 18. Jhs. gepflegt wurden, u. a. im Interesse einer erfolgreichen Land- und Forstwirtschaft, bedarf schon fast keiner besonderen Erwähnung.

Das niedere Schulwesens und die Untertanen

Dass der Aufbau und die ständige Erneuerung einer solchen Führungs- und Bildungselite mit dem niederen Schulwesen beginnen musste, liegt auf der Hand. Seltsamerweise hat es die Forschung auffallend wenig beachtet. Einblick gewährt die Literatur z. B. in das niedere Schulwesen der Reichsabtei Neresheim, das mit den Namen der Konventualen Benedikt Maria Werkmeister (1745–1823)[8] und Karl Aloys Nack (1751–1828)[9] verbunden ist. Beide hatten auch nach der Säkularisation Gelegenheit, das niedere Schulwesen zu fördern: Werkmeister, ab 1816 Mitglied des katholischen Kirchenrats in Stuttgart, verfasste die Königl. Württembergische Schulordnung vom 10. September 1810. Nack, auch bekannt als Verfasser eines umfangreichen Werks pädagogischer und didaktischer Schriften, war von 1781 bis 1806 Inspektor der Landschulen im Raum Neresheim und gehörte in seinen letzten Lebensjahren dem Augsburger Domkapitel an. Nicht unerwähnt bleiben darf in diesem Zusammenhang ein dritter Neresheimer Konventuale, P. Beda

Pracher, der in den Achtzigerjahren des 18. Jhs. den Auftrag hatte, das niedere Schulwesen der Reichsabtei St. Gallen zu reformieren.[10] Über die Neresheimer Verhältnisse konnte darum Klaus Schreiner schon 1975 schreiben[11]: »Der Berliner Publizist und Aufklärer Friedrich Nicolai bemerkte anlässlich seiner Reise durch Süddeutschland (1781), die Volksschulen Württembergs seien so ›wie sie fast leider überall sind, herzlich schlecht‹«, wogegen »das benachbarte Reichsstift Neresheim eine viel bessere Schulordnung hat als Württemberg.« In den Schulen Altwürttembergs galt damals immer noch das Bildungsideal der Reformatoren, *die weise und beredete Frömmigkeit«* (*sapiens atque eloquens pietas*), welche *die Natur mit dem ganzen Reichtum ihrer Erscheinungen ignorierte und das Leben mit seinen Anforderungen unbeachtet ließ«.* Das höhere und niedere Schulwesen der Reichsabtei Neresheim hingegen suchte dem Gedanken der *Utilität* gerecht zu werden.

Dem freilich muss hinzugefügt werden, dass das Neresheimer Vorbild Nachahmung fand. Die Schriften von Karl Aloys Nack wurden teils in der hauseigenen Druckerei gedruckt und fanden einen weiten Leserkreis. Nack hielt übrigens aus Anlass der Siebenhundertjahrfeier 1789 eine der sieben Festpredigten[12] in Zwiefalten. Man kannte und schätzte ihn also. Schon 1970 legte Hans Seeberger eine umfassende Darstellung des niederen Schulwesens in der Reichsabtei Ottobeuren[13] vor. Er kommentierte die Schulordnungen des 17. und 18. Jhs. und beschrieb jede einzelne der Dorfschulen Ottobeurens. Wie sehr den dortigen Äbten daran gelegen war, dass die Kinder ihre Schulpflicht erfüllten und von den Eltern nicht daran gehindert wurden, geht daraus ebenso hervor wie die Sorge der Abtei um eine angemessene Bezahlung der Lehrer, die Einführung der Sonn- und Feiertagsschule nach den 20 Winterschulwochen (von Martini bis Georgi – von 11. November bis 23. April). Sie war eine Wiederholungsschule, die verhindern sollte, dass die Kinder im Sommer vergaßen, was sie im Winter gelernt hatten. Deutlich wird auch das Bemühen um eine Sommerschule überhaupt, der überall von den Eltern größter Widerstand entgegengebracht wurde, weil sie die Kinder bei der Arbeit in Feld, Wald und Wiese zu brauchen glaubten. Eine Zwiefaltener Quelle[14] schildert, dass die Hirten eines Dorfes die Verlegung des

Schulbeginns von Martini auf den Katharinentag (25. November) verlangten, an dem ihre Winterpause begann. Sie wollten die Mithilfe der Kinder bis zum Ende der Hütesaison nutzen. Da bedurfte es der Entschlossenheit und des Durchsetzungsvermögens des Pfarrers, seiner Einsicht und Autorität, um solches zu verhindern. Bei ihm lag ja auch die Schulaufsicht. Und er repräsentierte auch den geistlichen Landesherrn, so dass kein Zweifel an der Ernsthaftigkeit seiner Sorge um das Schulwesen aufkommen konnte. Dass der Lehrer in der Regel auch Mesner war und die Kinder beim Gottesdienst zu beaufsichtigen hatte, wertete seinen Stand auf, der im übrigen meist wegen schlechter Bezahlung und der Abhängigkeit vom guten Willen der Eltern kein hohes Ansehen genoss. Der Mesnerdienst garantierte übrigens ein Einkommen auch im Sommer, wenn das Schulgeld der Eltern ausblieb.

Die Ausstrahlung Vorderösterreichs seit 1774

Eine überaus gründliche und aufschlussreiche Untersuchung des niederen Schulwesens liegt für das Fürstentum Sigmaringen vor[15], das teilweise zu Vorderösterreich gehörte und das im Osten an die Reichsabtei Zwiefalten grenzte. Dort herrschte demnach ein Schulwesen österreichischer Art, an dessen Ordnung von 1774 sich die oberschwäbischen Reichsabteien orientieren konnten oder mußten, und zwar durchaus zu ihrem Vorteil. Denn im Jahr 1774 wurde der Augustiner-Abt von Sagan in Schlesien, Johann Ignaz Felbiger 1724–1788), von Maria Theresia mit der Reform des Volksschulwesens betraut. Mit seinem Namen und der im selben Jahr erlassenen *Allgemeinen Schuldordnung* verbindet sich die Abkehr vom Einzelunterricht in der

Konventskatalog von 1802
Aus der Chronik des P. Magnus Rief aus dem Jahre 1802. PfA Dürrenwaldstetten.

322

Schule, d. h. dass der Lehrer sich immer nur mit einem der Kinder befasste, währenddessen die anderen sich nach seiner Anleitung selber beschäftigen mussten. Die von Felbiger entwickelte Methode, die unter dem Namen *Normalschulmethode* zur geltenden Norm wurde, befähigte den Lehrer, mit allen Schülern gleichzeitig – z. B. im Sinne eines Unterrichtsgesprächs – zu arbeiten. Aus einer Ansammlung anwesender Schüler wurde auf diese Weise eine *Klasse*, und zwar möglichst eine Jahrgangsklasse oder wenigstens eine mit nicht mehr als drei Jahrgängen. Solche Klassen ließen sich in kleinen Dörfern mit geringer Schülerzahl nicht bilden, was z. B. ein Zwiefaltener Konventuale und Dorfpfarrer sehr bedauerte.[16] Das Unterrichtsgespräch zu führen, nannte man *katechitisieren*. Das erinnert daran, dass der Katechismus immer schon in Fragen und Antworten gegliedert und der Katechismusunterricht demnach immer schon ein solches Unterrichtsgespräch war. Wenn darum ein Konventuale das Amt des Katecheten innehatte, dann bedeutete dies nicht, dass er Katechismusunterricht erteilte, sondern dass er in der Lehrerbildung tätig war und den Schulgehilfen die Normalmethode beizubringen hatte. Zuletzt war das in Zwiefalten P. Michael Lutz. Dieser hatte zuvor in Ehingen am Collegium unterrichtet und war dann in Zwiefalten Festprediger und Katechet geworden. Vermutlich war er rhetorisch begabt, so dass er für geeignet gehalten wurde, die Lehrerbildungsstätte im Zwiefaltener Peterstor zu leiten. Dort wirkte noch ein weiterer Lehrer, der besonders befähigt gewesen sein muss, da er dreimal so gut bezahlt wurde wie andere Lehrer. Die damalige Lehrerausbildung endete nach drei bis fünf Jahren mit einem Examen, dessen Bestehen berechtigte, den Titel *Schulmeister* zu tragen.

Die österreichischen Schulordnungen regelten im übrigen viele Einzelheiten, so dass sie ein Dorfpfarrer möglicherweise nicht hinreichend gut kannte. Das hatte zur Folge, dass nicht jeder Dorfpfarrer die Schulaufsicht in seiner Gemeinde ausübte, sondern ein Pfarrer zum Schulinspektor für ein ganzes Dekanat bestellt wurde, oder ein Konventuale für alle Dorfschulen seiner Abtei zuständig war. Weiterhin blieb es Pflicht des Dorfpfarrers, die Schule möglichst häufig zu besuchen, am Schuljahresende Prüfungen abzunehmen usw. Damit zählte es eben auch zu seiner Aufgabe, Begabungen zu entdecken und zu fördern.

Und dies galt auch für die vorderösterreichischen Gebiete, wo kein unmittelbares Interesse eines Ordens an seinem Nachwuchs vorlag, im Gegenteil: Die Lateinschulen und Collegien sollten nach dem Willen der österreichischen Regierung nur Söhne von Adeligen und Beamten besuchen, nicht die Söhne von Bauern und Handwerkern.[17] Dass der Klerus, ob Ordens- oder Weltgeistliche, in dieser Hinsicht der Regierung nicht immer zu Willen war, mag folgendes Beispiel belegen, das nicht nur zeigt, wie ein Dorfpfarrer Begabungen entdeckte und zur Erneuerung einer Führungs- und Bildungselite beitrug, sondern wie dieses pastoral-politische Ethos bis weit ins 19. Jh. hineinwirkte: Der Pfarrer des Dorfes Inneringen in der Gft. Sigmaringen, wenige Kilometer westlich des zwiefaltischen Dorfes Ittenhausen, Baron Ignaz v. Laßberg, war der Reichsabtei Zwiefalten offensichtlich sehr verbunden, was sich daran zeigte, dass er zur Weihe und Amtseinführung des letzten Abtes, Gregor Weinemer, im Jahr 1787 geladen war. Der Bericht darüber erwähnt ihn mehrfach.[18] Laßberg taufte im Jahr 1795 einen Bauernjungen namens Josef Sprißler[19], dessen Begabung und Lerneifer ihm früh aufgefallen sein muss. Der Weg Josef Sprißlers führte über die theologische Ausbildung in Luzern ins Priesterseminar nach Meersburg. 1818 wurde er in Rottenburg zum Priester geweiht, allerdings für das Erzbistum Freiburg. Welches Collegium er besucht hatte, ist nicht bekannt; Sigmaringen selbst besaß jedenfalls weder ein Collegium noch eine Lateinschule. In die Geschichte des Fürstentums ist der spätere Pfarrer von Empfingen eingegangen als Präsident des Sigmaringer Landtags und Abgeordneter seines Fürstentums in der Frankfurter Nationalversammlung des Jahres 1848; er starb 1879. Einen ähnlichen Lebensweg hatte ein naher Verwandter des letzten Zwiefaltener Oberamtmanns, Pfarrer Josef Blumenstetter, der das Fürstentum Hechingen ebenfalls im Paulskirchenparlament vertrat.

Das Ende der Klöster und das Bildungswesen Oberschwabens

Das sind letzte Beispiele von Begabtenförderung in oberschwäbischen Kleinstaaten des Alten Reiches, die allerdings nicht mehr den Abteien zugute kam, sondern »nur« mehr der katholischen Kirche und der Bevölkerung des Raums. Oberschwaben hatte die Abteien als Träger des niederen und – wie man heute sagen würde – weiterführenden Schulwesens verloren und damit der ganze Kulturraum die Voraussetzung für die Ausbildung einer eigenen bodenständigen Bildungs- und Führungselite. Dies erscheint auch heute noch als Katastrophe; erst ca. 150 Jahre später war Oberschwaben wieder mit Gymnasien so gut ausgestattet wie in der Zeit vor der Säkularisation.[20]

Wenn auch Württemberg 1802/03 bzw. 1805/06 die Dorfschulen in den Reichsabteien Oberschwabens übernahm und die Lehrer weiterbeschäftigte, die Bildungschancen wurden doch eingeschränkt: *Die alte Herrschaft,* also die Reichsabtei, hatte für die Kinder armer Eltern das Schulgeld übernommen (nicht erlassen, denn es war ein Teil des Lehrergehalts), damit es für diese keinen Grund gab, den Schulbesuch zu verweigern. Württemberg jedoch verlangte nicht nur Schulgeld, sondern versagte darüber hinaus den Schulen die traditionelle Unterstützung, indem es z. B. für die Schulgebäude kein kostenloses Brennholz mehr aus dem Staatswald bereitstellte. Und da behauptete die amtliche württembergische Geschichtsschreibung einst, ein niederes Schulwesen habe es im Gebiet Zwiefaltens gar nicht gegeben, vielmehr habe es erst die königliche Verwaltung nach 1803 eingeführt![21]

[1] Irmtraud *Betz-Wischnath/Hermann Josef Pretsch*, Das Ende von Reichsabtei und Kloster Zwiefalten. Berichte, Aufzeichnungen, Briefe und Dokumente. Ulm 2001.

[2] Michael *Braig*, Wiblingen. Kurze Geschichte der ehemaligen vorderösterreichischen Benediktinerabtei in Schwaben. ND d. Ausgabe von 1834. Weißenhorn 2001.

[3] Walter *Pötzl*, Der Irseer Konvent und seine Äbte in der Neuzeit, in: Hans Frei (Hg.), Das Reichsstift Irsee. Weißenhorn 1981, 17ff.

[4] Auch in Weingarten saßen im 46köpfigen Konvent der Säkularisationszeit 3 Konventualen aus Ottobeuren, 2 aus Augsburg, je einer aus Isny, Ochsenhausen und Weißenau. Nur einer stammte aus Weingarten (der beim Kloster liegenden Siedlung) und keiner aus dem zu Füßen des Klosters liegenden großen (österreichischen!) Altdorf (heute Stadt Weingarten). Vgl. *Hans Ulrich Rudolf* in diesem Band.

[5] Max *Müller/Rudolf Reinhadt/Wilfried Schöntag* (Hg.), Marchtal. Prämonstratenserabtei. Ulm 1992, 303ff.

[6] Betz-Wischnath/Pretsch, Das Ende (wie Anm. 1), 79.

[7] Ebd., 125.

[8] *Germania Benedictina.* Bd. V: Baden-Württemberg, bearb. von *Franz Quarthal.* München 1975, 89f.

[9] Norbert *Bayrle-Sick*, Katholische Aufklärung als staatsbürgerlicher Erziehung, Leben und Werk des Volkserziehers Karl Aloys Nack OSB von Neresheim 1751–1828. Augsburg 1994.

[10] Gebhard *Spahr*, Reise durch Schwaben und Bayern im Jahre 1784. Weißenhorn 1964, 16f.

[11] Germania Benedictina (wie Anm. 8), 92.

[12] Fünfte Predigt anläßlich der Jubelfeier des Reichsstifts Zwiefalten OSB. Riedlingen 1789.

[13] Hans *Seeberger*, Das Volksschulwesen der Abtei Ottobeuren im 18. Jh., in: StMittOSB 81 (1970), 22–144.

[14] Betz-Wischnath/Pretsch, Das Ende (wie Anm. 1), 104.

[15] Rainer *Loose*, Zur Geschichte des Schulwesens im Fürstentum Hohenzollern-Sigmaringen um 1810/20, in: FDA 110 (1990), 299–345.

[16] Betz-Wischnath/Pretsch, Das Ende (wie Anm. 1), 109ff.

[17] Franz *Quarthal*, Das Ehinger Kolleg in der benediktinischen Schultradition. Ehingen 1988, 16.

[18] Betz-Wischnath/Pretsch, Das Ende (wie Anm. 1), 38.

[19] Helmut *Engisch/Hans Peter Müller*, Für Freiheit, Licht und Recht! Josef Sprißler, ein streitbarer Pfarrer und wackerer Demokrat. Empfingen 1999.

[20] Quarthal, Das Ehinger Kolleg (wie Anm. 17), 14.

[21] Betz-Wischnath/Pretsch, Das Ende (wie Anm. 1), 107.

II

Hochstifte, Reichsabteien und Ritterorden
als Entschädigungsmasse

Die Liquidation der Reichskirche 1802/03 (bis 1809)

Säkularisation und Mediatisierung

Historische und politische Voraussetzungen ihrer Durchführung

von Winfried Müller

Herrschafts- und Vermögenssäkularisation sowie Mediatisierung – Die Begriffe und der Reichsdeputationshauptschluss (RDH)

Säkularisation und Mediatisierung – die Profanierung kirchlicher Herrschaftsrechte und Vermögenswerte einerseits, die Absorption weltlicher politischer Herrschaftseinheiten durch größere Mächte andererseits – waren zu Beginn des 19. Jhs. dem Prinzip nach nichts grundsätzlich Neues. Verwiesen sei nur auf Kirchengutseinziehungen durch die weltliche Obrigkeit während des Mittelalters und im Zeitalter von Reformation und Gegenreformation.[1] In erster Linie ist hier an die Auflösung der Klöster in den protestantisch gewordenen Territorien und die Sequestration ihres Vermögens durch die jeweiligen Landesherren[2] sowie an die mit der Beseitigung der Bischofsgewalt einhergehende sukzessive Auflösung der geistlichen Fürstentümer des nord-, ost- und mitteldeutschen Raumes zu erinnern[3], deren Integration in protestantische Territorien im wesentlichen mit dem Westfälischen Frieden abgeschlossen war.[4] Neben diesem Zugriff auf kirchliche Institutionen, für den sich seit den Verhandlungen des Westfälischen Friedenskongresses in der politischen und historischen Fachsprache der Begriff der Säkularisation einbürgerte[5], war im Alten Reich auch die Beseitigung weitgehend autonomer, lediglich unter der Oberhoheit des Kaisers stehender weltlicher Herrschaftsträger keineswegs unbekannt. Verwiesen sei nur auf die Mediatisierungswelle des späten Mittelalters, die für nicht wenige Reichsstädte das Ende ihres reichsunmittelbaren Status und die Unterordnung unter einen Territorialstaat bedeutete.[6]

Ein für diesen Vorgang prominentes Beispiel aus der Frühen Neuzeit ist der im Vorfeld des Dreißigjährigen Krieges angesiedelte Fall der Reichsstadt Donauwörth, gegen die 1607 aufgrund innerstädtischer Konfessionskonflikte die Reichsexekution verhängt wurde, die vom bayerischen Herzog eilfertig vollzogen wurde. Als deren Ergebnis verlor Donauwörth seinen reichsunmittelbaren Status, mutierte von einer Reichsstadt zu einer bayerischen Territorialstadt[7] – war also mediatisiert worden.

Wenngleich also weder Säkularisation noch Mediatisierung dem Prinzip nach neu waren, so sind beide Begriffe im historischen Bewusstsein doch primär mit den durch den RDH vom 25. Februar 1803[8] sanktionierten Ereignissen verknüpft, wobei hinsichtlich des Vorgehens gegenüber der katholischen Kirche üblicherweise zwischen Herrschafts- und Vermögenssäkularisation differenziert wird.[9]

Die Herrschaftssäkularisation bedeutete den Verlust der Reichsunmittelbarkeit (Mediatisierung) der geistlichen Territorien des Heiligen Römischen Reiches deutscher Nation. Das Territorium und die Hoheitsrechte der geistlichen Fürsten gingen auf weltliche Landesherren über, die ihrerseits noch bis 1806 unter der Oberhoheit des Alten Reiches standen. Von dieser territorialen Annexion und dem Erlöschen der staatsrechtlichen Souveränität der geistlichen Fürstentümer getrennt zu sehen sind die vermögensrechtlichen Implikationen dieses Vorgangs. Die neuen Besitzer des untergegangenen geistlichen Staates traten nämlich nicht nur in dessen Hoheitsrechte (Imperium), sondern auch in dessen Eigentumsrechte (Dominium) ein. Neben der Territorialhoheit floss auch der gesamte Ver-

mögensbesitz der geistlichen Fürstentümer – also der gesamte bischöfliche Besitz, in den noch das Vermögen der Domkapitel integriert wurde – den neuen Landesherren zu. *Alle Güter der Domkapitel und ihrer Dignitarien werden den Domänen der Bischöfe einverleibt, und gehen mit den Bisthümern auf die Fürsten über, denen diese angewiesen sind*, lautete der einschlägige Paragraph 34 des RDH[10], der lediglich durch einige dem Erhalt des Pfarrkirchenvermögens dienende Bestimmungen durchbrochen wurde. Zu der dadurch legitimierten Einziehung des Kirchenguts in den aufgehobenen geistlichen Territorien trat dann die Kirchenguteinziehung nach Paragraph 35 hinzu: *Alle Güter der fundierten Stifter, Abteyen und Klöster, in den alten sowohl als in den neuen Besitzungen, Katholischer sowohl als A. C. [Augsburger Konfession] Verwandten, mittelbarer sowohl als unmittelbarer, […] werden der freien und vollen Disposition der respectiven Landesherrn, sowohl zum Behuf des Aufwandes für Gottesdienst, Unterrichts- und andere gemeinnützige Anstalten, als zur Erleichterung ihrer Finanzen überlassen, unter dem bestimmten Vorbehalte der festen und bleibenden Ausstattung der Domkirchen, welche werden beibehalten werden, und der Pensionen für die aufgehobene Geistlichkeit.*[11]
Dies bedeutete, dass die weltlichen Reichsstände nicht nur in den neuerworbenen Territorien die Möglichkeit hatten, die neu unter ihre Landeshoheit geratenen Klöster aufzuheben und zu enteignen, sondern auch die in den Stammlanden gelegenen; diese Bestimmung war vor allem auf Initiative Bayerns, das von Paragraph 35 dann auch reichlich Gebrauch machte, in den RDH aufgenommen worden.[12] Die Vermögenssäkularisation, wie die Kirchenguteinziehung in Abgrenzung zur Herrschaftssäkularisation gemeinhin bezeichnet wird, bezog sich also auf zwei unter verschiedenen Rechtstiteln ablaufende Vorgänge: zum einen auf die Profanierung von Kirchengut in den mediatisierten geistlichen Reichsfürstentümern, zum anderen auf die Einziehung kirchlichen Besitzes im Zuge der Klostersäkularisation nach Paragraph 35. Im ersten Fall war die Vermögenssäkularisation »unmittelbare Folge der völker- und staatsrechtlichen Annexion; im zweiten Fall war sie ein besonderer Akt der Konfiskation«.[13]
Eben diese vermögensrechtliche Komponente unterschied die Säkularisation von der gleichfalls durch

den RDH verfügten Mediatisierung im rechtsrheinischen Deutschland. Dies bedeutete zwar den Verlust der Reichsunmittelbarkeit, d. h., die Oberhoheit ging von der Reichsgewalt auf eine Landeshoheit über. Der Mediatisierung von weltlicher Herrschaft korrespondierte indes keine Mediatisierung von weltlichem Vermögen, vielmehr wurde für die 1803 mediatisierten Reichsstädte ausdrücklich eine Vermögensschutzklausel in den RDH aufgenommen.[14] Während also die »bona ecclesiastica« in großem Stile in »bona saecularia« umgewandelt wurden, legte man im Rechtsrheinischen an das »dominium« weltlicher Herrschaftseinheiten andere Maßstäbe an; im französisch besetzten linksrheinischen Deutschland lag, wie noch zu zeigen sein wird, der Fall deutlich anders.[15] Zugleich gab man sich rechts des Rheins beim Angriff auf die Herrschaftsrechte weltlicher Reichsstände deutlich zurückhaltender als gegenüber den geistlichen Reichsständen. Der Herrschaftssäkularisation fielen mehr als 20 geistliche Fürstentümer und über 40 reichsunmittelbare Klöster und Stifte zum Opfer. Insgesamt wurden 1.719 QM reichsunmittelbaren geistlichen Territoriums auf weltliche Fürsten verteilt, und etwa 3,2 Mio. Menschen, die bislang unter einer geistlichen Regierung gelebt hatten, kamen unter eine weltliche Obrigkeit.[16] Die Staatenwelt der Germania sacra war damit bis auf ganz wenige Ausnahmen von der politischen Landkarte verschwunden; lediglich die beiden geistlichen Ritterorden (Malteser- und Deutscher Orden) überlebten 1803 aufgrund der Protektion Russlands und des Hauses Habsburg vorübergehend; ferner musste für den Erzbischof von Mainz, der in seiner Funktion als Reichserzkanzler im formell ja noch existierenden Heiligen Römischen Reich deutscher Nation als unentbehrlich erachtet wurde, mit dem Fürstentum Regensburg ein Kurerzkanzlerstaat gezimmert werden.[17] Im Vergleich zu dieser radikalen Applanierung geistlicher Staatlichkeit fiel der Angriff auf die weltlichen Reichsstände moderat aus. Mit Ausnahme von Augsburg, Bremen, Frankfurt, Hamburg, Lübeck und Nürnberg, denen noch einmal *die volle Landeshoheit* bestätigt wurde[18], fielen der Mediatisierung zwar 41 Reichsstädte sowie die seinerzeit noch existierenden fünf Reichsdörfer zum Opfer, die unter personaler reichsfürstlicher Landeshoheit stehenden Herrschaftsgebiete blieben indes von der Mediatisierung ausgenommen. Die Brüchigkeit der in den RDH aufgenommenen Bestandsgarantie für die Reichsritterschaft[19] war freilich ein deutliches Indiz für die unsichere Zukunft auch der weltlichen Reichsstände, von denen die meisten dann mit dem Ende des Alten Reiches 1806 mediatisiert wurden.

Die Säkularisationsdebatte des 18. Jhs.

Die unterschiedliche Behandlung geistlicher und weltlicher Reichsstände durch den RDH wirft natürlich die Frage auf, warum denn ausgerechnet kirchliche Herrschafts- und Besitztitel in so eklatanter Weise als disponibel erachtet wurden. Diese Frage weist nun zurück auf die Säkularisationsdebatte des 18. Jhs., die schon beträchtliche Zeit vor dem RDH geistliche Herrschafts- und Besitztitel in ihrer Existenz bedroht und in ihrer Legitimationsbasis geschwächt hatte.[20] Verdeutlicht wird dies nicht zuletzt durch diverse Säkularisationsprojekte. So verfolgte Preußen 1742/43 den gegen Österreich gerichteten Plan, die Hochstifte Freising, Regensburg und Eichstätt sowie Speyer und Worms zu säkularisieren, um auf diese Weise dem wittelsbachischen Kaiser Karl VII. eine angemessene Hausmacht zu verschaffen. Ebenfalls als Arrondierungs- und Kompensationsmasse wurden die nordwestdeutschen Hochstifte im Verlauf des Siebenjährigen Krieges von Friedrich II. von Preußen ins Spiel gebracht; vor allem nach dem Tod des wittelsbachischen Kölner Kurfürsten Clemens August (1761) befanden sich diese vorübergehend in höchster Gefahr. Besonders merkwürdig mutet schließlich die Idee Kaiser Josephs II. vom Jahre 1784 an, das Erzstift Salzburg gegen Teile der österreichischen Niederlande zu tauschen. Der Salzburger Erzbischof sollte kurzerhand zum Bischof von Lüttich gewählt und u. a. mit Luxemburg territorial ausgestattet werden. Begleitet wurden derlei Pläne von einer breit angelegten Diskussion über die Existenzberechtigung der geistlichen Fürstentümer, als deren Höhepunkt die 1785 von dem Fuldaer Domkapitular Philipp Anton v. Bibra gestellte Preisfrage, welches die Mängel der geistlichen Staaten seien und wie diese beseitigt werden könnten, anzusehen ist. Aus der dadurch angeregten publizistischen Debatte ging Joseph v. Sartoris

Statistische Abhandlung über die Mängel in der Regierungsverfassung der geistlichen Wahlstaaten als Sieger hervor.[21] Offen wurden darin Reformdefizite, vorzugsweise im Bereich von Staatsverwaltung und Wirtschaft, angesprochen. Gleichzeitig wurde aber betont, dass administrative Fehlentwicklungen leicht behoben werden könnten und auf keinen Fall eine Säkularisation der geistlichen Staaten rechtfertigen würden. In der Tat deutet, soweit der defizitäre Forschungsstand zur internen Situation der geistlichen Fürstentümer verallgemeinernde Aussagen zulässt, nichts darauf hin, dass diese schlechter als weltliche Territorien vergleichbarer Größenordnung regiert worden sind. Unter Berufung auf das geflügelte Wort, dass unterm Krummstab gut wohnen sei, wurde vielmehr wiederholt auf die für die Untertanen vorteilhafte milde Regierungsführung der geistlichen Landesherren hingewiesen.[22] Und zu Recht wurde auch betont, dass gerade in den Hochstiften – zu denken ist etwa an Würzburg oder Salzburg[23] – im Laufe des 18. Jhs. zum Teil verheißungsvolle Reformanstrengungen in den Bereichen der Bildungspflege und des Wohlfahrtswesens unternommen wurden. Bei aller Richtigkeit solcher Hinweise war das Schicksal der geistlichen Staaten letztlich unabhängig von ihrer tatsächlichen inneren Befindlichkeit und vom Grad ihrer Modernisierungsfähigkeit. Vielmehr stellten sie im Prozess der Konzentration der politischen und wirtschaftlichen Macht auf einige wenige, modern organisierte Groß- und Mittelstaaten einen »regionalen Anachronismus«[24] dar, der auf lange Sicht ebenso wenig konkurrenz- und lebensfähig war wie die der Mediatisierung zum Opfer fallenden kleineren weltlichen Reichsstände. Im Kontext der Beseitigung zahlreicher deutscher Kleinstaaten erscheint das Ende geistlicher Staatlichkeit zweifelsfrei eher ein politisches und »verfassungsmäßiges, denn ein geistliches Problem«[25] gewesen zu sein. Die Bedenkenlosigkeit, mit der in erster Linie geistliche Fürstentümer zur Disposition gestellt wurden, sowie die Tatsache, dass zur staatsrechtlichen Annexion noch die Vermögenssäkularisation dazukam, verweist freilich darauf, dass gerade geistliche Herrschafts- und Besitztitel in besonderem Maße ausgehöhlt waren. Hier zeigten sich deutlich die Auswirkungen einer in der Aufklärungsepoche geführten Diskussion, die weltliche Herrschaftsausübung durch die geistliche

329

Gewalt ebenso in Frage gestellt hatte wie die Verfügungsgewalt der Kirche über weltliche Güter. Eine wichtige Rolle war dabei der Differenzierung in die verschiedenen Endzwecke von Staat und Kirche zugefallen, wie sie etwa in Bayern der weltliche Direktor des Geistlichen Rates, Peter v. Osterwald, in seiner weitverbreiteten, 1766 unter dem Pseudonym Veremund von Lochstein erschienenen Schrift *Gründe sowohl für als wider die geistliche Immunität in zeitlichen Dingen* vorgenommen hatte. Zwischen Temporalia und Spiritualia unterscheidend, beschränkte er die Kirche allein

Kritik am geistlichen Fürstentum
Der ordensgeschmückte Kirchenfürst mit Wildschweinkopf und Eselsohren hält ein Blatt mit der Aufschrift Status quo. Der Sockel zeigt einen geistlichen Herrn mit dem Jesuswort: »Mein Reich ist nicht von dieser Welt!«
Satirisches Blatt auf die Doppelfunktion der geistlichen Reichsfürsten. Westfälisches Landesmuseum für Kunst- und Kulturgeschichte, Münster.

auf die *Direction der menschlichen Handlungen zum Endzwecke der ewigen Wohlfahrt*, um gleichzeitig die Inhaber der Kirchengewalt in allen bürgerlichen Angelegenheiten der Staatsgewalt zu unterstellen.[26] In den sog. *gemischten Dingen* (Feiertagsregelungen, Prozessionen, Zensurwesen etc.), die sowohl dem Bereich der geistlichen als auch der weltlichen Jurisdiktion angehörten, wurde weitreichende staatliche Einflussnahme verlangt, um traditionelle Formen religiösen Lebens am Vernunftprinzip messen und gegebenenfalls abschaffen bzw. purifizieren zu können. Positionen dieser Art fanden durchaus auch Eingang in die zeitgenössische Kanonistik[27], wie sich am Beispiel des Mainzer Kirchenrechtlers Peter Anton Frank oder des Kanonisten Maurus Schenkl nachvollziehen lässt. Als gemäßigte Vertreter des Staatskirchentums leiteten sie aus der Trennung von weltlichem und geistlichem Bereich allerdings nicht nur staatliche Aufsichtsrechte über die Kirche ab, sondern setzten diesen komplementär die Unabhängigkeit der Kirche entgegen. Hier liegt denn auch der Unterschied zum josephinischen Staatskirchenrecht, als dessen wohl bekanntester Repräsentant Joseph Johann Nepomuk Pehem angesehen werden kann und das nur noch staatliche Kontroll- und Aufsichtsrechte formulierte und der Kirche letztlich den Rang einer Staatsanstalt zuwies.

Von der Differenzierung in Bereiche staatlicher und kirchlicher Leitungsgewalt führt insofern eine direkte Linie zur Herrschaftssäkularisation, als damit die weltliche Herrschaftsausübung durch geistliche Fürsten unterlaufen werden konnte. Die Forderung nach dem Verzicht weltlicher Herrschaftsrechte implizierte dabei rasch eine weitere, dass nämlich die auf ihre primären geistlichen Aufgaben verwiesene Kirche auch der irdischen Güter zu entsagen habe. Damit war der Bogen geschlagen zum Problemkreis staatlicher Verfügungsgewalt über das Kirchengut und zur Vermögenssäkularisation. Kennzeichnend für die daraus resultierende Diskussion war eine weitgehende Geringschätzung kirchlicher Eigentumsrechte durch die Vertreter des Staatskirchentums und einer ihnen nahestehenden Kanonistik. Die beiden Kernbegriffe, mit denen dabei operiert wurde, waren das sog. »dominium eminens« und die »necessitas«. Der erste Begriff meinte ein aus der Kirchenadvokatie abgeleitetes landesherrliches Obereigentum. Indem dessen Reichweite in ei-

Verspottung des Mönchtums
Die satirische Darstellung der wohlbeleibten Mönche im Refektorium hebt ab auf das angebliche Schlemmerleben in den Klöstern. Sie entspricht damit einem sehr zahlreichen Schrifttum des 17./18. Jhs., das mit solchen und anderen Klischees Mönchtum und Kloster pauschal verunglimpfte und so die Säkularisation geistig vorzubereiten half.
Papier/Feder, mit Sepia laviert, Joseph Anton Koch, 1793. Staatliche Kunstsammlungen Dresden, Kupferstichkabinett.

ner vom jeweiligen staatlichen Finanzbedarf bestimmten Weise flexibel ausgelegt wurde, konnte die kirchliche Vermögensautonomie bereits recht wirksam außer Kraft gesetzt werden. Die »necessitas« schließlich leitete die Zulässigkeit von Kirchengutseinziehungen aus Notsituationen des weltlichen Staates ab. Deren Linderung, so die rechtfertigende Argumentation, käme ja indirekt auch wieder der Kirche zugute. Gerade in der mit dem Ausbruch des Ersten Koalitionskrieges eingeleiteten Phase der militärischen Auseinandersetzung des Alten Reiches mit dem revolutionären Frankreich ließ sich mit dem Instrument der »necessitas« natürlich besonders gut arbeiten.

Hinter dem gelockerten Umgang mit dem Kirchengut stand aber auch eine verschiedenartige Einschätzung von kirchlichem Korporationseigentum und persönlichem Privatbesitz weltlicher Personen, wobei ersteres in der eigentumstheoretischen Diskussion des 18. Jhs. als weitaus weniger schutzwürdig galt als weltlicher Individualbesitz.[28] Das Kirchengut war ja der persönlichen Verfügungsgewalt etwa eines Bischofs oder Abtes entzogen – ein Sachverhalt, der sich in der Praxis freilich durchlöcherten kanonischen Verbot der Veräußerung von Kirchengut ebenso niederschlug wie in den bischöflichen Wahlkapitulationen, die dem

Neugewählten den ungeschmälerten Erhalt des kirchlichen Besitzes zur Auflage machten. Dem jeweiligen kirchlichen Amtsinhaber stand also keine individuelle Verfügungsgewalt zu, sondern nur ein Nutzungsrecht zum Zwecke des Unterhalts des Welt- und Ordensklerus, gottesdienstlicher und schulischer Aufgaben etc. Das Aufsichts- und Dispositionsrecht über das Kirchengut läge indes, so die Vertreter des Staatskirchentums, in letzter Instanz beim Staat.

Die Tatsache, dass es sich beim Kirchengut um Korporationseigentum handelte, minderte nicht nur aus eigentumstheoretischer Sicht die kirchlichen Besitzrechte, sondern beflügelte die Befürworter von Säkularisationen gleichzeitig unter wirtschaftspolitischer Perspektive, die Enteignung der Kirche voranzutreiben. Eben weil es sich nicht um disponiblen Individualbesitz handelte, lag das Kirchengut, so die populäre Formel des 18. Jhs., bei der »toten Hand« und war dem Wirtschaftskreislauf entzogen. Durch die Säkularisation müsse es zum Wohle des Staates und seiner Untertanen kommerzialisiert und in einen dynamischen Wirtschaftsprozess eingebunden werden. Diese in der aufgeklärten Bürokratie weitverbreitete Auffassung entwickelte vor allem gegenüber den Orden, von deren Reichtum man sich allerdings häufig übertriebene Vorstellungen machte, enorme Sprengkraft. In den letzten Jahrzehnten des 18. Jhs. wurde jedenfalls in einer kaum übersehbaren Flut von Broschüren das Klischee von den reichen Klöstern kolportiert, deren Insassen im Luxus schwelgen würden.[29] Sofern ein Orden nicht in der Seelsorge, im Bildungswesen oder in der Krankenpflege aktiv war, wurde seinen Mitgliedern Müßiggang und Nutzlosigkeit, ja der vorsätzliche Versuch, sich dem bürgerlichen Arbeitsleben zu entziehen, zum Vorwurf gemacht; vor diesem Hintergrund ist die in den 1780er Jahren im josephinischen Österreich durchgeführte Aufhebung von ca. 700 Niederlassungen der sog. *beschaulichen Orden* zu sehen.[30] Freilich waren Aktivitäten im seelsorgerlichen oder karitativen Bereich keine Garantie für staatliches Wohlwollen, lautete in diesem Fall doch die Anklage, die Mönche infizierten das Volk dabei mit überholten abergläubischen Frömmigkeitsformen.

Parallel zu dieser das Verhältnis der Orden zur Gesellschaft berührenden Debatte wurde eine nicht minder heftige Auseinandersetzung über die monastische Lebensform an sich geführt. Namentlich um die drei Gelübde der Keuschheit, des Gehorsams und der Armut kreisten die Auseinandersetzungen. Einerseits wurde der frühe Zeitpunkt der Professablegung kritisiert; junge Leute seien sich der Tragweite ihrer Entscheidung oft nicht bewusst, aufgrund der Unverbrüchlichkeit der Gelübde aber auf Dauer einer Lebensform ausgeliefert, der sie nicht gewachsen seien. Andererseits wurden die Gelübde auch der inhaltlichen Kritik unterzogen. Am Keuschheitsgelübde entzündete sich beispielsweise eine kritische Diskussion über den Zölibat, am Gehorsamsgelübde wurde bemängelt, dass es die Äbte und Pröpste zu despotischer Amtsführung verleite und die Konventualen zu unwürdiger Unterwürfigkeit zwinge. Das Armutsgelübde zog deshalb Kritik auf sich, weil es die Mendikanten zum Betteln veranlasse, diese somit müßiggängerisch auf Kosten der arbeitenden Bevölkerung lebten. Gleichzeitig würden sie beim Einsammeln der Almosen das Volk mit antiquierten Frömmigkeitsformen und vernunftwidrigem Gedankengut infiltrieren. Dass es bei diesen und ähnlichen Argumenten letztlich nicht um eine objektive Würdigung der tatsächlichen Befindlichkeit der Klöster ging, die im übrigen im Regelfall zu keinen ernsthaften Beanstandungen Anlass gaben, liegt auf

der Hand. Vielmehr waren sie Ausdruck eines generellen Einstellungswandels gegenüber den Orden und auch der Religion. In dem Maße, in dem beispielsweise auch die katholische Aufklärungstheologie den transzendenten Inhalten die praktisch-ethischen Aspekte des Christentums im Interesse einer Versittlichung des diesseitigen gesellschaftlichen Lebens neben- oder gar vorordnete, in dem Maße, in dem der Priester nicht nur als Seelsorger, sondern auch als Volksaufklärer und -erzieher begriffen wurde – in diesem Maße wurde auch einer weltabgewandten, auf die Vertiefung der individuellen religiösen Erfahrung abzielenden Monastik der Boden entzogen. In dieser Ablehnung kontemplativer Lebensformen berührt sich die Auseinandersetzung um die Existenzberechtigung der Orden wohl am intensivsten mit der parallel laufenden Diskussion über den zu vertiefenden Praxisbezug der Theologie und über die zeitgemäßen Formen der Religionsausübung.[31]

Erschwerend kam in diesem Zusammenhang für die Orden hinzu, dass gelegentlich auch aus kirchlichen Kreisen selbstkritische Stimmen laut wurden. Teilweise beteiligten sich Vertreter des Weltklerus, die in den Religiosen eine unerwünschte Konkurrenz in der Seelsorge erblickten, an der klosterfeindlichen Diskussion, vereinzelt wurde auch in den Orden selbst Skepsis gegenüber der eigenen Lebensform spürbar. Neben moderaten Reformforderungen wurde dabei mitunter auch eine ins Grundsätzliche gehende Ablehnung spürbar. Für den schwäbischen Raum mögen die Patres Ulrich Mayr (Kaisheim) und Benedikt Werkmeister (Neresheim) stehen, deren Ordensaustritte Indiz dafür sind, dass in einigen Fällen tatsächlich eine innere Abkehr von der monastischen Lebensform stattgefunden hatte.[32] Beispiele dieser Art stellten zweifelsfrei die Ausnahme dar. Die Mehrheit der Konventualen nahm an den traditionellen Formen des Klosterlebens keinen Anstoß und hielt diese auch diszipliniert ein. Letztendlich dürfte gerade der Existenzdruck, der in der zweiten Hälfte des 18. Jhs. auf den Klöstern lastete, eher eine Straffung der Disziplin bewirkt haben, um den Ordensgegnern keinen Grund zu Beanstandungen zu geben. Gleichzeitig aber scheint unter der Woge der Angriffe die Neigung zum Klostereintritt zurückgegangen zu sein, so dass auf die Orden, selbst wenn sie der Säkularisation entgangen wären, über kurz oder lang vermutlich personelle Probleme zugekommen wären.

Politische Voraussetzungen von Säkularisation und Mediatisierung

Bei allem Erfolg, den das Staatskirchentum und die kirchenkritische Diskussion der Aufklärungsepoche bei der Aushöhlung bischöflicher Rechte und bei der Einschränkung monastischen Lebens bis zum Ausgang des 18. Jhs. verbuchen konnte, war an eine ungehinderte Anwendung des Säkularisationsprinzips nicht zu denken, solange die Reichsverfassung intakt war. Auf der einen Seite waren dadurch Rechte und Existenz der geistlichen Reichsstände des Heiligen Römischen Reiches deutscher Nation geschützt. Auf der anderen Seite war dadurch auch innerhalb der Territorien der Bestand der landsässigen Klöster abgesichert, insoweit sie dem Korpus der Landstände angehörten, dessen Unversehrtheit gleichfalls durch die Reichsverfassung garantiert war. Letztere Tatsache scheint im übrigen der tiefere Grund gewesen zu sein, warum gerade Bayern so vehement auf die Verankerung des Paragraphen 35 im RDH gedrängt hatte – bot er doch die Handhabe, mit der Aufhebung der Mediatklöster auch den Prälatenstand auszuheben und damit einen Eckstein aus der landständischen Trias von Adel, Städten und Prälaten herauszulösen und so das hergebrachte System der Landstände zum Einsturz zu bringen.[33] So gesehen sollte, was oft übersehen wird, der RDH auch auf Landesebene erhebliche verfassungsrechtliche Wirkung entfalten.

Bevor dies geschehen konnte, musste es allerdings erst zu jener Fragmentierung des Alten Reiches und der Erosion seiner Verfassungsprinzipien kommen, die dann in letzter Instanz mit der Niederlegung der Kaiserkrone durch Franz II. 1806 zum Erlöschen des Heiligen Römischen Reiches deutscher Nation führten. Angesprochen sind damit die militärischen Auseinandersetzungen des Alten Reiches mit dem revolutionären Frankreich, die in Entsprechung zu den französischen Erfolgen das Säkularisationsprinzip mehr und mehr in den Vordergrund rückten.[34]

Folgt man der Chronologie der Ereignisse, so hat man den Blick zunächst auf die von Frankreich im Zuge des Ersten Koalitionskrieges (1792/93–1797) annektierten linksrheinischen Gebiete zu richten. Sieht man von dem Vorstoß von 1792/93 ab, der Frankreich vorübergehend in den Besitz von Kurmainz gebracht hatte – endgültig fiel die Stadt Mainz dann durch den Angriff vom 30. Dezember 1797 an die Franzosen – so hat die Betrachtung 1794, im Jahr der dauerhaften französischen Besetzung der Gebiete links des Rheins, einzusetzen. Am 9. August dieses Jahres waren französische Truppen in Trier, am 28. Oktober 1794 in Koblenz eingerückt. Am 5. Oktober 1794 verließ Kurfürst und Fürstbischof Clemens Wenzeslaus seinen Trierer Kurstaat für immer. Zwei Tage zuvor, am 3. Oktober 1794, hatte der Kölner Kurfürst und Fürstbischof Maximilian Franz seine Residenzstadt Bonn verlassen und war nach Mergentheim übergesiedelt; sein kurkölnisches Herrschaftsgebiet hatte er damit faktisch aufgegeben. Der Besetzung folgte die sukzessive völkerrechtliche Eingliederung des linksrheinischen Reichsgebiets in den französischen Staat, wobei der preußisch-französische *Sonderfrieden von Basel* vom 5. April 1795, mit dem Preußen aus der antifranzösischen Koalition ausschied, die Richtung wies. Mit Rücksicht auf das Ansehen der preußischen Regierung in einen öffentlichen und einen geheimen Teil zerfallend, bestimmte die öffentliche Verlautbarung, dass die linksrheinischen Besitzungen Preußens bis zu einem endgültigen Friedensschluss in den Händen Frankreichs bleiben sollten; im Geheimabkommen dagegen wurde festgesetzt, dass Preußen für den Fall des definitiven Verlustes seiner linksrheinischen Besitzungen rechts des Rheins entschädigt werden solle. Dass es sich bei diesen Entschädigungen nur um geistlichen Territorialbesitz handeln konnte und dass damit dem Säkularisationsprinzip der Weg bereitet wurde, lag auf der Hand. Dessen Anwendung gewann zusätzliche Wahrscheinlichkeit, als Preußen in einem weiteren Geheimvertrag vom 5. August 1796 den vorläufigen Verlust des linken Rheinufers anerkannte und sich die Säkularisation der Fürstbistümer Münster, Würzburg und Bamberg übertragen ließ.[35] Preußen verletzte mit diesen *Berliner Verträgen* sowie mit dem Basler Frieden die Reichsverfassung in zweifacher Hinsicht: einmal, indem es die Einwirkung des revolutionären Frankreichs auch auf die rechtsrheinischen Territorialverhältnisse billigend in Kauf nahm, zum anderen durch seine eigenmächtige Handlungsweise, die nicht nur die Oberhoheit des Reiches für die preußischen Reichsgebiete, sondern für alle Gebiete nördlich des Mains negierte.[36] Freilich war es nicht Preußen alleine, das seine eigenen Interessen über die des Reiches stellte. Auch Württemberg und Baden schlossen 1796 separate Friedensabkommen mit Frankreich, in denen sie mit den geheimen Zusatzartikeln gegen ihre Pflichten als Reichsstände verstießen.[37] Diese sowie weitere separate Waffenstillstands- bzw. Neutralitätsabkommen mit Frankreich seitens Bayerns sowie des schwäbischen und fränkischen Reichskreises können als überhastete Reaktion der Reichsstände auf den Rückruf großer Teile der österreichischen Armee gewertet werden. Nachdem sich dieser jedoch als nur strategisch bedingt erwies und es Erzherzog Karl, dem jüngeren Bruder des Kaisers, im Herbst 1796 vielmehr gelang, die französische Armee über den Rhein zurückzudrängen, sahen sich die größeren Reichsstände des deutschen Südwestens zum einen bloßgestellt, zum anderen aber von den kaiserlichen Truppen wie Besiegte behandelt.[38]

Während man sich im Norden des Reiches weiter am nunmehr neutralen Preußen orientierte, die weltlichen Mittelstaaten angesichts des ausbleibenden Reichsfriedens zunehmend den Anschluss an Frankreich suchten, ein Fürstenbund zum Erhalt der Reichsverfassung 1795/96 zwar angedacht, letztlich aber nicht realisiert wurde[39], ruhten die Hoffnungen der bedrohten geistlichen und der kleineren weltlichen Reichsstände vor allem auf Österreich, das aber seinerseits aufgrund des Verlaufs des Ersten Koalitionskrieges bald zur Verständigung mit Frankreich genötigt war und dabei, wie zuvor schon Preußen, seine eigenen dynastischen und territorialen Interessen über die des Reichs stellte. War in dem am 18. April 1797 geschlossenen Präliminarfrieden von Leoben noch von einer die Abtretung linksrheinischer Gebiete an Frankreich ausschließenden Reichsintegrität die Rede gewesen, so brachte hier der *Frieden von Campo Formio* vom 17. Oktober 1797 die Wende.[40] Nachdem in Paris nach dem Staatsstreich vom September 1797 jene Kräfte an die Macht gekommen waren, die auf den »natürlichen Grenzen« Frankreichs, sprich: der Rheingrenze, bestanden, musste Kaiser Franz II. nun Kompromisse eingehen, und er tat dies auf Kosten der Reichsintegrität: Neben der Aufgabe der österreichischen Niederlande, also habsbur-

gisch regiertem Reichsgebiet, und verschiedener Gebiete in Italien verpflichtete er sich in einem geheimen Artikel, auf die Abtretung von Teilen des linken Rheinufers an Frankreich hinzuwirken. Damit nahm er sowohl die Aufhebung geistlicher Staaten rechts des Rheins bewusst in Kauf als auch eine französische Einflussnahme bei der Entscheidung über Entschädigungen. Der Geheimvertrag sah außerdem als Entschädigungsmasse für Österreich das Erzbistum Salzburg sowie Teile Bayerns vor. Die preußischen Gebiete am Niederrhein sollten nicht abgetreten werden, um rechtsrheinische Gebietszugewinne des politischen Konkurrenten zu vermeiden. Ungeachtet dieser geheimen Abmachung lud Österreich unter dem 1. November 1797 zum Rastatter Reichsfriedenskongress unter der Vorgabe ein, dass auf der Basis der Integrität von Reichsgebiet und -verfassung verhandelt werden solle.[41] Erst am 17. Januar 1798 enthüllten die Bevollmächtigten Frankreichs den reichsständischen Gesandten die französische Forderung nach der Rheingrenze. Während hierüber in der Reichspublizistik und in den Reihen der geistlichen Fürstentümer eine erregte Debatte entflammte, reagierte der Großteil der weltlichen Reichsstände emotionslos. Nachdem Preußen und Österreich ohnedies schon vertraglich an Frankreich gebunden waren, stimmte die Rastatter Reichsfriedensdeputation am 9. März 1798 grundsätzlich der Preisgabe des linken Rheinufers zu. Zuvor hatte Frankreich den davon betroffenen weltlichen Reichsfürsten die beruhigende Zusage von Entschädigungen gegeben. Am 4. April 1798 wurde in Rastatt denn auch die Aufhebung aller geistlichen Territorien mit Ausnahme der drei rheinischen Kurfürstentümer Mainz, Köln und Trier gebilligt. Zu präzisierenden Vereinbarungen kam es infolge des Scheiterns des Rastatter Kongresses und des Ausbruchs des Zweiten Koalitionskrieges (1798–1801) nicht. An dessen für die antifranzösische Koalition wiederum unglücklichem Ausgang stand mit dem am 9. Februar 1801 geschlossenen Frieden von Lunéville freilich nur die Festschreibung der in Campo Formio getroffenen Vereinbarungen. Nun stimmte Kaiser Franz II. namens des Reiches – aber zunächst ohne dessen Mitwirkung, erst am 7. März erteilte der Reichstag nachträglich sein Plazet – der Abtretung des linken Rheinufers an Frankreich zu. Durch Gesetz vom 9. März 1801 wurden die eroberten Gebiete des linken Rheinufers zum Bestandteil der Französischen Republik erklärt.[42]

Diesen Etappen der völkerrechtlichen Anerkennung der Annexion entsprachen verschiedene Phasen der Verwaltung der linksrheinischen Gebiete durch die französische Besatzungsmacht.[43] Hatten diese zunächst unter Militärverwaltung gestanden, erfolgte nach dem Frieden von Campo Formio Ende 1797 der Übergang zur Zivilverwaltung. In Mainz wurde ein Generalkommissariat für die eroberten Länder errichtet, und der erste Zivilkommissar, der Elsässer Joseph Rudler, übertrug nicht nur das französische Rechts- und Verwaltungssystem auf das Rheinland, sondern gliederte das Besatzungsgebiet ohne Rücksicht auf frühere Territorialgrenzen in vier Departements, die im Anschluss an den Frieden von Lunéville und die völkerrechtliche Besitznahme der linksrheinischen Gebiete durch Frankreich zum integrativen Bestandteil der französischen Republik wurden und damit dem französischen Staatsgebiet rechtlich völlig gleichgestellt waren. Damit war auch die Voraussetzung für die endgültige

Verstaatlichung bislang nur sequestrierten weltlichen und vor allem geistlichen Besitzes geschaffen.

Eine weitere Voraussetzung dafür war zwischenzeitlich mit dem am 10. September 1801 ratifizierten Napoleonischen Konkordat[44] geschaffen worden. Im Zuge einer dabei sanktionierten, Frankreich und die Rheinlande gleichermaßen erfassenden neuen Kirchenorganisation wurden die linksrheinischen Diözesananteile der kanonisch ja noch bestehenden Germania sacra organisatorisch und personalpolitisch fest in das napoleonische Kirchensystem integriert; neben den drei rheinischen Erzbistümern betraf dies die Bistümer Lüttich, Speyer, Worms, Straßburg und Basel. Wenn damit auch die konstitutionelle Kirche Frankreichs wieder in die eine, unter päpstlichem Universalepiskopat stehende Kirche eingebunden war, so hatte diese Einbindung – sieht man von den ergänzenden, von Napoleon einseitig erlassenen sog. *Organischen Artikeln* ab – freilich auch noch den Preis des in Artikel 13 des Konkordats ausgesprochenen Verzichts der Kirche auf Eigentumsrechte an den in Frankreich säku-

Rastatter Gesandtenmord
Auf der Rückreise vom erfolglosen Friedenskongress zu Rastatt (1797–1799) wurde die franz. Gesandtschaft am 28. April 1799 von österreich. Husaren völkerrechtswidrig überfallen, wobei zwei Gesandte umkamen.

larisierten Kirchengütern. Indem den Erwerbern entfremdeten Kirchengutes dessen ungestörter Besitz garantiert wurde, wurde die Säkularisationspolitik des revolutionären Frankreich nachträglich akzeptiert. Zugleich wurde damit deutlich, dass seitens der Kurie kein wirksamer Widerstand gegen die Übertragung der französischen Säkularisationsgesetzgebung auf linksrheinische Gebiete zu erwarten war, als deren Kulminationspunkt der Aufhebungsbeschluss vom 9. Juni 1802 anzusehen ist, der bereits auf einer relativ langen Vorlaufphase von Kontributionen, Requisitionen und Sequestrationen aufruhte.[45] Für die erste Phase der Besatzung zwischen 1794 und 1797 sei verwiesen auf eine der frühesten auch kirchengutsbezogenen Verfügungen vom 17. August 1794, durch die aus dem Besitz der Klöster, des Adels und geflüchteter Personen alle Pferde mit Ausnahme der Ackerpferde und alle Getreidevorräte requiriert wurden. Des weiteren wurde beispielsweise am 4. November 1795 der geistliche Stand ermächtigt, Anleihen aufzunehmen und als Sicherheit seine Güter hypothekarisch zu belasten. Durch diese Maßnahme sollte die Geistlichkeit in den Stand gesetzt werden, weitere Kontributionsgelder an die französische Armee zu zahlen. Die zweifelsohne einschneidendste Maßnahme in der ersten, bis Ende 1797 währenden Phase der französischen Besatzung war aber zweifelsohne die Verhängung der Sequestration über das Kirchengut am 17. Mai 1796. Dies bedeutete, dass der Staat die Verwaltung und Nutzung des Kirchengutes, d. h. auch die daraus fließenden Einkünfte, an sich zog. Der Geistlichkeit wurden zur Entschädigung finanzielle Leistungen des Staates in Aussicht gestellt, die freilich die Verluste nicht ausglichen bzw. nur unregelmäßig erfolgten. War der Kirche somit die freie Verfügung über ihr nominell noch existierendes Eigentum genommen worden, so schien es 1797 zunächst zu einer Neuorientierung der französischen Kirchenpolitik zu kommen, als General Lazare Hoche am 18. März 1797 den Sequester über die Kirchengüter aufhob und die Geistlichkeit wieder mit der Güterverwaltung betraute. Diese Maßnahme war freilich nur vordergründig kirchenfreundlich, denn bezweckt wurde damit lediglich eine effizientere Verwaltung des Kirchengutes und damit die Erzielung besserer Erträge. Von letzteren durfte ein Drittel von den »communautés réligieuses« für Unterhalt und Verwaltungs-

kosten einbehalten werden, was eine gewisse Entspannung der wirtschaftlichen Lage mit sich brachte. Zwei Drittel der Erträge waren an die französische Verwaltung abzuliefern. Mit der Begründung, diese seien nicht ordnungsgemäß abgeführt worden, wurde die Sequestration freilich bereits am 9. April 1797 erneuert, um aufgrund von Unstimmigkeiten bei der Tätigkeit des französischen Generaleinnehmers Karl Durbach am 4. Juni 1797 wieder aufgehoben zu werden, was indes keineswegs gleichbedeutend war mit dem freien Verfügungsrecht der Geistlichkeit über das Kirchengut. Am 24. November 1797 wurde vielmehr ein striktes Verpfändungs- und Veräußerungsverbot ausgesprochen. Diese unschlüssige Politik trat in eine neue Phase, als sich nach dem Frieden von Campo Formio die dauerhafte Annexion der linksrheinischen Gebiete und damit die volle Übertragung der in Frankreich angewandten Rechtsgrundsätze anbahnte. In diesem Sinne kündigte Zivilkommissar Rudler am 11. Dezember 1797 der Bevölkerung die Abschaffung der in Frankreich selbst bereits im August 1789 beseitigten Feudalabgaben an; bislang waren diese im Linksrheinischen noch weiter erhoben worden, waren nach der Sequestration des Kirchengutes allerdings an die französische Verwaltung geflossen. Die Kirche – aber auch der Adel – verlor mit der im März 1798 erfolgenden Umsetzung dieser Ankündigung somit nun auch formal einen Rechtstitel, dessen faktische Nutzung ihr bereits entzogen worden war. Des weiteren publizierte Rudler am 16. März 1798 die französischen Gesetze über die Behandlung von Nationaleigentum durch die Domänenverwaltung. Nachdem den geistlichen Korporationen zu diesem Zeitpunkt noch die Nutzung ihrer Güter überlassen blieb, wurde damit das primäre Ziel einer strengen Erfassung und Beaufsichtigung des Kirchengutes verfolgt, um Verheimlichungen bzw. heimliche Verkäufe zu verhindern. Und schließlich kam es auf Grundlage des Beschlusses vom 27. März 1798 zu teilweise in konkrete Enteignungsmaßnahmen einmündenden Sequestrationen jener Klöster, deren Mitgliederstand durch Tod oder Emigration gegenüber 1794 um mehr als die Hälfte zurückgegangen war.

Die für den Umgang mit dem Kirchengut in besitz- und sozialgeschichtlicher Perspektive entscheidende Phase folgte dann aus den angesprochenen Gründen auf den Frieden von Lunéville und die am 4. Mai 1802 in Verbindung mit den Organischen Artikeln erfolgende Publikation des Napoleonischen Konkordats. Das Schlüsseldokument ist hierbei der Konsularbeschluss vom 9. Juni 1802[46], der alle geistlichen Institutionen mit Ausnahme der im Konkordat vorgesehenen und durch das Gesetz vom 8. April 1802 eingerichteten Bistümer, Pfarreien, Domkapitel und Seminarien aufhob und alle Kirchengüter dem französischen Staat übereignete. Um die Verheimlichung oder Unterschlagung von Effekten, Registern, Titeln und Papieren zu unterbinden, sollten sämtliche Unterlagen auf Anordnung des Generalkommissars in allen vier rheinischen Departements am gleichen Tag und zur gleichen Stunde von hierzu beauftragten Kommissaren versiegelt und in der Folge inventarisiert werden. Die Verwaltung aller an die Nation übergegangenen Güter wurde einer Domänenregie übertragen. Durch Artikel 11 wurden den aufgrund des Konkordats organisierten Bistümern und Pfarreien die für den Gottesdienst notwendigen Kirchengebäude sowie den Bischöfen, Pfarrern, Domkapiteln und Priesterseminaren Wohngebäude samt den dazugehörenden Gärten überlassen. Mit Artikel 12 übernahm der Staat die Verpflichtung, Mitglieder aufgehobener geistlicher Häuser für den Verlust ihrer Einkünfte mit Pensionen zu entschädigen. Die im Inland, d. h. links des Rheins, geborenen Geistlichen erhielten dabei 600 Francs jährlich, wenn sie über 60 Jahre alt waren, bzw. 500 Francs jährlich, wenn sie jünger waren. Rechts des Rheins geborene Geistliche erhielten eine einmalige Zahlung von 150 Francs als Reisekostenerstattung und hatten das Land zu verlassen. Säkularisierte Klöster mussten binnen zehn Tagen nach Verkündung des Aufhebungsbeschlusses geräumt werden, wobei die Insassen persönliche Effekten und Möbel mitnehmen durften. Für Nonnen und über 70 Jahre alte Mönche waren sechs Frauen- und vier Männerklöster als Sammelniederlassungen vorgesehen. Von der Aufhebung ausgenommen blieben jene Einrichtungen der katholischen Kirche, die im Unterrichtswesen und in der Krankenpflege tätig waren und deshalb ihre Güter und Einnahmen behalten durften. Von der Enteignung verschont blieben ferner die protestantischen Kirchengüter, die aufgrund des Westfälischen Friedens als Privateigentum der Konsistorien galten. 1804 wurde allerdings die Heidelberger Administration – eine Anstalt, die während der Reformation säkularisiertes Kirchengut für Kirchen- und Unterrichtszwecke verwaltete – als öffentliche Verwaltungseinheit deklariert. Ihre Güter wurden gleichfalls den Nationalgütern zugeschlagen. War bislang ausschließlich von der Einziehung des Kirchenguts, also einem Vorgang der Säkularisation, die Rede, so muss die französische Vorgehensweise links des Rheins um eine gewichtige Komponente ergänzt werden, die zugleich einen zentralen Unterschied zu den Säkularisations- und Mediatisierungsvorgängen im rechtsrheinischen Deutschland markiert. Festzuhalten ist nämlich, dass die französische Revolutionsgesetzgebung im Prinzip im »juristischen Sinne bei der Aufhebung der weltlichen und geistlichen Herrschaftsrechte ebensowenig einen Unterschied (machte) wie bei der Enteignung der Vermögenswerte«.[47] Nach Artikel 2 des »Konventsdekrets über die Politik in den von den republikanischen Armeen besetzten Ländern« vom 15. Dezember 1792 wurden mit der Besetzung alle bestehenden Gewalten aufgehoben, was mit der unterschiedslosen, geistliche wie weltliche Herrschaftsträger gleichermaßen betreffenden Auflösung aller bisher bestehenden Herrschaftsrechte, die automatisch an den französischen Staat übergingen, gleichbedeutend war. Rechts des Rheins wurde der entscheidende Schlag indes nur gegen die geistlichen Fürstentümer geführt, nicht gegen die reichsständischen Adelsherrschaften. Der Herrschaftssäkularisation entsprach also nicht eine mit gleicher Radikalität durchgeführte Mediatisierung von Herrschaft. Rücksichten auf die Reichsverfassung, die unterschiedliche Einschätzung kirchlicher und weltlicher Rechtstitel[48] sowie eine gewisse Standessolidarität innerhalb des Reichsadels mögen die Gründe dafür gewesen sein. Die Auflösung reichsstädtischer Autonomie durch den RDH und die halbherzigen Versuche zur Sicherung der Reichsritterschaft indizierten freilich das nahe Verfallsdatum der weltlichen Reichsstände auch rechts des Rheins. Diese Ungleichbehandlung geistlicher und weltlicher Herrschaften fand im Rechtsrheinischen vor allem aber in vermögensrechtlicher Hinsicht ihre Fortsetzung. Zwar ging links wie rechts des Rheins das Ende geistlicher Landeshoheit mit der Einziehung des domkapitelischen und bischöflichen Vermögens einher. Rechts des Rheins basierte diese Maßnahme – definiert als unmittelbare Folge der völker- und staatsrechtlichen Annexion des geistlichen Staates – auf dem RDH, links des Rheins auf dem französischen Besatzungsrecht. Im Linksrheinischen wurden von den französischen Besatzern zugleich aber auch die geflohenen Emigranten[49] weltlichen Standes depossediert. Die Einziehung des Kirchenguts fand sozusagen ihr Pendant in der – wie es Wolfgang Schieder ausgedrückt hat – »Vermögensmediatisierung«, wobei die »mediatisierten« Güter zusammen mit den säkularisierten zu Nationalgütern erklärt und veräußert wurden.[50] Zugleich fielen die feudalen Nutzungsrechte bzw. Feudalabgaben der Adelsgüter zunächst an den französischen Staat, ehe sie dann entschädigungslos aufgehoben wurden. Der damit verbundene Wegfall von Einnahmen und Leistungen traf weltliche und geistliche Grundherren gleichermaßen. Besonders galt dies für die linksrheinische Reichsritterschaft, die am stärksten im grundherrschaftlichen System verharrt hatte.[51] Mit der Ausdehnung der französischen Gesetzgebung auf die linksrheinischen Departements kam es dort also – singulär für ganz Deutschland – zu einer Grundentlastung auf revolutionärem Wege. Im rechtsrheinischen Deutschland verstand man sich nirgends zu dieser radikalen Form der sog. *Bauernbefreiung*, vielmehr erfolgte die Grundentlastung gegen Ablösungszahlungen in mehreren Etappen bis hin zur endgültigen Grundentlastungsgesetzgebung des Jahres 1848.[52]

Im Unterschied zur skizzierten Vorgehensweise wurde rechts des Rheins zwar die Herrschaftssäkularisation mit der Vermögenssäkularisation verknüpft – beim Parallelvorgang der Mediatisierung fehlte indes diese vermögensrechtliche Komponente. Weltliche Reichsstände verloren zwar ihre Territorialhoheit. Das Eigentum der durch den RDH und dann vor allem 1806 aufgrund des Endes des Alten Reiches mediatisierten Reichsstände blieb – hier griff die angesprochene Differenzierung zwischen kirchlichem Korporationseigentum und dem Privateigentum weltlicher Personen – indes unangetastet.[53]

Nicht nur zur Verdeutlichung dieses Unterschiedes wurde zuletzt auf die Vorgänge im französisch besetzten linksrheinischen Deutschland etwas ausführlicher eingegangen. Grundsätzlich sollte damit auch dargelegt werden, dass die Annexion des Rheinlandes durch Frankreich die entscheidende Voraussetzung dafür

war, dass mit den schon seit längerem kursierenden Entschädigungsplänen Ernst gemacht werden konnte, d. h., dass sich die links des Rheins von der französischen Besatzungsmacht enteigneten Reichsstände rechts des Rheins vorzugsweise auf Kosten ihrer geistlichen Mitstände schadlos halten konnten. Zum zweiten wurde – in Analogie zu den Vorgängen im revolutionären Frankreich – links des Rheins hinsichtlich der Herrschafts- und Vermögenssäkularisation, aber auch der Mediatisierung, jenes Exempel statuiert und die entsprechenden Verwaltungsmaßnahmen eingeleitet, an denen sich die rechtsrheinischen Fürsten dann nur allzu gerne orientierten. Zum dritten war dabei schließlich deutlich geworden, dass seitens der Kurie kein entschiedener Widerstand selbst gegen tiefgreifende kirchenorganisatorische und vermögensrechtliche Maßnahmen der weltlichen Gewalt zu erwarten war. Natürlich ist in diesem Zusammenhang zu bedenken, dass sich das Papsttum selbst in bedrängter Situation befand. Pius VI. wurde ja nach der Annexion des Kirchenstaates durch Frankreich gezwungen, ins Herzogtum Toskana zu flüchten, ehe er dann im März 1799 nach Frankreich deportiert wurde, wo er am 29. August starb. Eine geplante Initiative des Papstes gegen die Anerkennung des Säkularisationsprinzips auf dem Rastatter Kongress hatte deshalb unterbleiben müssen. Allem Anschein nach war die entsprechende Absicht den deutschen Bischöfen auch nicht zu erkennen gegeben worden, so dass sich bei diesen das Gefühl der Isolation verstärkte.[54] Erst recht galt dies natürlich nach dem von Pius VII. 1801 mit Frankreich abgeschlossenen Konkordat. Bezogen auf die Reichskirche lahmte die Widerstandskraft der Kurie aber sicherlich auch deshalb, weil man in Rom gegenüber der selbstbewussten deutschen Adelskirche, die zuletzt 1786 mit der Emser Punktation und im Nuntiaturstreit ihren Willen zur Unabhängigkeit bekundet hatte[55], tiefes Misstrauen hegte. Dieses zeitigte nicht nur reduzierte Einsatzbereitschaft für die geistlichen Reichsfürsten. Vereinzelt erkannte man in Rom in der Säkularisation auch eine wichtige Etappe bei der Eindämmung nationalkirchlicher und episkopalistischer Strömungen. Päpstliche Verlautbarungen zugunsten der deutschen Kirchenfürsten blieben zwar nicht ganz aus – zu erinnern ist an einen Appell an den Kaiser, dieser möge die Reichskirche schützen (27. Juni 1801), ferner an ein an Dalberg ergangenes Breve (2. Oktober 1802) –, aufs Ganze gesehen wird man diese Aktivitäten jedoch als wenig effiziente Routineproteste einordnen müssen. So gesehen erscheint das vernichtende Urteil des Wiener Nuntius Severoli über die Passivität, mit der die meisten deutschen Bischöfe ihr Schicksal hinnähmen, ziemlich ungerecht.[56] Deren politische Lage war so gut wie aussichtslos, und dass sich ihre mächtigsten Schutzherren, Kaiser und Papst, nur zurückhaltend für sie einsetzten, konnte sich nur lähmend auswirken und das resignative Gefühl vom bevorstehenden Untergang der Reichskirche nähren.

Auf dem Weg zum Reichsdeputationshauptschluss vom 25. Februar 1803

Vor dem Hintergrund der geschilderten politischen Konstellationen war es also nach dem Frieden von Lunéville vorrangiges Ziel aller betroffenen Reichsstände, rasch für linksrheinische Verluste entschädigt zu werden. Die Regelung der Entschädigungsangelegenheiten wäre an sich Sache des Kaisers gewesen. Die Reichsstände waren auch geneigt, diesem die Einleitung entsprechender Verhandlungen zu übertragen, lehnten es jedoch ab, ihm uneingeschränkte Handlungsvollmacht zu erteilen. Franz II. zog es daraufhin vor, die Regelung des Entschädigungsgeschäfts einer Reichsdeputation zu übertragen und damit aus der Hand zu geben.[57] Die durch Reichsgutachten vom 2. Oktober 1801, also erst ein halbes Jahr nach Friedensschluss eingesetzte Deputation setzte sich aus Vertretern von Böhmen, Brandenburg, Mainz, Sachsen, Bayern, Württemberg, Hessen-Kassel und dem Deutschen Orden zusammen. Fast ein weiteres Jahr verstrich, ehe das Gremium in dieser nun wahrlich wichtigen Reichsangelegenheit am 24. August 1802 erstmals zusammentrat. Zwischenzeitlich waren die Reichsstände schon längst mit den ausländischen Garantiemächten Frankreich und Russland in Einzelverhandlungen getreten, um sich einen weit über die linksrheinischen Verluste hinausgehenden Territorialgewinn zu sichern. Russland, das mit Frankreich weiterhin im Krieg stand, nahm seine Vermittlerrolle nach dem Frieden von Lunéville zunächst nur zögernd und vor allem auf Drängen deutscher Reichsstände an. Nach

der Ermordung Zar Pauls I. bot diesen die Thronbesteigung Alexanders I. im März 1802 willkommenen Anlass zur Entsendung von Sonderbotschaftern, die neben Glückwünschen gleich auch Entschädigungswünsche vortrugen. Besonders forsch trat dabei Preußen auf, besonders lax Österreich, dessen Botschafter erst im Juni in Petersburg eintraf.

Russland hatte es mit der Ausarbeitung eines konkreten Entschädigungsplans zunächst nicht eilig. Außenminister Panin erwartete wohl irrigerweise von den

Napoleon und Kurfürst Friedrich II. 1805

Am 2. Okt. 1805 traf Napoleon zu Ludwigsburg erstmals persönlich mit Kf. Friedrich II. von Württemberg zusammen, und bewog ihn – wie Baden und Bayern – gegen das Versprechen weiterer Gebietsgewinne und größerer Souveränität zu einer Militärallianz. Die Angleichung der Körpergröße Napoleons an die des riesigen Friedrich und dessen napoleonische Handhaltung rückt die Abbildung in die Nähe einer Karikatur.
Lithographie bei Schulz, Stuttgart, um 1824.
StA Stuttgart.

beiden deutschen Großmächten eine das gesamte Reich einbeziehende Konzeption, nicht nur die Präsentation eigensüchtiger Wünsche. Im Sommer 1801 kam es auch zu direkten Verhandlungen zwischen Österreich und Preußen, das eben erst im April 1801 Hannover besetzt hatte, was allgemein als Auftakt zur Demontage des Reiches angesehen wurde. Die Chance, in der Frage des Erhalts der drei geistlichen Kurstaaten zu einer Einigung zu kommen, war von vornherein nicht sehr groß, endgültig vergeben wurde sie nach dem Tod von Max Franz von Köln (27. Juli 1801). Preußen und Bayern als entschiedene Befürworter einer Totalsäkularisation sprachen sich für eine Verschiebung der Neuwahl bis zur endgültigen Regelung aller Entschädigungsfragen aus. Österreich wollte die Kölner Bischofs- und Kurwürde zwar erneut einem Habsburger zukommen lassen, verhielt sich aber unschlüssig. Die Domkapitel von Münster und Köln bereiteten hingegen die Wahl vor, die dann auf den jüngeren Bruder des Kaisers, Erzherzog Viktor Anton, fiel. Auch wenn Wien diesen sein Amt nicht antreten ließ, was das Ansehen Österreichs als Sachwalter der geistlichen Fürsten erneut schädigte, war fortan eine Verständigung mit Preußen völlig unmöglich.

Endgültig Bewegung in die Entschädigungsverhandlungen kam im Spätsommer und Herbst 1801. An erster Stelle verdient hier der bayerisch-französische Separatfrieden vom 24. August 1801 Erwähnung, mit dem sich Bayern durch förmlichen Verzicht auf seine linksrheinischen Besitzungen angemessene Entschädigungen zusichern ließ. Dass Bayern, wie im übrigen auch Württemberg, Baden und Hessen-Darmstadt, in Paris Rückhalt suchte, lag insofern nahe, als einerseits die Beistandsversicherungen Russlands nicht zur Zufriedenheit der Münchener Regierung ausgefallen waren, andererseits eine Kooperation mit Österreich unmöglich war. Das Nachbarland, dessen Truppen sich während der Koalitionskriege im bayerischen Aufmarschgebiet übel aufgeführt hatten, war in Bayern nachgerade verhasst. Vor allem aber erregten die österreichischen Gebietswünsche Verbitterung. In den zum Frieden von Lunéville führenden Verhandlungen mit Frankreich hatte Österreich beispielsweise für sich die Annexion bayerischen Gebietes gefordert, während es gleichzeitig noch die bayerischen Soldaten für die Sache des Kaisers kämpfen ließ.

In der Folge zog Frankreich die Regie in der Entschädigungsfrage immer energischer an sich. In der französisch-russischen Geheimkonvention vom 10. Oktober 1801 erkannte es Russland zwar als Mitgaranten der Reichsverfassung an. Wenigstens pro forma sollte die Entschädigungsfrage, bei der Bayern, Baden und Württemberg besondere Protektion zugesichert wurde, gemeinsam gelöst werden, tatsächlich aber fielen die wichtigen Entscheidungen in Separatverhandlungen Frankreichs mit den betroffenen Reichsständen. Preußen erhielt im Abkommen vom 23. Mai 1802 seine Entschädigungsgebiete zugesprochen, in die es kurz darauf einmarschierte. Im Mai 1802 unterzeichneten die württembergischen und bayerischen Gesandten in Paris Vorverträge über die ihren Regierungen zugedachten Territorien. Zusammengefasst wurden die diversen Entschädigungspläne dann in der russisch-französischen Deklaration vom 3. Juni 1802, die weitgehend auf den Vorarbeiten von Talleyrands Unterstaatssekretär Jacques Mathieu beruhte. Der Reichsdeputation, die damit vor vollendete Tatsachen gestellt war, blieb wenig mehr übrig, als die Deklaration am 8. September im wesentlichen zu akzeptieren. Bis auf die Korrektur einiger Details wurde diese zur Grundlage des RDH vom 25. Februar 1803.

Bei den Entschädigungsbestimmungen profitierten Baden, Württemberg und auch Bayern eindeutig von dem französischen Interesse an der Bildung starker deutscher Mittelstaaten als Gegengewicht zu Österreich und Preußen. Daraus darf jedoch nicht geschlossen werden, dass ihnen die territorialen Zuweisungen so ohne weiteres zugefallen sind. Diplomatisches Geschick und gute Beziehungen alleine reichten nicht aus. Dazu kamen – und hier übertrafen die Vorgänge bei der Aufteilung des geistlichen Reichsgebiets die im Ancien régime durchaus übliche Korruptionspraxis bei weitem – noch beträchtliche Aufwendungen für Bestechungsgelder. Speziell für die Lösung der Klosterfrage in ihrem Sinne hatte sich dabei die bayerische Regierung ins Zeug gelegt. Die verlockenden materiellen und verfassungsrechtlichen[58] Perspektiven, die sich mit der Aufhebung der Mediatklöster nicht nur in den Entschädigungs-, sondern auch in den Stammlanden verbanden, ließen die Münchner Regierung nicht ruhen, die Genehmigung dazu im RDH verankern zu lassen. Bei aller an den Tag gelegten Energie stellte sich der Erfolg allerdings erst spät ein. Im einschlägigen Paragraphen 35 war zunächst nur die Säkularisation der in den Entschädigungslanden gelegenen Klöster vorgesehen gewesen. Der entscheidende Trumpf, mit dem Bayern die Ausweitung der Klosteraufhebungsklausel auf die Klöster in den Stammlanden der von der Herrschaftssäkularisation profitierenden Staaten erreichte, war dann die Vergabe des Großteils des Fürstbistums Eichstätt an Ghz. Ferdinand v. Toskana am 26. Dezember 1802. Bislang war Eichstätt für Bayern bestimmt gewesen, das davon auch schon provisorisch Besitz ergriffen hatte. Nachdem bereits alle Entschädigungsländer vergeben waren, drängte Bayern darauf, als Ersatz wenigstens den Paragraphen 35 in seinem Sinne abzuändern. In gewissermaßen letzter Minute, kurz vor der Endredaktion des RDH, drang man damit durch: am 15. Januar 1803 erreichte der bayerische Gesandte in Paris in einem Gespräch mit Talleyrand, dass die landsässigen Klöster der freien Disposition der jeweiligen Landesherren überantwortet wurden.[59]

Schon zu einem wesentlich früheren Zeitpunkt – und damit ist nun als Pendant zur Herrschaftssäkularisation der Problemkreis der Mediatisierung weltlicher Reichsstände angesprochen – hatten sich die Reichsstädte in ihrer Stellung bedroht fühlen müssen, deren Integrität zuletzt noch einmal 1790 in der Wahlkapitulation Kaiser Leopolds II. von Reichs wegen garantiert worden war.[60] Seit 1796 hatte sich nämlich in den diversen Sonderfrieden mit Frankreich sowie auf dem Rastatter Friedenskongress zwar die Herrschafts- und Vermögenssäkularisation der geistlichen Staaten als tragende Säule der Entschädigungspolitik herauskristallisiert. Gleichzeitig sickerten aber auch Nachrichten durch, dass von Frankreich zur Arrondierung der Entschädigungsmasse auch Reichsstädte zur Disposition gestellt würden[61] bzw. dass die Annexionsgelüste der größeren weltlichen Reichsstände im Zweifelsfalle nicht vor den Reichsstädten Halt machen würden.[62] Dass Preußen, Württemberg und Bayern an der Mediatisierung einzelner Reichsstädte interessiert waren, hatte ja bereits die Vergangenheit gezeigt. Die Pläne Kurfürst Max Emanuels, seinem bayerischen Kurfürstentum Regensburg, Nürnberg und Augsburg einzuverleiben, waren jedoch 1687/88 ebenso gescheitert wie vergleichbare Kurbrandenburgs im Hinblick auf Dortmund, Mühlhausen und Nordhausen ebenfalls

1688.[63] Ende des 18. Jhs. erschien es für manche Reichsstadt dann sogar erstrebenswert, sich angesichts innerstädtischer Unruhen oder völlig zerrütteter Finanzen unter den Schutz eines größeren Territoriums zu begeben. Die in der Nähe von Heilbronn gelegene Reichsstadt Wimpfen wurde jedoch 1783 nicht an die Kurpfalz übergeben, nachdem erste Sondierungen am Wiener Hof ergeben hatten, dass der Kaiser auf gar keinen Fall einen Präzedenzfall zulassen würde. Und auch Preußen räumte 1796 Nürnberg, Weißenburg und Windsheim, obwohl ein zwischen Preußen und dem Nürnberger Magistrat ausgehandelter *Staats-Subjektions- und Exemtionsvertrag* im Entwurf vorlag, der jedoch nur unter Vorbehalt der Genehmigung von Kaiser und Reich geschlossen werden sollte.[64] Auch in anderen Reichsstädten stellte man vor dem Hintergrund noch unabgetragener Schuldenberge und der immer stärker werdenden finanziellen Belastung durch die Koalitionskriege[65] sowie daraus resultierender sozialer Spannungen zumindest in Teilen der Bürgerschaft ähnliche Überlegungen an. Jene Esslingens, vertreten durch die Syndikatsdeputierten, sah 1797 eine Eingliederung ihrer Stadt in das Herzogtum Württemberg als das letzte und einzige Mittel, die Miss- und Cliquenwirtschaft des Rats zu beenden und Mitspracherechte zu erlangen.[66] Auch in Ulm und Reutlingen plädierten Teile der Bürgerschaft für den Anschluss an Württemberg.[67] Erst als sich die Gesamtheit der Reichstädte in ihrer Existenz bedroht fühlte und die Forderungen Württembergs bekannt wurden, in die Entschädigungsmasse Ulm, Hall, Aalen, Gmünd, Esslingen, Heilbronn und Reutlingen einzubeziehen, besann man sich anders: Auf dem Ulmer Städtetag 1798 suchten die schwäbischen Städte gemeinsam nach Auswegen, um die Mediatisierung abzuwenden. Zugleich erschienen nun erstmals vereinzelt und meist anonym Streitschriften zur Verteidigung der reichsunmittelbaren Städte. Allerdings war den bedrohten Reichsstädten klar, dass sie sich nicht auf die Macht des gedruckten Wortes verlassen konnten, sondern dass es vor allem darum ging, sich allerhöchster Protektion zu versichern. So sollte beispielsweise ein *summarisches Verzeichnis* der finanziellen Opfer der Reichsstädte während des Reichskrieges gegen Frankreich die Appelle an den Kaiser argumentativ unterstützen. Daneben erwog man auch ein Memoire an die französischen Deputierten auf dem

Rastatter Kongress. Dass die Orientierung an Frankreich die einzige Möglichkeit für das Überleben einzelner Reichsstädte war, sollte die Zukunft zeigen – freilich war Napoleon nur am Verbleib weniger finanzstarker Reichsstädte interessiert, und auch diese sollten sich ihren Rechtsstatus erkaufen.[68] Nach dem Scheitern des Rastatter Kongresses und dem Beginn des 2. Koalitionskrieges schienen die Reichsstädte noch einmal gerettet. Hinter den Kulissen, sprich: in den Mittelstaaten, plante man allerdings weiterhin ihre Einverleibung.[69] Zwei die Entschädigungen betreffende Verträge, zum einen zwischen Frankreich und Bayern am 24. August 1802 und andererseits zwischen Frankreich und Württemberg am 20. Mai 1802 geschlossen, sahen die Annexion einer großen Zahl von Reichsstädten vor.[70] Dementsprechend bestimmte dann der RDH die Mediatisierung aller bisherigen Reichsstädte mit Ausnahme der drei Hansestädte Hamburg, Bremen und Lübeck und der Metropolen Frankfurt, Nürnberg und Augsburg. Schon vor der Ratifizierung des RDH wurden die Reichsstädte in Besitz genommen. Württemberg ließ die ihm zugesprochenen neun Reichsstädte bereits im September 1802 militärisch besetzen, auch Bayern kündigte bereits im August die militärische Übernahme an, Baden folgte diesen Beispielen, wenn auch zunächst zögerlich, ab dem September. Zuvor, im August 1802, hatte in Ulm noch einmal ein schwäbischer Städtetag stattgefunden, auf dem die Versammelten jedoch nur noch darüber diskutieren konnten, wie man den neuen Landesherren begegnen sollte bzw. welche Rechte und Gesetze man würde bewahren können. Immerhin wurde ihnen im RDH zugesichert, dass sie hinsichtlich ihrer Gemeindeverfassung den am meisten privilegierten Städten des Landes, dem sie zufielen, gleichzustellen seien. Darüber hinaus wurden die neuen Landesherren in vermögensrechtlicher Hinsicht angewiesen, die mediatisierten Reichsstädte in Bezug auf ihr *Eigenthum auf den Fuß der in jedem der verschiedenen Lande am meisten privilegierten Städte* zu stellen und sie im Besitz *aller ihrer zu kirchlichen und milden Stiftungen gehörigen Güter und Einkünfte* zu belassen.[71] Hierin unterschied sich das Vorgehen gegen die mediatisierten Reichsstädte in der bereits skizzierten Weise[72] deutlich von jenem gegenüber den säkularisierten geistlichen Staaten. Man kann hier einerseits ein Nachwirken der an-

gesprochenen juristischen Distinktion zwischen kirchlichem und weltlichem Vermögen erkennen. Andererseits schlug im Hinblick auf die Einziehung von Hoheitsrechten exakt der dabei aufgemachte Unterschied zwischen Korporations- und Privatrechten auch auf die Reichsstädte durch. Indem es sich bei diesen eben nicht um personale bzw. dynastische Herrschaftsträger handelte, für die jene für die Einschätzung von Privatrechten entwickelten Grundsätze galten, waren sie dem Zugriff der größeren Staaten direkter ausgesetzt als reichsadelige Herrschaftseinheiten. Zumindest solange das Reich rechts des Rheins noch existierte und der Kaiser dort noch pro forma regierte, war die Mediatisierung des Reichsadels nicht möglich. Dass dies aber eine Option für die nicht mehr so ferne Zukunft nach dem Ende des Alten Reiches war, zeigte sich aufs deutlichste in der Diskrepanz zwischen theoretischer und praktischer Behandlung der Reichsritterschaft, deren Gefährdung sich bereits 1795 angedeutet hatte, als Preußen die in den Fürstentümern Ansbach und Bayreuth gelegenen Reichsritterschaften sowie einige Ritterorte des Kantons Kocher im Schwäbischen seiner Landesherrschaft unterwarf.[73]

Was nun die dem RDH vorausgehenden Verhandlungen betraf, so sollte Karl Friedrich Reinhard v. Gemmingen in seiner bereits auf dem Rastatter Kongress wahrgenommenen Funktion als Vertreter der Reichsritterschaft zweierlei erreichen: zum einen eine Bestandsgarantie für die rechtsrheinische Reichsritterschaft, zum anderen nach Möglichkeit Entschädigungen für die linksrheinischen Ritter, die von Frankreich enteignet worden waren. Im Laufe der Debatte schienen angesichts der Forderungen Bayerns und Württembergs und des mangelnden Interesses sowohl der Garantiemächte Frankreich und Russland als auch des Kaisers beide Ziele nicht zu verwirklichen.[74] Nun wurde der direkte Weg beschritten: ein weiterer Interessenvertreter wurde nach Paris geschickt, wo er – auch mittels großzügiger Bestechungen – mehr Erfolg hatte. In den RDH wurde mit dem Paragraphen 28 für die rechtsrheinische Reichsritterschaft eine indirekt formulierte Schutzklausel aufgenommen, insofern für die enteignete linksrheinische Reichsritterschaft ein vager Entschädigungsanspruch formuliert wurde.[75] In der Praxis zeigte sich freilich rasch, dass der theoretische Anspruch des RDH mit der politischen Frag-

Napoleon wird als Chef und Protector des Rheinischen Bundes anerkannt. Die in den Bund aufgenommenen Könige und Fürsten versprechen sich auf immer von der deutschen Reichsverbindung abzusondern.

Die Confédération du Rhin (Rheinbund) – das Ende des Reichs

Die Rheinbundfürsten huldigen ihrem Protektor Napoleon, dem sie vertraglich versprochen hatten, aus dem Heiligen Römischen Reich auszutreten, am 12. Juli 1806.
Lithographie, 1806.

mentierung des Reiches und den Interessen seiner größeren Glieder kollidierte. Bereits ein halbes Jahr nach der Ratifizierung des letzten Reichsgrundgesetzes versuchte Bayern – nachdem ein Plan zur freiwilligen Unterwerfung der Reichsritter unter fürstliche Landeshoheit am kaiserlichen Veto gescheitert war[76] – seine Ansprüche gewaltsam durchzusetzen. Kurfürst Max IV. Joseph ließ in den in (Neu-)Bayern und den angrenzenden Gebieten gelegenen Ritterschaften jeweils Besitznahmepatente anschlagen und forderte die Übernahme der landesherrlichen Verfassung. In der Folge kam es im November und Dezember 1803 zum allgemeinen *Rittersturm*, an dem sich außer Baden, Sachsen und dem Kurerzkanzler fast alle verbliebenen Reichsstände beteiligten.[77] Dieser wurde dann allerdings durch Einspruch des Reichshofrats beendet, der unter Androhung der Reichsexekution befahl, alle Okkupationen rückgängig zu machen. Dass der Vertreter der Reichsritterschaft beim Kaiser vor allem deshalb Unterstützung gefunden hatte, weil letzterer die Chance witterte, sich mittels der Reichsexekution Tei-

le von Bayern zu sichern, wirft ein bezeichnendes Bild auf den Zustand des Reiches. Jedenfalls zwang der Aufmarsch österreichischer Truppen Bayern, und in der Folge auch die anderen Fürsten, einzulenken, provozierte aber auch eine Reaktion Napoleons, der unter Androhung einer Kriegserklärung den österreichischen Rückzug forderte. Während rechtlich gesehen der Rittersturm im Frühjahr 1804 rückgängig gemacht und die Reichsritterschaft erhalten blieb, konnte die vollständige Restitution jedoch bis 1805 nicht überall überprüft und somit verwirklicht werden. Überhaupt war die Okkupation der reichsritterschaftlichen Gebiete und damit das definitive Ende der Reichsritterschaft nur aufgeschoben. Denn dem Schreiben des reichsritterschaftlichen Generaldirektoriums vom 20. Januar 1806, das die Auflösung der reichsritterschaftlichen Korporation formell anzeigte, waren Okkupationen seitens Württembergs ab November 1805, Badens und Bayerns ab Dezember 1805 vorausgegangen. Ermöglicht wurden sie durch die Militärallianz mit Frankreich, der sich Friedrich von Württemberg zwar nur

343

FRÉDERIC ROI DE WÜRTEMBERG,

Kg. Friedrich II. von Württemberg als Napoleons Vasall
Für seine Gebietsgewinne bei Säkularisation und Mediatisierung sowie für die Rangerhöhung hatte der württembergische Herrscher Napoleon militärisch zu unterstützen. Privatbesitz.

zögernd anschloss, die ihm aber die Macht gab, seine Einverleibungen durchzusetzen. Im Preßburger Frieden (26. Dezember 1805) musste auch der Kaiser diese indirekt anerkennen. Er war nun nicht mehr in der Lage, die Reichsgeschicke mitzubestimmen, wie endgültig mit der Unterzeichnung der Rheinbundakte am 12. Juli 1806 deutlich wurde, mit der sich u. a. Baden, Württemberg und Bayern vom Reich lossagten und sich in das napoleonische Bündnissystem integrierten.[78] Dass Frankreich die Existenz des Reiches nicht mehr anerkannte und Franz II. die Kaiserkrone niederlegte, war dann nur mehr der zwangsläufige Schlussstrich unter eine mit dem Ersten Koalitionskrieg eingeleitete Entwicklung, die im linksrheinischen

Deutschland aufgrund der Anordnungen der französischen Besatzungsmacht, rechts des Rheins aufgrund der Bestimmungen des RDH in einem gewaltigen Umschichtungsprozess von Herrschaftsrechten und Vermögenswerten kulminiert war. Die durch die Agonie und das Ende des Alten Reiches ausgelöste, hier nicht mehr zu thematisierende Fortsetzung der »territorialen Revolution« des frühen 19. Jhs., die die fast vollständige Mediatisierung des reichsständischen Adels und eine weitere Reduzierung der 1803 noch verbliebenen Relikte geistlicher und reichsstädtischer Herrschaftsbezirke bedeutete, lag in der politischen Logik dieses Prozesses.

[1] *Georg Schwaiger*, Säkularisation, in: Lexikon des Mittelalters. Bd. 7. Stuttgart/Weimar 1999, 1278f.; *Paul Mikat*, Bemerkungen zum Verhältnis von Kirchengut und Staatsgewalt am Vorabend der Reformation, in: ZRG KA 57 (1981), 264–309. Grundsätzlich auch die hier nicht im Einzelnen aufgeführten Beiträge bei *Irene Crusius* (Hg.), Zur Säkularisation geistlicher Institutionen im 16. und im 18./19. Jh. Göttingen 1996.
[2] Vgl. z. B. *Michael Beyer*, Die Neuordnung des Kirchengutes, in: *Helmar Junghans* (Hg.), Das Jahrhundert der Reformation in Sachsen. Berlin 1989, 91–112; *Helga-Maria Kühn*, Die Einziehung des geistlichen Gutes im albertinischen Sachsen 1539–1553, Köln/Graz 1966; *Günther Wartenberg*, Landesherrschaft und Reformation. Moritz von Sachsen und die albertinische Kirchenpolitik bis 1546. Weimar 1988, 159–190.
[3] Hierzu die einschlägigen Überblicksdarstellungen und die weiterführende Literatur bei *Anton Schindling/Walter Ziegler* (Hgg.), Die Territorien des Reichs im Zeitalter der Reformation und Konfessionalisierung. Land und Konfession 1500–1650. Bd. 1–5. Münster 1989–1993.

[4] Vgl. als jüngste Überblicksdarstellung *Gerhard Schormann,* Dreißigjähriger Krieg 1618–1648, in: *Wolfgang Reinhard* (Hg.), Gebhardt. Handbuch der deutschen Geschichte. Bd. 10. Stuttgart 2001, 272f.

[5] Zur begriffsgeschichtl. Entwicklung vgl. *Hans-Wolfgang Strätz/Werner Zabel,* Säkularisation, Säkularisierung, in: *Otto Brunner/Werner Conze/Reinhart Koselleck* (Hgg.), Geschichtliche Grundbegriffe. Historisches Lexikon zur politisch-sozialen Sprache in Deutschland. Bd. 5. Stuttgart 1984, 789–829.

[6] *Klaus-Peter Schroeder,* Das Alte Reich und seine Städte. Untergang und Neubeginn: Die Mediatisierung der oberdeutschen Reichsstädte im Gefolge des Reichsdeputationshauptschlusses 1802/03, 4f.

[7] Zum Donauwörther Ereignis vgl. *Maximilian Lanzinner,* Konfessionelles Zeitalter 1555–1618, in: *Reinhard,* Gebhardt (wie Anm. 4), 189f.

[8] *Klaus Dieter Hömig,* Der Reichsdeputationshauptschluß vom 25. Februar 1803 und seine Bedeutung für Staat und Kirche unter besonderer Berücksichtigung württembergischer Verhältnisse. Tübingen 1969. Als ältere Überblicksdarstellungen seien genannt *Matthias Erzberger,* Die Säkularisation in Württemberg von 1802–1810, ihr Verlauf und ihre Nachwirkungen. Stuttgart 1902; *Alfons Maria Scheglmann,* Geschichte der Säkularisation im rechtsrheinischen Bayern. 3 Bde. Regensburg 1903–1906. Neuere Überblicke in Auswahl und in chronologischer Reihenfolge: *Harm Klueting,* Die Säkularisation im Herzogtum Westfalen 1802–1834. Vorbereitung, Vollzug und wirtschaftlich-soziale Auswirkungen der Klosteraufhebung. Köln/Wien 1980; *Eberhard Weis,* Die Säkularisierung der bayerischen Klöster 1802/03. Neue Forschungen zu Vorgeschichte und Ergebnissen. München 1983; *Hermann Schmid,* Die Säkularisation und Mediatisation in Baden und Württemberg, in: *Württembergisches Landesmuseum Stuttgart* (Hg.), Baden und Württemberg im Zeitalter Napoleons. Bd. 2. Stuttgart 1983, 135–155; *Winfried Müller,* Die Säkularisation von 1803, in: *Walter Brandmüller* (Hg.), Handbuch der bayerischen Kirchengeschichte. Bd. 3. St. Ottilien 1991, 1–84; *Ders.,* Die Säkularisation im links- und rechtsrheinischen Deutschland 1803/03, in: *Erwin Gatz* (Hg.), Die Kirchenfinanzen. Freiburg/Basel/Wien 2000, 49–81.

[9] Vgl. *Ernst Rudolf Huber,* Deutsche Verfassungsgeschichte seit 1789. Bd. 1: Reform und Restauration 1789–1830. Stuttgart 1957 u.ö., 51ff.

[10] *Karl Zeumer* (Hg.), Quellensammlung zur Geschichte der Deutschen Reichsverfassung in Mittelalter und Neuzeit. Tübingen 2. Aufl. 1913, 521.

[11] Ebd.

[12] *Müller,* Die Säkularisation von 1803 (wie Anm. 8), 16.

[13] *Huber,* Verfassungsgeschichte (wie Anm. 9), 54.

[14] *Hömig,* Reichsdeputationshauptschluß (wie Anm. 8), 36.

[15] Siehe unten [10f.].

[16] Die genannten Zahlen stellen gewissermaßen den kleinsten gemeinsamen Nenner aus den zum Teil sehr widersprüchlichen Angaben in der Literatur dar und sind mehr als Schätzwerte denn als absolut verbindliche Aussagen zu begreifen.

[17] *Hans Hubert Hofmann,* Der Staat des Deutschmeisters. Studien zu einer Geschichte des Deutschen Ordens im Heiligen Römischen Reich Deutscher Nation. München 1964, 332ff.; *Karl Hausberger* (Hg.), Carl von Dalberg. Der letzte geistliche Reichsfürst. Regensburg 1995.

[18] *Zeumer,* Quellensammlung (wie Anm. 10), 517; vgl. auch *Hömig,* Reichsdeputationshauptschluß (wie Anm. 8), 35ff.

[19] Siehe unten [10f.]; vgl. *Heinrich Müller,* Der letzte Kampf der Reichsritterschaft um ihre Selbständigkeit (1790–1815). Berlin 1910.

[20] *Heribert Raab,* Geistige Entwicklung und historische Ereignisse im Vorfeld der Säkularisation, in: Anton Rauscher (Hg.), Säkularisierung und Säkularisation vor 1800. München 1976, 23ff.; *Peter Wende,* Die geistlichen Staaten und ihre Auflösung im Urteil der Publizistik. Lübeck 1966.

[21] *Wende,* Geistliche Staaten (wie Anm. 20), 9ff.; *Max Braubach,* Die kirchliche Aufklärung im katholischen Deutschland im Spiegel des »Journal von und für Deutschland« (1784–1792), in: HJb 54 (1934), 1–63, 178–220.

[22] *Peter Hersche,* Intendierte Rückständigkeit: Zur Charakteristik des geistlichen Staates im alten Reich, in: *Georg Schmidt* (Hg.), Stände und Gesellschaft im alten Reich. Wiesbaden/Stuttgart 1989, 133–149.

[23] *Winfried Müller,* Die Aufklärung. München 2002, 81f. Als Fallstudien vgl. u. a. *Anton Schindling,* Die Julius-Universität im Zeitalter der Aufklärung, in: *Peter Baumgart* (Hg.), 400 Jahre Universität Würzburg. Neustadt a.d. A. 1982, 77–127; *Ludwig Hammermayer,* Die Aufklärung in Salzburg, in: *Heinz Dopsch* (Hg.), Geschichte Salzburgs, Bd. 2/1. Salzburg 1988, 375–422; *Georg Seiderer,* Formen der Aufklärung in fränkischen Städten. Ansbach, Bamberg und Nürnberg im Vergleich. München 1997, 117ff. u.ö. Vgl. auch die Beiträge bei *Harm Klueting* (Hg.), Katholische Aufklärung – Aufklärung im katholischen Deutschland. Hamburg 1993.

[24] *Rudolf Morsey,* Wirtschaftliche und soziale Auswirkungen der Säkularisation in Deutschland, in: *Rudolf Vierhaus/Manfred Botzenhart* (Hgg.), Dauer und Wandel in der Geschichte. Fschr. Kurt von Raumer. Münster 1966, 383.

[25] *Karl Otmar von Aretin,* Heiliges Römisches Reich 1776–1806. Reichsverfassung und Staatssouveränität. Bd. 1. Wiesbaden 1967, 428.

[26] *Winfried Müller,* Die Aufhebung des Jesuitenordens in Bayern. Vorgeschichte – Durchführung – Administrative Bewältigung, in: ZBLG 48 (1985), 302ff.; das Zitat entstammt dem Inhaltsverzeichnis des Osterwald'schen Werkes.

[27] Zum Folgenden vgl. *Engelbert Plassmann,* Staatskirchenrechtliche Grundgedanken der deutschen Kanonisten an der Wende vom 18. zum 19. Jh. Freiburg 1968; *Hans-Wolfgang Strätz,* Wegweiser zur Säkularisation in der kanonistischen Literatur, in: *Rauscher,* Säkularisierung (wie Anm. 20), 31–62.

[28] *Rudolfine von Oer,* Der Eigentumsbegriff in der Säkularisationsdiskussion am Ende des alten Reiches, in: *Rudolf Vierhaus* (Hg.), Eigentum und Verfassung. Zur Eigentumsdiskussion im ausgehenden 18. Jh. Göttingen 1972, 193–228.

[29] *Bonifaz Wöhrmüller,* Literarische Sturmzeichen vor der Säkularisation, in: StMittOSB 45 (1927), 12–44; *Hans-Wolf Jäger,* Mönchskritik und Klostersatire in der deutschen Spätaufklärung, in: *Klueting,* Katholische Aufklärung (wie Anm. 23), 192–207; *Manfred Brandl,* Primärliteratur zur Säkularisation von 1803, in: *Albrecht Langner* (Hg.), Säkularisation und Säkularisierung im 19. Jh. München 1978, 163–195.

[30] *Elisabeth Kovács,* Josephinische Klosteraufhebungen 1782–189, in: Amt der Niederösterreichischen Landesregierung (Hg.), Österreich zur Zeit Kaiser Josephs II. Ausstellungskatalog. Wien 2. Aufl. 1980, 169–173.

[31] *Bernhard Casper,* Die theologischen Studienpläne des späten 18. und frühen 19. Jhs. im Lichte der Säkularisierungsproblematik, in: *Langner,* Säkularisation (wie Anm. 29), 97–142.

[32] *Müller,* Die Säkularisation von 1803 (wie Anm. 8), 9f.

[33] *Winfried Müller,* Die bayerische Klosteraufhebungspolitik in verfassungs- und sozialgeschichtlicher Perspektive am Beispiel der zweiten Säkularisation der Abtei Speinshart 1802/03, in: *Prämonstratenserabtei Speinshart* (Hg.), 850 Jahre Prämonstratenserabtei Speinshart 1145–1995. Pressath 1995, 189–209.

[34] Zum Folgenden im Überblick *Müller,* Säkularisation im links- und rechtsrheinischen Deutschland (wie Anm. 8). Die nachfolgend erwähnten Friedensschlüsse von Basel bis Lunéville am einfachsten greifbar bei *Walter Demel/Uwe Puschner* (Hgg.), Deutsche Geschichte in Quellen und Darstellung. Bd. 6: Von der Französischen Revolution bis zum Wiener Kongreß 1789–1815. Stuttgart 1995, 27–43.

[35] *Wilhelm Steffens*, Rheingrenze und territoriale Entschädigungsfrage in der preußischen Politik der Jahre 1795–1798, in: Westfälische Forschungen 6 (1943–52), 149–181; *Ders.*, Die linksrheinischen Provinzen Preußens unter französischer Herrschaft 1794–1802, in: RhVjbll 19 (1954), 402–465. Zus.fass. *Elisabeth Fehrenbach*, Vom Ancien Régime zum Wiener Kongreß. München 1986.

[36] *Huber*, Verfassungsgeschichte (wie Anm. 9), 30f.

[37] Zu den Separatabkommen Württembergs (07.08.1796) und Badens (22.08.1796), in denen sie ihre linksrhein. Besitzungen gegen die Zusage von Entschädigungen durch Säkularisationen im Rechtsrheinischen an Frankreich abtraten, vgl. Ebd., 31. Vgl. auch *Heinz-Günther Borck*, Der Schwäbische Reichskreis im Zeitalter der französischen Revolutionskriege (1792–1806). Stuttgart 1970, 128ff.

[38] *Karl Otmar von Aretin*, Vom Deutschen Reich zum Deutschen Bund. Göttingen 1980, 81.

[39] *Aretin*, Heiliges Römisches Reich (wie Anm. 25), 336.

[40] *Karl Härter*, Reichstag und Revolution 1789–1806. Die Auseinandersetzungen des Immerwährenden Reichstags zu Regensburg mit den Auswirkungen der Französischen Revolution auf das Alte Reich. Göttingen 1992.

[41] Zusammenfassend noch immer heranzuziehen *Alfred von Vivenot*, Zur Geschichte des Rastadter Congresses. Urkundliche Beiträge zur Geschichte der deutschen Politik Oesterreichs während der Kriege gegen die Französische Revolution October 1797-Juni 1799. Wien 1871.

[42] *Richard Büttner*, Die Säkularisation der Kölner geistlichen Institutionen. Wirtschaftliche und soziale Bedeutung und Auswirkungen. Köln 1971, 31ff.

[43] *Rainer Ortlepp*, Die französische Verwaltungsorganisation in den besetzten linksrheinischen Gebieten 1797–1814 unter bes. Berücks. des Departements Donnersberg, in: *Alois Gerlich* (Hg.), Vom Alten Reich zu neuer Staatlichkeit. Kontinuität und Wandel im Gefolge der Französischen Revolution am Mittelrhein. Wiesbaden 1982, 132–151.

[44] *Rudolf Lill*, Die Säkularisation und die Auswirkungen des napoleonischen Konkordats in Deutschland, in: *Armgard von Reden-Dohna* (Hg.), Deutschland und Italien im Zeitalter Napoleons. Wiesbaden 1979, 91–103.

[45] Zum Folgenden im Detail *Büttner*, Säkularisation (wie Anm. 42), 48f.; *Michael Müller*, Säkularisation und Grundbesitz. Zur Sozialgeschichte des Saar-Mosel-Raums 1794–1813. Boppard 1980, 66ff.

[46] *Büttner*, Säkularisation (wie Anm. 42), 61ff.; *Müller*, Säkularisation und Grundbesitz (wie Anm. 45), 82ff.

[47] *Wolfgang Schieder/Alfred Kube*, Säkularisation und Mediatisierung. Die Veräußerung der Nationalgüter im Rhein-Mosel-Departement 1803–1813. Boppard 1987, 7.

[48] Siehe oben S. [5].

[49] *Michael Martin*, Emigration und Nationalgüterveräußerungen im pfälzischen Teil des Departements Bas-Rhin, in: *Gerlich*, Vom Alten Reich (wie Anm. 43), 93–103.

[50] *Schieder/Kube*, Säkularisation und Mediatisierung (wie Anm. 47), 7.

[51] Ebd., 17.

[52] *Christof Dipper*, Die Bauernbefreiung in Deutschland 1790–1850. Stuttgart 1980, 50ff., 92ff. Vgl. ferner *Wolfgang von Hippel*, Napoleonische Herrschaft und Agrarreform in den deutschen Mittelstaaten 1800–1815, in: *Helmut Berding/Hans-Peter Ullmann* (Hgg.), Deutschland zwischen Revolution und Restauration. Düsseldorf/Königstein 1981, 296–310.

[53] Als Überblicksdarstellung *Heinz Gollwitzer*, Die Standesherren. Die politische und gesellschaftliche Stellung der Mediatisierten 1815–1918. Göttingen 2. Aufl. 1964. Als Fallstudie vgl. *Harald Stockert*, Adel im Übergang. Die Fürsten und Grafen von Löwenstein-Wertheim zwi-

schen Landesherrschaft und Standesherrschaft 1780–1850. Stuttgart 2000.

[54] *Müller*, Die Säkularisation von 1803 (wie Anm. 8), 55ff.

[55] *Heribert Raab*, Der reichkirchliche Episkopalismus von der Mitte des 17. bis zum Ende des 18. Jhs., in: *Hubert Jedin* (Hg.), Handbuch der Kirchengeschichte. Bd. 5. Freiburg i. Br. 1970, 477ff.

[56] *Beda Bastgen*, Bayern und der Heilige Stuhl in der ersten Hälfte des 19. Jhs. München 1940, 26.

[57] Zum Folgenden vgl. *Hömig*, Reichsdeputationshauptschluß (wie Anm. 8), 23ff.; *Huber*, Verfassungsgeschichte (wie Anm. 9), 30ff.; *Müller*, Die Säkularisation von 1803 (wie Anm. 8), 13ff.; *Anton Scharnagl*, Zur Geschichte des Reichsdeputationshauptschlusses von 1803, in: HJb 70 (1950), 238–259. Zu den diversen Entschädigungsplänen vgl. *Uta Krüger-Löwenstein*, Rußland, Frankreich und das Reich 1801–1803. Zur Vorgeschichte der 3. Koalition. Wiesbaden 1972.

[58] Siehe oben, S. [5] u. S. [7].

[59] *Weis*, Säkularisation der bayerischen Klöster (wie Anm. 8), 45f.

[60] *Schroeder*, Das Alte Reich und seine Städte (wie Anm. 6), 27.

[61] *Hömig*, Reichsdeputationshauptschluß (wie Anm. 8), 24.

[62] *Schroeder*, Das Alte Reich und seine Städte (wie Anm. 6), 45ff.

[63] Ebd., 9ff.

[64] Ebd., 15.

[65] Zur finanziellen Situation der Reichsstädte vgl. *Wolfgang Zorn*, Handels- und Industriegeschichte Bayerisch-Schwabens 1648–1879. Augsburg 1961, 12–98; *Volker Press*, Reichsstadt und Revolution, in: *Eberhard Naujoks* (Hg.), Stadt und wirtschaftliche Selbstverwaltung. Sigmaringen 1987, 9–60.

[66] *Schroeder*, Das Alte Reich und seine Städte (wie Anm. 6), 17, 374f.

[67] Ebd., 17; Volker Press, Die Reichsstädte des Schwäbischen Reichskreises zwischen Revolution und Mediatisierung, in: Baden und Württemberg im Zeitalter Napoleons (wie Anm. 8), 125.

[68] So forderte Talleyrand von den Vertretern der Hansestädte ganz unverhohlen, *dass, wenn die Hansestädte ihre Wünsche in Ansehung des Reichsfriedens erfüllt sehen wollten, Lübeck 4, Bremen 7 und Hamburg 7 Millionen Livres an Frankreich zahlen müßten [...] Wollten die Hansestädte sich aber dazu nicht verstehen, so würde Frankreich sie ihrem Schicksal überlassen und sie gar wohl anfeinden*; zit. nach Schroeder, Das Alte Reich und seine Städte (wie Anm. 6), 66.

[69] Zu den Plänen Bayerns, Nürnberg, Augsburg und Regensburg als Entschädigungsmasse zu fordern, vgl. *Friedrich Blendiger*, Die Mediatisierung der schwäbischen Reichsstädte, in: *Hubert Glaser* (Hg.), Wittelsbach und Bayern, Bd. 3/1: Krone und Verfassung. König Max I. Joseph und der neue Staat. München/Zürich 1980, 103f.

[70] *Schroeder*, Das Alte Reich und seine Städte (wie Anm. 6), 28.

[71] *Zeumer*, Quellensammlung (wie Anm. 10), 518.

[72] Siehe oben S. [5].

[73] *Thomas Schulz*, Die Mediatisierung des Adels, in: Baden und Württemberg im Zeitalter Napoleons (wie Anm. 8), 158.

[74] *Müller*, Der letzte Kampf (wie Anm. 19), 113.

[75] *Zeumer*, Quellensammlung (wie Anm. 10), 518; *Huber*, Verfassungsgeschichte (wie Anm. 9), 12.

[76] *Schulz*, Mediatisierung (wie Anm. 73), 159.

[77] Ebd., 160. Auch Württemberg beteiligte sich am Rittersturm, versuchte jedoch zunächst, dem Vorgehen zumindest einen Anschein von Legalität zu geben, indem es diese als Schutzmaßnahme gegenüber bereits von Hessen-Darmstadt besetzten Ritterorten ausgab. Im Januar 1804 wurden dann alle an den Grenzen Württembergs gelegenen Ritterorte okkupiert.

[78] Druck der einschlägigen Dokumente bei *Ernst Rudolf Huber* (Hg.), Dokumente zur deutschen Verfassungsgeschichte. Bd. 1: Deutsche Verfassungsdokumente 1803–1850. Stuttgart 1961, 26–37.

Wir fanden ein aeüßerst schoenes, fruchtbares Land und gar manches weit besser, als wir es erwartet hatten …

Das Ende von Hochstift und Bistum Konstanz und der rechtsrheinischen Teile der Hochstifte Basel und Straßburg

von Franz Xaver Bischof

Die politischen und territorialen Umwälzungen zu Beginn des 19. Jhs. bedeuteten für die katholische Kirche in Deutschland eine ihrer einschneidendsten Zäsuren. Sie führten zur Auflösung der adelig-feudalen Reichskirche und zerstörten Strukturen, die diese jahrhundertelang geprägt hatten.[1] Dabei traf die Säkularisation der geistlichen Fürstentümer 1802/03 die Reichskirche nicht unerwartet. Die Verbindung von geistlicher und weltlicher Gewalt in einer Hand und die damit verbundene Problematik war in der zeitgenössischen Publizistik seit Jahrzehnten erörtert worden. Dem aufgeklärten Denken des 18. Jhs. war eine solche Verbindung zunehmend als Anachronismus erschienen, obschon sich nicht wenige geistliche Staaten in der zweiten Hälfte des 18. Jhs. durch Aufgreifen aufgeklärter Reformen zum Teil noch einmal in einem erstaunlichen Maß regeneriert hatten.[2] Zudem hatte es nicht an Präzedenzfällen gefehlt: Hingewiesen sei nur auf die mit den theresianisch-josephinischen Klosterreformen in Österreich einhergehenden Klosteraufhebungen unter Kaiser Joseph II. (1780–1790), die allerdings keine eigentlichen Säkularisationen im strengen Sinn waren. Doch war der Boden zu umfassenden Säkularisationen im Alten Reich bereitet, als das revolutionäre Frankreich unter Führung Napoleons I. Bonaparte (1799 Erster Konsul, 1804–1814 Kaiser) den Anstoß dazu gab.

Das Hochstift Konstanz auf dem Weg zur Säkularisation

Wie alle Fürstbischöfe des Heiligen Römischen Reiches war auch der Bischof von Konstanz in Personalunion geistlicher Hirte eines Bistums und Landesherr eines Hochstifts oder, wie es gleichbedeutend hieß, eines Fürstbistums, also eines weltlichen Herrschaftsgebiets, das einen Reichsstand bildete. Das Bistum Konstanz war bereits um 600 als alamannisches Bistum mit Zentrum am Bodensee gegründet worden und erstreckte sich spätestens seit dem 12. Jh. über den weiten Raum zwischen der Iller im Osten, dem Rhein und der Aare im Westen, dem Gotthardmassiv im Süden und dem mittleren Neckar im Norden. Zum Zeitpunkt der Säkularisation umfasste es nach der heutigen politischen Einteilung den südwestlichen Rand Bayerns, fast das ganze Land Baden-Württemberg, den grössten Teil der Nord-, Zentral- und Ostschweiz und einen Teil des österreichischen Vorarlberg. Allerdings war das Bistumsgebiet seit dem 16. Jh. konfessionell gespalten und galt die bischöfliche Jurisdiktion in den evangelischen Gebieten seit dem Westfälischen Frieden (1648) als suspendiert.[3]

Im Gegensatz zur weiträumigen Diözese – flächenmäßig der größten des Heiligen Römischen Reiches – war das weltliche Herrschaftsgebiet der Konstanzer Fürstbischöfe klein und zersplittert. Es beschränkte sich seit dem 14. Jh. in der Hauptsache auf Ämter und Orte beiderseits von Bodensee und Hochrhein, darunter das Oberamt Meersburg mit der gleichnamigen Stadt, in welcher die Konstanzer Fürstbischöfe seit der Reformation residierten. Eine Landeshoheit in einem grossen und geschlossenen Territorium aufzubauen, war ihnen im Laufe des Mittelalters nicht gelungen – vor allem aufgrund der Lage des Bischofssitzes zwischen den Reichsabteien Reichenau und St. Gallen. Nur am Untersee war im 16. Jh. durch die

347

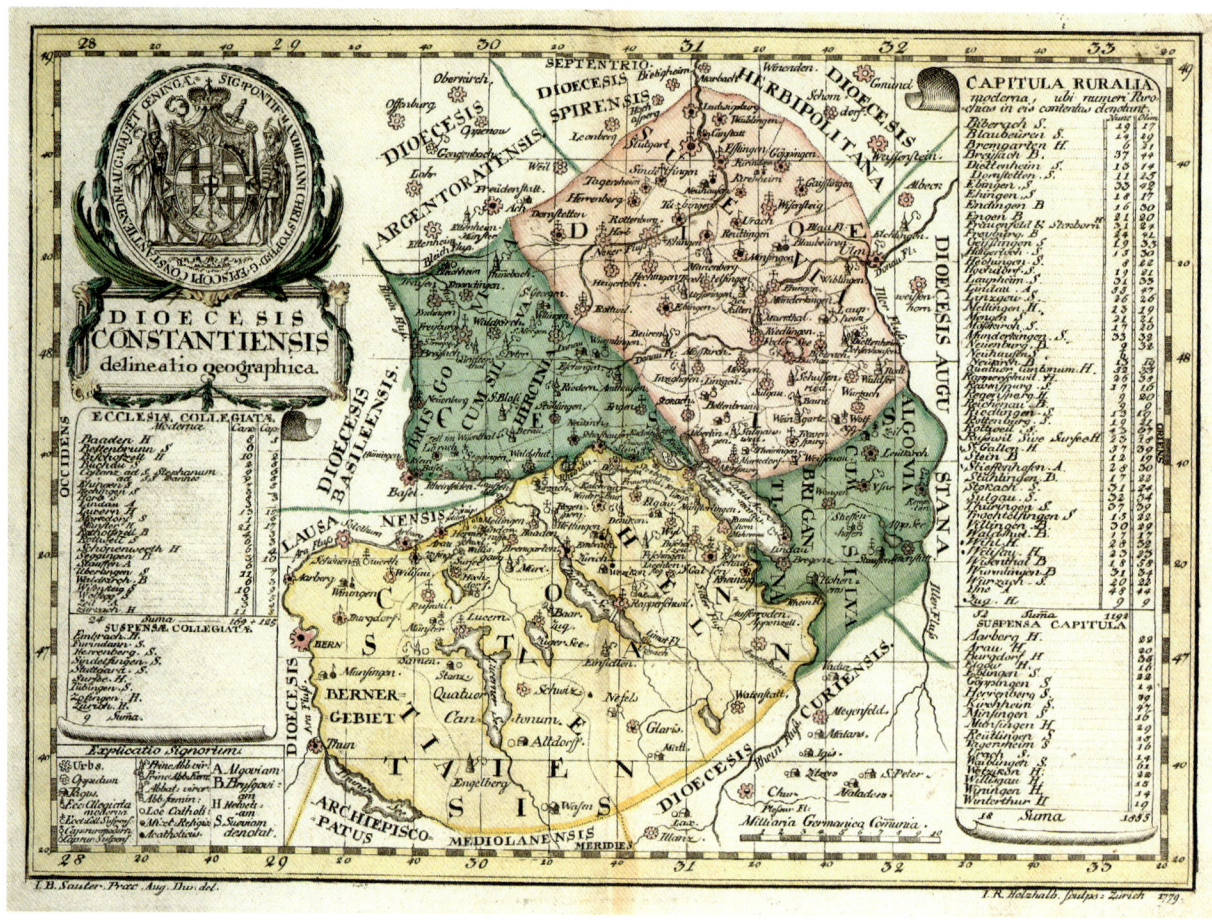

Bistum Konstanz (12. Jh.–1815)
Die Karte zeigt die Diözese mit der Dekanatseinteilung.
Kupferstich von I.R. Holzhalb nach J.B. Sauter.
Catalogus Personarum ecclesiasticarum et Locorum Dioecesis Constantiensis, 1779.

Inkorporation des Augustinerstifts Öhningen (1534) und der Abtei Reichenau (1540) ein fast geschlossenes Konstanzer Herrschaftsgebiet entstanden. Allerdings schränkte die Stellung des Hochstifts zwischen der expandierenden Eidgenossenschaft, dem Reich und dem Haus Habsburg den politischen Handlungsspielraum ab der Mitte des 15. Jhs. stark ein. Als schwierig gestalteten sich die staatsrechtlichen Verhältnisse, nachdem der Schwabenkrieg 1499 zur faktischen Unterscheidung zwischen Ämtern *auf Reichsboden* und *auf Schweizer Boden* geführt hatte. In nur wenigen Herrschaften besaß der Konstanzer Fürstbischof auch das Hochgericht, das einen wesentlichen Teil der Landes-

hoheit bildete: auf *Schweizer Boden* nur in den Städten Arbon (mit Horn) und Bischofszell, wo die Militärhoheit seit dem Ende des 15. Jhs. bei der eidgenössischen Landvogtei Thurgau lag – ungeachtet des bis zuletzt aufrecht erhaltenen Konstanzer Anspruchs auf integrale Landeshoheit.[4] Zur Ausbildung von Landständen oder eines eigenen Landrechts war es nie gekommen. Zweifellos: Der Konstanzer Staat konnte sich nicht mit bedeutenden Erz- und Hochstiften des Reiches wie Mainz, Bamberg oder Würzburg messen. Gleichwohl bildete er einen kleinen Reichsstand wie viele andere Territorien im deutschen Südwesten. Damit verbunden war die Mitgliedschaft im Reichstag zu

Regensburg, wo der Konstanzer Fürstbischof den siebten Platz auf der geistlichen Fürstenbank zwischen Straßburg und Augsburg einnahm. Bedeutung verlieh seiner weltlichen Stellung im 18. Jh. freilich weniger sein Territorium als der Umstand, dass der Konstanzer Fürstbischof unter den geistlichen Reichsfürsten im schwäbischen Raum den ersten Rang einnahm. Im Reichskreis Schwaben führte er zusammen mit dem protestantischen Herzog von Württemberg seit 1543 das Kreisausschreibeamt. Dieses machte ihn zu einem wichtigen Partner für den Kaiser und verlieh ihm zeitweise erhebliches politisches Gewicht, insbesondere wenn es in Kriegszeiten die Ressourcen des Schwäbischen Kreises zu mobilisieren galt.[5]

Noch bevor mit dem Ausbruch der Französischen Revolution die Ereignisse sich überstürzten, hatte das

Bistum Konstanz
Aus: F. X. Bischof, Das Ende des Bistums Konstanz.
Stuttgart: Kohlhammer 1989
(Münchener Kirchenhistor.
Studien; 1).

349

Konstanzer Domkapitel 1788 mit der hochpolitischen Wahl des späteren Mainzer Kurfürsten und Fürstprimas Karl Theodor v. Dalberg (1744–1817)[6] zum Koadjutor des Konstanzer Fürstbischofs Maximilian Christoph v. Rodt (1775–1800)[7] das Geschick von Hochstift und Bistum Konstanz in neue Bahnen gelenkt. Die prekäre Finanzlage des hochverschuldeten Fürstentums am Bodensee und die Kirchenpolitik Kaiser Josephs II., genauer: seine – dann nicht realisierten – Diözesanregulierungspläne in Vorarlberg, die den Fortbestand des Bistums und Hochstifts zu gefährden schienen, hatten den Ausschlag dazu gegeben.[8] Dalberg fühlte sich seither Hochstift und Bistum Konstanz in einem hohen Maß verpflichtet. Als Koadjutor weilte er in den 1790er Jahren wiederholt längere Zeit in Meersburg. Er war bemüht, Ordnung in Verwaltung und Finanzen zu bringen, wenngleich infolge der Kriegsjahre 1792 bis 1801 an eine Tilgung der Schuldenlast nicht zu denken war. Und als das »Säkularisationsgespenst« die staatsrechtliche Existenz des Hochstifts Konstanz mehr und mehr in Frage stellte, drängte Dalberg Bischof und Domkapitel zu einem engen Anschluss an Kurmainz, da nur ein enger

Zusammenschluss der geistlichen Staaten unter der Autorität des Kaisers wirksame Abwehr zu schaffen vermöge.[9] Tatsächlich hatte schon der badisch-französische Geheimvertrag vom 22. August 1796 das Hochstift Konstanz der Markgrafschaft Baden als Entschädigung für deren geringen Verluste linksrheinischer Gebiete in Aussicht gestellt, allerdings ohne die fürstbischöflichen Besitzungen und Einkünfte auf dem Gebiet der Eidgenossenschaft und ihrer Bundesgenossen, welche der Disposition der Französischen Republik vorbehalten blieben.[10] Zwei Jahre später beabsichtigte der Trierer Kurfürst und Augsburger Fürstbischof Clemens Wenzeslaus v. Sachsen (1793–1812), der 1794 den linksrheinischen Teil seines Erzstifts Trier verloren hatte, die Trierer Kurstimme auf einen neuen Staat zu übertragen und zu dessen Fundierung die Hochstifte Augsburg und Konstanz, die Fürstpropstei Ellwangen und einige Reichsprälaturen heranzuziehen. Fraglich bleibt, ob dabei auch an eine Vereinigung der Diözesen Konstanz und Augsburg gedacht war. Im selben Jahr 1798 ging das Gerücht, Konstanz werde an Pfalz-Bayern fallen. Der Baseler Fürstbischof Franz Xaver v. Neveu (1794–1828)[11] hingegen versuchte, 1798 im Breisgau Ersatz zu schaffen und auf Kosten des Bistums Konstanz die Diözesangrenzen zu verändern, nachdem sein Hochstift Basel und der größere Teil seiner Diözese an Frankreich gefallen war.[12] Als sich die Säkularisationsgerüchte verdichteten und der Verlauf des Rastatter Kongresses (1797–1799) eine Teilsäkularisation der Reichskirche immer wahrscheinlicher machte – an eine totale Säkularisation war damals noch nicht gedacht –, begab sich Dalberg im Auftrag des Konstanzer Fürstbischofs und des Konstanzer Domkapitels 1798 nach Wien, um das Hochstift Konstanz vor der Säkularisation zu retten. Über den Erfolg dieser »Wiener Mission« machte sich Dalberg keine Illusionen. Zwar gelang es ihm, den Kaiserhof in geschickt geführten Verhandlungen davon zu überzeugen, dass der Fortbestand des Hochstifts Konstanz für Österreich politisch von grösster Wichtigkeit sei, allein schon in Anbetracht seiner Rolle im Schwäbischen Kreis.[13] Doch konnte es Dalberg nicht verborgen geblieben sein, dass im Frieden von Campo Formio (17. Oktober 1797) auch Österreich, wie 1795 erstmals Preußen, in geheimen Zusatzartikeln einer Entschädigung linksrheinisch enteigneter Fürsten mit säkularisiertem Kirchengut zugestimmt hatte. Damit aber verletzte der Kaiser selber die Reichsverfassung und gab »gerade diejenigen Reichsstände preis, die zu den treuesten Anhängern von Kaiser und Reich gehörten: die geistlichen Fürstentümer und die kleineren Reichsstände überhaupt«.[14]

Auf der Grundlage der im Frieden von Campo Formio und auf dem Rastatter Kongress als Verhandlungsbasis angenommenen Prinzipien bestimmte der Frieden von Lunéville (9. Februar 1801) die definitive Abtretung des linken Rheinufers von der schweizerischen bis zur holländischen Grenze an Frankreich und sah Entschädigungen der linksrheinisch enteigneten weltlichen Fürsten durch Säkularisationen und Mediatisierungen auf Reichsgebiet vor. Noch ehe die zu diesem Zweck einberufene Reichsdeputation am 24. August 1802 in Regensburg zusammentrat, waren die wichtigsten Beschlüsse bereits gefallen. Die Großmächte Frankreich und Russland hatten sich in einer Konvention vom 3. Juni 1802 auf einen Entschädigungsplan geeinigt, der nach Modifikationen durch den Reichsdeputationshauptschluss (RDH) vom 25. Februar 1803[15] reichsrechtliche Gültigkeit erhielt. Mit

diesem wurden alle reichsunmittelbaren geistlichen Fürstentümer säkularisiert, nämlich die drei Kurfürstentümer Mainz, Köln, Trier, das Fürsterzbistum Salzburg, 18 Fürstbistümer und rund 80 reichsunmittelbare Abteien und Stifte. Außerdem wurden sämtliche nicht-reichsunmittelbaren Stifte und Klöster der Verfügungsgewalt der Landesherren übergeben. Erhalten blieben vorläufig nur der Deutsche Orden und der Malteserorden (bis 1809) sowie der neugeschaffene Staat des Kurerzkanzlers Karl Theodor v. Dalberg (bis 1810), der am 17. Januar im Bistum Konstanz, am 25. Juli 1802 auch im Kurfürstentum Mainz und im Bistum Worms die Bischofsnachfolge angetreten hatte. Als Staatsgebiet wurden ihm die »Fürstentümer« Aschaffenburg (bestehend aus dem 1802/03 nicht säkularisierten rechtsrheinischen Teil des Erzstifts Mainz) und Regensburg (bestehend aus Hochstift und Reichsstadt Regensburg) sowie die zur Graf-

Karl Theodor Frh. von Dalberg (1744–1817)
1800 Fürstbf. von Konstanz, seit 1802 auch Kurfürst-Ebf. von Mainz, Erzkanzler des Hl. Röm. Reiches und Fürstbf. von Worms, 1803 Ebf. von Regensburg, 1806 Fürstprimas des Rheinbundes.
Öl auf Lw., Anf. 19. Jh.
Rathaus Meersburg.

schaft erhobene Reichsstadt Wetzlar zugewiesen.[16] Sein Konstanzer Hochstift hingegen gehörte wie auch die Überreste der Hochstifte Basel, Straßburg und Speyer, die Kurpfalz sowie eine Reihe von Abteien und Reichsstädten zur Entschädigungsmasse, welche der RDH der Markgrafschaft Baden zugesprochen hatte, die 1803 zum Kurfürstentum aufstieg.[17]

Die Säkularisation des Hochstifts Konstanz

Ohne das formelle Verhandlungsergebnis abzuwarten, begannen die einzelnen Fürsten, die ihnen zugedachten Territorien ihren Staatswesen einzuverleiben. Nachdem im August 1802 Preußen, Österreich und Bayern mit dem Beispiel vorangegangen waren, begann auch Markgraf Karl Friedrich von Baden (1746–1811) – einem Wink Napoleons folgend – vollendete Tatsachen zu schaffen. Mit Schreiben vom 14. September 1802 ließ er den Mainzer Kurfürsten Karl Theodor v. Dalberg in seiner Eigenschaft als Fürstbischof von Konstanz sowie den Fürstbischöfen von Basel und Straßburg die bevorstehende militärische Besetzung ihrer Lande ankündigen.[18] Der Markgraf begründete die Aktion mit dem Vorprellen der anderen Reichsstände und damit, dass er sich nicht den Vorwurf der Vernachlässi-

gung seiner Ansprüche zuziehen wolle. Zwischen dem 2. und 8. Oktober 1802 ergriffen hierauf die badischen Geheimen Räte Maximilian Wilhelm Reinhard (1748–1812) und Karl Maximilian Maler († 1809) in militärischer Begleitung des Rastatter Füsilierbataillons vom Hochstift Konstanz provisorisch-militärischen Besitz, wobei *alles gut von statten gegangen ist und nichts Bescheid bedürftiges sich ergeben hat.*[19] Da sich die fürstbischöflich-konstanzische Regierung und das Konstanzer Domkapitel der Weisung Dalbergs folgend passiv verhielten und man sich in Meersburg lediglich Eingriffe in die Regierungsgeschäfte verbat, beschränkte sich die badische Okkupation im wesentlichen auf das Anschlagen von Patenten in allen auf Reichsboden gelegenen Ämtern, welche die provisorische Besitznahme durch Baden verkündeten.[20] Nach Regelung der Übergabemodalitäten erfolgte am 24. November 1802, in Abwesenheit Dalbergs und unter Wahrung des gegenseitigen Respekts, die Zivilbesitznahme des Hochstifts, am 29. November jene des Domkapitels und der Dompropstei Konstanz. Der bevollmächtigte Statthalter Dalbergs, Domkapitular Franz Joseph Hesso v. Reinach (1749–1820)[21], entließ sämtliche Beamten und Untertanen des Hochstifts aus der Pflicht des bisherigen Landesherrn. Die Beamten und Bediensteten wurden sogleich mit Handgelübde

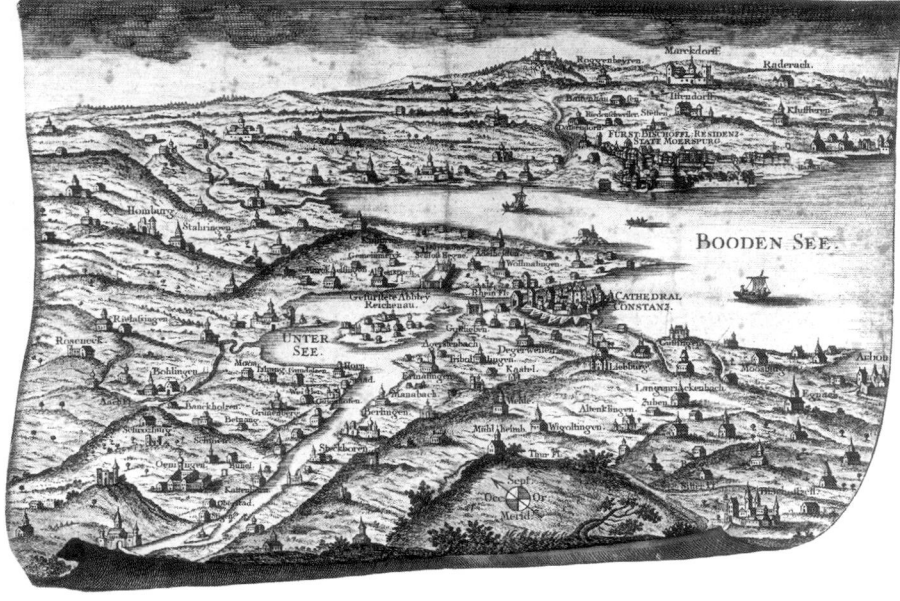

Hochstift Konstanz
Karte des Besitzes am Bodensee.
Kupferstich der Gebr. Klauber.
Wappenkalender von 1784/1795.
Rosgartenmuseum Konstanz.

und unter Zusicherung ungeschmälerter Besoldung in den badischen Staatsdienst übernommen (mit Ausnahme Reinachs, der auf eine weitere politische Tätigkeit verzichtete). Das kleine fürstbischöfliche Militärkontingent wurde aufgelöst. Regierung und Hofkammer sahen sich angewiesen, ihre Amtsgeschäfte unter dem Namen einer *Hochfürstlich Markgräflich Badenschen Provisorischen Regierungs- und Renntkammer Commission* und unter Beibehaltung der bisherigen Entscheidungskompetenzen in Justiz-, Polizei- und Finanzangelegenheiten fortzusetzen. Das bisher von der Hochstiftsverwaltung exemte Territorium der Konstanzer Dompropstei und die mediatisierten Reichsstädte Pfullendorf, Überlingen und Biberach (1806 an Württemberg abgetreten) wurden der neuen Meersburger Verwaltung unterstellt und die Gebietsteile zusammen mit den Abteien Petershausen und Salmansweiler als *oberes Fürstentum* dem badischen Staatswesen einverleibt. Die Geistliche Regierung in Konstanz wurde ersucht, den Klerus in den erworbenen Gebieten anzuweisen, den Markgrafen von Baden als nunmehrigen Landes- und Kirchenlehensherrn anzuerkennen und für ihn und seine Familie die öffentlichen Kirchengebete zu verrichten. Diese entsprach dem Ansuchen mit Ordinariatszirkular vom 30. November 1802, wohlweislich unter Umgehung der Anerkennung des Übergangs der fürstbischöflichen Patronatsrechte an den Markgrafen.[22]

Mit dem Hochstift Konstanz (einschließlich der Konstanzer Dompropstei) gewann Baden rund acht Quadratmeilen Land mit annähernd 14.000 meist bäuerlichen Untertanen. Hinzu kamen der hochstiftische Silberbestand, die Pretiosen, die fürstbischöfliche Bibliothek und Gemäldesammlung, das Naturalienkabinett sowie der Reichenauer Kirchenschatz samt dem dortigen bedeutenden Bestand von mehreren hundert alten Klosterhandschriften.[23] Was die finanziellen Verhältnisse betraf, so ergab sich bei Rechnungsabschluss am 30. November 1802 unter Einbeziehung der beträchtlichen Naturalienvorräte im Wert von 156.758 fl. 50 kr. ein Reinvermögen von 193.798 fl. 18 hl.[24] Diesem Betrag standen Schulden in Höhe von 628.372 fl. 5 kr. 2 hl. gegenüber, die auf rechts- und linksrheinischen Ämtern lasteten. Angesichts der seit 1798 weitgehend ausgebliebenen Einkünfte aus der Schweiz und der enormen Summe von über 118.000 fl., die das Hoch-

stift Konstanz während der Revolutionskriege zu zahlen hatte, war die Verschuldung nach Ansicht der badischen Besitznahmekommissare *nicht übermaesig*.[25] Diese hatten schon nach der ersten Inbesitznahme des Hochstifts das günstige Urteil gefällt: *Wir fanden in diesen Theilen des Bisthums, [auf der Reichenau und in den Ämtern Öhringen und Bohlingen], so wie in all denjenigen, welche wir schon vorher gesehen hatten, ein aeußerst schoenes, fruchtbares, meistens zum Weinbau benutztes, aber auch mit schoenen Fruchtfeldern und herrlichen, wohl unterhaltenen Waldungen versehenes Land, freundliche gutmüthige Einwohner, Regierungsgrundsaetze, die mit denen in unserm Vaterland sehr übereinstimmen, und gar manches weit besser, als wir es erwartet hatten.*[26]

Dagegen ließ sich der Vermögensstand des Domkapitels und der Dompropstei zum Zeitpunkt des Übergangs an Baden nicht exakt ermitteln, doch zeigte sich jedenfalls bei der Konstanzer Dompropstei eine beinahe makellose Bilanz. Diese hatte bei einem durchschnittlichen Jahreseinkommen von rund 10.000 fl. – was das Jahreseinkommen des Hochstifts um das zweieinhalbfache übertraf – keine Passivkapitalien aufzuweisen, mit Ausnahme der durch die Revolutionskriege verursachten Gemeindeschulden von 62.020 fl. in der Herrschaft Konzenberg und von unbedeutenden Beträgen in den Dörfern Taisersdorf und Roggenbeuren.[27]

Mit dem Erwerb des Hochstifts Konstanz hatte Baden auch die Pensionspflicht des Fürstbischofs und der Domkapitulare übernommen. Da sich die Karlsruher Regierung in dieser Frage nicht festlegen wollte, signalisierte Dalberg im Dezember 1802 insofern Entgegenkommen, als er sich für das Hochstift Konstanz mit dem von der Reichsdeputation ausgesetzten Minimum von jährlich 20.000 fl. begnügen wollte, zahlbar in vierteljährlichen Raten ab dem 1. Dezember 1802.[28] Ungleich schwieriger gestaltete sich die Pensionsfestsetzung der 14 zum Zeitpunkt der Säkularisation im Genuss ihrer Pfründe stehenden Konstanzer Domkapitulare. Diese pochten entschieden auf ihre Rechte und widersetzten sich den badischen Minimalvorstellungen. Nach zäh geführten Verhandlungen einigten sich die Verhandlungspartner mit Vertrag vom 20./ 30. November 1803 auf eine jährliche Pension von 2.300 fl. – einen Betrag, der in etwa dem durchschnittlichen Jahreseinkommen eines Konstanzer Domkapitulars vor den Revolutionskriegen entsprach. Hinzu kamen Einmalzahlungen für rückständige Einkünfte. Das war mehr als erwartet, und das Domkapitel taxierte den Vergleich denn auch als die eigenen Interessen vollkommen zufriedenstellend.[29]

Von all diesen Maßnahmen ausgenommen war jener ansehnliche Teil der konstanzischen Besitzungen und Einkünfte, die von alters her in der Schweiz lagen und schon 1798 der Helvetischen Republik einverleibt worden waren. Nun hatte der RDH Baden zwar das Hochstift Konstanz als Ganzes zugesprochen, weshalb Karlsruhe nichts unversucht ließ, Hand auch auf den linksrheinischen Hochstiftsbesitz zu legen. Doch kollidierte der badische Besitzanspruch mit den Interessen der Helvetischen Republik, welche die konstanzischen Besitzungen in der Schweiz als helvetisches Kircheneigentum betrachtete. Ihrem Regensburger Gesandten David Stokar v. Neuforn (1754–1814) gelang es in buchstäblich letzter Minute, eine Modifikation des § 29 des RDHs dahingehend zu erreichen, dass alle auswärtigen, damit auch die hochstift-konstanzischen hoheitlichen und feudalen Rechte in der Schweiz entschädigungslos aufgehoben bleiben sollten. Zugleich wurde der Helvetischen Republik – ab 1803 den mediatisierten Kantonen – das Recht eingeräumt, alle Besitzungen und Einkünfte auswärtiger Fürsten nach den durch die eigenen Gesetze festgelegten Grundsätzen abzulösen. Umgekehrt hatte die Eidgenossenschaft als Entschädigung für den auf Reichsboden verlorenen Besitz schweizerischer Klöster nur gerade das Hochstift Chur und die im Unterengadin gelegene österreichische Herrschaft Tarasp erhalten, mit der Auflage, für die Pension des Churer Bischofs und Domkapitels aufzukommen. Während die auf Reichsgebiet gelegenen Besitzungen der Klöster St. Gallen, Muri und Einsiedeln jährlich zusammen rund 300.000 fl. abwarfen, waren beide Erwerbungen in der Schweiz so unbedeutend – Chur wegen seines auf den Churer Hofbezirk beschränkten Territoriums, Tarasp wegen des auf 400 bis 500 fl. berechneten Jahresertrags –, dass die eidgenössische Tagsatzung nach erfolgter Bestandsaufnahme auf Antrag des Kantons Graubündens 1804 auf die Einziehung der Hochstiftsgüter verzichtete. Die vorhandenen Vermögenswerte reichten nicht aus, um die Pensions-

pflicht für Bischof und Domkapitel zu erfüllen. Der fürstbischöflich-churische Hofbezirk behielt deshalb über die Säkularisation hinaus im Kanton Graubünden eine Sonderstellung mit eigenem Gericht und selbständiger Verwaltung. Erst 1852 wurde er in die Stadt Chur eingemeindet.[30]

Dagegen kam es über die hochstift-konstanzischen Besitzungen in der Schweiz rasch zu einer Einigung. Die Verhandlungen hierüber wurden vom 5. Dezember 1803 bis zum 6. Februar 1804 von den Bevollmächtigten der Schweizerischen Eidgenossenschaft, David Stokar v. Neuforn und Karl v. Reding (1775–1815) sowie von den badischen Bevollmächtigten Franz Konrad Baur v. Heppenstein (um 1740–1812), dem ehemaligen fürstbischöflich-konstanzischen Kanzler, und Karl Maximilian Maler in Schaffhausen geführt. Sie endeten mit der Unterzeichnung des badisch-schweizerischen Staatsvertrags vom 6. Februar 1804. Darin trat Baden den gesamten konstanzischen Besitz links des Rheins auf den 1. Januar 1805 an die betroffenen Kantone Thurgau, Schaffhausen, Aargau, Zürich und St. Gallen ab. Diese entschädigten Baden mit 440.000 fl. und errichteten zur Finanzierung einer künftigen Kircheneinrichtung in der Schweiz einen Diözesanfonds von 300.000 fl., aus dem zunächst der schweizerische Anteil an den Pensionen des Konstanzer Domkapitels (während fünfzehn Jahren jährlich 3.000 fl.) und des Konstanzer Fürstbischofs Dalberg (jährlich 10.000 fl., solange er auf eidgenössischem Gebiet die bischöfliche Jurisdiktion ausübte) bestritten wurde.[31]

Die Säkularisation der rechtsrheinischen Teile der Hochstifte Basel und Straßburg

Parallel zur Besitzergreifung des Hochstifts Konstanz erfolgte jene der rechtsrheinischen Teile der Hochstifte Basel und Straßburg. Im Falle des Hochstifts Basel handelte es sich freilich lediglich um die kleine Herrschaft Schliengen mit den fünf Dörfern Schliengen, Mauchen, Steinenstadt, Hüttingen und Istein. Auf diese rechtsrheinische Enklave im Umfang einer halben Quadratmeile und etwas mehr als 2.000 bäuerlichen Untertanen beschränkte sich seit 1798 die Landeshoheit des Baseler Fürstbischofs Franz Xaver v. Neuveu, nachdem das ganze von der Ajoie bis Biel sich erstreckende Hochstift Basel 1792/98 von Frankreich annektiert worden war. Am 23. September 1802 ließ der Markgraf von Baden die Dorfschaften durch den badischen Landvogt von Lörrach provisorisch-militärisch, am 30. November 1802 definitiv in Besitz nehmen. Fürstbischof Neveu, der noch 1800 gehofft hatte, mit diesem winzigen Gebiet die Reichsstandschaft und die fürstbischöfliche Herrschaft retten zu können, billigte nachträglich die widerstandslose Übergabe des letzten Rests seiner weltlichen Herrschaft. In einer Ergebenheitsadresse an den Markgrafen empfahl er die Untertanen dem Wohlwollen des neuen Landesherrn.[32]

Der Erwerb Schliengens mochte zur Abrundung des badischen Territoriums dienlich sein. Der mit ihm verbundene finanzielle Aufwand stand indes in keinem Verhältnis zu den Einnahmen von 2.823 fl., welche die Herrschaft nach badischen Berechnungen abzuwerfen versprach. Baden erklärte sich deshalb erst auf Druck Frankreichs und Russlands hin bereit, seinen Anteil an der Pension des Baseler Fürstbischofs in Höhe von 20.000 fl. zu übernehmen, welche je zur Hälfte von Baden und von den fünf Reichsbischöfen, die mehrere Bischofssitze innegehabt hatten, aufzubringen war.[33] Während Baden seine Hälfte bis zum Tod Fürstbischof Neveus 1828 bezahlte, gelang es Preußen und Österreich 1817, den Anteil der fünf Bischöfe auf die Kantone Bern und Basel abzuwälzen, welche Ende 1815 das ehemalige Baseler Hochstiftsterritorium von Frankreich »geerbt« hatten. Den Baseler Domherren und Domkaplänen wies Baden eine ihren säkularisierten Gütern (mit einem geschätzten jährlichen Ertragswert von 12.000 fl.) entsprechende Pension von 800 bzw. 400 fl. an. Die badische Pension ergänzte Zahlungen der durch den RDH vom 25. Februar 1803 eigens für den künftigen Unterhalt der Angehörigen der linksrheinischen Hochstifte geschaffenen sog. *transrhenanischen Sustentationskasse*. Diese wurde 1817 durch die deutsche Bundesversammlung aufgehoben und die Pflicht zur Weiterbezahlung der Pensionen auf die neuen linksrheinischen Landesherren übertragen.[34] Als schwieriges Unterfangen erwies sich die Tilgung der Baseler Hochstiftsschulden in Höhe von fast 350.000 fl. Zwei Drittel davon, nämlich 240.000 fl., gingen 1803 auf den Malteserorden und 1805 von diesem unverändert an Baden über, das mit dem Frieden

von Preßburg (26. Dezember 1805) zum Großherzogtum avancierte und neben dem vorderösterreichischen Breisgau auch das Malteser Fürstentum Heitersheim zugeschlagen erhielt.[35] In der Folge weigerte sich der badische Großherzog beharrlich, die Bezahlung der Schulden zu übernehmen. Erst auf unmissverständliche Weisung Frankreichs hin erklärte er sich zu Vergleichsverhandlungen bereit. In einem am 20. Juli 1811 unterzeichneten Vertrag erreichte Fürstbischof Neveu die Zahlung von 160.000 fl., mit welchen die Forderungen privater Gläubiger und die ausstehenden Gehälter zu vier Fünfteln abzudecken waren bei gleichzeitigem Verzicht von Fürstbischof und Domkapitel auf die ihnen zwischen 1792 und 1802 entgangenen Einkünfte. Auf die hochstiftischen Güter in der Schweiz hatte Baden bereits 1804 verzichtet, da die erwarteten Erträge zur Deckung der darauf lastenden Schulden nicht ausreichten. Einfacher gestaltete sich die Liquidierung des Vermögens des Domkapitels. Das Baseler Domkapitel teilte 1803 das vorhandene Vermögen von 48.450 fl. unter sich auf, wobei es ihm gleichzeitig gelang, Baden zur Übernahme seiner Schulden und Zinsrückstände in Höhe von 20.112 fl. zu bewegen.[36]

Einträglicher als der Erwerb des Baseler Anteils war jener des Hochstifts Straßburg mit sechseinhalb Quadratmeilen Land und rund 26.000 Einwohnern, die zur Hauptsache von der Landwirtschaft lebten oder Gewerbe und Handel betrieben.[37] Das straßburgische Territorium rechts des Rheins umfasste das Oberamt Ettenheim mit der gleichnamigen Stadt, den Gemeinden Ringsheim, Grafenhausen, Kappel am Rhein und das Oberamt Oberkirch mit dem gleichnamigen Stadtgericht, den fünf Gerichten Kappel unter Rodeck, Oppenau, Renchen, Sasbach, Ulm und das Stift Allerheiligen. Auf diese beiden Herrschaften beschränkte sich seit dem Westfälischen Frieden die Reichszugehörigkeit des Hochstifts Straßburg, während das linksrheinische Hochstiftsgebiet im Unterelsass (mit den Ämtern Benfeld, Marckolsheim, Schirmeck, Dachstein, Kochersberg, Wanzenau, Zabern und dem Mundat Rufach) unter französischer Hoheit stand. Dieses Gebiet war bereits im Zuge der Nationalisierung der Kirchengüter 1789/90 verloren gegangen. Seitdem blieb dem ehedem so prunkliebenden Straßburger Fürstbischof Kardinal Louis-René Edouard de Rohan-

355

Guémené (1779–1803)[38] nur noch das fürstbischöfliche Amtshaus in Ettenheim, das ihm als letzte Residenz diente. Von dort aus verwaltete er die drei rechtsrheinischen Dekanate Lahr, Offenburg und Ottersweiler, die ihm nach dem Abschluss des französischen Konkordats von 1801 und der Errichtung der völlig neu umschriebenen Diözese Straßburg verblieben waren. Der Besitzergreifung der beiden Oberämter Ettenheim und Oberkirch, die am 20. September 1802 mit der militärischen Besetzung begann und am 27. November mit der zivilen Besitzergreifung und der Indienstnahme der fürstbischöflich-straßburgischen Beamten in den badischen Staatsdienst endete, setzte Fürstbischof Rohan keinen Widerstand entgegen.[39] Nur Wochen später starb er am 16. Februar 1803, noch bevor der RDH verabschiedet und seine Pension geregelt worden war.

Versuche kirchlicher Neuordnung bis zum Wiener Kongress

Die Diözese Konstanz blieb auch nach dem Untergang des Hochstifts in ihrem Bestand vorläufig unverändert, doch machte die Säkularisation von 1802/03 eine Neuordnung der deutschen katholischen Kirche unumgänglich. Der RDH sah deshalb in § 62 vor, dass die Diözesen des Reiches in ihrem bisherigen Zustand zu verbleiben hätten, bis eine neue Diözesaneinrichtung *auf reichsgesetzliche Art*[40] getroffen sei. Damit war eine reichsrechtliche Lösung intendiert, doch konnte eine solche bis zum Untergang des Heiligen Römischen Reiches 1806 nicht mehr herbeigeführt werden. Außerdem waren die Fürsten der neuen Flächenstaaten nicht bereit, sich bei einer Neuordnung der kirchlichen Verhältnisse in ihrer eben erst erworbenen Souveränität beschränken zu lassen. Sie übten von Anfang an ein ausgeprägtes Staatskirchenregiment und strebten nach dem Aufbau von »Landeskirchen«, die mit den jeweiligen Staatsgrenzen übereinstimmen, personell wie verwaltungsmäßig ihrer Souveränität unterworfen und der Gewalt des Fürstprimas' Dalberg möglichst entzogen bleiben sollten. Noch 1802 trat Württemberg in Verbindung mit dem Heiligen Stuhl, um einen eigenen Landesbischof für seine neuerworbenen katholischen Gebiete mit Sitz in Ellwangen zu erhalten. Baden bemühte sich zur selben Zeit um ein Lan-

desbistum mit Sitz in Rastatt. Doch blieben diese Kontakte wie auch spätere Verhandlungen Württembergs und Badens über Sonderkonkordate ohne greifbares Ergebnis.[41]

Diesem Streben nach Landeskirchen widersetzte sich Karl Theodor v. Dalberg. Als Kurerzkanzler des Heiligen Römischen Reiches blieb er der einzige die Säkularisation kurzfristig »überlebende« souveräne geistliche Reichsfürst. Der RDH hatte für ihn nicht nur einen neuen Staat geschaffen, sondern auch seinen Mainzer Erzstuhl auf die Domkirche von Regensburg übertragen, die Würden eines Kurfürsten, Reichs-Erzkanzlers, Metropolitan-Erzbischofs und Primas von Deutschland damit vereinigt und ihm mit Ausnahme der österreichischen und preußischen alle übrigen Diözesen des Reiches unterstellt.[42] Dalberg, der in seiner Person noch einmal die Traditionen des Reiches und der Reichskirche verkörperte, ließ fortan nichts unversucht, der von den Umwälzungen hart betroffenen katholischen Kirche Deutschlands Ordnung und Zusammenhalt zu geben. Um ihre Aufsplitterung in abhängige, von weltlichen Fürsten beherrschte Landeskirchen zu verhindern, erstrebte er eine starke, möglichst alle deutschen Staaten umfassende Kirche mit einem dem Papst unterstehenden Primas als nationalem Mittelpunkt. Er bemühte sich deshalb intensiv zunächst um das Zustandekommen eines Reichskonkordats und nach dem Ende des Reiches 1806 um den Abschluss eines Rheinbundkonkordats.[43] Als er mit dem Sturz Napoleons nicht nur die weltliche Herrschaft, sondern auch jeden direkten Einfluss auf die weiteren Geschicke der deutschen Kirche verlor, setzte der Konstanzer Generalvikar Ignaz Heinrich v. Wessenberg (1774–1860)[44], sein Bevollmächtigter auf dem Wiener Kongress (1814/15), diese Bemühungen fort. In Übereinstimmung mit Dalberg sprach Wessenberg sich für eine alle Staaten des Deutschen Bundes umgreifende Organisation der deutschen katholischen Kirche unter einem Primas aus. Zugleich plädierte er für ein Konkordat mit dem Heiligen Stuhl, das er in die neue Bundesverfassung eingebunden wissen wollte. Doch scheiterten Dalberg wie Wessenberg mit ihren Konkordatsplänen an zweifachem Widerstand: einmal am Partikularinteresse der neuen Mittelstaaten – vor allem Bayerns und Württembergs –, die von einem Bundeskonkordat eine

Beeinträchtigung ihrer Souveränität befürchteten und deshalb die Errichtung ihrer je eigenen Gewalt unterworfener Landesbistümer anstrebten; sodann am Widerstand und Zentralismus der Römischen Kurie, der eine geeinte deutsche Kirche mit primatialer Führung wie überhaupt das Fortleben reichskirchlicher Traditionen unerwünscht war.[45] Da der Wiener Kongress die Kirchenfrage vertagte, blieb ihre Regelung einer nach Frankfurt einzuberufenden Bundesversammlung überlassen. Als diese im November 1816 zusammentrat, war an eine einheitliche Lösung nicht mehr zu denken. Bayern, Preußen, Hannover, Österreich waren inzwischen in separate Verhandlungen mit dem Heiligen Stuhl eingetreten.

Die Auflösung des Bistums Konstanz

Unterdessen hatte die stückweise Zerschlagung des Bistums Konstanz, das seit 1802 unter der Leitung des Generalvikars Wessenberg stand, bereits begonnen. Inmitten des Zusammenbruchs hatte Wessenberg vor allem auf den Gebieten der Priesterfortbildung und der Seelsorge eine intensive reformerische Tätigkeit im Geiste der Katholischen Aufklärung entfaltet, die viel Zustimmung, aber auch entschiedene Ablehnung fand.[46] Folgen zeitigte dies, als sich nach dem Sturz Napoleons in der Eidgenossenschaft politisch reaktionäre Kräfte der Innerschweiz mit den Gegnern der Konstanzer Bistumsreform verbanden – allen voran mit dem Luzerner Nuntius Fabrizio Sceberras Testaferrata (1758–1843), der seit Jahren alles daran setzte, die Schweiz dem Einfluss Wessenbergs zu entziehen.[47] Sie bewirkten, dass Papst Pius VII. (1800–1823) mit Breve vom 7. Oktober 1814 die Abtrennung der schweizerischen Teile des Bistum Konstanz in Aussicht stellte und der Nuntius diese zum 1. Januar 1815 vollzog, noch ehe die im päpstlichen Schreiben genannten Bedingungen für die künftige Neuordnung der kirchlichen Verhältnisse in der Schweiz erfüllt waren. Bis dahin wurde das abgetrennte Diözesangebiet provisorisch dem Stiftspropst von Beromünster Franz Bernhard Göldlin v. Tiefenau (1762–1819) und nach dessen Tod 1819 dem Bischof von Chur als Apostolischem Administrator unterstellt.[48] Dies war um so leichter möglich, als alle Konstanzer Bistumskantone

seit 1803 die Gründung eines eigenen Schweizer Bistums anstrebten. Damit war jedoch ein Provisorium geschaffen, das zum Teil bis heute andauert! Zwar kam es 1823 zur Errichtung des kurzlebigen Doppelbistums Chur – St. Gallen (bis 1833/36) und 1847 zur Gründung des eigenständigen Bistums St. Gallen für den gleichnamigen Kanton.[49] 1824 wurde der Kanton Schwyz dem Bistum Chur inkorporiert und 1828 das Bistum Basel mit Sitz in Solothurn reorganisiert, dem in der Folge die meisten Konstanzer Bistumskantone beitraten.[50] Noch immer aber stehen die ehemals konstanzischen Bistumskantone Uri (ohne das Urserental), Ob- und Nidwalden, Glarus und Zürich unter der lediglich provisorischen Administration des Bischofs von Chur, die beiden Appenzell unter derjenigen des Bischofs von St. Gallen.

Ignaz Heinrich Frh. von Wessenberg (1774–1860)
Entfaltete als Generalvikar (1802–1815) und Verweser (1817–1827) des Bistums Konstanz eine intensive und vielseitig reformerische Wirksamkeit im Geist der Katholischen Aufklärung.
Ölgemälde von Marie Ellenrieder.
Wessenberg-Gemäldegalerie, Konstanz.

Weitere Einbußen folgten. Als Dalberg am 10. Februar 1817 starb, benützte König Wilhelm I. von Württemberg (1816–1864) die Gelegenheit, die württembergischen Teile des Bistums Konstanz wie auch die wenigen Speyerer und Wormser Pfarreien mit päpstlicher Zustimmung bis zu einer künftigen Regelung der kirchlichen Verhältnisse dem Generalvikariat Ellwangen zu unterstellen. Dieses war nach dem Tod des

Augsburger Fürstbischofs Clemens Wenzeslaus von Sachsen 1812 für die augsburgischen und würzburgschen (1813) Pfarreien zwar eigenmächtig errichtet, 1816 aber durch den Heiligen Stuhl legitimiert worden. Aufgrund seiner Randlage wurde es noch 1817 samt dem 1812 dort eingerichteten Priesterseminar nach Rottenburg verlegt. Zudem besaß Württemberg seit 1816 in der Person des Titularbischofs Johann Baptist Keller (1774–1845) auch einen eigenen »Landesbischof«.[51]

Wenige Monate später, am 5. Juni 1817, unterzeichnete der Heilige Stuhl ein Konkordat mit dem Königreich Bayern, durch welches die beiden Kirchenprovinzen München und Bamberg mit je drei Suffraganbistümern errichtet wurden.[52] Konstanz trat infolgedessen die vier bayerischen Dekanate Lindau, Weiler, Stiefenhofen und Legau an die Diözese Augsburg ab, behielt jedoch die geistliche Jurisdiktion mit Zustimmung der bayerischen Regierung bis nach Abschluss der so genannten *Tegernseer Erklärung* vom 15. September 1821 uneingeschränkt bei.[53]

Schließlich vermochte Österreich nach der Wiedergewinnung des Landes Vorarlberg, das 1805 vorübergehend an Bayern gefallen war, die schon unter Joseph II. geplante Diözesanregulierung zum Abschluss zu bringen. Mit der Bulle *Ex imposito* vom 2. Mai 1819 wurde das Land Vorarlberg von den Diözesen Augsburg, Chur und Konstanz getrennt und bis zur Errichtung eines eigenständigen Bistums Feldkirch (1968) der provisorischen Verwaltung des Bischofs von Brixen unterstellt.[54]

Die Oberrheinischen Kirchenprovinz und das Ende des Bistums Konstanz

Unterdessen war Wessenbergs nach dem Tod Dalbergs zwar vom Konstanzer Domkapitel zum Verweser des »Restbistums« Konstanz gewählt, vom Papst aber trotz persönlicher Rechtfertigungsbemühungen in Rom abgelehnt worden.[55] Auf Initiative Württembergs verhandelten ab 1818 die fünf südwestdeutschen Staaten, nämlich das Königreich Württemberg, die Großherzogtümer Baden und Hessen-Darmstadt, das Kurfürstentum Hessen-Kassel und das Herzogtum Nassau in Frankfurt über eine künftige kirchliche

Geistliche Monatsschrift
Ab 1804 »Archiv für die Pastoralkonferenzen in den Landkapiteln des Bisthums Konstanz«. Publikumsorgan für den Klerus der Diözese Konstanz, das Wessenberg u. a. als Plattform für seine Reformideen und als Mittel der Priesterfortbildung diente.
Wessenberg-Bibliothek, Konstanz.

Neuordnung in ihren Ländern.[56] Auf den »Frankfurter Konferenzen« und den sich anschließenden Verhandlungen mit dem Heiligen Stuhl entschied sich auch das Schicksal des Bistums Konstanz, das seit 1818 nur mehr aus den badischen und hohenzollerischen Teilen sowie aus dem rechtsrheinischen Teil des alten Bistums Straßburg bestand, der Konstanz im Mai 1808 zugeteilt worden war.[57] Am 16. August 1821 erließ Papst Pius VII. die Bulle *Provida sollersque*[58], mit welcher die Oberrheinische Kirchenprovinz errichtet wurde. Diese umfasste fünf Bistümer, deren Grenzen mit den jeweiligen staatlichen Grenzen zusammenfielen: das Erzbistum Freiburg für Baden und die beiden Fürstentümer Hohenzollern sowie die vier Suffraganbistümer Rottenburg für Württemberg, Mainz für Hessen-Darmstadt, Fulda für Hessen-Kassel sowie Limburg für Nassau und die Freie Stadt Frankfurt. Gleichzeitig wurde mit badischem Einverständnis das Bistum Konstanz supprimiert. Dass dabei auf eine Übertragung des Konstanzer Titels auf Freiburg, wie dies etwa bei Freising anlässlich der Errichtung des Metropolitansitzes in München 1817 geschehen war, verzichtet wurde, hing mit der Person Wessenbergs zusammen, der in Rom in Misskredit stand. Ihm sollte dadurch jeder Rechtsanspruch auf Übernahme in das Domkapitel des neuen Erzbistums Freiburg entzogen werden.[59] Mit der Inthronisation des ersten Freiburger Erzbischofs am 21. Oktober 1827 stellte das Konstanzer Ordinariat seine Arbeit ein. Nach dem Verlust der weltlichen Herrschaft war damit auch der bis in die Anfänge der Christianisierung zurückreichende Konstanzer Bischofssitz untergegangen.[60]

[1] Eine Gesamtdarstellung der Säkularisation liegt infolge der unzureichenden Erschließung der Quellen und der fehlenden Sekundärliteratur nicht vor. Allgemein zur Säkularisation (in Auswahl): *Klaus-Dieter Hömig*, Der Reichsdeputationshauptschluss vom 25. Februar 1803 und seine Bedeutung für Staat und Kirche unter besonderer Berücksichtigung württembergischer Verhältnisse. Tübingen 1969; *Albrecht Langner* (Hg.), Säkularisation und Säkularisierung im 19. Jh. München/Paderborn/Wien 1978; *Thomas Nipperdey*, Deutsche Geschichte 1800–1866. Bürgerwelt und starker Staat. München 3. Aufl. 1985; *Karl Othmar von Aretin*, Das Alte Reich 1686–1803. 3 Bde. Stuttgart 1993–1997; *Ders.*, Vom Deutschen Reich zum Deutschen Bund. Göttingen 2. Aufl. 1993; *Irene Crusius* (Hg.), Zur Säkularisation geistlicher Institutionen im 16. und im 18./19. Jh. Göttingen 1996; *Manfred Weitlauff*, Der Staat greift nach der Kirche. Die Säkularisation von 1802/03 und ihre Folgen, in: *Ders.* (Hg.), Kirche im 19. Jh. Regensburg 1998, 15–53. Nachdruck in: *Ders.*, Kirche zwischen Aufbruch und Verweigerung. Ausgewählte Aufsätze zur Kirchen- und Theologiegeschichte des 19. und frühen 20. Jhs., hg. von *Franz Xaver Bischof/Markus Ries* als Festgabe für Manfred Weitlauff zum 65. Geburtstag, Stuttgart 2001, 74–102.
[2] Vgl. dazu etwa: *Peter Wende*, Die geistlichen Staaten und ihre Auflösung im Urteil der zeitgenössischen Publizistik. Lübeck/Hamburg 1966; *Peter Hersche*, Intendierte Rückständigkeit: Zur Charakteristik des Geistlichen Staates im Alten Reich, in: *Georg Schmidt* (Hg.), Stände und Gesellschaft im Alten Reich. Wiesbaden 1989, 133–149; *Harm Klueting* (Hg.), Katholische Aufklärung – Aufklärung im katholischen Deutschland. Hamburg 1993; *Kurt Andermann*, Die geistlichen Staaten am Ende des Alten Reiches, in: HZ 271 (2000), 593–619.
[3] Zur Geschichte des Bistums Konstanz: Helvetia Sacra. I/2: Das Bistum Konstanz. Das Erzbistum Mainz. Das Bistum St. Gallen, hg. vom *Kuratorium der Helvetia Sacra*. 2 Teile. Basel/Frankfurt am Main 1993 (QQ u. Lit.); *Elmar L. Kuhn u. a.* (Hg.), Die Bischöfe von Konstanz. Geschichte und Kultur. 2 Bde. Friedrichshafen 1988; *Franz Xaver Bischof*, Das Ende des Bistums Konstanz, Hochstift und Bistum Konstanz im Spannungsfeld von Säkularisation und Suppression (1802/03–1821/27). Stuttgart/Berlin/Köln 1989; *Brigitte Degler-Spengler (Hg.)*, Der schweizerische Teil der ehemaligen Diözese Konstanz. Basel 1994.
[4] Zum Hochstift Konstanz: *Bischof*, Konstanz (wie Anm. 3), 65–250; *Kuhn*, Bischöfe (wie Anm. 3), 160–248, 277–363; *Degler-Spengler*, Der schweizerische Teil (wie Anm. 3); *Franz Xaver Bischof*, Konstanz (Fürstbistum), in: Historisches Lexikon der Schweiz [elektronische Publikation HLS], Version vom 21.09.2001 (Lit.).
[5] *Bernd Wunder*, Der Bischof im Schwäbischen Kreis, in: *Kuhn*, Bischöfe (wie Anm. 3), 189–198; *Winfried Dotzauer*, Die deutschen Reichskreise (1383–1806). Geschichte und Aktenedition, Stuttgart 1998, 142–179.
[6] Über ihn: *Bischof*, Konstanz (wie Anm. 3), bes. 110–141; Helvetia Sacra I/2 (wie Anm. 3), 464–478 (*Rudolf Reinhardt*); *Karl Hausberger* (Hg.), Carl von Dalberg. Der letzte geistliche Reichsfürst. Regensburg 1995; *Franz Xaver Bischof*, Die Konkordatspolitik des Kurerzkanzlers und Fürstprimas Karl Theodor von Dalberg und seines Konstanzer Generalvikars Ignaz Heinrich von Wessenberg, in: ZKG 108 (1997), 75–92; *Ders.*, Dalberg, in: RGG 2 (4. Aufl. 1999), 522; *Manfred Weitlauff*, Dalberg als Bischof von Konstanz und sein Generalvikar Ignaz Heinrich von Wessenberg, in: *Ders.*, Kirche (wie Anm. 1), 50–73.
[7] Über ihn: Helvetia Sacra I/2 (wie Anm. 3), 459–463 (*Rudolf Reinhardt*).
[8] *Bischof*, Konstanz (wie Anm. 3), 81–109.
[9] Ebd., 161.
[10] Text in: *Bernhard Erdmannsdörffer/Karl Obser* (Hg.), Politische Correspondenz Karl Friedrichs von Baden 1783–1806. Bd. 2. Heidelberg 1892, Nr. 545.
[11] Über ihn: *Marco Jorio*, Franz Xaver von Neuveu (1794–1828). Der letzte Basler Fürstbischof, in: *Urban Fink/Stephan Leimgruber/Markus Ries* (Hgg.), Die Bischöfe von Basel 1794–1995. Freiburg/Schweiz 1996, 27–42 (Lit.).

[12] Zu diesen Plänen: *Helvetia Sacra* I/2 (wie Anm. 3), 146–147. – Vgl. *Rudolf Reinhardt*, Von den Anfängen zur Oberrheinischen Kirchenprovinz. Der weite Weg der Diözese Rottenburg, in: Das Katholische Württemberg. Die Diözese Rottenburg-Stuttgart. Zeiten. Zeichen. Zeugen. Ulm 2. Aufl. 1993, hier 27–28.

[13] Zu Dalbergs »Wiener Mission«: *Bischof*, Bistum Konstanz (wie Anm. 3), 160–176.

[14] *Horst Möller*, Fürstenstaat oder Bürgernation. Deutschland 1763–1815. Berlin 1994, 552.

[15] Text in: *Ernst Rudolf Huber*, Dokumente zur deutschen Verfassungsgeschichte. Bd. 1. Stuttgart/Berlin/Köln/Mainz 3. Aufl. 1978, 1–28.

[16] Ebd., 10f. (§ 25).

[17] Ebd., 4 (§ 5).

[18] Karl Friedrich von Baden an Dalberg, Karlsruhe, 14.09.1802 (Abschrift): GLAK 48/5490.

[19] Protokoll des Geheimen Rats, 14.10.1802 (Nr. 2009): GLAK 61/14922.

[20] Exemplar des Patents in: GLAK 48/5633. – Zum Ganzen: *Bischof*, Konstanz (wie Anm. 3), 200–207.

[21] Über ihn: Ebd., 76.

[22] Ebd., 211.

[23] Ebd., 218.

[24] Ebd., 214–221.

[25] Bericht der badischen Besitznahmekommission, Meersburg, 14.01.1803: GLAK 48/5636.

[26] Ebd., 207.

[27] Nachweise: *Bischof*, Konstanz (wie Anm. 3), 220–221.

[28] Vgl. Ebd., 223–224.

[29] Vergleichsvertrag zw. dem Domkapitel Konstanz und Kurbaden. Konstanz/Karlsruhe, 20./30.11.1803: StAK WN 1182/4 bzw. GLAK 48/5639. – Zum Ganzen: *Bischof*, Konstanz (wie Anm. 3), 224–230.

[30] *Albert Gasser*, Kirche, Staat und Gesellschaft, in: Handbuch der Bündner Geschichte, Bd. 3. Chur 2000, 235–236.

[31] *Bischof*, Konstanz (wie Anm. 3), 236–250. – Zum Diözesanfonds: *Eugen Isele*, Die Säkularisation des Bistums Konstanz und die Regorganisation des Bistums Basel dargestellt mit besonderer Berücksichtigung der Entstehung und Rechtsnatur des Diözesanfonds. Basel/Freiburg 1933.

[32] *Marco Jorio*, Der Untergang des Fürstbistums Basel (1792–1815). Der Kampf der beiden letzten Fürstbischöfe Joseph Sigismund von Roggenbach und Franz Xaver von Neveu gegen die Säkularisation. Freiburg/Schweiz 1982, hier 143–144; *Markus Ries*, Die Neuorganisation des Bistums Basel am Beginn des 19. Jhs. (1815–1828). Stuttgart/Berlin/Köln 1992, hier 105–106.

[33] *Jorio*, Untergang (wie Anm. 32), 144f.

[34] Zu den Pensionen Neveus und der Basler Domkapitulare: Ebd., 211–213; *Ries*, Neuorganisation (wie Anm. 32), 109–110.

[35] Zur Tilgung der Hochstiftsschulden: *Jorio*, Untergang (wie Anm. 32), 144–147, 202–209; *Ries*, Neuorganisation (wie Anm. 32), 108–109.

[36] *Jorio*, Untergang (wie Anm. 32), 205; *Ries*, Neuorganisation (wie Anm. 32), 109.

[37] Eine umfassende Untersuchung der Säkularisation des Hochstifts Straßburg liegt nicht vor. Zur Säkularisation seines rechtsrheinischen Teils: *Erwin Schell*, Das Hochstift Straßburg rechts des Rheins im Jahre 1802, in: ZGO 86 (1934), 126–188; *Hermann Schmid*, Die rechtsrheinische Restdiözese Straßburg in den Jahren 1802–1808, in: Ortenau 61 (1981), 130–144; *Ders.*, Der diesseitige Teil der Diözese Straßburg nach der Großen Revolution (1791–1827), in: FDA 107 (1987), 45–75.

[38] Louis Châtellier, Artikel Rohan, in: *Erwin Gatz* (Hg.), Die Bischöfe des Heiligen Römischen Reiches 1648 bis 1803. Ein biographisches Lexikon. Berlin 1990, 392–394.

[39] *Hubert Kewitz*, »Occupatorische MaasRegeln«. Das Schreiben von Markgraf Karl Friedrich an Kardinal Rohan vom 14.09.1802, in: Die Ortenau 61 (1981), 126–129.

[40] *Huber*, Dokumente (wie Anm. 15) 22.

[41] Dazu zuletzt: *Hans Ammerich*, Neuorganisation der katholischen Kirche in Südwestdeutschland zu Beginn des 19. Jhs., in: Oberrheinische Studien 17 (2000), 11–26; *Dominik Burkard*, Staatskirche, Papstkirche, Bischofskirche. Die »Frankfurter Konferenzen« und die Neuordnung der Kirche in Deutschland nach der Säkularisation. Rom/Freiburg/Wien 2000, 115–117, 120–123.

[42] *Huber*, Dokumente (wie Anm. 15) 10 (§ 25).

[43] Dazu ausführlich: *Karl Hausberger*, Dalbergs Bemühungen um die Neuordnung der katholischen Kirche in Deutschland, in: *Ders.*, Carl von Dalberg (wie Anm. 6), 177–198; *Bischof*, Konkordatspolitik (wie Anm. 6), 75–87.

[44] Über ihn: *Franz Xaver Bischof*, Ignaz Heinrich (Karl Joseph Thaddäus Fidel Dismas) von Wessenberg-Ampringen, in: Helvetia Sacra I/2 (wie Anm. 3), 479–89 (QQ. u. Lit.); *Ders.*, Das Ende des Bistums Konstanz (wie Anm. 3), 479f.; *Ders.*, Ignaz Heinrich von Wessenberg (1774–1860). Kirchenreformer im frühen 19. Jh., in: *Bruno Bürki/Stephan Leimgruber* (Hg.), Theologische Profile. Schweizer Theologen und Theologinnen im 19. und 20. Jh. Freiburg/Schweiz 1998, 19–33 (Lit.); *Weitlauff*, Dalberg (wie Anm. 6).

[45] *Bischof*, Konkordatsverhandlungen (wie Anm. 6), 87–91.

[46] Siehe dazu die unter Anm. 44 genannte Literatur.

[47] Vgl. dazu: *Franz Xaver Bischof*, Der Konstanzer Generalvikar Ignaz Heinrich von Wessenberg im Spiegel der Berichte des Luzerner Nuntius Fabrizio Sceberras Testaferrata (1803–1816), in: ZKG 101 (1990), 91–108.

[48] *Bischof*, Konstanz (wie Anm. 3); Helvetia Sacra I/1 (wie Anm. 3) 150, 489–494; *Ries*, Neuorganisation (wie Anm. 32), 65–104.

[49] Zum Bistum St. Gallen: *Franz Xaver Bischof/Cornel Dora*, Ortskirche unterwegs. Das Bistum St. Gallen 1847–1997. Fschr. zum hundertfünfzigsten Jahr seines Bestehens. St. Gallen 1997.

[50] Zum Bistum Basel: *Ries*, Neuorganisation (wie Anm. 32).

[51] *Bischof*, Konstanz (wie Anm. 3), 415–426; Helvetia Sacra I/1 (wie Anm. 3), 150f.

[52] *Karl Hausberger*, Staat und Kirche nach der Säkularisation. Zur bayerischen Konkordatspolitik im frühen 19. Jh., St. Ottilien 1983; Text des Konkordats: Ebd., 309–329.

[53] *Bischof*, Konstanz (wie Anm. 3), 427–430.

[54] Ebd., 431–437.

[55] Ebd., 438–474.

[56] Zu den Frankfurter Konferenzen: *Bischof*, Bistum Konstanz (wie Anm. 3), 438–545; *Burkard*, Staatskirche (wie Anm. 41).

[57] Konstanzer Ordinariatszirkular vom 16.05.1808, in: Sammlung bischöflicher Hirtenbriefe und Verordnungen S'ner. Hoheit des Durchlauchtigsten Fürsten-Primas des Rheinischen Bundes, Bischofs zu Konstanz, für das Bisthum Konstanz. Bd. 1. Konstanz 1808, 278.

[58] Druck in deutscher Übersetzung in: *Ernst Rudolf Huber/Wolfgang Huber*, Staat und Kirche im 19. und 20. Jh. Dokumente des deutschen Staatskirchenrechts. Bd. 1. Berlin 1973, 246–257.

[59] Vgl. *Burkard*, Staatskirche (wie Anm. 41), 438. Danach dürfte bereits im April 1820 »zwischen Rom und Baden die Eliminierung Wessenbergs beschlossene Sache gewesen sein«.

[60] *Bischof*, Konstanz (wie Anm. 3), 518–539.

Das Aussehen eines eine Reihe von Jahren hindurch wohladministrierten Staates …

Das Ende des alten Bistums und des Hochstifts Speyer

von Hans Ammerich

Nach dem Ausbruch der Französischen Revolution am 14. Juli 1789 geriet der linksrheinische Teil des alten Bistums Speyer immer stärker in den Strudel der politischen Ereignisse. Von der revolutionären Gesetzgebung wurde sein Bischof besonders hart getroffen. Ein Teil des heute pfälzischen Gebiets hatte ja unter der Souveränität des französischen Königs gestanden. Ein Dekret vom 2./4. November 1789 erklärte das gesamte Kirchengut zum Nationaleigentum; die Einsprüche des Speyer Bischofs bei den Reichsständen in Regensburg waren vergebens.[1]

Das unter französischer Souveränität stehende Gebiet des Fürstbistums Speyer im nördlichen Elsass wurde am 7. März 1790 dem Departement Bas-Rhin (Niederrhein) eingegliedert.[2] Am 12. Juli 1790 wurde die Zivilkonstitution für den Klerus erlassen, die eigenmächtig die kirchliche Organisation den Verwaltungsstrukturen des Departements anpasste und den Geistlichen verbot, sich an auswärtige Bischöfe zu wenden.[3] Damit war der Bischof von Speyer in einem Teilbereich seines Jurisdiktionsgebietes als Landesherr und als Bischof praktisch abgesetzt.

Eine weitere Verschärfung der Lage brachte das Gesetz der Pariser Nationalversammlung vom 28. Juli 1792, das die Ausweisung derjenigen Kleriker, die den Eid auf die französische Nation nicht leisteten, aus dem Departement Bas-Rhin (Niederrhein) verfügte.[4] Die Kriegserklärung Frankreichs am 20. April 1792 an Österreich machte das Bistum Speyer zum Kriegsschauplatz. Am 30. September 1792 wurde die Stadt Speyer von den Revolutionstruppen eingenommen, im folgenden Jahr von deutschen Truppe zurückerobert, doch kehrten die Franzosen zum Jahreswech-

sel 1793/94 zurück.[5] Alle Kirchen, einschließlich des Doms, wurden verwüstet. Mit dem Sturz Robespierres nahm die Schreckensherrschaft im besetzten Gebiet vorläufig ein Ende. 1795 hatte sich Preußen als erster Staat der antirevolutionären Koalition im Sonderfrieden von Basel mit Frankreich über dessen Besitzansprüche verständigt. Der preußische Staat hatte in geheimen Vereinbarungen zugunsten der Französischen Republik auf seine linksrheinischen Gebiete verzichtet. Später sollten diese territorialen Verluste durch Enteignungen der rechtsrheinisch gelegenen geistlichen Fürstentümer ausgeglichen werden. Diese Übereinkunft bildete die Grundlage für die Friedensverhandlungen.[6]

Der Friedensvertrag von Campo Formio vom 19. Oktober 1797 und die Rastatter Friedensverhandlungen sprachen den Franzosen das gesamte linke Rheinufer von der Schweizer Grenze bis zur Nettemündung bei Andernach zu.[7] Am 23. Januar 1798 wurde die Neueinteilung des an Frankreich abgetretenen Landes bekanntgegeben.[8] Zu den vier neugegründeten Departements gehörte auch das Departement Donnersberg mit nahezu der gesamten Pfalz. Die Provinz wurde in 37 Kantone aufgeteilt und von Mainz aus verwaltet. Im Friedens fiel von Lunéville vom 9. Februar 1801 wurde das linke Rheinufer endgültig an Frankreich.[9] Nachdem die rheinischen Departements am 9. März 1801 zum französischen Hoheitsgebiet erklärt worden waren, trat am 23. September 1801 die französische Gesetzgebung für dieses Territorium in Kraft.[10] Am 15. Juli unterzeichnete Kardinalstaatssekretär Consalvi das Konkordat mit Frankreich, in dem sich der Papst verpflichtete, die durch die Neugliederung der Diözesen

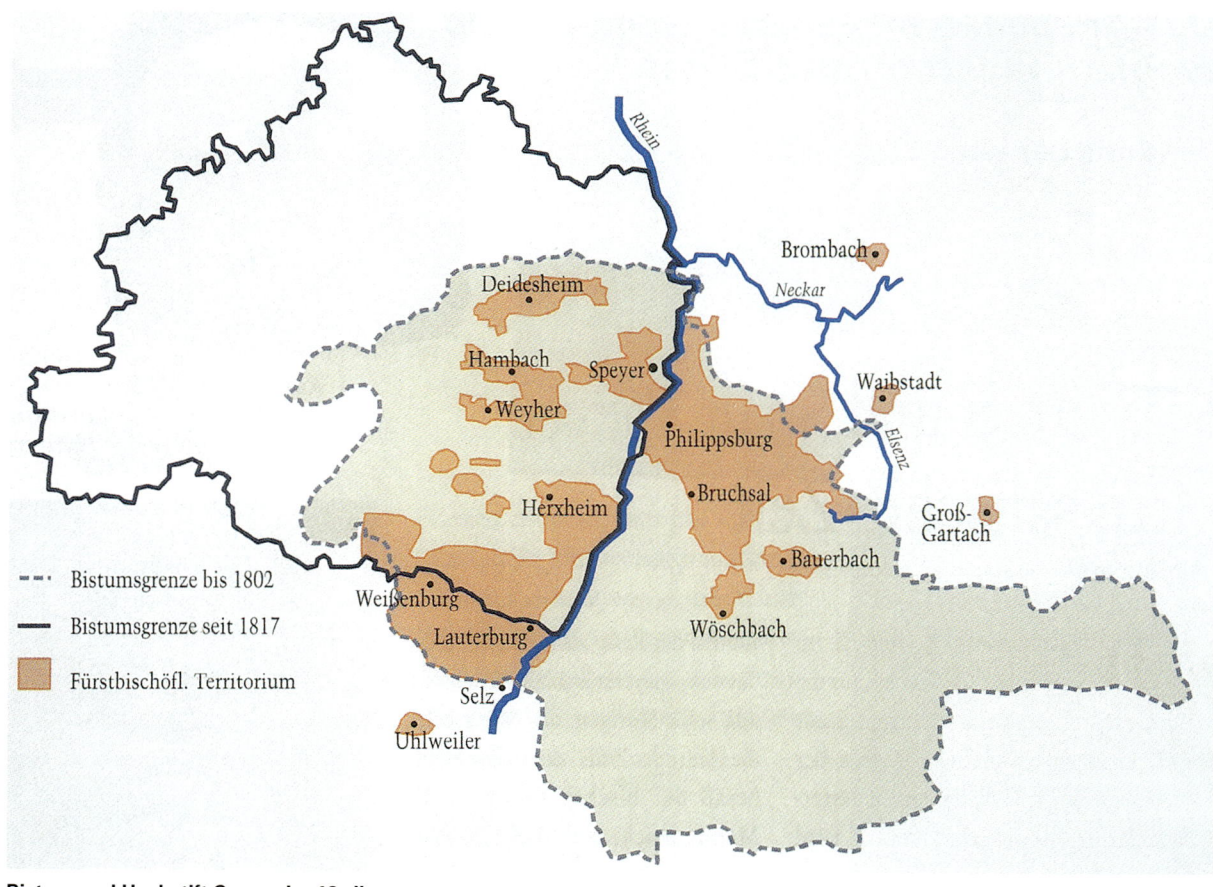

Bistum und Hochstift Speyer im 18. Jh.
Aus: Das Bistum Speyer und seine Geschichte. Teil 1, hg. von Echo-Buchverlags GmbH. Kehl a. Rh. 2000.

überzähligen Bischöfe zum Verzicht aufzufordern.[11] So musste der letzte Bischof des alten Bistums Speyer, Philipp Franz Wilderich v. Walderdorff[12], 1802 – auf päpstliche Weisung hin – seine bischöflichen Rechte links des Rheins aufgeben. Die Katholiken der heutigen Pfalz unterstanden kirchlich den von Napoleon ernannten Bischöfen von Straßburg, Metz, Trier und Mainz.[13] Der größte Teil des linksrheinisch gelegenen ehemaligen Bistums Speyer kam zur Diözese Mainz, das Gebiet südlich der Queich zu Straßburg.[14]

Der rechtsrheinische Teil des Hochstifts Speyer samt dem dortigen Domkapitelsgut wurde 1803 durch den RDH säkularisiert und fiel an den Markgrafen v. Baden als ihm zugeteiltes Entschädigungsgebiet.[15] Baden hatte elf Quadratmeilen mit 23.000 Bewohnern und 160.000 fl. Einkünften an Frankreich abgetreten. Durch

die Einverleibung des *Fürstentums Bruchsal* erhielt der Markgraf acht Quadratmeilen mit 30.000 Seelen und 150.000 fl. an Einkünften. Insgesamt fielen an den Markgrafen 69,5 Quadratmeilen Land mit 244.000 Einwohnern und 1.447.000 fl. Einkünften.[16]

Bereits im September 1802 ließ der neue Landesherr die provisorische Besitzergreifung verkünden, nachdem ihn Napoleon aufgefordert hatte, die förmliche Verabschiedung des Reichsgesetzes nicht abzuwarten.[17] Mitte September teilte der badische Minister v. Edelsheim dem Bischof die bevorstehende provisorische Okkupation des Hochstifts mit. Walderdorff unterrichtete darüber das Domkapitel und die Untertanen, betraute den Domdekan v. Hohenfeld mit der Statthalterschaft und reiste am 15. September nach Frankfurt und Aschaffenburg, um sich der demütigen-

Residenz Bruchsal
1720 hatte sich Fürstbischof Damian Hugo von Schönborn († 1743) für Bruchsal als Residenz entschieden und Maximilian von Welsch einen Bauplan erstellen lassen. 1722 wurde mit dem Bau begonnen und ab 1728 auch Balthasar Neumann hinzugezogen. Die Anlage wurde erst unter Damian Hugos Nachfolger vollendet. Am 1. März 1945 wurde das Schloss zerstört. Von 1968 bis 1975 dauerte der Wiederaufbau.

den Absetzung zu entziehen. Anfang Oktober kam der Geheime Referendär Herzog aus Karlsruhe nach Bruchsal, um die Übernahme des Landes vorzubereiten. Am 12. Oktober erstattete er seinen Bericht.[18] Nach einer gründlichen Inspektion konnte er feststellen: *im Allgemeinen blickt Wohlstand hervor, überall das Aussehen eines eine Reihe von Jahren hindurch wohladministrierten Staates.*[19] Herzog lobte die gute Ordnung der Kassen, die tüchtige Verwaltung, die Bildung und Religiosität der Einwohner, den allgemeinen Wohlstand und den sozialen Frieden. *Geistlichkeit und Volk sind hier in der Aufklärung unstreitig um 20 Jahre weiter vorgerückt als in dem katholischen Lande höchstdero alter Lande.*[20] Am 24. November erfolgte die administrative Besitzergreifung des Landes, das bereits seit dem 24. September von Truppen des Markgrafen besetzt war. Die

Beamten des Hochstifts wurden am 29. und 30. November auf ihren neuen Herrn verpflichtet, und am 1. Dezember begann die badische Verwaltung des Fürstentums Bruchsal.[21]

Alle Güter der fundierten Stifte, Abteien und Klöster wurden gemäß § 35 RDH dem Landesherrn für das Schulwesen und für gemeinnützige Anstalten überlassen, aber auch zur Entlastung des fürstlichen Finanzwesens, allerdings unter dem Vorbehalt der festgelegten Ausstattung der Domkirchen und der Pensionen für die Geistlichen der aufgehobenen Institutionen.[22] Somit war auch das Ende für das Speyerer Domkapitel und für die übrigen Stifte im alten Bistum gekommen. Am 24. November 1802, am Tag der markgräflichen Besitzergreifung, tagte das Domkapitel zum letzten Mal. Laut Protokoll dieser Sitzung erklärte das Kapitel dem neuen Herrn *seine tiefste Unterwerfung*

**Bischof Philipp Franz Wilderich von Walderdorff
(* 1739, 1797–1810)**
Porträt des letzten Fürstbischofs der alten Diözese Speyer.
Ölgemälde, 1797.
Speyer, Bischofshaus.

**Bischof Philipp Franz Wilderich von Walderdorff
(* 1739, 1797–1810)**
Porträt des letzten Fürstbischofs der alten Diözese Speyer.
Ölgemälde, 1803.
Bischöfliches Ordinariat Speyer.

beharrlich zu erkennen zu geben. Die in Bruchsal anwesenden Beamten des Domkapitels wurden ihres Eides und ihrer Pflichten enthoben und die Akten geschlossen.[23]

Die Aufhebung des Hochstifts, des Domkapitels, der Stifte und Klöster hatte aber noch nicht die Auflösung des rechtsrheinischen Bistumsteils zur Folge. Bischof v. Walderdorff verblieb noch die geistliche Leitung über sechs rechtsrheinische Dekanate seiner Diözese. Die geistlichen Kompetenzen, die dem Bischof verblieben waren, wurden allerdings durch die badische Administration stark beschnitten.[24] Zu dem Rest der Diözese kam der an Baden gefallene Anteil an dem alten Bistum Würzburg. Für dieses Gebiet wurde

der Bischof vom Papst zum apostolischen Vikar ernannt.[25]

Dem abgesetzten Reichsfürsten und Bischof Wilderich v. Walderdorff wurde das Schlösschen Eremitage in Waghäusel als künftige Residenz zugewiesen. Für die Wintermonate sollten ihm auch die Räume im südlichen Teil des Bruchsaler Schlosses zur Verfügung stehen, die er schon zuvor bewohnt hatte.[26] Hier wirkte auch das Bischöfliche Vikariat, das die kirchlichen Angelegenheiten für den größten Teil Nordbadens bis zur Errichtung des Erzbistums Freiburg im Jahr 1827 verwaltete.[27] Der Bischof, der mit fragwürdigen finanziellen Transaktionen versucht hatte, das Leben in einer Residenz von markgräflichen Gnaden abzuwenden, sah bald keine andere Möglichkeit mehr, als das Angebot des neuen Landesherrn anzunehmen. Die finanzielle Abfindung für den Bischof in Höhe von über 200.000 fl. sowie eine jährliche Pension von 44.000 fl. waren durchaus großzügig, aus Walderdorffs Sicht jedoch kränkend wenig. Auseinandersetzungen über seine endgültige Pension dauerten noch bis über seinen Tod (1810) hinaus an.[28]

Von Wilderich v. Walderdorff war bei seiner Absetzung als Reichsfürst mehr Fassung und Ergebenheit in das Unabänderliche erwartet worden. Aber er hatte nicht die Kraft, seine Enttäuschung und gekränkte Eitelkeit zu verbergen. Zu sehr war er in dem Gesellschaftssystem und in dem Denken verwurzelt, das ihm bei seiner Geburt und in seiner Kindheit eine bedeutende Karriere als Kirchenfürst vorausgesagt hatte.[29] Der Geheime Referendär Herzog schilderte Walderdorff als einen höchst furchtsamen Mann, der bei jeder Gelegenheit äußerst verzagt, in seinen Entschlüssen von momentanen Eingebungen abhängig gewesen und nicht fähig sei, eine endgültige Entscheidung zu treffen.[30]

Als sich Bischof Wilderich Mitte März 1810 von seinem Wohnsitz Waghäusel nach Bruchsal begab, soll er gesagt haben, er werde Waghäusel nicht wiedersehen. Wirklich erkrankte er wenige Tage später und starb am Karsamstag, dem 21. April 1810. Beigesetzt wurde er am 26. April in der Bischofsgruft von St. Peter in Bruchsal.[31] Obgleich er selbst ein Begräbnis in aller Stille befohlen hatte, wurde er – auf großherzogliche Kosten – mit einem Fürstenbegräbnis zur letzten Ruhe geleitet.[32] Sein Testament hatte er unterzeichnet als *Wilderich, der letzte, unglückliche Bischof und Fürst zu Speyer*. Für kirchliche Zwecke hinterließ er nichts: *da denen dermaligen aufgeklärten Zeiten nichts mehr heilig ist, wäre es Torheit, das Geringste dahin zu verwenden.*[33]

Nach Walderdorffs Tod lag die geistliche Oberaufsicht bis 1827 in den Händen des in Bruchsal amtierenden Bischöflichen Vikariats.[34] Danach traten die Bistümer Freiburg und Rottenburg die Nachfolge in den rechtsrheinischen Gebieten des ehemaligen Bistums Speyer an, die ihnen durch die Bulle *Provida sollersque* von 1821 zugefallen war. Wie die Bistümer Speyer und Worms hatte auch das Erzbistum Mainz, dem die beiden genannten Bistümer kirchenrechtlich

König Maximilian (IV.) I. Joseph von Bayern (*1756, 1799–1825)
Unter Maximilian (seit 1799 Kf., seit 1806 Kg. von Bayern) wurde 1817–1821 auf dem Gebiet der bayerischen Pfalz infolge eines Konkordats mit dem Hl. Stuhl das Bistum Speyer wieder begründet. Radierung, Brendamour, o. D.

zugeordnet waren, aufgehört zu bestehen. Das ohne Bezug auf gewachsene Strukturen gebildete napoleonische Bistum Mainz hatte nur eine kurze Lebensdauer. Bedingt durch Napoleons Sturz und die Neugestaltung Deutschlands auf dem Wiener Kongress löste es sich 1815 unter seinem ersten Bischof auf.

Mit der Säkularisation und dem Untergang des Heiligen Römischen Reiches 1806 war auch die alte Reichskirche zusammengebrochen. Das Souveränitätsstreben der deutschen Fürsten ließ keinen geschlossenen Reichsverband mehr entstehen. Die römische Kurie musste deshalb den ursprünglichen Plan eines Reichskonkordates fallen lassen und kam dem Wunsch der Fürsten auf Sonderkonkordate entgegen, wobei Bayern den Anfang machte.[35] Aufgrund des Konkordats von 1817 wurde das Bistum Speyer in den Grenzen der bayerischen Pfalz wiedererrichtet.[36]

[1] *Ludwig Stamer*, Kirchengeschichte der Pfalz. III. Teil, 2. Hälfte: Von der Reform zur Aufklärung, Ende der mittelalterlichen Diözesen (1685–1801). Speyer 1959, 184; *Hans Ammerich* (Hg.), Lebensbilder der Bischöfe von Speyer seit der Wiedererrichtung des Bistums Speyer 1817/21. Speyer 1992, 14.

[2] *Stamer*, Kirchengeschichte (wie Anm. 1), III, 2, 184.

[3] Ebd., 185.

[4] Ebd., 193.

[5] Ebd.; *Ammerich*, Lebensbilder (wie Anm. 1), 14; *Volker Rödel*, Die Zeit der Französischen Revolution und Napoleons, II: Die Pfalz in der Zeit der Zugehörigkeit zu Frankreich (1799/1801–1818), in: *Willi Alter* (Hg.), Pfalzatlas, Karte 113 und Textbd. III, H. 38/39. Speyer 1984/1985, 1471–1480.

[6] *Stamer*, Kirchengeschichte (wie Anm. 1), III, 2, 206.

[7] *Ammerich*, Lebensbilder (wie Anm. 1), 14.

[8] Ebd.

[9] *Stamer*, Kirchengeschichte (wie Anm. 1), III, 2, 214.

[10] Ebd., 214.

[11] Ebd., 214; *Ammerich*, Lebensbilder (wie Anm. 1), 14–16.

[12] *Anton Wetterer*, Wilderich Graf von Walderdorf, der letzte Fürstbischof von Speyer. Bruchsal 1914; *Kurt Andermann*, Geistlicher Reichsfürst in einer Zeit des Umbruchs. Wilderich von Walderdorff, letzter Fürstbischof von Speyer, 1797–1802 (1810), in: *Friedhelm Jürgensmeier*, Die von Walderdorff. Acht Jahrhunderte Wechselbeziehungen zwischen Region-Reich-Kirche und einem rheinischen Adelsgeschlecht. Köln 1998, 407–422.

[13] *Stamer*, Kirchengeschichte (wie Anm. 1)), III, 2, 214f; *Ammerich*, Lebensbilder (wie Anm. 1), 16.

[14] *Franz Usinger*, Das Bistum Mainz unter französischer Herrschaft (1798 bis 1814). Mainz 1912, 43–54; *Hans Ammerich*, Die katholische Kirche zur Zeit der Französischen Revolution und der französischen Herrschaft, in: Das Herzogtum Pfalz-Zweibrücken und die Französische Revolution. Katalog zur Landes-Ausstellung in der Karlskirche Zweibrücken 16.04.–28.05.1989, 113–118.

[15] *Hermann Reich*, Die Säkularisation des rechtsrheinischen Teiles des Hochstifts Speyer. Bottrop 1935; *Wetterer*, Wilderich (wie Anm. 12), 22–27; *Anton Heuchemer*, Aus Bruchsals bewegter Zeit. Von der Französischen Revolution bis zum Ende des Bischöflichen Vikariats 1789–1827. Ubstadt-Weiher 1994, 115–130.

[16] GLAK 65/630; *Stamer*, Kirchengeschichte (wie Anm. 1), III, 2, 217. Abweichende Zahlen beim Zugewinn für Baden bei *Wetterer*, Wilderich (wie Anm. 12), 22.

[17] Zum folgenden: *Andermann*, Reichsfürst (wie Anm. 12), 419.

[18] *Willy Andreas*, Ein Bericht des Geh. Referendärs Herzog über die Regierung Bischof Wilderichs von Speyer beim Übergang der rechtsrheinisch-speyerischen Lande an Baden (1802), in: ZGO 63 (1909), 519–525.

[19] Ebd., 522.

[20] Ebd., 523.

[21] *Andermann*, Reichsfürst (wie Anm. 12), 419.

[22] *Stamer*, Kirchengeschichte (wie Anm. 1), III, 2, 218.

[23] GLAK 61/11094 pag. 755; *Stamer*, Kirchengeschichte (wie Anm. 1), III, 2, 218.

[24] *Andermann*, Reichsfürst (wie Anm. 12), 420.

[25] *Stamer*, Kirchengeschichte (wie Anm. 1), III, 2, 218f.

[26] *Andermann*, Reichsfürst (wie Anm. 12), 419.

[27] *Anton Wetterer*, Das Bischöfliche Vikariat in Bruchsal von der Säkularisation 1802/03 bis 1827, in: FDA 56 (1928), 49–114 und 57 (1930), 208–289.

[28] *Andermann*, Reichsfürst (wie Anm.12), 419f.

[29] Ebd., 421; *Andreas*, Bericht (wie Anm.18), 521.

[30] *Andreas*, Bericht (wie Anm.18), 521.

[31] *Andermann*, Reichsfürst (wie Anm.12), 420.

[32] Ebd.

[33] Ebd., 421.

[34] *Wetterer*, Vikariat (wie Anm. 27).

[35] *Hans Ammerich*, Neuorganisation der katholischen Kirche in Südwestdeutschland zu Beginn des 19. Jhs., in: *Ders./Johannes Gut*, Zwischen »Staatsanstalt« und Selbstbestimmung. Kirche und Staat in Südwestdeutschland vom Ausgang des Alten Reiches bis 1870. Stuttgart 2000, 11–26.

[36] *Hans Ammerich*, Die Wiedererrichtung des Bistums Speyer 1817/1821, in: *Ders.*, Das Bayerische Konkordat 1817. Weißenhorn 2000, 203–230.

Der Anfang vom Ende des Heiligen Römischen Reichs

Die Säkularisation der Reichsstifte

von Rudolfine Freiin von Oer

Reichsstifte und Säkularisationen vor 1800

Auf der vielfarbigen historischen Karte des deutschen Südwestens am Ende des 18. Jhs. fallen die meist violetten oder hellroten Reichsstifte besonders auf. Was sie kennzeichnete, war aber sicher nicht territorialer Zusammenhang, Ausdehnung, Untertanenzahl, Wirtschaftskraft oder gar politische Macht – sondern vielmehr ihre Stellung in der Reichsverfassung, ihre sozialen Grundlagen und in vielen Fällen kulturelle Ausstrahlung.[1] Dies gilt – wenn auch in unterschiedlichem Maße – für die Hochstifte Augsburg und Konstanz wie für die Fürstabtei Kempten und die Fürstpropstei Ellwangen und vielleicht mehr noch für die meisten der im schwäbischen Prälatenkollegium versammelten Reichsstifte. Neben Nordwestdeutschland und dem Rhein-Maingebiet lag im Südwesten ein Schwerpunkt des »Stiftischen Deutschland«, dessen Kleinteiligkeit ihn von der Territorialgliederung in den beiden anderen Schwerpunktregionen geistlicher Herrschaft unterschied. Als weitere Besonderheit des Südwestens verdient hervorgehoben zu werden, dass die Reichskirche hier nicht in gleicher Ausschließlichkeit Adelskirche war, wie sonst im Reich, wenn auch ihre Glieder bis hinauf zu den Prälaten aus ähnlich exklusiven bürgerlichen und bäuerlichen Kreisen stammten, wie die adeligen Stifts- und Domherrn des Rhein-Maingebietes oder Nordwestdeutschlands.

Die Säkularisation kam auch für die Reichsstifte im deutschen Südwesten nicht von ungefähr; eine reiche Streitschriftenliteratur hatte das Ende der Reichskirche vorbereitet.[2] Die in dieser Debatte vorgetragenen Argumente, vor allem solche der Nützlichkeit und des fiskalischen Interesses, fanden sich längst auch in Denkschriften einflussreicher Politiker wie des Zweibrücker und späteren bayerischen Ministers Graf Maximilian Montgelas.[3] Im Gegenzug hatten viele Reichsstifte durch zumeist korrekte und pünktliche Zahlung ihrer – relativ hohen – Reichs- und Kreislasten und nicht zuletzt durch herausragende Leistungen, vor allem in Kunst und Wissenschaft, gerade in den letzten Dezennien des 18. Jhs., eine Bestätigung ihrer Stellung im Reich erstrebt. Entgegen verbreiteten Ansichten vom damaligen Zustand der Reichskirche, erlebten schwäbische Stifte nicht nur wirtschaftlichen Aufschwung, sondern auch – nicht zuletzt unter jesuitischem Einfluss – nachhaltige spirituelle und organisatorische Erneuerung.[4] An den politischen und kirchenpolitischen Diskussionen der Zeit nahmen manche Klöster durchaus teil.[5] Die Benediktinerabteien organisierten sich – entsprechend den Forderungen des Konzils von Trient – in einer eigenen Kongregation.[6] Ob man den RDH und die sich anschließende Säkularisation als Zerstörung einer Hochblüte oder Beseitigung überlebter Strukturen beurteilt, ist bis heute eher eine Frage des Standpunkts als der wissenschaftlichen Erörterung.[7] Zutreffend hat man das Schicksal der geistlichen Staaten als »letztlich unabhängig von ihrer inneren Befindlichkeit und vom Grad ihrer Modernisierungsfähigkeit« charakterisiert.[8] Säkularisationen hatten im Reich bereits eine lange Tradition. Auch wenn man sich bei deren Betrachtung auf die Frühe Neuzeit beschränkt, so kann darauf hingewiesen werden, dass schon im Zuge der Reformation viele der seit dem Mittelalter in kirchlichen Institutionen angesammelten Vermögenswerte in weltliche

Schlafender Chorherr
Satirisches Blatt auf Mönchs- und Ordenswesen. Ausgerechnet über der Lektüre einer Lebensbeschreibung des hl. Augustins, des »geistigen Vaters« der Chorherren und Prämonstratenser, ist der wohlbeleibte Pater wohl nach einer reichlichen Mahlzeit eingeschlafen. Er sieht nicht den mahnenden Blick seines besseren Ichs an der Wand. Beispiel für die im 18. Jh. wachsende Kritik und Verunglimpfung des Mönchs- und Ordenswesens.
Kupferstich, R. Brichet nach J. F. Gotz, 1784.
Staatliche Graphische Sammlung, München.

Hände übergegangen, d. h. säkularisiert worden waren. Diese Hände, wohl am wenigsten die württembergischen, hielten sich nicht an die überkommenen kirchenrechtlichen Normen: Verwendung von Kirchengut nur für Gottesdienst und Kirchbauten, Schulen und Bedürftigenfürsorge. Die dramatische Reformationsgeschichte des Hauses und Landes Württemberg verursachte einen ebenso dramatischen Finanzbedarf, daher wurde schon damals Kirchengut zur Sanierung des Landeshaushaltes herangezogen. Immerhin trugen

auch die Herzöge durch die Gründung bald aufstrebender Bildungseinrichtungen den kirchenrechtlichen Normen wenigstens teilweise Rechnung. Die bekanntesten Schulen aus dieser Zeit dürften die vormaligen Benediktiner- und Zisterzienserklöster Hirsau (zeitweise), Maulbronn und Bebenhausen, sowie die mit dem Grundbesitz des Chorherrenstiftes Sindelfingen (schon vor der Reformation) fundierte Tübinger Universität sein.[9]

Der wechselvollen politischen Geschichte des deutschen Südwestens im Dreißigjährigen Krieg entsprach eine ebenso wechselvolle Konfessionsgeschichte der dortigen geistlichen Institute. Ihr Ergebnis war protestantische Konformität der an das Herzogtum Württemberg gefallenen mediaten und ehemals immediaten Klöster und Stifter, deren Prälaten neben den Vertretern der Städte und Ämter im württembergischen Landtag politische Funktionen behielten und deren säkularisiertes Kirchengut auch zum Unterhalt des Hofes und zum Ausgleich des Staatshaushaltes genutzt wurde.[10]

Die – aufgrund der Bestimmungen des Westfälischen Friedens – im »Normaljahr« 1624 katholischen Stifte konnten ihre Reichsstandschaft bewahren, teilweise aber erst Jahrzehnte später mit Hilfe der höchsten Reichsgerichte durchsetzen; sie verfügten über die ihnen seit dem Reichstag zu Worms 1495 eingeräumte Kuriatstimme auf dem Immerwährenden Reichstag in Regensburg. Hartnäckige Gegner ihrer Reichsunmittelbarkeit waren nicht so sehr der Herzog von Württemberg, als vielmehr die österreichische Landvogtei und der Bischof von Konstanz.

Während des 18. Jhs. bestand mindestens zweimal größte Gefahr für etliche der geistlichen Staaten, 1745, als Karl VII. dringend materiellen Rückhalts für sein Kaisertum bedurfte und 1761, als nach dem Tod des Bayernprinzen Clemens August während des Siebenjährigen Krieges gleichzeitig dessen *cinq églises*, nämlich Kurköln und die Bistümer Münster, Paderborn, Hildesheim und Osnabrück, dazu das Amt des Deutschordens-Hochmeisters, vakant wurden.[11]

Ein Dezennium später zogen katholische Staaten und Institutionen, nicht nur im Reich, mit oder ohne päpstliche Zustimmung, die Güter der 1773 aufgelösten Gesellschaft Jesu und einiger anderer geistlicher Institute ein oder widmeten sie um.

Kaiser Joseph II. verfuhr mit Klöstern und anderem Kirchengut in seinen Erblanden nach den Prinzipien der Aufklärung; selbst die Reise des Papstes nach Wien vermochte ihn nicht daran zu hindern. Im benachbarten Bayern wurde der Papst zwar betont fest-

licher empfangen, doch Kurfürst Karl Theodor band Kirchengut längst – mit päpstlicher Zustimmung – in seine profanen Zwecke ein.[12] Auch Geistliche Reichsfürsten wie der Kurfürst von Mainz und der Fürstbischof von Münster fundierten bzw. gründeten ihre

Kaiser Joseph II.
(1765–1790)
Seit Jahrhunderten hatte sich die Reichskirche auf den Schutz des Kaisers verlassen und ihn, wo nötig, auch loyal unterstützt. Es war ein gewisser Schock für die Kirche der habsburgischen Territorien und die des Heiligen Römischen Reichs, dass ausgerechnet ihr traditioneller Schutzherr 1781/82 zum Mittel der Säkularisation griff.
Halbporträt, Öl auf Lw., Martin Johann Schmidt (1718–1801),
ca. 1781.
WEINSTADTmuseum Krems.

Universitäten mit Vermögenswerten ehemaliger geistlicher Institute. Kirchengut war auch für sie unter Bedingungen disponibel geworden, ohne dass man freilich von eigentlicher Säkularisation durch geistliche Fürsten sprechen könnte. Schließlich beschleunigte die Hinnahme der Verstaatlichung des Kirchengutes in Frankreich durch die römische Kurie im napolenischen Konkordat von 1801 »die Totalsäkularisation in Deutschland«.[13] Erst das »gewaltsame Vorgehen des revolutionären Frankreich auf dem linken Rheinufer gab einen letzten Anstoß zur Verwirklichung längst gehegter Pläne an deutschen Fürstenhöfen«.[14] Trotz latenter Bedrohung hatte das Schwäbische Prälatenkollegium noch in der zweiten Hälfte des 18. Jhs. bemerkenswerten Zuwachs erhalten. Nicht weniger als sechs Klöster fanden zwischen 1750 und 1782 Zugang zu diesem exklusiven Zirkel: Zwiefalten, Gengenbach, Kaisheim, Neresheim, Söflingen, Isny. Die Prälaten von Ottobeuren und Buxheim blieben mit Sitz, Stimme und Beitrag nur im Schwäbischen Reichskreis sozusagen auf halbem Wege zur Reichsstandschaft stehen, während St. Ulrich und Afra in Augsburg als Reichsstand galt, ohne im Schwäbischen Kreis vertreten zu sein.[15] Der Abt von St. Blasien war einerseits Landstand in Vorderösterreich, andererseits wegen der Herrschaft Bonndorf Mitglied des Schwäbischen Grafenkollegiums, ebenso wie die Äbtissin des Damenstiftes Buchau, die daher auch nicht als geistlicher Stand am Reichstag vertreten war. Mit ihren Überschneidungen und Verflechtungen blieb die verfassungsrechtliche Situation der Reichsstifte im deutschen Südwesten noch wesentlich weniger überschaubar als etwa am Rhein und Main oder im Nordwesten des Reiches.

Niederlegung der Reichskrone 1806

Die komplizierte Rechtslage wurde offenbar weder zum Zeitpunkt des RDH von allen politisch Entscheidenden durchschaut-, noch ist sie es bis heute in der historischen Forschung. Das Standardwerk über die Reichskreise von Winfried Dotzauer (1989) differenziert nicht zwischen den Trägern geistlicher Virilstimmen (neben den Bischöfen von Augsburg und Konstanz, der Abt von Kempten und der Propst von

Elwangen) und den auf der Schwäbischen Prälatenbank repräsentierten Trägern einer Kuriatstimme im Regensburger Reichstag.[16] Die zur Zeit beste Kennerin der Materie, Armgard Gräfin Reden-Dohna, zählt 23 geistliche Gemeinschaften zum Kollegium der Schwäbischen Reichsprälaten, von denen der Abt von Salem (Zisterzienser) über eine Art von Ehrenvorsitz und der Abt von Weingarten (Benediktiner) über den ausgedehntesten Grundbesitz verfügte.[17] Fünf dieser Stifte waren Frauenklöster: Heggbach, Gutenzell, Rottenmünster und Baindt (Zisterzienserinnen) sowie Söflingen (Klarissen).[18]

Im Wortlaut des RDH zeigt sich die Unübersichtlichkeit der Situation schon für die Zeitgenossen darin, dass dem Kurfürsten von Pfalz-Bayern nach den geistlichen Reichsfürstentümern Kempten und St. Ulrich und Afra mediate und immediate Stifte in ziemlich bunter Reihung zugesprochen wurden, von den Mitgliedern des Schwäbischen Prälatenkollegiums das Klarissenkloster Söflingen, die Benediktinerabteien Irsee und Elchingen, das Zisterzienserkloster Kaisheim, die Prämonstratenserstifte Ursberg und Roggenburg und das Augustinerchorherrenstift Wettenhausen neben den nicht reichsständischen Klöstern Waldsassen, Eberach, Wengen, und Ottobeuren. Diese Mischung verrät auch, dass die Ersteller des Textes nicht – wie zumeist heute die Forschung – zwischen Herrschafts- und Vermögenssäkularisation unterschieden, man wird das als Hinweis für den Hauptakzent auf der Letzteren nehmen dürfen.[19]

Die Abtei Salem, sowie die Benediktinerabteien Gengenbach und Petershausen fielen an den Markgrafen von Baden, auch sie in bunter Aufzählung mit landsässigen geistlichen Instituten. Zwiefalten und Rottenmünster erhielt der Herzog von Württemberg, *Zwiefalten, Schönthal und Comburg, mit Landeshoheit*; von den beiden letztgenannten ist nicht bekannt, dass sie je Landeshoheit besessen hätten. Weingarten wurde dem Fürsten v. Oranien-Nassau-Dillenburg zugeteilt und Neresheim sowie Marchthal den Fürsten v. Thurn und Taxis. Der Graf v. Metternich erhielt Ochsenhausen, der Graf v. Quadt Isny, der Graf v. Sternberg die Abteien Schussenried und Weißenau, der Graf v. Törring Gutenzell, der Graf v. Wartemberg Rot. Die Kuriatstimme der Schwäbischen Prälaten verschwand 1803 – wie die der Rheinischen Prälaten – aus der Ver-

Wir Carl Friderich von Gottes Gnaden Marggrav

zu Baden und Hochberg, Landgrav zu Sausenberg, Grav zu Eberstein, Herr zu Röteln, Badenweiler, Lahr, Mahlberg, und Kehl,

Entbieten allen und jeden geistlichen und weltlichen Landsaßen, Lehenleuten, Dienern, Magistraten, Bürgern, Unterthanen, Hintersaßen auch Schirms- und zugewandten Einwohnern derer hiernach benannten Lande und Gebiete, worin gegenwärtiges zur Verkündung kommen wird, unsern gnädigsten Gruß und geben denenselben zu vernehmen:

Durch den zwischen Sr. Kaiserlichen Königlichen Majestät und dem Heil. Römischen Reich einerseits, sodann der französischen Republick andererseits am 9 Febr. 1801. zu Luneville errichteten Friedensschluß ist ausgemacht, daß den weltlichen Erbfürsten des deutschen Reichs für ihren Verlust an Land und Leuten, den sie durch die Abtretung des linken Rheinufers erlitten haben, eine Entschädigung an dem rechten Rhein-Ufer gelegenen Landen geschöpft werden soll. Es ist darauf durch eine den 4 Juny d. J. zu Paris zwischen ersagter Republick Frankreich und dem Kaiserl. Rußischen Hof abgeschlossene Mediations Convention, ausgemacht worden, was nach der Beziehung welche der innere Zustand des deutschen Reichs zu dem allgemeinen Ruhestand Europens und zu dem Gleichgewicht der sämtlich betheiligten Mächte und Reichsstände hat, jedem der obgedachten Erbfürsten zu Theil werden solle, und diese Convention ist dann vermittelnden Mächten unter dem 24 Aug. d. J. der besfalls eigens zusammenberufenen Reichsdeputation zur Berathschlagung und Genehmigung vorgelegt und von dieser mittelst Beschlusses vom 8 des laufenden Monats mit Vorbehalt einzelner Modificationen im Ganzen angenommen worden.

Hierinnen sind uns zugewiesen, die Rheinpfälzische Städte Mannheim und Heidelberg, so wie die Rheinpfälzische Oberämter Heidelberg, Ladenburg, und Bretten samt Zugehörden, die Reste der jenseits Rheinischen Hochstifte Basel und Strasburg und der Grafschaft Hanau Lichtenberg so weit sie auf der rechten Rheinseite gelegen sind, das Fürstenthum Costanz in gleichem das Fürstenthum Speyer mit allen seinen diesseits Rheinischen Besitzungen (worunter nach früheren Vorkommnißen auch die Ritterstift Odenheimische, ebenso als bei allen obgedachten Hochstiftern die Domcapitularische Lande samt Zugehörden für begriffen zu achten sind) die Reichspralaturen Salmannsweiler, Petershausen, und Gengenbach; die Reichsstädte Pfullendorf, Ueberlingen, Biberach, Wimpfen, Offenburg, Gengenbach, Zell samm Thal am Hammersbach; endlich die mittelbare Prälaturen Ettenheim Münster, Allerheiligen, Schwarzach, Frauenalb, und Lichtenthal, alles mit Gebieten, Rechten, Renten, und Dienstbarkeiten, nichts ausgenommen.

Wir haben jedoch bis daher der hierüber von Kaiser und Reich zu erwartenden endlichen bestimmten Entscheidung ruhig entgegensehen, hätten auch wünschen mögen, bey dieser stillen Erwartung bis zur vollständigen Berichtigung des Indemnisationsgeschäftes stehen bleiben zu können. Nachdem aber inzwischen nicht nur Ihro Königl. Preußische Majestät von dem Ihnen zugewiesenen Loos in Besitz ergriffen, sondern auch Ihro Kaiserl. Königl. Majestät Selbst nöthig befunden haben, von den Landen, welche Ihrem Durchlauchtigsten Herrn Bruder, Sr. des Großherzogs von Toscana Königl. Hoheit provisorisch Besitz nehmen zu lassen, auch daraufhin des Herrn Churfürsten zu Bayern Liebden und mehrere andere Unserer Reichsmitstände ähnliche Maasregeln ergriffen haben, um auch weiter der Reichsdeputations-Schluß über die allgemeine Annahme jener Indemnisations-Vorschläge hinzugekommen ist, und Uns daher für eine Vernachläßigung Unserer Ansprüche, und für einen Mangel der Aufmerksamkeit auf die Uns von den vermittelnden Mächten hierunter gegönnte Vorsorge ausgelegt werden dürfte, wann Wir allein hierunter Nichts vorkehren würden, um Uns des Effects dieser Vorsorge theilhaftig zu machen: So haben Wir gut gefunden und beschlossen, eigene Commissarien mit einiger militärischen Begleitung in obengedachte Lande, zur wirklichen obwohl provisorischen Besitznahme abzuordnen, welche übrigens die Grenzen dieser blos provisorischen Occupation streng zu beobachten, und vornemlich alles was Unser Künftiges Interesse betreffen kann, genau zu erkundigen, wo sie daß etwas dem Nachtheiligs vorgienge vernähmen, dawider Vorstellung zu machen, da wo diese nichts fruchten gleichfalls Protestation einzulegen, und Uns davon zu weiterer Vorkehr zu benachrichtigen haben. Die Commissarien werden bey der Ihnen zugegebenen militärischen Begleitung strenge Mannszucht halten, sofort für solche ihre Mannschaft nichts als frey Quartier, Lagerstroh, Holz und Licht fordern, deren Verpflegung aber mittelst zu treffender billiger Accorde baar zahlen lassen.

Gleichwie Wir nun hierdurch feyerlich erklären, daß diese Maasnahme keinem Reichs- oder andern Stand geistlich und weltlich an Gerechtsamen, die er durch die endliche Berichtigung dieses Indemnisations-Geschäfts behalten oder erlangen möchte, zum Nachtheil gereichen, und daß diese provisorische würckliche Besitznahme solchen von Kaiser und Reich künftig bestimmt werdenden Verhältnissen zum Abbruch niemals benutzt oder angezogen werden solle: Also versehen Wir Uns zu allen und jeden Ortsobrigkeiten, Rittern und Landsaßen, auch Dienern und Unterthanen, sie werden diesen Unsern Abgeordneten nichts in den Weg legen, vielmehr die billige Erleichterung verschaffen, ihren Vorstellungen und Anträgen jeweils williges Gehör geben, auch sachgemäße Entschließung darauf nehmen, aller politischen Urtheile oder übler Nachrede, womit zu Streit und Erhitzung der Gemüther Anlaß gegeben, sich enthalten, und überhaupt sich so friedlich und willfährig betragen, daß sie, demnächst ihre Schritte zu bereuen, und Unserer Ungnade zu gewärtigen, nicht Ursach haben mögen. Dessen zur Urkund haben Wir gegenwärtigem Patent Unser größeres Geheimes Insiegel beydrucken lassen. So geschehen Carlsruhe den 16ten September 1802.

Auf Specialbefehl Sr. Hochfürstlichen Durchlaucht.

Vdt. Herzberg, Hofrath und Geheimersecretär.

Provisorische Besitznahme
Patent Mgf. Karl Friedrichs von Baden vom 16.9.1802 bezüglich einiger Reichsabteien, Teilen der Bistümer Konstanz und Speyer sowie einer Anzahl von (Reichs-)Städten.
GLA Karlsruhe.

fassung des Reiches; nur für die Abtei Zwiefalten bekam der Herzog – jetzt Kurfürst – von Württemberg eine zusätzliche Virilstimme im Reichsfürstenrat, die diesem Reichsstift bis dahin gar nicht zugestanden hatte.

Die durch die Säkularisation von 1803 Begünstigten erhielten die ihnen zugeteilten Stifte nicht in jedem Fall vollständig, vielfach wurden Besitzungen abgeteilt und anderen Empfängern zugesprochen, auch wurden Renten von säkularisiertem Kirchengut ausgesetzt.[20] Weil mehrere dieser Stifte ihre Kapitalien bei der Wiener Bank angelegt hatten, profitierte auch das Haus Österreich durch deren Einzug von der Säkularisation der Reichsstifte, während Schulden oft den säkularisierenden Mächten verblieben.[21]

Als Verwendungszweck für das bisherige Kirchengut werden den neuen weltlichen Besitzern neben *Gottesdienst, Unterricht und [...] gemeinnützige Anstalten* auch *Erleichterung ihrer Finanzen* zugestanden; dies sollte in gleicher Weise für ehemals reichsunmittelbare wie landsässige geistliche Institute gelten. Dieser ausdrückliche Zusatz, der z. T. der Praxis, nicht aber den Regelungen der Reformationszeit und des Westfälischen Friedens entsprach, geht auf bayerische Initiativen zurück und erklärt sich aus der höchst angespannten Finanzsituation dieses Kurfürstentums.[22]

Nach der Niederlage Österreichs und seines russischen Verbündeten in der Schlacht bei Austerlitz veränderte der Friede von Preßburg vom 26. Dezember 1805 die Verteilung der ehemals reichsunmittelbaren

Der »Entschädigungs-Baum«
Am Baum der Kirche und der Kirchengüter (vgl. Päpstliches Kreuz, Mitren) bedient sich alle Welt und versorgt sich mit Zweigen (Kirchengüter). Satirische Darstellung. Radierung, F.L. Neubauer, um 1803. Germanisches Nationalmuseum, Nürnberg.

geistlichen Besitzungen im deutschen Südwesten nicht eingreifend, brachte aber der von Österreich nun abzutretende *Schwanzfeder des Kaiseradlers* einen »zweiten Klostersturm«[23] indem er die vorderösterreichischen Besitzungen – einschließlich der in diesen gelegenen geistlichen Institute – unter Bayern, Württemberg und Baden verteilte.[24] Der Vertrag sprach zudem den mächtigsten Gewinnern des RDH in diesem Gebiet, Bayern und Württemberg, die Königswürde zu und dem Markgrafen von Baden den Titel eines Großherzogs. Innerhalb ihrer Territorien gab die Zuerkennung der vollen Souveränität sowie die Verdrängung Österreichs aus dem Südwesten des Reiches den Mittelstaaten praktisch freie Hand gegenüber den Neuerwerbungen und deren vormaligen Besitzern[25]; und es dürfte nicht leicht sein, zu entscheiden, welche dieser beiden Friedensbedingungen die größeren Wirkungen nach sich gezogen hat.

Die Niederlegung der Kaiserkrone durch Franz II. – gut ein halbes Jahr später – hat hinsichtlich der territorialen Situation, verglichen mit den Entscheidungen von 1803 und 1805, kaum noch Folgen gehabt habt. Es entfiel aber mit dem Kaisertum auch das höchste Richteramt im Reich, vor dessen beiden Ge-

richten, dem Reichshofrat und dem Reichskammergericht, die Wiederherstellung des alten Rechtszustandes hätte eingeklagt werden können.

Der Wiener Kongress und die Folgen der Säkularisationen

Die Deutsche Bundesakte vom 8. Juni 1815 schließlich veränderte die »Flurbereinigung« des RDHs für die ehemaligen Reichsstifte, ihre Insassen und Untertanen, nicht grundlegend, nur wurden aus den kleineren Gewinnern, zumeist ehemaligen Reichsständen, jetzt Standesherren.[26] Die Bundesakte bekräftigte nur die aus den Entscheidungen des RDHs von 1803 resultierenden Ansprüche der persönlich von der Säkularisation betroffenen Geistlichen (Art. 15). Die Protestnote Papst Pius VII., überreicht von Kardinal Consalvi in Wien am 14. Juni 1815[27], blieb ohne Konsequenzen. Ein – wie immer geartetes – Anknüpfen an die vormalige Situation der Reichsstifte stand nicht mehr zur Debatte während der Vorrang der mediatisierten, ehemals reichsständischen Häuser im jeweiligen Bundesstaat zugesichert wird und sogar die – nicht realisierte

– Möglichkeit der Schaffung von Kuriatstimmen für die *mediatisierten vormaligen Reichsstände* offen blieb.[28] Zu viel hatte sich inzwischen in den Stiftslanden geändert; Veränderungen – oder eher historische Brüche – die, trotz des Vorhandenseins »unerschöpflichen« Archivmaterials[29], auch nicht annähernd flächendeckend in ihren wichtigsten Aspekten erforscht sind.[30]

Dies gilt in besonders hohem Maße für die Folgen der Säkularisation, – weniger für die staatlich-politischen als für die kirchlich-kulturellen und am meisten für die sozialen und wirtschaftlichen Konsequenzen. Es besteht zwar weitgehend Einigkeit über den »Modernisierungsschub«, den die »Flurbereinigung« gerade im deutschen Südwesten brachte: größere geschlossenere politische Einheiten, die eine straffere Verwaltung ermöglichten und damit dem Staat höhere Steuereinnahmen und mehr Rekruten, d. h. einen erweiterten Wirkungsbereich brachten und zugleich einen unmittelbareren Zugriff auf den Einzelnen.

Bis weit in das 20. Jh. hinein diskutiert wurden die Folgen für die katholische Kirche und die Katholiken im vormaligen Reichsgebiet: Politisch seit 1815 in der Minderheit, dies gesteigert durch das Ausscheiden Österreichs aus dem Deutschen Bund 1866 und kulminierend in der Reichsgründung von 1871, dabei kulturell geschwächt durch den Verlust der meisten ihrer höheren Bildungsinstitute und damit dem Protestantischen Bürgertum die Führung in den Bereichen Wissenschaft und Kultur überlassend. Nach neueren Forschungen betraf das »katholische Bildungsdefizit« vor allem die katholischen Laien, da die wissenschaftliche Ausbildung des Klerus zumeist gesichert blieb.[31] Ob hier Linien zur Rolle der deutschen katholischen Theologie in der Gesamtkirche und zur Stellung des Klerus in der »Katholikenemanzipation« nach 1848 zu ziehen sind, kann noch nicht abschließend beantwortet werden. Unbestritten ist jedoch die stärkere Anlehnung der deutschen Katholiken an den Heiligen Stuhl im 19. Jh., was gerne mit dem Ende der von Rom wenig geschätzten adeligen Reichskirche, der sog. »Entfeudalisierung« und zugleich Verbürgerlichung des katholischen Klerus in Zusammenhang gebracht wird. So ist mehrfach auf die schwindende Zahl adeliger Priesteramtskandidaten seit dem Untergang des »Spitals des Adels« hingewiesen worden[32]; was zu dieser Frage im Hinblick auf die nichtadeligen Reichsstifte im deutschen Südwesten gesagt werden kann, ist noch offen. Ausgeblendet erscheint hier bisher die Frage nach dem Nachwuchs in bzw. der Neugründung von katholischen Frauengemeinschaften, die eng mit dem Problem des Ersatzes für die von den Klöstern bisher ausgeübte karitative Tätigkeit zusammenhängt.

Besser sind wir, zumindest punktuell, über die wirtschaftlichen Auswirkungen der Säkularisation unterrichtet, wenn auch für den deutschen Südwesten noch keine Untersuchungen vom Rang der für den Moselraum erstellten existieren[33]; nicht zuletzt aufgrund der Streulage geistlicher Besitzungen in diesem Raum und der Quellensituation dürfte Vergleichbares noch schwieriger zu erstellen sein als für die linksrheinischen Gebiete. Ziemlich einig ist man sich heute darüber, dass die Säkularisation nirgends, sicher nicht in Bayern, u. a. aufgrund der hohen Folgelasten, den erhofften Gewinn abwarf.[34] Gerade bei der Streulage der schwäbischen Reichsstifte und ihrer Besitzungen dürfte diese Frage erst nach vielen Einzeluntersuchungen einer Beantwortung näher gebracht werden können. Besitzumschichtungen scheinen in Bayern nicht das zu erwartende Ausmaß erreicht zu haben.[35]

Dank der Forschungen von Dietmar Stutzer wissen wir, welche Rolle »Klöster als Arbeitgeber«[36] vielfach gespielt haben und nun nicht mehr spielen konnten, weshalb etliche Gewerbe wirtschaftlich zusammenbrachen; das Schicksal der Stukkateure von Wessobrunn bietet hierfür das wohl bekannteste Beispiel.

Besonders viele Fragen sind hinsichtlich der Folgen der Säkularisation für das Finanz-Kreditwesen in den bis 1803 geistlichen Landen, in denen Banken noch kaum entstanden waren, offen. Erst in jüngerer Zeit ist dies Problem überhaupt gesehen und bisher – nicht zuletzt aufgrund der Bearbeitungsschwierigkeiten – erst eher zögerlich angegangen worden.[37]

[1] Vgl. den Beitrag von *Armgard von Reden-Dohna* in diesem Band; *Dies.*, Reichsklöster in Ostschwaben; *Franz Quarthal*, Wissenschaft und Bildung in den ostschwäbischen Klöstern, beide Beiträge in: Suevia sacra. Fschr. Pankraz Fried. Stuttgart 2001; *Karl Josef Benz*, Zu den kulturpolitischen Hintergründen der Säkularisation von 1803, in: Saeculum 26 (1975), bes. 377.

[2] *Hans-Wolf Jäger*, Mönchskritik und Klostersatire in der deutschen Spätaufklärung, in: *Harm Klueting u. a.* (Hgg.), Katholische Aufklärung – Aufklärung im katholischen Deutschland. Hamburg 1993.

[3] *Eberhard Weis*, Montgelas, 1759–1799. München 1971, 120 ff.

[4] *Rudolf Reinhardt*, Die Auswirkungen der nachtridentinischen Kirchenreform auf die wirtschaftliche Entwicklung der Klöster in Oberschwaben, in: BlldtLG 109 (1973).

[5] *Konstantin Maier*, Die Diskussion um Kirche und Reform im schwäbischen Reichsprälatenkollegium zur Zeit der Aufklärung. Wiesbaden 1978.

[6] *Franz Quarthal*, Die oberschwäbische Benediktinerkongregation vom hl. Joseph, in: Germania Benedictina, hg. von *Ulrich Faust/Franz Quarthal*. Bd.1. St. Ottilien 1999.

[7] *Kurt Andermann*, Die geistlichen Staaten am Ende des Alten Reiches, in: HZ 271 (2000), 594ff.; *Armgard von Reden-Dohna*, Reichsstandschaft und Klosterherrschaft. Wiesbaden 1982; *Peter Hersche*, Intendierte Rückständigkeit: Zur Charakteristik des Geistlichen Staates im Alten Reich, in: *Georg Schmidt* (Hg.), Stände und Gesellschaft im Alten Reich. Stuttgart 1989; *Hans-Michael Körner*, Das Hochstift Würzburg. Die geistlichen Staaten des Alten Reiches – Zerrbild und Wirklichkeit. Jahres- und Tagungsbericht der Görres-Gesellschaft. 1992, 5ff.

[8] *Winfried Müller*, Die Säkularisation von 1803, in: *Walter Brandmüller* (Hg.), Handbuch der bayerischen Kirchengeschichte. Bd. 3. St. Ottilien 1991, 5.

[9] *Hermann Ehmer*, Württemberg, in: *Anton Schindling/Walter Ziegler* (Hgg.), Die Territorien des Reiches im Zeitalter der Reformation und Konfessionalisierung. Bd. 5: Der Südwesten. Münster 1993, 171. Zur Diskussion in der Kanonistik: *Hans-Wolfgang Strätz*, Wegweiser zur Säkularisation in der Kanonistischen Literatur, in: *Anton Rauscher* (Hg.), Säkularisierung und Säkularisation vor 1800. Paderborn 1976.

[10] *Walter Grube*, Der Stuttgarter Landtag. Stuttgart 1957, 320ff.

[11] *Rudolf Vierhaus*, Säkularisation als Problem der neueren Geschichte, in: *Irene Crusius* (Hg.), Zur Säkularisation geistlicher Institutionen im 16. und 18./19. Jh. Göttingen 1996, 19; *Peter Baumgart*, Säkularisationspläne König Friedrichs II. von Preußen, in: *Joachim Köhler* (Hg.), Säkularisationen in Ostmitteleuropa. Köln 1984.

[12] *Eberhard Weis*, Die Säkularisation der bayerischen Klöster 1802/03. München 1983, 18f.; *Müller*, Säkularisation (wie Anm. 8), 8ff.; *Hans-Jürgen Becker*, Die Reichskirche um 1800, in: *Wilhelm Brauneder* (Hg.), Heiliges Römisches Reich und moderne Staatlichkeit. Frankfurt a. M. 1993.

[13] *Rudolf Lill*, Die Säkularisation und die Auswirkungen des napoleonischen Konkordats in Deutschland, in: *Armgard von Reden-Dohna* (Hg.), Deutschland und Italien im Zeitalter Napoleons. Wiesbaden 1979, 92; *Andreas Roth*, Das Konkordat von 1801, in: *Walter Rödel/Regina Schwerdtfeger* (Hgg.), Zerfall und Wiederbeginn. Fschr. Friedhelm Jürgensmeier. Würzburg 2002.

[14] *Volker Dotterweich*, Herrschafts- und Vermögenssäkularisation in Bayerisch-Schwaben, in: *Pankraz Fried* (Hg.), Probleme der Integration Ostschwabens in den bayerischen Staat. Sigmaringen 1982, 118.

[15] *Ulrich Faust*, Zur Reichsunmittelbarkeit Ottobeurens und Buxheims und *Wilhelm Liebhart*, Die Benediktinerabteien St. Ulrich und Afra (Augsburg) und Irsee im Ringen um Landeshoheit und Reichs-unmittelbarkeit, beide Beiträge in: Suevia Sacra. Fschr. Pankraz Fried. Stuttgart 2001.

[16] *Winfried Dotzauer*, Die deutschen Reichskreise in der Verfassung des Alten Reiches und ihr Eigenleben (1500–1806). Darmstadt 1989, 207; *Andermann*, Geistliche Staaten (wie Anm. 7), 589ff.

[17] *Reden-Dohna*, Reichsstandschaft (wie Anm. 7), 8f. Vgl. auch *Pankraz Fried*, Zur Ausbildung der reichsunmittelbaren Klosterstaatlichkeit in Ostschwaben, in: ZWLG 40 (1981).

[18] *Elmar Blessing*, Frauenklöster nach der Regel des Hl. Benedikts in Baden-Württemberg (735–1981), in: ZWLG 41 (1982).

[19] Einschlägig hier: *Dotterweich*, Vermögenssäkularisation (wie Anm. 14) u. *Ernst Rudolf Huber*, Deutsche Verfassungsgeschichte. Bd. 1. 2. Aufl. Stuttgart 1967, 43f.

[20] Einzelheiten bei *Ernst Rudolf Huber*, Dokumente zur deutschen Verfassungsgeschichte. Bd. 1. Köln 1978, 1ff.

[21] *Weis*, Säkularisation (wie Anm. 12), 33.

[22] *Anton Scharnagl*, Zur Geschichte des Reichsdeputationshauptschlusses von 1803, in: HJb70 (1950), bes. 250f.; *Eberhard Weis*, Die Begründung des modernen Bayerischen Staates unter König Max I. (1799 bis 1825), in: *Max Spindler* (Hg.), Handbuch der Bayerischen Geschichte. Bd. 4,1. München 1974, 40ff.

[23] *Hermann Schmid*, Die Säkularisation der Klöster in Baden 1802–1811. Überlingen 1980, 145.

[24] *Rudolfine Freiin von Oer*, Der Friede von Preßburg. Münster 1965, 273f.; Vorderösterreich *nur die Schwanzfeder des Kaiseradlers*? Ausstellungskatalog des Württembergischen Landesmuseums Stuttgart. Stuttgart 1999.

[25] *Oer*, Friede (wie Anm. 24), 37ff. u. 275.

[26] *Gebhard Nebinger*, Die Standesherren in Bayerisch-Schwaben, in: *Pankraz Fried* (Hg.), Probleme der Integration Ostschwabens in den bayerischen Staat. Sigmaringen 1982; *Heinz Gollwitzer*, Die Standesherren. Die politische und gesellschaftliche Stellung der Mediatisierten 1815–1918. Ein Beitrag zur deutschen Sozialgeschichte. Göttingen 2. Aufl. 1964.

[27] *Johann Ludwig Klüber*, Acten des Wiener Congresses in den Jahren 1814 und 1815. Bd. 6 (1816). ND Osnabrück 1966, 441, auszugsweise in *Rudolfine Freiin von Oer*, Die Säkularisation 1803. Göttingen 1970, 83f.

[28] *Huber*, Verfassungsgeschichte (wie Anm. 19), 87f.

[29] *Benz*, Kulturpolitische Hintergründe (wie Anm. 1), 365.

[30] *Schmid*, Säkularisation (wie Anm. 23); *Manfred Treml*, Die Säkularisation und ihre Folgen, in: *Josef Kirmeier/Manfred Treml* (Hgg.), Glanz und Ende der alten Klöster. München 1991.

[31] *Werner Roesener*, Das katholische Bildungsdefizit im Deutschen Kaiserreich – ein Erbe der Säkularisation von 1803?, in: HJb 112 (1992).

[32] *Rudolf Morsey*, Wirtschaftliche und soziale Auswirkungen der Säkularisation in Deutschland. Fschr. Kurt von Raumer. Münster 1966, 372; *Erwin Gatz*, Geschichte des kirchlichen Lebens. Bd. 4. Freiburg 1995, 274.

[33] *Wolfgang Schieder*, Die Säkularisationspolitik Napoleons in den vier rheinischen Departements, in: *Irene Crusius* (Hg.), Zur Säkularisation geistlicher Institutionen im 16. und im 18./19. Jh. Göttingen 1996 (hier auch die weiterführende Literatur).

[34] *Müller*, Säkularisation (wie Anm. 8), 42 u. 60.

[35] Ebd., 48f.

[36] *Dietmar Stutzer*, Klöster als Arbeitgeber. Göttingen 1986.

[37] *Müller*, Säkularisation (wie Anm. 8), 44; *Rudolfine Freiin von Oer*, Säkularisation und Kreditwesen – Beobachtungen in westfälischen Archiven, in: *Irene Crusius* (Hg.), Zur Säkularisation geistlicher Institutionen im 16. und im 18./19. Jh. Göttingen 1996; *Dietmar Stutzer*, Die Säkularisation von 1803. Rosenheim 1978, 308f.

Säkularisation überflüssig?

Zur Aufhebung des adligen Damenstifts Buchau

von Bernhard Theil

Besitzergreifung und Huldigung 1802

*Bei der Ankunft Sr. Excellenz des Herrn Huldigungs-
kommisärs in dem Stifte empfangen Hochdenselben
die sämmtlichen Herrn Beamten und Geistlichen in
ein Spalier gebildet, und beym Aussteigen aus der
Chaise hält der Oberamtmann nur eine sehr kurze
Anrede an Hochdenselben. Während Se. Excellenz in
das Zimmer begleitet werden, streuen die 3 Mädchen
des Oberamtmanns und Hofrath Buzorini bis an das
Zimmer Blumen aus.*

*6. Die hinter den Chaisen gerittenen 2 Cavallerie
Escadrons stellen sich gleichfalls [...] zwischen dem
Hause des Herrn Regierungsraths, und Herrn Pfar-
rers [...] auf. Die Infanterie theilt sich auf dem äuße-
ren Stiftsplatz in ihren besonderen Compagnien, jede
Compagnie läßt ihre Musik spielen, und mit diesem
Spiele wechselt ununterbrochen die türkische Musik
der hiesigen Unterthanen und der Juden ab.*

*7. Sobald sich Se. Excellenz mit seiner Suite in das klei-
nere Tafelzimmer, wo supiert wird, verfügt haben,
fängt das Spiel der Spielleute, und der Feldmusik an;
hierauf wird von allen Compagnien, und zwar von
jeder insbesondere, und zuerst von dem hiesigen Con-
tingent abwechselnd mit der Musik, eine Salve gegeben; Nach Abfeuerung desselben spielt die türkische
Musik, und vorzüglich diejenige der Judenschaft wieder auf, und nach diesem Aufspielen, nimmt die Cavallerie und Infanterie unter klingendem Spiele ihren
Marsch aus dem Stifte nach Haus.*

*Am 22ten August als am Tage der Huldigung wird
morgens früh 5 Uhr eine halbe Stundelang mit allen
Gloken zusammengeleutet, und während des Geläutes werden 18 Pöller abgebrannt. Nach Beendigung
des Geläutes marschieren die Compagnien der Infanterie mit fliegenden Fahnen, und klingenden Spiele in
dem Stifte auf, und nehmen ihren Zug durch das
innere Stift.*

*Um ½8 Uhr tritt die Infanterie und zwar jede insbe-
sonders unter das Gewehr. Die Suite Sr. Excellenz des
Herrn Huldigungs-Commissärs befindet sich mit den
fürstlichen Beamten auf dem Zimmer Sr. Excellenz,
um da ihre Devotion zu bezeugen. Die sämmtlichen
zur Huldigung abgeordneten Deputierten machen in
dem langen Gange bis zum ehemaligen Kapitels-Zim-
mer, worinnen unter dem Paldachin auf einem mit
drey Treppen erhöhten Plazz ein mit rothem Damast
bedekter Lehnstuhl gestellt ist.*

*Die niedere Dienerschaft stellt sich sammt der Geist-
lichkeit indessen in Reihen und sobald es Sr. Excellenz
gefällig sein wird, die Handtreue in dem Kapitelszimmer von der höheren und niederen Dienerschaft abzunehmen, geht der Zug in folgender Ordnung von
dem Zimmer Sr. Excellenz in das Kapitelszimmer.*

*Voran geht die niedere Dienerschaft, hinter derselben
die Geistlichkeit, dann das Oberamtspersonal von
Straßberg, hierauf das von Ostrach, hernach das
Forstpersonal von hier. Hinter seiner Excellenz folgt
desselben Suite und die anwesenden Huldigungsgäste.
Nach abgelegter Handtreue geben die Compagnie der
Infanterie eine Salve und dann aber stellen sie sich en
Parade von dem Stifte an bis in die Kirche in zwey
Reihen, und Spalier-Weise auf. Nach geleisteter Hand-
treue und nachdem sich Se. Excellenz von ihrem Sitze
erhoben haben, geht der Zug in der nämlichen Ord-
nung wieder durch den Gang bei dem großen Portale*

hinaus, und zwischen dem von der Infanterie gebildeten Spalier unter Leutung aller Glocken und Abfeuerung der Pöller in die Kirche, allwo die sämtliche zur Huldigung abgeordneten Deputierten in zwei Reihen sich zustellen und die Compagnie der städtischen ledigen Leute die Nachparade zu machen haben.

Des Herrn Huldigungs Commissärs Excellenz nehmen unter dem in der Mitte des Chors errichteten Thron-Himmel auf einem 3 Staffel hohen Gerüste ihren Sitz. Zur rechten stehen dessen Suite und die anwesenden Huldigungsgäste. Zur linken der Oberamtmann sammt dem Oberamtspersonale, dann Herr Forstmeister mit seinem Forstamtspersonale, das Oberamtspersonal von Ostrach und endlich das Oberamtspersonal von Straßberg; unten bildet die Geistlichkeit einen halben Zirkel. Nach geleistetem Huldigungseide verfügen sich seine Excellenz unter Vortrettung der fürstlichen Dienerschaft von ihrem Thronhimmel herab, und nehmen ihren Platz um die Huldigungsrede besser anhören zu können, auf der linken Seite des äusseren Chors, allwo ein Lehnsessel und ein gepolsterter Betstuhl zu stellen ist. Nach beendigter Predigt wird Se. Exzellenz wieder unter Vortrettung der hohen Dienerschaft in den oberen Chor zurückbegleitet, allwo Hochdieselben unter dem ehemaligen fürstlichen Thronhimmel während des Tedeum Laudamus ihren Sitz einnehmen. Nach Beendigung feierlichen Tedeum Laudamus, unter welchem mit allen Gloken zusammen geläutet mit dem Musketen Feuer mehrere Salve zu geben und die Pöller ununterbrochen abzufeuern sind, stellen sich die Infanterie Compagnien von der Kirche an wieder in Spalier dann nehmen Se. Excellenz unter Vertretung der niederen, und höheren Dienerschaft, und in Begleitung der höheren Huldigungsgäste, unter dem Schalle der Trompeten und Pauken aus der Kirche ihren Rückzug in das Stift und ihr Zimmer, wo die Glückwünsche zu dieser Feierlichkeit abzustatten sind, und wo die sämmtlichen Compagnien sich en Parade zu stellen, und mit fliegenden Fahnen und klingendem Spiele und unter Abfeuerung des gröberen Geschützes mehrere Salve zu geben haben; und die doppelte Feldmusik aufzuspielen haben. Während der Tafel sind die Gesundheiten auf das höchste Wohl unseres Durchlauchtigsten Landesfürsten und Herrn, Herrn und auch auf das höchste Wohl des durchleuchtigsten Erbprinzen der durchleuchtigsten Erbprinzessin, des zärtlichsten Sprossen des durch-

leuchtigsten Fürstenhauses – auf das h(ohe) Wohl Sr. Excellenz des Herrn Geheimraths und Huldigungs-Commissärs, auf das h[ohe] Wohl Sr. Exzellenz der Frau Gräfin und des jungen Herrn Grafen, auf das hohe Wohl der ersten und trautesten Staatsdiener Sr. hochfürstlichen Durchlaucht unseres gnädigsten Fürsten und Herrn, und auf das Wohl der gesamten fürstlichen Regierung unter Trompetten und Paukenschall – Abfeuerung des großen und kleinen Geschüzes – und während der Tafel hat die türkische Musik eine längere Zeit aufzuspielen. – In der Nacht zwischen 8 & 9 Uhr hat die Infanterie in dem äußeren Stifte mit fliegenden Fahnen und klingendem Spiele aufzuziehen, alsdann aber ist die kleine Illumination der Friedensgöttin unter dem Gesange der Cantate oder Lytaney für das höchste Wohl unsers durchlauchtigsten Landesfürsten mit abwechselnder türkischer Musik von den als Schäfer, und Schäferinnen verkleideten Kindern abzusingen. Den Schluß dieses festlichen Tages macht ein Ball in dem großen Tafelzimmer.

Was in diesem Augenzeugenbericht[1] anschaulich geschildert wird, hat sich seit dem Spätjahr 1802 in vielen Gegenden des Heiligen Römischen Reichs deutscher Nation, vor allem im Süden und Westen, in ähnlicher Weise vollzogen – nämlich die Übernahme eines geistlichen Gebiets durch einen neuen Herrn, die in der Huldigung der Untertanen ihren feierlichen Abschluss fand – im vorliegenden Fall also: die Inbesitznahme des adeligen Damenstifts Buchau am Federsee durch den Fürsten von Thurn und Taxis.[2]

Dieser hatte aufgrund von § 13 RDH vom 25. Februar 1803 als Entschädigung für den Verlust des Reichspostgeneralats und der niederländischen Besitzungen neben dem Benediktinerkloster Neresheim, der Prämonstratenserabtei Marchtal und anderen oberschwäbischen Besitzungen des Klosters Salem auch Stadt und Stift Buchau erhalten. Schon während der noch laufenden Verhandlungen, unter dem Datum vom 23. September 1802, hatte Fürst Karl Anselm dies der regierenden Äbtissin von Buchau in einem höflichen Schreiben angekündigt.[3] Darin heißt es – fast bedauernd –, dass sich durch Kriegseinwirkung, nämlich durch das Vordringen Frankreichs, leider gewisse territoriale Veränderungen ergäben hätten, die ihn, den Fürsten, zwängen, gemäß dem Grundsatz der Entschädigung wie die anderen zu handeln und das, was

Buchau
Ansicht von Stadt und Damenstift mit dem Federsee von Südwesten. V.l.n.r. die Nachbarorte Brackenhofen, Seekirch, Deiffenbach und Oggelshausen. Im Hintergrund (links) der Bussen mit seinen beiden Burgruinen.
Kupferstich, Matthäus Merian.
Topographia Seuviae, 1643.

ihm zugewiesen wurde, in Besitz zu nehmen. *Gern hätte ich das Resultat der Berathschlagungen der Reichsdeputation abgewartet, um mich in derselben Besitz zu setzen; Allein da allenthalben zur Besitznahme geschritten wird, so darf auch ich nicht säumen, mir dasjenige anzueignen, was mir zugeschieden worden ist.* Er beauftrage daher seinen Regierungs- und Hofgerichtspräsidenten Grafen von Westerholt mit der vorläufigen Besitznahme und verspreche, alles zunächst so wie bisher zu belassen, wenn die Äbtissin ihm keinen Widerstand leiste. Abschließend versichert er fast entschuldigend, alles zu tun, was *dieses schwere Verhängnis* der Äbtssin *minder drückend* machen könnte. Westerholt hatte seine Reise unverzüglich angetreten und war am 2. Oktober 1802 auch nach Buchau gelangt, wo er seinen Auftrag ausführte, ohne auf Schwierigkeiten zu stoßen. Er hatte dabei eine in kurialen Formen gehaltene Ansprache an die Äbtissin gerichtet, in der er sie *von meines gnädigsten Herrn unverrückten hochachtungsvollen Ergebenheit, aufrichtigen Theilnahme und steten Freundschaft [unterrichtete, d.Vf.], sammtliche hochgeborne Stiftsdames von höchst Ihrer besonderen Achtung, nicht minder sammtliche Miglieder der fürstlichen Regierung, die Beamte, die Diener- und Unterthanschaft von höchst Ihren gnädigsten Gesinnungen und landesherrlichem Schuz.*[4] Die reale Besitzergreifung war sodann am 3. Dezember erfolgt, bei der die stiftischen Beamten dem neuen Herrn ihren Diensteid leisteten, nachdem sie zuvor von der Äbtissin von ihren alten Dienstpflichten entbunden worden waren.[5]

Am 22. August 1803 war es dann so weit: Graf Westerholt nahm stellvertretend für den Fürsten von Thurn und Taxis feierlich die Huldigung der neuen Untertanen von Stadt und Stift Buchau entgegen. Sie verlief in feudal-barocken, aber auch fast volksfestähnlichen Formen. Nach dem Huldigungseid hielt zunächst der erste Kanoniker Johann Georg Vogler[6] die Huldigungsadresse. In ihr beschwört er in feierlichen, Worten, die von einer uns heute fast unerträglichen Unterwürfigkeit geprägt sind, den neuen Bund, den die Untertanen mit ihrem Oberhaupt, dem Fürsten Karl Anselm von Thurn und Taxis geschlossen haben – einen Bund, der *wie jeder bürgerliche Verein […] keinen anderen Endzweck, als allgemeine Wohlfahrt* hat[7], den alle Miglieder des Bundes zutiefst wollen. Eine Ode, gewidmet von allen Buchauern dem neuen Fürsten, preist überschwenglich Liebe und Anhänglichkeit gegen den neuen Fürsten und Vater. Entsprechende Lieder rühmen die Tugenden des geliebten Fürsten und rufen ihn als Beschützer der Untertanen an, Gebete erbitten sein Wohlergehen.
Schließlich folgt noch eine Huldigungsadresse, in der die Kinder dem neuen Herren ihre Glückwünsche übermitteln.[8] Alle Reden, Lieder und Gedichte wurden auch im Druck veröffentlicht.

Das Schicksal der Stiftsangehörigen

Übergabe und Besitzergreifung des Fürsten von Thurn und Taxis im Damenstift Buchau verliefen also routinemäßig in den üblichen Formen. Und doch: War dieser Übergang wirklich so problemlos? Weiß man doch, dass es in anderen Fällen immer wieder Schwierigkeiten gab, dass Widerstand gelegentlich auch militärisch gebrochen werden musste. Dass der Fürst die Äbtissin bittet, *dieser Besitznehmung nicht das mindeste in wege* [zu] *legen*, lässt zumindest darauf schließen, dass der neue Besitzer seiner Sache nicht ganz sicher war. In der Tat werden beim Huldigungsakt nirgendwo die Äbtissin und ihre Stiftsdamen erwähnt, die das Stift auf Anordnung des Grafen von Westerholt bis Ende April 1803 verlassen hatten. Ihnen hätte man diesen Akt der Demütigung auch schwerlich zumuten können. Anwesend waren aber die Stiftsgeistlichen, an ihrer Spitze – wie wir hörten – der erste Kanoniker, der *Canonicus maior*, daneben

der Pfarrer des ehemals stiftischen Orts Kappel, Johann Baptist Welschinger, der zunächst Inhaber der Custorei und danach Heiligkreuzkaplan im Stift war, ferner Hofkaplan Jakob Schmid, Heiligkreuzkaplan Fidel Hofacker und Kustoreikaplan Joseph Engelhard.[9] Schmid soll bereits 1806 verstorben und Hofacker noch 1803 Pfarrer in Mietingen geworden sein; über Engelhard ist nichts weiter bekannt.

Zum Zeitpunkt der Ankündigung der Säkularisation bestand das Stift noch aus der Äbtissin Maria Maximiliana von Stadion zu Tannhausen und Warthausen sowie acht Damen, die voll »bemäntelt«, das heißt, eine volle – große oder kleine – Präbende genossen – zwei Angehörigen der Familie Fugger, drei Damen aus dem Hause Waldburg (Wolfegg-Wolfegg und Wolfegg-Waldsee), einer Maria Anna Schenk v. Castell, Gräfin Anna v. Stadion sowie Gräfin Theresia aus der österreichischen Familie Dietrichstein. Sie begriffen zunächst die anstehenden Veränderungen nicht in vollem Maße. So führten sie im Oktober 1802 noch

Damenstift Buchau
Prospekt des Neubaus, auf den der Konstanzer Fürstbischof Maximilian Augustin Christoph von Rodt (1775–1800) und die letzte Fürstäbtissin Maximiliane von Stadion (1775–1803) im Kreise ihrer Damen hinweisen.
Deckenfresko, Andreas Brugger, 1775.
Stiftskirche Bad Buchau.

einmal die routinemäßig anstehende *Bemäntelung* – also Einführung mit Verleihung der Stiftsinsignien – von fünf neuen Stiftsdamen durch. Darunter waren wieder 3 Damen aus dem Hause Waldburg (Wolfegg-Waldsee, Zeil-Wurzach und Zeil-Zeil), eine Fugger-Kirchberg-Weissenhorn und eine Theresia Olivier von Wallis.[9] Graf Westerholt protestierte zwar dagegen, erlaubte aber den Vollzug in einfacher Form. Über ihre Zukunft befragt, äußerten sich die Damen zuversichtlich; sie hofften auf eine *neue Schöpfung*, die *keine andere Tendenz haben werde, als uns ein frohes und ruhiges Dasein zu verschaffen.*[11] Erst als die reale Besitzergreifung im Dezember erfolgte, verstanden sie das volle Ausmaß der Veränderungen und zogen die persönlichen Konsequenzen. Maria Maximiliana ging nach München, wo sie 1818 starb, Maria Anna Schenk v. Castell übersiedelte nach Augsburg, Theresia v. Dietrichstein ging zunächst nach Brünn, dann nach Wien zu ihrer Familie. Auch Maria Anna v. Stadion und Theresia Olivier von Wallis zogen nach Wien. Die übrigen Damen begaben sich zunächst zu ihren Angehörigen. Äbtissin und Damen erhielten nach den Bestimmungen des Reichdeputationsschlusses von Thurn und Taxis eine lebenslängliche jährliche Pension – die Äbtissin 8.000, die Seniorin 1.600, die älteren präbendierten Damen 1.450, die jüngeren, erst im Oktober aufgenommenen Fräulein schließlich noch 900 fl., die teilweise bis zur Mitte des 19. Jhs. gezahlt werden mussten – so etwa an Maria Franziska v. Nordendorf, die erst 1859 in Charlottenburg bei Berlin verstarb. Im RDH[12] war die Sustentation für gefürstete Äbtissinnen zunächst auf 3.000 bis 6.000 fl. festgelegt worden; im Falle Buchaus, so argumentierten die Vertreter des Fürsten v. Thurn und Taxis, könne wegen der zerrütteten Finanzen jedoch keineswegs das Maximum gezahlt werden. Dennoch bot der Fürst v. Thurn und Taxis 6.000 fl., ein *eingerichtetes fürstliches Schloß zur Wohnung, nebst anderen Vortheilen* an. Die Äbtissin lehnte jedoch die Bereitstellung eines Schlosses hartnäckig ab, weil sie sich nicht an einen Wohnsitz binden wollte, so dass Thurn und Taxis schließlich die Pension auf 8.000 fl. erhöhte und ihr alle Möbel ihres ehemaligen Appartements beließ. Drastisch bemerkt der Taxis'sche Bevollmächtigte: [...] *und haben also dadurch der Zufriedenstellung genannter Frau Fürstin ein um so größeres Opfer*

gebracht, als hierbei die große Summe von 8.000 Gulden jährlich ausser Lande gehet, und der Entschluß der Frau Fürstin in dieser Hinsicht für den neuen Landesherrn und die Untertanen von großem Nachtheil ist. Für die standesgemäße Versorgung der Stiftsdamen hatten sich vor allem die verschiedenen Linien der Truchsessen v. Waldburg eingesetzt, die sich förmlich als ihre Vertreter verstanden.[13] Sie hatten versucht, die Pensionszahlungen noch etwas zu erhöhen und auch verlangt, dass die jüngeren Damen in eventuelle frei werdende besser dotierte Präbenden der älteren Kanonissen einrückten.[14]

Der Fürst v. Thurn und Taxis versuchte zwar schon früh die Zahlungen auf den württembergischen Staat abzuwälzen, der ja seit 1806 Landesherr in Buchau war, allerdings ohne Erfolg; es gelang ihm lediglich eine gewisse Ermäßigung zu erreichen – an die Äbtissin wurden nach hartnäckigen Verhandlungen nur noch 7.000 fl.,[15] an die Seniorin nur noch 1.300 fl. und an die anderen älteren Stiftsdamen nur noch 1.200 fl. bezahlt. Die Zahlungen an die jüngere Gräfin Stadion und an die Gräfin Dietrichstein konnten dagegen 1809 eingestellt werden, da an diese wegen ihres Wohnsitzes in Österreich gemäß württembergischer Verfügung keine Pensionen gezahlt werden durften.[16] Die Neuorganisation des stiftischen Herrschaftsgebiets erfolgte schon zu Beginn des Jahres 1803 im Rahmen der Gesamtorganisation der schwäbischen Besitzungen des Hauses Thurn und Taxis. Es umfasste zu diesem Zeitpunkt etwa 3.500 Untertanen im engeren Stiftsbezirk, der Stadt Buchau sowie in den im näheren Umkreis liegenden Dörfern Betzenweiler, Dürnau, Kanzach, Kappel, Moosburg, Oggelsbeuren, Ottobeurer Hof und Rupertshofen sowie Besitzungen und Rechte in Erisdorf, Ertingen, Kanzach, Kappel, Marbach, Markdorf, Mengen, Mietingen, Moosburg, Oggelsbeuren, Oggelshausen und Rupertshofen, hinzu kam die Herrschaft Straßberg auf der Schwäbischen Alb.[17] In den ehemaligen Buchauer Stiftsgebäuden wurde ein Oberamt und ein Rentamt errichtet, bei dem das stiftische Personal in der Regel übernommen wurde. Während das Rentamt Buchau für die Finanzen aller ehemaligen Besitzungen des Stifts zuständig war, wurden dem Oberamt alle *Publica, Jurisdictionalia, Criminalia und Polizeysachen* für die Besitzungen mit Ausnahme Straßbergs übertragen, wo ein eigenes

Oberamt errichtet wurde.[18] Besitzstand und Vermögen des Stifts wurden aufgenommen, dabei ergab sich ein Schuldenstand des Stifts von 311.230 fl.[19] Besonders zerrüttet waren dabei die Finanzen der Buchauischen Landschaft, deren Schulden sich allein auf über 150.000 fl. beliefen und deren Regulierung bis in die 1830er Jahre dauerte.[20]

Was den geistlichen Status des Stifts betrifft, so dauerte es offenbar eine Weile, bis hier grundlegende Änderungen eintraten. Wie aus einem Gutachten des Buchauer Schuldirektors hervorgeht, das zwar undatiert, aber bald nach 1803 entstanden sein dürfte[21], war nach der Säkularisation die bisherige Verfassung des Kollegiatstifts mit einer Kollegiatkirche, die von allen Geistlichen gebildet wird, und einer *weltlichen Vorsteherin* an der Spitze, die *eine Art bischöfliche Gerichtsbarkeit* ausübte, erloschen, aber der Bischof von Konstanz zögerte, die Kollegiatkirche in eine normale Pfarrkirche umzuwandeln, die voll in seine Jurisdiktion integriert wäre. Der Verfasser des Gutachtens, vermutlich Schuldirektor Kuen von Buchau, machte nun Vorschläge, wie die kirchliche Situation verbessert werden könne. Die Pfarrbezirke Buchau und Kappel sollten zu einer einheitlichen Pfarrei Buchau zusammengelegt, der amtierende Pfarrer Welschinger dem Bischof als neuer Pfarrer der Pfarrkirche Buchau (mit Kappel) präsentiert und Kanonikus Vogler und Hofkaplan Schmid in den Ruhestand versetzt werden, was schließlich auch geschah. Die letzten Jahrtage wurden 1807 aufgehoben.[22]

Das Stift und die Reichsgrafen

Die Säkularisation des Damenstifts Buchau weist allerdings noch einige Besonderheiten auf, denn sie wurde von den Betroffenen eigentlich für überflüssig betrachtet. Sowohl die Äbtissin und ihre Damen als auch die schwäbischen Reichsgrafen, zu deren Kollegium das Stift seit dem 16. Jh. gehörte, waren der Überzeugung, dass Buchau eine weltliche Institution darstellte, die gar nicht säkularisiert werden könne. Ähnliches galt zum Beispiel auch für die Ritterorden, deren Säkularisation wegen der starken Verweltlichung als fragwürdig bezeichnet wurde.[23] In einem Gutachten anlässlich der Wahl der Äbtissin Maria Maximiliana im Jahre 1775 wird die »Freiwelt-

lichkeit« des Stifts dahingehend interpretiert, dass man sich nicht an kanonische Gesetze zu halten habe. *Die Epoche des Chalcedonischen Concilii ist vorbey und man weiß von keinen Diaconissinnen mehr, welche durch förmliche Weihungen dem geistlichen Stande gewidmet wurden. Die Damen des freiweltlichen Stifts werden von alters her Kanonissen genannt, weil sie gleich den Chorherren zu gewisser Residenz verbunden sind und durch ein vorgeschriebenes Gebet ihre Präbende verdienen.*[24] Und 1796 schrieb die Äbtissin an Herzog Friedrich Eugen von Württemberg: [...] *Die Äbtissin und ihre Kapitulardamen treten ohne alle geistliche Vergelübtung und Verbindung in das Stift ein. Es wird ihnen keine klösterliche geistliche Regel auferlegt, sie können willkürlich das Stift verlassen und in einen anderen Stand eintreten. Eine Fürstin und eine Äbtissin wird ohne geistliches Präsidium und von den Kapitulardamen allein gewählt. Die Wahlhandlung ist von dem sogenannten kanonischen Recht nicht eingeschränkt. Die Mehrheit und zwar einer Stimme entscheidet die Wahl. Wegen der Jurisdiktion über die stiftische Geistlichkeit wird zwar die Fürstin von dem Bischof benediziert. Damit wird aber der Freiweltlichkeit und Standesveränderung kein Hindernis beigebracht*[25]. Im selben Jahr äußerte sich die Äbtissin gegenüber dem Markgrafen von Baden, dass ihr Stift ein *von allen klösterlichen und sonstigen regularen Dingen weit entferntes Institut* sei.[26] Andererseits bestand der Bischof von Konstanz bis zuletzt darauf, dass das Stift ein *Corpus ecclesiasticum* sei, das als Kollegiatkirche errichtet worden sei und dessen Mitglieder Gebets- und Residenzverpflichtungen hätten und dass die Äbtissin eine geistliche Person sei, die nur als solche zu Inkorporationen und zu den anderen Rechten – etwa über Geistliche – fähig sei. Daher müsse auch die Wahl in kanonischer Form erfolgen. In einem Vergleich von 1776 wurde dieses auch vom Stift bestätigt.[27]

Die wechselvolle Geschichte der Beziehungen Buchaus zum schwäbischen Reichsgrafenkollegium ist hier nicht im einzelnen darzustellen.[28] Nur soviel sei kurz erwähnt:. Wegen seines geistlich-weltlichen Doppelcharakters gehörte das Stift seit dem späten 16. Jh. nicht zu den Prälaten, sondern zur Gruppe der Reichsgrafen bzw. zu den weltlichen Fürsten des Schwäbischen Kreises. Die Grafen beriefen sich auf eine ältere Tradition, die, erstmals 1485 bezeugt[29], davon ausging, dass das Stift für die Töchter schwäbischer Grafen gegründet worden sei. Aufgrund dieser Tradition beanspruchte das Grafenkollegium weitgehende Einspruchsrechte im Stift, so etwa Jurisdiktionsrechte und das Recht, auf die Zusammensetzung des Kapitels Einfluss zu nehmen, ja, die Reichsstandschaft Buchaus wird von den Grafen an die Zugehörigkeit zu ihrem Gremium gebunden. Vielfältige Auseinandersetzungen zwischen dem Stift und dem Reichsgrafenkollegium führten allerdings zwischenzeitlich zum Austritt Buchaus aus dem Kollegium. Ende des 18. Jhs. wurde jedoch ein neuer Vergleich geschlossen, nach dem das Stift den Vorrang schwäbischer Gräfinnen de facto anerkennt, zum Grafenkollegium zurückkehrt, während dieses bei Äbtissinnenvakanz auf die Besitzergreifung verzichtet.

Die Versorgungsfunktion für die schwäbischen Grafenfamilien war es denn auch, die den Fürsten Max Wunibald von Waldburg-Zeil-Trauchburg vor allem veranlasste, sich massiv für die Zukunft des Stifts Buchau einzusetzen[30], als die Säkularisationspläne bekannt wurden. War doch das Stift besonders für die verschiedenen Linien der Truchsessen von Waldburg im 18. Jh. zu einer Art Hausstift geworden. Es gelang ihm, auf dem Regensburger Reichstag die Unterstützung des Vertreters der böhmischen Kurwürde zu erhalten, der ein österreichisches Schutzrecht für Buchau reklamierte. Vor allem aber das Schwäbische Reichsgrafenkollegium setzte sich für Buchau ein: Unter dem Datum vom 8. November 1802 reichte der reichsgräflich-schwäbische Komitialgesandte Johann Sebastian Freiherr von Zillerberg im Auftrag des Kollegiums eine *Promemoria* beim Reichstag ein mit dem Ziel, das Damenstift Buchau zu erhalten.[31] Durch den im Entschädigungsplan vom 18. August 1802 vorgesehenen Übergang des Damenstifts Buchau an Thurn und Taxis fühle sich das Kollegium, ganz abgesehen von dem Nachteil, *der ihm durch den Verlust desselben in Hinsicht der Versorgung der Töchter aus den gräflichen Häusern zuwuchs*, auch noch wegen der besonderen Beziehungen des Gremiums zu Buchau *gekränkt*, und wolle daher der Reichsdeputation die Rechts- und Sachlage ausführlich darlegen und dartun, *wie wenig es* [d. h. Buchau] *selbst in die Kathegorie geistlicher Stifter und Körperschaften gehöre, wie genau sein Verband mit dem Grafenkollegium sey.* Die Grafen legen weiter dar, dass

das Stift bei den Versammlungen des Schwäbischen Kreises auf der weltlichen Fürstenbank die 6. Stimme und den Titel eines *fürstlichen freyweltlichen* Damenstiftes führe, letzteres aus dem Grund, *weil es schon seit Jahrhunderten säkularisiert ist.* Mit seinen Besitzungen mache es einen integrierenden Bestandteil des Kollegiums aus. Wäre der Reichsdeputation diese unbestreitbare Tatsache bekannt gewesen, so argumentierte der gräfliche Vertreter, hätte sie *ihren stets geäußerten erhabenen Gesinnungen für Gerechtigkeit gemäß* gewiss darauf Rücksicht genommen. Die Auflösung des Stifts bringe aber darüber hinaus noch weiteren Schaden, denn alten Verträgen gemäß seien die Fürstinnen und Damen verpflichtet, vornehmlich Töchter schwäbischer Grafen aufzunehmen – ein Recht, welches sich das Kollegium dadurch erworben habe, dass es dem Stift nach dem Dreißigjährigen Krieg aus dem finanziellen Ruin herausgeholfen habe. Dass dieses so nicht zutraf, wurde bereits dargelegt. Auch der Hinweis auf die Konservatoren des Stifts, nämlich den Bischof von Konstanz und die Grafen von Fürstenberg, die damals eingesetzt worden seien, um ähnliche Situationen des wirtschaftlichen Zusammenbruches künftig zu vermeiden, stimmt mit der historischen Wirklichkeit nicht überein, denn: Konservatoren hatte das Stift schon vorher. Schließlich führte das Grafenkollegium noch die Familienpräbenden auf, die die Häuser Fürstenberg und Königsegg in den Jahren 1713 und 1717 gestiftet hätten und deren Verlust ihnen unmöglich gleichgültig sein könne. So unterliege es keinem Zweifel, dass dieses *keineswegs in die Klasse der geistlichen Stifter gehörige fürstliche freyweltliche Damenstift Buchau* in seiner Eigenart und vor allem auch in seiner Verbindung mit dem Grafenkollegium erhalten bleiben und für Thurn und Taxis ein Ersatz gefunden werden müsse. Wir wissen nicht, was die Reichsdeputation letztlich zu ihrer Entscheidung bewogen hat – die Antwort an die Grafen fiel jedenfalls negativ aus. Vermutlich ging es dabei weniger um den Status des Stifts, der verschiedene Auslegungen zuließ, sondern vielmehr um die besonderen Rechte, die die Reichsgrafen für sich beanspruchten. Hätte man im Falle Buchaus dem zugestimmt, wären die Folgen für das Reich in der Tat unabsehbar gewesen. Dafür spricht auch der Wortlaut des Beschlusses: *Da die in dieser Vorstellung geregten Grundsätze zu weit führten, und von zu großen Folgen sein würden; so habe diese Vorstellung auf sich zu beruhen.*[32] Fürst Zeil verfolgte die Angelegenheit trotzdem noch eine Weile weiter; so wollte er das Stift einfach in das Kloster Urspring transferieren[33], also in habsburgisches Territorium, wo bekanntlich 1803 noch keine vollständigen Säkularisationen stattfanden.

Die Frage des Erhalts des Damenstifts Buchau als Versorgungsinstitution für das Reichsgrafenkollegium erledigte sich 1806 von selbst, denn mit der Auflösung des Reichs verschwanden auch seine Gremien. Die Frage der Versorgung adeliger Damen in den Stiften aber blieb, wenn auch unter anderen Vorzeichen. Auch in Buchau hätte, wie schon angedeutet, nach der Vorstellung der Damen ein solches Institut erhalten werden können, wie in evangelischen Territorien des Reichs. Auch der Josephinismus hatte zunächst ja noch die Nützlichkeit dieser Versorgungsinstitute betont, in denen der Kaiser verdiente Adelsfamilien entschädigen könne.[34] Andererseits beurteilte die Adelskritik des späten 18. Jhs. die Damenstifte recht negativ.[35] Aber erst die durch Mediatisierung und Säkularisation zum Durchbruch kommende Vorstellung von der Souveränität und universellen Zuständigkeit des Staates brachte auch die Damenstifte in ihrer Mehrheit zu Fall. Notwendige Versorgungen konnte danach auch der Staat direkt erbringen.

Im Falle Buchaus dürfte indessen vor allem die Aufhebung der Reichsunmittelbarkeit entscheidend gewesen sein, die vornehmlich der Äbtissin, die sich immer als Reichsfürstin verstand, die Existenzgrundlage entzog, andererseits aber muss doch auch noch ein Bewusstsein vom geistlichen Charakter Buchaus vorhanden gewesen sein, durch den das Stift überhaupt erst als Entschädigungsobjekt in Frage kam. Dass die Reichsdeputation im übrigen mit dem Damenstift Buchau keinen Präzedenzfall schaffen wollte, hängt wohl auch damit zusammen, dass das Stift trotz des hochadeligen Status wirtschaftlich und politisch zu unbedeutend war, als das sich das Gremium eingehender mit ihm hätte beschäftigen wollen.

[1] FZA Regensburg, Reponierte Registratur Buchau, 179.
[2] Zur Geschichte des Damenstifts Buchau a. F., auch zur Säkularisation vgl. v. a. *Bernhard Theil*, Das (freiweltliche) Damenstift Buchau am Federsee. Berlin/New York 1994. Dort alle weiteren Literaturangaben und, wenn nichts anderes angegeben, die Quellennachweise.
[3] Wie Anm. 1. Danach das Folgende.
[4] FZA Regensburg, Schwäbische Akten, 205, fol. 30–31.
[5] Ebd. fol. 138–140.
[6] Geb. 1754, gest. wohl 1820, war zunächst Mönch in Schussenried, wo er die Jubiläumspredigt des Jahres 1783 hielt und mehrere pädagogische Schriften verfasste. Für Hinweise auf Voglers Tätigkeit in Schussenried danke ich Herrn Prof. Quarthal, Stuttgart. Im Übrigen zu Vogler vgl. *Theil* (wie Anm. 2), 334f.
[7] FZA Regensburg, Schwäbische Akten, 212.
[8] Ebd. und FZA Regensburg, Reponierte Registratur Buchau, 179.
[9] SAS Dep. 30/14, T. 6, 125.
[10] FZA Regensburg, Schwäbische Akten, 209: Vierteljährliche Sustentationstabelle vom 01.01–01.03., bzw. 01.02.–30.04.1803.
[11] Fürst von Waldburg zu Zeil und Trauchburg, Gesamtarchiv Schloss Zeil. (ZAZ) 728.
[12] Beilage CCCLIII zu den Verhandlungsprotokollen der außerordentlichen Reichsversammlung (Beilagenband 4). Regensburg 1803, 328. Danach auch das Folgende.
[13] FZA Regensburg, Schwäbische Akten, 205, fol. 234ff.
[14] Gemeinsames Schreiben der Grafen Eberhard von Zeil-Wurzach, Max Wunibald v. Zeil-Trauchburg und Joseph v. Wolfegg-Waldsee vom 09./11.03.1803, FZA Regensburg, Schwäbisch Akten 17, Nr. 11.
[15] FZA Regensburg, Schwäbische Akten 223.
[16] FZA Regensburg, Schwäbische Akten 222.
[17] Vgl. *Matthias Erzberger*, Die Säkularisation in Württemberg von 1802 bis 1810. Ihr Verlauf und ihre Nachwirkungen. Stuttgart 1902.
[18] SAS Dep. 30/14 T.6 Nr. 245 (voraussichtlich ab 2003 FZA Regensburg).
[19] *Manfred Zepf*, Die wirtschaftliche Lage des freien Reichsstifts Buchau zur Zeit der Säkularisation. Zulassungsarbeit zum Staatsexamen [Masch.] Freiburg 1966.
[20] FZA Regensburg, Schwäbische Akten, 207, 207/1–2, 208, Nr.1.
[21] SAS Dep. 30/14, T. 6, 121.
[22] FZA Regensburg, Schwäbische Akten 218.
[23] *Hermann Schmid*, Die Säkularisation und Mediatisation in Baden und Württemberg, in: Württembergisches Landesmuseum Stuttgart (Hg.), Baden und Württemberg im Zeitalter Napoleons. Ausstellung des Landes Baden-Württemberg. Bd. 2: Aufsätze, Stuttgart 1987. 145.
[24] SAS Dep. 30/14 T.3 Nr. 83.
[25] Vgl. *Theil* (wie Anm. 2), 68f.
[26] Ebd., 69.
[27] Vgl. *Bernhard Theil*, Das Damenstift Buchau am Federsee zwischen Kirche und Reich im 17. und 18. Jh., in: BlldtLG 145 (1989), 208f.
[28] Dazu *Theil* (wie Anm. 2), v. a. 72ff. Danach auch das Folgende.
[29] HSAS B 373 U 415.
[30] gl. dazu *Wilhelm Mößle*, Fürst Maximilian Wunibald von Waldburg-Zeil-Trauchburg 1750–1818. Geist und Politik des Oberschwäbischen Adels an der Wende des 18. und 19. Jhs. Stuttgart 1968, 98ff. Danach auch das Folgende.
[31] Beilage CCXXII (wie Anm. 12, 78ff.). Danach auch das Folgende.
[32] Protokoll der a. o. Reichsversammlung (wie Anm. 12), Bd. 2, § 179, 541.
[33] *Mößle* (wie Anm. 20), 100.
[34] Vgl. dazu *Marietta Maier*, Standesbewußte Stiftsdamen. Stand, Familie und Geschlecht im adligen Damenstift Olsberg 1780–1810. Köln-Weimar-Wien 1999, 69f.
[35] *Maier* (wie Anm. 24), 26f.

Getreue und gute Untertanen in den Ellwangern ...

Die Säkularisation der Fürstpropstei Ellwangen

von Hans Pfeifer

Die Fürstpropstei um 1800

Von allen einstigen Stiften und Abteien, die 1802/03 von Württemberg in Besitz genommen wurden, besaß die Fürstpropstei Ellwangen das größte Herrschaftsgebiet. Die ursprüngliche Benediktinerabtei aus der Karolingerzeit war 1460, nach einer Zeit schlimmen Zerfalls, in ein Chorherrenstift mit einem Fürstpropst an der Spitze und einem Stiftskapitel von zwölf adeligen Chorherren unter einem Stiftsdekan umgewandelt worden.[1]

Die Fürstpröpste

Seit der 2. Hälfte des 17. Jhs. bemühten sich einflussreiche Kirchenmänner, die hohe Ämter und Pfründen im Reich innehatten, Ellwangen als »Nebenpfründe« zu erhalten.[2] Diese Ämterkumulation hatte unterschiedliche Auswirkungen. Diese Kirchenfürsten wollten damit ihre jeweilige Position als Reichsbischöfe verstärken. Aber auch die Fürstpropstei profitierte von dieser Politik. Da diese Fürstpröpste nur selten in Ellwangen residierten, konnten die Ausgaben für die Hofhaltung gering gehalten werden. Vor allem wirkte sich die Regierungtätigkeit dieser Fürsten für den Ausbau des Ellwanger Fürstentums fruchtbar aus. Mannigfache Anregungen boten ihnen die anderen Territorien, und dort erprobte Einrichtungen wurden nicht selten nach Ellwangen übertragen. Wiederholt haben die Fürstpröpste aus ihrem Vermögen beachtliche Summen für kulturelle und soziale Aufgaben zur Verfügung gestellt. Der Missbrauch der Häufung geistlicher Ämter hat sich also für Ellwangen in mancher Hinsicht vorteilhaft ausgewirkt.

Die folgende Tabelle macht die Ämterkumulation der Ellwanger Fürstpropstei im 18. Jh. deutlich

> *Ludwig Anton Pfalzgraf bei Rhein*
> *(*1660, Amtszeit als Fürstpropst 1689–1694, † 1694)*
> 1684–94 Hochmeister des Dt. Ordens, 1691 Koadjutor des Ebf. von Mainz, 1693 Bf. von Worms, 1694 Postulierter Bf. von Lüttich.
>
> *Franz Ludwig Pfalzgraf bei Rhein*
> *(*1664, 1694–1732, † 1732)*
> 1683–29 Bf. von Breslau, 1694 Hochmeister des Dt. Ordens, 1702 Bf. von Worms, 1716–29 Ebf. u. Kf. von Trier, 1729 Ebf. u. Kf. von Mainz.
>
> *Franz Georg v. Schönborn*
> *(*1682, 1732–1756, † 1756)*
> 1729–1756 Ebf. u. Kf. von Trier, 1732 Bf. von Worms.
>
> *Anton Ignaz Graf Fugger v. Kirchberg und Weißenhorn (*1711, 1756–1787, † 1787)*
> 1769 Bf. von Regensburg.
>
> *Clemens Wenzeslaus v. Sachsen*
> *(*1739, 1787–1802, † 1812)*
> 1763–68 Bf. von Freising, 1763–68 Bf. von Regensburg, 1764 Koadjutor des Bfs. von Augsburg, 1768–1802 Ebf. u. Kf. von Trier, 1768–1812 Bf. von Augsburg, 1770 Koadjutor des Fürstpropsts.

Durch die grundlegende Neuordnung der obersten Regierungsbehörden – Hofrat, Hofkammer, Geistlicher Rat – und die umfassenden Ordnungen für die

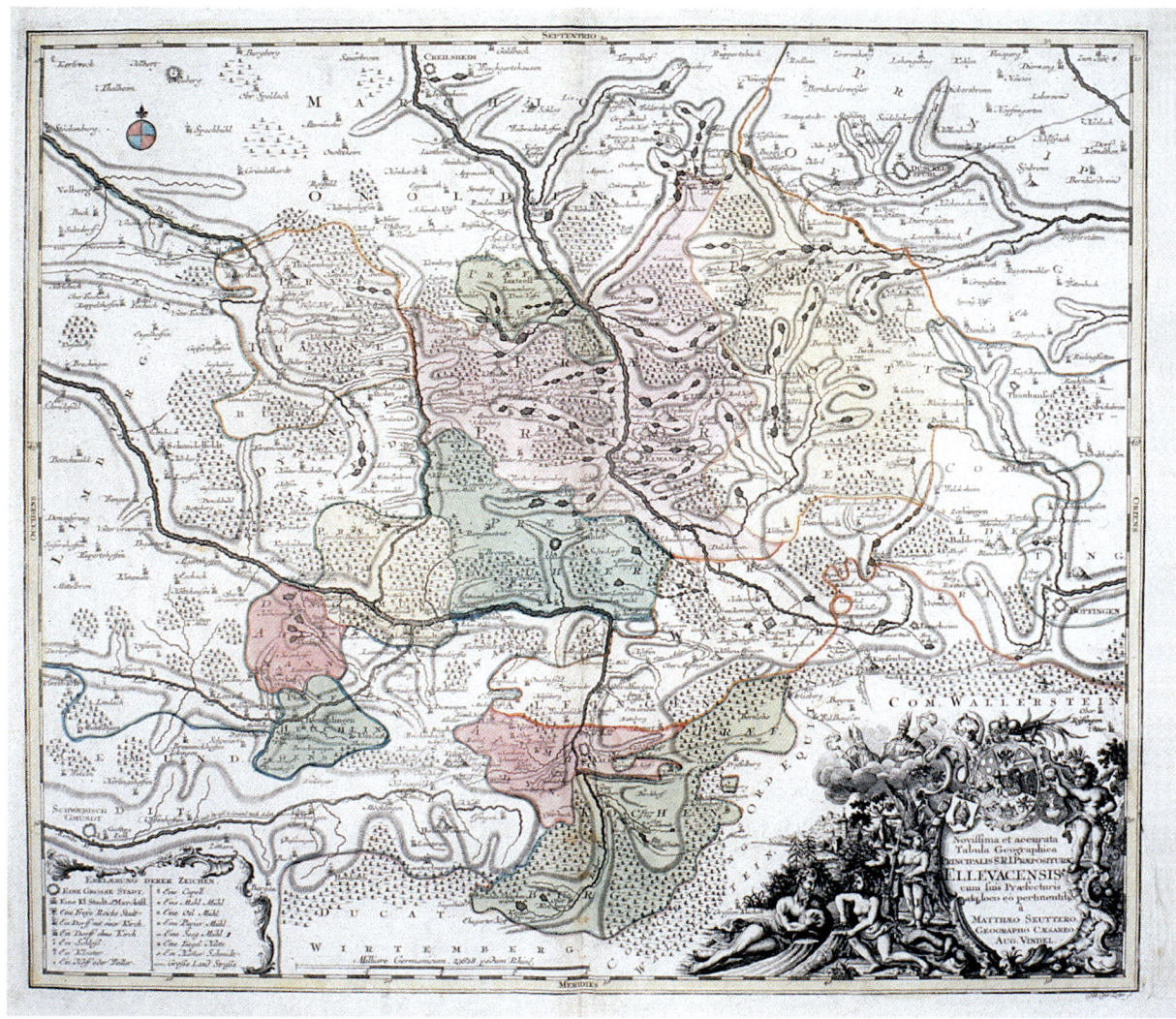

Der Staat des Ellwangener Fürstpropsts, M. 18. Jh.
Karte des Territoriums der Fürstpropstei Ellwangen nach Seutter.
Kol. Kupferstich von T. C. Lotter.
HSA Stuttgart N 100 Dr. 120.

Zentral- und Lokalverwaltung wie für die Gerichte hatte Fürstpropst Franz Georg v. Schönborn zwischen 1732 und 1756 für die Fürstpropstei Ellwangen eine für damalige Verhältnisse moderne staatliche Verwaltung geschaffen, die als Meisterwerk gepriesen und als *Schönborn'sches System* auch von anderen Fürstentümern übernommen wurde.[3]

Die aufgeklärte Regierung des Fürstpropsts Clemens Wenzeslaus (1787–1802)

Clemens Wenzeslaus, der letzte Fürstpropst, war der mächtigste Kirchenfürst seiner Zeit.[4] Seine Regierung stand durchaus im Zeichen von Reformen auf vielen Gebieten im Sinne der Aufklärung.[5] Unter seinen kirchlich-religiösen Reformen ragen vor allem hervor die Reduzierung der Feiertage von 38 auf 19–20, die Einschränkung der Prozessionen und Fasttage sowie der Ablässe und der Reliquienverehrung. Andererseits förderte er eine wissenschaftliche Ausbildung des Klerus und die religiöse Erziehung des Volkes. Der aufgeklärte Sinn des Fürsten richtete sich auch gegen den Aberglauben seiner Zeit. Als der Geistliche Johann Joseph Gaßner 1774 nach Ellwangen kam und sich hier als Wunderheiler und Teufelsaustreiber betätigte, setzte Clemens Wenzeslaus eine geistliche Kommission ein, deren Untersuchungsergebnis Gaßner alle übernatürlichen Kräfte absprach. Gaßner musste daraufhin Ellwangen verlassen.

Das pädagogische Interesse war ein wesentlicher Zug dieses fortschrittsgläubigen Jahrhunderts. Und Clemens Wenzeslaus bemühte sich besonders um die Förderung des Unterrichts sowie die Ausbildung und wirtschaftliche Lage der Lehrer. Für das *Collegium*

Ignatianum wie für die *Volksschulen* erließ er Schulordnungen, die durch stärkere Betonung bestimmter Fächer (Muttersprache, Geschichte, Erdkunde) den Unterricht den wissenschaftlichen Forderungen der Zeit anpassen sollten. Dass dabei manche alte Gewohnheit vor dem kritischen Geist aufklärerischer Reformbewegungen weichen musste, ist natürlich. So verbot er 1778 die am ehemaligen Jesuitengymnasium seit 120 Jahren üblichen Theateraufführungen. Die Lehrer der Grundschulen hatten einen sechswöchigen Unterrichtskurs auf der Musterschule in Dillingen zu besuchen. Clemens Wenzeslaus beließ es nicht bei bloßen Dekreten und Verordnungen. Deshalb richtete er 1789 einen Schulfonds zur besseren Bezahlung der Lehrer und für Freistellen für arme Kinder ein. Der Schule war auch das einzige öffentliche Gebäude gewidmet, das er in seiner langen Regierungszeit in Ellwangen errichtet hat. Die spätere Behaup-

Ellwangen um 1818
Blick von Westen auf die Stadt mit dem Schloss der Fürstpröpste und der Wallfahrtskirche Schönenberg (li.);
ganz rechts die St. Wolfgangskirche. Zwei Kapuziner im Ordenshabit auf dem Weg zu ihrem Kloster.
Umrissradierung von L. Zadig, um 1818.
Papier, Sepia, laviert.
WLB Stuttgart, graph. Slg.

tung, die Fürstpröpste verfolgten das Prinzip, ihre Untertanen *in möglichster Simplizität der Erkenntniß zu halten*[6], erweist hier sich als unhaltbar.

Im Bereich des Fürsorgewesens hat der Fürstpropst wichtige Neuerungen durchgeführt, v. a. 1781 die Witwen- und Waisenkasse für die Hinterbliebenen der Beamten, 1789 die Landesnotdurftskasse zur Unterstützung von Landwirten mit unverzinslichen Darlehen bei Viehseuchen und sonstigen Notständen und schließlich eine Brandversicherung gegründet.

Finanzen und Wirtschaft

Clemens Wenzeslaus' besondere Sorge galt der Ordnung des Finanzwesens. Gleich bei seinem Regierungsantritt hat er die dringende Notwendigkeit erkannt, *die Finanzverwaltung auf einen festen Fuß zu setzen.*[7] Gleich 1777 ernannte er den Hofkammerrat Wilhelm Baader zum Kammerkommissar, 1783 zum Kammerdirektor. Baader hat sich zwar zunächst Verdienste um das Finanzwesen der Fürstpropstei erworben, doch 1786 musste er das Fürstentum fluchtartig verlassen, nachdem er rund 20.000 fl. veruntreut hatte. Dies bedeutete einen schweren Rückschlag für die Finanzpolitik der Fürstpropstei.

Während sich sein Vorgänger, Fürstpropst Franz Georg, Mitte des 18. Jhs. ganz im merkantilistischen Geiste vor allem um gewerbliche Unternehmungen gekümmert hatte, galt das Interesse des letzten Fürstpropstes vor allem der Landwirtschaft. Für die Erschließung neuer Felder und den Anbau von Klee wurden Prämien ausgesetzt. Begabte Bauernsöhne durften auf Staatskosten auf fremden Gutshöfen fortschrittliche Feldbaumethoden lernen.

Gewerbliche und industrielle Betriebe waren in der Fürstpropstei wenig entwickelt. Die 1752 gegründete Fayencefabrik in Schrezheim erlebte in den 70er Jahren eine Blüte nach Menge und Qualität der Erzeugnisse; seit dem späten 18. Jh. begann jedoch der Niedergang des Werks. Die alte Rosenberger Glashütte musste 1782 geschlossen werden. Die 1786 in Espachweiler gegründete Tabakfabrik wurde bereits 1799 zum Verkauf angeboten. Die wichtigsten industriellen Betriebe der Propstei, der Schmelzofen in Wasseralfingen, wo Clemens Wenzeslaus einen weiteren Hochofen errichten ließ, und die Eisenwerke in Abts-

gmünd und Unterkochen, konnten in den letzten beiden Jahrzehnten ihre Produktion steigern, so dass Ende des 18. Jhs. eine leichte Blüte festzustellen ist.

Da Franz Georg v. Schönborn im großen Ganzen ein gut funktionierendes Regierungs- und Verwaltungssystem geschaffen hatte, ist Clemens Wenzeslaus auf diesem Gebiet weniger tätig gewesen. Als dringend erwies sich eine Neuordnung des fürstpröpstlichen Archivs. Clemens Wenzeslaus schuf dazu die organisatorischen Voraussetzungen, indem er 1779 Hofrat Karl Schiller zum wirklichen Archivar ernannte und ihm 1786 Heinrich v. Hardt zur Seite stellte, der eingehende Archivstudien betrieben hatte.[8] Damit unterstand das Archiv einem hohen Regierungsbeamten und einem ausgebildeten Fachmann. Von allen Archiven, die bei der Säkularisation an Württemberg fielen, war neben dem Archiv des Deutsch-Ordens das der Fürstpropstei Ellwangen das reichhaltigste.

Nicht mit gleicher Energie betrieb Clemens Wenzeslaus die für notwendig erachtete Reform des Justizwesens. Nachdem ihn die Regierung darauf hingewiesen hatte, dass die Gerichts- und Prozessordnungen verbessert und zeitentsprechend aktualisiert werden müssten, verlangte er von dieser 1789 ein ausführliches Gutachten *über die Gegenstände, welche eine Verbesserung verdienten.*[9] Durchgreifende Maßnahmen für eine Neuordnung der Justiz sind aber nicht erfolgt. So ist es auch verständlich, wenn Regierungsrat v. Reischach 1802 seinem Herzog von dem sehr mangelhaften Zustand des Justizwesens im Ellwanger Fürstentum berichtet.[10]

Es fällt nun auf, dass nach 1790 die dem Geist der Aufklärung verbundenen Reformbestrebungen des Fürstpropstes nachließen oder bereits durchgeführte widerrufen wurden. So hat er seinen Plan, die 1.100 Falllehen der Fürstpropstei mit ihrem für den bäuerlichen Inhaber ungünstigen Rechtsstatus in Erbgüter umzuwandeln, 1791 aufgegeben.[11] Nach einer Unterbrechung von mehr als einem Jahrzehnt durfte das Gymnasium von 1790 an wieder Theaterstücke aufführen. Die Gründe für den Sinneswandel sind schwer auszumachen. Sie könnten, wie bei anderen Fürsten, in der Meinung gelegen haben, dass die Volksaufklärung des 18. Jhs. mit eine Ursache gewesen sei für die Französische Revolution und ihre der traditionellen Herrschaft abträglichen Auswirkungen.

Ein vorurteilsfreier Zeitgenosse, der Geschichtsschreiber und protestantische Pfarrer im benachbarten Neubronn, urteilt über die ellwangische Verwaltung am Ende der Fürstpropstei: *Der Gang der Regierung war gesetzmäßig, geräuschlos, schonend und mild. Die Untertanen ruhig und glücklich.*[12] Und die Landesbeamten bekamen später von württembergischer Seite das Lob, einen günstigen Einfluss auf die Untertanen ausgeübt zu haben.[13]

Doch dürfen bei aller allgemeinen Anerkennung Mängel in Einzelbereichen nicht übersehen werden. Bei allen Reformen der letzten Jahrzehnte hätte es in der Verwaltung in einzelnen Punkten doch noch manches zu verbessern gegeben. Der Beamtenapparat war zu stark besetzt, der Geschäftsgang deswegen schleppend. Vor allem in der Lokalverwaltung wären Einsparungen notwendig und möglich gewesen. Die für notwendig erachtete Justizreform ist unterblieben.

Von den geistlichen Territorien, die durch die Säkularisation an Württemberg kamen, war die Fürstpropstei Ellwangen mit der aus allen Kunstepochen reich ausgestalteten Residenzstadt noch am meisten im Alten Reich bekannt, da von den vier Fürstpröpsten des letzten Jahrhunderts drei zugleich noch weitere höchste Kirchenämter im Reich innehatten.

Das Stiftskapitel

Dass die Landesherrschaft in geistlichen Territorien nicht, wie in weltlichen Staaten, durch Erbschaft, sondern durch Wahl übertragen wurde, bot mancherlei Vorteile: der Wegfall der Erbteilungen und Erbstreitigkeiten, überhaupt die geringere Einbeziehung in dynastische Auseinandersetzungen. Auf der anderen Seite bewirkte die Wählbarkeit des Fürsten eine bevorzugte Stellung der wählenden Körperschaft, des Stiftskapitels. Durch das Wahlrecht war die Stellung des Kapitels weit größer als die der Stände in weltlichen Territorien. Das Recht der Propstwahl benutzte nun das Kapitel über Jahrhunderte, dem neu zu wählenden Fürsten feste Bedingungen für seine weltliche und geistliche Regierung in Form einer Wahlkapitulation vorzulegen.[14] Mit Hilfe dieser Wahlkapitulation wollte das Stiftskapitel seinen Einfluss auf die Regierung des Landes immer weiter ausdehnen.[15] Obwohl Papst und Kaiser Ende des 17. Jhs. Wahlab-

machungen verboten hatten, blieb das Ellwanger Stiftskapitel dieser Tradition treu.

Ein weiterer wesentlicher Unterschied gegenüber weltlichen Ständen bestand darin, dass der Dekan, das Haupt des Kapitels, während der Abwesenheit des Fürstpropsts als dessen Statthalter fungierte. Da sich die Pröpste seit Ende des 17. Jhs. infolge ihrer Ämterkumulation nur selten in Ellwangen aufhielten, kam diesem Amt besondere Bedeutung zu.

Die strukturelle Zusammensetzung des Stiftskapitels hat sich im Laufe der Jahrhunderte geändert.[16] Während anfangs das Gremium sich vorwiegend aus Mitgliedern schwäbischer und fränkischer Adelsfamilien zusammensetzte, hat es sich in der letzten Phase seiner Existenz aus seinem traditionellen regionalen und sozialen Umfeld gelöst. Unter den Stiftsherren begegnen jetzt nicht wenige Angehörige des rheinischen, thüringischen, bayerischen, Tiroler und Kärntner Adels. Gleichzeitig kamen Abkömmlinge gräflicher und altfreiherrlicher Geschlechter verhältnismäßig zahlreich ins Stiftskapitel. Außerdem hatten die meisten Stiftsherren Ellwangens weitere Benefizien und Ämter inne, vor allem Kanonikate in den Domkapiteln des Reiches (z. B. in Augsburg, Eichstätt, Freising, Bamberg, Konstanz u. a.). Alle diese Umstände schlossen das Fürststift an das Reichskirchensystem an und verankerten es stärker in der Reichspolitik. Dies konnte einerseits das politische Gewicht der Ellwanger Fürstpropstei verstärken; dadurch gerieten aber andererseits die Wahlen der Fürstpröpste unter den Einfluss der allgemeinen Entwicklung in der Reichskirche und wurden immer wieder von auswärtigen Interessen beeinflusst.[17]

Die Säkularisation

Die militärische Besetzung

Für die ihm in verschiedenen Verträgen zugesagten Gebietserwerbungen hatte Herzog Friedrich von Württemberg die reichsrechtlich verbindliche Bestätigung durch den Reichsdeputationshauptschluss (RDH) vom 23. Februar 1803 gar nicht erst abgewartet. Mit Schreiben vom 5. September 1802 teilte er dem Fürstpropst Clemens Wenzeslaus die von ihm beschlossene

Der letzte Fürstpropst Ellwangens
Porträt Clemens Wenzeslaus' von Sachsen (*1739, 1787–1802)
Bischof von Augsburg, Ebf. und Kf. von Trier sowie Fürstpropst von
Ellwangen.
Baden-Baden, Lichtenthal, Abtei.

militärische Besitzergreifung Ellwangens mit.[18] In seinem Antwortschreiben vom 9. September 1802 aus Marktoberdorf zeigte sich Clemens Wenzeslaus erstaunt über das württembergische Vorgehen, da es *ohne vorheriges Einverständnis des Kaisers und Reichs* erfolge, und legte daher seine *Protestation* ein.[19] Er erklärte aber, *der einrückenden militärischen Gewalt nicht den geringsten Widerstand leisten zu lassen*, vielmehr sei er gesonnen, *zu guter Einquartierung und Verpflegung des Militärs sowie zur Entfernung aller besorglichen Unannehmlichkeiten die gemessenste Weisung an die Behörden zu erlassen.*[20] Gleichzeitig sprach er die Hoffnung aus, *dass zur Erleichterung des durch die Kriegsdrangsale ohnehin sehr geschwächten Landes die bestimmten Occupationstruppen auf die geringste Zahl werden vermindert werden.*[21] Falls Kaiser und Reich die Abtretung seines ellwangischen Fürstentums billi-

gen würden, bat er den württembergischen Herrscher, *dass die katholische Religion ganz in ihrem bisherigen Stande, mein würdiges Stiftskapitel bei seinen Besitzungen und Rechten, das Land bei seiner Verfassung und die gesamte fürstliche Dienerschaft bei ihrer Anstellung und Besoldung erhalten werden mögen.*[22]

Der Protest des Fürstpropsts hatte keine praktischen Konsequenzen. Denn der Abgesandte des Herzogs, Regierungsrat v. Reischach, war inzwischen am 7. September in Ellwangen erschienen, um den Beschluss seines Herrn anzukündigen. Der ellwangische Kanzler Fidel v. Baur und die Mitglieder seiner Regierung verwahrten sich in der mündlichen wie schriftlichen Antwort dagegen, dass die landesherrlichen Gerechtsame des Fürstpropsts Clemens Wenzeslaus verletzt würden.[23] Gleichzeitig erklärten sie aber, dass sie sich der Besitzergreifung willig fügen werden. Und sie verbürgten sich für die ganze Einwohnerschaft in Stadt und Land, dass diese sich ruhig verhalten werde, *da sich ihr ohnehin durch die Occupation eine so tröstliche Aussicht zur Verbesserung ihres Nahrungsstandes eröffne.*[24] Durch einen Aufruf wurden die Bürger und Untertanen verständigt und gleichzeitig aufgefordert, sich gegenüber dem einrückenden Militär ruhig zu verhalten, öffentliche politische Äußerungen zu unterlassen und das künftige Schicksal gelassen abzuwarten.

Am 10. September, morgens um 6 Uhr, rückten dann die württembergischen Truppen unter General v. Varnbüler in die fürstliche Residenzstadt ein. In grundloser Furcht vor Widerstand wurde eine Truppe von 624 Mann Infanterie, 78 Reiter und 13 Mann von der Artillerie mit 2 Geschützen aufgeboten. Infanterie und Kavallerie wurden zunächst im Jesuitenkolleg, die Artillerie im Schloss einquartiert. Da die Räumlichkeiten nicht ausreichten, so erfolgte bald die Einquartierung in Stadt und Land.

Der Herzog hatte der Truppe geboten, sich rücksichtsvoll zu verhalten. So wurde dem Militär jede Einmischung in die Zivilverwaltung untersagt und schärfste Manneszucht zur Pflicht gemacht. Den Offizieren und Mannschaften wurde dringend nahegelegt, den gottesdienstlichen Veranstaltungen mit gebührender Achtung zu begegnen.

Weder der Fürstpropst noch sein Statthalter, Stiftsdekan Carl v. Hohenlohe-Schillingsfürst, weilten damals in Ellwangen. Nur dieser kehrte bald danach zurück, nachdem er zum Weihbischof von Augsburg geweiht worden war. Clemens Wenzeslaus lebte fortan als Bischof von Augsburg bis zu seinem Tod 1812 in seinem Sommersitz in Marktoberdorf.

Sofort nach dem Einmarsch fanden sich zwei Vertreter des Stadtmagistrats bei General v. Varnbühler ein, um zum Einzug Glück zu wünschen und die Zusicherung zu machen, dass sie alles mit Vergnügen tun würden, um die höchste Zufriedenheit seiner Herzoglichen Durchlaucht zu erreichen. Bald beeilten sich die meisten Angehörigen der verschiedenen Behörden und die Geistlichkeit, Varnbühler ihre Aufwartung zu machen. Von der Bevölkerung wusste dieser zunächst nur Gutes zu berichten. Schon am 15. September schrieb er, *daß die hiesige Regierung, der der Hofkanzler Geheimrat v. Baur obenansteht, den allerübelsten Ruf hat, hingegen die Bürgerschaft von besten Gesinnungen ist. Sie hat schon öffentlich in den Wirtshäusern auf die höchste Gesundheit Sr. Herzogl. Durchlaucht getrunken und geäußert, daß sie nunmehr überzeugt sei, nicht mehr auf die hier gewöhnliche Art behandelt zu werden.*[25] Wie weit diese Verhaltensweisen echt oder opportunistisch waren, ob die Meldungen übertrieben und auf Wirkung beim Herzog berechnet waren, ist heute schwer zu beurteilen. Sie bekundeten jedenfalls die Loyalität, mit der die Besetzung in Ellwangen aufgenommen wurde. Aber bald muss der General doch auch von unangenehm vermerkter Anhänglichkeit an das alte Regiment berichten. Am 3. Oktober schrieb er, dass sich die Meinung in der Stadt sehr verändert habe. *Es hat sich alles zurückgezogen, und so wie ich von weitem erfahre, äußern sich die meisten, daß man sich gegen den Herrn Fürstpropst kompromittieren würde, wenn man sich zu sehr mit Württemberg einlasse. Es scheint, und ich habe sehr hinlängliche Gründe, es zu glauben, daß sich die meisten unterredet haben, weil sie es wünschen, daß die ganze Entschädigungssache zurückgehen und alles beim alten bleiben würde.*[26] Auch v. Hohenlohe, der sehr höflich sei, möchte Varnbühler von dieser Meinung nicht freisprechen. *Der größte Teil der hiesigen Bürgerschaft und das sämtliche Landvolk würden hingegen untröstlich sein, wenn sie nicht das Glück hätten, Untertanen Sr. Herzogl. Durchlaucht zu werden.*[27] Der Geburtstag Herzog Friedrichs wurde am 6. November zum ersten Mal in Ellwangen festlich

gefeiert: mit einem Hochamt des Weihbischofs v. Hohenlohe in der Stiftskirche und mit einer Gratulationscour des Adels und der Regierungsbehörden. Abends wurde ein Theaterstück *Der Lorbeerkranz* aufgeführt, wobei ein auf diesen festlichen Tag verfasster Prolog gesprochen wurde. Varnbühler berichtet darüber: *Der ganze Tag war ein festlicher Tag für die alten und neuen Württemberger und überzeugte mich aufs neue, daß Eure Herzogliche Durchlaucht getreue und gute Untertanen in den Ellwangern erhalten werden.*[28]

In die Zeit der militärischen Besitzergreifung fiel ein Ereignis, das für das damalige Verhältnis der seitherigen und neuen Herrschaft sehr charakteristisch ist. Offenbar hatte die Geburtstagsfeier für den Herzog bei Clemens Wenzeslaus doch einen gewissen Neid hervorgerufen. Er gab daher seinem Statthalter Weisungen, seinen Namenstag am 23. November auf das feierlichste zu begehen: Hochamt, großes Diner, wozu die Herzoglichen württembergischen Offiziere eingeladen seien, Parade des Kreiskontingents und eines bewaffneten Teils der Bürgerschaft, Konzert am Abend und Böllerschießen auf dem Schloss den ganzen Tag über.[29] Herzog Friedrich fand diese geplante Festlichkeit *ganz und gar nicht den bestehenden Verhältnissen angemessen*[30], zumal an diesem Tag die Zivilbesitzergreifung stattfinden sollte. Den württembergischen Offizieren wurde jede Teilnahme untersagt. Hohenlohe, der über diese Mitteilung sehr betroffen gewesen war, versprach, alle weiteren Festlichkeiten sogleich abzusagen und nur ein Hochamt zu halten. Gleichwohl hielt es General v. Varnbühler für angemessen, die Wache zu verdoppeln und den Artilleristen zu befehlen, sich bei ihren Kanonen aufzuhalten. Tatsächlich fand dann für Clemens Wenzeslaus, doch nur als dem zuständigen Bischof von Augsburg, ein Hochamt statt, an dem die Bevölkerung überaus zahlreich aus allen Schichten teilgenommen hat; ansonsten behielt sie vollständige Ruhe.

Die Zivilbesitzergreifung

Die Zivilbesitzergreifung am 23. November 1802 erfolgte durch Regierungsrat v. Reischach als bestellten Kommissar. In dem *Besitzergreifungsinstrument* Herzog Friedrichs heißt es: *Wir verlangen von dem Stiftskapitel, der übrigen Geistlichkeit, den geistlichen und weltlichen Räten, Beamten und Dienern sowie den Le-*

hensleuten und den sämtlichen Einwohnern und Untertanen der Fürstlichen Propstei in Ellwangen, daß sie sich unserer Landeshoheit unterwerfen, und ermahnen sie, demnächst die gewöhnliche Huldigung gehörig zu leisten. Wir sichern insbesondere den der römisch-katholischen Kirche zugetanen Einwohnern hierdurch feierlich zu, daß sie bei der freien und öffentlichen Ausübung ihrer Religion, wie bisher, ferner ungestraft bleiben, und bei solcher von uns immerhin geschützt werden sollen. Sämtliche Staatsdiener und Beamte sollen vor der Hand in ihren Stellen bleiben.[31]

Als sich zeigte, dass Ellwangen keinen Widerstand leistete, wurde am 10. Dezember die militärische Besetzung aufgehoben und die Truppen wurden abgezogen. Jetzt wurde Ellwangen Friedensgarnison. Am 20. Dezember rückte ein Infanterie-Bataillon hier ein und bezog das frühere Jesuitenkollegium als Kaserne.[32]

Die Huldigungsfeier

Der Übergang Ellwangens an Württemberg vollzog sich in drei Etappen. Nach der militärischen Besetzung und der Zivilbesitznahme besuchte der württembergische Herrscher vom 21.–25. Juli 1803 selbst zum ersten Mal die Stadt, um die offizielle Huldigung der nunmehrigen Landvogtei entgegenzunehmen.[33] Große Vorbereitungen waren getroffen worden. Am Steintor, am Anfang der heutigen Marienstraße, wurde ein mächtiger Triumphbogen errichtet mit der Inschrift: *Mit Liebe sieht Dein neues Volk auf Dich, willkommen unserer Stadt, willkommen Friedrich.*[34] Weitere prunkvolle Pyramiden und Triumphbögen standen am Eingang zum Marktplatz, am Spital, vor dem Schloss und auf dem Schönenberg. Selbst auf dem entfernten Hohenberg wurde ein Transparent errichtet mit dem Namen Friedrich, das man, bei Nacht beleuchtet, in weiter Ferne sehen und lesen konnte. Am Stadttor wurde der Herrscher von den Mitgliedern des Stadtgerichts, von den Beamten, Geistlichen, Lehrern und von der Bürgerschaft begrüßt. Als der Kurfürst das Stadtgebiet betrat, wurden die Glocken aller Kirchen geläutet und die Böller auf dem Schloss abgeschossen. Friedrich weilte fünf Tage in Ellwangen. Der Höhepunkt war der 22. Juli. Der Kurfürst begab sich in feierlichem Zug vom Schloss zum Stiftsrathaus, vor dem sich die Bürgerschaft ver-

sammelt hatte. Hier legten der Magistrat, die Bürger von Ellwangen und die Deputierten der zur Landvogtei gehörenden Städte Aalen, Giengen, Gmünd und Hall den feierlichen Huldigungseid ab. Dann bewegte sich der Zug zur Stiftskirche, wo der frühere Domdekan Fürst v. Hohenlohe ein feierliches Hochamt hielt, dem der Kurfürst im Chor unter einem Baldachin beiwohnte. Zur anschließenden kurfürstlichen Tafel auf dem Schloss waren die hohe Geistlichkeit, der Adel und die Vorsteher der Kollegien geladen. In der Stadt gab es Gastmahle im »Goldenen Adler« und im »Lamm« für die Mitglieder des Stadtgerichts und die Angestellten der Regierungsbehörden. Abends führte man vor dem Kurfürsten eine Kantate *Die Hariolphiden* auf, die von dem damaligen Pfarrer von Röhlingen und späteren Professor und Rektor der Universität Ellwangen, J. U. Bestlin, verfasst und von dem Chorregenten Johann Melchior Dreyer komponiert worden war.[35] In ihr verkündete der Chor:

Sey gesegnet schöne Stunde, / die an Württemberg uns band! / Heil dem Tag! – nicht Eine Wunde / blutet mehr, o Vaterland. / O Tag der schönsten Feyer, / den wir der Freude weih'n, / du sollst auf ewig theuer / uns Wirtembergern seyn.

Am anderen Tag wurde im äußeren Schlosshof ein ländliches Fest veranstaltet, dem der Kurfürst von der Tribüne aus beiwohnte. Im Ökonomiehof wurde auch die »Friedrichseiche« gepflanzt und ein Gedenkstein aufgestellt.

Am Sonntag, 24. Juli, fuhr der Kurfürst auf den Schönenberg. Hier war zwischen Kirche und Seminar eine Triumphpforte errichtet. Bei seiner Ankunft wurde er von den geistlichen und weltlichen Herren unter Pauken- und Trompetenschall empfangen. Hierauf ging er zuerst in die Wallfahrtskapelle und dann in die Kirche, die er als *magnific* bezeichnete. Bei diesem ersten Aufenthalt Friedrichs in Ellwangen ließen es die neuen Untertanen an Zeichen der Ergebenheit gegenüber dem neuen Landesherrn nicht fehlen. Die Kosten für die Stadt waren entsprechen hoch; sie beliefen sich auf 870 fl.

Eine »Gute Stadt«

Im Jahre 1811 hatte König Friedrich Ellwangen das Prädikat *Gute Stadt* verliehen. Unter den sieben Städten (Stuttgart, Ludwigsburg, Tübingen, Ulm, Heilbronn, Reutlingen), die diese Auszeichnung erhielten, war Ellwangen die einzige ehemals geistliche Stadt und die weitaus kleinste unter ihnen. Nach der Verfassung von 1819 war für diese Städte mit dem Titel das Recht verbunden, einen eigenen Abgeordneten in den Landtag zu entsenden.

Die ehemalige Fürstpropstei in württembergischer Hand

Größe und Einkünfte der Fürstpropstei

Die Fürstpropstei Ellwangen war das größte Territorium, das Württemberg durch die Säkularisation erhalten hat. Sie umfasste ein Gebiet von etwa 7–8 Quadratmeilen mit ungefähr 23.000 Einwohnern.[36] Für die Verwaltung war das Territorium in 7 fürstliche Oberämter und ein Oberamt des Kapitels gegliedert. Die in diesem Zusammenhang in der Statistik auf die einzelnen Ämter bezogenen Zahlen von Dörfern, Weilern und Höfen sind irreführend, da nicht wenige Orte als Kondominatorte unter fürstlicher und Kapitelsverwaltung doppelt genannt sind.[37] Zu erwähnen ist auch, dass die Orte des Amts Raustetten und des Pflegamts Nördlingen später größtenteils an Bayern, nicht an Württemberg gefallen sind.

Die Einkünfte der gesamten Fürstpropstei aus Grund- und Lehenbesitz, aus Zehnten und sonstigen Gefällen, aus den riesigen Forsten und den drei Eisenwerken Wasseralfingen, Unterkochen und Abtsgmünd wurden in der Übergangszeit unterschiedlich angegeben. Eine Statistik über die Größe und Ertrag der reichsunmittelbaren Bistümer, Klöster und Stifte im Schwäbischen Kreis aus dem Jahre 1799 nennt für Ellwangen 169.000 fl. jährliche Einkünfte.[38] Die Fürstpropstei steht damit an vierter Stelle nach den Bistümern Augsburg und Konstanz und der Abtei Kempten. Andererseits berechnete der württembergische Hofkammervizedirektor Parrot später die Summe von rd. 366.000 fl.; und als württembergischer Beamter wird er nicht übertrieben haben.[39] Zu den von Württemberg erworbenen Sachwerten gehörten auch die fürstlichen Gebäude in der Stadt.[40] Sie dienten in der Folgezeit verschiedenen Zwecken, vor allem der Unterbringung

der zahlreichen Ämter und Beamten. Nach der Erhebung Ellwangens zur Hauptstadt von Neuwürttemberg erhöhte sich auch die Bedeutung des Schlosses. Friedrich hat hier häufig Regierungshandlungen vorgenommen. 1815/16 diente es Friedrichs Tochter Katharina und ihrem Gemahl Jerome Bonaparte als Wohnsitz.[41] Danach blieb es württembergisches Apanageschloss, wurde aber nie mehr von Fürstlichkeiten bewohnt.

Der Kirchenschatz

Um die hohen Kosten für die Revolutionskriege und die gesteigerten Reichssteuern bestreiten zu können, blieb dem Fürstpropst nur noch der Ausweg, das entbehrliche Hof- und Kirchensilber zu veräußern und den Erlös für die öffentlichen Aufgaben zu verwenden. So wurden 1799/1800 silberne Geräte und kirchliche Ornate nach Augsburg und Dresden geschickt, um sie einzuschmelzen oder zu veräußern.[42]

Herzog Friedrich war sehr darauf bedacht, dass ihm nur kein Jota seines säkularisierten Neubesitzes entging. So ließ er am 31. Dezember 1802 offiziell bei der Hofkammer in Ellwangen anfragen, wie groß der Bestand an Silbergeschirr sowohl des Hofes als auch des Stiftskapitels gewesen sei, welchen Wert er gehabt habe, weshalb und zu welchem Preis er verkauft worden und wie der Erlös zu öffentlichen oder privaten Zwecken verwendet worden sei.[43] Dem Verlust des veräußerten und eingeschmolzenen Silbers folgten jetzt noch die Forderungen des neuen Landesherrn. Die wertvollsten Stücke des Ellwanger Kirchenschatzes mussten nach Ludwigsburg abgeliefert werden.[44] Hier wurden die kirchlichen Geräte nach ihren Metallbestandteilen auseinandergeschraubt, verkauft oder eingeschmolzen. Nach einem Bericht vom Februar kamen bis dahin Wertgegenstände aus Gold und Silber im Gesamtwert von 31.879 fl. nach Ludwigsburg.[45] Das waren nicht nur Gegenstände aus dem Kirchenschatz, sondern auch Geräte aus der Silberkammer des ellwangischen Hofes. Am 26. Januar 1803 wurden nach Ludwigsburg abgeschickt:[46] ein goldenes Kreuz mit Diamanten und Rubinen besetzt im Anschlag von 424 fl., eine silberne Marienstatue (1.110 fl.), ein silbernes Brustbild des hl. Vitus (588 fl.), ein silbernes Kruzifix (529 fl.), ein silbernes Armreliquiar des hl. Johannes Baptista (266 fl.), sechs große silberne Leuchter (1.339 fl.), 2 Monstranzen (324 fl., 482 fl.), eine silberne Ampel (265 fl.) u. a. m. Ein Verzeichnis vom 10. Februar nennt an wertvollen

Ellwangener Strahlenmonstranz
Silbervergoldet, Bergkristalle, 1793–1795.
Kath. Pfarramt St. Vitus, Ellwangen.

Gegenständen aus Ellwangen in Ludwigsburg[47]: ein goldener Kelch mit Patene und Löffel (23.000 fl.), 1 silberner Altar aus der Stiftskirche (729 fl.), 16 große fassonierte silberne Leuchter, 18 kleine und 14 gerippte Leuchter; an vergoldetem Silber 1 Lavoir mit Kanne und 2 Kredenzteller (385 fl.), 72 Zuckerlöffel (325 fl.), 4 Dutzend Dessertbestecke (926 fl.), 2 Kredenzservice (385 fl.), 2 Teekännchen, kleine Schalen usw. Darüber hinaus kamen aus der Hofkapelle 115 sehr wertvolle Stücke sowie aus der Silberkammer des ellwangischen Hofes 360 wertvolle silberne Gegenstände nach Stuttgart. Darunter werden ausdrücklich hervorgehoben: 20 große silberne Tafelleuchter, 10 alte silberne Tafelleuchter, 72 silberne Tafelbestecke, 48 silberne Konfektbestecke. Aus der ehemaligen Jesuitenkirche wurden Wertgegenstände im Anschlag von 3.000 fl. abgeführt. Die kirchlichen Gegenstände wurden größtenteils eingeschmolzen. Was heute noch erhalten ist, lässt sich nicht mehr feststellen, da die Gegenstände nicht genauer bezeichnet worden sind. Neben den wertvollen Geräten wurde auch ein Großteil der Kirchenparamente nach Ludwigsburg gebracht. Am 26. Januar 1803 kamen dorthin[48]: 7 ganze Ornate, 22 sehr kostbare Messgewänder und 4 wertvolle Kelchtüchlein, alles zusammen in einem Gesamtwert von 1.867 fl.
Wenn man vergleicht, was dem Ellwanger Kirchenschatz durch Revolutionskriege und Säkularisation verloren ging und was heute noch vorhanden ist, so wird der große Verlust auch an Gegenständen kirchlicher Kunst offenkundig, den Ellwangen durch die Säkularisation erlitten hat.

Die Bibliotheken

Vor der Auflösung der Fürstpropstei gab es in Ellwangen vier Bibliotheken: die fürstliche Hofbibliothek als Hauptbibliothek des Orts, die Bibliotheken des ehemaligen Jesuitenkollegs, des Kapuzinerklosters und des Priesterseminars auf dem Schönenberg.[49] Kurfürst Friedrich trug sich mit dem Gedanken, am Mittelpunkt der neuwürttembergischen Lande eine Zentralbibliothek aus allen Bücherbeständen der säkularisierten Klöster einzurichten. Grundstock dieser Bibliothek sollten die Bestände der Ellwanger Bibliotheken sein. Nicht unbedeutenden Zuwachs erhielten sie aus den Büchersammlungen von Zwiefalten, Wiblingen und

Leonberg. Bibliothekare wurden zur Neuordnung eingestellt. Allerdings blieb dieser Plan in den Anfängen stecken. Nach der Vereinigung von Alt- und Neuwürttemberg im Jahre 1806 wurde die Zentralbibliothek in Ellwangen aufgehoben und mit der Königlich Öffentlichen Bibliothek in Stuttgart vereinigt. Doch nur ein Teil der Büchersammlung, vor allem die Handschriften und älteren Drucke, wurde 1808 nach Stuttgart verlagert. Als König Friedrich 1812 Ellwangen als künftigen Bischofsitz erwählte und entsprechende kirchliche Institutionen dort einrichtete, konnten die zurückgebliebenen Bücher wiederum zur Neugründung einer Bibliothek auf dem Schönenberg dienen. Doch der Beschluss König Wilhelms, die erwähnten kirchlichen Einrichtungen nach Rottenburg und Tübingen zu verlegen, brachte wenigstens formal auch das Ende der Seminar- und Universitätsbibliothek in Ellwangen. Der Plan, die Ellwanger Bibliothek zum einen Teil der Universitätsbibliothek Tübingen, zum anderen Teil den neu zu gründenden Bibliotheken des Wilhelmstifts in Tübingen und des Priesterseminars in Rottenburg zu überlassen, wurde jedoch nur in geringem Maße realisiert, weil es wieder einmal an Transportmöglichkeiten mangelte. Ein großer Teil blieb in Ellwangen zurück und liegt heute in der Bibliothek des Peutinger Gymnasiums.

Das Ende des Kapitellebens

Am 30. Dezember 1802 wurde der letzte Chorgottesdienst des Stiftskapitels gehalten; jedes weitere Chorgebet in der Stiftskirche war untersagt. Fürstpropst und Stiftskapitulare hatten ihre Pfründen verloren; sie wurden von Württemberg finanziell abgefunden.[50] Der Fürstpropst erhielt 20.000 fl. Deputat und 3.000 fl. Sustentationsgeld, der Graf v. Hohenlohe-Schillingsfürst als Statthalter 1.300 fl. (mit verschiedenen Naturalien) und als Stiftsdekan 2.837 fl.; den übrigen Stiftskapitularen wurden zwischen 700 bis 1.680 fl. zugesprochen, dazu jeweils noch das Einkommen einer Kaplanei. Mit diesen Pensionen konnten die Stiftsherren standesgemäß auskommen. Außer den beiden jüngsten hatten ja alle Stiftsherren auch noch Pfründen außerhalb Ellwangens, für die sie ebenfalls Entschädigung erhielten. Der ehemalige Fürstpropst Clemens Wenzeslaus war weiterhin Bischof von Augsburg,

Franz Carl v. Hohenlohe-Schillingsfürst sein dortiger Weihbischof und zeitweilig (1812–17) Generalvikar in Ellwangen. Allerdings zeigte sich in der Folgezeit das Kgr. Württemberg oft recht kleinlich in der Erfüllung der den Pensionären gegebenen Zusagen.

Die Stiftskapitulare bei der Säkularisierung[51]

Franz Carl Graf v. Hohenlohe-Schillingsfürst (Lebenszeit: 1745–1819)
1754 Kanonikat am Kölner Dom; 1757–1802 Stiftskapitular in Ellwangen, 1790 Stiftsdekan u. Statthalter; 1802 Domherr und Weihbf. in Augsburg; 1812–1817 Generalvikar in Ellwangen; 1818 Bf. von Augsburg; † 1819 Augsburg.

Carl Joseph Graf v. Daun (1728–1805)
1747–1759 Domherr in Freising; 1753–1802 Stiftskapitular in Ellwangen; 1759 Domherr von Salzburg, 1760 von Passau und 1761–1764 von Eichstätt; † 1805 Salzburg.

Sigmund Maria Frh. v. Reischach (1737–1811)
1755–1802 Stiftskapitular in Ellwangen, 1773–1802 Kustos des Stifts; 1758 Domherr, 1784–1796 Dekan in Augsburg; 1768–97 Mitglied, später Kantor und Kustos des Ritterstifts Comburg; 1799 letzter Propst von St. Peter in Dillingen; Geh. Rat in Augsburg u. Dillingen; † 1811 Ellwangen.

Friedrich Carl Graf v. Oettingen-Wallerstein (1756–1806)
1767 Domherr in Wien ; 1768–1802 Stiftskapitular in Ellwangen; 1775 Kirchherr zu Löpsingen (Ries); 1782 Domherr in Augsburg; 1788–1802 Scholaster in Ellwangen; † 1806 Wien, begr. in Währing/Wien.

Nikolaus Franz Xaver Graf Adelmann v. Adelmannsfelden (1756–1827)
1768–1802 Stiftskapitular in Ellwangen; 1770–1802 Domherr in Augsburg; später auch in Minden; † 1827 Ellwangen.

Franz Joseph Graf v. Küenburg (1765–1820)
1774–1802 Stiftskapitular in Ellwangen; 1786 Domherr in Salzburg; † 1820 Ellwangen.

Friedrich Franz Frh. v. Sturmfeder *(1758–1828)*
1780 Domherr in Speyer; 1781–1802 Stiftskapitular in Ellwangen; 1780 ist er Domherr, 1797 Domdekan und 1821 Propst des neuen Domkapitels in Augsburg; außerdem ist er Propst von Straubing u. Geh.Rat in Augsburg; † 1828 Augsburg.

Philipp Lothar v. Kerpen *(1752–1827)*
1768 Domherr in Bamberg; 1786–1802 Stiftskapitular in Ellwangen; 1795 Domkantor in Bamberg; 1800 Kaplanatsherr von St. Andreas in der Burg Bamberg; 1801 Domdekan in Bamberg; wirkl. Geh. Rat von Bamberg; † 1827 Bamberg.

Philipp Alois Graf Adelmann v. Adelmannsfelden *(1762–1823)*
Bruder des Nikolaus Franz Xaver Graf Adelmann; 1788–1802 Stiftskapitular in Ellwangen; 1789 Stiftsherr in Comburg; Trierer und Ellwanger Kammerherr; 1803 Kgl. Württembergischer Kammerherr; † 1823 Schechingen.

Damian Hugo Frh. v. Lehrbach *(1738–1815)*
1789–1802 Stiftskapitular in Ellwangen; Domkapitular in Freising und infulierter Propst bei St. Wolfgang; † 1815 Speyer.

Sigmund Maria Graf v. Ezdorf *(geb. 1778)*
Sohn des langj. Ellwanger Vizedoms Gottlieb v. Ezdorf (1771–1802); 1790–1802 Stiftskapitular in Ellwangen als Nachfolger seines Bruders Joseph Anselm (1788–1790); sein weiterer Weg und sein Todesdatum sind unbekannt.

Clemens Wenzel v. Lyncker und Lützenwick *(geb. 1787)*
1800–02 Stiftskapitular in Ellwangen; er wandte sich dem weltlichen Stand zu; 1816 wurde er als kaiserl. Kämmerer in den erbländisch-österreich. Adelsstand erhoben; 1836 heiratete er Anna v. Arvay. Sein Todesdatum ist unbekannt.

Die niedere Stiftsgeistlichkeit

Die niederen Stiftsgeistlichen haben die Stiftskapitulare im Chordienst teils unterstützt, teils vertreten. Am Ende der Fürstpropstei gab es 6 Verweser (Provisoren), 8 Vikare, 1 Subkustos und 1 Supernumerarius.[52] Die ihnen zugedachten Pensionen waren wesentlich geringer als die der Stiftskapitulare; sie betrugen jährlich zwischen ca. 267 und 374 fl. Auch bei größter Sparsamkeit war mit einer so kargen Pension nicht auszukommen. Soweit sie altersmäßig dazu noch in der Lage waren, wurde ihnen auch die Seelsorge in einzelnen Pfarrgemeinden übertragen. So kam es, dass nach einem Bericht vom Jahre 1807 nur noch 6 Personen des früheren Stiftschors in Ellwangen lebten, die allerdings alt und gebrechlich waren.

Das Kapuzinerkloster

Das 1729 gegründete Ellwanger Kapuzinerkloster wurde eines der vier württembergischen Zentralklöster zur Aufnahme der Ordensmitglieder der aufgehobenen

Votivtafel 1883
Die aus Anlaß einer Heilung nach 18-wöchiger Krankheit gestiftete Tafel zeigt den Gnadenort.
Öl auf Holz.
Pfarramt Schönenberg/Ellwangen.

Klöster[53]. Nach seiner Auflösung 1829 wurde hier eine Kinderrettungsanstalt, das heutige Kinder- und Jugenddorf »Marienpflege« untergebracht.

Die Episode »Neuwürttemberg« 1803–1806

Mit der Angliederung der Fürstpropstei an Württemberg war für Ellwangen das Problem der Säkularisation noch nicht abgeschlossen. Gegenüber der Stadt Ellwangen hatte Kurfürst und König Friedrich ein besonderes Verhältnis, wie seine Entscheidungen in den folgenden Jahren zeigen werden.

Da sich die neuerworbenen Gebiete von dem alten Herzogtum und jetzigen Kurfürstentum in vielfacher Hinsicht unterschieden, hat sie Kurfürst Friedrich nicht einfach seinem Stammland eingegliedert. Das hätte nämlich die Ausdehnung der altwürttembergischen Verfassung auf diese Territorien und damit den Einfluss der Landstände auch auf die Regierung dieser Gebiete bedeutet. Unerlässlich in staatspolitischer Hinsicht war jedoch eine verwaltungsmäßige Zusammenfassung der territorialen Neuerwerbungen zu einem nach modernen Prinzipien organisierten einheitlichen Staat.

Durch das Staatsmanifest vom 1. Januar 1803 schuf Friedrich die Verwaltungsorganisation der ihm zugefallenen Entschädigungslande.[54] Er bildete einen eigenen Staat, »Neuwürttemberg« genannt. Es umfasste die gefürstete Propstei Ellwangen, die Abteien Schöntal und Zwiefalten, das Stift Comburg, die Frauenklöster Heiligkreuztal, Rottenmünster, Margrethausen und das Stift Oberstenfeld, außerdem die ehemaligen Reichsstädte Aalen, Esslingen, Giengen, Gmünd, Hall, Heilbronn, Reutlingen, Rottweil und Weil der Stadt. Der neue Staat zählte etwa 120.000 Einwohner. Er hatte seine eigene Regierung und Gesetzgebung, aber im Gegensatz zu den altwürttembergischen Kernlanden keine landständische Verfassung, also keine Mitwirkung der Stände. Mit Altwürttemberg war er durch die Person des Herrschers verbunden. Zur Hauptstadt von Neuwürttemberg und zum Sitz der Oberlandesregierung sowie der anderen Zentralbehörden wurde Ellwangen bestimmt. Die Oberlandesregierung war oberste Verwaltungs-, Justiz- und Polizeibehörde. Sie

nahm am 1. März 1803 ihre Arbeit auf.[55] An ihrer Spitze stand Philipp Christian Frh. v. Normann-Ehrenfels, ein pommerischer Adeliger und ehemaliger Schüler der Hohen Karlsschule, ein dem Kurfürsten Friedrich sehr ergebener Beamter. Sein Stellvertreter war Regierungsrat v. Reischach. Sämtliche Räte kamen aus der neuwürttembergischen Verwaltung, während unter den Sekretären und Kanzlisten der altwürttembergische Anteil in der Überzahl war. Vom Hochstift und Kapitel Ellwangen kamen die Räte F. v. Baur-Breitenfeld (ellwangischer Kanzler), M. v. Krafft und C. G. v. Schiller (ellwangische Hofräte) und S. A. Roell (Syndikus des Stiftskapitels); Schübler kam aus Heilbronn, Seyboth aus Hall, Camerer aus Rottweil.

Bald zeigte sich, dass mehrere Räte nicht mehr fähig oder gewillt waren, sich in die neue Tätigkeit einzuarbeiten. Der frühere Ellwanger Kanzler v. Baur stellte, trotz seines Alters, für die laufenden Arbeiten seinen Mann; Schiller schied aber bald aus, v. Krafft ging in bayerische Dienste. Bei den Untertanen hatte die neue Regierung keinen guten Ruf.[56] Vor allem waren es die altwürttembergischen Schreiber und Kanzlisten, die durch ihr rücksichtsloses Auftreten die Bevölkerung gegen sich aufbrachten.

Neben der Oberlandesregierung bestand die für das Finanzwesen zuständige Hofkammer.[57] Auch in dieses Kollegium wurden Räte mit den Titel Hof- und Domänenrat berufen, die aus ellwangischen Diensten kamen: Joseph Bonifaz Bollinger, Johann Albert Canaris, Joseph Leander Hefele (zugleich Generalhofkassier) und Johann Zeller.

Die Forstverwaltung war von der Kammergutsverwaltung getrennt. Es wurde ein eigenes Forstdepartement, verbunden mit dem Straßenbaudepartement, errichtet.[58] Die Leitung der Geschäfte dieser Behörde lag bei dem altellwangischen Oberjäger- und Oberforstmeister Philipp Anton v. Knöringen. Er hatte als tüchtiger Forstmann in wenigen Jahren das vernachlässigte Forstwesen im Hochstift Ellwangen hochgebracht. Seine Laufbahn in württenbergischen Diensten nahm einen tragischen Verlauf. Wegen eines angeblichen Abmangels in der von ihm verwalteten Oberforstamtskasse wurde er 1805 all seiner Ämter enthoben. Eine besonders intensive Tätigkeit entfaltete die neuwürttembergische Verwaltung auf dem Gebiet der öffentlichen Gesundheitspflege. Für die neuen Lande

Stadt Ellwangen

*Gut sichtbar die Stadtmnitte mit der spätromanischen Stiftskirche, westlich anschließend die ehem. Jesuitenkirche (heute evang. Stadtkirche)
und dem Jesuitenkolleg (heute Landgericht und Staatsanwaltschaft). Rund um die Kirche Stiftsherrenhöfe. Nordöstlich der Stadt das Residenz-
schloß der Fürstpröpste (1603–1608), nördlich die barocke Wallfahrtskirche Schönenberg.*

wurde als Oberbehörde ein Obersanitätskollegium geschaffen.[59] Schon am 27. März 1803 war der Arzt und Naturforscher Joseph Alois Frölich, der als Hof-, Stadt- und Landschaftsphysikus in Ellwangen sehr erfolgreich gewirkt hatte, zum Hofmedicus und Archiater, also zum obersten Medizinalbeamten und zum ordentlichen Mitglied des Obersanitätskollegiums berufen worden.

Neuwürttemberg wurde auf mittlerer Verwaltungsebene in drei Landvogteien – Ellwangen, Heilbronn, Rotteil – eingeteilt.[60] Die Landvogtei Ellwangen umfasste mit der ehemaligen Fürstpropstei, dem Ritterstift Comburg, den ehemaligen Reichstädten Aalen, Giengen, Gmünd, Hall sowie dem Stabsamt Adelmannsfelden das größte und geschlossenste Gebiet. Die Geschäfte des Landvogts führte hier Herr v. Reischach, der zugleich Vizepräsident der Oberlandesregierung war.

Bei der Neugestaltung der unteren Verwaltungsorganisation wurde 1803 ein Oberamt Ellwangen geschaffen, dessen räumliche Ausdehnung sich in den folgenden Jahren wiederholt änderte.[61] Auch auf dieser Ebene zeigte sich eine Kontinuität des Beamtenschaft von der Fürstpropstei zur neuwürttembergischen Verwaltung. Die beiden ersten Oberamtmänner kamen aus der ellwangischen Verwaltung. Johann Baptist Dobler, Oberamtmann 1803–04, war 1782–97 Amtmann des Amtes Kochenberg und 1797–1802 Stadttamman. Sein Nachfolger Johann Georg Roell (1804–07) war 1787 zum Konsulent des Stiftskapitels Ellwangen und Titularhofrat ernannt worden.

Diese staatliche Neuordnung bestand nicht lange. Im Jahre 1806 wurde Neuwürttemberg politisch an Altwürttemberg angegliedert; die Oberlandesregierung in Ellwangen und die Landvogteien wurden aufgelöst. Gleichzeitig wurde das ganze Land in 12 Kreise mit 6 bis 8 Oberämtern eingeteilt. Ellwangen wurde Sitz einer Kreisregierung.[62] Im Jahre 1810 folgte eine weitere Verwaltungsreform. Die bisherigen 12 Kreise wurden durch eine gleich große Zahl von Landvogteien ersetzt, die nach französischem Muster nach Flüssen und Gebirgen benannt wurden. Ellwangen wurde Sitz der »Landvogtei am Kocher«, der die Oberämter Aalen, Gaildorf, Ellwangen, Heidenheim, Neresheim und Crailsheim zugeteilt wurden. An der Spitze der Landvogtei stand der Landvogt.

Das Organisationsstatut vom 18. November 1817 brachte schließlich jene Form für die Kreis- und Oberamtseinteilung, die bis 1924 bzw. 1938 Bestand hatte.[63] Die Einteilung in Landvogteien wurde aufgehoben; als Mittelinstanzen wurden hier Kreise (Neckar-, Jagst-, Donau-, Schwarzwaldkreis) geschaffen. Ellwangen wurde erneut Sitz der Kreisregierung für den Jagstkreis, eines Kreisgerichts und (bis 1849) einer Finanzkammer. Diesem Jagstkreis waren 14 Oberämter zugeteilt: Aalen, Crailsheim, Ellwangen, Gaildorf, Gerabronn, Gmünd, Hall, Heidenheim, Künzelsau, Mergentheim, Neresheim, Öhringen, Schorndorf, Welzheim. Die Kreisregierung bestand bis 1924, das Oberamt, seit 1934 Landkreis, bis 1938. Aus der ehemaligen Residenzstadt war unter württembergischer Herrschaft ein Verwaltungszentrum, ein Sitz von Mittelbehörden geworden.

Das Ellwanger Bistumsprojekt

Während Altwürttemberg ein fast geschlossenes protestantisches Land war, gehörte der größte Teil der Untertanen in den neugewonnenen Gebieten der katholischen Konfession an. Diese Katholiken unterstanden fünf verschiedenen Ordinariaten, die alle ihren Sitz außerhalb Württembergs hatten, nämlich Konstanz, Augsburg, Würzburg, Speyer und Worms. Unter diesen Umständen ist es verständlich, wenn König Friedrich danach trachtete, neben der staatlichen auch die kirchliche Organisation zu vereinheitlichen. Der vom Souveränitätsgedanken beherrschte Friedrich konnte es mit seinen Anschauungen nicht vereinbaren, dass seine Untertanen von Bischöfen beherrscht würden, die alle außerhalb seines Landes residierten. Und so hatte es Friedrich bei der kirchlichen Neuordnung von Anfang an auf die Errichtung eines eigenen Landesbistums abgesehen, und zwar sollte nach seiner Meinung Ellwangen Sitz des Bischofs werden.[64] Nach langen Verhandlungen und wechselnden Plänen richtete König Friedrich 1812 in Ellwangen ein Generalvikariat, eine katholisch-theologische Hochschule, die »Friedrichsuniversität« mit fünf Fakultäten, und auf dem Schönenberg ein Priesterseminar ein. Zum Generalvikar wurde der ehemalige Ellwanger Stiftsdekan und Augsburger Weihbischof Franz Karl Fürst v. Hohenlohe ernannt. Doch Friedrichs Sohn und Nachfolger König Wilhelm hat bereits 1817 das Generalvikariat und das Priesterseminar nach Rottenburg verlegt, die Hochschule als theologische Fakultät der Universität Tübingen einverleibt. In Ellwangen war jetzt auch die Aussicht, kirchlicher Mittelpunkt zu werden, geschwunden.

[1] *Joseph Zeller*, Die Umwandlung des Benediktinerklosters Ellwangen in ein weltliches Chorherrnstift (1460) und die kirchliche Verfassung des Stifts. Stuttgart 1910; *Hans Pfeifer*, Verfassungs- und Verwaltungsgeschichte der Fürstpropstei Ellwangen. Stuttgart 1959.

[2] *Pfeifer*, Verfassungsgeschichte (wie Anm. 1), 209; *Volker Press*, Ellwangen, Fürststift im Reich des späten Mittelalters und der frühen Neuzeit, in: Ellwanger Jb. XXX (1983–1984), 16ff.

[3] *Pfeifer*, Verfassungsgeschichte (wie Anm. 1), 207ff.

[4] *Heribert Raab*, Clemens Wenzeslaus von Sachsen und seine Zeit (1739–1812). Bd. I. Dynastie, Kirche und Reich im 18. Jh. Freiburg-Basel-Wien 1962; *Otto Häcker*, Clemens Wenzeslaus, der letzte Fürstpropst in Ellwangen, in: Ellwanger Jb. III (1912–1913), 1–29.

[5] *Pfeifer*, Verfassungsgeschichte (wie Anm. 1), 207ff.; *Ders.*, Aufklärung und Absolutismus in der Fürstpropstei Ellwangen, in: Ellwanger Jb. XIX (1960–1961), 72ff.

[6] *Georg Hanßen*, Würtembergs Sibirien. 1836, 292f.

[7] *Pfeifer*, Verfassungsgeschichte (wie Anm. 1), 207ff.

[8] *Alois Seiler*, Das Schriftgut von Kloster und Stift Ellwangen im Staatsarchiv Ludwigsburg. 1976, 5.

[9] *Pfeifer*, Verfassungsgeschichte (wie Anm. 1), 208.

[10] Bericht vom 15.12.1802: HSAS A 15 Bü 38.

[11] *Pfeifer*, Aufklärung (wie Anm. 5), 72.

[12] *Johann Gottfried Pahl*, Nationalchronik der Teutschen. 1804, 67.

[13] *Max Miller*, Die Organisation und Verwaltung von Neuwürttemberg unter Herzog und Kurfürst Friedrich. Stuttgart/Berlin 1934, 13.

[14] *Pfeifer*, Verfassungsgeschichte (wie Anm. 1), 195f.; *Franz Brendle*, Die Wahlkapitulationen der Ellwanger Fürstpröpste, in: Ellwanger Jb. XXXII (1989–1990), 76–120.

[15] Über den Einfluss des Stiftkapitels auf die Regierung des Stifts s. *Zeller*, Umwandlung (wie Anm. 1), 531ff.

[16] *Eduard Mildner*, Das Ellwanger Stiftskapitel in seiner persönlichen Zusammensetzung. Ellwangen 1970, 72ff.

[17] *Zeller*, Umwandlung (wie Anm. 1), 448.

[18] *Max Miller*, Die militärische Besetzung des Hochstifts Ellwangen durch die württembergischen Truppen im Jahre 1802, in: Ellwanger Jb. X (1926–1928), 138 – 143.

[19] *Matthias Erzberger*, Die Säkularisation in Württemberg von 1802 bis 1810. Stuttgart 1902, 195.

[20] Ebd., 196.

[21] Ebd.

[22] Ebd., 123–127.

[23] *Miller*, Militärische Besetzung (wie Anm. 18), 139.

[24] Ebd.

[25] Ebd., 140.

[26] Ebd., 142.

[27] Ebd.

[28] *Max Miller*, Das Ende des fürstlichen Hochstifts Ellwangen, in: 1200 Jahre Ellwangen 764–1964 (Festausgabe der Ipf- und Jagstzeitung). Ellwangen 1964, 42.

[29] *Miller*, Militärische Besetzung (wie Anm. 18), 143.

[30] Ebd.

[31] SAL B 389 Bü 562.

[32] *Miller*, Militärische Besetzung (wie Anm. 18), 143.

[33] Zum Folgenden: SAL D 1 Bü 39 u. SAL D 22 Bü 35; außerdem: *Erinnerung an die Huldigungs-Feier im Juli 1803 in Ellwangen. Von einem Augenzeugen*, in: Allgemeines Amts- und Intelligenzblatt für den Jaxtkreis 1853, Nr. 58, 60, 64 und 66.

[34] Ebd., Nr. 60.

[35] SAL D 1 Bü 39.

[36] *Erzberger*, Säkularisation (wie Anm. 19), 193.

[37] Ebd., 193f.; Beschreibung des Oberamts, 482ff.

[38] *Erzberger*, Säkularisation (wie Anm. 19), 65.

[39] Ebd., 94.

[40] SAL D 22 Bü 34.

[41] *Hans Pfeifer*, Ellwangen. Kunst und Geschichte aus 1250 Jahren. Ulm 2000, 123–127.

[42] *Ludwig Mangold*, Die kirchlichen Geräte der Basilika, in: *Hans Pfeifer* (Hg.), St. Vitus Ellwangen 1233–1983. Ellwangen 1983, 164–169.

[43] Ebd., 175.

[44] SAL D 22 Bü 39.

[45] *Erzberger*, Säkularisation (wie Anm. 19), 85 und 201.

[46] Ebd., 201; *Mangold*, Kirchliche Geräte (wie Anm. 42), 185f.

[47] *Erzberger*, Säkularisation (wie Anm. 19), 201.

[48] Ebd.

[49] Zum Folgenden: *Wolfgang Irtenkauf*, Alte Bibliotheken in Ellwangen, in: Ellwanger Jb. XX (1962–1964), 54–77; *Ders.*, Die Ellwanger Zentral- und Universitätsbibliothek 1803–1818, in: *Viktor Burr* (Hg.), Ellwangen 764–1964. Ellwangen 1964, 583–615.

[50] Zum Folgenden: *Erzberger*, Säkularisation (wie Anm. 19), 198f.

[51] *Mildner*, Stiftskapitel (wie Anm. 16), 117–207.

[52] Zum Folgenden: *Erzberger*, Säkularisation (wie Anm. 19), 198f.

[53] SAL D 1 Bü 565; *Erzberger*, Säkularisation (wie Anm. 19), 204–207; *Hans Pfeifer*, Geschichte des Kapuzinerklosters Ellwangen. Ellwangen 1980, 51–68.

[54] HSAS A 15 Bü 7; *Miller*, Neuwürttemberg (wie Anm. 13), 35–37.

[55] *Miller*, Neuwürttemberg (wie Anm. 13), 96.

[56] Ebd., 110.

[57] Ebd., 97f.

[58] Ebd., 99.

[59] Ebd., 97 u. 181; *Paul Nestlen*, Josef Alois von Frölichs Wirken als Arzt und Naturforscher, in: Medizinisches Correspondenzblatt des württ. ärztlichen Landesvereins 74 (1904), 663–666 u. 687–691.

[60] Miller, Neuwürttemberg (wie Anm. 13), 100 ff.

[61] *Immo Eberl*, Das Oberamt Ellwangen und seine Amtsvorsteher, in: Ellwanger Jb. XXXVII (1997–1998), 103–151.

[62] Ebd., 109 ff.; *Bernhard Mann*, Württemberg 1800–1866, in: Handbuch der Baden-Württ. Geschichte. Bd. 3. Stuttgart 1992, 255.

[63] *Pfeifer*, Ellwangen (wie Anm. 41), 120.

[64] *Joseph Zeller*, Das Generalvikariat Ellwangen 1812–1817 und sein erster Rat Dr. Joseph v. Mets. Tübingen 1928; *Ders.*, Die Verlegung der kirchlichen Institute von Ellwangen nach Tübingen und Rottenburg im Jahre 1817, in: Ellwanger Jb. X (1926–1928), 31–58; *Friedrich Laun*, Das Priesterseminar auf dem Schönenberg unter württembergischer Regierung, in: Ellwanger Jb. IV (1914), 43–49; *Rudolf Reinhardt*, Die Friedrichs-Universität in Ellwangen 1812–1817, in: Ellwanger Jb. XXVII (1977–1978), 93–115; *August Hagen*, Geschichte der Diözese Rottenburg I. Stuttgart 1956, 173–243; *Alois Seiler/Paul Kopf*, 150 Jahre Diözese Rottenburg. Stuttgart 1978, 11–18.

Ein Kleinstaat wird seziert

Der Verlauf der Säkularisation im Fürststift Kempten

von Gerhard Immler

Darstellungen zur Aufhebung der geistlichen Reichsstände und der Klöster im Jahr 1802/03 nehmen meist vor allem die auf die Besitzergreifung der säkularisierenden Staatsgewalten folgenden Maßnahmen, wie etwa die Versteigerungen von Vermögensgegenständen oder die Zweckentfremdung von Klostergebäuden, in den Blick und vernachlässigen darüber die ersten Schritte, die notwendig waren, sich diese Güter anzueignen. Darüber gerät dann hinsichtlich der im Schwäbischen Reichskreis so zahlreichen reichsunmittelbaren Abteien leicht in Vergessenheit, dass deren Mediatisierung, d. h. die Unterwerfung unter die Landeshoheit eines weltlichen Fürsten, die notwendige Voraussetzung war, um sie anschließend ebenso wie die landständischen Klöster als geistliche Kommunitäten und Wirtschaftseinheiten zerschlagen zu können.[1] Gerade die ersten Schritte auf dem Weg zur Säkularisierung sollen daher im Mittelpunkt der folgenden Darstellung stehen, wobei nicht verschwiegen werden soll, dass das als Beispiel gewählte Fürststift Kempten als exemte adelige Benediktinerabtei manche Besonderheiten aufweist.[2]

Die Anlaufphase

Als erste vorbereitende Maßnahme zur Besitznahme von Teilen des Schwäbischen und Fränkischen Reichskreises durch Bayern wurde im Frühjahr 1802 der Major v. Ribaupierre als Kundschafter ausgesandt, um sich sowohl über die staatsrechtlichen und wirtschaftlichen Verhältnisse wie über die Volksstimmung in den geistlichen Territorien und Reichsstädten ein Bild zu

machen wie auch Vorschläge für deren Einbeziehung in die bayerische Landesverteidigung auszuarbeiten. Über das Stift Kempten berichtete er am 21. Mai, Fürstabt Castolus Reichlin v. Meldegg sei wegen seines Geizes unbeliebt, doch seien Sympathien für Bayern nicht vorhanden; die Bevölkerung würde eine Einverleibung in Vorderösterreich wegen der geringeren Steuern vorziehen.[3]

Während diese Erkundungsreise den Charakter geheimdienstlicher Tätigkeit hatte, kam der bayerische Gesandte beim Schwäbischen Kreis, Wilhelm Frh. v. Hertling am 26. August 1802 schon ganz offen, wenn auch noch ohne amtlichen Auftrag, nach Kempten. Da der Fürstabt gerade in Grönenbach weilte, suchte der Kemptener Kammerpräsident Engelbert Frh. Zweyer v. Evenbach Hertling auf, äußerte sich befriedigt über die bevorstehende Auflösung des Stifts, behauptete, dass die Mehrheit der Konventualen so denke und führte als Grund die Missstimmung zwischen Fürstabt und Kapitel an.[4]

Schon zwei Tage später wurden in München kurfürstliche Schreiben an sämtliche Landesherren und Reichsstädte, deren Territorien als Entschädigung für Bayern vorgesehen waren, ausgefertigt, um den Betroffenen die militärische Besetzung ihrer Lande anzukündigen. Interessanterweise waren dazu zwei sehr unterschiedliche Formulare aufgesetzt worden: Während man dem Fürstbischof von Augsburg und dem Fürstabt von Kempten den bevorstehenden Schritt mit ausgesuchter Höflichkeit durch den Frhn. v. Hertling persönlich anzeigen ließ, erging an die Reichsäbte und die Magistrate der Reichsstädte nur eine in dürren Worten gehaltene Mitteilung von der bereits beschlossenen Maß-

399

regel.[5] Am 2. September rückte dann tatsächlich das I. Bataillon des Leichten Infanterie-Regiments v. Salern unter dem Kommando des Oberstleutnants v. Lößl in Kempten und in verschiedene Orte des Stiftslandes ein.[6]

Anfang November war über die künftige Einteilung der schwäbischen Entschädigungslande Bayerns in zwei Regierungsbezirke, Dillingen und Kempten, bereits die Entscheidung gefallen.[7] Auch über die personelle Besetzung der Regierungen hatte sich der künftige *Generallandeskommissär* schon Gedanken gemacht: Im allgemeinen wollte er zunächst keine Änderungen vornehmen, doch zweifelte er, ob man in Kempten den Regierungspräsidenten Frh. v. Tänzl, den Hofkammerpräsidenten Frh. Zweyer v. Evenbach und den Hofrat und Lehenpropst Frh. v. Ow in ihren Positionen belassen könne, da sie Mitglieder des Stiftskapitels seien.[8]

Gerade der Lehenpropst Basilius v. Ow aber war dem Kurfürsten schon im Oktober zu Diensten gewesen, indem er einen Bericht über die kemptischen Aktiv- und Passivlehen an Hertling erstattet und diesem den Hofrat Renz zu künftiger Verwendung in der bayerischen Verwaltung empfohlen hatte.[9] Renz fertigte dann seinerseits einen Bericht über die stift-kemptischen Rechte außerhalb des Territoriums und die anderer Reichsstände im stiftischen Gebiet an.[10]

Die Zivilbesitznahme

Am 18. November erhielt Frh. v. Hertling eine Vollmacht als Generalkommissär *zur Besitzergreifung der zur Entschädigung bestimmten Länder im schwäb. Kreise.*[11] Das für alle schwäbischen Entschädigungslande gleichlautende *Zivilbesitznahmepatent* des Kurfürsten Max IV. Joseph von Bayern, mit dem Datum 28. November und dem Ausstellungsort München versehen[12], muss in Wirklichkeit schon einige Tage vorher gedruckt worden sein. Denn der mit der Durchführung in Kempten beauftragte ehemals hochstiftisch-augsburgische Regierungsrat v. Bräuning erhielt seine Instruktion ebenfalls am 28. November, und zwar von Hertling in Ulm, wo das Patent zu diesem Zeitpunkt also schon vorgelegen haben muss. Neben der Inpflichtnahme der Beamten für den Kur-

fürsten von Bayern und der öffentlichen Anschlagung und Verkündigung der Besitznahmepatente erhielt Bräuning insbesondere den Auftrag, die bisher zu den Kassen des Schwäbischen Kreises und der reichsritterschaftlichen Kantone abgeführten Steuerbeträge festzustellen und jede weitere Zahlung an diese Kassen einstweilen einstellen zu lassen. Über alle Kassenbestände, Getreidelager und anderen bei den stiftischen Ämtern, Zehntstädeln und Ökonomieverwaltungen vorhandenen Vorräte war ein Verzeichnis anzufertigen und erforderlichenfalls eine Inventur vorzunehmen. Man war bayerischerseits über die wirtschaftlichen Verhältnisse des Stifts einschließlich der Interna der Finanzpolitik schon ziemlich genau orientiert. So war etwa bekannt, dass der Fürstabt für seinen persönlichen Bedarf sogenannte *Schatullegelder* bezogen hatte, weshalb er keine Ansprüche auf einen Anteil am *Kameral- und Staatsvermögen* erheben könne. Da Bayern für seine schwäbischen Entschädigungslande das der Kurpfalz zugestandene *privilegium de non appellando illimitatum* in Anspruch nahm, wurde die Regierung für ihren gesamten Bezirk als Gericht zweiter Instanz eingesetzt und angewiesen, die Anrufung irgendwelcher kaiserlichen und Reichsgerichte zu unterbinden, wobei die baldige Errichtung eines Gerichts dritter Instanz in Ulm angekündigt wurde.[13] Bräuning vollzog seinen Auftrag am 30. November, indem er sich beim Fürstabt zur Audienz anmelden ließ und diesen bat, eine Bescheinigung über die Bekanntgabe des Besitznahmepatents auszustellen. Nachdem dies geschehen war, begab der Kommissär sich zu den versammelten Regierungs- und Hofkammerräten, entband sie ihren Pflichten gegenüber dem Fürstabt und ließ sie die vorgelegte Formel eines Treueids auf den Kurfürsten von Bayern unterzeichnen. Anschließend verkündete Bräuning unter dem Schutz bayerischer Kavalleristen am Haupttor der Residenz das Besitznahmepatent der zusammengeströmten Volksmenge und ließ das kurbayerische Wappen aufhängen.[14] Die Publizierung der Zivilbesitznahme in den nachgeordneten Ämtern und die Vereidigung der dortigen Beamten ordnete, wie in Bräunings Instruktion vorgesehen, die Regierung an, wobei die entsprechenden Dekrete am 1. Dezember noch vom amtierenden Großdekan in seiner Eigenschaft als nunmeriger kurbayerischer provisorischer

Stiftsstadt Kempten von Süden
Der geschlossenen Reichsstadt (rechts) steht die nach dem Dreißigjährigen Krieg erstarkte locker bebaute Stiftsstadt um St. Lorenz gegenüber.
Der Aufschwung des Stifts machte Kempten zur Doppelstadt. Sie ist gesehen aus dem Blickwinkel des heutigen Haubenschlossviertels: im
Vordergrund der stiftische Salzstadel.
Aquarell/Papier, Roman Weiß, Ende 18. Jh. (oben beschnitten).
Museen der Stadt Kempten.

Regierungspräsident unterzeichnet wurden.[15] Am selben Tage nahm Bräuning die Obsignation [Versiegelung] der Kassen vor und wies alle Kassenverwalter an, ihre Rechnungen zum 30. November abzuschließen. Der Fürstabt wurde gebeten, alle Inventarstücke aufzulisten, die er als sein Privateigentum anspreche. Dieses Verzeichnis erhielt der Kommissär noch am selben Abend nebst einer Mitteilung des Hofzahlamts, dass dieses dem Fürsten noch 20.071 fl. 12 kr. Schatullegelder schuldig sei.[16] Der 2. Dezember verstrich mit der Kontrolle der Mobilieninventare und der Obsignation des Münzkabinetts.[17] Am 3. Dezember wandte Bräuning sich der Erfassung des Kirchensilbers und der Paramente und Kirchenornate zu, wobei er sich das vorhandene Sakristeiinventar vorlegen ließ. Von den vorhandenen 27 Kelchen wurden zehn von den Kapitularen als Privateigentum in Anspruch genommen. Nachmittags wurde der fürstliche

Marstall und der Stiftsbauhof besichtigt und die Zahl der vorhandenen Pferde und Rinder aufgezeichnet.[18] Am 4. Dezember wollte Bräuning die Hofbibliothek (später auch *Fürstliche Bibliothek* genannt) obsignieren, begnügte sich aber aufgrund des Wunsches, sie zur Benützung durch den Fürstabt offen zu halten, mit der Vorlage des Katalogs und der Verpflichtung des Geistlichen Rats und Bibliothekars Weng, für die vollständige Erhaltung der Bibliothek, der allerdings durch die französischen Besatzer schon wertvolle Bücher entwendet worden waren, zu sorgen. Der übrige Tag verging mit der Einsichtnahme in die Inventare des Schlosses Wagegg und der stiftischen Bauhöfe Ober- und Unterkürnach, Reichelsberg und Halden sowie der Aufstellung des Mobilieninventars der Residenz.[19] Damit fuhr man auch am 6. Dezember fort. Außerdem gab Bräuning dem Kastenamt den Befehl, ein Verzeichnis des diesjährigen Ertrags der stiftischen Zehntstädel anzufertigen, und forderte vom Bauamt eine Liste der vom Stift zu unterhaltenden Gebäude an. Am Abend gab es einen Zwischenfall, indem der Oberstleutnant Lößl meldete, dass in der vorhergehenden Nacht in dem stiftischen Dorf Martinszell das Besitznahmepatent abgerissen worden sei. Das Pflegamt diesseits der Iller wurde angewiesen, den Vorfall zu untersuchen.[20] Am folgenden Tag forderte Bräuning den Großdekan auf, sämtliche Stiftsherren anzuweisen, eine *Fassion* [Aufstellung] ihrer Einkünfte zu erstellen. Den Forstamtsverwalter befragte der Kommissär über den ihn sehr befremdenden Umstand, dass das stiftische Forstamt defizitär gewirtschaftet habe, da es, statt Geld an das Hofzahlamt abzuliefern, von diesem Zuschüsse erhalten habe. Dies erklärte sich aber dadurch, dass sämtliche stiftischen Ämter und Betriebe das Holz vom Forstamt ohne Verrechnung der Kosten erhalten hatten. Überhaupt diente dieser Tag einer genauen Erfassung der finanziellen Verhältnisse des Stifts: Das Hofzahlamt hatte jährliche Einkünfte von 172.292 fl., war aber mit Schulden in Höhe von 545.352 fl. 22 kr. belastet. Die Höhe der Aktivkapitalien sowie die Verhältnisse bei der vom Hofzahlamt abgesonderten *Kammerkasse* blieben vorerst unbekannt. Von der Landschaftskasse forderte Bräuning zunächst nur ein Verzeichnis der rückständigen Kreissteuern und Reichskammerzieler an; diese betrugen 29.258 fl. 34 kr. 2 H. bzw. 821 fl. 48 kr.[21] Da nach Auskunft des Hofkammerpräsidenten die Kapitalbücher und die Obligationen der Aktivschulden in der Kasse des Hofzahlamts verwahrt waren, wurde diese am 9. Dezember wieder entsiegelt, was man auch dazu benützte, das vorhandene Bargeld zu zählen, das die Summe von 5.650 fl. 36 kr. ausmachte. Der Kastner übergab die von ihm angeforderte Aufstellung der Kassen- (1.052 fl. 14 kr. 7 H.) und Getreidebestände seines Amtes.[22] Am folgenden Tag legte auch der Landschaftskassier Henne den von ihm verlangten Bericht über den Stand der Landschaftskasse vor. Dieser ergab, dass diese verzinsliche Schulden in Höhe von 1.040.889 fl. und 17 kr. hatte, wozu noch eine in ihrer Höhe nicht genau bekannte, jedoch unverzinsliche Summe von ungefähr 800.000 fl. kam, die aus Kriegskosten resultierte, die einzelnen Untertanen in den letzten Jahren entstanden waren, für die aber die Landschaft insgesamt aufzukommen hatte. Den Schul-

den stand allerdings auch ein verzinsliches Guthaben von 351.597 fl. 55 kr. gegenüber. Der restliche Tag verging mit der Auszählung der in den übrigen, zu diesem Zweck wieder entsiegelten Kassen (Todfall-, Grasgeld- und Küchengefälls-, Kastenamts-, Forstamts- und Landschaftskasse) liegenden Gelder, die den bisherigen Verwaltern zur Fortsetzung ihrer Geschäfte zu treuen Händen überlassen wurden. Der Hofkammerpräsident Frh. v. Deuring wurde beauftragt, einen Bericht vorzulegen, welches Personal und welche Geldmittel zur einstweiligen Fortführung der Hofhaltung unter möglichster Beschränkung und Sparsamkeit erforderlich seien.[23] Am 11. Dezember wurde auch die Kapitelskasse wieder entsiegelt und ihr die darin liegenden Schuldbriefe über 19.162 fl. 55 kr. entnommen; beim Vergleich des Kassenstandes mit den Rechnungen ergab sich ein Überschuss von 843 fl. 28 kr., den der Großdekan als Rechnungssteller sich nicht erklären konnte, aber zum offenbaren Erstaunen des Kommissärs keinesfalls als sein Privateigentum in Anspruch nehmen wollte. Der Hofkammerrat Hörmann übergab Bräuning ein Memorandum, man solle zwecks Verminderung der Schulden einige der vom Stift selbst bewirtschafteten oder verpachteten Maierhöfe verkaufen und dabei unter Aufhebung des bisherigen gegenseitigen Verbots des Grunderwerbs auch die Bürger der Reichsstadt Kempten als Käufer zulassen. Die Hofkammer übergab einen schon früher angeforderten Bericht über die neben den Schatullegeldern aus verschiedenen Kassen und Betrieben an die persönliche Kasse des derzeit regierenden Fürstabts abgeführten Summen (6.875 fl. 15 kr. von der Pulvermühle, 2.286 fl. 16 kr. 6 H. vom Bauamt, 3.158 fl. vom Landtafelamt). Vom Kellermeister Feierle erhielt Bräuning einen Bericht über das – defizitäre – stiftische Weingut Öffingen in Württemberg[24] und die Mitteilung, dass das Weingut Lana in Südtirol bereits 1801 verkauft worden sei.[25] Das am 13. Dezember vorgelegte Verzeichnis der Aktivschulden des Hofzahlamts ergab, dass diese nur 4.269 fl. 22 kr. betrugen. Am selben Tage entschloss sich Bräuning, die Pflegämter Obergünzburg, Kemnat und Unterthingau nicht selbst aufzusuchen, sondern den Hofkammerrat v. Hundbiß mit deren Inventarisierung zu beauftragen. In eigener Person nahm der Kommissär sich des stiftischen Brauamtes an, wobei er feststellen musste, dass trotz des großen Fleißes des Bräuverwalters Gerstle und der peniblen Sorgfalt seiner Rechnungsführung aufgrund der schlechten Organisation des ganzen Brauwesens ein Passivsaldo von 35.077 fl. 26 kr. 1 H. vorhanden war.[26] Am 14. Dezember ließ Bräuning sich die inzwischen fertiggestellten Tabellen über den zehnjährigen Durchschnittsertrag des Kastenamts (47.256 fl. 57 kr. 4 H.) und ein Verzeichnis über die acht selbst bewirtschafteten, die 24 in Zeitpacht und die 23 in Erbpacht vergebenen Stifts- und Schlossbauhöfe vorlegen. Der übrige Tag verging mit der Untersuchung des miteinander verknüpften Rechnungswesens der stiftischen Kustorei, die auch das Vermögen der Stiftskirche in ihrer Eigenschaft als Pfarrkirche verwaltete, und des Konvents-Vestiariums.[27] Am folgenden Tage teilte das Hofzahlamt mit, dass es ohne

Zinsen jährliche Ausgaben von 171.486 fl. 2 kr. 6 H. habe und dass neben den schon bekannten Schulden noch 53.405 fl. 13 kr. Kurrentschulden vorhanden seien. Den Rest des Tages verbrachte Bräuning mit einer Besichtigung der in der Stiftstadt Kempten untergebrachten Pflegämter diesseits der Iller und Falken und des im nahe gelegenen Lenzfried angesiedelten Pflegamts Sulzberg und Wolkenberg, die allesamt aber nur Taxen und Strafgelder in unbedeutender Höhe einzunehmen hatten. Am Abend erhielt Bräuning die Mitteilung, dass die Hofküche jährliche Kosten von 47.193 fl. verursache.[28] Der 16. und 17. Dezember verging mit der Untersuchung der Verhältnisse der Armenkasse und des Bauamts.[29] Die Entsiegelung der Lehenhofskasse war bisher aufgeschoben worden, da deren Verwalter Hofrat Renz als Kommissär zur Zi-

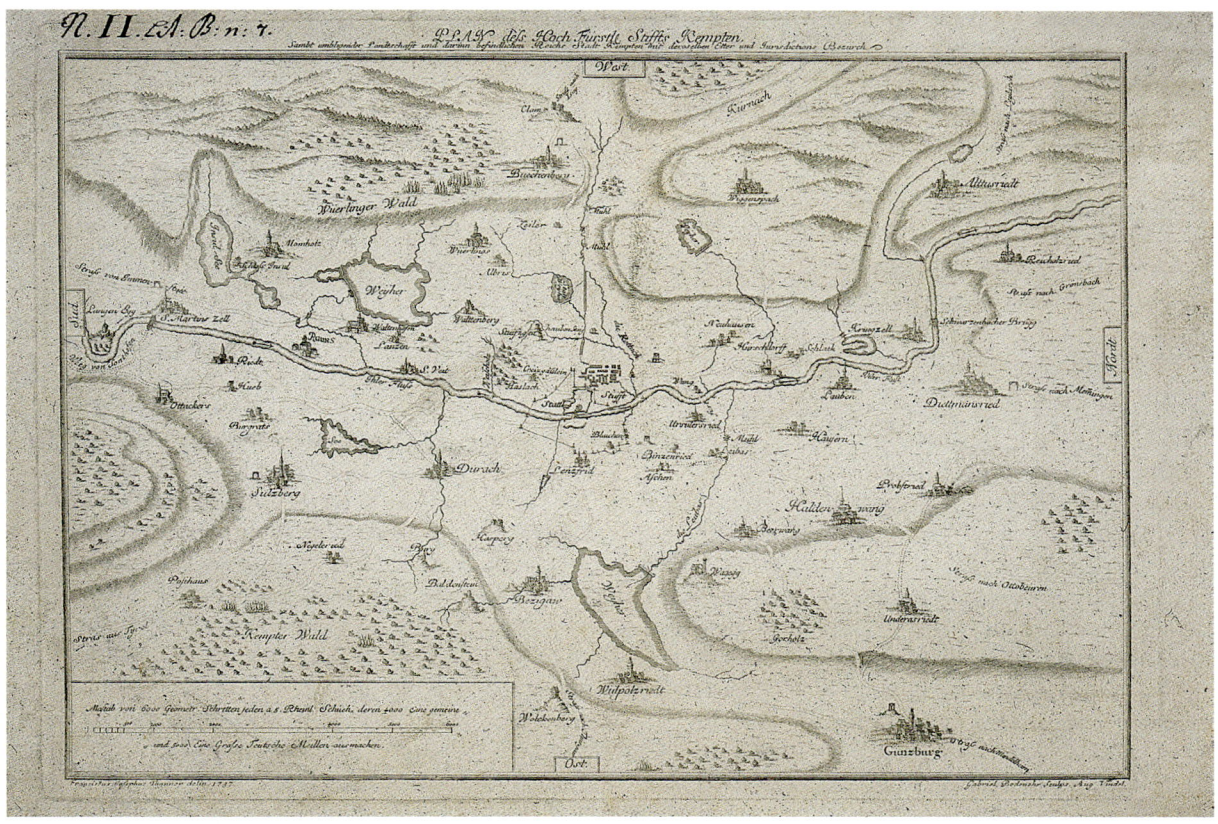

Das Territorium des Stifts Kempten
Kupferstich, 18. Jh.
SA Augsburg, Planslg.

vilbesitznahme im Stift Ottobeuren weilte. Nachdem er am 18. Dezember zurückgekehrt war, musste Bräuning sich sagen lassen, dass der Lehenhof keine Rechnungen führe, sondern dass lediglich die eingehenden Lehengefälle in die Lehenprotokolle eingetragen, das angesammelte Geld aber in unregelmäßigen Abständen an das Hofzahlamt abgeführt werde. Nachdem man sich anschließend erneut mit den Verhältnissen des Brauwesens befasst hatte, legte am Abend der Hofkammerrat v. Hundbiß seinen Bericht vor, aus dem sich ergab, das die Pflegsverwalter in Obergünzburg und Kemnat Gelder aus den ihnen anvertrauten Kassen zu privaten Zwecken verwendet hatten; die Hofkammer wurde angewiesen, die veruntreuten Summen alsbald wieder einzutreiben.[30] Am 19. Dezember hinterlegte Bräuning die von ihm kontrollierten Rechnungen und die Schlüssel zur Stiftsbibliothek, zum Naturalien- und Malereikabinett und zum Münzkabinett im Archiv, das er daraufhin versiegelte. Die Schlüssel zum Archiv übergab er dem Archivar Springer und reiste nach Ulm ab.[31]

In den Pflegamtssitzen Grönenbach und Lautrach, wo Kapitulare des Stifts als Pröpste amtierten, hatte der bereits für den Kurfürsten in Pflicht genommene Syndikus der Reichsstadt Kempten, Dr. Johann Martin v. Abele die Besitznahme am 2. und 3. bzw. 5. Dezember vorgenommen, wobei jeweils die kurbayerischen Wappen angeschlagen, die Beamten in Pflicht genommen, ein Kassensturz vorgenommen und die Vorräte und Einrichtungsgegenstände der Amtsgebäude, Brauhäuser und Zehntstädel inventarisiert worden waren. Von dem in Grönenbach vorgefundenen Kassenbestand wurden 2.000 fl. versiegelt hinterlegt. Bei dem dort bestehenden Kollegiatstift, das in jeder Hinsicht der Landeshoheit des Fürststifts unterstellt war, bestand die Tätigkeit Abeles vorerst nur darin, die Bibliothek für Bayern in Anspruch zu nehmen.[32] Einen Bericht über seine Tätigkeit legte er am 11. Dezember Bräuning vor.[33]

Das weitab am Rande des Donaurieds gelegene stiftische Obervogtamt Binzwangen war schon am 30. November 1802 von Dillingen aus durch den kurbayerischen Hofrat v. Frech in Besitz genommen und gemäß Mitteilung der Provisorischen Regierung in Dillingen an die zu Kempten vom 2. Dezember dem Regierungsbezirk Dillingen angegliedert worden.[34]

In einem zusammenfassenden Schlussbericht trug Bräuning dem Generallandeskommissariat vor, was seines Erachtens in Kempten vordringlich zu tun sei: Das gesamte Kassenwesen müsse stärker zentralisiert werden, da die einzelnen Rechnungsführer sich damit begnügten, Einnahmen und Ausgaben abzurechnen und am Jahresende Rechnung und Kassenbestand an das Hofzahlamt abzuliefern, sich um die Eintreibung von Außenständen aber wenig kümmerten. Der vom Zahlamt gelegentlich im Land herumgeschickte *alte Executor* aber sammle bevorzugt kleine Posten ein, beziehe dafür seine Exekutionsgebühr und überlasse größere Außenstände den Restantenregistern, in denen sie dann für immer schlummerten, ohne dass man auf ihre Eintreibung weiter achte. Ein weiterer Fehler der Kameralverwaltung bestehe darin, dass man kein Wissen davon habe, welche Betriebe mit Gewinn oder Verlust wirtschafteten, da vieles in den Rechnungen gar nicht erscheine. So unterhalte etwa das Bauamt die Brauhäuser, das Forstamt liefere das Holz und die Hofküferei fertige die Fässer an, und all das werde nicht oder nur unvollständig verrechnet. Die tiefere Ursache der Verwirrung sei, dass bei den meisten Ämtern Kapitulare die Vorgesetzten seien, die sich selbst als *Herren und Eigentümer* fühlten und daher ihre Anordnungen träfen, ohne von der Hofkammer einen Bescheid zu erwarten. Dieser fehle daher der Überblick. Außerdem nütze mancher der den Kapitularen untergebenen Rechnungsführer das System für sich aus, um in die eigene Tasche zu wirtschaften, wobei sie sich durch Rücksichtnahmen auf die besonderen Schwächen oder Vorlieben ihrer Vorgesetzten deren Protektion verdienten und sich so gegen ein Eingreifen der Hofkammer absicherten.[35] Zur Abdeckung der Kurrentschulden schlug Bräuning vor, schnellstmöglich die Hofhaltung aufzuheben, die selbst bebauten oder in Zeitpacht verliehenen Güter zu verkaufen und die Außenstände unter Nachlass eines Drittels und notfalls der Hälfte rasch einzutreiben.[36]

Über die im Stift Kempten vor allem hinsichtlich der Finanzverfassung herrschenden Zustände erstattete der schon lange im stiftischen Dienst tätige Regierungs- und Hofkammerrat Joseph Maria v. Merlet einen besonderen Bericht. Ob er dazu von Bräuning aufgefordert worden war, oder aus eigenem Antrieb handelte, ist nicht mehr festzustellen. Zum Beweis seines Pflichteifers leitete er ihn mit der Vorbemerkung ein, er habe schon unter dem Vorgänger des jetzigen Fürstabts mehrfach auf das *Unordentliche und sehr Schadhafte* im Rechnungswesen aufmerksam gemacht, leider jedoch vergeblich. Als Sofortmaßnahmen empfahl Merlet die Aufwertung des Hofzahlamts zu einer Art Zentralstaatskasse sowie Pensionierung von Fürstabt und Kapitel, wobei er darauf hinwies, dass gemäß den Stiftsstatuten dem Fürstabt 6.000 fl. jährlich zustanden, wovon er sich seine Kleidung und anderen persönlichen Bedarf selbst beschaffen müsse, dass aber weder der Abt noch die Kapitulare Eigentum besäßen, denn was der erstere hinterlasse, erhalte sein Nachfolger; die Verlassenschaft verstorbener Kapitulare[37] aber falle der Kapitelskasse anheim. Die als sogenannte Chorvikare angestellten Weltpriester würden in den Statuten gar nicht erwähnt, sie könnten daher ohne Pension gegen die bloße Zusicherung, sie bei der Vergabe vakanter Pfarreien und Benefizien zu berücksichtigen, verabschiedet werden. Die Pensionen empfahl Merlet auf 10.000 fl. für den Fürstabt, 1.800 fl. für den Großdekan, 1.500 fl. für den Vizedekan und 1.200 fl. für die übrigen Kapitulare festzusetzen, außerdem dem Abt als Wohnungen das Oberststallmeisterhaus und das Schloss Grönenbach zu überlassen, das nötige Holz zur Beheizung sowie das Futter für vier bis sechs Pferde kostenlos zu liefern und eine Anzahl Bediener für ihn weiter zu besolden. Das Chorgebet der Kapitulare könne man wohl abschaffen, *ohne ihre Gegenprotestation zu beförchten*; allenfalls solle man ihnen freistellen, sich vor dem Hochamt und zur Vesper in Weltpriesterkleidung zu gemeinsamem Gebet zu versammeln. Durch diese Maßnahmen fielen die ungeheuren Ausgaben für die Hofküche und die sie beliefernden Betriebe sowie die nicht kontrollierbaren Sporteln, *die sich die Kapitulare bey ihren Ämtern gemacht haben,* weg. Auffallend sei auch, dass zahlreiche Besoldungen offenbar seit dem Jahr 1798 stark erhöht worden seien und dass der Verbleib des Erlöses aus in den letzten Jahren verkauften Gütern *sehr rätselhaft* sei. Kritisiert wird schließlich, dass von der Armenkasse, an die das Hofzahlamt jährlich 5.000 fl. abgegeben habe, zu etwa einem Viertel liederliche und arbeitsscheue Leute unterhalten worden seien. Trotz aller Kritik glaubte Merlet, dass bei besserer Einrichtung des Kameralwesens, Entlassung überflüssigen Personals und genauerer Kontrolle der verschiedenen Verwaltungen die vorhandenen Schulden in wenigen Jahren bezahlt werden könnten.[38] Das Gutachten Merlets ist insofern bemerkenswert, als der Beamte sich offenbar innerhalb weniger Tage ganz auf den Standpunkt seines neuen Dienstherrn gestellt hat und die Regierung seines früheren sehr negativ beurteilte. Dazu mag eine gewisse Frustration über die Ignorierung seiner schon vor Jahren eingereichten Reformvorschläge ebenso beigetragen haben wie die unverkennbare Mentalität eines aufklärerischen Beamten, mit der Merlet sich in einer für zeitgenössische Kritik an geistlichen Staatswesen typischen Weise etwa gegen die Gewährung von Almosen an Unwürdige oder gegen die Besoldung im Grunde überflüssigen, aus eher sozialpolitischen Gründen beschäftigten Personals wandte. Andererseits muss sich, wenn Merlets Behauptungen stimmen, in den letzten Jahren vor der Säkularisation in Kempten vom Fürstabt bis hin zu vielen Beamten die Stimmung ausgebreitet haben, aus dem zum Untergang verurteilten Staatswesen noch rasch möglichst viel herauszuholen – man denke nur an die auffälligen Besoldungserhöhungen!

Erste Maßnahmen der bayerischen Zivilverwaltung, Auflösung und Pensionierung von Fürstabt, Kapitel und Hofstaat

Durch Verordnung des Generalkommissärs Frh. v. Hertling wurde der schon in der Instruktion Bräunings angekündigte Regierungsbezirk Kempten am 1. Dezember 1802 tatsächlich geschaffen. Außer dem Fürststift gehörten dazu auch die Reichsabteien Ottobeuren und Irsee, die Reichsstädte Memmingen, Kaufbeuren, Kempten, Ravensburg, Leutkirch, Wangen und Buchhorn, sowie an bisher schon bayerischen Gebieten die Grafschaft Mindelheim, das Landgericht Türkheim und die Herrschaft Illertissen.[39] Über die in der Stiftstadt Kempten vorhandenen landesherrlichen Gebäude wurde auf Befehl des zum subdelegierten Kommissär ernannten Hofrats Renz vom bisherigen stiftischen Baudirektor am 3. Januar 1803 ein genaues Verzeichnis erstellt.[40] Ebenfalls um den Jahreswechsel 1802/03 wurde die provisorische

Regierung Kempten vom Generallandeskommissariat angewiesen, über die Steuer- und Anlagsverfassung des Fürststifts Bericht zu erstatten, welchen Auftrag die Regierung an die ebenfalls als provisorische bayerische Behörde konstituierte Hofkammer weiterleitete.[41] Die gegebene Auskunft wurde zwar sogleich als unzureichend charakterisiert, aber genaue Richtlinien über die Erstellung der beabsichtigten Steuerstatistik erließ das Generallandeskommissariat erst am 24. März 1803.[42]

Dass der mit der Zivilbesitznahme vollzogenen Mediatisierung des Stifts alsbald dessen Säkularisierung, das heißt die Aufhebung des Klosters, folgen werde, war mit Sicherheit vorherzusehen. Fürstabt und Kapitel wollten auf den Vollzug des unabwendbar Gewordenen wenigstens noch Einfluss nehmen und handelten entsprechend: Die Kapitulare verbanden den Zweck, die dem neuen *gnädigsten Landesfürsten* schuldigen Glückwünsche darzubringen, mit der Entsendung des Großdekans und des Lehenpropsts v. Ow nach München, die dort zugleich für ihre Mitbrüder *ein solche Sustentation* […]*, welche unserer adeligen Herkunft und bisherigen standesgemäßen Erhaltung angemessen,* erreichen sollten.[43] Der Fürstabt begnügte sich damit, am 23. Dezember seinen Neffen mit schriftlicher Instruktion zu Hertling zu schicken. Darin wurden die Forderungen erhoben, die Pension auf 20.000 fl. festzusetzen und neben einer Wohnung in Kempten mit entsprechenden Möbeln noch einen Sommeraufenthalt zugewiesen zu erhalten.[44] Letzteres wurde am 30. Dezember dahingehend konkretisiert, dass ihm außer seinen bisherigen Wohnräumen ein Teil des Hofgartens, das Schloss Grönenbach als Sommersitz und das Jagdrecht in den Revieren Grönenbach und Theinselberg überlassen werden solle.[45] Auch der mit dem Referat über Bräunings Bericht beauftragte Referent des Generallandeskommissariats, Frh. v. Lerchenfeld, sah als vordringliche Maßnahme zur finanziellen Sanierung die schnellstmögliche Auflösung der teuren und mit ihren Naturalbezügen die gesamte Kameralverwaltung verwirrenden Hofhaltung und als deren Voraussetzung die Pensionierung des Fürstabts und Kapitels an, wobei er den ersteren aufgrund der schlechten Finanzlage mit dem vom RDH für die kleinsten Fürstabteien vorgesehenen Betrag von nur 6.000 fl. jährlich abfinden wollte.[46] Die

Forderung nach den rückständigen Schatullegeldern solle man durch Aufrechnung mit den rechtswidrigerweise bezogenen Nebeneinkünften für hinfällig erklären, allenfalls aber das geforderte Kapital als Schuld des Hofzahlamts stehen lassen und mit 4 % verzinsen.[47] Hinsichtlich der Kapitulare schlug Lerchenfeld 1.800 fl. für den Großdekan, 2.000 fl. für die beiden Pröpste und 1.500 fl. für die übrigen vor, womit sie hoch zufrieden sein müssten, da man sie bei strenger Auslegung als Mönche behandeln und mit 600 fl. abfertigen könne. Da man ihnen jedoch bei Beibehaltung der übrigen Naturalbezüge und freier Wohnung schon 2 fl. Kostgeld täglich genehmigt habe, was jährlich schon 730 fl. ausmache, könnten billigkeitshalber die Pensionen nicht unter 1.500, 1.800 bzw. 1.200 fl. festgesetzt werden.[48]

In seinem Bericht an den Kurfürsten übernahm das Generallandeskommissariat aus den Gutachten Merlets und Lerchenfelds die Ansicht, dass zur Sanierung der zerrütteten Finanzen des *Fürstenthums Kempten* der *verschwenderischen Hofhaltung* ein Ende gemacht werden müsse; die Pension des Fürstabts wollte es jedoch mit 10.000 fl. zuzüglich 2.000 fl. Entschädigung für bisher bezogene Naturalien großzügiger bemessen. Für den geforderten Rückstand an Schatullegeldern solle man dem Fürstabt allenfalls, solange er lebe, jährlich 800 fl. Zinsen bezahlen, nach seinem Tode aber das Kapital einziehen, da Kempten ein *adeliches Mönchskloster* sei, dessen Angehörigen nur die Nutznießung, nicht aber das Eigentum am Stiftsvermögen zugestanden habe.[49] Ein kurfürstliches Dekret vom 19. Februar 1803[50] entschied in diesem Sinne. Über die Ansprüche des Fürstabts hinsichtlich seines Wohnrechts hatte der Hofrat Renz schon am 31. Dezember 1802 Bericht erstattet und die Überlassung der bisherigen Prunkräume einschließlich des sogenannten *Kirchensaales* (der heutige »Fürstensaal«), des Winterchors und der notwendigen Dienerschafts-, Wirtschafts- und Kellerräume, ebenso die Überlassung eines Stalles, befürwortet und einen Vorschlag zur Teilung des Hofgartens vorgelegt. Dagegen erklärte Renz sich hinsichtlich der fürstäbtlichen Forderung nach dem Schloss Grönenbach mangels genauer Ortskenntnis für inkompetent.[51] Auch kam Fürst Castolus auf den letztgenannten Anspruch später nie mehr zurück.

Durch Dekret des Generallandeskommissariats von Schwaben vom 28. Februar 1803 wurde das Kapitel aufgelöst und zugleich verkündet, dass der Kurfürst von Bayern, *nachdem Sie dero Wunsch der vollkommensten Billigkeit in diesen Sustentations- und Pensions-Bestimmungen Genüge zu leisten, mit dem zerrütteten Finanz-Zustande der gefürsteten Abtey Kempten, so viel möglich, zu vereinigen gesucht haben*, dem Fürstabt 12.000 fl. Pension nebst einer lebenslänglichen Rente von 800 fl. aus den Schatullegeldern sowie die vom Kommissariat vorgeschlagenen Nießbrauchsrechte eingeräumt habe. Für den Großdekan und *ehemaligen Regierungspräsidenten* Maurus Frh. v. Tänzl waren 1.800 fl., für die beiden Pröpste in Lautrach und Grönenbach 2.000 fl. und für die übrigen Kapitulare 1.500 fl. Pension vorgesehen. Der Kapitular Basilius v. Ow sollte wegen seiner als Statthalter im Jahre 1800 erworbenen Verdienste zusätzlich 300 fl. Pension beziehen.[52] Pensioniert wurden aus Anlass der Auflösung der klösterlichen Gemeinschaft auch die Hofkapläne, die als Lehrer am Stiftsgymnasium dienenden Piaristen-Patres, die Chorvikare, der Hofbeichtvater und ein alter Sprachmeister. Deren Bezüge fielen aber mit 150 bis 500 fl. jährlich wesentlich spärlicher aus.[53] Während die beiden Pröpste schriftlich informiert wurden, wurde das Auflösungs- und Pensionsdekret dem Fürstabt am 7. März, den übrigen in Kempten anwesenden Betroffenen am darauffolgenden Tag persönlich bekanntgegeben. Sie nahmen die Entscheidung überwiegend resigniert hin, ja die Chorvikare, unter denen sich nach dem Eindruck des mit dem Vollzug des Dekrets beauftragten neuen Kammerpräsidenten v. Neumayr *einige junge fähige Leute* befanden, waren laut dem Bericht erfreut über die ihnen angekündigte Aussicht, künftig als Prediger an der ehemaligen Stifts- und nunmehrigen Stadtpfarrkirche Verwendung zu finden. Den bisher die Predigten haltenden Franziskanern traute die bayerische Verwaltung nämlich so wenig, dass ihre Ablösung schon zum kommenden Sonntag verfügt wurde. Auch sonst fühlten sich die neuen Herren nicht ganz sicher; so sagte Neumayr den Kapitularen, die in Kempten zu verbleiben wünschten, zu, dass sie ihre Wohnräume behalten könnten, er empfahl aber, die beiden Pröpste an ihren bisherigen Wohnsitzen nicht weiter zu dulden, *da sie ohne Aufsicht in einem ent-

fernten Orte, wo sie bisher wie Fürsten zu regieren gewöhnt waren, leicht ihr Ansehen zu Einmischungen, Usurpationen, Aufhetzungen gegen die Regierung etc. etc. benützen könnten.[54] Die vorgesetzte Stelle in Ulm wies Neumayr jedoch an, die Pröpste als *Privatpersonen* in Grönenbach und Lautrach wohnen zu lassen; die von ihnen bisher genutzten Möbel, die dem Stift gehörten, sollten aber veräußert werden.[55]

Fürstabt Castolus widersprach dem Pensionsdekret mit der Begründung, als dem ersten der Fürstäbte des Reiches stünden ihm die im RDH als Mindestsumme für Fürstbischöfe festgesetzten 20.000 fl. zu; außerdem dürfe er hinsichtlich der Schatullegelder nun nicht dadurch Schaden leiden, dass er zum Nutzen des Landes und aus Liebe zu den vom Hofzahlamt ihren Lohn empfangenden Bediensteten diese Gelder bei dieser Kasse habe stehen lassen. Der Fürstabt machte geltend, eine genauere Untersuchung werde ergeben, dass der Finanzstatus des Stifts keineswegs so schlecht sei, wie er sich bei oberflächlicher Betrachtung darbiete und dass der hohe Schuldenstand aus *zufälligen und äusseren Ursachen* entstanden sei; außerdem habe die Administration teilweise darunter gelitten, dass er in der Wahl der leitenden Beamten nicht frei gewesen sei, sondern sich an das aus nur wenigen Mitgliedern bestehende Kapitel habe halten müssen.[56] Dessen Mitglieder verliehen in einem Schreiben ihrer eigenen Bestürzung über den vorgefundenen Zustand des Finanzwesens Ausdruck und verbanden damit die in sehr zurückhaltender Form vorgetragene Bitte, ihre Pensionen aufzubessern, falls eine eingehende Prüfung der wirtschaftlichen Zustände ein besseres Bild ergeben sollte.[57]

Kurfürst Max IV. Joseph gab dem Protest des Fürstabts wenigstens insofern statt, als er die Pension auf 20.000 fl. erhöhte und hinsichtlich der strittigen Schatullegelder auf dessen Vorschlag einging, statt derer Möbel zu übereignen und noch dazu ein bei Kempten gelegenes Kameralgut, das keinen Reinertrag abwerfe, zu freiem Eigentum einzuräumen.[58] Castolus v. Reichlin erklärte sich daraufhin sogar bereit, gegen Erweiterung des Gartens und Einräumung des Eigentums daran auf das Landgut zu verzichten.[59] Das Generallandeskommissariat empfahl diesen Plan dem Kurfürsten um so lieber zur Annahme, als der Wert der eigentümlich überlassenen Mobilien und Immo-

Castolus Reichlin von Meldegg (1793–1802/03, † 1804)
Porträt des letzten Fürstabts von Kempten.
Druckgrafik.
StA Kempten, Graphiksammlung.

bilien um gut 4.000 fl. unter dem der rückständigen Schatullegelder liege und auf diesem Wege die Gefahr beseitigt werde, dass die Erben des Fürstabts aus einem Landgut eine adelige Grundherrschaft bilden würden *und wodurch sich der Grund zu einem adelichen Landschaftsausschusse bilden könnte, ein Zuwachs, der sehr entbehrlich ist.*[60] Nach kurfürstlicher Genehmigung[61] wurde auf dieser Grundlage am 14. September 1803 zwischen dem Fürstabt und Neumayr in München ein förmlicher Abfindungs- und Vermögensausscheidungsvertrag geschlossen.[62]

Zusammenfassung

Wenn auch, wie schon eingangs festgehalten, die Verhältnisse des Fürststifts Kempten in vielem für die schwäbischen Reichsabteien nicht typisch sind, so können doch einige Merkmale des Geschehens in Kempten zwischen dem Frühjahr 1802 und Sommer 1803 als allgemeine Phänomene gelten:

1. Weder der Fürstabt noch irgendwelche Mitglieder des Kapitels dachten an passiven oder gar aktiven Widerstand. Zu letzterem fehlten die Machtmittel, aber dass eine hinhaltende Obstruktion wohl doch möglich gewesen wäre, zeigen diesbezügliche Befürchtungen der bayerischen Behörden. Gerade im Stift Kempten hätte die Einbindung der Kapitulare in den Regierungsapparat die Chance geboten, Vermögenswerte noch in letzter Stunde etwa auf Kirchenstiftungen oder österreichische Klöster zu übertragen. Nichts derartiges geschah. Auch die geistlichen Mitglieder der bisherigen Oberbehörden verhielten sich, teils schon vor der Zivilbesitznahme, gegenüber Bayern loyal.[63]

2. Als eifrige Mithelfer bei der Säkularisation erwiesen sich aufklärerisch gesinnte Beamte der geistlichen Staatswesen, wie im Falle des Stiftes Kempten der hochstiftisch-augsburgische Geheime Rat v. Bräuning und die stiftischen Beamten Hofrat Renz und Hofkammerrat v. Merlet. Obwohl auch sie zu den Nutznießern der seit 1798 vorgenommenen Besoldungserhöhungen gehört haben dürften, waren sie geneigt, sich gegenüber ihren früheren Wohltätern äußerst kleinlich zu erweisen und die bayerischen Behörden geradezu anzustiften, die Pensionen des Fürstabts und der Kapitulare möglichst niedrig anzusetzen. Offenbar hatten sie binnen weniger Tage die Rolle von Sachwaltern ihres neuen Dienstherrn mit besonderem Eifer verinnerlicht, wobei sie anscheinend ein gutes Gespür dafür bewiesen, dass in dem vom leitenden Minister Montgelas geprägten neuen bayerischen Staat das höhere Beamtentum zur staatstragenden Schicht auserkoren war. Dass bei der Pensionsfestsetzung für die Opfer der Säkularisation die einschlägigen Bestimmungen des RDH am Ende doch großzügig interpretiert werden sollten, war dem Kurfürsten Max IV. Joseph zu verdanken.[64]

3. Die ganze Vorgehensweise der bayerischen Behörden offenbart den absoluten Vorrang pekuniärer Gewinnerwartungen. Nicht ein staats- und kirchenpolitisches Reformprogrammm wie einst bei Kaiser Joseph II., sondern allein finanzielle Überlegungen wa-

ren handlungsleitend, auch schon während der Mediatisierung der geistlichen Reichsstände. Dass dadurch der Weg zu einer sinnvollen Neugestaltung des Verhältnisses von Staatsgewalt und Kirche zunächst versperrt war und man auf diese bis zum bayerischen Konkordat von 1817 warten musste, war eine notwendige Folge dieses Fiskalismus.

---

[1] Ein Hinweis auf diese begrifflich notwendige Unterscheidung findet sich bei *Eberhard Weis*, Die Begründung des modernen bayerischen Staates unter König Max I., (1799–1825), in: *Max Spindler* (Hg.), Handbuch der Bayerischen Geschichte. Bd. IV/1: Das neue Bayern. 1800–1970. Staat und Politik. München 1974, 3–86, hier 40 Anm. 1.

[2] Die ältere Darstellung von *Josef Rottenkolber*, Die Fürstabtei Kempten am Vorabend der Säkularisation und ihr Übergang an Bayern, Kempten 1927, ist in vielen Einzelheiten fehlerhaft.

[3] Ribaupierre an Kurfürst Max IV. Joseph, Kaufbeuren, 21.05.1802 (Bayerisches Hauptstaatsarchiv [künftig: HSA München], Ministerium des Äußern [künftig: MA] 667, fol. 42v–45); Ribaupierre an Montgelas, München, 09.06.1802 (HSA München, MA 120, fol. 30–31v). Ribaupierre empfahl auch, die Iller als künftige westliche Verteidigungslinie Bayerns durch den Ausbau Ulms und Kemptens zu Festungen zu sichern. Vgl. auch *Theodor Rolle*, Bayerns Griff nach Ostschwaben. Zur Mission des Freiherrn Wilhelm von Hertling bei den schwäbischen Reichsständen in den Jahren 1802/03, in: ZHV Schwaben 85 (1992), 157–208, hier 161.

[4] Ebd., 177.

[5] Formular in zwei Varianten in: HSA München, MA 39001, fol. 3–5v.

[6] *Franz-Rasso Böck*, Kempten vom Übergang an Bayern bis 1848, in: *Volker Dotterweich* u. a. (Hgg.), Geschichte der Stadt Kempten. Kempten 1989, 349–371, hier 353.

[7] Bericht Hertlings, München, 08.11.1802, mit Randentschließungen Montgelas', in: HSA München, MA 39001, fol. 13–20.

[8] Hertling gab in einem weiteren Bericht d.d. München, 10.11.1802 (HSA München, MA 39001, fol. 21–25v) zu bedenken: *Obgleich diese drei Männer, welchen es an Eifer für das Interesse des neuen Landesherrn nicht zu fehlen scheint, Mitglieder des Hochstifts* [sic] *und Kapitels selbst sind, so werden dieselben doch im ersten Augenblick schwehr zu ersetzen sein.* (Ebd., fol. 21v). Zweyer und Ow hatten beide bei der letzten Abtwahl im Jahre 1793 zu einer dann knapp unterlegenen Gruppe gehört, die die Umwandlung des Stifts aus einem Benediktinerkloster in ein analog zu einem Domkapitel organisiertes Kollegiatstift befürwortet hatte. Vgl. *Franz Quarthal*, Der vorderösterreichische Regierungspräsident Joseph Thaddäus von Sumeraw als kaiserlicher Wahlkommissar in Kempten und Basel (1793 und 1794), in: FDA 100 (1980), 351–377. Montgelas ging in seiner Randentschließung auf das Problem der Weiterverwendung Geistlicher in Regierungsämtern gar nicht ein, sondern konzentrierte sich ganz auf die von Hertling im folgenden angeschnittene Frage der Regelung der Gehälter der Regierungsbeamten. Hinsichtlich des Kammerpräsidenten Zweyer v. Evenbach erledigte sich das Problem alsbald von selbst, denn dieser legte auf Anraten Hertlings sein Amt nieder und bezog die ihm schon vor einiger Zeit verliehene Propstei Grönenbach (Zweyer an Hertling, Grönenbach, 12.11.1802, in: SA Augsburg, Regierung 3064 II, fol. 29–29v).

[9] Ow an Hertling, Kempten, 04. u. 13.10.1802 (SA Augsburg, Regierung 3064 II, fol. 33–34 bzw. 37–37v).

[10] SA Augsburg, Regierung 3064 II, fol. 166–185.

[11] HSA München, MA 39001, fol. 44–45.

[12] SA Augsburg, Prov. Kammer Kempten 16.

[13] SA Augsburg, Landesdirektion Ulm 346, fol. 150–163.

[14] Protokoll Bräunings (SA Augsburg, Regierung 3064 II, fol. 84–94).

[15] SA Augsburg, Regierung 3063. Die von den Beamten, Ammännern, Hauptleuten und Gerichtsbeisitzern unterschriebenen Eidesformeln in: SA Augsburg, Regierung 3065.

[16] SA Augsburg, Regierung 3064 II, fol. 94v–96v.

[17] SA Augsburg, Regierung 3064 II, fol. 97–101.

[18] SA Augsburg, Regierung 3064 II, fol. 101v–104.

[19] SA Augsburg, Regierung 3064 II, fol. 104v–106.

[20] SA Augsburg, Regierung 3064 II, fol. 106v–109.

[21] SA Augsburg, Regierung 3064 II, fol. 109v–111v.

[22] SA Augsburg, Regierung 3064 II, fol. 112–116.

[23] SA Augsburg, Regierung 3064 II, fol. 116v–119. Zu den finanziellen Verhältnissen vgl. auch *Josef Rottenkolber*, Geschichte des hochfürstlichen Stiftes Kempten. Kempten 1933, 242f. Die Kriegskosten stellten aber im Grunde genommen nur einen durchlaufenden Posten in Form von Lastenausgleichsforderungen an Untertanen, die von Requirierungen, Quartierlasten u.ä. bes. betroffen gewesen waren, dar; das zu ihrer Bezahlung nötige Geld war von Minderbelasteten wieder hereinzubringen. Lerchenfeld teilt mit, es sei von der fürststiftischen Regierung und dem Landschaftsausschuss schon 1801 beschlossen worden, *zur Aufrechterhaltung des Credito der Landkasse* die Summe auf die Pfarreien nach dem Anlagsfuss umzulegen, von denen sie binnen drei Jahren *ausgeglichen* werden solle. Dass diese Operation erfolgreich war, erhellt aus der Tatsache, dass die Landschaftskasse am 20.08.1806 nur mehr Schulden in Höhe von 895.865 fl. hatte, denen noch Guthaben in Höhe von 299.010 fl. gegenüberstanden (SA Augsburg, Regierung 3065a).

[24] Dessen Besitznahme durch Bayern erfolgte am 06.12.1802 (SA Augsburg, Regierung 3064 II, fol. 72–74v).

[25] SA Augsburg, Regierung 3064 II, fol. 119v–124v.

[26] SA Augsburg, Regierung 3064 II, fol. 125–128v. Vgl. *Rottenkolber*, Säkularisation (wie Anm. 2), 10ff.

[27] SA Augsburg, Regierung 3064 II, fol. 129–131v.

[28] SA Augsburg, Regierung 3064 II, fol. 132–136v.

[29] SA Augsburg, Regierung 3064 II, fol. 137–138.

[30] SA Augsburg, Regierung 3064 II, fol. 139–143.

[31] SA Augsburg, Regierung 3064 II, fol. 143–144.

[32] Bericht Abeles vom 08.12.1802 (SA Augsburg, Landesdirektion Ulm 329, fol. 1–14); *Rottenkolber*, Säkularisation (wie Anm. 2), 43f.

[33] SA Augsburg, Regierung 3064 II, fol. 123.

[34] SA Augsburg, Prov. Regierung Dillingen 4; SA Augsburg, Regierung 3064 II, fol. 67–70; *Rottenkolber*, Säkularisation (wie Anm. 2), 43.

[35] Bericht vom 19.12.1802 (SA Augsburg, Regierung 3064 I, fol. 43–52v).

[36] SA Augsburg, Regierung 3064 II, fol. 155–162.

[37] Diese hätten laut den Stiftsstatuten jährlich nur 50 fl. Taschengeld erhalten sollen und lediglich der Vizedekan 150 fl. und der Großdekan und die beiden Pröpste jeweils 300 fl.; tatsächlich hätten aber zuletzt alle Kapitulare 300 fl. erhalten.

[38] SA Augsburg, Landesdirektion Ulm 346, fol. 164–173. Das Gutachten ist nicht datiert, trägt aber einen Präsentatum-Vermerk vom 19.12.1802.

[39] SA Augsburg, Prov. Kammer Kempten 16.

[40] SA Augsburg, Regierung 1339.

[41] Prov. Regierung an Prov. Kammer, 07.01.1803 (SA Augsburg, Prov. Kammer Kempten 8).

[42] Prov. Regierung an Prov. Kammer, 021.01.1803 (SA Augsburg, Prov. Kammer Kempten 8). Dort auch die Richtlinien vom 24.03.1803.

[43] Kapitel an Kurfürst Max IV. Joseph, Kempten, 14.12.1802 (HSA München, MA 7907, Prod. Nr. 24).

[44] SA Augsburg, Landesdirektion Ulm 346, fol. 147–149v.

[45] *Rottenkolber*, Säkularisation (wie Anm. 2), 45.

[46] Gutachten Lerchenfelds, Ulm, 03.01.1803 (SA Augsburg, Regierung 3064 II, fol. 225–225v).

[47] SA Augsburg, Regierung 3064 II, fol. 226–226v.

[48] SA Augsburg, Regierung 3064 II, fol. 229–230.

[49] Generallandeskommissariat an Max IV. Joseph, Ulm, 08.01.1803 (SA Augsburg, Landesdirektion Ulm 346, fol. 30–34).

[50] SA Augsburg, Landesdirektion Ulm 346, fol. 36–39.

[51] SA Augsburg, Landesdirektion Ulm 346, fol. 10–13v.

[52] Dies entsprach einer Anregung Lerchenfelds (SA Augsburg Regierung 3064 II, fol. 230v–231).

[53] SA Augsburg, Prov. Kammer Kempten 12; *Rottenkolber*, Säkularisation (wie Anm. 2), 45f.

[54] Kammerdirektor v. Neumayr an Generallandeskommissariat, Kempten, 10.03.1803 (SA Augsburg, Landesdirektion Ulm 346, fol. 54–58).

[55] Generallandeskommissariat an Neumayr, Ulm, 12.03.1803 (SA Augsburg, Landesdirektion Ulm 346, fol. 65–66v).

[56] Castolus an Frh. v. Hertling, Kempten, 11.03.1803 (SA Augsburg, Landesdirektion Ulm 346, fol. 51–53v).

[57] Kapitulare an Hertling, Kempten, 11.03.1803 (SA Augsburg, Landesdirektion Ulm 346, fol. 67–68).

[58] Max IV. Joseph an Generallandeskommissariat, München, 02.04.1803 (SA Augsburg, Landesdirektion Ulm 346, fol. 71–72); *Rottenkolber*, Säkularisation (wie Anm. 2), 46.

[59] Castolus an Hertling, Kempten, 17.06.1803 (SA Augsburg, Landesdirektion Ulm 346, fol. 76–77).

[60] Generallandeskommissariat an Max IV. Joseph, Ulm, 30.04.1803 (SA Augsburg, Landesdirektion Ulm 346, fol. 87–90v).

[61] Max IV. Joseph an Generallandeskommissariat, München, 07.05.1803 (SA Augsburg, Landesdirektion Ulm 346, fol. 91–91v).

[62] SA Augsburg, Landesdirektion Ulm 346, fol. 118–125.

[63] Eigenartig war die Rolle des letzten Großdekans und Regierungspräsidenten Maurus Frh. v. Tänzl, der sich offenbar erfolgreich bemühte, das letzte Amt so lange als möglich festzuhalten. Noch ein Bericht der Provisorischen Regierung Kempten an das Generallandeskommissariat vom 08.07.1803 ist gemeinsam von Tänzl und Renz unterschrieben, wobei in dem Bericht von einem »Regierungspraesidium« die Rede ist, bei dem die neu ernannten Beamten sich gemeldet hätten (SA Augsburg, Regierung 3289). Dies stand eindeutig im Widerspruch zu dem kurfürstlichen Dekret vom 23.04.1803, durch das Renz zum Regierungsdirektor ernannt wurde, ohne dass von einem Präsidenten die Rede war (Ebd.; vgl. auch *Böck*, Kempten [wie Anm. 6], 192f.), wie zum Dekret über die Pensionierung des Kapitels, in dem Tänzl als *ehemaliger Regierungspräsident* bezeichnet war. Unklar bleiben die Motive Tänzls für sein Verhalten ebenso wie die des Generallandeskommissariats für dessen Duldung. Dass es im Kapitel auch der Säkularisation innerlich widerstrebende Kräfte gab, zeigt die Tatsache, dass zumindest einige Stiftsherren, offenbar heimlich, den Papst um Dispens baten, um trotz der abgelegten Mönchsgelübde Eigentum besitzen und darüber testieren zu dürfen. Bekannt ist der Vorgang aber nur durch das Testament eines Kapitulars, das sehr kritische Äußerungen über die Säkularisation enthält, die dieser aber bezeichnenderweise nur seinem eigenhändig geschriebenen Letzten Willen anvertrauen wollte; vgl. *Gerhard Immler*, Das benediktinische Leben im Stift Kempten, in: Allgäuer Geschichtsfreund 95 (1995), 19–47, hier 46f.

[64] Über dessen Freigebigkeit, besonders bei persönlichen Kontakten, vgl. *Richard Bauer*, Max I. Joseph. Der König und seine Residenzstadt, in: *Alois Schmid/Katharina Weigang* (Hgg.), Die Herrscher Bayerns. 25 historische Portraits von Tassilo III. bis Ludwig III. München 2001, 295–309, hier 309. Dass Fürstabt Castolus persönlich zu den abschließenden Verhandlungen nach München gefahren war, scheint sich bewährt zu haben.

Zur Schadloshaltung für die Einkünfte der Reichsposten in den an Frankreich abgetretenen Gebieten …

Die Prämonstratenserabtei Marchtal als Entschädigungsgut für das Haus Thurn und Taxis

von Claudia Neesen

Die Fürsten von Thurn und Taxis und die Säkularisation in Südwestdeutschland

Vorgeschichte

Nach Ausbruch der Revolution in Frankreich 1789 versuchten die europäischen Monarchen mit dem habsburgischen Kaiser an der Spitze, dieser mit kriegerischen Mitteln entgegenzutreten. Der seit dem 20. April 1792 andauernde sogenannte Erste Koalitionskrieg zwischen Frankreich und Österreich endete 1797 mit dem Frieden von Campo Formio. Österreich musste infolgedessen Besitzungen an Frankreich abtreten und einer französischen Herrschaft über linksrheinische Gebiete zustimmen; somit wurde die faktische Annexion des linksrheinischen Reichsgebietes durch Frankreich ohne die Grundlage eines Friedensvertrages mit dem Heiligen Römischen Reich bestätigt. Näheres sollte bei den ab dem 9. Dezember 1797 in Rastatt stattfindenden Friedensverhandlungen geklärt werden. Die dort bis 1799 tagende Reichsdeputation stimmte prinzipiell der Abtretung des linken Rheinufers an Frankreich, der Entschädigung der hiervon betroffenen deutschen Fürsten sowie der Säkularisation der geistlichen Herrschaften zu.[1] Preußen hatte bereits 1795 die Kampfhandlungen gegen Frankreich eingestellt. Daher blieb es beim Zweiten Koalitionskrieg, den Österreich seit 1798 gegen Frankreich führte, auch neutral. Das napoleonische Frankreich und Österreich beendeten diesen Krieg mit dem Frieden von Lunéville, der auch für das Reich galt, und bestätigten darin die Vereinbarungen von Campo Formio vom 17. Oktober 1797. Das linke Rheinufer wurde französisch, die dadurch geschädigten Landesfürsten wurden mit dem Reichsdeputationshauptschluss (RDH) vom 25. Februar 1803 kompensiert.[2] Eine Wiedergutmachung war bereits in Artikel 7 des Friedensvertrags von Lunéville festgelegt worden. Durch die im RDH beschlossene Säkularisierung und Mediatisierung wurde die Zahl der deutschen Staaten verringert. Dies geschah nicht zuletzt auf Druck Napoleons. Von der Enteignung einiger geistlicher und weltlicher Fürsten zur Entschädigung derer, die linksrheinische Gebiete im Frieden von Lunéville vom 9. Februar 1801 an Frankreich verloren hatten, profitieren vor allem die großen Reichsstände.

Das Haus Thurn und Taxis bis Ende des 18. Jhs.

Seine eigentliche Macht begründete das Haus Thurn und Taxis, das über lange Zeit keine Liegenschaften auf dem Boden des Deutschen Reiches besessen hatte, durch das Postwesen, das auch dessen wirtschaftliches Fundament bildete.[3] Schon 1501 war Franz v. Taxis *capitaine et maître* der Posten Philipps des Schönen, Erzherzogs von Österreich und Regenten der Niederlande und Burgunds. 1505 wurde ein Postnetz zwischen den Niederlanden, dem Hofe Maximilians, dem spanischen Hof und der jeweiligen Residenz des französischen Königs gespannt; ein Jahr später wurde auch Italien integriert. 1543 ernannte Kaiser Karl V. Leonhard v. Taxis zum Generalpostmeister, 1595 folgte die Bestellung zum Generaloberpostmeister im Heiligen Römischen Reich und in den Niederlanden.
Die Voraussetzungen für den weiteren wirtschaftlichen und sozialen Aufstieg des Hauses wurden durch

411

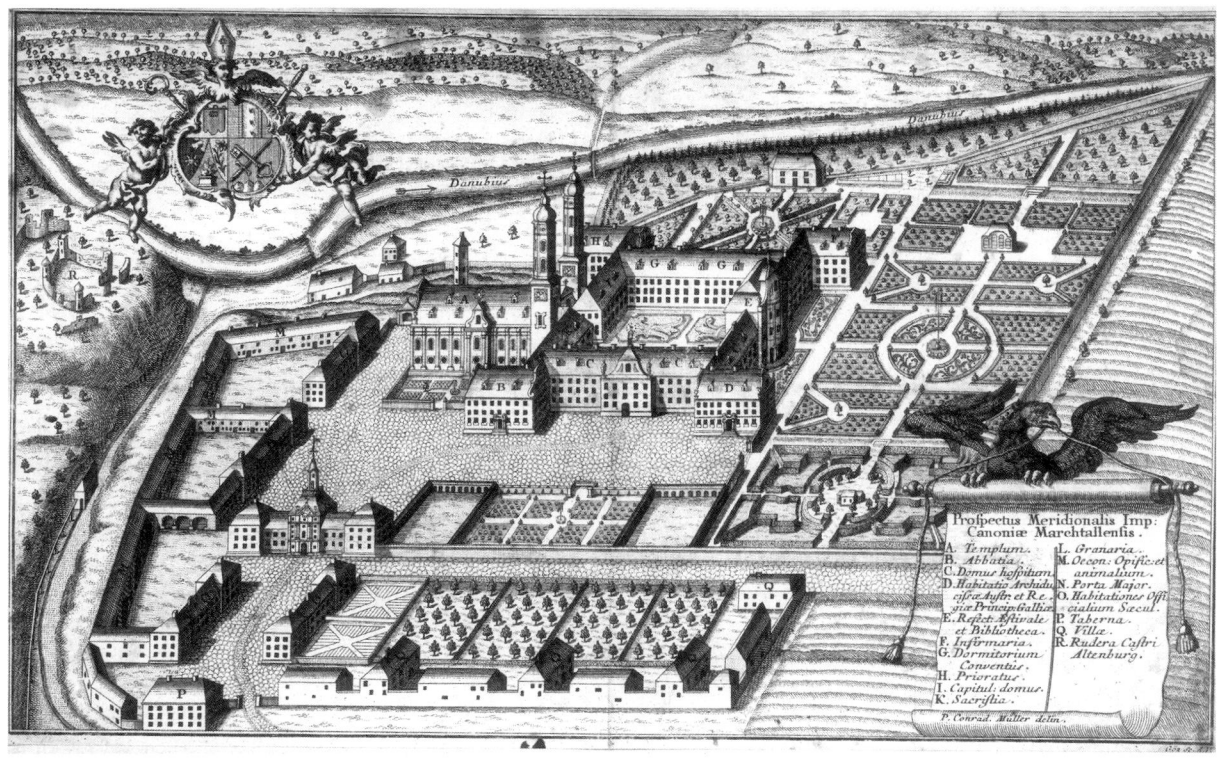

Das Prämonstratenserkloster (Ober-)Marchtal aus der Vogelschau
Kupferstich, Gottfried Bernhard Göz nach P. Conrad Müller, Augsburg, ca. 1770.
Abgebildet ist ein Nachdruck. Das Klosterwappen verweist auf die Zeit Abt Bernard Kempters (1796–1802).
WLB Stuttgart.

die Erhebung Leonhards I. v. Thurn und Taxis in den erblichen Reichsfreiherrenstand, besiegelt durch ein Diplom Kaiser Rudolfs II. vom 16. Januar 1608, eingeleitet. 1615 erfolgte außerdem die Verleihung des Reichspostgeneralats durch Kaiser Matthias als erbliches Lehen, im Jahr 1624 die Verleihung des erblichen Reichsgrafenstandes durch Kaiser Ferdinand II. 1695 schließlich wurden die Thurn und Taxis zu erblichen Reichsfürsten und 1704 auf der kurrheinischen Fürstenbank aufgenommen. Diese Schritte waren allerdings bei den anderen Reichsfürsten nicht unumstritten, da bis zu diesem Zeitpunkt die Fürsten von Thurn und Taxis auf dem Boden des deutschen Reiches keine Liegenschaften erworben hatten. Daher kauften sie seit den 1720er Jahren entsprechenden Besitz an – zunächst kleinere adelige Herrschaften im Norden des östlichen Schwabens –, der jedoch nicht ausreichte, um

die Aufnahme in den Reichsfürstenrat zu erreichen.[4] Erst die Umwandlung und Erhebung des Reichspostregals zu einem Reichsthronlehen ermöglichte diesen Schritt, der allerdings zahlreiche Proteste der Reichsstände auslöste, die erst mit dem von Thurn und Taxis geleisteten Versprechen des Erwerbs reichsunmittelbaren und fürstenmäßigen Besitzes beigelegt werden konnten. Die Suche danach führte Carl Anselm – seit 1773 Chef des Fürstenhauses – nach Oberschwaben.[5] Dort erwarb man 1785 zuerst die Grafschaft Friedberg nebst den Herrschaften Scheer, Dürmentingen und Bussen von den Grafen v. Waldburg; es folgten 1789 die Herrschaft Grundsheim mit Willenhofen der Reichsfrhn. v. Bissingen-Nippenburg, 1790 die Reichsherrschaft Göffingen der Herren v. Hornstein-Hertenstein und die reichsritterschaftliche Herrschaft Heudorf der Herren v. Stotzingen.

Die Bedeutung Marchtals für Thurn und Taxis

Das Fürstenhaus Thurn und Taxis hatte durch den Friedensschluss von Lunéville nicht nur den Sequester über seine Besitzungen in den Österreichischen Niederlanden verloren, sondern auch mehrere gewinnbringende linksrheinische Oberpostamtsbezirke des kaiserlichen Reichspostgeneralats wie Köln, Koblenz und Mainz. Für diese Verluste erhoffte es nun entsprechende Entschädigungslande. Bereits unmittelbar nach dem Frieden von Lunéville machte man sich deshalb Gedanken über mögliche Entschädigungen. Vorteilhaft erschienen vor allem erstens solche Besitzungen, die *auswärtige klösterliche Besitzungen in den hochfürstlichen Reichslanden mit selbigen consolidiren* oder zweitens solche, *die nebst guten Revenuen in der Nähe*

Kloster (Ober-)Marchtal aus der Luft
Blick von Nordosten über die Klosterkirche auf die Klosteranlage über der Donau.

413

derselben gelegen sind oder angränzen, weil dadurch niedrigere Verwaltungskosten entstünden, oder drittens solche, die ohne größeren Aufwand für eine Residenz des Fürsten in Frage kämen.[6] Bei der zweiten Gruppe dachte man an das Kloster Neresheim, das Reichsstift Buchau, das Oberamt Ostrach des Klosters Salem, das Kloster Schussenried, das Kloster Ochsenhausen und nicht zuletzt an das Kloster Marchtal. Für das Fürstenhaus Thurn und Taxis brachte der anstehende Erwerb der Herrschaft Marchtal also zahlreiche Vorteile mit sich, da es bereits umfangreichen Besitz in Oberschwaben besaß und sich Marchtal nahtlos an dieses Gebiet anschloss; dies bedeutete ferner eine große Verwaltungserleichterung. Ebenso hatte das Stift keine Schulden und brachte gute Einkünfte. Das Kloster bot außerdem die Möglichkeit, zur Residenz der Fürsten umgewandelt zu werden. Graf Alexander v. Westerholt, späterer Besitzergreifungskommissär, urteilte insgesamt: *Die Lage von Marchtall ist übrigens schön und gesund, die Gebäude geräumig, und sich zu einer hochfürstlichen Residenz qualifizierend. Der Garten ist groß, und gewährt die Möglichkeit zu einer sehr interessanten englischen Anlage; unten an der Mauer desselben läßt sich ein kleiner Thiergarten frylich anbringen. Die bisherige Administration scheint sorgfältig und gut gewesen zu seyn. Das Stift hat keine Schulden, sondern noch etwas Activfoderungen. Der unselige Krieg hat zwar auf die Landschaft eine Schuldenlast von 147.000 fl. gewälzt; durch Ordnung und Credit kann aber hier leicht wieder geholfen werden.*[7] Wie bereits erwähnt, wurde die Verteilung der nicht nur von Thurn und Taxis heiß begehrten Gebiete durch eine sog. *Reichsdeputation* geregelt, einen Ausschuss des Regensburger Reichstages. Eine entscheidende Rolle bei diesen Beratungen und Verhandlungen der Deputation spielten die beiden »vermittelnden Mächte« Frankreich und Russland. Wegen des Krieges gegen England hatte Napoleon die Annäherung an den Zaren gesucht, und so vereinbarten die beiden Mächte im Oktober 1801 eine geheime Absprache. Frankreich lag bei den Entschädigungsregelungen an der Schwächung des Kaisers und an einem Gewinn der deutschen Fürsten als Verbündete; das konnte durch Mediatisierung der Reichsstädte und Säkularisierung der Klöster und Hochstifte – eine traditionell habsburgische Klientel – und eine Entschä-

digung auf deren Kosten geschehen. Aufgrund der engen verwandtschaftlichen Beziehungen Russlands zu Baden und Württemberg lag dem Zaren vor allem an deren Stärkung; beide Absichten waren also gut in Einklang zu bringen. So existierte bereits vor der ersten Deputationssitzung ein französisch-russischer Entschädigungsplan der einen Großteil der thurn- und taxisschen Wünsche berücksichtigte.[8]

Übernahme Marchtals durch das Fürstenhaus Thurn und Taxis

Provisorische Inbesitznahme am 3./4. Oktober 1802

Noch bevor die Reichsdeputation eine endgültige Entscheidung über die Entschädigungslande getroffen hatte, sich aber die Wiedergutmachungen für das Haus Thurn und Taxis bereits konkret abzeichneten, ließ der fürstliche Regierungs- und Hofgerichtspräsident Graf Alexander Ferdinand v. Westerholt in den intendierten Gebieten einerseits die Stimmung gegenüber dem neuen Herrscherhaus sondieren – gegebenenfalls sollte auch eine gewisse Begeisterung für den Fürsten v. Thurn und Taxis geweckt werden -, andererseits hielt er es für wichtig, Wachsamkeit gegenüber den Anstalten anderer Herrschaften – insbesondere Württembergs und Badens –, walten zu lassen, die möglicherweise die betreffenden Gebiete ebenfalls in Besitz nehmen wollten.[9] Deshalb setzte er sich Ende August 1802 mit dem Hofrat und Oberamtmann von Scheer, Josef Anton Grimm, in Verbindung und beauftragte diesen, die Lage aufmerksam zu beobachten sowie *darüber sichre und verläßlige Nachrichten, jedoch mit größter Behutsamkeit und in der Stille einzuziehen.*[10] Sollten sich entsprechende Aktivitäten seitens Württembergs, Badens oder anderer Herrschaften abzeichnen, verlangte er ferner, dass er *unverzüglich mittelst Staffette davon zu benachrichtigen* sei. Außerdem war Westerholt die Stimmung der künftigen Untertanen gegenüber dem Fürstenhaus sehr wichtig; diese sollte Grimm sozusagen inoffiziell und inkognito erkunden, und er trug ihm daher auf: *Nehmen Sie dazu Besuche in der Nachbarschaft mit der Frau Hofräthin zum Vorwand. Sie können jedoch auf eine delicate Weise, und lediglich für sich – (: ja*

nicht als hätten Sie Auftrag dazu erhalten :) insinuieren, daß es etwa angenehmer und zweckmäßig seyn dürfte, wenn man sich an den Fürsten jetzt gleich schon mit Vertrauen wendete und dadurch demselben eine Art von Anhänglichkeit beweise.[11]
Josef Anton Grimm machte sich umgehend an die Ausführung dieser Aufträge, musste aber schnell erkennen, dass der eigentliche Anlass der mit seiner Gattin durchgeführten Besuche in Marchtal und auch Buchau sofort durchschaut wurde, und stellte daher konsterniert fest: *aber an beeden Orten glaubte man, es sey visite wohl nur Vorwand.*[12] Immerhin konnte er über Marchtals Prälat und Konvent berichten, dass diese über eine Inbesitznahme durch Württemberg wenig begeistert wären und die Stimmung *für das Hochf[ür]stli[che] Hauß* sei. Auch die Beamten und die Untertanen im Marchthalischen würden sich auf ihren künftigen Landesfürsten freuen.
Im September erhielt Westerholt dann ein *Verzeichnis der Reichs-Stift Marchtallischen Besitzungen*, das der marchtalische Rentmeister Leopold Carl v. Blocken zusammengestellt hatte.[13] Aufgelistet waren diese nach kreiskollektablen Ortschaften, Kameralhöfen (Alleshausen, Mittenhausen, Herlighofen), ritterschaftlichkollektablen Ortschaften (Uttenweiler, Minderreuti, Dobel, Dietershausen, Bremelau), Kameralhöfen im Auswärtigen sowie vom Kloster selbst genutzten Patronaten. Ferner wurde eine *Generaltabelle über die iährlichen Ausgaben der Reichsabtei Marchtall, mit Ausnahme der Pfarreien und Fabriken* erstellt. Ebenso existiert eine solche Tabelle über die Einnahmen, die jährlich 101.073 fl. und 48 kr. betrugen.[14]
Der geheime Rat Alexander Frh.v. Vrints-Berberich wandte sich aber ebenso im Namen des Fürsten auch an den marchtalischen Reichsprälaten und brachte diesem gegenüber die Unvermeidbarkeit der kommenden Ereignisse zum Ausdruck.[15] *Das Kriegs-Unglück*, so schrieb er, *hat über Deutschland das traurige Schicksal unvermeidlicher Veränderungen verhängt. So willig ich mich meinem, wenn schon für mich und mein fürstliches Haus harten Loos unterworfen hätte, wenn man allgemein von dem Entschädigungs-Grundsatz abstrahiert hätte, so wenig konnte ich bei dem übergroßen Verlust, welchen das Reichs Post-Generalat erlitten hat, und der dadurch, daß das französische Gouvernement meine niederländische Besitzungen an sich gezo-*

gen hat, nicht unbedeutend erhöhet wird, allein zurückstehen, ohne mir selbst den größten Nachtheil zuzufügen, und mich gegen meine Nachkommenschaft aufs äußerste verantwortlich zu machen.[16] Außerdem bat er um eine ungestörte Abwicklung der Angelegenheit sowie um Ordnung und Ruhe. Abt Friedrich Walter reagierte auf diese Ausführungen sehr moderat, wie Vrints-Berberich am 2. Oktober 1802 an Graf v. Westerholt zu berichten wusste: *Das Schreiben des Herrn Reichs Prälaten von Marchthal vom 24. des vorigen [Monats] scheinet allerdings Offenheit und Redlichkeit zu erproben, und kann als wahres Gegenstück von der Frau Äbtissin von Buchau betrachtet werden.*[17]
Zur eigentlichen provisorischen Inbesitznahme kam es am 3. Oktober 1802, als im Auftrag des Fürsten Carl Anselm v. Thurn und Taxis Graf Alexander Ferdinand v. Westerholt in Marchtal erschien, wo man sich offenbar fast erfreut über die neue Herrschaft zeigte.[18] Von der Gestaltung des Ablaufes konnte Westerholt seinem Fürsten nur Positives berichten.[19] Begonnen hatte dieser Tag damit, dass der Kommissär um zwölf Uhr mittags in Marchtal eintraf und vom noch amtierenden Abt Friedrich, einigen geistlichen Herren und der Beamtung, die alle zusammengerufen worden waren, *auf das zuvorkommendste u[nd] freundschaftlichste* empfangen wurde. Er händigte dem Prälaten auch ein persönliches Schreiben des Fürsten von Thurn und Taxis aus; jener äußerte daraufhin, er sei *vollkommen gefaßt, und schätze sich überaus glücklich, S[eine]r hochfürstlichen Durchlaucht von Thurn und Taxis, höchstderen großmüthige und humane Denkungsart allgemein bekannt sei, und verehrt werde, anheim zu fallen. Weniger um sich, als um das Wohl seiner rechtschaffenen Unterthanen bekümmert, sei es für ihn trostvolle Beruhigung, daß diese nach eben den milden und weisen Regierungsgrundsätzen, wie die übrigen hochfürstlichen Unterthanen behandelt werden würden. Er empfehle übrigens sich, sämmtliche Geistlichen, seine Beamtung, Diener und Unterthanen dem höchsten Schutz und den huldreichen und gerechten Gesinnungen S[eine]r hochfürstlichen Durchlaucht.* Am nächsten Tag verlas Westerholt die Vollmacht, das Stift mit allem, was dazugehörte, provisorisch in Besitz zu nehmen, sowie die Proklamation Abt Friedrichs und ließ diese durch den Hof- und Regierungsrat v. Dollé anschlagen. Abt Fried-

rich Walter soll dem fürstlichen Kommissär auf dessen Aufforderung zur Übergabe des Klosters und der zugehörigen Besitzungen geantwortet haben, *die Güter des Klosters seien weder sein, noch des Kapitels Eigenthum, er könne daher dieselben auch nicht abtreten; dabei sei er weit entfernt, sich dem zu widersetzen, was höhern Orts hierüber werde verfügt werden; habe die Vorsehung die Aufhebung seines Stiftes verhängt, so werde und müsse er sich als Christ dieser unterwerfen* und betonte, dass dies seiner tiefsten religiösen Überzeugung entspräche.[20] Insgesamt benahm er sich *mit so viel Ruhe, Anstand und Würde, dass ihm selbst die Fertigung des Inventars und die Ausscheidung des ihm als Prälaten gehörigen Eigenthums überlassen wurde.* Nach der Besitzergreifung wurde getafelt, auf das Wohl des Fürsten v. Thurn und Taxis das Glas erhoben und die Klosterkirche, einige Abteigebäude und der Garten besichtigt. Nach fünf Uhr nachmittags reiste Westerholt dann ins Schloss Heudorf zurück. Insgesamt zeigte er sich über die hohe Zustimmung, die ihm und dem Fürstenhaus im Allgemeinen entgegengebracht wurde, hoch erfreut.

Zivilbesitznahme im Dezember 1802

In einem gleichlautenden Schreiben wurde Ende November der Fürstin zu Buchau sowie den Reichsprälaten zu Marchtal und Neresheim die anstehende Zivilbesitznahme angekündigt: *Der Zeitpunkt ist herangenaht, daß nach den Bestimmungen der vermittelnden Mächte, und nach den Beschlüssen der versammelten Reichsdeputation von den bestimmten Entschädigungs Landen ein endlicher und Civil Besitz ergriffen werden soll. Ich habe zu dieser endlichen Besitz Ergreifung abermalen meinen geheimen Rath, Regierungs Präsidenten Alexander Graf von Westerholt Auftrag und Vollmacht ertheilet, und ihn besonders auch angewiesen, Euer p[erge] in meinem Namen solche Eröffnungen in Hinsicht dero eigenen Persone dero Stifts Untergebenen der Beamten und der Unterthanen p[erge] zu machen, von denen ich im voraus versichert seyn kann, daß sie denenselben vollkommene Zufriedenheit und Beruhigung verschaffen wird.*[21] Mit Datum vom 22. November 1802 erhielt Graf Westerholt die Vollmacht zur Zivilbesitznahme der fürstlichen Entschädigungslande. Darin heißt es *Da Wir* [i.e. Carl

Anselm v. Thurn und Taxis] *nach den Bestimmungen der vermittelnden Mächte Rußland und Frankreich, und nach den Beschlüssen der außerordentlichen Reichsdeputation zu Regensburg ermächtigt sind, von den bekannten, Uns zugetheilten Entschädigungs Landen einen endlichen Civil Besitz ergreifen zu lassen; So haben Wir hierzu abermalen [...] Unsern geheimen Rath, Regierungs= und Hofgerichts Präsidenten, Alexander Grafen von Westerholt ausersehen; ernennen und bevollmächtigen denselben ammit zu Unsern Besitz Ergreifungs Commissaire, und verweisen ihn hierbey auf die genaue Erfüllung der ihme [...] ertheilten vollständigen Instruction und Anweisung, welche vorzüglich dahin gehet, denen bisherigen Besitzern Unserer Entschädigungs Lande die sie – ihre Stifts Untergebenen, Beamte und Dienerschaft p[erge] Betreffende Eröffnungen zu machen, die bisherige stiftische Beamte, Diener und Unterthanen in Unsere fürstliche Pflichten zu nehmen, die Verhältnisse dieser Entschädigungen näher einzusehen, und hiernach sodann des weitere in Unserm Namen anzuordnen und zu verfügen.*[22] In den betreffenden Instruktionen, die Westerholt bekam, wurden die näheren Umstände und Vorstellungen des Fürsten folgendermaßen geregelt[23]: Erstens hatte er zu erklären, dass das Reichsstift Buchau sowie die Reichsabteien Marchtal und Neresheim endgültig aufgehoben seien und den fürstlichen Besitzungen einverleibt würden, zweitens, dass ab dem Tag der Zivilbesitznahme *alle Regierungs-Rechte und landesherr*[lichen] *Einkünfte in Anspruch und Zuneigung* genommen würden und alle bisherigen Landesregierungen aufhörten zu existieren, und drittens, was mit den einzelnen *Individuen* der übernommenen Herrschaften geschehen solle. Für die Reichsprälatur Marchtal wurde hierzu im Detail folgendes geregelt, im Einzelnen jedoch nicht genauso in die Tat umgesetzt:

a) daß solche sobalde immer möglich, jedoch es bey der gegenwärtigen Jahreszeit mit der Ausräumung zu übertreiben, nach vollbrachter Aufhebung gänzlich geleert werde, und nur etwas soviel Geistliche außer dem Klosterstand daselbst verbleiben, als für den Gottesdienst unentbehrlich nothwendig sind, und diese werden wir nach einem von dem Herrn geheimen Rath noch erwartenden Bericht, auf einen anständigen, jedoch für Uns nicht verbindlichen Fuß setzen lassen.

b) Dem bisherigen Reichprälaten weisen wir seine künftige Wohnung in Scheer an, und wollen ihm eine jährl[iche] Pension von 4.000 f[l]. höchstens, angedeihen lassen.

c) Denjenigen Kloster Conventualen, die auf Pfarreyen sind, können als Pfarrer daselbst verbleiben;

d) Jene, welche austretten wollen, erhalten ein Pensions Maximum von 400 f[l]. und der Prior in diesem Falle 500 f[l]., wenn sonst keine besondere Verhältnisse dabey zu berücksichtigen sind. Bey diesem behalten Wir Uns aber vor, sie gelegenheitlich noch anständig verwenden zu können. Jenen Kloster-Geistlichen endlich, welche noch gerne in einer geistlichen Gemeinschaft leben mögten, wollen Wir die Gelegenheit hierzu in dem Uns ebenfalls zufallenden Kloster Neresheim verschaffen, in der Art, welche Wir im nachfolgenden Abschnitt näher bestimmen werden.

Die Zivilbesitznahme, die als konstitutiv angesehen wurde, erfolgte schließlich in Marchtal am 6. Dezember 1802 und zwar nicht durch Graf Westerholt, der aus gesundheitlichen Gründen verhindert war – er wurde von einem Gichtanfall heimgesucht und musste daher im Schloss Trugenhofen bleiben –, sondern durch den Kommissär Hofrat Franz Anton v. Dollé.[24] Am Vormittag versammelte sich das gesamte Kapitel, Abt Friedrich und Prior Eberhard Steinhart traten alle Rechte und Einkünfte an die Fürsten v. Thurn und Taxis ab, entließen ihre Beamten, Bediensteten, Lehensleute und Untertanen aus ihren Pflichten und übergaben sie den neuen Herren. Die ehemals marchtalischen Beamten und Diener leisteten unterschriftlich den Treueid gegenüber dem neuen Eigentümer. Die Konventualen erhielten als Abfindung Pensionen. Das Haus Thurn und Taxis richtete in den übernommenen Obermarchtaler Klostergebäuden die Verwaltungszentrale für seine in Oberschwaben neu erhaltenen Besitzungen ein.[25]

Von Abt Friedrich wird überliefert, dass er sich wie schon bei der provisorischen Inbesitznahme »mit so viel Ruhe, Anstand und Würde« benahm.[26] Nach der Zivilbesitznahme zeigte sich Vrints-Berberich gegenüber Graf Westerholt über die reibungslose Abwicklung erleichtert: *Euer Hochgebohrn bestätige ich anmit den Empfang des verehrlichen Schreibens vom 9ten dieses [Monats] über die Civil-Besitznahme von Marchthal […] und freue mich daß nun dieses wich-*

Abt Friedrich Walter (3. 5.–7. 12. 1802)
Der letzte Abt Marchtals starb 1841.
Druckgrafik, nach 1837 (Verleihung des württ. Kronenordens).

tige Geschäfte allenthalben vollendet ist. In vorgestriger Reichs Tags Sitzung wurde der Verlaß zur Abstimmung über den HauptRezeß der außerordentl[ichen] Reichs-Deputation auf den 7ten Jänner k[ommenden] J[ahres] vestgesetzt; Es ist vorauszusehen, daß dieser Gegenstand auch bey der Reichs-Versammlung seine baldige Erledigung erhalten und der Rezeß werde angenommen werden.[27]

Anfang Januar 1803 traf Graf Westerholt in Marchtal ein und kündigte an, dass die 41 Prämonstratenser bis zum 31. März 1803 das Kloster geräumt haben mussten, da Carl Anselm v. Thurn und Taxis hier seine Residenz einrichten wolle.[28] Zum 1. April wurde die Klosterkirche gesperrt und das Sanktissimum in die Pfarrkirche geflüchtet.[29] Am 2. Juni 1803 wurde erstmals in den neuerworbenen Gebieten der Geburtstag Carl Anselms mit Hochamt und Te Deum gefeiert.[30]

Erbhuldigung am 20. August 1803

Am 30. Juli forderte Carl Anselm v. Thurn und Taxis die neuen Untertanen auf, *nachdem wir gedachte Reichslande und Herrschaften bereits in wirklichen Besitz genommem und unserem fürstlichen Hause für jetzt und ewige Zeiten einverleibt haben*, ihm und seinen Nachkommen als ihrem nunmehrigen rechtmäßigen Fürsten, Landes- und Lehnsherrn den Eid der Treue und der Untertänigkeit zu leisten. Da der Fürst selbst verhindert war, diesen Eid persönlich zu empfangen, ermächtigte er Graf Alexander v. Westerholt, die Erbhuldigung an seiner Stelle entgegenzunehmen. Anfang August wurde das Oberamt Marchtal mit weiteren Anweisungen über den Zeitpunkt, Ablauf und die Durchführung der Veranstaltung versehen.[31] Als Termin wurde der 20. August bestimmt. Weil nicht die Möglichkeit bestand, dass alle Einwohner an dem Akt teilnahmen, sollten entsprechende Deputierte bestimmt werden, die dann *ihre Ankunft zu Protokoll* zu geben und *sich mit den erforderlichen hinlänglichen Vollmachten als solche gehörig auszuweisen und zu legitimieren* hatten. Jedes marchtalische Amt hatte zuvor an Westerholt Listen von der bei der Huldigung erscheinenden Geistlichkeit und den Deputierten abzugeben, letztere wurden am Tag der Feierlichkeit auf herrschaftliche Kosten versorgt. Am Huldigungsakt teilnehmen sollten die gesamte Geistlichkeit und Beamtung, die Gemeinden durch *genügsam Bevollmächtigte* vertreten werden. Sie alle und die bereits verpflichteten Diener hatten nur die Handtreue zu leisten, die übrigen Untertanen und Einwohner öffentlich den vollständigen Huldigungseid. Außerdem wurde erwartet, dass man es *an der erforderlichen Feyerlichkeit, äußeren Würde, und dem gehörigen Anstand nicht werde ermangeln lassen sowie ein feierliches Te Deum und eine zweckmäßige Predigt* gehalten werde. Zur Vorbereitung der Feierlichkeiten erging an das Ober- und Rentamt Marchtal für den 16. August eine Einladung zu einer Konferenz in Heudorf. Das Huldigungspatent wurde *in vidimirter Abschrift auf Papier u[nd] mit dem Oberamts Signette versehen*

am 14. August 1803 am Schlosstor zu Marchtal auch ausgehängt, damit die Bevölkerung ebenfalls Kenntnis von der bevorstehenden Huldigung erlangte. Darin wurden die neuen Untertanen aufgefordert, *ihrem ernannten Huldigungs-Commissair, dem H[errn] geh[eimen] Rathe, Regierungs- und Hofgerichtspräsidenten p[erge] p[erge] Alexander Grafen von Westerholt den Eid der Treue, und der Unterthänigkeit durch eigene Deputierte abzulegen*.[32] Einen Tag vor der Erbhuldigung bekam das Oberamt Marchtal die entsprechende Eidesformel zugestellt.[33]

Der eigentliche Huldigungstag gestaltete sich wie folgt[34]: Der von Scheer und Dürmentingen herkommende Kommissionszug, bestehend aus sieben Wagen und einer Deputation, wurde an der ehemals marchtalischen Grenze empfangen. Gesäumt war die Straße von zweihundert marchtalischen Bauern zu Pferd, die Spalier standen. In Marchtal hatte man das Tor, das Schlossportal und die große Eingangstüre der Kirche mit Inschriften verziert. Nach dem Frühstück leisteten die Beamten und die niedere Dienerschaft die Handtreue gegenüber Graf v. Westerholt. In der Stiftskirche ließ er die Huldigungsformel verlesen, die Deputierten der neuen fürstlichen Untertanen aus Marchtal, Schemmerberg und Frankenhofen huldigten sodann dem Landesvater. Es folgte eine Predigt und das Te Deum. Ein Mahl und ein Ball beschlossen den Tag. Der Hofrat und Oberamtmann zu Marchtal, Franz Conrad Ackermann, hielt anlässlich der Feier der Erbhuldigung eine Dank- und Empfehlungsrede, die mit den Worten begann: *Nun ist es volbracht das wichtige Werk, geschlossen ist der heilige, unverbrüchliche Bund zwischen dem Landes Herrn, und den Unterthanen, zwischen Vater und Söhnen*.[35]

Im Zusammenhang mit der Huldigung bewilligte Fürst Carl Anselm außerdem der marchtalischen Landschaft einen Nachlass von 2.000 fl. an unverzinslichen, der thurn- und taxisschen Herrschaft schuldigen Kapitalien.[36] Das Rentamt Marchtal sollte diese Summe als Ausgabe verrechnen und die betreffenden Schuldverschreibungen der Landschaft zurückstellen.

Erbhuldigung an Carl Anselm von Thurn und Taxis

Anfang März 1804 fasste Carl Anselm konkrete Reisepläne für seinen ersten Besuch in Marchtal, die in

Begleitung seiner Kinder und Enkel im Mai realisiert werden sollten. Der den Fürsten begleitende Hofstaat sollte über 150 Personen umfassen.[37] Größter Aufwand entstand durch die Herrichtung des Marchtaler Schlosses in einen für so viele Leute bewohnbaren Zustand. Im Vorfeld dieser Reise mussten umfangreiche Vorbereitungen getroffen werden. So wurde am 17. Mai sämtlichen Gemeinden, am 18. Mai 1804 nochmals den marchtalischen Gemeinden Gütelhofen, Luppenhofen, Hausen und Unterwachingen *der stärkeste Befehl* erteilt, den entsprechenden Fahrtweg – soweit es die Kürze der Zeit erlaube – auszubessern und instand zu setzen; vor allem ging es hier um eine Bekiesung der Haupt- und Gemeindestraßen.[38] Gegen saumselige Orte behielt man sich entsprechende Strafmaßnahmen vor. Ebenso wurden an sämtliche Gemeinden ausführliche Vorschriften erlassen, beispielsweise wie sich die Bevölkerung oder die Garden zu kleiden hatten.[39] Die Leute sollten dunkel- oder hellblaue Röcke tragen, die Kragen aufgeschlagen und von anderer Farbe sein, jeder sollte generell *das beste, und schönste von seiner Kleidung anziehen.* Marchtal hatte Leute zu Fuß und zu Pferd abzustellen. Kavallerie und Infanterie mussten auf einer brachliegenden Ösche unweit des Schlossgartens aufmarschieren und dort auf weitere Befehle warten. Der Kavallerie war es verboten, Hengste zu reiten, *weil sonst leicht eine Unordnung, od[er] Unglück geschehen könnte.* Auch Schimmel waren nicht erwünscht, um eine gewisse Einheitlichkeit und Gleichfarbigkeit der Pferde zu gewährleisten. Die Hüte der Kavalleristen bzw. Infanteristen waren linksseitig aufzustülpen und mit Eichenlaub – später entschied man sich für Buchenlaub – zu bestecken. Deren Uniformen sollten aus blauem Rock, rotem *Leibel*, schwarzen Hosen und weißen Strümpfen bzw. Stiefeln bei der Kavallerie bestehen. Die Infanterie hatte Anweisung, *ihr Ober- und Untergewöhr rein geputzt* mitzubringen, diese mit drei blinden Patronen zu versehen sowie das Abfeuern der Salven entsprechend zu üben. Die Kavallerie war zudem für das Futter für ihre Pferde selbst verantwortlich. Insgesamt wurden Infanterie und Kavallerie ermahnt, *sich ordent*[lich], *nüchter, und bescheiden* zu benehmen, *und alles sorglichst* [zu] *vermeiden, was eine Verwirrung, Lärmung od*[er] *Unglück verursachen könnte.* In den Wochen und Tagen vor der Ankunft

Carl Anselms ergingen fast täglich weitere Anordnungen und Befehle. So wurden die Kavallerie und Infanterie aufgefordert, sich am 18. Mai 1804 um acht Uhr morgens in Marchtal einzufinden. Zum selben Zeitpunkt sollten sich dort die Gerichtsmänner *mit ihren rein geputzten Plauten und ihrer gewöhnlichen schönsten Kleidung, und dreieckigen Hüten* im Wirtshaus »Adler« versammeln, um weitere Einweisungen entgegenzusehen.[40] Bei der Exerzierübung der Infanterie und Kavallerie im Schlosshof stellte man vonseiten des Oberamts übrigens entsetzt fest, dass sich darunter *Buben von 14 bis 16 Jahren* befanden. Da diese einem Fürsten keine Ehre erweisen könnten, andererseits eine Gefahr bedeuteten, weil sie die Pferde nicht genügend im Griff hätten, forderte man die Gemeinden auf, die Bürger selbst oder wenigstens Knechte zu stellen.

Auch um die allgemeine Sicherheit machte man sich Sorgen, weshalb jeder Ortsvorsteher sich an den entsprechenden Tagen darum zu kümmern hatte, *besonders weil es dermalen in der Gegend sehr unsicher ist, eine patrullirende Wache mit Ober- und Untergewöhr, und zwar nach Größe der Ortschaften, mit 2, 4, bis 6 Mann* aufzustellen, *damit der Ort gedeckt bleibe, und das schlechte Gesindel die Abwesenheit der übrigen Bürger nicht mißbrauchen könne.*[41] Jegliches Schießen

Fürst Carl Anselm von Thurn und Taxis (1733–1805)
Porträt des Fürsten mit Obermarchtal im Hintergrund.
Miniatur, J. B. Faz, Regensburg.
FZA Regensburg.

– außer den drei Salutschüssen – war jedoch verboten, weshalb auch das Mitführen von Schusswaffen untersagt wurde; Zuwiderhandeln führte nicht nur zum Einzug der Waffen, sondern zog auch schärfste Strafen nach sich. Ebenso wurde auch *alles Juchzen und Johlen, und überhaupt alles unanständige Betragen durchaus bei schwerster Strafe verboten*. Außerdem beschloss das hochfürstliche Oberamt zu Marchtal, dass am 20. Mai nach dem vormittäglichen Gottesdienst in allen Kirchen des Oberamtsbezirks ein feierliches *Te Deum* wegen der Ankunft Carl Anselms v. Thurn und Taxis abgehalten werden solle.

Die Feier am 18. Mai 1804 lief dann ohne Zwischenfälle ab. Nachmittags gegen halb drei kam der Fürst, der tags zuvor von seinem Schloss Trugenhofen aus

»Ode zu höchsten Ehren«
Gedicht auf den neuen Herrn Marchtals, Fürst Carl Anselm von Thurn und Taxis, zu dessen Besuch Marchtals am 18. Mai 1804. FZA Regensburg.

aufgebrochen war, an den Grenzen von Untermarchtal an, wo man für ihn eine Ehrenpforte mit Inschrift aufgebaut hatte.[42] Dort waren sämtliche Beamte des Ober- und Rentamtes sowie des Oberforstamtes zum Empfang des neuen Landesherrn versammelt. Oberamtmann v. Ackermann hielt zunächst eine Willkommensrede, die von Carl Anselm erwidert wurde. Dann zog die ganze Gruppe – der Fürst zusammen mit dem geheimen Rat Alexander Frh. v. Vrints-Berberich im Wagen – unter den Jubelrufen des Volkes und an beiden Straßenseiten gesäumt von sechshundert Mann bürgerlicher Kavallerie zum Schlosstor. Dort befand sich der zweite Triumphbogen mit Inschrift. Als Carl Anselm aus dem Wagen stieg, läuteten die Glocken, das Volk jubelte und die Infanterie und Kavallerie standen Parade; die Beamten sowie die Orts- und Landgeistlichkeit machten dem Fürsten ihre Aufwartung. Der Weg führte sie zum Hauptportal der Residenz, wo ein weiterer Triumphbogen aufgebaut war. Im großen Saal der Residenz standen blumenstreuende Landmädchen bereit. Beim Eintritt des Fürsten überreichte ihm die Tochter Ackermanns ein Körbchen mit Blumen, Ackermann selbst hielt nach dem Eintreffen aller Gäste eine Ansprache. Um halb vier wurde ein Festessen veranstaltet, danach dem Fürsten eine auf Atlas gedruckte Ode übergeben und hierauf der Ausschuss der Landschaft zum Handkuss gelassen. Carl Anselm zeigte sich von all diesen Geschehnissen gerührt. Abends ertönte ein *Te Deum*.

Die Folgen für Marchtal

Der Prälat und der Konvent

Schon während der Zivilbesitzergreifung hatte Abt Friedrich dem neuen Landesherrn gegenüber deutlich gemacht, dass er baldmöglichst seine und die Zukunft des Konventes geregelt sehen wollte, d. h. die künftige Existenzgrundlage und die Frage der Sustentationen [Unterhalt].[43] Anfang Januar 1803 führte Westerholt ein Gespräch mit Prälat Friedrich Walter über dessen künftige Versorgung.[44] Dabei versuchte der Graf dem Geistlichen *die ihm zugedachten Bedingungen annehmlich zu machen*. Das hieß u. a., dass Abt Friedrich künftig entweder im Schloss Scheer oder

Schemmerberg wohnen sollte; der Geistliche hatte aber durchaus eigene Vorstellungen. Mit Hinweis auf die gute finanzielle Lage des Stiftes und darauf, wie der Reichsprälat zu Neresheim behandelt worden war, erbat der Marchtaler Abt für sich und die von ihm zu versorgenden Verwandten seine ehemalige Pfarrei Kirchbierlingen als Wohnsitz – wobei er zwei Klostergeistliche pensionsfrei übernehmen wollte – sowie eine Jahrespension von 5.500 fl. nebst dem Üblichen. Für sieben ältere und teils kränkelnde Mitbrüder hoffte er auf je 600 fl. Jahrespension; die Versorgung von acht Patres wäre durch ihre Pfarreien gewährleistet. Für die Novizen erbat er die nach dem RDH gängige dreijährige Pensionszulage. Letztlich zeigte sich Carl Anselm als großzügiger Fürst. Am 18. Januar 1803 erhielt der resignierte Abt Friedrich die *Versicherungsurkunde*, in der die von Thurn und Taxis zu zahlende Pension und alles Weitere einvernehmlich geregelt waren: Abt Friedrich erhielt die Pfarrei Kirchbierlingen mit zwei Marchtaler Konventualen, eine lebenslange Pension in geforderter Höhe, das dortige Wohn- bzw. Pfarrhaus sowie vier Pferde samt Wagen und Fourage, bis zu vierzig Klafter Brennholz und einen Zuschuss zum Unterhalt eines Kutschers. Die Konventualen erhielten zwischen 500 und 700 fl. Jahrespension, die Novizen 400, die Fratres canonici 300 und die Laienbrüder 250. Am 29. Januar berichtete darüber auch ausführlich die *Staats- und gelehrte Zeitung des Hamburgischen unpartheyischen Correspondenten*.[45]

Herrschaften und Rechte, Verwaltung

Nach der Zivilbesitznahme im Dezember 1802, infolge derer Thurn und Taxis nunmehr in den betreffenden Gebieten die Landeshoheit, innere Verwaltung und Rechtspflege ausübte sowie die Einkünfte bezog, erfolgte nicht sofort eine Neuregelung der vorhandenen Verwaltungsstrukturen. Seinerzeit schrieb Vrints-Berberich an Graf Westerholt diesbezüglich: *Auf meine indessen eingezogene weitere Erkundigungen vernehme ich, daß jene Stände, nach deren Benehmen wir uns zeithero meistens richteten, die überkommende Lande zur Zeit noch nicht neu organisirten, bis sie eine mehrere und genauere Lokal- und Verfassungs-Kenntniß hievon zuvor erhielten, und bis während deme auch die Ratifikation des Rezesses von*

Wappen des Hauses Thurn und Taxis von ca. 1805
FZA Regensburg.

der Reichsversammlung erfolgt seyn werde. Zu gleicher Zeit würden alsdann erst auch die Neue Titulaturen und Wappen angenommen, und somit alles für beendiget angesehen werde.[46]

Eine Instruktion vom 11. Januar 1803 regelte die Verwaltungsstrukturen in den marchtalischen Besitzungen neu.[47] Hier wurden – wie in den anderen oberschwäbischen Ländereien – als untere Verwaltungsbehörden Ober- und Rentämter eingerichtet. Die Oberämter waren zunächst Justizbehörden; in ihren Zuständigkeitsbereich fielen ferner alle Publika und Polizeisachen, das Waisen-, Armen- und Schulwesen, die geistlichen Verwaltungen, der Straßenbau und Zoll. Die Rentämter waren klar von diesen geschieden. Ihnen oblag »die Aufsicht über das gesamte Camerale, die Erstellung der Rechnungen, die Erhebung der Gefälle und die Aufsicht über die herrschaftlichen Gebäude«.

Dienerschaft

Im November 1802 erhielt der Besitzergreifungskommissär Westerholt bezüglich der Dienerschaft die Instruktion: *Diese wollen wir zur Zeit völlig beibehalten, mit der Voraussetzung jedoch, daß solche nachfinden- den lokal Umstände und zum Besten Unsers Diensts, jedoch auch ohne eigenthlichen Nachtheil des Dieners, anderwo verwendet, oder versetzt werden könne.* Dies bedeutete auch, dass er *alle und jede neu überkom- mende Beamte, das Militär und sogar jene Geistliche, bis zur anderweiten Verfügung oder Anstellung welt- licher Beamten gleich bei der Ergreiffung des Civil Be- sitzes in Unsern Pflichten zu nehmen, welche im oeco- nomischen oder einem anderen Fache eine Verwaltung oder sonstige Verrichtung haben. Sämtliche diese Be- amte sind sonach auch ihrem bisherigen Rang und Ver- hältniß nach, von Uns zu caracterisieren und zu decre- tieren, worüber sich der Herr Commissarius vor der Hand nach mit Unserer geheimen Kanzley zu beneh- men, und Uns seiner Zeit die Dekrete zur Unterzeich- nung vorzulegen hat.* Den Beamten, die bisher eine ge- wisse *Anhänglichkeit* gezeigt hatten, wurde ein kleines *Angedenken* in Aussicht gestellt.[48]

Kurz nach der Zivilbesitznahme Anfang Dezember 1802 beschloss man von thurn- und taxisscher Seite, nachdem bereits das bisherige Oberamtspersonal *ohne Ausnahme in seinen Verrichtungen und Verwaltungen bis auf weitere Anordnung* bestätigt worden war, diese Vorgehensweise auch auf die Dienerschaft, auf sämtli- che Vorgesetzte, Jäger, Holzwarte und weitere Diener auszuweiten.[49] Hierzu erschienen die Betroffenen in Marchtal und wurden von Hof- und Regierungsrat Franz Anton v. Dollé *zum Handgelübde an Eydes Statt* aufgefordert.

Mitte Januar 1803 erhielten dann viele ehemals march- talische höhere Beamte ein thurn- und taxisches An- stellungsdekret, so z. B. Hofrat und Oberamtmann v. Ackermann, Hofrat Felix Widmann als Oberamtsrat, Hofkammerrat und Rentmeister Leopold Carl v. Blo- cken, Wilibald v. Blocken als Oberamtsregistrator und Franz Sales Egle als fürstlicher Landschaftsprovisor. Kontingentsleutnant Münch bekam ferner ein Pen- sionsdekret ausgehändigt.[50]

Anfang April 1803 wurde einem Großteil der niede- ren Marchtaler Stiftsdienerschaft durch das Ober- und Rentamt Marchtal die Entlassung mitgeteilt.[51] Vierzig Personen waren davon betroffen, unter ihnen der Stiftschirurg, Apotheker und Metzger. Um sozi- ale Härten abzufedern, schlug das Rentamt Marchtal

Pensionen und Abfindungen für die oft lange Jahre in stiftischen Diensten stehenden Personen vor.[52]

Der Klosterbesitz

Nachdem der RDH im Februar 1803 allgemein publi- ziert worden war und damit die Verteilung der Säkula- risationsgüter auch seine rechtliche Grundlage erhalten hatte, und nachdem die Konventualen im März 1803 ihre bisherige Marchtaler Wohnstätte verlassen hatten, konnte man von thurn- und taxisscher Seite weitere Schritte für die Verwendung des Stiftes bzw. seiner Mo- bilien in die Wege leiten. Marchtal wurde auf mehrfache Anregung Westerholts zur Residenz in den oberschwä- bischen thurn- und taxisschen Besitzungen als äußerst geeignet betrachtet.[53] Daher entschloss man sich zu Umgestaltung und Ausbau Marchtals zur fürstlichen Residenz und richtete dafür eine eigene Hofökonomie- kommission ein. Weiteren Aufschwung erhielt dieser sich als sehr aufwendig erweisende Plan durch den – wie bereits ausführlich geschildert – Aufenthalt des Fürsten Carl Anselm im Frühjahr 1804. Dieser nutzte allerdings seine neue Residenz nur dieses einzige Mal; bereits im November 1805 verstarb er überraschend. Danach hatte das Gebäude vor allem durch Einquartierungen und die Einrichtung eines Militärspitals zu leiden.

Die Bibliothek wurde in späteren Jahren nach Regens- burg gebracht, weil, wie der damalige Hofbibliothekar Keyser erkannte, diese die Regensburger Hofbibliothek bereichern und ergänzen würde.[54] Die Mobilien ereilte größtenteils dasselbe Schicksal.

Zusammenfassung

Thurn und Taxis erhielt mit der Prämonstratenserabtei Marchtal ein in vieler Hinsicht vorteilhaftes Säkulari- sationsgut. Nicht nur hatte Marchtal keine Schulden, sondern es konnte sogar Aktiva vorweisen. Ferner glie- derte es sich auch aufgrund seiner Lage vorzüglich in die bisher erworbenen Besitzungen des Fürstenhauses in Oberschwaben ein, was eine verwaltungsmäßige Er- leichterung bedeutete. Zudem konnte mit dem Schloss Marchtal eine neue Residenz für den Fürsten geschaf- fen werden, wenn sie letztendlich auch selten genutzt wurde.

[1] Hierzu *Peter Hersche* (Hg.), Napoleonische Friedensverträge: Campo Formio 1797 – Lunéville 1801 – Amiens 1802-Pressburg 1805 – Tilsit 1807 – Wien-Schönbrunn 1809. Bern 2. neubearb. Aufl. 1973. Zum Rastatter Kongress und Frieden von Lunéville: *Klaus Dieter Hömig*, Der Reichsdeputationshauptschluß vom 25. Februar 1803 und seine Bedeutung für Staat und Kirche unter besonderer Berücksichtigung württembergischer Verhältnisse. Tübingen 1969, 24–25; *Matthias Erzberger*, Die Säkularisation in Württemberg von 1802 bis 1810. Ihr Verlauf und ihre Nachwirkungen. Stuttgart 1902 (ND Aalen 1974), 11–22.

[2] Hierzu *Peter Wolf*, Reichsdeputationshauptschluß und das Ende des Reichstags, in: Thurn und Taxis-Studien 20 (2001), 63–75; *Ernst Walder* (Bearb.), Das Ende des alten Reiches. Der Reichsdeputationshauptschluß von 1803 und die Rheinbundakte von 1806 nebst zugehörigen Aktenstücken. Bern/Frankfurt a.M. 3. Aufl. 1975; *Hömig*, Reichsdeputationshauptschluß (wie Anm. 1).

[3] Zur Geschichte des Hauses Thurn und Taxis allg. *Rudolf Reiser*, Die Thurn und Taxis. Das Privatleben einer Fürstendynastie. Regensburg 1998; *Wolfgang Behringer*, Thurn und Taxis. Die Geschichte ihrer Post und ihrer Unternehmen. München 1990; *Max Piendl*, Das fürstliche Haus Thurn und Taxis. Zur Geschichte des Hauses und der Thurn und Taxis-Post. Regensburg 1980; *Max Piendl*, Thurn und Taxis 1517–1867. Zur Geschichte des fürstlichen Hauses und der Thurn und Taxisschen Post. Frankfurt a. M. 1967; *J*[ohann] *B*[aptist] *Mehler*, Das fürstliche Haus Thurn und Taxis in Regensburg. Zum 150jährigen Residenz=Jubiläum. Regensburg 1898; *Anton Lohner*, Geschichte und Rechtsverhältnisse des Fürstenhauses Thurn und Taxis. Regensburg 1895. Schwerpunktmäßig zur thurn- und taxisschen Postgeschichte: *Wolfgang Vollrath*, Das Haus Thurn und Taxis, die Reichspost und das Ende des Heiligen Römischen Reiches 1790–1806. Diss. Münster 1939. (Druck: Lengerich/Westf. 1940).

[4] Hierzu *Behringer*, Thurn und Taxis (wie Anm. 3), 246–249; *Franz Herberhold*, Das fürstliche Haus Thurn und Taxis in Oberschwaben. Ein Beitrag zur Besitz-, Verwaltungs- und Archivgeschichte, in: ZWLG 13 (1954), 262–300 (hier: 263–264).

[5] Zur Erwerbungspolitik der Thurn und Taxis in Oberschwaben ausführlich: *Behringer*, Thurn und Taxis (wie Anm. 3), 249–260; *Herberhold*, Thurn und Taxis in Oberschwaben (wie Anm. 4), 264–268. Zu Carl Anselm v. Thurn und Taxis (* 1733, † 1805): *Reiser*, Thurn und Taxis (wie Anm. 3), 52–58; *Mehler*, Thurn und Taxis in Regensburg (wie Anm. 3), 74–86.

[6] FZA Regensburg, DK 21069. Hierzu auch: *Martin Dallmeier*, Das oberschwäbische Schloß Marchtal der Fürsten von Thurn und Taxis im 19. Jh., in: *Max Müller/Rudolf Reinhardt/Wilfried Schöntag* (Hgg.), Marchtal. Prämonstratenserabtei, fürstliches Schloß, kirchliche Akademie. Festgabe zum 300jährigen Bestehen der Stiftskirche St. Peter und Paul (1692–1992). Ulm 1992, 321–353 (hier: 321).

[7] FZA Regensburg, DK 20070.

[8] Zu Einzelheiten dieses von Frankreich und Russland ausgearbeiteten Entschädigungsplanes vom 18.08.1802: *Wolf*, Reichsdeputationshauptschluß (wie Anm. 2), 67; *Erzberger*, Säkularisation (wie Anm. 1), 27.

[9] Graf Alexander Ferdinand v. Westerholt (*1763, † 1827) studierte bis 1783 in Straßburg und trat danach in fürstlich thurn- und taxische Dienste. 1786 wurde er Leiter der Hofbibliothek in Regensburg, 1788 Oberamtmann von Dischingen, 1798 Leiter der Pagerie, Regierungs- und Hofgerichtspräsident und von 1808 bis zu seinem Tod hatte er die Oberaufsicht über die fürstliche Gesamtverwaltung inne. Zu Westerholt: *Martin Dallmeier/Manfred Knedlik/Peter Styra*, »Dieser glänzende deutsche Hof …« 250 Jahre Thurn und Taxis in Regensburg. Regensburg 1998, 18–19; *Dallmeier*, Schloß Marchtal (wie Anm. 6), 351, Anm. 91; *Ernst Heinrich Kneschke* (Hg.), Neues allgemeines deutsches Adels-Lexicon. Bd. 9. Leipzig 1870, 550–552.

[10] Joseph Anton Grimm (* um 1750, † 13.07.1814) hatte in Innsbruck Rechtswissenschaften studiert. Von 1786 bis 1793 war er Oberamtmann zu Dürmentingen und Forstkommissar zu Dürmentingen (i.e. Forst und Jägerei der unteren Landschaft; das Forstkommissariat gehörte damals zum Oberamt). 1793 wurde er Oberamtmann bzw. später Patrimonialobervogt in Scheer, wo er auch wohnte. Zu Grimm: FZA Regensburg, Personalakten 2785–2787 (zit. nach *Dallmeier*, Schloß Marchtal (wie Anm. 6), 349, Anm. 15); SAS Dep. 30/13 T 5, Nr. 22 und Nr. 59; *Jürgen Nordmann*, Kodifikationsbestrebungen in der Grafschaft Friedberg-Scheer am Ende des 18. Jhs., in: ZWLG 28 (1969), 265–342 (hier: 287); *Herberhold*, Thurn und Taxis in Oberschwaben (wie Anm. 4), 282.

[11] FZA Regensburg, DK 21069 (Schreiben an Grimm vom 26.08.1802. Die Unterstreichungen sind so im Originaltext vorhanden). Ferner schreibt er: *Eurer Wohlgeboren übermache ich anbey* […] *die Entschädigungs Acte welche von Rußland und Frankreich der kgl. Deputation vorgelegt worden ist. Und von beyden mit allem Nachdruck sontenirt* [?] *und durch gesetzt werden wird. Sie werden daraus mit Vergügen ersehen, wie das Hochfürstl*[iche] *Haus bedacht worden ist, zu gleich aber bemerken daß Würtemberg (Welches sein Aug von Marchtal noch nicht weggewendet hat:) wegen Zwyfalten, Baden wegen Salmansweyler, Hessen* [Oranien-Nasssau] *wegen Weingarten* […] *wird zu sehr nahe Verhältniß mit uns gerathen.*

[12] FZA Regensburg, DK 21069 (Brief Grimms an Westerholt, datiert vom 02.09.1802).

[13] FZA Regensburg, DK 21070. Leopold Carl Edler v. Blocken (*1753), Reichsritter, war fürstlicher Hofkammerrat und Rentmeister zu Marchtal, zuvor reichsstiftischer Rat und Kanzleiverwalter sowie Landschaftskassier; seit 02.01.1803 stand er in fürstlichen Diensten. Er wurde 1825 pensioniert und verstarb im 84. Lebensjahr zu Freudenstadt. Zu ihm: *Dallmeier*, Schloß Marchtal (wie Anm. 6), 349 Anm. 17.

[14] FZA Regensburg, DK 21070.

[15] Alexander Frh. v. Vrints-Berberich (* 1764, † 1843), dessen Familie schon seit dem 30-j. Krieg im Dienst der Reichspost stand, wurde 21-jährig nach akadem. Ausbildung in Straßburg und Jurastudium in Göttingen Oberpostamtsdirektor in Frankfurt. 1797 wurde er als Dirigierender Geheimer Rat nach Regensburg berufen und übernahm die Leitung der Zentralverwaltung. Außerdem übernahm er diplomat. Aufgabe: 1799 wirkte er als Bevollmächtigter des Hauses Thurn und Taxis auf dem Rastatter Kongress und von 1803 bis zum Ende des Alten Reiches als Gesandter auf dem Reichstag. 1811 wurde er zum Generalpostdirektor ernannt. Zu Vrints-Berberich: *Dallmeier/Knedlik/Styra*, 250 Jahre Thurn und Taxis (wie Anm. 9), 37; *Behringer*, Thurn und Taxis (wie Anm. 3), 152ff.

[16] FZA Regensburg, DK 21070. Und weiter schreibt Vrints-Berberich: *Aus der der Reichs Deputation zur Annahme vorgelegten Entschädigungs Acte werden Eure Hochwürden bereits ersehen haben, was mir und meinem fürstlichen Haus für Indemnitäten angewiesen worden sind; Gern hätte ich das Resultat der Berathschlagungen der Reichs Deputation abgewartet, um mich in derselben Besitz zu setzen; allein da allenthalben zur Besitznahme geschritten wird, so darf auch ich nicht säumen, mir dasjenige zuzueignen, was mir zugeschieden worden ist. In dieser Hinsicht erwarte ich, daß Eure Hochwürden der provisorischen Besitznehmung der mir zugetheilten Lande. Und der zu dem Ende von mir angeordneten Affizierung beykommender Proclamation nicht das mindeste im Wege legen, sondern vielmehr sich selbst bestreben werden, überall gute ordnung und Ruhe zu erhalten.*

[17] FZA Regensburg, DK 21069 (Schreiben vom 02.10.1802 von Vrints-Berberich an Graf v. Westerholt). Zu Abt Friedrich v. Walter: *Max Müller*, Die Pröpste und Äbte des Klosters Marchtal, in: *Müller/Reinhardt/Schöntag* (Hgg.), Marchtal (wie Anm. 6), 65–94 (hier: 93–94);

Thomas Hermann, Pröpste und Äbte des Klosters Marchtal, in: *Max Müller* (Hg.), Marchtaler Lehrerakademie. Festschrift zur Eröffnung der Kirchlichen Akademie der Lehrerfortbildung Obermarchtal. Ulm 1978, 212–227 (hier: 227); *Matthias Erzberger*, Säkularisation (wie Anm. 1), 353–355; *J[ohann] N[epomuk] von Vanotti*, Kurzer Abriß des Lebens und Wirkens Friedrichs von Walter, Kommenthurs des Ordens der Württemb. Krone, letzten Prälaten des ehemaligen Reichsstifts Obermarchtal, Prämonstratenser-Ordens, und Pfarrer zu Kirchbierlingen bei Ehingen an der Donau; gestorben den 28. März 1841. Ehingen 1841, in: Aus der Geschichte des Klosters Obermarchtal, hg. v. *Geschichtsverein Raum Munderkingen*. Bad Buchau 1985, 430–453; *[Friedrich v. Walter]*, Kurze Geschichte von dem Prämonstratenserstifte Obermarchtal. Von seinem Unfange 1171 bis zu seiner Auflösung 1802. Zus.getr. von einem Mitglieder dieses Stiftes. Ehingen 1835, in: Aus der Geschichte des Klosters Obermarchtal. Ebd., 57–429 (hier: 219–231).

[18] Hierzu *Dallmeier*, Schloß Marchtal (wie Anm. 6), 323; *Herberhold*, Thurn und Taxis in Oberschwaben (wie Anm. 4), 267; *Erzberger*, Säkularisation (wie Anm. 1), 347, 350–351; *[v. Walter]*, Kurze Geschichte Obermarchtall (wie Anm. 17), 221–223 (hier eine ausführl. Beschreibung des provisor. Inbesitznahme).

[19] Hierzu und im Folgenden: FZA Regensburg, DK 21070; FZA Regensburg, Rentamt Marchtal 162.

[20] Auch im Folgenden s. *von Vanotti*, Abriß (wie Anm. 17), 437–438.

[21] FZA Regensburg, DK 21069 (Abschrift des hochfürstlichen Schreibens an die Frau Fürstin zu Buchau, den Reichsprälaten zu Neresheim und den Reichsprälaten zu Marchtal, datiert Schloss Trugenhofen am 22.11.1802).

[22] FZA Regensburg, DK 21069.

[23] FZA Regensburg, DK 21069.

[24] FZA Regensburg, Schwäbische Akten 810; FZA Regensburg, DK 21070. Hierzu *Dallmeier*, Schloß Marchtal (wie Anm. 6), 323; *Erzberger*, Säkularisation (wie Anm. 1), 351; *von Vanotti*, Abriß (wie Anm. 17), 438. – Franz Anton v. Dollé (*1760) war Hofrat und Regierungsrat in Regensburg, führte die Besitzergreifungen in Buchau und Marchtal durch und gehörte später der Fürstlichen Regierung in Buchau an. Zu Dollé: FZA Regensburg, Personalakten 1578–1580 (zit. nach *Dallmeier*, Schloß Marchtal >wie Anm. 6<, 350, Anm. 28); *Kneschke* (Hg.), Adels-Lexicon (wie Anm. 9), Bd. 2, 539.

[25] Laut am 11.01.1803 gefasster Instruktion der Regierung wurde zu Marchtal als Unterbehörde ein Ober- und Rentamt eingerichtet. Hierzu *Behringer*, Thurn und Taxis (wie Anm. 3), 260–262; *Herberhold*, Thurn und Taxis in Oberschwaben (wie Anm. 4), 276–282.

[26] *Von Vanotti*, Abriß (wie Anm. 17), 438.

[27] FZA Regensburg, DK 21069 (Brief vom 12.12.1802 von Vrints-Berberich an Westerholt).

[28] *Erzberger*, Säkularisation (wie Anm. 1), 351.

[29] Während des Sommers 1803 durfte die Kirche nur sonn- und feiertags an Vormittagen für den Gottesdienst benutzt werden, erst ab 15.01.1804 stand sie wieder allen für den Pfarrgottesdienst offen; *Dallmeier*, Schloß Marchtal (wie Anm. 6), 328; *Erzberger*, Säkularisation (wie Anm. 1), 351; *Max Birkler*, Die Kirchen in Obermarchtal. Eine Jubiläumsgabe zum 200j. Bestande der ehemaligen Prämonstratenser- und jetzigen Schloss- und Pfarrkirche. Stuttgart 1893, 55.

[30] Schwäbische Chronik (23.06.1803); SAS Dep. 30/12 T 8, Nr. 275.

[31] Hierzu und im Folgenden: SAS Dep. 30/12 T 8, Nr. 267. Die Ermächtigung Westerholts, die Erbhuldigung an des Fürsten Statt entgegen zu nehmen: SAS Dep. 30/12, Nr. 268.

[32] SAS Dep. 30/12 T 8, Nr. 267 (dort auch der vollständige Text des Huldigungspatentes).

[33] Der volle Wortlaut der Huldigungsformel ist zu finden in: SAS Dep. 30/12 T 8, Nr. 271. Dort auch eine Auslegung des Huldigungseides.

[34] FZA Regensburg, Schwäbische Akten 814; *Dallmeier*, Schloß Marchtal (wie Anm. 6), 334.

[35] SAS Dep. 30/12 T 8, Nr. 271.

[36] SAS Dep. 30/12 T 8, Nr. 75.

[37] *Martin Dallmeier*, Schloß Marchtal (wie Anm. 6), 336–337.

[38] SAS Dep. 30/12 T 8, Nr. 11 und Nr. 276.

[39] Hierzu und im Folgenden SAS Dep. 30/12 T 8, Nr. 276.

[40] Eine Plaute ist eine Schweizer Seitenwaffe des 16. und 17. Jhs. mit leicht gekrümmter Rückenklinge und Degengefäß.

[41] SAS Dep. 30/12 T 8, Nr. 276.

[42] Eine ausführl. Beschreibung des 18.05.1804 in: Schwäbische Chronik (30.05.1804), 221–222. Auch *Dallmeier*, Schloß Marchtal (wie Anm. 6), 336–337.

[43] FZA Regensburg, Schwäbische Akten 810 Prod. 87. Insgesamt hierzu *Dallmeier*, Schloß Marchtal (wie Anm. 6), 326–327.

[44] Hierzu und im Folgenden: FZA Regensburg, DK 21071; auch: FZA Regensburg, Schwäbische Akten 810 Prod. 123. Ferner *Dallmeier*, Schloß Marchtal (wie Anm. 6), 326–327; *Erzberger*, Säkularisation (wie Anm. 1), 352–354; *von Vanotti*, Abriß (wie Anm. 17), 438–439; *[von Walter]*, Kurze Geschichte Obermarchtall (wie Anm. 17), 223–226. – Zu den thurn- und taxisschen Vorstellungen siehe auch Kap. 2.2.

[45] Abschrift in: FZA Regensburg, DK 21071: *Das Schicksal der bisherigen Reichs=Prälatur Obermarchtal ist nun entschieden. Der Prälat erhält jährlich von dem liberalen Fürsten von Thurn und Taxis 5.500 f[l.] nebst 4 Pferden, einen Kutscher und Bedienten; dem Prior, Subprior und dem Senior des Convents jeder 600 f[l.], die übrigen Patres aber 550 f[l.]. Jeder empfing überdies noch zu einer neuen Kleidung 50 f[l.]. baar auf die Hand. Alle bezeugten über diese Großmuth ihren inningsten Dank. Auf den 1ten April muß die Prälatur von ihnen geräumt seyn. Die sämtlichen Patres belaufen sich auf 70. Dem Prälaten wurde zum künftigen Aufenthalt das Schloß zu Scheer oder jenes zu Heudorff angeboten; er wählte aber den Pfarrhof zu Kirchbierlingen, wo er vorher Pfarrer war; Ohngeachtet die Reichsprälatur von Marchthal durch den letzten Krieg stark mitgenommen worden, so beläuft sich doch der Werth der in derselben vorgefundenen Effecten auf 300.000 f[l.]. worunter aber die Vorräthe von Getreide und Wein nicht mit[be]griffen sind. Schulden sind gar keine vorhanden. Es ist entschieden, daß Marchthal zur künftigen Residenz des Fürsten von Thurn und Taxis, Buchau aber zum Sitz der Hochfürstl.[ichen] Regierung auserlesen ist.*

[46] FZA Regensburg, DK 21069 (Brief vom 12.12.1802 von Vrints-Berberich an Graf Westerholt).

[47] Hierzu ausführlich *Herberhold*, Thurn und Taxis in Oberschwaben (wie Anm. 4), 276–282 (zitiert: 281), auch *Behringer*, Thurn und Taxis (wie Anm. 3), 260ff.

[48] FZA Regensburg, DK 21069.

[49] SAS Dep. 30/12 T 8, Nr. 266.

[50] FZA Regensburg, DK 21071.

[51] *Dallmeier*, Schloß Marchtal (wie Anm. 6), 328–329.

[52] Pensionsbittgesuchen siehe: SAS Dep. 30/12 T 8, Nr. 109, Nr. 225.

[53] *Dallmeier*, Schloß Marchtal (wie Anm. 6), 334–339.

[54] *Dallmeier/ Knedlik/ Styra*, 250 Jahre Thurn und Taxis (wie Anm. 9), 31–35; *Erwin Probst*, Fürstliche Bibliotheken und ihre Bibliothekare 1770–1834, in: Thurn und Taxis-Studien 3 (1963), 127–228 (hier: 212ff.).

Im Banne der *Sturmglocke der allgemeinen politischen Erschütterung …*

Die Säkularisation der Benediktiner-Reichsabtei Ochsenhausen[1]

von Konstantin Maier

In der Pfarrkirche Untersulmetingen (Niederkirch) findet sich auf dem Grabstein des letzten Reichsprälaten von Ochsenhausen, Abt Romuald Weltin (1767–1802, † 1805), die vielsagende Inschrift: *Dem die Kriege die Ruhe, der Friede aber das Land entriss.*[2] In den Jahrzehnten der *Ruhe* war Weltin ein großzügiger Förderer der Klosterbibliothek. Seinen wissenschaftlich interessierten Konventualen stellte er erhebliche finanzielle Mittel bereit, um im Geist der Aufklärung die Naturwissenschaften oder das Studium der orientalischen Sprachen zu fördern.[3] Noch aber fehlte im Kloster Ochsenhausen eine moderne Zentralbibliothek. So ließ Weltin nach den Plänen des Neresheimer Architekten Thomas Schaidhauf (1735–1807) zwischen 1785 und 1787 den klassizistischen Bibliotheks- und Kapitelsaal erbauen. Das besondere Interesse des Reichsprälaten galt auch der Astronomie. Ein Armarium als praktischer Experimentiersaal mit physikalischen und astronomischen Instrumenten sollte das Kloster neben der Bibliothek als Sitz der göttlichen Weisheit und dem zur Vernunft verpflichteten Studium bereichern. 1793 gelang Weltin mit dem gelehrten Astronomen und Mechanikus, P. Basilius Perger (1734–1807), die Verwirklichung des ehrgeizigen Projekts einer eigenen – später berühmten – Sternwarte, die dem am besten ausgerüsteten Observatorium Deutschlands in Gotha (Sachsen) in nichts nachstand.[4] Als Direktor des Schwäbischen Reichsprälatenkollegiums (seit 1784) trug Weltin eine große politische Verantwortung. An seiner Seite stand der im Säkularisationsgeschäft sehr einflussreiche Kanzler und Syndikus, Joseph v. Schott. Nach dem Frieden von Luné-

ville (9. Februar 1801) war das Schicksal der Prälaten endgültig besiegelt. Die Koalitionskriege hatten dem Kloster Ochsenhausen *die Ruhe* genommen. Die Zeiten der Besetzung durch das französische Militär gingen an die wirtschaftliche und finanzielle Substanz. Als im Kriegsjahr 1800 ca. 58.000 fl. an Kriegskontributionen aufgebracht werden mussten, blieben Abt und Konvent nichts anderes übrig, als Pretiosen und Kirchensilber zu veräußern. Schmerzlich muss im selben Jahr der Verkauf der großen, kostbaren Monstranz für inflationäre 8.000 fl. gewesen sein.[5] Im letzten Jahr seines Bestehens (1802) musste das Kloster zudem den Großzehnten sowie den Kirchensatz der Pfarrei Achstetten für 54.000 fl. veräußern.[6] Auf Drängen des Konventes hatte sich Abt Romuald 1797 und wohl auch 1800 vor den Franzosen in Sicherheit gebracht. Im März 1801 musste er jedoch von Kanzler Joseph v. Schott aus der französischen Gefangenschaft befreit werden.[7]

Den schweren Zeiten der Koalitionskriege fiel im Jahre 1800 auch die 700-Jahr-Feier des Benediktinerklosters Ochsenhausen zum Opfer.[8] Der Klosterchronist Georg Geisenhof (1780–1861) kommentierte 1829 im Rückblick auf jene schwere Zeiten vor der Auflösung: *Das Jahr 1800, in welchem das Stift Ochsenhausen die siebente Sekular=Feyer von seiner Entstehung hätte begehen sollen, brachte uns mit dem feindlichen Heere ungleich mehrere und größere Leiden, und der bekannte Friede zu Luneville – das größte, nemlich die Auflösung des durch 7 Jahrhunderte rühmlichst bestandenen Stiftes. – Wer kann ohne Thränen dessen nur erwähnen?*[9]

425

Die Reichsabtei als Entschädigungsobjekt

Die außerordentliche Reichsdeputation in Regensburg bestellte am 17. Oktober 1802 die württemberg-badische Subdelegationskommission mit Sitz in Ochsenhausen, um die am linken Rheinufer begüterten Reichsfürsten und Reichsgrafen mit oberschwäbischem Klosterbesitz zu entschädigen. Der Ochsenhausener Kanzler und Syndikus, Joseph v. Schott, wurde im November 1802 zum Oberadministrator der Kommissionshöfe berufen. Die besagte Kommission hatte den Auftrag, den Besitz der schwäbischen Frauen- und Männerklöster Ochsenhausen, Rot an der Rot, Schussenried, Gutenzell, Heggbach, Baindt und Isny sowie der Reichsstadt Isny in exakten sog. *Fassionen* zu erfassen. Diese Tabellen bildeten die Grundlage des Entschädigungsplanes für die Verluste der Reichsgrafen links des Rheins, unter denen die katholisch-westfälischen Reichsgrafen am meisten betroffen waren.[10] Der Direktor des dortigen katholischen Grafenkollegiums war der am Kaiserhof einflussreiche Franz Georg Graf v. Metternich-Winneburg-Beilstein und Herr zu Königswart (Kynãwart) (1756–1818). Als kaiserlicher *Plenipotentiarius* [Bevollmächtigter] hatte er mit seinem Sohn Graf Clemens Wenzeslaus (1773–1859) an den Rastatter Friedensverhandlungen (1797–1799) teilgenommen und die Diskussion um die Entschädigung der linksrheinischen Gebiete erlebt.[11] Metternich drängte als Direktor des oben genannten Grafenkollegiums im Sommer 1802, die erlittenen Besitzverluste links des Rheins schnell zu entschädigen. Mit dem zugeteilten »*Los Schwaben*« schien er zum Retter der beraubten rheinischen Grafen zu werden.[12]

Oberadministrator Schott galt als sehr bewährter Klosterbeamter. Als Syndikus der Reichsprälaten koordinierte er deren Politik gegenüber dem kaiserlichen Hof in Wien und Paris.[13] Für die heikle Aufgabe der Ablösung des oberschwäbischen Klosterbesitzes an die Reichsgrafen war er der geeignete Mann. Schott kannte die wirtschaftlichen Verhältnisse der Klöster ebenso gut wie das schwierige politische Terrain, auf dem er sich zu bewegen hatte. Die katholisch-westfälischen Grafen verfochten – wie auch andere Reichsstände – ihre Besitzansprüche mit der Gesandtschaft der Metternich'schen Räte Knodt und Rief in Regensburg. Die Beamten sollten im Oktober 1802 nach Ochsenhausen reisen, um vor Ort die Arbeit der Subdelegationskommission zu verfolgen.[14] Regelmäßig informierte Schott den Grafen Metternich über seine Arbeit in der Kommission und die Besitzgelüste anderer Bewerber; auf diese Weise konnte er das Vertrauen des Reichsgrafen gewinnen.[15]

Seit Sommer 1802 spekulierten die rheinischen Reichsgrafen über mögliche geistliche Entschädigungsobjekte. Vergeblich hoffte jedoch auch Graf Metternich auf den Zuschlag des niederen Hochstifts Münster, der Abteien Corvey oder Erbach, der Propstei in Meppen oder nicht zuletzt der Reichsabtei Ochsenhausen. Das schwäbische Benediktinerkloster war bis zum endgültigen Beschluss der Reichsdeputation offenbar ein begehrtes Objekt. Nicht nur Graf Sickingen, sondern auch sein Standesgenosse, der bayerische Graf Ludwig Kolb v. Wartenberg und Graf Quadt zu Wykradt waren auf der ›Jagd‹ nach Ochsenhausen.[16] Für große Unruhe sorgte in diesen Monaten auch das in die Schlagzeilen geratene Projekt »*Österreich-Toskana*«. In einem Arrondissement mit Vorderösterreich sollten zehn geistliche Reichsstände Oberschwabens ungeteilt an das Erzhaus gehen. Diese Absprache hätte die Reichsgrafen um alle Chancen gebracht.[17] Auch für das hoch verschuldete Haus Metternich wäre dadurch die Situation äußerst bedrohlich geworden. Am linken Rheinufer waren die Reichsgrafschaften Winneburg und Beilstein verloren gegangen, ebenso die Herrschaften Reinhardsstein und Pousseur (zu den Kellereien Mainz, Koblenz, Trier und Oberehe gehörende Orte). Der jährliche Ertrag der Revenuen wurde auf 79.300 fl. und der durchschnittliche Kapitalwert zwischen 1794 und 1802 sowie der Verlust an Kriegsschäden und Revenuen auf 497.200 fl. beziffert. Metternich forderte für den Verlust seiner Herrschaften ein mit gleichen Rechten verbundenes Äquivalent an reichsständischen und landesherrlichen Besitzungen im Wert seines Verlustes (79.300 fl.), eine besondere Entschädigung für die nicht berücksichtigten Lehen, Patronate und Fundationen, die Rücksichtnahme auf das Einkommen der ritterschaftlichen Güter und die Nichtübertragung des zu erhaltenden Territoriums mit den Schulden des Hauses.[18] Oberadministrator Schott ließ seit 1802 nichts unversucht, die Reichsabtei Ochsenhausen Metternich zu-

Ochsenhausen, Benedictiner Closter, bey Biberach. | *Ochsenhausen, Couvent des Benedictins, proche Biberach.*

Ochsenhausen
Ansicht der Schaufront der Anlage, also von Osten.
Kupferstich, Johann Georg Merz, Augsburg, um 1740.

zuspielen. Schon im August desselben Jahres reisten er und Subprior Leonhard Stropp, der mit der klösterlichen Rentamts- und Kameralverwaltung bestens vertraut war, zu Graf Metternich nach Regensburg. Dort legten sie die Ochsenhausener Verhältnisse offen, um den Bewerber von der Güte des Objektes zu überzeugen, zumal es vom Abt so gut wie schuldenfrei übergeben werden konnte. In der Gewissheit, den Kampf um Herrschaft und Besitz verloren zu haben, unterstützten auch Abt Weltin und sein Konvent die Anliegen der Beamten.[19] Am 15. November 1802 erfolgte die provisorische Besitznahme von Ochsenhausen durch die Subdelegation.[20]

Beinahe wäre im Januar 1803 jedoch das von Schott auch in der Subdelegationskommission betriebene Geschäft mit dem Kloster Ochsenhausen doch noch

gescheitert. Der Metternich'sche Gesandtschaftsrat Rief hatte dem Reichsgrafen die Prämonstratenserabtei Schussenried als profitableres Objekt empfohlen. Dieser Rat schien schon deshalb empfehlenswert, da Schott das Einkommen von Schussenried viel zu hoch angeschlagen habe und daher für eine Entschädigung Metternichs nicht mehr in Frage komme. Erbost über die Machenschaften Riefs hielt Schott ein leidenschaftliches Plädoyer zugunsten von Ochsenhausen. Er verwies darauf, was er in den letzten Monaten im Geheimen alles unternommen habe, um das Objekt zu »*decken*« und um eine höhere Veranschlagung zu verhindern. Alles spreche für Ochsenhausen: die gute Kameralsituation des Klosters, die angenehme Lage auf den Schlössern Hersberg bei Meersburg und Obersulmetingen – im Gegensatz zu Schussenried:

427

das Fehlen mächtiger Nachbarn und der ausschließliche Besitz von Exposituren in der Ochsenhausener Herrschaft. Es musste auch ein Argument sein, dass der bereits 80-jährige Prälat dem neuen Besitzer wahrscheinlich nur noch kurze Zeit mit der Pension zur Last fallen werde.[21] Überhaupt herrschte unter den Reichsgrafen eine große Unzufriedenheit bezüglich der Zuteilungen von Seiten der Subdelegation. Schott drängte auf eine zügige Abwicklung des ungeliebten Geschäftes und hoffte, so den angedrohten Regressklagen zu entgehen. Von der Reichsdeputation war keine Veränderung der am 14. Februar 1803 beschlossenen Zuweisungen der Kommissionshöfe Kurwürttemberg und Kurbaden zu erwarten.[22]

Die Besitzergreifung oder das Schicksal des ›Civil-Todes‹

Oberadministrator Schott konnte Genugtuung darüber empfinden, dass nach seinen ganzen Bemühungen zumindest in Ochsenhausen die Sache gut lief. Einen Wermutstropfen musste er allerdings hinnehmen: Das Klosterterritorium mit einem Umfang von vier QM, 8.000 Einwohnern und 87.798 fl. Einkommen wurde zu Lasten Metternichs unter drei Reichsgrafen aufgeteilt. Den größten Teil mit einem jährlich geschätzten Ertrag von 73.112 fl. erhielt Franz Georg Graf v. Metternich mit den Ämtern Ochsenhausen, Ummendorf, Obersulmetingen und den Weingütern Schloss Hersberg und Immenstadt bei Meersburg. Das Amt Tannheim (15.000 fl.) fiel an den Grafen Schaesberg, und mit dem zu Tannheim gehörenden Dorf Winterrieden (2.500 fl.) wurde Graf Sinzendorf entschädigt. Hohe jährliche Rentenzahlungen in Höhe von 20.000 fl. wurden jedoch dem Grafen Metternich auferlegt: Graf Quadt-Wykradt sollte 11.000 fl. erhalten, Wartenberg 8.150 fl. und Aspermont-Linden 850 fl. Weitere Rentenzahlungen wurden an die Grafen Schaesberg, Sinzendorf und Halberg fällig.[23] Schott war sich darüber im Klaren, daß der Verlust von Tannheim sowie die jährlichen Renten eine schwere Hypothek für die Zukunft Metternichs darstellten. Er gab sich jedoch zuversichtlich, dass dem neuen Landesherrn zumindest ein jährliches Einkommen von etwa 60.000 bis 70.000 fl. erhalten bliebe.[24]

Franz Georg Reichsgraf v. Metternich-Winneburg-Beilstein ergriff mit einem Patent an alle Untertanen am 20. Februar 1803 von seiner neuen Herrschaft Ochsenhausen Besitz. Im Namen des Reichsgrafen vollzog der jetzt Metternich'sche Regierungsrat Schott die Besitzergreifung am 1. und 2. März 1803 in Ochsenhausen, Ummendorf, Horn-Fischbach sowie Ober- und Untersulmetingen.[25] Am selben Tag (20. Februar) bedankte sich Metternich beim kaiserlichen Plenipotentiarius der Reichsdeputation, Frhn. Johann Aloys v. Hügel (1754–1824), und bei Kaiser Franz II. (1792–1806, † 1835) im Namen der katholisch-westfälischen Reichsgrafen für den Vollzug der Entschädigung. Sie sei trotz der vielen Verwicklungen mit festen Grundsätzen und der notwendigen diplomatischen *Contenance* zu Ende gebracht worden.[26] Auch Abt Romuald Weltin und sein Konvent mussten sich dem nun unwiderruflich gekommenen Ende ihres Klosters beugen. Sie vergewisserten dem neuen Landesherrn ihre Loyalität mit der Gewissheit, dass die Regierung in keine besseren Hände hätte fallen können.[27] Metternich bedauerte gegenüber Weltin, dass die *Sturmglocke der allgemeinen politischen Erschütterung* angezogen wurde und zur Umwälzung des europäischen Staatensystems geführt habe. Die Macht der Umstände sei das Gesetz, dem sich alle zu unterwerfen hätten.[28]

Reichsgraf Metternich garantierte bei seiner Besitzergreifung den 44 (46) Geistlichen und vier Laienbrüdern den Fortbestand des gemeinschaftlichen Lebens im bisherigen Kloster.[29] Nach dem Willen der Subdelegation wurden Abt Romuald Weltin mit 7.000 fl. jährlich, die im Kloster lebenden 30 (31) Konventualen mit je 550 fl. und die Laienbrüder mit jährlich 275 fl. entschädigt.[30] Im ersten Jahr entrichtete Metternich sogar eine Zulage: Abt Weltin erhielt demnach 7.500 fl., die Geistlichen 600 fl. und die Laienbrüder 400 fl.[31] Der Reichsgraf erlaubte den Konventualen, über die Pensionen und auch – entgegen der Ordensregel – über anderen Besitz frei zu verfügen; zudem sicherte er ihnen die Freiheit zu, darüber ein Testament anzufertigen. Kanzler Schott konnte Weltin schon beizeiten überzeugen, am 1. März 1803 aus der Prälatur auszuziehen und den Alterssitz auf Schloss Obersulmetingen einzunehmen. Er war überzeugt, dass die Trennung zwischen Abt und Konvent für die künftigen Regierungsgeschäfte von großem Vorteil sei.[32] Erstmals in der 700-jährigen Klostergeschichte wählte der Konvent am 8. März 1803 aus seiner Mitte Hermann Hermann zum Prior und Aemilian Rosengart zum Subprior. Noch am gleichen Tag erbaten sich die Neugewählten die landesherrliche Bestätigung in der Zuversicht, dass der Konvent in bester Ordnung gehalten werde. Einen Tag später rief man an Metternichs Geburtstag mit der großen Glocke zu einem festlichen Gottesdienst, den der Prior als neuer Vorstand des Konvents erstmals abhielt.[33]

Der Herrschaftswechsel vollzog sich ohne größere Komplikationen. Es schien, als hätte der Ochsenhausener Konvent auch unter der weltlichen Herrschaft vorläufig eine Zukunft. Bei einzelnen Konventualen herrschte sogar eine Art Aufbruchsstimmung. Metternich erkannte die Chance, diese noch bestehende geistliche Institution mit den Begabungen der Exkonventualen für seine Herrschaft zu nützen. Er erwartete vom Konvent ein der Gegenwart angepasstes, gemeinschaftlich-monastisches Leben mit reduzierten Chorverpflichtungen sowie den Einsatz in Seelsorge und Schule. Auch das Stiftsgymnasium sollte fortgeführt werden. Zum Zweck der geistlichen und weltlichen Wohlfahrt wurde den Konventualen der Zugang zur Bibliothek, zum Armarium und zur Sternwarte weiterhin gewährt.[34] Diese wissenschaftlichen Einrichtungen gehörten jedoch unverzichtbar zum neuen Herrschaftssystem. Aus der Klosterbibliothek war eine herrschaftliche Bibliothek geworden, die vom Konvent und den Beamten gleichermaßen genutzt werden sollte. Die Regierung stellte sogar Gelder zum Kauf von Büchern und Periodica zur Verfügung und erließ im Juni 1803 eine neue Benutzerordnung.[35] Geradezu beflügelt vom Herrschaftswechsel zeigte sich Basilius Perger mit dem euphorischen Plan, wie man die Sternwarte gegen Westen auf der äußersten Seite des Bibliothekssaales erweitern könne; dies bedeutete nichts anderes, als den Bau einer zweiten Sternwarte.[36] Bis zum Tod von Abt Romuald Weltin (12. Januar 1805) verließen einzelne Mitglieder den Konvent. Zuerst ging der St. Gallener Benediktiner P. Franz Sales Lindemann; er hatte sechs Jahre in Ochsenhausen als Gast gelebt.[37] Im Juni 1803 erhielt P. Stephan Strobel (Strobl) die Erlaubnis, zu seinem Bruder, dem Oberamtmann des ehemaligen Benediktinerklosters Hl. Kreuz in Do-

nauwörth, zu ziehen.[38] Als Hofmusiker ging er schließlich 1804 nach Stuttgart und starb am 7. Juli 1812 als Pensionär in Biberach.[39] Laienbruder Pelagius Plesch verabschiedete sich im Oktober 1803 und ging zu Verwandten nach Dillingen.[40] P. Nikolaus Remmele wagte 1804 den Auszug und ging nach Stuttgart. Dort privatisierte er, schrieb Gedichte und hinterließ nach seinem Tod (23. Januar 1811) auch Schulden.[41] Am 2. November 1803 erhielt P. Odo Müller sein Entlassungsdekret und fand später als königlicher Hofmaler und Zeichenlehrer sein Auskommen in Stuttgart.[42] Der ehemalige Subprior Leonhard Stropp sah nach seiner (erzwungenen) Resignation als Metternich'scher Kameralrat in Ochsenhausen keine Zukunft und zog im März 1805 zu Verwandten nach Waldsee.[43] Abt Romuald Weltin erkrankte bereits im Dezember 1803 schwer und schrieb seinen letzten Willen in einem bisher verschollenen Testament nieder.[44] Am 19. Januar 1805 starb der letzte Reichsprälat in Obersulmetingen an den Folgen eines Schlaganfalls und wurde zwei Tage später, am 21. Januar, in der Pfarrkirche (Niederkirch) in Untersulmetingen beigesetzt.[45]

Unter dem Reichsgrafen Metternich wurde in Ochsenhausen eine neue Staats- und Landesherrschaft aufgebaut. Die Regierungskanzlei und das Kameralamt sollten in Zukunft die Verwaltungszentrale sämtlicher Besitzungen des Hauses Metternich bilden, da es zentral zwischen den rheinischen (sequestrierten) Gütern und dem böhmischen Besitz lag. Metternich berief Schott als Regierungsrat und Generalbevollmächtigen in allen Familienangelegenheiten. Ihm zur Seite gestellt wurden der bewährte Metternich'sche Kanzleirat Knodt und der Konventuale Leonhard Stropp als Kammerrat. Schotts Sohn Aemilian fungierte als Regierungs- und Verwaltungssekretär. Ob Metternich die Absicht hatte, Ochsenhausen auch als zentralen Sitz der Familie aufzubauen, ist nicht bekannt. Selbst das Haus- und Familienarchiv ließ der Reichsgraf v. Königswart (Kynāvart) nach Ochsenhausen bringen; es wurde gemeinsam mit dem Klosterarchiv von seinem Hausarchivar Streitberger verwaltet. Für die Amtsgeschäfte der Herrschaft wurde ein der Regierung untergeordnetes Oberamt mit einer von Stropp geleiteten Hauptrezeptur eingerichtet. P. Maurus Fischer sollte vorübergehend noch als Pfleger in Obersulmetingen im Amt bleiben.[46]

Reichsprälat Romuald Weltin (1767–1802, † 1805)
*Der letzte Abt von Ochsenhausen war einer der wenigen Prälaten,
die sich der Säkularisationsgefahr aktiv entgegenstellten. Als letzter
Direktor des Schwäbischen Reichsprälatenkollegiums suchte er die
drohende Säkularisation abzuwenden.*
Öl auf Lw., Stephan Bildstein, 1784.
Braith-Mali-Museum, Biberach.

Von Schott und seinen Räten forderte Metternich
sogleich den Aufbau eines neuen Ökonomiesystems
und die damit verbundene Anpassung an die neuen
wirtschaftlichen Verhältnisse der Reichsgrafschaft.
Dazu gehörte die Versteigerung der Viehbestände, die
Auflösung von nicht mehr benötigten Handwerksbe-
trieben und die Entlassung des unnützen Dienstpersonals, was große soziale Probleme mit sich bringen
musste. Auch das Polizei-, Waisen- und Schulwesen
musste neu geordnet werden. Die Zehntgefälle der
Ochsenhausener Pfarreien wurden fortan von der
Zentrale verwaltet und die Geistlichen ohne Unterschied mit 800 fl. entlohnt. Eine vorrangige Aufgabe
war es auch, das Kreditwesen der durch die Kriegslasten mit über 670.000 fl. hoch verschuldeten Landschaftskasse in Ordnung zu bringen. Ebenso sollten
die Mängel im Gesundheits- und Armenwesen aufge-

deckt und eine bessere Verwaltung der Waisenkasse
eingeführt werden.[47] Im Sommer 1803 zog Metternichs Leibarzt, Joseph Schirt, als Amtsphysicus nach
Ochsenhausen.[48] Der fremde Arzt muss eine sehr
eigenwillige Persönlichkeit gewesen sein; er war oft
krank und kritisierte lautstark in der Öffentlichkeit.[49]
Mit seinem bis 1805 verfassten Manuskript *Versuch
einer medizinischen Topographie des Fürstenthums
Ochsenhausen* hinterließ er eine detaillierte, wenn
auch ernüchternde Schilderung der damaligen Verhältnisse im Fürstentum.[50]

Tiefe Genugtuung musste Franz Georg Reichsgraf v.
Metternich verspüren, als Kaiser Franz II. ihm und seinem Erstgeborenen, Clemens Wenzeslaus, am 30. Juni
1803 die persönliche Fürstenwürde verlieh und das
reichsunmittelbare Gebiet von Ochsenhausen zum
Fürstentum erhob. In der anschließenden Aufnahme
in den Reichsfürstenstand sah Metternich die Anerkennung seiner jahrzehntelangen Dienste im Auftrag
des Kaisers. Politisch dienten solche Standeserhebun-
gen dazu, die verlorenen geistlichen Virilstimmen im
Reichsfürstenrat zu ersetzen.[51]

Im Glanz seiner neuen Fürstenwürde wurden Metternich und sein Sohn Clemens Wenzeslaus am 15. und
16. Juli 1803 in Ochsenhausen an der Grenze *unter
lautem Vivat Rufen empfangen, […] und am hiesigen
Flecken von der Bürgerkompanie zu Fuß unter Vor-
tretung der Studenten mit der Türkischen Musik in die
neue Residenz begleitet, wo der ehrwürdige Greis, der
Reichs Prälat, das gesammte Konvent, die Zivil- und
Militär Personen, unter Paradirung der Kontingents
Mannschaft, die Fürstlichen Herrschaften mit Rührung und Segens Wünschen empfiengen. Der alte und
neue Regent umarmten sich.*[52] In großer Feierlichkeit
wurde am 24. Juli 1803 die Huldigung der Untertanen
mit dem Tedeum, Geschützfeuer, Trinksprüchen und
Lobreden abgehalten.[53] Aus dem ehemaligen Gastbau
des Klosters war nun das *Fürstlich-Metternich'sche
Schloss Winneburg* geworden. In die neue Zukunft
wiesen auch die Umbenennungen des Besitzes in *Fürs-
tenwald, Schlossmühle und Schlossstraße.* Die Kosten
für diesen fürstlichen Besuch hatte Schott mit mindestens 7.000 fl. veranschlagt; immerhin mussten die
Räume im Schloss standesgemäß eingerichtet werden
sowie die Reisekosten und Huldigungsfeierlichkeiten
bezahlt werden.[54]

Der drohende Staatsbankrott

Regierungsrat Schott hatte sehr klar erkannt, in welch prekärer Finanzsituation sich sein Landesherr in Wahrheit befand. Über dem hochverschuldeten Haus Metternich hing das Damoklesschwert der Insolvenz und die drohende Verwaltung durch eine kaiserliche Debitkommission. Das Fürstentum Ochsenhausen war zum begehrten Spekulationsobjekt der Bankhäuser von Frankfurt, Wien und Prag sowie anderer fordernder Gläubiger geworden. In dieser Schuldenfalle musste Metternich sein kreditwürdiges Fürstentum schon im Jahre 1803 schwer belasten. Er tat dies in der Überzeugung, das ›Objekt‹ Ochsenhausen auch zum Zweck der Sanierung erhalten zu haben. Monatlich verlangte er 1.500 fl. als persönliche Zuwendung, ferner ließ er aus der Ochsenhausener Kasse fällige Kapitalien ablösen und die Schuldzinsen sowie die Kosten der Standeserhöhung von 21.000 fl. begleichen. Schotts Vertrauen in den Fürsten wurde schwer in Mitleidenschaft gezogen, als er fast täglich mit den Liquiditätsproblemen Metternichs konfrontiert wurde und bereits im Sommer 1803 die Herrschaft mit einem Kapital von 150.000 fl. belasten musste.[55] Rückhaltlos versuchte er aufzuklären und verlangte vergeblich von Metternich einen Generalsanierungsplan für die Finanzen des Hauses; zudem warnte er vor einer drohenden Belastung Ochsenhausens mit 700.000 fl. Dieses Finanzchaos hatte Schott als verantwortlichen Regierungsbeamten schwer erschüttert. Unerträglich war für ihn der Gedanke, dass ein Staatswesen in den Bankrott getrieben werden könne. Die rheinischen Kellereien seien schon zahlungsunfähig, die Zeche aber müsse das Fürstentum Ochsenhausen bezahlen. Im Hause Metternichs folge ein Extrem dem anderen, es gelte nur der Augenblick, niemals werde der Blick auf die Zukunft gerichtet.[56]

Die Situation im Fürstentum war für Schott als Regierungsrat schwierig geworden. Österreich hatte das auf 7.000 fl. taxierte Bockighofen sowie Güter in Schaiblishausen sequestriert.[57] Über Jahre folgten ständige Querelen wegen der Bezahlung der jährlichen Renten in Höhe von 20.000 fl. an die Reichsgrafen, die bereits darauf spekulierten, sich an den Ämtern Ummendorf und Obersulmetingen schadlos zu halten.[58] Als am 8. Dezember 1803 zu allem Unglück die Pfarrkirche von Ummendorf niederbrannte, mussten nach Angaben Schotts erneut Schulden von 10.000 bis 20.000 fl. aufgenommen werden. Die Leitung des Wiederaufbaus im Frühjahr 1804 wurden dem Neresheimer Architekten Thomas Schaidhauf übertragen.[59]

Unter Protest: die Absetzung von Regierungsrat Schott

Die zum Teil harsche Kritik Schotts an Fürst Metternich und dessen Handlungsunfähigkeit musste zwangsläufig zum Eklat führen. Bereits im Frühjahr 1804 verhandelte Schott in Frankfurt über ein weiteres Kapital in Höhe von 300.000 bis 400.000 fl. zur Tilgung von Reichsschulden.[60] Mit allen Mitteln widersetzte er sich den Plänen des Fürsten, das Amt Ummendorf mit Horn-Fischbach zu veräußern, um sich mit dem Erlös Liquidität zu verschaffen. Solche Absichten würden den Wohlstand der Untertanen gefährden und seinen Ruf als ersten Beamten ruinieren. Am Kaiserhof verliere Metternich Kredit, wenn er schon jetzt mit der Zertrümmerung seines Fürstentums beginne. Für Schott gab es nur eine Rettung: Das Erzhaus sollte Ochsenhausen im Austausch von böhmischen Gütern übernehmen.[61] Die Spirale der Schuldenaufnahme zu Lasten Ochsenhausens nahm kein Ende. Im August 1804 musste noch einmal eine Hypothek in Höhe von 200.000 fl. aufgenommen werden. Zudem wurden alle Überschüsse bis auf 4.000 fl. in der Rentenkasse auf sechs Jahre festgelegt. Sämtlicher Streubesitz sollte verkauft werden.[62]

Gleichzeitig löste Metternich im schwäbischen Fürstentum eine handfeste Regierungskrise aus. Sein neuer Generalbevollmächtigter, Weckbecker, musste Schott zum sofortigen Rücktritt als Regierungsrat veranlassen. Im Gefolge musste auch Leonhard Stropp seinen Dienst als Kameralrat aufgeben. Der Handstreich schien gelungen. Abt Weltin und der Konvent waren von der Absetzung ebenso überrascht wie die Untertanen. Die Bestürzung war groß, weil Weckbecker im Auftrag des Fürsten die Kanzleiräume, Kassen, Speicher und Keller hatte versiegeln lassen. Schott fügte sich nach erbittertem Widerstand der Entscheidung des Reichsgrafen.[63]

Kommissar Weckbecker ging schweren Zeiten entgegen. In der Herrschaft war ein enormer Solidarisierungseffekt zu Schott entstanden. Sämtliche Amtmänner, der Abt und der Konvent forderten Metternich in Petitionen auf, seine Entscheidung, die eine tiefe Wunde hinterlasse, rückgängig zu machen. Mit seiner 20-jährigen Berufserfahrung sei Schott für die Landschaft unersetzlich.[64] Zwei Ammänner reisten gegen den Willen der Mehrheit zu Fürst Metternich nach Königswart (Kynñwart). Nach einer Audienz kehrten sie überzeugt davon zurück, dass Schott sein hohes Amt zum eigenen Vorteil missbraucht habe.[65] Mit harten Worten ging Metternich mit den ›Aufwieglern‹ ins Gericht. Als Landesherr ehre er die Rechte der Untertanen; ebenso sollten sie aber auch seine Rechte anerkennen. An Schott festzuhalten sei Widerstand gegen die Staatsgewalt. Falsche Freunde hätten die Landschaft in die Irre geführt, als sie das Gerücht der Zerstückelung der Landschaft verbreiteten. Das Gegenteil sei der Fall, darauf gebe Metternich sein *Fürstenwort*. Gegen seinen Willen sollte nun sogar Abt Romuald in ›seinen‹ Konvent zurückkehren und zum Frieden beitragen.[66] Besonders hart traf der fürstliche Zorn den entlassenen Schott. Er habe vorgegeben, Metternichs größter Wohltäter zu sein. In Wahrheit habe er ihn in der Subdelegation hintergangen, sonst wäre Ochsenhausen in andere Hände gefallen. Verräterisch sei seine Stimme in der Landschaft gewesen: eine Sprache der Revolution, wenn er von *Nation und Volk* rede. Schließlich aber sei für Metternich das Heil des Staates das oberste Gesetz, nicht aber das Heil des Kanzlers.[67] Als sich der beidseitige Sturm der Entrüstung gelegt hatte, teilte Schott mit, dass er in Biberach wohne und dem Fürsten weiterhin zu Diensten stünde, besonders wenn es zum Verkauf von Ober- und Untersulmetingen komme.[68] Die Schott'sche Verschwörung hatte offenbar noch andere Hintergründe. Die Stimmungsmache für Schott sei weniger ein Werk der Landschaft gewesen als des Dreigestirns Abt, Prior und ehemaliger Kanzler. Sie hätten auch den Plan Metternichs vereitelt, *ein Studium besserer Art* einzurichten. Im Konvent sei das große Übel der Unruhe zu suchen. Die Konventualen müssten bei mäßigem Pensionsabzug zum Austritt ermuntert werden, und der kleine Rest, der in Ochsenhausen oder Ummendorf zusammenbleiben könnte, sollte unter die Jurisdiktion des Konstanzer Bischofs gestellt werden.[69] Prior Hermann Hermann zog im November 1804 die Konsequenzen aus

der Schott'schen Affäre und trat zurück. Ihm folgte der bisherige Subprior Aemilian Rosengart als Superior.[70] Auf Schott folgte Joseph v. Steinkühl als neuer Regierungsdirektor. Die Fama vom gefährlichen Einfluss des Schott'schen Klüngels im Fürstentum hielt sich aber noch über Jahre.

Der Verkauf des Amtes Obersulmetingen

Die neue Komission stellte im Oktober 1804 ein Defizit in Höhe von über 322.000 fl. fest, von denen 100.000 fl. Kammeralrat Stropp zu verantworten habe. Demgegenüber konnte man immerhin 62.000 fl. an Kapitalien als Aktivvermögen verzeichnen.[71] Der Exkonventuale Stropp sah in der Behauptung, er habe zum großen Teil an diesem Defizit beigetragen, nur bösartige Verleumdungen, die ihn, Abt Weltin und den Konvent in Misskredit bringen sollten.[72] Der neuen Regierung blieb als letzter Ausweg aus der Finanzmisere schließlich nur der Verkauf des Amtes Obersulmetingen. Offenbar gab es einen jüdischen Interessenten, der aber keineswegs den Reichsprälaten oder den geistlichen Pfleger übernehmen wollte mit dem Hinweis, dass er *zu Obersulmetingen keinen Pfaffen als Beamten haben* könne.[73] Schließlich kauften die Fürsten v. Thurn und Taxis das Amt für 420.000 fl. und bildeten mit dem Ort Schemmerberg (ehemals Kloster Salem) ein Patrimonial-Vogteiamt, das seit 1806 als taxisch-württembergischer Kondominialort bezeichnet wird.[74]

Unter der Krone Württembergs

Fürst Metternich war bis zum Ende der Reichsverfassung nicht dazu bereit, sich wehrlos den Eingriffen der mächtigen Stände in Schwaben (Kurfürsten v. Baden, Bayern und Württemberg) zu ergeben. Ohne Rücksicht waren Ende 1805 auch Ummendorf und Hersberg von Kurbayern widerrechtlich besetzt worden. Sogleich wurde in Ochsenhausen vermutet, dass Schott an der Seite Bayerns wieder auf den Plan treten könnte.[75] Der Zusammenschluss in einem katholisch-westfälisch-schwäbischen Grafenkollegium war der letzte Rettungsversuch, sich gegenüber den mächtigeren Ständen im noch bestehenden Schwäbischen Kreis zu behaupten. Auf die Initiative Metternichs fanden im Juli und August 1805 sowie im Februar 1806 in Ochsenhausen Versammlungen der Reichsgrafen statt.[76] Graf Wartenberg-Roth blieb dieser Zusammenkunft schon deshalb fern, weil er die Auflösung der alten Kollegien für höchst bedenklich hielt und sich als Protestant mit einem rein katholischen Grafenkollegium nicht anfreunden konnte.[77]

Inzwischen war mit dem Sieg Napoleons im dritten Koalitionskrieg (1805) in Deutschland eine völlig neue politische Lage entstanden. Die Gründung des Rheinbundes unter dem Protektorat Napoleons (1806) führte zum Ende des Heiligen Römischen Reiches. Das Metternich'sche Fürstentum fiel unter die Oberhoheit König Friedrichs v. Württemberg (1806–1816). Fürst Metternich musste somit den Verlust aller mit einer souveränen Regierung verbundenen Rechte (u. a. Gesetzgebung, hohe Gerichtsbarkeit, höheres Polizeiwesen, Militär und Steuerfreiheit) hinnehmen. Das fürstliche Patrimonial-Obervogteiamt wurde bis 1809 dem württembergischen Oberamt Waldsee unterstellt. Dem Fürsten blieben seine Besitzungen als Patrimonial- und Privatvermögen (u. a. mit der mittleren Zivil- und Kriminalgerichtsbarkeit sowie Kirchen- und Schulpatronat) erhalten.[78]

Das Königreich Württemberg übernahm am 12. September 1806 endgültig Besitz von Ochsenhausen. Der Konvent zählte damals noch 23 Patres und vier Laienbrüder. Nach langen Streitigkeiten innerhalb des Konventes, v. a. wegen der Wahl eines neuen Priors, hob ein königliches Dekret im Mai 1807 den Konvent endgültig auf und entließ die Geistlichen mit einer Pension von 550 fl., die sie jedoch im Königreich verzehren mussten. Die Betroffenen wechselten in die Pfarrseelsorge oder kamen in Privathäusern in Ochsenhausen unter.[79] P. Gregor Zoll zog es zunächst vor, eine Stelle als Schlosskaplan in Königswart (Kynāwart) anzunehmen; aus Krankheitsgründen und wohl auch aus Angst vor dem Verlust seiner Pension kehrte er jedoch im Frühjahr 1808 nach Hause zurück. Danach war er als Hilfspriester und Beichtvater bei den Zisterzienserinnen in Gutenzell tätig. Zudem musste er in Biberach den Pfarrkonkurs auf sich nehmen, den er zweimal nicht bestanden hatte.[80] Zoll starb am 1. Juli 1838 als Pfarrer in Ringschnait.[81] Im leeren Kloster waren nun Archiv, Bibliothek und Armarium völlig funktionslos geworden.

In den folgenden Jahren versuchte König Friedrich die Rechte der Standesherren zu schmälern. Regelmäßig wurde Fürst Metternich aufgefordert, Österreich zu verlassen und im Königreich Württemberg zu residieren, ohne dass Franz Georg und sein Sohn diesem Ansuchen nachgegeben hätten.[82] Im fünften Koalitionskrieg (1809) wurde Fürst Metternich zum Feind des Königs v. Württemberg. Anfang Mai 1809 erfolgte die Konfiskation des Metternisch'schen Besitzes und die Entlassung seiner Beamten. Dabei soll der württembergische Beamte wie ein »Evacuationskommissar« vorgegangen sein. Er habe das herrschaftliche Schloss so ausgeräumt, dass kein einziges Möbelstück zurückblieb und reichlich Kirchensilber nach Ludwigsburg gebracht worden sei. Die vorhandenen Fruchtvorräte wurden zu schlechten Preisen verschleudert. Das Archiv, die Bibliothek und die Sternwarte blieben die einzigen unberührten Objekte.[83] Dem Drängen Napoleons – schließlich war Graf Clemens österreichischer Gesandter in Paris – konnte sich auch König Friedrich nicht entziehen.[84] Fürst Metternich sprach vom Rechtsanspruch auf Rückgabe, der König von einem reinen Gnadenakt. Unweigerlich blieb es bei der Oberhoheit des Königs und der Besteuerung der herrschaftlichen Besitzungen. Am 20. Juli 1820 war Fürst Metternich wieder im Besitz seines Fürstentums.[85] Längst aber hatte Württemberg neue Fakten geschaffen. Ochsenhausen erhielt 1809 ein eigenes Oberamt, das aber nach der Rückkehr Metternichs 1810 als Unteramt zum Oberamt Biberach geschlagen wurde. Auch nach der Rückgabe hielten württembergische Beamte ihre Wohnung im Schloss und sogar die fürstlichen Gemächer besetzt. Im fürstlichen Schloss werde gehaust wie in einem Privatgut. An eine baldige Rückkehr des Fürsten war unter solchen Umständen in nächster Zukunft nicht zu denken.[86] Rentmeister Gams sah die Schwierigkeiten, die mit dem Aufbau einer neuen Rentamtsverwaltung verbunden waren. Die alten Probleme waren auch die neuen: die hohen Passivstände verlangten Sparsamkeit und auch die Reduktion der Pensionen der Geistlichen und ehemals weltlichen Beamten sowie eine Vereinfachung der Administration. Der treue Beamte versuchte, mit einem diplomatischen Aufruf zur Sparsamkeit dem

Fürsten zu erklären, dass er sich nach diesen Schicksalsschlägen mit viel weniger begnügen müsse, was aber umso mehr dem Wohl der Herrschaft diene.[87]

Das Ende des Konvents und der Metternisch'schen Herrschaft

In der Ochsenhausener ›Chronik‹ Georg Geisenhofs sind 1828 noch 13 Konventualen und zwei Laienbrüder verzeichnet. Außer dem Laienbruder Blasius, der mit wenigen anderen Exkonventualen seinen Lebensabend im ehemaligen Kloster in Miete verbrachte, fanden die Geistlichen in den Pfarreien ihr Auskommen. Mit Ausnahme von vier Exkonventualen starben alle Ochsenhausener Patres bis zum Ende der 30er Jahre des 19. Jhs.[88]

Georg Geisenhof verstarb als letzter Benediktiner des Königreichs Württemberg am 18. September 1861, als Pfarrer von Unterkirchberg, wo bis heute sein Grabstein an ihn erinnert. Mit seiner Publikation *Kurze Geschichte des Reichsstifts Ochsenhausen in Schwaben* (1829) hatte er seinem ehemaligen Kloster ein Denkmal des Abschieds gesetzt. Gegen die unberufenen Klosterkritiker wollte er auf das ›Grab‹ dieses Stiftes *eine Blume der Dankbarkeit streuen* als einer *preiswürdigen Planzschule der Wissenschaft, Tugend und Frömmigkeit*, die *das ›sancte latere‹* [das heiligmäßige im Verborgenen Wirken] *der Publizität vorzog*.[89] Nach der Säkularisation zog der am 24. September 1803 zum Priester geweihte Geisenhof an die Universität Würzburg und wurde anschließend zweiter Kaplan an der Pfarrkirche in Ochsenhausen. Im Juni 1809 übernahm er die königlich-württembergische Pfarrei Wiblingen und wechselte am 14. September 1819 an die ehemalige Wiblinger Pfarrei Unterkirchberg. Sein Leben lang war Geisenhof als historischer und theologischer Schriftsteller tätig. Für die Pfarrei Unterkirchberg hinterließ er ein Manuskript *Versuch einer Pfarrchronik zu Unterkirchberg* (1821), die eine kurze Autobiographie enthält.[90]

Nach dem Tod von Franz Georg Fürst v. Metternich am 11. August 1818 konnte sein Sohn Fürst Clemens Wenzeslaus den Verlust der schwäbischen Besitztümer auf Dauer nicht mehr abwenden. Der Staatskanzler favorisierte seine böhmischen Güter, die ihm den Zugang zum Wiener Hochadel festigen sollten. Der Bankier Salomon Rothschild war vom Fürsten bevollmächtigt, Kaufverhandlungen um das Fürstentum Ochsenhausen zu führen. Der wirkliche Kaufwert wurde dabei auf 1.203.541 fl. 59 kr. geschätzt. Am 27. Januar 1825 wurde der Kaufvertrag abgeschlossen und nach dem Konsens der Mitglieder des Hauses Metternich am 18. Februar 1826 bestätigt. Der Kaufpreis war auf 1,2 Mio. fl. festgelegt worden. In diesem Kontrakt behielt sich Metternich den Besitz der Bibliothek, des Armariums und der Sternwarte vor, während das Klosterarchiv (ausgenommen die Archivalien betr. Hersberg und die Familie Metternich) in fremde Hände kam.[91] Im Besitz der Familie blieb auch das Schloss Hersberg, das erst 1830 an Frhn. Gremp v. Freudenstein verkauft wurde.[92] Die wertvollen Bestände der Ochsenhausener Klosterbibliothek bildeten den Grundstock für die Metternich'sche Bibliothek in Königswart (Kynãvart); ein größerer Teil dieses Buchbestandes wurde jedoch leider verschleudert bzw. vernichtet.[93]

Georg Geisenhof hatte als Weltgeistlicher die wechselvolle Geschichte von Kloster und Territorium unter seinen neuen Besitzern miterlebt. Er schrieb: *Die Zeit – den herrlichen Pallast umfassen, Zerbrechen, und verwandeln in Ruin. / Dann mag der späte Enkel hier erfahren, / Wer da gewirkt, und was mit dir gescheh'n; / Was manche Klöster einst der Menschheit waren, / die leider itzt, wie du, verödet steh'n.*[94] Heute hat das ehemalige Benediktinerkloster mit der »Landesmusikakademie für die musizierende Jugend in Baden-Württemberg« eine neue kulturelle Aufgabe übernommen, die ihre Wurzeln auch in der klösterlichen Kultur der Vergangenheit hat.

[1] Für die Erarbeitung der zahlreichen Archivbestände möchte ich besonders Herrn Jan Kahuda, dem zuständigen Archivar für die Metternich-Bestände im Zentralen Staatsarchiv Prag (Státní ústřední archiv v Praze), sehr herzlich danken für seine Loyalität und für die insgesamt sehr angenehme Arbeitsatmosphäre. Ebenso danke ich Herrn Kreisarchivar Dr. Kurt Diemer, Biberach, für die großzügige Überlassung von wichtigem Metternich'schem Archivmaterial.

[2] *Georg Geisenhof,* Kurze Geschichte des vormaligen Reichsstifts Ochsenhausen in Schwaben, verfaßt von einem Mitgliede desselben. Ottobeuren 1829, 206–207 ([...] *cui, cum bella requiem, pax eriperet territorium* [...]).

[3] *Konstantin Maier,* Die Äbte des Klosters Ochsenhausen im 17. und 18. Jh., in: Ochsenhausen. Von der Benediktinerabtei zur oberschwäbischen Landstadt, hg. von *Max Herold.* Weißenhorn 1994, 362–390, 388–390; *Ders.,* Barocke Klosterkultur in Ochsenhausen. Bildung und Wissenschaft, in: *Libri Sapientiae – Libri Vitae.* Von nützlichen und erbaulichen Schriften. Schätze der ehemaligen Bibliothek der Benediktiner-Reichsabtei Ochsenhausen. Weißenhorn 1993, 34–47, 44–45.

[4] *Geisenhof,* Kurze Geschichte (wie Anm. 2), 194–195; Zur Geschichte der Sternwarte s. *Alto Brachner,* Naturwissenschaften im Kloster Ochsenhausen, in: *Max Herold* (Hg.), Ochsenhausen (wie Anm. 3), 419–434.

[5] *Geisenhof,* Kurze Geschichte (wie Anm. 2), 171; S. a. *Maier,* Die Äbte (wie Anm. 3), 380.

[6] HSAS B 481 Bü 31; S. a. *Maier,* Die Äbte (wie Anm. 3), 389.

[7] *Geisenhof,* Kurze Geschichte (wie Anm. 2), 199 (erwähnt die Flucht 1797); ZSAP F 2215/2, Weltin an Steinkühl, 20.10.1804.

[8] Die Klosterchronistik von Georg Geisenhof setzt die Stiftung des St. Blasianischen Priorates auf das Jahr 1100 an (*Geisenhof,* Kurze Geschichte [wie Anm. 2], 9). Die Gründung erfolgte jedoch bereits 1093, s. *Hans Peter Köpf,* Die Gründer des Klosters Ochsenhausen, mit einer Verwandtschaftstafel der Klostergründer, in: *Herold* (Hg.), Ochsenhausen (wie Anm. 3), 51–74, 51; *Hugo Ott,* Die Zeit des Priorates, in: Ebd., 75–80, 75.

[9] *Geisenhof,* Kurze Geschichte (wie Anm. 2), 199.

[10] *Mathias Erzberger,* Die Säkularisation in Württemberg von 1802–1810. Ihr Verlauf und ihre Nachwirkungen. Stuttgart 1902, 35–54.

[11] *Helmut Mathy,* Franz Georg von Metternich, der Vater des Staatskanzlers. Studien zur österreichischen Westpolitik am Ende des 18. Jhs. Meisenheim am Glan 1969, 207–236 (zum Rastatter Kongress); S.a. *Ders.,* Die Verluste der Metternichs auf dem linken Rheinufer und ihre Entschädigung nach dem Reichsdeputationshauptschluss, in: Jb. für Geschichte und Kunst des Mittelrheins und seiner Nachbargebiete 20/21 (1970), 82–108.

[12] ZSAP F 2194 B, Metternich, 17.06.1802.

[13] HSAS B 362 Bü 3, Akten.

[14] ZSAP F 2167/1, Schott an Metternich, 27.10.1802.

[15] Ebd., F 2167/1–2, Teil der Korrespondenz von Schott mit Graf Metternich, 1802–1804.

[16] Ebd., F 2194, Akten betr. Entschädigung, Aug.bis Okt.1802; Ebd., F 2167/1, Schott an Metternich, 04.02.1803; S.a *Mathy,* Die Verluste (wie Anm. 11), 98, Anm. 45 (Nach dem vorderösterreich. Regierungsrat Steinherr war Ochsenhausen Graf Sickingen zugeschlagen worden.).

[17] ZSAP F 2167/1, Schott an Metternich, 11.08.1802.

[18] Protokoll der außerordentlichen Reichsdeputation zu Regensburg. Bd. III: Beilagen zu dem Protokolle der außerordentlichen Reichsdeputation zu Regensburg, Beil. Ziffer I. bis Ziffer C, Beil. XLVI, Summarische Übersicht des Ertrages und Werthes der dem reichsgräfl. Metternich-Winneburgischen Hauses, ritterschaftlichen und Privatbesitzungen, und des während dem Kriege von Oktober 1794 bis Jänner 1802 erlittenen Schadens; S.a. *Mathy,* Die Verluste (wie Anm. 11), 83–96.

[19] ZSAP F 2167/1, Schott an Metternich, 11.08.1802.

[20] Unter Krummstab und Szepter. Ochsenhausen (1803–1993). Reichsabtei, Fürstentum, Gemeinde, Ausstellungskatalog. Stuttgart 1993, 17.

[21] ZSAP F 2167/1, Schott an Metternich, 05.01.1803.

[22] Ebd., F 2167/2, Schott an Metternich, 21.01.1803; Unter Krummstab und Szepter (wie Anm. 20), 18.

[23] *Erzberger,* Säkularisation (wie Anm. 10), 365; S.a. Protokoll der ausserordentlichen Reichsdeputation (wie Anm. 18); ZSAP F 2207 (Exhibitionsprotokolle der Ochsenhausener Regierung unter Regierungsrat Schott); Unter Krummstab und Szepter (wie Anm. 20), 19–20.

[24] ZSAP F 2167/1, Schott an Metternich, 31.01.1803.

[25] HSAS B 481 Bü 19, Besitzergreifungspatent, 20.02.1803; Abdruck des Dekretes bei *Erzberger,* Säkularisation (wie Anm. 10), 366–367; Zur Herrschaft Metternichs in Ochsenhasen s. *Volker Press,* Die beiden Fürsten von Ochsenhausen (1803–1825): Franz Georg v. Metternich (1746–1818) und Clemens Wenzel Lothar Metternich (1773–1859), in: *Max Herold* (Hg.), Ochsenhausen (wie Anm. 3), 435–460; *Otto Beck,* Von der Klosterpfarrei zur Kirchengemeinde. St. Georg in Ochsenhausen (1803–1993), in: Ebd., 758–832.

[26] ZSAP F 2194/B, Metternich an Frh. v. Hügel, 20.02.1803.

[27] Ebd., F 2215/2, Weltin an Metternich, 03.02.1803; Ebd., F 2218/2, Weltin an Metternich, 06.02.1803 (mit Inventaren).

[28] *Erzberger,* Säkularisation (wie Anm. 10), 367–368 (Brief Metternich an Weltin, 21.02.1803).

[29] Nicht dazugezählt werden Markus Stattmüller von der Abtei Reichenau und P. Franz Sales Lindemann vom Kloster St. Gallen.

[30] ZSAP F 2215/2, Promemoria, 03.08.1804; Ebd., F 2198/1, Metternich an Schott, 20.02.1803; S.a. *Erzberger,* Säkularisation (wie Anm. 10), 368–370 (Pensionsdekret vom 20.02.1803).

[31] Unter Krummstab und Szepter (wie Anm. 20), 24, Nr. 29.

[32] ZSAP F 2167/1, Schott an Metternich, 25.10.1802.

[33] Ebd., 09.03.1803.

[34] *Erzberger,* Säkularisation (wie Anm. 10), 368–370; ZSAP F 2198/1, Empfehlungen Metternichs an Schott, 20.02.1803.

[35] ZSAP F 2207, Exhibitionsprotokolle 1804–1805; S.a. Ebd., F 2198/2, Regierungsprotokoll, § 172, Instruktion zur Bibliothek, 18.06.1803.

[36] Ebd., F 2207, Exhibitionsprotokolle, § 234 (28.07.1803) und § 257 (13.07.1803).

[37] Ebd., § 8, Mai 1803.

[38] Ebd., § 146, 03.06.1803.

[39] *Geisenhof,* Kurze Geschichte (wie Anm. 2), 211.

[40] Ebd., 215 (Plesch starb nach 1828; in einem Verzeichnis von 1828 ist er registriert als bisheriger Konventuale des Klosters Ochsenhausen).

[41] HSAS B 481 Bü 20; *Geisenhof,* Kurze Geschichte (wie Anm. 2), 211.

[42] *Geisenhof,* Kurze Geschichte (wie Anm. 2), 215.

[43] ZSAP F 2207, Exhibitionsprotokoll, 03.03.1805; *Geisenhof,* Kurze Geschichte (wie Anm. 2), 214.

[44] ZSAP F 2167/1, Schott an Metternich, 31.12.1803.

[45] *Geisenhof,* Kurze Geschichte (wie Anm. 2), 206–207.

[46] ZSAP F 2215/4, Metternich an Schott, Ausführliche Instruktion, 20.02.1803.- Ebd., F 2207, Exhibitionsprotokolle, § 246 (10.08.1803), § 441 (1803), § 444 (1803).

[47] Ebd., F 2215/4, Metternich an Schott, Ausführliche Instruktion, 20.02.1803.

[48] Ebd., F 2207, Exhibitionsprotokoll, § 254, 13.07.1803.

[49] Ebd., Exhibitionsprotokoll, 18.06.1804 (mit Reskript Metternichs).

[50] WLB Stuttgart Cod. hist. 266, 4°: *Joseph v. Schirt,* Versuch einer medizinischen Topographie des Fürstenthums Ochsenhausen als ein Beitrag zur Medizinischen Topographie Schwabens der Heilkunst Doktor, ehemaligen K: K: erster Feldarzt des zweiten K: K: Uhlaner Regiments, hochfürstlicher metternichischer Leibarzt Amts- und

Landschaftssyndikus zu Ochsenhausen, der medizinisch-botanischen Gesellschaft zu Regensburg Mitglied etc. 1805 in Kommission der Stettinschen Buchhandlung in Ulm. Gewidmet dem Regierenden Fürsten Franz Georg von Metternich-Winneburg, Regierenden Fürsten zu Ochsenhausen, Grafen zu Königswart in Böhmen, Ritter des Goldenen Vlieses und des Königlich ungarischen Stephansordens.

[51] *Press*, Die beiden Fürsten (wie Anm. 25), 435.

[52] Schwäbische Chronik vom 24.07.1803 (zit. nach: Unter Krummstab und Szepter [wie Anm. 20], 23).

[53] *Press*, Die beiden Fürsten (wie Anm. 25), 435.

[54] ZSAP F 2167/1, Schott an Metternich, 02.05.1803.

[55] Ebd., F 2198/1, Regierungsprotokoll, 13.05.1803; S.a. Ebd., F 2207 Exhibitionsprotokolle, 1803; Ebd., F 2167, Korrespondenz Schott, 1803.

[56] Ebd., F 2198/2, § 138, 31.05.1803; S.a. Ebd., F 2207, Exhibitionsprotokolle, 1803; Ebd., F 2167, Korrespondenz Schott, 1803; Ebd., F 2167/1, Schott an Metternich, 23.04.1804. Ein Teil der Korrespondenz von Schott an Metternich befasst sich mit der Schuldenfrage und Aufnahme neuer Kapitalien.

[57] Ebd., F 2198/2, Regierungsprotokoll, § 137, 31.05.1803 (alle Vorstellungen gegen die österreichische Usurpation bei Kurwürttemberg waren vergeblich geblieben); Ebd., § 160, 10.06.1803; Ebd., F 2202/1, § 34, 17.01.1804.

[58] Ebd., F 2167/1, Schott an Metternich, 23.04.1804.

[59] Ebd., F 2167/1, Schott an Metternich, 23.12.1803; Ebd., F 2202, Regierungsprotokoll, § 43: Wiederaufbau der Ummendorfer Pfarrkirche, 21.01.1804.

[60] Ebd., F 2167/1, Schott an Metternich, 06.05.1804.

[61] Ebd., F 2175/1, Schott an Metternich, 29.01.1804.

[62] Ebd., F 2182, Metternich an Schott, Aug. 1804.

[63] Ebd., F 2215/1, Regierungsprotokolle, § 1–19 enthalten das Rücktrittsdekret von Schott, 30.08.bis 04.09.1804.

[64] Ebd., F 2218/2, Petition aller Gerichts- und Ammänner des Reichsfürstentums Ochsenhausen an Metternich, 07.09.1804; Ebd., Prior und Konvent an Metternich, 07.09.1804; Ebd., Weltin an Metternich, 06.09.1804.

[65] Ebd., F 2215/1, Regierungsprotokoll, § 39, 30.09.1804.

[66] Ebd., F 2218/2, Metternich an die Ammäner, 14.09.1804.

[67] Ebd., F 2215/1, Metternich an Schott, 06.09.1804.

[68] Ebd., F 2215/2, Schott an Metternich, 03.10.1804 (Gleichzeitig bat Schott, notfalls bis zum Frühjahr 1805 auf Schloss Ummendorf wohnen zu dürfen.).

[69] Ebd., F 2215/3, Joseph Mets an Metternich, 30.10.1804.

[70] Ebd., F 2215/1, Regierungsprotokoll, § 103, 07.11.1804.

[71] Ebd., F 2215/2, Promemoria zur Beurteilung der wirtschaftl. Verhältnisse, 03.08.1804.

[72] Ebd., F 2218/2, Leonhard Stropp an Metternich, 08.10.1804.

[73] Ebd., F 2215/2, Schott an Metternich, 30.09.1804.

[74] *Erzberger*, Die Säkularisation (wie Anm. 10), 365; Unter Krummstab und Szepter (wie Anm. 20), 23.

[75] ZSAP F 2215/4, Haidt an Metternich, 31.12.1805.

[76] Ebd., F 2207, Exhibitionsprotokoll, Juni1804; Unter Krummstab und Szepter (wie Anm. 20), 25–26.

[77] Archiv der Gräflich Erbach-Erbach und Wartenberg-Rothischen Rentkammer in Erbach/Odenwald, Reichsgrafschaft Rot, Akten Nonne, 03.08.1805.

[78] *Heinz Gollwitzer*, Die Standesherren. Die politische und gesellschaftliche Stellung der Mediatisierten (1815–1918). Ein Beitrag zur deutschen Sozialgeschichte. Göttingen 2. Aufl. 1964; *Günther Zollmann*, Adelsrechte und Staatsorganisation im Königreich Württemberg (1806–1817). Tübingen 1968.

[79] *Erzberger*, Die Säkularisation (wie Anm. 10), 372–373.

[80] PfA Gutenzell, Pfarrchronik Augustin Rugel, 89.

[81] *Geisenhof*, Kurze Geschichte (wie Anm. 2), 214 und handschriftlicher Anhang; ZSAP F 2207, Exhibitionsprotokolle vom 22.02.1807, 14.03.1807, 4. u. 09.05.1807, 27.03.1808.

[82] HSAS E 1 Bü 1611 (Korrespondenz und Attestate); S.a. Unter Krummstab und Szepter (wie Anm. 20), 25.

[83] ZSAP F 2217, Rentmeister Gams an Metternich, 29.05.1810 (ausführlicher Bericht auch über die Verwendung der Metternich'schen Beamten); Ebd., F 2183/6/1 Hofrat Sanens an Metternich, 29.04.1810; S.a. Unter Krummstab und Szepter (wie Anm. 20), 26.

[84] *Heinrich von Srbik*, Metternich. Der Staatsmann und der Mensch, Bd 3: Quellenveröffentlichungen und Literatur. Eine Auswahlübersicht von 1925 bis 1952. Darmstadt u. a. 1954, 73.

[85] ZSAP F 2184/1, Steinkühl an Metternich, 23.07.1810.

[86] Ebd., F 2184/2, Steinkühl an Oberamtmann Pistorius und Kameralverwalter Reyscher, 05.09.1810.

[87] Ebd., F 2217, Gams an Metternich, 29.05.1810 (sehr ausführl. Bericht über die Situation in Ochsenhausen und Vorschläge zur vorsichtigen Übernahme der Verwaltung).

[88] Es waren der Hofmaler Odo Müller in Stuttgart, Domkaplan Gerard Haller in Rottenburg, Anselm Härle in Mittelbuch und Georg Geisenhof in Unterkirchberg (*Geisenhof*, Kurze Geschichte [wie Anm. 2], hs. Anhang); Zu Anselm Härle s. *Hans-Bruno Ernst*, Lebensgeschichte eines Benediktiners. War es Pater Anselm Härle?, in: BC 1999, H. 2, Beil.«Zeit und Heimat» 2–3/1999, 83–90.

[89] *Geisenhof*, Kurze Geschichte (wie Anm. 2), Vorbericht.

[90] PfA Unterkirchberg, Versuch einer Pfarrchronik zu Unterkirchberg nebst den von Pfarrer Amand Storr zurückgelassenen Vorarbeiten, wie ich sie *bey meinem Pfarr-Antritt vorfand*, G.G. d.z. Pfarrer 1821, 20–21.

[91] ZSAP F 2222, Kaufvertrag zw. Seiner Kgl. Majestät von Württemberg und Metternich, 27.01.1825.

[92] S. Internetadresse www2.lad-bw.de/stas/inventar/stas/ss20.htm.

[93] *Hans-Dieter Mück,* »Von dieser in jeder Hinsicht preiswürdigen Pflanzschule der Wissenschaft«. Kloster und Bibliotheksvisitation (1760–1805), in: *Libri Sapientiae – Libri Vitae*. Von nützlichen und erbaulichen Schriften. Schätze der ehemaligen Bibliothek der Benediktiner-Reichsabtei Ochsenhausen. Weißenhorn 1993, 58–75.

[94] *Geisenhof*, Kurze Geschichte (wie Anm. 2), 2.

Vom Reichsprälaten zum *Soldatenkopf*

Die Säkularisation der Prämonstratenser-Reichsabtei Rot an der Rot (1802–1803)[1]

von Konstantin Maier

Nach dem Rastatter Friedenskongress (1797–1799) und dem Friedensschluss von Lunéville am 9. Februar 1801 zwischen Frankreich und Kaiser Franz I. (1792–1835) war die Säkularisation der Reichskirche nicht mehr aufzuhalten. Der Vertreter des Schwäbischen Reichsprälatenkollegiums, Weihbischof Johann Nepomuk v. Wolf aus Regensburg (1802–1821), gab am 15. Oktober 1802 vor der außerordentlichen Reichsdeputation im Namen der 23 Mitglieder im Blick auf das *unvermeidliche Säkularisations-Schicksal* eine Erklärung ab. Über Jahrhunderte hätten sie *den Religionskult in vielen seiner wesentlichen Verrichtungen mitbesorgt*, mit ihren zum Teil kostbaren Einrichtungen die verschiedenen Zweige des Unterrichts gepflegt, einen ›Vorrat‹ an fähigen Männern ausgerüstet und so *den billigen Vaterlands-Erwartungen* Genüge geleistet. Die Mitglieder des Kollegiums glaubten, *mit der mehr, oder minder nahen, und mehr oder minder großen Gefahr bedroht zu seyn, künftig dieser Obliegenheit nicht mit fruchtbarsten Gedeihen folgen zu können.* Um auch in Zukunft in jeder Hinsicht dem Staat und der Kirche nützlich sein zu können, erwarteten sie in Hingabe und Vertrauen die Aufschließung ihres *endlichen politischen und kirchlichen Schicksals in dem Bewußtsein [...], dasselbe mit der Würde eines unverschuldeten Unglücklichen tragen zu dürfen.*[2] Nach dieser Erklärung glaubte niemand mehr an den Fortbestand der Klöster, auch wenn in den Jahren zuvor der Direktor des Prälatenkollegiums, Abt Romuald Weltin von Ochsenhausen (1767–1802, †1805), mit zahlreichen diplomatischen Interventionen versucht hatte, die Aufhebung der Reichsklöster doch noch zu verhindern.[3]

In der Prämonstratenser-Reichsabtei Rot an der Rot (Mönchsrot oder Roth) hatte sich Abt Nikolaus Betscher (1789–1802, † 1811) nach schweren Kriegsjahren den Beschlüssen der Reichsdeputation beugen müssen. Wenn man den Aussagen des Schaesberg'schen Oberamtmanns Ferdinand Eggmann in Tannheim Glauben schenken darf, soll sich der Roter Abt mit allen Mitteln bis hin zur militärischen Exekution gegen die Enteignung gewehrt haben.[4] In der Distanz der Jahre sprach Betscher gegen Ende seines Lebens von seinen *ruhigen Tagen*, die er zum Heil Gottes und zur Ehre der Mitmenschen noch verbringen möchte: *Ich sage in die vorige Ruhe, die mir von der alles leitenden Vorsicht gütigst ist angewiesen und wiederum bestimmet worden.*[5]

Die Reichsabtei Rot vor der Säkularisation

Betschers Vorgänger, Abt Mauritius Moritz (1760 bis 1782) aus Biberach und Willebold Held (1782 bis 1789) aus Erolzheim, mussten sich mit der Kritik der Aufklärung und deren Einfluss auf das Kloster und die Seelsorge auseinander setzen. Mit der blühenden Wallfahrt von Steinbach (Maria Steinbach) zum Hl. Kreuz und zur Schmerzhaften Muttergottes war man in Rot in den barocken Formen der Volksfrömmigkeit fest verwurzelt.[6] Abt Mauritius entwickelte in den letzten Jahren seiner 12-jährigen Amtszeit den Ehrgeiz, als Erbauer einer neuen Klosterkirche in die Geschichte einzugehen – und dies, obwohl der kostspielige Innenausbau der Wallfahrtskirche Maria Steinbach erst im Jahre 1770 abgeschlossen werden konnte.

Schon deshalb schien ein größeres Bauprojekt in naher Zukunft ausgeschlossen zu sein. Der selbstherrliche Abt setzte sich jedoch über alle Widerstände aus dem Konvent hinweg und begann 1777 mit seinem gewaltigen Kirchenneubau. Bei seinem Tod (1782) hinterließ er dem Kloster allerdings nur Schulden und Ruinen.[7] Sein Nachfolger, Abt Willebold Held, musste in schwierigster Zeit als Architekt und Baumeister zugleich den Kirchenbau vollenden.[8]

Held hatte sich nicht nur als ›Bauprälat‹ einen Namen gemacht. Er galt als glänzender Jurist und scheute sich nicht, die literarische Fehde mit den aufgeklärten Kirchenkritikern aufzunehmen. Ein Jahr nach seiner Wahl zum Abt wurde er 1783 in das Amt des Generalvikars und Visitators der schwäbischen Zirkarie gewählt.[9] Aufsehen erregte die Veröffentlichung seines zweibändigen Werkes *Reichsprälatisches Staatsrecht*.[10] Einige Reichsprälaten warnten nach dem Erscheinen des ersten Bandes (1782) vor einer Publikation ihrer Rechte angesichts der öffentlichen Kritik an den geist-

lichen Staaten überhaupt. Man solle das Werk einmotten und auf bessere Zeiten warten.[11] Energisch verteidigte Held in einer Flugschrift gegen *die Reformation der Klöster am Ende des 18. Jhs.* die geistlichen Stiftungen gegen alle Eingriffe der Landesherren und sah in einer möglichen Säkularisation einen Bruch des Stifterwillens. Eine zweite Reformation im Geiste Martin Luthers (1483–1546) führe wiederum zur Zerstörung der Kirche in Deutschland.[12] Im Gegensatz dazu stand der Roter Chorherr Wilhelm Mercy († 1825) als Anhänger der Reformideen. Er folgte 1787 dem Ruf des Herzogs Carl Eugen v. Württemberg (1744–1793) in das katholische Hofpredigerkollegium nach Stuttgart und verließ schließlich im Jahre 1788 mit päpstlicher Dispens den Prämonstratenserorden. Benedikt Maria Werkmeister (1745–1823), der Wilhelm Mercy als eine *gar nicht einheimische Pflanze* in Rot bezeichnet hatte, fällte in seiner Autobiographie ein hartes Urteil über den Roter Konvent: Die *schönen Wissenschaften* und die Gelehrsamkeit stünden nicht *in floribus* [in Blüte]; ferner sei Abt Held ein *kalter Mann*.[13]

Willebold Held war keine lange Amtszeit vergönnt. Er erlebte noch den Ausbruch der Französischen Revolution, starb jedoch kurz darauf im Alter von 65 Jahren am 30. Oktober 1789. Zu seinem Nachfolger wählte der Roter Konvent bereits am 3. November desselben Jahres Nikolaus Betscher, dem schwierigste Zeiten bevorstanden.[14] Mit der Säkularisation der französischen Abteien verlor der Prämonstratenserorden im November 1790 den Sitz des Generalabtes in Prémontré und den gesamten Besitz im Land (u. a. 76 Abteien und 633 Pfarreien).[15] Unter diesen schlechten Vorzeichen musste Betscher 1795 das Amt des Generalvikars und Visitators in der schwäbischen Zirkarie bis zur Säkularisation übernehmen.[16] Seit 1792 baten zahlreiche französische Geistliche (u. a. auch Prämonstratenser) um vorübergehende Aufnahme in den ›sicheren‹ schwäbischen Klöstern. Um eine ›Lebensmittelteuerung‹ zu verhindern, wurde dies jedoch meist abgelehnt.[17] Die französenfeindliche Stimmung war auch in Rot deutlich spürbar.

Der Emigrant Pater Hervé Julien Lésage (1757–1832), der über 13 Monate in Rot lebte, berichtete um 1796, dass es für einen weltoffenen Franzosen sehr schwierig sei, so zurückgezogen zu leben wie eine *klaustrierte* Nonne. Der Abt Nikolaus Betscher sei von großzü-

Abt Willebold Held (1782–1789)
Der juristisch gebildete Abt verfasste und veröffentlichte eine Art Verteidigungsschrift gegen die drohende Säkularisation, das sog. »Reichsprälatische Staatsrecht« in zwei Bänden, das 1782 in Kempten erschien.
Öl auf Lw., 1782.
Pfarramt, Rot a.d.Rot.

»Reichsprälatisches Staatsrecht« Kempten 1785
In diesem Werk fasste Abt Willebold Held die Rechte und Privilegien der Reichsabteien zusammen. Sein Fazit lautete, dass eine Säkularisation eine unrechtmäßige Verletzung des Stifterwillens darstelle.
Staats- und Universitätsbibliothek Göttingen.

giger und höflicher Lebensart. Für einen Deutschen – besonders für einen Schwaben – besitze er sogar viel Geist. Trotz seines despotischen Regimes fürchte Betscher jedoch in Wahrheit die Kapitulare, die ihn mit vielen *Winkelzügen* stets dorthin brächten, wo sie ihn haben wollten. Überdies sei der Abt ein Freund der Jagd und der Musik, auch wenn seine Kompositionen hinter vorgehaltener Hand nicht immer den Beifall seiner Konventualen fänden.[18]

Das politische Diktat

Spätestens seit dem Rastatter Kongress (1797–1799) mussten die Reichsprälaten mit der Säkularisation ih-

rer Klöster rechnen. Betscher überreichte dem Reichsprälatischen Gesandten nach Rastatt eine genaue Beschreibung über die Herrschaft Rot, die dazugehörigen Pfarreien und die Einkommensverhältnisse – in der Hoffnung, dass man noch etwas bewirken könne, bevor der Stab gebrochen werde.[19] Im Roter Konvent stellte man sich früh auf alle Eventualitäten ein. Abt und Kapitel beschlossen am 10. Oktober 1798 einstimmig die Rückzahlung der Erbteile, welche die Familien der Konventualen dem Kloster überlassen hatten, da diese in den unsicheren Zeiten verloren gegangen wären. Die Gesamtsumme dieser Kapitalien belief sich auf 11.744 fl. Der größte Anteil wäre dabei an Abt Betscher (3.000 fl.) und an den Prior Ignaz Rohrer (5.746 fl.) geflossen. Die geringen Einkünfte,

Klosteransicht Rots
Prospekt des Prämonstratenser-
klosters aus der Vogelschau von
Südosten her.
Öl auf Lw., ca. 1770.
WLM Stuttgart.

die finanziellen Belastungen des Kirchenbaus und die schweren Kriegslasten hatten jedoch die Auszahlung der Gelder verhindert.[20] Im Wissen, dass Abt und Konvent in Kürze über ihren Besitz nicht mehr verfügen würden, verkauften Betscher und Rohrer am 20. Mai 1802 hinter dem Rücken des Oberamtmanns Johann Thaddäus Kolb das Roter Haus in Memmingen für 3.500 fl. an Johann Sigmund Mayer vom Schwanen. Dieser Schritt zeigt, dass der Abt das Vertrauen in seinen ersten Beamten, der seit 1763 in Diensten des Klosters stand, bereits verloren hatte.[21] Es ist leider nicht bekannt, zu welchem Zweck Betscher den Erlös des Hauses verwenden wollte.

Seit November 1802 lag das endgültige Schicksal der Reichsabtei Rot in den Händen einer von der Reichsdeputation bestellten württembergisch-badischen Subdelegation, die ihren Sitz im Kloster Ochsenhausen eingenommen hatte. Zum Oberadministrator dieser Kommission wurde im November 1802 der erfahrene Kanzler des Klosters Ochsenhausen und Syndikus des Reichsprälatenkollegiums, Joseph v. Schott, bestellt. Am 17. Oktober 1802 teilte die Reichsdepu-

tation der Kommission die Verluste der Reichsgrafen in den linksrheinischen Gebieten, die durch Napoleon I. (1769–1821) annektiert worden waren und nun entschädigt werden sollten, mit. Betroffen waren im Besonderen die katholischen westfälischen Reichsgrafen.[22] Als Entschädigungsobjekte wurden die schwäbischen Frauen- und Männerklöster Ochsenhausen, Rot an der Rot, Schussenried, Gutenzell, Heggbach, Baindt und Isny sowie die Reichsstadt Isny bestimmt. Zu der erlauchten Gesellschaft der Reichsgrafen, die auf eine Zuteilung durch die Subdelegation hofften, zählte auch Graf Ludwig Kolb v. Wartenberg (1753–1818), dessen von Frankreich besetzte Reichsgrafschaft Wartenberg ein Einkommen von 47.000 fl. erbrachte.[23] Trotz der in Regensburg geäußerten Bedenken über den rechtlichen Status der Reichsgrafschaft konnte Wartenberg seine Ansprüche bei der Kommission und Reichsdeputation gegen den Grafen v. Sickingen durchsetzen. Wie andere Reichsgrafen auch unterhielt er mit dem Hofrat Nonne vor Ort einen eigenen Gesandten; er erschien zudem persönlich in Regensburg, ohne aber bei den Mitgliedern der

Reichsdeputation zu antichambrieren.[24] Vergeblich spekulierte Wartenberg auf das Kreuzherrenstift in Memmingen, welches ein Einkommen von 20.000 fl. aufwies. Die Stiftsherren hatten das Werben des Grafen sehr begrüßt, da sie unter keinen Umständen an Kurbayern fallen wollten.[25]

In Zusammenarbeit mit den geistlichen und weltlichen Beamten trug der Oberadministrator Joseph v. Schott die Hauptlast des Kommissionsgeschäftes, welches die jeweiligen Einkommensverhältnisse feststellte und Vorschläge für die Zuweisung der betroffenen Klöster an die Reichsgrafen einbrachte. Nach dem vorläufigen Abschluss der Kommissionsarbeit schrieb Schott an Franz Georg Graf v. Metternich (1746–1818), dass die Reichsdeputation nun hoffentlich keine Veränderungen mehr vornehme und sich nicht von den *Machinationen* der reichsgräflichen Gesandten und Beamten auf's Neue vereinnehmen lasse. Schott habe in der Öffentlichkeit noch nie solch verwegene und unverschämte Leute getroffen, die nur Jagd auf die Klöster machten und noch immer auf eine Korrektur des Verteilungsplans hofften.[26]

In der Reichsabtei Rot begann die gründliche Bestandsaufnahme des finanziellen und wirtschaftlichen Status' im Oktober 1802. Diese mit enormem Aufwand für die Subdelegation erstellten Verzeichnisse konnte Oberamtmann Kolb mit Hilfe seiner Beamten Joseph zum Tobel und Theobald Sanens sowie mit Hilfe von Abt, Prior, Großkeller und Küchenmeister abschließen. Abt Betscher übergab bereits am 7. November 1802 eine von ihm eigenhändig unterzeichnete summarische Übersicht über das jährliche Einkommen Rots und bezifferte es mit 38.347 fl., während die Subdelegation das Gesamteinkommen auf 58.096 fl. veranschlagte.[27]

Im Entschädigungsplan der Reichsdeputation wurde das jährliche Einkommen der Reichsabtei Rot mit 38.850 fl. angegeben.[28] Anfang Dezember 1803 bat Betscher die Subdelegation um die im Jahre 1798 von Abt und Konvent einstimmig beschlossene Auszahlung der Erbschaftskapitalien, welche (wie bereits berichtet) bis dahin wegen der geringen Einkünfte, der finanziellen Belastungen des Kirchenbaus und der schweren Kriegslasten noch nicht erfolgt war. Betscher erinnerte in diesem Brief auch an seine gute Hauswirtschaft, mit der er das Kloster durch die schweren Zeiten des Krieges

geführt und vor größeren Schulden bewahrt habe. Die Passivkapitalien wurden im Entschädigungsplan mit 21.924 fl. beziffert.[29] Oberamtmann Kolb legte am 17. Dezember 1803 der Subdelegation einen sehr ausführlichen und wohl endgültigen Bericht über den gegenwärtigen Status der Reichsabtei Rot vor. Demnach wurde die Gesamtfläche des klösterlichen Besitzes auf kaum eine Quadratmeile berechnet. Grund und Boden der Reichsabtei waren jedoch weit zerstreut und lagen größtenteils in anderen Herrschaften, was in der Vergangenheit zu regelmäßigen Auseinandersetzungen mit betroffenen Klöstern (u. a. Ochsenhausen, Gutenzell und Schussenried) und mit den Grafen v. Waldburg-Wolfegg-Waldsee um die Pfarreien Mühlhausen und Haisterkirch geführt hatte. Die Untertanen der Reichsabtei Rot lebten in 45 Dörfern, Weilern und Höfen; insgesamt waren 465 leibeigene Familien und 40 Familien, die als Beisassen bzw. als Klosterdiener und nicht als Leibeigene angesehen wurden, verzeichnet. Die Schwerpunkte des Besitzes lagen im Iller- und Rottal mit den Kernorten Rot an der Rot und Haslach; am weitesten entfernt waren das durch Abt Martin Ertle (1672–1711) gekaufte Weingut in Meersburg und die in der Grafschaft Königsegg-Rothenfels gelegenen Alpen Gschwend und Balderschwang. Der Besitz der Reichsabtei setzte sich zusammen aus 365½ Jauchert Äcker, 201¼ Jauchert Wiesen, 9 Jauchert Gärten, 25 Jauchert Weinberge und 1.348 Jauchert Waldungen, die jedoch nach den Abholzungen zum Kirchenbau und durch Holzabgaben zum Festungsbau nach Ulm gebraucht wurden; nach den Abgaben an die Untertanen und nach Bränden reichte der Ertrag nur noch für den eigenen Hausgebrauch aus. Nur mit Mühe konnte das Bau- und Brennholz herbeigeschafft werden. Das Kloster unterhielt mit der Ökonomie und dem Kameralgut St. Verenahof bedeutende landwirtschaftliche Betriebe. Andere Unternehmen, wie das Bräuhaus, die Mahlmühle, die Sägemühle, die Ziegelei sowie das unrentable Bräuhaus in Steinbach waren verpachtet.[30]

Mit der Arbeit an den sog. *Fassionen* (Tabellen) wurde die Reichsabtei Rot von der Subdelegation im Auftrag der Reichsdeputation provisorisch säkularisiert und Reichsprälat Betscher seiner Herrschaft verlustig erklärt. Ihm teilte der württembergische Komissionsvorsitzende, Geheimrat v. der Lühe, am 13. November 1802 mit, dass das Ende der Reichsabtei Rot gekommen sei. Im Einverständnis mit dem kaiserlichen Plenipotentiarius, Frhn. Johann Aloys Hügel (1754–1824), werde man die provisorische Besitzergreifung vornehmen. Die Untertanen sollten davon durch ein Patent in Kenntnis gesetzt werden.[31] Längst hatten die Reichsprälaten auch die erhoffte kaiserliche Unterstützung verloren. So wurde Betscher über Nacht ein Reichsprälat ohne Rechte, das Schicksal des Konvents war nun endgültig besiegelt, und auch den drei Novizen wurde die Zulassung zur Ordensprofess verweigert.[32] Nach dem Willen des Oberadministrators wurde der Wechsel von der geistlichen zur weltlichen Herrschaft ohne einen öffentlichen Akt vollzogen und die Klosterbeamten auf die neue Regierung ›angelobt‹.[33] Wiederum war Rot für dieses Intermezzo vom 1. Dezember 1802 bis zum 1. März 1803 angewiesen, um eine neue, den weltlichen Bedürfnissen entsprechende Verwaltung aufzubauen.

Über das zum Teil harsche Vorgehen der Subdelegation äußerte sich Oberamtmann Kolb sehr besorgt. Er beklagte, dass nach dieser ungeheuren Revolution die Konvente noch nicht wüssten, vor welchem Erbherrn sie in Zukunft ihre Knie beugen müssten. Etwa 20 Bewerber seien durch Schwaben gereist, um eine *geistliche Braut heimzuführen*. Darüber hinaus kursierte das Gerücht, dass die von der Subdelegation verwalteten Klöster allesamt an Österreich-Toskana oder sogar an Kurbayern fallen könnten. In dieser Ungewissheit lebe der *exauthorisierte* Abt in Angst und Ungewissheit, wie die Höhe der Pensionen ausfallen werden. Außerdem habe die Subdelegations-Kommission sehr hohe Kosten von 7.500 fl. verursacht.[34] Als bekannt wurde, dass die ehemalige Reichsabtei Rot dem wetterauischen Grafen Ludwig Kolb v. Wartenberg zufallen würde, äußerte sich der Steinbacher Pfleger und Klosterchronist, Benedikt Stadelhofer (1742–1811), nicht begeistert über den neuen Landesherrn. Das einzig Positive sei, dass der Klosterbesitz nicht aufgeteilt würde. Stadelhofer kannte wohl die Finanzmisere des in München residierenden Grafen und befürchtete, dass die Pensionen sehr bescheiden ausfallen könnten, weil das nötige Geld fehle. Er meinte lakonisch: *Quid non det, quod non habet.* Überhaupt bleibe in diesen Zeiten nur noch die Sehnsucht nach Ruhe und Frieden. Stadelhofers Schicksal und das vieler anderer Ordensleute hänge nur noch von der göttlichen Vorse-

hung ab, denn die Klöster seien die Opfer des Friedens und diesen würden sie als erste vermissen.[35]

Der neue Landesherr

Am 1. März 1803 ergriff der neue Landesherr Graf Wartenberg Besitz von der ehemaligen Reichsabtei und jetzigen Reichsgrafschaft Rot. Für seine linksrheinischen Verluste erhielt er zudem eine Rente von 8.150 fl., die Franz Georg Graf v. Metternich-Winneburg aus dem Ochsenhausener Einkommen zu entrichten hatte. Außerdem hatte er vom neuen Besitzer der Reichskartause Buxheim, Graf Ostein, ein Kapital in Höhe von 7.500 fl. zu erwarten. Schott charakterisierte den Reichsgrafen als einen (sturen) *Soldatenkopf*, der in französischen und kurpfälzischen Diensten eine steile militärische Karriere gemacht hatte und 1811 zum bayerisch-königlichen Generalleutnant aufgestiegen war.[36]

Unter dem letzten Abt Nikolaus Betscher zählte der Roter Konvent 31 Konventualen, drei studierende Professen, drei Novizen und einen erblindeten Laienbruder. Zuletzt wurde Marcellus Helg aus dem schweizerischen Stift Bellelay/Btm. Basel am 11. Dezember 1801 in den Roter Konvent aufgenommen. Er galt als rechtschaffener Religiose sowie als guter Kenner der Literatur und hatte sich während der Anwesenheit der französischen Truppen verdient gemacht.[37] Von den 31 Kanonikern hatten immerhin zwölf außerhalb des Klosters als sog. *Expositi* in den zum Kloster Rot gehörenden Pfarreien Rot (mit Haslach), Steinbach, Haisterkirch (mit der Filiale Haidgau und dem Vikariat in Molpertshaus), Mühlhausen, Berkheim und Kirchberg (mit dem österreichischen kleinen Ort Sinningen/Hft. Balzheim) gelebt. Die Pfarrei und das Pflegamt Steinbach waren mit einem Superior, der zugleich Pfleger war, und mit vier bis fünf Kanonikern für die Wallfahrtsseelsorge (v. a. als Beichtväter) bestellt. Das Amt des Superiors und Pflegers in Steinbach übte in den harten Zeiten des Umbruchs Benedikt Stadelhofer aus.

Nach den Beschlüssen der Reichsdeputation konnten der ehemalige Abt und sein Konvent vorläufig im Kloster wohnen bleiben und mussten mit den vorgeschriebenen Pensionen versorgt werden. Betscher wurde ein jährliches Einkommen in Höhe von 4.500

fl. zugesprochen, während sich die Konventualen mit 450 fl. begnügen mussten. Die drei entlassenen Novizen wurden mit einer Abfindung in Höhe von 400 fl. entschädigt. Die Pensionsausgaben beliefen sich für den neuen Landesherrn im Jahre 1803 auf 13.030 fl. Hinzu kam noch die Versorgung der ehemaligen Klosterinsassen mit Holz und Naturalien.[38]

Interessant ist, dass nur wenige Konventualen bei Reichsgraf Wartenberg um ihre Demission eingegeben haben. Der Grund liegt wahrscheinlich darin, dass abwesenden Geistlichen nur eine Pension in Höhe von 300 fl. zustand. Zuerst verließ der Pfarrhelfer in Steinbach, Almachius Mohr, im März 1803 das Kloster und zog mit Bewilligung des Konstanzer Ordinariates zu seinem geistlichen Onkel nach Opfenbach, um ihn im Alter in der Seelsorge zu unterstützen. Stadelhofer, der Superior und Pfleger von Steinbach, war froh, als Mohr ihn verließ, galt dieser doch als besonders guter Freund (*niederträchtiger Schmeuchler*) des Prälaten und hatte in Steinbach schon großen Unfrieden gestiftet.[39] Den 55-jährigen Augustin Kaiser zog es im August 1803 zu Verwandten nach Schwäbisch Gmünd, weil ihm die Aufgaben im Chor und in der Seelsorge zu beschwerlich waren.[40] Auch der letzte Großkeller des Klosters, Norbert Merk, verließ den Konvent.[41] Mit Aufsehen verbunden war jedoch der Austritt Stadelhofers aus dem Kloster Rot. Stadelhofer galt als markante Persönlichkeit, die kein Blatt vor den Mund nahm. Betscher und seine Freunde (u. a. Almachius Mohr und Ignaz Rohrer) ließen keine Gelegenheit aus, um ihm ihre Abneigung zu zeigen. Auch die schwerwiegenden wirtschaftlichen Einschnitte für das Pflegamt Steinbach und die Erhaltung der Wallfahrt schienen für den stürmischen Konventualen ein viel zu unsicheres Pflaster zu sein, um ihn dort zu halten. Unter allen Umständen wollte Stadelhofer aus Rot fliehen. Er hatte sich entschlossen, in das Benediktinerstift Admont in der Steiermark einzutreten. Trotz aller Kritik und mancher Unversöhnlichkeit wollte er jedoch unter gewissen Bedingungen das Manuskript des ungedruckten dritten Bandes seiner Klostergeschichte dem Reichsgrafen überlassen.[42] Denkbar ist, dass die überaus schlechte Beziehung Stadelhofers zu seinem Abt und auch die Kriegsereignisse letztlich den Druck dieses Werkes verhindert haben. Offenbar kam es zu keiner Einigung; das Manuskript kehrte erst nach dem Tod Stadelhofers nach Rot zurück und kam von dort an das Staatsarchiv nach Stuttgart.[43] Nach seiner Entlassung aus Rot reiste Stadelhofer im Dezember 1804 mit einem Schiff auf der Donau von Ulm nach Linz.[44] Nach vielen Hindernissen wurde er am 1. Januar 1806 in den Admonter Konvent inkorporiert. Er wirkte dort bis zu seinem Tod am 11. Juli 1811 u. a. als Subprior und Bibliothekar.[45]

Die neuen Verhältnisse

Graf Wartenberg errichtete in Rot eine eigene Hofhaltung und bezog aus den dortigen Einkünften eine monatliche Rente von 1.100 fl.[46] Unter ausschließlich katholischen Untertanen muss die Anwesenheit eines protestantischen Landesherrn, der zudem katholische Pfarrstellen besetzte, problematisch gewesen sein. Der Einzug der protestantischen Beamten aus Erbach wurde sicherlich mit einem gewissen Misstrauen gesehen. Wiederum war es Benedikt Stadelhofer, der vor diesen ›Wiedertäufern‹ aus dem Odenwald warnte, weil sie über die Köpfe der Bevölkerung hinweg die zur Versteigerung fälligen Kameralgüter in ihren Besitz bringen könnten. Wachsamkeit sei geboten, wollten die Roter nicht einmal als Bettler dastehen nach dem Motto *Einmal hinweg – immer hinweg*.[47] Unverzüglich begannen der von Wartenberg übernommene Regierungsdirektor Kolb und sein Nachfolger Friedrich Bezzenberger mit der Reorganisation des weltlichen Besitzes in Rot. Noch im Oktober 1803 wurden die unrentablen Weingüter in Meersburg für 30.000 fl. an den dortigen Schaffner verkauft[48]; auch die entlegenen Alpen Gschwend und Balderschwang wurden abgestoßen.[49] Schon die Subdelegations-Kommission hatte Oberamtmann Kolb beauftragt, möglichst schnell mit der Versteigerung der Viehbestände und der Eigenbetriebe sowie mit der Entlassung des Dienstpersonals zu beginnen. Kolb mahnte jedoch zur Vorsicht; 1803 entschied man sich zur Verpachtung der Klosterökonomie und des Kameralgutes St. Verena, ohne aber durch den hohen Pachtpreis (1803: 7.000 fl.; 1807: 5.000 fl.) höhere Einnahmen zu erzielen.[50] Um die Reichsgrafschaft für die Zukunft zu sichern, hatte sich der kinderlose Graf Wartenberg bereits im

Jahre 1804 für die Regelung der Erbfolge entschieden. So nahm er die Söhne seiner Schwester Charlotte, Franz Karl Ludwig und dessen jüngeren Bruder Franz Georg Graf v. Erbach-Erbach, sowie einen sog. *Findling* als seine Adoptivsöhne an und titulierte die Reichsgrafschaft mit Wartenberg-Roth, um den Namen seines Hauses zu erhalten. Zudem wurden die Erben verpflichtet, den Besitz nicht aufzuteilen. Wartenberg sicherte sich aus seinem Roter Besitz eine jährliche Rente von 13.200 fl. und musste nach dem Fideikommissrecht auch seinen beiden Schwestern eine jährliche Rente von 4.000 fl. gewährleisten.[51] Mit der Rheinbundakte (1806) verlor auch Graf Wartenberg die Landesherrschaft über seine Reichsgrafschaft und musste sich mit der Verwaltung seines Besitzes durch ein bloßes Rentamt begnügen.

Für Graf Wartenberg war die Herrschaft Rot wohl das rettende Kapitalobjekt. Nach dem Tod seines Vaters war die Grafschaft mit über einer halben Million Gulden Schulden unter eine kaiserliche Debitkommission geraten. Die französische Okkupation machte alle Hoffnungen auf eine Sanierung zunichte.[52] Die Hoffnung, die durch Sequester und Okkupation aufgelaufenen Schulden mit dem neuen Besitz auszugleichen, war eine Fehlspekulation. Wartenberg, der nach wie vor von der Insolvenz betroffen war, musste sich nach einem Bericht von Kanzler Schott schon 1803 in München 20.000 fl. besorgen.[53] Dramatisch wurde die Lage vollends, als man beim Bankhaus Bethmann über einen Kredit in Höhe von 220.000 fl. verhandeln musste, um frühere Schulden zu tilgen.[54] Eine Besserung der finanziellen Lage war nicht in Sicht. Bereits drei Jahre später, 1808, benötigte man wiederum 70.000 fl., um die Gläubiger zu befriedigen.[55] Im verbesserten Sukzessionsvertrag (1808) wurde schließlich beschlossen, dass die Adoptivsöhne alle Schulden Wartenbergs übernehmen müssten. Außerdem sollten keine weiteren Schulden aufgenommen werden, um den Wert der Grafschaft anzuheben. Der Passivstand dürfe keinesfalls einen Wert von 400.000 fl. überschreiten.[56] Nach dem Tod des über die Maßen verschuldeten Grafen am 10. März 1818 war der Kreditbedarf für seine Erben sehr hoch. Am 1. Juni 1819 waren die Erben der Grafschaft Wartenberg-Roth mit einer Pfandverschreibung in Höhe von 250.000 fl. belastet.[57]

Zu den kirchlichen Verhältnissen

Mit der Säkularisation der Reichsabtei Rot übernahm der protestantische Landesherr nicht nur die Besetzung, sondern auch die Einkünfte der inkorporierten Pfarreien, die weiterhin von den Roter Kanonikern versorgt wurden. Die entstandene Situation nützte das Bischöfliche Ordinariat Konstanz aus und forderte von den Ex-Klostergeistlichen energisch die Pfarrkonkursprüfung, wollten sie im Amt bleiben.

Zu einem schweren Konflikt kam es im Jahre 1803 mit den Grafen v. Waldburg-Wolfegg-Waldsee wegen des Patronates der Pfarreien Haisterkirch und Mühlhausen, die größtenteils zur Herrschaft Waldsee gehörten. Das sensible Rechtsverhältnis zwischen dem Kloster als Besitzer, der Pfarrei und der Herrschaft war in mehreren Verträgen geregelt. Demnach war der Roter Pfarrer dazu verpflichtet, die Feiertage des waldburgischen Hauses in Haisterkirch und Mühlhausen abzuhalten.[58] Die Wolfegger Grafen schufen vorauseilende, rechtswidrige Fakten in der Hoffnung, dass ihnen die Pfarrei Haisterkirch zufallen würde. In einem Handstreich sequestrierten sie die lukrativen Einkünfte der Pfarrei und schlugen an den Pfarrhöfen, die der Besitzer, Graf Wartenberg, abreißen lassen wollte, ihre Besitzpatente an. Ihr Vorstoß in Haisterkirch war jedoch vergeblich. Noch schlimmer stand es um Graf Sternberg, dessen ehemals vier Schussenrieder Pfarreien von Wolfegg-Waldsee und Österreich sequestriert waren.[59] In Rot erinnerte man sich nach wie vor an die Eingriffe Wolfeggs in der Vergangenheit, wo sie wie die *Polizeiherren* gegen die Geistlichen mit *ihrem brutalen Maul und Styl* vorgegangen wären.[60] Nicht einmal vor persönlichen Angriffen gegenüber dem 72-jährigen Pfarrer und Kanoniker, Florian Bürk, scheuten sie zurück; ihm wurde vorgeworfen, allzu despotisch mit seinen Dienstboten umzugehen.[61]

Wallfahrt zur Schmerzhaften Muttergottes

Eine herausragende Bedeutung für das Kloster Rot nahm die seit 1734 bestehende Wallfahrt zur Schmerzhaften Muttergottes nach Maria Steinbach ein.[62] Nach dem dortigen Herrschaftswechsel war ihr Schicksal jedoch mehr als ungewiss. Die staatlichen Verbote des

Wallfahrtswesens und die strengen Erlasse des Konstanzer Ordinariates galten als besonders gefährlich. Nach dessen Verordnungen sollten die aufgehobenen Feiertage von April bis Oktober zukünftig rigoros als Arbeitstage eingeführt werden. Im Frühjahr 1804 verweigerte Regierungsdirektor Kolb einen diesbezüglichen Konstanzer Erlass jedoch das Plazet mit der Begründung, dass kein Landesherr sich den Vorschriften bezüglich der Fragen des Gottesdienstes beuge; auch die Untertanen könne man nicht zu solch strengen Verordnungen zwingen, zumal manche von ihnen mit dem Ende der Wallfahrt *in Armut gestürzt* würden. Ferner ordnete Kolb an, dass der dispensierte Feiertag Pfingstdienstag (21. Mai 1804), der bisherige Steinbacher Hauptwallfahrtstag, mit gleicher *Solennität* gehalten werden solle wie in früheren Jahren; ebenso sollte mit den anderen Wallfahrtstagen an den aufgehobenen Feiertagen verfahren werden, um den *Zusammenlauf* der Wallfahrer zu sichern – was auch gelungen ist.[63]

Die vielfach geäußerte Kritik an den nicht mehr zeitgemäßen Formen der Prozessionen mit Figuren, Soldaten und Infanterie bereitete Superior Stadelhofer große Schwierigkeiten. Er vertrat die Ansicht, dass der Eifer unter dem Volk wohl zunehme, wenn ihre Landesherren die Wallfahrt verbieten würden.[64]

Provozierend auf die Geistlichen aus der Umgebung wirkte ferner das Verhalten des 65-jährigen Beichtvaters in Maria Steinbach, P. Bernhard Spilz. Er erweckte bei zahlreichen Wallfahrern den Eindruck, als ob er die Lossprechung der Sünden verweigere; auch würde er manchen Sündern eine solch große Buße auferlegen, die sie nicht erfüllen könnten. Schleunigst sollte Spilz aus dem Wallfahrtsort abgezogen werden, damit eine eventuelle Anzeige beim Bischöflichen Ordinariat in Konstanz nicht den Anlass zum Eingreifen bot.[65]

Belastend waren für Stadelhofer auch die wirtschaftlichen Verhältnisse in Steinbach, die unter dem neuen Besitzer alles andere als rosig waren. Das Opfergeld der Wallfahrer in der ›marianischen Kasse‹ (*cassa mariana*) wurden nun dringend für den Unterhalt der Kirche benötigt. Immerhin konnte Stadelhofer durchsetzen, dass die Bezahlung des Pfarrers (650 fl.), der beiden Pfarrhelfer (600 fl.) und der Beichtväter (450 fl.) angehoben wurde.[66] Mit seiner persönlichen Situation war Stadelhofer in Steinbach mehr als unzufrieden.

Roter Wallfahrt Maria Steinbach
Die Votivtafel dokumentiert die Dankbarkeit eines Gläubigen, der die erfolgreiche Operation eines großen Gewächses am Kopf der Muttergottes von Maria Steinbach zuschrieb.
Öl auf Holz, 1741.
Maria Steinbach b. Legau/Bay., Kath. Pfarramt.

Viele Menschen, u. a. auch die benachbarten Geistlichen, begegneten ihm mit deutlichem Misstrauen. Stadelhofer beklagte, dass man ihm als Superior den Titel ›Pfarrer‹ verweigern wolle und er deshalb keine Ansprüche auf eine Pension habe. Dies sei ein *Coup seines Prinzipals* (Abt Nikolaus Betscher) *und dessen Evangelisten Rohrer* (Ignaz Rohrer) gewesen.[67] Die Roter Verwaltung drohte ihm zudem die Kürzung seiner Pension wegen angeblicher Unregelmäßigkeiten in der Rechnungsführung an.[68]

Abt Nikolaus Betscher hatte wohl noch einmal seinen Willen durchgesetzt, als Ignaz Rohrer am 1. Januar 1805 die Nachfolge Stadelhofers als *Oberpfarrer* antrat. Sieben Jahre hatte Rohrer unter Abt Betscher als Prior in der Prämonstratenser-Reichsabtei Rot fungiert und sich in Abwesenheit des Abtes in den gefährlichen *Kriegsturbulenzen* als umsichtiger Administrator und guter Geschäftsmann des Klosters erwiesen.[69] Nach der Säkularisation ging er als Pfarrhelfer nach Haisterkirch und setzte sich sehr stark für die Errichtung einer Pfarrei in der Filiale Haidgau ein.[70] Rohrer galt nicht nur als Favorit Graf Wartenbergs, sondern zudem als sehr vermögend, hatte er doch 1795 und 1796 eine reiche Erbschaft gemacht, die als Motz'sches Kapital in Wolfegg angelegt worden war und aus dem er nun die Zinsen bezog.[71] Später beklagte sich Rohrer jedoch darüber, dass die Übernahme von Steinbach viel weniger *splendid* gewesen sei, als mancher geglaubt habe. Mit einem Seitenhieb auf seinen Vorgänger Stadelhofer kritisierte er, dass in allen Roter Pfarreien Ordnung geschaffen worden wäre, nur nicht in Steinbach. Nach langen Verhandlungen mit der Verwaltung in Rot gelang es Rohrer im Jahre 1813, das ganze Mobiliar des Pfarrhauses Steinbach in seinen persönlichen Besitz zu bringen. Interessant ist, dass sich darunter eine Bibliothek mit 500 Bänden befand, das Kirchensilber aber fehlte. Mit Erlaubnis des Grafen verkaufte Rohrer zumindest einen Teil des Kirchenschatzes, um die nötigen Reparaturen an der Wallfahrtskirche bezahlen zu können. In dieses Geschäft wurden auch nicht bezahlte Pensionsgelder des im Jahre 1811 verstorbenen Abtes Betscher, der Rohrer zum Haupterben eingesetzt hatte, verrechnet.[72]

Der Ausverkauf

Nach der Säkularisation wechselte der wertvolle Kirchenschatz Rots schnell seinen Besitzer. Für den Verlust der großen Monstranz aus vergoldetem Silber erhielt der erste Roter Pfarrer Vinzenz Lutz († 1828) eine goldene Tabakdose als ›Entschädigung‹. Graf Wartenberg behielt die Edelsteine für sich und schenkte das geraubte Kultgerät der Theatinerkirche in München.[73] Ein Teil des Abteisilbers (u. a. mit Diamanten besetzte Brustkreuze) wurden den Beamten der Subdelegationskommission als Geschenk überlassen.[74] Die Klosterbibliothek, über deren Bestand noch 1796 ein zwei-

bändiger Katalog angefertigt worden war, wurde nun vom württembergischen Oberappellationsgericht auf etwa 6.000 Bände geschätzt – ausschließlich Werke der Theologie und Jurisprudenz sowie Gebetbücher, die nun keinen Wert mehr besässen.[75] Bis zum Tod Wartenbergs (10. März 1818) beließ man sie vor Ort; 1840 wurde schließlich ein Teil des Klosters mit der Bibliothek abgerissen.[76] Über den Verbleib der Privatbibliothek Betschers, die sich in der Prälatur befand, ist nichts bekannt. Betscher habe Bücher aller Gattungen besessen, die ihm der Graf nach der Aufhebung des Klosters offenbar zur freien Verfügung überlassen hatte. Dafür zeugt eine Spur: Betscher schenkte seinem Freund, Pfarrer Augustin Rugel in Gutenzell (1762–1825), die Gesamtausgabe der Werke Luthers.[77]

Das Ende

Abt Nikolaus Betscher starb am 12. November 1812 und wurde am 15. November auf dem Friedhof bei der Bruderschaftskirche St. Johann beigesetzt. Er hatte bis zu seinem Tod auf seine ehemaligen Konventualen großen Einfluss ausgeübt. Auch in schwierigsten Zeiten hatte er das Komponieren nicht aufgegeben. Noch in seinem Todesjahr hatte er ein Stück für das Theater in Gutenzell sowie Chorsätze für den liturgischen Gebrauch verfasst.[78] Nüchtern und distanziert blieb das Urteil des Gutenzeller Pfarrers Augustin Rugel über Nikolaus Betscher: Er sei *ein ehrlicher Deutscher, gerader Mann ohne große literarische Kenntnisse, ein guter Musiker, mittelmäßiger Compositeuer und Dichter* gewesen.[79] Ein letztes literarisches Denkmal setzte ihm der Kirchdorfer Pfarrer Michael v. Jung (1781–1858) mit einem Grablied.[80] Auch Ludwig Graf v. Wartenberg († 1818) und der erste Roter Pfarrer Vinzenz Lutz (†1828) wurden auf diese Weise besungen und geehrt.[81]

Als einer der letzten Exkonventualen der Reichsabtei Rot dürfte David Haupt, der im Alter von 33 Jahren das Ende seines Klosters erlebt hatte, als Pfarrer von Molpertshaus 1848 gestorben sein.[82]

[1] Für die erfolgreichen Archivarbeiten möchte ich vor allem Seiner Durchlaucht Graf Franz von Erbach zu Erbach und Wartenburg-Roth sowie seinem Archivar, Herrn Paul Wagenknecht, in Erbach (Odenwald), sehr herzlich danken. Das Archiv der Reichsgrafschaft Rot befindet sich leider in einem noch nicht geordneten Zustand.

[2] HSAS B 487 Bü 2, Weihbischof und Domdekan Johann Nepomuk von Wolf, Regensburg, 15.10.1802.

[3] HSAS B 362 enthält dazu die Korrespondenz, u. a. des Direktors des Kollegiums, Abt Romuald Weltin von Ochsenhausen.

[4] *Ferdinand Eggmann*, Geschichte des Illerthales, verbunden mit jener des ehemaligen Illergaues, so wie des anstoßenden All- und Niebelgaues. Ein Beitrag zu der Geschichte Oberschwabens. Ulm 1862 (ND Memmingen 1984), 373.

[5] *Nikolaus Betscher*, Ohne Selbstabtödtung gehts nicht dem Himmel zu. Ein sehr nuetzliches Lese= und Erbauungsbuch für alle Christen den Heilsbegierigen besonders gewiedmet. Augsburg 1807, VIII; *Ders.*, Klag und Loblieder der Vernunft. Das ist: moralische Gedichte über den schlimmen und guten Gebrauch der Vernunft. Bregenz 1808, 3.

[6] *Gertrud Beck* (Red.), Maria Steinbach. 250 Jahre Wallfahrt zur Schmerzhaften Muttergottes (1734–1984), hg. vom *Wallfahrtspfarramt Maria Steinbach*. Weißenhorn 1984.

[7] *Hermann Tüchle*, Rot im Auf und Ab der Geschichte, in: *Hermann Tüchle/Adolf Schahl*, 850 Jahre Rot an der Rot. Geschichte und Gestalt. Neue Beiträge zur Kirchen- und Kunstgeschichte der Prämonstratenser-Reichsabtei. Sigmaringen 1976, 9–42, 34; *Adolf Schahl*, Rot in seinen Bau- und Kunstwerken, in: Ebd., 51–71, 55–61. Abt Moritz hatte sich zwischen 1777 und 1779 des Baumeisters J.B. Laub bedient; *Jutta Betz*, Rot an der Rot. Ehemalige Prämonstratenser-Reichsabtei. Passau 2001, 5.

[8] *Tüchle*, Rot (wie Anm. 7), 33–35; *Betz*, Rot (wie Anm. 7), 5.

[9] *Norbert Backmund*, Monasticon Praemonstratense. Id est historia circarium atque canoniarum candidi et canonici ordinis Praemonstratensis. Bd. 1. Straubing 1949, 60 (Nachfolger des Roggenburger Abtes Georg Lienhardt [1771–1783]).

[10] *Willebold Held*, Reichsprälatisches Staatsrecht. 2 Bde. Kempten 1782–1785.

[11] Fürstl. Archiv Quadt in Isny, Klosterarchiv, Bü 896 (Korrespondenz betr. des Reichsprälatischen Staatsrechts 1783).

[12] Zur Kritik Helds s. *Konstantin Maier*, Die Diskussion um Kirche und Reform im Schwäbischen Reichsprälatenkollegium zur Zeit der Aufklärung. Wiesbaden 1978, 112–113.

[13] *Dieter Narr*, Wilhelm Mercy. Ein Charakterkopf in der Epoche der Spätaufklärung, in: *Ders.*, Studien zur Spätaufklärung im deutschen Südwesten. Stuttgart 1979, 448–477, 452, 455.

[14] *Konstantin Maier*, Nikolaus Betscher. Der letzte Abt des Prämonstratenserklosters Rot, ein Reichsprälat zwischen den Zeiten, in: BC 13 (1990), H. 2, 30–35; *Ders.*, Reichsprälat Nikolaus Betscher (1745–1811). Abt, Komponist und Literat, in: Schwabenspiegel – Literatur vom Neckar bis zum Bodensee (1100–1800), hg. von *Monika Küble* erscheint in Kürze.

[15] *Basilius Franz Grassl*, Der Praemonstratenserorden, seine Geschichte und seine Ausbreitung bis zur Gegenwart. Tongerloo 1934, 104–108.

[16] *Backmund*, Monasticon (wie Anm. 9), 60.

[17] Zur Problematik der Emigranten s. *Martin Burkhardt*, Die französische Emigrantenkolonie in: *Martin Burkhardt/Wolfgang Dobras/ Wolfgang Zimmermann*, Konstanz in der Frühen Neuzeit. Reformation, Verlust der Reichsfreiheit, Österreichische Zeit. Konstanz 1991, 412–424.

[18] *Hervè Julien Lesage*, Erasme à Eusebie. Mémoires et voyages d'un religieux Curé adressés à une religieuse allemande de son ordre. Lettres de différents sujets de religion, de géographie, de morale, de littérature, d'histoire et de voyage. [ca. 1796]. Manuskript. Übersetzung

von P. Hildebrand Dussler, Teilabdruck von *H. Pommeret*, in: Mémoires de la Société d'histoire et d'archéologie de Bretagne. St. Brieuc, 1927, 17–74; *Norbert Backmund*, Couvents de la Suisse alémannique à la fin du XVIIIe siècle. Notes de voyage par le P. *Lesage*, in: Zs. für Schweizerische Kirchengeschichte XLVI (1952), 181–203, 241–256.

[19] HSAS B 487 Bü 2. Genuine Bemerkung der Besitzungen und ihrer geographischen Lage sowie der jährlichen Einkünfte der Reichsabbtey Roth, Praemonstrat.-Ordens, 26.05.1798.

[20] HSAS B 486 Bü 2. Betscher an die württembergisch-badische Subdelegation in Ochsenhausen, 12.12. und 30.12.1802, mit Auszug aus den Abteirechnungen am 14.12.1798; S. a. *Matthias Erzberger*, Die Säkularisation in Württemberg von 1802–1810. Ihr Verlauf und ihre Nachwirkungen. Stuttgart 1902, 389.

[21] Archiv der Gräflich Erbach-Erbach und Wartenberg-Rothischen Rentkammer in Erbach/Odenwald, Reichsgrafschaft Rot, Akten Kauf, Verkauf am 20.05.1802. Mit Brief von Kolb am 06.10.1802, in dem er erklärt, dass der Kauf vor ihm geheimgehalten worden sei.

[22] *Erzberger*, Säkularisation (wie Anm. 20), 35–46; S. a. Protokoll der ausserordentlichen Reichsdeputation zu Regensburg. Bd. III: Beilagen zu dem Protokolle der ausserordentlichen Reichsdeputation zu Regensburg, Beilagen Ziffer I. bis Ziffer C. Beil. XLVI, Vorstellung der katholisch-westphälischen Reichsgrafen betr. ihrer linksrheinischen Verluste, vorgetragen von Legationsrat Rief in Regensburg.

[23] *Friedrich W. Weber*, Graf Ludwig der letzte Kolb von Wartenberg. Mit Nachrichten über die pfälzische Grafschaft Wartenberg und die Grafschaft Wartenberg-Roth in Oberschwaben. Otterbach 1988 (Zur Reichsgrafschaft Wartenberg-Roth s. Ebd., 107–119).

[24] Archiv der Gräflich Erbach-Erbach und Wartenberg-Rothischen Rentkammer in Erbach/Odenwald, Akten Nonne 1802, Nonne am 26.09.1802 an Regierungsdirektor Dosch in Erbach.

[25] Zentrales Staatsarchiv Prag (Státní ústřední archiv v Praze) (künftig: ZSAP), Archivum Franciscum Georgium F 2167/1, Schott an Metternich, Ochsenhausen, 26.10.1802.

[26] ZSAP, Archivum Franciscum Georgium F 2167/1, Schott an Metternich, Ochsenhausen, 04.02.1803.

[27] HSAS B 486 Bü 2, Erklärung Betschers vom 07.11.1802 u. Ebd., B 487 Bü 2, Beschreibung der Besitzverhältnisse vom 02.12.1802.

[28] HSAS B 486 Bü 2, Dictatum Ratisbonae, 14.02.1803.

[29] HSAS B 487 Bü 2, Betscher an die Subdelegation, Rot, 05.12.1802 (mit Fassion der Schulden).

[30] Ebd., Erklärung Betschers am 05.12.1802; Ebd., 17.12.1802, Reichsabtei Rothische Beantwortung der Herzoglich Württ. Subdelegation in Ochsenhausen in der reichshochselben eingerichteten Fassion vom 16.11. allhier über diesseitigen Revenuen Ertrag anher aufgeworfenen Fragen. Mit Beilagen […] und Tabellen 1, 2, 3, 4, 5 et 6; Zur Besitz- und Herrschaftsgeschichte des Klosters Rot s. *Winfried Nuber*, Studien zur Besitz- und Rechtsgeschichte des Klosters Rot von seinen Anfängen bis 1618. Tübingen 1961.

[31] HSAS B 487 Bü 2, Von der Lühe an Betscher, Ochsenhausen, 13.11.1802, und weitere Akten.

[32] Ebd., Endgültiger Bericht Kolbs, 17.12.1802; Ebd., Brief Schott an Kolb, Ochsenhausen, 20.11.1802.

[33] HSAS B 487 Bü 2, Schott an Kolb, Ochsenhausen, 20.11.1802 (Schott sandte für die Beamten ein formelles *Angelobigungszertifikat* als Verpflichtung gegenüber der Subdelegation.

[34] HSAS B 487 Bü 1, Kolb an Reichsagent von Schumann, Rot, 18.01.1802.

[35] Archiv der Gräflich Erbach-Erbach und Wartenberg-Rothischen Rentkammer in Erbach/Odenwald, Reichsgrafschaft Rot, Archiv Pfarrei Steinbach, Stadelhofer an Kolb, Steinbach, 17.02.1803.

[36] *Weber*, Graf Ludwig (wie Anm. 23), 21–32.

[37] HSAS B 487 Bü 2, Reichsabtei Rothische Beantwortungen der Herzoglich Württ. Subdelegation in Ochsenhausen in der reichshochsel-

ben eingerichteten Fassion vom 16.11. allhier über diesseitigen Revenuen Ertrag anher aufgeworfenen Fragen Mit Beilagen = et A und den beigefügten Tabellen 1, 2, 3, 4, 5 et 6, 17.12.1802.

[38] HSAS B 487 Bü 1, Catalog der gegenwärtigen teils pensionierten teils exponierten Religiosen des Kl. Rot mit beigegebenem Alter, o.D. [1803].

[39] Archiv der Gräflich Erbach-Erbach und Wartenberg-Rothischen Rentkammer in Erbach/Odenwald, Reichsgrafschaft Rot, Akten Pfarreien, Pensionsdekret für Almachius Mohr, 21.03.1803; Ebd., Stadelhofer an Kolb, Steinbach, 18.04.1803.

[40] Ebd., Sept.1803.

[41] HSAS B 487 Bü 1, Catalog der Religiosen (wie Anm. 38), o.D. [1803].

[42] Archiv der Gräflich Erbach-Erbach und Wartenberg-Rothischen Rentkammer in Erbach/Odenwald, Reichsgrafschaft Rot, Akten Pfarrei Steinbach, Stadelhofer an Kolb, 30.03.1804; Ebd., 13.10.1804.

[43] *Benedikt Stadelhofer,* Historia Imperialis et Exemti Collegii Rothensis in Suevia, Vol. I-II. Augustae Vindelicorum 1787. Das Manuskript des dritten Bandes befindet sich heute in HSAS J 1 Nr. 159. Zum Verbleib des Manuskriptes s. *Erzberger,* Säkularisation (wie Anm. 20), 390, Anm. 1.

[44] Archiv der Gräflich Erbach-Erbach und Wartenberg-Rothischen Rentkammer in Erbach/Odenwald, Reichsgrafschaft Rot, Reisebericht Stadelhofers an Kolb, 09.12.1804. Für seine Reise hatte ihm die Roter Verwaltung einen Passierschein ausgestellt.

[45] *Erzberger,* Säkularisation (wie Anm. 20), 390.

[46] Archiv der Gräflich Erbach-Erbach und Wartenberg-Rothischen Rentkammer in Erbach/Odenwald, Reichsgrafschaft Rot, Akten Rechnungen (1803). Zum Geldbetrag kamen Naturalien, Küchengefälle und Holz, so dass sich das jährl. Aufkommen für den persönlichen Bedarf auf 13.670 fl. berechnete.

[47] Ebd., Akten Pfarrei Steinbach, Stadelhofer an Kolb, 1803.

[48] Ebd., Akten, Graf Wartenberg an Dominicus Reinhardt, 06.10.1803.

[49] Ebd.

[50] Ebd., Akten, 1807 (Rentmeister Gams).

[51] *Weber,* Graf Ludwig (wie Anm. 23), 113–114 [In der Folge wurde 1808 ein Sukzessionsvertrag abgeschlossen und im Testamt vom 17.02.1809 die Adoption des Grafen bestätigt]; Archiv der Gräflich Erbach-Erbach und Wartenberg-Rothischen Rentkammer in Erbach/Odenwald, Reichsgrafschaft Rot, Akten Familie, Kaiserliche Bestätigung des am 04.12.1894 auf Schloss Rot abgeschlossenen Adoptivvertrages).

[52] *Weber,* Graf Ludwig (wie Anm. 23), 107–108.

[53] ZSAP, Archivum Franciscum Georgium F 2167/1, Schott an Metternich, Ochsenhausen, 18.03.1803.

[54] Archiv der Gräflich Erbach-Erbach und Wartenberg-Rothischen Rentkammer in Erbach/Odenwald, Reichsgrafschaft Rot, Akten Nonne / Korrespondenz, 18.07.1805.

[55] Ebd., Akten Passiva, 12.12.1808.

[56] Ebd., Familienakten, Punktation zu einem Familienvertrag, 22.08.1808.

[57] Ebd., Akten Kapital, Bezzenberger an Graf Erbach, 01.01.1820.

[58] HSAS B 486 Bd. 93, Privilegien und Akte der Pfarrei Haisterkirch.

[59] ZSAP, Archivum Franciscum Georgium F 2167/1, Schott an Metternich, Ochsenhausen, 18.03.1803; Ebd., F 2167/2, Schott an Metternich, 14.03.1804.

[60] Archiv der Gräflich Erbach-Erbach und Wartenberg-Rothischen Rentkammer in Erbach/Odenwald, Reichsgrafschaft Rot, Akten Pfarrei Steinbach, Stadelhofer an Kolb, 20.05.1803.

[61] Ebd., Akten, Bürk an Kolb, Mai 1803.

[62] *Beck,* Maria Steinbach (wie Anm. 6).

[63] Archiv der Gräflich Erbach-Erbach und Wartenberg-Rothischen Rentkammer in Erbach/Odenwald, Reichsgrafschaft Rot, Akten Pfarrei, Kolb an Stadelhofer, 01.04.1804.

[64] Ebd., Akten Pfarrei Steinbach, Stadelhofer an Kolb, 24.05.1804.

[65] Ebd., Kolb an Stadelhofer, 06.07.1804.

[66] Ebd., Kolb an Stadelhofer, Dez. 1803.

[67] Ebd., Stadelhofer an Kolb, 18.04.1803.

[68] Ebd., Korrespondenz 1803–1804 betr. des Zehnten.

[69] Ebd., Reichsgrafschaft Kolb an Graf Wartenberg, April 1804 (Vorschlag, Ignaz Rohrer in Steinbach als Pfarrer einzusetzen).

[70] Ebd., Stadelhofer an Kolb, 04.05.1804.

[71] HSAS B 487 Bü 1, Kolb, 20.12.1802 (Erbschaft des Priors Ignaz Rohrer).

[72] Archiv der Gräflich Erbach-Erbach und Wartenberg-Rothischen Rentkammer in Erbach/Odenwald, Reichsgrafschaft Rot, Akten Steinbach, Inventare und Korrespondenz betr. Verkauf des Inventars im Pfarrhaus Steinbach, 1812/1813.

[73] *Tüchle,* Rot (wie Anm. 7), 37.

[74] HSAS B 486 Bü 2, Inventar der Sakristei, 23.10.1802; Ebd., Inventar der Abtei, 23.11.1802.

[75] Archiv der Gräflich Erbach-Erbach und Wartenberg-Rothischen Rentkammer in Erbach/Odenwald, Reichsgrafschaft Rot, Akten Inventur des württ. Oberappellationsgerichtes über den Nachlass von Graf Wartenberg, 1819.

[76] *Backmund,* Monasticon Praemonstratense (wie Anm. 9), 70.

[77] *Konstantin Maier,* Der Einfluss der Aufklärung im Kloster Isny am Beispiel von Jakob (Joseph) Danzer und Augustin [Josef Alexander] Rugel, in: *Rudolf Reinhardt* (Hg.), Reichsabtei St. Georg in Isny 1096–1802. Beiträge zu Geschichte und Kunst des 900-jährigen Benediktinerklosters. Weißenhorn 1996, 223–259, 253.

[78] Für Gutenzell s. *Maier,* Der Einfluss der Aufklärung (wie Anm. 77), 252–253; Zu Betschers Kompositionen s. *Georg Günther* (Bearb.), Musikalien des 18. Jhs. aus den Klöstern Rot an der Rot und Isny. Katalog. Stuttgart/Weimar 1997 (s. Register, 211 [Nikolaus Betscher]) u. *Württembergische Landesbibliothek Stuttgart* (Hg.), Katalog von Dr. Klaus Peter Leitner, Musiksammlung – Oberschwäbische Klosterbibliothek (s. Nikolaus Betscher [1745–1811], in: http://www.wlb-stuttgart.de/referate/musik/okm2.html).

[79] *Maier,* Der Einfluss der Aufklärung (wie Anm. 77), 253.

[80] *Michael von Jung,* Melpomene, der heilige Willebold, Marienklage, hg. von der *Gemeinde Kirchdorf* /Iller. Buchau 1985, 29–31. Ausschnitt: *Er war ein Vater wahrer Armen, Des Blinden Aug, des Tauben Ohr. Und stand voll Mitleid und Erbarmen Den Wittwen und den Waisen vor; Und nun, wer wird sie künftig nähren? Wer geben ihrem Fleh'n Gehör? Vergebens fliessen ihre Zähren, Denn ach! Ihr Vater ist nicht mehr. [...] O laßt uns also seine Lehren, Und seine Tugend heilig seyn, Wie er, des Höchsten Ruhm vermehren, Und uns der Menschenliebe weih'n; Dann werden wir zu ihm erhoben Mit ihm besingen Gottes Ehr, Und ewig seine Güte loben, Und selig seyn im Geisterheer.* (Ebd., 30, 31)

[81] Ebd., 25–28, 31–33. – Ausschnitt aus dem Grablied für den Grafen von Wartenberg: *Schon der Brief mit schwarzem Siegel War für uns ein Schreckenspiegel; Und mit Angst eröffnen wir den Brief. Ach! Da lesen wir mit Grauen, Kaum ist unsrem Aug zu trauen: Daß der edle Graf in Gott entschlief. Und es eilt von Mund zu Munde Wie der Blitz, die Schreckenskunde: Ach! der Graf, der edle Graf ist todt! Laut ertönt in aller Ohren: Ach! es ist für uns verloren Graf von Erbach Warttemberg und Rath.* (Ebd., 25)

[82] *Stefan Kriessmann,* Series parochorum. Reihenfolge der katholischen Pfarrer in den Pfarreien der Diözese Rottenburg (Württ.). Nach den Dekanaten zusammengestellt. Buch XXIX: Reihenfolge der Pfarrer (Series parochorum) in den katholischen Pfarreien des Dekanates Waldsee (Diözese Rottenburg). Altshausen 1950, 23.

Unter dem dermaligen Drang der Umstände …

Die Säkularisation des Zisterzienserklosters Schöntal

von Maria Magdalena Rückert

Zur Geschichte Schöntals bis 1802

Unter dem dermaligen Drang der Umstände in Deutschland ist es für das glücklichste Loos zu rechnen, einem Landesherrn zugetheilt zu werden, der mit denen übrigen glanzvollen Regenten-Tugenden eine vorzügliche Liebe zur Gerechtigkeit und das edelste Gefühl gegen die leidende Unschuld vereinigt […], wenn die schönthalisch bisherigen Hoheitsrechte doch aufhören sollen.[1] Mit diesen Worten, die Maurus Schreiner, der letzte Abt des Klosters Schöntal, zwei Tage nach der militärischen Besitzergreifung durch Württemberg an seinen neuen Landesherrn Herzog Friedrich II. richtete, war die 650-jährige Geschichte der im malerischen Tal der Jagst gelegenen Abtei beschlossen. Unter den durch den Reichsdeputations-Hauptschluss (RDH) an Württemberg gefallenen Reichsstiften gehörte Schöntal als einzige Männerabtei zum Zisterzienserorden. Noch heute präsentiert sich die Abtei dem Betrachter so, wie sie die großen Baumaßnahmen des 18. Jhs. prägten.[2]

Zum reichsunmittelbaren Status der Abtei

1157 von dem Edelfreien Wolfram von Bebenburg gestiftet wurde Schöntal – wie bei Zisterzen üblich – dem Schutz des Kaisers und damit des Reiches unterstellt. Die Privilegien Friedrich Barbarossas wurden regelmäßig von den Herrschern bestätigt. Noch 1418 verlieh König Sigismund Schöntal den Status eines königlichen Klosters. 1439, auf dem Basler Konzil, erhielt der Schöntaler Abt auf Vermittlung des Reichserbkämmerers und Konzilsprotektors Konrad v. Weinsberg

das Recht, die bischöflichen Insignien Mitra und Inful zu tragen. Kaiser Friedrich III. gestand der Abtei 1491 das Recht zu, ein erweitertes Klosterwappen zu führen.[3] Anders als seinem Mutterkloster Maulbronn, aus dem der Gründungskonvent ins Jagsttal entsandt worden war, gelang es Schöntal, sich der Landsässigkeit zu entziehen. Während Maulbronn als württembergisches Kloster bereits in der Reformation aufgehoben und in eine Klosterschule umgewandelt worden war[4], ereilte Schöntal dieses Schicksal erst 250 Jahre später.

Allerdings zählt Schöntal zu den Abteien, die zwar als reichsunmittelbar galten, aber nicht über die Reichsstandschaft verfügten. Dies war nicht zuletzt darin begründet, dass es 1495 von König Maximilian dem Schutz des Erzstifts Mainz unterstellt worden war, mit dem sich daraus ein Jahrhunderte langer Streit um den Status des Klosters ergab. So erschien etwa der Amtmann von Krautheim zu jeder Abtswahl mit Militär, übernahm die Torschlüssel und führte die Oberaufsicht über das Kloster, das in der Diözese des Bischofs von Würzburg lag, dem das geistliche Visitationsrecht zustand.[5] Beigelegt wurde die Auseinandersetzung im Sinne Schöntals erst zwanzig Jahre vor seiner Aufhebung, bei der es dann als Reichsstift galt.[6]

Die Abtei am Vorabend der Säkularisation

Die letzten fünfzig Jahre des Bestehens der Reichsabtei waren von innerer Zerrüttung und Verfall gekennzeichnet. Abt Augustin Brunnquell, der 1761 nur von einer Minderheit von zwölf Mönchen gewählt worden war, fand keinen Rückhalt im Konvent, mit dem es 1772 zum offenen Bruch und einem regelrechten

Kriegszustand kam. Der Abt wurde wegen offensichtlicher Gewalttätigkeiten und schlechter Haushaltung in Würzburg verklagt, von wo eine päpstliche Untersuchungskommission angefordert wurde, die sich gewaltsam Eintritt ins Kloster verschaffen musste. Während die Abtei sonst auf ihrer Reichsunmittelbarkeit beharrte, wovon besonders die Baumaßnahmen unter Abt Knittel und seinen Nachfolgern noch ein spätes aber beredtes Zeugnis ablegen, appellierte Abt Brunnquell in dieser Situation an Kurmainz als Schutzmacht. Da Mainz aber die würzburgischen Räte unterstützte, kam es am 29. August 1773 zur provisorischen Suspendierung des Abtes. Dieser floh nach Neuenstadt am Kocher und bat sogar Württemberg um Hilfe, woran man sich 1802 wieder erinnern sollte. Da Herzog Karl Eugen sich aus der Sache heraushielt, ging der Abt nach Wien und bekam am kaiserlichen Hof Recht. Wieder ins Kloster zurückgekehrt, ließ er 22 Konventualen für fünf Monate in Arrest nehmen, da er angeblich seines Lebens nicht mehr sicher war. Eine gemeinsame Untersuchung von kaiserlichen Delegierten und würzburgisch-päpstlichen Kommissaren förderte zutage, dass der Abt sich aller Einnahmen des Klosters bemächtigt und keine Kapitel mehr abgehalten hatte. Der Konvent war in der Zeit des Konflikts von 66 auf 41 Mitglieder zusammengeschmolzen, und in den letzten 14 Jahren waren keine Novizen aufgenommen worden. Der Bischof von Würzburg bezeichnete daher das Kloster als *ein vom Haupt bis zu den Gliedern äußerst zerrüttetes Ordenshaus*.[7] Die Umstände, die schließlich 1784 zur Absetzung Augustin Brunnquells führten, wurden später als Rechtfertigung für die Aufhebung des Klosters herangezogen.

Mainzer Säkularisationspläne in Schöntal von 1798

Vor dem Hintergrund der inneren Zerrüttung des Konvents einerseits und der Jahrhunderte langen Konflikte um den reichunmittelbaren Status des Klosters andererseits, wundert es nicht, dass es Ende des 18. Jhs. sogar ein Projekt zur Säkularisierung Schöntals von Seiten des Erzstifts Mainz gab. Wir entnehmen dies einem Briefwechsel, den der Mainzer Staatsminister und Hofkanzler v. Albini 1798 auf dem Rastatter Kongress mit dem kurfürstlich mainzischen

Hofrat Engelhard führte. Davon ausgehend, dass der Kurstaat Mainz auf dem rechten Rheinufer erhalten bliebe, dachte man auch hier an eine Entschädigung für die linksrheinischen Verluste durch *die Aufhebung der verschiedenen zum Theil reichen Klöster und Abteien, von denen die Abtei Schöntal als bei weitem die reichste in unseren Gegenden* bezeichnet wurde. Ihre jährlichen Einkünfte wurden abweichend von den offiziellen Klosterrechnungen, die nur halb so viel auswiesen, auf 100.000 fl. geschätzt. Albini wird neben diesen Daten mit dem Bericht eines ehemaligen, in Unehren entlassenen Schöntaler Beamten namens Münster versorgt. Wenn dieser auch sehr subjektiv und von Missgunst geprägt ist, so wirft er dennoch ein Licht auf die im Vorfeld der Säkularisation herrschende Stimmung gegenüber der Abtei. Er sei hier ausführlich zitiert, weil er auf merkwürdige Weise vorwegnimmt, was sich vier Jahre später tatsächlich ereignen sollte, als das Kloster von Württemberg in Besitz genommen wurde: *Der größte, zu denen jährlichen auf 100/m [100.000] fl. bestimmten Einkünften nicht gerechnete Schatz steckt auch noch in dem Kloster selbsten verborgen. Diesen zu erwischen, wird alle Klugheit und Vorsicht erfordert. Man muß Leute haben, die in dem Kloster genau bekannt sind, die alle Winkel, Zu- und Abgänge beim ersten Aufhebungspunkt zu verriegeln wissen, sonst flieht der Vogel aus dem Neste, ehe man glaubt, dass er flüchtig werden könnte [...]. Der erste Hauptschatz zu Schönthal soll 1. in einer ansehnlichen Summe Geldes [...]; 2. in verschiedenen in Gold und Silber gefaßten Juwelen; 3. in verschiedenen silbernen Aufsätzen und sonstigem Geschirr; 4. in einem ansehnlichen Kirchengeräth an silbernen und goldenen Monstranzen, Kelch, Becher, Flaschen, Teller, Leuchter, Bildern und sonstigen kostbaren Paramenten und Weißzeug bestehen. Alle diese vorzüglich merkwürdigen Kostbarkeiten würden ein Raub der Mönche[!] werden, wenn denselben vor der Zeit bekannt werden sollte, dass sie ihrer Auflösung nahe stünden und ihr Kloster verlassen müßten.[...] der 2. Schatz [...] steckt in dem abteilichen Archiv [...]. Die Mönche, wenn sie ihre Auflösung vorher erfahren sollten, wären so boshaft und verwegen, diese ihre sämmtlichen Dokumente lieber dem verzehrenden Feuer zu übergeben, als solche in weltliche Hände kommen zu lassen. [...] Sie [die Ak-*

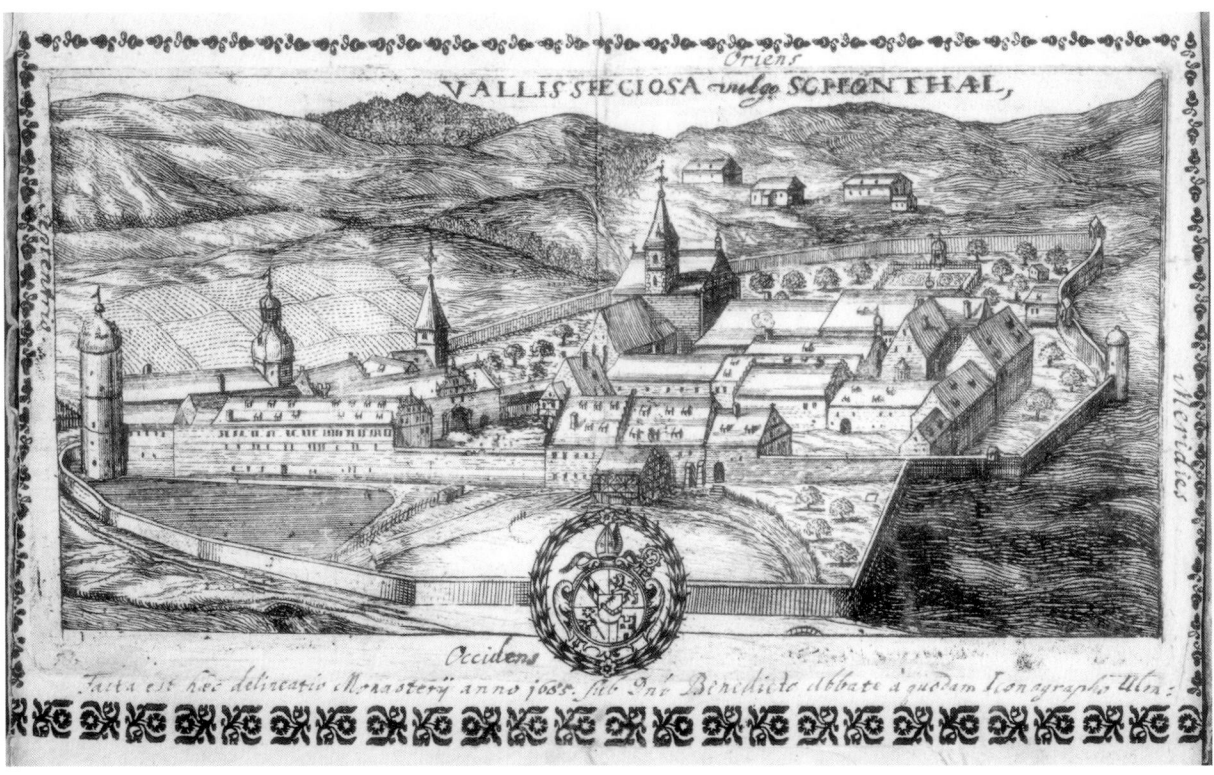

Schöntal
Klosteransicht vor den Umbauten des 18. Jhs.
Kupferstich, 1685.
SA Ludwigsburg.

ten] *können noch beseitigt werden, wenn das Kloster auch an allen Ecken besetzt und verriegelt ist.*[8] »Man wäre fast versucht, zu glauben, dass Württemberg bei der Aufhebung des Klosters nach dieser Anweisung gehandelt hätte; es ging gerade so zu, wie es in diesem Brief gewünscht wird.«[9]

Verlauf der Säkularisation in Schöntal

Besitzergreifung durch Leiningen-Westerburg

Wenn auch die Mainzer Pläne ohne Folgen blieben, so war doch mit dem RDH das Schicksal Schöntals besiegelt. Im ersten Entschädigungsplan wurde die Abtei den Grafen v. Leiningen-Westerburg zugewie-

sen, die sogleich im September 1802 eine Besitzergreifungskommission entsandten. Es wurden vereinzelt Patente angeschlagen[10], jedoch änderte sich am Klosterleben nichts. Aufregung und Unwille bei Konvent und Untertanen rührten vor allem daher, dass man sich einem so geringen Herrn unterwerfen sollte. Da bereits der zweite Entschädigungsplan vom 8. Oktober 1802 Schöntal dem Herzog von Württemberg zuwies, fand die Tätigkeit der Leiningenschen Kommission, die nicht einmal das gesamte Schöntaler Gebiet in Besitz genommen hatte, kaum Niederschlag in den Akten.[11] Um so schneller griff der Herzog von Württemberg zu. Friedrich II. richtete bereits zwei Tage später ein Reskript an den Abt von Schöntal, das diesen über die bevorstehende provisorische Besitzergreifung informierte.[12]

451

Das Kloster Schöntal heute

Militärische Besitzergreifung durch Württemberg

Besetzung der Abtei

Ebenso wenig wie andere Landesherren wartete Württemberg bis zur feierlichen Verabschiedung des RDHs, die ja erst am 25. Februar 1803 erfolgte, sondern erteilte bereits am 12. Oktober 1802 dem Oberamtmann Johann Karl Heinrich Fetzer zu Weinsberg den Auftrag, nach Rücksprache mit Generalmajor v. Mylius die militärische Besitzergreifung Schöntals vorzunehmen. Diese erfolgte am 15. Oktober auf friedlichem Weg, nachdem Fetzer den Abt am Vortag *per expressum* davon in Kenntnis gesetzt hatte.[13] Vor diesem Hintergrund wird die Besitzergreifung nicht ganz so überraschend erfolgt sein, wie sie der Schöntaler Apotheker Fortbach in seinen Erinnerungen beschreibt: *Sämtliche Konventualen waren am 16.* [!] *Oktober 1802 nach dem Abendessen vergnügt bei*

einem Spiel beisammen, als abends nach 8 Uhr ein Hörnerschall sich vernehmen ließ; [...] Eine Compagnie württembergischer schwarzer Jäger besetzte im Namen ihres Kurfürsten die Abtei.[14] Fetzer nämlich berichtet, dass ihm der Abt in der Person des Syndicus Mundorf und eines Konventualen eine Deputation entgegenschickte, um ihm *die Zufriedenheit über den Einmarsch der Commission [...] und das Loos zu bezeugen, welches das Closter Schönthal in dem unveränderlichen Gang der deutschen Staatssache betreffen.*[15] Er selbst traf am 15. Oktober gegen 10 Uhr vormittags mit 40 herzoglichen Feldjägern unter dem Kommando v. Kechlers in Schöntal ein und übergab Abt und Konvent das herzogliche Reskript über die provisorische Besitznahme. Er hielt sich bis zum 20. Oktober in der Abtei auf, um einen Etat über sämtliche klösterlichen Besitzungen und den *statum politicum* zu erstellen.

Zustand der Abtei bei der Besitzergreifung

Angetroffen wurden in der Abtei neben dem Abt nur 24 Konventualen, da die übrigen auf Gütern und Pfarreien Dienst taten, sowie vier weltliche Beamte, und zwar der Syndicus Mundorf, ein Kanzleirat, ein Sekretär und ein Renovator. Insgesamt zählten 1802 noch 35 Mönche und zwei Laienbrüder zum Konvent, was aus einem Katalog von 1802 hervorgeht. Fetzer charakterisiert sie *als größten theils junge Männer, welchen nichts erwünschter scheinet, als die Hoffnung [...] auf eigne Pfarreyen versetzt zu werden.* Die Baulichkeiten werden samt der Ökonomiegebäude als *in dem besten Bauerhaltungs-Zustand* beschrieben, wozu eine eigene Ziegelhütte beitrug. Während sich in den Speichern nur wenige Vorräte befanden, wurden in den Stallungen 25 *schöne brauchbare* Pferde angetroffen. Der Oberbursarius gab das reine Einkommen mit 44.966 fl. an. Zum Besitz des Klosters, das über 6.000 Morgen Wald und Weinberge verfügte, zählten die Orte Schöntal, Aschhausen, Bieringen mit Weltersberg, Diebach, Oberkessach mit Hopfengarten und Weigental, Westernhausen, halb Berlichingen, die Höfe Büschelhof, Eichelshof, Halberg, Halsberg, Muthof, Neuhof, Neusaß, Sershof, Schleierhof und Spitzenhof.[16] Einige davon besaß das Kloster im Kondominat mit anderen Herrschaften, wie z.B. Berlichingen mit den gleichnamigen Freiherren, welche die

Besitznahme durch Württemberg ausdrücklich begrüßten.[17] Hinzukamen noch einzelne Besitzungen und Gefälle in Dörfern der näheren und weiteren Umgebung, wie z. B. die Weingefälle in Niedernhall, Sindringen und Wimmental sowie die Stadthöfe zu Heilbronn und Mergentheim. Die Zahl der Schöntaler Untertanen wird mit 3.000 angegeben. Im Dienst der Abtei standen davon 81 Personen.

Spannungen mit Salm-Reifferscheid

Probleme erwuchsen bei der Besitzergreifung dagegen in den im ehemals mainzischen Amt Krautheim gelegenen Schöntaler Orten und Höfen.[18] Während der RDH die Entschädigung Württembergs für seine oberrheinischen Besitzungen mit der Landeshoheit über die Abtei Schöntal und deren Besitzungen und Zugehörden vorsah, wurde das Haus Salm-Reifferscheid-Bedburg mit dem mainzischen Amt Krautheim und den dortigen Gerichtsrechten Schöntals entschädigt. Die sich daraus ergebenden Spannungen wurden im Oktober 1804 durch einen Tausch- und Purifikationsvertrag beigelegt, der zu einer Besitzabrundung führte, die am 1. Januar 1805 in Kraft trat.[19]

Zivile Besitzergreifung durch Württemberg

Die Arbeit der Organisationskommission

Mit Reskript vom 20. November 1802 wurde Hofkammervizedirektor Johann Leonhard Parrot mit der zivilen Besitzergreifung von Kloster Schöntal beauftragt und ihm der Kammerrat August Wilhelm Mayer zur Seite gestellt, der die Verwaltung vor Ort übernahm. Nachdem der Subkommissar gegen drei Uhr nachmittags in Schöntal eingetroffen war, suchte er zunächst das Kanzleipersonal auf und vereidigte den Syndicus Mundorf auf den Herzog. Der Abt entschuldigte sich, ihm wegen der Überraschung des Besuchs nicht entgegengekommen zu sein, hatte aber bereits den gesamten Konvent versammelt. Nach Verlesung des herzoglichen Patents über die Besitznahme wurden die Konventualen vom Gehorsam gegenüber dem Abt, der sich auf gottesdienstliche Handlungen zu beschränken hatte, entbunden. Nach ihrer Vereidigung wurde das Patent samt dem herzoglichen Wappen unter militärischer Begleitung v. Kechlers am Klostertor angeschlagen. Sofort danach ließ Mayer

die Hauptkasse, die zu seiner Enttäuschung nur 1.496 fl. enthielt, und das *Hauptarchiv, zu dem nur eine Thüre führte,* versiegeln. An den folgenden Tagen wurden Patente und Wappen in den zum Kloster gehörenden Besitzungen angebracht, was bis auf die Spannungen mit den Krautheimer Beamten ebenso friedlich vor sich ging.[20]

Der Ablauf der Besitzergreifung verlief somit, analog zur Besitznahme der anderen an Württemberg gefallenen Abteien, ohne besondere Zwischenfälle. Hier wie andernorts endete der Tag der Besitzergreifung damit, dass der herzogliche Beamte vom Abt zum Essen gebeten wurde: *Während des Essens wurden meist unbedeutende Dinge gesprochen, doch sagte der Herr Prälat als zutrauliche Eröffnung, dass sie zwar im Kloster vorausgesehen, ein unschuldiges Opfer des Friedens werden zu müssen, und in großer Furcht gewesen seyen, an den Grafen von Leiningen, wie es anfänglich geheißen, zu fallen, nun aber habe die Nachricht, daß das Kloster seiner herzoglichen Durchlaucht zugeschieden worden, zum wahren Trost und Erleichterung gereicht, indem sie sich von einem so großen Kurfürsten und Herzog ein weit beßeres Schicksal und Berathung versprechen könnten. Subcommissarius antwortete, daß er [...] wegen der bekannten Großmuth seines gnädigsten Herrn mit größter Zuversicht im Voraus versichern könne, daß das ganze Convent gewis fürstlich werde behandelt werden.*[21]

In dieser Hoffnung wurden die Schöntaler aber wie andere auch enttäuscht. Einzugehen ist hier vor allem auf zwei Komplexe, und zwar einmal die immer wieder in den Akten aufscheinende Versorgung und Pensionierung des Konvents, zum andern auf die Räumung oder eher die Ausbeutung des Klosters. An ihnen wird deutlich, wie sehr die Säkularisation neben dem politischen Machtgewinn einen wirtschaftlichen Anreiz darstellte. Während die Übernahme von Klostergebäuden, Gefällen und Besitzungen einen finanziellen Zugewinn brachte, waren damit naturgemäß auch Lasten verbunden, so dass die Ausgaben so gering wie möglich zu halten waren. Dies zeigte sich zunächst daran, dass die Pensionen unter dem in Regensburg festgesetzten Minimum von 300 fl. blieben. Ferner musste es das Bestreben der neuen Regierung sein, Mobilien und Immobilien möglichst günstig zu nutzen oder abzustoßen. Während die *Klosterschätze* in die herzoglichen Kammern wanderten, wurden minderwertige Inventarteile und kleinere Besitzungen sofort verkauft oder versteigert. Diese Aufgabe oblag in erster Linie dem für ein halbes Jahr in Schöntal amtierenden Kammerrat Mayer.[22]

Räumung des Klosters von Wertgegenständen
Subkommissar Mayer ging zunächst daran, Aufstellungen über das im Kloster vorhandene Bargeld sowie Gold- und Silbergerätschaften, Messgewänder und Musikinstrumente zu machen, die wie die nicht zum Ackerbau benötigten Pferde nach Stuttgart bzw. Ludwigsburg abgehen sollten. Am 9. März 1803 wurden acht Reitpferde, von denen zwei aus dem Schöntaler Hof zu Heilbronn stammten, an den Marstall in Stuttgart gesandt, während in Schöntal zwölf Zug- und zwei Reitpferde zurückblieben. Am 23. März wurden *sieben Wallachpferde* nachgeliefert. Der Abt durfte erst auf wiederholtes Ersuchen sein Gespann, das bereits versteigert worden war, behalten.[23]
Die größte von drei Orgeln aus der Klosterkirche, die 1727 dort aufgebaut worden war und über 20 Register verfügte, wurde abgebrochen und nach Stuttgart transportiert, wo sie in der Stiftskirche aufgestellt werden sollte. Da sie dort wegen ihrer Größe nicht hinein passte, blieb sie zunächst in Kisten verstaut und wurde 1817 nach Rottenburg überführt, wo sie in der später zum Dom erhobenen Martinskirche Aufstellung fand. *Die zweite schöne Orgel wurde [...] an einen liederlichen Orgelmacher von Mosbach als altes Zinn um einen Spottpreis verkauft*[24], so Fortbach in seinen Erinnerungen. Die dritte Orgel wurde noch 1806 für 600 fl. veräußert, so dass ein Jahr später nach der Einrichtung der Klosterkirche als Schöntaler Pfarrkirche erst wieder eine neue Orgel besorgt werden musste. Nach Stuttgart gesandt und dem Hoftheater übergeben wurden ebenso *vier ganz silberne, zum Theil vergoldete Trompeten [...], welche zusammen 16½ Mark Silber wiegen.*[25]
Ende Januar 1803 ging ein Transport von vier Kisten Kirchensilber und Paramenten nach Stuttgart ab, deren Wert auf 5.090 fl. geschätzt wurde, womit der Herzog aber keineswegs zufrieden war, da die Ausbeute in Ellwangen, Comburg und Zwiefalten um einiges reicher gewesen war. Deshalb forderte er am 7. Februar 1803 vom Konvent eine Erklärung, *warum*

in dem beträchtlichen Kloster Schönthal nur so ein geringer Vorrath an Silberzeug vorhanden seyn solle.[26]
Vier Tage später erging der Auftrag an die Organisationskommission, im Zusammenhang mit der Verzeichnung des in Schöntal zurückgebliebenen Kirchensilbers Nachforschungen über *Pretiosen* anzustellen, die dem Abt *bißher zu Bezeichnung seiner persönlichen Würde dienten.* Die Schöntaler beriefen sich auf die Ordensregel der Zisterzienser, die es verböte, *zu viele Pracht bei dem Gottesdienste zu zeigen* und in so großem Prunk zu leben wie andere Orden oder etwa die Ritterstifte: *Ist bei den Cisterziensern Gesetz, daß auch bei den höchsten Festen nicht weiter als 6 Leuchter auf dem Hochaltar angezündet werden sollen, und von diesen sind ja bereits die silbernen Leuchter übergeben worden.* Auch hatten die oben geschilderten Prozesse, die Abt und Konvent im 18. Jh. gegeneinander geführt hatten, Unsummen verschlungen. Nicht zuletzt waren durch den unter Abt Knittel begonnenen und im letzten Jh. fertiggestellten Bau der Neuen Abtei sowie die Kriegswirren der letzten Jahre die Geldvorräte aufgebraucht worden. Dabei konnten die Schöntaler nicht ohne Stolz darauf verweisen, dass das Kloster trotz allem schuldenfrei war.
Wie die Gegenüberstellung der Inventare über die im Kloster verbliebenen und die an den herzoglichen Hof abtransportierten Gegenstände zeigt, hatten die Kommissare sehr gründlich gearbeitet. Während zahlreiche seidene und in vielen Farben bestickte Messgewänder nach Stuttgart gingen, blieben in Schöntal nur *4 ordinäre Meßgewänder, die zum Theil sehr alt und abgetragen sind, woran sich keine Kostbarkeiten befinden [...]* zurück. Von den neun vorhandenen Kelchen wurde *der beßte mit Steinen besetzte eingeschickt. Eine Monstranz, die geringere mit falschen Steinen*[27], blieb dagegen im Kloster zurück. Abt Maurus sah sich schließlich gezwungen, zwei Konventualen nach Stuttgart zu schicken, mit der Bitte, ihnen das Nötigste für den Gottesdienst an Instrumenten, Messgewändern und Bestecken sowie einen silbernen Löffel für jeden zuzugestehen. Darauf verfügte Friedrich, *daß denselben 1 Ciborium, 1 Monstranz und so viele Meßkelche gelaßen werden sollen, als Altäre zum Meßlesen in der Kirche vorhanden sind.* Auch gestand er ihnen zu, die Messgewänder zu behalten, *welche nicht Kostbarkeiten sind, [...] wobei sich jedoch von selbst versteht, daß*

das *Eigenthum auch dieser Sachen uns bleibt, und ihnen nur der Gebrauch derselben überlaßen wird.*[28] Wie weit man bei der Erfüllung des herzoglichen Befehls ging, zeigt die Geschichte um die Gebeine der Heiligen Justinus und Theodor, die in Schöntal verehrt wurden und die Kammerrat Mayer das Leben schwer machten. Er hatte den Auftrag bekommen, von den *Heiligen, die in rotem Samt mit reicher Stickerei bekleidet* waren, die Verzierungen abzunehmen und nach Stuttgart zu senden, die Gebeine aber in der nächsten Dorfkirche aufzustellen. Allerdings sah er sich, sowohl was ihren materiellen Wert als auch was ihren ideellen Wert für die Gläubigen betraf, vor unüberbrückbare Schwierigkeiten gestellt, wollte keinen Gerüchten Vorschub leisten und bat darum, die Sache am Hof zu entscheiden: *Ich wünschte, daß diese Heilige samt ihren Gebeinen gen Himmel gefahren wären, sie machen mir allerhand Spuk. Anfänglich glaubte ich sie von großem Werth. Ich fragte einen Juden, der both gleich 1.000 Reichsthaler und gieng [...] ohne weiteres auf 2.000 [...]. Da immer weniger Leute des Nachts im Kloster sind und bei Tag sich allerhand Gesindel einschleicht, so war mir für die Heilige bange. Ich nam sie für mein Bette, bath um Verhaltungsbefehl [...]. Kaum war der Bericht fort, kam der Jude, besah die Herrlichkeiten von allen Seiten und sagte mir dann, daß die Perlen falsch seyen, und daß er nicht weiter als 50 Louis d'or dafür geben könne [...]. Meiner Meinung nach wäre das beste, [...], daß ich die Heilige in den schönen Glaskästen, wie sie sind, Ihnen zuschicken dürfte. Ich würde dann hier sagen, Seine Herzogliche Durchlaucht hätten die Leiber, weil hier wenig Gottesdienst seye, in die Hauptkirche nach Elwangen geschicket. So wäre das Volck beruhigt und Euer Wohlgebohren könnten die Sachen durch Kenner untersuchen lassen [...]. Ich bitte gehorsamst, Seiner Herzoglichen Durchlaucht die Sache vorzustellen, sonst bleibt mir nichts übrig, als die Gebeine selbst abzutrennen, da von den Narren der Gegend keiner es thun wird.*[29] Seinem Wunsch wurde durch Verfügung vom 26. März entsprochen.

Das Kloster wurde so vollkommen geräumt, dass Steuereinnehmer Kapff nicht wusste, wie er das Logis für den am 31. Juli 1803 geplanten Besuch des Herzogs in Schöntal möblieren sollte, da alle Möbel, Gläser, Geschirr usw. verkauft worden waren.[30]

Abtransport von Bibliothek und Archiv

Die Bibliothek, die Parrot *als ziemlich zahlreiche [...], in der einige alte Manuskripte und Incunabeln auch sonstige kostbare Werke sich befinden*[31], beschrieb, wurde teilweise 1804 und endgültig 1810 in 48 Verschlägen nach Stuttgart transportiert. Die dortigen Bibliothekare, die anhand des von Pater Steinmayer erstellten Katalogs nur 70 Bände für wertvoll hielten, waren nur wenig begeistert darüber, zumal sie gerade versuchten, 25.000 Bänden aus Schussenried Herr zu werden. Angesichts der Transportkosten hatten sie sogar den Vorschlag gemacht, die Doubletten *in den Ort Schönthal, wenn auch nur als bloße Makulatur zu verkaufen.* In Stuttgart wurde die Bibliothek in der Hofkapelle des Alten Schlosses untergebracht, wo es im Oktober 1810 aber zu kalt und zu feucht war, um Ordnungsarbeiten vorzunehmen. Heute sind von den ca. 10.000 Bänden nur noch 1.500 nachweisbar. Sie befinden sich außer in der Württembergischen Landesbibliothek vor allem im Wilhelmsstift in Tübingen.

Auch das Archiv, dessen Ordnungszustand Bilfinger als *sehr betrüblich* bezeichnete, was er dem *mangelnden Fleiß der zuständigen Geistlichen* zuschrieb, wurde abtransportiert. Es war 1796 nach Amberg und nach Würzburg geflüchtet worden und nach der Rückkehr, offenbar *ohne auf die Ordnung zu achten, in Schubläden gesteckt worden.*[32] Allerdings gingen die württembergischen Beamten auch nicht besser damit um. Unterlagen, die zur täglichen Verwaltung des neuen Besitzes benötigt wurden, gelangten in die Registraturen von Ober- und Kameralamt. In Schöntal waren die wie andernorts auch mit der Bewertung der als aufbewahrungswürdig einzustufenden Archivalien beauftragten Kameralbeamten sichtlich überfordert, was zu Verlusten an Archivgut führte, denen erst der Geheime Archivar Christoph Ludwig Friedrich Lotter auf seinen Archivreisen 1824 bis 1826 ein Ende bereitete. Nach seinem Bericht wurden die Akten, die nicht für die laufenden Geschäfte benötigt wurden, in einem so feuchten Raum gelagert, in dem selbst *die Pflastersteine moderten.*[33] Er veranlasste die Verlagerung der Pergamenturkunden und Urkundenabschriften in das Staatsarchiv nach Stuttgart, wo sie 1825 vom Archivar Wilhelm Ludwig Ferdinand Scheffer verzeichnet wurden. Am 17. Oktober 1833 wurde das restliche Abteiarchiv in das 1813 eingerichtete Nebenarchiv zu Mergentheim verbracht, nachdem die für nicht aufbewahrungswürdig erachteten Akten und Bände nach dem Papierwert verkauft worden waren. Heute befinden sich 1.060 Urkunden und Akten im Umfang von 50 Metern im Staatsarchiv Ludwigsburg, frühe Königs- und Kaiserurkunden sowie Lagerbücher und Kopiare in den Selektbeständen des Hauptstaatsarchivs Stuttgart sowie noch einzelne Stücke im Pfarrarchiv in Schöntal.

Schätzung von Geldeinnahmen und Liegenschaften
Wie hoch die Einnahmen in Schöntal tatsächlich waren, lässt sich kaum mehr ermitteln, da nicht nur die Angaben der Mönche, sondern auch diejenigen der einzelnen Organisationskommissare auseinandergehen. Während der Oberbursarius bei der Besitzergreifung die Einkünfte mit ca. 44.699 fl. angab, führten die Konventualen bei den Verhandlungen um ihre Pension, die sich an den jährlichen Einkünften der Abtei orientieren sollte, 80.000 fl. an. Parrot errechnete 62.000 fl. Reichsgraf Enzdorf spricht 1804 von 72.000, meint aber, andere würden von 90.000 fl. Einkommen reden. Mayer und Parrot hatten bereits 1803 weitgehend alle Güter, Weinberge, Mühlen sowie die Brauerei und die Ziegelei verkauft. Dies wurde nach 1803 vom Kameralamt Schöntal fortgesetzt, in dessen Akten teilweise die Unterlagen der Steuereinnehmerei Schöntal Eingang fanden[34]. Der Heilbronner Hof wurde mit seinen Zugehörden verpachtet. Um den Mergentheimer Propsthof entstand ein Streit mit dem Deutschen Orden, bei dem es vor allem um die Frage ging, wer den Gottesdienst in der Kapelle des Propsthofes versehen sollte. Damit wurde schließlich der schon früher dort tätige Schöntaler Pater Hubrich beauftragt. Nach seinem Tod 1819 wurde die Kapelle 1820 verkauft und in eine Brauerei umgewandelt, was symptomatisch für den Umgang Württembergs mit katholischem Kirchengut war.[35]

Folgen der Säkularisation für Konvent und weltliche Bedienstete

Verhandlungen über die Höhe der Pensionen

Die Schöntaler Mönche werden von den Organisationskommissaren durchweg negativ dargestellt, was

wohl damit zusammenhängt, dass sich die Verhandlungen über deren Versorgung als sehr schwierig und langwierig erwiesen. Es herrschte ein gegenseitiges Misstrauen, dass von beiden Seiten her begründet war. Die Klosterbereisungskommission, die im Februar 1803 die Selbstverpflegung im Konvent aufzuheben hatte, berichtet am 22. Mai: *Als die [...] beauftragte Commission zu Ende Februar in dem Closter Schönthal ankam, traf sie noch die [...] Selbstverpflegung des ziemlich zahlreichen Personals an. Diese Selbstverpflegung war kostbar und der Aufwand müßte immer auf 300 fl. für die Woche angenommen werden. Ihre Aufhebung ... war jedoch hier mehr als anderwärts mit Schwürigkeiten verbunden. Der Abt war längst ohne Einfluß, die Prioren ohne Autorität, der größte Theil der Ordensgeistlichen durch Zwietracht getrennt. Ohne litterarische Bildung und mit einem grossen Hang zur Streitigkeit kam zwar vielen die Aufhebung des Closters erwünscht, jedoch nur, um mit mehrer Freiheit die Vortheile genießen zu können, die ihnen der Reichsdeputations-Schluß versprach.*[36] Wie bereits erwähnt, blieb Württemberg aber unter dem vom RDH festgesetzten Minimum zur Versorgung der Mönche.

Pensionierung des Abtes

Die Verhandlungen über die Pension des Abtes führte Hofkammervizedirektor Parrot höchst persönlich. Während Abt Maurus zunächst 3.000 fl., 20 Klafter Holz und je 12 Malter Dinkel und Hafer sowie freie Wohnung im Schloss Aschhausen und einen Wagen verlangte, wollte Parrot ihm nur 1.500 fl. zugestehen. Nachdem der Abt erklärte, *daß es aber jedermann auffallen würde, wenn er nicht einmal das Nöthigste zu seinem Unterhalt in seinen alten Tagen erhalten sollte*, bot Parrot ihm 2.000 fl. und freie Wohnung und berichtet darüber süffisant: [ich] *gab ihm zu erkennen, daß diese Summe Reichsdeputationshauptschluß-mäßig seye, ersuchte ihn, sich bestimmt über die Annahme derselben zu erklären, und nahm meinen Huth zu mir. Dieser Schritt bewog ihn zu einer größeren Nachgiebigkeit. Er wollte noch die 20 Kl. [after] Holz, den Dinkel, den Haber und den Diable verlangen, allein, da ich sehe, daß er zu wanken anfinge, [...] ein Blick, den ich auf die Thüre warf, bestimmte[n] ihn zu der Annahme derselben.*[37] Als Aufenthaltsort des in die Enge getriebenen Abtes wurde Schloss Aschhausen bestimmt, das Schöntal 1671 vom Erzstift Mainz erworben hatte.

Versorgung der Konventualen
Unter ähnlichem Druck verliefen die Verhandlungen über die Pension der Konventualen, die Regierungsrat Ferdinand Wilhelm Weckherlin führte. Obwohl die Mönche in Anbetracht der jährlichen Schöntaler Einkünfte von ca. 80.000 fl. je 500 fl. bzw. 450 fl. forderten, wurden sie im Durchschnitt mit 270 fl. abgefunden. Dabei wurden sie in vier Gruppen eingeteilt. Als Ausländer galten diejenigen, die mit einer Pension von 250 fl. zu ihren Familien zurückkehrten. 13 Geistliche, die außerhalb der Kommunität leben, aber im Lande bleiben wollten, sollten 275 fl. bekommen. Sie waren bis auf zwei Patres alle unter 40 Jahre alt. Vier Konventualen wollten innerhalb der Klostermauern mit einer Pension von 275 fl. zusammenleben. Fünf weitere, die bereits Dienst in Pfarreien taten, sollten ebenso behandelt werden, während die zwei Laienbrüder mit 125 fl., drei Maß Holz und freiem Logis im Kloster abgefunden wurden. Obwohl der Beginn der Pensionen wie derjenigen des Abtes auf den 1. März 1803 festgesetzt war, erhielt Steuereinnehmer Kapff den Auftrag, ihre Auszahlung auszusetzen.[38]

Untersuchung der Finanzgeschäfte vor der Besitzergreifung

Hintergrund dieser Bestimmung war, dass in Schöntal noch im Sommer vor der Aufhebung des Klosters die Verteilung von Bargeld und sog. Bethmann'schen Obligationen unter den Mönchen stattgefunden hatte, was die württembergischen Kommissare bei ihren intensiven Forschungen nach Wertgegenständen und Bargeld in Erfahrung gebracht hatten.[39] Über ein Kapital von 41.000 fl., das der Fürst zu Hohenlohe-Ingelfingen dem Kloster schuldete, hatte dieser eine Obligation ausgestellt, die an das Frankfurter Bankhaus Rippel und Harnier gegeben wurde. Bei diesem beschwerte sich das Kurfürstliche Landvogteigericht, bekam jedoch zur Antwort, *dass theils die Reichsunmittelbarkeit des Stifts Schönthal, theils der neueste Reichsdeputationsabschied § 44 sichere Gewähr dafür leisten, dass hier die Rechtmäßigkeit und Unantast-*

barkeit[40] *des Finanzgeschäfts gegeben sei.* Obwohl nämlich der RDH nur die Verträge für ungültig erklärte, die nach dem 24. August 1802 noch von den Klöstern abgeschlossen worden waren, sah Württemberg die Kapitalverteilung als Unterschlagung bzw. Raub an und forderte die Auszahlung desselben von den Konventualen. Erst nach vollständiger Klärung der Angelegenheit, die einer Untersuchungskommission unter Landvogteigerichtsassessor Christian Heuchelin aufgetragen wurde, sollten die Pensionen ausgezahlt werden.
Die Mönche, die in weiser Voraussicht ihres mageren Schicksals im Juli 1802 zu dieser Maßnahme geschritten waren, sahen sich nun gezwungen, von eben diesem Bargeld, das ihr Auskommen hatte erträglicher machen sollen, überhaupt zu leben. Da sie sich in der Mehrzahl weigerten, das Geld herauszugeben, forderte Heuchelin militärische Unterstützung an, um sie dazu zu zwingen: *All den vorherigen Conventualen, stellte ich nach den erfolgten Bekenntnissen das Verbrecherische ihrer Handlungen überhaupt und ihre Verbindlichkeit zur schleunigsten Zurückgabe der so widerrechtlich erhaltenen Gelder vor, keinen vermochte ich aber zur freiwilligen Zurückgabe zu bringen. Sie bezogen sich auf die ihnen bis den 24. August 1802 zugestandenen Administrationsrechte und waren so frech, mir zu erklären, dass sie zuerst noch einmal Vorstellungen bei Eurer Churfürstlichen Durchlaucht, und dann sogar bei Kaiser und Reich versuchen würden [...]. Sie verdienten keine Schonung mehr, weshalb ihnen durch Gewalt das abgenommen werden soll, was sie auf eine so illegale und betrügerische Weise sich zugeeignet hatten.*[41] Mithilfe eines Offiziers und zwölf Jägern durchsuchte Heuchelin die Zimmer der Konventualen. Dabei wurden bei 17 Mönchen noch 5.000 fl. in bar sowie 12 Bethmann'sche Obligationen gefunden, zusammen ein Wert von 19.000 fl. Drei im Ausland befindliche Konventualen wurden schriftlich zur Rückgabe aufgefordert, drei hatten bereits alles auf Reisen aufgebraucht. Vier befanden sich an unbekannten Orten. Nur der Abt hatte weder Geld noch Wertpapiere bekommen, jedoch der ganzen Aktion zugestimmt.
Abt Maurus Schreiner, der 1784 die Leitung der finanziell und in geistlicher wie disziplinarischer Hinsicht darnieder liegenden Abtei übernommen hatte, erwies

sich während seiner Amtszeit mehrfach als ein geschickter Finanzverwalter. Ihm war zu danken, dass die Abtei trotz Prozessen, aufwendigen Baumaßnahmen und Kriegswirren zuletzt schuldenfrei dastand. Heuchelins Untersuchung förderte nun eine Reihe von Geschäften zu Tage, die zwar zum Schaden Württembergs gereichten, jedoch den Abt als guten Hausvater zeigen zu einem Zeitpunkt, als die Aufhebung des Konvents unabwendbar schien.[42]

Außer den genannten finanziellen Transaktionen hatten Abt und Konvent verschiedenen Pächtern übermäßige Nachlässe gewährt, um schnell über Bargeld zu verfügen, das sie dann untereinander verteilten. Etwa in Halsberg betrug die Reduzierung der Pacht von 3.000 auf 1.600 fl. fast die Hälfte. Die Pacht des Buchhofs wurde von 800 auf 500 fl. herabgesetzt und sogar bis 1814 festgeschrieben. In Wimmental gar wurden statt 24.101 fl. nur 7.118 fl. gezahlt, also ein Nachlass von 16.982 fl. gewährt, um sofort an Bargeld zu kommen. Als besonders verbrecherisch an den allesamt im Frühjahr und Sommer 1802 abgeschlossenen Verträgen, empfand der württembergische Kommissar ihre Rückdatierung auf die Jahre 1800 oder 1801. Seit 1769 hatte sich die Abtei im Streit mit den Freiherren v. Berlichingen um Gülten zu Merchingen befunden, der vor dem Reichskammergericht zu Wetzlar ausgetragen wurde. Obwohl die Sache für Schöntal gut aussah, gab sich die Abtei im Januar 1802 unter Hinweis auf die bevorstehende neue Landesherrschaft mit der Reduzierung der Schuldsumme von 9.870 fl. auf 5.000 fl. zufrieden.[43] Während die eine Hälfte der Summe verteilt wurde, ging die andere an das Bursamt, dessen Rechnungen aber auch seit drei Jahren im Rückstand waren, also eine Überprüfung unmöglich machten. Dem Jäger Vollmer wurde ein Haus verkauft mit der handschriftlichen Bemerkung des Syndicus Mundorf, dass das Kloster das Haus zurückerhalten solle, wenn es wider Erwarten in seinem Bestand erhalten bliebe. Um den Wimmentaler Betrug zu verschleiern, schritt Pater Rosalino dort noch am 19. November – also mehrere Wochen nach der zivilen Besitzergreifung – zur Verbrennung des Schuldbuchs. Vor diesem Hintergrund sind die äußerst negativen Urteile der Kommissare über den Konvent zu verstehen. Auch kommen die 1798 gegenüber Kurmainz geäußerten Befürchtungen wieder in den Sinn,

die Schöntaler Mönche würden lieber Akten vernichten als in die Hände der weltlichen Herrschaft kommen lassen. Auf jeden Fall wird deutlich, dass die Schöntaler nicht unvorbereitet der Aufhebung ihres Konvents entgegensahen.

Da Württemberg im Gegenzug mit der Aussetzung der Pensionen Ernst machte, sahen sich nach und nach alle Konventualen zur Herausgabe des ihnen noch verbliebenen Vermögens gezwungen.

Zum Schicksal der Schöntaler Konventualen

Die Akten sind voll von Bittgesuchen ehemaliger Mönche, die sich auf den RDH berufen oder ihr Verhalten entschuldigen und erklären, warum sie das Bargeld bereits ausgegeben hätten. Nun da sie *unter exekutivesten Vorkehrungen* alles herausgegeben hätten, was sie besaßen, hofften sie auf eine angemessene Versorgung. Andere Exkonventualen wiederum vergaßen bei ihrer Bitte um Unterbringung in den Räumen der Abtei nicht, auf ihren herausgehobenen Stand hinzuweisen: *Ein unbeholfeners, geräuschvolles Bauern Quartier würde ohnstreitig ein […] Hinderniß für uns seyn, die zwischen dem unsrigen und dem Bauernstand so nöthige Scheidewand würde verlohren gehen, wir würden daher sehr mühselig leben, und zur Zeit nie mit Nachdruck auf diese Classe würken können.*[44]

Unter den vielen Schicksalen, die durch die unausweichliche weltpolitische Entwicklung einerseits und die Schöntaler finanziellen Transaktionen andererseits geprägt waren, seien nur einige Beispiele genannt. Am schlimmsten erging es Pater Benedikt Diemer. Ehemals Prior der Abtei war er während der Säkularisation Pfleger auf dem Neuhof. Da er die Besitzergreifung durch Württemberg nicht mitbekommen hatte, führte er seine Geschäfte unverändert weiter, weshalb ihm Unterschlagung herrschaftlicher Gelder vorgeworfen wurde. Er verkaufte offenbar Vieh und Früchte *und eignete sich den Erlös ja in der Absicht, künftigem Mangel bei erfolgter Aufhebung des Klosters dadurch zu entgehen, an.*[45] Er wurde in Arrest genommen und erhielt neun Jahre lang keine Pension, sondern lebte in drückender Armut von der Mildtätigkeit seiner Bekannten und kleinerer Dienste, die er für Pfarrer übernahm. Erst 1813 wurde dem nun 53 Jahre alten Mann eine Kaplanei zugewiesen. Der 25 Jahre alte Coelestin Hendinger bat um Abfindung mit einer Summe von 5.000 fl. als Abkauf der ihm rechtlich zustehenden Pension, da er Arzneikunde studieren wolle, um *noch ein thätiges und nützliches Glied der menschlichen Gesellschaft zu werden*.[46] Das Gesuch wurde am 17. März 1804 abschlägig beschieden. Pater Zoecklin war zum Zeitpunkt der Säkularisation in der Schweiz und hatte an der Geldverteilung keinen Anteil. Da jedoch ein anderer Pater, Friedrich Grebert, der flüchtig war, den für ihn vorgesehenen Anteil an sich genommen hatte, er ihn also nicht zurückzahlen konnte, wurde auch ihm die Pension verwehrt.[47] Dieser Grebert hatte bei der obengenannten Unterschlagung die Distributionskasse geführt und besaß eine Liste der einzelnen daran beteiligten Konventualen. Neben der Bethmannschen Obligation von 1.200 fl. hatte er noch 595 fl. Bargeld bekommen und 800 fl. an sich genommen, die der Kommunität gehörten. Zusammen mit dem für Pater Zoecklin vorgesehenen Kapital verfügte er somit über 4.353 fl., die die württembergischen Kommissare von ihm zurückforderten. Er entfernte sich heimlich von seinem Wohnort in Berlichingen und ging ins »Ausland«, um Pfarrer in Eppstein bei Mainz zu werden. Obwohl er steckbrieflich gesucht wurde, lehnte König Friedrich I. es zwar ab, sich seinetwegen mit dem französischen Gouvernement im Departemant Donnersberg in Verbindung zu setzen, verfügte jedoch die Inhaftierung Greberts, sobald er ins Land zurückkehre. In Unkenntnis dieses Befehls wurde Grebert 1809 vom Königlich Katholischen Geistlichen Rat zum Pfarrer in Bodnegg bei Altdorf bestellt. Nach längeren Verhandlungen wurde auf die Verfolgung Greberts verzichtet. Da ihm seine Pension vorenthalten worden war, blieb er nur noch 2.000 fl. schuldig, die ihm von seinem Gehalt abgezogen wurden.[48]

Als Vermittler in dieser Angelegenheit war der zum Dekanats-Commissaire ernannte Pfarrer Steinmayer zu Schöntal tätig, ein Mitkonventuale Greberts, der einst den Bibliothekskatalog erstellt hatte und als einziger wegen seiner Redlichkeit hervorgehoben wird. Jedoch auch er, der die Pfarrei Schöntal selbst versah, war 1805 gezwungen, sich über Rückstände bei der Zahlung seiner Pension zu beschweren. Diese wurden damit erklärt, dass die Einkünfte der Steuereinnehme-

rei Schöntal nicht zur Zahlung aller Pensionen und Gehälter ausgereicht habe, weshalb die Steuereinnehmerei Heilbronn mit deren Übernahme beauftragt wurde. Hintergrund dessen war, dass Steuereinnehmer Kapff seiner Aufgabe nicht gewachsen war und abberufen werden musste.[49]

Ziel der herzoglichen Regierung war es, möglichst viele Pensionäre auf Pfarreien der Umgebung unterzubringen, um Kosten einzusparen. 1807 waren zwölf Exkonventualen in diesem Sinne versorgt; der Organist Joseph Küffner hatte eine Anstellung im herzoglichen Orchester in Stuttgart gefunden.[50]

Constantin Will, ehemals Frühmesser zu Oedheim und dann in Diebach tätig, wurde durch die oben erwähnte Grenzbereinigung mit Salm-Reifferscheid plötzlich zum »Ausländer« und sah sich daher auch um seine gerechte Pension gebracht. Er bat sogar Karl Theodor v. Dalberg, sich beim württembergischen Herzog für ihn zu verwenden. Seine Worte – *da Euer Kurfürstliche Gnaden vormals der höchste Schutzherr der Abtei Schöntal gewesen sind, und wir uns dessen durch die veränderten Umstände zu unserem tiefen Schmerz nur noch erinnern dürfen* […] – machen nochmals den Zwiespalt deutlich, in dem sich die Schöntaler bereits in den letzten Jahrhunderten befunden hatten. Während sie bei der Verteidigung ihrer Rechtsgeschäfte auf ihre Reichsunmittelbarkeit pochten, wurde, wenn es hilfreich erschien, dennoch Mainz als Schutzmacht angerufen. Staatsminister v. Albini, der Wills Fall als aussichtslos ansah, gab den Schöntaler Mönchen auch zu einem großen Teil mit die Schuld an ihrer bedauernswerten Situation: *Die Schönthaler sind wirklich zu bedauern und es ist nicht recht, dass bei dem großen Vermögen Ihrer Abtei* […] *sie so unverhältnismäßig gering pensioniert werden sollen. Die Schönthaler waren aber, so lang ich sie kenne, unruhige Mönche und zogen sich immer selbst Verdrießlichkeiten zu. Sie haben es, als Ihnen die Aufhebung bevorstand, mit Austheilung der Capitalien geständiglich wieder so gemacht* […].[51]

Bei dieser Einschätzung spielte sicher auch eine Rolle, dass v. Albini auch selbst schon 1798 Pläne zur Aufhebung Kloster Schöntals gehabt hatte. Selbst wenn man ihm recht gibt, so veranschaulicht doch die Eingabe von fünf Konventualen beim Landvogteigericht Heilbronn vom 31. Oktober 1803 nur zu deutlich die ganze Situation, die nicht der persönlichen Tragik entbehrt: *Seit der Säkularisation befinden wir uns zum Theil verlassen und herumirrend in der kümmerlichsten und nothdürftigsten Lage. Nicht genug, daß uns seit dieser Zeit die uns gebührende anständige Sustentation gänzlich vorenthalten wird, wurde uns auch bekanntlich im letztverflossenen Frühjahr der kleine Geldvorrath, den wir uns auf eine wenigstens nach unserer Überzeugung erlaubteste Weise erspart hatten, mit militärischer Gewalt abgenommen. Niemand interessiert sich seit dieser Zeit um unser Schicksal, niemand fiel es bey, zu fragen, wo wir von allen Hülfsmitteln entblößt unseren nothdürftigen Lebensunterhalt schöpften, gleichsam als ob mit unserer Säkularisation auch unsere physische Existenz aufgehört hätte.*[52] Auf dieses Bittgesuch hin verfügte der Herzog am 21. November immerhin: *den wirklich bedürftigen Conventualen von Schönthal, unbeschadet des auf die Vorräthe, Pensionen und anderer Einkünfte derjenigen, welche mit ihrer von den veräusserten Capitalien zurückzuzahlenden Quote noch im Rückstand sind, angelegten Arrests, die nothwendigen Nahrungsmittel abreichen zu lassen.*

Zum Schicksal des weltlichen Personals der Abtei

Ähnlich wie diesen Exkonventualen erging es auch der Mehrzahl der 81 weltlichen Bediensteten in Schöntal, die zu Lichtmeß 1803 entlassen wurden. Auch von ihrer Seite gab es zahlreiche Gesuche um Pensionen und Gnadengehälter. Schließlich führte ihre Entlassung dazu, dass sich in der Schöntaler Gegend viel Gesindel und Räuber herumtrieben, gegen die die herzogliche Regierung mit Militär vorging.[53] Bei aller Aufrechnung von Gewinn und Kosten der Säkularisation für Württemberg und der Verluste für die katholische Kirche sollten auch die persönlichen Schicksale der in und von Kloster Schöntal lebenden Menschen nicht aus dem Blick verloren werden. Neben der politischen und wirtschaftlichen Umwälzung bedeutete die Säkularisation auch einen gewaltigen Umbruch in sozialer Hinsicht, der bisher kaum erforscht wurde. Dies gilt sowohl für das Schicksal der Exkonventualen als auch für die vielen Arbeiter und weltlichen Angestellten, die durch die Säkularisation um ihr Auskommen gebracht wurden.

Abschließende Bewertung

Festzuhalten bleibt, dass die Schöntaler Mönche entgegen der von ihren Gegnern immer wieder beschriebenen zerrütteten Zustände und angeblichen inneren Streitigkeiten unter Abt Maurus Schreiner zusammenstanden und zumindest in finanzieller Hinsicht versuchten, sich so gut wie möglich auf die Aufhebung des Konvents vorzubereiten. Ihre Pläne für die Zeit nach der Säkularisation scheiterten jedoch an der Macht des württembergischen Herzogs und der Durchsetzungskraft seiner Kommissare und Beamten. Diese hatten zwar bei der Besitzergreifung keinen Widerstand, der ohnehin zwecklos gewesen wäre, im Kloster vorgefunden, jedoch zeigte sich bald, dass man ihnen Informationen und vor allem Gelder vorenthielt. Trotz der freundlichen Aufnahme in der Abtei erreichten sie daher ihr Ziel der Auszahlung aller im Konvent vorhandenen Gelder nur unter Einsatz militärischer Präsenz. Während sich Württemberg bei der Besitzergreifung und der daraus folgenden Inanspruchnahme aller ehemals Schöntaler Gerechtsame auf den RDH berief, wurden dessen Bestimmungen im Hinblick auf die Pensionen der ehemaligen Konventualen und die vom Konvent vor dem 24. August 1802 getätigten Rechtsgeschäfte durch pure Machtausübung übergangen. Insofern unterscheidet sich die Aufhebung Schöntals nicht von derjenigen anderer an Württemberg gefallener Klöster. Allerdings blieb Schöntal das Schicksal erspart, in ein Gefängnis oder einen Industriebetrieb umfunktioniert zu werden. In das Konventsgebäude nämlich war bereits im Mai 1803 das neu geschaffene Oberamt Schöntal eingezogen. Als es 1810 im Oberamt Künzelsau aufging[54], wurde ein niederes evangelisches Seminar, vergleichbar dem in Maulbronn, eingerichtet. 1975 übernahm die Diözese Rottenburg-Stuttgart das Gebäude und unterhält seither dort ein Bildungshaus.[55] Trotz der durch die Säkularisation markierten historischen Zäsur und der damit verbundenen gewaltsamen Begleitumstände wird daher bis heute im Tal der Jagst die Tradition der Abtei Schöntal als Stätte der Einkehr und der Bildung fortgesetzt.

1811 verstarb Maurus Schreiner, an den noch der Mohrenbrunnen vor der Abtei erinnert, auf seinem Alterssitz Aschhausen. Ihm wurde ein bescheidenes

Grabmal auf dem Friedhof vor der Heiliggrabkapelle in Schöntal gesetzt. Dessen Inschrift könnte der letzte Schöntaler Abt, der es als besonders glückliches Los bezeichnet hatte, unter die württembergische Landeshoheit zu kommen, gleichzeitig aber immer wieder den Druck eines unvermeidlichen Schicksals beklagte, selbst gewählt haben: *Fato ultimus.*

[1] SAL D 2: Neuwürttemberg: Hofkammer Ellwangen, Bü 21. Zu den Vorgängen um die Säkularisation vgl. *Matthias Erzberger*, Die Säkularisation in Württemberg von 1802–1810. Ihr Verlauf und ihre Nachwirkungen. Stuttgart 1902; *Hermann Schmid*, Die Säkularisation und Mediatisation in Baden und Württemberg, in: Baden und Württemberg im Zeitalter Napoleons. Bd. 2. Stuttgart 1987, 135–155; *K. D. Hömig*, Der Reichsdeputationshauptschluß vom 25. Februar 1803 und seine Bedeutung für Staat und Kirche unter besonderer Berücksichtigung württembergischer Verhältnisse. Tübingen 1969; *Max Miller*, Die Organisation und Verwaltung von Neuwürttemberg unter Herzog und Kurfürst Friedrich. Stuttgart/Berlin 1934.

[2] *Johannes Brümmer*, Kunst und Herrschaftsanspruch. Abt Benedikt Knittel (1650–1732) und sein Wirken im Zisterzienserkloster Schöntal. Sigmaringen 1994. Zu Knittels Baumaßnahmen s. weiter unten.

[3] Zur Geschichte Schöntals vgl. zuletzt *Marlene Meyer-Gebel*, Zu Gründung und Anfängen von Kloster Schöntal an der Jagst, in: WFr 80 (1996), 65–77, und *Maria Magdalena Rückert*, Von der frommen Adelsstiftung zur reichsunmittelbaren Abtei. Kloster Schöntal in den ersten 250 Jahren, in: *Dieter R. Bauer* (Hg.), *unter Beobachtung der heiligen Regel*. Zisterziensische Spiritualität und Kultur in Baden-Württemberg. Stuttgart 2002, 25–39.

[4] *Hermann Ehmer*, Die Maulbronner Klosterschule. Die Bewahrung zisterziensischen Erbes durch die Reformation, in: *Peter Rückert/Dieter Planck* (Hgg.), Anfänge der Zisterzienser in Südwestdeutschland. Politik, Kunst und Liturgie im Umfeld des Klosters Maulbronn. Stuttgart 1999, 233–246. Allerdings kam Schöntal bereits 1282 unter die Paternität des finanzkräftigeren Klosters Kaisheim, das auch bis zur Säkularisation durch Bayern reichsunmittelbar blieb.

[5] Vgl. dazu die Urkunden und Akten im SAL B 503 I: Zisterzienserkloster Schöntal, Bü. 111, 114–123. Zur Problematik des Begriffs der Reichsunmittelbarkeit *Hansmartin Schwarzmaier*, Reichsprälatenklöster, in: Handbuch der Baden-Württembergischen Geschichte. Bd. 2: Die Territorien im Alten Reich. Stuttgart 1995, 546–609, v. a. 565f. sowie *Armgard von Rheden-Dohna*, Zisterzienser als Reichsstände, in: *Kaspar Elm* (Hg.), Die Zisterzienser. Bonn 1980, 285–288.

[6] SAL B 503 I Bü. 111. Das von Mainz noch 1802 angemahnte, in Schöntal unterlassene Trauergeläut für den verstorbenen Erzbischof Friedrich Karl Joseph v. Erthal, ist vor diesem Hintergrund zu sehen.

[7] SAL B 503 I (Würzburger Akten) Bü 142f., 147; *Heribert Hummel*, Kloster Schöntal. Lauda/Königshofen 1991, 37–38; *Württembergischer Geschichts- und Altertumsverein* (Hg.), Herzog Karl Eugen von Württemberg und seine Zeit. Bd. 2. Esslingen 1909, 376–378.

[8] *Karl von Hertling*, Säkularisationsprojekte aus dem Jahre 1798, in: HJb 13 (1892), 503–513, hier 512f. Die Akten, die sich in Privatbesitz befanden, wurden 1899 an das Kreisarchiv – heute SA Würzburg – geschenkt. Dort wurden sie in den Bestand SA Würzburg Rep. 62 Nr. 501½ eingeordnet, gingen aber im Zweiten Weltkrieg zugrunde. Herrn Dr. Werner Wagenhöfer sei für die freundliche Mitteilung gedankt.

[9] So *Erzberger*, Säkularisation (wie Anm. 1), 227.

[10] So in Bieringen und Hopfengarten vgl. SAL D 23: Organisationskommissionen, Bü 202.

[11] Der Klosterapotheker Fortbach, dessen in Privatbesitz befindliche Erinnerungen weite Passagen über die Säkularisation Schöntals enthalten, meint dazu, dass man die Leiningensche Herrschaft mit Geduld ertragen habe, *weil im Zeitraum von 14 Tagen nichts Bedeutendes von dieser Kommission unternommen wurde, sondern sie ließ sich's während ihrem Aufenthalt bei einer guten Mahlzeit und Trunk wohl sein.* Zitiert nach *Erzberger*, Säkularisation (wie Anm. 1), 228.

[12] HSAS A 15: Kabinett. Besitzergreifung und Organisation neuer Landesteile, Bü 77: *Da nach denen zu Folge des Lunéviller Friedens inzwischen weiters gepflogenen Verhandlungen und besonders kraft der von den vermittelnden Mächten ganz neuerlich der außerordentlichen Reichs-Deputation übergebenen ferneren erläuterten und mit Zusätzen vermehrten Declaration [...] uns [...] die Abtei Schönthal mit völliger Landeshoheit und allen daher fliessenden Rechten und Appertinenzien zugefallen und es nothwendig seyn will, zur Sicherstellung dieser uns feyerlichst zugesicherten Rechte nach den allerwärts bestehenden Vorgängen provisorisch und bis von Kaiser und Reich etwas Bestimmtes entschieden seyn wird, Besitz davon ergreifen zu lassen; so sehen wir uns dadurch veranlasst, ein Commando unserer Truppen provisorisch dahin zu verlegen.* (12.10.1802).

[13] HSAS A 15 Bü 77. Der Termin ergibt sich aus den detaillierten Berichten, Kostenaufstellungen und Protokollen Fetzers. Der in der Literatur, u. a. bei *Erzberger*, Säkularisation (wie Anm. 1), 228, immer wieder zu findende 16.10.1802 beruht offenbar auf den Erinnerungen des Klosterapothekers Fortbach.

[14] Zitiert nach *Erzberger*, Säkularisation (wie Anm. 1), 228f. Allerdings brachte Fortbach in seinen Erinnerungen offenbar einiges durcheinander. Seiner Aussage nach erschienen tags darauf die württembergischen Kommissare Heuchelin, Süskind, Parrot und Mayer und begannen mit der Beschlagnahmung und Ausräumung von Kosterschätzen, was aber erst nach der zivilen Besitzergreifung im November erfolgte.

[15] HSAS A 15 Bü 77 auch im folgenden.

[16] *Erzberger*, Säkularisation (wie Anm. 1), 225f.; *K. statistisch-topographisches Bureau* (Hg.), Beschreibung des Oberamts Künzelsau. Stuttgart 1883, 3, 804ff.

[17] Vgl. dazu HSAS A 15 Bü 77 Schreiben des Frhn. Joseph v. Berlichingen vom 06.11.1802. und das sog. Berlichinger Band, das ein Gedicht zu Ehren des neuen Landesherrn überliefert, das offenbar bei der Besitzergreifung dem württ. Beamten vorgetragen wurde: *Die Vorsicht hat uns Friederich zum künftgen Vater auserwählt, durch dich hat der durchlauchtigste, uns seinen Kindern zugezählt, Gesegnet sey der heutige Tag, an dem wir dies vernommen, an dem mit froher Nachricht du, zu uns hierher gekommen. Empfiehl uns Seiner väterlichen Huld und Gnad, das bitten wir, und immer zum Zeugnis reinsten Danks, den kleinen Blumenstrauß dafür.*

[18] Diebach, Gommersdorf, Oberkessach, Westernhausen, Schleierhof, Büschelhof, Eichelshof, Spitzenhof, Muthof und Weltersberg.

[19] Dazu vor allem SAL D 6 I: Neuwürttemberg: Landvogtei Heilbronn, Landvogt und Landvogteigericht, Bü 42: Tausch- und Purifikationsvertrag sowie die jeweiligen Patente. HSAS A 15 Bü 76: Schreiben v. Normanns an Salm-Reifferscheid; vgl. auch SAL D 1: Neuwürttemberg:

Oberlandesregierung Ellwangen, Bü 1400; SAL D 87: Aufgelöste Ober- und Stabsämter: Schöntal, Bü 2–6; SAL F 81: Kameralamt Schöntal, Bü 9f. und Bü 217. Zu den sich aus den Grenzveränderungen ergebenden Problemen für einzelne Exkonventualen siehe weiter unten.

[20] Vgl. SAL D 1 Bü 1400 u. HSAS A 15 Bü 76. Nach Bieringen, wo es Spannungen mit ehemals mainzischen Beamten gab, hatte von Kechler 18 statt der üblichen 12 Soldaten mitgenommen.

[21] SAL D 1 Bü 1400 u. HSAS A 15 Bü 76.

[22] Vgl. HSAS A 15 Bü 76. Kammerrat Mayer erklärt am 25.05.1803 seine Geschäfte für erledigt. Weitere Verkäufe übernahm das in Schöntal eingerichtete Kameralamt, vgl. SAL F 81 Bü 33ff.

[23] SAL D 23 Bü 208, D 2–3: Neuwürttemberg: Hofkammer Ellwangen, Bü 284.

[24] Erzberger, Säkularisation (wie Anm. 1), 234; Hummel, Schöntal (wie Anm. 7), 68. Dies. Regierung stellte dort dann eine Orgel auf, die sich seit 1723 in der Ludwigsburger Schlosskapelle befand.

[25] So Bilfinger in seinem Bericht vom 19.01.1803. Vgl. SAL D 23 Bü 200 u. HSAS A 15 Bü 76 sowie HSAS A 15 Bü 19 und 20 zum Klostersilber.

[26] SAL D 23 Bü 198 auch im Folgenden.

[27] SAL D 23 Bü 208.

[28] SAL D 23 Bü 208 u. HSAS A 15 Bü 76.

[29] HSAS A 15 Bü 76. Vgl. auch Erzberger, Säkularisation (wie Anm. 1), 236f. Die Verfügung des Herzogs: Sie sollen hierher geschickt werden und nach Abnahme der Kleinodien nach Ellwangen abgegeben. F.

[30] HSAS A 15 Bü 76.

[31] HSAS A 15 Bü 76 u. HSAS E 201b: Ministerium des Kirchen- und Schulwesens/Kultministerium: Waisenhäuser, Klöster, Ehedispense, Bü 97. Dazu ausführlich Heribert Hummel, Die Bibliothek des Zisterzienserklosters Schöntal, in: WFr 69 (1985), bes. 240f.; Magda Fischer, Zur Behörden- und Bestandsgeschichte der Württembergischen Hofbibliothek, in: Die Handschriften der Württembergischen Landesbibliothek Stuttgart. 2. Reihe, Bd. 5. Wiesbaden 1975, 129f.

[32] SAL D 23 Bü 205.

[33] Vgl. die Berichte des Geheimen Archivars Lotter in: HSAS E 61: Archivdirektion Stuttgart, Bü 508; Bü 522 sowie Friedrich Pietsch, Die Archivreisen des Geheimen Archivars Lotter, in: Neue Beiträge zur südwestdeutschen Landesgeschichte. Fschr. Max Miller. Stuttgart 1962, 333–353, hier 343. Zwei Kameralbeamte verkauften sogar etlich zwanzig Bergamenth Brief zum Bemalen, weil so altes Zeug genug im Kloster herumfahre, an den Maler Ehrhardt aus Künzelsau, der ihre Porträts darauf malte. Vgl. das im Jahr 2000 neu erstellte Repertorium zum Bestand B 503 II: Zisterzienserkloster Schöntal, Vorwort von Dorothea Bader, der für die Einsichtnahme in das Manuskript herzlich gedankt sei. Heute befinden sich Unterlagen Schöntaler Provenienz in den folgenden Beständen SAL B 503 I Urkunden, B 503 II Akten und Rechnungen; HSAS H 51 Kaiserselekt Nr. H 14/15 Diplomatare, H 233 134 Lagerbücher.

[34] HSAS A 15 Bü 76 u. SAL F 81: Kameralamt Schöntal, Bü 33ff.

[35] SAL B 244: Dt. Orden, Regierung Mergentheim: Stadt Mergentheim, Bü 174. Vgl. dazu auch Schmid, Säkularisation (wie Anm. 1), 152f.

[36] SAL D 23 Bü 200.

[37] HSAS A 15 Bü 76 sowie SAL D 1 Bü 1402 auch im Folgenden. Zu Abt Maurus Schreiner vgl. Gregor Müller, Der Convent Schönthal von der Gründung 1157 bis zur Aufhebung 1803, in: Cistercienser-Chronik (1892) 204f.; Hummel, Schöntal (wie Anm. 7), 102f.

[38] SAL D 23 Bü 200 u. D 1 Bü 1402.

[39] Fortbach berichtet vom Verrat zweier Patres, die nicht mit der Verteilung des Kapitals einverstanden gewesen seien. Erzberger, Säkularisation (wie Anm. 1), 231, Anm. 1. In den Akten der Organisationskommissionen und den Protokollen des Untersuchungskommissars Heuchelin ist dagegen immer wieder davon die Rede, dass alle Mönche, die Kapitalverteilung zunächst leugneten und zu vertuschen suchten. Vgl. dazu weiter unten und SAL D 1 Bü 1401; D 6 I Bü 449 u. HSAS A 15 Bü 76.

[40] SAL D 6 I Bü 449.

[41] HSAS A 15 Bü 76 auch im Folgenden.

[42] Vgl. Bericht und Protokoll Heuchelins in SAL D 1 Bü 1401 auch im Folgenden.

[43] SAL D 1 Bü 1401: […] dass bey der bevorstehenden Veränderung der Verfassung Deutschlands und der wahrscheinlichen Aufhebung des abteilichen Stifts ein mächtiger Landesherr sich berechtigt halten dürfte nach den vorfindlichen Akten sich selbst Recht zu sprechen und quovis modo wegen Kapital- und Zinsen sich bezahlt zu machen […].

[44] SAL D 1 Bü 1402 u. D 23 Bü 200, abgefasst von Anselmus Renk im Namen der vier Mitbrüder: Ferdinand Hönig, Gerhard Wirsching, Theodor Ehrenfried und Christian Caspar am 14.07.1803. 1804 am 21.02. äußert sich einer von ihnen, der von den Almosen seiner Verwandten lebende 30-jährige Gerhard Wirsching schon in anderem Ton: Gern will ich mir das, was ich nicht mehr hergeben konnte, abziehen lassen, allein sollte dies sogleich und auf einmal geschehen, so würde ich dadurch in die äusserste Noth versetzt werden […].

[45] HSAS E 201b Bü 105 u. SAL D 1 Bü 1402. Der Fall war sogar dem Herzog vorgetragen worden, der den Geheimen Rat Jan jedoch rügte, ihn in Zukunft nicht mehr mit solchen Kleinigkeiten zu belasten, sich an die Oberlandesregierung zu wenden. Er wolle nur informiert werden, wenn unmittelbar Gefahr im Verzug sei.

[46] HSAS A 15 Bü 76 u. SAL D 1 Bü 1402. Er erhielt später die Hälfte der Summe, studierte Medizin, trat zum Luthertum über und lebte zeitweise in Russland. Vgl. Müller, Convent (wie Anm. 37), 234.

[47] HSAS A 15 Bü 76 u. SAL D 2 Bü 21.

[48] HSAS E 201b Bü 105.

[49] HSAS A 15 Bü 76.

[50] Diese gab er aber nach einem Jahr wieder auf, wurde Organist zu Wallerstein und 1810 zu Rottenburg-Ehingen. 1805 beklagte auch er sich über das Ausbleiben seiner Pension, wo er doch alles Bargeld bereits zurückgezahlt hatte. Vgl. Müller, Convent (wie Anm. 37), 234; HSAS E 201b Bü 105.

[51] SAL B 503 I (Mainzer Akten) Bü 19 und D 2 Bü 21 sowie HSAS E 201b Bü 105.

[52] SAL D 23 Bü 201 und D 1 Bü 1402: Schreiben von Martin Hubmann, ehemaliger Prior, Gregor Scheuer, Senior, Heinrich Heß, Amandus Steinmayer und Maurus Katzenberger, auch im Folgenden.

[53] SAL D 23 Bü 199 u. HSAS A 15 Bü 76.

[54] Zum Oberamt vgl. HSAS A 15 Bü 76 zu seiner Einrichtung; SAL D 87: Oberamt Schöntal. Ebd. Bü 9 zur Aufhebung. Als Oberamtmann wurde Christoph Friedrich Schmiedlin berufen.

[55] G. Bossert/E. Paulus/R. Schmid, Schönthal. Beschreibung und Geschichte des Klosters und Seminars. Stuttgart 1884; Hummel, Schöntal (wie Anm. 7), 106–109.

Aus den Niederlanden ins Oberland

Das Haus Oranien-Nassau und die *Herrschaft Weingarten* 1802–1806

von Hans Ulrich Rudolf

Einleitung

Die Säkularisation des Reichsstifts Weingarten 1802/03 stellt in gewisser Hinsicht einen Sonderfall dar, nicht nur für Oberschwaben, sondern auch weit darüber hinaus. Die besonderen Umstände lagen nicht so sehr darin, dass das Opfer eines der größten, reichsten und angesehensten geistlichen Reichsstifte Südwestdeutschlands war als vielmehr darin, dass seine Säkularisation strenggenommen nicht dem reichsrechtlich sanktionierten und öffentlich propagierten Zweck galt, linksrheinisch geschädigte Stände des Heiligen Römischen Reichs zu »entschädigen«, wie in erster Linie die Großmächte Österreich und Preußen, dann die großen Fürsten, v. a. Pfalzbayern, Württemberg und Baden, und schließlich die niederrheinischen Reichsgrafen, die ja bevorzugt mit oberschwäbischen Reichsstiften bedacht wurden. Vielmehr bildete der Prinz von Oranien-Nassau zusammen mit dem Großherzog von Toskana und dem Herzog von Modena eine Sondergruppe von Fürsten, die – obwohl keine Reichsfürsten – für ihre von Frankreich annektierten Territorien und Besitzungen (Statthalterschaft und Güter in den Niederlanden, Ghzm. Toskana und Hzm. Modena in Italien) nach Paragraph 12 und Paragraph 1 RDH durch Kirchengut und Reichsstädte des des ehem. Heiligen Römischen Reichs (ab 1803 nach dem RDH nur noch »Deutsches Reich«!) entschädigt werden sollten.
Ihre Entschädigung war daher keine Frage der Politik und des Staatsrechts des Alten Reichs als vielmehr eine der europäischen Politik jener Übergangsepoche. Sie ist nur zu verstehen auf dem Hintergrund damali-

ger dynastisch-politischer Interessen: Der Ghz. von Toskana war ein österreichischer Erzherzog, ebenfalls seit 1803 durch Heirat der Hz. von Modena. Die Entschädigung des Oraniers dagegen betrieben England – aus dynastischer Rücksicht und als Garant des Erbstatthalteramtes der Niederlande seit 1788[1]– sowie – ebenfalls aus traditionellen dynastischen und politischen Gründen – Preußen.
Der folgende Beitrag befasst sich ausschließlich mit der Frage der Entschädigung des Hauses Oranien-Nassau und insbesondere mit der Besitzgeschichte der davon betroffenen Reichsabtei Weingarten.

Die Entschädigung Oranien-Nassaus als Problem der europäischen Politik

Vorgeschichte und Hintergründe der Oranienfrage

Zu den Hauptgeschädigten der linksrheinischen Annexionspolitik Frankreichs im I. Koalitionskrieg (1792–1797) gehörte auch Friedrich Wilhelm V. Batavus, Prinz von Oranien-Nassau und Erbstatthalter, Erbkapitän sowie Admiral der Vereinigten Provinzen der Niederlande (*1748 Im Haag, 1751/66–1806). Frankreich hatte den Vereinigten Provinzen (auch *Holland* oder *Generalstaaten* genannt) bereits 1793 den Krieg erklärt, sie dann Anfang 1795 besetzt und zur Batavischen Republik umgewandelt. Der Erbstatthalter war zuerst nach England geflohen, in die Heimat seiner Mutter Anna, einer Tochter König Georgs II. von Großbritannien und Hannover, 1801 dann in sein dt. Fsm. Nassau-Diez[2] mit der Residenz

Oranienstein (b. Diez). Die Expansion Frankreichs hatte ihn um die angesehene, einträgliche und erbliche Statthalterwürde der Niederlande sowie um mehrere eigene Herrschaften in den Niederlanden und in Belgien gebracht, insgesamt etwa 20 Quadratmeilen (ca. 1.125 qkm) mit 53.000 Untertanen und etwa 500.000 fl. Jahreseinkünften.[3] Da die Niederlande seit 1648 souverän waren, hatten weder die Statthalterwürde noch die verlorenen Herrschaften etwas mit dem Reich zu tun. Auch als Inhaber des Fürstentums Nassau-Diez besaß das Haus Oranien-Nassau keine reichsrechtlichen Entschädigungsansprüche, da es – im Unterschied zu anderen Linien des Hauses Nassau – linksrheinisch keine Verluste erlitten hatte.[4] Somit hatte die Frage der Oranischen Entschädigung eigentlich überhaupt nichts mit dem Hl. Römischen Reich und den zwischen ihm und Frankreich abgeschlossenen Friedensverträgen zu tun und wurde im Frieden von Lunéville 1801 mit Recht auch nicht erwähnt. Das sahen 1802 kritische Zeitgenossen nicht anders: *Die Französische Republik hat an das Deutsche Reich, außer den Ständen, welche durch die neue Gränze gegen Frankreich verlohren, und allein vom Reiche Entschädigung zu erwarten berechtigt waren, noch drey Fürsten gewiesen, welche in Deutschland nicht das Geringste verlohren haben, und das Deutsche Reich gar nichts angehen, aber doch vom und im Deutschen Reich […] entschädigt werden sollen.*[5]

Die Oranienfrage war vielmehr aufgrund enger dynastischer und politischer Beziehungen des Hauses Oranien zu England und Preußen eine Angelegenheit der europäischen Politik und wurde daher auch in fast allen europäischen (Friedens-)Verträgen der Zeit behandelt. Besonders Kg. Friedrich Wilhelm III. trat engagiert für das mit Preußen seit langem politisch und verwandtschaftlich eng verbundene Haus ein.[6] Bereits ein zwischen Frankreich und Preußen am 5. August 1796 zu Berlin geschlossener Geheimvertrag z. B. sah in Art. V als Kompensationen für die Oranier die Bistümer Würzburg und Bamberg mit der Kurfürstenwürde vor.[7] Auch der französisch-österreichische Friede von Campo Formio vom 17. Oktober 1797 stellte in Art. 8 dem eigentlich reichsfremden Haus Oranien *angemessene Entschädigungen* in Aussicht.[8] Und im englisch-französischen Frieden von Amiens 1802 beharrte dann auch Großbritannien-

Hannover auf der Entschädigung des Erbstatthalters Wilhelms V.[9]

Inzwischen hatte sich dessen Sohn, Erbprinz Wilhelm (VI.) Friedrich, nach dem Beispiel vieler anderer deutscher Fürsten mit großen Erwartungen in den diplomatischen Länderhandel in Paris eingeschaltet. Seine Bemühungen zielten zunächst auf den Erwerb Hannovers, der sich aber rasch als unmöglich erwies, danach auf Teile Westfalens sowie auf die Fürstbistümer Bamberg und Paderborn.[10] Am 23. Mai 1802 regelte Preußen mit Frankreich im Vertrag von Paris (*Pariser Ausgleich*)[11] seine Entschädigungsansprüche. Dabei wurde am 24. Mai 1802 auch Oranien-Nassau berücksichtigt. Artikel 10 des Vertrages stellte ihm unter förmlichem Verzicht auf seine ehem. Ämter und Besitzungen in Holland die Fürstbistümer Fulda und Corvey, das Reichsstift Weingarten sowie die Reichsstädte Dortmund, Isny und Buchhorn, alle als souveränes Eigentum, in Aussicht. Zugleich wurde Preußen die Nachfolge in diesen souveränen Ländern zugesprochen, für den Fall, dass Oranien-Nassau im Mannesstamm aussterben sollte.[12]

Der Erste Entschädigungsplan vom 18. August 1802

Am 3. Juni schloss sich dann Russland einem i.w. von Frankreich erarbeiteten Entschädigungsplan an, der nicht – wie bisher – nur Preußen, Baden, Bayern, Modena, Oranien und Württemberg berücksichtigte, sondern erstmals nahezu alle Entschädigungsfragen zu lösen suchte. Dieser sog. *Erste franz.-russ. Entschädigungsplan* wurde am 18. August der inzwischen zusammengetretenen Reichsdeputation in Regensburg vorgelegt und enthielt hinsichtlich Oraniens im Kern die Abmachungen vom 24. Mai[13]: Konkret sollten die Entschädigungen umfassen:
– rund 116.000 Einwohner (Fulda 90.000, Corvey u. Weingarten je 10.000, ehem. Reichsstadt u. Grafschaft Dortmund 6.000),
– ein Gebiet von ca: 45 QM (Fulda 32 QM, Corvey 5 QM, Weingarten 6 QM, Dortmund 1,5 QM) und
– jährliche Einkünfte von etwa 700.000 fl. (Fulda 525.000 fl., Corvey 60.000 fl., Weingarten 100.000 fl., Dortmund 18.000 fl.).
– Die ursprünglich vorgesehenen Reichsstädte Buchhorn und Isny sollten an andere Herren fallen, Buch-

Das Reichsstift Weingarten von NW um 1800
Diese Druckgrafik übersandte der Geh. Rat Plitt im August 1802 an den Erbprinzen, um ihm einen ersten Eindruck von dem in Aussicht gestellten Entschädigungsobjekt Reichsstift Weingarten zu geben.
Augsburger Bilderbogen, ca. 1790. HSA Stuttgart.

horn an Bayern (erst 1810 an Württemberg), Isny an das Haus Quadt-Wykradt. Statt ihrer waren drei kleinere Klöster als Entschädigung vorgesehen, die adlige Propstei Cappenberg (Fsm. Münster), das Fräuleinstift Kappel (Fsm. Lippe) und das Kollegiatstift Dittkirchen/Lahn (Kfsm. Trier). Sie waren alle landständisch, Einwohnerzahl und Grundbesitz gering, die Einkünfte mit 75.000 fl. veranschlagt.[14] Jedoch davon, dass alle oranischen Besitzungen souverän sein sollten, war nun ebensowenig die Rede wie von einer evtl. preußischen Erbsukzession.

Die Reaktion des Hauses Oranien

Prinz Friedrich Wilhelm V. war von diesem Ausgang der Indemnisationsfrage tief enttäuscht, auch weil die Entschädigungen nur einen Teil seiner tatsächlichen Verluste deckten.[15] Darüber hinaus aber verdeutlichte ihm die weiträumige Streulage des künftigen Besitzes aufs Deutlichste den geringen politischen Stellenwert der Oranienfrage. Es ging Frankreich (und Russland) vor allem darum, einen lästigen Supplikanten mit seinen einflussreichen Fürsprechern abzuwimmeln; keinesfalls wollten sie ihn durch eine territorial abgerundete Herrschaft politisch stärken. Der Erbstatthalter, der übrigens seinerseits nie Entschädigungsforderun-

gen an das Deutsche Reich [!] sondern nur an die Batavische Republik bzw. an Frankreich gestellt hatte, wollte daher das Angebot zurückweisen. Mit Mühe konnte er durch seinen Sohn, Erbprinz Wilhelm VI. Friedrich (* 1772, ab 1815–40 König Wilhelm I. der Niederlande, † 1843, Berlin), zur Ratifikation bewogen werden.[16]

Der Zweite Entschädigungsplan vom 8. Oktober

Doch die Entschädigungsfrage war damit noch nicht definitiv gelöst. Der Erste Entschädigungsplan wurde, da er nicht nur beim Erbprinzen, sondern auch sonst auf heftigen Widerspruch stieß, revidiert. Das Ergebnis, der zweite Entschädigungsplan vom 8. Oktober 1802, brachte auch dem Haus Oranien einige Modifikationen: Anstelle der drei norddeutschen Abteien wurden ihm jetzt ausdrücklich die bisher zu Weingarten gehörigen Propsteien St. Gerold und Benderen sowie das Priorat Hofen zugesprochen.[17] Der Erbprinz bekundete seine endgültige Zustimmung zu dieser Lösung auch dadurch, dass er am 22. Oktober 1802 mithilfe preußischer Truppen Fulda in provisorischen Besitz nahm[18], nachdem er sich etwa neun Wochen früher bereits des Reichsstifts Weingarten provisorisch bemächtigt hatte.

465

Prinz Friedrich Wilhelm (V.) von Oranien Nassau (1748–1806)
Das Jugendporträt wird begleitet von Anspielungen auf die nieder-
ländischen Ämter des Erbprinzen: Erbstatthalter, Generalkapitän
und Admiral der Generalstaaten.
Kupferstich, 1763.

Vom Reichsstift zur oranischen Herrschaft

Erkundigungen über das Entschädigungsobjekt

Seit Ende Mai 1802 hatte sich das Reichsstift Weingarten im Visier des Interesses Oranien-Nassaus befunden. Da sich die gängigen statistischen Nachschla-
gewerke hinsichtlich des Wertes als widersprüchlich
erwiesen[19], entschloss man sich, als sich die Zuweisung Weingartens abzeichnete, zu näheren Nachfor-

schungen. Der Frankfurter Geheimrat Plitt, der als auf
diesem Gebiet erfahren galt, sollte nach Süddeutschland reisen[20], um sich zu erkundigen nach Bestandtei-
len und Beschaffenheit des Weingartener Stiftsgebiets,
den Hoheitsrechten und sonstigen Gerechtsamen
samt deren Ertrag, den Gesamteinkünften, dem Zustand der Ländereien und Waldungen, der Art und
Höhe vertraglicher Schulden und der Anzahl der
Geistlichen sowie dem Charakter des Reichsprälaten.
Wenn möglich sollte er auch die Weingartener reichsunmittelbare Herrschaft Blumenegg sowie die ehem.
Reichsstädte Buchhorn und Isny berücksichtigen.
Plitt nahm den Auftrag am 13. August an[21] und reiste
am 21. August ab.[22] Inzwischen hatten am 18. August
Frankreich und Russland den Ersten Entschädigungs-
plan in Regensburg vorgelegt.

Provisorische Besitzergreifung am 15. September 1802

Wie die anderen Aspiranten wartete auch Erbprinz
Wilhelm Friedrich, dem sein Vater zwischenzeitlich
die Entschädigungsherrschaften überlassen hatte[23],
den endgültigen Beschluss der Reichsdeputation gar
nicht erst ab, sondern griff sofort zu. Am 9. September ordnete er an, das Reichsstift Weingarten provisorisch in Besitz zu nehmen.[24] Die Ausführung übertrug
er dem bereits erwähnten Geheimrat Plitt sowie
Eckard Daniel Philipp Raht, einem *unserer geschick-
testen jüngeren Beamten*[25], der am 10. September aus
dem nassauischen Rennerot aufgebrochen war. Um
die Wissbegier des Erbprinzen zu befriedigen und
ihm einen ersten Eindruck seines neuen Besitzes zu
vermitteln, hatte ihm Plitt schon am 12. September
von Ulm aus eine Karte Schwabens[26] sowie einige
Prospekte (Ansichten) mit der Klosteranlage Weingartens, dem zu Füßen liegenden Flecken Altdorf,
dem Schlösschen Liebenau und dem Prioratsgebäude
Hofens zugesandt.[27]
Am 15. September 1802 suchten die Kommissare den
Reichsprälaten Anselm Rittler (1784–1804) auf und
überreichten ihm ein Schreiben des Erbprinzen vom
6. September 1802 mit der höflichen Mitteilung der
Besitzergreifung.[28] Rittler nahm die im Stift schon
längst bekannte Neuigkeit äußerlich ruhig auf und
anerkannte Plitt und Raht als Bevollmächtigte des
Erbprinzen. Er sperrte sich allerdings beharrlich ge-

gen eine sofortige *Resignation und Abdikation*, d. h. gegen eine sofortige rechtsförmliche Abdankung, wie sie der Erbprinz forderte, als mit seiner Stellung als *Reichsstand* nicht vereinbar. Er bat, ihn nicht zu einer Übereilung zu zwingen, zumal der Zeitpunkt, wo er diesen Verzicht *konstitutionell* (nämlich nach dem RDH) leisten könne, nahe sei. Die beiden Kommissare nahmen daraufhin Abstand von ihrer Forderung. Der Abt sicherte seinerseits zu, die Ober- und Unterbeamten sowie die Untertanen des Stifts von der Provisorischen Besitznahme zu informieren. Außerdem sollte der in Weingarten verbleibende Kommissar Raht ab sofort den Vorsitz im Regierungs-, Kameral- und Justizkollegium, den obersten Verwaltungsbehörden des Stifts, übernehmen. Raht war künftig auch jede Unterstützung zu gewähren, um sich über die Verfassung des Stifts im Allgemeinen, den Zustand der Finanzen sowie die Erhebung und Verwendung der Einkünfte zu informieren. Dazu waren ihm *alle Rechnungen, Register, Lagerbücher und sonstige Urkunden ohne Verzug vorzulegen.*[29]

Nachdem am darauffolgenden Tag eine förmliche Sitzung der Oberkanzlei unter dem Vorsitz der beiden Kommissare stattgefunden hatte, reiste Geheimrat Plitt, dessen Mission nun beendet war[30], sofort wieder ab, um, versehen mit Briefen, Protokollen und Bestätigungen, vom Erfolg der Mission zu berichten.

Die Zivilbesitznahme Weingartens

Die Zivilbesitznahme Weingartens durch Oranien erfolgte erst, nachdem der 2. frz.-russ. *Entschädigungsplan* vom 8. Oktober 1802 (frz. *plan général et définitif d'indemnité*) den Prinzen von Oranien im künftigen Besitz Weingartens bestätigt hatte, am 22. Oktober, und richtete sich nach einer fürstlichen Instruktion vom 18. Oktober.[31]

1. Abt und Konvent wurden die Absichten des Fürsten von Oranien-Nassau eröffnet.

2. Das Militär wurde nach Verlesung des Besitzergreifungspatents auf den Erbprinzen vereidigt.

3. Das Stiftspersonal wurde seiner Pflichten gegenüber Abt und Konvent entbunden und mittels Handgelübde oder schriftlichem Revers auf den neuen Herrn verpflichtet.

4. Die gedruckten Besitzergreifungspatente wurden öffentlich angeschlagen.

5. An signifikanten Stellen sollte das oranien-nassauische Wappen aufgehängt werden.

6. Alle Behörden nahmen ab sofort das Prädikat *von Fürstlich Oranien-Nassau-Weingarten provisorisch angeordnete* an und bedienten sich neuer Siegel.

7. Raht sollte die im Auszug beigelegte geheime Instruktion beachten, welche Preußen bei der Besetzung Hildesheims und anderswo angewandt hatte.

Die Besitzergreifung Weingartens 1802
Oranien-Nassauisches Besitzergreifungspatent vom 2. Oktober 1802 mit der Unterschrift des Erbprinzen Wilhelm Friedrich. Druck Oranienstein (Diez?). HSA Stuttgart B 458/5.

8. Das bewegliche und unbewegliche Vermögen des Stifts und des Abts war als Staatseigentum zu inventarisieren.

9. Bei allen Schritten war mit größter Schonung und Mäßigung zu verfahren.

10. Solange der künftige Status von Prälat und Konvent noch nicht feststand, sollte der eigene Haushalt des Abts – aber in Sparsamkeit – fortdauern.

11. Raht hatte ein Verzeichnis des Hof- und Dienstpersonals einzusenden und mitzuteilen, wer unentbehrlich und wer unnütz oder überflüssig sei.

12. Der Gehalt aller Bediensteten sollte provisorisch fortdauern.

13. Raht sollte sich gegebenfalls des Militärs zu Besitzergreifung oder -wahrung bedienen.

14. Raht hatte über fremde Werbungsrechte innerhalb der Herrschaft Weingarten zu berichten.[32]

Die Besitzergreifung wurde von der Oberkanzlei des Reichsstifts am selben Tag den Amtmännern aller Klosterämter mitgeteilt.[33]

Revers mit dem Oranien-Nassau-Fuldischen Staatswappen
Die Umschrift lautet: Wilhelm[us] Frideric[us] Pr[inceps] Her[editarius] Araus Nassau S[acri] R[omani] I[mperii] Princ[eps] Fuld[ensis] & Corbei[ensis].

Oranien-Nassau-Fuldisches Wappen 1802–1806
Für den aus den Entschädigungen gebildeten neuen Territorialbesitz wurde ein neues Wappen geschaffen. Das große Wappen verweist auf die Fürstentümer Fulda und Corvey (heraldisch rechts bzw. links oben) sowie die Reichsstadt Dortmund und die Herrschaft Weingarten (unten rechts bzw. links). Letztere zeigt den schreitenden goldenen Welfenlöwen auf mit roten Herzen bestreutem blauem Grund. In den beiden Herzschilden die oranisch-nassauischen Familienwappen.

Die Nutzung der Einkünfte

Durch Beschluss der Reichsdeputation war der 1. Dezember 1802 als Beginn der tatsächlichen Nutzung der Entschädigungsobjekte durch ihre neuen Eigentümer bestimmt worden. Bis dahin sollten die alten Herren (Reichsprälaten, Stadträte) die Herrschaftsrechte wahrnehmen und die Einkünfte nutzen dürfen. Die Problematik dieser Bestimmung wurde auch Oranien rasch klar: Die Naturaleinkünfte der Klöster, auch die Weingartens, gingen im Herbst ein, nach Getreideernte und Weinlese. Rechtlich hatte also der Reichsprälat noch über sie zu verfügen. Anderseits hatten vom 1. Dezember an Oranien-Nassau für alle Kosten, Pensionen, Gehälter sowie Schuldendienst und -tilgung aufzukommen, obwohl es rechtmäßig erstmals im Herbst 1803 die Haupteinkünfte erhalten hätte. Kein Wunder, dass eine gewisse Nervosität um sich griff und in Weingarten Raht früh darauf achtete, die Ausgaben von Abt und Konvent gering zu halten, so dass Oranien am 1. Dezember stattliche Natural- und Geldvorräte übernehmen konnte.

Der Reichsdeputationshauptschluss 1803

Der RDH vom 25. Februar 1803, bestätigte weitestgehend den Zweiten Entschädigungsplan. Oranien-Nassau war jedenfalls von den wenigen Änderungen nicht mehr tangiert, sondern erhielt nach § 12 RDH die Fürstbistümer Fulda und Corvey als neue *Fürstentümer*, die Reichsstadt Dortmund als *Grafschaft* und das Reichsstift Weingarten samt allen Zugehörden (Priorat Hofen, Propstei St. Gerold, Reichshft. Blumenegg, Hftn. Liebenau und Brochenzell) als souveräne *Herrschaft*. Der Titel des Erbprinzen lautete nun: *Erbprinz von Oranien-Nassau, regierender Fürst zu Fulda und Korvey, Graf zu Dortmund und Herr zu Weingarten etc.*[34] Die Frage der Entschädigung Oranien-Nassaus als Problem der europäischen Politik schien damit gelöst zu sein. Das Haus der ehemals niederländischen Statthalter hatte in Fulda eine neue Heimat gefunden und – neben Corvey, Fulda und Dortmund auch im oberschwäbischen Weingarten – ein neues territoriales Fundament.

Der Lindauer Vertrag vom 23. Juni 1804

Oranien-Nassau konnte sich des neuen Besitzes freilich nicht ungestört erfreuen. Kaum war der RDH 1803 ratifiziert, da belegte Österreich alle ehem. Weingartener Güter im Bereich seiner Landeshoheit (d. h. Niedergerichtsbarkeit) mit *Sequester* (Beschlag). Es berief sich dabei auf ein altes sog. *Heimfallrecht*[35], das freilich im RDH (§ 36) ausdrücklich ausgeschlossen worden war. Die folgende Auseinandersetzung[36] endete im *Lindauer Vertrag* vom 23. Juni 1804 mit einem Kompromiss: Oranien-Nassaus trat gegen Entschädigung an Österreich ab: die Reichsherrschaft Blumenegg, die Propstei St. Gerold samt der Pflegei Bendern in Vorarlberg, die Herrschaft Liebenau, die in der Gft. Tettnang liegenden Dörfer und Höfe des Klosteramts Bodnegg, die Güter im Gebiet der nun kurfürstl.-bayer. Stadt Lindau, das Priorat und die Vogtei Hofen, die Höfe im Dorf Baienfurt und das Amt Ausnang im Allgäu.

Die Entschädigung wurde aus dem 10-jährigen Durchschnitt des Ertrags dieser Abtretungen zw. 1785 und 1794 ermittelt. Für jeweils 15 fl. Reinertrag der ehemals oranischen Güter und Rechte garantierte das Erzhaus eine Entschädigung von 40 fl. Der Finanzausgleich erfolgte durch die Abtretung bisher österreichischer Höfe im Umkreis Weingartens (z. B. in der Landvogtei) an Oranien. Außerdem verzichtete Österreich für alle Zeit auf jegliche Rechtsansprüche an die ehem. Abtei Weingarten, insbesondere auf alle Hoheitsrechte und Gefälle, auf die es im Klosterstaat Anspruch besessen hatte: Dazu zählte neben dem *Blutbann* über die Hft. Weingarten (Niedergerichtsbezirk), der dem Reichsstift seit 1740 (anfangs nur auf 40 Jahre) pfandweise und widerruflich überlassen worden war, auch das *Merum Imperium*, d. h. die volle Landesherrschaft oder Souveränität auf dem Klosterberg und die *Frevelbestrafung* am Fest Johannes des Täufers, welche das Reichsstift als ein *Feudum perpetuum* (*ewiges Lehen*) besessen hatte. Dazu gehörten alle übrigen Regalien und Rechte in der gerichts- und steuerbaren Herrschaft Weingarten, auch die Schirmherrschaft, das Jagdrecht und die Forstaufsicht samt allen Gebühren und Rechten. Auch sonstige alte Ansprüche des Erzhauses an das Reichsstift Weingarten wurden gänzlich aufgehoben.

Allerdings sollten alle überlassenen Rechte beim Erlöschen des Mannesstamms im Hause Oranien-Nassau wieder an Österreich zurückfallen. Die Ordensgeistlichkeit zu St. Gerold und Bendern sollte vom Erzhaus, die Weingartener und die Hofener Patres sowie die Dienerschaft aber von Oranien-Nassau unterhalten werden.[37]

Der Lindauer Vertrag stellte im Prinzip einen breitangelegten Besitzaustausch zwischen Österreich und Oranien-Nassau dar. Er bewirkte eine Konzentration der Herrschaft Weingarten, die nun tatsächlich fast einen geschlossenen Flächenstaat bildete. Auch wenn § 36 RDH dieses i.w. vorgezeichnet hatte, bedeutete der Vertrag mit dem mächtigen Nachbarn eine zusätzliche Sicherung und Stärkung der nun weitgehend geschlossenen souveränen *Herrschaft Weingarten*. Tatsächlich hatte die oranische Regierung schon seit 1802 einen Austausch seiner entfernt liegenden Besitzungen (Blumenegg, St. Gerold, Ausnang) mit Bayern oder Österreich, ein *feines Arrondirungs-Projekt*, angestrebt, um dafür z. B. den Flecken Altdorf zu erwerben.[38] Amtmann Raht bewertete den Vertrag denn auch richtig als *das Wichtigste, was von und für Weingarten seit seiner Stiftung geschah.* Er habe die Herrschaft Weingarten nach Form und Wesen verändert, *indem er die alten, so mannichfaltigen Verhältnisse theils bestätiget, theils näher bestimmt, theils vertilgt und ganz neu festsetzt, entfernte Besitzungen abschneidet, dagegen einen wichtigen Zuwachs in der Nähe giebt.* [39] Zwar hatte bereits der RDH der Herrschaft die volle Souveränität zuerkannt, durch den Lindauer Vertrag wurde diese jedoch zementiert und wurden mögliche Missverständnisse ausgeräumt.

Das Ende der Herrlichkeit Oraniens

Württemberg erwirbt die Landvogtei 1805

Nach der Schlacht von Austerlitz am 2. Dezember 1805 beendete der Friede von Pressburg am 26. Dezember 1805 den Dritten Koalitionskrieg. Sieger waren neben Frankreich die deutschen Mittelstaaten, darunter Baden, Bayern und Württemberg, die Napoleon reich entlohnte. Bayern und Württemberg wurden am 1. Januar 1806 zu Königreichen erhoben, Baden später zum Großherzogtum. Hauptverlierer war Österreich, das seinen Besitz in Italien und Vorarlberg verlor. Die *Landvogtei Schwaben* mit dem Hauptort Altdorf kam an Württemberg, das damit im Herzen Oberschwabens Fuß fasste, das seit 1803 – abgesehen von Österreich – eher Interessengebiet Bayerns und Badens war. Die Besitzergreifung eskalierte daher beinahe zum kriegerischen Konflikt:

Da insbesondere Bayern seinen (ehem. reichsstädtischen) Besitz in diesem Raum abzurunden bestrebt war, entsandte es sofort ein Infanteriebataillon zur Sicherung Südoberschwabens. Als nun der württembergische Kommissar Frh. Eugen v. Maucler am 3. Januar 1806 zur Inbesitznahme der Landvogtei in Altdorf einzog, protestierte das bayerische Militär förmlich, wogegen sich Maucler auf den Befehl seines Königs berief. Schon am folgenden Tag rückte der württembergische Hauptmann Löffler mit 138 Mann Infanterie, 33 Mann Kavallerie und drei Kanonen von Saulgau her in Altdorf ein. Rasch wurde dort das bayerische Kontingent von 12 auf ca. 500 Mann verstärkt, und auch Württemberg erhielt weiteren Zuzug. Schließlich standen sich beide Parteien mit je 700 bis 800 Mann gegenüber. In die wachsende Spannung platzte noch ein Beauftragter Badens, mit Ansprüchen des Großherzogs.

Die Residenzstadt Fulda
Zentrum des neuen Oranien-Nassauischen Staates wurde die ehm. Bischofsresidenz Fulda.
Die Ansicht von ca. 1800 zeigt in der Mitte oben das vom Fürstenhut gekrönte Wappen Fuldas,
links das Wappen und rechts das Monogramm des Fürsten Wilhelm Friedrich.
Handwerkskundschaft von ca. 1800, gedr. bei Augustin Heider, Fulda.

Am 9. Januar marschierten. Bayern und Württemberger kampfbereit auf. Ein Kampf in den Straßen Altdorfs unterblieb, weil Bayern die Ansprüche Württembergs anerkannte und seinen Truppen befahl, die Landvogtei am 10. September zu räumen.[40]

Daraufhin nahm v. Maucler am 10. Januar Altdorf samt der übrige Landvogtei für Württemberg in Besitz: Die Oberbeamten, vor allem Landvogt und Bürgermeister, wurden auf die Kanzlei berufen. Alle gelobten nun per Handschlag König Friedrich von Württemberg die Treue und wurden angewiesen, einstweilen ihre Ämter weiter zu versehen. Dann wurde unter dreimaligem *Vivat unser König Friedrich*! die Huldigungsakte vorgelesen und an öffentlichen Gebäuden das Wappen Württembergs angebracht.[41]

Am Sonntag, den 12. Januar, fand für die Altdorfer Bürger ein Fest statt: Ein feierlicher Gottesdienst, eine Parade der württembergischen Truppen und des Bürgermilitärs mit *türkischer Musik*. Salven auf die hohen Beamten beendeten die Feier.[42] Mit Wehmut hatte Bürgermeister Schafheitlin am 9. Januar 1806 abschließend im Ratsprotokoll vermerkt: *Mit welchem* [Tag] *dieses Protokoll beschlossen wurde, wie mit diesem heute die milde allerhöchste Regierung des allerdurchlauchtigsten Erzhauses bei uns zur unaussprechlichen Betrübnis aller Bürger und Inwohner dahier durch die Schicksale der Zeit zu Ende gegangen ist.* Insgesamt scheinen sich die Untertanen aber sehr rasch mit der neuen Situation abgefunden zu haben, und Maucler äußerte seine Zufriedenheit über den Verlauf der Feier und die *bezeugte Freude für den neuen gnädigsten Monarchen*.

Der Verlust der Herrschaft Brochenzell

Von Fortgang und Wechsel der politischen Ereignisse und Situationen in Europa wurde auch das Haus Oranien-Nassau betroffen: Der Friede von Pressburg 1805 hatte die Auflösung der Reichsritterschaft und ihrer Organisationen (Kreise, Kantone) befördert. Napoleon überließ die reichsritterschaftlichen Gebiete weitgehend seinen Hauptverbündeten zur Beute. Dazu zählte auch die ehem. Weingartener Herrschaft Brochenzell, die Oranien-Nassau erst durch den erwähnten Lindauer Vertrag vom 23. Juni 1804 zurückerhalten hatte. Indem Oranien-Nassau am 28. Januar 1806 in Brochenzell ein Patent anschlagen ließ und die

bisher vom Kanton Allgäu ausgeübte *Collection* (Erhebung der Reichssteuer) und andere Rechte reklamierte, suchte es anderen Interessenten zuvorzukommen. Jedoch Württemberg behauptete, solche Besitznahmen stünden nur Baden, Bayern und Württemberg als Hauptverbündeten Napoleons zu und ließ seinerseits am 30. Mai 1806 durch die *Kgl.-württ. Landeskommission* in Altdorf Besitz von Brochenzell ergreifen. Die Proteste Oranien-Nassaus und der Verweis auf den mit Österreich abgeschlossenen Austauschvertrag[43] fruchteten nichts.

Die Mediatisierung der Hft. Weingarten 1806

Einen noch engeren Anschluss an Frankreich bewirkte der Austritt von anfangs 16 deutschen Mittelstaaten, darunter Württemberg, aus dem *Deutschen Reich* und ihr Zusammenschluss zur *Confédération du Rhin (Rheinbund)* unter Napoleons Protektorat am 12. Juli 1806. Dies bedeutete zugleich das Ende des alten Kaiserreiches, dem Kaiser Franz II. dadurch nach außen Ausdruck gab, dass er am 6. August 1806 förmlich die Römische Kaiserkrone niederlegte.

Die Rheinbundstaaten wurden für ihre Parteinahme reich belohnt. Napoleon erlaubte ihnen (Art. 24), eine Anzahl kleiner Fürsten, die Reichsgrafen, die Reichsritterschaft (Art. 25) sowie den Besitz des Deutschen Ordens (Art. 23) inmitten oder in der Nachbarschaft ihrer Staaten zu mediatisieren. Zu den Opfern zählte auch Fürst Wilhelm Friedrich VI., der sich in Anlehnung an Preußen geweigert hatte, dem Rheinbund beizutreten. Am 23. Juli 1806 wurde er von Napoleon seiner staatlichen Souveränität für verlustig erklärt. Dabei fiel die Herrschaft Weingarten unter die Landeshoheit des Kgr. Württemberg. Dem Fürsten, der samt Familie zu seinem kgl. Schwager nach Berlin übersiedelte, verblieb nur die Grundherrschaft sowie Immobilien und Mobilien Weingartens, das von einer souveränen Herrschaft zu einer bloßen *Patrimonialherrschaft (Gutsherrschaft)*, exakt zum *Kgl. Württembergisch-Fürstlich Oranien-Nassauischen Patrimonial-Oberamt*, im Verband des Kgr. Württemberg herabsank.[44] Am 10. September 1806 ergriff Württemberg provisorisch Besitz und ließ am 15. September die Untertanen der ehem. Herrschaft Weingarten, aber auch Weißenaus und Baindts, huldigen:

In der dasigen ehemaligen Klosterkirche [Weingarten] *wurde vor dem Hl. Blutaltar ein Baldachin aufgeschlagen, unter welchem der Kommissär* [von Maucler] *und der Kreishauptmann von Arand saßen und den Eid dem versammelten Volk vorlasen, worauf mit Ausreckung der Finger alles schwören mußte. Von 16 Jahren bis in das höchste Alter hinein mußte alles erscheinen von männlichem Geschlecht.*[45]

Am 22. September 1806 erfolgte die förmliche Inbesitznahme der Souveränität. Die oranien-nassauische Beamtenschaft erschien, angeführt von dem Regierungsdirektor und Geheimen Justizrat Raht, dem bisherigen Chef der Oranischen Regierung der Herrschaft Weingarten, auf der Kanzlei, und nachdem man ihr die neuen Pflichten mitgeteilt hatte, wurde sie auf den König von Württemberg vereidigt. Die öffentliche Verwaltung der Herrschaft Weingarten war bis auf weiteres der Aufsicht des Kgl. Landeskommissars v. Maucler in Altdorf unterstellt. Zugleich erhob Württemberg damit Anspruch auf die Landessteuer, die höhere Polizey, die Kontrolle und Revision der Kriminalgerichtsbarkeit und die Ausfertigung aller öffentlichen Akte im Namen seines Königs.[46]

Darüber hinaus regelte ein Erlass vom 22. September 1806 im Einzelnen[47]:

– Ohne behördliche Erlaubnis durfte kein volljähriger Mann heiraten und kein Wanderbursche seine Wanderschaft antreten, um sich nicht der Militäraushebung (Konskription) zu entziehen.

– Berufungen in Zivilprozessen wurden am Oberappellationstribunal in Tübingen verhandelt..

– Die Besetzung freier Beamtenstellen musste der Kgl. Landeskommission angezeigt werden.

– Im Kirchengebet war künftig des Königs von Württemberg zu gedenken.

– Württembergische Besitzergreifungspatente und Wappen waren an geeigneten Stellen anzubringen.

Die oranien-nassauischen Beamten und Untertanen leisteten den Eid freilich – wie ihr Vorgesetzter Raht, öffentlich erklärte – nur unter dem Vorbehalt, dass sie des gegen den Prinzen von Oranien-Nassau geleisteten Eids auf *gehörige Art entlediget wurden.*[48]

Auch die Untertanen scheinen laut Rahts Bericht die Herrschaftsveränderung nicht gerade begeistert aufgenommen zu haben: *Die Gesinnungen der Weingartener zeigten sich bey dieser Gelegenheit so unzwei-*deutig, *und sind überhaupt so bekannt, daß es für mich zu rührend, und in diesem Zeitpunkt zu bedenklich wäre, davon zu handeln.*[49] Und Raht tat gut daran, sich zurückhaltend zu äußern, denn immerhin war er von diesem Tag an selbst teilweise zum württembergischen Staatsbeamten geworden und sollte es bald vollends werden.[50]

Die Sequestration durch Württemberg 1806

Die Ära Oranien-Nassaus in Oberschwaben neigte sich rasch weiter ihrem Ende zu. Wie die europäische Verstrickung des Hauses seine Entschädigung aus Reichsbesitz bewirkt hatte, so trug sie auch zu Niedergang und Ende bei.

Aufgrund der erwähnten engen familiären Bindungen – des Fürsten Mutter war eine preußische Prinzessin und er selbst seit 1791 mit Friederike Luise Wilhelmine, einer Tochter Kg. Friedrich Wilhelms II., verheiratet – stand Oranien-Nassau politisch stets loyal an der Seite Preußens.[51] Als nach der Gründung des Rheinbunds Preußen ultimativ den Rückzug Napoleons aus Süddeutschland forderte und Frankreich den Krieg erklärte, folgte ihm der Erbprinz. Als preußischer Generalleutnant nahm er am 14. Oktober 1806 an der unglücklichen (Doppel-)Schlacht bei Jena (und Auerstedt) teil. Postwendend erklärte ihn Napoleon nach der Niederlage Preußens aller seiner Besitzungen für verlustig und besetzte das Fürstentum Fulda mit Corvey und Dortmund sowie das Fürstentum Nassau-Diez.[52] Unter dem Vorwand, Oranien-Nassau-Fulda habe seine Waffen auch gegen ihn, seinen Landesherrn und Verbündeten Frankreichs, erhoben[53], sequestrierte (beschlagnahmte) Kg. Friedrich I. von Württemberg am 29. November 1806 nun auch die oranien-nassauische Domanialherrschaft Weingarten. Nach außen erklärte er, den Besitz nur auf Lebzeiten des Prinzen unter Verschluss halten und ihn nach dessen Tode seinen Kindern wieder zurückgeben zu wollen.[54] Tatsächlich übernahm der württembergische Kommissar v. Maucler Weingarten sofort *als wirkliches württembergisches Eigentum, indem das Haus Oranien auch diese Herrschaft wirklich verliert, wie es die übrigen, als Fulda und Corvey, verloren hat, die ihm die Franzosen genommen, weil Oranien ein Stifter, wie die Franzosen sagen, des jetzigen Krieges mit dem König von Preußen sei.* Alle indirekten und direkten politischen Vorstöße Wilhelm Friedrichs und seiner Räte, Weingarten seiner Familie als Wohnsitz und materielle Lebensgrundlage zurückzugewinnen, fruchteten nichts. Kg. Friedrich I. von Württemberg war auch durch einen devoten Brief seines Vetters (*mon cousin*) nicht umzustimmen.[55]

Neue Hoffnung auf Aufhebung der Sequestration Weingartens wuchs, als Kg. Friedrich in einem Manifest vom 11. September allen Adligen, Grafen und Fürsten, die im Kgr. Württemberg wohnten oder begütert waren, auftrug, ihre evtl. Zivil- und Kriegsdienste bei anderen Souveränen, auch solchen des Rheinischen Bundes, binnen drei Monaten bei Strafe des Verlusts ihrer Güter aufzukündigen oder genehmigen zu lassen.[56] Auch der Prinz von Oranien fühlte sich davon angesprochen und ließ sich durch den König von Preußen umgehend aus seiner Charge als Generalleutnant der preußischen Armee entlassen. Er teilte dies König Friedrich I. unverzüglich mit und pochte darauf, seine *Herrschaft Weingarten* zurückzuerhalten (*pour obtenir la levée du séquestre apposé sur ma Seigneurie de Weingarten*).[57] Seine Enttäuschung dürfte groß gewesen sein, als ihm *le bon cousin Frédéric* umgehend kurz und eiskalt mitteilte, dass dieses sein Manifest vom 11. September auf ihn nicht zutreffe, denn seit er die Waffen gegen ihn erhoben habe (*depuis que vous avez porté les armes contre Moi*), seien alle Bande zwischen ihm und Wilhelm Friedrich zerschnitten. Er sehe sich daher außerstande, an dem eingetretenen Zustand (gemeint ist die Beschlagnahme Weingartens) irgend etwas zu verändern.[58]

Staatsrechtlich wurde die Herrschaft Weingarten am 14. November 1808 endgültig in das Kgr. Württemberg eingegliedert und dem neugebildeten Oberamtsbezirk Altdorf (bis 1810) zugewiesen. Die Beamten Oranien-Nassaus wurden daraufhin großenteils in Ämter Altwürttembergs versetzt. Dem oft erwähnten Geh. Justizrat Raht wurde z. B. ein Posten als Oberlandesökonomierat in Stuttgart angetragen. Da sein ehemaliger Fürst, dem er bis dato noch immer eine gewisse Loyalität gezeigt und vorsichtige Lageberichte übermittelt hatte, keine Verwendung mehr für ihn hatte, nahm er das Angebot auch an.[59]

Um das Maß voll zu machen, hatten nach der Katastrophe Preußens nicht nur Württemberg sondern auch andere Rheinbundmitglieder nach dem oranischen Besitz gegriffen. Am 20. Dezember 1806 sequestrierte Baden den oranischen Besitz innerhalb des Großherzogtums, in erster Linie die Vogtei Hagnau mit ihren erheblichen Weineinkünften, aber auch Weingefälle aus Heppach und Markdorf.[60] Bayern beschlagnahmte die Einkünfte aus den unter die Krone Bayerns gekommenen ehemals zu Weingarten gehörigen Besitzungen und die Kaiserlich-österreichische provisorische Landesregierung zu Salzburg am 20. Juli 1807 die ebenfalls an Oranien gefallenen ehemaligen Klostereinkünfte aus einem Anteil am Bergwerk Hammerau bei Salzburg.[61]

Der hochverschuldete Wilhelm Friedrich, dem nur noch Landgüter in Posen und Schlesien geblieben waren[62], entfaltete in der Folge vom Berliner Wohnsitz aus eine rege diplomatische Aktivität, um die ihm – wie er meinte – widerrechtlich entzogenen Güter und Einkünfte wieder zurückzuerhalten. Während er – wie schon deutlich wurde – im Falle Württembergs auf Granit biss, hatte er bei den anderen Fürsten mit seinen Demarchen um Rückgabe bzw. Aufhebung des Sequesters mehr Erfolg. Am 23. Juni 1808 hob der bayerische König die Beschlagnahme der oranischen Güter auf[63], freilich ohne gleichzeitig auch die zurückgehaltenen Einkünfte zurückzuerstatten.[64] Der badische Großherzog erklärte zwar, die Hagnauer Einkünfte unter weitgehender Geheimhaltung und auf Umwegen an den Fürsten auszahlen lassen zu wollen[65], doch die Verwirklichung ließ auf sich warten, und strittig blieben die Gefälle aus Heppach und Markdorf. Der Kaiser hob 1808 den Hammerauer Sequester auf und ließ die zurückgehaltenen Einkünfte für 1807 und 1808 auszahlen.[66]

Der reich erhaltene Briefwechsel über diese Frage macht wahrscheinlich, dass die Sequestrationen Badens, Bayerns und Österreichs ursprünglich auch als Prophylaxe gedacht waren, um mögliche Ansprüche Württembergs und höchstkaiserliche Verfügungen Napoleons darüber abzublocken (*pour qu'on n'en dispose pas par un ordre suprême*).[67] Die Verzögerung der Rückgabe einzelner Rechte und Gefälle an Oranien war dann auch durch den chronischen Geldmangel der napoleonischen Vasallenstaaten bedingt.

Oranische Nachspiele

Was aber wurde aus den Ansprüchen des Hauses Oranien-Nassau, das die württembergische Besitzergreifung nie anerkannte?

Geraume Zeit stritt Wilhelm Friedrich ab 1817 noch mit dem Kgr. Württemberg wegen einer Entschädigung für die ihm in der Zeit der staatsrechtlich nicht sanktionierten Sequestration entgangenen Einkünfte aus dem Besitz Weingartens. Der Oranier forderte allererst die Restitution der Herrschaft Weingarten und eine Entschädigung für die ihm entgangenen Einkünfte. Als Württemberg diese Forderungen zurückwies und mit den im Zeitraum 1806–1813 erforderlichen hohen Kriegskosten im Dienste Napoleons argumentierte, mäßigte Wilhelm Friedrich seine Ansprüche: Es ging dann schließlich nur noch um 18 Monate, nämlich für die Zeit von November 1813 (Ende des Rheinbunds und Übertritt seiner Mitglieder zur Koalition) bis Juni 1815 (Ende des Wiener Kongresses); für diesen Zeitraum habe Württemberg keinen staatsrechtlicher Besitztitel für die Herrschaft Weingarten besessen.[68]

Es ist hier nicht mehr von Interesse, wie diese Auseinandersetzung ausging, denn inzwischen hatte das Haus Oranien-Nassau längst wieder einen neuen glänzenden Aufstieg genommen und sich wieder auf der Sonnenseite des politischen Lebens etabliert.

Ab 1808 nahm Prinz Wilhelm Friedrich VI. – auf die politische Unterstützung durch England, das Land seiner alten Freunde und Beschützer, setzend – die Rückkehr in die Niederlande in sein politisches Kalkül auf, verstärkt nach der Niederlage Napoleons in Russland 1812. Am 30. November 1813 landete er unter Hochrufen des Volkes in Scheveningen.

Am 16. März 1815 wurde er im Haag als »Wilhelm I.« zum König der (neuen) Niederlande, nämlich aller 17 ursprünglichen Provinzen (»Großniederlande«), die auf dem Wiener Kongress aus den Vereinigten Provinzen, den ehem. österr. Niederlanden (Belgien) und dem ehem. Fürstbistum Lüttich gebildet worden waren. Kurze Zeit später erwarb er gegen die Abtretung seiner 1815 restituierten deutschen Besitzungen an Preußen und an Nassau-Weilburg noch das zum Deutschen Bund gehörige Ghzm. Luxemburg.

Spuren der oranischen Zeit?

Die Zeit der souveränen oranischen Herrschaft Weingarten war eine Episode, zu kurz, um bei der allgemeinen politischen Virulenz viele bleibende Spuren zu hinterlassen. In Weingarten selbst kündet heute kein sichtbares Monument mehr von ihnen. Lediglich beim Studium der kulturellen Hinterlassenschaft des Reichsstifts wird die oranische Zeit wieder präsent. Im Jahre 1805 ließ der Fürst von Fulda ca. 150 der schönsten Handschriften in seine neue Residenz Fulda überführen. Aus diesem Transport gelangten etwa 17 Handschriften auf Umwegen nach Darmstadt, wo sie heute noch sind. Die vier am kostbarsten gebundenen Handschriften (Schatzhandschriften) wurden nach der französischen Besetzung Fuldas 1806 requiriert und gelangten über Frankreich und England schließlich in die Pierpont Morgan Library New York, in deren Sammlung sie heute einen besonders kostbaren Bestand bilden.[69] In Fulda verblieben bis zum heutigen Tag 146 Handschriften, und nur 534 der einst etwa 800 Handschriften[70] umfassenden berühmten Weingartener Sammlung gelangten über die Königliche Hofbibliothek in die heutige Württembergische Landesbibliothek Stuttgart. 146 Handschriften werden heute noch in der Hessischen Landesbibliothek in Fulda gehütet.

Es gereichte dem kulturellen Erbe Weingartens vermutlich zum Vorteil, dass sich die oranische Besitzergreifung nicht wie anderswo in hektischer Raffgier, sondern langsam und bedächtig vollzogen hatte. Die politische Katastrophe Preußens und Oraniens 1806 bewirkte, dass der kostbare Kirchenschatz ebenso zurückblieb wie das große Archiv und die Sammlungen. Aus der etwa 60.000 Bände starken Bibliothek fanden nur ca. 1.000 ausgesuchte Werke den Weg nach Fulda. Als dann Württemberg aufzog, fand es noch Vieles vor: Den Kirchenschatz nahm es an sich und schmolz ihn ein, gleichfalls das von den Oraniern respektierte Heilig-Blut-Reliquiar, das durch eine billige Kopie ersetzt wurde. Die Bibliothek kam ebenfalls nach Stuttgart und wurde weit zerstreut, das Inventar an Möbeln, Kunstgegenständen und Bildern großteils vor Ort verschleudert.

1 *Michael Erbe*, Belgien, Niederlande, Luxemburg. Geschichte des niederländischen Raumes. Stuttgart 1993, 155f.

2 Nicht *Nassau-Dillenburg*, wie man auch oft liest, da die Dillenburger Linie bereits 1735 erloschen. Vgl. [*A. Chr. Gaspari*,] Der Franz.-russ. Entschädigungsplan mit histor., geograph. und statist. Erläuterungen und einer Vergleichungstafel. Regensburg im Sept. 1802, 55

3 Wilhelm V. hatte aus den niederländ. Ämtern und Würden ein Jahreseinkommen von über 500.000 fl. bezogen. Dazu kamen die Einkünfte aus den Domänen und den dt. Ländern. Sein Sohn, der Erbprinz, berechnete, als er 1802 mit Napoleon über Kompensationen verhandelte, den erlittenen Schaden mit 117 Mio. fl. viell. etwas zu hoch. Vgl. *Gerrit J. Schutte*, Wilhelm IV. und Wilhelm V., in: Nassau und Oranien. Statthalter und Könige der Niederlande, hg. von *Coenraad A. Tamse*. Göttingen 1985, 201.

4 Die reichsrechtl. Unrechtmäßigkeit der oran. Ansprüche war auch Zeitgenossen bewußt, z. B. Ritter v. Lang, der in seinen Memoiren schreibt: Die Geistlichen unterließen nicht […] *über die Zumutung, sogar wegen fremder Verluste, welche das Deutsche Reich gar nichts angingen, z. B. wegen der verlorenen Erbstatthalterschaft in Holland, eine Entschädigung zu leisten, sich bitterlich zu beklagen* […]. Zit. nach *Rudolfine Freiin von Oer* (Hg.), Die Säkularisation 1803. Vorbereitung-Diskussion-Durchführung. Göttingen 1970, 18

5 [*Gaspari*,] Der Franz.-russ. Entschädigungsplan (wie Anm. 2), 11f.

6 Wilhelm V. (1748–1806) u. sein Sohn Wilhelm VI. (1772–1843) hatten preuß. Prinzessinnen geheiratet, nämlich Friederike Wilhelmine Sophie (1751–1820) bzw. Friederike Luise Wilhelmine (1774–1837). Preußen war im Falle des Aussterbens Oranien-Nassau-Dillenburgs zur Sukzession berechtigt. Vgl. [*Gaspari*,] Der Franz.-russ. Entschädigungsplan (wie Anm. 2), 49f., und *Krüger-Löwenstein* (wie Anm. 1), 101 Anm. 20.

7 Artikel V des Geheimvertrags lautete: *Si lors de la pacification future le retablissement de la maison d'Orange dans ses charges & dignités en Hollande est jugé inadmissible* […] *la République Française s'engage à employer tous ses efforts pour opérer en faveur du dit Prince d'Orange & de ses héritiers mâles la sécularisation des évêchés de Wurzbourg & de Bamberg auxquels sera attaché la dignité électorale & de faire stipuler la reversion des dits évêchés en faveur de la maison de Brandenbourg, faute d'héritiers mâles dans la dite maison d'Orange.* Zit. nach: *von Oer* (wie Anm. 4), 15; vgl. auch [*Gaspari*,] Der Franz.-russ. Entschädigungsplan (wie Anm. 2), 49; *Hans. A. Bornewasser*, Kirche und Staat in Fulda unter Wilhelm Friedrich von Oranien 1802–1806. Fulda/Utrecht 1956, 4.

8 Vgl. *Bornewasser*, Kirche und Staat (wie Anm. 7), 2; Österreich akzeptierte damals und im Vertrag von Lunéville 1801 stillschweigend, daß das reichsfremde Oranien-Nassau innerhalb des Reiches entschädigt werden solle. Vgl. *Krüger-Löwenstein* (wie Anm. 1), 55.

9 In Art. XVIII des Vertrags war festgehalten: *Die Linie des Hauses Nassau, welche in der ehemaligen Republik der V. N., jetzt Batavischen Republik, ansäßig war, und daselbst sowohl an Privat-Besitzungen, als auch durch die Veränderung der in diesem Lande eingeführten Constitution Verluste erlitten hat – soll für den erwähnten Verlust Compensation von gleichem Werthe erhalten.* Vgl. [*Gaspari*,] Der Franz.-russ. Entschädigungsplan (wie Anm. 2), 51. England war der Garant des Erbstatthalteramts.

10 Der Erbstatthalter hatte ursprünglich-wohl aus moralisch-rechtlichen Bedenken – nur solche Entschädigungsländer gefordert, die ehemals nassauisch gewesen waren, insbes. Reste des Kfsm. Trier. Vgl. *Hans Christoph Ernst von Gagern*, Mein Antheil an der Politik. Bd. 1. Unter Napoleon. Stuttgart/Tübingen 1823, 126.

11 Der Vertrag wurde am 04.06.1802 durch den Beitritt Rußlands sanktioniert.

12 [*Gaspari*,] Der Franz.-russ. Entschädigungsplan (wie Anm. 2), 50.

13 Frz.-Russ. Entschädigungsplan, 18.08.1802, § 7: Die Bistümer, Fulda und Corvey und die Stadt Dortmund mit allen Abteien und Kapiteln, die in diesen Territorien liegen, dazu die Abtei Weingarten und – statt der Reichsstädte Isny und Buchhorn – die Abteien Kappel/Gft. Lippe, Cappenberg/Münsterland) und Dietkirchen/Lahn mit zus. ca. 75.000 fl. Revenüen. Vgl. [*Gaspari*,] Der Franz.-russ. Entschädigungsplan (wie Anm. 2), 57.

14 Angaben und Zahlen nach [*Gaspari*,] Der Franz.-russ. Entschädigungsplan (wie Anm. 2), 49.

15 Zur Geschichte der Entschädigung Oranien-Nassaus vgl. auch *Bornewasser*, Kirche und Staat in Fulda (wie Anm. 7), 5 ff.

16 Zahlen nach *Hans.A. Bornewasser*: König Wilhelm I., in: Nassau und Oranien. Statthalter und Könige der Niederlande, hg. von *Coenraad A. Tamse*. Göttingen/Zürich 1985, 219.

17 Der Entschädigungsplan, 08.10.1802 ist in Franz. abgedruckt als Beil. 107/108, in: Beilagen zu den Protokollen der außerordentlichen Reichsdeputation zu Regensburg. Bd. 2. Regensburg 1803, 19–42, bes. 30: [§ 12] *Au Prince de Nassau-Dillenburg, pour indemnité du Stadthouderat et de ses Domaines en Hollande et dans la Belgique, les Évêchés de Fulde et de Corvey, la ville Impériale de Dortmund, l'abbaye de Weingarten, les abbayes et prévôtés de Hofen, St. Gerold au pays de Weingarten, Benderen au territoire de Lichtenstein, Dietkirchen au pays de Nassau avec tous les chapîtres, Abbayes, Prévôtés et Couvents situés dans les pays assignés.*

18 Beilagen zu den Protokollen der außerordentl. Reichsdeputation zu Regensburg. Regensburg 1803, Bd. 2, 319.

19 Plitt konsultierte z. B. *Honds* Tabellen, das geographisch-statistische Lexikon von Schwaben, *Werz* und *Buchher*, Meusches Literatur der Statistik, das Reichsprälatische Staatsrecht. Kempten 1783, *Sartori*: Beiträge zum Reichsprälatischen Staatsrecht. Vgl. den Brief Plitts, 01.08. 1802: SAL D 150 Bü 2/I.

20 Schreiben d. Geh. Reg.Rats Chelius an Plitt, 09.08.1802 (SAL D 150 Bü 1/I).

21 Schreiben Plitts, 13.08.1802 (SAL D 150 Bü 1/II). Am 18.08. erfolgte die Aufforderung zur Abreise (SAL D 150 Bü 1/III.

22 Plitt zeigte seine Abreise am 09.09. an: SAL D 150 Bü 1/V.

23 Schreiben Erbprinz an Geheimrat Plitt, 09.09.1802: SAL D 150 Bü 1/VII.

24 SAL D 150 Bü 1/VII.

25 Schreiben an Geheimrat Plitt in Ulm, 16.09.1802: SAL D 150 Bü 1/X. – Zu Raht s. Anm. 50.

26 *Mattheus Seutter*: Lacus Bodamicus vel Acronius cum regionibus circumjacentibus recens delineatus a Matthaeo Seuttero. Augusta Vindelicorum [Augsburg]: J. M. Probst [um 1760]. – 48 x 35 cm.

27 SAL D 150 Bü 2/II.

28 Schreiben Erbprinz, 06.09.1802 aus Siegen. Vgl. auch Bericht Rahts über die Besitznahme *der unmittelbaren Prälatur Weingarten*, 17.09. 1802: SAL D 150 Bü 1/I.

29 Bericht Rahts, 17.09.1802: SAL D 150 Bü 1/XI.

30 Abrechnung der Spesen Plitts von 708 fl. 26 kr. vgl. SAL D 150 Bü 1/XVI.

31 SAL D 150 Bü 1/V.

32 *Instruktion für den nach Weingarten abgeordneten Amtmann Raht*, 18.10.1802: SAL D 150 Bü 1/XV.

33 SAL D 150 Bü 1.

34 So die offiz. Anweisung aus Fulda, 22.12. bzw. die öff. Bekanntmachung, 31.12.1802: HSAS B 458 Bü 5.

35 Das *droit d'épaves oder Epavenrecht* gen. Heimfallrecht im *ius circa sacra et politica* erlaubte sonst dem Landesherren, bei Aufhebung geistl. Stiftungen, über deren Rechte und Besitz im eignen Land zu verfügen.

36 Oranien-Nassau legte gegen diese Vorgehensweise am 16.04.1803 zu Regensburg förmlichen Protest ein: In: Beilagen (wie Anm. 18). Bd. IV. Regensburg 1803, 359–367.

[37] Hs. Fassung des *Vertrag(s) über die Basis und Bedingungen eines Austausches zwischen dem hohen Erzhause Oesterreich und dem fürstlichen Hause Oranien-Nassau*, 23.06.1804: HSAS B 515 Bü 14. Die i. w. ident. Ratifikation des Vertrags durch Ks. Franz II., 12.07. 1804 wurde auch im Druck verbreitet: Den Untertanen wurde der Vertrag durch ein Fürstl. Patent aus Fulda, 01.11.1804 bekanntgemacht: HSAS B 515 Bü 14.

[38] Bericht Rahts, 01.10.1802: SAL D 150 Bü 1/XIV. Nach Raht habe man schon zu Klosterzeiten den Austausch Blumeneggs angestrebt.

[39] Bericht Rahts über die *Besetzung der Renterey* No. 35, 28.05.1805: SAL D 150 Bü 19.

[40] Berichte Mauclers, 09.01.1806, 1 Uhr mittags: SAL D 21 Bü 130/VI, sowie Anl. zu St. VII.

[41] Weingarten und seine Umgebung während der Kriegsereignisse von 1796–1806. Hs. Chronik, hg. von *Heinrich Klein*. Ravensburg 1878, 54.

[42] Bericht Mauclers, 13.01.1806: SAL D 21 Bü 130.

[43] SAL D 21 Bü 29.

[44] Schreiben, 23.09.1806: SAL D 150 Bü 18.

[45] Zit. nach: *H. Klein*, Weingarten (wie Anm. 41), 62.

[46] Bericht Frh. Eugen von Mauclers über die Besitznahme, 21.09.1806: SAL D 21 Bü 6.

[47] Anhang zum Bericht Mauclers, 21.09.1806: SAL D 21 Bü 6.

[48] Bericht Rahts Nr. 84, 28.11 1806: SAL D 150 Bü 18.

[49] Bericht Rahts Nr. 82, 15.10.1806: SAL D 150 Bü 18.

[50] Raht verdient zweifellos einmal eine eigene Biographie. Aufgrund seines Briefwechsels, bes. seiner zahlreichen detaillierten Berichte und Gutachten, erweist er sich als ein kenntnisreicher, loyaler, aber auch besonnener und menschlicher Beamter, der neben den Interessen seiner Herrschaft auch das Wohl der ihm Anbefohlenen, der Mönche ebenso wie der ehem. Bediensteten und Untertanen des Reichsstifts, im Auge hat. Seine Stellungnahmen und Vorschläge wurden von seinen übergeordneten Behörden fast stets unverändert übernommen. Kein Wunder, daß Rahts Karriere steil nach oben wies: Vom *Amtmann* wurde er schon bald zum oranischen *Geh. Justizrat* und Regierungsdirektor der oran.-nassau-fuldischen Regierung in Weingarten befördert, und als Württemberg 1806 in Weingarten zuerst die Landeshoheit und bald darauf auch den oran. Domänenbesitz übernahm, wechselte er – da Oranien-Nassau keine wirkliche Verwendung mehr für ihn hatte – in den württ. Staatsdienst über. 1809/10 war er *Geh. Oberlandes-Ökonomierat* im Departement des Innern, und zwar im *Generaldirektorium*, dessen übrige Mitglieder adlig waren (Vgl. Hof- und Staatshandbuch für 1809 u. 1810, 129). 1812 wirkte Raht im Hof- und Finanzrat des Finanzdepartements (3. Abt. der Krondomänensektion) als *Referierender Rat* (Vgl. Hof- und Staatshandbuch für 1812, 168). Als er (vermutlich) im Jahre 1835 starb – sein Name ist im Hdb. für 1835 durchgestrichen und in späteren Hofhandbüchern taucht er nicht mehr auf –, war er – seit 1832 im Rangs eines *Komturs* Mitglied im *Orden der württ. Krone* – Staatsrat und Direktor der *Oberrechnungs-Kammer und zugleich Vorstand* der Staatskassenverwaltung (Vgl. Hof- und Staatshandbuch für 1835, 145 u. 146).

[51] Vgl. jüngst *Klaus Vetter*, Oranien-Nassau und die Hohenzollern im 17./18. Jh. In: Onder den Oranje boom. Niederländische Kunst und Kultur im 17. und 18. Jh. an deutschen Fürstenhöfen. Textband: Dynastie in der Republik/hg. von *Horst Lademacher*. München 1999, 213–224.

[52] Die Landesteile Siegen, Dillenburg und Hadamar wurden dem Ghzm. von Berg zugesprochen, das Fsm. Diez dem Hz. von Nassau (ehem. N.-Weilburg u. N.-Usingen). Fulda kam unter frz. Herrschaft, 1810 an das Großhzm. Frankfurt. Corvey fiel an das Kgr. Westfalen.

[53] Extrakt aus der Beil. 63 zum Schreiben v. Arnoldis an Prinz, 20.05. 1807: SAL D 150 Bü 15a.

[54] *Extract* (wie Anm. 16) *auf Lebenszeit Sr. Hoheit* und diesbezügl. Brief Prinz an württ. Kg., 22.08.1807: SAL D 150 Bü 15a.

[55] Prinz aus Frankfurt, 22.08.1807: SAL D 150 Bü 15a. – Lakon. Antwort Kg. Friedrichs I., 07.09.1807: SAL D 150 Bü 15a; zur Aufgabe des preuß. Militärdiensts s. Brief, 27.09. an Gf. Taube: SAL D 150 Bü 15a.

[56] Kopie des Kgl. Manifests, 11.09.1807: SAL D 150 Bü 15a.

[57] Schreiben Wilhelm Friedrichs, 13.11.1807 aus Berlin: SAL D 150 Bü 15a.

[58] Antwort Kg. Friedrichs, 13.12.1807: SAL D 150 Bü 15a.

[59] Vgl. den Briefwechsel Arnoldi-Prinz u. Prinz-Arnoldi im Nov. u. Dez. 1808, v. a. das Schreiben Arnoldis, 12.12.1808: SAL D 150 Bü 15a.

[60] Schreiben Prinz an österr. Kaiser, 13.02.1808: SAL D 150 Bü 15a.

[61] Mitt. der Sequestration an den bish. Bevollmächtigten d. Hauses Oranien, P. Maximus Kammerer von St. Peter Salzburg, 20.09.1807: SAL D 150 Bü 15a.

[62] *Bornewasser*, König Wilhelm I. (wie Anm. 16), 223.

[63] Brief Montgelas', 16.06.1808 u. Schreiben Arnoldi an Prinz, 10.07. u. 17.07.1808: SAL D 150 Bü 15a.

[64] Bericht Arnoldis an Prinz, 17.07.1808: SAL D 150 Bü 15a.

[65] Brief Ghz. von Baden an Prinz, 07.12 1807 u. Schreiben des großhzgl. Großkämmerers Baron de Geusau, 11.12.1807: SAL D 150 Bü 15a. Die Einkünfte Hagnaus sollten über e. Frankfurter Bankier an den Prinzen überwiesen werden. Die Rückgabe Hagnaus wird im April 1808 erwartet. Vgl. den Brief Prinz an Arnoldi, 30.04.1808: SAL D 150 Bü 15a. – Definitiv wurden die Einkünfte Hagnaus am 20.02. 1809 durch bad. Ministerratbeschluß zur Auszahlung an die oran. Behörden freigegeben: Kopie e. Auszugs aus dem obervogteiamtl. Protokoll, Meersburg, den 13.05.1809: SAL D 150 Bü 15a.

[66] Bericht Arnoldis an den Prinzen, 25.05.1808: SAL D 150 Bü 15a.

[67] Brief des Oberkämmerers du Deusau, 11.12.1808: SAL D 150 Bü 15a.

[68] Dazu v. a. Württ. Bericht und Gutachten, 07. 08. 1817 an das Württ. Finanzministerium: SAL D 150 Bü 4373 u. D 150 Bü 15a.

[69] Zur Geschichte dieser vier berühmten Handschriften vgl. jüngst *William Voelkle*, Zur Besitzgeschichte des [Berthold-] Sakramentars, in: Das Berthold-Sakramentar. Vollst. Faksimile-Ausgabe der Handschrift Ms. M 710 der Pierpont Morgan Library New York. Kommentar, hg. von *Felix Heinzer/Hans Ulrich Rudolf*. Graz 1999, 43–46

[70] Ein Verzeichnis des 18. Jhs. nennt 736 Codices, zu denen noch eine unbekannte Zahl von Hss. im Kirchenschatz (mindestens 4) hinzuzuzählen sind. Heute sind noch 723 Weingartener Hss. bekannt. Vgl. *Hans Ulrich Rudolf*, in: Norbert Kruse/Hans Ulrich Rudolf/Dietmar Schillig/Edgar Walter (Hgg.), Weingarten. Biberach 1999, 131. Grundlegend zur Rekonstruktion der Weingartener Slg. *Karl Löffler*, Die Handschriften des Klosters Weingarten. Leipzig 1912. Repr. Wiesbaden 1968.

Ich unterwerfe mich willig dem Schicksale …

Das Ende des Weingartener Klosterlebens 1802–1809

von Hans Ulrich Rudolf

Die Reaktion von Abt und Konvent 1802

Die große Säkularisation von 1803 kam für die Klöster nicht aus heiterem Himmel. Antimonastische Literatur und Traktate[1], zahlreiche Säkularisationspläne[2] sowie umfassende tatsächliche Säkularisationen v. a. in Frankreich (1789) und Österreich (1781) hatten im 18. Jh. das Terrain geistig und politisch gründlich vorbereitet. Die aufklärerische Mönchs- und Klosterkritik war um 1800 auch in den Klöstern selbst nicht ohne Wirkung geblieben. Das zeigen u. a. die jüngst stärker beachteten barocken Festpredigten anlässlich von Klosterjubiläen.[3] Sie unterstreichen mit ihrem häufigen Appell zur Neubesinnung deutlich, daß die antimonastische Literatur, die sich ja teilweise auch mit Bestrebungen der aufgeklärten katholischen Theologie berührte, auch in den Klöstern selbst gelesen und diskutiert wurde. Eine gewisse Lähmung scheint auch den Weingartener Konvent schon früh ergriffen zu haben. Nach Ausweis seines (letzten) gedruckten *Catalogus religiosorum* (1802/03)[4] fanden die letzten fünf Professen am 29. März 1796 statt. Außerdem kehrten mehrere Konventualen dem Kloster den Rücken.[5]

Spätestens seit dem Rastatter Kongress 1799 oder dem Reichsfrieden von Lunéville 1801, dem die schwäbischen Reichsprälaten auf dem Regensburger Reichstag am 7. März 1801 zugestimmt hatten, galt eine groß angelegte Säkularisation der Bistümer und Reichsstifte im Heiligen Römischen Reich als sicher. Der erste französisch-russische Entschädigungsplan vom 18. August 1802, der auch den Betroffenen rasch bekannt wurde, zeigte konkret an, wohin die Entwicklung ging.[6] Wohl im Bewusstsein der Aussichtslosigkeit jeder Ge-

genwehr verzichteten die schwäbischen Reichsprälaten auf einer Tagung zu Ummendorf am 26. August 2002 auf die Entsendung einer eigenen Delegation, die in Regensburg ihre Interessen bei der Reichsdeputation hätte vertreten können.

Nur wenige zeigten daher Entsetzen oder Überraschung, als es dann so weit war. Am 15. Oktober 1802, als bereits die meisten Reichsstifte provisorisch in Besitz genommen waren, sprach das Schwäbische Reichsprälatenkollegium selbst von seinem *unvermeidliche(n) Säkularisations-Schicksal* und nahm dazu wie folgt Stellung: *Die Mitglieder der Kurie, ihrer höheren Bestimmung eingedenk und dem Berufe, für Kirche und Staat nach jeder Fügung nützlich zu sein, beharrlich getreu, erwarten in stiller Hingebung und Vertrauen auf die Anordnungen der Fürsicht, was die hochansehnliche Reichsdeputation zu reichsväterlichen Beschlüssen befördern oder wozu landesherrliche Verfügungen den Maßstab verschaffen dürften.*[7] Man war im Herbst 1802 von der Tatsache einer umfassenden Säkularisation also nicht überrascht, sondern allenfalls von deren Radikalität und der Rücksichtslosigkeit mancher neuer Herren.

So fühlte sich auch Abt Anselm Rittler von Weingarten durch die Ankunft und die Botschaft der Kommissare des Hauses Oranien-Nassau am 15. September 1802 keineswegs überrumpelt. Er kannte – wie sein Antwortschreiben[8] an den Erbprinzen von Oranien-Nassau auf dessen Besitzergreifungsankündigung andeutet – den russisch-französischen Entschädigungsplan und wußte auch aus Zeitungen[9] längst, wem er und sein Kloster als Entschädigung zufallen sollte. Das Schreiben des kränklichen und altersmü-

477

Der Weingartener Martinsberg aus der Vogelschau von Westen, vor 1974
Die Ansicht zeigt die – gemessen am Idealplan – südlich der Kirche (rechts) nicht vollendete Anlage des Klosters Weingarten. Im Hintergrund sind Teile der Ökonomiegebäude zu erkennen, die 1974 für den Neubau des Naturwissenschaftlichen Zentrums der Pädagogischen Hochschule Weingarten abgebrochen wurden.

den Reichsprälaten[10] atmet daher eher gottergebene Resignation als Groll oder Verbitterung: *Ich unterwerfe mich willig dem Schicksale, das eine höhere Vorsehung leitet, und das Bewußtsein, meine reichsständischen Obliegenheiten gegen Kaiser und Reich während eines höchst unglüklichen Krieges mit aller Anstrengung geleistet zu haben, rechtfertiget meine Gesinnungen. Ich kann daher der Vorsicht nie genug danken, die mich und mein anvertrautes Gotteshauß einem der vortrefflichsten Fürsten Teütschlands in die Hände führet* [...]. *Es ist mir daher eine ebenso vergnügliche Empfindung als schuldigste Pflicht, mich samt meinem anvertrauten Gotteshauß, allen Bediensteten und gesamter Landschaft Euer Hoheit und höchst dero Königlicher Familie zu höchsten Hulden und Gnaden, wie hiemit geschieht, unterthänigst anzuempfehlen* [...]. *Ich empfehle mich nochmahls zu höchsten Hul-*

den und Gnaden, und verharre in tiefster Ehrfurcht und Submission Euer Hoheit, meines durchlauchtigsten Fürsten und Herrn Herrn.

Es war wohl eher diplomatische Höflichkeit und konventionelle Schmeichelei, die Abt Anselm äußern ließ, seine einzige Besorgnis sei, sein Konvent könne bei der endgültigen Festlegung doch noch einer anderen, weniger angenehmen Herrschaft zugewiesen werden[11], und er bitte den Erbprinzen, sich für die Beibehaltung Weingartens einzusetzen.[12]

Aber wie auch immer, Oranien stieß in Weingarten auf keine spürbaren Ressentiments, sondern vielmehr auf freundliche Aufnahme. Der oranische Deputierte, der nassauische Amtmann und spätere Geheime Justizrat Raht, berichtet über den Empfang in Weingarten u. a. dies: *Von der Art, wie die Geistlichen uns aufnahmen, erlauben Euer Hoheit diese Bemerkung, daß*

Ansicht Altdorfs
Die Ansicht des »Marktfleckens Altdorf gen. Weingarten« wurde um 1790 wohl nach einer älteren Vorlage gestochen, daher ist das Kloster
wenig realistisch dargestellt. Rechts die barocke Pfarrkirche, die 1818 abgebrochen worden ist.
Augsburger Bilderbogen, um 1790 (im Original seitenverkehrt).
HSA Stuttgart.

ich nie mit größerer Rührung das Glück empfand, einem Fürstenhaus zu dienen, das auch in der größten Entfernung gekannt und gepriesen wird.[13]
Er bestätigte immer wieder das trotz der Umstände durchgehend gute Einvernehmen: *Mit dem Prälaten und der übrigen Geistlichkeit lebe ich im übrigen auf einem so guten Fus, als es in solcher Lage sich nur gedenken läßt; sie erzeigen mir Hochachtung als dem Deputierten des durchlauchtigsten Landesherren: Zuneigung und Offenheit als dem Diener eines Fürsten, von dem sie soviel Gutes wissen und sich versprechen: und Freundschaft als einem Menschen, der sich unter sie zu schiken sucht [...]. Die zivile Dienerschaft fährt fort, das lebhafteste Attachement zu zeigen.*[14] Anderseits kündigte auch die neue Herrschaft *die gnädigsten und väterlichsten Gesinnungen gegen die Geist-*

lichkeit an, und entsprechend betrugen sich auch ihre Repräsentanten, insbesondere Raht.

Das Schicksal der Konventualen 1802–1806

Der Konvent 1802/03

Zum Zeitpunkt der provisorischen Inbesitznahme Weingartens am 15. September 1802 bestand der Konvent laut dem letzten *Catalogus* des Reichsstifts von 1802/03[15] und den Aufstellungen und Berichten des oranischen Kommissärs Raht aus 42 Patres sowie 4 Laienbrüdern.[16] Zehn der Patres lebten im Priorat Hofen, ein Pater als Statthalter in Blumenegg, der Rest in Weingarten.

479

Ganz genau traf der hier verzeichnete Personalstand nicht auf den Moment der provisorischen Besitzergreifung zu. In Wirklichkeit zählten damals 48 Personen, 44 Patres und 4 Laienbrüder, zum Konvent. Im letzten gedruckten Klosterkatalog von 1802/03 fehlen nämlich zwei Personen, die zum Zeitpunkt der Drucklegung des Katalogs nicht mehr zum Konvent zählten: Es war dies einmal der am 2. Dezember 1802 als Statthalter der Herrschaft Blumenegg verstorbene P. Gerhard Hess (geb. 1731 in Oberstetten bei Ochsenhausen, Profess 1752, Priesterweihe 1755), der bedeutendste Geschichtsschreiber Weingartens[17] im 18. Jh. Zum andern galt auch P. Magnus Heckelsmüller (geb. 1767 in Legau/Allgäu, Profess 1789, Primiz 1794), der 1801 das Kloster verlassen hatte, aber nicht von seinen Gelübden entbunden worden war[18], kirchenrechtlich weiterhin als Konventuale, obwohl ihn der Katalog nicht nennt. Heckelsmüller kehrte aber tatsächlich 1803 aus der Schweiz zurück und forderte eine Pension.[19]

Auch einige Konventualen, welche der Katalog nennt, lebten zum Zeitpunkt der Säkularisation nicht im Weingartener Kloster. Drei Patres hatten es vor 1802 verlassen: Zwei, P. Robert Schindele und P. Augustin Braig, waren bei der Annäherung französischer Truppen 1796 aus Angst zwangsrekrutiert zu werden geflohen und nie mehr zurückgekehrt. Schindele[20] hatte im Benediktinerstift Admont Zuflucht gefunden, wo er in der Seelsorge aushalf, und Braig[21] war zuerst Professor für Theologie im Stift Göttweig und später Ordinarius für Dogmatik in Wien geworden. Der dritte, P. Meingos Gaelle[22], bekleidete seit 1801 an der Universität Salzburg eine Professur für Dogmatik und Kirchengeschichte. Nach Auflösung der Universität 1810 wurde der begnadete Musiker und Komponist Superior an der Wallfahrtskirche Maria Plain bei Salzburg. Alle drei aber waren kirchenrechtlich Weingartener Konventualen geblieben und besaßen somit einen reichsrechtlichen Anspruch auf Versorgung durch Pension oder Abfindung.

Was wird aus dem Konvent?

Die Entscheidung, was mit dem Konvent geschehen solle, war Sache des neuen Landesherrn. Er konnte ihn fortbestehen oder langsam absterben lassen; er konnte ihn auch sofort auflösen und die Mönche zum Auszug zwingen. § 57 RDH legte den neuen Herren nur auf, die Konventualen der Reichsabteien *auf eine ihrer bisherigen Lebensweise angemessene anständige Art in ein oder der andern Communität ferner zu unterhalten, oder denen, welche mit landesherrlicher Verwilligung austreten, bis zu anderweitiger Versorgung eine Pension von 300 bis 600 Gulden, nach dem Vermögen ihrer Stiftung zu verabreichen.* Auf ähnliche Art war auch für die Laienbrüder zu sorgen.

Mit Inkraftsetzung des RDH am 25. Februar 1803 galt das Kloster als aufgehoben; Novizen – die aber anscheinend schon seit längerem ausgeblieben oder abgewiesen worden waren – durften nicht mehr aufgenommen werden.

Ansonsten änderte sich im Leben der Konventualen vorerst wenig. Sie waren weiterhin strikt dazu verpflichtet, ihre nach den Ordensgebräuchen traditionellen Pflichten zu erfüllen: Sie versahen den Chordienst, feierten die gestifteten Jahrtage und betreuten die Heilig-Blut-Pilger. Auch die – nach dem Prälaten – obersten geistlichen Verwaltungsbeamten, die drei Hofherren – Großkellermeister, Großküchenmeister und Kastner[23], meist ältere Konventualen, sollten vorerst weiterhin im Amt bleiben.

Für ihren Unterhalt wurde aus der seit dem 1. Dezember 1802 »herrschaftlichen« Kasse gesorgt. Dies war nebenbei für den neuen Herrn auch ökonomisch vorteilhaft. Nachdem aber am 1. Dezember 1802 die Verwaltung der Herrschaft Weingarten vollends von oranischen Beamten unter Führung Rahts übernommen worden war, musste die Frage des Unterhalts des Konvents rasch entschieden werden. Da auch Sparsamkeit angesagt war, wurde das Priorat Hofen geschlossen und die 10 Hofener Patres zurück nach Weingarten beordert, wo sie am 29. Januar 1803 eintrafen.

Die Weingartener Konventualen selbst hatten – wie eine Befragung durch Raht ergab und dieser unter dem 17. November 1802 berichtet – sehr widersprüchliche Vorstellungen von ihrer Zukunft: *Von den Konventualen wünschen einige, daß sie in allen jetzigen Verhältnissen fortleben könnten. Andere, daß sie eine fette Pfarrei hätten, andere daß sie mit ihrer Pension in ein anderes Kloster einkehren könnten, andere daß sie der Geistlichkeit ganz entlediget wären und als Layen bei bürgerlichem Gewerbe ihre Pension mit einer Frau theilen könnten, andere daß sie bis an ihr*

	Verzeichnis der Konventualen				
	Name	geb.	Herkunftsort	Profess	Priesterweihe	Tod
1.	Bader, Pantaleon	1773	Babenhausen	1794	1798	1832
2.	Beckler, Stephan	1778	Ottobeuren	1796	1801	1851
3.	Bernard, Georg	1745	Langenargen	1765	1771	1811
4.	Bock, Meinrad	1776	Ochsenhausen	1796	1801	1838
5.	Braig, Augustin	1766	Rißtissen	1786	1790	1821
6.	Dick, Rupert	1764	Isny	1786	1790	1845
7.	Ehinger, Andreas	1761	Ochsenhausen	1783	1789	1834
8.	Erath, Willibald	1743	Horb	1765	1769	1816
9.	Feeser, Maurus	1746	Ziegelbach	1768	1773	1824
10.	Fink, Laurentius	1775	Isny	1796	1801	1815
11.	Frey, Ambrosius	1754	Schussenried	1773	1778	1826
12.	Gaelle, Meingos	1752	Buch/Tettnang	1771	1777	1816
13.	Gilg, Bernhard	1770	Merau/Tirol	1792	1797	1856
14.	Habisreutinger, Alto	1744	Weingarten	1768	1771	1812
15.	Hagg, Wolfgang	1775	Schweinebach	1796	1801	1807
16.	Hespelin, Oswald	1733	Markdorf	1752	1757	1803
17.	Ibele, Franz Sales	1766	Amtzell	1786	1790	1805
18.	Joos, Benno	1756	Rosenharz	1776	1781	1832
19.	Kayser, Dominik	1772	Wiesensteig	1792	1797	1831
20.	Kenzel, Paulus	1720	Buchhorn	1741	1747	1803
21.	Kisel, Blasius	1772	Reinstetten/Ochsenhausen	1792	1797	1853
22.	Kramer, Joachim	1756	Thannheim/Illertal	1779	1784	1816
23.	Lanfranc, Albrecht	1745	Hürbel/Ochsenhausen	1771	1774	1804
24.	Martin, Beda	1755	Möhring	1779	1784	1805
25.	Mauch, Sebastian	1742	Wangen	1765	1768	1816
26.	Mayr, Athanasius	1764	Augsburg	1786	1790	1848
27.	Mayr, Martial	1746	Ottobeuren	1763	1770	1821
28.	Mayr, Placidus	1766	Kaufbeuren	1783	1789	1809
29.	Mösch, Konrad	1750	Markdorf	1768	1773	1811
30.	Pfender, Othmar	1775	Uttenweiler	1796	1801	1818
31.	Reinisch, Gallus	1769	Babenhausen	1789	1794	Unbek.
32.	Rieff, Leonard	1760	Buchau	1779	1784	1828
33.	Rosengarth, Gregor	1763	Kirchheim	1783	1789	1816
34.	Schindele Robert	1763	Salem	1783	1789	1831
35.	Schneider, Anton	1744	Witschwende	1771	1774	1812
36.	Spiegler, Joseph	1768	Bettenreute	1787	1793	1846
37.	Steyr, Michael	1757	Ottobeuren	1776	1781	1809
38.	Unold, Edmund	1735	Weißenau	1754	1759	1813
39.	Wezel, Hieronymus	1751	Horb	1773	1776	1809
40.	Widemann, Ulrich	1763	Augsburg	1783	1789	1841
41.	Wiest, Longinus	1754	Erlenmoos	1776	1781	1835
42.	Wörz, Joh. Chrysost.	1764	Pfersee	1786	1790	1819
43.	Br. Kazenmayer, Markus	1724	Königseggwald	1754	–	(nach 1805)
44.	Br. Steinwand, Jakob	1739	Horb	1768	–	1815
45.	Br. Ritter, Johannes	1742	Hüfingen	1768	–	1811
46.	Br. Kiechle, Thomas	1751	Auslang	1776	–	1814

Lebensende nichts zu thun hätten als allenfalls mit einer Köchin (à deux mains) ihren Gehalt zu verzehren, und endlich [etliche?] *wissen selbst nicht, was sie wollen.*[24] Da es auch dem Abt nicht gelang, eine einhellige Meinung herzustellen – ein Indiz auch für die nachlassende Disziplin – fiel der »Schwarze Peter« an die Herrschaft; diese musste entscheiden. In seinem Bericht bezifferte Raht die Ansprüche der Weingartener Konventualen *a) über 60 Jahren auf 600 fl. b) zwischen 50 und 60 Jahren auf 500 fl. c) unter 50 auf 450 fl.*, wobei er anmerkte, wegen der *Nähe der Schweiz* sei es *hier niemals wohlfeil zu leben.*[25]

Um im finanziellen Interesse seines Landesherrn nichts zu überstürzen, schlug Raht vor, die Konventualen *provisorisch* zu *geistlicher Domestikation*, d. h. *zum gemeinschaftlichen Haushalt* im Konventsbau und im anschließenden Flügel der Abtei (sog. *Seminarbau*), zu verpflichten. Dies würde auch die Aufrechterhaltung des Gottesdiensts an der Stiftskirche und damit die Betreuung der nach wie vor offensichtlich einträglichen Heilig-Blut-Wallfahrt sowie die Weiterführung der sog. *Lateinischen Schule* ermöglichen. Der Unterhalt des Konvents sollte vorerst ganz aus den Erzeugnissen und der Kasse der Herrschaft bestritten werden. Für die Konventualen bedeutete dies, daß sie das Kloster ohne oranische Erlaubnis vorerst nicht verlassen durften, sondern, wenn sie nicht ihre Pensionsansprüche riskieren wollten, ihr bisheriges klösterliches Gemeinschaftsleben fortsetzen mussten.

Der Pensionserlass vom 13. April 1804

Obwohl von der Oranien-Nassauischen Regierung in Fulda wie zumeist der Rat Rahts beherzigt wurde, dauerte es doch bis zum 13. April 1804, ehe diese endlich einen Pensionserlaß verabschiedete, der am 1. Mai 1804 in Kraft trat.[26] Der Erlass fixierte – gegenüber dem Vorschlag Rahts nur geringfügig vereinheitlicht und verringert – die Höhe der Pensionen und definierte die Rechte und Pflichten des Konvents, der inzwischen nur noch aus dem Prior Joos, 31 Priestermönchen und 4 Laienbrüdern bestand[27], so:

Die Rechte der Konventualen:
– Der Prior erhält jährlich 750 fl., die gemeinschaftlich lebenden Priester je 500 fl. (also nicht den Höchstbetrag) und die Laienbrüder je 300 fl.

– Wer jetzt oder künftig ein Amt mit eigenen Einkünften versieht und außerhalb lebt, dem wird das Einkommen von der Pension abgezogen.
– Zu dem Geldfixum treten die folgenden unentgeldlichen Leistungen der Herrschaft:
– Kostenlose Unterkunft wie bisher im Konventsbau.
– Benutzung der Klosterkirche samt den kirchlichen Geräten und Paramenten.
– Nutzung der Konventsgärten und eines Gemüseackers samt kostenlosem Dünger.
– Nutzung des Waschhauses.
– Gebrauch der Küchentafel und der vorhandenen Küchengerätschaften.
– Ärztliche Versorgung durch den *Physikus* (Arzt).

Die Bedingungen und Pflichten der Konventualen:
– Sie führen ihr Gemeinschaftsleben mit allen Verpflichtungen ihrer Regel weiter, dürfen aber keine Novizen aufnehmen.
– Ihre Pensionen werden bis auf ein jährliches Taschengeld von 30 fl. bzw. 18 fl. (Laienbrüder) nicht ausgezahlt, sondern fließen in monatlichen Raten in eine Konventskasse, für die ein Kassier oder Konventsverwalter zu bestimmen ist.
– Aus der Konventskasse bestreiten sie alle anfallenden Kosten der Gemeinschaft (Verpflegung, Brennholz, Lohn, kleine Reparaturen und Wäsche).
– Sie haben die Seelsorge in der Klosterkirche und in den Patronatskirchen auszuüben und in der Klosterschule zu unterrichten, wozu die Herrschaft Zuschüsse gibt (Kirche: 600 fl., Schule: 100 fl.).
– Naturalien, wie Holz, Mehl, Brot, Wein, Milch und Butter, hat der Konvent zu ermäßigtem Preis von den ehemals klösterlichen und jetzt oranischen Betrieben (Wälder, Mühle, Bäckerei, Kellerei und Haussennerei) oder deren evtl. späteren Pächtern zu kaufen, Arzneien in der Hausapotheke.
– Der Konvent hat seine bisherigen 11 Bediensteten auf eigene Kosten weiterzubeschäftigen. Die Herrschaft übernimmt lediglich die Hälfte des Lohns für den *Chirurgen* (Rasieren, Bartscheren).

Mochten auch die Pensionsbeträge von 500 und 300 fl. für sich genommen und im Vergleich mit dem Einkommen einfacher Leute beträchtlich erscheinen[28], angesichts der Umstände und der gleichzeitig übernommenen Verpflichtungen waren sie es für die an einen gehobenen Lebensstil gewohnten Benediktinerpatres nicht, zumal die Zahl der am gemeinschaftlichen Haushalt Beteiligten rasch sank.

Die Oranische Regierung war nämlich unablässig bemüht, Konventualen entweder gegen eine Pauschale von 2.200 fl. (unter Verzicht auf die Pension) auf immer abzufinden oder aber auf kirchliche Ämter zu versetzen, wobei die Einkünfte aus dem Amt vom Pensionsbetrag abgezogen wurden. Da sie dies mit Erfolg betrieb und auch der Tod erste Lücken schlug, betrug die Zahl der Konventualen beim Erlass des Pensionsedikts nur noch 31, und Anfang 1806 war sie gar auf 23 abgesunken. Im selben Ausmaß nahmen die Einlagen in die gemeinschaftliche Kasse ab, während die Grundkosten konstant blieben. Prior Joos beklagte sich am 29. Januar 1805 nun schriftlich namens des Konvents und bat um Erhöhung der Pensionen.[29] Die Herrschaft reagierte verständnisvoll und erklärte sich auf Rahts Vorschlag am 14. Februar 1806 bereit[30], rückwirkend vom 1. Januar 1806 an die Gemeinschaftsanteile von je 74 fl. 34 kr. für die zum »Normalstand« von 26 »fehlenden« Konventualen zu übernehmen. Als sich im selben Jahr der Konvent auf 19 Personen (19 Priester und drei – nicht beitragpflichtige – Laienbrüder[31]) verringerte, mussten 7 Anteile von der Herrschaft bezahlt werden. Trotzdem wuchsen – und zwar durch Zahlungsrückstände und Schulden – die Gemeinlasten der Konventualen, und Prior Joos musste am 31. August 1806 erneut um Erhöhung der Pensionen bitten.[32] Daraufhin schlug Raht seinem Fürsten am 4. Oktober 1806 vor, die Konventualen von der Pflicht, *eine gemeinschaftliche Haushaltung zu führen*, zu entbinden und ihnen stattdessen zu erlauben, im Konventsgebäude eigene Haushaltungen zu errichten. Ein Drittel von ihnen könne dann umschichtig beurlaubt werden und bei ihren Familien wohnen, während die übrigen für den Gottesdienst und die Wallfahrt zu sorgen hatten. Da die geringe Pension der Laienbrüder aber nicht für einen eigenen Haushalt ausreichte, schlug er vor, diesen allerdings einen Aufschlag von je 50 fl. zu gewähren. Die bisherigen Konventsdiener aber sollten nun doch mit Pensionen abgefunden werden.[33]

Die Klosterschule

Das Schicksal der Weingartener Klosterschule in den Läufen von Säkularisation und Mediatisierung wird nur selten gestreift. Sicher ist, dass die Lateinschule 1802/03 ihre Pforten nicht schloss, sondern nach dem ausdrücklichen Willen der nassau-oranischen Herrschaft weitergeführt wurde. Zu den Pflichten der am 1. Mai 1804 auf Pension gesetzten Ordensgeistlichen zählte auch der Schulunterricht, der in den Schulstuben des Konventsbaus stattfand. Die Unkosten für Heizung (Holzlieferung) und jährlich 100 fl. für die Instandhaltung der Räume gingen auf die herrschaftliche Kasse. Den Konventualen war es sogar erlaubt, Studenten gegen Bezahlung in die Kost zu nehmen.[34] Der Schulbetrieb endete jedoch bereits 1805/06. In seinem Bericht vom 4. August 1806 teilte Raht ganz nebenbei mit, daß *die Schulanstalt aus Mangel der Lehrer aufgehört* habe.[35]

Der Reichsprälat

Wie überall so hatte auch in Weingarten der Reichsprälat bei der vorläufigen Besitznahme auf alle Regierungsgeschäfte und Verwaltungshandlungen zu verzichten. Eine sofortige offizielle Abdankung verweigerte Anselm Rittler (* 1737, 1784–1803, † 1804) allerdings mit Verweis auf das zu erwartende Reichsgesetz (d. h. den RDH). Er verzichtete jedoch sofort auf die Verfügung über die Kassen des Reichsstifts, seine Sammlungen, die Bibliothek und das Archiv, die großteils versiegelt wurden bzw. nur noch den oranischen Beamten zugänglich waren.

Was aber sollte mit Rittler geschehen? Nach dem RDH § 51 stand ihm eine reichsgesetzliche Pension von – je nach Größe und Wirtschaftskraft des jeweiligen Reichsstifts – 2.000 bis 6.000 fl. zu. Darüber hinaus war ihm auf Lebenszeit eine seinem *Rang und Stande angemessene freie Wohnung mit Meublement und Tafelservice* zu gewährleisten.

Die oranische Regierung griff diese Frage früh auf. In einem Bericht vom 17. November 1802, in welchem Raht seinem Fürsten die Schwierigkeiten der Klosterinsassen schilderte, sich auf einen Plan für die Zukunft zu einigen, schildert er auch den Zustand Rittlers: Der alte und kranke Prälat, der sich im Konvent nicht mehr durchsetzen könne, würde am liebsten mit seiner Pension außerhalb des Klosters leben. Aber mit Rücksicht auf die alten und kranken Konventualen setze er seinen eigenen Vorteil hintan und wolle im

Anselm Rittler (1784–1804)
Der von dem Weingartener Amtshof Aichach/Berg stammende letzte Reichsprälat und Abt Weingartens war von 1769 bis zu seiner Wahl 1784 Professor an der Universität Salzburg gewesen.
Benediktinerabtei Weingarten.

Zwischenzeit wurden die effektiven Ausgaben des Reichsprälaten eingeschränkt: Dieser durfte zwar seine *Wohnung* in der Prälatur behalten, musste aber auf den gewohnten eigenen Haushalt, die sog. *Hofhaltung* im Schloßbau, verzichten und seine nach wie vor besondere *Verpflegung* nun aus der Konventküche beziehen. Er war außerdem gehalten, die traditionelle *Hospitalität* (Gastfreundschaft) zu unterlassen. Die geistlichen Beamten dagegen mussten den Schlossbau räumen und in den Konventsbau übersiedeln, um den oranischen Beamten der oranischen Kameralverwaltung Platz zu machen.

Als dann der sog. *oranische Pensionserlaß* am 13. April 1804 die Pensionen, Lebensverhältnisse und Aufgaben der Konventualen verbindlich festlegte, fand auch der Reichsprälat Erwähnung: *Der Herr Prälat wird in allem, was demselben vorhin bewilliget ist, bestättiget: seine Tafel, Wohnung, Bedienung, Equipage und sein ganzer Unterhalt bleiben auf Rechnung Unserer dortigen Commun-Casse, über welche er auch zu seinen Nebenausgaben fernerhin die freye Disposition behält, wie wir es Uns überhaupt zur angenehmen Pflicht rechnen, ihm eine fortdauernd [standes]mäsige und ehrenvolle Behandlung zuzusichern.*[38] Zu dem für Rittler wichtigsten Punkt aber schweigt der Erlass, nämlich zur Höhe seiner Geldpension. Die Frage wurde auch nie beantwortet, denn bevor man sich darüber einigen konnte, verstarb der schon seit längerem kränkliche und durch die radikalen Veränderungen stark angeschlagene Mann mit 67 Jahren am 19. Juni 1804 und wurde als letzter Reichsprälat in der Äbtegruft[39] begraben. Sein Hinscheiden wurde dem Bischof von Konstanz, Kurfürst von Mainz und Erzbischof von Regensburg, Karl Theodor v. Dalberg, unverzüglich angezeigt.[40]

Das weltliche Personal des Reichsstifts

Auch hinsichtlich der Behandlung der weltlichen Diener der geistlichen Fürsten hatte der § 59 RDH Anweisungen getroffen. Die Pensionisten waren weiterhin zu unterhalten. Wofern die aktiven Beamten und Diener nicht weiterbeschäftigt wurden, besaßen sie Rechte auf eine nach der Länge der Dienstzeit gestaffelte Pension.

Konvent bleiben. Raht schätzt angesichts des Besitzes und der Einkünfte Weingartens den reichsrechtlichen Pensionsanspruch des Prälaten auf 6.000 fl.[36] Wenn Raht am Schluß jenes Berichts zu dem Vorschlag kam, das gemeinschaftliche Leben wenigstens vorerst aufrechtzuerhalten, dann geschah dies nicht nur wegen der Uneinigkeit des Konvents, sondern auch aus finanzwirtschaftlichen Erwägungen heraus, unter denen der hohe Pensionsanspruch Rittlers eine gewichtige Rolle spielte.[37]

So schob man die verbindliche Festlegung und Auszahlung der Abtspension zunächst einmal auf. In der

Abt Anselm Rittler (1737–1804)

Eine ausgewogen würdigende Biographie Abt Anselm Rittlers steht noch aus.[41] Der letzte Reichsprälat Weingartens stammte vom Weingartener Amtshof Aichach/Pfarrei Berg. Nach Studien in Weingarten und Ottobeuren hatte er 1754 die Profess abgelegt und 1760 die Primiz gefeiert. Als Regens an der Klosterschule lehrte er Rhetorik und Philosophie, bevor er 1769 Professor an der Universität Salzburg wurde, wo er bis zu seiner Wahl zum Abt am 21. Dezember 1784 zuerst Moraltheologie (1769–1773) und danach Dogmatik lehrte.

Bis 1792 führte er den Neubau des Klosters fort, wurde aber durch die Koalitionskriege an der Vollendung gehindert. So verzichtete er 1792 auf die geplante und auf 30.000 fl. veranschlagte Deckung des Kirchendachs mit Kupferplatten.[42] Als französische Truppen 1800/01 erneut das Kloster besetzten, flüchtete er und hielt sich in Begleitung P. Sebastian Mauchs sowie eines Lakaien und eines Kutschers längere Zeit in St. Peter in Salzburg und danach in Augsburg verborgen.

Der Leiter der oranischen Regierung in Weingarten, der Geheime Justizrat Raht, der bei der Besitzübernahme engen Kontakt zu ihm pflegte und sich eingehend mit der Bestandsaufnahme seiner *Herrschaft Weingarten* befasste, stellt Abt Anselm in allem nur das beste Zeugnis aus. Öfter betont er die Aufrichtigkeit und Ehrlichkeit Rittlers, seine absolute Loyalität und Vertrauenswürdigkeit.

In wirtschaftlicher Hinsicht rühmte er die ausnehmend gute Weingartener Verwaltung: *Im allgemeinen ist die hiesige Verwaltung weit besser in der Ordnung als bei irgend einem Stift in der Nähe. Dieses hat man hauptsächlich dem jetzigen Prälaten zu verdanken, der die Rechnungsbücher für die Kloster-Haushaltung einführte, und dessen von Anderen äußerst getadelte Sparsamkeit dem neuen Landesherrn vortrefflich zustatten komt.*[43]
So stellte Raht durch eine 10-jährige Aufrechnung der Einnahmen und Ausgaben des Stifts 1785–1794 fest, Rittler habe in dieser Zeit 100.000 fl. an Schulden getilgt und hätte nach Rahts Einschätzung sicher auch noch Aktives Kapital erwirtschaftet, wenn nicht 1794 der *ungeheure Krieg* dazwischen gekommen wäre. Dieser habe das Kloster durch Plünderungen, Einquartierung, Kontributionen und Requisitionen über 500.000 fl. gekostet. Trotzdem hinterließ Rittler bei seiner Abdankung 1802 nur 76.000 fl. Schulden, eine lächerliche Summe, sowohl im Vergleich mit den früheren Klosterschulden, die noch 1744 z. B. 306.000 fl. betragen hatten, als auch mit den Schuldenbergen vieler wesentlich kleinerer Abteien oder gar zahlreichen Reichsstädte im Jahre 1802.[44]
Rittler war um Zeitpunkt der Säkularisation ein *alter kränklicher Mann* und litt an den Folgen eines Schlagflusses.[45] Die Krankheit, die unsicheren Zeitläufte mit der mehr als einjährigen Abwesenheit Rittlers auf der Flucht und die Ereignisse bis 1802 hatten seine Autorität im Konvent geschwächt. Jedenfalls konnte er sich in der Frage, wie sich der Konvent seine Zukunft vorstellte, nach Rahts Urteil nicht mehr durchsetzen.[46]

Der *Pensions-Etat*, die Liste der Weingartener Beamten, Diener und Pensionisten vom 1. Mai 1804 umfaßt 162 Namen. Abzüglich der bereits erwähnten 31 Priester und 4 Laienbrüder waren also 127 Personen vom neuen Herrn zu versorgen. Darunter befanden sich 50 Frauen (4 Beschäftigte, 15 Witwen und 31 Sonstige). Dieser Etat erforderte damals einen Aufwand von insgesamt 26.961 fl. 38 kr. 4 h. Zieht man die 15.470 fl. für die Geistlichenpensionen ab, so verbleiben noch 11.491 fl. für die 127 weltlichen Diener, Pensionisten und Hinterbliebenen (Witwen).

Die Untertanen

Die Untertanen des ehem. Reichsstifts Weingarten waren durch die Besitzergreifung weder zunächst durch das Haus Oranien-Nassau noch später durch das Kgr. Württemberg soweit ersichtlich stark betroffen. Es änderten sich weder ihre soziale Struktur, die durch große Lehensbauern, das Mittel- und Kleinbauerntum der Seldner, das Gesinde und die Armen geprägt war, noch ihre leibeigenschaftlich geprägten persönlichen Rechtsverhältnisse oder das überwiegend durch das sog. *Schupflehenrecht* geprägte schwache Besitzrecht an den Gütern und Höfen. Damit blieben auch die daraus resultierenden Verpflichtungen an Abgaben, Frondiensten und Gebühren bestehen. Die Besitzergreifungen erfolgten nach dem Maßstab der Legitimität, d. h. heißt unter Geltendmachung der traditionellen grund-, leib-, landes- und zehntherrschaftlichen Rechte und Ansprüche. Auch dieser Umstand dürfte dazu beigetragen haben, daß die überwiegende Masse der Untertanen die staatsrechtlichen Veränderungen meist ziemlich gleichgültig zur Kenntnis nahm.

Erst mittel- oder längerfristig zeigten sich Chancen und Entwicklungen, die bei Fortdauer der stiftischen Herrschaft nicht oder nicht so früh denkbar gewesen wären, insbesondere als der württembergische Staat 1817 daran ging, seine Bauern zu befreien und zu entlasten, mit dem Ziel, sie zu freien, gleichberechtigten und damit auch wirtschaftlich produktiveren Staatsbürgern zu machen. Dieser Prozess begann mit dem Oktoberedikt 1817 (Aufhebung der Leibeigenschaft mit allen ihren Verpflichtungen), führte zu Eigentumserwerb und Grundentlastung der Bauernhöfe und endete mit der Aufhebung des Zehnten (1849).[47]

Im Königreich Württemberg (ab 1806)

Das unwiderrufliche Ende des Klosterlebens

Als Württemberg nach der Mediatisierung der oranischen Herrschaft im Frühherbst 1806 als Folge des Rheinbundvertrags am 1. Dezember 1806 wegen der Verstrickung Oraniens in den preußisch-französischen Krieg[48] auch den oranischen Domanialbesitz der ehem. Herrschaft Weingarten beschlagnahmte, wuchs dem Königreich auch die Sorge für die Exkonventualen innerhalb und außerhalb Weingartens zu. Im Konventsgebäude wohnten damals noch Prior Joos, 19 Patres und 3 Laienbrüder; Pensionen erhielten aber auch noch 6 auswärts lebende Patres.[49] Für sie bedeuteten Herrschafts- und Besitzantritt Württembergs zunächst keine tiefe Zäsur, zumal der Geheime Justizrat Raht, der die Weingartener Verhältnisse bis dahin geordnet hatte, vorerst auf dem Martinsberg tonangebend blieb. Die Exkonventualen behielten also

zunächst weiterhin ihre Haushalte im Konventsbau. Sie trugen ihre Ordenskleidung, versahen die Gottesdienste und betreuten die Heilig-Blut-Wallfahrt.

Doch die »Kontinuität« war nur von kurzer Dauer. Um Pensionen einzusparen, wurde der Druck auf die jüngeren Exkonventualen verstärkt, Lehr- und Seelsorgeämter zu übernehmen. Am 21. Januar 1808 wurde dem Konvent aus Stuttgart mitgeteilt, alle Pensionäre unter 50 Jahren hätten sich einer dreitägigen *Pastoral-Konkurs-Prüfung* in Biberach zu unterziehen. Wer sie bestand, erhielt ein *Fähigkeitsdekret*, das ihn zur Bekleidung eines Seelsorgeamts legitimierte.

Um die Erinnerung an die ehem. Klöster möglichst rasch zu tilgen und eventuell aufkommende Sympathien mit dem schwer gebeutelten Stand zu verhindern, wies ein kgl. württembergisches Dekret vom 28. Mai 1808 die Exkonventualen im ganzen Königreich. an, ihre Ordenskleidung abzulegen. Auf Protest hin wurde ihnen dann wenigstens die Weiterbenutzung innerhalb des Klosters zugestanden. Am 18. November 1808 erhielten auch die Weingartener durch Pfarrer Dismas Gramm die Anweisung, sich öffentlich künftig nur noch in Weltpriesterkleidung zu zeigen.

Am 1. Februar 1809 kam dann das unwiderrufliche Ende des Weingartener Klosterlebens bzw. dessen, was davon bis dahin noch übriggeblieben war: Die noch verbliebenen 12 Priester- und 3 Laienmönche wurden strikt angewiesen, den Konventsbau um den spätgotischen Kreuzgang bis zum 1. März 1809 zu räumen und sich im Flecken Altdorf Privatwohnungen zu mieten. Am 28. Februar 1809 traf sich der Restkonvent zum letztenmal: Der mitbetroffene P. Placidus Mayr berichtet: *Den 28. Februar 1809 speißten wir noch übrige Confratres das leztemal bey einander im Refectorio und tranken das letzte Vale!!*[50] Am 1. März wurde die Küche von Amts wegen geschlossen und das Tafelgeschirr nach Stuttgart abtransportiert. Am selben Tag begannen die Pensionäre, ihre Wohnungen in den Häusern Altdorfer Bürger zu beziehen. Als dann am 5. April 1809 P. Hieronymus Wezel (1751–1809) verstarb, wurde er als erster nicht mehr auf dem Klosterfriedhof, sondern auf dem Friedhof bei der Pfarrkirche an der Scherzach begraben. Die Auflösung des Gemeinschaftslebens bewog nun mehrere Patres, doch auswärtige kirchliche Ämter anzunehmen.[51] In den Jahren 1812–16 starben weitere

6 Patres in Weingarten. Der letzte der in Weingarten verbliebenen Exkonventualen, P. Longinus Wiest, starb am 4. Juni 1836 und wurde ebenfalls auf dem Altdorfer Friedhof beerdigt. Als »der letzte Weingartener Mönch« überhaupt starb im 86. Lebensjahr am 19. August 1856 in Paar bei Friedberg/Btm. Augsburg P. Bernard Gilg.[52] Zu diesem Zeitpunkt erinnerte in Altdorf-Weingarten außer dem Gebäudekomplex des ehem. Klosters mit der prächtigen Kirche und der seit 1849 wieder prachtvoll gefeierten Heilig-Blut-Prozession nur noch wenig an die einstige Klosterzeit. Und auch die inzwischen aus Leibherrschaft und grundherrschaftlicher Hörigkeit befreiten ehemaligen bäuerlichen Untertanen des Reichsstifts dürften nur noch gelegentlich, wie z. B. bei der unbeliebten württembergischen Militärkonskription, wehmütig der einstigen Klosterherrschaft gedacht haben.

Die Einschränkung kirchlich-klösterlicher Traditionen

Am 13. März wurde der reiche, auf 290.000 fl. geschätzte Weingartener Kirchenschatz (Kelche, Monstranzen, Reliquiare, auch das Heilig-Blut-Reliquiar, Paramente u. a.), den Oranien-Nassau noch in der Obhut und Nutzung der Konventualen gelassen hatte[53], bis auf wenige liturgische Geräte für die Bedürfnisse der Gemeinde, nach Stuttgart abtransportiert, wo er spurlos verschwand. Darunter befand sich auch das kostbare unter Abt Sebastian Hyller 1726 gefertigte Reliquiar, das die Heilig-Blut-Reliquie barg und das allein auf 70.000 fl. veranschlagt war. Die für Weingarten und seine Heilig-Blut-Wallfahrt zentrale Reliquie brauchte aber unbedingt ein repräsentatives Gefäß, um an den Heilig-Blut-Festtagen in der Weingartener Kirche auf dem Heilig-Blut-Altar zur Verehrung aus-

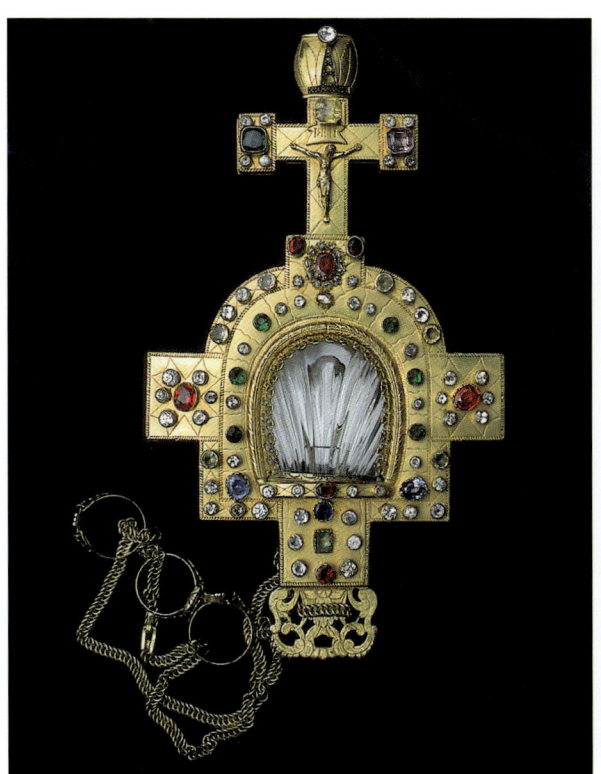 

Heilig-Blut-Reliquiare 1809/1956
Das kostbare Reliquiar des Basilikaerbauers Abt Sebastian Hyller von 1726, 1809 auf 70.000 fl. geschätzt, verschwand in der Stuttgarter Münze. Die nach dem Original angefertigte grobe Kopie aus Kupfer mit Glassteinen (später durch Edelsteine ersetzt) im Werte von 174 fl. wurde von 1809 bis 1956 benützt.
Pfarrkirche St. Martin Weingarten.

gesetzt zu werden, aber auch damit durch Berührung mit ihr die Wallfahrer sowie die üblichen Devotionalien (Wallfahrtsmedaillen, Andachtsbildchen, Wasser, Öl, Weingarten u. v. a. m.) gesegnet werden konnten[54]. Wegen der Nähe des Heilig-Blut-Hauptfests, des Blutfreitags, wurde daher rasch eine billige, noch heute erhaltene Kupferimitation gefertigt.[55]

Am 14. März schlossen die württembergischen Beamten sogar die Klosterkirche und verboten – unter Verweis auf die Pfarrkirche an der Scherzach – den Gottesdienst. Da dies aber die totale Lahmlegung der Heilig-Blut-Wallfahrt bedeutet hätte, mußten die Beamten das Verbot auf heftigen Protest vor Ort und entsprechende Weisungen aus Stuttgart hin wieder zurücknehmen.

Am 12. Juni 1811 wurde die ehemalige Klosterkirche, die jetzige »Schlosskirche«, in aller Stille – *sine lux sine crux* (sic!)[56] – zur Pfarrkirche erklärt, und Pfarrer Dismas Gramm zog aus dem Pfarrhaus ins Priorat um; bald folgte ihm Pfarrhelfer Grattenmacher, der die Krankenzimmer über der Apotheke bezog. Mit dieser Umwidmung trug Württemberg zwei Anliegen Rechnung. Einmal konnte nun die erst 1738 in prächtigem Barockstil errichtete Pfarrkirche St. Maria aus Ersparnisgründen geschlossen und auf Abbruch verkauft[57] (im Winter 1818/19, tatsächlich abgebrochen) werden. Zum anderen konnte die Pfarrgeistlichkeit fortan auch die immer noch recht rege Heilig-Blut-Wallfahrt betreuen, was auch deshalb so wichtig war, weil auswärtige Priester aufgrund eines bischöflichen Ordinariats-Zirkulars vom 15. Dezember 1808 in Weingarten nicht mehr tätig sein durften.

Im Unterschied zur aufgeklärten Kirchenleitung duldete die württembergische Regierung die auch ökonomisch nicht uninteressante Heilig-Blut-Wallfahrt. Sie lehnte nur den sog. *Blutritt*, ab, also die berittene Herumführung der Heilig-Blut-Reliquie und die Reiterbegleitung bei der jährlichen Flurprozession am Blutfreitag, den schon 1805 Oranien-Nassau und 1812 verschärft nochmals Württemberg verboten hatte[58], aber nicht so sehr das Wallfahrtswesen allgemein.

Das Schicksal der Mobilien und Immobilien

Nassau-Oranien war trotz seines von Anfang an unzweifelhaft starken materiellen Interesses stets rela-tiv rücksichtsvoll mit den Konventualen, ihrer Kultur und Tradition sowie ihrem ehem. Mobiliarbesitz umgegangen. Obwohl es keinerlei Zweifel an seinen Besitzansprüchen ließ, so handelte es doch trotz aller Unsicherheit der Zeitumstände nicht überstürzt. Wesentliche Mobilien verblieben – wenn vielleicht auch nicht auf Dauer geplant – in Weingarten: das Archiv, der weitaus überwiegende Teil der Bibliothek und der Handschriften, der Kirchenschatz, die Kabinette (Naturalien-, Physikalisches und Münzkabinett) sowie die Gemälde und Möbel. Lediglich eine kleine Anzahl der kostbarsten Bücher und die wertvollsten Handschriften waren 1806 in die neue oranische Residenz nach Fulda abtransportiert worden.

Unter Württemberg, v. a. nachdem dieses den Schein der bloßen Sequestration auf Zeit[59] fallengelassen und Weingarten am 18. November 1808 staatsrechtlich endgültig in das Königreich eingegliedert hatte, wurde alles anders: Als hätte die Anwesenheit der alten Besitzer und Bewohner die neuen Herren doch eingeschüchtert, verloren diese nun, da die Exkonventualen aus den Klostergebäuden vertrieben waren, jede Scheu und griffen hemmungslos zu.

Die mit jahrhundertealten Schätzen und Gebrauchsgegenständen angefüllten Klostergebäude rund um die Kirche wurden nun rasch ausgeräumt, teils weil die Mobilien neuen Nutzungen im Wege standen, teils weil diese anderen Nutzungen zugeführt oder versilbert werden sollten. 1812 z. B. wurden das vollständig erhaltene Archiv und die weitgehend vollständige Bibliothek mit ca. 60.000 Bänden sowie die noch sehr zahlreichen restlichen Handschriften nach Stuttgart abtransportiert.[60] In öffentlichen Versteigerungen wurden massenhaft weniger wertvolles Klostergut, Gemälde, Möbel, Werkzeuge und Hausrat, verkauft. Auf die Frage der Immobilien kann hier nur noch in groben Zügen eingegangen werden. Zwar blieb die bauliche Geschlossenheit der Klosteranlage unter staatlicher Aufsicht erhalten, aber ihre funktionale Geschlossenheit wurde zerrissen: Die *ehem. Kloster- und Wallfahrtskirche* diente – in ihrem Mobilienbestand vom Kirchenschatz abgesehen weitgehend erhalten – neben der traditionellen Heilig-Blut-Wallfahrt nun auch der gewöhnlichen Pfarrseelsorge durch Weltgeistliche. Der **Konventstrakt** südlich der Kirche um den spätgotischen Kreuzgang diente i. W. der Pfarrei;

Verkündigung Mariens
*Ganzseitige Miniatur aus
dem Heinricus-Sacrista-
Sakramentar, einer ehe-
mals Weingartener Pracht-
handschrift, welche durch
die Säkularisationsläufte
bis nach New York ver-
schlagen wurde. Abgebil-
det ist der Englische Gruß.
Deckfarbenmalerei mit
poliertem Goldhinter-
grund, 1200/1240.
Pierpont Morgan Library,
New York, MS 711,
fol. 1v.*

andere Nutzungen, auch wirtschaftliche, kamen später hinzu.

Im heutigen sog. *Schlossbau*, dem nördlich der Kirche gelegenen und nach dem Idealplan voll ausgebauten Gebäudetrakt befanden sich ursprünglich die Wohnung des Abtes (*Prälatur*) mit dem sog. *Audienzsaal*, Schlaf- und Speiseräume (kleines und großes *Tafelzimmer*) für Gäste, die Sammlungen (Kabinette) und die Bibliothek, aber auch (v. a. im Erdgeschoß) die Räume der Geistlichen Beamten und der Stiftsverwaltung. Dort war schon unter Oranien-Nassau die *Kameralverwaltung* eingezogen; der repräsentativere Teil wurde für Sommeraufenthalte der königlichen

Familie zum *Königlichen Schloss* (1806–1824) hergerichtet.[61] Im ehemaligen *Spitalbau*, im Westen der Kirche, befand sich u. a. die Klosterapotheke. Der imposante frühbarocke Fruchtkasten (1685–1688) diente weiterhin (bis 1849) als Speicher für die Abgaben und Zehnten der Untertanen an Getreide und Weingarten. Er verlor seine Funktion erst allmählich im Zuge von Bauernbefreiung und Grundentlastung.

Den riesigen *Gutsbetrieb des Klosterhofes* mit seinen Gebäuden und Ländereien hatte bereits Oranien-Nassau begonnen stückweise abzustoßen. Württemberg hatte angesichts des überall angefallenen Säkularisationsgutes noch größeres Interesse, die Eigenwirtschaft

Der Schlossbau als Kaserne
Seit 1868 diente neben dem Fruchtkasten auch der Schlossbau als Kaserne. Haupteingang war der mit Schilderhäuschen versehene Durchgang im Nordtrakt, bei dem auch der sog. Kaiserstein, ein Kaiser Wilhelm gewidmeter Findling, stand.

aufzulösen und die Grundstücke zu veräußern. Zum 22. März 1809 (?) wurden der Bauhof und das Konventsgebäude samt Garten verpachtet. Auch sonst versuchte man Gebäude und Grundstücke loszuwerden. Das ehrwürdige *Ensemble der Weingartener Klosteranlage* blieb bis 1974 erhalten. Doch der einstige Funktionszusammenhang war auf immer zerstört. Verlangte auch die Geschlossenheit der Gebäude immer wieder nach integrativen Lösungen, sie gelangen nicht oder nur teilweise. Das Waisenhaus, das 1825 aus Ludwigsburg kommend, hier einzog, nutzte i. W. nur den Nordtrakt und den Seminarbau. Der Garnison, die ab 1868 an seine Stelle trat, erfasste wohl im Laufe ihrer Ausweitung bis 1914 fast alle Wohn- und Wirtschafts-

bauten sowie die Plätze (Äußerer Klosterhof als Exerzierplatz) der Anlage, doch blieb ihr gerade der Kern der Anlage, die ehemalige Klosterkirche trotz gelegentlicher Nutzung zu Gelöbnissen und anderen Feiern im Wesen fremd.[62] Als 1922 die aus Erdington vertriebenen Benediktiner eine Neugründung wagten, geschah dies auch nur in einem Teil der Anlage und betraf anfangs nur Klosterkirche und Schlossbau. An die Stelle funktionaler Integrität ist – und vermutlich für immer – eine wechselnde Mischnutzung getreten, mit der Folge, dass sich das bauliche Ensemble nicht unbeeinträchtigt erhalten ließ[63] und vielleicht auch für die Zukunft weitere Veränderungen auf dem Martinsberg kaum zu vermeiden sein werden.

[1] *Bonifaz Wöhrmüller*, Literarische Sturmzeichen vor der Säkularisation, in: StMittOSB N.F. 14 (1927), 12–44.

[2] Vgl. den Beitrag von *Harm Klueting* in diesem Werk.

[3] Hierauf hat bes. hingewiesen *Franz Quarthal*, Zwiefalten zwischen Dreißigjährigem Krieg und Säkularisation. Monastisches Leben und Selbstverständnis im 6. und 7. Säkulum der Abtei, in: 900 Jahre Benediktinerabtei Zwiefalten, hg. von *Hermann Josef Pretsch*. Ulm 1989, 401–430, bes. 423ff.

[4] StA Weingarten.

[5] Vgl. für Weingarten *Pirmin Lindner,* Professbuch der Benediktiner-Abtei Weingarten. Kempten/München 1909 (Beiträge zu einem Monasticon-benedictinum Germaniae, hg. von *Pirmin Lindner*; II).

[6] Abt Ignaz Speckle von St. Peter z. B erhielt am 19.10. den 2. Entschädigungsplan vom 08.10.2002. Vgl. Das Tagebuch von *Ignaz Speckle*, Abt von St. Peter im Schwarzwald, bearb. von *Ursmar Engelmann*. Bd. 1. Stuttgart 1965, 474.

[7] Resolution der Schwäb. Reichsprälaten in: Beilagen zu dem Protokoll der außerordentlichen Reichsdeputation. Bd. 2. Regensburg 1803, 142–144 [Beil. Nr. 137], zit. nach *Matthias Erzberger*, Die Säkularisation in Württemberg von 1802–1810. Ihr Verlauf und ihre Nachwirkungen. Stuttgart 1902, 40.

[8] Schreiben Rittlers, 15.09.1802: SAL D 150 Bü 1/IX.

[9] Vgl. den Brief P. Sebastian Mauchs nach Salzburg vom 22.04.1803: *Lindner*, Professbuch Weingarten (wie Anm. 5), 141.

[10] Vgl. die Kurzbiographie *Lindner*, Professbuch (wie Anm. 5), 13.

[11] Schreiben Rittlers, 15.09.1802: SAL D 150 Bü 1/IX.

[12] Schreiben Rittlers, 15.09.1802: SAL D 150 Bü 3.

[13] Bericht Rahts, 17.09.1802: SAL D 150 Bü 3.

[14] Bericht Rahts, 01.10.1802: SAL D 150 Bü 3/XIV.

[15] Der letzte gedruckte *Catalogus religiosorum* (wie Anm. 4) Abt Anselm Rittlers weist 42 Patres und 4 Laienbrüder aus. Er ist nach den aufgeführten Daten zw. dem 04.12.1802 (Tod P. Gerhard Hess', der nicht mehr erwähnt wird) und dem 16.06.1803 (Tod P. Paulus Kenzels, der im Katalog noch aufgeführt wird) gedruckt worden.

[16] Die Angaben von *Michael Grimm*, Versuch einer Geschichte des ehemaligen Reichsfleckens und des jetzt noch so berühmten Wallfahrtsortes Altdorf, gen. Weingarten, nebst seiner Umgebung. Ravens-

burg 1864. ND Oggelshausen 1988, 325, im Kloster hätten 42 Patres, 7 Fratres professi und 10 Laienbrüder gelebt, lassen sich nur teilw. verifizieren. Vgl. auch die Professlisten bei *Lindner* (wie Anm. 5). Von *Patres professi* ist in den oran.-nassauischen Akten keine Rede. Auch *Erzberger*, Die Säkularisation in Württemberg (wie Anm. 7), 360, überliefert falsche Zahlen (42 Patres, 7 Laienbrüder)!

[17] Hauptwerke: *Gerhard Hess* (Hg.) Monumentorum Guelficorum pars historica seu Scriptores rerum Guelficarum ex vetustissimis codicibus membranaceis eruti, plerique hactenus inediti […]. Kempten 1784; *Ders.*, Prodromus Monumentorum Guelficorum seu Catalogus Abbatum imperialis Monasterii Weingartensis […]. Augsburg 1781.

[18] Falsch bei *Lindner*, Professbuch Weingarten (wie Anm. 5), 94, Nr. 9 bzw. 857.

[19] Ausführliche Aktenbestände SAL D 150 Bü 21.

[20] Die diesbezüglichen ausführlichen Akten SAL D 150 Bü 21; s. auch *Lindner*, Professbuch Weingarten (wie Anm. 5), 92, Nr. 61 bzw. 847.

[21] Ebd., 9, Nr. 3 bzw. 852.

[22] Ebd., 88f., Nr. 16 bzw. 832.

[23] S. SAL D 150/3; dazu *Peter Scherer*, Reichsstift und Gotteshaus Weingarten im 18. Jh. Stuttgart 1969, 42.

[24] Bericht Rahts, 17.11.1802: SAL D 150.Bü 24.

[25] Ebd.

[26] Erlass (Kopie), 13.04.1804: SAL D 150 Bü 20.

[27] Vgl. *Herrschaft Weingarten-Pensions=Etat*, 01.07.1805: Ebd.

[28] Die Ravensburger Karmeliter erhielten nur 200 fl. und die Franziskaner gar nur 125 fl. Nach: Weingarten: Von den Anfängen bis zur Gegenwart, hg. von *Norbert Kruse/Hans Ulrich Rudolf/Dietmar Schillig/Edgar Walter*. Biberach 1992, 268.

[29] Antrag des Priors Joos, 29.01.1806: SAL D 150 Bü 21.

[30] Bericht Rahts Nr. 17, 14.02.1806: Ebd.

[31] Bericht Rahts Nr. 81, 04.10.1806: Ebd.

[32] Nach einer Berechnung des Priors Joos vom 31.08.1806 betrugen sie 86 fl. 39 kr. statt wie 1804, bei der Pensionierung, 53 fl. 30 kr. Der Konvent war nämlich mit 861 fl. 54 kr. bei der herrschaftl. Brennholzverwaltung Oranien-Nassau im Rückstand und hatte monatlich 33 fl. 9 kr. zur Tilgung dieser Schulden aufzubringen. Vgl. den Antrag des Priors Joos, 31.08.1806: Ebd.

[33] Bericht Rahts Nr. 81, 04.10.1806: Ebd.

[34] Dekret des Fürsten, 13.04.1804: SAL D 150 Bü 20.

[35] Bericht Nr. 81 über die Pensionsvorstellungen des Konvents, 04.10.1606: SAL D 150 Bü 21. – Für die Schule waren bis 1806 Kosten in Höhe von 100 fl. sowie ein Brennholzbedarf von 5 Klaftern = 22. fl. 30 kr. aufgewandt worden.

[36] Bericht Rahts, 17. 11. 1802: SAL D 150 Bü 24.

[37] Ebd.

[38] Kopie einer Fürstl. Anweisung an die Verwaltung, 13.04.1804: SAL D 150 Bü 20. – Die Anmerkung Abt Dominikus von St. Peter, Anselm Rittler sei von Oranien *ohne bestimmte lebenslängliche Pension nur abgenährt* worden, erscheint doch allzu negativ und tendenziös. Vgl. *Lindner*, Professbuch Weingarten (wie Anm. 5), 13, Anm. 2.

[39] So *Lindner*, Professbuch Weingarten (wie Anm. 5), 13.

[40] HSAS B 515 Bü 14.

[41] Bei *Lindner,* Professbuch Weingarten (wie Anm. 5), 13, finden sich die wenigen nachfolgenden Grundinformationen.

[42] Bericht Rahts, 04.10.1802: SAL D 150/2.

[43] Bericht Rahts *über den Revenüen-Ertrag Weingartens*, 21.10.1802: SAL D 150 Bü 3/6.

[44] Bericht Rahts, 21.10.1802: SAL D 150/3.

[45] Bericht Rahts *über den in dem Toskanischen Entschädigungsprojekt enthaltenen Anschlag des Reichsstifts Weingarten*: SAL D 150 Bü 2/4.

[46] Bericht Rahts *über die künftige Existenz der Ordensgeistlichkeit zu Weingarten*, 17.11.1802: SAL D 150 Bü 24.

[47] Die Bauernbefreiung und bäuerlichen Grundentlastung erfolgte in den neuwürttembergischen Gebieten zwischen dem 18.11.1817 (Aufhebung der Leibeigenschaft) und dem 17.06.1849 (Ablösung der Zehnten). Vgl. *Theodor Knapp*, Neue Beiträge zur Rechts- und Wirtschaftsgeschichte des württembergischen Bauernstandes. Tübingen 1919. ND Aalen 1964, 160–193, hier 181.

[48] Zur traditionellen Allianz Oranien-Nassaus mit Preußen vgl. Hans Ulrich Rudolf, Aus den Niederlanden ins Oberland. Das Haus Oranien-Nassau und die Herrschaft Weingarten 1802–1806, in diesem Band.

[49] Im Bericht vom 21.12.1807 werden aufgeführt: Prior Joos mit 750 fl., 19 Patres mit je 500 fl. (davon 18 in Weingarten); die 6 Patres in auswärtigen Stellungen: 4 je 240 fl., 1 mit 200 fl. und 1 mit 138 fl. Hinzu kamen die 3 Laienbrüder mit je 300 fl.: SAL D 150 [hier nur 29 genannt].Vgl. *Erzberger*, Die Säkularisation in Württemberg (wie Anm. 7), 105 u. 362.

[50] *Miscellanea monasterii nostri Weingartensis* von *P. Placidus Mayr*, in: DA Schwaben 25 (1907), 41ff.,

[51] Ebda., zit. nach: *Lindner*, Professbuch Weingarten (wie Anm. 5), 139–140.

[52] Ebda., 95.

[53] Lediglich der kostbare massive Silberaltar für die Hochfeste der Heilig-Blut-Verehrung war durch eine Kopie ersetzt worden.

[54] *Hans Ulrich Rudolf*, Heilig-Blut-Brauchtum im Überblick, in: *Norbert Kruse/Hans Ulrich Rudolf* (Hgg.), 900 Jahre Heilig-Blut-Vereh-

rung in Weingarten 1094–1994. Fschr. zum Heilig-Blut-Jubiläum am 12. März 1994. 3 Bde. Sigmaringen 1994, 553–574.

[55] Vgl. dazu *Hans Ulrich Rudolf*, Kapellen-Altäre-Reliquiare. Die Aufbewahrung des Heiligen Bluts im Überblick, in: *Kruse/Rudolf* (Hgg.), 900 Jahre Heilig-Blut-Verehrung (wie Anm. 54), 274. Diese Imitation von ca. 174 fl. Wert diente – im Laufe der Zeit durch Edelsteine etwas aufgewertet – bis 1956, als anläßlich des 900-jährigen Klosterjubiläums ein neues, das heutige Reliquiar gestiftet wurde.

[56] Miscellanea Monasterii Weingartensis (wie Anm. 50), 140.

[57] 1812 wurde die Kirche, die nach dem Liber Abbatum (Bd. 5, 1739) 46.800 fl. gekostet hatte, um 8.100 fl. auf Abbruch verkauft: SAL F 18/80; *Scherer*, Reichsstift (wie Anm. 23), 47, u. Anm. 267.

[58] Zur Geschichte der Heilig-Blut-Verehrung und des Blutritts speziell s. *Hans Ulrich Rudolf*, Die Heilig-Blut-Verehrung im Überblick. Von den Anfängen bis zur Klosterzeit, in: *Kruse/Rudolf*, 900 Jahre Heilig-Blut-Verehrung (wie Anm. 54), 3–51, und *Ders.*, Die Geschichte des Blutritts im Überblick. Von den Anfängen bis zur Gegenwart, in: Ebd., 701–754. – Zum Kampf um die Wiedereinführung des Blutritts und seine Hintergründe vgl. *Vadim Oswalt,* Staat und ländliche Lebenswelt in Oberschwaben 1810–1871. (K)ein Kapitel im Zivilisationsprozess. Leinfelden-Echterdingen 2000. (Schriften zur südwestdeutschen Landeskunde; 29).

[59] Angeblich sollte Weingarten nur bis zur Volljährigkeit des Sohns des Fürsten von Oranien-Nassau-Fulda verwaltet werden. S. den Beitrag *Hans Ulrich Rudolf*, Aus den Niederlanden ins Oberland. Das Haus Oranien-Nassau (wie Anm. 48).

[60] Noch heute hütet die WLB Stuttgart 534 Weingartener Handschriften aus dem auf über 800 veranschlagten Säkularisations-Gesamtbestand der Handschriftensammlung des Klosters, s. *Kruse/Rudolf*, Weingarten (wie Anm. 28), 131. – Zur Weingartener Bibliothek s. auch den Beitrag von *Magda Fischer* in diesem Band mit Literatur.

[61] 1825 wurde es zur Heimat für das aus Ludwigsburg hierher verlegte Waisenhaus, 1868, nach Verlegung des Waisenhauses nach Ochsenhausen, zur württembergischen Kaserne, 1922 zum Konventsbau für das neu errichtete Benediktinerkloster und 1949 schließlich Pädagogisches Institut (heute: Pädagogische Hochschule).

[62] Erste Bausteine zu einer Weingartener Garnisonsgeschichte s. *Hans Ulrich Rudolf/Norbert Kruse* (Hgg.), Der Fruchtkasten des Klosters Weingarten 1688–1988. Bergatreute 1989. – S. auch die Skizze von *Herbert Reuther*, Weingarten als Garnisonsstadt, in: *Kruse/Rudolf/Schillig/Walter* (Hgg.), Weingarten (wie Anm. 28), 331–340.

[63] Hier ist insbes. an den bei Kunsthistorikern weltweit umstrittenen Abbruch der Ökonomiegebäude im Jahre 1974 zu denken, an deren Stelle – für den Fortbestand der Pädagogischen Hochschule Weingarten von fundamentaler Bedeutung ein modernes wissenschaftliches Institutsgebäude (»Naturwissenschaftliches Zentrum«) getreten ist. Vgl. den Pressespiegel in: *ph-Info, hg. von der Pädagogische Hochschule Weingarten.* Nr. 52 (26.03.1974) u. Nr. 55 (04.04.1974) bzw. Artikel in nahezu allen großen Tageszeitungen in jener Zeit.

Vom Prämonstratenserstift zur sternbergischen Herrschaft

Die Säkularisation des Reichsstifts Weißenau

von Georg Wieland

Das »Entschädigungsobjekt« Weißenau

Lange bevor der Reichsdeputationshauptschluss zur Entschädigung der Fürsten und Grafen für linksrheinische Gebietsverluste am 25. Februar 1803 in Regensburg verabschiedet wurde, waren seine Bestimmungen schon weitgehend umgesetzt. Bereits am 23. November 1802 hatte die Reichsdeputation das Ergebnis ihrer dreimonatigen Verhandlungen vorgelegt; im wesentlichen entsprach es den Vorgaben der Großmächte Frankreich und Russland, nachdem diese sich mit den wichtigsten Betroffenen über ihre Entschädigungswünsche geeinigt hatten. Artikel 43 legte fest, dass am 1. Dezember 1802 der Genuss der angewiesenen Güter, soweit sie nicht schon im voraus besetzt worden waren, beginnen solle; acht Tage zuvor (also ab 23. November) war allen Fürsten und Ständen die Zivilbesitznahme ihrer Entschädigungsobjekte zugelassen.

Als Entschädigung für die Reichsgrafen vorgesehen, wurde die Prämonstratenser-Reichsabtei Weißenau ab 15. Oktober 1802 von der in Ochsenhausen eingerichteten reichsgräflichen Oberadministration mit der Erstellung von Vermögens- und Haushaltsübersichten und weiteren Unterlagen beauftragt[1]. Zur Abtei gehörten ein kleines unzusammenhängendes Territorium, wo es die Landes- und Steuerhoheit innehatte, bestehend aus dem Klosterort selbst und den vier Ämtern Oberhofen, Eisenbach, Taldorf und Unterteuringen. Die Hochgerichtsrechte im Klosterareal hatte das Stift erst 1760 als österreichisches Pfand auf zunächst 40 Jahre erworben. Das eigene Territorium zählte etwa 100 steuerpflichtige Haushalte; die Güter von rund 200 weiteren Lehenbauern der Abtei lagen außerhalb des Weißenauer Territoriums in den österreichischen Oberämtern Altdorf (Landvogtei Schwaben) und Tettnang (Grafschaft Montfort) sowie in anderen Herrschaften. Mit eigenem Personal wurden 427 Jauchert Acker, 259 Mahd Wiesen, 16½ Jauchert Gärten, 675 Tagwerk Reben und 3.530 Jauchert Waldungen bewirtschaftet; die Acker- und Wiesenflächen des Sennhofes lagen in unmittelbarer Umgebung der Klosteranlage. Im Sennhof zählte man Ende 1802 13 Pferde, 67 Stück Hornvieh und 25 Schweine. Zur selben Zeit wurde das Jahreseinkommen des Stifts nach einem 20-jährigen Schnitt auf 27.112 fl. 43 kr. berechnet; nach Abzug der Erträge von elf inkorporierten Pfarreien, die alle von Weißenauer Chorherren betreut wurden, verblieben noch 20.821 fl. 43 kr. Zum Stift, das 658 Jahre alt geworden war, gehörten 1802 der Abt, 25 Chorherren und vier Novizen. Der letzte Reichsprälat Bonaventura Brem, ein sehr gelehrter und eher introvertierter Mann, war 1755 in Kaufbeuren geboren und hatte 1776 in Weißenau Profess abgelegt. Lange Jahre als Bibliothekar und Professor der Philosophie, der Theologie und des Kirchenrechts eingesetzt, hatte ihn der Konvent am 3. November 1794 zum Abt gewählt. Schon am 19. November erfolgte die provisorische Besitznahme für die Oberadministration durch Verlesen des Besitzergreifungsdekrets vom 17. November, und eine anschließende Verzichterklärung des Abtes und seiner »geistlichen Räte«, d. h. der mit leitenden Aufgaben betrauten Konventsmitglieder. Das Patent wurde auch den nach Weißenau berufenen Ammännern und Deputierten der Klosterämter vorgelesen; sie erhielten auch je ein Exemplar zum Anschlag und

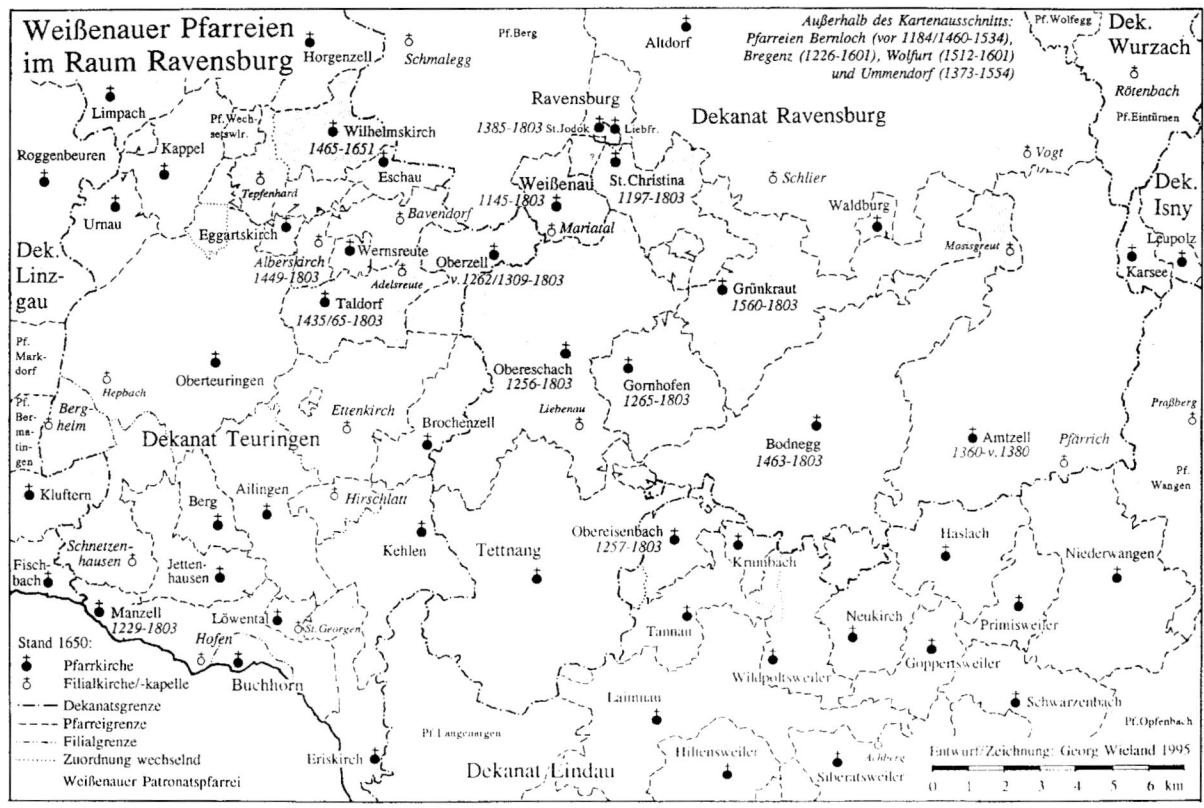

Vom Stift Weißenau betreute Pfarreien, Stand 1650–1803

Wie die meisten Prämonstratenserstifte hat auch Weißenau ein bes. Engagement in der Pfarrseelsorge entfaltet; der Erwerb von Pfarrkirchen hat schon 1197, ein halbes Jahrhundert nach der Klostergründung, eingesetzt. Die Chorherren residierten teils auf den Pfarreien, kleine und nahegelegene Pfarreien wurden vom Kloster aus »excurrendo« versehen. Von den flächig dargestellten Pfarreien musste Wilhelmskirch 1651 zur Bestreitung von Kriegslasten verkauft werden; alle anderen blieben bis 1802 in Weißenauer Besitz.

zur Kundmachung in ihren Bezirken. Die Verwaltung des Reichsstifts stand nun bis zur Besitzergreifung durch die neue Landesherrin unter der Aufsicht der Oberadministration. Die Gräfin Augusta v. Sternberg-Manderscheid beauftragte den Königsegger Oberrat Spiegler mit der Besitzergreifung. Sie wurde am 28. März 1803 vollzogen. Abt Bonaventura trat die Reichsabtei förmlich an das Haus Sternberg ab und dankte allen Untertanen und Beamten für bisher bewiesene Dienstbegierde, Liebe und Anhänglichkeit.

In Artikel 24 RDH, der die Entschädigung der Reichsgrafen regelte, war festgelegt: *Dem Grafen v. Sternberg, wegen Blankenheim, Junkrath, Geroltsstein und Dollendorf: die Abteyen Schussenried und Weissenau, unter der Verbindlichkeit einer jährlichen Ren-*

te von 13.900 Gulden, nämlich an den Grafen v. Wartemberg für Sickingen 5.500 Gulden – an den Grafen v. Sickingen zu Sickingen 1.110 Gulden – an den Grafen v. Hallberg 6.880 Gulden – an den Grafen v. Nesselrod-Reichenstein 260 Gulden – an den Grafen v. Goltstein 150 Gulden, hinaus zu zahlen. Das Haus Sternberg war auch in zwei allgemeinen Verfügungen des Artikels 24, die für alle reichsgräflichen Entschädigungsobjekte galten, erwähnt. Die erste Bestimmung besagte, dass bisherige Stimmrechte von elf Grafen (darunter auch Sternberg) auf Reichs- und Kreistagen auf die neuen Herrschaften übergehen. Die achte Bestimmung sah als Ausgleichung der temporären Lasten, insbesondere für den Unterhalt der Geistlichkeit in den Abteien, eine Aufteilung der mit 176.000 fl.

494

bezifferten Aktivkapitalien der Abtei Buxheim vor, die im übrigen dem Grafen Ostein zugedacht war. Berücksichtigt waren solche Abteien, wo man erwartete, die Unterhaltskosten würden anfangs ein Drittel vom Ertrag übersteigen; in geringerem Umfang traf dies auch für Weißenau zu, so dass auf Weissenau 6.450 Gulden an den Buxheimer Kapitalien angewiesen wurden.[2]

Der komplizierten Regelung aus Entschädigungsobjekten und darauf haftenden Verpflichtungen an weitere Entschädigungsberechtigte lagen Berechnungen zugrunde, wonach die beiden Abteien Schussenried und Weißenau einen reinen Jahresertrag (Einkünfte abzüglich laufender Lasten) von zusammen 78.900 fl. erwarten ließen, während dem Grafen Sternberg nur ein Anspruch auf 65.000 fl. zustand.[3]

Das Haus Sternberg-Manderscheid

Die reichsunmittelbaren linksrheinischen Herrschaften Blankenheim, Jünkerath, Gerolstein und Dollendorf, für welche das Haus Sternberg-Manderscheid durch die 1797 und 1801 fixierte französische Rheingrenze entschädigt werden sollte, lagen in der Eifel; um sie gruppierten sich weitere Herrschaften, darunter auch die Grafschaft Manderscheid, in denen das Haus Manderscheid keine Landeshoheit besessen hatte.[4] Als Graf Johann Wilhelm v. Manderscheid (1708–1772) nur Töchter hinterließ, verließ sein Bruder Franz Joseph (1713–1780), bisher Domherr in Köln und Straßburg, den geistlichen Stand, um das Erbe anzutreten und zu heiraten. Als er acht Jahre später kinderlos verstarb, fiel das ganze Herrschaftskonglomerat an Augusta (1744–1811), die älteste Tochter des 1772 verstorbenen Bruders. Augusta war 1754 als 8-jähriges Mädchen Stiftsdame in Köln (St. Ursula), später dann auch in Essen und Vreden geworden, hatte ihre Pfründen aber 1762 aufgegeben und den böhmischen Grafen Philipp Christian v. Sternberg (1732–1811) geheiratet. Stifter dieser weiträumigen Heiratsverbindung war Augustas Großonkel Johann Moritz Graf v. Manderscheid (*1676, 1733–1763 Eb. von Prag).[5] Zunächst lebte das Paar vor allem in Prag. Nach dem Regierungsantritt in den Eifelherrschaften wurden Blankenheim und Köln die bevorzugten Residenzorte, bis

das Vordringen französischer Truppen 1794 den Wegzug nach Prag erzwang; dorthin war der Erbgraf Franz Joseph v. Sternberg (1763–1830) bereits 1787 zurückgekehrt.

Verwandtschaftliche Bindungen nach Oberschwaben bestanden durch Heiraten mit Angehörigen der Familien Königsegg-Rothenfels, Königsegg-Aulendorf und Waldburg-Zeil. Graf Ernst v. Königsegg-Aulendorf (1755–1803), seit 1783 Ehemann von Augustas Stiefschwester Maria Christiane Josepha v. Manderscheid (1767–1811), fungierte seit 1786 als österreichischer Landvogt in Altdorf, seine 1803 erfolgte Ernennung zum Präsidenten der vorderösterreichischen Regierung kam durch den frühen Tod nicht mehr zum Vollzug. Es lässt sich also durchaus nachvollziehen, wie das Interesse des Hauses Sternberg-Manderscheid an den beiden oberschwäbischen Prämonstratenserabteien geweckt worden war.

1808, als die beiden durch den RDH geschaffenen Grafschaften Weißenau und Schussenried schon seit zwei Jahren von Württemberg als Patrimonialherrschaften mediatisiert waren, nahm die Nennung der Weißenauer Patrimonialherrin im württembergischen Staatshandbuch nicht weniger als 10 Zeilen in Anspruch; ihre Personalien lauteten: *Frau Augusta, Gräfin v. Sternberg, geb. Gräfin v. Manderscheid, Blankenheim und Geroldstein, Frau der Grafschaften Schussenried und Weissenau, des St. Stephans-Kreuz-Ordens-Dame; Gemahlin des Herrn Grafen Christian v. Sternberg, Herr der Herrschaften Zestnuck und Tschastolowig, auch Lehenherr der Herrschaft, Stadt und Schloß Lieberoge, dann der Lehengüter Sarko, Loskow und Reicherkreuz, Ritter des goldenen Vließes; auch Kaiserl. Oestr. wirklicher geheimer Rath und Kämmerer; zu Wien.*[6] Die Gräfin († 19. November 1811) und ihr Ehemann († 14. Mai 1811) wohnten nun abwechselnd in Wien und auf ihren böhmischen Herrschaften.

Noch zu Lebzeiten der Mutter nahm Graf Franz Joseph v. Sternberg-Manderscheid (1763–1830), der das Sternberg-Palais am Ringplatz auf der Prager Kleinseite bewohnte, die Interessen des Hauses im Schwäbischen wahr. Er war es auch, der am 23. Mai 1803 in Schussenried und am 28. Mai in Weißenau persönlich von den neuen »Grafschaften« Besitz nahm.[7] In den Jahren 1812 und 1823 hat er Weißenau erneut aufgesucht. Als passionierter Kunst- und Antiquitäten-

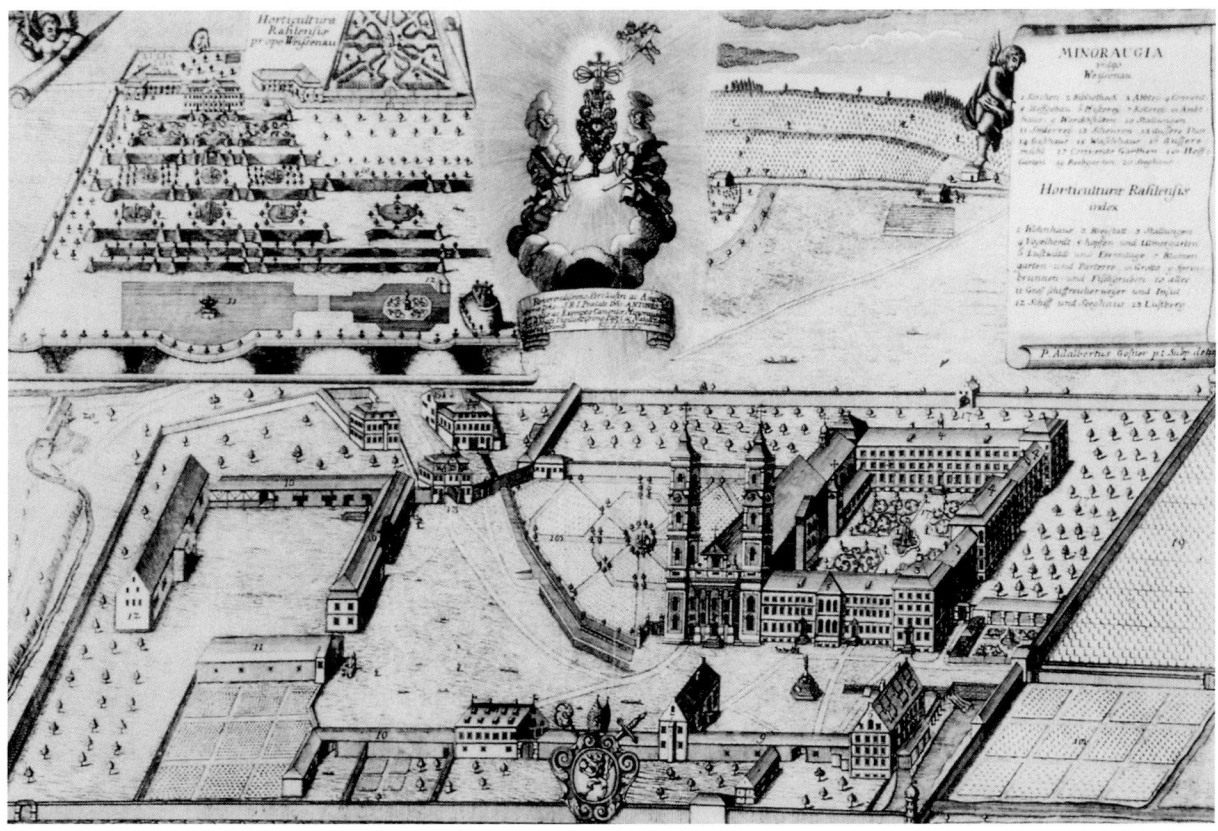

Prämonstratenser-Reichsstift Weißenau von Westen
Die Ansicht zeigt Weißenau nach dem Ende der 1708 begonnenen barocken Umbauten. Links oben die vielbewunderte Gartenanlage des Sommersitzes Rahlen, daneben die 1707 neugefasste Heilig-Blut-Reliquie von 1283 mit Widmung Abt Unolds (1724–1765). Kupferstich, A. Ehmann/Augsburg, nach Zeichnung von P. Adalbert Gosner/Weißenau, 1763.

sammler hat er wiederholt wertvolle Weißenauer Urkunden, Handschriften, Bücher und Kunstschätze ausgewählt, um sie nach Böhmen verbringen zu lassen.[8] 1816 ließ der Graf auch eine Reihe von Wertgegenständen nach Böhmen verbringen; in der eigens angefertigten Liste sind unter anderem aufgeführt *2 Kelche, eine goldene Kette, ein Abtsstab aus Silber, ein Brustkreuz mit Amethysten samt Ring, vier Pektorale* [Brustkreuze].[9]
Nach dem Tod der Mutter verzögerte sich die Erbteilung wegen der zunächst noch ungeklärten rheinischen Besitzungen. Ein 1819 zwischen den Erben geschlossener Vergleich überließ ein Viertel der schwäbischen und rheinischen Besitzungen den Kindern von Franz Josephs bereits verstorbener Schwester Maria Walpurga (1770–1806) aus ihrer Ehe mit Fürst Constan-

tin v. Salm-Salm.[10] 1824 nennt das württembergische Staatshandbuch die Inhaber der Weißenauer Grundherrschaft und der Patronatsrechte mit abweichender Aufteilung: *Graf v. Sternberg zu 2/3 und die Descendenz des Fürsten v. Salm-Salm zu 1/3.*[11]

Einkommensverluste durch österreichische Beschlagnahmung

Als Kaiser Franz II. den RDH am 27. April 1803 ratifizierte, geschah dies mit einer Reihe von Vorbehalten, namentlich unter Berufung auf Artikel 4 der Konvention, die er am 26. Dezember 1802 mit Frankreich über die Zustimmung zum Entwurf des Entschädigungsplans abgeschlossen hatte. Vorbehalten blieben dem Kaiser alle mit dem Entschädigungsplane an sich vereinbarlichen Gerechtsame.[12] Was sich hinter dieser nebulösen Andeutung verbarg, war im März 1803 offenbar geworden. Schon am 24. Januar war das Oberamt Altdorf, und zeitgleich alle anderen betroffenen Behörden, von Wien angewiesen worden, auf alle unter österreichischer Landeshoheit gelegenen Besitzungen, Einkünfte, Kapitalien und Rechte der aufgehobenen Reichsbistümer, Stifte und Klöster das sog. *Heimfallsrecht (droit d'épaves)* geltend zu machen, weil diese Vermögensteile und Rechte mit der Aufhebung ihrer bisherigen Besitzer »herrenloses Gut« (Epaven) geworden seien. In aller Eile und ohne dass die betroffenen Herrschaften den bevorstehenden Zugriff auf das Säkularisationsgut ahnten, waren die in Betracht kommenden, bei der starken Durchmischung von Herrschaftsrechten im Schwäbischen Kreis sehr umfangreichen Einkünfte zusammengestellt worden; allein in der Landvogtei Schwaben waren 21 Klöster und Stifte mit einem Gesamteinkommen von über 90.000 fl. betroffen.[13]

Am 13. März 1803 wurde vom Oberamt Altdorf die Beschlagnahme (Sequestration) der betroffenen Besitzungen und Einkünfte der Herrschaft Weißenau bekannt gemacht und sofort vollzogen. Dem Grafen v. Sternberg gingen so mit einem Schlage rund 20.000 von den veranschlagten 27.000 fl. Jahreseinnahmen verloren; davon entfielen 18.464 fl. auf das Gebiet des Oberamts Altdorf und 1.474 fl. auf das Oberamt Tettnang. Weil der Großteil der Weißenauer Lehengüter, Zehntrechte und Pfarreien im Österreichischen lag, zählte Weißenau mit einem Verlust von etwa 74 % des bisherigen Einkommens zu den am schwersten getroffenen Herrschaften. Nicht einmal die Herrschaft Baindt, die über kein eigenes Territorium verfügte und rund 8.300 fl. von jährlich 13.000 fl. (63 %) einbüßte, hatte die gleiche Verlustquote zu beklagen. Dem Haus Sternberg blieben vor allem die Einkünfte aus dem kleinen eigenen Territorium, ferner aus dem Gebiet der vormaligen, nun von Bayern mediatisierten Reichsstadt Ravensburg, aus vormals weingartischen (dem Haus Oranien-Nassau zugefallenen) und aus waldburgischen Territorien.[14]

Am 4. Mai 1803 schrieb der Graf v. Sternberg an die Reichsdeputation, dass er wegen der österreichischen Beschlagnahmungen noch keine Anordnungen zu

Pensionen in den Abteien Schussenried und Weißenau habe treffen können; auch von den Reichsgräflich Waldsee'schen Beamten seien Einkünfte vorenthalten worden. Es seien ihm bei Schussenried ein Drittel, bei Weissenau mehr als zwei Drittel der Revenuen bereits entzogen. Bei Weißenau sei zu befürchten, dass die übrigen umliegenden Territorialherren nachziehen und ihm zuletzt nichts als die Klostermauern und die armen Geistlichen darin verbleiben.[15]

Mit den Sequestrationen, die ab 1803 zu großen wirtschaftlichen Schwierigkeiten für die neue Herrschaft und den ehemaligen Konvent führten, wurde die im RDH vorgesehene regelmäßige Abführung von Einnahmen an fünf weitere Reichsgrafen illusorisch, und es entspannen sich hieraus langwierige, zum Teil gerichtlich durchgefochtene Auseinandersetzungen, die 1835 noch nicht abgeschlossen waren.

Abtretung Weißenaus an Österreich (1805)

Für das Kaiserhaus bedeutete die Ausnutzung des umstrittenen Epavenrechts eine enorme Verdichtung seiner Herrschaftsrechte und eine Verstärkung seiner Finanzkraft in Schwäbisch-Österreich. Diese Entwicklung wurde noch verstärkt durch eine ganze Serie von Verträgen, mit welchen Österreich vom April 1803 bis Februar 1805 mediatisierte und säkularisierte Herrschaften oder Teile davon an sich brachte und gleichzeitig die Ausübung des Epavenrechts im nachhinein bestätigen ließ.[16] Der fünfte derartige Vertrag, der sog. *Lindauer Vertrag,* wurde am 12. Juni 1804 mit dem Fürsten Wilhelm v. Oranien-Nassau abgeschlossen, der durch die Sequestrationen rund 40.000 fl. von den auf 120.000 fl. bezifferten Weingartener Einnahmen verloren hatte. Der Fürst trat mehrere zu Weingarten gehörende Ämter und Herrschaften an Österreich ab, das damit störende Enklaven in seinen Territorien beseitigen konnte, und erhielt im Gegenzug unter Vorbehalt der österreichischen Landeshoheit sequestrierte ehemals weingartische Güter sowie Güter der vormaligen Klöster Weißenau (mit einem Jahresertrag von 4.955 fl.) und Baindt (8.333 fl.).[17]

Im Februar 1805 schloss der österreichische Unterhändler, Regierungsrat Innozenz v. Steinherr, gleich fünf derartige Verträge ab, den ersten am 3. Februar mit der Reichsgräfin Augusta v. Sternberg-Manderscheid wegen der Epaven der früheren Abteien Weißenau und Schussenried. Die Gräfin trat die ganze Herrschaft Weißenau mit allen obrigkeitlichen und grundherrschaftlichen Rechten an Österreich ab. Als Gegenwert erhielt sie die 1803 beschlagnahmten Güter der Herrschaft Schussenried und dazu die in ihrem Interessengebiet gelegenen Epaven anderer aufgehobener Klöster.[18]

Der Vertrag wurde von der Gräfin am 12. März 1805 ratifiziert. Unmittelbar danach begannen eingehende Untersuchungen zur Organisation und zum Vermögensstand der zu übernehmenden Herrschaft Weißenau. Sie dauerten von April bis September; nach ihrem Abschluss erfolgte am 21. September 1805 die Besitzergreifung durch Österreich.[19]

Die Abarbeitung der vereinbarten Maßnahmen verzögerte sich offenbar durch den am 24. September 1805 ausgebrochenen dritten Koalitionskrieg; am 25. September überschritt die französische Armee den Rhein; bereits am 18. Oktober hatte sie mit der Kapitulation von Ulm die in Deutschland operierenden Österreicher geschlagen und den Weg nach Wien geebnet. Mit der Schlacht von Austerlitz war der Krieg am 2. Dezember für Frankreich entschieden; in den nachfolgenden Vorverträgen und im Friedensschluss von Pressburg vom 26. Dezember 1805 verlor Österreich seine Provinz Schwäbisch-Österreich, Vorarlberg und Tirol an die neuen französischen Bündnispartner Baden, Württemberg und Bayern.

Als die württembergischen Behörden im Januar 1806 die Besitzergreifung in den zugewiesenen Territorien vorbereiteten und auf den Vertrag von 1805 aufmerksam wurden, stellte sich die Sternberger Verwaltung auf den Standpunkt, der Vertrag sei nicht rechtskräftig vollzogen worden; Weißenau sei als Reichsgrafschaft im Besitz des Hauses Sternberg verblieben.[20]

Mediatisierung (1806) und Konfiskation (1809–1811)

Dass eine Mediatisierung der letzten Reichsstädte, der Reichsritterschaft, der Gebiete des Deutschen und des Malteserordens sowie der kleinen Reichsherrschaften durch die neuen, mit Frankreich verbündeten und

rasch expandierenden Mittelstaaten Baden, Württemberg und Bayern bevorstand, war seit Herbst 1805 kaum mehr zu übersehen. Noch bevor Frankreich im Rheinbundvertrag vom 12. Juli 1806 seinen Verbündeten die Mediatisierung der inliegenden und angrenzenden Reichsherrschaften zum Geschenk machte, war der Wettlauf der Verbündeten um diese Gebiete längst im Gang; die ersten Besetzungen waren schon im Spätjahr 1805 erfolgt.

Diese Entwicklung kann den betroffenen Herrschaften kaum verborgen geblieben sein. Am 1. August 1806 wurde der Rheinbundvertrag durch Erklärung der 16 beteiligten deutschen Länder beim Reichstag zu Regensburg unter gleichzeitigem Austritt aus dem Reich publik; bereits am 6. August erlosch mit der Niederlegung der Kaiserkrone durch Franz II. der Schutz, den die kleineren Reichsstände bisher, zumindest noch in der Fiktion, genossen hatten. Die Übernahme der politischen Hoheitsrechte durch die Rheinbundstaaten folgte bereits nach wenigen Tagen.

Die »Grafschaft Weißenau« war bereits durch Württemberg mediatisiert, als ihr am 27. November 1806 ein wichtiger Vertragsabschluss mit dem Königreich Bayern gelang. Bayern hob die in seinem jetzigen Territorium gelegenen österreichischen Beschlagnahmungen von 1803 mit einem Jahresertrag von 1.474 fl. gegen Bezahlung einer Ablösesumme auf. Diese Regelung betraf das im Pressburger Frieden Ende 1805 an Bayern gefallene Oberamt Tettnang, die frühere Grafschaft Montfort. Ein entsprechender Vertrag wurde auch mit Württemberg verhandelt, kam wegen des 1809 ausbrechenden Krieges aber nicht mehr zum Abschluss.[21]

1809 verlor die Gräfin v. Sternberg ihre Herrschaften Weißenau und Schussenried. Die österreichischen Vorbereitungen auf den 5. Koalitionskrieg hatten Württemberg als Mitglied des Rheinbunds und somit als Bündnispartner Frankreichs zu sogenannten *Avocatorien* vom 9. März und 9. April 1809 veranlasst, in welchen alle württembergischen »Untertanen« – und dazu zählte man auch die Besitzer der mediatisierten Herrschaften ohne Rücksicht auf ihren Stand und ihren gewöhnlichen Wohnsitz – unter Androhung einer Vermögenskonfiskation zur Rückkehr ins »Heimatland« und zur Kriegsfolge aufgefordert wurden. Weil die gräfliche Familie v. Sternberg wie viele in Österreich lebende Angehörige des Hochadels nicht Folge leistete, kam es am 3. Mai 1809 zur Beschlagnahmung sämtlicher im Lande gelegener sternbergischen Besitzungen.[22] Die Konfiskation währte weniger als zwei Jahre; sie wurde im Februar 1811 aufgehoben. Sie hatte jedoch fatale Auswirkungen, denn die württembergischen Behörden sind in diesem Zeitraum nicht untätig geblieben. Die Weißenauer Bibliothek wurde eingepackt, nach Schussenried und von dort aus nach Stuttgart transportiert.

Die am 19. November 1811 im Alter von 67 Jahren verstorbene Gräfin Augusta v. Sternberg-Manderscheid hat die im Februar 1811 erfolgte Rückgabe der Herrschaften Schussenried und Weißenau noch erlebt. Die Regelung der künftigen Beziehungen zum württembergischen Staat blieb im Einzelnen jedoch ihrem Sohn Franz Joseph (1763–1830) überlassen, der seinen schwäbischen Herrschaften 1812 den zweiten Besuch (nach 1803) abstattete; ein drittes und letztesmal hat

Gräfin Augusta von Sternberg, geb. von Manderscheid (1744–1811)
Gemahlin Gf. Philipp Christians von Sternberg (1732–1811) und ab 1803 Herrin Weißenaus. Mutter des Gfn. Franz Joseph von Sternberg-Manderscheid (1763–1830), der zahlr. Weißenauer Kunstschätze, Bücher und Archivalien nach Böhmen bringen ließ. In: Die Manderscheider, 1990, S. 85.
Prag, Nationalmuseum.

er sie 1823 aufgesucht. Verhandlungen über strittige Rechte zogen sich zum Teil jahrelang hin.

Abt und Konvent nach der Säkularisierung

Der RDH hatte in den Artikeln 51 und 57 Vorgaben für die Pension der Reichsäbte und der Kapitulare enthalten. Reichsunmittelbare Äbte sollten als Minimum 2.000 fl., maximal 8.000 fl. erhalten, die Konventualen unmittelbarer Abteien 300–600 fl.; Novizen durften *mit einer dreijährigen verhältnismäßigen Pension* entlassen werden.[23] Weil Sternberg infolge der österreichischen Beschlagnahmungen nur einen Teil der vormals weißenauischen Einkünfte erhielt, orientierten sich die Pensionszusagen zunächst an der Untergrenze der Vorgaben. Abt Bonaventura erhielt zunächst eine Jahrespension von 2.000 fl., die Patres, soweit sie nicht mit Pfarrämtern versorgt waren, je 325 fl. Von den vier Kandidaten, die das Noviziat am 15. November 1801 begonnen hatten, trat einer am 6. Juli 1803 ohne Abfindung aus; die drei übrigen wurden am 29. Oktober 1803 mit je 400 fl. Abfindung entlassen. Diese drei verfolgten die angestrebte geistliche Laufbahn weiter; einer wurde in der erst 1806 aufgehobenen Benediktinerabtei St. Blasien aufgenommen

Marmordenkmal des letzten Reichsabts Bonaventura Brem (1794–1802, † 1818)
Der Abt hat seine Insignien Stab, Mitra (seit 1595) und Schwert (seit 1760) abgelegt und kniet betend vor dem hl. Norbert, der als Abt und Eb. von Magdeburg sowie als Verteidiger der Eucharistie (Monstranz) dargestellt ist. Pfarrkirche Weißenau. Marmor, nach 1818.

Denkmal Bonaventura Brems
Das von den Erben des Abts gesetzte Denkmal verweist auf die Aufhebung des Klosters »14« Jahre vor seinem Tod und nennt das Beisetzungsdatum (6.8.1818). Marmorplatte, Pfarrkirche Weißenau.

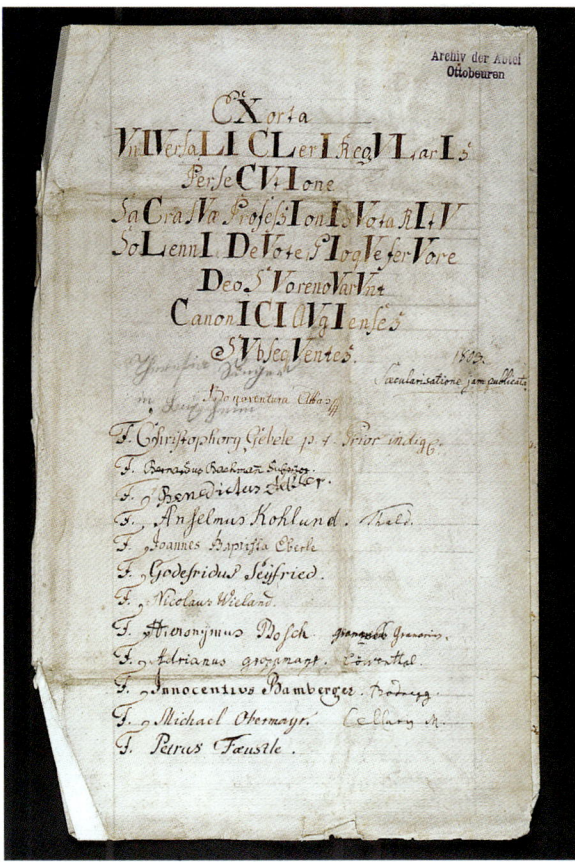
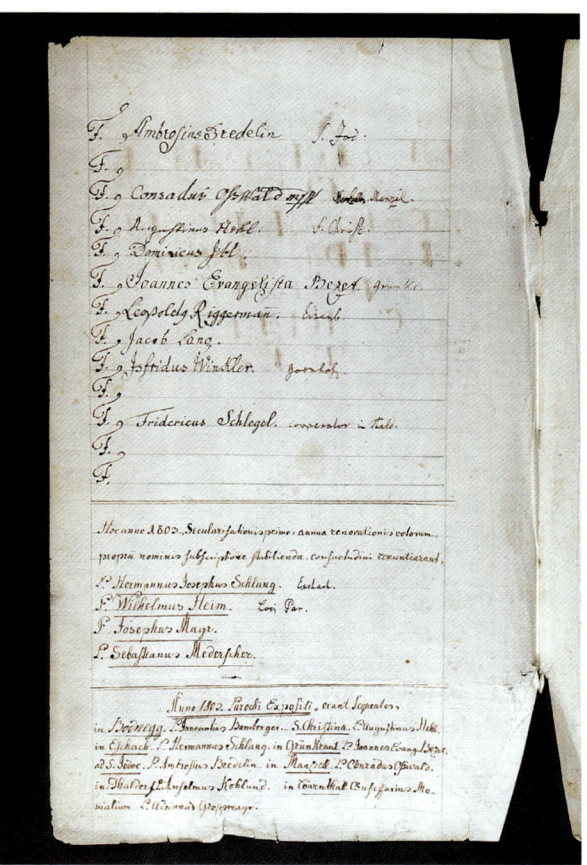

Der Weißenauer Konvent 1803

Unterschriftenliste zur feierlichen Professerneuerung des Weißenauer Konvents am Norbertusfest (11. Juli) 1803, in der Überschrift mit Chronogramm (aufzulösen als 1803) datiert »nach dem Ausbruch der allgemeinen Verfolgung der Ordensleute«.

und kam mit einem Teil des dortigen Konvents später nach St. Paul im Lavanttal (Kärnten), die beiden anderen wurden Weltpriester in der Diözese Konstanz.[24] Eine Einigung zwischen Herrschaft und Konvent über die lange umstrittenen Pensionen kam offenbar erst 1805 im Zusammenhang mit der vorgesehenen Übernahme durch Österreich zustande. Für 1806 werden höhere Pensionen bezeugt; nun erhielt der Abt jährlich 3.250 fl., fünf Patres bezogen je 375 fl. Pension.[25] Vor seinem Tod soll der Abt zuletzt eine Pension von 2.500 fl. bezogen haben.[26] Außer dem Abt lebten zum Zeitpunkt der Säkularisation 16 von den 25 Chorherren im Kloster.[27] Sieben Patres bewohnten Pfarrhäuser der Stiftspfarreien; auswärts wohnten außerdem ein Kranker (im Pfarr-

haus Obereschach) und ein Chorherr als Beichtvater im Dominikanerinnenkloster Löwental. Die Gemeinschaft schien trotz der Klosteraufhebung noch intakt, und so ließ Abt Bonaventura Brem die bei den Prämonstratensern traditionelle feierliche Professerneuerung aller Konventsmitglieder am jährlichen Norbertusfest auch für den 11. Juli 1803 vorbereiten, obwohl sie jetzt nur noch freiwillig sein konnte. Enttäuscht und offenbar tief verletzt musste der Abt erleben, dass vier Konventualen der Feier fernblieben; der für sie vorbereitete Platz in der Unterschriftenliste des Professbuchs blieb leer. Vom nächsten Jahr an vollzog er die Erneuerung der Ordensgelübde nur noch *privatim*, und statt der 21 Konventualen von 1803 fanden sich jetzt nur noch vier Getreue bei ihm ein, die wie der Abt lebenslang an der Tradition der Professerneuerung festhielten.[28] Um 1805 haben die Weißenauer Exkonventualen das weiße Ordenskleid abgelegt und die Tracht von Weltgeistlichen übernommen; den bei der Einkleidung verliehenen Professnamen haben aber alle bis an ihr Lebensende beibehalten.

Zu den ersten vier, die ihre innere Distanz zu den nicht mehr bindenden strengen Ordensregeln bekundeten, gehörte P. Wilhelm Heim (1767–1836), 1800–1834 Pfarrer in Weißenau. Er zählte offenbar zu den von Aufklärung oder Französischer Revolution inspirierten kritischen Geistern des Konvents. Unübersehbar kam diese Haltung zum Ausdruck, als Heim sich ein Siegelbild mit der Darstellung des Schweizer Freiheitshelden Wilhelm Tell und seines Sohnes schaffen ließ; die Siegelumschrift *WILHELM DELL* ließ keinen Zweifel an der Interpretation des Bildes aufkommen.[29]

Verringerungen der Gemeinschaft ergaben sich neben einigen Todesfällen vor allem durch den Umzug der drei bislang zu jeder Amtshandlung »auslaufenden« Pfarrer von Oberzell, Gornhofen und Obereschach in die Mesnerhäuser ihrer drei Pfarrorte (1804), durch die Versetzung einzelner Pensionäre auf freigewordene Pfarrstellen und durch die nach Regelung der Pensionsfragen ab Herbst 1805 zugelassene Führung eigener Haushalte; von dieser neuen Freiheit haben im Oktober und November 1805 vier Ex-Konventualen Gebrauch gemacht. P. Sebastian Mederscher (1770–1829) war schon im April 1804 zu Ordensbrüdern nach Bellelay (Jura) gezogen und bald zum Musikdirektor des Kollegiatstifts Solothurn avanciert. Anfang 1806 wohnten nur noch fünf Chorherren im Kloster. 1810 richtete der Ortspfarrer Wilhelm Heim (1767–1836) einen eigenen Haushalt ein. Nachdem die alten Pensionäre weggestorben waren, war Ex-Abt Bonaventura Brem ab 1816 der letzte Ordensmann im Kloster. Als er am 4. August 1818 starb, erhielt er wie die seit 1811 verstorbenen Patres kein Grab mehr in der Gruft unter dem Chor der Klosterkirche, sondern wurde auf dem Pfarrfriedhof in Mariatal bestattet.[30]

Bedingt durch die notgedrungene Sparsamkeit nahm die Herrschaft Sternberg auch einige ehemalige Chorherren für Verwaltungsdienste in Anspruch. Am 18. November 1803 wurde Pater Michael Obermayer (1748–1817) zum *Administrator Pensionatorum Provisorius* bestellt; am 1. Oktober 1804 wurde seine Anstellung definitiv. P. Dominikus Ibl (1763–1813) fungierte ab 1. Dezember 1803 als *Vicarius & Coadiutor Oeconomiae Sternbergensis.* Als beide im Herbst 1805 fortzogen, wurde Pater Friedrich Schlegel (1771–1843) am 1. Oktober 1805 noch für kurze Zeit *Administrator Oeconomiae Conventualis.* Schlegel amtierte ab November 1805 als Pfarrer in St. Christina und starb dort 1843 als letzter Ex-Konventuale von Weißenau. Er zählte zu den treuesten Gesinnungsfreunden des Ex-Abtes Brem, hielt lebenslang an der jährlichen Professerneuerung fest und erbte 1818 die umfangreiche Privatbibliothek des Abtes. Damit sie aus der Weißenauer Abtswohnung weggeschafft werden konnte, erwarb Schlegel zusammen mit dem Ex-Jesuiten Franz Joseph von Baratti (1752–1835, bis 1832 Pfarrer in Hoßkirch bei Saulgau), mit dem er eine *Exconventualen-Societät* (eine Eigentümergesellschaft bürgerlichen Rechts) errichtete, am 20. August 1818 das Schloss Liebenau bei Tettnang. Von Liebenau aus sind die Bände und Handschriften der Bibliothek, die Schlegel 1843 dem Fürsten von Waldburg-Zeil vererbte und die der Fürst zu einem großen Teil an den Jesuitenorden abtrat, in alle Welt zerstreut worden.[31]

Politische und grundherrschaftliche Rechte ab 1811

Das im Juni 1808 ausgegebene württembergische Staatshandbuch verzeichnete unter elf im württembergischen Oberamt Altdorf gelegenen, alphabetisch angeordneten Patrimonialherrschaften an letzter Stelle das *Patrimonial-Obervogtei-Amt Weissenau.*[32] Zu diesem Zeitpunkt zählte die Patrimonialherrschaft 735 Seelen, verteilt auf *Schloß* Weißenau *mit Amtsgebäuden und Dienstwohnungen, nebst dem Weingarthof* (zus. 49 Seelen) und vier Ämter, deren Einteilung noch genau den Verhältnissen der Klosterzeit entsprach. Dem Amt Oberhofen, bestehend aus dem großen Weiler Oberhofen (185) und 12 kleinen Orten im nunmehr bayerischen Landgericht Tettnang, der vormaligen Grafschaft Montfort (199), stand Ammann *Fridr.* [richtig Franz] Joseph Möschenmoser vor. Das Amt Taldorf (100 S.) leitete Ammann Joseph Lampart, das Amt Unterteuringen (112) Ammann Joseph Anton Kreuzer; im Amt Eisenbach (90) war die Stelle des Ammanns gerade vakant.

Nach der in Württemberg 1809 generell verfügten Aufhebung der Patrimonialrechte wurden deren Bestandteile ohne Rücksichten auf die historischen Zusammenhänge und die Interessen des mediatisierten Adels in die staatlichen Oberämter integriert. Im Staatshandbuch von 1809 finden wir die Bestandteile der früheren Herrschaft Weißenau in zwei selbständigen Schultheißenämtern (Gemeinden) des Oberamts Altdorf zusammengefasst.[33] In der Oberschultheißerei Fischbach erscheint unter neun Gemeinden das *Schultheisenamt Weissenau jenseits der Schussen*. Darin waren die früheren Ämter Taldorf und Unterteuringen vereinigt; Schultheiß dieser Gemeinde mit 198 Seelen war Joseph Lampert in Taldorf. Zu den sieben Gemeinden der Oberschultheißerei Sigmarshofen gehörte als Pendant das *Schultheisenamt Weissenau diesseits der Schussen*; der Verantwortungsbereich von Schultheiß Franz Joseph Möschenmoser (Oberhofen) umfasste nun den früheren Herrschaftssitz Weißenau und die ehemaligen Ämter Oberhofen und Eisenbach mit zusammen 473 Seelen. Die Einwohnerzahl der früheren Herrschaft Weißenau hatte sich demnach auf 671 verringert. Nach der Neueinteilung der württembergischen Oberämter aufgrund der 1810 vollzogenen Grenzbereinigung mit Bayern wurde bei der Gemeindebildung auf die alten Zusammenhänge keine Rücksicht mehr genommen.

Am 30. August 1814 kam ein Vergleich zwischen dem württembergischen Staat und den Erben der Gräfin Sternberg zustande, wonach die Standesherrschaft 5/6 der von Österreich 1803 sequestrierten Weißenauer Rechte und Einkünfte zurückerhielt, deren Reinertrag nun mit 13.519 fl. berechnet wurde; 1/6 verblieb der königlichen Kammer, d. h. dem Staat.[34] Ausgenommen blieben auch die bereits 1804 von Österreich vertraglich ans Haus Oranien-Nassau abgetretenen Epaven mit einem geschätzten Jahresertrag von 4.945 fl.; diese waren mit Beschlagnahmung der Herrschaft Weingarten 1809 in württembergisches Staatseigentum übergegangen und in späteren Vergleichen mit dem niederländischen Königshaus abgesichert worden. Trotz dieser Einschränkungen war mit dem Vertrag von 1814 der Wert der Sternberger Herrschaften bedeutend gestiegen. Zurückgegeben wurden auch die Weißenauer Rechtstitel an Pfarreien österreichischer Orte. Von den

elf Weißenauer Pfarreien[35] lagen nur drei im eigenen Territorium, nämlich Weißenau, Taldorf und Obereisenbach. Unangetastet blieb 1803 auch die in Ravensburg (1802–1810 unter bayerischer, ab 1810 württembergischer Landeshoheit) gelegene Pfarrei St. Jodok. Die sieben weiteren, sämtlich in der Landvogtei Schwaben gelegenen Pfarreien hatte Österreich 1803 an sich gezogen: Bodnegg, Gornhofen, Grünkraut, Manzell, Obereschach, Oberzell und St. Christina.

1821 kam der Staat noch weiter entgegen und übernahm 28.000 fl. der Schulden, die auf der ehemaligen Weißenauer Landschaftskasse ruhten; als Schuldner galten die Bewohner der früher zum Weißenauer Territorium zählenden Orte. 1828 wurde die letzte Weißenauer Landschaftskassenrechnung erstellt, bis 1835 folgten noch *Vermögensrestrechnungen*.[36]

Die Rückgabe der 1809 verlorenen Polizei- und Gerichtsbefugnisse war den Standesherren Württembergs

Abtswappen Bonaventura Brems
Die Exlibris Brems – mit dem persönlichen Wappen, den Amtsinsignien Stab und Schwert sowie der Umschrift BAZW (Bonaventura Abt zu Weißenau) – schmückten die ca. 3.000 Bände seiner »Privatbibliothek« (ab 1818 in Schloss Liebenau b. Tettnang), die nach 1843 leider zerstreut wurde.
HSA Stuttgart.

Graf Franz Joseph von Sternberg-Manderscheid (1763–1830)
*Seit 1798 Herr der sternbergischen Güter in Böhmen, ab 1803 Vertreter und ab 1811 Nachfolger seiner Mutter Augusta in den schwäbischen Herrschaften Schussenried und Weißenau, trat er als bedeutender Sammler und Förderer der böhmischen Nationalkultur hervor.
Ölgemälde, Josef Lavos, nach Radierung von Ferdinand von Lütgendorff, 1820.
Prag, Nationalmuseum.
Aus: Die Manderscheider, 1990, S. 164.*

durch dem Wiener Kongress zugestanden, wurde vom Haus Sternberg aber nicht in Anspruch genommen.
Die Interessen der in Wien lebenden Patrimonialherrin vertraten als Patrimonial-Obervogt *Hr. Xaver Milz, wohnt in Weissenau*, und als Patrimonial-Ökonomieverwalter *Hr. Franz Hlawaty*. Im Staatshandbuch von 1808 war ferner festgehalten, dass der Amtssitz Weißenau *von Stuttgart 34 Stunden* entfernt sei; außerdem war vermerkt: *Am Dienstag und Samstag geht von hier ein Amtsbote auf die nächst gelegene Poststation Altdorf; und kehrt an den nämlichen Tagen wieder zurück.*[37]

Nach der Reorganisation der Standesherrschaft Weißenau wurden dort Amtsprotokolle geführt, die in sechs Bänden den Zeitraum vom 19. November 1816 bis 20. Mai 1835 umfassen. Ein weiterer Band *Conferenzprotokolle* vom 21. März 1824 bis 15. Juni 1834 dokumentiert die ein- bis zweimal jährlich stattfindenden Konferenzen des gräflichen Generalbevollmächtigten mit den Weißenauer Beamten.[38]
1836, ein Jahr nach dem Verkauf der Herrschaft an den Staat, berichtet die »Beschreibung des Oberamts Ravensburg«, die aus vielen Gebäuden bestehende Schlossanlage, zugleich *Sitz des gräflichen Rentamts,*

sei *unter Sternbergischem Besitz ziemlich in Zerfall gekommen.*[39] Der letzte Sternberger Rentbeamte Benedikt Cziphely, gebürtig aus der Sternberger Herrschaft Zasmuk in Böhmen, blieb als Pensionär in Weißenau wohnen, starb aber schon im Mai 1837 im Alter von 58 Jahren.[40]

Verkauf der Herrschaft an den Staat

Als der Prager Historiker Franz Palacký vor der Böhmischen Gesellschaft der Wissenschaften eine Gedenkrede auf den am 8. April 1830 verstorbenen Grafen Franz Joseph v. Sternberg hielt, erwähnte er, sein Verhältnis als Besitzer von Schussenried und Weißenau sei *durch Zeit und Umstände die Quelle mannigfacher Unannehmlichkeiten für ihn, selbst noch kurz vor seinem Tod* gewesen.[41] Den Erben des Grafen, fünf Töchtern mit ihren Ehemännern, lag offenbar wenig an den schwäbischen Herrschaften. Am 30. März 1835 verkauften sie die beiden *allodialen Herrschaften* Schussenried und Weißenau an den württembergischen Staat. Vor dem Verkauf waren die Jahreseinnahmen neu berechnet worden; nicht enthalten waren jene österreichischen Epaven von 1803, die bereits 1804 an Oranien-Nassau überlassen worden waren, sowie das 1814 von Württemberg einbehaltene Sechstel an den restlichen Weißenauer Epaven. Für Schussenried wurden die Jahreseinkünfte 1835 auf 65.153 fl. berechnet. Nach Abzug der Lasten verblieb ein reines Einkommen von 31.492 fl. Die Herrschaft Weißenau ertrug jährlich 31.693 fl., nach Abzug der Lasten 13.390 fl. Als Reinertrag beider Herrschaften waren beim Verkauf somit 44.882 fl. angesetzt; 33 Jahre zuvor hatte man bei Festlegung der

Entschädigungen noch einen Reinertrag von 78.900 fl. zugrundegelegt, von welchem das Haus Sternberg-Manderscheid 65.000 fl. hätte erhalten sollen. Die von Württemberg beim Kauf 1835 übernommenen Konditionen waren:

- *Eine Million Gulden* als Kaufpreis,
- *Eine lebenslängliche Rente von 3.000 fl.* an den *Grafen J. W. v. Sternberg-Manderscheid (1765–1847)*[42], den jüngeren Bruder des Grafen,
- Übernahme *einer von dem Reichsdeputations-Schluß herrührenden Rente von 600 fl. an den Grafen v. Sickingen, jetzt Wartemberg-Roth,*
- Übernahme *eines Prozesses wegen der reichsschlußmäßigen Hallbergischen, von Sternberg aber darum hauptsächlich nicht anerkannten Rente, weil die beiden Herrschaften den beim Reichsdeputations-Schluß angenommenen reinen Ertrag nicht gewährten und überdieß durch die östreichische Epavisirung geschmälert worden waren.*[43]

Der württembergische Staat bemühte sich nach dem Kauf um neue Nutzungen für die weitläufige Weißenauer Schlossanlage. 1836 war eine frühere Sägmühle bereits *zu einer Nudelfabrik eingerichtet* [worden], *welche ein vorzügliches Erzeugniß liefert.*[44] 1839 hat sich der erste Vorläufer der heute noch bestehenden Bleicherei niedergelassen. 1851 ging das Eigentum wieder an den Staat über, der den Bleichereibetrieb erst in Eigenregie weiterführte, die Liegenschaften 1888–1942 verpachtete und erst 1942 veräußerte.[45] In den staatlich gebliebenen Hauptgebäuden begann 1888 mit einer *provisorischen* Irrenanstalt im ehemaligen Konventbau die Entwicklung zum späteren Psychiatrischen Landeskrankenhaus »Die Weissenau«.[46]

---

[1] Einen Überblick über die wichtigsten Ereignisse und Strukturdaten in Weißenau bietet nach den Akten im HSAS B 523, insbes. Bü 11, *Matthias Erzberger*, Die Säkularisation in Württemberg von 1802 bis 1810. Ihr Verlauf und ihre Nachwirkungen. Stuttgart 1902 (ND Aalen 1974), 378–382.
[2] *Karl Zeumer* (Bearb.), Quellensammlung zur Geschichte der Deutschen Reichsverfassung in Mittelalter und Neuzeit. 2. Tl., Anh. Leipzig 1904, 446; *Erzberger*, Säkularisation (wie Anm. 1), 52–54.
[3] *Erzberger*, Ebd., 38f.
[4] Die Manderscheider. Eine Eifeler Adelsfamilie. Herrschaft, Wirtschaft, Kultur. Katalog zur Ausstellung. Köln 1990, mit Karten.
[5] Die Manderscheider, Ebd., 110f.; Bildnisse des Ehepaars Ebd., 84f.

[6] Königlich Württembergisches Staatshandbuch auf die Jahre 1807 und 1808 [Stand: Juni 1808]. Stuttgart 1808, 633. Die Ortsnamen sind teilw. entstellt wiedergegeben; an erster Stelle sind gen. die beiden Bestandteile des Sternberger Familienfideikommisses, Zasmuk (tschech. Zásmuky) und Tschastolowitz (Častolovice). Lieberose und die zugehörigen Orte Staakow, Leeskow und Reicherskreuz liegen nördlich von Cottbus in der Niederlausitz.
[7] HSAS B 523, Bü 11: *Relation über den ersten Eintritt Sr. Exzellenz des Erbgrafen Franz v. Sternberg x., Herren zu Zasnuck und Lieberos x., Sr. k. Maj. Kämmerer, in die Mauren des Rgräfl. Sternbergischen Stiftes Weissenau dd. 28t. May 1803. Erzberger*, Säkularisation (wie Anm. 1), 381, erwähnt den Besuch mit dem falschen Datum 28.05.1807.

[8] *Franz Palackýs* Gedenkrede auf Graf Franz Sternberg [1842], eingel. von *Helmut Binder*, in: *Helmut Binder* (Hg.), 850 Jahre Prämonstratenserabtei Weißenau 1145–1995. Sigmaringen 1995, 551–562, mit Porträt; *Helmut Binder*, Schicksale der Weißenauer Bibliothek nach der Klosterauflösung, Ebd., 489–505; knappe Würdigung des Grafen bei *Aleš Chalupa*, Die Familie der Grafen v. Sternberg-Manderscheid und ihr Archiv, in: Die Manderscheider (wie Anm. 4), 84f., mit Porträt 164.

[9] *hm [Herbert Mayer]*, Gut einhundert Bücher und Handschriften sind in der Prager Nationalbibliothek »Klementinum« aufbewahrt : Wie Weißenauer Klosterschätze an die Moldau gelangten, in: Schwäbische Zeitung, Ausg. Ravensburg, Nr. 159 vom 14.07.1993. Den Bestand des Kirchenschatzes Ende 1802 beschreibt *Erzberger*, Säkularisation (wie Anm. 1), 380.

[10] Die Manderscheider (wie Anm. 4), 198f. Eine weitere Schwester Maria Augusta (1768–1828) lebte als Salesianerin in Wien; zum Bruder Johann Wilhelm (1765–1847) vgl. unten Anm. 42.

[11] Königlich-Württembergisches Hof- und Staats-Handbuch 1824, 392 (Gde. Oberhofen); diese Angaben galten auch für die anderen Gemeinden mit Weißenauer Rechten. In den Staatshandbüchern von 1828, 1831 und 1835 wird als Inhaber dieser Rechte nur *Graf v. Sternberg* genannt.

[12] *Zeumer*, Quellensammlung (wie Anm. 2), 459f.

[13] *Erzberger*, Säkularisation (wie Anm. 1), 97–99; *Franz Quarthal/ Georg Wieland*, Die Behördenorganisation Vorderösterreichs von 1753 bis 1805 und die Beamten in Verwaltung, Justiz und Unterrichtswesen. Bühl/Baden 1977, 150–156.

[14] *J. G. D. v. Memminger*, Beschreibung des Oberamts Ravensburg. Stuttgart/Tübingen 1836, 187–189; *Erzberger*, Säkularisation (wie Anm. 1), 381f.; *Georg Wieland*, Besitzgeschichte des Reichsstiftes Weißenau, in: *Peter Eitel* (Hg.), Weissenau in Geschichte und Gegenwart. Sigmaringen 1983, 107–218, hier 205f.; mit Karte zum Besitzstand um 1660.

[15] *Erzberger*, Säkularisation (wie Anm. 1), 49f.

[16] *Quarthal/Wieland*, Vorderösterreich (wie Anm. 13), 152–156.

[17] HSAS E 36, Verz.1, Bü 1, mit Übersicht der abgetretenen weißenauischen Einkünfte in den Landvogtei-Ämtern Dürnast, Bodnegg, Grünkraut und Pfärrich.

[18] SAS Wü 64/9, Bü 153; *Memminger*, Oberamt Ravensburg 1836 (wie Anm. 14), 188f.; *Erzberger*, Säkularisation (wie Anm. 1), 381; *Ludwig Bittner* (Hg.), Österreichische Staatsverträge. Bd. 2. Wien 1909, Nr. 1461; *Quarthal/Wieland*, Vorderösterreich (wie Anm. 13), 154, mit der irrigen Annahme, der Vertrag sei nicht mehr vollzogen worden.

[19] HSAS B 523, Bü 11–12, mit einem detaillierten Ablaufprotokoll der Übernahmemaßnahmen von April bis Sept. 1805, in Bü 13–18 umfangreiche Vorarbeiten zur Übernahme.

[20] HSAS E 36, Verz. 1, Bü 1.

[21] *Memminger*, Oberamt Ravensburg (wie Anm. 14), 188. Die Ablösung bestand im *sechsten Theil des mit 4 Procent berechneten Revenüen-Capitals*; letzteres war demnach mit 36.850 fl. angenommen, die Ablösesumme betrug also 6.142 fl.

[22] *Memminger*, Oberamt Ravensburg (wie Anm. 14), 188; Königlich-Württembergisches Staats- und Regierungsblatt 1809, S. 85 u. 141–164, darin S. 159 namentliche Aufforderung der Gräfin Augusta von Sternberg zur Rückkehr nach Württemberg.

[23] *Erzberger*, Säkularisation (wie Anm. 1), 56f.

[24] StiftsA Tepl (Tschechien), Hs. D 21: Ephemeron Albaugiense (Nekrologfassung von 1793 und Konventsverzeichnisse bis ins 19. Jh.), 224.

[25] *Erzberger*, Säkularisation (wie Anm. 1), 381f. Die Pensionen in Schussenried lagen deutlich höher: Ebd., 382.

[26] Ephemeron Albaugiense (wie Anm. 24), 208.

[27] Im Weißenauer Professbuch enthaltene zeitgenössische Übersichten von 1803/04 über die auswärts und im Kloster wohnhaften Chorher-

ren und den späteren Verbleib der letzteren sind abgebildet bei *Georg Wieland*, Gemeinschaft im Wandel. Der Weißenauer Konvent vom 12. bis zum 19. Jh., in: *Binder* (Hg.), 850 Jahre Prämonstratenserabtei Weißenau (wie Anm. 8), 119–177, hier 176f.

[28] *Wieland*, Gemeinschaft im Wandel (wie Anm. 27), 163f., dazu 176f. Abb. der Unterschriftenlisten von 1803 und 1804 aus dem zeitgenöss. Professbuch.

[29] StA Ravensburg, Abt. GdeA Eschach, Bü 99: Ehevertrag des Weißenauer Rentbeamten B. Cziphely 1832; weitere Abdrücke des Tell-Siegels sind im PfA Weißenau zu vermuten.

[30] *Peter Eitel*, Bilder aus dem Schussental. Ravensburg 1987, 121–123, mit Abb. des Grabmals von Bonaventura Brem in Mariatal.

[31] Ephemeron Albaugiense (wie Anm. 24), 204, 214, 222; *Binder*, Schicksale der Weißenauer Bibliothek nach der Klosterauflösung (wie Anm. 8); *Wieland*, Gemeinschaft im Wandel (wie Anm. 27), 164.

[32] Staatshandbuch 1808 (wie Anm. 6), 633–635.

[33] Königlich Württembergisches Hof- und Staats-Handbuch auf die Jahre 1809 und 1810 [Stand: Sept. 1809]. Stuttgart [1809], 479 und 487.

[34] *Memminger*, Oberamt Ravensburg (wie Anm. 14), 188f.

[35] *Georg Wieland*, Seelsorge im Zeichen des Doppelkreuzes: Die Pfarreien des Stifts Weißenau, in: *Binder* (Hg.), 850 Jahre Prämonstratenserabtei Weißenau (wie Anm. 8), 235–275; mit Karte der weiträumig zusammenhängenden Weißenauer Pfarrsprengel.

[36] *Memminger*, Oberamt Ravensburg (wie Anm. 14), 189. Ende 1802 waren die Schulden der Weißenauer Landschaft mit 41.477 fl. beziffert worden: *Erzberger*, Säkularisation (wie Anm. 1), 380. Rechnungen der Weißenauer Landschaftskasse von 1803–1828 sowie Vermögensrestrechnungen für die Jahre 1828–1835 befinden sich im StA Ravensburg, Depositum Landvogtei/Weißenau; vgl. die knappe Bestandsauflistung bei *Gustav Merk*, Die Pfarr- und Gemeinderegistraturen der Oberämter Ravensburg und Saulgau. Stuttgart 1912, 18–27, bes. 24–26. Teilrechnungen für mitbetroffene ehemalige Klosterämter finden sich zum Teil noch in den Archiven der Gemeinden, in denen die Weißenauer Orte aufgegangen sind.

[37] Staatshandbuch 1808 (wie Anm. 6), 633, 635.

[38] SAS Wü 64/9, Bü 1–7.

[39] *Memminger*, Oberamt Ravensburg (wie Anm. 14), 183.

[40] StA Ravensburg, Abt. GdeA Eschach, Bü 99: Erbteilung des pens. Rentbeamten B. Cziphely 1837, mit Ehevertrag von 1832 und Testament von 1837.

[41] *Palacky*, Gedenkrede (wie Anm. 8), 562. In die letzten Lebensjahre fielen u. a. 1826–1829 ausgetragene Differenzen mit der Pfarrgemeinde Oberzell um Zahlungspflichten des Patronatsherrn, vgl. *Georg Wieland*, Fast 1200 Jahre Kirchengeschichte in Oberzell, in: *Kath. Kirchengemeinde Oberzell* (Hg.), Kirchen in Oberzell. Tettnang 2000, 3–14, hier 8f.

[42] Graf Johann Wilhelm v. Sternberg-Manderscheid (1765–1847) war [aus körperlichen Gründen?] offenbar nicht imstande, die Nachfolge des Bruders anzutreten, denn mit dessen Tod fiel das Familienfideikommiss gleich an die jüngere Linie; 1842 lebte er in Paris: *Palacky*, Gedenkrede (wie Anm. 8), 554.

[43] *Memminger*, Oberamt Ravensburg (wie Anm. 14), 189.

[44] Ebd., 184.

[45] *Andreas Gestrich*, Die Industrialisierung der Stadt Ravensburg im 19. Jh. (1810–1895), Masch.Zul.Arb. Univ. Tübingen 1978, bes. 64–67, 74–77, 93–94; *Max Preger*, Geschichte der Bleicherei, Färberei und Appreturanstalt in Weißenau (»Bleicherei Weißenau«), in: *Eitel* (Hg.), Weissenau in Geschichte und Gegenwart (wie Anm. 14), 317–335.

[46] *Manfred Kretschmer*, Von der königlich-württembergischen Staatsirrenanstalt zum Akademischen Krankenhaus, in: Rbd., 337–354; *Tilman Steinert*, Die Geschichte des Psychiatrischen Landeskrankenhauses Weissenau. Darstellung der Anstaltsgeschichte von 1888 bis 1945 im ideengeschichtlichen und sozio-ökonomischen Kontext. Weinsberg 1985.

Die Säkularisation des Malteser-Fürstentums Heitersheim[1]

von Anneliese Müller

Der Johanniterorden um 1800

Das Ende des 18. Jh. stellte das deutsche Großpriorat des Johanniterordens vor bedeutende Probleme, die wenig Günstiges für die Zukunft verhießen. Am 9. Juni 1798 war Malta von Napoleon fast ohne Gegenwehr annektiert worden. Die nach Triest geflüchtete Ordensregierung verfügte über wenig Autorität. Die folgende Zeit war ausgefüllt mit der Suche nach einem neuen Ordenssitz und einer nicht kompromittierten Regierung. Im gleichen Jahr war die Helvetische Republik unter maßgeblicher Beteiligung der Franzosen zustande gekommen; als Folge wurden sofort alle Klöster und geistlichen Institutionen in der Nordschweiz aufgehoben. Bereits am 17. Oktober 1797 hatte Österreich im Frieden von Campo Formio der Abtretung des linken Rheinufers an Frankreich und der (schon im Zuge der Revolution von 1789 vollzogenen) Säkularisation zugestimmt, damit war das Schicksal der linksrheinischen Kommenden besiegelt. Eine Säkularisation der geistlichen Grundeigen- und Fürstentümer auf Reichsboden war zunächst nicht beabsichtigt gewesen. Auf dem Rastatter Kongress (Dezember 1797 bis 23. April 1799) hatten sich die Fürsten noch dagegen ausgesprochen, dann jedoch, unter politischem Druck und in der Hoffnung auf eigene Erwerbungen, nachgegeben. In diese Überlegungen waren die beiden Ritterorden nicht einbezogen. Da aber gleichzeitig vereinbart worden war, dass die betroffenen Fürsten im rechtsrheinischen Reichsgebiet entschädigt werden sollten, hatten die Orden nun, besonders im Hinblick auf die Haltung Württembergs, einiges zu befürchten. Zunächst aber wurde am 27. März 1802 im Frieden von Amiens vereinbart, dass der Johanniterorden Malta zurückerhalten und im Reichsdeputationshauptschluss (RDH) vom 25. März 1803, dass das Großpriorat deutscher Zunge durch Übertragung der aufgehobenen Klöster im Breisgau für seine anderweitigen Verluste entschädigt werden solle. Nun war der Breisgau jedoch im Frieden von Lunéville dem Herzog Herkules v. Modena zugesprochen worden, der auf seinen Ansprüchen bestand und sich dabei auf ein vom Kaiser genehmigtes Reichsgutachten zum RDH vom 24. März 1803 berief. Andererseits hatte eben der RDH das Weiterbestehen der Ritterorden bestätigt, weshalb der Johanniterorden seine Ansprüche auf die Breisgauklöster anmeldete Diese wurden von Modena und seinem Schwiegersohn, Erzherzog Ferdinand v. Österreich, dem der Herzog 1802 die Verwaltung seines Reichsbesitzes überlassen hatte, zurückgewiesen. In der Folge erwies sich die Breisgaufrage als das zentrale Problem, das letztlich zur Umschichtung der Rechtsverhältnisse im südlichen Baden geführt hat.

Heitersheim und die Breisgaufrage

Oberster Johannitermeister in Deutschland und Großprior zu Heitersheim war seit dem 12. Dezember 1796 Ignaz Balthasar Rinck v. Baldenstein, ein Mann von 75 Jahren und schlechter Gesundheit, der sich alsbald mit diesen und anderen Auswirkungen der französischen Revolution konfrontiert sah. Sein Vorgänger, Johann Joseph Benedikt v. Reinach, hatte 1789 das Kameralhaus Bubikon um 100.000 fl. verkauft; der Kauf-

507

Ignaz Balthasar Rinck von Baldenstein (*1721, 1796–1807)
Porträt des letzten deutschen Obersten Johannitermeisters und Großpriors zu Heitersheim.
Ölgemälde, um 1800.
Privatbesitz.

preis war zwar über eine Hypothek gesichert, die Abzahlung erfolgte jedoch schleppend. Da das Fürstentum bereits den Verlust des Kammergutes Heimbach in der Pfalz zu verzeichnen hatte, waren seine Einnahmen damit praktisch halbiert. Dies wog um so schwerer, als man etliche Johanniterpriester, die aus den linksrheinischen Kommenden hierher geflüchtet waren, hatte aufnehmen müssen, ebenso wie Bedienstete der von der Helvetischen Republik aufgehobenen Kommende Leuggern. Die Kommende Steinfurth hatte 1798 ihre Obligationen nach Heitersheim geflüchtet.[2] Die Kriegszeiten, welche das Fürstentum und seinen Hauptsitz mit Einquartierungen und Kontributionen belasteten, sorgten zusätzlich dafür, dass so gut wie alle notwendigen Vorhaben – so war in Heitersheim ein Kirchenneu- oder Erweiterungsbau vorgesehen – unterblieben. Der Fürst sah sich zu äußerster Sparsamkeit gezwungen. Die dazu notwendigen Maßnahmen scheinen, zumal damit die Abstellung etlicher Missbräuche verbunden war, jedoch einen Teil seiner Beamtenschaft verärgert zu haben, was ihr späteres Verhalten wenigstens teilweise erklären könnte. Im übrigen sah sich der Fürst hinsichtlich der anstehenden politischen Probleme trotz aller Unterstützung, vor allem durch Ordensminister v. Pfirt, weitgehend auf sich selbst gestellt, da der Orden fast völlig mit der Großmeisterfrage beschäftigt war und die alte Ordensregierung wenig Vertrauen genoss. Die Besetzung Maltas durch England am 5. August 1800 und die Ermordung des russischen Zaren Paul, der sich schließlich als Großmeister durchgesetzt hatte, am 11. März 1801 vermehrten die unsichere Lage.

Diese verschärfte sich mit dem 3. Koalitionskrieg. Zwar drängte der Heitersheimer Kanzler Albrecht v. Ittner darauf, die Kriegsumstände zu benützen, um die dem Orden zugedachten Klöster – hier handelte es sich im wesentlichen um Bürgeln – zu beschlagnahmen, doch erwies sich dies als unmöglich. Dennoch war man bis zu diesem Zeitpunkt noch zuversichtlich gewesen. Jedoch hatte sich inzwischen das Kurfürstentum Baden, nicht ganz freiwillig, auf die Seite Frankreichs geschlagen. Napoleons Sieg bei Austerlitz am 2. Dezember 1805 folgte denn auch ein rücksichtsloser Wettstreit aller Verbündeter um den größten Kriegsgewinn. Als erstes ergriff das Königreich Württemberg, aufgrund des Patents vom 19. November 1805, Besitz von allen ritterschaftlichen und Ordensgütern. Was Baden angeht, so sah der am 20. Dezember 1805 in Wien abgeschlossene Staatsvertrag mit Frankreich vor, Kaiser Franz zur Abtretung des Breisgaus an das Kurfürstentum zu veranlassen. Staatsminister v. Reitzenstein knüpfte daran die Forderung, dass darunter nicht nur die Klöster sondern auch die Besitzungen Heitersheims zu verstehen seien, wodurch er sich in Gegensatz zum Geheimen Rat setzte, der das Vorgehen als nicht vereinbar mit dem Staats- und Völkerrecht ansah, besonders, da die Ordensgüter Reichsstandschaft besaßen. Kurfürst Karl Friedrich, der diesen Punkt zur Voraussetzung für seine Zustimmung zur Verlobung des Erbprinzen Karl mit Stephanie Beauharnais gemacht hatte, folgte den Argumenten Reitzensteins, was er in einem Schreiben an die Orden mit der »Pflicht der Selbsterhaltung« begründete. Am 20. Dezember 1805 erlangte Reitzenstein die Zustimmung Talleyrands.

Bereits am 3. Dezember waren Anweisungen an die Kommissäre ergangen, welche die Okkupation durchführen sollten. Diese, der Geheime Hofreferendar Maler und Hofratsdirektor Stößer, erschienen am 7. Dezember 1805 in Heitersheim, wo der Großprior es ablehnte, die badischen Patente anzuschlagen. da er unter österreichischer Landstandschaft stehe. Jedoch ging, trotz quasi rechtsfreiem Zustand, die als Sequestration getarnte Okkupation weiter. Baden verwies dabei auf die Gefahr, die durch das württembergische Vorgehen drohe, obwohl für letzteres eine Erlaubnis Napoleons vorlag.

Die Lösung der Breisgaufrage

Der Preßburger Friede vom 26. Dezember 1805 beendet den 3. Koalitionskrieg und sanktionierte die bisherigen Maßnahmen. Baden erhielt den Breisgau zugesprochen, ausgenommen allerdings die in diesen hineinragenden württembergischen Gebiete Ortenau, Konstanz und Reichenau. Offenbar war man in Frankreich verärgert über die starke Reichspartei am Karlsruher Hof; es wird auch behauptet, der badische Gesandte sei zu spät im französischen Hauptquartier eingetroffen. Minister Reitzenstein bemühte sich nun, den Schaden zu beheben und den württembergischen

Anteil am Breisgau für Baden zu gewinnen, wozu er § 26 RDH in seinem Sinne interpretierte. Dies brachte ihn erneut in Gegensatz zum Geheimen Rat, der sich unter Hinweis auf fehlende Rechtstitel widersetzte, blieb aber letztlich erfolglos, da der Kurfürst den Argumenten Reitzensteins zugänglicher blieb. Dieser wandte sich an Talleyrand und erlangte von diesem am 21. Dezember 1805 die mündliche Zusicherung, dass alle geistlichen Institutionen im Breisgau an Baden fallen sollten, allerdings sollten dem Großprior der Johanniter und seinem mutmaßlichen Nachfolger, dem Frhn. v. Pfirt, Pensionen ausgesetzt werden.

Da man nicht mit Widerstand seitens der Bevölkerung der fraglichen Gebiete rechnete, entschloss sich die ba-

dische Regierung am 4. Januar 1806 auf Vorschlag Reitzensteins, eine Besitznahmekommission in die beanspruchten Gebiete zu schicken, welche diese zunächst provisorisch einnehmen sollte, *zur Wahrung der badischen Interessen.* Denn Napoleon hatte befohlen, dass ein französischer Kommissar den Breisgau übergeben solle, sobald die Kontribution, die den vorderösterreichischen Landen auferlegt war, bezahlt sei. Mit der Besitznahme wurden beauftragt der Wirkliche Geheime Rat und Hofrichter Karl Wilhelm Ludwig Friedrich Frh. v. Drais-Sauerbronn, dazu Hofratsdirektor Stösser, der Geh. Rat Maler und Hofrat Baumgartner. Am 15. Januar traf Drais in Freiburg ein. Da die Kommission jedoch vorläufig nichts unternehmen konnte – sie

»Comthurei Heitersheim. Schloßhof«
Historisches Aquarell, um 1860.
Wehrgeschichtliches Museum, Rastatt.

operierte ohnehin im rechtsfreien Raum – beschränkte sie sich auf vorbereitende Maßnahmen. So erließ sie am 16. Januar ein Verbot jeglicher Veräußerung.

Als die Kontributionsfrage geregelt war, erließ General Monard am 28. Januar 1806 ein Edikt, welches die Duldung der Übergabe des Breisgaus an Baden, ausgenommen den württembergischen Teil, verkündete. Sofort wurden allerorts Patente und kurbadische Wappen an Rat- und Schulhäusern der zum Fürstentum gehörigen Orte angeschlagen. Am 30. Januar erfolgte die Verpflichtung der Beamten, die Übernahme der Regierung, Aufhebung der noch bestehenden Klöster und Auflösung der Landstände.

Mit der Übergabe des Breisgaus wurden zugleich die Grenzen zwischen Baden und Württemberg festgelegt, wobei letzteres einen auf Unkenntnis der Geographie beruhenden Irrtum ausnützte, um sich größere Gebiete des Breisgaus anzueignen. In dem sich anschließenden Streit vermittelte Frankreich, wozu am 14. Februar 1806 der Staatsrat und Divisionsgeneral Clark in Freiburg erschien. Nach Vornahme eines Augenscheins und auf Befehl Napoleons zog sich Württemberg schließlich am 18. Februar aus den umstrittenen Orten zurück. Die offizielle Grenzabsteckung erfolgte am 26. Februar und am 10. März publiziert. Am 15. April erfolgte im Freiburger Münster die feierliche Übergabe von Breisgau und Ortenau an den Kurfürsten Karl Friedrich v. Baden, der am 30. Juni, nunmehr als Großherzog auf dem Münsterplatz die Huldigung des Breisgaus durch Abgeordnete aller Gemeinden entgegennahm.

Das Ende des Johanniter-Großpriorats

Unterdessen war der Orden nicht untätig geblieben. Um das Großpriorat zu retten, kam, nachdem Verhandlungen sowohl in Karlsruhe wie in Paris vergeblich geblieben waren, am 28. Januar 1806 ein Vertrag zwischen dem Königreich Bayern und dem deutschen Johanniter-Großpriorat zustande. Darin anerkannten beide die badische Landeshoheit über die Gebiete des Letzteren, doch sollten Großpriorat, Bayern und Deutsche Zunge nicht vereinigt, sondern nur in Personalunion geführt werden, wozu der Sohn des Königs, Karl Theodor, bestimmt worden war. Der König

nahm die Besitzungen des deutschen Johanniterordens in seinen unmittelbaren Schutz und versprach, seinen Einfluss darauf zu verwenden, diesem die Entschädigung zu verschaffen, welche ihm aufgrund von § 26 RDH zugestanden worden war.[3] Dies war dem badischen Hof bereits durch Schreiben vom 18. Januar angekündigt worden und hatte die Maßnahmen gegen das Fürstentum Heitersheim maßgeblich beschleunigt. Eine Bekanntmachung wurde herausgegeben, die erklärte, dass durch den Staatsvertrag zwischen der kaiserlichen Majestät zu Frankreich und dem Kurhause Baden das Fürstentum Heitersheim und die im Breisgau liegenden Klöster diesem zugewiesen worden seien. Davon habe man *civil* Besitz ergreifen wollen, wenn nicht der Johanniterorden, um Heitersheims zu erhalten und sich in den Besitz gedachter Klöster »einzuschleichen«, Versuche aller Art gewagt hätte, welche aber bisher immer vereitelt worden seien und künftig ebenso vereitelt würden, da man kurfürstlicherseits den einmal erlangten Besitz würde zu behaupten wissen. Die Klöster seien dem Orden im RDH zwar zugeschrieben worden, jedoch unter Bedingungen, die der Orden nicht erfülle.

Am 27./28. Januar führte Hofratsdirektor Stößer die eigentliche Okkupation durch. Gegen das Anschlagen der Patente scheint es kaum Widerstand gegeben zu haben,[4] lediglich in Heitersheim wurden in der Nacht des 29. Januar Wappen und Patent, die am Schulhaus angebracht gewesen waren, entwendet. Der Verursacher konnte nicht ermittelt werden.[5] Der Geheime Rat überließ es der Kommission, falls sie *zur Manustenierung der diesseitigen Occupation* und damit die Patente nicht wieder abgenommen würden, militärische Hilfe benötige, sich an Major v. Stetten in Emmendingen zu wenden, der bereits eine entsprechende Weisung erhalten habe. Zugleich wurden Ortsvorsteher und Gerichtsleute, offenbar weitgehend problemlos, in badische Dienste genommen.

Dagegen weigerten sich die bei dem Fürstentum und für den Orden tätigen Beamten zunächst, einen Dienstrevers zu unterzeichnen. Ein Protokoll des Geheimen Rates vom 1. Februar bestimmte daher, dass die Betreffenden – es handelte sich um Oberamtmann Dr. Anton Fetzer, Rentmeister Georg Philipp Wever, Oberamtssekretär Baumgartner und den Amtmann zu Wendlingen, Maier – sollten sie bei ihrer Weigerung bleiben, zu

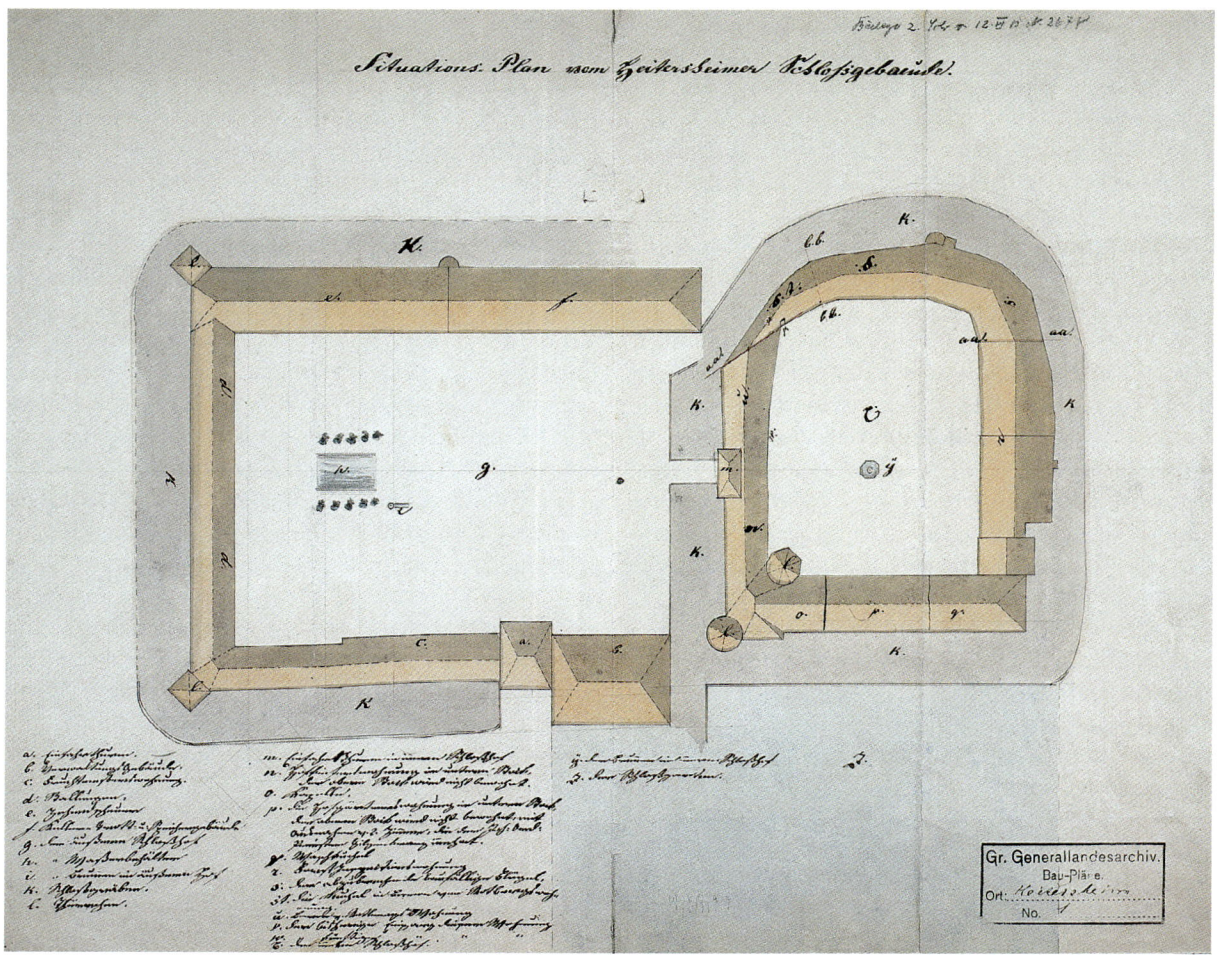

Heitersheim
Lageplan der Schlossgebäude.
Tinte auf Papier, ca. 1800.
GLA Karlsruhe.

suspendieren seien und Jurisdiktion und Rentenbezug anderen Personen anvertraut werden sollten. Die Drohung wirkte: am 5. und 6. Februar konnten die vorgenannten durch den Oberamtmann zu Staufen, Duttlinger, in badische Dienste genommen werden.[6] Am 18. Februar unterschrieb auch der Schaffner in Kenzingen, Alexander Harscher. Versuche des Ordensministers v. Pfirt, die Ungültigkeit dieser Verträge zu erreichen, da die Betroffenen noch nicht aus den Diensten des Ordens entlassen worden waren, wurden von Duttlinger und dem ihm beigegebenen Major v. Böcklin unterlaufen.

Duttlinger war von der kurbadischen Besitznahmekommission mit der Durchführung der endgültigen Zivilbesitznahme beauftragt worden. Die Übernahme der Verwaltung ging reibungslos vonstatten. Unsicher war man sich hinsichtlich des Verhaltens des Königs von Bayern, weshalb die Kommission unter dem 3. Februar 1806 angewiesen wurde, falls königlich bayerische Kommissäre auftreten sollten, die diesseitigen Rechte gegebenenfalls auf *tätliche aber anständige Art* notfalls auch militärisch zu verteidigen, dies allerdings nicht, sollten die bayerischen Versuche unter französischer Direktion erfolgen. Eine weitere Legitimation

512

zur Heitersheimer Besitzergreifung halte man für unnötig, da die Vollmacht, die man in Händen habe, ausreiche. Truppen sollten nur eingesetzt werden, wenn es nötig werde.

Am 21. April erschien in verschiedenen Zeitungen die Nachricht von der bevorstehenden Abdankung des Großpriors. Der badische Hof war beunruhigt und wies die Okkupationskommission am 1. Mai an, zunächst abzuwarten. Reitzenstein handelte schnell, am 24. Juni holte er sich von Talleyrand die Zustimmung zur Übernahme der Regierung im Fürstentum Heitersheim. Bald darauf, am 27. Juni, erhielt der Geheime Rat die mündliche Anzeige, wonach sich Johanniterkomtur v. Flachslanden demnächst nach Heitersheim begeben werde, um das Großpriorat für den bayerischen Prinzen zu übernehmen. Auch wurde in den öffentlichen Blättern bereits die Nachricht verbreitet, dass damit die Abhaltung eines Provinzialkapitels verbunden sein werde.

Diese Nachricht veranlasste Reitzenstein darauf hinzuwirken, die Huldigung in Heitersheim ohne die geringste Zeitversäumnis vorzunehmen und dort die Regierung anzutreten, jedoch dem Fürsten, sofern er sich den landesherrlichen Anordnungen in allem füge, den vollen Genuss seiner Einkünfte für seine Pension zu belassen. Nach dem Bericht der Kloster-Organisationskommission vom 1. Juli wurde die Huldigung von der Gemeinde durch ihre bevollmächtigten Angeordneten vor dem Hofrat Fetzer *ohne den mindesten Anstand* geleistet. Die Regierungsübernahme sollte baldmöglichst erfolgen.

Am 22. Juli 1806 erschienen Geheimrat und Hofrichter v. Drais und Geheimreferendar Maler im Schloss, trugen die Entschließung des Kurfürsten vor, die Regierung zu übernehmen und präsentierten ihre Vollmachten. Ihr Vortrag wurde *zwar mit einer Protestation von Seiten des Fürsten und des Ordensministers erwidert, jedoch am Ende mit aller Achtung und Höflichkeit der erklärten Willens Meynung Seiner kurfürstlichen Durchlaucht sich gefügt wurde.*[7] Sofort und an den folgenden Tagen wurde eine peinlich genaue Inspektion des Schlosses, der Vorräte, Kapitalien und des Archivs vorgenommen. Sämtliche Zahlungen wurden gesperrt, jedoch wurde dem Rentmeister gestattet, die zur Bestreitung der Ökonomie und der Bedürfnisse des Großpriors erforderlichen Mittel *mit Vermeidung*

alles zweckwidrigen Aufwands und Unterschleifs abzugeben. Probleme ergaben sich hinsichtlich bestimmter Einkünfte, die der Orden ansprach, wogegen der Fürst sie als sein Eigentum deklarierte, das er zum Teil erkauft, zum Teil zu seiner Nutznießung erworben habe und worüber er nach der Ordensverfassung hätte frei verfügen können. Die Kommission überließ die Entscheidung der *Höchsten Entschließung* und bemühte sich, einstweilen den Status quo aufrechtzuerhalten. Das nicht übernommene Hofgesinde wurde »teils abgefertigt, teils mit einer »angemessenen« Gratifikation entlassen, teils pensioniert. In einigen wenigen Fällen empfahl man die Übernahme in badische Dienste.

Mit der Übernahme der Ämter- und Gerichtsorganisation wurden auch die Ämter neu besetzt. Die Rentenverwaltung erhielt Rentmeister Wever; der Geheime Rat und Kammerdirektor Ferdinand Anton v. Stöcklern wurde Regierungs- und Kammerkommissarius und damit eine Art Mittelinstanz zur Provisorischen Regierung in Freiburg.

Was die Versorgung des Großpriors und des noch verbliebenen Personals betraf, zogen sich die Verhandlungen bis in den November hinein. Ende Oktober bot der Großherzog dem Fürsten eine jährliche Pension in Höhe von 16.000 fl. an, die er um weitere 4.000 fl. *aus besonderer Rücksicht und Achtung gegen die Person des Herrn Fürsten* vermehren würde.[8] Ferner wurden dem Fürsten freie Wohnung im Schloss Heitersheim samt Mobiliar und Geschirr angeboten, wofür er allerdings Schloss und Garten auf eigene Kosten unterhalten, das Inventar auf dem jeweils neuesten Stand halten und die zu seiner Hofhaltung benötigten Personen ebenfalls aus eigenen Mitteln zu besolden hatte. Gleiches galt für die beiden Dauergäste des Großpriors, dessen Neffen Graf Montjoye und den ehemaligen Verwalter der Kommende Heimbach, Dilg, der in den französischen Wirren sein gesamtes Vermögen eingebüßt hatte (beiden wurden später Pensionen ausgesetzt). Ferner sollte der Fürst auf die Zinsen aus dem im Kanton Zürich angelegten Kapital aus dem Verkauf des Kameralhauses Bubikon verzichten. Am 13. November erklärte sich Rinck damit einverstanden. In einem persönlichen Schreiben dankte er dem Großherzog für sein Entgegenkommen. Der Beginn der Zahlung wurde auf Weihnachten festgelegt, zu welchem Zeitpunkt Hofhaltung und Ökonomie enden sollten. Die Festlegung der Räume. welche der Fürst bewohnen wollte und des von ihm benötigten Mobiliars war in den Tagen nach dem 18. Dezember getroffen worden. Dabei zeigte sich die Klosterkommission von einer bemerkenswerten Kleinlichkeit. So wurde beschlossen, Silber und Weißzeug, die dem Fürsten zum Gebrauch überlassen waren, in wohlverwahrten Kästen aufzuheben, wobei erstere unter die Aufsicht des in badische Dienste übernommenen Hofrats und Archivars Riedmüller gestellt wurden. Auf Verlangen hatten dieser und die Beschließerin das Benötigte herauszugeben und nach Gebrauch wieder wegzuschließen. Hinsichtlich des Haus- und Kirchensilbers hatte man ohnehin *die nötige Vorsicht angewendet* und Inventare erstellt. Ein fehlender Silberlöffel sollte aus dem Nachlass des Fürsten ersetzt werden. Im übrigen schlug Hofrat Maler am 24. Dezember vor, die Pensionen nicht im Voraus zu bezahlen, um *wegen der zur Benutzung gelassenen fahrenden Habe einige Sicherheit in Handen zu behalten.* Aus diesem Grund sei auch Vorkehrung getroffen, dass dem Fürsten die ihm zustehenden Früchte und Wein immer nur in kleineren Quantitäten abzugeben seien.

Währenddessen nahm die Auflösung der Grundherrschaft ihren Fortgang. Die Beitreibung von Außenständen erfolgte zügig. Der Verkauf der Naturalien und der größeren Güter wurde eingeleitet; sonst blieb alles vorläufig noch beim Alten. Die aus Leuggern und Steinfurt nach Heitersheim geflüchteten Mobilien und Kapitalien wurden an die Nachfolgestaaten abgegeben. Auch die künftige Nutzung der Schlossgebäude beschäftigte die Beamten, die sich bereits auf die Zeit nach dem Ableben des Fürsten einrichteten. Der Großherzog selbst war an dessen Besitz nicht interessiert, da er bereits über genügend Schlösser verfügte. Man rechnete daher, da sich die Gebäude aus Mangel an Wasser nicht zu einer Fabrik eigneten, damit, alles zu verkaufen oder notfalls Bedienstete dort unterzubringen. Dies ist später auch erfolgt, nachdem sich bei einer angesetzten Versteigerung tatsächlich kein Käufer gefunden hatte.

Am 30. Juni 1807 starb Großprior-Fürst Ignaz Balthasar Willibald Rinck v. Baldenstein und wurde auf eigenen Wunsch nicht in der Kirche, sondern auf dem umliegenden Friedhof begraben. Damit war das Fürstentum und Johannitergroßpriorat Heitersheim endgültig Vergangenheit geworden. Zwar forderten später, auf dem Wiener Kongress, Abgeordnete des Johanniterordens, nicht nur, da Malta endgültig verloren war, eine angemessene Residenz, sondern auch die Rückgabe der übrigen Güter. Ihre Bemühungen blieben jedoch ohne Erfolg.

[1] Der vorliegende Artikel basiert auf den Ausführungen von *Graf Alfred von Kageneck*, Das Ende des Fürstentums Heitersheim in: Schauinsland 94/95 (1976/77), 11–27. Der Verfasser behandelt ausführlich die diplomatische Seite der Säkularisation, weshalb auf Einzelheiten hier nicht eingegangen werden musste.
Ders., Die Fürsten von Heitersheim, in: Das Markgräflerland N. F. 10 (1979), H. 3–4, 245–60.
Walter Schneider, Das Fürstentum und Johannitergroßpriorat Heitersheim und sein Anfall an Baden. Diss. Freiburg i. Br. 1950, jeweils mit ausführlichen Literaturangaben.
Hinsichtlich der Quellen basieren beide Autoren auf GLAK 48/5627–5630 (Staatserwerb), und 89 (Akten Heitersheim Generalia), wobei Schneider noch die damaligen, heute ungebräuchlichen Aktenbezeichnungen verwendet. Für den o. g. Artikel wurden noch die Aktenabteilungen des GLAK 236 (Innenministerium), 237 (Finanzministerium) und 391 (Forst- und Domänendirektion) herangezogen.

[2] GLAK 237/4934.
[3] Abschriften des Vertrags gingen ebenfalls an die betroffenen Klöster, doch scheint deren Reaktion eher abwartend gewesen zu sein.
[4] Zumindest der Vogt von Eschbach bescheinigte am 15.02.1806, dass es dort keine Anstände gegen das Anschlagen der Patente gegeben habe.
[5] GLAK 48/5627.
[6] Dies trug Oberamtmann Dr. Fetzer einen scharfen Verweis des Ordensministers ein, der vergeblich die Rücknahme der Maßnahme verlangte. Fetzer, der am 22.03.1790 in die Dienste des Ordens getreten war, machte nach 1806 in bad. Diensten Karriere. 1807 wurde er zweiter Oberamtmann in Freiburg, 1810 Hofgerichtsrat, 1815 Oberhofgerichtsrat und, nach seiner Pensionierung 1833, 1834 zum Geheimrat 3. Klasse ernannt. GLAK 76/2218–19.
[7] GLAK 391/15417.
[8] GLAK 237/4935.

In eine allgemeine Zerrüttung und Erschlaffung verwandelt ...

Die letzten Jahre des Deutschen Ordens in Südwestdeutschland bis 1809

von Georg Cox

Der Deutsche Orden wurde im Paragraph 26 des Reichsdeputationshauptschlusses (RDH) ausdrücklich von der Säkularisation ausgenommen. Ganz im Gegenteil, er sollte für seine linksrheinischen Besitzungen, die er infolge der ersten beiden Koalitionskriege verloren hatte, sogar entschädigt werden. Damit hatte der Deutsche Orden eine Sonderstellung unter fast allen übrigen geistlichen Instituten in diesem letzten, gemeinschaftlich ausgehandelten Reichsgrundgesetz inne. Nur der Malteserorden und der erzbischöfliche Stuhl von Mainz genossen, unter je eigenen Umständen, das gleiche Privileg.

Jedoch waren auch für den Deutschen Orden die Zeitumstände nicht günstig. Die im Frieden von Lunéville 1801 bestätigten Besitzverluste links des Rheins waren nicht unerheblich, und weitere tiefgehende Beschränkungen erfuhr der Orden 1805 im Frieden zu Preßburg auch rechts des Rheins. Den Schlusspunkt seiner Geschichte in den neu entstandenen Rheinbundstaaten setzte Napoleon mit einem Tagesbefehl im April 1809. Knapp ein Jahrzehnt also dauerte die existentielle Krise des Deutschen Ordens, welche über die allgemein angesetzte Phase der Säkularisation und Mediatisierung zwischen 1803 und 1806 hinausgeht. Die Hintergründe dieser speziellen Entwicklung sollen im vorliegendem Beitrag aufgezeigt werden. Um die Stellung des Deutschen Ordens im Reich und in dieser Region des Reiches besser zu verstehen, erscheint es nötig, in stark geraffter Form zunächst etwas zu seiner Geschichte vor dem Zeitalter der Koalitionskriege zu sagen, ehe auf die eigentlich interessierenden Jahre eingegangen wird. Hierbei liegt der Schwerpunkt auf das Umfeld des RDH.

Europaweite Vorgeschichte im Mittelalter

Der Deutsche Orden[1] blickte zur Zeit Napoleons bereits auf eine fast 600-jährige Geschichte zurück. Entstanden war er während des dritten Kreuzuges 1190 als Hospitalbruderschaft vornehmlich deutschsprachiger Kreuzfahrer und Pilger im Heiligen Land. Nur wenige Jahre später erfolgte die Weiterentwicklung zu einem Ritterorden, der den Johannitern (Maltesern) und Templern gleichgestellt wurde. Damit gab es nun im 13. Jh. einen dritten großen Ritterorden, der seinen Aufgaben in der zeittypischen Kreuzzugssituation nachging: Heidenkampf, verknüpft mit einer militärischen Dauerpräsenz der abendländischen Christenheit auch zwischen den Kreuzzügen auf der einen und Hospitalität, d. h. die Unterhaltung von Hospitälern mit der Mehrfachfunktion als Krankenhaus, Pflegeheim und Pilgerherberge, auf der anderen Seite. Diesen Aufgaben entsprach sein Personal: Ritterbrüder in ständiger Kampfbereitschaft sowie Priester- und Laienbrüder für den Hospitaldienst unter einer gemeinsamen Leitung. Dazu gehörten auch Schwestern. Alle waren zumindest Professen, also aufgrund der abgelegten Gelübde Ordensangehörige im engeren Sinne. Die Präsenz des Ordens im Heiligen Land dauerte bis in das Jahr 1291, also bis zum Ende der dortigen Kreuzzugszeit.

Die Zeitspanne der fast 600-jährigen Geschichte des Deutschen Ordens zur Zeit seiner Aufhebung in den Rheinbundstaaten durch Napoleon gilt gleichermaßen für die Geschichte seiner Besitzungen im Reich, insbesondere in Südwestdeutschland.[2] Wichtig für die Entstehung dieser Besitzungen war die Nähe zum staufischen Kaiserhaus, welche sich darüber hinaus bei der auffallend schnellen Konsolidierung des Deutschen Ordens als Ritterorden als entscheidender Faktor erwiesen hatte, neben den Gunsterweisen der Kurie. Im gesamten Mittelalter, insbesondere aber in der Zeit der Kreuzzüge, war es eine weit verbreitete Praxis, dass Adelige und Vermögende aus dem Bürgertum geistlichen Einrichtungen, meistens Klöstern, Besitz oder Vermögen stifteten oder vererbten. Die Ritterorden waren davon nicht ausgenommen. So profitierte auch der Deutsche Orden im 13. Jh. von seiner hochgeschätzten Tätigkeit im Heiligen Land,

indem ihm seine Klientel, d. h. die Pilger und Kreuzfahrer, die in dort kennengelernt hatten, Besitztümer schenkten oder vererbten. Ab etwa 1220 bildete sich ein Schenkungsschwerpunkt in Südwestdeutschland heraus, wobei die hier ansässige staufische Reichsministerialität eine wichtige Rolle spielte, daneben aber auch in Franken sowie an Mittel- und Niederrhein. Die so entstandenen Besitzungen des Ordens nannten sich Kommenden, denen ein Ritterbruder als Komtur vorstand und zu denen, je nach Einzelfall, Besitz und Rechte gehörten, die verwaltet werden mussten, auch, um Gewinn abzuwerfen. In der erschlossenen Altsie-

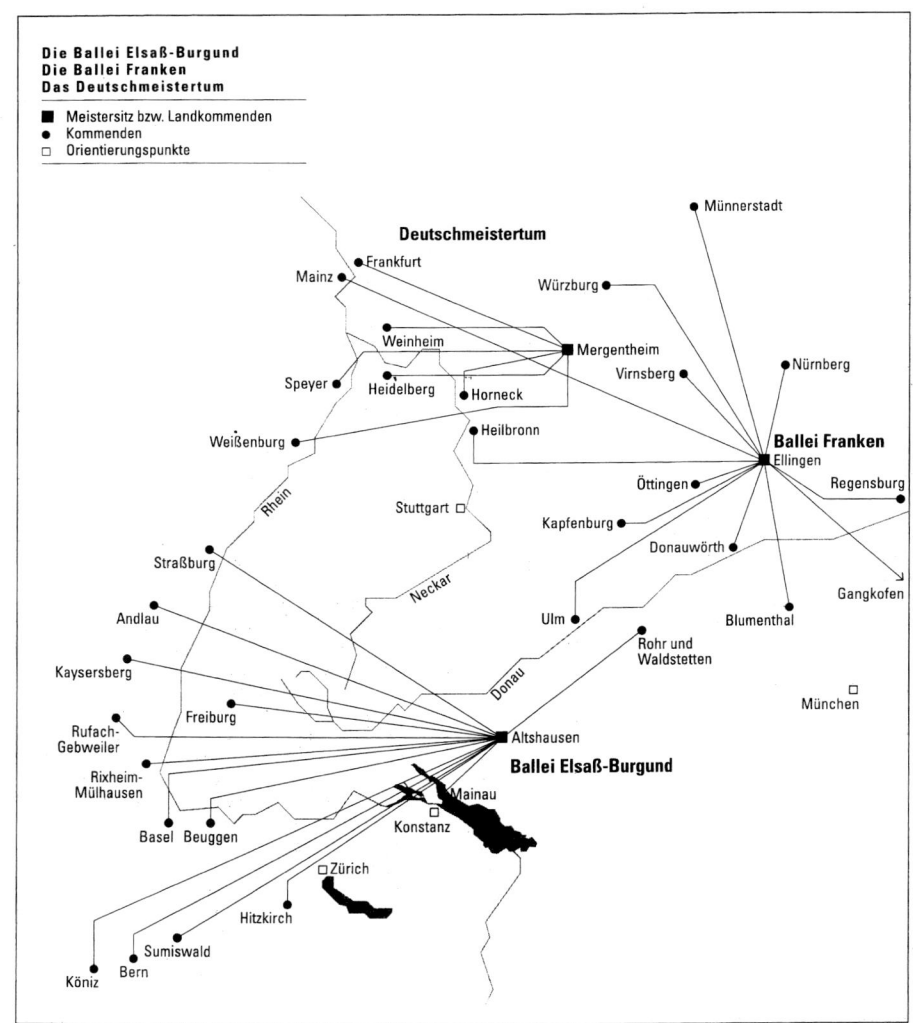

Die Deutschordensballeien im Südwesten des Heiligen Römischen Reichs
Ordenshäuser seit dem Spätmittelalter.
Aus: Kreuz u. Schwert.
Mainau 1991, S. 14.

dellandschaft des Reiches handelte es sich notwendigerweise um Einzel-, nicht um zusammenhängenden Flächenbesitz. Er diente zunächst als Ressource für den Einsatz im Heiligen Land, sowohl wirtschaftlich als auch personell. Der Zweig der Ordenspriester fand bei den Besitzungen im Reich gleichfalls seine Aufgabe. Ordenspriester besetzten so manche Pfarrstelle in unmittelbarer Nähe der Besitzungen. Da der Deutsche Orden exemt war, also nicht dem Ortsbischof, sondern direkt der Kurie in Rom unterstand, hatte er auch kirchenrechtlich eine herausgehobene Stellung, gerade im Bereich der lokalen Pfarrverwaltung. All dies war prinzipiell auch um 1800 noch der Fall.

Den Besitzungen im Reich kam also zunächst die Aufgabe zu, die wirtschaftlichen Vorraussetzungen zur Ursprungsaufgabe des Deutschen Ordens im Heiligen Land bereitzustellen, daneben aber auch die personellen. Dies blieb auch so, als der Orden über das Heilige Land hinausgehend in der ersten Hälfte des 13. Jh. versuchte, in fast allen Grenzgebieten christlicher Herrschaft – dazu gehörte Spanien, Griechenland, das ungarische Burzenland, Armenien und der Ostseeraum – Fuß zu fassen, als militärischer Vorposten der abendländischen Christenheit.[3] Der Erfolg war sehr unterschiedlich. Dauerhaft konnte er sich nur in Preußen und in Livland durchsetzen.[4]

Etwa seit der Wende zum 14. Jh. bildete sich der Besitzstand und die Organisationsstruktur des Deutschen Ordens heraus, wie sie bis zum Ende des Mittelalters bestehen bleiben sollten – in ihren wichtigsten Grundlagen sogar bis 1809, was die deutschen Besitzungen angeht. Diese mittelalterliche Besitz- und Organisationsstruktur des Gesamtordens war, stark vereinfacht, folgende: Die Ordensleitung mit dem Hochmeister an der Spitze, die sich fast ausnahmslos aus dem Zweig der Ritter zusammensetzte, siedelte im Jahre 1309 nach Preußen über, auf die Marienburg. Die Kreuzzugsaufgabe im Heiligen Land war gescheitert, während sie im Ostseeraum Erfolg hatte und noch weiteren zu haben versprach, immer mit dem Segen von Kaiser und Papst. In Preußen bildete sich ein geschlossenes Territorium heraus, welches der Orden in Form eines staatsähnlichen Gebildes höchst erfolgreich verwaltete, insbesondere im 14. Jh. Ein eigener Zweig des Ordens etablierte sich in Livland, wo ebenfalls Flächenbesitz ausgebaut, aber nicht so

geschlossen und unangefochten verwaltet werden konnte, wie der »Deutschordensstaat« Preußen. Der dritte Ordenszweig war der deutsche. Alle drei Zweige wurden überwiegend selbstständig verwaltet, geleitet von einem Landmeister. An der Spitze des Gesamtordens stand der Hochmeister mit seinem Generalkapitel, bestehend aus den höchsten Funktionsträgern im Orden, welche ihn wählten. Der Hochmeister übte in Personalunion auch das Amt des preußischen Landmeisters aus.

Die Blütezeit des livländischen und insbesondere des preußischen Ordenszweiges, das 14. Jh., wurde seit dem frühen 15. Jh. von einer dauerhaften Krise abgelöst, die in der Reformationszeit schließlich zu einem unrühmlichen Ende führte: 1525 führte Hochmeister Albrecht v. Brandenburg-Ansbach in Preußen die Reformation ein, legte das Ordenskleid ab und war fortan der erste protestantische Herzog in Preußen, in einem Lehensverhältnis zur polnischen Krone. Über Erbgang kam dieses Herzogtum später an die brandenburgischen Hohenzollern. Der letzte livländische Landmeister Gotthard Ketteler folgte dem preußischen Beispiel 1561/62 und wurde erster Herzog v. Kurland. Damit war der Deutsche Orden seit dem 16. Jh. auf seine Besitzungen im Reich reduziert, nachdem auch letzte Einzelbesitzungen im Mittelmeerraum[5], vor allem in Italien, verlorengegangen waren. Auf den deutschen Landmeister, den sog. *Deutschmeister*, ging nun die Führung des Gesamtordens über. Seit 1530 durfte er sich, reichsrechtlich legitimiert, *Administrator des Hochmeistertums in Preußen, Meister Teutschen Ordens in Teutsch- und Welschen Landen* nennen.[6] Der so in der Titulatur des nunmehrigen Hoch- und Deutschmeisters – verkürzt »Hochmeister« genannt, auch ordensintern – dokumentierte Anspruch auf die verlorengegangenen Besitzungen blieb unerreichbar, ist aber bis zur Auflösung in den Staaten des Rheinbundes 1809 durch Kaiser und Reich ungebrochen bestätigt worden.[7]

Der Orden im Reich seit dem Mittelalter

Die Besitzstruktur des Ordens im Reich, wie sie sich noch um 1800 präsentiert, geht im wesentlichen auf schon im 14. Jh. erreichte Formen zurück.[8] Insgesamt war der Besitz in 13 Provinzen, beim Deutschen Orden Balleien genannt, organisiert. Fünf unterstanden direkt dem Hochmeister, nämlich Böhmen, Österreich, Bozen (auch An der Etsch und im Gebirge genannt), Koblenz und Elsaß-Burgund (seit dem ausgehenden 14. Jh.), während Thüringen, Sachsen, Marburg (auch Hessen genannt), Franken, Lothringen, Biesen, Utrecht und Westfalen deutschmeisterliche Balleien waren. Abgesehen von Böhmen (im 15. Jh. verlorengegangen) und Utrecht (1637 aus dem Ordensverband ausgeschieden) bestanden alle Balleien kaum verändert bis zum Jahre 1801. Dies gilt auch für das Deutschmeistertum[9], also die Besitzungen, die dem Deutschmeister zu seinem persönlichen Unterhalt direkt unterstanden. Zum bevorzugten Sitz des Deutschmeisters vor der Zäsur von 1525 entwickelte sich die Burg Horneck am Neckar.

Ein wichtiger Hintergrund für die herausgehobene Rolle des Deutschen Ordens während der Reichsdeputation ab 1801 war seine Stellung als mehrfacher Reichsstand. Insbesondere der Hochmeister fungierte in seiner Rolle als Deutschmeister seit 1494 als hochrangiger Reichsfürst mit allen Rechten und Pflichten.[10] Aber auch die Balleien Elsaß-Burgund und Koblenz waren mit Teilen ihres Besitzes Reichsstände. Dies galt bis zum Preßburger Frieden von 1805, ebenso wie die Einbindung verschiedener Balleien in die Kreisverfassung des Reiches: Koblenz im Kurrheinischen, Elsaß-Burgund im Schwäbischen, Österreich und Bozen im Österreichischen (bis 1648) und das Deutschmeistertum im Fränkischen Kreis.

Aufgabe und Erscheinungsbild des Deutschen Ordens waren im Reich von jeher andere als an den verschiedenen Kreuzzugsfronten, sei es im Heiligen Land oder im Ostseeraum. Seit dem späten Mittelalter setzte sich eine Wandlung seines Selbstverständnisses durch, die sich über die Wirren der Reformationszeit hinweg festigte und bis 1809 bestimmend blieb: die der Versorgungsfunktion für nachgeborene Adelige, eine vergleichbare Aufgabe also, wie sie Stifte und Domkapitel hatten. Geradezu sprichwörtlich wurde der Orden etwa seit dem 16. Jh. zum *Spital des deutschen Adels*. Gleichzeitig lehnte er sich an das habsburgische Kaiserhaus an und ließ sich von einer Stoßrichtung dessen Politik in die Pflicht nehmen: Die Sicherung der südöstlichen Reichsgrenze gegen die Türken. 1590

trat mit Maximilian v. Österreich zum ersten Mal ein Erzherzog an die Spitze des Ordens; unter ihm wurde diese neue Aufgabe des Ordens in einer Neufassung der Regel 1606 formuliert.[11] Die hiermit begründete besondere Nähe zum Kaiserhaus ist ein wichtiger Hintergrund für die Ausnahme von der Säkularisation im Jahre 1803.

Die Reformationszeit brachte auch einen Einschnitt in die Personalstruktur: Die Zahl der Ritter ging so weit zurück, dass ein Konventsleben, wie es idealerweise auf jeder einzelnen Kommende herrschen sollte, überall unmöglich wurde und fortan im Normalfall nur noch ein Ritterbruder als Komtur auf jeder Kommende saß, mit zugehörigem Verwaltungspersonal. Der Zweig der Priester war in dieser Zeit fast ganz ausgestorben und wurde erst ein Jahrhundert später wiederbelebt. Vom Zweig der Schwestern findet sich bereits lange vor der Reformation keine Spur mehr. Die durch die Reformationszeit bedingten Veränderungen gingen beim Deutschen Orden sogar so weit, dass er am Ende ein trikonfessioneller Orden war: Die Balleien Sachsen und Thüringen wurden lutherisch, Utrecht kalvinistisch, in Hessen gab es lutherische, kalvinistische und katholische Ordensbrüder.[12] Alle Balleien akzeptierten jedoch den katholischen Hochmeister als gemeinsamen Ordensoberen. Hierin zeigt sich besonders, wie weit der Versorgungsgedanke die Mitgliedschaft beim Deutschen Orden für junge Adelige inzwischen prägte: Mancher Ritter stellte sein persönliches Glaubensbekenntnis hintan und war froh, seine Versorgung gesichert zu sehen. Diese unter allen geistlichen Instituten des Reiches wohl einmalige Konstruktion funktionierte seit dem späten 16. Jh. bis in Napoleons Zeiten.

Die Besitzungen des Deutschen Ordens blieben im Verlauf der Neuzeit, d.h. hier zwischen den Bauernkriegen bis 1809[13], im wesentlichen unverändert. Dies gilt insbesondere für den südwestdeutschen, durchweg katholisch gebliebenen Kernraum des Ordens. Hier lagen vor allem die Besitzungen der Ballei Elsaß-Burgund, daneben auch einige der Ballei Franken, also der beiden seit jeher großen und bedeutsamsten Balleien des Ordens im Reich. Die Balleien verwalteten sich weitgehend selber, geleitet von einem Landkomtur, der in seiner Landkommende residierte. Für die Ballei Elsaß-Burgund war dies Altshausen, für

Franken Ellingen. Die Ritter der Balleien – jeder Ritter war in »seiner« Ballei aufgeschworen – bildeten das Balleikapitel und saßen als Komture auf ihren Kommenden. Bevor sie jedoch dieses werden konnten, verdienten sich die jungen Ritter meist ihre Sporen in Diensten anderer Mächte, insbesondere – gemäß der Ordensregel – in Kriegsdiensten, und hier insbesondere beim österreichischen Militär. Alle Landkomture zusammen bildeten das Generalkapitel des Ordens, welches den Hochmeister wählte und in gewisser Weise kontrollierte.

Die Residenz des Hochmeisters war das Ordensschloss zu Mergentheim (heute: Bad Mergentheim).[14] Die dortige Kommende mit allen zugehörigen Rechten war ursprünglich der Ballei Franken unterstellt, wurde jedoch nach der Zerstörung der bisherigen Residenz Horneck in den Bauernkriegen dem Hoch-

meister überlassen, zunächst übergangsweise, seit dem späten 16. Jh. schließlich dauerhaft. Mergentheim bekam eine Doppelfunktion: Zum einen saß hier die Ordensregierung mit einem aufgefächerten Verwaltungsapparat, der den Hochmeister in seiner Rolle als oberste Instanz des Ordens unterstützte, bei Fragen also, die den gesamten Orden oberhalb der Balleistruktur betrafen. Zum anderen verwaltete die Regierung das Deutschmeistertum, hierin vergleichbar mit der Funktion der Landkommenden für die Balleien, mit dem allerdings wichtigen Unterschied, dass jenes unmittelbar dem Hochmeister unterstand, und dass es keine eigenen, »deutschmeisterlichen« Ritter gab. Diese wurden aus dem Ritterpersonal der Ballei Franken rekrutiert. Die Verbindung dieser Ballei zum Deutschmeistertum war sehr eng und kulminierte im Jahre 1789 in der vollständigen Inkorporation, d. h.

Landkommende Altshausen
Nicht vollendete Umbaupläne von Johann Caspar Bagnato, 18. Jh.
Holzintarsienarbeit, Franz Joseph Denner, 1766.
WLM Stuttgart.

der Zusammenlegung unter der neuen Gesamtführung des Hochmeisters.[15]

Die Hochmeister, die das Mergentheimer Ordensschloss nach und nach zu einer repräsentativen Residenz ausbauten, hielten sich hier nie dauerhaft auf, sondern gaben in der Regel den wichtigsten ihrer übrigen Würden oder Ämter, die fast alle Hochmeister der Neuzeit innehatten, den Vorzug. Der Mergentheimer Ordensregierung stand dann ein Statthalter vor, ein vom Hochmeister bestimmter Ordensritter seines Vertrauens. Dies war auch in der Zeit der letzten drei Erzherzog-Hochmeister vor 1809 der Fall: Maximilian Franz v. Österreich (1780–1801)[16] residierte bis 1794 meist in seiner kurkölnischen Residenz Bonn und war anschließend bis zu seinem Tod auf der Flucht vor den französischen Revolutionstruppen, wobei er Mergentheim streifte, sein letzter Fluchtpunkt war Wien; Karl v. Österreich (1801–1804)[17] war der wichtigste österreichische Heerführer in den ersten Koalitionskriegen und residierte in seiner Hochmeisterzeit als Kriegsminister in Wien; Anton Viktor v. Österreich (1804–1835)[18] konnte sich nach seinem Amtsantritt immerhin elf Monate in Mergentheim aufhalten, wurde dann aber aufgrund ständiger Kriegsgefahr vertrieben und hielt sich fortan vornehmlich in Wien auf.

Die oben erwähnte Rolle des Ordens als mehrfacher Reichs- und Kreisstand gründete sich vor allem auf seine südwestdeutschen Besitzungen. In erster Linie im Deutschmeistertum, an Tauber und Neckar, war es ihm in bescheidenem Maße gelungen, Territorialherrschaft auszubilden, d. h. hier hatte er nicht nur gewinnabwerfenden Besitz in Form von Kommenden, sondern auch die unbeschränkte Landeshoheit über alle

Kommende Mainau
Weitgehend verwirklichte Idealansicht der Kommende aus der Vogelschau nach Johann Caspar Bagnato.
Holzintarsienarbeit (Marqueterie), Franz Joseph Denner, 1773.
Privatbesitz, Mainau.

Untertanen. An der Tauber galt dies vor allem für die Stadt Mergentheim und einige umliegende Gerichtsbezirke, am Neckar für die Städte Gundelsheim und Neckarsulm[19] und zugehöriges Umland, um nur die wichtigsten zu nennen. Aber auch die Ballei Franken hatte Territorialbesitz mit unterschiedlichen Hoheitsrechten, vorwiegend im Umland der Landkommende Ellingen. Die Gebiete des seit 1789 mit der Ballei Franken zusammengelegten, »neuen« Meistertums wurden in drei Oberämter gegliedert: Das Tauberoberamt mit Mergentheim, das Neckaroberamt mit Gundelsheim/ Horneck und das Oberamt Ellingen, jeweils weiter untergliedert in bis zu 18 zugehörigen Ämtern.[20] Die Ballei Elsaß-Burgund[21] hatte über den Kommendenbesitz hinaus Hoheitsrechte, die auf dem großen Reichtum der Landkommende Altshausen basierten. Der direkte Altshausener Besitz konnte zu einem kleinen reichsunmittelbaren Territorium ausgebaut werden. Dazu kamen durch Ankauf der Ballei die mediaten Herrschaften Hohenfels (1506), Ellhofen (1552), Illerieden (1568), Unterrohr (1574) und Waldstetten (1673), sowie die mit der vollen Landeshoheit ausgestatteten Herrschaften Achberg (1693) und Arnegg (1700). Auch zur reichen Kommende Mainau gehörte ein kleines reichsunmittelbares Territorium: die Ämter Überlingen, Immenstaad und Blumenfeld. Der Reichtum der südwestdeutschen Deutschordensbesitzungen im 17. und 18. Jh. dokumentiert sich neben der finanziellen Potenz, ganze Herrschaften kaufen zu können, vor allem in seiner auffallenden Bautätigkeit.[22] Insbesondere die Landkommenden Altshausen und Ellingen sind noch im 18. Jh. auffallend prächtig ausgebaut worden. Hierin zeigt sich, wie das Standesbewusstsein, das barocke Selbstbewusstsein der Ordensritter, vor allem der Landkomture der großen und reichen Balleien, ausgeprägt war: Die Um- bzw. Neubauten gerieten so prächtig, dass sie sich von der repräsentativen Schaulust weltlicher Fürsten nicht mehr unterschieden. Altshausen war das wohl größte Bauprojekt. Man baute hier bis auf Napoleons Zeiten; fertig wurde man nie. Als Beispiel für einen Kommendenneubau jener Zeit sei nur auf das Mainauer Schloß besonders hingewiesen. Das Mergentheimer Ordensschloss des Hochmeisters wirkt im Vergleich dazu deutlich weniger prunkvoll.

Im Schatten der Koalitionskriege

Das letzte Generalkapitel des Deutschen Ordens vor den Koalitionskriegen fand 1791 in Mergentheim statt.[23] Hier konnte letztmalig die wohlgeordnete Gesamtsituation des Ordens ohne finanzielle oder gar existentielle Sorgen festgestellt werden. Man ging sogar an eine umfassende Reform der Regel, des sog. *Ordensbuchs*, das seit 1606 unverändert geblieben war. In dieser Zeit der Ruhe und gleichermaßen des Aufbruchs unter dem besonnenen und aufklärerischen Zielen verpflichteten Hochmeister Maximilian Franz brachen nun 1792 die französischen Revolutionskriege herein, durch die von Anfang an die linksrheinischen Besitzungen des Ordens akut gefährdet waren. Diese Besitzungen – der größte Teil der Balleien Koblenz und Biesen sowie die komplette Ballei Lothringen – verlor der Orden mit der Besetzung der linken Rheinlande 1794 durch Frankreich dann faktisch auf immer. Auch die Ballei Elsaß-Burgund war mit ihren linksrheinischen Besitzungen betroffen, hatte jedoch wichtigen und reichen Besitz, u.a. die Landkommende Altshausen mit allem Zubehör, auch rechts des Rheins. Alle Hoffnungen auf Wiedergewinn, die der Orden in den Folgejahren entsprechend dem wechselnden Kriegsglück immer wieder hegte, waren vergebens. Zu dem erheblichen Besitzverlust kamen nun genauso erhebliche finanzielle Belastungen, mit denen der Orden als der habsburgischen Krone verpflichteter Reichsstand die Koalitionen gegen Frankreich zu unterstützen hatte.

Hauptziel Überleben

Bei der endgültigen Festschreibung des Verlustes des linken Rheinlandes für das Reich im Frieden zu Lunéville 1801[24] war der Deutsche Orden also in seinem Besitzstand und seinen Finanzen innerhalb eines Jahrzehnts deutlich geschwächt worden. Um es mit den deutlichen Worten des Hochmeisters zu sagen: 1791 sprach er vom *blühenden Wohlstand des Ordens*; zehn Jahre später, kurz vor seinem Tod, schrieb er anläßlich des Generalkapitels in Wien, der Ordens sei *in eine allgemeine Zerrüttung und Erschlaffung verwandelt worden*.[25] Trotzdem hatte er mit seinen rechtsrheini-

Hochmeister Ehz. Maximilian Franz von Österreich (1780–1801)
Öl auf Lw., um 1790.
Schatzkammer des Deutschen Ordens, Wien (verschollen).

wissermaßen als ein für den Adel gestiftetes Nationalinstitut angesehen werden. Er kann sich rühmen, sowohl Sr. kaiserlichen Majestät als auch den deutschen
Fürsten in allen Zeiten treue Staatsmänner und nützliche Feldherren geliefert zu haben, und er gewährt
den Vorteil, das mancher nachgeborene Edelmann,
dem zwar Glücksgüter, nicht aber Talent und Mut
fehlen, durch ihn jene Unterstützung findet, die ihn in
den Stand setzt, dem Vaterlande nützlich zu werden.[26]
Demzufolge baute der Orden in erster Linie auf seine
Nähe zum Kaiserhaus und seine hiermit verbundene
militärische Eigenschaft zum Wohle des gesamten
Reiches sowie auf seine Wichtigkeit als Versorgungs-
institut für den deutschen Adel. Den langwierigen

Hochmeister Ehz. Maximilian Franz von Österreich (1780–1801)
Altersporträt.
Kol. Zeichnung/Papier, G. Gisser, 1801.
Zentralarchiv des Deutschen Ordens, Wien.

schen Besitzungen immer noch einen sicheren Rückhalt, wobei gerade der Besitz in Südwestdeutschland
aufgrund seiner finanziellen Potenz von herausragender Bedeutung war. Gerade diese finanzielle Potenz
musste besondere Begehrlichkeiten bei den benachbarten (erblichen) Reichsfürsten wecken, als es nach
den Bestimmungen des Lunéviller Friedens nun darum ging, sie für ihre verlorengegangenen linksrheinischen Besitzungen zu entschädigen. Diese Begehrlichkeiten abzuwehren, wurde ein Hauptziel der
Politik des Deutschen Ordens bei den Verhandlungen
im Vorfeld des RDH. Vor allem aber ging es ihm als
geistlichem Reichsstand um die Sicherung der bloßen
Existenz.
Die Leitlinie dafür hatte Hochmeister Maximilian
Franz bereits 1798 seiner Gesandtschaft in Rastatt
vorgegeben: *Der Deutsche Orden kann und muß ge-*

Verhandlungen der Reichsdeputationssitzungen in Regensburg ging im Oktober 1801 die Konstituierung der außerordentlichen Reichsdeputation, je vier Vertreter des Kurfürstenkollegs und des Reichsfürstenrates, durch Kaiser und Reich voraus – hier nur erwähnt, weil sich unter den vier Reichsfürsten als einziger geistlicher Fürst der Hochmeister des Deutschen Ordens befand. Dies erklärt sich aus seiner hochrangigen Privilegierung als Reichsfürst seit dem späten 15. Jh. Der Hochmeister war also an entscheidender Stelle an den Verhandlungen zur Entschädigungsfrage, in Abhängigkeit von Frankreich, direkt beteiligt. Hierbei rückte nun die Person des Hochmeisters in den Mittelpunkt: Seit dem 27. Juli 1801 amtierte Ehz. Karl, der Bruder des Kaisers und angesehenste Feldherr in den Koalitionskriegen. Bei den französischen Kriegsgegnern war er hochgeschätzt, insbesondere bei Napoleon. Dieser Umstand sollte sich für den Orden als sehr nützlich erweisen.

RDH und Deutscher Orden

Die ordensinterne Vorbereitung auf die Verhandlungen in Regensburg vollzog sich noch im Herbst 1801 auf brieflichem Weg zwischen dem in Wien sitzenden Hochmeister und der Ordensregierung in Mergentheim.[27] Hier waren der derzeitige hochmeisterliche Statthalter, Karl Friedrich v. Forstmeister zu Gelnhausen, und der Ordenskanzler Kleudgen entscheidend. Zum hochmeisterlichen Subdelegierten bei den Deputationssitzungen wurde Karl v. Nordeck zu Rabenau, Komtur zu Donauwörth und Oberamtmann von Horneck, bestimmt; ihm beigegeben wurden Gottfried v. Ulrich als Partikulargesandter und Hofrat Paul Anton Handel als Legationssekretär. Letztere hatten bereits der Rastatter Delegation des Ordens angehört. Nordeck zu Rabenau als Subdelegierter war der offizielle Vertreter, der vornehmlich die Verbundenheit und die Treue des Ordens zu Kaiser und Reich repräsentieren sollte. Er hatte beispielsweise den Auftrag, sich eng mit dem kaiserlichen Bevollmächtigten und dem kurböhmischen Subdelegierten zu verbinden und so weit wie möglich auch mit diesen seine Stimme abzugeben. Ulrich als Partikulargesandter hatte die wohl wichtigste Rolle, weil er bei

den oftmals entscheidenden Vorverhandlungen hinter den offiziellen Kulissen ungebundener als Nordeck zu Rabenau auftreten und sich so viel direkter für den Orden einsetzen konnte. Gemäß der alten Leitlinie von Maximilian Franz sollte Ulrich hierbei besonders die Verdienste des Deutschen Ordens für das Reich und die besondere Rolle für den gesamten Adel betonen. Diese Verdienste bedeuteten für die gegenwärtige Situation: *Je ausgedehnter die Säkularisation ist und je mehr adelige Stifter unterdrückt werden, desto wichtiger ist dieser Orden als deutsches Nationalinstitut, an dem der Adel ohne Unterschied der Religion Anteil haben kann.* Und: *Durch die Einschränkung der bisherigen Versorgungsmöglichkeiten werden noch häufiger und dringender deutsche Adelige um Aufnahme und Unterkunft beim Deutschen Orden ansuchen; eine Vermehrung seiner Besitzungen ist die Voraussetzung zur Erfüllung dieser Wünsche.*[28]

Solchermaßen instruiert, ging die Ordensdelegation nun in die Verhandlungen und wurde von mancher Vorentscheidung überrascht. So hörte Ulrich von dem kurmainzischen Subdelegierten Albini, dass er sich zur Mitwirkung bei der Entschädigung des Ordens bereiterklärte, eine Zuweisung unmittelbarer Besitzungen aber schwer sein werde, da diese bereits vor Beginn der Sitzungen verteilt worden seien. Die wichtigsten Mitglieder der französischen Deputation, Laforêt und Matthieu, hatten zu den Autoren gehört, die vorab, am 18. August, im Namen der »unparteiischen« Vermittlungsmächte Frankreich und Rußland einen allgemeinen Entschädigungsplan vorgelegt hatten, in dem für den Deutschen Orden keine, wohl aber für den Malteserorden eine Entschädigung vorgesehen war. Ein anderer Entschädigungsplan aus französischer Feder, von dem Ulrich in Regensburg noch vor Beginn der offiziellen Sitzungen erfuhr, betont, dass beide Orden bestehen bleiben sollten, weil der deutsche Adel durch die Säkularisation der Hochstifter schon genug geschwächt sei. Als entscheidend für die Entstehung dieses Planes wurde jedoch weniger das Sachargument an sich als das Ansehen des Hochmeisters angesehen sowie der Einfluss Rußlands zugunsten des Malteserordens.

Auf diese – hier stark verkürzt dargestellte – Weise war zu Beginn der eigentlichen Verhandlungen der Fortbestand der Existenz des Deutschen Ordens bereits prinzipiell vorentschieden, nicht jedoch die Frage der Entschädigung. Ulrich bemühte sich nun mit besonderem Eifer um die Belange des Ordens. Er war nicht nur der erste von allen Partikulargesandten, der sich offiziell bei der Reichsdeputation legitimierte, sondern er legte auch als erster, nämlich bereits drei Tage nach Beginn, eine *Reklamation*[29] vor, mit der er die schon bekannten Argumente des Ordens zusammenfasste und näher ausführte. Er betonte insbesondere, der Orden gehöre zu den Reichsständen, die infolge des Lunéviller Friedens verhältnismäßig am meisten verloren hätten, und untermauerte dies mit einer genauen zahlenmäßigen Auflistung der erlittenen Verluste. Der frühe Zeitpunkt der Eingabe erwies sich als Vorteil, da er dadurch allgemeine Beachtung fand und Ulrich somit sehr früh mit allen Beteiligten, insbesondere mit der entscheidenden französischen Seite, ins Gespräch kam. Nach ihm traten innerhalb kurzer Zeit viele der übrigen Bittsteller mit ähnlichen Ansuchen hervor, die Ulrichs »Startvorteil« nicht hatten.

Auf die Einzelheiten der Regensburger Verhandlungen im Vorfeld des RDH kann hier nicht eingegangen werden. Mehrere Vertreter des Ordens traten in dieser Zeit intern mit zum Teil sehr unterschiedlichen Entschädigungsprojekten hervor[30], wobei derjenige des fränkischen Balleiritters und Mergentheimer Hofrats(=Regierungs)präsidenten Caspar Carl Reuttner v. Weyl am weitesten ging. Die Entschädigungsmasse, die ihm vorschwebte, wäre dem gleichgekommen, was die größeren Reichsfürsten später erhalten haben. Ulrichs in Regensburg vorgelegte Vorschläge waren realistischer, größtenteils enthielten sie Besitzungen, die anderen, seiner Meinung nach zu hoch entschädigten kleineren Fürsten zugewiesen worden waren. Dies ging beispielsweise gegen den Fürsten v. Leiningen und gegen den Grafen v. Solms. Letzterer habe lediglich 3.000 fl. an Einnahmen verloren, sei aber unverständlicherweise mit 106.000 fl. entschädigt worden. Der Nachteil Ulrichs bzw. des Ordens war, dass er sich nicht im Vorfeld daran beteiligt hatte, seine Entschädigung durch Geld von Frankreich zu kaufen. Daher erwies sich eine angemessene Entschädigung trotz allen Verständnisses des französischen und insbesondere des russischen Gesandten Bühler als nahezu aussichtslos, da einfach kaum mehr etwas zu vergeben war. Es stand nur noch eine geringe Zahl von mittelbaren Klöstern und Stiften in den säkularisierten Landen zur Verfügung.

Trotzdem bedeutete die Vorlage des allgemeinen Entschädigungsplans[31] am 9. Oktober 1802 einen großen Erfolg für den Deutschen Orden. Das wichtigste: Seine Existenz war vorerst gesichert. In Paragraph 26 RDH heißt es: *Aus Rücksicht für die Kriegsdienste ihrer Glieder werden der Deutsche und der Malteser Orden der Säkularisation nicht unterworfen.* Es fällt auf, dass das hauptsächliche Existenzargument des Ordens, eines der letzten Versorgungsinstitute für den deutschen Adel zu sein, offenbar nicht gezogen hat. Eine Erklärung liegt darin, dass Frankreich im zweiten Revolutionsjahrzehnt kein Interesse an einer Stärkung des deutschen Adels haben konnte. An den statt dessen benannten Kriegsdiensten der Ordensmitglieder konnte Frankreich eigentlich ebenfalls kein Interesse haben, schließlich handelte es sich um Kriegsgegner. Die Begründung erklärt sich, wenn man weiß, dass die Orden aufgrund ihrer stark rückgängigen Mitgliederzahl seit etwa 1789 militärisch faktisch keine Bedeutung mehr hatten, im Gegensatz zur Vergangenheit, beispielsweise in der Zeit der Türkenkriege. Die Begründung meint sehr wahrscheinlich vielmehr: »aus Rücksicht auf das militärische Ansehen Ehz. Karls als dem gegenwärtigem Ordensoberhaupt«. Für den Malteserorden galt parallel dasselbe, bezogen auf den russischen Zaren.

Darüber hinaus benennt Paragraph 26 die vorgesehene Entschädigung, nämlich *die mittelbaren Stifter, Abteien und Klöster in Vorarlberg, im österreichischen Schwaben und überhaupt alle Mediatklöster der Augsburger und Konstanzer Diözesen in Schwaben, worüber nicht disponiert worden ist, mit Ausnahme der im Breisgau gelegenen.* Was zunächst wie eine umfangreiche Zuweisung aussah, erwies sich für den Orden bei näherem Betrachten als Augenwischerei. Hochmeister Ehz. Karl sah sich gezwungen, auf die Besitzungen in Voralberg und in Österreichisch-Schwaben zu verzichten[32], da die Reichsdeputation einfach nicht befugt war, hierüber zu verfügen. Es handelt sich um Gebiete in den österreichischen Erblanden, welche nicht zu denjenigen gehörten, die im Frieden von Lunéville abgetreten worden waren. Bei Inbesitznahme wäre der Orden in Konflikt zu immer noch geltenden Reichsgesetzen und zum Kaiser geraten. Anders gesagt: Ehz. Karl als Hochmeister hätte Interessen und Rechte des Kaisers, seines Bruders, angegriffen, weshalb vermutet worden ist, die Entschädigungen seien gerade deswegen so formuliert worden, um diese beiden zu entfremden.

Obwohl es eigentlich ein ausdrücklicher Grundsatz der Reichsdeputation war, *keine Entschädigungen überhaupt auf mittelbare Stifter der alten Territorien erblicher Stände anzuweisen*[33], setzte diese sich also – letztlich unter dem maßgeblichen Einfluss der auswärtigen Mächte Rußland und vor allem Frankreich – über die vom Orden vorgetragenen Argumente der Unrechtmäßigkeit hinweg und verabschiedete den Paragraphen 26 unverändert. Zu diesem Zeitpunkt hatte der Orden jedoch bereits offiziell seinen Verzicht erklärt. Der Versuch, für diesen Verzicht Ersatz zu bekommen, schlug fehl. Die reale Entschädigung bestand also nur in den schwäbischen Besitzungen der beiden Diözesen Konstanz und Augsburg.

Noch während der Verhandlungen, im Dezember 1802, wurde ernsthaft etwas diskutiert, was die Entschädigungsfrage und die Situation des Ordens insgesamt wohl positiv verändert hätte: Die Würde eines der zwei freigewordenen katholischen Kurfürstentümer sollte auf den Hochmeister übertragen werden. Insbesondere der kaiserliche Hof förderte diesen Plan. Aus mehreren Gründen wurde er jedoch nicht verwirklicht. Mitentscheidend war der Umstand, dass Hochmeister Ehz. Karl als Hofkriegsratspräsident und als Feldherr auch weiterhin Kaiser und Reich unmittelbar zur Verfügung stehen sollte, was mit einer Kurwürde nicht vereinbar gewesen wäre.[34]

Der letzte Schwerpunkt der Verhandlungen des Deutschen Ordens nach Vorlage des Entschädigungsplanes lag in dem besonderen Bemühen, die wenigen neuen und die alten, noch bestehenden Besitzungen des Ordens gegen die Begehrlichkeiten anderer Mächte zu sichern. Dies sollte mit der Einfügung einer *Clausula salvatoria* in den RDH erreicht werden. Nötig erschien dies, weil schon Anfang November 1802 Hessen-Darmstadt, wie andere Mächte auch, von seinen Entschädigungen Besitz ergriff und sich dabei die Ordensbesitzungen in der ehemaligen Reichsstadt Friedberg und in Mühlheim (Westfalen) aneignete. Nach dieser Erfahrung musste der Orden gerade um seinen reichen Besitz in Südwestdeutschland fürchten, der in

Ländern lag, die als Entschädigung an andere Landesherren übergingen. Ulrich und Nordeck zu Rabenau setzten sich in Regensburg in der gewohnten Arbeitsteilung intensiv ein, konnten die Aufnahme einer diesbezüglichen *Clausula* im Deputationsrezess aber nicht durchsetzen. Es blieb bei einer neuerlichen mündlichen Zusicherung und einer Aufnahme in das Protokoll. In das Gutachten der Reichsversammlung zum Deputationsrezess vom 24. März sowie in der kaiserlichen Ratifikation vom 27. April 1803 fand jedoch ein Passus Aufnahme, der die bestehenden Besitzrechte der Kurfürsten, Fürsten und Stände des Reiches, namentlich auch des Deutschen Ordens, ausdrücklich vor dem Zugriff anderer Mächte schützen sollte.[35]

Zwischen Entschädigung und Aufhebung

Wie schnell solche formalen Erfolge von der Realität gegenläufiger Ereignisse überrollt wurden, sollte sich in der Folgezeit des RDH auch für die Vereinbarungen zeigen, die sich auf den Deutschen Orden bezogen. So traten schon bei der Inbesitznahme der Entschädigungsmasse durch den Orden Konkurrenzen zu anderen Mächten auf. Lange umstritten waren z. B. das Kreuzherrenkloster Memmingen, das Franziskanerhospiz zu Öffingen, das Augustinerkloster Uttenweiler und das Benediktinerinnenkloster Marienberg. Die vollständige, d. h. auch zivile Besitznahme zog sich über zwei Jahre bis Anfang 1805 hin. Der Orden gewann insgesamt 36 Objekte hinzu, vornehmlich im Bereich der heutigen Länder Baden-Württemberg und Bayern, mit insgesamt 570 Personen an zugehörigem Personal. Letztere stellten ein entscheidendes Problem dar, weil die jeweiligen Klöster nicht genügend Gewinne abwarfen, um das Personal zu versorgen, der Orden mit seinen Altbesitzungen aber ebenfalls nicht genügend erwirtschaftete, um den Fehlbetrag ohne weiteres auffangen zu können. Somit waren die Entschädigungen für den Deutschen Orden ein völlig unzureichender Ersatz seiner verlorenen linksrheinischen Besitzungen – erst über Jahre hätten sie sich, nach Einbringen von Investitionen, möglicherweise bescheiden rentiert. Für den Orden schien die rentabelste Lösung in Verkaufs- und Tauschverhandlungen

**Hochmeister Ehz. Karl Ludwig von Österreich
(* 1771, 1801–1804, † 1847)**
Porträt.
Privatbesitz.

ten. In zwei Großkapiteln, 1803 in Wien und 1805 in Mergentheim, hatte er versucht, seinen Bestand zu wahren und sich auf die neue Besitz- und Personalstruktur einzustellen. 1804 war Hochmeister Ehz. Karl von seinem jüngerem Bruder, Ehz. Anton Viktor, abgelöst worden. Der Preßburger Friede[37], der den dritten Koalitionskrieg beendete, bedeutete jedoch die unumkehrbare Wende: Die Verbindung mit dem Haus Habsburg, die ihn 1803 noch vor der Säkularisation bewahrt hatte, bedingte nun, dass ihn Napoleon seinen verbündeten süddeutschen Fürsten zum größten Teil zum Fraß vorwarf. Artikel 14 sprach den Königen von Württemberg und Bayern sowie dem Kurfürsten v. Baden die volle Souveränität in ihren alten und neuen Staaten zu. Das bedeutete zunächst, dass der Hochmeister seine Reichs- und Kreisstandschaft verlor, ebenso die Ordenskommenden im Reich ihre Reichsunmittelbarkeit, soweit vorhanden. Auch für die innere Verfassung des Ordens dekretierte der Friedensschluss einschneidende Veränderungen. Der Orden insgesamt geriet durch Artikel 12[38] unter die unmittelbare Verfügungsgewalt des Kaisers, der jedoch den Hochmeister, seinen Bruder, weitgehend ungestört im Amt beließ. Zudem wurde die Vergabe einzelner Besitzungen geregelt, und zwar ausdrücklich einzelner Alt-Besitzungen. Die jahrelang diskutierten Entschädigungen spielten keine Rolle mehr. Artikel 8 bezog sich direkt auf das Schicksal eine der schönsten und reichsten südwestdeutschen Besitzungen, der Kommende Mainau, welche Baden zugesprochen wurde. Auch das zugehörige Blumenfeld ging in der Folgezeit an Baden, außerdem die Kommenden Freiburg und Beuggen. Hohenzollern-Sigmaringen erhielt die Herrschaften Achberg und Hohenfels, an Bayern gingen Rohr und Waldstetten. Bereits zwei Monate nach dem Preßburger Friedensschluss war fast die gesamte Ballei Elsaß-Burgund verloren, wobei sich die neuen Herren über die Besitzverteilung zunächst keineswegs einig waren. Beispielsweise Arnegg und Illerieden, insbesondere aber Altshausen war zwischen den drei genannten großen süddeutschen Fürstenhöfen umstritten. Hier setzte sich letztlich Württemberg durch. Zwischen Februar 1807 und Januar 1808 vollzog sich die komplette Übernahme der Landkommende mit allem Personal und allen Papieren durch Württemberg. Der elsässi-

mit den Landesherren, unter deren Herrschaft die neugewonnen Klöster standen, zu liegen. Die Arrondierung der nach dem RDH neugeschaffenen Gebiete lag ja im Sinne des Paragraphen 46 im Interesse aller Beteiligten. Bis in das Jahr 1805 wurde verhandelt, und zwar mit Württemberg, Brandenburg und Leiningen, vor allem aber mit Bayern. Nur sehr wenige Vereinbarungen konnten vor dem dritten Koalitionskrieg noch umgesetzt werden.[36]
Bis zu diesem Krieg konnte sich der Deutsche Orden mit seinen Besitzungen im Reich im wesentlichen hal-

sche Landkomtur Karl Friedrich v. Forstmeister zu Gelnhausen[39] – seit 1803 im Amt, zuvor war er Landkomtur der 1801 weitgehend verlorenen Ballei Koblenz, anschließend kurze Zeit Statthalter in Mergentheim – versuchte seit 1806 immer wieder, den Verlust seiner Landkommende sowie einzelner seiner Balleibesitzungen zu verhindern, hatte aber durchweg keinen Erfolg. Er selber durfte seinen Lebensabend bis zu seinem Tod 1814 in Altshausen verbringen. Andere wichtige Besitzungen, die Württemberg besetzte, waren das Neckaroberamt und die Kapfenburg. Die Besitzungen der Ballei Franken wurden ähnlich schnell belegt, meistenteils von Bayern. Die reiche Landkommende Ellingen mit allem Zubehör hatte es sich bereits im Herbst 1805 angeeignet, also noch vor dem Friedensschluss.[40]

Unbehelligt blieb zunächst lediglich der formal an die habsburgische Krone übergegangene Ordensbesitz in und um Mergentheim. Erst die kriegerischen Handlungen zwischen Frankreich und Österreich 1809 setzten auch diesem Zwischenspiel ein Ende. Als österreichische Truppen in Süddeutschland einmarschierten, ließ der württembergische König am 20. April die Stadt besetzen. Vier Tage später erließ Napoleon in seinem Regensburger Feldlager den Befehl, den Deutschen Orden in allen Staaten des Rheinbundes aufzulösen und den restlichen Besitz seinen verbündeten Fürsten zuzuteilen.[41] Württemberg erhielt im Zuge dessen Mergentheim mitsamt der näheren Umgebung. Der neue *Fürst von Mergentheim* bekam die offene Ableh-

nung durch die Mergentheimer Bevölkerung zu spüren, als er seine Huldigung ausgerechnet auf den Namenstag des Hochmeisters Anton Viktor festsetzte. Die Empörung machte sich im Juni 1809 in einem dreitägigen Aufstand Luft, den Württemberg nur gewaltsam niederschlagen konnte. Es gab 20 Tote.[42]

Der Friede zu Schönbrunn am 14. Oktober 1809 stellte die Besitzveränderungen zwischen 1806 und 1809 auf eine definitive Grundlage. Der Deutsche Orden hatte damit seine Besitzungen im Deutschen Reich auf immer verloren, insbesondere seine reichen Kommenden und Herrschaften in Süd- und Südwestdeutschland mit ihrer bis ins 13. Jh. zurückgehenden Tradition. Alle mühsamen Verhandlungserfolge vor allem aus den Jahren 1802 und 1803, gestützt von der noch relativ stabilen Position des Kaisers, waren mit einem Schlag zunichte gemacht.

Seit 1809 existierte der Deutsche Orden nur noch in den habsburgischen Erblanden, d.h. in den Balleien Österreich und An der Etsch und im Gebirge. Dazu kam, als Versorgungsgrundlage für den Hochmeister, das in Österreichisch-Schlesien gelegene Meistertum mit der Residenz in Freudenthal (heute Bruntál, Tschechische Republik), welches ihm als zweites »Meistertum« neben den Besitzungen an Tauber und Neckar seit 1621 direkt unterstand. Erst 1929 erfolgte die Umwandlung in einen rein geistlich-karitativen Orden, als welcher er bis heute besteht, nur unterbrochen von einem neuerlichen Verbot durch die Nationalsozialisten zwischen 1938/39 und 1945.

---

[1] Wer sich über den Deutschen Orden allg. informieren möchte, findet keine moderne Gesamtdarstellung, sondern sei verwiesen auf *Marian Tumler/Udo Arnold*, Der Deutsche Orden. Von seinem Ursprung bis zur Gegenwart. Bad Münstereifel 5. Aufl. 1992, eine kurze, populär geschriebene Übersicht. Fast wie ein Hdb. zu verwenden ist *Gerhard Bott/Udo Arnold* (Hgg.), 800 Jahre Deutscher Orden (Ausstellungskatalog). Nürnberg 1990. Den hier enthaltenen Überblickskapiteln (1–8, 45–57, 139–143) sind die folgenden allg. Aussagen zur Deutschordensgeschichte vornehmlich entlehnt. Das wiss. Forum für die Deutschordensforschung bildet die Buchreihe: Quellen und Studien zur Geschichte des Deutschen Ordens, hg. von *Udo Arnold*, mit bislang knapp 60 Bänden.

[2] Für diese Region hat eine eigene Ausstellung stattgefunden: Kreuz und Schwert. Der Deutsche Orden in Südwestdeutschland, in der Schweiz und im Elsaß (Ausstellungskatalog). Mainau 1991. Vgl. außerdem folgende Überblicksdarstellungen: *Bernhard Demel*, Der Deut-

sche Orden und seine Besitzungen im südwestdeutschen Sprachraum vom 13. bis 19. Jh., in: ZWLG 31 (1972), 16–73; *Alois Seiler*, Der Deutsche Orden in Südwestdeutschland, in: Ludwigsburger Geschichtsbll. 32 (1980), 23–42.

[3] *Udo Arnold*, Europa und die Region – widerstreitende Kräfte in der Entwicklung des Deutschen Ordens im Mittelalter, in: *Zenon Hubert Nowak* (Hg.), Ritterorden und Region – politische, soziale und wirtschaftl. Verbindungen im Mittelalter. Toruń 1995, 161–172, hier 162f.

[4] Diesen Teil der Ordensgeschichte behandelt schwerpunktmäßig *Hartmut Boockmann*, Der Deutsche Orden. Zwölf Kapitel aus seiner Geschichte. München 5. Aufl. 1999, 66–220.

[5] *Kurt Forstreuter*, Der Deutsche Orden am Mittelmeer. Bonn 1967.

[6] Der erste Hochmeister, auf den dies zutraf, war Walter v. Cronberg. Zu ihm und zur Umbruchszeit vor dem Hintergrund der Reformation vgl. *Axel Herrmann*, Der Deutsche Orden unter Walter v. Cronberg

(1525–1543). Zur Politik und Struktur des »Teutschen Adels Spitale« im Reformationszeitalter. Bonn 1974.

[7] *Udo Arnold*, Mergentheim und Königsberg/Berlin – Die Rekuperationsbemühungen des Deutschen Ordens auf Preußen, in: WFr 60 (1976), 14–54.

[8] *Klaus Militzer*, Die Entstehung der Deutschordensballeien im Deutschen Reich. Marburg 2. Aufl. 1981.

[9] *Hanns Hubert Hofmann*, Der Staat des Deutschmeisters. Studien zu einer Geschichte des Deutschen Ordens im Heiligen Römischen Reich Deutscher Nation. München 1964. Diese umfangreiche Darstellung ist aufgrund zu knapper Quellenbasis und offensichtlicher Fehler in die Kritik geraten, trotzdem ist sie nach wie vor wesentlich.

[10] *Hofmann*, Staat (wie Anm. 9), 110–112; *Demel*, Besitzungen (wie Anm. 2), 34f.; Kreuz und Schwert (wie Anm. 3), 135f.

[11] *Heinz Noflatscher*, Glaube, Reich, Dynastie. Maximilian der Deutschmeister 1558–1618. Marburg 1987.

[12] Anschauliche Zusammenstellung und Beschreibung der Exponate in: *Bott/Arnold* (Hgg.), 800 Jahre (wie Anm. 1), 247–252.

[13] Für diese Zeitspanne vgl. *Bernhard Demel*, Der Deutsche Orden zwischen Bauernkrieg (1525) und Napoleon (1809). Ein Beitrag zur neuzeitlichen Ordensgeschichte, in: *Udo Arnold* (Hg.), Von Akkon bis Wien. Studien zur Deutschordensgeschichte vom 13. bis zum 20. Jh. Fschr. Marian Tumler. Marburg 1978, 177–207.

[14] *Bernhard Demel*, Mergentheim – Residenz des Deutschen Ordens (1525–1809), in: ZWLG 34/35 (1975/76), 142–212.

[15] *Klaus Oldenhage*, Kurfürst Erzherzog Maximilian Franz als Hoch- und Deutschmeister (1780–1801). Bad Godesberg 1969, 157–180.

[16] *Oldenhage*, Kurfürst (wie Anm. 15); *Ders.*, Maximilian Franz von Österreich (05.07.1780–27.07.1801), in: *Udo Arnold* (Hg.), Die Hochmeister des Deutschen Ordens 1190–1994. Marburg 1998, 261–268.

[17] *Christian Sapper*, Karl Ludwig von Österreich (27.07.1801–30.06. 1804), in: *Arnold* (Hg.), Hochmeister (wie Anm. 16), 269–274.

[18] *Bernhard Demel*, Anton Viktor von Österreich (01.07.1804–02.04. 1835), in: *Arnold* (Hg.), Hochmeister (wie Anm. 16), 274–278.

[19] Der Orden hatte es hier im Mittelalter erfolgreich vermocht, verstreute Einzelbesitzungen durch Tausch zu einem Territorium zu arrondieren. Vgl. *Bernhard Demel*, Der Deutsche Orden und die Stadt Gundelsheim, in: *Ders.*, Der Deutsche Orden einst und jetzt. Aufsätze zu seiner mehr als 800-jährigen Geschichte, hg. von *Friedrich Vogel*. Frankfurt/M. 1999, 116–211 (zuerst als Monographie: Gundelsheim 1981); *Ders.*, Der Deutsche Orden und die Stadt Neckarsulm (1484–1805), in: Jb. für fränk. Landesforschung 45 (1985), 17–106.

[20] *Hofmann*, Staat (wie Anm. 9), 389–512.

[21] Zu den Einzelbesitzungen dieser Ballei sei auf die entsprechenden Abschnitte im Ausstellungskatalog Kreuz und Schwert (wie Anm. 3) verwiesen, der auch die weiterführende Literatur nennt.

[22] Für diesen Themenbereich hat eine eigene Ausstellung stattgefunden: *Alois Seiler/Dorothea Bader* (Bearb.), Baukunst und Bauhandwerk des Deutschen Ordens in Südwestdeutschland im 18. Jh. Baupläne-Karten-Ansichten (Ausstellungskatalog). Ludwigsburg 1981.

[23] Die Geschichte des Deutschen Ordens zur Zeit der Koalitionskriege bis 1801 ist am ausführlichsten erfasst bei *Oldenhage*, Kurfürst (wie Anm. 15). Für die Zeit Napoleons gibt es eine eigene Monographie: *Friedrich Täubl*, Der Deutsche Orden im Zeitalter Napoleons. Bonn 1966. Ihm ist die folgende Darstellung verpflichtet.

[24] Die Bedeutung für den Orden im Einz. bei *Täubl*, Zeitalter (wie Anm. 23), 26–28.

[25] Zitiert nach Ebd., 15.

[26] Zitiert nach Ebd., 25.

[27] Ebd., 28–35.

[28] Zitiert nach Ebd., 31.

[29] Ebd., 35f.; eine Edition dieser Reklamation s. Ebd., Anhang, 180f.

[30] Ebd., 38–43.

[31] Ebd., 44f.

[32] Ebd., 45f.

[33] Zitiert nach Ebd., 47.

[34] Ebd., 50–52.

[35] Ebd., 52–55.

[36] Ebd., 55–72, mit ausführl. Darstellung der Ereignisse.

[37] *Rudolfine Freiin von Oer*, Der Friede zu Preßburg. Ein Beitrag zur Diplomatiegeschichte des napoleonischen Zeitalters. Münster 1965.

[38] Beytrag zur Erläuterung des XII. Artikels des Preßburger Friedensschlusses in so weit derselbe den teutschen Ritter-Orden betrifft. Mit Urkunden. o. O. [Teutschland] 1807 (eine Darstellung aus Sicht des Ordens, verfasst von Hofrat *Paul Anton Handel*); *Täubl*, Zeitalter (wie Anm. 23), 115–119.

[39] Zu ihm vgl. Kreuz und Schwert (wie Anm. 2), 151f. 168; Der Deutsche Orden im Bonner Raum. Eine Ausstellung des StadtMuseums Bonn in Zusammenarbeit mit dem Projektbereich Ostdeutsche Landesgeschichte der Universität Bonn (Katalog). Bonn 2. Aufl. 2000, 38, 142–144.

[40] Die existenziellen Krisenjahre des Deutschen Ordens zw. 1806 u. 1809 beschreibt ausführlich *Täubl*, Zeitalter (wie Anm. 23), 123–174; zur Situation in Südwestdeutschland zusammenfassend vgl. *Demel*, Besitzungen (wie Anm. 2), 70–73.

[41] *Täubl*, Zeitalter (wie Anm. 23), 171.

[42] Ebd., 172f.

Königreich statt Ordensherrschaft

Säkularisation, Mediatisierung und Besitznahme der Deutschordenskommende Altshausen

von Eberhard Fritz

Säkularisation und Mediatisierung – diese beiden historischen Prozesse des frühen 19. Jhs. sind in der Forschung unter zwei Aspekten zu betrachten. Auf der einen Seite bedeuteten diese politischen Umwälzungen das Ende vieler kleiner und kleinster Territorien, besonders in Oberschwaben. Auf der anderen Seite erfuhren die Territorialstaaten Württemberg und Baden eine bedeutende Vergrößerung und eine daraus resultierende politische Aufwertung.

Bei der territorialen Neuordnung des deutschen Südwestens im frühen 19. Jh. nahm die Deutschordenskommende Altshausen eine rechtliche Sonderstellung ein. Als Oberhaupt der Ballei Elsass-Burgund stand der im Schloss Altshausen residierende Landkomtur im Rang des Vorstehers einer geistlichen Korporation und auch im Rang eines Souveräns über eine weltliche Herrschaft. Er zählte sowohl zu den Reichsprälaten als auch zu den Reichsgrafen. Insofern wurde im Jahr 1806 mit der Deutschordenskommende zwar eine geistliche Korporation säkularisiert, aber gleichzeitig auch eine Reichsgrafschaft mediatisiert.

Der Deutsche Orden in Altshausen

Seit dem späten Mittelalter hatte der Deutsche Orden Besitz in Altshausen und Umgebung, nachdem er im 13. Jh. mit den ersten Schenkungen bedacht worden war. In den folgenden Jahrhunderten gelang es, durch Erwerbungen eine kleine Herrschaft um das Zentrum Altshausen aufzubauen. Seit dem 15. Jh., als die Residenz des Landkomturs auf die Burg Altshausen verlegt wurde, war der Ort das Zentrum der Deutschor-

densballei Elsass-Burgund. Im Jahr 1729 hatte man begonnen, an Stelle des alten, burgartigen Schlosses eine großzügige Barockanlage zu errichten, die jedoch nie vollendet wurde.[2] Ein geplantes hufeisenförmiges Hauptgebäude konnte wegen fehlender finanzieller Mittel nicht gebaut werden; dagegen blieb das Alte Schloss, welches noch auf die mittelalterliche Wasserburg zurück geht, bestehen und wurde nicht wie vorgesehen abgerissen.

Die Kommende Altshausen umfasste zunächst den zentralen Ort Altshausen mit acht dazugehörigen Weilern und Höfen[3] sowie den vier Pachthöfen Maierei Altshausen, Lichtenfeld, Tiergarten und Arnetsreute, darüber hinaus die Pfarrdörfer Ebersbach mit dem Weiler Ried, Hochberg mit dem Weiler Luditsweiler, Fleischwangen und Pfrungen und die Dörfer Eichstegen, Kreenried mit dem Weiler Käfersulgen und Mendelbeuren. Insgesamt lebten 1806 bei der Auflösung des Ordens 1683 Untertanen in der Herrschaft.[4] In diesem Gebiet nahm der Deutsche Orden sämtliche Herrschaftsrechte wahr; nur beim Zehnten gab es noch andere Berechtigte.[5] Außerdem befanden sich zwölf Lehenhöfe im Besitz anderer Grundherrschaften[6], und das Dorf Mendelbeuren hatte der Deutsche Orden vom Bistum Konstanz als Reichenauisches Lehen inne. Dagegen besaß der Orden in anderen Herrschaften ebenfalls eigene Lehengüter. Zur Kommende Altshausen gehörten die Herrschaften Hohenfels, Ellhofen, Arnegg, Achberg und das Gut Illerrieden an der Iller.[7] Daneben verfügte sie über ein Haus in Ravensburg, über Besitz in Sipplingen und Immenstaad sowie über Weinberge am Bodensee in Hinterhausen und Wallhausen. Auf zwei

**Karl Friedrich Frh. von Forstmeister zu Gelnhausen
(1731–1814)**
*Porträt des letzten Landkomturs der Balleien Koblenz und Elsass.
Öl auf Lw., anonym.
Privatbesitz.*

ordenseigenen Alpen im Bregenzer Wald, der Rindbergalp und der Hirschgundalp bei Sibratsgfäll, wurde Vieh gehalten und eine Sennerei betrieben.

Von den Untertanen bezog der Deutsche Orden Geld- und Getreideabgaben, da sämtliche anderen Naturalabgaben umgewandelt worden waren.[8] Wie in den meisten oberschwäbischen Herrschaften hatte sich die auf der Rentengrundherrschaft basierende Wirtschaftsordnung so eingespielt, dass nur in Ausnahmefällen größere Beschwerden an die Verwaltung des Ordens herangetragen wurden. Leibeigene, die einen Gatten in einer anderen Herrschaft ehelichen wollten, konnten sich ohne Probleme mit einem Ma-

numissionsschein freikaufen. Im Gegenzug begaben sich fremde Untertanen in die Leibherrschaft des Ordens.

An der Spitze der Deutschordenskommende stand der Landkomtur Karl Franz v. Forstmeister, der 1803 im Alter von 73 Jahren das Amt angetreten hatte.[9] Seit 1805 lebten neben ihm noch zwei Ordensangehörige in Altshausen, der Hauskomtur Camill v. Froberg-Montjoye und der Ordensritter Karl Franz v. Waldburg.[10] Offenbar waren die beiden Ritter angesichts der Krisensituation in den Deutschen Orden aufgenommen worden. Noch um die Jahrhundertwende ließen die Ordensritter im Hardtwald bei Altshausen einen Wasserpark anlegen, wo man sich in einer idyllischen Landschaft durch eine Welt von Tempeln, Brücken und Spielstationen rudern lassen konnte. Der Hartweiher bildete das zentrale Element in den zum Schloss gehörigen Anlagen.[11] Dieses beschauliche Leben der Ordensritter sollte indessen nicht mehr lange andauern.

Besitzergreifung

Schon im späten 18. Jh. dürften die Angehörigen des Deutschen Ordens in Altshausen geahnt haben, dass ihre Herrschaft nicht mehr allzu lange bestehen würde. Dafür gab es sowohl ideologische als auch politische Motive. In der Zeit der Aufklärung stellte sich die Frage nach dem Nutzen geistlicher Institutionen.[12] Fast mehr noch als die Klöster musste eine Korporation wie der Deutsche Orden zunehmend als anachronistisch erscheinen, da sie nicht einmal vergleichbare Leistungen im Bereich des höheren Schulwesens oder der Wissenschaft vorzuweisen hatte. Insofern verwundert es nicht, dass die Herrschaft Brandenburg bereits 1796 Ordensbesitzungen im Fürstentum Ansbach annektiert hatte.[13] Zwar überstand der Deutsche Orden im Südwesten des Reiches die Säkularisationswelle von 1803 fast unbeschadet, aber die Verhältnisse änderten sich rasch.[14] Da Kaiser Napoleon dem Irrtum unterlag, dass die Ordensbesitzungen Erbgüter des Hauses Habsburg seien, stand er einer Säkularisierung der Besitzungen durch seine Vasallen als strategische Maßnahme gegen das österreichische Kaiserhaus aufgeschlossen gegenüber.[15]

Nachdem sich infolge der österreichischen Niederlage im 3. Koalitionskrieg in der Schlacht bei Austerlitz am 2. Dezember 1805 die Möglichkeit einer Säkularisation des Ordens eröffnete, versuchten die konkurrierenden größeren Mächte Bayern, Württemberg und Baden, die südwestdeutschen Ordensbesitzungen an sich zu bringen.[16] Durch Besitzergreifungen wollten diese Staaten den jeweils anderen zuvor kommen und sich einzelne Herrschaften sichern. Den ersten Schritt im Kerngebiet der Deutschordenskommende Altshausen machte Baden, als es am 20. Dezember 1805 die Landeshoheit über die gesamte Herrschaft verkündete. Als die badische Herrschaft in den Dörfern Pfrungen und Mendelbeuren jedoch ihre Besitzergreifungspatente anschlagen ließ, rissen die Bauern diese sofort wieder ab.[17] Da in Pressburg die Verhandlungen über Rang und territoriale Ausdehnung der Länder im deutschen Südwesten in vollem Gang waren, bemühten sich alle drei größeren süd-

westdeutschen Staaten, vollendete Tatsachen zu schaffen, um die Herrschaft auch rechtlich beanspruchen zu können.[18] Mit dem Inkrafttreten des Friedensvertrags von Pressburg vom 26. Dezember 1805 wurden Bayern und Württemberg zu Königreichen, Baden zum Großherzogtum erhoben. Gleichzeitig galt der Besitzstand vom 31. Dezember 1805 als rechtsverbindlich. Die königliche Regierung in Bayern reagierte umgehend. Am 2. Januar 1806 marschierte ein bayerischer Offizier mit zwölf Soldaten in Altshausen ein und besetzte die Residenz. Nur zwei Wochen später, am 19. Januar, veranlasste der bayerische Kommissar Seutter den Landkomtur, die Ordensbeamten von ihren Verpflichtungen gegenüber dem Deutschen Orden zu entbinden, und verpflichtete sie auf den König von Bayern als neuem Herrn.

Zwei Tage nach diesem Akt reiste der württembergische Kommissar v. Maucler mit einem Kontingent von 60 Kavalleriesoldaten und dem Auftrag nach Altshau-

Achberg
Ansicht des Deutschordensschlosses der Herrschaft Achberg, die stets mit dem Amt des Landkomturs verbunden war.
Zu sehen sind Schloss, Amtshaus, Glockenturm, Schlossgarten und Wirtschaftshof. Die Brücke wurde im 19. Jh. abgebrochen.
Lavierte Federzeichnung, R. Wiedmann, 1824.
Kreisarchiv Ravensburg.

sen, die Deutschordenskommende für den König von Württemberg in Besitz zu nehmen. Durch die Annektion der Landvogtei Schwaben und der Stadt Saulgau grenzte nun auch das Königreich Württemberg an die ehemalige Deutschordenskommende. Daraus leitete

Schloss Achberg
Stuckdecke des Rittersaals, die unter Landkomtur Franz Benedikt von Baden (1689–1707) durch den Stukkateur Balthasar Grimmer um 1700 geschaffen wurde. Die Ikonographie weist vielfältig auf den deutschen Orden (Kreuz) und seine Aufgabe der Verteidigung des Christentums hin.
Schloss Achberg.

die königliche Regierung in Stuttgart Besitzansprüche ab.[19] In Altshausen traf Maucler auf die bayerische Besatzung, die sich weigerte, ihre Stellung aufzugeben; aus Biberach sandte Bayern weitere 30 Soldaten. Deshalb konnte der württembergische Kommissar zunächst nur Mitbesitzansprüche anmelden, indem er das württembergische Wappen neben dem bayerischen am Torhaus des Schlosses sowie am Wirtshaus zum »Goldenen Hirsch« anbrachte. Es gelang ihm jedoch nicht, den Geheimen Rat v. Zelling als höchstem Beamten der Landkommende auf den König von Württemberg zu verpflichten, da dieser bereits eine Verpflichtungserklärung gegenüber dem bayerischen König abgegeben hatte. Der Landkomtur v. Forstmeister protestierte förmlich gegen die Besitznahme.[20] Ende Januar sandte die Herrschaft Bayern Grenadiere nach Altshausen und konnte den Abzug der württembergischen Soldaten bewirken. Das zur Kommende gehörige Dorf Pfrungen war von Baden in Besitz genommen und von drei Soldaten besetzt worden, da infolge der Säkularisation neun Lehenhöfe an Baden gefallen waren, welches daraus Ansprüche auf den gesamten Ort ableitete.[21] Überdies befand sich noch französisches Militär unter Führung des Generals Colbert im Schloss und in anderen Quartieren.[22] In dieser komplizierten Situation, als die Eigentumsverhältnisse bezüglich der säkularisierten und mediatisierten Gebiete staatsrechtlich noch nicht geregelt waren, mussten die württembergischen Beauftragten sehr vorsichtig taktieren. Deshalb zog sich die Besitzergreifung Monate lang hin. In Altdorf saß der nächste württembergische Beamte, Oberamtmann Ludwig Koch, der nun zusammen mit dem Kreissteuerrat Sommer aus Rottweil als »Besitzergreifungskommission« eingesetzt wurde. Die Kommission sandte den Verwaltungspraktikanten Anton Ehrlenspiel nach Altshausen mit dem Auftrag, dort im Geheimen die Lage zu beobachten. Am 3. Juni 1806 kam zwischen Württemberg, Bayern und Baden ein Staatsvertrag zustande, in dem die Deutschordenskommende eindeutig Württemberg zugesprochen wurde.[23] Vier Wochen später gelang es dem Altdorfer Oberamtmann, die Besitzergreifung für Württemberg zu vollziehen, nachdem die bayerischen Soldaten aus Altshausen abzogen, die konkurrierende Herrschaft also offensichtlich ihre Ansprüche auf die Kommende aufgab. An allen öffentlichen Gebäuden wurden das württembergische Wappen und das Besitzergreifungspatent angeschlagen. Obwohl sich die französischen Militärs gegen eine Besitzergreifung Württembergs sperrten[24], konnte der Oberamtmann die ranghöchsten Beamten und Bediensteten des Deutschen Ordens mit der Drohung einer sofortigen Entlassung im Weigerungsfall zur Eidesleistung bewegen. Landkomtur v. Froberg legte bei König Friedrich Protest ein, der aber ungehört verhallte. Am 12. Juli verpflichtete Oberamtmann Koch den Geheimen Rat Michael Felizian v. Zelling, den Hofrat und Oberamtmann Johann Nepomuk v. Bagnato, den Rat und Rentmeister Johann Baptist Streicher, den Landschaftskassier und Sekretär Joseph Anton Bagnato, den Registrator Joseph Anton Lorinser, den Waisenpfleger Anton Bollstetter, den Kastenvogt Maximilian Nadler, den Akzessisten Kasimir Schindler sowie den Waisenamtsadjunkt Xaver Bollstetter auf König Friedrich.[25] Das Altshausener Postamt wurde der Oberpostdirektion Stuttgart unterstellt.[26] Nach wie vor berief der Landkomtur jedoch die Balleikonferenz ein, wenn auch die Abstände zwischen den Konferenztagen immer größer wurden. In den Protokollen ist von der Krisensituation nichts zu spüren, da man sich auf die Verwaltungsangelegenheiten beschränkte. Am 12. August 1806 fand in Altshausen zum letzten Mal eine Balleikonferenz statt.[27]

Nun begann die Inventarisierung des Deutschordensbesitzes. Wie bei den säkularisierten Klöstern bestand das Ziel darin, die Ausstattung von Schloss und Kirche auf das unumgänglich Notwendige zu reduzieren. Auch diese Maßnahme gestaltete sich schwierig, weil der französische General Colbert versuchte, die württembergischen Soldaten und die Besitzergreifungskommission aus dem Dorf Altshausen zu drängen, da Württemberg noch nicht endgültig die Souveränität über die Herrschaft Altshausen erlangt hatte. Bei den württembergischen Beauftragten löste dies Verwunderung aus, da die französischen Besatzer gegen König Friedrich vorgingen, der doch mit Kaiser Napoleon verbündet war![28] So weigerten sich die württembergischen Kommissionsangehörigen, Altshausen zu verlassen, und quartierten sich im Gasthaus zum »Goldenen Hirsch« ein, obwohl ihnen die französischen Militärpersonen eine gewaltsame *Ausschaffung* an-

drohten.[29] Auf dem Verhandlungswege gelang es dem württembergischen Justizminister jedoch, eine Einigung mit der kaiserlichen Regierung herbeizuführen, so dass die Herrschaft Altshausen am 9. September förmlich übergeben wurde.[30] Erst jetzt konnten die Beamten mit den aufwändigen Inventarisierungsarbeiten fortfahren. Noch Ende September wurden in Abwesenheit des Landkomturs vier große Kisten mit Silbergegenständen mit einem vierspännigen Wagen unter militärischer Bewachung nach Stuttgart gebracht; im Oktober folgte ein Transport mit Silber- und Weißzeug.[31] Gegen Ende des Jahres lieferte die Besitzergreifungskommission schließlich noch eine große Sammlung an Medaillen ab.[32]

Landkomtur v. Forstmeister und Hauskomtur v. Froberg nahmen die württembergische Besitzergreifung nicht widerspruchslos hin. Während Baron v. Maucler am 10. Oktober den Untertanen der Herrschaft Altshausen im Namen des württembergischen Königs die »Erbhuldigung« abnahm, waren die beiden nach Stuttgart gefahren, um sich bei König Friedrich zu beklagen. Dort nahm sie der Monarch freundlich auf, gewährte dem Landkomtur eine Privataudienz und lud ihn zur Tafel. Änderungen stellte König Friedrich dem Landkomtur freilich nicht in Aussicht, aber er versprach ihm eine gute Pension.[33] Vermutlich war der württembergische König mit den großen politischen Aufgaben so in Anspruch genommen, dass ihn das Schicksal der kleinen Herrschaft Altshausen nur am Rande interessierte.

Da der Landkomtur und die Deutschordensritter nicht mehr souveräne Herrschaftsträger waren, wurde die Hofhaltung in Altshausen aufgegeben; deshalb erschienen auch die meisten Bediensteten im Schloss als überflüssig. In einem Verzeichnis werden 142 Personen aufgeführt, die im Dienst der Landkommende gestanden hatten.[34] Nicht nur bezüglich der Hofhaltung, sondern auch in anderen Bereichen war abzusehen, dass man mit bedeutend weniger Dienstpersonal würde auskommen können, beispielsweise auf den großen Höfen in und um Altshausen. Zur Reduzierung des Personals gab es drei Möglichkeiten: Angehörige des Ordens und ältere Personen fand man mit einer Pension ab, Inhaber verbleibender Ämter wurden auf ihren Stellen belassen, und die übrigen Frauen und Männer mussten sich eine neue Stelle suchen.

Den Deutschordenspriestern in den Pfarreien Altshausen, Ebersbach, Fleischwangen und Pfrungen[35] wurde das Tragen der Ordensabzeichen verboten, sofern sie nicht schriftlich versicherten, dass sie damit keine Ansprüche verbanden.[36]

Schließlich galt es, die Ökonomie unter württembergische Kontrolle zu bringen. Zu diesem Zweck errichtete man 1807 ein Kameralamt in Altshausen und berief als Kameralverwalter den aus Tübingen stammenden Kameralverwalter von Heiligkreuztal, Johann Heinrich Schnell (1779–1822). Dieser heiratete im Jahr nach seinem Amtsantritt die Tochter des Hirschwirts Joseph Kübler aus Altshausen, also eine Angehörige der dörflichen Honoratiorenschicht.

Ein erster Schritt bestand in der Aufhebung der ausgedehnten herrschaftlichen Eigenwirtschaft. Mühlen, Höfe und Weiher wurden zur Verpachtung ausgeschrieben.[37] Dabei zeigte sich, dass die Bierbrauerei, die Ziegelhütte und die Mahlmühle mit erheblichen wirtschaftlichen Schwierigkeiten zu kämpfen hatten. Das im Schloss befindliche Brauereigebäude im Flügel rechts vom Eingangstor bot keinen Platz für einen größeren Bierausschank. Die Ziegelhütte konkurrierte mit zehn anderen Einrichtungen in Oberschwaben. Bei der herrschaftlichen Mahlmühle mit einem Gerbgang und drei Mahlgängen[38], in der ausschließlich Getreide für die Bewohner des Schlosses gemahlen worden war, kam es im Sommer aus Wassermangel nicht selten zum völligen Stillstand, da der Zufluss aus dem Weiher versiegte. So musste das Kameralamt diese Einrichtungen zu mäßigen Preisen an die bisherigen, vom Deutschen Orden besoldeten Betreiber verpachten, da sich sonst keine Interessenten fanden. Gleichzeitig verkaufte man entbehrliche Gebäude, um die Erhaltungskosten zu senken: die Beamtenhäuser des Balleirats und des Hofchirurgus, die Walk- und Schleifmühle, die Sägmühle mit Hanfreibe und Ölmühle, das Schießhaus am Alten Weiher sowie das Rebhaus und die Güter in Sipplingen.[39]

Auch im Schloss selbst ergaben sich durch die Aufhebung der ständigen Hofhaltung einschneidende Veränderungen. Zur Versorgung des Hofes waren einige Handwerker ständig angestellt und unterhielten im Schlossbereich ihre Werkstätten. Hier arbeiteten Schreiner, Schmiede, Wagner und Schlosser; im Reitstallgebäude war die Küferwerkstatt untergebracht,

im Alten Schloss bestand eine Bäckerei. Einige Werkstätten überließ die Herrschaft den Inhabern gegen Abtretung ihrer Pensionsansprüche ohne Gegenleistung, während andere verpachtet wurden.[40]

Am deutlichsten zeigt sich die bewusste Steuerung der königlichen Regierung bei der Verpachtung der vier Maierhöfe in und bei Altshausen: die Maierei Altshausen, Arnetsreute, Lichtenfeld und Tiergarten. Auf allen diesen Höfen setzte die Herrschaft Württemberg Pächter aus Pfullingen ein, möglicherweise Angehörige eines Familienverbandes.[41]

Durch die Einsetzung der aus dem protestantischen Altwürttemberg stammenden Beamten und Pächter verfügte die neue Herrschaft über lokal einflussreiche Persönlichkeiten, die ihr loyal gegenüber standen. Immerhin ist der häufige Pächterwechsel auf den drei Gutshöfen Arnetsreute, Lichtenfeld und Tiergarten vor 1824 ein Indiz dafür, dass sich die Pächter bei der Bewirtschaftung mit erheblichen Schwierigkeiten konfrontiert sahen.[42] Klima und Bodenverhältnisse in Oberschwaben machten ihnen offenbar zu schaffen. In einem Gutachten über die Domänen Lichtenfeld und Tiergarten kam der Hofkameralverwalter von Freudental, Karl Amand Friedrich Stockmayer, 1812 zu einem deprimierenden Ergebnis: *Die bisherigen Pächter haben […] durch Nachlässigkeit und Mittellosigkeit die Güter sichtbar in Abgang kommen lassen; in ihren Haushaltungen herrscht Schmuz, das Vieh ist nicht zum 4ten Theil hinlänglich abgemagert und elend, und es findet Commissarius [Stockmayer], um die Güter vom Verderben zu retten, die Entfernung der Pächter nothwendig.*[43] Diesem Vorschlag folgte denn auch die Hof- und Domänenkammer. Im neuen Pachtvertrag forderte sie von den aufziehenden Pächtern die Sechsfelderwirtschaft, konnte aber diese Bewirtschaftungsweise schließlich nicht durchsetzen, weil sie sich als nicht praktikabel erwies.[44] In sozialer Hinsicht gehörten die Domänenpächter zu den ersten protestantischen Einwohnern Oberschwabens und mussten weite Wege auf sich nehmen, um einen evangelischen Gottesdienst zu besuchen.

Mit der Neuverpachtung der Domänen verbanden sich Veränderungen in der Wirtschaftsweise. Zunächst wurden die beiden Alpen des Deutschen Ordens, die Hirschgund- und die Rindbergalp, aufgelöst und dann verkauft. Das Vieh brachte man auf die Domänen bei

Altshausen. Durch die Einführung der Stallfütterung hielt man nicht mehr so viel Vieh wie zu Zeiten der Deutschordensherrschaft. Im öffentlichen Aufstreich wurden die entbehrlichen Tiere verkauft; da man auch weniger Knechte und Mägde benötigte, entließ man die überzähligen Männer und Frauen.[45]

Im Rahmen der Besitzergreifung bemühte sich die Kommission auch, die Eigentumsrechte an den auswärtigen Besitzungen der Deutschordenskommende für Württemberg zu reklamieren. Tatsächlich gelang es, die Objekte und Einkünfte in Ravensburg, Sipplingen, Immenstaad, Meersburg, Wallhausen, Hinterhausen und auch die beiden Alpen zu sichern. Der Wein aus den ordenseigenen Weinbergen am Bodensee war im Keller der Kommende Mainau gelagert, aber von Baden beschlagnahmt worden. Nach Verhandlungen mit der badischen Seite wurde die Beschlagnahme aufgehoben. Auch die Zehnterträge im badischen Ausland konnten die württembergischen Beauftragten sichern, indem sie den Zehnten einziehen oder verpachten ließen.[46]

Im Frühjahr 1807 war die Besitznahme der ehemaligen Deutschordenskommende so weit abgeschlossen, dass man an eine beständigere Verwaltungsgliederung der neu erworbenen Herrschaft denken konnte. Die aus Kreissteuerrat Sommer und Oberamtmann Koch bestehende Besitzergreifungskommission wurde deshalb aufgelöst. Mit der »definitiven Organisation« beauftragte König Friedrich den Finanzrat Christian David Süßkind, stellte ihm aber gleichzeitig den Kameralverwalter von Heiligkreuztal, Johann Heinrich Schnell, zur Seite.[47] Eine der ersten Maßnahmen der neu bestellten Beamten bestand darin, einen großen Teil der umfangreichen Schlossbibliothek nach Stuttgart schaffen zu lassen, wo sie der Königlichen Handbibliothek einverleibt wurde.[48] Dem Landkomtur v. Forstmeister wurde eine jährliche Pension von 20.000 fl., dem Hauskomtur v. Froberg eine Jahrespension von 4.000 fl. ausgesetzt; im Gegensatz zu vielen anderen entsprechenden Fällen sind diese Pensionen in Altshausen regelmäßig bezahlt worden.

Da die weltliche Verwaltung der Deutschordenskommende dem Oberamtmann unterstanden hatte, galt die Herrschaft als Oberamt. Noch im Frühjahr 1807 erfolgte jedoch eine Neueinteilung der Oberämter im Königreich Württemberg. Für ein württembergisches

Oberamt wies die Herrschaft Altshausen eine zu geringe Einwohnerzahl auf, und zudem hätte der Hauptort an der Peripherie gelegen. Deshalb verlor die ehemalige Residenz ihren Oberamtsstatus und wurde dem Oberamt Saulgau zugeschlagen.[49] Zwar residierte ein »Unteramtmann« im Ort, aber dieser fungierte lediglich als Ortsvorsteher. Zum ersten Unteramtmann ernannte der König den Kanzlisten Kasimir Schindler. Im Juni 1807 erfolgte eine Neuordnung der gesamten Verwaltung durch Bestätigungen von Amtsinhabern, Pensionierungen und Abfindungen für ausscheidende Personen.[50] Immerhin blieb in Altshausen ein *kombiniertes Kameralamt Altshausen, Saulgau und Mengen*[51] zur Verwaltung der herrschaftlichen Einkünfte bestehen, nachdem das Kameralamt Saulgau aufgelöst und der Bezirk aufgeteilt worden war.[52] Dazu zählten Orte verschiedener ehemaliger Grundherrschaften, was für die Verwaltung aufgrund der unterschiedlichen Maße und Rechtsvorschriften manche Schwierigkeiten mit sich brachte.

Die große Schlossanlage in Altshausen beanspruchte König Friedrich im Juli 1807 als sein Privatvermögen und wies sie der Hof- und Domänenkammer zu. Gleichzeitig räumte er dem Landkomtur v. Forstmeister den lebenslänglichen Nießbrauch des Schlosses ein.[53] Da das entsprechende Dekret in Buchau ausgefertigt wurde, wo der König auf einer Reise an den Bodensee, den Rheinfall und in die Donaustädte übernachtete, könnte es sogar sein, dass er auf seiner Reiseroute auch Altshausen passiert hatte.[54]

Auf staatlicher Ebene wurde der Deutsche Orden im Reich mit dem Verzicht des Hochmeisters auf alle Güter und Besitzungen des Ordens in den Rheinbundstaaten im Oktober 1809 rechtlich aufgelöst.[55] Damit war eine Wiederaneignung der südwestdeutschen Herrschaften endgültig ausgeschlossen. Der ehemalige Landkomtur v. Forstmeister behielt seine Wohnung im Schloss. Dort besuchte ihn König Friedrich zweimal – im Juli 1810 und im Juli 1811 – und speiste bei ihm zu Mittag. Karl Friedrich v. Forstmeister starb am 1. Januar 1814 und wurde mit dem im Deutschen Orden üblichen Zeremoniell in der Kirche beigesetzt.[56] Der ehemalige Hauskomtur Camill v. Froberg erhielt ebenfalls die Erlaubnis, im Schloss wohnen zu bleiben; er starb im Jahr 1834 und wurde auf dem Altshausener Friedhof bestattet.

Die Herrschaft Altshausen war nun endgültig Teil des württembergischen Staatsgebiets und wurde von den staatlichen Behörden verwaltet. Dieser Zustand sollte allerdings nur von kurzer Dauer sein. Der Grund dafür war darin zu suchen, dass die ehemalige Deutschordenskommende das Interesse König Friedrichs erregte. Sie lag sehr günstig zwischen der Residenzstadt Stuttgart und der Stadt Friedrichshafen am Bodensee. Das geräumige Barockschloss erschien als königliches Landschloss besonders geeignet, und die Wälder der Umgebung boten Gelegenheit zur Jagd. Deshalb wollte der Monarch das Gebiet um sein Schloss als Privatbesitz erwerben und wies seine Hof- und Domänenkammer an, Verhandlungen mit den Staatsbehörden einzuleiten.

Königlicher Privatbesitz

Seit dem 16. Jh. war in Württemberg das Privatvermögen der Herrscherfamilie streng vom Staatsvermögen getrennt. Die Landstände, eine etwa 60 Familien zählende Vertretung der Oberschicht, hatte sich im Tübinger Vertrag von 1514 zahlreiche Privilegien erkämpft; unter anderem konnten die Herzöge Steuern nicht ohne Bewilligung der Stände ausschreiben. Deshalb betrieben die Landesherren den Aufbau eines privaten Vermögens, welches dem Zugriff der Landstände entzogen war. Durch Erwerbungen und Tausch versuchten sie, dieses Vermögen zu erhalten und zu mehren. Nach dem Ende des Dreißigjährigen Kriegs wurde mit der *Kammerschreiberei* eine eigene Behörde zur Verwaltung des herzoglichen Privatvermögens eingerichtet. Dabei waren staatliche und familiäre Aufgaben nicht genügend voneinander getrennt. Deshalb wurden aus den Einkünften des Privatvermögens Ausgaben bestritten, welche originär dem Staat zuzuordnen waren, während die staatlichen Behörden auch Aufwendungen finanziert hatten, die eindeutig zum privaten Bereich der königlichen Familie gehörten. Gegen Ende des Alten Reiches geriet die Kammerschreiberei in eine Krise, da das herzogliche Privatvermögen hoch verschuldet war. Die geografisch weitverstreuten Besitzungen erschwerten die Verwaltung der Güter und Einkünfte erheblich. Nachdem Württemberg am 1. Januar 1806 zum Königreich erhoben

worden war, nutzte König Friedrich die Gelegenheit, mit der Neuorganisation der staatlichen Verwaltung auch die Administration seines privaten Familienvermögens neu zu ordnen. Äußerlich kam dies bereits in einer Umbenennung der Kammerschreiberei zum Ausdruck: Von nun an hieß sie *Hof- und Domänenkammer* (ab 1816 verkürzt *Hofdomänenkammer*).[57] Der König wies seine Beamten an, den Güterbesitz seines Hauses in größeren geschlossenen Bezirken zu organisieren. Gleichzeitig sollte im Rahmen einer *Purifikation* eine vollständige Trennung des privaten und des staatlichen Vermögens stattfinden. In umfangreichen Verhandlungen zwischen der Staatsverwaltung und der Hof- und Domänenkammer wurden große Besitzungen ausgetauscht, parallel dazu die Aufgabenbereiche der Privatvermögensverwaltung und der Staatsverwaltung neu definiert und eindeutig geklärt.

Nun befand sich die Herrscherfamilie seit dem frühen 17. Jh. im Besitz des Schlosses und der dazu gehörigen kleinen Herrschaft Weiltingen bei Dinkelsbühl, wo zeitweise eine Nebenlinie des Hauses residiert hatte.[58] Da infolge der territorialen Neuordnung nach 1800 das gesamte umliegende Gebiet an das Königreich Bayern gefallen war, erschien es wenig sinnvoll, die Herrschaft Weiltingen als territoriale Exklave für das königliche Privatvermögen zu halten. Deshalb trat die königliche Familie ihre Herrschaft im Pariser Vertrag von 1810 an Bayern ab.[59] Als Entschädigung für diesen Verlust erwarb König Friedrich als Eigentümer des Schlosses Altshausen vom württembergischen Staat für sein Privatvermögen die dazu gehörige Herrschaft und unterstellte diesen Besitz der Hof- und Domänenkammer. Das Kameralamt Altshausen wurde in ein Kameralamt der Hof- und Domänenkammer umgewandelt[60] und als Kameralverwalter der Buchhalter bei der Oberfinanzkammer, Johann Bernhard Maurer, berufen.[61]

Von diesen Umstrukturierungen dürften die Einwohner des neuen Hofkameralbezirks nur wenig bemerkt haben, da es sich bei der Herrschaft Altshausen um ein arrondiertes Gebiet handelte und somit keine umfangreichen Tauschmaßnahmen erforderlich waren. In erster Linie musste es der neuen Herrschaft um die administrative Durchdringung ihrer Besitzungen gehen. Dies geschah auf zwei Ebenen: im Bereich der

Vermögensverwaltung und bezüglich der Domänen in der Nähe von Altshausen.

Als Rechtsnachfolger des Deutschen Ordens nahm das Hofkameralamt sämtliche Rechte der ehemaligen Deutschordensherrschaft wahr. Jedoch sind Bestrebungen unverkennbar, den Besitz neu zu strukturieren. Bereits in der Regierungszeit König Friedrichs setzten Bemühungen ein, die Erträge des Kameralbezirks durch eine verbesserte Bewirtschaftung zu steigern. Nach einem Dekret von 1808 sollten die Beamten auf breiter Ebene den Versuch unternehmen, die Bauern zur Umwandlung ihrer Falllehen in Erb- oder Zinsgüter zu bewegen. Für die Herrschaft hätte sich daraus der Vorteil ergeben, dass sie jedes Jahr mit gleich bleibenden Einnahmen hätte rechnen können und das einzelne Gut mehr Reinertrag erbracht hätte. Diese Maßnahme zeitigte jedoch nur geringe Erfolge, da die Bauern bei ihrer über Generationen tradierten

Wirtschaftsweise bleiben wollten.[62] Nicht nur die von ihnen zu erbringenden höheren Leistungen schreckten sie ab, sondern auch die uneinheitliche Vorgehensweise der Behörden. Von über 500 Leheninhabern in der Herrschaft Altshausen stimmten in den Jahren 1813 bis 1815 lediglich neun Bauern der Allodifikation ihrer Güter zu.[63]

Deshalb konzentrierten sich die Bestrebungen der neuen Herrschaft zur Ertragssteigerung zunächst vorwiegend auf den ihr zugefallenen eigenen Besitz. Beispielsweise hatte der Deutsche Orden eine umfangreiche Weiherwirtschaft betrieben; beim Übergang an Württemberg umfassten die Weiher eine Fläche von etwa 150 ha. Sie dienten nicht nur der Fischzucht, sondern trieben auch Mühlen und eine Hanfreibe an. Noch unter dem Orden hatte man die ersten Weiher trockengelegt, um sie als landwirtschaftliche Nutzfläche verkaufen zu können. Diese Maßnahmen setzte

Altshausen
Ansicht des ehemaligen Deutschordens- und nun württembergischen Schlosses und Ortes.
Ölgemälde, Johann Georg Sauter (1782–1856), ca. 1820.
Privatbesitz.

das Hofkameralamt fort.[64] Auch ein Torfstich im Tolpenried wurde teilweise trockengelegt.

Sorgen bereitete der umfangreiche Waldbesitz mit einer Fläche von 6.950 Morgen (2.190 ha) und weiteren 723 Morgen (228 ha) Torfflächen. Die meisten Leheninhaber hatten das Recht auf den Bezug von Bau- und Brennholz für ihre Höfe, wofür jährlich 2.600 Klafter Holz abgegeben wurden. Darüber hinaus benötigte die Herrschaft für ihren eigenen Bedarf und für die Holzbesoldungen der Angestellten weitere 300 Klafter Holz. Da die Waldungen zum größten Teil aus Nadelholz bestanden, erbrachten sie kaum so viel Ertrag, dass auch nur diese jährlichen Verpflichtungen erfüllt werden konnten; man musste im Grunde die Bäume viel zu früh schlagen.[65] Bei einer Untersuchung zeigte sich, dass dem Wald in den vorangegangenen Jahrzehnten dadurch viel Schaden zugefügt worden war, dass die Leheninhaber ihr Holz selbst hatten schlagen dürfen. In einem Gutachten riet der Oberforstrat v. Jäger, den ärmeren Familien mehr Torf zukommen zu lassen, um Brennholz zu sparen, und entwarf einen detaillierten Bewirtschaftungsplan.[66]

Nach dem Tod des letzten Landkomturs v. Forstmeister 1814 verpachtete das Kameralamt der Hofdomänenkammer Teile des Schlossparks und des Schlossgartens[67], während im Schloss selbst die repräsentativen Räume für gelegentliche Besuche des Königs und seines Gefolges bereit gehalten wurden. König Friedrich wollte sein neu erworbenes Landschloss als oberschwäbische Residenz so erhalten wissen, wie es einer königlichen Hofhaltung angemessen war. Deshalb wurden beispielsweise die Kanäle am Hartweiher ausgebessert, das Schiff auf dem Weiher repariert und die Gebäude und Spiele auf den Inseln instandgehalten.[68] Im herrschaftlichen Teil des Schlossgartens kümmerte sich ein einziger Gärtner um die Orangerie und die Obstanlagen, in denen besonders schöne Spalierbäume standen; dieser schien freilich mit der Aufgabe überfordert zu sein, so dass eine Verwilderung des Gartens zu befürchten stand.[69] Nach wie vor befand sich die Orangerie mit etwa 70 Orangenbäumen, 60 Ananaspflanzen und zahlreichen Pfirsichbäumen in einem guten Stand, wobei der Ananasanbau schon im Jahr 1815 eingestellt wurde.[70]

Freilich war abzusehen, dass die königliche Familie nur selten nach Altshausen kommen würde. Durch den Tod des Landkomturs hatte das weitläufige Barockschloss mit den Anlagen seine Residenzfunktion weit gehend eingebüßt.

»Rationelle Landwirtschaft«

Mit dem Regierungsantritt König Wilhelms I. (1816–1864) brach im Oktober 1816 für die Herrschaft Altshausen eine neue Epoche an. Der Thronwechsel fiel in eine schwere Krisenzeit, da durch Missernten Hungersnot und Teuerung herrschten. Der neue Monarch nahm diese Situation zum Anlass einer grundlegenden Reform der königlichen Hofhaltung und der Staatsverwaltung. Er schränkte den Repräsentationsaufwand deutlich ein. Diese Bestrebungen machten sich auch in Altshausen bemerkbar, als 1817 die Orangerie im Schlossgarten aufgelöst wurde, für deren Beheizung immens viel Holz benötigt wurde. Ein derart hoher Aufwand für ein nicht ständig bewohntes Schloss erschien nun nicht mehr vertretbar – gerade auch angesichts der schweren Not im Lande. Man dachte sogar zeitweise daran, den Pavillon im Schlosspark abzureißen, kam aber wieder davon ab.[71] Lediglich einige Treibhäuser wurden abgebrochen und weitere Teile des Schlossgartens verpachtet.[72] Nach mehreren Versuchen konnte schließlich die Orangerie im August 1818 verkauft werden.[73] Bezüglich der Anlagen ordnete die königliche Regierung eine so drastische Verminderung der Erhaltungskosten an, dass ein allmählicher Verfall drohte.[74] Ausgenommen davon waren lediglich die Kastanienalleen, bei denen man fehlende Bäume neu pflanzte. Zwar kam auch König Wilhelm I. gelegentlich nach Altshausen und residierte jeweils für einige Tage im Schloss, aber der einfachere Zuschnitt der Hofhaltung entsprach seiner generellen Einstellung.[75]

Das besondere Interesse des Königs galt der Verbesserung der Landwirtschaft. Noch unter König Friedrich waren auf dem herrschaftlichen Brühl in Altshausen und auf den Pachthöfen 3.000 veredelte Obstbäume gesetzt worden.[76] König Wilhelm I. aber hatte sich, ganz der Aufbruchsstimmung seiner Zeit verhaftet, die »rationelle Landwirtschaft« zum Ziel gesetzt. Zu den bereits vorhandenen Domänen ließ er weitere Güter in den Hofkameralamtsbezirken ankaufen und setzte qualifizierte Pächter ein. Ausdrücklich verfügte der Monarch, dass die Domänen als »Mustergüter« zu führen seien, bei denen weniger auf den Ertrag als vielmehr auf eine innovative Wirtschaftsweise zu achten sei. Ohne rechtliche Reformen konnte man aber nicht auf entscheidende Verbesserungen in der Landwirtschaft hoffen.

Zunächst ging es ihm darum, die noch im mittelalterlichen Feudalsystem wurzelnden Verpflichtungen der Bauern abzulösen.[77] Mit einem Edikt vom 18. November 1817 wurde die Leibeigenschaft für die Leibeigenen der württembergischen Krone ohne jede Gegenleistung abgeschafft. Diese gesetzliche Regelung übernahm König Wilhelm I. auch für die Leibeigenen der Hofdomänenkammer und stellte damit seine Untertanen besser als die in den Gebieten des Adels und der Standesherren.[78] Wie in den meisten oberschwäbischen Herrschaften gab es auch im ehemaligen Ordensgebiet fast ausschließlich Falllehen. Bei einem Besitzwechsel war die Herrschaft berechtigt, das Lehengut nach Belieben an einen neuen Inhaber auszugeben. Wenn in der Familie des Leheninhabers ein geeigneter Nachfolger vorhanden war, gab es normalerweise keinen Grund, ein Lehengut aus dem Besitz der Familie gelangen zu lassen. Nach dem Anerbenrecht wurden die Güter geschlossen vererbt. Nun wollten die württembergischen Beamten sämtliche Falllehengüter in Erblehen umwandeln, stießen aber damit bei den oberschwäbischen Bauern auf wenig Gegenliebe. Gerade in den oberschwäbischen Gebieten scheiterte manche gut gemeinte Maßnahme an der Ablehnung der Untertanen. Die Beamten waren bestrebt, die Verhältnisse des alten Herzogtums Württemberg auf die neu erworbenen Gebiete übertragen, ohne auf die historische Entwicklung der Region allzu viel Rücksicht zu nehmen. Sie verkannten dabei oftmals die Tatsache, dass die Landwirtschaft in Oberschwaben auf Grund der wesentlich geringeren Bevölkerungsdichte und der ertragsärmeren Böden – darunter umfangreiche Ried- und Moorgebiete – im Vergleich zu Altwürttemberg extensiv betrieben wurde. Von dieser Wirtschaftsweise wollten sich die Bauern nicht abbringen lassen.[79]

Trotzdem setzten auch im Gebiet des Hofkameralamts Altshausen Verbesserungsbemühungen ein. Seit 1821 legte man in Altshausen selbst Hopfengärten an

und propagierte den Anbau von Runkelrüben.[80] Während sich der Anbau von Runkelrüben – und später von Zuckerrüben – als äußerst arbeitsintensiv und aufwändig erwies, gewann der Hopfenanbau rasch an Bedeutung und wurde über ein Jahrhundert lang von zahlreichen Pflanzern betrieben. Auch auf dem Gebiet der Viehzucht ließ der König den Bauern die Zuchterfolge auf seinen Domänen zugute kommen, indem er alljährlich hochwertige Pferde auf eine Beschälplatte in Altshausen bringen ließ, damit die Bauern dort ihre Stuten decken lassen konnten. Es besteht jedoch kein Zweifel darüber, dass die Domänen in Altwürttemberg für die Landwirtschaftsförderung eine wesentlich größere Rolle spielten als die oberschwäbischen Güter. Nicht nur die geografische Nähe zum königlichen Hof, sondern auch die günstigeren – und für Pächter wie Beamte gewohnteren – Klima- und Bodenverhältnisse gaben dafür den Ausschlag. Deshalb kamen die Verbesserungsversuche wesentlich langsamer in Gang und wirkten sich weit weniger nachhaltig aus als in Altwürttemberg. Bei der Verpachtung der drei großen Güter Arnetsreute, Lichtenfeld und Tiergarten versuchte die Hofdomänenkammer, die Bewirtschaftung durch Vergabe an einen einzigen Pächter, den aus Stuttgart stammenden Emil Stockmayer, zu optimieren. Ganz sicher erfolgte diese Verpachtung auch in der Absicht, einen Exponenten im Altshausener Raum zu haben, der sich als prominenter Großlandwirt standespolitisch im Landwirtschaftlichen Bezirksverein und auch gesellschaftlich engagierte.

Trotz einer vorwiegend extensiven Bewirtschaftung der landwirtschaftlichen Nutzfläche war der oberschwäbische Besitz für König Wilhelm I. von immenser Bedeutung, verband er ihn doch auch persönlich mit den durch Säkularisation und Mediatisierung erworbenen neuen Landesteilen. Die Hofkameralverwalter in Altshausen hielten über die Hofdomänenkammer den Monarchen ständig über Ereignisse und Entwicklungen in Oberschwaben auf dem Laufenden. Gelegentlich kam der König für kurze Aufenthalte nach Altshausen und übernachtete im Schloss. Wie auch sein Engagement für die Pietistensiedlung Wilhelmsdorf zeigt, nahm er selbst lebhaften Anteil an den landwirtschaftlichen Verbesserungsbemühungen in Oberschwaben. Mit der Erwerbung des Schlosses Friedrichshafen und umliegender Besitzungen als

Herzog Albrecht von Württemberg (1865–1939)
*Nach dem Tod Kg. Wilhelms II. im Nov. 1921 ging Altshausen mit
dem übrigen Hofkammerbesitz in das Eigentum von Hz. Albrecht
über, der auch der erste herzogliche Bewohner Altshausens wurde.
Ölgemälde, anonym, o. J.
Privatbesitz.*

Zusammenfassung

Mit der Säkularisierung und Mediatisierung der Deutschordenskommende Altshausen endete die 570-jährige Herrschaft des Deutschen Ordens in Altshausen. Ob man nun in der historischen Forschung den Orden im Deutschen Reich als überlebensfähig erachtet oder nicht – weder die Kleinstaaterei noch die Institution eines Ritterordens erschienen im frühen 19. Jh. noch als zukunftsfähige Form eines staatlichen Gebildes. So vollzog sich auch in der Herrschaft Altshausen die Eingliederung in das Königreich Württemberg als Großterritorium, wobei kleinere Besitzungen an das Königreich Bayern und an das Großherzogtum Baden fielen.

Im Unterschied zu manchen oberschwäbischen Klöstern verhielt sich die neue Herrschaft relativ konziliant gegenüber den noch lebenden Angehörigen und Beamten des Deutschen Ordens. Dazu hat sicher die Tatsache beigetragen, dass König Friedrich seit 1810 als Privateigentümer des Schlosses und der Herrschaft nicht an größeren Konflikten mit den alten Herrschaftsträgern interessiert war. Das Schloss selbst verlor seine Residenzfunktion, aber für das Bewusstsein der württembergischen Könige bedeutete die persönliche Verbindung mit dem Besitz in Oberschwaben viel. Erst 1919, als Herzog Albrecht von Württemberg mit seiner Familie von Stuttgart nach Altshausen zog und dort seinen ständigen Wohnsitz nahm, gewann Schloss Altshausen wieder etwas vom alten Glanz der Deutschordensherrschaft zurück. Für die Einwohnerschaft der einstigen Kommende wie für die historische Forschung ist es sicherlich berechtigt, die Ära des Deutschen Ordens wie auch die Epoche nach der Säkularisation und Mediatisierung gleichermaßen zu würdigen.

privaten Besitz 1838 verfügte die königliche Familie auch über Eigentum am Bodensee.[81] Hier bildete das Hofkameralamt Altshausen eine Klammer zwischen den altwürttembergischen Hofkammerbezirken und der Sommerresidenz Friedrichshafen.

[1] Zur Säkularisation der Kommende Basel durch das Königreich Württemberg vgl. AHW HKA Altshausen 3/1c Vol. 1, Qu. 80 (13.11.1806).
[2] *Hans Martin Gubler,* Johann Caspar Bagnato und das Bauwesen des Deutschen Ordens in der Ballei Elsaß-Burgund im 18. Jh. Sigmaringen 1985, 205–218. Idealansicht der Schlossanlage s. Ebd., 97.
[3] Es handelte sich um die Weiler Ragenreute und Reute, je zwei Höfe in Hirschegg, Hangen und Baltshaus, sowie je einen Hof in Häusern, Hundsrücken und Zwirtenberg.

[4] Einwohnerzahlen: Altshausen 683; Ebersbach und Ried 327; Hochberg und Luditsweiler 144; Eichstegen 61; Kreenried und Käfersulgen 88; Mendelbeuren 77; Fleischwangen 186; Pfrungen 117. AHW HKA Altshausen 3/1, Qu. 33 (Beilage).
[5] Der Zehnt aus dem einzigen Hof in Hundsrücken stand dem Kloster Sießen bei Saulgau zu, welches sich seit der Säkularisation im Eigentum des Hauses Thurn und Taxis befand. Die Zehntabgaben aus Kreenried waren nach Ebenweiler an das Spital Ravensburg zu liefern. In Pfrungen hatten das Priesterkorpus und das Minoritenkloster in

Überlingen (seit der Säkularisation Besitz des Hauses Baden) den »Halbscheid« am großen Zehnten.

[6] Hochberg: Thurn und Taxis 1 Lehenhof, Priesterkorpus Saulgau 1 Lehenhof; Fleischwangen: Spital Ravensburg 1 Lehengut; Pfrungen: Geistlichkeit von Pfullendorf 1 Lehenhof, Kloster Salmansweiler 1 Lehenhof, Grafschaft Heiligenberg 7 Lehengüter.

[7] Dieser Aufsatz beschränkt sich auf die Säkularisation der Herrschaft Altshausen.

[8] Die jährlichen Einkünfte wurden im langjährigen Durchschnitt wie folgt veranschlagt: Geld 5.117 fl. 58 kr.; Vesen (gerbter Dinkel) 4.612 Scheffel 7 Viertel; Roggen 154 Malter 3 Viertel; Gerste 664 Malter 5 Viertel; Hafer 1.669 Scheffel 2 Viertel. In Altshausen galt das Ravensburger Maß.

[9] Ernennung: HSAS B 344 Bü 172.

[10] *Michael Barczyk,* Wiener Quellen zur Neueren Geschichte der Deutschordenskommende Altshausen als Hauptort der Ballei Elsaß-Burgund. Masch. Zulassungsarbeit. Tübingen 1972, 76. In HSAS B 344 Bü 172 finden sich die Aufnahmeakten des Karl Franz Seraph Erbtruchsess v. Waldburg und des Camill Nepomuk Christoph Fidel Tailliers Grafen v. Froberg von 1805.

[11] Bezeugt sind ein Irrgarten an der Hardtwaldallee, ein Chinesisches Häuschen gleich beim Eingang in die Alleen, zwei Eremitagen, ein Wirtshaus, ein Schenkhaus, eine Köhlerstatt, zwei Lusthäuschen, *Gautschen* (Schaukeln), mehrere Statuen sowie ein Scheibenschießstand (*Vogelschießen*) und ein *Numero-Kegel-Spiel* in den Anlagen und ein Badhaus (deren genaue Standorte unbekannt sind). Am Hardtweiher wurden Kanäle durch den Wald gegraben und künstliche Inseln aufgeschüttet, welche durch Brücken miteinander verbunden waren. Auf einer der Inseln stand eine Kuppel auf acht Säulen, auf einer anderen eine Pyramide; daneben gab es (auf einer anderen Insel?) ein Chinesisches Häuschen sowie ein Lusthäuschen. Für die Enten waren dekorative Entenhäuschen aufgebaut. Auf dem Weiher befanden sich mehrere *Schiffe*, auf denen man sich rudern ließ. AHW HKA Altshausen 3/101e (Konsignationen, 1807–1816). Ein Bericht von 1817 legt nahe, dass sich die Anlagen um den Hartweiher gruppierten, *wo besonders in dem obern Theil des Hardtwaldes einige Weege in englischer Manier mit einigen kleinen niedlichen Häuschen und einigen Vorrichtungen zum Kegelschieben, Vogelschiesen p. angebracht sind.* AHW Hofdomänenkammer Bü 1733 Qu. 7 (Bericht des Oberforstrats v. Jäger, 28.02.1817).

[12] Vgl. *Franz Quarthal:* Zwiefalten zwischen Dreißigjährigem Krieg und Säkularisation. Monastisches Leben und Selbstverständnis im 6. und 7. Säkulum der Abtei, in: *Hermann Josef Pretsch* (Hg.): 900 Jahre Benediktinerabtei Zwiefalten. Ulm 1989, 423–428.

[13] *Barczyk,* Wiener Quellen (wie Anm. 10), 41.

[14] Überblick: *Matthias Erzberger:* Die Säkularisation in Württemberg von 1802 bis 1810. Ihr Verlauf und ihre Nachwirkungen. Stuttgart 1902, 321–331.

[15] *Barczyk,* Wiener Quellen (wie Anm. 10), 41.

[16] Vgl. dazu auch HSAS B 347 Bü 415.

[17] *Barczyk,* Wiener Quellen (wie Anm. 10), 43.

[18] AHW HKA Altshausen 3/1, Qu. 9 (Nachtrag zum Protokoll, 05.07.1806).

[19] *Barczyk,* Wiener Quellen (wie Anm. 10), 45.

[20] AHW HKA Altshausen 3/1, Qu. 1 (Bericht der Landeskommission, 21.01.1806).

[21] AHW HKA Altshausen 3/1, Qu. 10 (04.07.1806). Nach *Barczyk,* Wiener Quellen (wie Anm. 10), 46, wurde Pfrungen kumulativ von Baden und Bayern verwaltet.

[22] Im Juli waren im Ort Altshausen an franz. Soldaten einquartiert: ein Obrist, ein Hauptmann vom Generalstab und sechs Offiziere mit

etwa 30 Soldaten vom 10. Chasseurregiment à cheval : AHW HKA Altshausen 3/1, Qu. 8 (Bericht des Oberleutnants Bauer, 03.07.1806).

[23] *Barczyk,* Wiener Quellen (wie Anm. 10), 46, nennt als Termin der Konferenz in München unter franz. Vorsitz den Februar 1806.

[24] Zum Widerstand des franz. Militärs vgl. AHW HKA Altshausen 3/1, Qu. 46 (8.8. 1806). Als eigentl. Initiator galt der in der Warthausen bei Biberach residierende franz. Feldmarschall Ney, der kurz zuvor zwei Adjudanten für einige Tage nach Altshausen gesandt hatte. Zu den Forderung des Generals Colbert nach Abzug der württ. Soldaten vgl. Qu. 70/71 (16.08.1806).

[25] AHW HKA Altshausen 3/1, Qu. 19, 22 (Protestschreiben des Landkomturs v. Forstmeister, 12.07.1806; Bericht über die Besitzergreifung, 13.07.1806); Qu. 39 (Protokolle der Besitzergreifungskommission).

[26] AHW HKA Altshausen 3/1, Qu. 35 (25.07.1806).

[27] AHW Deutschordenskommende Elsaß-Burgund Bd. 36 (Konferenzprotokoll 1804–1806).

[28] AHW HKA Altshausen 3/1, Qu. 74, 81 (16./17.08.1806). Der Hintergrund des franz. Widerstands gegen die württ. Besitzergreifung ist unklar.

[29] AHW HKA Altshausen 3/1, Qu. 92 (21.08.1806).

[30] AHW HKA Altshausen 3/1, Qu. 102 (Vertrag vom 09.09.1806). HKA Altshausen 3/1c Vol. 1, Qu. 24 (25.09.1806): Abmarsch der franz. Soldaten. Vgl. auch *Barczyk,* Wiener Quellen (wie Anm. 10), 48.

[31] AHW HKA Altshausen 3/1c Vol. 1, Qu. 15 (Bericht und Inventar, 21.09.1806). AHW HKA Altshausen 3/1c Vol. 1, Qu. 38 (Bericht und Inventar, 11.10.1806), 49 (22.10.1806).

[32] AHW HKA Altshausen 3/1c Vol. 2, Qu. 112, 113 (31.12.1806). Die Sammlung umfasste 280 silberne und sieben goldene Medaillen. Darüber hinaus wurden goldene Schnallen und Hemdknöpfe abgeliefert. König Friedrich verfügte jedoch ausdrücklich, dass dem Landkomtur das Ordenskreuz belassen werden solle.

[33] *Barczyk,* Wiener Quellen (wie Anm. 10), 48.

[34] AHW HKA Altshausen 3/1c Vol. 2, Qu. 136 (Personal-Etat, Okt. 1806).

[35] Altshausen: Anton Gunz, Geistlicher Rat, Deutschordenspriester und Pfarrer; Joseph Eschenbronner, erster Hofkaplan; Joseph Ritter, zweiter Hofkaplan; Joseph Vogt, dritter Hofkaplan. Pfrungen: Franz Anton Baumann, Pfarrer. Ebersbach: Franz Xaver Arnold, Deutschordenspriester und Pfarrer. Fleischwangen: Ignaz Kible, Pfarrer. AHW HKA Altshausen 3/1c Vol. 2, Qu. 136 (Personal-Etat, Okt. 1806).

[36] *Barczyk,* Wiener Quellen (wie Anm. 10), 48.

[37] AHW HKA Altshausen 3/1, Qu. 67 (13.08.1806).

[38] Für das Mahlen des Dinkels war ein Gerbgang erforderlich, um den harten Spelz vom Korn zu trennen.

[39] W Hofdomänenkammer Bü 1712 (Bericht des Hof- und Finanzrats v. Süskind, 27.02.1807). Die Güter Tiergarten und Arnetsreute waren noch bis 1808, die herrschaftl. Obere Mühle bis 1810 verpachtet und wurden den Pächtern bis dahin belassen.

[40] AHW Hofdomänenkammer Bü 1729.

[41] Lediglich beim Maiereigut Altshausen stammte ein Mitpächter aus Mägerkingen.

[42] *Eberhard Fritz,* Die Hofdomänenkammer im Königreich Württemberg. Zur Vermögensverwaltung des Hauses Württemberg, in: ZWLG 56 (1997), 163, 167, 171.

[43] AHW Hofdomänenkammer Bü 1792 Qu. 14 (18.01.1812). In einem kgl. Dekret (Qu. 34, 25.05.1812) wurden den neuen Pächtern Vergünstigungen eingeräumt, *da es hier nicht sowohl auf den augenblicklichen Gewinn, als vielmehr auf die Wiederherstellung und Besserung dieser so sehr vernachlässigten Güter ankommt.*

[44] AHW Hofdomänenkammer Bü 1792 Qu. 53 (04.05.1813). Vorher war die Dreifelderwirtschaft üblich gewesen. Nun sollten die sechs *Schläge* wie folgt bebaut werden: Schlag 1 Hackfrüchte; Schlag 2 Sommergetreide; Schlag 3 Klee; Schlag 4 Wintergetreide; Schlag 5 Erbsen und Wicken; Schlag 6 Wintergetreide oder Hafer. Rückkehr zur (verbesserten) Dreifelderwirtschaft: Qu. 73a (29.01.1814).

[45] AHW HKA Altshausen 3/1c Vol. 1, Qu. 51 (23.10.1806).

[46] AHW HKA Altshausen 3/1c Vol. 2, Qu. 103 (Bericht vom 31.12.1806).

[47] AHW HKA Altshausen 3/1c Vol. 2, Qu. 127 (25.01.1807).

[48] AHW HKA Altshausen 3/1c Vol. 2, Qu. 132 (25.02.1807). Hofdomänenkammer Bü 1481. Vgl. *Magda Fischer,* Zur Geschichte der Deutschordensbibliothek in Altshausen. Die Bücherschätze im Schloß von Altshausen am Ende des 18. Jh., in: ZWLG 47 (1988), 235–268, bes. 266ff.

[49] AHW Hofdomänenkammer Bü 1489 (Anbringen der Zentral-Organisationskommission, 18.05.1807, und Kgl. Dekret 07.06.1807).

[50] AHW HKA Altshausen 3/1c Vol. 2, Qu. 143 (Kgl. Dekret, 07./18.06.1807).

[51] AHW Hofdomänenkammer Bü 1489 (Dekret des Staatsministeriums, 30.07.1807).

[52] AHW HKA Altshausen 3/1 (Qu. 5 (27.06.1807); Qu. 16 (Alphabet. Verzeichnis über die Orte des Kameralbezirks).

[53] AHW Hofdomänenkammer Bü 1730 (Kgl. Dekret, 07.07.1807).

[54] AHW: Hofdiarien, unverzeichnet. Die genaue Reiseroute König Friedrichs ist nicht bekannt.

[55] *Barczyk*, Wiener Quellen (wie Anm. 10), 50 (Verzicht, 14.10.1809).

[56] AHW Hofdomänenkammer Bü 1394, 1491. Vgl. *Bernhard Rueß*, Geschichte von Altshausen. Der Marktflecken Altshausen, sein einstiges Grafengeschlecht und seine einstige Deutschordenskommende. Rottenburg a.N. 1935, 203.

[57] *Fritz*, Hofdomänenkammer (wie Anm. 42), 127–180.

[58] Vgl. *Harald Schukraft*, Die Seitenlinie Weiltingen, in: *Sönke Lorenz/ Dieter Mertens/Volker Press* (Hg.), Das Haus Württemberg. Ein biographisches Lexikon. Stuttgart 1997, 188–200, bes. 188ff.

[59] *Schukraf*, Die Seitenlinie (wie Anm. 58), 190.

[60] *Eberhard Fritz*, Das Haus Württemberg in Oberschwaben. Zur Geschichte des oberschwäbischen Besitzes und des Hofkameralamts Altshausen, in: Im Oberland 4 (1993), H. 1, 17–21; 4 (1993), H. 2, 13–17.

[61] HSAS E 221 Bü 3531. – *Heinz Winterhalter*: Ämter und Amtsleiter der Kameral- und Steuerverwaltung in Baden-Württemberg. Teil 1: Württemberg. Freiburg i. B. 1976, 374.

[62] *Wolfgang v. Hippel*, Die Bauernbefreiung im Königreich Württemberg. Bd. 1. Boppard 1978, 325f. (spez. Anm. 80).

[63] *v. Hippel*, Bauernbefreiung (wie Anm. 62), Bd. 1, 326 Anm. 80.

[64] Vgl. AHW HKA Altshausen 3/50 (Steinenbacher Weiher); 3/62 (Ebersbacher Weiher); 3/71 (Hirschegger Weiher); 3/71a (Tolpenried).

[65] AHW Hofdomänenkammer Bü 1637 (Bericht des Kommissärs und Fiskals v. Kohlhaas, 05.10.1815).

[66] AHW Hofdomänenkammer Bü 1637 (Bericht des Oberforstrats v. Jäger, 26.01.1816).

[67] AHW Hofdomänenkammer Bü 1732.

[68] AHW HKA Altshausen 3/101e (Konsignation Georgi 1808/09 mit Kopie des Dekrets vom 09.07.1807).

[69] AHW Hofdomänenkammer Bü 1732 (Bericht, 05.10.1815).

[70] AHW Hofdomänenkammer Bü 1732. (Bericht des Hofgärtners Leitner, 27.10.1815). Im Jahr 1817 befanden sich folgende Topfpflanzen in der Orangerie (Spezifikation, 10.7. 1817): 17 Pomeranzenbäume; 12 Zitronenbäume; 4 gemeine Laurus; 4 Lorbeerbäume; 1 *laurus indica*; 2 *punica granatum*; 1 *Myrthus*; 1 *yucca gloriosa*; 140 unterschiedliche Gewächse; 12 Feigenbäume. Die Kästen für die Aprikosen waren zu diesem Zeitpunkt bereits abgebrochen worden.

[71] Dieser Pavillon im Schlossgarten wurde später als Gottesdienstraum für die evang. Gemeinde benutzt, bis 1882 eine Kirche gebaut wurde. Er existiert heute noch.

[72] AHW HKA Altshausen 3/101e (Dekrete vom 22.02.1817 [Verpachtung] und vom 10.04.1817 [Orangerie]).

[73] AHW HKA Altshausen 3/101e (Protokoll, 27.08.1818). Die ges. Orangerie mit 64 Bäumen wurde an Baron Eichner v. Heppenstein in Sießen um 501 fl. verkauft.

[74] Zunächst genehmigte die Hofdomänenkammer die Erhaltungskosten für die Anlagen am Hardtweiher noch, scheint aber seit den zwanziger Jahren des 19. Jhs. nicht mehr viel Interesse an deren Erhaltung aufgebracht zu haben. Ein Nachklang der einstigen Parkfunktion des Hardtweihers ist in dem 1840 von einigen Altshausener Honoratioren eingebrachten Antrag zu erblicken, im Hardtwald an der Stelle ein Badhäuschen errichten zu dürfen, wo schon zu Zeiten des Deutschen Ordens ein Häuschen gestanden hatte. AHW Hofdomänenkammer Bü 1733 (20.06. und 30.06.1840).

[75] Vgl. *Paul Sauer*, Reformer auf dem Königsthron. König Wilhelm I. von Württemberg. Stuttgart 1997, 236f.

[76] AHW Hofdomänenkammer Bü 1713. Leider enthalten die Akten keinerlei Angaben über die Obstsorten.

[77] *v. Hippel*, Bauernbefreiung (wie Anm. 62).

[78] *v. Hippel*, Bauernbefreiung (wie Anm. 62), Bd. 1, 525ff.

[79] *v. Hippel*, Bauernbefreiung (wie Anm. 62), Bd. 2, 186ff.

[80] AHW Hofdomänenkammer Bü 1204. Nach einem erfolglosen Versuch auf ungeeigneten Böden umfassten in Altshausen 1825 die Hopfengärten 0,5 Morgen (ca. 0,16 ha). Im Herbst 1823 hatte der Ertrag bei 140 Pfund Hopfen gelegen.

[81] König Wilhelm I. hatte das Schloss bereits seit den zwanziger Jahren als Sommeraufenthalt genutzt.

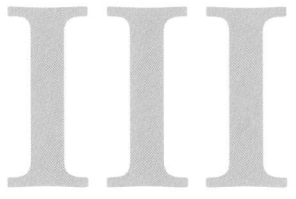

III

Nicht nur Entschädigung:
§ 35 RDH

Das Ende der mediaten Klöster 1803–1806
und die Säkularisation
des evangelischen Kirchenguts

Klöster in den Fürstentümern Hohenzollern-Hechingen und Hohenzollern-Sigmaringen zur Zeit der Säkularisation

Ein Überblick

von Andreas Zekorn

In den beiden kleinen hohenzollerischen Fürstentümern existierten in der zweiten Hälfte des 18. Jhs. neun, in der Regel eher bescheiden dimensionierte Klöster. Zwei dieser Klöster in Hohenzollern-Sigmaringen waren bereits 1782 unter Joseph II. aufgehoben worden. 1802/03 bzw.1806 fielen die übrigen Klöster – mit Ausnahme Heiligkreuztals – an die beiden Fürstenhäuser Hohenzollern-Hechingen und Sigmaringen; ihr Gut wurde als Domänenbesitz angesehen.[1] Im folgenden sei ein knapper Überblick über die Klosterlandschaft in den beiden Territorien gegeben zur Orientierung und als Grundlage für die unterschiedlichen Beiträge des vorliegenden Bandes, die sich mit hohenzollerischen Klöstern befassen.[2] Um den Umfang des vorliegenden Beitrags im vorgegebenen Rahmen zu halten, bleiben diejenigen Klöster und Klostergebiete ausgeklammert, die vor 1802/06 außerhalb der hohenzollerischen Fürstentümer lagen und erst infolge des RDH und der Aufnahme der beiden Fürstentümer in den Rheinbund an die Fürsten kamen, nämlich das Augustinerchorherrenstift Beuron, das Benediktinerinnenkloster Holzen (zwischen Augsburg und Donauwörth) und die Herrschaft Glatt aus dem Besitz der Fürstabtei Muri (Schweiz).[3]

Klöster in Hohenzollern-Hechingen

Das *Fürstentum Hohenzollern-Hechingen* bestand im wesentlichen aus der Grafschaft Zollern mit der Residenzstadt Hechingen sowie 25 Dörfern und besaß 13.570 Einwohner im Jahre 1790. In diesem Territorium gab es die Klöster St. Luzen, Stetten (bei Hechingen) und Rangendingen. De jure sprach der RDH Fürst Hermann Friedrich Otto u. a. das Kloster Stetten als Entschädigung für den Verlust seiner linksrheinischen Feudalrechte in den Niederlanden zu und gestattete allgemein die Aufhebung der geistlichen Konvente in seinen Landen. De facto nahm der Fürst bereits 1802 Rangendingen und Stetten in seinen Besitz.[4]
Das Frauenkloster *Stetten im Gnadental* bei Hechingen war 1267 durch Graf Friedrich von Zollern als zollerisches Hauskloster gestiftet und vor dem Jahre 1275 mit Dominikanerinnen belegt worden. Vom 13. bis zum 15. Jh. lag hier das zollerische Erbbegräbnis. Im Konvent (1801: 12 Nonnen und einige Laienschwestern) befanden sich, wenigstens noch im Mittelalter, auch adlige Damen, insbesondere Angehörige des Hauses Zollern. Stetten im Gnadental war ein landsässiges Kloster, über welches Zollern das Vogteirecht besaß. Das Kloster hatte hauptsächlich Grundbesitz in der Grafschaft, aber auch im Balinger Raum, in den Dörfern des Steinlachtals sowie in der oberen Grafschaft Hohenberg und in der Herrschaft Trochtelfingen. Damit besaß es zwar die bedeutendste klösterliche Grundherrschaft in der Grafschaft Zollern, ohne dass das Kloster ein geschlossenes Territorium hätte bilden können. Bei der Aufhebung fiel der Klosterbesitz an die Landesherrschaft. Die Schwestern durften im Kloster wohnen bleiben, in dem auch die Rangendinger Nonnen untergebracht wurden.[5]
Bei *St. Luzen*, Pfarrkirche der Stadt Hechingen 1328 bis 1536, befand sich von 1372 bis zum Ende des 15. Jhs. eine Klause mit Schwestern, die 1390 nach der dritten Regel des Franziskanerordens (Terziarinnen) lebten. Graf Eitelfriedrich I. richtete später dort ein Kloster

ein und holte 1585/89 Franziskaner-Observanten aus München nach Hechingen; 1586 bis 1589 erfolgte der Neubau der Klosterkirche. Diese Maßnahmen geschahen im Zeitalter der Gegenreformation, dienten aber nicht zuletzt auch dazu, die Residenzstadt auszugestalten. Dem Konvent gehörten 1755 insgesamt 18 Patres, neun Laienbrüder und einige Novizen an. 1803/06 wurde das Kloster nicht aufgehoben, doch die fürstliche Regierung übernahm 1808 die Verwaltung. Der Tod der letzten Patres im Jahre 1819 bedeutete das Ende des Konvents.[6]

Graf Eitelfriedrich I. gründete auch in *Rangendingen* 1596 ein Dominikanerinnenkloster und stattete es mit Grundbesitz aus. In dem Ort hatte es bereits vom 14. bis zum 16. Jh. eine Klause gegeben. Die Schwestern stammten, soweit ersichtlich, aus dem Bürger- und Bauernstand. Der Konvent umfasste Mitte des 18. Jhs. sieben bis 15 Schwestern. 1802 erfolgte die Aufhebung des Klosters, die Nonnen wurden in Stetten untergebracht, die Gebäude verkauft.[7]

Hohenzollern-Sigmaringen und Habsburg

Ab 1576 gab es eine eigene Linie *Hohenzollern-Sigmaringen*, die 1623 zusammen mit Hechingen in den Reichsfürstenstand erhoben wurde. 1634 fiel an Sigmaringen der Besitz der damals erloschenen Haigerlocher Linie. Hohenzollern-Sigmaringen war ein Herrschaftskonglomerat: Es bestand im wesentlichen aus den Grafschaften Sigmaringen und Veringen sowie den Herrschaften Haigerloch und Wehrstein; im Hochgerichtsbezirk der Grafschaft Sigmaringen lagen drei klösterliche Grundherrschaften. Im Jahre 1806 hatte das Fürstentum rund 16.000 Einwohner.

1535 waren Sigmaringen und Veringen als österreichische Lehen an die Zollern gekommen; allerdings sprach 1588 ein Reichskammergerichtsurteil die Steuer der Grafschaft Sigmaringen dem Reich zu. Österreich konnte dennoch seine lehens- und landeshoheitlichen Rechte geltend machen, wenn auch in verschiedenen Phasen unterschiedlich intensiv. Kompliziert wurde die Lage in der Grafschaft Sigmaringen dadurch, dass die Zollern einige Orte der Grafschaft als Eigengut erworben hatten und diese Dörfer den Zollern unmittelbar unterstanden; man bezeichnete sie deshalb als Immediatorte. Die »österreichischen« Orte besaßen die Zollern dagegen nur mittelbar, weshalb sie *Mediatorte* hießen.[8]

Nachdem Hohenzollern-Sigmaringen durch den RDH die Herrschaft Glatt des Klosters Muri (Schweiz) sowie die Klöster Beuron, Holzen und Inzigkofen für den Verlust von Feudalrechten in den Niederlanden zugesprochen erhalten hatte, machte Habsburg – entgegen dem Wortlaut des RDH – sein *Epavenrecht*, sein landesherrliches Heimfallrecht, geltend, d. h. es beschlagnahmte die in österreichischer Landeshoheit gelegenen Besitzungen von säkularisierten geistlichen Korporationen. Österreich nahm einen Großteil der Güter der genannten Klöster in Besitz und schloss 1804, unter Berufung auf seine Landeshoheit, einen Vertrag mit Fürst Anton Aloys von Hohenzollern-Sigmaringen, wodurch der Fürst einen Teil der Güter als österreichisches Mannlehen erhielt. Erst 1805/06 wurde das österreichische Lehensband gelöst, wodurch dieser und anderer klösterlicher Besitz definitiv an Sigmaringen fiel.[9]

Klöster im Fürstentum Sigmaringen

Bei der Stadt Sigmaringen, also im österreichischen Teil, gab es drei Klöster ohne größere Grundherrschaften: Das Kloster in *Hedingen*, gegründet vor 1338, war bis 1595/97 ein Dominikanerinnenkloster; wegen des unsittlichen Lebenswandels der Nonnen wurde das Kloster damals aufgehoben. 1624 übergab Fürst Johann die Klostergebäude den Reformierten Franziskanern. 1779 befanden sich 19 Patres und vier Brüder in Hedingen. Gemäß der Ordenssatzung besaß das Kloster kein Vermögen. Von 1715 bis 1765 unterhielten die Franziskaner in Hedingen ein Philosophiestudium. Auf fürstliche Anordnung gründeten sie dort 1770 eine öffentliche Lateinschule, die, 1776 zum Gymnasium ausgebaut, bis ungefähr 1806 bestand. Infolge der Unterrichtstätigkeit entgingen die Franziskaner der josephinischen Säkularisation. Da das Kloster ab 1806 im nun souveränen Fürstentum Hohenzollern-Sigmaringen lag, wurde es erst 1816 aufgehoben und die Patres pensioniert.[10]

Die *Franziskaner-Terziarinnenklöster Gorheim* (1347 erstmals sicher belegt; bei Sigmaringen gelegen) und

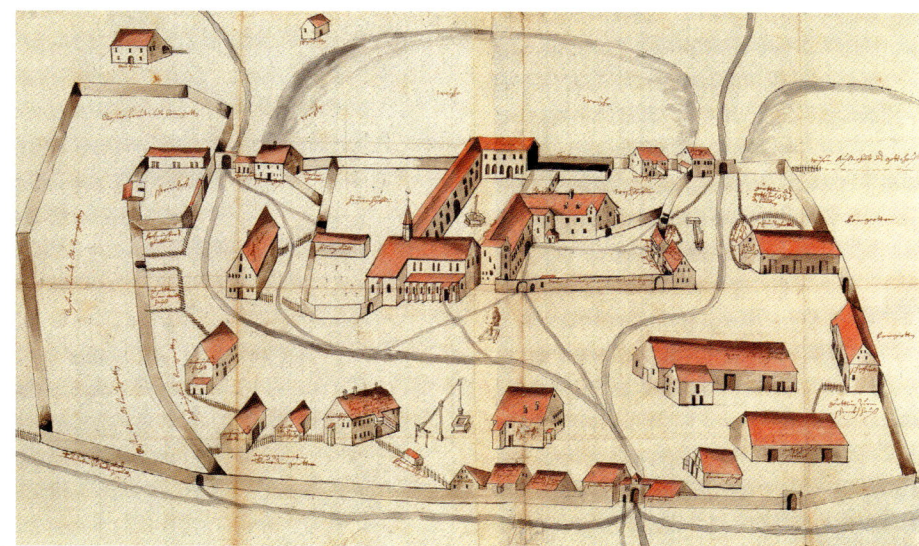

Zisterzienserinnenkloster Wald
Zustand vor der Barockisierung.
Klosterprospekt mit Bezeichnung
der Gebäude und Höfe.
Kol. Federzeichnung, um 1685.
SA Sigmaringen, Depositum 39.

Laiz (1356 erstmals urkundlich belegt) gingen beide aus Klausen hervor. Der Gorheimer Konvent war bürgerlich geprägt (1699: 12 Chorfrauen und fünf Laienschwestern), während sich in Laiz noch im 16. Jh. Nonnen aus dem niederen Adel befanden (1687: 17 Nonnen, 1 Novizin). Beide Klöster hatten Grundbesitz und je 7 Lehenhöfe, wobei Laiz das etwas wohlhabendere Kloster war. Die Vogtei stand dem Inhaber der Grafschaft Sigmaringen zu. Weil beide Klöster im österreichischen Teil der Grafschaft lagen, waren sie von den josephinischen Säkularisationen betroffen und wurden 1782 aufgehoben.[11]

Unter Joseph II. nicht säkularisiert wurde dagegen das *Kloster Inzigkofen*, weil es im unmittelbaren (immediaten) zollerischen Herrschaftsbereich innerhalb der Grafschaft Sigmaringen lag. Auch das 1356 erstmals urkundlich belegte Kloster Inzigkofen ging aus einer Klause hervor; die Klausnerinnen befolgten anfänglich die Regel des Dritten Ordens des hl. Franziskus. Ab 1394 war das Kloster ein Augustinerchorfrauenstift. Die Vogtei stand nach 1535 den Zollern zu. 1794 hatte Inzigkofen 30 Ordensfrauen und 13 Laienschwestern. Im Kloster befanden sich zahlreiche Adelige, darunter mehrere Angehörige der Häuser Hohenzollern-Sigmaringen und -Haigerloch. Das Kloster besaß umfangreicheren Grundbesitz, darunter mehrere Höfe (1651: 53 Höfe an verschiedenen Orten) und Waldun-

gen. 1802 wurde das Kloster aufgehoben, die Ordensfrauen durften aber bis zu ihrem Tod im Kloster und erhielten eine Pension.[12]

Innerhalb des österreichischen Teils der Grafschaft Sigmaringen lagen die *Klöster Wald, Habsthal und Heiligkreuztal*, die unterschiedlich große Grundherrschaften aufgebaut hatten. Der Grafschaftsinhaber beanspruchte hinsichtlich der Klöster bzw. deren Grundherrschaften unter anderem Schirmvogtei, hohe Jurisdiktion sowie die Forst- und Jagdhoheit; er konnte seine Ansprüche aber nur teilweise durchsetzen, und die Klöster erkämpften sich im Laufe der Zeit – nicht zuletzt mit österreichischer Hilfe – jeweils einen unterschiedlichen Grad der Abhängigkeit von Zollern. Habsburg machte auch hier seine lehens- und landeshoheitlichen Ansprüche geltend. Wald und Heiligkreuztal zählten unterschiedlich lange zu den schwäbisch-österreichischen Landständen.

Das *Kloster Wald* war ein im Jahre 1212 gestiftetes Zisterzienserinnenkloster. Ab der Mitte des 16. Jhs. setzte sich der Konvent aus Nonnen ritterschaftlich-niederadliger und patrizischer Herkunft zusammen, wobei immer auch Bürgerliche aufgenommen wurden (1738: 29 Nonnen; größte Größe des Konvents). Bis Ende des 15., Anfang des 16. Jhs. hatte das Kloster eine geschlossene Herrschaft mit 18 Weilern und Einzelhöfen aufbauen können, in welcher es Grund-,

547

Heiligkreuztal
*Gesamtansicht der Klosteranlage
von Norden. Detail einer
Marienkrönung.
Öl auf Lw., 1.H. 18. Jh.
Heiligkreuztal, Münster.*

Niedergerichts- und Ortsherr war und worin es zudem das Kirchenpatronate, Zehntrechte und Leibeigenschaft besaß. Nach 1535 konnte Zollern die hohe Jurisdiktion, die Kastenvogtei sowie die Forst- und Jagdhoheit behaupten. Über der zollerischen Schirmherrschaft stand – ab 1692 vertraglich fixiert – der österreichische Oberschutz, doch gab es auch nach 1692 wiederholte Konflikte zwischen dem Kloster und den Fürsten. Das Kloster bewegte sich in einem Schwebezustand zwischen Landsässigkeit und Reichsfreiheit. Die Untertanen waren zum Teil als eigener Stand auf den schwäbisch-österreichischen Landtagen vertreten, zeitweilig musste jedoch auch an den Schwäbischen Kreis gesteuert werden. Unter Maria Theresia wurde das Kloster 1766/67 wieder in die schwäbisch-österreichische Besteuerung zurückgeholt und der österreichischen Territorialhoheit unterworfen; es erhielt den Charakter eines schwäbisch-österreichischen Landstands. Seit 1770 war das Kloster von den Reformmaßnahmen der Kaiserin und Josephs II. betroffen, was u. a. Hemmnisse bei der Novizinnenaufnahme bedeutete, es wurde aber, wie Heiligkreuztal, damals nicht aufgehoben. Ende 1805 machte zunächst Baden Ansprüche auf das Kloster geltend, dann, Anfang 1806, Württemberg. Dank der Napoleonischen Protektion[13] wurden das Kloster und die Herrschaft Wald in der Rheinbundakte am 12. Juli 1806 dem Fürsten von Hohenzollern-Sigmaringen zugesprochen, der das Kloster säkularisierte. Die Nonnen und Laienschwestern durften im Klostergebäude wohnen bleiben und erhielten eine Pension.[14]

Das *Zisterzienserinnenkloster Heiligkreuztal*, frühestens 1227 gegründet, kam an die Grafschaft Sigmaringen, deren Inhaber bereits seit dem 14. Jh. die Vogtei besaßen. Der Konvent bestand aus Angehörigen des ritterschaftlichen und niederen Adels, des städtischen Patriziats aber auch des Bürgertums (1438: 53, 1720: 24 Chorfrauen). Das Klosterterritorium umfasste acht Dörfer und drei Höfe. Hier war das Kloster Grundherr und besaß die Niedergerichtsherrschaft, in zwei Orten, die außerhalb der Grafschaft Sigmaringen lagen, zum Teil die Hochgerichtsbarkeit. Ferner hatte das Kloster seit dem 15. Jh. die Lokalleibeigenschaft durchgesetzt. Mit den Zollern gab es, wie im Falle Walds, ständige Konflikte wegen Vogtei, Hochgerichts-, Forst- und Jagdhoheit. 1721 wurde die Kastenvogtei Sigmaringens vertraglich auf die bloße Schirmvogtei reduziert. Österreich konnte seinen Anspruch auf die Besteuerung der Klosterherrschaft 1611 in einem Vergleich fixieren; Heiligkreuztal wurde in der Folge in die schwäbisch-österreichischen Landstände integriert. Der RDH sprach das Kloster 1803 Württemberg zu.[15]

Die dritte Klosterherrschaft innerhalb der Grafschaft Sigmaringen gehörte dem *Kloster Habsthal*. Das Dominikanerinnenkloster, Mitte des 13. Jhs. aus einer Beginensammlung in Mengen hervorgegangen, erhielt 1259 Besitzungen in Habsthal übertragen. Es konnte eine kleine Herrschaft bestehend aus Habsthal, dem Dorf Rosna und Bernweiler aufbauen, worin das Kloster zum Teil Orts-, Grund- und Niedergerichtsherr war sowie Zehntrechte und die Leibeigenschaft besaß; hinzu kam Streubesitz. Den Grafen bzw. Fürsten von Hohenzollern-Sigmaringen standen wiederum hohe Jurisdiktion, Forst- und Jagdhoheit zu; ferner besaßen sie die Schirmherrschaft. Die Besteuerung, zumindest die des Ortes Rosna, konnten sich ebenfalls die Zollern sichern; jener Ort wurde zu den Immediatorten der Grafschaft gerechnet. Den schwäbisch-österreichischen Landständen wurde Habsthal nicht inkorporiert. 1806 umfasste der Konvent 18 Nonnen und drei Laienschwestern, allesamt bürgerlicher Herkunft. Durch die Rheinbundakte fiel Habsthal 1806 an Hohenzollern-Sigmaringen, welches das Kloster säkularisierte, die Frauen aber im Kloster wohnen ließ und ihnen Pensionen zahlte.[16]

In der den Zollern unmittelbar gehörenden Herrschaft Haigerloch lag das 1477 gegründete *Dominikanerinnenkloster Gruol*, hervorgegangen aus einer Klause. Die Zahl der wohl ausschließlich dem Bürgertum entstammenden Nonnen schwankte zwischen neun und 15 Klosterfrauen. Das Kloster betrieb eine Eigenwirtschaft und hatte einige Lehenhöfe und anderen Grundbesitz in den umliegenden Orten. Mit dem RDH fiel das Kloster an den Fürsten von Hohenzollern-Sigmaringen, der es zunächst nicht aufhob, sondern zuließ, dass dort eine Mädchenschule eingerichtet wurde. Allerdings durften keine neuen Schwestern mehr aufgenommen werden. 1827 hob der Fürst das Kloster dann tatsächlich auf, Güter und Inventar wurden versteigert, das Klostergebäude auf Abbruch verkauft. Die sieben Nonnen erhielten Pensionen; zwei von ihnen kamen in Habsthal unter, die übrigen in der Umgebung Gruols.[17]

Habsthal nach der Barockisierung
Das Blatt ist Priorin und Konvent von Habsthal gewidmet.
Kupferstich, 1685.
PfA Habsthal, Pfarrakten.

So klein die hohenzollerischen Fürstentümer waren, so findet sich hier dennoch eine breite Palette an Möglichkeiten, wie Klöster säkularisiert werden konnten: vom Josephinismus über RDH und Rheinbundakte bis hin zu relativ späten Aufhebungen 1816 und 1827. Welche wirtschaftlichen und sozialen Folgen diese

Säkularisationen für Hohenzollern-Sigmaringen hatten, ist bisher erst in Ansätzen erforscht. Bis 1806 war Habsburg in Hohenzollern-Sigmaringen als Lehensherr ein gewichtiger Faktor, der auch bei den Säkularisationen 1803 eine wesentliche Rolle spielte.

[1] Als Überblick: *Johann Nepomuk Wetzel*, Geschichte der katholischen Kirche in Schwaben-Hohenzollern, 2 Teile. Bühl 1928, 1931; zur Domänenfrage: *Eberhard Gönner*, Die Revolution von 1848/49 in den hohenzollerischen Fürstentümern und deren Anschluß an Preußen. Hechingen 1952, 118ff., 192ff.

[2] In dem für diesen Überblicksaufsatz vorgegebenen Rahmen können nur die wichtigsten Daten und die wesentliche Literatur genannt werden, ggf. unter Hinweis auf weitere Aufsätze in dem vorliegenden Band zu den betreffenden Klöstern. Hingewiesen sei auf: *Walter Bernhardt/Rudolf Seigel*, Bibliographie der Hohenzollerischen Geschichte (= ZHG 10/11). Sigmaringen 1975, 139–151 (Klöster und Klausen in Hohenzollern). – Im vorliegenden Beitrag werden Klausen des Mittelalters nicht berücksichtigt.

[3] Vgl. zu Beuron den Beitrag von *Otto H. Becker* in diesem Band. Zu den übrigen Gebietszugewinnen *Casimir Bumiller* in diesem Band.

[4] *Fritz Kallenberg*, Die Fürstentümer Hohenzollern am Ausgang des Alten Reiches. Ein Beitrag zur politischen und sozialen Formation des deutschen Südwestens. Masch. Diss. Tübingen 1961, 2; *Ders.*, Die Fürstentümer Hohenzollern im Zeitalter der Französischen Revolution und Napoleons, in: ZGO 111 (1963), 2. Heft, 357–472, 395f.; 1200 Jahre Rangendingen. Heimatbuch. Hechingen 1995, 192.

[5] *Karl-Friedrich Eisele*, Studien zur Geschichte der Grafschaft Zollern und ihrer Nachbarn. Stuttgart 1956 (Arbeiten zur Landeskunde Hohenzollerns, H. 3), 22; *Sebastian Locher*, Nachrichten über Entstehung und Gründung des Klosters zu Stetten im Gnadenthal, bei Hechingen, in: Mitt. des Vereins für Gesch. u. Altertumskunde in Hohenz. 19 (1885/86), 97–128, bes. 127f.; *Franz Haug/Johann Adam Kraus*, Urkunden des Dominikanerinnenklosters Stetten im Gnadental bei Hechingen 1261 – 1802, in: Beilage zu den Hohenz. Jahresheften 15 (1955) – 17 (1957); Nachlese: Hohenz. Jahreshefte 20 (1960), 153–155; *Fritz Scheerer*, Besitzungen des Klosters Stetten in unserem Kreis, in: Heimatkundliche Blätter für den Kreis Balingen 9 (1962) 391–392, 395–396; 1200 Jahre Rangendingen (wie Anm. 4), 195ff.

[6] *Eberhard Gönner*, Die Geschichte der Kirche und des Klosters St. Luzen, in: *Hans-Jörg Mauser/Rudolf Schatz* (Hgg.), St. Luzen in Hechingen. Stuttgart 1991, 9–48, bes. 34ff. (mit weiterer Literatur: bes. Anm. 10, S. 44); *Karl Mors*, Zur Geschichte der Franziskaner in St. Luzen, in: 1200 Jahre Hechingen. Beiträge zur Geschichte, Kunst und Kultur der Stadt Hechingen, hg. v. der *Stadt Hechingen*. Hechingen 1987, 161–175.

[7] 1200 Jahre Rangendingen (wie Anm. 4), 178–201, bes. 195ff.

[8] *Kallenberg*, Fürstentümer (wie Anm. 4), 11; *Ders.*, Hohenzollern im Alten Reich, in: *Ders.* (Hg.), Hohenzollern. Stuttgart 1996, 48–128; *Ders.*, Die Sonderentwicklung Hohenzollerns, in: Ebd., 129–282, 130f.; *Andreas Zekorn*, Zwischen Habsburg und Hohenzollern. Verfassungs- und Sozialgeschichte der Stadt Sigmaringen im 17. und 18. Jh. Sigmaringen 1996, bes. 364ff., 485ff. (mit weiterer Literatur).

[9] *Kallenberg*, Fürstentümer (wie Anm. 4), 362ff.

[10] *Max Heinrichsperger*, Hedingen/Sigmaringen, in: Alemania Franciscana Antiqua, Bd. 9, Ulm 1963, 29–66 (mit weiterer Literatur). – Grundsätzlich zu den Klöstern in Hohenzollern-Sigmaringen: *Friedrich Eisele*, Geschichte der katholischen Stadtpfarrei Sigmaringen, in: Mitt. des Vereins für Gesch. u. Altertumskunde in Hohenz. 58 (1924), 1–71 u. 59 (1925), 1–194.

[11] Mit Lit. und genauen Belegen s. *Andreas Zekorn* zu den Klöstern Laiz und Gorheim in dem vorliegenden Band.

[12] *Eisele*, Stadtpfarrei (wie Anm. 10), 51–70. Vgl. *Edwin Ernst Weber* zu Inzigkofen in diesem Band (mit weiterer Lit.).

[13] Zu den Hintergründen der Napoleonischen Protektion und zum Fortbestehen Hohenzollerns 1806 s. *Casimir Bumiller* über den Hohenzollerischen Sonderweg in diesem Band. Grundlegend: *Kallenberg*, Fürstentümer Hohenzollern im Zeitalter der Franz. Revolution (wie Anm. 4).

[14] Zu Wald vgl. die umfangreichen und fundierten Forschungsarbeiten von *Maren Kuhn-Rehfus*: Das Zisterzienserinnen Kloster Wald. Berlin/New York 1992, hier: 73–88, 257ff.; *Dies.*, Das Zisterzienserinnenkloster Wald. Sigmaringen 1971; *Dies.*, Frauenzisterze und Vogtei. Kloster Wald und die Grafschaft Sigmaringen, in: ZWLG 45 (1986), 25–101; *Dies.*, Frauenzisterze, Landesherrschaft und Reichsfreiheit. Kloster Wald, die Grafschaft Sigmaringen und Vorderösterreich, in: ZWLG 46 (1987), 11–86.

[15] Vgl. zu Heiligkreuztal insbesondere den Beitrag von *Karl Werner Steim* in diesem Band. Ferner: *Martin Kögel*, Rechts- und Besitzverhältnisse des Klosters Heiligkreuztal bei Riedlingen an der Donau Jur. Diss. Tübingen 1959; Der Landkreis Biberach, hg. v. der *Landesarchivdirektion* in Verb. mit dem Lks. Biberach. Sigmaringen 1987, hier: Bd. 1, 417–419, 433–444, 449; *Günther Pape*, Geschichte des ehemaligen Zisterzienserinnenklosters, in: Heiligkreuztal. Geschichte und Gegenwart, hg. von *Alfons Bacher* u. a. Heiligkreuztal 1982, 30–80.

[16] *Doris Muth*, Das Kloster Habsthal nach der Säkularisation. Aspekte des Klosterlebens im Spiegel der Quellen. (Magisterarbeit, masch.). Tübingen 2001; *Johann Nepomuk Wetzel*, Aus der Geschichte des Klosters Habstal, in: HH 10 (1960), 51f.; zur Besteuerung: *Zekorn*, Zwischen Habsburg (wie Anm. 8), bes. 525–529; *Franz Quarthal*, Landstände in Schwäbisch-Österreich. Stuttgart 1980, 430–453 passim.

[17] *Robert Frank*, Das Kloster Gruol, in: 900 Jahre Gruol, hg. v. der *Ortschaftsverwaltung*. Balingen 1994, 263–279; Drei Urkunden aus dem Kloster Gruol …, mitgeteilt von *Johann Nepomuk Pfeiffer*, in: Mitt. des Vereins für f. Gesch. u. Altertumskunde in Hohenz. 18 (1884/85), 115–123; *Johann Pfister*, Das Dominikanerkloster Gruol, in: Mitt. des Vereins für f. Gesch. u. Altertumskunde in Hohenz. 20 (1886/87), 101–118; *J. A. Zehnter*, Zur Geschichte des Frauenklosters Gruol, in: Mitt. des Vereins für f. Gesch. u. Altertumskunde in Hohenz. 26 (1892/93), 25–30.

»Spitäler des Adels« am Ende ihrer Epoche

Die Ritterstifte Comburg, Odenheim-Bruchsal und Wimpfen im Tal

von Rainer Jooß

Das Ritterstift Comburg

Seine Anfänge als Kloster

Das *Hochadeliche Ritterstift* Comburg wurde im Jahr 1078 als Benediktinerkloster gegründet.[1] Damals wandelten Angehörige einer Hochadelsfamilie, die man später als Grafen von Comburg – Rothenburg bezeichnete, ihre Burg auf einem Umlaufberg im Kochertal nahe der Siedlung Hall in eine monastische Niederlassung um. Das neue Kloster gehörte zu den hirsauisch geprägten Konventen im Südwesten und nahm einen raschen Aufschwung. Noch heute zeugen der berühmte romanische Radleuchter und das kostbare Antependium in der Stiftskirche von der kulturellen Blüte der Abtei in der 1. Hälfte des 12. Jhs. Nach dem Tod des letzten Comburger Grafen Heinrich im Jahr 1115 übernahmen die Staufer die Vogtei über das Kloster, das damit einen Teil des Königsgutes in Franken bildete.[2]
Die Besitzschwerpunkte der gräflichen Gründung lagen östlich von Schwäbisch Hall zwischen Kocher und Jagst, im Kochertal um Künzelsau sowie in und um Gebsattel bei Rothenburg o. T. Die wirtschaftliche Lage des Klosters schwankte: Überwogen im 13. und 14. Jh. die Verkäufe von Gütern, so konnte sich Comburg Ende des 14. Jhs. wieder etwas erholen und sogar Neuerwerbungen machen. In der 2. Hälfte des 15. Jhs. setzte erneut ein Niedergang ein, der 1521 mit dem Verkauf größerer Güterkomplexe an die Reichsstadt Schwäbisch Hall seinen Tiefpunkt erreichte.
In dieser Zeit geriet nicht nur Comburg in eine Krise, sondern die Benediktinerklöster allgemein. Die Zahl der Mönche nahm stark ab. Die vita communis zerfiel;

jeder Konventuale bewohnte eine eigene Wohnung, und fast jeder bekleidete ein Klosteramt, zu dem eine eigene Pfründe gehörte. Außerdem verfügten alle Mönche über Privateigentum. Die soziale Zusammensetzung des Konvents erklärt diese Entwicklung. Seit Anfang des 14. Jhs. kennt man die Namen vieler Mönche. Zunächst dominierten in Comburg die Patrizierfamilien Schwäbisch Halls und die mit ihnen eng versippten Niederadelsfamilien aus der näheren und weiteren Umgebung. Seit der 2. Hälfte des 15. Jhs. veränderte sich das Bild: Von da an traten immer mehr Angehörige des fränkischen Niederadels in Comburg ein, d. h. Mitglieder der Familienverbände, die in den Würzburger und Bamberger Stiften die Dom- und Chorherren stellten.

Die Umwandlung in ein Chorherrenstift 1488

Die Klosterreformer des 15. Jhs. verlangten von den Benediktinerkonventen allgemein die Wiederherstellung der vita communis sowie die Aufhebung des Adelsprivilegs. Allerdings hätten nur der Bischof von Würzburg und die Stadt Schwäbisch Hall, seit 1349 Inhaberin der Vogtei, in Comburg diese Reform durchsetzen können. Die Reichsstadt hatte dazu weder den Willen noch die Macht. Bischof Rudolf von Scherenberg (1465–1495) unterstützte ein solches Vorhaben ebenfalls nicht – im Gegenteil: Er förderte – seit 1482 als neuer Klostervogt – die Umwandlung Comburgs in ein weltliches Chorherrenstift. Damit gab er den Interessen des fränkischen Niederadels nach, der verhindern wollte, dass der »Bauersmann in das Spital des Adels« gelangte.

551

Die Kosten des Vorhabens trug der Würzburger Domdekan Schenk Wilhelm v. Limpurg (1434–1517). Er repräsentierte damals als Vormund seiner unmündigen Neffen die Schenkenfamilie, die schon lange ihr Erbbegräbnis im Kloster hatte. Die Limpurger übernahmen als Würzburger Lehen die Untervogtei über das Stift, um es wohl auf diese Weise zu ihrem »Hausstift« werden zu lassen. Die Stadt Schwäbisch Hall musste diese Stärkung der limpurgischen Macht hinnehmen. So verlor der Benediktinerorden nach Ellwangen (1460) und St. Burkard in Würzburg (1464) den dritten Konvent im schwäbisch-fränkischen Raum.

Das Chorherrenstift

Die Entscheidungen der Jahre 1482 bis 1488 wurden nicht mehr korrigiert. Weil die Vogtei bei den Bischöfen von Würzburg lag, konnte auch die Reformation dem Stift nichts anhaben. Zahlreiche Untertanen bekannten sich zwar zur Reformation, aber nach 1648 mussten alle evangelischen Stiftsuntertanen ihre Bauernstellen verlassen, wenn sie nicht zur katholischen Kirche zurückkehren wollten. Comburg gehörte zu den Kreisständen des Fränkischen Kreises; auf dem Reichstag wurde das Stift jedoch durch Würzburg vertreten. Den wirtschaftlichen Niedergang Comburgs vermochte die Umwandlung in ein Chorherrenstift nicht aufzuhalten. Immer wieder mussten Schulden gemacht und Güter verkauft werden. So ging etwa 1521 Besitz im Wert von 11.338 fl. an die Stadt Schwäbisch Hall über. Nach weiteren Verkäufen bis 1525 blieben drei Besitzschwerpunkte übrig, nämlich das Fischach- und Rottal mit dem größten Teil des Dorfes Hausen an der Rot (Kr. Schwäbisch Hall), die Gegend um Großallmerspann (Kr. Schwäbisch Hall) sowie Gebsattel (Kr. Ansbach) und Umgebung. In den Jahren 1606 bis 1613 gewann Comburg noch umfangreiche Zehntrechte um Vellberg und Stöckenburg (Kr. Schwäbisch Hall) hinzu und kaufte sich 1717 erneut in Künzelsau ein; diesen Besitzstand konnte es bis zu seinem Ende 1802 wahren.[3]

Die Verfassung

Dem Stiftskapitel des Weltlichen Chorherrenstifts Comburg gehörten seit 1488 zunächst zehn, später

acht Chorherren an. Sie entstammten vor allem fränkischen und schwäbischen, später auch rheinischen Niederadelsfamilien und mussten zuerst acht, dann 16 adlige Ahnen nachweisen, mindestens 24 Jahre alt sein und die höheren Weihen – nicht die Priesterweihe – empfangen haben. Diese geistlichen Stellen wurden innerhalb bestimmter katholischer Adelsverbände weitergegeben, die so ihre Angehörigen mit Pfründen und Ämtern in der Reichskirche versorgten. Solcher Nepotismus galt nicht als anstößig, sondern als eine Form von Nächstenliebe. Nur asketische Rigoristen vermochten mit allen verwandtschaftlichen Bindungen zu brechen, denn »im Alltag des Normalchristen bildeten Familie und Verwandtschaft unverzichtbare Hilfen des Lebens und Überlebens«.[4]
An der Spitze des Kapitels stand der *Propst*, der aber seit etwa 1520 nur noch den Titel führte und 200 fl. Gehalt bezog. Die wirkliche Leitung lag in den Händen des *Dekans*. Er musste nicht nur Adeliger sein, sondern auch ausgeweihter Priester, weil er der Vorgesetzte von Priestern, den Chorvikaren, war. Ihm unterstand die Verwaltung des Stifts in allen geistlichen und weltlichen Angelegenheiten. Er sollte mindestens 26 Wochen und einen Tag in Comburg residieren und nicht mehr als sechs Wochen am Stück abwesend sein. Seine Verantwortlichkeit erfuhr nur wenige Beschränkungen. So waren z. B. die Vergabe von Ritterlehen und die Verkäufe von Gütern an die Zustimmung des Bischofs gebunden. Größere Baumaßnahmen und die Anstellung von Beamten musste das Kapitel insgesamt genehmigen. Siegel und Archiv verwahrten Dekan und Custos gemeinsam. Weiter gehörte zu seinen Aufgaben die jährliche Visitation der Wohnungen der Chorherren, *damit der Chorherren Häuser ein Orth der Tugend, kein Zechhaus seye*.[5] Sein Einkommen entsprach seiner Verantwortung: Er bekam etwa 350 fl. als Pfründe, dazu 60 fl. für die Verwaltung und 400 fl. für den Unterhalt einfacher Gäste. Die Kosten für adelige Besucher und kirchliche Würdenträger musste das Stift insgesamt tragen. Zu allen drei Einkommensteilen kamen beträchtliche Naturalleistungen und die Nutzung bestimmter Grundstücke, wie etwa des *Welschen Gartens* (1604) oder des Bretzinger Brühls hinzu. Der Dekan stand einem eigenen Haushalt vor und musste dafür einen Kaplan, einen Hausmeister und einen Koch unterhalten. Dem Lebensstil eines adeligen Prälaten

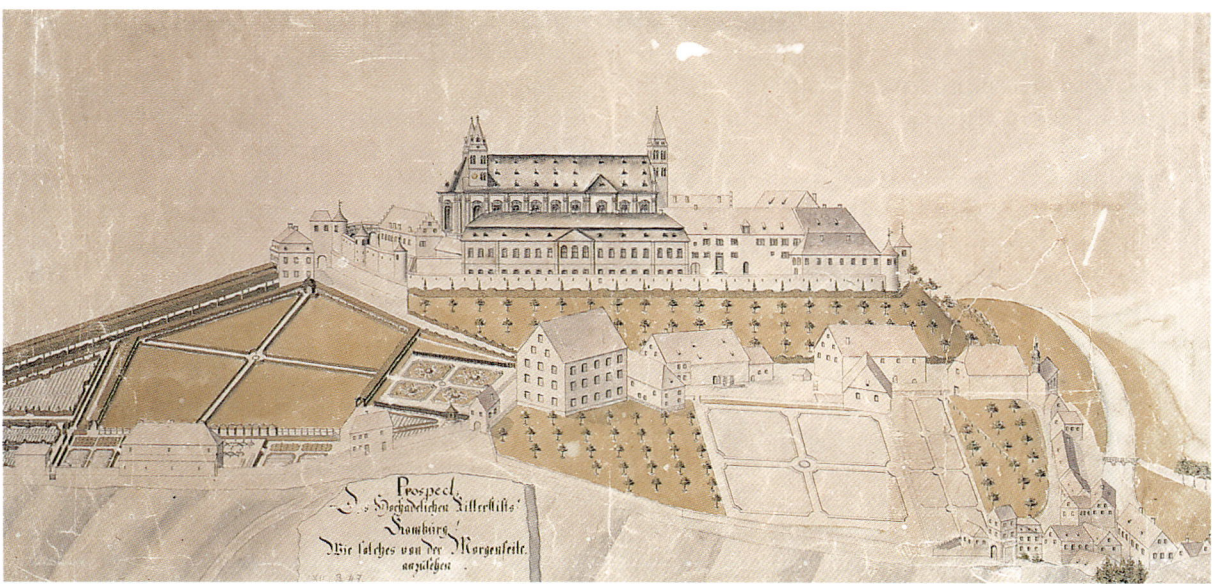

Das Ritterstift Comburg
Ansicht des Ritterstifts, wie es um 1732 geplant war. Die Dekanei (Mitte) wurde nie vollendet. Gebäude und Gartenanlagen unterhalb des Stifts dürften um 1800 so ausgesehen haben.
Mainfränkisches Museum, Würzburg.

entsprach der vom Stift zu finanzierende Hausrat. Hier gab es elegante Möbel, feine Tischwäsche und – seit dem 18. Jh. – auch teures Porzellan.[6]

Den Platz nach dem Dekan nahm der *Scholaster, der Mund des Capittels*[7] ein, d. h. er vertrat das Kapitel gegenüber dem Dekan. Seine Aufgabe war es, die jungen Chorherren zu unterrichten und ihnen Vorbild zu sein. Ihm folgte in der Rangordnung der *Custos*, der für die Reinhaltung der Messgefäße und des Kirchenornats zu sorgen hatte. Nach ihm kamen die *Kapitulare*, die eine volle Pfründe innehatten und zum Schluss die *Domizellare*, die sich noch auf Kosten des Stifts in der Ausbildung befanden. Die Stiftsordnung schrieb vor, dass von den 10 Pfründen eine für einen Theologen und eine für einen Juristen bestimmt sein sollte, was so nicht eingehalten wurde. Zwar gab es einen Theologen und Prediger sowie einen Juristen im Stift, aber sie gehörten zu den Chorvikaren bzw. zu den Stiftsbeamten, aber nicht zu den Chorherren.

Die Mehrzahl der Comburger Chorherren besaß weitere Stellen in den Domkapiteln und Ritterstiften in Würzburg, Bamberg, Augsburg und Ellwangen[8]. Daraus ergaben sich Probleme mit ihrer Anwesenheit. Die Stiftsordnungen forderten zwar von den Stiftsmitgliedern einen ständigen Aufenthalt von 26 Wochen im Jahr, aber durchsetzen ließen sich solche Auflagen nur schwer. Es konnte daher geschehen, dass manche ihre 400 fl. Pfründgeld mit vier bis sechs Wochen Anwesenheit in Comburg verdienten. Auch auf Vorhaltungen des Dekans wegen unbotmäßiger Kleidung reagierten die adligen Herren oft unwirsch: *Wann solcher habitus nicht gesehen werden wolle, könnte die Visite ganz unterbleiben.*[9]

Die Chorvikare

Die gottesdienstlichen Pflichten im Stift versahen die zwölf Chorvikare. Acht von ihnen, seit 1736 zehn, hatten die Priesterweihe empfangen; bei den übrigen vier bzw. zwei, die als *Choralisten*, d. h. Sänger, bezeichnet werden, kann man davon nicht mit letzter Sicherheit ausgehen. Sie entstammten alle bürgerlichen und bäuerlichen, z. T. armen Familien aus der näheren und weiteren Umgebung. Als Kollegium mit gemeinsamer Wohnung im Großen und Kleinen Vikarienbau innerhalb des Stifts nahmen sie auch gemeinsam die Mahlzeiten ein, die von der Kosthalterei zubereitet wurden. Ihrem Stand als Geistliche entsprechend, trugen sie die Tonsur und mussten immer schwarz oder braun gekleidet sein.[10]

Ihre Hauptaufgabe und ihr Lebensinhalt bestand im Abhalten und Mitfeiern von Gottesdiensten: »Das Choroffizium gliederte den Tag und sollte dem Handeln des Betenden Sinn und Richtung geben«.[11] Der Tageslauf begann sommers wie winters um sechs Uhr mit der Matutin und der anschließenden Frühmesse, die bis halb acht Uhr dauerte und an der auch Bedienstete teilnehmen konnten. Von neun bis zehn Uhr wurden die Tagzeiten fortgesetzt, nachmittags um drei Uhr Vesper und Complet gehalten. Daneben wurden an Seitenaltären um sechs, acht, neun und zehn Uhr die täglichen Wochen- und Monatsmessen zelebriert und ab viertel nach zehn Uhr das Residenzamt, an dem dann auch die adligen Chorherren teilnahmen. Außerdem mussten insgesamt 101 Jahrtage (der älteste datierte von 1351) gehalten werden, teils größere mit ganzer und teils kleinere mit reduzierter Totenliturgie. Hinzu kam noch jeden Donnerstag das Engelamt zu Ehren des Altarsakraments, in der Fastenzeit nach vier Uhr das Miserere, vom 15. August bis zum 13. September die Marienliturgie der Mariadreißiger sowie in der Adventszeit die Roratemessen. Jeden Samstag- und jeden Sonntagnachmittag, auch an Marienfesttagen, wurde die Lauretanische Litanei teilweise mit Instrumentalbegleitung gesungen. Bei allen Gottesdiensten führte einer der Chorvikare, der sog. *Präsenzmeister*, über die Anwesenheit von Kapitularen und Chorvikaren eine genaue Liste, denn letztere bekamen ein Drittel ihres Gehaltes nach Teilnahme an Gottesdiensten ausbezahlt. Die Kapitulare erhielten gleichfalls Präsenzgelder, wenn sie die vorgeschriebenen Gottesdienste besuchten.[12]

Die Vielzahl der kultischen Handlungen ließ Probleme nicht nur mit der Anwesenheit, sondern auch mit der Motivation und Disziplin entstehen. Immer wieder mussten Fehlen, Zuspätkommen, Herumgehen, zu schnelles Singen, undeutliches Sprechen und falsche Einsätze bei Psalmen und Responsorien gerügt werden.[13] Die meisten Chorvikare bekleideten daneben noch Ämter im Stift als Prediger, Beichtvater, Subcustos, Bibliothekar oder Kosthalter, d. h. Aufseher über die Küche und die Küchenverwaltung, oder auch als Pfarrer in Steinbach und Gebsattel.

Kulturelle Bestrebungen vom 16.–18. Jh.

Wie schon ausgeführt, lag die Leitung des Stifts in den Händen der Dekane. Drei von ihnen haben längere Zeit in Comburg gewohnt und bauliche Spuren hinterlassen: Das gilt zunächst für den Dekan und Propst Erasmus Neustetter, genannt Stürmer von Schönfeld (1522–1594). Nach längeren Studienaufenthalten in Löwen – wo er wohl schon die ersten Bücher erwarb – und in Bologna übernahm er geistliche Würden in Würzburg und Bamberg. Von 1551 bis 1594 bekleidete er zudem die Dekanswürde in Comburg. In diesen Jahrzehnten ließ er das Stift baulich völlig erneuern. Wichtige Gebäude wie die Alte Dekanei, der Gebsattel-, Wambold- und Adelmannbau verdanken ihr Entstehen seiner Initiative. Alle neu errichteten, aber auch viele vorhandene Bauten ließ er durch den Konstanzer Maler Michael Viol (1543 bis nach 1600) innen und außen bemalen. Neustetter hielt sich zwar viel in Würzburg und Bamberg auf, aber in seinem *Tusculum* Comburg verwirklichte er die meisten seiner Bauideen. Hier traf er sich mit seinen humanistischen Dichterfreunden Petrus Lotichius (1528–1560), Franciscus Modius (1556–1597) und Nikolaus Kistner (1529–1583). Das bedeutendste Denkmal, das er sich gesetzt hat, bildete seine Bibliothek, deren Wert er selbst auf 3.000 fl. schätzte und die er dem Stift vermachte. Sie umfasste Titel aus allen Wissensgebieten. Zu seinen wichtigsten Anschaffungen in den Jahren 1572/74 zählte die damals schon berühmte Privatbibliothek des bayrischen Kanzlers Leonhard v. Eck (1480–1550), die ihm dessen Sohn Oswald v. Eck († 1573) käuflich überließ.[14] Neustetters Bücherschatz versank nach seinem Tod in einen Dornröschenschlaf. Erst der Haller Gymnasialprofessor Friedrich David Gräter (1768–1830) entdeckte ihn 1796 neu.

In den nächsten 120 Jahren bestimmte der 30-jährige Krieg und seine Folgen die Geschichte des Stifts, so dass erst im 18. Jh. neue bauliche Initiativen erkennbar werden. Sie gingen vor allem von den Dekanen Wilhelm Ulrich v. Guttenberg (1695–1736) und Johann Philipp Heinrich v. Erthal (1736–1771) aus. Die ersten baulichen Veränderungen betrafen die Stiftskirche. Sie wurde bis auf die drei Türme niedergelegt und in den Jahren 1706 bis 1715 als barocker Bau nach Plänen des Würzburger Hofbaumeisters Joseph Greissing (1664–1721) neu errichtet. Eine besondere Kostbarkeit darin bildete ein silberner Altaraufsatz von 1761, geschaffen von dem damals führenden Goldschmied für Kirchengerät Georg Ignaz Baur aus Augsburg.[15]

Unter Dekan v. Erthal entstanden weitere Gebäude innerhalb und außerhalb der spätmittelalterlichen Ringmauer. Dazu gehörten vor allem die unvollendet gebliebene, aus der Ferne schlossartig wirkende Neue Dekanei, eine Chorherrenkurie (Reischachbau), der Archivbau (heute Pfarrhaus) und die Obervogtei vor dem Tor. Die Ansichten von Comburg aus dem späten 18. Jh. zeigen außerdem umfangreiche Gartenanlagen rund um den Berg, an deren Ausgestaltung und Verschönerung noch um 1790 gearbeitet wurde, als Dekan Johann Gottfried v. Greiffenclau (1771–1802) den *zimlich ländlichen Garthen in einen kleinen Hofgarten umschaffen* ließ.[16] Hier gab es ein Treibhaus und eine heizbare Orangerie, in der Orangen und Pomeranzen gediehen. Noch 1803 sandte die neue württembergische Verwaltung 90 meist schöne, süße Früchte an den kurfürstlichen Hof nach Stuttgart.[17] Die gleichfalls im Stift vorhandenen Musikinstrumente hätten für ein nicht ganz kleines Orchester ausgereicht. Im Haushalt des Dekans und auch der Chorherren gab es Silber- und Porzellangeschirr, Tischwäsche und feine *Meubles*. Gelegentlich kaufte man beim Konditor Beer in Hall erlesenes Konfekt, z. B. Zimtmakronen, Pistazien, Mandelkranz und Fruchthörnchen.[18] Von wissenschaftlichen Bemühungen der Chorherren hört man wenig. Nur ein einziger Chorvikar beschäftigte sich mit der Geschichte des Stifts und seiner Denkmäler.[19] Dagegen scheint Interesse am aktuellen Geschehen vorhanden gewesen zu sein. So hielt man 1802 auf Comburg immerhin sechs Zeitungen, darunter die *Erlanger Realzeitung*, die *Augsburger Allgemeine*, den *Frankfurter Ordinari Post-Anzeiger* und den *Schwäbischen Merkur*.[20]

Zusammenfassend lässt sich festhalten: Comburg wurde im 18. Jh. eine geistliche Kleinresidenz mit schlossartigen Wohnbauten, Gärten, Amtsgebäuden und einem adeligen Lebensstil der Bewohner, ohne Bezug zu einer Residenzstadt. Das Stift bildete einen kulturell mäßig aktiven, politisch völlig unbedeutenden Teil der adeligen Reichskirche, mit der es unterging.

Das adelige Chorherrenstift um 1800

Geistlichkeit

Der Wappenkalender des Stifts aus dem Jahr 1801 zeigt den Personalstand des damaligen Comburger Kapitels[21]: Propst: Anselm Philipp Groß v. Trockau (1727–1815), Dekan: Johann Gottfried v. Greiffenclau (1751–1805), Custos und Kapitelssenior: Sigismund Maria v. Reischach (1737–1811), Scholaster: Adam Friedrich Groß v. Trockau (1758–1840), Kantor: Lothar Karl Anselm v. Gebsattel (1761–1846), drei Kapitulare: Philipp Alois Graf Adelmann (1762–1823), Karl Ludwig Wambold v. Umstadt (1769–1842), Johann Philipp Anton v. Guttenberg (1768–1821) und vier Domizellare: Karl Franz Speth v. Zwiefalten (1776–1825), Josef Konrad Reuttner v. Weyl (1750–1825), Clemens Wenzeslaus Graf v. Kesselstatt (1768–1834) und Josef Franz Lothar v. Würzburg (1784–1865). Das Kapitel wies also die Sollzahl von zwölf Mitgliedern auf, sechs davon muss man der fränkischen, vier der schwäbischen und zwei der rheinischen Ritterschaft zurechnen. Der Dekan und vier Kapitulare hielten sich wohl länger in Comburg auf, denn nach ihnen sind bis heute vier Kurien benannt: Wambold-, Adelmann-, Gebsattel- und Reischachbau. Bei der Aufhebung des Stifts gab es noch zwei weitere und eine Domizellarwohnung, deren genaue Lage nicht mehr feststeht. Das Kollegium der Chorvikare wies gleichfalls die volle Zahl von zwölf auf, von denen elf ihren Dienst verrichteten, während einer noch studierte. Man kann also davon ausgehen, dass ständig etwa 20 Geistliche im Stift anwesend waren.

Seit 1684 bestand auf Kleincomburg, einer ehemaligen Propstei des Klosters Comburg, ein Kapuzinerhospiz mit vier Patres, das 1713 zu einem Kapuzinerkloster mit 12 Mönchen erweitert wurde.[22] Die Kapuziner stellten dem Stift einen Beichtvater und einen Prediger; auch halfen sie in der Seelsorge und Katechese in der großen Pfarrei Steinbach mit. Die übrigen geistlichen Personen, die mit dem Stift in Zusammenhang standen, bekleideten Pfarreien, über die Comburg das Patronat ausübte und zwar vier katholische und elf evangelische.

Weltliches Personal

An der Spitze der weltlichen Beamten stand ein juristisch gebildeter Hofrat und Syndicus, mit einem Kanzleirat als Helfer. Die Güterverwaltung führte der Obervogt mit Unterstützung eines Kastners, eines persönlichen Sekretärs und eines Forstmeisters sowie zusätzlichen Sekretären und Aktuaren. Vier Amtleute wirkten in den stiftischen Dörfern, je zwei weitere in Gebsattel und in Künzelsau. Den Schluss der Hierarchie bildeten 24 *subalterne Stifts-Offizianten* und sieben Forstknechte.[23]

Der Syndicus und seine Mitarbeiter bildeten das »Büro« des Dekans: Sie berieten ihn in all den rechtlichen und politischen Auseinandersetzungen, die das Stift mit seinen Nachbarn, aber auch mit dem Bischof von Würzburg führte. Zur Güterverwaltung des Obervogts und des Obervogteiamts gehörten vier Abteilungen mit getrennten Aufgaben. Das Kastner- und Kellereiamt zog die Zehnten, die Geld- und Fruchtgülten und die Besitzwechselabgaben ein, sowohl bei den Untertanen wie bei den etwa 2.800 Lehensleuten. Bei letzteren handelte es sich um Bauern, die comburgische Güter gegen Geld- und Fruchtabgaben bebauten, aber dem Untertanenverband anderer Herrschaften angehörten. Die Verwaltung gab diese Erträge an die bezugsberechtigten Personen, also an Kapitulare, Vikare und Beamte weiter. Was übrigblieb, wurde verkauft. Das Kommissariat regelte alle Fragen, die mit den seit 1795 zunehmenden Truppendurchzügen zusammenhingen, und das Schatzungsamt zog von den Untertanen die Vermögenssteuer (Schatzung) ein, der alle Untertanen des Stifts unterlagen. Besteuert wurden Haus- und Grundbesitz, sofern sie sich im Eigentum der Untertanen befanden, Mobilien und ausgeliehenes Geld. Von ihnen wurde 1 % Schatzung erhoben. Um 1800 betrug der Ertrag dieser Steuer etwa 1.800 fl., wovon 750 fl. an die bischöfliche Kanzlei nach Würzburg gingen als Anerkennung der Zugehörigkeit Comburgs zum Hochstift und als Gegenleistung dafür, dass Würzburg das Stift vor den Reichsinstanzen vertrat. Das Forstamt verwaltete die comburgischen Forste um den Einkorn, um Winzenweiler und um Hausen an der Rot. Auch regelte es den Verkauf von Bau-, Brenn-, Floß- sowie Kohlholz und zog die Gelder für Holznutzung und Fischfang ein. Das auf den herrschaftlichen Wiesen und Feldern anfallende Heu, Öhmd und Stroh wurde gleichfalls den Bezugsberechtigten und den herrschaftlichen Stallungen zugeteilt. Des weiteren unterstanden dem Obervogteiamt die Verwaltungen der entfernt liegenden Güterkomplexe in Künzelsau, Weinsberg und Gebsattel, deren Erträge nach Comburg überführt wurden.

Das comburgische Territorium – sofern man davon überhaupt reden kann – blieb sehr bescheiden. Insgesamt besaß Comburg 541 Untertanen, von denen 219 in den sog. purifizierten Dörfern lebten: in Steinbach (143), Großallmerspann (16), Winzenweiler (12), Hausen an der Rot (44), Starkholzbach (4). Hier besaß das Stift alle Rechte, ausgenommen die Hohe Gerichtsbarkeit. Alle anderen Untertanen wohnten in Dörfern, in denen sich das Stift die Vogtei (Obrigkeit) mit anderen Herrschaften teilte, z. B. in Gebsattel (68) und Umgebung (17). Mit den 541 Untertanen bezifferte man nur Familienvorstände. Um die Zahl der Seelen überschlägig zu ermitteln, multiplizierte man 541 mit 5 und kam so auf 2.507 Seelen. Hinzu kamen noch 100 Seelen Schutzverwandte, d. h. Juden in Steinbach, 100 Seelen weltliche und 100 Seelen geistliche Dienerschaft sowie 40 Seelen im Spital und im Steinbacher Konvertitenhaus. Als Summe ergaben sich etwa 3.000 Seelen, die mit dem Stift in Verbindung standen.[24]

Vermögenslage

Genaue Zahlen lassen sich nur schwer ermitteln. Aus den Aufstellungen der württembergischen Beamten geht hervor, dass das Stift über ein beträchtliches Geldvermögen verfügte, das auch bei auswärtigen Gläubigern, z. B. der Stadt Hall, bei den Familien v. Guttenberg und v. Greiffenclau, aber auch beim Bankhaus Gebrüder Bethmann in Frankfurt gegen 3,5 bis 4 % Zins angelegt war. Am meisten Schuldner hatte das Stift unter seinen eigenen Untertanen, die mit 60 bis 68.000 fl. bei ihrem Grundherrn in der Kreide standen.[25]

Die Säkularisation des Ritterstifts

Über das zukünftige Schicksal der geistlichen Herrschaften gab der zweite Entschädigungsplan Auskunft, den die französischen und russischen Gesandten der Reichsdeputation am 8. Oktober 1802 vorlegten. Schon zwei Tage später kündigte Herzog Friedrich von Württemberg dem Stift die »provisorische Okkupation« an,

Die Comburg
Biedermeierliches Bild des ehem. Ritterstifts von Norden her. Schwarze Federz. u. Gouache, C. Gabriel, um 1810–14. In: »Ansichten von Württemberg. Comburg und Steinbach«. StA Schwäbisch Hall.

die am 12. Oktober vollzogen wurde. Hofrat Georg Heinrich Potschka musste sofort einen Etat des Ritterstifts erstellen, den Generalkommissar Karl von Reischach bei seinem Besuch in Comburg entgegennahm. Dieser berichtete anschließend dem Herzog, er sei freundlich in Comburg empfangen worden und der Herr Dechant wünsche nichts sehnlicher, als *Eurer Herzoglichen Durchlaucht seine völlige Ergebenheit zu bezeugen.*[26] Am 26. November 1802 wurden feierlich alle Bediensteten aus der Pflicht dem Stift gegenüber entlassen und in die des Herzogs genommen. Ein Kassensturz ergab einen Bestand von 8.467 fl. Davon ließ der württembergische Beamte 2.939 fl. im Stift zurück.[27] Zum 1. Dezember 1802 ging die Verwaltung des gesamten comburgischen Besitzes auf Württemberg über. In den folgenden Tagen vereinnahmte der württembergische Beauftragte, Hofgerichtsadvocat Christian Kausler, auch die weit entlegenen Güter. In Gebsattel kam es dabei zu Wortgefechten mit den inzwischen eingerückten bayerischen Soldaten. Überall

musste auf die neue Herrschaft geschworen werden. Die früheren Zeichen und Wappen ließ Kausler abnehmen und nach Stuttgart überführen. Für den ihn begleitenden ehemaligen Stiftsdiener wurde eine eigene Livrée in schwarz-gelb, den Farben der neuen Obrigkeit, angefertigt, damit jedermann die vollzogenen Veränderungen vor Augen standen. Aber auch sonst spürte die Bevölkerung die Neuerungen. Nach württembergischem Recht durfte sich kein männlicher Untertan vor dem 25. Lebensjahr verheiraten und kein Handwerker ohne Wanderzeit Meister werden, um sich nicht dem Militärdienst zu entziehen. Außerdem mussten der Herzog und seine Familie ins Kirchengebet eingeschlossen werden. Am 23. Dezember 1802 erfolgte die endgültige Aufhebung des Stifts.[28]

Im neuen Jahr, am 19. Januar 1803, kam dann das Ende für die Gottesdienste in der Stiftskirche, wie man sie seither in der herkömmlichen Weise noch abgehalten hatte. Das galt ebenso für das jahrhundertelang gewahrte Totengedenken, zu dem auch die Insassen des sog. Konvertitenspitals beizutragen hatten. Dekan Wilhelm Ulrich von Guttenberg (1695–1736) hatte in seinem Testament 40.000 fl. zur Verfügung gestellt. Dafür sollten 24 zum katholischen Glauben konvertierte Männer samt ihren Familien mit 50 fl. jährlich unterhalten werden. Als Gegenleistung mussten sie täglich an einer Seelenmesse für den Stifter teilnehmen und einen Rosenkranz für ihn beten. Dieses Institut fand gleichfalls 1803 sein Ende. 12 ältere, nicht mehr arbeitsfähige Pfründner wurden in Kleinkomburg weiterhin versorgt, die anderen noch arbeitsfähigen Leute sollten ihren Lebensunterhalt selbst verdienen.[29] Die bisherigen Gottesdienstbesucher aus den Reihen der Dienstboten des Stifts, denen die Stiftskirche als Pfarrkirche gedient hatte, wurden an die Pfarrkirche in Steinbach verwiesen.

Mit den gemeinsamen Gottesdiensten endete auch das gemeinsame Leben der Chorvikare. Sie mussten jetzt selbst sehen, wie sie sich versorgten oder versorgt wurden, auch wenn seit dem 30. Januar 1803 wieder Gottesdienste – allerdings in veränderter Form – in der Stiftskirche stattfanden. Das Kapuzinerkloster in Kleinkomburg wurde am 29. Januar 1803 ebenfalls geschlossen. Die vier Patres und vier Brüder kamen nach Ellwangen in das dortige Sammelkloster. Die anderen hatten Pfarrer als leibliche Brüder, denen die Exkapuziner als Kapläne zur Hand gehen sollten. Wie die vom Ende des Ritterstifts und des Kapuzinerklosters Betroffenen dieses Ereignis tatsächlich erlebten, bewerteten und verarbeiteten, darüber gibt es keine Quellen. Nach außen drangen nur die offiziellen Äußerungen der württembergischen Beamten, und diese klangen friedlich und unterwürfig. Dasselbe galt für die Steinbacher Juden, die 1803 ihren neuen Herrn mit einem Lobgesang und einem Fürbittgebet aus dem 77. Psalm begrüßten. Ihre wahren Überzeugungen bleiben gleichfalls unbekannt.[30]

Die Pensionierung der Stiftsangehörigen

Der RDH verlangte eine angemessene Pension für die bisherigen Stiftsangehörigen. Zunächst mussten dazu die Naturalbezüge in Geld umgerechnet werden. Dabei legte man einen Wert zugrunde, der aus dem Durchschnitt der Getreidepreise seit 1790 ermittelt wurde. Dekan v. Greiffenclau bezog nach dieser Berechnung bisher eine Pfründe in Höhe von 4.303 fl. Davon wur-

den, den Bestimmungen gemäß, 20 % abgezogen, so dass noch 3.443 fl. übrig blieben. Greiffenclau begnügte sich mit 3.000 fl., durfte sich aber von Zeit zu Zeit in Comburg aufhalten und einen Teil der Dechantei samt Einrichtung nutzen. Weiter erhielten der Custos v. Reischach 1.062 fl., die übrigen Kapitulare je 1.000 fl., die Domizellare je 500 fl. Graf Philipp Adelmann trat schon 1803 in den weltlichen Stand über und wurde zum Kammerherrn ernannt, der Hofuniform tragen durfte. Die übrigen Kapitulare lebten meist außerhalb des Landes und verzehrten dort ihre Pensionen. Zwei von ihnen traten später als Bischof bzw. Erzbischof in Erscheinung: Adam Friedrich Groß von Trockau (1818–1840) in Würzburg und Lothar Karl Anselm von Gebsattel (1818–1846) in München-Freising.

Die 11 Chorvikare bekamen zwischen 540 und 375 fl. je nachdem, welche Einkünfte sie im Stift bezogen hatten. Ihre Pensionen reichten kaum zum Lebensunterhalt aus, so dass die Betroffenen öfter um Erhöhung nachsuchten, falls sie keine Pfarrstelle erhalten hatten. Noch knapper fielen die Zahlungen für die übrigen Bediensteten des Stifts aus. Statt der früheren 4.298 fl. an Gehältern gab Württemberg nur 1.455 fl. an Pensionsgeldern aus.[31]

Der Silberschatz

Um die Kosten der Kriege gegen Frankreich finanzieren zu können, verlangte 1795 der Würzburger Bischof von Comburg einen Beitrag zu diesen Auslagen. Nach den Kapitelsrechnungen hatte das Stift seit 1766 silberne Kunstwerke zum Gesamtpreis von 20.820 fl. gekauft, deren reiner Metallwert auf 10.000 fl. geschätzt wurde. Comburg lieferte davon nichts ab, sondern beteiligte sich mit 4.000 fl. an den würzburgischen Kriegsausgaben. Die Kunstwerke blieben also zunächst erhalten. Der silberne Hochaltar und eine 42 Pfund schwere goldene Muttergottes bildeten die Spitzenstücke in dieser umfangreichen Sammlung von Kultgegenständen, Vasa sacra, Paramenten und liturgischen Gewändern, die das Stift im Laufe der Jahrhunderte erworben hatte. Der Silberschatz übertraf alles, was bis dato sonst von den an Württemberg gekommenen Klöstern und Stiften abgeliefert wurde. Einschließlich des Silbergeschirrs aus den stiftischen Haushaltungen kamen Gegenstände im Metallwert von über 44.000 fl. in die Münze. Als die Wagen nach

Ludwigsburg abfuhren, brachen die Umstehenden in Tränen aus. Mit dem ausgemünzten Edelmetall finanzierte das Land seine Militärausgaben.[32]

Die Bibliothek

Die Comburger Bibliothek erregte sofort die Aufmerksamkeit der württembergischen Beamten. Kausler berichtete schon einige Tage nach seinem Eintreffen darüber an Generalkommissar Reischach. Zunächst wollte man sie nach Ellwangen und Stuttgart abtransportieren, um Dubletten versteigern zu können. Der Haller Gymnasialrektor Friedrich David Gräter (s. o.), der schon 1796 die Bibliothek besichtigt und später einen Katalog verfasst und veröffentlicht hatte, interessierte Kurfürst Friedrich für diesen Bücherschatz. Er erreichte dadurch zunächst, dass der Landesherr 1805 die Comburg besuchte und die Buchbestände der Hofbibliothek einverleiben ließ. Keine andere, 1802 an Württemberg gelangte Bibliothek, hat eine so eingehende Beschreibung ihres Bestandes erfahren wie die von Gräter für die Comburg vorgelegte. Die wichtigsten Teile der Büchersammlung, vor allem die Handschriften, kamen auf Anweisung des Kurfürsten nach Stuttgart in die Hof- und spätere Landesbibliothek, andere blieben zunächst zurück und gelangten nach 1821 in die Stuttgarter und Tübinger Bibliotheken.[33]

Die späteren Schicksale der Stiftsgebäude

Die Gebäude der Comburg leerten sich nach 1803 allmählich. Die bisherigen Bewohner zogen aus, ebenso die kurzfristig hier etablierten Behörden. Von 1807 bis 1811 dienten die Bauten als (unfreiwillige) Residenz des Prinzen Paul von Württemberg (1785–1852), des jüngeren Sohnes von König Friedrich, und seiner Familie. In diesen Jahren wurden auch Umbauten und Reparaturen an den Stiftsbauten vorgenommen. 1817 zog für 100 Jahre das Königliche Ehreninvalidenkorps ein: Soldaten, die in den Kriegen des 19. Jhs. zu Invaliden geworden waren, fanden in Comburg eine lebenslange Versorgung. Von 1926 bis 1947 dienten die Gebäude u. a. als Heimvolkshochschule, Bauhandwerkerschule, Hitlerjugendheim sowie als Kriegsgefangenen- und Zwangsarbeiterlager. Seit 1947 befindet sich die Pädagogische Akademie Comburg, eine Fortbildungsstätte für Lehrer aller Schularten, in den Räumen des 1802 aufgehobenen Ritterstifts.[34]

Das Ritterstift Odenheim in Bruchsal

Das Benediktinerkloster

Die Geschichte des adeligen Säkularkanonikerstifts St. Peter und Paul Odenheim in Bruchsal weist viele Parallelen zur Geschichte der Comburg auf. Auch hier wurde zunächst in Odenheim (Stadt Oestringen Lkr. Karlsruhe) – wohl zwischen 1110 und 1118 – ein hirsauisch geprägtes Benediktinerkloster gegründet durch Erzbischof Bruno von Trier (1102–1124) und seinen Bruder Poppo aus dem Hause der Grafen von Lauffen. Sein Besitz, überwiegend von den Gründern herstammend, lag in unmittelbarer Umgebung des Klosters, aber auch an Zaber und Neckar. Die Klostervogtei, seit 1218 beim Reich, ging 1338 pfandweise auf den Bischof von Speyer über, der sie bis 1802 im Auftrag des Königs ausübte. Wie Comburg kam auch Odenheim im 14./15. Jh. in den Einflussbereich des benachbarten Adels, was eine »völlige geistige und geistliche Verarmung« zur Folge hatte.[35] Alle Reformversuche schlugen fehl: 1494 genehmigte der Papst die Umwandlung des Klosters in ein Weltliches Chorherrenstift, die durch den Comburger Propst Seyfried vom Holtz vollzogen wurde. Zwei Jahre später, im Jahr 1496, ging die benachbarte Abtei Sinsheim denselben Weg. 1507 genehmigte Bischof Philipp von Speyer die Verlegung des Stifts an die Liebfrauenkirche Bruchsal. Die in verschiedenen Kriegen beschädigten Klostergebäude verfielen und wurden im 19. Jh. vollständig abgebrochen.

Das adelige Säkularkanonikerstift

Von den 12 Chorherren mussten 11 Adelige sein und die niedrigen Weihen empfangen haben. An der Spitze des Stifts stand der Propst: Sein Amt war immer mit der Priesterweihe verbunden. Ihm folgten die Dignitäre – Dekan, Custos, Scholaster, Kantor und danach vier Kapitulare und zwei Domizellare. An letzter Stelle – und ohne Möglichkeit des Aufstiegs zu Dignitäten – stand der nichtadelige Prädikator. Er musste »ein qualifizierter Priester und in der Theologie oder beiden Rechten Doktor oder Lizentiat sein«.[36] Die adligen Kanoniker gehörten vor allem dem rheinischen Niederadel an. Zwei Namen seien hier genannt: Der letzte Dekan, Alexander Franz v. Wessenberg, war ein Onkel des Konstanzer Generalvikars Ignaz Heinrich v. Wessenberg, der letzte Domizellar, Josef v. Metternich, ein Bruder des späteren österreichischen Staatskanzlers Clemens Fürst Metternich.

Viele der Bruchsaler Kanoniker hatten Domherrenstellen in anderen Stiften, meist in Speyer, inne. Sie residierten deshalb gar nicht in Bruchsal, sondern bezogen von dort nur Einkünfte. Einzig der Dekan hatte eine Wohnung in einem Stiftsgebäude, in dem sich zugleich der Kapitelsaal, die Kanzlei und das Archiv befanden. Es diente nach 1803 als Sitz für badische Gerichte.

Die gottesdienstlichen Aufgaben des Stifts nahmen die 10 Chorvikare wahr. Sie besaßen zwar durchweg die Priesterweihe, hatten aber meist keine Ausbildung als Prediger oder Seelsorger. Sie wohnten in stiftseigenen Häusern in der Stadt mit jeweils eigenem Haushalt. Eine gemeinsame Kosthalterei wie in Comburg bestand ebenso wenig wie eine gemeinsame Bibliothek. Zum fürstbischöflichen Hof in Bruchsal gab es nur wenige Beziehungen. Weil die Stiftskirche in Bruchsal zugleich als Pfarrkirche diente, mussten Stifts- und Pfarrgottesdienste darin abgehalten werden. Seit 1753 wurden die Pfarrmessen am nördlichen Seitenaltar vollzogen, während der Hauptaltar den kanonikalen Tagzeiten, den Hochämtern und den vielen Jahrtagsfeiern des Stifts vorbehalten blieb.

Die wirtschaftlichen Grundlagen des Stiftslebens basierten auf vier Dörfern im Kraichgau: Odenheim, Tiefenbach, Eichelberg, Landshausen, Rohrbach und die Hälfte von Waldangelloch sowie neun Zehntel von Großgartach. Die beiden letzteren bildeten ein Kondominat mit Württemberg. In diesen Siedlungen lebten 5.081 Einwohner. Der Wert der Herrschaft wurde auf etwas über eine Million fl. geschätzt.[37]

Die Säkularisation

Am 8. September 1802 sprach die Reichsdeputation das Hochstift Speyer und das Ritterstift Odenheim der Markgrafschaft Baden zu. Schon am 23. September erfolgte die provisorische Inbesitznahme, und am 30. November versammelte sich das Kapitel zum letzten Mal. Nach einem feierlichen Gottesdienst in der Stiftskirche und einer kurzen Ansprache des Dekans von Wessenberg in der Dechanei gingen die Kapitulare auseinander. Zwar setzten die Vikare noch bis

1808 ihre Gottesdienste nach der gewohnten Liturgie fort, doch dann hörte das Nebeneinander auf: Die Stiftskirche wurde zu einer reinen Pfarrkirche. Der zeitweilig erwogene Plan, ein Simultaneum einzurichten, wurde nicht ausgeführt.[38] So blieb die Stiftskirche bis heute katholische Pfarrkirche der Stadt Bruchsal.

Zu den wichtigsten Aufgaben der neuen Herrschaft gehörte die Festlegung der Pensionen für die Mitglieder des aufgelösten Stifts. Hier fand man großzügige Regelungen. Der Propst erhielt 2.800 fl. und der Dekan 3.600 fl. Den Dignitären standen 1.800 fl. zu. Einem der Domizellare wurden ab 1806, nach dem zu erwartenden Ableben eines älteren Kapitulars, ebenfalls 1.800 fl. in Aussicht gestellt, während der andere Domizellar leer ausging, weil er noch keine Weihen empfangen hatte. Für die Chorvikare blieb weniger übrig: Ihnen wurden ihre bisherigen Naturalleistungen und ihre freie Wohnung, dazu 340 fl. jährlich zugesprochen. Das Geldvermögen des Stifts – angelegt zumeist bei den eigenen Untertanen – schätzte man auf 120.411 fl. Der Materialwert des Bruchsaler Kirchenschatzes betrug 5.799 fl. Einzelne Stücke daraus blieben in der Pfarrkirche, andere brachte man nach Karlsruhe in die neu errichtete Stephanskirche. Der große Rest aber wanderte – wie der Comburger Silberschatz – in die Münze und diente zur Finanzierung der Kriegskosten.[39]

Das Ritterstift St. Peter zu Wimpfen im Tal

Die Entwicklung bis zum Ende des Mittelalters

Die Gründung des im östlichsten Teil der Wormser Diözese gelegenen Stifts erfolgte wohl im 9./10. Jh. Bis heute ist mit dem um 1030/40 entstandenen Westwerk an der Stiftskirche das früheste Bauzeugnis erhalten. Seit dem 12. Jh. übte der Propst des Wimpfener Stifts als einer der vier Archidiakone des Wormser Bistums die Aufsicht über das Kirchengut im Elsenz- und Gartachgau aus. Seinen Sitz hatte er – anders als die übrigen Archidiakone – außerhalb der Bischofsstadt.[40]

Dem Stift gehörten wohl seit der Gründung 12 Chorherren an, die ihren Propst und Dekan selbst wählten, wobei das Amt des Propstes seit dem 13. Jh. an Bedeutung verlor und seit 1604 nicht mehr besetzt wurde. Als eigentliches Oberhaupt des Stifts galt der Dekan:

Entweder er oder der Custos mussten Priester sein. Spätestens seit dem 13. Jh. kamen die meisten Kanoniker aus dem Adel. Nur mit den niederen Weihen versehen, konnten sie die Aufgaben beim täglichen Gottesdienst und im anwachsenden Totengedenken nicht mehr ausreichend wahrnehmen. So wurden seit der Stiftsreform von 1268/69 ausgeweihte Priester nichtadeliger Herkunft zur Unterstützung als Chorvikare ins Stift aufgenommen. Damals fiel auch die Entscheidung für den Neubau der *Stiftskirche aus nach französischer Art gehauenen Steinen,* wie es der Stiftschronist Burkhard von Hall ausdrückte.[41] Dazu erhielten die Chorvikare gegen Ende des 13. Jhs. die noch stehenden klosterähnlichen Wohngebäude, bis auch sie, wie schon zuvor die adeligen Chorherren, getrennte Häuser in der Talstadt bezogen.

Am Ende des Mittelalters gab es 38 geistliche Stellen im Stift. Den ersten Platz belegten die 12 Kanonikerpfründen, von denen seit 1386 zwei der Universität Heidelberg inkorporiert und mit dort lehrenden Professoren besetzt waren. Anschließend folgten die sechs Inhaber der sog. *Sechserpfründen* (Sexpräbendarii), die bis ins 16. Jh. denselben Rang einnahmen wie die Chorherren und an dritter Stelle die 20 Chorvikare. Die Vogtei über das Stift gehörte zunächst dem Bischof von Worms. Im 13. Jh. ging sie an das Reich, 1386 an die Kurpfalz und 1504 an Württemberg über – immer mit wenig Rückwirkung auf die Geschichte des Stifts: Es blieb reichsunmittelbar, wie die Stadt Wimpfen auch.[42]

Das Ritterstift vom 16. bis zum 18. Jahrhundert

Eine detaillierte personelle Auflistung aller Kapitulare gibt es nicht. Die Namen der bisher bekannt gewordenen Dignitäre und Chorherren zeigen, dass fast alle dem rheinischen Niederadel angehörten, der in engen Beziehungen zu den Erzstiften und Stiften in Trier, Mainz, Speyer und Worms stand. Dabei muss man berücksichtigen, dass Worms seit 1694 immer mit einem der Kurfürstentümer Trier oder Mainz zusammen regiert wurde. Als Beispiele seien die Wimpfener Dekane Franz Karl (1735–1757, Onkel) und Christoph Willibald v. Hohenfeld (1782–1802, Neffe) genannt, die beide als kurtrierische Räte amtierten.[43] Mit anderen Stiften gab es gleichfalls Gemeinsamkeiten: Der Bauherr des Wimpfener Dechaneigebäudes,

Franz Theodor Mohr v. Wald (1757–1780), der aus einer rheinischen Familie stammte, bekleidete gleichzeitig das Amt des Kantors in St. Burkard in Würzburg.[44] Der Chorherr v. Stengel und der Domizellar v. Hertling kamen aus nobilitierten kurpfälzischen Beamtenfamilien.[45] Eine Besonderheit bildet der einzige nichtadelige Dignitär, der Custos Christoph Nebel (1758–1769): Er gehörte als Weihbischof und Generalvikar zum hohen Mainzer Klerus.[46] Über die Herkunft und den Bildungsgang der Chorvikare können beim derzeitigen Forschungsstand keine Aussagen gemacht werden.

Der Besitz des Stifts hatte sich wohl seit dem Mittelalter nicht wesentlich verändert. Er bestand aus Häusern, Gütern, Gefällen und Kirchenpatronaten in der Talstadt und in der Bergstadt Wimpfen sowie in den Dörfern der näheren Umgebung. Große Bedeutung besaßen für das Stift die Fischrechte im Neckar, die Fähre über diesen Fluss und der Peter- und Paulsmarkt in der Talstadt.[47] Kulturelle, geistige oder geistliche Impulse gingen von Wimpfen im Tal nicht aus.

Das Ende des Ritterstifts

Im Jahr 1802 kam das abrupte Ende. Der erste Entschädigungs- und Verteilungsplan der Reichsdeputation vom August 1802 sprach das Ritterstift den Grafen Leiningen zu. Weil aber die Reichsstadt an Baden kommen sollte, vereinnahmte Markgraf Carl Friedrich am 14. September 1802 die Stadt und auch das Stift. Aber damit nicht genug: Hessen-Darmstadt erhob gleichfalls Ansprüche und ließ deshalb am 14. November 1802 das Stift zunächst provisorisch und am 9. Dezember endgültig besetzen. Zwischen beiden Mächten entspann sich ein längerer Briefwechsel, bis Baden nachgab: Am 3. April 1803 einigten sich beide Herrschaften über die Zugehörigkeit von Stadt und Stift zu Hessen.[48] Danach erfolgte die Auflösung des Stifts und die Abfindung der Insassen.

Folgende Pensionen wurden ausgesetzt: Dekan v. Hohenfeld 2.718 fl., Custos Ludwig v. Folleville 1.335 fl., dem Kapitelsenior 1.227 fl. und den drei übrigen Kapitularen je 1.200 fl. Die drei Domizellare mussten bis zum Tod je eines Kapitulars warten, bis sie die Pension von 1.200 fl. erlangten. Die vier Chorvikare bekamen 38 fl., dazu ihre bisherigen Naturalbezüge und freie

Wohnung in einem der Vikarshäuser. Der gesamte Stiftsbesitz wurde nach und nach verkauft.[49] In die Dechanei und in die lange als Speicher genutzten Gebäude neben der Kirche zogen 1947 die aus Grüssau in Schlesien vertriebenen Benediktiner ein. Seitdem ist die ehemalige Stiftskirche eine Klosterkirche. Politisch gehört Wimpfen seit 1952 zu Baden-Württemberg, kirchlich aber nach wie vor zur Diözese Mainz.

[1] Zur mittelalterlichen Geschichte der Comburg allgemein: *Rainer Jooß*, Kloster Komburg im Mittelalter. Studien zur Verfassungs-, Besitz- und Sozialgeschichte einer fränkischen Benediktinerabtei. Sigmaringen 2. Aufl. 1987.

[2] *Gerhard Lubich*, Zur Bedeutung der Grafen von Comburg und Rothenburg, in: WFr 81(1997), 29–50.

[3] *Rainer Jooß*, Comburg als Kloster und als Stift, in: *Elisabeth Schraut* (Hg.), Die Comburg. Vom Mittelalter bis ins 20. Jh. Sigmaringen 1989, 20.

[4] *Klaus Schreiner*, »Consanguinitas«. Verwandtschaft als Strukturprinzip religiöser Gemeinschafts- und Verfassungsbildung in Kirche und Mönchtum des Mittelalters, in: *Irene Crusius* (Hg.), Beiträge zu Geschichte und Struktur der mittelalterlichen Germania sacra. Göttingen 1989, 263.

[5] SAL B 375 V S U 48 und Bü 46.

[6] SAL B 375 S Bü 46: *Tractation und Beschluß, wie es mit der Verwaltung gehalten werden solle* von 1604.

[7] SAL B 375 S U 48.

[8] Z. B. waren in St. Burkard in Würzburg 32 und in Ellwangen 22 Comburger Chorherren zugleich bepfründet. s. *Alfred Wendehorst*, Die Benediktinerabtei und das adelige Säkularkanonikerstift St. Burkard in Würzburg. Berlin 2001, 142; *Eduard Mildner*, Das Ellwanger Stiftskapitel in seiner persönlichen Zusammensetzung. Ellwangen 1969, 98.

[9] SAL B 375 S Bü 52.

[10] SAL B 375 S Bü 15; *Franz Xaver Mayer*, Die Chorvikare in Komburg, in: DA Schwaben 25 (1905), 161–165 u. 177–181.

[11] *Wendehorst*, St. Burkard (wie Anm. 8), 152.

[12] SAL B 375 L Bü 64; *Gerd Wunder*, Das Komburger Anniversar, in: WFr 56(1972), 73–81.

[13] SAL B 375 S Bü 24; *Mayer*, Chorvikare (wie Anm. 10), 161–165, 177–181.

[14] *Schraut*, Comburg (wie Anm. 3), 143; *Ulrich Sieber*, Untersuchungen zur Geschichte der Komburger Stiftsbibliothek. Manuskript (1969), 58ff.

[15] *Johannes Zahlten*, Die barocke Ausstattung des »Newen Kirchenbaus in dem hochadeligen Ritter Stift Comburg«, in: *Schraut*, Comburg (wie Anm. 3), 36–54.

[16] HSAS A 15 Bü 12.

[17] *Schraut*, Comburg (wie Anm. 3), 190.

[18] HSAS A 15 Bü 12, 20, 53; *Schraut*, Comburg (wie Anm. 3), 189f.

[19] Index rerum memorabilium monasterii Comburgensis a Gerardo Wackero. 1675.Württ. Landesbibliothek Stuttgart cod.hist.fol. 516.

[20] SAL D 22 Bü 43.

[21] *Schraut*, Comburg (wie Anm. 3), 194f.;Würzburger Hof- und Staatskalender für das Jahr 1802. Würzburg 1802, 20ff..

[22] *Eberhard Hause*, Die Geschichte der Kleinkomburg und das Bauen des Kapuzinerordens. Diss. Stuttgart 1974, 113–127.

[23] SAL D 22 Bü 44, 64.

[24] SAL D 22 Bü 44; *Gerhard* Taddey, Kein kleines Jerusalem. Geschichte der Juden im Landkreis Schwäbisch Hall. Sigmaringen 1992, 217–227.

[25] HSAS A 15 Bü 11; *Mathias Erzberger*, Die Säkularisation in Württemberg von 1802–1810, ihr Verlauf und ihre Nachwirkungen. Stuttgart 1902, 207ff..

[26] SAL D 22 Bü 25.

[27] HSAS A 15 Bü 53.

[28] SAL D 22 Bü 43.

[29] *Erzberger*, Säkularisation (wie Anm. 25), 210.

[30] HSAS A 15 Bü 53.

[31] HSAS A 15 Bü 11; *Erzberger*, Säkularisation (wie Anm. 25), 209f.

[32] *Erzberger*, Säkularisation (wie Anm. 25), 213; *Franz Xaver Mayer*, Der Kirchenschatz der Stiftskirche in Comburg. Archiv für christliche Kunst 14 (1896), 61–63; *Walter Döring*, Wie die Komburg württembergisch wurde. Der Haalquell 32 (1980), 13–15.

[33] *Ulrich Sieber*, Friedrich David Gräter und die Komburger Stiftsbibliothek, in: WFr 52 (1968), 117–119.

[34] *Schraut*, Comburg (wie Anm. 3), 81–108, 262.

[35] *Hansmartin Schwarzmaier*, Odenheim, in: Germania Benedictina Bd. 5: Baden-Württemberg, Augsburg 1975, 464–471.

[36] *Anton Wetterer*, Die Säkularisation des Ritterstifts Odenheim in Bruchsal, in: ZRG KA 7 (1917), 49.

[37] *Wetterer*, Säkularisation (wie Anm. 36), 85.

[38] *Wetterer*, Säkularisation (wie Anm. 36), 105f.

[39] *Anton Heuchemer*, Aus Bruchsals bewegter Zeit. Von der Französischen Revolution bis zum Ende des Bischöflichen Vikariats 1789–1827. Ubstadt-Weiher 1994, 134.

[40] *Friedhelm Jürgensmeier* (Hg.), Das Bistum Worms. Von der Römerzeit bis zur Auflösung 1801. Würzburg 1997, 23,30, 34f.

[41] *Fritz Arens/Reinhold Bührlen*, Wimpfen. Geschichte und Kunstdenkmäler. Bad Wimpfen 1980, 87.

[42] *Albrecht Endriss*, Die religiös-kirchlichen Verhältnisse in der Reichsstadt Wimpfen vor der Reformation. Stuttgart 1967, 29–34.

[43] *Ulrich Lange*, Hohenfeld Gedenktafeln. Bad Camberg 1985, 51, 58.

[44] *Wendehorst*, St. Burkard (wie Anm. 8), 249f.

[45] *Alexander von Lorent*, Wimpfen am Neckar. Stuttgart 1870, 304f.; *Stefan Mörz*, Aufgeklärter Absolutismus in der Kurpfalz während der Mannheimer Regierungszeit des Kurfürsten Karl Theodor (1742–1777). Stuttgart 1991, 464, 470.

[46] *Erwin Gatz* (Hg.). Die Bischöfe des Heiligen Römischen Reiches 1648–1803. Berlin 1990, 336.

[47] *Rüdiger Jülch*, Die Entwicklung des Wirtschaftsplatzes Wimpfen bis zum Ausgang des Mittelalters. Stuttgart 1961, 49ff.; *Endriss*, Verhältnisse (wie Anm. 42), 60f.

[48] *Peter Roßkopf*, Wie kam Wimpfen an Hessen?, in: Regia Wimpina – Beiträge zur Wimpfener Geschichte 6 (1989), 101.

[49] *Alexander von Lorent*, Wimpfen (wie Anm. 45), 326ff.

Zwischen Baden und Habsburg

Zur Säkularisation St. Blasiens am Beginn des 19. Jhs.

von Michaela Hohkamp

Im Kontext der Säkularisation zu Beginn des 19. Jhs. bildet die Aufhebung des Klosters St. Blasien eine Ausnahme.[1] Zwar konnte auch die große Schwarzwaldabtei in ihrer traditionellen Verfassung nicht bestehen bleiben. Den Konventualen war es nach Säkularisation und Reichsauflösung 1807 aber möglich, nach St. Paul im Kärntner Lavanttal zu ziehen und dort einen Neuanfang zu machen.

Was war Säkularisation?

Die Säkularisation, d. h. die »Aufhebung der Bistümer, Klöster und Stifte mit Einziehung und Verwendung ihres Vermögens für nicht-kirchliche, in der Regel zunächst staatliche Zwecke«[2] war für die Zeitgenossen kein plötzliches Ereignis. Im 18. Jh. vorbereitet, hat sie sich bis weit ins 19. Jh. hineingezogen.[3] Die gesamte Fläche der in dieser Zeit säkularisierten Gebiete betrug circa 100.000 qkm. Die Einkünfte aus diesen Besitzungen beliefen sich auf runde 21 Mio. fl.[4] Die Folgen des Säkularisationsprozesses sind jedoch im Ganzen noch längst nicht abschließend erforscht. Durch lokale und regionale Studien über rechtsrheinische Gebiete wie Westfalen, Bayern und Baden sind aber Hauptlinien deutlich geworden.[5] Ohne an dieser Stelle weiter auf Einzelheiten eingehen zu können, lassen sich anhand der Forschungsliteratur zwei gegensätzliche Einschätzungen festmachen: Während die ältere Literatur betont, dass die Säkularisation eine Grundbesitzumschichtung größten Ausmaßes bedeutet habe, die zur »Einebnung der bisher ständisch bestimmten Eigentumsordnung, und zur Grundlegung einer aus staat-licher Eigentumshoheit und bürgerlicher Eigentumsfähigkeit gemischten Sozialordnung« geführt habe[6], argumentiert die neuere Forschung, dass die gesellschaftlichen Verhältnisse von den einschneidenden Besitzverschiebungen nur wenig beeinflusst worden seien.[7] Doch auch wenn die Bewertungen sich unterscheiden, so ist doch unbestritten, dass die Säkularisationen zu Beginn des 19. Jh. weitreichende territoriale Veränderungen bewirkt haben.

Territoriale und politische Veränderungen

Die großen Gewinner der tiefgreifenden territorialen Veränderungen im Süden und Südwesten des Reiches waren die Länder Bayern, Württemberg und Baden. Am Ende dieses Prozesses hatte sich das badische Staatsgebiet um ein Vielfaches vergrößert. Schon die Vereinbarungen von 1803 hatten Baden einen Zuwachs von ca. 3.400 qkm eingebracht, der sich hauptsächlich aus säkularisiertem Kirchengut und Territorien mediatisierter Reichsstädte zusammensetzte. Vierzehn Abteien, das Bistum Konstanz, Teile der Hochstifte Speyer, Straßburg, Basel, sieben Reichsstädte und das Reichstal Harmersbach fielen an die Markgrafschaft. Den bedeutendsten Gebietszugewinn brachte allerdings die Neckarpfalz, die mit Mannheim, Heidelberg und ihren wichtigsten Ämtern ebenfalls an Baden kam.[8] Andere wichtige Gebietserwerbungen kamen in den nächsten Jahren hinzu. Und als sich 1810 mit dem Erwerb der Landgrafschaft Nellenburg[9] die letzte Lücke zwischen den badischen Gebieten geschlossen hatte, verfügte das neue Baden über ein geschlossenes Staats-

563

gebiet, dessen Erscheinungsbild bis heute nahezu unverändert geblieben ist.[10]

Hier war ein Staat entstanden, der zu den größeren deutschen Mittelstaaten gezählt werden konnte, dessen innere und äußere Legitimität aber alles andere als unbestritten war[11]: Eine morganatische Eheschließung[12] im Hause Baden hatte kurz zuvor für Konkurrenzen gesorgt, die geeignet waren, das markgräfliche Haus in eine dynastische und politische Krise zu manövrieren. Zeitgleich entstanden aus traditionellen Bindungen ehemaliger österreichischer Gebiete an die Habsburger[13] sowie aus der Mehrkonfessionalität im Land starke zentrifugale Kräfte.[14] Zur Sicherung innen- und außenpolitischer Stabilität griffen die badischen Markgrafen – dem Zeitgeist folgend – zu historischen Legitimationsverfahren und erinnerten an die Verwandtschaft mit den Zähringern und deren Herrschaft im Südwesten, in deren Nachfolge sie sich sahen.[15] Die Inszenierung dynastischer und herrschaftlicher Kontinuität zu politischen Zwecken war nicht neu. Denn schon seitdem sich die Wiedervereinigung der protestantischen Markgrafschaft Baden-Durlach mit dem katholischen Baden-Baden Mitte des 18. Jh. abzuzeichnen begonnen hatte, hatte das badische Herrscherhaus diese Verwandtschaft gesucht und von dem Hofgenealogen Daniel Schöpflin rekonstruieren lassen. Seine Arbeiten erlaubten es den Badenern, sich als direkte Nachfahren der Zähringer in männlicher Linie zu präsentieren[16] und Ansprüche auf österreichische Gebiete, die ehemals unter zähringischer Herrschaft gestanden hatten, historisch zu zementieren. Hierzu kann auch das ehemals unter der Vogtei Konrads v. Zähringen (1125) stehende Benediktinerkloster St. Blasien im Schwarzwald gezählt werden.

Die territoriale Struktur St. Blasiens bis zur Säkularisation

In seiner langen Geschichte, die sich im Streben nach politischer Eigenständigkeit bei gleichzeitiger Akzeptanz österreichischer Landeshoheit vollzog, hat sich das Kloster, seine Herrschaft und seine Besitzungen seit den Anfängen im 9. und 10. Jh. stetig gewandelt. Die herrschaftliche Struktur bzw. die Zahl und Ausdehnung der Ämter – verwaltet nach einer Priorats-

verfassung – kann im Detail hier nicht rekonstruiert werden. Generell lässt sich aber sagen, dass sich bis zum Beginn der österreichischen Landeshoheit über St. Blasien im 14. Jh. die lokale und regionale klösterliche Herrschaft in großen Zügen ausgebildet hatte.[17] Seit der Zeit lassen sich dreizehn Außenämter festmachen: Waldamt, Wutenamt, Baar, Rottweil, Schönau, Breisgau, Elsass, Basel, Zürich, Klingnau, Nellingen, Kammeramt mit Schlegelsberg und Frickingen.[18] Daneben verfügte das Kloster noch über drei klosterinterne Verwaltungseinheiten mit eigenem Sondervermögen: »officium cellerarii«, »officium custodie« und »officium infirmarie«[19]; die Klostereinkünfte vermehrten sich noch um die Erträge anderer selbständiger »Vermögensträger«[20], wie der Kirchenpfründe von St. Stephan (Pfarrkirche von St. Blasien), Todtmoos, Menzenschwand, Urberg, Höchenschwand, Schluchsee, Todtnau und Schönau, ebenso wie durch die Einkünfte aus der Propstei Neuenzell und den abhängigen Klosterniederlassungen Berau, Ochsenhausen, Weitenau, Bürgeln, Sitzenkirch und Wislikofen.[21] Insgesamt verfügte das Kloster St. Blasien über weiten Besitz in badischen, württembergischen und vorderösterreichischen Gebieten, sowie in Territorien der Eidgenossenschaft und im Elsass. Ohne den wechselnden Streubesitz in all seiner komplexen Verzweigtheit hier aufzulisten, lässt sich festhalten, dass das Kloster St. Blasien spätestens seit dem 14. Jh. über einen einigermaßen zusammenhängenden Besitz verfügte, der sich mit den Orten Schaffhausen, Zürich, Basel, Freiburg, Feldberg, Bonndorf und Wutachtal kennzeichnen lässt. Nach einer statistischen Aufstellung vom Ende des 18. Jhs. besaß St. Blasien im Reich neun Propsteien, neun Pfarreien und acht Kaplaneien. In der Schweiz gebot es über ein Kloster, zwei Propsteien und zwei Pfarreien. Auf innerösterreichischem Gebiet besaß es ein Kloster, zwei Propsteien, sechs Pfarreien und eine Kaplanei.[22] Laut einer Zählung sollen es 26.130 Seelen gewesen sein.[23] Der Erwerb der Reichsgrafschaft Bonndorf zu Beginn des 17. Jh. brachte den Äbten von St. Blasien in ihrer Eigenschaft als Herren v. Bonndorf dann die unbestreitbare reichsunmittelbare Stellung, die 1746 zu der für ihr Selbstbewusstsein so wichtigen Erhebung in den Reichsfürstenstand führte.[24] Für das 18. und beginnende 19. Jh. lässt sich also von einem Kernbezirk sprechen,

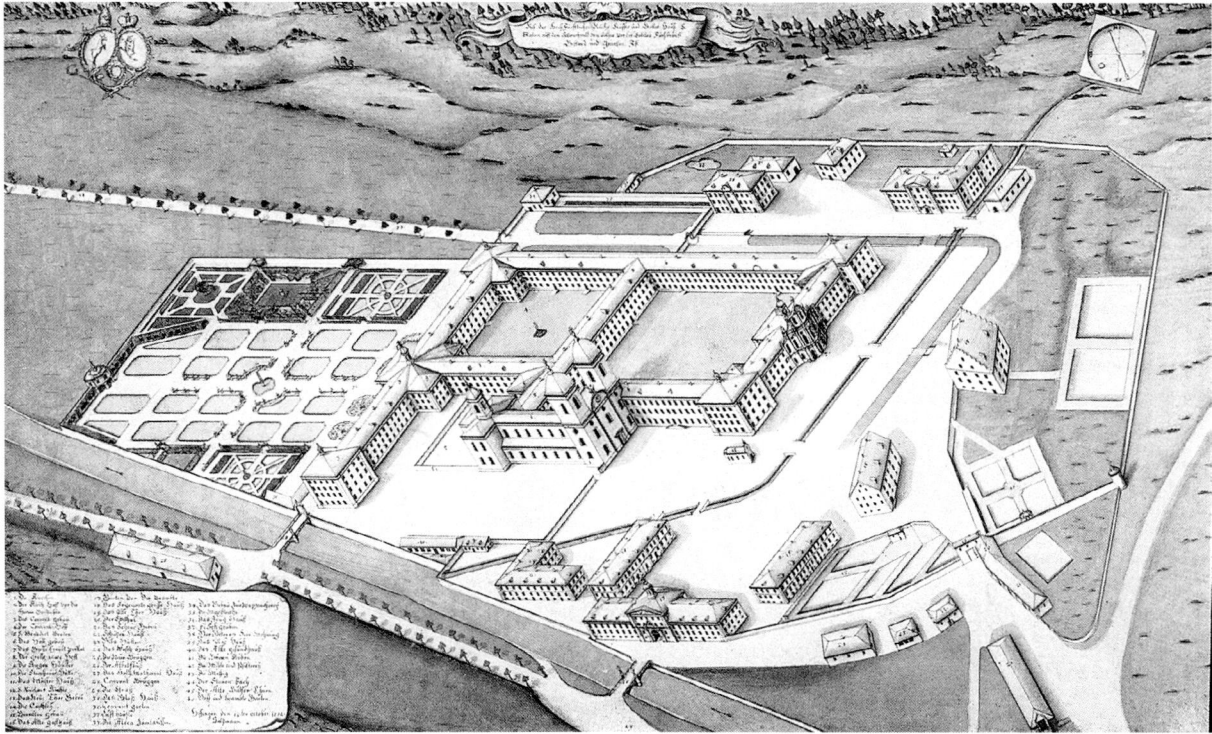

St. Blasien 1772
Gesamtprospekt von »Salzmann«.
GLA Karlsruhe.

der sich rechtlich grob in »Zwing und Bann« des Klosters, die Landschaft Hauenstein, Reichsherrschaften und auswärtige Besitzungen einteilen lässt.

St. Blasien im Kontext der Säkularisation

Von der seit 1803 starken Säkularisationsbewegung ist St. Blasien zunächst nicht betroffen gewesen. Solange das Reich noch existierte, war das Kloster kein Entschädigungsobjekt für benachbarte Territorien. Erst nach dem Ende des Reiches – der Habsburger Franz II. hatte sich seit 1804 *Kaiser von Österreich* genannt, und, nachdem im Juli 1806 die Rheinbundakte unterzeichnet worden war, auch die Kaiserkrone niedergelegt – erreichte die Säkularisation auch die im vorderösterreichischen Schwarzwald gelegenen Klöster.[25]

Nach dem Frieden von Lunéville (1801)

Bei der nun beginnenden Verteilung klösterlichen Besitzes im Südschwarzwald waren schon bald die Malteser als Hauptinteressenten aufgetreten. »Aus Rücksicht für die Kriegsdienste ihrer Glieder« und für ihre Verluste auf dem linken Rheinufer waren ihnen umfangreiche Entschädigungen zugesagt worden.[26] Außer den Maltesern zeigten sich auch der badische und württembergische Staat an sanktblasianischem Besitz interessiert – und das nicht zum ersten Mal. Denn Württemberg und Baden hatten mit den Propsteien Nellingen und Bürgeln schon von der ersten Säkularisation St. Blasiens während der Reformationszeit profitiert.[27] Die nun folgende zweite Säkularisation hatte für das Kloster allerdings weitreichendere Folgen. Die Dinge kamen schnell voran, und schon zwei Jahre nach

565

dem Frieden von Lunéville lagen die ersten konkrete Pläne für die südwestlich im Reich gelegenen Gebiete vor. Im Reichsrezess[28] vom 25. Januar 1803 war vereinbart worden, dass der Breisgau an den Herzog v. Modena fallen sollte, während die Malteser *die Grafschaft Bonndorf, die Abteien und Klöster St. Blasien, St. Trudpert, Schuttern, St. Peter, Thennenbach und überhaupt alle Stifter und Klöster des Breisgaus erhalten sollte[n].*[29] Politisch versiert und am Weiterbestehen seines Klosters interessiert, hatte sich der damalige Abt St. Blasiens früh bemüht, diesen Plänen entgegenzuwirken und die Übernahme durch die Malteser zu verhindern.[30] Diese hatten schon im Vorfeld des Vertragsabschlusses versucht, ihre Ziele durchzusetzen und waren am 18. November 1802 am Ort erschienen, um provisorisch von der Abtei Besitz zu ergreifen. Der Widerstand des Klosters war entschieden.[31] Die Malteser mussten sich zurückziehen. Damit war eine überstürzte Übernahme zwar verhindert worden, seine traditionelle Position musste St. Blasien aber trotzdem aufgeben. Allein unter Wahrung seiner »Fundamentalverfassung«[32] ist das Kloster im März 1803 dann zusammen mit dem Breisgau an den Herzog v. Modena übergeben worden.

Nach dem Frieden von Pressburg

So lagen die Dinge noch als etwa zwei Jahre später erneut Bewegung in die Sache kam. Im Frieden von Pressburg (26. Dezember 1805)[33] war festgehalten worden, dass *Württemberg* [...] *die St. Blasien gehörige Grafschaft Bonndorf, die Städte Villingen und Bräunlingen, sowie einen Teil des Breisgaus, der vom Schlegelberg bis zum Molbach gehen sollte* [zufallen sollte]. *Baden erhielt den übrigen Teil samt den früher den Maltesern zugewiesenen Stiftern und Klöstern, also auch das Kloster St. Blasien.*[34] Noch im selben Monat gab die badische Regierung Auftrag an das Oberamt Lörrach, die sanktblasianischen Besitzungen formell zu übernehmen. Damit waren die traditionellen Konkurrenten erneut in den Streit um St. Blasien eingetreten. Karl Rieder hat etwa 100 Jahre später den Vorgang anschaulich beschrieben: »Während Baden noch mit Erlassen operierte, war Württemberg bereits zu Thaten übergegangen. Infolge falscher Interpretation des Friedensinstrumentes hatte Württemberg auf einen viel größeren Teil des Breisgaus Anspruch erhoben, als ihm von Rechts wegen gebührte. Am 18. Januar erschienen deswegen zu St. Blasien gegen 80 Mann zu Fuss, bald darauf 30 Mann zu Pferd und pflanzten ihre Kanone vor dem großen Portal auf. Während sie selbst im Klosterhof ihr Quartier aufschlugen. Der Kommissar des Königs, Geheimrat Spittler, einst Professor zu Göttingen, eröffnete dem Abte den Uebergang der Abtei an Württemberg. Der Abt legte keinen Protest ein, da ihm vom Inhalte des Pressburger Friedens noch nichts bekannt sei. Dessen ungeachtet wurden die württembergischen Wappenbleche an die Abtei angeheftet, die Rechnungen über Oekonomie und die Kasse abgefordert und das Archiv besiegelt.«[35] Österreich beantwortete diesen Handstreich mit einem formellen Protest. Baden sah sich dadurch genötigt, die Ansprüche aller anderen Mächte mit Nachdruck zurückzuweisen und zu handeln. Zeitgleich mit der Ankündigung, die Klöster säkularisieren zu wollen, hat Baden am 28. Januar 1806 tatsächlich die Besitznachfolge im Breisgau angetreten. Ihren Eid auf den badischen Staat legten die Beamten am 30. Januar ab. Die Klöster St. Blasien und St. Peter waren von diesem Staatsakt jedoch direkt noch nicht betroffen gewesen. Um in dieser Situation zu retten, was noch zu retten wäre, beschloss der Abt von St. Blasien daher die Sache selbst in die Hand zu nehmen und verhandelte gleichzeitig mit der badischen Regierung und den österreichischen Regierungsstellen über die Zukunft des Klosters. Während Baden sich unentschieden zeigte, kam aus Österreich schon bald die Zusage, Abt und Konvent in einem unterösterreichischen Kloster aufnehmen und versorgen zu wollen.[36] Bevor er dieses Anerbieten akzeptierte, unternahm der Abt einen letzten Versuch, das Weiterbestehen des Klosters auf badischem Territorium zu sichern. In einer schriftlichen Note an die badische Regierung betonte er die wirtschaftliche, religiöse und kulturelle Bedeutung des Klosters für die Region.[37] Um der Sache den nötigen Nachdruck zu verleihen, reisten die Äbte von St. Peter und St. Blasien am 18. März 1806 zu persönlichen Verhandlungen nach Karlsruhe.[38] Laut Erlass vom Mai 1806 bewirkte das Treffen immerhin, dass das Kloster in *den Zeitverhältnissen angemessener Art* vorerst bestehen bleiben konnte.[39] An der feierlich begangenen Landeshuldigung vom 30. Juni im Freiburger Münster hat der Abt St. Blasiens dann auch noch teilgenommen. Die weitere Existenz des Klosters auf badischem Staatsgebiet war trotzdem nicht möglich. Am 10. Oktober 1806 ist folgende Resolution des badischen Großherzogs veröffentlicht worden: *Wir haben zwar nach höchstem Beschluss vom 5. Mai d. J. vorgehabt, die uns angefallenen Stifter St. Blasien und St. Peter im Schwarzwald in beschränktem Maße dergestalt noch fortbestehen zu lassen, dass aus letzterm ein von St. Blasien abhängiges Hospitium oder Propstei errichtet würde. Nachdem sich aber bei Ausführung dieses Vorhabens solche Anstände ergeben, wegen welcher beide Stifte selbst auf ihre also modifizierte Fortdauer keinen Wert legen, und, ein mehreres zu tun, mit den Organisationsprinzipien Unseres souveränen Großherzogtums und mit den Zeitumständen nicht vereinbarlich ist, so sehen wir uns veranlasst, nunmehr auch diese gedachten Abteien, gleich den übrigen bereits aufgehobenen Stiftern im Breisgau, [...] für aufgelöst zu erklären, und für jetzt, bis sich etwa in der Folge zeigt, ob und welch andere gemeinnützige Anstalten daselbst surrogiert werden können, in eine Gemeinschaft von Geistlichen zu Versehung der nötigen Pfarrgeschäften und des Gottesdienstes, mit dem der Würde beider Kirchen, und den daselbst befindlichen Grabstätten Unserer in Gott ruhenden Durchlauchtigsten Vorfahrer und Stammesgenossen angemessenen Anstand, unter der Direktion von Superioren zu verwandeln.*[40]

Deutlicher konnte es nicht formuliert werden: Die Abteien in ihrer bisherigen Position zu belassen, war – aus großherzoglicher Sicht – mit den »Organisationsprinzipien« des nunmehr souveränen Großherzogtums nicht zu vereinbaren. In der hier auszugsweise zitierten Resolution klingt neben dem verfassungsrechtlichen Argument aber noch ein zweites Motiv an, das in der kulturellen und symbolischen Dimension von Politik wurzelt. Die Beseitigung der in St. Blasien kurz zuvor installierten Habsburger-Gruft als öffentliche Inszenierung politischer Gegenkultur spielte in den großherzoglichen Erwägungen St. Blasien aufzuheben eine wichtige Rolle. Sollte ein säkularisierter Staat entstehen, war es unumgänglich, dem Kloster seine politische Funktion zu nehmen, die Gruft zu einer reinen Stätte der Grabpflege umzugestalten und die Abtei aufzulösen.

Die Auflösung des Klosters

Folgt man Karl Rieder, dessen Ausführungen auf zeitgenössischem Quellenmaterial basieren, dann ist die

**Die Fürstabtei St. Blasien
Ende 18. Jh.**
*Lithographie nach einer kolorierten Zeichnung.
St. Paul im Lavanttal/Kärnten.*

567

Auflösung des Klosters für die Mönche, die zusahen wie der staatliche Kommissar den gesamten Besitz *bis zur letzten Fußsocke* peinlichst inventarisierte, ein äußerst demütigendes Erlebnis gewesen.[41] Anwesend waren diejenigen Mönche, die entweder über ihre Zukunft noch nicht entschieden, oder die von der Diözese Konstanz keine Pfarrstelle angeboten bekommen hatten.[42] Sie blieben vorerst im Kloster und erlebten seine Auflösung hautnah mit.[43] Die hierzu nötigen Arbeiten sind zügig erledigt worden. Am 20. Februar 1807 erschien bereits der Freiburger Bibliothekar Bagatti, um diejenigen Bücher der Bibliothek zu inventarisieren und in Kisten zu verpacken[44], die von einer klösterlichen Auslagerungsaktion um die Jahrhundertwende noch übrig waren.[45] Diese Rumpfbibliothek ist teilweise in der Freiburger Universitätsbibliothek aufgegangen. Die Reste des Archivs sind in die badische Landeshauptstadt übersiedelt worden.[46] Für die zurückgebliebenen Mönche scheint dies das sichtbare Ende gewesen zu sein. Jetzt beantragten die restlichen Konventualen[47] ihre Ausreise nach Österreich.[48] Materielle Not kann das Motiv hierfür nicht gewesen sein. Denn im RDH[49] war den Geistlichen Versorgung auf Lebenszeit zugesichert worden. Die Summe der von Baden zu zahlenden Pensionen war z. B. auf 28.683 fl. jährlich festgesetzt worden.[50] Welche Gründe die Mönche letztlich zu der Übersiedlung bewogen haben mögen, ist nicht zu rekonstruieren. Sicher ist nur, dass sie bei dem einmal gefassten Vorsatz blieben. Ihrem Ansuchen ist im Jahr 1807 von der badischen Regierung stattgegeben worden, nachdem zuvor die finanziellen Ansprüche von Kloster und badischem Staat gegeneinander aufgerechnet worden waren. Übrig blieb ein Defizit von 642 fl. 16 kr., das der Abt zu begleichen verpflichtet war.[51] Seinen privaten Besitz – Bücher, Werkzeuge und Instrumente aus seiner Zeit als Physikprofessor in Freiburg – durfte er zwar mitnehmen. Der Besitz aus seiner Amtszeit – Betten, Tischzeug, Pferde u.ä. – war der badischen Regierung aber abzukaufen.[52] Unter der Leitung des letzten Fürstabts von St. Blasien, Bertholds III. Rottler (1801–1806) aus Obereschbach bei Villingen, machten sich im September etwa drei Dutzend Mönche[53] auf einen Weg[54], der sie erst nach Oberösterreich, und dann im Jahr 1809 zu ihrem endgültigen Ziel St. Paul/Lavanttal[55] in Kärnten führen sollte.[56]

Die Säkularisation und ihre Folgen

In seiner grundlegenden Typologie des Säkularisationsprozesses hat Christoph Dipper drei Typen unterschieden: den »kirchenreformatorischen Modus« (1), den »domänenpolitischen Modus« (2) und den »fiskalpolitischen Modus« (3).[57] Der erste Typ zeichnet sich durch »zweckgebundene Klosteraufhebungen«[58] aus, wie sie im Josephinismus üblich gewesen sind. Beim dritten Typ, der wesentlich in Bayern lokalisiert wird, »wurde, mit Ausnahme des Waldes, die Masse der Immobilien vom Staat an Privatleute veräußert«.[59] Der zweite, hauptsächlich in Baden und Württemberg anzutreffende Typ ist dadurch gekennzeichnet, dass »der Grundbesitz der aufgehobenen Klöster Teil der Staatsdomänen [geworden ist] und dann meist wie bisher verpachtet wurde.«[60] In diesen Fällen hat die Säkularisation die Besitzstruktur nicht generell verändert, ihre gesellschaftspolitische Bedeutung war dementsprechend gering.[61] Um ein abgerundetes Bild über die Folgen der Säkularisation zu erhalten, ist es jedoch sinnvoll, neben den rein besitzrechtlichen Faktoren auch andere wirtschaftliche, soziale und kulturelle Nachwirkungen in die Überlegungen einzubeziehen. Der Verlust von Versorgungsstellen in Klöstern und Stiften konnte etwa für die katholische Bevölkerung ebenso von Bedeutung sein wie die verlorengegangene Funktion der Klöster als Arbeitgeber für landarme bäuerliche Schichten aus der Umgebung.[62] Allein für St. Blasien gibt Hermann Schmid »etwa 160« in direkten Diensten des Klosters stehende Personen an.[63] Auswirkungen auf den Bildungsbereich sind ebenfalls zu berücksichtigen.[64] Welche Bedeutung die Nähe des Klosters für die Bildung und Ausbildung der ländlichen Bevölkerungen gehabt haben muss, zeigt schon die Tatsache, dass nicht wenige Äbte St. Blasiens aus der näheren Umgebung des Klosters gekommen sind.[65] Der spätere Fürstabt Martin Gerbert z. B. war längere Zeit Pfarrer im nahen Ibach gewesen, und sein Nachfolger Mauritius Ribbele (1793–1803) stammte ebenfalls aus der unmittelbaren Nachbarschaft.[66] St. Blasien hat seine Schüler aber nicht nur an das Kloster gebunden. Von hier aus ist auch ein großer Teil der umliegenden Pfarreien mit Geistlichen versorgt worden. Allein für 53 Pfarreien hat St. Blasien die Seelsorger gestellt. Neben solchen Aufgabenbereichen hat St. Bla-

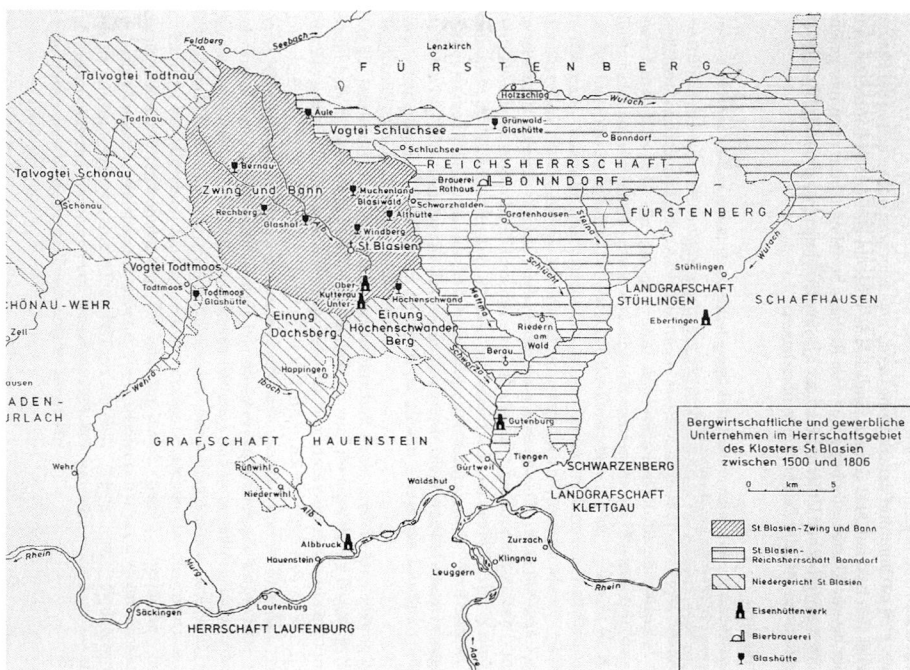

**Herrschafts- und Wirtschafts-
gebiet St. Blasiens 1500–1806**
Karte von Rudolf Metz.

sien im 18. Jh. aber auch massiv wirtschaftliche Funktionen für die Region erfüllt. Neben der nach kameralistischen Prinzipien ausgerichteten Förderung der Ökonomie etwa durch Einrichtung von Glashütten, Sägewerken und einer Brauerei[67] hat das Kloster ganz im Stil der Zeit seine Almosenvergabe Schritt für Schritt eingeschränkt, in Kost- bzw. Lehrgelder für die 1754 auf eigenem Herrschaftsgebiet errichtete Baumwollspinnerei verwendet[68] und damit erste Schritte ins Industriezeitalter unternommen.

Klösterlicher Besitz und Säkularisation

Der badische Staat hat an diese wirtschaftlichen Zielsetzungen mehr oder weniger bruchlos angeknüpft. In der Frühphase der Säkularisation war für Baden »die Bildung umfangreicher Domänen aus Klostergut im Eigentum des großherzoglichen Hauses Baden und standesherrlicher Familien« besonders charakteristisch.[69] Hermann Schmid, der von über hundert klösterlichen Niederlassungen auf dem Gebiet des späteren badischen Staates 95 untersucht hat[70], hat deshalb davon gesprochen, dass es sich bei der Vermögenssäkularisation in Baden um einen Wechsel von »toter

Hand« zu »toter Hand« gehandelt habe.[71] Den wirtschaftlichen Ertrag für den badischen Staat schätzt Schmid daher gering ein.[72] Dieses Urteil wird auch aufrechterhalten werden müssen, wenn die nicht unbeträchtlichen Waldflächen des südlichen Schwarzwaldes mit in die Überlegungen einbezogen werden, die nach der Säkularisation staatlich verwaltet und kooperativ mit den Gemeinden bewirtschaftet worden sind.[73] Vergleichbares gilt für die Klostergebäude, die mit ihren Wirtschaftsgebäuden nach der Säkularisation vor allem öffentlichen Zwecken gedient haben. In ihnen sind Badeanstalten, Spitäler, Lazarette, Schulen, Kasernen und Gefängnisse aber auch Unterkünfte für Regierungsbeamte oder Geistliche eingerichtet worden.[74] Der weitaus größte Teil des säkularisierten Besitzes verblieb also im Eigentum des Staates. Verkäufe kamen zwar vor, aber sie betrafen Gebäude und kleinere Liegenschaften, deren Käufer in aller Regel aus der nächsten Umgebung stammten. Bei größeren Verkäufen besonders von Land oder Gebäuden traten Angehörige des Adels – etwa der Frh. v. Andlaw, der die Benediktinerabtei St. Trudpert erworben hatte[75] – oder Angehörige bürgerlicher Oberschichten als Käufer auf, die ihren neuen Besitz mitunter kommerziell nutz-

569

ten.[76] Für beide Gruppen lassen sich Beispiele für eine geplante oder tatsächliche industrielle oder handwerkliche Nutzung der ehemaligen Klosteranlagen finden.[77] Die Benediktinerabtei Schuttern in der Ortenau beispielsweise beherbergte vorübergehend eine Türkischrotfärberei und Baumwollspinnerei, während im Zisterzienserinnenkloster Wonnental, das an Lahrer Unternehmer verkauft war[78], kurzfristig eine Zichorienfabrik Platz fand; für die Zisterzienserabtei Tennenbach trug sich eine Gräfin Kageneck mit Plänen, dort eine Porzellan- und Steingutfabrik zu errichten.[79]

St. Blasien während und nach der Säkularisation

Die Vorgänge im Detail: Der Besitz St. Blasiens bestand im wesentlichen aus Territorialrechten, »Realitäten und Mobilien«.[80] Territorialrechte, Grundherrschaften und Kirchenpatronate sind ohne weitere Schwierigkeiten an den badischen Staat übergegangen. Die Übernahme der fahrenden Habe, der Liegenschaften, der Schulden und anderer Verpflichtungen gestaltete sich dagegen deswegen problematisch, weil eine amtliche Auflistung fehlte und von staatlichen Kommissionen in zeitraubender Kleinarbeit erst erstellt werden musste. Die letzte dieser Kommissionen hat erst 1809 aufgehört zu arbeiten. Nach zuverlässigen Schätzungen aus dem Jahr 1807 hat sich das Vermögen der Abtei St. Blasien aus allen badischen und schweizerischen Besitzungen (ohne das später württembergische Mengen) auf 7.100.000 fl. belaufen, während die Passiva runde 2.130.000 fl. betrugen.[81] Die mobilen Werte – Gerätschaften, Hausrat, Vorräte und andere Lebensmittel, Kircheneinrichtung, Kunstgegenstände sowie wissenschaftliche Sammlungen u. ä. – konnten, soweit sie nicht bereits außer Landes gebracht worden waren, ohne weitere Umstände in badisches Eigentum übergehen. Die Mehrzahl der Liegenschaften – Wälder, Felder, Gebäude, gewerbliche Unternehmen (Brauerei) usw. – lagen auf badischem Staatsgebiet und konnten deswegen ebenfalls recht reibungslos übernommen werden. Die sanktblasianischen Propsteien Berau, Gurtweil, Bürgeln, Krozingen und Oberried hatten ihre je eigenen Geschichten: der Berauer Besitz ist versteigert worden. Das bis heute erhaltene Gebäude diente als Pfarrhaus; Gurtweil ist 1822 an einen Unternehmer versteigert wor-

den, der eine Branntweinbrennerei eingerichtet hat. Später ist es dann zu einer Erziehungsanstalt für Mädchen umfunktioniert worden; Inventar, Land und Gebäude der Propstei Bürgeln sind bis 1808 verkauft worden und haben etwa 40.000 fl. eingebracht, während die Krozinger Baulichkeiten für 13.000 fl. an eine Freifrau v. Schauenburg verkauft worden sind. Der mobile Besitz konnte erst nach und nach an verschiedene Käufer veräußert werden. Das Priorat Oberried sollte als Pfarrhaus und Unterkunft für Pensionäre dienen, während Vorräte und Vieh versteigert worden sind. Die Klosteranlage ist bis heute erhalten.[82] Allein über die Grundwerte in den helvetischen Kantonen Aargau, Schaffhausen, Basel und Zürich konnte der badische Staat nicht verfügen. Verhandlungen mit der Schweiz zogen sich bis in das letzte Drittel des 19. Jhs. hin.[83]

Soweit die sanktblasianische Habe von der Regierung nicht auf badische Institutionen verteilt worden ist[84], ist sie verkauft worden. Die öffentlichen Versteigerungen haben im Sommer 1807 begonnen. Komplette Höfe, abgeteilte Parzellen, Vieh, Wagen, Karren, Rennschlitten, Gemälde, Bettzeug, Vorhänge, Spiegel, Lampen, Sessel, Uhren und mehrere Fässer Wein kamen ebenso unter den Hammer wie das Kupferdach der Pfarrkirche St. Stephan. Allein das Material hat der badischen Finanzkasse 50.000 fl. eingebracht.[85] Die fahrbare Habe des Klosters kam in viele und ganz unterschiedliche Hände.[86] Die Klostergebäude standen zunächst leer und dienten Handwerkern, Gesindeleuten, Pfarrgeistlichen und badischen Landesbehörden als Unterkunft. Versuche aus dem Jahr 1808, Stift und Kirche zu verkaufen, schlugen zunächst fehl. Bis dann im Jahr 1809 Schweizer Unternehmer Interesse bekundeten und tatsächlich den größeren Teil der Klostergebäude mit umliegenden Grundstücken für 33.000 fl. erwarben.[87] Die Züricher Brüder Johann Caspar und Georg Bodmer in St. Blasien errichteten auf dem günstig gelegenen Gelände eine Maschinenfabrik mit Spinnerei.[88] Sie waren die Nachfolger des Schweizer Mechanikers Heinrich Düggli, der mit Erlaubnis der Karlsruher Regierung in den Klostergebäuden zuerst pachtweise eine Gewehrfabrik eingerichtet hatte.[89] Im Jahr 1812 arbeiteten auf dem Gelände 246 ArbeiterInnen. 1817 waren es bereits 809 Erwachsene und Kinder aus der näheren Umgebung, die in den drei Fabriken Arbeit gefunden hatten.[90] Ihr Lohn setzte sich aus Unterkunft, Verpflegung und Bezahlung in Geld zusammen. Der Monatslohn eines Erwachsenen betrug etwa 50 fl. Die meisten der ArbeiterInnen wohnten in den Klostergebäuden und später auch in der Gemeinde Eichthal[91], die 1836 mit der Gemeinde St. Blasien zusammengelegt worden ist. Im Jahr 1808, direkt nach der Klosteraufhebung mit 33 gewerbetreibenden Bürgern und dem ehemaligen Klostersattler als Vorsteher ins Leben gerufen, war die neue Gemeinde St. Blasien bald zu einem Teil eines neu eingerichteten Amtsbezirks geworden, der 12 Gemeinden und 9.617 Einwohner zählte.[92] Die wirtschaftliche und soziale Situation am Ort ist lange Zeit von den in den ehemaligen Klostergebäuden betriebenen Unternehmen in Privatbesitz dominiert worden. Unter verschiedenen Eigentümern hat der kombinierte Wirtschaftsbetrieb bis in die dreißiger Jahre des 20. Jh.s hinein Bestand gehabt.[93] Die Folgen der Weltwirtschaftskrise haben die Klostertore im Jahr 1931 geschlossen.[94] Nachdem die Reichswehr dann kurzzeitig Interesse für das Gelände bekundet hat, hat der Jesuitenorden die Klosteranlage erworben.[95] Das seit 1934 bestehende Kolleg ist dann 1939 aufgelöst und im Jahr 1946 wieder eröffnet worden. Unter veränderter Trägerschaft besteht es als staatlich anerkanntes Gymnasium mit Internat bis heute.[96]

Wer profitiert von der Säkularisation?

In anderem Zusammenhang hat Rudolf Vierhaus die Frage gestellt: Wer profitierte von der Säkularisation?[97] Wie zuletzt Harm Klueting betont hat, ist die wirtschaftliche Bedeutung der Säkularisation zu Beginn des 19. Jhs. eher gering zu veranschlagen.[98] Dies gilt auch für die ehemals vorderösterreichischen Gebiete. Speziell für St. Blasien hat sich gezeigt, dass im wirtschaftlichen Sektor eine kontinuierliche Entwicklung von der kameralistisch gelenkten Ökonomie hin zu wirtschaftlichen Unternehmungen des frühen Industriezeitalters zu beobachten ist, die von den Vorgängen während der Säkularisationszeit nicht wesentlich betroffen gewesen ist. Für die Neugestaltung der politischen Landkarte im Zuge der Auflösung des Reiches und damit einhergehend für die umfassende Umgestaltung Mitteleuropas im 19. Jh. war der lange Säkularisationsprozess dagegen von herausragender Bedeutung. Die Bildung souveräner Einzelstaaten, die im Falle Badens in extremer Weise mit der territorialen Arrondierung eines Gebietes und der notwendigen Schaffung einer identifikatorischen Basis für den neuen Staat verknüpft war, war unauflöslich mit der Säkularisation geistlicher Territorien und deren Inkorporation in den neuen Staat verbunden. In diesem Kontext hat St. Blasien eine herausragende Rolle gespielt. Denn dort befand sich seit dem 18. Jh. eine zentrale habsburgische Grablege, die das Kloster zu einem politisch bedeutsamen Ort der Erinnerung – nicht nur an die Habsburger sondern auch an das Reich – hatte werden lassen. Wie war mit einem solchen Symbol zu verfahren?

Die Habsburger-Gruft: das Konzept

Planung und Realisierung der Habsburger-Gruft gehen auf Fürstabt Martin Gerbert zurück. Erste Aktivitäten in diese Richtung lassen sich für die Zeit kurz nach dem großen Klosterbrand von 1768 zurückverfolgen.[99]

Fürstabt Martin Gerbert II. (1764–1793)
Auf dem Tisch der Fürstenhut, im Fenster ist die Kuppel der Klosterkirche zu sehen, ein Buch fungiert als Zeichen seiner Gelehrsamkeit. St. Paul im Lavanttal/Kärnten.

Hier bot sich für den engagierten Politiker und Gelehrten Gerbert die Möglichkeit, ein Projekt zu verwirklichen, das religiöse, kulturelle und politische Motive auf das engste miteinander verknüpfte. Der Wunsch, die frühen Vorfahren der Habsburger, die in Königsfelden, Ottmarsheim, Muri und Basel ihre letzte Ruhestätte gefunden hatten, aus inzwischen reformierten Ländern in katholische Obhut zurückzuholen wird dabei eine ebenso große Rolle gespielt haben wie traditionelle Reliquienpflege und Totengedenken.[100] So vielfältig die religiös-kulturellen Motive sich gestalteten, so vielfältig waren die politischen Interessen, die Abt Gerbert mit seinem an Maria Theresia gerichteten Vorschlag, St. Blasien zu einer Grablege habsburgischer Ahnen auszugestalten, verbunden hat. Die Sorge[101], zum Gegenstand der reformerischen Bestrebungen Joseph II. zu werden, von denen St. Blasien dann tatsächlich nicht existentiell betroffen worden ist[102], kann eine mögliche Triebfeder gewesen. Doch gleichgültig ob ein solch enger Zusammenhang bestanden hat oder nicht: sich mit dem Landesherrn in gutes Vernehmen zu setzen war in jedem Fall von Vorteil. Mauritius Ribbele, der Nachfolger Martin Gerberts, hat es an Deutlichkeit nicht mangeln lassen, als er schrieb, dass *man sich gern Österreich zum Freündt machen wollte, wan es möglich*.[103] Die Einschätzung, sanktblasianische Äbte – und allen voran ihr Initiator Abt Gerbert – hätten die Habsburger-Gruft als Ehrung und Anerkennung der österreichischen Landesherren gedacht, hat die Forschung bislang unkommentiert tradiert. Aber passte eine solche Absicht wirklich zu der Geschichte und dem Selbstverständnis der mächtigen Schwarzwälder Benediktinerabtei?

Sehen wir genauer hin: Nachdem vom Kaiserhaus die Erlaubnis für die geplante Grablege erteilt worden war, begann man im September 1770 mit der Überführung Habsburger Gebeine von ihrem bisherigen Ruheort Königsfeld nach Klingnau. Obwohl ursprünglich die im Basler Münster aufbewahrten Überreste Königin Annas, der Gattin Rudolfs von Habsburg, sowie beider Söhne nicht in die Überlegungen miteinbezogen waren, sind deren Gebeine über Bürgeln dann ebenfalls nach Klingnau geschafft worden, wo kurzfristig alle Knochen gemeinsam *in dem dasigen sogenannten Archiv*[104] verwahrt worden sind, um schließlich nach St.

Blasien überführt zu werden. Kein anderer Ort als das üblicherweise zur Aufbewahrung amtlicher Dokumente genutzte Archiv könnte den politisch-dokumentarischen Charakter dieser Überführung, Sammlung und Ausstellung herrscherlicher Überreste deutlicher machen. Was sollte dokumentiert werden? Dass Verbundenheit mit der habsburgischen Landeshoheit demonstriert werden sollte, ist nicht von der Hand zu weisen. Denn ebenso wie die Gattin Albrechts, des ermordeten Sohnes Rudolfs v. Habsburg, stammten auch alle anderen aus Königsfeld fortgebrachten Gebeine von Mitgliedern des Hauses Habsburg aus dem 14. Jh. und somit aus einer Zeit, als die Habsburger die Landeshoheit über St. Blasien bereits durchgesetzt hatten. Die Entscheidung, mit der Gattin Rudolfs I. sowie beider Söhne Karl und Hartmann auch Habsburger aus deren ersten Königszeit (Ende des 13. Jh.) von ihrer Baseler Ruhestätte nach St. Blasien zu überführen, weist dagegen in eine andere Richtung.[105] Dafür spricht auch die Tatsache, dass Martin Gerbert zunächst nach den Überresten Elisabeths von Ungarn, einer Stiefverwandten der Habsburger, hatte fahnden lassen, die schwierige Suche aber nicht weiter verfolgt hatte. Den ungarischen Part der habsburgischen Krone zu präsentieren, mag auch nicht das unbedingte Ziel eines auf das Reich und Österreich konzentrierten Fürstabtes gewesen sein.[106]

Memoria und Verwandtschaft

Das politische Engagement des gelehrten und historisch versierten Abtes Martin Gerbert scheint sich eher auf andere Ziele konzentriert zu haben. In dem Doppelentwurf zweier Grabmäler aus der Feder Martin Gerberts, der das Haus Habsburg mit König Rudolf v. Rheinfelden verbindet, haben seine Bestrebungen bildlichen Ausdruck gefunden.[107] Dass Martin Gerbert nach Gesprächen mit dem badischen Hofgenealogen Daniel Schöpflin während dessen Aufenthalt in St. Blasien Ende der Sechziger Jahre seine Bilder realisiert hat, indem er außer den Königsfelder Habsburgern auch die Habsburger aus dem Baseler Münster nach St. Blasien, einem frühen Begräbnisplatz der Rheinfelder, überführt hat[108], kann als Versuch gewertet werden, die Erinnerung an den frühen Gönner des Klosters, Rudolf v. Rheinfelden mit der

Erinnerung an Rudolf v. Habsburg zu parallelisieren. Nun waren beider Könige Gattinnen und beider Könige Söhne in St. Blasien zur letzten Ruhe eingezogen.[109] Indem er Habsburger und Rheinfeldener nebeneinander stellte, konnte Gerbert seine österreichische Landesherrin samt ihren Vorfahren ehren, deren Verbindung mit dem Reich thematisieren, zugleich die frühe Geschichte des Klosters sowie seine lokale Verankerung betonen und die bedeutenden Schenkungen seines »grössten Wohltäters«[110], Rudolfs v. Rheinfelden, würdigen. Ob damit auch implizit an dessen Enkel[111], den ersten vom Kloster frei gewählten Vogt, erinnert werden sollte[112], muss hier unbeantwortet bleiben. Dass diese Vergangenheit der großen Abtei und mit ihr die Erinnerung an das alte Streben nach politischer Eigenständigkeit St. Blasiens für die reale Position des Klosters auch einem Abt im späten 18. Jh. noch klar gewesen ist, zeigt die Tatsache, dass Martin Gerbert eine historische Studie über Rudolf v. Rheinfelden geschrieben hat[113], in der er ihn als Streiter für herrscherliche Eigenständigkeit darzustellen gewusst hat.[114] Wie sehr Fürstabt Martin Gerbert etwas von Repräsentation, Öffentlichkeit und ihrer politischen Wirkung verstanden hat, erweist sich auch darin, dass er seine Habsburger-Gruft dem Publikum keineswegs vorenthalten wollte. In mehreren publizierten Werken hat er sie bekannt gemacht.[115]

Welche Wirkung die Gespräche Martin Gerberts mit Daniel Schöpflin auf das Memoria-Konzept des sanktblasianischen Abtes tatsächlich gehabt haben, darüber kann nur spekuliert werden. Es ist aber durchaus denkbar, dass der in Diensten der Markgrafen v. Baden stehende Fachmann in genealogischen Fragen, den historisch gebildeten und politisch geschickten Gerbert auf die politischen Konsequenzen memorialer Praktiken aufmerksam gemacht hat. Ein Hinweis auf die große Bedeutung des Treffens dieser beiden Geschichtsschreiber könnte auch sein, dass jeder explizite Hinweis auf die Zähringer in der sonst so sorgsam inszenierten Erinnerungskultur St. Blasiens fehlt. Ihre Tradition ist im nicht weit entfernt gelegenen Kloster St. Peter gepflegt worden, dessen Bestandssicherung im übrigen in Händen der badischen Regierung lag und dessen Überlieferungen die Grundlage für die genealogischen Ableitungen Daniel Schöpflins gebildet haben. Es ist mehr als wahrscheinlich, dass der historisch forschende Abt aus St. Blasien – dessen landesgeschichtliche Leistungen von professionellen Historikern bis heute gewürdigt werden – das Schöpflin'sche Werk gekannt und seine politische Bedeutung als legitimatorische Grundlage für den neu entstehenden badischen Flächenstaat erkannt hat. Die zähringische Vergangenheit St. Blasiens nicht explizit zu würdigen, sondern stattdessen mit Rudolf v. Rheinfelden den Großvater des ersten zähringischen Klostervogts – Konrad v. Zähringen – in den Vordergrund zu rücken, wäre dann in politischen Erwägungen Martin Gerberts gegründet, St. Blasien in der politischen Umbruchszeit des letzten Drittels des 18. Jh. gerade nicht als zähringischen Besitz und badisches Erbe zu präsentieren, sondern sein Kloster stattdessen mit den Habsburgern und der Reichsgeschichte zu verknüpfen und so den Weiterbestand des Klosters in seiner bisherigen Form zu sichern. Wie wir gesehen haben, war der Erfolg ambivalent.

Eine neue Heimat in Kärnten
Kaiser Franz I. übergibt das Kloster St. Paul im Lavanttal an den letzten Fürstabt St. Blasiens Berthold III. Rottler (1801–1806, St. Paul: 1809–1826). Gemälde (Ausschnitt) von J. B. Höchle. St. Paul im Lavanttal/Kärnten.

Schluss

Martin Gerbert hatte St. Blasien zu einem Ort habsburgischer Memoria gemacht.[116] Einer Erinnerung freilich, die sich nicht nur auf die Habsburger als österreichische Landesherren, sondern auch auf die Habsburger als Könige und Kaiser des Reiches bezog. Dem eben entstehenden modernen badischen Staatswesen hat diese Tradition entgegengestanden. Um dem Ort seine Bedeutung zu nehmen und die Erinnerung an Österreich, die Habsburger und das gerade zu Ende gegangene Reich zu unterbinden, sollten die Toten an einen geeigneteren Platz wandern.[117] Für die »Ende September 1807 nach Österreich auswandernden St. Blasier Mönche [war es dann] eine Selbstverständlichkeit, an ihren neuen Wirkungsort auch die Gebeine der heimatlichen Habsburgergruft mitzunehmen.«[118] Politisch klug und vorausschauend hatte die großherzogliche Regierung in Karlsruhe für die Überführung aber eine entsprechende Genehmigung des Wiener Hofes verlangt. Da die schriftliche Erlaubnis zur Überführung 1807 noch nicht vorlag, konnten die Gebeine ihren Weg nach Österreich erst am 22. April 1808 antreten. Nach einem kurzen Aufenthalt in Spital am Phym/Oberösterreich trafen sie auf die hier Station machenden Konventualen aus dem Schwarzwald. Alle zusammen gelangten sie dann Anfang des Jahres 1809 nach St. Paul im Lavanttal.[119] Die letzten österreichischen Herrscher hatten den badischen Staat verlassen. Kurz nach ihrem Auszug ist aus der Gruft ein Kartoffelkeller geworden.[120] Die in St. Blasien von gelehrten Köpfen bearbeitete, konservierte, sorgfältig präsentierte und interpretierte Geschichte ihres Klosters hätte dem neu entstehenden badischen Staat vielleicht nicht wirklich entgegen wirken können. Die Identifizierung mit einem zentralisierten Staat auf neuer dynastischer Grundlage – in diesem Fall eine zähringische – hätte sie aber erheblich erschweren können. Erst durch die Aufhebung der geistlichen Herrschaften und insbesondere St. Blasiens war in Baden die Basis für eine Umorientierung im staatlichen Identifikationsprozess gelegt. Wird die Säkularisation nicht nur als Auslöser für die Umstrukturierung von Besitzverhältnissen, sondern als umfassendes wirtschaftliches, soziales, politisches und kulturelles Phänomen angesehen, dann ist die Säkularisation am Beginn des 19. Jh. nicht nur für Baden ein zentrales Geschehen gewesen.

[1] Vgl. *Hermann Schmid*, Ende und Erbe. Die Säkularisation St. Blasiens, in: Das Tausendjährige St. Blasien. 200jähriges Domjubiläum, hg. von *Historische Ausstellung Kloster St. Blasien*, red. von *Christel Römer*. Bd. II: Aufsätze. St. Blasien 1983, 303–306, 303; Zur Geschichte der Benediktiner nach der Säkularisation vgl. *V. Fiala*, Die Bemühungen um Wiederzulassung der Benediktiner in Baden und Hohenzollern während des 19. Jhs., in: Die Benediktiner-Klöster in Baden-Württemberg, bearb. von *Franz Quarthal*. Augsburg 1975, 718–733 (Germania Benedictina; V).
[2] Vgl. *Rudolf Vierhaus*, Säkularisation als Problem der neueren Geschichte, in: *Irene Crusius* (Hg.), Zur Säkularisation geistlicher Institutionen im 16. und 18./19. Jh. Göttingen 1996, 13–30, 19 (Veröff. des Max-Planck-Instituts für Geschichte; 124).
[3] Vgl. *Hermann Schmid*, Die Säkularisation der Klöster in Baden 1802–1811. Überlingen 1980, 5ff. Zuerst erschienen in zwei Teilen in: FDA 98, 3.F. 30 (1978), 171–352 und 99, 3.F., 31 (1979), 173–375.
[4] Vgl. *Vierhaus*, Säkularisation (wie Anm. 2), hier 13. Die Klöster selbst sind nicht mitgerechnet.
[5] Vgl. *Harm Klueting*, Die sozio-ökonomischen Folgen der Säkularisation des 19. Jhs. im rechtsrheinischen Deutschland, in: *Irene Crusius* (Hg.) (wie Anm. 2), 102–120, 107f.
[6] Zusammenfassung der Literatur und Zitat vgl. Ebd.
[7] Vgl. *Hans-Ulrich Wehler*, Deutsche Gesellschaftsgeschichte. Bd. 1: 1700–1815. München 1987, 367.

[8] Vgl. *Michael Hörrmann*, Von der Markgrafschaft zum Großherzogtum. Die territoriale Entwicklung Badens, in: Baden und Württemberg im Zeitalter Napoleons. Bd. 1.1. Stuttgart 1987, 89–91, 89. Mit dem pfälz. Besitz verband sich für die bad. Markgrafen ab 1803 die Kurwürde.
[9] Vgl. *Hermann Schmid*, Die Säkularisation und Mediatisation in Baden und Württemberg, in: Baden und Württemberg im Zeitalter Napoleons. Bd. 2. Stuttgart 1987, 135–155, 145
[10] Vgl. *Hörrmann*, Von der Markgrafschaft (wie Anm. 8), 89. Vgl. auch den Beitrag von *Hans-Otto Mühleisen* in diesem Band.
[11] Zur Entstehung des Großherzogtums Baden vgl. *Marion Wierichs*, Napoleon und das »Dritte Deutschland« 1805/6. Die Entstehung der Großherzogtümer Baden, Berg und Hessen. Frankfurt/M/usw. 1978.
[12] Gemeint ist die Ehe des Markgrafen Karl Friedrich mit seinem Patenkind Luise Geyer v. Geyersberg.
[13] Die polit. Stimmung im Breisgau dieser Zeit ist nicht unbedingt probadisch gewesen. Vgl. *Karl Rieder*, Die Aufhebung des Klosters St. Blasien. Vortrag gehalten auf der 8. Jahresversammlung des kirchengeschichtlichen Vereins für das Erzbistum Freiburg. Karlsruhe 1907, 12.
[14] Vgl. *Wolfgang Windelband*, Staat und katholische Kirche in der Markgrafschaft Baden zur Zeit Karl Friedrichs. Tübingen 1912, bes. 57–89. Katholische Untertanen haben über 20 Jahre beim Reichshofrat Prozesse gegen ihren prot. Landesherrn geführt.
[15] Vgl. *Hansmartin Schwarzmaier*, Die Markgrafen und Großherzöge von Baden als Zähringer, in: *Karl Schmid* (Hg.), Die Zähringer. Eine

Tradition und ihre Erforschung. Sigmaringen 1986, 193–210, 204 (Veröff. zur Zähringer Ausstellung ; I).

[16] Der Ahnherr der Markgrafen von Baden, Hermann I. Markgraf v. Verona, war ein Sohn des Zähringers Bertold I., Herzogs v. Kärnten, gest. 1078: vgl. Kommentar: Übersichtstafeln zur Familie der Zähringer, Abb. 6, in: *Hans Schadeck/Karl Schmid* (Hg.), Die Zähringer. Anstoß und Wirkung. Sigmaringen 1986, 11 (Veröff. zur Zähringer-Austellung ; II).

[17] Vgl. *Josef Adamek/Hans Jakob Wörner*, St. Blasien im Schwarzwald. Benediktinerkloster und Jesuitenkolleg. Geschichte, Bedeutung, Gestalt. München usw. 1980, 11.

[18] Vgl. *Hugo Ott*, Studien zur Geschichte des Klosters St. Blasien im hohen und späten Mittelalter. Stuttgart 1963, 35 (Veröff. der Kommission für geschichtliche Landeskunde in Baden-Württemberg Reihe B, Forschungen ; 27).

[19] Vgl. *Hugo Ott*, Die Geschichte des Besitzes St. Blasien im 11. und 12. Jh., in: Arbeiten zum Historischen Atlas von Südwestdeutschland, H. IV: Die Klostergrundherrschaft St. Blasien im Mittelalter. Beiträge zur Besitzgeschichte, hg. von der *Kommission für geschichtliche Landeskunde Baden-Württemberg*. Stuttgart 1969, 9–24, Erläuterungen zu den Besitzlisten und zum Kartenteil Ebd., 28.

[20] *Ott*, Ebd., 27.

[21] Vgl. *Ott*, Studien (wie Anm. 18); vgl. auch *Ders.*, Erläuterungen (wie Anm. 19), 28.

[22] Vgl. *Rieder*, Die Aufhebung (wie Anm. 13), 13. Eine Auflistung aus 1768 führt die Gebiete auf geordnet nach Zwing und Bann (1), Hauenstein (2), Reichische Herrschaften (3), Auswärtiger Besitz (4), vgl. *Ludwig Schmieder*, Das Benediktinerkloster St. Blasien. Eine baugeschichtliche Studie. Augsburg 1929, 8–14.

[23] Vgl. *Konrad Suter*, Die Aufhebung der Abtei St. Blasien und Neubeginn in St. Paul/Kärnten, in: *Heinrich Heidegger/Hugo Ott* (Hg.), St. Blasien. Fschr. aus Anlaß des 200-jährigen Bestehens der Kloster- und Pfarrkirche. München/usw. 1983, 301–314, 301.

[24] Vgl. *Adamek/Wörner*, St. Blasien (wie Anm. 17), 11. Zu Erwerbungen im 18. Jh. vgl. *Wolfgang Müller*, Die staatsrechtliche Stellung St. Blasiens, in: Das Tausendjährige St. Blasien (wie Anm. 1), 57–66, 60f. Zu Hauenstein im Spannungsfeld sanktblasianischer und österreichischer Herrschaft vgl. die hervorragende Untersuchung von *David M. Luebke*, His Majesty's Rebels. Communities, Factions and Rural Revolt in the Black Forest 1725–1745. Cornell University Press 1997: Zu Bonndorf vgl *Johannes Gut*, Zu den reichsrechtlichen Bestrebungen des Klosters St. Blasien vom 16. bis 18. Jh. Erwerb der Reichsherrschaft Bonndorf in: Aus der Geschichte des Klosters St. Blasien im Schwarzwald. Beiträge zur Rechtsgeschichte und Vorträge zum Fürstabt Martin Gerbert – Jahr 1993, hg. von der *Stadt St. Blasien* in Verb. m. d. Alemannischen Institut Freiburg. Bühl/B. 1997, 49–68.

[25] Vgl. *Vierhaus*, Säkularisation (wie Anm. 2), 15.

[26] Ebd., 14. Die Malteser blieben von der Säkularisation ebenfalls nicht verschont. Ihre Selbständigkeit endete 1809.

[27] Vgl. *Adamek/Wörner*, St. Blasien (wie Anm. 17), 17.

[28] *Rieder*, Die Aufhebung (wie Anm. 13), 5.

[29] Ebd., 5.

[30] Ebd., 6.

[31] Zitiert nach *Rieder*, Ebd.

[32] Vgl. dazu *Hermann Kopf*, Die Stadt Freiburg und der Breisgau unter der Herrschaft des Herzogs von Modena. Dargestellt aufgrund der Akten des Staatsarchivs Modena, in: Schau-Ins-Land 76 (1958), 82–109, 104.

[33] *Rieder*, Die Aufhebung (wie Anm. 13), 7.

[34] Ebd., 7f.

[35] Ebd., 8f.

[36] Ebd., 10.

[37] Vgl. *Suter*, Die Aufhebung der Abtei St. Blasien (wie Anm. 23), 305.

[38] *Rieder*, Die Aufhebung (wie Anm. 13), 13.

[39] Ebd., 14.

[40] Ebd.

[41] Vgl. *Heinrich Heidegger*, Ansprache, 10. Sept. 1983- zur Verleihung des Martin-Gerbert-Preises, in: St. Blasier. Jubiläumsjahr 1983, hg. von *der katholischen Pfarrgemeinde St. Blasien*. St. Blasien 1983, 50–63, 55.

[42] Vgl. die kurze Zusammenfassung der Ereignisse aus dem Jahr 1926 von *Karl Friedrich Wernet*, Veröffentlichte Aufsätze zur Geschichte des Klosters St. Blasien und seiner Besitzungen [1]. Abgeschrieben und mit einem Register versehen von *Rudolf Morath* (unveröff. Manuskript – BLB O 55 74, 1, 153–159.

[43] Naturalienkabinett und Druckerei kamen ebenfalls nach Freiburg.

[44] Vgl. *Suter*, Die Aufhebung der Abtei St. Blasien (wie Anm. 23), 303.

[45] Vgl. *Ott*, Studien (wie Anm. 18), 3.

[46] Das Schreiben ist auszugsweise wiedergegeben, in: *Schmid*, Die Säkularisation in Baden (wie Anm. 3), 168–170.

[47] Zu den Ereignissen 1806/7 vgl. *Adamek/Wörner*, St. Blasien (wie Anm. 17), 22.

[48] Vgl. *Vierhaus*, Säkularisation als Problem (wie Anm. 2), 29.

[49] Zur Säkularisation in Baden und bes. dem Breisgau vgl. *Schmid*, Die Säkularisation in Baden (wie Anm. 3), 101–182, bes. 174.

[50] Vgl. *Rieder*, Die Aufhebung (wie Anm. 13), 22f.

[51] Vgl. Ebd., 20f.

[52] Mit der Zusage des badischen Staates zwei Drittel der ursprünglich zugesicherten Pensionen bezahlen zu wollen, vgl. *Schmid*, Ende und Erbe (wie Anm. 1), 305.

[53] Zu den Ereignissen um 1809 vgl. *Adamek/Wörner*, St. Blasien (wie Anm. 17), 23 spricht von 32 Mönchen. Vgl. *Rieder*, Die Aufhebung (wie Anm. 13), 22, spricht von 35 Mönchen. *Suter*, Die Aufhebung der Abtei, (wie Anm. 23), 306 spricht von 40 Mönchen. Vgl. *Ders.*, Die Aufhebung der Benediktinerabtei St. Blasien und der Neubeginn in St. Paul in Kärnten, in: Badische Heimat 57 (1977), 401–417. Dort bringt er eine Namensliste der ausgewanderten Konventualen. Vgl. *Bernhard Steinert*, Das nachklösterliche St. Blasien im 19. Jh., in: Fschr. St. Blasien (wie Anm. 23), 315, schreibt von 37 Mönchen.

[54] Zu St. Paul vgl. *Wolfgang Münzer*, St. Paul im Lavanttal, in: Das Tausendjährige St. Blasien (wie Anm. 1), 307–314.

[55] Vgl. *Suter*, Die Aufhebung der Abtei St. Blasien (wie Anm. 23), 307–309.

[56] Vgl. *Christoph Dipper*, Probleme einer Wirtschafts- und Sozialgeschichte der Säkularisation in Deutschland (1803–1813), in: *Armgard von Rehden-Dohna* (Hg.), Deutschland und Italien im Zeitalter Napoleons. München 1979, 123–170, 130f.

[57] Vgl. *Klueting*, Die sozio-ökonomischen Folgen der Säkularisation (wie Anm. 5), 109. Als Beispiele werden genannt: Hannover und Braunschweig bis zur Inkorporation ins Königreich Hannover.

[58] Vgl. Ebd., 109f. Neben Bayern werden angeführt: Nassau, Stadt Frankfurt/Main, Kgr. Westfalen, Ghzm. Berg und nach 1810 auch Preußen.

[59] Vgl. Ebd., 109.

[60] Ebd.: »Im grundherrschaftlichen Bereich bewirkte die Aufhebung der Klöster nur einen Wechsel des Grundherrn, mit dem der Staat als Abgaben und Leistungsempfänger an die Stelle der Klöster trat. Nur die Wälder und derjenige Teil der landwirtschaftlichen Nutzfläche, an dem die Klöster nicht nur ein Obereigentum als Grundherr besessen hatten, gelangten aus dem direkten Eigentum der geistlichen Institute in das des Staates.«

[61] Ebd., 111; vgl. auch 116, Pauperisierung landarmer Schichten vor allem in bayerischen Gebieten im Gefolge der Säkularisation.

[62] *Schmid*, Die Säkularisation (wie Anm. 3), 176.

[63] Zur gelehrten Tradition St. Blasiens vgl. *Joseph Bader*, Das ehemalige Kloster Sanct Blasien auf dem Schwarzwalde und seine Gelehrten=Academie, in: FDA VIII (1874), 103–253; vgl. auch den Aufsatz in diesem Band von *Rita Haub*.

[64] Vgl. *Josef Isele*, St. Blasien und das Hauensteiner Waldvolk in: (wie Anm. 23), 81–95, 92f. Vgl. auch die kommentierte Liste der Äbte bei *R. Buisson*, St. Blasien im Schwarzwald. Freiburg i. Br. 1899, 138–164.

[65] Vgl. *Heidegger*, Ansprache (wie Anm. 41), 53f.

[66] Vgl. *Hugo Ott*, St. Blasien, in: Germania Benedictina (wie Anm.1), 152.

[67] Zu wirtschaftl. Maßnahmen im 18. Jh. vgl. *Josef Adamek*, Fabrik und Kolleg, die ungleichen Erben im Kloster St. Blasien, in: Das Tausendjährige St. Blasien (wie Anm. 1), 315–326, 322.

[68] *Schmid*, Die Säkularisation in Baden (wie Anm. 3), 101–182, hier 166f.

[69] Vgl. *Hermann Schmid*, Säkularisation und Schicksal der Klöster in Bayern, Württemberg und Baden 1802–1815 unter besonderer Berücksichtigung von Industrieansiedlungen in ehemaligen Konventen. Überlingen 1973, 54.

[70] Zur Zusammenfassung der wichtigsten Ergebnisse zu einz. Ländern und bes. zu Baden vgl. *Klueting*, Die sozio-ökonomischen Folgen der Säkularisation (wie Anm. 5), 115f.

[71] Vgl. *Schmid*, Säkularisation und Schicksal (wie Anm. 69), 56–61.

[72] Zur Verwaltungsstruktur und Waldnutzung bis zum Beginn des 19. Jhs. vgl. *Christoph Baum*, Der Klosterwald von St. Blasien. Eine forstgeschichtliche Untersuchung über Waldverhältnisse im Stiftsbann der ehemaligen Benediktinerabtei St. Blasien im südlichen Schwarzwald bis zum Beginn des 19. Jhs. Freiburg 1995, 241ff. (Hochschulsammlung Wirtschaftswissenschaft, Forstwirtschaft ; 8).

[73] Vgl. *Schmid*, Säkularisation und Schicksal (wie Anm. 69), 44–48, 54.

[74] Ebd., 47.

[75] Das weltliche Chorherrenstift St. Margarethen z. B. erwarben Freiburger Kaufleute und richteten dort eine Weberei ein. Vgl. Ebd., 48.

[76] Die Idee war nicht neu. Nach der Aufhebung von Klöstern im Josephinismus im 18. Jh. sind in den Anlagen Manufakturen (in Konstanz bspw. eine Indienne-Manufaktur) eingerichtet worden, vgl. Ebd., 6.

[77] Vgl. Ebd., 48.

[78] Vgl. *Klueting*, Die sozio-ökonomischen Folgen der Säkularisation (wie Anm. 5), 118.

[79] Vgl. *Schmid*, Ende und Erbe (wie Anm. 1), 304.

[80] Zur Größe des Vermögens vgl. ebd. Zum Vergleich: die Aufhebung des Jesuitenordens hat Österreich Ende des 18. Jhs. etwa 15 Mio fl. eingebracht, vgl. *Schmid*, Die Säkularisation und Schicksal (wie Anm. 69), 4., und *Ders.*, Die Säkularisation in Baden (wie Anm. 3), 174. Schmid merkt hier an, dass es für die bad. Kommissionen unmöglich war, das tatsächliche Vermögen St. Blasiens zu ermitteln.

[81] Zu den Propsteien und Prioraten insgesamt vgl. *Schmid*, Die Säkularisation in Baden (wie Anm. 3), 178f.

[82] Zum Umfang dieser Vermögenswerte vgl. *Schmid*, Ende und Erbe (wie Anm. 1), 304. Vgl. auch *Ders.*, Die Säkularisation (wie Anm. 3), 180–182.

[83] Zum Verbleib der Bibliothek vgl. *Ott*, St. Blasien (wie Anm. 66), 153.

[84] Vgl. *Hans Jakob Wörner*, das Schicksal der Klostergebäude im Lauf der Jahrhunderte, in: Das Tausendjährige St. Blasien (wie Anm. 1), 87–132, 122.

[85] Vgl. *Rieder*, Die Aufhebung (wie Anm. 13), 19.

[86] Vgl. *Schmid*, Die Säkularisation (wie Anm. 3), 177.

[87] Ebd.

[88] Vgl. *Steinert*, Das nachklösterliche St. Blasien (wie Anm. 53), 315–329, bes. 316.

[89] Ebd., 316.

[90] Ebd., 318.

[91] Ebd., 315.

[92] Vgl. *Schmid*, Die Säkularisation in Baden (wie Anm. 3), 177.

[93] Zu wirtschaftl. Maßnahmen im 18. Jh. vgl. *Adamek*, Fabrik und Kolleg (wie Anm. 67), 322.

[94] Vgl. *Wörner*, Das Schicksal der Klostergebäude (wie Anm. 84), 128.

[95] Zum Zeitabschnitt 1933–1946 vgl. *Adamek/Wörner*, St. Blasien (wie Anm. 17), 23.

[96] Vgl. *Vierhaus*, Säkularisation (wie Anm. 2), 15.

[97] Vgl. *Klueting*, Die sozio-ökonomischen Folgen der Säkularisation (wie Anm. 5), 119.

[98] Vgl. *Wörner*, Das Schicksal der Klostergebäude (wie Anm. 84), 87–133.

[99] Vgl. *Johannes Gut*, Die Habsburgergruft des Fürstabtes Martin Gerbert, in: Aus der Geschichte St. Blasiens (wie Anm. 24), 69–82, hier 70–72; Johannes Gut, Memorialorte der Habsburger im Südwesten des Alten Reiches. Polit. Hintergründe und Aspekte, in: Vorderösterreich – Nur die Schwanzfeder des Kaiseradlers? Die Habsburger im dt. Südwesten, hg. vom Württembergischen Landesmuseum in Stuttgart 1999, 95–113.

[100] Vgl. *Heinfried Wischermann*, Die Habsburger-Gruft, in: Fschr. St. Blasien (wie Anm. 23), 286–291, bes. 288.

[101] Vgl. *Suter*, Die Aufhebung der Benediktinerabtei (wie Anm. 53), 401–417. In Vorderösterreich sind 28 Frauen- und fünf Männerklöster aufgelöst worden. Darunter die Karthause und das Klarakloster in Freiburg, das Dominikanerkloster in Villingen und das Franziskanerkloster in Säckingen. Die Veränderungen im Kontext der josephin. Reformen haben sich sonst auf die Ausbildung und die seelsorgerische Arbeit der Kleriker bezogen.

[102] Zit. nach *Gut*, Die Habsburgergruft (wie Anm. 24), 72f.

[103] Zit. nach Ebd., 74.

[104] Vgl. Ebd., 75f.

[105] Denn bei aller Bemühung um die Ahnen der Habsburger muss doch festgehalten werden, dass Gerbert kein österreich. Mausoleum in St. Blasien errichten und sich selbst nicht zum »Österreicher« stilisieren wollte, vgl. *Wischermann*, Die Habsburger-Gruft (wie Anm. 100), 288f.

[106] Vgl. *Gut*, Die Habsburgergruft (wie Anm. 24), 78f.

[107] Vgl. Ebd., 73.

[108] Vgl. *Gerhard Hartmann/Karl Schnith* (Hg.), Die Kaiser. 1200 Jahre europäische Geschichte. Graz 1996, 365.

[109] Vgl. *Adamek/Wörner*, St. Blasien (wie Anm. 17), 9.

[110] Agnes von Rheinfelden, die Mutter Konrads v. Zähringen, war die Tochter Rudolfs v. Rheinfeldens aus seiner ersten Ehe mit Mathilde, der Schwester König Heinrich IV. Diese Agnes v. Rheinfelden war verheiratet mit Bertold II., Herzog v. Zähringen.

[111] Vgl. *Ott*, Studien (wie Anm. 18), 1.

[112] *Hermann Jakobs*, Der Gegenkönig Rudolf im Urteil Martin Gerberts, in: Aus der Geschichte St. Blasiens (wie Anm. 24), 83–100.

[113] Ebd., 96f.

[114] Vgl. *Gut*, Die Habsburgergruft (wie Anm. 24), 73.

[115] Vgl. *Ott*, Studien (wie Anm. 18), 52f.

[116] Zur Erinnerungsorten als Forschungsgegenstand vgl. *Etienne Francois/Hagen Schulz* (Hg.), Deutsche Erinnerungsorte. 3. Bde. München 2001. Der mit dem Klosterneubau nach 1768 verbundene Plan für eine Grablege ist schon an den ersten Bauplänen, die einen Pantheon-Bau vorsahen zu erkennen gewesen. Vgl. hierzu *Wischermann*, Die Habsburger-Gruft (wie Anm. 100), 286–291.

[117] *Gut*, Die Habsburgergruft (wie Anm. 24), 82.

[118] Vgl. Ebd.

[119] Vgl. *Rieder*, Die Aufhebung (wie Anm. 13), 23.

Aufgelöset ohne Hoffnung einer künftigen gänzlichen Wiederherstellung …

Die Säkularisation der Benediktinerabtei St. Peter auf dem Schwarzwald

von Hans-Otto Mühleisen

Am 26. November 1806 schreibt Ignaz Speckle, der letzte Abt von St. Peter, voll Bitterkeit und beinahe wie unter Schocksymptomen in seinem Tagebuch: *Halb betäubt, war mir Herz und Kopf voll und leer. Im Geschäft vergaß ich mich, vergaß, was vorging, und Gott leitete […]. Aber nach alledem ist nun doch nach 713 Jahren die Stiftung der Bertholde von Zähringen aufgelöset; aufgelöset bei Wiederherstellung des Titels der H[erzö]ge von Zähringen durch den noch einzigen übrigen Sprossen der Zähringer, Karl Friedrich, Markgraf von Baden, durch den Begründer des neuen zähringischen Hauses. Aufgelöset nach ausgestandenen Drangsalen eines mehr als zehnjährigen Krieges; […]. Aufgelöset ohne Aussicht, ohne Hoffnung einer künftigen gänzlichen Wiederherstellung; wird nur noch etwas zum Andenken gerettet.*[1] Unter dem Eindruck der *ganzen Katastrophe*, der endgültigen Aufhebung seiner Abtei schlägt der geschichtsbewusste Abt hier den Bogen von deren Gründung am Ausgang des 11. Jh.[2] zu den Ereignissen, die am Ende des Alten Reiches die Klöster – ideologisch durch die Aufklärung vorbereitet[3] – aus materiellen Gründen zur politischen Verfügungsmasse werden ließen. Auch die Klöster, die wie St. Peter ökonomisch lebensfähig waren und *hoffnungsvolle Zöglinge hatten*, auch wenn *die Disziplin freilich nicht mehr die alte war*, hatten keine Chance, sich diesen politischen Prozessen zu entziehen. Das Wiener Angebot, so wie St. Blasien auch St. Peter in Österreich an einem neuen Ort und wohl auch mit neuem Namen fortbestehen zu lassen, bot dem Schwarzwälder Speckle und seinem Konvent keine akzeptable Perspektive. Zumindest bis zum Wiener Kongreß gehörte Speckle zu denjenigen, die

Abt Ignaz Speckle (1795–1806)
Letzter Abt von St. Peter und Autor eines äußerst detailreichen Tagebuches (1795–1813) über die Vorgänge der Säkularisation insbes. im Breisgau.
Ölgemälde e. unbekannten Malers.
St. Peter i.S.

auf eine Rückkehr des Breisgaus nach Österreich, für ihn natürlich verbunden mit einer Restitution seiner Abtei, hofften.

577

Nimmt man für die Darstellung der zehn Jahre des Säkularisationsprozesses von 1796 bis 1806 die Wahrnehmung der Ereignisse aus der Sicht einer der betroffenen Abteien ein[4], so werden aus Internationaler Politik, Friedensverhandlungen und Staatsraison schnell alte Rechte und letztlich Existenz bedrohende Vorgänge. Als Ausgangslage der hier im Zentrum des Interesses stehenden Abtei ist deren Überlebenswille, zumindest soweit es ihren Abt und einen größeren Teil des Konvents betrifft, klar und legt damit auch deren Parteinahme für Österreich als einzigem Garanten der eigenen Existenz fest. Vom Umgang mit den Klöstern in Frankreich hatte man von den Emigranten gehört und, dass auch Baden zur Sanierung seines Staatshaushaltes zum Mittel der Säkularisation greifen würde, war bald kein Geheimnis mehr. Insofern wurde das bischöflich befohlene Te Deum angesichts des österreichischen Waffenglücks am Neujahrstag 1796 in St. Peter gerne gehalten und mit einem zusätzlichen Abendtrunk bestätigt. Die Hauptbelastung der Abtei in den ersten Monaten 1796 war das hier eingelagerte Spital, dessen Abzug der Abt schließlich mit den üblichen Mitteln der Bestechung (z. B. Erwerb einer überteuerten Kutsche) erreichte. Auch sein Bemühen um den württembergischen und badischen Hof, dem er ein Kreditangebot macht, während er sich gleichzeitig auch den Kreditwünschen Wiens nicht entziehen mag, zielen auf ein ihm günstiges Klima an den Höfen. Während sich die ersten Gerüchte über eine neue französische Invasion verbreiten, nimmt er selbst wie seit Jahrhunderten ganz selbstverständlich Huldigung und Eid seiner Untertanen entgegen und hält über sie Gericht.[5] Das Näherkommen der Franzosen führt erste Flüchtlinge nach St. Peter sowohl aus Familien der Freiburger Beamtenschaft wie aus benachbarten Klöstern. Speckle, der selbst nur einige Kostbarkeiten in Sicherheit bringen lässt, äußert sich abfällig: *Die meisten Herren wollten fliehen.* Auch in Freiburg gehört er zu den Landständen, die ausharren und die politische Ordnung, soweit es geht, auch beim Einrücken der Franzosen aufrecht erhalten wollen. Er spottet über die einfältige Art, in der die Affären der Landstände verhandelt werden als *Beratschlagung der Abderiden.*

Vorboten der Säkularisation von 1803

Die französische Besetzung des Breisgaus im Sommer 1796 führt zu starken Plünderungen in den st. petrinischen Filialen Sölden und St. Ulrich. Die in der Abtei selbst erstmals erfolgte Requirierung von Kunstschätzen war nicht zuletzt wegen der Trinkgewohnheiten des *Commissaire de recherche*, des Mainzer Professors und Klubisten Metternich, nicht allzu gefährlich. Vor dem Kloster stand derzeit ein Freiheitsbaum. Die mehrmonatige französische Besetzung des Breisgaus führten ebenso wie die sich anschließenden mehrmaligen Durchzüge kaiserlicher Truppen zu einer starken Ausblutung der Ökonomie St. Peters. Der Gesamtschaden wurde im nachhinein auf etwa 500.000 fl. geschätzt. Trotz dieser Belastungen und dem Wissen über die Vorgänge in Frankreich gewinnt man aus Speckles Tagebuch jedoch nicht den Eindruck, dass die materielle Ausbeutung die Institution Kloster als solche gefährden sollte: *Wenn es nicht Absicht der Franzosen selbst ist, die Geistlichkeit und den Adel zu ruinieren, so wird es ihnen zur Absicht gemacht.*[6] Eine dazu verschiedene Stimmungslage entnimmt man manchen Einträgen über den Markgrafen, der ja zunächst auch zu den Gegnern der Franzosen gehörte. Ihm wird eine zweideutige Gesinnung attestiert und sein Versuch, bei Barthélmi u. a. wegen seiner protestantischen Konfession günstigere Bedingungen zu erhalten, lässt Speckle sagen: *So zeichnet sich der unselige Trennungsgeist der Protestanten und ihr Katholikenhaß auch in gemeinsamen Elende noch aus.*[7] Am Tag vor dem Abschluss des französisch-badischen Separatfriedens zählte Speckle den Markgrafen zu denjenigen, die das Elend nützen, im Trüben fischen und jede Gelegenheit zu Unternehmungen in ihrem Sinne benutzen. Dazu gehörte im August der Arrest auf die Einnahmen der Klosterländereien auf markgräflichem Gebiet, der Speckle zum erstenmal den Ruin der Stifte ahnen ließ.

Als Speckle im März 1797 einer der Scrutatoren zur Wahl des neuen Abtes von St. Märgen ist, spürt man seinen Zorn, dass dort ohne politisches Gespür für die grundsätzliche Bedrohung Eingriffe in die rechtlichen Fundamente klaglos hingenommen wurden. Als er hört, dass im Kapitel beschlossen worden sei, *alles zu tun, was die Regierung verlangt hatte, [...] schob ich*

Ansicht des ehmahligen Stifts St. Peter auf dem Schwarzwald. O. S. B.

Kloster St. Peter nach der Säkularisation
Durch die Einrichtung des Priesterseminars der 1827 gegründeten Erzdiözese Freiburg wurden die Klostergebäude gerettet.
Aquarell, M. Weber, 1838.
Augustinermuseum Freiburg.

meine Schriften in den Sack und schwieg. Am Einzelfall werden die völlig unterschiedlichen Einstellungen gegenüber den jeweils politisch Mächtigen evident. Dies sollte eine besondere Erschwernis im Kampf gegen die Säkularisation werden. Speckle weiß, dass sich *von allen Seiten der Plan zum Untergang der Klöster (zeigt). Und doch sind diese in der Tat für ihre Erhaltung lange nicht so tätig als sie sollten und auch könnten.*[8] Auch bei ihnen sei der *Freiheitssinn* eingedrungen, während doch nur die Erhaltung der Disziplin ihnen *wahrhaft helfen* könne.

Als große Bestürzung bezeichnet Speckle die Reaktion in Stadt und Land auf das Anfang November durchgedrungene Gerücht, dass der Breisgau in – dem lang ersehnten – Frieden (Campo Formio) an den Herzog v. Modena abgetreten worden sei. Wenngleich die Unsicherheit über die Trennung von Wien groß ist, beruhigen sich wenigstens *die Männer von Einsicht* damit, dass dies eine österreichische Linie sei, so dass die Landesverfassung erhalten bleibe. Als sich dann zudem die Gerüchte verdichten, dass Baden sich in einem Separatfrieden mit Frankreich die österreichischen Stifte in seinen Landen habe übertragen lassen, beschließt der Prälatenstand, einen Vertreter zum Rastatter Kongress zu schicken. Etwa gleichzeitig verbreitet sich ein Gerücht, dass Österreich trotz freundlicher Schreiben nicht unbedingt am Breisgau festhalten wolle. Der politisch sensible Prälat von St. Peter interpretiert im Dezember 1797 die Situation seines Standes als Fragen formuliert mit großer Präzi-

579

sion: *Wird die Verfassung bleiben? Werden die Besitzungen der Dominien und Körperschaften im Ausland erhalten werden? – und die Klöster – wird man nicht glauben, diese seien der Ball, mit dem man spielen kann wie man will? Wird nicht falsche Politik und Ökonomie durch diese die Schulden bezahlen wollen? [...]* jeder glaubt, es wurde ihm nun so viel besser sein, wenn Klöster nicht mehr sind. Ende 1797 rückt das Bild einer Säkularisation immer näher. Am Neujahrstag 1798 schreibt er: *Dem gemeinen Gerüchte nach existieren am Ende dieses Jahres keine Klöster mehr [...].* *Der Macht können wir nicht widerstehen.* Unabhängig vom Wahrheitsgehalt, für Speckle ist die Auswirkung schon des Gerüchtes, wenn es *in die Klostermauern dringt*, beklagenswert: *Die Gutgesinnten werden niedergeschlagen, die Bösartigen stolz und unbiegsam, trotzend etc. Disziplin und Ordnung leiden.*

Das Jahr 1798 geht ohne schwerere Eingriffe in die klösterliche Welt vorbei, das Wissen, dass sie, wie jetzt in der Schweiz, jederzeit möglich sind, bleibt jedoch bestehen. Zweimal macht Speckle dem Markgrafen eine devote Aufwartung, ohne viel Hoffnung für sein Stift daraus zu gewinnen. Die Rastatter Säkularisationspläne sind bekannt. Wenn Religion auch ohne irdisches Vermögen bestehen kann, so Speckle, so bliebe doch das Recht auf Eigentum: *Man predigt Menschenrechte und tretet sie mit Füßen.* Die Jahre 1799 und 1800 sind Kriegsjahre, die den Klöstern in Form von Geld- und Sachleistungen ständig neue Lasten auferlegen, ohne dass dies jedoch an ihre Substanz gerührt hätte. Die Säkularisationsgefahr ging nicht vom Krieg, sondern von den in Friedensschlüssen vereinbarten Wiedergutmachungen aus. Vom 4. November bis 23 Dezember 1800 wird Speckle wegen

Kloster St. Peter – Aufriss der Westfront von Klosterkirche und -gebäude
Die Kirchenfassade zeigt den Zustand seit 1727; das anschließende Klostergebäude ist eine Planung von Peter Thumb, die in dieser Größe nicht realisiert wurde.
GLA Karlsruhe.

nicht bezahlter Kontributionen zusammen mit anderen Vertretern des Breisgaus als Geisel in Straßburg festgehalten, wo er – symptomatisch für Änderungen des politischen Klimas in Frankreich – erstmals seit zwölf Jahren ein Pontifikalamt halten kann.

Ende Februar 1801 werden die Ergebnisse von Lunéville, darunter die Bestätigung der Abtretung des Breisgaus an den Herzog v. Modena bekannt. An der alltäglichen politischen Realität, in der die Franzosen das Sagen haben, ändert sich wiederum nichts. Der Fürstabt von St. Blasien berichtet, dass man in Wien gegenüber dm Breisgau gut gestimmt sei, während hier die Franzosen das Land *nicht nach dem Friedenssondern nach dem strengsten Kriegssystem in Besitz halten*. Eine staatsrechtlich verworrene Situation ergibt sich dadurch, dass die Franzosen bereit sind abzuziehen, sofern der Herzog v. Modena den Breisgau übernimmt. Aus Wien kommen Signale, dass diesem die Satisfaktion auch deswegen zu gering sei, weil die Landstände eine freie Verfügung behinderten. Speckle interpretiert dies als Vorbereitung, der Verfassung zu entsagen: *So weit brachte es die Freiheitswut, daß man unschuldige Provinzen das bisgen Freiheit, die sie noch durch unendliche Opfer erhielten, durch politische Kniffe oder durch Gewalt entreißen und sie zu Sklaven machen will.*[9] Anfang Dezember 1801 verbreitet sich die Nachricht, dass der Herzog v. Modena, nachdem Einiges dazu gegeben worden seien, den Breisgau angenommen und zugleich seinem Schwiegersohn Erzherzog Ferdinand überlassen habe. Es ist zum Gesamtverständnis des Säkularisationsprozesses ein wichtiger Aspekt, dass die – politisch sensibleren – Klöster früh merkten, dass bei aller Belastung durch die feindlichen Franzosen die existenzielle Bedrohung von der eigenen Seite, gar von den traditionellen eigenen Landesherren ausging. Das ganze Ausmaß an Verbitterung bei den Betroffenen erklärt sich auch daraus, dass sie über Jahre hinweg denjenigen noch schmeicheln mussten, von denen sie wussten, dass sie ihr Ende vorbereiteten.

Die Zeit der Ungewissheit 1803–1805

Im Juni 1802 kamen zunächst Signale aus Regensburg, dass der Weiterbestand der Klöster gesichert sei. Am

Hz. Ferdinand von Modena, Ehz. von Österreich
Hz. Herkules III. Ronaldo von Modena, der 1796 sein Hzm. an die Franzosen verloren, überließ 1803 den ihm zur Entschädigung angebotenen Breisgau, seinem Schwiegersohn Ehz. Ferdinand, der die Linie Österreich-Este begründete.
Öl auf Lw.
Österreichische Nationalbibliothek Wien.

30 August wurde Speckle dann jedoch darüber informiert, dass seine Abtei neben vier anderen den Maltesern zugedacht sei. Die übrigen Prälaturen wären zur Aufhebung bestimmt. Angesichts solcher Drohungen wird in St. Peter eine tägliche Messe *pro necessitatis* [zur Abwendung der Not] befohlen. Die Stimmung im Breisgau ist auch bei den anderen Ständen gegen die Überlassung der Stifte an die Malteser, wohl schon deswegen, weil damit ihre politische Rolle im Rahmen der Gesamtverfassung in Frage gestellt würde. Es beginnt ein allgemeines politisches Taktieren, wobei Speckle in *dieser finsteren Stunde* davon spricht, *daß wir am Punkte der Vernichtung stehen, verlassen vom Hofe, ohne Schutz und Herren.* Aufgrund immer neuer widersprüchlicher Gerüchte bestimmen Rat- und Hilflosigkeit die Atmosphäre in den Vorlanden: Es gibt *der Ratgeber so viele, daß sie äußerst lästig werden. Tau-*

Späte Rückkehr eines Säkularisationsgutes
Die Globen aus der Klosterbibliothek sind nach 200-jährigem Exil in Freiburg Ende der 90er-Jahre als Dauerleihgabe der Universität nach
St. Peter zurückgekehrt.
St. Peter i. S.

send Vorschläge werden einem gemacht von *Redlichen und Unredlichen.*
In der Abtei beginnen im Hinblick auf die erwartete Übernahme durch die Malteser erste Vorsichtsmaß-

nahmen: Jeder Kapitulare erhält einen *coram pleno capitulo* [vor versammeltem Kapitel] ausgezahlten größeren Geldbetrag, Bett- und Weißzeug sowie das Recht, Bücher in sein Zimmer zu nehmen. Zudem beginnen Überlegungen, was zu verkaufen sei. Die Nachricht aus Regensburg, dass der Herzog v. Modena Widerspruch gegen die Malteserentscheidung getroffen habe, lässt wieder Hoffnung aufkommen. In Freiburg findet man die Regensburger Verhandlungen focussiert wieder: Die österreichische Regierung warnt die Malteser vor einer Inbesitznahme der fünf Klöster, während sich das Großpriorat, trotz einiger Bedenken des Fürsten, auf die Zusicherungen Frankreichs und Russlands beruft und am 16. Oktober gegenüber St. Peter ein Veräußerungsverbot ausspricht. Drei Tage später erreicht die Abtei der definitive, aber widersprüchliche Entschädigungsplan, dass der Breisgau an Modena[10], die fünf Klöster aber an die Malteser kommen sollen. Speckle sieht das Ende kommen, macht aber dennoch seine Aufwartung in Heitersheim, um den Erhalt seines Instituts zu versuchen. Von Wien kommt das Angebot, die Abtei in die österreichischen Staaten übersiedeln zu lassen. Als man hört, dass St. Blasien seine Bibliothek an die Universität Freiburg abgegeben habe, beschließt das Kapitel, die Auflösung vor Augen, am 2. November die beiden hier angefertigten Globen der Universität gegen Revers zu überlassen, dass sie zurückgegeben würden, *wenn wir wieder einen Körper bilden sollten.* Schon am Nachmittag wird die *große Zierde der Bibliothek* weggetragen: *So fängts an, daß alles, was unsere Väter und wir zusammengetragen haben, zerstreuet, und eine Anstalt zerstört wird, welche über 700 Jahre gedauert.*[11]

Die Unsicherheit, an wen die Abtei fallen würde, bleibt bis dorthin bestehen, dass auch Baden, Kurböhmen und die Toskana ins Spiel kommen. Für das Klosterleben bringt dies Lähmung und Misstrauen, ob und wann die Konventualen die durch den RDH gegebene Möglichkeit zum Austritt nutzen würden. Wie in den übrigen, ihnen zugesprochenen Klöstern taucht auch in St. Peter Ende November ein Kommissar der Malteser mit der Absicht der Inbesitznahme auf. Da die österreichische Regierung die Stifte angewiesen hatte, sich dagegen zu wehren und sich allenfalls militärischer (französischer) Macht zu beugen, protestiert der Konvent gegen den Anschlag eines Besitzplakates. Der ausdrücklich als höflich bezeichnete Kommissar gibt sich mit der Erklärung zufrieden, dass die Pflichten gegen den Landesfürsten

fortbestünden und man sich aufgrund der Weisung von hoher Stelle daher gegen die Eingriffe verwahren müsse. Die Umsetzung der Regensburger Entscheidungen, von denen Speckle klar sieht, wie sehr sie ganz Deutschland und vor allem seine eigene Welt verändern würden, wird in konkreto oft zu einer Frage des persönlichen Stils, ohne dass dadurch das grundsätzlich Bedrohliche verloren ging.

Aus der Rückschau muss ein anderes Ereignis an Weihnachten 1802 für die Abtei wie ein Menetekel erscheinen. Hofrat Walz schreibt im Auftrag des Markgrafen, dass dieser sich an einen ihm bei seinem Besuch 1773 gezeigten Rotulus erinnere, der die gemeinsame Abstammung der Badener und Zähringer betreffe.[12] Auf Wunsch von Minister Edelmann und Geheimrat Braun sollte der Rotel *wenigstens zur Einsicht und Abschrift mitgeteilt werden.* Der Abt, im Wissen um den möglichen Anfall an Baden und die Bedeutung der Gewogenheit des Markgrafen, schreibt zurück, dass es *meine Absicht wäre gewesen, im Falle jene Gerüchte sich erwahrt hätten, mich mit jenen Dokumenten Serenissimo zu Füßen zu legen.* Er stünde auch jetzt schon zu Diensten, bäte aber, dass die Einsichtnahme in St. Peter erfolge. Wenige Jahre später requirierte die badische Kommission schlicht, was ihr für Hofarchiv und -bibliothek wichtig erschien. Die Komplexität des Säkularisationsprozesses wird an einem solchen Exempel sichtbar: War er im Stil noch Teil der höfischen Welt und im Verfahren noch typischer Machtschacher traditioneller Adelsherrschaft, so führten seine Ergebnisse über einen längeren Zeitraum zur Auflösung eben nicht nur der Klöster, sondern auch der Fürstenwelt selbst.

Wiederum aus der Rückschau versteht man die späteren bitteren Reaktionen Speckles, wenn er Anfang des Jahres 1803 in dem erneut ins Gespräch gekommenen Übergang des Breisgaus an Baden angesichts des Interesses von dessen Fürstenhaus an den Archivalien St. Peters einen Hoffnungsschimmer sieht. Kurz danach holt ihn die politische Realität ein, als Hofrat Walz – ohne rechtliche Grundlage – auf Befehl des Markgrafen in St. Peter diejenigen Urkunden abholt, *welche die Abstammung des badischen Hauses von zähringischen Herzögen betreffen.* Drei Wochen später teilt der Markgraf dem Abt mit, dass er die Urkunden in seinem Hausarchiv verwahre und das Stift auf Verlangen Einsicht nehmen könne. *Doch war in diesem Schreiben nichts von Rückgabe gesagt.* Die erzwungene Auslieferung des Rotulus, zusätzlich des *Liber Vitae* von Abt Gremmelspach[13] und weiterer Handschriften, die Grundlagen der eigenen, Identität und Sicherheit gewährenden Historiographie gewesen sind, war von hoher symbolischer Bedeutung. Es gab für die Abtei keine Instanz mehr, die sie vor einem derartigen Rechtsbruch schützen wollte oder konnte. In diesen Tagen wurde auf der Prälatenkonferenz beschlossen, *daß kein Kloster sich in privaten Unterhandlungen mit den Maltesern einlassen möchte, sondern dass durchaus kollegialisch zu handeln wäre.* Doch selbst bei diesem eher schüchternen Versuch, zu solidarischem Handeln zu kommen, stellt sich schnell heraus, dass dazu nur St. Blasien, St. Peter und Tennenbach bereit waren, während die übrigen nach wie vor ihre Haut auf eigenen Wegen zu retten trachteten. So hatte St. Märgen sein Geld schon aufgeteilt und in mit Namen der Konventualen versehenen Beuteln beim Freiburger Kaufmann Kapferer deponiert. Dies könnte mit ein Grund gewesen sein, dass es sich einer geplanten Bestechungsaktion der Prälaten, mit der in Regensburg einige Minister in ihrem Sinne beeinflusst werden sollten, nicht anschließen wollte.

In den ersten Wochen des Jahres 1803 kommen fast täglich widersprüchliche Nachrichten über die Zukunft des Breisgaus in Freiburg an. Selbst am Tage der Machtübernahme durch den Herzog von Modena schreibt Speckle: *Das Schicksal der Klöster ist noch immer ein Rätsel.* Klar ist, dass die Entscheidung nicht in Regensburg, sondern in Paris fällt. Am 2. März wird der Breisgau von Österreich an das Herzogtum Modena übertragen, ohne dass deswegen die Malteser nunmehr von ihren Bemühungen um die Klöster Abstand genommen hätten und die Franzosen gleich abgezogen wären. Speckle ist sich bewusst, dass zwischenzeitlich alle Klöster in Deutschland außer den breisgauischen aufgehoben sind. *Die Vorgänge geben wenig Hoffnung.* Im Juni weist der Herzog v. Modena die Ansprüche der Malteser definitiv zurück: Er habe durch mehrere Verträge »das Land ohne Ausnahme empfangen und in Besitz genommen«. Damit ist für die nächsten zwei Jahre eine vergleichsweise ruhige politische Situation vorgegeben. Heftiger Streit entsteht jedoch zwischen dem »gebieterischen« Landes-

präsidenten v. Greifeneck und Syndikus Engelberger, der die Rechte der Landstände zunehmend gefährdet sieht.[14] Die Prälaten halten sich dabei eher zurück, um sich beim Vertreter Erzherzog Ferdinands, der inzwischen die Nachfolge des verstorbenen Herzogs v. Modena angetreten hat, keine Ungelegenheiten zu machen. Der realpolitischen Lage entsprechend muss Engelberger weichen, was gleichzeitig zu einer gewissen Neuordnung der Landstände führt. Umgekehrt attestiert Speckle v. Greifeneck, dass er das Instrument der Vorsehung zur Rettung der Klöster gewesen sei, da er über die ganze Zeit hinweg die Ansprüche der Malteser mit *entschlossener Standhaftigkeit* abgewehrt habe. Spürbarer werden in dieser Zeit die Eingriffe der Konstanzer Kurie unter Generalvikar v. Wessenberg, die, wie Speckle meint, sich die Schwäche der Klöster zu Nutze mache.

Es ist müßig zu spekulieren, ob ohne einen erneuten Krieg die Abteien im Breisgau fortbestanden hätten. Jedenfalls hatte sich die Lage bis Mitte 1805 so stabilisiert, dass Speckle die Bücher in die Bibliothek zurückbringen ließ. Da beunruhigten Anfang September neue Kriegsaussichten zwischen Frankreich und Österreich den Breisgau. In den kommenden Wochen überschlagen sich die Meldungen über die Erfolge der Franzosen, bis diese am 26. Oktober auch Freiburg erneut besetzen. Die Klöster werden wieder mit Einlagerungen und Abgaben belastet. Der erste Schritt wirklicher Säkularisation trifft St. Peter am 3. Dezember 1805 mit der Inbesitznahme seiner Gefälle im Württembergischen durch die dortige Landesherrschaft. Speckle weiß, dass er dies weder mit rechtlichen Vorstellungen noch mit Bitten rückgängig machen wird. In den folgenden Tagen nimmt auch Kurbaden die Gefälle St. Peters auf seinem Territorium in Beschlag. Am 7. Dezember kommt die Meldung, Kurbaden werde Besitz vom ganzen Breisgau nehmen. Nun fürchtet man *den Frieden fast mehr als den Krieg, weil man glaubt, dass [...]. Breisgau ganz an Kurbaden übergehen dürfte.* Am Tag vor Heiligabend schlägt ein kurbadischer Kommissär am Gut in Zähringen als erstem st. petrinischem Eigentum auf österreichischem Gebiet das badische Wappen an – eine Rechtsgrundlage gab es dafür noch nicht. Die Regierung ordnet an, dieses und die Besitznahme-Wappen in Tennenbach und Schuttern wieder abzunehmen. Mit einer großen Geldforderung der Franzosen, initiiert jedoch von Herrn von Baden, konfrontiert, schreibt Speckle an Sylvester 1805, dass er seit zehn Jahren keine schlimmeren Tage gesehen habe, als die letzten dieses Jahres.

Die Durchführung der Klosteraufhebung

Die umstrittene Entscheidung des Preßburger Friedens, welche Teile des Breisgaus badisch und welche württembergisch werden sollten, führte in St. Peter dazu, dass, während man noch überlegte, wie man sich verhalten solle, wenn die badische Kommission erscheine, am 12. Januar 1806 eine württembergische die Abtei in Besitz nahm. Auf die Frage des Abtes, ob dies nur die Landeshoheit oder auch das Eigentum betreffe, war die Antwort: *Von allem nach dem Patent.* Am 14. Januar beugt sich der Abt der realen Macht und legt trotz vieler vorgetragener Einwände das Handgelübde auf den König von Württemberg ab.

Als erstes verlangt der Kommissar einen Kassensturz, danach summarische Konsignationen des gesamten beweglichen Besitzes: Säkularisation diente zuvorderst materiellen Interessen. Die kirchlichen und Policey-Rechte blieben beim Kloster. Während der Abt von der Inbesitznahme noch wie betäubt ist, treffen aus Freiburg Meldungen ein, dass nun auch die badische Kommission angekommen sei und dass die Klöster doch an die Malteser kämen. Konkret stellte sich der Streit zwischen einem König, einem Kurfürsten und einem »geistlich-sein-sollenden Orden« so dar, dass am 23. Januar morgens ein Kommissar der erzherzoglichen Regierung mit der Anweisung nach St. Peter kommt, dass man sich Inbesitznahmeversuchen durch die Malteser zu widersetzen habe – die dann bereits während des Mittagessens vor der Klosterpforte stehen und ihre Patente vorweisen. Nachdem der Abt, unbeeindruckt von der Drohung mit bayerischen Truppen, sich weigerte, die Patente entgegen zu nehmen, ließen sie beim Abzug zwei Exemplare in der Kuchelmeisterei liegen.[15] Zu aller Konfusion hinzu beharrt der französische General vor jeglicher Inbesitznahme auf Bezahlung der Kontributionen. Während noch drei Besitznahmekommissionen unterwegs sind und die Patente je nach Lage ange-

bracht und wieder abgenommen werden, wird am 30. Januar durch den badischen Kommissar Drais in Freiburg – wie man in der Rückschau weiß – das definitive Ende der noch bestehenden Klöster bekannt gegeben: *Der Erste Stand habe durch Aufhebung der Klöster aufgehöret, […]. So waren mit zween Worten Institute, die seit Jahrhunderten bestanden, geblühet, geachtet waren, zernichtet.*[16] Widerstand der Klöster ist nicht möglich, zumal St. Peter und St. Blasien noch württembergisch sind. Von anderer Seite macht sich niemand für sie stark, die selbsternannten Verteidiger der *vaterländischen Freiheiten* […] *kriechen itzt als ersten in die neuen Fesseln.*

Der Rest der Säkularisationsgeschichte St. Peters ist verfahrensmäßige Abwicklung. Zunächst blieb die Verwirrung erhalten, da der Abt in St. Peter unter württembergischem Eid stand und die Besetzung fortdauerte, während er als Mitglied des Ersten Standes in Freiburg auf badische Anweisungen zu hören hatte. Immer noch meldeten auch die Malteser mit bayerischer Rückendeckung ihre Ansprüche an, obwohl Heitersheim bereits von Baden übernommen worden war. Die Schwäche der prälatenständischen Position wurde dadurch befördert, dass Schuttern, St. Trudpert und St. Märgen der Aufhebung gerne entgegensahen und der Ritterstand ebenso wie die Freiburger Räte sich bei den badischen Kommissaren einzuschmeicheln suchten. Am 11. Februar kommt ein Schreiben von Erzherzog Ferdinand, in dem dieser schweren Herzens der Abgabe des Breisgaus zustimmt – für St. Peter wieder eine Hoffnung weniger. Nach Abzug der württembergischen und Durchzug französischer Truppen erklärt Kommissar Stößer am 22. Februar in St. Peter die Abtei im Auftrag des badischen Kurfürsten für aufgelöst. *Nachher sigillierte der Herr Commissarius die Archive und die Bibliothek, ließ den Katalog und das Repertorium über das Archiv übergeben, […], um selbe nach Karlsruhe abführen zu lassen.*[17] Die Beamten werden ihres Eides gegen Württemberg entbunden und auf Baden verpflichtet. Dem Abt werden damit die Jurisdiktion und alle herrschaftlichen Rechte abgenommen. Ihm bleibt vorläufig die Administration in badischem Namen: St. Peter als politische Herrschaft besteht nicht mehr. Angesichts des guten Zustandes und der zähringischen Tradition der Abtei will sich Stösser im Sinne eines Erhalts des Stiftes beim Kurfürsten äußern. Ein Regierungspraktikant führt *wie ein rüstiger junger Held* danach tagelang eine detaillierte und schikanöse Bestandsaufnahme der Aktiv- und Passivposten durch. Der Abt muss dem *unerfahrenen Männchen* die Barschaft vorzählen.

Man spürt die Schadenfreude des Abtes, als der französische General die badischen Beschlagnahmungen kurzzeitig einstellen und teilweise rückgängig machen lässt. Nochmals kommt Anfang März Hoffnung auf, da sich zwei französische Generale in Paris für den Erhalt von St. Peter und St. Blasien einsetzen wollen.

Die Bibliothek der vormaligen Benediktinerabtei St. Peter auf dem Schwarzwald
Erbaut und ausgestaltet 1739–1752 wurde die Bibliothek im Febr. 1806 vom badischen Kommissar geschlossen und »sigilliert«.

Für Speckle ist es wie ein Wunder, dass nun *unser Heil aus Frankreich komme*. Nach mehreren Anläufen unternimmt Speckle im März gemeinsam mit dem Fürstabt von St. Blasien eine Reise an den badischen Hof, um Zusicherungen für den Bestand der Klöster zu erhalten. Erreicht haben sie einen gnädigen Empfang, bei dem der Kurfürst seine Zufriedenheit äußert, dass die zähringischen Stammlande an deren Abkömmlinge zurückgekommen seien. Dennoch bereut Speckle die Reise nicht. *Fürs erste haben wir eine heilige Pflicht erfüllt, für unsere Fortdauer alles zu tun, was nützlich sein könne.*

Zur Landesübergabe am 15. April, deren Verordnung Speckle spöttisch kommentiert: *alles durcheinander*, halten die Prälaten von Schuttern und St. Märgen, *von denen bekannt ist, daß sie die Auflösung der Stifte wünschen*, im Freiburger Münster den Festgottesdienst. In St Peter ist der Abt *gehindert*, aus diesem Anlass das Te Deum zu halten. Hier zeigt sich die Säkularisation in den nächsten Monaten vornehmlich als Verwaltungsvorgang. Verkäufe vom Anfang des Jahres müssen rückgängig gemacht werden. *Man sieht uns bereits als nicht mehr existierend an.*[18] Die Unterstellung unter und die Behandlung durch die Beamten, die das Recht zur Öffnung und Entnahme aus Archiv und Bibliothek sowie zur Kontrolle aller ökonomischen Belange haben, ist *mißtrauisch, heimtückisch, schleichend und erniedrigend*. Ebenso belastend ist der *marternde Zustand der Ungewißheit* über die eigene Zukunft. Gegenüber der Ende Mai auftauchenden Vorstellung, St. Peter könne als Dependenz von St. Blasien fortbestehen, zöge man selbst die Aufhebung vor. Gleichzeitig trifft der Abt in Kenntnis der andernorts bereits durchgeführten Aufhebung Vorbereitungen zum Vorteil der Mitbrüder, indem er jedem einen Koffer anfertigen lässt und ihm zunächst Wäsche als Eigentum zuspricht. Für deren anstehende Einzelbefragung über ihre Zukunftsvorstellungen versucht der Abt eine einheitliche Sprachregelung zu erreichen: Das Kloster solle fortbestehen und, falls dies nicht möglich sei, müssten die Konventualen ein entsprechendes Einkommen erhalten. Die Huldigung an Baden am 30. Juni, an der die Prälaten schon nicht mehr als eigener Stand teilnehmen, ist der staatsrechtlich letzte Schritt des Übergangs an eine neue politische Ordnung, in der sich die geistlichen Stifte nicht

mehr auf ihre alten Rechte berufen können. Die Freiburger Gesellschaft beeilte sich, ihr Devotion gegenüber dem neuen Herren zum Ausdruck zu bringen.[19] Während in St. Peter die Inventarisierungsmaßnahmen weiter gingen, war in Freiburg der kurf. Geh. Referendar v. Maler angekommen, der aufgrund eines Beschlusses vom 10. Juni die eigentliche Aufhebung der Klöster vornehmen sollte. Eine Vorstufe hierzu war die Begutachtung der Kunstsachen, die jedoch bis auf die dem Klassizismus zuneigende – freilich nicht wegnehmbare – Malerei im Fürstensaal bei dem Karlsruher Galeriedirektor wenig Anklang fanden. Die Bibliothek fand er *ohne Geschmack*. Am 28. und 29. August nahm Maler in St. Märgen die Säkularisation in der Weise vor, dass er die Abtei für aufgelöst erklärte, den Konventualen jedoch frei stellte, hierzubleiben oder wegzuziehen. Die als Privatsachen deklarierten Möbel und sonstige Habseligkeiten durften sie behalten. Ab 1. Oktober sollten sie von den Pensionen leben, deren Höhe festzusetzen sich jedoch der Großherzog vorbehalten hatte. Bei der Bestimmung des individuellen Eigentums orientierte sich Maler an dem, was die Konventualen als solches bezeichneten. Als Speckle am 12. Oktober statt des nach Freiburg gezogenen Prälaten zum St. Märgener Translationsfest das Hochamt hält, mutmaßt er, dass dies *wahrscheinlich auch das letztemal in Pontificalibus* sei – Säkularisation bedeutete mit der Aufhebung der Institution auch den Verlust der an ein Amt gebundenen Würde. Am 28. Oktober eröffnet ihm Maler in Freiburg, dass auch für St. Peter und St. Blasien, da sie sich nicht vereinigen wollten, der Beschluss zur Aufhebung gefallen sei. Auch in den folgenden Wochen wird kolportiert, dass St. Peter wegen seiner Hartnäckigkeit gegenüber einem modifizierten Fortbestehen an seinem Ende selbst schuld sei. Offensichtlich gab es am badischen Hof nicht nur unterschiedliche Ansichten über den Weg der Klosteraufhebungen, sondern auch das Bemühen, dem eigenen Ansehen nicht zu sehr zu schaden, indem der Eindruck vermieden werden sollte, dass dies nur aus Geldgier geschehe. Hierzu gehörte die Forderung von Drais, *die fetten Abteien wie die Bettelklöster zu gleicher Zeit aufzulösen, um der Regierung den früher gehörten Vorwurf zu ersparen, sie habe sich bei der Säkularisation lediglich von der Spekulation auf die Renten leiten lassen.*[20] Beim Kloster wäre an der Grabstätte der großherzoglichen Stammeltern *ein anständiger Gottesdienst einzurichten*, die Patres würden, sofern sie nicht angestellt werden könnten, eine Pension erhalten.

Am 20. November lässt Speckle Kommissar Maler vierspännig in Freiburg abholen. Nach einigen Erklärungen guten Willens gegenüber den Vorstellungen Speckles über das weitere Schicksal der Abtei wird dem versammelten Kapitel *die höchste Entschließung von gänzlicher Aufhebung des Stiftes vorgetragen*.[21] Tags darauf regeln Maler und Speckle nach den Wünschen der Konventualen deren örtliche Verteilung und legen ihre Besoldung fest: etwa ein Viertel bleibt teils in Funktionen, teils als Pensionäre in St. Peter – der Abt hätte sich mehr gewünscht, aber Säkularisation bedeutete auch Befreiung vom Gelübde der Stabilitas Loci. Das Gehalt eines Pfarrers wird 700 fl., das eines Vikars 300 fl. betragen; der größte Teil davon wird in Naturalien berechnet. Als Maler sich am 25. November die Bibliothek öffnen lässt, bedient er sich ebenso wie im Archiv ganz selbstverständlich an Manuskripten und Büchern. Dennoch bescheinigt ihm Speckle, dass er sich trotz des entsetzlichen Ereignisses noch durch Humanität und Mitgefühl ausgezeichnet habe. So spricht ihm bei der Abreise nach einer Woche Auflösungsarbeit der versammelte Konvent nochmals seinen Dank aus, *Herr Maler war selbst gerührt*. Danach freilich notiert der Abt in seinem Tagebuch die eingangs zitierten bitteren Worte.

Das Schicksal der Konventualen

Der Dezember bringt die Umsetzung des Säkularisationsbeschlusses: Novizen und Fratres werden umgekleidet und entlassen, die Patres gehen auf ihre Pfarreien oder ziehen sich auch gegen den Willen des Abtes ins Private zurück: Für eine Benediktinerabtei bedeutete Säkularisation auch Auflösung des Gehorsams und, während beim Eintritt eines Novizen sorgfältig geprüft wurde, ob er in den Konvent passe, bleibt nun eine kleine Gruppe übrig, die offensichtlich nicht zusammenharmonierte und nach und nur noch nach ihren eigenen Interessen agierte. Die Paramente müssen verteilt, die liturgischen Geräte zum Materialwert abgegeben werden. Die im Bibliothekskatalog

rot angestrichenen Bücher werden für den Abtransport nach Karlsruhe gepackt. Almosen geben wird verboten. Tischlesung und Chorgebet sind reduziert, letzteres wird zum Jahresende angesichts des Unwillens der noch verbliebenen sechs Priester – später waren nur noch vier genehmigt – eingestellt. Der Abt betet an Neujahr 1807 die Metten still und allein.

In den Monaten danach werden die Folgen der Säkularisation augenfällig. In St. Peter gibt es einen *sogenannten Bürgermeister*, der für früher unentgeltliche Dienste nun Lohn fordert, für den der Abt wenigstens eine Quittung verlangt. Nachdem die Mönche durch eine geheime Ratsverordnung (publ. 22. Mai 1807) von ihren Gelübden entbunden sind, beginnen die noch verbliebenen ihren auch ökonomisch selbständigen Lebensraum einzurichten. Im April beschließen die verbliebenen Konventualen, dass nur noch ein Teil eine gemeinsame Küche führt, wozu jeder aus seiner Pension beisteuert: Aus dem Konvent ist eine Wohngemeinschft geworden, innerhalb derer der Egoismus freilich blüht: *Jeder greift zu, wo er kann, Geistliche und Auswärtige*.[22] Außerhalb vertauschen sie mit ausdrücklicher Billigung des Konstanzer Ordinariats ihr Ordenskleid gegen ein *neues Röckchen*, vor dem Abt lassen sie sich damit nicht sehen. Anfang April erfolgt trotz Zusagen aus Karlsruhe für den Erhalt einer Pfarrbibliothek die zweite Plünderung der Bibliothek durch die Universität Freiburg nach deren Wünschen.[23] Der Abtransport der 30 Kisten Bücher nach Karlsruhe gibt Speckle Anlass, auf Motive und Folgen *der ungerechten Räubereien*, der Konzentration der Bücher auf Karlsruhe und Freiburg hinzuweisen: *Die Landgeistlichen sollen nun künftig Idioten sein*.[24] Unter den st. petrinischen Bedingungen, dass der Abt zunächst hier wohnen bleibt, gleichzeitig aber einem seiner Konventualen als Pfarrer nun eine führende Rolle zukommt, waren Konflikte unvermeidlich. Kritisch beobachtet Speckle die Einführung deutschsprachiger Gottesdienste und merkt eigens an, dass er einen Festtagsgottesdienst auf Ansuchen des Pfarrers hält. Entsetzt beschreibt er, wie dieser die Klausur für Frauen öffnet; er war nicht einmal mehr gegenüber den früheren Mitbrüdern Herr im eigenen Haus. Mitte 1807 zerbricht die Tischgemeinschaft endgültig. Die Konflikte zwischen den ehemaligen Konventualen, deren Grund er in der immer wieder genannten

Habsucht sieht, und deren zwischenzeitliche Anstellung an verschiedenen Orten lässt ihn das Wiener Angebot einer Umsiedlung des Restkonvents nach Österreich nicht weiter verfolgen. Kaum zwei oder drei, später meint er wohl keiner, wären mitgekommen – auch ob er selbst angesichts seiner Hoffnung, die Abtei am alten Ort wieder einrichten zu können[25], diese Lösung wollte, muss bezweifelt werden.

Die Realität der Auflösung der Abtei, die sich über Jahre hinzog, hatte viele Facetten. Der frühere Bibliothekar und jetzige Ortspfarrer macht die Bibliothek zum Lagerraum für Äpfel, Hanf und anderes. Immer wieder werden Sachen aus St. Peter abgefordert, Paramente, liturgisches Gerät, die Chororgel, Kutschen und Pferde oder ein Teppich, den ein Adliger bei einem früheren Besuch gesehen hatte. Speckle vermutet, dass die Kurie hinter manchen Forderungen ehemaliger Konventualen stecke, wenn diese Dinge wie z. B. Glocken aus der Klosterkirche abfordern. In Freiburg muss Speckle sein Quartier im Peterhof aufgeben und kauft sich stattdessen ein Haus mit einer Kapelle, die einer seiner Vorgänger geweiht hatte. Trotz allem aber hielt der Abt dort, wo es möglich war, klösterliche Rituale oder wenigstens die Erinnerung an sie am Leben. Persönlich vereinsamte er, sprach oft über Wochen kaum mit jemandem und statt der früheren Wahrnehmung vieler Geschäfte ging er nun in den Gärten Freiburgs spazieren. Als im Dezember 1813 in den Abteigebäuden St. Peters erneut ein Lazarett eingerichtet wird und dafür die Geistlichen ihre Zimmer räumen müssen, zieht Speckle am 4. Adventssonntag endgültig nach Freiburg: *Nachmittag um 4 Uhr verließ ich St. Peter mit der Empfindung, daß ich wohl schwerlich mehr dahin werde zurückkommen können. Ich wollte noch die Kirche besuchen und fand keinen Schlüssel. Ich fuhr also weg, ohne von jemandem Abschied zu nehmen.*[26]

Die Synopse und Interpretation der hier vorgetragenen Fakten lässt gerade am Beispiel St. Peters deutlich werden, dass Säkularisation nicht ein punktuelles Ereignis, für die meisten Klöster verbunden mit dem RDH, sondern ein längerfristiger politischer Prozess war. Für St. Peter und die anderen Abteien im vorderösterreichischen Breisgau wird man ihn mit dem preußisch-französischen Abkommen von Basel 1795, sicher aber mit dem badisch-französischen Sonder-

frieden von 1796 beginnen[27] und mit den verschiedenen Schritten der Aufhebung in der Folge des Preßburger Friedens im Laufe der Jahre 1806/1807 enden lassen können. Zu einem angemessenen Verständnis des Gesamtvorgangs wie des Fallbeispiels St. Peter ist die Verknüpfung verschiedener politischer Dimensionen Voraussetzung. Eine Aussage Speckles, dass man den Frieden mehr fürchte als den Krieg, erklärt sich aus dem Umstand, dass Säkularisation als Erteilung von Indemnität (Entschädigung) nur als Folge von Krieg legitimiert werden konnte. Anders gesagt, Staaten wie Baden oder Bayern und Württemberg[28] brauchten, zumindest benutzten sie die Krisen der internationalen Politik, um eigenstaatliche Ziele, Abrundung des Territoriums und Auffüllung des Ärars, auf Kosten der Institute zu erreichen, die machtpolitisch nichts entgegen zu setzen hatten. Hier kommt eine weitere politikwissenschaftliche Dimension, politische Philosophie, ins Spiel. Dem gebildeten Abt von St. Peters war der ideologische Hintergrund des Prozesses immer präsent. Die Ideen der Illuminaten, die zum Freiheitsgeist ebenso im Dritten Stand wie bei den eigenen Untertanen führte, ließ auch die Klöster selbst nicht unberührt. Aus seiner Sicht führten sie zum Nachlassen der Disziplin und machten die Klöster so umso leichter zur Beute der politisch Mächtigen, die sich auf den Zeitgeist beriefen.

Auch der Säkularisationsvorgang im engeren Sinne hatte, wie gerade das Beispiel St. Peter zeigt, mehrere Dimension. Mit der politischen Neuordnung bedeutete er zunächst das Ende der politischen Herrschaft St. Peter mit dem Verlust aller juristischen und ökonomischen Fundamente. Er bedeutete Enteignung von Mobilien und Immobilien und verbunden damit die Auslieferung hinsichtlich der materiellen Lebensgrundlagen an die Willkür der Fürsten und ihrer Beamten. Im geistlichen Bereich wurde mit der Säkularisation die selbstgewählte Lebensweise einer autonomen Kommunität durch eine Form der Selbstbestimmung substituiert, die für einen Teil der Betroffenen ebenso kränkend war wie die politischen Demütigungen. Ein ehemaliger Abt, der sein eigener Herr und der über viele andere gewesen war, hatte nun eine ganze Reihe neuer Herren über sich: den Landesfürsten und dessen Beamten bis hin zum Bürgermeister, den Bischof und dessen klosterunfreundlichen Generalvikar Wessenberg, schließlich sogar den Ortspfarrer, einen ehemaligen Mitbruder, der auf dubiose Weise zum Weltgeistlichen geworden war.

Die Gründung St. Peters in der Zeit des mittleren Investiturstreites war eine politische Entscheidung in doppelter Absicht gewesen, langfristige Pflege der fürstlichen Grablege als Teil der Stabilisierung einer mittelalterlicher Herrschaft und Übertragung konkreter Sicherungsaufgaben an einem strategisch wichtigen Punkt. Beide Aufgaben hatten sich seit langem erledigt.[29] Für die Erinnerung an die Vorfahren genügte dem Haus Baden die Grablege in der näher gelegenen Abtei Lichtenthal. Für die neue Territorialpolitik waren die alten Abteien ein Hemmschuh, säkularisiert jedoch eine willkommene Abrundung. Die Melange von Zeitgeist und Machtpolitik ließ keine Skrupel darüber aufkommen, ob nicht auch auf diese Institute Ideen eines modernen Verständnisses der Menschenrechte wie das Recht auf Eigentum anwendbar sein sollten. In den Klöstern sah man den Untergang lange voraus. Zwar klammerte man sich bei jedem Vorgang an die Hoffnung, dass er eine Wende zum Guten bringe, wusste aber gleichzeitig, dass in den neuen staatlichen und internationalen Ordnungen und Ordnungsvorstellungen für sie kein Platz mehr sei. Dass diese existentielle Krise letztlich zu einer neuen, unabhängigeren und in anderer Weise machtvollen Kirchenpolitik führen würde, konnten sie nicht wissen und hätte sie zudem wohl kaum getröstet. Ihr Schicksal war der Untergang.

[1] Das Tagebuch von *Ignaz Speckle*, Abt von St. Peter im Schwarzwald, bearb. von *Ursmar Engelmann*. 2 Teile. Stuttgart 1966, II, 198.

[2] *Hans-Otto Mühleisen/Hugo Ott/Thomas Zotz* (Hg.), Das Kloster St. Peter auf dem Schwarzwald. Studien zu seiner Geschichte von der Gründung im 11. Jh. bis zur frühen Neuzeit. Waldkirch 2001.

[3] *Hans-Otto Mühleisen*, Der politisch-literarische Kampf um die südwestdeutschen Klöster in der Zeit der Französischen Revolution, in: *Ders.*, Die Französische Revolution und der deutsche Südwesten. München/Zürich 1989, 203–263.

[4] Wichtigste Quelle hierfür ist das erw. Tagebuch von *Ignaz Speckle* (wie Anm. 1). Für die hier behandelte Zeit in wichtigen Teilen zusammen gefasst bei *Klaus Weber*, St. Peter im Wandel der Zeit. Freiburg 1992, 158–167. Ergänzt wird es um das für dieses Thema bislang nicht ausgewertete Kapitelprotokoll (Erzb. Priestersem. St. Peter, HS 18).

[5] Vgl. die Szene in St. Ulrich am 30.05.1796, Tagebuch (wie Anm. 1), I, 35/36.

[6] Ebd., 75.

[7] Ebd., 57.

[8] Ebd., 178, hier auch eine schonungslose Charakteristik der anderen bedrohten Klöster und ihrer Vorsteher.

[9] Ebd., 415.

[10] *Franz Quarthal*, Vorderösterreich, in: Handbuch der baden-württembergischen Geschichte. Bd. 1, Teil 2. Stuttgart 2000, 771.

[11] *Speckle*, Tagebuch (wie Anm. 1), I, 478. Auf Bitte von Erzbischof Oskar Saier beschloss die Universität Freiburg unter dem Rektorat von Wolfgang Jäger 1997, die beiden Globen als Dauerleihgabe in die Klosterbibliothek St. Peter zurückzugeben.

[12] Ebd., 491; Der Markgf. hatte den Abt bereits bei einer Aufwartung einige Monate zuvor auf den *Rotulus St. Petrinus* (heute in der Bad. Landesbibliothek) angesprochen.

[13] *Speckle*, Tagebuch (wie Anm. 1), II., 5. Zur Bedeutung des Rotulus und der Schriften von Gremmelspach vgl. die Beiträge von *Jutta Krimm-Beumann* und *Dieter Mertens* in: *Mühleisen/Ott/Zotz*, St. Peter (wie Anm. 2).

[14] Eindrucksvoll noch von Zeitzeugen dokumentiert bei *Josef Bader*, Die ehemaligen breisgauischen Stände. Freiburg 1846, 204–206.

[15] Zu diesem für die Abtei ebenso bedrohlichem wie heute kurios erscheinenden Vorgang siehe *Speckle*, Tagebuch (wie Anm. 1), II, 133.

[16] Ebd., 136; vgl. auch *Alfred von Kageneck*, Das Ende der vorderösterreichischen Herrschaft im Breisgau. Freiburg 1981, 153.

[17] *Speckle*, Tagebuch (wie Anm. 1), II, 143. Wohl nicht zufällig endet das Kapitelsprotokoll St Peters mit dem Januar 1806. Offenkundig hat man seit dem Eingriff in das Archiv keine Dokumente mehr in einer Form anfertigen lassen, in der sie bei Beschlagnahme Informationen über Klosterinterna hätten geben können. Für die von Speckle in seinem Tagebuch erwähnten Kapitelsitzungen zur Zeit der Aufhebung fehlen die Protokolle und insofern eine der ansonsten zuverlässigsten Quellen der Geschichte St. Peters.

[18] Ebd., 155.

[19] Hierzu die Dokumentation von *Franz Peter Nick*, Der Regenten = Wechsel im Breisgau. Freiburg 1806.

[20] Geschichte der badischen Verwaltungsorganisation und Verfassung in den Jahren 1802–1818, hg. von der Bad. Histor.. Komm. Bd. I: Der Aufbau des Staates im Zusammenhang der allgemeinen Politik, bearb. von *Willy Andreas*. Leipzig 1913, 147.

[21] *Speckle*, Tagebuch (wie Anm. 1), II, 194.

[22] Ebd., 227.

[23] Hierzu *Albert Raffelt* (Hg.), Unfreiwillige Förderung, Abt Philipp Jakob Steyrer und die Universitätsbibliothek Freiburg. Freiburg 1995; S. Bibliographie zu St. Peter von *Albert Raffelt*, in: *Hans-Otto Mühleisen*, Das Vermächtnis der Abtei. Karlsruhe 2. Aufl. 1994, 471–481.

[24] Vgl. *Speckle*, Tagebuch (wie Anm. 1), II, 222.

[25] Diese Hoffnung begleitete Speckle weit über die Säkularisation hinaus. Vgl. *Julius Mayer*, Geschichte der Benediktinerabtei St. Peter auf dem Schwarzwald. Freiburg 1893, 231.

[26] *Speckle*, Tagebuch (wie Anm. 1), II, 443.

[27] Hierzu *Quarthal*, Vorderösterreich (wie Anm. 10), 767.

[28] Zu Bayern vgl. *Dietmar Stutzer*, Die Säkularisation 1803. Der Sturm auf Bayerns Kirchen und Klöster. Rosenheim 3. erw. Aufl. 1990, m. w. Lit. Zu Württemberg immer noch unverzichtbar *Matthias Erzberger*, Die Säkularisation in Württemberg von 1802 bis 1810. Stuttgart 1902. ND Aalen 1974.

[29] Generell zum Funktionsverlust der Klöster vgl. Im Vorfeld der Säkularisation, Briefe aus bayerischen Klöstern 1794–1803, bearb. und eingel. von *Winfried Müller*. Köln/Wien 1989, 2/3.

Ohnehin nur noch wenige grossentheils bejahrte adeliche Dames vorhanden

Die Säkularisation des adeligen Damenstifts Frauenalb durch Baden 1802–1803[*]

von Martin Renner

Durch die Aufhebung und Inbesitznahme der geistlichen Staaten und Klöster an der Wende vom 18. zum 19. Jh. erhielt die bis dahin auf ihre zerrissenen oberrheinischen Gebiete beschränkte badische Markgrafschaft unter ihrem Landesherrn Karl Friedrich von Baden die Grundlagen, auf denen der Aufbau zu einem Mittelstaat möglich wurde. Über den Vorgang der Säkularisation in Baden war bis zum Erscheinen der Dissertation von Hermann Schmid kaum Literatur vorhanden.[1] Diesem Gesamtüberblick soll die vorliegende Fallstudie zu dem in der alten Erzdiözese Speyer gelegenen, freiadeligen Damenstift Frauenalb während der letzten Jahre seines Bestehens beiseite gestellt werden.[2]

Die Säkularisation der Klöster in Baden

Im Verlauf des Septembers 1802 ließ Markgraf Karl Friedrich, bisweilen unter Beiziehung von Militär, die provisorische Besitznahme der in Aussicht gestellten Entschädigungsobjekte durchführen. Die definitive Besitznahme wurde ohne nennenswerte Zwischenfälle Anfang Dezember 1802 eingeleitet. Die vorher überwiegend lutherische Markgrafschaft Baden musste als Kurfürstentum auch die katholischen Diözesananteile und die reformierte Kirche der ehemaligen Kurpfalz einem Gemeinwesen einfügen. Ausgehend von der Säkularisation bekam und nutzte die landesherrliche Verwaltung die Gelegenheit, die Eingliederung der erworbenen Länder juristisch und administrativ zu bewerkstelligen.[3]
Die einheitliche Organisation der Staats- und Rechtsverhältnisse in den alten und neuen badischen Territorien erfolgte im Frühjahr 1803 in den 13 sog. *Organisationsedikten*[4] Kurfürst Karl Friedrichs von Baden. Die wichtigsten Edikte regeln die Religionsausübung und -duldung, die exekutive Landesadministration, die Mediatisierung der Reichsstädte, die Organisation der allgemeinen und wissenschaftlichen Lehranstalten sowie die Zukunft der Stifte und Klöster.[5]
Der Geheimrat Johann Nikolaus Friedrich Brauer (1754–1813)[6], dem der Hauptverdienst an dieser Neuorganisation der altbadischen und der Entschädigungslande zukommt[7], teilte das neue Kurfürstentum in drei neue Provinzen, das obere Fürstentum, die badische Markgrafschaft und die Pfalzgrafschaft. Für die Säkularisation galten vor allem die im IV. Organisationsedikt (12. Februar 1803) festgelegten Grundsätze für Aufhebung oder Fortbestand der Ordenshäuser. Sofort und gänzlich aufgelöst wurden Ettenheimmünster, Schwarzach und Frauenalb, die beiden letzteren nicht zuletzt wegen der langen Streitigkeiten mit Baden um die Landeshoheit. Als klösterliche Kommunität belassen, aber auf den Aussterbeetat gesetzt, wurde der Prämonstratenserrestkonvent zu Allerheiligen.[8] Schließlich hat von den im Reichsrezess namentlich genannten Ordenshäusern allein Lichtenthal die badische Säkularisation überstanden, und das auch nur, weil es die Ruhestätte der ältesten Ahnherren des badischen Hauses beherbergte.

Inbesitznahme und Aufhebung Frauenalbs

Das zwischen 1180 und 1185 durch Graf Eberhard III. v. Eberstein und seine Mutter Uta v. Schauenburg für

Töchter aus dem Hoch- und Freiadel gestiftete Benediktinerinnenkloster Frauenalb erlebte seine wirtschaftliche Blütezeit von der Mitte des 13. bis über die Mitte des 14. Jhs. Das Klostergebiet erstreckte sich anschließend über ein Gebiet von neun Dörfern – Schielberg, Burbach, Pfaffenrot, Völkersbach, Spessart, Sulzbach, Unterniebelsbach, Ersingen und Bilfingen. Außerdem besaß Frauenalb fünf Eigenhöfe – auf Burbacher Gemarkung den Metzlinschwander Hof, auf Pfaffenroter Gemarkung den Gertrudenhof, den Einsiedelhof bei Kappel in der Nähe von Bühl sowie je ein Hofgut in Ötigheim und Weingarten. Mit der Aufhebung des Klosters im Jahr 1598 in den Wirren der Nachreformation durch die evangelische baden-durlachische Linie, der die Schirmherrschaft zugefallen war, endete die erste Phase Frauenalbs. Aufgrund des Restitutionsedikts Kaiser Ferdinands II. von 1629 erfolgte im Frühjahr 1631 die Wiederherstellung des Klosters. Unter einer Reihe tatkräftiger Äbtissinnen gelangte Frauenalb in der zweiten Hälfte des 17. und im 18. Jh. zu neuer Blüte. Damals erhielt die Klosteranlage ihre eindrucksvolle barocke Gestalt. Zwischen 1696 und 1704 errichteten die Vorarlberger Baumeister Franz Beer und Johann Jakob Rischer die neuen Konventsbauten; zwischen 1726 und 1733 folgte ein noch fehlender Konventsflügel und der Neubau der Kirche unter Peter Thumb. Die Stuckarbeiten der Kirche schuf Riccardo Donato Retti, die Deckenmalereien Lucca Antonio Colomba; ein geplanter Abteineubau wurde nicht ausgeführt.

Zwischen den Markgrafen von Baden und dem Kloster kam es wiederholt zu Auseinandersetzungen um die Schirmherrschaft, die sich über nahezu zwei Jahrhunderte hinzogen, insbesondere das Reichskammergericht beschäftigten und letztendlich zugunsten Badens entschieden wurden. Beim Erlöschen der baden-badischen Linie 1771 fiel die obere Markgrafschaft und damit die Schirmherrschaft über das Kloster an die protestantische Herrschaft Baden-Durlach. Die politischen Veränderungen an der Wende vom 18. zum 19. Jh. brachten für Frauenalb das Ende: Im September 1802 erfolgte die provisorische, im Dezember 1802 die Zivilbesitznahme. Im Zuge des RDH vom 25. Februar 1803 wurde das Kloster als Entschädigungsgegenstand säkularisiert. Das Klostergebiet wurde badisches Landesgebiet, Klostergut wurde Domäne, Leibeigene wurden freie Bürger, Erblehen zu freiem Besitz, der Konvent wurde aufgelöst.

Der Vollzug des RDH

Baden wartete mit seinem Vorgehen nicht, bis der RDH in Kraft trat, um Hoheitsakte gegenüber den Entschädigungsländern und -gütern zu setzen, damit ihm nicht etwa Bayern oder Württemberg zuvorkämen. Die ersten Maßnahmen der Sequestration der geistlichen Güter erfolgten nach dem der Reichsdeputation am 18. August 1802 vorgelegten ersten französisch-russischen Entschädigungsplan schon im September 1802 – dabei hatten die Regensburger Deputationsberatungen erst am 24. August desselben Jahres begonnen. Die ersten Schritte waren die Besitzergreifung gegenüber Äbtissin und Konvent und deren Angestellten sowie das Verbot, Novizen aufzunehmen. Ziele waren die Ausgleichung des durch die Koalitionskriege und die Bündnisverpflichtungen mit Frankreich verursachten staatlichen Defizits und die Beseitigung der Reste einer landständischen Verfassung im Zuge einer territorialen Arrondierung.[9]

Provisorische Zivilbesitznahme

Am Freitag, den 24. April 1802, erhielt Hofrat Philipp Rudolf Stößer[10] auf Weisung von Geheimrat Brauer in Gernsbach aus den Händen des Obervogts von Eberstein, Joseph Frh. v. Lassollaye[11], den schriftlichen Auftrag, das Kloster Frauenalb mit allem Zubehör im Namen des Hauses Baden provisorisch in Besitz zu nehmen.[12] Nachdem Stößer am selben Nachmittag der Äbtissin Maria Victoria Freifrau v. Wrede das markgräfliche Schreiben[13] übergeben hatte, wurden zwei mit dem markgräflichen Siegel versehene Besitznahmepatente an jedem der Haupttore des Klosters angebracht. Der dortige Klosterbeamte Alois Wich wurde abgeordnet, um auch in den Klosterorten Schielberg, Pfaffenrot, Unterniebelsbach, Ersingen und Bilfingen je ein gedrucktes Besitzergreifungspatent[14] der anwesenden Bürgerschaft vorzulesen und an den Gemeindehäusern anzubringen. Alle in den Händen der Äbtissin und des Beamten befindlichen Aktenstücke wurden alsdann ins Klosterarchiv verbracht und dieses versiegelt. Die Schlüssel behielt Stößer ein; ebenso wurde der zuständigen Klosterfrau der Speicherschlüssel abgenommen.

Am 25. September verpflichtete der badische Hofrat die einbestellte Dienerschaft auf den Markgrafen. Es waren dies der Beamte Alois Wich, der Amtskellerar Franz Lothar Castorph von Ersingen, der Küfer Lorenz Beccario, der Speicherknecht Martin Schwab und der Verwalter Peter Scharrenberger von Frauenalb.[15] Nach der Vereidigung wurde Wich der Archivschlüssel zur einstweiligen Verwahrung übergeben. Außerdem sollte er die Amtskellereinnahmen alle acht Tage in Empfang nehmen und über alles genau Buch führen. Eine erste Schätzung der Einkünfte ergab ein Jahresmittel von 13.641 fl.[16]

Hofrat Stößer begab sich an diesem Tag noch in die übrigen Klosterorte Burbach, Völkersbach, Spessart, Sulzbach, Marxzell und zu den Steinhäuschen, um dort ebenfalls die Besitznahmepatente zu verlesen und anzuschlagen. Desgleichen wies er den Amtskellerar an, den Aushang auch an dem zu Ersingen gehörenden Sperlingshof[17] anzubringen. Damit war die provisorische Besitznahme des Klosters und seiner neun Ortschaften durchgeführt. Die Kommission nahm dabei mit Erstaunen zur Kenntnis, dass die als unbeugsam bekannte Äbtissin nicht protestierte.[18]

Endgültige Zivilbesitznahme

In den sieben Wochen zwischen Mittwoch, dem 1. Dezember 1802, und Samstag, dem 22. Januar 1803, nahm der Obervogt zu Gernsbach, Joseph Frh. v. Lassollaye, entsprechend dem Geheimraterlass vom 25. November 1803, das Kloster Frauenalb mit dem zugehörigen Eigentum endgültig in Besitz und begann mit der Inventarisierung der Liegenschaften in der Umgebung sowie der Gefälle (Grundlasten), also der an Grund und Boden gebundenen Abgaben.

Bereits am 30. November hatte sich Lassollaye nach Frauenalb begeben, wo er der krank zu Bett liegenden Äbtissin das markgräfliche Benachrichtigungsschreiben aushändigte, dessen Inhalt auch den anwesenden Klosterdamen zur Kenntnis gebracht werden sollte. Die von Seiten der Äbtissin anstehenden Fragen klärte Lassollaye am Morgen des 1. Dezembers. In einer am Nachmittag folgenden Unterredung äußerte die Äbtissin den Wunsch, die klösterliche Gemeinschaft ganz aufgehoben zu sehen, nachdem das markgräfliche Schreiben die Novizenaufnahme untersage und von der Pensionsregelung spreche. Und sie selbst wie auch ihre Damen erklärten, lieber auf eine anständige Pensionierung zu warten, als einem Absterben des Konvents zusehen zu müssen.

Zunächst wurden aber an diesem Vormittag die Beamten und ständigen Klosterdiener bzw. -dienstboten ihrer Pflichten gegenüber dem Kloster entbunden und in landesherrliche Verpflichtung genommen, neben der bereits bei der provisorischen Besitznahme vereidigten Dienerschaft außerdem die bisher noch nicht verpflichteten Jäger Franz Conrad und Franz Peter Ackermann, weiterhin der an der Klostersägmühle beschäftigte Säger Balthasar Schlotter. Auch die auswärtigen Waldschützen, Zehntschaffner (Verwalter) und -knechte, Küfer (Kellermeister) und Kasten- bzw. Speicherknechte wurden zur Vereidigung nach Frauenalb beordert.

Ferner wurden die nach Frauenalb einbestellten Schultheißen und Vorgesetzten aus den zum Kloster gehörigen neun Ortschaften durch die Kommission für sich und ihre Untergebenen ihrer Pflichten gegenüber der Äbtissin und dem Gotteshaus entledigt und in landesherrliche Pflichten genommen. Künftig hatten sie sich in allen Angelegenheiten – auch in Justizsachen – an Wich zu wenden und in weiterer Ordnung nach wie vor an die Badische Regierung in Karlsruhe. Den Gemeindevorstehern wurde eröffnet, dass sämtliche Einwohner der bisher frauenalbischen Ortschaften – gleich den anderen badischen Untertanen – von der Leibeigenschaft befreit seien[19] und die leibherrschaftlichen Abgaben wie Leibzins, Sterbefall- und Heiratsabgaben nicht mehr zu leisten hätten. Amtmann Wich hatte eine Bürgerliste[20] sämtlicher Frauenalber Ortschaften anzufertigen; danach besaßen 723 Bürger und 56 Witwen das Bürgerrecht.

Mit dem Argument, dass man die künftige Versorgung bzw. die Pensionen der Klosterinsassen in der zu Regensburg beschlossenen Frist einhalten wolle, wurde die Vorlegung sämtlicher Rechnungen der klösterlichen Beamten und Verwalter sowie der Ersinger Amtskellerei seit dem Jahr 1788 verlangt. Die Rechnungen der Großkeller- oder Speichermeisterei waren ja bei der provisorischen Besitznahme im September durch den Kommissar Geheimrat Stößer im

Frauenalb in der zweiten Hälfte des 18. Jhs.
GLA Karlsruhe.

Archiv versiegelt worden, diejenigen der Privathaushaltung im Kloster verwahrte der Organist und Beichtvater Pater Zacharias aus dem Augustinerkloster von Weil der Stadt. Alle in Frauenalb und Ersingen vorhandenen Rechnungen und Manuale wurden in Kisten verpackt und nach Karlsruhe an die Geheime Ratskanzlei eingesandt.

Die an der Kloster- und Abteipforte angebrachten Patente der provisorischen Besitznahme wurden wegen der Zivilbesitznahme durch neue Patente[21] ersetzt. Desgleichen wurden solche den Schultheißen für den Aushang an den Gemeindehäusern oder Kirchen sowie ein Doppel für das Gemeindearchiv mitgegeben. Am 2. Dezember wurden die in Gernsbach angefertigten Blechschilder mit dem markgräflichen Wappen an die Klosterpforte und die Abteitür angeschlagen, desgleichen auf dem Metzlinschwander Hof und dem Gertrudenhof sowie in Ersingen am Klosterhaus und auf dem Einsiedelhof in Kappel bei Bühl.

Um die Pensionsansprüche gegenüber dem badischen Staat festzumachen, übergab die Äbtissin der Kommission eine Personalliste[22], nach der die Klosterinsassen aus ihr, fünf Damen, zwei Laienschwestern, zwei Chorfräulein sowie dem Organisten und Beichtvater bestanden, außerdem aus einer aufgrund der Revolutionskriege aus Frankreich emigrierten, seit dem Jahre 1795 im Kloster auf Lebenszeit wohnenden Witwe v. Lafage.[23] Demgemäß sollten Amtmann Wich und der Verwalter Scharrenberger auch ein Verzeichnis aller Dienstboten und Unterdiener des Klosters anfertigen. Am 3. Dezember machte sich die Kommission daran, ein Inventar aller Gebäude, Güter, Mobilien und Renten zu erstellen, sowohl in Frauenalb selbst als auch in der Amtskellerei zu Ersingen sowie auf dem gen. Leibhof bei Bühl. Auf Vorschlag von Amtmann Wich sollten drei ausgewählte sachkundige Männer die klösterlichen Liegenschaften veranschlagen und diese Schätzungen in ein Verzeichnis[24] aufnehmen.

Die Äbtissin reichte eine Liste[25] der Armen ein, welche jeden Monat vier Maßel (= 6 l) Mehl und einen Laib Brot erhielten und jeden zweiten Monat am Klostertor 2 fl. Da einerseits vom Kloster, andererseits von der Amtskellerei Ersingen noch weitere Almosen oder Gratialien abgegeben wurden, wurden davon gleichfalls Verzeichnisse angelegt und der Kommission übergeben: Es handelte sich um das Verzeichnis der jährlichen Almosen für die Ordensgeistlichen des Kapuzinerkonvents in Baden, der Franziskaner zu Rastatt und Ettlingen, des Kapuzinerhospizes zu Karlsruhe sowie der Augustiner und Kapuziner zu Weil der Stadt[26], ferner um das Verzeichnis der Almosen und Gratialien, welche von der Amtskellerei Ersingen abgegeben wurden[27] und endlich ein durch Pater Zacharias angefertigtes Verzeichnis der Anniversarien (Jahrtage)[28], die in der Kirche gestiftet waren.[29] Eine weitere Liste über Almosen[30] wurde von der Äbtissin am 9. Dezember eingereicht, in welcher verschiedene Personen zu Rastatt und Karlsruhe sowie die Witwe des erschossenen Klosterjägers Karl Schwab aufgeführt waren. Die Arbeit im Kloster setzte Kommissar Lassollaye am Dienstag, den 7. Dezember 1802, fort.

Gemäß dem am 8. Dezember in Frauenalb eingetroffenen Ratsprotokoll Nr. 2592 vom 2. Dezember 1802 wurde den Pfaffenrotern und Schielbergern das sog. *Gabholz* in hergebrachter Art – nach Holzgattung und Menge – verabreicht sowie die *Selbstaufmachung* gestattet, jedoch untersagt, solches vor Aufsetzung, Abzählung und Gleichstellung aus dem Wald zu führen. An bestimmten Wochentagen wurde ihnen erlaubt Lesholz zu holen, Stumpen zu graben und Laub zu scharren.[31] In den Wäldern der Gemeinden Ersingen und Bilfingen sollte vorerst alles beim Alten bleiben. Diese Bescheide wurden durch das Oberforstamt in den betreffenden Gemeinden bekannt gemacht.

Mit der am 9. Dezember 1802 eingetroffenen Bestätigung[32] der in der Vorwoche durchgeführten Rechnungseinsendung wurde der Kommission aufgetragen, ein Verzeichnis der Klosterbeamten und -diener anzulegen mit Angabe von Name, Alter, erster und letzter Dienstanstellung sowie Besoldung mit Beilage etwaiger Dienstpatente. Diese Aufgabe wurde Amtmann Wich übertragen, der zwei Tage später diese Liste der Kommission übergeben konnte.

Die Kommission beschloss am 10. Dezember, den Frauenalber Abtsstab, der die innere Seite der gegen Altbaden gerichteten Grenzsteine zierte, von dem Schielberger Steinmetzen Dappolt in Gegenwart eines Forstbediensteten bzw. Vorgesetzten aushauen und durch das Badische Wappen ersetzen zu lassen. Über die Steine zur württembergischen Grenze hin sollte den dortigen Behörden Nachricht gegeben werden, damit die Aushauung und Einzeichnung in Gegenwart dortiger Abgeordneter geschehe. Am 11. Dezember meldete die Amtskellerei Ersingen, dass nur ein Stein auf der Schaffnerwiese und einer auf der Amtswiese mit dem Frauenalber Abtsstab bezeichnet seien. Diese beiden Steine sollten nach Tilgung der Frauenalber Wappen mit dem badischen bezeichnet werden, um die neuen Herrschaftsverhältnisse nach außen zu verdeutlichen.

Weil die Ernte des Jahres 1802 allgemein einen Mangel an Früchten und Stroh befürchten ließ, wurde der Kommission über das am 15. Dezember eingetroffene Rentkammerprotokoll vom 8. Dezember 1802 aufgetragen, von den Frucht- und Strohvorräten nichts zu verkaufen, sondern den nach Abzug des eigenen Bedarfs übrigbleibenden Rest der Karlsruher Behörde anzuzeigen. Sogleich wurde daher von der Kommission zu Frauenalb im Kloster und in der Amtskellerei zu Ersingen der *Sturz* (Inventur) gemacht und das Resultat an die Kammer berichtet. Ferner sollte ein Teil der vorhandenen Rinder, Pferde und Schweine sowie des neuen Weins verkauft werden.

Den 16. und 17. Dezember beschäftigte sich die Kommission mit der Inventur, die in allen Rubriken wegen Unrichtigkeiten und Mangel an Auskunft nicht vorangekommen war. Gerade bei der Rubrik »Bargeld« hatten Äbtissin und Priorin widersprüchliche Angaben zum Kapitalienstand des Klosters gemacht. Nach einer längeren Untersuchung[33] kam zutage, dass die Äbtissin einen Bargeldvorrat von 500 fl. besaß, ferner zu Wien, Frankfurt und in der Schweiz Kapitalien gehabt, diese aber zurückgezahlt und an ihren Konsulenten Haub zu Mannheim verkauft habe, dem sie darüber hinaus noch 6.000 fl. schuldig sei – später sollte sich die Summe tatsächlich auf 7.000 fl. belaufen –, außerdem dass sie an den Vikar Sansgrandi zu Bruchsal Kirchensilber versetzt habe.

Nach zweieinhalb Wochen im neuen Jahr war die Zivilbesitznahme des Klosters Frauenalb durch Baden

Wir Carl Friderich von Gottes Gnaden Marggrav

zu Baden und Hochberg, Landgrav zu Sauſſenberg, Grav zu Eberſtein, Herr zu Rötteln, Badenweiler, Lahr, Mahlberg, und Kehl, ꝛc.

Entbieten hiermit allen und jeden geiſtlichen und weltlichen Landſaßen, Lehenleuten, Dienern, Magiſtraten, Bürgern, Unterthanen, Hinterſaßen auch Schirms-Angehörigen und zugewandten Einwohnern, derer von Uns zeithero proviſoriſch occupirten Lande Stifter, Städte und Ortſchaften Unſern gnädigſten Grus, und geben denſelben zu vernehmen:

Uns ſind für den Verluſt, welchen Wir und Unſerer nachgebohrnen Herrn Söhne Liebden in dem nun geendigten Krieg erlitten haben, nach der Leitung der allwaltenden Vorſehung die vorgedachte Lande und zwar namentlich das Hochſtift Conſtanz, die Ueberreſte der Hochſtifter Speier, Baſel und Straſburg, alles mit den zugehörigen Domkapitulariſchen Beſitzungen, die Rheinpfälziſche Oberämter Ladenburg, Bretten und Heidelberg, mit den Städten Heidelberg und Mannheim, die Herrſchaft Lahr, in Gemäßheit einer beſondern mit den Intereſſenten desfalls getroffenen Uebereinkunft, die Oberämter Lichtenau und Willſtädt, die Abteien Schwarzach, Frauenalb, Allerheiligen, Lichtenthal, Gengenbach, Ettenheimmünſter, Reichenau, und Oehningen, ſamt dem Reichs-Ritterſtift Odenheim, die Reichsſtädte Offenburg, Zell ſamt Thal am Hammersbach, Gengenbach, Ueberlingen, Biberach, Pfullendorf und Wimpfen, auch alle mittelbare und unmittelbare Beſitzungen, welche Südwärts des Neckars oder oberhalb ſeines Einlaufs in den Rhein liegen und vorhin zu öffentlichen Anſtalten oder Corporationen der lincken Rheinſeite gehört haben, ſamt denen an gedacht Unſerer Herrn Söhne Liebden fallenden Prälaturen Salmansweiler und Petershauſen, mit allen Hoheits- und Staatseigenthums-Rechten und zwar die vorgenannte Stifter und Prälaturen im ſäculariſirten und die auch genannte Reichsſtädte im Reichsmittelbaren Zuſtand, durch den von der hinlänglich bevollmächtigten Reichsdeputation angenommnen Plan der vermittelnden Höfe in Gefolg der Berichtigung des Lüneviller Friedensſchluſſes zugeſchieden worden, ſo daß Wir und gedacht Unſerer Prinzen Liebden von nun an dieſelbe zur Regierung und Verwaltung, auch vom 1. Dec. an zum Genuß, einſtweilen an Uns zu ziehen berechtigt ſind.

In Gefolg deſſen nehmen Wir anmit für Uns und ſo viel obige beede Prälaturen betrifft, für Unſerer Herrn Söhne Liebden von allen gedachten Ländern, Stiftern, Städten, und Orten wo dieſes Patent angeſchlagen wird, und von allen Gütern und deren Rechten, auch allen ihren Zugehörden, ſo bis daher dabei geweſen, oder dazu gehörig ſind, wo auch immer ſolche diſſeits des Rheins liegen mögen, öffentlich und feierlich Beſitz; verlangen daher von allen Eingangs genannten geiſtlichen und weltlichen Einſaſſen dieſer Diſtricte, hierdurch ſo gnädig als ernſtlich, daß ſie ſich Unſerer Regierung in Reichsverfaſſungsmäßiger Art unterwerfen, Uns für Ihren rechtmäßigen Landesherrn anſehen und achten, vollkommen Gehorſam ſamt aller Unterthänigkeit und Treue Uns und Unſern verordneten Befehlshabern beweiſen, ſich aller Sammlung, inn- oder ausländiſchen Anhangs, der Uns oder Unſern Regierungsgerechtſamen nachtheilig ſeyn möchte, und jeden Recurſes an auswärtige unberechtigte Behörden enthalten, und demnächſt, ſobald Wir es erfordern werden, die gewöhnliche Lehns-Erb-Dienſt-Schirms-oder Vogtey-Huldigung leiſten ſollen: alles ſo lieb ihnen allen und einem jeden iſt, unſere Ungnade und ernſtliche Strafe an Leib und Gut zu vermeiden.

Wir ertheilen dagegen die Verſicherung, daß Wir ihnen mit Landesfürſtlicher Huld, Gnade und Gewogenheit jederzeit zugethan ſeyn, ihnen allen Schutz kräftigſt gedeyhen laſſen, und ihrer Wohlfart Unſere Landesväterliche Fürſorge unermüdet widmen werden.

Des Endes werden Wir beſonders alle und jede Kirchſpiele bey dem Genuß ihrer Kirchen Capellen und Kirchengüter, ohne Nebeneinführung fremder Religionsgenoſſen in ſolche, ſo wie auch alle Gemeinden bey ihrem Gemeinds und privat Eigenthum und einen jeden bey ſeinem rechtmäßigen Beſitz und Herbringen unbeeinträchtigt laſſen, in dem Gebrauch der für die dermalige Verfaßungs-Umänderung Uns heimgeſtellten Gerechtſame mit aller Schonung und Milde verfahren, und alle ohne Unterſchied derjenigen Zuneigung genieſen laſſen, welche Unſere ältern getreuen Unterthanen zu beweiſen, Wir ſtets befliſſen waren.

Zugleich beſtätigen Wir bis auf Aenderung proviſoriſch alle für die Oberämter, Aemter und einzelne Ortſchaften angeſtellte Beamte und Diener in ihren Patentmäßigen Beſoldungen und Nutzungen auch Amtsrechten und Obliegenheiten für deren fleißige und redliche Erfüllung ſie Uns von nun an in gleicher Maaſe wie andere Unſerer ältern Beamten und Diener verantwortlich ſind.

Im übrigen haben Diener und Unterthanen bis auf demnächſtige endliche Organiſation ſich an Unſere für jeden Haupttheil obiger Lande verordnete Commiſſion zu halten und deren Perſon und Anordnung als Unſere eigene zu achten und zu ehren.

Deſſen zu Urkund haben Wir gegenwärtiges Patent unter Unſerm geheimen Innſiegel ausgehen laſſen. So geſchehen in Unſerer Reſidenz Stadt Carlsruhe den 19 Nov. 1802

Auf Specialbefehl Sr. Hochfürſtlichen Durchlaucht.

Vdt, Ring Geheimerſecretär.

Besitzergreifungspatent Markgraf Carl Friedrichs von Baden vom 19. November 1802
Beansprucht eine Anzahl namentlich aufgezählter Reichsabteien und Reichsstädte aufgrund des zweiten französischen und russischen Entschädigungsplans.
GLA Karlsruhe.

am 22. Januar soweit abgeschlossen, dass nur noch die ganzen Geschäfte in Ordnung zu bringen und die zugehörigen Rechnungen zu erstellen waren.

Bemerkenswert bei der Übernahme des Klosters ist die Leistungsfähigkeit der damaligen Verwaltung. Innerhalb von anderthalb Monaten – die Feiertage mit eingerechnet – war die »provisorische« (weil reichsrechtlich noch nicht legitimierte) zivile Inbesitznahme bewerkstelligt: die Aufnahme und Bewertung der Liegenschaften und Fahrnisse, die Personalmaßnahmen und die Übernahme der Klosterdörfer. Sicher haben Amtmann Wich und Amtskellerar Castorph zu einem solch guten Gelingen wesentlich beigetragen.

Die Aufhebung

Das IV. badische Organisationsedikt vom 14. Februar 1803 besiegelte das Schicksal der Frauenalber Kommunität, *in welchem ohnehin nur noch wenige grossentheils bejahrte adeliche Dames vorhanden sind.*[34] Über eine gemäß den Anordnungen des RDH[35] erforderliche Zustimmung bzw. Einverständniserklärung des zuständigen Speyerer Diözesanbischofs Philipp Franz Graf v. Walderdorff (1739, 1797–1810) zu dieser Auflösung ist nichts bekannt.[36]

Während die kleineren Klöster den Lokalbehörden überlassen worden waren, ordnete die Regierung am 3. März 1803 die Bildung einer Spezialkommission an, bestehend aus dem Geheimen Referendär Hofer, dem Kammerrat Kaufmann und einigen Schreibern, die mit dem Vollzug des IV. Organisationsedikts bei den sechs Abteien Frauenalb, Lichtenthal, Gengenbach, Allerheiligen, Ettenheimmünster und Schwarzach betraut wurde. Sie begann ihr Werk in Frauenalb am 21. März 1803 und beendete es in Schwarzach am 28. April 1803. Für Frauenalb wurden aufgrund der markgräflichen Anweisungen folgende Entscheidungen getroffen:[37]

– Die Pensionssummen für das Klosterpersonal wurden festgelegt, für die Klosterfrauen jährlich insgesamt 6.800 fl. und für die beiden Novizinnen eine einmalige Abfindung von insgesamt 2.000 fl. Für die Dienerschaft gab es verschiedene Lösungen: So blieben Beamte, die in badische Dienste übernommen wurden, einstweilen in ihrer Stellung und Besoldung. Die nicht mehr benötigte Dienerschaft erhielt Pensionen, deren Summe sich für die patentierte Dienerschaft auf jährlich insgesamt 400 fl., für das einstige Klostergesinde auf 631 fl. 45 kr. belief.

– Die von den Frauenalber Nonnen bei der Inventarisierung während der Zivilbesitznahme erhobene Behauptung, jeder Dame und jedem Chorfräulein gehörten das Bett und die Möbel in ihrem Zimmer sowie jeder Magd ein Bett, ließ sich nicht beweisen. Dies führte bei der im Sommer anberaumten Versteigerung dazu, dass den Damen ihr persönliches Mobiliar in Rechnung gestellt wurde. Die der Äbtissin überlassenen Brustkreuze – ein goldenes und ein mit guten Steinen besetztes – sollten nach ihrem Tod dem Landesfürsten anheimfallen.

– Die jährlichen Almosen an die benachbarten Mendikantenklöster wurden bis auf weiteres genehmigt, namentlich an die Kapuziner in Baden und in Karlsruhe sowie an die Franziskaner in Rastatt und Ettlingen. Sie beliefen sich auf insgesamt 15 Malter (= 2.250 l) Getreide. Dagegen wurden die Abgaben an die Augustiner und Kapuziner in der nunmehr württembergischen Stadt Weil der Stadt eingestellt. Die an verschiedene Witwen in Rastatt und Karlsruhe gehenden Almosen von insgesamt 55 fl. wurden genehmigt. Die monatlichen Almosen des Klosters Frauenalb und der Amtskellerei Ersingen an die Armen wurden nur noch bis zum Ableben der Empfänger gewährt. Sie beliefen sich in Frauenalb wöchentlich auf 2 fl. und zusätzlich monatlich auf ein Malter Mehl und 25 Laib Brot, in Ersingen monatlich auf 5 fl. und 9 Simri Getreide.

– Ebenso wurde der erwähnten Witwe Schwab, nachdem sie die Aufhebung des Klosters ihres lebenslänglichen Auskommens beraubte, für die folgenden zwei Jahre eine jährliche Unterstützung von 100 fl. bewilligt und im Falle einer Heirat eine Abfindung von 500 fl. in Aussicht gestellt.

– Dem Hofgerichts- und geistlichen Administrationsrat Haub aus Mannheim, dem ehemaligem Rechtsbeistand des Klosters, sollte das jährliche Gehalt von 200 fl. bis zum 23. April 1803 weiter bezahlt werden.

Abschließend ist festzuhalten, dass keine Andeutung eines nennenswerten Protests[38] – die Unpässlichkeit der Äbtissin und ihr Widerstand bei Auskunftserteilung haben eher symbolischen Charakter –, weder seitens der Konventsmitglieder noch der örtlichen katholischen Bevölkerung in den Gemeinden des

Klosters Frauenalb gegen die Aufhebung des Klosters nachgewiesen werden konnte.[39] Da die Säkularisation vorläufig nichts an den Lebensumständen der Bevölkerung änderte[40], war Widerstand gegen die Auflösung des Klosters im übrigen zunächst auch irrelevant. Die ehemaligen Lehensbauern des Konvents hatten lediglich einen Wechsel ihres Grundherren zu verzeichnen. Die Beamtenschaft hatte sich – schon im Interesse der eigenen Existenzsicherung – durchgängig und rasch mit der neuen protestantischen Obrigkeit abgefunden.[41] Die offenbare Gelassenheit der breiten Öffentlichkeit kennzeichnete aber weniger das allgemeine Fehlen religiösen Engagements der Gesellschaft, sondern vielmehr deren auf ökonomische Motive beschränkte Billigung der politischen Veränderungen.

Die personelle Struktur des Klosters

Die Klosterinsassen

Zum Zeitpunkt der Besitznahme lebten im Kloster Frauenalb 13 Personen, die im Frühjahr 1803 pensioniert werden sollten (vgl. Tabelle rechts). Der Zuzug des französischen Adels, der nach der Revolution emigriert war, ist den Namen deutlich anzusehen.[42]
Außerdem wohnte seit 1798, auf Empfehlung des Grafen v. Metternich, Frau v. Hägen, eine emigrierte französische Benediktinerin bei unentgeltlicher Kost und freiem Logis, ohne dafür aber – aufgrund ihrer mangelnden deutschen Sprachkenntnis – im Chor dienen zu müssen.
Weiterhin hatte im Jahre 1798 die Äbtissin eine Witwe, Frau v. Lafage, deren eine Tochter in Frauenalb Chorfrau war, mit ihrer jüngsten Tochter[43] aufgenommen, nachdem sie durch die Französische Revolution ihren jenseits des Rheins liegenden Besitz verloren hatte. Es wurde ihr lebenslänglicher Verbleib im Kloster und Versorgung zugesichert.[44]

Die Dienerschaft

Im Kloster Frauenalb waren zehn patentmäßige Diener angestellt.[45] Darüberhinaus gab es dreißig andere Diener, Handwerker und Gesinde, die in einer per-

sönlichen Abhängigkeit zum Kloster standen und ihm zu Dienstleistungen verpflichtet waren.[46]

Die Pensionierung von Klosterfrauen und Dienstpersonal

Pensionen und Abfindungen

Der materielle Gewinn der weltlichen Reichsstände war mit der Übernahme gewisser finanzieller Pflichten verbunden. Die Grundsätze hinsichtlich der Versorgung der aufgehobenen Geistlichkeit und ihrer Bediensteten waren in den §§ 35 und 47 RDH niedergelegt[47], aber an die Bedürfnisse im Einzelfall anzupassen; insbesondere waren die künftigen Renten festzusetzen. Das geschah – mit Rückgriff auf die §§ 51, 57 und 59 – im § 64 RDH für die Angehörigen der mittelbaren geistlichen Institute, wobei für die Höhe der Pension die bisherige Stellung des Berechtigten maßgebend war.[48]
Beträchtliche Pensionen hätten einen Großteil der Einnahmen verschlungen, und deshalb setzte der badische Staat die Pensionen auf das vertraglich festgesetzte Mindestmaß. So erhielt die Äbtissin 2.000 fl., die Priorin 1.000 fl., die Subpriorin 800 fl., die restlichen drei Konventualinnen je 600 fl. und die beiden Laienschwestern je 200 fl. Pension jährlich.[49] Auch die beiden verpflegten Damen v. Lafage und v. Hägen erhielten je 200 fl. Den beiden Novizinnen, welche durch Gelübde ja noch nicht gebunden waren, bewilligte der Landesherr eine einmalige Abfindung von 1.000 fl., was in etwa der im Hauptschluss vorgesehenen dreijährigen verhältnismäßigen Pension entsprach.[50] Die mit ihren Pensionen unzufriedenen Exnonnen beschäftigten mit Gesuchen die Bürokratie Badens noch bis in die 1830er Jahre.[51]
Wie die französischen und bayerischen, so suchten auch die badischen Behörden Religiosen von außerhalb des Territoriums in ihre Herkunftsländer abzuschieben. Der Staat setzte den Beichtvater und Organisten Pater Zacharias Reuß vorerst einmal auf die Pension von 400 fl. jährlich. Er sollte in das Augustinerkloster zu Arnburg oder Bruchsal mit einer jährlichen Pension von 300 fl. versetzt werden, sobald sein Aufenthalt in Frauenalb nicht mehr nötig wäre.[52] Der

Klosterfrauen	Stellung	Geburt	Eintritt
1. Maria Victoria Freifrau v. Wrede	Äbtissin	29.07.1747	28.04.1772
2. Maria Xaveria v. Venningen	Priorin	08.06.1751	24.06.1770
3. Maria Josepha v. Hornstein	Subpriorin Seniorin	04.04.1743	14.07.1765
4. Maria Antonia v. Lafage	Großkellerin	17.07.1769	29.06.1794
5. Maria Scholastica v. Lang v. Binzel		09.04.1750	12.11.1780
6. Maria Anna v. Barille		07.10.1769	15.08.1795
Laienschwestern			
7. Maria Agatha Müller		21.03.1742	28.06.1772
8. Maria Barbara Jünger		15.02.1746	08.11.1777
Chorfräulein (Novizinnen)			
9. Ludovica v. Lafage		[?]	1798
10. Maria Victoria v. Grünberg		[?]	08/09.1801
Beichtvater und Organist			
11. Pater Zacharias Reuß		15.11.1745	1790
Pensionärinnen			
12. Marie Henriette v. Hägen aus Sévigny		10.03.1760	
13. Frau v. Lafage samt Tochter			

badische Staat hatte also damit für jährliche, aus dem Kloster Frauenalb entstammende Pensionszahlungen von insgesamt 6.800 fl. aufzukommen, zuzüglich 2.000 fl. einmaliger Abfindungen.

Ein Teil der patentierten Dienerschaft wurde – schon bei der provisorischen Besitznahme – in badische Dienste übernommen. Dabei verblieben ihr ungekürzt und lebenslänglich ihr bisheriges Gehalt und ihre rechtmäßigen Emolumente (Nebeneinkünfte) bzw. – wo diese wegfielen – eine dafür zu regulierende Vergütung. Im Falle einer Pensionierung wurden – im Einklang mit den Forderungen des RDH – einem über zehnjährig Dienenden zwei Drittel seines Gehaltes mit Emolumenten und einem nicht volle zehn Jahre Dienenden die Hälfte als Pension belassen. Wieder angestellt werden sollten Amtmann Alois Wich, Amtskelle-

rar Franz Lothar Castorph und Gärtner Franz Polatzeck. Der Jäger Franz Conrad und der Jägerbursch Franz Ackermann wurden vorläufig in ihrer Besoldung belassen, bis sie von der Fürstlichen Forstbehörde ordnungsgemäß angestellt und tarifmäßig besoldet würden. Dem Verwalter Peter Scharrenberger wurde, da ihn die Äbtissin in gewisser Weise weiterhin in Dienst behielt, gnadenhalber 250 fl. als Pensionsgebühr bewilligt. Desgleichen wurde der Apotheker Stephan Görig mit 150 fl., der Hälfte seiner Besoldung, pensioniert. Der Mesner und Torwärter Georg Streit sollte genauso wie der Nachtwächter Martin Schwab in badischen Diensten behalten werden, solange in Frauenalb die Klostergebäude fürstliches Eigentum waren und die Kirche bestand, und zwar mit der bisherigen Besoldung an Geld, Frucht und Holz.[53]

Wesentlich schlechter gestellt, trotzdem im Vergleich zu anderen Territorien wirtschaftlich noch relativ gesichert, waren die Arbeiter und Angestellten. In Baden wurden drei Gruppen unterschieden[54]:

1. Diener, welche nach Auflösung des Klosters mit einer dreimonatigen Gratifikation ihres Lohns entlassen wurden. Insgesamt wurde ihnen an Lohn 76 fl. 45 kr. und an Gratifikationen 97 fl. bewilligt.

2. Diener, welche neben ihrem Lohn bis zur Auflösung des Klosters auch noch eine sechsmonatige Gratifikation ihres Lohns erhalten sollten. Insgesamt wurde ihnen an Lohn 180 fl. und an Gratifikationen 278 fl. gezahlt.

3. Diener, welche gnadenhalber eine jährliche und lebenslängliche Unterstützung erhielten.

Summa summarum zahlte Baden an ehemalige Klosterbedienstete 631 fl. 45 kr. an Lohn und Gratifikationen sowie eine jährliche Unterstützung von 66 fl.

Den Armen der umliegenden neun Klosterorte wurde die Fortzahlung der Almosen und Gratialien bis zu ihrem Ableben auch weiterhin gestattet.[55]

Die größten Härten aber trafen die bislang von den Aufträgen der Stifte lebenden Handwerker am Klosterort und in den nahen Ortschaften. Weder konnten sie künftig noch mit Aufträgen rechnen, noch hatten sie ein Anrecht auf Entschädigung.

Schicksal der Konventualinnen

Einige der Damen konnten ihren Lebensabend in einem Kloster verleben[56]: Maria Scholastica v. Lang brachte man, weil geistesverwirrt, im Kloster Lichtental unter. Bei den Klosterfrauen in Baden fand die Stiftsfrau v. Hägen aus Sévigny eine neue Bleibe. Zunächst in Frauenalb verblieben die Stiftsfrau Maria Anna v. Barille sowie die beiden Laienschwestern Maria Agathe Müller und Maria Barbara Jünger.

Die übrigen Nonnen verstreuten sich in alle drei Provinzen des neuen Kurfürstentums[57]: Die Äbtissin Maria Viktoria Freifrau v. Wrede lebte fortan in Rastatt, die Priorin Maria Xaveria v. Venningen in Ettlingen. Bei dieser kam auch das Chorfräulein Maria Viktoria v. Grünberg unter, bis sie – noch 1803 – einen Grafen v. Leiningen-Neudenau ehelichte.[58] Die Seniorin Maria Josepha v. Hornstein zog nach Überlingen und verschied Anfang Oktober 1803 in Konstanz.[59] Die

Stiftsfrau Maria Antonia v. Lafage kam mit ihrer Schwester Ludovika und ihrer Mutter bei einer anderen Schwester in Offenburg unter.

Die wirtschaftliche Situation des Klosters

Das von der badischen Regierung im Dezember 1802 in Auftrag gegebene Inventar veranschlagt die Liegenschaften, Mobilien, Einkünfte und sonstigen Bezüge sowie das Vermögen der Abtei Frauenalb.[60]

Die klösterlichen Liegenschaften

Zum Kloster gehörten neun Klosterorte[61], die sieben zur Grafschaft Eberstein zählenden sog. *Bergorte* Schielberg, Pfaffenrot, Burbach, Völkersbach, Spessart (Lkr. Karlsruhe), Sulzbach im Murgtal (Lkr. Rastatt) und Unterniebelsbach (Enzkreis) sowie die beiden zum fürstlichen Amt Ettlingen zählenden Orte Ersingen und Bilfingen (Enzkreis).

Im inneren Bereich bestand das Kloster aus der Klosterkirche (**Abb., Nr. 1**) mit dem Konventsgebäude (**2**), dahinter die Abtei (**3**), das Amthaus (**5**), dazwischen ein Torwärterhäuschen (**4**), schließlich die Schreinerei und Küferei (**6**) sowie das Verwalterhaus (**7**), das auch eine kleine Backhütte beherbergte. Hinter diesem ältesten erhaltenen Gebäude aus dem 14. Jh. befand sich ein Vieh- und ein Schweinestall (**9**).

Außerhalb der Klostermauer standen das Wirtshaus *Zum Straußen*[62] (**13**), unterhalb die Abteischeuer (**12**) mit angebauten Vieh- und Schweineställen (**12**), nicht weit davon ein Pferdestall mit einer Kammer für den Kutscher, daneben ein doppelter Wagenschuppen. Links der Einfahrt befand sich die Klosterschmiede, das Wachhaus und das Gefängnis. Es folgten ein Wirtschaftsgebäude (**11**), dahinter weitere Stallungen für Pferde und Rindvieh, unterhalb davon Schweineställe (**9**). An der Alb lag die Mühle (**10**) mit Back- und Waschhaus sowie Schweineställen.

Im ummauerten Abteigarten stand ein Gartenhaus (**16**), auf der oberen Gartenebene ein Gewächshaus (**15**). Auf der anderen Seite des Klosters, gegen Westen, befand sich das Gärtnerhaus (**18**), dahinter ein Kuh- und Schweinestall (**9**) mit einem Heubehälter (**19**), daneben das Nachtwächterhaus (**20**). In südost-

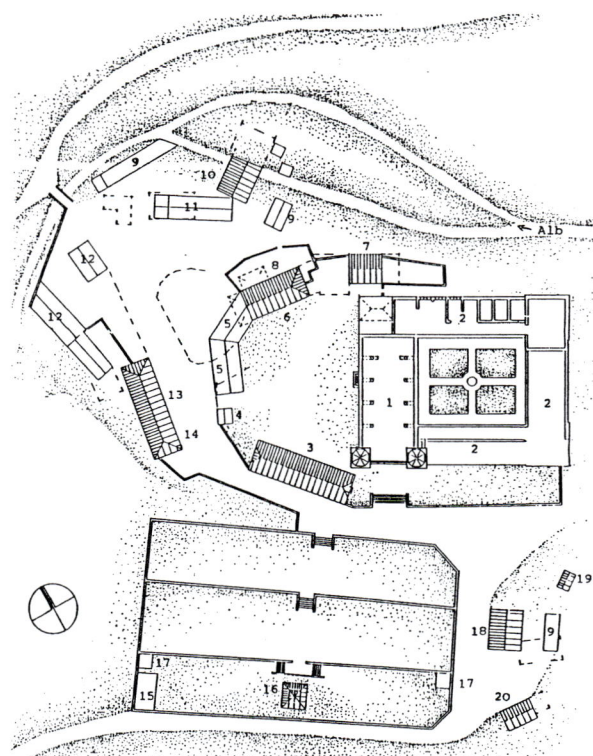

Gebäudestand des Klosters um 1800
Aus: Herwig John, Kloster Frauenalb – Chronik.
Masch. Karlsruhe 1986, S. 12.

wärtiger Richtung stand das Jägerhaus, nicht weit davon entfernt das Sägerhaus, in dem sich auch die Sägmühle befand.

Alle in und um das Kloster befindlichen Gebäude[63] wurden im Inventar der Liegenschaften ohne Wertanschlag gelassen, ebenso auch sämtliche sieben Gärten.[64] Darüber hinaus gehörten dem Kloster Frauenalb drei rechterhand der Alb gelegene Fischweiher[65] und beträchtliche Waldungen[66] beiderseits der Alb, von der württembergischen Grenze bis an die Ettlinger und Spielberger Gemarkung.

Klösterliche Liegenschaften[67] außerhalb des Klosters befanden sich auch in Ersingen, Bilfingen, Königsbach, Wössingen, Völkersbach, Spessart, Malsch, Pfaffenrot, Burbach und Sulzbach. Vereidigte Experten nahmen die Verkaufsobjekte auf und bestimmten den Taxwert, der zunächst aus der bisherigen Pacht oder dem Mietwert der Gebäude errechnet wurde.

Der Wert aller vorstehenden Liegenschaften wurde summa summarum auf 48.945 fl. veranschlagt; davon entfielen auf Gebäude 13.040 fl., Gärten 200 fl., Äcker (insgesamt 24 Morgen 2 Viertel 93 Ruten = 89.037 qm) 5.298 fl. (inklusive der Frauenalber Äcker), Wiesen (insgesamt 92 Morgen 3 Viertel 18 Ruten = 334.062 qm) 30.047 fl. (inklusive der Frauenalber Wiesen) und Weinberge 360 fl.

Das Kloster Frauenalb besaß auch fünf Eigenhöfe[68]: auf Burbacher Gemarkung den Metzlinschwander Hof, auf Pfaffenroter Gemarkung den Gertrudenhof, den Einsiedelhof im Oberamt Yberg bei Kappel in der Nähe von Bühl sowie einen großen und kleinen Gülthof in Ötigheim und ein Hofgut in Weingarten. Insgesamt wurde der Wert der Frauenalber Eigenhöfe auf 63.012 fl. geschätzt.

Zu den Frauenalber Liegenschaften zählten des weiteren Erblehenhöfe, -güter und -mühlen.[69] Hierzu gehörten die Steinhäuschen an der Grenze zwischen Herrenalb und Frauenalb (zugleich die ehemalige Grenze zwischen Baden und Württemberg), das Erblehengut zu Untergrombach und Wöschbach, das Wittumgut zu Königsbach sowie die Erblehengüter

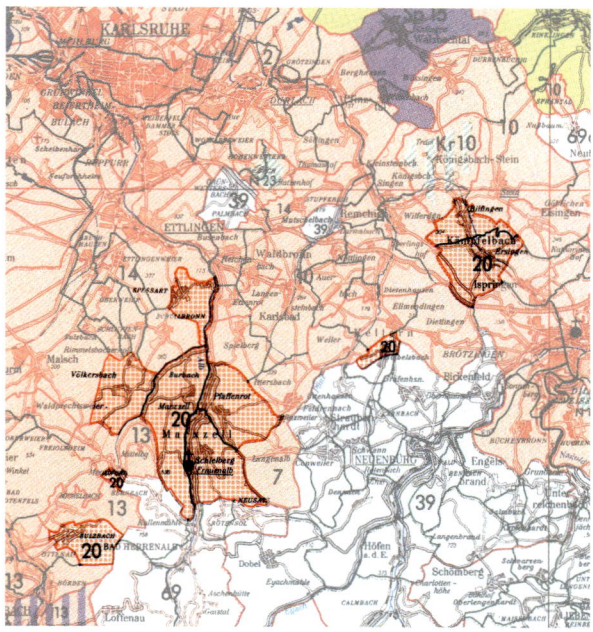

Herrschaftsgebiet des Klosters Frauenalb um 1790
Aus: Historischer Atlas von Baden-Württemberg, Karte VI, 13.

601

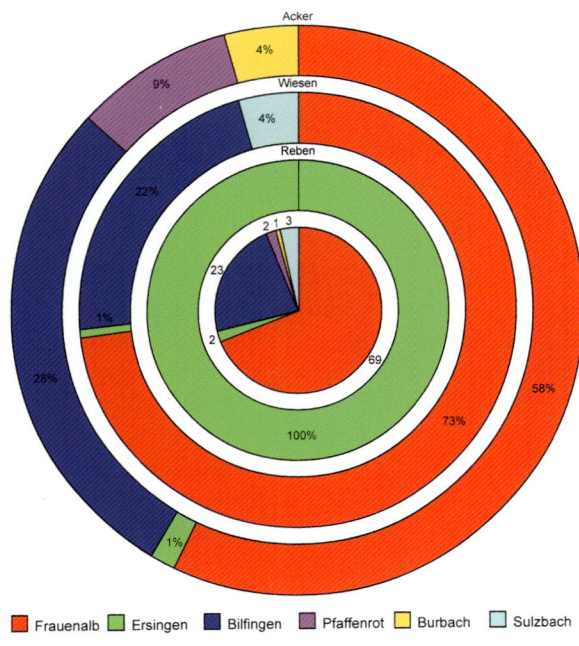

Die Frauenalber Liegenschaften

zwischen dem Haus Baden und der Abtei geteilt; der klösterliche Anteil betrug nach der letzten Amtsrechnung 108 fl. 18 kr.[72] Auch die Hintersassen, denen im Unterschied zu den vollberechtigten Gemeindemitgliedern keine oder nur geringe Rechte an der Allmende zustanden, hatten Abgaben zu leisten, die in der letzten Amtsrechnung 15 fl. betrugen.[73]

Die grundherrlichen Lasten und Abgaben, die den Klosterorten jährlich aus dem Schirmrecht und der Schutzpflicht der Grundherrschaft erwuchsen und die in keinem Zusammenhang mit dem Zehnten standen, wurden teils in Geld, teils in Naturalien durch die Gemeinde von den einzelnen Bürgern erhoben. Es waren dies die *Bede* – eine Art direkte Steuer auf Grundbesitz, Gebäude und Vermögen der Bauern und Bürger –, die Gült und die Hellerzinsen – ständige Abgaben, die durch Pacht oder Pfand und als Zinsen auf den Höfen lasteten –, außerdem Naturalien – wie Hühner, Getreide, Früchte und Gemüse. Um eine Bemessungsgrundlage für die Festsetzung der Abgaben zu ermitteln, fanden sog. *Schatzungen* statt. Nach der letzten Amtsrechnung ergab sich in den frauenalbischen Ortschaften zusammengerechnet ein Betrag von 151 fl. 39 kr. an jährlichen Beden und Steuern[74]; an ewigem *Hellerzins* fielen insgesamt 31 fl. 57 1/2 kr., an

zu Malsch und zu Rastatt; weiterhin die Weimersmühle an der Moosalb unweit Burbach und die Marxzeller Mühle an der Alb nahe Pfaffenrot. Sämtliche Erblehen wurden von der Kommission ohne Anschlag gelassen.

Renten und Gefälle

Herrschaft über Land und Leute beinhaltete Einnahmequellen und ortsherrliche Rechte: Renten, regelmäßig wiederkehrende Einnahmen und Gefälle, die früher an Grund und Boden gebundene Abgabe, eine Art Grundlast. Weiter hatte das Kloster verbriefte Verfügungsgewalt über die menschliche Arbeitskraft (Fron) und Anspruch auf bestimmte Abgaben in Naturalien oder in Geld (Bede). Fron und Bede waren ein Teil des Untertänigkeitsverhältnisses der Dorfbewohner zum Kloster.[70] Sämtliche frauenalbischen Gemeinden mussten der Herrschaft *ungemessene*, also nach Bedarf erforderliche *Frondienste* leisten.[71] Der Gemeinde wurde für jeden Bürger, der diese Fronen nicht leisten konnte, 1 fl. an Geld berechnet, was in der Summe 60 fl. 48 kr. machte. Das *Öhmdgeld* wurde

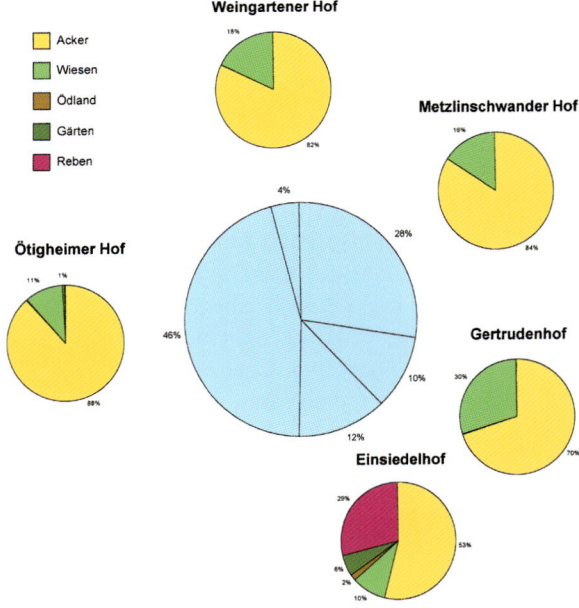

Flächenmäßiger Bestand der Frauenalber Eigenhöfe

jährlichen unablöslichen Bodenabgaben, einer Abgabe für die Nutzung fremden Bodens, insgesamt 58 fl. 38 1/2 kr.[75] Für den freien Salzhandel mussten die acht Klosterorte (außer Unterniebelsbach) nach der Amtsrechnung von Frauenalb und nach der Amtskellereirechnung von Ersingen zusammen 66 fl. entrichten.[76] Aus den neun Klosterortschaften ebenso wie aus einigen Orten, in denen das Kloster Rechte besaß, erhielt Frauenalb jährliche Gülten an Korn, Dinkel und Hafer, welche einerseits von der Amtskellerei zu Ersingen, andererseits vom Klosterspeicher zu Frauenalb eingelagert und verzeichnet wurden. Die Ersinger Amtskellerei bezog dabei Fruchtlieferungen zu Ersingen und Bilfingen sowie aus den Ortschaften Königsbach, Singen, Kleinsteinbach, Ober- und Untergrombach, Wöschbach und Ubstadt, wobei etwa 3/4 der Einnahmen aus den beiden Klosterorten stammten. In den Frauenalber Speicher kamen die Gülten aus den Klosterorten Schielberg, Pfaffenrot, Völkersbach, Unterniebelsbach und Sulzbach, die hauptsächlich Hafer lieferten sowie aus den Ortschaften Ittersbach, Feldrennach, Neusatz, Ettlingenweier und Malsch, wobei etwa 5/6 des Hafers aus den Klosterorten stammte.[77] Außerdem kamen noch Weingülten[78] aus den Orten Ersingen, Bilfingen, Königsbach, Singen und Untergrombach sowie Ölgülten[79] aus Ersinger und Bilfinger Ölproduktion.

Die frauenalbischen Untertanen waren leibeigen. Sie durften ohne Erlaubnis der Herrschaft weder heiraten, noch ohne Genehmigung, die erkauft werden musste, einen Ortswechsel vornehmen. Als äußeres Zeichen musste ursprünglich jeder Leibeigene jährlich das sog. *Leibhuhn* abgeben; ersatzweise konnte auch gezahlt werden. Jährlich auf die Fastnachtszeit und im Sommer nach der Ernte musste jeder Haushalt, der eine eigene Feuerstelle bzw. einen eigenen Rauchfang besaß, ein sog. *Rauchhuhn* liefern – in der Summe 429 Fasnachts- und 810 Sommerhühner.[80] Bis auf eine gewisse Beschränkung der Freizügigkeit verlor die Leibeigenschaft im Laufe der Jahrhunderte den direkt auf die Person bezogenen Charakter und wurde mehr oder weniger zu einer Abgaben- und Rentenverpflichtung. Wer aus dem Frauenalber Herrschaftsgebiet wegziehen wollte, musste von dem gerichtlich abgeschätzten Vermögen eine sog. *Manumissionsgebühr* (Entlassungsgebühr) von 4 % entrichten sowie *Abzugsgebühren* von 10 % des tatsächlich mitüberführten Besitzes. Nachdem die Leibeigenschaft und damit die mit ihr zusammenhängenden Gebühren aufgehoben worden waren, durften Manumissions- und Abzugsgebühren nur dann erhoben werden, wenn der Leibeigene in außerbadische Lande wegzog. Beim Tode eines(r) Leibeigenen hatte die Klosterherrschaft traditionell das Recht innegehabt, aus der Hinterlassenschaft das beste Stück Vieh (Mann) bzw. das beste Gewand (Frau) zu nehmen; solches wurde dann in Geld umgesetzt. Dieser Brauch des sog. *Hauptrechts* war aber im Zuge der badischen Bauernbefreiung auch im Gebiet des Klosters Frauenalb aufgehoben worden, weshalb aus diesem Punkt keine Einnahmen mehr zu verzeichnen waren.[81]

Das Kloster Frauenalb hatte zum Zeitpunkt der Säkularisation in 24 Ortschaften Zehntrechte, teils ganz allein, teils mit anderen Herrschaften oder mit den ortsansässigen Pfarrern. Verbunden mit diesen Rechten waren auch Gegenleistungen, wie der Unterhalt von Gebäuden wie Zehntscheuern, Pfarrhäusern oder Kirchen. Unter dem Zehnt, auch *Dezem* genannt, ist die wiederkehrende Naturalabgabe eines Teils – ursprünglich des zehnten Teils – aller oder bestimmter landwirtschaftlicher Erträge eines Grundbesitzes zu verstehen. Der Feld- oder Fruchtzehnt setzte sich zusammen aus dem großen Zehnt, der in Getreide zu leisten war, und dem kleinen Zehnt, der Wein, Garten- und Baumfrüchte umfasste. Dazu kam der Blutzehnt (Fleisch- oder Viehzehnt), der in Tieren (Groß- und Kleinvieh) und Tiererzeugnissen (Eier, Milch, Butter, Honig, Wolle usw.) bestand. Mit der Aufhebung des Klosters Frauenalb wurde die Großherzoglich Badische Regierung in Karlsruhe der neue Zehntherr. Zwanzig Jahre später regelte ein Gesetz (15. November 1833) die Ablösung des Zehnten mit staatlicher finanzieller Unterstützung der Gemeinden.[82] Zehnt hatte das Kloster Frauenalb aus den Orten Völkersbach, Burbach, Pfaffenrot, Schielberg, Spessart, Ersingen und Bilfingen bezogen. Aus auswärtigen Ortschaften, in denen das Kloster Frauenalb Rechte genoss, kamen Zehntleistungen aus Königsbach, Oberwössingen, Büchenau und Neuthard, Bretten, Nußbaum (Württemberg), Wimsheim, Wurmberg und Lucerne, Weingarten, Malsch, Waldprechtsweier, Kleinsulzbach, Spielberg und Ittersbach.[83]

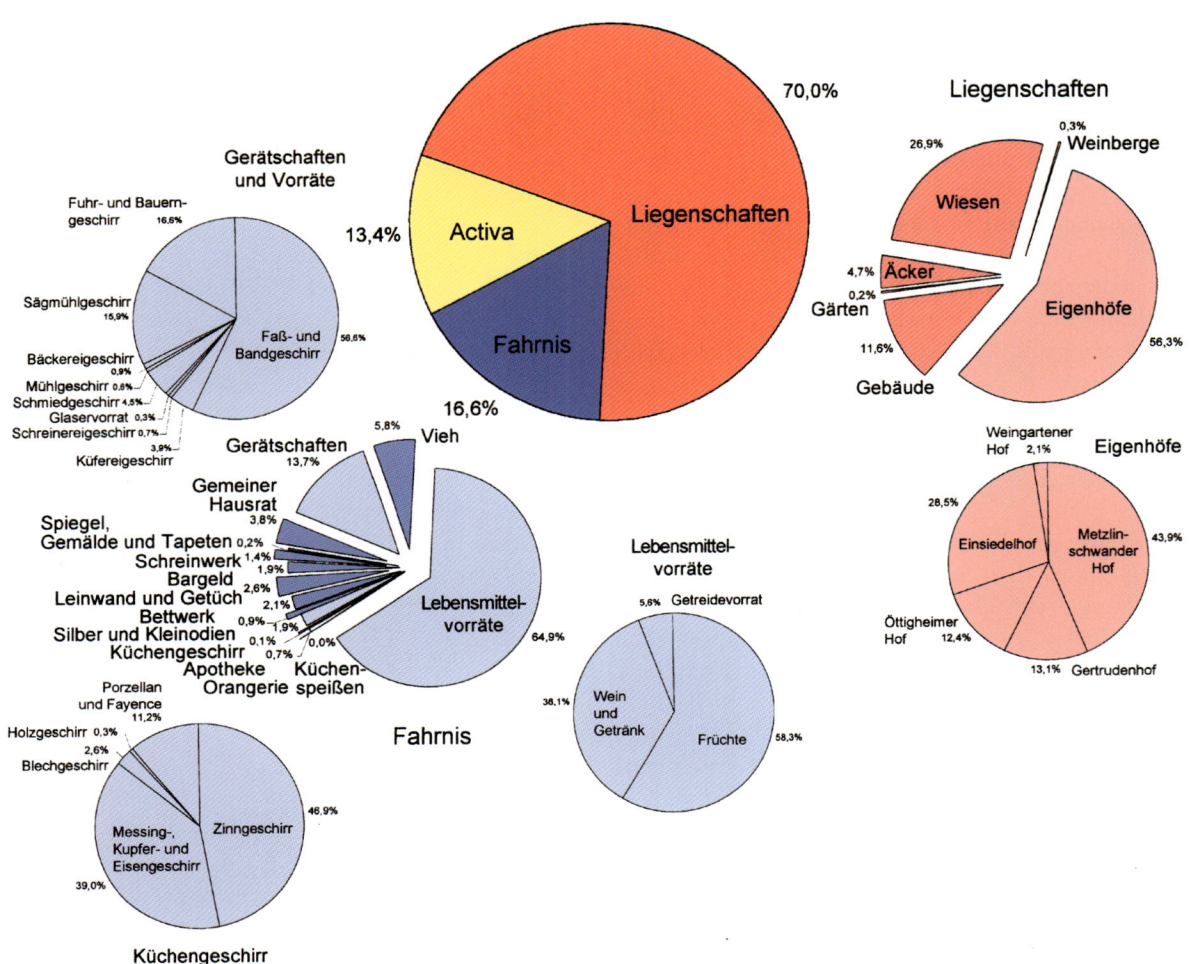

Das Frauenalber Klostervermögen

Die Fahrnis (Mobilien)

Das im Kloster Frauenalb vorhandene bewegliche Vermögen, die sog. *Fahrnis,* bestand aus Geld und Schmuck, Möbeln und Tuch, Hausrat und verschiedenem Handwerksgerät, Vorräten an Früchten und Getreide sowie Vieh. Dieses tote und lebende Gut wurde zu insgesamt 26.437 fl. 50 kr. angeschlagen.[84]

Activa und Passiva

Das Frauenalber Aktivkapital, das zu Investitionszwecken verwendete Barvermögen in Höhe von

5.556 fl. 51 kr., war nach der Amtsrechnung in allen neun Klosterorten bei verschiedenen Personen zu 5 % angelegt. Nach Amts-, Verwaltungs- und Ersinger Amtskellereirechnungen waren teils von jüngeren, teils von älteren Jahren her liquide und illiquide Geldmittel vorhanden, die sich zusammen auf 7.457 fl. 35 1/4 kr. beliefen. Des weiteren waren sechs gedruckte Obligationen in Höhe von je 1.000 fl. unter der vorigen Äbtissin Maria Antonia v. Beroldingen auf die Lütticher Landstände vom 23. Juni 1791 hergegeben worden, von denen die Zinsen – für zwölf Jahre und sieben Monate immerhin die stattliche Summe von

3.775 fl. – noch ausstanden. Zuzüglich noch offener Rechnungen in Höhe von 8.375 fl. 12 kr. ergaben die Activa im Kloster Frauenalb den Gesamtbetrag von 21.389 fl. 38 1/4 kr. (ohne Kapital und Zinsen der Lütticher Obligationen).[85]

Summa summarum belief sich das gesamte klösterliche Vermögen nach dem Anschlag in Geld – exklusive der verzeichneten Renten und dessen, was an klösterlicher Liegenschaft und Kirchengerätschaften nicht angeschlagen werden konnte, an Liegenschaften auf 111.975 fl., an Fahrnis auf 26.437 fl. 50 kr. und an Aktivkapitalien auf 21.389 fl. 38 kr., insgesamt also auf 159.784 fl. 28 kr.[86] Eine Gesamtschätzung ist offensichtlich nicht erfolgt, und auch über die wirkliche Höhe der Klostereinkünfte herrschte Unklarheit.[87]

Diesem Betrag auf der Aktivseite standen auf der Passivseite Schulden in Höhe von 20.973 fl. 3 kr. gegen-

über. Das bedeutete ein Reinvermögen von 138.811 fl. 25 kr., das in die Kassen des badischen Staates floss.

Die Veräußerung der Klostergüter

Verkäufe 1802/03

Bereits vor der Räumung des Klosters kam es im Dezember 1802, Februar und April 1803 zum Verkauf des Klosterviehs, das 2.366 fl. 52 1/2 kr. erbrachte. Des weiteren wurden bei der Räumung Mehl, Früchte und Dörrfleisch im Wert von 233 fl. 4 1/2 kr., ebenso Heu, Öhmd und Stroh für 656 fl. und schließlich noch Fuhrgeschirr für 266 fl. 21 kr. veräußert.[88]

Als die Vermessung des klösterlichen Grundbesitzes durch vereidigte Experten, die die Verkaufsobjekte

Die Klosterruine Frauenalb um 1920

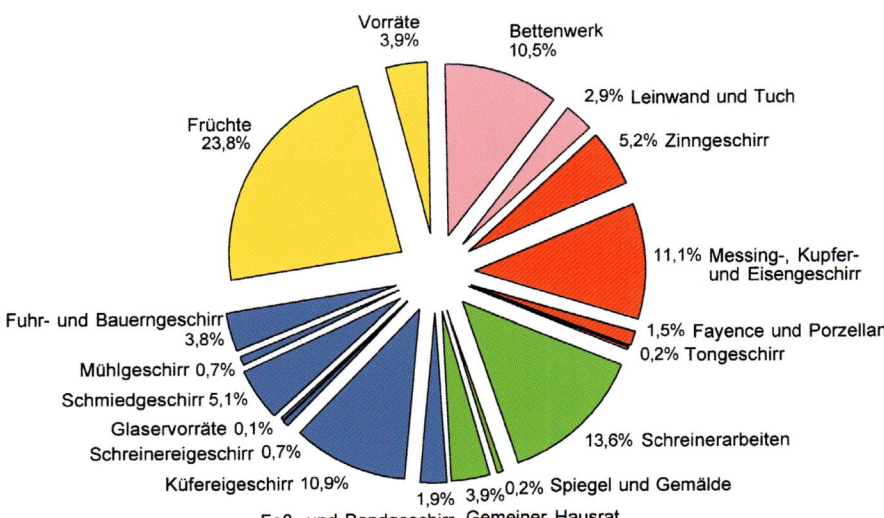

Vorräte 3,9%

Bettenwerk 10,5%

Früchte 23,8%

2,9% Leinwand und Tuch

5,2% Zinngeschirr

11,1% Messing-, Kupfer- und Eisengeschirr

1,5% Fayence und Porzellan
0,2% Tongeschirr

13,6% Schreinerarbeiten

0,2% Spiegel und Gemälde

Fuhr- und Bauerngeschirr 3,8%

Mühlgeschirr 0,7%

Schmiedgeschirr 5,1%

Glaservorräte 0,1%

Schreinereigeschirr 0,7%

Küfereigeschirr 10,9%

1,9% 3,9%

Faß- und Bandgeschirr   Gemeiner Hausrat

Versteigerung der Fahrnis und Vorräte

aufgenommen und den Taxwert bestimmt hatten, durchgeführt war, erfolgten die Versteigerungen an Ort und Stelle. Sie bedurften aber der nachträglichen Sanktion durch den Kurfürsten.

Versteigerung der Klosterimmobilien

Der zum Verkauf bestimmte Besitz wurde beginnend am 6. Juni 1803 auf einer öffentlichen Versteigerung zugunsten der badischen Staatskasse in bare Münze umgeschlagen. Es hatten sich etwa 150 Kauflustige eingefunden, die aus über dreißig umliegenden Ortschaften angereist waren. Aber auch viele der ehemaligen Klosterbediensteten hofften, bei dieser Versteigerung ein gutes Geschäft zu machen. In dem bei der Versteigerung angefertigten Protokoll sind alle Steigerer namentlich mit dem über dem Anschlag verkauf-

ten Gegenstand aufgeführt.[89] Die Versteigerung erbrachte dann 4.708 fl. 56 3/4 kr.

Mit den schon vor der Immobilienversteigerung getätigten Verkäufen ergab sich alles in allem für den badischen Staat ein Reingewinn von 8.231 fl. 14 3/4 kr. aus der Fahrnis. Die einzelnen Erlöse lagen dabei meist wesentlich über dem Schätzwert, d. h. das Kirchengut ist nicht verschleudert worden. Die wertvollen Hausgeräte wanderten nach Karlsruhe in die Hofökonomie, die Kellergeräte in die Hofküferei.[90] Das liegende Klostervermögen verwaltete ein eigens hierzu nach Frauenalb gesetzter Amtmann.[91] Mit der Säkularisation des Benediktiner-Nonnenklosters Frauenalb hatte der badische Staat also keinen schlechten Gewinn gemacht – im Gegenteil. Alles in allem war ihm ein hervorragender Vermögensgegenstand in die Hände gefallen.

* Dieser Aufsatz beruht i. W. auf dem dritten Kapitel meiner im Aug. 2000 bei Prof. Dr. Franz Quarthal am Historischen Institut der Universität Stuttgart vorgelegten Magisterarbeit »Die Säkularisation des Benediktiner-Nonnenklosters Frauenalb. Aufhebung und Besitznahme des adeligen Damenstifts durch die Badische Regierung (1802–1803)«.
[1] *Hermann Schmid*, Die Säkularisation in Baden 1802–1811. Überlingen a. B. 1980.
[2] Zur Geschichte des Klosters Frauenalb vgl. *Franziska Geiges*, Das Benediktinerinnenkloster Frauenalb von den Anfängen bis zur Re-

formation. Frankfurt a. M. 1980; *Franziska Geiges-Heindl*, Das Benediktinerinnenkloster Frauenalb vom Dreißigjährigen Krieg bis zu seiner Auflösung, in: ZGO 147, N. F. 108 (1999), 423–437. Zu speziellen Fragestellungen vgl. außerdem *Albert Krieger*, Zur Gründungsgeschichte des Klosters Frauenalb, in: ZGO 64, N. F. 25 (1910), 358–360; *Karl Obser*, Äbtissinnen und Konventslisten des Klosters Frauenalb, in: ZGO 72, N. F. 33 (1918), 424–432; *Karl Obser*, Beiträge zur Baugeschichte des Klosters Frauenalb, insbesondere im Zeitalter des Barock, in: ZGO 72, N. F. 33 (1918), 212–269. An gedruckten Quellen vgl. v. a.

Moriz Gmelin, Urkunden, Regesten und Nachweisungen zur Geschichte des Klosters Frauenalb, in: ZGO 23 (1871), 263–342; Urkundenarchiv des Klosters Frauenalb, in: ZGO 24 (1872), 104–112; 25 (1873), 83–90, 321–388; 26 (1874), 445–468; 27 (1875), 56–95.

[3] Vgl. *Hans-Wolfgang Strätz*, Die Säkularisation und ihre nächsten staatskirchenrechtlichen Folgen, in: *Albrecht Langner* (Hg.), Säkularisation und Säkularisierung im 19. Jh. München 1978, 31–62, hier 57.

[4] Abdruck in: Kurfürstlich Badische Landes-Organisation in 13 Edicten sammt Beylagen und Anhang. Karlsruhe 1803.

[5] Vgl. *Schmid* (wie Anm. 1), 29.

[6] Zur Person Brauers vgl. z. B. *Karl Schenkel*, Johann Nicolaus Friedrich Brauer, in: *Friedrich v. Weech/Albert Krieger/Karl Obser* (Hgg.), Badische Biographien, hg. im Auftrag der *Badischen Historischen Kommission*. 6 Bde. Heidelberg 1875–1935, Bd. 1 (1875), 117–124; Personalakte in GLAK 76/1062.

[7] Zur Verwaltungsorganisation vgl. z. B. *Willy Andreas*, Geschichte der badischen Verwaltungsorganisation und Verfassung in den Jahren 1802–1818. Leipzig 1913.

[8] Vgl. *Schmid* (wie Anm. 1), 29–32.

[9] Bei der Darstellung der provisor. und endgültigen Inbesitznahme Frauenalbs halte ich mich eng an das von der jew. bad. Kommission für die Karlsruher Regierung angefertigte Protokoll. Vgl. GLAK 48/5572, fol. 14ʳ–20ʳ; 88/954, fol. 1ʳ–29ᵛ (Kommissionsprotokoll über die Besitznahme des Klosters durch die Badische Regierung). Vgl. auch den kurzen, mit einigen Irrtümern behafteten Aufsatz von *Alfons Staedele*, Besitznahme des Klosters Frauenalb durch die Badische Regierung (1802–1803), in: Die Ortenau 37 (1957), 34–35.

[10] Zur Person Stößers vgl. z. B. Personalakte in GLAK 76/7689.

[11] Zur Person Lassollayes vgl. z. B. Personalakte in GLAK 76/4690.

[12] Die Vollmacht in GLAK 48/5572, fol. 11ʳ.

[13] In diesem Schreiben ermahnt Markgraf Karl Friedrich die Äbtissin zum Gehorsam und zur Wahrung des Interesses des Hauses Baden und verbietet jegliche Professablegung und Novizenaufnahme. Vgl. GLAK 48/5572, fol. 9ʳ–10ʳ.

[14] GLAK 95/1068, fol. 7 (Badisches Patent vom 16.09.1802, die provisorische Besitznahme der Entschädigungsobjekte betreffend).

[15] Die Eidesformeln stehen wörtlich im Protokoll. Vgl. GLAK 48/5572, fol. 16ᵛ–19ʳ.

[16] Vgl. *Schmid* (wie Anm. 1), 186.

[17] Dieser befindet sich an der »Ersinger Straße«, der heutigen B 10, kurz nach Wilferdingen in Richtung Pforzheim.

[18] Vgl. *Schmid* (wie Anm. 1), 186.

[19] Durch Generaldekret (23.07.1783) erklärte Markgraf Karl Friedrich seine leibeigenen Bauern in den mit seiner alleinigen Landeshoheit und Gerichtsbarkeit ausgestatteten Orten für leibesfrei. Nicht gültig war dieses Gesetz für die Klosterherrschaft Frauenalb mit seinen dörflichen Untertanen, da die Äbtissin die niedere Gerichtsbarkeit besaß. Allg. zur Bauernbefreiung in Deutschland vgl. z. B. *Christof Dipper*, Die Bauernbefreiung in Deutschland 1790–1850. Stuttgart 1980.

[20] GLAK 88/955, fol. 1ʳ (Anlage Nr. 1).

[21] GLAK 48/5669, fol. 15 (Badisches Patent vom 19.11.1802, die definitive Besitznahme der Entschädigungsobjekte betreffend).

[22] GLAK 88/955, fol. 2ʳ–2ᵛ (Anlage Nr. 2).

[23] GLAK 88/955, fol. 4ʳ–4ᵛ (Anlage Nr. 4).

[24] GLAK 88/956, fol. 1ʳ–15ʳ.

[25] GLAK 88/955, fol. 5ʳ (Anlage Nr. 5).

[26] GLAK 88/955, fol. 6ʳ (Anlage Nr. 5 1/2).

[27] GLAK 88/955, fol. 7ʳ (Anlage Nr. 6).

[28] GLAK 88/955, fol. 8ʳ (Anlage Nr. 7).

[29] Die Einzelmessen zum Seelenheil der Verstorbenen waren Privatmessen und wurden ohne Gesang als Lesemesse gefeiert im Gegensatz zur

öffentlichen Messe mit Feier der Eucharistie. Für jede gehaltene Messe gab es Einnahmen zwischen 20 und 30 kr. Im Kloster Frauenalb wurden über das Kirchenjahr diverse Heilige Messen gehalten. Vgl. GLAK 65/11534, fol. 89ʳ; EAF Provenienz Finanzkammer, IIb/6341, fol. 5ʳ–5ᵛ.

[30] GLAK 88/955, fol. 9ʳ (Anlage Nr. 8).

[31] Zur Holz-, Laub- und Eckerich-Berechtigung der Gemeinde Burbach vgl. auch GLAK 48/5572, fol. 55ʳ–58ᵛ (Vernehmungsprotokoll).

[32] Geheimratsprotokoll Nr. 2641 vom 06.12.1802.

[33] Vgl. das Untersuchungsprotokoll der Kommission vom 03.01.1803 in GLAK 48/5572, fol. 65ʳ–68ʳ.

[34] IV. Organisationsedikt, § 3 B.

[35] § XLII. *La sécularisation des couvents de femmes récluses ne peut s'effectuer que de concert avec l'évêque diocésain;* [...] § 42. *Die Säcularisation der geschlossenen Frauenklöster kann nur im Einverständniß mit dem Diöcesan-Bischofe geschehen.* [...]

[36] Vgl. auch *Schmid* (wie Anm. 1), 187.

[37] Vgl. GLAK 237/4595, fol. 1ʳ–3ᵛ (Geheimratsprotokoll Nr. 2622 vom 23.05.1803).

[38] Eine Untersuchung der öffentlichen Meinung der Jahre 1802/03 in den betreffenden Gemeinden ist nicht zuletzt wegen der dürftigen Quellenlage mit Problemen behaftet; ebenso liegt bislang keine Studie über die Reaktionen der Öffentlichkeit für die badischen Gebiete vor. Vgl. die Untersuchungen von *Hans Müller*, Säkularisation und Öffentlichkeit am Beispiel Westfalen. Münster 1971; *Barbara Schildt-Specker*, Klosterfrauen und Säkularisation. Prämonstratenserinnen im Rheinland. Koblenz 1996, 196–198; allgemein für das Gebiet des Deutschen Reiches *Albrecht Langner*, Diskussionsbericht, in: *Langner* (wie Anm. 3), 143–162, hier 143–144.

[39] Schon die Verlesung und Anschlagung des Patents der vorläufigen Besitznahme am 24.09.1802 hatte in den betroffenen Orten *keinen Anstand* [Einwand] vorgebracht. Vgl. GLAK 48/5572, fol. 16ᵛ.

[40] *Des Endes werden Wir besonders alle* [...] *Gemeinden bey ihrem Gemeinds und privat Eigenthum und einen jeden bey seinem rechtmäsigen Besiz und Herbringen unbeeinträchtigt lassen, in dem Gebrauch der für die dermalige Verfaßungs-Umänderung Uns heimgestellten Gerechtsame mit aller Schonung und Milde verfahren, und alle ohne Unterschied derjenigen Zuneigung geniesen lassen, welche Unsere ältern getreuen Unterthanen zu beweisen, Wir stets befließen waren.* (Badisches Patent vom 19.11.1802, wie Anm. 21.)

[41] *Zugleich bestätigen Wir bis auf Aenderung provisorisch alle für die Oberämter, Aemter und einzelne Ortschaften angestellte Beamte und Diener in ihren Patentmässigen Besoldungen und Nuzungen auch Amtsrechten und Obliegenheiten für deren fleißige und redliche Erfüllung sie Uns von nun an in gleicher Maase wie andere Unserer ältern Beamten und Diener verantwortlich sind.* (Ebd.)

[42] Vgl. GLAK 48/5572, fol. 40ʳ–41ᵛ; 88/955, fol. 2ʳ–2ᵛ (Anlage Nr. 2); 237/4595, fol. 4ʳ–5ʳ (Lit. A); *Obser*, Äbtissinnen (wie Anm. 2), 432 mit Anm. 2; *Schmid* (wie Anm. 1), 186; *Geiges-Heindl* (wie Anm. 2), 436.

[43] Es handelt sich um die unter Nr. 4 und Nr. 9 aufgeführte Maria Antonia und Ludovica v. Lafage.

[44] Vgl. GLAK 88/955, fol. 4ʳ–4ᵛ (Anlage Nr. 4).

[45] Vgl. GLAK 237/4595, fol. 6ʳ–7ʳ (Lit. B).

[46] Vgl. GLAK 237/4595, fol. 8ʳ–11ʳ (Lit. C).

[47] Zum RDH allgemein vgl. *Klaus Dieter Hömig*, Der Reichsdeputationshauptschluß vom 25. Februar 1803 und seine Bedeutung für Staat und Kirche unter besonderer Berücksichtigung württembergischer Verhältnisse. Tübingen 1969. Abdruck des RDH in Protokoll der ausserordentlichen Reichsdeputation zu Regensburg. 2 Bde., 4 Beilagenbde. Regensburg 1803, hier Bd. 2 (1803), 833–944; *Georg Friedrich v. Martens*, Supplément au Recueil des principaux traités d'alliance, de paix, de trêve, de neutralité, de commerce, de limites, d'échange etc. con-

clus par les puissances et états de l'europe tant entre elle qu'avec les puissances et états dans d'autres parties du monde depuis 1761 jusqu'à présent. Göttingen 1807, hier Bd. 3 (1807), 231ff.; *Philipp Anton Guido von Meyer/Heinrich Zoepfl* (Hgg.), Corpus Juris Confoederationis Germanicae oder Staatsacten für Geschichte und öffentliches Recht des Deutschen Bundes. Nach officiellen Quellen. 3 Bde. Frankfurt a. M. 3. Aufl. 1858–1869. ND Aalen 1978, hier Bd. 1 (3. Aufl. 1858), 7–45; nur deutsch in *Karl Zeumer* (Bearb.), Quellensammlung zur Geschichte der Deutschen Reichsverfassung in Mittelalter und Neuzeit. Tübingen 2. Aufl. 1913, 509–531, Nr. 212; *Ernst Walder* (Bearb.), Das Ende des Alten Reiches. Der Reichsdeputationshauptschluß von 1803 und die Rheinbundakte von 1806 nebst zugehörigen Aktenstücken. Bern 1948, 15–62.

[48] Vgl. *Hömig* (wie Anm. 47), 38 mit Anm. 66.

[49] Karl Obser gibt fälschlich je 150 fl. an. Vgl. *Obser,* Äbtissinnen (wie Anm. 2), 432, Anm. 2.

[50] Vgl. GLAK 237/4595, fol. 4ʳ–5ʳ (Lit. A).

[51] Vgl. GLAK 237/4597; *Schmid* (wie Anm. 1), 188.

[52] Vgl. GLAK 237/4595, fol. 4ʳ–5ʳ (Lit. A).

[53] Vgl. GLAK 237/4595, fol. 6ʳ–7ʳ (Lit. B).

[54] Vgl. GLAK 237/4595, fol. 8ʳ–11ʳ (Lit. C).

[55] Vgl. GLAK 237/4595, fol. 12ʳ–13ʳ; (Lit. D und E); 88/955, fol. 5ʳ, 7ʳ (Anlage Nr. 5 und 6).

[56] Vgl. GLAK 237/4595, fol. 4ʳ–5ʳ (Lit. A).

[57] Vgl. Ebd.

[58] Vgl. *Obser,* Äbtissinnen (wie Anm. 2), 432, Anm. 2; GLAK 237/4593, fol. 148ʳ (Geheimratsprotokoll Nr. 5499 vom 07.10.1803).

[59] Vgl. GLAK 237/4593, fol. 147ʳ (Hofratsprotokoll Nr. 11183 vom 22.10.1803), 150ʳ (Geheimratsprotokoll Nr. 5777 vom 19.10.1803), 151ʳ (Hofratsprotokoll Nr. 11592 vom 02.11.1803), 163ʳ (Hofratsprotokoll Nr. 12669 vom 29.11.1803).

[60] Vgl. GLAK 48/5573, fol. 1ʳ–118ᵛ.

[61] Vgl. GLAK 48/5573, fol. 2ᵛ–3ᵛ.

[62] Im 19. Jh. wurde das Wirtshaus umbenannt. Heute trägt es den Namen »König von Preussen«.

[63] Vgl. GLAK 48/5573, fol. 4ʳ–13ʳ.

[64] Vgl. GLAK 48/5573, fol. 16ʳ–18ʳ, 19ᵛ–22ʳ.

[65] Vgl. GLAK 48/5573, fol. 32ᵛ.

[66] Vgl. GLAK 48/5573, fol. 33ʳ–34ʳ.

[67] Vgl. GLAK 48/5573, fol. 13ᵛ–16ʳ, 17ᵛ, 18ᵛ–19ʳ, 22ᵛ–24ᵛ.

[68] Vgl. GLAK 48/5573, fol. 25ʳ–32ʳ.

[69] Vgl. GLAK 48/5573, fol. 34ᵛ–43ʳ.

[70] Zu den grundherrlichen Lasten und Abgaben der Gemeinde Spessart vgl. auch *Ingeborg Wittmer*, Geschichte des Dorfes Spessart. Karlsruhe 1993, 28–40.

[71] Selbst heute noch können nach den Gemeindeverordnungen verschiedener Länder, so auch nach § 10 Abs. 5 der Gemeindeordnung für Baden-Württemberg, Gemeinden neben fiskalischen Abgaben auch Hand- und Spanndienste von ihren Bürgern fordern.

[72] Vgl. GLAK 48/5573, fol. 47ʳ–47ᵛ, 69ᵛ–72ᵛ.

[73] Vgl. GLAK 48/5573, fol. 48ʳ.

[74] Vgl. GLAK 48/5573, fol. 43ᵛ–44ᵛ.

[75] Vgl. GLAK 48/5573, fol. 45ʳ–45ᵛ.

[76] Vgl. GLAK 48/5573, fol. 48ᵛ.

[77] Vgl. GLAK 48/5573, fol. 50ʳ–53ᵛ.

[78] Vgl. GLAK 48/5573, fol. 54ʳ.

[79] Vgl. GLAK 48/5573, fol. 54ᵛ.

[80] Vgl. GLAK 48/5573, fol. 46ʳ–46ᵛ.

[81] Vgl. GLAK 48/5573, fol. 49ʳ–49ᵛ.

[82] Zur Geschichte der deutschen Grundherrschaft vgl. *Friedrich Lütge,* Geschichte der deutschen Agrarverfassung. Vom frühen Mittelalter bis zum 19. Jh. Stuttgart 2. Aufl. 1967.

[83] Vgl. GLAK 48/5573, fol. 55ʳ–67ᵛ.

[84] Vgl. GLAK 48/5573, fol. 73ʳ–107ᵛ.

[85] Vgl. GLAK 48/5573, fol. 109ʳ–113ʳ.

[86] Hier zeigt sich die deutliche Fehleinschätzung des Ministers Reitzenstein, der Frauenalb mit rund einem Zehntel dieser Summe angesetzt hatte. Von den an Baden fallenden geistlichen Erwerbungen erhoffte sich Reitzenstein nach einer Denkschrift vom Juli 1802 (in *Bernhard Erdmannsdörfer/Karl Obser* (Bearb.), Politische Correspondenz Karl Friedrichs von Baden 1783–1806, hg. von der *Badischen Historischen Commission.* 6 Bde. Heidelberg 1888–1915, Bd. 4 (1896), Nr. 202, 203.) auf der Aktivseite an jährlichen Einkünften der vier Bistümer und acht Stifte insgesamt 675.000 fl., davon aus Frauenalb 15.000 fl.; auf der Passivseite rechnete er mit einer Pensionslast für die Geistlichkeit von wenigstens 250.000 fl. im Jahr. Vgl. *Schmid* (wie Anm. 1), 27.

[87] An anderer Stelle werden sie mit 31.061 fl. angegeben. Vgl. *Christian Friedrich Müller* (Hg.), Geographisch, statistisch, topographische Beschreibung von dem Kurfürstenthum Baden. Mit einer illuminirten Charte. Bd. 1: Die badische Markgrafschaft. Karlsruhe 1804, 30–31; ähnlich auch *Karl Friedrich Victor Jägerschmid*, Baden und der untere Schwarzwald im Großherzogthum Baden mit seinen Thälern und Gesundbrunnen. Geographisch, naturhistorisch, geschichtlich und statistisch beschrieben. Karlsruhe 1846, 206. Adam Ignaz Valentin Heunisch (1786–1863) gab die Größe des Klostergebiets mit 1,16 Quadratmeilen (= 9,57 qkm) und dessen »statistischen Wert« nach dem Steuerkapital von 1817 mit 2.870.450 fl. an; allerdings nennt er seine Bewertungsgrundlagen nicht. Vgl. *Adam Ignaz Valentin Heunisch/Josef Bader*, Das Großherzogthum Baden historisch-geographisch-statistisch-topographisch beschrieben. Heidelberg 1857, 78.

[88] Vgl. GLAK 88/958, fol. 47ʳ–47ᵛ (Nr. 5).

[89] Vgl. GLAK 88/958, fol. 1ʳ–42ᵛ.

[90] Vgl. GLAK 88/955, fol. 43ʳ–43ᵛ (Nr. 1); 237/4593.

[91] Vgl. *Schmid* (wie Anm. 1), 188.

Eine schöne Acquisition für das Fürstliche Haus Löwenstein …

Die Säkularisation der Zisterzienserabtei Bronnbach

von Leonhard Scherg

Bronnbach am Ende des 18. Jahrhunderts

1796 und ab 1799 griffen französische Truppen nach Franken aus. Mit Flucht, Besetzung und Erpressung von Geld und Lebensmitteln war von da an nur noch begrenzt ein regelgemäßes Klosterleben in Bronnbach möglich. Dass man im Jahr 1800 allgemein von einer äußerst kritischen Lage für die Klöster ausging, bezeugt die Klage des Bronnbacher Amtmanns Jakob Lohr, es sei kaum möglich, Kredit zu erhalten, weil die Aufhebung der Klöster erwartet werde.[1] Dabei hatte Bronnbach zum Ende des 18. Jhs. insgesamt gut dagestanden, wie nicht zuletzt der entsprechende Artikel im 1799 erschienenen *Lexikon von Franken* von Johann Kaspar Bundschuh belegt[2]:

Bronnbach, Cisterzienser-Mannskloster von 45 Conventualen, unter den Würzburgischen Kirchsprengel gehörig, in einem angenehmen mit Waldungen umschlossenen Wiesenthale, am Flüßchen Tauber, zwischen dem Mainzischen Oberamte Bischoffsheim und der Grafschaft Werthheim, zwey kleine Stunden von Werthheim und 1 Stunde vom Mainzischen Städtchen Külsheim. Der Markungs-Bezirk des Klosters ist ansehnlich und besteht aus vielem Ackerfelde, schönen Wiesengründen, Klee und vortreflichen Weinbergen, Gemüß und Obstgärten und Waldungen; das Kloster hat daher eine weitschichtige Oekonomie, eine ausgebreitete Viehzucht; zum Behufe der nothwendigsten Bedürfniße hat es alle erforderlichen Professionisten, eine beträchtliche Mühle, vortreffliche Bierbrauerey und vor dem Eingange der Kloster-Gebäude wegen des dort vorbeyführenden stark besuchten Weeges nach Werthheim ein gut conditionirtes Wirthshaus.

Die übrigen Gefälle des Klosters sind beträchtlich an eigenen Ortschafften und an Zehenden und Gülten im ganzen Umkreise; selbst in der Residenzstadt Würzburg hat es einen Hof mit vielen Gefällen. Das Kloster hat seiner Besitzungen u. Landeshoheit halber mit seinen Nachbarn ewige Prozesse, vorzügl. mit Werthheim noch aus den Reformations-Zeiten her. […] Die Vorsteher des Klosters sind 1 Abt, 1 Prior und 1 Bursarius oder Haushälter. Die Canzley hat einen Geistlichen zum Director, 1 weltlichen Consulenten, 1 Amtsvogt und 1 Sekretär. […]

Trotz der z. T. seit Jahrhunderten anstehenden Prozesse[3] hatte das Kloster seit der zweiten Hälfte des 17. Jhs. einen weitgehend sicheren Rechtsstand erreicht. 1656 hatten sich das Erzstift Mainz und das Hochstift Würzburg geeinigt, das Kloster Bronnbach mit seinen Höfen als *terriorium nullius*, d. h. als keinem anderen Landesherrn unterstehendes Gebiet, anzuerkennen.[4] Seit 1673 waren nach langem Streit Reicholzheim und Dörlesberg wieder Bronnbacher Dörfer.[5] Als *Amphibium – zwischen Mainz und Würzburg vertragsmässig territorii suspensi*[6] kennzeichnete man zutreffend das Bronnbacher Territorium, für das seit 1674 die sog. *Zent* [Hochgerichtsbezirk, d. Hg.] Reicholzheim bestand.[7] Dieses Bronnbacher Gebiet wurde 1765 erweitert, indem der ritterschaftliche Weiler Rütschdorf als Pfandgut übernommen und der freie Hintere Messhof mit allen Zugehörungen gekauft wurden.[8] Das kleine Bronnbacher Territorium umfasste von da an die Klostergemarkung mit den Höfen Schafhof, Lengfeld (Mittelhof), Kemelhof und Wagenbuch, die Dörfer Reicholzheim und Dörlesberg, letzteres mit dem Ernsthof, den angrenzenden

Messhof, der über den der mainzischen Zent Walldürn unterstehenden Bronnbacher Besitz im Erftal (Hof Breitenau und Lindenmühle) die Verbindung zum Weiler Rütschdorf herstellte. Als keiner fremden Landeshoheit unterstehend wurde allem Anschein nach der von wertheimischem Territorium umschlossene Bronnbacher Dürrhof betrachtet. Territorium bedeutete aber auch im Fall Bronnbach wie überall in Franken nicht den völligen Ausschluss anderer Rechte, sondern Rechte und Rechtsansprüche waren »seit alters vielfach verschachtelt und ineinander verschränkt«.[9] Das Bronnbacher Territorium, das sich seit den 90er Jahren in seinem Rechtsstand bedroht sah, bildete den Kernbestand des Klosterbesitzes, der sich auf viele weitere Ortschaften zwischen Erf und Tauber und bis Würzburg hin erstreckte.

Abt Heinrich Göbhardt von Bronnbach, der letzte Abt, nannte sich als Vorsteher seines Klosters und Landesherr: *Von Gottes Gnaden Wir Heinrich, Abt und Prälat des abteylichen Stiftes und Gotteshauses Bronnbach, Herr zu Reicholzheim, Dörlesberg etc.*[10] Ludwig Göbhardt, in Bamberg am 5. Dezember 1742 geboren, entstammte der Familie des Bamberger Buchhändlers und Universitätsdruckers Josef Martin Göbhardt (1709–1757) und wurde 1764 in das Kloster aufgenommen; er nahm den Namen Heinrich an und legte am 9. Juni 1765 seine Profess in Bronnbach ab.[11] 1768 wurde er zum Priester geweiht. Er studierte an der Universität Bamberg Philosophie und an der Universität Würzburg Theologie und Rechtswissenschaften. Das Studium der Theologie schloss er 1771 als Lizentiat ab. Besondere Funktionen im Kloster sind nicht belegt. Dennoch wurde er nach dem Amtsverzicht von Abt Ambrosius Balbus (1752–1783) am 5. August 1783 zum Abt gewählt. Sein erfolgreiches Wirken wird von der Säkularisation und der Auflösung seines Klosters überschattet.

Bronnbach als Entschädigungsobjekt

Seit dem Frieden von Campo Formio 1797 war die Frage der Entschädigung für die Abtretung linksrheinischer Territorien an Frankreich gestellt, die aber auf dem Rastatter Kongress vom 9. Dez. 1797 bis zum 23. April 1799 keine befriedigende Antwort fand. Bezeichnenderweise wurde aber in diesem Zusammenhang auch die Abtei Bronnbach in einer Schrift des mainzischen Hofrats Engelhard vom 17. April 1798 als geeignetes Säkularisationsobjekt für das Erzstift betrachtet.[12]

Der Frieden von Lunéville vom 9. Februar 1801 forderte u. a. eine Regelung der Entschädigungsfrage durch ein Reichsgesetz, wofür schließlich eine Reichsdeputation bestellt wurde, die am 24. August 1802 in Regensburg erstmals zusammentrat. In der Zwischenzeit wurde das Problem der Entschädigungen und damit verbunden der territorialen Neugestaltung Deutschlands im Miteinander von Frankreich und Russland weitgehend gelöst.[13]

Wertheimer Gesandte verhandelten von Februar bis August 1801 in Paris über die Entschädigungen des fürstlichen und des gräflichen Hauses.[14] Bronnbach (bzw. *Brombach*) wird in den Verhandlungen, in Schreiben vom 28. März 1801 und 13. Juni 1801, als wertheimisches Entschädigungsobjekt fassbar.[15] Im Sommer 1802 konzentrierten sich die Verhandlungen auf Regensburg. Am 18. August 1802 legten die Minister der beiden vermittelnden Mächte Frankreich und Russland in Form von zwei gleichlautenden Deklarationen den *Indemnitätsplan* bei der allgemeinen Reichsversammlung vor[16], der Grundlage war für die Beratungen der Reichsdeputation. Als Entschädigung der Löwenstein-Wertheim war darin bereits u. a. *l'abbaye de Bronnbach*[17] bestimmt. Auch wenn man sonst auf Wertheimer Seite nicht recht zufrieden war und nun eine rege Korrespondenz zwischen den Gesandten in Regensburg und der Verwaltung in Wertheim sowie in Regensburg selbst eine intensive Verhandlungstätigkeit einsetzten[18], betrachtete man das als Entschädigungsobjekt feststehende Bronnbach als *eine schöne Acquisition für das Fürstliche Haus Löwenstein*[19], befürchtete aber wegen der bronnbachischen Besitzungen im Hochstift Würzburg Schwierigkeiten mit Pfalz-Bayern. Als wichtig betrachtete man es daher, die Frage der Territorialhoheit eindeutig zu klären.

Bronnbach geriet in dieser Zeit vorübergehend auch in den Blick des Deutschen Ordens.[20] Zumindest im undatierten Vorschlag des Hofrats Paul Anton Handel wurde auch *Brommbach* als mögliches Entschädigungsobjekt ausgewiesen.

Abt Heinrich Göbhardt
(* 1742, 1783–1802, † 1816)
Porträt des letzten Abts von
Bronnbach.
Landkreis Main-Tauber.

Der auf den 8. Oktober datierte *Plan Général*[21], Ergebnis der Verhandlungen, bestätigte als Entschädigungsobjekt des Fürsten v. Löwenstein-Wertheim u. a. die Abtei *de Bronnbach*. Dieser Plan wurde am 9. Oktober der Reichsdeputation vorgelegt und mit großer Mehrheit angenommen.[22] Bestimmt wurde darin allgemein der 1. Dezember als Datum des Besitzübergangs[23], weshalb der Wertheimer Gesandte am 11. Oktober nach Hause mitteilen konnte, dass mit *der Besitzergreifung* [...] *jetzt ohne Anstand der Anfang gemacht werden* könne.[24]

Unabhängig vom weiteren Fortgang der Beratungen der Reichsdeputation[25] war damit Anfang Oktober im wesentlichen das Schicksal der Entschädigungsobjekte entschieden.

Die Besitzergreifung Bronnbachs

Die Vorbereitungen

Am 13. Oktober trat die fürstliche Regierung zusammen, um über das weitere Vorgehen zu beraten.[26] Mit der Besitzergreifung wollte man noch abwarten, bis der Entschädigungsplan ratifiziert sei, ordnete aber an, Grenzpfähle mit der Aufschrift *Löwenstein Wertheimisches Territorium und Cent* anzufertigen.[27] Weitere Maßnahmen wurden erforderlich, als in den Leiningen zugesprochenen Ämtern am 15. Oktober die Besitzergreifung und der Anschlag Leininger Besitzergreifungspatente in den künftigen Dörfern und Höfen verfügt wurde.[28] Da man Gefahren für die links der Tauber gelegenen Klosterhöfe Ernsthof und Breitenau sowie für Rütschdorf sah, wurden von Wertheim am 17. Oktober Kontrollen und der Druck eigener Patente veranlasst. Die auf dem Ernsthof und in Breitenau bereits angeschlagenen Leininger Patente wurden entfernt, gegenüber dem bisherigen mainzischen Amtsvogt in Külsheim Protest erhoben und Löwensteiner Patente angebracht. Es entstand daraufhin ein Streit über die Landeshoheit auf dem Ernsthof, dem Hof Breitenau, Rütschdorf, der Lindenmühle, dem Meßhof und dem Dürrhof, d. h. auf den auf der linken Seite der Tauber gelegenen Bronnbacher Höfen. Grundsätzlich ging es in dieser Auseinandersetzung den Wertheimern darum, *die diesseitige Jura*[29] zu wahren.

Das Besitzergreifungsactum

Am 19. Oktober[30] ordnete der Fürst für den 21. Oktober die Besitzergreifung *der Abtey Bronnbach cum annexis* an. Grundlage war eine *Instruction* vom 19. Oktober 1802.[31] Am 21. Oktober 1802 begaben sich die bestellten Kommissare zum *Besitzergreifungsactum*[32] nach Bronnbach. An der bisherigen Territorialgrenze, der Gemarkungsgrenze von Waldenhausen und Reicholzheim, wurden sie von einer Bronnbacher Delegation begrüßt und in die Abtei geleitet. Nach der Legitimation und der Darlegung der Gründe für die Kommission wurde *die Erklärung der feyerlichen Besitznahme von der hiesigen Abtey, und allen anhero gehörigen Dorfschaften, Höfen, Mühlen und Gerechtigkeiten nebst allen Einkünften und Renten öffentlich kund gemacht* und wurden die Anwesenden zum Handgelöbnis auf den künftigen Landesherrn aufgefordert. Zuvor empfahl Abt Heinrich den Konvent, die weltlichen Beamten und alle Untertanen der fürstlichen Gnade. Verpflichtet wurden der Amtmann Lohr zur weiteren Verwaltung des Archivs und zwei Patres zur Verwaltung der Klosterwirtschaft. Verzeichnisse über den Konvent, über die weltliche Dienerschaft und das Forstpersonal wurden erstellt. Vereidigt wurden dann die Einwohner von Rütschdorf, die Ortsvorstände von Reicholzheim und Dörlesberg sowie die anwesenden Bronnbacher Hofbauern. Anordnungen wurden schließlich getroffen hinsichtlich des Anschlagens der Patente und des Aufstellens der Hoheitspfähle. Die Besitzergreifungspatente wurden am 21. Oktober in Reicholzheim und Dörlesberg sowie am 22. Oktober auf den klosternahen Höfen, dem Schafhof, dem Hof Lengfeld, Hof Wagenbuch und Kemelhof, angebracht.

Umstrittener Besitz

Der Streit zwischen Löwenstein und Leiningen hielt bis Ende 1802 an.[33] Obwohl beide Seiten zu Kompromissen bereit waren, verschärfte sich zunächst noch die Situation, als der Schönert, der zwischen Bronnbach und Külsheim gelegene Wald, im November zum Streitobjekt wurde, ein militärisches Kommando am 17. Dezember bis zum Zigeunerstock an der Bronnbacher Tauberbrücke vordrang, an der Grenze *der vormaligen Kurmainzer Cent* Leiningener Patente anbrachte, die in den folgenden Tagen auch auf dem Ernst- und dem Hinteren Meßhof angeschlagen wurden. Ende 1802 wurden die Löwensteiner Ansprüche auf die Landeshoheit über Breitenau aufgegeben; Ernsthof und Hinterer Meßhof sowie der an das Kloster angrenzende Teil des Schönert wurden löwensteinisch.

Ein ähnliches Problem entstand, als die hochfürstliche Regierung in Würzburg – Kurpfalz-Bayern war bereits am 3. September im Hochstift Würzburg einmarschiert – von *dem abteylichen Kloster Bronnbach* Ende Oktober einen Bericht über den *Früchtevorrath seiner Unterthanen* anforderte und unter Androhung *mißliebiger Maßregeln* am 27. Oktober anmahnte[34] und zur Vorlage der rückständigen Rechnungen aufforderte. Beides konnte als Anspruch auf Landeshoheit verstanden werden. Die fürstliche Verwaltung ließ als Vorsorgemaßnahme mit einem auf den 25. Oktober zurückdatierten Protokoll das Klosterarchiv versiegeln.

Die Civilbesitzergreifung

In Regensburg legten die Minister der vermittelnden Mächte und die Reichsdeputation am 20. bzw. 23. November die Einzelheiten der Entschädigung fest, darunter auch, dass *der volle Civilbesitz von allen Entschädigungsgegenständen acht Täg vor dem 1ten mens(is) prox(imi) anfange*.[35] Bestimmt wurde auch in § 36: *Die namentlich und förmlich zur Entschädigung angewiesenen Stifter, Abteyen und Klöster, sowie die der Disposition der Landesherrn überlassenen, gehen überhaupt an ihre neuen Besitzer mit allen Gütern, Rechten, Kapitalien und Einkünften, wo sie auch immer gelegen sind, über.*[36] Zum frühesten Termin, am 23. November, erging von der löwensteinischen Verwaltung der Auftrag, die *Civilbesitzergreifung* Bronnbachs vorzunehmen.[37] Am 26. November wurde der Kommissar am Eingang des Abteigebäudes vom Abt zusammen mit den geistlichen und weltlichen Offizianten empfangen. Fünf Exemplare der inzwischen neu angefertigten Besitzergreifungspatente wurden am Abteibau, der Kirche und anderen öffentlichen Gebäuden angeschlagen. Der Abt als bisheriger Landesherr dankte bei seinem letzten Auftritt als Prälat

Bronnbachs den geistlichen und weltlichen Beamten, entließ sie aus ihren Pflichten und forderte sie auf, dem neuen Landesherrn treu zu dienen. Daraufhin wurden die weltlichen Bronnbacher Beamten mit Eid verpflichtet. Verpflichtet wurden auch die für die Klosterwirtschaft verantwortlichen Geistlichen, welche ihre Aufgaben bis zu einem späteren Zeitpunkt fortsetzen sollten. Da eine Kanzlei nicht mehr benötigt wurde, verzichtete man auf eine Verpflichtung des geistlichen Kanzleidirektors. Die von diesem bisher noch wahrgenommenen juristischen Aufgaben wurden dem Konsulenten, dem höchsten weltlichen Beamten Bronnbachs, übertragen. Dann wurden die Schultheißen und Gerichtspersonen *mit einem cörperlichen Eid* verpflichtet. Am Nachmittag wurden die bronnbachischen Waldungen *durch Abhauung eines kleinen Stamms* und die Jagd, vor allem im Külsheimer Schönert, *durch einige Schüße aus einem Jagdgewehr* in Besitz genommen.

Nach der provisorischen Besitzergreifung am 21. Oktober und der zivilen am 26. November bezeichnet der 1. Dezember 1802 das offizielle Datum der Säkularisation Bronnbachs. In Würzburg wurden Anfang Dezember 1802 bayerische Patente am Bronnbacher Hof[38] angeschlagen. Dieser wurde, wie erwartet, trotz der Proteste der fürstlichen Verwaltung als mediat betrachtet.

Die Auflösung des Klosters

Die Entscheidung zur Auflösung

Mit den einschlägigen Bestimmungen des RDH war der Rahmen für die künftigen Regelungen für Bronnbach abgesteckt. Von besonderer Bedeutung war § 42, der u. a. bestimmte: *Die Mannsklöster [...] sind der Verfügung des Landesherrn oder neuen Besitzers unterworfen, welche sie nach freiem Belieben aufheben oder beibehalten können.*[39] Fürst Dominik Constantin (1789–1814) selbst ging mit gemischten Gefühlen an die Auflösung der Abtei. Nicht zuletzt war ihm sicher auch die Gefahr bewusst, selbst Opfer der benachbarten Mittelstaaten zu werden.[40] Wie 1816 festgestellt wurde, *dominirte* in der löwenstein-wertheimischen Verwaltung, was die Besitznahme Bronn-

Kloster Bronnbach
Ansicht von Westen aus der Vogelschau.
Ölgemälde, Josephsaal/Bronnbach, 1742/53.

bachs betraf, *der nun verlebte damalige Herr Regierungspräsident Herr v(on) Hinckeldey allein.*[41]
Für die Überlieferung, Abt Heinrich habe, um sein Kloster zu retten, dieses in eine Schule umwandeln wollen[42], findet sich in den archivalischen Unterlagen kein Beleg. Im Gegenteil erinnerte man sich 1816[43], dass es die Absicht des Fürsten Dominik Constantin und besonders der Fürstin Maria Leopoldine (1761–1807) gewesen sei, *daß der Prälat und die Conventualen beisammen bleiben und eine nüzliche Verwandlung in ein Lehrinstitut geschehen solte.* Wie besonders die skeptischen und ablehnenden Reaktionen des Konvents zeigten, waren aber die wenigsten zu dieser Umorientierung bereit.
Am 3. Februar 1803 erteilte Fürst Dominik Constantin den Auftrag, in Bronnbach mit Abt und Konvent wohl auf der Grundlage der undatierten *ohnmaßgeblichen Präliminar-Punktation* über die künftige Ordnung zu beraten.[44] Die Befragungen am 3. und 4. Februar lieferten die Erkenntnisse, auf deren Grundlage von der fürstlichen Verwaltung und vom Fürsten selbst schließlich die Entscheidungen gefällt wurden. Mit dem 4. Februar beginnend wurde die Erfassung der Abtei Bronnbach als Vermögensobjekt zum Abschluss gebracht; am 24. Februar folgten dann drei Verfügungen des Fürsten betreffend den Abt, den Konvent sowie die Beamten und Diener[45], die zum

16. März in Kraft traten. Damit endete dann vollends Bronnbach als selbständige Einrichtung.

Die Entschädigung Abt Heinrich Göbhardts

Abt Heinrich behielt sich in den Verhandlungen am 4. Februar das Recht vor, seinen künftigen Aufenthaltsort zu bestimmen und verlangte neben seinen Möbeln, Geräten und Ausstattung seine *Kapelle,* Chorrock und Messgewänder, seine Kutsche mit Pferden und Geschirr, Wein, seine Handbibliothek und seine *Pretiosen* und vor allem eine jährliche Pension von 4.000 fl. für die ersten drei Jahren, im weiteren dann von 3.000 fl.[46] Am 24. Feb. 1803[47] wurde Abt Heinrich mitgeteilt, seiner Entscheidung bleibe es überlassen, *ob er seinem Gottes Haus fernerhin vorstehen wolle oder nicht.* Im wesentlichen wurden mit geringen Abstrichen auch seine Forderungen akzeptiert. Die jährliche Pension für den Abt betrug 3.000 fl., die in vierteljährlichen Raten zu zahlen waren. Zugesichert wurden 1.000 fl. für die erste Einrichtung, Möbel, Gemälde und Ausstattung, die *Kapelle,* Chorrock und Messgewänder, die geistlichen Bücher der Handbibliothek zum dauernden, die übrigen Bücher zum lebenslangen Besitz, die Kutsche mit Pferden und Geschirr, Wein, im wesentlichen der *Praelatische Schmuck.* Vor allem wünschte der Fürst, dass der Abt *in hiesiger Gegend* bleibe.[48] Wie aus der Erklärung vom 4. Februar hervorgeht, stand aber für Abt Heinrich auf jeden Fall fest, nicht in Bronnbach zu bleiben.[49] Am 22. April 1803[50] reiste Abt Heinrich nach Heubach und überbrachte dem Fürsten u. a. die *Bronnbachische Pretiosen.* Der Fürst forderte davon *das Pectoral samt Ring* – ein mit Rubinen, Perlen und Brillanten besetztes Kreuz und den dazu gehörigen Ring, auf *3.000 fl. an Werth* angeschlagen –, der übrige Schmuck wurde Abt Heinrich zu Eigentum überlassen. Der Abt erklärte, weder Kapitalien noch Bargeld zurückgehalten zu haben und Ende April nach Bamberg ziehen und dort seinen Aufenthalt nehmen zu wollen. Dies wurde gestattet. Nach seiner Rückkehr nach Bronnbach erklärte Abt Heinrich, *daß Serenissimus ihme alles, was er von Bronnbach wegbringe, ohne mindeste Ausnahme zu gestatten gnädigst geruhet hätten.*[51] Ende April bzw. Anfang Mai übersiedelte er mit zwei Dienern, mit den Möbeln, mit Büchern und Schmuck, außerdem mit zahlreichen Archivalien und den Klostersiegeln nach Bamberg.[52] Auch wenn er in Bamberg das Leben eines begüterten Geistlichen führte, war der ehemalige Bronnbacher Abt nicht zufrieden, vor allem beschwerte er sich 1812 bis 1816 wegen unrichtiger Zahlung seiner Pension.[53] Nach schwerer Krankheit verstarb Abt Heinrich dann am 25. Juli 1816 in Bamberg im 74. Lebensjahr.[54] Beigesetzt wurde er am 28. Juli zu St. Getreu in Bamberg.[55]

Die Auflösung des Konvents

Einschließlich des Abtes hatten 40 Personen, 36 Geistliche und vier Laienbrüder, am 21. Oktober 1802 die Klostergemeinschaft der Zisterzienserabtei Bronnbach gebildet.[56] Bis Anfang Februar 1803 waren vier Mönche sowie ein Konverse verstorben. Außerdem war ein Mönch Ende November 1802 in fürstlichen Dienst getreten. Die Gemeinschaft bestand damit nur noch aus 31 Geistlichen und drei Laienbrüdern. Diese wurden auftragsgemäß Anfang Februar 1803 befragt, *was theils wegen ihrer künftigen Sustentation als auch wegen fernerer Bestimmung mit der Abtei selbsten am zweckmäsigsten den obwaltenden Umständen nach zu veranstalten seyn mögte.*[57] Der Prior erklärte am 4. Februar für den Konvent, alle wünschten *im Besize ihres gänzlichen bisherigen Eigenthums zu verbleiben*

und nach ihrem Beruf leben zu können und seien daher bereit, *zu einer Entschädigung Seiner Hochfürstlichen Durchlaucht ein jährliches mit ihren Einkünften verhältnismäsiges Geldquantum abzureichen.* Falls man sich für eine Pension entscheide, gebe man sich mit *50 Carolins*[58] zufrieden. Erst nach der Anfertigung eines Mobiliarstatus sei man in der Lage, *bemeßen zu können, wieviel jedes Individuum zur Vergütung und respective Ausstattung zu fordern berechtiget seye.* Wenn auch im allgemeinen jeder in seinem Professkloster bleiben wolle, so bestünden doch verschiedene Auffassungen, so dass sich jeder selbst äußern werde. In der unmittelbar und am 5. Februar folgenden Befragung der Mönche schlossen sich alle der grundsätzlichen Ausführung des Priors an. Schließlich erklärten aber nur einige wenige, insgesamt sechs Mitglieder des Konvents, ohne Vorbehalte im Kloster bleiben zu wollen. Der größte Teil, 16 Personen, lehnte eindeutig ein neues Institut ab, zeigte sich skeptisch und in unterschiedlichem Grad abwartend. Die Bereitschaft zum Austritt ließen vier Konventualen erkennen. Der *Catalogus religiosorum abbatiae Bronnbacensis* vom Anfang Februar, der dann am 5. Februar übergeben wurde[59], vermerkt als austrittswillig bereits zehn Konventualen. Die fünf Pfarrer erklärten übereinstimmend, auf ihren Pfarrstellen bleiben zu wollen.

Auf der Grundlage der *Praeliminar Punctation* und der Erklärungen vom Anfang Februar wurde am 24. Februar 1803 vom Fürsten die künftige Ordnung des Klosters verfügt.[60] Die mögliche Errichtung einer Lehranstalt wurde recht skeptisch beurteilt. Die Erklärung gestattete die freie Entscheidung der Klosterangehörigen zum Austritt oder zum Bleiben. Die austrittswilligen Priester erhielten 150 fl. für ihre künftige Einrichtung, ihre Möbel und 400 fl. Pension, die Laienbrüder 100 fl. für Ausstattung, ihre Möbel und 300 fl. Pension. Den Austretenden wurde die freie Wahl ihres künftigen Aufenthaltsortes zugestanden; sie waren jedoch anzeigepflichtig gegenüber der fürstlichen Verwaltung. Eine Rückkehr nach Bronnbach wurde ausgeschlossen. Eine Verpflichtung zum Pfarrdienst blieb bestehen, auch galten die geistlichen Gelübde fort. Die im Kloster verbleibenden Priester bezogen eine Pension von 450 fl. Bezüglich Pension, Möbel und Ausstattungsgeld waren die im Kloster bleibenden Laienbrüder den Austrittswilligen gleichgestellt. Die bisherige

**Liste der Bronnbacher
Konventualen vom
21. (22.?) Oktober 1802**
Staatsarchiv Wertheim.

Ordnung – besonders genannt wurden Ordenskleid, die Gottesdienste und Jahrtage – bestand fort; allerdings wurde der Chordienst reduziert. Der *Kommunität* stand künftig der Abt bzw. ein Superior vor. Überlassen wurden den Mitgliedern der Kommunität ihre Wohnungen und die Kirche mit ihrer Ausstattung, 300 fl. für den Gottesdienst, die Nutzung der Bibliothek und der Gärten sowie Naturaleinkünfte und Reitpferde. Verpflichtet waren sie zum Unterhalt; jedoch gingen die Reparaturen zu Lasten des neuen Eigentümers. Vor allem für die gemeinsame Verpflegung wurde eine gemeinschaftliche Kasse eingerichtet, die von einem Ökonomen verwaltet werden sollte. Den auf Pfarrstellen befindlichen Konventualen wurde zugestanden, nach Abschluss ihres Pfarrdienstes nach Bronnbach zurückzukehren oder auszutreten.

Am 24. Februar[61] wurde gefordert, die schriftliche Erklärung jedes Geistlichen *längstens binnen drey Tagen einzuschicken*. Nachdem dies am 26. Februar in Bronnbach bekannt gemacht worden war[62], nahm der Prior am 1. und 2. März die Erklärungen entgegen.[63] Zehn Mitglieder des Konvents waren zum Austritt entschlossen und neun bzw. zehn brachten Vorbehalte vor. Davon weicht nicht unerheblich die fast zeitgleiche Aufstellung vom 3. März[64] ab, nach der nur vier Mönche zum Austritt entschlossen waren, während sieben zunächst noch die weitere Entwicklung abwarten wollten. Die Verunsicherung der Bronnbacher Konventualen war jedenfalls groß.

Auf die Erklärungen vom 1./2. März teilte der Fürst am 3. März 1803[65] dem Konvent in Bronnbach mit, die zum Austritt entschlossenen Mönche hätten das Kloster *bis zum 16ten dieses* zu verlassen und mit dem 16. März träten die Anordnungen in Kraft. Entsprechende Anweisungen ergingen am 3. März *ad Regimen et Cameram*[66] und am 4. März von der Fürstlichen Regierungs- und Hofkammer an den zuständigen Rentmeister.[67] Dieser wurde dann am 15. März in Gegenwart einer Deputation des Konvents[68] auf die richtige Auszahlung verpflichtet.

Die Kommunität im ehemaligen Kloster

Mit dem 16. März hörte das Kloster Bronnbach auf zu existieren. Zehn Mönche reisten sofort ab. Die verbleibende Kommunität bestand aus 23 Mitgliedern – 20 Geistlichen und drei Laienbrüdern –, von denen aber fünf als Pfarrer außerhalb des Klosters und einer auf dem Dürrhof lebten. Die in Bronnbach weilenden 17 Personen wohnten wie bisher im Konvent- und im Krankenbau und nutzten auch gemeinsam eine Küche, zunächst die Klosterküche und dann ab 1805 die neu errichtete Küche im Krankenbau.[69] Ohne größere Einschränkungen war allem Anschein nach die Nutzung der im Krankenbau untergebrachten Klosterbibliothek.[70] Der Gemeinschaft standen zunächst Priore vor, neben denen der Senior und der Subsenior als Sprecher der Gemeinschaft auftraten.[71] Am 16. Oktober 1804 wurde dann auf Drängen der fürstlichen Verwaltung ein Superior gewählt. Als der Gewählte

schon 1805 eine Seelsorgestelle erhielt, war von da an allem Anschein nach der jeweilige Senior Sprecher der Gemeinschaft.

Mit der Übernahme von Pfarrstellen – freiwillig und unter dem Druck der fürstlichen Verwaltung – und mit Sterbefällen ging die Zahl der in Bronnbach lebenden Mönche stark zurück. Am 27. Mai 1807 bestand die Kommunität aus zehn Geistlichen – davon drei als Pfarrer außerhalb des Klosters – und einem Laienbruder[72], am 25. März 1813 gab es in Bronnbach nur noch acht Geistliche und einen Laienbruder.[73] Ende Oktober 1821 waren noch zwei Geistliche und zwei Laienbrüder übrig geblieben. 1831 wurde das Gemeinschaftsleben endgültig aufgelöst. Am 19. Sept. 1832 verstarb der letzte noch in Bronnbach lebende Konventuale, der Laienbruder Christopherus Klein.[74] 1836 lebten aber insgesamt noch vier ehemalige Bronnbacher Konventualen. Als letzter verstarb am 25. Juni 1850 P. Innocentius Freyrich im Alter von nahezu 72 Jahren.[75]

Das Klosterpersonal

Was das Klosterpersonal betrifft, so waren erste personelle Entscheidungen schon mit der Zivilbesitznahme Ende November 1802 erfolgt. Nachdem schon zum 1. Dezember mit der Dienerschaft des Würzburger Hofes eine Regelung getroffen war[76], wurden dann mit den Aufstellungen im Februar 1803 auch die Personalverhältnisse und -kosten der Abtei erfasst.[77] Nach den vorausgegangen Untersuchungen teilte Fürst Dominik Constantin am 24. Februar 1803[78] bezüglich *der weltlichen Dienerschaft dieser Abtey* seiner Regierung die Veränderungen mit Beginn zum 16. März mit. Im wesentlichen wurde das bisherige Personal übernommen, zum Teil aber wurden ihm neue Aufgaben zugewiesen. Entsprechende Anweisungen ergingen am 26. Februar an den zuständigen Rentmeister[79] und wurden umgehend umgesetzt. Am 15. März 1803 – und damit in Zusammenhang mit der Auflösung der *gemeinschaftlichen Haushaltung* – wurde das künftig überflüssige Gesinde abgefunden.[80]

Bronnbach als fürstlicher Besitz

Verwaltungsorganisation

Sofort nach der Zivilbesitznahme Ende November 1802 wurde Bronnbach voll in die fürstliche Verwaltung übernommen, deren Oberbehörden Ende 1802 von Kleinheubach nach Wertheim zurück verlegt wurden.[81] Für die ehemalige Abtei und ihre Besitzungen wurden das Amt Bronnbach und die Rentei Bronnbach errichtet.[82] Während das Amt die bisherige Verwaltung in Bronnbach fortsetzte, übersiedelte die Rentei im März 1803 von Reicholzheim nach Bronnbach.[83] Die Cent Reicholzheim ging im Oktober 1803 im fürstlichen Jurisdiktionalamt Bronnbach auf.[84] Nach der Mediatisierung des löwensteinischen Staates kam Bronnbach mit den Besitzungen auf dem linken Mainufer zum Großherzogtum Baden. Das wurde daraufhin am 10. Dezember 1807 Teil der Landvogtei Wertheim; seit 1809 gehörte Bronnbach zum Main-Tauber-Kreis.

Erfassung und Verwertung

Das Bronnbacher Amt Würzburg kam zum größten Teil unter die Landeshoheit Pfalzbayerns, die Besitzungen selbst fielen an das Fürstliche Haus Löwenstein, das zur Verwaltung das Kammeramt in Würzburg einrichtete.[85] Der Bronnbacher Hof in Würzburg wurde bereits 1804 versteigert.[86] Nach weiteren Verkäufen 1807/08 wurde mit Vertrag vom 21. Dezember 1811 ein Besitz- und Gefälletausch zwischen Wertheim und dem Großherzogtum Würzburg, das Pfalzbayern als Landesherr nachgefolgt war, durchgeführt.[87] Die seit 1807 als Rentei fortgeführte Verwaltung wurde daraufhin aufgelöst.

Besonders schnell wurde bei der Erfassung der Vermögensgegenstände beim Würzburger Hof verfahren, wo bereits am 4. Dezember das Inventar abgeschlossen wurde.[88]

Während in Bronnbach selbst bei Vieh und Heu sofort eine Verwertung erfolgte[89], war sonst eine sorgfältige Erfassung Voraussetzung. Mit der Anfertigung der Inventare gab es aber Verzögerungen. Nach einer ersten Erfassung vom Ende November 1802 bis Anfang Februar 1803[90] trat mit der Verfügung vom 3. Februar die Erfassung des Vermögens in die entscheidende Phase. Die am 5. Februar übergebenen Verzeichnisse und Inventare[91] wurden am 14. und 15. Februar ergänzt. Zeitgleich mit der Vorbereitung zur Auflösung des Klosters am 16. März wurden Verfügungen über das Klostervermögen und einzelne Vermögensteile getroffen. Eine besondere Kommission wurde am 26. Februar gebildet, um die Separierung der Mobilien vorzunehmen.[92] Weitere Aufgaben wurden dieser Kommission am 4. März 1803 zugewiesen.[93] Wie am 5. März das Regierungs- und Hofkammerprotokoll feststellte, war es nicht zuletzt, um die seit dem 16. März fälligen Pensionen zahlen zu können, erforderlich, nicht nur Früchte zu verkaufen, sondern auch alte Möbel.[94] Am 15. März 1803 erging der Auftrag, die Möbel, Chaisen, Wagen und Pferdegeschirr durchzusehen und für den Fürsten eine Aussonderung vorzunehmen.[95] Die Lokalkommission traf am 15. März in Bronnbach ein. Sie verpflichtete den Rentmeister zur Zahlung der Pensionen, entließ das Gesinde und eröffnete dem Prälaten und den Konventualen die Auflösung der gemeinsamen Haushaltung. Die Separierung und Verwertung von Gegenständen fand zwischen dem 16. März und dem 25. April statt.[96]

Archiv und Bibliothek

Archiv und Registratur der ehemaligen Zisterzienserabtei verblieben zunächst an ihrem bisherigen Standort, wurden dann aber im *Laufe der nächsten Jahrzehnte nach Wertheim transferiert*[97] und in das vor 1850 geschaffene Neue Archiv eingegliedert. Die Klosterbibliothek blieb nach der Auflösung am Ort und stand den in Bronnbach lebenden ehemaligen Konventualen zur Verfügung.[98] 1822 wurden die juristischen Bücher erfasst und 1823 nach Wertheim verbracht. Die in Bronnbach verbliebenen Bücher standen ab 1824 zum Verkauf, der damals aber wegen zu geringer Gebote zurückgestellt wurde. 1832 wurde die Bibliothek in den Josephsaal verlegt und verblieb dort, bis 1847/48 und zwischen 1854 und 1866 Verkauf und Verwertung durchgeführt wurden. Der als wertvoller eingestufte Bestand war bereits in den 40er Jahren der fürstlichen Hofbibliothek einverleibt worden.

Die Klosteranlage nach der Säkularisation

Mit der Auflösung des Klosters wurde die ehemalige Klosteranlage mit Ausnahme der den ehemaligen Konventualen zunächst überlassenen Gebäude wie Konvent- und Krankenbau und der vom Rentamt[99] genutzten Bauten für Domänenzwecke umgenutzt. Mit dem Schrumpfen der Kommunität wurden auch diese Gebäude in die fürstliche Nutzung einbezogen. Dies gilt besonders für den Krankenbau, der ab 1832 für Brauereizwecke genutzt und nach 1840 zur Brauerei umgebaut wurde, die sich schließlich auf die angrenzenden Gebäude der Klosteranlage ausbreitete.[100] Eine weitere Nutzung des Klosters ergab sich, als 1855/56 im Abtsbau und dem angrenzenden Teil des Zwischenbaus eine Residenz für Exkönig Miquel I. von Portugal (1802–1866) eingerichtet wurde.[101] Als die Familie Braganca dann 1921 aus Bronnbach wegzog, wurden die Räumlichkeiten fortan von der fürstlichen Familie genutzt.

Veränderungen der gesamten Klosteranlage ergaben sich im Eingangsbereich, als das Eingangstor mit Pförtnerhaus, die Schmiede und die Ziegelhütte niedergelegt wurden, um zwischen 1845 und 1848 die Landstraße zwischen Wertheim und Bad Mergentheim mitten durch das Klosterareal zu führen.[102] Trotz dieser Veränderungen hat aber das Kloster Bronnbach dank der wenig intensiven Umnutzungen und nicht zuletzt deswegen, weil der größte Teil des Klosterareals in einer Hand, d. h. im Besitz der fürstlichen Familie blieb, in außergewöhnlicher Geschlossenheit die zwei Jahrhunderte seit der Säkularisation überdauert. Die Entwicklung des Klosters hin zu einer dörflichen Gemeinde setzte erst sehr spät ein. Eine selbständige Gemeinde Bronnbach bestand daher auch nur von 1928 bis 1936. 1986 erwarb der Main-Tauber-Kreis das Areal des ehemaligen Klosters und verwirklicht seither die Restaurierung und Wiederbelebung der Klosteranlage. Nachdem zwischen 1921 bzw. 1922 und 1931 in Bronnbach wieder eine Zisterzienserabtei bestanden hatte, führten bis 1958 Kapuzinerpatres die monastische Tradition des Ortes fort.[103] Zur Wiederbelebung der Klosteranlage sucht man heute wieder auf Dauer eine monastische Gemeinschaft für Bronnbach zu gewinnen.

Den Damen und Herren des Staatsarchivs Wertheim in Bronnbach (SAWt) danke ich für ihre Unterstützung. Sofern nicht anderes vermerkt, handelt es sich bei den angegebenen Quellen um Archivalien aus der Abteilung R dieses Archivs.

[1] J 3, 98. S. *Peter Müller*, Ein Stadtplan ohne Gebäude, eine entsetzte Kaiserin und Soldaten im Kloster Bronnbach, in: Sonderausgabe Michaelismesse Wertheim. Mainecho 2000.
Zu Bronnbach allg. s. die hs. *Historia domestica* (zit. *HD*) von Abt Heinrich Göbhardt (1795; D 181), hg. von *Franz-Joseph Mone*, Geschichte des Klosters Bronnbach bei Wertheim, in: Schriften der Alterthums – und Geschichtsvereine in Baden und Donaueschingen. Bd. 3. Karlsruhe 1848, 276–278, 307–386; *Gregor Müller*, Chronik des Klosters Bronnbach, in: Cistercienser Chronik 7 (1895), passim und *Leonhard Scherg*, Bronnbach, in: *Wolfgang Brückner/Jürgen Lenssen* (Hg.), Zisterzienser in Franken. Würzburg 1991, 87–92.
[2] S. *Johann Kaspar Bundschuh*, Geographisches, Statistisch-Topographisches Lexikon von Franken. Bd. 1. Ulm 1799, 446–448.
[3] S. die Zusammenstellung in Rep. 102, zu 11, 14, 15.
[4] Br. 945m, I, 23–26; SAWt Libell 38; s. auch in den Säkularisationsakten D 6, ad 11; Rep. 102, 184, ad 11, no. 16.
[5] S. *Leonhard Scherg*, Iniuriosa et bellicosa tempora. Ein Beitrag zur Geschichte der Zisterzienserabtei Bronnbach im 16. und 17. Jh., in: Wertheimer Jb. 1986/87 (1989), 35–87, bes. 83.
[6] S. *Karl v. Hertling*, Säkularisationsprojekte aus dem Jahr 1798, in: HJb 13 (1892), 503.
[7] S. *Norbert Hofmann*, Inventar des löwenstein-wertheim-rosenbergschen Karten- und Planselekts im Staatsarchiv Wertheim 1725–1835 (zit. Kartenselekt). Stuttgart 1983, 20.

[8] S. *HD* (wie Anm. 1), 382; *Bundschuh* (wie Anm. 2), Bd. 4, 694; *Heinz Bischof*, Heimatbuch Hundheim. Hundheim 1964, 250.
[9] S. *Hermann Ehmer*, Geschichte der Grafschaft Wertheim. Wertheim 1989, 227 f.
[10] Rep. 102, 184, ad 11, no. 22: Abschrift einer Urkunde vom 22.08.1801.
[11] Zur Biographie von Heinrich Göbhardt s. *HD* (wie Anm. 1), 382–384, und *G. Müller* (wie Anm. 1), 276–278. Diese Angaben sind z. T. widersprüchlich und wurden hier anhand der Quellen korrigiert.
[12] S. *Hertling* (wie Anm. 6), 503. Zur Säkularisation Bronnbachs bisher: *G. Müller* (wie Anm. 1), 276–278, 297–307; *Hugo Eckert*, Die Säkularisierung der Zisterzienserabtei Bronnbach im Taubertal, in: Archivnachrichten 3 (1991), Quellenbeil. 3; *Harald Stockert*, Adel im Übergang, Die Fürsten und Grafen von Löwenstein-Wertheim zwischen Landesherrschaft und Standesherrschaft 1780–1850. Stuttgart 2000, bes. 105–136.
[13] S. *Ernst Rudolf Huber*, Deutsche Verfassungsgeschichte seit 1789. Bd. 1. Stuttgart 2. Aufl. 1960, 45.
[14] D 22a. Zu dieser Mission s. *Stockert* (wie Anm. 12), 115 f., und *Eckert* (wie Anm. 12), 3.
[15] D 22b.
[16] S. Protokoll der ao. Reichsdeputation zu Regensburg. Beilagen (zit. *RD Beilagen*). Bd. 1. Regensburg 1803, 7. u. 8. Beil., 19–21.
[17] S. *RD Beilagen* (wie Anm. 16), Bd. 1, 25; s. auch Protokoll der ao. Reichsdeputation (wie Anm. 16), 137.
[18] S. D 22b.
[19] D 22b, Brief von Zentgraf vom 27.08.1802.
[20] S. *Friedrich Täubl*, Der Deutsche Orden im Zeitalter Napoleons. Bonn 1966, 37 ff.

[21] S. *RD Beilagen* (wie Anm. 16), Bd. 2, nr. 107 u. 108, 19–42. Zur Entschädigung der Löwenstein s. Ebd., 30f.

[22] S. *RD* (wie Anm. 17), Bd. 1, 13. Sitzung am 09.10.1802.

[23] S. *RD Beilagen* (wie Anm. 16), Bd. 2, nr. 107 und 108, und das Exemplar in D 22b: § 34 (10).

[24] D 22b.

[25] S. dazu *Huber* (wie Anm. 13), 45 ff., u. *Ernst Rudolf* Huber, Dokumente zur Deutschen Verfassungsgeschichte. Bd. 1. Stuttgart 3. Aufl. 1978, Reichsdeputationshauptschluss, 1–28 (zit. RDH), hier bes. 1.

[26] D 22b. Das Schreiben vom 11.10.1802 trägt den Eingangsvermerk 13.10.

[27] D 22b. Zur Anordnung bezüglich der Grenzpfähle s. *Eckert* (wie Anm. 12), 6.

[28] D 6, 1 ff.

[29] D 6, 7.

[30] D 6, 13.

[31] D 6, 14.

[32] D 6, 15; s. *Eckert* (wie Anm. 12), 4–5, 7–8.

[33] D 6, 16–20, 25–29, 32, 37–42.

[34] D 6, 21. Zur ganzen Angelegenheit s. n. 22–24, 30–31.

[35] D 6, 33. S. dazu auch RDH (wie Anm. 25), § 43. Das ges. Entschädigungsgesetz wurde von der Reichsdeputation in zwei Abschnitten am 20. und 23.11 in der 29. u. 30. Sitzung behandelt und am 23.11. als Deputationshauptschluss verabschiedet, s. *RD* (wie Anm. 17), Bd. 2, bes. 576–622. Die Entschädigung der Löwenstein (§ 14) war seit dem 20.11. geregelt.

[36] S. *RDH* (wie Anm. 25), § 36.

[37] D 6, 33.

[38] S. dazu D 6, 34–36, 43.

[39] S. RDH (wie Anm. 24), § 42.

[40] S. *Martin Furtwängler*, Die Fürsten zu Löwenstein-Wertheim als Standesherren in Baden, in: Wertheimer Jb. 2000 (2001), 203–224, bes. 205.

[41] G 13 IX, 1a; ad 8: Schreiben Stengels vom 12.08.1816. Johann Philipp v. Hinckeley, der 1802 Präsident der Regierung des Fürsten Löwenstein wurde, trat nach der Mediatisierung der Löwenstein-Wertheim Ende 1807 in bad. Dienste.

[42] S. z. B. *Müller* (wie Anm. 1), 278.

[43] G 13 IX, 1a, 20/21.

[44] Rep. 102, 184, 1 (Original), B 251 (3); D 6, 44. In der *Präliminar Punctation*, B 251 (2), sind die späteren Regelungen schon weitgehend formuliert.

[45] B 251 (4, 5, 6). Diese Regelungen orientieren sich an den Bestimmungen des RDH (wie Anm. 25), § 64 und 50, 51d, 57, 59.

[46] Rep. 102, 184, 11; G 13 IX, 1a, zu 15/16.

[47] B 251 (4).

[48] G 13 IX, 1a, ad 15/16 (06.04.1806).

[49] Der fürstliche Kommissar v. Faber machte dem Abt 1816 zum Vorwurf, dass er *der Erste zum Austritt vom Kloster* war (G 13 IX, 1a, 20/21).

[50] B 251 (11–13). G 13 IX, 1a, ad 8.

[51] G 13 IX, 1a, ad 8: Schreiben Lohrs vom 12.08.1816.

[52] A.a.O.; nach *G. Müller* (wie Anm. 1), 278, und *HD* (wie Anm. 1, 384) am 30.04.

[53] G 13 IX, 35.

[54] S. Todesanzeige in B 280.

[55] S. *Gerhard Wissmann*, Kloster Bronnbach, Ein Gang durch die Geschichte der ehemaligen Zisterzienserabtei im Taubertal. Tauberbischofsheim 1986, 151, und *Norbert Haas*, Bestattungen in und um St. Getreu zu Bamberg. Bestattungsbuch 1598–1836, Inschriften auf den Grabdenkmalen mit biographischen Notizen. Bamberg 1995, Nr. 89.

[56] D 6, ad 15.

[57] Rep. 102, 184, 2–10; auch zum Folgenden.

[58] 1 Carolin entspricht 10 fl., s. *Fritz Verdenhalven*, Alte Maße, Münzen und Gewichte aus dem deutschen Sprachgebiet. Neustadt/Saale 1968, 19.

[59] Rep. 102, 184, ad 11 (no. 9).

[60] B 251 (6), Rep. 102, 184, 34; s. auch *G. Müller* (wie Anm. 1), 298–300.

[61] B 251 (4).

[62] Rep. 102, 184, 39.

[63] Rep. 102, 184, 39–41.

[64] Rep. 102, 184, ad 35.

[65] B 251 (7); Rep. 102, 184, 36 (besiegelte Abschrift).

[66] B 251 (8); Rep. 102, 184, 35 (Original).

[67] Rep. 102, 184, 42–45.

[68] Rep. 102, 184, 52.

[69] Rep. 102, 184, 52, 53; G 13 V, 58, G 13 IX, 1b; Rep. 5g, 14; s. *Volker Rödel*, Der Krankenbau von Kloster Bronnbach. Geschichte eines Gebäudes, in: Wertheimer Jb. 1991/92 (1992), 173–192, hier 183.

[70] G 13 IX, 1a, ad 8: Schreiben Stengels vom 12.08.1816.

[71] S. vor allem Rep. 102, 184, 64 und G 13 V, 57; auch zum Folgenden.

[72] G 13 V, 65, 3.

[73] G 13 V, 65, 15.

[74] G 13 IX, 2b, 5.

[75] S. *Joseph v. Kühles*, Liber mortuorum Brunnbacensis, in: Archiv für Unterfranken und Aschaffenburg 31 (1971), 114, unter 25.06.

[76] D 6, 35.

[77] Rep. 102, 184, 11 (no. 13, 21, 22, 25, 26).

[78] Rep. 102, 184, 33; B 251 (5).

[79] Rep. 102, 184, 42–47.

[80] Rep. 102, 184, 91.

[81] Rep. 88, 459. Zur Verlegung der Oberbehörden s. *Hofmann*, Kartenselekt (wie Anm. 7), 13.

[82] S. SAWt: *Norbert Hofmann*, Vorwort zum Findbuch zum Bestand G 13 (neu) = Rentamt Bronnbach 1979/80, VI ff. Die Ordnung für die neuen Besitzungen datiert *Stockert* (wie Anm. 12, 131) auf Anfang 1803.

[83] G 13 IX, 5 und Rep. 5g, 5. Nach *Hofmann*, Kartenselekt (wie Anm. 7), 21, wurde die Rentei im Sommer 1803 nach Bronnbach verlegt.

[84] S. *Hofmann*, Kartenselekt (wie Anm. 7), 20, auch zum Folgenden.

[85] S. dazu die am 15.06.1803 vorgelegten Verzeichnisse in Rep. 102, 184, 29–30.

[86] B 4649a.

[87] S. dazu und zum Folgenden *Hofmann*, Kartenselekt (wie Anm. 7), 21.

[88] D 6, 33; Rep. 102, 184, ad 11 (no. 12).

[89] R 91 1802/04, S. 37, n. 16; B 251 (3).

[90] Rep. 102,184, 12–22.

[91] Rep. 102, 184, 8–9 (no. 3–12): Auflistung, s. ad 11 (no. 4–6, 8–12). Die Verzeichnisse no. 3 und 7 fehlen.

[92] Rep. 102, 184, 42–45.

[93] Rep. 102, 184, 91.

[94] Rep. 102, 184, 48.

[95] Rep. 102, 184, 52; auch zum Folgenden.

[96] R 91 Rechnung 1802/04, 37; Rep. 102, 184, 68.

[97] Nach Kurzfassung der Beständeübersicht des Rosenberg'schen Archivs im Internet (Stand: Jan. 2001).

[98] S. *Leonhard Scherg*, Die Bibliothek der Zisterzienserabtei Bronnbach an der Tauber, in: *Peter Kolb/Gottfried Mälzer* (Hg.), Kostbare Bücher aus drei alten fränkischen Bibliotheken, Bronnbach, Kleinheubach, Neustadt a.M. Würzburg 1988, 128–159. hier bes. 146 ff.

[99] Zum Ausbau des Rentamtes s. *Hofmann*, Kartenselekt (wie Anm. 7), 21.

[100] S. *Rödel* (wie Anm. 70), 184 ff.; *Wissmann* (wie Anm. 56), 153.

[101] S. *Wissmann* (wie Anm. 56), 153–154.

[102] S. *F. J. Baer*, Chronik über Straßenbau und Straßenverkehr in dem Großherzogtum Baden. Berlin 1878, 117–121, zur Bauzeit 119.

[103] S. *Wissmann* (wie Anm. 56), 156–158.

Entschädigung für Besitzverluste außerhalb des Reichs

Die Säkularisation des Augustinerchorherrenstifts Beuron

von Otto H. Becker

Zur Vorgeschichte

Die im Friedensvertrag von Lunéville 1801 vereinbarte Entschädigung der erblichen Reichsstände mit innerdeutschen geistlichen Territorien für erlittene Verluste auf der linken Rheinseite beflügelte nicht zuletzt auch die Phantasie der hohenzollerischen Fürsten.[1] Fürst Hermann v. Hohenzollern-Hechingen (1751–1810) schwebte als Ersatz für die Grafschaft Geulle und die Herrschaften Mouffrin und Baillonville im Lütticher Land die Klöster Rottenmünster bei Rottweil und Mariaberg bei Gammertingen und später die der Abtei Muri in der Schweiz gehörige Herrschaft Glatt am oberen Neckar und das Augustinerchorherrenstift Beuron im Donautal vor.[2] Fürst Anton Aloys v. Hohenzollern-Sigmaringen (1762–1831) reklamierte als Entschädigung für verlorene Rechte und Güter in der Grafschaft Bergh, der Freiherrlichkeit Boxmeer und der Herrschaft Dixmuiden in den Niederlanden die Klöster Zwiefalten, Marchtal, Heiligkreuztal oder Schussenried.[3] Trotz der guten Beziehungen der Fürstin Amalie Zephyrine v. Hohenzollern-Sigmaringen (1760–1841) zum Ersten Konsul Napoléon Bonaparte, der Rückendeckung des stammverwandten preußischen Königshauses und ihrer persönlichen Hartnäckigkeit mussten die hohenzollerischen Fürsten ihre hochfahrenden Pläne jedoch schließlich zu Grabe tragen.[4] Leer sind sie bei dem Entschädigungsgeschäft der Säkularisation freilich nicht ausgegangen.
Gemäß § 10 des von Frankreich und Russland der Reichsdeputation übergebenen *plan général et définitif d'indemnité*, der dann zur Grundlage des RDH

vom 25. Februar 1803 wurde[5], erhielt der Hechinger Fürst die dem Stift Kreuzlingen gehörige Herrschaft Hirschlatt bei Tettnang, die Klöster Stetten, St. Luzen und Rangendingen sowie das Hechinger Kollegiatstift St. Jakob.[6]
Die Entschädigung des Sigmaringer Fürsten war bedeutender. Er erhielt für seine niederländischen Verluste aus dem Besitz der Abtei Muri/Schweiz die Herrschaft Glatt, das Benediktinerinnenkloster Holzen bei Donauwörth, das Augustinerchorfrauenstift Inzigkofen bei Sigmaringen und das Augustinerchorherrenstift Beuron.[7]
Im Vergleich zu Baden und Württemberg war die Entschädigung der Hohenzollern freilich recht bescheiden ausgefallen. Andererseits aber lagen deren Besitzungen alle außerhalb des Reichsgebiets, für die nach dem strengen Wortlaut des Lunéviller Friedensvertrags überhaupt keine Entschädigung hätte geleistet werden müssen.[8] Historisch kann die Einbeziehung der schwäbischen Hohenzollern in den Kreis der Säkularisatoren nicht hoch genug eingeschätzt werden, wurde dadurch doch der Sonderweg Hohenzollerns eingeleitet, der erst 1973 durch die Kreisreform in Baden-Württemberg seinen Abschluss fand.[9]

Die Inbesitznahme

Die Grundlage für die Säkularisation des Klosters Beuron bildete der zweite franz.-russ. Entschädigungsplan (*plan général et définitif d'indemnité*) vom 8. Oktober 1802.[10] Schon am 15. Oktober erfuhren die Augustinerchorherren in Beuron von ihrem Ge-

Beuron im Donautal
Aquatinta nach J.-H. Neukomm, J. Sperli, 1835.
Kreisarchiv Sigmaringen.

schick. Nach der Chronik des Stifts betrauerten die Augustiner zwar heftig ihr Schicksal, trösteten sich aber schließlich damit, unter die Botmäßigkeit eines solch geliebten Fürsten zu kommen.[11]

Am 19. Oktober 1802 kündigte Fürst Anton Aloys v. Hohenzollern-Sigmaringen dem Prälaten Dominikus Maier die provisorische Zivilbesitznahme des Stifts an. In dem Schreiben heißt es u. a.: *Wenn ich Euer Hochwürden hierüber die gegenwärtige vorläufige Nachricht, und mit derselben die unumwundene Versicherung ertheile, das ich in keinem Falle die geneigte Gesinnung gegen Euer Hochwürden vernachläßigen werde; so erwarte ich dagegen daß meinem abzuordnenden Civilkom[m]ißär die offene Einsicht in alle von ihm anzufordernden Rechnungen und Urkunden, sofort die unerschwerte Vornahme der ihm obliegenden Geschäftsverhandlungen gestattet werde.*[12]

Die Inbesitznahme nahm am 23. November 1802 Hof- und Regierungsrat Geßler vor.[13] Einen Tag später wurde der Besitz des Augustinerchorherrenstifts visitiert und darüber ein Protokoll aufgenommen[14], das jedoch keine genauen Zahlen über den Umfang und den Gesamtwert des Augustinerchorherrenstifts enthält. Das Klostergut wurde auf 184 Jauchert geschätzt.[15] Der übrige Lehenbesitz in Baden und Württemberg wurde nur summarisch und zumeist ohne Größenangabe der Höfe angegeben.[16]

Bezüglich der Erträge der Güter des Augustinerchorherrenstifts wird in dem Protokoll ausgeführt: *Da hier keine eigentlichen Rechnungen geführt, sondern die Zweige der Administration theils unter den Kapitularen, theils unter das Kanzleipersonal vertheilt und viele Rubriken entweder gar nicht zu Papier gebracht, oder nur auf inzwischen distrahirten Zetteln aufge-*

schrieben worden; so ist eine bloße Unmöglichkeit 9-jährigen Rechnungsdurchschnitt zu formiren.[17] Nach der damals durchgeführten Revision sollen sich, laut Klosterchronik, die jährlichen Erträge des Augustinerchorherrenstifts auf zwischen 26.000 und 28.000 fl. belaufen haben.[18]

Zur Zeit der Inbesitznahme gehörten dem Konvent des Stifts 16 Kapitularen an. Es waren dies[19]:

Prälat und Abt Dominikus Maier, *Rottweil am 12. April 1752, Prof. (Profess.) 25. Aug. 1771, Priester 25. Juni 1775, Abtwahl am 5. Okt. 1790,

Nikolaus Weizenegger, *Stetten am 25. Mai 1755, Prof. 2. Juli 1776, Priester 17. Apr. 1781, erwählt zum Dekan am 26. Okt. 1795,

Andreas Reiser, *Konstanz am 23. Okt. 1734, Prof. 28. Aug. 1758, Priester 20. Juni 1762,

Mathias Kamerer, *Hechingen am 26. März 1738, Prof. 28. Aug. 1758, Priester 19. Juni 1763,

Antonius Wuchter, *Rottenburg am 24. März 1742, Prof. 21. Okt. 1764, Priester 28. Sept. 1766,

Bonifacius Ruef, *Öhningen am 8. Nov. 1749, Prof. 25. Aug. 1771, Priester 2. Juli 1775,

Stefan Winker, *Spaichingen am 26. Jan. 1747, Prof. 29. Sept. 1771, Priester 9. Okt. 1774.

Augustin Ostler, *Kemnat am 19. Juli 1756, Prof. 2. Juli 1776, Priester 16. Apr. 1781, Pfarrer zu Leibertingen,

Jakob Sartori, *Endingen am 26. Juli 1755, Prof. 4. Aug. 1776, Priester 17. April 1781, Pfarrer zu Irndorf

Ildefons Herderer, * am 2. Jan. 1764, Prof. 10. Sept. 1786, Priester 8. Juni 1788, Pfarrer zu Bärenthal,

Sebastian Beer, *Wemdingen am 5. Jan. 1766, Prof. 30. Sept. 1787, Priester 24. Okt. 1790, Pfarrer zu Buchheim,

Joachim Hasel, *Wangen i. A. am 28. Jan. 1769, Prof. 30. Sept. 1784, Priester 10. März 1793,

---

Rudolf Engelhart, *Muningen (Tirol) am 2. Okt. 1766, Prof. 9. Okt. 1791, Priester 19. März 1779,

Romuald Bock, *Ochsenhausen am 28. Aug. 1774, Prof. 9. Okt. 1791, Priester 18. März 1798,

Johannes Baptista Funck, *Wangen i. A. am 17. Sept. 1774, Prof. 9. Okt. 1791, Priester 19. März 1798, Pfarrer zu Beuron,

Franz Xaver Korntheir, *Ochsenhausen am 20. Dez. 1773, Prof. 18. Dez. 1791, Pfarrer zu Worndorf.

Der mit der Säkularisation übernommenen Verpflichtung, den Abt bzw. den Prälaten und die Kapitulare mit ausreichenden Pensionen zu versorgen, kam Fürst Anton Aloys v. Hohenzollern-Sigmaringen alsbald nach und erließ unterm 2. Dezember 1802 ein entsprechendes Dekret. Danach erhielt der Prälat des säkularisierten Stifts eine jährliche Pension in Höhe von 2.500 fl. nebst zwei Pferde-Rationen. Dem Dekan wurde eine jährliche Pension in Höhe von 600 fl. zugesagt. Für die 14 Kapitularen waren jährliche Pensionen in Höhe von jeweils 450 fl. vorgesehen.[20] Sie wurden auf Bitten des Prälaten mit Verfügung vom 15. Dezember 1802 auf jeweils 500 fl. erhöht.[21]

Die ausgesetzten Pensionen lagen damit deutlich über dem im RDH festgesetzten unteren Limit von 2.000 fl. für den Abt und 300 fl. für die Regularen.[22] Das Vorgehen des Fürsten v. Hohenzollern-Sigmaringen unterschied sich dabei sehr vorteilhaft gegenüber anderen Reichsständen.[23] So erhielten z. B. die Patres des an Württemberg gefallenen Zwiefalten Pensionen, die unter dem reichsgesetzlichen Minimum lagen.[24] Ebensowenig wurden die Kapitularen, wie dies anderswo geschehen[25], ausgewiesen, sondern bekamen das Klostergebäude in Beuron zur freien Wohnung zugewiesen. Das Holz wurde ihnen zu 1 fl. 30 kr. je Klafter und die Früchte, die sie zu ihrem Unterhalt benötigten, zum jeweils niedrigsten Jahrespreis von der Fürstl. Verwaltung zugewiesen.[26] Demgegenüber war das säkularisierte Augustinerchorherrenstift verpflichtet, die Pfarreien Leibertingen, Irndorf, Bärenthal, Worndorf und Buchheim excurrendo [vom Kloster aus] zu versehen und die Pfarrgemeinde Beuron zu pastorisieren, wobei dem Prälaten das Recht auf Ernennung der excurrierenden Pfarrer und auf Disziplinierung wie zuvor zustehen sollte.[27] Die Respektierung der besonderen Stellung des Prälaten Dominikus Maier seitens der Fürstlichen Regierung war bereits in der Überlassung seiner Ringe, des Pectorale und der Pretiosen auf Lebenszeit zum Ausdruck gekommen.[28]

Der Großmut des Fürsten v. Hohenzollern-Sigmaringen gegenüber den Kapitularen des Stifts Beuron hatte freilich auch Grenzen. So waren diese bei Verlust der Pension dazu verpflichtet, Pfarreien zu übernehmen. Als Hinderungsgründe wurden lediglich hohes Alter und Gebrechlichkeit geduldet. Im Falle der Übernahme einer Pfarrei sollten die Pensionszahlungen eingestellt werden, doch verpflichtete sich der Fürst in Fällen, in denen die Einkünfte einer übernommenen Pfarrei niedriger war als die Pension, den entsprechenden Differenzbetrag zu übernehmen. Den Kapitularen war es ferner bei Verlust der Pension nicht gestattet, ohne Erlaubnis des Fürsten einen anderen Wohnsitz zu nehmen.[29]

Schließlich überließ der Fürst den Kapitularen von Beuron das Klostergebäude für die Dauer von sechs Jahren unter den folgenden Bedingungen[30]:

A) So oft ein geistliches Individuum aus dem Stifte mit Tod abgeht, oder eine Anstellung erhält, ist der jedesmalige Pensions-Betrag zu unserer Hofkam[m]er alljährlich abzuführen.

B) Die Jurisdiktionalien werden zwar in Unserem Nahmen verwaltet, die Jurisdiktionsgefälle aber gleichfalls zu Nutzmäßung gerechnet und somit alle Nutzungen ohne Ausnahme überlassen werden.

C) Über alle Einnahmen und Ausgaben ist eine ordentliche mit Bescheinigung gedekte Rechnung alljährlich zuzuführen, und Uns vorzulegen.

D) Während den sechs Jahren darf keine Alienation an Realitäten vorgenom[m]en, noch an Holz über die eigene Nothdurft gefällt, und der Schuldenstand über die wirklich vorhandenen passiven nicht erhöhet, noch vermehrt werden.

E) Alle Haus- und Feldgerätschaften, Haab- und Waar, Früchten und Futter sind nach Verfluß der sechs Jahre nach Ausweiß der hierüber gemeinschaftlich zu verfassenden Inventarien in der Qualität und Quan-

tität wieder zu Händen zu stellen oder zu vergüten. Dann wäre

F) die 5 Pfarreyen, welche bisher excurrendo versehen worden, und bis zu einer anderen Einrichtung, noch ferner so versehen werden müssen, aus den betreffenden Zehenden mit Unserer Zustimmung zu dotieren, und die nöthige Wohnungen erbauen zu lassen. Auch versteht es sich

G) von selbsten, daß sämtliche Gebaulichkeiten des Klosters auf Kosten des Nutznießers in baulichem Stande zu unterhalten, und wegen Bezugs aller Nutzungen auf die sämtlichen Beschwerden, mithin die Besoldungen der Beamten zu übernehmen seyn würden. Endlich hätte nach Verfluß der sechs Jahre die Pensionirung der noch lebenden, und nicht angestellten Kapitularen ihren Anfang zu nehmen, welche, je besser gewürthschaftet worden, desto reichlicher ausfallen würde.

Unangetastet blieben die Zellen der Kapitularen und das darin befindliche Inventar.[31] Ferner blieb dem Konvent das vorrätige Holz für die Öfen und das vorhandene Bier überlassen. Von der Fürstl. Verwaltung wurden ferner täglich drei Maß Milch für die Kapitularen und die Anschaffung von Wachs, Öl und Lichter in der Kirche übernommen.[32]

Übernommen wurden von der Fürstl. Verwaltung am 19. Dezember 1802 der Kanzleidirektor Franz Anton Vögel und der Amtsschreiber Philipp Dreher des Stifts und provisorisch mit der Beamtung, die sowohl für die Cameralia als auch die Judicialia zuständig war, betraut.[33] Die übrigen Dienstboten des Stifts wurden entweder angestellt oder erhielten Pensionen.[34] Laut Amtsrechnung 1803/04 musste die Fürstl. Verwaltung allein für die Pensionen der Kapitulare 7.145 fl. 38 kr., für die Besoldungen 1.574 fl. 21 kr. und 2.287 fl. 30 kr. an Zinsen, die aus den übernommenen Schulden des Stifts herrührten, bezahlen.[35] Der Reinertrag der Beuroner Güter wurde nach einer Aufstellung von 1804 mit 8.000 fl. beziffert.[36]

Doch selbst diesen Gewinn musste Fürst Anton Aloys v. Hohenzollern-Sigmaringen noch teilen. In einer Note vom 10. Mai 1803 teilte die vorderösterreichische Regierung dem Fürsten nämlich die Sequestrierung, d. h. die Beschlagnahme der in Vorderösterreich gelegenen säkularisierten Güter und Gefälle mit.[37] Dieser Eingriff wurde mit dem sogen. *Epaven-recht* (Heimfallrecht) begründet, das besagte, dass das *ius circa sacra et politica* dem Landesherrn erlaube, bei der Aufhebung von geistlichen Stiftungen über deren Rechte und Besitz verfügen zu dürfen, soweit sie in seinem Territorium lagen. Die Anwendung dieses Rechts durch Österreich stand jedoch im Widerspruch zum Wortlaut des RDH. Im Artikel 36 war nämlich ausdrücklich festgelegt, dass die Entschädigungsobjekte *mit allen Gütern, Rechten und Kapitalien und Einkünften, wo immer auch sie gelegen sind,* an ihre neuen Eigentümer übergehen sollten.[38]

Für den Fürsten v. Hohenzollern-Sigmaringen bedeutete die Beschlagnahme nach eigenen Angaben den Verlust von Dreiviertel der Einnahmen des säkularisierten Augustinerchorherrenstifts Beuron, von je einem Viertel von Glatt und Holzen sowie der Hälfte der Einkünfte von Inzigkofen.[39] Die Sequestrierung wurde erst 1806 aufgehoben.[40]

Die Auflösung des Konvents

Der Tod von Konventsangehörigen und vor allem die den Kapitularen auferlegten Verpflichtungen, Pfarrstellen zu übernehmen, bewirkten alsbald die Auflösung der klösterlichen Gemeinschaft. Bereits im Dezember 1802 beantragte der Kapitular Jakob Sartori, Pfarrer von Irndorf, nach Freiburg zu seiner Schwester ziehen zu dürfen[41], wozu er dann noch vor Jahresende die Erlaubnis erhielt.[42] Zur gleichen Zeit verließ auch Ildefons Herderer, Pfarrer von Bärenthal, den Konvent, um in Sigmaringen die Stelle des Hofkaplans zu übernehmen.[43] Die verwaisten Pfarrstellen zu Irndorf und Bärenthal wurden mit Wirkung vom 1. Januar 1803 mit den Kapitularen Joachim Hasel und Rudolf Engelhart besetzt.[44]

Am 16. Januar 1803 verließ Mathias Kamerer den Konvent, um die Pfarrei Bittelbronn zu übernehmen.[45] Am 3. März 1803 starb der Chorherr Antonius Wuchter[46], und am 10. Oktober desselben Jahres verstarb der Kapitular Andreas Reiser.[47] Noch vor Jahreswechsel 1803/04 wurden die Kapitulare Johannes Baptista Funck mit der Pfarrei Irndorf und Romuald Bock mit der Pfarrei Beuron betraut; der bisherige Pfarrer von Irndorf, Joachim Hasel, wurde nach Glatt

versetzt.[48] Am 23. Mai durfte sich Bonifacius Ruef zu seinem Bruder, dem Abt des Augustinerchorherrenstifts Kreuzlingen, begeben. Die Erlaubnis wurde ihm unter der Bedingung erteilt, dass fortan keine Pensionszahlungen mehr an ihn zu zahlen waren.[49] Im Sommer bzw. Herbst 1804 schließlich kehrten Sebastian Beer, Pfarrer zu Buchheim[50], und Augustin Ostler, Pfarrer von Leibertingen[51], dem Konvent den Rücken und nahmen in ihren Pfarreien Wohnung.

Die Auszehrung, die der Konvent durch den Auszug und den Tod von Kapitularen erfuhr, blieb nicht ohne Auswirkungen. Ab 1. Januar 1803 übernahm der Wirt Ignaz Zudrelli die Versorgung des Konvents mit Speisen.[52] Um Ausgaben zu sparen, legten die Kapitularen zu Jahresbeginn auch die Chorgewänder ab.[53] Im Januar 1804 wurde auch das Orgelspiel[54] und Mitte Februar 1804 auch das Chorgebet[55] eingestellt.

1808 bestand der Konvent nur noch aus dem Prälaten, dem Dekan Nikolaus Weizenegger und den Kapitularen Stefan Winker, Romuald Bock, dem Pfarrer von Beuron, und Johannes Baptista Funck. Die weiteren noch lebenden Exkapitularen waren an folgenden Orten als Pfarrer oder als Pfarrverweser tätig: Mathias Kamerer in Bittelbronn, Bonifacius Ruef in Öhningen, Augustin Ostler in Leibertingen, Franz Xaver Korntheir in Worndorf, Rudolf Engelhart in Öttingen und Sebastian Beer in Buchheim. Als Pensionär lebte Jakob Sartori in Freiburg i. Br.[56]

Die Ruhe der noch in Beuron verbliebenen Klosterinsassen wurde 1813 noch einmal gestört, als die österreichische Armee im Befreiungskrieg dort für 300 Mann ein Militärhospital einrichten ließ.[57] Das Spital konnte aber schon im März 1814 wieder aufgelöst werden. Die dem Spital gehörigen Bettstellen wurden im Juli 1814 nach Sigmaringen übergeführt und danach nach Gorheim verbracht.[58]

Das ehemalige Augustinerchorherrenstift, in dem nur noch der Prälat Dominikus Maier und Pfarrer Romuald Bock wohnten, versank allmählich in einen Dornröschenschlaf. Pfarrer Bock, der, wie aus einschlägigen Akten hervorgeht, seine seelsorgerlichen Pflichten immer mehr vernachlässigte und statt dessen das Wirtshaus in Beuron, den heutigen »Pelikan« frequentierte[59], wurde im Juli 1820 als Kaplaneiverweser nach Liggersdorf versetzt.[60] Nachfolger von Romuald Bock, dem letzten Augustiner-Pfarrer von Beuron, waren bis zur Errichtung der Kuratkaplanei Beuron im Jahre 1826[61] die Pfarrverweser Hohl (1820–22)[62], Riegger (1822–24)[63], Kohler (1824–25)[64], Weihrauch (1825–26)[65] und Koch (1826).[66]

Am 7. Oktober 1823 starb Dominikus Maier, der letzte Abt Beurons, im Alter von 71 Jahren an Wassersucht.[67] Ihm folgten als letzte Mitbrüder Jakob Sartori am 12. Februar 1835 und Romuald Bock am 19. April 1835 nach.[68] Der Augustinerchorherrenkonvent Beuron gehörte damit endgültig der Vergangenheit an.

Die Verwertung der Mobilien

Parallel zur Auszehrung des Konvents war die Auflösung der Fahrnis (bewegliches Vermögen) des säkularisierten Augustinerchorherrenstifts Beuron erfolgt. Bereits am 25. Juni 1804 hatte die Fürstl. Regierung die von Obervogt Widmann beantragte Versteigerung der entbehrlicher Gerätschaften des Klosters und die Abgabe von Paramenten an die Kirche von Bärenthal sowie die Abgabe der restlichen Paramente an benachbarte Kirchenfabriken gegen Bezahlung gestattet.[69]

Die Versteigerung begann am 1. Oktober 1804 und dauerte insgesamt drei Tage. Nach der Klosterchronik[70] kamen dabei neben Gebrauchsgegenständen wie Geschirr, Tischwäsche, Bettwäsche, Kissen, Möbeln und Fässern auch Kunstgegenstände und Musikinstrumente unter dem Hammer. Darunter befanden sich nach der Klosterchronik Gemälde der Klosterstifter, Bilder mit Themen aus der biblischen Geschichte, Stationsbilder und Gemälde von verstorbenen Konventsangehörigen.[71] Von der Versteigerung nicht betroffen waren Bilder aus der Sakristei.[72] Vom Obervogt zurückbehalten wurden 16 Bilder, die ins Fürstl. Schloss in Thalheim verbracht wurden.[73]

Nach dem Versteigerungsprotokoll wechselten insgesamt 119 Bilder aus dem Klostergebäude zu einem Gesamtpreis von 33 fl. 7 kr. den Besitzer. Lokalisiert wurden 37 aus dem oberen Gang, 7 aus den beiden Treppenhäusern, 17 aus dem mittleren, 26 aus dem inneren Gang und 14 Stationen aus der Krankenkapelle. Die Käufer wurden im Protokoll nicht angegeben.[74] Wenig informativ ist hier Klosterchronik. Danach gelangten 12 Ansichten nach Fridingen, die Stationen wurden nach Spaichingen verkauft.[75]

Nicht versteigert wurden die Bilder aus der Sakristei und den beiden Refektorien.[76] Auch das Inventar der Zellen blieb unangetastet. Bereits vor dem Versteigerungstermin war am 11. Juli 1804 das im Bibliotheksraum des Stifts befindliche Theater an den Pfarrer Ignaz Demeter von Lautlingen für 33 fl. verkauft worden.[77] Verkauft wurden auch die Ornate der Kirche an auswärtige Pfarrer und Kirchenpfleger.[78]

Der Gesamterlös der Versteigerung betrug lediglich 1.256 fl. 30 kr.[79] Nach der Auffassung des Klosterchronisten repräsentierten die Mobilien, die ihren Eigentümer gewechselt hatten, einen Gesamtwert von über 16.000 fl.[80] Diese Ausplünderung soll eine anwesende Frau lutherischen Bekenntnisses unter Tränen mit den biblischen Worten vom Tempel, der in eine Räuberhöhle verwandelt war, kommentiert haben.[81] Der geringe Erlös der Auktion beruhte wohl vor allem auf mangelndem Kunstverstand. Bei der anschließenden Versteigerung der Fässer des aufgehobenen Stifts wurden nämlich 1.586 fl. 30 kr. erzielt.[82] Eindeutig war lediglich der Wert von Edelmetallen. So konnten im Dezember 1804 Silbergeräte von insgesamt 768 Lot [1 Lot = 16,5–17,5g] für 856 fl. an den Hoffaktor Isaac Abraham veräußert werden.[83]

Nachdem bereits im Januar 1804 die Orgel der Klosterkirche verstummt war[84], bestanden keine Hemmungen mehr, auch dieses Instrument zu versilbern. Als dann aber am festgesetzten Versteigerungstermin niemand erschien, wurde die Orgel schließlich im November 1807 für 1.200 fl. an die Stadtpfarrkirche St. Jakob in Pfullendorf verkauft.[85] Unangetastet blieb jedoch die Chororgel in der Beuroner Klosterkirche.[86] Über die in der Sakristei und in der Kirche des ehemaligen Klosters vorhandenen liturgischen Geräte und Ornate werden wir durch ein am 15. Juni 1819 von dem damaligen Beuroner Obervogt Schiessle angefertigten Inventar unterrichtet.[87] Dessen geringer Umfang lässt vermuten, dass die 1804 stattgefundenen Veräußerungen von Paramenten und Geräten, wovon kein Protokoll vorliegt, beträchtlich waren.[88] Obgleich der große Bedarf an Kirchenparamenten 1819 den Anlass zur Anfertigung des Inventars geboten hatte[89], ließ man die Angelegenheit seitens der Fürstl. Regierung zunächst auf sich beruhen. In einem Bericht des Obervogteiamts Beuron vom 17. Februar 1820 erfahren wir lediglich, dass ein blaues Messgewand für 2 fl. 30 kr. an die Zuchthausverwaltung Hornstein verkauft worden war.[90] Bewegung in die Angelegenheit hat dann vermutlich erst das Ableben des Prälaten Dominikus Maier gebracht, denn am 9. Dezember 1823 wurde das Fürstl. Obervogteiamt angewiesen, die folgenden Gegenstände von Beuron nach Sigmaringen zu überstellen[91]:

[I.] Nr. 2 Zwei Kelche, und zwar mit Ausnahme desjenigen von Werenwag, der in Beuron verbleibt, die zwei besten mit Zubehör,

Nr. 3 die vorhandenen 18 Lot Bruchsilber,

Nr. 5 ein Paar silberne und vergoldete Meßkännchen samt Platte,

Nr. 8 ein silberner Christus mit schwarzem Kreuze,

Nr. 10 ein Meßbuch mit Verzierung auf der Decke von Silber,

Nr. 14 zwei Paar Meßkännchen von Zinn,

Nr. 17 vier kleinere Leuchter von Messing.

[II.] *An Meßgewändern und Ornaten*

Ein weißer Ornat mit allen Zugehörden und den Tunicellen, ein rotgeblümter Ornat mit allen Zugehörden,

Nr. 1 ein Meßgewand von reichen Stoff,

Nr. 2 ein Meßgewand von rotem Samt.

[III.] *Alben*

Nr. 1 Zwei Alben mit Spitzen und rotem Taft,

Nr. 2 zwei Alben desgleichen mit Spitzen in der Mitte und unten,

Nr. 12 u. 13 zwei Hostieneisen und Kessel

Die unter [I.] Nr. 3, 14, 17, 18, [II.] Nr. 1, 2 und [III.] Nr. 1 und Nr. 2 angegebenen Gegenstände sowie der weiße Ornat mit allem Zubehör wurden vorläufig der Pfarrkirche St. Johann in Sigmaringen übergeben. Den Wert dieser Ornate und Gerätschaften bezifferten die eingesetzten Schätzer, Kaufmann Frick und Meister Klein, mit 230 fl. 54 kr.[92] Die übrigen Kirchengeräte (zwei Kelche, 1 Paar silberner und goldener Messkännchen, die Christusfigur, die beiden Messbücher und die beiden Hostieneisen samt Kessel) wurden am 10. Dezember 1823 der Schlosskapelle in Sigmaringen gegeben.[93] Mit Erlass vom 12. Dezember 1823 schenkte Fürst Anton Aloys die St. Johann überstellten Geräte schließlich der Pfarrkirche mit der Auflage, für die Stifter und Wohltäter des ehemaligen Klosters Beuron einen Jahrtag abzuhalten und die Kosten dafür zu übernehmen.[94]

Sog. Werenwagkelch
Messkelch aus dem Augustinerchorherrenstift. Drei Medaillons zeigen Verkündigung, Geburt und Kreuzigung Christi. Vergoldetes Silber, Augsburg, um 1702. Erzabtei St. Martin, Beuron.

Bereits acht Tage nach seinem Ableben wurden am 15. Oktober 1823 die dem Prälaten auf Lebenszeit überlassenen Insignien und Pretiosen inventarisiert. Das Verzeichnis weist die folgenden Gegenstände auf.[95] *1) Ein Pectoral mit rotem Stein, 2) ein Ring von gleicher Art, 3) ein Ring mit grünen Steinen, 4) ein Ring von gleicher Art, 5) ein gemeines alltägliches Pectoral von Silber und vergoldet, 6) samt einem Ringe,*

Der Empfang dieser Insignien und Pretiosen wurde von dem Kommissar v. Laßberg bezeugt.[96] Nach einem Verzeichnis vom 8. April 1827 lagerten die in dem Inventar aufgeführten Gegenstände mit Ausnahme eines Ringes und des Pectorale, aber mit je drei Paar Handschuhen mit Silberstickereien im Haus- und Landesarchiv[97], das im Schlossturm neben dem Familiensaal untergebracht war.[98] Den Wert der Silbergerätschaften, die insgesamt 108 Lot wogen, schätzte der Silberarbeiter Schuh auf 246 fl. 18 kr., wobei allein der Pontifikalstab des Prälaten mit 100 fl. taxiert wurde.[99] Am 9. April 1827 wurden die Silbergerätschaften mit Ausnahme der drei Infuln für 280 fl. 48 kr. an Simon Abraham aus Hechingen verkauft.[100] Am 9. April 1824 waren *einige alte Gemälde* in Beuron versteigert worden.[101] Am 3. Februar 1825 hatte die Fürstl. Regierung das Obervogteiamt autorisiert, ein auf 5 fl. taxiertes Kruzifix und ein Messbuch, dessen Wert auf 2 fl. 30 kr. veranschlagt war, an die Kirche von Worndorf abzugeben.[102] Um die gleiche Zeit war auch die Verwertung der Bibliothek des ehemaligen Augustinerchorherrenstifts zu einem Abschluss gekommen. Über ihr Schicksal und das des Klosterarchivs wurde in einem anderen Beitrag berichtet.[103]

Das Kloster und das Klostergut Beuron

Den Kern der säkularisierten Klosterherrschaft Beuron bildete das Kloster mit der Kirche und den Klostergebäuden sowie das sog. Klostergut. Der Umfang dieser Domäne mit den dazugehörigen Wiesen und Äckern wird in dem Protokoll über die Zivilbesitznahme des Augustinerchorherrenstifts vom 24. November 1802 auf insgesamt 184 Jauchert geschätzt.[104] Es wurde zu Zeiten des Klosters mit der damit verbundenen Sennerei und Schäferei selbst bewirtschaftet.[105] Auch die Fürstl. Verwaltung bewirtschaftete die Domäne 15 Jahre in eigener Regie.

In einem Bericht vom 2. Juli 1817 über die Revision der Beuroner Amtsrechnung 1815/16 stellte Hofrat Fidel Schnell jedoch lakonisch fest, dass der *ökonomische Umtrieb des herrschaftlichen Bauhofs in loco Beuron eine ungeheure Summe mehr koste, als er ertrage.* Sein Vorschlag, das Kameralgut wie die anderen Beuroner Höfe zu verpachten[106], fand höheren

Aus dem Beuroner Kirchenschatz
Beuroner Monstranz mit Darstellungen der Heiligen Georg, Martin und Augustinus sowie der hl. Dreifaltigkeit. Silber, teilw. vergoldet, Augsburg, Anf. 18. Jh. Erzabtei St. Martin, Beuron.

7) ein Pontifikalstab von Silber, 8) eine rote Inful, 9) eine weiße dito, 10) eine weiße dito, 11) ein Pontifikalkelch, 12) ein paar Näpfe oder Opferkännchen, 13) ein silberner Zeiger mit Händchen, 14) ein kleines silbernes Handleuchterchen, 15) ein Abbatial-Signet in Silber gestochen.

Orts Zustimmung. Nach Ausschreibung im Wochenblatt vom 5. Oktober 1817 wurde das Gut am 7. November 1817 an den Landwirt Franz Xaver Schiele aus Fridingen verpachtet.[107] Diese Bewirtschaftung wurde übrigens bis zur Schenkung der Domäne Beuron an die Wolterstiftung am 18. Juli 1928 beibehalten.[108] Von dem Schicksal der meisten säkularisierten Klöster, nämlich als Kaserne, Gefängnis, Irrenanstalt oder als Fabrik genutzt zu werden, blieb Beuron verschont. Das Gebäude wurde nach der Zivilbesitznahme vielmehr zu Wohn-, Verwaltungs-, Bildungs- und Lagerzwecken genutzt. Infolge der Pensionskonvention von 1802[109] hatten dort die Exkapitularen freie Wohnung, bis Prälat Dominikus Maier im Jahre 1823 verstorben war.[110] Nach der Abberufung des Exkapitularen Romuald Bock als Pfarrer in Beuron im Jahre 1820[111] nahmen dort auch die nachfolgenden Pfarrverweser Wohnung[112], seit der Errichtung der

mit pfarrlichen Rechten ausgestatteten Kuratkaplanei Beuron am 19. Juni 1826[113] auch die Kapläne und späteren Pfarrer.[114]
In dem Klostergebäude waren ferner die Schule, die Lehrer- bzw. Mesnerwohnung und die Wohnungen für die Domänenpächter, Fürstl. Bedienstete sowie Dienststellen von Fürstl. Behörden in Beuron untergebracht. Dazu gehörten bis 1830 die Obervogtei und danach bis 1834 das Rentamt sowie die Revierförsterei.[115] Die Speicher des Klostergebäudes dienten ferner als Fruchtkasten für die Zehnten der badisch gewordenen Ortschaften Buchheim, Worndorf, Leibertingen und Hartheim, eine Funktion, die jedoch nach der Zehntablösung in Baden obsolet wurde.[116] Seit 1838 waren auch Zimmer im Klostergebäude an Gäste der Molkenkuranstalt Beuron vermietet.[117] Diese gemischte Nutzung des Klosters dauerte bis zur Ankunft der Benediktiner im Jahr 1862.[118]

[1] Hierzu grundlegend *Fritz Kallenberg*, Die Fürstentümer Hohenzollern im Zeitalter der Französischen Revolution und Napoleons, in: ZGO NF 72 (1963), 381–396.
[2] Ebd., 388f., 392.
[3] Ebd., 383, 392; hierüber zuletzt *Otto H. Becker*, Der ehemalige Besitz des Hauses Hohenzollern-Sigmaringen in den Niederlanden. Ein historischer Rückblick unter Berücksichtigung der Partnerschaft zwischen Boxmeer und Sigmaringen, in: HH (1989), 34–38.
[4] *Kallenberg*, Fürstentümer (wie Anm. 1), 389–392.
[5] Ebd., 395 Anm. 117; *Hermann Schmid*, Die Säkularisation der Klöster in Baden 1802–1811. Überlingen a.B. 1980, 22.
[6] *Kallenberg*, Fürstentümer (wie Anm. 1), 395.
[7] Ebd.
[8] Ebd., 389f.
[9] *Otto Heinrich Becker*, Hohenzollern. Die Burg – das Haus – das Land, in: Baden-Württemberg. Vielfalt und Stärke der Regionen, hg. von *Hans-Georg Wehling/Angelika Hauser-Hauswirth/Fred Ludwig Sepaintner* im Auftrag der Landeszentrale für politische Bildung Baden-Württemberg. Leinfelden-Echterdingen 2002, 350–383.
[10] Wie Anm. 5; die folgenden Ausführungen basieren vornehmlich auf Studien der Jahre 1987/88, die dann eingeflossen sind in *Otto H. Becker*, Beuron von der Säkularisation der Augustinerchorherrenabtei bis zum Vorabend der Ankunft der Benediktiner, in: 250 Jahre Abteikirche Beuron. Geschichte, geistliches Leben, Kunst, hg. von *Wilfried Schöntag*. Beuron 1988, 110–155.
[11] SAS Dep. 39 (Fürstl. Hohenzollern'sches Haus- und Domänenarchiv) DS 26 (Kloster Beuron) T 1 R. 78 Nr. 144.
[12] SAS Dep. 39 T 1 R. 151 Nr. 11.
[13] Ebd. R. 78 Nr. 144.
[14] Ebd. R. 151 Nr. 12; R. 78 Nr. 144.
[15] Ebd. R. 151 Nr. 12 (Abschn. XVII).

[16] Ebd. (Abschn. IX); *Becker*, Beuron (wie Anm. 10), 114; hierzu s. auch *Heinrich Aengenheister*, Der Übergang des Klosterbesitzes in Hohenzollern um die Wende des 17./18. Jhs. Masch. Studie 1951 (SAS Dep. 39 Sa 135); *Uwe Ziegler*, Verwaltungs-, Wirtschafts- und Sozialstruktur Hohenzollerns im 19. Jh. Sigmaringen 1976 (Arbeiten zur Landeskunde Hohenzollerns ; 13).
[17] SAS Dep. 39 DS 26 T 1 R. 151 Nr. 12 (Abschn. XXIII).
[18] Ebd. R. 78 Nr. 144 (zum 26.11.1802).
[19] Ebd.; s. auch *Karl Theodor Zingeler*, Geschichte des Klosters Beuron im Donauthale. Urkundlich dargestellt. Separatdruck o.J., 256f.
[20] SAS Dep. 39 DS 26 T 1 R. 151 Nr. 11.
[21] Ebd. R. 83 Nr. 54.
[22] *Schmid*, Säkularisation (wie Anm. 5), 25.
[23] *Fritz Kallenberg*, Die Fürstentümer Hohenzollern am Ausgang des Alten Reiches. Ein Beitrag zur politischen und sozialen Formation des deutschen Südwestens. Masch. Diss. Tübingen 1962. T 1, 95.
[24] *Hermann Tüchle*, Von der Reformation bis zur Säkularisation. Geschichte der Katholischen Kirche im Raum des späteren Bistums Rottenburg-Stuttgart. Ostfildern 1981, 289.
[25] Ebd., 299, 301.
[26] SAS Dep. 39 DS 26 T 1 R. 151 Nr. 11.
[27] Ebd.
[28] Ebd. R. 78 Nr. 144 (zum 26.11.1802).
[29] Ebd. R. 151 Nr. 11
[30] Ebd.
[31] Ebd. R. 78 Nr. 144 (zum 24.11.1802).
[32] Ebd. R. 151 Nr. 12.
[33] Ebd.
[34] Ebd.
[35] SAS Dep. 39 DS 47 (F.H. Obervogteiamt Beuron) T 1 Nr. 2.

[36] Ebd. DS 26 T 1 R. 151 Nr. 16.

[37] Ebd.; hierzu auch *Becker,* Beuron (wie Anm. 10), 117.

[38] *Kallenberg,* Fürstentümer (wie Anm. 1), 397f.

[39] Ebd., 398.

[40] Ebd., 403.

[41] Oben zu Anm. 29.

[42] SAS Dep. 39 DS 26 T 1 R. 78 Nr. 144 (zum Dez. 1802).

[43] Ebd.

[44] Ebd. (zum 01.01.1803).

[45] Ebd. (zum 16.01.1803).

[46] Ebd. (zum 03.03.1803).

[47] Ebd. (zum 16.01.1803).

[48] Ebd. (zum 21.12.1803).

[49] Ebd. (zum 23.05.1804).

[50] Ebd. (nach Mai 1804).

[51] Ebd. (zum 25.09.1804).

[52] Ebd. (zum 01.01.1803).

[53] Ebd. (zum 06.01.1803).

[54] Ebd. (zum 05.01.1803).

[55] Ebd. (zum Febr. 1804).

[56] SAS Ho 235 I – X – H Nr. 868 /2.

[57] SAS NVA II 5179.

[58] Ebd.

[59] SAS Ho 80a CII – 10 a Nr. 21.

[60] SAS Dep. 39 DS 47 T 1 Nr. 20, 237.

[61] Ebd. DS 26 T 1 U 644.

[62] Ebd. DS 47 T 1 Nr. 23, 102; Nr. 24, 112.

[63] Ebd. Nr. 24, 112.

[64] Ebd. Nr. 25, 90; SAS Ho 192 Nr. 26 /3.

[65] SAS Dep. 39 DS 47 T 1 Nr. 25, 90.

[66] Ebd. Nr. 26, 102.

[67] Wochenblatt für das Fürstenthum Hohenzollern-Sigmaringen Jg. 1823, 167.

[68] SAS Dep. 39 NVA 24.336.

[69] Ebd. DS 47 T 2 Nr. 206.

[70] Ebd. DS 26 T 1 R. 78 Nr. 144 (zum Okt. 1804).

[71] Ebd.

[72] Ebd.

[73] Ebd.

[74] Ebd. DS 47 T 1 Nr. 4, 28.

[75] Ebd. DS 47 T 1 Nr. 4.

[76] Ebd.

[77] Ebd. DS 47 T 1 Nr. 4, 5.

[78] Ebd. DS 26 T 1 R. 78 Nr. 144 (zum Okt. 1804).

[79] Ebd. DS 47 T 1 Nr. 4, 29.

[80] Ebd. DS 26 T 1 T. 78 Nr. 144 (zum Okt. 1804).

[81] Ebd.

[82] Ebd. DS 47 T 1 Nr. 4, 29.

[83] Ebd. Quittung.

[84] Oben Anm. 54.

[85] SAS Ho 80, Regierungsprotokoll Nr. 3 (1807); hierzu s. auch *Th. Klein,* Festschrift zur Orgelweihe in St. Jakob. Pfullendorf 1974; *A. Wunsch,* Zur Geschichte der Orgel in der Klosterkirche St. Martin zu Beuron, in: Weihe der neuen St. Martinsorgel durch Herrn Erzabt Hieronymus Nitz. o.O. 1974, 9ff.

[86] SAS Ho 80, Regierungsprotokoll Nr. 3 (1807).

[87] Ebd. DS 1 T 6 R. 78 Nr. 14; Abdruck bei *Becker,* Beuron (wie Anm. 10), 121f.

[88] Ebd. DS 47 T 2 Nr. 206.

[89] Ebd.

[90] SAS Ho 86 NVA II 4225.

[91] Ebd. Dep. 39 DS 1 T 6 R. 78 Nr. 14.

[92] Ebd. DS 1 T 6 R. 78 Nr. 65.

[93] Ebd.

[94] Ebd.

[95] Ebd. DS 26 T 1 R. 75 Nr. 204.

[96] Ebd.

[97] Ebd.

[98] *Walter Bernhardt,* Das Fürstlich Hohenzollernsche Archiv in Sigmaringen von 1803 bis zur Gegenwart, in: ZHG 9 (1973), 10.

[99] SAS Dep. 39 DS 26 T 1 R. 75 Nr. 204.

[100] Ebd.

[101] Wochenblatt für das Fürstenthum Hohenzollern-Sigmaringen Jg. 1824, 63.

[102] SAS Ho 86 NVA II 4225.

[103] *Becker,* Beuron (wie Anm. 1), 125–134.

[104] Oben zu Anm. 15.

[105] SAS Dep. 39 DS 26 T 1 R. 151 Nr. 12 (Abschn. XVII).

[106] Ebd. R. 30 Nr. 3.

[107] Ebd.; Dep. 39 NVA 23.412.

[108] *Otto H. Becker,* Benediktinermönche in Beuron, in: 250 Jahre Abteikirche Beuron. Geschichte, geistliches Leben, Kunst, hg. von *Wilfried Schöntag.* Beuron 1988, 176 ff.

[109] Oben zu Anm. 26.

[110] Oben zu Anm. 67.

[111] Oben zu Anm. 60.

[112] Oben zu Anm. 61–66.

[113] *Becker,* Beuron (wie Anm. 10), 143.

[114] Ebd.

[115] Ebd., 136–138.

[116] Ebd., 138.

[117] Ebd., 141.

[118] *Becker,* Benediktinermönche (wie Anm. 108), 166ff.

Sämtliches ist sofort an das Münzamt nach München gesandt worden …

Die Aufhebung des Chorherrenstifts St. Cyriacus in Wiesensteig

von Karlfriedrich Gruber

Das Stift am Vorabend seiner Aufhebung

Das weltliche Chorherrenstift St. Cyriacus in Wiesensteig[1] bestand in der Nachfolge eines bereits vor 861 gegründeten Benediktinerklosters ununterbrochen mindestens seit dem 12. Jh. Seit 1642 bzw. 1752 war die Reichsgrafschaft Wiesensteig (einschließlich der Exklave Dürnau) der am weitesten westlich gelegene Teil des Kurfürstentums Bayern. Der Kurfürst war seit 1752 der alleinige Patronatsherr des Stifts.

Das 18. Jh. bescherte dem Stift eine letzte Blütezeit. Seine Einkünfte erlaubten ihm, bedeutende Kapitalien auszuleihen, u. a. auch an die Reichsstadt Ulm und die Schwäbische Kreis-Kasse in Stuttgart. Das Wallfahrtswesen und die Bautätigkeit nahmen einen erheblichen Aufschwung. Der barocke Innenraum der Stiftskirche wurde in den Jahren 1775–1780 klassizistisch umgestaltet und von bedeutenden Künstlern (u. a. Johann Baptist Straub) ausgestattet; er gehört noch heute zu den künstlerischen Sehenswürdigkeiten im Kreis Göppingen.

Das gesamte Volksschulwesen der Herrschaft Wiesensteig wurde vom Stift seit 1774 schrittweise reformiert: Mit der Ernennung des Kanonikus Philipp Göttler zum Schulinspektor und durch die von ihm ausgearbeitete und verpflichtend eingeführte Schulordnung erreichten die damaligen »Normalschulen« in der kurpfalzbayerischen Herrschaft Wiesensteig im Laufe der Jahre 1800–1805 eine bisher nicht für möglich gehaltene Wertschätzung, so dass das Kurfürstliche Schuldirektorium in München feststellen konnte, Göttler habe *das deutsche Schulwesen in Wiesensteig auf den Stand der größten Vollkommenheit gebracht, als es in Bayern nirgends auf dem Lande war.*[2] Seine Schulordnung ist in die Kurpfalzbayerische Schulbesuchs-Verordnung vom 23. Dezember 1802[3] mit eingegangen.

Auch die uralte Stiftsschule, in der vor allem die lateinische Sprache sowie die Vokal- und Instrumentalmusik gepflegt wurden, war nach wie vor geschätzt, vor allem als Vorstufe eines anschließenden Universitätsstudiums. Nicht wenige bedeutende Persönlichkeiten, die in den ersten Jahrzehnten des 19. Jhs. zum Aufbau des modernen bayerischen Staates beigetragen haben, sind aus ihr hervorgegangen.

Das Stift besaß das Pfarrbesetzungsrecht in den evangelischen Pfarreien Bernstadt (abwechselnd mit Ulm), Öllingen und Merklingen. Die Kirchen in Ditzenbach, Hohenstadt, Mühlhausen und Westerheim sowie die Wallfahrtskirche Maria Dotzburg bei Mühlhausen waren dem Stift inkorporiert. Doch hatte dieses keine Hoheitsrechte, Landeshoheit oder niedere Gerichtsbarkeit, nicht einmal hinsichtlich seiner eigenen Gebäude.

Die Inventarisierung des Stiftsvermögens

Ende August 1802 begann Bayern, die im Pariser Separatvertrag vom 24. Mai 1802 zugesicherten schwäbischen *Entschädigungslande* zu besetzen.[4] Am 26. November 1802 erließ Kurfürst Max Joseph von Bayern das Besitzergreifungs-Patent für die neue kurpfalzbayerische Provinz in Schwaben.[5] Gleichzeitig wurde in der ehemaligen Reichsstadt Ulm ein *General-Land-Kommissariat* errichtet, dem durch *Höchstlandesherr-*

liche Verordnung vom 27. Dezember 1802 auch die *jenseits des Lechs liegenden älteren Landgerichte*, darunter das Landgericht Wiesensteig, zugewiesen wurden.[6] Mit Schreiben vom 17. Februar 1803 *an das schwäbische General-Land-Commissariat das Collegiatstift zu Wiesensteig betreffend* ließ die Staatskonferenz in München[7] folgende Anordnung übermitteln: *Da die Disposition des § 35 des Reichs Deputations Hauptschlusses nach der neuesten erläuternden Note der bevollmächtigten Minister der vermittelnden Mächte sich gleichfalls auf die sämtlichen Stifter auch der alten Lande der entschädigten Reichsfürsten sich erstrecket, so tragen Wir euch auf, über den Personal- und Vermögensstand des Collegiatstiftes zu Wiesensteig nach Unserer bereits erlassenen allgemeinen Instruction[8] ein vollständiges Inventarium herstellen zu lassen und solches an Uns hieher einzusenden. Auch soll keine erledigte Präbende in Zukunft mehr allda vergeben werden. Wonach ihr euch zu achten, und das Weitere zu verfügen habt.* Das authentische Konzept[9] ist persönlich unterzeichnet von Kurfürst *Max Joseph* sowie allen drei Ministern des Staatsrats, [Frh.] v. Montgelas, [Gf.] *Morawitzky*, [Johann Friedrich] *v. Hertling* und dem Geheimen Rat [Georg Friedrich v.] *Zentner*. Die Verordnung wurde (wahrscheinlich im Departement der auswärtigen Angelegenheiten, unter dessen Akten sie sich findet und dessen Chef der Herr v. Zentner war) *mundiert* (als Reinschrift ausgefertigt) und am 19. Februar 1803 *expediert* (abgeschickt).

Bereits am 25. Februar 1803 erschien der kurpfalzbayerische Landrichter Paul von Illertissen in Wiesensteig, *dessen Vollmacht sich aber nicht weiter erstreckt, als den Aktiv- und Passivstand des Stiftes zu untersuchen; weswegen er auch, am nemlichen Tage noch, Kassa, Archiv und Kasten obsignirte* [versiegelte], *das Kirchensilber wog und die vorfindlichen Paramenten aufnahm. Er ließ sodenn alle stiftischen Gebäude nicht nur zu Wiesensteig, sondern auch auf dem Lande der T. HH. Pfarrer und Benefiziaten schätzen und foderte vom ganzen vom Stift salarirten* [besoldeten] *Personale einzelne Verzeichnisse ihrer Einkünfte. Die T. HH. Kanonizi vermuthen nun ihre baldige Auflösung, weil mehrere Privatbriefe, und unter andern eines T. H. Revisionsraths Schieber[10] von München an seinen Vater zu Wiesensteig die Aufhebung aller Stifter und Klöster in Bayern als schon dekretirt angeben. Die Entschei-*

dung fürs Stift wird ein nachfolgender H. Kommissär mit bringen [...] *Auch die Wallfahrtskirche Maria Dotzburg wurde (am 5. März) vom Lokal-Untersuchungskommissär Paul besucht und einigermassen inventiert.*[11]

Ebenfalls am 25. Februar 1803 fand die letzte ordentliche Sitzung des Stiftskapitels statt: *Wurden die Quartal-Gelder ausgetheilt und den H. Vicarien so wohl als den weltlichen Stiftsofficianten die schon vor mehreren Jahren geschöpfte Additionen, welche wegen den geldlosen Kriegszeiten einige Jahre her unterblieben, neuerlich bewilliget.*[12]

Bei der Überprüfung der verschiedenen Kassen des Stifts (Bursamt, Schaffnerei, Kastenamt, Zehntgelder) am 25. Februar ergab sich ein Kassenbestand von 2.995 fl. Die Kosten im Zusammenhang mit dem Kassensturz beliefen sich lt. Rechnung vom 3. März 1803 auf 8 fl. 45 kr. Am 24. März zahlte der provisorische Stiftsverwalter Johann Nepomuk Mielach an den Gerichtsdiener, der die Akten der *Lokal-Untersuchungs-Kommission* nach Ulm gebracht hatte, *für Zehrung und Rittlohn* 5 fl. sowie 18 fl. an den Zimmermeister Matthias Schweizer und den Zimmer- und Maurermeister Kaspar Brottam, die von der Kommission herumgeschickt worden waren, *um alle stiftische Gebäude auf dem Lande sowohl als hier* [in Wiesensteig] *einzuschätzen und zu numeriren.*[13]

Der kurfürstliche Kommissär war noch Mitte März mit der Prüfung des stiftischen Vermögensstandes beschäftigt. *Er behandelt die Individuen höflich und billig, bewundert die vorzüglich und ordentlich bis daher geführte Verwaltung und Rechnungen und verspricht, dies alles in seinen Berichten an die höchste Stelle besonders anzurühren. Soviel man uns vorläufig versichert, sollen die meisten aus uns anderswo wieder angestellt werden und Pensionen, womit sie zufrieden seyn können, erhalten, wenn sie zu fernern Diensten nicht gebraucht oder unfähig seyn würden.*[14] Erst kurz vor Ostern (10. April) verließ die Untersuchungskommission das Stift. Von diesem Zeitpunkt an besorgte der Stiftspfleger, *der in Churfürstliche Pflicht genommen worden*, gemeinsam mit dem Stiftsdekan die Stiftsverwaltung. *In wichtigen Vorfallenheiten* sollten sie an das *General-Land-Kommissariat* in Ulm berichten und von dort ihre Weisungen erhalten. Archiv und Registratur blieben versiegelt.[15]

Die Kosten für die Tätigkeit der *Lokal-Untersuchungs-Kommission*, 202 fl., mussten nach Anweisung des *General-Landkommissariats* vom 15. April aus der Stiftskasse bezahlt werden, und zwar für Amtmann Paul 158 fl. und seine 4 *Skribenten* 38 fl. 45 kr. (Praktikant Kirchgraber und Messner Johann Herbster je 17 fl., Benefiziat Gfrerer 2 fl. 45 kr., Pfarrvikar Rauschmayr 2 fl.) sowie für Stiftspfleger Mielach 5 fl. 15 kr.[16]

Die Pensionierung der Stiftsangehörigen

Am 13. August 1803 erging von der *Churbairischen Special Commission für die administrativen Angelegenheiten der Stifter und Klöster in Schwaben* in Ulm die Weisung an Landrichter Rosmann in Wiesensteig als *gnädigst verordnetem Commissar, das höchst Landesherrliche Decret der gänzlichen Aufhebung und Pensionirung der stiftischen Individuen zu publiciren.*[17] Das Schriftstück traf am 17. August in Wiesensteig ein. Am nächsten Morgen ordnete der Landrichter in einem Schreiben[18] an den Stiftsdekan v. Barth an, *das ganze Stifts Kapitel und übrige besoldete Personal heute bis 9 Uhr in dem gewöhnlichen Kapitelzimmer Namens der [Local] Commission versammeln zu wollen, um die von der höchsten Stelle in München erlassene und von der Special Commission in Ulm zum Vollzug hierhin kommunizirten gnädigsten Entschließungen in Betreff der Pensionirung sämtlicher Individuen verkünden zu hören und die weiteren Commissions Verfügungen zu erwarten.* Den Anwesenden wurde zugesichert, dass sie ihre zukünftige Pension noch schriftlich bestätigt erhalten würden. Das Protokoll ist offenbar ohne jeglichen Widerspruch vom Dekan und den 8 Kanonikern in der Reihenfolge ihrer Stiftszugehörigkeit, von den 7 Vikaren und 5 weltlichen Angestellten entsprechend ihrer Rangfolge unterschrieben worden.

Die bisherige Stiftsverfassung *und alle blos hieraus fließende gesellschaftliche Rechte und Verbindlichkeiten* wurden außer Kraft gesetzt. Dem *provisorischen Stiftsverwalter* Mielach mussten alle Rechnungen, stiftischen Papiere, Urkunden und das Stiftssiegel übergeben werden. Doch durfte das gemeinsame Chorgebet auf Grund eines Einspruches der Chorherren fortbestehen.

Bezüglich der jährlichen Geldpensionen der *geistlichen Mitglieder des Stifts* erging folgende Regelung[19]: Dem Propst, Klemens Ferdinand Graf v. Lodron, waren *vermög gnädigstem Rescript vom 25. Juli d. J. ausgesetzt siebenhundert Gulden, welche nach komissioneller Weisung aus der Kasse der provisorischen Stiftsverwaltung oder des künftig aufzustellenden Rentamtes in vierteljährigen Ratis baar bezahlt werden sollen. Mit dieser Geldbesoldung ist auch die lebenslängliche Nutznießung der bisherigen Wohnung gegen Übernahme der Baulichkeiten verbunden, und wird hiezu auch ein Holztheil aus den Stadt Wiesensteigischen ComunWaldungen ausgemittelt werden*[20]; der Propst konnte jedoch wegen seiner mehrfachen Pensionsansprüche als Augsburger Domherr[21] und wegen seines Todes am 4. März 1804 seine Wiesensteiger Pension nicht mehr in voller Höhe genießen. Dem Dekan waren jährlich 1.200 fl., den 8 Kanonikern je 700 fl. bestimmt; Kanonikus Joseph Damberger wurde zum provisorischen Pfarrverweser ernannt und erhielt dafür eine Zulage von 200 fl. sowie eine weitere Zulage von 160 fl. für das bisher von Kanonikus Bufler versehene Predigtamt. Zwei Chorvikare erhielten als schon bisher bewährte Pfarrkaplâne je 350 fl., die beiden Benefiziaten in Maria Dotzburg behielten ihr bisheriges Einkommen mit 353 fl. bzw. 371 fl., ein dritter Stiftsvikar in Wiesensteig, der aber zugleich Benefiziat in Maria Dotzburg war, bekam 300 fl. zugesprochen; der frühere Hofkaplan und der Frühmesser, *die bis daher von gnädigster Herrschaft und von der Stadt besoldet worden*, sollten *anstatt der bisher bezogenen Chor-Praesenz je 40 fl. erhalten* (später wurden ihre Bezüge um 4 fl. bzw. 8 fl. erhöht). Diese Pensionen waren reine Geldbeträge; vor der Aufhebung des Stifts dagegen war das Pfründeinkommen eines Kanonikers anteilmäßig abhängig vom Zehnteinkommen des Stifts, d. h. von den Getreidepreisen; dazu kamen individuelle Anteile aus Präsenz- und Offizialgeldern sowie Jahrtags-Messstiftungen. Die Stiftsrechnung weist für den Zeitraum vom 15. Juli 1802 bis 15. Juli 1803 (an diesem Tag begann die Ära der nunmehr vierteljährlichen Pensionszahlungen) bei 7 Kanonikern ein *Präbenderträgniß theils an Geld, theils in Natura* (ohne die eben genannten Zusatz-Einkommen!) von 1.058 fl. aus. Dekan v. Barth erklärte 1803 auf Grund der von den Kanonikern geforderten *Fassionen* (Einkommensangaben), dass *auch nur nach mittlern Jahren berechnet eine einfache Praebend mit Einschluß der Chor-Praesenz immer 1.000–1.100 fl. betragen* habe. Und der Exkanonikus v. Göttler erinnerte sich 1814: *Im Durchschnitt der leztern 9 Jahren war der Ertrag einer Capitular-Praebende 1.347 fl. 19 kr. jährlich.*[22]

Geldbesoldungen in verschiedener Höhe blieben in bisheriger Höhe festgesetzt für die *vom Stift abhängigen geistlichen Officialen*, d. h. für die katholischen Pfarrvikare in Hohenstadt (20 fl.), Westerheim (50 fl.), Ditzenbach (80 fl.), Mühlhausen (100 fl.) wie auch für die *lutherischen* in Öllingen, Merklingen und Bernstadt. Bis zum 15. Juli 1803 bekamen die Vikare noch die anteiligen hergebrachten *Besoldungsadditionen* ausbezahlt. *Jedoch hat das Landgericht den Auftrag, Vorschläge zu machen, wie bey jedem Vacaturfalle* (Freiwerden einer Stelle) *diesen Pfarreyen insgesammt eigene Fundationen* (Kirchenstiftungsmittel) *und Einkünfte an Geld und Naturalien anstatt der bisherigen Zehende, Gilten und Lehengüterträgnisse geschöpft und angewiesen werden können; auch sollen die 3 Dozburgischen Wallfart-Beneficien nach und nach auf ein einziges reducirt werden.*[23]

Die weltlichen Angestellten behielten mit Ausnahme des provisorischen Stiftsverwalters Mielach (dessen von der *Bursa* des Stifts bezahltes Gehalt von 325 fl. auf 602 fl. erhöht wurde)[24] nach einer Überprüfung ihrer *Fassionen*[25] ihr bisheriges kleines stiftisches Einkommen, wozu jedoch noch bestimmte Naturalleistungen und ebenso wie bei den Vikaren und Benefiziaten *Besoldungsadditionen* kamen. Eine tabellarische Übersicht aus dem Jahre 1807[26] zeigt, dass diese Gehälter nach 1802/1803 teilweise erhöht worden sind. So erhielt der Stadt- und Landschafts-Physicus Dr. Benno Obermayer an Geld und Naturalien 83 fl., der Chorregent und lateinische Schullehrer Michael Löhle 354 fl. (die Lateinschule blieb übrigens bis 1934 erhalten), der Stiftsmessner Johann Herbster 193 fl., der Vizemessner Michael Zinle 16 fl. und der Messner in Maria Dotzburg, Niklas Messerschmid, 61 fl.

Die bisher in monatlichen Teilbeträgen empfangenen Gehaltszahlungen an die Kanoniker und die sonstigen geistlichen und weltlichen Bediensteten erfolgten vom 15. Juli 1803 an in Vierteljahresraten. Die nach dem 15. Juli ausbezahlten Chor-Präsenzgelder (hauptsäch-

lich Vigiliengelder und Messstipendien) mussten trotz einer (abschlägig beschiedenen) Bittschrift des Kapitels vom 22. August[27] zurückbezahlt werden, oder sie wurden mit der folgenden Pensionszahlung verrechnet. Landrichter Rosmann erhielt *vermög gnädigster Resolution vom 25ten November 1803 für die bey Auflösung des hießigen Kollegiatstiftes geführten Geschäfte 79 fl.*[28]

Die Ablieferung von Silber u. a. Effekten

Noch am 18. August wurde ein Teil der silbernen Kirchengeräte und des stiftischen Tafelsilbers ausgewählt, um nach München in das staatliche Münzamt geliefert zu werden. Das Verzeichnis[29] der ausgewählten Stücke benennt etwa 50 schwere, rein silberne und silbervergoldete Objekte. Am 26. September 1803 attestierte der Kassenbuchhalter Hedinger in Ulm die Vollständigkeit der abgelieferten Gegenstände mit der Bemerkung: *Sämtliches ist sofort an das Münzamt nach München gesandt worden.* Der Stiftsschreiner Franz Straub, der die *Verschläge* für den Transport angefertigt hatte, erhielt am 1. Oktober 5 fl. 30 kr. ausbezahlt.[30]

Schon am 24. August wurden (trotz größter Bedenken der Kanoniker)[31] aus dem Besitz des Stifts Möbel und Baumaterialien versteigert. Da die Kanoniker persönliches Eigentum besaßen, kann es sich bei den Möbeln nur um solche aus der Propstei gehandelt haben. Die wenigen Baumaterialien (hauptsächlich Dachplatten, Bretter, Dielen und Kalkvorräte) wurden vom Spital für 92 fl. 21 kr. ersteigert.[32] Der Gesamterlös betrug 498 fl. 34 kr.[33]

Erst nachdem auf Grund des Aufhebungsdekrets vom 8. Oktober 1804 die dem Stift inkorporierte Wallfahrtskirche Maria Dotzburg für immer geschlossen und die Wallfahrten gänzlich aufgehört hatten, *wurden die Geräthschaften von der Bairischen Regierung theils hinweggeführt, theils verkauft, theils an dürftige Kirchen verschenkt, und theils nach Wiesensteig gebracht.*[34] Der Verkauf von Kirchenparamenten erbrachte 107 fl. 41 kr.; diesen Betrag lieferte das Landgericht Wiesensteig am 22. Februar 1805 an die Kurpfalzbayerische Landesdirektion in Schwaben (LDS) in Ulm ab.[35] Noch im Dezember 1828 befanden sich in Wiesensteig *einschließlich der Kirchengeräthschaften aus der*

Wiesensteig, um 1740
Ansicht der Stadt mit Stiftsgebäuden, dem Schloß und der Wallfahrtskirche Maria Dotzburg im Hintergrund.
Ausschnitt aus einem Wappenkalender des Chorherrnstifts von 1740.
Kupferstich von G.B. Göz/Klauber in Augsburg.
Kath. Pfarramt Wiesensteig.

aufgehobenen Wallfahrts-Kapelle unter andern: 13 silberne Kelche mit Patenen, 10 silberne Kannen mit 4 Teller, 12 silberne Leuchter und 72 zum Theil kostbare Meßgewänder.[36]

Die Enteignung des stiftischen Grundbesitzes am 18. August 1803

Das Chorherrenstift war reich an Grundeigentum und damit verbundenen *Gerechtigkeiten*, die als Bestandteile der stiftischen Grundherrschaft seit dem 18.

August 1803 als *staatliche Realitäten* in kurbayerisches Eigentum übergegangen sind.

So beschreibt die *Kurze staatsrechtliche Darstellung der Reichsstadt Ulm und ihres Gebiets mit angehängten Bemerkungen*[37] des Ulmer Ratskonsulenten Miller im § 29 die Rechte, Einkünfte und Güter des Kollegiatstifts Wiesensteig im Territorium der Reichsstadt Ulm in den Ortschaften Überkingen, (Unter-)Böhringen, Hausen an der Fils, Merklingen, Nellingen, Aufhausen, Halzhausen, Ursprung, Bermaringen, Temmenhausen, Radelstetten, Lehr, Öllingen, Neenstetten, Breitingen, Börslingen, Bernstadt, Beimerstetten, Eiselau und Osterstetten. Die Miller'schen Angaben lassen sich für die meisten genannten Orte an Hand der Quellen genauer präzisieren.

Das Stift hatte ferner in weiteren von Miller nicht erwähnten ulmischen Dörfern (Amstetten, Asselfingen, Gingen, Großsüßen, Grünenberg, Hörvelsingen, Kuchen, Oppingen und Stubersheim) gewisse Einnahmen an Geld- und Getreidegefällen, ebenso in den ritterschaftlichen Orten Dürnau, Gammelshausen und Oberstotzingen, in dem Kloster-Kaisheimischen Rammingen sowie in den württembergischen Flecken Böhringen (Alb), Dettingen-Schloßberg, Donnstetten, Feldstetten, Grabenstetten, Unterlenningen, Zainingen und Zell u. A. und der Stadt Laichingen.[38] Ob die in früheren stiftischen Salbüchern erwähnten Abgaben aus den württembergischen (Teil-)Orten Bissingen (Teck), Boll, Ennabeuren, Gutenberg, Hepsisau, Machtolsheim, Neidlingen, Owen und Weilheim[39] im Jahre 1802/1803 noch dem Stift zugute kamen, ist ungewiss, da die letzten *Salbuchrenovationen* des Stifts in den Jahren 1750–1763 erfolgten.[40]

Der Grundbesitz und sonstige Rechtstitel des Stifts lagen freilich ganz überwiegend in den Orten der kurpfalzbayerischen Reichsgrafschaft Wiesensteig (Stadt Wiesensteig, Markt Deggingen, Ditzenbach, Drackenstein, Gosbach, Mühlhausen, Reichenbach und Westerheim), desgleichen in den von Kurbayern gemeinsam mit Württemberg verwalteten Dörfern Ganslosen (seit 1849 Auendorf), Gruibingen und Hohenstadt.

Zum stiftischen Grundbesitz gehörten auch Waldungen, die schon 1791 dem kurbayerischen Forstamt Wiesensteig unterstellt worden waren und im Jahre 1803 rund 195 Morgen umfassten. Außerdem gehörten dem Stift 63¼ Jauchert (schlechte) Holz- und Wiesengründe, wovon 4 Jauchert dem stiftischen Benefiziaten der Wallfahrtskirche Maria Dotzburg als Teil seiner Besoldung angewiesen waren; von den restlichen 59¼ Jauchert, deren Wert auf 2.980 fl. geschätzt wurde, waren allerdings 52 Jauchert *abgetriebener* (abgeholzter) Boden.[41] Die Stiftswaldungen wurden im Juni 1803 mit den städtischen, spitalischen und *Kameralwaldungen* zusammengelegt; ab September wurden den 17 stiftischen Waldberechtigten, *dem Stiftsdekan, den* [8] *Kanonikern und* [2] *Vikariern, dann dem Stiftspfleger und dem lateinischen Schullehrer wie auch den drey Beneficiaten und dem Meßner*

zu Dotzburg für die Zukunft jedem zwey Klafter Brennholz, halb hartes und weiches nebst hundert Stück Wellen [Holzprügeln] *jährlich verabfolgt*[42]

Zu den Immobilien des Stifts gehörten die stiftischen Zehntscheuern in Ditzenbach, Hohenstadt, Mühlhausen und Westerheim (hier auch die Pfarrei-Zehntscheuer) und ein Drittel-Anteil an der Zehntscheuer in Reichenbach sowie die stiftischen Zehntscheuern in den ulmischen Dörfern Bermaringen, Merklingen und Temmenhausen; desgleichen die Kirchen und Pfarrhäuser der inkorporierten Pfarreien Ditzenbach (mit Pfarrscheuer), Hohenstadt, Mühlhausen, Westerheim (hier auch das Frühmesshaus mit Scheuer) und die drei Wallfahrtsgebäude (Kirche, Benefiziaten- und Messnerhaus) in Maria Dotzburg. In der Stadt Wiesensteig gehörten 1803 zum Immobilien-Eigentum des Stifts (außer land- und forstwirtschaftlich genutzten Wiesen, Wäldern und Gärten) mehrere im 18. Jh. gekaufte und an Private vermietete Gebäude, die nach der Auflösung des Stifts vom Kameralamt zumeist an die ehemaligen Mieter verkauft wurden; vor allem gehörten dem Stift die Stiftskirche mit dem stiftischen Friedhof dabei, das Propsteigebäude (»Dechanei«) sowie weitere stattliche acht Kanonikergebäude; ferner das Haus des Stiftspflegers, das Frühmesshaus, zwei Vikariats-Häuser, die stiftische Zehntscheuer und der Stiftsfruchtkasten (insgesamt 17 Wohneinheiten für 15 geistliche und 2 weltliche Personen). Das Stift war (wegen der in den Jahren 1799 und 1802 abgeschlossenen hohen Brandversicherungen im Anschlagswert von 30.200 fl.) wertmäßig der größte Immobilienbesitzer in der kurpfalzbayerischen Herrschaft und Stadt Wiesensteig.[43]

Die Kanoniker und Vikare durften zwar nach ihrer Pensionierung als Nutznießer ihre bisherigen stiftischen Häuser bzw. Wohnungen behalten, mussten sie aber *auf eigene Kosten in baulichem Stande unterhalten.*[44] Am 30. Dezember 1803 wurde das Wohnhaus des Pfarrvikars Schweizer versteigert; es war angeschlagen zu 500 fl. und wurde für 675 fl. vom Bäcker Johannes Seiler erworben. Am selben Tag kam es auch zur Versteigerung der beiden Wohnungen (unter einem Dach) des ehemaligen Hofkaplans Müller und des Pfarrvikars Rauschmayr; der Anschlag lag bei 300 fl., doch ging der Zuschlag für 661 fl. an den Stadtschützen Joseph Hartmann.[45] Im Jahre 1804 wurde das

Haus des Kanonikus Göttler um 700 fl. verkauft (der ein kleineres Haus erwarb), ebenso die Zehntscheuer und der *Frühmeßkasten* in Merklingen; beide Gebäude wurden von der Gemeinde zum Preis von 1.250 fl. erworben.[46]

Manche Käufer konnten den Kaufpreis wegen der geldarmen Zeiten nur in langfristigen Raten bezahlen. Auch war der Schätzpreis der zur Versteigerung anstehenden Gebäude in jedem Fall auffällig niedrig und wurde immer überboten; deshalb wurde das Rentamt am 17. Dezember 1804 aufgefordert, *den eigentlichen näheren Werth bestimmt anzugeben, da die gewöhnliche oberflächliche [!] Einschäzungen der Wiesensteiger Werkleute nicht zuverläsig genug seyen.*[47]

1804 übersiedelte der ehemalige Stiftsdekan v. Barth in seine niederbayerische Heimat und verzichtete auf sein Wohnrecht in der Dekanatswohnung, die daraufhin vom Rentbeamten Ziegler bezogen wurde, der den Hauszins an v. Barth bezahlte. Und nach der Aufhebung der Wallfahrt Maria Dotzburg bat der dortige pensionierte Benefiziat Joseph Gfrerer um die *Anweisung eines Quartiers in einem Kanonikathof zu Wiesensteig.*[48] Am 5. Januar 1805 wurde das Messnerhaus zu Dotzburg mit einigen dazu gehörigen Wiesen versteigert, am 23. Januar 1806 auch das Benefiziatenhaus und die Kirche.[49] Am 27. Juni 1806 erwarb der Forstwart Anton Scheich das Haus des verstorbenen Benefiziaten Rueff in Wiesensteig zum Preis von 692 fl.[50] Damit waren im Jahre 1806 von den 17 Wohneinheiten, die man den einstigen Stiftsmitgliedern zur Nutzung belassen hatte, wenigstens 13 in andere, bürgerliche Hände übergegangen.

Zum Umfang und Wert des gesamten liegenden Besitzes und der damit verbundenen Rechte des Stifts können keine Angaben gemacht werden, da dies den Rahmen der Darstellung sprengen würde und die Informationen trotzdem lückenhaft wären, weil trotz intensiver Suche weder die Aufhebungsprotokolle noch die Inventarisations-Akten gefunden werden konnten. Möglicherweise sind sie im 19. Jh. vernichtet worden, nachdem im Jahre 1806 die Herrschaft Wiesensteig an Württemberg übergegangen war und die diesbezüglichen finanziellen Ausgleichsverhandlungen abgeschlossen waren. Aus den bisherigen Hinweisen geht indessen hervor, dass das weltliche Chorherrenstift Wiesensteig reich begütert war und

möglicherweise später ein staatliches Interesse bestand, keine weiteren den Staat kompromittierenden Einzelheiten bekannt werden zu lassen.[51]

Die Kapitalien des Stifts 1802–1806

Das jährliche Einkommen des Stifts betrug nach einem neunjährigen Durchschnitt *und nach den von der Commission 1803 bestimmten geringen Frucht-Preisen berechnet* 18.282 fl. Den größten Einzelposten in dieser Aufstellung[52] bildeten die Zehnteinkünfte in Höhe von durchschnittlich 11.807 fl. und

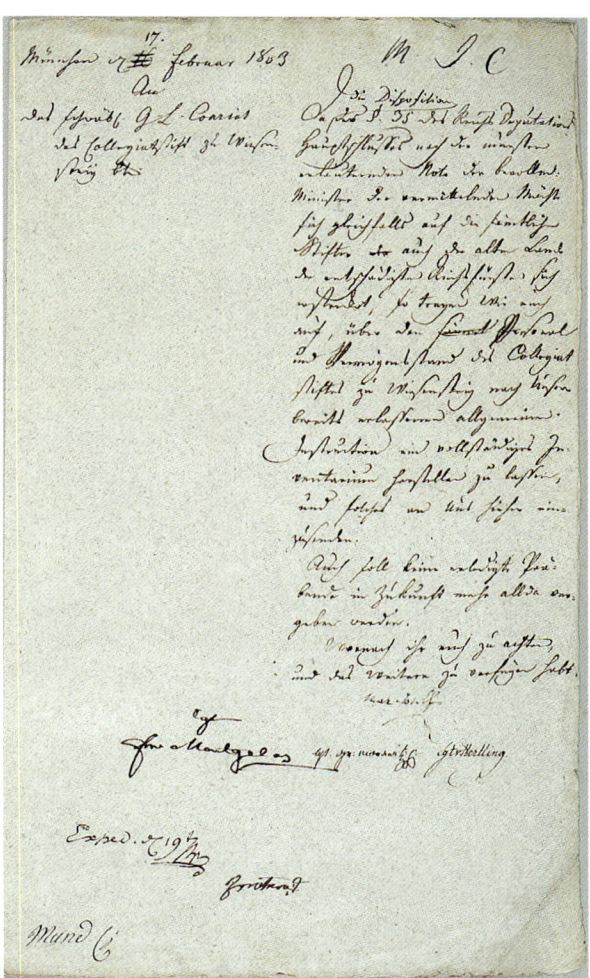

Bayerische Anweisung zur Inventarisierung des Stifts
HSA München.

die beständigen Gülten mit 2.135 fl. sowie die Zinseinnahmen von 4–5 % aus einem durchschnittlichen ausgeliehenen Kapital von 93.396 fl., nämlich 3.890 fl. Nach einem *Verzeichniß der Activ-Capitalien und Zins-Rückstände des ehemaligen Kollegiatstifts Wiesensteig* der LDS vom 21. Januar 1808[53] besaß das Stift bei seiner Auflösung Aktivkapitalien in Höhe von 68.212 fl. Nach Rückzahlungen bis zum 30. September 1804 verblieben im Geschäftsjahr 1804/05 noch 67.747 fl. Zusammen mit den Aktivkapitalien des Stifts wurden auch diejenigen der Dotzburger Benefizien-Fundation (10.475 fl.), der Dotzburger Kustorei (1.490 fl.) und der Rosenkranz-Bruderschaft (10.498 fl.) verrechnet, so dass sich der Aktivkapital-Status bei seiner Auflösung und *Incammerirung* auf insgesamt 91.000 fl. belief.[54] Nach Ausweis dieses Verzeichnisses hatte das Stift 59 Schuldner in 15 Orten; die größten Posten waren ein Darlehen an das Kloster Urspring über 6.000 fl. (Schuldverschreibung vom 12. November 1780; die Schuld wurde von Bayern im Jahre 1818 abgeschrieben[55]), die Stadt Ulm (5 Schuldverschreibungen von 1669, 1693, 1695, 1780 und 1792 über insgesamt 25.800 fl.) und die Schwäbische Kreis-Kasse in Stuttgart (3 Obligationen von 1795 und 1796 über 6.000 fl.). Die Gelder waren zu 5 % ausgeliehen.

Vereinzelt wurden noch bis Ende 1804 neue Darlehen gewährt, ebenso wie die Zinsen bezahlt wurden. Für die Ausgleichsverhandlungen mit Württemberg nach 1806 berechnete die LDS den Anteil der Schuldner in jenen Orten, die nach dem 12. Juli 1806 württembergisch geworden waren: Unter Einberechnung der Zinsen und Zinsrückstände verblieben später von den Aktivkapitalien des ehemaligen Kollegiatstifts (11.497 fl.), der Dotzburger Benefiziums-Fundation (4.805 fl.) der Dotzburger Kustorei (1.440 fl.) und der Rosenkranz-Bruderschaft (6.448 fl.) als Anteil für das Königreich Württemberg 24.190 fl. Dieser Betrag sollte nach der *Incorporirung* der Stiftskirche als Pfarrkirche in die Kurfürstliche Kameralkasse am 1. Oktober 1805[56] als Grundkapital eines Wiesensteiger Pfarrkirchen-Fonds dienen; doch hielt die LDS die Höhe dieser Dotation für ungenügend.[57]

Die Verbindlichkeiten des Stifts betrugen im Jahre der Auflösung 1.694 fl.; dazu kamen ältere Kapitalzins-Ausstände in Höhe von 1.786 fl. sowie Zinsrückstände bis zum 30. September 1804 in Höhe von 164

fl. und einige kleinere Posten. Insgesamt beliefen sich diese *Kameral-Ausstände* bis 1806 auf 3.695 fl. Aus dieser und weiterer tabellarischen Aufstellungen geht hervor, dass das Stift seine Schuldner recht kulant und nachsichtig behandelt hat. Dies änderte sich freilich nach der Aufhebung des Stifts.

Das Schicksal der Stiftsbibliothek

Die Stiftsbibliothek[58] war *in der Dechaney-Wohnung in dem Registraturs-Zimmer zu ebener Erde aufgestellt.* Weil aber der Rentbeamte Ziegler ständigen Zutritt zu diesem Raum haben musste, ließ die [Kurpfalzbayerische Amtsextraditions- und Organisations-] Kommission am 3. Dezember 1804 (also höchstwahrscheinlich nach dem Wegzug des ehemaligen Stiftsdekans und dem Einzug des Rentamts in das Gebäude) diese *äußerst geringe und unbedeutende Bibliothek* [...] *über 2 Stiegen in das sogenannte Kapuziner-Zimmer transferiren*; das Zimmer wurde versiegelt, die Schlüssel wurden dem Landrichter Rosmann eingehändigt, und über den geschilderten Vorgang wurde ein amtliches Protokoll erstellt.[59]

Am 11. April 1813 berichtete der Exkanonikus, Geistliche Rat und Dekan Philipp Göttler auf Anfrage des Katholischen Kirchenrats in Ellwangen über den Zustand der Bibliothek des ehemaligen Chorherrenstifts und übersandte gleichzeitig einen Katalog der noch vorhandenen Bücher[60]: *Bei Auflösung des Kollegiatstifts stund die Bibliothek desselben unter keiner Aufsicht mehr. Die Bücher wurden durchwühlet, bey den vielen anwesenden Kommissionen suchte ein jeder, was ihm gefiel, und ließ es mitgehen. Die Cathalogen verschwanden, um das Abgehende zu decken. Endlich wurde der Überrest noch von Baiern zum Verkauf angebothen, und meldete sich kein Liebhaber. Die Bücher lagen verworren über einem Haufen in einer Kammer des Cameralamtsgebäudes. Ich ließ sie durch die zwei Stadtvikarien sortiren und einen Kathalogen darüber verfertigen, den ich hier allerunthänigst gehorsamst anschließe.*

Das *Verzeichniß der in der ehemals Collegiatstiftischen Bibliotek zu Wiesensteig noch vorhandenen Bücher* umfasst 282 Titel lateinischer, deutscher und französischer Werke zur Kirchen- und Profangeschichte,

Theologie und Jurisprudenz von 1525 bis 1802; auch philosophisch-theologische Aufklärungsliteratur ist vertreten.[61]

Mit Schreiben vom 25. September 1814 teilte v. Göttler der *Curatel der Katholischen Universität* [Ellwangen] mit, er habe vom Kgl. Kameralamt Wiesensteig die Auskunft erhalten, *daß die hier vorhanden gewesene Stifts-Bibliothek samt und sonders*[62] *mit allen Büchern ohne Ausnahme an den Buchbinder Göz in Göppingen für und um die Summe per 36 Gulden ver-* *kauft und entlassen worden seye.*[63] Das Schicksal der Wiesensteiger Stiftsbibliothek ist ein geradezu klassisches Beispiel für den widerrechtlichen Umgang mit Stiftsbibliotheken in der Säkularisationszeit.

Der Kampf um die Kanonikerpensionen

Bis zum Jahre 1806 erhielten die Exkanoniker offenbar anstandslos ihre Pensionen von den für ihren

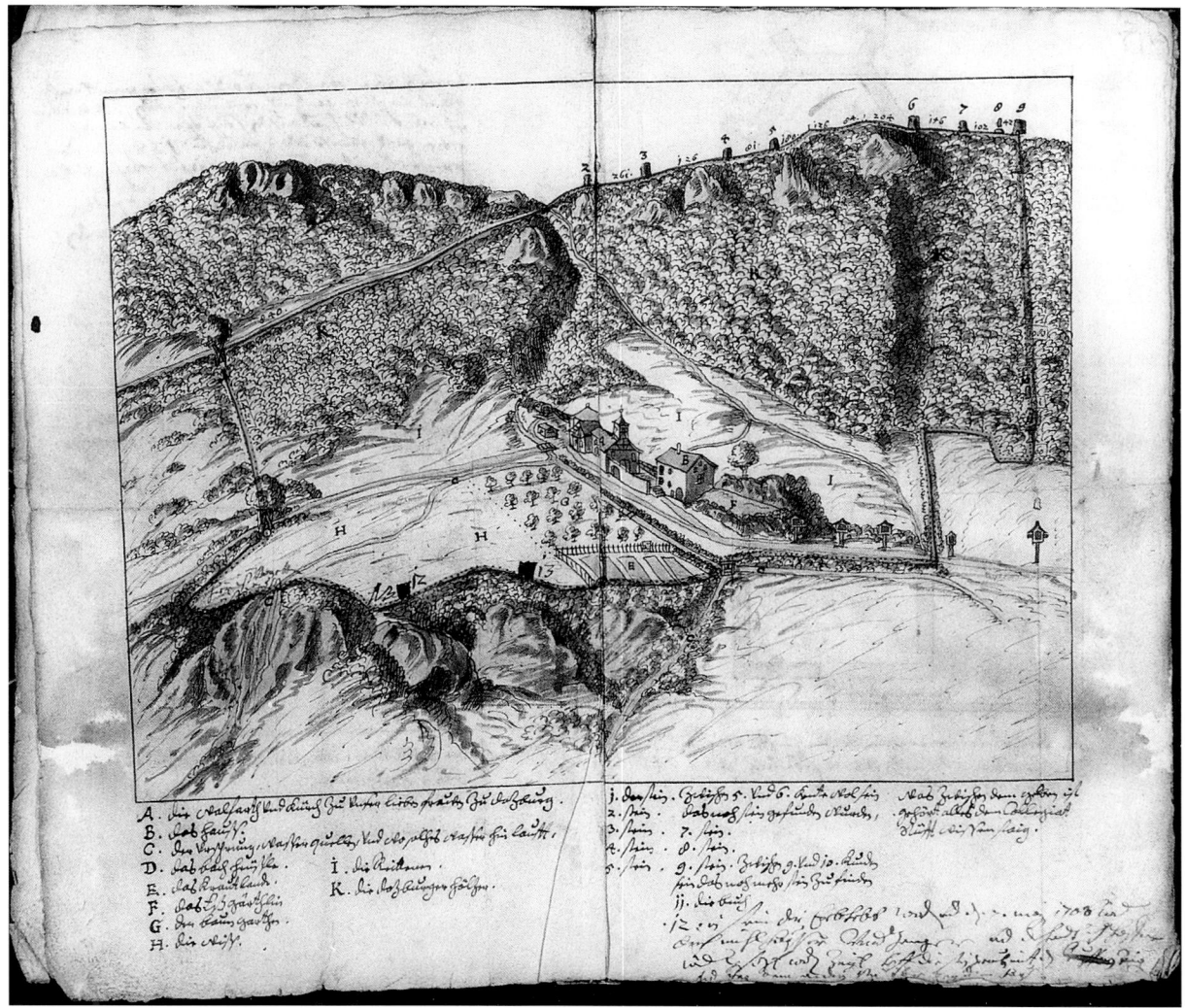

Wallfahrtsort Maria Dotzburg bei Wiesensteig
Doppelseitige Federzeichnung, laviert, Jakob Sutor (?), 1687.
SA Ludwigsburg.

Wohnort zuständigen Rentämtern ausbezahlt. Nach dem 12. Juli 1806, dem Tag des Übergangs der Herrschaft Wiesensteig an die Krone Württemberg, wurde ihnen jedoch sowohl von Bayern als auch von Württemberg die Pensionszahlung ohne jegliche Erklärung verweigert.[64] Die bayerischen Finanzbehörden waren der Meinung, Wiesensteig sei nun württembergisch, und Württemberg müsse entsprechend dem Anteil der einst dem Chorherrenstift Wiesensteig pflichtigen württembergischen Untertanen für die Lasten dieses ehemals bayerischen Stifts aufkommen. Damit waren für die bayerischen Amtsstellen die Zahlungen an die sechs jetzt in Bayern lebenden Wiesensteiger Stiftsherren eine württembergische Angelegenheit.

Immer neue Berechnungen des bayerischen bzw. württembergischen Anteils verzögerten eine endgültige Entscheidung. Vor allem der ehemalige Stiftsdekan v. Barth setzte sich unermüdlich persönlich und im Namen seiner bayerischen Mitchorherren bei König Max I. Joseph ein, um die garantierten Pensionen doch noch zu erhalten.

Der Exkanonikus Göttler tat dasselbe bei den württembergischen Finanzbehörden für die drei in Wiesensteig verbliebenen Exkanoniker; denn auch das Oberfinanzdepartement in Stuttgart hielt die zugleich mit der Herrschaft übernommene Verpflichtung zur Bezahlung der Kanoniker-Pensionen vorerst für rechtlich nicht einwandfrei geklärt. Nach mehreren vergeblichen Versuchen setzten die drei Geistlichen am 3. April 1807 *ihre letzte Hoffnung* auf den Bevollmächtigten bei der bayerischen »Hofkommission« in Stuttgart, welche die Ausgleichsverhandlungen über alle Fragen der Grenzveränderungen von 1806 mit der württembergischen Regierung führte; es war dies Maximilian Freiherr v. Lerchenfeld (der spätere bayerische Finanzminister), der dank seiner guten Beziehungen die Pensionsfrage für die in Wiesensteig verbliebenen Exkanoniker zu dem erhofften glücklichen Ende brachte.

Bei der Ende Mai 1807 von württembergischer Seite verfügten Auszahlung der Pensionen blieben jedoch die in Bayern lebenden sechs ehemaligen Stiftsherren ebenso unberücksichtigt wie bei den Nachzahlungen der bislang zurückbehaltenen Beträge im Oktober 1807. Erst am 12. April 1808 wurde die Hinhaltetaktik der bayerischen Behörden durch König Max Joseph

definitiv beendet, indem er bewilligte, dass die in Bayern sich aufhaltenden *Individuen des aufgelösten Canonicatsstifts zu Wiesensteig noch ferners und bis zum völligen Ausgang der deßhalb mit Württemberg obwaltenden Differenzen ihre festgesetzte Pensionssummen* erhielten.

Ein neues Kapitel in der Geschichte der Pensionszahlungen wurde in den bayerisch-württembergischen Ausgleichsverhandlungen von 1810/1811 aufgeschlagen, nachdem die Stadt Ulm sowie ihr ehemals reichsstädtisches und seit 1802 bayerisches Territorium durch den Staatsvertrag von 1810 württembergisch geworden waren. Die Kasse des bayerischen Isarkreises in München bewilligte nämlich dem in München wohnenden Exkanonikus v. Leuthner seine Pension in monatlichen Raten lediglich bis März 1811. Da ihm von württembergischer Seite nicht erlaubt wurde, eine *allfällige* (württembergische) Pension in München zu verzehren, kehrte er am 5. September 1811 nach Wiesensteig zurück, wo er in einer bescheidenen Mietwohnung lebte, weil mit einer Wohnsitzverlegung eines ehemaligen Stiftsherren in das »Ausland« das Recht der mietfreien Nutznießung eines früher stiftischen Gebäudes in der Regel verloren gegangen war.[65]

Bis Ende Oktober 1811 ergingen nicht weniger als neun amtliche Schreiben in der Pensionssache des Exkanonikus v. Leuthner, während die Quellen über die Pensionen der in Bayern lebenden Chorherren schweigen. Vom 26. Oktober 1811 datiert ein Dekret des Kgl. Katholischen Geistlichen Kirchenrats in Stuttgart an das Dekanat Wiesensteig, aus dem hervorgeht, dass *nach einer von Allerhöchster Stelle anhero gelangten Eröffnung der in Wiesensteig domicilirende Excanonicus v. Leutner mit seiner Pension an die Krone Baiern abgetreten worden* sei. Da in der Angelegenheit der Kanonikerpensionen weitere Unterlagen weder von württembergischer noch von bayerischer Seite vorliegen, ist davon auszugehen, dass damit dieses leidige Kapitel in der Geschichte der Beziehungen zwischen den beiden Nachbarstaaten abgeschlossen worden ist.

Die letzten Kanoniker

Die ehemaligen Chorherren konnten sich finanziell über Wasser halten, weil sie entweder vermögend waren oder als Seelsorger und Schulinspektoren ein neues Betätigungsfeld gefunden hatten.[66] Nachdem v. Leuthner offenbar wieder nach München zurückgekehrt war, lebten in Wiesensteig noch drei Exkanoniker: Dr. theol. Joseph v. Cabalzar (1734–1813), ein Adeliger aus Graubünden, war *ein sehr frommer Priester, ein Vater der Armen, Spiegel der Tugend und Zierde der Geistlichkeit.* Der aus Wiesensteig selbst stammende Dr. phil. Joseph Alois Damberger (1752–1820) wurde 1803 Stadtpfarrer und Prediger in Wiesensteig; von 1810 bis zu seinem Tod war er Pfarrer in Hailtingen bei Riedlingen. Der Elsässer Bac. theol. Johann Philipp v. Göttler (1752–1829), *Kurfürstlich Bayerischer Wirklicher Geistlicher Rat* und Ritter des päpstlichen Peter- und Pauls-Ordens, wurde 1810 Dambergers Nachfolger als Stadtpfarrer und wirkte als Schulinspektor und Dekan; König Friedrich I. von Württemberg verlieh ihm 1814 den mit dem persönlichen Adel verbundenen Württembergischen Zivil-Verdienstorden.

Der letzte Stiftsdekan, Mag. phil. Johann Nepomuk v. Barth (geb. 1747 in Regensburg), verbrachte seine letzten Lebensjahre als Privatier in Straubing, wo er 1823 gestorben ist; in der Wiesensteiger Pfarrchronik heißt es von ihm, er bleibe *im segenvollen Andenken als ein Mann von ausgezeichneter Solidität und Frömmigkeit.* Der jüngste Kanoniker, Lic. theol. Georg Cajetan Bufler (geb. 1775 in Landshut), wurde 1806 Pfarrer in Otzing bei Deggendorf, wo er 1813 gestorben ist. Die beiden gebürtigen Augsburger Adam v. Clarmann (geb. 1771) und Dr. jur. utr. Simon Daser (geb. 1757) starben im Jahre 1832 als Pfarrer in Eurishofen bei Kaufbeuren bzw. als Kommorant der Spitalstiftung Dinkelscherben in Türkheim bei Mindelheim. Der Kanoniker Ignaz v. Leuthner (geb. 1770 in München) starb 1844 als Ruhestandspriester in seiner Geburtsstadt München. Als letzter ehemaliger Wiesensteiger Chorherr starb Dr. theol. Dominik Cajetan De Crignis (geb. 1762) am 8. Juni 1847 in seiner Vaterstadt Augsburg.

---

[1] Die Geschichte des Stifts ist noch nicht geschrieben. Einen sehr guten Überblick bietet *Walter Ziegler,* Wiesensteig. Stadt und Schloß. Wiesensteig 1986.

[2] Vgl. *Franz Schmied,* Wiesensteig. Lebensbild einer kleinen Stadt. Wiesensteig 1961, 30–33, hier 32.

[3] Churpfalzbaierisches Regierungsblatt. München 1802, Sp. 911–915.

[4] *Wolfgang Zorn,* Die Anfänge des bayerischen Schwaben, in: Schwäb. Blätter für Volksbildung und Heimatpflege 3 (1952), 145–161, hier 146–147; *Ders.,* Die Eingliederung Ostschwabens in den Bayerischen Staat unter den ersten Königen Max I. und Ludwig I., in: Augsburger Beiträge zur Landesgeschichte Bayerisch-Schwabens. Bd. 2. Sigmaringen 1982, 79–92, hier 80–81.

[5] *Georg Döllinger,* Sammlung der im Gebiete der inneren Staatsverwaltung des Königreichs Bayern bestehenden Verordnungen. Bd. 1. München 1835, 191.

[6] Churbaierisches Regierungsblatt. München 1803, 5.

[7] Vgl. *Eberhard Weis,* Die Säkularisation der bayerischen Klöster 1802/03. Neue Forschungen zu Vorgeschichte und Ergebnissen. München 1983, 38 (SB der Bayerischen Akademie der Wiss., Phil.-Hist. Klasse; H. 6).

[8] Höchstwahrscheinlich handelt es sich dabei um das Reskript des Kurfürsten vom 22.01.1803 an das General-Land-Kommissariat in Ulm *die künftige Behandlung der Klostergüter und die Pensionierung der Geistlichen betreffend,* dessen Vollzug vom Kurfürsten am 14.02. 1803 eingeschärft wurde. Unter Verwendung einer nur unwesentlich veränderten und gekürzten Fassung der inzw. in München eingegangenen Vorschläge v. Hertlings zum Aufgabenbereich einer Kloster-Kommission wurde diese in Form einer kurfürstl Verordnung vom 22.02.1803 an die *Kurfürstliche Spezial Kommission für administrative geistliche Angelegenheiten der Stifter und Klöster in den schwäbischen*

Entschädigungs Landen deren Organisirung und Geschäftskreis betreffend ins Leben gerufen und konstituiert (SA Augsburg, Regierung 3287 Nr. 11, 15, 20).

[9] HSA München, MA 8479.

[10] Johannes Liborius v. Schieber (1764–1829), ein literarisch vielseitig tätiger Jurist im bayerischen Staatsdienst, wurde später Oberappellationsgerichtspräsident in München; vgl. *Ziegler,* Wiesensteig (wie Anm. 1), 46; *Theodor Wurm,* Namhafte aus Wiesensteig gebürtige Männer, in: Geschichtl. Mitt. von Geislingen und Umgebung 7 (1939), 142–155, hier 148–150.

[11] DAR 383 (Schreiben des Benefiziaten Joseph Gfrerer an den Bischöfl. Deputatus und Pfarrer Wilhelm Vogel in Großeislingen, 14.03.1803).

[12] SAL B 535s Bü 51 pp. 661–552 (25.02.1803).

[13] SAL B 147L Bd. 31 p. 117 Nr. 124–126.

[14] DAR 389 (Schreiben des Stiftsdekans v. Barth an Generalvikar v. Wessenberg, 10.03.1803).

[15] DAR 389 (Schreiben des Stiftsdekans v. Barth an Generalvikar v. Wessenberg, 25.05.1803).

[16] SAL B 147L Bd. 31 p. 118 Nr. 130.

[17] SAL B 147L Bü 47 Nr. 1 (Protokoll über die Verkündung des Dekrets, 18.08.1803) u. DAR 389 (Schreiben des Stiftsdekans v. Barth an Generalvikar Ignaz v. Wessenberg, 18.08.1803).

[18] SAL B 147L Bü 47 Nr. 11 (18.08.1803).

[19] DAR 389 (Schreiben des Stiftsdekans v. Barth an Generalvikar v. Wessenberg, 18.08.1803); HSA München, Hofkommission Stuttgart 28 Unterfasz. 2. Vgl. auch *Philipp (von) Göttler,* Chronik der Stadt und Pfarrei Wiesensteig. Wiesensteig [begonnen 1814], 40 § 27 (Manuskript im Kath. PfA Wiesensteig, Kopie im KA Göppingen (Göttlers Zahlen weichen leicht ab)).

[20] Vgl. SAL B 147L Bü 47 Nr. 12.

[21] Vgl. SA Augsburg, Regierung (Akten Landesdirektion Ulm), Ministerialreskripte Nr. 219 (05. u. 26.03.1804).

[22] SAL B 147L Bd. 31 pp. 85–87 Nr. 10–20; DAR 389 (wie Anm. 17); v. Göttler, Chronik (wie Anm. 19), 40 § 27; vgl. DAR 389 (Schreiben v. Barths an Kurerzkanzler v. Dalberg in Regensburg, 09.10.1803).

[23] DAR 389 (wie Anm. 17). Die folgenden Angaben differieren in den Quellen nur unerheblich.

[24] SAL B 147L Bd. 31 p. 99; v. Göttler, Chronik (wie Anm. 19), 40 § 27.

[25] Vgl. SA Augsburg, Regierung (Akten der Landesdirektion Ulm), Ministerialreskripte Nr. 218 (23.04.1803).

[26] HSA München, Hofkommission Stuttgart 28 Unterfasz. 2.

[27] SAL B 147L Bü 47 Nr. 16 (22.08.) u Nr. 15 (26.08.1803).

[28] SAL B 147L Bd. 31* p. 119 Nr. 136.

[29] SAL B 147L Bü 47 Nr. 14 (18.08.1803). Aus dem Aktenvermerk geht nicht eindeutig hervor, wer die Auswahl getätigt hat; die beigefügte Anmerkung deutet auf Landrichter Rosmann.

[30] SAL B 147L Bd. 31 p. 133 Nr. 185).

[31] SAL B 147L Bü 47 Nr.16 (22.08.1803).

[32] Kath. PfA Wiesensteig, Spitalpflege, Bündel 1802–1807 Nr. 234 (24.08.1803).

[33] SAL B 147L Bd. 31 p. 82.

[34] SAL E 209 p. 4 (Kath. Kirchenrat [Mosthaf] an das Ministerium des Innern und des Kirchen- und Schulwesens, 13.12.1828).

[35] HSA München, Hofkommission Stuttgart 29 Fasz. 3 (30.01.1806).

[36] SAL E 209 Bü 73 p. 4 und 20 ff.; vgl. dazu Matthias Erzberger, Die Säkularisation in Württemberg von 1802–1910. Ihr Verlauf und ihre Nachwirkungen. Stuttgart 1902 (ND Aalen 1974), 312–314. Jeder Satz Erzbergers, Ebd., 312, ist entweder missverständlich oder einfach falsch; hinsichtlich der Zahl der Paramente liegt ein grobes Missverständnis der Quelle vor. Vgl. dagegen Wunder, Der Kirchenschatz und die Paramente des Chorstifts Wiesensteig, in: Archiv für christl. Kunst 29 (1911), 10–12, 21–23, 30–32.

[37] HSA München, Abt. Geh. Staatsarchiv, Kasten schwarz 404/1 (Statistische Notizen), veröff. von Bernhard Zittel, Die staatsrechtlichen Verhältnisse der Reichsstadt Ulm beim Übergang an Bayern im Jahre 1802/1803, in: UuO 34 (1955), 120–144; das Folgende 138.

[38] SAL B 535s Bü 36 u. 37; SAL B 535L Bü 30a; SAL B 147s Bü 78 Nr. 40–42); SAL B 147L Bd. 31, 159–172.

[39] SAL B 535s Bü 37. Die gen. Orte erscheinen bereits in den stift. Salbüchern der Jahre 1500–1528 (HSAS H 235 Nr. 390–398).

[40] SAL B 535s Bü 37.

[41] SAL B 535s Bü 37; SAL B 147L Bü 49 u. Bü 47 Nr. 9.

[42] SAL B 147L Bü 48 u. Bü 49.

[43] SAL B 147L Bü 49, 55, 108, 110; SAL 535s Bü 33, 36, 37; StA Wiesensteig, B/H 10 (Brand-Assekuranz-Kataster der Reichsherrschaft Wiesensteig von 1803).

[44] Vgl. SAL B 147L Bü 47 Nr. 2; DAR 389 (wie Anm. 19).

[45] SAL B 147L Bü 108.

[46] SAL B 147s Bü 78 Nr. 33 (01.12.1804); vgl. Ebd. Nr. 35; SAL B 147L Bü 55 (Merklingen); StA Wiesensteig, B/H 51 pp. 4b–5, 9b–12b, 27b (Urkundenprotokolle des Jahres 1804).

[47] SAL B 147L Bü 108 (07.01.1805).

[48] HSA München Hofkommission Stuttgart 28 Fasz. 11 Nr. 6 (Rentamt Wiesensteigische Acten 1803–1806).

[49] SAL B 147L Bü 110 (m. bemerkenswerten Einzelheiten); ergänzend dazu SAL D 112 Bü 199. Vgl. auch Robert Uhland, Die Dotzburger Wallfahrt, in: Schwäb. Heimat 21 (1970), 113–123, hier 121–122.

[50] SAL D 112 Bü 181; HSA München, Hofkommission Stuttgart 29 Fasz. 3.

[51] Zum Problem der verschwundenen Säkularisations-Akten vgl. Weis, Säkularisation (wie Anm. 7), 10 Anm. 2.

[52] HSA München, Hofkommission Stuttgart 28 Unterfasz. 2; vgl. v. Göttler, Chronik (wie Anm. 19), 40 § 27.

[53] HSA München, Hofkommission Stuttgart 28 Fasz. 1 (1807).

[54] Vgl. HSA München, Hofkommission Stuttgart 29 Fasz. 3 (Schreiben vom 04.07.1809).

[55] SAL B 535s Bü 31.

[56] SAL B 147L Bü 112 (09.11.1805).

[57] HSA München, Hofkommission Stuttgart 29 Fasz. 3 (Schreiben der Kgl. Baierischen Special-Commission der Finanz-Retardation, Ulm 04.07.1808); vgl. v. Göttler, Chronik (wie Anm. 19).

[58] Wolfgang Irtenkauf, Das Ende der Wiesensteiger Stiftsbibliothek, in: Alt-Württemberg 9 (1963), Nr. 1. Die von Irtenkauf unvollst. angeg. Archiv-Bestandsnummern sind in zeitl. Reihenfolge: SAL E 211 I Bü 77 Nr. 32, 35, 14 (Anlage zu Nr. 46), 46, 51, 55, 57, 122, 137 (Katalog), 138, 139.

[59] SAL B 147s Bü 78 R 161 Nr. 25 (03.12.1804).

[60] SAL E 211 I Bü 77 Nr. 32. Das Dokument ist vollst. publiziert von Irtenkauf, Stiftsbibliothek (wie Anm. 58).

[61] Ebd. Nr. 137.

[62] Allerdings war ein bes. wertvolles Werk (Pontificale Romanum. Antwerpen Plantin 1663) schon früher auf Anforderung von Seminar-Regens Wagner nach Ellwangen geschickt worden; vgl. Irtenkauf, Stiftsbibliothek (wie Anm. 58).

[63] SAL E 211 I Bü 77 Nr. 139. Irtenkauf, Stiftsbibliothek (wie Anm. 58) datiert mit Erzberger, Säkularisation (wie Anm. 36), den Verkauf auf den 25.05. (Quelle?) und nennt (ebenfalls mit Erzberger, Ebd.) den Buchhändler (wohl infolge eines Lesefehlers) »Hopf«.

[64] Dem folgenden Abschnitt liegen als aktenmäßige Dokumentation zugrunde die Archivbestände HSA München, Hofkommission Stuttgart 28 Unterfasz. 2 (Die Pensionen der Kanoniker von Wiesensteig, 31 Schriftstücke) u. SAL E 209 Bü 117 (10 Schriftstücke mit Beilagen).

[65] Das Folgende nach den Briefen und Akten im SAL E 209 Bü 117; vgl. auch Erzberger, Säkularisation (wie Anm. 36), 113.

[66] Die folgenden Personendaten sind in erster Linie den Schematismen (Personalkatalogen) der Diözesen Augsburg, Konstanz und Regensburg entnommen; im übrigen vgl. Karlfriedrich Gruber, Liste der Chorherren und Chorvikare des Chorherrenstifts Wiesensteig (Manuskript).

Fürst oder König

Inbesitznahme und Aufhebung des Chorherrenstifts Wolfegg

von Bernd M. Mayer

Gründung und Entwicklung

Wenig mehr als 300 Jahre hatte das Wolfegger Chorherrenstift bestanden, als es 1806 zwangsweise aufgelöst wurde. Zwar ist es hinsichtlich wirtschaftlicher Bedeutung sowie geistiger und künstlerischer Ausstrahlung mit den benachbarten Klöstern Weingarten und Schussenried nicht annähernd zu vergleichen, dennoch bietet die Nähe des Stifts zum gräflichen, später fürstlichen Hause Waldburg-Wolfegg gerade in der Zeit der Auflösung interessante historische Aspekte.[1]

Von Beginn an war die Beziehung des Chorherrenstifts zur Wolfegger Herrschaft eine sehr enge, ging doch seine Gründung auf ein Gelöbnis des Johannes v. Waldburg, Graf zu Sonnenberg (1471–1510), zurück.[2] Dieser hatte 1487 an einem Feldzug Erzherzog Sigmunds von Tirol (1427–1497) gegen die Republik Venedig teilgenommen, in dessen Verlauf es zu einem denkwürdigen Zweikampf kam, der Eingang in die Geschichtsbücher gefunden hat. Nachdem es zwischen dem erzherzoglichen und venezianischen Heer, von denen das eine in Rovereto und das andere in Serravalle lagerte, über einen längeren Zeitraum nicht zu einer entscheidenden Schlacht gekommen war, erklärte sich der gerade erst siebzehnjährige Johannes v. Waldburg bereit, in einem Zweikampf gegen Antonio Maria di Sanseverino, den Sohn des venezianischen Kommandanten, anzutreten. Für den Fall seines Sieges gelobte Johannes die Gründung eines Klosters in seiner oberschwäbischen Heimat. Als es Graf Johannes gelungen war, seinen Gegner zu überwältigen, ergab sich dieser mit dem verabredeten Ausruf *Sancta*

Catharina.[3] Als Dank und Anerkennung für diesen Sieg verlieh Erzherzog Sigmund dem Gewinner die Landvogtei Schwaben als Pfand.

In den ersten Jahren des 16. Jhs. ließ Graf Johannes in Wolfegg nicht nur sein Schloss von Grund auf neu bauen, sondern setzte 1502 mit dem Bau eines kleinen Klosters und der zugehörigen Kirche auch sein Gelübde in die Tat um. Auf einem dem Schloss südwestlich vorgelagerten Gelände entstand eine äußerlich schlichte Kirche mit gotischen Spitzbogenfenstern, geradem Chorabschluss und einem Dachreiter. Im Westen schloss sich an dieses Bauwerk das eigentliche Stiftsgebäude mit steinernem Sockelgeschoss und Fachwerkaufbau an. Schloss und Kirche wurden mit einem Holzgang für die Herrschaft verbunden.

Der Plan, das Kloster mit Benediktinern zu besetzen, zerschlug sich, ebenso der Versuch, Karmeliter zu gewinnen.[4] Erst nach dem Tod des Gründers gelang es seinem Schwiegersohn und Erben Truchsess Georg III., mit Zustimmung von Papst Julius II., Franziskaner nach Wolfegg zu holen. Zur Sicherung der wirtschaftlichen Existenz erhielt das Kloster als Gründungsausstattung das Vogtrecht und den Zehnten zu Ellwangen und Wolfegg neben dem Großzehnten zu Gaishaus. Außerdem wurden mit bischöflicher und kaiserlicher Zustimmung die beiden Pfarreien Wolfegg und Ellwangen inkorporiert. Bereits 1519 wandelte Truchsess Georg das Kloster mit Zustimmung des Bischofs von Konstanz in ein Kollegiatstift mit einem Propst, neun Weltpriestern, vier Schülern und einem Schulmeister um.[5] Denn es habe sich immer mehr herausgestellt, so Vochezer, dass die Franziskaner »für Wolfegg und die Aufgaben daselbst nicht passten«.[6] Die Truchsessen v. Waldburg waren als Kastenvögte für den Schutz des Stifts verantwortlich und hatten außerdem das Recht, den Propst auszusuchen und dem Bischof von Konstanz zu präsentieren. Der Propst versah gleichzeitig das Amt des Pfarrers von Wolfegg.

Während des Dreißigjährigen Krieges steckten 1646 die Schweden unter General Wrangel neben dem Schloss auch die Kirche in Brand. Truchsess Max Willibald (1604–1667) ließ die Kirche notdürftig herrichten und stiftete unter anderem für den Hochaltar und einen der Seitenaltäre Gemälde des flämischen Malers Caspar de Crayer, die heute noch erhalten sind. 1725 begann man unter Graf Ferdinand Ludwig (1678–1735) mit den Planungen zum Neubau der Kirche und des Stiftsgebäudes. 1733 wurde der Grundstein gelegt, und 1742 konnte der nach Plänen des Füssener Baumeisters Johann Georg Fischer errichtete Kirchenneubau eingeweiht werden.[7]

Anhand einer Reihe von Inventaren lässt sich die Ausstattung des Chorherrenstifts und ihre Entwicklung gut nachvollziehen. Die Inventare reflektieren anschaulich, wie sich die wirtschaftliche Situation des Stifts im frühen 18. Jh. deutlich verbessert. Dies kommt am augenfälligsten im Neubau der prächtigen Kirche zum Ausdruck, in den aber auch erhebliche Mittel des herrschaftlichen Hauses einflossen.

Das Inventar von 1592 dokumentiert die in manchen Bereichen noch vergleichsweise bescheidene Ausstattung des *Gestifft* mit *Kirchen Ornates, Hailtumb und Silber und Zingeschier. Item Betgewandt und anderen gleichen Sachen zur Haushaltung gehörig.*[8] Auffallend ist der schmale Bestand an Büchern: Vorhanden waren lediglich 46 Bände überwiegend theologischen Inhalts im Folio-, Quart- und Oktavformat. Im Lauf der Jahre wurde das Inventar beträchtlich vermehrt,[9] nicht zuletzt durch fromme Stiftungen und Legate. Gerade die Mitglieder des Hauses Waldburg taten sich hier besonders hervor. Aber auch Bedienstete wie der Obervogt Johann Ernst v. Altmannshausen, vermachten Kelche, Messkännchen, Paramente usw., und zahlreiche Stiftsangehörige vererbten ihre Hinterlassenschaft der Stiftsgemeinschaft.

Der Anfang vom Ende

1803 war für das Gesamthaus Waldburg ein einschneidendes Jahr.[10] Es brachte mit der am 21. März 1803 von Kaiser Franz II. beurkundeten Erhebung vom Grafenin den Fürstenstand die lange betriebene Standeserhöhung. Nur vier Wochen zuvor, am 25. Februar 1803, war in Regensburg der Reichsdeputationshauptschluss (RDH) erlassen worden. Dieser bildete die gesetzliche Grundlage für die Aufhebung der nicht reichsunmittelbaren Klöster und die Einziehung ihres Besitzes zur freien Verfügung der weltlichen Fürsten.[11] Damit war das Schicksal des Chorherrenstifts besiegelt. Vier Wochen nach der Standeserhöhung nahm der nunmehrige Fürst Joseph Anton (1766–1833) am 21. Mai 1803 unter Bezug auf die Paragraphen 35 und 36 des Gesetzes[12], als damaliger *Souverain und Landesherr*, das Chorherrenstift mit *allen Rechten, Kapitalien und Einkünften* förmlich in seinen Besitz.[13]

In dem Beschluss werden die Stiftsgeistlichen zur weiteren fleißigen Erfüllung ihrer *Competenz, Nutzungen und Obliegenheiten* ermahnt. Zur Abwicklung der Besitznahme wird eine eigens ernannte Kommission eingesetzt, deren Zusammensetzung nicht näher erläutert wird. Das Oberamt Wolfegg wird mit Schreiben vom 1. Juni 1803 damit beauftragt, den Vorgang dem Landvogtei-Oberamt Altdorf und dem Fürstlich Waldburg-Zeilschen Oberamt Wurzach mitzuteilen.[14] Weitere Schreiben regeln die Einzelheiten der Besitznahme. Es wird bestimmt, dass alle *frommen, milden und nützlichen Stiftungen* fortgeführt werden sollen. Die Wohnungen der Benefiziaten Bodent und Schmidt werden dem Pfarrer zugewiesen, die pensionierten Benefiziaten Schmidt und Vögele sowie der Canonicus Hafner müssen ihre Unterkünfte *sobald nur immer möglich* verlassen. Das Quartier des letzteren ist für den pensionierten Propst Franz Joseph Rehmann (1738–1807) vorgesehen.[15]

Zwar legte Fürst Joseph Anton großen Wert auf die Kontinuität der seelsorgerischen Arbeit der Stiftsgeistlichen, doch war ihm auch daran gelegen, nicht unbedingt benötigte kirchliche Geräte zu »versilbern«. In seinem Auftrag musste Propst Rehmann ein Verzeichnis des Silbers anfertigen lassen, *welches man im Stift entbehren kann.*[16] Zur geplanten Einschmelzung des Edelmetalls im kaiserlich-königlichen Münzamt in

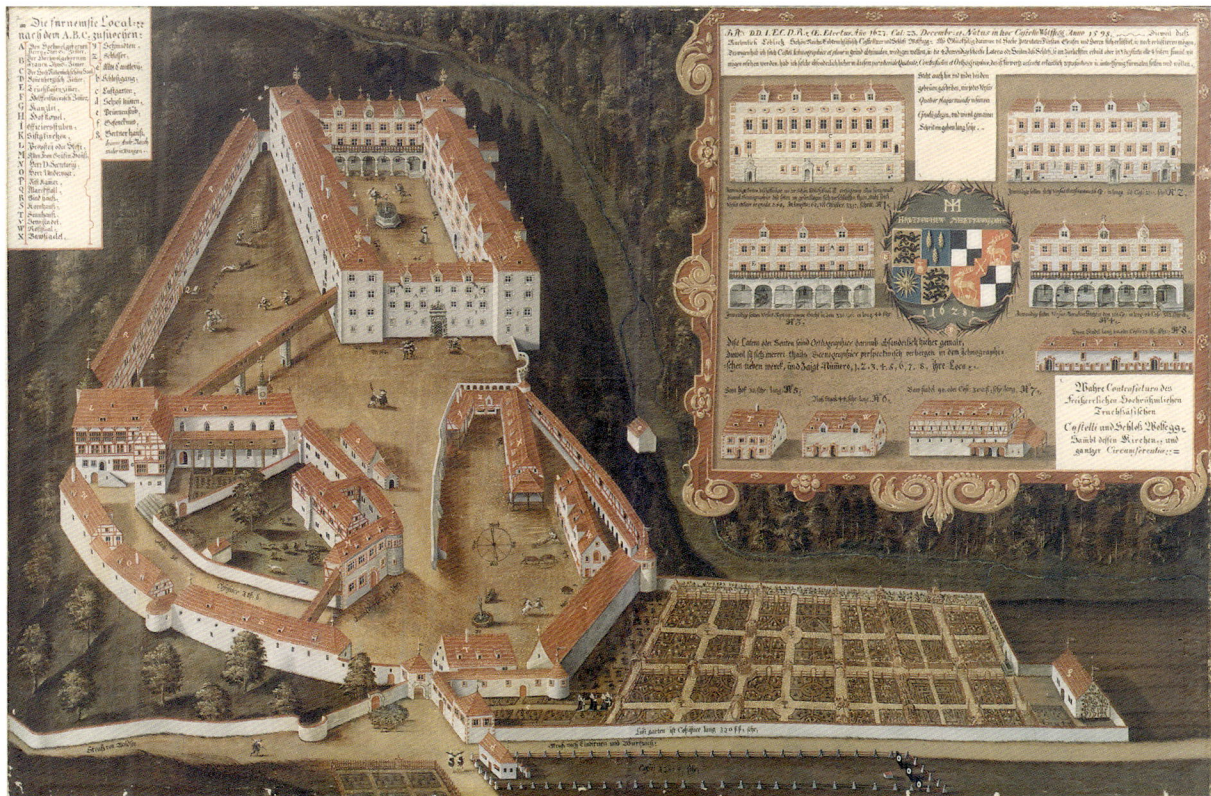

»Wahre Contrafactura«
Die freiherrliche Residenz Wolfegg in Oberschwaben aus der Vogelschau.
Öl auf Lw., Johann Andreas Rauch, 1628.
Schloss Wolfegg, Fürstliche Kunstsammlungen.

Günzburg kam es wegen der sich überschlagenden politischen Entwicklung offensichtlich dann doch nicht.

Die Aufhebung 1806

1806 drohte die Aufhebung des mit Propst Rehmann, zwei Chorherren und fünf Kaplänen besetzten Stifts durch die württembergische Krone.[17] Um der Aneignung durch den Staat zuvorzukommen, hob es Fürst Joseph Anton am 11. August 1806 auf.[18] Die Begehrlichkeit Württembergs, aber auch die Eile des Fürsten ist verständlich, verfügte doch das Chorherrenstift laut einem Inventar von 1807 nicht zuletzt über Aktiva, also Liegenschaften, Mobilien, Kirchengeräte, aus-

geliehene und gestiftete Kapitalien usw., in geschätzter Höhe von 214.977 fl. und 8 kr.[19]
Die fürstliche Aufhebungsurkunde hat folgenden Wortlaut: *Von Gottes Gnaden Wir Joseph des heil. röm. Reichsfürst von Waldburg zu Wolfegg […] Indem Wir Uns bewogen gefunden haben, Unser Collegiatstift dahier ganz aufzulösen, und solches heute durch eine von Uns hinzu eigens ernannte Comißion bereits vollzogen worden ist […] Decretum Wolfegg am 11. August 1806. Joseph Fürst von Waldburg zu Wolfegg.*[20] Mit Schreiben vom 3. August setzte man die bischöfliche Regierung in Konstanz von diesem Beschluss in Kenntnis und informiert sie darüber, dass man gedenke, *die dabei angestellt gewesenen Geistlichen theils zu pensionieren, theils anderst zu befördern.*[21] In einem

645

mehrseitigen Erlass wurde das Auflösungsverfahren geregelt.[22] Darin wird unter Rubrik A die *schöne und geräumige hiesige Chorstiftskirche für jetzt und auf ewige Weltzeiten* zur Pfarrkirche des Wolfegger Sprengels bestimmt. Zu diesem Zweck werden der Pfarrei sämtliche Kirchengerätschaften überlassen, *ohne alle Ausnahmen*. Als finanzielle Ausstattung soll die Pfarrei das *Fabrikvermögen* der alten Pfarrkirche erhalten, außerdem 6.000 fl. aus Stiftsmitteln. Die Alte Pfarr wird zur Totenkapelle umgewidmet. Die Glocken und der Taufstein werden in die ehemalige Stiftskirche geschafft. Dem Pfarrer weist man ein jährliches Gehalt von 600 fl. zu nebst Naturalien wie Tannen- und Buchenholz sowie Getreide. Unter Abschnitt B und C des Erlasses sind die Angelegenheiten der Pfarreien Alttann und Ellwangen geregelt.

Wie zu erwarten, erkannte die königliche Verwaltung die vom Fürsten vorgenommene Auflösung nicht an und erklärte sie am 11. September 1807 für null und nichtig.[23] Der württembergische Kameralbeamte Glock aus Waldsee erhielt von der königlichen Oberfinanzkammer den Auftrag, das Chorherrenstift aufzulösen und die zugehörigen Kapitalien, Gebäude, Güter und Gefälle *in Administration zu nehmen*. Im Namen der königlich-württembergischen Verwaltung erhebt Glock in einem Schreiben vom 1. November 1807 zum wiederholten Male Anspruch auf verschiedene Akten des Stifts, die er, so der Kameralbeamte, für seine *gegenwärtigen Amtsfertigungen unumgänglich nötig habe*. Glock war mit seinem Ansinnen bei den wenig kooperationswilligen Wolfegger Beamten schon mehrmals auf taube Ohren gestoßen, denn er fordert die fürstliche Verwaltung in leicht ungehaltenem Ton auf, *diese Akten Stücke bald möglichst mitzuteilen, um mit meinen Berichterstattungen nicht länger aufgehalten zu sein*.[24] Gegen das Vorgehen der württembergischen Beamten verwahrt sich Fürst Joseph Anton wortreich in einem mehrseitigen Memorandum an den württembergischen König Friedrich I.[25] Ausdrücklich betont er, das Chorherrenstift auf der Basis des RDHs rechtmäßig in Besitz genommen und dies auch *formal und öffentlich bekannt gemacht zu haben*.

Die gerichtliche Auseinandersetzung

Nachdem sich die königliche und fürstliche Partei in langwierigen Verhandlungen nicht gütlich einigen konnten, ging Fürst Joseph Anton gegen das landwirtschaftliche Departement der königlich-württembergischen Oberfinanzkammer vor Gericht. Die Klage lautet auf *Restitution des unrechtmäsiger und eigenmächtiger Weise in Besitz genommenen, vormaligen Chorstifts von Wolfegg sammt Zugehörungen*. Als Prozessvertreter des Fürsten vor dem Königlichen Oberappellationstribunal in Tübingen trat Prokurator Carl Friedrich Schott auf.[26]

In der Klageschrift wird in insgesamt 36 Paragraphen unter Beifügung von 46 Beilagen ausführlich die Geschichte des Stifts von seiner Gründung an dargestellt und die enge Verbindung zum fürstlichen, vormals gräflichen Hause erörtert.[27] Die aufgeführten Argumente sollen die Gründe für den Verbleib des Stifts in herrschaftlichem Besitz untermauern. In Paragraph 3

»Fürst Joseph Anton von Waldburg-Wolfegg (1766–1833)«
Porträt, Öl auf Lw., F. Müller, ca. 1830.
Schloss Wolfegg, Fürstliche Kunstsammlungen.

**Die Wolfegger Stiftskirche
(1733–1742)**
*Den barocken Neubau von
Johann Georg Fischer prägen im
Innern v. a. die leichten Rokoko-
stukkaturen der Wessobrunner
Johannes Schütz, Josef Wangerer
und Michael Schütz, die Decken-
fresken (1735) von Franz Joseph
Spiegler, v. a. im ovalen Spiegel-
gewölbe, sowie die Marien-
krönung des Hochaltarblatts von
Caspar de Crayer (1584–1669).
Pfarrkirche St. Katharina,
Wolfegg.*

weist der Kläger beispielsweise darauf hin, dass den *Erben und Nachkommen des Stifters* – diese Formulierung zieht sich wie ein roter Faden durch den Text – im Stiftungsbrief von 1519 *gewisse auszuübende Rechte* vorbehalten und eingeräumt worden seien. Bei diesen Rechten handle es sich, so erfährt man im folgenden Paragraphen, um das Schutz- und Schirm-, auch Kastenvogtsrecht, das Patronats-, Nominations- und Präsentationsrecht sowie das Recht, ein eigenes Inventar und Urbar vom ganzen Vermögen, von Gütern und Gerechtsamen zu besitzen usw. Auch habe das Kollegiatstift, so Paragraph 10, ohne *Vorwissen, Bewilligung und Genehmhaltung der Erben und Nachkommen des Stifters* nicht über sein Vermögen, Einkünfte und sonstiges Eigentum *schalten und walten können*.

Die Ergebnisse der Auseinandersetzung

Das Gericht befand die einseitige Inbesitznahme des Stifts durch die württembergische Krone für unrechtmäßig und setzte einen Vergleich durch. Auf diese Entscheidung hin begannen die streitenden Parteien mit Verhandlungen, deren Ergebnisse in einem Schreiben festgehalten sind, das von Kreissteuerrat Tafel aus Biberach verfasst wurde. In dem an Fürst Joseph Anton gerichteten Schriftstück betont der königliche Beamte, dass die Ergebnisse der *Auseinandersetzung wegen des Chorstifts in Wolfegg*, die sich fast ein Jahr hingezogen hatten, am 29. Juli 1809 *durch ein allerhöchstes Decret* [...] *die allerhöchste Bestättigung* erhalten habe.[28] Insgesamt umfasst die Einigung sieben Punkte, von denen mehrere wichtig sind.

Unter Punkt 1 werden die Unterbringung von Pfarrer und Kaplan in Wolfegg, außerdem die Baulast der Kirchen in Ellwangen und Alttann geregelt. Letztere sollen erst dann der königlichen Kasse zufallen, wenn die Einkünfte der Kirchen *nicht zulänglich seyn* würden. Die Stiftsgebäude werden dem Fürsten zu Eigen überlassen, die Stiftskirche zu Wolfegg, die Pfarrhäuser zu Alttann und Ellwangen sowie die dortige Zehntscheuer gehen in das Eigentum der Krone über. Pfarrer und Kaplan zu Wolfegg haben sich mit den ihnen zugewiesenen Wohnungen zu begnügen, da *solche geräumig* genug sind. Außerdem haben sie keinen Anspruch auf einen weiteren Platz auf dem Fruchtboden zur Aufhängung ihrer Wäsche. Punkt 3 regelt, dass die nicht benötigten Kirchenparamente an den Meistbietenden zu verkaufen seien und der Erlös zwischen König und Fürst zu teilen sei. Diejenigen Paramente, die überzählig, von keinem besonderen Wert *und dem Verderben nicht ausgesetzt* seien, sollen der Stiftskirche zum Gebrauch übergeben werden. Ebenfalls verkauft werden sollen die *entbehrli*che alte Pfarrkirche in Wolfegg[29] samt den Glocken, doch stehe es dem Fürsten frei, sie zu erwerben, falls er *solche als Todten Kapelle beyzubehalten* wünsche. Punkt 5 besagt, dass die Stiftspensionen vom 19. November 1808 an, dem Tag, an dem die Vergleichsvorschläge genehmigt wurden, Fürst Joseph Anton zu übernehmen habe. Nach Punkt 6 ist die Stiftsbibliothek meistbietend zu verkaufen, mit Ausnahme derjenigen Bücher, die von dem Bibliothekar Hofrat Schott für die königliche Bibliothek in Stuttgart bestimmt seien. Der Erlös werde unter beide Parteien aufgeteilt.

Im Anschluss an die Einigung beauftragte Fürst Joseph Anton seinen Oberrentmeister Ferdinand Franke, der ihn bei den Verhandlungen vertreten hatte, ihre Ausführung überwachen.[30]

Die Veräußerung des Stifts- und Pfarrguts

Die Versteigerung des Kirchensilbers, der als entbehrlich angesehenen Paramente, der Glocken von der alten Pfarrkirche und des Gebäudes selbst nebst Zubehör[31] erbrachte gegenüber dem Schätzpreis von 8.538 fl. und 41½ kr. bei der Auktion am 19. Oktober 1809 einen Gesamterlös von zunächst 11.664 fl. und 18 kr.[32] Das Kirchensilber und die Paramente gingen zum überwiegenden Teil an Privatleute aus der näheren und weiteren Umgebung von Wolfegg, darunter einige Goldschmiede. So erwarb Nikolaus Maier aus Wangen die silberne Monstranz und mehrere Kelche, der Kreuzwirt Keller von Altdorf/Weingarten ein Messgewand, Schultheiß Renz von Alttann einen Ciborienmantel, der *Jud Borgele* von Buchau einen Ciborienmantel, *worauf der Name Jesu*, sowie einen hl. Sebastian und schließlich *Hausmeister Maier* aus Stuttgart einen silbernen Leuchter, ein Kruzifix und ein Rauchfass samt Weihrauchschiff.

Der letzte Propst des Chorherrenstifts Wolfegg
Porträt des Propsts Franz Joseph Rehmann (1738–1807) im Alter von 30 Jahren.
Öl auf Lw., ca. 1768.
Pfarrhaus Wolfegg.

Ursprünglich war geplant, die Alte Pfarr auf Abbruch zu veräußern. Da sich aber kein Käufer fand, entschloss man sich endlich dazu, sie *nicht auf Abbruch, sondern zu jedem beliebigen Gebrauch mit dem dazu gehörigen Platz und allen in der Kirche befindlichen Geräthschaften feil zu bieten.*[33] Nachdem aber auch für den Preis von 300 fl. *kein Liebhaber* zu finden war, erklärte sich endlich Alois Renz aus Wolfegg bereit, das Gebäude für 250 fl. zu übernehmen, *in so fern ihm die Wahl bleibe, ob er das Gebäude abbrechen, oder dasselbe zu jedem willkürlichen Gebrauch stehen lassen wolle.* Die kleinste der fünf Glocken erwarb die Pfarrgemeinde Wolfegg für 90 fl., die übrigen Johann Georg Zherpel aus Kempten für insgesamt 6.098 fl. und 24 kr. Beim Nachwiegen der Glocken stellte der

Käufer ein geringeres Gewicht fest, so dass ihm der Preis auf 3.267 fl. und 58 kr. nachgelassen werden musste. Die von der Pfarrgemeinde erworbene Glocke wog allerdings einige Pfund mehr, was den Preis um 25 fl. und 12 kr. erhöhte. Damit verringerte sich der Gesamterlös der Auktion auf 8.609 fl. Abgezogen davon wurden noch die Auslagen in Höhe von 26 fl. und 34 kr. für das Wiegen und Schätzen des Silbers, die Schätzung der Paramente, die *Avertissements* [Anzeige] im Schwäbischen Merkur und in der Augsburger Zeitung, die Ausmessung der Kirche und das Herbeischaffen der Kirchengeräte in das Auktionszimmer. Der Endbetrag von 8.582 fl. und 30 kr. ging zu gleichen Teilen an den Fürsten zu Wolfegg und die württembergische Krone.

Epilog

Die Abwicklung verschiedener Angelegenheiten sollte sich noch jahrelang hinziehen. So kam beispielsweise die Auflösung der Stiftsbibliothek über ein Jahrzehnt lang nicht voran. Am 28. April 1821 teilte der Pfarrer von Alttann, Georg Fidel Fricker, dem Fürsten mit, dass er vom Ministerium des Inneren beauftragt worden sei, die seinerzeit ausgewählten Bücher in die königliche Bibliothek nach Stuttgart schaffen zu lassen. Pfarrer Fricker wähnte sich in einem Loyalitätskonflikt, weswegen ihm die ganze Sache höchst unangenehm war und er sie am liebsten von sich geschoben hätte. Zwar wusste er, dass der Fürst bereits 1811 erklärt hatte, er wolle mit dieser Bibliothek nichts zu tun haben, doch mochte Pfarrer Fricker ganz sicher gehen, dass, so schreibt er, *Eure Durchlaucht gegen diese Zerstreuung genannter Stifts-Bibliothek nichts einzuwenden habe und dieselbe genehmige* und er sich *dieser Sache unterziehen dürfe.*[34] Daraufhin erhielt er die Erlaubnis, den Versand zu organisieren; außerdem ließ ihm der Fürst mitteilen, dass er es nicht gerne sähe, wenn er den Auftrag ablehnen würde. Am 4. Juni 1821 meldete Pfarrer Fricker den Abtransport der Bücher nach Stuttgart. Die übrigen Bände kamen ins Posthaus, wo sie am 9. Juni verkauft wurden.[35]
Mit dem Verweis auf eine zwischen König und Fürst getroffene Vereinbarung erhob 1828 das königliche Staatsarchiv in Person des Geheimen Archivrats

Christoph Friedrich Lotter Anspruch auf das Archiv des aufgelösten Chorstifts, das in das fürstliche Archiv eingeordnet worden war. Zwischen dem 23. und 25. August 1829 hielt sich Lotter in Wolfegg auf, um den für den Transport nach Stuttgart vorgesehenen Bestand zu erfassen.[36] Etwa zur gleichen Zeit erstellte auch der fürstliche Archivar Johann Nepomuk Bodent ein Verzeichnis der in die Hauptstadt zu transfe-rierenden Unterlagen und ließ zahlreiche Schriftstücke kopieren.[37] Allerdings gelangte nur ein kleiner Teil der Akten, Urkunden und Rechnungsbücher ins Staatsarchiv, das Gros verblieb in Wolfegg.[38] Erst 20 Jahre nach dem Vergleich zwischen König und Fürst konnte mit der Überstellung der Archivalien nach Stuttgart das Kapitel Säkularisation des Chorherren-stifts zu Wolfegg geschlossen werden.

[1] Die ausführliche Geschichte der Säkularisation des Chorherrenstifts steht ebenso noch aus wie die Geschichte des Stifts insgesamt. Für ein solches Publikationsvorhaben spräche die besondere Gunst der Aktenlage im Gesamtarchiv der Fürsten zu Waldburg-Wolfegg in Schloss Wolfegg. Mein Dank für Gespräche, Anregungen und kritische Begleitung geht an Irene Pill-Rademacher.

[2] Johannes entstammt der eberhardinischen Linie des Hauses Waldburg, die mit ihm erlosch. Über seine Tochter Apollonia, die 1509 Truchsess Georg III. heiratete, gelangte Wolfegg in den Besitz der georgischen Linie des Hauses, die bis heute besteht.

[3] *Wilhelm Baum*, Sigmund der Münzreiche. Bozen 1987, 464 ff; Siehe auch *Joseph Vochezer*. Geschichte des fürstlichen Hauses Waldburg in Schwaben. Kempten 1888–1907, Bd. 1, 646 ff. In Erinnerung an den Ausruf des Unterlegenen wurde die spätere Stiftskirche der hl. Katharina geweiht.

[4] *Vochezer* (wie Anm. 3), Bd. 1, 720.

[5] *Vochezer* (wie Anm. 3), Bd. 2, 711.

[6] Ebd.

[7] Zur Baugeschichte der Kirche siehe *Heinz Jürgen Sauermost*, Der Allgäuer Barockbaumeister Johann Georg Fischer. Augsburg 1969, 104 ff.

[8] Gesamtarchiv der Fürsten zu Waldburg-Wolfegg, Schloss Wolfegg (im folgenden GFWW), WoWo 16274.

[9] Zum Inventar von 1767 siehe, GFWW, 5153.

[10] Damals existierten noch drei Linien, nämlich Waldburg-Wolfegg, Waldburg-Wurzach und Waldburg-Zeil. Vgl. *Eugen Mack*, Kaiser Franz II. erhebt das Reichserbtruchsessenhaus Waldburg in den Reichsfürstenstand. 21.03.1803. Friedrichshafen o. J.

[11] Grundlegend: *Eberhard Weis*, Die politischen Rahmenbedingungen zur Zeit der Säkularisation, in: *Josef Kirmeier/Manfred Treml* (Hgg.), Glanz und Elend der alten Klöster. Säkularisation im bayerischen Oberland 1803. Ausstellungskatalog, München 1991, 28 ff.

[12] Diese beiden Paragraphen wurden in der endgültigen Form erst im Januar/Februar 1803, also in einer sehr späten Phase der Verhandlungen, in den Text des RDHs aufgenommen. Betrieben wurde dies vor allem von Bayern, das sich eine Sanierung der Staatsfinanzen durch die eingezogenen Güter versprach; s. Ebd., 31 ff.

[13] GFWW, WoWo 16448.

[14] GFWW, WoWo 16448.

[15] GFWW, WoWo 16445, 21. 09.1806.

[16] GFWW, WoWo 14134.

[17] *Otto Schmid*, St. Katharina in Wolfegg. Ein Barockjuwel erzählt. Bergatreute 1993, 53 f.

[18] Das Fürstentum Waldburg war durch die Rheinbundakte vom 12.06.1806 mediatisiert und als Standesherrschaft dem Kgr. Württemberg eingegliedert worden.

[19] GFWW, WoWo 8814, Nr. 1, Okt. 1807, Wolfegg.

[20] GFWW, WoWo 13919.

[21] GFWW, WoWo 13919, Konzept.

[22] GFWW, WoWo 13768, undatiert.

[23] *Matthias Erzberger*, Die Säkularisation in Württemberg von 1802–1810. Ihr Verlauf und ihre Nachwirkungen. Stuttgart 1902, 407

[24] GFWW, WoWo 16445 und WoWo Schloss Wolfegg 16446.

[25] GFWW, WoWo 16448, 11.10.1807, Abschrift.

[26] GFWW, WoWo 16448, 02.04.1808, Wolfegg.

[27] GFWW, WoWo 16448, Entwurf, undatiert.

[28] GFWW, WoWo 16448, 21.08.1809.

[29] Die heutige »Alte Pfarr«.

[30] GFWW, WoWo 8814, Nr. 6, 28.08.1809, Schloss Waldsee.

[31] Von der Ausstattung der Alten Pfarr wurden neben dem Hoch- und zwei Seitenaltären auch die Kanzel, das Chorbogenkruzifix, mehrere Gemälde, die Orgel und 27 Kirchenstühle mit einem Gesamtschätz-wert von 188 fl. und 45 kr. angeboten, GFWW, WoWo 8814, Nr. 9.

[32] Die Auktion fand in Anwesenheit des namentlich nicht genannten Kreissteuerrats aus Altdorf, des Kameralverwalters Glock aus Wald-see und des fürstlichen Oberrentmeisters Franke statt (Abschrift in GFWW, WoWo 15042). Siehe auch das Inventar der in der ehemaligen Stiftskirche verbliebenen Kirchengerätschaften, die entweder dem täglichen Gebrauch dienten oder keinen Wert darstellten, GFWW, WoWo 8814, Nr. 9, undatiert.

[33] GFWW, WoWo 15042.

[34] GFWW, WoWo 13592.

[35] Die Privatbibliothek des letzten Propstes Franz Joseph Rehmann hat sich im Pfarrarchiv in Wolfegg erhalten.

[36] Im Wissen um die Spannungen zwischen den mediatisierten Adeligen und der Regierung hatte sich Lotter lange gegen einen Besuch bei den Standesherren gesträubt. Vgl. *Friedrich Pietsch*, Die Archivreisen des Geheimen Archivars Lotter, in: Neue Beiträge zur südwestdeut-schen Landesgeschichte. Festschrift für Max Miller. Stuttgart 1962, 347.

[37] GFWW, WoWo 13711, undatiert (Ende 1829).

[38] Der Stuttgarter Bestand (HSAS B 538 und B 538 L) umfasst 21 Urkunden, 100 Rechnungsbände und 132 Büschel. Im Wolfegger Bestand werden 354, zum Teil sehr umfangreiche Aktenbüschel mit Dokumenten aus der Zeit zwischen 1487 und 1806 verwahrt. Nicht gesondert erfasst sind die Urkunden.

Vom Nunnenhaus und den Schwestern darin …

Zur Geschichte des Biberacher Franziskanerinnenklosters Sta. Maria de Victoria

von Kurt Diemer

Unter den schwäbischen Reichsstädten seiner Größe und Bedeutung nimmt Biberach in Bezug auf Klöster eine ganz besondere Stellung ein: gab es in der Stadt selber doch nie ein Männerkloster, sondern nur zwei Frauenklöster: ein einzig in einer Urkunde von 1283 belegtes Dominikanerinnenkloster[1] und später ein Franziskanerinnenkloster, dessen Ursprung in das Jahr 1365 zurückreicht. Grund dafür war das Bestreben des Rates, fromme Stiftungen zugunsten des seit 1320 in städtischer Oberhoheit stehenden Heilig Geist-Spitals und der Ausstattung der zwischen etwa 1325 und 1365 neu erbauten Stadtpfarrkirche St. Maria und Martin in den eigenen Mauern zu halten. 1477 bekräftigten so Großer und Kleiner Rat, *darob zu sein, damit kein Kloster hie erwachse und die Münch kein Gerechtigkeit alhie gewinnen.*[2]

Wie der Biberacher Chronist Johann Ernst v. Pflummern (1588–1635) in seinen *Annales Biberacenses* – der wichtigsten Quelle für die Frühzeit des späteren Franziskanerinnenklosters – berichtet, stiftete 1365 die Biberacher Bürgerin Adelheid Schnell, Witwe des Conz Schnell, *eine sonderbare Behausung,* in der jederzeit fünf und nicht mehr Schwestern oder Kinder zur Ehre Gottes unverheiratet wohnen und daraus ohne Erlaubnis nicht gehen sollten.[3] Die nächste Erwähnung dieser Sammlung findet sich dann erst im Jahre 1406. Am 12. März hatte der Franziskaner Johann Schönbenz, Lektor der Konstanzer Minoriten, als Kommissär des Konstanzer Bischofs Marquard v. Randeck ein Statut erlassen, das Missbräuche abstellen sollte und in diesem Zusammenhang die Lebensweise wie die Kleidung der Drittordensschwestern und -brüder genau regelte.[4] Er ging nun daran, diese Regelungen umzusetzen und gab

so – neben anderen Klausen wie Reute[5], Waldshut und Bremgarten[6] – am 28. Oktober 1406 auch den Biberacher Schwestern eine neue Ordnung. Sie regelte außer der Kleidung die Aufnahme in das Kloster, die Wohnung, den Unterhalt und das Verhältnis der Schwestern zur Pfarrei wie auch die jährliche Visitation.[7] Spätestens damals nahmen die Biberacher Schwestern die Drittordensregel an; einer der Punkte des Statuts – *Unterkleider sollen die Schwestern tragen in alle Weis, als sie es unzhero nach der Regel getragen haben* – könnte allerdings als Hinweis darauf verstanden werden, dass sie vorher bereits schon dem Franziskanerorden angeschlossen waren.[8]

Das Kloster entwickelte sich gut. 1467 konnten die Schwestern ein neues Haus erwerben[9]; ihr Verhältnis zur Stadt regelte 1468 ein Vertrag.[10] 1477 kam es im Konvent, der damals acht Schwestern zählte[11], zu Streitigkeiten, die erst mit der Einsetzung einer neuen Oberin durch den Biberacher Rat endeten.[12] 1486 erwarben die Schwestern ein angrenzendes Haus[13], 1490 eine Hofstatt[14]; 1524 vermachte ihnen die Biberacher Patrizierin Barbara Lamparter als Jahrtagsstiftung ein Gütlein in Langenschemmern.[15]

Über den Stand vor der Reformation berichtet der Biberacher Chronist Joachim von Pflummern[16]: *Vom Nunnenhaus und den Schwestern darin.*
Item. Es ist auch hie gesein ein Schwestern- oder Nunnenhaus; das ist gesein ahn der Ledergerbergassen, dahinden, so man uf die Maur ist gangen im Gösselin.
Item. In dem Haus ist gesein ain Kirchlin oder Bettcömmerlin mit ainem Altar, aber nit geweicht, haben aber die Vötter [Väter = Franziskaner] *etwan uf aim Bethstain* [Tragaltar] *Mess darin gehabt.*

651

Maria de Victoria
Ansicht des Biberacher Franziskanerinnenklosters vor dem Abbruch der Klosterkirche im Jahre 1812.
Braith-Mali-Museum, Biberach.

Item. Das Kürchlin hat vil hüpscher Zierdt gehabt mit Hailthumb [Reliquien], *Hailgen-Töffelin* [Heiligenbildern], *Jesus-Kindlin und dergleichen.*

Item. Das Kirchlin hat auch vil Nonnenstüehl gehabt, seind auch wohl gezüert gesein mit hüpschen, andöchtigen Briefen [Urkunden] *und Hailigen.*

Item. Der Schwesteren seind allweeg zehen bis in zwölf gesein, haben Sanct Franciscus Orden gehabt.

Item. Die Schwestern haben je und allweeg ein frombs, ersambs, guots Wesen gehabt, khan niemand gedenken, dass sie nie kain Leichtfertigkait haben gefüehrt.

Item. Die Schwestern haben gewürkt [gewoben] *und dergleichen in ihrem Haus thon, damit sie ihr Nahrung desto bas auch haben mügen.*

Item. Was man ihnen auch umb Gottswillen geben, es seie von Spenden, Stiftungen oder in anderweeg.

Item. Sie seind zue allen kranken, sterbenden Menschen gangen, wer ihr begehrt hat. Denen, so haben wollen sterben, bettet und zuegesprochen, haben auch die Toten eingenöhet [in Tücher eingenäht]. *Hat man ihnen den etwas geben, so haben sie es genomben.*

Item. Wann man ain Schwester aingeschlöfft [eingekleidet] *hat, so habens die Barfuoser Vötter thon in der rechten Kirchen* [Pfarrkirche] *oder in ihrem Kirchlin.*

Item. Wan man ain Schwester aingeschlöfft hat, so haben sie ain zümblichs [geziemendes] *Hochzeitlin gehabt mit der Freundschaft, sein auch Jungfrauen mit gangen wie sonst uf ainer Hochzeit mit gar Beschaidenhait. Send gangen zum Ambt in die Kürchen oder haben die Vötter in ihrem Kirchlin Mess gehabt; darzue ist man gangen, hat auch darzue prediget in der Kirchen oder in ihrem Haus.*

Item. Sie haben ihr Gröbnus [Begräbnis] *gehabt unter der Liberei* [Bücherei; heute Nonnenschopf] *von der Britt-Tür* [Brauttüre] *beieinander.*

Item. Sie send in ihrem Stuol beiainander gestanden, wie vornen geschriben ist[17], *send allweeg nacheinander gangen und die Muoter* [Oberin] *hindennach.*

Item. Die Schwestern haben allweeg ein Muoter gehabt, der sie gehorsam send gesein [...].

Item. Ein Rath hat ihnen allweeg zwen Pfleger geben von aim Rath, mit den sie ihr Notturft haben gehandlet.

Item. Ain Rath hat ihnen auch allweeg ein Guot Jahr [Neujahrsgeschenk] *geben, so man es ander Leuten hat geben: etlich Viertel Korn.*

Über die Geschicke des Klosters in den Jahren 1531 bis 1547 unterrichtet eine in Pflummerns *Annales Biberacenses* überlieferte Chronik.[18] Da die Schwestern ihrem Glauben treu blieben, wurden sie schließlich der Stadt verwiesen; im nahen Stift Buchau fanden sie Zuflucht. 1546, nach der Niederlage der Stadt im Schmalkaldischen Krieg, holte sie der Rat dann mit Gewalt wieder nach Biberach zurück. Über die folgenden Jahre und Jahrzehnte schweigen die Quellen; Darlehen des Klosters belegen aber das wirtschaftliche Gedeihen.[19] Bereits 1667 konnte *die Klause bei S. Maria de Victoria* – das Patrozinium war wohl von der nach dem Sieg der Kaiserlichen am Weißen Berg als Dankeskirche erbauten Prager Karmeliterklosterkirche übernommen worden – der Stadt Biberach 3.000 fl. leihen[20], und am Ende des Jahrhunderts erbauten die Schwestern Kirche und Kloster neu.[21] Am 27. Juni 1697 fand die Grundsteinlegung statt[22], und bereits am 2. Juli 1699 las der Biberacher Stadtpfarrer und Dekan Georg Schwab in der neuerbauten Klosterkirche die erste Messe.[23] Neben einer täglichen Messe stiftete der Ulmer Reichspostmeister Bernhardin v. Pichlmayer auch den am 30. September 1704 aufgerichteten Hochaltar, die beiden Nebenaltäre 1710 die Secklerswitwe Helena Mohr. Aufgrund einer großherzigen Schenkung konnten die Schwestern 1710 auch einen eigenen Kaplan bestellen; der erste war der Biberacher Bürgersohn Johannes Bucher.[24] Wie der Stadtplan von 1622 zeigt, war das Kloster vorne an der Gerbergasse und seitlich an der Seelgasse

von Bürgerhäusern umgeben. Um Kloster und Kirche freizustellen wie um den Garten zu erweitern, kauften die Schwestern systematisch alle anliegenden Häuser zum Abbruch auf. Der Kauf des an den Chor der Klosterkirche angrenzenden Hauses des Gerbers Christoph Wißhagg im Jahre 1707 führte zu einem langdauernden Streit mit dem Evangelischen Magistrat, der ihn bis vor den Reichshofrat in Wien trug.[25] Angefochten vor dem Reichshofrat wurde ebenso der Kauf der Biberacher Steigmühle, die der Biberacher Patrizier Johann Heinrich v. Braunendal 1717 an das Kloster veräußert hatte[26], und die Umwandlung der Kaplanei des Frauenklosters in eine Präzeptoratskaplanei in Zusammenhang mit der Gründung einer höheren lateinischen Lehranstalt durch den Katholischen Magistrat im Jahre 1775.[27]

Aufhebung und Ende

Während der § 5 RDH vom 25. Februar 1803 die Reichsstadt Biberach dem Markgrafen von Baden zuwies, gelangten die beiden Biberacher Klöster, das 1615 grundgelegte Kapuzinerkloster und das Franziskanerinnenkloster St. Maria de Victoria, auf Grund der Bestimmungen von § 26 RDH, der *die mittelbaren Stifter, Abteien und Klöster im Vorarlberg, im östreichischen Schwaben, und überhaupt alle Mediatklöster der Augsburger und Konstanzer Diöcesen in Schwaben, worüber nicht disponiert worden ist, mit Ausnahme der im Breisgau gelegenen dem Deutschen Orden überwies, in dessen Eigentum.*[28] Über das Biberacher Franziskanerinnen-Nonnenkloster notierte der Deutschordens-Kommissar Wilhelm Mosthaff bei der Besitznahme am 24. September 1803:

Personalstand. Fünfzehn Klosterfrauen, unter diesen Bernardine Unold, Mutter, von Weissenau, alt 71 Jahre und 51 Jahr Prozeß. Die älteste Klosterfrau 73 und die jüngste 28 Jahre alt. Auch sind zwei Novizinen da. Die sämtlichen Klostergebäude, welche sich in vollkommen guten Zustande befinden und nach Inhalt des Inventariums einen beträchtlichen Raum umfassen, sind blos nach dem Preise, den sie im Orte selbst in dem gegenwärtigen Zeitpunkt ohne Rücksicht auf das, was sie notwendig gekostet haben könnten, taxiert worden, und betragen 11.400 fl., die Gärten 1.400 fl., die Äcker

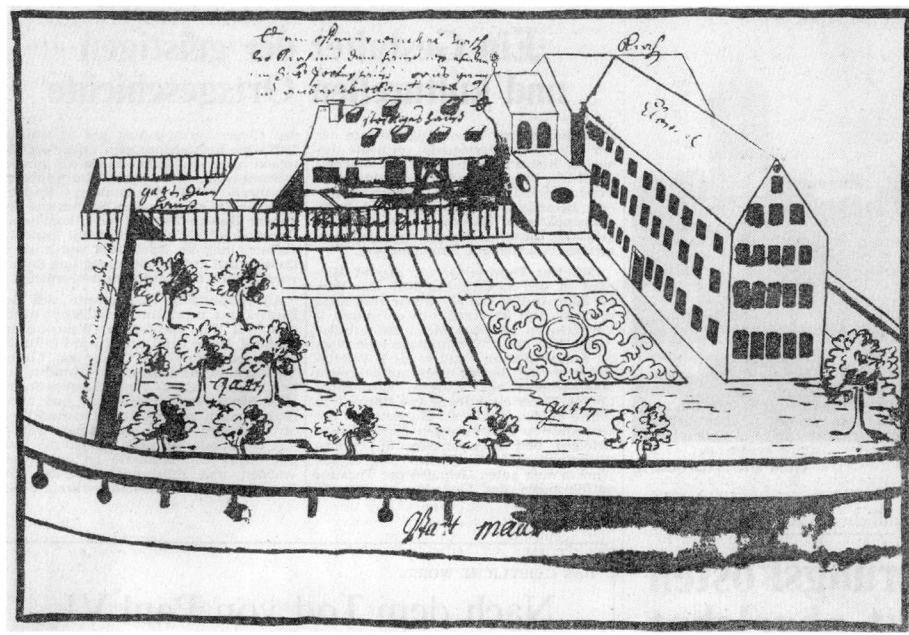

Sta. Maria de Victoria
*Das neuerbaute Franziskanerin-
nenkloster mit dem Wißhagg'schen
Haus im Jahre 1718.
Haus-, Hof und Staatsarchiv,
Wien.*

8.225 fl., die Wiesen 3.800 fl. Einzelne Höfe betragen 1.750 fl., eine Mühle mit fünf Mahlgängen und eine Säge 8.500 fl., 29⅛ Jauchert 74 Ruthen Waldungen 3.000 fl., Summa an liegenden Gründen 38.075 fl. Die Aktivkapitalien betragen nach Inhalt des Inventariums 43.750 fl. Das bare Geld bestehend in 100 fl. bleibt hier außer Ansatz, indem solches der Vorsteherin des Klosters gegen Rechnungsführung in Händen belassen wurde. Die Fahrnisse betragen 934 fl. 27 kr. Die Kirchengeräte betragen 1.437 fl. 48 kr., Summa des sämtlichen Vermögens 184.197 fl. 15 kr. Das Kloster hat Passivkapitalien 3.100 fl. Die Beschwernisse, welche auf den Gütern haften, betragen 34 fl. 53 kr. Das Kloster hat drei Gärten, die einen Ertrag von 75 fl. haben. Die Äcker sind an acht Bürger verpachtet, und tragen jährlich 274 fl. 40 kr. Pacht. Ebenso sind die Wiesen verpachtet und tragen jährlich 140 fl. Pacht. Ferner hat das Kloster noch zwei Söldnersgütchen, die ebenfalls verpachtet sind und jährlich 62 fl. Pacht tragen. Die Mühle des Klosters, Steigmühle genannt, bestehend in einem gut unterhaltenen Gebäude mit fünf Mahlgängen und einer Säge, dann einem neuen Stalle, wozu 5⅛ Jauchert Garten und zwei Jauchert zwei Ruthen Wiesen gehören, ist verpachtet und trägt jährlich 357 fl. 28 kr. Pacht. Das Kloster besitzt auch einen gut unterhaltenen Wald,

welcher in 29⅛ Jauchert 74 Ruthen besteht, rentiert jährlich 24 Klafter Holz á 4 fl. = 96 fl. Die Interessen [Zinsen] von den Kapitalien betragen 1.793 fl. 45 kr. Summa des ganzen jährlichen Ertrages 2.723 fl. 53 kr. Das Kloster hat von den Passivkapitalien 124 fl. Zinsen zu entrichten.[29] Dass die Schwestern gut gewirtschaftet hatten, zeigen die im Vergleich zu den Aktivkapitalien in Höhe von 43.750 fl. geringen Schulden von 3.100 fl. Hatte der Deutsche Orden die Schwestern nach der Besitznahme weiter ungestört zusammen leben lassen, so änderte auch das Königreich Württemberg, dem Biberach auf Grund der am 12. Juli 1806 unterzeichneten Rheinbundsakte zugefallen war, zunächst daran nichts und begnügte sich mit der sofortigen Inventarisierung des Besitzes.[31] Bereits am 2. Oktober 1806, also noch vor der offiziellen Besitznahme durch Württemberg am 25. Oktober, nahm so der *Königlich württembergische provisorische Verwalter* Künstle das Inventar des Klosters auf. Angeschlagen wurden

an Gebäuden		11.150 fl.
	Kloster	10.000 fl.
	Kirche	800 fl.
	¼ Haus	350 fl.
an Söldgütern		6.750 fl.
	Söldgut Sulmetingen	1.600 fl.

Kleinhäusle Aufhofen	150 fl.
Steigmühle Biberach	5.000 fl.
an Gärten in Biberach	4.900 fl.
an Äckern in Biberach und Mittelbiberach	7.985 fl.
an Wiesen in Biberach	3.000 fl.
an Waldungen in Warthausen (Nonnenhölzle)	3.000 fl.
am Kapitalien	44.150 fl.
an Aktivforderungen	600 fl.

an Barschaft	0 fl.
an Kirchengeräten	869 fl. 48 kr.
Monstranz und Kelche	462 fl.
Messgewänder	131 fl.
Kleider für die Muttergottes	62 fl.
an Bettwerk und Getuch	282 fl. 21 kr.
an Silbernem Hausrat	26 fl.
an Zinngeschirr	114 fl. 24 kr.

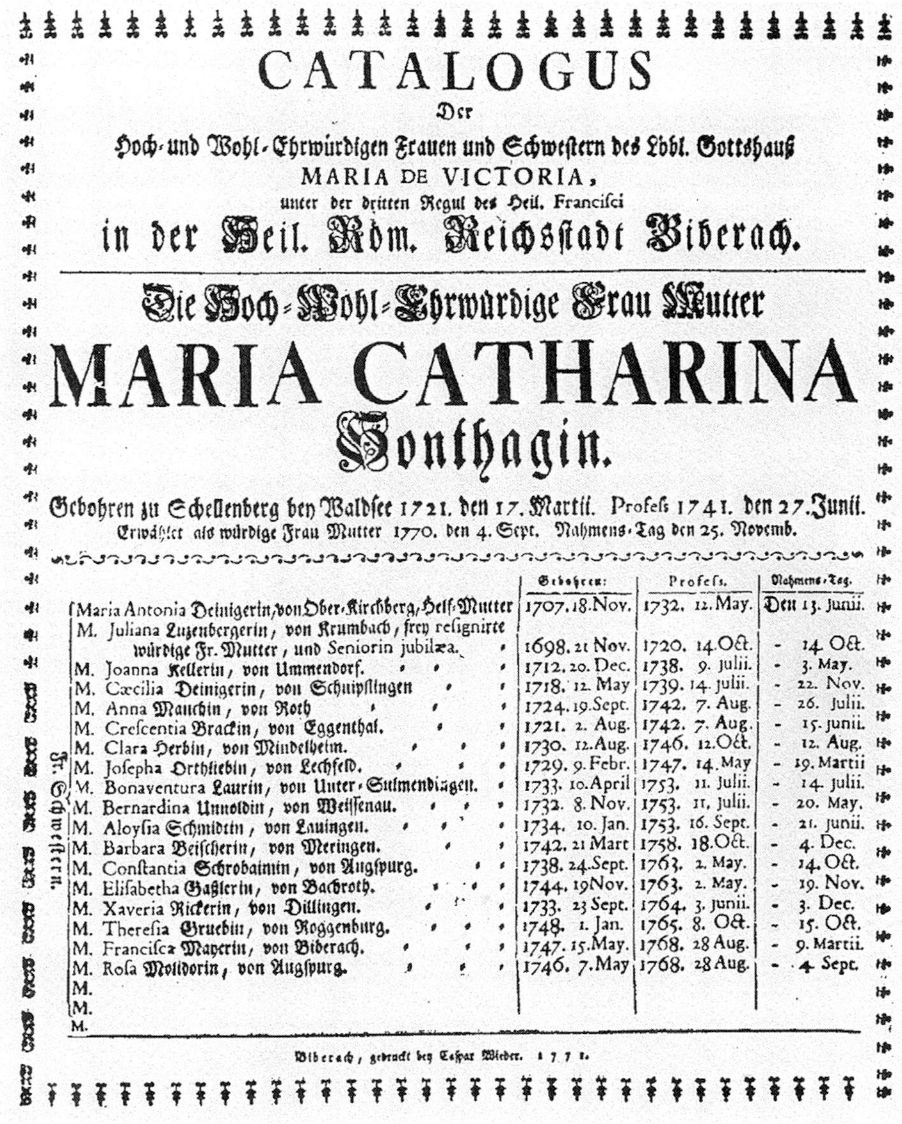

CATALOGUS

Der

Hoch- und Wohl-Ehrwürdigen Frauen und Schwestern des Löbl. Gottshauß

MARIA DE VICTORIA,

unter der dritten Regul des Heil. Francisci

in der Heil. Röm. Reichsstadt Biberach.

Die Hoch-Wohl-Ehrwürdige Frau Mutter

MARIA CATHARINA

Honthagin.

Gebohren zu Schellenberg bey Waldsee 1721. den 17. Martii. Profess 1741. den 27. Junii.

Erwählet als würdige Frau Mutter 1770. den 4. Sept. Nahmens-Tag den 25. Novemb.

Fr. Schwestern.	Gebohren:	Profess.	Nahmens-Tag.
Maria Antonia Deinigerin, von Ober-Kirchberg, Helf-Mutter	1707. 18. Nov.	1732. 12. May.	Den 13. Junii.
M. Juliana Luzenbergerin, von Krumbach, frey resignirte würdige Fr. Mutter, und Seniorin jubilæa.	1698. 21 Nov.	1720. 14. Oct.	- 14. Oct.
M. Joanna Kellerin, von Ummendorf.	1712. 20. Dec.	1738. 9. Julii.	- 3. May.
M. Cæcilia Deinigerin, von Schuipflingen	1718. 12. May	1739. 14. Julii.	- 22. Nov.
M. Anna Mauchin, von Roth	1724. 19. Sept.	1742. 7. Aug.	- 26. Julii.
M. Crescentia Brackin, von Eggenthal.	1721. 2. Aug.	1742. 7. Aug.	- 15. Junii.
M. Clara Herbin, von Mindelheim.	1730. 12. Aug.	1746. 12. Oct.	- 12. Aug.
M. Josepha Orthliebin, von Lechfeld.	1729. 9. Febr.	1747. 14. May	- 19. Martii
M. Bonaventura Laurin, von Unter-Sulmendingen.	1733. 10. April	1753. 11. Julii.	- 14. Julii.
M. Bernardina Unnoldin, von Weissenau.	1732. 8. Nov.	1753. 11. Julii.	- 20. May.
M. Aloysia Schmidtin, von Lauingen.	1734. 10. Jan.	1753. 16. Sept.	- 21. Junii.
M. Barbara Beischerin, von Meringen.	1742. 21 Mart	1758. 18. Oct.	- 4. Dec.
M. Constantia Schrobainin, von Augspurg.	1738. 24. Sept.	1763. 2. May.	- 14. Oct.
M. Elisabetha Gaßlerin, von Bachroth.	1744. 19 Nov.	1763. 2. May.	- 19. Nov.
M. Xaveria Rickerin, von Dillingen.	1733. 23 Sept.	1764. 3. Junii.	- 3. Dec.
M. Theresia Gruebin, von Roggenburg.	1748. 1. Jan.	1765. 8. Oct.	- 15. Oct.
M. Francisca Mayerin, von Biberach.	1747. 15. May.	1768. 28 Aug.	- 9. Martii.
M. Rosa Mollidorin, von Augspurg.	1746. 7. May	1768. 28 Aug.	- 4. Sept.
M.			
M.			
M.			

Biberach, gedruckt bey Caspar Wieder. 1771.

Maria de Victoria
Konventskatalog von 1771.
HSA Stuttgart.

an Messinggeschirr	29 fl. 54 kr.
an Kupfergeschirr	77 fl. 33 kr.
an Eisengeschirr	64 fl. 55 kr.
an Schreinwerk	214 fl. 59 kr.
als »Insgemein«	22 fl. 17 kr.
1 Gemälde	20 kr.
66 Tafeln und 1 Kruzifix	19 fl. 47 kr.
an Wachs	308 fl. 40 kr.
an Früchten	70 fl. 40 kr.
an Wein	170 fl.
an Schmalz	75 fl.
an Vieh (5 Kühe und 1 Kalb)	205 fl.
an Heu, Stroh und Dung	225 fl.
an Brennholz	162 fl.

Der Gesamtsumme von 84.453 fl. 31 kr. standen Schulden für Wein und Wachs gegenüber in Höhe von 1.566 fl. 6 kr. so dass ein Überschuss von 82.887 fl. 25 kr. verblieb. Dazu kamen noch Mess- und Jahrtagsstiftungen in Höhe von 6.717 fl., ein Kapital von 6.660 fl. für den Unterhalt des Kaplans, Schenkungen der Eltern in Höhe von 2.500 fl. und ein weiteres Kapital von 600 fl., denen Schulden von 470 fl. 24 kr. entgegenstanden.

Das Ende des Gemeinschaftslebens

Das Ende des Klosters kam dann im Spätsommer des Jahres 1807, als das Klostergebäude von Württemberg zur Kaserne bestimmt wurde. Am 17. September stimmte so König Friedrich der Aufhebung des Klosters zu und befahl am 2. Oktober, *dass durch das Ober- und Kameral-Amt das sich hier befindliche Frauenkloster gemeinschaftlich aufgehoben, mit der Priorin und den 13 Klosterfrauen über den Betrag der ihnen auszusetzenden Pensionen übereinkommen, der Novizin ihre allenfalls eingebrachte Aussteuer verabfolgt und ihr 30–40 Gulden aus der Cameralamtskasse ausbezahlt werden sollen.* Am 5. Oktober 1807 begaben sich daraufhin der Biberacher Oberamtmann Dizinger und der Cameralverwalter Groß in das Frauenkloster, *eröffneten der Priorin und dem Konvent jene allerhöchste Verfügung und sezten jedoch salva ratificatione* [vorbehaltlich der Genehmigung] *bei der Priorin die Pension auf 300 fl. und bei den Klosterfrauen für jede auf 200 fl. fest.*

Die Schwestern, denen ihrem Wunsch gemäß erlaubt worden war, in Privatwohnungen entweder in Biberach selbst oder in der Nähe auf dem Land zu ziehen, *erklärten nehmlich alle, dass sie bei dem hiesigen teuren Hauszins, Holz und übrigen Viktualien sich ohnmöglich mit einer geringern Summe begnügen können. Da wir nun wirklich bei unsern Amtspflichten bezeugen können, dass es hier sehr teuer zu leben ist, so glaubten wir obige Summe wirklich als Pension aussezen zu dörfen.* Der Novizin, die keine Aussteuer eingebracht hatte, wurde allein ein Reisegeld von 33 fl. bewilligt.

Doch die Zustimmung des Königs zu dieser Abmachung verzögerte sich. Der Biberacher Kameralverwalter Groß bat deshalb in einem Schreiben vom 13. März 1808 »um allergnädigste Ratifikation«, *da nun die Nonnen mich täglich um Geld angehen und ich mich in der Ausbezahlung nicht zu benehmen weiß.* Sie wurde dann mit dem Datum des 11. Mai 1808 erteilt.

Ein *Verzeichnis aller Klosterfrauen in dem Kloster zu Biberach 1805*[31] nennt folgende Namen:

Maria Bernadina Unoldt, wirkliche Mutter, von Weißenau	72 J [† 26.12.1805]
Maria Clara Herb, Helf-Mutter, von Mindelheim	74 J. [† 15.05.1817]
Maria Bonaventura Lauer, von Untersulmetingen	72 J. [† 05.12.1811]
Maria Barbara Baischer, von Meringen	63 J. [† 30.12.1810]
Maria Constantia Schropheim, von Augsburg	67 J. [† 05.08.1819]
Maria Elisabetha Geßler, von Bechtenrot	62 J. [† 12.07.1836]
Maria Xaveria Riegger, von Dillingen	73 J. [† 21.06.1829]
Maria Theresia Grieb, von Roggenburg	56 J.
Maria Ambrosia Ehrle, von Oberhofen	51 J. [† 07.12.1830]
Maria Walburga Baierhof, von Biberach	50 J. [† 28.05.1829]
Maria Josepha Stiefenhofer, von Ochsenhausen	43 J.
Maria Antonia Keckeisen	44 J. [† 25.11.1830]

Maria Adelheid Beck,
    von Hürbel   42 J. [† 24.08.1849]
Maria Aloysia Stribl,
    von Biberach   30 J. [† 09.12.1858]
Maria Victoria Menning,
    von Rotegg   35 J.

Die Schwestern mieteten sich nach der Aufhebung des Klosters bei Biberacher Familien ein. 1814 erwarb der Biberacher Stadtpfarrer Gabriel Josef Braun von Lengenfeld das neben dem Stadtpfarrhaus liegende Gebäude Kirchplatz 5 als Unterkunft für einige der Schwestern, verkaufte es dann aber 1832 wieder.[32] Am 1. Juli 1834 lebten in Biberacher Privathäusern laut Anzeige des Dekanatsamts noch drei Schwestern: M. Adelheid Beck von Hürbel, M. Elisabetha Geßler von Bechtenrot und M. Josepha Stiefenhofer von Ochsenhausen; der Name *M. Aloysia Stribel von hier* ist mit Bleistift nachgetragen.[33]

Das Schicksal des Inventars und der Gebäude

Über das weitere Schicksal der Gebäude und ihres Inventars finden sich in den Akten ausführliche Nachweise. Die nicht für die Kaserne brauchbaren Gegenstände wurden Ende 1807 versteigert, *die kostbaren Kirchengeräte* der Königlichen Garderobe in Stuttgart und einige Paramente dem Geistlichen Rat Brentano übersandt; einige wenige Stücke verblieben der *neu aufgestellten Kaplanei*.[34] 1810 wurden zwei Zimmer der im Vorjahr geräumten Kaserne für den Unterricht des Gymnasiums genutzt.[35]
Anfang 1811 stand das Klostergebäude dann wieder leer.[36] Zwar hatte König Friedrich am 11. Februar befohlen, die Kaserne in Biberach zu verkaufen und dagegen zu Ravensburg, Weingarten und Ellwangen neue Kasernen einzurichten; doch bestimmte er wenig später, am 26. Februar, auf die Stellungnahme des Finanzministeriums hin, das ehemalige Frauenkloster zur Einrichtung einer Oberforstamts-Amtswohnung, eines Post-Bureaus und eines Fruchtkastens. Die ehemalige Klosterkirche, die zunächst noch als Kasernen-Kirche in Gebrauch gewesen war, wurde nun zum Abbruch vorgeschlagen. Am 30. Oktober 1811 baten

daraufhin die *Magistrats-Glieder Katholischen Anteils daselbst* – die Senatoren Consoni, Cloos, v. Braunendal, Zink und Rheinhardt – *alleruntertänigst, die zum Verkaufe auf den Abbruch dekretierte dasige Kasernen- oder ehemalige Nonnenkloster-Kirche fernerhin allergnädigst zu belassen.* Als Gründe führten sie an die durch das Simultaneum eingeschränkte Nutzung der Stadtpfarrkirche, so *dass die bei der ehemaligen Kaserne befindliche Kirche für die hiesige katholische Inwohnerschaft und insbesondere für diejenige, welche in dem untern Teile der Stadt wohnen, nicht nur äußerst bequem, sondern sogar fast unentbehrlich seie,* und die für die Post ungünstige Randlage, *da das hiesige Kasernengebäude ganz am Ende der Stadt gelegen und allenthalben von übelriechenden Werkstätten der Weißgerbern umgeben ist.* Als Gegenleistung boten sie an, aus Mitteln der Katholischen Kasse das damalige Postamt – die Stadtkanzlei – zu kaufen und es dem Staat zu einem *beständigen Posthause* zu überlassen, *wenn Allerhöchstdieselben dagegen die allerhöchste Gnade hätten, die bei der Kaserne befindliche Kirche zu Haltung unseres Gottesdienstes fernerhin allerhuldreichest zu belassen.* Doch alles half nichts: Am 16. November wurde die Kirche mitsamt einer Glocke, drei Altären in der Kirche, einem Altar auf dem Nonnenchor, *die Portrait Johannes und Maria, sodann die 15 Stationen, 3 große Portrait, 3 mittlere und 3 kleine dito, und 5 Portraits auf der Emporkirche* versteigert. Vorbehalten wurden *die 2 heiligen Leiber mit den Särgen, das große Christbild und die consegrirte Steine* [Altarsteine] *nebst der Wasch, welche die Altäre bedekt, so wie überhaupt alle nicht hievornen genannten Kirchen- und Fahrnis-Stüke.* Ersteiger war der Schreiner Johann Georg Angele, der 980 fl. zahlte. Am 30. Dezember genehmigte König Friedrich den Verkauf der Kirche; im Frühjahr 1812 wurde sie abgebrochen. 1819 erwarb der Fürst von Thurn und Taxis als erblicher Landespostmeister das Gebäude; nach dem Übergang der Post auf den Staat verlegte dieser 1851 das Postamt in den neuerbauten Bahnhof und überließ das ehemalige Klostergebäude dem Oberamtsgericht.[38] Heute dient es dem Amtsgericht Biberach und der Außenstelle Biberach des Staatl. Hochbauamts I Ulm.
Unbekannt ist, was mit dem versteigerten Inventar der Kirche geschah; der Hochaltar der Pfarrkirche

Rißtissen stammt sicher aus einem Biberacher Kloster, vielleicht doch aus dem der Franziskanerinnen.[39] Als am 9. Dezember 1858 mit Maria Aloysia Stribl die letzte noch lebende Schwester des Klosters Sancta Maria de Victoria im Alter von 83 Jahren starb, hatte sie noch die Wiedergeburt ihres Ordens in Biberach erleben können: am 4. Januar 1856 waren zur Pflege von Kranken außerhalb des Hospitals drei Schwestern der heutigen Reutener Kongregation nach Bibe-

rach gekommen; eine Zeitlang dachte man sogar daran, das Mutterhaus der Kongregation nach Biberach zu verlegen. Doch auch diese Niederlassung ist bereits Geschichte: nach 133 Jahren musste die Schwesternstation im »Klösterle« wegen Personalmangels aufgehoben werden; die letzten drei Reutener Franziskanerinnen verabschiedete die Pfarrgemeinde feierlich am 8. Juli 1989.[40]

[1] WUB Bd. 8. Stuttgart 1903, 418 Nr. 3279.

[2] *Annales Biberacenses* des Johann Ernst von Pflummern, Band 3; Stechersche Abschrift (Landesbibliothek Stuttgart) 73. Vgl. *Michael Klein*, Die Handschriften der Sammlung J 1 im HSA Stuttgart. Wiesbaden 1980. – Ein Bericht über den *Ursprung der Claus oder Nonnenkloster allhier Anno 1365* für die Jahre bis 1620 findet sich im Kath. PfA Biberach A XIII Nr. 1 und 11.

[3] Annales Biberacenses (wie Anm. 2) 3, 56.

[4] Regesta Episcoporum Constantinensium (REC). Bd. 3. Innsbruck 1913, Nr. 7937.

[5] REC (wie Anm. 4) III 7927.

[6] Ebd. 7965.

[7] Annales Biberacenses (wie Anm. 2) 3, 57–61.

[8] Ebd. 3, 58 f.

[9] Ebd. 3, 62 f.

[10] Ebd. 3, 63–65.

[11] Ebd. 3, 66.

[12] Ebd. 3, 65–80.

[13] HSAS B 164 U 2.

[14] HSAS B 164 U 5.

[15] HSAS B 164 U 7.

[16] Die religiösen und kirchlichen Zustände der ehemaligen Reichsstadt Biberach unmittelbar vor Einführung der Reformation, geschildert von einem Zeitgenossen [Joachim v. Pflummern], hg. von *A. Schilling*, in: FDA 19 (1887), 84f.

[17] Bei Joachim von Pflummern findet sich, ebd. 51, folgende Beschreibung: *Item. Hinunder bas bei der Britt-Tür da ist gestanden der Nunnen Stuel, ist umbmachet gesein, beschlossen mit aim Türlin, so ist es hoch gesein, das man dannoch hat oben megen hinein sehen.*

[18] Beiträge zur Geschichte der Einführung der Reformation in Biberach. 2. Mittheilungen aus den Annales Biberacenses des Obervogts Heinrich Ernst von Pflummern, hg. von *Ludwig Baumann*, in: FDA 9 (1875), 243ff. Vgl. auch die 1618 begonnenen *Annalia* des Malers Lucas Seidler, Bl. 201 (Original im StA Biberach) – Eine Aufstellung über die Zinsbriefe des Klosters und seine Kaufbriefe um Äcker und Güter nach dem Stand von 1536 findet sich im Kath. PfA Biberach A XIII 1.

[19] HSAS B 164 U 9 (1584), U 10 (1606) und U 11 (1624).

[20] HSAS B 164 U 12.

[21] HSAS B 164 U 13.

[22] *Richard Preiser*, Biberacher Bauchronik. Biberach 1928, 150.

[23] *Kürchenbüechle wegen Capital und Zinsen 1750*. Kath. PfA Biberach Bd. 60.

[24] Ebd. Vgl. dazu *Kurt Diemer* in: SZ (Ausg. Biberach) vom 12.08.1978. Zur Pichlmayerischen Stiftung vgl. Kath. PfA Biberach A XIII 4 und 5.

[25] Artikel Diemer (s.o.) und Haus-, Hof- und Staatsarchiv (HHStA) Wien, Reichshofrat Decisa Kart. 721; Aktenstücke auch im Kath. PfA Biberach A XIII 2, 3, 4, 8, 9 und 13; vgl. die Ausführungen von *Andrea Riotte*, in: *Dieter Stievermann* (Hg.), Geschichte der Stadt Biberach. Stuttgart 1991, 319f.

[26] HSAS, B 164 U 15 u. HHStA Wien, Reichshofrat Decisa Kart. 721.

[27] HHStA Wien, Reichshofrat Denegationes antiquae Kart. 308/10.

[28] KABC, Druck Frankfurt 1803.

[29] *Benvenut Stengele*, Inventuraufnahme bei den im Jahre 1803 dem Deutschen Orden zugewiesenen Klöstern im Bereiche des jetzigen Königreiches Württemberg, in: DA Schwaben, 2. Jg. (1885), 28f.; vgl. *Erwin Schell*. Die Reichsstädte beim Übergang an Baden. Heidelberg 1929 (= Heidelberger Abhandlungen; Heft 59), 150. Ältere Verzeichnisse der dem Kloster gehörenden Kapitalien und Grundstücke und zwei Jahrtagsverzeichnisse finden sich im Kath. PfA Biberach Akten 13; vgl. auch *Matthias Erzberger*, Die Säkularisation in Württemberg. Stuttgart 1902, 317, und den kurzen Bericht in: *Julius Ernst Günthert* (Hg.), Erinnerungen eines Schwaben. Nördlingen 1874, 24.

[30] Das Folgende SAL D 37 Bü 698. – Ein Grundriss des Klosters vom 04.12.1806 findet sich im Bestand D 39 Bü 566.

[31] Kath. PfA Biberach A VI b. Stand 30.05.1805.

[32] *Preiser*, Bauchronik (wie Anm. 22), 152; *Carl Kleindienst*, Beiträge zu einem Häuserbuch der Kreisstadt Biberach. Bd. II. Biberach 1961, 494.

[33] Kath. PfA Biberach A VI b.

[34] SAL D 37 Bü 655 und 698. In Bü 655 findet sich ein *Verzeichnis über die silbernen Kirchen- und Haus-Gerätschaften des Frauenklosters der Franziskanerinnen ad Sanctam Mariam de Victoria in Biberach*.

[35] *Preiser*, Bauchronik (wie Anm. 22), 152.

[36] Das Folgende SAL D 37 Bü 657.

[37] *Preiser*, Bauchronik (wie Anm. 22), 152.

[38] Der Alb-Donau-Kreis. Bd. II. Sigmaringen 1992, 39.

[39] *Adam Kuhn*, Chronik der Stadt Biberach. Biberach 2000, 186; SZ (Ausg. Biberach) vom 07.07.1989.

Unter Berücksichtigung des höchst lobenswerthen Seeleneifers …

Das Ende des Kapuzinerklosters in Meßkirch

von Armin Heim

In Meßkirch erinnert heute kaum noch etwas an die einstige klösterliche Tradition. Die Klostergebäude sind spurlos verschwunden, die Inventarstücke der Klosterkirche in alle Winde zerstreut, das geistliche und karitative Wirken der Meßkircher Kapuziner längst der Vergessenheit anheimgefallen. Gleichwohl hatte das Kapuzinerkloster anderthalb Jahrhunderte lang das geistig-religiöse Klima in der kleinen Residenzstadt zwischen oberer Donau und Bodensee in ganz entscheidender Weise mitgeprägt. Die barockzeitliche Geschichte von Meßkirch und seiner Umgebung ist ohne das Kapuzinerkloster nicht zu denken. Die Säkularisation hat dieser klösterlichen Entwicklung nicht nur ein Ende gesetzt, sondern auch fast alle Erinnerungszeichen daran verwischt. So finden sich die Spuren der Meßkircher Kapuziner noch allein in den staubigen Schubladen der Archive.

Die Stiftung durch das Haus Fürstenberg

Nach dem Aussterben der Grafen von Zimmern 1591, die vor allem durch ihre »Zimmerische Chronik« sowie durch ihren monumentalen Schlossbau – einem der ersten deutschen Renaissanceschlösser – bekannt sind, war die kleine Herrschaft Meßkirch zunächst an die Grafen von Helfenstein-Gundelfingen gelangt. Schon nach kurzer Zeit war allerdings auch diese Familie im Mannesstamm erloschen und Meßkirch 1626 auf dem Erbweg an das gräfliche Haus Fürstenberg gefallen. Wratislaus II. zu Fürstenberg (1601–1642) hatte daraufhin Meßkirch zu seinem Sitz erwählt bzw. die Meßkircher Linie des Hauses Fürstenberg begründet.[1]

Schon bald nach der Übernahme der Meßkircher Besitzungen bemühte sich der Graf um die Ansiedlung des Kapuzinerordens an seiner Residenz.[2] Doch der Orden verhielt sich angesichts der Kriegsereignisse in Deutschland noch abwartend. Selbst das persönliche Erscheinen des Grafen beim 1629 in Baden stattfindenden Provinzkapitel, wo er seine Bitte den Kapitularen vortrug, blieb erfolglos.

Erst einige Jahre nach Kriegsende zeigte sich der Orden zu einer Klostergründung in Meßkirch bereit. Die Söhne des Grafen Wratislaus, Franz Christoph (1625–1671) und Froben Maria (1626–1685), griffen nämlich den Plan des Vaters mit Entschlossenheit wieder auf und erlangten nach einem innigen Bittgesuch im April 1657 vom Kapitel zu Freiburg/Br. endlich den lange erhofften positiven Bescheid, der allerdings an die Erlaubnis des Ordensgenerals und des Bischofs von Konstanz geknüpft war. Die Verhandlungen zogen sich gleichwohl noch etwas in die Länge. Im Mai 1659 endlich traf das Erlaubnisschreiben des Ordensgenerals P. Simplicianus Visconti aus Rom in Meßkirch ein, in dem gemahnt wurde, beim Bauen der franziskanischen Armut eingedenk zu sein. Schließlich erteilte auch der Bischof in Konstanz die Bauerlaubnis, nachdem eine eigens eingesetzte Kommission ein günstiges Gutachten abgegeben hatte.

Am 1. August 1659 wurden die ersten Kapuziner nach Meßkirch entsandt: P. Felizian Baur von Engen und der Kleriker Desiderat Weigling von Überlingen. Schon am folgenden Tag, dem Portiunkulafest, wartete auf den Pater eine anstrengende Arbeit im Beichtstuhl. Wenig später kamen zwei weitere Kapuziner – P. Elias von Klufftern und Br. Othmar Schwanzler von Wol-

Kapuzinerkloster Meßkirch
Eine authentische Darstellung des Meßkircher Kapuzinerklosters.
Kol. Zeichnung, Anton Eitelberger, 1827.
Heimatmuseum Meßkirch.

fach – hinzu. Die vier Kapuziner wurden bis auf weiteres in einer Privatwohnung untergebracht.[3]
Auf Veranlassung des Grafenhauses konnte durch den Erwerb und Abbruch mehrerer Häuser in der oberen Vorstadt (heute Adlerplatz) ein geeigneter Bauplatz gewonnen und am 4. Oktober 1661 endlich der Grundstein zum Klosterbau gelegt werden. Den feierlichen Akt vollführte im Auftrag des Bischofs von Konstanz der Abt des Benediktinerklosters Zwiefalten, Christoph Raßler. Vier Jahre später weilte Bischof Franz Johann Vogt v. Praßberg-Summerau persönlich in Meßkirch, um am 21. September 1665 die neue Klosterkirche zu Ehren des hl. Franziskus von Assisi und den Hochaltar zu Ehren der Gottesmutter zu weihen. Der Klosterbau war über Legate finanziert worden, wobei die Herrschaft 250 fl. aus den Einkünften der

Ämter Hayingen, Neufra, Möhringen und Hüfingen zur Verfügung gestellt hatte. Weitere Stifter waren Maria Theresia zu Fürstenberg-Meßkirch geb. Herzogin v. Arenberg-Arschot, die Gemahlin des Grafen Franz Christoph, mit 500 fl., Freifrau Margarethe v. Stain geb. v. Hornstein mit 500 fl. und die Gräfin v. Hohenems mit 250 fl. Wichtige Stiftungen erfolgten auch noch in späteren Jahren, so 1709 durch Maria Theresia Waldburga zu Fürstenberg-Meßkirch, Stiftsdame zu Buchau, mit 300 fl. und 1737 durch den Gögginger Schultheissen Johann Hipp mit 50 fl. zur Unterhaltung des Ewigen Lichts.[4]

Die in der oberen Vorstadt errichtete Klosterkirche war ein einfacher, nach Norden ausgerichteter Saalbau mit eingezogenem Chorraum. An die Westseite der Kirche schloss sich das Konventsgebäude an, ein zweigeschossiger Vierflügelbau mit einem quadratischen Innenhof. Dahinter befand sich der relativ große, vom Mettenbach durchflossene Klostergarten. Die Klosteranlage entsprach damit dem für Kapuzinerklöster üblichen Schema bzw. den dem Armutsideal verpflichteten Bauvorschriften des Ordens.[5]

Über die künstlerische Ausstattung der Klosterkirche sind wir bestens unterrichtet, da sich im Fürstlich Fürstenbergischen Archiv in Donaueschingen ein kompletter Briefwechsel zwischen dem Auftraggeber, dem Grafen Franz Christoph, und dem Konstanzer Maler Johann Christoph Storer (1620–1671) erhalten hat.[6] Storer hatte – vermutlich auf Vermittlung des Zwiefalter Abtes Christoph Raßler – den Auftrag für drei Altarblätter mit Oberbildern erhalten, wobei ihm die Bildthemen und Altarmaße vorgegeben waren.[7] Das Bild des Hauptaltars zeigte den hl. Franziskus von Assisi vor Maria, im zugehörigen Oberblatt war der hl. Joseph dargestellt. Das linke Seitenaltarbild zeigte die hl. Therese von Avila und den hl. Christophorus, das Oberbild den hl. Friedrich, das Gegenstück des rechten Seitenalters den Franziskanerheiligen Antonius von Padua und den Kapuzinerheiligen Felix von Cantalice bzw. im Oberstück den hl. Eugen. Letzterer wurde anstelle des hl. Froben, einem der Hausheiligen der Meßkircher Grafenfamilie, ausgewählt, da über dessen Ikonographie weder der Maler noch die theologischen Ratgeber des Grafen Näheres in Erfahrung bringen konnten. Storer erhielt für die sechs Gemälde im März 1665 insgesamt 309 fl.[8]

Kurzer Abriss der Geschichte des Klosters

Die Kapuziner waren zu Beginn des 17. Jhs. im Zuge der katholischen Gegenreformation aus Italien und der Schweiz nach Süddeutschland gekommen. Die große Beliebtheit, der sich der neue Orden beim Volk erfreute, erklärt sich aus dem Verzicht der Kapuziner auf alles Eigentum, ihrer Beachtung der völligen franziskanischen Armut. »Ihre einfache, den Tagelöhnern, Bauern, Handwerkern abgelauschte Sprache und die dadurch bedingte Nähe besonders zu den ärmeren Volksschichten«, bemerkt Clemens Menze, »tragen nicht zuletzt zu der herzlichen Aufnahme bei, die dem Orden an vielen Orten bereitet wird. Die Kapuziner wenden sich vornehmlich an das ›gemeine Volk‹, wenngleich sie auch auf die wissenschaftliche Forschung und schöne Literatur Zeit und Muße verwenden. Aber immer steht die praktische Seelsorge im Mittelpunkt ihrer Bemühungen.«[9]

Seelsorgerische Aufgaben waren seitens der gräflichen Stifterfamilie auch den Meßkircher Kapuzinern zugedacht: Nach Ausweis eines schon 1621 entstandenen Schriftstücks sollte ihnen die geistliche Betreuung der Meßkircher Schloßkapelle sowie der ebenfalls herrschaftlichen Kapelle im Unteren Hof zu Meßkirch, ferner der Schlosskapelle Falkenstein, der Kapellen in Thiergarten und Langenhart, der Kirche in Kreenheinstetten sowie der beiden eigens eingerichteten Nebenaltäre in der Meßkircher Spitalkapelle obliegen.[10] Wichtig wurde später überdies die Tätigkeit der Kapuziner als Aushilfsseelsorger der mächtig aufblühenden Wallfahrt in Engelswies sowie für das benachbarte Zisterzienserkloster Wald bzw. für dem die dem Kloster inkorporierten Pfarreien Walbertsweiler und Dietershofen.[11] An spektakulären pastoralen Erfolgen verzeichnet die Klosterchronik übrigens auch einen im Jahre 1759 über mehrere Tage hinweg an dem Müller Benedikt Ehringer in der Klosterkirche vorgenommenen Exorzismus, der mit der glücklichen Heilung des Gequälten endete.[12] Die Zahl von 5.127 Predigten, die im Zeitraum von 1758 bis 1761 gehalten worden sind, oder eine andere Zahl von 118.356 abgenommenen Beichten in den Jahren 1769 bis 1771 illustrieren schlaglichtartig die enorme seelsorgerische Tätigkeit der Patres.[13] Die Kapuziner begleiteten die zum Tode Verurteilten auf ihrem letzten Gang, und es ist sogar ein Fall aus dem Jahre 1758 bekannt, dass ein aus dem Meßkircher Arrest entflohener Delinquent im Kapuzinerkloster Asyl gesucht hat.[14]

Der Terminationsbezirk des Meßkircher Klosters, also der Sprengel, in dessen Grenzen den Kapuzinern das Betteln von Almosen zum Klosterunterhalt gestattet werden sollte, bestand aus der Herrschaft Meßkirch, den benachbarten Herrschaften Scheer, Mühlheim, Hausen, Werenwag, Gutenstein und Jungnau, den reichsritterschaftlichen Orten Menningen, Krumbach, Boll, Linz, Worndorf, Bittelschieß, Bingen und Wilflingen, den Klosterherrschaften Wald, Inzigkofen, Heiligkreuztal und Beuron, dem zum Kloster Petershausen gehörenden Amt Sauldorf, dem zum Chorfrauenstift Buchau gehörenden Amt Straßberg, dem Territorium der Reichsstadt Pfullendorf und den vorderösterreichischen Städten Mengen und Fridingen.[15] Über Konflikte mit benachbarten Mendikantenklöstern ist bislang nur ein Fall aus dem Jahre 1764 bekannt, als die Franziskaner von Hedingen den Meßkircher Kapuzinern das Recht streitig zu machen versuchten, einen Kreuzweg in Bichtlingen einzuweihen. Die Vollmacht zur Weihe von Kreuzwegen, behaupteten sie, läge aufgrund besonderer Privilegien allein beim Franziskanerorden.[16] Die Kapuziner bettelten nicht nur für sich selbst, sondern sie gaben ihrerseits Almosen an die Bedürftigen. Als 1771 aufgrund der großen Teuerung den Armen der Eintritt in die Stadt verwehrt wurde, sei das vor den Stadttoren gelegene Kloster, wie die Chronik meldet, scharenweise von Hilfsbedürftigen umlagert worden. Keiner der Armen sei ohne Almosen fortgegangen.[17]

Bereits am 16. Mai 1668 wurde das Meßkircher Kloster aus der Schweizerischen Mutterprovinz entlassen und der neugebildeten vorderösterreichischen Kapuzinerprovinz angegliedert.

Eine erste bauliche Erweiterung erfuhr die bescheidene Klosteranlage schon nach wenigen Jahren, als Anfang Juni 1676 der Grundstein zu einer an die Klosterkirche angebauten Loretokapelle gelegt wurde. Wie schon das Kloster selbst, so war auch dieses Bauwerk eine Stiftung der Herrschaftsfamilie, nämlich der verwitweten Gräfin Maria Theresia, geb. Herzogin v. Arenberg-Arschot, und ihres Schwagers Froben Maria zu Fürstenberg-Meßkirch. Neben Beuron,

Engelswies und Maria Schray bei Pfullendorf wurde diese Loretokapelle, die mit einer getreuen Nachbildung der Marienstatue in Loreto geschmückt war, zur wichtigsten Stätte der Marienverehrung im Meßkircher Umkreis. Die Kapuziner pflegten in dieser Kapelle die lauretanische Litanei zu singen.[18]

Ein Ereignis ganz besonderer Art war 1681 die Ankunft des wundertätigen Kapuzinerpaters Markus von Aviano (1631–1699), der auf die dringende Bitte des Grafen Froben Maria während seiner Reise von den Niederlanden nach Luzern auch in Meßkirch Station machte. Der im Rufe der Heiligkeit stehende große Prediger und Diplomat, zu dessen Auftritten das Volk stets in Massen herbeilief, wurde auch in Meßkirch von rund 6.000 Gläubigen empfangen. In der Klosterkirche feierte er die heilige Messe, hielt eine ergreifende Predigt und spendete seinen priesterlichen Segen, der vielen Anwesenden wundersame Heilung von ihren Gebrechen verliehen haben soll.[19]

Gegen Ende des Jahrhunderts muss für einige Zeit auch der berühmte Kapuzinerdichter und Komponist Laurentius von Schnifis (1633–1702) im Meßkircher Kloster gewirkt haben. Seine 1695 erschienene Liedersammlung *Mirantische Maul-Trummel* ist der Meßkircher Grafenfamilie gewidmet, der er vermutlich als Hofprediger gedient hat. Laurentius von Schnifis gilt nicht nur als der bekannteste spätbarocke Kapuzinerdichter und als eine der großen Gestalten der süddeutschen Barockliteratur, sondern auch als der bedeutendste Vertreter des einstimmigen deutschen Liedes jener Zeit im süddeutschen Raum. So wurde er schon als der »Schubert des 17. Jahrhunderts« bezeichnet. Als Meister des barocken Kirchenlieds hat der Kapuziner eine weitreichende Wirkung ausgeübt. Am bekanntesten ist heute noch sein Marienlied *Wunderschön Prächtige* aus der *Mirantischen Mayen-Pfeiff*.[20]

Unter dem letzten Meßkircher Fürsten Karl Friedrich Nikolaus (1714–1744) erfolgte 1743 die Stiftung einer Fideliskapelle, die der Klosterkirche angefügt wurde. Als im Jahr darauf die seit 1716 gefürstete Linie Fürstenberg-Meßkirch mit dem unerwartet frühen Tod des kinderlosen Fürsten erlosch, verlor nicht nur Meßkirch seine Hofhaltung, sondern auch das Kloster seine eifrigen Förderer und Stifter. Gleichwohl zeigten sich die Erben und Nachfolger, die in Donaueschingen residierenden Fürsten zu Fürstenberg-Stühlingen, für den weiteren Erhalt des Klosters verantwortlich. Weiterhin wurde den Kapuzinern der bisher übliche *Sustentations-Beitrag* gewährt, der die Lieferung von jährlich 19½ Eimern Wein, 20 Pfund Butter, 100 Pfund Schmalz, 300 Eiern, 100 Pfund Stockfisch, 16 Viertel Weißmehl, 12 Malter Kernen, 40 Klaftern Brennholz, 50 Pfund Schafwolle, 26 fl. für die Samstagsmesse in der Loretokapelle und 9 fl. für den Messwein, ferner wöchentlich 20 Pfund Rindfleisch und 40 Pfund Bratfleisch, sowie Gaben an Wachs und regelmäßige Lieferungen an Bier aus dem fürstlichen Bräuhaus beinhaltete.[21] Darüber hinaus erfolgten – ebenfalls auf Kosten der Herrschaft – in den Jahren 1744/49 Reparaturen an den Klostergebäuden.[22] 715 fl. wurden 1750/51 vom Fürstenhaus für Erweiterungsbauten investiert, um dem angewachsenen Personalbestand des Klosters Rechnung zu tragen. Der Klosterbau war hundert Jahre zuvor für sieben Insassen konzipiert worden; inzwischen hatte sich die Zahl der in Meßkirch wirkenden Kapuziner mehr als verdoppelt. 1763 wurde die Umgießung der zersprungenen Kirchenglocke notwendig, 1778 erfolgte eine umfangreiche Fensterrenovierung, im Jahr darauf erschienen weitere Reparaturen aus Gründen des Feuerschutzes unumgänglich, und 1784 musste der Konventofen instandgesetzt werden.[23] Für das Jahr 1764 ist übrigens die Aufstellung einer neuen Weihnachtskrippe in der St. Fideliskapelle erwähnt, über deren Gestaltung die Provinzleitung genaue Vorschriften machte. Die Hauptfiguren dieser Krippe wurden von den Zisterzienserinnen in Wald sowie von reichen Einwohnern der Stadt prächtig eingekleidet und geziert.[24]

Die Etappen des Niedergangs

1791 zählte die Klosterfamilie 16 Patres und 3 Brüder – das Kloster stand damit noch gegen Ende des Jahrhunderts in voller Blüte.[25] Übrigens war in allen fünf fürstenbergischen Kapuzinerklöstern als Konsequenz aus den über die Jahrzehnte hinweg angewachsenen seelsorglichen Aufgaben die Anzahl der Konventualen über die stiftungsmäßige Zahl hinaus vermehrt worden. Dem Fürsten Joseph Wenzel in Donaueschingen war diese Entwicklung, die nicht zuletzt die herrschaftliche Kasse belastete, so sehr ein Dorn im

Eisenwerk Thiergarten
Gedenktafel mit dem Tagesheiligen Franz von Sales zur Einweihung des fürstenbergischen Eisenwerks am 29. Januar 1671. Kapelle St. Georg, Thiergarten.

Auge, dass er schon 1781 die Sustentations-Beiträge gemäß der stiftungsmäßigen Personalstände zu reduzieren befahl. Die wirkliche Zahl der Kapuziner wurde gleichwohl nicht reduziert, und zwar »unter Berücksichtigung des höchst lobenswerthen Seeleneifers, den der Kapuzinerorden bisher in seinem Gebiete bewiesen habe«.[26] Für die Kapuziner, die nun noch mehr als bisher aufs *Terminieren*, also auf das Betteln von Almosen, angewiesen waren, sollte sich allerdings ein anderes Ereignis im gleichen Jahr noch einschneidender auswirken: Am 4. April 1781 verbot Kaiser Joseph II. per Dekret allen österreichischen Klöstern jegliche Verbindung mit ausländischen Klöstern. Dies bedeutete praktisch auch die Zerschlagung der vorderösterreichischen Kapuzinerprovinz in ihrer bisherigen Gestalt (Ein ähnliches Dekret war übrigens schon 1772 von Maria Theresia erlassen, aber nicht

streng durchgeführt worden.). Während die vorderösterreichische Provinz in verkleinerter Form weiterbestand und fortan den Gängelungen durch die
ordensfeindliche josephinische Gesetzgebung ausgesetzt war, formierten sich die übriggebliebenen neunzehn Klöster – die fünf fürstenbergischen Klöster in
Meßkirch, Engen, Stühlingen, Haslach und Neustadt
sowie die Klöster in Wangen, Ravensburg, Rottweil,
Weil der Stadt, Überlingen, Biberach, Offenburg,
Markdorf, Oberkirch, Oppenau, Baden-Baden, Mal-
berg, Immenstaad und Wurmlingen – zur schwäbischen Kapuzinerprovinz. Fürst Joseph Wenzel erteilte zwar die Genehmigung zur Vereinigung der fünf in
seinem Fürstentum angesiedelten Klöster mit der
neuen Provinz. Die von der Provinzleitung an ihn
herangetragene Bitte um Erhöhung der Zahl der Religiosen wies er jedoch mit dem Hinweis von sich, dass
die fürstenbergischen Klöster ohnehin schon voll
seien und die Zahl ihrer Bewohner um ein Drittel die
bei der Gründung festgesetzte übersteige. Beim ersten
konstituierenden Provinzkapitel zu Offenburg wurde 1782 die Einteilung der schwäbischen Provinz in
die drei Custodien Baden, Fürstenberg und Wangen
beschlossen, wobei Meßkirch Haupt der fürstenbergischen Custodie wurde. Noch im gleichen Jahr wurde den Klöstern von Konstanz aus jegliche Sammeltä-
tigkeit auf österreichischem Gebiet untersagt, womit
auch der Terminationsbezirk der Meßkircher Kapuziner empfindlich eingeschränkt wurde.[27]
Es gibt Hinweise, dass auch Fürstenberg von nun an
dem österreichischen Beispiel nacheiferte und beispielsweise von seinen Kapuzinerklöstern sog. *Fatie-
rungen* (oder *Fassionen*), genaue Rechnungslegungen
über alle Ausgaben und Einnahmen, abverlangte – eine
Aufgabe, die von den Konventualen kaum zu leisten
war. Auch scheint man in Donaueschingen die Verbindungen der fünf fürstenbergischen Klöster mit den
ausländischen Klöstern der schwäbischen Provinz nur
ungern geduldet zu haben; jedenfalls wurde der in
Meßkirch residierende Custos als fürstenbergischer
Provinzial angesprochen, was auf die Absicht zur
Schaffung einer eigenständigen fürstenbergischen Kapuzinerprovinz hindeuten mochte.[28] Der von Österreich vorgezeichnete Weg – Schwächung der Ordens-
struktur durch Reduzierung der Außenkontakte,
Verbot von Neuzugängen in den einzelnen Klöstern

und schließlich deren Aufhebung – vollzog sich mit
einiger zeitlicher Verzögerung bald auch im Fürstenbergischen: Am Heiligabend 1802 erschien der Meßkircher Hofrat und Oberamtmann Baur in Begleitung
des Rentmeisters Straßer im Meßkircher Kloster, um
vor versammeltem Konvent unter Bezugnahme auf die
Zivilbesitznahmeverordnung des Fürsten Karl Joachim das Kloster für das Fürstenhaus in Besitz zu nehmen. Zu diesem Zeitpunkt befanden sich in Meßkirch
noch vierzehn Konventualen: Guardian P. Vitalian
Leiber (63), Vicar P. Martial Gall (47), Senior P. Elias
Köbach (55), P. Ehrenbert König (51), P. Homobonus
Läuterer (50), P. Alvarus Wöhrle (48), P. Benignus
Kircher (47), P. Franz Xaver Rahm (45), P. Rochus
Riegger (45), P. Seraphinus Mayer (39) und P. Liborius
Sterner (70; Beichtvater im Pfullendorfer Kapuzine-
rinnenkloster zum Herzen Jesu) sowie die Laienbrüder Fidelis Welschinger (63; Pförtner), Urban Rupf
(46; Gärtner) und Philipp Lang (36; Koch). Die Konventualen durften zwar weiterhin ihren Statuten gemäß im Klostergebäude leben; letzteres galt nun aber
als fürstliches Domänengut.[29] Die Forderung auf das –
inzwischen auf 400 fl. angewachsene – Kapital der
Ewiglicht-Stiftung, das vom Konvent dem vergante-
ten Posthalter Gleitz geliehen worden war, wurde sogleich von der Herrschaft beansprucht; den Kapuzinern sollte lediglich noch der Zinsertrag von 20 fl.
verbleiben.[30]
Wenngleich sich die Kapuziner bei der Bevölkerung
nach wie vor ungebrochener Beliebtheit erfreuten, so
war die formelle Aufhebung der fürstenbergischen
Klöster angesichts der bei staatlichen Stellen inzwischen oft herrschenden feindseligen Einstellung nur
noch eine Frage der Zeit. Typisch für den Zeitgeist der
Aufklärung mag etwa die Äußerung eines Malberger
Beamten sein, der 1803 gegenüber seiner Regierung in
Baden-Baden die Kapuziner als *die schädlichste Gattung von Menschen* bezeichnete, *die man sobald als
möglich entfernen sollte, da ihr einziges Bestreben* darin
bestehe, *das Volk in Dummheit und Aberglauben zu
halten*.[31] Der § 35 des am 25. Februar 1803 verabschiedeten Reichsdeputations-Hauptschlusses bot der fürstenbergischen Regierung die rechtliche Grundlage zur
Inbesitznahme von insgesamt neunzehn Klöstern
innerhalb der Grenzen des Fürstentums. Auf eine Vertreibung der Kapuziner wurde ausdrücklich verzichtet,

da diese sich aus den Almosen weitgehend selbst unterhalten konnten und außerdem für die Seelsorge nützlich schienen. Die fünf fürstenbergischen Kapuzinerklöster wurden nun aber endgültig aus dem Verband der sich auflösenden schwäbischen Provinz herausgenommen; sie bildeten seither innerhalb des Ordens eine eigene fürstenbergische Provinz. Zugleich erfolgte aus Donaueschingen auch das Verbot der Novizenaufnahme und Permutation. Die Zahl der Konventualen durfte fortan also nicht mehr erhöht werden und überdies konnte im Todesfall ein frei gewordener Platz nicht mehr neu besetzt werden. Die Kapuziner waren zwar weiterhin in der Aushilfsseelsorge tätig, sie erhielten nach wie vor das landesherrliche Gratiale (das von nun an allerdings nach der Kopfzahl ausbezahlt wurde) und sie terminierten wie gewohnt, aber ihre Klöster waren nunmehr zum Aussterben verurteilt. Von Jahr zu Jahr reduzierte sich der Personalstand der rasch überalterten Konvente, und die Übrigbleibenden stöhnten unter der Überfülle der auf sie zu verteilenden Aufgaben, der sie oft bis zur völligen physischen Erschöpfung nachzukommen versuchten. Andererseits mehrten sich in dieser Zeit auch die Fälle, in denen eine Erlahmung der Klosterdisziplin zu beobachten war. So hatte etwa schon das 1797 in Biberach tagende Provinzkapitel für notwendig befunden, mit scharfen Drohungen *die einreißende Gleichgültigkeit gegen das Gelübde der heiligen Armuth gemäß der Franziskusregel zu bekämpfen.* Strenge Strafen sollten gegen jene verhängt werden, die eigenmächtig Geld bettelten, Geld bei sich behielten oder ausgaben. Einem *Bruder im Tode,* bei dem man Geld entdeckte, sollte sogar künftig das kirchliche Begräbnis verweigert werden.[32] Spätestens mit der Auflösung der schwäbischen Provinz schien eine geregelte Beaufsichtigung und Visitation der Klöster nicht mehr möglich. Diese unterstanden in geistlichen Angelegenheiten nunmehr allein der Diözesanverwaltung, der in diesen Jahren andere Probleme dringlicher erscheinen mussten, als die Sorge um die Aufrechterhaltung klösterlicher Zucht. Trotz der Bildung einer eigenständigen fürstenbergischen Provinz scheint aber der Kontakt mit den Klöstern der ehemaligen schwäbischen Provinz noch aufrechterhalten worden zu sein und die alte Provinzorganisation unter der Hand noch weiter bestanden zu haben. 1804 fand sogar in Engen ein Provinzkapitel statt, bei dem der Meßkircher »Provinzial« P. Vitalian als Definitor fungierte. Jegliche Versetzung von Konventualen über Landesgrenzen hinweg unterlag aber von nun an der Genehmigungspflicht durch den Fürsten, worüber sich auch der bischöfliche Commissär – wie sich schon bald zeigen sollte – nicht hinwegsetzen konnte. Selbst Versetzungen innerhalb fürstenbergischer Klöster musste P. Vitalian in Donaueschingen beantragen – meist ohne Erfolg. Der »Provinzial« der fürstenbergischen Provinz wusste sich bald nicht mehr zu helfen: So mancher Kapuziner riss angesichts der Ungunst der Verhältnisse einfach aus, andere folgten dem Angebot des Fürsten, das Fürstentum verlassen zu dürfen und um Aufnahme in anderen Klöstern zu bitten. Selbstverständlich begannen unter solchen Umständen auch die Klosterdisziplin und die Autorität der Lokaloberen noch mehr zu leiden.[33]

Eine neue Situation ergab sich mit dem Übergang des Fürstentums Fürstenberg unter die badische Landeshoheit 1806. Zwar wurden die von Fürstenberg über seine Kapuzinerklöster getroffenen Verfügungen vom badischen Justizministerium und vom Deutschen Bund anerkannt, doch beanspruchte die badische Regierung fortan die Oberaufsicht über die fürstenbergischen Klöster. Von beiden Seiten wurden nunmehr *Fassionen,* also genaue Aufstellungen über die Finanz- und Personalverhältnisse der Klöster verlangt. Der Hinweis des badischen Staatsministeriums an den *Provinzial und Definitor* P. Vitalian in Meßkirch, dass in fürstenbergischen Kapuzinerklöstern künftig wieder Professablegungen genehmigt werden könnten, geriet vermutlich nur deshalb nicht zur Streitfrage, weil es zu diesem Zeitpunkt ohnehin bereits an geeigneten Kandidaten fehlte. Außerdem wurde 1808 daran gedacht, aus den zwölf im Großherzogtum noch bestehenden Kapuzinerklöstern eine badische Provinz zu bilden. Unter Berufung auf ein badisches Hofdekret, das die Erhaltung aller badischen Kapuzinerklöster im Konstanzer Bistumssprengel zusagte, verfügte noch im gleichen Jahr Generalvikar Wessenberg die Versetzung eines jungen Paters von Freiburg in das vom Aussterben bedrohte fürstenbergische Kloster in Neustadt. »Provintial« P. Valentian in Meßkirch, der an diesem Vorgang völlig unschuldig war, musste sich gegenüber der fürstenbergischen Regierung rechtfertigen und wurde prompt daran erinnert, *daß die Kapuziner seit 1802 nur noch geduldet und nicht nothwendiger Weise erhalten und unterhalten worden seien.* Baur bemerkt hierzu: »So wußte man nicht mehr, wer Koch und wer Kellner sei, und erst via facti scheint ein festes Verhältnis sich ausgebildet zu haben.«[34]

Eine weitere Erschwerung für das Meßkircher Kloster brachte im gleichen Jahr 1808 ein Verbot des württembergischen Königs für Bettelmönche, württembergisches Territorium zu betreten. Ein großer Teil des bisherigen Bettelbezirks stand damit nicht mehr zur Verfügung, doch ergab sich insofern ein Ausgleich, als Baden mit der Aussperrung der Stockacher und Radolfzeller Mendikanten antwortete (beide Städte gehörten bis 1810 zu Württemberg).[35]

Trotz der anhaltenden Klagen des Meßkircher »Provinzials«, dass die sich häufenden geistlichen Arbeiten für die verbleibenden Konventualen zur unerträglichen Last würden, und ungeachtet der immer deutlicher offenbar werdenden Engpässe in der Seelsorge rückte man in Donaueschingen nicht mehr ab von der einmal eingeschlagenen Gangart. Die von der badischen Regierung erhobene Forderung, durch Aufstellung und Besoldung sogenannter Kapitels-Vikarien auf anderweitige Weise für Seelsorge und Krankenhilfe zu sorgen, wurde von Fürstenberg ignoriert. Die Aufforderung, wenigstens das Vermögen der erloschenen Klöster dem Religionsfond zufallen zu lassen, wurde mit der Erklärung zurückgewiesen, dass die Kapuzinerklöster kein Vermögen besäßen und nicht zur Seelsorge verpflichtet gewesen seien.[36]

1822 wurde das Meßkircher Kloster, in dem nur noch zwei Patres und ein Laienbruder lebten, zum Hospiz herabgestuft. Jede Verringerung des Personalbestandes bedeutete zugleich eine Verschmälerung der Sustentationsbeiträge. 1826 erhielten die beiden letzten Konventualen noch jährlich 200 fl., 4 Malter Kernen und 20 Klafter Holz. Als am 9. August 1826 schließlich der letzte Meßkircher Kapuzinerpater, Superior P. Alvarus Wöhrle, im Alter von 72 Jahren starb, wurde das Meßkircher Hospiz aufgehoben. Der noch allein übriggebliebene Laienbruder Daniel Rainhart wurde vom Kapuzinerhospiz in Neustadt aufgenommen, wobei ihm eine jährliche Sustentation von 45 fl. und einige Mobilien aus dem nun erloschenen Meßkircher Hospiz mitgegeben wurden. Dem Kloster-

knecht Conrad Kempf aus Gögingen wurde eine Gnadenpension von 30 fl. gewährt; außerdem wurde ihm auf seine Bitte hin das Hostien-Eisen des Klosters überlassen, damit er weiterhin die umliegenden Pfarreien mit Hostien versorgen könne.[37] Als Bruder Daniel am 23. November dem Rentmeister den Empfang von 25 fl. Reisegeld für seinen Abzug nach Neustadt quittierte, setzte er neben seine Unterschrift mit demonstrativer Geste ein letztes Mal das Siegel des Meßkircher Kapuzinerklosters.[38]

Der Ausverkauf des Klosterguts

Am 12. August 1826 wurden die Klostergebäude von fürstenbergischen Beamten inspiziert und das vorhandene Inventar minutiös aufgelistet. Neben einer Barschaft von 350 fl. und 10 kr. fanden sich eine größere Anzahl an Kirchengerätschaften, Möbel, Bettzeug, Küchengeschirr, 3 Weinfässer zu 60, 40 und 25 Eimern, darin 16 Eimer Seewein von der Reichenau im Wert von 3 fl. 30 kr. pro Eimer, Gartengerätschaften, Lebensmittel sowie die 3.361 Bände umfassende Klosterbibliothek, die der fürstlichen Hofbibliothek in Donaueschingen einverleibt wurde. Ferner wurde seitens der fürstenbergischen Regierungskanzlei angeordnet, dass *sämtliche in dem dortigen Kapuzinerkloster befindlichen Kirchengerätschaften mit Ausnahme der Altäre und der auf dem Kirchthurme befindlichen Glocken fortan zum kirchlichen Gebrauche verwendet, und der Heiligenvogtey Meßkirch mit der Auflage überlassen werden solle, solche einstweilen in gute und sichere Verwahrung zu nehmen, bis sie in Fällen der wirklichen Noth nach vorgängig gemeinschaftlich von dem fürstlichen Rentamte und der Heiligenvogtey jeweils anher zu erstattenden Berichte und hierauf eingeholter höchster Genehmigung an die vorzüglich bedürftigen Kirchen des dortigen Bezirkes nach und nach hinausgegeben werden können.*[39] Nach Vollzug der Execration der Klosterkirche durch Dekan Walter aus Sentenhart erfolgte im Dezember die Versteigerung der meist abgenutzten übrigen Mobilien, die den Betrag von 446 fl. und 11 kr. einbrachte.[40] Der Vorschlag der Meßkircher Beamten, die leerstehenden Klostergebäude *zum Besten der armen leidenden Menschheit des Bezirks* der örtlichen Spitalverwaltung zu überlassen, stieß in Donaueschingen auf Unverständnis: *Wer den Bezirks Spital zu Meßkirch wegen großer Unordnung, großer Unreinlichkeit, großen Bemängelungen verläßt, um in das Kapuziner Kloster daselbst zu flüchten,* ließ Fürst Carl Egon II. am 30. August wissen, *der begibt sich sicher aus dem Regen unter die Traufe. Unordnung und Unreinlichkeit lassen sich in jedem Gebäude leicht finden. Es bedarf nur eines ernsten Willens, einer thätigen Aufsicht, und eines zweckmäßigen Zusammenwirkens hierzu.* Sollte das Spital unter Platzmangel leiden, so könne man ja die *dabey befindliche ziemlich große Kirche* für einen Ausbau verwenden.[41]

Am 11. Januar 1827 wurden Klostergebäude und -kirche auf Geheiß des Fürsten auf Abbruch versteigert. Den Zuschlag erhielt der Meßkircher Zimmermeister Michael Farischon für 810 fl. Noch im gleichen Monat wurden die Gebeine der 57 in Meßkirch verstorbenen Kapuziner aus der Gruft der Klosterkirche erhoben und auf dem allgemeinen Friedhof bei der Liebfrauenkirche beigesetzt. Unmittelbar darauf begann man mit dem Abbruch der Klosteranlage.[42]

Nach Abzug aller angefallenen Ausgaben hatte die fürstliche Verwaltung insgesamt 1.182 fl. aus dem Einzug des Klostergutes erlöst. Tatsächlich erfolgte – wie vom Fürsten angeordnet – in den folgenden Jahren die Verteilung des Kircheninventars auf verschiedene Kirchen und Kapellen des Meßkircher Bezirks.[43] Interessant ist, dass sich das Fürstenhaus dabei noch ganz in der Rolle des Wohltäters sah. Fehlte es nämlich am Wohlverhalten der Untertanen wie etwa im Fall der Gemeinde Oberbichtlingen, die über die Zehntablösung mit der fürstenbergischen Verwaltung in Konflikt geraten war, so konnte ein Antrag auf Zuteilung der – von Donaueschingen ohnehin als wertlos eingestuften – Kirchengerätschaften aus der ehemaligen Kapuzinerkirche durchaus auch abschlägig beschieden werden. Dem Meßkircher Rentamt wurde 1844 untersagt, die noch zur Disposition stehenden zwei Messbücher, zwei Altartäfelchen und zwei Reliquiare in die Kapelle nach Oberbichtlingen abzuge-

ben. Die Antwort des Rentamts auf diese Anordnung: *Wir kennen in unserer Gegend keine dürftige Kirche, welcher die fraglichen Gegenstände zugewendet werden könnten, auch würde bezüglich auf die Gesinnung gegen das Fürstl. Interesse jede andere Gemeinde es ebensowenig verdienen als Oberbichtlingen. Denn jede andere Gemeinde zieht ebenso wie Oberbichtlingen ihr eigenes Interesse jedem Fremden vor, wie diß noch viel 1.000 anderen sogenannten moralischen und nicht moralischen Personen geht, und wie es ganz zur jezigen Glanzperiode des Materialismus paßt. Unter solchen Umständen haben wir uns erlaubt, die Verzierungen pp. in der Schloßcapelle zu Werenwag zu reponiren, wo wir sie werden belassen dürfen, bis entweder sich eine geeignete Gemeinde darum meldet, oder bis hohe Stelle anderwärts darüber zu verfügen geruhen wird.*[44]

Im gleichen Jahr 1844 wurden schließlich auch drei Altargemälde, die seit dem Abbruch der Klosterkirche im herrschaftlichen Fruchtkasten herumstanden, an die Pfarrkirche in Trillfingen bei Haigerloch verkauft, wo sie sich noch heute befinden. Hierbei handelte es sich um die beiden Nebenaltarblätter von Storer sowie um das von einem unbekannten Maler stammende Altarblatt aus der St. Fideliskapelle mit der Darstellung des aus der Nachbarstadt Sigmaringen stammenden Kapuzinerheiligen. Storers Hauptaltarbild und die drei Oberbilder sind verschollen.[45]

Das letzte Überbleibsel des ehemaligen Kapuzinerklosters, die unter Rücksichtnahme auf die religiösen Gewohnheiten der Bevölkerung vom Abbruch verschont gebliebene Loretokapelle, musste schließlich 1883 von ihrem Standort weichen. Sie wurde in die obere Grabenstraße (heute Kolpingstraße) transloziert, wo sie als Hauskapelle des »Marienhauses«, einer kurz zuvor gegründeten Niederlassung der Freiburger Vincentinerinnen, eine neue Verwendung fand. Noch am ursprünglichen Standort sind allein die beiden 1780 im »Kapuzinerstil« neugestalteten Seitenaltäre der Spitalkapelle.[46]

[1] Vgl. *Georg Tumbült*, Das Fürstentum Fürstenberg von seinen Anfängen bis zur Mediatisierung im Jahre 1806. Freiburg/Br. 1908; *Beat Rudolf Jenny*, Graf Froben Christoph von Zimmern. Geschichtsschreiber, Erzähler, Landesherr. Konstanz 1959; *Gabriele Heidenreich*, Schloß Meßkirch. Repräsentation adeligen Herrschaftsbewußtseins im 16. Jahrhundert. Tübingen 1998.

[2] Zum Kapuzinerorden vgl. *Walter Kasper u. a.* (Hg.), Lexikon für Theologie und Kirche. Bd. 5. Freiburg 3. Auflage 1996, 1220–1228.

[3] *Beda Mayer*, Studien und Beiträge zur Geschichte der schweizerischen Kapuzinerprovinz. Kapuzinerkloster Meßkirch, in: Helvetia Franciscana 12 (1977), 265–270.

[4] Fürstlich Fürstenbergisches Archiv Donaueschingen (FFA): Cist A 93/lat 4/Vol II/Fasc II–4 und X.

[5] Vgl. *K. Suso Frank*, Gebaute Armut. Zur südwestdeutsch-schweizerischen Kapuzinerarchitektur des 17. Jahrhunderts, in: Franziskanische Studien 58 (1976), 55–77.

[6] Der Briefwechsel ist ediert bei *Sibylle Appuhn-Radtke*, Visuelle Medien im Dienst der Gesellschaft Jesu. Johann Christoph Storer (1620–1671) als Maler der Katholischen Reform. Regensburg 2000, 368–370 (JESUITICA – Quellen und Studien zu Geschichte, Kunst und Literatur der Gesellschaft Jesu im deutschsprachigen Raum, hg. von *Günter Hess/Julius Oswald SJ/Ruprecht Wimmer/Reinhard Wittmann* Bd. 3).

[7] Vgl. ebd., 86. Der Entwurf eines Altarrahmens – ein typisches Werk kapuzinischer Schlichtheit –, der für Storer maßgeblich war, findet sich unter den Bauakten im FFA 93/4/II/II–2.

[8] *Appuhn-Radtke* (wie Anm. 6), 91, 147, 224f., 255f.

[9] *Clemens Menze*, Grundzüge und Grundlagen der spätbarocken Kapuzinerdichtung in Deutschland, in: Collectanea Franciscana 28 (1958), 272–305, hier 272.

[10] FFA 93/4/II/X.

[11] Vgl. *Jakob Ebner*, Geschichte der Wallfahrt und des Dorfes Engelswies bei Meßkirch. Bruchsal 1923. Zur Engelswieser Wallfahrt vgl. auch *Edwin Ernst Weber* (Hg.), Zwischen Wallfahrt, Armut und Liberalismus. Die Ortsgeschichte von Engelswies in dörflichen Selbstzeugnissen. Sigmaringen 1994 (Heimatkundliche Schriftenreihe des Landkreises Sigmaringen Bd. 3). Maren Kuhn-Rehfus: Das Zisterzienserkloster Wald. Berlin/New York 1992, 341 (Germania Sacra NR 30–3).

[12] *Johannes Baptista Baur*, Beiträge zur Chronik der Vorderösterreichischen Kapuziner-Provinz. Von 1744 bis zu ihrer Auflösung, in: FDA 17 (1885), 245–289, und 18 (1886), 153–218, hier 261.

[13] *Mayer* (wie Anm. 3), 268.

[14] *Baur* (wie Anm. 12), 274; FFA 93/4/II/IX

[15] FFA 93/4/II/I.

[16] *Baur* (wie Anm. 12), 269.

[17] *Baur* (wie Anm. 12), 276.

[18] *Mayer* (wie Anm. 3), 266f.

[19] Markus von Aviano ist vor allem als *Retter des Abendlandes* in die Geschichte eingegangen. Das Zustandekommen des Entsatzheeres während der Belagerung Wiens durch die Türken 1683 war nämlich nicht zuletzt das Verdienst seiner diplomatischen Bemühungen. Für die Kampfmoral des christlichen Heeres hatte der Kapuzinerpater überdies persönlich als Feldgeistlicher Sorge getragen. *Marie Heyret*, P. Markus von Aviano O.M.CAP. Apostolischer Missionär und päpstlicher Legat beim christlichen Heere. München 1931, 243. Über die Wunderheilungen in Meßkirch findet sich reichhaltiges Material im FFA 93/4/II/VIII. Vgl. auch Schreiben des Meßkircher Kapuzinerpaters Franz Joseph von Busmannshausen vom 11.09.1681 an den Provinzial Arsenius von Neumarkt in Innsbruck im Kapuziner-Provinz-Archiv Brixen, Fasz. XXIII, Nr. 1 Z 10.

[20] Vgl. *Gaudentius Walser von Göfis*, P. Laurentius von Schnifis O.F.M.Cap. (1633–1702). Ein Überblick zu seinem Leben und zu seiner Dichtung, in: Collectanea Franciscana 32 (1962), 56–86; Laurentius von Schnifis 1633–1702. Zum 350. Geburtstag des Dichters und Musikers. Ausstellungskatalog der Gemeinde Schnifis und des Vorarlberger Landesmuseums Bregenz. Bregenz 1983.

[21] FFA 93/4/II/III. Die Bierlieferungen wurden 1778 eingestellt.

[22] Beteiligt waren hieran der Hofschreiner Mathäus Bäusch und der Schlosser Johann Baptist Glanz.

[23] FFA 93/4/II/II. Über die von Mayer mitgeteilten Renovationen der Jahre 1788–1791 findet sich weder in den Bauakten, noch in der von ihm selbst als Quelle angegebenen Stelle bei Baur irgendein Hinweis.

[24] *Baur* (wie Anm. 12), 268.

[25] *Mayer* (wie Anm. 3), 268.

[26] *Baur* (wie Anm. 12), 155.

[27] Ebd., 191f.

[28] Ebd., 194.

[29] Ebd., 198; *Hermann Schmid*, Die Säkularisation der Klöster in Baden 1802–1811. Überlingen 1980, 297.

[30] FFA 93/4/II/II–13

[31] Zitiert nach *Baur* (wie Anm. 12), 200.

[32] Ebd., 197.

[33] Ebd., 202–204.

[34] Ebd. 206f.; *Schmid* (wie Anm. 29), 289.

[35] *Schmid* (wie Anm. 3), 289f.

[36] *Baur* (wie Anm. 12), 212.

[37] *Baur* (wie Anm. 12), 214; FAD 93/4/II/III–9.

[38] FFA 93/4/II/V

[39] FFA 93/4/II/X

[40] Der Heiligenvogteiverwaltung wurden am 06.10.1826 überlassen: 45 Meßgewänder samt Stolen, 26 Alben, 31 Humerale, 31 Kelchtüchle, 1 Monstranz (*das Ciborium aber ist zur hiesigen Pfarrkirche überlassen worden*), 5 Chorröcke, 3 kupferne Weihwasserkessel, 1 Rauchfaß, 1 Schiffle, 2 Velen, 2 Kommunikantentücher, 12 Handtüchle, 5 Messbücher nebst einem Choralbuch, 5 kleinere Messbücher, 3 geringe Altarglöckle, 1 Ampel nebst Schnur, 3 Löschhörnle. Ferner waren an Inventarstücken aus der Klosterkirche vorhanden: 8 Gemälde, 2 Engelsbilder, 6 alte Malereien, 12 Stationenbilder, Stationenbilder aus der Sakristei, ein Gemälde des hl. Nikolaus, 9 kleine Fähnlein, 4 Kruzifixe, ein großes Kruzifix, ein altes Antependium, ein Bild des hl. Antonius, 2 hölzerne Bilder Maria und Josef, 4 Postamente für Reliquien, 12 Kapseln für Reliquien, 8 Reliquientafeln, 15 Sträuße, 2 Blumenstöcke, 3 Bücherkissen, ein Bücherpult, 3 Altarkissen, ein Blech zum Corperalstärken, ein Stein zum Weihwasserkessel samt Stock, 22 hölzerne Lichtstöcke, 2 alte Piret, ein Baldachin mit Kasten und 2 kupferne Weihwasserkessel. Offenbar ist der größte Teil dieser Objekte wenig später ebenfalls der Heiligenvogteiverwaltung überlassen worden. FFA 93/4/I/V.

[41] Ebd.

[42] Ebd. In der Literatur ist meist fälschlich von 75 Leichen die Rede. Ein Nekrologium mit den Daten aller seit dem Jahr 1700 in Meßkirch gestorbenen Kapuzinern wird übrigens in der Fürstlich Hohenzollerischen Hofbibliothek in Sigmaringen verwahrt.

[43] Beispielsweise erhielt die Kapelle in Schnerkingen 1834 ein Kruzifix, zwei hölzerne Lichtstöcke und zwei hölzerne Engel. In die Rohrdorfer Kirche gelangten u. a. das Bild des hl. Antonius, vier Urnen zur Verzierung der Altäre, drei gerahmte Muttergottesbilder und sechs Lichtstöcke.

[44] FFA 93/4/II/II–15.

[45] Vgl. *Appuhn-Radtke* (wie Anm. 6), 224f.; *Richard Schell*, Fidelis von Sigmaringen 1577–1977. Der Heilige in Darstellungen der Kunst aus vier Jahrhunderten. Sigmaringen 1977, 116f.

[46] Vgl. *Armin Heim*, Die Stadt der Fürstenberger. Geschichte, Kunst und Kultur des barocken Meßkirch. Meßkirch 1990, 24, 106f.

Die Säkularisation der Ravensburger Stadtklöster

Das Ende der Franziskaner-Tertiarinnen, Kapuziner und Karmeliter 1806

von Andreas Schmauder

Bis 1806 bestanden auf dem Territorium der Reichsstadt Ravensburg drei Bettelordensklöster, die neben den beiden großen Reichsabteien der nächsten Umgebung, Weingarten und Weißenau, dem kirchlich-religiösen Leben der Stadt ihre besondere Prägung verliehen haben. Die Franziskanerinnen und die Karmeliter waren seit dem Spätmittelalter direkt in der Stadt präsent, die Kapuziner waren eine Gründung des frühen 17. Jhs. und außerhalb der Stadtmauern angesiedelt. Allesamt standen sie unter der Vogtei der Reichsstadt Ravensburg. Ihre Säkularisation 1806 bedeutete die Auflösung gefestigter und anerkannter kirchlich-religiöser Zentren und bedeutender Seelsorgeeinrichtungen für Stadt und Umland.

Die Bettelorden am Ende des Alten Reichs

Das Kloster der Franziskaner-Tertiarinnen

Das Franziskanerinnenkloster ging aus einer 1395 vom Bürgermeister, dem Rat, der gesamten Bürgerschaft und dem Leutpriester von Liebfrauen errichteten, einzig dem Gebet verpflichteten Klause für acht Frauen hervor. Für die kontemplative Beginengemeinschaft, zuständig für die geistige Absicherung der wirtschaftlichen Erfolge der aufstrebenden Stadt, wurde von den Stiftern ein klausuriertes Schwesternhaus bei der Kapelle St. Michael unterhalb des Mehlsacks in der patrizisch geprägten Oberstadt errichtet. Der städtische Magistrat nahm als Vogt die weltliche, im Auftrag des Abts von Weingarten der Pfarrer von Liebfrauen die geistliche Obrigkeit wahr. Zunächst ohne Regel und

förmlichen Ordensanschluss, allein den Statuten der Stifter verpflichtet, wurde die Klause 1406 in den drit-

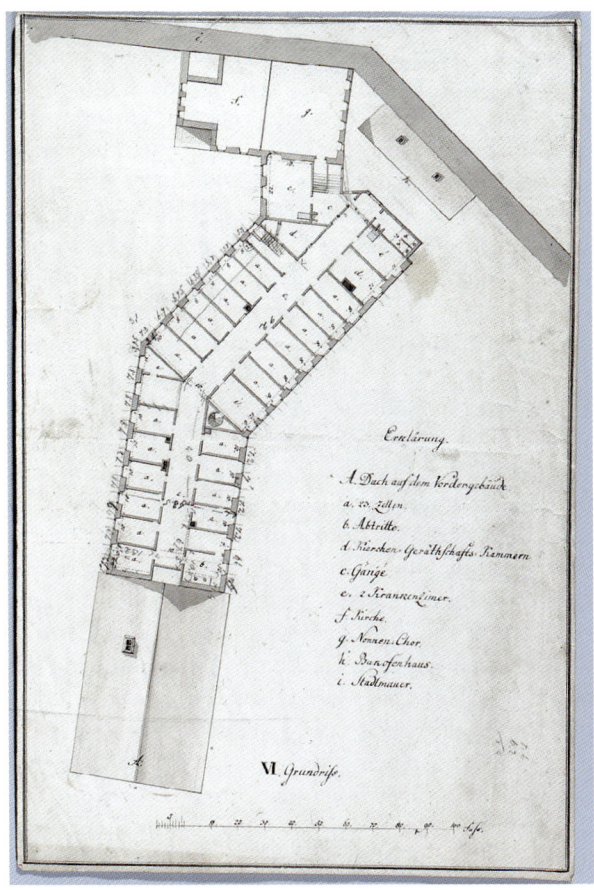

Franziskanerinnenkloster Ravensburg
Grundriß der Klosteranlage in der Oberstadt um 1800.
StA Ravensburg.

ten franziskanischen Orden eingegliedert und auf dessen Regel verpflichtet. Zur Seekustodie der Straßburger Franziskanerkonventualenprovinz gehörig, erhielten die Klausnerinnen 1496 eine leicht abgewandelte Fassung der in der Seekustodie gebräuchlichen Statuten für Tertiarinnenkonvente. Bis zum 16. Jh. hatte sich der klausurierte Konvent zunehmend an ein Kloster angleichen können, besaß jedoch weiterhin den Status einer Beginen- bzw. Tertiarinnengemeinschaft.[1]

Im ausgehenden 18. Jh. präsentierte sich der nach wie vor ganz im Stifter- und Ordenssinne klausuriert und kontemplativ lebende Franziskaner-Tertiarinnenkonvent als geistig und ökonomisch gefestigte Einrichtung in der paritätischen Reichsstadt. Dem auch und gerade von der Altersstruktur her betrachtet im Jahr 1803 recht vitalen Konvent unter der Leitung von Mutter Maria Johanna Nepomucena Laur aus Altdorf/Weingarten (geb. 1749, gest. 1814) gehörten insgesamt 16 Schwestern an. Das Kloster hatte jedoch offenkundig seine ursprüngliche Bedeutung als Versorgungs- und Wirkungsstätte für Ravensburger Patriziertöchter eingebüßt und damit seine starke Verflechtung mit der Oberschicht der Stadt verloren. Nur noch zwei Ravensburgerinnen gehörten dem Konvent an; die eindeutige Mehrzahl der Frauen stammte aus dem engeren katholischen Umfeld der Stadt. Dennoch scheint der katholische Teil des Rats der paritätischen Reichsstadt, der stellvertretend für die Stadt die vogteilichen Hoheitsrechte wahrnahm, genauso wie der evangelische Teil des Rats, die Franziskanerinnen als wichtige religiös-wirtschaftliche Einrichtung der Stadt begriffen und ein gutes Verhältnis gepflegt zu haben. Seelsorgerlich waren die Frauen ursprünglich vom Pfarrer von Liebfrauen betreut worden, der ihnen die Sakramente spendete, die Beichte abnahm und das Präsentationsrecht für die Michaelskapelle besaß, an der sich nachweislich seit dem 15. Jh. drei Altäre fanden: Michael-, Andreas- und Margaretenaltar. Die Stiftung einer Kaplaneipfründe zum Unterhalt eines Priesters durch die beiden Schwestern Anna und Barbara Roner im Jahr 1614 nahmen die Franziskanerinnen jedoch zum Anlass, sich vom Pfarrer von Liebfrauen unabhängig zu machen. Denn das Präsentationsrecht für die Kaplaneipfründe sollte nach Stifterwillen beim Guardian der Franziskaner in Konstanz liegen, der die Pfründe mit Ordenspriestern der Franziskaner

besetzte. Nach Spannungen mit den Franziskanern wurde auf Wunsch der Klosterfrauen die Pfründe zumindest schon ab 1660 überwiegend mit Ravensburger Karmeliterpatres besetzt, die nun als Beichtväter formierten und die Sakramente spendeten. Das Visitationsrecht über die Michaelskapelle blieb aber weiterhin in den Händen der Pfarrer von Liebfrauen.[2] Bis weit in die zweite Hälfte des 18. Jhs. ist die wirtschaftliche Situation der Tertiarinnen als recht gut zu bezeichnen. Grundlage dafür waren die beim Eintritt ins Kloster geleisteten Mitgiften in Form von Bargeld sowie regelmäßige Erträge aus grundherrschaftlichen Objekten, die in Form von frommen Stiftungen teilweise sogar noch aus dem Mittelalter stammten. Im Jahr 1803 besaß das Kloster insgesamt 20 Lehenhöfe in der unmittelbaren Umgebung Ravensburgs (geschätzter Wert ca. 30.250 fl.), die vor allem im Herrschaftsbereich der Landvogtei lagen, zudem Weinberge, zwei Wohnhäuser in Ravensburg und einzelne Grundstücke. Mit Abstand die bedeutendsten Einnahmen des Jahrs 1800 erzielte das Kloster durch Zinsen aus verliehenen Kapitalien. Geringfügige Einnahmen erbrachte die Kerzenherstellung.[3] Aufgrund seiner wirtschaftlich erfreulichen Situation war der Konvent in der Lage, in drei Bauabschnitten der Jahre 1718, 1738 und 1739 einen voluminösen Klosterneubau zu errichten. Das dreistockige Konventgebäude bestand aus 24 Zellen, einem Saal, zahlreichen Gastzimmern, einer Scheune, Stallungen sowie zwei guten Kellern (1803). 1762/64 konnte auch die Kapelle renoviert und ein neuer Altar angeschafft werden; bereits 1748 erhielt die Kapelle eine kleine Orgel durch den bekannten Orgelbauer Joseph Gabler.[4]

Durch Leistung von Kriegssteuer und mehrfache finanzielle Unterstützung der Reichsstadt im Zusammenhang mit den Koalitionskriegen war das Kloster am Ende des 18. Jhs. allerdings in eine schwerwiegende Finanzkrise geraten. Im Jahr 1800 überstiegen die Ausgaben des Klosters schließlich die Einnahmen um 150 fl., diese Negativentwicklung setzte sich 1802 noch weiter fort.[5]

Das Karmeliterkloster

Das Ravensburger Karmeliterkloster war 1344 von Mönchen aus Dinkelsbühl gegründet worden; die

Kirche konnte 1349 geweiht werden. In weltlichen Angelegenheiten waren die Karmeliter von der Stadt abhängig, die geistliche Obrigkeit stand dem Orden zu, zu dessen oberdeutscher Provinz der Ravensburger Konvent gehörte. Nach anfänglicher Zurückhaltung der Stadtbevölkerung wurden die gelehrten Karmeliter durch Predigt und Seelsorge, intensive Marienfrömmigkeit verbunden mit dem Kult der hl. Anna, Verbreitung des Skapuliers sowie Kontakt zu Mitgliedern der Ravensburger Handelsgesellschaft und auch zu den Zünften schon bald zu geachteten Partnern der Stadtgemeinde. Eine Vielzahl frommer Stiftungen durch handeltreibende Patrizierfamilien, die an der Karmeliterkirche Kapellen errichteten, ließ die Karmeliter nicht nur zu einer wichtigen geistigen, sondern auch wirtschaftlichen Größe in der Stadt avancieren. Die stattlichen Konventgebäude am Marienplatz und die große Bettelordenskirche, die ihre Gestalt im Wesentlichen im 14. und 15. Jh. erhielten, zeugen vom einstigen Stellenwert der Karmeliter in der Stadt. Im Zusammenhang mit der Reformation wurden die Karmeliter in den Chor ihrer Kirche zurückgedrängt, das Langhaus wurde von der evangelischen Kirchengemeinde genutzt.[6]

Am Ende des Alten Reichs war in Ravensburg ein im Vergleich zum Mittelalter zwar personell dezimierter, doch intakter Karmeliterkonvent, bestehend aus 19 Patres und sechs Laienbrüdern, mit einer ausgewogenen Altersstruktur, anzutreffen. Provinzial war 1803 der 47-jährige Pater Raymund Schäble aus Eichstätt, Prior der 45-jährige Vitus Ebert aus Schrezheim bei Ellwangen. Außer einem Laienbruder befand sich kein gebürtiger Ravensburger im Konvent; das quasi Nicht-Vorhandensein von Ravensburgern bei den Karmelitern in der Stadt lässt sich für das gesamte 18. Jh. beobachten.[7] In der oben geschilderten Konstellation waren die Karmeliter in der Lage, ein umfangreiches seelsorgliches Angebot anzubieten. In der Reichsstadt selbst betreuten sie Gläubige an der eigenen Ordenskirche sowie die Franziskanerinnen und stellten einen Pater, der an Sonn- und Feiertagen am Zucht- und Arbeitshaus des Schwäbischen Kreises predigte. Darüber hinaus erstreckte sich ihre seelsorgliche Betreuung in Übereinkunft mit den jeweiligen Kirchenherren vor allem auf Landgemeinden der näheren Umgebung, die nicht ausreichend versorgt werden

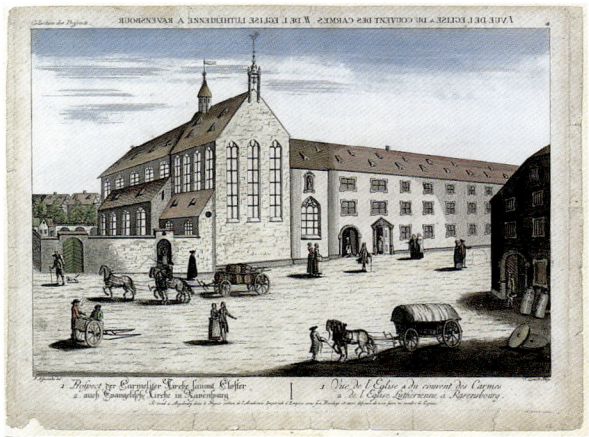

Karmeliterkloster Ravensburg
Blick auf die Klosterkirche mit dem anschließenden Konventgebäude am Marienplatz. Seit der Reformation diente das Langhaus als evangelische Kirche, der Chor den Karmelitermönchen.
Kolorierter Kupferstich von B. F. Leizelt nach J. A. Gemeinder, 1785. StA Ravensburg.

konnten. Die Karmeliter wirkten am Ende des Alten Reichs als geistliche Aushilfen unter anderem in der Landvogtei, der Deutschordenskommende Altshausen, im Herrschaftsbereich der Fürsten Waldburg-Wolfegg und Waldburg-Zeil sowie im Bereich der Reichsabteien Weingarten und Weißenau.[8] Wirtschaftliches Fundament für die Ravensburger Karmeliter bildeten die Einkünfte aus 23 umfangreichen Lehengütern, die in Form von spätmittelalterlichen Stiftungen oder späterem Erwerb in den Besitz des Klosters gelangt waren, darunter die Mönchmühle in Ravensburg und 22 Höfe in der näheren Umgebung der Stadt, überwiegend im Herrschaftsbereich der Landvogtei gelegen. Beträchtliche Einnahmen in Höhe von 1.500 bis 2.000 fl. jährlich bescherte den Karmelitern insbesondere auch die Bierherstellung in der seit 1664 bestehenden eigenen Klosterbrauerei. Die Einnahmen aus gottesdienstlichen Verrichtungen waren 1803 mit 550 fl. relativ gering, da die Karmeliter verpflichtet waren, allein 3.063 Fundations-Messen zu lesen (1803).[9] Die wirtschaftliche Situation der Ravensburger Karmeliter am Ende des Alten Reichs gestaltete sich so erfreulich, dass sie Beträge bis zu 2.000 fl. zu einem Zinssatz von 4 Prozent an Ravensburger Bürger verleihen und zudem der Stadt unverzinsliche

671

Darlehen in Höhe von 1.500 fl. (1796) gewähren konnten.[10] 1803 beispielsweise verfügten die Karmeliter über 21.802 fl. Kapital aus Fundationen und 530 fl. Bargeld.[11] Das dreistöckige, am Viehmarkt gelegene Konventgebäude mit seinen 43 Zimmern und Konventzimmern, Rekreationssaal, Bibliothekssaal, Brauerei, zwei Stallungen, Waschhaus, zwei Gärten, einem großen Wein- und vier Bierkellern, befand sich 1803 in einem baulich sehr guten Zustand.[12]

Das Kapuzinerkloster

Nach anfänglich massiven Vorbehalten stimmte der Magistrat der Reichsstadt Ravensburg im Jahr 1624 der Errichtung eines Kapuzinerklosters in Ravensburg zu und stellte dafür einen Bauplatz außerhalb der Stadtmauer auf der Kuppelnau zur Verfügung. 1629 konnte das Kloster eingeweiht werden. Die Kapuziner wurden unter vogteiliche Oberhoheit der Stadt gestellt, die geistliche Zuständigkeit lag beim Orden, zu dessen Schweizer, ab 1668 vorderösterreichischen und schließlich ab 1782 schwäbischen Provinz der Ravensburger Konvent gehörte. Der Westfälische Friede sah die Aufhebung des Klosters vor, welche der evangelische Teil des Rats auch mit Vehemenz einforderte. Dieselbe erfolgte nach nur 20-jährigem Bestehen 1649, der Abbruch der Klostergebäude 1650. Aufgrund eines Vergleichs zwischen Katholiken und Protestanten konnte das Kapuzinerkloster 1660 jedoch wieder restituiert werden und sich bis zum Ende des Alten Reichs als geachtete und in ihrer Existenz nicht mehr infrage gestellte Einrichtung etablieren.[13]

Im Jahre 1779 bestand der Ravensburger Karmeliterkonvent noch aus 19 Patres inklusive den Theologiestudenten und 3 Laienbrüdern.[14] Im Jahre 1803 umfasste er noch 10 Patres und vier Laienbrüder unter dem 52-jährigen Pater Wunibald Schäffer aus Wurzach als letztem Guardian. Keiner der Patres wurde in Ravensburg geboren. Gemäß ihrer Ordenskonstitutionen, die die Betonung der Predigt und das dafür nötige Studium in den Mittelpunkt stellten, wirkte der Ravensburger Konvent bis zum Ende des 18. Jhs. erfolgreich als Seelsorgeorden. Er leistete sowohl im Herrschaftsbereich der Landvogtei, der Grafen von Wolfegg, der Reichsabteien Weingarten und Weiße-

nau sowie in der Deutschordenskommende Altshausen seelsorgliche Aushilfe. Zudem wirkte ein Pater als Prediger an der Stadtpfarrkirche Liebfrauen in Ravensburg. Da die Ravensburger Kapuziner nach dem Gründungsstatut über keinen Grundbesitz verfügen sollten, genossen sie auch keine Einnahmen aus grundherrschaftlichen Objekten. Sie verfügten lediglich über die Klostergebäude, die sich aus der Kirche, dem Konventbau mit 33 Zellen sowie einem umfangreichen Garten zusammensetzten. Ihren Unterhalt bestritten sie durch Almosen und Spenden, die sie von denjenigen Herrschaften erhielten, in deren Hoheitsbereich sie seelsorglich tätig waren. Die mit Abstand umfangreichsten Einnahmen flossen ihnen vom Kloster Weingarten zu (610 fl.), daneben erhielten sie Zuwendungen vom Reichsstift Weißenau (225 fl.), der Landvogtei (215 fl.), dem Frauenkloster Baindt (185 fl.) und der Deutschordenskommende Altshausen (110 fl.) sowie von anderen zusammen 342 fl., also insgesamt 1.687 fl.[15]

Die Stadtklöster fallen als Entschädigungsmasse an den Deutschen Orden

Nach dem Reichsdeputationshauptschluss vom 25. Februar 1803, § 26, blieben der Deutsche und der Malteser Orden aufgrund ihrer Kriegsdienste vorläufig von der Säkularisation verschont. Der Deutsche Orden erhielt vielmehr für seine Verluste auf der linken Rheinseite als Entschädigungsgut alle Mediatklöster der Augsburger und Konstanzer Diözesen, die in Schwaben lagen. Aufgrund dieses letzten Reichsgrundgesetzes fielen auch die drei Ravensburger Stadtklöster dem Deutschen Orden zu. Die landesherrlichen Hoheitsrechte, die durch die Mediatisierung der Reichsstadt Ravensburg seit 6. Dezember 1802 offiziell an den bayerischen Staat übergegangen waren, blieben durch diese Neuordnung unangetastet. Der Kurfürst von Bayern ließ dem Deutschen Orden sogar für jedes einzelne Kloster eine Reservation zugehen. Kanzleiverwalter v. Bentele war von der bayerischen Regierung mit der Wahrnehmung der Landeshoheitsrechte beauftragt worden.[16]

Am 21. März 1803 wurden die drei Ravensburger Stadtklöster vom Deutschen Orden, in Person vertreten durch den Deutschmeister'schen Geheimen Rat v. Handel, provisorisch in Besitz genommen (grundherrliche Rechte). Darüber hinaus verlangte der Deutsche Orden von den Ravensburger Bettelordenskonventen präzise Aufzeichnungen über den Personalbestand, über Einnahmen und Ausgaben, insbesondere aber über die Besitzungen und Verbindlichkeiten. Außerdem untersagte der Deutschmeister den Klöstern jegliche Besitzveräußerungen und erklärte alle seit dem 24. August 1802 getätigten Verkäufe für nichtig. Auch sollten nach § 42 RDH keine Novizen mehr ohne Genehmigung des Hoch- und Deutschmeisters aufgenommen werden. Die von allen drei Klöstern erhaltenen Bestandsaufnahmen lassen erkennen, dass der Deutsche Orden nach innen wie außen intakte, geistlich gefestigte und angesehene Konvente übernommen hatte, die wie die Karmeliter überdies über beträchtliche Vermögen verfügten (vgl. oben). In Form der Bestandsaufnahme und der angeordneten Erschwernis bei der Aufnahme von Novizen war die provisorische Besitznahme durch den Deutschen Orden abgeschlossen. Die Konvente konnten bis auf weiteres in ihren Klöstern verbleiben, andere Eingriffe gab es von Seiten des Deutschen Ordens nicht, allerdings auch keine unterstützenden Maßnahmen.[17] Eine gravierende Beschneidung der bisherigen seelsorgerlichen Tätigkeit der beiden männlichen Ravensburger Bettelordenskonvente bedeuteten allerdings die *Organisationsdekrete* des neuen Landesherrn. Im Zusammenhang mit der provisorischen Besitznahme durch den Deutschen Orden Anfang 1803 begrenzte der Kurfürst von Bayern die seelsorgerliche Tätigkeit der Bettelorden im bayerischen Hoheitsbereich auf die eigene Klosterkirche; lediglich auf ausdrücklichen Wunsch eines Kranken wurde das Beichtehören zugelassen oder bei Unterbesetzung an einer der Pfarrkirchen ein Ordensmitglied als Aushilfskraft beim Messelesen akzeptiert. Auch untersagte der bayerische Staat das Almosensammeln in seinem gesamten Hoheitsbereich (für die Kapuziner ab dem 1. Oktober 1803). Zudem war es den Mendikanten an hohen Feiertagen zukünftig nur noch gestattet, nachmittags ihre Predigten zu halten, um den morgendlichen Pfarrgottesdienst nicht zu stören. Die Predigttexte sollten von bayerischen Staatsbeamten auf ihre kirchliche und staatliche Konformität hin mindestens einmal im

Quartal überprüft werden. Da es den städtischen Bettelorden nach wie vor erlaubt war, in anderen Herrschaftsbereichen als Prediger oder Seelsorger zu wirken und durch Almosensammeln ihren Lebensunterhalt zu bestreiten, führte die bayerische Regierung einen Passzwang für Ordensleute ein, um deren Lebenswandel besser kontrollieren zu können. Hauptmotiv für diese rigide Politik des aufgeklärt-absolutistischen Kurfürsten und seines Ministers Montgelas gegenüber den Bettelorden war der aus dem Umfeld sakularisierter Geistlicher und verärgerter katholischer Gläubiger erwartete Protest gegenüber dem neuen Staat; auch sollten möglichst keine Finanzmittel bayerischer Staatsbürger mehr an die Bettelorden fließen. In einem internen Bericht in Zusammenhang mit der Einführung der obigen Ordnungen heißt es hierzu, *daß in den Predigten nur die reine Lehre Jesu vorgetragen und daß diese nicht durch Vorurteil verbreitende Märchen verunstaltet, oder die Predigt durch Ausfälle gegen die Regierung und ihre erlassenen Verordnungen wohl gar zum gefährlichen Volksversammlungsorte werde.*[18]

Besonders negativ wirkten sich die bayerischen Verordnungen des Jahres 1803 auf die Kapuziner aus, die auf auswärtige Predigttätigkeiten und das Almosensammeln auch wirtschaftlich angewiesen waren, zumal die beiden großen Reichsabteien Weingarten und Weißenau durch die Säkularisation als zuverlässige Geldgeber und Nahrungsmittellieferanten ausgefallen waren. Aber auch die Karmeliter litten unter den finanziellen Auswirkungen der bayerischen Verordnungen. Einen evidenten wirtschaftlichen Rückschlag erlitten sie darüber hinaus durch die Entziehung des Bierausschanks durch den Magistrat der bayerischen *Munizipalstadt 1. Klasse* Ravensburg.[19]

Anfang 1804 leitete der Deutsche Orden schließlich Schritte ein, um die endgültige Besitznahme seines Entschädigungsguts zu vollziehen und gleichzeitig über die Zukunft der drei Ravensburger Stadtklöster zu entscheiden. Im Mittelpunkt der zweiten, vom Deutschordensoberamtmann Wilhelm Mosthaff am 15. Januar 1804 in den drei Ravensburger Klöstern durchgeführten Inventur, stand erneut die Ermittlung der entscheidenden Vermögensverhältnisse. Der Besitz der Franziskanerinnen wurde mit 95.657 fl., das Vermögen der von Almosen lebenden Kapuziner mit

11.407 fl. und der Wert des Karmeliterklosters samt allen Einnahmen mit 145.420 fl. veranschlagt.

Aufgrund präziser Abwägung der finanziellen Verhältnisse und unter Einbeziehung der Stimmen im Konvent beantragte Mosthaff bei den Entscheidungsträgern des Deutschen Ordens nachfolgendes[20]:

1. Das Karmeliterkloster sollte weiterhin bestehen bleiben, da die Mönche durchaus in der Lage wären, sich selbst zu versorgen, während hingegen eine Pensionierung aller 24 Karmeliter langfristig eine finanzielle Belastung für den Deutschen Orden darstellen würde. Allerdings sollten diejenigen in Pension gehen dürfen, die durch die Einschränkung bei der Almosensammlung und dem Mangel an Eintracht im Konvent keine Zukunft für das Kloster sahen, zahlenmäßig also etwa die Hälfte des Konvents.

2. Das Franziskanerinnenkloster sollte aus finanziellen Gründen aufgehoben und die Klosterfrauen mit 250 fl. Pension abgefunden werden. Neun der Ordensfrauen wären gerne im Kloster verblieben, sofern ihnen die Administration ihres Vermögens belassen würde, die restlichen 6 wünschten in Pension versetzt zu werden, da sie durch die Untersagung/Erschwerung der Novizenaufnahme ihre Verfassung schon als aufgelöst betrachtet sahen.

3. Zur Zukunft des Kapuzinerklosters äußerte sich Mosthaft nicht abschließend. Er leitete lediglich die Meinung des noch aus 10 Patres und 4 Brüdern bestehenden Konvents weiter, der wohl überzeugt war, aufgrund der Almosensammlungen und Stiftungen weiter existieren zu können, sofern der Deutsche Orden ihn in seiner Verfassung beließe. Für den Fall der Auflösung schlug er eine jährliche Pension von höchstens 200 fl. pro Person vor.

Trotz der minutiös vorbereiteten und durchgeführten Inventur scheint es von Seiten des politisch unter Druck geratenen Deutschen Ordens zu keiner endgültigen Besitznahme oder Entscheidung über die Zukunft der Ravensburger Konvente gekommen zu sein. Offensichtlich übernahm der Deutschmeister tatsächlich nur diejenigen Klöster, die im Bereich allgemeiner Entschädigungsmasse lagen.[21] Durch die politisch schwache Position des Deutschen Ordens rückten die Ravensburger Mendikantenklöster immer mehr in das Blickfeld bayerischen Interesses. Darin sah der städtische Verwaltungsrat eine ernsthafte Gefahr für

die Ravensburger Stadtklöster und trat in einem Schreiben an die bayerische Landesdirektion vom 29. Juli 1805 für deren Erhalt ein, indem er die für die Stadt, ihre Geschäfte und Gaststätten wirtschaftlich vorteilhaften Aspekte hervorhob und dabei die kirchlichen Feierlichkeiten der Bettelorden als attraktiv für auswärtige Besucher darstellte.[22]

1805 litten die drei Ravensburger Konvente wie die gesamte Stadt unter den Quartierleistungen für österreichische Truppen. Im September hatten die Karmeliter 150 Soldaten einzuquartieren, die Franziskanerinnen und Kapuziner andere Truppen mit Lebensmitteln zu versorgen. Belastend für die Konvente war ebenfalls, dass das habsburgische Schwäbisch-Österreich, das für alle unter österreichischer Landeshoheit gelegenen Güter der aufgehobenen geistlichen Stiftungen das *Epavenrecht* – obwohl dieses durch den RDH ausgeschlossen war – geltend machte, also Rechte und Besitzungen erloschener geistlicher Fundationen innerhalb seines eigenen Territoriums als heimgefallen betrachtete, in der Landvogtei Schwaben gelegene Besitzungen der ehemaligen Bettelorden für sich beanspruchte.[23]

Säkularisation durch Bayern

Mit dem Frieden von Preßburg am 26. Dezember 1805 verlor der Deutsche Orden seine Reichs- und Kreisstandschaft und die Ordenskommenden im Reich ihre Reichsunmittelbarkeit. Noch bevor das Schicksal des Deutschen Ordens durch den Friedensvertrag besiegelt war, eignete sich Bayern im Oktober 1805 die drei Ravensburger Klöster an, ließ sie jedoch unter den Voraussetzungen bestehen, wie sie der Deutsche Orden 1803 bei der vorläufigen Besitznahme festgelegt hatte. Mit Verfügung des Königlich-Bayerischen Landeskommissariats Kempten vom 5. März 1806 erfolgte dann allerdings die vollständige Auflösung der drei Ravensburger Stadtklöster. Die Säkularisation bedeutete in erster Linie die Inbesitznahme aller Immobilien, Kapitalien und beweglichen Gegenstände sowie die Aufhebung der Ordenskonvente durch den bayerischen Staat.

Durch Inventarisation aller Besitzungen wurde zunächst eine Bestandsaufnahme durchgeführt; dann entschied die bayerische Regierung, wie konkret verfahren werden sollte: Den Kapuzinern wurde vom bayerischen Staat angeboten, entweder in dem zu einem Zentral-Kloster umfunktionierten ehemaligen Kapuzinerkloster Wangen mit einer jährlichen Pension von 125 fl. zu leben oder aber durch Antritt einer Kaplaneistelle weiterhin in der Seelsorge zu arbeiten. Die Karmeliter konnten in ihren ehemaligen Ravensburger Konventgebäuden bei einer jährlichen Pension von 200 fl. und Belassung ihrer Gerätschaften des täglichen Bedarfs wohnen bleiben oder aber eine Kaplaneistelle annehmen. Allerdings wurde von staatlicher Seite von Anfang an angestrebt, die Gemeinschaft der pensionierten Karmeliter in Ravensburg so schnell wie möglich aufzulösen. Für die Franziskanerinnen wurden die Klostergebäude in Ravensburg und Dillingen zu Zentralklöstern erklärt, worin diese und die Leutkircher Nonnen bei einer Pension von 180 fl. jährlich leben konnten; auch wurde ihnen die Möglichkeit angeboten, zukünftig ein bürgerliches Leben zu führen. Bei all denjenigen ehemaligen Mönchen, die sich durch Unterstützung eines Pfarrers für ein Seelsorgeamt entscheiden würden, sollten vorab sowohl die sittlich-moralische Integrität als auch die wissenschaftlichen Kenntnisse strengstens überprüft werden.[24]

Nur wenige Monate nach Abzug der Kapuziner wurden im Dezember 1806 die Ausstattung der Konventgebäude und im April 1807 die Klostergebäude, die Kircheneinrichtung mit mehreren Altären und die Bibliothek mit rund 2.000 Bänden öffentlich versteigert. Nachdem die erste Versteigerung aufgrund zu geringer Gebote misslang[25], wurde nach einem weiteren Anlauf schließlich das Klostergebäude samt Inventar und Bibliothek um 7.600 fl. versteigert. Die kirchlichen Gerätschaften erwarben überwiegend die umliegenden Pfarrkirchen. Im August 1807 wurde das ehemalige Kapuzinerkloster der Zerstörung preisgegeben, indem Steine, Holz, Fenster, Türen und Dachplatten als Baumaterialien an kaufwillige Ravensburger veräußert wurden.[26] Die ehemaligen Ordensbrüder wählten ganz unterschiedliche Wege: Als Ravensburg 1810 württembergisch wurde, befanden sich noch fünf ehemalige Kapuziner mit Pensionsansprüchen von 125 fl. in der Stadt, die in Privathäusern Unterkunft gefunden hatten; andere wie Gratian Zeller, der 1807 als Pfarrvikar von Eggartskirch eingesetzt worden war, entschieden

sich für eine Seelsorgetätigkeit.[27] Im März 1807 veräußerte Bayern auch die in Ravensburg gelegenen attraktiven Grundstücke der Karmeliter und Franziskanerinnen.[28]

Auflösung der Pensionskonvente durch Württemberg

Im November 1810 erfolgte der staatsrechtliche Übergang Ravensburgs von Bayern zum Königreich Württemberg. Württemberg betrieb in den neu erworbenen Gebieten eine konsequente Säkularisationspolitik: Laut königlich-württembergischem Dekret vom 17. Januar 1811 wurde der Pensionskonvent und der Gottesdienst der Karmeliter aufgehoben. Die Mönche hatten sich bis zu deren Anstellung in der Seelsorge mit ihrer Pension aus dem Gebäude zu entfernen. Auch wurden die noch den Konventen verbliebenen Kirchenschätze und die bedeutende Bibliothek veräußert. Die Franziskanerinnen hatten ebenfalls ihr ehemaliges Konventgebäude zu räumen und nach Friedrichshafen in das Kloster Löwenthal umzusiedeln. Am 14. Mai 1811 baten die vier noch in Ravensburg verbliebenen Karmeliter jedoch, ihre Pensionen von 180 fl. in Ravensburger Privathäusern verzehren zu dürfen, was ihnen am 26. Mai gestattet wurde.[29] Auch sechs der ehemaligen Franziskanerinnen blieben in Ravensburg bis zu ihrem Ableben wohnen; 1814 verstarb dort zum Beispiel die letzte Vorsteherin Johanna Laur.[30]

Württemberg funktionierte die ehemaligen Konventgebäude der Karmeliter zur Kaserne um, veräußerte die Gebäude samt Garten aber 1817 um 5.660 fl. an die Stadt Ravensburg, die 1825 darin ein Lyceum und eine Realschule einrichtete; seit 1869 bis heute ist in den ehemaligen Konventgebäuden das Landgericht bzw. deren Vorgänger, der Kreisgerichtshof, untergebracht. Die Klosterkirche ging 1806 vollständig an die evangelische Kirchengemeinde über.[31]

Die ehemaligen Konventgebäude des Frauenklosters, die mit ihren drei Baukörpern erhalten sind, hatte die württembergische Regierung 1818 für 2.000 fl. ebenfalls an die Stadt Ravensburg veräußert. Mit dem Einzug des Landgerichts in das ehemalige Karmeliterkloster wurden die Räume der Franziskanerinnen zu Schulräumen umgebaut. Zunächst befand sich darin das Lyceum, die Realschule und die evangelische Volksschule; heute sind darin Bibliotheks- und Hörsäle der Berufsakademie Ravensburg untergebracht. Als der Mehlsack 1824 von einem Blitzschlag getroffen wurde, löste sich Mauerwerk, das in die ehemalige Klosterkapelle St. Michael einschlug und sie weitgehend zerstörte; von ihr sind heute keine baulichen Spuren mehr vorhanden.[32]

[1] Vgl. *Andreas Wilts*, Beginen im Bodenseeraum. Sigmaringen 1994 (Ravensburg, Klause bei St. Michael), 399–405; *Albert Hengstler*, Franziskanerinnen-Kloster St. Michael Ravensburg, in: Alemania Franciscana Antiqua 10 (1963), insbes. 7–18.

[2] StA Ravensburg Bü 2048b; vgl. dazu auch *Hengstler*, Franziskanerinnen-Kloster (wie Anm. 1), 18–37, 75–80.

[3] StA Ravensburg Bü 2048b.

[4] StA Ravensburg Bü 2048b; vgl. *Benvenut Stengele*, Inventuraufnahme: Franziskaner-Nonnenkloster zu Ravensburg, in: DA Schwaben VIII (1885), 69f.

[5] StA Ravensburg Bü 2048b.

[6] Vgl. *Arno Borst*, Eberhard Horgasser – Karmeliter in Ravensburg, in: *Ders.*, Mönche am Bodensee. Sigmaringen, insbes. 320–338; *Alfons Dreher*, Geschichte der Reichsstadt Ravensburg. Bd. 2. Weißenhorn 1972, 756–758; *Gottfried Holzer*, Der Streit der Konfessionen in der Reichsstadt Ravensburg. Diss. phil. Tübingen 1950, insbes. 126–134.

[7] Bü 2048b; vgl. dazu auch *Adalbert Deckert/Matthäus Hösler*, Schematismus der oberdeutschen Karmeliterprovinz von 1650 bis zur Säkularisation im Jahre 1802. 5 Teile, in: Jahresbericht des HV für Straubing und Umgebung 92 (1990) – 97 (1995).

[8] StA Ravensburg Bü 2048b.

[9] StA Ravensburg Bü 2048a; vgl. *Oliva Mayer*, Die Stadt Ravensburg unter der Krone Bayern (1802–1810). Diss. phil. Tübingen 1952, 174f.

[10] StA Ravensburg Bü 1693c u. Bü 2048b.

[11] StA Ravensburg Bü 2048b.

[12] StA Ravensburg Bü 2048b; vgl. auch *Benvenut Stengele*, Inventuraufnahme (wie Anm. 4), 67f.

[13] Vgl. *Peter Baptist Zierler*, Das Kapuzinerkloster in Ravensburg. Ravensburg 1910; *Holzer*, Streit der Konfessionen (wie Anm. 6), 102–125.

[14] StA Ravensburg Bü 2048b und *Zierler*, Ebd.

[15] StA Ravensburg Bü 2048a; vgl. *Mayer* (wie Anm. 9), 167–169, u. *Stengele*, Inventuraufnahme (wie Anm. 4), 42f.

[16] StA Ravensburg Bü 2048a; vgl. dazu *Mayer* (wie Anm. 9), 166–169; *Matthias Erzberger*, Die Säkularisation in Württemberg von 1802–1810. Stuttgart 1902, 334f.; zur Mediatisierung Ravensburgs vgl. *Peter Eitel* in diesem Band.

[17] StA Ravensburg Bü 2048b; vgl. dazu *Mayer* (wie Anm. 9), 166–169; *Hengstler* (wie Anm. 1), 80–88; *Zierler* (wie Anm. 13), 223–229.

[18] StA Ravensburg Bü 2048a; vgl. *Mayer* (wie Anm. 9), 169–170.

[19] StA Ravensburg Bü 2048a.

[20] Bü 2048a; vgl. *Mayer* (wie Anm. 9), 171–174, u. *Stengele*, Inventuraufnahme (wie Anm. 13).

[21] Vgl. Ebd.

[22] StA Ravensburg Bü 2040a; vgl. *Mayer* (wie Anm. 9), 171f.; *Zierler* (wie Anm. 13), 230f.

[23] *Franz Quarthal*, Vorderösterreich, in: Handbuch der baden-württembergischen Geschichte, hg. im Auftrag der Kommission für geschichtliche Landeskunde in Baden-Württemberg von *Meinrad Schaab/Hansmartin Schwarzmaier*. Bd. 1,2. Stuttgart 2000, 774–779.

[24] SAL D 130 Bü 3 u. Bü 4 u. SA Augsburg, Landesdirektion Ulm Bü 90; vgl. *Alois Seiler*, Deutscher Ritterorden, in: Handbuch der baden-württembergischen Geschichte. Bd. 2. Stuttgart 1995, 610–636.

[25] Ravensburgisches gemeinnütziges Wochenblatt vom 15.06.1807.

[26] Ravensburgisches gemeinnütziges Wochenblatt vom 24.08.1807.

[27] Bü 2048b; vgl. *Erzberger* (wie Anm. 16), 337; *Zierler* (wie Anm. 13), 231.

[28] Ravensburgisches gemeinnütziges Wochenblatt vom 23.03.1807.

[29] HSAS Kirchenrat E 200 Fasz. 16; vgl. *Erzberger* (wie Anm. 16), 336, und *Mayer* (wie Anm. 9), 174.

[30] Vgl. *Hengstler* (wie Anm. 1), 87f.

[31] Vgl. *Hengstler* (wie Anm. 1), 88 u. Intelligenzblatt für die Königliche Landvogtey am Bodensee. Ravensburg vom 18.08.1817.

[32] Ravensburgisches gemeinnütziges Wochenblatt vom 12.08.1811; Intelligenz-Blatt, Donau-Kreis. Ravensburg vom 09.02.1818 u. vom 22.06.1818; vgl. *Hengstler* (wie Anm. 1), 88f.

Ein in allen seinen Teilen äußerst ruiniertes Minoritenkloster

Die Säkularisation des Franziskanerklosters Villingen 1806

von Heinrich Maulhardt

Ein Kloster in der Stadt – für die Stadt

Im Jahre 1267 kam es auf Bemühen des damaligen Stadtherrn von Villingen, Graf Heinrich von Fürstenberg, zur Ansiedlung von Franziskanern in der Stadt.[1] Damit war die Absicht verbunden, Predigt und Seelsorge in der Stadt zu verbessern, Leistungen, für welche die Franziskaner bekannt waren. Es sollte etwas für das eigene Seelenheil und das der Bürger getan werden. Bereits im Jahre 1292 waren Kirche und Konventsbau der Franziskaner fertiggestellt und konnten geweiht werden. Von diesem Zeitpunkt an dienten die Gebäude insgesamt fünf Jahrhunderte den Zwecken des Franziskanerordens, als geweihte Kirche und als Konventsgebäude, in denen die geistliche Gemeinschaft wohnte. Im Laufe der Jahrhunderte haben die Gebäude zahlreiche Umbauten und Erweiterungen erfahren, insbesondere im 15. Jh. durch die Hinzufügung des Kreuzganges. Durch die Beschießung Villingens während des Spanischen Erbfolgekrieges sind im Jahre 1704 die Konventsbauten zerstört worden, von der Kirche Dach und Gewölbe des Chores und des Langhauses. Zwischen 1705 und 1714 ließen die Mönche einen neuen, großzügigeren Konventsbau errichten und stellten Langhaus und Chor wieder her. Die Franziskaner zeichneten sich nicht nur durch die Dienste an der Stadtbevölkerung aus, ihr Kloster hatte auch eine besondere Funktion für den Orden, nämlich Ort des Provinzialkapitels zu sein. Insgesamt 26 mal in der 500-jährigen Geschichte tagten hier Mitglieder der Konvente von Lindau, Konstanz, Zürich, Schaffhausen, Überlingen, Burgdorf, Feldkirch und Hausach. Hinsichtlich der Unterbringungsmöglich-

keiten stand das Kloster in der Stadt mit Abstand an erster Stelle. Hohe Gäste der Stadt, wie die habsburgischen Landesherren, logierten deshalb mit ihrem Gefolge im Kloster. Es bot im 16. und 17. Jh. mehrfach Teilen der Universität Freiburg Unterkunft und Unterrichtsräume und auch die Nutzung ihrer Bibliothek. Im Mittelpunkt standen allerdings die Funktionen des Klosters für Stadt und Umland: Die Kirche als Ort der Predigt und der Liturgie. Mit dem Kloster und der Kirche waren Bruderschaften eng verbunden. Sie hatten besondere Altäre in der Kirche und taten sich durch Stiftungen hervor. Dafür durften sie sich in der Kirche, im Kreuzgang oder auf dem Friedhof des Klosters begraben lassen, was heute noch an den Grabsteinen im Kreuzgang abzulesen ist.

Aus Predigt und Liturgie entwickelten sich seit dem 16. Jh. die Passionsspiele. Diese wurden in der Regel im Garten an der Südseite des Klosters aufgeführt und benötigten bis zu 142 Spieler. Im Zuge der Josephinischen Reformen 1769/70 wurden sie verboten.

Auf Bitten der Stadt wurde 1650 das Gymnasium der Franziskaner errichtet; es bestand bis 1774, als die Vorderösterreichische Regierung es mit dem konkurrierenden Gymnasium der Benediktiner in deren Kloster zusammenlegte. Es kann davon ausgegangen werden, dass die Franziskaner schon vor 1650 Schulfunktionen innehatten. Dafür ist ihre umfangreiche Bibliothek ein Beleg.

Das Franziskanerkloster war fest in die Stadt integriert. Seit dem Ende des 13. Jhs. bot die Kirche den Ort für die jährliche Verlesung des Stadtrechts und für die Ratswahl. Für sein Ende war nicht die Reformation, sondern die Aufklärung verantwortlich.

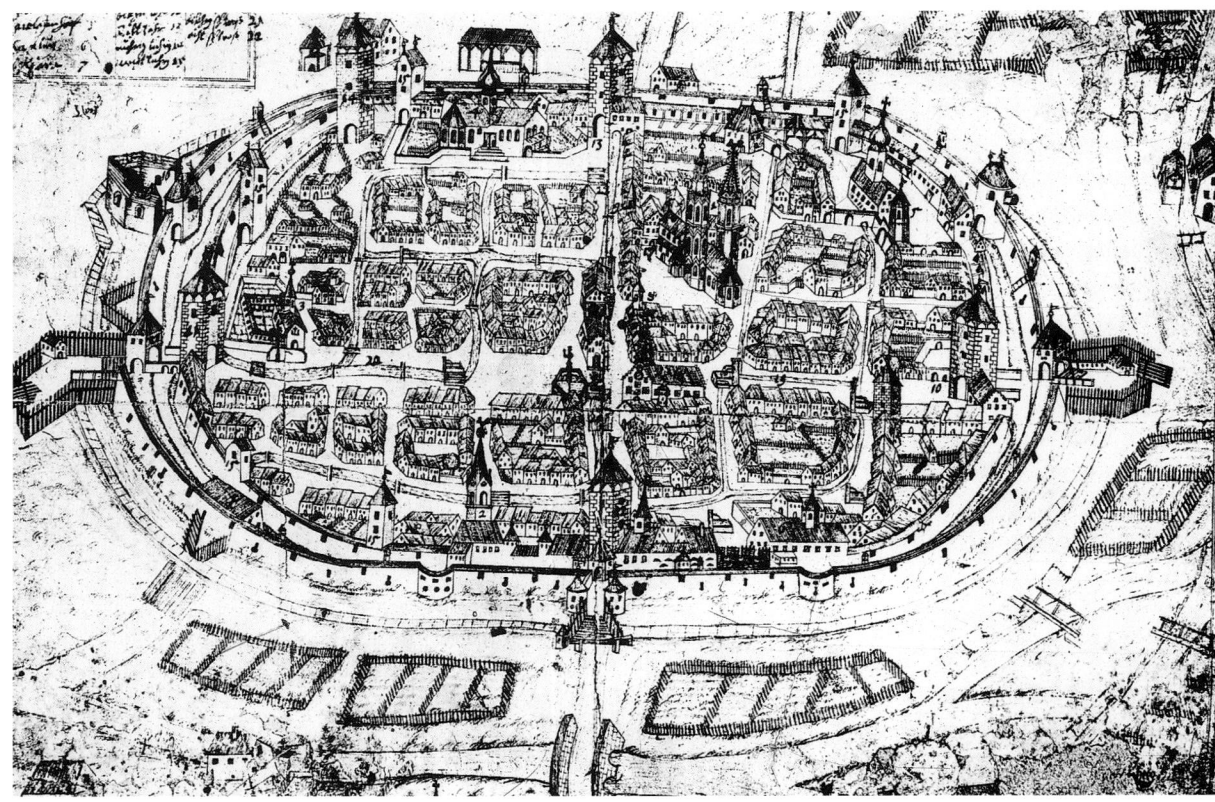

Villingen
Stadtansicht mit dem Franziskaner-Kloster an der Stadtmauer (oben), von ca. 1666/86.
GLA Karlsruhe.

Das Kloster im Zeitalter der Säkularisation

Der Begriff »Säkularisation« leitet sich vom lateinischen Wort »saecularis« (= weltlich) ab. Man versteht darunter die Einziehung kirchlichen Besitzes und kirchlicher Hoheitsrechte durch den Staat. Vor allem im 18. Jh. wurde der Weg für tiefgreifende Säkularisationsprozesse bereitet. Die absolutistischen Staaten beanspruchten ein Aufsichts- und Verfügungsrecht über die Kirche und entwickelten ein starkes Interesse am Kirchengut. Wichtig für Vorderösterreich waren die im Zuge der Josephinischen Reformen 1781/82 durchgeführten Säkularisationsmaßnahmen, welche zahlreiche Klosteraufhebungen in Österreich zur Folge hatten. Auch das Franziskanerkloster blieb von diesem Schicksal nicht verschont.

Die Aufklärung

Das geistige Elixier der Veränderung war die Aufklärung. In England und Frankreich großgezogen blieb ihr selbst das österreichische Kaiserhaus nicht verschlossen. Vom Bürgertum aufgegriffen und entwickelt war sie der geistige Motor der Französischen Revolution, die durch ihr militärisches Übergreifen nach Südwestdeutschland mehr als nur einen Anstoß zu den dort stattgefundenen Veränderungen gab. Im staatlichen, kirchlichen und kommunalen Bereich bewirkten schon die Reformen Maria Theresias und Josephs II. Neues. Die Aufklärung versuchte, alle Bereiche des menschlichen Lebens rational zu erfassen und kritisierte herkömmliche Traditionen und Autoritäten. Vor allem die Kirche als eine stark in mittelalterlichen Traditionen verhaftete und dazu

678

noch absoluten Autoritätsglauben verlangende Institution geriet ins Kreuzfeuer der aufklärerischen Kritik. Die mehr auf das Diesseits orientierten, sich nicht auf Gott, sondern den Menschen konzentrierenden Ideen der Aufklärung kollidierten mit den auf das Jenseits ausgerichteten Vorstellungen der Kirche. Sie setzten einen gewissen Verweltlichungsprozess in Gang, der die beherrschende Stellung der Kirche im öffentlichen Leben einschränkte.

Zur sog. *Katholischen Aufklärung* – im Gegensatz zur glaubensfeindlichen Richtung der Aufklärung – gehörte Paul Joseph Riegger (1705–1775), dessen Vater aus Villingen stammte und Kanzlist bei der Regierung in Freiburg war. Riegger war Professor für Kirchenrecht, zuerst in Innsbruck, dann in Wien. Als Berater der Kaiserin hat er die Auffassung des Hofs vom Recht des weltlichen Herrschers, auch im Bereich der

Paul Joseph Riegger (1705–75)
Druckgraphik.
Universitätsarchiv Freiburg.

Joseph Anton Riegger (1742–1795)
Ölgemälde.
Universitätsarchiv Freiburg.

Kirche Missbräuche abzustellen und Reformen durchzuführen, wesentlich mitgeprägt. Sein Sohn Joseph Anton Riegger (1742–1795) war Rektor der Universität Freiburg und Regierungsrat. Er hielt Vorlesungen in Kirchenrecht und war in Freiburg der führende Aufklärer. Seine Schüler und Hörer wurden als Theologen und Juristen vor allem als hohe Beamte die Träger des aufgeklärten Josephinismus im Breisgau. Wie man sieht, gingen geistige Impulse der Epoche also auch von Bürgern dieser Stadt aus.

Das Ende der Selbstständigkeit

Der immer stärker werdende Zugriff des Staates erstreckte sich nicht nur auf die Kirche, sondern auch auf die Stadt, die mit der Kirche am Ort in engster Verbindung stand. Die Stadt hatte großen Einfluss auf

679

Beim Lesen der Augsburger Zeitung
Porträt des Franziskanerpaters Candidus Walser bei der Lektüre der Augsburger ordentl. Postzeitung.
Ölgemälde, 1798.
Franziskanermuseum Villingen-Schwenningen.

die personelle Besetzung der Kirchen und Klöster sowie auf deren Finanzgebaren. Die relative politische Autonomie des städtischen Gemeinwesens wurde zurückgedrängt, die direkte staatliche Kontrolle nahm zu. Damit wurden die Voraussetzungen für die Klosteraufhebungen geschaffen, die 1782 in Villingen mit den Klarissen, dem Schwesterkloster der Franziskaner, und den Dominikanerinnen begannen. Die Klosterfrauen wurden zu einem Institut der Ursulinen zur *Unterweisung der weiblichen Jugend* zusammengefasst. Im Jahre 1791 kam es zum Auszug der Franziskanerkonventualen aus ihrem Kloster. Den schrumpfenden Konvent – 1792 wurden nur noch 4 Mönche gezählt – brachte man in Privathäusern unter. Ihr Kloster, wie auch das der Dominikanerinnen, wurde 1791–92 zur Kaserne umgebaut. Formell wurde das Kloster allerdings erst 1797 aufgehoben.

Der gesamte Besitz des Franziskanerklosters, aber auch derjenige der anderen aufgehobenen Klöster (Benediktiner-, Kapuzinerkloster, Johanniterkommende), ihr Kapitalvermögen, ihr Grundbesitz, Zehntrechte, Fruchtgefälle, der Kirchenschatz etc., fielen dem Landesherrn zu, der die Gebäude teils versteigerte, teils verpachtete. Kostbare Paramente, Kunstgegenstände und Bibliotheksbestände wurden ebenfalls verkauft, kamen nach Karlsruhe oder wurden hiesigen Pfarreien überlassen. Auf diese Weise kam ein Teil der Bibliothek des Franziskanerklosters an die Fürsten von Fürstenberg; der Rest wurde in kleinen Mengen veräußert.

Auswirkungen und Folgen

Das Kloster als Kaserne

In den Auseinandersetzungen im Zeitalter der Französischen Revolution wurden die Klostergebäude für militärische Zwecke benötigt. Bereits 1791 fanden österreichische Soldaten oder mit ihnen verbündete Truppen hier Unterkunft. Es war der Rat der Stadt selbst, der bei der Regierung den Antrag auf Nutzung des Klosters für militärische Zwecke stellte. Dies geschah wohl auch mit dem Hintergedanken, weitere Einquartierungen in Privatwohnungen zu verhindern. Die Kirche wurde als Stall und Magazin genutzt. Für

Das ehemalige Franziskanerkloster Villingen
Ansicht von der Riedgasse aus.
Ausschnitt aus einer Sammellithographie.
StA Villingen.

die neuen Zwecke wurden Umbauten vorgenommen. Ende Oktober 1793 war der Führer des französischen Emigrantenkorps, Prinz Ludwig von Condé, in das Kloster eingezogen und hatte es nach seinen Bedürfnissen eingerichtet. In der Kirche veranstaltete er am 29. Januar 1793 einen Gedenkgottesdienst für den wenige Tage vorher hingerichteten Kg. Ludwig XVI. von Frankreich. Dabei erließ er eine feierliche Proklamation für dessen Nachfolger Ludwig (XVII.). Als Villingen 1806 an das Königreich Württemberg fiel, stellte ein Bericht fest, dass ein in *allen seinen Teilen äußerst ruiniertes Minoritenkloster*[2] angetroffen worden sei, das der dringenden Reparatur bedürfe. Württembergisch blieb Villingen nur 10 Monate; im Oktober 1806 wurde es badisch. Im Jahre 1813 kaufte die Stadt Kirche und Konventsgebäude für 3.200 fl. von der großherzoglichen Staatsverwaltung. Der neue Eigentümer verfolgte das Ziel, in den Klostergebäuden das Spital unterzubringen.

Kirchliches Leben

Die Ideen der Aufklärung zeigten ihre Wirkung. Unter Kaiser Joseph II. erhielt die staatliche Reglementierung der Kirche eine bis dahin nie gekannte Dimension, die sich auch auf das Franziskanerkloster auswirkte. Bereits 1770 verbot die Regierung den

Franziskanern, die Passionstragödie aufzuführen und die Karfreitagsprozession mit verkleideten Personen zu gestalten. 1784 wurden die bestehenden Bruderschaften, Kongregationen und religiösen Gesellschaften aufgehoben und ihr Vermögen zugunsten eines neu errichteten Religionsfonds eingezogen. Volkstümliche Bräuche, wie Wallfahrten, Rosenkranzandachten und Prozessionen, die aus aufklärerischer Sicht den Aberglauben und damit das Irrationale im Menschen unterstützten oder mechanisierte Frömmigkeitsformen darstellten, wurden eingeschränkt oder verboten. Sie widersprachen dem rationalistischen Nützlichkeitsdenken jener Epoche und galten als Verschwendung von Zeit und Arbeitskraft. Im Jahre 1784 wurde als erster Klostergeistlicher P. Dominikus Barthel nicht mehr im Bereich des Klosters, sondern auf dem allgemeinen Friedhof bei der Altstadtkirche begraben.

Schulwesen

Zur Verbesserung des Schulwesens wurde der Normalschulunterricht für die Jungen 1775 den Franziskanern übertragen. Den Unterricht für die Mädchen besorgten seit 1773 die Dominikanerinnen und seit 1782 die Ursulinen. Diese Aufgabenstellungen lagen ganz im Sinne des Zeitgeistes, der »nutzlosen« Klöstern, die nicht in der Krankenpflege oder im Schulwesen tätig waren, ihre Existenzberechtigung absprach. Zuvor wurden im Jahre 1774 die beiden Gymnasien der Franziskaner und der Benediktiner durch die Vorderösterreichische Regierung gegen den Willen der Stadt vereinigt und der Unterricht den Benedikti-

nern übertragen. Diese Veränderung schuf bei den Franziskanern die personelle Voraussetzung, sie mit dem Normalschulunterricht zu beauftragen, für den sie in Freiburg ausgebildet wurden. Nach dem Auszug der Franziskaner im Jahre 1791 unterrichteten nur noch weltliche Lehrer an der Schule.

Pfarrorganisation

Infolge der Schließung des Franziskanerklosters und der Schwächung des Kapuzinerklosters kam es Anfang der 90er Jahre des 18. Jhs. zu einem Seelsorgenotstand. Der in der sog. *Präsenz* zusammengeschlossene Klerus sah sich nicht in der Lage, die von den Franziskanern und Kapuzinern besorgte Seelsorgearbeit zu übernehmen. Stadt und Präsenz versuchten 1793–1795 bei der Regierung die Zustimmung für eine zweite Pfarrei zu erreichen. Dies sollte mit dem Vermögen des aufgehobenen Franziskanerklosters und der ehemaligen Klosterkirche als Pfarrkirche begründet werden. Das Kloster sei *1268 von dem Leheninhaber der Stadt Villingen, Graf Heinrich von Fürstenberg, und von den Bürgern zur quasi 2ten Pfarrei gestiftet worden.* Nach dem Tod von Franziskanerprovinzial Wittum im Jahre 1797 wurden aus dem Vermögen des Klosters zwei neue Kaplaneien an der Münsterkirche errichtet. Es war das Bestreben der Aufklärer, zumal Josephs II., die Pfarrorganisation und damit die Seelsorge zu verbessern. Die neuen Stellen wurden – wie auch im Falle der Münsterkaplaneien – mit dem Vermögen aufgelöster Klöster ausgestattet.

---

[1] Für die Geschichte der Franziskaner in Villingen sind folgende Publikationen grundlegend: *Dieter Mertens*, Das Franziskanerkloster in Villingen, in: Geschichts- und Heimatverein Villingen. Jahresheft XVIII (1993/94), 9–23; *Christian Roder*, Die Franziskaner in Villin-

gen, in: FDA N.F. 5 (1904), 232–312; Alemannia Franciscana Antiqua 3 (1957), 19–44 (*Paul Revellio*).
[2] StA Villingen-Schwenningen Bestand 2.2 Signatur XVI 3b 13.

Weiterbehaltung weder notwendig noch ratsam …[1]

Die Aufhebungen der Paulinerklöster der deutsch-rheinischen Provinz 1367–1807

von Elmar L. Kuhn

1431 erließ Papst Eugen IV. eine Bulle, wonach *die geliebten Söhne, der Provinzialprior und das gemeinsame Kapitel der Brüder des heiligen Paulus, des ersten Einsiedlers vom Orden des heiligen Augustinus in der Provinz Alemannien [...] in ernsthafte Erwägung zogen, daß das Kloster des heiligen Oswald in der Nähe des Waldes beim Königreich Böhmen [...] zu weit von den übrigen Klöstern ihres Ordens entfernt ist, und weil sie daher fürchten, daß jenes, wenn es von den Brüdern verlassen wird, in weltlichen Nutzen übergehen und dessen Güter durch Laien besetzt und ihm entrissen werden könnten, gaben sie daher dieses Kloster [...] aus freiem und eigenem Willen auf und [...] in der Absicht zurück, daß Regularkanoniker [...] dort eingesetzt würden.*[2]

1786 verfügte Kaiser Josef II.: *Da die klösterliche Zucht bei dem Pauliner-Orden in unserem Königreich Ungarn und den dazu gehörigen Provinzen ganz in Verfall geraten sei, wonach desselben Weiterbeibehaltung weder notwendig noch ratsam ist, haben wir Allergnädigst zu entschließen befunden, daß gedachter Orden in allen unseren Erbländern allgemein aufgehoben, dessen Vermögen ad fundum religionis eingezogen [...] werden sollen.*[3]

Keinerlei Begründung bedurfte es mehr, als der Großherzoglich Badische Geheime Rat 1807 beschloss, das letzte deutsche Paulinerkloster in Bonndorf aufzuheben: *Dieses Kloster seye gleich den übrigen zur Aufhebung bestimmt, welches dem betreffenden Personale bekannt zu machen sey.*[4]

Die drei Zitate belegen: Formen, Gründe und Zeiten von Klosteraufhebungen streuen breit. Ein Kloster kann vom Ordensverband selbst aufgelöst werden, von einem exemten Orden, wie es die Pauliner waren[5], allerdings nur mit Genehmigung des Apostolischen Stuhls.[6] Ebenso kann der Papst als oberste kirchliche Autorität ein Kloster aufheben, wie Papst Gregor XIII. 1579 den Paulinerkonvent Santo Stefano/Rom zugunsten der Gründung des Ungarischen Kollegs.[7] Eigentliche Säkularisationen, d. h. Klosteraufhebungen ohne kirchliche Zustimmung, waren kirchenrechtlich zwar belanglos, die Korporationen erloschen nach dem Kirchenrecht erst hundert Jahre nach dem Tod des letzten Mitglieds[8], aber deshalb praktisch nicht weniger wirksam. Bei der neben der Herrschaftssäkularisation ungleich wichtigeren Vermögenssäkularisation unterscheidet die Forschung [9]

– einen kirchenreformatorischen Typ, bei dem das Klostergut anderen kirchlichen Zwecken zugewandt wird,

– einen domänenpolitischen Typ, bei dem nur der Eigentümer wechselt, die Wirtschaftsverfassung aber unverändert bleibt, und

– einen fiskalpolitischen Typ mit beträchtlichen Vermögensumschichtungen.

Klosteraufhebungen mit kirchlicher Erlaubnis und Säkularisationen sind kein Phänomen der Wende vom 18. zum 19. Jh. Es hat sie seit der Rechtsfähigkeit kirchlicher Institutionen gegeben.[10] Die Zeit um 1800 zeichnet sich – wie schon zuvor das 16. Jh. – durch die Häufigkeit und die Radikalität des Vorgehens mit entsprechenden tiefen Zäsuren in Herrschafts- und Wirtschaftsstruktur, Kultur und Kirche aus.

Einmal den Blick nicht auf ein einzelnes Kloster oder einen bestimmten Zeitabschnitt zu richten, sondern auf die gesamte Existenzdauer einer ganzen Ordensprovinz, scheint mir deshalb unter vergleichenden Aspekten von besonderem Interesse im Hinblick auf die Vielfalt der Formen, Gründe und Folgen. Die deutsch-rheinische Provinz des Paulinerordens mit ihren 20 meist kleineren Klöstern und überschaubarer Quellen- und Literaturlage bietet sich dafür an. Zwar entstanden alle Klöster in einem Zeitraum von kaum mehr als einem halben Jahrhundert, aber kein Jahrhundert bis zum Beginn des 19. Jhs. verging, ohne dass nicht Klöster dieses Ordens aufgelöst wurden. Ich frage nach den Gründen für das jeweilige Ende, v. a. nach der Verwendung des Vermögens, aber auch nach dem Schicksal der Konventualen, von Gebäuden und Bibliotheken soweit möglich. Bei den vom 14.–16. Jh. aufgelösten Konventen berufe ich mich auf die meist ältere Literatur, bei den im 18. Jh. noch verbliebenen fünf Klöstern kann ich mich auf umfangreiche Archivrecherchen stützen.[11]

Der Orden der Pauliner

Der Orden der Brüder des hl. Paulus, des ersten Eremiten, kurz: der Paulinerorden, entstand im 13. Jh. aus der Vereinigung von Eremitorien und Eremitengemeinschaften in Ungarn.[12] 1308 erlaubte der päpstliche Legat in Ungarn, Kardinal Gentilis, die Annahme der Regel des hl. Augustinus und die Verpflichtung auf eigene Konstitutionen. Papst Johannes XXII. bestätigte diese Anordnungen 1328. 1371 erhielt der Orden die endgültige päpstliche Anerkennung und die Bestätigung des unmittelbaren päpstlichen Schutzes mit der Exemtion von der bischöflichen Jurisdiktion. Im 14. Jh. breitete sich der Orden vor allem in Ungarn, Kroatien und Polen, aber auch in Süddeutschland und Österreich aus und verband sich später vorübergehend mit ähnlichen Eremitenverbänden in Spanien, Portugal und Frankreich. Die Pauliner wählten als Ordenspatron den Wüstenvater Paulus von Theben und hielten im Mittelalter weitgehend an ihrem eremitisch-monastischen Charakter fest, konzentrierten sich also auf asketische Selbstheiligung, Gebet, Meditation, Fasten und Arbeit, übernahmen aber die zentralistische Organisationsstruktur der Bettelorden. Erst mit dem Ende des Mittelalters engagierten sie sich stärker in der Seelsorge und öffneten

sich im 17. Jh. der Wissenschaft. Der Ordensgeneral residierte bis ins 16. Jh. im Kloster St. Laurentius bei Budapest und seither bis 1786 meist in Maria Thal in Nordungarn (heute Slowakei).

Neue Konstitutionen 1643 hoben die bisherigen Bindung der Mönche an ihr Professkloster auf, ermöglichten regelmäßige Versetzungen innerhalb der Provinz, verstärkten die zentralistischen Züge der Ordensverfassung und glichen sie noch stärker an die der Bettelorden an. Fortan versuchten die Pauliner, »Vita eremitica und Cura animarum in einem monastischen Orden mit mendikantischer Organisation« zu verbinden, ein bis heute schwieriger Balanceakt.[13] Lange war die Zuordnung des Paulinerordens unklar, 1760 entschied Papst Clemens XIV., dass die Pauliner zu den Mönchsorden gehören.[14]

Mehrfach wurde die »Palme« des Ordens[15] hart beschnitten: Erstmals in den Türkenkriegen des 16. Jhs., in denen die meisten der etwa 170 ungarischen Klöster vernichtet wurden. Dann, nach einer neuen Blüte, 1786 durch die Aufhebung des Ordens in den österreichischen Herrschaften durch Joseph II. Im 19. Jh. durch die Auflösung der meisten Klöster im russischen Besatzungsgebiet in Polen, wo der Orden nur in den beiden Konventen von Krakau und des polnischen Nationalheiligtums Tschenstochau überlebte, und schließlich 1950 durch die erneute Vernichtung der ungarischen Klöster.

Die Provinz

Schon bald nach der organisatorischen Festigung in Ungarn warb Nicolaus Teutonicus (der Deutsche), Generalprior 1330–36 und 1341–45, für den neuen Orden in *seinem Heimatland Schwaben* und bewog nach Mitteilung des ersten Ordenshistorikers Gyöngyösi mehrere Adlige zu Klostergründungen.[16] Er führte Kopien der erwähnten päpstlichen Bulle von 1328 mit sich, die 1333 und 1341 von Bischöfen Ungarns ausdrücklich für die Geistlichkeit in Deutschland ausgestellt worden waren. 1335 verfügte Graf Philipp v. Sponheim, dass die Eremitenkapelle auf dem Donnersberg in der Rheinpfalz dem *Eremitenorden der Brüder des Hl. Paulus, des ersten Eremiten* übergeben werden soll.[17] Damals konnte diese Über-

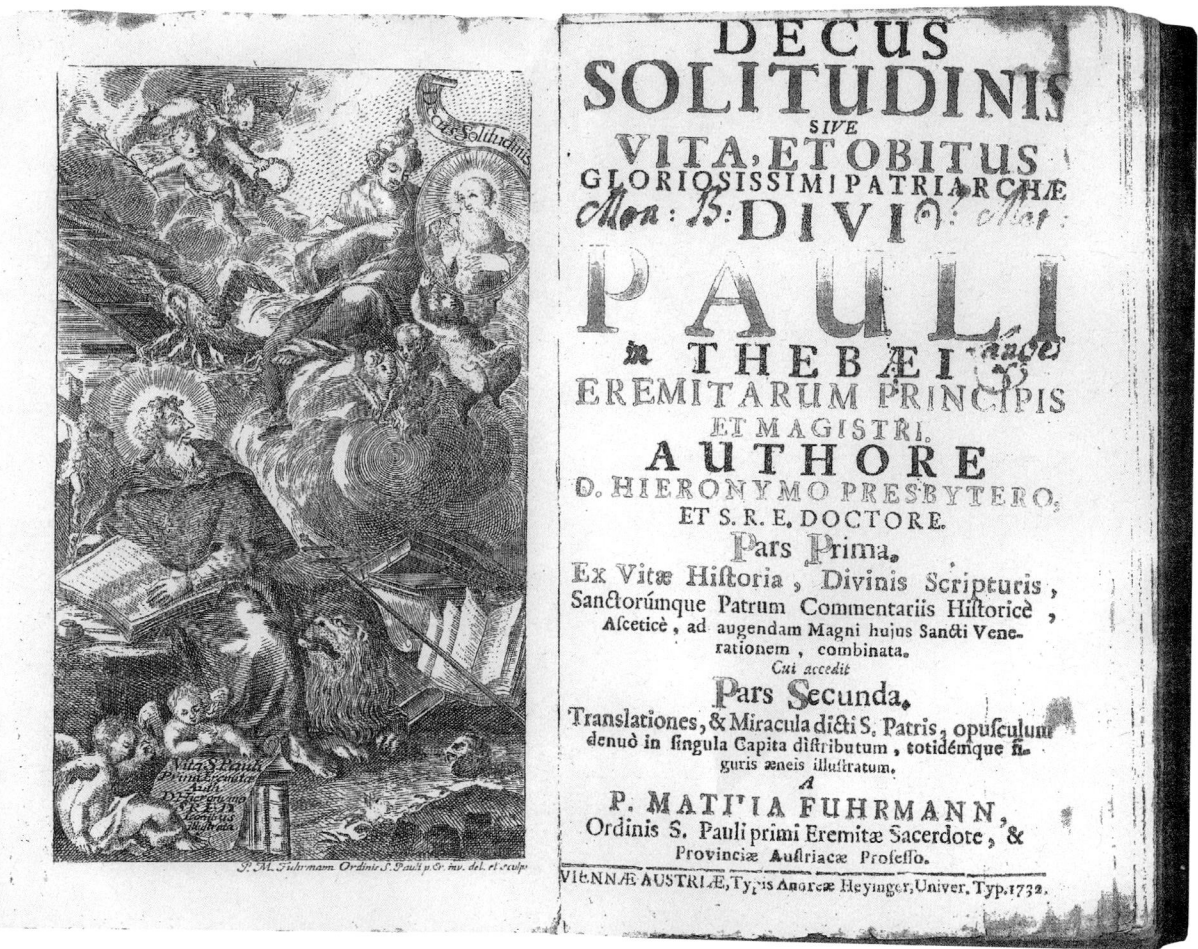

Zierde der Einsamkeit
Titelblatt einer 1732 gedruckten Lebensbeschreibung des hl. Eremiten Paul von Theben, des »Ordensvaters« der Pauliner.
Exemplar aus der ehem. Klosterbibliothek Langnau.
Kreisarchiv Bodenseekreis.

gabe noch nicht realisiert werden. 1349 trugen die Bemühungen Nikolaus Teutonicus' ihre Früchte: Zwei Männer im eremitischen Gewand kamen aus Schwaben zum Generalkapitel nach Ungarn und baten im Auftrag ihrer *ganzen Bruderschaft* um Aufnahme in den Orden. In den Rheingegenden hätten einst Eremiten in zerstreuten Zellen gewohnt, diese aber im Laufe der Zeit verlassen und sich zu Gemeinschaften zusammengeschlossen, Oratorien erbaut und die klösterliche Lebensweise aufgenommen. General und Kapitel entsprachen der Bitte und vereinigten

die Konvente zu einer eigenen Ordensprovinz, die offiziell die deutsch-rheinische, oft aber einfach die schwäbische genannt wurde.[18]

Außer den Herkunftsklausen der beiden Delegierten tauchen im folgenden Jahrzehnt sieben weitere Paulinerklöster in den Quellen auf, als erstes 1351 urkundlich sicher nachweisbar Ebnit in Vorarlberg. Fast die Hälfte der deutschen Klöster entstand in nur einem Jahrzehnt. Immerhin an drei Orten späterer Paulinerklöster lassen sich vorher noch an keine Ordensregel gebundene Eremiten nachweisen, in Rohrhalden 1342,

Die Paulinerklöster der deutsch-rheinischen Provinz

Ersterwähnung	Ort	Stifter	Auflösung
1349	*in der Awe, prope oppidum Sulz*	?	nach 1349
1349	*Tennebach*	?	nach 1349
1351	Ebnit	Herr v. Ems?	nach 1377
1353	Tannheim	Graf v. Fürstenberg	1802
1358	Rohrhalden	Graf v. Hohenberg	1786
1359	Argenhart	Graf v. Montfort	(1672)
1359	Gundelsbach	Stadt Waiblingen	1534
1360	Kirnhalden	Markgraf v. Hachberg	vor 1585
1360	Grünwald	Ritter v. Blumegg	1803
1366	Blümlistobel	?	1367
1370	Donnersberg	Graf v. Sponheim	1554
1373	St. Peter auf dem Kaiserstuhl	Markgraf v. Hachberg	nach 1567
1382	Goldbach	Gräfin v. Hohenlohe	1556
1383/1421	Rotes Haus	Herr v. Richisheim/Münch v. Münchenstein	1512
1396	St. Oswald	Landgraf v. Leuchtenburg	1432
1402	Bonndorf	Ritter v. Wolfurt	1807
1403	Anhausen	Ritter v. Hornburg	1557
1405	Langnau	Graf v. Montfort	1787
1437	Maihingen	Graf v. Öttingen?	nach 1437

Nicht lokalisierbar sind *Tennebach* und *Engenthal in valle Stauffensi;* letzteres ist auch nicht datierbar.[19]

in Tannheim vor 1353 und in Argenhart 1355. 1353, also wenige Jahre nach der Aufnahme in den Orden, lässt sich ein Bruder aus dem Schwarzwald, wohl aus Tannheim, vom Konstanzer Generalvikar die Kopie von 1341 der päpstlichen Bulle von 1328 mit den Privilegien des Ordens bestätigen.[20]

Die Pauliner waren ein »Orden der zweiten Stunde«[21], in Süddeutschland im wesentlichen eines halben Jahrhunderts, der zweiten Hälfte des 15. Jhs., einer wirtschaftlichen, politischen und kirchlichen Krisenzeit. Konnten sie in Ungarn mit der Unterstützung der Könige und in Polen mit der der Herzoge rechnen, so

waren sie hier der Orden der kleinen und mittleren Herren. Manche von ihnen, wie die Herren v. Wolfurt und vielleicht auch die Grafen v. Montfort, mögen den Orden auch als Söldnerführer für die Anjou kennen gelernt haben.[22] Die Grundausstattung der Klöster war oft sehr bescheiden und ging anfänglich kaum über eine Hofstatt neben der Kapelle hinaus. Auch wenn manche der Niederlassungen in der Folge ihre wirtschaftliche Grundlage durch Käufe und weitere Schenkungen ausbauen konnten, so brachten es die meisten Paulinerklöster der schwäbischen Provinz selten zu mittlerem Wohlstand, sondern blieben weit ent-

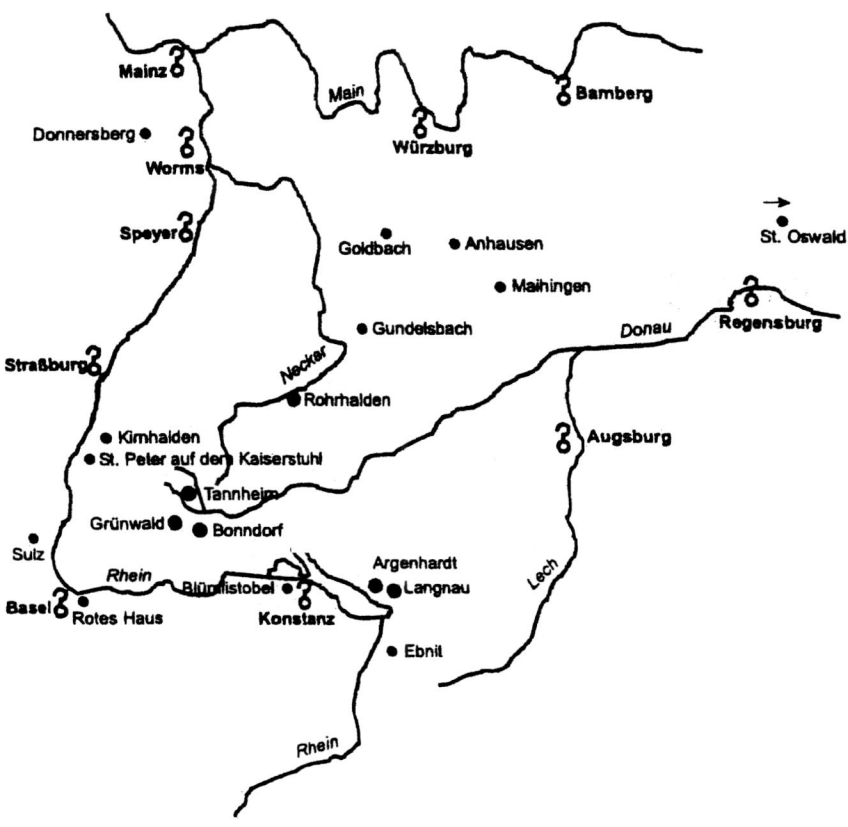

Die Paulinerklöster der Schwäbischen Provinz
Kreisarchiv Bodenseekreis/ Collectio Paulina.

● Bis ins 16. Jh. aufgelöste Paulinerklöster
● Im 17. und 18. Jh. noch bestehende Paulinerklöster
⚲ Bischofssitze

fernt von Macht und Glanz der Reichsabteien. Etwas besser dotiert als die meisten *monasteriola* (Klösterlein) wurden die späten Gründungen, St. Oswald im Bayerischen Wald, dem der Landgraf v. Leuchtenberg 1396 sechs »Klosterdörfer« schenkte, und Langnau, dem der Graf v. Montfort als dem Hauskloster 1405 eine kleine geschlossene Grundherrschaft übergab, die das Benediktinerkloster Schaffhausen aufgegeben hatte. Mehr als zwei bis drei Brüder bildeten wohl zunächst in keiner Niederlassung den Konvent, außer in Anhausen und Langnau; in ärmeren mögen es auch nur ein bis zwei Brüder gewesen sein. Da die meisten Kloster außerhalb von Siedlungen oder in wenig besie-

delten Gegenden lagen, behielten sie vielfach den Charakter von Eremitorien. Seit dem 15. Jh. widmete der Orden sich verstärkt der Seelsorge, die Mehrzahl der Klöster betreute Pfarreien und Kaplaneien. Die Stifter mochten auf »eine Kirchenreform im kleinen durch Verwendung von armen und anspruchslosen Mönchen« gehofft haben, aber die schwäbischen Pauliner wandten sich wie die anderen Orden bald von ihren asketischen Idealen ab.[23]
Die Reformation überlebten nur sechs Klöster, die bis weit ins 17. Jh. nur schwach besetzt waren. Im 16. Jh. durch die Türkenkriege, im 17. Jh. durch den 30-jährigen Krieg lockerte sich die Verbindung zur fernen

Ordenszentrale in Ungarn. Als die Ordensleitung seit dem 17. Jh. Reformen durchsetzen und die Zügel wieder anziehen wollte, regten sich mit Unterstützung der Konstanzer Bischöfe, in der Provinz Separationsbestrebungen, die aber in Rom kein Gehör fanden.[24]

14. bis 16. Jh.: Selbstauflösungen

Im ersten Jahrhundert nach der Bildung der schwäbischen Provinz verschwanden bereits wieder sieben Klöster. *Engental* wird überhaupt nur im Werk des Ordenschronisten Eggerer 1663 ohne Lokalisierung und Datierung erwähnt, von *Awe bei Sulz* und *Tennebach* wissen wir nur als Herkunftsorte der beiden Delegierten beim Generalkapitel 1349. *Blümlistobel* im Thurgau ist nur durch eine einzige, *Ebnit* durch zwei Urkunden belegt. In den meisten dieser Fälle kennen wir die Gründe für den Rückzug der Pauliner nicht; oft resignierten sie anscheinend vor wirtschaftlichen Schwierigkeiten. Alle diese ländlichen, bescheiden ausgestatteten Klöster, wohl eher Eremitorien, standen von Anfang »an der Grenze der Lebensfähigkeit«.[25] In *Blümlistobel* lebten anschließend geistliche Personen ohne Ordens- und Regelzugehörigkeit, nach 1400 beherbergte es eine kleine, stets arme Beginengemeinschaft, die sich im 16. Jh. auflöste.[26] In *Ebnit* wirkte in der Kapelle ab 1423 ein Kaplan, am Ende des 16. Jhs. wurde die Kaplanei zur Pfarrei erhoben, die Kapelle zur Pfarrkirche.[27] Von allen in diesem Zeitraum aufgelösten Klöstern hatte *St. Oswald* die besten Startbedingungen, denn der Landgraf v. Leuchtenberg hatte seiner Stiftung sechs Dörfer, drei Mühlen, insges. 60 Lehengüter und eine Pfarrkirche übergeben. An der mangelnden wirtschaftlichen Grundlage lag es hier also nicht, wenn der Provinzialprior seit 1427 der Stifterfamilie die Rückgabe des Klosters anbot. Nach dem Verkauf ihrer Herrschaft durch die Leuchtenberger an die Grafen v. Ortenburg sei das Kloster *so unfreundlich lange Zeit […] gehalten und bedrängt worden und man tut uns […] an unseren Freiheiten so schwerlich Abbruch, daß wir das deswegen nicht mehr noch länger leiden mögen.*[28] Es bedurfte erst noch der eingangs erwähnten, die wahren Gründe eher verschleiernden päpstlichen Bulle von 1431 und vierer Urteile des Basler Konzils 1433–1437 gegen die Ortenburger, bis

Augustiner-Chorherren das Kloster und seinen Besitz übernehmen konnten. Ihnen folgten 1567 die Benediktiner von Niederaltaich.

Das 1437 als letztes gegründete Kloster *Maihingen* wurde von den Paulinern sehr rasch aus unbekannten Gründen wieder aufgegeben. An den offenbar widrigen Verhältnissen scheiterten noch mehrere Orden, zunächst ließen sich Benediktiner nieder, 1455 Serviten, 1459 Birgitten und 1607 bis zur Säkularisation Franziskaner.[29] 1383 hatte der Basler Leutpriester Werner v. Richisheim sein Haus und Hofstatt zum *Roten Haus* den Paulinern übergeben, aber erst 1421 ermöglichte Hans Thüring Münch v. Münchenstein den Bau von Kirche, Kirchhof und Kloster. Die wirtschaftliche Lage verschlechterte sich nach dem Tod des zweiten Stifters rasch. Als 1508 ein Brand großen Schaden anrichtete, gaben die Mönche das Kloster auf und überließen es dem Basler Siechenhaus mit der Verpflichtung, die Kirche wieder aufzubauen und die gestifteten Messen lesen zu lassen. 1521 bezogen Beginen das wiedererrichtete Kloster, wurden aber schon 1525 vertrieben. Spätere Eigentümer bauten die Gebäude zu einem herrschaftlichen Landsitz um.[30]

In den meisten dieser Fälle kennen wir die Gründe für den Rückzug der Pauliner nicht, meist resignierten sie offenbar vor wirtschaftlichen Schwierigkeiten und ungenügender Ausstattung. Es war wenigstens vordergründig zumeist ihr eigener Entschluß, diese Niederlassungen aufzugeben. Nur in St. Oswald wichen sie vor Konflikten mit neuen Herren zurück.

Abgesehen von den nur chronikalisch überlieferten Niederlassungen, von denen nur die Namen bekannt sind, traten in allen Fällen andere geistliche Institutionen an die Stelle der Pauliner: eine Kaplanei, zwei Beginenhäuser, in *St. Oswald* und *Maihingen* andere Orden. Das Schicksal der Mönche nach Aufgabe ihrer Klöster ist unbekannt, von den Bauten der Pauliner ist nichts geblieben, in drei Fällen kennt man nicht einmal den Ort, in St. Oswald und Maihingen stehen Nachfolgebauten der späteren Orden.

Das Jahrhundert der Reformation (16. Jh.)

Der Reformation und ihren direkten oder indirekten Folgen fielen sechs Klöster der Pauliner zum Opfer.

Als erstes traf es das im Hzm. Württemberg gelegene *Gundelsbach*, das über kleinen Streubesitz in den umliegenden Orten verfügte und die Kaplanei Kleinheppach zu versehen hatte. 1482 wurde es als ruinös bezeichnet, war wohl einige Zeit unbesetzt, wurde dann aber wiederhergestellt. Die Bauern zündeten es 1525 an. Bald nach dem Wiederaufbau bereitete die Reformation im Herzogtum dem Kloster ein Ende. Sein Besitz wurde der geistlichen Verwaltung Schorndorf übereignet, 1556 und 1559 aber der Stadt Waiblingen für den Bau eines Siechenhauses überlassen. Ob der neue Prior, der mit fünf Mönchen, Anfang 1533 das Kloster Anhausen übernehmen sollte, wirklich aus Gundelsbach kam, und so das Ende seines eigenen Klosters vorausahnte, kann man sich angesichts der bescheidenen Ausstattung kaum vorstellen.[31]

Ähnlich schlecht wie für Gundelsbach ist die Quellenlage zu den beiden Klöstern im Breisgau, Kirnhalden und Kaiserstuhl sowie für Donnersberg.

Das ebenfalls wenig begüterte *Kirnhalden* war 1525 wie Gundelsbach von den Bauern geplündert und zerstört worden. Die vorderösterreichische Regierung bemühte sich vergeblich um Wiederaufbau und Neubelebung. 1554 starb der letzte Konventuale, der die Pfarrei Heimbach betreut hatte. Die vom Kloster ebenfalls versehene Pfarrei Ottoschwanden lag im Territorium Baden-Durlachs, das ab 1556 reformiert wurde. Die Ordensprovinz gab Kirnhalden auf; der Besitz gelangte an die Schulkörperschaft des nach 1578 gegründeten »Collegiums« in Ensisheim. Dieses verkaufte den Besitz schon 1585 mit Zustimmung des Provinzialpriors an das Zisterzienserinnenkloster Wonnental bei Kenzingen, das 1669 die Kirche neu erbaute und später an Stelle der Klosterbauten ein Badhaus errichtete.[32]

St. Peter auf dem Kaiserstuhl wurde 1464 und 1465 ebenfalls als ruinös geschildert. In den Registern des Bistums Konstanz wurde es letztmals 1508 erwähnt, in Zinsbüchern der Stadt Freiburg bis 1567. Die vom Kloster betreute Pfarrkirche Vogtsburg wurde Filial von Oberbergen. Wann das klösterliche Leben endete und was mit dem Besitz geschah, bleibt unbekannt. Es mag wie in Kirnhalden gewesen sein, daß der Orden nach dem Tod des letzten Mönchs im Laufe des 16. Jhs., geschwächt durch Verfallserscheinungen, keinen Nachfolger mehr entsenden konnte.[33]

Das Kloster auf dem *Donnersberg* in der Rheinpfalz überstand die Einführung der Reformation in den Territorien der Grafen v. Nassau-Saarbrücken ebenfalls nicht. Es hatte zeitweise die Kapelle in Fischbach und ab 1499 die Burgkapelle Falkenstein versehen. 1554 wurde es »wahrscheinlich« von den Grafen »in Beschlag genommen«. Der Chronist des 19. Jhs. empörte sich, dass die Einkünfte »für üppige Kleidungsstücke und ausgesuchte Gaumenbefriedigung« der Grafen verwendet worden seien.[34]

Mit den Klöstern Anhausen und Goldbach traf die Reformation solider fundierte und zumindest anfangs des 16. Jhs. noch lebenskräftige Konvente. Anhauser Mönche besetzten die Pfarrstellen in Oberaspach und Wallhausen, Goldbach versah die Pfarreien Ilshofen, Untermünkheim, evtl. auch von Satteldorf und die Kaplanei Enslingen.

In *Anhausen* zeichnete sich das Ende früher ab. Die von den Bauern 1525 angezündete Kirche blieb eine ausgebrannte Ruine, nur sein Wohnhaus baute der Prior wieder auf; Konvents- und Ökonomiegebäude waren unbeschädigt geblieben. Fünf Mönche schlossen sich der neuen Lehre an und verließen den Konvent. Die auf ihren Pfarreien verbliebenen Pauliner mussten 1532 und 1533 in ihr Kloster zurückkehren,

»Anhäuser Mauer«
Überrest des ehem. Paulinerklosters Anhausen/Gde. Satteldorf (Lkrs. Schwäbisch Hall).
Kreisarchiv Bodenseekreis/Collectio Paulina.

ihre Stellen nahmen nun evangelische Pfarrer ein. Die Klosterökonomie ließ der Markgraf von Brandenburg-Ansbach durch seine Amtleute kontrollieren, die das Klostergut 1529, 1533 und wieder 1551 inventarisierten und denen der Prior die Jahresrechnung vorzulegen hatte. Zwar zog 1533 nochmals ein neuer Prior mit fünf Mönchen angeblich aus Gundelsbach ein, aber der Prior »führte ein Leben wie etwa ein Landedelmann«, trat »in den Ehestand«, sorgte für das Fortkommen seiner Stiefsöhne und gab die Klostergüter in Halbpacht. Der Markgraf verbot die Aufnahme von Novizen und wartete, bis sich die Zahl der Mönche auf natürliche Weise verminderte. Als der Prior 1557 starb, wurde der letzte überlebende Konventuale im Aussterbekloster der Markgrafschaft untergebracht. »Ein reicher Nachlaß mit schönen Gütern fiel nun wie eine reife Frucht der markgräflichen Kammer in den Schoß.«[35] Das Klosteramt wurde bald mit dem Amt Lobenhausen vereinigt. Im Jahre 1700 wurden die Klostergüter an die benachbarten Gemeinden verkauft und die Klostergebäude abgerissen. Dem Abbruch entging nur die eindrucksvolle »Anhäuser Mauer«, die auf freiem Feld aufragende Seitenwand des gotischen Chors mit fünf Adelsgrabmälern. Die Grafen von Hohenlohe hatten schon 1526, dann erst wieder 1551 den Besitz des Klosters inventarisieren lassen, entschlossen sich aber nur zögernd zur Reformation. Die Pfarreien des Klosters *Goldbach* im Gebiet der Reichsstadt Schwäbisch Hall besetzte diese ab 1538 mit evangelischen Pfarrern, die das Kloster zu bezahlen hatte. Den letzten Prior entsandte 1543 der Provinzialprior aus Langnau. 1550 berichtete der Provinzvisitator noch von guten Zuständen in Goldbach, wo allerdings nur noch der Prior mit einigen Novizen hauste. Aber die gräflichen Beamten behandelten die Klosterherrschaft nun nur noch wie eine Außenstelle der eigenen Verwaltung. Als 1553 die neue Kirchenordnung verkündet und 1556 nach dem Augsburger Religionsfrieden die Reformation in Hohenlohe endgültig eingeführt wurde, und der Goldbacher Prior, offenbar der einzige verbliebene Mönch, sich vor dem Kirchenrat in Öhringen examinieren lassen sollte, kehrte er in sein Mutterkloster Langnau zurück. »So verließ seinem Orden getreu der letzte Prior [...] das Kloster Goldbach.«[36] Der Grundbesitz wurde in die gemeinsame Verwaltung der beiden Linien Hohen-

lohe-Waldenburg und Hohenlohe-Neuenstein genommen. Im Klostergut selbst wurde ein Viehhof eingerichtet, der 1772 verkauft wurde.

Bei allen vier Klöstern handelte es sich – im Gegensatz zu den früheren Auflösungen – um eindeutige Säkularisationen infolge der Reformation durch die Häuser Württemberg, Nassau-Saarbrücken, Brandenburg-Ansbach und Hohenlohe. In Gundelsbach ist der ehemalige Klosterbesitz immerhin sozialen Zwecken gewidmet worden, in Anhausen und Goldbach mussten Teile der Klostereinkünfte für die Dotierung der Pfarreien eingesetzt werden. Die Masse des säkularisierten Klostereigentums aber integrierten die Landesherren in ihre Grundherrschaften. Dagegen sind die Klöster *Kirnhalden* und *St. Peter*, verstärkt durch die Wirren der Reformationszeit, wohl eher an innerer Schwäche zugrunde gegangen.

Innere Neigungen zur Reformation zeigten sich nur im Konvent Anhausens. Da die Herren außer in Gundelsbach zuwarteten, bis die Konvente ausstarben, musste offenbar nur in Goldbach ein Mönch versorgt werden. Erstmals erfahren wir auch von nennenswerten Bibliotheken, einem sehr kleinen, aber sehr feinen Bestand in Anhausen, und einem umfangreichen, aber schlecht inventarisierten in Goldbach.[37]

Von den unbedeutenderen vier Klöstern haben sich fast keine Spuren erhalten. Von Anhausen zeugt noch die Chorwand, und in Goldbach vermitteln noch das sog. Bruderschaftsgebäude und Reste der ehemaligen Kirche, in die jetzt Scheuer und Stall eingebaut sind, eine Vorstellung von der ehemaligen Anlage.

Die josephinischen Klosteraufhebungen 1786/1787

Im 30-jährigen Krieg besetzte die Ordensprovinz das Kloster *Argenhart* nicht mehr. Argenhart war seit der Übernahme des in der Luftlinie nur 4 km entfernten Klosters Langnau durch die Pauliner 1405 immer mehr in dessen Abhängigkeit geraten. 1631 ist der letzte Prior nachweisbar, 1672 wurde Argenhart förmlich mit Langnau vereinigt und nur mehr als Eigenbetrieb unter einem Hofmeister weitergeführt.[38]

Von den verbliebenen fünf Klöstern fielen die beiden größeren, *Langnau und Rohrhalden*, den Säkularisationen Josephs II. zum Opfer. Bereits 1781 untersagte ein kaiserliches Dekret alle Verbindungen österreichischer Klöster mit Ordensoberen und Klöstern außer Landes. 1784 wurde das Dekret auch gegen die vorderösterreichischen Paulinerklöster durchgesetzt. Langnau und Rohrhalden hatten folglich aus dem Provinzverband auszutreten und sich der bischöflichen Jurisdiktion zu unterstellen. Die Obhut des Konstanzer Bischofs währte nicht lange, da am 7. Feb. 1786 Kaiser Joseph II. das eingangs zitierte Aufhebungsdekret erließ. Von Verfall war allerdings weder in den schwäbischen noch in der Mehrheit der übrigen Klöster etwas zu bemerken, der Kaiser nutzte bestellte Einzelmeldungen aus Ungarn. Die österreichischen Kommissare teilten den Konventen in Langnau am 6. März und in Rohrhalden am 7. März die Aufhebung mit. Am 26. Juni begann in Rohrhalden, am 16. August in Langnau die Versteigerung des Klostergutes. Am 6. August hatten die Langnauer Patres, am 7. August die Rohrhaldener ihr Kloster zu verlassen. Als in Langnau schon fast die ganze Fahrnis verkauft war, gebot ein kaiserliches Dekret vom 31. Juli, die Aufhebung Langnaus zu sistieren. Der Bischof von Konstanz hatte in Wien gegen die Aufhebung Langnaus protestiert, da dieses Kloster in der Reichsgrafschaft Tettnang lag, die zwar 1780 von den Grafen v. Montfort an Österreich verkauft worden war, tatsächlich aber nicht zu den österreichischen Erblanden zählte, sondern von Joseph II. nur in Personalunion regiert wurde. Aber kaum hatten sich die Mönche wieder eingefunden, wurde dem Konvent am 28. Februar 1787 ein endgültiges Aufhebungsdekret verkündet, worauf die Langnauer Patres am 31. Juli 1787 endgültig ihr Kloster verließen. Weitere Bemühungen um Erhalt und Restitution, vor allem nach dem Tod Josephs II. 1790, blieben erfolglos.

In *Rohrhalden* befanden sich bei der Aufhebung außer dem Prior vier Mönche und ein Laienbruder, in Langnau außer dem Prior elf Mönche und ebenfalls ein Laienbruder. Von den Rohrhaldener Mönchen wurde einer der erste Pfarrer von Kiebingen, das vorher als Kaplanei vom Kloster versehen worden war, die anderen vier und der Laienbruder genossen ihre Pensionen in Rottenburg im Ruhestand. Die Langnauer Mönche übernahmen zum größeren Teil Seelsorgestellen, drei Pfarreien, darunter die vorher vom

Kloster pastorierte Pfarrei Hiltensweiler, und vier Kaplaneien; zwei traten als Novizen im Benediktinerkloster Mehrerau ein, und nur einer zog sich in den Ruhestand zurück. Der vormalige Langnauer Laienbruder trat in den weltlichen Stand und vermaß als Geometer das vorige Klosteramt. 1787 wurde die Klosterkirche Rohrhalden exsekriert, 1793 die Langnaus, um alsbald abgebrochen zu werden.[39]

Die Schätzung der Vermögenswerte bei der Aufhebung der beiden Klöster stimmten ziemlich überein: Langnau wurde auf 115.000 fl. (Netto nach Abzug der Passiva 92.000 fl.), Rohrhalden auf 87.000 fl. (Netto 81.000 fl.) geschätzt. Beide dürften ein Jahreseinkommen von je 3.000–5.000 fl. erzielt haben. Zum Vergleich: Oberschwäbische Reichsabteien verfügten über Jahreseinkommen von 100.000–150.000 fl., die Landesherren Langnaus, die Grafen v. Montfort, von ca. 50.000 fl. Die Vermögensstruktur der beiden Paulinerklöster unterschied sich allerdings deutlich:

	Langnau	Rohrhalden
Eigenwirtschaft	23 %	46 %
Grundherrschaft	34 %	8 %
Zehntrechte	8 %	16 %
Teichwirtschaft	7 %	–

Dies hatte zur Folge, dass der Rohrhaldener Klosterbesitz nach 1786 fast komplett veräußert wurde, die Langnauer Grundherrschaft als Vermögensfonds gar noch mehr als ein Jahrhundert überdauerte.

Ihr Rottenburger Stadthaus hatten die Rohrhaldener Mönche schon 1784, auf Druck der österreichischen Beamten, um 2.500 fl. verkaufen müssen. Nach der Aufhebung des Klosters ersteigerte der Speyrer Hofkammerrat Bayha die Rohrhaldener Klostergebäude mitsamt dem dazu gehörigen Grundbesitz um 42.265 fl., verkaufte aber den Großteil der Ackerflächen um 33.347 fl. an die Kiebinger Bauern weiter. Da er mit seinem Vorhaben scheiterte, im Klosterbau eine Spinnerei einzurichten, veräußerte er ein Jahr später auch die Gebäude an einen Rottenburger Oberamtsrat, der das Kloster abtragen ließ und als Baumaterial verkaufte. Das Kiebinger Widdumgut erwarben drei Kiebinger Brüder um 6.000 fl., das Bieringer Widdumgut der Frh. v. Rassler um 1.040 fl. Der Zehnte zu Kiebingen ging an das Spital Rottenburg um 7.525 fl., der zu Bieringen um 10.036 fl. an den Frhn. v. Stauffenberg, mit einem verbliebenen Teil des Kiebinger Zehntens wurde der Pfarrer versorgt. Den Wald kaufte um 16.810 fl. der Schultheiß von Kiebingen für die Gemeinde. Insgesamt erlöste die österreichische Landesherrschaft über 100.000 fl. aus den Rohrhaldener Kapitalien, Abgaben, Immobilien, Mobilien und Vorräten. Diese Summen flossen dem Vorderösterreichischen Religionsfonds zu, aus dem kirchliche Bedürfnisse zentral finanziert werden sollten.[40]

In *Langnau* versteigerte der Aufhebungskommissar den Klosterbauhof um 13.800 fl., weitere Gebäude und Liegenschaften um insgesamt 18.022 fl., davon allein die Weiher um 11.736 fl. Mit Kapitalien, Vorrä-

ten und Mobilien erlöste Österreich hier ca. 56.000 fl. Weiter vom Religionsfonds verwaltet wurden 35 Schupflehen im Wert von 19.499 fl., nicht weniger als 335 Erblehenteile im Wert von 18.838 fl., drei Pachtgüter, darunter der Argenharter Hof des dortigen 1672 mit Langnau vereinigten Klosters, im Wert von zus. 5.261 fl. und Zehnten im Wert von 9.142 fl., also etwa die Hälfte des vormaligen Klostervermögens. Der Wald im Schätzwert von 3.400 fl. wurde vom K.K. Forstamt übernommen. Die vorige Klostergrundherrschaft bestand als Lehenverband und Zehntherrschaft also weiter und hatte nur den Eigentümer gewechselt, der Vorderösterreichische Religionsfonds

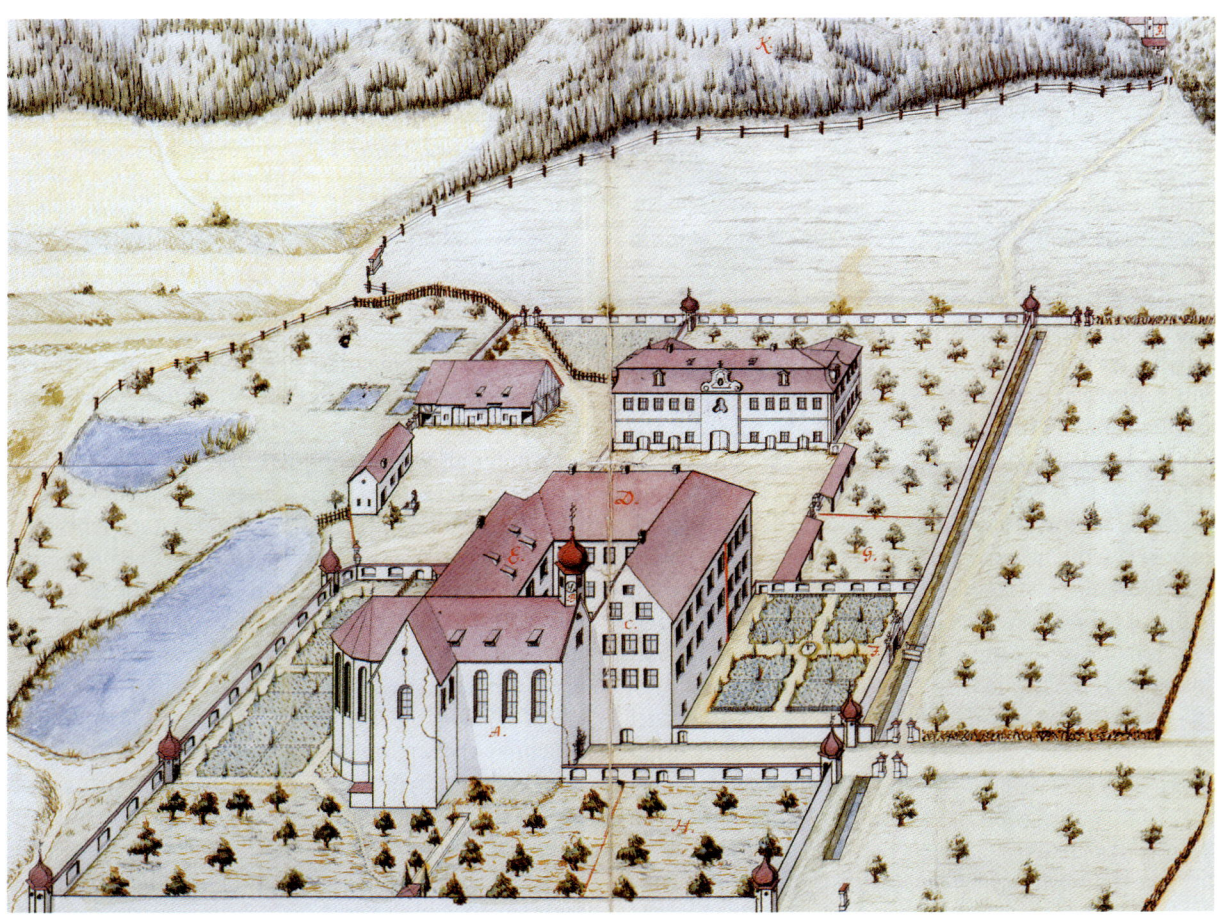

Kloster Langnau
Ansicht des heute weitgehenden abgebrochenen Klosters Langnau.
Kolorierte Federzeichnung von Johann Baptist Thumb, um 1790.
HSA Stuttgart.

bezog aus ihr bis 1805 ein durchschnittliches Jahreseinkommen von knapp 3.000 fl., ohne die Lasten, z. B. für die Unterhaltung des Pfarrers in Hiltensweiler, netto ca. 2.400 fl.[41]

Der Vorderösterreichische Religionsfonds, der zusammen mit dem Studienfonds ein Vermögen von etwa 2,5 Mio. fl. besaß, wurde nach 1806 auf Baden, Bayern und Württemberg aufgeteilt. Aus unbekannten Gründen blieb der Langnauer Religionsfonds selbständig. Bayern, dem 1806 die österreichische Grafschaft Tettnang zufiel, schlug diesen Fonds, nach späterer Darstellung irrtümlich seinem Tettnanger Rentamt zu. Als 1810 das bayerische Landgericht Tettnang an Württemberg abgetreten wurde, übernahm der neue Staat zunächst auch die Langnauer Güter. Aber 1811 reklamierte Bayern den Langnauer Religionsfonds als sein Eigentum, da nach dem Pariser Staatsvertrag von 1810 Stiftungsvermögen von den territorialen Gebietsveränderungen ausgenommen blieb. Die Verhandlungen darüber zogen sich über Jahre hin, 1821 erkannte Württemberg zwar das bayerische Recht auf Langnau an, es dauerte aber trotzdem noch bis 1832, bis alle Details geregelt waren. Damit war Bayern wieder Rechtsnachfolger des Klosters Langnau geworden und ließ von Lindau aus die verbliebenen Güter und Rechte des Königlich Bayerischen Langnauischen Religionsfonds verwalten, die zum größten Teil im nunmehr württembergischen Oberamt Tettnang lagen. Bis 1846 bezog der Verwalter im Durchschnitt jährlich 3.425 fl. Bruttoeinnahmen aus den auf 47.699 fl. geschätzten ehemaligen Klostergütern; netto verblieben 2.510 fl.

In den 1830er Jahren begannen die ersten Allodifikationen Ab 1849 wurden die Lehengefälle und Zehnten abgelöst, bald danach fand der Religionsfonds seine Baulasten ab. Als Verwaltung des nunmehr kapitalisierten Vermögens existierte der Langnauer Religionsfonds weiter. 1863 betrug sein Kapital 224.600 fl., 1882 verbuchte er eine jährliche Kapitalrente von 18.839 Mark. Erst mit der Entwertung dieses Vermögens in der Inflation von 1923 wurde der Fonds als Rechtsnachfolger des Klosters aufgelöst.

Unter dem Aspekt der Zielsetzung und Mittelverwendung entsprachen die Säkularisationen Josephs II. dem kirchenreformatorischen Typ, denn sie sollten einen Ausbau der Pfarrseelsorge und eine bessere Ausbildung des Klerus ermöglichen. Die Mittel des Vorderösterreichischen Religionsfonds wurden denn auch fast ausschließlich für die Besoldung neuer Pfarrstellen, das Generalseminar für die Priesterausbildung und die Pensionen der Mönche verwendet. Hinsichtlich der Formen und Folgen der Säkularisation entsprach die Aufhebung des Klosters Rohrhalden dem fiskalpolitischen Typ, während die des Klosters Langnau Elemente beider Formen verband, da neben einzelnen Verkäufen nach dem Muster des domänenpolitischen Typs die Grundherrschaft im wesentlichen beibehalten wurde.

Geblieben ist von den beiden einst größten Klöstern der Provinz wenig. Im idyllischen Rohrhaldener Tal markiert nach den letzten Abbrüchen des 19. Jhs. nur noch ein 1909 aufgestelltes Kreuz den ehemaligen Standort, allein der Rohrhalder Hof in Rottenburg, das ehemalige Stadthaus, hat sich als einziges Gebäude der ganzen Paulinerprovinz vollständig erhalten. In Langnau blieben zwei Flügel des Klostergevierts stehen. In den beiden Pfarrkirchen Hiltensweiler und Kiebingen, sowie in den dortigen Pfarrhäusern werden einige Kunstwerke aus Kloster und Klosterkirche bewahrt. Kleinere Teile der einst ansehnlichen Bibliothek in Langnau und von Rohrhalden sind in die Universitätsbibliothek Freiburg gelangt.[42]

1802/03:
Der Reichsdeputationshauptschluss

Als Österreich 1784 die Klöster Langnau und Rohrhalden aus dem Provinzverband löste, folgten die Fürsten v. Fürstenberg sofort diesem Beispiel. Sie untersagten ihrerseits den beiden Klöstern Grünwald und Tannheim die Verbindung mit dem der Fürstabtei St. Blasien unterstehenden Bonndorf, unterstellten die Wirtschaftsführung beider Klöster ihrer strengen Aufsicht und verboten Landeskindern den Eintritt in den Orden. Damit war der Provinzverband auch unter den restlichen drei Klöstern zunächst aufgelöst. Nach der Aufhebung des Ordens in Österreich baten die elf Patres der drei Schwarzwaldklöster den Bischof von Konstanz, als derzeitige *membra sine capite* sich seinem Schutz unterstellen zu dürfen, was ein päpstliches Breve 1787 genehmigte mit der Aufforderung, mit dem

Generalvikar des Ordens, der die noch bestehenden polnischen Klöstern leitete, in Verbindung zu bleiben. Da nach dem Tod Josephs II. ein Kurswechsel der österreichischen Kirchenpolitik erwartet wurde, erlaubte Fürstenberg 1790 schließlich wieder, dass seine beiden Klöster erneut einen Provinzverband mit Bonndorf bildeten. Mit einigen Vereinfachungen wurde die Provinzverfassung wieder hergestellt. Der Provinzialprior residierte nun in Bonndorf, wo auch Noviziat und Hausstudium eingerichtet wurden. Die *provinciola*, die nur noch winzige Provinz, schien sich wieder zu konsolidieren, die Zahl der Patres stieg an. Da alarmierte 1801 der Bonndorfer Prior und Provinzial das bischöfliche Ordinariat und die fürstenbergische Regierung: Die Schuldenlast der drei Klöster steige durch die Kriegsnöte immer mehr, so daß diese am Rande des Ruins stünden. Mit völlig unsinnigen Berechnungen wurde versucht, die Überschuldung nachzuweisen. In mehreren Konferenzen trafen sich die Vertreter des Ordinariats, der Fürstabtei St. Blasien und der fürstenbergischen Regierung. Ein bischöflicher Kommissar visitierte die Klöster. Er stellte rasch fest, *daß von Seiten Fürstenbergs mit aller Gewalt dahin gezielt wird, die Paulinerklöster zu verschlingen, wozu keine gründliche Ursache, folgsam nur Habsucht zugrunde steht.* Nachdem am 3. Juni 1802 Frankreich und Rußland den im Lunéviller Frieden vorgesehenen Entschädigungsplan veröffentlicht hatten, und schon ringsum andere Territorien ihren Klöstern die Aufhebung verkündeten, hob auch Fürstenberg am 18. Okt. 1802 per Dekret das Kloster Tannheim auf, versetzte die Patres nach Grünwald und nahm am 16. November beide Klöster in provisorischen Besitz. Nach der Verabschiedung des Reichsdeputationshauptschlusses (RDH) ordnete der Fürst am 24. Juni 1803 die endgültige Aufhebung beider Klöster Grünwald und Tannheim an.[43]

Der Vermögensstand von *Grünwald* und *Tannheim* wurde 1802 mit jeweils brutto 100.000 fl., netto ca. 90.000 fl., ähnlich bewertet wie Langnau und Rohrhalden, aber die Einnahmen der beiden fürstenbergischen Klöster lagen mit 2.000–2.500 fl. nur halb so hoch. Spätere Berechnungen nach der Säkularisation ergaben beim Vermögen um die Hälfte, bei den Einnahmen um ein Viertel niedrigere Beträge. In ihrer Vermögensstruktur unterschieden sich die beiden Klöster wie folgt:

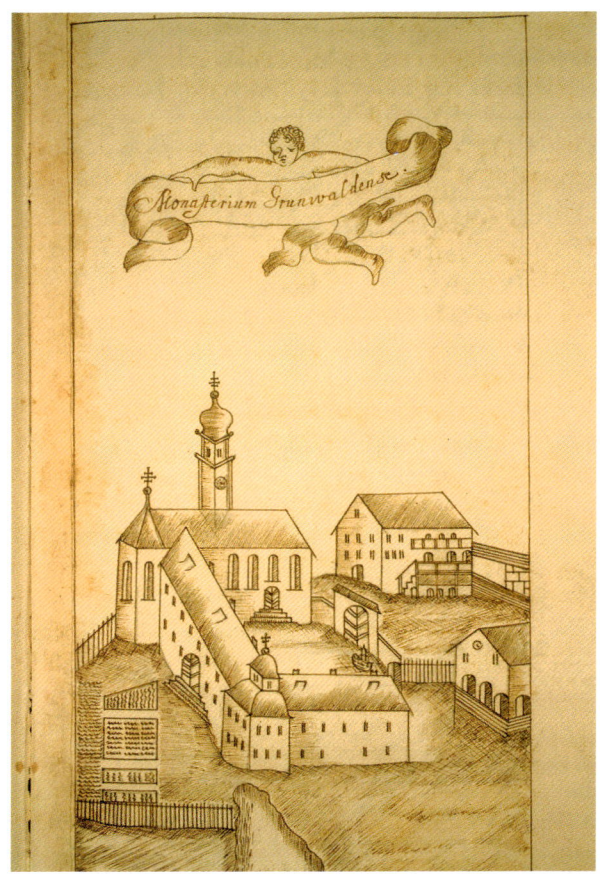

Kloster Grünwald
Federzeichnung aus dem »Protocollum Grunwaldense«, 1741–1757. Fürstlich Fürstenbergisches Archiv, Donaueschingen.

	Grünwald	Tannheim
Gebäude	6 %	14 %
Grundstücke	30 %	16 %
Wald	11 %	21 %
Grundgefälle	14 %	11 %
Zehntrechte	15 %	33 %

Von den Grünwalder Gütern verkaufte Fürstenberg nur das Widdumgut zu Kappel um 1.800 fl.; ansonsten wurden die Pachtverträge mit den zwölf Kolonisten und dem Beständer des Mesnergutes erneuert und fortgeführt. Als Vermögensmasse wurde Grünwald in den Fürstlich Fürstenbergische Landesspitalfonds zu Hüfingen inkorporiert, der allerdings zunächst Geld zuschießen musste, da die Ausgaben, insbes. für Pensionen und Schuldzinsen, die Einnahmen überstiegen. Zudem musste Fürstenberg die vorher vom Kloster versehene Pfarrstelle Kappel neu dotieren. Die Klostergebäude in Grünwald erwiesen sich als unverkäuflich. Private Stifter ermöglichten ihren Erhalt ebenso wie die Errichtung einer Kaplanei für die weitere Seelsorge in Grünwald. Ebenso wurden die Tannheimer Klostergüter dem Hüfinger Spitalfonds einverleibt, wobei gegen jährliche Zahlungen die Gefälle des Klosters mit herrschaftlichen Gefällen in Tannheim vereinigt und der Klosterwald dem Fürstlichen Forstamt übergeben wurde. Aus dem Ertrag einer in Meßkirch aufgehobenen Kaplanei, Beiträgen des Landesspitals und einem eigenen Beitrag fundierte der Fürst die Pfarrei Tannheim. Zur Pfarrkirche wurde die vorige Klosterkirche bestimmt; die Klostergebäude teilten sich der das Pfarrer und der Bauer, der das vormalige Klostergut bewirtschaftete.

Zwei der Tannheimer Patres starben schon 1804; der ehemalige Prior und ein Mitbruder übernahmen Kaplaneien. Von den Grünwalder Patres wurde der Prior erster Pfarrer in Tannheim, ein Mitbruder versah die vorige Klosterpfarrei Kappel. Beide Klosteranlagen blieben zunächst bestehen, aber 1880 brannten Kirche und Klostergebäude in Grünwald nieder, 1896 die 1780 neu erbaute Anlage Tannheims. In Grünwald entstand in der alten Form wenigstens die Kirche wieder, die Pfarrkirche Tannheims wurde aber nicht mehr am alten Platz außerhalb des Dorfes, sondern mitten

Kloster Tannheim
Ansicht von 1898.
Fürstlich Fürstenbergisches Archiv, Donaueschingen.

im Ort neu errichtet. Eine kleine Rundkapelle am alten Standort erinnert seit einigen Jahren wieder an das Paulinerkloster. Die gute Bibliothek von Grünwald und die wohl unbedeutende von Tannheim sind verschollen. Eine für die Ordensgeschichte sehr wertvolle Handschrift aus Grünwald ist über St. Blasien nach St. Paul im Lavanttal gelangt.

Abgesehen von Beiträgen zum Unterhalt der Pfarrer von Kappel und Tannheim wurde das Vermögen der fürstenbergischen Klöster sozialen Zwecken gewidmet. Ohne wesentliche Änderungen der Verwaltung handelt es sich hier um Säkularisationen des domänenpolitischen Typs.

Die Pauliner 1807: *Eine fremde Erscheinung*

Übrig blieb nach der großen Säkularisationswelle der Jahre 1802 und 1803 zunächst noch das Paulinerkloster in *Bonndorf,* dessen Prior weiterhin auch den Titel des Provinzialpriors führte. Eigentlich war im RDH die Fürstabtei St. Blasien mit der Grafschaft Bonndorf und den darin liegenden Klöstern dem Fürst-Großprior des Malteserordens in Heitersheim zugesprochen worden, aber sie gelangte wegen des österreichischen Widerstandes nie in dessen tatsächlichen Besitz. Nach dem Preßburger Frieden 1805 fielen St. Blasien an das Ghzm. Baden, Bonndorf an Württemberg, doch 1806 konnte Baden auch Bonndorf übernehmen. Die Pauliner hatten bereits resigniert; der Prior schrieb 1805 an den Dekan: *Provinz haben wir doch keine mehr […] und uns als Kloster fortzubringen, ist physisch unmöglich. […] Wir wissen zum voraus, daß wir die letzten unsers Orden in Deutschland sind, und nun so ganz isoliert dürfen wir uns im Umkreise von einigen Stunden anderst nicht, als eine fremde Erscheinung betrachten, die mehr dem Gespötte, als der Ehre ausgesetzt, angegafft werden.*[44]

Die Grundsätze für die Aufhebung der Ordenshäuser hatte Baden im 4. Organisationsedikt vom 12. Februar 1803 festgelegt. Nach der Übernahme Bonndorfs empfahl am 31. Dez. 1806 die dortige Kommission dringendst die Aufhebung des Paulinerklosters vor allem aus ökonomischen Gründen. Der Geheime Rat entschied am 25. März wie eingangs zitiert: *Dieses Kloster seye gleich den übrigen zur Aufhebung bestimmt.* In seiner Vermögens- und Einkommensstruktur unterschied sich Bonndorf erheblich von den anderen Paulinerklöstern. Mit seinen ca. 90.000 fl. Brutto- und 79.000 fl. Netto-Vermögen war es eher unterdurchschnittlich dotiert, seine Einnahmen von 3–4.000 fl. ermöglichten aber den Unterhalt von bis zu zehn Konventualen. Fast 75 % Einkommens rührten aus Zehntrechten, weitere 18 % des Einkommens aus den Pfarrrechten. An Liegenschaften besaß das Kloster nur eine ca. 100 Jauchert große Eigenwirtschaft, die aber defizitär umgetrieben und deshalb 1802 auf Druck St. Blasiens um 424 fl. verpachtet wurde.

Aus der Versteigerung dieser Güter erzielte Baden nur 7.232 fl. und aus Vorräten und Fahrnis 1.745 fl. Die badische Verwaltung errechnete Einnahmen aus dem ehemaligen Klosterbesitz von 3.437 fl., aber da sie fortan die Besoldung des Pfarrers und zweier Vikare sowie die weiteren Kirchenkosten zu bestreiten hatte, deckten die Einnahmen gerade die Ausgaben. Erst mit dem Wegfall der Pensionen ergab sich ein Überschuss. Die Pensionen bemaß Baden mit 400 bis 600 fl. für die Patres großzügiger als vorher Österreich und Fürstenberg, die nur 300–350 fl. bezahlten. Es hatte deshalb großes Interesse, dass die Patres Seelsorgestellen übernahmen. Nur der bereits 69-jährige Prior und ein ebenfalls älterer Mitbruder gingen in Pension. Als Pfarrer bestätigte man den bisherigen Pfarrvikar, dem zwei Mitbrüder als Vikare beigegeben wurden, die später selbst Pfarrstellen übernahmen. Die drei übrigen Patres, von denen zwei später Pfarrstellen bezogen, wirkten zunächst als Hilfspriester. Als wohl letzter ehemaliger Pauliner starb 1840 Augustin Bindert als Pfarrer in Hausen vor Wald. Die Klosterkirche blieb Pfarrkirche von Bonndorf. Im Klostergebäude wohnten Pfarrer und Vikare. Speicher und Scheuer wurden als herrschaftliche Fruchtschütte genutzt. 1842 brach im Ort ein Großfeuer aus, das auch Kirche und Klostergebäude völlig zerstörte. Die Ruinen wurden abgebrochen und zur Fundamentierung der neuen Kirche verwendet. Die Bibliothek sollte 1807 wie vorher die Langnaus und Rohrhaldens an die Universitätsbibliothek in Freiburg abgegeben werden. Dort sind aber nur noch zwei Inkunabeln aus Bonndorf nachweisbar: einige Bände haben sich auch im Pfarrarchiv Bonndorf erhalten. Die Kunstwerke aus der Klosterzeit sind offenbar alle dem Brand von 1842 zum Opfer gefallen.

Der größere Teil des Bonndorfer Klosterbesitzes musste für die Ausstattung der Pfarrei verwendet werden, der fiskalische Gewinn blieb wohl bescheiden. Angesichts des geringen Liegenschaftsbesitzes sind auch die ökonomischen Folgen für den Ort zu vernachlässigen.

Ende und neuer Anfang

Wenn versucht wird, die in fünf Phasen erfolgten Auflösungen der zwanzig Paulinerklöster in Südwestdeutschland den eingangs genannten Typen zuzuordnen, lässt sich folgendes Resümee erkennen:

– Acht Klöster von 1367 bis 1512 gab der Orden selbst auf, ebenso wie Kirnhalden und St. Peter im Reformationszeitalter, also insgesamt die Hälfte aller bekannten Niederlassungen. Primär geschah dies wohl aus wirtschaftlichen Gründen, später wohl auch aus Nachwuchsmangel. Eine päpstliche Genehmigung ist aber nur für St. Oswald bekannt.

Soweit sich die Konvente überhaupt lokalisieren lassen, folgten allen selbst aufgegebenen Paulinerklöstern andere geistliche Institutionen, mit Ausnahme von St. Peter, dessen Ende im Dunkel liegt. Alle Nachfolgeinstitutionen hatten in der Folge ihrerseits mit wirtschaftlichen Schwierigkeiten zu kämpfen.

– Wenn als kirchenreformatorisches Ziel schon die Beseitigung des Ordenswesens gewertet wird, können alle Säkularisationen vom 16. Jh. bis 1807 diesem Typus zugeordnet werden. Wenn aber nur diejenigen Aufhebungen dem kirchenreformatorischen Typus zugerechnet werden, bei denen das Vermögen zumindest mehrheitlich anderen kirchlichen Zwecken zugeführt wurde, zählen sicher die josephinischen Aufhebungen, aber auch – vom Ergebnis, nicht von der Intention her – die fürstenbergischen und die badischen dazu.

– Von der Form her kann nur die Aufhebung Rohrhaldens als fiskalpolitischer Typus gewertet werden; bei Bonndorf war der Effekt zu gering. Bei allen anderen Aufhebungen vom 16. Jh. bis 1803 dominierte zumindest der domänenpolitische Typus.

Es handelte sich durchweg um die Auflösung geistlicher Gemeinschaften und Vermögenssäkularisationen. Bei Langnau könnte von einer schleichenden Herrschaftssäkularisation gesprochen werden, da sich die Grafen v. Montfort vom 15. bis 18. Jh. sukzessive fast alle niedergerichtlichen Rechte aneigneten, die sie anfangs dem Prior zugestanden hatten.

Wichtiger noch als diese Typologisierungen wären das mittel- und langfristige Schicksal der ehemaligen Klostergüter über die Zeit der Klosteraufhebung hinaus und die Folgen für den Wandel der örtlichen Agrarstruktur zu verfolgen.

Die übrigen Folgen der Säkularisation, Entlassung von Dienstboten, Wegfall von Aufträgen für Handwerker, Zerstörung kulturellen Erbes finden wir bei den Paulinern ebenso wie bei den anderen Mönchsorden, angesichts ihrer geringeren Größe und Wirtschaftsmacht blieben diese Folgen aber hier auf einen engen lokalen Bereich beschränkt. Die Seelsorge mag sich sogar verbessert haben, denn statt häufig wechselnder Mönche, die vom Kloster aus als Pfarrvikare wirkten, blieben nun die Pfarrer über längere Amtszeiten hinweg im Ort.

Vom Wirken der Paulinermönche zeugen in unserer Kulturlandschaft nur noch wenige Baudenkmäler: Im idyllischen Rohrhaldener Tal markiert einzig ein Kreuz von 1909 den ehemaligen Klosterstandort. Aus dem 16. Jh. stammt die Anhäuser Mauer und die Hofanlage in Goldbach, aus dem 18. Jh. die zwei erhaltenen Flügel Langnaus und der Rohrhaldener (Kloster-)Hof in Rottenburg. Hinzu treten einige verstreute Kunstwerke in Pfarrkirchen Hiltensweiler und Kiebingen sowie in den dortigen Pfarrhäusern. Diese geringen Spuren, die der Orden hinterlassen hat, mögen einem Orden entsprechen, zu dem sich ursprünglich Eremiten zusammengefunden haben und der anfänglich strenge Askese, Armut und Kontemlation pflegte.

Aber später glich er sich in Lebensstil und Spiritualität den anderen Mönchsorden der südwestdeutschen Klosterlandschaft an, wenngleich auf deutlich bescheidenerem Niveau. Mit den baulichen Zeugen schwand die Erinnerung im historischen Bewusstsein der Region an einen Orden, der bei aller »Inkulturation« nicht wie alle anderen Orden vom Westen oder Süden, sondern vom Osten Europas inspiriert und initiiert worden war. Bisweilen auf Distanz hielten die deutschen Pauliner doch immer Kontakte zur Ordenszentrale und den ansehnlicheren Klöstern des Ordens in Ostmitteleuropa.

Von dort, von Tschenstochau in Polen aus, wo der Orden seit den 80er Jahren ein enormes Wachstum verzeichnen konnte, sind die Pauliner seit 1981 wieder nach Süddeutschland zurückgekehrt und haben bereits sechs Konvente neu begründet, zwei im Schwarzwald, vier in Bayern. Sie verehren dort wieder Kopien der Tschenstochauer Schwarzen Madonna, deren Bild im 18. Jh. auch in den südwestdeutschen Paulinerkirchen hing. Knapp zwei Jahrhunderte nach dem Ende des letzten Paulinerklosters der deutschen Provinz hat das Generalkapitel des Ordens 2002 beschlossen, wieder eine deutsche Provinz zu errichten. Das heute geltende Generaldirektorium formuliert als Programm, was die Brüche seiner Geschichte dem Orden und seinen deutschen Klöstern über die Jahrhunderte hinweg abverlangte: »Elastizität, wie auch die ihr folgende Verschiedenheit der unternommenen Erfordernisse, Aufgaben und seelsorgerlichen Aktionen, waren ein dauerhaftes Element in der Prägung des Charakters unserer Ordensfamilie.«[45]

[1] Aufhebungsdekret Kaiser Josephs II. 07.02.1786 zit. nach *Martinus Streska*, Annalium ordinis S. Pauli Primi Eremitae monachorum sub regula Divi Augustini Deo famulantium volumen tertium [...] 1727–1786. Ms.: Ordensarchiv Jasna Góra, Tschenstochau, ABMK 1642, Syng. 534, 911.

[2] 01.12.1431, Übersetzung nach *Ludwig Schober*, Geschichte des Klosters Sankt Oswald. Von den Anfängen bis zum Dreißigjährigen Krieg. St. Oswald 1997, 199.

[3] Wie Anm. 1.

[4] Auszug aus dem Ghzl. Bad. Geheimen Rats-Protokoll 25.03.1807: GLAK 237/4351.

[5] Constitutio Papst Gregors XI. 1376 in: *Casparus Mallechich*, Quadripartitum regularium [...] per bullas & constitutiones Romanorum Pontificum [...] tractatur. Viennae 1708, 135–136.

[6] Vgl. *Honorius Hanstein*, Ordensrecht. Paderborn 1953, 42.

[7] Vgl. *Lorenz Weinrich*, Das ungarische Paulinerkloster Santo Stefano Rotondo in Rom (1404–1579). Berlin 1998, 362–366.

[8] Vgl. *Eduard Eichmann*, Lehrbuch des Kirchenrechts auf Grund des Codex Juris Canonici für Studierende. Paderborn 1926, 80f.

[9] *Christof Dipper* nach *Harm Klueting*, Die Folgen der Säkularisation, in: *Helmut Berding/Hans-Peter Ullmann* (Hg.), Deutschland zwischen Revolution und Restauration. Düsseldorf 1981, 184–207, hier 186.

[10] Vgl. *Christian Schulte*, Säkularisierung, Säkularisation, Säkularismus. III. Historisch, in: LThK Bd. 8. Freiburg 3. Aufl. 1999, 1469–1472.

[11] Ein Überblick zur Quellenlage in *Elmar L. Kuhn*, Die schwäbische Provinz des Paulinerordens in der frühen Neuzeit, in: *Kaspar Elm u. a.* (Hgg.), Beiträge zur Geschichte des Paulinerordens. Berlin 2000, 209–280, hier 210, Anm. 9.

[12] Zur Ordensgeschichte vgl. *Elm*, Beiträge (wie Anm. 11), insbes. darin *Kaspar Elm*, Eremiten und Eremitenorden des 13. Jhs., 11–22 und *Gabór Sarbak*, Ausgewählte Bibliographie zur Geschichte des Paulinerordens, 281–326. – *Kaspar Elm*, Quellen zur Geschichte des Paulinerordens aus Kloster Grünwald im Hochschwarzwald in der Stiftsbibliothek von St. Paul im Lavanttal, in: ZGO 120 (1972), 91–124. – *Burgenländisches Landesmuseum* (Hg.), Der Orden der Pauliner OSPE. Seine Geschichte, seine Aufgaben, seine Stellung. Eisenstadt 1984. – *Stanislaw Swidzinski* (Hg.), Beiträge zur Spiritualität des Paulinermönchtums. Friedrichshafen 1999. – *Jósef Török u. a.*, Pálosok. Budapest 1996 (mit einem englischen Resümé, 40–46). – *J. Zbudniewek*, Monaci di San Paolo Primo Eremita, o Paolini, in: *Guerrino Pelliccia/Giancarlo Rocca* (Hgg.), Dizionario degli istituti di perfezione. Band 6. Roma 1980, 25–43.

[13] *Kaspar Elm*, Pauliner und Kartäuser, in: Die Kartäuser in Österreich. Band 3. Salzburg 1981, 112–117, hier 116.

[14] Vgl. *Stanislaw Seb. Swidzinski*, Wie der Paulinerorden zum Mönchsorden wurde, in: Studia Monastica 13 (1971), 321–329. – Zu den Mönchsorden zählen nach dem Annuario Pontificio per l'anno 1989, 1304–1314: Benediktiner, Camaldulenser, Mechitaristen, Zisterzienser, Kartäuser, Pauliner, Antonianer, Basilianer, Hieronymiten und Studiten.

[15] Das Ordenswappen: Eine Palme flankiert von zwei Löwen, darüber ein Rabe mit e. Stück Brot im Schnabel (das er lt. Legende täglich dem hl. Paulus brachte). Vgl. *Török u. a.*, Pálosok (wie Anm. 12), 1, 40.

[16] Zitat in: [*Andreas Eggerer*], Fragmen panis corvi protoeremitici seu reliquiae annalium eremi-coenobiticorum ordinis fratrum eremitarum Sancti Pauli Primi Eremitae [...]. Viennae 1663, 126; Vgl. *Gregorius Gyöngyösi*, Vitae fratrum eremitarum ordinis Sancti Pauli Primi Eremitae, hg. von *Franciscus L. Hervay*. Budapest 1988, 65; Zu den Kopien der Bulle von 1328 vgl. *Elm*, Quellen (wie Anm. 12), 122.

[17] Vgl. *Franz Xaver Remling*, Urkundliche Geschichte der ehemaligen Abteien und Klöster im jetzigen Rheinbayern. Teil 2. Neustadt 1836, 173–182, 375–380, hier 375.

[18] Vgl. *Kuhn*, Provinz (wie Anm. 11), 217.

[19] Vgl. die unvollständige Übersicht bei *Hermann Schmid*, Kurzlebige Pauliner-Klöster in Schwaben, Franken und am Oberrhein. Ein historisch-statistisch-topographischer Versuch, in: ZWLG 45 (1986), 103–115; Die nicht lokalisierbaren Klöster Engenthal und Tennebach, sowie das nicht eindeutig identifizierbare Awe werden nur bei *Eggerer*, Fragmen (wie Anm. 14), 122, 124 und 135 erwähnt.

[20] Vgl. REC Bd. 2 (1905), Nr. 5082 und *Elm*, Quellen (wie Anm. 12), 122.

[21] *Elm*, Eremiten (wie Anm. 12), 20.

[22] Vgl. *Stephan Selzer*, Deutsche Söldner im Italien des Trecento. Tübingen 2001, v. a. 366f., 375f.

[23] *Sönke Lorenz*, Zwischen Spaltung und Reform: Die spätmittelalterliche Kirche am Oberrhein, in: *Ders./Thomas Zotz* (Hgg.), Spätmittelalter am Oberrhein. Alltag, Handwerk und Handel 1350–1525. Aufsatzband. Stuttgart-Karlsruhe 2002, 25–33, hier 30; Vgl. *Arno Borst*, Mönche am Bodensee. Sigmaringen 1978, 324.

[24] Vgl. den Überblick über die Geschichte der schwäbischen Ordensprovinz in der frühen Neuzeit in *Kuhn*, Provinz (wie Anm. 11).

[25] *Elm*, Eremiten (wie Anm. 12), 19.

[26] Vgl. *Andreas Wilts*, Blümlistobel, in: HS IX, 2 (1995), 684–688.

[27] Vgl. *Ludwig Rapp*, Topographisch-historische Beschreibung des Generalvikariats Vorarlberg. Band 4. Brixen 1902, 383–388.

[28] *Schober*, Geschichte (wie Anm. 2), 127–220, hier 186.

[29] Vgl. *Norbert Backmund*, Die kleineren Orden in Bayern und ihre Klöster bis zur Säkularisation. Windberg 1974, 84.

[30] Vgl. *Hans-Rudolf Heyer*, Die Kunstdenkmäler des Kantons Basel-Landschaften. Band 1. Basel 1969, 366–368.

[31] Vgl. *Lothar Reinhard*, Großheppach. Ludwigsburg 1968, 227f.; Zum Wechsel von Gundelsbach nach Anhausen vgl. *Gustav Bossert*, Das Kloster Anhausen, OA. Crailsheim, in: Württ. Vjh. für Lg. 4 (1881), 141–150, hierzu 147.

[32] Vgl. *Kürzel*, Die Kürnhalde. Herrschaft, Kloster und Bad, in: Schau-in's-Land 6 (1879), 51–70; *Hermann Schmid*, Das ruinierte Pauliner-

Kloster Kirnhalden, die Ensisheimer Scholaren und die Zisterzienserinnen zu Wonnental im 16. Jh., in: ZGO 139 (1991), 143–155.

[33] Vgl. A. *Poinsignon*, Das verschollene Klösterlein St. Peter auf dem Kaiserstuhl, in: Schau-in's-Land 14 (1888), 13–17; *August Keller*, Vom Paulinerkloster St. Peter und Paul auf dem Kaiserstuhl, in: FDA 80 (1960), 292–295; *Bertram Jenisch*, Das vergessene St. Peterskloster auf dem Kaiserstuhl und sein Bruderhäusle an der Eichelspitze, in: Denkmalpflege in Baden-Württemberg 31, 2002, 99f.

[34] *Remling*, Geschichte (wie Anm. 17), 182, 137.

[35] Die Zitate bei *Bossert*, Anhausen (wie Anm. 31), 148 und 150.

[36] *Karl Schumm*, Das Pauliner-Eremitenkloster Goldbach, in: ZWLG 10 (1951), 109–137, hier 134.

[37] Vgl. *Bossert*, Anhausen (wie Anm. 31), 148 und das Inventar von 1551 bei *Schumm*, Goldbach (wie Anm. 36), 134–136.

[38] Vgl. *Schneider*, Paulinerkloster Argenhart, in: SVG Bodensee 15, 1886, 198–208; *Viktor Ernst*, Argenhardt, in: *K. Statistisches Landesamt* (Hg.), Beschreibung des Oberamts Tettnang. Stuttgart 2. Aufl. Stuttgart 1915, 874–875.

[39] Die Schilderung der Vorgänge nach *Kuhn*, Provinz (wie Anm. 11), 272–274, dort auch passim zur Situation der beiden Klöster vor ihrer Aufhebung, zu den Vermögensverhältnissen vgl. 247f. Dort muss der Wert der Reben in Rohrhalden auf 1.100 fl. korrigiert werden.

[40] Zu Rohrhalden vgl. *Entreß/Giefel* in: *K. Statistisches Landesamt* (Hg.), Beschreibung des Oberamts Rottenburg. Stuttgart 1899–1900. Teil 1, 392f., 426f. Teil 2, 233–246; *Utz Jeggle*, Kiebingen, eine Heimatgeschichte. Tübingen 1977, 14–27; *Helge Karlitzky*, Kiebingen, Kirche, in: *Staatliche Archivverwaltung Baden-Württemberg/Landkreis Tübingen* (Hg.), Der Landkreis Tübingen. Amtliche Kreisbeschreibung. Bd. 2. Stuttgart 1972, 346–348; *Johann Baptist Sproll*, Das Paulinerkloster Rohrhalden, in: Reutlinger Geschichtsbll. 16/17 (1915/16), Nr. 1, 1–8; Die Akten zur Klosteraufhebung im HSAS B 38, B 38a und B 485.

[41] Zu Langnau vgl. *Viktor Ernst*, Langnau, in: *Landesamt*, Beschreibung (wie Anm. 38), 802–808. – *Adolf Schahl*, Zur Baugeschichte des Klosters Langnau, in: SVG Bodensee 64 (1937), 57–66; *Schneider*, Geschichtliches über das ehem. Kloster Langnau. C. Das Paulinerpriorat, in: SVG Bodensee 15 (1886), 124–197; Die Akten zur Klosteraufhebung i.W. im HSAS B 470 und vor allem, bisher völlig unbeachtet, im SA Augsburg, Kgl. Bayerischer Langnauischer Religionsfonds, dort auch zur weiteren Geschichte dieses Religionsfonds. Akten zum Vorderösterreich. Religionsfonds im GLAK Abt. 79 P 10. – Vgl. *Hermann Franz*, Studien zur kirchlichen Reform Josephs II. mit bes. Berücksichtigung des vorderösterreichischen Breisgaus. Freiburg 1908, Kap. VIII. Der Religionsfond, 237–313.

[42] Vgl. *Magda Fischer*, Bibliotheken in südwestdeutschen Paulinerklöstern des 17. und 18. Jhs., in: *Elm u. a.*, Beiträge (wie Anm. 11), 63–94.

[43] Dazu im Einz. *Kuhn*, Provinz (wie Anm. 11), 272–277, die Zitate 277, dort auch 249f. die Daten zu Vermögen und Einnahmen; Zu Grünwald vgl. *Kurt Hodapp*, Die Filialkirche St. Maria Magdalena in Grünwald, in: *Ders.*, Pfarrei St. Nikolaus Lenzkirch. München-Zürich 1985, 22–33; *A. Laubis*, Grünwald in den 600 Jahren seines Bestehens, in: Fürstenberger Waldbote 10 (1964), 20–24; Zu Tannheim vgl. *Fridolin Mayer*, Das Paulinerkloster in Tannheim, 124–166, u. *Herbert Berner*, Die Pfarrei Tannheim, 167–245, in: *Herbert Berner* (Hg.), Tannheim. Geschichte von Dorf und Kloster am Osthang des Schwarzwaldes. Tannheim 1971.

[44] *Kuhn*, Provinz (wie Anm. 11), 277; Vgl. *Hermann Schmid*, Das Pauliner-Kloster in Bonndorf (1402–1807), in: *Schwarzwaldverein Bonndorf e.V.* (Hg.), 100 Jahre Schwarzwaldverein Bonndorf. Bonndorf 1985, 15–24; *Franz Xaver Zobel*, Zur Geschichte des Paulinerklosters in Bonndorf a.d. Schwarzw., in: FDA 39 (1911), 362–378; Vgl. allg. *Hermann Schmid*, Die Säkularisation der Klöster in Baden 1802–1811. Überlingen 1980, v. a. 29ff., 341ff.

[45] Generaldirektorium des Ordens des hl. Paulus, des I. Einsiedlers (Paulinerorden), Dekret verkündet vom Ordensgeneral Tschenstochau 1987, Teil I, Kap. 1.

Die Säkularisation des evangelischen Kirchenguts in Württemberg und Baden

von Hermann Ehmer

Einleitung

Vor einem Jahrhundert, im Jahre 1902, erschien aus der Feder des württembergischen Zentrumspolitikers und späteren Reichsfinanzministers Matthias Erzberger (1875–1921) ein Buch mit dem Titel »Die Säkularisation in Württemberg von 1802–1810«. Der Zeitpunkt für das Erscheinen dieses Buches war, wie es sich schon im Titel zeigt, richtig gewählt: hundert Jahre lagen zurück, seitdem die Säkularisation die katholische Kirche auf dem Gebiet des nachmaligen Königreichs Württemberg grundlegend verändert hatte.[1] Erzbergers eingehende Darstellung dieses Vorgangs ist zugleich eine Anklageschrift. Nach wiederum hundert Jahren liest man Erzbergers Buch jedoch nur noch als Geschichtsschreibung, als ebenso handliche wie erschöpfende Darstellung der Säkularisation in Württemberg. Dies hat zur Folge, dass sich auch unter Historikern die Auffassung festgesetzt hat, die Säkularisation habe ausschließlich die katholische Kirche betroffen.[2] Jedoch Erzbergers Buch enthält auch einen Abschnitt über »Das protestantische Kirchengut«.[3] Es war ihm wohl bewusst, dass auch die evangelische Kirche Württembergs von der Säkularisation betroffen worden ist. Es ist deshalb zu fragen, wie es dazu gekommen ist.

Die Säkularisation des württembergischen evangelischen Kirchenguts

Ein Erinnerungszeichen der Säkularisation des evangelischen Kirchenguts ist heute noch das kreisrunde gusseiserne Wappenschild, das an vielen alten württembergischen Pfarrhäusern über der Türe angebracht ist. Es zeigt das württembergische Wappen in der Form, wie es in der Königszeit üblich war. Dieses Wappenschild kennzeichnet die betreffenden Pfarrhäuser als Staatseigentum: Das Land Baden-Württemberg als Rechtsnachfolger des Königreichs Württemberg hat an diesen Gebäuden die Baulast zu tragen. Dieser Last hat sich das Land in den zurückliegenden

Baupflicht des Staates!
Durch die Verstaatlichung des evangelischen Kirchenguts 1806 gingen auch zahlreiche Pfarrhäuser in Staatshand über. Sie werden durch einen gusseisernen Wappenschild gekennzeichnet. Pfarrhaus Nürtingen.

Jahrzehnten teilweise und nach und nach entledigt durch Übereignung der Pfarrhäuser an die betreffenden Kirchengemeinden und die Zahlung einer Ablösungssumme. Da diese Baulastablösung seit einigen Jahren aus Haushaltsgründen stagniert, gibt es derzeit in der Evangelischen Landeskirche in Württemberg noch rund 300 solcher Staatspfarrhäuser. Nicht nur die Baulast an diesen Pfarrhäusern, sondern auch die Staatsleistungen[4] für die Kirche sind Folgen der Säkularisation. Diese Staatsleistungen sind zum größten Teil für die Pfarrerbesoldung und -versorgung, mit wesentlich geringeren Beträgen für das Pfarrseminar, die Landessynode und den Oberkirchenrat bestimmt und müssen von den sonstigen Zuweisungen und Zuschüssen des Landes an die Kirche unterschieden werden.[5] Auch der Ersatz für den von Pfarrerinnen und Pfarrern an den Schulen erteilten Religionsunterricht hat eine andere Rechtsgrundlage[6] und kann hier unerörtert bleiben. Die Staatsleistungen, um die es hier geht, haben ihre Begründung in jenem fast zwei Jahrhunderte zurückliegenden Vorgang der Säkularisation. Um ihn richtig bewerten zu können, ist es notwendig, nicht nur den Vorgang selber, sondern auch die Entstehung und Geschichte des evangelischen Kircheguts zu beleuchten, ebenso wie die sich aus der Säkularisation ergebenden Folgen, die bis zum heutigen Tage anhalten.

Die Säkularisation des evangelischen Kircheguts erfolgte nicht durch spektakuläre Aktionen, wie bei den katholischen Klöstern und Stiften, sondern durch ein königliches Generalreskript vom 2. Januar 1806.[7] Dieses stellt inhaltlich eine merkwürdige Mischung verschiedener Materien dar. Es geht hier zunächst um die Sicherung der persönlichen Freiheit und des Eigentums der königlichen Untertanen, dann um die Handhabung der bisherigen Justiz-Administration und schließlich um die Einziehung des Kircheguts, verbunden mit der Bestätigung aller darauf und auf der Landschaft bisher gelegenen Verpflichtungen. Zuletzt ist noch ein Verbot der Volksversammlungen und der daraus entspringenden Abordnungen (an den Landesherrn) angehängt. Auf diesen Zusammenhang ist hier deswegen hinzuweisen, weil die Verborgenheit, in der diese Bekanntmachung der königlichen Verfügung über das Kirchengut inmitten anderer Rechtsmaterien steht, dazu geführt hat, dass sie in der ein-

schlägigen Literatur gelegentlich nicht wahrgenommen worden ist.[8]

Der sich auf das Kirchengut beziehende Abschnitt des Generalreskripts vom 2. Januar 1806 lautet folgendermaßen: *Als eine nothwendige Folge der in Beziehung auf Unsere Staaten vorgegangenen Veränderungen haben Wir in der bereits angeordneten Verbindung des bisherigen sogenannten Kirchen-Raths mit unserem Königl. Ober-Finanz-Departement, eine in jeder Hinsicht für den Zwek des allgemeinen Besten durchaus erforderliche Verfügung getroffen, zugleich aber damit die feierlichste Zusicherung bei Unserem Königlichen Wort verbunden, alle auf der – bisher unter der Benennung des geistlichen Guts laufenden Fundation haftende Schulden und Obliegenheiten, in so fern solche Kirchliche, Lehr-, Schul- oder andere gemeinnützige Armen-Anstalten betreffen, wie seither, auf das genaueste und pünktlichste für Uns und Unsere Thronfolger zu übernehmen.*

Dieser königlichen Verlautbarung war der revolutionäre Akt des Umsturzes der altwürttembergischen Verfassung unmittelbar vorausgegangen. Es war dies eine ›Revolution von oben‹, ausgelöst durch die Annahme der Königswürde durch den vormaligen Herzog Friedrich II. und seitherigen Kurfürsten Friedrich am 1. Januar 1806. Nur zwei Beamte hatten daraufhin dem König den Eid verweigert, der Konsistorialdirektor Eberhard Friedrich Georgii (1757–1830) und der Konsistorialrat und Prälat von Alpirsbach, David Bernhard Sartorius (1744–1825).[9] Es ist nicht verwunderlich, dass diese beiden Beamten ausgerechnet Mitglieder des Konsistoriums waren, denn diese Revolution von oben hatte beträchtliche Auswirkungen auf die Kirche. Gleichwohl gibt sich die Säkularisation des Kircheguts nicht revolutionär, sondern eher bürokratisch als Zusammenlegung zweier Behörden, nämlich als *Verbindung des bisherigen sogenannten Kirchen-Raths mit unserem Königl. Ober-Finanz-Departement* und hat somit den Anschein, als handle es sich um einen Akt der Verwaltungsvereinfachung. Die weiteren Bestimmungen, in denen vom *geistlichen Gut* und dessen *Schulden und Obliegenheiten* die Rede ist, zeigen aber, dass mehr damit gemeint ist, dass weiterreichende Folgen damit verbunden waren. Mit dem *Kirchenrat* im Sinne dieses Generalreskripts ist jedoch nicht die kirchliche Verwaltungs- und Leitungsbehörde gemeint, die in der *Großen Württembergischen Kirchenordnung* von 1559[10] so genannt wird, vielmehr handelt es sich um die Behörde zur Verwaltung des Kirchenguts, die durch den königlichen Federstrich von 1806 mit der Staatsfinanzverwaltung vereinigt wurde. Somit wurden die vom Kirchenrat verwalteten Besitzungen und Einkünfte, also das Kirchengut, mit dem Staatsbesitz vereinigt. Die Tragweite dieses Vorgangs wird erst deutlich, wenn die Entwicklung des Kirchenguts seit der Reformation vorgestellt wird.

Die Entstehung des württembergischen Kirchenguts in der Reformation

Die Reformation in Württemberg verlief in zwei Phasen, die den Regierungszeiten der beiden Herzöge Ulrich und Christoph entsprechen.[11] In der ersten Phase fand eine Säkularisation und Inkamerierung des Kirchenguts statt.[12] Eingezogen wurden ferner die nicht mehr besetzten Pfründen und deren Besitz sowie die sonstigen Stiftungen. Dieses Pfründ- und Stiftungsgut wurde aber nur teilweise inkameriert, zum Teil wurde es in einem Fundationsbrief als *Armenkasten* den einzelnen Gemeinden zugewiesen oder auch zur Aufbesserung der Pfarrerbesoldung verwendet. Rechtliche Grundlage des *Heiligen*, wie der Armenkasten später genannt wurde, war die 1536 erlassene *Kastenordnung*.[13]

Die reformatorischen Maßnahmen mussten besonders auch die Klöster betreffen, die ebenfalls säkularisiert und inkameriert werden sollten. Diejenigen Mitglieder der Konvente, die sich der Reformation nicht anschlossen, wurden bereits 1536 des Landes verwiesen. In den einzelnen Klöstern blieben nur noch die Äbte zurück, die ausschließlich als herzogliche Verwalter fungierten.[14] Diese Maßnahmen betrafen freilich nur die Männerklöster; die Frauenklöster leisteten erfolgreichen Widerstand, da sie von den Familien der Nonnen, die teils dem Adel, teils dem gehobenen Bürgertum angehörten, unterstützt wurden. Erst durch das Interim 1548 trat eine Änderung ein, indem die Maßnahmen gegen die Klöster, insbesondere die 14 landständischen Mannsklöster, rückgängig gemacht und diese wieder den Konventen eingeräumt werden

mussten. In der zweiten Phase der württembergischen Reformation, unter der Regierung von Herzog Christoph (1550–1568), bot dann aber der Augsburger Religionsfrieden 1555 die Möglichkeit einer endgültigen Reformation der Klöster, indem durch Erlass einer Klosterordnung[15] 13 der Mannsklöster in Klosterschulen umgewandelt wurden.

Auf der örtlichen Ebene der Kirchengemeinden blieb es jedoch im wesentlichen bei den getroffenen Maßnahmen, doch erfolgte durch die Bildung des Kirchenguts eine bedeutsame Weiterentwicklung. Bereits 1551 waren alle bestehenden Pfründen zusammengefasst worden, nämlich rund 1.000 Pfarr-, Kaplanei- und Frühmesspfründen, 100 Stiftspfründen, 22 kleinere Klöster, 50 Waldbrüder- und Beginenhäuser sowie der Besitz von 20 Landkapiteln.[16] Dieses Stiftungsgut wurde einer Verwaltung, nämlich dem *Gemeinen Kirchenkasten*, unterstellt. Auf der Ämterebene waren schon unter Herzog Ulrich sog. *Geistliche Verwaltungen* eingerichtet worden, die damals aber der Rentkammer unterstellt waren. In kleineren Ämtern versahen die Amtleute in Personalunion die Geistliche Verwaltung; ansonsten bildete diese eine eigene Verwaltungsstelle. Die Geistlichen Verwaltungen und der Gemeine Kirchenkasten wurden nunmehr dem Kirchenrat unterstellt. Die Verwaltung des Besitzes und der Einkünfte der kleineren Klöster, insbesondere der Frauenklöster, wurde durch *Klosterhofmeister* besorgt.

Auch die landständischen Mannsklöster waren Teil des Kirchenguts, nahmen aber eine Sonderstellung ein. Das Ideal einer reformatorischen Verwandlung der Klöster in Klosterschulen, das man 1556 verwirklicht hatte, wurde bald zu einem gewissen Teil aufgegeben, indem noch vor 1600 in zwei Schritten die Zahl der Klosterschulen von 13 auf fünf verringert wurde, wobei jedoch die Gesamtzahl der Stipendiaten erhalten blieb. Diese Veränderung erfolgte in erster Linie aus Gründen der Rentabilität, nämlich zur Erhöhung des finanziellen Ertrags, den die Klöster abwerfen sollten. Zu beachten ist, dass der Klosterbesitz beisammen blieb und jeweils einer Klosterverwaltung unterstellt wurde. Die diesen Verwaltungen vorgesetzte Behörde war die *Mannsklösterrechenbank*. Diese Sonderrolle spielten die großen Mannsklöster wegen der Landstandschaft, die die Prälaten inne hatten, und zwar auch die evangelischen Äbte, die den

Herzog Christoph (1550–1568)
Unter seiner Regierung wurde im Hzm. Württemberg der sog. Gemeine Kirchenkasten geschaffen, eine von der staatlichen Finanzverwaltung abgetrennte Vermögensmasse, deren Erträge kirchlichen Aufgaben im w. S. zukommen sollten.

Der Theologe Johannes Brenz (1499–1570)
Seit 1551 in württembergischen Diensten, war Brenz maßgeblich an der Organisation der württembergischen Kirche beteiligt. Auf ihn geht die Einrichtung von 13 Klosterschulen in aufgehobenen Klöstern zurück.
Frontispiz aus der 1576–1590 erschienenen Werbeausgabe von Brenz.

katholischen folgten. Als Landstände trugen die Prälaten an den Lasten des gesamten Landes mit, wobei sich bei der Besteuerung schon früh eine Aufteilung der Belastung von 1/3 für die Prälaten und 2/3 für die Landschaft herausbildete.

Der Kirchenrat bildete neben Oberrat und Rentkammer eine der drei sog. *Balleien* oder obersten Regierungsbehörden. Als kirchenleitende Behörde bestand der Kirchenrat aus einer politischen (weltlichen) und einer geistlichen Bank, hatte also die *cura oeconomica* [Wirtschaftsverwaltung] und die *cura animarum* [Seelsorge] wahrzunehmen. Dementsprechend war die weltliche Bank mit Juristen besetzt, die die Finanz- und Verwaltungsangelegenheiten besorgten, während die geistliche Bank durch die Visitation die Aufsicht über die Kirche und ihre Diener wahrnahm. Durch

die Unterstellung des Kirchenguts unter den Kirchenrat war eine Trennung von staatlicher und kirchlicher Finanzverwaltung durchgeführt worden. Damit war die Zweckbindung des Kirchenguts für Kirche, Schule und Armenwesen sichergestellt, wie sie noch eigens im Landtagsabschied von 1565[17] festgeschrieben wurde.

Der *Kirchenrat*, wie er im Sprachgebrauch der Großen Württembergischen Kirchenordnung von 1559 heißt, veränderte noch im 16. Jh. seinen Namen in *Konsistorium*[18]; schließlich bildete sich die Gewohnheit heraus, dass die geistliche Bank, der die *cura animarum* aufgetragen war, als Konsistorium im engeren Sinne bezeichnet wurde, während die Benennung Kirchenrat der weltlichen Bank zukam, die die *cura oeconomica* versah. Diese beiden schon immer

Maulbronn
In dem Zisterzienserkloster wurde 1556 eine der 13 protestantischen Klosterschulen eingerichtet, die – wie die Schwestereinrichtung in Blaubeuren – mit einigen Unterbrechungen als Evang.-theol. Seminar bis zu heutigen Tag besteht. Der weiterhin Abt genannten evangelische Vorsteher des »Klosters Maulbronn« war auch einer der vier Superintendenten der württembergischen Kirche.
Lavierte Ansicht, August Seyffer, 19.07.1815.
WLB Stuttgart.

voneinander getrennten Geschäftsbereiche wurden schließlich 1698 auch verwaltungsmäßig getrennt, so dass von jetzt an das Konsistorium vor allem die Personalsachen der Kirchendiener behandelte und der Kirchenrat die kirchliche Finanzkammer darstellte. Jede der beiden Behörden erhielt einen eigenen Direktor, während sie bis dahin von einem gemeinsamen Direktor geleitet worden waren. Gleichwohl kam es in der Folgezeit gelegentlich zu Personalunionen beider Ämter. Der Kirchenrat neuer Ordnung, der beträchtliche Besitzungen und Einkünfte zu verwalten hatte, trat im 18. Jh. u. a. auch durch protoindustrielle Unternehmungen hervor, wie etwa durch die Errichtung einer Spiegelfabrik in Spiegelberg.[19]

Die Folgen der Säkularisation für die evangelische Kirche Württembergs

Die Vereinigung des Kirchenguts mit der Staatsfinanzverwaltung im Jahre 1806 war deshalb ein revolutionärer Akt und nicht ein Vorgang der Verwaltungsvereinfachung, weil König Friedrich I. damit den von ihm selbst bei seinem Regierungsantritt bestätigten Landtagsabschied von 1565 außer Kraft setzte.[20] Gleichwohl berief sich der König dafür auf einen Rechtstitel, den ihm der Reichsdeputationshauptschluss (RDH) mit seinem § 35 an die Hand gegeben hatte, da dieser ausdrücklich auch den Zugriff auf evangelische Kirchengüter ermöglichte.[21] Durch diese Maßnahme ging nun der Grundstock

703

Kloster Lauffen
Die Frauenklöster im Hzm. Württemberg zählten bis 1806 zum Kirchengut und wurden von einem Klosterhofmeister verwaltet. Nach der Verstaatlichung des Kirchengut 1806 gab es für die Gebäude vielfach keine Nutzung mehr, weshalb sie oft abgerissen wurden. Vom ehem. Kloster sind neben der Kirche nur noch Reste des Kreuzgangs erhalten.
Foto 1948.

des württembergischen Kirchenguts, nämlich rund 52.000 ha Grundbesitz, darunter 1/5 des nachmaligen württembergischen Staatswaldes, in Staatsbesitz über. Wertmäßig bedeutender als dieser Grundbesitz waren jedoch die nutzbaren Rechte, insbesondere von Zehnt- und Lehengütern, die ebenfalls in Staatshand übergingen. Zum Kirchengut hatten auch rund 3.600 Gebäude gehört, von denen die eingangs genannten Pfarrhäuser einen Teil ausmachten.[22]

König Friedrichs Revolution von oben veränderte die Stellung der evangelischen Kirche in Württemberg in einem nicht unbedeutenden Maße. Man kann jetzt mit Recht von einer Staatskirche reden, da diese nun vom Staat materiell vollständig abhängig geworden war.[23]

Hinzu kam, dass durch den nahezu gleichzeitig erfolgten Umsturz der Verfassung die Landstandschaft der 14 Prälaten aufgehoben worden war. Es ist bekannt, dass die altwürttembergische Verfassung nicht kampflos aufgegeben wurde, dass man in den Verfassungskämpfen der Jahre 1815–1819 versuchte, sie wiederherzustellen.[24] Dies blieb freilich vergeblich, da es nicht gelingen konnte, die Verfassung des Herzogtums in dem nun durch Zuwächse unterschiedlichster Herkunft auf das Doppelte vergrößerten Land wieder zur Geltung zu bringen. Selbstverständlich hat in diesen Verfassungskämpfen, in die Ludwig Uhland das Schlagwort vom »alten guten Recht« einführte, das Kirchengut eine wichtige Rolle gespielt.

Die Säkularisation von 1806 hatte zunächst das altwürttembergische Kirchengut betroffen. Doch zwischen 1803 und 1810 waren auch evangelische Gebiete an Württemberg gefallen, wie Hohenlohe und die Reichsstädte. Da wo es ein abgesondertes Kirchengut gab, wurde nach dem altwürttembergischen Muster verfahren. So hatte das Stift Öhringen für Hohenlohe die Funktion einer kirchlichen Zentralkasse, weshalb das Stift 1810 von Württemberg inkameriert wurde.[25] Bei den Reichsstädten wurde z. B. in Schwäbisch Hall ähnlich verfahren wie in Öhringen, und auch dort klagte man mit ebenso wenig Erfolg gegen die Wegnahme der Stiftungen.[26] In den an Württemberg gefallenen Reichsstädten besteht heute als evangelische kirchliche Stiftung wohl nur noch die Spitalverwaltung in Isny.

Versuche zur Wiederherstellung des württembergischen Kirchenguts

Durch die Verfassungsurkunde vom 25. September 1819[27] entstand eine neue Situation, da diese mit ihrem § 77 einen Verfassungsauftrag zur Wiederherstellung der abgesonderten Verwaltung des altwürttembergischen Kirchenguts erteilte. Obwohl der erste Landtag nach Inkrafttreten der Verfassung sich sogleich mit der Sache befasste[28], gelang die Einlösung dieses Verfassungsauftrags während des einen Jahrhunderts der Gültigkeit der Verfassung von 1819 trotz verschiedener Anläufe nicht.[29] Immerhin war schon 1820 die genannte Kommission eingesetzt worden, doch stieß deren Arbeit auf mannigfache Schwierigkeiten, die in der Sache selbst lagen. So hatte der Bestand des Kirchenguts schon durch die Territorialveränderungen der zurückliegenden Jahre einige Veränderungen erfahren; es war nicht klar, wie die Ausscheidung vonstatten gehen und wie eine künftige Verwaltung des Kirchenguts aussehen sollte. Auch über die Teilnahme der neuwürttembergischen Gebiete evangelischer Konfession war keine Klarheit zu gewinnen.[30] In der Folge gelang es auch nicht, eine Staatsrente festzusetzen, die 1830 ersatzweise für die Restitution des Kirchenguts in Aussicht genommen worden war. Nach wie vor wurde aber die Rechtspflicht des Staates zur Deckung des kirchlichen Aufwands anerkannt, es

erfolgte also in dieser Hinsicht keine grundsätzliche Veränderung der 1806 geschaffenen Verhältnisse. Einen grundlegenden Wandel bewirkte die Grundlastenablösung 1848, die von einem erheblichen Einfluss auf den ehemals zum Kirchengut gehörigen Besitz und vor allem auf die daraus zu reichenden Besoldungen war.[31] Die Ablösungsgesetzgebung führte nämlich – freilich in unterschiedlichem Maße – zu einer bedeutenden Schmälerung der Einkünfte der Geistlichen. Eine Pflicht des Staates, für die Ablösungsverluste aufzukommen, wurde verneint, hingegen wurde anerkannt, dass es staatliche Aufgabe sei, den Geistlichen die *congrua*, den angemessenen Unterhalt, zu gewähren. Im übrigen wurden die Ablösungskapitalien für Zehnten und Grundgefälle, deren Bezieher die Inhaber von Pfarrstellen waren, beim Staatsgrundstock angelegt, so dass auch hierfür ein Recht auf Herausgabe begründet wurde, für den Fall, dass es zu einer Umsetzung des § 77 der Verfassung kam.[32] Insgesamt war durch die Ablösungsgesetzgebung das Kirchengut in einer Weise geschmälert worden, dass seine Herausgabe fast unmöglich und vielleicht auch nicht mehr wünschenswert erschien, da es möglicherweise die ihm zukommenden Lasten nicht mehr zu tragen vermochte. Immerhin war durch die Grundlastenablösung eine Verlagerung der Begründung der staatlichen Leistungen an die Kirche erfolgt. Während diese seither als eine Weitergewährung der Einkünfte des verstaatlichten Kirchenguts angesehen werden konnten, wurden sie nunmehr zu einer allgemeinen Rechtsverpflichtung, der aber die materielle Grundlage zu einem gewissen Teil abhanden gekommen war. Gleichwohl blieb aufgrund des § 77 der Verfassung der Rechtsanspruch der Kirche auf das Kirchengut oder zumindest dessen Erträgnisse erhalten.

Die Verwandlung des württembergischen Kirchenguts in Staatsleistungen

Die Weimarer Verfassung von 1919 und die dort festgelegte Trennung von Staat und Kirche stellt für die Geschichte des säkularisierten Kirchenguts eine gewisse Wendemarke dar.[33] Die württembergische Verfassung vom 25. September 1919[34] bestimmte in § 63, dass die Kirchen für ihre Vermögensansprüche an den

Maulbronn
Luftaufnahme der heutigen Anlage.

Staat eine durch Gesetz zu bestimmende Geldrente erhalten sollten. Als diese Absichtserklärung abgegeben wurde, schien das Rentengesetz wohl in greifbarer Nähe zu sein, doch kam es nie zustande, da es zunächst durch die wirtschaftliche und die politische Entwicklung, die zur Inflation von 1923 führte, verhindert wurde. Es war deshalb eine vorläufige Regelung zu treffen, in der auch die bevorstehende Neuordnung des Verhältnisses von Kirche und Staat zu berücksichtigen war, die durch das Gesetz über die Kirchen vom 3. März 1924 erfolgte, das am 1. April 1924 in Kraft trat.[35] Für die als vorläufig gedachte

Regelung der Staatsleistungen erhob sich jetzt die Frage, wie diese bemessen werden sollten. Von kirchlicher Seite wurde die Auffassung vertreten, dass die kirchlichen Bedürfnisse nach den seitherigen Grundsätzen aus der Staatskasse zu bestreiten seien, während von staatlicher Seite die Rechtsanschauung geltend gemacht wurde, die sich während des 19. Jhs. entwickelt hatte, dass der Staat nur insoweit für die Bedürfnisse der Kirche aufzukommen hatte, als keine eigenen Mittel der Kirche vorhanden waren oder leistungspflichtige Dritte zur Bestreitung des Aufwands herangezogen werden konnten. Damit war der Staat gewissermaßen in eine subsidiäre Rolle eingetreten. Die Lage hatte sich auch dahingehend verändert, dass die ein Jahrhundert lang uneingelöst gebliebene Zusage auf Herausgabe des Kirchenguts mit der Verfassung von 1919 aufgegeben wurde und der Anspruch der Kirche auf eine Rente entsprechend ihrer bestehenden Bedürfnisse an die Stelle jener Zusage getreten war. Neu war nun auch, dass die Kirchen mit dem Gesetz von 1924 die Möglichkeit erhalten hatten, Landeskirchensteuern zu erheben. Damit wurde gewissermaßen von den Mitgliedern der Kirche ein Beitrag erhoben, weshalb sich nun der Staat auf eine subsidiäre Rolle zurückziehen konnte. Es erhob sich nun aber die Frage nach dem Verteilungsschlüssel, der zunächst für das Rechnungsjahr 1924 festgelegt wurde, dann aber vorläufig in Geltung blieb. Demnach übernahm der Staat 4/5 des Pfarrbesoldungs- und Pensionsaufwands, während der Rest durch die Landeskirchensteuer abzudecken war. Dieser Verteilungsschlüssel war somit von unmittelbarem Einfluss auf die Höhe der zu erhebenden Kirchensteuer.

Prinzipiell blieb also die mit der Säkularisation des Kirchenguts eingegangene Verpflichtung des Staates anerkannt. Hiervon ist natürlich die Art und Weise zu unterscheiden, wie und in welcher Weise der Staat jeweils dieser Selbstverpflichtung nachgekommen ist. Mit der Verselbständigung der Landeskirche 1924 war der Staat hinsichtlich der finanziellen Bedürfnisse der Kirche in eine subsidiäre Rolle eintreten, die sich freilich schon früher angebahnt hatte. Dem nationalsozialistischen Staat blieb es dann vorbehalten, die Kürzung der Staatsleistungen als Druckmittel gegenüber der Kirche einzusetzen.[36] Um in der Bevölkerung dafür Stimmung zu machen, wurden Statistiken veröffentlicht, die belegen sollten, dass der württembergische Staat pro Kirchenmitglied immer noch mehr für die Kirchen leistete, als andere deutsche Länder.[37] Hierbei wurde freilich unterschlagen – wie dies allerdings auch schon in der Weimarer Zeit geschehen war[38] – dass auch in keinem anderen Land eine so durchgreifende Säkularisation der evangelischen Kirche stattgefunden hatte. Während 1931 noch fast ¾ des kirchlichen Finanzbedarf aus Staatsleistungen bestritten wurde und der Rest aus der Kirchensteuer, hatte sich dieses Verhältnis bis zum Jahre 1944 umgekehrt.

Gleichwohl ist festzustellen, dass die Landesverfassungen seit 1919 die aus der Säkularisation des Kirchenguts herrührenden finanziellen Verpflichtungen des Staates gegenüber den Kirchen grundsätzlich anerkannt haben und sich somit von dem königlichen Wort von 1806 haben in Pflicht nehmen lassen. Zuletzt tat dies die Verfassung des Landes Baden-Württemberg von 1953[39] in ihrem Art. 7. Eine gesetzliche Regelung dieser Zusage ist jedoch in dem halben Jahrhundert der Geltung der Verfassung nicht zustande gekommen, vielmehr wurden lediglich Vereinbarungen über die Höhe der Staatsleistungen getroffen. Die letzte dieser Vereinbarungen stammt aus dem Jahre 1971 und enthält eine Anpassungsklausel entsprechend der staatlichen Besoldungsentwicklung.[40] Die Staatsleistungen sind also in den fast zwei Jahrhunderten ihres Bestehens für die Evangelische Landeskirche in Württemberg von der ursprünglichen vollumfänglichen Abdeckung des Finanzbedarfs auf den heutigen Stand verringert worden, wonach die Kirchensteuer rund 68 % der Einnahmen der Landeskirche ausmacht, die Staatsleistungen 14 % und der Ersatz für den von Pfarrerinnen und Pfarrern geleisteten Religionsunterricht 8 %.[41] Möglich war dies durch die Verlagerung der kirchlichen Finanzquellen auf die Kirchensteuer seit 1924, vollends durch die Einführung des Kirchensteuereinzugs durch die staatlichen Finanzämter seit dem 1. Januar 1956.

Das Kirchengut in der Mgft. Baden

Man wird selbstverständlich fragen, ob auch in Baden eine solche Säkularisation des evangelischen Kirchenguts aufgrund des § 35 des RDHs stattgefunden hat. Für die heutige Evangelische Landeskirche in Baden stellen aber das lutherische Baden-Durlach und die reformierte Kurpfalz zwei unterschiedliche Wurzeln der kirchlichen Tradition dar. Die Entwicklung des Kirchenguts in diesen beiden Territorien muss deshalb getrennt voneinander dargestellt werden.

In der Markgrafschaft Baden-Pforzheim waren für die Reformation und die daraus folgenden reformatorischen Veränderungen andere Gegebenheiten und Voraussetzungen maßgebend als in Württemberg.[42] Zum einen stellte das badische Territorium keine so reiche Klosterlandschaft dar, zum anderen gestaltete sich der Vorgang der Reformation schon deswegen anders, weil der Religionsfrieden von 1555 inzwischen Rechtssicherheit bot. Insgesamt wurden in der Markgrafschaft zehn Klöster und das Stift Pforzheim aufgehoben und teilweise inkameriert. So wurde etwa das Kloster Gottesaue in eine markgräfliche Domäne umgewandelt, und seit 1588 ließ sich Markgraf Ernst Friedrich dort ein Lustschloss errichten.[43] Während im Benediktinerkloster Gottesaue der letzte Mönch 1556 verstorben war und somit der Landesherr gewissermaßen freie Hand hatte, waren auch in Baden die Frauenklöster gut besetzt und konnten deshalb der Aufhebung ihrer Konvente einigen Widerstand entgegensetzen. Besonders widersetzten sich die Dominikanerinnen in Pforzheim, die dann aber 1564 aufgrund eines durch kaiserliche Räte vermittelten Vertrags, in dem eine Abfindung ausbedungen wurde, in das vorderösterreichische Kloster Kirchberg (bei Rottweil) abzogen.[44] Die somit freigewordenen Klostergebäude boten immerhin die Möglichkeit, das Pforzheimer Spital dorthin zu verlegen.

Das sonstige Klostervermögen, wie auch das der Bruderschaften und der Pfarrpfründen, wurde *Geistlichen Verwaltungen* unterstellt. Den Gemeinden verblieb – wie in Württemberg – der örtliche Almosenfonds, den Pfarrern in der Regel der Genuss des kleinen Zehnten und der Pfarrgüter. Insgesamt wurden in der Markgrafschaft zehn Geistliche Verwaltungen errichtet, indem diese Aufgabe zumeist dem entsprechenden Beamten der markgräflichen Amtsverwaltung übertragen wurde.[45] Das Kirchengut blieb somit im Wesentlichen erhalten. Bemerkenswert ist, dass sich in der Errichtung der Geistlichen Verwaltungen eine

Fortsetzung vorreformatorischer Bestrebungen abzeichnete, da in der Landesordnung von 1495 bereits das Vermögen der Kirchen und Heiligen unter markgräfliche Aufsicht gestellt worden war.[46] Diese Maßnahme ist somit nicht nur als Grundstein eines landesherrlichen Kirchenregiments zu werten, sondern ebenso auch als Ausfluss der kirchlichen Reformbemühungen des 15. Jhs., die gerade auch durch die Obrigkeiten umgesetzt worden waren.

Das Kirchengut wurde in der Markgrafschaft auch nicht mit dem Kameralgut vereinigt, seine Verwaltung aber der markgräflichen Rentkammer unterstellt. Die Geistlichen Verwaltungen hatten die entsprechenden Besoldungen auszuzahlen und den sonstigen Aufgaben, wie den Baulastverpflichtungen, nachzukommen.[47] Etwaige Überschüsse gingen an die markgräfliche Landschreiberei. Solche Überschüsse wurden insbesondere dann erzielt, wenn Kirchengefälle durch Geldzahlungen abgelöst wurden, wobei diese Einkünfte nicht wieder angelegt, sondern eben als Überschüsse verbucht wurden. Die allgemeine Ertragslage der einzelnen Geistlichen Verwaltungen war natürlich unterschiedlich. Sie benötigten zum Teil laufende Zuschüsse, wie etwa die Durlacher Verwaltung, die den Aufwand des 1584 gegründeten Gymnasiums zu tragen hatte. Ähnlich ging es später der Pforzheimer Verwaltung, die 1719 einen Teil ihrer Einkünfte an das neugegründete Waisenhaus übertragen musste. Die für die frühere Zeit spärliche Quellenlage ermöglicht einen Überblick über die wirtschaftliche Lage des badischen Kirchenguts erst für das Jahr 1750. Es ergab sich hier unter Berücksichtigung der an einzelne Verwaltungen geleisteten Zuschüsse und der landesherrlichen Steuern insgesamt ein Überschuss, der zeigt, dass das Kirchengut in der Lage war, seinen Verpflichtungen nachzukommen.

Vor allem durch die Verbindung der Geistlichen Verwaltung mit der Ämterverwaltung kam die getrennte Rechnungsführung im Laufe der Zeit abhanden.[48] So wurde bereits 1750 bei den Verwaltungen Karlsruhe und Stein keine getrennten Rechnungen mehr geführt. Durch diese ›Verwaltungsvereinfachung‹ trat im Laufe des 18. Jhs. eine schleichende Säkularisation ein. So war es alsbald, wie z. B. bei der Geistlichen Verwaltung Karlsruhe im Jahre 1780, nicht mehr möglich, die geistlichen von den weltlichen Einkünften zu unterscheiden. Die Geistlichen Verwaltungen wurden daher im Laufe des 18. und am Anfang des 19. Jhs. aufgehoben, die letzten im Jahre 1811.

Auf dem Weg des Faktischen war somit eine Inkamerierung des Kirchenguts erfolgt, begünstigt einmal durch die alleinige Verfügungsgewalt des Landesherrn und als Folge einer Verwaltungsvereinfachung. Dadurch gingen freilich auch die auf dem Kirchengut ruhenden Lasten auf den Staat über. Man hat daher schon diese Inkamerierung als eine »wertbeständige Geldanlage« für die Kirche bezeichnet.[49] Immerhin war dieses Kirchengut leistungspflichtig für 177 Pfarrpfründen und 10 sonstige Berechtigte und baupflichtig für 202 kirchliche Gebäude, nämlich 131 Kirchen und 71 Pfarrhäuser. Somit blieb zwar der Leistungsumfang klar, während jedoch Besitz und Einkünfte, die diese Leistung erbringen sollten, unidentifizierbar geworden waren. Gleichwohl geht die Kirchenratsinstruktion des Markgrafen Karl Friedrich von 1797[50] noch von der Vorstellung eines bestehenden Kirchenguts aus. Der tatsächliche Stand der Dinge scheint allerdings durch, wenn es in dieser Instruktion weiter heißt: *Diese Verwaltungen repräsentiren daher das Kirchengut, worauf Unsere evangelische Landeskirche dotirt und bewidmet ist, weshalb sie alle nach der Reichs- und Landes-Kirchen-Verfassung solchem Kirchen-Dotations-Vermögen zukommende Freyheiten, Rechte und Lasten jener Cameral-Administration ohnerachtet auf sich haben und zu ewigen Tagen behalten.* Vollends problematisch wurde die Vermischung von Kirchengut und Kameralgut jedoch durch die Vereinigung von Baden-Baden mit Baden-Durlach 1771 und durch den Anfall weiterer Territorien seit 1803. Dazu gehörte vor allem der rechtsrheinische Teil der Kurpfalz, weshalb zunächst auf die Situation der reformatorischen Kirchen in der Kurpfalz eingegangen werden muss.

Das Kirchengut in der Kurpfalz

In der Kurpfalz wurde die Reformation unter Kurfürst Ottheinrich (1556–1559) eingeführt.[51] Als Ergebnis der konfessionellen Wechsel unter seinen Nachfolgern entstand letztlich ein reformiertes Kirchenwesen. Hinsichtlich der Behandlung des Kirchenguts[52] gab es

zunächst nur geringe Veränderungen. Dieses war von Anfang an einer besonderen Verwaltung unterstellt, seit 1598 *Geistliche Gefällverwaltung* oder *Geistliche Verwaltung* genannt. Auf der Amtsebene waren *Kollekturen* eingerichtet, die von sog. *Kirchenbereitern* versehen wurden. Diese Geistliche Verwaltung war dem Kurfürsten unterstellt, der Kirchenrat besaß ein Mitaufsichtsrecht. Es wurde auch eine eigene Rechnung der Geistlichen Verwaltung geführt, die 1556 aus dem Vermögen von 45 Klöstern und Stiften bestand, die durch Pfleger, Schaffner und Keller verwaltet wurden. Auch in der Pfalz blieben die örtlichen Kirchenvermögen erhalten, befanden sich jetzt aber unter landesherrlicher Aufsicht. Die vorhandenen Stiftungen und das Vermögen der unbesetzten Pfründen wurden zum örtlichen Kirchenvermögen geschlagen, dessen Überschüsse für die Geistliche Verwaltung bestimmt waren. Die Pfarrpfründen blieben als selbstständige Einheiten bestehen.

Wesentliche Veränderungen in diesen Verhältnissen gab es erst durch die 1685 eingetretene Erbfolge der katholischen Linie Pfalz-Neuburg. 1688 mussten Teile des Kirchenguts an den Staat abgetreten werden. Ein Ergebnis des Pfälzischen Erbfolgekriegs 1688–1697 war die sog. *Ryswyker Klausel*, die im Friedensvertrag von Ryswyk 1698 enthaltene Bestimmung, wonach der unter der französischen Besatzung während des Krieges eingeführte katholische Gottesdienst an den betreffenden Orten beibehalten werden musste. Für die Unterhaltung des katholischen Gottesdienstes hatte die Geistliche Verwaltung rund 25 % ihrer seitherigen Einkünfte abzugeben. Die katholischen Kurfürsten ergriffen weiterhin Maßnahmen zur Verstaatlichung des Kirchenguts, die letztlich nur durch Druck von außen aufgehalten werden konnten. Das Corpus Evangelicorum des Reichstags, das in dieser Weise auf die Kurpfalz einwirkte, erreichte die Religionsdeklaration von 1705, durch die eine Aufteilung der Einkünfte des Kirchenguts zwischen der reformierten und der katholischen Konfession im Verhältnis 5 : 2 festgelegt wurde. So wurden auch die Einkünfte aus dem Vermögen der Stifte und Klöster geteilt. Das Kirchengut an sich blieb ungeteilt beieinander, wurde aber der – nunmehr durch reformierte und katholische Beamte der im Verhältnis 5:2 besetzten – Geistlichen Administration unterstellt. Eine Teilung der Kirchengüter wurde 1799 beschlossen und 1801 umgesetzt, indem man die einzelnen Rezepturen den Reformierten oder den Katholiken zuwies. Dies konnte jedoch nur in der rechtsrheinischen Pfalz erfolgen, da die linksrheinische Pfalz durch den Frieden von Lunéville 1801 an Frankreich gefallen war. Durch die Aufteilung der Kurpfalz 1803 an Baden, Leiningen, Hessen-Darmstadt und Nassau-Usingen wurde eine weitere Teilung notwendig, die nach 1806 durch die inzwischen eingetretenen Territorialveränderungen nur noch zwischen Baden und Hessen-Darmstadt auszuhandeln war.

Anders als auf dem Gebiet der Markgrafschaft, wo das Kirchengut jetzt nur noch als Anspruch der Kirche an den Staat bestand, gab es also im ehemals kurpfälzischen Teil des Großherzogtums noch konkret benennbare Kirchengüter. Aus den kurpfälzischen Kirchengütern wurde der Unterländer *Evangelische Kirchenfonds* errichtet, dessen Verwaltung durch die *Reformierte Kirchenökonomiekommission* in Heidelberg, die spätere Pflege Schönau, erfolgte. Die Einkünfte des Fonds reichten jedoch nicht aus, die darauf ruhenden Lasten zu tragen, da die linksrheinischen Einkünfte weggefallen waren und rechtsrheinisch auch die Lasten der katholischen Rezepturen hatten übernommen werden müssen. Es war deshalb eine Konsolidierung des Vermögens notwendig, sowie eine Verwaltungsvereinfachung, wodurch sich die Vermögenslage und die Einkünfte bis zum Ersten Weltkrieg kontinuierlich verbesserten. Zwar fielen die Kapitalanlagen der Inflation von 1923 zum Opfer, doch machte das Liegenschaftsvermögen einen Neuaufbau des Kirchenfonds möglich.

Der Unterländer Kirchenfonds (Pflege Schönau) besteht daher bis zum heutigen Tag. Die Pflege ist pflichtig für bestimmte Baulasten und Besoldungen und hat eventuelle Überschüsse für kirchliche Zwecke zu verwenden, da die kirchliche Eigenschaft durch die Unionsurkunde von 1821 bestätigt worden ist. Im übrigen änderte die Union nichts an den Zuständigkeiten des Unterländer Kirchenfonds, vielmehr blieben, wie ausdrücklich bestimmt, die Kirchengüter voneinander abgesondert.[53] Mit dem Unterländer Kirchenfonds wurden jedoch nacheinander verschiedene, kleinere kirchliche Fonds der an Baden gefallenen evangelischen Territorien vereinigt.

Die Wiederherstellung des Kirchenguts im Großherzogtum Baden

Für den markgräflichen Anteil des Großherzogtums galt der Auftrag der badischen Verfassung von 1818 zur Ausscheidung des Kirchenguts, den diese, ebenso wie dann die württembergische Verfassung von 1819, erteilt hatte. Der Wortlaut des einschlägigen Paragraphen der badischen Verfassung lässt darauf schließen, dass man – trotz anderer Erfahrungen – der Meinung war, dass sich das Kirchengut noch ermitteln lasse. Dieser § 20 lautet nämlich: *Das Kirchengut und die eigenthümlichen Güter und Einkünfte der Stiftungen, Unterrichts- und Wohlthätigkeitsanstalten dürfen ihrem Zwecke nicht entzogen werden.*[54] Die daraufhin angestellten Versuche zur Ermittlung des altbadischen Kirchenguts blieben allerdings erfolglos, das Generallandesarchiv konnte 1829 das Altbadische Kirchengut nicht mehr ermitteln. Immerhin führten die weiteren Bemühungen – im Gegensatz zu Württemberg – zu einem Teilergebnis, das vermutlich eine Folge der Osterproklamation von Großherzog Friedrich I. vom 7. April 1860 war, in der er eine gesetzliche Regelung des Verhältnisses von Staat und Kirche in Aussicht stellte.[55] Diese Verfassung, die eine gewisse Selbständigkeit der evangelischen Kirche des Großherzogtums begründete, indem sie unter Beibehaltung des landesherrlichen Kirchenregiments das unmittelbare staatliche Kirchenregiment beseitigte, trat am 5. September 1861 in Kraft.[56] Hinsichtlich des Kirchenguts wurde 1867 ein Kompromiss gefunden, der zur Bildung des *Altbadischen Kirchenfonds* für Besoldungs- und Versorgungszwecke führte.[57]

Zur Bildung des Altbadischen Kirchenfonds wurden verwendet: ein Beitrag des großherzoglichen Domänenärars im Gesamtbetrag von 58.500 fl., den dieses mit Bezugnahme auf den oben zitierten § 86 der Kirchenratsinstruktion leisten sollte, sowie das Vermögen des Unterwössinger Pfarrfonds. Aus diesem Vermögen wurden dem Kirchenfonds 6.000 fl. als jährliche Leistung des Domänenärars zugewiesen, sowie sonstige Schenkungen, Stiftungen, Vermächtnisse und anderweitige Beiträge. Dafür hatte der Kirchenfonds zu übernehmen: 1. Kompetenzen für Kirchendienste, nämlich für die Errichtung neuer Pfarrdienste, zur Verbesserung bestehender Pfarrdienste und die Funktionsgehälter der Dekane, 2. Beiträge zur Verwaltung von Pfarrdiensten, 3. persönliche Zulagen für Geistliche, sowie 4. Unterstützungen für Geistliche und deren Hinterbliebene, ferner 5. einen Beitrag für den allgemeinen kirchlichen Hilfsfonds und zur Bestreitung allgemeiner kirchlicher Bedürfnisse.

Der so geschaffene Fonds war natürlich nicht hinreichend, den kirchlichen Aufwand zu bestreiten. Vielmehr gab es Pfarrstellen, deren Gehälter so gering waren, dass eine Aufbesserung notwendig wurde. Diese erfolgte durch das *Pfarrdotationsgesetz* von 1876[58], das regelmäßige Staatszuschüsse an beide Kirchen, die evangelische und die katholische, zur Aufbesserung der Gehälter gering besoldeter Pfarrer vorsah. Diese Zuschüsse waren zwar auf 200.000 Mark im Jahr begrenzt, doch wurde das betreffende Gesetz immer wieder verlängert und der Höchstbetrag angepasst. Es handelt sich hierbei also um eine Leistung, die der allgemeinen Fürsorge des Staates für die Kirche entsprang und nicht auf das alte Kirchengut gegründet war. Doch war jetzt für die evangelische Kirche in Baden die Möglichkeit geboten, vom hergebrachten Pfründensystem abzugehen und feste Besoldungen einzurichten.[59]

Die allgemeine Lage machte es somit notwendig, der Kirche weitere Finanzierungsquellen zu erschließen. Dies erfolgte durch das *Ortskirchensteuergesetz* von 1888[60], dann durch das *Landeskirchensteuergesetz* von 1892.[61] Der Altbadische Kirchenfonds war übrigens der Inflation von 1923 zum Opfer gefallen und wurde deshalb 1924 aufgehoben.[62] Sein Rechtsnachfolger wurde der *Evangelische Landeskirchenfonds*, der seinerseits durch die Geldentwertung von 1948 geschädigt und 1951 aufgelöst wurde.

Kirchengut und Staatsleistungen in Baden seit 1918

Das Ende der Monarchie 1918 brachte selbstverständlich auch für die badische Landeskirche die entsprechenden Veränderungen mit sich. Die badische Verfassung vom 21. März 1919[63] bestimmte hinsichtlich des Kirchenguts in § 18 in fast wörtlicher Übereinstimmung mit § 20 der Verfassung

von 1818: *Das Kirchengut und die Güter und Einkünfte der kirchlichen Stiftungen, Unterrichts- und Wohltätigkeitsanstalten dürfen ihren Zwecken und ihren bisherigen Verfügungsberechtigten nicht entzogen werden.* Für die Folgezeit wurde der Vertrag zwischen dem Freistaat Baden und der Vereinigten Evangelisch-protestantischen Landeskirche Badens vom 14. November 1932[64] bedeutsam, der noch am Tag der nationalsozialistischen Machtergreifung in Baden, am 11. März 1933, in Kraft getreten war.[65] Aus diesem Staatskirchenvertrag ergaben sich dreierlei Leistungen des badischen Staates für die evangelische Landeskirche. Zum einen diejenigen, die sich aus der Inkamerierung des badischen Kirchenguts herleiteten und in Leistungen für die Besoldungen und die Bauunterhaltung kirchlicher Gebäude bestanden.[66] Zum andern bestanden die Staatsleistungen aus einer Fortschreibung des Gesetzes über den staatlichen Zuschuss zur Besoldung gering besoldeter Pfarrer von 1876 und drittens in der in Art. IV Abs. 1 zugesagten jährlichen Staatsleistung mit einer Obergrenze von 240.000 RM.

Der nationalsozialistische Staat war zunächst auch in Baden gesonnen, die Staatsleistungen als Waffe in der Auseinandersetzung mit der Kirche zu gebrauchen. Der Staatskirchenvertrag erwies sich aber als rechtlich bindend – auch für die Nationalsozialisten. Allerdings gelang es dem Reichsministerium für kirchliche Angelegenheiten im Mai 1938, dem Evangelischen Oberkirchenrat in Karlsruhe eine staatliche Finanzabteilung ins Haus zu setzen, die in der Folgezeit nicht nur die finanziellen Angelegenheiten der badischen Kirche bestimmte, sondern auf diesem Weg auch einen möglichst weitgehenden Einfluss auf die Leitung der Kirche und das kirchliche Leben auszuüben versuchte. Dieser Zustand endete erst mit der Besetzung im Frühjahr 1945.[67]

Mit der Bildung des Bundeslandes Baden-Württemberg 1952 und dem Inkrafttreten der Verfassung 1953 gilt somit auch für die badische Landeskirche der oben erwähnte Art. 7, der die Rechtspflicht der dauernden Leistungen des Staates an die Kirchen – für die badische Landeskirche aufgrund des Vertrags von 1932 – anerkennt.[68]

Ergebnis

Nur in Württemberg hat also eine vollständige Säkularisation des evangelischen Kirchenguts auf der Basis von § 35 RDH stattgefunden. In der Markgrafschaft Baden hingegen war noch in der Zeit des Alten Reichs eine Säkularisation des Kirchenguts auf »kaltem« Wege erfolgt. In der Kurpfalz wiederum blieben nicht unbeträchtliche Reste des ehemaligen Kirchenguts erhalten, die bis zum heutigen Tag in der Pflege Schönau zusammengefasst sind. Die Wiederherstellung des altbadischen Kirchenguts wurde im 19. Jh. ebenfalls angestrebt und führte – anders als in Württemberg – zu greifbaren Ergebnissen, nämlich durch das Gesetz von 1876 und durch den Kirchenvertrag von

1932. Für die Evangelische Landeskirche in Baden liegen somit anders gelagerte geschichtliche Voraussetzungen für die heutigen Staatsleistungen vor als für die Evangelische Landeskirche in Württemberg. Vor allem aber verfügt die badische Landeskirche mit dem Staatskirchenvertrag über eine gesicherte rechtliche Grundlage, während sich die württembergische Landeskirche auf die allgemeinen Bestimmungen der Verfassung und die hergebrachte Übung berufen muss. Die unterschiedlichen Vorgänge und Verhältnisse in Baden lassen daher die Säkularisation des evangelischen Kirchenguts in Württemberg in einem besonderen Licht erscheinen und belegen somit die Besonderheit der württembergischen Verhältnisse.

[1] *M[atthias] Erzberger*, Die Säkularisation in Württemberg von 1802–1810. Ihr Verlauf und ihre Nachwirkungen. Stuttgart 1902, Vorwort, IIIf.

[2] Ein Hinweis auf die Säkularisation des evang. Kirchenguts fehlt an der entsprechenden Stelle etwa in: Handbuch der baden-württembergischen Geschichte, Bd. 3, hg. von *Hansmartin Schwarzmaier* u. a. Stuttgart 1992. Vgl. dazu *Hermann Ehmer*, Brauchen wir eine württembergische Kirchengeschichte? Bemerkungen zu Band 3 des Handbuchs der baden-württembergischen Geschichte, in: BllWKG 94 (1994), 199–206.

[3] *Erzberger* (wie Anm. 1), 153–155.

[4] Zum Allg. vgl. *Hans-Jochen Brauns*, Staatsleistungen an die Kirchen und ihre Ablösung. Berlin 1970 (Schriften zum Öffentlichen Recht; 124); *Hansjoachim Peter*, Zur geschichtlichen Grundlegung der Staatsleistungen an die evangelische und katholische Kirche unter besonderer Berücksichtigung der badisch-württembergischen Gebiete. Diss. jur. Heidelberg 1971; *Hermann Ehmer*, Die geschichtlichen Grundlagen der Staatsleistungen an die evangelischen Landeskirchen in Württemberg und Baden, in: *Hans Ammerich/Johannes Gut* (Hgg.), Zwischen »Staatsanstalt« und Selbstbestimmung. Kirche und Staat in Südwestdeutschland vom Ausgang des Alten Reiches bis 1870. Stuttgart 2000, 233–253 (Oberrheinische Studien; 17).

[5] »Es handelt sich dabei um die Staatsleistungen zu den Gehältern und den Ruhestandsbezügen der Pfarrer und ihrer Hinterbliebenen, die Entgelte für den durch kirchliche Kräfte erteilten Religionsunterricht an öffentlichen Schulen, die staatlichen Leistungen für die Evangelisch-theologischen Seminare und das Tübinger Stift, um Staatsbeiträge zu den kirchlichen Schulen und Ausbildungsstätten sowie um Zuschüsse des Landes zu den Kosten der Beratungsstellen für Erziehungs-, Ehe- und Lebensfragen.« Leben aus Glauben. Arbeitsbericht 1984–1990 des Evangelischen Oberkirchenrats für die 11. Württembergische Landessynode. Stuttgart [1990], 160.

[6] Die Rechtsgrundlage für den Ersatz des von kirchl. Kräften geleisteten Religionsunterrichts an den staatl. Schulen ist Art. 7 Abs. 3 GG sowie Art. 18 der Verfassung des Landes Baden-Württemberg. Diese Bestimmungen wurden umgesetzt durch eine Verwaltungsvorschrift vom 29.04.1983, geändert am 19.09.1988 und am 15.08.1997.

[7] *August Ludwig Reyscher* (Hg.), Vollständige, historisch und kritisch bearbeitete Sammlung der württembergischen Gesetze. Bd. 3. Stuttgart/Tübingen 1830, 243f.

[8] So fehlt sie in der Quellensammlung von *Ernst Rudolf Huber/Wolfgang Huber* (Hgg.), Staat und Kirche im 19. und 20. Jh. Dokumente zur Geschichte des Staatskirchenrechts. Bd. 1–5. Berlin 1973–1995, hier Bd. 1. Gleichwohl wird das Generalreskript erwähnt bei *Ernst Rudolf Huber*, Deutsche Verfassungsgeschichte seit 1789. Bd. 1. Stuttgart/Berlin/Köln/Mainz 2. Aufl. 1960, 54f.

[9] *Heinrich Hermelink*, Geschichte der evangelischen Kirche in Württemberg von der Reformation bis zur Gegenwart. Das Reich Gottes in Wirtemberg. Stuttgart/Tübingen 1949, 281.

[10] *Von Gottes gnaden unser Christoffs Hertzogen zu Würtemberg [...] Summarischer und einfältiger Begriff/ wie es mit der Lehre und Ceremonien in den Kirchen unsers Fürstenthumbs/ auch derselben Kirchen anhangenden Sachen und Verrichtungen [...] gehalten und volzogen werden solle.* Tübingen 1559, ND Stuttgart 1968 (= GKO). Bl. 258r–265v: Verordnung des Kirchenraths.

[11] Vgl. zum folgenden, falls nichts anderes genannt: *Martin Brecht/Hermann Ehmer*, Südwestdeutsche Reformationsgeschichte. Stuttgart 1984, 195ff. Zum Kirchengut ist zu vgl.: *H[einrich] Hermelink*, Geschichte des allgemeinen Kirchenguts in Württemberg, in: WJbb. 1903 I, 78–101, II, 1–81; *Viktor Ernst*, Die Entstehung des württembergischen Kirchenguts, in: WJbb. 1911, 377–424; *Alfred Dehlinger*, Württembergs Staatswesen in seiner geschichtlichen Entwicklung bis heute. Bd. 1. Stuttgart 1951, § 33, 92–94.

[12] Die einz. Maßnahmen sind beschrieben bei: *Werner-Ulrich Deetjen*, Studien zur Württembergischen Kirchenordnung Herzog Ulrichs. Stuttgart 1981, 106–159 (Quellen und Forschungen zur württ. Kirchengeschichte; 7). Quellen zu diesem Vorgang sind abgedruckt bei: *Julius Rauscher*, Württembergische Visitationsakten. Bd. 1. Stuttgart 1932 (Württembergische Geschichtsquellen; 22).

[13] GKO Bl. 195r–242r.

[14] Die entsprechenden Maßnahmen sind beschrieben bei *Deetjen* (wie Anm. 12), 160–255. Die württembergische Klosterreformation ist zuletzt am Beispiel von Maulbronn dargestellt worden von: *Hermann Ehmer*, Vom Kloster zur Klosterschule. Die Reformation in Maul-

bronn, in: Maulbronn. Zur 850-jährigen Geschichte des Zisterzienserklosters. Stuttgart 1997, 59–82 (Forschungen und Berichte der Bau- und Kunstdenkmalpflege in Baden-Württemberg ; 7); *Ders.*, Die Klosterschule 1556–1595, in: Alpirsbach. Zur Geschichte von Kloster und Stadt, hg. vom *Landesdenkmalamt Baden-Württemberg*. Stuttgart 2001, 677–701 (Forschungen und Berichte der Bau- und Kunstdenkmalpflege in Baden-Württemberg; 10).

[15] Gedruckt bei *Christian Friedrich Sattler*, Geschichte des Herzogthums Würtenberg unter der Regierung der Herzogen. 4.Teil. Tübingen 1771, Beil. 35, 86–97.

[16] *Ernst* (wie Anm. 11), 403.

[17] *Reyscher* (wie Anm. 7), Bd. 2, 121–136. Vgl. dazu *Walter Grube*, Der Stuttgarter Landtag. Von den Landständen zum demokratischen Parlament. Stuttgart 1957, 227–230; *Hermann Ehmer*, Valentin Vannius und die Reformation in Württemberg. Stuttgart 1976, 236–247 (Veröff. der Kommission für geschichtliche Landeskunde in Baden-Württemberg B ; 81).

[18] Zur Behördengeschichte des Konsistoriums vgl. *Friedrich Wintterlin*, Geschichte der Behördenorganisation in Württemberg. Bd. 1. Stuttgart 1902, 41–96; *Dehlinger* (wie Anm. 11), Bd. 1, § 32, 89–92; *Walter Bernhardt*, Die Zentralbehörden des Herzogtums Württemberg und ihre Beamten 1520–1629. Stuttgart 1973, 50–63 (Veröff. der Kommission für geschichtliche Landeskunde in Baden-Württemberg B; 70–71).

[19] Dazu vgl. *Hermelink* (wie Anm. 11), Bd. II, 58–60.

[20] Das Revolutionäre dieser Maßnahme liegt auch in der Bedeutung des Kirchenguts begründet, die *Hermelink* (wie Anm. 11), 78 so beschreibt: »Die Beziehungen des geistlichen Guts zum gesamten kirchlichen und politischen, wirtschaftlichen und kulturellen Leben Altwürttembergs sind derart mannigfaltig, daß eine erschöpfende Monographie über das Kirchengut einer Geschichte der altwürttembergischen Kultur nahezu gleichkommen würde.«

[21] Zitiert nach *Huber/Huber* (wie Anm. 8), Bd. 1, Nr. 5, 18.

[22] Die Zahlenangaben nach *[Karl Viktor] Riecke*, Das evangelische Kirchengut des vormaligen Herzogthums Württemberg. Stuttgart o.J., 13 (Sonderdruck aus: Litterarische Beil. des Staatsanzeigers für Württemberg 1879, 97, 129, 167). Die Zahlen wurden bereits veröff. in: WJbb. 1817, 287f.

[23] *K[arl] Mayer*, Die finanziellen Beziehungen zwischen der Evang. Kirche und dem Staat in Württemberg von 1806 bis 1919, in: BllWKG 36 (1932), 108–139.

[24] *Grube* (wie Anm. 19), 489–508.

[25] *Gaupp*, Das bestehende Recht der evangelischen Kirche in Württemberg. Stuttgart 1831, Bd. 2, 228; Vgl. dazu demnächst: *Hermann Ehmer*, Die Säkularisation des Stifts Öhringen 1810 und die Versuche zu seiner Wiederherstellung, in: W Fr 86 (2002).

[26] Württembergische Kirchengeschichte. Calw und Stuttgart 1893, 547.

[27] Kgl.-Württ. Staats- und Regierungs-Blatt 1819, 633–682; *Huber/Huber* (wie Anm. 8), Bd. 1, Nr. 63, 142–144.

[28] Vgl. *Schmidlin*, Der erste Landtag nach wiederhergestellter Verfassung in Württemberg, in: WJbb. 1823 II, 258–397, hier 325–328.

[29] Vgl *Heinrich Hermelink*, Die Verhandlungen über das altwürttembergische Kirchengut seit 1806, in: WJbb. 1914, 46–83.

[30] *Riecke* (wie Anm. 22), 15–19; Württembergische Kirchengeschichte (wie Anm. 26), 555–557.

[31] *Mayer* (wie Anm. 23), 112–114.

[32] Ebd., 136.

[33] Die einschlägigen Bestimmungen der Weimarer Reichsverfassung bei *Huber/Huber* (wie Anm. 8), Bd. 4, Nr. 97, 128–132. – Zum Folgenden vgl. *K[arl] Mayer, [Theophil] Wurm*, Die Staatsleistungen für die evangelische Kirche in Württemberg. Stuttgart 1925, 6–23.

[34] Regierungsblatt für Württemberg 1919, 281–292; *Huber/Huber* (wie Anm. 8), Bd. 4, Nr. 102, 140f.

[35] Regierungsblatt für Württemberg 1924, 93–116; Amtsblatt des württ. Evangelischen Konsistoriums und des Synodus 21 (1924), 47–74; *Huber/Huber* (wie Anm. 8), Bd. 4, Nr. 137, 189–198.

[36] Vgl. *Gerhard Schäfer* (Hg.), Dokumentation zum Kirchenkampf. Die Evangelische Landeskirche in Württemberg und der Nationalsozialismus. Bd. 4. Stuttgart 1977, 261–270; Bd. 5. Stuttgart 1982, 442–446. Vgl. ferner *Mayer/Wurm* (wie Anm. 33). Eine Neubearbeitung dieser seinerzeit aus aktuellem Anlass erschienenen Broschüre wurde 1937 herausgegeben. Eine Zusammenfassung erschien als Beiblatt zum Amtsblatt der Evangelischen Landeskirche in Württemberg, Bd. 28 Nr. 18 vom 05.02.1938.

[37] Die Wiedergabe eines entsprechenden Artikels im ›Schwäbischen Merkur‹ vom 28.04.1935 findet sich bei *Schäfer* (wie Anm. 36), Bd. 4, 268f.

[38] *Mayer/Wurm* (wie Anm. 33), 17.

[39] Gesetzblatt für Baden-Württemberg 1953, 173–183.

[40] *Jens Keil, Christof Vetter*, Warum zahlt das Land der Kirche Geld? Stuttgart 1996.

[41] Haushaltsgesetz und Haushaltsplan der Evangelischen Landeskirche in Württemberg für das Rechnungsjahr 2002 (12. Evangelische Landessynode, Beilage 82).

[42] Einen Überblick bietet: *Ernst Walter Zeeden*, Kleine Reformationsgeschichte von Baden-Durlach und Kurpfalz. Karlsruhe 1956, hier 28–48; *Brecht/Ehmer* (wie Anm. 11), 372–380. Zu Baden jetzt: *Volker Press*; in: *Anton Schindling/Walter Ziegler* (Hg.), Die Territorien des Reichs im Zeitalter der Reformation und Konfessionalisierung. Land und Konfession 1500–1650, Bd. 5. Münster 1993, 124–166. Zum folgenden vgl. vor allem, soweit nichts anderes angemerkt: *Karl Stiefel*, Baden 1648–1952, Bd. 1. Karlsruhe 1977, 636–638; *Hans Niens*, Kirchengut, Pfarrbesoldung und Baulast in der Evangelischen Landeskirche in Baden. Heidelberg 1991, 97–105 (Freiburger Rechts- und Staatswissenschaftliche Abhandlungen, Bd. 55).

[43] Vgl. dazu *Wilfried Rößling/Peter Rückert/Hansmartin Schwarzmaier* (Bearb.), 900 Jahre Gottesaue. Spurensuche, Spurensicherung. Karlsruhe 1994, 18 und 24.

[44] *J. G. F. Pflüger*, Geschichte der Stadt Pforzheim. Pforzheim 1862, 323–329; *Karl Obser*, Auszug der Dominikanerinnen aus Pforzheim, in: ZGO 58 (1904), 156; *Karl Rieder*, Zur Reformationsgeschichte des Dominikanerinnenklosters zu Pforzheim, in: FDA 45 (1917), 311–366, 46 (1919), 519; *Hans Georg Zier*, Geschichte der Stadt Pforzheim. Von den Anfängen bis 1945. Stuttgart 1982, 81–86. Die von Rieder veröff. Aufzeichnungen der Pforzheimer Klosterfrau Eva Magdalena Neyler aus der achtjährigen Bedrängnis des Klosters durch die markgräflichen Reformationsbemühungen, vgl. dazu jedoch *Gustav Bossert*, Die Quellen zur Reformationsgeschichte des Dominikanerinnenklosters in Pforzheim, in: ZGO 73 (1919), 465–484, haben eine Parallele in den Aufzeichnungen einer Dominikanerin in dem von Württemberg reformierten Kloster Steinheim an der Murr.

[45] *Otto Fehr*, Das Verhältnis von Staat und Kirche in Baden-Durlach in protestantischer Zeit (1556–1807) vornehmlich im 18. Jh. Karlsruhe 1931, 33 (Veröff. des Vereins für Kirchengeschichte in der evang. Landeskirche Badens ; 7).

[46] Die einschlägigen Ausführungen der Landesordnung sind abgedruckt bei *Niens* (wie Anm. 56), 253–255.

[47] *Fehr* (wie Anm. 45), 36.

[48] Vgl. dazu *Niens* (wie Anm. 42), 105–112.

[49] Ebd. 109.

[50] *Instruction Unser Carl Friderichs Marggrafen zu Baden [...] wie sich die zu Unserm Fürstl. Kirchenraths-Collegio verordnete [...] zu ihren*

Dienstverrichtungen anzuhalten haben [Karlsruhe 1797]. Diese Instruktion wurde 1804 erneuert, vgl. Geschichte der badischen evangelischen Kirche seit der Union 1821 in Quellen. Karlsruhe 1996, 25f. (Veröff. des Vereins für Kirchengeschichte in der Evangelischen Landeskirche in Baden ; 53).

[51] Allg. dazu: *Zeeden* (wie Anm. 42), hier 48–78; *Emil Sehling* (Hg.), Die evangelischen Kirchenordnungen des XVI. Jhs. Bd. 14: Kurpfalz. Tübingen 1969; *Anton Schindling/Walter Ziegler*, Kurpfalz, Rheinische Pfalz und Oberpfalz, in: *Schindling/Ziegler* (wie Anm. 42), 8–49; *Eike Wolgast*, Reformierte Konfession und Politik im 16. Jh. Studien zur Geschichte der Kurpfalz im Reformationszeitalter. Heidelberg 1998 (Schriften der Philosophisch-historischen Klasse der Heidelberger Akademie der Wissenschaften ; 10).

[52] *Stiefel* (wie Anm. 42), 666; 759f.; *Niens* (wie Anm. 42), 41–79.

[53] Unionsurkunde, Beilage D; Druck: *Hermann Erbacher*, Vereinigte Evangelische Landeskirche in Baden 1821–1971. Dokumente und Aufsätze. Karlsruhe 1971, 14–41, hier 38f.; *Huber/Huber* (wie Anm. 8), Bd. 1, Nr. 292, 675–681.

[54] Verfassungs-Urkunde für das Großherzogtum Baden, in: Großherzoglich-Badisches Staats- und Regierungs-Blatt 1818, 101; *Huber/Huber* (wie Anm. 8), Bd. 1, Nr. 65, 146f.; Geschichte der badischen evangelischen Kirche (wie Anm. 50), 59f.

[55] Geschichte der badischen evangelischen Kirche (wie Anm. 50), 188f.

[56] *Huber/Huber* (wie Anm. 8), Bd. 2, Nr. 178, 383–388; Geschichte der badischen evangelischen Kirche (wie Anm. 50), 190–192.

[57] Statuten des altbadischen Kirchenfonds: Verordnungsblatt für die vereinigte evangelisch-protestantische Kirche des Großherzogthums Baden 1867, 79f.

[58] Geschichte der badischen evangelischen Kirche (wie Anm. 50), 239f.

[59] Vgl. dazu auch *Stiefel* (wie Anm. 42), 743f.

[60] Gesetzes- und Verordnungsblatt der Vereinigten evang.-prot. Kirche des Großherzogthums Baden 1888, 109–123; *Huber/Huber* (wie Anm. 8), Bd. 2, Nr. 473, 1021–1026; Geschichte der badischen evangelischen Kirche (wie Anm. 50), 266.

[61] Gesetzes- und Verordnungsblatt der Vereinigten evang.-prot. Kirche des Großherzogthums Baden 1892, 185–193; Geschichte der badischen evangelischen Kirche (wie Anm. 50), 268.

[62] *Niens* (wie Anm. 42), 244.

[63] *Huber/Huber* (wie Anm. 8), Bd. 4, Nr. 103, 142f.

[64] Gesetzes- und Verordnungsblatt für die Vereinigte Evangelisch-protestantische Landeskirche Badens 1933, 32–38; *Huber/Huber* (wie Anm. 8), Bd. 4, Nr. 316, 727–730.

[65] Geschichte der badischen evangelischen Kirche (wie Anm. 50), 316f.

[66] Ausdrücklich benannt im Schlussprotokoll zu Art. IV Abs. 2 des Kirchenvertrags vom 03.11.1932; Gesetzes- und Verordnungsblatt (wie Anm. 64), 37; *Huber/Huber* (wie Anm. 8), Bd. 4, 730f.

[67] Geschichte der badischen evangelischen Kirche (wie Anm. 42), 305f.

[68] Der Nachtragshaushalt 1997 der Evangelischen Landeskirche in Baden weist mit einem berichtigten Volumen von DM 564.237.615 Staatsleistungen in Höhe von insgesamt DM 21.190.000 (ursprünglicher Ansatz DM 23.680.000), also rund 3,7 % aus; Gesetzes- und Verordnungsblatt der Evangelischen Landeskirche in Baden 1997, 150f. Weitere Zahlenangaben bei Stiefel (wie Anm. 56), 747, wobei jedoch die jeweils unterschiedliche Rechtsgrundlage der verschiedenen staatlichen Leistungen zu beachten ist.

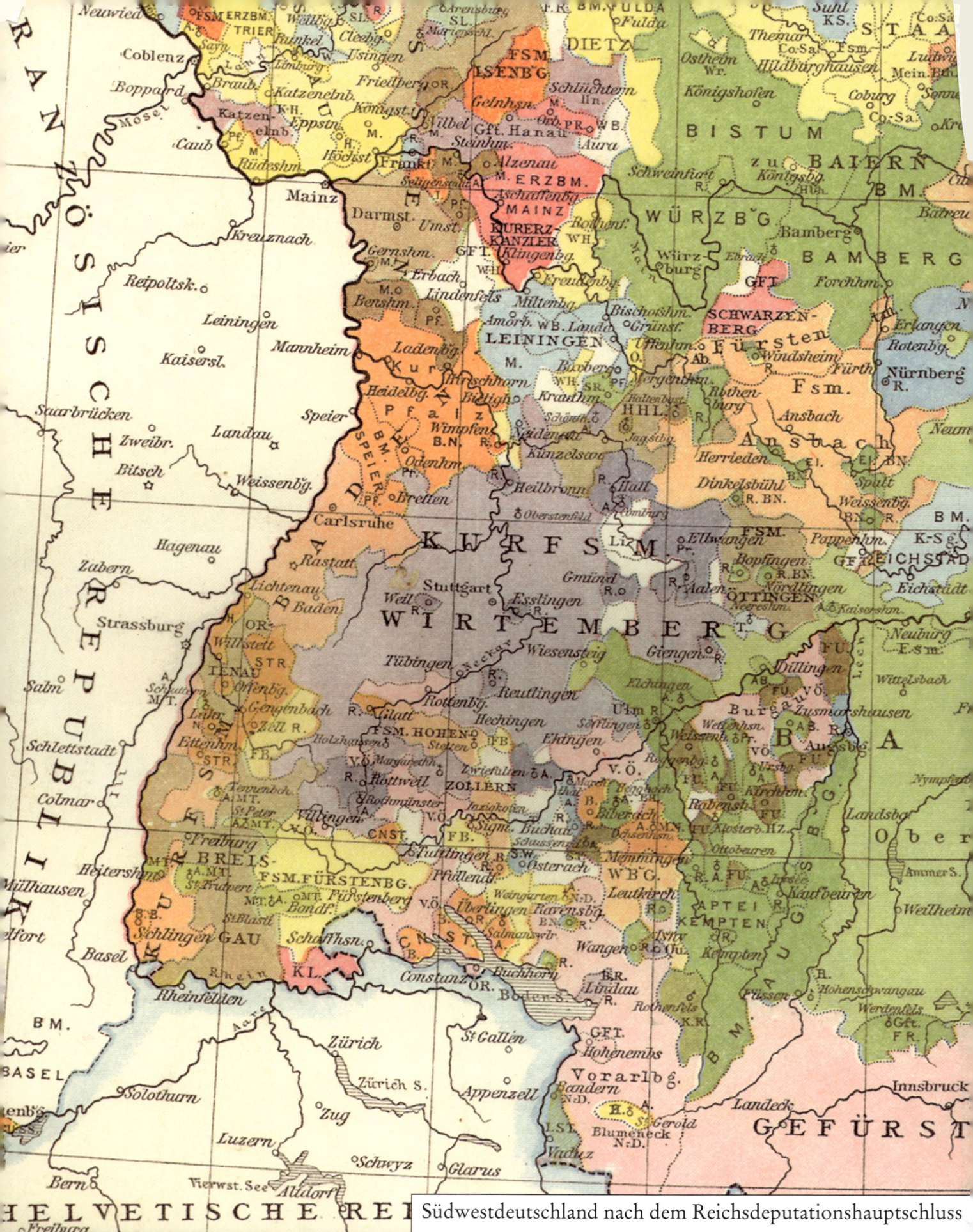

Südwestdeutschland nach dem Reichsdeputationshauptschluss